2026 개정판

법무사

민사집행법 · 상업등기법 및 비송사건절차법

편저 | 박종화 · 시대법학연구소

[1권] 민사집행법

名品

과목별 핵심이론 + 최근 3년간 기출문제 한권으로 정리
최신 법령 · 예규 · 판례 · 선례 및 실무제요 반영
핵심이론에 최근 10년간 기출쟁점 표시

유료 동영상 강의
www.sdedu.co.kr

CBT 모의고사
1회 무료쿠폰 제공

시대에듀

법무사

민사집행법 · 상업등기법
및 비송사건절차법

 끝까지 책임진다! 시대에듀!

QR코드를 통해 도서 출간 이후 발견된 오류나 개정법령, 변경된 시험 정보, 최신기출문제, 도서 업데이트 자료 등이 있는지 확인해 보세요!
시대에듀 합격 스마트 앱을 통해서도 알려 드리고 있으니 구글 플레이나 앱 스토어에서 다운받아 사용하세요.
또한, 파본 도서인 경우에는 구입하신 곳에서 교환해 드립니다.

편집진행 박종필 · 이재성 | **표지디자인** 조혜령 | **본문디자인** 김경원 · 고현준

머리말

법무사는 일반인에게 법률서비스 및 조언을 제공하는 전문가로서, 타인의 위촉에 의하여 법원과 검찰청에 제출할 서류나 등기 · 등록과 관련된 서류를 작성하고, 등기 · 공탁사건의 신청을 대리합니다. 갈수록 심화되는 사회의 복잡성으로 인하여 소송 관련 업무는 끊임없이 늘어나고, 이에 따라 법무사의 필요성과 수요는 그 어느 때보다 증가하고 있습니다. 실제로 2025년 제31회 1차 시험에서도 8,154명(실제 응시인원은 4,358명)의 지원자가 몰려 그 인기를 실감할 수 있었습니다.

법무사 시험은 1차 과목만 해도 8과목이나 돼서 자격증 시험 중 가장 많은 공부량을 필요로 합니다. 공부를 효율적으로 하지 않으면 1년 동안 전 과목을 1회독하기도 쉽지 않습니다. 따라서 법무사 1차 시험은 효율적인 공부방법이 무엇보다 중요합니다. 1차 시험 합격선이 평균 60점 안팎으로 결정되는 점을 고려하여 과목별 공부전략을 잘 짜야 합니다.

특히 민사집행법 · 상업등기법 및 비송사건절차법은 공부할 분량이 방대할 뿐만 아니라 어려운 과목이라서 법무사 1차 시험 합격에 가장 큰 장애물로 작용하고 있습니다. 2025년 제31회 법무사 1차 시험 결과만 놓고 보더라도 민사집행법 · 상업등기법 및 비송사건절차법의 경우 40점 미만의 과락자가 46%(응시인원 4,358명 중에서 2,019명)에 달한 것으로 나타났습니다.

시대에듀에서는 이러한 시험의 특징을 충분히 검토하여 법무사 1차 시험 단기합격에 최적화된 「2026 시대에듀 법무사 1차 민사집행법 · 상업등기법 및 비송사건절차법」을 개정 · 출간하였습니다.

「2026 시대에듀 법무사 1차 민사집행법·상업등기법 및 비송사건절차법」의 특징

❶ 과목별 핵심이론과 최근 3년간 기출문제(2023~2025년)로 구성함으로써 이론 학습 후에 문제를 통해 공부한 것을 확인할 수 있도록 하였습니다.

❷ 핵심이론에는 최근 10년간 기출연도를 모두 표시함으로써 학습에 강약을 조절할 수 있도록 하였습니다.

❸ 최근 3년간 기출문제는 최신 법령 · 예규 · 판례 · 선례 및 실무제요에 근거하여 정확하고 상세한 해설을 함으로써 독학자도 쉽게 이해할 수 있도록 하였습니다(필요한 부분에 한하여 최근 3년 이전 기출문제도 추가함).

❹ 제1권(민사집행법)과 제2권(상업등기법 및 비송사건절차법)으로 분권하여 편하게 휴대할 수 있도록 하였습니다.

본 교재가 법무사 1차 시험에 합격하는 데 많은 도움이 되기를 진심으로 기원합니다.

편저자 대표 **박종화**

이 책의 구성과 특징

제1절 | 서 설

I | 집행문

민사집행법 제29조(집행문)
① 집행문은 판결정본의 끝에 덧붙여 적는다.
② 집행문에는 "이 정본은 피고 아무개 또는 원고 아무개에 대한 강제집행을 실시하기 위하여 원고 아무개 또는 피고 아무개에게 준다."라고 적고 법원사무관등이 기명날인하여야 한다.

민사집행법 제37조(집행력 있는 정본의 효력)
집행력 있는 정본의 효력은 전국 법원의 관할구역에 미친다.

① 집행문이란 법원사무관 등이나 공증인 등이 집행권원이 현재 존재한다는 사실과 이에 기해 강제집행을 하기에 적합하다는 취지 및 누가 집행당사자인지를 집행권원 정본의 끝에 덧붙여 적은 공증문서를 말한다(제29조). 집행문이 붙은 집행권원의 정본을 집행력 있는 정본(집행정본)이라 한다.
② 판례는 집행문이 필요한데도 집행문의 부여 없이 집행권원에 의해서만 이루어진 강제집행은 무효라는 취지이다(대판 1978.6.27, 78다446). **기출 25**

> 약속어음금 지급에 관하여 그 어음금 지급이 지체될 경우에는 즉시 강제집행할 것을 수락한다는 공정증서가 붙은 집행권원에 집행문이 첨부되지 아니한 채 경매절차가 진행된 결과 이루어진 것이라는 사실을 확정한 다음 이와 같이 집행문이 없는 집행권원에 기하여 이루어진 강제집행은 절대적으로 무효이고 따라서 그 결과 경락허가결정을 원인으로 한 피고명의의 소유권이전등기는 원인무효의 등기로서 말소를 면치 못한다(대판 1978.6.27, 78다446).

기출표시

핵심이론에 최근 10년간 기출쟁점을 표시하여 학습에 강약을 조절할 수 있도록 하였습니다.

제3절 | 집행에 관한 이의신청

I | 의 의

민사집행법 제16조(집행에 관한 이의신청)
① 집행법원의 집행절차에 관한 재판으로서 즉시항고를 할 수 있는 것과, 집행관의 집행처분, 그 밖에 집행관이 지킬 집행절차에 대하여서는 법원에 이의를 신청할 수 있다. **기출 22·21**
② 법원은 제1항의 이의신청에 대한 재판에 앞서, 채무자에게 담보를 제공하게 하거나 제공하지 아니하게 하고 집행을 일시정지하도록 명하거나, 채권자에게 담보를 제공하게 하고 그 집행을 계속하도록 명하는 등 잠정처분을 할 수 있다. **기출 22**
③ 집행관이 집행을 위임받기를 거부하거나 집행행위를 지체하는 경우 또는 집행관이 계산한 수수료에 대하여 다툼이 있는 경우에는 법원에 이의를 신청할 수 있다.

법령박스

학습의 토대가 되는 조문을 수록하여 어떠한 조문이 중요하고 시험에 자주 출제되는지를 쉽게 파악할 수 있습니다.

---

2. 관청의 인·허가서

① 관청의 허가 또는 인가를 필요로 하는 사항의 등기를 신청하는 경우에는 그 허가 또는 인가가 있음을 증명하는 서면을 첨부하여야 한다(규칙 제52조 제1항 제2호).
② 관청의 허가서 등을 첨부하여야 하는 것은 당해 허가가 등기할 사항의 효력요건인 경우에 한하고, 당해 사업을 영위하기 위한 요건에 지나지 않는 것은 여기에 포함되지 않는다(상업등기선례 제1-92호, 제1-103호, 제1-104호).

> **회사 등기기록 목적란에 대규모점포로서 대형마트, 백화점 등을 추가하는 변경등기를 신청하는 경우 관청에 등록하였음을 증명하는 정보가 첨부정보인지 여부**
> 1. 관청의 허가 또는 인가를 필요로 하는 사항의 등기를 신청하는 경우에는 그 허가 또는 인가가 있음을 증명하는 정보를 첨부하여야 하나(상업등기규칙 제52조 제1항 제2호), 이것은 당해 허가 또는 인가가 등기할 사항의 효력요건인 경우를 말한다.
> 2. 유통산업발전법 제8조 제1항은 "대규모점포를 개설하려는 자는 영업을 시작하기 전에 산업통상자원부령으로 정하는 바에 따라 상권영향평가서 및 지역협력계획서를 첨부하여 특별자치시장·시장·군수·구청장에게 등록하여야 한다"고 규정하고 있는데, 이는 영업에 관한 등록으로서 영업수행을 위한 요건이며 등기할 사항의 효력요건이 아니므로, 상법상의 회사가 같은 법 제8조 및 관련 별표 규정의 대형마트, 백화점 등을 등기기록의 목적란에 추가하는 변경등기를 신청할 때 관할 지방자치단체장에게 등록하였음을 증명하는 정보는 상업등기규칙 제52조 제1항 제2호의 첨부정보가 아니다(상업등기선례 제201812-1호). **기출 23·20**

③ 회사설립의 허가 법령에 특정사업 목적으로 하는 회사를 설립할 때에 관청의 허가를 받아야 하거나 일정한 내용이 기재된 정관을 작성하여 관청의 인가를 받아야 하는 것으로 규정되어 있는 경우, 설립등기신청서에 각 허가서 내지 인가서를 첨부하여야 한다.

판례·예규·선례 박스

핵심이론과 관련된 판례 및 선례, 예규를 수록하여 심화학습이 가능하도록 하였고, 필요한 경우 실무서의 내용을 직접 인용하였습니다.

기출문제

최근 3년간 기출문제(필요한 경우에 한하여 그 이전 기출문제 추가)를 수록하여 출제경향을 파악하고 문제풀이 연습을 할 수 있도록 하였습니다.

제2편 | 비송사건절차법

CHAPTER **02** **민사비송사건**

제1절 법인에 관한 사건

08 사단법인의 임시총회 소집에 관한 다음 설명 중 가장 옳은 것은? 2025년

① 사단법인의 총사원의 5분의 1 이상이 이사에게 임시총회 소집을 요구하였으나 이사가 2주간 내에 임시총회를 소집하지 아니한 때에는 감사가 법원의 허가를 얻어 임시총회를 소집할 수 있다.
② 임시총회소집 허가신청인은 이사가 소집을 게을리한 사실을 소명하여야 한다.
③ 법인 아닌 사단에는 민법 제70조 제3항이 유추적용되지 않으므로, 이사가 임시총회 소집을 거부한 때에도 법원의 허가를 얻어 임시총회를 소집할 수 없다.
④ 법원의 소집허가에 의해 개최된 임시총회에서 결의할 수 있는 사항은 결정문에 기재된 목적사항으로 엄격하게 제한된다.
⑤ 임시총회의 소집을 허가하는 결정문에 기재된 회의 목적사항에 '기타 사항'이 포함되어 있는 경우에

상세한 해설

최신 법령 · 예규 · 판례 · 선례 및 실무제요에 근거하여 해설하였고, 각 지문마다 OX표시를 하여 지문별 개별학습이 가능하도록 하였습니다.

[**①** · ×] 총사원의 5분의 1 이상으로부터 회의의 목적사항을 제시하여 청구한 때에는 이사는 임시총회를 소집하여야 한다. 이 정수는 정관으로 증감할 수 있다(민법 제70조 제2항). 이러한 청구가 있은 후 2주간 내에 이사가 총회소집의 절차를 밟지 아니한 때에는 청구한 사원은 법원의 허가를 얻어 이를 소집할 수 있다(민법 제70조 제3항).
[**②** · ○] 민법 제70조 제3항에 따른 임시총회 소집의 허가신청을 하는 경우에는 이사가 그 소집을 게을리한 사실을 소명하여야 한다(비송사건절차법 제34조 제2항, 제80조 제1항). 소명방법은 민사소송법의 규정이 준용된다.
[**③** · ×] 법인 아닌 사단(예 종중, 재건축조합)에도 임시총회의 소집에 관한 민법 제70조 제3항이 유추적용된다(대판 1993.10.12. 92다50799 참조). 따라서 법인 아닌 사단의 대표자가 임시총회 소집을 거부한 때에도 법원의 허가를 얻어 임시총회를 소집할 수 있다.
[**④** · ×] 법원의 소집허가에 의하여 개최된 종중 임시총회에서는 법원의 소집허가결정 및 소집통지서에 기재된 회의목적사항과 이에 관련된 사항에 관하여 결의할 수 있다(대판 1993.10.12. 92다50799). ☞ 결정문에 기재된 목적사항 외에도 이와 관련된 사항에 관하여 결의할 수 있다.

▶ 동영상 강의

보다 깊이 있는 학습을 원하는 수험생들을 위하여 시대에듀 동영상 강의(유료)를 준비하였습니다.

자격시험 소개

▐ 법무사란?

일반인에게 법률서비스 및 조언을 제공하는 인력으로, 타인의 위촉에 의하여 법원과 검찰청에 제출할 서류나 등기 · 등록과 관련된 서류를 작성하고, 등기 · 공탁사건의 신청을 대리하는 자

▐ 주요업무

❶ 법무사의 업무는 다른 사람이 위임한 다음 각 호의 사무로 한다.

[1] 법원과 검찰청에 제출하는 서류의 작성
[2] 법원과 검찰청의 업무에 관련된 서류의 작성
[3] 등기나 그 밖에 등록신청에 필요한 서류의 작성
[4] 등기 · 공탁사건신청의 대리
[5] 「민사집행법」에 따른 경매사건과 「국세징수법」이나 그 밖의 법령에 따른 공매사건에서의 재산취득에 관한 상담, 매수신청 또는 입찰신청의 대리
[6] 「채무자 회생 및 파산에 관한 법률」에 따른 개인의 파산사건 및 개인회생사건신청의 대리. 다만, 각종 기일에서의 진술의 대리는 제외한다.
[7] [1]부터 [3]까지의 규정에 따라 작성된 서류의 제출대행
[8] [1]부터 [7]까지의 사무를 처리하기 위하여 필요한 상담 · 자문 등 부수되는 사무

❷ 법무사는 [1] ~ [3]까지의 서류라고 하더라도 다른 법률에 따라 제한되어 있는 것은 작성할 수 없다.

▐ 응시자격

❶ 법무사법 제6조 각 호의 결격사유에 해당하지 아니하는 자

다음 각 호의 어느 하나에 해당하는 자는 법무사가 될 수 없다.
[1] 피성년후견인 또는 피한정후견인
[2] 파산선고를 받은 자로서 복권되지 아니한 자
[3] 금고 이상의 실형을 선고받고 그 집행이 종료(집행이 종료된 것으로 보는 경우를 포함한다)되거나 집행이 면제된 날부터 5년이 경과되지 아니한 자
[4] 금고 이상의 형의 집행유예를 선고받고 그 유예기간이 만료된 날부터 2년이 경과되지 아니한 자
[5] 금고 이상의 형의 선고유예를 받고 그 유예기간 중에 있는 자
[6] 공무원으로서 징계처분에 따라 파면된 후 5년이 경과되지 아니하거나 해임된 후 3년이 경과되지 아니한 자
[7] 이 법에 따라 제명된 후 5년이 경과되지 아니한 자

❷ 2차시험은 당해 연도 1차시험 합격자 및 면제자(법무사법 제5조의2) 또는 전년도 1차시험 합격자

시험과목

구 분	1차시험(객관식)	2차시험(주관식)
1과목	• 헌법(40) • 상법(60)	• 민법(100)
2과목	• 민법(80) • 가족관계의 등록 등에 관한 법률(20)	• 형법(50) • 형사소송법(50)
3과목	• 민사집행법(70) • 상업등기법 및 비송사건절차법(30)	• 민사소송법(70) • 민사사건 관련 서류의 작성(30)
4과목	• 부동산등기법(60) • 공탁법(40)	• 부동산등기법(70) • 등기신청서류의 작성(30)

※ 괄호 안의 숫자는 각 과목별 배점비율입니다.

시험일정

구 분	1차시험	2차시험	최종합격자 발표
2025년 제31회	2025.08.30	2025.10.31~11.01	2026.02.04

※ 선발예정인원 및 시험일정은 시행처의 사정에 따라 변경될 수 있으니, 2026년 시험일정은 반드시 대한민국 법원 시험정보 홈페이지(exam.scourt.go.kr)에서 확인하시기 바랍니다.

합격기준

구 분	합격자 결정
1차시험	매 과목 100점을 만점으로 하여 매 과목 40점 이상을 득점한 자 중에서 시험성적과 응시 자수를 참작하여 전 과목 총득점의 고득점자순으로 합격자를 결정
2차시험	매 과목 100점을 만점으로 하여 매 과목 40점 이상을 득점한 자 중 선발예정인원(1·2차 시험 일부면제자는 포함하지 아니한다)의 범위 안에서 전 과목 총득점의 고득점자순으로 합격자를 결정
일부면제자	매 과목 100점을 만점으로 하여 매 과목 40점 이상을 득점한 자 중 최종순위합격자의 합격점수(2차시험 일부면제자에 대하여는 과목별 난이도를 반영하여 일정 산식에 따라 산출되는 응시과목들의 평균점수를 합격점수로 한다) 이상 득점한 자를 합격자로 결정

※ 동점자로 인하여 선발예정인원을 초과하는 경우에는 해당 동점자 모두를 합격자로 합니다. 이 경우 동점자의 점수는 소수점 이하 둘째자리까지 계산합니다.

이 책의 차례

CONTENTS

법무사

민사집행법 · 상업등기법 및 비송사건절차법

[1권] 민사집행법

시대에듀

이 책의 차례

제2편 강제집행

이 책의 차례

PART

01

총 론

민사집행

CHAPTER 01

제1절 **민사집행의 의의**

Ⅰ 민사집행의 개념

① 민사집행이란 민법·상법 등 실체법에서 규정하고 있는 권리관계가 침해받게 될 경우 국가가 공권력의 행사를 통해 그 권리를 강제적으로 실현시키는 공법적 제도를 말한다.

② 실체법은 사람의 권리(의무)에 대하여 규정하고 있으나, 그러한 권리(의무)는 관념적·추상적이어서 의무자가 임의로 이행을 할 때에만 권리가 실현될 뿐 의무자가 임의적으로 이행하지 않거나 제3자에 의하여 침해당하고 있을 때에는 권리를 실현할 수 없다.

③ 민사집행은 이러한 권리의 침해가 발생할 경우 적법한 절차에 의해 국가의 공권력이 권리의 현실적 만족을 줌으로써 사법질서를 유지하는 한편, 국민의 권리를 보호해주는 제도라고 할 수 있다.

Ⅱ 민사구제절차의 종류

1. 권리의 확정절차

① 권리의 확정절차란 소송을 통해 권리관계를 확정하는 절차로 대표적인 절차가 판결절차이며, 여기에는 이행의 소, 형성의 소, 확인의 소가 있다. 이러한 절차를 민사소송절차라고 말한다.

② 수소법원이 관할한다.

2. 권리의 집행절차

① 권리의 집행절차란 판결절차를 통해 재판에서 승소한 권리자가 그 판결을 통해 얻은 집행권원을 근거로 하여 국가의 공권력을 통해 사실상 그 권리를 실현시키는 절차를 말한다. 이러한 절차를 강제집행절차라고 말한다.

② 집행법원이 관할한다.

3. 권리의 보전절차

① 권리의 보전절차란 권리자가 소송을 통해 권리를 보호받으려면 상당한 시간이 걸리기 때문에 그 사이에 채무자가 재산을 타인에게 처분하여 버리면 채권자가 승소판결을 받는다 할지라도 그 집행을 용이하게 할 수 없게 되므로 이를 막기 위하여 채무자로 하여금 재산을 처분하지 못하도록 사전에 예방하는 절차로 가압류절차와 가처분절차가 있다. 이러한 절차를 보전처분절차라고 말한다.

② 여기에는 소송절차와 집행절차가 결합되어 있다.

4. 판결절차와 집행절차의 분리

신속한 분쟁의 해결이라는 민사소송제도의 이상을 실현시키기 위하여 우리 법제가 법규의 관념적 형성절차인 판결절차와 법규의 사실적 형성절차인 집행절차를 분리하여 양자의 관할을 달리하고 있다.

Ⅲ 민사집행의 이상과 현실

1. 절차의 신속

① 집행기관은 집행권원·집행문·송달 등 형식적 요건을 갖춘 경우에는 집행할 권리가 실질적으로 존재하는지 여부를 고려함이 없이 곧바로 강제집행을 실시하게 된다.

② 자력구제를 금지하는 대신 국가가 신속하게 권리를 구제해주겠다는 의미이다.

2. 채권자의 권리 보호(평등주의의 수정)

① 채권자가 여러 명 있는 경우에는 집행목적물의 환가대금만으로는 채권자 전원을 만족시킬 수 없고, 채권자 평등주의 원칙에 따른다면 집행에 참가한 시간적 선후와 상관없이 모든 채권자를 채권액에 따라 안분·배당하여야 할 것이다.

② 채권자 평등주의를 엄격하게 적용한다면, 권리의 실현에 적극적인 채권자와 소극적인 채권자를 동등하게 취급하는 문제와 강제집행을 면탈하기 위하여 허위의 채권을 만들어 채권자의 권리실현을 방해하는 경우가 많게 된다.

③ 이러한 문제점에 대한 보완책으로 현행 민사집행법은 배당요구종기제도(제84조)를 도입하게 되었다.

④ 배당요구종기제도는 악질 채무자의 가장채권을 방지하기 위하여 배당요구를 최종의 매각기일까지 할 수 있었던 구 민사소송법과 달리 집행법원이 첫 매각기일 이전의 적당한 날로 배당요구의 종기를 정하도록 하여 그 이후에는 배당요구를 하지 못하도록 하는 제도이다.

3. 매수인의 보호

① 강제집행절차를 통해 매각된 목적물을 매수한 자는 보호받을 권리가 있다. 이를 위해 매각허가결정에 대한 항고이유서제출기한을 항고장 제출일로부터 10일 이내로 제한하는 항고이유서제출강제주의를 채택하였고, 모든 항고인에 대하여 매각대금의 1/10을 공탁하도록 하여 항고를 제한하고 있다.

② 구 민사소송법의 대금지급기일제도를 대금지급기한제도로 개선하여 매각허가결정 확정일로부터 1개월 이내로 대금지급기한을 정하도록 하였고(제142조), 부동산인도명령의 상대방을 확장하여 매수인에게 대항할 수 있는 권원을 가진 자 이외의 모든 점유자에게 인도명령을 발할 수 있게 하였으며, 인도명령을 발할 때에도 점유자를 심문하지 않아도 되는 예외를 확대시켰다(제136조).

4. 채무자의 보호

① 민사집행절차가 채권자의 권리 보호를 위한 강제적 제도이지만 이로 인하여 채무자의 생계가 곤란하거나 인격적 침해를 크게 받게 되면 문제가 된다.

② 민사집행법은 동산에 대한 집행절차에서 초과압류(제188조 제2항)와 무잉여압류(제188조 제3항)를 금지하는 한편, 야간 및 공휴일 집행을 제한하였다(제8조).

③ 압류금지물의 범위를 확대하였고(제195조), 압류금지채권의 대상을 명문으로 규정하였다.

④ 급료채권에 대하여는 급료의 1/2 한도에서 압류를 금지하게 하면서 압류금지액이 대통령령이 정하는 최저생계비에 미치지 아니하면 그 액수까지 압류를 금지하여 저임금근로자들의 생계를 보장하도록 하고 있다.

제2절 강제집행

I 의 의

민사집행법 제2편의 '강제집행'이란 채권자의 신청으로 국가의 집행기관이 채권자를 위하여 집행권원에 표시된 사법상의 이행청구권을 국가권력에 기하여 강제적으로 실현하는 법적 절차를 말한다.

1. '사법상'의 이행청구권

① 민사법상의 청구권에는 채권적 청구권뿐만 아니라 물권적 청구권, 또는 신분권·인격권 기타의 권리 침해에 기한 회복, 예방 등을 구하는 청구권도 포함된다.

② 그 내용은 작위, 부작위를 불문한다.

2. 사법상의 '이행청구권'

확인판결이나 형성판결은 그 확정에 의하여 기판력이나 형성력이 발생하여 그 판결을 구하는 목적이 달성되므로 새삼스럽게 강제집행을 할 필요는 생기지 아니한다. 따라서 이행판결만이 강제집행의 필요성이 있다.

3. 강제적 실현

① 강제집행은 채무자의 의사에 구애받지 아니하고 강제력을 행사하여 의무내용을 실현하거나 또는 특정의 방법을 사용하여 채무자에게 심리적 압박을 가함으로써 채무자로 하여금 부득이 협력하게 하여 의무내용을 실현하게 하는 것이다.

② 국가의 강제력을 사용함이 없이 재판에 기하여 그 내용에 적합한 일정상태를 실현할 수 있는 경우가 있다. 이는 특별규정에 의하여 당해 재판의 효력으로 행하여지는 것에 불과하며 국가의 강제력의 행사에 의한 이행청구권의 실현과는 관계가 없으므로 여기에서 말하는 강제집행에는 해당하지 아니한다.

4. 형식적 강제집행

벌금·과료·몰수·추징 등 재산형이나 과태료는 검사의 명령에 의하여 집행하고 검사의 이러한 집행명령은 집행력 있는 집행권원과 동일한 효력이 있으며 이에 관하여는 민사집행법의 규정이 적용 또는 준용된다(제60조).

5. 채권자의 집행 `신청`

이행청구권의 사실적 형성을 현실적으로 실시하는 강제집행권은 국가에게 있으나 채권자가 그 권리의 실현을 바라지 않는데도 국가가 직권으로 채무자를 강제하여 그 의무를 이행토록 할 수는 없으며, 채권자의 신청이 있을 때 비로소 개시된다.

Ⅱ 강제집행절차와 판결절차의 관계

① 판결절차는 권리 또는 법률관계의 존부의 확정 즉 청구권의 존부의 관념적 형성을 목적으로 하는 절차이고, 강제집행절차는 권리의 강제적 실현 즉 청구권의 사실적 형성을 목적으로 하는 절차이다.
② 판결절차는 그 성질상 심리의 공평·신중이 요청됨에 반하여 강제집행절차는 신속·확실한 실현과 채권자의 이익보호가 요청되기 때문에 양자는 별개 독립된 기관이 관장하는 독립된 절차이다.
③ 모든 강제집행에 판결절차가 반드시 선행하는 것은 아니다.
④ 모든 소송이 강제집행을 수반하는 것은 아니다.
⑤ 강제집행절차는 판결절차와 병행하여 진행될 수도 있다.
⑥ 집행을 계기로 하여 다시 판결절차가 발생하는 경우가 있다.

Ⅲ 유사제도

1. 파산 및 회생절차

파산 및 회생절차란 채무자의 채무액이 채무자의 일반재산을 초과하여 모든 채권자의 채권을 만족시킬 수 없는 경우에 총채권자를 위하여 채무자의 총재산에 대하여 실시하는 청구권의 실현을 말한다.

2. 체납처분(강제징수)

① 국민이 국세·지방세 기타 공과금을 체납할 경우 국가가 이를 징수하기 위하여 사안마다 민사소송절차를 진행할 수가 없다.
② 체납한 세금에 대하여 국가가 공권력에 의해 재판절차 없이 채무자의 재산에 대하여 강제적 매각을 통해 그 환가대금으로 세금을 징수하는 절차를 체납처분(강제징수)이라고 한다.

3. 질권의 직접 실행

동산질권의 경우 질물에 의한 간이변제충당(민법 제338조 제2항), 권리질권에 있어서의 질권의 목적이 된 채권의 직접청구(민법 제353조 등)의 방법으로 채권자가 강제집행절차를 거치지 않고 곧바로 채권의 목적을 실현할 수 있다.

I 집행의 대상을 기준으로 한 분류

1. 인적집행과 물적집행

① 인적집행이란 집행의 대상이 사람인 경우로서 고대사회에서 채무를 이행하지 아니한 채무자나 그의 가족을 노예로 매각하여 변제에 충당하거나 구금하여 노역에 종사하게 하거나 친척이나 친구로 하여금 대위변제하게 하는 등의 집행을 말한다.

② 물적집행이란 집행의 대상이 물건인 경우로 현재 모든 나라가 물적집행을 원칙으로 하고 있다.

2. 개별집행과 일반집행(채무자의 재산의 범위에 따른 구별)

개별집행은 채무자의 개개의 재산에 대하여 집행이 개별적으로 실시되는 것이며, 일반집행은 채무자의 전재산에 대하여 포괄적으로 실시되는 집행이다.

3. 동산집행과 부동산집행(채무자의 재산의 종류에 따른 구별)

민사집행법상의 동산은 민법상의 그것과는 달리 유체동산뿐만 아니라 채권 그 밖의 재산권도 포함하며 선박, 자동차, 건설기계, 항공기는 민법에서는 동산이지만 민사집행법에서는 등기할 수 있는 선박이나 등록된 자동차, 건설기계 등은 부동산에 준하여 취급된다(제172조, 제187조, 규칙 제108조 내지 제130조).

II 집행방법을 기준으로 한 분류

1. 직접강제, 대체집행, 간접강제(집행에 사용되는 강제수단에 의한 구별)

① 직접강제 : 집행권원의 내용을 집행기관의 행위에 의하여 직접으로 또 채무자의 협력 없이 실현하는 방법을 말하는데, 금전채권 기타 물적급부를 목적으로 하는 청구권(물건의 인도, 명도 등)의 집행에 적합하고, 채무자의 신체나 의사에 압박을 가하지 않고 실시되므로 강제수단으로서는 가장 타당한 방법이며 이 방법에 의할 수 있는 경우에는 다른 집행방법은 허용되지 아니한다.

② 대체집행 : 채무자로부터 비용을 추심하여 이로써 채권자 또는 제3자로 하여금 채무자를 대신하여 의무내용을 실현하게 하는 집행방법이다. 집행기관이 직접 실시하는 것은 적합하지 아니하나 채무자 자신에게 시키지 아니하더라도 채권자에게 동일한 만족을 줄 수 있는 대체적 작위의무의 위반에 대한 집행에 적당한 방법이다(제260조).

③ 간접강제 : 채무자에 대하여 배상의 지급을 명하거나 벌금을 과하거나 또는 채무자를 구금하는 등의 방법에 의하여 심리적 압박을 가함으로써 채무자로 하여금 채무를 이행케 하는 집행을 말한다(제261조 제1항). 채무자 자신의 행위에 의하지 않으면 목적을 달할 수 없는 부대체적 의무·부작위의무의 위반에 대한 강제집행방법으로 적합하다.

2. 본래적 집행과 대상적 집행

① **본래적 집행(원물집행)** : 구체적 청구권의 내용, 즉 채권자에게 귀속할 급부내용을 그대로 실현하는 집행방법이다. 채권자가 금전만족을 얻고자 할 경우에는 금전만족을, 목적물에 대한 인도 등의 만족을 얻고자 하는 경우에는 물건의 인도를 실현시키는 집행방법을 말한다.

② **대상적 집행(금전집행)** : 청구권의 종류·내용에 불구하고 반드시 금전급부의 형식으로 전환하여 실현하는 집행방법이다. 물건의 인도를 목적으로 하는 집행이 불능일 경우에 대비하여 금전으로 만족을 얻게 하는 집행방법을 말한다.

Ⅲ 집행의 효력을 기준으로 한 분류

1. 본집행과 가집행

① 본집행은 채권자에게 종국적 만족을 주는 집행이며, 가집행은 채권자에게 가정적, 잠정적 만족을 주는 데 불과한 집행으로서 상급심에서 가집행의 선고 또는 본안판결이 취소, 변경되면 바뀌는 한도에서 그 효력을 잃는다(민소법 제215조 제1항).

② 다만 본집행이나 가집행이나 모두 집행의 만족적 단계까지 도달(만족집행)함에는 차이가 없고 이 점에서 보전집행과 구별된다.

2. 만족집행과 보전집행

① **만족집행** : 청구권을 강제적으로 실현하여 채권자에게 종국적 만족을 주는 집행이다.

② **보전집행** : 직접 청구권의 실현을 목적으로 하지 않고 장래에 할 만족집행을 위하여 현상을 보전하는 것을 목적으로 하는 집행이다.

Ⅳ 실현될 권리를 기준으로 한 분류

1. 의 의

① 실현될 권리가 금전채권인 경우의 집행을 금전채권의 집행(금전집행)이라 하고, 비금전채권인 경우의 집행을 비금전채권의 집행(비금전집행)이라 한다.

② 민사집행법은 양자를 명백히 구별하여 규정하고 있으며 이 구별은 절대적이고 이를 무시하여 일방의 규정을 타방에 적용하는 것을 허용하지 않는다.

2. 금전집행과 비금전집행

① **금전집행** : 집행대상에 따라 부동산에 대한 집행, 선박 등에 대한 집행, 동산에 대한 집행으로 구분되고, 선박 등에 대한 집행은 선박에 대한 집행과 자동차, 건설기계 및 항공기에 대한 집행으로 세분되며, 동산집행은 다시 유체동산에 대한 금전집행(유체동산집행)과 채권과 그 밖의 재산권에 대한 금전집행(채권집행 또는 권리집행)으로 구별된다.

② 비금전집행 : 그 형태가 다양하기 때문에 금전집행과 같은 통일적인 구조를 가질 수 없는 한계가 있다. 실현될 청구권의 종류에 따라서 물건의 인도를 구하는 청구권의 집행과 작위(대체적, 부대체적 작위), 부작위, 의사표시를 구하는 청구권의 집행으로 나뉜다.

V 담보권 실행을 위한 경매(임의경매)

1. 의 의

① 국가의 공권력을 통해 저당권·질권·전세권·가등기담보권 등 담보권에 내재된 환가권을 실행하여 피담보채권의 만족을 얻는 절차를 말한다(제264조 이하). 그 실행에 집행권원을 요하지 아니하는 이러한 경매절차를 통틀어 강제경매에 대응하는 개념으로 임의경매라고 부른다.

② 저당권·질권·전세권·가등기담보권 등 담보물권의 실행을 위한 경매는 채권자가 자기 채권의 만족을 얻기 위하여 실행한다는 점에서 강제경매와 공통점을 가지므로 강제경매와 담보물권의 실행을 위한 경매를 실질적 경매라고 부르고, 이에 대응하여 재산의 가격보전 또는 정리를 위한 경매를 형식적 경매라고 부른다.

③ 다만 유치권은 담보물권의 일종으로서 유치권자는 채권을 변제 받기 위하여 경매를 신청할 권리를 갖지만(민법 제322조 제1항), 담보물권의 가장 중요한 속성인 우선변제권을 갖지 않으므로 질권이나 저당권 같은 전형적인 담보물권과는 다른 점이 있다.

2. 담보권자의 경매방법 선택

담보권자는 담보권의 실행을 직접 신청하여 경매를 진행할 수도 있고, 피담보채권에 대하여 집행권원을 얻어 강제집행신청을 하여 그 경제적 만족을 얻을 수도 있고, 다른 채권자의 경매신청으로 담보목적물이 압류가 된 경우에 그 집행절차에 참가하여 매각대금에서 우선변제권자로서 배당을 받아 채권의 만족을 얻을 수 있다.

3. 형식적 경매의 종류

공유물 분할을 위한 경매	현물분할이 어려운 경우 공유물 분할을 위한 경매(민법 제269조 제2항), 상속재산의 분할을 위한 경매(민법 제1013조 제2항)
자조매각	특정물의 인도의무를 부담하는 자가 그 인도의무를 면하기 위하여 물건을 금전으로 환가하는 것을 목적으로 경매를 신청하는 경우(민법 제490조, 민사집행법 제258조 제6항).
타인의 권리를 상실시키는 경매	어떤 물건에 대한 타인의 권리를 상실시키는 것 자체를 직접적인 목적으로 하여 그 권리에 대한 경매를 인정하는 경우
청산을 위한 경매	어떤 범위의 재산을 한도로 하여 각 채권자에 대하여 채권액의 비율에 따라 일괄하여 변제하기 위하여 청산을 목적으로 당해 재산을 환가하는 것으로서, 민법 제1037조[1], 민법 제1051조 제3항에 정한 경매

---

1) 민법 제1037조에 근거하여 민사집행법 제274조에 따라 행하여지는 상속재산에 대한 형식적 경매는 한정승인자가 상속재산을 한도로 상속채권자나 유증받은 자에 대하여 일괄하여 변제하기 위하여 청산을 목적으로 당해 재산을 현금화하는 절차이므로, 제도의 취지와 목적, 관련 민법 규정의 내용, 한정승인자와 상속채권자 등 관련자들의 이해관계 등을 고려할 때 일반채권자인 상속채권자로서는 민사집행법이 아닌 민법 제1034조, 제1035조, 제1036조 등의 규정에 따라 변제받아야 한다고 볼 것이고, 따라서 그 경매에서는 일반채권자의 배당요구가 허용되지 아니한다(대판 2013.9.12. 2012다33709).

Ⅵ 보전처분절차

① 보전처분절차는 보전명령을 받기까지의 보전소송절차와 보전명령을 집행권원으로 한 보전집행절차로 구분된다.

② 민사집행법은 가압류의 집행에 관하여 특별한 규정이 없는 한 강제집행에 관한 규정을 준용하고 있고(제291조), 가처분절차에는 가압류절차에 관한 규정을 준용(제301조)함으로써 가처분의 집행도 강제집행에 관한 규정을 준용하고 있다.

집행권원

제1절   서 설

Ⅰ 집행권원의 의의 및 제도적 기능

1. 의 의

① 집행권원 : 일정한 사법(私法)상의 이행청구권의 존재 및 범위를 표시하고 그 청구권에 집행력을 부여한 공증의 문서를 말한다. 실체법상의 권리관계에 대하여 사인(私人) 간에 분쟁이 있는 경우, 채권자로서는 집행권원을 부여받게 되면 사법상의 이행청구권의 존재와 그 범위를 공적으로 인정받게 되어 집행청구권을 행사할 수 있는 근거를 확보하게 된다.

② 담보권실행절차를 제외한 통상의 민사집행절차를 위해서는 집행권원과 집행문이 있어야 한다.

③ 집행문이 붙어 있는 집행권원을 집행력 있는 정본 또는 집행정본이라고 한다.

④ 집행권원이야말로 민사집행에 있어서 가장 기초가 되는 요건이다.

2. 제도적 기능

① 집행권원 제도를 두고 있는 주된 이유는 신속한 분쟁해결을 위해서이다. 이처럼 집행절차를 판결절차로부터 분리·독립한 별도의 절차로 하고, 담당기관도 별개로 한 이유는 집행단계에서 실체적 권리관계의 존부에 대한 심판을 배제함으로써 신속한 강제집행을 실현할 수 있기 때문이다.

② 집행기관은 집행문이 붙어 있는 집행권원의 존재만 확인되면 곧바로 강제집행을 실시할 수 있다.

③ 즉, 집행기관은 집행권원에 나타난 실체법상의 청구권에 대하여는 더 이상 판단할 권한 및 의무가 없으며, 오로지 집행력 있는 정본에 의한 강제집행만 실행하면 된다.

Ⅱ 집행권원의 내용

1. 의의

① 집행권원은 집행당사자와 사법상 이행청구권의 내용과 범위를 확정한다.

② 비금전채권의 경우에는 집행의 대상도 특정하여 표시한다.

2. 집행당사자

① 집행권원은 집행당사자적격을 가진 자의 범위를 정하며 그러한 자 중 특정인을 위하여 또는 그 자에 대하여 집행문이 부여됨에 의하여 집행당사자가 확정된다.

② 집행권원(집행문)에 표시되어 있지 아니한 자 또는 그 승계인이 아닌 자를 위하여 또는 그 자에 대하여 한 강제집행은 무효이다.

3. 사법상 이행청구권의 내용 및 범위

① 이행청구권의 표시 : 집행권원은 일정한 사법상의 이행청구권을 표시하지 않으면 안 되므로 그러한 표시가 없는 형성판결이나 확인판결은 집행권원으로 되지 않는다.

② 이행청구권의 내용 : 집행권원은 급부의무를 내용으로 해야 하고 그 급부의 내용은 가능·특정·적법하며 강제이행을 할 수 있어야 한다.

   ㉠ 급부가 집행 당시에 객관적으로 불능이면 집행불능으로 된다.

   ㉡ 급부의 내용 자체가 부적법하거나 사회질서에 반하는 것일 때에는 잘못하여 판결로 그러한 급부를 명하였다 하더라도 무효이므로 집행할 수 없다(예 근육 1kg의 절단인도를 명하는 판결은 집행할 수 없다).

   ㉢ 급부 내용 자체가 부적법한 것이 아니면 그 원인이 불법이라 하더라도 집행은 가능하다. 왜냐하면 집행기관은 급부의 원인의 당부를 판단할 수 없기 때문이다.

③ 이행청구권의 범위

   ㉠ 집행권원에 표시된 바에 의하여 이행청구권의 범위의 최대 한도가 정하여진다.

     ㉮ 실체상으로는 집행권원에 표시된 금액 이상의 채권이 있다 하여도 집행권원에 표시되지 아니한 초과부분에 대하여는 집행할 수 없다.

     ㉯ 약속어음 공정증서상의 집행인낙의 범위에 어음금액만이 기재가 된 경우에 위 금액에 대한 법정이자는 강제경매신청서상의 청구금액에 포함이 될 수가 없다(대결 1994.5.13. 94마542).

   ㉡ 집행권원에 표시된 액수라 하여도 그 금액만큼을 집행할 수 없는 경우도 있다. 예컨대, 10,000,000원의 지급을 명한 제1심 판결에 대하여 피고가 항소하였는데, 항소심에서 원고가 7,000,000원을 구하는 것으로 청구를 감축한 결과 항소가 기각되었다면, 집행권원으로 되는 것은 여전히 제1심 판결이고 그 판결에 형식상 표시되어 있는 것은 10,000,000원이라 하여도 집행할 수 있는 금액은 7,000,000원에 한하고, 이때에는 집행문부여를 함에 있어서 집행문에 집행이 가능한 범위를 적어야 한다(규칙 제20조 제1항).

4. 집행의 대상

① 금전집행(금전채권의 집행)

　　㉠ 금전집행의 경우에는 원칙적으로 채무자의 일반재산을 집행의 대상으로 한다. 따라서 집행의 대상이 표시되지 아니한다. 다만, 한정승인과 같은 유한책임이 있는 채무의 경우에는 유한책임의 취지가 집행권원에 표시되어야 한다(책임재산의 표시).

　　㉡ 유한책임의 문제는 집행제한과는 달리 실체법상의 관계이므로 집행기관이 조사할 사항이 아니고 따라서 집행권원에 한정의 표시가 없는 한 집행기관이 책임재산 외의 재산에 대하여 집행을 하여도 위법은 아니다.

　　㉢ 유한책임의 취지가 집행권원에 명기되어 있음에도 불구하고 채무자의 고유재산에 대하여 집행을 한 때에는 채무자는 제3자이의의 소를 제기할 수 있다(대결 2005.12.19. 2005그128).

　　㉣ 변론종결 전 상속인이 한정승인을 하고서도 항변을 하지 아니함으로써 책임재산의 유보 없는 판결이 확정된 경우 집행단계에서 채무자는 위 한정승인 사실을 내세워 청구이의의 소를 제기할 수 있다(대판 2006.10.13. 2006다23138).

② 비금전집행(비금전채권의 집행) : 비금전집행의 경우에는 집행권원에 집행의 대상이 표시되어 있어야 한다.

Ⅲ 이행청구권과 실체관계의 불일치

① 집행권원 성립 후에 변제, 면제 등 실체관계의 변동으로 집행권원에 표시된 이행청구권과 실체관계가 일치하지 않게 된 경우에도 집행권원의 효력이 당연히 소멸되는 것은 아니다.

② 따라서 채권자는 그러한 집행권원을 가지고 강제집행을 신청할 수 있고, 집행기관도 청구권의 현존 유무를 고려함이 없이 집행권원 그대로 강제집행을 실시할 수 있으며, 그에 기한 집행이 위법한 것으로 될 수도 없다.

③ 다만, 이행청구권이 존재하지 않는 경우에까지 집행권원의 효력을 지속하게 할 수는 없으므로 채무자는 집행이 종료되기 전까지 청구이의의 소(제44조)를 제기하여 집행권원의 집행력을 배제할 수 있고, 집행이 종료된 후라면 채무자 또는 제3자는 부당이득 또는 손해배상에 의하여 구제받을 수 있을 것이다.

Ⅳ 집행권원의 효력 상실

① 확정판결이 재심에 의해 취소되거나 가집행선고부 판결이 상소심에서 가집행선고만을 변경하거나 원심의 본안판결을 변경한 경우에는 그 한도에서 집행권원으로서 효력을 상실한다.

② 확정된 종국판결에 터잡아 경매절차가 진행된 경우 그 뒤 그 확정판결이 재심소송에서 취소되었다고 하더라도 그 경매절차를 미리 정지시키거나 취소시키지 못한 채 경매절차가 계속 진행된 이상 매각대금을 완납한 매수인은 경매 목적물의 소유권을 적법히 취득한다(대판 1996.12.20. 96다42628). 기출 22

③ 가집행선고부판결에 기한 강제경매 후에 상소심 판결에 의하여 가집행선고의 효력이 소멸되거나 집행채권의 존재가 부정된다 하더라도 그에 앞서 이미 완료된 집행절차나 이에 기한 매수인의 소유권취득에는 아무런 영향을 미치지 아니한다(대판 1993.4.23. 93다3165 등).

④ 제1심판결이 한 가집행의 선고가 그 판결을 취소한 항소심판결의 선고로 인하여 효력을 잃었다 하더라도 그 항소심판결을 파기하는 상고심판결이 선고되었다면 가집행선고의 효력은 다시 회복된다(대결 1993.3.29. 93마246). **기출** 16

제2절 집행권원의 종류

I 서 설

1. 집행권원의 인정

① 어떠한 문서를 집행권원으로 인정할 것인지는 입법정책의 문제이다.

② 구체적으로 어떠한 증서가 집행권원으로 되는가는 민사집행법 기타의 법률에 정하여져 있다.

2. 민사집행법과 민사소송법에 규정된 집행권원

판 결	판결 이외의 집행권원
• 확정된 종국판결 • 가집행의 선고가 있는 종국판결 • 외국법원의 판결에 대한 집행판결	• 소송상 화해조서 • 청구의 인낙조서 • 항고로만 불복할 수 있는 재판(인도명령) • 확정된 지급명령 • 집행증서(공정증서) • 가압류명령, 가처분명령 • 과태료의 재판에 대한 검사의 집행명령 • 확정된 화해권고결정

3. 민사집행법과 민사소송법 이외의 법률에 규정된 집행권원

- 소액사건심판법에 의해 확정된 이행권고결정
- 중재판정에 대한 집행판결
- 조정조서와 조정에 갈음하는 결정
- 비송사건절차법상의 과태료의 재판에 대한 검사의 명령
- 벌금, 과료, 몰수, 추징, 과태료, 소송비용, 비용배상 또는 가납의 형사재판에 대한 검사의 명령

Ⅱ 확정된 종국판결

> **민사집행법 제24조(강제집행과 종국판결)**
> 강제집행은 확정된 종국판결이나 가집행의 선고가 있는 종국판결에 기초하여 한다.

1. 의 의

확정된 종국판결이란 법원에 의한 판결이 상소기간 등의 도과로 형식적으로 확정됨으로써 통상의 불복방법으로는 더 이상 다툴 수 없는 상태의 종국적인 판결을 말한다.

2. 판결의 확정

① 판결의 확정의 정의 : 판결이 확정된다는 의미는 당해 심급에서 통상적인 방법으로는 더 이상 판결의 취소나 변경을 구하는 불복신청을 할 수 없다는 것을 의미한다.
② 판결은 확정되어야 효력(기판력, 집행력 등)이 발생한다.
③ 형식적으로 확정되게 되면 기판력으로 인해 추완상소나 재심의 방법이나 정기금판결 변경의 소에 의한 방법에 의하지 않고는 판결의 내용을 변경할 수 없다.

3. 확정시기

① 상소가 허용되지 않는 판결에 대하여는 그 판결 선고 시에 확정된다.
② 상소가 허용되는 판결은 당사자가 상소기간[판결서가 송달된 날로부터 2주일(민소법 제396조, 제425조)]을 도과한 경우에 확정된다.

4. 판결의 확정증명

종국판결의 확정은 확정증명서에 의하여 증명된다.

5. 종국판결

① 종국판결의 정의
  ㉠ 3심제의 판결절차 중 하나의 심급에서 소송의 전부(또는 일부)를 종결시키는 판결을 말한다.
  ㉡ 전부판결, 일부판결, 추가판결이 포함된다.
  ㉢ 그러나 중간판결은 종국판결이 아니므로 집행권원으로 되지 않는다.
② 종국판결 중에서도 이행판결만이 집행권원이 된다. 소각하의 소송판결은 물론 확인(청구기각의 판결도 포함한다) 또는 형성판결도 집행권원으로 되지 않는다.
③ 1심판결을 유지한 항소심의 항소기각판결이 있는 경우에는 1심판결이 집행권원으로 된다.

6. 확정판결의 취소

① 확정판결이 상소의 추후보완(민소법 제173조 제1항), 재심(민소법 제451조 제1항)에 의하여 취소되면 그것은 판결로서의 효력을 상실하여 집행권원으로 되지 않는다.

② 상소의 추후보완신청이나 재심청구가 있더라도 그 취소가 될 때까지는 판결의 집행은 정지되지 않고, 다만 법원은 신청에 의하여 집행의 일시정지 또는 실시한 강제집행처분의 취소 등을 명할 수 있다(민소법 제500조 제1항).

Ⅲ 가집행 선고부 종국판결

1. 의 의

① 원칙적으로 이행판결은 확정되어야 집행력이 생긴다.

② '가집행 선고부 종국판결'이란 법원이 판결을 선고함에 있어 판결이 확정되기 전이라도 강제집행을 할 수 있는 집행력을 부여한 종국판결을 말한다.

2. 요 건

① 재산상의 청구

  ㉠ 재산권의 청구에 관한 판결은 가집행의 선고를 붙이지 아니할 상당한 이유가 없는 한 (당사자의 신청 유·무를 불문하고) 직권으로 담보를 제공하거나, 제공하지 아니하고 가집행을 할 수 있다는 것을 선고하여야 한다. 다만, 어음금·수표금 청구에 관한 판결에는 담보를 제공하게 하지 아니하고 가집행의 선고를 하여야 한다(민소법 제213조 제1항). **기출** 13

  ㉡ 민법상의 재산분할청구권은 이혼을 한 당사자의 일방이 다른 일방에 대하여 재산분할을 청구할 수 있는 권리로서 이혼이 성립한 때에 그 법적 효과로서 비로소 발생하는 것이므로, 당사자가 이혼이 성립하기 전에 이혼소송과 병합하여 재산분할의 청구를 하고, 법원이 이혼과 동시에 재산분할을 명하는 판결을 하는 경우에도 이혼판결은 확정되지 아니한 상태이므로, 그 시점에서 가집행을 허용할 수는 없다(대판 1998.11.13. 98므1193).

② 이행판결

  ㉠ 이행판결에만 가집행선고가 가능하고 특별한 규정이 없으면 확인판결이나 형성판결에는 가집행선고를 할 수 없다.

  ㉡ 이행판결이지만 의사진술을 명하는 판결(등기절차의 이행을 명하는 판결)은 확정되어야만 의사의 진술이 있는 것으로 간주되기 때문에 가집행선고를 붙일 수 없다.

  ㉢ 선고와 동시에 확정되는 상고심판결은 성질상 가집행선고를 붙일 수 없다. 또한 판결확정일 이후에 이행기 도래가 예상되는 장래이행판결 등의 경우에도 성질상 가집행선고를 붙일 수 없다.

3. 가집행(면제)선고의 효과

① 가집행선고

    ㉠ 가집행선고에 의하여 종국판결은 즉시로 집행력이 발생한다. 가집행선고부 판결에 기초한 강제집행을 위하여는 집행문을 부여받아야 한다. 기출 13

    ㉡ 담보를 조건으로 하는 가집행의 선고에 있어서의 담보의 제공은 '집행문 부여의 요건'은 아니고 단지 '집행개시의 조건'에 지나지 아니하므로 담보를 제공하기 전이라도 집행문을 부여할 수 있다(제30조 제2항, 제40조 제2항). 기출 13

    ㉢ 가집행의 선고에 기한 집행력은 상소가 있어도 정지되지 아니한다. 집행력의 배제를 위하여는 청구이의 소를 제기할 것이 아니라 그 판결에 대한 상소를 제기하여 신청에 의한 강제집행정지의 결정을 받아야 한다(민소법 제501, 제500조의 준용). 즉 상소제기와 별도로 강제집행정지신청을 하여야 한다(대결 2006.4.14. 2006카기62).

> 가집행선고부 제1심판결 중 항소심판결에 의하여 취소된 부분의 가집행선고는 항소심판결의 선고로 인하여 그 효력을 잃고(민사소송법 제215조 제1항), 항소심판결의 정본을 집행법원에 제출함으로써 이 부분에 관한 강제집행을 정지할 수 있으므로, 별도로 강제집행정지신청을 할 이익이 없어 이 부분 신청은 부적법하다(대결 2006.4.14. 2006카기62). 기출 25

② 가집행면제선고

    ㉠ 가집행의 선고 중에는 '채무자가 담보를 제공한 때에는 가집행을 면제받을 수 있다는 취지'의 기재가 있는 경우(민소법 제213조 제2항), 실제로 채무자가 담보를 제공한 때에도 이는 집행문부여의 장애로 되지는 않고 집행의 정지, 취소사유로 될 뿐이다(제49조 제3호, 제50조 제1항).

    ㉡ 피고가 담보를 제공하고 가집행을 면할 수 있다는 내용의 선언을 한 판결에 있어, 피고가 그 판결에서 명한 담보를 제공한 증명서를 집행문부여기관인 법원사무관 등에게 제시하였더라도, 원고가 그 판결에 대한 집행문부여 신청을 하면 집행문을 내어 주어야 한다. 기출 13

4. 가집행의 선고의 실효

① 가집행의 선고는 상소심에서 그 선고 또는 본안판결을 바꾸는 판결의 선고에 의하여 그 한도에서 당연히 효력을 잃으며 집행력도 소멸한다(민소법 제215조 제1항).

② 피고는 그 재판의 정본을 집행기관에 제출하여 집행의 정지 또는 집행처분의 취소를 청구할 수 있다(제49조 제1호, 제50조 제1항).

③ 상소심의 판결에 의하여 가집행의 효력이 소멸하기에 앞서 이미 집행절차가 완료된 경우에는 집행처분을 취소할 여지가 없으므로 이미 이루어진 집행처분의 효력은 아무런 영향을 받지 아니한다(대결 1961.2.4. 4293민항409).

> • 제1심판결에 붙은 가집행선고는 그 본안판결을 변경한 항소심판결에 의하여 변경의 한도에서 효력을 잃게 되지만 그 실효는 변경된 그 본안판결의 확정을 해제조건으로 하는 것이어서 그 항소심판결을 파기하는 상고심판결이 선고되면 가집행선고의 효력은 다시 회복된다. → 집행권원인 가집행의 선고가 있는 제1심판결에 의하여 다시 집행을 속행할 수 있다(대결 1999.12.3. 99마2078[전합]). 기출 19

- 제1심에서 가집행선고부 승소판결을 받아 그 판결에 기해 강제경매를 신청한 다음 항소심에서 조정(조정에 갈음하는 결정 포함) 내지 화해가 성립한 경우, 제1심판결 및 가집행선고의 효력은 조정 내지 화해에서 제1심판결보다 인용 범위가 줄어든 부분에 한하여 실효되고 나머지 부분에 대하여는 여전히 효력이 미친다(대결 2011.11.10. 2011마1482). 기출 22

5. 관련문제

① 가집행으로 인한 변제의 효력은 확정적인 것이 아니고 어디까지나 상소심에서 그 가집행의 선고 또는 본안판결이 취소되는 것을 해제조건으로 하여 발생하는 것에 지나지 않으므로, 제1심 가집행선고부 판결에 기하여 피고가 그 가집행선고금액을 지급하였다 하더라도 항소심 법원으로서는 이를 참작함이 없이 당해 청구의 당부를 판단하여야 한다(대판 1993.10.8. 93다26175). 기출 13

② 가집행선고부 종국판결에 대하여는 청구이의의 소를 제기할 수 없다.

③ 재산명시신청, 채무불이행자명부등재신청, 재산조회신청은 가집행선고부 종국판결을 집행권원으로 하여서는 신청할 수 없다(제61조 제1항 단서, 제70조 제1항 제1호 단서, 제74조).

Ⅳ 외국재판과 집행판결

민사집행법 제26조(외국재판의 강제집행)

① 외국법원의 확정판결 또는 이와 동일한 효력이 인정되는 재판(이하 "확정재판등"이라 한다)에 기초한 강제집행은 대한민국 법원에서 집행판결로 그 강제집행을 허가하여야 할 수 있다. 기출 25 · 21

② 집행판결을 청구하는 소는 '채무자'의 보통재판적이 있는 곳의 지방법원이 관할하며, 보통재판적이 없는 때에는 민사소송법 제11조의 규정에 따라 채무자에 대한 소를 관할하는 법원[청구의 목적 또는 담보의 목적이나 압류할 수 있는 채무자의 재산이 있는 곳의 지방법원(註)]이 관할한다. 기출 22

민사집행법 제27조(집행판결)

① 집행판결은 재판의 옳고 그름을 조사하지 아니하고 하여야 한다. 기출 21

② 집행판결을 청구하는 소는 다음 각 호 가운데 어느 하나에 해당하면 각하하여야 한다.
   1. 외국법원의 확정재판등이 확정된 것을 증명하지 아니한 때
   2. 외국법원의 확정재판등이 민사소송법 제217조의 조건을 갖추지 아니한 때

민사집행법 제26조 제1항은 "외국법원의 확정판결 또는 이와 동일한 효력이 인정되는 재판(이하 '확정재판 등'이라고 한다)에 기초한 강제집행은 대한민국 법원에서 집행판결로 그 강제집행을 허가하여야 할 수 있다."라고 규정하고 있다. 여기서 정하여진 집행판결제도는, 재판권이 있는 외국의 법원에서 행하여진 판결에서 확인된 당사자의 권리를 우리나라에서 강제적으로 실현하고자 하는 경우에 다시 소를 제기하는 등 이중의 절차를 강요할 필요 없이 외국의 판결을 기초로 하되 단지 우리나라에서 판결의 강제실현이 허용되는지만을 심사하여 이를 승인하는 집행판결을 얻도록 함으로써 권리가 원활하게 실현되기를 원하는 당사자의 요구를 국가의 독점적·배타적 강제집행권 행사와 조화시켜 그 사이에 적절한 균형을 도모하려는 취지에서 나온 것이다. 이러한 취지에 비추어 보면, 위 규정에서 정하는 '외국법원의 확정재판 등'이라고 함은 재판권을 가지는 외국의 사법기관이 그 권한에 기하여 사법상의 법률관계에 관하여 대립적 당사자에 대한 상호 간의 심문이 보장된 절차에서 종국적으로 한 재판으로서 구체적 급부의 이행 등 강제적 실현에 적합한 내용을 가지는 것을 의미한다(대판 2017.5.30. 2012다23832).

1. 의 의

집행판결은 외국법원의 판결 및 중재판정에 관하여 이에 기한 강제집행을 할 수 있음을 선언하는 판결이다(제26조 제1항, 중재법 제37조 제1항).

- 민사집행법 제26조 제1항에서 정하는 '외국법원의 판결'이라고 함은 재판권을 가지는 외국의 사법기관이 그 권한에 기하여 사법상(私法上)의 법률관계에 관하여 대립적 당사자에 대한 상호 간의 심문이 보장된 절차에서 종국적으로 한 재판으로서 구체적 급부의 이행 등 그 강제적 실현에 적합한 내용을 가지는 것을 의미하고, 그 재판의 명칭이나 형식 등이 어떠한지는 문제되지 아니한다(대판 2010.4.29. 2009다68910). 기출 19
- 집행판결은 외국중재판정에 대하여 집행력을 부여하여 우리나라 법률상 강제집행절차로 나아갈 수 있도록 허용하는 것으로서 변론종결 시를 기준으로 집행력의 유무를 판단하는 재판이다(대판 2018.11.29. 2016다18753). 기출 21
- 집행판결을 청구하는 소도 소의 일종이므로 통상의 소송에서와 마찬가지로 당사자능력 등 소송요건을 갖추어야 한다(대판 2015.2.26. 2013다87055). 기출 21

2. 심 리

심리의 대상은 외국판결이 민사소송법 제217조에 정한 요건을 모두 갖추었는가의 여부이고, 외국법원의 재판의 옳고 그름이 아니다(제27조 제1항).

3. 판 결

심리결과 집행판결청구의 소가 이유 있다고 인정될 때에는 그 외국판결(또는 중재판정)을 명시하여 집행할 수 있음을 선언하는 집행판결을 한다.

- 위 당사자 사이의 ○○국 ○○법원 ○○호 ○○사건에 관하여 위 법원이 20××. ××. ××. 선고한 판결에 기한 강제집행을 허가한다.
- 소송비용은 피고가 부담한다.
- 제1항은 가집행할 수 있다.

4. 집행판결에 의한 집행

① 집행판결은 가집행의 선고가 있든가 확정된 후에 집행권원이 된다.
② 다만, 일반판결과 같이 집행문의 부여가 있어야 한다.

> 외국 중재판정은 확정판결과 동일한 효력이 있어 기판력이 있으므로 대상이 된 청구권의 존재가 확정되고, 집행판결을 통하여 집행력을 부여받으면 우리나라 법률상의 강제집행절차로 나아갈 수 있게 된다(대판 2018.12.13. 2016다49931). 기출 21

Ⅴ 집행증서

> **민사집행법 제59조(공정증서와 집행)**
> ① 공증인이 작성한 증서의 집행문은 그 증서를 보존하는 공증인이 내어 준다.
> ② 집행문을 내어 달라는 신청에 관한 공증인의 처분에 대하여 이의신청이 있는 때에는 그 공증인의 사무소가 있는 곳을 관할하는 지방법원 단독판사가 결정으로 재판한다. **기출** 17
> ③ 청구에 관한 이의의 주장에 대하여는 제44조 제2항의 규정을 적용하지 아니한다.
> ④ 집행문부여의 소, 청구에 관한 이의의 소 또는 집행문부여에 대한 이의의 소는 채무자의 보통재판적이 있는 곳의 법원이 관할한다. 다만, 그러한 법원이 없는 때에는 민사소송법 제11조의 규정에 따라 채무자에 대하여 소를 제기할 수 있는 법원이 관할한다.
>
> **공증인법 제56조의3(건물·토지·특정동산의 인도 등에 관한 법률행위의 공증 등)**
> ① 공증인은 건물이나 토지 또는 대통령령으로 정하는 동산[특정동산(註)]의 인도 또는 반환을 목적으로 하는 청구에 대하여 강제집행을 승낙하는 취지를 기재한 공정증서를 작성할 수 있다. 다만, 임차건물의 인도 또는 반환에 관한 공정증서는 임대인과 임차인 사이의 임대차 관계 종료를 원인으로 임차건물을 인도 또는 반환하기 전 6개월 이내에 작성되는 경우로서 그 증서에 임차인에 대한 금원 지급에 대하여도 강제집행을 승낙하는 취지의 합의내용이 포함되어 있는 경우에만 작성할 수 있다. **기출** 19
> ② 제1항에 따른 공정증서 작성을 촉탁할 때에는 어느 한 당사자가 다른 당사자를 대리하거나 어느 한 대리인이 당사자 쌍방을 대리하지 못한다. **기출** 16
> ③ 제1항에 따른 공정증서는 「민사집행법」 제56조에도 불구하고 강제집행의 집행권원으로 본다.
> ④ 제3항에 따라 집행권원으로 보는 증서에 대한 집행문은 그 증서를 보존하는 공증인이 그 공증인의 사무소가 있는 곳을 관할하는 지방법원 단독판사의 허가를 받아 부여한다. 이 경우 지방법원 단독판사는 허가 여부를 결정하기 위하여 필요하면 당사자 본인이나 그 대리인을 심문할 수 있다.

1. 의 의

① 공증인이 일정한 금액의 지급이나 대체물(또는 유가증권)의 일정한 수량의 급여를 목적으로 하는 청구에 관하여 작성한 것으로 채무자가 강제집행을 승낙한 취지의 기재가 있는 공정증서를 집행증서[2]라고 한다(제56조 제4호 등).

② 집행증서에는 공증인 등이 '건물이나 토지' 또는 '대통령령으로 정하는 동산'[특정동산(註)]의 인도 또는 반환을 목적으로 하는 청구에 대하여 강제집행을 승낙하는 취지를 기재하여 작성한 공정증서도 포함한다. **기출** 19

③ 건물·토지·특정 동산의 인도 등에 관한 집행증서 작성을 촉탁할 때에는 어느 한 당사자가 다른 당사자를 대리하거나 어느 한 대리인이 당사자를 쌍방을 대리하지 못한다(공증인법 제56조의3 제2항). **기출** 16

④ 공증인 등은 집행증서를 작성한 날로부터 7일(건물이나 토지의 인도 또는 반환에 관한 집행증서의 경우에는 1월)이 지나지 아니하면 집행문을 부여할 수 없는데(공증인법 제56조의4 제1항), 공증인 등이 집행증서에 적힌 양쪽 당사자 또는 그 대리인의 촉탁을 받아 채무의 전부 변제 사실이나 계약의 전부 해소사실을 증서의 원본에 부기한 경우(공증인법 제35조의2 제1항)에는 집행문을 부여할 수 없다(공증인법 제56조의4 제2항).

---

2) 집행증서는 어음·수표에 부착하여 작성되는 경우가 많다(약속어음공정증서). 이와 달리 금전소비대차공정증서도 있다.

2. 집행증서의 효력

① 집행력

㉠ 집행증서는 위 요건을 갖추면 집행권원이 되어 집행력이 있다. 채권자는 집행증서에 공증인으로부터 집행문을 부여받아 판결절차 없이도 강제집행에 착수할 수 있다.

> 강제집행에 있어서 채권자가 채무자에 대하여 가지는 집행채권의 범위는 채무명의에 표시된 바에 의하여 정하여지므로, 채무명의, 즉 집행력 있는 공정증서정본상 차용원금채권 및 이에 대한 그 변제기까지의 이자 이외에 변제기 이후 다 갚을 때까지의 지연손해금채권에 대하여는 아무런 표시가 되어 있지 않는 한 그 지연손해금채권에 대하여는 강제집행을 청구할 수 없다(대판 1994.5.13. 94마542). **기출** 19

㉡ 다만, 임차인 보호를 위하여 '임차건물의 인도 또는 반환에 관한 집행증서'는 임대차 관계 종료를 원인으로 임차건물을 인도 또는 반환하기 전 6개월 이내에, 나아가 임차인에 대한 보증금 반환도 함께 이루어지도록 그 금원지급에 대하여도 강제집행을 승낙하는 취지의 합의내용이 포함되어 있는 경우에만 작성할 수 있도록 하는 한편, 건물·토지·특정동산의 인도 등에 관한 집행증서의 집행문은 '법원의 허가'를 받아 부여하도록 하였다.

② 기판력

㉠ 집행증서에는 기판력이 없다. 따라서 집행증서에 기재된 청구가 당초부터 불성립 또는 무효인 경우(집행증서 성립 이전의 실체적 무효사유)에도 청구이의의 소로 다툴 수 있다(제59조 제3항, 집행증서에는 민사집행법 제44조 제2항을 적용하지 않음). **기출** 17

㉡ 집행증서에 기판력이 없으므로 채권자는 집행증서 있는 청구권에 관하여도 확인 또는 이행의 소를 제기할 수 있다.

3. 집행증서의 하자와 그에 대한 불복

① 의 의

㉠ 집행증서가 형식적 또는 실체적 요건을 구비하지 못한 경우에는 종국적으로 정당한 집행권원으로서 인정받지 못한다.

㉡ 그러나 형식적 요건의 하자와 실체적 요건의 하자가 있는 경우의 그 의미가 다르다.

② 형식적 하자

㉠ 집행증서가 형식적 요건(집행증서의 요건)을 갖추지 못한 경우에 집행증서는 무효가 된다.

㉡ 이러한 증서에 대하여는 집행문을 내어줄 수 없는 것이나, 만일 집행문을 내어 준 경우에는 채무자는 집행문부여에 대한 이의로써 다툴 수 있다(제34조, 제59조 제2항).

③ 실체적 하자

㉠ 실체적 하자란 집행증서에 나타난 사법상 이행청구권(청구권의 발생원인인 법률행위)에 무효 또는 취소의 원인이 있는 것을 말한다.

㉡ 형식적 하자와는 달리 집행증서에 기재된 청구권이 실체법상 불성립 또는 무효라고 하여도 집행증서가 형식적 요건을 구비하고 있는 한 집행력이 있으므로 청구이의의 소에 의해 집행력이 배제되지 않는 한, 그 집행증서는 유효하다.

- 청구이의의 소는 집행권원이 가지는 집행력의 배제를 목적으로 하는 것으로서 청구이의의 소의 판결이 확정되더라도 당해 집행권원의 원인이 된 실체법상 권리관계에 관하여 기판력이 미치지 않으므로, 채무자가 채권자에 대하여 채무부담행위를 하고 그에 관하여 강제집행승낙문구가 기재된 공정증서를 작성하여 주었으나, 그 공정증서에 관한 청구이의의 소를 제기하지 않고 그 공정증서의 작성원인이 된 채무에 관하여 채무부존재확인의 소를 제기한 경우 채무자의 목적이 오로지 공정증서의 집행력 배제에 있다고 할 수 없는 이상 청구이의의 소를 제기할 수 있다는 사정만으로 채무부존재확인소송이 확인의 이익이 없어 부적법하다고 볼 것은 아니다(대판 2013.5.9. 2012다4381).
- 공정증서를 집행권원으로 하는 금전채권에 대한 강제집행절차에서, 청구권의 기초가 된 법률행위에 무효사유가 있으나 강제집행절차가 취소·정지되지 아니한 채 진행되어 채권압류 및 전부명령이 적법하게 확정된 경우에는 그 강제집행절차가 반사회적 법률행위의 수단으로 이용되었다는 등의 특별한 사정이 없는 한, 단지 이러한 법률행위의 무효사유를 내세워 확정된 전부명령에 따라 전부채권자에게 피전부채권이 이전되는 효력 자체를 부정할 수는 없다(대판 2016.3.24. 2015다248137).

ⓒ 집행증서상 단순 이행의무로 되어 있는 청구권이 반대의무의 이행과 상환으로 이루어져야 하는 동시이행관계에 있는 경우에는 청구이의의 소를 제기할 수 있다.

> 집행증서상 청구권은 의무의 단순 이행을 내용으로 하는 것인데 그 청구권이 반대의무의 이행과 상환으로 이루어져야 하는 동시이행관계에 있으므로 집행증서에 기한 집행이 불허되어야 한다는 주장은, 집행증서상으로는 단순 이행의무로 되어 있는 청구권이 반대의무와 동시이행관계의 범위 내에서만 집행력이 있고 그것을 초과하는 범위에서의 집행력은 배제되어야 한다는 것을 의미한다. 따라서 이러한 사유는 본래 집행권원에 표시된 청구권의 변동을 가져오는 청구이의의 소의 이유가 된다. 법원으로서는 본래의 집행권원에 기한 집행력의 전부를 배제하는 판결을 할 것이 아니라 집행청구권이 반대의무와 동시이행관계에 있음을 초과하는 범위에서 집행력의 일부 배제를 선언하는 판결을 하여야 한다(대판 2013.1.10. 2012다75123).

ⓓ 실체적 하자는 집행증서의 유효성에는 아무런 영향이 없으며 그에 기해 진행된 집행절차는 적법한 것으로 인정되며 대금을 완납한 매수인은 완전한 소유권을 취득한다.

- 실제 채무액보다 더 많은 액수의 어음을 발행하여 공증을 하였다고 하더라도 그 공정증서에 표시되어 있는 채권자와 채무자의 촉탁에 의하여 그 공정증서가 작성된 것이 확실하다면 그 공정증서에 의한 강제집행인 전부명령을 무효라고 하기 어렵고 제3채무자로서는 채무자에 대하여 부담하고 있는 채무액의 한도에서 그것을 전부채권자에게 변제하면 완전히 면책된다 할 것이다(대판 1989.9.12. 88다카34117). **기출** 16
- 집행력 있는 집행권원에 기하여 채권압류 및 전부명령이 적법하게 이루어진 이상 그 집행채권이 이미 소멸하였거나 실제 채무액을 초과하더라도 그 채권압류 및 전부명령에는 아무런 영향이 없고, 제3채무자로서는 채무자에 대하여 부담하고 있는 채무액의 한도 내에서 집행채권자에게 변제하면 완전히 면책된다(대판 2004.5.28. 2004다6542). **기출** 24

4. 무권대리인의 촉탁에 기초한 집행증서

① 무권대리인의 촉탁에 기초한 집행증서는 무효인 집행증서에 해당한다. 무효인 집행증서에 기하여 진행된 집행절차상 집행처분은 아무런 실체법상 효과를 발생시키지 못한다.

> 공정증서가 집행권원으로서 집행력을 가질 수 있도록 하는 집행인낙의 표시는 공증인에 대한 소송행위이므로 무권대리인의 촉탁에 의하여 공정증서가 작성된 경우 집행권원으로서의 효력이 없다(대판 2001.2.23. 2000다45303).

② 무효인 집행증서에 터 잡아 내려진 '채권압류 및 전부명령'은 그에 따른 권리이전적 효력을 갖지 못한다.

> 공정증서가 집행권원으로서 집행력을 가질 수 있도록 하는 집행인낙의 표시는 공증인에 대한 소송행위이므로, 무권대리인의 촉탁에 의하여 공정증서가 작성된 때에는 집행권원으로서의 효력이 없고, 이러한 공정증서에 기초하여 채권압류 및 전부명령이 발령되어 확정되었더라도 채권압류 및 전부명령은 무효인 집행권원에 기초한 것으로서 강제집행의 요건을 갖추지 못하여 실체법상 효력이 없다. 따라서 제3채무자는 채권자의 전부금지급청구에 대하여 그러한 실체법상의 무효를 들어 항변할 수 있다(대판 2016.12.29. 2016다22837). **기출** 22

③ 집행증서상의 명의를 모용당하였다고 주장하는 채무자는 '집행문부여에 대한 이의'로써 무효인 집행증서에 대하여 부여된 집행문의 취소를 구할 수 있다.

> 집행증서상의 명의를 모용당하였다고 주장하는 채무자는 위 집행증서에 채무자 본인의 집행촉탁 및 집행수락의 의사가 결여되었음을 내세워 집행문부여에 대한 이의로써 무효인 집행증서에 대하여 부여된 집행문의 취소를 구하는 것도 가능하다 할 것이고, 그 경우 이의를 심리하는 법원으로서는 임의적 변론을 거쳐 결정의 형식으로 그 당부를 판단하면 족하며, 반드시 심문 또는 변론절차를 열거나 제출된 자료만으로 소명이 부족하다 하여 신청인에게 추가 소명의 기회를 주어야 하는 것은 아니다(대결 1999.6.23. 99그20). **기출** 19·17·16

④ '부동산경매'의 경우에도 집행권원이 무효인 경우에는 매수인이 대금을 납부하더라도 소유권을 취득할 수 없다. 나아가 무효인 집행증서에 터 잡아 경매가 진행되어 매수인 앞으로 소유권이전등기를 마친 경우에도 원소유자는 집행증서의 무효를 주장하여 매수인에 대하여 그 소유권이전등기의 말소를 청구할 수 있다.

> 무권대리인의 촉탁에 의하여 공정증서가 작성된 경우 집행권원으로서의 효력이 없는 것이고 무효인 공정증서에 기하여 진행된 경매절차 역시 무효이어서 매수인은 소유권을 취득하지 못하고 그 등기는 원인무효로서 말소되어야 함이 원칙이며, 다만 무효주장이 금반언 및 신의칙에 위반되는 경우에는 그 주장이 제한될 뿐이다(대판 2002.5.31. 2001다64486). **기출** 17

⑤ 판례는 청구에 관한 이의의 소 또는 집행문부여에 대한 이의신청으로 다툴 수 있다고 한다. 즉시항고로 다툴 수는 없다. 다만 그에 기초한 강제집행이 종료한 후에는 청구이의로 다툴 소의 이익이 없다고 한다 (대판 1989.12.12. 87다카3125).

> • 집행권원인 집행증서가 무권대리인의 촉탁에 의하여 작성되어 당연무효라고 할지라도 그러한 사유는 형식적 하자이기는 하지만 집행증서의 기재 자체에 의하여 용이하게 조사·판단할 수 없는 것이므로 '청구이의의 소'에 의하여 그 집행을 배제할 수 있을 뿐 적법한 항고사유는 될 수 없다(대결 1998.8.31. 98마1535).3)
>
> **기출** 20·16
>
> • 공정증서가 무권대리인의 촉탁에 기하여 작성된 것으로서 무효인 때에는 채무자는 청구이의의 소에 의하여 강제집행불허의 재판을 구할 수 있는 것이지만 위 공정증서에 기한 강제집행이 일단 전체적으로 종료된 후(예 무효인 집행증서에 기한 채권압류 및 전부명령이 확정된 경우)에는 채무자가 청구이의의 소로써 그 강제집행의 불허를 구할 소의 이익이 없다(대판 1989.12.12. 87다카3125). **기출** 19

⑥ 소송행위에는 민법상의 표현대리 규정이 적용 또는 준용될 수 없다.

> 공정증서가 집행권원으로서 집행력을 가질 수 있도록 하는 집행인낙 표시는 공증인에 대한 소송행위로서 이러한 소송행위에는 민법상의 표현대리 규정이 적용 또는 준용될 수 없다(대판 1994.2.22. 93다42047).
>
> **기출** 22·17·16

VI 기타의 집행권원

민사집행법 제56조(그 밖의 집행권원)
강제집행은 다음 가운데 어느 하나에 기초하여서도 실시할 수 있다.
1. 항고로만 불복할 수 있는 재판
2. 가집행의 선고가 내려진 재판
3. 확정된 지급명령
4. 공증인이 일정한 금액의 지급이나 대체물 또는 유가증권의 일정한 수량의 급여를 목적으로 하는 청구에 관하여 작성한 공정증서로서 채무자가 강제집행을 승낙한 취지가 적혀 있는 것
5. 소송상 화해, 청구의 인낙 등 그 밖에 확정판결과 같은 효력을 가지는 것

민사집행법 제57조(준용규정)
제56조의 집행권원에 기초한 강제집행에 대하여는 제58조(지급명령) 및 제59조(공정증서)에서 규정하는 바를 제외하고는 제28조 내지 제55조의 규정을 준용한다.

---

3) 청구이의의 소는 원칙적으로 유효한 집행권원의 존재를 전제로 하지만, 무권대리인의 촉탁에 기하여 작성되어 무효인 집행증서에 대하여는 청구이의의 소와 집행문부여에 대한 이의신청이 모두 가능하고 어느 방법에 의할지는 당사자가 자유로이 선택할 수 있다는 입장이다(대판 1989.12.12. 87다카3125; 대결 1999.6.23. 99그20).

1. 확정판결과 동일한 효력이 있는 조서

① 재판상 화해조서

  ㉠ 다툼이 있는 당사자가 법관의 면전에서 서로 양보하여 다툼을 해결하는 것을 사법상 화해와 구별하여 재판상 화해라고 한다. 재판상 화해의 진술을 기재한 화해조서는 확정판결과 동일한 기판력과 집행력이 인정된다(민소법 제220조).

  ㉡ 화해조서 등에서 당사자 양쪽이 서로 상대방에 대하여 일정한 급부를 동시이행할 것을 약정한 경우는 어느 쪽의 급부도 화해조서를 집행권원으로 하여 집행할 수 있다.

② 청구의 인낙조서

  ㉠ 청구의 인낙은 소송절차에서 피고가 자기에 대한 원고의 청구를 이유 있다고 인정하는 일방적 진술을 말한다. 청구의 인낙이 있으면 당사자 사이의 분쟁은 해소되므로 판결에 의하지 아니하고 소송은 종료한다.

  ㉡ 청구의 인낙은 조서에 적어야 하고(민소법 제154조 제1호), 청구의 인낙을 조서에 적은 때에는 확정판결과 같은 효력을 가진다(민소법 제220조). 따라서 기판력 및 형성력이 있고 또 그 내용이 강제집행에 적합한 것이라면 집행권원이 된다(제56조 제5호).

③ 회생채권조사확정재판

> **채무자 회생 및 파산에 관한 법률 제176조(회생채권 및 회생담보권의 확정에 관한 소송의 판결 등의 효력)**
> ① 회생채권 및 회생담보권의 확정에 관한 소송에 대한 판결은 회생채권자·회생담보권자·주주·지분권자 전원에 대하여 그 효력이 있다.
> ② 채권조사확정재판에 대한 이의의 소가 제171조 제1항의 규정에 의한 기간 안에 제기되지 아니하거나 각하된 때에는 그 재판은 회생채권자·회생담보권자·주주·지분권자 전원에 대하여 확정판결과 동일한 효력이 있다. **기출** 16

> - 회생채권에 관하여 회생절차개시 이전부터 회생채권 또는 회생담보권에 관하여 집행권원이 있었다 하더라도, 회생계획인가결정이 있은 후에는 채무자회생법 제252조에 의하여 모든 권리가 변경·확정되고 종전의 회생채권 또는 회생담보권에 관한 집행권원에 의하여 강제집행 등은 할 수 없으며, 회생채권자표와 회생담보권자표의 기재만이 집행권원이 된다(대결 2017.5.23. 2016마1256).
> - 민사집행법 제135조, 제91조 제2항에 따라 매수인이 매각부동산의 소유권을 취득하고 매각부동산 위의 저당권이 소멸하더라도, 저당권자는 이후 배당절차에서 저당권의 순위와 내용에 따라 저당부동산의 교환가치에 해당하는 매각대금으로부터 피담보채권에 대한 우선변제를 받게 된다. 따라서 부동산경매절차에서 채무자 소유 부동산이 매각되고 매수인이 매각대금을 다 납부하여 매각부동산 위의 저당권이 소멸하였더라도 배당절차에 이르기 전에 채무자에 대해 회생절차개시결정이 있었다면, 저당권자는 회생절차 개시 당시 저당권으로 담보되는 채권 또는 청구권을 가진 「채무자 회생 및 파산에 관한 법률」 제141조에 따른 회생담보권자라고 봄이 타당하다(대판 2018.11.29. 2017다286577). **기출** 21

2. 판결 이외의 결정 및 명령

① 확정된 화해권고결정

　㉠ 법원은 소송에 계속 중인 사건에 대하여 직권으로 당사자의 이익, 그 밖의 모든 사정을 참작하여 청구의 취지에 어긋나지 아니하는 범위 안에서 사건의 공평한 해결을 위한 화해권고결정을 할 수 있고(민소법 제225조 제1항), 법원사무관등은 그 결정내용을 적은 조서 또는 결정서의 정본을 당사자에게 송달하여야 한다(민소법 제225조 제2항).

　㉡ 당사자는 화해권고결정에 대하여 그 조서 또는 결정서의 정본을 송달받은 날부터 2주 이내에 이의를 신청할 수 있다(민소법 제226조 제1항).

　㉢ 화해권고결정은 이의신청기간 이내에 이의신청이 없는 때, 이의신청에 대한 각하결정이 확정된 때 또는 당사자가 이의신청을 취하하거나 이의신청권을 포기한 때에 확정되며 확정된 화해권고결정은 재판상 화해와 같은 효력을 가지고(민소법 제231조), 집행권원이 되며, 집행문을 부여받아야 된다.

② 확정된 이행권고결정

　㉠ 의의 : 이행권고결정은 소가 3,000만원 이하의 소액사건의 소가 제기된 경우에 법원이 소장부본 등을 첨부하여 피고에게 청구취지대로 이행할 것을 권고하는 것으로서 변론에 의한 소송절차의 회부에 앞서 행하는 임의적 전치절차이다.

　㉡ 집행권원 : 소액사건에 관한 이행권고결정에 대하여 피고가 이의신청기간 내에 이의신청을 하지 않거나, 이의신청을 하였다가 이를 취하하거나, 이의신청에 대한 각하결정이 확정되면 이행권고결정이 확정된다. 확정된 이행권고결정은 확정판결과 같은 효력을 가지므로(소액사건심판법 제5조의7 제1항), 민사집행법 제56조 제5호의 집행권원으로 된다.

③ 조건 및 승계집행문

　㉠ 원칙 : 이행권고결정이 확정되면 법원사무관등은 이행권고결정서의 정본을 원고에게 송달하여야 하는데(소액사건심판법 제5조의7 제2항), 원고는 이 결정서 정본에 집행문을 부여받을 필요 없이 강제집행을 할 수 있다(소액사건심판법 제5조의8 제1항 본문).

　㉡ 예외 : 이행권고결정의 집행에 조건을 붙인 경우, 당사자의 승계인을 위하여 강제집행을 하는 경우, 당사자의 승계인에 대하여 강제집행을 하는 경우에는 집행문을 부여받아야 하고(소액사건심판법 제5조의8 제1항 단서), 이러한 경우 집행문은 이행권고결정을 한 지방법원 또는 시·군법원의 법원사무관등이 재판장의 명령을 받아 내어준다(제57조, 제28조 제2항, 제30조 제2항, 제31조, 제32조).

④ 여러 통의 이행권고결정서 정본 신청 및 다시 부여 신청 : 채권자가 여러 통의 이행권고결정서의 정본을 신청하거나 전에 내어준 이행권고결정서 정본을 돌려주지 아니하고 다시 이행권고결정서 정본을 신청한 때에는 법원사무관 등이 재판장의 명령을 받을 필요 없이 독자적인 서면심사를 거쳐 이를 내어주고 그 사유를 원본과 정본에 적어야 한다(소액사건심판법 제5조의8 제2항).

⑤ 청구이의의 소 : 청구에 관한 이의의 주장에 관하여는 민사집행법 제44조 제2항의 규정이 적용되지 않으므로(소액사건심판법 제5조의8 제3항), 이행권고결정 송달 '전(前)'의 원인도 청구이의의 이유로 삼을 수 있다.

> 소액사건심판법 제5조의8 제3항은 이행권고결정에 대한 청구에 관한 이의의 주장에 관하여는 위 민사집행법 규정에 의한 제한을 받지 아니한다고 규정하고 있으므로, 확정된 이행권고결정에 관하여는 그 결정 전에 생긴 사유도 청구에 관한 이의의 소에서 주장할 수 있다(대판 2009.5.14. 2006다34190).

3. 확정된 지급명령

> **민사집행법 제58조(지급명령과 집행)**
> ① 확정된 지급명령에 기한 강제집행은 <u>집행문을 부여받을 필요 없이 지급명령 정본에 의하여</u> 행한다. 다만, 다음 각 호 가운데 어느 하나에 해당하는 경우에는 그러하지 아니하다. **기출** 25·19
>   1. 지급명령의 집행에 조건을 붙인 경우
>   2. 당사자의 승계인을 위하여 강제집행을 하는 경우
>   3. 당사자의 승계인에 대하여 강제집행을 하는 경우
> ② 채권자가 여러 통의 지급명령 정본을 신청하거나, 전에 내어준 지급명령 정본을 돌려주지 아니하고 다시 지급명령 정본을 신청한 때에는 법원사무관등이 이를 부여한다. 이 경우 그 사유를 원본과 정본에 적어야 한다.
> ③ 청구에 관한 이의의 주장에 대하여는 제44조 제2항의 규정을 적용하지 아니한다.
> ④ 집행문부여의 소, 청구에 관한 이의의 소 또는 집행문부여에 대한 이의의 소는 지급명령을 내린 지방법원이 관할한다.
> ⑤ 제4항의 경우에 그 청구가 합의사건인 때에는 그 법원이 있는 곳을 관할하는 지방법원의 합의부에서 재판한다.

① 확정된 지급명령은 확정판결과 같은 효력이 있으므로(민소법 제474조), 확정된 지급명령은 <u>집행권원이 된다</u>(제56조 제3호).

② 확정된 지급명령에 기한 강제집행은 원칙적으로 집행문을 부여받을 필요 없이 지급명령 정본에 의하여 행한다(제58조 제1항). <u>별도의 송달증명이나 확정증명도 필요 없다.</u>[4] **기출** 19

③ 그러나 당사자의 '승계'가 있거나 '조건'이 있는 경우에는 재판장의 명령을 얻어 집행문을 부여받아야 한다.

④ 채권자가 '여러 통'의 집행문을 신청하거나 전에 내어 준 집행문을 돌려주지 아니하고 '다시' 집행문을 신청한 경우에는 재판장의 명령 없이 법원사무관등이 이를 부여하고 그 사유를 원본과 정본에 적어야 한다(제58조 제2항). **기출** 20

⑤ 확정된 지급명령에 관한 청구이의의 주장에 관하여는 집행증서에 관한 경우와 마찬가지로 민사집행법 제44조 제2항의 규정이 적용되지 않으므로 <u>지급명령 송달 '전(前)'의 원인</u>도 청구이의의 이유로 삼을 수 있다(제58조 제3항).

⑥ 지급명령이 송달된 후 이의신청 기간 내에 회생절차개시결정 등과 같은 소송중단 사유가 생긴 경우에는 이의신청 기간의 진행이 정지된다(대판 2012.11.15. 2012다70012).

⑦ 청구에 관한 이의의 소는 채무자가 확정된 종국판결 등 집행권원에 표시된 청구권에 관하여 실체상 사유를 주장하여 집행력의 배제를 구하는 소를 말하므로(제44조), 유효한 집행권원을 대상으로 한다. <u>미확정 상태에 있는 지급명령은 유효한 집행권원이 될 수 없으므로 이에 대하여 집행력의 배제를 구하는 청구이의의 소를 제기할 수 없다.</u>

4. 가압류·가처분 명령

① 보전집행은 본래의 강제집행은 아니나, 가압류 및 가처분의 집행에는 강제집행에 관한 규정이 준용되므로(제291조, 제301조), 가압류 및 가처분명령은 보전집행의 집행권원으로 된다.

② 가압류 및 가처분명령은 그 자체가 집행력 있는 집행권원과 동일한 효력이 있으며 집행문의 부여를 요하지 않고 즉시 집행할 수 있다.

---

4) 실무상 지급명령결정정본에 송달날짜와 확정일자를 기재하고 법원사무관 등이 날인하며, 지급명령은 확정되어야만 채권자에게 정본을 송달하기 때문이다. 이는 이행권고결정에서도 마찬가지이다.

③ 다만, 가압류·가처분에 대한 재판이 있은 뒤에 채권자나 채무자의 '승계'가 이루어진 경우에 가압류·가처분의 재판을 집행하려면 집행문을 부여받아야 한다(제292조 제1항, 제301조).

5. 검사의 집행명령

벌금, 과료, 몰수, 과태료 등의 재판은 검사의 명령으로 집행하며(제60조 제1항), 이러한 검사의 집행명령은 집행력 있는 채무명의(집행권원)와 동일한 효력이 있다(형소법 제477조 제2항). 다만, 집행문을 부여받을 필요는 없다.

> **민사집행법 제60조(과태료의 집행)**
> ① 과태료의 재판은 검사의 명령으로 집행한다.
> ② 제1항의 명령은 집행력 있는 집행권원과 같은 효력을 가진다.

6. 항고로만 불복할 수 있는 재판

(1) 의 의

① 항고로만 불복할 수 있는 재판이란 판결 이외의 재판인 결정·명령으로서 법률에 의하여 통상항고나 즉시항고5)로써만 불복신청이 허용되는 것을 말한다.
② 집행권원이 되기 위하여는 그 내용이 사법상 이행청구권을 담고 있어야 하며, 이러한 결정·명령은 재판의 확정과 관계없이 고지함으로써(민소법 제221조 제1항) 즉시 집행력이 발생한다(제56조 제1호).

(2) 종 류

> • 제3자의 소송비용 상환결정(민소법 제107조 제1항·제2항)
> • 소송비용액 확정결정(민소법 제110조 제1항)
> • 집행비용액 확정결정(제53조, 규칙 제24조)
> • 대체집행에서 채무자에게 비용의 지급을 명하는 결정(제260조 제2항)
> • 간접강제에서 금전배상을 명하는 결정(제261조 제1항)
> • 부동산인도명령(제136조 제1항)

① 소송비용에 관하여 원재판은 누가 부담할지만을 종된 주문으로 정하고 구체적인 소송비용액에 관하여는 소송비용액 확정절차를 거쳐서 정해진다. 이때 소송비용에 관하여 집행권원이 되는 것은 원재판이 아니라 소송비용액확정절차에 따른 소송비용액확정결정이다(재판예규 제866-5호).

> [1] 소송비용부담의 재판 이후에 비용부담 의무자의 승계가 있는 경우, 그 승계인을 상대로 소송비용액 확정신청을 하기 위해서는 승계집행문을 부여받아야 한다. 기출 17
> [2] 소송비용부담의 재판이 있은 후에 비용부담 의무자가 사망하자 승계집행문을 부여받지 않고 그 상속인들을 상대로 소송비용액 확정신청을 한 사안에서, 그 신청이 소송비용부담 재판의 당사자가 아닌 자들에 대하여 한 것으로 부적법하다고 한 사례(대결 2009 8 6, 2009마897) 기출 24·15

---

5) 민소법 제449조의 특별항고는 제외된다.

② 집행비용은 채무자가 부담한다고 민사집행법 제53조에 규정되어 있다. 더불어 집행비용은 집행절차 내에서 집행권원 없이도 우선변제를 받는다.

　㉠ 다만, 집행절차에서 집행비용을 변제받지 못하는 경우에는 민사집행규칙 제24조에 따라 당사자의 신청에 의해 집행법원이 결정으로 정한다.

　㉡ 이러한 절차에 따른 집행비용액확정결정은 집행권원이 된다. 집행(소송)비용액 확정결정에 대한 불복방법은 민사소송법상의 즉시항고이다.

> 집행비용액확정 결정은 집행종료 후의 재판으로서 민사집행법 제15조 제1항의 '집행절차에 관한 집행법원의 재판'에 해당하지 아니하고, 그 결정에 대하여는 민사집행규칙 제24조 제2항에 의하여 준용되는 민사소송법 제110조 제3항에 따라 민사소송법상의 즉시항고가 허용될 뿐이다. 따라서 집행비용액확정 결정에 대한 즉시항고에는 항고이유서 제출에 관한 민사집행법 제15조 제3항, 제5항이 적용될 수 없다(대결 2011.10.13. 2010마1586).

③ 대체집행에서 채무자에게 비용의 지급을 명하는 결정, 간접강제에서 금전배상을 명하는 결정, 부동산인도명령 등도 집행권원이 된다. 이에 대한 불복방법은 민사집행법상 즉시항고가 적용된다.

(3) 집행력

① 집행(소송)비용액 확정결정은 고지로써 즉시 집행력이 발생한다.

② 보통항고와 달리 민사소송법상 즉시항고에는 집행정지의 효력이 있으므로 즉시항고가 있는 경우에는 확정되어야 효력이 발생한다(민소법 제447조).

③ 그러나 대체집행에서 채무자에게 비용의 지급을 명하는 결정, 간접강제에서 금전배상을 명하는 결정, 부동산인도명령은 민사집행법상의 즉시항고가 적용되므로 집행정지효가 없다.

(4) 집행의 정지

① '소송비용액 확정결정'과 같이 즉시항고를 할 수 있는 재판도 고지에 의하여 즉시 집행력이 발생하나 즉시항고는 집행을 정지시키는 효력을 가지므로(민소법 제447조) 즉시항고 기간이 경과한 후에 집행문을 부여하는 것이 타당하며(재민 80-2), 즉시항고 제기 후에는 집행문을 부여할 수 없다.

② 민사집행절차에 있어서 즉시항고는 집행정지의 효력을 가지지 않는다(제15조 제6항 본문). 다만, 항고법원은 즉시항고에 대한 결정이 있을 때까지 담보를 제공하게 하거나 담보를 제공하게 하지 아니하고 원심재판의 집행을 정지하거나 집행절차의 전부 또는 일부를 정지하도록 명할 수 있고, 담보를 제공하게 하고 그 집행을 계속하도록 명할 수 있다(제15조 제6항 단서).

7. 기 타

그 밖에도 조정조서, 중재조서, 도산절차상의 채권표의 기재 등이 있다.

> 조정을 갈음하는 결정에 대하여 이의신청 기간 내에 이의신청이 없으면 그 결정은 재판상의 화해와 같이 확정판결과 동일한 효력이 있고(민사조정법 제30조, 제34조) 이는 창설적 효력을 가지므로, 당사자 사이에 종전의 다툼 있는 법률관계를 바탕으로 한 권리의무관계는 소멸하고 결정된 내용에 따른 새로운 권리의무관계가 성립한다(대판 2017.4.26. 2017다200771).

CHAPTER
03

집행문

제1편

제1절 서 설

I 집행문

> **민사집행법 제29조(집행문)**
> ① 집행문은 판결정본의 끝에 덧붙여 적는다.
> ② 집행문에는 "이 정본은 피고 아무개 또는 원고 아무개에 대한 강제집행을 실시하기 위하여 원고 아무개 또는 피고 아무개에게 준다."라고 적고 법원사무관등이 기명날인하여야 한다.
>
> **민사집행법 제37조(집행력 있는 정본의 효력)**
> 집행력 있는 정본의 효력은 전국 법원의 관할구역에 미친다.

① 집행문이란 법원사무관 등이나 공증인 등이 집행권원이 현재 존재한다는 사실과 이에 기해 강제집행을 하기에 적합하다는 취지 및 누가 집행당사자인지를 집행권원 정본의 끝에 덧붙여 적은 공증문서를 말한다(제29조). 집행문이 붙은 집행권원의 정본을 집행력 있는 정본(집행정본)이라 한다.

② 판례는 집행문이 필요한데도 집행문의 부여 없이 집행권원에 의해서만 이루어진 강제집행은 무효라는 취지이다(대판 1978.6.27. 78다446). **기출** 25

> 약속어음금 지급에 관하여 그 어음금 지급이 지체될 경우에는 즉시 강제집행할 것을 수락한다는 공정증서가 붙은 집행권원에 집행문이 첨부되지 아니한 채 경매절차가 진행된 결과 이루어진 것이라는 사실을 확정한 다음 이와 같이 집행문이 없는 집행권원에 기하여 이루어진 강제경매는 절대적으로 무효이고 따라서 그 결과 경락허가결정을 원인으로 한 피고명의의 소유권이전등기는 원인무효의 등기로서 말소를 면치 못한다(대판 1978.6.27. 78다446).

Ⅱ　집행문의 필요성

① 집행권원(판결 등)을 획득한 후에도 강제집행을 실시하기까지에는 실제로 많은 시간적 간격이 있을 수밖에 없다. 그 사이에 권리관계의 주체에 변동이 있을 수도 있고, 조건부 청구권의 조건성취 여부가 결정될 수도 있고, 상소심이나 재심을 통해 판결의 취소나 변경 등 강제집행을 하기에 적당하지 아니한 사유가 발생할 수도 있다.

② 이러한 사정변경이 생기게 되면 강제집행에 지장을 초래하게 되어 신속한 집행에 장해사유가 될 수 있기 때문에 우리 법제는 재판기관과 집행기관을 분리하여 집행기관은 신속한 집행을 위하여 일단 집행권원의 집행력을 신뢰하여 집행에 전념하도록 할 필요가 있다.

③ 실제로는 집행권원 자체만으로는 집행력이 있는지 없는지를 판단하기는 힘들고, 그렇다고 하여 재판절차에 관여하지 않은 집행기관으로 하여금 그러한 판단을 하도록 요구할 수는 없다. 이 경우에 집행기관으로 하여금 집행권원만을 근거로 하여 강제집행을 하도록 허용하면 집행권원 성립 후에 발생한 사정변경의 사유 등이 전혀 반영되지 못하게 되어 부당한 강제집행이 이루어질 수도 있다. 따라서 집행권원에 즉시 집행력의 행사를 허용할 것인지의 여부를 심사하는 기관을 별도로 두어서 집행문을 부여하도록 하고 있는 것이다.

Ⅲ　집행문부여기관[6]

민사집행법 제28조(집행력 있는 정본) 기출 20 · 19
① 강제집행은 집행문이 있는 판결정본(이하 "집행력 있는 정본"이라 한다)이 있어야 할 수 있다.
② 집행문은 신청에 따라 제1심 법원의 법원서기관 · 법원사무관 · 법원주사 또는 법원주사보(이하 "법원사무관등"이라 한다)가 내어 주며, 소송기록이 상급심에 있는 때에는 그 법원의 법원사무관등이 내어 준다.
③ 집행문을 내어 달라는 신청은 말로 할 수 있다.

1.　판결(집행권원의 성립이 소송계속을 전제로 하는 경우)

① 확정된 종국판결, 가집행선고부 종국판결 등의 집행문부여는 소송기록을 보관하는 법원사무관 등의 직무이다.

② 원칙적으로 '제1심 법원의 법원사무관등'이 내어 주며, 다만 소송기록이 상급심에 있는 때에는 '그 (상급심) 법원의 법원사무관등'이 내어 주게 된다(제28조 제2항). 기출 20 · 19

2.　판결 이외의 경우

① 항고로만 불복을 신청할 수 있는 재판, 소송상 화해조서 · 인낙조서, 승계집행문이 필요한 가압류 · 가처분명령 또는 제소전화해조서, 조정조서 등은 '당해 기록을 보관하거나 당해 절차를 행한 법원의 법원사무관등'이 집행문부여기관이 된다.

② 집행증서의 집행문은 '그 증서를 보존하는 공증인등'이 집행문부여기관이 된다(제59조 제1항).

---

6) 집행권원에 관한 기록을 보관하고 있는 기관이 집행문부여기관이 된다.

제2절 **집행문부여의 예외**

Ⅰ 원칙 및 예외

1. 원 칙

집행권원으로 강제집행을 실시하기 위하여는 집행문부여가 필요함이 원칙이다. 그러나 모든 강제집행에 집행문부여가 필요한 것은 아니고 다음과 같은 예외가 있다.

2. 예 외

① **집행절차의 간이성·신속성의 요구** : 집행절차의 신속성과 간이성의 요구에 따라 집행문부여가 필요하지 않는 경우이다.

㉠ 확정된 이행권고결정 또는 확정된 지급명령[(cf) 확정된 화해권고결정은 집행문부여 필요 ○]

기출 14

㉡ 가압류·가처분명령 기출 14

> [1] 민사집행법 제28조, 제56조 제5호, 제57조에 의하면 재판상 화해 등 확정판결과 같은 효력을 가진 집행권원에 기초한 강제집행은 집행문이 있는 정본이 있어야 할 수 있다. 한편 가압류·가처분에 대한 재판은 발령과 동시에 집행력이 생기므로 당사자의 승계가 없는 한 집행문 없이 집행할 수 있다(민사집행법 제292조 제1항, 제301조).
> [2] 보전처분 절차에서 이루어진 화해권고결정은, 당사자 쌍방의 양보를 전제로 당사자에게 화해를 권고하는 것으로서 당사자가 자유로이 처분할 수 있는 권리를 대상으로 할 수 있을 뿐 보전처분 신청과 보전처분에 대한 법원의 권한을 대상으로 삼을 수 없으므로 그 결정을 가압류·가처분에 대한 법원의 재판이라고 할 수 없고, 민사집행법 제23조 제1항, 민사소송법 제220조, 제231조에 따라 확정판결과 같은 효력을 가지므로 가압류·가처분에 대한 재판과 달리 민사집행법 제57조, 제28조에 따라 화해권고결정 정본에 집행문을 받아야 집행할 수 있고, 민사집행법 제292조 제2항, 제301조가 정하는 집행기간의 제한을 받지 않는다(대결 2022.9.29. 2022마5873).

② **집행절차 중의 부수적 집행** : 집행절차 중의 부수적 집행이기 때문에 별도로 집행문이 필요하지 않는 경우이다.

㉠ 선박·자동차에 대한 강제경매개시결정 시에 하는 선박국적증서·자동차 인도명령에 의한 집행
㉡ 채권압류명령에 의한 채권증서의 인도집행
㉢ 대체집행에 있어서의 필요한 비용을 미리 지급할 것을 채무자에게 명하는 결정에 의한 집행
㉣ 강제관리개시결정에 의한 부동산의 점유집행

③ **법률상 "집행력 있는 집행권원"과 동일한 효력이 있는 것으로 인정** : 법률상 "집행력 있는 집행권원" 또는 "집행력 있는 민사판결 정본"과 동일한 효력이 있는 것으로 인정되기 때문에 집행문부여를 요하지 않는 경우이다.

㉠ 과태료의 재판에 대한 검사의 집행명령(제60조)
㉡ 벌금·과료 등 형사소송법상 재산형의 집행을 위한 검사의 집행명령(형소법 제477조) 기출 14
㉢ 소송비용의 수봉결정(민사소송비용법 제12조 제1항)
㉣ 확정된 배상명령 또는 가집행선고가 있는 배상명령이 기재된 유죄판결서의 정본(소촉법 제34조 제1항)

기출 14

④ 의사진술을 명하는 재판 : 판결이 확정됨으로써 의사(意思)의 진술이 있는 것으로 간주되기 때문에 이로써 집행이 완료되고 따로 집행문이 필요 없는 경우가 있다(제263조 제1항). 부동산등기절차의 이행을 명하는 판결이 이에 해당한다. 다만, 반대의무가 이행된 뒤에 권리관계의 성립을 인낙하거나 의사를 진술할 것인 경우에는 민사집행법 제30조와 제32조의 규정에 따라 집행문을 내어 준 때에 그 효력이 생긴다(제263조 제2항).

> • 소유권이전등기절차의 이행을 명하는 판결은 등기신청 의사의 진술을 명하는 것으로서 그 판결이 확정되면 확정 시에 채무자의 의사표시가 있는 것으로 본다(민사집행법 제263조 제1항). 의사표시를 명하는 집행권원의 집행이 채권자의 반대의무와 동시이행관계에 있는 때와 같이 반대의무가 이행된 뒤에 의사를 진술할 것인 경우에는 집행문을 내어준 때에 그 효력이 생긴다(같은 조 제2항)(대판 2024.10.31. 2024다232523). **기출** 25
> • 집행권원상의 의사표시를 하여야 하는 채무가 반대급부 이행 등 조건이 붙은 경우에는 채권자가 조건 등의 성취를 증명하여 재판장의 명령에 의하여 집행문을 받아야만 의사표시 의제의 효과가 발생한다. 따라서 반대급부 이행 등 조건이 성취되지 않았는데도 등기신청의 의사표시를 명하는 판결 등 집행권원에 집행문이 잘못 부여된 경우에는 그 집행문부여는 무효이나, 이러한 집행문부여로써 강제집행이 종료되고 더 이상의 집행 문제는 남지 않는다는 점을 고려하면 집행문부여에 대한 이의신청이나 집행문부여에 대한 이의의 소를 제기할 이익이 없으므로, 채무자로서는 집행문부여에 의하여 의제되는 등기신청에 관한 의사표시가 무효라는 것을 주장하거나 그에 기초하여 이루어진 등기의 말소 또는 회복을 구하는 소를 제기하여야 한다(대판 2012.3.15. 2011다73021). **기출** 23 · 15

Ⅱ 조건 · 승계집행문

1. 조건 · 승계집행문 : 집행문 부여 필요

① 확정된 지급명령에 기한 강제집행은 원칙적으로 집행문을 부여받을 필요 없이 지급명령 정본에 의하여 행하지만(제58조 제1항 본문), 지급명령의 집행에 조건을 붙인 경우, 당사자의 승계인을 위하여 강제집행을 하는 경우, 당사자의 승계인에 대하여 강제집행을 하는 경우에는 집행문을 부여받아야 강제집행을 할 수 있다(제58조 제1항 단서).

② 확정된 이행권고결정에 기한 강제집행은 원칙적으로 집행문을 부여받을 필요 없이 이행권고결정 정본에 의하여 행하지만(소액사건심판법 제5조의8 제1항 본문), 지급명령에서와 같은 예외적인 경우에는 집행문을 부여받아야 강제집행을 할 수 있다(소액사건심판법 제5조의8 제1항 단서).

③ 가압류 · 가처분 명령을 집행하는 경우에도 집행문을 부여받을 필요가 없지만, 가압류 · 가처분에 대한 재판이 있은 뒤에 채권자나 채무자의 승계가 이루어진 경우에는 예외적으로 집행문을 부여받아야 승계된 채권자를 위하여 또는 승계된 채무자에 대하여 집행을 할 수 있다(제292조 제1항, 제301조).

2. 집행(권리행사)에 조건이 붙여진 예

정지조건	"피고는 원고가 법무사 제1차 시험에 합격한 때로부터 3월 이내에 원고에게 금 100만원을 지급하라."
의사진술을 명하는 판결	"피고는 원고로부터 금 10만원을 지급받음과 동시에 원고에게 부동산에 관한 소유권이전등기절차를 이행하라."
선이행	"甲은 乙로부터 △△부동산에 관하여 2009.7.1. 매매를 원인으로 한 소유권이전등기절차를 이행받은 후, 乙에게 1억원을 지급하라."

선택권의 행사	"피고는 원고가 2008.9.30. 까지 A물건과 B물건 가운데 어느 것을 지정한 때에는 그 지정한 날로부터 10일 내에 원고에게 지정물건을 인도하라."
불확정기한	"피고는 丙이 사망한 때로부터 3월 이내에 원고에게 가옥을 인도하라."
채권자의 최고	"상대방은 신청인에 대하여 신청인으로부터 10일 이상의 유예기간을 두고 지급의 최고를 받았을 때 그 지정기일에 금 100만원을 지급하라."

제3절   집행문부여의 요건

Ⅰ 서 설

1. 의 의

① 집행문부여요건이란 집행문부여기관이 집행문부여 시 조사할 요건을 말한다.

② 집행문은 집행권원에 대한 집행력의 존재 및 그 내용과 범위 등을 공증하는 것으로 집행권원의 실체법상 청구권의 존부를 공증하는 것은 아니다.

③ 따라서 집행문부여기관은 소송기록 및 당사자가 제출한 증명문서 등을 근거로 하여 대체로 형식적 내용만을 심사하여 내어주는 것이 일반적이다.

2. 구별개념(집행개시요건)

① 집행문부여요건과 구별하여야 할 것으로 집행개시요건이 있다.

② 집행문을 부여하는 절차는 집행문부여기관이 판결절차와 집행절차의 간격을 채워주는 절차이다.

③ 그러나 경우에 따라서는 양 절차의 간격을 집행문부여기관이 조사하는 것보다는 집행기관이 조사하는 것이 적절한 경우도 많다.

④ 사법상 이행청구권의 성질상 집행기관이 조사하는 것이 타당하거나 집행의 현장에 임해 있는 집행기관만이 현실적으로 조사가 가능한 것들이 그것인 바, 이를 '집행개시의 요건'이라고 한다.

Ⅱ 일반적 요건

1. 의 의

① 집행문은 집행권원에 집행력이 있다는 것을 공증하는 것일 뿐 실체법상 청구권의 존부를 공증하는 것은 아니다.

　　㉠ 집행문부여기관은 집행권원에 집행력이 있는지 여부를 조사하면 충분하며 실체법상 청구권의 존부에 대해서는 조사할 권한도 의무도 없다.

　　㉡ 집행기관이 조사할 사항에 대해서도 집행문부여기관이 조사할 사항이 아니다.

② 집행문부여에 대하여 실체법상의 청구권의 존부를 다투고자 하는 채무자는 별도의 판결절차, 즉 청구이의의 소에 의해 해결할 수밖에 없다.

2. 집행권원의 형식적 요건

① 집행문부여기관은 집행문을 부여하기 전에 집행권원이 현재 유효하며 본래 의미의 강제집행의 대상이 되는 것인가를 조사하여야 한다.

    ㉠ 판결이 확정되었는지, 가집행선고의 실효여부, 소 취하의 유무, 재심에 의한 판결의 취소유무, 집행증서의 방식 구비여부 등에 관하여 조사를 하여야 한다.

    ㉡ 이것은 집행권원의 내용 자체에 관한 것이 아니라는 점에서 형식적 요건으로 분류한 것이다.

② 집행장애사유는 집행문부여에 장애가 되지 않는다는 점에도 주의하여야 한다.

③ 집행의 일시정지를 명한 재판정본 제출, 파산절차의 개시 등의 사정이 있더라도 집행문부여에는 아무런 장애가 되지 않는다. 집행장애 사유일 뿐이다.

3. 집행권원 내용의 집행가능성

① 집행권원의 내용이 집행이 가능한 것이어야 한다.

② 집행권원의 내용을 확정할 수 없거나 부부의 동거라든지 예술가의 창작의무를 강제하는 것 등은 강제집행이 불가능하기 때문에 집행문을 부여할 수 없다.

4. 당사자의 특정

① 집행권원에 표시된 당사자와 집행문부여를 신청한 당사자가 일치하여야 한다.

② 다만, 집행권원에 적혀 있는 당사자 이외의 자를 위하여 또는 그 자에 대하여 집행문부여를 신청할 때에는 그들에게 집행당사자적격이 있는지를 조사하여야 한다.

Ⅲ 그 밖의 요건

① 그 밖에 조건부 집행(제30조 제2항), 승계집행(제31조)의 경우, 여러 통의 집행문부여 및 재도부여(제35조)의 경우에는 필요한 증명서의 제출을 받아 이를 확인하여야 하며 별도로 재판장의 명령이 있어야 집행문을 부여할 수 있다.

② 선이행관계에 있는 선이행의무의 이행은 '조건'에 해당하여 집행문 부여의 요건에 해당한다. 그러나 동시이행관계에 있는 반대급부의 이행은 집행문 부여의 요건은 아니고 집행개시의 요건에 불과하므로(제41조 제1항), 집행기관이 집행을 개시할 때 조사하면 충분하다. 다만, 의사표시를 명하는 집행권원의 경우에는 별도의 집행절차가 존재하지 아니하므로 집행문부여기관이 반대급여의 제공 여부를 조사하여 그 제공사실이 명확해진 때에 의사표시의 효력이 발생하도록 하기 위하여 집행문부여의 절차를 밟도록 하고 있다(제263조 제2항).

기출 19

> 집행권원인 동시이행판결의 반대의무 이행 또는 이행제공은 집행개시의 요건으로서 집행개시와 관련된 집행에 관한 이의신청 절차에서 주장·심리되어야 할 사항이지, 집행권원에 표시되어 있는 청구권에 관하여 생긴 이의를 내세워 그 집행권원이 가지는 집행력의 배제를 구하는 청구이의의 소에서 심리되어야 할 사항은 아니다. 따라서 동시이행판결의 채무자로서는 그 집행력의 배제를 구하는 청구이의의 소에서 채권자가 반대의무의 이행 또는 이행제공을 하지 않았다는 주장을 청구이의의 사유로 내세울 수 없다(대판 2024.6.13. 2024다231391).

집행문부여절차

I 통상의 부여절차

1. 채권자의 집행문부여신청

① 집행문은 집행권원에 부여되어 있는 채권자 또는 그 승계인의 신청이 있으면 법원사무관 등이 그 형식적 요건 등을 심사한 후 내어준다.

② 집행문부여신청은 서면 또는 말로 신청한다(제28조 제3항). 집행증서의 경우에는 관할지방법원 단독판사의 명령 없이 공증인이나 합동법률사무소 또는 법무법인 등이 단독으로 집행문을 부여할 수 있다.

2. 부여절차(방식)

① 집행문은 집행권원의 끝에 덧붙여 적는다(제29조 제1항). 집행판결의 집행문은 집행판결의 끝에 적는다.

② 집행문에는 법원사무관 등이 기명날인한다(제29조 제2항).

③ 집행권원에 기초한 청구권의 일부에 대하여 집행문을 내어 주는 때에는 강제집행을 할 수 있는 범위를 집행문에 적어야 한다(규칙 제20조 제1항). 이러한 기재가 없으면 전액에 대하여 집행문이 부여된 것으로 보아야 할 것이다.

> 집행문부여의 소에서 집행문부여를 구하는 원고의 청구 범위 중 일부에 대하여만 집행력의 존재가 인정되는 경우, 법원은 집행문부여기관이 집행권원에 표시된 청구권 중 그 집행력이 인정되는 일부에 대하여만 집행문을 내어줄 수 있도록 강제집행을 할 수 있는 범위를 특정하여 집행문부여를 명하여야 한다(대판 2009.6.11. 2009다18045). **기출** 15

④ 집행문 기재례

> **[집행문 기재례]**
> 위 정본은 피고 홍길동에 대한 강제집행을 실시하기 위하여 원고 홍길순에게 내어 준다.
> 20××. ××. ××.
> 인천지방법원 법원사무관 한국인 (인)

> **[승계집행문 기재례]**
> 위 정본은 재판장의 명에 따라 피고 김정일의 승계인 홍길동(××××××-×××××××)에 대한 강제집행을 실시하기 위하여 원고 홍길순에게 내어 준다.
> 20××. ××. ××.
> 인천지방법원 법원사무관 한국인 (인)

Ⅱ 특별부여절차

1. 서설

① 집행문의 특별부여절차란 집행문부여기관이 집행문부여신청에 대하여 조사·판단한 결과 단독으로 집행문을 부여하기에 적당하지 아니한 경우, 예를 들면 집행문을 부여할 때에 재판장(사법보좌관)의 명령이 필요하거나(제30조 제2항·제32조·제35조, 사법보좌관규칙 제2조 제1항 제4호), 집행문부여의 소에 의하여 부여하는 경우(제33조)를 말한다.

② 공증인 등이 집행문부여기관인 때에는 특별부여절차의 경우에 그 적법여부는 공증인 자신의 판단에 의하기 때문에 재판장(사법보좌관)의 명령은 필요 없다. 즉, 공증인이 작성한 증서의 집행문은 그 증서를 보존하는 공증인이 내어 주는데(제59조 제1항), 공증인의 집행문부여절차에 관하여는 민사집행법 제32조와 제35조가 준용되지 않으므로(제57조, 제59조 제1항) 집행증서를 집행하는 데에 조건을 붙인 경우, 승계집행문부여신청의 경우 및 여러 통의 집행문부여 또는 재도부여신청의 경우에도 '재판장의 명령을 받을 필요 없이' 공증인이 독자적으로 심사하여 집행문을 내어 줄 것인지 여부를 판단하여야 한다. `기출` 19

2. 재판장(사법보좌관)의 명령

> **민사집행법 제30조(집행문부여)** `기출` 20 · 16
> ② 판결을 집행하는 데에 조건이 붙어 있어 그 조건이 성취되었음을 채권자가 증명하여야 하는 때에는 이를 증명하는 서류를 제출하여야만 집행문을 내어 준다. 다만, 판결의 집행이 담보의 제공을 조건으로 하는 때에는 그러하지 아니하다.
>
> **민사집행법 제32조(재판장의 명령)**
> ① 재판을 집행하는 데에 조건을 붙인 경우와 제31조(승계집행문)의 경우에는 집행문은 재판장(합의부의 재판장 또는 단독판사를 말한다. 이하 같다)의 명령이 있어야 내어 준다.
> ② 재판장은 그 명령에 앞서 서면이나 말로 채무자를 심문할 수 있다.
> ③ 제1항의 명령은 집행문에 적어야 한다.
>
> **민사집행법 제35조(여러 통의 집행문의 부여)**
> ① 채권자가 여러 통의 집행문을 신청하거나 전에 내어 준 집행문을 돌려주지 아니하고 다시 집행문을 신청[재도부여신청(註)]한 때에는 재판장의 명령이 있어야만 이를 내어 준다. `기출` 20
> ② 재판장은 그 명령에 앞서 서면이나 말로 채무자를 심문할 수 있으며, 채무자를 심문하지 아니하고 여러 통의 집행문을 내어 주거나 다시 집행문을 내어 준 때에는 채무자에게 그 사유를 통지하여야 한다.
> ③ 여러 통의 집행문을 내어 주거나 다시 집행문을 내어 주는 때에는 그 사유를 원본과 집행문에 적어야 한다.

① 의의
  ㉠ 단순한 조사만으로 집행문을 부여하는 단순집행문과 달리 '조건성취집행문'이나 '승계집행문'의 경우, '여러 통의 집행문의 부여' 또는 '집행문의 재도부여'의 경우 재판장(사법보좌관)의 명령이 있어야 집행문을 부여할 수 있다.
  ㉡ 이와 같은 경우는 신중한 실체적 판단이 요구되고, 이러한 판단을 법원사무관 등에게 맡기는 것이 적당하지 않기 때문이다.

② 조 건

개 설	• 판결 등을 집행하는 데 '조건'이 붙어 있는 경우에는 재판장은 그 조건이 성취되었음을 채권자가 증명서로 증명한 경우에는 집행문부여를 명령할 수 있고 법원사무관은 이에 따라 집행문을 부여한다(제32조 제1항). • 판결 등을 집행하는 데 조건이 붙어 있는 경우란 채무자가 하여야 할 의무의 이행이 채권자가 입증하여야 할 일정한 사실의 성취에 달려 있는 경우를 말한다. 즉 채권자가 반대채무를 채무자에게 먼저 이행한 다음에 채무자가 집행채무를 이행하여야 하는 경우와 같이, 채권자가 자기가 부담하는 의무를 이행하였다는 사실을 서류로써 증명하지 아니하면 채무자도 자기의 이행을 하지 않아도 되는 그러한 사실이 여기에서의 조건에 해당한다. • 여기에서의 조건은 민법에서 말하는 엄밀한 의미의 조건뿐만 아니라 불확정기한도 포함하는 넓은 개념이다. 집행이 특정인의 사망에 달려 있는 경우에도 재판장의 명령이 있어야 집행문을 부여할 수 있다.
정지조건	• 집행권원에 정지조건이 붙어 있는 경우에는 조건이 성취되어야 권리가 발생하므로 조건의 성취 이후에만 집행문을 부여받을 수 있다. 집행권원에 조건이 부가된 경우는 판결 이외의 집행권원에서 흔히 보인다. • 집행권원에 "甲은 乙에게 乙이 법무사시험에 합격할 때까지 매월 100만원씩 지급한다."라는 해제조건이 붙어 있는 경우에는 법무사시험의 합격사실은 정기금청구권의 소멸사유에 해당하므로 조건에 해당되지 않는다.
선이행의무	집행의 대상이 된 채무자의 사법상의 의무의 내용이 채권자의 일정한 의무의 선이행을 조건으로 하고 있는 경우, 즉 원고의 선이행을 명한 이행판결의 경우에는 원고인 채권자가 선이행 사실을 증명하지 않으면 채권자에게 집행문을 부여할 수 없다.
선택채권의 선택	채권의 목적이 당사자 또는 제3자의 선택에 달려있는 경우에는 선택이 이루어진 이후에야 집행문을 부여받을 수 있다.
불확정기한	• 불확정기한의 도래여부는 실체관계에 관한 사항으로서 집행기관이 심사할 것이 아니어서 '집행문부여요건'에 해당한다. 기한미도래를 간과한 집행행위는 위법하여 취소되어야 할 것이나 집행절차가 종료되거나 집행절차의 진행 중에 기한이 도래한 경우에는 하자는 치유된다. • 확정기한의 도래여부는 역수상 용이하게 판단할 수 있는 것이므로 집행기관도 쉽게 조사할 수 있는 것이어서 민사집행법은 확정기한의 도래에 관하여는 '집행개시의 요건'으로 정하고 있다(제40조 제1항).
채권자의 최고	최고의무의 이행여부는 조건에 해당하므로 채권자는 최고가 있었음을 증명하여야 집행문을 부여받을 수 있다.

채권자가 부대체적 작위채무에 대한 간접강제결정을 집행권원으로 하여 강제집행을 하기 위해서는 집행문을 받아야 한다. 부대체적 작위채무에 대한 간접강제결정의 경우, 그 주문의 형식과 내용에 비추어 간접강제결정에서 명한 배상금 지급의무의 발생 여부나 발생 시기 및 범위를 확정할 수 있다면 간접강제결정을 집행하기 위한 조건이 붙어 있다고 볼 수 없으므로, 민사집행법 제30조 제2항에 따른 조건의 성취를 증명할 필요 없이 집행문을 부여받을 수 있다. 반면 그러한 간접강제결정에서 명한 배상금 지급의무의 발생 여부나 시기 및 범위가 불확정적인 것이라면 간접강제결정을 집행하는 데에 민사집행법 제30조 제2항의 조건이 붙어 있다고 보아야 하므로, 민사집행법 제30조 제2항에 따라 그 조건이 성취되었음을 증명하여야 집행문을 부여받을 수 있다(대판 2022.2.11. 2020다229987). ☞ [판결이유] 이 사건 가처분결정 주문 제3항은 그 주문의 내용과 형식에 비추어 볼 때 배상금 지급의무의 발생 여부와 발생 시기 및 범위를 확정할 수 있는 경우로서 민사집행법 제30조 제2항에 따른 조건의 성취를 증명할 필요 없이 민사집행법 제30조 제1항에 따라 집행문을 부여받을 수 있는 간접강제결정에 해당하고, 그 집행에 조건이 붙은 경우라고 볼 수 없다. 이 사건 가처분결정 주문 제3항의 간접강제결정에 대한 집행문부여에는 조건의 성취에 관한 증명이 필요하지 아니하므로 민사집행법 제33조가 정하는 집행문부여의 소로써 주문 제3항에 대한 집행문부여를 구할 수 없다. 그럼에도 원고가 이 사건 가처분결정 주문 제3항의 집행에 조건이 붙어 있다고 주장하거나 조건이 붙어 있지 않다고 하더라도 집행문부여에 관한 이의신청 재판에 대한 불복으로 민사집행법 제33조의 소(집행문부여의 소)를 제기할 수 있다고 주장하면서 제기한 이 사건 소는 부적법하다. 기출 25

3. 승계(승계집행문)

> **민사집행법 제31조(승계집행문)**
> ① 집행문은 판결에 표시된 채권자의 승계인을 위하여 내어 주거나 판결에 표시된 채무자의 승계인에 대한 집행을 위하여 내어 줄 수 있다. 다만, 그 승계가 법원에 명백한 사실이거나, 증명서로 승계를 증명한 때에 한한다.
> ② 제1항의 승계가 법원에 명백한 사실인 때에는 이를 집행문에 적어야 한다.
>
> **민사집행법 제32조(재판장의 명령)**
> ① 재판을 집행하는 데에 조건을 붙인 경우와 제31조의 경우에는 집행문은 재판장(합의부의 재판장 또는 단독판사를 말한다. 이하 같다)의 명령이 있어야 내어 준다.
> ② 재판장은 그 명령에 앞서 서면이나 말로 채무자를 심문할 수 있다.
> ③ 제1항의 명령은 집행문에 적어야 한다.

① 의 의
  ㉠ 집행문은 집행권원에 표시된 자를 위하여 또는 집행권원에 표시된 자에 대하여 내어 주는 것이 원칙이다(제29조 제2항).
  ㉡ 그러나 집행권원의 집행력이 집행권원에 표시된 당사자 이외의 자에게 미치는 경우에는 예외적으로 집행권원에 표시된 당사자 이외의 자를 위하여 또는 그에 대하여 내어 주는 수가 있다.
  ㉢ 이러한 경우를 통상 승계집행문이라고 한다.
② 집행력의 주관적 범위(제25조)
  ㉠ 집행당사자적격의 범위는 집행권원의 집행력이 미치는 주관적 범위에 따라 결정되는 것으로, 판결이 그 판결에 표시된 당사자 외의 사람에게 효력이 미치는 때에는 그 사람에 대하여 집행하거나 그 사람을 위하여 집행할 수 있다.
  ㉡ 집행당사자와 그 승계인에 대해서는 후술하기로 한다.
③ 승계의 증명
  ㉠ 승계집행문은 증명서 등에 의하여 명백하게 증명되어야만 부여할 수 있으며, 검증이나 감정 등의 증거방법은 쓸 수 없다. 따라서 증명서가 없거나 그것을 충분히 입증할 수 없는 경우에는 집행문부여의 소(제33조)에 의할 수밖에 없다.
  ㉡ 승계가 법원에 명백한 경우에는 이를 증명서로 증명할 필요가 없다. 법원에 명백한 사실이란 민사소송법 제288조의 법원에 현저한 사실, 공지의 사실, 기록상 명백한 사실 등을 말한다. 이 경우에 집행문을 내어 준 때에는 집행문에 그 취지를 적어야 한다(제31조 제2항).
④ 승계집행문부여와 관련된 문제
  ㉠ 상속의 경우
    ㉮ 소송대리인에 의한 소송수행으로 소송계속 중 당사자의 사망 사실을 간과한 채 사망자의 이름으로 판결이 난 경우 그 판결은 상소나 재심으로 다툴 수는 있지만 당연무효가 되는 것은 아니므로 사망자의 승계인을 위한 또는 사망자의 승계인에 대한 강제집행을 실시하기 위해서는 승계집행문을 부여하는 것이 상당하다(대결 1998.5.30. 98그7).
    ㉯ 집행권원에 표시된 채무가 여러 사람에게 공동상속된 경우에 그 채무가 가분채무인 경우에는 그 채무는 공동상속인 사이에서 상속분에 따라 분할되는 것이고, 따라서 이 경우 부여되는 승계집행문에는 상속분의 비율 또는 그에 기한 구체적 수액을 기재하여야 하며, 비록 그와 같은 기재를

누락하였다고 하더라도 그 승계집행문은 각 공동상속인에 대하여 각 상속분에 따라 분할된 채무 금액에 한하여 효력이 있는 것으로 보아야 할 것이고, 또한 이 경우 승계집행문부여의 적법 여부 및 그 효력의 유무를 심사함에 있어서도 각 공동상속인 별로 개별적으로 판단하여야 한다(대판 2003.2.14. 2002다64810).

㉰ 공동상속인들의 건물철거의무와 같이 성질상 불가분채무에 속하는 판결(대판 1980.6.24. 80다756)의 집행을 위하여서는 상속인 전원에 대한 승계집행문이 필요할 것이다.

㉱ 상속인의 존부가 불분명한 경우에는 그 상속재산관리인에 대하여 승계집행문을 부여할 것이다. 다만, 위와 같은 상속재산관리인의 선임(민법 제1053조)은 별도로 가정법원에 청구하여야 한다.

ⓛ 채권양도 또는 채무인수

㉮ 승소한 원고로부터 판결에 표시된 채권의 양도를 받은 자가 승계인으로서 집행문부여를 신청하는 경우에는 양도증서라든가 계약서 및 채무자에 대한 '대항요건을 증명하는 서면', 즉, 채무자의 승낙서 또는 양도인이 채무자에게 통지한 내용증명우편을 제출하여야 한다(민법 제450조 제1항).

> 집행권원상의 청구권이 양도되어 대항요건을 갖춘 경우 집행당사자적격이 양수인으로 변경되고, 양수 인이 승계집행문을 부여받음에 따라 집행채권자는 양수인으로 확정되는 것이므로, 승계집행문의 부여 로 인하여 양도인에 대한 기존 집행권원의 집행력은 소멸한다. 따라서 그 후 양도인을 상대로 제기한 청구이의의 소는 피고적격이 없는 자를 상대로 한 소이거나 이미 집행력이 소멸한 집행권원의 집행력 배제를 구하는 것으로 권리보호의 이익이 없어 부적법하다(대판 2008.2.1. 2005다23889). **기출** 25 · 19

㉯ 채권압류 및 추심명령 이후 그 집행권원상의 채권을 양수한 양수인이 승계집행문을 부여받지 않은 경우, 집행채권자의 지위에서 압류채권을 추심하거나 압류명령 신청을 취하할 수 없고, 양도인이 여전히 집행채권자의 지위에서 압류채권을 추심하거나 압류명령 신청을 취하할 수 있다.

기출 22

> [1] 민법 제168조 제2호에 '압류 또는 가압류, 가처분'을 소멸시효의 중단사유로 규정하고 있고, 민법 제175조에 "압류, 가압류 및 가처분은 권리자의 청구에 의하여 또는 법률의 규정에 따르지 아니함으로 인하여 취소된 때에는 시효중단의 효력이 없다"라고 규정하고 있다. 여기서 '권리자의 청구에 의하여 취소된 때'라고 함은 권리자가 압류, 가압류 및 가처분의 신청을 취하한 경우를 말하고, '시효중단의 효력이 없다'라고 함은 소멸시효 중단의 효력이 소급적으로 상실된다는 것을 말한다.
> [2] 금전채권에 대한 압류명령과 그 현금화 방법인 추심명령을 동시에 신청하더라도 압류명령과 추심명 령은 별개로서 그 적부는 각각 판단하여야 하고, 그 신청의 취하 역시 별도로 판단하여야 한다. 채권자는 추심명령에 따라 얻은 권리를 포기할 수 있지만(민사집행법 제240조 제1항) 추심권의 포기는 압류의 효력에는 영향을 미치지 아니하므로, 추심권의 포기만으로는 압류로 인한 소멸시효 중단의 효력은 상실되지 아니하고 압류명령의 신청을 취하하면 비로소 소멸시효 중단의 효력이 소급하여 상실된다.
> [3] 강제집행절차에서는 집행권원을 가진 채권자의 지위를 승계한 자라고 하더라도 기존 집행권원에 기하여 강제집행을 신청하려면 승계집행문을 부여받아야 하고, 집행권원에 의한 강제집행이 개시된 후 신청채권자의 지위를 승계한 경우라도 승계인이 자기를 위하여 강제집행 속행을 신청하기 위하여는 민사집행규칙 제23조가 정한 바와 같이 승계집행문이 붙은 집행권원의 정본을 제출하여야 하며 그 경우 법원사무관등 또는 집행관은 그 취지를 채무자에게 통지하도록 하고 있다. 따라서 채권자가 집행 권원에 기하여 채권압류 및 추심명령을 받은 후 그 집행권원상의 채권을 양도하였다고 하더라도 양수인 은 승계집행문을 부여받음으로써 비로소 집행채권자로 확정되는 것이므로, 양수인이 기존 집행권원에 대하여 승계집행문을 부여받지 않았다면, 양도인이 여전히 집행채권자의 지위에서 압류채권을 추심하 거나 압류명령 신청을 취하할 수 있다고 할 것이다(대판 2014.11.13. 2010다63591). **기출** 22

ⓓ 패소한 피고(채무자)의 채무를 면책적으로 인수한 제3자에 대하여 승계집행문을 구할 때에는 채권자, 채무자 및 인수인 등에 의하여 성립된 계약서 등을 제출하여야 한다.

> 채무자의 채무를 소멸시켜 당사자인 채무자의 지위를 승계하는 이른바 면책적 채무인수는 승계인에 해당한다고 볼 수 있지만, 중첩적 채무인수는 당사자의 채무는 그대로 존속하며 이와 별개의 채무를 부담하는 것에 불과하므로 소극적으로 해석하여야 한다[승계인에 해당하지 않는다(註)](대결 2010.1.14. 2009그196). 기출 19·17

ⓒ 채권의 전부명령(제229조 제1항·제3항) : 판결에 표시된 채권을 압류한 제3자가 전부받았음을 이유로 승계집행문의 부여를 신청함에는 그 전부명령의 정본(또는 등본)과 그 확정증명을 제출하여야 한다.

ⓔ 변제자의 대위 : 대위변제자는 법률규정에 의해 채권자를 대위하므로(민법 제480조 제1항, 제481조), 집행권원에 표시된 채무자를 위하여 집행권원에 표시된 채권자에게 변제한 자는 채권자로부터 그 집행권원을 교부받았는지 여부와 관계없이 승계집행문을 받아 채무자에게 집행할 수 있다.

ⓜ 점유이전금지가처분이 집행된 후 그 목적물의 점유를 승계한 제3자

㉮ 점유이전금지가처분이 집행된 후 그 목적물의 점유를 승계한 제3자에 대하여 본안판결을 집행함에 있어서 승계집행문을 부여받아야 할 것인가에 관하여는 판례는 승계집행문을 필요로 한다는 입장을 취하고 있다(대판 1999.3.23. 98다59118).

㉯ 그러나 부동산에 대하여 점유이전금지가처분이 집행된 후 제3자가 가처분채무자의 점유를 침탈하는 등의 방법으로 부동산에 대한 점유를 취득한 것이라면, 제3자를 민사집행법 제31조 제1항에서 정한 '채무자의 승계인'이라고 할 수 없다.

> 어떤 부동산에 대하여 점유이전금지가처분이 집행된 이후에 제3자가 가처분채무자의 점유를 침탈하는 등의 방법으로 가처분채무자를 통하지 아니하고 부동산에 대한 점유를 취득한 것이라면, 설령 점유를 취득할 당시에 점유이전금지가처분이 집행된 사실을 알고 있었다고 하더라도, 특별한 사정이 없는 한 제3자를 민사집행법 제31조 제1항에서 정한 '채무자의 승계인'이라고 할 수는 없다(대판 2015.1.29. 2012다111630). 기출 15

ⓗ 비용부담 의무자의 승계 : 소송비용부담 재판 이후에 비용부담 의무자의 승계가 있는 경우에 그 승계인을 상대로 소송비용액 확정신청을 하기 위해서는 승계집행문을 부여받아야 하고, 이를 부여받지 않고 그 승계인을 상대로 소송비용액 확정신청을 하였다면 이는 소송비용부담 재판의 당사자가 아닌 사람에 대하여 한 것으로 부적법하다(대결 2009.8.6. 2009마897).

> [1] 소송비용부담의 재판 이후에 비용부담 의무자의 승계가 있는 경우, 그 승계인을 상대로 소송비용액 확정신청을 하기 위해서는 승계집행문을 부여받아야 한다. 기출 17
> [2] 소송비용부담의 재판이 있은 후에 비용부담 의무자가 사망하자 승계집행문을 부여받지 않고 그 상속인들을 상대로 소송비용액 확정신청을 한 사안에서, 그 신청이 소송비용부담 재판의 당사자가 아닌 자들에 대하여 한 것으로 부적법하다고 한 사례(대결 2009.8.6. 2009마897) 기출 24·15

ⓐ 등기권리자의 승계 : 한편 민사집행법 제263조 제1항은 의사표시의무의 집행에 관하여 '의사의 진술을 명한 판결이 확정된 때에는 그 판결로 의사를 진술한 것으로 본다'고 정하고 있으므로, 같은 조 제2항과 같이 반대의무의 이행 등과 같은 조건이 부가된 것이 아니라 단순하게 의사의 표시를 명하는 경우에는 판결 확정 시에 의사표시가 있는 것으로 간주되는데, 의사표시 간주의 효과가 생긴 후에 등기권리자의 지위가 승계된 경우에는 부동산등기법의 규정에 따라 등기절차를 이행할 수 있을 뿐이고 원칙적으로 승계집행문이 부여될 수 없다(대결 2017.12.28. 2017그100). **기출** 24

4. 여러 통의 부여 또는 다시 부여

① 의의 : 동일한 집행권원에 기하여 집행기관의 관할을 달리하는 여러 지역에서 또는 여러 가지 방법으로 집행하지 않으면 채권의 완전한 변제를 받을 수가 없는 경우에는(제38조) 동시에 여러 통의 집행문을 청구하거나 이미 부여받은 집행문을 분실·훼손한 경우라든지 집행채권에 대하여 완전한 만족을 얻지 못한 것이 판명되었을 때에도 다시 집행문을 구할 필요가 있다.

② 취지 : 여러 통의 집행문을 부여하거나 다시 집행문을 부여(재도부여)하는 경우에는 채무자에 대한 중복집행의 위험이 있으므로 재판장(사법보좌관)의 명령이 있는 때에 한하여 집행문을 부여한다(제35조 제1항). **기출** 22

③ 재판장(사법보좌관)의 명령
  ㉠ 판결 및 각종 조서 : 집행문을 여러 통 또는 다시 내어달라고 신청하는 경우에 법원사무관 등은 재판장(사법보좌관)의 명령이 있는 때에 한하여 이를 내어줄 수 있다(제35조 제1항, 사보규칙 제2조 제1항 제4호).
  ㉡ 집행증서 : 집행증서를 보존하는 공증인 등이 집행문을 내어 주며, 여러 통의 집행문을 내어 주거나 다시 내어 주는 때에도 재판장(또는 사법보좌관)의 명령을 받을 필요가 없다(제59조 제1항).
  ㉢ 보전집행(가압류·가처분명령) : 원칙적으로 집행문을 부여받을 필요가 없지만, 가압류 또는 가처분명령 정본을 여러 통 내어달라는 신청 또는 다시 내어달라는 신청이 있는 경우에는 여기서 말하는 집행문의 수통부여나 재도부여와 성질이 같으므로 재판장(또는 사법보좌관)의 명령이 있어야만 이를 내어 줄 수 있다(제291조, 제301조).
  ㉣ 확정된 지급명령·이행권고결정 : 확정된 지급명령과 확정된 이행권고결정은 원칙적으로 그 집행에 집행문이 필요 없다. 이에 대하여 집행문이 여러 통 부여 또는 재도부여가 필요한 상황에 대하여는 지급명령과 이행권고결정 자체의 정본을 여러 통 또는 다시 부여하는 것으로 규정하고 있다(제58조 제2항, 소심법 제5조의8 제2항). 이와 같은 정본의 여러 통의 부여 또는 다시 부여에 대하여는 재판장(사법보좌관)의 명령을 받을 필요가 없다(제35조). **기출** 20

④ 채무자에 대한 심문 또는 통지 : 재판장(사법보좌관)은 부여명령을 내리기 전에 서면이나 말로 채무자를 심문할 수 있다. 만약 채무자를 심문하지 아니하고 여러 통 또는 재도부여한 경우에는 채무자에게 그 사유를 통지하여야 한다(제35조 제2항). 이 통지규정은 훈시규정이다(대결 1980.10.8. 80마394).

⑤ 부여절차
  ㉠ 집행문부여기관은 재판장(사법보좌관)의 명령을 받아 집행문을 부여한다. 만약 재판장의 명령이 없다면 집행문부여기관은 채권자의 집행문부여신청을 각하하여야 한다.
  ㉡ 이 경우 채권자는 재판장의 명령에 대하여 직접 불복할 수는 없고, 법원사무관 등이 집행문부여를 거절한 처분에 대하여 다툴 수 있다.

5. 집행문부여의 소

> **민사집행법 제33조(집행문부여의 소)**
> 제30조 제2항(조건) 및 제31조(승계)의 규정에 따라 필요한 증명을 할 수 없는 때에는 채권자는 집행문을 내어 달라는 소를 제1심 법원에 제기할 수 있다.

① 의 의
- ㉠ 집행문부여의 소는, 채권자가 집행문을 부여받기 위하여 증명서로써 증명하여야 할 사항[7]에 대하여 그 증명을 할 수 없는 경우에 증명방법에 제한을 받지 않고 그러한 사유에 터 잡은 집행력이 현존하고 있다는 점을 주장·증명하여 판결로써 집행문을 부여받기 위한 소로서, 집행에 조건이 붙어 있어 조건의 성취를 주장하거나 채권자 또는 채무자의 승계사실을 주장하면서 집행문부여를 구하는 경우에 제기할 수 있다(대판 2022.2.11. 2020다229987).
- ㉡ 집행문부여의 소는 집행문부여 신청을 하였으나 집행문이 거부된 때에도 제기할 수 있고, 집행문부여의 신청을 함이 없이 바로 제기할 수도 있다. `기출` 20
- ㉢ 원고는 자기를 위하여 집행문을 부여받고자 하는 채권자이고, 피고는 그 상대방이 되는 채무자이다. 집행문부여기관은 피고적격이 없다.

② 심 리
- ㉠ 집행문부여의 소에서 피고가 청구권의 소멸, 변경 등의 실체상의 이의사유(청구이의 사유)를 방어수단으로 제출할 수 있는가에 관하여는 긍정설과 부정설로 견해가 대립한다.
- ㉡ 판례는 민사집행법이 집행문부여의 소와 청구이의의 소를 각각 인정한 취지에 비추어 보면, 집행문부여의 소에 있어서 심리의 대상은 조건의 성취 또는 승계 사실을 비롯하여 집행문부여의 요건에 한하는 것으로 보아야 하므로, 채무자가 민사집행법 제44조에 규정된 청구이의의 소에서의 이의사유를 집행문부여의 소에서 주장하는 것은 허용되지 않는다고 한다(대판 2012.4.13. 2011다93087). `기출` 25·23

③ 집행문부여절차
- ㉠ 집행문부여의 소에 관한 인용판결이 집행문을 대신하는 것은 아니다.
- ㉡ 따라서 이 판결이 확정되면 채권자는 그 정본을 붙여 집행문을 내어 줄 것을 별도로 신청하여야 한다. 이때에는 재판장의 명령을 기다릴 필요가 없다.

④ 관련 판례

> • [1] 판결에 대하여 집행문을 부여하기 위해서는 판결의 집행력이 유효하게 발생하고 존재할 것을 요건으로 한다. 따라서 집행력이 발생하지 않는 당연무효의 판결에 대하여는 집행문을 부여할 수 없고, 이러한 법리는 민사집행법 제33조에 의하여 집행문부여의 소를 제기한 경우에도 마찬가지로 적용된다. `기출` 25
> [2] 집행문부여의 소의 심리 대상은 조건 성취 또는 승계 사실을 비롯하여 집행문부여 요건에 한하는 것으로 보아야 한다. 따라서 채무자가 민사집행법 제44조에 규정된 청구에 관한 이의의 소의 이의 사유를 집행문부여의 소에서 주장하는 것은 허용되지 아니한다(대판 2012.4.13. 2011다93087).

---

7) 판결을 집행하는 데에 조건이 붙어 있는 경우 집행문을 받기 위하여 채권자는 이를 증명하는 서류를 제출하여 그 조건이 성취되었음을 증명하여야 하고, 판결에 표시된 채권자의 승계인을 위하여 또는 판결에 표시된 채무자의 승계인에 대하여 집행문을 받기 위하여 채권자는 증명서로 승계사실을 증명하여야 한다(제30조 제2항, 제31조).

- 피고들이 시종 원고가 등기말소를 명한 확정판결의 원고와는 동일성이 인정되지 않는다고 다투고 있을 뿐만 아니라 기록상 원고가 위 확정판결의 원고와 동일성이 명확하다고 보이지 아니하여 민사소송법 제481조의 규정에 의하여 법원사무관 등으로부터 승계집행문을 부여받기는 어려운 것으로 보이고 또 승계집행문부여의 소를 제기하더라도 패소될 경우도 생길 수 있고 그와 같은 경우라면 원고가 피고들을 상대로 한 별도의 소송으로 피고들 명의의 등기의 말소를 구할 권리보호의 이익을 부정할 수 없다(대판 1994.5.10. 93다53955).

  기출 23

- 주택임대차보호법 제3조 제4항에 따라 임차주택의 양수인은 임대인의 지위를 승계한 것으로 보므로 임대차 보증금 반환채무도 부동산의 소유권과 결합하여 일체로서 임대인의 지위를 승계한 양수인에게 이전되고 양도인의 보증금반환채무는 소멸하는 것으로 해석되므로, 변론종결 후 임대부동산을 양수한 자는 민사소송 법 제218조 제1항의 변론종결 후의 승계인에 해당한다. 승계집행문은 그 승계가 법원에 명백한 사실이거나 증명서로 승계를 증명한 때에 한하여 내어 줄 수 있고(민사집행법 제31조 제1항), 승계를 증명할 수 없는 때에는 채권자가 승계집행문 부여의 소를 제기할 수 있다(제33조). 따라서 임차인이 임대인을 상대로 보증금 반환의 승소확정판결을 받았으나 이후 주택 양수인을 상대로 이를 반환받고자 할 경우 승계가 명확하지 않거나 임대인 지위의 승계를 증명할 수 없는 때에는 임차인이 양수인을 상대로 승계집행문 부여의 소를 제기하여 승계집행문을 부여받음이 원칙이나, 이미 임차인이 양수인을 상대로 임대차보증금의 반환을 구하는 소를 제기하여 양수인과 사이에 임대인 지위의 승계 여부에 대해 상당한 정도의 공격방어 및 법원의 심리가 진행됨으로써 사실상 승계집행문 부여의 소가 제기되었을 때와 큰 차이가 없다면, 그럼에도 법원이 소의 이익이 없다는 이유로 후소를 각하하고 임차인으로 하여금 다시 승계집행문 부여의 소를 제기하도록 하는 것은 당사자들로 하여금 그동안의 노력과 시간을 무위로 돌리고 사실상 동일한 소송행위를 반복하도록 하는 것이어서 당사자들에게 가혹할 뿐만 아니라 신속한 분쟁해결이나 소송경제의 측면에서 타당하다고 보기 어려우므로 이와 같은 경우 소의 이익이 없다고 섣불리 단정하여서는 안 된다(대판 2022.3.17. 2021다 210720).

제5절 **집행문부여절차상의 구제방법(불복방법)**

Ⅰ 서 설

1. 개 요

집행문이 어떻게 부여되는가를 살펴보았으므로 여기서는 집행문부여요건이 갖추어지지 않았음에도 집행문이 부여된 경우에 채무자는 이에 대하여 어떻게 대처하여야 하는가, 집행문부여요건이 갖추어졌음에도 집행문부여거절이 있는 경우 채권자는 어떻게 대처하여야 하는가에 대해서 살펴본다.

2. 집행문부여절차상의 구제방법(불복방법) 유형

구 분	결정절차	판결절차
채권자	집행문부여 거절처분에 대한 이의신청	집행문부여의 소
채무자	집행문부여에 대한 이의신청	집행문부여에 대한 이의의 소

Ⅱ 집행문부여 거절(처분)에 대한 이의신청

> **민사집행법 제34조(집행문부여 등에 관한 이의신청)** 기출 21 · 20
> ① 집행문을 내어 달라는 신청에 관한 법원사무관등의 처분에 대하여 이의신청이 있는 경우에는 <u>그 법원사무관등이</u> <u>속한 법원이 결정으로 재판한다.</u>

1. 의 의

집행문부여기관(법원사무관·공증인 등)이 집행문을 내어 주기를 거절한 때에는 채권자는 그 거절처분에 대하여 소속 법원 또는 관할 법원에 이의신청을 할 수 있다(제34조 제1항, 제59조 제2항).

2. 신청 및 관할

① 이의신청
  ㉠ 이의신청은 민사집행의 신청이 아니기 때문에 민사집행법 제4조(민사집행의 신청은 서면으로 하여야 한다)는 적용되지 않는다.
  ㉡ 따라서 집행문부여 거절 처분에 대한 이의신청은 서면 또는 말로 할 수 있다(제23조 제1항, 민소법 제161조 제1항).
  ㉢ 법원사무관 등의 거절처분에 대하여는 그 소속 법원(제34조 제1항)에, 공증인 등의 거절처분에 대하여는 그 사무소가 있는 곳을 관할하는 지방법원(제59조 제2항)에 이의신청을 하여야 한다.
  ㉣ 집행문부여에 대한 이의절차와 달리 집행기록의 소재에 따라 법원의 관할이 달라질 수 있는 점에 유의하여야 한다.
② 집행문부여신청
  ㉠ 제1심 법원의 법원사무관 등은 그 법원에서의 소송절차가 종료되고 상소에 의하여 소송기록을 상급 심법원에 송부한 후에는 집행문부여의 권한을 잃게 되고, 이 경우 제1심 법원의 법원사무관 등이 한 집행문부여 거절처분에 대한 이의신청은 특별한 사정이 없는 한 신청의 이익이 없어 부적법하므로 (대결 2000.3.13. 99마7096), 이때는 소송기록이 송부된 상급심 법원사무관 등에게 다시 집행문부여신청 을 하여야 한다. 기출 23
  ㉡ 그러나 제1심에서 집행문부여가 된 경우에 집행문부여에 대한 이의신청은 기록이 상급심에 있어도 집행문을 부여한 법원사무관 등의 소속인 제1심 법원에 하여야 한다(제34조 제1항).

3. 이의신청사유

① 채권자는 집행문부여의 요건이 갖추어졌음에도 불구하고 법원사무관 등이 집행문을 위법하게 부여해주지 않으면 이를 모두 이의사유로 삼을 수 있다. 조건의 성취, 승계가 이루어진 사실을 이의사유로 삼을 수 있다.
② 따라서 집행문부여 신청인은 집행에 조건이 붙어 있거나 승계 등의 사유가 있어서 집행문부여의 소를 제기할 수 있는 경우에도 소를 제기하지 않고서 법원사무관 등에 대하여 집행문부여 거절처분에 대한 이의신청을 할 수도 있다.
③ 집행권원에 표시된 청구권에 대한 채권의 소멸, 변제, 변경 등의 실체상의 이의사유는 집행문부여기관이 조사판단할 사항이 아니므로 청구이의의 소에 의할 수밖에 없다(제44조).

4. 심리 및 재판

① 이의신청에 대하여 법원은 결정으로 재판한다.

② 이의신청이 정당하면 거절처분을 취소하고 부여기관에 대하여 집행문을 내어 줄 것을 명하게 된다.

③ 이 결정이 있으면 부여기관은 당연히(재판장의 명령이 필요한 경우에도 따로 그 명령을 요하지 아니하고) 집행문을 내어 주어야 한다.

④ 이 결정(인용결정)에 대하여 채무자는 직접 항고를 할 수 없고, 이 결정에 기초하여 부여된 집행문에 대하여는 뒤에서 보는 집행문부여에 대한 이의신청으로 다툴 수 있다.

> 법원사무관의 집행문부여거절처분에 대한 채권자의 이의신청을 인용하여 그 집행문의 부여를 명하는 결정은 채권자에 대한 일방적인 것이고 그 채무자를 상대방으로 하는 것이 아니기 때문에, 채무자는 직접 이에 대한 불복신청을 할 수 없고, 다만 위 결정에 의한 집행문부여에 대하여 이의할 수 있을 뿐이다(대결 1979.8.25. 78마249).

⑤ 이의신청이 이유 없으면 신청 기각의 결정을 한다. 이에 대하여 특별항고(민소법 제449조)만 가능할 뿐이고, 통상항고, 즉시항고 또는 집행에 관한 이의는 모두 허용되지 않는다.

⑥ 다만, 이의신청이 기각된 경우에도 채권자는 집행문부여의 소를 제기할 수 있다.

> - 집행문부여에 대한 이의에 관한 재판에 대하여는 집행에 관한 이의도 할 수 없고, 즉시항고도 할 수 없어 결국 불복절차가 없기 때문에 특별항고만 허용될 뿐이라고 해석되며, 이러한 결정에 대한 불복은 당사자가 특별항고라는 표시와 항고법원을 대법원이라고 표시하지 아니하였다 하더라도 항고장을 접수한 법원은 이를 특별항고로 취급하여 소송기록을 대법원에 송부하여야 한다(대결 1997.6.20. 97마250). **기출** 19
> - 집행문부여에 대한 이의신청에 관한 재판에 대하여는 민사소송법 제449조 제1항에 정한 특별항고만이 허용될 뿐인데, 특별항고는 법률상 불복할 수 없는 결정·명령에 재판에 영향을 미친 헌법 위반이 있거나, 재판의 전제가 된 명령·규칙·처분의 헌법 또는 법률의 위반 여부에 대한 판단이 부당하다는 것을 이유로 하는 때에 한하여 허용되는 것이므로(민사소송법 제449조 제1항), 결정이 법률에 위반되었다는 등의 사유만으로는 재판에 영향을 미친 헌법 위반이 있다고 할 수 없어 특별항고 사유가 되지 못한다(대결 2008.8.21. 2007그49).

5. 잠정처분

집행절차의 개시는 물론 집행문조차 부여되지 아니한 상황이므로 잠정처분은 별도로 문제되지 아니한다.

Ⅲ 집행문부여에 대한 이의신청

민사집행법 제34조(집행문부여 등에 관한 이의신청)

① 집행문을 내어 달라는 신청에 관한 법원사무관등의 처분에 대하여 이의신청이 있는 경우에는 그 법원사무관등이 속한 법원이 결정으로 재판한다.

1. 의 의

① 집행문부여 요건의 흠을 이유로 하여 집행문의 취소를 구하는 채무자의 신청을 말한다(제34조 제1항, 제59조 제2항).

② 재판장(사법보좌관)의 명령에 따라 법원사무관 등이 집행문을 내어 주었다든가, 집행문부여의 거절처분에 대하여 채권자가 이의신청을 한 결과 법원의 명령에 따라 부여된 경우라도 상관없다(대결 1979.8.25. 78마249).

③ 이 이의신청은 집행문을 내어 준 뒤면 언제든지 할 수 있는 것이며, 집행의 개시 여부와는 관계가 없다.

④ 그러나 그 집행권원의 내용이 완전히 실현된 뒤(전체로서의 집행이 끝난 뒤)에는 할 수 없다(대결 1992.3.6. 92마46).

⑤ 민사집행법 제34조 제1항이 규정하는 집행문부여 등에 관한 이의 가운데 집행문부여에 대한 이의는 어떤 사람을 집행채무자로 한 집행문이 부여된 경우에 그 집행문에 표시된 채무자가 집행문부여의 위법을 이유로 집행문부여의 취소 등 시정을 구하기 위하여 제기하는 이의를 말하는 것이므로, 판결에 표시된 채무자의 승계인에 대한 집행을 위하여 집행문이 부여된 경우에는 승계인만이 이의를 할 수 있는 것이고, 판결에 표시된 원래의 채무자는 이에 대한 이의를 할 수 없다(대결 2002.8.21. 2002카기124). **기출** 15

2. 이의사유

① 집행문부여를 위법으로 하는 모든 사유, 즉 집행문부여 시에 조사하여야 할 부여요건의 흠은 모두 이의 사유로 된다.

② **형식적 요건의 흠** : 집행권원이 유효하게 존재하지 않는 경우(집행증서의 무효, 판결 후 소의 취하), 집행력이 현존하지 않는 경우(판결의 미확정, 청구이의의 소의 판결의 확정), 집행문의 방식 위배(재판장의 명령이 없는 경우), 재도부여의 사유가 없는데도 집행문을 다시 내어 준 경우 등이다.

> 부대체적 작위의무에 관하여 의무이행 기간을 정하여 그 기간 동안 의무의 이행을 명하는 가처분결정이 있은 경우에 가처분결정에서 정한 의무이행 기간이 경과하면, 가처분의 효력이 소멸하여 가처분결정은 더 이상 집행권원으로서의 효력이 없다. 따라서 가처분결정에서 정한 의무이행 기간이 경과한 후에 이러한 가처분결정에 기초하여 간접강제결정이 발령되어 확정되었더라도, 간접강제결정은 무효인 집행권원에 기초한 것으로서 강제집행의 요건을 갖추지 못하였으므로, 간접강제결정에서 정한 배상금에 대하여 집행권원으로서의 효력을 가질 수 없다. 이때 채무자로서는 집행문부여에 대한 이의신청으로 무효인 간접강제결정에 대하여 부여된 집행문의 취소를 구할 수 있다(대판 2017.4.7. 2013다80627). **기출** 19

③ 실체적 요건의 흠

㉠ 조건 성취의 사실(제30조 제2항) 또는 승계의 사실(제31조 제1항)이 존재하지 않거나 위 사실에 대한 증명이 빠져 있음을 주장하여 이의신청을 할 수 있다(제45조 단서).

㉡ 조건의 불성취와 승계의 부존재와 같은 실체적 요건의 흠에 관하여는 채무자는 집행문부여에 대한 이의의 소(제45조)를 제기하여 주장할 수도 있다.

3. 이의신청의 시기

① 채무자는 집행문이 부여된 이후 집행이 완료되지 않은 이상 언제든지 이의신청을 할 수 있다.

㉠ 집행의 개시 여부와는 관계가 없다.

㉡ 집행이 완료된 뒤에는 이의신청을 할 이익이 없으므로 이의신청을 할 수 없다.

② 이의사유의 존부에 대한 판단의 기준 시는 집행문을 내어 줄 시점이 아니고 이의를 판단하는 시점이다. 따라서 집행문을 내어 줄 당시에는 그것이 적법하다고 하더라도 그 후에 내어 줄 수 없는 상태(예 판결의 실효)에 있으면 이의를 신청할 수 있으나, 반대로 내어 줄 당시에는 위법이어도 이의신청을 판단할 시점에 적법한 상태(예 조건의 성취 등)로 되었다면 이의는 이유 없는 것이 된다.

4. 관 할

집행문을 부여한 법원사무관 등의 소속 법원(제34조 제1항), 공증인의 사무소 소재지를 관할하는 지방법원 단독판사(제59조 제2항)의 전속관할이다.

5. 심리와 재판

① 이의신청이 정당하면 당해 집행문을 취소하고 그 집행정본에 기초한 강제집행의 불허를 선언한다.
② 이의를 인용한 결정은 제49조 제1호의 서류에 해당하므로, 채무자는 인용결정의 정본을 집행기관에 제출하여 집행정지와 집행처분의 취소를 받을 수 있다. 이의신청이 이유 없으면 이의신청 기각결정을 한다.

6. 불 복

이의신청을 인용한 것이든 배척한 것이든 이의신청에 관한 재판(결정)에 대하여는 통상항고, 즉시항고, 집행에 관한 이의신청에 의한 불복이 모두 허용되지 않고, 민사소송법 제449조에 따른 특별항고만 가능하다(대결 1995.5.13. 94마2132; 대결 1997.6.20. 97마250). 다만, 채권자와 채무자는 각각 집행문부여의 소 또는 집행문부여에 대한 이의의 소를 제기할 수 있다. **기출** 19

> 집행절차에서는 민사집행법 제15조 제1항은 집행절차에 관한 집행법원의 재판에 대하여는 특별한 규정이 있는 경우에 한하여 즉시항고를 할 수 있다라고 규정하고 있고, 또 규정이 없는 경우에는 해석상 그와 동일시되어야 할 경우에 한하여 제15조의 즉시항고를 할 수 있는 바, '집행문부여에 대한 이의의 재판'에 관하여는 그와 같은 특별규정이 없을 뿐더러 해석상 그와 동일시할 것도 못 되어 결국 즉시항고는 할 수 없는 것으로 해석이 되고, 같은 법 제16조 제1항 소정의 '집행이의절차'는 집행법원의 재판에 대한 이의절차인 데 반하여 '집행문부여에 대한 이의의 재판'은 같은 법 제34조 제1항에서 집행문을 부여한 법원사무관 등의 소속 법원이 재판한다고 규정하고 있고, 그 소속 법원은 판결법원 또는 그 상급법원이므로 결국 집행문부여 결정은 집행이의 대상으로 규정한 집행법원의 재판이 아닐 뿐더러, 본안법원의 재판을 집행법원이 그 재판의 대상으로 삼는다는 것도 성질상 허용하기 어렵다고 보여지므로 집행이의절차도 알맞은 불복방법이라고 할 수 없는 바, 그렇게 되면 결국 불복절차가 없기 때문에 민사소송법 제449조에 의한 '특별항고'만이 가능하다(대결 1995.5.13. 94마2132). **기출** 19

7. 잠정처분

① 이의신청에 따라 집행이 당연히 정지되는 것은 아니므로 재판장은 이의신청에 대한 재판 전에 직권으로 집행의 일시정지 그 밖의 잠정처분을 명할 수 있다.
② 이 경우 채무자에게 담보제공을 조건으로 또는 담보제공 없이 집행의 일시정지를 명할 수 있고, 채권자에게 담보제공을 조건으로 그 집행의 속행을 명할 수 있다(제34조 제2항, 제16조 제2항).
③ 잠정처분에 대하여는 불복할 수 없다. 특별항고만이 가능할 뿐이다.
④ 이 정지결정정본은 제49조 제2호의 서류가 된다.

Ⅳ **집행문부여의 소**

> **민사집행법 제33조(집행문부여의 소)**
> 제30조 제2항(조건) 및 제31조(승계)의 규정에 따라 필요한 증명을 할 수 없는 때에는 <u>채권자는 집행문을 내어 달라는</u>
> <u>소를 제1심 법원에 제기할 수 있다.</u>

1. 의 의

① 집행문부여의 실질적 요건(조건 또는 승계)에 관하여 그 사실이 법원에 명백하지 아니하거나 채권자가 증명서로써 증명할 수 없는 때에는 채무자를 피고로 한 소송절차를 경유하여 집행문을 부여받을 수 있다. 이때의 소송절차를 집행문부여의 소라고 한다(제33조).

② 집행문부여의 소는 집행문부여 신청을 하였으나 집행문이 거부된 때에도 제기할 수 있고, <u>집행문부여의</u> <u>신청을 함이 없이 바로 제기할 수도 있다.</u> **기출** 20

2. 관 할

① 판결, 그 밖의 재판, 소송상의 화해조서, 인낙조서인 때에는 원칙적으로 제1심 수소법원의 전속관할에 속한다(제33조, 제57조).

② **확정된 지급명령, 제소전 화해, 각종 조정조서인 때** : 소송목적의 값에 따라 그것이 성립한 지방법원의 단독판사 또는 합의부(제58조 제4항, 제5항)

③ **집행증서인 때** : 채무자의 보통재판적이 있는 곳의 지방법원. 다만 그 법원이 없는 때에는 민사소송법 제11조의 규정에 따라 채무자에 대하여 소를 제기할 수 있는 법원(제59조 제4항)

3. 당사자

① 원고는 자기를 위하여 집행문을 부여받고자 하는 채권자(또는 그 승계인)이고, 피고는 그 상대방이 되는 채무자(또는 그 승계인)이다. 집행문부여기관은 피고적격이 없다(실무제요 집행 1).

② 집행문부여의 소는 당사자 사이의 집행력의 존부를 확인하는 절차이기 때문이다.

4. 심리와 재판

① 일반의 판결절차와 마찬가지로 심리한다. 따라서 변론을 거쳐야 한다. 사실의 증명을 위하여는 증명서에 한하지 않고 모든 증거방법을 사용할 수 있다.

② 채무자는 조건의 성취나 승계의 사실에 관한 항변은 물론 집행문부여를 위한 형식적 요건의 흠 등 집행문 부여를 위법하게 하는 모든 사유를 방어방법으로 주장할 수 있다.

5. 집행문부여절차

① 집행문부여의 소에 관한 인용판결이 집행문을 대신하는 것은 아니다.

② 따라서 이 판결이 확정되면 채권자는 그 정본을 붙여 집행문을 내어 줄 것을 별도로 신청하여야 한다.

③ 이때에는 재판장의 명령을 기다릴 필요가 없다. 소송절차에서 이미 조건 또는 승계에 관하여 법원의 심리가 있었기 때문이다.

> 채권자가 집행문부여의 소에서 승소한 판결을 제출하여 집행문을 내어 달라고 신청하는 경우에는 집행문부여의 요건에 대한 조사·판단 없이 그 판결에 의하여 집행문을 부여하여야 한다(대판 2009.6.11. 2009다18045).

Ⅴ 집행문부여에 대한 이의의 소

> **민사집행법 제45조(집행문부여에 대한 이의의 소)**
> 제30조 제2항(조건)과 제31조(승계)의 경우에 채무자가 집행문부여에 관하여 증명된 사실에 의한 판결의 집행력을 다투거나, 인정된 승계에 의한 판결의 집행력을 다투는 때에는 제44조(청구이의의 소)의 규정을 준용한다. 다만, 이 경우에도 제34조(집행문부여 등에 관한 이의신청)의 규정에 따라 집행문부여에 대하여 이의를 신청할 수 있는 채무자의 권한은 영향을 받지 아니한다.

1. 의 의

① 채권자의 집행문부여에 대한 신청을 받아들여 조건집행문이나 승계집행문이 부여된 경우에 '채무자'가 조건의 성취 또는 당사자의 승계 사실 등을 다투어 집행문부여의 위법을 주장함으로써 강제집행을 막기 위한 소이다(제45조).

② '채권자'의 집행문부여의 소에 대응하는 것이다. 이 소는 집행문이 부여된 후 강제집행이 종료될 때까지 제기할 수 있는 것으로 강제집행이 종료된 이후에는 이를 제기할 이익이 없다.

> 집행문부여에 대한 이의의 소는 판결을 집행하는 데에 조건이 붙어 있어 그 조건이 성취되었음을 채권자가 증명하여야 하는 때에 이를 증명하는 서류를 제출하여 집행문을 내어 준 경우(민사집행법 제30조 제2항)와 판결에 표시된 채권자의 승계인을 위하여 내어 주거나 판결에 표시된 채무자의 승계인에 대한 집행을 위하여 집행문을 내어 준 경우(민사집행법 제31조 제1항)에, 채무자가 집행문부여에 관하여 증명된 사실에 대한 판결의 집행력을 다투거나, 인정된 승계에 의한 판결의 집행력을 다투는 때에는 제1심 판결법원에 제기할 수 있다(민사집행법 제45조, 제44조 제1항)(대결 2022.12.15. 2022그768).

2. 이의사유

① 이 소의 이의사유는 집행권원에 표시된 조건의 불성취와 당사자에 관한 승계의 부존재이다. 그 외의 사유로만 집행문부여의 위법함을 주장하는 경우에는 집행문부여에 대한 이의신청만 가능하다.

② 다만, 조건 성취나 승계를 다투는 이상 그것과 동시에 집행문부여에 관한 형식적 요건의 흠도 아울러 주장할 수 있다.

③ 조건의 성취나 승계사실을 이의신청으로 다툴 수도 있으므로(제45조 단서), 조건의 불성취와 당사자에 관한 승계의 부존재를 이의사유로 하는 경우라면 채무자는 이 소와 이의신청 중 어느 것을 선택하여도 무방하다(대판 2003.2.14. 2002다64810).

④ 이의신청이 기각된 뒤에도 동일 사유로 이 소를 제기할 수 있다.

⑤ 그러나 이 소의 판결이 확정된 경우에는 기판력이 생기므로 같은 이유로 이의신청을 할 수는 없다.

> 집행채권자가 집행채무자의 상속인들에 대하여 승계집행문을 부여받았으나 상속인들이 적법한 기간 내에 상속을 포기함으로써 그 승계적격이 없는 경우에 상속인들은 그 집행정본의 효력 배제를 구하는 방법으로서 집행문부여에 대한 이의신청을 할 수 있는 외에 집행문부여에 대한 이의의 소를 제기할 수도 있다(대판 2003.2.14. 2002다64810).

3. 당사자적격

① 집행문(승계집행문 포함)에 표시된 '채무자'가 원고이고, 집행문(승계집행문 포함)에 표시된 '채권자'가 피고이다.

② '채권자'의 승계인에 대하여 승계집행문을 부여하였을 때에는 '채무자'만이 집행문부여에 대한 이의의 소를 제기할 수 있고, '채권자'가 그 승계사실을 다투어 집행문부여에 대한 이의의 소를 제기할 수는 없다(대판 1973.5.22. 70다1090). `기출` 23

③ 채무자가 '채무자' 지위의 승계를 부인하여 다투는 경우에는 승계집행문 부여에 대한 이의의 소를 제기할 수 있고(제45조), 이때 승계사실에 대한 증명책임은 승계를 주장하는 채권자에게 있다(대판 2016.6.23. 2015다52190). `기출` 23

> 판결에 표시된 채무자의 승계가 법원에 명백한 사실이거나 증명서로 승계를 증명한 때에는 채무자의 승계인에 대한 집행을 위하여 재판장의 명령에 따라 승계집행문을 내어 줄 수 있는데(민사집행법 제31조, 제32조), 승계집행문 부여의 요건은 집행권원에 표시된 당사자에 관하여 실체법적인 승계가 있었는지이다. 채무자가 채무자 지위의 승계를 부인하여 다투는 경우에는 승계집행문 부여에 대한 이의의 소를 제기할 수 있고(민사집행법 제45조), 이때 승계사실에 대한 증명책임은 승계를 주장하는 채권자에게 있다(대판 2016.6.23. 2015다52190).
> `기출` 23 · 19

4. 관 할

① 본소의 절차에 관하여는 청구이의의 소에 관한 규정이 준용된다(제45조 본문). 집행권원이 판결이면 집행문부여에 대한 이의의 소는 제1심 판결법원의 전속관할에 속한다(제44조 제1항). 토지관할은 전속관할임이 명백하고(제21조), 사물관할에 관하여는 견해의 대립은 있으나 판례는 사물관할도 전속관할이라는 입장이다(대판 2017.4.7. 2013다80627).

② 지방법원 합의부가 제1심으로 재판한 판결을 대상으로 한 (승계)집행문부여에 대한 이의의 소는 그 재판을 한 지방법원 합의부의 전속관할에 속한다(대판 2017.6.29. 2015다208344; 대판 2020.10.29. 2020다205806).

기출 19

> • 민사집행법 제44조 제1항은 "채무자가 판결에 따라 확정된 청구에 관하여 이의하려면 제1심 판결법원에 청구에 관한 이의의 소를 제기하여야 한다"라고 규정하고, 제45조 본문은 위 규정을 집행문부여에 대한 이의의 소에 준용하도록 하고 있다. 여기서 '제1심 판결법원'이란 집행권원인 판결에 표시된 청구권, 즉 그 판결에 기초한 강제집행에 의하여 실현될 청구권에 대하여 재판을 한 법원을 가리키고, 이는 직분관할로서 성질상 전속관할에 속한다. 따라서 지방법원 합의부가 제1심으로 재판한 판결을 대상으로 한 집행문부여에 대한 이의의 소는 그 재판을 한 지방법원 합의부의 전속관할에 속한다(대판 2020.10.29. 2020다205806).
> • 민사집행법 제56조는 제5호에서 집행권원 중의 하나로 '소송상 화해, 청구의 인낙 등 그 밖에 확정판결과 같은 효력을 가지는 것'을 들고 있고, 민사집행법 제57조는 '제56조의 집행권원에 기초한 강제집행에 대하여는 제45조의 규정을 준용한다'고 규정하고 있으며, 민사조정법 제29조는 "조정은 재판상의 화해와 동일한 효력이 있다"라고 규정하고 있다. 따라서 수소법원인 지방법원 합의부가 한 조정을 대상으로 한 집행문부여에 대한 이의의 소는 이를 처리한 지방법원 합의부의 전속관할에 속하고, 이에 부수한 잠정처분의 신청도 집행문부여에 대한 이의의 소가 계속 중인 지방법원 합의부의 전속관할에 속한다(대결 2022.12.15. 2022그768).

5. 심리와 판결

① 집행문부여에 대한 이의의 소의 심판절차는 일반의 소송절차에 따라 행하여진다. 조건의 성취나 승계사실의 증명책임은 채권자인 피고에게 있다(대판 2016.6.23. 2015다52190).

② 이의사유의 존부는 변론종결 시를 표준으로 하여 판단하여야 한다. 따라서 조건의 성취 전에 집행문이 부여된 경우에도 변론종결 당시에 조건이 성취된 때에는 그 하자가 치유되어 청구를 기각해야 한다.

③ 법원은 집행문부여에 대한 이의의 소를 인용할 경우, 해당 집행문을 취소하는 주문과 함께 집행력 있는 정본에 기한 집행의 불허를 선언하는 주문("피고의 원고에 대한 이 법원 20××가합×××× 대여금 사건의 판결에 대하여 이 법원 법원사무관이 20××. ××. ××. 내어 준(부여한) 집행력 있는 정본에 기초한 강제집행은 이를 불허한다.")을 함께 선고하여야 할 것이다.

> 승계집행문 부여에 대한 이의의 소에서 법원은 증거관계를 살펴 과연 집행권원에 표시된 당사자에 관하여 실체법적인 승계가 있었는지의 사실관계를 심리한 후 승계사실이 충분히 증명되지 않거나 오히려 승계의 반대사실이 증명되는 경우에는 승계집행문을 취소하고 승계집행문에 기한 강제집행을 불허하여야 한다(대판 2016.6.23. 2015다52190).

6. 잠정처분

① 본소의 제기가 있더라도 강제집행의 속행에는 영향이 없다. 수소법원은 일정한 요건 하에 그 강제집행에 관하여 잠정처분을 할 수 있고, 급박한 경우에는 재판장 또는 집행법원이 잠정처분을 할 수 있다(제46조).

② 수소법원은 집행문부여에 대한 이의의 소에서 본안판결을 할 때 이미 내린 잠정처분이 없었으면 직권으로 잠정처분의 명령을 내리고(청구기각판결을 하는 경우는 제외), 이미 내린 잠정처분이 있었으면 그 명령을 취소·변경 또는 인가하여야 한다(제47조).

> 집행문부여에 대한 이의의 소는 강제집행을 계속하여 진행하는 데에는 영향을 미치지 아니하므로(민사집행법 제46조 제1항), 채무자가 강제집행의 속행을 저지하기 위해서는 집행문부여에 대한 이의의 소를 제기한 후 법원으로부터 강제집행의 정지를 명하는 잠정처분을 받아 집행기관에 이를 제출하여야 한다. 잠정처분은 원칙적으로 집행문부여에 대한 이의의 소가 계속 중인 수소법원이 관할하도록 되어 있고, 이 역시 수소법원의 직분관할로서 성질상 전속관할에 해당한다(대결 2022.12.15. 2022그768).

CHAPTER 04 민사집행의 주체

제1절 집행기관(집행관, 집행법원, 1심수소법원)

Ⅰ 의의와 종류

1. 집행기관의 의의

① 민사집행권은 국가에 속하며 사인(私人)은 다만 국가에 대하여 민사집행청구권을 가질 뿐이다.

    ㉠ 여기서 국가에 속한 민사집행권을 구체적으로 행사하는 기관을 집행기관이라고 한다.

    ㉡ 집행기관과 당사자를 합하여 민사집행의 주체라고 한다.

② 강제집행이 고유한 의미의 사법작용은 아니기 때문에, 집행기관은 사법기관이 아닌 다른 기관으로 하여금 담당하게 할 수도 있다. 그렇지만 강제집행을 위해서는 민사소송법 및 민사집행법 등 고도의 법률적 지식을 필요로 하기 때문에 현행법에서는 사법기관으로 하여금 담당하도록 하고 있다.

2. 집행기관의 종류

① 현행법상 집행기관에는 집행관(제2조), 집행법원(제3조), 1심(수소)법원(제55조, 제260조, 제261조) 세 가지가 있다.

② 원칙적으로 집행관과 집행법원이 집행기관이 되고 수소법원은 예외적으로 집행기관이 된다.

③ 그런데 사법보좌관규칙의 개정으로 집행법원의 대부분의 직무를 사법보좌관이 담당하게 되었다.

Ⅱ 집행기관의 관할

1. 직무(직분)관할

① 어떠한 종류의 집행행위를 어느 집행기관으로 하여금 관장토록 할 것인가를 정하는 것이 직무관할의 문제이다.

② 집행기관을 세 종류로 분할하였기 때문에 직무관할의 문제가 발생한다.

2. 직무분배

> **민사집행법 제2조(집행실시자)**
> 민사집행은 이 법에 특별한 규정이 없으면 집행관이 실시한다.

① 실력행사를 수반하는 사실적 행동을 요하고 또 비교적 간이한 유체동산에 대한 집행을 집행관으로 하여금 취급케 하였다.
② 관념적 재판으로서 족한 채권에 대한 집행이나 신중한 절차를 요하는 부동산에 대한 집행은 집행법원의 관할에 두었다.
③ 집행할 청구권과 집행방법과의 사이에 상당한 재량판단을 요하는 작위·부작위에 관한 청구에 대한 집행은 1심(수소)법원의 관할에 두었다.
④ 이 직무관할은 절대적 강행성을 가지고 있어 이에 위반한 집행행위는 무효이다.

3. 토지관할

① 같은 종류의 집행기관 사이에 어느 집행기관으로 하여금 어느 지역의 집행행위를 담당하도록 하느냐를 정하는 것을 말한다.
② 토지관할에 위반이 있더라도 추상적으로 직무관할을 가지는 이상 그 집행행위는 관계인의 불복신청에 의하여 취소될 뿐이지 당연히 무효가 되는 것은 아니다.

Ⅲ 집행기관의 구성원리

① 비집중주의 : 민사집행법은 집행기관으로 집행관, 집행법원, 수소법원의 세 가지 종류를 두고 있다. 이를 두고 비집중주의라고 한다.
② 기관분리·독립의 원칙 : 현행법은 법규의 관념적 형성절차인 재판절차는 민사소송법에 의하여 수소법원으로 하여금 담당하도록 하고, 법규의 사실적 형성절차인 민사집행절차는 민사집행법에 의하여 집행법원 또는 집행관 등으로 하여금 담당하도록 하여 별개의 절차로 하고 있다.
③ 형식주의
  ㉠ 의의 : 집행기관은 판결기관의 판단에 대한 실체법적 정당성을 심사할 수 없으며 집행정본의 해석에 있어서는 집행정본에 나타난 자료만을 기준으로 삼아야 한다.
  ㉡ 집행권원의 해석
    ㉮ 집행정본에 나타난 자료란 주로 판결의 주문과 이유 및 집행문의 기재를 말한다.
    ㉯ 집행정본에 나타난 자료만으로는 집행권원의 불명확성과 유효성에 대한 의문을 해소하기 어렵다면 집행은 불능에 빠지고 당사자로서는 집행권원을 다시 얻어야 할 것이다.
  ㉢ 예외 : 확정기한의 도래나 반대급부의 제공 등과 같은 사법상 이행청구권의 내용과 관련된 실체적 사항을 집행개시요건으로 하여 집행기관이 심사하도록 하는 것을 형식주의의 예외라고 한다.

Ⅳ 집행기관인지 문제되는 경우

1. 판결에 의한 등기실행에 있어서의 등기관

① 집행기관이란 강제집행의 실시를 직무로 하는 국가의 기관을 말한다.

② 가족관계등록공무원이나 등기관이 판결에 기하여 공부의 기입·변경을 하는 것은 이른바 광의의 집행으로는 볼 수 있지만 판결내용의 실현을 위하여 국민에게 직접강제를 가하는 행위가 아니므로 이러한 등기관은 집행기관이 아니다.

2. 가압류·가처분등기를 함에 있어서의 등기관

부동산에 대한 가압류 또는 처분금지가처분의 집행을 위하여 등기관이 등기부에 기입하거나 가처분재판을 기입하는 행위는 여기서 말하는 강제집행에 해당하므로 이때의 등기관은 집행기관이 된다.

제2절 집행관

Ⅰ 의의 및 제척 등

1. 집행관의 의의

① 집행관은 지방법원에 소속되어 법률이 정하는 바에 의하여 재판의 집행, 소송에 관한 서류의 송달 기타 법령에 의한 사무에 종사하는 독립적·단독제의 사법기관이다(법원조직법 제55조 제1항, 집행관법 제2조).

기출 23

② 집행관은 자기의 판단과 책임하에 독립적으로 국가의 권한을 행사하는 기관이며 법원 또는 법관의 단순한 보조기관이 아니다.

2. 집행관의 제척 등

① 집행관은 집행관법 제13조에 해당하는 경우에는 그 직무의 집행으로부터 제척되므로 그 사건을 취급할 수 없다(집행관법 제13조).

② 집행관에 있어서는 기피, 회피의 제도는 인정되지 않는다.

③ 제척원인이 있는 집행관이 한 압류 기타의 집행행위는 당연무효는 아니고 관계인의 집행이의신청에 의하여 취소될 수 있음에 불과하다.

3. 수수료 및 비용

① 집행관은 국가로부터 봉급을 받지 않고 사인의 위임 또는 국가기관(법원, 검찰청)의 명령에 의하여 취급한 사건에 관하여 법정의 수수료를 받을 뿐이다(집행관법 제19조 제1항).

② 집행관은 모든 사무를 담당함에 있어서 수수료 기타 비용의 계산액을 위임자에게 예납시킬 수 있고 예납하지 아니하는 때는 위임에 응하지 않을 수 있다(집행관수수료규칙 제25조).

③ 집행관은 예납이 없으면 위임에 응하지 않을 수 있으나 예외적으로 강제집행신청인이 소송구조를 받는 자인 때에는 예납 없이도 위임에 응하여야 한다(집행관수수료규칙 제25조 제1항).

Ⅱ 집행관의 관할

1. 토지관할
① 집행관의 토지관할은 그 소속 지방법원장 또는 지원장이 지정하여 설치한 집행관사무소 지역의 본원 또는 지원 관할구역이다.
② 관할을 위반한 집행관의 집행행위는 위법하나 집행에 관한 이의신청을 할 수 있을 뿐 당연무효로 되는 것은 아니다.

2. 집행에 관한 직무관할
① 집행관은 강제집행의 원칙적인 집행기관으로 되어 있으나(제2조), 여기에는 널리 예외가 인정되어 실제상 그 직무는 주로 사실행위를 수반하는 집행처분에 한한다.
② 직무관할에 위반한 집행관의 집행행위는 무효이다.
③ 집행관의 직무관할의 구체적인 예
  ㉠ 유체동산에 대한 압류집행(제189조)
  ㉡ 동산에 대한 가압류집행(제296조)
  ㉢ 동산인도청구의 집행(제257조)
  ㉣ 부동산·선박 등의 인도청구의 집행(제258조)
  ㉤ 담보권 실행 등을 위한 유체동산의 경매(제272조, 제274조) **기출** 15
  ㉥ 명도단행가처분 등의 가처분의 집행(제301조, 제296조, 제305조)
④ 주의할 것은 물건인도를 목적으로 하는 집행에 있어서 제3자가 목적물을 점유하고 있는 경우에는 집행법원이 집행기관이 된다는 점이다.
  ㉠ 유체물인도청구권에 기초한 강제집행에서 제3자가 목적물을 점유하고 있는 경우 채무자의 제3자에 대한 인도청구권의 강제집행(압류 및 이부명령, 제259조)은 금전채권의 압류에 관한 규정에 따라 채무자의 제3자에 대한 인도청구권을 채권자에게 넘겨야 한다.
  ㉡ 따라서 실력행위를 요하지 않고 법률판단을 필요로 하는 경우이므로 금전채권의 압류에 관한 규정(제224조)에 따라 집행법원이 집행기관이 된다.
⑤ 집행법원이 행하는 집행절차에 부수된 행위
  ㉠ 지시증권상의 채권의 압류에 있어서 증권의 점유(제233조)
  ㉡ 채권압류에 있어서 채권증서의 취득(제234조 제2항)
  ㉢ 유체동산에 관한 청구권에 대한 집행에 있어서 목적물의 수령 및 현금화(제243조 제1항, 제3항)
  ㉣ 그 밖의 재산권에 대한 집행에 있어서 그 재산권의 현금화(제251조 제1항)
  ㉤ 부동산의 강제경매, 강제관리, 담보권 실행경매에 있어서 목적물의 현황 조사(제85조, 제163조, 제268조, 제274조)
  ㉥ 부동산 등의 강제경매·담보권 실행경매에 있어서 매각의 실시(제107조, 제112조, 제172조, 제187조, 제268조, 제269조, 제270조, 제274조)
  ㉦ 부동산 강제관리에 있어서 관리인의 부동산 점유시의 원조(제166조 제2항)
  ㉧ 매각된 부동산의 인도명령의 집행(제136조 제6항, 제268조, 제274조)

Ⅲ 집행관의 집행실시

1. 집행위임

① 채권자는 그 관내의 집행관 중 누구에게라도 집행의 위임을 할 수 있다.
② 이 위임은 민법상의 위임과는 다르며 집행의 개시를 구하는 신청(집행신청)이라고 볼 것이다.
③ 민사집행의 신청은 서면으로 하여야 하므로(제4조), 채권자의 집행위임은 서면으로 하여야 한다.

기출 21

> 집행관은 집행관법 제2조에 따라 재판의 집행 등을 담당하면서 그 직무 행위의 구체적 내용이나 방법 등에 관하여 전문적 판단에 따라 합리적인 재량을 가진 독립된 단독의 사법기관이다. 따라서 채권자의 집행관에 대한 집행위임은 비록 민사집행법 제16조 제3항, 제42조 제1항, 제43조 등에 '위임'으로 규정되어 있더라도 이는 집행개시를 구하는 신청을 의미하는 것이지 일반적인 민법상 위임이라고 볼 수는 없다(대판 2023.4.27. 2020도34).

2. 집행위임의 거절 및 취하

① 집행관은 집행위임이 있으면 위임의 요건을 조사하여 형식적 요건이 구비되어 있는 한 정당한 사유(관할권의 부존재, 제척원인의 존재, 비용의 미납 등) 없이 위임을 거절할 수는 없으나(집행관법 제14조), 흠결이 있는 때에는 그 보완을 요구하고 보완이 없으면 위임을 거절할 수 있다.
② 거절에 불복이 있는 자는 집행관 소속의 집행법원에 이의를 신청할 수 있다(제16조 제3항).
③ 집행의 실시는 채권자의 의사에 의존하는 것이므로 채권자는 집행종료 전이면 언제든지 집행위임을 취하할 수 있다.

3. 집행위임의 효과

① 위임을 받은 집행관은 집행기관으로서 독립하여 자기의 책임과 판단으로 법규에 따라 그 권한을 행사하여야 하며 채권자의 지시를 따를 필요는 없다.
② 채권자로부터 적법한 위임을 받은 때에는 집행관은 특별한 권한을 받지 못하였더라도 지급이나 그 밖의 이행을 받을 권한이 있다(제42조 제1항).

4. 집행현장에서의 절차

① 집행관은 명문의 규정은 없지만 집행현장에 임하여 집행 전에 임의이행을 촉구할 것이며 집행개시를 하였다 하여 임의이행을 거절할 수 없다.
② 야간·휴일의 집행

> **민사집행법 제8조(공휴일·야간의 집행)** **기출** 21
> ① 공휴일과 야간에는 법원의 허가가 있어야 집행행위를 할 수 있다.
> ② 제1항의 허가명령은 민사집행을 실시할 때에 내보여야 한다.

ⓐ 공휴일과 야간에는 집행법원의 허가가 있어야 집행행위[8]를 할 수 있다(제8조 제1항).

ⓑ 주간 또는 평일에 착수한 집행행위의 속행의 결과로서 야간이나 휴일에 이른 때에도 이 허가가 있어야 한다.

ⓒ 집행관이 집행법원의 허가 없이 공휴일 또는 야간에 집행행위를 한 경우에는 채무자는 집행에 관한 이의신청(제16조 제1항)을 할 수 있다.

5. 수색 및 저항의 배제

민사집행법 제5조(집행관의 강제력 사용) [기출] 21
① 집행관은 집행을 하기 위하여 필요한 경우에는 채무자의 주거·창고 그 밖의 장소를 수색하고, 잠근 문과 기구를 여는 등 적절한 조치를 할 수 있다.
② 제1항의 경우에 저항을 받으면 집행관은 경찰 또는 국군의 원조를 요청할 수 있다.
③ 제2항의 국군의 원조는 법원에 신청하여야 하며, 법원이 국군의 원조를 요청하는 절차는 대법원규칙으로 정한다.

민사집행법 제7조(집행관에 대한 원조요구) [기출] 21
① 집행관 외의 사람으로서 법원의 명령에 의하여 민사집행에 관한 직무를 행하는 사람은 그 신분 또는 자격을 증명하는 문서를 지니고 있다가 관계인이 신청할 때에는 이를 내보여야 한다.
② 제1항의 사람이 그 직무를 집행하는 데 저항을 받으면 집행관에게 원조를 요구할 수 있다.

① 집행관은 집행을 하기 위하여 필요한 경우에는 채무자의 주거·창고 그 밖의 장소를 수색하고, 잠근 문과 기구를 여는 등 적절한 조치를 할 수 있다(제5조 제1항).

② 집행을 함에 있어 집행을 방해하는 저항을 받으면 집행관은 경찰 또는 국군의 원조를 청구할 수 있다(제5조 제2항).

③ 여기서 저항이란 구체적인 집행행위에 대한 것에 한하며, 일단 집행행위를 완전히 종료하여 그 효력 내지 상태가 계속 중에 채무자 또는 제3자가 그 집행의 효과를 배제하려고 실력을 행사함과 같은 경우에는 포함되지 아니한다.

④ 집행행위의 종료 후에 압류 등의 효과를 배제시키려고 하는 경우, 예컨대 압류물의 양도, 반출 등은 여기서 말하는 저항이 아니다.

⑤ 집행관 외의 사람으로서 법원의 명령에 의하여 민사집행에 관한 직무를 행하는 사람은 그 직무를 집행하는데 저항을 받으면 집행관에게 원조를 요구할 수 있다(제7조 제2항).

---

[8] 집행행위란 압류, 수색과 같은 실력행사의 행위를 말하며 집행력 있는 정본의 송달 기타 집행에 관한 명령의 송달이나 진술을 구하는 최고 등(제39조, 제227조 제1항, 제229조 제4항, 제237조 제2항, 제240조 제2항, 제251조 제2항 등)은 이에 포함되지 아니한다.

6. 증인의 참여

① 집행관은 집행하는 데 저항을 받거나 채무자의 주거에서 집행을 실시하려는데 채무자나 사리를 분별할 지능이 있는 그 친족·고용인을 만나지 못한 때에는 성년 두 사람이나 특별시·광역시의 구 또는 동 직원, 시·읍·면 직원 또는 경찰공무원 중 한 사람을 증인으로 참석하게 하여야 하며(제6조), 위에서 규정된 공무원들은 집행관으로부터 집행실시의 증인으로 참여하도록 요구받은 경우 정당한 이유 없이 그 요구를 거절하여서는 아니 된다(규칙 제5조).

② 채무자가 법인인 경우 주소, 즉 사무소나 영업소는 이 규정의 적용을 받지 아니하므로 저항이 없는 한 대표자가 없어도 집행할 수 있다.

③ 증인의 참여가 없는 집행행위는 채무자 또는 이해관계인의 집행에 관한 이의신청에 의하여 취소될 수 있으나 당연무효로 되는 것은 아니다.

7. 집행조서의 작성

> **민사집행법 제10조(집행조서)** `기출` 21
> ① 집행관은 집행조서를 작성하여야 한다.
> ② 제1항의 조서에는 다음 각 호의 사항을 밝혀야 한다.
>   1. 집행한 날짜와 장소
>   2. 집행의 목적물과 그 중요한 사정의 개요
>   3. 집행참여자의 표시
>   4. 집행참여자의 서명날인
>   5. 집행참여자에게 조서를 읽어 주거나 보여 주고, 그가 이를 승인하고 서명날인한 사실
>   6. 집행관의 기명날인 또는 서명
> ③ 제2항 제4호 및 제5호의 규정에 따라 서명날인할 수 없는 경우에는 그 이유를 적어야 한다.

① 집행관은 각 집행행위에 관하여 집행조서를 작성하여야 한다(제10조 제1항). 압류를 한 때에는 압류조서를, 매각기일을 진행한 때에는 매각기일조서를 작성하여야 한다(제116조).

② 집행조서의 증명력에 관하여 판례는 매각기일에 있어서의 절차가 적법히 행하여졌느냐의 여부는 매각기일조서의 기재에 의하여서만 이를 증명할 수 있다는 입장을 확고히 하고 있다(대결 1982.12.17. 82마577).

8. 집행행위에 속하는 최고와 그 밖의 통지

> **민사집행법 제11조(집행행위에 속한 최고, 그 밖의 통지)**
> ① 집행행위에 속한 최고 그 밖의 통지는 집행관이 말로 하고 이를 조서에 적어야 한다.
> ② 말로 최고나 통지를 할 수 없는 경우에는 민사소송법 제181조·제182조 및 제187조의 규정을 준용하여 그 조서의 등본을 송달한다. 이 경우 송달증서를 작성하지 아니한 때에는 조서에 송달한 사유를 적어야 한다.
> ③ 집행하는 곳과 법원의 관할구역 안에서 제2항의 송달을 할 수 없는 경우에는 최고나 통지를 받을 사람에게 대법원규칙이 정하는 방법으로 조서의 등본을 발송하고 그 사유를 조서에 적어야 한다.
>
> **민사집행법 제12조(송달·통지의 생략)**
> 채무자가 외국에 있거나 있는 곳이 분명하지 아니한 때에는 집행행위에 속한 송달이나 통지를 (처음부터) 하지 아니하여도 된다.

① 집행관은 민사집행을 행함에 있어 집행행위에 속한 최고 또는 그 밖의 통지가 필요한 경우에는 최고 또는 통지를 하여야 한다.

② 집행행위에 속한 최고란 민사집행법상 효과를 발생시키는 것으로 이해관계인에 대하여 일정한 행위를 하도록 촉구하는 것을 말한다.

> • 기일입찰 또는 호가경매의 방법에 의한 매각기일에 법원이 정한 매각방법에 따라 매수가격을 신고하도록 최고하는 것(제112조, 제115조 제4항)
> • 매각기일에 차순위매수신고를 최고하는 것(제115조 제1항)
> • 미완성의 어음 등을 압류한 경우에 채무자에게 어음 등에 적을 사항을 보충하도록 최고하는 것(제212조 제2항) 등

③ 통지란 일정한 사항을 이해관계인에게 알리는 것을 말한다.

> • 동산압류시 채무자에 대한 압류의 통지(제189조 제3항)
> • 배당요구의 채권자 등에 대한 통지(제219조)
> • 채권매각결정의 경우 제3채무자에 대한 통지(제241조 제5항) 등

④ 위와 같은 최고나 통지는 집행관이 말로 하고 이를 조서에 적는 것이 원칙이다.

⑤ 말로 최고나 통지를 할 수 없는 경우에는 그 조서의 등본을 송달하면 된다(제11조 제1항, 제2항).

⑥ 그러나 채무자가 외국에 있거나 있는 곳이 분명하지 아니한 때에는 집행행위에 속한 송달이나 통지를 하지 아니하여도 된다(제12조).

⑦ 다만, 강제집행개시의 요건으로서의 '집행권원 및 집행문의 송달'(제39조)이나 집행행위로서의 재판, 예컨대, '강제경매개시결정의 고지의 방법으로서 하는 송달'은 여기서 말하는 집행행위에 속하는 송달이 아니므로 일반의 규정에 따라서 송달을 하여야 한다. 이 경우 외국송달에 관한 특례를 정한 민사집행법 제13조의 규정이 적용된다.

⑧ 집행행위에 속하지 않는 최고와 통지는 특별한 규정이 없으면 상당하다고 인정되는 방법으로 할 수 있고(규칙 제8조 제1항), 이 경우 집행관은 그 취지와 최고 또는 통지의 방법을 기록에 표시하여야 한다(규칙 제8조 제2항).

⑨ 최고를 받을 사람이 외국에 있거나 있는 곳이 분명하지 아니한 때에는 최고할 사항을 공고하면 되고, 이 경우 최고는 공고를 한 날부터 1주일이 지나면 효력이 생긴다(규칙 제8조 제3항).

⑩ 민사집행법에 규정된 통지를 제외한 민사집행규칙에서 정한 통지의 경우, 통지를 받을 사람이 외국에 있거나 있는 곳이 분명하지 아니한 때에는 통지를 하지 않아도 되고, 이 경우 집행관은 그 사유를 기록에 표시하여야 한다(규칙 제8조 제4항).

9. 집행실시에 대한 불복신청 등 권리구제

① **집행에 관한 이의신청** : 집행관의 집행처분 그 밖에 집행관이 지킬 집행절차에 대하여 불복이 있거나 집행관이 집행을 위임받기를 거부하거나 집행행위를 지체하는 경우 또는 집행관이 계산한 수수료에 대하여 다툼이 있는 경우 당사자 또는 이해관계인은 집행법원에 대하여 집행에 관한 이의신청을 하여 그 시정을 구할 수 있다(제16조 제1항).

② **국가배상청구**

   ㉠ 기관인 집행관을 구성하는 자연인인 집행관은 실질적 의미에 있어서 국가공무원이다. 따라서 집행관이 그 직무를 수행함에 있어 주의의무를 위배함으로써 손해를 가한 경우 국가는 그 피해자에게 국가배상법 제2조에 의하여 손해를 배상할 의무가 있다(대판 1966.7.26. 66다854; 대판 1968.5.7. 68다326).

   ㉡ 판례는 집행관으로서 당연히 알아야 할 관계 법규를 알지 못하고 필요한 지식을 갖추지 못하거나 조사를 게을리하여 법규의 해석을 그르치는 등으로 인하여 타인에게 손해를 가하였다면 불법행위가 성립한다고 한다(대판 2003.9.26. 2001다52773). 기출 25·23

제3절 집행법원

I 의 의

> **민사집행법 제3조(집행법원)** 기출 23
> ① 이 법에서 규정한 집행행위에 관한 법원의 처분이나 그 행위에 관한 법원의 협력사항을 관할하는 집행법원은 법률에 특별히 지정되어 있지 아니하면 집행절차를 실시할 곳이나 실시한 곳을 관할하는 지방법원이 된다.
> ② 집행법원의 재판은 변론 없이 할 수 있다.
>
> **민사집행법 제21조(재판적)**
> 이 법에 정한 재판적은 전속관할로 한다.

① 집행법원은 강제집행을 실시하거나 집행관의 집행행위를 감독하거나 협력하는 집행법상 의미의 법원을 말한다(제3조 제1항). 집행법원 역시 기관분리·독립의 원칙에 따라 일반적으로 수소법원 내지는 판결법원과 별개의 법원으로 구성된다.

② 민사집행의 실시는 원칙적으로 집행관이 하나(제2조), 비교적 곤란한 법률적 판단을 요하는 집행행위라든가 관념적인 명령으로 족한 집행처분에 관하여는 민사집행법상 특별히 규정을 두어 법원으로 하여금 이를 담당하도록 하고 있고, 또 집행관이 실시하는 집행에 관하여도 신중을 기할 필요가 있는 경우에는 법원의 협력 내지 간섭을 필요로 하도록 하고 있는바, 이러한 행위를 하는 법원이 곧 집행법원이다. 기출 23

③ 집행법원이 집행기관인 경우에는 집행에 관한 사무는 원칙적으로 지방법원 단독판사의 담당으로 신속하게 처리가 이루어지도록 하고 있다.

④ 다만, 2005.3.24. 법률 제7402호로 법원조직법 제54조를 개정하면서 사법보좌관제도를 도입하여 2005.7.1. 부터 시행하고 있다. 사법보좌관제도가 도입됨으로써 종전에 판사가 수행하던 대부분의 집행법원의 사무는 사법보좌관이 처리하고 있고, 이에 따라 집행절차에 있어서의 불복방법 중 즉시항고 등에 많은 변화가 일어나게 되었다. `기출` 23

⑤ 한편, 제3자이의의 소에 있어서는 소송물이 단독판사의 관할에 속하지 아니할 때에는 집행법원의 소재지를 관할하는 법원의 합의부가 관할권을 가진다(제48조 제2항).

Ⅱ 관 할

1. 토지관할

① 법률에 특별히 집행법원이 지정되어 있지 아니하면 집행절차를 실시할 곳이나 실시한 곳을 관할하는 지방법원이 당해 집행절차에 관한 집행법원으로 된다(제3조 제1항). `기출` 23

② 다만, 부동산과 채권에 대한 가압류·가처분 명령의 집행은 신속을 요하기 때문에 그 집행법원은 가압류·가처분 명령을 한 법원으로 한다(제293조 제2항, 제296조 제2항, 제301조). `기출` 23

③ 법률에 특별히 법원을 지정한 경우로는 부동산집행에 있어서는 부동산소재지(제79조), 선박집행에 있어서는 정박항 소재지(제173조), 채권집행에 있어서는 채무자나 제3채무자의 보통재판적 혹은 물건 소재지(제224조, 제293조) 등이 있다.

④ 집행법원의 토지관할은 전속관할이다(제21조). 직무관할에 위배된 압류명령은 당연무효이나, 토지관할에 위배하여 한 집행행위는 위법이지만 당연무효는 아니고 당사자의 즉시항고에 의하여 취소되지 않는 한 효력이 있다.

⑤ 판결절차와 집행절차를 분리하고 있는 현행법하에서는 수소법원이 집행기관으로 되는 것은 예외이나, 제1심 수소법원이 집행기관 또는 집행공조기관이 되는 것이 있다. 즉 청구의 내용과 관련하여 구체적인 집행방법을 판정하는 것이 필요한 경우로서 ㉠ 대체집행(제260조, 민법 제389조)과 ㉡ 간접강제(제261조)는 제1심 수소법원이 집행기관이 된다. 그리고 외국에서 강제집행을 할 경우에 그 외국 공공기관의 법률상 공조를 받을 수 있는 때 또는 외국에 머물고 있는 대한민국 영사에 의하여 강제집행을 할 수 있는 때에는 제1심 법원이 그 외국 공공기관에 또는 영사에게 촉탁하여야 한다(집행공조기관)(제55조). `기출` 23

2. 직무관할

① 집행행위에 관한 처분(집행법원이 직접 집행행위를 실시하는 경우)

> • 부동산, 선박, 자동차, 건설기계, 항공기에 대한 금전채권의 집행(제78조, 제172조, 제187조)
> • 채권과 그 밖의 재산권에 대한 금전채권의 집행(제223조)
> • 동산에 대한 금전채권의 집행에서 배당절차(제252조) 기출 15
> • 물건인도의 집행에 있어서 제3자가 목적물을 점유하고 있는 경우의 집행(제259조)
> • 채권 그 밖의 재산권, 부동산, 선박, 자동차, 건설기계 및 항공기에 대한 가압류·가처분의 집행(제291조, 제293조, 제296조, 제301조) 기출 15

② 집행행위에 관한 협력(집행관이 할 집행행위를 보조, 시정, 간섭하는 경우)

> • 국군의 원조 요청(제5조 제3항)
> • 공휴일·야간집행의 허가(제8조 제1항)
> • 집행에 관한 이의신청에 대한 재판(제16조) 기출 15
> • 급박한 경우에 있어서의 집행의 정지 또는 속행에 관한 잠정처분(제46조, 제48조)
> • 집행에 관한 특별대리인의 선임(제52조 제2항)
> • 압류금지물건을 정하는 재판(제196조)
> • 유체동산의 특별현금화명령(제214조)
> • 부동산 인도집행에 있어서 집행의 목적물이 아닌 동산의 처분의 허가(제258조 제6항)

③ 기타 : 집행에 관한 이의신청에 대한 재판(제16조), 급박한 경우에 있어서의 집행의 정지 또는 속행에 관한 잠정처분(제46조 제4항, 제48조 제3항), 집행개시 후 집행에 관한 특별대리인의 선임(제52조 제2항) 등이 있다.

3. 시·군법원의 관할에 대한 특례

> **민사집행법 제22조(시·군법원의 관할에 대한 특례)** 기출 12
> 다음 사건은 시·군법원이 있는 곳을 관할하는 지방법원 또는 지방법원지원이 관할한다.
> 1. 시·군법원에서 성립된 화해·조정(민사조정법 제34조 제4항의 규정에 따라 재판상의 화해와 동일한 효력이 있는 결정을 포함한다. 이하 같다) 또는 확정된 지급명령에 관한 집행문부여의 소, 청구에 관한 이의의 소 또는 집행문부여에 대한 이의의 소로서 그 집행권원에서 인정된 권리가 소액사건심판법의 적용대상이 아닌 사건
> 2. 시·군법원에서 한 보전처분의 집행에 대한 제3자이의의 소
> 3. 시·군법원에서 성립된 화해·조정에 기초한 대체집행 또는 간접강제
> 4. 소액사건심판법의 적용대상이 아닌 사건을 본안으로 하는 보전처분

① 시·군법원이 있는 곳을 관할하는 지방법원 또는 지방법원지원의 관할
  ㉠ 민사집행법 제22조 각 호에 규정된 사건은 시·군법원이 있는 곳을 관할하는 '지방법원' 또는 '지방법원지원'이 관할한다. 기출 12
  ㉡ 채무불이행자명부 등재신청에 대한 재판은 (i) 등재신청사유가 6개월 이내에 채무를 변제하지 않은 것인 때에는 채무자의 보통재판적이 있는 곳의 법원이 관할하고, (ii) 등재신청사유가 재산명시절차에서 재산명시기일 불출석, 재산목록 제출 또는 선서 거부, 거짓의 재산목록 제출인 때에는 재산명시절차를 실시한 법원이 관할한다(제70조 제3항). 이 관할은 전속관할이다(제21조). 시·군법원은 재산명시신청 사건과 채무불이행자명부 등재신청 사건을 처리할 수 없다(제70조 제3항, 제61조 제1항, 법원조직법 제34조 참조). 기출 12
② 시·군법원의 관할(제22조의 반대해석)
  ㉠ 소액사건심판법의 적용 대상인 집행권원에 기초한 집행문부여의 소, 청구에 관한 이의의 소, 집행문부여에 대한 이의의 소(제1호의 반대해석), 소액사건심판법의 적용대상인 사건을 본안으로 하는 보전처분(제4호의 반대해석)은 시·군법원의 관할에 속한다.
  ㉡ 집행권원이 확정판결이면 청구이의의 소는 제1심 판결법원의 전속관할에 속한다(제44조 제1항). 여기서 '제1심 판결법원'이란 집행권원인 판결에 표시된 청구권, 즉 그 판결에 기초한 강제집행에 의하여 실현될 청구권에 대하여 재판을 한 법원을 가리키고, 이는 직분관할로서 성질상 전속관할이므로, 토지관할뿐만 아니라 사물관할도 전속관할이라는 것이 판례의 입장이다(대판 2017.4.7. 2013다80627). 따라서 시·군법원에서 성립된 판결에 대한 청구이의의 소는 제1심 판결법원인 시·군법원의 관할에 속한다. 기출 12

Ⅲ 집행법원의 재판

1. 원칙(서면심리)
① 심리란 법원에 대한 신청이 있는 경우에 그 신청에 대한 답변을 하기 위하여 판단자료를 수집하는 것을 말한다.
② 이러한 심리는 서면, 심문, 변론의 세 가지 방법이 있는 바, 판결절차에서는 반드시 변론에 의할 것이나 결정(명령)절차에서는 서면심리가 원칙이다.
③ 그러나 집행법원은 집행처분을 하는 데 필요한 때에는 이해관계인 그 밖의 참고인을 심문할 수 있다(규칙 제2조). 다음은 심문절차가 원칙인 경우를 살펴보기로 한다.

2. 예외(심문)
① 심문절차를 원칙으로 한 규정
  ㉠ 집행법원이 추심명령에서 채무자의 신청에 따라 압류액수를 제한할 때에는 반드시 압류채권자를 심문하여야 한다(제232조 제1항).
  ㉡ 법원(수소법원)이 대체집행과 간접강제의 결정을 하기 전에 반드시 채무자를 심문하여야 한다(제262조).

ⓒ 법원이 채무자 및 소유자 외의 점유자에 대하여 제1항 또는 제3항의 규정에 따른 인도명령을 하려면 그 점유자를 심문하여야 한다. 다만, 그 점유자가 매수인에게 대항할 수 있는 권원에 의하여 점유하고 있지 아니함이 명백한 때 또는 이미 그 점유자를 심문한 때에는 그러하지 아니하다(제136조 제4항).

ⓓ 집행법원이 채권자의 신청에 따라 압류채권에 대한 특별한 현금화방법을 허가하는 결정을 할 때에는 반드시 채무자를 심문하여야 한다(제241조 제2항).

ⓔ 강제관리 절차에서 관리인을 해임할 경우에는 관리인을 심문하여야 한다(제167조 제3항).

ⓕ 임시의 지위를 정하기 위한 가처분의 재판에는 원칙적으로 변론기일 또는 채무자가 참석할 수 있는 심문기일을 열어야 한다. 다만, 그 기일을 열어 심리하면 가처분의 목적을 달성할 수 없는 사정이 있는 경우에는 변론기일 또는 심문기일을 열지 않고 재판할 수 있다(제304조).

② 심문을 금지한 규정

ⓐ 채권 압류명령에서는 채무자(제3채무자)를 심문하여서는 아니 된다(제226조).

ⓑ 재산명시신청에 대한 재판은 채무자를 심문하지 아니한다(제62조 제3항).

3. 재판의 형식 및 고지

① 집행법원의 집행에 관한 행위는 모두 결정의 형식에 의한 재판으로 한다. 이 재판은 변론 없이 할 수 있다(제3조 제2항).

② 고지의 방법

ⓐ 집행법원의 결정은 상당하다고 인정되는 방법으로 고지하면 효력이 발생한다.

ⓑ 채권 그 밖의 재산권에 대한 압류명령, 추심명령, 전부명령, 관리명령, 양도명령 등은 채무자 및 제3채무자에게 송달하여야 하고 부동산강제경매개시결정, 강제관리개시결정은 채무자에게 송달하여야 한다.

③ 외국송달의 특례

ⓐ 집행법원은 집행절차에서 외국으로 송달이나 통지를 하는 경우에는 송달이나 통지와 함께 대한민국 안에 송달이나 통지를 받을 장소와 영수인을 정하여 상당한 기간 이내에 신고하도록 명할 수 있고(제13조 제1항), 그 기간 이내에 신고가 없는 경우에는 그 이후의 송달이나 통지를 하지 아니할 수 있다(제13조 제2항).

ⓑ 외국에 보내는 최초의 송달서류에는 대한민국 안에 송달이나 통지를 받을 장소와 영수인을 정하여 일정한 기간 안에 신고하도록 명함과 아울러 그 기간 안에 신고가 없는 경우에는 그 이후의 송달이나 통지를 하지 아니할 수 있다는 취지를 적어야 한다(규칙 제10조).

ⓒ 강제집행개시의 요건으로서 집행권원 및 집행문의 송달(제39조)이나 집행행위로서의 재판, 예컨대 강제경매개시결정의 송달은 '집행행위에 속한 송달'이 아니므로 채무자가 외국에 있거나 있는 곳이 분명하지 아니한 때에도 민사집행법 제12조(송달·통지의 생략)는 적용되지 않으며, 다만 외국으로 송달하여야 하는 경우 외국송달에 관한 특례를 정한 민사집행법 제13조의 규정이 적용된다.

4. 신고의무

> **민사집행법 제14조(주소 등이 바뀐 경우의 신고의무)**
> ① 집행에 관하여 법원에 신청이나 신고를 한 사람 또는 법원으로부터 서류를 송달받은 사람이 송달받을 장소를 바꾼 때에는 그 취지를 법원에 바로 신고하여야 한다.
> ② 제1항의 신고를 하지 아니한 사람에 대한 송달은 달리 송달할 장소를 알 수 없는 경우에는 법원에 신고된 장소 또는 종전에 송달을 받던 장소에 대법원규칙이 정하는 방법으로 발송할 수 있다.
> ③ 제2항의 규정에 따라 서류를 발송한 경우에는 발송한 때에 송달된 것으로 본다.

① 집행에 관하여 법원에 신청이나 신고를 한 사람 또는 법원으로부터 서류를 송달받은 사람이 송달받을 장소를 바꾼 때에는 그 취지를 법원에 바로 신고하여야 한다(제14조 제1항).

② 그 신고를 하지 아니하고 달리 송달할 장소를 알 수 없는 경우에는 그 사람에 대한 송달은 법원에 신고된 장소 또는 종전에 송달을 받던 장소에 등기우편의 방법으로 발송할 수 있고, 이 경우 발송한 때에 송달된 것으로 본다(제14조 제2항, 제3항, 규칙 제9조).

> [1] 민사집행법 제14조는 집행절차에 관하여 적용되는 규정으로서 보전처분에 대한 제소명령절차는 집행에 관한 절차가 아니므로, 제소명령의 송달에 관해서는 민사집행법 제14조가 적용될 여지가 없다.
> [2] 당사자가 송달받을 장소를 바꿀 때에는 바로 그 취지를 법원에 신고하여야 함에도 불구하고 그 신고를 하지 아니하여 달리 송달할 장소를 알 수 없는 경우, 민사소송법 제185조는 종전에 송달받던 장소에 대법원규칙이 정하는 방법으로 발송할 수 있다고 규정하고 있을 뿐이므로, 비록 당사자가 송달장소로 신고한 바 있다고 하더라도 그 송달장소에 송달된 바가 없다면 그 곳을 위 조항에 규정된 '종전에 송달받던 장소'라고 볼 수는 없다(대결 2005.8.2. 2005마201).

5. 불복신청

① 민사집행절차에 관한 집행법원의 재판에 관한 불복방법으로는 '즉시항고'와 '집행에 관한 이의신청'이 있다.

② '즉시항고'는 법에 즉시항고를 할 수 있다는 특별한 규정이 있는 경우에 한하여 할 수 있고(제15조), 민사집행절차에 관한 집행법원의 재판으로서 그와 같은 규정이 없는 것에 대하여는 '집행에 관한 이의신청'에 의하여 불복을 신청할 수 있다(제16조).

Ⅳ 최고와 통지의 방법

1. 최 고

① 집행법원이 행하는 집행절차에서 이해관계인에 대하여 일정한 행위를 하도록 촉구하는 최고가 필요한 경우가 있는데, 법은 경우에 따라 집행법원의 이름으로 최고하게 하거나(제253조) 집행법원의 법원사무관 등이 자신의 이름으로 최고하게 하고 있다(제84조 제4항).

② 최고를 받을 사람이 외국에 있거나 있는 곳이 분명하지 아니한 때에는 최고할 사항을 공고[9]하면 되고, 이 경우 최고는 공고를 한 날부터 1주일이 지나면 효력이 생긴다(규칙 제8조 제3항).

2. 통 지

① 민사집행절차에서 집행법원은 당사자, 그 밖의 관계인에 대한 통지를 법원사무관등 또는 집행관에게 그 이름으로 하게 할 수 있다.

② 다만, 민사집행법 제102조 제1항에 규정된 통지, 즉 강제경매절차에서 남을 가망이 없을 경우에 집행법원이 압류채권자에게 하는 통지는 반드시 집행법원의 이름으로 하여야 한다(규칙 제8조 제5항).

③ 민사집행절차에서 통지는 특별한 규정이 없으면 상당하다고 인정되는 방법으로 할 수 있다(규칙 제8조 제1항).

④ 채무자가 외국에 있거나 있는 곳이 분명하지 아니한 때에는 채무자에 대한 통지는 하지 아니하여도 되고(제12조), 기타의 경우에는 민사집행법 제13조의 특례가 적용된다.

Ⅴ 사법보좌관제도

1. 의 의

① 2005.7.1.부터 시행되고 있는 개정 법원조직법 제54조는 대법원과 각급 법원에 사법보좌관을 두어 민사소송법, 민사집행법, 주택임대차보호법 및 상가건물 임대차보호법에 규정된 법원의 사무 가운데 일부 업무를 사법보좌관이 처리할 수 있도록 하는 제도를 신설하였다.

② 사법보좌관이 담당할 업무는 위 법 제54조 제2항에서 규정하고 있으나, 사법보좌관규칙에서 보다 구체화시켜 놓고 있다(사법보좌관규칙 제2조 제1항).

③ 민사집행절차에 관한 법원의 업무 중 사법보좌관이 처리할 수 있는 업무로는 집행문부여명령절차, 채무불이행자명부등재절차, 재산조회절차, 소송비용액 또는 집행비용액 확정결정절차, 유체동산 압류에 있어서 인도명령·특별현금화명령·매각실시명령절차, 가압류·가처분의 집행취소신청절차 등이 있다(사법보좌관규칙 제2조 제1항). **기출** 17

---

9) 공고의 방법에 의한 최고는 공고를 한 날로부터 1주일이 지나면 효력이 생기는데, 집행절차의 신속성을 도모하기 위하여 공시송달의 경우보다 효력이 빨리 생기게 하고 있다.

2. 사법보좌관이 처리할 수 없는 주요업무

① **재산명시신청에 대한 재판**(제62조) : 재산명시신청의 관할법원은 채무자의 보통재판적이 있는 곳의 법원이고(제61조 제1항), 사물관할에 대하여 특별한 규정이 없으므로 단독판사의 관할에 속한다. 시·군법원은 재산명시신청 사건을 처리할 수 없다(법원조직법 제34조 참조). `기출` 17

② **부동산경매개시결정에 대한 이의신청에 대한 재판**(제86조) : 사법보좌관규칙 제2조 제1항 제7호 가목에서는 민사집행법 제86조의 규정에 따른 경매개시결정에 대한 이의신청에 대한 재판을 사법보좌관의 업무 범위에서 제외하고 있으므로, 사법보좌관이 행한 경매개시결정에 대하여 이의신청이 있는 경우 이에 대한 재판은 판사가 담당한다. `기출` 23

③ **매각부동산의 인도명령 및 관리명령**(제136조)

④ **추심명령에서 채권추심액의 제한허가**(제232조)

⑤ **채권압류에 있어서 특별현금화명령**(제241조 제1항)

⑥ **압류금지채권의 범위 변경**(제246조 제2항, 제3항)

`제4절` **1심(수소)법원**

Ⅰ 의 의

① 1심(수소)법원이란 집행에 의하여 실현될 청구권의 존부를 확정하고 집행권원을 형성하는 절차에 관하여 관할이 있거나 또는 그러한 소송이 계속하여 있거나 전에 계속하였던 법원을 말한다.

② 판결절차와 집행절차를 분리하고 있는 현행법하에서는 수소법원이 집행기관으로 되는 것은 예외이나, 제1심(수소)법원이 집행기관이 되는 경우가 있다.

Ⅱ 직무관할

① **집행기관으로서 행하는 것** : 청구의 내용과 관련하여 구체적인 집행방법의 판정을 요하는 경우로서 대체집행(제260조, 민법 제389조)과 간접강제(제261조)는 제1심법원이 관할한다.

② **집행공조기관으로서 행하는 것** : 외국에서 강제집행을 할 경우에 그 외국 공공기관의 법률상 공조를 받을 수 있는 때 또는 외국에 머물고 있는 대한민국 영사에 의하여 강제집행을 할 수 있는 때에는 제1심 법원이 채권자의 신청에 따라 공조 또는 강제집행을 촉탁한다(제55조 제1항). `기출` 15

Ⅲ 제1심법원의 재판 및 항고

① 제1심법원의 집행에 관한 행위도 모두 '결정'의 형식에 의한 재판으로 한다.

② 변론을 거칠 필요는 없지만 대체집행과 간접강제에 관한 재판을 할 경우에는 미리 채무자를 심문하여야 한다(제262조).

③ 위 각 재판에 대하여는 즉시항고를 할 수 있다(제260조 제3항, 제261조 제2항).

제5절　기타 집행기관

I　등기관

① '부동산에 대한 가압류의 집행'에 관하여는 등기관이 집행기관이 된다.

② 위 집행은 법원의 촉탁에 의하여 가압류의 재판을 등기부에 기입하는 것이 그 집행방법이므로(제293조) 이 기입을 실시하는 등기관이 집행기관이 되는 것이다. 처분금지의 가처분에 관하여서도 같다(제305조 제3항).

③ '등기를 명하는 판결에 기하여 등기부에 기입하는 것'은 그것이 비록 광의의 집행이기는 하지만 고유의 집행은 아니므로 이 경우의 등기관은 집행기관이 아니다.

II　공조기관

① 집행사건에 있어서 집행기관은 아니나 법률, 조약 등에 의하여 집행에 협력하는 공무소 또는 공무원이 있는 바, 이를 공조기관이라 한다.

② 예를 들면, 법원사무관등(제28조 제2항), 공증인(제59조 제1항), 경찰관(제5조, 제6조), 국군(제5조), 지방공무원(제6조), 군판사 또는 부대장(部隊長)이나 선장(제54조), 외국 공공기관 및 외국 주재의 대한민국 영사(제55조) 등이 있다.

제6절　집행당사자

I　총 설

① 민사집행절차에서도 판결절차와 마찬가지로 대립되는 양당사자를 전제로 한다. 민사집행절차에 있어서의 대립하는 당사자를 집행당사자라고 한다.

　　㉠ 이들 중에서 민사집행을 구하는 능동적 당사자를 채권자라 하고, 집행을 당하는 수동적 당사자를 채무자라고 한다.

　　㉡ 민사집행법상 채권자 및 채무자라는 용어는 판결절차에 있어서의 원고 또는 피고라는 용어처럼 절차법상의 명칭에 불과하기 때문에 실체법에서의 채권자 또는 채무자의 개념과는 다르다.

　　㉢ 집행당사자가 아닌 자는 실체법상의 당사자인 여부와 상관없이 모두 제3자에 해당한다.

② 채권자, 채무자 이외의 자는 실체적 권리, 의무의 유무에 관계없이 집행에 관하여는 모두 제3자이며(제48조, 제191조, 제259조 등) 채무자에 대하여 채무를 부담하는 제3자를 특히 제3채무자라고 한다(제223조, 제224조, 제296조 등).

③ 또한 집행당사자와 제3자를 포함하여 이해관계인이라 하는 수도 있다(제9조, 제89조, 제90조 등).

Ⅱ 집행당사자의 확정

1. 당사자 확정의 의의

① 집행당사자의 확정이란 당해 집행에 있어서 누가 채권자이고 누가 채무자인지를 확정하는 것을 말한다.
② 집행당사자의 확정은 집행권원과 집행문의 기재에 의하여 정하여진다(제39조).
③ 집행당사자는 대부분 집행권원에 기재된 자가 집행문의 부여로 집행당사자로 확정되지만 당사자의 승계가 있는 경우에는 집행권원에 기재된 자와 집행당사자가 달라지게 된다.
④ 이 경우에는 승계집행문의 부여에 의하여 확정된다.

2. 확정의 시기

① 집행당사자의 확정은 집행문의 부여로 확정된다.
② 집행문에 당사자로 표시되지 아니한 자는 강제집행에 있어서는 제3자에 불과하다.
③ 반면 제3자에게 집행문이 부여되면 실체관계의 당사자가 아니더라도 집행당사자가 된다.
④ 제3자를 개입시켜 화해나 조정이 성립된 경우 등과 같이 판결절차의 당사자 아닌 제3자가 집행절차의 당사자가 되는 경우도 있다.

3. 집행문이 부여되지 않는 경우

① 가압류·가처분 명령의 집행 등과 같이 집행문의 부여 없이도 집행력이 있는 집행권원만으로도 집행이 가능한 경우에는 그 집행권원에 표시된 당사자가 집행당사자가 된다.
② 집행권원과 집행문이 모두 문제되지 아니하는 임의경매에서는 경매신청서의 채권자·채무자의 기재에 따라 당사자가 정해진다.

Ⅲ 집행당사자능력

1. 집행당사자능력의 의의

① 집행당사자능력이란 강제집행절차에서 주체가 될 수 있는 능력을 말한다.
② 실체법상 권리능력에 대응하는 개념이다.
③ 자연인·법인은 물론이고 형식적 당사자능력이 인정되는 비법인사단·재단도 당사자가 될 수 있다.
④ 민법상 조합은 당사자능력이 인정되지 않는다는 것이 판례이기 때문에 조합재산에 속하는 청구권을 위하여 강제집행을 할 때에는 조합원 전원이 공동집행채권자로 되고, 조합재산에 대하여 강제집행을 실시할 때에는 조합원 전원이 공동집행채무자로 된다.

2. 집행능력

① 집행능력이란 실체법상의 행위능력, 소송법상의 소송능력에 대응하는 개념으로 집행권원을 가진 자가 단독으로 유효한 강제집행을 할 수 있는 능력을 말한다.
② 집행채권자가 집행무능력자인 경우, 즉 미성년자 등인 경우 그가 단독으로 한 집행행위는 무효이다.
③ 집행채무자는 소극적으로 집행에 관여하기 때문에 원칙적으로 집행능력이 없어도 무방하다.

Ⅳ 집행당사자적격

1. 의의

> **민사집행법 제25조(집행력의 주관적 범위)**
> ① 판결이 그 판결에 표시된 당사자 외의 사람에게 효력이 미치는 때에는 그 사람에 대하여 집행하거나 그 사람을 위하여 집행할 수 있다. 다만, 민사소송법 제71조(보조참가)의 규정에 따른 참가인에 대하여는 그러하지 아니하다.
> ② 제1항의 집행을 위한 집행문을 내어 주는 데 대하여는 제31조 내지 제33조의 규정을 준용한다[승계집행문 및 집행문부여의 소의 규정을 준용한다(註)]. `기출` 25

① 어느 특정한 집행절차에서 누가 정당한 집행당사자인가, 즉 누가 집행적격자 또는 피집행적격자인가 하는 문제이다.

② 다시 말하면 누구를 위하여 또는 누구에 대하여 집행문을 부여하여야 하는가의 문제이다.

③ 당사자적격이 없는 자에 대한 집행행위는 실체법상 아무런 효력을 가질 수 없다.

> • 승계집행문은 판결에 표시된 채무자의 포괄승계인이나 판결에 기한 채무를 특정하여 승계한 자에 대한 집행을 위하여 부여하는 것인데, 이와 같은 강제집행절차에서는 권리관계의 공권적인 확정 및 그 신속·확실한 실현을 도모하기 위하여 절차의 명확·안정을 중시하여야 하므로, 기초되는 채무가 판결에 표시된 채무자 이외의 자가 실질적으로 부담하여야 하는 채무라거나 채무가 발생하는 기초적인 권리관계가 판결에 표시된 채무자 이외의 자에게 승계되었다고 하더라도, 그 자가 판결에 표시된 채무자의 포괄승계인이거나 판결상의 채무 자체를 특정하여 승계하지 아니한 이상, 그 자에 대하여 새로이 채무의 이행을 소구하는 것은 별론으로 하고, 판결에 표시된 채무자에 대한 판결의 기판력 및 집행력의 범위를 채무자 이외의 자에게 확장하여 승계집행문을 부여할 수는 없으며, 승계집행문부여에 대한 이의의 소에서 승계사실에 대한 증명책임은 채권자인 피고에게 있다(대판 2015.1.29. 2012다111630).
> • 집행권원에 표시된 채무자의 상속인이 상속을 포기하였음에도 불구하고, 집행채권자가 동인에 대하여 상속을 원인으로 한 승계집행문을 부여받아 동인의 채권에 대한 압류 및 전부명령을 신청하고, 이에 따라 집행법원이 채권압류 및 전부명령을 하여 그 명령이 확정되었다고 하더라도, 채권압류 및 전부명령이 집행채무자적격이 없는 자를 집행채무자로 하여 이루어진 이상, 피전부채권의 전부채권자에게의 이전이라는 실체법상의 효력은 발생하지 않는다고 할 것이고, 이는 집행채무자가 상속포기 사실을 들어 집행문부여에 대한 이의신청 등으로 집행문의 효력을 다투어 그 효력이 부정되기 이전에 채권압류 및 전부명령이 이루어져 확정된 경우에도 그러하다고 할 것이다(대판 2002.11.13. 2002다41602). `기출` 24·22

④ 재산형의 형사판결이나 과태료재판에 있어서 집행은 검사가 하여야 하므로 이 경우에는 국가를 대표하는 검사에게 채권자의 적격이 있다.

⑤ 이 경우 법무부장관 또는 법무부장관의 지정을 받은 자만이 적격자가 되는 것이 아니다(재민 64-2).

2. 범 위

(1) 이행판결의 경우

집행당사자적격의 범위는 집행권원의 집행력이 미치는 주관적 범위에 의하여 결정된다. 이행판결의 기판력이 미치는 자에게는 원칙적으로 집행력도 미친다. 그러나 보조참가인에 대하여는 집행력이 미치지 않는다(제25조 제1항). 기판력의 주관적 범위에 관하여 간략히 설명하면 다음과 같다(민소법 제218조).

> 확정판결의 기판력은 변론을 종결한 뒤의 승계인(변론 없이 한 판결의 경우에는 판결을 선고한 뒤의 승계인) 또는 그를 위하여 청구의 목적물을 소지한 사람 등 법률에 따로 규정되어 있는 경우 외에는 특별한 사정이 없는 한 당해 판결에 표시된 당사자 사이에만 미치고(민사소송법 제218조 참조), 집행력의 범위도 원칙적으로 기판력의 범위에 준한다. 따라서 지부·분회·지회 등 어떤 법인의 하부조직을 상대로 일정한 의무의 이행을 구하는 소를 제기하여 승소 확정판결을 받은 경우 판결의 집행력이 해당 지부·분회·지회 등을 넘어서 소송의 당사자도 아닌 법인에까지 미친다고 볼 수는 없으므로 그 판결을 집행권원으로 하여 법인의 재산에 대해 강제집행을 할 수는 없고, 법인의 재산에 대한 강제집행을 위해서는 법인 자체에 대한 별도의 집행권원이 필요하다(대판 2018.9.13. 2018다231031). 기출 25

① 당사자(당해 판결의 원·피고)

    ㉠ 기판력은 소송절차에 당사자로서 절차에 관여한 대립하는 당사자 사이에서 미치는 것이 원칙이다.

    ㉡ 다만 예외적으로 당사자 아닌 제3자에 대해서도 기판력이 미치는 것으로 정하고 있다.

② 기판력이 미치는 제3자(민소법 제218조)

> **민사소송법 제218조(기판력의 주관적 범위)**
> ① 확정판결은 당사자, 변론을 종결한 뒤의 승계인(변론 없이 한 판결의 경우에는 판결을 선고한 뒤의 승계인) 또는 그를 위하여 청구의 목적물을 소지한 사람에 대하여 효력이 미친다.
> ② 제1항의 경우에 당사자가 변론을 종결할 때(변론 없이 한 판결의 경우에는 판결을 선고할 때)까지 승계사실을 진술하지 아니한 때에는 변론을 종결한 뒤(변론 없이 한 판결의 경우에는 판결을 선고한 뒤)에 승계한 것으로 추정한다.
> ③ 다른 사람을 위하여 원고나 피고가 된 사람에 대한 확정판결은 그 다른 사람에 대하여도 효력이 미친다.

③ 변론을 종결한 뒤의 승계인 : 판결의 기판력과 집행력은 실제로 소송을 수행한 당사자에게만 미치는 것이 원칙이지만 민사소송법 제218조 제1항은 변론을 종결한 뒤의 승계인에게도 판결의 효력이 미치는 것으로 하고 있는데, 이와 같이 판결의 효력이 당사자 외의 사람에게 미치는 때에는 집행력도 같이 확장되므로 그 사람에 대하여 또는 그 사람을 위하여 집행할 수 있다(제25조 제1항). 승계가 있으면 채권자는 승계집행문을 부여받아 집행할 수 있고(제31조 제1항), 승계인을 위하여 또는 승계인에 대하여 다시 집행권원을 얻을 필요가 없다. 기출 14

    ㉠ 소송물 승계

        ㉮ 실체법적 권리, 의무를 승계한 자로서 여기에는 상속, 채권양수인, 채무의 면책적 인수인, 소유권 확인의 소에서 소유권을 이전받은 사람 등이 있다. 다만, 채무의 중첩적 인수인은 승계인에 해당하지 않는다(대판 1979.3.13. 78다2330).

        ㉮ 공동상속인들의 건물철거의무와 같이 성질상 불가분채무에 속하는 판결의 집행을 위해서는 상속인 전원에 대한 승계집행문이 필요하다.

- 소송계속 중 어느 일방 당사자가 사망하여 소송중단 사유가 생겼음에도 이를 간과하고 사망자를 당사자로 표시한 판결이 선고된 경우에도 사망자의 승계인을 위하여 또는 승계인에 대하여 승계집행문을 부여함이 타당하다(대결 1998.5.30. 98그7).
- 종전의 두 지방자치단체가 완전히 폐지되고 그 전체구역을 관할하는 지방자치단체가 신설된 경우에 그 새로운 지방자치단체는 기존의 폐지된 지방자치단체의 승계인에 해당한다(대판 1995.12.8. 95다36053).
- 확정판결의 변론종결 후 동 확정판결상의 채무자로부터 영업을 양수하여 양도인의 상호를 계속 사용하는 영업양수인은 상법 제42조 제1항에 의하여 그 양도인의 영업으로 인한 채무를 변제할 책임이 있다 하여도, 그 확정판결상의 채무에 관하여 이를 면책적으로 인수하는 등 특별사정이 없는 한, 그 영업양수인을 곧 민사소송법 제204조의 변론종결 후의 승계인에 해당된다고 할 수 없다(대판 1979.3.13. 78다2330).
- 집행권원을 가진 채권자의 지위를 승계한 자라고 하더라도 기존 집행권원에 기하여 강제집행을 신청하려면 민사집행법 제31조 제1항(같은 법 제57조의 규정에 따라 준용되는 경우를 포함한다)에 의하여 승계집행문을 부여받아야 하고, 집행권원에 의한 강제집행이 개시된 후 신청채권자의 지위를 승계한 경우라도 승계인이 자기를 위하여 강제집행 속행을 신청하기 위하여는 민사집행규칙 제23조가 정한 바와 같이 승계집행문이 붙은 집행권원의 정본을 제출하여야 하며 그 경우 법원사무관등 또는 집행관은 그 취지를 채무자에게 통지하도록 하고 있다. 따라서 채권자가 집행권원에 기하여 압류 및 추심명령을 받은 후 그 집행권원상의 채권을 양도하였다고 하더라도 그 채권의 양수인이 기존 집행권원에 대하여 승계집행문을 부여받지 않았다면, 집행채권자의 지위에서 압류채권을 추심할 수 있는 권능이 있다고 볼 수 없다(대판 2008.8.11. 2008다32310).

ⓛ 계쟁물 승계
㉮ 전소의 소송물이 채권적 청구권인 소유권이전등기청구권일 때에는 전소의 변론종결 후에 전소의 피고인 채무자로부터 소유권이전등기를 경료받은 자는 전소의 기판력이 미치는 변론종결 후의 제3자에 해당한다고 할 수 없다(대판 1993.2.12. 92다25151). **기출 17**

- 소유권이전등기를 명하는 확정판결의 변론종결 후에 그 청구목적물을 매수하여 등기를 한 제3자는 변론종결 후의 승계인에 해당되지 아니한다(대판 1980.11.25. 80다2217). **기출 14**
- 전소의 소송물이 채권적 청구권의 성질을 가지는 소유권이전등기청구권인 경우에는 전소의 변론종결 후에 그 목적물에 관하여 소유권등기를 이전받은 사람은 전소의 기판력이 미치는 '변론종결 후의 승계인'에 해당하지 아니한다. 이러한 법리는 화해권고결정이 확정된 후 그 목적물에 관하여 소유권등기를 이전받은 사람에 관하여도 다를 바 없다고 할 것이다(대판 2012.5.10. 2010다2558). **기출 17**

㉯ 승계의 원인은 상속, 합병 등 포괄승계(일반승계)만에 한정되는 것이 아니고, 채권양도, 목적물의 매매와 같은 특별승계의 경우까지 포함하며(대판 1957.10.7. 4290민상320; 대결 1963.9.27. 63마14), 이에는 권리의 승계와 의무의 승계를 포함한다. 또한 특별승계는 그 원인이 임의양도에 의한 것 외에 경매, 전부명령 등 국가의 집행행위 또는 법률상 대위(민법 제399조)에 의한 것도 포함된다. 그 시적 기준은 사실심 변론종결 후임을 요한다.

- 확정판결의 피고측의 제1차 승계가 이미 그 변론종결 이전에 있었다면 비록 그 제2차 승계가 그 변론종결 이후에 있었다 할지라도 이 제2차 승계인은 이른바 변론종결 후의 승계인으로 볼 수 없다(대결 1967.2.23. 67마55).
- 점유이전금지가처분은 그 목적물의 점유이전을 금지하는 것으로서, 그럼에도 불구하고 점유가 이전되었을 때에는 가처분채무자는 가처분채권자에 대한 관계에 있어서 여전히 그 점유자의 지위에 있다

는 의미로서의 당사자항정의 효력이 인정될 뿐이므로, 가처분 이후에 매매나 임대차 등에 기하여 <u>가처분채무자로부터 점유를 이전받은 제3자에 대하여</u> 가처분채권자가 가처분 자체의 효력으로 직접 퇴거를 강제할 수는 없고, <u>가처분채권자로서는 본안판결의 집행단계에서 승계집행문을 부여받아서 그 제3자의 점유를 배제할 수 있을 뿐이다</u>(대판 1999.3.23. 98다59118).

- 소유권이전등기가 원인무효라는 이유로 그 말소등기청구를 인용한 판결이 확정된 경우, 그 확정판결의 변론종결일 후에 패소자를 상대로 처분금지가처분등기를 경료한 자는 말소등기청구를 인용한 판결의 변론종결 후의 승계인에 해당하지 않는다(대판 1998.11.27. 97다22904).
- 재판상 화해에 의하여 소유권이전등기를 말소할 물권적 의무를 부담하는 자로부터 동 화해성립 후에 그 부동산에 관한 담보권인 근저당권설정을 받은 자는 민사소송법 제218조 제1항 소정 변론종결 후의 승계인에 해당한다(대판 1977.3.22. 76다2778).
- 재판상 화해에 의하여 소유권이전등기를 말소할 물권적 의무를 부담하는 자로부터 그 화해성립 후에 <u>그 부동산에 관한 가등기를 경료받은 자는 변론종결 후의 승계인에 해당한다</u>(대판 1980.5.13. 79다 1702). **기출** 14

[참고] 변론종결 후의 승계인 여부

변론종결 후의 승계인에 해당하는 경우

- 소유물의 인도를 명한 판결 후 그 목적물의 소유권을 양도받은 자
- 토지소유자에 대하여 건물소유자의 건물철거·토지인도를 명하는 판결 후 그 건물의 소유권과 토지 점유를 넘겨받은 자(대판 1991.3.27. 91다650,667)
- 소유권에 기한 건물의 명도를 명한 판결의 변론종결 후 피고로부터 그 건물의 점유를 승계한 자
- 원인이 없는 무효의 등기임을 이유로 말소등기절차의 이행을 명한 판결의 변론종결 후에 피고로부터 등기 명의를 취득한 자(대판 1972.7.25. 72다935)
- 매매 등 원인행위가 변론종결 이전이라도 소유권이전등기를 변론종결 후에 갖추었으면 변론종결 후의 승계로 보아야 한다.
- 대지소유권에 기한 방해배제청구로써 그 지상건물의 철거를 구하여 승소확정판결을 얻은 경우 그 지상건물 철거청구사건의 확정판결의 기판력은 건물에 관하여 확정판결의 변론종결 전에 이루어진 가등기에 기하여 그 변론종결 후에 본등기를 경료한 자에게 미친다(대판 1992.10.27. 92다10883).
- 재판상 화해에 의하여 소유권이전등기를 말소할 물권적 의무를 부담하는 자로부터 그 화해성립 후에 그 부동산에 관한 가등기를 경료받은 자는 변론종결 후의 승계인에 해당한다(대판 1976.6.8. 72다1842).

변론종결 후의 승계인에 해당하지 않는 경우

- 매매 기타의 사유로 인한 소유권이전등기절차이행청구의 확정판결의 변론종결 후에 채무자로부터 목적물을 양수하여 소유권이전등기를 마친 제3자(대판 1993.2.12. 92다25151)
- 채권계약에 터잡은 통행권에 관한 확정판결의 변론종결 후에 당해 토지를 특정승계취득한 자(대판 1992.12.22. 92다30528)
- 소유권이전등기가 원인무효라는 이유로 그 말소등기청구를 인용한 판결이 확정된 경우, 그 확정판결의 변론종결일 후에 패소자를 상대로 처분금지가처분등기를 경료한 자(대판 1998.11.27. 97다22904)
- 소유권이전등기청구권을 보전하기 위한 가등기가 경료된 후 임대차계약을 체결하고 대항력을 취득한 임차인이 임대인을 상대로 임대차보증금반환청구소송을 제기하여 승소하였으나 그 변론종결 후에 가등기권자가 본등기를 경료한 자(대판 2007.6.28. 2007다25599).
- 신탁해지를 사유로 소유권이전등기를 명한 확정판결의 변론종결 후에 목적물을 매수하여 등기를 한 제3자 (대판 1993.2.12. 92다25151)
- 확정판결의 피고측의 제1차 승계가 이미 그 변론종결 이전에 있었다면 비록 그 제2차 승계가 그 변론종결 이후에 있었다 할지라도 이 제2차 승계인(대결 1967.2.23. 67마55).
- 소유권에 기한 건물명도소송의 사실심 변론종결 후 패소자인 건물 소유자로부터 건물을 매수하고 소유권 이전등기를 마친 제3자

- 매매를 원인으로 하는 소유권이전등기청구사건의 확정판결이 있기 전에 이미 개시되었던 부동산강제 경매절차에서 위 확정판결이 있은 후 그 부동산의 소유권을 취득한 자는 본조의 승계인이 아니다(대판 1971.3.23. 71다234).
- 건물 소유권에 기한 물권적 청구권을 원인으로 하는 건물명도소송의 소송물은 건물 소유권이 아니라 그 물권적 청구권인 건물명도청구권이므로 그 소송에서 청구기각된 확정판결의 기판력은 건물명도청 구권의 존부 그 자체에만 미치는 것이고, 소송물이 되지 아니한 건물 소유권의 존부에 관하여는 미치지 아니하므로, 그 건물명도소송의 사실심 변론종결 후에 그 패소자인 건물 소유자로부터 건물을 매수하고 소유권이전등기를 마침으로써 그 소유권을 승계한 제3자의 건물 소유권의 존부에 관하여는 위 확정판결의 기판력이 미치지 않으며, 또 이 경우 위 제3자가 가지게 되는 물권적 청구권인 건물명도 청구권은 적법하게 승계한 건물 소유권의 일반적 효력으로서 발생된 것이고, 위 건물명도소송의 소송물인 패소자의 건물명도청구권을 승계함으로써 가지게 된 것이라고는 할 수 없으므로, 위 제3자 는 위 확정판결의 변론종결 후의 승계인에 해당한다고 할 수 없다(대판 1999.10.22. 98다6855). **기출** 14

④ 당사자(또는 승계인)를 위하여 청구의 목적물을 소지한 사람
  ㉠ 소송물인 권리 내지 의무 자체를 승계한 것은 아니나 당사자 또는 승계인을 위하여 청구의 목적물을 소지하고 있는 자인 경우에도 확정판결의 기판력 및 집행력이 미치므로(민소법 제218조 제1항), 집행당사 자적격이 인정된다. **기출** 22
  ㉡ 청구의 목적물이란 소송물이 특정물의 이행을 목적으로 하는 청구권인 경우의 그 물건을 말한다. 물건이 동산이거나 부동산이거나를 불문한다. 또 그 청구권이 물권이거나 채권이거나를 가리지 않는다.
  ㉢ 이러한 소지인에 대하여 집행하기 위하여는 승계집행문을 부여받아야 한다.
  ㉣ 소지는 변론종결 전후를 불문하나, 수치인·창고업자·운송인과 같이 오로지 본인을 위하여 소지하 는 경우를 가리키는 것이고, 임차인이나 질권자와 같이 자기 고유의 이익을 위하여 목적물을 소지한 경우는 포함되지 아니한다.
  ㉤ 법인이 당사자일 때의 그 직원이나 당사자 본인의 동거가족과 같은 점유보조자(민법 제195조)의 경우 에는 독립의 점유가 인정되지 않고 본인이 직접 소지, 점유하는 경우와 같기 때문에 여기에 해당하지 않고, 이 경우의 집행에는 별도의 집행권원이 필요 없음은 물론 승계집행문도 필요 없다(대판 2001.4.27. 2001다13983 참조, 실무제요 집행 1). **기출** 22

⑤ 제3자를 위하여 당사자가 된 사람이 받은 판결에 있어서의 제3자(제3자소송담당)
  ㉠ 다른 사람을 위하여 원고나 피고가 된 사람에 대한 확정판결의 기판력 및 집행력은 제3자에게 미치므 로(민소법 제218조 제3항) 그 다른 사람(제3자)에게 집행당사자적격이 있다(제25조 제1항). 이 경우 그 제3 자는 별도의 집행권원을 얻을 필요가 없고 승계집행문을 부여받아 집행을 개시 또는 속행을 할 수 있다(제25조 제2항). **기출** 22
  ㉡ 예컨대, 선정당사자가 받은 판결은 선정자에게 미친다(민소법 제53조). 따라서 선정당사자가 받은 판결 의 집행력은 당연히 선정자에게 미치지만, 절차법적인 특성에 따라 선정자는 승계집행문을 부여받은 후 강제집행을 신청할 수 있다.

> 법원이 소송비용을 정하면서 주문에서 선정자들의 공동부담으로 하지 아니하고 소송당사자인 선정당사자 (선정당사자인 선정자를 의미한다)의 부담으로 한 경우에, 판결에서 실질적으로 선정자들의 공동부담으로 하면서 그 표시만 선정당사자에게 부담을 명하였음이 명백한 경우 등과 같은 특별한 사정이 없고, 주문 표시대로 그 선정당사자를 상대로 소송비용액 확정결정이 이루어진 때에는, 비용상환권리자는 선정당사자

외의 다른 선정자가 비용상환의무를 분담함을 전제로 하여 <u>다른 선정자를 상대로 민사집행법 제25조 제2항에서 정한 집행문을 내어 달라고 신청할 수 없고, 위 선정당사자 역시 다른 선정자의 비용 분담을 이유로 그 부분에 대하여 상환의무를 지지 않는다고 주장하여 확정된 소송비용액에 관한 집행문의 부여를 다툴 수 없다</u>(대결 2013.1.18. 2010그133).

ⓒ 파산관재인이 받은 판결은 파산자에게 미치고(채무자회생법 제359조), 선장이 받은 판결은 구조료의 채무자에게 미치고(상법 제894조 제2항), 대표소송을 수행하는 주주가 받은 판결은 회사에도 효력이 미친다(상법 제403조).

ⓔ 채권자가 채권자대위권에 기하여 채무자의 권리를 대위행사한 소송에서 '채무자가 이를 알았을 경우'에는 '채무자'에게도 판결의 '기판력'이 미친다(대판 1975.5.13. 74다1664). 그러나 채권자 대위권에 기한 확정판결의 기판력이 채무자에게도 미치는 경우가 있다 하더라도 위 확정판결의 '집행력'은 원·피고 간에 생기는 것이고, '원고와 채무자 사이'에는 생기지 아니한다(대결 1979.8.10. 79마232). **기출 14**

ⓜ 주주대표소송의 주주는 집행채권자가 될 수 있다.

주주대표소송의 주주와 같이 다른 사람을 위하여 원고가 된 사람이 받은 확정판결의 집행력은 확정판결의 당사자인 원고가 된 사람과 다른 사람 모두에게 미치므로, <u>주주대표소송의 주주는 집행채권자가 될 수 있다</u>(대결 2014.2.19. 2013마2316).

⑥ 독립당사자참가 또는 소송인수에 의하여 소송을 탈퇴한 당사자(민소법 제80조) : 위 각 경우에 종전 당사자는 그 소송에서 탈퇴할 수 있는데 그 경우 참가인과 상대방 사이의 판결은 탈퇴당사자에게 효력이 미치므로 집행당사자 적격이 있다.

(2) 인낙조서, 화해조서, 조정조서

집행적격의 범위는 이행판결에서와 동일한 기준에 따라 정해진다. 다만 화해나 조정에 있어서 흔히 당사자 아닌 제3자를 절차에 끌어들여 조서가 성립되는 경우가 많은데 이러한 경우에는 제3자에게도 당해 조서의 집행력이 미친다.

<u>소송당사자 아닌 제3자도 재판상 화해의 당사자가 될 수 있고</u>, 이 경우 화해의 효력은 화해조서에 기재된 내용에 따라 제3자에게도 미친다(대판 1985.11.26. 84다카1880).

(3) 지급명령, 이행권고결정

① 기판력은 인정되지 않으나 집행력은 인정된다. 그 기준은 이행판결에서와 같다.
② 확정된 지급명령이나 이행권고결정은 집행문부여 없이도 그 집행권원에 표시된 당사자가 집행당사자로 된다.

(4) 사해행위 취소소송

채권자취소소송의 확정판결의 기판력·집행력이 '채무자'에게 미칠 여지는 없다(대판 2003.7.11. 2003다19558 참조).

3. 집행당사자 적격의 변동

(1) 집행개시 전의 변동 – 강제경매와 당사자 변동

① 집행개시 전에 당사자적격이 변동된 경우에는 그 변동이 반드시 집행절차에 반영되어야 한다. 따라서 당사자의 사망 기타 승계 등으로 인하여 집행권원에 기재된 집행당사자의 적격에 변동이 생긴 때에는 새로 적격을 취득한 자를 위하여 또는 그 자에 대하여 승계집행문을 부여받지 않으면 아니 된다.

② 가압류·가처분명령과 같이 집행문 없이 집행권원만으로 강제집행을 할 수 있는 경우에도 보전처분에 대한 재판이 있은 뒤 채권자나 채무자의 승계가 있으면 승계집행문을 첨부하여야 한다.

③ 이를 간과하고 강제경매개시결정이 있는 경우에는 강제경매개시결정을 취소하고 집행신청을 각하하여야 한다.

④ 집행절차가 종료된 경우라도 그러한 집행행위는 무효로 아무런 효력을 가질 수 없다.

(2) 집행개시 전의 변동 – 임의경매와 당사자 변동

① 임의경매는 강제경매와 달리 채권자, 채무자의 대립당사자의 관념이 희박하고 채무자보다는 담보목적물에 대한 집행이라는 측면이 강조되는 절차로 승계집행문제도가 적용되지 않는다.

② 따라서 집행절차 개시 전에 당사자의 변동이 있는 경우에는 새로운 당사자를 기준으로 집행절차를 진행하면 그만이다.

③ 집행절차가 당사자변동을 간과하여 이루어진 경우에는 당사자표시정정절차에 의하여 그 하자를 치유할 수 있다.

④ 임의경매개시 전에 채무자의 사망 등으로 당사자적격이 변동된 경우에는 상속인 명의로의 상속등기를 경료한 후에 집행신청을 하여야 한다.

⑤ 임의경매개시 전에 채권자의 변동이 있는 경우에는 저당권이전의 부기등기를 경료하여야 경매신청이 가능하다(예 법률행위로 인한 채권자 변동 : 저당권부채권의 양도·질권설정 등).

⑥ 다만, 변제자 대위의 원인이 있는 경우에는 저당권이전의 부기등기 없이도 경매신청이 가능하다.

(3) 집행개시 후의 변동 – 강제경매와 당사자변동

① 채권자적격의 변동(규칙 제23조)

> **민사집행규칙 제23조(집행개시 후 채권자의 승계)**
> ① 강제집행을 개시한 후 신청채권자가 승계된 경우에 승계인이 자기를 위하여 강제집행의 속행을 신청하는 때에는 법 제31조(법 제57조의 규정에 따라 준용되는 경우를 포함한다)에 규정된 집행문이 붙은 집행권원의 정본을 제출하여야 한다.
> ② 제1항에 규정된 집행권원의 정본이 제출된 때에는 법원사무관 등 또는 집행관은 그 취지를 채무자에게 통지하여야 한다.

㉠ 강제집행이 개시된 후 신청채권자가 승계된 경우에 승계인이 집행기관에 승계집행문이 붙은 집행권원 정본을 제출하여 자기를 위하여 강제집행의 속행을 신청하는 때에는 강제집행절차를 승계하여 속행할 수 있다.

㉡ 승계집행문이 붙은 집행권원 정본이 제출된 때에는 법원사무관등 또는 집행관은 그 취지를 채무자에게 통지하여야 한다.

> 집행권원에 의한 강제집행이 개시된 후 신청채권자의 지위를 승계한 경우라도 승계인이 자기를 위하여 강제집행 속행을 신청하기 위하여는 민사집행규칙 제23조가 정한 바와 같이 승계집행문이 붙은 집행권원의 정본을 제출하여야 하며 그 경우 법원사무관등 또는 집행관은 그 취지를 채무자에게 통지하도록 하고 있다. 따라서 채권자가 집행권원에 기하여 압류 및 추심명령을 받은 후 그 집행권원상의 채권을 양도하였다고 하더라도 그 채권의 양수인이 기존 집행권원에 대하여 승계집행문을 부여받지 않았다면, 집행채권자의 지위에서 압류채권을 추심할 수 있는 권능이 있다고 볼 수 없다(대판 2008.8.11. 2008다32310).

ⓒ 그러나 이러한 절차는 집행채권자를 명확하게 하려는 취지에 불과하기 때문에 승계인이 승계집행문이 있는 집행권원의 정본을 제출하지 아니하였다고 하여도 그 동안 속행된 집행처분의 효력에 영향이 있는 것은 아니다.

② 채무자적격의 변동(제52조)

> **민사집행법 제52조(집행을 개시한 뒤 채무자가 죽은 경우)**
> ① 강제집행을 개시한 뒤에 채무자가 죽은 때에는 상속재산에 대하여 강제집행을 계속하여 진행한다.
> ② 채무자에게 알려야 할 집행행위를 실시할 경우에 상속인이 없거나 상속인이 있는 곳이 분명하지 아니하면 집행법원은 채권자의 신청에 따라 상속재산 또는 상속인을 위하여 특별대리인을 선임하여야 한다.
> ③ 제2항의 특별대리인에 관하여는 「민사소송법」 제62조 제2항부터 제5항까지의 규정을 준용한다.

㉠ 집행개시 후 채무자의 지위에 포괄승계가 있는 경우에는 승계집행문 없이도 그 채무자에 속하는 책임재산에 대하여 그대로 집행할 수 있다.

㉡ 상속인이 없거나 소재가 불명한 경우에는 집행법원은 채권자의 신청에 의하여 상속재산 또는 상속인을 위하여 특별대리인을 선임하여 그 자를 집행에 관여시켜야 한다(제52조 제2항).

㉢ 또한 선장에 대한 판결로 선박채권자를 위하여 선박을 압류한 뒤에 소유자나 선장의 변경이 있어도 집행절차를 속행할 수 있다(제179조 제2항).

(4) 집행개시 후의 변동 - 임의경매와 당사자 변동

① 집행절차의 진행 중에 채권자변동이 있는 경우에는 새로운 채권자를 위한 수계절차를 거치면 된다.

② 당사자표시정정이나 수계절차가 흠결된 경우라도 집행행위의 효력에는 전혀 영향이 없다.

Ⅴ 집행당사자의 대리(대리인에 의한 소송행위)

① 집행절차에 있어서 당사자는 그가 임의로 선정한 대리인에 의하여 소송행위를 할 수 있다.

② 다만 집행관에 의한 집행절차에 있어서는 대리인자격에 제한이 없으나 집행법원, 수소법원의 집행절차에 있어서는 원칙으로 변호사가 아니면 대리인이 될 수 없다(제23조 제1항, 민소법 제87조).

③ 판결절차의 각 심급의 소송대리인은 그 판결에 따른 집행에 관하여 당연히 대리권을 가진다(민소법 제90조).

민사집행의 대상

제1절   책임재산

I 의 의

① 강제집행의 대상이 되는 채무자의 재산을 <u>책임재산</u>이라고 한다.

② <u>금전집행에서는 채무자의 모든 일반재산이 책임재산을 구성하지만</u> 특정물에 대한 인도청구권 실현을 위한 강제집행 등과 같은 비금전집행과 임의경매절차에서는 특정물만이 집행의 대상이 된다.

③ 따라서 책임재산에 관한 논의는 비금전집행과 임의경매절차에서는 의미가 없다.

II 책임재산의 범위

1. 물적범위

① 채무자의 재산

ㄱ) '금전집행의 대상'이 되는 것은 법률상 금전으로 환가할 수 있는 채무자의 모든 권리와 물건이다.

ㄴ) 채무자의 재산이라도 인격권이나 신분권 같은 일신전속권, 법률상 양도나 압류가 금지되거나 제한되는 재산(제195조, 제246조), 취소권이나 해제권 등과 같이 독립하여 재산적 가치를 갖지 못하는 재산 등은 책임재산에서 제외된다.

ㄷ) 사인 간의 처분금지약정은 집행채권자에게 대항하지 못하므로 책임재산의 범위에 영향이 없다.

> 당사자 사이에 양도금지의 특약이 있는 채권이라도 압류 및 전부명령에 의하여 이전될 수 있고, 양도금지의 특약이 있는 사실에 관하여 압류채권자가 선의인가 악의인가는 전부명령의 효력에 영향을 미치지 못한다(대판 1976.10.29. 76다1623).

② **개별집행** : 채무자의 일반재산에 대하여 동시에 집행절차를 진행하는 것은 허용되지 아니하고 채권자의 선택에 의해 개별재산에 따라 개별적으로 진행될 수 있을 뿐이다.

2. 시적범위

① 현재의 재산
- ㉠ 집행개시시점에 채무자에게 속한 재산만이 책임재산을 구성한다.
- ㉡ 채무자의 과거의 재산은 책임재산이 될 수 없다.
- ㉢ 따라서 보전처분이나 채권자취소소송을 통하여 채무자의 책임재산을 감소케 하는 행위를 저지할 수 있다.

② 장래의 재산
- ㉠ 장래에 채무자에게 속할 것으로 기대되는 재산은 원칙적으로 책임재산이 되지 않는다.
- ㉡ 그러나 현재 권리발생의 기초가 확립되어 있는 경우에는 장래의 재산이라도 책임재산으로 삼을 수 있다.

3. 책임재산의 귀속에 대한 조사

① 서설 : 구체적인 집행에 있어서 어떠한 물건이나 권리가 이른바 책임재산에 속하는지 여부가 항상 문제되는데, 그때마다 집행기관이 일일이 그 물건 또는 권리가 책임재산에 속하는지 여부를 조사, 판단한다는 것은 집행기관의 성질상 적당하지 않을 뿐만 아니라 집행이 지연될 염려가 있어 집행법의 이념에도 어긋난다.

② 외형상의 징표
- ㉠ 집행절차에서는 실체법상의 권리의 귀속은 이를 따지지 않고 단지 그 권리의 귀속의 개연성을 인정할 수 있는 외형상의 징표를 법정(法定)하여 그것의 구비 여하에 따라 집행의 여부를 결정하도록 하고 있다.
- ㉡ 유체동산에 대한 집행에 있어서는 목적물에 대한 점유를 표준으로 하여 '채무자가 점유'하고 있으면 설사 그것이 채무자의 소유가 아니더라도 압류할 수 있으나(제189조 제1항) 채무자의 소유라도 제3자가 점유하고 있는 경우에는 그 제3자가 제출을 거부하면 압류를 할 수 없다(제191조).
- ㉢ 부동산, 선박, 자동차, 건설기계 및 항공기에 대한 집행에 있어서는 '채무자의 소유'로 등기 또는 등록된 등기사항증명서나 등록원부등본 또는 즉시 채무자의 명의로 등기할 수 있음을 증명할 서류의 제출이 있으면 책임재산으로 인정하도록 되어 있다(제80조, 제172조, 제187조, 규칙 제106조, 제108조).
- ㉣ 채권 기타 재산권에 대한 집행에 있어서는 집행채권자의 주장만으로 채무자에 속하는 것으로 인정하고 압류명령을 발한다(제225조, 제226조).

Ⅲ 유한책임

1. 의 의

① 금전집행의 경우 집행권원에 어떤 제한이 있지 않는 한 채무자의 전재산이 책임재산으로서 집행의 대상이 된다.
② 만약 채무자가 특정재산 또는 일정범위의 재산으로써만 변제의 책임이 있는 경우, 즉 채무자가 전 재산으로서 변제할 필요가 없는 유한책임의 경우에는 집행의 대상으로 되는 재산의 한도가 집행권원에 명시되어야 한다.

2. 유한책임의 예

① 한정승인에 따른 상속채무, 유언집행자·상속재산관리인·신탁재산의 수탁자가 그 자격에서 지는 채무 등을 들 수 있다.

② 채권자는 이러한 경우 일정한 범위의 책임재산으로 만족을 얻지 못하더라도 채무자의 다른 일반재산을 책임재산으로 삼을 수가 없다.

③ 유한책임의 문제는 집행제한과는 달리 실체법상의 관계이므로 집행기관이 조사할 사항이 아니고 따라서 집행권원에 한정의 표시가 없는 한 집행기관이 책임재산외의 재산에 대하여 집행을 하여도 위법은 아니다(대판 2006.10.13. 2006다23138).

3. 절차상의 취급

① 판결절차에서의 항변(실체상의 항변) : 유한책임의 항변은 실체상의 항변으로 판결절차에서 고려할 사항이다. 유한책임의 항변이 제출되면 판결법원은 주문에 책임이 한정된다는 취지를 명시한다.

② 집행절차상의 항변

㉠ 유한책임의 취지가 집행권원에 명시되어 있는 경우 : 유한책임의 취지가 집행권원에 명시되어 있음에도 불구하고 그 한도를 넘어 채무자의 고유재산에 대하여 집행을 한 때에는 그 집행은 위법한 것으로서 집행에 관한 이의신청을 하거나 제3자이의 소를 제기할 수 있다(대결 2005.12.19. 2005그128).

> 원고 승소판결인 집행권원 자체에 '상속재산의 범위 내에서만' 금전채무를 이행할 것을 명하는 이른바 유한책임의 취지가 명시되어 있음에도 불구하고, 상속인의 고유재산임이 명백한 임금채권 등에 대하여 위 집행권원에 기한 압류 및 전부명령이 발령되었을 경우에, 상속인인 피고로서는 책임재산이 될 수 없는 재산에 대하여 강제집행이 행하여졌음을 이유로 제3자이의 소를 제기하거나, 그 채권압류 및 전부명령 자체에 대한 즉시항고를 제기하여 불복하는 것은 별론으로 하고, 청구에 관한 이의의 소에 의하여 불복할 수는 없다고 보아야 하고, 나아가 만약 그 채권압류 및 전부명령이 이미 확정되어 강제집행절차가 종료된 후에는 집행채권자를 상대로 부당이득의 반환을 구하되, 피전부채권 중 실제로 추심한 금전 부분에 관하여는 그 상당액을 반환을 구하고, 아직 추심하지 아니한 부분에 관하여는 그 채권 자체의 양도를 구하는 방법에 의할 수밖에 없다(대결 2005.12.19. 2005그128).

㉡ 유한책임의 취지가 집행권원에 명시되어 있지 않는 경우 : 변론종결 전 상속인이 한정승인을 하고서도 항변을 하지 아니함으로써 책임재산의 유보 없는 판결이 확정된 경우, 판례는 기판력을 부정하며 채무자는 그 후 위 한정승인 사실을 내세워 청구이의의 소를 제기할 수 있다고 하였다(대판 2006.10.13. 2006다23138).

> 채권자가 피상속인의 금전채무를 상속한 상속인을 상대로 그 상속채무의 이행을 구하여 제기한 소송에서 채무자가 한정승인 사실을 주장하지 않으면 책임의 범위는 현실적인 심판대상으로 등장하지 아니하여 주문에서는 물론 이유에서도 판단되지 않으므로 그에 관하여 기판력이 미치지 않는다. 그러므로 채무자가 한정승인을 하고도 채권자가 제기한 소송의 사실심 변론종결 시까지 그 사실을 주장하지 아니하여 책임의 범위에 관한 유보가 없는 판결이 선고되어 확정되었다고 하더라도, 채무자는 그 후 위 한정승인 사실을 내세워 청구에 관한 이의의 소를 제기할 수 있다(대판 2006.10.13. 2006다23138). 기출 22·19

CHAPTER
06

민사집행의 진행

제1절 강제집행개시의 요건

Ⅰ 총 설

① 강제집행개시요건이란 집행기관이 집행력 있는 정본에 의하여 실제로 강제집행을 개시하기 위해서 갖추어야 할 요건을 말한다.
② 강제집행개시의 요건은 집행기관이 직권으로 조사하여야 한다.
③ 강제집행개시의 요건 중에는 그 요건이 존재하지 아니하면 집행에 착수할 수 없는 적극적 요건과 그 요건이 존재하면 집행에 착수할 수 없는 소극적 요건(집행장애)이 있다.

Ⅱ 적극적 요건

1. 일반적 요건

> **민사집행법 제39조(집행개시의 요건)** 기출 17
> ① 강제집행은 이를 신청한 사람과 집행을 받을 사람의 성명이 판결이나 이에 덧붙여 적은 집행문에 표시되어 있고 판결(집행권원)을 이미 송달하였거나 동시에 송달한 때에만 개시할 수 있다.

(1) 집행당사자의 표시

① 집행기관은 집행력 있는 정본에 집행당사자의 표시가 되어 있는 경우에만 집행을 개시할 수 있다(제39조 제1항 전단).
② 집행기관은 집행력 있는 정본 이외의 자료로서 집행요건을 조사할 권한이 없으므로 집행권원이나 집행문에 그 표시가 없으면 집행을 할 수 없는 것이다.

(2) 집행권원의 송달

① 송달의 필요성 : 집행을 당하는 채무자의 방어권을 보장하기 위하여 민사집행법 제39조 제1항에서는 "강제집행은 집행할 집행권원을 집행개시 전 이미 송달하였거나 늦어도 집행개시와 동시에 채무자에게 송달한 때에만 개시할 수 있다."고 규정하고 있다. 기출 22

② **판결 등**

    ㉠ '판결이나 각종 조서'는 당해 집행권원의 성립절차 내에서 법원사무관 등이 직권으로 송달하게 되므로(민소법 제210조, 제469조 제1항, 민소규칙 제56조) 집행절차에 즈음하여 다시 송달할 필요가 없다.

    ㉡ 송달여부는 집행기관이 직권으로 조사할 것이지만 강제집행 신청시 신청인에게 송달증명을 첨부하도록 하고 있다.

    ㉢ 집행기관이 직접 송달하는 등으로 인하여 집행기록상 송달사실이 명백한 때에는 송달증명이 필요 없다.

③ **결정 등** : 결정·명령과 같은 집행권원은 당해 집행권원의 성립절차 내에서는 상당한 방법으로 고지하는 것으로 족하므로 집행함에 있어서는 별도로 집행권원의 정본을 송달할 필요가 있다.

④ **집행증서** : 집행증서에 기초한 강제집행에 대하여도 집행권원의 송달에 관한 민사집행법 제39조 제1항이 준용되므로(제57조) 집행증서의 정본 등의 송달은 다른 집행권원의 경우와 마찬가지로 집행개시 요건이 된다고 할 것이다.

⑤ **예 외**

    ㉠ 집행권원이 당해 집행권원의 성립절차 내에서 이미 송달되었거나 집행의 신속을 위하여 송달의 생략을 인정하고 있는 경우가 있다.

    ㉡ 확정된 지급명령과 확정된 이행권고결정의 경우에는 담당 법원사무관등이 채무자에 대한 송달과 확정을 확인한 후 송달일자와 확정일자를 적고 날인한 정본을 채권자에게 송달하므로 위 집행권원에 기초하여 강제집행을 신청하는 경우에는 별도로 송달증명과 확정증명은 필요로 하지 아니한다.

    ㉢ 신속한 집행을 위하여 다음의 경우에는 집행권의 송달은 집행개시의 요건이 아니다. **기출** 22

> - 가압류·가처분명령의 집행(제292조 제3항, 제301조)
> - 비송법상의 비용의 재판에 의한 집행(비송법 제28조 제2항 단서)
> - 과태료의 재판에 대한 검사의 명령의 집행(비송법 제249조 제2항 단서)
> - 벌금, 과료, 몰수, 추징, 과태료, 소송비용, 비용배상 또는 가납의 형사재판에 대한 검사의 명령의 집행(형소법 제477조 제3항)

⑥ **송달절차**

    ㉠ **송달의 시기** : 송달하여야 하는 것은 집행권원 그 자체이며 집행정본[10]이 아니다. 집행권원을 집행개시 전 이미 송달하였거나 늦어도 집행개시와 동시에 채무자에게 송달하여야 한다(제39조 제1항).

    ㉡ **송달의 방법**

        ㉮ 강제집행을 개시할 수 있는 요건으로서의 집행권원의 송달은 '등본'이라도 무방하며, 공증인법 제56조의5 제1항은 공증인이 작성한 집행증서의 송달에 관하여 이를 명문으로 인정하고 있다.

        ㉯ 그러나 민사소송법 제210조 제2항에 의하면 '판결의 송달'은 '정본'에 의하도록 되어 있으므로 이 경우에는 '등본'에 의한 송달은 허용되지 않으며, 화해 또는 인낙조서도 그 화해 또는 인낙이 있는 날부터 1주 안에 그 조서의 '정본'을 송달하도록 되어 있다(민소규칙 제56조).

---

10) 집행권원 + 집행문

    ⓓ 집행증서 이외의 집행권원(판결, 결정, 화해조서 등)의 정본 등은 소위 소송서류이므로 그 송달에
는 일반적인 소송서류 송달방법에 따른다(민소법 제174조 이하).

    ⓔ 집행권원의 송달은 집행행위에 속한 송달이 아니므로 민사집행법 제12조(채무자가 외국에 있거나
있는 곳이 분명하지 아니한 때에는 집행행위에 속한 송달이나 통지를 하지 아니하여도 된다)는
적용되지 않는다.

  ⓒ 집행권원을 송달하지 않고 한 집행행위의 효력(무효)

> • 채권압류 및 전부명령의 기초가 된 채무명의인 가집행선고부 판결정본이 상대방의 허위주소로 송달되었
> 다면 그 송달은 부적법하여 무효이고 상대방은 아직도 판결정본의 송달을 받지 않은 상태에 있다 할
> 것이므로 그 판결정본에 기하여 행하여진 채권압류 및 전부명령은 집행개시의 요건으로서의 채무명의의
> 송달 없이 이루어진 것으로서 무효라 할 것이다(대판 1987.5.12. 86다카2070).
> • 강제집행의 채무명의(집행권원)가 된 지급명령의 정본등을 채무자에게 송달함에 있어, 허위주소로 송달
> 하게 하였다면 그 채무명의의 효력은 집행채무자에게 미치지 아니하고, 이에 기인하여 이루어진 강제
> 경매는 집행채무자에게 대한 관계에서는 효력이 없다(대판 1973.6.12. 71다1252). **기출** 18

2. 특별요건

(1) 조건·승계집행문 및 조건성취·승계증명서의 송달

> **민사집행법 제39조(집행개시의 요건)**
> ② 판결의 집행이 그 취지에 따라 채권자가 증명할 사실에 매인 때[조건(註)] 또는 판결에 표시된 채권자의 승계인
> 을 위하여 하는 것이거나 판결에 표시된 채무자의 승계인에 대하여 하는 것일 때[승계(註)]에는 집행할 판결
> 외에, 이에 덧붙여 적은 집행문을 강제집행을 개시하기 전에 채무자의 승계인에게 송달하여야 한다.
>   **기출** 22·15
> ③ 증명서에 의하여 집행문을 내어 준 때에는 그 증명서의 등본을 강제집행을 개시하기 전에 채무자에게 송달하
> 거나 강제집행과 동시에 송달하여야 한다.

① 집행문 송달 요부

  ⓐ (단순)집행문은 집행권원과 달리 별도로 송달할 필요가 없다. 그러나 집행권원의 집행이 그 취지에
따라 조건집행문 또는 승계집행문을 부여한 경우에는 집행권원 외에, 이에 덧붙여 적은 집행문을
강제집행을 개시하기 전에 또는 동시에 채무자 또는 그 승계인에게 송달하여야 한다(제39조 제2항).
                                              기출 15

  ⓑ 다만, 승계집행문의 송달이 누락된 경우에는 무효가 아니라는 것이 판례이다(대판 1980.5.27. 80다438).

② 증명서의 송달

  ⓐ 증명서를 제출하여야만 집행문을 내어 주는 경우(조건성취·승계) : 집행권원을 집행하는 데에 조건
이 붙어 있어 그 조건이 성취되었음을 채권자가 증명하여야 하는 때에는 이를 증명하는 서류를 제출
하여야만 집행문을 내어 주며(제30조 제2항), 집행문은 판결에 표시된 채권자의 승계인을 위하여 내어
주거나 판결에 표시된 채무자의 승계인에 대한 집행을 위하여 내어 줄 수 있다. 다만, 그 승계가
법원에 명백한 사실이거나, 증명서로 승계를 증명한 때에 한한다(제31조 제1항).

ⓛ 증명서를 송달하여야 하는 경우 : 위와 같은 경우에는 채무자를 보호하기 위하여, 집행개시의 요건으로 증명서에 의하여 집행문을 내어 준 때에는 그 증명서의 등본을 강제집행을 개시하기 전에 채무자에게 송달하거나 강제집행과 동시에 송달하여야 한다(제39조 제3항).

ⓒ 증명서를 송달할 필요 없는 경우 : 승계가 법원에 명백하여 증명서의 제출 없이 집행문이 부여되는 경우 또는 집행문부여의 소에 의하여 집행문을 부여받고 그 판결이 송달된 경우에는 증명서의 송달은 필요 없다.

(2) 이행기의 도래(확정기한의 도래)

> **민사집행법 제40조(집행개시의 요건)**
> ① 집행을 받을 사람이 일정한 시일에 이르러야 그 채무를 이행하게 되어 있는 때에는 그 시일이 지난 뒤에 강제집행을 개시할 수 있다.

① 집행개시의 요건

ⓐ 집행을 받을 사람이 일정한 시일에 이르러야 그 채무를 이행하게 되어 있는 때, 즉 채무의 이행이 확정기한의 도래에 달린 때에는 그 시일이 지난 뒤에 강제집행을 개시할 수 있다(제40조 제1항). 위 시일은 집행권원에 표시되어 있는 것임을 요한다.

ⓑ 확정기한의 도래는 실체법상의 문제라고 할 것이지만 '확정기한'의 도래 여부는 집행기관도 역(曆)에 의하여 쉽게 조사할 수 있으므로 집행개시의 요건으로 하고 있는 것이다. 그러나 '불확정기한'의 도래는 조건의 경우와 마찬가지로 집행문부여 시에 조사할 사항이다. `기출` 22

② 확정기한에 이르기 전의 집행 : 확정기한에 이르기 전의 집행은 위법하나 집행에 관한 이의신청(제16조 제1항) 또는 즉시항고(제15조 제1항) 등에 의하여 그 집행행위가 재판으로 취소되기 전에 그 기한이 도래하면 그 하자는 치유된다고 볼 것이다.

> 채권자는 특단의 사정이 없는 한 변제기가 도래하기 전에 채무자에게 채무의 이행을 청구할 수 없는 것이므로 저당권자는 피담보채권의 변제기 도래 전에 저당권실행을 위한 경매신청을 할 수 없다(대결 1968.4.14. 68마301).
> → 이행기 도래 전에 한 경매신청은 부적법하므로 제출된 자료에 의하여 이행기 도래 전임이 밝혀진 경우에는 경매신청을 각하하여야 한다.

(3) 담보제공증명서의 제출과 그 등본의 송달

> **민사집행법 제30조(집행문부여)** `기출` 20
> ② 판결을 집행하는 데에 조건이 붙어 있어 그 조건이 성취되었음을 채권자가 증명하여야 하는 때에는 이를 증명하는 서류를 제출하여야만 집행문을 내어 준다. 다만, 판결의 집행이 담보의 제공을 조건으로 하는 때에는 그러하지 아니하다.
>
> **민사집행법 제40조(집행개시의 요건)** `기출` 16
> ② 집행이 채권자의 담보제공에 매인 때에는 채권자는 담보를 제공한 증명서류를 제출하여야 한다. 이 경우의 집행은 그 증명서류의 등본을 채무자에게 이미 송달하였거나 동시에 송달하는 때에만 개시할 수 있다.

① 판결을 집행하는 데에 조건이 붙어 있어 그 조건이 성취되었음을 채권자가 증명하여야 하는 때에는 이를 증명하는 서류를 제출하여야만 집행문을 내어 준다. 다만, 판결의 집행이 담보의 제공을 조건으로 하는 때에는 그러하지 아니하다(제30조 제2항). **기출** 20

② 즉, 판결의 집행이 담보의 제공을 조건으로 하는 때에는 담보제공을 증명하는 서류를 제출하지 아니하여도 집행문을 부여받을 수 있으나, 집행을 개시하기 위해서는 채권자가 담보제공을 증명하는 서류를 제출하여야 한다(제40조 제2항 참조).

③ 담보제공을 조건으로 한 가집행선고 있는 판결이 이미 확정된 경우에는 담보제공증명서 대신에 판결확정증명서를 집행기관에 제출하면 충분하다.

(4) 동시이행 관계에 있는 반대의무의 이행

① 원칙(집행개시의 요건)

> **민사집행법 제41조(집행개시의 요건)**
> ① 반대의무의 이행과 동시에 집행할 수 있다는 것을 내용으로 하는 집행권원의 집행은 채권자가 반대의무의 이행 또는 이행의 제공을 하였다는 것을 증명하여야만 개시할 수 있다.

㉠ 반대의무의 이행과 동시에 집행할 수 있다는 것을 내용으로 하는 집행권원의 집행은 채권자가 반대의무의 이행을 하였다는 것을 증명하여야만 개시할 수 있다(제41조 제1항). **기출** 16

㉡ 반대의무의 이행과 상환으로 이행을 명하는 재판을 집행권원으로 하는 집행에 관하여는 집행문부여시에 채권자가 반대의무를 이행한 것을 증명하도록 하면 이는 채권자로부터 동시이행의 이익을 박탈하여 선이행을 하도록 하는 결과가 되므로 '집행문부여 시'에는 반대의무의 이행을 증명할 필요가 없고 '집행을 개시할 때' 집행기관에 반대의무의 이행 또는 이행의 제공을 증명하면 충분하다(대결 1961.7.31. 4294민재항437; 대판 1962.2.15. 4294민상108). **기출** 22

㉢ 즉, 동시이행관계에 있는 반대의무의 이행은 '집행문부여의 요건'이 아니고 '집행개시의 요건'이다(제41조 제1항).

㉣ 전세권자의 전세목적물 인도의무 및 전세권설정등기말소등기의무와 전세권설정자의 전세금반환의무는 서로 동시이행의 관계에 있으므로 전세권자인 채권자가 전세목적물에 대한 경매를 청구하려면 우선 전세권설정자에 대하여 전세목적물의 인도의무 및 전세권설정등기말소의무의 이행제공을 완료하여 전세권설정자를 이행지체에 빠뜨려야 한다(대결 1977.4.13. 77마90). **기출** 16

㉤ 그러나 임차인이 임차주택에 대하여 보증금반환청구소송의 확정판결이나 그 밖에 이에 준하는 집행권원에 따라서 경매를 신청하는 경우에는 반대의무의 이행이나 이행의 제공을 집행개시의 요건으로 하지 아니한다(주택임대차보호법 제3조의2 제1항). **기출** 16 · 15

배당금수령요건(임차주택에 대한 임차인의 강제경매)
임차인이 임차주택에 대하여 보증금반환청구소송의 확정판결에 기해 경매를 신청하는 경우에는 집행개시요건에 관한 민사집행법 제41조에도 불구하고 반대의무의 이행(또는 이행의 제공)을 집행개시의 요건으로 하지 아니한다(주택임대차보호법 제3조의2 제1항, 상가건물임대차 보호법 제5조 제1항). 배당절차에서 배당금을 수령하기 위해서는 주택의 인도(반대급부이행)를 하였다는 것을 증명하여야 할 것이다.
집행채권이 어음, 수표금채권인 경우
집행채권이 어음, 수표금채권인 때에는 지급제시의 필요성 및 상환증권성과 관련하여 지급제시 및 교부가 필요한지 의문이 제기되나, 이 경우에는 강제집행을 할 때 권리자가 분명하게 되고 또한 변제증명도 쉬우므로 어음, 수표의 제시는 집행개시의 요건이라고 볼 필요가 없고 집행관이 미리 이를 소지하고 있다가 채무의 이행이 있을 때 채무자에게 교부하면 족하다.

② 예외(집행문부여요건 – 반대급부 있는 의사진술을 명하는 판결)

> **민사집행법 제263조(의사표시의무의 집행)**
> ① 채무자가 권리관계의 성립을 인낙한 때에는 그 조서로, 의사의 진술을 명한 판결이 확정된 때에는 그 판결로 권리관계의 성립을 인낙하거나 의사를 진술한 것으로 본다.
> ② 반대의무가 이행된 뒤에 권리관계의 성립을 인낙하거나 의사를 진술할 것인 경우에는 제30조와 제32조의 규정에 따라 집행문을 내어 준 때에 그 효력이 생긴다.

㉠ 조건이 붙어 있지 아니한 의사진술을 명하는 판결은 집행문을 부여받을 필요 없이 그 판결이 확정됨으로써 의사진술을 의제하므로 채권자는 이러한 판결정본 및 확정증명만을 첨부하여 단독으로 등기신청을 할 수 있다(제263조 제1항).

㉡ 다만, 반대의무의 이행과 상환으로 권리관계 인낙이나 의사를 진술할 의무에 대하여는 그 판결확정 후에 채권자가 그 반대의무를 이행한 사실을 증명하고 재판장(사법보좌관)의 명령에 의하여 집행문을 내어 준 때에 의사표시의 효력이 생기므로(제263조 제2항), 이행판결에서 반대의무와 동시이행으로 일정한 의사표시를 명하는 경우에는 반대의무의 이행 또는 이행제공이 '집행문부여요건'이다(실무제요 집행 1). **기출** 22 · 17 · 16

㉢ 반대급부 있는 의사진술을 명하는 판결에서의 반대급부에 해당하는 것은 집행문부여 요건에 해당하는 조건보다 넓은 개념으로 반대급부의 이행이 동시이행인 경우뿐만 아니라 선이행인 경우, 의사표시 의무에 정지조건이나 '불확정기한'이 붙어 있는 경우, 채권자의 담보제공을 조건으로 하는 경우를 포함한다. 이러한 경우에는 집행문이 필요하며, 집행문을 부여받을 때 이를 증명하여야 한다. 다만, '확정기한'이 붙어 있는 경우에는 그 확정기한의 도래에 의하여 의사표시진술의 효과가 생기며 별도로 집행문을 필요로 하지는 아니한다.

③ 반대의무의 이행 또는 이행의 제공 없이 한 집행행위의 효력 : 반대의무의 이행 또는 제공 없이 한 집행행위는 무효라고 할 것이고, 반대의무의 이행이 불능으로 되면 집행도 불능으로 된다.

(5) 본래 의무의 집행 불능(대상청구 집행의 경우)

> **민사집행법 제41조(집행개시의 요건)** **기출** 17 · 16
> ② 다른 의무의 집행이 불가능한 때에 그에 갈음하여 집행할 수 있다는 것을 내용으로 하는 집행권원의 집행은 채권자가 그 집행이 불가능하다는 것을 증명하여야만 개시할 수 있다.

① 다른 의무의 집행이 불가능한 때에 그에 갈음하여 집행할 수 있다는 것을 내용으로 하는 집행권원의 집행은 채권자가 그 집행이 불가능하다는 것을 증명하여야만 개시할 수 있다(제41조 제2항). **기출** 17 · 16

② 즉, 대상청구권을 내용으로 하는 집행권원의 경우에 본래의 급부청구권에 관한 집행불능은 '집행문부여의 요건'이 아니라 '집행개시의 요건'이다. 따라서 본래의 의무가 집행불능으로 밝혀진 후 대상청구(代償請求)에 대한 집행을 하기 위해서는 다시 집행문을 부여받을 필요가 없다. **기출** 22

③ 집행이 불가능한지 여부는 집행기관이 쉽게 판단할 수 있기 때문에 집행개시요건으로 한 것이다.

④ 예를 들면, "피고는 원고에게 ○○부동산을 인도하라. 만약 인도할 수 없을 때에는 금 1억원을 지급하라"고 한 경우와 같이 채권자의 대상청구(금 1억원의 지급)가 인용된 경우, 대상청구의 집행에 있어 본래의 청구권의 집행불능(인도집행불능)은 집행문부여의 요건이 아니라 집행개시의 요건이다. **기출** 16

Ⅲ 소극적 요건(집행장애)

1. 서 설

① 집행장애란 강제집행을 개시하기 위하여 존재하지 않아야 할 소극적 요건이 존재하는 것을 말한다.

② 적극적 요건을 갖추었다고 하여도 집행장애사유가 있으면 역시 강제집행을 개시할 수 없다.

> 집행법원은 강제집행의 개시나 속행에 있어서 강제집행의 요건(집행장애사유)에 대하여 직권으로 그 존부를 조사하여야 하고, 집행개시 전부터 그 사유가 있는 경우에는 집행의 신청을 각하 또는 기각하여야 하며, 만일 그러한 요건이 흠결되었음에도 이를 간과하고 강제집행을 개시한 다음 이를 발견한 때에는 이미 한 집행절차를 직권으로 취소하여야 한다(대결 2008.9.3. 2008마892; 대판 2016.9.28. 2016다205915). `기출` 19

2. 채무자회생 및 파산에 관한 법률(일명 통합도산법)과 집행장애

① 의 의

㉠ 민사집행절차는 채무자의 책임재산에 대한 개별적인 집행절차이다.

㉡ 이에 비해 도산절차는 총채권자의 공평한 만족을 위한 채무자의 모든 책임재산에 대한 일반집행절차라는 점에서 민사집행절차에 대하여 절차적 우위성을 갖는다.

㉢ 파산절차는 채무자가 현재 보유하고 있는 재산이 채권자에 대한 변제의 재원이며 청산형이라는 점에서 장래 채무자가 얻는 소득이 재원이며 재건형으로 하는 회생절차와 가장 큰 차이점이 있다.

② 구별개념

㉠ 개인회생절차 : 개인회생절차는 개인인 채무자로서 총채무액이 무담보채무의 경우에는 5억원, 담보부채무의 경우에는 10억원 이하인 자가 원칙적으로 5년간 일정한 금액을 변제하면 잔액에 대하여 면책을 받을 수 있는 절차이다.

> 개인회생절차개시 신청 → 개인회생개시결정 → 변제계획안인가결정 → 면책결정

㉡ 회생절차 : 회생절차는 법인인 채무자나 위 개인회생절차의 대상이 아닌 개인이 면책을 받는 절차이다.

> 회생절차개시 신청 → 회생개시결정 → 회생계획인가결정 → 면책결정

㉢ 파산절차 : 파산절차는 채무자에게 파산의 원인이 있을 때 파산선고를 하고 채권조사절차를 거쳐 채권자의 권리를 확정한 다음, 채무자의 재산을 환가하여 분배하는 과정이다.

> 파산신청 → 파산선고(동시 파산폐지결정) → 면책신청(파산과 동시신청) → 면책결정

ⓔ 파산절차와 강제집행의 중지 또는 금지

ⓐ 채무자가 파산선고를 받으면 파산채권은 파산절차에 의하지 아니하고는 행사할 수 없게 되므로(채무자회생법 제424조), 파산채권에 기하여 파산재단에 속하는 재산에 대하여 행하여진 강제집행·가압류 또는 가처분은 파산재단에 대하여는 그 효력을 잃고(채무자회생법 제348조 제1항 본문), 새로운 강제집행 등도 개시할 수 없다. **기출** 22

ⓑ 면책신청이 있고, 파산폐지결정의 확정 또는 파산종결결정이 있는 때에는 면책신청에 관한 재판이 확정될 때까지 채무자의 재산에 대하여 파산채권에 기한 강제집행·가압류 또는 가처분을 할 수 없고, 채무자의 재산에 대하여 파산선고 전에 이미 행하여지고 있던 강제집행·가압류 또는 가처분은 중지된다. 면책결정이 확정된 때에는 제1항의 규정에 의하여 중지한 절차는 그 효력을 잃는다(채무자회생법 제557조 제1항·제2항). **기출** 23·18

ⓒ 파산재단에 속하는 재산상에 존재하는 유치권, 질권, 저당권, 「동산·채권 등의 담보에 관한 법률」에 따른 담보권 또는 전세권을 가진 사람은 그 목적인 재산에 관하여 별제권을 가지고, 별제권은 파산절차에 의하지 아니하고 행사하므로(채무자회생법 제411조, 제412조), 파산재단에 속하는 재산에 대한 '담보권의 실행을 위한 경매절차'는 파산선고가 있어도 실효되지 않고, 채무자의 지위가 파산관재인에게로 승계되어 계속 진행된다. **기출** 22·15

> • 채무자가 파산선고를 받으면 파산재단에 속하는 재산에 대하여 행하여진 강제집행·가압류 또는 가처분은 그 효력을 잃게 되고(채무자회생법 제348조 제1항 참조), 임금채권 등 재단채권에 기하여 파산선고 전에 강제집행이 이루어진 경우에도, 그 강제집행은 파산선고로 인하여 그 효력을 잃는다(대결 2008.6.27. 2006마260). **기출** 17
> • 파산절차는 모든 채권자를 위한 포괄적인 강제집행절차로서 이와 별도의 강제집행절차는 원칙적으로 필요하지 않는 것인바, 채무자회생 및 파산에 관한 법률에 강제집행을 허용하는 특별한 규정이 있다거나 구 파산법의 해석상 강제집행을 허용하여야 할 특별한 사정이 있다고 인정되지 아니하는 한 파산재단에 속하는 재산에 대한 별도의 강제집행은 허용되지 않고, 이는 재단채권에 기한 강제집행에 있어서도 마찬가지이다(대결 2007.7.12. 2006마1277). **기출** 23

ⓕ 개인회생절차와 강제집행·담보권 실행 등을 위한 경매의 중지 또는 금지

ⓐ 개인채무자를 위한 개인회생절차 개시의 결정이 있는 때에는 개인회생채권자목록에 기재된 개인회생채권에 기하여 개인회생재단에 속하는 재산에 대하여 한 강제집행·가압류 또는 가처분을 할 수 없고, 이미 개시한 절차는 중지되며(채무자회생법 제600조 제1항), 변제계획의 인가결정일 또는 개인회생절차 폐지결정의 확정일 중 먼저 도래하는 날까지 개인회생재단에 속하는 재산에 대한 담보권의 설정 또는 '담보권의 실행 등을 위한 경매'도 중지 또는 금지된다(채무자회생법 제600조 제1항). **기출** 23·22·18

ⓑ 변제계획인가결정이 있는 때에는 제600조의 규정에 의하여 중지한 회생절차 및 파산절차와 개인회생채권에 기한 강제집행·가압류 또는 가처분은 그 효력을 잃는다. 다만, 변제계획 또는 변제계획인가결정에서 다르게 정한 때에는 그러하지 아니하다(채무자회생법 제615조 제3항).

ⓓ 개인회생재단에 속하는 재산상에 존재하는 유치권, 질권, 저당권,「동산·채권 등의 담보에 관한 법률」에 따른 담보권 또는 전세권을 가진 사람은 그 목적인 재산에 관하여 별제권을 가지고, 별제권은 개인회생절차에 의하지 아니하고 행사하므로(채무자회생법 제586조, 제411조, 제412조), 개인회생절차개시결정에 의하여 중지되어 있던 담보권 실행을 위한 경매절차는 변제계획인가결정이 있으면 속행할 수 있게 된다(채무자회생법 제600조 제2항).

ⓔ 변제계획인가 후 개인회생절차의 폐지는 개인회생절차의 규정에 의하여 생긴 효력에는 영향을 미치지 아니하므로(채무자회생법 제621조 제2항), 변제계획인가결정에 의한 강제집행 등의 실효는 그 후의 개인회생절차가 폐지되더라도 번복되지 않는다. **기출** 23

3. 집행채권이 압류·가압류(가처분)된 경우

① 집행채권자의 채권자가 집행권원에 표시된 집행채권을 압류 또는 가압류, 처분금지가처분을 한 경우에는 압류 등의 효력으로 집행채권자의 추심, 양도 등의 처분행위와 채무자의 변제가 금지되고 이에 위반되는 행위는 집행채권자의 채권자에게 대항할 수 없게 되므로 집행기관은 압류 등이 해제되지 않는 한 집행할 수 없는 것이니 이는 집행장애사유에 해당한다(대판 2000.10.2. 2000마5221; 대판 2016.9.28. 2016다205916).

② 다만, 채권압류명령은 비록 강제집행절차에 나아간 것이기는 하나 채권추심명령이나 채권전부명령과는 달리 집행채권의 현금화나 만족적 단계에 이르지 아니하는 보전적 처분으로서 집행채권을 압류한 채권자를 해하는 것이 아니기 때문에 집행채권에 대한 압류의 효력에 반하는 것은 아니므로, 집행채권에 대한 압류는 집행채권자가 채무자를 상대로 한 채권압류명령에는 집행장애사유가 될 수 없다(대판 2016.9.28. 2016다205915). **기출** 25·15

③ 따라서 집행채권이 가압류된 후에 집행채권에 기한 채권압류 및 전부명령이 발하여진 경우, 집행채권에 대한 가압류는 '전부명령'에는 집행장애사유가 되나 '채권압류명령'에는 집행장애사유가 되지 않는다.
기출 17

> [1] 집행법원은 강제집행의 개시나 속행에 있어서 집행장애사유에 대하여 직권으로 그 존부를 조사하여야 하고, 집행개시 전부터 그 사유가 있는 경우에는 집행의 신청을 각하 또는 기각하여야 하며, 만일 집행장애사유가 존재함에도 간과하고 강제집행을 개시한 다음 이를 발견한 때에는 이미 한 집행절차를 직권으로 취소하여야 한다.
> [2] 집행채권자의 채권자가 집행권원에 표시된 집행채권을 압류 또는 가압류, 처분금지가처분을 한 경우에는 압류 등의 효력으로 집행채권자의 추심, 양도 등의 처분행위와 채무자의 변제가 금지되고 이에 위반되는 행위는 집행채권자의 채권자에게 대항할 수 없게 되므로 집행기관은 압류 등이 해제되지 않는 한 집행할 수 없는 것이니 이는 집행장애사유에 해당한다고 할 것이다.
> [3] 채권압류명령과 전부명령을 동시에 신청하더라도 압류명령과 전부명령은 별개로서 그 적부는 각각 판단하여야 하는 것이고, 집행채권의 압류가 집행장애사유가 되는 것은 집행법원이 압류 등의 효력에 반하여 집행채권자의 채권자를 해하는 일체의 처분을 할 수 없기 때문이며, 집행채권이 압류된 경우에도 그 후 추심명령이나 전부명령이 행하여지지 않은 이상 집행채권의 채권자는 여전히 집행채권을 압류한 채권자를 해하지 않는 한도 내에서 그 채권을 행사할 수 있다고 할 것인데, 채권압류명령은 비록 강제집행절차에 나간 것이기는 하나 채권전부명령과는 달리 집행채권의 환가나 만족적 단계에 이르지 아니하는 보전적 처분으로서 집행채권을 압류한 채권자를 해하는 것이 아니기 때문에 집행채권에 대한 압류의 효력에 반하는 것은 아니라고 할 것이므로 집행채권에 대한 압류는 집행채권자가 그 채무자를 상대로 한 채권압류명령에는 집행장애사유가 될 수 없다(대판 2000.10.2. 2000마5221).

4. 집행정지(취소)서면의 제출

민사집행법 제49조에서 정한 서류가 제출되면 집행기관은 집행을 정지하거나 취소하여야 한다. 이에 대하여는 강제집행의 정지편에서 자세히 설명하기로 한다.

5. 집행대상이 공장재단, 광업재단의 일부일 때

목적부동산이 공장재단, 광업재단의 일부를 구성하고 있는 것일 때(공장 및 광업재단 저당법 제14조, 제54조)에는 공장재단, 광업재단 전부에 대한 경매신청이 아닌 한 경매신청을 각하하여야 하고, 개시결정 후 밝혀진 경우에는 경매절차를 취소하여야 한다.

6. 신탁법상의 신탁재산

① 신탁법상의 신탁재산은 수탁자의 고유재산으로부터 분리되어 독립성을 갖게 되므로, 수탁자 개인의 채권자가 신탁재산에 대하여 강제집행을 할 수 없을 뿐만 아니라(대결 2002.12.6. 2002마2754), 위탁자의 채권자도 강제집행을 할 수 없다(신탁법 제22조 제1항 본문). 이에 위반하여 이루어진 강제집행에 대하여 위탁자, 수익자 또는 수탁자가 민사집행법 제48조에 의한 제3자이의의 소를 제기하여 강제집행을 배제할 수 있을 뿐이고, 이의 없이 강제 집행이 완료된 경우에는 당연 무효가 되지는 않는다(신탁법 제22조 제2항). 기출 23

② 다만, 그 단서의 규정에 따라 '신탁 전의 원인으로 발생한 권리' 또는 '신탁사무 처리상 발생한 권리'에 기한 경우에만 예외적으로 강제집행이 허용되는데(신탁법 제22조 제1항 단서), 여기에서 위 '신탁 전의 원인으로 발생한 권리'란 신탁 전에 이미 신탁부동산에 저당권이 설정된 경우 등 신탁재산 그 자체를 목적으로 하는 채권이 발생되었을 때를 의미하는 것이고 신탁 전에 위탁자에 관하여 생긴 모든 채권이 이에 포함된다고 할 수 없다(대판 1987.5.12. 86다545). 기출 23

③ 신탁사무의 처리상 발생한 권리란 신탁설정 후에 신탁재산의 관리, 처분으로 인하여 발생한 권리를 말하는 것인 바, 신탁재산에 대한 조세채권이나 신탁재산에 속하는 공작물 등의 하자에서 생기는 불법행위에 기한 손해배상책임 등 신탁재산 자체에서 연유하는 권리도 포함된다고 보아야 할 것이다.

> • 신탁법 제22조 제1항 단서에서 예외적으로 신탁재산에 대하여 강제집행 또는 경매를 할 수 있다고 규정한 '신탁사무의 처리상 발생한 권리'에는 수탁자를 채무자로 하는 것만이 포함되며, 위탁자를 채무자로 하는 것은 여기에 포함되지 아니한다고 할 것이다(대판 2012.7.12. 2010다67593). 기출 15
> • 수탁자가 파산한 경우에 신탁재산은 수탁자의 고유재산이 된 것을 제외하고는 파산재단을 구성하지 아니하므로, 신탁사무의 처리상 발생한 채권을 가지고 있는 채권자는 수탁자가 그 후 파산하였다 하더라도 신탁재산에 대하여는 강제집행을 할 수 있다(대결 2014.10.21. 2014마1238). 기출 18 · 17

I 강제집행의 개시

1. 의 의

① 강제집행은 채권자의 서면에 의한 강제집행신청에 의해 집행기관이 채무자에 대하여 현실적으로 강제적인 집행행위를 착수한 때에 개시된다.

② 즉, 집행권원의 내용을 실현하기 위하여 권한 있는 집행기관이 최초로 채무자에 대하여 강제적 행동을 취한 때에 집행이 개시된다고 할 수 있다.

③ 강제적인 집행행위의 모습은 강제집행의 종류에 따라 각기 다르기 때문에 집행의 개시시점을 일률적으로 정할 수는 없다.

　㉠ 구체적인 집행개시의 시점은 중요한 의미를 갖는다.

　㉡ 집행에 관한 이의나 즉시항고 또는 제3자이의의 소는 집행절차가 개시된 이후의 구제방법이므로 구체적인 집행절차가 시작되기 전이라면 이러한 구제방법은 부적법하기 때문이다.

2. 구체적인 집행개시

① 서 설

　㉠ 강제집행개시 전의 준비행위와 강제집행행위는 구별되어야 한다. 구체적인 집행개시의 시점은 중요한 의미를 갖는다.

　㉡ 집행준비행위와 집행개시 후의 집행행위에 대하여 적용할 민사집행법이 다르기 때문이다.

　㉢ 집행에 관한 이의나 즉시항고 또는 제3자이의의 소는 집행절차가 개시된 이후의 구제방법이므로 구체적인 집행절차가 시작되기 전이라면 이러한 구제방법은 부적법하다.

② 집행관이 집행기관인 경우

　㉠ 유체동산에 대한 경매절차에서는 압류를 위하여 수색을 시작한 때, 인도집행에 있어서는 강제적 사실행위를 위하여 채무자의 점유를 푼 때에 집행개시시점이 된다.

　㉡ 그러나, 집행채무자에게 임의이행을 최고하거나 퇴거를 요구하는 조치는 채무자에 대한 강제력의 발동이 있다고 할 수 없으므로 집행이 개시되었다고는 할 수 없다.

③ 집행법원·수소법원이 집행기관인 경우

　㉠ 원칙(재판성립 시)

　　㉮ 법원이 집행기관인 경우에는 최초의 집행행위인 재판[11]이 발하여진 때에 개시된다.

　　㉯ 판례는 재판인 결정서 원본이 법원사무관등에게 교부된 때에 그 재판 성립이 있다(대결 1969.12.12. 69마703)는 것이므로 그때를 그 재판이 발하여진 때라고 보아야 할 것이고, 그 재판의 효력이 발생한 때 또는 그 재판이 송달된 때에 집행이 개시되는 것이 아니라 할 것이다.

---

11) 채권 기타 재산권의 압류명령, 강제경매개시결정, 강제관리개시결정, 제3자의 점유에 있는 인도할 물건에 관한 압류명령, 대체집행·간접강제에 관한 결정 등

ⓛ 금전채권에 대한 강제집행

㉮ 제3채무자에 대한 금전채권에 대한 강제집행을 할 때에는 압류명령을 채권자 및 채무자에게 고지한 때에 집행이 개시된다.

㉯ 즉 압류명령이 제3채무자에게 송달된 때에 집행이 개시되는 것이 아니다. 압류명령의 효력은 제3채무자에게 송달되면 생기나, 압류개시는 채권자 및 채무자에게 고지된 때에 생긴다(민소법 제221조 제1항).

ⓒ 부동산에 대한 강제집행 : 부동산에 대한 강제집행의 개시는 부동산에 대한 경매개시결정이 채권자 및 채무자에게 고지된 때에 개시된다.

Ⅱ 강제집행의 종료

1. 전체적인 강제집행의 종료

① 전체집행의 종료시점은 집행절차 자체를 기준으로 판단할 것이 아니라 집행채권이 완전한 만족을 얻었는지 또는 집행채권의 만족이 종국적으로 불가능한 것으로 되었는지를 기준으로 판단한다.

> 강제집행에 의한 채권의 만족은 변제자의 의사에 기하지 아니하고 행하여지는 것으로서 비채변제가 성립되지 아니한다(대판 2018.11.29. 2017다286577). **기출** 21

② "전체집행이 종료한 이후에는 청구에 관한 이의의 소나 집행문부여 등에 대한 이의신청 또는 이의의 소를 제기할 수 없다"에서도 이러한 의미의 집행종료를 말한다.

2. 개별집행의 종료시점

① 의 의

㉠ 개별적인 강제집행의 종료란 개별적인 재산에 대한 집행이 종료되었다는 의미로서의 집행종료를 말한다.

㉡ 즉, 강제집행채권자가 채권에 대한 완전한 만족을 얻었는가의 여부와는 상관없이 하나의 독립된 절차로서의 강제집행이 종료되었다는 것을 의미한다.

㉢ 다만 개별집행의 종료시점은 집행기관 및 집행의 종류에 따라 각기 다르므로 구체적·개별적으로 판단할 수밖에 없다.

② 개별적 검토

㉠ 유체동산이나 부동산에 대한 강제집행 : 유체동산이나 부동산에 대한 금전집행은 집행관이나 집행법원이 강제경매를 통해 매각한 대금을 채권자에게 교부 또는 배당한 때에 종료한다.

> 개개의 강제집행절차가 종료된 후에는 그 절차가 중지될 수 없는데, 부동산에 대한 금전집행은 매각대금이 채권자에게 교부 또는 배당된 때에 비로소 종료한다. 따라서 채무자 소유 부동산에 관하여 경매절차가 진행되어 부동산이 매각되고 매각대금이 납부되었으나 배당기일이 열리기 전에 채무자에 대하여 회생절차가 개시되었다면, 집행절차는 중지되고, 만약 이에 반하여 집행이 이루어졌다면 이는 무효이다. 이후 채무자에 대한 회생계획인가결정이 있은 때에 중지된 집행절차는 효력을 잃게 된다(대판 2018.11.29. 2017다286577). **기출** 21

ⓛ 금전채권에 대한 강제집행 : 전부명령에 기한 강제집행은 전부명령이 채무자 및 제3채무자에게 송달되어 확정된 때에 종료하고, 추심명령에 기한 강제집행은 채권자가 추심을 받아 추심신고를 한 때에 종료한다.
　　　ⓒ 동산, 부동산의 인도집행 : 동산, 부동산의 인도청구권의 집행은 집행관이 목적물을 채권자에게 인도하여 점유시킨 때에 종료한다.
　③ 개별적인 종료시점의 차이에 따른 효과 : 개별집행이 종료한 이후에는 집행에 관한 이의신청, 제3자이의의 소 및 이들에 기한 집행의 정지, 취소가 허용되지 않는다는 점에 있어서 의미가 있다.

제3절　강제집행의 정지

I　서 설

1. 의 의

　① '강제집행의 정지'란 법에서 정해 놓은 일정한 사유가 있으면 강제집행을 개시·속행하지 못하도록 제한하는 법률상의 정지제도이다.
　② 즉 집행기관이 법률상 1개의 집행권원에 기한 전체로서의 강제집행의 개시, 속행 또는 이미 개시된 개개의 집행절차의 속행을 할 수 없는 상태를 말한다.

2. 취 지

　① 집행채권에 관한 실체관계의 변동 또는 집행권원이나 집행문의 효력변동이 있는 경우에 집행기관이 이를 바로 심사하여 집행절차에 반영시키는 것은 허용되지 아니한다.
　② 기관분리·독립의 원칙 및 형식주의가 작용하기 때문이다.
　③ 그러나 이러한 변동이 있음에도 이를 무시하고 집행절차를 계속하는 것은 이해관계인의 권리를 침해하게 된다.
　④ 위와 같은 변동사항을 집행절차에 반영시키기 위해서는 일단 집행절차를 정지하고 별도의 절차에 따라 변동된 상황을 반영하여 그에 따라 집행절차의 속행여부를 결정하게 하도록 하는 것이 필요하다.
　⑤ 즉 집행정지절차는 실체관계의 변동 또는 집행권원이나 집행문의 효력변동을 집행절차에 반영하기 위한 준비절차라고 할 수 있다.

3. 적용범위

의사의 진술을 명하는 재판(예 소유권이전등기절차이행 또는 말소등기절차이행)은 확정된 때에 의사를 진술한 것으로 보므로 현실적인 강제집행절차가 존재할 수 없고, 따라서 강제집행정지도 인정되지 아니한다.

기출 15

- 조건부 의사진술을 명하는 재판은, 그 조건이 성취되어 집행문이 부여될 때 의사를 진술한 것과 동일한 효력이 발생하고, 집행기관이 관여하는 현실적인 강제집행절차가 존재할 수 없으므로, 강제집행의 정지도 있을 수 없으니, 등기공무원은 강제집행정지결정에 구애됨이 없이 등기신청을 받아들여 등기기입을 할 수 있다(대결 1979.5.22. 77마427).
- 의사의 진술을 구하는 소송에서 그 청구를 인용하는 판결이 선고되고 확정되었다면, 그와 동시에 확정판결의 피고로 된 자가 의사를 진술한 것과 동일한 효력이 발생하는 것이므로 위 확정판결의 강제집행은 이로써 완료되는 것이고 집행기관에 의한 별도의 집행절차가 필요한 것이 아니다(대판 1995.11.10. 95다37568).

4. 종 류

① 전체정지와 개별정지

전체정지	• 하나의 집행권원에 따른 강제집행이 전부 허용되지 않는 경우의 집행정지를 말한다. • 전체정지가 있게 되면 이미 이루어진 집행절차는 속행되지 않으며 새로운 강제집행도 개시할 수 없다.
개별정지	• 경매가 무익한 경우(제102조, 제188조 등)에 당해 특정 집행절차를 정지시키는 경우의 정지를 말한다. • 개별정지의 경우에는 이미 행하여진 당해 특정 집행절차의 속행을 정지시키지만 동일한 집행권원에 따른 새로운 강제집행을 배제하지는 않는다.

② 전부정지와 일부정지

전부정지	• 전체적인 강제집행이나 개별적인 강제집행이 하나의 절차로서 전부 정지되는 것을 말한다. • 당해 집행절차가 전부 정지되기 때문에 집행이 진행되지 않게 된다.
일부정지	• 하나의 절차 중 일부의 절차만 정지되는 것을 말하며, 집행권원에 표시된 집행당사자·청구권·집행대상의 일부를 위한 또는 이에 대한 강제집행만을 정지하게 된다. • 여러 명의 채무자 또는 여러 개의 집행권원이나 여러 개의 강제집행의 목적물 중 일부에 대하여만 강제집행을 정지하는 경우가 그 예이다.

③ 종국정지와 일시정지

종국정지	• 장래의 속행가능성을 남겨두지 않는 정지로써, 제49조 제1호·제3호·제5호·제6호 등의 경우에 하는 집행정지가 이에 해당한다. • 따라서 종국적 정지사유가 있게 되면 강제집행절차를 취소하여야 한다(제50조).
일시정지	• 장래에 속행될 가능성이 있는 정지로써, 제49조 제2호·제4호 등의 경우에 하는 집행정지가 이에 해당한다. • 일시적 정지의 경우에는 그 사유가 소멸되면 다시 강제집행절차를 속행할 수도 있고, 일정한 결과에 따라 강제집행절차가 취소될 수도 있다.

④ 직권정지 : 집행정지를 위한 당사자의 신청 등이 없는 경우에도 집행장애 사유나 집행절차의 무효사유 등이 발생하면 법원은 직권으로 강제집행을 정지하여야 한다.

Ⅱ 집행정지의 원인

1. 의 의

① 집행정지는 법률상의 원인이 있어야 하는 바 이러한 법률상 원인은 제49조의 법정서류의 제출과 법정사유의 발생 등 두 가지로 대별된다.

② 위와 같은 사유가 있을 때에만 집행정지가 가능하며 그 외에 일반적(통상의) 가처분의 방법으로 집행을 정지할 수 없다(대결 1969.3.5. 68그7; 대결 1986.5.3. 86그76).

> • 임의경매를 신청할 수 있는 권리의 존부를 다투는 경우에 그 경매절차를 정지하기 위하여는 민사집행법 제268조에 의하여 준용되는 같은 법 제86조의 규정에 의하여 경매개시결정에 대한 이의신청을 하고 같은 법 제16조에 의한 강제집행정지명령을 받거나, 같은 법 제44조를 준용하여 채무에 관한 이의의 소를 제기하여 같은 법 제46조에 의한 강제집행정지명령을 받아 정지시킬 수 있을 뿐이고, 민사집행법 제300조에 의한 일반적인 가처분절차에 의하여 임의경매절차를 정지시킬 수는 없다(대결 1993.1.20. 92그35).
> • 확정판결 또는 이와 동일한 효력이 있는 집행권원에 기한 강제집행의 정지는 오직 강제집행에 관한 법규 중에 그에 관한 규정이 있는 경우에 한하여 가능하고, 이와 같은 규정에 의함이 없이 일반적인 가처분의 방법으로 강제집행을 정지시킨다는 것은 허용되지 아니하며, 민사집행법 제46조 제2항 소정의 강제집행에 관한 잠정처분은 청구에 관한 이의의 소가 계속 중임을 요하고, 이러한 집행정지요건이 결여되었음에도 불구하고 제기된 집행정지신청은 부적법하다(대결 2004.8.17. 2004카기93).

2. 제49조의 법정서류의 제출

> **민사집행법 제49조(집행의 필수적 정지 · 제한)**
> 강제집행은 다음 각 호 가운데 어느 하나에 해당하는 서류를 제출한 경우에 정지하거나 제한하여야 한다.
> 1. 집행할 판결 또는 그 가집행을 취소하는 취지나, 강제집행을 허가하지 아니하거나 그 정지를 명하는 취지 또는 집행처분의 취소를 명한 취지를 적은 집행력 있는 재판의 정본
> 2. 강제집행의 일시정지를 명한 취지를 적은 재판의 정본
> 3. 집행을 면하기 위하여 담보를 제공한 증명서류
> 4. 집행할 판결이 있은 뒤에 채권자가 변제를 받았거나, 의무이행을 미루도록 승낙한 취지를 적은 증서
> 5. 집행할 판결, 그 밖의 재판이 소의 취하 등의 사유로 효력을 잃었다는 것을 증명하는 조서등본 또는 법원사무 관등이 작성한 증서 [기출] 25
> 6. 강제집행을 하지 아니한다거나 강제집행의 신청이나 위임을 취하한다는 취지를 적은 화해조서의 정본 또는 공정증서의 정본
>
> **민사집행법 제50조(집행처분의 취소 · 일시유지)**
> ① 제49조 제1호 · 제3호 · 제5호 및 제6호의 경우에는 이미 실시한 집행처분을 취소하여야 하며, 같은 조 제2호 및 제4호의 경우에는 이미 실시한 집행처분을 일시적으로 유지하게 하여야 한다. [기출] 25

① 집행할 판결 또는 그 가집행을 취소하는 취지나 강제집행을 허가하지 아니하거나 그 정지를 명하는 취지 또는 집행처분의 취소를 명한 취지를 적은 집행력 있는 재판의 정본(제49조 제1호)

  ㉠ 집행할 판결을 취소하는 취지를 적은 집행력 있는 재판의 정본 : 확정판결을 취소하는 재심판결, 가집행의 선고 있는 판결을 취소하는 상소심판결, 화해조서를 취소하는 준재심판결이 이에 속한다.

  ㉡ 가집행을 취소하는 취지를 적은 집행력 있는 재판의 정본 : 본안판결의 당부를 심판하기 전에 가집행의 선고만을 취소하는 판결을 말한다.

ⓒ 강제집행을 허가하지 아니하는 취지를 적은 집행력 있는 재판의 정본 : 집행문부여에 관한 이의신청을 인용한 결정, 즉시항고 또는 집행에 관한 이의신청을 인용한 결정, 청구이의의 소·집행문부여에 대한 이의의 소·제3자이의의 소를 인용한 종국판결과 같이 집행법상의 구제방법에 관한 신청을 받아들이는 재판이 이에 해당한다. [기출] 15

ⓓ 강제집행의 정지를 명하는 취지를 적은 집행력 있는 재판의 정본 : 위의 재판 중에서 집행의 일시적 불허를 선언한 재판을 말하며, 변제기한의 일시적 유예를 이유로 한 청구에 관한 이의의 소를 인용한 판결, 기한도래 전의 집행개시를 이유로 한 집행에 관한 이의를 인용한 결정 등이 이에 속한다.

ⓔ 집행처분의 취소를 명한 취지를 적은 집행력 있는 재판의 정본 : 청구에 관한 이의의 소, 집행문부여에 관한 이의의 소, 제3자이의의 소에 부수하여 행하여지는 잠정처분(제46조, 제47조, 제48조)이나 재심 또는 상소의 추후보완신청이나 상소제기에 부수하여 행해지는 집행정지에 관한 재판 중 이미 실시한 집행처분의 취소를 명하는 재판(민소법 제500조, 제501조)을 가리킨다.

ⓕ 집행력 있는 재판의 정본의 의미 : 집행할 수 있는 재판의 정본을 의미하며 집행문이 부여된 이른바 집행력 있는 정본을 의미하는 것이 아니므로 집행문의 부여가 있어야 하는 것은 아니다. 왜냐하면 이때 제출되는 집행력 있는 정본은 강제집행을 하기 위한 것이 아니라 진행 중인 강제집행을 정지하기 위하여 강제집행을 허용하지 않는다는 취지가 선고된 집행권원이면 충분하기 때문이다.

ⓖ 확정판결 또는 이와 동일한 효력이 있는 집행권원에 기한 강제집행의 정지는 오직 강제집행에 관한 법규 중에 그에 관한 규정이 있는 경우에 한하여 가능하고, 이와 같은 규정에 의함이 없이 일반적인 가처분의 방법으로 강제집행을 정지시킨다는 것은 허용되지 아니하며, 민사집행법 제46조 제2항 소정의 강제집행에 관한 잠정처분은 청구에 관한 이의의 소가 계속 중임을 요하고, 이러한 집행정지요건이 결여되었음에도 불구하고 제기된 집행정지신청은 부적법하다(대결 2004.8.17, 2004카기93). [기출] 21

② 강제집행의 일시정지를 명한 취지를 적은 재판의 정본(제49조 제2호)

ⓐ 제1호에 의한 집행정지는 종국적 정지임에 비하여 본 호에 의한 집행정지는 일시적 집행정지에 해당한다. 즉 본 호의 사유는 제1호의 사유에 의한 집행의 종국적 정지 및 취소의 재판이 있기까지 잠정적·일시적 정지를 명하는 잠정처분의 내용을 갖는 재판정본을 말한다.

ⓑ 이에 해당하는 것으로서는 항고에 대한 결정이 있을 때까지의 집행의 일지정지(민소법 제448조), 재심·상소추후보완신청에 따른 집행의 일시정지(민소법 제500조), 가집행의 선고가 붙은 판결에 대하여 상소를 제기함으로 말미암은 집행정지(민소법 제501조, 제500조), 즉시항고·집행이의신청·집행문부여 등에 대한 이의신청·청구이의의 소·집행문부여에 대한 이의의 소·제3자이의의 소의 경우에 잠정처분으로 하는 집행정지 등이 있다.

> • 강제집행정지결정이 있으면 결정 즉시로 당연히 집행정지의 효력이 있는 것이 아니고, 그 정지결정의 정본을 집행기관에 제출함으로써 집행정지의 효력이 발생함은 민사집행법 제49조 제2호의 규정취지에 비추어 명백하고, 그 제출이 있기 전에 이미 행하여진 압류 등의 집행처분에는 영향이 없다(대결 2010.1.28, 2009마1918). [기출] 22·19·16
> • 강제집행의 일시정지를 명한 취지를 기재한 재판의 정본이 제출된 경우 집행법원은 이미 실시한 집행처분을 일시 유지하여야 한다는 취지를 규정하고 있는 민사집행법 제50조 제1항의 규정은 간접강제에는 적용되지 않으므로, 본래의 채무명의에 대한 강제집행정지결정 정본이 제출되었다는 사유는 간접강제결정의 취소사유에 해당하는 것으로 보아야 하고, 나아가 그와 같은 사유는 간접강제결정에 대한 즉시항고이유로도 주장할 수 있는 것으로 보아야 한다(대결 1997.1.16, 96마774). [기출] 21

③ 집행을 면하기 위하여 담보를 제공한 증명서류(제49조 제3호)
  ㉠ 법원이 가집행의 선고를 하면서 채무자에 대하여 채권 전액을 담보로 제공하고 가집행을 면제받을
     수 있다는 것을 선고한 경우(민소법 제213조 제2항)에 그 담보를 제공하였다는 증명서(제19조 제2항)가
     이에 해당한다.
  ㉡ 가압류의 집행을 면하기 위하여 채무자가 공탁한 금액(제282조)의 공탁증명서도 동일하게 취급된다.
  ㉢ 담보의 제공을 조건으로 정지를 명한 때에는 그 재판을 받은 자는 담보를 제공한 증명서(제19조)를
     동시에 제출하여야 한다(대판 1963.9.12. 63다213; 대결 1968.10.1. 68마1036).
④ 집행할 판결이 있은 뒤에 채권자가 변제를 받았거나 의무이행을 미루도록 승낙한 취지를 적은 증서(제49
   조 제4호)
  ㉠ 의 의
     ㉮ 위와 같은 사유에 기하여 집행을 종국적으로 저지하기 위해서는 청구이의의 소(제44조)에 의하여
        야 할 것이나 채권자가 작성한 위와 같은 증서가 있으면 채무자를 보호하기 위하여 일단 집행을
        일시정지하도록 한 것이다.
     ㉯ 여기서 말하는 '변제'란 채무 전부를 변제받는 경우를 의미하며, 일부 변제만으로는 그 집행권원
        에 기초한 강제집행절차의 진행을 저지할 사유가 되지 못한다.
     ㉰ 이러한 '증서'는 반드시 공정증서 또는 공증인이 인증한 증서라거나 공문서일 필요는 없고, 사문
        서라도 집행기관에서 진정하게 성립한 것이라고 인정할 수 있는 것이면 된다. **기출** 15 집행채권
        액 전부에 관한 온라인 송금증서의 제출도 이에 해당한다. 판결이 있은 뒤의 증서뿐만 아니라
        그 밖의 집행권원이 성립한 뒤의 증서도 포함됨은 물론이다.
  ㉡ 변제수령증서·변제유예증서
     ㉮ 채권자가 스스로 작성한 서면으로서 변제의 사실을 기재한 것(영수증서, 변제증서, 대물변제증서
        등) 또는 이에 준하는 것(채권자의 채무면제, 채권포기 또는 상계의 의사표시를 기재한 서면, 채권
        양도의 통지서 등)이거나 의무이행의 유예를 승낙한 취지의 기재가 있는 것이어야 한다.
     ㉯ 화해가 진행 중임을 이유로 하는 경매연기신청서가 의무이행의 유예문서에 해당하는가에 관하여
        는 견해가 나뉘어져 있으나 실무는 2회 정도에 한하여 경매기일을 연기해주고 있다.
     ㉰ 공탁금수령자로서 공탁통지서를 받은 자가 그 공탁금을 이의 없이 수령하였다면 그 공탁의 취지
        에 의하여 수령한 것이 되어 그에 대한 법률효과만이 발생하는 것이고 그 후 다시 이에 저촉되는
        의사표시를 하였다 하더라도 이에 의하여 아무런 법률효과도 발생하는 것은 아니라고 할 것이다
        (대판 1984.11.13. 84다카465). 따라서 '변제공탁서 및 출급증명서'는 변제수령증서로 볼 수 있으나,
        통설에 따르면 '변제공탁서'만으로는 변제수령증서에 해당하지 아니한다. **기출** 19
     ㉱ 변제수령을 이유로 한 경매신청취하서가 최고가 매수신고인의 동의가 없어 경매신청취하서로서
        의 역할은 하지 못한다 할지라도 본 호의 변제증서에는 해당한다는 것이 판례의 태도이다.
     ㉲ 채무자가 변제 기타 위와 같은 사실이 존재하는데도 불구하고 이를 입증할 증서가 없거나 아니면
        급속하게 제출할 수 없는 사정이 있는 경우에는 채무자는 그 존재를 이유로 하여 청구이의의 소를
        제기하고 집행정지의 잠정처분을 받아 이를 제출하여 정지를 받을 수밖에 없다.
  ㉢ 집행의 일시정지 : 제2호의 서류가 제출된 경우와 마찬가지로 변제증서가 제출된 경우라도 집행절차
     가 일시적으로 정지됨에 그치므로 집행절차를 종국적으로 정지시키기 위하여는 청구이의의 소에 의
     하여야 할 것이다.

ⓔ 집행정지기간의 제한

> **민사집행법 제51조(변제증서 등의 제출에 의한 집행정지의 제한)**
> ① 제49조 제4호의 증서 가운데 변제를 받았다는 취지를 적은 증서를 제출하여 강제집행이 정지되는 경우 그 정지기간은 2월로 한다.
> ② 제49조 제4호의 증서 가운데 의무이행을 미루도록 승낙하였다는 취지를 적은 증서를 제출하여 강제집행이 정지되는 경우 그 정지는 2회에 한하며 통산하여 6월을 넘길 수 없다.

ⓐ 변제수령증서(변제를 받았다는 취지를 적은 증서) 제출에 의한 강제집행 정지기간은 2월로 한다 (제51조 제1항).

ⓑ 변제유예증서(의무이행을 미루도록 승낙하였다는 취지를 적은 증서)의 제출에 의한 강제집행의 정지는 2회에 한하며 통산하여 6월을 초과할 수 없다(제51조 제2항). 여기서 '통산하여 6월'이란 해당 경매절차에 있어서 통산하여 6월이란 뜻이고, 그 기간이 연속해야 하는 것은 아니다(실무제요 집행 1). **기출** 21

⑤ 집행할 판결, 그 밖의 재판이 소의 취하 등의 사유로 효력을 잃었다는 것을 증명하는 조서등본 또는 법원사무관등이 작성한 증서(제49조 제5호)

㉠ 가집행의 선고가 붙은 판결 선고 후에 상소심에서 소의 취하가 있는 때에는 그 가집행의 선고가 붙은 판결은 실효된다.

㉡ 이 경우의 소취하조서나 소취하증명서를 제출하면 집행을 정지하여야 한다. 그러나 사인이 작성한 문서는 제5호의 문서에 해당하지 않는다.

⑥ 강제집행을 하지 아니한다거나 강제집행의 신청이나 위임을 취하한다는 취지를 적은 화해조서의 정본 또는 공정증서의 정본(제49조 제6호)

㉠ 강제집행을 하지 않겠다는 부집행합의가 화해조서나 공정증서에 명백히 되어 있을 경우에는 청구이의의 소를 제기하거나 또는 집행에 관한 이의를 신청할 것도 없이 바로 집행정지신청을 할 수 있다.

㉡ 강제집행신청을 취하하기로 한 합의 역시 마찬가지이다. 위 사유를 증명할 서류는 화해조서와 공정증서이다.

㉢ 공증인 또는 합동법률사무소 및 법무법인이 '사문서(私文書)'를 인증한 것'은 법문이 특히 공정증서의 정본이라고 표시하고 있음에 비추어 이에 포함되지 않는다고 해석된다.

3. 법정사유의 발생

법정서류가 제출된 경우 이외에도 법률이 정한 일정한 사유가 발견되면 집행기관은 직권으로 집행을 정지하여야 한다.

1. 정지신청 요부

(1) 제49조 법정서류 제출에 따른 정지

① 정지신청 불요

㉠ 제49조에서 정한 법정서류의 근거가 되는 재판 등이 있는 것만으로는 집행이 정지되지 아니하고 채무자가 법정서류를 집행기관에 '제출'한 경우에 비로소 집행정지의 효력이 발생한다. 별도로 집행정지신청을 할 필요는 없다.

> 집행력이 있는 판결 정본에 기하여 압류·추심명령이 발령된 경우 채무자가 강제집행정지결정의 정본을 집행기관에 제출하면 이로써 집행정지의 효력이 발생하고 그 집행정지가 효력을 잃기 전까지 압류채권자에 의한 채권의 추심이 금지된다(민사집행법 제49조 제2호). 여기서 강제집행정지결정의 정본이 압류채권자에게 송달되었는지 여부나 민사집행규칙 제161조가 규정하는 집행정지 통보가 제3채무자에게 송달되었는지 여부는 집행정지의 효력 발생과 무관하다(대판 2012.10.25. 2010다47117). 기출 21

㉡ 비록 신청서가 제출되었다 하더라도 강제집행의 필요적 정지를 촉구하는 의미 이상은 없으므로 이에 대하여 기각결정을 하는 것은 위법하다(대결 1983.7.22. 83그24).

② 법정서류의 제출기한

> **민사집행규칙 제50조(집행정지서류 등의 제출시기)**
> ① 법 제49조 제1호·제2호 또는 제5호의 서류는 매수인이 매각대금을 내기 전까지 제출하면 된다.
> ② 매각허가결정이 있은 뒤에 법 제49조 제2호(일시정지)의 서류가 제출된 경우에는 매수인은 매각대금을 낼 때까지 매각허가결정의 취소신청을 할 수 있다. 이 신청에 관한 결정에 대하여는 즉시항고를 할 수 있다.
> ③ 매수인이 매각대금을 낸 뒤에 법 제49조 각 호 가운데 어느 서류가 제출된 때에는 절차를 계속하여 진행하여야 한다. 이 경우 배당절차가 실시되는 때에는 그 채권자에 대하여 다음 각 호의 구분에 따라 처리하여야 한다.
> 1. 제1호·제3호·제5호 또는 제6호의 서류가 제출된 때에는 그 채권자를 배당에서 제외한다. 기출 23
> 2. 제2호의 서류가 제출된 때에는 그 채권자에 대한 배당액을 공탁한다.
> 3. 제4호의 서류가 제출된 때에는 그 채권자에 대한 배당액을 지급한다. 기출 16

집행정지를 위한 제출기한	• 제49조 제1호·제2호·5호의 서류는 매각대금 납부 전까지 제출하면 집행이 정지 또는 취소된다. 기출 15 • 제3호·제4호·제6호의 서류도 매수인이 매각대금 납부 전까지만 제출하면 집행이 정지 또는 취소되지만 매수신고가 있은 뒤에 위 서류를 제출하는 경우에는 매수인의 동의를 받아 매각대금납부 전까지 제출하면 그 효력이 생긴다.
기한이 지난 후의 집행정지서류의 제출 (매각대금을 낸 뒤에 제출)	• 매수인이 매각대금을 낸 뒤에 민사집행법 제49조 각 호 가운데 어느 서류가 제출된 때에는 집행절차를 정지시키는 효력이 없다. • 따라서 절차를 속행하되 제1호·제3호·제5호·제6호의 서류[12]가 제출된 경우에는 채권자를 배당에서 제외시키는 효력이 있다(규칙 제50조 제3항). 기출 23

---

12) 모두 매각대금납부 전에 제출된 경우에는 집행절차를 종국적으로 정지시키거나 취소시키는 서류에 해당

- 제2호 서류의 경우에는 채권자에게 배당할 금액은 공탁한다.
- 제4호 서류의 경우에는 채권자를 배당에서 제외시키는 효력이 없어 채권자에게 지급하므로 채무자로서는 집행절차 밖에서 배당채권자를 상대로 부당이득반환청구를 통해 구제받을 수 있을 뿐이다.

③ 매수인의 매각허가결정 취소신청 : 제49조 제2호의 서류 제출로 집행절차가 일시정지되는 경우에는 매수인은 매각대금을 낼 때까지 매각허가결정의 취소를 신청할 수 있다.

(2) 법정사유에 의한 정지(직권정지)

① 집행을 당연무효로 할 집행요건의 흠결이나 집행장애사유의 존재는 집행기관의 조사사항이므로, 이를 발견한 때에는 집행기관은 직권으로 집행을 정지하여야 한다.

② 그러나 집행요건의 흠결이 있더라도 단지 취소할 수 있는 것에 불과한 때에는 취소의 재판정본이 제출되지 않는 한 직권으로 정지할 수 없다.

2. 집행기관의 집행정지의 실시

(1) 집행관이 집행기관인 경우

집행관이 집행기관인 경우에는 압류나 매각절차를 사실상 행하지 아니함으로써 정지된다. 즉 압류나 경매를 하지 않는 방식으로 정지하면 된다.

(2) 집행법원이 집행기관인 경우

그 후의 채권자의 집행행위 신청을 각하하거나 전단계의 집행행위를 취소하거나 집행의 완결을 막는 조치를 취한다.

(3) 강제경매의 경우

① 매수신고 전에 서류가 제출된 경우

㉠ 경매개시결정 전이면 경매신청을 각하하고, 경매개시결정 후 매각기일이 지정된 경우에는 그 기일의 지정을 취소하여 매각기일을 개시하지 않아야 한다.

㉡ 경매개시결정 후 매각기일에 매수신고가 있기 전에 제1호·제3호·제5호·제6호의 서류가 제출된 경우에는 경매절차의 진행을 정지하고 이미 실시한 집행절차(경매절차)를 취소하여야 한다. 제2호(강제집행의 일시정지를 명한 취지를 적은 재판의 정본)·제4호(집행할 판결이 있은 뒤에 채권자가 변제를 받았거나 의무이행을 미루도록 승낙한 취지를 적은 증서)의 서류가 제출된 경우에는 경매절차를 정지하고 이미 실시한 집행처분을 일시적으로 유지하게 하여야 한다(제50조 제1항). **기출** 23

② 매수신고 후 매각대금 납부 전에 서류가 제출된 경우

㉠ 제1호(집행할 판결 또는 그 가집행을 취소하는 취지나, 강제집행을 허가하지 아니하거나 그 정지를 명하는 취지 또는 집행처분의 취소를 명한 취지를 적은 집행력 있는 재판의 정본)·제3호·제5호(집행할 판결, 그 밖의 재판이 소의 취하 등의 사유로 효력을 잃었다는 것을 증명하는 조서등본 또는 법원사무관등이 작성한 증서)·제6호의 서류가 제출된 경우에는 그 이후의 절차의 진행을 정지하고 민사집행법 제50조 제1항에 따라 경매절차 취소결정을 한다.

[사례 1]

매수인이 매각대금을 내기 전까지 집행할 판결을 취소하는 취지를 적은 집행력 있는 재판의 정본(제49조 제1호)이 제출된 경우에는 이미 실시한 집행처분을 취소하여야 한다(제50조 제1항). 이 경우 '매수신고 후에' 제출되더라도 최고가매수인 또는 매수인과 차순위매수신고인의 동의를 받을 필요가 없다(제93조 제3항 참조). **기출** 19

[사례 2]

상소심에서 가집행 선고부 제1심판결을 취소하는 판결을 선고한 경우, 그 가집행을 취소하는 취지를 적은 집행력 있는 재판의 정본(제49조 제1호)을 제출하여 경매절차를 취소하는 때에는 최고가매수인 또는 매수인과 차순위매수신고인의 동의를 받을 필요가 없다(제93조 제3항 참조). **기출** 15

ⓛ 다만, 제3호(집행을 면하기 위하여 담보를 제공한 증명서류)·제6호(강제집행을 하지 아니한다거나 강제집행의 신청이나 위임을 취하한다는 취지를 적은 화해조서의 정본 또는 공정증서의 정본)의 서류는 최고가매수신고인 또는 매수인과 차순위매수신고인의 동의를 받아야 그 이후 절차의 진행을 정지하고 경매절차 취소의 효력이 생긴다(제93조 제3항). 최고가매수신고인 등의 동의가 없으면 절차를 속행하여야 한다. **기출** 19·15

[사례 3]

강제집행의 신청을 취하한다는 취지를 적은 화해조서의 정본·강제집행을 하지 아니한다는 취지를 적은 화해조서정본(제49조 제6호)이 매수신고 전에 제출되면 집행을 취소하여야 하고(제50조 제1항), '매수신고 후에' 제출되면 최고가매수신고인 또는 매수인과 차순위매수신고인의 동의를 받아야 취소할 수 있다(제93조 제3항). **기출** 24·23·19

채권자 甲이 신청한 부동산 강제경매절차에서 乙이 최고가 매수신고를 하여 매각허가결정을 받았는데, 그 후 채무자 丙이 채권자 甲을 상대로 제기한 집행권원인 확정판결에 대한 청구이의의 소에서 법원이 강제집행정지결정을 한 다음 '집행권원에 기한 강제집행을 불허한다'는 화해권고결정을 하여 그 결정이 확정되자, 사법보좌관이 위 화해권고결정 정본이 민사집행법 제49조 제1호, 제50조 제1항에서 정한 집행취소서류라는 이유로 乙에 대한 매각허가결정을 취소하고 강제경매신청을 기각한다는 결정을 한 경우, 위 화해권고결정의 '집행권원에 기한 강제집행을 불허한다'는 내용은 형성소송인 청구이의의 소의 재판 대상으로 당사자가 자유롭게 처분할 수 있는 사항이 아니어서, 그 문구 그대로 확정되더라도 집행권원에 기한 강제집행을 허가하지 않는 효력은 생기지 않고, 집행권원이 확정판결로서 갖는 집행력은 여전히 남아 있게 되므로, 위 화해권고결정 정본은 민사집행법 제49조 제1호에서 정한 '강제집행을 허가하지 아니하는 취지를 적은 집행력 있는 재판의 정본'에 해당하지 않고, 다만 화해권고결정의 문구를 부집행 합의가 이루어졌다는 뜻으로 새길 여지가 있고, '당사자 사이에 강제집행을 하지 않기로 하는 합의를 담은 화해조서 정본'도 집행취소서류가 되나(민사집행법 제49조 제6호), 그 서류(제6호)를 매각허가결정이 있은 뒤에 제출한 경우에는 매수인의 동의를 받아야 집행취소의 효력이 생기는 것인데도(민사집행법 제93조 제3항), 위 화해권고결정 정본이 민사집행법 제49조 제1호에서 정한 집행취소서류임을 전제로 한 사법보좌관의 처분이 정당하다고 본 원심결정은 수긍하기 어렵다(대결 2022.6.7. 2022그534). **기출** 25·22

ⓒ 제2호의 서류가 제출된 경우에는 서류가 제출된 단계에서 그 이후의 절차의 진행을 정지하여야 한다. '매각허가결정이 있은 뒤에' 법 제49조 제2호의 서류가 제출된 경우에는 '매수인은 매각대금을 낼 때까지' 매각허가결정의 취소신청을 할 수 있다. 이 신청에 관한 결정에 대하여는 즉시항고를 할 수 있다(규칙 제50조 제2항). 기출 21

㉮ 제2호의 서류를 매각기일에 '매수신고가 있은 뒤에' 제출하는 경우라도 최고가매수신고인 또는 매수인과 민사집행법 제114조의 차순위매수신고인의 동의를 받을 필요 없이 그 효력이 생긴다. 기출 23

㉯ 강제경매절차에서 매각허가결정이 된 후에라도 매수인이 '매각대금을 납부하기 전까지'는 집행법원은 민사집행법 제49조 제2호의 서면인 경매절차의 일시정지를 명하는 결정정본이 제출된 경우 필요적으로 그 경매절차의 진행을 정지하여야 한다(대판 1992.9.14. 92다28020).

㉰ 그러나 채무자가 매각허가결정이 선고된 후 경매법원에 강제집행의 일시정지를 명하는 재판의 정본을 제출하였다 하더라도, 매각허가결정은 즉시항고의 대상인 재판인데 강제집행정지결정은 재판의 확정을 방해하거나 재판의 효력발생 자체를 저지하는 효력이 없으므로 매각허가결정의 확정을 저지할 수 없다(대판 1993.6.25. 93다12305). 기출 19

ⓓ 제4호의 서류가 제출된 경우에는 서류가 제출된 단계에서 그 이후의 절차의 진행을 정지하여야 한다. 다만, 매수신고가 있은 뒤에 위 서류를 제출하는 경우에는 최고가매수신고인 또는 매수인과 차순위매수신고인의 동의를 받아야 그 효력이 생긴다(제93조 제3항).

[사례 4]
매각기일에 매수신고가 있은 뒤, 매각대금을 내기 전에 의무이행을 미루도록 승낙한 취지를 적은 증서(제49조 제4호)가 제출된 경우에는 최고가매수신고인 또는 매수인과 민사집행법 제114조의 차순위매수신고인의 동의를 받아야 그 효력이 생긴다. 기출 23

③ 매각대금 납부 후 서류가 제출된 경우

㉠ 제49조 제1호·제2호 또는 제5호의 서류는 매수인이 매각대금을 내기 전까지 제출하면 된다(규칙 제50조 제1항).

ⓛ 매수인이 매각대금을 낸 뒤에 법 제49조 각 호 가운데 어느 서류가 제출된 때에는 절차를 계속하여 진행하여야 하는데(규칙 제50조 제3항), 배당절차에 있어서는 '제1호·제3호·제5호·제6호의 서류'가 제출된 때에는 그 채권자를 배당에서 제외하고, '제2호의 서류'가 제출된 때에는 그 채권자에 대한 배당액을 공탁하며, '제4호의 서류'가 제출된 때에는 그 채권자에 대한 배당액을 지급한다(규칙 제50조 제3항).

[사례 1]
매수인이 매각대금을 낸 뒤에 '강제집행의 신청을 취하한다는 취지를 적은 화해조서의 정본'(제6호)의 서류가 제출된 경우에는 절차를 속행하되, 배당절차가 실시되는 때에는 그 채권자를 배당에서 제외한다(규칙 제50조 제3항 제1호). 기출 19

[사례 2]
청구이의의 소 제기 시에 잠정처분으로 하는 강제집행정지결정의 정본은 '제49조 제2호의 서류'(강제집행의 일시정지를 명한 취지를 적은 재판의 정본)에 해당하므로 매각대금 납부 후에 이 서류가 제출된 때에는 절차를 계속 진행하여야 하고, 배당절차에 있어서는 그 채권자에 대한 배당액을 공탁하여야 한다(규칙 제50조 제3항 제2호). 기출 24·22

(4) 강제관리의 경우

① 강제관리 개시 후에 제1호·제3호·제5호·제6호의 서류가 제출된 경우에는 이미 실시한 집행처분을 취소하여야 한다(제50조 제1항 전단).

② '제49조 제2호 또는 제4호의 서류'가 제출된 때에는 법원사무관등은 관리인에게 그 사실을 통지하여야 하고(규칙 제90조 제2항), 배당절차를 제외한 나머지 절차는 그 당시의 상태로 속행할 수 있다(규칙 제88조 제1항).

③ 절차를 속행하는 경우 관리인은 배당에 충당될 금전을 공탁하고, 그 사유를 법원에 신고하여야 하며(규칙 제88조 제2항), 공탁된 금전으로 채권자의 채권과 집행비용의 전부를 변제할 수 있는 경우에는 법원은 배당절차를 제외한 나머지 절차를 취소하여야 한다(규칙 제88조 제3항).

3. 채권 등에 대한 집행

① 압류만을 한 경우에는 그 이후 집행행위를 하지 않고 현상을 유지하면 된다.

② 그러나 이미 추심명령이 있은 후 제2호 또는 제4호의 서류가 제출된 때에는 법원사무관등은 압류채권자와 제3채무자에 대하여 그 서류가 제출되었다는 사실과 서류의 요지 및 위 서류의 제출에 따른 집행정지가 효력을 잃기 전에는 압류채권자는 채권의 추심을 하여서는 아니 된다.

③ 제3채무자는 채권의 지급을 하여서는 아니 된다는 취지를 통지하여야 한다(규칙 제161조 제1항).

Ⅳ 집행정지의 효력

1. 집행정지의 내용

① 집행의 개시·속행의 금지

㉠ 집행이 정지되면 집행기관은 새로운 집행을 개시할 수가 없고 개시된 집행을 속행할 수 없지만, 이미 행하여진 집행처분은 특히 취소되는 경우(제1호·제3호·제5호 및 제6호의 서류를 제출한 경우)를 제외하고는 그 효력이 그대로 존속한다(제2호·제4호의 서류가 제출된 경우)(제50조 제1항).

㉡ 이미 행하여진 집행행위는 종국적 정지의 경우에는 취소재판 없이도 취소되나 일시적 정지의 경우에는 별도의 취소재판이 없이는 집행정지만으로는 그 효력에 영향이 없으며 재판의 확정을 방해하거나 재판의 효력발생을 저지하는 효력이 없다.

㉢ '유체동산의 경매절차'에 있어서 제49조 제2호 또는 제4호의 집행정지서류의 제출이 있더라도 압류물을 즉시 매각하지 아니하면 값이 크게 내릴 염려가 있거나 보관에 지나치게 많은 비용이 드는 때에는 집행관은 그 물건을 매각할 수 있고 그 경우에는 그 대금을 공탁하여야 한다(제198조 제3항·제4항).

㉣ '채권에 대한 전부명령'이 있은 뒤에 제49조 제2호 또는 제4호의 서류를 제출한 것을 이유로 전부명령에 대한 즉시항고가 제기된 경우에는 항고법원은 다른 이유로 전부명령을 취소하는 경우를 제외하고는 항고에 관한 재판을 정지하여야 한다(제229조 제8항).

㉤ '선박경매절차'에 있어서 채무자가 제49조 제2호 또는 제4호의 집행정지서류를 제출하고 압류채권자 및 배당을 요구한 채권자의 채권과 집행비용에 해당하는 보증을 매수신고 전에 제공한 때에는 법원은 신청에 따라 배당절차 외의 절차를 취소하여야 한다(제181조 제1항).

② 집행정지에 위반한 집행행위의 효력

　　ⓐ 집행정지사유가 있음에도 불구하고 집행기관이 집행을 정지하지 아니하고 집행처분을 한 경우에는 이해관계인은 '집행에 관한 이의신청'에 의하여 취소를 구할 수 있다(대결 1986.3.26. 85그130).

> 민사집행법 제49조 제1호 소정의 '강제집행의 정지를 명하는 취지를 적은 집행력 있는 재판의 정본'이 제출된 경우는 민사집행법 제121조 제1호의 '집행을 계속 진행할 수 없을 때'에 해당하여 매각허가에 대한 이의신청사유에 해당하고, 이러한 사유는 매각허가가 있을 때까지 신청하여야 하며(민사집행법 제120조 제2항), 이러한 사유가 있는 경우 집행법원은 직권 또는 당사자의 이의신청에 의해 매각을 허가하지 아니하는 결정을 하여야 하고(민사집행법 제123조), 여기에 집행법원의 재량이 허용될 여지는 없다고 할 것이다(대결 2009.3.12. 2008마1855). **기출** 16

　　ⓑ 집행정지서류의 제출이 있음에도 불구하고 집행기관이 집행을 정지하지 아니하고 집행처분을 한 경우에 이해관계인은 집행에 관한 이의신청(대결 1986.3.26. 85그130) 또는 즉시항고에 의하여 그 시정을 구할 수 있으나, 이러한 불복의 절차 없이 강제집행절차가 그대로 완결되면 그 집행행위에 의하여 발생된 법률효과를 부인할 수 없다(대결 1995.2.16. 94마1871). 따라서 집행정지결정이 제출되었음에도 불복절차 없이 경매절차가 완결된 경우에는 매수인은 대금완납에 따라 경매목적물의 소유권을 취득한다. **기출** 20·16

> • 강제집행의 정지사유가 있음에도 불구하고 경매법원이 이를 정지하지 아니하고 대금지급기일을 정하고, 대금납부를 받는 등 경매절차를 진행하는 경우에 이해관계인은 집행에 관한 이의, 나아가 즉시항고에 의하여 그 시정을 구할 수 있는바, 이러한 불복의 절차 없이 경매절차가 그대로 완결된 경우에는 그 집행행위에 의하여 발생된 법률효과는 부인할 수 없다(대판 1992.9.14. 92다28020).
> • 집행정지서류가 제출되었음에도 집행기관이 집행을 정지하지 아니하고 집행처분을 한 경우에 이해관계인은 집행에 관한 이의신청 또는 즉시항고로 그 시정을 구할 수 있다. 그러나 이러한 불복의 절차 없이 강제집행절차가 그대로 완결되면 그 집행행위에 따라 발생된 법률효과를 부인할 수 없다(대판 2022.7.28. 2022다218509). **기출** 24

2. 집행정지의 범위

① 청구에 관한 이의의 소의 승소확정판결(제44조)이나 청구이의의 소의 제기에 의한 집행정지명령(제46조)은 하나의 집행권원에 기한 전체로서의 집행을 정지한다.

② 이 경우에는 집행개시의 전후를 불문하고 집행이 정지되나 채권자가 완전한 만족을 얻어 집행이 종료된 후에는 정지의 여지가 없다.

> 강제집행정지명령 정본 등의 제출 전에 강제집행이 종료되면, 집행정지의 여지가 없기 때문에, 강제집행이 종료된 후에는 강제집행정지가 허용되지 아니하고, 나아가 그 집행의 정지를 특별항고로 다툴 이익도 소멸한다(대결 2018.8.10. 2018그572). **기출** 20

③ 집행에 관한 이의신청의 인용결정(제16조), 제3자이의의 소의 승소확정판결(제48조) 및 제3자이의의 소의 제기에 의한 집행정지명령(제48조 제3항)은 개개의 구체적 집행절차를 정지할 뿐이다.

④ 이 경우에는 집행절차가 개시된 후가 아니면 정지할 수 없다.

1. 일시적 정지의 속행

① 제49조 제2호·제4호 서류의 제출에 의하여 집행이 일시적으로 정지되어 있는 경우에는 채권자는 그 정지사유의 소멸을 증명하여 정지된 절차의 속행을 신청할 수 있다.

> "집행할 판결이 있은 뒤에 의무이행을 미루도록 승낙한 취지를 적은 증서"가 제출된 경우에 강제집행은 정지되어야 하나(민사집행법 제49조 제4호), 채권자가 그 정지사유의 소멸을 증명한 때에는 정지된 절차를 속행하여야 하고, 만일 집행기관이 부당하게 집행의 계속 진행을 거부할 때에는 채권자는 집행에 관한 이의(민사집행법 제16조)로써 이를 다툴 수 있다(대판 2015.6.23. 2015그47). 기출 20

② 집행정지의 재판에 채권자가 담보를 제공하면 집행을 속행할 수 있다고 되어 있는 경우에는 그 담보를 제공한 증명서(제19조 제2항)를 제출하여 속행을 구할 수 있다.

③ '변제증서'의 제출에 의한 집행정지의 경우에는 2월을 경과한 때에, 의무이행의 '유예증서'의 제출에 의한 집행정지의 경우에는 그 이행유예기간이 경과하거나 또는 통산하여 6월의 집행정지기간이 경과한 때에는 채권자의 신청 유무에 불구하고 집행을 속행하여야 한다(제51조 제1항·제2항).

2. 종국적 정지의 속행

제49조 제1호·제3호·제5호·제6호의 집행취소서류가 제출된 경우에는 민사집행법 제50조 제1항에 의하여 이미 실시한 집행처분도 취소되므로 그 후 이들 서류에 관계된 재판이 취소되거나 소 취하 등의 사유로 효력이 없게 된 것이 증명되더라도 이미 집행처분이 취소에 의하여 종료된 집행절차를 재개하여 속행할 수 없으므로 다시 집행을 신청하는 수밖에 없다.

제4절 **강제집행의 취소**

I 서 설

① '집행의 취소'란 집행절차 진행 중에 이미 실시한 집행처분의 전부 또는 일부의 효력을 상실시키는 집행기관의 행위를 말한다.

② 집행개시 전에는 집행의 취소가 있을 수 없고 또 집행절차 종료 후에는 실시한 집행처분을 취소할 여지가 없다.

③ 집행처분이 당초부터 당연 무효인 경우에도 외관상 존재하고 있는 이상 이에 따른 장해를 제거하기 위하여 취소할 수 있다(예 무효인 압류, 봉인의 제거).

Ⅱ 집행취소 사유

1. 집행취소서류의 제출

> **민사집행법 제49조(집행의 필수적 정지·제한)**
>
> 강제집행은 다음 각 호 가운데 어느 하나에 해당하는 서류를 제출한 경우에 정지하거나 제한하여야 한다.
> 1. 집행할 판결 또는 그 가집행을 취소하는 취지나, 강제집행을 허가하지 아니하거나 그 정지를 명하는 취지 또는 집행처분의 취소를 명한 취지를 적은 집행력 있는 재판의 정본 [기출] 16
> 2. 강제집행의 일시정지를 명한 취지를 적은 재판의 정본
> 3. 집행을 면하기 위하여 담보를 제공한 증명서류
> 4. 집행할 판결이 있은 뒤에 채권자가 변제를 받았거나, 의무이행을 미루도록 승낙한 취지를 적은 증서
> 5. 집행할 판결, 그 밖의 재판이 소의 취하 등의 사유로 효력을 잃었다는 것을 증명하는 조서등본 또는 법원사무관등이 작성한 증서
> 6. 강제집행을 하지 아니한다거나 강제집행의 신청이나 위임을 취하한다는 취지를 적은 화해조서의 정본 또는 공정증서의 정본
>
> **민사집행법 제50조(집행처분의 취소·일시유지)**
>
> ① 제49조 제1호·제3호·제5호 및 제6호의 경우에는 이미 실시한 집행처분을 취소하여야 하며, 같은 조 제2호 및 제4호의 경우에는 이미 실시한 집행처분을 일시적으로 유지하게 하여야 한다.

① 민사집행법 제49조 제1호·제3호·제5호·제6호의 서류가 제출되었을 때에는 집행기관은 이미 실시한 집행처분을 취소하여야 하며, 같은 조 제2호 및 제4호의 경우에는 이미 실시한 집행처분을 일시적으로 유지하게 하여야 한다(제50조 제1항). [기출] 16

② 집행처분의 취소에 의하여 그 집행절차 또는 집행처분은 종료하므로, 집행정지의 경우처럼 집행의 속행을 구할 여지는 없다. 그러므로 취소사유가 없어진 경우, 예를 들어 취소를 명한 재판 또는 취소를 수반하는 재판이 불복신청에 의하여 취소되더라도, 취소 전의 상태로 회복되는 것은 아니므로 채권자는 다시 집행신청을 하여 집행을 개시할 수밖에 없다(실무제요 집행 1). [기출] 21

③ 변제기한의 일시적 유예를 이유로 청구이의의 소를 인용한 (확정된) 종국판결은 민사집행법 제49조 제1호의 서류(강제집행을 허가하지 아니하는 집행력 있는 재판의 정본)에 해당하므로, 집행기관은 경매절차를 취소하여야 한다. [기출] 22

> • 채권압류 및 전부명령의 기초가 된 집행권원에 기한 강제집행을 불허하는 청구이의재판의 판결정본은 강제집행의 취소·정지에 관한 민사집행법 제49조 제1호에서 정한 서류에 해당하므로, 그러한 서류가 제출되면 채권압류 및 전부명령은 집행처분의 취소에 관한 민사집행법 제50조 제1항에 따라 취소되어야 한다. 이는 재항고심에서 위와 같은 서류가 제출된 경우도 마찬가지이다(대결 2018.5.23. 2018마5170). [기출] 20
> • 제1심에서 가집행선고부 승소판결을 받아 그 판결에 기해 강제경매를 신청한 다음 항소심에서 조정(조정에 갈음하는 결정 포함) 내지 화해가 성립한 경우, 제1심판결 및 그 가집행선고의 효력은 조정 내지 화해에서 제1심판결보다 인용범위가 줄어든 부분에 한하여 실효되고 그 나머지 부분에 대하여는 여전히 효력이 미친다고 보아야 할 것이다. 그런데 이 사건은 제1심에서 가집행선고부 승소판결을 받은 후 항소심에서 제1심 인용금액보다 증액된 금액으로 조정에 갈음하는 결정이 확정된 경우이므로 조정에 갈음하는 결정에 의해 실효될 제1심판결 및 가집행선고 부분은 없다고 보아야 하고, 결국 이 사건에서 항소심에서 이루어진 조정에 갈음하는 결정 정본의 제출은 민사집행법 제50조 제1항, 제49조 제5호 소정의 집행취소사유에 해당한다고 할 수 없음을 지적해두기로 한다(대결 2011.11.10. 2011마1482). [기출] 19

2. 개별적인 취소사유

① 집행비용을 예납하지 아니한 때에 하는 집행취소(제18조 제2항)
② 부동산의 멸실 등의 경우에 하는 강제경매절차의 취소(제96조 제1항),
③ 남을 가망이 없고 압류채권자가 매수신청과 보증을 제공하지 아니하는 경우에 하는 강제경매절차의 취소(제102조 제2항)
④ 동산집행시 남을 가망이 없을 경우에 집행관이 하는 압류절차의 취소(제188조 제3항, 규칙 제140조 제2항)
⑤ 부동산의 수익으로 채권자들이 전부 변제를 받았을 때에 하는 강제관리의 취소(제171조 제2항)
⑥ 선박압류 후 관할위반이 판명된 때에 하는 선박압류절차 취소(제180조)
⑦ 선박압류 후 채무자가 민사집행법 제49조 제2호 또는 제4호 서류를 제출하고 압류채권자와 배당요구채권자의 채권과 집행비용에 해당하는 보증을 제공한 때에 하는 선박압류절차의 취소(제181조 제1항)

3. 유체동산에 대한 집행절차

유체동산에 대한 강제집행절차에 있어서 매각대금으로 채권자에게 변제하고 강제집행비용을 지급하기에 충분하게 된 경우에, 민사집행법 제207조는 나머지 압류물의 매각을 중지하여야 한다고 하고 있는데, 중지 이후의 조치로서 매각하지 않은 물건에 대한 압류처분을 취소하여야 한다.

4. 집행개시요건을 결한 경우

집행기관이 집행개시요건의 흠결(예 집행력 있는 집행권원을 결한 경우)등 당해 강제집행을 무효로 할 사유를 발견한 때에는 직권으로 강제집행절차를 취소하여야 한다.

5. 집행신청의 취하

채권자는 신청한 강제집행을 그 완결 전에 취하할 수 있으며, 강제집행절차는 채권자의 취하에 의하여 당연히 종료되므로 법원이 집행기관인 경우에도 별도로 집행절차의 취소결정을 할 필요가 없다.

Ⅲ   집행취소의 방법

① 집행의 취소는 그 집행처분을 한 집행기관이 취소의 대상이 되는 집행행위의 존재를 없애는 방법으로 한다.
② 집행의 취소는 집행정지의 경우처럼 당사자 또는 제3자의 신청에 의하는 것이 원칙이나, 집행기관 자체의 판단으로 취소사유가 명백한 때에는 직권에 의하여 취소할 수 있다.
③ 부동산에 대한 집행에서는 경매개시결정을 취소하거나 매각불허가결정을 하는 방법으로 한다.
④ 채권 집행에서는 압류명령이나 추심·전부명령을 취소하는 방법으로 한다.

Ⅳ 집행취소의 효과

1. 집행처분의 효력 소멸

① 집행행위가 취소되면 원칙적으로 이미 행한 집행행위나 집행처분은 모두 실효된다.

② 채무자는 집행대상에 대한 처분권을 회복하며, 제3채무자에 대한 채권을 집행한 경우에는 채무자가 제3채무자에게 직접 추심하여 변제받을 수 있다.

2. 이미 완결된 집행처분의 효력 불소멸

집행의 취소가 있더라도 집행절차 중에 이미 완결된 집행행위의 효과는 소급하여 소멸되지 아니하고 원상회복을 하여야 하는 것도 아니다.

Ⅴ 불 복

민사집행법 제15조(즉시항고)
① 집행절차에 관한 집행법원의 재판에 대하여는 특별한 규정이 있어야만 즉시항고를 할 수 있다.

민사집행법 제16조(집행에 관한 이의신청)
① 집행법원의 집행절차에 관한 재판으로서 즉시항고를 할 수 없는 것과, 집행관의 집행처분, 그 밖에 집행관이 지킬 집행절차에 대하여서는 법원에 이의를 신청할 수 있다. [기출] 22 · 21

민사집행법 제17조(취소결정의 효력)
① 집행절차를 취소하는 결정, 집행절차를 취소한 집행관의 처분에 대한 이의신청을 기각 · 각하하는 결정 또는 집행관에게 집행절차의 취소를 명하는 결정에 대하여는 즉시항고를 할 수 있다. [기출] 24 · 15
② 제1항의 결정은 확정되어야 효력을 가진다.

민사집행법 제50조(집행처분의 취소 · 일시유지)
① 제49조 제1호 · 제3호 · 제5호 및 제6호의 경우에는 이미 실시한 집행처분을 취소하여야 하며, 같은 조 제2호 및 제4호의 경우에는 이미 실시한 집행처분을 일시적으로 유지하게 하여야 한다.
② 제1항에 따라 집행처분을 취소하는 경우에는 제17조의 규정을 적용하지 아니한다.

① 원칙(즉시항고) : 원칙적으로 집행절차를 취소하는 재판(결정)은 확정되어야 효력이 발생하고 즉시항고로 불복할 수 있다(제17조 제1항).

② 예외(집행에 관한 이의) : 민사집행법 제49조 제1호 · 제3호 · 제5호 · 제6호의 서류의 제출에 따라 집행처분을 취소하는 경우, 재판(결정)이 고지되는 즉시 효력이 발생하고 즉시항고도 허용되지 아니하며(제50조 제2항), 집행에 관한 이의로 다툴 수 있을 뿐이다(제16조 제1항). [기출] 19 · 17

- 민사집행법 제15조 제1항에 의하면 집행절차에 관한 집행법원의 재판에 대하여는 특별한 규정이 있어야만 즉시항고를 할 수 있고, 집행법원의 집행절차에 관한 재판으로서 즉시항고를 할 수 없는 것은 민사집행법 제16조 제1항에 의하여 집행에 관한 이의신청을 할 수 있다. 그런데 민사집행법 제50조 제1항, 제2항에 의하면 집행취소서류의 제출에 의한 집행처분을 취소하는 재판은 즉시항고가 허용되지 아니하므로 이에 대하여 불복하려면 집행에 관한 이의로써 다투어야 한다(대결 2011.11.10. 2011마1482). **기출** 20 · 17
- [1] 민사집행법 제50조 제1항에 의하면 강제집행진행 중 강제집행취소결정 정본이나 청구이의의 소를 인용한 종국판결정본을 집행기관에 제출하면 집행기관은 필요적으로 강제집행을 취소하도록 규정하고 있으므로 집행법원에 청구이의의 소를 인용한 확정판결 정본을 첨부하여 강제집행취소신청을 하였다 하더라도 이와 같은 신청은 강제집행의 필요적 취소를 촉구하는 의미를 가질 뿐이고 집행법원이 강제집행취소결정 정본을 제출받고도 강제집행을 계속 진행할 때에는 집행방법에 관한 이의절차에 의하여 불복할 수 있을 따름이다.
  [2] 강제경매절차에 있어서 매각허가결정이 있은 후에 민사집행법 제49조 소정의 서류가 제출되었다고 하더라도 이러한 사유는 적법하게 이루어진 매각허가결정의 효력을 좌우할 수 없다(대결 1986.3.26. 85그130).
- 특별항고는 불복을 신청할 수 없는 결정이나 명령에 대하여만 할 수 있는 것이고 불복을 신청할 수 있는 방법이 따로 마련되어 있는 결정이나 명령에 대하여는 할 수 없는 것인바, 부동산강제집행절차에서 집행법원이 집행취소문서가 제출되었다 하여 당해 집행절차를 취소한 결정은 즉시항고를 할 수 없는 강제집행의 절차에 관한 집행법원의 재판으로서, 그 취소결정에 이의가 있는 사람은 민사집행법 제16조에 따라서 집행에 관한 이의의 방법으로 불복을 신청할 수 있으므로 그 취소결정에 대하여는 대법원에 특별항고를 할 수 없다(대결 1994.5.9. 94그4).
- 민사집행법 제50조 제2항은 같은 조 제1항에 의하여 집행처분을 취소하는 경우에는 즉시항고에 관한 제17조의 규정을 적용하지 않는다고 규정하고 있는 바, 가처분결정취소판결정본은 민사집행법 제50조 제1항, 제49조 제1호 소정의 '집행처분의 취소를 명한 취지를 기재한 재판의 정본'에 해당한다고 할 것이므로, 가처분결정취소판결정본의 제출에 따른 간접강제결정취소결정에 대하여는 즉시항고가 허용되지 아니하고, 이 경우 불복이 있는 당사자는 집행에 관한 이의로써 다투어야 할 것이고, 이와 같이 집행에 관한 이의만이 인정되고 즉시항고가 허용되지 아니하는 경우 간접강제결정취소결정에 대하여 불복하면서 제출한 서면의 제목이 '즉시항고장'이고, 그 끝부분에 항고법원명이 기재되어 있다 하더라도 이를 '집행에 관한 이의'로 보아 처리하여야 한다(대결 2000.3.17. 99마3754).
  기출 18

③ **집행관의 집행취소** : 집행관의 집행처분에 대하여서는 집행법원에 이의를 신청할 수 있으므로(제16조 제1항) 집행관의 집행처분취소에 대하여는 항상 집행에 관한 이의로 다투어야 한다.

CHAPTER
07

구제제도(불복절차)

제1절 민사집행법상의 불복방법 체계

Ⅰ 서 설

① 민사소송법과 민사집행법은 집행권원을 작성하는 소송절차와 그 집행권원의 내용을 강제적으로 실현하는 집행절차를 구분하고 원칙적으로 소송절차에 관련된 불복절차는 소송절차 내에서, 집행절차에 관련된 불복절차는 집행절차 내에서 처리되도록 하고 있다.

② 집행권원 작성기관과 집행기관 사이를 연결하는 제도가 집행문제도인데, 집행문부여는 강제집행절차가 개시되기 전의 절차로서 제1심 법원의 법원사무관등이 담당하는 것이지만 집행권원이 작성된 후의 절차이고 실체상의 권리 또는 법률관계의 존부를 확정하는 것이라기보다는 이미 판결절차에서 확정된 법률관계를 강제적으로 실현시키는 것을 허용할 것인지 여부를 판단하는 단계에 속하는 것이므로 민사집행법이 이를 규정하고 있다.

③ 민사집행법은 집행문제도와 관련한 불복절차로 집행문부여(거절)에 관한 이의신청(제34조), 집행문부여의 소(제33조), 집행문부여에 대한 이의의 소(제45조) 제도를 두고 있다.

④ 민사집행법은, 변론이 종결된 뒤에 생긴 이유에 의하여 확정판결의 집행력을 배제시키는 청구에 관한 이의의 소(제44조)제도를 두고 있는데, 청구이의는 집행권원인 확정판결상의 실체적 권리에 관한 다툼이므로 민사집행법은 이 다툼을 별도의 소송절차에서 처리되도록 하여 집행절차 밖에서 처리되도록 하는 한편 다툼의 대상이 된 판결의 1심 판결법원이 관할하도록 하고 있다.

⑤ 이와 달리 제3자가 강제집행의 목적물에 대한 권리를 주장하여 그 목적물에 대한 채권자의 강제집행을 저지하는 제3자이의의 소는 집행절차단계에서의 다툼을 대상으로 하는 것이지만 집행목적물에 대한 실체적 권리에 관한 다툼을 내용으로 하는 것이므로 민사집행법은 이 다툼을 당해 집행절차 밖에서 별개의 소송절차로 처리되도록 하는 한편, 집행법원(집행법원이 속한 지방법원)이 관할하는 것으로 정하고 있다(제48조 제2항).

⑥ 한편 민사집행법은 집행절차 내에서 집행기관의 집행처분에 위법이 있을 경우에는 이해관계인의 즉시항고 또는 집행에 관한 이의신청으로 집행절차 내에서 처리되도록 정하고 있다.

⑦ 민사집행법은 집행절차에 관한 집행법원의 재판 중 항고법원에 의한 판단을 요하는 것에 관하여는 특별히 즉시항고를 할 수 있다는 규정을 두어 항고법원에 의하여 불복이 처리되도록 하는 반면 그 밖의 집행법원의 집행절차에 관한 재판과 집행관의 집행처분, 그 밖에 집행관이 지킬 집행절차에 관하여는 이해관계인이 집행

이의를 신청하도록 하여 집행법원이 처리하고 집행이의에 대한 집행법원의 재판에 대하여는 원칙적으로 다시 불복할 수 없도록 하고 있다.[13)]

⑧ 민사소송법과 민사집행법이 집행권원 작성절차인 판결절차와 집행권원상의 권리를 강제적으로 실현하는 집행절차를 구분하고 있는 결과, 집행단계의 불복절차인 즉시항고와 집행이의에서는 원칙적으로 집행권원상의 실체적 권리에 관한 다툼을 불복이유로 할 수 없고 집행절차상의 위법만을 불복이유로 할 수 있지만, 집행권원에 기초하지 않는 담보권의 실행절차에 있어서는 그 분리가 엄격하지 않고, 담보권의 부존재, 소멸 등의 실체상의 다툼에 대한 판단을 집행절차에서 하지 않을 수 없으므로 이러한 사유도 불복의 이유로 된다(제265조).

[참고] 불복사유에 따른 불복유형 및 관할

불복사유		불복방법	관 할
집행권원상 실체적 하자		청구이의의 소	제1심 판결법원
집행문부여		집행문부여 등에 관한 이의신청	집행문을 부여한 법원사무관등이 속한 법원[14)]
		집행문부여(이의)의 소	제1심 법원
집행절차	실체상 하자	제3자이의의 소	집행법원
	절차상 하자	즉시항고	항고법원
		집행에 관한 이의신청	집행법원

Ⅱ 하자의 유형

1. 집행문부여절차에서의 하자

이러한 하자에 대한 불복방법으로는 이미 앞에서 살펴 본 집행문부여 거절처분에 대한 이의신청, 집행문부여에 대한 이의신청, 집행문부여의 소, 집행문부여에 대한 이의의 소가 불복방법이다.

2. 실체상 하자와 절차상 하자

① 실체상 하자
  ㉠ 집행권원에 표시된 청구권이 변제, 소멸시효완성, 상계 등으로 소멸하거나 의무이행의 주체와 집행채무자의 연결이 잘못 정해진 것이 이에 해당한다.
  ㉡ 주로 이행청구소송에서 본안에 관한 항변사항이 이에 해당한다고 보면 된다.

② 절차상 하자
  ㉠ 집행절차는 채무자의 의사에 반하여 강제적으로 채무자의 재산을 처분하는 절차이므로 법정의 절차에 엄격하게 기속된다.
  ㉡ 민사집행법이 정한 절차적 규율에 위배되는 절차의 진행은 집행을 위법하게 만든다. 이러한 하자를 절차적 하자라고 한다.

---

13) 즉시항고가 허용되지 않는 재판에 대하여 재판에 영향을 미친 헌법위반이 있거나, 재판의 전제가 된 명령 규칙 처분의 헌법 또는 법률의 위반 여부에 대한 판단이 부당하다는 것을 이유로 하는 때에는 대법원에 특별항고(민소 제449조의 준용)를 할 수 있다.

14) 제1심 법원일 때도 있고 상소심 법원일 때도 있다(제28조 제2항). 공증인이 작성한 집행증서의 경우 그 공증인의 사무소가 있는 곳을 관할하는 지방법원 단독판사가 처리한다(제59조 제2항).

3. 위법집행과 부당집행

① 의 의

  ㉠ 위법집행이란 집행절차상 준수되어야 하는 집행절차상의 강행규정에 위배되는 집행을 말한다.

  ㉡ 부당집행이란 당해 집행절차에 있어서 집행절차상의 강행규정에 위배되는 점은 없으나 실체관계 내지 집행권원의 내용과 저촉되는 집행을 말한다.

② 구제수단

  ㉠ 절차상의 하자있는 위법집행에 대하여는 즉시항고와 집행에 관한 이의신청을 두고 있다.

  ㉡ 집행에 관한 이의신청의 특수한 형태로 사법보좌관의 처분에 대한 이의와 경매개시결정에 대한 이의 등을 두고 있다.

  ㉢ 실체상의 하자있는 부당집행에 대하여는 청구이의의 소와 제3자이의의 소가 있다.

제2절　즉시항고

I　의 의

민사집행법 제15조(즉시항고)

① 집행절차에 관한 집행법원의 재판에 대하여는 특별한 규정이 있어야만 즉시항고를 할 수 있다. [기출] 15

② 항고인은 재판을 고지받은 날부터 1주의 불변기간 이내에 항고장을 원심법원에 제출하여야 한다. [기출] 24 · 15

③ 항고장에 항고이유를 적지 아니한 때에는 항고인은 항고장을 제출한 날부터 10일 이내에 항고이유서를 원심법원에 제출하여야 한다. [기출] 24

④ 항고이유는 대법원규칙이 정하는 바에 따라 적어야 한다.

⑤ 항고인이 제3항의 규정에 따른 항고이유서를 제출하지 아니하거나 항고이유가 제4항의 규정에 위반한 때 또는 항고가 부적법하고 이를 보정할 수 없음이 분명한 때에는 원심법원은 결정으로 그 즉시항고를 각하하여야 한다.

⑥ 제1항의 즉시항고는 집행정지의 효력을 가지지 아니한다. 다만, 항고법원(재판기록이 원심법원에 남아 있는 때에는 원심법원)은 즉시항고에 대한 결정이 있을 때까지 담보를 제공하게 하거나 담보를 제공하게 하지 아니하고 원심재판의 집행을 정지하거나 집행절차의 전부 또는 일부를 정지하도록 명할 수 있고, 담보를 제공하게 하고 그 집행을 계속하도록 명할 수 있다.

⑦ 항고법원은 항고장 또는 항고이유서에 적힌 이유에 대하여서만 조사한다. 다만, 원심재판에 영향을 미칠 수 있는 법령위반 또는 사실오인이 있는지에 대하여 직권으로 조사할 수 있다.

⑧ 제5항의 결정에 대하여는 즉시항고를 할 수 있다.

⑨ 제6항 단서의 규정에 따른 결정에 대하여는 불복할 수 없다.

⑩ 제1항의 즉시항고에 대하여는 이 법에 특별한 규정이 있는 경우를 제외하고는 민사소송법 제3편 제3장 중 즉시항고에 관한 규정을 준용한다.

① 민사집행법은 '집행절차에 관한 집행법원의 재판'에 대한 불복방법으로 즉시항고를 인정하고 있다. 그러나 즉시항고는 특별한 규정이 있는 경우에 한하여 허용되고(제15조 제1항), 그러한 규정이 없는 경우에는 즉시항고에 의한 불복은 할 수 없고 '집행에 관한 이의신청'(제16조)으로 다투어야 한다.

② 다만, 즉시항고를 할 수 있다는 특별한 규정이 없는 경우에도 해석상 그와 동일하게 취급되어야 한다고 인정되는 때에는 즉시항고가 허용된다(대결 1995.1.20. 94마1961). 민사집행법 제17조 제1항이 준용되는 경우가 대표적이다.

③ 민사소송법상 즉시항고에는 집행정지의 효력을 가지며, 항고이유서제출 강제주의가 적용되지 않는다. 반면, 민사집행법상의 즉시항고에는 집행정지의 효력이 없으며, 항고이유서제출 강제주의가 적용된다.

> 가압류이의신청에 대한 재판은 '집행절차에 관한 집행법원의 재판'에 해당하지 아니하므로 그에 대한 즉시항고에는 민사집행법 제15조가 적용되지 않고, 민사소송법의 즉시항고에 관한 규정이 적용되는데, 민사소송법은 민사집행법 제15조와 달리 항소이유서의 제출기간에 관한 규정을 두고 있지 아니하므로, 민사집행법 제15조가 아니라 민사소송법의 즉시항고에 대한 규정이 준용되는 보전처분이의·취소신청에 대한 재판에 있어서는 항고인이 즉시항고이유서를 제출하지 아니하거나 항고장을 제출한 날로부터 10일 이내에 대법원규칙이 정하는 바에 따라 항고이유를 적지 않았다는 이유로 즉시항고를 각하할 수는 없다(대결 2008.2.29. 2008마145). **기출** 19

Ⅱ 즉시항고 사유 및 관할

1. 즉시항고 사유

① 즉시항고란 집행절차에 관한 집행법원의 재판 중 형식적·절차적 흠이 있음을 이유로 한 위법집행에 대한 권리구제를 받기 위한 일반적 구제수단이다.

  ㉠ 강제집행절차에 있어서 즉시항고는 원칙적으로 특별한 규정이 있는 경우에 한하여 허용된다(제15조 제1항). **기출** 17

  > 민사집행법 제15조 제1항에 의하면 집행절차에 관한 집행법원의 재판에 대하여는 특별한 규정이 있어야만 즉시항고를 할 수 있고, 집행법원의 집행절차에 관한 재판으로서 즉시항고를 할 수 없는 것은 민사집행법 제16조 제1항에 의하여 집행에 관한 이의신청을 할 수 있다. 그런데 민사집행법 제50조 제1항, 제2항에 의하면 집행취소서류의 제출에 의한 집행처분을 취소하는 재판은 즉시항고가 허용되지 아니하므로 이에 대하여 불복하려면 집행에 관한 이의로써 다투어야 한다(대결 2011.11.10. 2011마1482). **기출** 20·17

  ㉡ 다만, 즉시항고를 할 수 있다는 특별한 규정이 없는 경우에도 해석상 그와 동일하게 취급되어야 한다고 인정되는 때에는 즉시항고가 허용된다(대결 1995.1.20. 94마1961[전합]). **기출** 17

  ㉢ 민사집행법 제50조 제1항, 제2항에 의하면 집행취소서류의 제출에 의한 집행처분을 취소하는 재판은 즉시항고가 허용되지 아니하므로 이에 대하여 불복하려면 집행에 관한 이의로써 다투어야 한다(대결 2011.11.10. 2011마1482). **기출** 20·17

② 즉시항고를 허용하는 법률의 규정을 살펴보면, 집행절차를 종료시키는 재판이나 집행관계인에게 중대한 이해관계를 갖는 재판이 대부분이다.

집행절차를 종료시키는 재판으로서 즉시항고가 허용되는 경우
• 집행절차를 취소하는 결정, 집행절차를 취소한 집행관의 처분에 대한 이의신청을 기각·각하하는 결정 또는 집행관에게 집행절차의 취소를 명하는 결정(제17조 제1항) **기출** 24
• 집행비용 미예납으로 인한 강제집행신청 각하 또는 취소결정(제18조 제3항)
• 재산명시신청을 기각하거나 각하한 결정(제62조 제8항)
• 강제경매신청을 기각하거나 각하하는 재판(제83조 제5항)
• 멸실 등에 의한 부동산강제경매절차의 취소결정(제96조 제2항)
• 남을 가망이 없는 경우 부동산강제경매절차의 취소결정(제102조 제3항)
• 부동산 강제관리신청을 기각하거나 각하하는 재판(제164조 제4항)
• 강제관리의 취소결정(제171조 제3항)

집행관계인에게 중대한 영향을 미치는 재판으로서 즉시항고가 허용되는 경우
• 재산명시명령에 대한 이의신청에 관한 재판(제63조 제5항)
• 경매개시결정에 대한 이의신청에 관한 재판(제86조 제3항)
• 매각허가 여부의 결정(제129조 제1항, 제2항)
• 부동산의 인도명령 신청과 관리명령 신청에 관한 재판(제136조 제5항)
• 금전채권의 압류명령신청에 관한 재판(제227조 제4항)
• 추심명령 또는 전부명령신청에 대한 재판(제229조 제6항)
• 대체집행 및 간접강제 신청에 관한 재판(제260조 제3항, 제261조 제2항)
• 법원이 직권으로 매각조건을 바꾸거나 새로운 매각조건을 설정한 경우(제111조 제2항)

보전처분에 대한 재판으로서 즉시항고가 허용되는 경우
• 가압류·가처분 신청을 기각하거나 각하하는 결정(제281조 제2항, 제301조)
• 제소명령 불이행을 이유로 한 가압류·가처분 취소신청에 대한 재판(제287조 제5항, 제301조)
• 3년간 본안의 소를 제기하지 않았음을 이유로 한 가압류·가처분 취소신청에 대한 재판(제288조 제3항, 제301조)

2. 관 할

① 다툼의 대상이 되는 재판(결정)을 한 집행법원의 상급법원이 관할한다.

② 다만 항고장은 원심법원에 제출한다(제15조 제2항).

Ⅲ 항고권자와 상대방

1. 항고권자

① 집행법원의 재판으로 불이익을 받는 자가 항고권자이다.

② 채권자, 채무자는 물론 제3자[15]도 항고할 수 있다.

③ 집행절차 내의 불복방법이므로 항고권자의 채권자가 항고권자를 대위하여 항고할 수는 없다.

2. 상대방

① 항고절차는 편면적인 불복절차로서 판결절차에 있어서와 같은 대립되는 당사자를 예상하고 있지 않으므로 엄격한 의미에서 상대방은 없다. **기출** 17

② 따라서 항고장에 반드시 피항고인의 표시가 있어야 하는 것은 아니고 또 항고장을 반드시 상대방에게 송달하여야 하는 것도 아니다(대결 1966.8.12. 65마473; 대결 1997.11.27. 97스4). **기출** 25

③ 다만, 매각허부결정에 대한 항고에서는 항고법원이 필요한 경우에 반대진술을 하게 하기 위하여 항고인의 상대방을 정할 수 있다는 명문의 규정을 두고 있다(제131조 제1항). **기출** 17

---

15) 매각허부결정에 있어서의 매수인, 매수신고인, 채권압류에 있어서의 제3채무자

Ⅳ 절 차

1. 항고장과 항고이유서의 제출(서면주의)

① 즉시항고는 항고권자가 항고장을 작성하여 원심법원에 제출하는 방법으로 제기한다(제15조 제2항). 반드시 서면을 제출하여야 하고 말로는 제기할 수 없다. 절차의 안정성을 위하여 서면주의를 채택한 것이다.

기출 17

② 항고장에는 항고이유를 적을 수 있는데, 이를 적지 아니한 때에는 항고장을 제출한 날부터 10일 이내에 항고이유서를 원심법원에 제출하여야 한다(제15조 제3항). 항고이유서의 제출기간은 불변기간이 아니다.

> • 항고인이 즉시항고의 이유서를 정하여진 기간 안에 제출하지 아니하였거나 또는 항고이유서가 제출되었다 하더라도 그 기재가 대법원규칙이 정하고 있는 바에 위반된 때 또는 즉시항고가 부적법하고 그 불비를 보정할 수 없음이 분명한 때에는 원심법원은 결정으로 그 즉시항고를 각하하여야 하고(민사집행법 제15조 제3항, 제4항, 제5항, 제7항), 원심법원이 즉시항고를 각하하여야 함에도 불구하고 이를 각하하지 아니하고 사건을 송부한 경우에는 항고법원은 곧바로 즉시항고를 각하하여야 하며, 이와 같은 법리는 민사집행법상의 재항고에 있어서도 마찬가지라 할 것이다(대결 2008.9.29. 2008마1275).
> • 민사집행법 제15조 제3항에 의하면 집행절차에 관한 집행법원의 재판에 대하여 즉시항고를 한 항고인이 항고장에 항고이유를 적지 아니한 때에는 항고인은 항고장을 제출한 날부터 10일 이내에 항고이유서를 원심법원에 제출하여야 한다. 민사집행법 제15조 제2항에 의한 항고장 제출기간과 달리 민사집행법 제15조 제3항에 의한 항고이유서 제출기간을 불변기간으로 명시하는 법률 규정은 없으므로, 민사집행법 제15조 제3항에 의한 항고이유서 제출기간은 불변기간이라 할 수 없다. 그러므로 당사자가 책임질 수 없는 사유로 말미암아 불변기간을 지킬 수 없었던 경우에 소송행위의 추후보완을 허용하는 민사소송법 제173조는 불변기간이 아닌 항고이유서 제출기간에 적용되지 않는다. 그러나 민사소송법 제172조 제1항에 의하면 법원은 불변기간을 제외한 법정기간을 늘리거나 줄일 수 있으므로, 항고이유서 제출기간을 늘리는 것은 가능하다. 한편 당사자가 책임질 수 없는 사유로 말미암아 불변기간을 지킬 수 없었던 경우 소송행위의 추후보완을 할 수 있는 것과의 균형상 항고인이 책임질 수 없는 사유로 말미암아 항고이유서 제출기간을 지킬 수 없었던 경우 법원은 제출기간이 지난 후에라도 민사소송법 제172조 제1항에 의하여 항고이유서 제출기간을 늘릴 수 있다고 보아야 한다(대결 2024.6.27. 2024마5813).

③ 민사소송법상 즉시항고에 관한 규정이 적용되는 경우에는 항고이유서 제출이 강제되지 않으므로 항고이유에 대한 심리가 제한되지 않는다.

> • 보전처분에 대한 제소명령절차는 집행에 관한 절차가 아니므로, 제소명령 불이행을 이유로 한 보전처분 취소결정은 민사집행법 제15조의 '집행절차에 관한 집행법원의 재판'에 해당한다고 볼 수는 없고, 그에 대한 즉시항고에 관해서는 민사집행법 제15조가 아니라 민사소송법상 즉시항고에 관한 규정이 적용된다고 할 것이다(대결 2006.9.28. 2006마829). 기출 25
> • 강제집행정지신청 기각결정에 대한 특별항고는 민사집행법 제15조가 규정한 집행법원의 재판에 대한 불복에 해당하지 아니하고, 특별항고장을 각하한 원심재판장의 명령에 대한 즉시항고는 민사소송법상 즉시항고에 불과하므로 민사소송법은 항소이유서의 제출기한에 관한 규정을 두고 있지 아니하므로 즉시항고이유서를 제출하지 않았다는 이유로 즉시항고를 각하할 수는 없다(대결 2016.9.30. 2016그99).

2. 항고장의 제출기간 및 제출법원

① 항고인은 재판을 고지받은 날부터 1주의 불변기간 이내에 항고장을 원심법원에 제출하여야 한다(제15조 제2항). 예를 들면, 매각을 허가하거나 허가하지 아니하는 결정은 선고한 때에 고지의 효력이 생기므로(규칙 제74조), 집행채무자는 매각허가결정이 선고된 날로부터 1주일 내에 즉시항고를 하면 된다. **기출** 18 여기서 1주일은 불변기간이므로 추완항고가 인정된다.

② 이미 성립한 결정에 대하여는 결정이 고지되어 효력을 발생하기 전에도 결정에 불복하여 항고할 수 있다 (대결 2014.10.8. 2014마667[전합]). **기출** 19

> 판결과 달리 선고가 필요하지 않은 결정이나 명령(이하 '결정'이라고만 한다)과 같은 재판은 원본이 법원사무관 등에게 교부되었을 때 성립한 것으로 보아야 하고, 일단 성립한 결정은 취소 또는 변경을 허용하는 별도의 규정이 있는 등의 특별한 사정이 없는 한 결정법원이라도 이를 취소·변경할 수 없다. 또한 결정법원은 즉시항고 가 제기되었는지 여부와 관계없이 일단 성립한 결정을 당사자에게 고지하여야 하고 고지는 상당한 방법으로 가능하며(민사소송법 제221조 제1항), 재판기록이 항고심으로 송부된 이후에는 항고심에서의 고지도 가능하므로 결정의 고지에 의한 효력 발생이 당연히 예정되어 있다. 일단 결정이 성립하면 당사자가 법원으로부터 결정서를 송달받는 등의 방법으로 결정을 직접 고지받지 못한 경우라도 결정을 고지받은 다른 당사자로부터 전해 듣거나 기타 방법에 의하여 결론을 아는 것이 가능하여 본인에 대해 결정이 고지되기 전에 불복 여부를 결정할 수 있다. 그럼에도 이미 성립한 결정에 불복하여 제기한 즉시항고가 항고인에 대한 결정의 고지 전에 이루어졌다는 이유만으로 부적법하다고 한다면, 항고인에게 결정의 고지 후에 동일한 즉시항고를 다시 제기하도록 하는 부담을 지우는 것이 될 뿐만 아니라 이미 즉시항고를 한 당사자는 그 후 법원으로부터 결정서를 송달받아도 다시 항고할 필요가 없다고 생각하는 것이 통상의 경우이므로 다시 즉시항고를 제기하여야 한다는 것을 알게 되는 시점에서는 이미 즉시항고기간이 경과하여 회복할 수 없는 불이익을 입게 된다. 이와 같은 사정을 종합적으로 고려하면, 이미 성립한 결정에 대하여는 결정이 고지되어 효력을 발생하기 전에도 결정에 불복하여 항고할 수 있다(대결 2014.10.8. 2014마667[전합]). ☞ [판결이유] 원심결정 이유와 기록에 의하면, 제1심법원의 2012.7.12.자 이 사건 주식양도명령이 2012.7.18. 채권자에게, 2012.7.26. 채무자인 재항고인에게, 2012.8.17. 제3채무자에게 각각 송달되었는데, 재항고인은 자신에게 이 사건 주식양도명령이 송달되기 전인 2012.7.23.에 즉시항고를 제기하였고, 원심은 위 즉시항고는 이 사건 주식양도명령이 재항고인에게 고지되어 효력을 발생하기 전에 한 것이어서 부적법하고 그 하자를 치유할 방법도 없다는 이유로, 재항고인의 즉시항고를 각하하였다. 그러나 앞서 본 법리에 의하면, 재항고인의 즉시항고는 이 사건 주식양도명령이 이미 성립한 상태에서 제기되었 으므로 적법하다고 할 것이다. **기출** 24·15

③ 즉시항고 제기기간의 준수여부는 항고장이 원심법원에 접수된 때를 기준으로 판단하여야 한다(대결 1984.4.28. 84마251).

④ 즉시항고를 할 수 있는 사람이 재판을 고지받아야 할 사람이 아닌 경우 즉시항고의 제기기간은 그 재판을 고지받아야 할 사람 모두에게 고지된 날부터 진행한다(규칙 제12조). **기출** 24·17

3. 항고보증의 제공

부동산에 대한 강제경매절차에서 매각결정기일에 한 매각허가결정에 대하여 즉시항고를 하는 경우에는 일정한 보증을 제공하여야 한다(제130조 제3항).

4. 심 리

① 심리와 재판은 원칙적으로 항고에 관한 일반절차에 의한다.

② 심리의 범위는 항고이유서에 기재된 이유에 한한다.

③ 다만, 원심재판에 영향을 미칠 수 있는 법령위반 또는 사실오인이 있는지에 대하여 직권으로 조사할 수 있다(제15조 제7항).

V 재 판

1. 원심법원의 재판

① 원심법원은 원심법원에 제출된 항고장(항고이유서)에 의해 항고에 정당한 이유가 있다고 인정하는 때에는 그 재판을 경정할 수 있다(민소법 제446조). '재도의 고안(再度의 考案)'을 인정한 것이다.

② 그 항고가 이유 없다고 인정한 때에는 원심법원의 법원사무관등은 항고장이 제출된 날부터 2주 이내에 항고기록에 항고장을 붙여 항고법원으로 보내야 한다(민소법 제400조 제1항).

2. 항고법원의 재판

① 항고가 이유 있으면 원심법원의 재판을 취소·변경하고 새로운 재판을 하여야 한다.

② 매각허부결정에 대한 즉시항고가 있는 경우에는 항고가 이유 있는 경우라도 원심을 취소하여 환송함에 그치고, 환송받은 원심법원이 새로운 매각허부의 재판을 한다(제132조).

③ 항고법원은 즉시항고에 정당한 이유가 있는 경우 원심재판을 취소하여 집행법원에 사건을 환송하여야 하고, 새로 매각허가여부의 결정을 할 수 없음에 유의하여야 한다(제132조).

VI 불복방법(재항고)

민사집행규칙 제14조의2(재항고)

① 집행절차에 관한 항고법원·고등법원 또는 항소법원의 결정 및 명령으로서 즉시항고를 할 수 있는 재판에 대하여는 재판에 영향을 미친 헌법·법률·명령 또는 규칙의 위반을 이유로 드는 때에만 재항고할 수 있다.

② 제1항의 재항고에 관하여는 법 제15조의 규정을 준용한다.

---

1. 재항고이유서 제출시기

즉시항고에 대한 재판에 대하여는 민사집행법상 재항고를 할 수 있다(규칙 제14조의2). 이러한 재항고절차는 제15조의 규정을 준용하므로(규칙 제14조의2 제2항), 재항고장을 제출한 날로부터 10일 이내에 재항고이유서를 제출하여야 한다.

[1] 인도명령에 대한 즉시항고(민사집행법 제136조 제5항)도 <u>민사집행법상의 즉시항고</u>이므로 그에 관한 항고법원의 결정에 대한 재항고절차에 있어서는 민사집행법상의 즉시항고와 재항고에 관한 규정이 준용된다.

[2] 제1심의 인도명령에 대한 즉시항고를 기각한 원심의 항고기각결정에 대하여 재항고인이 재항고를 제기하면서 <u>10일 이내에 재항고이유서를 제출하지 않은 경우</u>, 원심으로서는 결정으로 재항고를 각하하여야 하고, <u>원심이 이를 각하하지 않은 때에는 대법원이 재항고를 각하하여야 한다</u>고 한 사례(대결 2004.9.13. 2004마505) **기출** 17

2. 재항고심에서 사실심리를 할 수 있는지 여부

민사집행법 제23조 제1항에 의하여 이 사건에 준용되는 민사소송법 제442조에는 재항고는 재판에 영향을 미친 헌법·법률·명령·규칙 위반만을 사유로 할 수 있다고 규정하여, <u>재항고심을 법률심으로 정하고 있다</u>. 따라서 <u>재항고사건에서는</u> 원심의 사실인정이 자유심증주의의 한계를 벗어나는 등 법령에 위반된 점이 있는 경우를 제외하고는 <u>증거의 취사나 사실인정이 잘못되었다는 사유를 재항고이유로 주장하는 것이 허용되지 아니하고</u>, 재항고심에서 <u>사실심리를 새로이 해 달라는 요구 역시 받아들일 수 없는 것이다</u>(대결 2010.4.30. 2010마66).

VII 잠정처분

1. 즉시항고와 집행정지

① 민사소송법상의 즉시항고는 집행을 정지시키는 효력을 가지나(민소법 제447조), <u>민사집행법상의 즉시항고는 집행정지의 효력을 가지지 아니한다</u>(제15조 제6항). **기출** 17

② 그러므로 즉시항고의 대상이 된 집행법원의 결정은 즉시항고가 있더라도 결정의 효력 발생에 영향이 없다.

③ 항고법원은 집행정지를 인정하지 아니하면 당사자에게 돌이킬 수 없는 손해가 발생할 염려가 있는 경우에는 <u>즉시항고에 대한 재판이 있을 때까지 항고인이 담보를 제공해야 하는지 여부를 정하여 다툼의 대상이 된 재판의 집행정지를 명할 수 있다</u>(제15조 제6항).

④ 위와 같은 집행의 일시정지를 명하는 잠정처분은 집행법원의 직권에 의하는 것으로 <u>이의신청인에게는 잠정처분에 대한 신청권이 인정되지 않는다</u>.

부동산경매절차에서 발령된 부동산인도명령의 집행을 저지하기 위한 <u>강제집행정지의 재판</u>은 민사집행법 제15조 제6항 외에는 달리 근거가 없는 바, 위 규정에 따른 강제집행정지의 재판은 항고법원이 직권으로 하는 것이고 당사자에게 신청권이 인정된 것은 아니므로, 이에 대한 당사자의 강제정지집행신청은 단지 법원의 직권발동을 촉구하는 의미밖에 없다. 따라서 법원은 이 신청에 대하여 재판을 할 필요가 없다. 설령 항고법원이 그 신청을 기각하는 재판을 하였다고 하여도 불복이 허용될 수 없으므로, 그에 대한 특별항고는 부적법하다(대결 2011.10.19. 2011그171).

2. 즉시항고와 확정차단

① 위와 같은 집행의 정지 또는 집행부정지의 잠정처분에 관한 설명은 즉시항고의 대상이 되는 재판이 고지됨으로써 효력이 발생하는 경우에만 그 의미가 있다.

② 확정되어야만 효력이 발생하는 집행법원의 집행절차에 관한 재판에 대하여는 즉시항고의 잠정처분이 별다른 의미가 없다.

③ 즉 확정되어야 효력이 발생하는 집행법원의 재판에 대하여 즉시항고가 있게 되면 확정이 차단되므로 따로 집행정지처분을 할 필요가 없다. `기출` 25 · 17

> **[참고] 확정되어야 효력이 발생하는 집행절차상 재판 예시**
> - 집행절차를 취소하는 결정(제17조 제1항)
> - 집행절차를 취소한 집행관의 처분에 대한 이의신청을 기각·각하하는 결정(제17조 제1항)
> - 집행관에게 집행절차를 취소를 명하는 결정(제17조 제1항)
> - 경매개시결정에 대한 이의신청을 받아들여 집행절차를 취소하는 결정 `기출` 24
>   [(cf) 그 밖에 경매개시결정에 대한 이의신청에 대한 재판은 재판 즉시 효력 발생 ○]
> - 매각허부결정(제126조 제3항) `기출` 17
> - 선박운행허가결정(제176조 제4항)
> - 전부명령(제229조 제7항)
> - 채권의 특별한 현금화명령(제241조 제4항)

3. 준재심

즉시항고를 할 수 있는 재판이 확정된 경우에도 재심사유(민소법 제451조 제1항)가 있는 경우에는 재심의 사유를 안 날로부터 30일 내에 재심을 제기할 재판을 한 법원에 대하여 준재심을 제기할 수 있다(민소법 제451조).

제3절 집행에 관한 이의신청

I 의 의

> **민사집행법 제16조(집행에 관한 이의신청)**
> ① 집행법원의 집행절차에 관한 재판으로서 즉시항고를 할 수 없는 것과, 집행관의 집행처분, 그 밖에 집행관이 지킬 집행절차에 대하여서는 법원에 이의를 신청할 수 있다. `기출` 22 · 21
> ② 법원은 제1항의 이의신청에 대한 재판에 앞서, 채무자에게 담보를 제공하게 하거나 제공하게 하지 아니하고 집행을 일시정지하도록 명하거나, 채권자에게 담보를 제공하게 하고 그 집행을 계속하도록 명하는 등 잠정처분을 할 수 있다. `기출` 22
> ③ 집행관이 집행을 위임받기를 거부하거나 집행행위를 지체하는 경우 또는 집행관이 계산한 수수료에 대하여 다툼이 있는 경우에는 법원에 이의를 신청할 수 있다.

① 집행에 관한 이의신청은 즉시항고의 대상이 아닌 집행법원의 재판·집행관의 처분 및 그 밖에 집행관이 집행절차를 지키지 아니한 위법에 대하여 당사자가 동일 심급에 하는 불복신청으로 그 시정을 구하는 집행절차상의 구제수단이다(제16조).

② 집행에 관한 이의신청은 즉시항고와 더불어 형식적·절차적인 흠에 대한 구제수단으로 인정된 제도이다.

Ⅱ 이의의 대상

1. 집행법원의 집행절차에 관한 재판으로서 즉시항고를 할 수 없는 것

① **집행절차** : '집행절차'란 집행신청에 의하여 개시된 구체적인 집행절차를 말하고 그 준비를 위한 절차는 이에 포함되지 아니하므로, 집행문부여절차나 집행보조절차는 집행절차라고 할 수 없으므로 집행문을 내어달라는 신청이 거절된 때에는 집행에 관한 이의신청을 할 수 없다.

② **재판(결정)**

㉠ '재판'이란 법원 또는 법관의 판단행위를 가리키고 재판에 해당하는 한 그것이 집행처분의 성질을 가지는지 여부를 묻지 않는다. 그러나 재판이라 할지라도 명문의 규정상 또는 해석상 불복할 수 없는 재판인 경우에는 집행이의신청을 할 수 없다.

㉡ 명문상 불복이 허용되지 않는 재판으로는 불복절차에 따른 집행정지의 잠정처분 등이 있으며, 해석상 불복이 허용되지 않는 재판으로는 집행이의에 대한 재판 및 집행문부여에 대한 이의에 관한 재판 등이 있다.

> • 승계집행문은 판결에 표시된 채권자의 포괄승계인이나 그 판결에 기한 채권을 특정하여 승계한 자가 강제집행을 신청하거나 그 속행을 신청할 수 있도록 부여하는 것이다. 강제집행절차에서는 권리관계의 공권적인 확정과 그 신속·확실한 실현을 도모하기 위하여 절차의 명확·안정을 중시하는데, 승계집행문에 관한 규정도 이러한 취지에 따라 운용되어야 한다. 집행권원상의 청구권(이하 '집행채권'이라 한다)이 양도되어 대항요건을 갖춘 경우에는 집행당사자적격이 양수인으로 변경되며, 양수인이 승계집행문을 부여받음에 따라 집행채권자가 양수인으로 확정된다. 승계집행문의 부여로 인하여 양도인에 대한 기존 집행권원의 집행력은 소멸한다. 이러한 법리에 비추어 보면, 민사집행법 제248조에 따라 공탁이 이루어져 배당절차가 개시된 다음 집행채권이 양도되고 채무자에게 양도 통지를 했더라도, 양수인이 승계집행문을 부여받아 집행법원에 제출하지 않은 이상, 집행법원은 여전히 배당절차에서 양도인을 배당금채권자로 취급할 수밖에 없다. 이러한 상태에서는 양수인이 집행법원을 상대로 자신에게 배당금을 지급하여 달라고 청구할 수 없다. 양수인이 집행채권 양수 사실을 집행법원에 소명하였다고 하더라도 마찬가지이다. 집행채권의 양도와 채무자에 대한 양도 통지가 있었더라도, 승계집행문의 부여·제출 전에는 배당금채권은 여전히 양도인의 책임재산으로 남아 있게 된다. 따라서 승계집행문의 부여·제출 전에 양수인의 채권자가 위 배당금채권에 대한 압류 및 전부명령을 받았다고 하더라도, 이는 무효라고 보아야 한다(대판 2019.1.31. 2015다26009). **기출** 25·24·21
> • 집행권원상의 청구권이 양도되어 대항요건을 갖춘 경우 집행당사자적격이 양수인으로 변경되고, 양수인이 승계집행문을 부여받음에 따라 집행채권자는 양수인으로 확정되는 것이므로, 승계집행문의 부여로 인하여 양도인에 대한 기존 집행권원의 집행력은 소멸한다. 따라서 그 후 양도인을 상대로 제기한 청구이의의 소는 피고적격이 없는 자를 상대로 한 소이거나 이미 집행력이 소멸한 집행권원의 집행력 배제를 구하는 것으로 권리보호의 이익이 없어 부적법하고, 이러한 법리는 확정된 이행권고결정과 같이 집행문을 별도로 부여받을 필요 없이 이행권고결정서의 정본에 의하여 강제집행이 가능한 경우에도 마찬가지이다(집행권원상의 청구권을 양도한 채권자가 집행력이 소멸한 이행권고결정서의 정본에 기하여 강제집행절차에 나아간 경우에 채무자는 집행이의의 방법으로 이를 다툴 수 있다)(대판 2008.2.1. 2005다23889). **기출** 19·17

③ 구체적인 경우

- 공탁사유신고를 각하한다고 하는 집행법원의 결정은 즉시항고를 할 수 없는 집행법원의 재판으로서, 이해관계인은 민사집행법 제16조에 따라 집행에 관한 이의의 방법으로 불복을 신청할 수 있으므로, 그 각하 결정에 대하여는 대법원에 특별항고할 수 없다(대결 1997.1.13. 96그63). **기출** 17·16
- 경매절차에서 배당기일에 불출석한 채무자가 자신에게 공탁된 배당 잔여액의 출급을 위하여 집행법원에 지급위탁서의 송부와 자격증명서의 교부를 신청하였다가 거절당한 경우, 집행에 관한 이의로 불복할 수 있다(대결 1999.6.18. 99마1348).
- 부동산의 멸실 등으로 인한 경매절차 취소사유가 있음에도 불구하고 집행법원이 취소결정을 하지 않을 때에는 집행에 관한 이의로 불복할 수 있다(대결 1997.11.11. 96그64). **기출** 16
- 집행법원에 청구이의의 소를 인용한 확정판결 정본을 첨부하여 강제집행취소신청을 하였다 하더라도 이와 같은 신청은 강제집행의 필요적 취소를 촉구하는 의미를 가질 뿐이고 집행법원이 강제집행취소결정 정본을 제출받고도 강제집행을 계속 진행할 때에는 집행방법에 관한 이의절차에 의하여 불복할 수 있을 따름이다(대결 1986.3.26. 85그130).
- 부동산강제집행절차에서 집행법원이 집행취소문서가 제출되었다 하여 당해 집행절차를 취소한 결정(대결 1994.5.9. 94그4).
- 가처분결정취소판결정본의 제출에 따른 간접강제결정취소결정(대결 2000.3.17. 99마3754)
- 가처분해제신청서가 위조되었다고 주장하는 가처분채권자가 법원의 촉탁에 의하여 말소된 가처분기입등기의 말소회복을 구하는 방법(대결 2000.3.24. 99다27149)
- 부동산임의경매절차(=담보권실행경매절차)에서 집행법원이 대금납부기한을 지정하거나 지정된 기한을 취소하는 등의 결정은 집행의 방법에 관한 사항으로서, 민사집행법 제16조에 따라서 집행방법에 관한 이의의 방법으로 불복을 신청할 수 있는 것이므로 위와 같은 결정에 대하여는 대법원에 특별항고를 할 수 없다(대결 1990.3.27. 90그1). **기출** 25
- 부동산경매절차에서 집행법원은 매각기일의 최고가매수신고인에 대하여 매각을 허가하거나 허가하지 아니하는 결정을 하여야 하는 것이므로(제126조), 집행법원이 최고가매수신고인임이 명백한 자에 대하여 특별한 사정 없이 매각허가 여부의 결정을 하지 아니하는 때에는 최고가매수인은 '집행에 관한 이의'에 의하여 불복할 수 있다(대결 2008.12.29. 2008그205). **기출** 22·20·16
- 집행권원상의 청구권을 양도한 채권자가 집행력이 소멸한 이행권고결정서의 정본에 기하여 강제집행절차에 나아간 경우에 채무자는 집행이의의 방법으로 이를 다툴 수 있다(대판 2008.2.1. 2005다23889). **기출** 19·16
- 집행관이 현재의 건축주 명의인이 채무자와 다르다는 이유만으로 철거대상 미등기건물이 채무자에게 속하는 것이 아니라고 판단하여 철거를 실시하지 않았다면, 이는 집행관이 지킬 집행절차를 위반하여 집행을 위임받기를 거부하거나 집행행위를 지체한 경우에 해당하여 채권자는 집행에 관한 이의신청으로 구제받을 수 있다(대결 2014.6.3. 2013그336). **기출** 19

- 매수인에 대한 대금지급기한 통지서의 송달이 부적법함에도 대금미납을 이유로 재매각명령을 하고 이에 대한 이의제기나 즉시항고가 없어 매각허가결정이 확정된 경우, 재매각명령의 취소를 구하는 집행에 관한 이의신청은 할 수 없다(대결 2001.6.4. 2000마7550).
- 매각허가결정이 된 후 매각대금이 납부되기 이전에 민사집행법 제49조 제2호 서면인 강제집행정지결정이 제출되어 강제경매절차를 필요적으로 정지하여야 함에도, 집행법원이 대금납부기한을 지정하고 이에 따라 매수인들이 매각대금을 완납하였다면 이러한 대금납부기한지정 조치 등은 위법하다 할 것이나, 매각대금이 완납된 이후에는 이해관계인이 이러한 위법한 처분들에 관하여 민사집행법 제16조 소정의 집행에 관한 이의, 나아가 즉시항고에 의하여 그 시정을 구할 수 없으며, 또한 민사집행법 제50조에 의한 집행처분의 취소신청도 할 수 없다(대결 1995.2.16. 94마1871).
- 압류가 금지된 채권에 대하여 압류 및 전부명령이 내려지더라도 그것이 제3채무자와 채무자에게 송달되면 집행절차를 종료시키는 효과를 갖게 되어 집행방법에 관한 이의 등으로는 그 효력을 다툴 수 없다(대판 1987.3.24. 86다카1588).
- 가처분신청취하서가 위조되었다는 사유는 가처분집행의 기본이 되는 가처분명령의 소멸에 관한 것이지 그것이 집행법원의 집행행위인 가처분기입등기 말소촉탁행위의 형식적 절차상의 하자에 해당한다고는 할 수 없다(대결 1987.3.24. 86마카51).

2. 집행관의 집행처분 기타 집행관이 지킬 집행절차

① **집행관의 집행처분** : 집행관이 집행기관으로서 하는 법률효과를 수반하는 처분을 말한다.
② **집행관이 지킬 집행절차**
　　㉠ 집행관의 집행처분 외에 집행에 있어서의 집행관이 지켜야 하는 절차를 말한다.
　　㉡ 예컨대, 법률효과를 수반하지 않는 집행관의 사실행위가 위법인 경우, 집행관이 당사자의 신청을 각하한 경우, 집행관이 집행기록의 열람을 거부하는 경우 등이 이에 해당한다.

3. 집행관의 집행위임의 거부, 집행행위의 지체 및 수수료

집행관이 집행을 위임받기를 거부하거나 집행행위를 지체하는 경우 또는 집행관이 계산한 수수료에 대하여 다툼이 있는 경우에는 이의신청을 할 수 있다(제16조 제3항).

Ⅲ　이의사유 및 관할

1. 절차상의 흠

① 집행에 관한 이의신청은 집행 또는 집행행위에 있어서의 형식적인 절차상의 하자가 있는 경우에 한하여 할 수 있으며, 실체상의 사유는 집행에 관한 이의사유가 될 수 없다(대결 1981.5.30. 80마490).
② 집행권원의 내용인 청구권의 부존재, 소멸 또는 외관상의 명의나 점유가 실체상의 권리와 부합하지 않는 것을 다투는 것은 청구이의의 소나 제3자이의의 소로 다투어야 한다.

> [1] 부동산처분금지가처분의 기입등기는 채권자나 채무자가 직접 등기공무원에게 이를 신청하여 행할 수는 없고 반드시 법원의 촉탁에 의하여야 하는 바, 이와 같이 당사자가 신청할 수 없는 처분금지가처분의 기입등기가 법원의 촉탁에 의하여 말소된 경우에는 그 회복등기도 법원의 촉탁에 의하여 행하여져야 하므로, 이 경우 처분금지가처분 채권자가 말소된 가처분기입등기의 회복등기절차의 이행을 소구할 이익은 없다.
> [2] 가처분 채권자의 가처분해제신청은 가처분집행신청의 취하 내지 그 집행취소신청에 해당하는 것인바, 이러한 신청은 가처분의 집행절차를 이루는 행위이고, 그 신청이 가처분 채권자의 의사에 기한 것인지 여부는 집행법원이 조사·판단하여야 할 사항이라고 할 것이므로, 그 신청서가 위조되었다는 사유는 그 신청에 기한 집행행위, 즉 가처분기입등기의 말소촉탁에 대한 집행이의의 사유가 된다고 보아야 할 것이며, 따라서 가처분 해제신청서가 위조되었다고 주장하는 가처분 채권자로서는 가처분의 집행법원에 대하여 집행이의를 통하여 말소회복을 구할 수 있을 것이고, 그 집행이의가 이유 있다면 집행법원은 가처분기입등기의 말소회복등기의 촉탁을 하여야 한다(대판 2000.3.24. 99다27149).

2. 담보권실행의 경우

① 강제경매와 달리 부동산 등에 대한 담보권 실행에 의한 임의경매의 경우에는 집행이의에 대하여 특칙을 두고 있다.

　　㉠ 즉 담보권실행으로서의 경매개시결정에는 담보권의 부존재·소멸 등의 사유를 집행이의사유로 인정하고 있다(제265조).

　　㉡ 담보권실행의 경우에는 별도의 집행권원을 필요로 하지 않으므로 채권자가 담보권을 증명하는 서류를 제출하면 집행기관은 더 이상 담보권의 존부를 조사함이 없이 경매를 개시하므로 담보권의 부존재와 소멸을 주장하는 정당한 사유가 인정될 경우에는 집행을 정지하는 것이 바람직하기 때문에 집행이의사유로 특별히 규정한 것이다.

② 따라서 담보권실행을 위한 임의경매의 경우에는 절차상의 흠뿐만 아니라 담보권의 부존재 및 소멸이라는 실체상의 이유로도 집행이의를 할 수 있다.

3. 관할법원

① 집행처분을 한 집행법원이 관할법원이 된다.

② 집행관의 집행행위에 대하여는 그 집행절차를 실시할 곳이나 실시한 곳을 관할하는 지방법원이 집행법원으로 된다(제3조 제1항).

Ⅳ 당사자 및 신청 시기

1. 당사자

① 신청권자

　　㉠ 이의신청은 집행기관의 위법한 처분에 대하여 불복의 이익이 있는 집행채권자, 집행채무자 및 제3자(이해관계인)가 할 수 있다. `기출` 15

　　㉡ 경매절차의 진행에 관한 경매법원의 결정에 대하여 집행에 관한 이의를 신청하려면, 원칙적으로 그와 같은 경매법원의 결정에 대하여 법률상의 이해관계를 가져야만 할 것인바, 장차 경매절차에서 응찰할 예정이라는 사유만으로는 그 경매절차에 관하여 법률상 이해관계를 가진다고 할 수 없어 집행에 관한 이의를 신청할 적격이 없다(대결 1999.11.17. 99마2551). `기출` 25·24·22·16

② 상대방 : 편면적 불복절차로서 상대방은 존재하지 아니하므로, 신청서에는 상대방의 표시를 하지 아니한다. 따라서 집행관이 집행위임이나 집행실시를 거부하여 이의신청에 이른 때에도 집행관을 상대방으로 하여서는 안 된다.

2. 신청의 방식 및 신청 시기

① 신청 방식

　　㉠ 집행에 관한 이의신청은 '집행법원'이 실시하는 기일에 출석하여 하는 경우가 아니면 서면으로 하여야 한다(규칙 제15조). `기출` 22

　　㉡ 기일에 이의신청을 하는 경우, 예컨대 집행법원이 실시하는 기일인 배당기일 등에 이의신청을 하는 경우에는 법원사무관등의 참여 아래 직접 법원에 신청하는 것이므로 말로 하는 신청도 허용된다.

② 신청 시기

    ㉠ 이의신청은 원칙적으로 집행이 개시된 뒤에 하여야 한다.

    ㉡ 다만 집행관이 집행의 위임을 거부하는 경우에는 민사집행 개시와 상관없이 이의를 신청할 수 있다.

    ㉢ 강제집행이 종료한 뒤에는 이의가 허용되지 않는다(대결 1979.10.29. 79마150; 대결 1996.7.16. 95마1505).

    ㉣ 다만, 집행관의 수수료의 계산에 대한 이의신청은 집행종료 후에도 할 수 있다.

    ㉤ 민사집행법상 '즉시항고'는 1주일 내에 제기하여야 하고 10일 이내에 항고이유서를 제출하여야 하지만(제15조 제2항·제3항), '집행에 관한 이의신청'의 경우에는 이러한 제한이 없다. **기출** 24

V   심리·재판

① 집행법원의 재판은 변론 없이 할 수 있다(제3조 제2항).

    ㉠ 집행법원은 집행처분을 하는 데 필요한 때에는 이해관계인, 그 밖의 참고인을 심문할 수 있다(규칙 제2조).

    ㉡ 집행이의에 대하여서는 '결정'으로 재판한다. 변론을 거친 경우에도 같다.

② 집행관의 집행처분 기타 집행관이 지킬 집행절차에 대한 이의신청(민사집행법 제16조)은 감독기관인 집행법원에 의한 심사를 거침으로써 감독권 발동을 구하는 신청으로서 의미가 있고, 집행법원은 그 심리에 있어 이의재판 당시까지 제출된 이의사유 주장과 모든 자료를 종합하여 이의사유의 당부를 판단할 수 있다(대결 2022.6.30. 2022그505). **기출** 24

③ 집행불허의 재판이 선언되면 신청인은 그 재판의 정본을 집행기관에 제출하여 집행처분의 취소를 구할 수 있다(제49조 제1호, 제50조).

> 집행절차상 즉시항고 재판에 관하여 변론주의의 적용이 제한됨을 규정한 민사집행법 제15조 제7항 단서 등과 같이 직권주의가 강화되어 있는 민사집행법하에서 민사집행법 제16조의 집행에 관한 이의의 성질을 가지는 강제경매 개시결정에 대한 이의의 재판절차에서는 민사소송법상 재판상 자백이나 의제자백에 관한 규정은 준용되지 아니하고, 이는 민사집행법 제268조에 의하여 담보권실행을 위한 경매절차에도 준용되므로 경매개시결정에 대한 형식적인 절차상의 하자를 이유로 한 임의경매 개시결정에 대한 이의의 재판절차에서도 민사소송법상 재판상 자백이나 의제자백에 관한 규정은 준용되지 아니한다(대결 2015.9.14. 2015마813).

[참고] 주문례

집행관에게 집행의 실시를 명하는 경우
'○○법원 소속 집행관 ○○○은 위 법원 2002타기○호 부동산인도명령결정정본에 기한 신청인의 위임에 따라 별지목록 기재 건물에 대한 인도집행을 실시하라'
집행관에게 집행위임을 명하는 경우
'○○법원 소속 집행관 ○○○은 위 법원 2002나○○호 집행력 있는 화해조서정본에 기한 신청인의 위임을 받아들여 상대방에 대한 강제집행을 실시하라'
집행행위를 취소 또는 불허하는 경우
'신청인과 상대방 사이의 ○○법원 2002카단○○호 유체동산가압류명령신청사건의 결정정본에 기한 상대방의 위임에 따라 위 법원소속 집행관이 별지 목록 기재의 동산에 대하여 실시한 가압류집행은 이를 취소한다'
강제집행절차 중 일부를 취소하는 경우
'○○법원 소속 집행관 ○○○이 신청인과 신청외 ○○○ 사이의 위 법원 2002가단○○ 판결정본에 기하여 200(2)○○. ○○. 실시한 별지 목록 기재의 동산 경매절차 중 그 매각대금을 배당한 처분을 취소한다. 신청인의 나머지 신청을 기각한다'

Ⅵ 불복 및 잠정처분

1. 불복

① 이의신청에 대한 재판(결정)에 대하여는 원칙적으로 특별항고 이외의 방법으로는 불복이 허용되지 않는다(민소법 제449조).

② 집행에 관한 이의의 대상은 대부분 집행기관의 사실행위나 단순한 절차상의 위법을 다투는 것이므로 당사자에게 미치는 영향이 크지 아니하고, 그 재판에 대하여 즉시항고를 허용하면 다시 재항고로 이어지는 절차의 지연을 초래하기 때문이다.

> 집행에 관한 이의신청에 대한 재판이 민사집행법 제17조 제1항에 해당하는 경우에는 즉시항고를 제기할 수 있지만, 그 밖의 경우에는 이의신청에 대한 재판에 대하여 즉시항고를 제기할 수 없고, 민사집행법 제23조 제1항에 의하여 준용되는 민사소송법 제449조의 특별항고로서만 불복할 수 있다(대결 2009.5.20. 2009그70).

③ 다만, 재산명시명령(경매개시결정)에 대한 이의신청에 대한 재판, 집행절차를 취소한 집행관의 처분에 대한 이의신청을 기각(또는 각하)하는 결정에 대해서는 즉시항고로 다툴 수 있다.

2. 잠정처분

① 집행은 이의신청에 의하여 정지되지 않는다.

② 따라서 집행을 정지할 필요가 있는 경우가 있는데 이에 관해서는 즉시항고에 관한 설명과 동일하다.

③ 이러한 잠정처분에 대해서는 불복할 수 없다.

> [1] 민사집행법 제86조 제2항은 경매개시결정에 대한 이의신청을 받은 법원은 제16조 제2항에 준하는 결정을 할 수 있다고 규정하고, 같은 법 제16조 제2항은 집행에 관한 이의신청을 받은 법원은 이의신청에 대한 재판에 앞서 집행을 일시정지하도록 명하는 등 잠정처분을 할 수 있다고 규정하고 있는 바, 위 규정의 문언에 비추어 볼 때, 경매개시결정에 대한 이의신청을 받은 법원이 민사집행법 제86조 제2항, 제16조 제2항에 의하여 잠정처분을 하는 것은 그 이의신청에 대한 재판을 하기 전에만 허용된다고 할 것이다.
> [2] 한편 민사집행법 제86조 제3항은 경매개시결정에 대한 이의신청에 관한 재판에 대하여 이해관계인은 즉시항고를 할 수 있다고 규정하고, 같은 법 제15조 제6항은 즉시항고는 집행정지의 효력을 가지지 아니하고, 다만 항고법원(재판기록이 원심법원에 남아 있는 때에는 원심법원)은 즉시항고에 대한 결정이 내려질 때까지 원심재판의 집행을 정지하거나 집행절차의 전부 또는 일부를 정지하도록 명할 수 있고, 그 집행을 계속하도록 명할 수 있다고 규정하고 있으므로, 경매개시결정에 대한 이의신청에 관한 재판에 대하여 즉시항고가 제기된 경우 원심법원은 기록을 항고법원으로 송부하기에 앞서 집행절차의 전부 또는 일부를 정지하는 잠정처분을 할 수 있으나, 이는 어디까지나 민사집행법 제86조 제3항, 제15조 제6항을 근거로 하는 것이지, 민사집행법 제86조 제2항, 제16조 제2항을 근거로 하는 것이 아니다(대결 2011.5.27. 2011그64).

사법보좌관규칙 제3조(지급명령 등의 처분에 대한 불복)

제2조 제1항의 규정에 따라 사법보좌관이 한 처분 가운데 다음 각 호의 처분에 대하여는 다음 각 호의 절차에 따라 불복할 수 있다.

  2. 제2조 제1항의 사무 가운데 집행법원의 집행절차에 관한 재판으로서 즉시항고를 할 수 없는 것 : 민사집행법 제16조 제1항의 규정에 따른 이의신청 [기출] 20 · 16

  4. 제2조 제1항의 사무 가운데 민사집행법 제149조 및 같은 규정이 준용되는 절차에서 작성한 배당표 : 민사집행법 제151조의 규정에 따른 배당표에 대한 이의[16]

사법보좌관규칙 제4조(즉시항고 등의 대상이 되는 처분에 대한 이의신청)

① 제2조 제1항의 규정에 따른 사법보좌관의 처분 중 단독판사 또는 합의부(다음부터 "단독판사등"이라 한다)가 처리하는 경우 항고·즉시항고 또는 특별항고의 대상이 되는 처분에 대하여는 제2항 내지 제10항에서 규정하는 절차에 따라 이의신청을 할 수 있다. [기출] 20

② 제1항의 규정에 따른 이의신청은 이의신청대상이 되는 처분의 표시와 그 처분에 대한 이의신청 취지를 밝히는 방법으로 사법보좌관에게 하여야 한다. 다만, 제2조 제1항 각 호의 해당법률(이하 이 조에서 "해당법률"이라 한다)에서 이의신청 방법을 서면으로 한정한 때에는 이들 사항을 적은 서면을 사법보좌관에게 제출하여야 한다. [기출] 20

③ 제1항에 따른 처분 중 단독판사등이 처리하는 경우 즉시항고 또는 특별항고의 대상이 되는 처분에 대한 이의신청은 그 처분을 고지받은 날부터 7일 이내에 하여야 하고, 가사소송법 제43조에 따른 즉시항고의 대상이 되는 처분에 대한 이의신청은 그 처분을 고지받은 날부터 14일 이내에 하여야 한다. 이 경우 그 기간은 불변기간으로 한다.

④ 제1항의 규정에 따라 이의신청을 하는 때에는 「민사소송 등 인지법」에서 정하는 인지나 가사소송법에서 정하는 수수료를 납부할 필요가 없다. [기출] 20 · 16

⑤ 사법보좌관은 제2항의 규정에 따라 이의신청을 받은 때에는 이의신청사건을 지체없이 소속법원의 단독판사등에게 송부하여야 한다. [기출] 16

1. 의 의

① 사법보좌관은 법관의 감독을 받아 업무를 수행하며, 사법보좌관의 처분에 대해서는 대법원규칙으로 정하는 바에 따라 법관에게 이의신청을 할 수 있다(법원조직법 제54조 제3항).

② 사법보좌관이 한 처분 가운데 집행법원의 집행절차에 관한 재판으로서 즉시항고를 할 수 없는 것은 민사집행법 제16조 제1항의 규정에 따른 이의신청을 할 수 있다(사법보좌관규칙 제3조 제2호).

③ 사법보좌관의 처분 중 단독판사 또는 합의부가 처리하는 경우 항고·즉시항고 또는 특별항고의 대상이 되는 처분에 대하여는 제2항 내지 제10항에서 규정하는 절차에 따라 이의신청을 할 수 있다(사법보좌관규칙 제4조 제1항).

④ 즉, 사법보좌관의 처분에 대해서는 항고를 할 수 없고 이의신청으로 불복할 수 있다. [기출] 20

---

16) 사법보좌관이 작성한 배당표에 대하여 이의가 있는 경우에 이해관계인들이 그 이의를 인정하지 아니하거나 다른 합의가 이루어지지 아니하면, 이의가 없는 부분에 한하여 배당을 실시하여야 한다(제152조 제3항 참조). [기출] 18 · 16

2. 즉시항고로 다툴 수 없는 처분에 대한 이의신청(사법보좌관규칙 제3조 제2호)

① 즉시항고로 다툴 수 있다는 명문의 규정이 없는 경우에는 사법보좌관의 처분에 대하여 법원에 이의신청의 방법으로 불복할 수 있다.

② 위와 같은 처분을 사법보좌관이 아닌 판사가 한 경우라도 이의신청으로 다툴 수 있었던 것이므로 사법보좌관규칙 제3조는 특별한 의미가 없다고 할 것이다.

3. 항고로서 다툴 수 있는 재판에 대한 이의신청(사법보좌관규칙 제4조)

의 의	• 재판형식의 집행처분 중 일정한 집행재판에 한하여 즉시항고가 가능함은 앞에서 살펴보았다. 그런데 집행재판에 관하여 법관의 업무를 사법보좌관의 업무로 변경하는 법개정을 하였고 이에 따라 불복체계에 약간의 변경을 가하고 있다. • 즉, 즉시항고를 허용하는 집행재판을 법관이 아닌 사법보좌관이 담당하는 경우에는 곧바로 즉시항고를 허용하는 것이 아니고 먼저 사법보좌관의 처분에 대한 이의절차를 경유하게 하고 있는 것이다.
대 상	사법보좌관의 처분 중 판사가 처리하는 경우 항고·즉시항고·특별항고의 대상이 되는 처분에 대하여 당사자는 법원에 이의신청을 할 수 있다(제4조 제1항).
방 식	• 사법보좌관의 처분에 대한 이의신청은 이의신청의 대상이 되는 처분의 표시 및 이의신청의 취지를 밝혀 사법보좌관에게 하여야 한다(제4조 제2항). `기출` 20 • 이러한 이의신청은 당해 처분을 고지 받은 날로부터 7일 이내에 신청하여야 한다(제4조 제3항). • 이의신청을 받은 사법보좌관은 직접 이의에 대하여 심리하지 못하고 이의신청사건을 지체없이 소속법원의 단독판사등에게 송부하여야 한다(제4조 제5항).
심 리	• 이의신청을 송부받은 집행법원의 단독판사등은 이의신청의 방식과 이의신청 기간경과 여부를 심리한 후 이의신청이 이유 있다고 인정되는 경우에는 사법보좌관의 처분을 경정한다(제4조 제6항 제3호). `기출` 16 • 사법보좌관의 처분중 단독판사등이 처리하는 경우 특별항고의 대상이 되는 처분에 대한 이의신청이 이유없다고 인정되는 때에는 결정으로 이를 각하하여야 한다(제4조 제6항 제4호). • 사법보좌관의 처분 중 단독판사 등이 처리하는 경우 항고 또는 즉시항고의 대상이 되는 처분에 대한 이의신청이 이유 없다고 인정되는 때에는 사법보좌관의 처분을 인가하고 이의신청사건을 항고법원에 송부하여야 한다. 이 경우 이의신청은 해당 법률에 의한 항고 또는 즉시항고로 본다(제4조 제6항 제5호). `기출` 20

4. 인지 등 첩부 불요

사법보좌관에게 이의신청을 하는 때에는 민사소송 등 인지법 또는 해당 법률에서 정하는 인지나 가사소송법에서 정하는 수수료를 납부할 필요가 없다(사법보좌관규칙 제4조 제4항). `기출` 16

청구이의의 소

Ⅰ 서 설

1. 의 의

> **민사집행법 제44조(청구에 관한 이의의 소)**
> ① 채무자가 판결에 따라 확정된 청구에 관하여 이의하려면 제1심 판결법원에 청구에 관한 이의의 소를 제기하여야 한다. `기출` 21
> ② 제1항의 이의는 그 이유가 변론이 종결된 뒤(변론 없이 한 판결의 경우에는 판결이 선고된 뒤)에 생긴 것이어야 한다. `기출` 17
> ③ 이의이유가 여러 가지인 때에는 동시에 주장하여야 한다.

① 청구이의의 소란 채무자가 집행권원에 표시된 청구권에 관하여 생긴 소멸이나 이행의 유예를 주장하며 그 집행권원이 가지는 집행력의 배제를 구하는 소를 말한다(제44조).

② 그러나 본소로서 집행권원의 집행력 자체의 배제를 구하는 것이 아니라 이미 집행된 개개의 집행행위의 불허를 구하는 것은 부적법하다(대판 1971.12.28. 71다1008). `기출` 25   또한 집행권원 그 자체의 취소를 구하는 경우에는 상소나 재심의 소에 의할 것이고 본소에 의할 것이 아니다.

③ 청구이의의 소는 기판력을 변경함이 없이 집행력만을 배제하는 절차이다.

> 법률관계의 변경·형성을 목적으로 하는 형성소송인 청구이의의 소는 집행권원이 가지는 집행력의 배제를 목적으로 하는 것으로서 그 판결이 확정되더라도 당해 집행권원의 원인이 된 실체법상 권리관계에 기판력이 미치지 않고, 형성판결의 효력을 개인 사이의 합의로 창설할 수는 없으므로, 형성소송의 판결과 같은 내용으로 재판상 화해와 동일한 효력이 있는 조정을 갈음하는 결정이 확정되더라도 판결을 받은 것과 같은 효력은 생기지 않는다(대판 2023.11.9. 2023다256577).

2. 취 지

① 민사집행법상 재판기관과 집행기관이 분리되는 기관분리·독립의 원칙 때문에 집행기관은 채권자가 신청한 집행력 있는 정본에 의한 강제집행에 대하여 그 청구권의 존재를 검토하지 않은 채 강제집행을 실시할 의무를 부담하게 된다.

② 즉 집행기관으로서는 집행권원에 표시되어 있는 실체법상 청구권이 사정변경 등에 의해 변경되었는지 여부를 고려함이 없이 집행권원에 의한 집행절차를 개시하여 진행하여야 한다.

③ 채권자의 청구권이 변제 등의 사유로 소멸된 사실을 집행기관이 알았다고 하더라도 집행권원이 형식상 유효하게 존속하는 한 집행기관으로서는 강제집행을 개시하거나 속행할 수밖에 없다.

④ 이러한 집행은 위법한 절차라고 볼 수도 없어 집행이의나 즉시항고로 불복할 수도 없다.

⑤ 집행권원에 표시된 실체법상의 청구권이 소멸되었는데도 강제집행을 실행하는 것은 위법하지는 않다고 하더라도 부당하기 때문에 청구이의의 소는 이러한 부당한 강제집행으로부터 채무자 등 이해관계인을 보호하기 위한 제도라고 할 수 있다.

Ⅱ 적용범위

1. 서 설

① 청구에 관한 이의의 소는 확정된 종국판결 기타 유효한 집행권원에 표시된 청구권에 대한 실체상의 사유를 주장하여 그 '집행력의 배제'를 목적으로 하는 것이므로 그 집행권원의 내용이 금전채권을 위한 집행이든지 비금전채권을 위한 집행이든지 상관없다.

② 집행권원이 어떠한 종류의 것이라도 묻지 아니한다. 판결뿐만 아니라 화해조서·인낙조서·조정조서·공정증서에 의한 강제집행의 경우에도 청구이의의 소를 제기할 수 있다.

③ 특별한 사정이 없는 한 모든 종류의 집행권원에 대하여 집행력을 배제하기 위해서는 청구이의의 소에 의하여야 한다.

2. 보전처분(가압류·가처분명령)

① 보전처분의 집행력 배제를 위해서도 이론적으로 청구이의의 소가 부정될 이유가 없다.

② 그러나 보전명령의 발령은 결정이라는 간이절차에 의할 수 있다는 점에 비추어 그 집행력 배제를 위해서 보다 간편한 절차에 의해 집행력을 배제할 수 있다는 특별규정을 두고 있다.

③ 보전명령에 대한 이의신청절차(제283조, 제301조), 취소절차(제288조, 제301조) 등이 그것이다.

3. 수권결정

대체적 작위의무 집행을 위한 수권결정이나 부작위의무 또는 부대체적 작위의무의 집행을 위한 간접강제결정에 따른 집행의 저지를 위해서는 수권결정(간접강제결정)이 아닌 수권결정(간접강제결정)의 기초가 된 집행권원 자체에 대하여 청구이의의 소로 다투어야 한다.

> 대체집행비용지급명령은 이른바 수권결정으로서 집행권원의 내용인 실체상 청구권의 당부와 관계없이 일반의 집행요건과 대체집행요건을 심사하여 내리는 결정으로서 집행권원의 내용인 실체상의 청구권에 관하여 이의가 있으면 그 집행권원의 집행력을 다투어야 하고 수권결정의 집행력배제를 구할 수 없다(대판 1987.9.8. 86다카2771).

4. 의사진술을 명하는 판결

① 청구이의의 소는 집행력의 배제를 구하는 절차로 본래 의미의 강제집행을 전제하고 있다.

② 등기절차를 명하거나 채권양도통지를 명하는 경우와 같은 의사진술을 명하는 재판은 본래 의미의 강제집행이 처음부터 문제되지 아니하므로 청구이의의 소가 문제되지 않는다.

> 대지에 대한 수분양자 명의변경 절차의 이행을 소구함은 채무자의 의사의 진술을 구하는 소송으로서 그 청구를 인용하는 판결이 선고되고 그 소송이 확정되었다면, 그와 동시에 채무자가 수분양자 명의변경 절차의 이행의 의사를 진술한 것과 동일한 효력이 발생하는 것이므로 위 확정판결의 강제집행은 이로써 완료되는 것이고 집행기관에 의한 별도의 집행절차가 필요한 것이 아니므로, 특별한 사정이 없는 한 위 확정판결 이후에 집행절차가 계속됨을 전제로 하여 그 집행권원이 가지는 집행력의 배제를 구하는 청구이의의 소는 허용될 수 없다(대판 1995.11.10. 95다37568). 기출 25·19

5. 검사의 집행명령과 가집행선고부 판결

① 재판을 선고한 법원에 이의신청(형소법 제489조)할 수 있으므로 이론상 청구이의의 소의 적용이 부정되고 있다.

② 확정된 판결이 아니어서 상소로 다툴 수 있으므로 확정된 후가 아니면 청구이의의 소를 제기할 수 없다. 이 경우에는 상소심에서 원심판결이 파기되거나 가집행선고가 취소되면 충분하기 때문이다.

6. 담보권실행

① 집행권원을 필요로 하지 않는 담보권 실행 등을 위한 경매절차와 관련하여 판례는 부동산을 목적으로 하는 담보권 실행 등을 위한 경매에서 직접 경매의 불허를 구하는 소(청구이의의 소)를 제기할 수는 없다고 하였다(대판 1987.3.10. 86다152; 대판 2002.9.24. 2002다43684 등).

② 실체상의 하자(담보권의 소멸·부존재)를 이유로 하여서는 제265조에 따라 경매개시결정에 대한 이의신청사유가 된다.

Ⅲ 이의사유

1. 서 설

① 청구에 관한 이의이유는 집행권원에 표시된 청구권의 전부 또는 일부를 소멸케 하거나, 영구적 또는 일시적으로 그 효력을 잃게 하는 이유로서, 대부분은 적극적 이행소송에 있어서의 항변사유에 대응한다.

② 집행권원에 표시된 청구권과 집행권원과는 구별되어야 할 것이므로 집행권원 자체에 관한 형식상의 이의, 즉 집행권원의 성립절차의 불비, 집행권원의 부존재, 무효 또는 내용의 불명확, 집행절차상의 하자에 관하여는 청구이의의 소로써 주장할 수 없다.

2. 청구권의 소멸 등

① 법률행위의 무효나 취소로 인한 청구권의 불발생, 변제나 소멸시효 또는 공탁 등으로 인한 청구권의 소멸, 이행조건의 변동이나 변제기한의 유예 등으로 인한 청구권의 효력정지 또는 제한 등이 이에 해당한다.

> 집행증서상 청구권에는 기한의 제한이 없는데 그 청구권에 기한이 있으므로 집행이 불허되어야 한다는 주장은, 집행증서상 기한이 없는 청구권이 기한이 도래한 범위 내에서만 집행력이 있고 그것을 초과하는 범위에서의 집행력은 배제되어야 한다는 것을 의미한다. 따라서 공정증서가 작성된 약속어음의 원인채권 이행기가 도래하지 아니하였다는 사유는 본래 집행권원에 표시된 청구권의 변동을 가져오는 청구이의의 소의 이유가 된다. 그리고 이러한 사유를 이유로 하는 청구이의의 소에 관한 재판에서 집행권원상의 청구권에 변제기의 존재가 인정되는 경우, 법원으로서는 집행권원의 집행력 전부를 배제하는 판결을 할 것이 아니라 변제기가 도래할 때까지만 일시적으로 배제하는 판결을 하여야 한다. 이는 분할납부 약정에 의한 변제기의 정함이 있고, 기한이익 상실 약정이 있는 경우에도 마찬가지이므로, 이미 변제기가 도래한 부분의 집행력 및 장래 변제기가 도래하는 청구권에 대한 변제기 이후 집행력은 허용되어야 하고, 분할납부 및 기한이익 상실 약정에 따라 정해지는 변제기가 도래할 때까지만 일시적으로 집행력을 배제하는 판결을 하여야 한다(대판 2022.4.14. 2021다299372).

② 일부 변제나 일부 공탁 등으로 청구권의 일부만이 소멸한 경우에는 그 부분에 한하여 본소가 가능하다.

> 민사집행법 제53조 제1항에 의하여 강제집행에 필요한 비용은 채무자가 부담하고 그 집행에서 우선적으로 변상을 받는 것이고, 이와 같은 집행비용은 별도의 집행권원 없이 그 집행의 기본이 되는 당해 집행권원에 터잡아 당해 강제집행절차에서 그 집행권원에 표시된 채권과 함께 추심할 수 있는 것이므로, 청구이의 사건에 있어서 집행권원에 표시된 본래의 채무가 변제나 공탁에 의하여 소멸되었다고 하여도 채무자가 변상하여야 할 집행비용이 상환되지 아니한 이상 당해 집행권원의 집행력 전부의 배제를 구할 수는 없다(대판 2012.5.24. 2011다105195). `기출` 17

③ 집행증서상 단순 이행의무로 되어 있는 청구권이 반대의무의 이행과 상환으로 이루어져야 하는 동시이행관계에 있는 경우에는 청구이의의 소를 제기할 수 있다.

> • 집행증서상 청구권은 의무의 단순 이행을 내용으로 하는 것인데 그 청구권이 반대의무의 이행과 상환으로 이루어져야 하는 동시이행관계에 있으므로 집행증서에 기한 집행이 불허되어야 한다는 주장은, 집행증서상으로는 단순 이행의무로 되어 있는 청구권이 반대의무와 동시이행관계의 범위 내에서만 집행력이 있고 그것을 초과하는 범위에서의 집행력은 배제되어야 한다는 것을 의미한다. 따라서 이러한 사유는 본래 집행권원에 표시된 청구권의 변동을 가져오는 청구이의의 소의 이유가 된다(대판 2013.1.10. 2012다75123).
> • [비교] 집행권원인 동시이행판결의 반대의무 이행 또는 이행제공은 집행개시의 요건으로서 집행개시와 관련된 집행에 관한 이의신청 절차에서 주장·심리되어야 할 사항이지, 집행권원에 표시되어 있는 청구권에 관하여 생긴 이의를 내세워 그 집행권원이 가지는 집행력의 배제를 구하는 청구이의의 소에서 심리되어야 할 사항은 아니다. 따라서 동시이행판결의 채무자로서는 그 집행력의 배제를 구하는 청구이의의 소에서 채권자가 반대의무의 이행 또는 이행제공을 하지 않았다는 주장을 청구이의의 사유로 내세울 수 없다(대판 2024.6.13. 2024다231391). `기출` 25

④ 채권자취소권의 피보전채권의 소멸

> 채권자취소권은 채무자의 사해행위를 채권자와 수익자 또는 전득자 사이에서 상대적으로 취소하고 채무자의 책임재산에서 일탈한 재산을 회복하여 채권자의 강제집행이 가능하도록 하는 것을 본질로 하는 권리이므로, 채권자취소권에 의하여 책임재산을 보전할 필요성이 없어지면 채권자취소권은 소멸한다. 따라서 채권자취소소송에서 피보전채권의 존재가 인정되어 사해행위 취소 및 원상회복을 명하는 판결이 확정되었다고 하더라도, 그에 기하여 재산이나 가액의 회복을 마치기 전에 피보전채권이 소멸하여 채권자가 더 이상 채무자의 책임재산에 대하여 강제집행을 할 수 없게 되었다면, 이는 위 판결의 집행력을 배제하는 적법한 청구이의 이유가 된다(대판 2017.10.26. 2015다224469). `기출` 21

3. 부작위의무위반

부작위채무에 대한 간접강제결정의 집행력 배제를 구하는 청구이의의 소에서 채무자에게 부작위의무위반이 없었다는 주장을 청구이의사유로 내세울 수 없다. `기출` 22·17

> [1] 계속적 부작위의무를 명한 가처분에 기한 간접강제결정이 발령된 상태에서 의무위반행위가 계속되던 중 채무자가 그 행위를 중지하고 장래의 의무위반행위를 방지하기 위한 적당한 조치를 취했다거나 가처분에서 정한 금지기간이 경과하였다고 하더라도, 그러한 사정만으로는 처음부터 가처분위반행위를 하지 않은 것과 같이 볼 수 없고 간접강제결정 발령 후에 행해진 가처분위반행위의 효과가 소급적으로 소멸하는 것도 아니므로, 채무자는 간접강제결정 발령 후에 행한 의무위반행위에 대하여 배상금의 지급의무를 면하지 못하고 채권자는 위반행위에 상응하는 배상금의 추심을 위한 강제집행을 할 수 있다.

[2] 채권자가 부작위채무에 대한 간접강제결정을 집행권원으로 하여 강제집행을 하기 위하여는 집행문을 받아야 하는데, 채무자의 부작위의무위반은 부작위채무에 대한 간접강제결정의 집행을 위한 조건에 해당하므로 민사집행법 제30조 제2항에 의하여 채권자가 조건의 성취를 증명하여야 집행문을 받을 수 있다. 그리고 집행문부여 요건인 조건의 성취 여부는 집행문부여와 관련된 집행문부여의 소 또는 집행문부여에 대한 이의의 소에서 주장·심리되어야 할 사항이지, 집행권원에 표시되어 있는 청구권에 관하여 생긴 이의를 내세워 집행권원이 가지는 집행력의 배제를 구하는 청구이의의 소에서 심리되어야 할 사항은 아니다. 따라서 부작위채무에 대한 간접강제결정의 집행력 배제를 구하는 청구이의의 소에서 '채무자에게 부작위의무위반이 없었다는 주장'을 '청구이의사유'로 내세울 수 없다(대판 2012.4.13. 2011다92916). **기출** 22·17

4. 한정승인, 상속포기 등

① 집행권원에 한정승인(유한책임)의 취지가 반영된 경우

  ㉠ 집행권원인 판결의 사실심 변론종결 이전에 상속인이 한정승인의 항변을 제출하고 법원이 이를 받아들여 판결에 한정승인의 취지가 반영된 경우이다.

  ㉡ 이 경우 상속인은 상속재산이 아닌 자기의 고유재산에 대한 집행에 대하여 그 집행은 위법한 것으로서 제3자이의의 소(제48조 제1항)를 제기할 수 있다.

> 상속채무의 이행을 구하는 소송에서 피고의 한정승인 항변이 받아들여져서 원고 승소판결인 집행권원 자체에 '상속재산의 범위 내에서만' 금전채무를 이행할 것을 명하는 이른바 유한책임의 취지가 명시되어 있음에도 불구하고, 상속인의 고유재산임이 명백한 임금채권 등에 대하여 위 집행권원에 기한 압류 및 전부명령이 발령되었을 경우에, 상속인인 피고로서는 책임재산이 될 수 없는 재산에 대하여 강제집행이 행하여졌음을 이유로 제3자이의의 소를 제기하거나, 그 채권압류 및 전부명령 자체에 대한 즉시항고를 제기하여 불복하는 것은 별론으로 하고, 청구에 관한 이의의 소에 의하여 불복할 수는 없다고 보아야 하고, 나아가 만약 그 채권압류 및 전부명령이 이미 확정되어 강제집행절차가 종료된 후에는 집행채권자를 상대로 부당이득의 반환을 구하되, 피전부채권 중 실제로 추심한 금전 부분에 관하여는 그 상당액을 반환을 구하고, 아직 추심하지 아니한 부분에 관하여는 그 채권 자체의 양도를 구하는 방법에 의할 수밖에 없다(대결 2005.12.19. 2005그128).

② 집행권원에 한정승인의 취지의 기재가 없는 경우 : 집행권원이 성립된 이후에 피상속인이 사망하고 상속인이 한정승인을 한 경우이다. 채무자가 집행단계에서 한정승인에 의한 책임제한을 주장할 수 있는 바, 채무자는 그 후 위 한정승인 사실을 내세워 청구이의의 소를 제기할 수 있다.

> 채권자가 피상속인의 금전채무를 상속한 상속인을 상대로 그 상속채무의 이행을 구하여 제기한 소송에서 채무자가 한정승인 사실을 주장하지 않으면 책임의 범위는 현실적인 심판대상으로 등장하지 아니하여 주문에서는 물론 이유에서도 판단되지 않으므로 그에 관하여 기판력이 미치지 않는다. 그러므로 채무자가 한정승인을 하고도 채권자가 제기한 소송의 사실심 변론종결 시까지 그 사실을 주장하지 아니하여 책임의 범위에 관한 유보가 없는 판결이 선고되어 확정되었다고 하더라도, 채무자는 그 후 위 한정승인 사실을 내세워 청구에 관한 이의의 소를 제기할 수 있다(대판 2006.10.13. 2006다23138). **기출** 22·17

③ **상속포기의 경우** : 한정승인과 달리 채무자가 상속포기를 하였으나 채권자가 제기한 소송의 사실심 변론
종결 시까지 이를 주장하지 않은 경우 채무자는 그 후 위 상속포기 사실을 내세워 청구이의의 소를 제기
할 수 없다. 기출 22 · 17

> • 채무자가 한정승인을 하였으나 채권자가 제기한 소송의 사실심 변론종결 시까지 이를 주장하지 아니하는
> 바람에 책임의 범위에 관하여 아무런 유보 없는 판결이 선고 · 확정된 경우라 하더라도 채무자가 그 후 위
> 한정승인 사실을 내세워 청구에 관한 이의의 소를 제기하는 것이 허용되는 것은, 한정승인에 의한 책임의
> 제한은 상속채무의 존재 및 범위의 확정과는 관계없이 다만 판결의 집행 대상을 상속재산의 한도로 한정함으
> 로써 판결의 집행력을 제한할 뿐으로, 채권자가 피상속인의 금전채무를 상속한 상속인을 상대로 그 상속채무
> 의 이행을 구하여 제기한 소송에서 채무자가 한정승인 사실을 주장하지 않으면 책임의 범위는 현실적인
> 심판대상으로 등장하지 아니하여 주문에서는 물론 이유에서도 판단되지 않는 관계로 그에 관하여는 기판력이
> 미치지 않기 때문이다. 위와 같은 기판력에 의한 실권효 제한의 법리는 채무의 상속에 따른 책임의 제한
> 여부만이 문제되는 한정승인과 달리 상속에 의한 채무의 존재 자체가 문제되어 그에 관한 확정판결의 주문에
> 당연히 기판력이 미치게 되는 상속포기의 경우에는 적용될 수 없다(대판 2006.10.13. 2006다23138).
> • 한정승인과 달리 채무자가 상속포기를 하였으나 채권자가 제기한 소송에서 사실심 변론종결 시까지 이를
> 주장하지 않은 경우에는 채권자의 승소판결 확정 후 청구이의의 소를 제기할 수 없다(대판 2009.5.28. 2008다
> 79876). 기출 22 · 17

5. 파산선고의 면책결정의 확정

> 파산선고 후 면책결정이 확정되면 개인채무자의 파산채권자에 대한 채무는 그대로 존속하지만 책임은 소멸하므로,
> 개인채무자의 파산채권자에 대한 책임은 파산선고 당시에 개인채무자가 가진 재산 한도로 한정된다. 채무는 그대로
> 존속하지만 책임만이 위와 같은 범위로 제한되므로 개인채무자는 파산선고 이후에 취득하는 재산으로 변제할
> 책임은 지지 않는다. 이로써 개인채무자는 경제적 회생을 도모하여 파산채무로 인한 압박을 받거나 의지가 꺾이지
> 않은 채 경제적 회생을 위한 노력을 할 수 있게 된다. 파산채권자가 개인채무자를 상대로 채무 이행을 청구하는
> 소송에서 면책결정에 따라 발생한 책임 소멸은 소송물인 채무의 존부나 범위 확정과는 직접적인 관계가 없다.
> 개인채무자가 면책 사실을 주장하지 않는 경우에는 책임 범위나 집행력 문제가 현실적인 심판대상으로 등장하지도
> 않아 주문이나 이유에서 그에 관한 아무런 판단이 없게 된다. 이런 경우 면책결정으로 인한 책임 소멸에 관해서는
> 기판력이 미치지 않으므로, 개인채무자에 대한 면책결정이 확정되었는데도 파산채권자가 제기한 소송의 사실심
> 변론종결 시까지 그 사실을 주장하지 않는 바람에 면책된 채무 이행을 명하는 판결이 선고되어 확정된 경우에도
> 특별한 사정이 없는 한 개인채무자는 그 후 면책된 사실을 내세워 청구이의의 소를 제기할 수 있다(대판 2022.7.28.
> 2017다286492).

6. 신의칙 위반 또는 권리남용, 부집행(不執行) 합의

① 신의칙 위반

> 원·피고 공동 명의의 부동산이 분할대상임을 전제로 피고에게는 지분의 이전등기를, 원고에게는 금전의 지급을 각 명한 재산분할재판이 확정되었으나, 위 부동산이 제3자가 명의신탁한 것임이 밝혀진 경우, 피고가 원고에 대하여 금전지급의무의 이행을 강제하는 것은 신의칙상 허용될 수 없어 원고는 청구이의의 소로써 종전 재산분할재판 중 금전지급을 명하는 부분의 집행력의 배제를 구할 수 있다(대판 2003.2.28. 2000므582).

② 권리남용 : 판결에 기초한 강제집행 그 자체가 권리의 남용 내지 불법행위로 되는 경우(예 확정판결의 편취)에 채무자의 구제방법으로서 청구이의의 소를 제기할 수 있는가에 대하여 판례는 긍정하고 있다.

> - 판결을 집행하는 자체가 불법한 경우에는 청구이의의 소를 허용함이 상당하다(대판 1984.7.24. 84다카572).
> - 판결이 확정되면 기판력에 의하여 대상이 된 청구권의 존재가 확정되고 그 내용에 따라 집행력이 발생한다. 다만 확정판결에 의한 권리라 하더라도 신의에 좇아 성실히 행사되어야 하고 판결에 기한 집행이 권리남용이 되는 경우에는 허용되지 않으므로 집행채무자는 청구이의의 소에 의하여 집행의 배제를 구할 수 있다(대판 2014.2.21. 2013다75717). **기출** 21
> - 확정판결의 내용이 실체적 권리관계에 배치되는 경우, 그 판결에 의하여 집행할 수 있는 것으로 확정된 권리의 성질과 내용, 판결의 성립 경위, 판결 성립 후 집행에 이르기까지의 사정, 그 집행이 당사자에게 미치는 영향 등 여러 사정을 종합하여 볼 때, 그 확정판결에 기한 집행이 현저히 부당하고 상대방에게 그 집행을 수인하도록 하는 것이 정의에 반함이 명백하여 사회생활상 용인할 수 없다고 인정되는 경우에 그 집행은 권리남용으로서 허용되지 않고, 그러한 경우 집행채무자는 청구이의의 소에 의하여 그 집행의 배제를 구할 수 있다(대판 2009.5.28. 2008다79876). **기출** 25 · 16
> - 확정판결에 의한 권리라 하더라도 신의에 좇아 성실히 행사되어야 하고 판결에 기한 집행이 권리남용이 되는 경우에는 허용되지 않으므로, 집행채무자는 청구이의의 소에 의하여 집행의 배제를 구할 수 있으나, 확정판결은 소송당사자를 기속하는 것이므로 재심의 소에 의하여 취소되거나 청구이의의 소에 의하여 집행력이 배제되지 아니한 채 확정판결에 기한 강제집행절차가 적법하게 진행되어 종료되었다면 강제집행에 따른 효력 자체를 부정할 수는 없고, 강제집행이 이미 종료된 후 다시 확정판결에 기한 강제집행이 권리남용에 해당하여 허용될 수 없다는 등의 사유를 들어 강제집행에 따른 효력 자체를 다투는 것은 확정판결의 기판력에 저촉되어 허용될 수 없다(대판 2024.1.4. 2022다291313).

③ 부집행 합의 : 공정증서에 기한 집행을 하지 않기로 한 합의를 어기고 강제집행에 나아간 것이라는 항변도 적법한 청구이의의 사유가 된다.

> 부집행의 합의에 위반하는 집행은 실체상 부당한 집행이라고 할 수 있으므로 민사집행법 제44조가 유추적용 내지 준용되어 청구이의의 사유가 된다(대판 1996.7.26. 95다19072).

Ⅳ 이의사유 주장의 제한(시적 제한)

1. 확정판결

① 기판력의 실권효에 의하여 변론종결 전의 사유는 원칙적으로 이의사유로 삼지 못한다.

② 변론종결 이후에 발생한 사정만을 청구이의의 사유로 삼을 수 있다(제44조 제2항).

③ 변론 없이 한 판결의 경우에는 판결이 선고된 이후의 사유만을 청구이의사유로 삼을 수 있다(제44조 제2항).

기출 16

④ 판결은 당연히 확정된 판결이어야 하므로 확정되지 아니한 경우에는 청구이의의 소를 제기할 수 없다.

> • 환경분쟁 조정법에 의하면 재정위원회가 재정을 한 경우 재정문서의 정본이 당사자에게 송달된 것을 전제로 그날부터 60일 이내에 당사자가 재정의 대상인 환경피해를 원인으로 하는 소송을 제기하지 아니하는 등의 경우에 재정문서는 재판상 화해와 동일한 효력이 있으므로, 재정문서의 정본이 당사자에게 송달조차 되지 않은 경우에는 유효한 집행권원이 될 수 없고, 따라서 이에 대하여 집행력의 배제를 구하는 청구이의의 소를 제기할 수 없다(대판 2016.4.15. 2015다201510). **기출** 21
> • 배당절차에서 작성된 배당표에 대하여 채무자가 이의하는 경우, 집행력 있는 집행권원의 정본을 가지지 않은 채권자에 대하여 이의한 채무자는 배당이의의 소를 제기해야 하고(민사집행법 제154조 제1항), 집행력 있는 집행권원의 정본을 가진 채권자에 대하여 이의한 채무자는 집행권원의 집행력을 배제시켜야 하므로 청구이의의 소를 제기해야 한다(같은 조 제2항). 다만 확정되지 않은 가집행선고 있는 판결에 대해서는 청구이의의 소를 제기할 수 없고(같은 법 제44조 제1항), 이에 대해 상소를 제기하거나 집행정지결정을 받을 수 있는 채무자가 채권의 존재 여부나 범위를 다투기 위해 배당이의의 소를 제기할 수 있는 것도 아니다(대판 2020.10.15. 2017다228441). **기출** 25
> • 청구이의의 소는 채무자가 확정된 종국판결 등 집행권원에 표시된 청구권에 관하여 실체상 사유를 주장하여 그 집행력의 배제를 구하는 것이므로 유효한 집행권원을 그 대상으로 한다. 그런데 제1심판결이 공시송달의 방법으로 송달되어 확정된 후 추완항소가 제기되고, 항소심이 추완항소를 각하하지 않은 채 제1심판결 선고 후의 사정으로 판결로써 소송종료선언을 하여 그 판결이 확정되었다면, 이로써 제1심판결의 형식적 확정력은 소멸된다(대판 2024.12.12. 2024다273869). ☞ [판결이유] 선행소송 1심판결은 공시송달의 방법으로 송달되어 일응 확정되었으나, 원고가 제기한 추완항소에 따라 항소심이 판결로써 소송종료선언을 하여 그 판결이 확정되었으므로, 이로써 선행소송 1심판결의 형식적 확정력은 소멸되었다고 할 것이다. 따라서 선행소송 1심판결은 유효한 집행권원이라 할 수 없으므로 이에 대하여 집행력의 배제를 구하는 청구이의의 소를 제기할 수 없다. **기출** 25

⑤ 변론종결 후의 사유라면 채무자가 항소를 제기하지 아니하고 판결확정 후에 청구이의의 소를 제기하여 주장하여도 무방하다.

> 확정판결에 대한 청구이의 사유는 그 확정판결의 변론종결 후에 생긴 것이어야 한다. 그러나 확정판결의 변론종결 전에 이루어진 일부이행을 채권자가 변론종결 후 수령함으로써 변제의 효력이 발생한 경우에는 그 한도 내에서 청구이의 사유가 될 수 있다고 보아야 한다(대판 2009.10.29. 2008다51359). **기출** 19 · 17 · 16

⑥ 다만 한정승인, 상계, 건물철거의무 있는 임차인이나 지상권자의 건물매수청구권 행사 등은 소송물 자체에 부착된 항변이 아니므로 변론종결 전에 이를 행사할 수 있었다고 하더라도 이의사유로 삼을 수 있다.

> • 채무자가 집행권원인 확정판결의 변론종결 전에 상대방에 대하여 상계적상에 있는 채권을 가지고 있었다 하더라도 집행권원인 확정판결의 변론종결 후에 이르러 비로소 상계의 의사표시를 한 때에는 민사집행법 제44조 제2항이 규정하는 '이의원인이 변론종결 후에 생긴 때'에 해당하는 것으로서, 당사자가 집행권원인 확정판결의 변론종결 전에 자동채권의 존재를 알았는가 몰랐는가에 관계없이 적법한 청구이의 사유가 된다(대판 2005.11.10. 2005다41443; 대판 1998.11.24. 98다25344). **기출** 16

- 확정된 법률관계에 있어 동 확정판결의 <u>변론종결 전에 이미 발생하였던 취소권을</u> 그 당시에 행사하지 않음으로 인하여 취소권자에게 불리하게 확정된 경우 그 <u>확정 후 취소권을 뒤늦게 행사함으로써 동 확정의 효력을 부인할 수 없다</u>(대판 1979.8.14. 79다1105).
- 기판력은 후소와 동일한 내용의 전소의 변론종결 전에 있어서 주장할 수 있었던 모든 공격 방어방법에 미치므로 해제사유가 전소의 변론종결 전에 존재하였다면 그 변론종결 후에 해제의 의사표시를 하였다고 하여도 <u>이는 기판력에 저촉된다</u>(대판 1981.7.7. 80다2751).
- 건물의 소유를 목적으로 하는 토지 임대차에 있어서, 임대차가 종료함에 따라 토지의 임차인이 임대인에 대하여 건물매수청구권을 행사할 수 있음에도 불구하고 이를 행사하지 아니한 채, 토지의 임대인이 임차인에 대하여 제기한 토지인도 및 건물철거청구 소송에서 패소하여 그 패소판결이 확정되었다고 하더라도, 그 확정판결에 의하여 건물철거가 집행되지 아니한 이상 <u>토지의 임차인으로서는 건물매수청구권을 행사하여 별소로써 임대인에 대하여 건물매매대금의 지급을 구할 수 있다</u>(대판 1995.12.26. 95다42195).

⑦ 채무자가 사실심 변론종결 전에 생긴 사정을 과실 없이 알지 못하여 이를 변론종결 전에 주장하지 못한 경우

> 청구이의소송에서 이의의 대상이 되는 집행권원이 확정판결인 경우에는 그 이유가 당해 소송의 사실심 변론종결 이후에 생긴 것이어야 하고, 이보다 앞서 생긴 사정은, 가령 채무자가 그러한 사정이 있음을 <u>과실 없이 알지 못하여 변론종결 전에 이를 주장하지 못한 것이라 하여도, 청구이의의 이유로 삼을 수 없다</u>(대판 2005.5.27. 2005다12728).

2. 집행판결

① 외국판결의 집행을 위해서는 집행판결을 얻어야 함은 이미 설명하였다. 다만 그 기판력의 시적범위를 결정함에 있어 외국판결을 기준으로 할 것인지 아니면 집행판결을 기준으로 할 것인지 문제가 된다.

② 집행판결은 그 심리에 있어 법정요건의 존부만을 심사의 대상으로 하고 청구권의 존부는 심사의 대상으로 하지 않으므로 <u>외국판결을 기준으로 기판력 표준시를 정할 것</u>이라고 보는 것이 통설이다.

3. 확정판결과 동일한 효력이 있는 집행권원

청구의 인낙조서나 화해조서 등은 <u>조서가 성립된 시점을 기준</u>으로 그 이후에 생긴 사유만을 이의사유로 삼을 수 있다.

4. 항고로만 불복을 신청할 수 있는 재판

① 이러한 집행권원에 본래 의미의 기판력이 미치는 것은 아니지만 재판이 성립된 이전의 사유에는 실권효가 작용한다고 보는 것이 대체적인 견해이다.

② 따라서 재판성립 이후의 사유만을 이의사유로 삼을 수 있다고 할 것이다.

5. 확정된 지급명령 · 이행권고결정, 집행증서, 배상명령 등 기타 집행권원

이와 같은 집행권원은 기판력이 문제되지 아니하므로 이의원인의 발생시기에 상관없이 이의사유로 삼을 수 있으므로 청구권의 불성립이나 무효도 이의이유가 된다. 기출 17

- 확정된 이행권고 결정에 대한 청구이의의 소에 있어서는 이행권고 결정 이후의 청구권의 소멸이나 청구권의 행사를 저지하는 사유뿐만 아니라, 이행권고 결정 전의 청구권의 불성립이나 무효 등도 그 이의사유가 된다(대판 2006.1.26. 2005다54999). **기출** 17
- 확정된 지급명령에 대한 청구이의 소송에서 원고가 피고의 채권이 성립하지 아니하였음을 주장하는 경우에는 피고에게 채권의 발생원인 사실을 증명할 책임이 있고, 원고가 그 채권이 통정허위표시로서 무효라거나 변제에 의하여 소멸되었다는 등 권리 발생의 장애 또는 소멸사유에 해당하는 사실을 주장하는 경우에는 원고에게 그 사실을 증명할 책임이 있다(대판 2010.6.24. 2010다12852).
- 확정된 개인회생채권자표의 기재에 기판력이 없는 이상 그에 대한 청구이의의 소에서도 기판력의 시간적 한계에 따른 제한이 적용되지 않는다. 확정된 개인회생채권이 기재된 개인회생채권자표에 대하여 청구이의의 소가 제기된 경우, 개인회생채권 확정 전에 발생한 청구권의 불성립이나 소멸 등의 사유도 심리·판단하여야 한다(대판 2017.6.19. 2017다204131). **기출** 20·19

6. 가집행선고부 판결에 따른 금원지급

가집행선고에 기한 강제집행을 면하기 위하여 임의로 지급된 금원은 확정적으로 변제의 효과가 발생하는 것은 아니므로 그 금원지급에 의한 채권소멸의 효과는 그 판결이 확정된 때에 비로소 발생한다. 따라서 청구이의의 소를 제기할 수 있다.

- 가집행으로 인한 변제의 효력은 확정적인 것이 아니고 어디까지나 상소심에서 그 가집행의 선고 또는 본안판결이 취소되는 것을 해제조건으로 하여 발생하는 것에 지나지 않으므로 제1심 가집행선고부 판결에 기하여 그 가집행선고 금액을 지급받았다 하더라도 항소심법원으로서는 이를 참작함이 없이 당해 청구의 당부를 판단하여야 한다(대판 2000.7.6. 2000다560).
- 가집행이 붙은 제1심 판결을 선고받은 채무자가 선고일 약 1달 후에 그 판결에 의한 그때까지의 원리금을 추심 채권자에게 스스로 지급하기는 하였으나 그 제1심 판결에 대하여 항소를 제기하여 제1심에서 인용된 금액에 대하여 다투었다면, 그 채무자는 제1심 판결이 인용한 금액에 상당하는 채무가 있음을 스스로 인정하고 이에 대한 확정적 변제행위로 추심 채권자에게 그 금원을 지급한 것이 아니라, 제1심 판결이 인용한 지연손해금의 확대를 방지하고 그 판결에 붙은 가집행 선고에 기한 강제집행을 면하기 위하여 그 금원을 지급한 것으로 봄이 상당하고, 이와 같이 제1심 판결에 붙은 가집행선고에 의하여 지급된 금원은 확정적으로 변제의 효과가 발생하는 것이 아니어서 채무자가 그 금원의 지급 사실을 항소심에서 주장하더라도 항소심은 그러한 사유를 참작하지 않으므로, 그 금원 지급에 의한 채권 소멸의 효과는 그 판결이 확정된 때에 비로소 발생한다고 할 것이며, 따라서 '채무자가 그와 같이 금원을 지급하였다는 사유'는 본래의 소송의 확정판결의 집행력을 배제하는 '적법한 청구이의 사유'가 된다(대판 1995.6.30. 95다15827). **기출** 22·16

7. 파산절차에서 확정된 채권자표

① 동시주장
  ㉠ 청구이의의 소에 대한 재판은 기판력이 따르는 판결에 해당한다.
  ㉡ 종전의 청구이의의 소에서 변론종결 시까지 주장할 수 있었던 이의사유를 주장하며 새로운 청구이의 의 소를 제기하는 것은 허용되지 않는다.
  ㉢ 따라서 채무자는 이의이유가 여러 가지인 때에는 동시에 주장하여야 한다(제44조 제3항).

② 관련 판례

> • [1] 파산절차에서 파산채권으로 확정되어 채권표에 기재되면 그 채권표의 기재는 파산자에 대하여 확정판결과 동일한 효력을 가진다. 따라서 파산채권으로 확정된 후에는 파산자가 채권표에 기재된 채권에 관하여 이의를 하려면 청구이의의 소를 제기할 수 있으나 그 이의사유는 파산채권이 확정된 뒤에 그 채권의 존부나 범위 등을 다툴 수 있는 실체적인 사유가 생겼음을 이유로 하여야 한다.
> [2] 파산절차에서 확정된 채권표의 기재가 확정판결과 동일한 효력을 갖는다고는 하더라도 채권자는 파산절차가 종결된 후에 이르러서야 비로소 채권표의 기재에 의거하여 강제집행을 할 수 있을 뿐이고, 파산절차가 계속 중인 경우에는 모든 파산채권자는 파산절차를 통해서만 파산자에 대한 권리를 행사하여야 하며, 파산절차에서는 확정된 채권표의 기재에 따라 파산관재인이 배당절차를 주재하고 파산채권자에 의한 별도의 집행개시나 배당요구 등의 제도가 없으므로, 확정된 채권표의 기재는 파산절차가 종결되기 전까지는 파산채권자들 사이에 배당액을 산정하기 위한 배당률을 정하는 기준이 되는 금액일 뿐이고 배당과 관련해서는 집행권원으로서 아무런 작용을 하는 것이 아니다. 그렇다면 파산절차에서 채권자가 중간배당을 받았다 하더라도 그 때문에 채권표에 기재된 채권액을 수정할 필요가 없어, 그러한 사정은 파산자가 파산채권으로 확정된 채권표의 기재에 관하여 그 채권의 존부나 범위를 다투기 위한 청구이의의 소의 사유로 삼을 수 없다(대판 2007.10.11. 2005다45544).
> • 파산선고를 받은 자가 채권자를 상대로 채무의 존재를 다투는 소송은 파산재단에 속하는 재산에 관한 소송에 해당하므로 파산채무자에 대한 파산선고가 있는 때에는 채무자 회생 및 파산에 관한 법률 제347조에 따라 파산관재인 또는 상대방이 수계할 때까지 이에 관한 소송절차는 당연히 중단된다. 한편 이와 같은 소송절차의 중단사유를 간과하고 변론이 종결되어 판결이 선고된 경우 그 판결은 소송에 관여할 수 있는 적법한 수계인의 권한을 배제한 결과가 되어 절차상 위법하나 이를 당연무효라고 할 수는 없고, 대리인에 의하여 적법하게 대리되지 않았던 경우와 마찬가지로 대리권 흠결을 이유로 한 상소 또는 재심에 의하여 그 취소를 구할 수 있으며, 상소심에서 수계절차를 밟은 경우에는 위와 같은 절차상의 하자는 치유되고 그 수계와 상소는 적법한 것으로 된다(대판 2020.6.25. 2019다246399). **기출** 21

Ⅴ 소송절차

1. 소제기 시기

① 소제기 시기에는 집행권원이 성립된 이후라면 언제라도 무방하다.
  ㉠ 집행개시의 전후를 묻지 아니한다.
  ㉡ 집행문부여 전이거나 구체적인 강제집행의 개시 전이라도 본소를 제기할 수 있다.
  ㉢ 집행권원에 기한 개개의 집행행위를 종료한 경우에도 집행권원의 효력이 전부 소멸된 것은 아니므로 본소를 제기할 수 있다.

② 집행권원에 기한 강제집행이 전체로써 종료된 후에는 청구이의의 소를 제기할 이익이 없으며, 매각부동산을 경매하여 배당절차가 종료되어 채권(청구권)에 대한 일부의 만족이 이루어졌다 하더라도 추가로 강제집행이 가능하기 때문에 동일한 집행권원에 따른 전체로서의 강제집행이 종료되기 전이라면 청구이의의 소를 제기할 수 있다.

> • 집행권원인 공정증서가 무권대리인의 촉탁에 기하여 작성된 것으로서 무효인 때에는 채무자는 청구이의의 소로써 강제집행 불허의 재판을 구할 수 있음은 물론이지만, 그 공정증서에 기한 강제집행이 일단 전체적으로 종료되어 채권자가 만족을 얻은 후에는 더 이상 청구이의의 소로써 그 강제집행의 불허를 구할 이익은 없다(대판 1997.4.25. 96다52489).

- [1] 집행권원에 기한 강제집행이 일단 전체적으로 종료되어 채권자가 만족을 얻은 후에는 더 이상 청구이의의 소로써 그 강제집행의 불허를 구할 이익이 없고, 집행문부여에 대한 이의의 소 또한 집행문이 부여된 후 강제집행이 종료될 때까지 제기할 수 있는 것으로서 강제집행이 종료된 이후에는 이를 제기할 이익이 없다. [2] 확정판결에 기한 집행이 권리남용이 되는 경우에는 집행피고는 청구이의의 소에 의하여 그 집행의 배제를 구할 수 있다. 확정판결의 내용이 실체적 권리관계에 배치된다는 점은 확정판결에 기한 집행이 권리남용이라고 주장하며 그 집행의 불허를 구하는 원고가 주장·증명하여야 할 것이다(대판 2014.5.29. 2013다82043).

③ 강제집행승낙문구가 기재된 공정증서를 작성하여 준 채무자가 공정증서의 작성원인이 된 채무에 관하여 채무부존재확인의 소를 제기한 경우, 위 소송이 확인의 이익이 없어 부적법하다고 볼 수 없다.

청구이의의 소는 집행권원이 가지는 집행력의 배제를 목적으로 하는 것으로서 판결이 확정되더라도 당해 집행권원의 원인이 된 실체법상 권리관계에 기판력이 미치지 않는다. 따라서 채무자가 채권자에 대하여 채무부담행위를 하고 그에 관하여 강제집행승낙문구가 기재된 공정증서를 작성하여 준 후, 공정증서에 대한 청구이의의 소를 제기하지 않고 공정증서의 작성원인이 된 채무에 관하여 채무부존재확인의 소를 제기한 경우, 그 목적이 오로지 공정증서의 집행력 배제에 있는 것이 아닌 이상 청구이의의 소를 제기할 수 있다는 사정만으로 채무부존재확인소송이 확인의 이익이 없어 부적법하다고 할 것은 아니다(대판 2013.5.9. 2012다108863).

2. 당사자적격

① **원고적격** : 청구이의의 소를 제기할 수 있는 자는 집행권원에 채무자로 표시된 자 및 채무의 승계 등을 원인으로 채무자에 대신하여 집행력을 받는 자(제25조)이지만 이러한 자의 채권자도 채권자대위권(민법 제404조)에 기하여 청구이의의 소를 제기할 수 있다.

② **피고적격**

ㄱ 집행권원에 채권자로 표시된 자 또는 승계 등의 원인으로 채권자에 대신하여 강제집행을 신청할 수 있는 자를 피고로 삼아야 한다.

ㄴ 집행채권의 승계가 있는 경우에는 승계집행문을 부여받기 전이라도 승계인을 피고로 삼을 수 있다.

ㄷ 집행권원에 표시된 자나 승계인은 집행문을 부여받아서 강제집행을 할 수 있기 때문이다.

- 승계집행문은 판결에 표시된 채권자의 포괄승계인이나 그 판결에 기한 채권을 특정하여 승계한 자가 강제집행을 신청하거나 그 속행을 신청할 수 있도록 부여하는 것이다. 강제집행절차에서는 권리관계의 공권적인 확정과 그 신속·확실한 실현을 도모하기 위하여 절차의 명확·안정을 중시하는데, 승계집행문에 관한 규정도 이러한 취지에 따라 운용되어야 한다. 집행권원상의 청구권(이하 '집행채권'이라 한다)이 양도되어 대항요건을 갖춘 경우에는 집행당사자적격이 양수인으로 변경되며, 양수인이 승계집행문을 부여받음에 따라 집행채권자가 양수인으로 확정된다. 승계집행문의 부여로 인하여 양도인에 대한 기존 집행권원의 집행력은 소멸한다(대판 2019.1.31. 2015다26009). **기출** 21
- 집행권원상의 청구권이 양도되어 대항요건을 갖춘 경우 집행당사자적격이 양수인으로 변경되고, 양수인이 승계집행문을 부여받음에 따라 집행채권자는 양수인으로 확정되는 것이므로, 승계집행문의 부여로 인하여 양도인에 대한 기존 집행권원의 집행력은 소멸한다. 따라서 그 후 양도인을 상대로 제기한 청구이의의 소는 피고적격이 없는 자를 상대로 한 소이거나 이미 집행력이 소멸한 집행권원의 집행력 배제를 구하는 것으로 권리보호의 이익이 없어 부적법하고, 이러한 법리는 확정된 이행권고결정과 같이 집행문을 별도로 부여받을 필요 없이 이행권고결정서의 정본에 의하여 강제집행이 가능한 경우에도 마찬가지이다(집행권원상의 청구권을 양도한 채권자가 집행력이 소멸한 이행권고결정서의 정본에 기하여 강제집행절차에 나아간 경우에 채무자는 집행이의의 방법으로 이를 다툴 수 있다)(대판 2008.2.1. 2005다23889). **기출** 25·22·19·17

3. 관 할

확정판결	제1심 판결법원(제44조 제1항)
확정된 지급명령	지급명령을 내린 지방법원(제58조 제4항)
항고로만 불복할 수 있는 재판	그 재판을 한 제1심법원(제57조, 제56조 제1호, 제44조 제1항)
인낙(화해)조서	소송이 계속한 바 있는 제1심법원[17](제57조, 제56조 제5호, 제44조 제1항)
집행증서	채무자(이 소의 원고)의 보통재판적이 있는 곳의 법원
시·군법원 관할의 특례	시·군법원에서 성립된 집행권원에 관한 청구에 관한 이의의 소로서 그 집행권원에서 인정된 권리가 소액사건심판법의 적용대상이 아닌 사건은 시·군법원이 있는 곳을 관할하는 지방법원

- 민사집행법 제44조 제1항은 "채무자가 판결에 따라 확정된 청구에 관하여 이의하려면 제1심 판결법원에 청구에 관한 이의의 소를 제기하여야 한다"라고 규정하고, 제45조 본문은 위 규정을 집행문부여에 대한 이의의 소에 준용하도록 하고 있다. 여기서 '제1심 판결법원'이란 집행권원인 판결에 표시된 청구권, 즉 그 판결에 기초한 강제집행에 의하여 실현될 청구권에 대하여 재판을 한 법원을 가리키고, 이는 <u>직분관할로서 성질상 전속관할에 속한다</u>. 한편 민사집행법 제56조 제1호는 '항고로만 불복할 수 있는 재판'을 집행권원의 하나로 규정하고, 제57조는 이러한 집행권원에 기초한 강제집행에 대하여 제44조, 제45조 등을 준용하도록 규정하고 있다. 따라서 <u>지방법원 합의부가 재판한 간접강제결정을 대상으로 한 청구이의의 소나 집행문부여에 대한 이의의 소는 그 재판을 한 지방법원 합의부의 전속관할에 속한다</u>(대판 2017.4.7. 2013다80627).
- 민사집행법 제44조 제1항은 "채무자가 판결에 따라 확정된 청구에 관하여 이의하려면 제1심 판결법원에 청구에 관한 이의의 소를 제기하여야 한다"라고 규정한다. 여기서 '제1심 판결법원'이란 집행권원인 판결에 표시된 청구권, 즉 그 판결에 기초한 강제집행에 의하여 실현될 청구권에 대하여 재판을 한 법원을 가리키고, 이는 직분관할로서 성질상 전속관할에 속한다. 따라서 <u>제1심법원인 지방법원 합의부의 항소심인 고등법원이 한 판결을 대상으로 한 청구이의의 소는 그 사건의 제1심법원인 지방법원 합의부의 전속관할에 속한다</u>. 민사집행법 제46조 제2항은 청구이의의 소에서 '수소법원은 당사자의 신청에 따라 강제집행을 정지하도록 명할 수 있다'고 규정하고, 이 역시 수소법원의 직분관할로서 성질상 전속관할에 해당한다(대결 2024.7.11. 2024그613).
- 채무자가 판결에 따라 확정된 청구에 관하여 이의하려면 제1심 판결법원에 청구에 관한 이의의 소를 제기하여야 하지만(민사집행법 제44조 제1항), <u>회생채권자표에 대한 청구이의의 소는 회생계속법원의 관할에 전속한다</u>[채무자 회생 및 파산에 관한 법률(이하 '채무자회생법'이라 한다) 제255조 제3항]. 여기에서 회생계속법원이란 회생사건이 계속되어 있는 회생법원을 말하는데(채무자회생법 제60조 제1항), 회생절차가 종결되거나 폐지된 후에는 회생절차가 계속되었던 회생법원을 가리킨다. 따라서 회생채권자표에 대한 청구이의의 소가 계속 중인 법원이 회생계속법원이 아니라면 법원은 관할법원인 회생계속법원에 사건을 이송하여야 한다(대판 2019.10.17. 2019다238305). **기출** 23·21

---

17) 항소심인 고등법원에서 화해가 성립되었다 하더라도 청구이의의 소는 그 고등법원에 제기할 것이 아니며 그 소송사건의 제1심법원이 관할한다.

4. 심 리

① 원고인 채무자는 청구원인사실(즉, 권리소멸)에 관하여 입증책임을 부담하며 자백간주도 인정된다.

② 다른 통상소송과의 병합도 허용된다.

③ 원고는 변론종결 시까지 존재하는 이의사유를 모두 주장하여야 한다.

5. 재 판

① 원고의 주장이 이유 있으면 집행력의 일부 또는 전부에 대하여 일시적으로 또는 영구적으로 집행을 불허하는 판결을 한다.

② 원고의 주장이 이유 없으면 청구를 기각하는 판결을 선고한다.

③ 판결에는 기판력이 인정되므로 청구이의 소송의 변론종결 시까지 주장할 수 있었던 사유를 내세워 다시 다투지 못한다.

Ⅵ 잠정처분

1. 중간재판으로서의 잠정처분(제46조)

> **민사집행법 제46조(이의의 소와 잠정처분)**
> ① 제44조(청구에 관한 이의의 소) 및 제45조(집행문부여에 대한 이의의 소)의 이의의 소는 강제집행을 계속하여 진행하는 데에는 영향을 미치지 아니한다.
> ② 제1항의 이의를 주장한 사유가 법률상 정당한 이유가 있다고 인정되고, 사실에 대한 소명이 있을 때에는 수소법원은 당사자의 신청에 따라 판결이 있을 때까지 담보를 제공하게 하거나 담보를 제공하게 하지 아니하고 강제집행을 정지하도록 명할 수 있으며, 담보를 제공하게 하고 그 집행을 계속하도록 명하거나 실시한 집행처분을 취소하도록 명할 수 있다.
> ③ 제2항의 재판은 변론 없이 하며 급박한 경우에는 재판장이 할 수 있다.
> ④ 급박한 경우에는 집행법원이 제2항의 권한을 행사할 수 있다. 이 경우 집행법원은 상당한 기간 이내에 제2항에 따른 수소법원의 재판서를 제출하도록 명하여야 한다.
> ⑤ 제4항 후단의 기간을 넘긴 때에는 채권자의 신청에 따라 강제집행을 계속하여 진행한다.

① 청구이의의 소가 제기되더라도 집행절차의 개시와 속행에 영향이 없다(제46조 제1항). 따라서 본소의 판결 시까지 내버려 두면 집행이 끝나버리기 때문에, 청구이의의 소를 제기한 후 채무자가 강제집행의 속행을 저지하기 위해서는 법원으로부터 강제집행의 일시정지를 명하는 잠정처분을 받아 집행기관에 제출하여야 한다.

② 위 잠정처분에 의하지 아니하고 일반적인 가처분의 방법으로 강제집행을 정지시킨다는 것은 허용할 수 없다(대결 1986.5.30. 86그76). 또한 청구이의의 소를 제기하지 아니한 상태에서의 잠정처분만의 신청은 부적법하다.

- 임의경매를 신청할 수 있는 권리의 존부를 다투어 민사집행법 제275조에 의한 같은 법 제44조의 준용에 의해 채무에 관한 이의의 소를 제기한 경우에도 같은 법 제46조 제2항에 의한 강제집행정지명령을 받아 정지시킬 수 있을 뿐이고, 일반적인 가처분절차에 의하여 임의경매절차를 정지시킬 수는 없다(대결 2004.3.7. 2004카기93).
- 민사집행법 제46조 제2항의 잠정처분은 확정판결 또는 이와 동일한 효력이 있는 집행권원의 실효를 구하거나 집행력 있는 정본의 효력을 다투거나 목적물의 소유권을 다투는 구제절차 등에서 수소법원이 종국판결을 선고할 때까지 잠정적인 처분을 하도록 하는 것으로서, 청구이의 판결 등의 종국재판이 해당 물건에 대한 강제집행을 최종적으로 불허할 수 있음을 전제로 강제집행을 일시정지시키는 것이다. 따라서 승소하더라도 그와 같은 효력이 인정되지 않는 채무부존재확인의 소를 제기한 것만으로는 위 조항에 의한 잠정처분을 할 요건이 갖추어졌다고 할 수 없다(대결 2015.1.30. 2014그553). **기출** 25
- 확정판결 또는 이와 동일한 효력이 있는 집행권원에 기한 강제집행의 정지는 오직 강제집행에 관한 법규 중에 그에 관한 규정이 있는 경우에 한하여 가능하고, 이와 같은 규정에 의함이 없이 일반적인 가처분의 방법으로 강제집행을 정지시킨다는 것은 허용되지 아니하며, 민사집행법 제46조 제2항 소정의 강제집행에 관한 잠정처분은 청구이의 소송이 계속 중임을 요하고, 이러한 집행정지요건이 결여되었음에도 불구하고 제기된 집행정지신청은 부적법하다(대결 2003.9.8. 2003그74). **기출** 25

③ 잠정처분의 신청을 기각하는 결정에 대하여는 불복이 허용되지 않으므로, 민사소송법 제449조의 특별항고로 다툴 수밖에 없다(대결 2004.2.3. 2003그86). 특별항고의 경우에, 원심법원에 반성의 기회를 부여하는 '재도의 고안'(再度의 考案)을 허용하는 것은 특별항고를 인정한 취지에 맞지 않으므로 특별항고가 있는 경우에는 원심법원은 경정결정을 할 수 없고 기록을 그대로 대법원에 송부하여야 한다(대결 2001.2.28. 2001그4).[18] **기출** 18

- 민사집행법 제46조 제2항은 민사집행법 제275조에 의하여 담보권을 실행하기 위한 경매절차에 준용되고 있는 바, 이러한 강제집행정지결정에 대하여는 민사소송법 제500조 제3항을 유추적용하여 불복신청을 할 수 없고, 앞서 본 특별항고이유를 주장하여 대법원에 특별항고를 할 수 있을 뿐이다(대결 2004.2.3. 2003그86).
- 민사집행법 제46조 소정의 잠정처분에 대하여는 민사소송법 제500조 제3항을 유추하여 불복신청을 할 수 없다고 할 것이고, 이와 같이 불복불허의 결정에 대하여 한 항고는 당사자가 특별항고라는 표시를 하지 아니하였어도 원심법원은 이를 특별항고로 보아 기록을 대법원에 송부하여야 할 것이다(대결 1981.8.21. 81마292).
- 일반적으로 원심법원이 항고를 이유 있다고 인정하는 때에는 그 재판을 경정할 수 있으나 통상의 절차에 의하여 불복을 신청할 수 없는 결정이나 명령에 대하여 특별히 대법원에 위헌이나 위법의 심사권을 부여하고 있는 특별항고의 경우에 원심법원에 반성의 기회를 부여하는 재도의 고안을 허용하는 것은 특별항고를 인정한 취지에 맞지 않으므로 특별항고가 있는 경우 원심법원은 경정결정을 할 수 없고 기록을 그대로 대법원에 송부하여야 한다(대결 2001.1.28. 2001그4).

④ 수소법원은 채무자의 신청으로 판결이 있을 때까지 담보제공여부를 정하여 집행정지를 명할 수 있고 형평상 채권자의 신청으로 담보를 제공하게 하고 집행의 속행 또는 집행처분의 취소를 명할 수 있다(제46조 제2항). 이러한 청구이의의 소에 부수한 강제집행정지 신청은 수소법원의 전속관할이다(대결 2024.7.11. 2024그613).

---

18) 항고에 정당한 이유가 있다고 인정하는 때에는 원심법원은 원재판을 경정하여야 하는데(민소법 제446조 제1항), 이를 '재도의 고안'(再度의 考案)이라고 한다.

⑤ 잠정처분은 특별한 사정이 없는 한 본안소송인 이의의 소에 대한 "판결 선고 시"까지 효력이 있고, 인가의 재판이 없으면 판결 선고와 함께 실효된다. 다만, 판례는 법원의 재량에 의하여 "판결 확정 시"까지로 그 시한을 정하여도 위법이 아니라고 해석하고 있다(대결 1977.12.21. 77그6 참조). 기출 25

⑥ 급박한 경우에는 수소법원의 재판장이나 집행법원이 잠정처분을 할 수 있으며, 집행법원이 잠정처분을 한 경우에는 상당기간을 정하여 수소법원의 집행정지를 명하는 재판서를 제출하도록 하고 그 기간이 지나면 채권자의 신청으로 강제집행을 속행한다(제46조).

⑦ 지급보증위탁계약을 체결한 문서의 제출로 담보를 제공하는 것은 허용되지 아니한다.

⑧ 집행권원상의 채무자가 집행권원에 대한 강제집행정지를 위하여 공탁한 담보는 강제집행정지로 인하여 채권자(피공탁자)에게 생길 손해를 담보하기 위한 것이므로, 강제집행정지의 대상인 집행권원에 기한 기본채권 자체를 담보하지 않는다(대판 2017.4.28. 2016다277798). 기출 25 · 23

⑨ 담보제공명령은 중간적 재판에 해당하므로 담보제공명령만에 관하여 따로 불복하지 못한다.

> 수소법원이 민사집행법 제46조 소정의 강제집행정지결정 등을 명하기 위하여 담보제공명령을 내렸다면 이러한 담보제공명령은 나중에 있을 강제집행을 정지하는 재판에 대한 중간적 재판에 해당하는 바, 위 명령에서 정한 공탁금액이 너무 과다하여 부당하다고 하더라도 이는 강제집행정지의 재판에 대한 불복절차에서 그 당부를 다툴 수 있을 뿐, 중간적 재판에 해당하는 담보제공명령에 대하여는 독립하여 불복할 수 없다(대판 2001.9.3. 2001그85). 기출 25

2. 종국재판[19]에 따르는 잠정처분(제47조)

> **민사집행법 제47조(이의의 재판과 잠정처분)**
> ① 수소법원은 이의의 소의 판결에서 제46조(잠정처분)의 명령을 내리고 이미 내린 명령을 취소·변경 또는 인가할 수 있다.
> ② 판결 중 제1항에 규정된 사항에 대하여는 직권으로 가집행의 선고를 하여야 한다.
> ③ 제2항의 재판에 대하여는 불복할 수 없다.

① 중간재판으로서의 잠정처분(제46조)은 종국판결 선고 시 또는 확정시까지의 임시적 조치이므로 종국판결이 있게 되면 당연히 효력을 상실한다.

② 수소법원이 청구를 인용하는 판결을 하는 경우에는 새롭게 판결의 주문 중에 잠정처분(제47조)을 하고 이미 내린 잠정처분(제46조)의 취소·변경·인가의 판결을 한다.

③ 이때의 잠정처분(제47조)과 이미 내린 잠정처분(제46조)의 취소·변경은 확정되어야 효력이 발생하므로 반드시 직권으로 가집행선고를 붙여야 하고 이에 대해서는 불복하지 못한다.

④ 제46조의 잠정처분은 결정으로서 선고와 동시에 효력이 발생하지만 제47조의 잠정처분은 판결로서 확정되어야 효력이 발생한다.

⑤ 제46조의 잠정처분에는 가집행선고가 필요 없지만 제47조의 잠정처분에는 가집행선고가 필요하다.

---

19) 청구이의의 소의 본안판결

Ⅶ 실체적 하자와 담보권실행을 위한 경매

1. 서 설

① 청구이의의 소는 강제집행절차와 관련된 실체상 하자가 있음을 주장하여 당해 집행권원의 집행력을 소멸시키는 제도이다.

② 이와 관련하여 임의경매절차와 관련된 실체적 하자가 있는 경우에는 채무자는 이를 어떻게 다투어야 하는지가 문제된다. 임의경매절차에 관하여는 집행권원이라고 할 것이 없으므로 청구이의의 소로 다툴 여지가 없기 때문이다.

③ 이에 대하여는 민사집행법 제265조와 제275조에서 규율하고 있다.

2. 민사집행법 제275조에 따른 불복

① 청구이의의 소

㉠ 민사집행법은 제275조에서 임의경매절차에서도 청구이의의 소가 준용됨을 규정하고 있다. 이 규정만을 본다면 임의경매절차에서도 청구이의의 소가 인정되는 것으로 볼 여지가 있으나 임의경매절차에서는 집행권원이라고 할 것이 없으므로 청구이의의 소가 직접 준용된다고 보기는 어렵다.

㉡ 결국 임의경매절차에서는 청구이의의 소가 인정된다고 볼 것은 아니고 청구이의의 소에 따른 잠정처분만이 한정적으로 준용된다고 할 것이다.

> 부동산을 목적으로 하는 담보권을 실행하기 위한 경매절차를 정지하려면 민사집행법 제265조에 따라 경매개시결정에 대한 이의신청을 하고 제86조 제2항에 따라 제16조 제2항에 준하는 집행정지명령을 받거나 그 담보권의 효력을 다투는 소를 제기하고 같은 법 제44조에 준하는 집행정지명령을 받아 그 절차의 진행을 정지시킬 수 있을 뿐이고, 직접 경매의 불허를 구하는 소를 제기할 수는 없다(대판 2002.9.24. 2002다3684).

② 채무이의의 소

㉠ 임의경매절차에서 실체상 하자가 있는 경우 집행절차 내에서 불복방법은 어떠한지가 문제되는 바, 이에 대하여는 실무상 채무자는 채권자를 상대로 채무부존재확인소송 또는 담보권(저당권)말소청구소송을 제기하고 당해 수소법원으로부터 경매절차의 일시정지를 명하는 잠정처분을 받아 집행법원에 제출하여 집행정지의 목적을 달성할 수 있다.

㉡ 이를 청구이의의 소에 대응하여 채무이의의 소라고 한다.

> 저당채무의 부존재를 이유로 근저당권설정등기의 말소등기절차이행청구의 소를 제기한 경우 민사집행법 제44조의 청구에 관한 이의의 소에 준하여 같은 법 제46조 제2항에 의한 잠정처분을 할 수 있다(대판 1993.10.8. 93그40).

3. 민사집행법 제265조에 따르는 불복

임의경매개시결정에 대한 이의는 실체상 하자까지 다툴 수 있는 것이므로 채무자는 경매개시결정에 대한 이의를 신청하여 집행법원으로부터 집행의 일시정지를 명하는 잠정처분을 받아 집행정지의 목적을 달성할 수 있다.

I 서 설

1. 의 의

> **민사집행법 제48조(제3자이의의 소)** 기출 21
> ① 제3자가 강제집행의 목적물에 대하여 소유권이 있다고 주장하거나 목적물의 양도나 인도를 막을 수 있는 권리가 있다고 주장하는 때에는 채권자를 상대로 그 강제집행에 대한 이의의 소를 제기할 수 있다. 다만, 채무자가 그 이의를 다투는 때에는 채무자를 공동피고로 할 수 있다. 기출 12
> ② 제1항의 소는 집행법원이 관할한다. 다만, 소송물이 단독판사의 관할에 속하지 아니할 때에는 집행법원이 있는 곳을 관할하는 지방법원의 합의부가 이를 관할한다.
> ③ 강제집행의 정지와 이미 실시한 집행처분의 취소에 대하여는 제46조(이의의 소와 잠정처분) 및 제47조(이의의 재판과 잠정처분)의 규정을 준용한다. 다만, 집행처분을 취소할 때에는 담보를 제공하게 하지 아니 할 수 있다.

① 제3자이의의 소란 집행의 목적물에 대하여 제3자가 소유권을 가지거나 목적물의 양도나 인도를 막을 수 있는 권리를 가진 때 그 제3자가 채권자를 상대로 자신의 권리를 침해하는 강제집행에 대하여 이의를 주장하고 그 목적물에 대하여 '집행의 배제'를 구하는 소이다(제48조).

② 강제집행이 채무자의 책임재산이 아닌 제3자의 재산을 대상으로 이루어지는데 대하여 제3자가 이를 다투어 집행행위의 배제를 구하는 제도이다.

2. 취 지

① 집행기관은 집행의 목적물이 채무자의 책임재산에 속하는가 어떤가 하는 실질적 심사를 할 수가 없고 외부적 징표만을 기준으로 채무자의 재산인지를 파악한다.

② 부동산의 경우에는 등기부를 기준으로, 유체동산의 경우에는 점유를 기준으로, 채권의 경우에는 채권자의 주장만으로 책임재산인지 여부를 결정한다.

③ 따라서 흔히 제3자의 재산을 대상으로 집행이 이루어지는 경우가 있고 이러한 부당집행에 대한 구제방법으로 제3자이의의 소에 관한 규정을 두고 있는 것이다.

II 적용범위

1. 본래 의미의 강제집행

① 민사집행법이 인정하고 있는 판결 기타의 집행권원뿐 아니라 다른 법률에서 인정하는 모든 집행권원에 기한 강제집행에 대하여도 적용된다.

② 제3자이의의 소는 금전집행, 비금전집행, 보전집행, 임의경매 등 모든 재산권에 대한 집행에 대하여 인정되지만, 본소로써 집행권원 자체의 '집행력의 배제'를 구할 수는 없다. 기출 12

③ 다만, 의사진술을 명하는 판결은 채무자의 의사표시가 진술의제되면 그 강제집행은 이로써 완료되는 것이고 집행기관에 의한 별도의 집행절차가 필요한 것이 아니므로 그에 대한 청구이의의 소나 제3자이의의 소는 더 이상 허용될 수 없고, 집행의 정지도 있을 수 없다(대결 1979.5.22. 77마427 참고).

2. 보전처분절차

① 보전집행절차에도 제3자이의의 소에 관한 규정이 적용된다.

② 청구이의의 소에 대한 특칙인 보전명령에 대한 이의나 사정변경에 따른 취소절차 등을 두고 있으나, 제3자이의의 소에 대한 특칙을 두고 있지 않기 때문이다.

> [1] 제3자이의의 소는 이미 개시된 집행의 목적물에 대하여 소유권 기타 목적물의 양도나 인도를 저지하는 권리를 주장함으로써 그에 대한 배제를 구하는 것이니 만큼 그의 소의 원인이 되는 권리는 집행채권자에게 대항할 수 있는 것이어야 하는 것이고, 그 대항여부는 그 권리의 취득과 집행의 선후에 의하여 결정되는 것이 보통이므로 그 권리가 집행당시에 이미 존재해야 하는 것이 일반적이라고 할 것이지만 집행 후에 취득한 권리라도 특별히 권리자가 이로써 집행채권자에게 대항할 수 있는 경우라면 그 권리자는 그 집행의 배제를 구하기 위하여 제3자이의의 소를 제기할 수 있다.
> [2] 가압류신청이 사망자를 상대로 한 것이면 사망자 명의의 그 가압류결정은 무효라 할 것이다.
> [3] 가압류결정 시까지 이 사건 부동산에 관하여 원고 명의의 소유권이전등기가 경료되지 않았으나, 피고의 가압류신청이 사망자를 상대로 한 것이라면 사망자 명의의 그 가압류결정은 무효라고 할 것이고 따라서 무효의 가압류결정에 기한 가압류집행에 대해서는 그 집행이후 소유권을 취득한 원고도 그 집행채권자인 피고에 대하여 그 소유권취득을 주장하여 대항할 수 있다고 할 것이므로 원고는 제3자이의의 소에 의하여 위 집행의 배제를 구할 수 있다(대판 1982.10.26. 82다카884).

3. 임의경매절차

① 제3자이의의 소는 담보권실행절차에도 적용된다.

② 청구이의의 소와 같이 집행권원의 집행력 자체를 배제하고자 하는 것이 아니고 집행의 목적물에 대한 집행을 배제하기 위한 것이기 때문이다.

4. 모든 재산권을 대상으로 하는 집행에 적용

> 제3자이의의 소는 등기청구권을 포함하여 모든 재산권을 대상으로 하는 집행에 대하여 적용되는 것이므로, 등기청구권에 대하여 압류명령이 있는 경우에 집행채무자 아닌 제3자가 자신이 진정한 등기청구권의 귀속자로서 자신의 등기청구권의 행사에 있어 위 압류로 인하여 장애를 받는 경우에는 그 등기청구권이 자기에게 귀속함을 주장하여 집행채권자에 대하여 제3자이의의 소를 제기할 수 있다(대판 1999.6.11. 98다52995). **기출** 23

Ⅲ 이의사유

1. 서 설

① 제3자이의의 소는 이미 개시된 집행의 목적물에 대하여 '채무자 이외의 제3자'가 '소유권 기타 목적물의 양도나 인도를 저지하는 권리를 주장'하여 강제집행의 배제를 구하는 것이기 때문에 그 소의 원인이 되는 권리는 집행채권자에게 대항할 수 있는 것이어야만 한다(제48조 제1항 본문, 대판 1982.10.26. 82다카884 등).

> 강제집행 개시결정 후 소유권을 취득한 제3자는 집행채권이 변제 기타사유로 소멸된 경우에도 청구에 관한 이의의 소에 의하여 채무명의의 집행력이 배제되지 아니한 이상 그 경매개시 결정은 취소될 수 없고 그 결정이 취소되지 않는 동안에는 집행채권이 변제되었다는 사유만으로 소유권을 집행채권자에게 대항할 수 없으므로 제3자이의의 소에 의하여 그 강제집행의 배제를 구할 수 없다(대판 1976.3.24. 76다216).

② 목적물의 양도나 인도를 막을 수 있는 권리로 인정되기 위해서는 첫째, 목적물에 대한 일정한 권리가 집행개시 당시 제3자에게 귀속되어 있는 동시에 사실심의 최종 변론종결 시까지 존재하여야 하고, 둘째, 권리가 집행에 의하여 침해당하여야 하고, 셋째, 제3자의 그 목적물에 대한 일정한 권리가 집행채권자에게 대항할 수 있는 권리여야 한다. **기출** 12

2. 소유권

① 소유권자

㉠ 제3자가 집행목적물에 대한 소유권을 가지고 있다는 것은 대표적인 이의사유이다. 이의의 원인이 되는 권리는 집행채권자에게 대항할 수 있는 것이어야 하므로 부동산의 경우에는 등기가 있어야 하는 것은 말할 것도 없고(민법 제186조), 동산의 경우에는 인도가 있어야 한다.

㉡ 소유권유보부매매에 있어서의 매도인이나 명의신탁에 있어서 수탁자는 본소를 제기할 수 있으나, 소유권이전등기청구권만을 가지는 자나 소유권이전등기청구권을 가등기한 자 또는 명의신탁자 등은 본소를 제기할 수 없다.

② 소유권의 침해

㉠ 소유권을 가지고 있다는 제3자라고 하여 항상 집행에 대한 이의사유를 주장할 수 있는 것은 아니다. 집행에 의하여 소유권 자체가 침해된 것이 아니라면 본소를 제기할 수 없다. 지상권에 기한 인도청구권의 집행에 대하여 집행채무자 아닌 토지의 소유자는 소유권을 근거로 하여 본소를 제기하지 못한다.

㉡ 유체동산의 직접점유자를 가처분채무자로 하는 점유이전금지가처분의 집행에 대하여 그 간접점유자인 소유자가 제3자이의의 소를 제기할 수 없다(대판 2002.3.29. 2000다33010). **기출** 17·16

> 목적물에 대한 채무자의 점유를 풀고 채권자가 위임하는 집행관에게 그 보관을 명하며 집행관은 현상을 변경하지 아니할 것을 조건으로 하여 채무자에게 그 사용을 허가하도록 하는 내용의 점유이전금지가처분은, 가처분집행 당시의 목적물의 현상을 본집행시까지 그대로 유지함을 목적으로 하여 그 목적물의 점유이전과 현상의 변경을 금지하는 것에 불과하여, 이러한 가처분결정에도 불구하고 점유가 이전되었을 때에는 가처분채무자는 가처분채권자에 대한 관계에서 여전히 그 점유자의 지위에 있는 것으로 취급되는 것일 뿐 가처분집행만으로 소유자에 의한 목적물의 처분을 금지 또는 제한하는 것은 아니므로, 점유이전금지가처분의 대상이 된 목적물의 소유자가 그 의사에 기하여 가처분채무자에게 직접점유를 하게 한 경우에는 그 점유에 관한 현상을 고정시키는 것만으로 소유권이 침해되거나 침해될 우려가 있다고 할 수는 없고 소유자의 간접점유권이 침해되는 것도 아니라고 할 것이며, 따라서 간접점유자에 불과한 소유자는 직접점유자를 가처분채무자로 하는 점유이전금지가처분의 집행에 대하여 제3자이의의 소를 제기할 수 없다(대판 2002.3.29. 2000다33010). **기출** 17·16

③ 소유권의 대항력
- ㉠ 소유권을 가지는 제3자라 하여도 집행채권자에게 대항할 수 없는 경우에는 제3자이의의 소로 다툴 수 없다.

> 제3자이의의 소는 이미 개시된 집행의 목적물에 대하여 소유권 기타 목적물의 양도나 인도를 저지하는 권리를 주장함으로써 그에 대한 배제를 구하는 것이니 만큼 그의 소의 원인이 되는 권리는 집행채권자에게 대항할 수 있는 것이어야 하는 것이고, 그 대항여부는 그 권리의 취득과 집행의 선후에 의하여 결정되는 것이 보통이므로 그 권리가 집행당시에 이미 존재해야 하는 것이 일반적이라고 할 것이지만 집행 후에 취득한 권리라도 특별히 권리자가 이로써 집행채권자에게 대항할 수 있는 경우라면 그 권리자는 그 집행의 배제를 구하기 위하여 제3자이의의 소를 제기할 수 있다(대판 1982.10.26. 82다카884).

- ㉡ 따라서 유효한 가압류나 압류 이후에 소유권을 취득한 자(제3취득자)는 집행채권이 존속하는 한 압류채권자에게 대항할 수 없으므로 제3자이의의 소를 제기하지 못한다.
- ㉢ 그러나 가압류 부동산을 양수한 제3취득자의 변제로 인하여 피보전채권이 소멸되면 그 제3취득자는 가압류 채권자에 대한 관계에 있어서도 소유권 취득을 대항할 수 있게 되어 제3취득자는 가압류 채권자가 제기한 강제집행에 대하여 제3자이의의 소를 제기할 수 있다(대판 1982.9.14. 81다527). 다만, 가압류가 아닌 본압류 집행 후에 제3취득자가 집행채권을 변제한 경우에는 청구이의의 소를 제기할 것이지 제3자이의의 소를 제기할 것은 아니다(대판 1982.9.14. 81다527). **기출** 16

> [1] 강제집행에 대한 제3자이의의 소는 집행목적물에 대하여 채무자 이외의 제3자가 소유권 기타 목적물의 양도나 인도를 저지하는 권리를 주장하여 강제집행의 배제를 구하는 것이기 때문에 그 소의 원인이 되는 권리는 집행채권자에게 대항할 수 있는 것이어야만 하는바, 강제집행 개시결정(= 압류의 효력) 후 소유권을 취득한 제3자는 집행채권이 변제 기타사유로 소멸된 경우에도 청구에 관한 이의의 소에 의하여 채무명의의 집행력이 배제되지 아니한 이상 그 경매개시 결정은 취소 될 수 없고 그 결정이 취소되지 않는 동안에는 집행채권이 변제되었다는 사유만으로 소유권을 집행채권자에게 대항할 수 없으므로 제3자이의의 소에 의하여 그 강제집행의 배제를 구할 수 없다.
> [2] 가압류 부동산을 양수한 제3취득자의 변제로 인하여 피보전채권이 소멸되면 그 제3취득자는 가압류 채권자에 대한 관계에 있어서도 소유권 취득을 대항할 수 있게 되어 가압류 채권자에 의한 강제집행은 결국 채무자 이외의 제3자의 소유물에 대하여 시행된 것이 되어 허용될 수 없다(대판 1982.9.14. 81다527).
> **기출** 23 · 16

④ 명의신탁의 신탁자
- ㉠ 부동산을 명의신탁한 경우에는 소유권이 대외적으로 수탁자에게 귀속하므로 명의신탁자는 신탁을 이유로 제3자에 대하여 그 소유권을 주장할 수 없다.
- ㉡ 특별한 사정이 없는 한 신탁자가 수탁자에 대해 가지는 명의신탁해지를 원인으로 한 소유권이전등기청구권은 집행채권자에게 대항할 수 있는 권리가 될 수 없으므로 결국 명의신탁자인 종중은 명의신탁된 부동산에 관하여 제3자이의의 소의 원인이 되는 권리를 가지고 있지 않다고 할 것이다(대판 1974.6.25. 74다423; 대판 2007.5.10. 2007다7409).

⑤ 신탁재산의 위탁자·수익자 : 신탁법에 의하여 설정된 신탁재산은 대외적으로 수탁자의 고유재산에 속하지 아니하므로 수탁자에 대한 개인채권자의 집행에 관하여 위탁자·수익자 등은 제3자이의의 소를 제기할 수 있다(신탁법 제21조).

⑥ 공유권
  ㉠ 공유자 중 1인에 대한 집행권원으로 공유물 전부에 대하여 집행이 행하여질 때에는 다른 공유자는 지분권을 주장하여 제3자이의의 소를 제기할 수 있다.
  ㉡ 다만, 부부 공유인 유체동산에 있어서는 채무자 아닌 다른 일방은 자신의 지분권을 주장하여 제3자이의의 소를 제기할 수 없다(제190조).

⑦ 합유권 : 합유자 중 1인을 채무자로 하는 집행권원에 근거하여 합유물 전부에 대하여 강제집행을 하는 경우에는 다른 합유자는 제3자이의의 소를 제기하여 합유물에 대한 집행의 배제를 구할 수 있다.

> • 민법상 조합의 채권은 조합원 전원에게 합유적으로 귀속하는 것이어서 특별한 사정이 없는 한 조합원 중 1인에 대한 채권으로써 그 조합원 개인을 집행채무자로 하여 조합의 채권에 대하여 강제집행을 할 수 없고, 조합 업무를 집행할 권한을 수여받은 업무집행 조합원은 조합재산에 관하여 조합원으로부터 임의적 소송신탁을 받아 자기 이름으로 소송을 수행할 수 있다(대판 2001.2.23. 2000다68924).
> • [1] 제3자이의의 소는 모든 재산권을 대상으로 하는 집행에 대하여 적용되는 것이므로, 금전채권에 대하여 압류 및 추심명령이 있는 경우에 집행채무자 아닌 제3자가 자신이 진정한 채권자로서 자신의 채권의 행사에 있어 압류 등으로 인하여 사실상 장애를 받았다면 그 채권이 자기에게 귀속한다고 주장하여 집행채권자에 대하여 제3자이의의 소를 제기할 수 있다.
> [2] 조합의 채권은 조합원 전원에게 합유적으로 귀속하는 것이어서, 특별한 사정이 없는 한 조합원 중 1인이 임의로 조합의 채무자에 대하여 출자지분의 비율에 따른 급부를 청구할 수 없는 것이므로, 조합원 중 1인의 채권자가 그 조합원 개인을 집행채무자로 하여 조합의 채권에 대하여 강제집행하는 경우, 다른 조합원으로서는 보존행위로서 제3자이의의 소를 제기하여 그 강제집행의 불허를 구할 수 있다(대판 1997.8.26. 97다4401).
> **기출** 20·17

3. 점유권

① 원 칙
  ㉠ 점유권도 물권인 절대권이기 때문에 점유권자는 본권의 유무에 관계없이 원칙적으로 제3자이의의 소를 제기할 수 있으나, 인도를 막을 수 있는 정당한 권리가 없는 경우에는 제3자이의의 소를 제기할 수 없다.
  ㉡ 점유권자는 채권자에 대하여 집행을 수인할 이유가 없으므로 직접점유, 간접점유를 불문하고 점유가 방해되는 한 제3자이의의 소를 제기할 수 있다(대판 1957.10.10. 4290민상524; 대판 2009.4.9. 2009다1894).
  기출 17

② 점유권을 침해하는 강제집행
  ㉠ 강제집행은 점유를 제한하는 것과 점유를 제한하지 않는 것이 있다. 유체동산집행절차와 인도집행절차에서는 점유를 제한하나, 부동산 경매절차에서는 통상 처분의 제한만이 있을 뿐 점유의 제한은 없다. 다만, 부동산 강제관리절차에서는 점유의 제한이 뒤따른다.
  ㉡ 점유의 제한이 있는 강제집행으로 인하여 정당한 제3자의 점유가 침해되는 경우에 점유자인 제3자는 점유권의 침해를 이유로 제3자이의의 소를 제기할 수 있다.
  ㉢ 점유권에 기한 제3자이의의 소는 유체동산집행에서 주로 문제되고 부동산강제경매에서는 문제될 여지가 없다.

③ 직접점유
　㉠ 제3자가 직접점유하고 있는 유체동산에 대하여 제3자가 승낙하지 않았음에도 불구하고 집행채권자가 집행을 위하여 압류를 하면 제3자는 점유권의 침해를 이유로 제3자이의 소를 제기할 수 있다.
　㉡ 물론 집행절차상의 위법을 이유로 집행에 관한 이의신청을 할 수도 있다.
　㉢ 반면에 제3자가 점유하고 있는 부동산에 대하여 집행채권자의 경매신청이 있게 되면 동산의 경우와 달리 점유권 자체를 침해하고 있지 않으므로 본 소를 제기할 수 없다.
　㉣ 다만 제3자가 점유하고 있는 부동산에 대하여 강제관리신청이 있어 관리인이 부동산을 점유하려고 할 때에는 강제관리를 막을 권리(점유권)를 주장하여 제3자이의 소를 제기할 수 있다.
④ 간접점유
　㉠ 제3자가 채무자와의 점유매개관계에 의하여 채무자가 직접점유하고 있는 목적물을 간접점유하는 경우에 채무자가 직접점유 중인 목적물에 대하여 채권자가 한 강제집행에 대하여 간접점유자인 제3자가 강제집행을 수인할 의무가 없는 경우에는 간접점유권의 침해를 이유로 제3자이의 소를 제기할 수 있다.
　㉡ 제189조 제1항 단서에 따라 집행관이 강제집행에 의하여 확보해 둔 유체동산의 점유를 여전히 채무자에게 맡겨 둔 채 이에 대하여 점유이전금지가처분을 해 둔 경우에는 이러한 가처분집행에 대하여 제3자이의 소를 제기할 수 없다.
　㉢ 이때의 가처분은 목적물에 대한 사실상의 지배를 변경하는 것이 아니라 단지 직접점유의 현상을 그대로 고정시키는 데 불과하여 간접점유자의 점유권을 침해하는 것이 아니기 때문이다.

> 매수인이 소유권유보부 매매의 목적물을 타인의 직접점유를 통하여 간접점유하던 중 그 타인의 채권자가 그 채권의 실행으로 그 목적물을 압류한 사안에서, 매수인은 그 강제집행을 용인하여야 할 별도의 사유가 있지 아니한 한 소유권유보매수인 또는 정당한 권원 있는 간접점유자의 지위에서 민사집행법 제48조 제1항에 정한 '목적물의 인도를 막을 수 있는 권리'를 가진다(대판 2009.4.9. 2009다1894). **기출** 15

4. 제한물권
① 점유를 수반하는 제한물권
　㉠ 부동산 강제관리절차는 물권자의 점유를 침해하는 강제집행에 해당하므로 점유를 수반하는 지상권, 지역권, 전세권은 강제관리에 대하여 점유권에서 본 바와 같이 제3자이의 소로써 다툴 수 있다.
　㉡ 부동산 강제경매절차에서는 제3자이의 소를 제기할 수 없음은 점유권에서 본 바와 같다. 부동산 강제경매절차에서 이러한 물권(지상권, 지역권, 전세권)은 소제와 인수여부만이 문제되며 대항력 유무를 불문하고 제3자이의 소를 제기할 수 없다. **기출** 15
② 점유를 수반하지 아니하는 제한물권
　㉠ 점유의 제한이 따르지 아니하는 제한물권은 양도나 인도를 막을 수 있는 권리에 해당하지 아니하므로 원칙적으로 제3자이의 소로써 다투지 못한다.
　㉡ 강제관리는 물론이고 강제경매에 있어서도 마찬가지이다.
　㉢ 저당부동산의 종물이나 공장재단에 속하는 일부의 동산이 독립하여 집행의 목적물이 되는 경우에는 저당권을 근거로 제3자이의 소를 제기할 수 있다.

5. 양도담보권

① 의의 : 양도담보는 담보목적으로 소유권을 이전하는 형태이다. 따라서 양도담보설정자의 채권자가 양도담보물건에 대하여 강제집행을 하는 경우에 양도담보권자가 담보목적물에 대한 강제집행을 배제하기 위하여 제3자이의의 소를 제기할 수 있는지 문제된다.

② 동산 양도담보

   ㉠ 점유개정에 의한 동산양도담보의 경우, 양도담보권자는 제3자에 대하여 소유권을 주장할 수 있으므로 그 목적물에 대하여 양도담보권설정자의 일반채권자가 집행을 한 경우에는 제3자이의의 소를 제기할 수 있다(대판 1971.3.23. 71다225; 대판 1994.8.26. 93다44739). **기출** 17 · 16

   ㉡ 집행증서를 소지한 동산양도담보권자라면, 제3자이의의 소에 의하지 아니하고 집행증서에 의한 담보목적물에 대한 이중압류의 방법으로 배당절차에 참가하여 일반채권자에 우선하여 배당을 받을 수도 있다(대판 2004.12.24. 2004다45943).

> [1] 금전채무를 담보하기 위하여 채무자가 그 소유의 동산을 채권자에게 양도하되 점유개정의 방법으로 인도하고 채무자가 이를 계속 점유하기로 한 경우에는, 특별한 사정이 없는 한 동산의 소유권은 신탁적으로 이전됨에 불과하여 채권자와 채무자 사이의 대내적 관계에서 채무자는 의연히 소유권을 보유하나 대외적인 관계에 있어서 채무자는 동산의 소유권을 이미 채권자에게 양도한 무권리자가 되는 것이어서 채무자가 다시 다른 채권자와 사이에 양도담보설정계약을 체결하고 점유개정의 방법으로 인도를 하더라도 현실의 인도가 아닌 점유개정으로는 선의취득이 인정되지 아니하므로 나중에 설정계약을 체결한 채권자는 양도담보권을 취득할 수 없다.
> [2] 집행증서를 소지한 동산양도담보권자는 특별한 사정이 없는 한 양도담보권자인 지위에 기초하여 제3자이의의 소에 의하여 목적물건에 대한 양도담보권설정자의 일반채권자가 한 강제집행의 배제를 구할 수 있으나, 그와 같은 방법에 의하지 아니하고 집행증서에 의한 담보목적물에 대한 이중압류의 방법으로 배당절차에 참가하여 선행한 동산압류에 의하여 압류가 경합된 양도담보권설정자의 일반채권자에 우선하여 배당을 받을 수도 있다(대판 2004.12.24. 2004다45943). **기출** 16 · 15

③ **부동산 양도담보** : 부동산 양도담보의 경우에는 양도담보권자에게 소유권이전등기가 경료되어 있으므로 담보권설정자를 채무자로 하는 경매를 진행할 수 없다는 점에서 제3자이의의 소가 문제될 여지가 없다.

④ **소유권유보부 매매** : 소유권유보부 매매에서 목적물의 매도인도 양도담보권자의 지위와 유사하다. 따라서 매도인은 집행절차에서 제3자이의의 소로 다투는 것이 가능하다.

6. 가등기

① **가등기의 유형** : 가등기에는 담보가등기와 청구권보전가등기가 있는데 등기부를 기준으로 보면 양자를 구별할 방법은 없다.

② **청구권보전의 가등기** : 청구권보전의 가등기권자는 제3자이의의 소를 제기할 수 없다. 매각으로 인하여 소제와 인수여부만이 문제될 뿐이다.

③ 담보가등기
  ㉠ 가등기담보권이 설정된 부동산에 대하여 설정자의 일반채권자가 강제경매 등의 집행을 한 경우에, 강제경매 등의 신청 전에 가등기담보권자가 이미 소정의 절차를 거쳐 **청산금을 지급한 때**[20])에는 가등기담보권자는 가등기에 기한 본등기를 경료하기 전이라도 이 소를 제기할 수 있다고 할 것이다. 청산금을 지급한 때에는 가등기담보권자는 가등기에 기한 본등기를 청구할 수 있기 때문이다(가담법 제14조).
  ㉡ 다만 가등기담보권자보다 선순위의 저당권자 등이 담보권의 실행으로서 경매신청을 한 경우에는 선순위의 저당권자 등의 처분에 따라야 하므로 이 소를 제기할 수 없다.
  ㉢ 집행의 신청이 청산금의 지급 전인 때에는 가등기담보권자는 채권신고에 의하여 매각대금의 배당 또는 변제금의 교부를 받을 수 있고(가담법 제16조), 가등기담보권은 그 부동산의 매각에 의하여 소멸하므로 이 경우에는 가등기담보권자는 이 소를 제기할 수 없다.

> 어떤 부동산에 관하여 채권 담보를 위한 가등기가 경료된 후에 매매에 의하여 그 소유권을 취득한 제3자가 채무원리금을 변제함으로써 피담보채무가 전부 소멸하였음에도 불구하고 등기부상 가등기가 그대로 남아 있음을 이용하여 가등기 명의자가 가등기에 기한 소유권이전의 본등기를 경료하고 나아가 타인 명의로 가등기까지 경료하였다 하더라도 피담보채무의 소멸 후의 위 담보가등기는 원인무효이고, 위 가등기에 기하여 경료된 본등기 및 타인 명의의 가등기도 원인무효이며, 나아가 위 가등기에 기한 본등기가 경료됨으로써 등기공무원이 직권으로 한 가등기 후의 위 제3자 명의의 소유권이전등기의 말소등기 역시 원인무효이어서 위 제3자는 여전히 소유권자로서의 지위를 잃지 않으므로, 위 제3자로서는 위 말소등기의 회복 여부에 관계없이 소유권에 기한 방해배제 청구로서 직접 등기 명의자를 상대로 원인무효인 위 각 가등기 및 가등기에 기한 본등기의 말소를 청구하여 그 등기가 말소되면 등기공무원이 다시 직권으로 말소된 위 제3자 명의의 소유권이전등기의 회복등기를 할 수 있고, 위 제3자 명의로 경료된 소유권이전등기가 잘못 말소되었다 하여 이미 목적 달성으로 소멸한 전 소유자에 대한 소유권이전등기청구권이 다시 발생한다고는 할 수 없으므로 위 제3자에게는 전 소유자를 대위하여 위 각 가등기 및 본등기의 말소를 청구할 피보전권리가 없다(대판 1997.10.24. 97다29097).

7. 처분금지가처분

① 처분금지가처분이 매각에 의하여 소멸하는 근저당권 등 타물권이나 가압류의 등기보다 후에 경료된 경우에는 가처분권자는 매수인에게 대항할 수 없고 대금납부 후 그 가처분등기나 가등기를 말소하게 되므로(대결 1988.4.28. 87마1169; 대결 1997.1.16. 96마231) 매각에 의하여 소멸되는 처분금지가처분권자는 제3자이의의 소를 제기할 수 없다.
② 매각으로 소멸되지 아니하고 매수인에게 인수되는 처분금지가처분권자가 제3자이의의 소를 제기할 수 있는지에 대해서는 견해가 대립한다. 이는 처분금지가처분에서 금지하는 처분에 소유권자의 임의처분뿐만 아니라 집행기관의 강제집행에 의한 강제처분도 포함되는가의 문제이다.

---

20) 청산금이 없는 경우에는 청산기간 경과 후

8. 채무자에 대한 채권적 청구권

① 채권적 청구권의 대항력

    ㉠ 채권적 청구권은 상대권이어서 집행채무자에게만 주장할 수 있는 권리일 뿐 집행채권자에게 대항할 수 있는 양도나 인도를 막을 수 있는 권리가 아니어서 제3자이의의 소를 제기할 수 없다.

    ㉡ 그러나 집행의 목적물이 채무자의 소유에 속하는 것이 아닌 경우에는 <u>채권적 청구권을 가진 자는 이를 이의사유로 삼아 제3자이의의 소를 제기할 수 있다</u>. 그 목적물의 소유자는 물론 그 목적물에 대하여 채권적청구권을 가지고 있는 제3자도 그 목적물에 대하여 반환을 청구할 수 있는 권리가 있고, 그 목적물의 양도나 인도를 막을 수 있는 권리가 있기 때문이다.

> • <u>제3자이의의 소의 이의원인은</u> 소유권에 한정되는 것이 아니고 <u>집행목적물의 양도나 인도를 막을 수 있는 권리이면 족하다</u>. 따라서 '집행목적물이 집행채무자의 소유에 속하지 아니한 경우'에는 집행채무자와 사이의 계약관계에 의거하여 집행채무자에 대하여 목적물의 반환을 구할 채권적 청구권을 가지고 있는 제3자는 집행에 의한 양도나 인도를 막을 이익이 있으므로 그 채권적 청구권도 제3자이의의 소의 이의원인이 될 수 있다(대판 2003.6.13. 2002다16576; 대판 2013.3.28. 2012다112381). **기출** 23 · 16 · 15
> • 집행목적물이 채무자의 재산에 속하는 경우에는 제3자가 채무자와의 사이에 매매, 증여, 임대차계약 등에 기하여 채무자에 대하여 인도, 이전등기를 구할 수 있다 하더라도 이러한 <u>채권적 청구권(예컨대 소유권이전등기청구권)만으로는 채권자에 대항할 수 없으므로 제3자이의의 소를 제기할 수 없다</u>(대판 1980.1.29. 79다1223).

② 채권적 청구권의 귀속

    ㉠ 채권적 청구권이라도 채권적 청구권 자체가 집행의 대상을 이루는 경우에 그 귀속을 다투어 제3자이의의 소를 제기할 수 있다.

    ㉡ 채권적 청구권의 귀속 자체를 다투는 것과 채권적 청구권의 효력을 주장하는 것은 서로 다른 차이점이 있다.

> [1] 제3자이의의 소는 모든 재산권을 대상으로 하는 집행에 대하여 적용되는 것이므로, <u>금전채권에 대하여 압류 및 추심명령이 있은 경우에 집행채무자 아닌 제3자가 자신이 진정한 채권자로서 자신의 채권의 행사에 있어 압류 등으로 인하여 사실상 장애를 받았다면 그 채권이 자기에게 귀속한다고 주장하여 집행채권자에 대하여 제3자이의의 소를 제기할 수 있다.</u>
> [2] 조합의 채권은 조합원 전원에게 합유적으로 귀속하는 것이어서, <u>조합원 중 1인의 채권자가 그 조합원 개인을 집행채무자로 하여 조합의 채권에 대하여 강제집행하는 경우, 다른 조합원으로서는 보존행위로서 제3자이의의 소를 제기하여 그 강제집행의 불허를 구할 수 있다</u>(대판 1997.8.26. 97다4401). **기출** 20 · 17

Ⅳ 소송절차

1. 소의 제기시기

① 제3자이의의 소

㉠ 목적물에 대하여 강제집행이 개시된 후 그 종료 전에 한하여 제기할 수 있음이 원칙이다.

㉡ 강제집행의 우려만으로는 이 소를 제기할 필요가 없다.

㉢ 다만, 특정물의 인도 또는 부동산인도청구의 집행(제257조, 제258조)에서는 집행권원에 의하여 집행 대상물과 그 내용을 알 수 있고, 또 이에 대한 집행은 개시 후 즉시 끝나버리므로 예외적으로 집행이 개시되기 전이라도 제3자이의의 소를 제기할 수 있다.

② 목적물에 대한 강제집행이 끝난 뒤

㉠ 목적물에 대한 강제집행이 끝난 뒤에는 소의 이익이 없다. 집행 중에 이 소가 제기되었더라도 집행이 정지되지 아니하여 집행이 끝나버리면 소의 이익이 없다.

㉡ 다만, 유체동산 매각절차에서 매수인의 선의취득이 인정되는 경우에는 '배당절차가 종료되기 전이라면' 매각대금을 채권자에게 배당하지 아니하고 제3자에게 귀속시킬 실익이 있으므로 그 단계에서도 제3자이의의 소로서 다툴 이익이 있다(대판 1997.10.10. 96다49049).

> • [1] 제3자이의의 소는 강제집행의 목적물에 대하여 소유권이나 양도 또는 인도를 저지하는 권리를 가진 제3자가 그 권리를 침해하여 현실적으로 진행되고 있는 강제집행에 대하여 이의를 주장하고 집행의 배제를 구하는 소이므로, 당해 강제집행이 종료된 후에 제3자이의의 소가 제기되거나 또는 제3자이의의 소가 제기된 당시 존재하였던 강제집행이 소송 계속 중 종료된 경우에는 소의 이익이 없어 부적법하다.
> [2] 물건(유체동산)에 대한 '매각절차'는 종료되었으나 '배당절차'는 아직 종료되지 아니한 경우, 경매목적물의 매수인이 유효하게 소유권을 취득한다면 경매절차에서 집행관이 영수한 매득금은 경매목적물의 대상물로서 제3자이의의 소에서 승소한 자가 그 대상물에 대하여 권리를 주장할 수 있다고 할 것이므로, '매각절차'가 종료되었다고 하더라도 '배당절차'가 종료되지 않은 이상 제3자이의의 소는 여전히 소의 이익이 있다(대판 1997.10.10. 96다49049). **기출** 23·17·16·15
> • 인도강제집행에 의하여 인도한 동산이 제3자의 소유와 점유에 속한 것이라 할지라도 이 사건 강제집행이 종료되기 이전에 집행방법에 대한 이의를 하든가 제3자이의 소송을 제기하고 그 집행정지를 하여 두지 아니하여 강제집행이 완료된 이상 집행이 당연무효가 될 수 없고 따라서 이에 대한 소유권과 점유권이 계속 제3자에게 있다고 할 수 없다(대판 1972.4.25. 72다52).

③ 가압류·가처분의 경우는 그 집행이 끝났다 하더라도 이는 보전집행에 불과할 뿐 본집행이 아니므로 당해 가압류·가처분의 효력이 존속하는 한 이 소를 제기할 수 있다.

④ 제3자이의의 소를 제기하지 않아 매각대금이 채권자에게 배당이 이루어진 경우에는 제3자는 더 이상 본소로는 다투지 못하고 채권자를 상대로 부당이득반환을 청구할 수 있을 뿐이다.

> 채무자 이외의 자의 소유에 속하는 동산에 대한 경매절차에서 그 동산의 매득금은 채무자의 것이 아니어서 채권자가 이를 배당을 받았다고 하더라도 채권은 소멸하지 않고 계속 존속하므로, 배당을 받은 채권자는 이로 인하여 법률상 원인 없는 이득을 얻고 소유자는 경매에 의하여 소유권을 상실하는 손해를 입게 되었다고 할 것이니, 그 동산의 소유자는 배당을 받은 채권자에 대하여 부당이득으로서 배당받은 금원의 반환을 청구할 수 있다(대판 2003.7.25. 2002다39616).

2. 당사자 적격

① 원고적격

㉠ 제3자이의의 소의 원고적격은 '집행의 목적물에 대하여 소유권이나 목적물의 양도 또는 인도를 막을 수 있는 권리가 있다고 주장하는 제3자'에게 있다.

㉮ '제3자'란 '집행권원 또는 집행문에 채권자, 채무자 또는 그 승계인으로 표시된 자 이외의 자'를 말하며, 승계집행문으로 인하여 피고의 승계인으로 표시된 자[21]가 그 집행권원의 집행력의 배제를 구하는 소는 제3자이의의 소라 할 수 없다(대판 1992.10.27. 92다10883). **기출** 23

㉯ 여러 사람의 공유에 속하는 물건 또는 권리에 대하여는 공유물의 보존에 필요한 때에 각 공유자는 보존행위로서 단독으로 이 소를 제기할 수 있다(민법 제265조 단서).

> • 가압류집행이 반사회적 행위에 의하여 이루어진 것임이 분명한 경우나 가압류가 사망자를 상대로 한 것이어서 무효인 경우라면 그 권리자는 그 집행의 배제를 구하기 위하여 제3자이의의 소를 제기할 수 있다(대판 1997.8.29. 96다14470).
> • 제3자이의의 소의 원고적격은 강제집행의 목적물에 대하여 양도 또는 인도를 막을 권리가 있다고 주장하는 제3자에게 있고, 여기서 제3자는 집행권원 또는 집행문에 채권자, 채무자 또는 그 승계인으로 표시된 사람 이외의 사람을 말한다. 그리고 집행의 채무자가 누구인지는 집행문을 누구에 대하여 내어 주었는지에 의하여 정하여지고, 집행권원의 채무자와 동일성이 없는 사람 등 집행의 채무자적격을 가지지 아니한 사람이라도 그에 대하여 집행문을 내어 주었으면 '집행문부여에 대한 이의신청 등'에 의하여 취소될 때까지는 집행문에 의한 집행의 채무자가 된다(대판 2016.8.18. 2014다225038).
> **기출** 24 · 23 · 22

㉡ 채무자는 그 목적물이 제3자의 재산인 것을 이유로 이의를 주장할 수 없으나, 한정승인을 한 상속인이 자기의 고유재산에 대하여 집행을 받은 경우 집행권원 자체에 유한책임의 취지가 명시되어 있는 때에는 제3자이의의 소를 제기할 수 있다(대결 2005.12.19. 2005그128). **기출** 12

> 상속채무의 이행을 구하는 소송에서 피고의 한정승인 항변이 받아들여져서 원고 승소판결인 집행권원 자체에 '상속재산의 범위 내에서만' 금전채무를 이행할 것을 명하는 이른바 유한책임의 취지가 명시되어 있음에도 불구하고, 상속인의 고유재산임이 명백한 임금채권 등에 대하여 위 집행권원에 기한 압류 및 전부명령이 발령되었을 경우에, 상속인인 피고로서는 책임재산이 될 수 없는 재산에 대하여 강제집행이 행하여졌음을 이유로 제3자이의의 소를 제기하거나, 그 채권압류 및 전부명령 자체에 대한 즉시항고를 제기하여 불복하는 것은 별론으로 하고, 청구에 관한 이의의 소에 의하여 불복할 수는 없다고 보아야 한다(대결 2005.12.19. 2005그128). **기출** 12

㉢ 제3자의 채권자는 제3자를 대위하여 제3자이의의 소를 제기할 수 있다.

---

21) 건물의 철거를 명하는 확정판결의 변론종결 전에 건물에 관하여 경료된 가등기에 기하여 변론종결 후 본등기를 경료한 자

② 피고적격
   ⊙ 피고는 목적물에 대하여 <u>집행을 하는 채권자</u>이다. 집행채권이 양도된 때에는 승계집행문의 부여에 따라 채권자의 승계인이 피고가 된다(제31조). 그러나 <u>승계집행문이 부여되지 아니한 동안은 원래의 채권자에게 피고적격이 있다.</u>
   ⊙ 제3자이의의 소는 집행채권자에 대한 관계에서 집행불허의 선언을 구하는 것이기 때문에 채무자를 피고로 할 필요가 없으나, 채무자가 집행목적물의 귀속 또는 목적물에 대한 제3자의 권리의 존부를 다투는 때에는 제3자는 채권자와 채무자를 공동피고로 할 수 있다(제48조 제1항 단서, 이는 통상공동소송).

③ 관 할
   ⊙ 이 소는 집행법원의 관할에 속한다(제48조 제2항). 소송물이 단독판사의 관할에 속하지 아니할 때에는 집행법원이 있는 곳을 관할하는 지방법원의 합의부가 이를 관할한다(제48조 제2항 단서). 기출 12
   ⊙ 시·군법원에서 한 보전처분에 대한 제3자이의의 소의 관할법원은 시·군법원이 있는 곳을 관할하는 지방법원 또는 지방법원 지원이 된다(제22조 제2호).

④ 심 리
   ⊙ 본안의 심리는 제3자가 주장하는 이의이유의 존부에 한정되며, <u>집행의 적부와 제3자의 소유권의 존부에는 미치지 아니한다.</u> 이의사유인 실체적 권리는 변론종결 시에 존재하여야 한다. 기출 12
   ⊙ 제3자이의의 소가 계속하고 있는 동안에 집행이 목적을 이루어 완결되거나 종국적인 취소로 종료된 때에는 소의 이익이 없다.

⑤ 재 판
   ⊙ 심리한 결과 이의가 이유 있다고 인정될 때에는 통상 청구의 취지에 따라 강제집행의 불허가 선언된다. 청구의 일부가 이유 있는 경우에는 그 부분을 특정하여 집행불허의 선고를 하고 나머지 청구는 기각하여야 한다(실무제요 집행 1).
   ⊙ 이 판결은 <u>제3자의 집행이의권의 존부를 확정하는 것이고 제3자의 소유권에 대한 존부를 확정하지 아니한다.</u>
   ⊙ 원고 승소판결이 확정되더라도 집행이 당연히 정지되는 것은 아니며 청구인용판결의 정본을 집행기관에 제출하여야 비로소 집행절차가 정지된다(제49조 제1호, 제50조).
   ⊙ 이 판결에 관하여는 직권으로 민사집행법 제46조의 명령(잠정처분)을 내리고 이미 내린 명령을 취소·변경 또는 인가할 수 있고(제48조 제3항, 제47조 제1항), 이에 대하여는 직권으로 가집행의 선고를 하여야 한다(제48조 제3항, 제47조 제2항). 가집행의 선고에 대하여는 불복할 수 없다(제48조 제3항, 제47조 제3항).

Ⅴ 　잠정처분

① 제3자이의의 소가 제기된 것만으로는 집행절차의 속행에 아무런 영향이 없다(제48조 제3항, 제46조 제1항).
② 다만, 민사집행법 제46조, 제47조의 규정을 준용하여 청구에 관한 이의의 소에서와 마찬가지로 강제집행의 정지와 이미 실시한 집행처분의 취소를 할 수 있도록 하고 있다(제48조 제3항).
③ 청구이의의 소와 다른 것은 담보를 제공하게 하지 아니하고도 집행처분의 취소를 할 수 있다는 점(제48조 제3항 단서)과 정지, 취소의 대상이 원고가 주장하는 피압류재산에 대한 집행에만 한정되고 집행권원에 기한 집행의 일반적 정지, 취소는 허용되지 아니한다는 점이다.

Ⅰ 　의 의

① 위법·부당한 집행에 대한 구제절차는 위에서 살펴본 민사집행법상의 절차적 수단 이외에도 실체법상 구제 수단이 중요하다.

② 민사집행법상의 절차적 수단은 집행절차가 전체적으로 종료된 이후에는 다툼의 이익이 부정되기 때문이다.

③ 이와 관련하여 국가배상법상 손해배상청구제도와 민법상 불법행위 및 부당이득제도를 살펴본다.

Ⅱ 　국가배상청구

① 집행기관의 위법한 행위로 손해를 입은 자는 국가배상법 제2조 제1항에 따라 국가에 대하여 손해배상을 청구할 수 있다.

② 집행기관에게 직무집행상 고의 또는 중대한 과실이 있는 경우에는 집행기관에 대하여도 선택적으로 손해배상을 청구할 수 있다.

> • 현황조사를 함에 있어 집행관에게 비록 정확하고 충실한 현황조사를 하지 못한 직무상의 과실이 있다 하더라도, 그것이 집행관이 현황조사를 함에 있어 기울여야 할 통상의 주의의무를 현저하게 결여한 중대한 과실에 해당한다고 보기는 어렵다(대판 2003.2.11. 2002다65929).
> • 주택임대차보호법상 임차인으로서의 지위와 최선순위 전세권자로서의 지위를 함께 가지고 있는 자가 임차인으로서의 지위에 기하여 배당요구를 하였으나 집행법원이 매각물건명세서를 작성하면서 '등기된 부동산에 관한 권리 또는 가처분으로 매각허가에 의하여 그 효력이 소멸하지 아니하는 것'란에 아무런 기재를 하지 않고 경매를 진행한 사안에서, 위 최선순위 전세권은 경매절차에서의 매각으로 소멸되지 않고 매수인에게 인수되는 것이므로 매각물건명세서를 작성함에 있어서 위 전세권이 인수된다는 취지의 기재를 하였어야 할 것임에도 위와 같은 매각물건명세서의 잘못된 기재로 인하여 위 전세권이 매수인에게 인수되지 않은 것으로 오인한 상태에서 매수신고가격을 결정하고 매각대상 부동산을 매수하였다가 위 전세권을 인수하여 그 전세금을 반환하여야 하는 손해를 입은 매수인에 대하여 경매담당 공무원 등의 직무집행상의 과실로 인한 국가배상책임을 인정한 사례(대판 2010.6.24. 2009다40790)

Ⅲ 손해배상청구 및 부당이득 반환

1. 강제집행과 불법행위 손해배상청구 및 부당이득 반환

① 부당한 강제집행에 대하여 채무자는 청구이의의 소로서 다툴 수 있다. 그러나, 청구이의의 소는 집행절차가 전체적으로 종료된 경우에는 다툴 이익이 없으므로, 이러한 경우 채무자는 채권자를 상대로 불법행위에 기한 손해배상청구를 할 수 있다.

② 채권자가 진정한 채무자가 아닌 제3자를 채무자로 한 강제집행이 있는 경우 제3자는 제3자이의의 소를 통하여 구제받을 수 있다.

   ㉠ 집행절차가 전체적으로 종료된 경우에는 제3자이의의 소로 다툴 이익이 없으므로 제3자는 매수인을 상대로 소유물반환청구를 하는 것이 실효적인 구제수단이다.

   ㉡ 유체동산 매각절차에서는 매수인에게 선의취득이 인정되는 경우가 많은데 이러한 경우에는 채권자를 상대로 매각대금에 대한 부당이득 반환을 청구할 수 있다.

> 채무자 이외의 자의 소유에 속하는 동산에 대한 경매절차에서 그 동산의 매득금은 채무자의 것이 아니어서 채권자가 이를 배당을 받았다고 하더라도 채권은 소멸하지 않고 계속 존속하므로, 배당을 받은 채권자는 이로 인하여 법률상 원인 없는 이득을 얻고 소유자는 경매에 의하여 소유권을 상실하는 손해를 입게 되었다고 할 것이니, 그 동산의 소유자는 배당을 받은 채권자에 대하여 부당이득으로서 배당받은 금원의 반환을 청구할 수 있다(대판 2003.7.25. 2002다39616).

2. 부당한 강제집행정지와 손해배상청구

① 정당한 강제집행임에도 불구하고 채무자가 부당한 다툼으로 집행절차를 지연시키는 경우가 많다.

② 이러한 경우에는 채권자는 채무자에게 집행지연에 대한 손해배상청구를 할 수 있다.

③ 채권자의 손해배상청구권의 행사를 용이하게 하기 위하여 집행에 관한 담보·보증·공탁제도를 두고 있다.

3. 보전처분과 손해배상청구

① 부당한 보전처분으로 채무자가 손해를 받은 것이 있으면 채권자에게 불법행위에 기한 손해배상청구를 할 수 있다.

② 특히 채권자가 본안소송에서 패소한 경우에는 채권자의 불법행위책임을 인정하기가 쉽다.

③ 불법행위책임이 인정되는 경우라도 손해액의 산정에 있어서는 매우 인색한 것이 판례의 태도이다.

④ 다만, 손해배상청구권을 행사하여 쉽게 만족을 얻을 수 있도록 하기 위하여 담보제공제도를 마련하고 있다.

집행에 관한 담보, 보증, 공탁

CHAPTER 08

제1절 **집행에 관한 담보**

Ⅰ 서 설

> **민사집행법 제19조(담보제공 · 공탁 법원)**
> ① 이 법의 규정에 의한 담보의 제공이나 공탁은 채권자나 채무자의 보통재판적이 있는 곳의 지방법원 또는 집행법원에
> 할 수 있다.
> ② 당사자가 담보를 제공하거나 공탁을 한 때에는, 법원은 그의 신청에 따라 증명서를 주어야 한다.
> ③ 이 법에 규정된 담보에는 특별한 규정이 있는 경우를 제외하고는 민사소송법 제122조 · 제123조 · 제125조 및 제126
> 조의 규정을 준용한다.

① 민사집행법은 집행절차의 진행과 관련하여 여러 곳에 집행절차의 개시 · 진행 · 정지에 대하여 이해관계인의
신청권을 인정하고 있다.
② 이러한 이해관계인의 신청권의 행사가 정당한 것이라면 문제가 없으나, 사후적으로 이해관계인의 신청이
정당하지 아니한 것으로 밝혀짐에 따라 집행절차의 개시 · 진행 · 정지로 인하여 상대방이 입은 손해를 쉽게
회복할 수 있도록 담보를 마련할 필요성이 있게 된다.
③ 이것이 집행에 관한 담보 내지는 집행법상의 담보제도인 것이다.

Ⅱ 담보제공

1. 의 의

① 담보의 제공은 금전 또는 법원이 인정하는 유가증권을 공탁하거나 대법원규칙이 정하는 바에 따라 지급
보증위탁계약을 맺은 문서를 제출하는 방법에 의한다(제19조 제3항, 민소법 제122조).
② 당사자의 특별한 약정이 있으면 그 약정에 의한다(제19조 제3항, 민소법 제122조).
③ 당사자가 약정에 의하여 보증인으로 하여금 보증하게 하거나 저당권, 질권 등 담보물권을 설정하기로
한 때에는 이에 따른다.

2. 담보제공명령

① 담보를 제공할 의무는 법원의 담보제공을 명하는 재판에 의하여 구체화되므로 이러한 담보제공명령이 있어야만 공탁을 할 수 있다.

② 담보제공명령은 법원이 직권으로 한다.

③ 보증서의 제출에 의한 담보제공명령은 담보제공의무자가 사건신청(예 가압류신청)의 서면에 또는 사건 신청 후 별개의 신청서로 법원에 보증서의 제출에 의한 담보제공의 허가신청을 한 때에 할 수 있다(민소규칙 제22조, 재민 2003-5 제3조).

3. 지급보증위탁계약체결문서의 제출에 의한 담보제공

① 법원의 허가

　㉠ 보증서를 제출하는 방법으로 담보를 제공하기 위하여는 미리 법원의 허가를 받아 법원의 허가결정에 따라 보증서원본을 법원에 제출하여야 한다(민소규칙 제22조 제1항, 재민 2003-5 제4조).

　㉡ 다만, 채권자가 부동산·자동차·건설기계·소형선박 또는 금전채권(단, 급여채권, 영업자예금채권은 제외)에 대한 가압류신청을 하는 때에는 법원의 담보제공명령이 없더라도 미리 청구금액의 1/10 또는 청구금액의 2/5에 해당하는 금액을 보증금액(보험금액)으로 하는 보증서원본을 제출하고 이에 대하여 법원의 허가를 받는 방법으로 담보제공을 할 수 있다. 다만, 급여채권·영업자예금채권에 대한 가압류신청을 하는 때에는 그러하지 아니하다(규칙 제204조, 재민 2003-5 제6조).

② 보증서 제출에 의한 담보 등이 허용되지 않는 경우(재민 2003-5 제5조)

　㉠ 법원은 당사자로부터 보증서의 제출에 의한 담보제공의 허가신청이 있으면 원칙적으로 이를 허가할 것이나, 다음의 경우에는 보증서 제출에 의한 담보제공이 허용되지 아니한다.

> - 가집행선고 있는 판결에 대하여 상소제기가 있는 때의 강제집행의 일시정지를 위한 담보
> - 청구이의의 소의 제기가 있는 때의 강제집행의 일시정지를 위한 담보
> - 민사소송법 제299조 제2항의 규정에 따른 소명에 갈음한 보증
> - 매각허가결정에 대한 항고에 있어서의 보증
> - 가압류해방금액
> - 그 밖에 담보제공의 성질상 위의 내용에 준하는 경우

　㉡ 다만, 이미 압류의 효력이 발생하여 강제집행의 확실성 등이 확보됨에 따라 강제집행의 일시정지에 따른 손해액만을 담보할 필요가 있는 때에는 그러하지 아니하다(재민 2003-5 제5조).

Ⅰ 집행에 관한 보증

1. 의 의

① 집행법상 담보는 상대방이 입게 될 손해배상청구권의 실현을 확보하기 위하여 제공되는 것임에 반하여, 집행에 관한 보증은 절차의 신속을 지향하면서 궁극적으로는 배당재단의 형성을 확보하기 위하여 제공된 것이라는 점에서 그 성질이 서로 다르다.

② 집행에 관한 보증에 관하여는 집행법상의 담보에 관한 규정이 적용될 여지가 없고, 개별적으로 정하는 바에 따라 규율될 뿐이다.

2. 종 류

① 무잉여의 경우 압류채권자의 보증(제102조 제3항, 제104조 제1항)

② 경매절차에서의 매수보증금(제113조, 제172조, 제187조)

③ 매각허가결정에 대한 항고인의 항고보증(제130조 제3항)

④ 선박에 대한 강제경매절차취소를 위한 채무자의 보증(제181조 제1항)

Ⅱ 집행에 관한 공탁

1. 의 의

① 민사집행법은 채무자나 제3채무자 또는 집행관이 집행의 목적물 또는 그에 갈음하는 금전을 공탁소에 제출하는 것에 관하여 규정하고 있는 것이 많다.

② 이를 집행에 관한 공탁이라고 하며 집행공탁, 집행법상 공탁, 집행목적물의 공탁이라고도 한다.

③ 집행법상 담보·보증과의 차이는 공탁자의 상대방의 손해배상청구권이나 배당재단의 형성과는 직접 관련이 없다는 점이다. 집행법상의 공탁은 공탁자가 자신의 손해를 피하기 위하여 혹은 이행의 강제를 면하기 위하여 혹은 절차를 완결짓기 위한 것이다.

2. 종 류

① 집행에 관한 공탁을 규정한 예로는 다음과 같다.

② 공탁물은 현금에 한하고 성질상 보증서제출로 갈음할 수 없다.

  ㉠ 집행관의 압류물매각대금공탁(제222조 제1항·제2항)

  ㉡ 추심채권자의 추심금공탁(제236조 제2항)

  ㉢ 집행관의 집행목적물 아닌 동산매각대금공탁(제258조 제6항)

  ㉣ 가압류해방공탁(제282조)

  ㉤ 집행관의 가압류금전 또는 가압류목적물의 매각대금공탁(제296조 제4항·제5항)

집행비용

CHAPTER
09

제1절 집행비용의 범위

Ⅰ 서 설

> **민사집행법 제18조(집행비용의 예납 등)** 기출 19
> ① 민사집행의 신청을 하는 때에는 채권자는 민사집행에 필요한 비용으로서 법원이 정하는 금액을 미리 내야 한다. 법원이 부족한 비용을 미리 내라고 명하는 때에도 또한 같다.
> ② 채권자가 제1항의 비용을 미리 내지 아니한 때에는 법원은 결정으로 신청을 각하하거나 집행절차를 취소할 수 있다.
> ③ 제2항의 규정에 따른 결정에 대하여는 즉시항고를 할 수 있다.

① 집행절차를 진행함에 있어서는 현황조사나 감정평가에 소용되는 공익비용 이외에도 이해관계인에 대한 송달에도 상당한 비용이 소용된다.

② 이러한 집행비용은 채무자의 채무불이행으로 발생하는 것이므로 궁극적으로 채무자가 부담할 것이지만 집행절차의 신속·원활한 진행을 위하여 채권자에게 상당부분을 예납하도록 하고 있다.

③ 예납한 집행비용은 채권자가 원칙적으로 당해 집행절차에서[22] 최우선하여 변제받을 수 있도록 하고 있다.

Ⅱ 집행비용의 분류

1. 집행준비비용

① 집행준비비용에는 집행문부여비용 또는 집행개시의 요건을 충족시키기 위하여 하는 집행권원 송달비용 또는 증명서 교부·송달비용(제39조, 제40조) 등이 속한다.

② 집행권원 성립 이전에 채권자가 지출한 비용 또는 담보권설정에 관한 비용은 집행준비비용에 포함되지 아니한다.

　　㉠ 집행신청에 직접 관련이 없는 비용, 예컨대 집행이 담보제공에 달린 경우의 담보금조달비용은 집행준비비용에 속하지 아니한다.

　　㉡ 반대급부제공을 위한 비용도 채권자가 당연히 이행할 의무를 이행한 것에 지나지 않으므로 강제집행을 위한 비용이라 할 수 없다.

---

22) 당해 집행절차에서 변상받지 못한 경우에는 집행비용액확정결정을 받아 이를 집행권원으로 하여 따로 금전집행을 하여 채권자가 변상을 받게 된다.

③ 집행준비비용은 채권자가 실제로 지출한 경우에 한하여 집행비용으로 추심할 수 있다.

④ 집행비용은 집행의 개시를 전제로 하는 것이므로 집행이 개시되지 않는 한 채권자가 부담하여야 하며 채무자가 부담할 집행비용으로 되지 않으므로 집행개시 전에 집행신청이 취하된 경우에는 집행비용으로서 고려될 여지가 없다.

2. 집행실시비용

① 집행절차는 법률의 규정에 따라서 수행되므로 집행실시비용은 집행기록상 명백하다.

   ㉠ 집행신청의 수수료(첩용인지), 서기료, 집행관에게 지급한 수수료, 압류물의 보존비용, 통지·공고의 비용, 증인·감정인·관리인의 일당·보수 등이 이에 해당한다.

   ㉡ 기본되는 집행에 부수되는 집행, 예컨대 증권의 점유, 채권증서의 인도, 자동차의 인도 등의 집행에 필요한 비용은 그 기본되는 집행의 집행실시비용으로 된다.

② 민사집행의 실시를 위하여 필요한 비용이라도 국가가 부담하여야 할 비용, 예컨대, 통지서의 작성, 물건명세서의 사본의 작성 등에 소요되는 비용은 민사집행의 비용에 포함되지 않는다.

③ 가압류·가처분의 집행에 소요된 비용

   ㉠ 가압류·가처분의 집행에 대하여는 강제집행에 관한 규정이 준용되므로(제291조, 제301조) 가압류·가처분의 집행에 소요된 비용은 집행비용에 해당한다(대결 2011.4.28. 2011마197).

   ㉡ 단체 임원 등의 직무대행자를 선임하는 가처분의 경우, 채권자가 예납한 금전에서 지급된 직무대행자의 보수는 가처분의 집행에 소요되는 비용에 해당하므로 민사집행법 제53조 제1항에 정해진 집행비용으로 보아야 한다(대결 2011.4.28. 2011마197). [기출] 24·17·16

   ㉢ 보전집행의 필요비용은 채권자가 보전집행 후 집행권원을 얻어 본집행을 하게 되면 본집행의 집행비용의 일부로 된다.

④ 귀속정산에 의한 가등기담보권 실행 비용

> 귀속정산에 의한 가등기담보권 실행도 민사집행법에 따라 담보물을 매각하지 않을 뿐 담보로 파악한 교환가치만큼을 채권자에게 이전한다는 점에서 경매에 의한 실행과 본질이 같으므로, 청산금에서 공제할 수 있는 가등기담보권 실행비용은 경매절차의 집행비용에 상응하는 것이어야 한다. 그러므로 가등기담보권자는 귀속정산 과정에서 담보목적물의 교환가치를 파악하기 위하여 쓴 감정평가비용 등을 실행비용으로서 청산금에서 공제할 수 있을 뿐, 청산의 결과로서 본등기를 마치기 위해 지출한 절차비용과 취득세 등은 스스로 부담해야 한다(대판 2022.4.14. 2017다266177). [기출] 24

3. 필요한 비용

① 민사집행의 비용 중 필요한 것만이 집행비용으로 되고(제18조 제1항, 제53조 제1항), 현실적으로 지출한 것이라도 필요가 없는 것은 집행비용이 아니다.

② 집행의 개시나 실시와 직접 관련이 없는 비용

   ㉠ 의사의 진술을 명하는 판결에 기하여 등기를 하는 경우의 등기비용은 본래 의미의 강제집행이 아니므로 집행비용이 아니다.

   ㉡ 이의신청·즉시항고·각종 소의 비용은 이들 독립된 절차의 비용에 속하는 것이므로 집행비용은 아니다.

> 사해행위취소소송에 의하여 사해행위의 목적이 된 재산이 채무자의 책임재산으로 원상회복되고 그에 대한 강제집행절차가 진행된 사안에서, 사해행위취소소송을 위하여 지출한 소송비용, 사해행위취소를 원인으로 한 말소등기청구권 보전을 위한 부동산처분금지가처분 비용, 사해행위로 마쳐진 소유권이전등기의 말소등기 비용은 위 집행에 의하여 우선적으로 변상받을 수 있는 '강제집행에 필요한 비용'에 해당하지 않는다(대판 2011.2.10. 2010다79565). **기출** 16

ⓒ 소송비용액 확정결정의 신청비용도 집행비용이 아니다.

③ 집행을 위하여 필요한 정도를 넘는 경우
  ㉠ 채권자의 부주의로 하지 않아도 되거나 쓸모없는 절차를 행함에 소요된 비용은 집행에 필요한 비용이라고 할 수 없으므로 집행비용이 아니다(㉣ 채무자의 주소를 오기하였기 때문에 집행관이 불필요한 여비를 지출한 경우).
  ㉡ 배당요구 종기 이후에 채권계산서를 제출하는데 소요된 비용은 결과적으로 아무런 소용없이 끝난 행위에 지출된 비용이므로 집행비용이 아니다.

④ 신청취하, 절차의 취소로 집행이 종료된 경우
  ㉠ 민사집행이 절차 도중에 신청취하, 절차의 취소로 종료된 것인 때에는 그때까지의 절차 및 그 준비에 소요된 비용은 결국 필요 없는 것이 되어 집행비용으로 되지 않는다(규칙 제77조).

> 민사집행법 제53조 제1항은 "강제집행에 필요한 비용은 채무자가 부담하고 그 집행에 의하여 우선적으로 변상을 받는다"라고 정하는바, 강제집행이 그 목적을 달성하여 끝난 경우에는 위 규정에 따라 그 집행에 필요한 비용은 채무자가 부담한다. 반면 강제집행이 신청의 취하 또는 집행처분의 취소 등으로 인하여 그 목적을 달성하지 못하고 끝난 경우 그때까지의 절차와 그 준비에 든 비용이 민사집행법 제53조 제1항에서 정한 집행비용에 해당한다고 볼 수는 없다. 그러나 이러한 경우에도 해당 강제집행이 그 목적을 달성하지 못하고 끝나게 된 사정을 고려하지 아니한 채 그 비용을 일률적으로 채권자에게 부담시키는 것은 형평에 반하여 부당하다. 따라서 이때는 민사집행법 제23조가 준용하는 민사소송법 제114조에 근거하여 당사자는 집행이 끝날 당시에 집행이 계속된 법원에 집행비용의 부담 및 집행비용액 확정 재판을 신청할 수 있고, 법원은 당사자의 신청에 따라 해당 비용이 지출된 시기, 채권자가 이를 지출할 필요성, 강제집행과의 관련성 및 강제집행이 끝나게 된 원인이나 경위 등 여러 사정을 종합하여 집행비용을 부담할 당사자와 그 부담액을 정할 수 있다고 보아야 한다(대결 2023.9.1. 2022마5860). **기출** 24

  ㉡ 다만, 당해 목적재산에 관하여 후행의 사건이 존재하여 절차가 속행되는 경우에는 취하를 한 채권자 등이 지출한 비용도 속행절차에 있어서 그대로 유용하게 이용되는 행위나 절차에 관한 것인 한 집행비용으로 된다.

Ⅲ 집행비용의 예납

1. 예납의무자

① 집행비용은 종국적으로 채무자의 부담으로 되는 것이지만 집행절차의 원활한 진행을 위해 채권자에게 예납을 명하게 된다.

② 국가나 지방자치단체 기타 공공단체가 집행신청을 하는 경우에도 집행비용을 예납하여야 한다.

③ 다만, 소송구조를 받은 자는 예납의무가 없다.

> • 소송구조신청이 있는 경우 그에 대한 기각결정이 확정되기 전에 소장 등에 인지가 첨부되어 있지 아니함을 이유로 인지보정명령 또는 신청서 각하를 할 수 없다(대결 2008.6.5. 2007마1124).
> • 소장각하 명령이 송달된 후에는 설사 부족된 인지를 가첨하고 그 명령에 불복을 신청하였다 할지라도 그 각하명령을 취소할 수 없다(대결 1996.1.12. 95두61).

2. 예납의 범위

① 집행비용이 요구되는 개개의 행위마다 비용을 예납하게 하는 것은 절차의 원활한 진행에 맞지 않으므로 집행절차 전체에 필요한 통상비용의 개산액을 일괄예납하도록 하고 있다.

② 따라서 집행개시 후의 당사자비용과 집행개시 전의 비용은 예납의 대상이 되지 아니하며 각종 신청시의 수수료는 인지 첨부의 방법으로 납입되기 때문에 역시 예납의 대상이 되지 아니한다.

3. 예납의무의 불이행

집행비용의 예납의 불이행이 있으면 비용이 드는 집행행위를 하지 아니하거나 집행신청을 각하 또는 집행절차를 취소하는 결정을 할 수 있다.

4. 이중경매신청과 집행비용예납

이중경매신청에 있어서는 선행 경매신청채권자가 비용을 예납하였으므로 감정평가나 현황조사 등에 소요되는 공익비용을 제외하고는 별도로 비용예납을 요구하지 않는 것이 보통이다.

집행비용의 부담

Ⅰ 집행비용의 부담자

> **민사집행법 제53조(집행비용의 부담)** 기출 20 · 19 · 17
> ① 강제집행에 필요한 비용은 <u>채무자가 부담</u>하고 <u>그 집행에 의하여 우선적으로 변상을 받는다.</u>
> ② <u>강제집행의 기초가 된 판결이 파기된 때에는 채권자는 제1항의 비용을 채무자에게 변상하여야</u> 한다.

① 집행비용은 채무자가 부담하고 그 집행에 의하여 우선적으로 변상을 받는다(제53조 제1항).

② 집행비용은 별도로 비용부담의 재판이 없어도 채무자의 부담으로 한다.

③ 집행에 불필요한 비용은 채권자의 부담으로 한다.

④ 집행당사자 이외의 제3자가 집행비용을 부담하는 경우도 있다.[23)]

⑤ 담보권실행을 위한 부동산경매절차에서는 경매목적물의 귀속주체인 '소유자'를 경매비용의 부담자로 보아야 할 것이다.

Ⅱ 집행비용의 추심

1. 서 설

① 강제집행에 필요한 비용은 채무자가 부담하고 그 집행에 의하여 우선적으로 변상을 받는다(제53조 제1항). 즉, 집행비용은 집행권원 없이도 배당재단으로부터 각 채권액에 우선하여 배당받을 수 있다.

기출 25 · 19 · 17 · 16

② 여기서 '집행비용'이란 각 채권자가 지출한 비용의 전부가 아니라 배당재단으로부터 우선변제를 받을 집행비용만을 의미하며, 이에 해당하는 것으로서는 당해 경매절차를 통하여 모든 채권자를 위하여 체당한 비용으로서의 성질을 띤 공익비용에 한한다. 채권자가 현실적으로 지출한 비용이어도 당해 집행과 무관하거나 필요가 없는 것은 집행비용에 해당하지 않는다(대판 2021.10.14. 2016다201197). 기출 25 · 24 · 19 집행비용에는 민사집행의 준비 및 실시를 위하여 필요한 비용이 포함된다(대판 2011.2.10. 2010다79565).

기출 24 · 19

> 집행비용에 관한 민사집행법 제53조 제1항은 담보권 실행을 위한 경매절차에도 준용된다(민사집행법 제275조). 부동산을 목적으로 하는 담보권 실행을 위한 경매절차에서 그 경매신청 전에 부동산의 소유자가 사망하였으나 그 상속인이 상속등기를 마치지 않아 경매신청인이 경매절차의 진행을 위하여 부득이 상속인을 대위하여 상속등기를 마쳤다면 그 상속등기를 마치기 위해 지출한 비용은 담보권 실행을 위한 경매를 직접 목적으로 하여 지출된 비용으로서 그 경매절차의 준비 또는 실시를 위하여 필요한 비용이고, 나아가 그 경매절차에서 모든 채권자를 위해 체당한 공익비용이므로 집행비용에 해당한다고 봄이 타당하다(대판 2021.10.14. 2016다201197). 기출 25 · 23

[23)] 부동산경매절차에서 전의 매수인이 재매각기일의 3일 이전까지 대금, 그 지급기한이 지난 뒤부터 지급일까지의 대금에 대한 대법원규칙이 정하는 이율에 따른 지연이자와 절차비용을 지급하여 재매각절차를 취소하는 경우(제138조 제3항).

③ 집행비용을 그 집행절차에서 변상을 받지 못하였을 경우에는 별도로 집행법원에 '집행비용액확정결정의 신청'을 하여 그 결정을 집행권원으로 삼아 집행하여야 하고 '지급명령신청'의 방법으로 지급을 구하거나 또는 '별소'로써 청구하는 것은 소의 이익이 없으므로 허용되지 않는다(대판 1979.2.27. 78다1820). 기출 17

> 유체동산에 대한 집행을 위하여 집행관에게 지급한 수수료는 집행비용에 해당하므로, 그 집행절차에서 변상을 받지 못하였을 경우에는 별도로 집행법원에 집행비용액확정결정의 신청을 하여 그 결정을 채무명의로 삼아 집행하여야 하고, 집행관에게 지급한 수수료 상당의 금원을 채무자에게 지급명령신청의 방법으로 지급을 구하는 것은 허용되지 않는다(대결 1996.8.21. 96그8). 기출 17·16

④ 채권자대위권을 행사하는 경우 채권자와 채무자는 일종의 법정위임의 관계에 있으므로 채권자는 민법 제688조를 준용하여 채무자에게 그 비용의 상환을 청구할 수 있고, 그 비용상환청구권은 강제집행을 직접 목적으로 하여 지출된 집행비용이라고는 볼 수 없으므로 '지급명령신청'에 의하여 지급을 구할 수 있다(대결 1996.8.21. 96그8). 기출 19

2. 금전채권에 기초한 강제집행(금전집행)

① 강제집행이 금전채권에 기초한 강제집행일 경우 이러한 집행비용은 별도의 집행권원 없이 그 집행의 기본인 당해 집행권원에 터잡아 당해 강제집행절차에서 그 집행권원에 표시된 채권과 함께 추심할 수 있고, 집행권원에 표시된 본래의 채무가 변제공탁으로 소멸되었다 하여도 그 집행비용을 변상하지 아니한 이상 당해 집행권원의 집행력 전부의 배제를 구할 수는 없다(대판 1989.9.26. 89다2356; 대판 1992.4.10. 91다41620). 기출 17

② 따라서 본래의 채무가 변제 기타 사유로 소멸된 때라도 집행비용 채권이 남아 있으면 별도의 집행권원 없이 그 집행의 기본인 당해 집행권원에 터잡아 집행비용 추심을 위해서만 강제집행을 속행할 수 있다. 기출 16

③ 다만 강제집행이 금전채권에 기초한 강제집행일지라도 그 집행절차에서 변상을 받지 못하였을 경우에는 별도로 집행법원에 집행비용액확정결정의 신청을 하여 그 결정을 집행권원으로 하여 금전집행을 하여 집행비용에 대한 만족을 얻을 수 있다(규칙 제24조 제1항).

④ 부동산에 대한 이중경매와 집행비용
  ㉠ 강제경매에서 이중의 경매신청이 있어 다시 경매절차의 개시결정을 한 경우에 후행사건의 경매신청에 소요된 비용(예 신청서 서기료, 첩용인지대 등)은 공익비용으로서의 집행비용이 되지 아니한다.
  ㉡ 선행사건의 경매신청의 취하 또는 경매절차의 취소로 말미암아 후행사건에 의하여 절차가 진행된 때에는 후행사건에 있어서의 경매신청비용 이하 모든 비용이 그 경매절차를 위하여 필요한 집행비용으로 되어 모두 그 집행에 의하여 변상받는다.
  ㉢ 그러나 종전의 매각절차가 취소되거나 경매신청이 취하되지 않는 한 후행사건의 경매신청비용을 공익비용으로 우선적으로 배당받을 수는 없다.

⑤ 유체동산에 대한 이중압류와 집행비용 : 이중압류가 된 경우, 각 압류가 경합된 채로 집행절차가 진행되는 것이므로 추가압류비용뿐 아니라 후행압류에 소요된 모든 비용이 공익비용에 산입되어 매각대금으로부터 우선변제받을 수 있다고 할 것이다.

⑥ 금전채권에 대한 강제집행과 집행비용

    ㉠ 금전채권에 대한 강제집행에 있어서는 압류명령과 현금화명령(추심·전부명령)을 함께 발령하는 경우에는 압류명령에 집행비용에 관한 기재가 있으면 현금화절차에서 집행비용을 우선하여 변제받으면 된다.

    ㉡ 채권에 대한 압류명령과 다른 시기에 현금화명령을 신청하는 경우에는 현금화명령신청서에 비용을 기재하면 현금화절차에서 우선하여 변제받을 수 있다.

    ㉢ 집행비용의 기재를 누락한 경우에는 집행비용액확정결정을 신청하면 될 것이다.

3. 금전채권 이외의 채권에 기초한 강제집행(비금전집행)

① 인도집행과 같은 비금전채권에 기초한 강제집행의 경우에는 당해 절차에서 변상받을 길이 없으므로 집행비용을 추심하기 위해서는 별도로 집행비용액확정결정을 받아 이를 <u>집행권원으로</u> 하여 따로 채무자의 재산에 대해 금전집행을 할 수밖에 없다(규칙 제24조 제1항).

② 부동산명도 강제집행의 집행비용에 대한 집행법원의 집행비용액확정결정이 없는 경우, <u>그 집행비용을 위 부동산명도 강제집행의 집행권원인 확정판결에 기한 강제경매절차에서 추심할 수 없다</u>(대판 2006.10.12. 2004재다818). **기출** 24

③ 물건의 인도청구권의 집행 : 물건의 인도청구권의 집행에 있어서 집행비용은 금전채권에 해당하므로 물건의 인도 집행절차 내에서는 집행비용을 추심할 수 없고 별도로 집행비용액확정결정을 받아 이를 집행권원으로 하여 채무자의 다른 재산에 대한 금전집행을 통해 추심할 수 있다.

④ 대체집행

    ㉠ 대체집행에 있어서는 채권자가 제1심 법원에 채무자에 갈음하여 할 행위에 필요한 비용을 미리 지급할 것을 채무자에게 명하는 결정을 신청하여 그 결정에 의하여 채무자로부터 비용을 추심할 수 있다(제260조 제2항).

    ㉡ 채무자가 이 결정에 의한 비용을 임의로 지급하지 아니하는 경우에는 채권자는 이 결정에 집행문을 부여받아 채무자의 재산에 대하여 금전집행을 통해 추심할 수 있다.

⑤ 간접강제 : 간접강제에 있어서 채권자가 그 신청에 필요한 집행비용을 추심하기 위하여는 집행비용액확정결정을 받아 그 결정을 집행권원으로 하여 금전집행을 통해 집행비용을 추심할 수 있다.

4. 보전집행과 집행비용

① 가압류집행과 집행비용

    ㉠ 민사집행법 제53조 제1항의 '강제집행에 필요한 비용'에는 <u>가압류의 집행비용이 당연히 포함된다</u>(대판 2006.11.24. 2006다35223).

    ㉡ 가압류의 집행에 관하여는 원칙적으로 강제집행에 관한 규정이 준용되므로(제291조) 가압류의 집행비용은 본안의 강제집행과 동시에 추심할 수 있다.

    ㉢ 다만 가압류의 집행비용은 본집행의 기록상 명백히 나타나 있지 아니하므로 채권자가 그 비용을 본집행과 동시에 추심하기 위하여는 소명을 하여야 한다.

    ㉣ 본집행과 별도로 가압류집행비용을 추심하기 위하여는 집행비용액확정결정을 받아야 한다.

    ㉤ 가압류만 되어 있을 뿐 아직 본압류로 이행되지 아니한 단계에서는 가압류채권자가 그 가압류의 집행비용을 변상받을 수 없다.

② 가처분집행과 집행비용
　　㉠ 가처분집행의 비용 추심은 가처분의 집행방법에 따라 다르다.
　　㉡ 금전지급을 명하는 가처분 집행은 본집행의 규정에 따라서 금전집행이 실시되므로 집행비용도 당해 금전집행절차에서 추심할 수 있다.

Ⅲ 집행비용액확정결정

1. 의 의

① 민사집행법 제53조 제1항의 규정에 의하여 채무자가 부담할 강제집행비용으로서 그 집행에 의하여 변상 받지 못한 비용은 채권자의 신청을 받아 집행법원이 결정으로 그 액수를 정한다(규칙 제24조 제1항).
② 민사집행법 제53조 제2항의 규정에 의하여 채권자가 변상하여야 할 금액도 당사자의 신청을 받아 집행법 원이 그 액수를 정한다(규칙 제24조 제1항).

2. 신 청

① 비용액확정결정의 신청에는 민사소송법 제110조 제2항의 규정이 준용된다(규칙 제24조 제2항).
② 따라서 비용계산서, 그 등본과 비용액을 소명하는데 필요한 서면을 제출하여야 한다.

3. 절 차

채무자가 부담할 강제집행비용으로서 그 집행에 의하여 변상받지 못한 비용은 채권자의 신청을 받아 집행법 원이 결정으로 그 액수를 정하고, 집행법원은 집행비용액을 결정하기 전에 상대방에게 비용계산서의 등본을 교부하고 이에 대한 진술을 할 것을 최고하여야 한다(규칙 제24조 제2항, 민소법 제111조 제1항). 기출 20

4. 재 판

① 집행비용액을 확정하는 재판은 결정에 의한다(규칙 제24조 제1항).
② 신청액이 일부만 인용된 경우에도 일부 기각의 재판은 하지 아니한다.
③ 집행비용확정절차에서는 변상할 집행비용의 수액을 정할 수 있을 뿐이고, 그 변상의무 자체의 존부를 심리・판단할 수는 없다(대결 2009.3.2. 2008마1778). 기출 20・19

> 강제집행에 필요한 비용은 채무자가 부담하고 그 집행에 의하여 우선적으로 변상을 받으며(민사집행법 제53조 제1항), 당해 강제집행절차에서 변상을 받지 못한 비용은 집행법원의 집행비용액 확정결정을 받아야 하는데(민 사집행규칙 제24조 제1항), 집행비용액 확정절차에서는 변상할 집행비용의 수액을 정할 수 있을 뿐이고, 그 변상의무 자체의 존부를 심리・판단할 수는 없다. 따라서 채무자는 채권자가 제출한 비용계산서의 비용항목이 집행비용에 속하는지 여부 및 그 수액에 대하여 의견을 진술하고 소명자료를 제출할 수 있을 뿐이고, 집행비용 액 확정절차 외에서 이루어진 변제, 상계, 화해 등에 의하여 집행비용부담에 관한 실체상의 권리가 소멸되었다 고 하더라도 이러한 사유는 집행비용액 확정결정의 집행단계에서 청구에 관한 이의의 소를 제기할 사유가 됨은 별론으로 하고 집행비용액 확정절차에서 심리・판단 대상은 될 수 없다(대결 2009.3.2. 2008마1778).
> 기출 20・19

5. 불복신청방법

집행비용액확정결정에 대하여는 <u>민사소송법상의 즉시항고를 할 수 있다</u>(규칙 제24조 제2항, 민소법 제110조 제3항).

> <u>집행비용액확정결정은 집행종료 후의 재판으로서 민사집행법 제15조 제1항의 '집행절차에 관한 집행법원의 재판'에 해당하지 아니하고,</u> 그 결정에 대하여는 민사집행규칙 제24조 제2항에 의하여 준용되는 민사소송법 제110조 제3항에 따라 <u>민사소송법상의 즉시항고가 허용될 뿐이다.</u> 따라서 <u>집행비용액확정결정에 대한 즉시항고에는 항고이유서 제출에 관한 민사집행법 제15조 제3항, 제5항이 적용될 수 없다</u>(대결 2011.10.13. 2010마1586). `기출` 24 · 15

6. 집 행

① 집행비용액확정결정은 집행권원이 된다(제56조 제1호).
② 따라서 채권자는 이에 기하여 강제집행을 할 수 있다.
③ 채무자의 비용변상의무는 위 비용액확정결정의 확정에 의하여 비로소 이행기가 도래하는 것으로 보는 것이 일반적이다.

Ⅳ 집행비용의 변상

1. 집행권원의 파기

① 강제집행의 기초가 된 판결이 파기된 경우, 예를 들어 가집행선고부판결에 의하여 강제집행이 종료되었는데 그 후에 상소심에서 가집행선고부판결이 파기되거나 확정판결이나 이에 준하는 화해조서 및 인낙조서 등이 재심 또는 준재심 등에 의하여 파기된 경우 또는 가압류·가처분결정이 이의신청이나 상소에 의하여 취소된 경우 등에는 그 집행권원이 소급적으로 실효되기 때문에 채권자는 강제집행을 하지 않았어야 함에도 불구하고 결과적으로 강제집행을 하여 그 집행비용을 채무자로부터 부당하게 추심한 결과가 된다.
② 이러한 비용추심은 부당한 것이기 때문에 민사집행법은 이 경우 채권자가 추심한 집행비용을 다시 채무자에게 변상하도록 규정하고 있다(제53조 제2항).

> <u>강제집행의 기초가 된 판결이 파기된 때에는 채권자는 채무자가 부담한 집행비용을 채무자에게 변상하여야 하나</u>(민사집행법 제53조 제2항), <u>그 변상하여야 할 금액은 채무자의 신청을 받아 집행법원이 결정으로 정하는 것으로서</u>(민사집행규칙 제24조 제1항), <u>집행비용액 확정절차와는 별개의 절차에서 이루어지는 것이다</u>(대결 2009.3.2. 2008마1778). `기출` 25 · 19

2. 변상의 절차

강제집행의 기초가 된 집행권원이 파기된 때에 채권자가 변상하여야 할 금액은 집행비용액확정절차에 준하여 채무자의 신청을 받아 집행법원이 결정으로 정한다(규칙 제24조 제1항).

PART
02

강제집행

금전채권에 기초한 강제집행

제1절 **집행보조절차 – 개요**

I 의의 및 법적 성질

1. 의 의

① 집행권원을 확보하였다 하더라도 집행의 대상이 되는 채무자의 재산을 파악할 수 없다면 강제집행을 통한 권리의 사실적 실현은 불가능하다.

② 이에 채권자가 법원을 통하여 채무자의 재산에 대한 정보를 파악하고 악의적인 채무자에 대한 일정한 제재를 가할 필요성이 제기된다.

③ 현행 민사집행법은 이를 위하여 집행보조절차로서 재산명시절차, 채무불이행자명부 등재제도, 재산조회제도를 두고 있다.

2. 법적 성질

① 이와 같은 절차는 금전채권집행을 위한 보조적인 절차에 해당할 뿐 집행절차는 아니므로 집행절차에 관한 규정은 원칙적으로 준용될 여지가 없다고 보는 것이 지배적인 견해이다.

② 다만, 불복방법의 체계 등에 관하여서는 집행절차에 관한 규정을 한정적으로 준용하는 것이 옳다고 본다.

③ 실무에서는 집행정지 등에 관한 민사집행법 제49조 내지 제51조의 규정을 준용하고 있다.

제2절 **집행보조절차 – 재산명시절차**

I 서 설

1. 의 의

① '재산명시절차'란 일정한 집행권원에 의한 금전채무를 이행하지 아니하는 경우에 채권자의 신청에 따라 법원이 재산명시명령을 통하여 채무자로 하여금 명시기일에 출석하여 재산목록을 제출하게 하고 그 재산목록의 진실함을 선서하게 하는 법적 절차를 말한다(제61조 제1항).

② 재산명시절차는 다른 강제집행절차에 선행하거나 부수하는 절차가 아니라 그 자체가 독립적인 절차이고, 그 절차를 개시하기 위해서는 다른 강제집행의 경우와 마찬가지로 집행력 있는 정본과 집행개시의 요건을 갖추어야 한다(제61조 제2항). `기출` 23

③ 재산명시명령은 채권자의 재산명시신청을 인용하는 재판으로서, 법원이 채무자에 대하여 명시기일에 출석하여 재산목록을 제출하고 그것이 진실함을 선서할 것을 명한다.

④ 명시의무 위반에 대해서는 일정한 제재를 가하고 있는 바 재산명시절차는 간접강제의 의미를 갖는다.

⑤ 재산명시절차는 사실상 채권자취소권 행사를 용이하게 해주는 점에 주목할 필요가 있다.

2. 연 혁

① 1990년 민사소송법 개정 시 금전채권의 실효성 확보를 목적으로 독일의 개시보증 제도를 도입하여 금전채무를 이행하지 않는 채무자에 대하여, 재산탐색수단으로서 재산명시제도를, 간접 강제적 수단으로서 채무불이행자명부제도를 각 신설하였다.

② 그 후 2002년 민사집행법을 제정하면서 이 제도를 대폭 정비하여 재산명시 등을 신청할 수 있는 집행권원의 범위를 확대하고 그 절차와 채무불이행자명부제도 절차를 정비하였다.

③ 재산명시명령위반자에 대한 감치제도를 신설하는 한편, 재산조회제도를 신설하였다.

Ⅱ 재산명시신청의 요건

1. 채권자의 재산명시신청

집행권원을 가지고 집행개시요건을 갖춘 채권자가 법원에 대하여 재산명시를 구하는 신청을 하여야 한다(제61조 제1항 본문).

> 소송비용액확정결정을 받은 채권자는 당연히 같은 법 제61조에 의한 재산명시신청을 할 수 있다(대결 1995.4.18. 94마2190).

> **민사집행법 제61조(재산명시신청)**
> ① 금전의 지급을 목적으로 하는 집행권원에 기초하여 강제집행을 개시할 수 있는 채권자는 채무자의 보통재판적이 있는 곳의 법원에 채무자의 재산명시를 요구하는 신청을 할 수 있다. 다만, 민사소송법 제213조에 따른 가집행의 선고가 붙은 판결 또는 같은 조의 준용에 따른 가집행의 선고가 붙어 집행력을 가지는 집행권원의 경우에는 그러하지 아니하다. `기출` 25 · 16
> ② 제1항의 신청에는 집행력 있는 정본과 강제집행을 개시하는데 필요한 문서를 붙여야 한다.

2. 금전의 지급을 목적으로 하는 집행권원

① 민사집행법 제61조는 '금전의 지급을 목적으로 하는 집행권원' 중 '가집행의 선고가 붙어 집행력을 가지는 집행권원을 제외'한 모든 집행권원에 기초한 재산명시신청을 허용하고 있다. `기출` 23 · 16

② 따라서 비금전채권 또는 담보권에 기한 명시신청은 인정되지 아니한다.

③ 가집행의 선고가 붙은 판결의 경우에는 아직 확정되지 아니하여 취소의 가능성이 있는 집행권원이어서 감치에까지 이를 수 있는 재산명시절차를 개시하는 것은 채무자에게 회복불가능한 손해를 입힐 우려가 있기 때문에 재산명시신청을 할 수 없다.

④ 금전의 지급을 목적으로 하는 집행권원이기만 하면, 확정판결, 화해·인낙조서, 확정된 지급명령, 확정된 이행권고결정, 확정된 화해권고결정, 민사조정조서, 조정을 갈음하는 결정, 가사소송법에 의한 확정판결·심판·조정조서는 물론 항고로만 불복할 수 있는 재판(제56조 제1항)과 집행증서(제56조 제4호)도 재산명시신청을 할 수 있는 집행권원이 된다. 또한 「채무자 회생 및 파산에 관한 법률」상의 개인회생채권자표, 회생채권자표, 파산채권자표 등의 집행권원에 기초한 재산명시신청도 허용된다. **기출** 23

3. 집행개시의 요건을 갖출 것

반대의무의 제공 등 집행개시 요건의 존재를 소명하기 위하여 채권자는 재산명시신청에 집행력 있는 정본과 함께 강제집행을 개시함에 필요한 문서를 붙여야 한다(제61조 제2항).

4. 채무자가 소송능력이 있을 것

① 채무자는 재산명시명령을 송달받고(제62조 제4항), 명시기일에 출석하여 재산목록을 제출하며(제64조 제2항), 그 진실함을 선서하여야(제65조 제1항) 하는 등 일정한 소송행위를 하여야 하므로, 채무자는 소송능력이 있거나 법정대리인이 있어야 한다(실무제요 집행 1). **기출** 15

② 채무자가 제한능력자이나 법정대리인이 없는 경우에 특별대리인을 선임하여 명시절차를 강행하는 것은 허용되지 않는다고 해석하여야 할 것이다. 이렇게까지 특별대리인에게 선서의무를 부담시키고 거짓의 재산목록 제출을 이유로 처벌을 하는 것은 부당하기 때문이다(반대설 있음)(실무제요 집행 1). **기출** 15

5. 정당한 이유의 존재

재산명시제도는 채무자의 재산을 찾는 것이 용이하지 않은 경우에 강제집행을 용이하게 할 수 있도록 돕기 위한 제도이기 때문에 재산명시신청에 정당한 이유가 없거나 채무자의 재산을 쉽게 찾을 수 있다고 인정한 때에는 법원은 재산명시신청을 기각하여야 한다(제62조 제2항).

6. 채무불이행

① 이 요건은 집행권원에 표시된 채권이 소멸하지 않았다는 것을 의미하는 소극적 요건이다.

② 채권자가 재산명시신청을 하면서 특별히 이 요건을 소명하여야 하는 것은 아니고, 채무자가 이의를 신청하여 채무를 이행하였다는 사실을 주장할 수 있을 뿐이다.

③ 재산명시신청 전에 먼저 강제집행에 착수할 것을 요하지도 아니한다.

Ⅲ 방 식

1. 서면에 의한 신청

① 재산명시신청은 채권자가 서면으로 하여야 한다(규칙 제25조 제1항).

② 그 서면에는 채권자와 채무자 및 그 대리인의 표시, 집행권원의 표시, 채무자가 이행하지 아니하는 금전채무액의 표시, 신청취지와 신청사유를 기재하여야 한다(규칙 제25조 제1항).

2. 첨부서면

① 집행력 있는 정본과 그 사본 및 강제집행의 개시요건이 구비되었음을 증명하는 문서를 첨부하여야 한다 (제61조).

② 집행정본은 확인 후 곧바로 반환하고 그 사본만을 사건기록에 편철한다.

Ⅳ 절 차

1. 관 할

① 재산명시신청의 관할법원은 채무자의 보통재판적이 있는 곳을 관할하는 지방법원이다(제61조 제1항).

② 원칙적으로 민사소송법 제3조 내지 제6조의 규정에 의하여 그 관할법원이 정해지고, 이 규정에 의하여 관할법원을 정할 수 없는 경우에는 대법원이 있는 곳을 관할하는 지방법원이 그 관할법원이 된다(민소규칙 제6조).

③ 시·군법원에는 관할이 인정되지 아니한다.

④ 재산조회는 사법보좌관의 업무에 해당하나 재산명시절차는 사법보좌관이 아닌 법관의 업무에 해당한다. 감치제도가 있기 때문이다.

2. 심 판

> **민사집행법 제62조(재산명시신청에 대한 재판)**
> ① 재산명시신청에 정당한 이유가 있는 때에는 법원은 채무자에게 재산상태를 명시한 재산목록을 제출하도록 명할 수 있다.
> ② 재산명시신청에 정당한 이유가 없거나, 채무자의 재산을 쉽게 찾을 수 있다고 인정한 때에는 법원은 결정으로 이를 기각하여야 한다. **기출** 25
> ③ 제1항 및 제2항의 재판은 채무자를 심문하지 아니하고 한다. **기출** 25
> ④ 제1항의 결정은 신청한 채권자 및 채무자에게 송달하여야 하고, 채무자에 대한 송달에서는 결정에 따르지 아니할 경우 제68조에 규정된 제재를 받을 수 있음을 함께 고지하여야 한다.
> ⑤ 제4항의 규정에 따라 채무자에게 하는 송달은 민사소송법 제187조(우편송달) 및 제194조(공시송달)에 의한 방법으로는 할 수 없다. **기출** 23·14
> ⑥ 제1항의 결정이 채무자에게 송달되지 아니한 때에는 법원은 채권자에게 상당한 기간을 정하여 그 기간 이내에 채무자의 주소를 보정하도록 명하여야 한다.
> ⑦ 채권자가 제6항의 명령을 받고도 이를 이행하지 아니한 때에는 법원은 제1항의 결정을 취소하고 재산명시신청을 각하하여야 한다.

⑧ 제2항 및 제7항의 결정에 대하여는 즉시항고를 할 수 있다.

⑨ 채무자는 제1항의 결정을 송달받은 뒤 송달장소를 바꾼 때에는 그 취지를 법원에 바로 신고하여야 하며, 그러한 신고를 하지 아니한 경우에는 민사소송법 제185조 제2항(발송송달) 및 제189조(발신주의)의 규정을 준용한다.

기출 23

① **심리** : 재산명시신청에 대한 심리는 원칙적으로 서면심리에 의하고 채무자를 심문하지 아니하고 재판하여야 한다(제62조 제3항).

② **재산명시명령**

이유가 있는 경우	• 법원은 재산명시신청에 정당한 이유가 있다고 인정한 때에는 결정의 형식으로 재판한다(제62조 제1항). • 이 명령은 재산명시신청을 한 채권자 및 채무자에게 송달하여야 한다(제62조 제4항).
이유가 없는 경우	• 법원은 재산명시신청에 정당한 이유가 없거나, 채무자의 재산을 쉽게 찾을 수 있다고 인정한 때(제62조 제2항), 재산명시명령을 내리기 전에 집행의 정지·취소서류(제49조)가 제출된 경우에도 재산명시신청을 기각하여야 한다. • 재산명시신청을 기각한 결정은 채권자에게만 고지하면 된다(규칙 제7조 제2항).

③ **재산명시명령의 송달**

㉠ 재산명시명령은 재산명시신청을 한 채권자와 채무자에게 송달하여야 한다(제62조 제4항).

㉡ 재산명시명령의 송달은 민사소송법 제178조 제1항에 의하여 그 '등본'으로도 가능하다(대결 2003.10.14. 2003마1144).

㉢ '채무자'에게 하는 재산명시명령의 송달은 민사소송법 제187조에 의한 등기우편 발송의 방법이나 민사소송법 제194조에 의한 공시송달의 방법으로는 할 수 없다(제62조 제5항).[24] **기출** 23·15

㉣ 다만, 채무자는 재산명시명령(결정)을 송달받은 뒤 송달장소를 바꾼 때에는 그 취지를 법원에 바로 신고하여야 하는데, 그러한 신고를 하지 아니하여 달리 송달할 장소를 알 수 없는 경우 종전에 송달받던 장소에 대법원 규칙이 정하는 방법(등기우편, 민사소송규칙 제51조)으로 발송할 수 있고, 이 경우 서류를 발송한 때에 송달된 것으로 본다(제62조 제9항, 민소법 제185조 제2항 및 제189조). **기출** 23

> • **민사집행법 제62조 소정의 재산명시명령의 송달형식(= 등본 송달)**
> 민사집행법 제62조 제1항, 제4항은 재산명시신청에 정당한 이유가 있어 법원이 결정의 형식으로 재산명시명령을 한 때에는 그 결정을 채무자에게 송달하도록 하면서도 정본으로 송달할 것인지 아니면 등본으로 송달할 것인지에 관하여는 아무런 규정을 두고 있지 않은바, 같은 법 제23조 제1항은 민사집행법에 특별한 규정이 있는 경우를 제외하고는 민사집행절차에 관하여는 민사소송법의 규정을 준용하도록 하고 있고, 재산명시명령은 그 성질상 정본의 송달을 필요로 한다고 할 수도 없으므로, 재산명시명령의 송달은 민사소송법 제178조 제1항에 의하여 그 등본으로도 가능하다(대결 2003.10.14. 2003마1144).
> • 재산명시명령이 채무자에게 송달되면 시효중단사유인 최고(민법 제174조)로서의 효력이 있을 뿐이고, 강제집행의 준비행위와 강제집행 사이의 중간단계의 절차에 불과하여 소멸시효의 중단사유인 압류·가압류·가처분에 준하는 효력까지 인정할 수 없다(대판 2001.5.29. 2000다32161). **기출** 15
> • 채권자가 확정판결에 기한 채권의 실현을 위하여 채무자에 대하여 민사집행법상 재산명시신청을 하고 그 결정이 채무자에게 송달되었다면 거기에 소멸시효 중단사유인 '최고'로서의 효력만이 인정되므로, 재산명시결정에 의한 소멸시효 중단의 효력은, 그로부터 6월 내에 다시 소를 제기하거나 압류 또는 가압류, 가처분을 하는 등 민법 제174조에 규정된 절차를 속행하지 아니하는 한, 상실된다(대판 2012.1.12. 2011다78606). **기출** 21·16

---

24) 불출석에 대한 제재가 가해지는 점에서 우편송달이나 공시송달을 인정하고 있지 않다.

⑩ 재산명시명령이 채무자에게 송달불능된 경우에는 법원은 채권자에게 상당한 기간을 정하여 그 기간 이내에 채무자의 주소를 보정하도록 명하여야 하고(제62조 제6항), 채권자가 주소보정명령을 받고도 이를 이행하지 아니한 때에는 법원은 재산명시명령을 취소하고 재산명시신청을 각하하여야 한다(제62조 제7항).

Ⅴ 재산명시신청의 재판에 대한 불복

1. 재산명시명령에 대한 불복

> **민사집행법 제63조(재산명시명령에 대한 이의신청)**
> ① 채무자는 재산명시명령을 송달받은 날부터 1주 이내에 이의신청을 할 수 있다. `기출` 25 · 23 · 21
> ② 채무자가 제1항에 따라 이의신청을 한 때에는 법원은 이의신청사유를 조사할 기일을 정하고 채권자와 채무자에게 이를 통지하여야 한다.
> ③ 이의신청에 정당한 이유가 있는 때에는 법원은 결정으로 재산명시명령을 취소하여야 한다.
> ④ 이의신청에 정당한 이유가 없거나 채무자가 정당한 사유 없이 기일에 출석하지 아니한 때에는 법원은 결정으로 이의신청을 기각하여야 한다. `기출` 15
> ⑤ 제3항 및 제4항의 결정에 대하여는 즉시항고를 할 수 있다. `기출` 23

① 이의신청
  ㉠ 채무자는 재산명시명령을 송달 받은 날부터 1주 이내에 명시명령을 발령한 법원에 이의신청을 할 수 있다(제63조 제1항). `기출` 25 · 23 · 21
  ㉡ 즉시항고는 허용되지 아니한다.
② 이의사유
  ㉠ 재산명시명령의 요건이 갖추어지지 않았다는 것이 이의사유로 된다. 집행문이 부적법하게 부여되었다는 사유는 집행문부여에 대한 이의신청 등의 사유는 될지언정 명시명령에 대한 이의사유는 될 수 없다.
  ㉡ 변제의 경우, 즉 민사집행법 제49조 제4호의 서류 중 채무를 전부 이행한 변제증서를 제출한 경우에는 일반 강제집행에 있어서는 집행정지서류에 불과하지만 재산명시신청에 있어서는 신청요건을 흠결하게 하는 사유(소극적 요건)이므로 이의사유가 된다고 하는 견해가 다수설이다.
  ㉢ 변제 이외의 청구이의의 소의 원인이 되는 사유는 재산명시명령에 대한 이의사유가 되지 못하고, 청구이의의 소를 제기한 후 집행을 정지하는 잠정처분을 받아 민사집행법 제49조 제2호의 서류를 제출하여 재산명시절차의 속행을 정지시킬 수 있을 뿐이다.
③ **재판** : 이의신청에 대하여는 재산명시명령을 한 법원이 재판한다. 재산명시명령에 대한 이의신청에 대한 재판에 대하여는 채권자와 채무자 모두 즉시항고로 다툴 수 있다.[25] `기출` 23

---

25) 이의신청에 대한 재판에 대하여는 불복을 할 수 없으므로 특별항고만이 가능하나 예외적으로 즉시항고를 인정하고 있다. 강제경매개시결정에 대한 이의신청에 대한 재판도 즉시항고가 가능하다.

2. 명시신청을 기각·각하하는 재판 `기출` 23·15

① 채권자는 재산명시신청을 기각·각하하는 재판에 대하여는 즉시항고로 불복할 수 있다(제63조 제5항).
② 채무자는 재산명시명령에 대하여 즉시항고를 할 수 없고, 이의신청만 할 수 있다.

Ⅵ 재산명시기일의 실시

민사집행법 제64조(재산명시기일의 실시)

① 재산명시명령에 대하여 채무자의 이의신청이 없거나 이를 기각한 때에는 법원은 재산명시를 위한 기일을 정하여 채무자에게 출석하도록 요구하여야 한다. 이 기일은 채권자에게도 통지하여야 한다.
② 채무자는 제1항의 기일에 강제집행의 대상이 되는 재산과 다음 각 호의 사항을 명시한 재산목록을 제출하여야 한다.
　1. 재산명시명령이 송달되기 전 1년 이내에 채무자가 한 부동산의 유상양도
　2. 재산명시명령이 송달되기 전 1년 이내에 채무자가 배우자, 직계혈족 및 4촌 이내의 방계혈족과 그 배우자, 배우자의 직계혈족과 형제자매에게 한 부동산 외의 재산의 유상양도
　3. 재산명시명령이 송달되기 전 2년 이내에 채무자가 한 재산상 무상처분. 다만, 의례적인 선물은 제외한다.
③ 재산목록에 적을 사항과 범위는 대법원규칙으로 정한다.
④ 제1항의 기일에 출석한 채무자가 3월 이내에 변제할 수 있음을 소명한 때에는 법원은 그 기일을 3월의 범위 내에서 연기할 수 있으며, 채무자가 새 기일에 채무액의 3분의 2 이상을 변제하였음을 증명하는 서류를 제출한 때에는 다시 1월의 범위 내에서 연기할 수 있다. `기출` 16

민사집행법 제65조(선서)

① 채무자는 재산명시기일에 재산목록이 진실하다는 것을 선서하여야 한다.
② 제1항의 선서에 관하여는 민사소송법 제320조 및 제321조의 규정을 준용한다. 이 경우 선서서에는 다음과 같이 적어야 한다. "양심에 따라 사실대로 재산목록을 작성하여 제출하였으며, 만일 숨긴 것이나 거짓 작성한 것이 있으면 처벌을 받기로 맹세합니다."

민사집행법 제66조(재산목록의 정정)

① 채무자는 명시기일에 제출한 재산목록에 형식적인 흠이 있거나 불명확한 점이 있는 때에는 제65조의 규정에 의한 선서를 한 뒤라도 법원의 허가를 얻어 이미 제출한 재산목록을 정정할 수 있다. `기출` 16
② 제1항의 허가에 관한 결정에 대하여는 즉시항고를 할 수 있다.

1. 재산명시기일의 지정 및 출석요구

① 재산명시명령에 대하여 채무자의 이의신청이 없거나 이의신청을 기각한 때에는 법원은 재산명시를 위한 기일을 정하여 채무자에게 출석할 것을 요구하여야 하고 채권자에게도 이 기일을 통지하여야 한다(제64조 제2항).
② 채무자가 소송대리인을 선임한 경우에도 출석요구서는 채무자 본인에게 송달하여야 한다(규칙 제27조 제2항). 다만, 채무자가 미성년자 등 제한능력자인 경우에는 법정대리인에게 송달하여야 한다.
③ 채무자가 재산명시명령을 송달받은 뒤 송달장소를 바꾸고도 그 취지를 법원에 신고하지 아니하여 달리 송달할 장소를 알 수 없는 경우에는 명시기일의 송달은 발송(등기우편)송달에 의할 수 있다(제62조 제9항).[26]

---

26) 재산명시명령의 송달과 재산명시기일의 송달은 서로 구별하여야 한다.

2. 재산명시기일에서의 절차

① 채무자의 출석

    ㉠ 채무자는 재산명시기일에 출석하여야 한다.

        ㉮ 채무자가 법인 또는 민사소송법 제52조의 비법인사단이나 재단인 때에는 그 대표자 또는 관리인
이 출석하여야 한다(제68조 제2항).

        ㉯ 대리선서는 허용되지 않기 때문에 대리인만 출석하여서는 아니 된다.

        ㉰ 다만 채무자가 미성년자 등 제한능력자인 경우에는 법정대리인만의 출석으로 충분하다는 견해와
법정대리인 외에 채무자 본인도 출석하여야 한다는 견해가 있다.

    ㉡ 채무자가 재산명시기일에 불출석한 경우에 그 기일이 연기되지 않는 한 새로운 명시기일을 열지 않고
감치재판절차로 넘어가지만, 채무자가 감치의 집행 중에 재산명시명령을 이행하겠다고 신청한 때에
는 법원은 바로 재산명시기일을 열어야 한다(실무제요 집행 2). **기출 23**

    ㉢ 채권자는 재산명시기일에 출석하지 아니하여도 되고(규칙 제27조 제3항), 소송대리인으로 하여금 출석
하게 할 수도 있다.

    ㉣ 채무자는 재산명시기일에 재산명시의무의 부존재를 주장할 수 없다.

② 재산목록의 제출

    ㉠ 채무자는 명시기일에 재산목록을 제출하여야 한다.

    ㉡ 적어야 할 재산의 종류와 범위는 민사집행규칙 제28조 제2항에 열거되어 있다.

    ㉢ 현재의 책임재산

        ㉮ 채무자의 재산으로 강제집행의 대상이 되는 재산을 모두 기재하여야 한다.

        ㉯ 압류금지물(동산 및 채권)은 압류금지의 근거규정이 민사집행법인지 그 밖의 법률인지를 묻지
않고 집행의 대상이 아니므로 기재할 것이 아니다(규칙 제28조 제2항 단서).

    ㉣ 일정범위의 과거재산

부동산의 유상양도 (제64조 제2항 제1호)	• 재산명시명령이 송달되기 전 1년 이내에 채무자가 한 부동산의 유상양도에 관한 사항을 기재하여야 한다. • 양도의 상대방이 누구인가를 불문한다.
부동산 외의 재산의 유상양도 (제64조 제2항 제2호)	• 재산명시명령이 송달되기 전 1년 이내에 채무자가 배우자, 직계혈족 및 4촌 이내의 방계혈족과 그 배우자, 배우자의 직계혈족과 형제자매에게 한 부동산 외의 재산의 유상양도에 관한 사항을 기재하여야 한다. • 양도의 상대방이 배우자, 직계혈족 및 4촌 이내의 방계혈족과 그 배우자, 배우자의 직계혈족과 형제자매로 한정된다.
재산상의 무상처분 (제64조 제2항 제3호)	• 재산의 무상처분행위는 상대방과 처분의 대상이 무엇인지를 불문하고 재산명시명령이 송달되기 전 2년 이내에 한 행위이면 모두 기재하여야 한다. • 다만, 사회통념에 따라 의례적인 선물로 인정되는 무상처분은 제외한다.

③ 명시기일의 진행

    ㉠ 채무자는 명시기일에 출석하여 재산목록을 제출함과 동시에 재산목록이 진실함을 선서하여야 한다
(제65조 제2항).

    ㉡ 채무자가 제한능력자인 경우에는 법정대리인이, 법인 또는 비법인 사단·재단인 경우에는 대표자
또는 관리인이 선서를 하여야 한다.

ⓒ 채무자가 재산목록의 제출을 거부하거나 선서를 거부한 때에는 채무자가 재산명시기일에 출석하지 아니한 경우와 마찬가지로 재산명시기일의 절차는 종결되고, 감치절차로 넘어가게 된다.

ⓔ 채무자는 명시기일에 제출한 재산목록에 형식적인 흠이 있거나 불명확한 점이 있는 때에는 제65조의 규정에 의한 선서를 한 뒤라도 법원의 허가를 얻어 이미 제출한 재산목록을 정정할 수 있다(제66조 제1항). **기출** 16

④ **명시기일의 연기**

㉠ 통상의 연기(민사소송법에 따른 기일변경)

㉮ 법원은 현저한 사유가 있는 때에 한하여 직권 또는 당사자의 신청에 따라 재산명시기일을 변경 또는 연기할 수 있다(제23조 제1항, 민소법 제165조의 준용).

㉯ 채무자의 연기신청에 대하여는 허부의 결정을 하여야 한다(제23조 제1항, 민소법 제165조).

㉰ 연기허부의 결정에 대하여는 즉시항고를 할 수 있다는 규정이 없으므로 '집행에 관한 이의'로써만 불복할 수 있다.

㉡ 변제가능성이 있는 경우의 연기(민사집행법에 따른 기일변경) **기출** 16

㉮ 재산명시기일에 출석한 채무자가 3월 이내에 채무를 변제할 수 있음을 소명한 때에는 법원은 그 기일을 3개월의 범위 내에서 연기할 수 있고, 채무자가 새 기일에 채무액의 2/3 이상을 변제하였음을 증명하는 서류를 제출한 때에는 다시 1개월의 범위 내에서 기일을 연기할 수 있다(제64조 제4항). 그 후 또 다시 3차로 기일을 연기하는 것은 허용되지 아니한다.

㉯ 위 조항에 의한 연기는 채무자의 연기신청이 있어야 한다.

Ⅶ 재산목록의 열람·복사

① 채무자에 대하여 강제집행을 개시할 수 있는 채권자는 재산목록을 보거나 복사할 것을 신청할 수 있다(제67조). **기출** 21

② 재산명시신청을 하지 아니한 채권자는 집행력 있는 정본 및 집행을 개시함에 필요한 문서를 첨부하여 열람·복사를 신청할 수 있다.

Ⅷ 집행의 정지, 취소

1. 서 설

재산명시절차도 강제집행절차의 일종이므로 재산명시절차에 관하여도 집행의 정지, 취소에 관한 민사집행법 제49조 내지 제51조의 규정이 적용된다.

2. 재산명시명령 발령 전에 제49조의 서류가 제출된 경우

재산명시명령 발령 전에 민사집행법 제49조 각 호의 서류가 제출된 때에는 명시신청을 기각하여야 한다.

3. 재산명시명령 발령 후에 제49조의 서류가 제출된 경우

① 제49조 제1호·제3호·제5호·제6호의 집행취소서류가 제출된 경우에는 법원은 재산명시절차를 취소하여야 한다.
② 제49조 제2호·제4호의 정지서류가 제출된 경우에는 재산명시절차 또는 재산명시명령을 취소할 수는 없고 민사집행법 제51조에 정한 바에 따라 명시기일을 지정하지 않거나 재산명시기일의 지정을 취소하고 재산명시절차의 속행을 정지하여야 한다.

4. 재산명시선서 후 제49조의 서류가 제출된 경우

채무자가 명시선서를 하면 재산명시절차는 일단 종료되므로 그 후에는 집행정지서류가 제출되어도 집행정지가 있을 수 없다.

Ⅸ 명시의무위반에 대한 제재

1. 불출석 등에 대한 제재

① 재산명시명령을 송달받은 채무자가 정당한 사유 없이 '재산명시기일에 불출석'하거나, 재산명시기일에 출석하더라도 '재산목록의 제출을 거부'하거나, '선서를 거부'하는 경우에는 법원은 결정으로 채무자를 20일 이내의 감치에 처한다(제68조 제1항).
② 다만, 채무자가 제한능력자인 경우에는 법정대리인이 재산목록을 작성·제출할 의무와 재산명시기일에 출석하여 선서할 의무를 부담하므로 감치재판을 받을 대상자는 채무자 본인이 아니라 법정대리인이 된다.
③ 채무자가 법인 또는 비법인 사단·재단인 경우에는 현실적으로 법인 등을 위하여 재산목록을 작성·제출할 의무와 재산명시기일에 출석하여 선서할 의무를 부담하는 법인 등의 대표자 또는 관리인이 감치재판을 받게 된다(제68조 제2항).
④ 채무자가 감치의 집행 중에 재산명시명령을 이행하겠다고 신청함에 따라 열린 명시기일에 출석하여 재산목록을 내고 선서를 하거나 채권자에게 채무를 변제하고 이를 증명하는 서면을 제출하면 법원은 바로 감치결정을 취소하고 그 채무자를 석방하도록 명하여야 한다(제68조 제6항).

2. 거짓의 재산목록 제출에 대한 제재

① 채무자가 거짓의 재산목록을 낸 때에는 3년 이하의 징역 또는 500만원 이하의 벌금에 처한다(제68조 제9항).
② 채무자가 법인 또는 비법인 사단·재단인 때에는 그 대표자 또는 관리인을 위 예에 따라 처벌하고 채무자는 위 벌금에 처한다(제68조 제10항).
③ 법정대리인에 대하여도 적용된다.

> 민사집행법의 재산명시절차에 따라 채무자가 법원에 제출할 재산목록에는 실질적인 가치가 있는지 여부와 상관없이 강제집행의 대상이 되는 재산을 모두 기재하여야 한다. (따라서) 재산명시절차에서 채무자가 특정 채권을 실질적 재산가치가 없다고 보아 재산목록에 기재하지 않은 채 제출한 행위는 민사집행법상 거짓의 재산목록 제출죄에 해당한다(대판 2007.11.29. 2007도8153). **기출** 21·16

X 재신청

① 재산명시신청이 기각·각하된 경우에는 그 재산명시신청을 한 채권자는 기각·각하사유를 보완하지 아니하고서는 같은 집행권원으로 다시 재산명시신청을 할 수 없다(제69조). **기출** 21

② 채무자가 재산명시기일에 불출석하거나 재산목록의 제출 또는 선서를 거부하여 재산명시절차가 종료된 경우에는 채권자는 다시 명시신청을 할 수 있다고 볼 것이다.

제3절 집행보조절차 – 채무불이행자명부 등재제도

I 서 설

1. 의 의

'채무불이행자명부'란 채무자가 집행권원의 성립 이후에 금전채무를 일정기간 내에 이행하지 아니하거나 재산명시절차에서 감치 또는 처벌대상이 되는 행위를 한 경우에 법원의 재판에 의하여 그 명부를 작성하여 등재한 후 누구든지 보거나 복사할 수 있도록 법원에 비치하는 명부를 말한다.

2. 취 지

채무불이행자명부 등재제도는 채무를 이행하지 아니하는 불성실한 채무자의 인적 사항을 공개함으로써 명예와 신용의 훼손과 같은 불이익을 가하고, 이를 통하여 채무의 이행에 노력하게 하는 간접강제의 효과를 거둠과 아울러 일반인으로 하여금 거래상대방에 대한 신용조사를 용이하게 하여 거래의 안전을 도모하게 함을 목적으로 하는 제도이다(대결 2010.9.9. 2010마779). **기출** 22

3. 채무불이행자명부 등재신청 사유

> **민사집행법 제70조(채무불이행자명부 등재신청)**
> ① 채무자가 다음 각 호 가운데 어느 하나에 해당하면 채권자는 그 채무자를 채무불이행자명부에 올리도록 신청할 수 있다. **기출** 22 · 18
>   1. 금전의 지급을 명한 집행권원이 확정된 후 또는 집행권원을 작성한 후 6월 이내에 채무를 이행하지 아니하는 때. 다만, 제61조 제1항 단서에 규정된 집행권원(가집행선고부판결)의 경우를 제외한다.
>   2. 제68조 제1항 각 호의 사유(불출석, 부제출, 선거거부) 또는 같은 조 제9항의 사유(거짓의 재산목록 제출) 가운데 어느 하나에 해당하는 때
> ② 제1항의 신청을 할 때에는 그 사유(제1호, 제2호 여부)를 소명하여야 한다.
> ③ 제1항의 신청에 대한 재판은 제1항 제1호의 경우에는 채무자의 보통재판적이 있는 곳의 법원이 관할하고, 제1항 제2호의 경우에는 재산명시절차를 실시한 법원이 관할한다.

Ⅱ 등재절차

1. 신 청

① 등재신청은 서면으로 하여야 한다(규칙 제31조 제1항, 제25조 제1항 준용).
② 재산명시신청의 경우와는 달리 집행문이나 집행개시요건을 소명하는 문서를 제출할 필요는 없다(재민 91-6).
③ 가집행선고부 판결이 여기의 집행권원이 될 수 없음은 재산명시신청과 동일하다.
④ 채권자는 재산명시절차를 거치지 않고도 채무불이행자명부 등재신청을 할 수 있다.

2. 관 할

① 등재신청사유가 6월 이내에 채무를 변제하지 않은 것인 때에는 채무자의 보통재판적이 있는 곳의 법원이 관할하고, 등재신청사유가 재산명시절차에서 재산명시기일 불출석, 재산목록 제출 또는 선서 거부, 거짓의 재산목록 제출인 때에는 재산명시절차를 실시한 법원이 관할한다(제70조 제3항).
② 시·군법원이 채무불이행자명부등재신청사건을 처리할 수 없다. 법관이 아닌 사법보좌관이 담당하는 업무이다.

3. 심 리

등재신청에 대한 재판을 함에 있어서는 특단의 사정이 없는 한 채무자를 심문하여 채무의 이행여부를 확인하는 것이 바람직하다(재민 91-6).

4. 재 판

① 등재신청에 정당한 이유가 있는 때에는 법원은 채무자를 채무불이행자명부에 올리는 결정을 하여야 한다(제71조 제1항). **기출** 22
② 등재신청에 정당한 이유가 없거나 쉽게 강제집행할 수 있다고 인정할만한 명백한 사유가 있는 때에는 법원은 결정으로 신청을 기각하여야 한다(제71조 제2항). **기출** 22

> 채무불이행자명부 등재제도의 소극적 요건인 '쉽게 강제집행할 수 있다고 인정할 만한 명백한 사유'란 채무자가 보유하고 있는 재산에 대하여 많은 시간과 비용을 투입하지 아니하고서도 강제집행을 통하여 채권의 만족을 얻을 수 있다는 점이 특별한 노력이나 조사 없이 확인 가능하다는 것을 의미하고, 그 사유의 존재에 관하여는 채무자가 이를 증명한다(대결 2010.9.9. 2010마779). **기출** 22

③ 채무불이행자명부 등재결정 또는 신청기각결정에 대하여는 즉시항고할 수 있다(제71조 제3항 전문). 이 경우 민사소송법 제447조의 규정을 준용하지 아니하여(제71조 제3항 후문), 집행정지의 효력이 없으므로 즉시항고를 하더라도 명부등재 및 비치는 집행된다. **기출** 22

채권자의 채무불이행자명부 등재신청에 정당한 이유가 없거나 쉽게 강제집행 할 수 있다고 인정할 만한 명백한 사유가 있는 때에는 이를 기각하여야 하고(민사집행법 제71조 제2항), 채무자는 이러한 채무불이행자명부 등재결정에 대하여 즉시항고를 제기할 수 있으며(민사집행법 제71조 제3항), 나아가 채무불이행자명부 등재결정이 확정된 이후에도 변제 그 밖의 사유로 채무가 소멸되었음을 증명함으로써 채무불이행자명부에 그 이름을 말소하는 결정을 신청할 수 있다(민사집행법 제73조 제1항). 즉, 채무소멸 등의 실체적 사유는 채무불이행자명부 등재결정 이전에는 신청의 소극적 요건에 해당하고, 등재결정 확정 이후에는 그 말소 요건에 해당하는 점에 비추어 보면, 등재결정에 대한 즉시항고 사유 역시 절차적 사유에 한정되지 아니하므로 채무가 존재하지 아니하거나 변제 그 밖의 사유로 소멸하였다는 등의 실체적 사유도 이에 포함된다. 따라서 채무불이행자명부 등재결정이 내려진 경우, 채무자는 위와 같은 실체적 사유를 증명함으로써 등재결정에 대하여 즉시항고를 제기할 수 있고, 등재결정이 확정된 이후에는 이와 별도로 그 사유를 증명하여 채무이행자명부에 그 이름을 말소하는 결정을 신청할 수도 있다(대결 2022.5.17. 2021마6371).

Ⅲ 명부의 작성 및 비치 등

1. 명부의 작성

채무불이행자명부등재 결정이 있으면 등재결정을 한 법원의 법원사무관등은 바로 채무자별로 채무불이행자 명부를 작성하여야 한다(규칙 제32조 제1항).

2. 명부의 비치

① 법원은 채무불이행자명부등재 결정이 있으면 이를 비치하여야 한다(제72조 제1항).
② 채무불이행자명부의 부본을 채무자의 주소지(채무자가 법인인 경우에는 주된 사무소가 있는 곳) 시(구가 설치되지 아니한 시를 말한다. 이하 같다)·구·읍·면의 장(도농복합형태의 시의 경우 동지역은 시·구의 장, 읍·면지역은 읍·면의 장으로 한다. 이하 같다)에게 보내야 한다.

3. 명부의 열람 및 복사의 자유

민사집행법 제72조(명부의 비치)
① 채무불이행자명부는 등재결정을 한 법원에 비치한다.
② 법원은 채무불이행자명부의 부본을 채무자의 주소지(채무자가 법인인 경우에는 주된 사무소가 있는 곳) 시(구가 설치되지 아니한 시를 말한다. 이하 같다)·구·읍·면의 장(도농복합형태의 시의 경우 동지역은 시·구의 장, 읍·면지역은 읍·면의 장으로 한다. 이하 같다)에게 보내야 한다. 기출 18
③ 법원은 채무불이행자명부의 부본을 대법원규칙이 정하는 바에 따라 일정한 금융기관의 장이나 금융기관 관련단체의 장에게 보내어 채무자에 대한 신용정보로 활용하게 할 수 있다.
④ 채무불이행자명부나 그 부본은 누구든지 보거나 복사할 것을 신청할 수 있다. 기출 18
⑤ 채무불이행자명부는 인쇄물 등으로 공표되어서는 아니 된다.

① 채무불이행자명부나 그 부본은 누구든지 보거나 복사할 것을 신청할 수 있다(제72조 제4항). 즉 채무자에 대하여 강제집행을 개시할 수 있는 채권자에 한하여 보거나 복사할 것을 신청할 수 있는 것이 아니다.
기출 18
② 채무불이행자명부는 인쇄물 등으로 공표되어서는 아니 된다(제72조 제5항). 정보통신망의 발달로 인쇄물 등으로 공표될 경우 채무자의 신용에 엄청난 타격을 줄 것을 고려한 규정이다.

Ⅳ 명부등재의 말소

민사집행법 제73조(명부등재의 말소)

① 변제, 그 밖의 사유로 채무가 소멸되었다는 것이 증명된 때에는 법원은 채무자의 신청에 따라 채무불이행자명부에서 그 이름을 말소하는 결정을 하여야 한다. [기출] 25 · 22

② 채권자는 제1항의 결정(말소결정)에 대하여 즉시항고를 할 수 있다. 이 경우 민사소송법 제447조의 규정은 준용하지 아니한다. [기출] 17

③ 채무불이행자명부에 오른 다음 해부터 10년이 지난 때에는 법원은 직권으로 그 명부에 오른 이름을 말소하는 결정을 하여야 한다. [기출] 25

④ 제1항과 제3항의 결정을 한 때에는 그 취지를 채무자의 주소지(채무자가 법인인 경우에는 주된 사무소가 있는 곳) 시·구·읍·면의 장 및 제72조 제3항의 규정에 따라 채무불이행자명부의 부본을 보낸 금융기관 등의 장에게 통지하여야 한다.

⑤ 제4항의 통지를 받은 시·구·읍·면의 장 및 금융기관 등의 장은 그 명부의 부본에 오른 이름을 말소하여야 한다.

민사집행규칙 제34조(직권말소)

① 채무불이행자명부에 등재한 후 등재결정이 취소되거나 등재신청이 취하된 때 또는 등재결정이 확정된 후 채권자가 등재의 말소를 신청한 때에는 명부를 비치한 법원의 법원사무관등은 바로 그 명부를 말소하여야 한다.

② 제1항의 경우 제33조 제1항·제2항 또는 법 제72조 제2항의 규정에 따라 채무불이행자명부의 부본을 이미 보내거나 그 내용을 통지한 때에는 법원사무관등은 바로 법 제73조 제4항에 규정된 조치를 취하여야 한다.

1. 등재말소 유형

① 채무자의 신청에 의한 말소

  ㉠ 변제, 그 밖의 사유로 채무가 소멸되었다는 것이 증명된 때에는 법원은 채무자의 신청에 따라 채무불이행자명부에서 그 이름을 말소하는 결정을 하여야 한다(제73조 제1항). [기출] 22

> 민사집행법 제73조 제1항은 "변제, 그 밖의 사유로 채무가 소멸되었다는 것이 증명된 때에는 법원은 채무자의 신청에 따라 채무불이행자명부에서 그 이름을 말소하는 결정을 하여야 한다"라고 규정하고 있는바, 채무가 소멸하였다는 것은 채무자가 증명하여야 하고, 이를 증명하는 방법에는 제한이 없다. 따라서 채무불이행자명부 등재신청의 기초가 된 집행권원이 확정판결 또는 이와 동일한 효력이 있는 것이라고 하더라도 이에 대하여 청구이의의 소를 제기하여 승소 확정판결을 받아야 하는 것은 아니고, 확정판결 등 집행권원의 기판력이 발생한 후에 채무의 소멸사유가 생긴 것을 증명하는 것으로 충분하다(대결 2023.7.14. 2023그610).

  ㉡ 기한의 유예, 연기, 이행조건의 변경 등은 말소신청사유에 해당하지 아니한다. 채권자가 말소에 동의하였다는 사유도 말소신청사유에 해당하지 아니한다. 이 명부는 공공의 이익에 공하기 때문이다.

  ㉢ 채권자는 말소결정에 대하여 즉시항고할 수 있다.

② 직권말소

  ㉠ 10년 경과로 인한 법원의 직권말소결정 : 채무불이행자명부에 오른 다음 해부터 10년이 지난 때에는 법원은 직권으로 그 명부에 오른 이름을 말소하는 결정을 하여야 한다(제73조 제3항).

  ㉡ 채권자의 등재말소신청 등으로 인한 직권말소 : 채무불이행자명부에 등재한 후 등재결정이 취소되거나 등재신청이 취하된 때 또는 등재결정이 확정된 후 채권자가 등재의 말소를 신청한 때에는 명부를 비치한 법원의 법원사무관등은 바로 그 명부를 말소하여야 한다(규칙 제34조 제1항). 법원의 말소결정이 필요 없다.

2. 말소통지

법원이 민사집행법 제73조 제1항과 제3항에 의하여 말소결정을 한 때에는 그 취지를 채무불이행자명부의 부본을 보낸 기관에게 통지하여야 하고(제73조 제4항), 그 통지를 받은 시·구·읍·면의 장 및 금융기관 등의 장은 그 명부의 부본에 오른 이름을 말소하여야 한다(제73조 제5항).

3. 말소된 명부의 열람 · 복사

말소된 채무불이행자명부는 채무자 본인 또는 그 대리인에 한하여 열람 또는 복사하게 할 수 있다(재민 91-4).

Ⅴ 집행의 정지 · 취소 규정의 적용 여부

① 채무불이행자명부 등재절차는 전술한 바와 같이 강제집행절차가 아니므로 집행의 필요적 정지·취소에 관한 규정이 적용되지 아니한다.

② 따라서 등재결정이 있은 후 집행의 정지·취소서류가 제출되거나, 채무불이행자명부 등재결정에 대하여 즉시항고가 있더라도 명부등재 및 비치는 집행이 정지되지 아니하므로 등재결정을 취소하거나 명부등재를 말소할 수 없다.

제4절   집행보조절차 – 재산조회제도

민사집행법 제74조(재산조회)

① 재산명시절차의 관할 법원은 다음 각 호의 어느 하나에 해당하는 경우에는 그 재산명시를 신청한 채권자의 신청에 따라 개인의 재산 및 신용에 관한 전산망을 관리하는 공공기관·금융기관·단체 등에 채무자명의의 재산에 관하여 조회할 수 있다.

  1. 재산명시절차에서 채권자가 제62조 제6항의 규정에 의한 주소보정명령을 받고도 민사소송법 제194조 제1항의 규정에 의한 사유(공시송달 사유)로 인하여 채권자가 이를 이행할 수 없었던 것으로 인정되는 경우 **기출** 13

  2. 재산명시절차에서 채무자가 제출한 재산목록의 재산만으로는 집행채권의 만족을 얻기에 부족한 경우
                                                         기출 25 · 18

  3. 재산명시절차에서 제68조 제1항 각 호의 사유(명시기일 불출석, 재산목록 제출 거부, 선서 거부) 또는 동조 제9항의 사유가 있는 경우(거짓의 재산목록을 제출한 때)

② 채권자가 제1항의 신청을 할 경우에는 조회할 기관·단체를 특정하여야 하며 조회에 드는 비용을 미리 내야 한다.

③ 법원이 제1항의 규정에 따라 조회할 경우에는 채무자의 인적 사항을 적은 문서에 의하여 해당 기관·단체의 장에게 채무자의 재산 및 신용에 관하여 그 기관·단체가 보유하고 있는 자료를 한꺼번에 모아 제출하도록 요구할 수 있다.

④ 공공기관·금융기관·단체 등은 정당한 사유 없이 제1항 및 제3항의 조회를 거부하지 못한다.

> **민사집행법 제75조(재산조회의 결과 등)**
> ① 법원은 제74조 제1항 및 제3항의 규정에 따라 조회한 결과를 채무자의 재산목록에 준하여 관리하여야 한다.
> ② 제74조 제1항 및 제3항의 조회를 받은 기관·단체의 장이 정당한 사유 없이 거짓 자료를 제출하거나 자료를 제출할 것을 거부한 때에는 결정으로 500만원 이하의 과태료에 처한다. 기출 18
> ③ 제2항의 결정에 대하여는 즉시항고를 할 수 있다.
>
> **민사집행법 제76조(벌칙)**
> ① 누구든지 재산조회의 결과를 강제집행 외의 목적으로 사용하여서는 아니 된다.
> ② 제1항의 규정에 위반한 사람은 2년 이하의 징역 또는 500만원 이하의 벌금에 처한다.

Ⅰ 서 설

1. 의 의

재산조회란 재산명시를 신청한 채권자는 제74조 제1항의 요건을 갖춘 경우에 법원에 개인의 재산과 신용에 관한 전산망을 관리하는 공공기관이나 금융기관 등에 채무자 명의의 재산에 관한 조회를 해줄 것을 신청하는 것을 말한다.

2. 취 지

① 이 제도는 채무자의 자발적 협조 없이도 적극적으로 채무자의 재산을 발견하는 제도를 갖춤으로써 재산명시제도의 실효성을 확보하고자 하는 목적을 갖고 있다.

② 강제집행을 실시할 단계에서 강제집행의 실효성을 확보하기 위하여 민사집행법이 규정한 절차로서 넓은 의미에서의 민사집행절차의 하나라고 할 것이다.

Ⅱ 재산조회의 요건

1. 신청사유

① **송달불능**(제74조 제1항 제1호) : 공시송달에 의하지 아니하고는 채무자에게 재산명시명령을 송달할 방법이 없는 경우에는 재산명시기일의 절차를 진행할 수 없으므로 곧바로 재산조회 신청이 가능하다.

② **채권만족의 곤란**(제74조 제1항 제2호) : 재산명시절차에서 채무자가 제출한 재산목록의 재산만으로는 집행채권의 만족을 얻기에 부족한 경우에는 채무자의 재산명시의무 위반이 없더라도 곧바로 재산조회가 가능하다. 기출 18

③ **채무자의 재산명시의무위반** : 재산명시절차에서 채무자가 재산명시기일에 불출석하거나 재산목록의 제출 또는 선서를 거부한 때에는 채무자를 감치에 처할 수 있고(제68조 제1항 제1호~제3호), 또 채무자가 거짓의 재산목록을 낸 때에는 채무자를 3년 이하의 징역 또는 500만원 이하의 벌금에 처하지만(제68조 제9항), 이러한 사유는 동시에 재산조회의 사유가 된다. 위 각 사유는 어느 것이나 채무자의 재산 내역을 정확히 알 수 없는 경우에 해당하기 때문이다(실무제요 집행 1).

2. 재산조회를 할 기관과 조회대상 재산

① **조회 당시의 재산조회** : 재산조회를 할 수 있는 기관은 개인의 재산과 신용에 관한 전산망을 관리하는 공공기관·금융기관·단체 등인데(제74조 제1항), 민사집행규칙은 이를 구체화하여 조회할 재산의 종류와 성질에 따라 조회대상기관을 14개로 한정하는 한편, 재산목록의 기재사항과 조회의 효율성을 고려하여 조회 대상재산을 부동산(토지·건물)의 소유권, 지식재산권(특허권·실용신안권·디자인권·상표권), 자동차·건설기계의 소유권, 계좌별 합계약이 50만원 이상인 금융재산 등으로 한정하고 있다(규칙 제36조 제1항, 별표).

② **과거 재산에 대한 조회** : 법원행정처를 상대로 토지 또는 건물에 관한 재산조회를 하는 경우에는 채권자의 신청에 따라 채무자가 조회 당시 보유한 재산뿐만 아니라 재산명시명령이 송달되기 전 2년 안에 채무자가 보유한 재산내역을 조회할 수 있다(제77조, 규칙 제36조 제2항). 기출 13

Ⅲ 재산조회의 신청

1. 신청인적격

① 재산조회는 재산명시를 신청한 채권자만이 신청할 수 있다(제74조 제1항). 법원이 직권으로 할 수 없고, 재산명시를 신청하지 않은 채권자도 재산조회를 신청할 수 없다.

② 반드시 재산명시절차를 거칠 필요는 없다.

③ 즉 공시송달에 의하지 아니하고는 채무자에게 재산명시명령을 송달할 방법이 없는 경우에는 재산명시기일의 절차를 진행할 수 없으므로 재산명시신청을 하였다가 위의 사유로 재산명시신청에 대하여 기각·각하결정을 받은 채권자도 재산조회를 신청할 수 있다.

④ 재산조회신청은 서면으로 하여야 한다(규칙 제35조 제1항).

2. 시 기

재산명시절차 진행 중에는 재산조회 신청을 할 수 없고 재산명시절차가 끝난 후에만 재산명시신청을 한 채권자만이 재산조회를 신청할 수 있다.

3. 관할법원

① 재산조회의 관할법원은 '재산명시절차를 실시한 법원'이고(제74조 제1항), 이는 전속관할이다(제21조).

② 재산명시절차의 관할법원은 채무자의 보통재판적이 있는 곳의 법원인데(제61조 제1항), 시·군법원은 재산명시신청 사건을 처리할 수 없으므로(법원조직법 제34조 참조), 재산조회의 관할법원에서도 시·군법원은 제외된다. 기출 13

4. 신청사유의 소명

재산조회를 신청하는 때에는 신청사유를 소명하는 자료와 채무자의 주소·주민번호 등 그 밖에 채무자의 인적사항에 관한 자료를 내야 한다(규칙 제35조 제2항).

Ⅳ 재 판

1. 심 리

법원은 반드시 심문을 거쳐야 하는 것은 아니고 서면심리만으로 재판할 수 있지만, 필요하다고 판단하는 때에는 이해관계인, 그 밖의 참고인을 심문할 수 있다(규칙 제2조).

2. 재 판

① 신청에 형식적 흠이 있는 경우에는 상당한 기간을 정하여 보정을 명하고 그 기간 내에 흠을 보정하지 아니하는 때에는 명령으로 신청을 각하하여야 한다(민소법 제254조 제1항·제2항의 준용).
② 심리한 결과 신청에 정당한 이유가 없는 때에는 결정으로 신청을 기각하여야 한다.
③ 기각결정에 대한 불복방법에 관하여 통상항고설, 불복불가설(특별항고설) 등도 있을 수 있으나, 집행에 관한 이의신청설이 타당하다(실무제요 집행 1). **기출** 13

Ⅴ 재산조회결과의 열람·복사

① 재산조회결과는 재산목록에 준하여 관리하게 되어 있으며(제75조 제1항), 재산조회신청인은 물론 재산조회신청인이 아니더라도 채무자에 대하여 강제집행을 개시할 수 있는 채권자는 재산목록을 보거나 복사할 것을 신청할 수 있다(제67조, 규칙 제38조).
② 채무자에 대하여 강제집행을 개시할 수 있는 채권자로서 재산조회신청을 하지 아니한 채권자가 재산조회결과의 열람·출력을 신청하는 때에 집행권원의 사본을 제출하여야 한다(재산조회규칙 제13조 제2항). **기출** 13
③ 누구든지 재산조회의 결과를 강제집행 외의 목적으로 사용하여서는 아니 된다(제76조 제1항). 이에 위반하는 사람은 2년 이하의 징역 또는 500만원 이하의 벌금에 처한다(제76조 제2항).

제5절 **부동산에 대한 강제집행 – 서설**

Ⅰ 부동산에 대한 강제집행의 의의

① 강제집행은 집행채권을 기준으로 크게 금전집행과 비금전집행으로 나눌 수 있고 집행대상을 기준으로 부동산에 대한 집행과 동산에 대한 집행으로 크게 분류할 수 있다.
② 민사집행법은 금전집행과 부동산에 대한 집행을 중심으로 규정하고 있는데 강제경매와 강제관리가 이에 해당한다.
③ 부동산에 대한 강제집행은 금전집행 중에서 채무자의 부동산에 대한 집행을 말하는 것이다.

Ⅱ 금전집행 개요

1. 의 의
① 금전채권의 강제적 실현을 위한 집행을 금전채권집행이라고 한다.
② 금전채권에 기초한 강제집행 또는 금전집행이라고도 한다.

2. 금전채권집행의 3단계
① 집행의 대상에 따라 구체적인 모습은 다르지만 금전채권집행절차는 공통적으로 압류·현금화·배당의 3단계 구조를 갖는다.
② 즉 강제집행신청에 따라 집행기관은 채무자가 목적물을 처분하지 못하도록 목적물의 권리상태를 동결하는 압류를 행하고, 다음으로 목적물을 매각 등의 방법으로 현금화하여, 금원을 채권자에게 교부하는 배당절차를 실시한다.

3. 집행절차상 채권자의 경합
① 의 의
    ㉠ 금전채권집행의 실제에 있어서는 신청채권자 이외에도 다른 채권자들이 있게 마련이고 목적물을 현금화한 금액이 총채권자의 채권에 만족을 주지 못하는 것이 보통이다.
    ㉡ 여기서 압류채권자와 당해 집행절차에 참가한 다른 채권자들 사이의 배당순위를 어떻게 정할 것인지가 문제된다.
    ㉢ 실체법상으로는 우선변제권 있는 채권자를 제외하고는 채권자평등의 원칙이 적용된다.
    ㉣ 실체법상 평등한 채권자들 사이라도 자신의 노력과 비용을 들여 먼저 강제집행에 착수한 채권자를 배당에 있어 어느 정도 우선적 지위를 인정하는 것은 실체법상 채권자평등의 원칙과는 모순되지 아니하며 입법정책의 문제이다.
② 평등주의
    ㉠ 실체법상 채권자평등의 원칙을 집행절차에도 그대로 인정하는 입법주의이다.
    ㉡ 먼저 집행에 착수하였다는 사정만으로 우선적 지위를 인정할 수 없다는 태도이다.
    ㉢ 일반집행에 의하는 파산 및 회생절차는 원칙적으로 평등주의를 택하고 있다.
③ 우선주의
    ㉠ 집행에 먼저 착수한 채권자에 대하여 다른 채권자보다 우선적인 배당순위를 인정하는 것이다.
    ㉡ 실체법상 평등한 채권자라고 하더라도 자신의 노력과 비용으로 먼저 집행에 착수한 채권자에게 우선적 배당순위를 인정하는 것이 합리적이라고 보는 것이다.
    ㉢ 국세징수법은 우선주의를 취하고 있다.
④ 군단주의 : 집행개시시점부터 집행종료시점까지를 시간적으로 여러 단계로 나누어 같은 단계에서 참가한 채권자들 간에는 평등하게 취급하지만 선행단계에 참가한 채권자는 후행단계에 참가한 채권자보다 우선하여 취급하는 것이다.
⑤ 민사집행법의 태도
    ㉠ 민사집행법은 원칙적으로 평등주의를 취하고 있다.
    ㉡ 그러나 배당요구종기제도를 두고 있으며 집행권원이 없는 일반채권자의 배당요구를 인정하지 않는 점에서 우선주의 내지는 군단주의 요소를 일부 가미하고 있다고 볼 수 있다.

Ⅲ 부동산집행의 방법

> **민사집행법 제78조(집행방법)**
> ① 부동산에 대한 강제집행은 채권자의 신청에 따라 법원이 한다.
> ② 강제집행은 다음 각 호의 방법으로 한다.
>   1. 강제경매
>   2. 강제관리
> ③ 채권자는 자기의 선택에 의하여 제2항 각 호 가운데 어느 한 가지 방법으로 집행하게 하거나 두 가지 방법을 함께 사용하여 집행하게 할 수 있다.
> ④ 강제관리는 가압류를 집행할 때에도 할 수 있다.

민사집행법상 부동산집행의 방법으로는 강제경매와 강제관리가 있다(제78조 제2항). 강제경매와 강제관리의 차이점은 다음과 같다.

1. 강제경매

① 강제경매란 채무자 소유의 부동산을 압류, 현금화하여 그 매각대금을 가지고 채권자의 금전채권의 만족을 얻음을 목적으로 하는 강제집행절차이다.
② 채무자가 가지고 있는 소유권의 권능 중에서 교환가치(처분권능)를 파악하여 이를 집행법에 반영시킨 것이다.
③ 강제경매에 관한 매각의 성질에 관하여는 판례는 매수인의 선의취득을 인정함으로써 간접적으로 사법상의 매매설을 지지하고 있다.

2. 강제관리

① 강제경매는 압류한 부동산 그 자체를 매각하여 그 매각대금으로 변제에 충당하는 방법에 의한 강제집행임에 반하여, 강제관리는 압류한 부동산을 매각하지 않고 그 부동산을 관리하여 얻은 수익금으로 변제에 충당하는 방법에 의한 강제집행이라는 점에서 근본적인 차이가 있다.
② 강제관리는 부동산이 가지는 사용·수익가치를 파악하여 이를 집행법에 반영시킨 것이다.
③ 강제관리는 가압류를 집행할 때에도 사용할 수 있다(제78조 제4항). 이는 교환가치를 파악한 것이 아니라 사용·수익가치를 파악하였기 때문에 가능한 것이다.

Ⅳ 부동산에 대한 강제경매의 절차 개관

1. 관 할

① 부동산집행절차는 그 부동산이 있는 곳의 지방법원이 관할한다(제79조 제1항).
② 부동산에 대한 강제집행은 유체동산집행절차에 비하여 이해관계인이 많고 복잡할뿐만 아니라 고가인 부동산에 대한 집행이므로 보다 신중하게 집행될 필요가 있다. 그래서 집행관이 아닌 법원으로 하여금 담당하도록 한 것이다.

2. 경매신청

① 채권자는 집행정본과 강제집행개시 요건을 증명하는 서류를 첨부하여 서면으로 강제집행을 신청한다.
② 처분권주의에 따르므로 직권으로 강제집행을 개시할 수는 없다.

3. 압 류

① 법원은 경매신청에 대하여 경매개시결정을 하고 그 정본을 채무자에게 송달하여 경매목적물의 관할 등 기소에 경매개시결정의 기입등기를 촉탁한다.
② 이로써 목적물에 대한 압류의 효력이 발생하며, 채무자에게 집행의 목적물에 대한 처분을 금지하는 효력을 갖게 한다.
③ 첫 매각기일 이전의 날로 집행절차상 필요한 상당한 기간을 고려하여 배당요구종기를 정한다.

4. 현금화

매각의 준비	• 법원은 집행관에게 목적물에 대한 현황조사를 명하고 감정인에게 부동산을 평가하게 하여 이를 기초로 최저매각가격 등의 매각조건을 정한 다음 매각물건명세서를 작성하여 비치한다. • 위 절차가 끝난 다음에는 매각기일과 매각결정기일을 정하여 공고한다.
매각절차	• 매각기일은 집행관으로 하여금 진행하게 한다. • 매각기일에 매수신고인이 없는 경우에는 최저매각가격을 저감한 다음 새매각기일을 정하여 다시 매각을 실시한다.
매각결정	매각기일에 최고가 매수인이 정해지면 지금까지의 절차를 다시 한번 검토한다는 의미에서 매각결정기일을 열어 이해관계인의 의견을 들은 다음 최고가 매수신고인에게 매각을 허가하고 매각대금지급기한을 정한다.

5. 배 당

채권자의 경합이 있거나 매수인이 납입한 매각대금만으로는 채권만족에 부족한 경우 및 채권자가 모두 만족을 얻는 경우에도 배당절차를 실시한다.

6. 부수절차

① 매수인은 대금을 완납한 시점에 소유권을 취득한다.
② 그러나 현실적으로 목적물에 대한 소유권행사를 위해서는 인도명령절차를 통하여 목적물의 점유를 취득하고 소유권이전등기촉탁을 신청하여 등기부상 소유명의를 얻어야 하는 경우가 많다.

제6절 부동산에 대한 강제집행 – 집행대상으로서의 부동산

Ⅰ 서 설

① 부동산에 대한 강제경매는 토지와 그 정착물 및 광업권·어업권 등과 같이 부동산과 동일시되는 권리를 대상으로 한다.
② 강제경매는 목적물에 대한 매각절차를 내포하는 것이므로 부동산이라고 하여도 독립하여 거래의 대상이 될 수 있는 것만이 집행의 대상이 될 수 있다.
③ 따라서 부동산의 물리적 일부나 구성부분에 불과한 것은 이를 토지와 분리하여 따로 강제경매의 대상으로 삼을 수 없는 것이다.
④ 특별한 사정이 없는 한 권리의 일부만을 집행의 대상으로 삼는 것도 허용되지 아니한다.
⑤ 채무자가 단독으로 소유하는 부동산의 일부지분만을 집행의 대상으로 삼는 것은 허용되지 아니한다.

Ⅱ 토 지

1. 토 지

① 토지를 물리적으로 그 개수를 정한다는 것은 불가능하므로 관념적으로 토지 위에 선을 그어 다른 부분과 구별하여 하나의 필지로 삼고 개개의 필지별로 독립된 거래의 대상으로 삼고 있다.
② 부동산 강제집행의 대상이 되는 토지는 하나의 필지 또는 수개 필지 토지의 집합만이다.

2. 미등기 토지

① 강제경매의 대상 여부
  ㉠ 미등기 토지라도 채무자의 소유이면 민사집행법 제81조 제1항 제2호 본문에 따라 '즉시 채무자의 소유로 등기할 수 있다는 것을 증명하는 서류'를 첨부하여 경매신청을 할 수 있는데, 그에 해당하는 서류는 토지·임야대장, 소유권을 증명하는 확정판결, 수용증명서 등이다. [기출] 21
  ㉡ 미등기 토지에 관하여 경매개시결정을 하여 등기촉탁을 하면 등기관이 직권으로 소유권보존등기를 하고 경매개시결정등기를 하게 된다.
  ㉢ 등기부가 멸실되고 아직 회복등기가 되어 있지 아니한 토지도 위와 마찬가지이다.
  ㉣ 채무자 소유의 부동산(토지)이 무효의 원인에 의하여 제3자 명의로 등기되어 있는 경우에는 그 등기 명의를 채무자에게 회복한 후가 아니면 채무자에 대한 강제집행으로서의 강제경매의 대상이 되지 아니한다. [기출] 17
  ㉤ 채무자가 아직 소유권을 취득하지 못하고 소유권이전등기청구권만 가지고 있는 부동산에 대하여도 채무자의 명의로 등기를 하기 전에는 부동산 자체에 대한 강제집행을 신청할 수 없다(대결 2007.5.22. 2007마200).

② **구체적 절차**

　　㉠ 채무자의 명의로 등기할 수 있음을 증명할 서류는 토지·임야대장, 소유권을 증명하는 확정판결, 수용증명서(재결서등본과 보상금수령증 원본 또는 공탁서 원본) 등이다(부동법 제65조).

　　㉡ '대장등본'에 의하여 소유권보존등기를 신청할 수 있는 자는 원칙적으로 대장등본에 의하여 대장에 자기 또는 피상속인이 최초의 소유자로 등록되어 있음을 증명하는 자이어야 한다.

　　㉢ 대장 멸실 후 복구된 대장에 최초의 소유자로 기재(복구)된 자는 그 대장등본에 의하여 소유권보존등기를 신청할 수 있으나, 1950.12.1. 법률 제165호로 제정된 구 지적법(1975.12.31. 법률 제2801호로 전문개정되기 전의 것)이 시행된 시기(1950.12.1.부터 1976.5.6.까지)에 복구된 토지대장은 아무런 법적 근거 없이 복구된 것이므로 동 대장에 소유자로 성명과 주소가 기재되었다고 하더라도 그 대장등본에 의한 소유권보존등기를 신청할 수 없다(등기선례 제200609-1호).

　　㉣ 부동산등기법 제65조 제2호 소정의 '판결'은 그 내용이 신청인에게 소유권이 있음을 증명하는 확정판결이면 족하고, 그 종류에 관하여 아무런 제한이 없어 반드시 확인판결이어야 할 필요는 없고, 이행판결이든 형성판결이든 관계가 없으며, 또한 화해조서 등 확정판결에 준하는 것도 포함한다(대판 1994.3.11. 93다57704).

3. 토지의 정착물

① **독립된 정착물**

　　㉠ 건물, 명인방법을 갖춘 수목, 「입목에 관한 법률」에 의하여 소유권보존등기가 된 입목은 토지로부터 독립하여 별개의 부동산으로 취급되므로, 독립하여 강제경매의 대상이 된다. 기출 22

　　㉡ 따라서 토지만을 대상으로 한 강제경매절차에서 매수인은 독립된 정착물에 대해서는 소유권을 취득할 수 없다.

② **종속된 정착물**

　　㉠ 돌담, 다리, 도랑 등은 토지의 구성부분으로 토지와 일체로 되어 강제경매의 대상이 된다.

　　㉡ 토지의 매수인의 토지에 대한 소유권은 종속된 정착물에 대하여도 당연히 그 효력이 미친다.

　　㉢ 감정평가에서 종속된 정착물을 누락한 경우라도 대금을 완납한 매수인은 종속된 정착물에 대한 소유권을 취득한다.

③ **반독립적 정착물**

　　㉠ 미등기의 수목

　　　㉮ 토지 위에 생립하고 있는 채무자 소유의 미등기 수목은 토지의 구성 부분으로서 토지와 일체로 되어 강제경매의 대상이 된다.

> 경매의 대상이 된 토지 위에 생립하고 있는 채무자 소유의 미등기 수목은 토지의 구성 부분으로서 토지의 일부로 간주되어 특별한 사정이 없는 한 토지와 함께 경매되는 것이므로 그 수목의 가액을 포함하여 경매 대상 토지를 평가하여 이를 최저경매가격으로 공고하여야 하고, 다만 입목에 관한 법률에 따라 등기된 입목이나 명인방법을 갖춘 수목의 경우에는 독립하여 거래의 객체가 되므로 토지 평가에 포함되지 아니한다(대결 1998.10.28. 98마1817). 기출 17

　　　㉯ 수목이 감정평가에서 누락되어 토지만에 대한 감정평가액을 기준으로 정해진 최저매각가격에 따라 매각이 이루어진 것은 위법하나 당해 집행절차에서 그 시정을 구한 바 없다면 매수인은 수목에 대하여도 소유권을 취득한다. 판례는 이에 대해 부당이득을 인정하지 않고 있다.

ⓛ 정당한 권원에 의한 수목 : 수목은 원칙적으로 토지의 일부로 취급할 것이지만 타인이 정당한 권원에 의하여 식재한 수목은 독립정착물로 토지와 별개의 부동산으로 취급된다.

> 토지의 사용대차권에 기하여 그 토지상에 식재된 수목은 이를 식재한 자에게 그 소유권이 있고 그 토지에 부합되지 않는다 할 것이므로 비록 그 수목이 식재된 후에 경매에 의하여 그 토지를 매각받았다고 하더라도 매수인은 그 경매에 의하여 그 수목까지 소유권을 취득하는 것은 아니라고 할 것이다(대판 1990.1.23. 89다카 21095).

ⓒ 농작물 : 농작물은 권원의 유무·공시방법의 요부·점유의 적법여부와 관계없이 토지에 부합하지 아니하면 식재한 자의 소유에 속한다는 것이 판례이다.

ⓡ 미분리의 천연과실
　ⓐ 미분리의 천연과실은 수목의 일부이므로 수목과 일체로서 취급되는 것이 보통이다. 따라서 수목에 대해 명인방법 등을 갖추지 아니한 경우에는 미분리 천연과실은 토지의 구성부분이므로 통상 그 토지에 대한 압류의 효력이 미친다. **기출** 23
　ⓑ 다만, 천연과실은 원물로부터 분리하는 때에 이를 수취할 권리자에게 속하고(민법 제102조 제1항), 토지에서 분리하기 전의 과실로서 1월 이내에 수확할 수 있는 것은 유체동산으로 취급되므로(제189조 제2항 제2호), 이에 대하여는 유체동산에 대한 강제집행으로 집행할 수 있다. **기출** 23

4. 환 지

① 의 의
　㉠ 환지계획에서 정하여진 환지는 그 환지처분의 공고가 있는 날의 다음 날부터 종전의 토지로 보며 종전 토지와 환지 토지는 법률적 동일성이 인정된다.
　㉡ 토지소유자는 환지등기 없이도 환지에 대한 소유권을 원시취득한다.

② 환지와 집행절차
　㉠ 종전 토지에 대하여 집행절차가 진행 중에 환지처분의 공고가 있은 경우에는 환지토지가 집행의 대상이 된다.
　㉡ 매각물건명세서에는 환지절차에 관한 사항을 기재하여야 한다. 집행절차는 환지토지 전체가 집행의 대상이 된다.

Ⅲ 건 물

1. 독립성

① 건물은 항상 토지로부터 독립된 부동산으로 취급되므로 토지와 별개로 강제경매의 대상으로 된다.

　⊙ 토지와 달리 건물이 독립된 부동산인가 하는 것은 사회통념에 의해 정해진다.

　ⓒ 독립된 부동산으로서의 건물이라고 하기 위해서는 최소한의 기둥과 지붕 그리고 주벽이 이루어지면 된다(대판 2001.1.16. 2000다51872). 즉 대장이나 등기부가 있는가를 기준으로 판단할 것이 아니다.

> • 완공이 된 건물뿐 아니라 완공되지 아니하여 보존등기가 경료되지 아니하였거나 사용승인이 되지 아니한 건물이라 하더라도 채무자의 소유로서 건물로서의 실질과 외관을 갖추고 그의 지번·구조·면적 등이 건축허가 또는 건축신고의 내용과 사회통념상 동일하다고 인정되는 경우에는 이를 부동산경매의 대상으로 삼을 수 있다(대결 2005.9.9. 2004마696). 기출 19
> • 건물이 이미 완성되었으나 단지 준공검사만을 받지 아니하여 그 보존등기를 경료하지 못한 상태에 있다면 위와 같이 완성된 건물은 부동산등기법상 당연히 등기적격이 있는 것이고, 비록 준공검사를 마치지 아니함으로써 부동산등기법상 보존등기 신청시에 필요한 서류를 교부받지 못하여 아직 등기를 하지 못하고 있는 경우라고 하더라도 그와 같은 사정만으로 위 완성된 건물이 민사소송법 제527조 제2항 제1호(현행 민사집행법 제189조 제2항 제1호)의 "등기할 수 없는 토지의 정착물로서 독립하여 거래의 객체가 될 수 있는 것"에 해당하여 유체동산집행의 대상이 되는 것이라고 할 수 없다(대결 1994.4.12. 93마1933). 기출 23
> • 甲 주식회사 대표이사 등인 피고인들이 공모하여 회사 채권자들의 강제집행을 면탈할 목적으로 甲 회사가 시공 중인 건물의 건축주 명의를 甲 회사에서 乙 주식회사로 변경하였다는 내용으로 기소된 사안에서, 위 건물은 지하 4층, 지상 12층으로 건축허가를 받았으나 명의 변경 당시 지상 8층까지 골조공사가 완료된 채 공사가 중단되었던 사정에 비추어 민사집행법상 강제집행이나 보전처분의 대상이 될 수 있다고 단정하기 어렵다고 한 사례(대판 2014.10.27. 2014도9442) 기출 23
> • 등기부에 등재되지 않은 제시 외 건물이 존재하는 경우에는 소유자가 건축하여 소유하는 것으로 판명되어 경매신청인이 대위에 의한 보존등기를 하여 일괄경매신청을 하거나 그것이 경매대상부동산의 종물이거나 부합물임이 명백한 경우가 아닌 한 입찰물건에 포함시켜서는 안 된다(대결 1999.8.9. 99마504). 기출 19

② 건축물대장에 경매목적물의 부속건물로 기재된 것이라도 그러한 기재를 근거로 곧바로 종물로 볼 것도 아니다.

③ 건물이 증축·개축된 경우에 독립된 구분건물로 볼 수 없는 것인 때에는 경매목적물의 부합물 또는 종물에 불과한 것이어서 독립된 집행의 대상으로 삼을 수 없다.

④ 법정지상권과 독립성 완화

　⊙ 민법 제366조에 따라 건물 소유자에게 법정지상권이 인정되기 위하여는 토지에 대한 저당권 설정 당시에 지상건물이 존재하여야 한다.

　ⓒ 이러한 지상건물은 저당권 설정 당시에 완전한 독립성을 갖출 것을 요구하지 아니하며 토지에 대한 매각대금 완납시까지만 독립성을 갖추면 된다고 보는 것이 판례이다.

2. 미등기 건물

① 문제점

　　㉠ 일반적으로 부동산(건물)에 대한 강제경매는 보존등기를 전제로 한다.

　　㉡ 이러한 건물에 대한 보존등기가 개설되는 과정을 보면 다음과 같다.

> 건축법상 허가·신고 → 사용승인(준공검사) → 건축물 대장 → 보존등기

　　㉢ 부동산이 등기되지 아니한 건물인 경우에는 강제경매신청서에는 집행력 있는 정본 그 건물이 채무자의 소유임을 증명할 서류, 그 건물의 지번·구조·면적을 증명할 서류 및 그 건물에 관한 건축허가 또는 건축신고를 증명할 서류를 붙여야 한다(제81조 제1항 제2호 단서). 건물의 지번·구조·면적을 증명하지 못한 때에는, 채권자는 경매신청과 동시에 그 조사를 집행법원에 신청할 수 있다. 이 경우에 법원은 집행관에게 그 조사를 하게 하여야 한다(제81조 제3항·제4항). **기출** 25

> • 등기부에 채무자의 소유로 등기되지 아니한 부동산에 대하여 경매신청을 할 때에는 즉시 채무자의 명의로 등기할 수 있음을 증명할 서류를 첨부하여야 하고(민사집행법 제81조, 제268조), 미등기건물의 소유권보존등기는 가옥대장등본에 의하여 자기 또는 피상속인이 가옥대장에 소유자로서 등록되어 있는 것을 증명하는 자나 판결 또는 기타 시·구·읍·면의 장의 서면에 의하여 자기의 소유권을 증명하는 자 및 수용으로 인하여 소유권을 취득하였음을 증명하는 자만이 이를 신청할 수 있는 것이므로(부동산등기법 제131조), 토지에 대한 저당권자가 민법 제365조에 의하여 그 지상의 미등기건물에 대하여 토지와 함께 경매를 청구하는 경우에는 지상 건물이 채무자 또는 저당권설정자의 소유임을 증명하는 서류로서 부동산등기법 제131조 소정의 서면을 첨부하여야 한다(대결 1995.12.11. 95마1262). **기출** 23
> • 민사집행법 제81조 제1항 제2호에서 말하는 '채무자의 소유로 등기되지 아니한 부동산'이란 미등기 부동산을 말하는 것으로서 제3자 명의로 등기가 마쳐진 부동산은 이에 해당하지 않으므로, 채무자가 아직 소유권을 취득하지 못하고 소유권이전등기청구권만 가지고 있는 부동산에 관하여는 채무자의 명의로 등기를 하기 전에는 강제집행을 신청할 수 없다. 또한 제3자 명의로 등기되어 있는 부동산에 관하여는 사실상 그 부동산이 채무자의 소유라고 하더라도 채무자 명의로 등기가 회복되지 않는 한 경매신청을 할 수 없는 것이고, 채권자가 그 부동산에 관하여 채무자의 제3채무자에 대한 소유권이전등기청구권을 압류하고 민사집행법 제244조 제2항에 정한 권리이전명령을 받았다고 하더라도 그에 따라 제3채무자로부터 채무자 명의로 소유권이전등기가 마쳐지지 아니한 이상 이와 달리 볼 수 없다(대결 2007.5.22. 2007마200). **기출** 23 ☞ 미등기 부동산이라도 채무자의 소유이면 민사집행법 제81조 제1항 제2호 본문에 따라 즉시 채무자 명의로 등기할 수 있다는 것을 증명할 서류를 붙여서 강제경매신청을 할 수 있다.

② 건물로서 독립성을 갖추지 못한 건조물

　　㉠ 부동산 강제집행의 대상이 될 수 없다.

　　㉡ 독립하여 거래의 객체로 삼을 수 없는 것이므로 유체동산집행의 방법을 따를 수도 없다.

　　㉢ 따라서 토지와 일체로서 집행의 대상이 될 수 있다.

③ 무허가 건물

　　㉠ 건축법상 미신고 또는 무허가 건물은 민사집행법 제81조의 적용대상이 아니다.

　　㉡ 민사집행법 제81조는 보존등기의 개설을 예정하고 있는 건물만을 규율대상으로 삼고 있는데 무허가 건물은 보존등기의 개설을 예정할 수 없기 때문이다.

④ 미승인건물
  ㉠ 부동산 강제집행의 대상 : 미승인건물에 대하여는 완성된 건물과 마찬가지로 즉시 채무자명의로 등기할 수 있다는 것을 증명하는 서류를 제출하여 토지와 별도로 부동산 강제집행의 대상으로 삼을 수 있다.
  ㉡ 부동산등기법 제65조의 적용배제
    ㉮ 미승인건물에 대하여는 건축물대장의 등재가 없으므로 부동산등기법 제65조에서 요구하는 서면을 제출할 수 없다.[27]
    ㉯ 따라서 민사집행법 제81조에서는 부동산등기법 제65조에서 요구하는 서면 이외에 채무자의 소유를 증명하는 서면을 제출하여 강제집행의 대상으로 삼을 수 있음을 규정하고 있다.

> 건축물대장이 생성되지 않은 건물에 대하여 구 부동산등기법 제131조 제2호에 따라 소유권보존등기를 마칠 목적으로 제기한 소유권확인청구의 소에 확인의 이익이 없다(대결 2011.11.10. 2009다93428).

  ㉢ 민사집행법 제81조의 서면
    ㉮ 건축허가나 신고를 마친 뒤 사용승인을 받지 못한 미등기 건물에 대한 강제집행을 신청함에는 다음의 서류를 첨부하여야 한다(제81조 제1항 제2호 단서).

> • 그 건물이 채무자의 소유임을 증명할 서류[28]
> • 그 건물의 지번·구조·면적을 증명할 서류
> • 그 건물에 관한 건축허가 또는 건축신고를 증명할 서류

    ㉯ 법원은 채권자가 제출하는 위와 같은 서면이 채무자의 소유를 증명하는 서류라고 인정되는 경우에는 등기관에게 경매개시결정의 기입등기를 촉탁하고 등기관은 그에 따라 직권으로 소유권보존등기를 개설한 후에 경매개시결정의 기입등기를 한다.
    ㉰ 등기관은 채권자가 제출하는 위와 같은 서류가 부동산등기법 제65조의 서면이 아니라고 하더라도 보존등기를 거부하지 못한다.
    ㉱ 채권자가 위와 같은 증명할 서류를 첨부하지 못하는 경우에는 공적 장부를 주관하는 공공기관에 위 사항들을 증명하여 줄 것을 청구할 수 있다(제81조 제2항).
    ㉲ 채권자가 건물의 지번·구조·면적을 증명하지 못한 때에는 채권자는 경매신청과 동시에 그 조사를 집행법원에 신청할 수 있고(제81조 제3항), 신청을 받은 집행법원은 집행관으로 하여금 미등기 건물의 구조 및 면적을 조사하게 하여야 한다(제81조 제4항).

---

27) 부동산등기법 제65조의 서면은 (i) 최초의 소유자(그 상속인, 그 밖의 포괄승계인 포함)로 등록되어 있는 토지대장, 임야대장 또는 건축물대장, (ii) 확정판결, (iii) 수용으로 인하여 소유권을 취득하였음을 증명하는 서면, (iv) 특별자치도지사, 시장, 군수 또는 구청장 등의 확인서면(건물로 한정)이 있다.
28) 실무에서는 통상 건축허가서나 건축신고서를 제출받고 있고, 미흡할 경우 건축도급계약서 등을 추가로 받고 있다.

ⓑ 채권자 또는 집행관이 제출한 서면에 의하여 강제경매신청을 한 건물이 건축허가 또는 건축신고된 사항과 동일하다고 인정되지 아니하는 때에는 법원은 강제경매신청을 각하하여야 한다(규칙 제42조 제2항).

ⓒ 미등기 건물이 건축허가 또는 건축신고된 것과 면적·구조 등에서 다소 차이가 있으나 사회통념상의 동일성은 인정되어 경매개시결정을 하는 경우에는 집행관의 조사결과 등에 의하여 나타난 실제 현황을 기준으로 등기촉탁을 하여야 하고, 건축허가 또는 건축신고된 내용을 기준으로 촉탁하여서는 아니 된다.

⑤ **승인건물** : 승인건물에 대하여는 채권자가 채무자명의로 즉시 등기할 수 있다는 것을 증명하는 서류를 제출하여 부동산 강제집행의 대상으로 삼을 수 있다(제81조 제1항 제2호 본문).

3. 종된 권리

① 목적물을 위하여 설정된 종된 권리는 종물에 준하여 매각대상에 포함되는 것으로 본다.
② 임의경매나 강제경매에서도 마찬가지이다.

> • 저당권의 효력이 저당부동산에 부합된 물건과 종물에 미친다는 민법 제358조 본문을 유추하여 보면, 건물에 대한 저당권의 효력은 그 건물에 종된 권리인 건물의 소유를 목적으로 하는 지상권에도 미치게 되므로, 건물에 대한 저당권이 실행되어 매수인이 그 건물의 소유권을 취득하였다면 경락 후 건물을 철거한다는 등의 매각조건에서 경매되었다는 등 특별한 사정이 없는 한, 매수인은 건물 소유를 위한 지상권도 민법 제187조의 규정에 따라 등기 없이 당연히 취득하게 되고, 한편 이 경우에 매수인이 건물을 제3자에게 양도한 때에는, 특별한 사정이 없는 한 민법 제100조 제2항의 유추적용에 의하여 건물과 함께 종된 권리인 지상권도 양도하기로 한 것으로 봄이 상당하다(대판 1996.4.26. 95다52864). **기출** 18
> • [1] 민법 제359조 전문은 "저당권의 효력은 저당부동산에 대한 압류가 있은 후에 저당권설정자가 그 부동산으로부터 수취한 과실 또는 수취할 수 있는 과실에 미친다."라고 규정하고 있는데, 위 규정상 '과실'에는 천연과실뿐만 아니라 법정과실도 포함되므로, 저당부동산에 대한 압류가 있으면 압류 이후의 저당권설정자의 저당부동산에 관한 차임채권 등에도 저당권의 효력이 미친다. 다만 저당부동산에 대한 경매절차에서 저당부동산에 관한 차임채권 등을 관리하면서 이를 추심하거나 저당부동산과 함께 매각할 수 있는 제도가 마련되어있지 아니하므로, 저당권의 효력이 미치는 차임채권 등에 대한 저당권의 실행이 저당부동산에 대한 경매절차에 의하여 이루어질 수는 없고, 그 저당권의 실행은 저당권의 효력이 존속하는 동안에 채권에 대한 담보권의 실행에 관하여 규정하고 있는 민사집행법 제273조에 따른 채권집행의 방법으로 저당부동산에 대한 경매절차와 별개로 이루어질 수 있을 뿐이다.
> [2] 부동산 임대차에서 수수된 보증금은 차임채무, 목적물의 멸실·훼손 등으로 인한 손해배상채무 등 임대차에 따른 임차인의 모든 채무를 담보하는 것으로서 이와 같은 피담보채무 상당액은 임대차관계 종료 후 목적물이 반환될 때에 특별한 사정이 없는 한 별도의 의사표시 없이 보증금에서 당연히 공제된다.
> [3] 보증금이 수수된 저당부동산에 관한 임대차계약이 저당부동산에 대한 경매로 종료되었는데, 저당권자가 차임채권 등에 대하여는 민사집행법 제273조에 따른 채권집행의 방법으로 별개로 저당권을 실행하지 아니한 경우에 저당부동산에 대한 '압류의 전후와 관계없이' 임차인이 연체한 차임 등의 상당액이 임차인이 배당받을 보증금에서 당연히 공제됨은 물론, 저당권자가 차임채권 등에 대하여 위와 같은 방법으로 별개로 저당권을 실행한 경우에도 채권집행 절차에서 임차인이 실제로 차임 등을 지급하거나 공탁하지 아니하였다면 잔존하는 차임채권 등의 상당액은 임차인이 배당받을 보증금에서 당연히 공제된다(대판 2016.7.27. 2015다230020). **기출** 22

4. 집합건물

① 구분소유의 성립을 인정하기 위하여 반드시 집합건축물대장의 등록이나 구분건물의 표시에 관한 등기가 되어 있을 필요는 없다.

- 1동의 건물에 대하여 구분소유가 성립하기 위해서는 객관적·물리적인 측면에서 1동의 건물이 존재하고, 구분된 건물부분이 구조상·이용상 독립성을 갖추어야 할 뿐 아니라, 1동의 건물 중 물리적으로 구획된 건물부분을 각각 구분소유권의 객체로 하려는 구분행위가 있어야 한다. 여기서 구분행위는 일종의 법률행위로서, 그 시기나 방식에 특별한 제한이 있는 것은 아니고 처분권자의 구분의사가 객관적으로 외부에 표시되면 인정된다. 따라서 구분건물이 물리적으로 완성되기 전에도 건축허가신청이나 분양계약 등을 통하여 장래 신축되는 건물을 구분건물로 하겠다는 구분의사가 객관적으로 표시되면 구분행위의 존재를 인정할 수 있고, 이후 1동의 건물 및 그 구분행위에 상응하는 구분건물이 객관적·물리적으로 완성되면 아직 그 건물이 집합건축물대장에 등록되거나 구분건물로서 등기부에 등기되지 않았더라도 그 시점에서 구분소유가 성립한다(대판 2013.1.17. 2010다71578[전합]).
- 인접한 구분건물 사이에 설치된 경계벽이 일정한 사유로 제거됨으로써 각 구분건물이 구분건물로서의 구조상 및 이용상의 독립성을 상실하게 되었다고 하더라도, 각 구분건물의 위치와 면적 등을 특정할 수 있고 사회통념상 그것이 구분건물로서의 복원을 전제로 한 일시적인 것일 뿐만 아니라 그 복원이 용이한 것이라면, 각 구분건물은 구분건물로서의 실체를 상실한다고 쉽게 단정할 수는 없고, 아직도 그 등기는 구분건물을 표상하는 등기로서 유효하다고 해석해야 한다(대결 1999.6.2. 98마1438). **기출** 22
- 다만 일정한 범위의 상가건물에 관하여는 구조상 독립성 요건이 완화되어, 집합건물의 소유 및 관리에 관한 법률 제1조의2, 집합건물의 소유 및 관리에 관한 법률 시행령 제2조, 제3조에 따라 경계를 명확하게 식별할 수 있는 표지를 바닥에 견고하게 설치하고 구분점포별로 부여된 건물번호표지를 견고하게 부착함으로써 구분소유권의 객체가 될 수 있다(대결 2018.3.30. 2017마1291). ☞ 재항고인이 제1심결정 이후 삼부상가 102동 지하층 점포바닥에 스테인리스로 각 구분점포의 경계표지 및 건물번호표지를 부착함으로써 이 사건 부동산은 집합건물법 제1조의2, 집합건물법 시행령 제2조, 제3조의 요건을 충족하여 구분소유권의 객체가 되었다고 볼 여지가 있다고 한 사례
- 1동의 건물의 일부분이 구분소유권의 객체가 될 수 있으려면 그 부분이 이용상은 물론 구조상으로도 다른 부분과 구분되는 독립성이 있어야 하고, 그 이용 상황 내지 이용 형태에 따라 구조상의 독립성 판단의 엄격성에 차이가 있을 수 있으나, 구조상의 독립성은 주로 소유권의 목적이 되는 객체에 대한 물적 지배의 범위를 명확히 할 필요성 때문에 요구된다고 할 것이므로, 구조상의 구분에 의하여 구분소유권의 객체 범위를 확정할 수 없는 경우에는 구조상의 독립성이 있다고 할 수 없다. 그리고 구분소유권의 객체로서 적합한 물리적 요건을 갖추지 못한 건물의 일부는 그에 관한 구분소유권이 성립할 수 없는 것이어서, 건축물관리대장상 독립한 별개의 구분건물로 등재되고 등기부상에도 구분소유권의 목적으로 등기되어 있어 이러한 등기에 기초하여 경매절차가 진행되어 매각허가를 받고 매수대금을 납부하였다 하더라도, 그 등기는 그 자체로 무효이므로 매수인은 소유권을 취득할 수 없다(대결 2010.1.14. 2009마1449). **기출** 23
- [1] 등기관은 실체법상의 권리관계와 일치하는지 여부를 심사할 실질적 심사권한은 없으나 신청서 및 그 첨부서류와 등기부에 의하여 등기요건에 합당한지 여부를 심사할 형식적 심사권한이 있으므로, 법원이 집행관에 의한 현황조사를 거쳐 경매 신청이 된 미등기건물이 경매의 대상이 되는 건물이라고 판단하여 강제경매개시결정을 하고 등기관에게 강제경매개시결정등기를 촉탁한 경우라도, 등기관으로서는 그 촉탁서 및 첨부서류에 의하여 등기요건에 합당한지 여부를 심사할 권한이 있고, 그 심사 결과 등기요건에 합당하지 아니하면 강제경매개시결정등기의 촉탁을 각하하여야 한다.

[2] 공사 진행 중인 1동의 건물에 속하는 일부 구분건물에 대하여 경매법원이 강제경매개시결정을 하고 현황조사보고서와 현장사진 등과 함께 그 결정등기를 촉탁하였는데, 당시 1동의 건물 중 경매목적물이 아닌 일부 층은 아직 칸막이로 구분되지 아니하여 집합건물의 소유 및 관리에 관한 법률상 구분건물로 보기 어려운 상태였다면, 1동의 건물 자체로는 완공되었다 볼 수 있더라도 위 결정 등기 촉탁의 대상인 구분건물 및 표시에 관한 등기를 해야 하는 나머지 건물이 모두 등기능력을 갖추지는 못한 것이므로, 위 촉탁을 각하한 등기관의 처분이 적법하다고 한 사례(대결 2008.3.27. 2006마920) **기출** 23

② 구분건물에 관한 권리
  ㉠ 대지사용권은 소유권에 한하지 않고 용익물권이나 임대차·사용대차와 같은 채권적 권리라도 무방하며 등기능력 유무를 묻지 아니한다.
  ㉡ 대지에 관한 소유권이전등기청구권도 대지사용권이 될 수 있다.

③ 일체성의 원칙
  ㉠ 구분건물에 대한 소유권과 대지사용권이 동일인에게 귀속된 이후에는 규약으로 달리 정함이 없는 한 양자를 분리하여 처분하는 것은 허용되지 아니한다.
    ㉮ 이와 같이 대지사용권이 구분건물에 대한 소유권과 분리처분이 금지된 것을 '대지권'이라고 하며 대지권의 성립시기는 대지권 등기 여부와는 무관하다.
    ㉯ 대지권등기는 토지와 대지권의 분리처분금지를 대항하기 위한 요건에 불과하다.
  ㉡ 이와 같은 일체성은 집행절차에서도 동일하게 적용된다. 집합건물의 대지사용권인 토지공유지분은 전유부분과 분리하여 처분이 가능하도록 규약으로 정하여져 있는 경우가 아닌 한 건물과 독립하여 강제경매의 대상이 되지 않는다(집합건물법 제20조 제2항 참조, 실무제요 집행 2). **기출** 19

- 대지권등기가 되어 있는 집합건물은 대지권의 분리처분이 불가능하고 전유부분 및 공용부분(건물부분)에 대한 경매개시결정의 효력이 대지사용권에 미치므로 건물부분과 대지사용권에 관하여 일괄매각결정을 할 필요가 없다(대판 1997.6.10. 97마814). **기출** 19
- [1] 구분건물의 전유부분에 대한 소유권이전등기만 경료되고 대지지분에 대한 소유권이전등기가 경료되기 전에 전유부분만에 관하여 설정된 저당권의 효력은, 대지사용권의 분리처분이 가능하도록 규약으로 정하였다는 등의 특별한 사정이 없는 한, 그 전유부분의 소유자가 나중에 대지지분에 관한 등기를 마침으로써 전유부분과 대지권이 동일 소유자에게 귀속하게 되었다면 당연히 종물 내지 종된 권리인 그 대지사용권에까지 미친다.
  [2] 집행법원이 구분건물에 대한 입찰명령을 함에 있어 대지지분에 관한 감정평가액을 반영하지 않은 상태에서 경매절차를 진행하였다고 하더라도, 전유부분에 대한 대지사용권을 분리처분할 수 있도록 정한 규약이 존재한다는 등의 특별한 사정이 없는 한 낙찰인은 경매목적물인 전유부분을 낙찰받음에 따라 종물 내지 종된 권리인 대지지분도 함께 취득하였다 할 것이므로, 구분건물의 대지지분 등기가 경료된 후 집행법원의 촉탁에 의하여 낙찰인이 대지지분에 관하여 소유권이전등기를 경료받은 것을 두고 법률상 원인 없이 이득을 얻은 것이라고 할 수 없다(대판 2001.9.4. 2001다22604).
- 집합건물의 소유 및 관리에 관한 법률의 적용을 받는 아파트 등을 건설하는 건축업자가 건축에 필요한 자금을 조달하기 위하여 건설할 건축물의 대지권으로 사용될 토지에 대한 자신의 공유지분 중 일부에 관하여 저당권을 설정하고 그 후 건물이 완공되어 그 토지가 전유부분에 대한 대지권으로 등기된 경우에는 다른 특별한 사정이 없는 한 저당권의 효력은 전유부분 대지권의 목적이 된 공유지분 전체에 미치는 것이 아니라 그 공유지분 중 저당권설정 당시의 공유자의 전체 공유지분에 대한 저당권이 설정된 지분의 비율에 따른 범위 내에서만 미친다(대판 2005.5.12. 2003다52685).

④ 토지별도등기있음

    ㉠ 구분건물에 대한 소유권과 대지사용권이 동일인에게 귀속된 경우라도 대지사용권이 성립하기 이전에 이미 토지에 관하여 저당권 등의 제한이 있는 경우에는 일체성의 원칙이 적용되지 아니한다.

    ㉡ 이러한 경우 대지만을 독립하여 집행의 대상으로 삼을 수 있으며 구분건물에 대한 집행절차상 매각물건명세서에 "토지별도등기있음"을 기재하여 비치한다.

> 집합건물이 되기 전의 상태에서 건물 일부만에 관하여 전세권이 설정되었다가 그 건물이 집합건물로 된 후 그 전세권이 구분건물의 전유 부분만에 관한 전세권으로 이기된 경우, 구분소유자가 가지는 전유 부분과 대지사용권의 분리처분이 가능하도록 규약으로 정하는 등의 특별한 사정이 없는 한, 그 전유 부분의 소유자가 대지사용권을 취득함으로써 전유 부분과 대지권이 동일소유자에게 귀속하게 되었다면 위 전세권의 효력은 그 대지권에 까지 미친다고 보아야 할 것이고, 위 집합건물에 관하여 경매가 실행된 경우 대지권의 환가대금에 대한 배당순위에 있어서, 위 전세권이, 대지사용권이 성립하기 전의 토지에 관하여 이미 설정된 저당권보다 우선한다고 할 수는 없는 바, 이는 대지사용권에 대한 전세권의 효력은 대지사용권이 성립함으로써 비로소 미치게 되는 것이므로 대지사용권이 성립하기 전에 그 토지에 관하여 이미 저당권을 가지고 있는 자의 권리를 해쳐서는 안 되기 때문이다(대판 2002.6.14. 2001다68389).

Ⅳ 부동산과 동일시되는 권리

1. 부동산의 공유지분

① 토지의 공유지분도 독립하여 강제경매의 대상으로 된다.

② 다만 집합건물에서 대지권 취지의 등기가 되지 아니한, 대지사용권으로서의 토지공유지분은 전유부분과 분리하여 처분이 가능하도록 규약으로 정하여져 있는 경우가 아닌 한 건물과 독립하여 강제경매의 대상이 되지 아니한다(집합건물법 제20조).

③ 합유지분에 관하여는 그 밖의 재산권에 대한 강제집행절차에 의한다.

2. 구분소유적 공유관계

① 의 의

    ㉠ 등기상으로는 부동산 전부에 대한 공유지분등기가 경료되어 있으나 내부적으로는 각 공유자들이 그 토지의 특정부분만을 배타적으로 사용·수익하는 관계를 구분소유적 공유관계라고 한다.

    ㉡ 이러한 구분소유적 공유지분에 대해서도 부동산 강제집행절차에 따른다.

    ㉢ 문제는 구분소유적 공유관계를 집행절차에 있어서 그대로 인정할 것인지가 문제되며, 이는 매수인이 구분소유적 공유관계의 지위를 그대로 승계하는지와 관련된 문제이다.

② 공유지분인지 특정부분인지 여부

    ㉠ 특정부분이 집행대상으로 되는 경우

> • 구분건물에 대한 경매에 있어서 비록 경매신청서에 대지사용권에 대한 아무런 표시가 없는 경우에도 집행법원으로서는 대지사용권이 있는지, 그 전유부분 및 공용부분과 분리처분이 가능한 규약이나 공정증서가 있는지 등에 관하여 집달관에게 현황조사명령을 하는 때에 이를 조사하도록 지시하는 한편, 그 스스로도 관련자를 심문하는 등의 가능한 방법으로 필요한 자료를 수집하여야 하고, 그 결과 전유부분과

불가분적인 일체로서 경매의 대상이 되어야 할 대지사용권의 존재가 밝혀진 때에는 이를 경매 목적물의 일부로서 경매 평가에 포함시켜 최저입찰가격을 정하여야 할 뿐만 아니라, 입찰기일의 공고와 입찰물건명세서의 작성에 있어서도 그 존재를 표시하여야 할 것이나, 그렇지 않고 대지사용권이 존재하지 아니하거나 존재하더라도 규약이나 공정증서로써 전유부분에 대한 처분상의 일체성이 배제되어 있는 경우에는 특별한 사정이 없는 한 전유부분 및 공용부분에 대하여만 경매절차를 진행하여야 한다(대결 1997.6.10. 97마814). **기출** 23

- 매각허가에 의한 소유권 취득은 성질상 승계취득이어서 1동의 건물 중 특정부분에 대한 구분소유적 공유관계를 표상하는 공유지분을 목적으로 하는 근저당권이 설정된 후 그 근저당권의 실행에 의하여 위 공유지분을 취득한 매수인은 구분소유적 공유지분을 그대로 취득하는 것이므로, 건물에 관한 구분소유적 공유지분에 대한 매각을 실시하는 집행법원으로서는 감정인에게 위 건물의 지분에 대한 평가가 아닌 특정 구분소유 목적물에 대한 평가를 하게 하고 그 평가액을 참작하여 최저매각가격을 정한 후 매각을 실시하여야 한다(대결 2001.6.15. 2000마2633). **기출** 23 · 19 · 18

Ⓛ 공유지분이 집행대상으로 되는 경우 : 매수인은 구분소유적 공유지분을 취득한다고 볼 것이 아니고 지분비율에 따른 전체 부동산에 관한 소유권을 취득한다고 보아야 할 것이다.

[1] 1필지의 토지의 위치와 면적을 특정하여 2인 이상이 구분소유하기로 하는 약정을 하고 그 구분소유자의 공유로 등기하는 이른바 구분소유적 공유관계에 있어서, 각 구분소유적 공유자가 자신의 권리를 타인에게 처분하는 경우 중에는 구분소유의 목적인 특정 부분을 처분하면서 등기부상의 공유지분을 그 특정 부분에 대한 표상으로서 이전하는 경우와 등기부의 기재대로 1필지 전체에 대한 진정한 공유지분으로서 처분하는 경우가 있을 수 있고, 이 중 전자의 경우에는 그 제3자에 대하여 구분소유적 공유관계가 승계되나, 후자의 경우에는 제3자가 그 부동산 전체에 대한 공유지분을 취득하고 구분소유적 공유관계는 소멸한다. 이는 경매에서도 마찬가지이므로, 전자에 해당하기 위하여는 집행법원이 공유지분이 아닌 특정 구분소유 목적물에 대한 평가를 하게 하고 그에 따라 최저경매가격을 정한 후 경매를 실시하여야 하며, 그러한 사정이 없는 경우에는 1필지에 관한 공유자의 지분에 대한 경매목적물은 원칙적으로 1필지 전체에 대한 공유지분이라고 봄이 상당하다. **기출** 15

[2] 구분소유적 공유관계에 있는 토지지분에 대한 강제경매절차에서 이를 매수한 사람이 1필지 전체에 대한 공유지분을 취득하였다고 주장하는 사안에서, 그 공유지분이 토지의 특정 부분에 대한 구분소유적 공유관계를 표상하는 것으로 취급되어 감정평가와 최저경매가격 결정이 이루어지고 경매가 실시되었다는 점이 입증되지 않은 이상, 위 매수인은 1필지 전체에 대한 공유지분을 적법하게 취득하고 기존의 상호명의신탁관계는 소멸한다고 보아야 하며, 이는 매수인의 구분소유적 공유관계에 대한 인식 유무에 따라 달라지지 않는다(대판 2008.2.15. 2006다68810).

3. 어업권 · 광업권

① 어업권 · 광업권은 법률상 부동산으로 취급되므로(광업법 제10조 제1항, 수산업법 제16조 제2항), 어업권 · 광업권에 대한 금전집행은 부동산 강제경매절차에 따른다. **기출** 19

② 공동광업권자의 지분은 다른 공동광업권자의 동의가 없으면 처분할 수 없으므로(광업법 제30조 제2항) 강제경매의 대상이 되지 아니한다(재민 63-16). 다만, 공동광업권자 사이의 관계는 조합관계에 해당하므로 공동광업권자의 지분에 대한 집행은 그 밖의 재산권에 대한 집행절차에 따른다. **기출** 19 · 17 · 13

4. 자동차 · 건설기계 · 선박 · 항공기

자동차, 건설기계 · 선박 및 항공기는 실체법상으로 동산임에는 틀림없으나 그 특수성에 비추어 등록된 자동차와 건설기계에 대한 강제집행은 민사집행규칙에 특별한 규정이 없으면 부동산에 대한 강제경매의 규정을 따르고(규칙 제108조, 제130조) 등록된 항공기에 대한 강제집행은 선박에 대한 강제집행의 예에 따라 실시한다 (규칙 제106조).

5. 공장재단 · 광업재단

① 「공장 및 광업재단 저당법」에 의한 공장재단 및 광업재단은 1개의 부동산으로 취급되어 강제경매의 대상으로 된다(공장 및 광업재단 저당법 제12조 제1항, 제54조). `기출` 23

② 즉, 공장재단, 광업재단을 구성하는 기계 · 기구 등이 동산이라 하더라도 유체동산에 대한 집행이 될 수 없고 그 저당권의 목적물인 토지, 건물, 광업권 등과 함께 부동산에 대한 강제집행의 방법에 의하여 경매를 할 수 있을 뿐이다. `기출` 23

③ 매각부동산이 공장재단, 광업재단의 일부를 구성하고 있을 때에는 이에 대한 개별집행은 금지되므로 재단의 일부에 속함이 드러난 경우에는 매각절차를 취소하여야 한다(공장 및 광업재단 저당법 제14조, 제54조).

`기출` 17

6. 전세권

① 일반채권자의 강제집행

　㉠ 등기된 전세권 중 존속기간이 만료되지 않은 전세권에 대하여는 전세권 자체에 대하여 그 밖의 재산권에 대한 집행방법(제251조 제1항)에 의한다.

　㉡ 존속기간이 만료되거나 합의해지된 전세권에 대하여는 전세금반환채권에 대하여 압류 및 추심명령 또는 전부명령을 받아 집행한다.

② 전세권에 설정된 저당권의 실행

　㉠ 존속기간이 만료되지 않은 전세권에 대하여 설정된 저당권의 실행방법은 부동산임의경매절차에 따라야 한다(대결 1995.9.18. 95마684).

　㉡ 존속기간이 만료되거나 합의해지된 전세권에 대하여 저당권자는 전세금반환채권에 대하여 물상대위권을 행사하거나 전세금반환청구권에 대한 집행절차에서 배당요구를 하여 우선변제 받을 수 있다.

> [1] 민법 제370조, 제342조에 의한 저당권자의 물상대위권의 행사는 민사집행법 제264조에 의하여 담보권의 존재를 증명하는 서류를 집행법원에 제출하여 채권압류 및 전부명령을 신청하거나, 민사집행법 제247조에 의하여 배당요구를 하는 방법에 의하여 하는 것이고, 이는 늦어도 민사집행법 제247조 제1항 각 호 소정의 배당요구의 종기까지 하여야 하는 것으로 그 이후에는 물상대위권자로서의 우선변제권을 행사할 수 없다고 하여야 할 것이다.
> [2] 저당권자의 물상대위권 행사로서의 압류 및 전부는 그 명령이 제3채무자에게 송달됨으로써 효력이 생기며, 물상대위권의 행사를 제한하는 취지인 '특정성의 유지'나 '제3자의 보호'는 물상대위권자의 압류 및 전부명령이 효력을 발생함으로써 비로소 달성될 수 있는 것이므로, 배당요구의 종기가 지난 후에 물상대위에 기한 채권압류 및 전부명령이 제3채무자에게 송달되었을 경우에는, 물상대위권자는 배당절차에서 우선변제를 받을 수 없다(대판 2003.3.28. 2002다13539).

7. 기 타

① **지상권**

ⓐ 금전채권에 기초한 강제집행에서 지상권 및 그 공유지분은 부동산으로 본다(규칙 제40조). 기출 22·13

ⓑ 지상권은 부동산의 공유지분(제139조)과 마찬가지로 부동산 자체는 아니지만, 부동산을 목적으로 하는 권리로서 등기의 대상이 되므로 부동산 강제경매의 절차에 의하도록 규정하였다.

② **지역권** : 지역권은 요역지의 소유권에 부종하며(민법 제292조 제1항), 요역지와 분리하여 처분할 수 없으므로(민법 제292조 제2항), 독립하여 부동산 집행(강제경매)의 대상이 되지 아니한다. 기출 13

③ **저당권** : 저당권은 피담보채권에 부종하므로 피담보채권과 분리하여 따로 강제집행의 목적재산이 될 여지는 없다(민법 제361조). 기출 13

④ **부동산환매권 등** : 채권담보를 목적으로 하는 가등기상의 권리, 부동산환매권 등은 모두 그 밖의 재산권에 대한 강제집행의 대상이 될 수 있을 뿐이고 부동산 집행(강제경매)의 대상은 되지 아니한다.

기출 23·13

Ⅴ 압류금지 부동산

1. 학교법인이 학교교육에 직접 사용하는 교지, 교사

① 매각부동산이 법률의 규정에 의하여 압류가 금지되어 있으면 경매할 수 없다.

ⓐ 학교법인이 학교교육에 직접 사용하는 교지, 교사 등 재산은 매도하거나 담보제공할 수 없으므로(사립학교법 제28조 제2항, 동법 시행령 제12조) 이러한 재산은 강제집행의 대상이 되지 아니한다(대결 1972.4.14. 72마330; 대판 1996.11.15. 96누4947 등).

ⓑ 따라서 이러한 재산에 대한 강제경매신청은 각하하여야 한다. 압류금지임을 간과하여 매각이 이루어지고 매수인이 대금을 납부하였다 할지라도 소유권을 취득할 수 없다.

② 사립학교경영자가 사립학교의 교지로 사용하기 위하여 출연·편입시킨 토지의 등기사항증명서상 그 명의가 학교경영자 개인의 명의로 되어 있는 경우에 위 부동산은 강제집행의 목적물이 될 수 없다(대판 2000.6.9. 99다70860). 기출 14

> 사립학교법 제28조 제2항, 같은 법 시행령 제12조는 학교교육에 직접 사용되는 학교법인의 재산 중 교지, 교사 등은 이를 매도하거나 담보에 제공할 수 없다고 규정하고 있고, 같은 법 제51조는 사립학교 경영자에게도 학교법인에 관한 같은 법 제28조 제2항을 준용한다고 규정하고 있으므로, 사립학교 경영자가 사립학교의 교지, 교사로 사용하기 위하여 출연·편입시킨 토지나 건물이 등기부상 학교경영자 개인 명의로 있는 경우에도 그 토지나 건물에 관하여 경료된 담보 목적의 가등기나 근저당권설정등기는 같은 법 제51조에 의하여 준용되는 같은 법 제28조 제2항, 같은 법 시행령 제12조에 위배되어 무효이다(대판 2000.6.9. 99다70860).

③ 유치원건물의 소유자와 유치원경영자가 다른 경우 건물의 소유자는 사립학교 경영자가 아니므로 제3자에게 그 건물을 매도할 수 있다.

> 유치원 건물의 소유자가 타인 명의로 유치원 설립인가를 받아 제3자에게 그 건물 및 유치원 운영권을 임대한 경우, 그 건물 소유자가 사립학교(유치원) 경영자에 해당하지 않는다(대판 2002.6.28. 2001다25078).

2. 신탁재산

① 신탁재산에 대하여도 원칙적으로 강제집행이 금지된다.

② 신탁 전에 이미 신탁부동산에 저당권이 설정된 경우와 같이 신탁 전의 원인으로 발생한 권리 즉, 신탁재산 자체에서 연유하는 권리나 수탁자가 신탁사무 처리과정에서 발생한 권리에 기한 강제집행은 예외적으로 허용된다(신탁법 제21조).

> 신탁법 제21조 제1항 단서 소정의 신탁 전의 원인으로 발생한 권리란 신탁 전에 이미 신탁부동산에 저당권이 설정된 경우 등 신탁재산 그 자체를 목적으로 하는 채권이 발생된 경우를 말하는 것이고 신탁 전에 위탁자에 관하여 생긴 모든 채권이 이에 포함되는 것은 아니다(대판 1987.5.12. 86다545).

③ 수탁자가 파산한 경우에 신탁재산은 수탁자의 고유재산이 된 것을 제외하고는 파산재단을 구성하지 아니하므로, 신탁사무의 처리상 발생한 채권을 가지고 있는 채권자는 수탁자가 그 후 파산하였다 하더라도 신탁재산에 대하여는 강제집행을 할 수 있다(대결 2014.10.21. 2014마1238). **기출** 18

제7절　부동산에 대한 강제집행 – 강제경매신청

Ⅰ　강제경매신청

① 당사자·집행법원·부동산·집행권원·집행채권을 기재한 신청서를 서면으로 작성하고(제4조, 제80조) 집행정본·집행개시요건을 증명하는 서류·등기사항증명서 등을 첨부하여 신청한다.

② 이와 더불어 집행비용도 예납하여야 한다.

③ 첨부할 인지는 정액으로 강제경매인 경우 집행권원의 수에 따른 인지를(재민 87–9), 담보권실행을 위한 경매인 경우 저당권마다 소정의 인지를 붙여야 한다(재민 69–1). **기출** 21

Ⅱ　신청서 기재사항

> **민사집행법 제80조(강제경매신청서)** **기출** 21
> 강제경매신청서에는 다음 각 호의 사항을 적어야 한다.
> 1. 채권자·채무자와 법원의 표시
> 2. 부동산의 표시
> 3. 경매의 이유가 된 일정한 채권과 집행할 수 있는 일정한 집행권원

1. 당사자(채권자·채무자)(제80조 제1호)

① '채권자'란 강제집행을 신청하는 자를 말하고 '채무자'란 강제집행을 받을 자를 말하는 것이며 따라서 채권자·채무자의 이름, 주소는 신청서에 첨부된 집행력 있는 정본에 표시된 것과 일치되어야 한다.

② 승계집행문을 부여받은 경우에는 집행권원상의 채권자, 채무자와 집행문상의 채권자, 채무자는 서로 다르다.

③ 공유부동산의 지분에 대한 강제경매신청에 있어서는 채무자인 공유자 이외의 공유자 전원의 이름, 주소 및 채무자가 가지는 지분을 적어야 한다.29)

④ 가압류채권자가 집행권원을 얻어 집행을 신청하는 경우에 가압류 이후의 제3취득자는 기재할 필요가 없다. 가압류채무자를 그대로 채무자로 표시하면 족하다. 다만, 집행권원이 된 채권이 가압류의 기본인 채권과 동일하다는 사실을 증명하여야 한다.

⑤ 검사의 집행명령에 기하여 벌금·과료·몰수·추징 등 재산형의 집행을 위하여 강제경매를 신청하는 경우의 경매신청인은 법무부장관이 아니고 검사가 되어야 한다(재판예규 제866-28호). 경매신청 시에 형사 판결문이나 재판서의 사본을 제출하여도 무방하나, 검사의 징수명령이나 집행명령은 반드시 있어야 한다(형사소송법 제477조). **기출** 15

2. 집행법원의 표시

① 부동산에 대한 강제집행은 그 부동산이 있는 곳의 지방법원이 관할한다(제79조 제1항, 제268조).

　　㉠ 법률 또는 이 규칙에 따라 부동산으로 보거나 부동산에 관한 규정이 준용되는 것에 대한 강제집행은 그 등기 또는 등록을 하는 곳의 지방법원이 관할한다(규칙 제41조).

　　㉡ 이 관할은 전속관할이므로(제21조), 당사자의 합의에 의하여 다른 법원을 관할법원으로 정할 수 없으며 또한 변론관할도 생길 수 없다.

② 여러 개의 부동산이 별개의 지방법원의 관할구역 내에 산재하고 있는 경우에는 각별로 관할이 생기며 동일절차에 의하여 경매할 수 없지만, 법원은 각각 경매신청된 여러 개의 재산 또는 다른 법원이나 집행관에 계속된 경매사건의 목적물에 대하여 일괄매각의 결정을 한 다음, 다른 법원 또는 집행관으로부터 그 목적물에 대한 경매사건을 이송받아 병합할 수 있다(제99조).

3. 부동산의 표시(제80조 제2호)

① 강제경매의 대상이 될 부동산을 특정하여 표시한다.

② 어느 토지에 대하여 도시개발법에 의하여 환지예정지가 지정되었다 하더라도 경매신청은 종전의 토지에 대하여 하여야 하므로 종전의 토지를 표시한다.

③ 다만, 최저매각가격의 결정에는 환지예정지의 위치, 지적 등이 참작되어야 하며 매각기일 공고를 함에 있어서도 환지예정지 지정의 내용을 표시하여야 하므로(대결 1974.1.8. 73마683) 환지예정지도 아울러 표시하여야 한다.

④ 미등기의 부동산인 경우에는 그 부동산이 채무자의 소유임을 증명할 서류(부동산소유증명서)의 표시와 부합되도록 적어야 한다.

⑤ 경매의 대상이 공장재단, 광업재단인 경우에는 그 재단을 구성하는 모든 물건을 표시하여야 한다.

---

29) 다른 공유자에게 강제경매개시결정이 있다는 것을 통지하여야 하고 또 최저매각가격은 채무자의 지분에 관하여 정하여지기 때문이다(제139조).

4. 경매의 이유가 된 일정한 채권(집행채권과 청구금액)(제80조 제3호)

(1) 집행채권과 청구금액의 특정

① 청구금액이란 강제경매에 의하여 변제를 받고자 하는 일정한 채권과 그 청구액을 말한다. 채권자는 집행채권의 일부만을 청구할 수 있기 때문에 청구금액은 명확히 적어야 한다.

② 청구금액은 집행권원에 표시된 채권액의 범위 내이어야 한다.

③ 집행권원에 원금 외에 이자채권이 포함되어 있는 경우, 경매신청서에 이자채권에 관한 표시가 없더라도 배당요구 종기까지 채권계산서에 기재하여 제출하면 그 부분에 관하여 배당요구의 효력이 있으므로 배당을 받을 수 있다. <u>기출</u> 15

④ 강제집행에 있어서 채권자가 채무자에 대하여 가지는 집행채권의 범위는 채무명의에 표시된 바에 의하여 정하여지므로, 채무명의, 즉 집행력 있는 공정증서 정본상 '차용원금채권' 및 '이에 대한 그 변제기까지의 이자' 이외에 '변제기 이후 다 갚을 때까지의 지연손해금채권'에 대하여는 아무런 표시가 되어 있지 않는 한 그 지연손해금채권에 대하여는 강제집행을 청구할 수 없다(대결 1994.5.13. 94마542). <u>기출</u> 20

⑤ 경매신청서에 청구금액으로서 '원리금의 기재'가 있는데 경매개시결정서에는 '원금만이 기재'되어 있다고 하여서 매득금에서 채권자가 변제받을 수 있는 금액이 원금에 한정된다고 할 수는 없다(대결 1968.6.3. 68마378). <u>기출</u> 21 · 20 · 17

(2) 청구금액의 확장

① 의 의

㉠ 압류의 효력은 집행채권의 범위에서만 그 효력이 미친다. 여기서 '청구금액의 확장'이라고 하는 것은 집행채권의 청구금액을 경매개시결정 이후에 증액한 경우에 과연 압류의 범위가 증액되는 범위까지 포함하여 인정되는 것인가의 문제를 말한다.

㉡ '청구금액의 확장이 인정되지 않는다는 것'은 경매개시결정 당시의 집행채권의 청구금액의 범위를 넘어서는 금액까지 압류의 객관적 범위를 확장하는 것은 허용되지 아니한다는 의미이다.

② 인정여부

㉠ 강제경매절차에서 경매신청 시 채권의 일부청구를 한 경우 경매개시결정 후에는 청구금액의 확장은 허용되지 않으나, 경매개시결정 후 배당요구종기까지 채권계산서를 제출하면서 청구금액을 확장하였다면 민사집행법 제88조의 배당요구의 효력은 인정할 수 있다. <u>기출</u> 20

> 강제경매에 있어서 채권의 일부청구를 한 경우에 그 경매절차 개시를 한 후에는 청구금액의 확장은 허용되지 않고 그 후에 청구금액을 확장하여 잔액의 청구를 하였다 하여도 배당요구의 효력밖에는 없다(대결 1983.10.15. 83마393). <u>기출</u> 24 · 17

㉡ 채권의 일부의 이행기가 도래하지 아니하여 일부 채권액에 대하여만 경매를 신청한 경우라도 마찬가지이다.

㉢ 따라서 경매개시결정 이후에 집행대상인 부동산의 소유권을 취득한 제3자는 집행채권의 청구금액만을 변제하여 집행절차를 취소하거나 정지시킬 수 있다.

㉣ 그러나 압류채권액의 범위 내에서 청구금액을 구성하는 경매신청서에 원본채권과 더불어 '이자 채권 등 부대채권을 표시한 경우'에는 최종적으로 배당시에 채권자가 부대채권에 관한 계산서를 제출하여 원본채권보다 많은 액수의 배당을 받게 되는데 이것은 이미 청구금액 신청시에 부대채권에 관한 사항이 특정되어 있는 것이어서 이를 청구금액의 확장이라고 볼 수 없는 것으로 당연히 허용되는 것이다.

저당권자가 물상대위권을 행사하여 채권압류 및 추심명령 또는 전부명령(이하 '채권압류명령 등'이라 한다)을 신청하면서 그 청구채권 중 이자·지연손해금 등 부대채권(이하 '부대채권'이라 한다)의 범위를 신청일 무렵까지의 확정금액으로 기재한 경우, 그 신청 취지와 원인 및 집행 실무 등에 비추어 저당권자가 부대채권에 관하여는 신청일까지의 액수만 배당받겠다는 의사를 명확하게 표시하였다고 볼 수 있는 등의 특별한 사정이 없는 한, 그 배당절차에서는 채권계산서를 제출하였는지 여부에 관계없이 배당기일까지의 부대채권을 포함하여 원래 우선변제권을 행사할 수 있는 범위에서 우선배당을 받을 수 있다고 봄이 타당하다(대판 2022.8.11. 2017다256668). **기출** 25

ⓜ 임의경매의 경우 청구금액의 확장은 인정되지 않는다. 강제경매의 경우와 동일하다.

- 근저당권자가 피담보채무의 불이행을 이유로 경매신청을 한 경우에는 경매신청시에 근저당권의 피담보채무액이 확정되고, 그 이후부터 근저당권은 부종성을 가지게 되어 보통의 저당권과 같은 취급을 받게 된다(대판 1997.12.9. 97다25521).
- 담보권실행경매에서 경매채권자가 피담보채권의 일부에 대하여만 담보권을 실행하겠다는 취지로 경매신청서에 피담보채권의 원금 중 일부만을 청구금액으로 하여 경매를 신청하였을 경우에는 경매채권자의 청구금액은 그 기재된 채권액을 한도로 확정되고 경매채권자는 채권계산서에 청구금액을 확장하여 제출하는 방법에 의하여 청구금액을 확장할 수 없다(대판 1995.6.9. 95다15261). **기출** 20
- 담보권실행을 위한 경매의 신청채권자는 피담보채권에 관하여 별도로 채무명의(집행권원)를 가지고 있지 아니하는 한 배당요구채권자에 해당하지 아니하므로, 신청채권자가 피담보채권 중 일부만을 청구금액으로 하여 경매를 신청하였다가 나머지 피담보채권에 관하여 배당요구를 하는 방법으로는 배당에 참가할 수 없고, 따라서 신청채권자가 배당요구의 종기인 경락기일 이전에 청구금액을 피담보채권 전액으로 확장한 채권계산서를 제출하였다고 하더라도 채권액 중 경매신청 당시의 청구금액을 초과하는 금액에 관하여는 배당에 참가할 수 없다(대판 1997.2.28. 95다22788).

ⓗ 한편 임의경매절차에서는 청구금액의 확장신청이 배당요구의 의미조차도 인정되지 아니한다.

ⓢ 경매신청서에 경매청구채권으로 이자 등 부대채권을 표시한 경우에는 채권계산서에 의하여 부대채권을 증액하는 방법으로 배당받을 수 있다.

- 담보권 실행을 위한 경매절차에서 신청채권자가 경매신청서에 피담보채권의 일부만을 청구금액으로 하여 경매를 신청하였을 경우에는 다른 특별한 사정이 없는 한 신청채권자의 청구금액은 그 기재된 채권액을 한도로 확정되고 그 후 신청채권자가 채권계산서에 청구금액을 확장하여 제출하는 등 방법에 의하여 청구금액을 확장할 수 없으나, 이러한 법리는 신청채권자가 경매신청서에 경매청구채권으로 이자 등 부대채권을 표시한 경우에 나중에 채권계산서에 의하여 부대채권을 증액하는 방법으로 청구금액을 확장하는 것까지 금지하는 취지는 아니라고 할 것이다(대판 2011.12.8. 2011다65396).
- 담보권 실행을 위한 경매절차에 있어 신청채권자가 이자 등 부대채권을 특정액으로 표시하였다가 나중에 채권신고서에 의하여 그 부대채권을 증액하는 방법으로 청구금액을 확장하는 경우 그 확장은 늦어도 채권신고서의 제출시한인 배당요구의 종기까지는 이루어져야 하고, 그 이후에는 허용되지 않는다(대판 2001.3.23. 99다115260). **기출** 20 · 17
- 배당법원은 가압류채권자에 대한 배당액을 산정함에 있어서 가압류채권자가 가압류의 피보전채권 및 그와 청구기초의 동일성이 인정되는 채권을 청구채권으로 하는 내용의 채권계산서를 제출하였으나, 피보전채권 중 전부 또는 일부의 존재가 인정되지 아니한 때에는, 특별한 사정이 없는 한 가압류결정에 피보전채권액으로 기재된 액의 범위 내에서는 위 피보전채권 중 그 존재가 인정되는 나머지 부분 외에 그와 청구기초의 동일성이 인정되는 채권도 그 존재가 인정되는 한 이를 포함시켜야 한다(가압류채권자가 공사대금 원금채권에 대하여만 가압류결정을 받은 후 채권계산서 제출시 배당기일까지의 지연손해금채권을 덧붙여 배당요구를 한 경우, 지연손해금채권도 배당액 산정에 포함시킨 사례임)(대판 1997.2.28. 95다22788). **기출** 19

◎ 경매신청서의 청구금액에 기재되지 아니한 채권은 경매신청에 의하여 시효가 중단되지 아니하고, 가분채권의 경우 일부가 청구금액에 포함되지 아니하였다면 그 부분도 시효가 중단되지 아니한다고 보아야 할 것이며, 경매신청서의 청구금액에 포함되어 있었다 하더라도 채권계산서에 기재된 채권에 한하여 소멸시효 중단의 효력이 있다(대판 1991.12.10. 91다17092). **기출** 20

(3) 청구원인의 변경

① 청구금액의 확장을 인정하지 아니하는 것은 압류의 객관적 범위를 유지하고자 하는 것일 뿐이고 집행채권의 청구금액의 원인을 특정하고자 하는 것에 있지 않다.

② 따라서 집행채권의 청구의 기초 동일성이 인정된다면 청구금액의 범위 내에서 청구채권의 원인을 교환하거나 변경하는 것은 허용된다고 보아야 한다.

> [1] 담보권의 실행을 위한 경매에서 신청채권자가 경매를 신청함에 있어서 그 경매신청서에 피담보채권액 중 일부만을 청구금액으로 기재하였을 경우에는 청구금액확장신청서나 채권계산서를 제출하는 방법 등에 의하여 청구금액을 확장할 수는 없다.
> [2] 근저당권의 특성 등에 비추어 볼 때, 근저당권의 실행을 위한 경매절차에서 신청채권자는 일단 경매신청서에 특정의 피담보채권을 기재함으로써 이를 청구채권으로 표시하였다고 하더라도 당해 근저당권의 피담보채권으로서 다른 채권이 있는 경우에는 그 다른 채권을 청구채권에 추가하거나 당초의 청구채권을 그 다른 채권으로 교환하는 등 청구채권을 변경할 수 있으며(다만 변경 후의 피담보채권액이 경매신청서에 기재되어 있는 청구채권액을 초과하는 때에는 그 초과하는 금액에 대하여는 배당을 받을 수 없다). 이때 청구채권의 변경이 추가적 변경인가 교환적 변경인가는 신청채권자가 경매법원에 표시한 의사를 객관적·합리적으로 해석하여 판단하여야 한다(대판 1998.7.10. 96다39479).

(4) 구제방안

① 위와 같은 청구금액의 확장이 인정되지 아니한다고 하여 집행채권자가 청구금액을 확장하고자 하는 목적을 달성하기 위하여 경매신청을 취하하고 집행채권의 청구금액을 새로이 정하여 다시 경매신청하는 방법을 생각할 수 있으나 이는 비용의 손실을 가져오게 된다.

② 따라서 채권자로서는 나머지 금액으로 '이중경매'를 신청하거나 '배당요구'를 하는 것이 가장 좋은 방법일 것이다.

5. 집행할 수 있는 일정한 집행권원(제80조 제3호)

① 경매의 이유가 된 채권에 관한 집행권원을 표시한다. 구체적으로 어떠한 집행권원에 의한 강제집행인가를 알아 볼 수 있도록 표시하여야 한다.

② 집행할 수 있는 집행권원은 즉시 집행할 수 있는 것이어야 하므로 기한부 채권인 경우에는 기한이 도래하고 조건부채권인 경우에는 조건이 성취된 것이어야 한다.

③ 기한 미도래나 조건 불성취의 집행권원에 기하여 경매신청을 한 경우에는 그 신청은 부적법하다.

④ 부동산 강제경매와 달리, 부동산을 목적으로 하는 담보권 실행을 위한 경매에서는 채권자·채무자·소유자와 그 대리인의 표시, 담보권과 피담보채권의 표시 등을 기재하여야 한다(규칙 제192조). **기출** 21

Ⅲ 첨부서류

1. 서 설

강제경매의 신청을 함에 있어서는 집행력 있는 정본과 강제집행개시의 요건이 구비되었음을 증명하는 서류 [① 집행권원 송달증명서(제39조 제1항), ② 집행문 및 증명서의 송달증명서(제39조 제2항), ③ 담보를 제공한 증명서류 및 그 증명서류 등본의 송달증명서(제40조 제2항), ④ 반대의무의 이행 또는 제공을 증명하는 서면(제41조 제1항), ⑤ 집행불능증명서(제41조 제2항)]를 제출하여야 함은 물론 그 밖에 민사집행법 제81조 제1항 소정의 서류를 붙여야 한다.

2. 집행력 있는 정본 등의 제출

경매신청을 함에 있어서는 집행권원의 집행력 있는 정본(正本)을 법원에 제출하며 집행법원은 그 정본의 사본(寫本)을 근거로 하여서는 강제경매절차를 개시할 수 없다(대결 1968.12.30. 68마912). 다만, 집행권원으로 배당요구를 하는 경우에는 사본을 제출하여도 무방하다(규칙 제48조 제2항). **기출** 15

3. 강제집행개시의 요건이 구비되었음을 증명하는 서류

① 집행권원의 송달증명서
ㄱ) 강제집행은 집행권원을 집행개시 전 또는 집행개시와 동시에 집행을 받을 사람(채무자)에게 송달한 때에 한하여 개시할 수 있다(제39조 제1항).
ㄴ) 공정증서의 경우는 송달증명을 요하지 않는 경우가 대부분이다. 확정된 지급명령과 확정된 이행권고결정에 기한 집행신청에 있어서는 별도로 송달증명과 확정증명을 제출할 필요가 없다.
ㄷ) 집행권원 송달 없이 한 집행행위에 관하여 판례는 부동산강제경매(대판 1973.6.12. 71다1252)와 전부명령(대판 1987.5.12. 86다카2070)의 경우에 절대무효설을 취하고 있다.
② 집행문 및 증명서의 송달증명서 : 통상의 집행에 있어서는 집행권원의 송달만으로 족하고 집행문을 송달할 필요는 없으나, 집행에 조건이 붙어 있는 경우에는 집행문 및 조건성취를 증명하는 증명서의 등본, 승계집행문이 부여된 경우에는 승계집행문을 채무자에게 송달하여야 하므로, 경매신청시에 그 송달사실을 증명하는 서면을 법원에 제출하여야 한다(제39조 제2항, 제3항).
③ 담보제공의 증명서와 그 등본의 송달증명서 : 집행이 채권자의 담보제공에 매인 때(예 담보제공을 조건으로 한 가집행선고)에는 채권자는 담보를 제공한 증명서류를 제출하고 그 등본을 채무자에게 송달하여야 집행을 개시할 수 있으므로(제40조 제2항) 강제경매신청인은 담보를 제공한 증명서류 및 그 등본의 송달증명서를 집행법원에 제출하여야 한다.
④ 반대의무의 이행 또는 이행의 제공을 증명하는 서면
ㄱ) 동시이행관계에 있는 반대의무의 이행은 집행개시의 요건이므로, 반대의무의 이행과 동시에 집행할 수 있다는 것을 내용으로 하는 집행권원의 집행은 채권자가 반대의무의 이행 또는 이행의 제공을 하였다는 것을 증명하여야 한다(제41조 제1항).
ㄴ) 반대의무의 이행과 동시에 의사의 진술을 할 의무에 대하여는 그 판결확정 후에 채권자가 그 반대의무를 이행한 사실을 증명하고 재판장의 명령에 의하여 집행문을 부여받았을 때 의사표시의 효력이 생기므로(제263조), 이 경우에는 반대의무의 이행 또는 이행의 제공은 집행문부여의 요건이 된다.

ⓒ 집행권원이 되는 화해조항에 일정한 반대의무의 불이행(예 금전지급의무의 불이행)을 조건으로 하여 일정한 의무의 이행(예 토지인도의무의 이행)을 약속한 경우에는 민사집행법 제30조 제2항의 이른바 집행에 조건이 붙어 있는 경우에 해당하므로 그 의무(토지인도의무)에 대한 집행문을 부여하기 위해서는 채권자가 증명서로써 그 조건의 성취를 증명하여야 한다(대판 1971.6.29. 71다1035; 대결 1977.11.30. 77마371).

ⓔ 임차인이 임차주택에 대하여 보증금반환청구소송의 확정판결이나 그 밖에 이에 준하는 집행권원에 따라서 경매를 신청하는 경우에는 집행개시요건에 관한 민사집행법 제41조에도 불구하고 반대의무의 이행이나 이행의 제공을 집행개시의 요건으로 하지 아니한다(주택임대차보호법 제3조의2 제1항).

기출 21

ⓜ 따라서 그 판결주문에 건물의 명도와 동시이행으로 보증금지급을 명하였다 하여도 이행제공 여부를 따질 것 없이 경매개시결정을 할 수 있다. 다만 이 경우도 임차인이 배당금을 수령할 때는 명도확인서를 제출하여야 한다.

ⓗ 어음, 수표 등 상환증권상의 채권에 관한 집행에 있어 증권의 제시는 불필요하며, 집행개시의 요건도 아니다. 강제집행은 채권의 이행청구가 아니기 때문이다.

⑤ **집행불능증명서** : 다른 의무의 집행이 불가능한 때에 그에 갈음하여 집행할 수 있다는 것을 내용으로 하는 집행권원의 집행은 채권자가 그 집행이 불가능하다는 것을 증명한 때에 한하여 개시할 수 있으므로(제41조 제2항) 경매신청시에 그 집행불능증명서를 제출하여야 한다.

4. 제81조 제1항 소정의 첨부서류

① **등기사항증명서**(제81조 제1항 제1호)

② **즉시 채무자의 명의로 등기할 수 있음을 증명할 서류**

ⓐ 등기부에 채무자의 소유로 등기되지 아니한 부동산에 대하여는 즉시 채무자의 명의로 등기할 수 있음을 증명하는 서류를 붙여야 한다(제81조 제1항 제2호 본문).

ⓑ 건축허가나 신고를 마친 뒤 사용승인을 받지 못한 미등기 건물에 대한 강제집행을 신청함에는 그 건물이 채무자의 소유임을 증명할 서류, 그 건물의 지번·구조·면적을 증명할 서류 및 그 건물에 관한 건축허가 또는 건축신고를 증명할 서류를 제출하면 족하다(제81조 제1항 제2호 단서).

5. 자격증명서와 위임장

① **자격증명서** : 채권자, 채무자가 제한능력자인 경우 또는 법인인 경우에는 제한능력자의 법정대리인, 법인의 대표자의 자격을 증명하는 서면(가족관계증명서, 후견등기사항증명서, 법인등기사항증명서)을 붙여야 한다.

② **위임장** : 소송대리인에 의한 경매신청의 경우에는 그 대리권을 증명하기 위하여 소송위임장을 붙여야 한다. 다만, 판결절차의 각 심급의 소송대리인은 그 판결에 기한 강제집행에 관하여 당연히 대리권을 가지므로 별도의 위임을 받지 않고 강제경매를 신청할 수 있으며, 이 경우 다시 위임장을 제출할 필요도 없다. 대리인의 대리권의 존재는 집행력 있는 정본에 나타나 있기 때문이다. **기출** 15

6. 비용의 예납 `기출` 21

① 민사집행의 신청을 하는 때에는 채권자는 민사집행에 필요한 비용으로서 법원이 정하는 금액을 미리 내야 한다. 법원이 부족한 비용을 미리 내라고 명하는 때에도 또한 같다(제18조 제1항).

② 채권자가 민사집행에 필요한 비용을 미리 내지 아니한 때에는 법원은 결정으로 신청을 각하하거나 집행절차를 취소할 수 있다(제18조 제2항).

Ⅳ 경매신청에 대한 재판

① 경매개시신청이 정당하면 경매개시결정의 재판을 한다.

② 신청이 부당하거나 요건을 흠결한 신청에 대해서는 기각 또는 각하결정의 재판을 한다.

③ '경매개시결정'에 대해서는 이의신청으로 불복할 수 있으며, '경매신청을 기각 또는 각하한 결정'에 대해서는 즉시항고로 불복할 수 있다. 즉, 강제경매신청을 인용한 '경매개시결정'에 대해서는 곧바로 '즉시항고'로는 불복할 수 없고, 이해관계인은 매각대금이 모두 지급될 때까지 법원에 경매개시결정에 대한 '이의신청'을 할 수 있다(제86조 제1항). '경매신청을 기각 또는 각하한 결정'에 대해서는 즉시항고로 불복할 수 있음에 유의하여야 한다(제83조 제5항 참조). `기출` 18

> 강제경매신청을 각하한 집행법원의 재판에 대한 강제경매신청인의 즉시항고를 받아들여 그 집행법원의 재판을 취소한 원심의 재판은 강제경매신청이 각하되지 아니하고 남아있는 상태로 되돌리는 것일 뿐이므로(다만, 상급심 재판의 기속력으로 인하여 집행법원은 원심의 판단과 저촉되는 판단을 할 수는 없다), 재항고인으로서는 원심의 재판에 대하여 따로 재항고로써 불복할 이익이나 필요가 있다고 할 수 없다(만일 집행법원이 원심결정의 취지에 따라서 이 사건 강제집행신청을 받아들여 강제경매개시결정을 한다면, 이에 대하여 재항고인은 강제경매개시결정에 대한 이의로써 다툴 수 있을 것이다)(대결 2007.4.2. 2006마717).

제8절 부동산에 대한 강제집행 – 경매개시결정

Ⅰ 서 설

> **민사집행법 제83조(경매개시결정 등)**
> ① 경매절차를 개시하는 결정에는 동시에 그 부동산의 압류를 명하여야 한다.
> ② 압류는 부동산에 대한 채무자의 관리·이용에 영향을 미치지 아니한다.
> ③ 경매절차를 개시하는 결정을 한 뒤에는 법원은 직권으로 또는 이해관계인의 신청에 따라 부동산에 대한 침해행위를 방지하기 위하여 필요한 조치를 할 수 있다.
> ④ 압류는 채무자에게 그 결정이 송달된 때 또는 제94조(경매개시결정의 등기)의 규정에 따른 등기가 된 때에 효력이 생긴다.
> ⑤ 강제경매신청을 기각하거나 각하하는 재판에 대하여는 즉시항고를 할 수 있다.

1. 법원의 심사범위

① 강제경매신청에 대하여 집행법원은 형식적 심사(신청서의 기재 및 첨부서류)를 통하여 신청이 적법하다고 판단되면 강제경매개시결정을 하여 압류를 명한다(제83조 제1항).

② 경매개시신청을 기각 또는 각하하는 재판에 대하여는 즉시항고로 불복할 수 있다(제83조 제5항).

③ 재판장의 명령이 있어야만 집행문을 부여할 수 있는 것인데도 불구하고 재판장의 명령 없이 법원사무관 등이 단독으로 부여한 것이라든지, 집행문부여의 조건이 아직 성취되지 아니하였는데 집행문을 부여하여 실질적으로 부적법한 경우, 집행권원에 표시된 청구권에 대한 소멸시효가 완성된 경우에는 집행법원은 이를 심사할 권한이 없으므로 이를 이유로 신청을 각하할 수는 없다.

2. 법원이 조사할 내용

① 신청방식에 대한 조사

② 강제집행의 요건에 대한 조사

③ 강제집행개시의 요건에 대한 조사

3. 경매목적물(부동산)에 대한 조사

(1) 채무자소유 부동산일 것

① 매각부동산은 채무자의 소유이어야 한다. 채무자의 소유인지 여부는 등기기록에 채무자의 소유로 등기된 부동산에 관하여는 등기사항증명서(제81조 제1항 제1호), 등기기록에 채무자의 소유로 등기되지 않은 부동산에 관하여는 즉시 채무자의 명의로 등기할 수 있음을 증명할 서류(제81조 제1항 제2호)에 의하여 증명되어야 한다. 이러한 서류가 제출되지 않으면 매각부동산이 채무자의 소유인 점에 대한 증명이 없는 것으로서 신청을 각하하여야 한다.

② 제3자의 소유명의로 등기되어 있는 부동산에 관하여는 사실상 그 부동산이 채무자의 소유라고 하더라도 채무자 명의로 등기가 회복되지 아니하는 한 경매신청을 할 수 없다.

③ 집행력 있는 정본에 '상속받은 재산의 범위 내에서' 집행할 수 있음이 기재되어 있는 등 채무자가 한정승인을 한 경우에는 채무자가 피상속인으로부터 상속받은 재산에 대해서만 강제집행이 가능하고 상속인의 고유재산에 대해서는 강제집행을 할 수 없다(대판 2010.3.18. 2007다77781[전합]).

> • 민법 제1028조는 "상속인은 상속으로 인하여 취득할 재산의 한도에서 피상속인의 채무와 유증을 변제할 것을 조건으로 상속을 승인할 수 있다"고 규정하고 있다. 이에 따라 법원이 한정승인신고를 수리하게 되면 피상속인의 채무에 대한 상속인의 책임은 상속재산으로 한정되고, 그 결과 상속채권자는 특별한 사정이 없는 한 상속인의 고유재산에 대하여 강제집행을 할 수 없다(대판 2010.3.18. 2007다77781[전합]). **기출** 22
> • 상속채권자가 아닌 한정승인자의 고유채권자가 상속재산에 관하여 저당권 등의 담보권을 취득한 경우, 담보권을 취득한 채권자와 상속채권자 사이의 우열관계는 민법상 일반원칙에 따라야 하고 상속채권자가 우선적 지위를 주장할 수 없다. 그러나 상속재산에 관하여 담보권을 취득하였다는 등 사정이 없는 이상, 한정승인자의 고유채권자는 상속채권자가 상속재산으로부터 채권의 만족을 받지 못한 상태에서 상속재산을 고유채권에 대한 책임재산으로 삼아 이에 대하여 강제집행을 할 수 없다고 보는 것이 형평의 원칙이나 한정승인제도의 취지에 부합하며, 이는 한정승인자의 고유채무가 조세채무인 경우에도 그것이 상속재산 자체에 대하여 부과된 조세나 가산금, 즉 당해세에 관한 것이 아니라면 마찬가지이다(대판 2016.5.24. 2015다250574). **기출** 23·17

④ 채무자가 상속을 하였으나 아직 상속등기가 경료되지 않은 경우에는 대위에 의한 상속등기(민법 제404조, 부동산등기법 제23조 제3항, 제28조 제1항)를 한 다음 상속인에 대하여 강제경매신청을 할 수 있다. 이 경우 대위원인을 증명하는 서면으로 집행력 있는 정본 또는 근저당권이 설정된 부동산의 등기사항증명서를 첨부한다(등기예규 제1432호).

> 상속인은 아직 상속 승인, 포기 등으로 상속관계가 확정되지 않은 동안에도 잠정적으로나마 피상속인의 재산을 당연 취득하고 상속재산을 관리할 의무가 있으므로, 상속채권자는 그 기간 동안 상속인을 상대로 상속재산에 관한 가압류결정을 받아 이를 집행할 수 있다. 그 후 상속인이 상속포기로 인하여 상속인의 지위를 소급하여 상실한다고 하더라도 이미 발생한 가압류의 효력에 영향을 미치지 않는다. 따라서 위 상속채권자는 종국적으로 상속인이 된 사람 또는 민법 제1053조에 따라 선임된 상속재산관리인을 채무자로 한 상속재산에 대한 경매절차에서 가압류채권자로서 적법하게 배당을 받을 수 있다(대판 2021.9.15. 2021다224446). **기출** 23

(2) 압류금지부동산이 아닐 것

① 법률규정에 의한 압류금지

㉠ 매각부동산이 법률의 규정에 의하여 압류가 금지되어 있으면 경매할 수 없다.

㉡ 학교법인이 학교교육에 직접 사용하는 교지, 교사 등 재산은 매도하거나 담보제공할 수 없으므로(사립학교법 제28조 제2항, 동법 시행령 제12조) 이러한 재산은 강제집행의 대상이 되지 아니한다(대결 1972.4.14. 72마330; 대판 1996.11.15. 96누4947 등).

㉢ 이에 대한 경매신청은 각하한다.

② 주무관청의 허가

㉠ 주무관청의 허가가 없으면 처분할 수 없는 재산은 허가 없이도 압류는 가능하나 그 부동산을 현금화 (매각허가결정)하기 위해서는 주무관청의 허가가 있어야 한다.

> 주무관청의 허가 등이 없으면 처분할 수 없는 재산에 대한 주무관청의 허가 등은 경매개시결정의 요건이 아니고 매수인의 소유권취득의 요건에 불과하여 그 허가 등을 받을 수 없는 사정이 확실하다고 인정되는 등의 특별한 사정이 없는 한 이러한 재산에 대한 압류는 허용된다[집행법원으로서는 이 사건 건물이 위 각 조항이 정하는 '부동산'이나 '중요재산'에 해당하는지를 확인하여 이에 해당한다면 그 허가나 승인을 받아 제출할 것을 특별매각조건으로 경매절차를 진행하고 매각허가결정 시까지 이를 제출하지 못하면 매각불허가결정을 하면 된다](대결 2014.10.17. 2014마1631).

㉡ 학교법인의 기본재산(사립학교법 제28조 제1항), 사찰소유의 부동산(전통사찰보존법 제6조 제1항 제2호)에 대한 '주무관청의 허가'는 경매개시의 요건이 아니고 매수인의 소유권취득의 요건에 불과하므로 경매신청시에 그 처분허가서를 제출하지 아니하였다 하더라도 경매신청을 각하(기각)할 것은 아니지만, 주무관청의 허가가 없음에도 매각허가결정이 확정되어 대금이 완납되었어도 그 대금납부는 효력이 없고 매수인은 소유권을 취득할 수 없다(대판 1994.1.25. 93다42993). **기출** 18

> • 재단법인의 기본재산처분행위는 정관변경사항이므로 주무관청의 허가를 요하는 것으로서 이는 재단법인의 채권자가 그 기본재산에 대하여 강제집행을 실시하는 경우도 동일한 것이기는 하나 그와 같은 재단법인의 정관변경에 대한 주무관청의 허가는 경매개시요건은 아니고 매수인의 소유권취득에 관한 요건이므로 경매신청시에 그 허가서를 제출하지 아니하였다 하여 경매신청을 기각할 것은 아니다(대결 1986.1.17. 85마720). **기출** 18

- 학교법인의 기본재산이 감독청의 허가 없이 강제경매절차에 의하여 매각허가결정이 확정되어 이에 관하여 경락을 원인으로 하여 경락인 명의의 소유권이전등기가 경료되었다 하더라도 그 등기는 적법한 원인을 결여한 등기이다(대판 1994.1.25. 93다42993). `기출` 18
- 학교법인이 사립학교법 제47조 제1항에 의한 해산명령을 받아 해산되고 고등교육법 제62조 제1항에 의한 학교폐쇄처분을 받아 사실상 학교법인으로서 실체를 상실하고 기능을 수행할 수 없게 된 경우에도 사립학교법 제28조 제1항이 여전히 적용되어 그 기본재산을 처분하고자 할 때에는 관할청의 허가를 받아야 한다고 해석함이 상당하다(대판 2010.4.8. 2009다93329). `기출` 21

㉢ 학교법인의 기본재산에 관하여 담보를 제공할 당시 주무부장관의 허가를 받았을 경우 저당권의 실행으로 매각이 될 때에는 다시 주무부장관의 허가를 받을 필요가 없다. `기출` 14

> 민법상 재단법인의 정관에 기본재산은 담보설정 등을 할 수 없으나 주무관청의 허가·승인을 받은 경우에는 이를 할 수 있다는 취지로 정해져 있고, 정관 규정에 따라 주무관청의 허가·승인을 받아 민법상 재단법인의 기본재산에 관하여 근저당권을 설정한 경우, 그와 같이 설정된 근저당권을 실행하여 기본재산을 매각할 때에는 주무관청의 허가를 다시 받을 필요는 없다(대결 2019.2.28. 2018마800). `기출` 23

㉣ 강제경매의 경우에는 근저당권 설정 시에 주무관청의 허가를 받았더라도, 매각허가결정 시 주무부장관이 허가를 받아야 하는 것이 원칙이다. 다만, 매각대금이 모두 근저당권자에게 배당되어 그 근저당권이 소멸되었다면 매각허가결정 시 별도의 허가가 필요 없다.

> 의료법 제41조 제3항의 규정에 의한 보건사회부장관의 허가는 강제경매의 경우에도 그 효력요건으로 보아야 할 것이지만, 강제경매의 대상이 된 부동산에 보건사회부장관의 허가를 받아 소외 은행을 근저당권자로 한 근저당이 설정되었고, 그 경락대금이 모두 위 은행에 배당되어 그 근저당권이 소멸되었다면 이는 위 은행의 근저당권 실행에 의하여 임의경매가 실시된 것과 구별할 이유가 없다고 하겠고, 담보제공에 관한 보건사회부장관의 허가를 받았을 경우에 저당권의 실행으로 경락될 때에 다시 그 허가를 필요로 한다고 해석되지 아니하는 이치에서 위와 같은 경락의 경우에도 별도의 허가를 필요로 하지 아니한다고 할 것이다(대판 1993.7.16. 93다2094). `기출` 21

(3) 공장재단, 광업재단의 일부

매각부동산이 공장재단, 광업재단의 일부인 때에는 개별집행이 금지되므로(공장 및 광업재단 저당법 제14조, 제54조) 이에 대한 경매신청은 각하한다.

(4) 경매개시결정이 있는 부동산

① 이미 강제경매개시결정이나 임의경매개시결정이 있는 부동산에 대하여도 다른 강제경매신청을 할 수 있다.
② 이 경우에 법원은 다시 경매개시결정을 하고 경매는 먼저 개시결정한 집행절차에 따라 진행한다(제87조 제1항).

(5) 가압류등기, 환매특약의 등기가 있는 부동산

① 채무자 소유의 부동산에 관하여 제3자를 위한 가압류등기 또는 환매특약의 등기가 되어 있어도 이러한 등기가 있다는 사실만으로는 경매의 개시나 진행을 방해할 사유가 될 수 없으므로 경매신청이 가능하다.

② 가압류채권자가 채무자 소유의 부동산에 대하여 가압류집행을 한 후 채무자가 그 부동산을 제3자에게 양도하여 소유권이전등기가 경료된 경우에는 가압류의 효력에 의하여 '가압류채권자'는 피보전채권에 관하여 집행권원을 얻어 경매신청을 할 수 있다.

③ 채무자가 소유권을 이전한 후에 '가압류채권자 이외의 채권자'는 가압류의 효력의 이익을 받을 수 없으므로 경매신청을 할 수 없고 배당요구도 할 수 없다.

④ 가압류등기가 되어 있어도 경매의 개시나 진행을 방해할 사유가 될 수 없으므로 '제3취득자의 채권자'는 강제경매신청을 할 수 있다.

(6) 처분금지가처분등기가 있는 부동산

① 매각에 의하여 소멸하는 처분금지가처분

    ㉠ 처분금지가처분이 매각에 의하여 소멸하는 근저당권 등 타물권이나 가압류의 등기보다 후에 경료된 경우에는 가처분권자는 매수인에게 대항할 수 없고 대금납부 후 그 가처분등기를 말소하게 되므로(대결 1988.4.28. 87마1169), 경매의 개시나 진행을 방해할 사유가 되지 않는다.

    ㉡ 가처분채권자는 매각절차가 개시되었다는 이유로 제3자이 등 집행이의를 신청할 권한은 없으나, 후에 본안소송에서 승소판결을 얻은 때에 비로소 그 강제집행의 결과를 부인할 수 있다(대결 1993.2.19. 92마903).

② 매각에 의하여 소멸하지 않는 처분금지가처분

    ㉠ 최선순위의 처분금지가처분등기가 있는 경우에는 그 가처분등기가 매각허가에 의하여 소멸되지 않으므로, 가처분채권자가 본안소송에서 승소하게 되면 경매의 효력을 가지고 가처분채권자에게 대항할 수 없게 되므로 매수인은 소유권을 상실하게 되고, 가처분채권자는 경매로 인하여 그 권리행사에 지장을 받지 아니할 것이다.

    ㉡ 반대로 만약 가처분채권자가 본안소송에서 패소하여 그 가처분이 취소되면 그 경매는 완전히 유효하게 될 것이다.

    ㉢ 최선순위의 처분금지가처분등기가 되어 있다는 이유만으로 경매신청을 기각할 수는 없으므로, 이 경우에는 경매개시결정 후 경매개시결정등기만을 촉탁한 단계에서 그 이후의 절차를 사실상 중지하고 가처분 또는 본안소송의 결과에 따라 처리하는 것이 타당하다.

    ㉣ 반드시 중지하여야 하는 것은 아니다.

(7) 소유권이전등기청구권보전을 위한 가등기가 있는 부동산

① 소유권이전등기청구권보전을 위한 가등기가 매각에 의하여 소멸하는 근저당권이나 가압류의 등기보다 후에 경료된 경우에는 처분금지가처분에서 본 바와 같이 경매의 개시나 진행을 방해할 사유가 되지 않는다.

② 최선순위의 소유권이전등기청구권보전을 위한 가등기가 경료되어 있는 부동산에 대하여도 그 가등기는 순위보전의 효력밖에 없으므로 그 부동산에 대하여 압류의 등기를 하고 강제경매절차를 속행할 수 있다.

기출 23

> 최선순위 가등기가 있음에도 다른 채권자들의 경매신청에 따라 매각절차를 진행하였다가 경매절차 진행 후에 최선순위 가등기권자가 본등기를 마치면 경매 대상물이 채무자의 소유가 아니라 제3자인 가등기권자의 소유로 귀속되어 민사집행법 제96조 제1항에 따라 매각절차를 취소하여야 하는 위험이 발생한다는 이유로, 종래에는 실무상 최선순위의 가등기가 있는 경우에는 경매개시결정을 마친 단계에서 매각절차를 사실상 중지하였다. 하지만 그 후 최선순위의 소유권이전등기청구권의 순위보전을 위한 가등기가 있는 경우라 하더라도 매수인에게 부담이 인수될 수 있다는 취지를 매각물건명세서에 기재한 후 그에 기하여 경매절차를 진행하면 충분한 것이지, 반드시 그 가등기가 담보가등기인지 순위보전의 가등기인지 밝혀질 때까지 경매절차를 중지하여야 하는 것은 아니라는 대법원 결정(대결 2003.10.6. 2003마1438)이 있은 이후로는 매각절차를 진행하는 것이 다수의 실무례이다(실무제요 집행 2).

③ 강제경매절차 진행 중에 최선순위 가등기에 기한 본등기가 마쳐진 때에는 가등기의 순위보전의 효력에 의하여 결국 압류 이전에 소유권이 제3자에게 이전된 경우와 마찬가지로 그 매각절차를 속행할 수 없게 되므로, 집행법원은 민사집행법 제96조 제1항에 의하여 매각절차를 취소하여야 하고, 등기관은 부동산등기규칙 제147조 제1항 각 호에 규정된 등기를 제외한 경매개시결정등기를 비롯한 나머지 등기를 직권으로 말소하고 집행법원에 이를 통지하여야 한다(실무제요 집행 2). **기출** 23

(8) 체납처분에 의한 압류등기가 있는 부동산

① 현행법상 국세체납절차와 민사집행절차는 별개의 절차로서 그 절차 상호 간의 관계를 조정하는 법률의 규정이 없으므로 한 쪽의 절차가 다른 쪽의 절차에 간섭을 할 수 없는 반면 쌍방절차에서의 각 채권자는 서로 다른 절차에서 정한 방법으로 그 다른 절차에 참여할 수밖에 없다(대판 1989.1.31. 88다카42).

② 국세체납처분에 의한 공매절차가 진행 중에 있는 경우에도 법원은 그 부동산에 대하여 강제경매나 임의경매의 절차를 별도로 진행할 수 있으며, 이 경우 양 매수인 중 먼저 그 소유권을 취득한 자가 진정한 소유자로 확정된다. 체납처분에 의한 공매절차는 매각절차와 그 집행기관이 다를 뿐 아니라 그 적용할 법규가 다르므로 강제집행절차를 준용할 수 없다(대판 1998.12.11. 98두10578; 대판 2001.12.11. 2001두7329).

기출 23

(9) 파산, (개인)회생절차개시결정의 등기가 된 부동산

위와 같은 등기가 된 부동산에 대하여는 개별적인 강제집행이 금지되므로 이에 대한 경매신청은 각하된다.

4. 강제경매개시결정의 내용

① 집행법원은 경매신청의 요건이 구비되었다고 판단하면 강제경매개시결정을 한다.
② 경매절차를 개시하는 결정에는 동시에 그 부동산의 압류를 명하여야 한다(제83조 제1항).
③ 개시결정은 경매신청 접수일부터 2일 이내에 하여야 한다.

Ⅱ 경매개시결정등기의 촉탁

> **민사집행법 제94조(경매개시결정의 등기)**
> ① 법원이 경매개시결정을 하면 법원사무관등은 즉시 그 사유를 등기부에 기입하도록 등기관에게 촉탁하여야 한다.
> ② 등기관은 제1항의 촉탁에 따라 경매개시결정사유를 기입하여야 한다.
>
> **민사집행법 제95조(등기사항증명서의 송부)**
> 등기관은 제94조에 따라 경매개시결정사유를 등기부에 기입한 뒤 그 등기사항증명서를 법원에 보내야 한다.

1. 서 설

① 법원이 경매개시결정을 하면 법원사무관등은 즉시 그 사유를 등기부에 기입하도록 등기관에게 촉탁하여야 한다(제94조 제1항).

② 이미 경매개시결정이 된 부동산에 대하여 다른 경매신청이 있어도 법원은 두 번째 신청에 관하여 다시 경매개시결정을 하고 경매개시결정등기의 촉탁을 하여야 한다.

③ 부동산의 공유지분에 대하여 경매개시결정을 하였을 때에도 경매개시결정등기를 촉탁하여야 한다(제139조 제1항).

2. 등기촉탁의 시기

경매개시결정에 대한 기입등기가 이루어지기 전에 경매개시결정정본을 채무자에게 송달하면 채무자가 즉시 매각부동산을 타에 처분할 염려가 있기 때문에 실무에서는 개시결정에 대한 등기촉탁부터 하고 그 이후 등기관으로부터 민사집행법 제95조의 규정에 의한 등기사항증명서(또는 통지서) 등을 송부받은 후 또는 등기촉탁 후 상당한 기간(보통 1주 정도)이 지난 후에 경매개시결정등본을 채무자에게 송달한다.

3. 촉탁서 첨부서면

① 등기원인증서인 부동산강제경매개시결정정본 1통을 첨부하여야 한다.

② 미등기 부동산에 관하여는 채무자의 소유임을 증명하는 서류 등 직권으로 소유권보존등기를 함에 필요한 서류를 첨부하여야 한다.

③ 이외에 등록세 영수필통지서 및 영수필확인서 등을 첨부하고, 등기신청수수료에 해당하는 등기수입증지를 첨부하여야 한다.

4. 촉탁에 의한 경매개시결정등기의 기입

① 이미 등기가 된 부동산에 대하여 적법한 촉탁이 있으면 등기관은 등기부의 갑구사항란에 '강제경매개시결정등기'를 한다.

② 이 등기는 압류의 목적이 되었다는 사실을 공시하는데 그 목적이 있으므로 등기부에 청구금액을 표시할 필요는 없다.

③ 미등기 부동산에 대하여 적법한 촉탁이 있으면 등기관은 직권으로 소유권보존등기를 하고 그 등기부에 경매개시결정등기를 기입한다.

④ 그 건물이 건축법상 사용승인을 받아야 할 건물임에도 이를 받지 아니한 때에는 등기부 중 표시란에 그 사실을 적어야 한다.

5. 경매개시결정등기의 효력

경매개시결정등기가 된 때에 압류의 효력이 생기고 압류의 효력은 제3자에게 대세적으로 발생한다(제83조 제4항). 집행신청시로 소급하여 시효중단의 효과가 발생한다.

6. 등기관의 등기사항증명서 등의 송부

① 등기관은 경매개시결정사유를 등기부에 기입한 뒤 그 등기사항증명서를 집행법원에 보내야 한다(제95조).

② 이는 훈시규정일 뿐이다(대결 1967.5.16. 67마116).

7. 경매개시결정등기가 불법으로 말소된 경우

경매개시결정등기가 불법으로 말소된 경우에는 법령에 근거가 없어 등기관이 직권으로 회복등기를 할 수는 없고 집행법원은 직권으로 회복등기촉탁을 할 수 있다.

Ⅲ 강제경매개시결정의 송달과 통지

1. 채무자에 대한 송달

(1) 직권송달 및 송달시기

① 강제경매 개시결정이 있으면 집행법원은 직권으로 그 결정정본을 채무자에게 이를 송달하여야 한다(제83조 제4항, 제23조 제1항, 민소법 제174조).

② 실무에서는 채무자에 대한 개시결정의 송달은 강제경매의 경우 등기완료통지를 받은 날부터 3일 이내에, 임의경매의 경우에는 개시결정일부터 3일 이내에 하도록 하고 있다(재민 91-5). **기출** 14

(2) 송달방법

① 원칙 : 채무자에 대한 경매개시결정의 송달은 민사소송법의 일반적인 규정에 따라서 하여야 한다. 그러나 송달의 생략(제12조)과 발송송달(제104조 제3항)에 관한 규정은 적용되지 않는다.

② 송달특례

　㉠ 공시송달

　　㉮ 강제경매개시결정이 이사불명으로 송달불능이 된 경우에는 일단 채권자에게 주소보정을 명하고 보정된 주소로도 송달이 안 되고 달리 송달할 장소를 알 수 없는 경우에는 당사자의 신청 또는 직권으로 공시송달의 방법에 의하여 송달한다.

　　㉯ 채무자가 법인인 경우에는 법인등기부상 법인주소지와 대표이사 개인 주소지 두 곳 모두 송달이 되지 아니하는 경우에만 공시송달하여야 한다.

      ⓛ 외국송달 특례

         ㉮ 채무자가 외국에 있거나 주소불명인 경우에도 반드시 송달하여야 한다. [기출] 14

         ㉯ 민사집행법 제12조는 채무자의 주소지가 분명하지 않거나 외국에 있는 때에는 '집행행위에 속한 송달이나 통지'를 하지 않아도 된다고 규정하고 있으나, '경매개시결정의 송달'은 '집행행위에 속한 송달'이라고 할 수 없으므로 민사집행법 제12조의 송달 생략의 특례는 적용되지 않는다.

         ㉰ 집행기록에 표시된 이해관계인의 주소에 등기우편으로 발송할 수 있다는 매각기일과 매각결정기일의 통지에 관한 민사집행법 제104조 제3항의 규정도 그 적용되지 않으므로 집행기록에 표시된 주소에 발송송달을 할 수도 없다. [기출] 14

         ㉱ 집행절차에서 외국으로 송달이나 통지를 하는 경우에는 송달이나 통지와 함께 대한민국 안에 송달이나 통지를 받을 장소와 영수인을 정하여 상당한 기간 이내에 신고하도록 명할 수 있고(제13조 제1항), 그 기간 이내에 신고가 없는 경우에는 집행법원이 임의적으로 '그 이후'의 송달이나 통지를 하지 아니할 수 있다(제13조 제2항).[30]

(3) 송달흠결의 효과

① 경매개시결정에 의한 압류의 효력은 그 결정이 채무자에게 송달된 때 또는 경매개시결정의 기입등기가 된 때에 발생한다(제83조 제4항). 경매개시결정이 채무자에게 송달된 시기와 경매개시결정의 기입등기가 된 시기 중 먼저 된 시기에 경매개시결정의 효력, 즉 부동산 압류의 효력이 발생한다.[31] 한편, 경매개시결정은 비단 압류의 효력을 발생시키는 것일 뿐만 아니라 매각절차의 기초가 되는 재판이어서 그것이 채무자에게 고지되지 않으면 효력이 없다(매각절차진행의 유효요건). [기출] 24 · 23 · 17 · 14

② '압류의 효력이 발생하였는지의 여부와 관계없이' 채무자에 대한 경매개시결정의 고지 없이는 유효하게 경매절차를 속행할 수 없고(대결 1991.12.16. 91마239), 채무자가 아닌 이해관계인으로서도 채무자에 대한 경매개시결정 송달의 흠결을 낙찰허가결정에 대한 항고사유로 삼을 수 있으며(대결 1997.6.10. 97마814). 대금을 완납한 매수인이라도 소유권을 취득할 수 없다. [기출] 24 · 17 · 14

2. 채권자 및 이해관계인에 대한 송달

① 채권자 및 이해관계인에게는 일반적인 결정·명령의 경우와 마찬가지로 상당한 방법으로 고지하면 된다(민소법 제221조). 따라서 고지의 방법으로 그 정본을 송달하면 될 것이고 송달에 의하지 아니하고 적당한 방법으로 고지하여도 무방하다. [기출] 14

② 경매절차의 이해관계인이라 하여 경매개시결정 정본까지 송달하여야 하는 것은 아니다(대결 1996.3.28. 86마70). 따라서 채권자 및 이해관계인에게 송달하지 않고 절차를 진행하여도 매각허가의 효력에 아무런 영향이 없다. [기출] 14 · 15

---

30) 경매개시결정을 하면 채무자와 소유자에게 그 결정정본을 송달하여야 하고, 또한 경매를 진행하면서 이해관계인, 매수인 등에게도 각종의 기일 통지나 최고 등을 하여야 하는 바, 경매기일과 경락기일의 통지와 같은 특례가 없는 통상의 경우에 송달할 장소가 외국인 때에는 그 송달에 3~6개월 정도의 장기간이 소요되어 경매의 신속한 진행에 커다란 장애가 되고 있으며, 심지어는 대금의 지급을 늦추기 위하여 주소를 외국으로 신고하는 매수인도 있다고 하므로, 이러한 외국송달은 경매절차를 지연시키고 또한 이들이 송달받더라도 외국에 있는 관계상 적극적으로 경매절차에 관여하기도 어려우므로, 이러한 현실을 감안하여 이들에게 경매의 개시를 알리는 역할을 하는 최초의 송달은 종전과 같은 방식을 취하되, 그 송달을 받고도 경매법원 소재지의 송달장소를 신고하지 않으면 그 이후의 송달은 하지 아니할 수 있도록 하였다.

31) 경매개시결정의 송달에 위법이 있는 경우라도 경매개시결정의 등기가 기입되었다면 압류의 효력은 발생한다.

3. 공유자에 대한 통지

① 원 칙

㉠ 공유물지분을 경매하는 경우에는 채권자의 채권을 위하여 채무자의 지분에 대한 경매개시결정이 있음을 등기부에 기입하고 다른 공유자에게 그 경매개시결정이 있다는 것을 통지하여야 한다. 다만 상당한 이유가 있는 때에는 통지하지 아니할 수 있다(제139조 제1항). **기출** 24

㉡ 각 공유자는 누가 공유자의 1인으로 되는가에 관하여 이해관계를 가지기 때문이다. 공유자에게는 법원사무관등 명의로 통지를 한다.

㉢ 이 통지는 실무상 채무자에 대한 송달과 마찬가지로 경매개시결정등기완료 후에 실시한다.

② 예 외

㉠ 상당한 이유가 있는 때에는 통지하지 아니할 수 있다(제139조 제1항 단서).

㉡ 누가 공유자가 되더라도 이해관계가 없다고 판단되는 공유관계, 예컨대 아파트, 상가 또는 다세대주택 등의 경우에는 전유부분의 대지권에 해당하는 대지권의 목적인 토지의 공유지분에 관하여 누가 소유자가 되더라도 이해관계가 없다 할 것이므로, 공유자통지를 할 필요가 없다.

㉢ 공유물분할판결에 기한 공유물 전부에 경매절차에서도 위 통지가 필요 없다(대결 1991.12.16. 91마239).

③ 통지흠결의 효과

㉠ 이 통지는 채무자에 대한 경매개시결정의 송달과는 성질을 달리 하는 것이므로 공유자에게 경매개시결정의 통지가 없었다 하더라도 경매개시결정의 효력에는 영향이 없다. **기출** 24

㉡ 반면, 공유물의 지분을 매각할 때에 다른 공유자에게 매각기일과 매각결정기일을 통지하여야 하고, 이를 통지받지 못한 공유자는 이해관계인으로서 그 절차상 흠을 들어 매각허가결정에 대한 항고를 할 수 있다(대결 1998.3.4. 97마962; 대결 2002.12.24. 2001마1047). **기출** 24 · 17

4. 강제관리절차에서의 압류채권자 등에 대한 통지

① 의의 : 강제관리개시결정이 된 부동산에 대하여 강제경매개시결정이 있는 때에는 법원사무관 등은 강제관리의 압류채권자, 배당요구를 한 채권자와 관리인에게 그 취지를 통지하여야 한다(규칙 제43조).

② 취 지

㉠ 부동산에 대한 강제집행은 강제경매 또는 강제관리 가운데 어느 한 가지 방법으로 집행하게 하거나 두 가지 방법을 함께 사용하여 집행하게 할 수 있으므로(제78조 제3항) 강제관리개시결정이 된 부동산에 관하여 강제경매신청이 있는 때에는 다시 강제경매개시결정을 하여야 한다.

㉡ 다만, 매각에 의하여 부동산의 소유권이 매수인에게 이전된 이후에는 강제관리는 허용되지 아니하므로, 이때에는 법원이 직권으로 강제관리절차를 취소한다(제163조, 제96조).

㉢ 만일 강제관리개시결정이 된 부동산에 관하여 강제경매개시결정이 있는 사실을 강제관리사건의 압류채권자나 관리인 등이 알지 못하는 경우에는 강제경매절차로 인하여 강제관리사건이 취소될 수도 있다는 사실을 예측할 수 없게 되고, 이로 인하여 강제관리절차의 불안정과 이해관계인에게 불측의 피해를 가져올 우려가 있기 때문에 강제경매개시결정이 있는 사실을 통지하도록 한 것이다.

Ⅳ 부동산 압류의 효력

> **민사집행법 제83조(경매개시결정 등)**
> ① 경매절차를 개시하는 결정에는 동시에 그 부동산의 압류를 명하여야 한다.
> ② 압류는 부동산에 대한 채무자의 관리·이용에 영향을 미치지 아니한다.
> ③ 경매절차를 개시하는 결정을 한 뒤에는 법원은 직권으로 또는 이해관계인의 신청에 따라 부동산에 대한 침해행위를 방지하기 위하여 필요한 조치를 할 수 있다. 기출 15
> ④ 압류는 채무자에게 그 결정이 송달된 때 또는 제94조(경매개시결정의 등기)의 규정에 따른 등기가 된 때에 효력이 생긴다. 기출 14
> ⑤ 강제경매신청을 기각하거나 각하하는 재판에 대하여는 즉시항고를 할 수 있다.

1. 의 의

① 집행법원은 경매절차를 개시하는 결정과 동시에 그 부동산의 압류를 명하여야 하며(제83조 제1항), 이러한 압류의 효력은 목적물에 대한 채무자의 처분행위를 금지시키는 것이다.

② 채무자의 처분행위를 금지하는 것을 주된 내용으로 하는 강제경매개시 결정에 의한 압류의 효력은 부동산에 대한 채무자의 관리·이용에는 영향을 미치지 아니한다(제83조 제2항).[32]

③ 채무자의 처분을 금지시키는 것이지 사용·수익을 금지시키는 것이 아니기 때문이다.

④ 다만, 강제관리의 경우에는 부동산의 수익을 징수하여 그것으로 채권을 변제하고자 하는 것이기 때문에 강제관리를 시작할 때에 필연적으로 채무자가 목적부동산을 이용 내지 관리하는 것을 허용할 수 없는 것이므로, 강제경매의 경우와는 달리 강제관리개시 결정에 의한 압류의 효력[33]으로 채무자는 부동산을 관리 또는 이용할 권능을 잃게 된다(제163조, 제83조 제2항).

2. 압류의 효력발생시기 및 소멸

① 압류의 효력발생시기

　㉠ 강제경매개시결정을 하는 경우에는 동시에 부동산의 압류를 명하여야 하는데(제83조 제1항), 그러한 압류는 채무자에게 그 결정이 송달된 때 또는 경매개시결정의 등기가 된 때에 효력이 발생하므로(제38조 제4항), 경매개시결정이 채무자에게 송달되는 시점과 경매개시결정의 기입등기가 경료된 시점 중에서 먼저 도래하는 때에 압류의 효력이 발생한다. 기출 14

　㉡ 그러나 등기가 먼저 되어 압류의 효력이 등기가 된 때에 발생한다고 하더라도 개시결정을 채무자에 대한 송달 없이는 이후의 절차를 진행할 수 없다.

② 압류의 효력소멸

　㉠ 경매개시결정에 따른 압류의 효력은 매각대금의 교부 또는 배당, 경매신청의 취하 등으로 집행이 종료되면 당연히 소멸한다.

　㉡ 목적물이 멸실되면 그에 대한 압류의 효력이 소멸한다.

---

32) 경매개시결정에 의한 압류의 효력은 부동산소유권의 교환가치를 파악하여 그 처분행위를 금지시키는 것이므로 사용·수익가치를 파악하여 부동산에 대한 점유를 금지시키는 것이 아니기 때문이다.

33) 강제관리는 사용수익가치로부터 채권의 만족을 얻기 위해 용익권능을 지배하기 때문에 채무자의 관리 및 이용을 금지시킨다.

3. 압류의 효력

① 의 의

    ⊙ 압류의 본질적 효력은 목적물에 대한 채무자의 처분행위를 금지시키는 데 있다.

    ⊙ 집행채권의 시효중단의 효력 및 임의경매에 있어서는 피담보채권을 확정시키는 효력이 있다.

    ⊙ 처분행위를 금지한다고 함은 처분행위가 있으면 이를 무효로 한다는 의미인데 이하에서는 채무자의 처분행위가 있는 경우 그 처분행위의 효력과 관련한 의미를 살펴보기로 한다.

② 처분금지의 효력

    ⊙ 채무자와 처분행위의 상대방인 제3취득자 사이의 효력

        ㉮ 채무자의 처분행위가 무효라고 할 때 이러한 무효가 압류채권자 등에 대한 관계에서만 무효(상대적 효력설)인지, 채무자와 그 상대방 사이에서도 무효(절대적 효력설)인지가 문제되는데 통설 및 판례는 상대적 효력설을 취하고 있다.

        ㉯ 경매목적물 자체를 타인에게 매각 또는 양도하는 처분은 압류채권자와의 관계에서만 부정되는 상대적인 것이고, 절대적·대세적으로 무효라는 취지는 아니다.

        ㉰ 따라서 그와 같은 법률행위도 채무자와 그 상대방사이에는 유효한 것이고, 후일 집행신청이 취하되거나 매각절차가 취소[34]되면 다른 압류채권자가 없는 한 그 처분제한의 효력은 소멸하고 채무자의 처분행위는 신청채권자에 대한 관계에서도 완전히 유효한 것이 된다.

        ㉱ 압류 이후에 제3취득자가 있더라도 종전 소유자가 여전히 집행채무자의 지위에 있게 된다. 즉 집행채권자는 종전 소유자인 채무자의 재산에 대하여 강제집행을 하는 것이지 제3취득자의 재산에 대하여 집행을 하는 것이 아니다.

        ㉲ 다만 임의경매에서는 저당권 설정 후 제3취득자가 있는 경우에는 집행채권자(저당권자)가 제3취득자의 재산에 대하여 집행하는 것이지 종전 소유자인 채무자의 재산에 대하여 집행을 하는 것이 아니다.

    ⊙ 채무자와 압류채권자 사이의 효력

        ㉮ 압류의 주관적 범위 : 채무자의 처분행위가 압류채권자 등에 대한 관계에서만 무효라고 보는 상대적 효력설을 취하는 것이 판례의 태도라는 것은 살펴보았다. 다시 이러한 무효가 압류채권자에 대한 관계에서만 무효인지(개별상대효설) 집행에 참가하려는 다른 채권자에 대한 관계에서도 무효인지(절차상대효설)가 문제된다.

구별실익	• 위와 같은 견해의 대립은 '압류 이후에 채무자인 소유자가 소유권을 제3자에게 이전한 경우'에 종전 소유자의 채권자가 집행절차에 참가할 수 있는지, 제3취득자의 채권자가 집행절차에 참가할 수 있는지를 구별하는 데에 실익이 있다. • 판례는 개별상대효설을 취하고 있다.
절차상대효설	• 절차상대효설에 의하면, 부동산압류의 효력은 압류 채권자뿐만 아니라 집행절차에 참가하려는 모든 채권자에 대하여 효력이 미치므로 압류 등기 후에 행해진 채무자의 처분행위는 압류 채권자뿐만 아니라 집행절차에 참가하려는 모든 채권자에 대하여 효력이 없다. • 이 견해에 의하면 압류 후 부동산이 제3자에게 양도되더라도 종전 소유자인 채무자에 대한 다른 채권자는 여전히 경매신청을 하거나 배당요구를 할 수 있게 된다.

---

34) 만약 절대적 효력설을 취하는 경우에는 압류 이후에 강제경매신청이 취하 또는 취소되는 경우라도 채무자의 처분행위는 여전히 무효가 되게 된다.

개별상대효설	• 개별상대효설에 의하면, 부동산압류의 효력은 압류채권자를 위하여 생기는 것이지 집행절차에 참가하려는 모든 채권자에 대하여 효력이 생기는 것은 아니므로 압류 등기 후에 행해진 채무자의 처분행위는 압류채권자에 대하여는 효력이 없으나 집행절차에 참가하려는 모든 채권자에 대하여는 효력이 있다. • 이 견해에 의하면 압류 후 부동산이 제3자에게 양도되더라도 종전 소유자인 채무자에 대한 다른 채권자는 경매신청을 하거나 배당요구를 할 수 없게 된다.
전 소유자의 채권자와 제3취득자의 채권자	• 집행절차에 참가한 전 소유자의 채권자는 집행절차에 참가한 제3취득자의 채권자의 지위보다 항상 우선한다. • 전소유자에 대한 가압류권자는 신소유자에 대한 저당권자보다 우선하여 배당을 받게 된다. • 매각대금이 총채권자의 만족을 주고 남음이 있으면 제3취득자에게 교부한다.

• [1] 가압류의 처분금지적 효력에 따라 가압류집행 후 가압류채무자의 가압류목적물에 대한 처분행위는 가압류채권자와의 관계에서는 그 효력이 없으므로 가압류집행 후 가압류목적물의 소유권이 제3자에게 이전된 경우 가압류채권자는 집행권원을 얻어 제3취득자가 아닌 가압류채무자를 집행채무자로 하여 그 가압류를 본압류로 전이하는 강제집행을 실행할 수 있고, 이 경우 그 강제집행은 가압류의 처분금지적 효력이 미치는 객관적 범위인 가압류결정 당시의 청구금액의 한도 안에서는 집행채무자인 가압류채무자의 책임재산에 대한 강제집행절차이므로 제3취득자에 대한 채권자는 당해 가압류목적물의 매각대금 중 가압류의 처분금지적 효력이 미치는 범위의 금액에 대하여는 배당에 참가할 수 없다.
[2] 가압류결정 당시의 청구금액이 채권의 원금만을 기재한 것으로서 가압류채권자가 가압류채무자에 대하여 원금 채권 이외에 이자와 소송비용채권을 가지고 있다 하더라도 가압류결정 당시의 청구금액을 넘어서는 이자와 소송비용채권에 관하여는 가압류의 처분금지적 효력이 미치는 것이 아니므로, 가압류채권자는 가압류목적물의 매각대금에서 가압류결정 당시의 청구금액을 넘어서는 이자와 소송비용채권을 배당받을 수 없다(대판 1998.11.10. 98다43441).
• 중기관리법에 의하여 등록된 중기에 대하여 가압류등록이 먼저 되고 나서 제3자 앞으로 소유권이전등록이 된 경우에 그 제3자의 소유권 취득은 가압류에 의한 처분금지의 효력 때문에 그 집행 보전의 목적을 달성하는데 필요한 범위 안에서 가압류채권자에 대한 관계에서만 상대적으로 무효일 뿐이고 가압류채무자의 다른 채권자 등에 대한 관계에서는 유효하다 할 것이므로, 위와 같은 경우 집행권원을 얻은 가압류채권자의 신청에 의하여 제3자의 소유권 취득 후 당해 중기에 대하여 개시된 강제경매절차에서 가압류채무자에 대한 다른 채권자는 당해 중기의 매각대금의 배당에 참가할 수 없다(대판 1998.11.13. 97다57337).

④ 압류의 객관적 범위 : 상대적 효력설을 취할 경우에 제기되는 또 하나의 문제는 압류에 저촉되는 채무자의 처분행위가 그 전체가 무효인지 아니면 압류채권액에 상당하는 범위 내에서만 무효인지에 관한 것이다. 이것이 압류의 객관적 범위에 관한 논의이다.

구별실익	위와 같은 견해의 대립은 압류 이후에 채권의 추가나 확장이 있는 경우 제3취득자가 목적물의 소유권을 종국적으로 유효하게 취득하기 위해서 필요한 압류채권자의 채권의 변제범위를 정하는데 그 실익이 있다.
절차상대 효설	압류의 효력은 집행절차 전체와의 관계에서 파악해야 하는 것이므로 압류 이후에 채권의 추가나 확장이 있는 경우에는 그 부분에 대해서도 압류의 효력이 미치는 것으로 파악하며 제3취득자는 추가나 확장된 채권도 변제하여야 유효한 변제가 된다.
개별상대 효설	압류의 효력은 압류채권의 범위에서만 효력이 미치는 것이므로 압류 이후에 채권의 추가나 확장된 부분에 대해서는 압류의 효력이 미치지 아니하는 것으로 파악하며 제3취득자는 압류된 채권액만을 변제하면 유효한 변제가 된다.

청구금액의 확장의 문제	• 압류의 객관적 범위에 관한 논의는 주로 집행절차상 청구금액의 확장에 관한 논의와 동일하다. • 즉, 강제경매절차상 청구금액의 확장이 있는 경우 확장된 금액을 집행채권에 편입시킬 것인지 아니면 단순히 배당요구의 의미만 부여할 것인지에 대한 논의를 의미한다. • '확장된 채권을 집행채권에 편입시킨다는 것'은 청구금액의 확장을 인정한다는 것이며 압류의 효력이 확장된 금액까지 미친다는 의미이다. • 반면 '확장된 금액을 집행채권에의 편입을 인정하지 아니하는 것'은 청구금액의 확장을 부정하는 것이며 배당요구의 의미만을 부여하여 압류의 효력이 확장된 금액에는 미치지 아니하는 것으로 파악하는 것이다. • 그러나 배당요구종기 이후의 청구금액의 확장은 어느 견해에 의하더라도 배당요구의 의미조차 가질 수 없다.

4. 제3취득자에 대한 대항력

① 경매개시결정등기 후에 제3자가 매각부동산에 대하여 권리를 취득한 경우에는 제3자의 선의·악의를 불문하고 압류의 효력이 제3자에게 미치므로 압류채권자에게 대항하지 못한다.

   ⊙ 이러한 제3자가 대항할 수 없는 범위는 원칙적으로 압류채권액의 범위에 한한다.

   ⊙ 제3취득자는 매수인의 매각대금 납부시까지는 정당한 소유자로 인정된다. 다만 집행목적물에 대해 소유권을 취득한 제3자라 하여도 집행당사자는 여전히 종전 소유자이므로 제3자는 청구이의의 소의 당사자적격이 없다.

② 집행채무자에게 경매개시결정 송달 이후 경매개시결정등기 전에 권리를 취득한 제3자는 경매신청 또는 압류가 있었다는 사실을 몰랐으면(선의) 압류의 효력을 부인하여 압류채권자에게 대항할 수 있고, 경매신청 또는 압류사실을 알았으면(악의) 압류채권자에게 대항할 수 없다(제92조 제1항 참조). **기출** 18

③ 시효중단의 효력

   ⊙ 강제경매개시결정에 의한 압류가 있으면 집행채권의 시효가 중단되는 효력이 있다(민법 제168조).

   ⊙ 압류가 있으면 채권자가 집행법원에 경매를 신청한 때로 소급하여 시효중단의 효과가 생기는데, 시효중단의 효과가 있는 송달은 교부송달의 방법으로 송달되어야만 하고, 발송송달이나 공시송달의 방법으로 송달된 경우에는 시효중단의 효력이 없다(대판 1994.11.25. 94다26097). **기출** 18·14

   ⊙ 경매개시결정이 취소되거나 경매신청이 취하된 경우에는 처음부터 시효가 중단되지 아니한 것으로 된다(민법 제175조).

   ⊙ 이와 달리 남을 가망이 없을 경우의 경매취소(민사집행법 제102조 제2항)에 따라 경매절차가 취소된 경우에는 압류로 인한 소멸시효 중단의 효력이 소멸하지 않는다(대판 2015.2.26. 2014다228778).

기출 16

> 경매신청이 취하된 경우에는 특별한 사정이 없는 한 압류로 인한 소멸시효 중단의 효력은 물론, 첫 경매개시결정등기 전에 등기되었고 매각으로 소멸하는 저당권을 가진 채권자의 채권신고로 인한 소멸시효 중단의 효력도 소멸하지만, 이와 달리 민사집행법 제102조 제2항(무잉여)에 따라 경매절차가 취소된 경우에는 압류로 인한 소멸시효 중단의 효력이 소멸하지 않고, 마찬가지로 첫 경매개시결정등기 전에 등기되었고 매각으로 소멸하는 저당권을 가진 채권자의 채권신고로 인한 소멸시효 중단의 효력도 소멸하지 않는다(대판 2015.2.26. 2014다228778). **기출** 16

④ **피담보채권의 확정(임의경매의 경우)** : 경매개시결정이 있는 경우 근저당권에 의해 담보되는 채권의 확정시기가 문제되는 바, 판례에 의하면 피담보채권이 경매를 신청한 채권자의 채권인 경우에는 경매개시결정이 있는 시점(경매신청시점)에 피담보채권이 확정되며, 피담보채권자가 아닌 다른 채권자의 경매신청이 있는 경우 피담보채권은 매각대금이 완납된 때를 기준으로 확정된다.

> 당해 근저당권자는 저당부동산에 대하여 경매신청을 하지 아니하였는데 다른 채권자가 저당부동산에 대하여 경매신청을 한 경우 민사집행법 제91조의 규정에 따라 경매신청을 하지 아니한 근저당권자의 근저당권도 경락으로 인하여 소멸하므로, 다른 채권자가 경매를 신청하여 경매절차가 개시된 때로부터 경락으로 인하여 당해 근저당권이 소멸하게 되기까지의 어느 시점에서인가는 당해 근저당권의 피담보채권도 확정된다고 하지 아니할 수 없는데, 후순위 근저당권자가 경매를 신청한 경우 선순위 근저당권의 피담보채권은 그 근저당권이 소멸하는 시기, 즉 매수인이 매각대금을 완납한 때에 확정된다고 보아야 한다(대판 1999.9.21. 99다26085).

⑤ **사용제한적 효력** : 강제경매를 위한 압류만으로는 채무자의 목적물에 대한 사용을 제한하지 못한다, 강제관리를 위한 압류의 경우에는 채무자의 목적물 사용이 허용되지 아니한다.

V 경매개시결정에 대한 이의신청

1. 서 설

민사집행법 제16조가 집행절차 일반에 관한 이의신청제도를 규정하고 있는데, 제86조(강제경매개시결정에 대한 이의신청) 및 제265조(임의경매개시결정에 대한 이의신청)는 제16조의 특별규정이라고 하겠다.

2. 강제경매개시결정에 대한 이의신청

> **민사집행법 제86조(경매개시결정에 대한 이의신청)** 기출 15
> ① 이해관계인은 매각대금이 모두 지급될 때까지 법원에 경매개시결정에 대한 이의신청을 할 수 있다.
> ② 제1항의 신청을 받은 법원은 제16조 제2항(잠정처분)에 준하는 결정을 할 수 있다.
> ③ 제1항의 신청에 관한 재판에 대하여 이해관계인은 즉시항고를 할 수 있다.

(1) 총 설

강제경매신청을 기각하거나 각하하는 재판에 대하여는 즉시항고로 불복할 수 있도록 하고 있는 반면에(제83조 제5항), 강제경매신청을 인용한 '경매개시결정'에 대하여는 이해관계인은 매각대금이 모두 지급될 때까지 법원에 경매개시결정에 대한 이의로 불복을 신청할 수 있고, 이의의 재판에 대하여는 다시 즉시항고를 할 수 있다.

(2) 이의신청

① 경매개시결정에 대한 이의의 신청은 '경매개시결정을 한 집행법원'에 한다(제86조 제1항). 매각허가여부에 대한 즉시항고로 인하여 기록이 항고심에 있는 경우에도 이의신청은 '개시결정을 한 집행법원'에 제기하여야 한다(실무제요 집행 2). **기출** 23 · 16

② 이의신청권자는 매각절차의 이해관계인이다(제86조 제1항). 집행절차상 이해관계인이라는 지위에 부여되는 고유한 불복방법이므로 이의신청권자의 채권자가 신청권자를 대위하여 이의를 할 수 없다. **기출** 15

③ 이의신청은 서면 또는 말로 할 수 있고 '매각대금이 모두 지급될 때까지' 할 수 있다(제86조 제1항).

> 경매개시결정에 대한 이의신청은 그에 대한 재판이 있기 전까지만 이를 취하할 수 있다고 보아야 할 것이므로, 이의신청에 대한 재판이 있은 후에 이루어진 이의신청의 취하는 아무런 효력이 없다(대판 2004.3.26. 2003마1481). **기출** 17

(3) 이의사유

① 절차상의 하자

ㄱ) 강제경매개시결정에 대한 이의신청은 민사집행법 제16조의 집행에 관한 이의의 성질을 가지고 있으므로(대결 1978.9.30. 77마263), 임의경매의 경우와는 달리 경매신청요건의 흠, 경매개시요건의 흠 등 개시결정에 관한 '절차상의 하자'를 이유로 하는 경우에만 이의신청을 할 수 있고 '실체상의 하자'를 이의사유로 삼을 수 없다(대결 1994.8.27. 94마147). **기출** 16 · 15

㉮ 집행채권의 기한 미도래는 '경매개시요건'에 관한 절차상 하자이므로, 이의사유로 삼을 수 있다. **기출** 20

㉯ 집행권원인 판결에 가집행 선고가 없고 아직 판결이 확정되지 않은 경우, 집행권원인 판결에 집행문이 붙어있지 않은 경우는 '경매신청요건'에 관한 절차상 하자이므로, 이의사유로 삼을 수 있다. **기출** 20

㉰ 동시이행관계에서 반대의무의 미이행은 '경매개시요건'에 관한 절차상 하자이므로, 이의사유로 삼을 수 있다. **기출** 20

㉱ 그 밖에 경매신청 방식의 적법 여부, 신청인의 적격 여부, 대리권의 존재 여부, 매각부동산의 불일치, 집행력 있는 정본의 불일치도 이의사유로 삼을 수 있다.

ㄴ) 부동산에 대한 가압류가 본압류로 이행되어 경매절차 진행 중 채무자가 가압류집행취소결정을 받아 가압류등기를 말소한 등기사항증명서를 제출하여 경매개시결정 취소신청을 한 경우 집행법원은 그에 영향을 받지 아니한다(대결 2002.3.15. 2001마6620). **기출** 14

> • 가압류집행이 있은 후 그 가압류가 강제경매개시결정으로 인하여 본압류로 이행된 경우에 가압류집행이 본집행에 포섭됨으로써 당초부터 본집행이 있었던 것과 같은 효력이 있고, 본집행의 효력이 유효하게 존속하는 한 상대방은 가압류집행의 효력을 다툴 수는 없고 오로지 본집행의 효력에 대하여만 다투어야 하는 것이므로, 본집행이 취소, 실효되지 않는 한 가압류집행이 취소되었다고 하여도 이미 그 효력을 발생한 본집행에는 아무런 영향을 미치지 않는다(대결 2002.3.15. 2001마6620).
> • 가압류가 본압류로 이행되어 강제집행이 이루어진 경우에는 가압류집행은 본집행에 포섭됨으로써 당초부터 본집행이 있었던 것과 같은 효력이 있게 되므로, 본집행이 되어 있는 한 채무자는 가압류에 대한 이의신청이나 취소신청 또는 가압류집행 자체의 취소 등을 구할 실익이 없게 되고, 특히 강제집행조차 종료한 경우에는 그 강제집행의 근거가 된 가압류결정 자체의 취소나 가압류집행의 취소를 구할 이익은 더 이상 없다(대판 2004.12.10. 2004다54725). **기출** 25 · 17

② 실체상의 하자

    ㉠ '강제경매절차'의 경우, 집행채권의 부존재와 소멸, 이행기의 유예 등과 같은 실체적 권리관계에 대한 하자(실체상의 하자)는 경매개시결정에 대한 이의사유가 되지 못하고, 청구이의사유가 될 뿐이다.

           기출 23 · 22 · 20 · 17

    ㉡ 집행법원은 실체법상 하자에 대한 판단을 할 수 없으므로 집행권원에 표시된 청구권에 대한 소멸시효가 완성된 경우라도 집행절차에 영향을 미치지 아니한다. 기출 14

> 강제경매개시결정에 대한 이의신청은 경매개시결정에 관한 형식적인 절차상의 하자에 대한 불복방법이기 때문에 실체적 권리관계에 관한 사유를 경매개시결정에 대한 이의의 원인으로 주장할 수 없다고 할 것인바, 이 사건 강제경매개시결정의 집행권원인 확정판결, 조정조서 또는 집행력 있는 약속어음 공정증서에 의한 채권이 '재항고인(학교법인 甲)에 대한 것'이 아니라 '재항고인(학교법인 甲)의 전 이사장인 乙 개인에 대한 것'이라는 주장은, '실체적 권리관계에 관한 주장'으로서 경매개시결정에 대한 적법한 이의사유가 될 수 없으므로, 이 부분 재항고이유의 주장도 이유 없다(대결 2004.9.8. 2004마408). 기출 18

    ㉢ '임의경매절차'에 있어서는 민사집행법 제265조를 두어 경매개시결정에 대한 이의신청에서 담보권의 부존재나 소멸, 청구채권의 이행기 미도래 등과 같은 실체상의 하자를 아울러 다툴 수 있게 하고 있다.[35] 기출 22

③ 경매개시결정 전(前)의 하자 : 이의사유는 원칙적으로 '경매개시결정 전(前)'의 것이어야 하므로, '경매개시결정 후(後)'에 발생한 매각절차상의 하자(예 최저매각가격의 결정, 매각기일의 공고·통지 등의 위법)는 원칙적으로 개시결정에 대한 이의사유로 할 수 없다. 기출 16 · 15

(4) 경매개시결정에 대한 이의신청과 (최고가)매수신고인의 동의

최고가 매수신고인이 정해진 경우라 하더라도 이의신청에 있어서는 매수인의 동의를 필요로 하지 않는다.

> 신청채권자로부터 변제유예를 받았음을 원인으로 한 임의경매개시결정에 대한 이의신청의 경우, 민사소송법 제268조에 의하여 임의경매에 준용되는 민사집행법 제49조 및 민사집행규칙 제50조의 규정들은 경매법원이 경매절차를 필수적으로 정지·취소하도록 되어 있는 서류의 제출시기를 제한하는 규정일 뿐 임의경매개시결정에 관한 이의신청을 제한하는 규정이 아니고, 달리 민사집행법 및 민사집행규칙상 임의경매개시결정에 관한 이의신청을 제한하는 규정은 보이지 않으므로, 이해관계인인 채무자로서는 민사집행법 제86조에 의하여 매각대금 완납시까지는 그 이의를 신청할 수 있고, 매수의 신고가 있은 후에도 그 이의신청에 최고가매수신고인 등의 동의를 필요로 하지는 않는다 할 것이므로, 변제유예 사실이 인정된다면 그 이의신청이 신의칙에 반하거나 권리남용에 해당하는 경우와 같은 특별한 사정이 없는 한 이를 인용하여야 한다(대판 2000.6.28. 99마7385).

(5) 이의신청 취하

경매개시결정에 대한 이의신청은 '그에 대한 재판이 있기 전까지'만 이를 취하할 수 있다. 이의신청에 대한 재판이 있은 후에 이루어진 이의신청 취하는 아무런 효력이 없다(대결 2004.3.26. 2003마1481). 기출 18 · 16 · 15

---

35) 실체상의 하자는 청구이의의 소로 다투어야 하나 임의경매에서는 청구이의의 소로 다투지 못하기 때문에 둔 특별규정이다.

(6) 재 판

① 잠정처분

- ㉠ 이의신청은 집행정지의 효력이 없다.
- ㉡ 다만 집행법원은 이의에 대한 재판에 앞서 채무자에게 담보를 제공하게 하거나 제공하게 하지 아니하고 집행을 일시정지하도록 명하거나, 채권자에게 담보를 제공하게 하고 그 집행을 계속하도록 명하는 등 잠정처분을 할 수 있다(제86조 제2항, 제16조 제2항). **기출** 15 집행법원은 직권으로 잠정처분을 한다.
- ㉢ 경매개시결정에 대한 이의신청에 따른 매각절차의 일시정지결정과 같이 집행법원이 재판기관이 되어 정지결정을 발한 경우에는 그 결정이 당사자에게 고지되기 전이라도 이후의 절차를 진행할 수 없으며(대결 1971.5.27. 70마4 참조), 이러한 경우에도 매각절차의 정지에 관하여 당사자로부터 정지결정 정본의 제출이 요구되는 것은 아니다(실무제요 집행 3).[36] **기출** 22
- ㉣ 경매개시결정에 대한 이의신청을 받은 법원이 잠정처분을 하는 것은 그 이의신청에 대한 재판을 하기 전에만 허용되는 것이고, 이의신청에 대한 재판을 한 이후에는 잠정처분을 할 수 없다(대결 2011.5.27. 2011그64). **기출** 18
- ㉤ 경매개시결정에 대한 이의신청을 하였으나 집행정지결정(잠정처분)을 받지 아니한 탓에 경매가 계속 진행되어 매각허가결정이 확정되고 그 매수인이 매각대금을 모두 지급하였다면 경매개시결정은 취소할 수 없다(대결 1971.6.30. 71마422). **기출** 24 · 18
- ㉥ 이 결정(잠정처분)에 대하여는 불복이 허용되지 아니한다.

② 심리와 재판

- ㉠ 이의의 재판은 변론을 열거나 열지 아니하고 결정의 형식으로 한다(제3조 제2항).
- ㉡ 심리결과 이의신청이 이유 있는 경우 경매개시결정을 취소하고 경매신청을 기각 또는 각하한다.
- ㉢ 이의신청이 부적법하거나 이유 없는 경우 이의신청을 각하 또는 기각한다.[37]
- ㉣ 강제경매개시결정에 대한 이의의 재판절차에서는 민사소송법상 재판상 자백이나 의제자백에 관한 규정은 준용되지 아니하고, 이는 민사집행법 제268조에 의하여 담보권실행을 위한 경매절차에도 준용되므로 경매개시결정에 대한 형식적인 절차상의 하자를 이유로 한 임의경매개시결정에 대한 이의의 재판절차에서도 민사소송법상 재판상 자백이나 의제자백에 관한 규정은 준용되지 아니한다(대결 2015.9.14. 2015마813). **기출** 23 · 17

③ 재판의 고지 : 위 재판은 상당한 방법으로 고지한다(제23조 제1항, 민소법 제221조 제1항). 통상 결정정본을 송달하는 방법으로 고지하고 있다.

---

36) 이와 달리, 강제집행정지결정이 있으면 결정 즉시 당연히 집행정지의 효력이 있는 것이 아니고 그 정지결정 정본을 집행기관에 제출함으로써 집행정지의 효력이 발생함은 민사집행법 제49조 규정취지에 비추어 명백하다(대판 1963.9.12. 63다213; 대결 1966.8.12. 65마1059; 대결 2008.3.3. 2007마868). **기출** 25

37) 실무상으로는 이의신청이 부적법하거나 이유 없는 경우에는 신청각하 또는 기각의 결정을 매각허가결정 선고 시까지 보류하여 두었다가 허가결정과 동시에 하는 예가 많다. 이는 이의신청인의 항고로 인한 매각절차의 지연을 방지하기 위함이다.

④ 불복방법(즉시항고)

    ㉠ 경매개시결정에 대한 이의신청에 관한 재판에 대하여 이해관계인은 <u>즉시항고를 할 수 있다</u>(제86조 제3항).

> 경매개시결정에 대한 이의신청을 기각한 결정에 관한 즉시항고(민사집행법 제268조, 제86조)도 민사집행법상의 즉시항고이므로 <u>그에 관한 항고법원의 결정에 대한 재항고절차에 있어서는 민사집행법상의 즉시항고와 재항고에 관한 규정이 준용된다고 할 것이다</u>(대결 2005.2.28. 2004마1144). **기출** 18

    ㉡ 항고가 이유 있는 경우에는 그 재판을 경정하여야 한다(제23조 제1항, 민소법 제446조). 이유 없는 경우에는 항고기록(일건기록)을 항고법원에 송부하여야 한다.

    ㉢ 즉시항고는 집행정지의 효력을 가지지 아니한다(제15조 제6항 본문). 다만 경매개시결정을 취소하는 결정에 대하여 즉시항고가 제기된 경우 그 취소결정은 확정되어야 효력이 있으므로(제17조 제2항), 이에 대하여 항고가 있으면 그 취소결정이 확정될 때까지는 이론상 그 집행을 계속할 수 있다.

(7) 경매취소결정 확정 후의 법원의 조치

    이의신청에 의하여 경매개시결정이 취소되고, 그 취소결정이 확정되면 법원사무관등은 직권으로 경매개시결정등기를 말소하도록 등기관에게 촉탁하여야 한다(제141조).

3. 임의경매개시결정에 대한 이의신청

(1) 총 설

    ① 의의 : 임의경매개시결정에 대한 이의신청에는 <u>강제경매개시결정에 대한 이의신청에 관한 민사집행법 제86조의 규정이 준용되고</u>(제268조), <u>특별규정으로 임의경매개시결정에 대한 이의신청사유로 절차상의 하자 외에 담보권이 없다는 것 또는 소멸되었다는 것을 주장할 수 있다는 민사집행법 제265조가 있다.</u>

    ② 취 지

        ㉠ 임의경매는 집행권원 없이 담보권이라는 실체상의 권리에 내재하는 환가권능에 기하여 실시되는 것이고 담보권의 존재를 증명하는 서류의 제출만으로 일응 경매절차가 개시된다.

        ㉡ 따라서 경매신청의 기본인 담보권 또는 피담보채권의 존재나 그 이행기의 도래 등과 같은 실체상의 요건에 이상이 있으면 그 경매절차에 바로 영향을 미치는 것이므로 이러한 사유를 경매절차 안에서 주장하는 데 있어서 강제경매와 같은 제약이 있어서는 안 된다.

(2) 이의사유

    ① 절차상의 하자

        ㉠ 경매개시결정에 대하여 '절차상의 하자'가 있는 경우에는 이해관계인은 경매개시결정에 대한 이의신청을 할 수 있다(제268조, 제86조의 준용).

        ㉡ 임의경매개시결정에 대한 '절차상의 하자'는 경매개시결정 전(前)의 것이어야 한다.

            ㉮ 즉, 부동산을 목적으로 하는 담보권 실행을 위한 경매절차에는 강제경매개시결정에 대한 이의신청에 관한 제86조의 규정이 준용되므로(제268조), <u>강제경매, 임의경매(담보권 실행을 위한 경매) 모두 경매개시결정 후에 생긴 경매절차상의 하자는 집행에 관한 이의로 다투어야 하고 경매개시결정에 대한 이의사유로 삼을 것이 아니다.</u>

> • 선순위 근저당권자가 담보권의 실행을 위한 경매신청을 함에 있어 첨부한 등기부등본이 후순위 근저
> 당권자의 근저당권설정등기가 마쳐지기 이전에 발급받은 것이어서 후순위 근저당권자에 관한 기재가
> 없는 것이었다고 하더라도, 그와 같은 사유만으로 경매신청방식이 부적법하다거나 목적부동산의
> 표시에 불일치가 있는 것이라고 볼 수 없고, 그로 인해 후순위 근저당권자에 대한 매각기일의 통지
> 없이 경매절차가 진행되었다 하더라도 그와 같은 사유는 경매개시결정 후에 발생한 경매절차상의
> 하자로서 이를 경매개시결정 자체에 대한 이의사유로 삼을 수는 없다 할 것이다(대결 1995.11.1. 95마
> 779). **기출** 18
> • '경매개시결정 후(後)'에 생긴 경매절차상의 위법, 즉 매각부동산의 가격평가절차나 최저매각가격결
> 정 또는 경매준비단계에 있어서의 경매기일공고·통지 등에 관한 사유들에 대하여는 이해관계인은
> 집행에 관한 이의신청이나, 매각허가에 대한 이의신청에 의하여 이를 주장할 수 있을 뿐 경매개시결정
> 에 대한 이의사유로 삼을 수는 없다(대결 1971.7.14. 71마467). **기출** 18

    ⑭ 다만 '실체상의 하자'는 경매개시결정 전의 사유는 물론 경매개시결정 후 매각대금 납부 시까지
    발생한 사유도 이의사유로 삼을 수 있다(대판 1987.8.18. 87다카671).

> 부동산임의경매절차에 있어서 매각허가 결정이 확정된 이후라도 매각대금 완납시까지는 채무자는 저
> 당채무를 변제할 수 있고 채권자는 채무자에 대하여 채무의 면제 또는 변제기한의 유예 등을 할 수
> 있으며 위와 같은 실체법상의 이유는 경매개시결정에 대한 이의사유로 될 수 있을 뿐만 아니라 그
> 경우 저당채무가 소멸되었을 때에는 법원은 그 경매개시결정을 취소할 수도 있는 것이므로 경매절차
> 진행 중에 경매채권자와 채무자 사이에 대환의 약정이 있어서 기존채무가 소멸하였다면 그 경우 또한
> 경매개시결정에 대한 이의사유나 경매개시 결정의 취소사유가 될 수 있다(대판 1987.8.18. 87다카671).
> **기출** 18

② 실체상의 하자
  ㉠ 서 설
    ㉮ 임의경매개시결정에 대한 이의는 '절차상의 하자'뿐만 아니라 담보권의 부존재·소멸 등 '실체상
    의 하자'도 이의사유로 주장할 수 있다. **기출** 16
    ㉯ 구체적으로 담보권의 부존재·무효, 피담보채권의 불성립, 무효 또는 변제, 변제공탁 등에 의한
    소멸, 담보권의 승계가 이루어지지 아니한 사실 등이 '실체상의 하자'에 해당한다.
    ㉰ 또한 채무자가 피담보채무에 관하여 이행의 제공을 하였음에도 불구하고 채권자의 수령거절로
    채권자지체에 빠진 경우에도 이의신청사유가 된다고 해석된다(대결 1973.2.26. 72마991).
  ㉡ 담보권·피담보채권의 (전부) 부존재 또는 소멸
    ㉮ 개시결정에 대한 이의신청사유로 담보권이 없다는 것 또는 소멸되었다는 것을 주장할 수 있다.
    개시결정 전의 담보권의 소멸은 물론 개시결정 후 매각대금의 납부시까지 발생한 담보권의 소멸
    도 이의사유로 된다(대판 1987.8.18. 87다카671).
    ㉯ 그러나 담보권 실행을 위한 경매와 같은 임의경매에 있어서 저당채무가 일부라도 잔존하는 한
    법원은 저당목적물 전부에 관하여 경매개시결정을 하여야 하고 그 개시결정에 표시된 채권액이
    현존 채권액과 상위하다 하여 채권액이 확정되는 것도 아니므로 이를 이유로서 그 결정에 대한
    이의를 할 수 없다(대결 1971.3.31. 71마96). **기출** 21

ⓒ 경매개시결정에 표시된 피담보채권액의 과다는 배당이의의 절차에 의하여 그 시정을 구할 수는 있어도 경매개시결정에 대한 이의사유는 되지 않는다(대결 1969.3.18. 69마88).

> 임의경매개시결정으로 경매신청서에 기재된 채무액이 확정되는 것은 아니므로 채권액이 과다한 경우에는 청구이의 절차나 배당이의의 절차에 의하여 그 시정을 구할 수는 있어도 경매개시결정에 대한 이의신청사유는 되지 않는다 할 것이다(대결 1969.3.18. 69마88). **기출** 18 · 16

ⓡ 실체상의 이의사유 중 저당권이 당초부터 부존재 또는 원인무효인 경우 또는 개시결정 이전에 피담보채권이 소멸됨에 따라 저당권이 소멸된 경우에는 매수인은 적법하게 매각부동산의 소유권을 취득할 수 없으므로(대판 1976.2.10. 75다994; 대판 1999.2.9. 98다51855) 개시결정에 대한 이의로써 다투지 아니하더라도 매각절차 종료 후에 매수인을 상대로 소유권에 관한 별소를 제기하여 그 권리의 구제를 받을 수 있다(실무제요 집행 2). **기출** 18

> 피담보채권의 소멸로 저당권이 소멸되었는데도 이를 간과하고 경매개시결정이 되고 그 경매절차가 진행되어 매각허가결정이 확정되었다면 이는 소멸된 저당권을 바탕으로 하여 되어진 무효의 절차와 결정으로서 비록 매수인이 매각대금을 완납하였다 하더라도 그 부동산의 소유권을 취득할 수 없다(대판 1999.2.9. 98다51855; 대판 2012.1.12. 2011다68012). **기출** 21 · 17

③ 이행기 미도래 또는 이행기 유예
ⓐ 실체상의 사유인지 절차상의 사유인지 다툼이 있는 이행기 미도래, 이행기 유예 등의 사유는 반드시 매수인의 대금납부 전까지 개시결정에 대한 이의로써 그 권리를 구제받아야 하며 매수인의 대금납부 후에는 위와 같은 실체상의 이의사유가 있다 하더라도 이를 이유로 경매절차를 취소할 수 없고 별도의 소송으로도 매수인의 소유권 취득을 다툴 수 없다.
ⓑ 신청채권자로부터 변제유예를 받았음을 원인으로 한 임의경매개시결정에 대한 이의신청의 경우 매각대금이 모두 지급될 때까지는 그 이의를 신청할 수 있고, 매수의 신고가 있은 후에도 그 이의신청에 최고가매수신고인 등의 동의를 필요로 하지는 않는다(대결 2000.6.28. 99마7385).

(3) 이의절차

① 잠정처분
ⓐ 경매개시결정에 대한 이의는 집행정지의 효력이 없다. 다만, 경매법원은 이의신청에 관한 재판 전에 민사집행법 제16조 제2항에 준하는 결정, 즉 채무자·소유자에게 담보를 제공하게 하거나 제공하게 하지 아니하고 경매절차의 일시정지를 명할 수 있다(제86조 제2항).
ⓑ 경매개시결정에 대한 이의신청을 하였으나 그 매각절차의 진행이 정지되지 않고 그대로 경매가 진행되어 매수인이 대금지급기한까지 매각대금을 납부하면 그 이후에 있어서는 이의사유의 존부에 불구하고 개시결정을 취소할 수 없게 되며 그 이의신청은 부적법하게 되므로(대결 1979.9.12. 79마246), 매수인의 대금납부를 저지하기 위해서는 민사집행법 제86조 제2항에 의한 매각절차의 일시정지를 명하는 결정(잠정처분)을 받아야 한다.

② 매각절차의 집행정지를 구하는 일반 가처분의 배제

    ㉠ 임의경매개시결정에 실체상의 이의사유가 있는 경우에 이의신청을 하여 민사집행법 제86조 제2항에 의한 매각절차의 일시정지를 명하는 잠정처분을 받는 방법 외에 동법 제44조 청구이의의 소에 준하는 채무에 관한 이의의 소(통상 채무부존재확인, 저당권부존재확인 또는 저당권설정등기의 말소청구의 소를 본안으로 하는 소 등)를 제기하고 동법 제46조 제2항에 의하여 잠정처분을 받아 그 매각절차를 정지시킬 수 있다(대판 1993.10.8. 93그40).

    ㉡ 민사집행법 제300조에 의한 일반적인 가처분절차에 의하여 임의경매절차를 정지시킬 수는 없으며(대결 1993.1.20. 92그35), 별개의 소로써 경매의 불허를 구하는 청구도 허용되지 않는다(대판 1987.3.10. 86다152).

③ 임의경매개시결정이 준재심의 대상인지 여부 : 담보권실행을 위한 경매개시결정은 준재심의 대상에 해당하지 아니한다. **기출** 17

> 경매개시결정에 대하여는 즉시항고에 의하여 상급심의 판단을 받지 아니하더라도 매각허가결정에 대한 즉시항고로써 다툴 수 있는 것이므로, 이와 같은 경매개시결정은 종국적 재판의 성질을 가진 결정이나 명령 또는 종국적 재판과 관계없이 독립하여 확정되는 결정이나 명령에 해당하지 아니하므로 준재심의 대상에 해당하지 아니한다(대결 2004.9.13. 2004마660). **기출** 17

제9절   부동산에 대한 강제집행 – 경매신청 취하와 취소

Ⅰ   경매신청의 취하

> **민사집행법 제93조(경매신청의 취하)**
> ① 경매신청이 취하되면 압류의 효력은 소멸된다. **기출** 16
> ② 매수신고가 있은 뒤 경매신청을 취하하는 경우에는 최고가매수신고인 또는 매수인과 제114조의 차순위매수신고인의 동의를 받아야 그 효력이 생긴다. **기출** 25·22·16
> ③ 제49조 제3호 또는 제6호의 서류를 제출하는 경우에는 제1항 및 제2항의 규정을, 제49조 제4호의 서류를 제출하는 경우에는 제2항의 규정을 준용한다.

1. 의 의

① 경매를 신청한 채권자는 경매절차가 개시된 이후라도 경매신청을 취하할 수 있다.

② 처분권주의의 적용을 받기 때문이다.

2. 요건

(1) 취하권자

① 경매를 신청한 채권자가 취하할 수 있다. '강제경매의 경우'에는 경매절차가 개시된 후에 경매신청의 기본인 권리에 관하여 승계가 생긴 경우에도 포괄승계이건 특정승계이건 간에 '승계인이 승계집행문을 부여받아 이를 집행법원에 제출할 때까지'는 종전의 집행채권자가 취하할 수 있고, '그 이후'에는 승계인이 취하할 수 있다.

② '임의경매의 경우'에는 승계집행문제도가 없는 바, 임의경매절차가 개시된 후 경매신청의 기초가 된 담보물권이 대위변제에 의하여 이전된 경우에는 경매절차의 진행에는 아무런 영향이 없고, 대위변제자가 경매신청인의 지위를 승계하므로, 종전의 경매신청인이 한 취하는 효력이 없다(대결 2001.12.28. 2001마2094). 기출 20·17

(2) 취하의 시기

① 매수신고가 있기 전까지의 취하 : 경매신청 후 매각기일에 적법한 매수신고가 있기까지는 경매신청인은 임의로 경매신청을 취하할 수 있다. 경매신청인 외의 다른 채권자의 동의를 받을 필요가 없다.

② 매수신고가 있은 후 매각대금 납부 전까지의 취하

  ㉠ 매수신고가 있은 뒤 매각대금 납부 전 경매신청을 취하하는 경우에는 '최고가매수신고인' 또는 매수인과 민사집행법 제114조의 '차순위매수신고인'의 동의를 받아야 그 효력이 생긴다(제93조 제2항). 기출 20·16

  ㉡ 여기에서 '최고가매수신고인' 및 '차순위매수신고인'은 매각기일의 절차에서 집행관에 의하여 최고가매수인 및 차순위매수신고인으로 이름과 가격이 불린 사람(제115조 제1항)을 말하는 것이고, '매수인'은 최고가매수신고인 또는 차순위매수신고인 중 매각허가결정이 확정된 사람을 말한다. 이해관계인의 동의는 요하지 않는다(실무제요 집행 2).

③ 매각대금 납부 후 취하 : 매수인이 매각대금을 납부한 때에는 목적부동산의 소유권이 매수인에게 이전하기 때문에 매각대금 납부 후에는 취하가 허용되지 않고, 배당절차를 속행한다. 기출 25·16

④ 이중경매와 취하

  ㉠ 선행사건의 취하

   ㉮ 이중경매개시결정이 된 때에는 선행사건의 압류채권자가 신청을 취하하여도 후행사건에 따라 절차가 계속 진행되므로(제87조 제2항), 선행사건의 취하에 최고가매수신고인 등의 동의를 받을 필요가 없는 것이 원칙이다.

   ㉯ 다만 '선행사건의 경매신청이 매수신고가 있은 뒤에 취하될 경우 민사집행법 제105조 제1항 제3호의 기재사항(등기된 부동산에 대한 권리 또는 가처분으로서 매각으로 효력을 잃지 아니하는 것)이 바뀌는 경우'[38]와(제93조 제2항, 규칙 제49조 제1항), '후행사건이 배당요구의 종기가 지난 뒤의 신청에 의한 것인 경우'[39])에는 선행사건의 취하에 최고가매수신고인 등의 '동의'를 받아야 한다(규칙 제49조 제1항). 기출 25

---

38) 예를 들어, 선행의 압류와 후행의 압류의 중간에 임차권이 설정되어 있어서 선행압류가 취하되어 후행사건으로 절차가 진행되면 최저매각가격에 변동이 생기는 경우이므로 후행사건에 의하여 다시 매각을 하여야 하고, 결국 최고가매수신고인 등은 그 지위를 잃게 되므로 최고가매수신고인 등을 보호할 필요가 있다.

39) 후행사건에 따라 진행하기 위해서는 다시 배당요구의 종기를 정하는 절차를 밟아야 하는 등(제87조 제3항) 그 절차가 지연되고 복잡하여짐으로써 최고가매수신고인 등의 이익을 해할 우려가 있다.

ⓛ 후행사건의 취하 : 이중경매개시결정이 있는 경우 후행경매신청인은 선행경매절차에서의 최고가매수신고인 등의 동의 여부와 관계없이 경매신청을 취하할 수 있고, 그 취하 후 선행매각절차가 정지, 취소 또는 취하되면 이후의 모든 절차를 정지 또는 종료하여야 한다. 기출 17
⑤ **재매각명령 후의 취하** : 매수인이 대금을 지급하지 아니하여 재매각명령을 한 후에 경매신청인이 경매신청 자체를 취하하여 경매절차를 종결시키고자 하는 경우, 원래의 대금지급기한까지 그 의무를 이행하지 아니하여 재매각절차를 야기한 전 매수인은 경매신청 취하에 대한 동의권자에 해당하지 아니한다(대결 1999.5.31. 99마468). 기출 25 · 20 · 16

3. 방식 및 통지

① 취하의 의사는 반드시 서면으로 하여야 한다는 규정이 없으므로 구술로 취하의 의사표시를 할 수 있으며 이 경우에는 조서를 작성하여야 할 것이다(제23조, 민소법 제161조).
② 취하에 최고가매수신고인 등의 동의를 필요로 하는 경우에는 '최고가매수신고인의 동의서'를 제출하여야 한다.
③ 경매신청이 취하되면 법원사무관 등은 '경매개시결정을 송달받은 채무자'에게 그 사실을 통지하여야 한다(규칙 제16조). 그러나 경매개시결정을 송달하기 전에 취하가 된 경우에는 취하의 통지를 할 필요가 없다. 한편 그 밖의 이해관계인에게는 통지하라는 규정이 없으므로 그 통지를 할 필요가 없다(실무제요 집행 3). 기출 20

4. 관 할

① 경매신청의 취하는 집행법원에 대하여 하여야 하고 집행관이나 채무자에 대한 취하의 의사표시는 효력이 없다.
② 매각허부결정에 대한 즉시항고가 있어 기록이 항고법원에 송부된 후에는 항고법원에 취하서를 제출하여야 한다.

5. 효 과

① 경매절차의 종료 및 압류의 효력 소멸
  ㉠ 경매신청이 취하되면 경매절차가 종료되고, 압류의 효력은 소멸된다(제93조 제1항). 유효한 경매신청의 취하가 있으면 별도로 경매절차 또는 경매개시결정을 취소할 필요도 없이 경매절차는 당연히 종료한다. 기출 16

  > 민법 제175조에 "압류, 가압류 및 가처분은 권리자의 청구에 의하여 또는 법률의 규정에 따르지 아니함으로 인하여 취소된 때에는 시효중단의 효력이 없다"고 규정하고, 민사집행법 제93조 제1항에 "경매신청이 취하되면 압류의 효력은 소멸된다"고 규정하고 있으므로 경매신청이 취하되면 특별한 사정이 없는 한 압류로 인한 소멸시효 중단의 효력이 소멸하는 것과 마찬가지로 위와 같이 첫 경매개시결정등기 전에 등기되었고 매각으로 소멸하는 저당권을 가진 채권자의 채권신고로 인한 소멸시효 중단의 효력도 소멸한다(대판 2010.9.9. 2010다28031). 기출 20

  ㉡ 이중경매개시결정이 있는 경우에는 먼저 경매개시결정한 경매신청의 취하가 있더라도 민사집행법 제91조 제1항의 규정(무잉여)에 어긋나지 아니하는 한도 안에서 뒤의 경매개시결정에 따라 절차를 계속 진행하여야 한다(제87조 제2항).

ⓒ 경매신청이 취하되면 그때까지 소요되었던 경매절차의 비용은 경매신청인이 부담하여야 한다.

ⓔ 다만 압류가 경합되어 있어 먼저 개시된 사건의 신청인이 지출한 절차비용 중 뒤에 개시된 사건에 그대로 이용된 절차에 관한 비용은 공익비용으로서 매각대금에서 당연히 우선적으로 상환을 받을 수 있다 할 것이다.

ⓕ 따라서 집행법원은 그러한 경우 취하된 사건의 경매신청인에게도 계산서제출최고 및 배당기일통지를 해야 할 것이다.

② 경매개시결정등기의 말소촉탁

㉠ 경매신청이 취하되면 압류의 효력도 당연히 소멸하므로 법원사무관 등은 유효한 취하가 있으면 직권으로 등기관에게 경매개시결정의 등기말소를 촉탁한다(제141조).

㉡ 경매신청이 취하된 경우 법원이 별도로 취소결정을 할 필요가 없음은 앞에서 본 바와 같으나, 집행을 개시하는 결정이 상대방에게 송달된 후 경매신청이 취하된 때에는 법원사무관 등은 상대방(채무자)에게 그 취지를 통지하여야 한다(규칙 제16조).

Ⅱ 경매절차의 취소

> **민사집행법 제96조(부동산의 멸실 등으로 말미암은 경매취소)**
> ① 부동산이 없어지거나 매각 등으로 말미암아 권리를 이전할 수 없는 사정이 명백하게 된 때에는 법원은 강제경매의 절차를 취소하여야 한다.
> ② 제1항의 취소결정에 대하여는 즉시항고를 할 수 있다.

1. 의 의

① 부동산이 없어지거나 매각 등으로 말미암아 권리를 이전할 수 없는 사정이 명백하게 된 때에는 법원은 강제경매의 절차를 취소하여야 한다(제96조 제1항).

② 등기관의 통지에 의하여 알게 된 경우뿐만 아니라 다른 경로를 통하여 이러한 사실을 알게 된 경우에도 집행법원은 매각절차를 취소하여야 한다.

2. 취소사유

① **부동산의 멸실** : 경매부동산이 멸실되면 경매를 진행할 수 없게 된다. 목적물의 멸실 시기를 불문하고 멸실한 사실이 인정되면 집행법원은 경매절차를 취소하여야 한다.

② **권리이전불능(채무자의 소유권상실)** : 목적물을 경매절차에 따라 매각하더라도 매수인에게 소유권을 이전할 수 없는 사정이 명백하면 경매절차를 취소하여야 한다.

> 매각목적물의 일부가 "멸실"된 때란 물리적인 멸실 뿐만 아니라 경매개시결정이 취소되는 등의 사유로 매수인이 당해 목적물의 소유권을 취득할 수 없게 된 경우도 이에 포함된다(대결 2005.3.29. 2005마58).

㉠ 가등기에 기한 본등기

㉮ 매각으로 인하여 소멸되지 아니하는 가등기가 존재하는 사정만으로는 경매절차의 진행에 영향이 없다.

㉯ 가등기권리자가 본등기를 하면 그 본등기의 효력은 가등기 시에 소급하게 되며 등기관은 부동산 등기법 제58조 제1항에 의하여 집행법원에 대하여 가등기에 기하여 본등기가 경료되었다는 취지 및 일정기간 내에 이의가 없으면 경매개시결정등기를 직권 말소하겠다는 취지를 통지하여야 한다(등기예규 제1420호). 집행법원은 그 통지를 받으면 경매절차를 취소한다.

㉡ 가처분권자의 본안승소판결에 기한 등기가 이루어진 경우

㉮ 처분금지가처분등기가 되어 있는 것만으로는 본조의 경매절차의 취소사유에 해당하지 않는다.

㉯ 다만 경매개시결정이 이루어진 후 가처분권자의 본안승소판결에 기한 소유권이전등기가 이루어지면 제96조 제1항에 따라 경매절차를 취소하여야 한다.

㉢ 대금납부 후 본등기 등

- 대금납부 후에 가등기권자나 가처분권자 앞으로 소유권이전등기가 경료됨으로써 매수인이 소유권을 상실하게 된 경우에는 본조에 따라 경매절차의 취소결정을 받을 수 없고, 민법 제578조, 제576조를 유추적용하여 담보책임을 추급할 수 있을 뿐이다(대결 1997.11.1. 96그64).
- 경매절차에서 소유권이전청구권 가등기가 경료된 부동산을 경락받았으나 가등기에 기한 본등기가 경료되지 않은 경우에는 아직 매수인이 그 부동산의 소유권을 상실한 것이 아니므로 민법 제578조에 의한 손해배상책임이 성립되었다고 볼 여지가 없다(대판 1999.9.17. 97다54024).

㉣ 1순위 저당권 → 가등기 → 2순위저당권자의 임의경매(또는 강제경매)

㉮ 제1, 2순위의 근저당권 사이에 소유권이전청구권보전의 가등기가 마쳐진 부동산에 대하여 제2순위 근저당권 실행을 위하여 실시된 경매절차에서, 매각허가결정이 선고되기 전에 제2순위 근저당권보다 선순위인 가등기에 기한 소유권이전의 본등기가 경료되었다면 가등기의 순위보전의 효력에 의하여 경매신청채권자의 근저당권 설정이나 압류 이전에 매각부동산의 소유권이 제3자에게 이전한 것과 동일한 결과가 되므로 본조(제96조)에 따라 경매절차를 취소하여야 한다(대결 1997.1.16. 96마231).

㉯ 집행법원이 이러한 본등기 사실을 모른 채 경매절차가 그대로 진행되어 매각허가결정이 확정되고 매수인이 매각대금을 완납한 이상 매각의 효력은 이를 더 이상 다툴 수 없게 되었는바, 우선순위로서 그때까지 유효하게 존재하고 있던 제1순위 근저당권이 그 매각으로 인하여 소멸하고 그보다 후순위인 가등기 및 그에 기한 본등기의 효력도 상실되므로, 매각대금의 완납 후에는 가등기 및 그에 기한 본등기를 마친 사람은 경매절차를 취소할 수 없다(대결 1997.1.16. 96마231). **기출** 18

③ 법령상 제한

㉠ 공장재단 및 광업재단

㉮ 공장재단과 광업재단은 1개의 부동산으로 간주한다(공장 및 광업재단 저당법 제12조 제1항, 제54조).

㉯ 따라서 목적물이 공장재단 또는 광업재단의 일부임이 판명된 경우에는 개별적 집행이 허용되지 아니하므로 경매절차를 취소하여야 한다.

ⓛ 채무자의 파산

㉮ 채무자가 파산선고를 받으면 파산채권은 파산절차에 의하지 아니하고는 행사할 수 없게 되므로(채무자회생법 제424조), 파산채권에 기하여 파산재단에 속하는 재산에 대하여 행하여진 강제집행·가압류 또는 가처분은 파산재단에 대하여는 그 효력을 잃고(채무자회생법 제348조 제1항 본문), 새로운 강제집행 등도 개시할 수 없다. 기출 22

㉯ 채무자가 파산선고를 받으면 파산재단에 속하는 재산에 대하여 이미 행하여진 강제집행, 가압류, 가처분은 그 효력을 잃는다. 따라서 이 경우에는 민사집행법 제96조 제1항에 의하여 강제경매절차를 취소하여야 한다.

㉰ 파산재단에 속하는 재산상에 존재하는 유치권, 질권, 저당권, 「동산·채권 등의 담보에 관한 법률」에 따른 담보권 또는 전세권을 가진 사람은 그 목적인 재산에 관하여 별제권을 가지고, 별제권은 파산절차에 의하지 아니하고 행사하므로(채무자회생법 제411조, 제412조), 파산재단에 속하는 재산에 대한 담보권의 실행을 위한 경매절차는 파산선고가 있어도 실효되지 않고, 채무자의 지위가 파산관재인에게로 승계되어 계속 진행된다. 따라서 저당권자나 전세권자 등은 채무자의 파산선고와 관계없이 임의경매를 신청할 수 있다. 기출 22

ⓒ 회생절차의 개시

㉮ 회생절차개시 신청이 있는 경우라도 회생절차개시결정 전에는 강제집행, 가압류, 가처분을 할 수 있다(채무자회생법 제43조 내지 제45조).

㉯ 회생절차개시결정이 있으면 강제집행, 가압류, 가처분, 담보권실행을 위한 경매절차는 모두 금지되고 이미 행한 절차는 중지된다(채무회생법 제58조 제2항 제2호). 기출 22

㉰ 회생계획인가결정이 있으면 중지되었던 강제집행, 가압류, 가처분, 임의경매절차는 모두 효력을 잃는다.

㉱ 따라서 이 경우에는 경매절차를 더 이상 속행할 수 없을 뿐이고 민사집행법 제96조 제1항에 의한 취소결정을 하여야 하는 것은 아니다.

ⓓ 개인회생절차의 개시

㉮ 개인회생절차개시 신청이 있는 경우라도 개인회생개시결정 전에는 강제집행, 가압류, 가처분을 할 수 있다(채무회생법 제592조 내지 제593조).

㉯ 개인회생절차개시결정이 있으면 개인회생채권자목록에 기재된 개인회생채권에 기하여 개인회생재단에 속하는 재산에 대하여 이미 행한 강제집행, 가압류, 가처분은 중지되고 새로운 강제집행 등은 금지된다(채무자회생법 제600조 제1항 제2호).

㉰ 따라서 이 경우에는 경매절차를 더 이상 속행할 수 없을 뿐이고 민사집행법 제96조 제1항에 의한 취소결정을 하여야 하는 것은 아니다.

㉱ 변제계획인가결정이 있는 때에는 개인회생절차개시결정으로 중지된 강제집행, 가압류, 가처분은 효력을 잃는다(채무자회생법 제615조 제3항).

㉲ 개인회생절차에서 담보권은 별제권으로 인정되기 때문에 개인회생절차에 의하지 아니하고 행사할 수 있다(채무자회생법 제586조, 제412조).

3. 경매절차의 취소 및 이에 대한 불복

① 집행법원은 본조에 의한 경매절차를 취소할 사유가 명백하게 된 때에는 직권으로 결정으로써 경매절차를 취소한다.

② 위 취소결정은 확정되어야 효력이 있다(제17조 제2항).

③ 경매절차 취소사유가 있음에도 집행법원이 이를 간과하고 경매절차를 속행하는 경우에는 '집행에 관한 이의'로써 불복할 수 있다(대결 1997.11.11. 96그64).

4. 경매개시결정등기의 말소

① 경매절차의 취소결정이 확정된 때에는 법원은 경매개시결정등기의 말소를 등기관에게 촉탁하여야 한다.

② 이 말소등기의 촉탁에 관한 비용은 경매를 신청한 채권자의 부담으로 한다(규칙 제77조).

제10절　부동산에 대한 강제집행 − 매각절차에서 승계

Ⅰ 매각절차에서 채무자의 승계

1. 경매개시결정 전에 이미 채무자가 사망한 경우

① 강제경매

　㉠ 강제경매절차에서 경매개시결정 전에 이미 채무자가 사망한 경우 상속인에 대하여 강제집행의 요건을 구비한 후 강제집행을 하여야 하므로 채권자는 승계집행문을 부여받아 경매신청을 하여야 하고, 경매개시결정 당시에 이미 소유자, 채무자가 사망하였음에도 이를 간과하고 강제경매신청을 하여 개시결정이 난 후 사망사실이 밝혀지면 개시결정을 취소하고 강제경매신청을 각하한다.

기출 21 · 17 · 15 · 13

　㉡ 사망자를 집행채무자로 하여 강제경매가 진행되어 사망자에게 강제경매개시결정이 송달된 것으로 되었다면 그 송달은 무효라고 할 것이고 따라서 따로 경매개시결정의 기입등기가 되어 압류의 효력이 발생하는지 여부에 관계없이 경매개시결정의 고지 없이는 유효하게 경매절차를 속행할 수 없다(대결 1991.12.16. 91마239).

② 임의경매

　㉠ 대위상속등기

　　㉮ 저당권설정등기 후 경매신청 전에 채무자 · 소유자가 사망한 경우에는 그 상속인을 채무자 · 소유자로 표시하여야 한다.

　　㉯ 다만 소유자의 상속인이 상속등기를 하지 아니한 경우에는 경매신청인은 상속인을 대위하여 상속등기를 하고 그 상속인을 소유자로 표시하여 경매신청을 하여야 할 것이다.

　　㉰ 법인의 대표자가 사망한 경우에는 매각절차의 중단은 생기지 아니하며 매각절차의 효력에는 아무런 영향이 없다.

ⓛ 사망을 간과하고 경매개시결정을 한 경우 : 임의경매의 경우, 채무자·소유자가 이미 사망하였어도 경매신청인이 위 사실을 알지 못하여 사망자를 그대로 채무자·소유자로 표시하여 경매신청을 하고, 이에 의하여 집행법원이 경매개시결정을 하였더라도 이것이 당연무효로 되지 아니하고 후에 경정결정에 의하여 채무자나 소유자의 표시를 고칠 수 있을 뿐이다(대결 1964.5.16. 64마258; 대결 1998.12.23. 98마2509 등). **기출** 13·17

> 저당권 실행의 경매신청에는 판결절차에 있어서와 같은 상대방은 없는 것이므로 경매개시결정 당시 이미 채무자나 소유자가 사망하였었다 하여도 후에 이를 경정하여 채무자나 소유자의 표시를 고칠 수 있을 뿐, 경매개시결정의 효력 자체에는 영향이 없다(대결 1964.5.16. 64마258). **기출** 21

2. 집행개시 후에 채무자가 사망하거나 특정승계가 이루어진 경우

① 강제경매

ⓐ 일반승계(포괄승계)

㉮ 강제집행을 개시한 뒤에 채무자가 죽은 때에는 상속재산에 대하여 강제집행을 계속하여 진행하므로(제52조 제1항), 이 경우 상속인에 대하여 승계집행문을 요하지 않는다. **기출** 21·17·15

㉯ 채무자에게 알려야 할 집행행위를 실시할 경우에 상속인이 없거나 상속인이 있는 곳이 분명하지 아니하면 집행법원은 채권자의 신청에 따라 상속재산 또는 상속인을 위하여 특별대리인을 선임하여야 한다(제52조 제2항).

㉰ 강제집행을 개시한 후에 채무자가 사망하여도 매각절차는 중단되지 않고 속행된다. 따라서 채무자가 경매 진행 중에 사망한 경우에 그 상속인들이 그와 같은 사실을 증명하고 자기를 이해관계인으로 취급하여 절차를 속행하여 줄 것을 신청함으로써 매각절차에 관여할 수 있으나 그렇게 하지 않은 이상 매각절차는 사망한 등기기록상의 채무자와의 관계에서 그대로 속행되며 이에 의하여 매각허가결정을 하여도 위법이 아니다. 경매절차의 완료에 따라 매수인에게 소유권이전등기를 촉탁할 경우에도 사망한 채무자를 등기의무자로 표시하면 되고 따로 상속등기를 할 필요는 없다(실무제요 집행 2). **기출** 15

ⓑ 특정승계

㉮ 강제집행이 개시된 후 집행당사자가 승계된 경우의 절차에 관한 규정으로는 채무자가 사망한 경우(포괄승계)에 관한 규정(제52조)만 있고, 특정승계된 경우(즉, 강제경매개시후 집행목적물의 소유권이 이전된 경우)의 절차에 관하여는 특별한 규정이 없다.

㉯ 특정승계의 경우에도 종전의 채무자는 그대로 강제집행당사자인 채무자이므로 그를 상대로 강제집행을 속행할 수 있고, 종전의 채무자가 그 집행권원에 기한 강제집행의 불허를 구하기 위해서는 청구이의의 소를 제기하여야 한다. **기출** 15

㉰ 채권자가 새로운 채무자에 대한 승계집행문을 부여받은 경우에는 그를 채무자로 하는 강제집행을 할 수 있다.

② 임의경매

    ㉠ 일반승계 : 집행을 개시한 후에 채무자 또는 소유자가 사망하여도 매각절차는 중단되지 않고 속행된다(제275조, 제52조 제1항).

> 부동산에 대한 근저당권의 실행을 위한 경매는 그 근저당권 설정등기에 표시된 채무자 및 저당 부동산의 소유자와의 관계에서 그 절차가 진행되는 것이므로, 그 절차의 '개시 전' 또는 '진행 중에' 채무자나 소유자가 사망하였다고 하더라도 그 재산상속인들이 집행법원에 대하여 그 사망 사실을 밝히고 자신을 이해관계인으로 취급하여 줄 것을 신청하지 아니한 이상 그 절차를 속행하여 저당 부동산의 매각을 허가하였다고 하더라도 그 허가결정에 위법이 있다고 할 수 없다(대결 1998.12.23. 98마2509, 2510). → 즉, 재산상속인들이 집행법원에 그 사망 사실을 밝히고 자신을 이해관계인으로 취급하여 줄 것을 신청하여야만 경매절차를 속행할 수 있는 것은 아니다. **기출** 22·21

    ㉡ 특정승계 : 집행개시 후 신청채권자의 저당권에 관하여 특정승계(피담보채권과 함께 저당권이 양도되거나 전부명령에 의하여 전부된 경우, 민법 제481조에 의하여 대위변제자가 저당권을 취득한 경우 등)가 있는 경우도 매각절차는 중단되지 않고 그대로 속행된다. **기출** 13·17

Ⅱ 매각절차에서 채권자의 승계

1. 집행개시 전의 승계

① 강제경매 : 경매개시 전에 채권자가 사망한 경우, 상속인은 승계집행문을 부여받고 집행문 및 증명서등본의 송달증명을 첨부하여 경매신청을 하여야 한다(제39조 제2항).

② 임의경매

    ㉠ 집행개시 전에 채권자의 승계가 이루어진 경우에는 승계인만이 경매신청을 할 수 있다(제264조 제2항). 당초 채권자의 경매신청은 부적법하므로 그의 신청에 기하여 이루어진 경매개시결정을 취소하고 경매신청을 각하하여야 한다.

    ㉡ 담보권실행을 위한 경매를 신청함에 담보권을 승계한 경우에는 승계를 증명하는 서류를 내야 한다(제264조 제2항). 다만 특정승계는 예외가 있다.

    ㉢ 저당권부채권의 양도와 같은 법률행위로 인한 특정승계의 경우 저당권이전의 부기등기를 하지 않고서는 경매신청을 할 수 없으므로 양수인 앞으로 담보권이전의 부기등기가 된 등기사항증명서를 첨부하면 족하고 별도로 승계의 원인을 증명하는 서류를 붙일 필요는 없다.

    ㉣ 등기 없이 법률의 규정에 의하여 당연히 담보권이 이전되는 경우, 즉 변제자의 대위로 인한 이전(민법 제480조, 제481조), 공동저당에 있어서 차순위자의 대위로 인한 이전(민법 제368조 제2항)의 경우에는 담보권의 이전의 부기등기 없이도 경매를 신청할 수 있으므로 다른 서류, 예컨대 대위변제사실을 증명하는 공정증서 또는 차순위저당권자로 기입된 등기사항증명서와 배당표등본 등을 첨부하여 경매신청을 할 수 있다.

2. 집행개시 후의 승계

① 강제경매

㉠ 강제집행을 개시한 후 신청채권자의 지위가 일반승계 또는 특정승계된 경우 새로운 채권자가 승계집행문을 부여받은 후가 아니면 그를 위하여 강제집행을 속행할 수 없다.

㉡ 강제집행을 개시한 후 신청채권자가 승계된 경우에 승계인이 자기를 위하여 강제집행의 속행을 신청하는 때에는 단순히 승계의 사실을 증명하는 것만으로는 부족하고, 승계집행문이 붙은 집행권원의 정본을 제출하여야 한다(규칙 제23조 제1항). **기출** 21 · 17 · 15

㉢ 강제집행이 개시된 후 승계집행문이 부여된 경우에도 채무자에게 승계의 사실을 다툴 수 있는 기회를 부여할 필요가 있으므로 승계집행문이 부여된 집행권원의 정본이 제출된 때에는 법원사무관등 또는 집행관은 그 취지를 채무자에게 통지하여야 한다(규칙 제23조 제2항).

㉣ 다만 이 경우에는 종전의 채권자에 의하여 이미 강제집행이 개시되어 있는 상태이므로 집행문 및 승계에 관한 증명서등본의 송달(제39조 제2항 · 3항)은 필요하지 않다.

② 임의경매

㉠ 집행개시 후의 압류채권자(저당권자)의 변동은 절차에 영향이 없고 따라서 신청에 의하여 매각절차가 개시된 이상 그 이후의 절차는 직권으로 계속 진행하여야 한다.

㉡ 근저당채권자의 신청에 의하여 개시된 경매절차가 진행 중 위 채권자가 사망하였다 할지라도 그 사망 후에 채권자의 명의로 이루어진 경매절차는 그의 상속인들에 의하여 이루어진 것이었다고 간주되므로, 그 후에 이루어진 경매절차는 동인의 상속인들을 위하여 진행된 유효한 것이다(대결 1972.11.7. 72마1266).

㉢ 임의경매개시결정 후 저당채권자가 사망하여 그 상속인으로부터 수계신청이 있는 경우에도 그 경매절차는 저당권에 기한 권리실행상의 절차에 불과하여 판결절차상의 소송절차의 중단, 수계 등에 관한 규정이 적용 또는 준용되는 것은 아니므로 집행법원이 위 수계사실을 저당채무자 또는 소유자에게 통지할 필요도 없다(대결 1964.3.24. 63마55). 따라서 신청채권자의 저당권에 관하여 일반승계(저당권자의 사망, 저당권인 법인의 합병 등)가 있는 경우에 매각절차는 중단되지 않고 그대로 속행된다.

㉣ 집행개시 후 신청채권자의 저당권에 관하여 특정승계(피담보채권과 함께 저당권이 양도되거나 전부명령에 의하여 전부된 경우 또는 민법 제481조에 의하여 대위변제자가 저당권을 취득한 경우)가 있는 경우에도 매각절차는 중단되지 않고 그대로 속행된다(대결 2001.12.28. 2001마2094).

③ 채무자 및 소유자에 대한 통지

㉠ 경매 등이 개시된 후 압류채권자가 승계되었음을 증명하는 문서가 제출된 때에는 법원사무관등 또는 집행관은 채무자와 소유자에게 그 사실을 통지하여야 한다(규칙 제193조).

㉡ 채무자 또는 소유자로 하여금 담보권을 승계하였다고 주장하는 사람이 담보권을 승계하지 않았음을 이유로 집행이의를 제기하여 다툴 수 있는 기회를 부여하기 위한 것이다.

Ⅰ 금전채권집행의 의의

① 금전채권집행의 경우에는 여러 명의 채권자가 있게 마련이다.
② 따라서 어느 한 채권자의 신청에 의하여 집행절차가 개시된 경우에 다른 채권자의 절차참여를 인정할 필요가 있다.
③ 이러한 압류채권자 이외의 다른 채권자의 절차참여를 집행참가제도라 한다.
④ 현행법상 집행참가제도는 평등주의를 전제로 한 이중경매개시결정제도와 배당요구제도가 있다.
⑤ 이해관계인의 권리신고절차(제90조 제4호) 역시 넓은 의미의 집행참가절차로 볼 수 있다.

Ⅱ 이중경매개시결정(압류의 경합)

민사집행법 제87조(압류의 경합)
① 강제경매절차 또는 담보권 실행을 위한 경매절차를 개시하는 결정을 한 부동산에 대하여 다른 강제경매의 신청이 있는 때에는 법원은 다시 경매개시결정을 하고, 먼저 경매개시결정을 한 집행절차에 따라 경매한다. [기출] 25 · 21
② 먼저 경매개시결정을 한 경매신청이 취하되거나 그 절차가 취소된 때에는 법원은 제91조 제1항(잉여주의)의 규정에 어긋나지 아니하는 한도 안에서 뒤의 경매개시결정에 따라 절차를 계속 진행하여야 한다.
③ 제2항의 경우에 뒤의 경매개시결정이 배당요구의 종기 이후의 신청에 의한 것인 때에는 집행법원은 새로이 배당요구를 할 수 있는 종기를 정하여야 한다. 이 경우 이미 제84조(배당요구의 종기결정 및 공고) 제2항 또는 제4항의 규정에 따라 배당요구 또는 채권신고를 한 사람에 대하여는 같은 항의 고지 또는 최고를 하지 아니한다.
④ 먼저 경매개시결정을 한 경매절차가 정지(제49조 제2호, 제4호)된 때에는 법원은 신청에 따라 결정으로 뒤의 경매개시결정(배당요구의 종기까지 행하여진 신청에 의한 것에 한한다)에 기초하여 절차를 계속하여 진행할 수 있다. 다만, 먼저 경매개시결정을 한 경매절차가 취소되는 경우 제105조 제1항(매각물건명세서) 제3호(인수주의)의 기재사항이 바뀔 때에는 그러하지 아니하다. [기출] 25
⑤ 제4항의 신청에 대한 재판에 대하여는 즉시항고를 할 수 있다.

1. 서 설

① 의 의
　㉠ 강제경매절차 또는 담보권실행을 위한 경매절차를 개시하는 결정을 한 부동산에 대하여 다른 강제경매신청이 있는 때에는 법원은 다시 경매개시결정을 하고 먼저 경매개시결정을 한 집행절차에 따라 경매한다(제87조 제1항). [기출] 25 · 21
　㉡ 이러한 경우에는 2개의 경매개시결정이 있게 된다는 의미에서 '이중경매개시결정'이라고 한다. 압류도 2개가 경합되어 있게 되므로 '압류의 경합'이라고도 한다.

② 구별개념

　　㉠ 공동경매(집행)

　　　　㉮ 공동경매란 복수의 채권자들의 공동의 신청이 있거나 또는 선행의 경매신청에 따른 경매개시결정
이 아직 이루어지지 않는 동안에 다른 채권자가 경매를 신청한 경우에는 하나의 경매개시결정을
하고 여러 채권자는 공동의 압류채권자가 되는 것을 말한다.

　　　　㉯ 공동경매절차의 진행은 압류채권자가 1인인 경우와 다를 것이 없다(제162조).

　　㉡ 기록첨부 : 기록첨부제도는 1990년 이전의 민사소송법상 압류채권자 이외의 다른 채권자의 경매신청
이 있더라도 다시 경매개시결정을 하지 아니하고 단순히 이미 진행 중인 경매기록에 후행 신청기록을
첨부하는데 그치고 배당요구의 의미만을 인정한 것을 말한다.

2. 요 건

① 이미 경매개시결정이 되어 있을 것(선행 경매개시결정)

　　㉠ 이미 경매개시결정이 되어 있음을 요한다. 그 개시결정의 효력이 발생하였는지 여부를 묻지 않는다.

　　㉡ 아직 경매개시결정을 하지 아니한 경우에는 먼저 한 경매신청과 뒤에 한 경매신청을 병합하여 1개의
경매개시결정을 한다(이 경우는 '공동경매'에 해당한다).

　　㉢ 강제경매신청이 경합되는 경우뿐만 아니라 임의경매신청과 강제경매신청이 경합되는 경우에도 민사
집행법 제87조 제1항이 준용된다(대결 1991.4.13. 91마131).

　　㉣ 그러나 다른 채권자에 의하여 가압류가 되어 있는 부동산에 대하여 한 경매개시결정은 이중경매개시
결정이 아니다.

　　㉤ 실질적 경매절차(강제경매, 임의경매)와 형식적 경매절차(유치권에 기한 경매, 공유물 분할 경매)는
압류의 경합이 아니다.

　　㉥ 선후 불문하고 형식적 경매절차는 정지되고, 실질적 경매절차에 따른다.

　　　[1] 강제경매 또는 담보권의 실행을 위한 경매절차가 진행 중인 목적물에 대하여 나중에 공유물분할 경매가
개시되더라도 강제경매 등 절차를 계속 진행하여야 하고 공유물분할 경매에 의하여 절차를 진행할 것은
아니라고 할 것이다.
　　　[2] 목적물의 지분 일부에 대하여 강제경매 등 절차가 진행되던 중 목적물 전체에 대하여 공유물분할경매가
개시된 경우에는 강제경매 등 절차와 공유물분할경매절차를 병합하여 목적물 전체를 한꺼번에 매각하되,
이중경매의 대상인 지분 매각은 강제경매 등 절차에 따라 진행하고 나머지 지분 매각은 공유물분할경매절차
에 따라 진행함이 상당하고, 이 경우에는 결과적으로 공유물 전체를 매각하는 것이므로 민사집행법 제140조
소정의 공유자의 우선매수권은 그 적용이 배제된다(대결 2014.2.14. 2013그305).

② 경매신청의 요건을 구비할 것

　　㉠ 뒤에 한 경매신청도 독립하여 강제경매신청의 제 요건, 즉 강제집행의 요건, 강제집행개시의 요건
등을 구비하여야 한다.

　　㉡ 뒤에 한 경매신청이 임의경매신청인 경우에는 임의경매신청의 모든 요건을 구비하여야 함은 물론
이다.

③ 이중경매신청의 종기
  ㉠ 매각허가결정 선고 후에도 먼저 한 경매신청이 취하되거나 그 절차가 취소되는 경우도 있으므로 '매수인이 매각대금을 완납'하여 그 부동산의 소유권이 채무자로부터 매수인에게 이전될 때까지는 이중경매신청을 할 수 있다고 봄이 상당하다(대결 1978.11.15. 78마285 등 참조). **기출** 20·15
  ㉡ 다만, 배당요구의 종기 이후에 이중경매신청을 한 경우에는 선행의 경매사건으로 절차가 진행되는 한 뒤의 압류채권자는 매각대금의 배당에 참가할 수 없다(제148조 제1호). **기출** 22·20·15
④ 부동산이 동일한 채무자의 소유일 것 : 선행의 경매개시결정 이후에 소유권의 변동이 있고 후행의 경매신청이 있는 경우에 이중경매신청에 해당하는지가 문제된다.
  ㉠ 임의경매 상호 간 또는 임의경매와 강제경매
    ㉮ 선행압류와 후행압류의 소유자가 동일하여야 한다.
    ㉯ 임의경매 상호 간 또는 임의경매와 강제경매 사이에서는 소유자가 다르더라도 목적물의 채무자가 동일하면 압류의 경합에 해당한다.
  ㉡ 강제경매 상호 간
    ㉮ 선행의 강제경매개시결정 이후에 목적물에 대한 소유권이 이전된 후 새로운 소유자를 채무자로 하는 강제경매개시결정이 있는 경우에는 후행 경매개시결정은 이중경매개시결정이 아닌 통상의 경매개시결정일 뿐이다. **기출** 15
    ㉯ 위와 같은 경우 후행 경매신청에 대하여는 별도로 새로운 소유자를 채무자로 하여 경매개시결정을 하여 경매개시결정등기만을 하고 선행경매 사건이 완결될 때까지 절차의 진행을 유보하여 두었다가 선행사건이 취소 또는 취하에 의하여 절차가 종결된 때에는 후행 사건의 절차를 진행하고 선행사건의 절차가 진행되어 매수인 앞으로 소유권이 넘어가면 동법 제96조에 의하여 후행의 매각절차를 취소한다.
  ㉢ 가압류의 본압류로의 이전과 이중경매
    ㉮ 가압류 목적물의 제3취득자를 채무자로 하는 경매개시결정 이후에 가압류채권자의 신청에 기한 경매개시결정이 있는 경우에는 민사집행법 제87조가 적용될 여지가 없다.
    ㉯ 이 경우에는 오히려 선행의 매각절차는 사실상 정지되고 가압류채권자의 신청에 기한 집행절차에 따라 경매가 진행되며, 그 후의 처리는 위에서 본 경우와 같다.
    ㉰ 즉 매수인 앞으로 소유권이 이전되면 선행의 매각절차는 취소되고 후행의 매각절차가 취소 등으로 실효되면 선행의 절차가 다시 진행된다.

3. 이중경매신청이 있는 경우의 절차

① 이중경매신청이 있는 경우 다시 '경매개시결정'을 하고 '압류'도 명하여야 한다(제83조 제1항). 또 이중경매개시결정을 한 때에는 직권으로 그 개시결정의 '기입등기를 촉탁'하여야 한다(제94조 제1항).
② 이중경매개시결정은 이를 '채무자'에게 송달한다(제83조 제4항). 또한 이해관계인에게 이중경매신청이 있음을 통지하여야 하나(제89조), 이해관계인에 대한 통지는 이중경매개시결정의 효력발생요건은 아니다(대결 1972.3.29. 72마79).

집행법원이 이중경매 신청에 기한 <u>경매개시결정을 하면서 그 결정을 채무자에게 송달함이 없이 경매절차를</u> <u>진행하였다면 그 경매는 경매개시결정이 효력을 발생하지 아니한 상태에서 이루어진 것이어서 당연히 무효라</u> <u>고 보아야 하므로,</u> 그 개시결정이 채무자에게 송달되기 전에 매각대금의 납부를 명하고 이에 따라 <u>매각대금을</u> <u>납부한 것은 경매절차를 속행할 수 없는 상태에서의 대금납부로서 부적법하여 대금납부의 효력을 인정할</u> <u>수 없다</u>(대결 1995.7.11. 95마147). **기출** 25 · 18

③ 이중경매신청인도 경매신청시에 압류등기에 필요한 비용과 송달료를 예납하여야 하며 그 외의 비용은 후행사건에 의하여 절차가 진행되게 되었을 때 사건의 진행정도에 따라 법원의 예납명령에 따라 적당한 금액을 예납한다.

④ 이중경매개시결정에 대하여는 개시결정에 대한 이의로 불복할 수 있으며(제86조 제1항) 후행신청을 기각하 거나 각하한 결정에 대하여는 즉시항고를 할 수 있다(제83조 제5항).

4. 이중경매개시결정의 효력

(1) 서 설

① 압류의 경합이 있어 이중경매개시결정이 있어도 법원은 먼저 경매개시결정을 한 집행절차에 따라 경매 하는 것이 원칙이고(제87조 제1항), 먼저 경매개시결정을 한 경매신청이 취하되거나 그 절차가 취소 또는 정지된 때에는 뒤에 이루어진 경매개시결정에 따라 집행절차를 진행할 수 있게 된다(제87조 제2항 · 제4항).

② 선행사건이 있음에도 후행사건에 의하여 절차를 진행하는 것은 위법하지만 그 절차의 진행을 저지함이 없이 후행사건이 그대로 진행되어 매각허가결정이 확정되고 그 대금까지 완납되었다면 매수인은 소유권 을 취득한다(대결 1976.6.30. 75마97). **기출** 18 · 15

(2) 선행사건의 집행절차에 따라 진행(원칙)

① 후행 사건은 고려하지 않음

ㄱ) 이중경매개시결정이 있더라도 <u>선행 경매개시결정의 효력이 유지되는 한, 매각절차는 먼저 개시결정</u> <u>한 선행사건의 집행절차에 따라 진행하여야 한다.</u> 따라서 이해관계인의 범위, 매각기일의 통지, 이 의, 항고 등의 적법 여부 등도 '선행 경매사건'을 기준으로 정한다(실무제요 집행 2). **기출** 22

ㄴ) 배당요구종기 이후에 이중경매를 신청한 채권자는 '선행사건'에서 이루어진 매각허가결정에 대하여 즉시항고를 제기할 수 있는 이해관계인이 아니다.

민사집행법 제87조 제1항은 강제경매절차 또는 담보권실행을 위한 경매절차를 개시하는 결정을 한 부동산 에 대하여 다른 강제경매의 신청이 있는 때에는 법원은 다시 경매개시결정을 하고, 먼저 경매개시결정을 한 집행절차에 따라 경매한다고 규정하고 있으므로, 이러한 경우 <u>이해관계인의 범위도 선행의 경매사건을</u> <u>기준</u>으로 정하여야 하는 바, <u>선행사건의 배당요구의 종기 이후에 설정된 후순위 근저당권자로서 위 배당요</u> 구의 종기까지 <u>아무런 권리신고를 하지 아니한</u> 위 배당요구의 종기 이후의 <u>이중경매신청인은</u> 선행사건에서 이루어진 <u>매각허가결정에 대하여 즉시항고를 제기할 수 있는 이해관계인이 아니다</u>(대결 2005.5.19. 2005마 59). **기출** 23 · 20 · 17 · 15

ⓒ 선행사건이 있음에도 뒤의 경매개시결정에 의하여 매각절차를 진행하는 것은 위법이지만[40] 후행사건이 그대로 진행되어 매각허가결정이 확정되고 그 대금까지 완납되었다면 매각부동산의 소유권은 매수인에게 적법하게 이전된다(대결 2000.5.29. 2000마603). 기출 18·15

ⓔ 후행 경매절차는 정지되어 있다가도 선행 경매절차가 취하되거나 취소되면 독립적인 경매절차로서 정상적으로 진행되게 된다. 다만, 후행 경매절차로 진행되기 위하여는 무잉여가 아니어야 한다.

ⓜ 만약 후행경매신청이 배당요구종기 이후에 신청된 것이라면 집행법원은 새로이 배당요구종기를 정하여야 한다.

ⓗ 후행 경매절차로 진행하는 경우, (최고가)매수신고인 등에게 인수부담(제105조 제1항 제3호의 매각물건명세서 기재사항의 변동)이 생기는 경우에는 매각물건명세서의 기재사항을 바꾸고 매각불허가결정을 하여 새 매각기일을 지정하여야 한다.

② **민사집행법 제102조의 무잉여 여부의 판단 - 최선순위 권리자의 권리를 기준**

ⓐ 강제경매개시 후 압류채권자에 우선하는 저당권자 등이 경매신청을 하여 이중경매개시결정이 되어 있는 경우에는 절차의 불필요한 지연을 막기 위해서라도 민사집행법 제102조가 규정한 최저경매가격과 비교하여야 할 우선채권의 범위를 정하는 기준이 되는 권리는 그 절차에서 경매개시결정을 받은 채권자 중 '최우선순위 권리자'의 권리로 봄이 옳다(대결 2012.12.21. 2012마379; 대결 2001.12.28. 2001마2094). 즉, '최우선순위 권리자'의 권리를 기준으로 무잉여 여부를 판단한다. 기출 25·22·20·18·15

ⓑ 따라서 선행 경매신청 채권자를 기준으로 하여서는 잉여의 가망이 없더라도, '후행 경매신청 채권자가 저당권자 등으로서 선행 경매신청 채권자보다 우선하는 권리를 가진 자라면' 후행 경매신청 채권자의 채권을 기준으로 잉여의 가망 여부를 판단하고 잉여의 가능성이 있으면 선행 경매절차를 그대로 진행하여야 한다. 기출 22

③ **후행압류집행비용** : 선행압류에 따라 절차가 진행되는 한 후행사건의 신청비용 등(집행비용)은 선행사건의 집행비용으로 고려되지 않는다.

④ **배당요구의 효력** : 선행사건의 '배당요구의 종기까지' 이중경매신청을 한 채권자는 별도의 배당요구를 하지 않아도 배당을 받는다(제148조 제1호). 그러나 이중경매신청을 선행사건의 배당요구의 종기 이후에 한 경우에는, 그 이중경매신청인이 별도로 민사집행법 제148조 제2호, 제3호, 제4호에 해당하는 경우가 아니라면, 설령 이중경매신청이 받아들여진 경우에도 배당받을 수 없다. 기출 16

---

40) 이는 제121조 제1호의 "집행을 계속 진행할 수 없을 때"에 해당하여 매각허가에 대한 이의사유가 된다.

(3) 후행경매절차에 따라 절차를 속행하는 경우

① 선행경매절차의 취하 또는 취소 – 무잉여가 아닌 한 후행절차에 따른 속행(선행절차의 승계)

  ㉠ 먼저 경매개시결정을 한 경매신청이 취하되거나 그 절차가 취소된 때에는 법원은 '민사집행법 제91조 제1항의 규정에 어긋나지 아니하는 한도 안에서'[41] 직권으로 뒤의 경매개시결정에 따라 절차(후행절차)를 이어서 진행하면 된다(제87조 제1항).

  ㉡ 이때 후행절차는 선행절차의 속행이라는 성격을 가지므로, 선행한 경매신청이 취하되거나 그 절차가 취소된 경우(단 민사집행법 제91조 제1항의 규정에 어긋나지 않아야 함) 또는 정지된 경우(단 선행 매각절차가 취소되더라도 같은 법 제105조 제1항 제3호의 기재사항이 바뀌지 않는 경우에 한함)에는 후행의 경매신청인을 위하여 그때까지 진행되어 온 선행의 매각절차를 인계하여 당연하게 매각절차를 속행하여야 하는 것이고, 이 경우에 선행한 매각절차의 결과는 후행한 매각절차에서 유효한 범위에서 그대로 승계되어 이용되는 것이다(대판 2001.7.10. 2000다66010; 대판 2022.7.14. 2019다271685).

  기출 24

  ㉢ 선행절차에 있어서 행해진 현황조사라든가 감정평가 등은 특별히 원용절차를 밟지 아니하여도 후행절차에 그대로 이용할 수 있으며 후행사건에서는 나머지 절차만 속행하면 되고(대결 1991.4.13. 91마131), 선행한 매각절차에서 경매채무자가 주소변경신고를 하였다면 선행절차가 취소되었다고 하더라도 그 주소변경신고는 후행절차에 의하여 속행된 매각절차에서 당연히 효력이 있다. 따라서 '선행절차에서 변경된 주소'가 아닌 '종전의 주소'로 매각기일과 매각결정기일을 통지하였다면 이는 매각허가에 대한 이의사유가 된다. 기출 22・20・18・15

> 강제경매 또는 담보권실행을 위한 경매개시결정이 이루어진 부동산에 대하여 다른 채권자로부터 또 다시 경매신청이 있어 이중경매개시결정을 하는 경우에 먼저 개시결정한 경매신청이 취하되거나 그 절차가 취소 또는 정지되지 아니하는 이상 뒤의 경매개시결정에 의하여 경매절차를 진행할 수는 없는 것이지만, 선행한 경매신청이 취하되거나 그 절차가 취소 또는 정지된 경우에는 후행의 경매신청인을 위하여 그때까지 진행되어 온 선행의 경매절차를 인계하여 당연하게 경매절차를 속행하여야 하는 것이고, 이 경우에 선행한 경매절차의 결과는 후행한 경매절차에서 유효한 범위에서 그대로 승계되어 이용되는 것이므로, 선행한 경매절차에서 경매채무자가 주소변경신고를 하였다면 선행절차가 취소되었다고 하더라도 그 주소변경신고는 후행절차에 의하여 속행된 경매절차에서 당연하게 효력이 있다(대판 2001.7.10. 2000다66010).
>
> 기출 25・24・22・18

---

41) 민사집행법 제91조 제1항의 규정에 어긋나는 때란 압류채권자의 채권이 부동산상에 우선권을 가지고 있음에도 이중압류채권자의 채권은 이와 같은 우선권을 가지고 있지 않기 때문에 이중압류채권자에 우선하는 부동산상의 부담이 증가하고 동법 제91조의 잉여주의의 적용상 절차를 속행할 수 없게 되는 때를 가리킨다. 최초의 압류 후에 비로소 저당권설정등기가 되고 그 후에 이중경매개시결정이 되었기 때문에 그 저당권이 이중압류채권자에 대한 관계에 있어서 부동산상의 부담으로 되는 경우에도 마찬가지이다. 이와 같은 경우에는 새로이 동법 제102조 소정의 절차를 취하지 않으면 안 된다.

② **선행경매절차의 취하 또는 취소 – 압류의 효력**

　　㉠ 이 후행절차는 후행압류채권자를 위한 매각절차이므로 압류에 대항할 수 있는 권리의 범위는 이중경매개시결정에 의한 압류의 발효시[42]를 기준으로 한다.

　　㉡ 따라서 선행사건에 있어서 현황조사가 후행의 압류 뒤에 행하여진 경우를 제외하고는 그 후 달라진 부분에 대하여 다시 현황조사를 명하여야 하고 그 결과 선행의 압류와 후행의 압류와의 사이에 새로운 용익권의 설정이 있으면 매각물건명세서에 기재하고[43] 재평가를 명하여 최저매각가격도 다시 정한다.

　　㉢ 그 사이에 담보권의 설정이 있으면 민사집행법 제91조의 잉여주의에 반하는지 여부를 다시 심사하여 남을 가망이 없다고 인정되는 때에는 동법 제102조(무잉여 경우의 경매취소)의 절차를 밟아야 한다.

③ **선행경매절차의 취하 또는 취소**

　　㉠ 이중경매신청이 선행사건의 배당요구종기 전에 있는 경우, 선행사건의 경매신청 취하가 매수신고가 있은 뒤 있더라도 매각으로 효력을 잃지 아니하는 등기된 부동산에 대한 권리 또는 가처분에 대한 기재사항(제105조 제1항 제3호의 기재사항)이 바뀌지 아니하는 때에는 최고가매수신고인 등의 동의를 받을 필요가 없다(규칙 제49조 제1항, 제93조 제2항). **기출** 22

　　㉡ 최고가매수신고인이나 매수인, 차순위매수신고인이 있는 경우에 선행사건이 취소되더라도 매수인에게 인수되는 부담의 변경이 없어야 후행사건에 따라 계속 진행할 수 있으나, 그 매수인에게 인수되는 부담의 변경이 있는 경우에는 선행사건에서의 매각허가결정은 당연히 효력이 상실되므로 이를 명확히 하기 위하여 그 결정을 취소하고 후행사건에 따라서 처음부터 다시 매각절차를 밟아야 한다. **기출** 17

　　㉢ 압류가 경합되어 이중경매개시결정이 있더라도 선행 경매절차가 정지·취소되기 전까지는 후행 경매개시결정에 의한 집행절차는 잠재적인 것에 불과하므로 선행 경매절차에서의 최고가매수신고인등을 동시에 후행절차에서의 최고가매수신고인 등으로 볼 수는 없으므로 이 경우에는 민사집행법 제93조가 적용될 여지가 없다. 따라서 후행 경매신청인은 선행 경매절차에서의 최고가매수신고인등의 동의 여부와 관계없이 경매신청을 취하할 수 있고, 그 취하 후 선행 경매절차가 정지·취소 또는 취하되면 이후의 모든 절차를 정지 또는 종료하여야 한다(재민 91-3). **기출** 18

④ **선행경매절차의 취하 또는 취소 – 배당요구 종기 후의 이중경매신청**

　　㉠ 선행사건이 취하·취소되어 후행사건을 진행할 때, 뒤의 경매개시결정이 배당요구의 종기 이후의 신청에 의한 것인 때에는 집행법원은 새로운 배당요구 종기를 정하여야 한다(제87조 제3항 전문). **기출** 20·18·16

　　㉡ 이 경우 이미 배당요구 또는 채권신고를 한 사람에 대하여는 다시 배당요구종기의 고지 또는 채권신고의 최고를 하지 아니한다(제87조 제3항 후문). **기출** 18

---

42) 담보권실행을 위한 경매의 경우에는 저당권설정등기시점을 기준으로 한다.
43) 그 방법은 매각물건명세서의 기재사항의 정정방법의 예에 따른다.

⑤ 선행경매절차의 취하 또는 취소 - 새로이 생긴 이해관계인에 대한 채권신고 등의 최고

    ⑦ 선행사건이 취소되어 후행사건으로 진행을 하는 경우의 이해관계인의 지위는 후행사건을 기준으로 하여야 하므로, 선행압류와 후행압류의 중간에 '민사집행법 제90조 제3호 소정의 이해관계인'[44]이 새로이 생긴 때에는 동법 제84조 제4항에 따른 채권신고의 최고를 하여야 하며 '소유권이전에 관한 가등기권리자'에 대하여는 「가등기담보 등에 관한 법률」 제16조 제1항 소정의 권리신고의 최고를 하여야 한다.

    ⑥ 이미 민사집행법 제84조 제2항 또는 제4항의 규정에 따라 배당요구 또는 채권신고를 한 사람에 대하여는 고지 또는 최고를 하지 아니한다(제87조 제3항 후문).

> 선행 경매절차에서 한 배당요구의 효력이 후행 경매절차에서 인정된다고 하여 그러한 배당요구의 효력에 대상 부동산에 대한 처분금지효 등 압류의 일반적인 효력이 포함된다는 뜻은 아니다(대판 2014.1.16. 2013다 62315).

(4) 선행사건의 매각절차가 정지된 경우

① 이중경매신청이 있으면 후행경매절차는 정지된 상태로 있고 선행경매절차에 의해 경매절차가 진행되는 것이 원칙이다.

② 그런데 선행경매절차에 정지사유가 있어 선행경매절차가 정지되면 선행·후행경매절차가 모두 정지되어 있어야 하는 것인지 아니면 후행경매절차에 의해 경매절차가 속행되어야 하는지가 문제된다.

③ 선행경매신청과 후행경매신청사이에 전세권설정등기가 경료된 경우에, 전세권자는 선행경매절차에 대하여는 우선권을 주장할 수 없어 경매절차가 속행되면 전세권은 말소대상이지만, 후행경매절차에 대하여는 우선권을 주장할 수 있기 때문에 경매절차가 속행되더라도 전세권은 매수인에게 인수된다.

④ 따라서 선행경매절차가 정지된 경우에 후행경매절차를 속행할 것인지 아니면 정지된 선행경매절차가 취소 또는 속행여부가 확정될 때까지 기다렸다가 후행경매절차의 속행여부를 결정할 것인지도 문제된다.

⑤ 이와 같이 선행경매절차가 정지된 경우에 정지된 경매절차의 법적 운명이 어떻게 되느냐에 따라 후행경매절차를 속행할 것인지 아니면 취소할 것인지가 결정되는 것은 문제라고 하지 않을 수 없다.

⑥ 따라서 선행경매절차가 정지되어 있는 경우에 후행경매절차를 속행하더라도 매각조건이 변경되지 않거나 선행경매절차가 영향을 받지 않을 요건을 갖추고 있는 경우에는 후행경매절차를 속행하여도 무방할 것이다(제87조 제4항).

⑦ 민사집행법은 이에 착안하여 선행경매절차가 정지된 경우에도 후행경매절차로 속행이 가능한 요건을 정하고 있다.

⑧ 이는 정지된 선행경매절차가 후에 취소되거나 다시 속행되어도 전혀 영향을 받지 않는 요건을 갖춘 경우에는 후행경매절차로 속행이 가능하도록 규정한 것이다.

---

44) 등기부에 기입된 부동산 위의 권리자

⑨ 속행요건
　　㉠ 선행경매절차의 정지[45] : 이해관계인이 제49조 또는 제266조에서 정한 문서(일시정지서류)를 제출하여 선행경매절차가 정지되어 있어야 한다.
　　㉡ 배당요구종기 전의 후행경매신청 : 후행경매신청이 선행경매신청의 배당요구종기 이전에 신청되어 이중경매개시결정이 되어 있어야 한다.
　　㉢ 매각물건명세서의 기재사항의 불변
　　　　㉮ 무엇보다도 중요한 것은 정지되어 있던 선행경매절차가 취소되더라도 제105조 제1항 제3호의 기재사항이 바뀌지 아니하는 경우이어야 한다(제87조 제4항 단서).
　　　　㉯ 이는 정지 중인 선행 경매절차의 취소 여부에 따라 매각조건이 달라지는 경우에는 선행경매절차의 취소 여부가 불분명한 정지 상태에서 후행사건에 기초하여 절차를 속행하면 매각절차를 지나치게 불안정하게 하기 때문에 위 기재사항이 바뀌지 않을 경우에 한하여 절차를 속행할 수 있도록 한 것이다.
　　　　㉰ '민사집행법 제105조 제1항 제3호의 기재사항이 바뀔 때'란 정지된 선행경매절차가 취소되는 경우 선행 경매개시결정과 후행 경매개시결정과의 사이에 용익권설정등기나 처분금지가처분의 등기가 마쳐지는 등으로 후행 압류채권자에 대항할 수 있는 용익권 등이 존재하는 경우를 가리킨다.
　　　　㉱ 따라서 선행경매절차가 취소되는 경우 민사집행법 제105조 제1항 제3호의 기재사항이 바뀔 때에는 선행경매절차가 정지되더라도 후행경매개시결정에 터 잡아 즉시 절차를 속행할 것이 아니라, 선행경매절차의 집행정지사유가 소멸하거나 취소될 때까지 기다리는 것이 적당할 것이다.
　　　　㉲ 그러나 선행경매개시결정과 후행경매개시결정 사이에 저당권이 설정되어 있는 경우에는 선행경매절차가 취소되더라도 배당을 받을 자의 범위에 변동이 있을 뿐 민사집행법 제105조 제1항 제3호의 기재사항이 바뀌는 것은 아니므로 이중경매개시결정에 의한 매각절차의 속행을 방해하지 않는다.
　　　　㉳ 다만 이로 인하여 민사집행법 제91조의 우선권을 해하게 되는 때에는 동법 제102조 소정의 절차를 취하지 않으면 안 된다.
⑩ 속행결정 절차
　　㉠ 후행압류채권자에게 통지 : 이중경매개시결정이 있은 후 먼저 개시결정을 한 경매절차가 정지된 경우에는 법원사무관 등은 이러한 사유를 뒤의 개시결정에 관한 압류채권자에게 그 취지를 통지하여야 한다(규칙 제47조).
　　㉡ 신청에 의한 속행 결정
　　　　㉮ 법원은 신청에 따라 뒤의 경매개시결정에 기초하여 절차를 계속 진행한다는 취지의 결정을 하여야 하는데, 이러한 신청권은 배당요구의 종기까지 행하여진 이중경매신청 채권자만이 갖는다. 따라서 '배당요구의 종기 후에 신청을 한 압류채권자'는 절차속행의 신청권이 없기 때문에(제87조 제4항), 그 사람에 대하여 위 통지를 할 필요는 없다.

---

45) "정지된 때"란 민사집행법 제49조 제2호, 제4호 문서의 제출에 의하여 정지된 때를 말하고, 동조에 기재된 다른 문서의 제출(제1호·제3호·제5호·제6호)에 의하여 정지된 경우는 포함되지 아니한다. 후자의 문서가 제출된 경우에는 먼저 개시결정을 한 매각절차가 취소되므로(제50조 제1항), 동법 제87조 제2항이 적용되어 당연히 뒤의 경매개시결정에 따라 절차가 속행되고, 동법 제87조 제4항이 적용될 여지가 없기 때문이다.

ⓓ 이처럼 후행경매절차의 속행을 후행압류채권자의 신청에 의하도록 한 것은 후행압류채권자로 하여금 선행경매절차의 정지사유가 무엇인지, 선행경매절차 이후에 채무자가 처분행위를 하였는지, 하였다면 그 내용이 무엇인지 등을 판단하게 하여 정지된 선행경매절차가 속행될 때까지 기다리는 것이 유리한지 아니면 후행경매절차를 속행시키는 것이 유리한지를 결정하도록 하기 위해서이다.

ⓒ 속행신청에 대한 재판(결정)

㉮ 먼저 경매개시결정을 한 경매신청이 취하되거나 그 절차가 취소된 때에 뒤의 경매개시결정에 따른 절차의 속행에 관하여는 별도로 집행법원의 결정을 요하지 아니한다.

㉯ 다만 선행경매절차가 정지된 경우에 후행압류채권자의 속행신청이 있게 되면 집행법원은 속행여부의 결정을 하여야 한다.

⑪ **속행결정의 효과(후행사건에 따른 절차속행)**

㉠ 선행의 매각절차가 정지된 경우 아직 그 절차가 실효된 것은 아닐지라도 속행되는 것은 후행절차이지 선행절차가 아니다.

㉡ 이 경우 이미 선행절차에서 행해진 현황조사라든가 평가로서 유용한 것은 후행절차에 그대로 이용할 수 있다.

⑫ **압류의 효력**

㉠ 선행절차가 정지되더라도 압류의 효력 자체는 남아 있으므로 중간의 담보권자의 지위는 선행의 압류를 기준으로 하여 결정한다.

㉡ 다만, 선행절차의 정지사유가 해소되지 않은 채 배당에 들어가게 될 경우에는 선행절차의 압류채권자에게 배당할 금액은 이를 공탁하여야 한다(제160조).

⑬ **선행절차의 정지사유가 해소된 경우의 속행방법** : 한편 후행절차로 속행하고 있는 중에 선행절차의 정지사유가 해소되는 경우 실무에서는 후행사건으로 상당기간 진행하였기 때문에 선행사건으로 돌아가는 것이 오히려 경매진행에 어려움을 주는 경우에는 후행사건으로 진행하기도 한다.

Ⅲ 배당요구제도

1. 총 설

① 배당절차

㉠ 매각대금으로 채권자들의 채권을 만족시키기에 충분하지 아니한 경우 및 매각대금으로부터 집행비용 및 각 채권자의 채권을 만족시키기에 충분한 경우에도 법원은 각 채권자들에게 민·상법, 그 밖의 법률에 의한 우선순위에 따라 안분비례의 방법으로 매각대금을 배당하여야 한다.

㉡ '동산집행'에 있어서는 배당절차개시요건이 구비되면 종전의 집행절차와는 별도의 독립한 민사집행사건으로서 배당절차가 개시되며, '부동산경매'에 있어서는 배당절차가 종전의 경매절차의 일환으로 실시된다.

② 배당요구

 ⊙ 의의 : 배당요구란 다른 채권자에 의하여 개시된 집행절차에 참가하여 동일한 재산의 매각대금에서 변제를 받으려는 집행법상의 행위로서 다른 채권자의 강제집행절차에 편승한다는 점에서 종속적인 것이다.

 ⓒ 구별개념(권리신고) : 배당요구와 대비되는 행위로서 권리신고가 있는데, 권리신고는 배당요구와 달리 부동산 위의 권리자가 집행법원에 신고를 하고 그 권리를 증명하는 것이며, 권리신고를 함으로써 이해관계인이 되지만(제90조 제4호), 권리신고를 한 것만으로 당연히 배당을 받게 되는 것은 아니며 별도로 배당요구를 하여야 한다(제148조).

③ 배당요구채권자와 당연배당채권자

 ⊙ 민사집행법은 배당요구가 있어야 배당참가가 허용되는 채권자와 배당요구를 하지 않더라도 배당참가가 허용되는 채권자로 대별하여 규율하고 있다.

 ⓒ 이하에서는 편의상 전자를 배당요구채권자라고 하고, 후자를 당연배당채권자라고 하기로 한다.

2. 배당받을 채권자의 범위(제148조)

> **민사집행법 제148조(배당받을 채권자의 범위)**
>
> 제147조 제1항에 규정한 금액을 배당받을 채권자는 다음 각 호에 규정된 사람으로 한다.
> 1. 배당요구의 종기까지 경매신청을 한 압류채권자
> 2. 배당요구의 종기까지 배당요구를 한 채권자
> 3. 첫 경매개시결정등기 전에 등기된 가압류채권자
> 4. 저당권·전세권, 그 밖의 우선변제청구권으로서 첫 경매개시결정등기 전에 등기되었고 매각으로 소멸하는 것을 가진 채권자

(1) 당연배당채권자

① 배당요구종기까지 경매신청을 한 압류채권자(동조 제1호)

 ⊙ '선행사건의 배당요구의 종기까지' 이중경매신청을 한 채권자는 별도의 배당요구를 하지 않아도 배당을 받는다(제148조 제1호). **기출** 17 · 16

 ⓒ 그러나 이중경매신청을 선행사건의 배당요구의 종기 이후에 한 경우에는, 그 이중경매신청인이 별도로 민사집행법 제148조 제2호, 제3호, 제4호에 해당하는 경우가 아니라면, 설령 이중경매신청이 받아들여진 경우에도 배당받을 수 없다. 또한 이중경매신청을 하였으나 그 경매신청이 부적법하여 각하되는 등의 사유로 종국적으로 압류의 효력이 발생하지 않는 경우에도 배당받을 채권자의 범위에 속하지 않는다.

② 첫 경매개시결정등기 전에 등기된 가압류채권자[46](동조 제3호)

ㄱ 첫 경매개시결정등기 전에 가압류집행을 한 채권자는 배당요구하지 않더라도 배당을 받는다(제148조 제3호). 경매절차 개시 전의 부동산가압류권자는 배당요구를 하지 않았더라도 당연히 배당요구를 한 것과 동일하게 취급되므로, 그러한 가압류권자가 채권계산서를 제출하지 않았다 하여도 배당에서 제외하여서는 아니 된다(대판 1995.9.28. 94다57718). 기출 19·18

> 첫 경매개시결정등기 전에 등기된 가압류채권자는 배당요구를 하지 않더라도 당연히 배당요구를 한 것과 동일하게 취급되는 지위에 있고(민사집행법 제148조 제3호), 첫 경매개시결정등기 전에 등기된 가압류채권자로부터 그 피보전권리를 양수한 채권양수인은 승계집행문을 부여받지 않더라도 배당표가 확정되기 전까지 경매법원에 피보전권리를 양수하였음을 소명하여 가압류의 효력을 원용함으로써 가압류채권자의 승계인 지위에서 배당받을 수 있다. 이러한 채권양수인이 경매법원에 채권신고를 하였으나 배당표가 확정되기 전까지 그 채권양수사실을 제대로 소명하지 못할 경우, 가압류채권자가 배당받을 수 있는 순위에 해당될 때에는 경매법원으로서는 가압류채권자에게 배당할 수밖에 없으나, 가압류채권자에 대한 배당액은 가압류채권자 앞으로 공탁될 것이고(민사집행법 제160조 제1항 제2호), 채권양수인은 이후 가압류채무자를 상대로 집행권원을 취득한 뒤 적법한 권리승계사실을 증명하여 가압류채권자 앞으로 공탁된 배당액을 직접 수령할 수 있으므로 위 배당액은 종국적으로는 채권양수인에게 귀속되어야 할 것이다(대판 2012.4.26. 2010다94090). 기출 20·15

ㄴ 근로기준법상 우선변제권이 있는 임금채권자가 임금채권을 피보전권리로 하여 매각부동산에 관하여 첫 경매개시결정등기 전에 가압류집행을 한 경우에는 배당요구종기까지 우선변제권이 있는 임금채권자로서의 소명을 하지 않았다 하더라도 배당표가 확정되기 전까지 그 가압류의 청구채권이 우선변제권이 있는 임금채권임을 소명하면 우선배당을 받을 수 있다(대판 2004.7.22. 2002다52312). 기출 17

> 근로기준법에 의하여 우선변제청구권을 갖는 임금채권자라고 하더라도 임의경매절차에서 배당요구의 종기까지 배당요구를 하여야만 우선배당을 받을 수 있는 것이 원칙이나, 경매절차개시 전의 부동산 가압류권자는 배당요구를 하지 않았더라도 당연히 배당요구를 한 것과 동일하게 취급하여 설사 그가 별도로 채권계산서를 제출하지 아니하였다 하여도 배당에서 제외하여서는 아니 되므로, 민사집행절차의 안정성을 보장하여야 하는 절차법적 요청과 근로자의 임금채권을 보호하여야 하는 실체법적 요청을 형량하여 보면 근로기준법상 우선변제권이 있는 임금채권자가 경매절차개시 전에 경매 목적 부동산을 가압류한 경우에는 배당요구의 종기까지 우선권 있는 임금채권임을 소명하지 않았다고 하더라도 배당표가 확정되기 전까지 그 가압류의 청구채권이 우선변제권 있는 임금채권임을 소명하면 우선배당을 받을 수 있다(대판 2004.7.22. 2002다52312). 기출 17

ㄷ 채무자가 특정 채권자에 대한 채무를 담보하기 위하여 채무자 소유 부동산에 관하여 근저당권을 설정하여 주었다가 그 근저당권설정계약이 사해행위라는 이유로 취소되었으나, 그 채권자가 위 근저당권의 피담보채권을 피보전채권으로 하여 가압류결정을 받은 다음 위 부동산에 관한 경매절차에서 배당요구종기 이전에 적법하게 배당요구를 한 경우에는, 위 부동산에 관한 경매절차에서 근저당권자 자격으로는 배당받을 수 없으나, 적법한 배당요구권자의 지위에서 배당받는 것은 가능하다고 할 것이다(대판 2015.7.9. 2014다229177). 기출 19

---

46) 경매신청시 경매개시결정이 있게 되면 집행법원은 개시결정 이전의 권리사항이 공시되어 있으므로 손쉽게 가압류채권자를 파악하는 것이 가능한 반면, 개시결정 후에는 등기부상 권리사항을 집행법원은 알 수 없으므로 경매개시결정 이전의 가압류채권자와 경매개시결정 이후의 가압류채권자를 달리 취급하여 개시결정 이전의 가압류채권자를 당연배당채권자로 인정한 것이다.

③ 첫 경매개시결정등기 전에 등기된 우선변제권자(동조 제4호)

　㉠ 저당권·전세권·임차권자 등(제148조 제4호)

　　㉮ 첫 경매개시결정등기 전에 설정된 매각부동산 위의 권리 중 '담보권'이나 '최선순위가 아닌 용익권'(저당권·압류·가압류에 대항할 수 없는 것)은 매각으로 인하여 당연히 소멸하는 대신(소멸주의, 제91조 제2항·제3항), 법률상 당연히 배당요구한 것과 같은 효력이 있으므로, 별도의 배당요구가 없더라도 순위에 따라 배당을 받을 수 있다(제148조 제4호). 기출 24·15

　　㉯ 담보가등기

> 가등기담보 등에 관한 법률 제16조는 소유권의 이전에 관한 가등기가 되어 있는 부동산에 대한 경매 등의 개시결정이 있는 경우 법원은 가등기권리자에 대하여 그 가등기가 담보가등기인 때에는 그 내용 및 채권의 존부·원인 및 수액을, 담보가등기가 아닌 경우에는 그 내용을 법원에 신고할 것을 상당한 기간을 정하여 최고하여야 하고(제1항), 압류등기 전에 경료된 담보가등기권리가 매각에 의하여 소멸하는 때에는 제1항의 채권신고를 한 경우에 한하여 그 채권자는 매각대금의 배당 또는 변제금의 교부를 받을 수 있다고 규정하고 있으므로(제2항), 위 제2항에 해당하는 담보가등기권리자가 집행법원이 정한 기간 안에 채권신고를 하지 아니하면 매각대금의 배당을 받을 권리를 상실한다(대판 2008.9.11. 2007다25278). 기출 15

　㉡ 최선순위의 전세권 : 저당권·압류·가압류에 대항할 수 있는 최선순위의 용익권 중 '전세권'은 실체법상 존속기간이 만료되었는지에 관계없이 그 권리자가 배당요구를 하여야만 매각으로 소멸하므로(제91조 제4항 단서), 이에 해당하는 권리는 비록 첫 경매개시결정등기 전에 등기되어 있더라도 배당요구가 필요하다. 기출 24

> • 전세권이 존속기간의 만료나 합의해지 등으로 종료하면 전세권의 용익물권적 권능은 소멸하고 단지 전세금반환채권을 담보하는 담보물권적 권능의 범위 내에서 전세금의 반환 시까지 전세권설정등기의 효력이 존속하므로, 전세권이 존속기간의 만료 등으로 종료한 경우라면 '최선순위 전세권자의 채권자'는 전세권이 설정된 부동산에 대한 경매절차에서 채권자대위권에 기하거나 전세금반환채권에 대하여 압류 및 추심명령을 받은 다음 추심권한에 기하여 자기 이름으로 전세권에 대한 배당요구를 할 수 있다. 다만 경매의 매각절차에서 집행법원은 원래 전세권의 존속기간 만료 여부 등을 직접 조사하지는 아니하는 점, 또 건물에 대한 전세권이 법정갱신된 경우에는 등기된 존속기간의 경과 여부만 보고 실제 존속기간의 만료 여부를 판단할 수는 없는 점 및 민사집행규칙 제48조 제2항은 "배당요구서에는 배당요구의 자격을 소명하는 서면을 붙여야 한다"라고 규정하고 있는 점 등에 비추어 보면, '최선순위 전세권자의 채권자'가 채권자대위권이나 추심권한에 기하여 전세권에 대한 배당요구를 할 때에는 채권자대위권 행사의 요건을 갖추었다거나 전세금반환채권에 대하여 압류 및 추심명령을 받았다는 점과 아울러 전세권이 '존속기간의 만료 등으로 종료하였다는 점에 관한 소명자료'를 배당요구의 종기까지 제출하여야 한다(대판 2015.11.17. 2014다10694). 기출 22·21·19
> • 실제로는 전세권설정계약이 없으면서도 임대차계약에 기한 임차보증금 반환채권을 담보할 목적으로 임차인과 임대인 사이의 합의에 따라 임차인 명의로 전세권설정등기를 경료한 후 그 전세권에 대하여 근저당권이 설정된 경우, 설령 위 전세권설정계약만 놓고 보아 그것이 통정허위표시에 해당하여 무효라 하더라도 이로써 위 전세권설정계약에 의하여 형성된 법률관계를 토대로 별개의 법률원인에 의하여 새로운 법률상 이해관계를 갖게 된 근저당권자에 대하여는 그와 같은 사정을 알고 있었던 경우에만 그 무효를 주장할 수 있다(대판 2008.3.13. 2006다29372). 기출 22

⑭ 등기된 임차권 : 임차권등기명령에 따라 첫 경매개시결정 이전에 등기된 임차권의 경우, 민사집행법 제148조 제4호의 채권자에 준하여, 그 임차인은 별도로 배당요구를 하지 않아도 당연히 배당받을 채권자에 속하는 것으로 보아야 한다(대판 2005.9.15. 2005다33039).

> 임차권등기명령에 의하여 임차권등기를 한 임차인은 우선변제권을 가지며, 위 임차권등기는 임차인으로 하여금 기왕의 대항력이나 우선변제권을 유지하도록 해주는 담보적 기능을 주목적으로 하고 있으므로, 위 임차권등기가 첫 경매개시결정등기 전에 등기된 경우, 배당받을 채권자의 범위에 관하여 규정하고 있는 민사집행법 제148조 제4호의 "저당권·전세권, 그 밖의 우선변제청구권으로서 첫 경매개시결정 등기 전에 등기되었고 매각으로 소멸하는 것을 가진 채권자"에 준하여, 그 임차인은 별도로 배당요구를 하지 않아도 당연히 배당받을 채권자에 속하는 것으로 보아야 한다(대판 2005.9.15. 2005다33039). **기출** 18·17

ⓒ 첫 경매개시결정등기 전의 체납처분에 의한 압류권자(국세징수법 제56조)
  ㉮ 부동산에 관한 경매개시결정기입등기 '전(前)'에 체납처분에 의한 압류등기가 마쳐진 경우 국가는 국세징수법 제59조에 의한 교부청구를 하지 않더라도 당연히 그 등기로써 배당요구와 같은 효력이 발생한다(대판 2002.1.25. 2001다11055). **기출** 22·18·15
  ㉯ 그러나 경매개시결정 기입등기 '후(後)'에 체납처분에 의한 압류등기가 마쳐지게 된 경우에는 조세채권자인 국가로서는 경매법원에 배당요구종기까지 배당요구로서 교부청구를 하여야만 배당을 받을 수 있다(대판 2001.5.8. 2000다21154). **기출** 20·16

> 부동산에 관한 경매개시결정 기입등기 이전에 체납처분에 의한 압류등기 또는 국세징수법 제24조 제2항에 의한 보전압류의 등기가 마쳐져 있는 경우에는 경매법원으로서도 조세채권의 존재와 그의 내용을 알 수 있으나, 경매개시결정 기입등기 이후에야 체납처분에 의한 압류등기가 마쳐진 경우에는 조세채권자인 국가가 집행법원에 대하여 배당요구를 하여 오지 않는 이상 집행법원으로서는 위와 같은 조세채권이 존재하는지의 여부조차 알지 못하므로, 경매개시결정 기입등기 이전에 체납처분에 의한 압류등기가 마쳐져 있는 경우와는 달리 그 개시결정 기입등기 후에 체납처분에 의한 압류등기가 마쳐지게 된 경우에는 조세채권자인 국가로서는 집행법원에 배당요구종기까지 배당요구로서 교부청구를 하여야만 배당을 받을 수 있다(대판 2001.5.8. 2000다21154). **기출** 20·16

④ 종전 등기부상의 권리자
  ㉠ 재건축사업시행결과 공급된 부동산에 대하여 경매할 때 종전 부동산등기부에 기입되어 있던 부담등기의 권리자를 말한다.
  ㉡ 종전의 대지(또는 건축물)에 관한 지상권·전세권·저당권 또는 등기된 임차권과 주택임대차보호법 제3조 제1항의 요건을 갖춘 임차권은 분양받은 대지(또는 건축물)에 설정된 것으로 본다.
  ㉢ 종전 부동산의 등기부에 위와 같은 등기가 있는 경우에는 그 등기된 권리자도 배당요구하지 않아도 당연히 배당에 참가할 수 있는 채권자에 해당하는 것으로 보아야 한다.

(2) 배당요구채권자

배당요구를 하여야 배당받을 수 있는 채권자를 말한다(제148조 제2호). 이에 대해서는 3.에서 자세히 살펴본다.

(3) 채권신고

① 채권신고의 필요성

　ⓐ 당연배당채권자(제148조 제3호 및 제4호의 채권자)에게는 별도의 배당요구가 없더라도 배당을 하여야 한다.

　ⓑ 다만 별도의 배당요구가 없으므로 집행법원은 구체적인 채권액을 알기 어려운 문제점이 있다.

　ⓒ 따라서 법원사무관 등은 당연배당채권자에게 배당요구종기까지 구체적인 채권액을 밝혀 신고할 것을 최고하도록 하고 있다(제84조 제4항).

　ⓓ 배당요구채권자의 경우에는 배당요구시에 채권액을 밝히게 되므로 별도로 채권신고절차가 필요 없다.

② 채권신고의 효력 : 당연배당채권자가 별도로 채권신고를 하지 아니하는 경우에는 등기사항증명서 등 집행기록에 나타난 자료를 기준으로 채권액을 계산한다(제84조 제5항).

> • [1] 채권신고는 민법 제168조 제2호의 압류에 준하는 것으로서 신고된 채권에 관하여 소멸시효를 중단하는 효력이 생긴다. 그러나 민법 제175조에 "압류, 가압류 및 가처분은 권리자의 청구에 의하여 또는 법률의 규정에 따르지 아니함으로 인하여 취소된 때에는 시효중단의 효력이 없다."고 규정하고, 민사집행법 제93조 제1항에 "경매신청이 취하되면 압류의 효력은 소멸된다."고 규정하고 있으므로 경매신청이 취하되면 특별한 사정이 없는 한 압류로 인한 소멸시효 중단의 효력이 소멸하는 것과 마찬가지로 위와 같이 첫 경매개시결정등기 전에 등기되었고 매각으로 소멸하는 저당권을 가진 채권자의 채권신고로 인한 소멸시효 중단의 효력도 소멸한다.
> [2] 저당권으로서 첫 경매개시결정등기 전에 등기되었고 매각으로 소멸하는 것을 가진 채권자가 다른 채권자의 신청에 의하여 개시된 경매절차에서 채권신고를 하였다고 하더라도 최고의 효력은 인정되지 않고, 경매신청이 취하한 후 6월내에 위와 같은 채권신고를 한 채권자가 소제기 등의 재판상의 청구를 하였다고 하더라도 민법 제170조 제2항에 의하여 소멸시효 중단의 효력이 유지된다고 할 수 없다(대판 2010.9.9. 2010다28031).
> • 경매신청이 취하된 경우에는 특별한 사정이 없는 한 압류로 인한 소멸시효 중단의 효력은 물론, 첫 경매개시결정등기 전에 등기되었고 매각으로 소멸하는 저당권을 가진 채권자의 채권신고로 인한 소멸시효 중단의 효력도 소멸하지만, 이와 달리 민사집행법 제102조 제2항(무잉여)에 따라 경매절차가 취소된 경우에는 압류로 인한 소멸시효 중단의 효력이 소멸하지 않고, 마찬가지로 첫 경매개시결정등기 전에 등기되었고 매각으로 소멸하는 저당권을 가진 채권자의 채권신고로 인한 소멸시효 중단의 효력도 소멸하지 않는다(대판 2015.2.26. 2014다228778).

③ 채권신고액의 추가 : 당연배당채권자라도 배당요구의 종기까지 채권신고를 하지 아니한 때에는 등기사항증명서 등 집행기록에 있는 서류와 증빙에 따라 계산하여야 하고, 이 경우 다시 채권액을 추가하여서는 안 된다(제84조 제5항).

3. 배당요구채권자

> **민사집행법 제88조(배당요구)**
> ① 집행력 있는 정본을 가진 채권자, 경매개시결정이 등기된 뒤에 가압류를 한 채권자, 민법·상법, 그 밖의 법률에 의하여 우선변제청구권이 있는 채권자는 배당요구를 할 수 있다. [기출] 25·16
> ② 배당요구에 따라 매수인이 인수하여야 할 부담이 바뀌는 경우 배당요구를 한 채권자는 배당요구의 종기가 지난 뒤에 이를 철회하지 못한다. [기출] 21

(1) 서 설

집행절차가 개시되었다고 하더라도 모든 채권자에게 배당참가가 인정되는 것은 아니다. 민사집행법은 당연히 배당을 받을 채권자 외에 제88조 제1항에서 정한 배당을 요구할 수 있는 채권자에 한하여 배당에 참가할 수 있는 자를 열거하고 있다. 본조에 열거되지 아니한 자(유치권자 등)는 배당요구자격이 없다.

① **집행력 있는 정본을 가진 채권자**

    ㉠ 집행력 있는 정본을 가진 채권자는 부동산[47]집행절차에 있어서는 별도의 집행신청을 하든가 배당요구를 하든가 두 가지 방법 중 하나를 선택할 수 있다.

    ㉡ 집행정본은 사본이라도 무방하다는 것이 판례이다(대판 2002.10.29, 2002마580).

    ㉢ 강제집행에 집행문이 필요한 것은 집행문을 부여받아야 하지만 집행문이 필요없는 확정된 지급명령(제58조 제1항)이나 확정된 이행권고결정(소심법 제5조의8 제1항)은 집행문이 없어도 된다.

> - 민사집행법 제58조 제1항 본문, 제88조 제1항, 민사집행규칙 제48조 제2항에 따르면, 확정된 지급명령의 채권자가 집행력 있는 정본을 가진 채권자로서 배당요구를 하기 위해서는 배당요구서에 지급명령 정본(다만 민사집행법 제58조 제1항 단서 각 호의 사유가 있는 경우에는 집행문을 부여받아야 한다) 등을 첨부하여 제출하여야 한다. 그러므로 지급명령이 확정되어 지급명령 정본 등을 가지기 전에 지급명령 신청 접수 증명원만을 제출하여 미리 배당요구를 하였다면 그 배당요구는 부적법하고, 다만 그 후에 지급명령 정본 등을 제출하면 하자가 치유된다. 그런데 이 경우에도 다른 특별한 사정이 없는 한 배당요구의 종기까지는 지급명령 정본 등이 제출되어야 한다(대판 2014.4.30, 2012다96045). **기출** 19·18
> - 집행력 있는 정본을 가진 채권자 등은 배당요구의 종기까지 배당요구를 한 경우에 한하여 비로소 배당을 받을 수 있고, 적법한 배당요구를 하지 않은 경우에는 매각대금으로부터 배당을 받을 수는 없다. 이러한 채권자가 적법한 배당요구를 하지 않아 배당에서 제외되는 것으로 배당표가 작성되어 배당이 실시되었다면, 그가 적법한 배당요구를 한 경우에 배당받을 수 있었던 금액에 해당하는 돈이 다른 채권자에게 배당되었다고 해서 법률상 원인이 없는 것이라고 할 수 없다(대판 2020.10.15, 2017다216523).
> - 적법한 배당요구가 필요함에도 이를 하지 않아 배당에서 제외된 선순위 채권자는 대신 배당받은 후순위 채권자를 상대로 부당이득반환을 청구할 수 없다. 채권자가 배당요구를 하기 전의 단계에서는 채무자의 책임재산으로부터 액수 미상의 돈을 분배받으리라는 잠재적이고 추상적인 기대를 가질 뿐이다. 그러나 채권자가 배당요구를 하여 배당절차에 참가하고 경매절차의 진행으로 배당요구의 종기가 지나면 특정 금액의 배당금을 자신에게 귀속시킬 수 있는 구체적인 권리를 가진다. 따라서 어느 채권자가 자신이 배당받을 수 있는 금액을 넘어 배당을 받거나 배당받을 지위에 있지 않음에도 다른 채권자에게 귀속되어야 할 배당금을 받아갔다면, 그는 다른 채권자의 손실로 인하여 법률상 원인 없이 이득을 얻은 것으로 보아야 한다(대판 2019.7.18, 2014다206983[전합]).

② **경매개시결정등기 후에 가압류를 한 채권자**

    ㉠ '첫 경매개시결정등기 후(後)에 가압류를 한 채권자'는 경매신청인에게 대항할 수 없고 집행법원도 가압류사실을 알 수가 없으므로 배당요구의 종기까지 배당요구를 하여야만 배당받을 수 있다.

기출 25·16

> 민사집행법 제88조 제1항은 경매신청의 등기 후에 가압류를 한 채권자는 배당요구를 할 수 있다고 규정하고 있는 바, 여기서 배당요구를 할 수 있는 '가압류를 한 채권자'는 단순히 '가압류결정'을 받은 채권자가 아니라 당해 경매부동산에 대하여 '가압류 집행'을 마친 가압류채권자를 가리키는 것이므로, 만일 가압류 집행 전에 가압류결정만을 제출하여 미리 배당요구를 하였다면 그 배당요구는 부적법하다고 할 것이고,

---

47) 유체동산 집행절차에서는 집행력 있는 정본을 가진 채권자라 할지라도 자신이 별도의 강제집행을 신청하여야만 하고 배당요구를 할 수 없다.

   ⓛ 다만 가압류채권자 중 '첫 경매개시결정등기 전(前)에 가압류를 한 채권자'는 배당요구를 하지 않더라도 당연히 배당받을 수 있다(제148조 제3호). **기출** 25

   ⓒ 이중경매사건에서 선행경매사건이 정지된 경우에 선행경매사건 이후에 가압류등기가 경료된 경우에는 설령 후행경매사건에 따른 경매절차가 진행되는 경우라 할지라도 배당요구종기까지 배당요구하지 아니하면 배당받을 수 없다.

   ⓓ 선행경매사건이 취하 또는 취소된 경우에는 선행경매신청 후에 가압류등기가 이루어졌어도 후행경매개시결정보다 전에 가압류를 한 채권자에 해당하므로 배당요구를 하지 않더라도 당연히 배당받을 수 있다(제148조 제3호).

 ③ **법률**(민법·상법·주택임대차보호법·근로기준법 등)**에 의하여 우선변제청구권이 있는 채권자**

  ㉠ 등기 안 된 우선변제권자

   ㉮ 임대차보증금채권, 임금채권 등과 같이 우선변제권은 인정되나 등기부상 공시되어 있지 아니한 채권자는 집행법원으로서는 그 채권의 존부를 알 수가 없기 때문에 배당요구를 하여야만 배당을 받을 수 있다.

   ㉯ 따라서 첫 경매기시결정등기 전에 대항요건과 확정일자를 갖춘 주택임차인은 배당요구의 종기까지 배당요구를 한 경우에 비로소 배당을 받을 수 있다. **기출** 18

> - 집행력 있는 정본을 가진 채권자, 경매개시결정이 등기된 뒤에 가압류를 한 채권자, 민법·상법, 그 밖의 법률에 의하여 우선변제청구권이 있는 채권자는 배당요구의 종기까지 배당요구를 한 경우에 한하여 비로소 배당을 받을 수 있고, 적법한 배당요구를 하지 아니한 경우에는 실체법상 우선변제청구권이 있는 채권자라 하더라도 매각대금으로부터 배당을 받을 수 없으며, 배당요구의 종기까지 배당요구한 채권자라 할지라도 채권의 일부 금액만을 배당요구한 경우 배당요구의 종기 이후에는 배당요구하지 아니한 채권을 추가하거나 확장할 수 없다(대판 2008.12.24. 2008다65242). **기출** 24 · 18
> - 주택임차인이 그 지위를 강화하고자 별도로 전세권설정등기를 마치더라도 주택임대차보호법상 임차인으로서 우선변제를 받을 수 있는 권리와 전세권자로서 우선변제를 받을 수 있는 권리는 근거규정 및 성립요건을 달리하는 별개의 권리라고 할 것인 점 등에 비추어 보면, 주택임대차보호법상 임차인으로서의 지위와 전세권자로서의 지위를 함께 가지고 있는 자가 그중 임차인으로서의 지위에 기하여 경매법원에 배당요구를 하였다면 배당요구를 하지 아니한 전세권에 관하여는 배당요구가 있는 것으로 볼 수 없다(대판 2010.6.24. 2009다40790). **기출** 22 · 18 · 17
> - 주택임대차보호법상의 대항력과 우선변제권을 모두 가지고 있는 임차인이 보증금을 반환받기 위하여 보증금반환청구소송의 확정판결 등 집행권원을 얻어 임차주택에 대하여 스스로 강제경매를 신청하였다면 특별한 사정이 없는 한 대항력과 우선변제권 중 우선변제권을 선택하여 행사한 것으로 보아야 하고, 이 경우 우선변제권을 인정받기 위하여 배당요구의 종기까지 별도로 배당요구를 하여야 하는 것은 아니다(대판 2013.11.14. 2013다27831). **기출** 22 · 20 · 17 · 15

   ㉰ 주의할 것은 주택이나 상가건물의 임차인이 이해관계인으로서 권리신고를 한 경우에도 이를 배당요구로는 볼 수 없으므로 다시 배당요구하여야 한다는 점이다(재민 84-10).

  ⓛ 경매개시결정 이후에 등기된(공시된) 저당권·전세권·임차권 등

   ㉮ 저당권, 전세권, 등기된 임차권 등 등기는 되었으나 그 등기가 첫 경매개시결정등기 후에 되었기 때문에 민사집행법 제148조 제4호에 따라 당연히 배당받을 수 있는 채권자에 해당되지 아니하는 채권자이다.

ⓑ 이중경매절차에서의 취급은 가압류채권자와 동일하다.

ⓒ 경매개시결정 이후에 대항력과 우선변제권을 갖춘 임차인도 배당요구를 하여야만 배당받을 수 있다.

ⓓ 다만 소액임차인은 경매개시결정 이전에 대항력을 갖춘 경우에만 최우선변제를 받을 수 있는 배당요구를 할 수 있는 채권자가 된다.

④ **경매개시결정 전에 체납압류 등을 하지 아니한 조세 기타 공과금채권** : 배당요구의 종기까지 국세징수법상의 체납처분의 예에 의한 압류·참가압류 또는 교부청구를 하여야만 배당받을 수 있다.

> • 국세징수법 제59조에 규정된 교부청구는 과세관청이 이미 진행 중인 강제환가절차에 가입하여 체납된 국세의 배당을 구하는 것으로서 민사집행법에 규정된 부동산경매절차에서의 배당요구와 같은 성질의 것이므로 당해 국세는 교부청구 당시 체납되어 있음을 요하고 또한 과세관청이 배당요구의 종기까지 교부청구를 한 경우에 한하여 비로소 배당을 받을 수 있으며, 적법한 교부청구를 하지 아니한 세액은 그 국세채권이 실체법상 다른 채권에 우선하는 것인지의 여부와 관계없이 배당할 수 없다(대판 2001.11.27. 99다22311). **기출** 18
> • 국세의 교부청구도 배당요구와 마찬가지로 배당요구의 종기까지만 할 수 있으나, 경매부동산에 관하여 국세체납처분의 절차로서 압류의 등기가 되어 있는 경우에는 교부청구를 한 효력이 있는 것으로 보아야 하고, 이 경우 세무서장이 배당요구의 종기까지 체납된 국세의 세액을 계산할 수 있는 증빙서류를 제출하지 아니한 때에는 경매법원으로서는 당해 압류등기촉탁서에 의한 체납세액을 조사하여 배당할 수 있다(대판 1997.2.14. 96다51585). ☞ 압류, 참가압류를 한 국세, 지방세 등 공과금채권자는 압류, 참가압류의 등기가 첫 경매개시결정 등기 전에 행하여진 경우 다시 별도의 교부청구를 하지 않더라도 배당을 받는다. **기출** 24
> • 채무자 회생 및 파산에 관한 법률 제349조 제1항은 파산선고 전에 파산재단에 속하는 재산에 대하여 조세채권에 기한 체납처분을 한 때에는 파산선고는 그 처분의 속행을 방해하지 아니한다고 규정하고 있고, 이에 따라 조세채권인 과세관청이 파산선고 전 체납처분으로 부동산을 압류(참가압류를 포함한다)한 경우에는 이후 체납자가 파산선고를 받더라도 선착수한 체납처분의 우선성에 따라 별제권(담보물권 등) 행사에 따른 부동산경매절차에서 조세채권자가 매각대금으로부터 직접 배당받을 수 있다(대판 2023.10.12. 2018다294162). ☞ 체납처분의 우선성이 인정되어 조세채권자에게 직접 배당하는 조세채권은 체납처분의 원인이 된 조세채권의 압류 당시 실체 체납액에 한정된다고 봄이 타당하고, 이와 달리 구 국세징수법 제47조 제2항의 문언에 따라 압류 이후 발생한 위 체납액의 초과 부분까지 포함된다고 볼 수는 없다. **기출** 24

⑤ **대위변제자의 배당요구** : 원칙적으로 피대위자가 배당받기 위하여 배당요구가 필요한 경우에는 대위할 범위에 관하여 대위권자만이 배당요구해도 되고(대판 2000.9.29. 2000다32475), 대위할 범위에 관하여 피대위자가 이미 배당요구하였거나 배당요구 없이도 당연히 배당받을 수 있는 경우에는 대위권자는 따로 배당요구하지 않아도 배당기일까지 대위권자임을 소명하면 된다고 할 것이다.

(2) 배당을 요구할 수 있는 채권

① **집행채무자에 대한 채권일 것**

ⓐ 배당요구는 채무자의 총재산으로부터 변제를 받고자 하는 의사표시이므로, 매각부동산이 집행채무자의 소유에 속하여야 한다.

ⓑ 따라서 매각부동산의 전소유자에 대한 채권으로는 배당요구할 수 없다.

ⓒ 집행채무자에 대한 채권이라 할지라도 매각절차진행 중에 제3자에게 양도되어 소유권이전등기가 된 때에는 그 처분이 경매신청채권자와의 관계에 있어서는 효력이 없으나 그 외의 자에 대하여는 유효하므로 양수인 명의로 이전등기가 된 시점 이후에는 배당요구할 수 없다(재민 63-11).

② **이행기가 도래한 채권일 것** : 집행을 받을 사람이 일정한 시일에 이르러야 그 채무를 이행하게 되어 있는 때에는 그 시일이 지난 뒤에 강제집행을 개시할 수 있으므로(제40조 제1항), 이행기가 도래하지 않은 채권은 배당요구할 수 없다(반대견해 있음).

(3) 배당요구절차

① 배당요구방식

    ㉠ 배당요구는 집행법원에 채권의 원인과 액수를 적은 서면으로 하여야 하고(규칙 제48조 제1항), 말로 하는 신청은 허용되지 않는다.

    ㉡ 배당요구를 할 때는 반드시 집행력 있는 정본을 붙일 필요는 없고 그 사본을 붙이면 된다(규칙 제48조 제2항·제1항).

> • 주택임대차보호법에 의하여 우선변제권이 있는 소액임차인이 배당요구서를 배당요구종기 이전에 집행관 사무실에 제출하였다고 하더라도 그 배당요구서가 집행법원에 다시 제출되지 않는 한 이를 집행관 사무실에 제출한 것만으로는 아무런 효력이 발생하지 않는다(대판 2018.6.12. 2007다87306).
> • 민사집행법 제90조는 경매절차의 이해관계인 중의 하나로 집행력 있는 정본에 의하여 배당을 요구한 채권자를 들고 있는 바, 위 채권자가 집행법원에 배당요구를 함에 있어 반드시 집행력 있는 정본 자체를 집행법원에 제출하여야 하는 것은 아니고 집행력 있는 정본 또는 그 사본이 첨부된 배당요구서를 제출함으로써 족하다 할 것이므로, 매각절차에 있어서 재항고인이 집행문이 부여된 공정증서의 원본이 아닌 사본을 제출하였다는 이유만으로는 그 이해관계인이 아니라고 할 수 없다(대결 2002.10.29. 2002마580).
> • 집행력 있는 정본 또는 그 사본에 의하지 않고 재판예규(재민 97-11)에 따라 체불 임금등·사업주 확인서와 근로자라는 소명자료를 붙여 배당요구를 한 임금채권자는 경매절차에 관하여 사실상의 이해관계를 가진 자일 뿐 민사집행법 제90조에서 정한 이해관계인이 아니다(대결 2003.2.19. 2001마785). **기출** 23
> • 배당요구서에 채권을 계산할 수 있는 구체적인 증빙서류까지 함께 제출할 필요는 없다(대판 2001.5.8. 2001다12393).

    ㉢ '채권계산서'라는 명칭으로 서면을 제출한 경우에도 채권의 원인과 수액을 기재하여 배당을 요구하는 취지가 표시된 것으로 보아야 한다.

    ㉣ 그 서면의 제목이 '권리신고'라고 되어 있어도 마찬가지이다(대판 1999.2.9. 98다53547).

> 배당요구는 채권의 원인과 수액을 기재한 서면에 의하여 집행법원에 배당을 요구하는 취지가 표시되면 되므로, 채권자가 경매목적 부동산에 관하여 가압류결정을 받은 다음 채권의 수액을 기재한 서면에 그 가압류결정을 첨부하여 경매법원에 제출하였다면 채권의 원인과 수액을 기재하여 배당을 요구하는 취지가 표시된 것으로 보아야 하고, 그 서면의 제목이 권리신고라고 되어 있다 하여 달리 볼 것이 아니다(대판 1999.2.9. 98다53547). **기출** 22

② 배당요구사실의 통지

    ㉠ 적법한 배당요구가 있는 때에는 법원은 직권으로 이해관계인에게 그 취지를 통지하여야 한다(제89조, 제88조 제1항).

    ㉡ 이해관계인이라 하더라도 배당절차와 이해관계가 없는 자, 예컨대 매각에 의하여 소멸하지 아니하고 존속하는 용익권자 등에게는 통지를 하지 않아도 된다.

    ㉢ 배당요구사실의 통지가 결여되어 있다 하더라도 배당요구의 효력에는 아무런 영향이 없다(대판 2001.9.25. 2001다1942).

③ 배당요구의 철회

㉠ 배당요구는 채권자가 자유롭게 철회할 수 있으나, 다만 배당요구에 따라 매수인이 인수하여야 할 부담이 바뀌는 경우 배당요구한 채권자는 배당요구의 종기가 지난 뒤에 이를 철회하지 못한다(제88조 제2항). **기출** 21·19

㉡ 매수인이 인수하여야 할 부담이 바뀌는 경우는 다음과 같다.

> • 최선순위의 전세권자나 대항력과 확정일자가 최선순위인 주택의 임차인이 배당요구하여 매수인이 위 권리를 인수할 필요가 없었는데 배당요구가 철회됨으로써 그 권리 자체를 그대로 인수하게 되는 경우
> • 최선순위의 대항력 있는 주택임차인이 배당요구하였는데 확정일자를 받지 아니하여 배당절차에서 소액보증금만을 배당받고 나머지 보증금은 매수인이 인수할 것으로 예상되었으나 임차인이 배당요구를 철회함으로써 소액보증금까지 추가로 인수하게 되는 경우

(4) 배당요구의 효력

① 서설 : 배당요구는 배당요구서가 집행법원에 제출되면 배당요구의 요건이 구비되어 있는 한 채무자나 이해관계인에 대한 통지가 누락되었더라도 곧바로 효력이 발생한다.

② 배당받을 권리

㉠ 배당을 요구하여야 배당을 받을 수 있는 채권자는 배당을 요구하여야만 배당을 받을 수 있다. 임금채권자나 소액임차인과 같이 실체법상 우선변제권을 가진 채권자라 할지라도 배당요구를 하지 아니하면 아무런 배당을 받을 수 없다.

㉡ 배당을 요구하지 아니한 경우에는 배당을 하였더라면 배당을 받을 수 있는 금액의 범위에서 다른 채권자를 상대로 부당이득반환을 구하는 것도 인정되지 않는다.

> 집행력 있는 정본을 가진 채권자 등은 배당요구의 종기까지 배당요구를 한 경우에 한하여 비로소 배당을 받을 수 있고, 적법한 배당요구를 하지 않은 경우에는 매각대금으로부터 배당을 받을 수는 없다. 집행력 있는 정본을 가진 채권자가 적법한 배당요구를 하지 않아 배당에서 제외되는 것으로 배당표가 작성되어 배당이 실시되었다면, 그가 적법한 배당요구를 한 경우에 배당받을 수 있었던 금액에 해당하는 돈이 다른 채권자에게 배당되었다고 해서 법률상 원인이 없는 것이라고 할 수 없다(대판 2020.10.15. 2017다216523).
> ☞ 따라서 그 채권자는 자신이 적법한 배당요구를 했다면 배당받을 수 있었던 금액에 해당하는 돈을 배당받은 다른 채권자를 상대로 부당이득반환을 청구할 수 없다. **기출** 25

③ 배당요구서를 제출하지 아니한 경우

㉠ 배당요구가 필요한 채권자가 배당요구의 종기까지 배당요구하지 아니한 때에는 배당받을 수 없다.

㉡ 다만 이자 등 부대채권의 경우에는 경매신청서 또는 배당요구서에 이자지급을 구하는 취지가 적혀 있기만 하면 채권계산서의 제출에 의하여 배당기일까지의 이자 등 부대채권을 배당받을 수 있다.

(5) 시효중단

집행정본에 기한 배당요구가 있는 경우에는 집행절차상의 이해관계인의 자격이 인정됨은 물론 압류에 준하는 시효중단의 효력이 인정된다.

> 원인채권의 지급을 확보하기 위하여 어음이 수수된 당사자 사이에서 채권자가 어음채권을 피보전권리로 하여 채무자의 재산을 가압류함으로써 그 권리를 행사한 경우에는 그 원인채권의 소멸시효를 중단시키는 효력이 있고, 이러한 법리는 채권자가 어음채권을 청구채권으로 하여 채무자의 재산을 압류함으로써 그 권리를 행사한 경우에도 마찬가지이며, 한편 집행력 있는 정본을 가진 채권자는 이에 기하여 강제경매를 신청할 수 있으며, 다른 채권자의

신청에 의하여 개시된 경매절차를 이용하여 <u>배당요구를 신청하는 행위</u>도 집행권원에 기하여 능동적으로 그 권리를 실현하려고 하는 점에서는 강제경매의 신청과 동일하다고 할 수 있으므로, 부동산경매절차에서 집행력 있는 정본을 가진 채권자가 하는 배당요구는 민법 제168조 제2호의 압류에 준하는 것으로서 배당요구에 관련된 채권에 관하여 <u>소멸시효를 중단하는 효력</u>이 생긴다고 할 것이고, 따라서 원인채권의 지급을 확보하기 위하여 어음이 수수된 당사자 사이에 채권자가 어음채권에 관한 집행력 있는 정본에 기하여 한 배당요구는 그 <u>원인채권의 소멸시효를 중단시키는 효력이 있다</u>(대판 2002.2.26. 2000다25484).

(6) 기 타

그 밖에도 배당기일통지를 받을 권리(제146조), 배당표에 대한 의견을 진술할 수 있는 권리(제151조), 매각허부의 결정에 대하여 즉시항고할 수 있는 권리(제129조) 등이 있다.

제12절 | 부동산에 대한 강제집행 – 매각절차의 이해관계인

I 이해관계인의 의의

부동산에 대한 강제경매절차와 관련하여 그 부동산에 이해관계를 가진 자가 많이 있고 이러한 이해관계를 가진 자는 강제경매가 적법하게 실시되는 것에 관하여 자기의 이해에 중대한 영향을 받으므로 이러한 자의 권리를 보호하기 위하여 민사집행법은 이해관계를 가진 자 중에서 특히 보호할 필요가 있는 자를 이해관계인으로 규정하여(제90조) 강제경매절차의 전반에 걸쳐서 관여할 자격을 주고 있다.

II 이해관계인의 권리

① 민사집행법 제90조에 규정된 경매절차의 이해관계인은 강제집행절차와 관련하여, ㉠ 집행에 관한 이의신청권(제16조), ㉡ 경매개시결정에 대한 이의신청권(제86조 제1항), ㉢ 배당요구 신청 또는 이중경매 신청이 있으면 법원으로부터 그 통지를 받을 수 있는 권리(제89조), ㉣ 여러 개의 부동산을 일괄매각하도록 신청할 수 있는 권리(제98조), ㉤ 매각기일과 매각결정기일을 통지 받을 수 있는 권리(제104조 제2항), ㉥ 매각결정기일에 매각허가에 관한 의견을 진술할 수 있는 권리(제120조), ㉦ 매각허가 여부의 결정에 대하여 즉시항고를 할 수 있는 권리(제129조), ㉧ 배당기일의 통지를 받을 권리(제146조), ㉨ 배당기일에 출석하여 배당표에 관한 의견을 진술할 수 있는 권리(제149조) ㉩ 부동산에 대한 침해방지 신청권 등이 인정된다. 기출 23 · 15
② 이러한 권리행사는 공익적 절차규정 위배 및 자기의 권리에 관한 절차위배에 관하여서만 행사할 수 있으므로 다른 이해관계인의 권리에 관한 이유를 들어 할 수는 없다(제122조).

Ⅲ   이해관계인의 범위

1. 민사집행법 제90조에 열거된 자

> **민사집행법 제90조(경매절차의 이해관계인)**
> 경매절차의 이해관계인은 다음 각 호의 사람으로 한다.
>   1. 압류채권자와 집행력 있는 정본에 의하여 배당을 요구한 채권자 `기출` 21
>   2. 채무자 및 소유자 `기출` 21
>   3. 등기부에 기입된 부동산 위의 권리자 `기출` 21
>   4. 부동산 위의 권리자로서 그 권리를 증명한 사람 `기출` 21

민사집행법은 제90조에 열거된 자만을 이해관계인으로 본다. 이 규정은 제한적 열거규정으로 보고 있으므로(대판 1999.4.9. 98다53240), 위 조항에 열거된 이해관계인의 범위에 속하지 않는 자는 그 매각절차에 어떠한 이해관계가 있는 사람이라도 매각절차에서 이해관계인으로서 취급받지 못하게 된다(한정적 의미).

> • 이해관계인이란 압류채권자와 집행력 있는 정본에 의하여 배당을 요구한 채권자, 채무자 및 소유자, 등기부에 기입된 부동산 위의 권리자, 부동산 위의 권리자로서 그 권리를 증명한 자(민사집행법 제90조)를 말하는 것이고, 경매절차에 관하여 사실상의 이해관계를 가진 자라 하더라도, 동 조항에서 열거한 자에 해당하지 아니한 경우에는 경매절차에 있어서의 이해관계인이라고 할 수 없으므로, '가압류를 한 자'는 위 조항에서 말하는 이해관계인이라고 할 수 없고, '배당을 요구하지 않은 집행력 있는 정본을 가진 채권자'도 역시 위 조항에서 말하는 이해관계인이 아님은 문언상 명백하다(대판 1999.4.9. 98다53240). `기출` 25·20
> • 민사집행법 제87조 제1항은 강제경매절차 또는 담보권실행을 위한 경매절차를 개시하는 결정을 한 부동산에 대하여 다른 강제경매의 신청이 있는 때에는 법원은 다시 경매개시결정을 하고, 먼저 경매개시결정을 한 집행절차에 따라 경매한다고 규정하고 있으므로, 이러한 경우 이해관계인의 범위도 '선행의 경매사건'을 기준으로 정하여야 하는바, 선행사건의 배당요구의 종기 이후에 설정된 후순위 근저당권자로서 위 배당요구의 종기까지 아무런 권리신고를 하지 아니한 위 배당요구의 종기 이후의 이중경매신청인은 선행사건에서 이루어진 낙찰허가결정에 대하여 즉시항고를 제기할 수 있는 이해관계인이 아니다(대결 2005.5.19. 2005마59). `기출` 23·20·17·15

2. 개별적 검토

① 압류채권자와 집행력 있는 정본에 의한 배당요구채권자(제1호)

ㄱ 압류채권자란 경매신청을 한 채권자를 말한다.

ㄴ 압류가 경합된 후 배당요구의 종기까지 강제경매신청을 한 '뒤의 압류채권자'는 '집행력 있는 정본에 의한 배당요구채권자'에 해당하여 이해관계인이 된다. 다만, 선행사건이 정지되어 '후행사건'에 의하여 경매절차가 진행될 경우에는 '압류채권자'에 해당하여 이해관계인이 된다(대결 1975.10.22. 75마332 참조). `기출` 17·16

ㄷ 압류가 경합된 강제경매신청자와 동일하게 취급되어야 하기 때문이다.

> • 경매절차의 이해관계인 중의 하나로 집행력 있는 정본에 의하여 배당을 요구한 채권자(제1호)를 들고 있는 바, 위 채권자가 집행법원에 배당요구를 함에 있어 반드시 집행력 있는 정본 자체를 집행법원에 제출하여야 하는 것은 아니고 집행력 있는 정본 또는 그 사본이 첨부된 배당요구서를 제출함으로써 족하다 할 것이므로, 매각절차에 있어서 재항고인이 집행문이 부여된 공정증서의 원본이 아닌 사본을 제출하였다는 이유만으로는 그 이해관계인이 아니라고 할 수 없다(대결 2002.10.29. 2002마580). `기출` 17·16

- 경매절차에 관하여 사실상의 이해관계를 가진 자라 하더라도, 민사집행법 제90조에서 열거한 자에 해당하지 아니한 경우에는 경매절차에 있어서의 이해관계인이라고 할 수 없으므로, (집행력 있는 정본 또는 그 사본에 의하지 않고) 배당요구를 한 임금채권자는 위 조항(제90조)에서 말하는 이해관계인이라 할 수 없다(대결 2003.2.19. 2001마785). **기출** 15

ⓔ 국세체납에 의하여 압류등기를 한 압류권자도 제1호의 이해관계인이다.

② **채무자 및 소유자**(제2호)

ⓐ 채무자란 집행채무자를 가리키며, 소유자란 경매개시결정등기 당시의 매각부동산의 소유자를 말한다.

㉮ 경매개시결정기입등기 당시 소유자로 등기되어 있는 사람은 설령 진정한 소유자가 따로 있는 경우일지라도 그 명의의 등기가 말소되거나 이전되지 아니한 이상 경매절차의 이해관계인에 해당한다(대판 2015.4.23. 2014다53790). **기출** 20

㉯ 그러나 진정한 소유자이더라도 경매개시결정기입등기 당시 소유자로 등기되어 있지 아니하였다면 민사집행법 제90조 제2호의 '소유자'가 아니다(대판 2015.4.23. 2014다53790). **기출** 20

> 배당이의 소의 원고적격이 있는 사람은 배당기일에 출석하여 배당표에 대하여 이의를 진술한 채권자 또는 채무자에 한하고, 다만 담보권 실행을 위한 경매에서 경매목적물의 소유자는 여기의 채무자에 포함된다. 그런데 진정한 소유자이더라도 경매개시결정기입등기 당시 소유자로 등기되어 있지 아니하였다면 민사집행법 제90조 제2호의 '소유자'가 아니고, 그 후 등기를 갖추고 집행법원에 권리신고를 하지 아니하였다면 같은 조 제4호의 '부동산 위의 권리자로서 그 권리를 증명한 사람'도 아니므로, 경매절차의 이해관계인에 해당하지 아니한다. 따라서 이러한 사람에게는 배당표에 대하여 이의를 진술할 권한이 없고, 이의를 진술하였더라도 이는 부적법한 것에 불과하여 배당이의의 소를 제기할 원고적격이 없다. 반면에, 경매개시결정기입등기 당시 소유자로 등기되어 있는 사람은 설령 진정한 소유자가 따로 있는 경우일지라도 그 명의의 등기가 말소되거나 이전되지 아니한 이상 경매절차의 이해관계인에 해당하므로, 배당표에 대하여 이의를 진술할 권한이 있고, 나아가 그 후 배당이의의 소를 제기할 원고적격도 있다(대판 2015.4.23. 2014다53790). **기출** 20

ⓒ 가압류등기 후 본압류에 의한 경매신청 전에 소유권의 이전등기를 받은 자는 여기서 말하는 소유자에 해당한다.

ⓓ 경매개시결정등기 후에 소유권이전등기를 마친 자는 여기서 말하는 소유자에는 해당하지 않으나, 그 권리를 증명하면 제90조 제4호의 이해관계인이 된다(대결 1964.9.30. 64마525).

ⓔ 이 경우 '소유권을 양도한 전소유자'는 채무자가 아닌 한 경매목적물에 대한 소유권의 상실과 동시에 매각절차상 이해관계인의 지위도 상실한다(대결 1967.8.31. 67마615).

> 신탁법에 따라 부동산을 신탁한 위탁자가 그 신탁계약에 의해 수탁자 앞으로 소유권이전등기를 하였다면 다시 그 부동산의 소유명의를 회복하지 않는 이상 민사집행법 제90조 제2호에서 말하는 '소유자'에 해당한다고 할 수 없다(대결 2009.1.13. 2009마1142).

ⓑ 파산선고 후에 저당권자가 별제권자로서 파산재단에 속하는 부동산에 대하여 매각절차를 개시한 때에는 파산관재인만이 이해관계인인 소유자로 된다.

ⓒ '임의경매에 있어서 경매신청이 되지 아니한 저당권의 피담보채권의 채무자'는 민사집행법 제90조 제2호에서 말하는 채무자(경매절차의 이해관계인으로서의 채무자)에 해당하지 아니한다(대결 1968.7.31. 68마716). 또 저당권설정등기에 채무자로 표시되지 아니한 다른 공동채무자도 이에 포함되지 아니한다. **기출** 23

③ 등기부에 기입된 부동산 위의 권리자(제3호)
　　㉠ '등기부에 기입된 부동산 위의 권리자'란 경매개시결정 시점이 아닌 경매개시결정등기 시점을 기준으로 그 당시에 이미 등기가 되어 등기부에 나타난 자를 말하며 용익권자(전세권자, 지상권자, 임대차등기를 한 임차권자), 담보권자(저당채권에 대한 질권자, 저당권자) 등이 이에 해당한다(대결 1999.11.10. 99마5901). **기출** 25
　　㉡ 부동산의 공유지분의 강제경매에 있어서 다른 공유자는 이해관계인이다(대결 1998.3.4. 97마962).
　　　기출 16
　　㉢ 다만, 누가 공유자가 되더라도 이해관계가 없다고 판단되는 공유관계, 예컨대 아파트, 상가 또는 다세대주택 등 구분소유적 공유의 경우에는 전유부분의 대지권에 해당하는 대지권의 목적인 토지의 공유지분에 관하여 누가 소유자가 되더라도 이해관계가 없다 할 것이므로, 공유자통지를 할 필요가 없다(제139조 제1항 단서).
　　㉣ 「가등기담보 등에 관한 법률」의 시행으로 가등기담보권은 완전한 담보권으로서의 실체를 갖게 되었으므로, 가등기담보권자도 이해관계인에 해당한다.

> 「가등기담보 등에 관한 법률」 제16조는 소유권의 이전에 관한 가등기가 되어 있는 부동산에 대한 경매 등의 개시결정이 있는 경우 법원은 가등기권리자에 대하여 그 가등기가 담보가등기인 때에는 그 내용 및 채권의 존부·원인 및 수액을, 담보가등기가 아닌 경우에는 그 내용을 법원에 신고할 것을 상당한 기간을 정하여 최고하여야 하고(제1항), 압류등기 전에 경료된 담보가등기권리가 매각에 의하여 소멸하는 때에는 제1항의 채권신고를 한 경우에 한하여 그 채권자는 매각대금의 배당 또는 변제금의 교부를 받을 수 있다고 규정하고 있으므로(제2항), 위 제2항에 해당하는 담보가등기권리자가 집행법원이 정한 기간 안에 채권신고를 하지 아니하면 매각대금의 배당을 받을 권리를 상실한다(대판 2008.9.11. 2007다25278).
> 　　　　　　　　　　　　　　　　　　　　　　　　　　　　　　　　　　　　　　**기출** 17

　　㉤ 소유권이전에 관한 순위보전의 가등기권리자도 이해관계인이다(가등기담보법 제16조 제3항).
　　㉥ 그러나 등기하지 아니한 임대차는 제3자에게 대항할 수 없으므로 그 임차인은 본 호의 이해관계인이 아니다(대결 1996.6.7. 96마548).
　　㉦ 가압류권자, 가처분권자는 이해관계인이 아니다(대결 1967.11.29. 67마1089; 대결 1994.9.30. 94마1534).

> 경매부동산에 대한 가처분권자는 매각허가 여부의 결정에 대하여 즉시항고를 제기할 수 있는 이해관계인에 해당하지 아니하고, 이해관계인, 매수인, 매수신고인에 해당하지 않는 자가 한 즉시항고는 부적법하다(대결 2008.9.18. 2008마1154). **기출** 25

④ 부동산 위의 권리자로서 그 권리를 증명한 자(제4호)
　　㉠ '부동산 위의 권리자'란 경매개시결정등기 이전에 매각부동산에 대하여 등기 없이도 제3자에게 대항할 수 있는 물권 또는 채권을 가진 자를 말한다.
　　㉡ 이에 해당하는 자로서는 유치권자, 점유권자, 건물등기 있는 토지임차인(민법 제622조), 주택임대차보호법 제3조 제1항 내지 제3항에 따라 인도 및 주민등록을 마친 주택임차인(대결 1995.6.5. 94마2134), 상가건물 임대차보호법 제3조 제1항에 따라 인도와 사업자등록을 마친 상가건물임차인, 법정지상권자(민법 제305조, 제366조) 등이 있다.

ⓒ 그러나 압류채권자에게 대항할 수 있는 권리를 가지지 못한 자라도 매각절차의 진행에 절실한 이해관계를 가지고 있으나 달리 편리한 구제절차가 없는 관계로 그를 이해관계인으로 참가시키는 것이 필요하고 타당할 경우에는 이해관계인으로 취급함이 상당하다.

ⓓ 이러한 예로서는 '경매개시결정등기 후'의 제3취득자(대결 1964.9.30. 64마525), 같은 경우의 담보권자, 용익권자, 지상권자, 임차권등기명령에 의한 등기권자 등은 그 권리의 등기 있는 등기사항증명서나 주민등록등본 등을 제출하여 그 권리를 증명하면 이해관계인으로 취급된다.

ⓔ 부동산 위에 위와 같은 권리를 가지고 있다는 것만으로 당연히 이해관계인이 되는 것은 아니고 집행법원에 스스로 그 권리를 증명한 자만이 비로소 이해관계인이 된다(대결 1994.9.14. 94마1455). 권리의 증명은 매각허가결정이 있을 때까지 할 수 있다. **기출** 25 · 21

ⓕ 권리증명 이외의 사유로 집행법원이 알게 된 경우 스스로 집행법원에 권리를 증명하여 신고한 것이라고는 볼 수 없으므로 이해관계인이 될 수 없다.

ⓢ 전세금반환청구권 또는 임차보증금반환청구권을 압류 및 전부받은 자가 권리신고한 경우에 이러한 자는 본 호의 이해관계인에 해당된다.

ⓞ 다만, 전세권자 또는 임차권자도 압류 및 전부명령을 받은 채권자의 채권에 대하여 다툼이 있을 수 있으므로 이해관계인에서 제외할 것은 아니다.

ⓩ 등기 없는 진정한 소유자는 이해관계인이 아니므로, 소유권 회복의 등기를 할 수 있는 확정판결이 있다 하더라도 이에 기한 등기를 갖추고 이를 집행법원에 권리신고를 하여야 이해관계인이 될 수 있다(대결 1991.4.18. 91마141; 대결 1994.9.12. 94마1465).

제13절   부동산에 대한 강제집행 – 현금화(매각)절차 – (1) 매각조건

Ⅰ   서 설

1. 의 의

① 경매는 국가기관인 집행법원에 의하여 강제로 시행된다는 특징이 있으나 결국은 사법상의 매매처럼 현 소유자로부터 매수인에게 소유권을 이전하는 것이고, 다만 그 매매대금을 소유자가 아닌 소유자의 채권 자에게 지급해 준다는 특징이 있을 뿐이다.

② 따라서 집행법원이 매매를 주도한다는 특징에도 불구하고 그 절차는 사법상의 매매계약체결과정과 유사하다고 하겠다.

③ 그런데 사법상의 매매계약과 다른 점은 사적자치가 허용되지 않기 때문에 계약의 체결여부나 내용 및 효과 등에 관한 중요한 사항은 당사자가 임의로 정할 수 없고, 민사집행법에 의해 획일적으로 결정된다는 점이다.

④ 따라서 사법상의 매매계약과 달리 매매대금의 결정방법, 대금지급방법, 부동산에 존재하는 부담의 처리 문제 등에 대하여 민사집행법은 획일적으로 정해두고 있다.

⑤ 그리하여 경매의 요건이나 효과 등을 정형화하여 법에서 정한 법정매각조건에 의하여 경매가 이루어지고 있다.

⑥ 다만 이러한 법정매각조건은 이해관계인의 합의나 법원의 직권에 의하여 변경될 수 있는데, 이렇게 변경된 매각조건을 특별매각조건이라고 한다.

⑦ 이러한 특별매각조건은 법에 정해진 것이 아니어서 이해관계인 및 매수희망자들이 알지 못하므로 특별매각조건이 있는 경우에는 집행관이 매각기일을 개시할 때에 그 내용을 고지하여야 하고(제112조), 특별매각조건으로 매각한 때에는 매각허가결정에 그 조건을 적어야 한다(제128조 제1항).

2. 매각조건의 종류

① 법정매각조건

㉠ 강제경매의 법적 성질은 사법상의 매매로 본다. 그러나 강제경매는 많은 이해관계의 대립이 있고 절차의 안정이 요구되므로 사법상 매매와 달리 매각의 요건과 효과에 관하여 획일적으로 규율할 필요가 있다.

ⓛ 이와 같이 모든 매각절차에 있어서 공통적으로 적용되도록 민사집행법과 민사집행규칙이 미리 정하여 놓은 매각조건을 법정매각조건이라 한다.

② 특별매각조건

ⓐ 법정매각조건 중에서 공공의 이익이나 경매의 본질에 관계되지 않는 조건들은 이해관계인 전원의 합의에 의하여 또는 법원의 직권으로 이를 변경할 수 있는데, 이와 같이 각개의 매각절차에 있어서 이해관계인의 합의 또는 법원의 직권으로 변경한 매각조건을 특별매각조건이라 한다.

ⓛ 다만, 최저매각가격에 관한 매각조건은 합의로 변경할 수 있는 것이 아니다.

3. 특별매각조건의 고지

특정의 매각절차가 '법정매각조건'에 의거하여 실시되는 경우에는 매각기일에 그 매각조건의 내용을 관계인에게 알릴 필요가 없으나, '특별매각조건'이 있는 경우에는 집행관이 매각기일을 개시할 때에 그 내용을 고지하여야 하고(제112조), 특별매각조건으로 매각한 때에는 매각허가결정에 그 조건을 적어야 한다(제128조 제1항).

Ⅱ 법정매각조건

1. 의 의

① 법정매각조건이란 민사집행법이 강제집행과 관련하여 법률에 구체적으로 정해 놓은 매각조건을 말한다.

② 여기에는 잉여주의, 소제주의 및 인수주의, 매수신청의 보증제공, 최저매각가격의 결정 및 그 이상의 매각, 소유권의 취득시기, 부동산인도의 시기와 방법, 대금미지급의 효과, 공유자의 우선매수권, 대금지급의 시기와 방법, 소유권이전등기의 시기와 방법, 매수인의 자격제한, 담보책임, 법정지상권 등이 있다.

2. 잉여주의

> **민사집행법 제91조(인수주의와 잉여주의의 선택 등)**
> ① 압류채권자의 채권에 우선하는 채권에 관한 부동산의 부담을 매수인에게 인수하게 하거나, 매각대금으로 그 부담을 변제하는 데 부족하지 아니하다는 것이 인정된 경우가 아니면 그 부동산을 매각하지 못한다.
>
> **민사집행법 제102조(남을 가망이 없을 경우의 경매취소)**
> ① 법원은 최저매각가격으로 압류채권자의 채권에 우선하는 부동산의 모든 부담과 절차비용을 변제하면 남을 것이 없겠다고 인정한 때에는 압류채권자에게 이를 통지하여야 한다.
> ② 압류채권자가 제1항의 통지를 받은 날부터 1주 이내에 제1항의 부담과 비용을 변제하고 남을 만한 가격을 정하여 그 가격에 맞는 매수신고가 없을 때에는 자기가 그 가격으로 매수하겠다고 신청하면서 충분한 보증을 제공하지 아니하면, 법원은 경매절차를 취소하여야 한다.
> ③ 제2항의 취소 결정에 대하여는 즉시항고를 할 수 있다. **기출** 15

(1) 의 의

① 잉여주의란 최저매각가격으로 압류채권자의 채권에 우선하는 부동산상의 모든 부담과 절차비용을 변제하면 남는 것이 없다고 인정되는 경우 부동산의 매각을 허용하지 아니하는 원칙을 말한다(제102조).

② 압류채권자의 채권에 우선하는 부동산의 모든 부담과 절차비용을 포함하여 '우선채권'이라 한다.

(2) 취 지

① 압류채권자가 집행에 의하여 변제를 받을 가망이 전혀 없는데도 불구하고 매각을 허용하는 것은 압류채권자로서는 집행비용만 추가로 부담하게 될 뿐 전혀 이익이 없는 강제집행이 되고, 압류채권자에 우선하는 다른 채권자들로서도 원치 않는 시기에 투자회수를 강요당하는 결과를 피하게 하기 위한 것으로서 <u>우선채권자나 압류채권자를 보호하기 위한 규정</u>이다.

② 반사적으로 채무자나 소유자가 보호를 받게 되지만 이는 우선채권자나 압류채권자를 보호하기 위한 제도이지 채무자를 보호하기 위한 제도는 아니다. 따라서 채무자나 소유자는 무잉여 여부를 가지고 다툴 수 없다(대결 1987.10.30. 87마861 참고).

(3) 우선채권의 범위

① 기준이 되는 권리

압류채권자의 채권	• '우선채권'이란 압류채권자(경매신청채권자)의 채권에 우선하여 매각대금에서 변제받게 될 채권을 말한다. • 따라서 최저매각가격과 비교하여야 할 우선채권의 범위를 정하는 기준이 되는 것은 원칙적으로 압류채권자의 채권이다.
인수되는 부담	• 매수인에게 인수되는 부동산상의 부담은 고려할 사항이 아니다. • 우선채권의 범위를 판단함에 있어서는 배당순위와 소제주의를 기준으로 삼으면 될 것이다.
이중경매신청이 있는 경우 우선채권 기준이 되는 권리	• 강제경매개시 후 압류채권자에 우선하는 저당권자 등이 경매신청을 하여 이중경매개시결정이 되어 있는 경우에는 절차의 불필요한 지연을 막기 위해서라도 민사집행법 제102조 소정의 최저매각가격과 비교하여야 할 우선채권의 범위를 정하는 기준이 되는 권리는 그 절차에서 <u>경매개시결정을 받은 채권자</u> 중 '최우선순위권리자의 권리'로 봄이 옳다고 할 것이다. • 따라서 위의 경우 경매개시결정을 받은 채권자 중 최우선순위권리자인 <u>후행압류채권자[48]</u>의 권리를 기준으로 우선채권액을 계산하여 잉여의 가망이 있으면 <u>선행경매절차[49]</u>를 민사집행법 제102조에 의하여 취소함이 없이 그대로 진행하여야 할 것이다(대결 1998.1.14. 97마1653).

② **압류채권자의 채권에 우선하는 부동산상의 부담** : 민사집행법 제102조에서 말하는 압류채권자의 채권에 우선하는 부동산상의 모든 부담이란 매각부동산의 매각대금에서 압류채권자에 우선하여 변제받을 수 있는 채권으로서 당해 매각절차에서 밝혀진 것을 말한다.

　㉠ 저당권

　　㉮ 압류채권자보다 선순위의 저당권에 의한 피담보채권은 우선채권에 해당한다. 우선채권이 되는 범위는 원칙적으로 피담보채권 원본과 이자 및 원본의 이행기를 경과한 후의 1년 분의 지연손해금이다(민법 제360조).

　　㉯ 근저당권의 경우에는 근저당권자의 신고액이나 집행당사자가 증명하는 <u>피담보채권액</u>을 우선채권액으로 하되, 이러한 실제의 채권액이 밝혀지지 아니하는 한 <u>등기된 채권최고액</u>을 우선채권액으로 한다.

　　㉰ 공동저당권의 목적이 된 부동산이 '이시매각'되는 경우에도 피담보채권 전액이 우선채권으로 된다.

　　㉱ 공동저당권의 목적이 된 여러 개의 부동산이 동시에 '일괄매각'되는 경우에는 그 <u>피담보채권 전액</u>이 한 번만 우선채권의 범위에 산입될 뿐이고 각 부동산의 피담보채권액을 합산한 액이 우선채권으로 되는 것은 아니다. **기출** 15

---

48) 선행압류채권자에 우선하는 저당권에 기한 후행 임의경매신청채권자
49) 선행경매절차를 기준으로 하면 무잉여라 할지라도 선행경매절차를 취소하지 않는다.

ⓛ 전세권 : 전세권자는 부동산 전부에 대하여 전세금의 우선변제를 받을 권리가 있다(민법 제303조). 최선순위 전세권은 매각으로 인하여 소멸하지 않으므로 우선채권에 포함시키지 않으나, 그 전세권자가 배당요구의 종기까지 배당요구를 한 경우에는 매각으로 소멸하므로 우선채권에 포함된다.

ⓒ 선순위 가등기담보권 : 그 권리자가 채권을 증명하여 집행법원에 신고하지 않으면 순수한 순위보전을 위한 가등기인지 또는 담보를 위한 가등기인지 알 수 없으므로 채권자의 신고가 있어야 본조의 우선채권의 범위에 들어간다.

ⓔ 조세 기타 공과금

㉮ 조세 기타 공과금채권은 경매개시결정 기입등기 이전에 체납처분에 의한 압류등기가 마쳐져 있는 경우에는 우선채권에 해당한다.

㉯ 그러나 경매개시결정 기입등기 이후에야 체납처분에 의한 압류등기를 마쳤거나 이러한 압류의 등기가 없는 경우에는 배당요구종기까지 교부청구 또는 참가압류를 하여야만 배당에 참가할 수 있으므로(대판 2001.5.8. 2000다21154), 교부청구 또는 참가압류를 한 경우에만 우선채권에 포함된다.

ⓗ 임금채권 등 노무관계로 인한 채권 : 임금, 퇴직금, 재해보상금 그 밖의 근로관계로 인한 채권도 우선채권의 범위에 들어간다(근로기준법 제38조, 근로자퇴직급여보장법 제12조). 다만, 경매개시결정 기입등기 이전에 가압류 등기가 된 경우를 제외하고는 배당요구종기까지 배당요구를 하여야 배당에 참가할 수 있으므로(제148조 제2호, 제88조 제1항), 배당요구를 한 경우에만 우선채권에 포함된다.

ⓗ 임차보증금 : 주택임대차보호법상의 주택임차인이 대항력과 확정일자를 갖춘 경우에는 배당요구 종기까지 배당요구를 한 경우에는 우선변제를 받게 되므로 우선채권에 포함된다. 한편, 첫 경매개시결정등기 전에 임차권등기명령에 의하여 임차권등기를 한 임차인은 별도로 배당요구를 하지 않아도 당연히 배당받을 채권자에 속하는 것으로 보아야 하므로(제148조 제4호), 배당요구가 없더라도 임차보증금을 우선채권(압류채권자의 채권에 우선하는 부동산상의 부담)에 포함시켜야 한다. 기출 15

ⓢ 제3취득자의 비용상환청구 : 저당물의 제3취득자의 비용상환청구권도 우선채권에 해당한다. 배당요구종기까지 배당요구를 한 경우에는 우선채권에 포함된다.

③ 절차(집행)비용 : 절차(집행)비용은 항상 매각대금으로부터 우선변제받으므로 이것도 우선채권에 해당한다.

(4) 민법 제365조에 의한 일괄매각의 경우 무잉여 판단

① 민법 제365조에 의한 일괄매각[50])을 한 경우 압류채권자가 대지의 매각대금에서는 우선변제를 받을 수 있는 한 건물의 매각대금에서 남을 것이 없다고 하여도 경매를 속행하는 것이 실무례이다.

② 일괄매각결정에 따라 진행된 경매절차에서 여러 개의 부동산 중 일부에 관하여 그 부동산만을 매각한다면 남을 가망이 없더라도 전체로서 판단하여 배당을 받을 가능성이 있는 경우, 집행법원이 매각절차를 진행할 수 있다.

(5) 공유지분 전부 중 일부 지분만 매각한다면 남을 가망이 없는 경우

집행채무자가 수 개의 공유지분을 순차로 취득하고, 압류채권자가 집행채무자의 공유지분 전부에 관하여 강제집행을 하는 경우에는 그 수 개의 공유지분 각각에 대한 권리관계가 다르다고 하더라도 이는 하나의 목적물에 대한 강제집행이므로, 공유지분 전부 중 일부 지분만을 매각한다면 남을 가망이 없는 때에도 압류채권자가 나머지 지분의 매각대금에서 일부라도 배당받을 가능성이 있다면 공유지분 전부에 대한 경매가 남을 가망이 있는 경매라고 보아야 한다(대결 2013.11.19. 2012마745). 기출 23

---

50) 토지를 목적으로 저당권을 설정한 후 그 설정자가 그 토지에 건물을 축조한 때 저당권자가 토지와 함께 그 건물에 대하여 일괄경매 청구한 경우

(6) 남을 가망이 없는 경우의 처리

① 남을 가망이 없다는 통지(= 무잉여의 통지) : 법원은 최저매각가격으로 압류채권자의 채권에 우선하는 부동산의 모든 부담과 절차비용을 변제하면 남을 것이 없겠다고 인정한 때에는 압류채권자에게 이를 통지하여야 한다(제102조 제1항). 이 통지는 반드시 집행법원의 이름으로 하여야 한다(규칙 제8조 제5항 괄호 안, 법 제102조 제1항).

> 집행법원이 경매신청 채권자에게 민사집행법 제102조 소정의 무잉여통지를 함에 있어 경매신청 채권자에게 우선하는 주택임차인의 보증금반환채권이 있음을 간과하고 선순위 근저당권의 피담보채권만이 있음을 통지하여 경매신청 채권자가 위 선순위 근저당권의 피담보채권과 절차비용을 변제하고 잉여 있을 가격을 정하여 매수신고를 한 때에도 집행법원이 그 후 위 보증금반환채권이 누락되었음을 발견하였을 때에는 경매신청 채권자에게 새로이 위 통지를 하여야 하고, 경매신청 채권자가 위 통지를 받은 날로부터 7일 이내에 위 보증금반환채권까지 변제하고 잉여 있을 가격을 정하여 매수신고를 하지 않으면 집행법원으로서는 경매절차를 취소하는 결정을 하여야 한다(대결 1994.9.5. 94마1205).

② 매수신청 및 보증의 제공과 경매매절차의 취소

㉠ 압류채권자가 남을 가망이 없다는 통지를 받은 날부터 1주 이내(또는 연장된 기간 내)에 적법한 매수신청 및 보증제공이 없는 때에는 법원을 결정으로 경매절차를 취소하여야 한다(제102조 제2항).

㉡ 다만 위 기간경과 후라 할지라도 취소결정 전에 적법한 매수신청 및 보증제공이 있으면 경매절차를 속행하여야 한다.

> 민사집행법 제102조 제2항 소정 7일내의 기간이란 성질상 일종의 재정기간에 지나지 않으므로 경매신청인이 집행법원으로부터 같은 법 제102조 제1항 소정의 잉여의 가망이 없다는 통지를 받은 날로부터 7일의 기간이 경과한 뒤에 압류채권자의 채권에 우선하는 부동산상의 모든 부담과 비용을 변제하고 잉여 있을 가격을 정하여 그 가격에 응하는 매수신고인이 없는 때에는 그 가격으로 매수할 것을 신청하고 보증을 제공하였다 하더라도 집행법원으로서는 위 기간이 경과된 뒤에 한 것이라는 사유로 경매절차를 취소할 수 없다(대결 1975.3.28. 75마64).

㉢ 압류채권자는 매수신청 및 보증제공을 하더라도 매각기일까지는 이를 철회할 수 있다.

㉣ 철회를 한 경우에는 보증의 반환을 청구할 수 있다.

③ 매수신청과 보증제공에 따른 절차의 속행

매각의 준비·실시	매수신청가격은 최저매각가격의 의미를 가지므로, 압류채권자로부터 매수신청이 있었다는 취지 및 그 매수신청금액을 매각물건명세서와 매각기일의 공고에 기재함이 상당하다.
매수신청금액 이상의 매수신고가 없는 경우	매각기일에 압류채권자의 매수신청금액 이상의 매수가격의 신고가 없는 경우에는 압류채권자가 매각기일에 출석하였는지 여부를 불문하고 집행관은 압류채권자를 최고가매수신고인으로 하여 그 이름과 가격을 부른 다음 매각기일을 종결한다고 고지하여야 한다(제115조 제1항).
매수신청금액 이상의 매수신고가 있는 경우	• 매각기일에 압류채권자의 매수신청금액을 넘는 금액의 매수신고가 있으면 압류채권자의 매수신청은 그 효력을 잃게 된다. • 매수신고가격이 압류채권자의 매수신청금액과 동액인 경우에도 마찬가지이다.

④ 집행법원이 무잉여를 간과하고 경매절차를 진행한 경우
　　㉠ 최고가매수신고인의 매수가액이 우선채권 총액과 절차비용을 초과하는 경우에는 그 절차 위반의 하자가 치유된다.
　　㉡ 그 매수가액이 우선채권 총액과 절차비용에 미달하는 때에는 집행법원은 매각불허가결정을 하여야 한다.

> 최저매각가격이 압류채권자의 채권에 우선하는 채권과 절차비용에 미달하는데도 불구하고 집행법원이 이를 간과하고 민사집행법 제102조 소정의 조치를 취하지 아니한 채 매각절차를 진행한 경우에, 최고가 매수신고인의 매수가액이 우선채권 총액과 절차비용을 초과하는 한 그 절차 위반의 하자가 치유되지만, 그 매수가액이 우선채권 총액과 절차비용에 미달하는 때에는 집행법원은 매각을 불허가하는 결정을 하여야 하며, 경매법원이 절차를 그대로 진행하였다고 하여 매수가액이 우선채권 총액과 절차비용에 미달함에도 불구하고 그 법조항 위반의 하자가 치유된다고는 할 수 없다(대결 1995.12.1. 95마1143). `기출` 15

　　㉢ 남을 가망이 없음에도 매각허가결정을 한 경우 즉시항고를 할 수 있는 자는 우선채권자나 압류채권자에 한하고, 채무자와 소유자는 항고할 수 있는 이해관계인이 아니다.

> 민사집행법 제102조는 압류채권자가 집행에 의하여 받을 가망이 전혀 없는데도 무익한 경매가 행해지는 것을 막고 또 우선채권자가 그 의사에 반한 시기에 투자의 회수를 강요당하는 것과 같은 부당한 결과를 피하기 위한 것으로서 우선채권자나 압류채권자를 보호하기 위한 규정일 뿐, 결코 채무자나 그 목적부동산 소유자의 법률상 이익이나 권리를 위한 것이 아니므로, 남을 가망이 없음에도 매각허가결정을 한 경우 즉시항고를 할 수 있는 자는 압류채권자와 우선채권자에 한하고, 채무자와 소유자는 매각절차에서 위 규정에 어긋난 잘못이 있음을 다툴 수 있는 이해관계인에 해당하지 않는다(대결 2005.11.29. 2004마485). `기출` 23 · 18 · 15

　　㉣ 경매절차가 그대로 진행되어 매각허가결정이 확정되면 그 하자는 치유되므로, 매수인이 대금을 완납하였다면 그 후에는 그 하자를 이유로 매수인의 소유권취득을 부정할 수 없다.

3. 소제(소멸)주의와 인수주의

> **민사집행법 제91조(인수주의와 잉여주의의 선택 등)**
> ① 압류채권자의 채권에 우선하는 채권에 관한 부동산의 부담을 매수인에게 인수하게 하거나, 매각대금으로 그 부담을 변제하는 데 부족하지 아니하다는 것이 인정된 경우가 아니면 그 부동산을 매각하지 못한다.
> ② 매각부동산 위의 모든 저당권은 매각으로 소멸된다.
> ③ 지상권·지역권·전세권 및 등기된 임차권은 저당권·압류채권·가압류채권에 대항할 수 없는 경우에는 매각으로 소멸된다.
> ④ 제3항의 경우 외의 지상권·지역권·전세권 및 등기된 임차권은 매수인이 인수한다. 다만, 그중 전세권의 경우에는 전세권자가 제88조에 따라 배당요구를 하면 매각으로 소멸된다.
> ⑤ 매수인은 유치권자에게 그 유치권으로 담보하는 채권을 변제할 책임이 있다.

(1) 서 설

① 의 의

㉠ 집행의 대상이 되는 부동산에는 압류채권자의 채권 이외에도 다양한 물적부담이 존재하게 된다.

㉡ 예를 들어 압류채권자에 우선하는 저당권 같은 담보물권이나 전세권 또는 지상권 같은 용익물권이 설정되어 있는 경우 그 우선하는 권리를 소멸하도록 할 것인지 아니면 매수인으로 하여금 인수하도록 할 것인지에 관한 문제가 소제(소멸)주의·인수주의이다.

② 배당절차관련 : 소제의 대상이 된다고 하는 것은 대체적으로 배당절차에서 고려된다는 것이며, 인수의 대상이 된다는 것은 배당절차가 아닌 매수인과의 사이에서 이해조정이 이루어질 수 있도록 미루어 둔다는 의미라고 할 수 있다.

> <u>소멸주의에 따른 경매절차에서는 우선채권자나 일반채권자의 배당요구와 배당을 인정하므로</u> 그 절차에서 작성된 배당표에 대하여 배당이의의 소를 제기하는 것이 허용되지만, <u>인수주의에 따른 경매절차에서는 배당요구와 배당이 인정되지 아니하고 배당이의의 소도 허용되지 아니한다</u>(대판 2014.1.23. 2011다83691). **기출** 18·17

③ 권리분석

㉠ 소제와 인수의 범위에 관한 논의를 실무에서는 흔히 권리분석이라는 용어를 사용한다.

㉡ 권리분석의 기준이 되는 권리를 말소기준권리라고 한다.

㉢ 이는 법률상 용어는 아니며 실무에서 관행적으로 사용되는 용어이다.

(2) 소제와 인수의 구체적 범위

① 담보권[51]

㉠ 저당권과 가등기담보권

㉮ 저당권과 가등기담보권은 그 설정시기가 경매개시결정등기 전·후인지를 불문하고 모두 매각으로 소멸된다(제91조 제2항, 가등기담보법 제15조).

㉯ 따라서 압류채권에 우선하지 않는 것은 물론이고 압류채권에 우선하는 저당권이나 가등기담보권도 소멸한다는 특징을 갖는다.

㉡ 토지만에 관한 별도등기로 설정된 근저당권

> 민사집행법 제91조 제2항에 의하면 매각부동산 위의 모든 저당권은 경락으로 인하여 소멸한다고 규정되어 있으므로, <u>집합건물의 전유부분과 함께 그 대지사용권인 토지공유지분이 일체로서 경락되고 그 대금이 완납되면,</u> 설사 대지권 성립 전부터 토지만에 관하여 별도등기로 설정되어 있던 근저당권이라 할지라도 경매과정에서 이를 존속시켜 매수인이 인수하게 한다는 취지의 특별매각조건이 정하여져 있지 않았던 이상 위 <u>토지공유지분에 대한 범위에서는 매각부동산 위의 저당권에 해당하여 소멸한다</u>(대판 2008.3.13. 2005다15048).

---

51) 소제주의를 취함과 동시에 잉여주의를 취하고 있다.

ⓒ 청구권보전의 가등기 : 청구권보전의 가등기는 당해 가등기권자에게 우선하는 채권자가 있는 경우에는 소멸하나 우선하는 채권자가 없는 경우에는 매수인에게 인수된다.

- 소유권에 관한 가등기의 목적이 된 부동산을 경락받아 매각대금까지 납부하여 소유권을 취득한 매수인이 그 뒤 가등기에 기한 본등기가 경료됨으로써 일단 취득한 소유권을 상실하게 된 때에는 매매의 목적 부동산에 설정된 저당권 또는 전세권의 행사로 인하여 매수인이 취득한 소유권을 상실한 경우와 유사하므로, 민법 제578조, 제576조를 유추적용하여 담보책임을 추급할 수는 있다(대결 1997.11.11. 96그64).
- 제1, 2순위의 근저당권설정등기 사이에 소유권이전등기청구권 보전의 가등기가 경료된 부동산에 대하여 위 제1순위 근저당권의 실행을 위한 경매절차에서 매각허가결정이 확정되고 매각대금이 완납된 경우 위 가등기 및 그에 기한 본등기상의 권리는 모두 소멸하고, 위 각 등기는 민사집행법 제144조 제1항 제2호에 규정된 매수인이 인수하지 아니한 부동산의 부담에 관한 기입에 해당하여 말소촉탁의 대상이 되며, 이와 같은 매각허가결정의 확정으로 인한 물권변동의 효력은 그에 관한 등기에 관계없이 이루어지는 것이다. 그리고 소유권이전등기청구권 보전의 가등기 및 그에 기한 본등기의 말소등기절차의 이행을 구하는 소송 도중에 위 각 등기가 경료된 부동산에 대하여 매각허가결정이 확정되고 매각대금이 완납됨으로써 위 각 등기상의 권리가 모두 소멸하고 위 각 등기가 말소촉탁의 대상이 되어 장차 말소될 수밖에 없는 경우에는 더 이상 위 각 등기의 말소를 구할 법률상의 이익이 없다(대판 2007.12.13. 2007다57459).
- 소유권이전등기청구권 보전의 가등기보다 후순위로 마쳐진 근저당권의 실행을 위한 경매절차에서 매각허가결정에 따라 매각대금이 완납된 경우에도, 선순위인 가등기는 소멸하지 않고 존속하는 것이 원칙이다. 다만 그 가등기보다 선순위로 기입된 가압류등기는 근저당권의 실행을 위한 경매절차에서 매각으로 인하여 소멸하고, 이러한 경우에는 가압류등기보다 후순위인 가등기 역시 민사집행법 제144조 제1항 제2호에 따라 매수인이 인수하지 아니한 부동산의 부담에 관한 기입에 해당하여 말소촉탁의 대상이 된다(대판 2022.5.12. 2019다265376). **기출** 25

② 용익권과 말소기준권리
ⓐ 말소기준권리(담보권·압류채권·가압류채권)
㉮ 용익물권과 채권적 용익권은 매각으로 소멸하는 담보권이나 압류채권자 또는 가압류채권자에게 대항할 수 있는 경우에만 매수인에게 인수된다(제91조 제3항, 제4항 본문).
㉯ 용익권의 소멸여부의 기준이 되는 위의 담보권이나 압류채권 또는 가압류채권을 말소기준권리라고 부른다.
ⓑ 전세권 : 매수인에게 인수되는 전세권의 경우에는 전세권자가 배당요구를 하면 매각으로 소멸되는 것으로 규정하고 있다(제91조 제4항).

- 민사집행법 제91조 제3항은 "전세권은 저당권·압류채권·가압류채권에 대항할 수 없는 경우에는 매각으로 소멸된다."라고 규정하고, 같은 조 제4항은 "제3항의 경우 외의 전세권은 매수인이 인수한다. 다만 전세권자가 배당요구를 하면 매각으로 소멸된다."라고 규정하고 있는데, 이는 저당권 등에 대항할 수 없는 전세권과 달리, 최선순위의 전세권은 존속기간에 상관없이 오로지 전세권자의 배당요구에 의하여만 소멸하고, 전세권자가 배당요구를 하지 않는 한 매수인에게 인수된다는 취지이다. 따라서 최선순위의 전세권은 전세권자 스스로 배당요구를 하여야만 매각으로 소멸함이 원칙이다(대판 2015.11.17. 2014다10694). **기출** 25 · 21 · 19 · 16
- 건물의 일부를 목적으로 하는 전세권은 그 목적물인 건물 부분에 한하여 그 효력을 미치므로, 건물 중 일부(2층 부분)를 목적으로 하는 전세권이 임차인이 대항력을 취득하기 이전에 설정되었다가 매각으로 인하여 소멸하였다고 하더라도, 임차인의 임차권이 전세권의 목적물로 되어 있지 아니한 주택 부분(1층의 일부)을 그 목적물로 하고 있었던 이상 매각으로 인하여 소멸한다고 볼 수는 없다(대판 1997.8.22. 96다53628).

> - 사안의 전세권은 경매로 인하여 소멸되는 전세권이 아니라 매수인에게 인수되는 전세권이므로, 집행법원으로서는 매각대금의 배당을 행함에 있어 위 전세권에 대하여 배당을 하지 않아야 함에도 이를 배당한 잘못이 있다고 할 것이고, 위와 같은 집행법원의 잘못된 배당으로 인하여 전세권자는 법률상 원인 없이 위 전세권에 기한 배당액 상당의 이득을 얻고, 후순위권리자는 배당받지 못하는 손해를 입었으므로 전세권자는 후순위권리자에게 부당이득반환의무를 진다(대판 2007.1.11. 2006다59762).

ⓒ 주택임대차보호법상의 대항력 갖춘 임차권
  ㉮ 주택임대차보호법상의 대항력을 갖춘 임차권도 등기된 임차권과 마찬가지이다.
  ㉯ 대항력구비 여부는 경매절차에 의하여 소멸하게 되는 최선순위 저당권·압류채권·가압류채권을 기준으로 하므로, 매각절차에 의하여 소멸되는 선순위 저당권보다 뒤에 등기되었거나 대항력을 갖춘 임차권은 함께 소멸하는 것이고, 매수인에게 대항할 수 없다(대판 2000.2.11. 99다59306).
  `기출` 25

ⓔ 말소 기준 권리의 변동

> - **변동사유**
> 경매절차의 진행 중에 채무자가 선순위 말소기준권리자의 채권을 변제하는 등으로 인하여 소제와 인수의 범위가 달라지는 경우가 흔하다. 이러한 현상은 채무자 등이 집행절차의 지연 등을 의도하는 경우에 흔히 발생한다.
> - **대금납부 전 최선순위 담보권이 소멸한 경우**
> 주택임대차보호법 제3조에 정한 대항요건을 갖춘 임차권보다 선순위의 근저당권이 있는 경우 매각으로 인하여 근저당권이 소멸하고 매수인이 소유권을 취득하게 되는 시점은 매각대금을 다 낸 때이므로, '매각대금을 다 내기 전(前)'에 선순위 근저당권이 다른 사유(채무자의 변제 등)로 소멸한 경우에는, 대항력이 있는 임차권의 존재로 인하여 담보가치의 손상을 받을 선순위 근저당권이 없게 되므로 임차권의 대항력이 소멸하지 아니한다(대판 2003.4.25. 2002다70075). `기출` 24 · 18
> - **대금납부 후 최선순위 담보권이 소멸한 경우**
> 근저당권설정등기, 지상권설정등기, 가등기가 순차 기입된 강제경매절차에서 '매각대금을 납부한 후(後)' 그 배당기일 전에 채무자의 임의변제에 따라 근저당권설정등기가 말소된 경우52)에도, 위 지상권설정등기 및 가등기는 말소촉탁의 대상이 된다(등기선례 제2-605호).

③ 최선순위 전세권과 우선변제권 있는 임차권
  ㉠ 소제와 인수의 선택
    ㉮ 최선순위의 전세권과 우선변제권이 있는 주택임대차보증금반환채권 등의 경우에는 배당요구가 있는 경우에는 소멸한다(제91조 제4항).
    ㉯ 소제와 인수여부를 선택할 수 있도록 하였다.
    ㉰ 제1경매절차에서 배당요구한 임차권자는 제2경매절차에서는 우선변제권이 없으므로 배당요구를 할 수 없다.

---

52) 변제를 원인으로 저당권이 소멸한 것이 아니라 경매절차에서의 대금납부로 인하여 저당권이 소멸한 경우이므로 말소 기준 권리가 되는 데는 변함이 없다.

- 주택임대차보호법에 따른 주택임차인의 대항력 발생일과 임대차계약서상 확정일자가 모두 당해 주택에 관한 1순위 근저당권 설정일보다 앞서는 경우, 주택임차인은 특별한 사정이 없는 한 대항력뿐 아니라 1순위 근저당권자보다 선순위의 우선변제권도 가지므로, 그 주택에 관하여 개시된 경매절차에서 배당요구종기 이전에 배당요구를 하였다면 1순위 근저당권자보다 우선하는 배당순위를 가진다(대판 2017.4.7. 2016다248431). **기출** 21
- [1] 주택임대차보호법상의 대항력과 우선변제권의 두 가지 권리를 함께 가지고 있는 임차인이 우선변제권을 선택하여 제1경매절차에서 보증금 전액에 대하여 배당요구를 하였으나 보증금 전액을 배당받을 수 없었던 때에는 매수인에게 대항하여 이를 반환받을 때까지 임대차관계의 존속을 주장할 수 있을 뿐이고, 임차인의 우선변제권은 경락으로 인하여 소멸하는 것이므로 제2경매절차에서 우선변제권에 의한 배당을 받을 수 없는 바, 이는 근저당권자가 신청한 1차 임의경매절차에서 확정일자 있는 임대차계약서를 첨부하거나 임차권등기명령을 받아 임차권등기를 하였음을 근거로 하여 배당요구를 하는 방법으로 우선변제권을 행사한 것이 아니라, 임대인을 상대로 보증금반환청구 소송을 제기하여 승소판결을 받은 뒤 그 확정판결에 기하여 1차로 강제경매를 신청한 경우에도 마찬가지이다. [2] … 소멸하지 아니하는 임차권의 내용에 대항력뿐만 아니라, 우선변제권도 당연히 포함되는 것으로 볼 수는 없다(대판 2006.2.10. 2005다21166).
- 채권양수인이 우선변제권을 행사할 수 있는 주택임차인으로부터 임차보증금반환채권을 양수하였다고 하더라도 임차권과 분리된 임차보증금반환채권만을 양수한 이상 그 채권양수인이 주택임대차보호법상의 우선변제권을 행사할 수 있는 임차인에 해당한다고 볼 수 없다. 따라서 위 채권양수인은 임차주택에 대한 경매절차에서 주택임대차보호법상의 임차보증금 우선변제권자의 지위에서 배당요구를 할 수 없고, 이는 채권양수인이 주택임차인으로부터 다른 채권에 대한 담보 목적으로 임차보증금반환채권을 양수한 경우에도 마찬가지이다. 다만, 이와 같은 경우에도 채권양수인이 일반 금전채권자로서의 요건을 갖추어 배당요구를 할 수 있음은 물론이다(대판 2010.5.27. 2010다10276). **기출** 19

ⓛ 소제와 인수의 범위
  ㉮ 매수인에게 대항할 수 있었던 우선변제권 있는 임차인이 배당요구를 통하여 소제를 선택하였으나 배당을 통하여서는 보증금의 일부밖에 변제받지 못한 경우에는 나머지 잔액의 한도에서 매수인은 임차권의 부담을 감수하여야 한다.
  ㉯ 임차권자와 달리 전세권자가 소제를 선택한 경우에는 전세권은 항상 전부 소멸한다.
  ㉰ 전세권자가 배당요구를 통하여 전세금의 일부 밖에 배당받지 못한 경우라도 전세권은 전부가 소제되며, 변제받지 못한 나머지 전세금은 채무자에 대한 무담보의 일반채권으로 남게 된다.

> 주택임대차보호법상의 대항력과 우선변제권의 두 가지 권리를 겸유하고 있는 임차인이 먼저 우선변제권을 선택하여 임차주택에 대하여 진행되고 있는 경매절차에서 보증금 전액에 대하여 배당요구를 하였으나 그 순위에 따른 배당이 실시될 경우 보증금 전액을 배당받을 수 없었던 때에는 보증금 중 경매절차에서 배당받을 수 있었던 금액을 공제한 잔액에 관하여 매수인에게 대항하여 이를 반환받을 때까지 임대차관계의 존속을 주장할 수 있는 바, 여기서 매수인에게 대항할 수 있는 보증금잔액은 보증금 중 경매절차에서 올바른 배당순위에 따른 배당이 실시될 경우의 배당액을 공제한 나머지 금액을 의미하는 것이지 임차인이 배당절차에서 현실로 배당받은 금액을 공제한 나머지 금액을 의미하는 것은 아니라 할 것이고, 따라서 임차인이 배당받을 수 있었던 금액이 현실로 배당받은 금액보다 많은 경우에는 임차인이 그 차액에 관하여는 과다 배당받은 후순위 배당채권자를 상대로 부당이득의 반환을 구하는 것은 별론으로 하고 매수인을 상대로 그 반환을 구할 수는 없다고 할 것이다(대판 2001.3.23. 2000다30165).

ⓒ 공매절차에서의 대항력 있는 전세권

> 구 국세징수법에서는 매각으로 전세권이 소멸하는지에 관하여는 명시적인 규정이 없는 점, <u>전세권의 용익물권으로서의 성질에 비추어 볼 때 대항력이 있는 전세권은 명문의 규정이 없는 이상 매수인에게 인수되는 것이 원칙인 점</u>, … 구 국세징수법의 적용을 받는 사건에서 민사집행법의 규정이나 해석을 유추적용하거나 준용할 수는 없으므로 민사집행법의 규정에 의하여 배분요구권이 인정된다고 할 수도 없는 점 등을 종합하면, <u>대항력 있는 전세권은 전세권자가 공매절차에서 배분요구를 하였는지와 무관하게 매각으로 인하여 소멸하지 않고 매수인에게 인수된다</u>고 해석하는 것이 옳다(대판 2014.12.24. 2012다60329).

④ 유치권

㉠ 유치권에 관하여는 신청채권자에게 대항할 수 있는 것이면 저당권·압류채권·가압류채권의 선후를 불문하고 소멸되지 아니하며, 무조건의 인수주의를 취한다. 우선변제권이 없기 때문이다.

- 민사집행법 제91조 제3항이 "지상권·지역권·전세권 및 등기된 임차권은 저당권·압류채권·가압류채권에 대항할 수 없는 경우에는 매각으로 소멸된다"라고 규정하고 있는 것과는 달리, 같은 조 제5항은 "매수인은 유치권자에게 그 유치권으로 담보하는 채권을 변제할 책임이 있다"라고 규정하고 있으므로, <u>유치권은 특별한 사정이 없는 한 그 성립시기에 관계없이 경매절차에서 매각으로 인하여 소멸하지 않는다.</u> 다만 부동산에 관하여 이미 경매절차가 개시되어 진행되고 있는 상태에서 비로소 그 부동산에 유치권을 취득한 경우에도 아무런 제한 없이 경매절차의 매수인에 대한 유치권의 행사를 허용하면 경매절차에 대한 신뢰와 절차적 안정성이 크게 위협받게 됨으로써 경매 목적 부동산을 신속하고 적정하게 환가하기가 매우 어렵게 되고 경매절차의 이해관계인에게 예상하지 못한 손해를 줄 수도 있으므로, 그러한 경우에까지 압류채권자를 비롯한 다른 이해관계인들의 희생 아래 유치권자만을 우선 보호하는 것은 집행절차의 법적 안정성이라는 측면에서 받아들일 수 없다. 그리하여 <u>대법원은 집행절차의 법적 안정성을 보장할 목적으로 부동산에 관하여 경매개시결정등기가 된 뒤에 비로소 부동산의 점유를 이전받거나 피담보채권이 발생하여 유치권을 취득한 경우에는 경매절차의 매수인에 대하여 유치권을 행사할 수 없다</u>고 본 것이다(대판 2022.12.29. 2021다253710). **기출** 24
- 채무자 소유의 건물 등 부동산에 경매개시결정의 기입등기가 경료되어 <u>압류의 효력이 발생한 후에 채무자가 위 부동산에 관한 공사대금 채권자에게 그 점유를 이전함으로써 그로 하여금 유치권을 취득하게 한 경우</u>, 점유자로서는 위 유치권을 내세워 그 부동산에 관한 경매절차의 매수인에게 대항할 수 없다. 그러나 이러한 법리는 경매로 인한 압류의 효력이 발생하기 전에 유치권을 취득한 경우에는 적용되지 아니하고, <u>유치권 취득시기가 근저당권설정 후라거나 유치권 취득 전에 설정된 근저당권에 기하여 경매절차가 개시되었다고 하여 달리 볼 것은 아니다</u>(대판 2009.1.15. 2008다70763). **기출** 25·24
- 대법원은 부동산에 관하여 경매개시결정등기가 된 뒤에 비로소 부동산의 점유를 이전받거나 피담보채권이 발생하여 유치권을 취득한 경우에는 경매절차의 매수인에 대하여 유치권을 행사할 수 없다고 본 것이다. 이는 집행절차의 법적 안정성을 보장할 목적으로 매각절차인 경매절차가 개시된 뒤에 유치권을 취득한 경우에는 그 유치권을 경매절차의 매수인에게 행사할 수 없다고 보는 것이므로, <u>부동산에 저당권이 설정되거나 가압류등기가 된 뒤에 유치권을 취득하였더라도 경매개시결정등기가 되기 전에 민사유치권을 취득하였다면 경매절차의 매수인에게 유치권을 행사할 수 있다</u>(대판 2014.3.20. 2009다60336[전합]). **기출** 20
- 부동산에 관한 민사집행절차에서는 경매개시결정과 함께 압류를 명하므로 압류가 행하여짐과 동시에 매각절차인 경매절차가 개시되는 반면, 국세징수법에 의한 체납처분절차에서는 그와 달리 체납처분에 의한 압류(이하 '체납처분압류'라고 한다)와 동시에 매각절차인 공매절차가 개시되는 것이 아닐 뿐만 아니라, 체납처분압류가 반드시 공매절차로 이어지는 것도 아니다. 또한 체납처분절차와 민사집행절차는 서로 별개의 절차로서 공매절차와 경매절차가 별도로 진행되는 것이므로, <u>부동산에 관하여 체납처분압류가 되어 있다고 하여 경매절차에서 이를 그 부동산에 관하여 경매개시결정에 따른 압류가 행하여진 경우와</u>

마찬가지로 볼 수는 없다. 따라서 체납처분압류가 되어 있는 부동산이라고 하더라도 그러한 사정만으로 경매절차가 개시되어 경매개시결정등기가 되기 전에 부동산에 관하여 민사유치권을 취득한 유치권자가 경매절차의 매수인에게 유치권을 행사할 수 없다고 볼 것은 아니다(대판 2014.3.20. 2009다60336[전합]). **기출** 24·20

- 민사집행법 제91조 제5항은 "매수인은 유치권자에게 그 유치권으로 담보하는 채권을 변제할 책임이 있다"고 규정하고 있으므로, 유치권은 특별한 사정이 없는 한 그 성립시기에 관계없이 경매절차에서의 매각으로 인하여 소멸하지 않고, 그 성립시기가 저당권 설정 후라고 하여 달리 볼 것이 아니다(대판 2014.4.10. 2010다84932).

   ⓛ 매수인은 유치권자에게 유치권에 의하여 담보되는 채권을 변제할 책임이 있다(제91조 제5항).

      ㉮ 여기에서 '변제할 책임이 있다'는 의미는 부동산상의 부담을 승계한다는 취지로서 인적 책임이 아닌 물적 책임이다.

      ㉯ 유치권자는 매수인에 대하여 그 피담보채권의 변제가 있을 때까지 유치목적물인 부동산의 인도를 거절할 수 있을 뿐이고 매수인에게 그 피담보채권의 변제를 청구할 수는 없다(대판 1996.8.23. 95다8713). **기출** 11

> [1] 재산적 가치가 있는 것이라도 독립성이 없어 그 자체로 처분하여 현금화할 수 없는 권리는 집행의 목적으로 할 수 없다.
> [2] 민사집행법 제268조에 의하여 담보권의 실행을 위한 경매절차에 준용되는 같은 법 제91조 제5항은 매수인은 유치권자에게 그 유치권으로 담보하는 채권을 변제할 책임이 있다고 규정하고 있다. 여기에서 '변제할 책임이 있다'는 의미는 부동산상의 부담을 승계한다는 취지로서 인적채무까지 인수한다는 취지는 아니므로, 유치권자는 매수인에 대하여 그 피담보채권의 변제가 있을 때까지 유치목적물인 부동산의 인도를 거절할 수 있을 뿐이고 그 피담보채권의 변제를 청구할 수는 없다. 유치권자가 유치권 행사 과정에서 매수인으로부터 이 사건 공사대금을 변제받을 수 있다 하더라도, 이는 이 사건 공사대금에 관한 채권을 소멸시키는 것이고 또한 이 사건 유치권에 의한 목적물의 유치 및 인도 거절 권능에서 비롯된 것에 불과하므로, 이러한 '변제에 관한 유치권자의 권한'은 이 사건 유치권 내지는 그 피담보채권인 이 사건 공사대금 채권과 분리하여 독립적으로 처분하거나 환가할 수 없는 것으로서, 결국 '압류할 수 없는 성질의 것'이라고 봄이 타당하다(대결 2014.12.30. 2014마1407). **기출** 21

   ⓒ 유치권자는 유치권에 기한 경매를 청구하여 매각대금을 유치함으로써 피담보채권의 만족을 구할 수 있다.

⑤ **보전처분**

   ㉠ 가압류

      ㉮ 압류의 효력 발생 전후에 등기된 가압류등기는 매각에 의해 모두 소멸한다. 압류채권자에 우선하는 가압류등기는 매각대금으로부터 배당을 받을 수 있으므로 소멸하고(제148조 제3호, 제160조 제1항 제2호), 압류의 효력 발생 후의 가압류등기는 매수인에게 대항할 수 없으므로 매각으로 소멸한다. **기출** 18

      ㉯ 부동산에 대한 가압류집행 후 가압류목적물의 소유권이 제3자에게 이전된 경우에도 제3취득자의 채권자가 신청한 경매절차에서 가압류채권자는 그 매각절차에서 당해 가압류목적물의 매각대금에서 가압류결정 당시의 청구금액을 한도로 하여 배당을 받을 수 있으므로(대판 2006.7.28. 2006다19986), 그 가압류등기는 말소촉탁의 대상이 된다.

㉰ 다만, 집행법원이 매각물건명세서에 인수되는 사항으로 기재하여 공고한 경우에는 인수된다고 보아야 한다(대판 2007.4.13. 2005다8682).

> 부동산에 대한 선순위가압류등기 후 가압류목적물의 소유권이 제3자에게 이전되고 그 후 제3취득자의 채권자가 경매를 신청하여 매각된 경우, 매수인이 위 가압류등기의 부담을 인수하는 것을 전제로 매각절차를 진행시킨 경우에는 위 가압류의 효력이 소멸하지 아니하므로 집행법원의 말소촉탁이 될 수 없다. 따라서 종전 소유자를 채무자로 하는 가압류등기가 이루어진 부동산에 대하여 매각절차가 진행되었다는 사정만으로 위 가압류의 효력이 소멸하였다고 단정할 수 없다(대판 2007.4.13. 2005다8682).

㉡ 가처분 : 가처분등기를 말소할 것인지는 가처분의 피보전권리와 말소기준권리 또는 압류와의 관계에 따라 그 취급이 다르다.

[양립할 수 없는 경우]
가처분과 강제집행절차가 양립할 수 없는 경우에는 가처분과 말소기준권리의 선후를 따져보아야 한다. 즉 말소기준권리보다 후순위인 가처분등기는 소제의 대상이 되나 말소기준권리보다 선순위인 가처분등기는 인수의 대상이 된다. 인수의 대상이 되는 가처분등기가 되어 있는 경우에는 집행법원은 사실상 경매절차를 중지하고 있는 것이 실무이다.

[양립가능한 경우]
가처분과 강제집행절차가 양립가능한 경우에 가처분은 매수인에게 인수된다. 즉 가처분의 피보전권리와 가처분명령의 내용에 비추어 당해 가처분이 매각에 따른 소유권 귀속의 변동과 무관한 것이라면 그러한 가처분은 매수인에게 인수된다고 보아야 한다. 결국 이는 소제 또는 인수와 무관한 것이다.
예 토지소유자가 그 지상 건물소유자에 대한 건물철거·토지인도청구권을 보전하기 위하여 건물에 대한 처분금지가처분을 한 때에는 처분금지가처분등기가 건물에 관한 강제경매개시결정등기 또는 담보권설정등기 이후에 이루어졌어도 매각으로 인하여 말소되지 아니한다.

4. 최저매각가격의 결정

① 집행법원은 최저매각가격을 결정하기 위하여 감정인에게 부동산을 감정하게 하고 그 평가액을 참작하여 최저매각가격을 정한다.
② 법원은 최저매각가격을 정한 때에는 매각기일을 공고할 때에 같이 공고하여야 하며, 이 가격 이하로 매각을 허가하여서는 아니 된다.
③ 최저매각가격은 이해관계인의 합의가 있더라도 이를 변경할 수 없다(제110조 제1항).
④ 다만 허가할 매수가격의 신고가 없이 매각기일이 최종적으로 마감되어 새 매각기일을 정할 때에는 최저매각가격을 상당히 낮추어야 한다(제119조). 이를 매각가격의 저감이라고 한다.

5. 매수신청의 보증제공

기일입찰에서 매수신청의 보증액은 '최저매각가격의 10분의 1'로 한다. 다만, 법원은 상당하다고 인정하는 때에는 최저매각가격의 10분의 1로 하는 보증금액과 달리 정할 수 있다(제113조, 규칙 제63조). **기출** 23

6. 담보책임

① 경매도 본질적으로는 사법상 매매에 해당하므로 담보책임이 인정된다.

② 경매에 있어서 채무자는 경매목적물의 흠을 이유로 한 담보책임을 지지는 않지만(민법 제580조 제2항), 권리의 흠을 이유로 한 담보책임은 부담한다(민법 제578조, 제570조 내지 제576조).

③ 채무자는 경매절차에서도 사법상 매매에 있어서의 매도인에 준하는 지위에 있기 때문이다.

④ 그러나 채무자가 경매절차에 있어서 사실상 담보책임을 지는 일은 거의 생기지 않는다.

> • 소유권에 관한 가등기의 목적이 된 부동산을 경락받아 매각대금까지 납부하여 소유권을 취득한 매수인이 그 뒤 가등기에 기한 본등기가 경료됨으로써 일단 취득한 소유권을 상실하게 된 때에는 매각으로 인하여 소유권의 이전이 불가능하였던 것이 아니므로, 민사집행법 제96조에 따라 집행법원으로부터 그 경매절차의 취소결정을 받아 납부한 낙찰대금을 반환받을 수는 없다고 할 것이나, 이는 매매의 목적 부동산에 설정된 저당권 또는 전세권의 행사로 인하여 매수인이 취득한 소유권을 상실한 경우와 유사하므로, 민법 제578조, 제576조를 유추적용하여 담보책임을 추급할 수 있다고 할 것인바, 이러한 담보책임은 매수인이 경매절차 밖에서 별소에 의하여 채무자 또는 채권자를 상대로 추급하는 것이 원칙이라고 할 것이나, 아직 배당이 실시되기 전이라면, 이러한 때에도 매수인으로 하여금 배당이 실시되는 것을 기다렸다가 경매절차 밖에서 별소에 의하여 담보책임을 추급하게 하는 것은 가혹하므로, 이 경우 매수인은 민사소송법 제96조를 유추적용하여 집행법원에 대하여 경매에 의한 매매계약을 해제하고 납부한 매각대금의 반환을 청구하는 방법으로 담보책임을 추급할 수 있다(대결 1997.11.11. 96그64).
>
> • 매수인이 강제경매절차를 통하여 부동산을 매각받아 대금을 완납하고 그 앞으로 소유권이전등기까지 마쳤으나, 그 후 강제경매절차의 기초가 된 채무자 명의의 소유권이전등기가 원인무효의 등기이어서 경매 부동산에 대한 소유권을 취득하지 못하게 된 경우, 이와 같은 강제경매는 무효라고 할 것이므로 매수인은 경매 채권자에게 매각대금 중 그가 배당받은 금액에 대하여 일반 부당이득의 법리에 따라 반환을 청구할 수 있고, 민법 제578조 제1항, 제2항에 따른 경매의 채무자나 채권자의 담보책임은 인정될 여지가 없다(대판 2004.6.24. 2003다59259).

7. 매수인의 자격제한

① 의 의

　　㉠ 부동산을 고가로 매각하기 위해서는 매수인의 자격을 제한하지 않는 것이 바람직하다.

　　㉡ 그러나 강제집행절차의 성질상 또는 목적물의 성질상 매수인의 자격에 일정한 제한이 가해지는 경우도 있다.

　　㉢ 매수인의 자격제한이 있는 경우에는 매각기일의 공고에 그에 관한 사항을 밝혀야 하고 최고가매수인에게 자격제한에 위반한 점이 있는 경우에는 매각을 불허가한다.

② 매수인이 될 수 없는 자

　　㉠ 채무자·집행관·감정인·재매각절차상 전의 매수인은 매수인이 될 수 없다.

　　㉡ 채무자를 매수신청할 수 없도록 한 이유는 채무를 변제할 자가 적은 돈으로 경매에 참가하여 채무를 면하거나 담보권자의 우선변제권을 소멸시키도록 하는 것은 신의칙에 반하기 때문이다.

③ 농지법 제8조
  ㉠ 농지 : 농지법 제2조는 현황주의에 입각하여 법적 지목 여하에 불구하고 실제의 토지현황이 농작물의 경작 또는 다년성식물재배지로 이용되는 토지 등을 농지로 정의하고 있다.
  ㉡ 농지취득자격증명
    ㉮ 농지의 취득을 위하여는 원칙적으로 농지의 소재지를 관할하는 시장·구청장·읍장·면장으로부터 농지취득자격증명을 발급받아야 한다.
    ㉯ 확정판결에 기하여 소유권이전등기를 신청하는 경우에도 마찬가지이다.
  ㉢ 특별매각조건
    ㉮ 집행법원이 농지취득자격증명을 특별매각조건으로 한 경우에는 최고가매수인은 농지취득자격증명을 제출하여야 매각허가를 받을 것이다.
    ㉯ 경매절차에서 농지에 대한 매수인의 농지취득자격증명의 취득 여부는 매각허가요건이다(대판 1997.12.23. 97다42991).

> 집행법원이 '최고가매수신고인은 매각결정기일까지 이 사건 경매대상토지에 관한 농지취득자격증명서를 제출할 것'을 특별매각조건으로 정한 경우 최고가매수신고인이 매각결정기일까지 농지취득자격증명을 제출하지 않았다면 이는 민사집행법 제121조 제2호의 매각불허가사유에 해당하고, 최고가매수신고인이 농지취득자격증명서의 발급에 필요한 모든 요건을 갖추었음에도 행정청이 부당히 위 증명서의 발급을 거부하여 이를 제출하지 못한 경우에도 마찬가지다 할 것이다(대결 2014.4.3. 2014마62).

④ 재단법인의 기본재산에 대한 처분제한
  ㉠ 민법 제32조, 제40조 제4호, 제42조 제2항, 제43조, 제45조 제3항, 제1항에 의하면, 재단법인은 정관에 재단법인의 자산에 관한 규정을 두어야 하고, 재단법인의 설립과 정관의 변경에는 주무관청의 허가를 얻어야 한다. 따라서 주무관청의 허가를 얻은 정관에 기재된 기본재산의 처분행위로 인하여 재단법인의 정관 기재사항을 변경하여야 하는 경우에는, 그에 관하여 주무관청의 허가를 얻어야 한다(대결 2018.7.20. 2017마1565). 기출 25
  ㉡ 이는 재단법인의 기본재산에 대하여 강제집행을 실시하는 경우에도 동일하나, 주무관청의 허가는 반드시 사전에 얻어야 하는 것은 아니므로, 재단법인의 정관변경에 대한 주무관청의 허가는 경매개시요건은 아니고, 경락인의 소유권 취득에 관한 요건이다. 그러므로 집행법원으로서는 그 허가를 얻어 제출할 것을 특별매각조건으로 경매절차를 진행하고, 매각허가결정 시까지 이를 제출하지 못하면 매각불허가결정을 하면 된다(대결 2018.7.20. 2017마1565). 기출 25·21
⑤ 사립학교재산에 대한 처분제한
  ㉠ 학교법인의 기본재산
    ㉮ 동법 동조 제1항에서는 "학교법인이 그 기본재산을 매도·증여·교환 또는 용도변경하거나 담보에 제공하고자 할 때 또는 의무의 부담이나 권리의 포기를 하고자 할 때에는 관할청의 허가를 받아야 한다."라고 규정하고 있다.
    ㉯ 동법 동조 제2항에서는 "학교교육에 직접 사용되는 학교법인의 재산 중 대통령령이 정하는 것은 이를 매도하거나 담보에 제공할 수 없다."라고 규정하고 있다.
    ㉰ 사립학교를 운영하는 주체는 학교법인과 사립학교경영자[53]가 있다(사립학교법 제2조).

---

53) 법인 이외에 학교를 운영하는 주체를 말한다.

ⓛ 학교교육에 직접 사용되는 교지, 교사

㉮ 학교교육에 직접 사용되는 학교법인의 재산 중 대통령령으로 정하는 것(학교교육에 직접 사용되는 교지, 교사 등)은 매도하거나 담보로 제공할 수 없다(사립학교법 제28조 제2항, 같은 법 시행령 제12조 제1항). 이를 '교육용 기본재산'이라고 한다.

㉯ 민사집행절차를 통한 매각도 허용되지 아니하는 이른바 압류금지물에 해당한다.

㉰ 교육용 기본재산으로 편입되기 이전에 담보권이 설정되어 있었던 경우에는 당해 담보권에 기한 경매절차는 허용된다.

> 사립학교법상의 사립학교에 해당하는 유치원 설립자 겸 경영자 소유의 재산으로서, 유치원교육에 직접 사용되는 교지 등 사립학교법 시행령 제12조 소정의 재산의 경우에는 관할관청의 처분허가 유무에 관계없이 처분할 수 없는 것이지만, 위에 해당하는 재산이라고 하더라도 유치원 설립자가 유치원 설립허가를 얻기 전에 담보권을 설정한 경우에는 담보권 성립 당시 담보제공자가 사립학교의 경영자라고 볼 수 없으므로 학교재산은 적법하게 설정된 피담보채무를 부담한 것이라 할 것이고, 적법하게 담보권이 성립한 이상 그 후에 담보제공자가 유치원 설립자의 지위를 얻었고, 그 재산이 유치원교육에 직접 사용하게 되었다고 하여 담보권자가 그 담보권을 실행하는 것이 금지된다거나 새삼스럽게 감독청의 처분허가를 필요로 한다고 볼 것은 아니다(대결 2004.7.5. 2004마97). **기출** 23

ⓒ 학교법인의 기본재산에 대한 주무관청의 허가

㉮ 학교법인의 기본재산은 이를 매도·증여·교환·담보제공을 하고자 할 때는 관할관청의 허가를 받아야 한다(사립학교법 제28조 제1항).

㉯ 이는 압류금지물이 아니어서 압류 자체에는 아무런 제한을 받지 아니하며 관할관청의 허가는 매각허가결정을 하기 위한 요건일 뿐이다.

ⓓ 매수인의 자격 제한

㉮ 집행절차에서는 이러한 사립학교법 제28조 제1항의 취지를 반영하여 집행의 대상이 학교법인의 기본재산(학교교육에 직접 사용되는 교지, 교사 제외)인 경우에는 관할관청의 허가를 받을 것을 특별매각조건으로 정하고 있다.

㉯ 이러한 관할관청의 허가는 압류금지와는 무관하므로 경매신청시 관할관청의 허가가 없다고 하여 이를 각하할 것은 아니다.

㉰ 집행개시의 요건이 아니라는 의미이다.

ⓔ 집행채무자가 허가신청을 하지 않는 경우

㉮ 허가신청의 대위 불허

> 학교법인으로부터 기본재산을 양수한 자도 아니고 금전채권자들에 불과한 자에게는 강제이행청구권의 실질적인 실현을 위하여 필요하다는 사유만으로 기본재산의 처분을 희망하지도 않는 학교법인을 상대로 관할청에 대하여 기본재산에 대한 처분허가신청절차를 이행할 것을 청구할 권한은 없다고 할 것이다. 따라서 학교법인의 금전채권자로서는 학교법인을 대위하여 관할청에 기본재산의 처분허가신청을 할 수 없다고 봄이 상당하다(대판 2011.12.8. 2011두14357).

㉯ 처분에 대한 허가신청 청구권 불허 : 재단법인의 정관변경을 초래하는 기본재산의 처분을 위하여 주무관청의 허가를 신청할 것인지 여부는 특별한 사정이 없는 한 재단법인의 의사에 맡겨져 있다고 할 것이므로 금전채권자에게 재단법인을 상대로 주무관청에 대하여 기본재산에 대한 처분허가신청절차를 이행할 것을 청구할 권한이 없다(대판 1998.8.21. 98다19202).

ⓑ 주무관청의 허가를 간과하고 매각한 경우

㉮ 집행법원이 주무관청의 허가를 특별매각조건으로 정하지 아니한 상태에서 경매절차가 진행되어 매수인이 매각대금을 완납한 경우에도 매수인은 소유권을 취득할 수 없다.

㉯ 주무관청의 허가는 유효요건이다.

㉰ 학교법인의 기본재산 처분에 대한 주무관청의 허가는 경매개시의 요건이 아니고 매수인의 소유권 취득요건이기 때문이다.

> 사회복지법인의 기본재산의 매도, 담보제공 등에 관한 사회복지사업법 제23조 제3항의 규정은 강행규 정으로서 사회복지법인이 이에 위반하여 주무관청의 허가를 받지 않고 그 기본재산을 매도하더라도 효력이 없으므로, 법원의 부동산임의경매절차에서 사회복지법인의 기본재산인 부동산에 관한 매각이 있었고 매각대금이 완납되었다 하더라도 위 매각에 대하여 주무관청의 허가가 없었다면 그 부동산에 관한 소유권은 사회복지법인으로부터 매수인에게로 이전되지 아니한다(대결 2003.9.26. 2002마4353).

8. 그 밖의 매수인의 소유권취득에 관한 조건

위에서 살펴본 법정매각조건 이외에도 매수인의 소유권취득과 관련된 법정매각조건으로는 매수인의 대금지 급의무(제138조), 대금지급기일(제142조), 매수인의 소유권취득(제135조) 및 부동산인도명령의 신청시기(제136 조), 매수인명의의 소유권이전등기의 시기와 방법(제144조) 등이 있는바 관련되는 부분에서 살펴보기로 한다.

Ⅲ 특별매각조건

민사집행법 제110조(합의에 의한 매각조건의 변경)
① 최저매각가격 외의 매각조건은 법원이 이해관계인의 합의에 따라 바꿀 수 있다.
② 이해관계인은 배당요구의 종기까지 제1항의 합의를 할 수 있다.

민사집행법 제111조(직권에 의한 매각조건의 변경)
① 거래의 실상을 반영하거나 경매절차를 효율적으로 진행하기 위하여 필요한 경우에 법원은 배당요구의 종기까지 매각조건을 바꾸거나 새로운 매각조건을 설정할 수 있다. **기출** 21
② 이해관계인은 제1항의 재판에 대하여 즉시항고를 할 수 있다. **기출** 15
③ 제1항의 경우에 법원은 집행관에게 부동산에 대하여 필요한 조사를 하게 할 수 있다.

1. 서 설

① 의의 : 경매절차의 본질에 해당하는 사항이 아니라면 이해관계인 전원의 합의나 집행기관의 직권에 의하 여 법정매각조건을 변경할 수 있으며 이와 같이 변경된 매각조건을 특별매각조건이라고 한다.

② 취지 : 경매도 사법상의 매매계약과 비슷하므로 법적 안정성에 문제가 없는 범위에서는 이해관계인의 사적자치를 인정하는 것이 보다 합리적이기 때문에 이해관계인의 합의로써 법정매각조건을 변경할 수 있도록 하는 한편, 경매절차의 효율적인 진행을 위하여 집행법원이 직권으로 법정매각조건을 변경하거 나 새로운 매각조건을 설정할 수 있도록 하고 있다.

2. 합의에 의한 매각조건 변경(제110조)

① 의의
- ㉠ 최저매각가격 및 경매의 근본에 관한 사항 이외의 것에 대해서는 배당요구의 종기까지는 이해관계인 전원의 합의가 있다면 법원은 매각조건을 변경할 수 있다.
- ㉡ 여기서의 '이해관계인'이란 민사집행법 제90조 각 호에 규정된 사람 중에서 배당요구종기까지 이해관계인의 지위에 있으면서 매각조건변경으로 말미암아 자기의 권리에 영향을 미치는 사람을 말한다.
- ㉢ 따라서 부동산상의 저당권을 존속시키기로 하는 합의에 있어서는 그 저당권자만이 이해관계인이고 그보다 후순위의 저당권자는 이해관계인이 아니다.

② 합의로 변경이 불가능한 조건
- ㉠ 매각대금의 지급방법과 시기, 부동산 위의 담보권·용익권의 인수·소멸에 관한 매각조건 등은 합의에 의한 변경이 가능할 것이다.
- ㉡ 그러나 최저매각가격 외에도 매수인에 대한 소유권이전과 같은 경매의 근본에 관한 매각조건은 이해관계인의 합의가 있어도 변경할 수 없다고 본다.

③ 재변경가능 여부 : 합의에 의해 변경한 것을 다시 합의 또는 직권으로 변경하는 것은 가능하나, 법원이 직권으로 변경한 것을 다시 합의로 변경하지는 못한다.

④ 합의의 시기와 매각조건변경결정 및 고지
- ㉠ 이해관계인의 합의는 배당요구종기까지 할 수 있다(제110조 제2항).
  - ㉮ 집행법원은 이해관계인으로부터 합의에 따른 변경신청이 있으면 그 합의가 유효하게 성립된 이상 이에 구속되고, 그에 따른 매각조건변경결정을 해야 할 것이다.
  - ㉯ 매각조건변경의 효과는 법원의 매각조건변경결정이 있어야 발생한다.
- ㉡ 매각조건변경결정은 합의에 참가한 이해관계인에게 고지하여야 한다. 고지의 방법은 매각기일공고에 기재하든가 결정 정본을 송달하는 방법에 의할 것이다.

⑤ 매각조건변경결정에 대한 불복
- ㉠ 합의에 의한 매각조건의 변경에는 불복이 허용되지 않는다.
- ㉡ 만일 매각조건변경결정을 하지 않고 법정의 매각조건대로 경매를 명하였을 경우에는 민사집행법 제121조 제7호의 이의사유가 된다 할 것이다.

3. 직권에 의한 특별매각조건(제111조)

① 의의 : 거래의 실상을 반영하거나 매각절차를 효율적으로 진행하기 위하여 필요한 경우에 법원은 배당요구의 종기까지 매각조건을 바꾸거나 새로운 매각조건을 설정할 수 있다(제111조 제1항). **기출** 21

② 직권으로 변경이 불가능한 조건
- ㉠ 경매의 근본에 관한 매각조건은 합의로 변경이 불가능한 것과 동일하다.
- ㉡ 이해관계인의 합의로써도 변경할 수 없는 최저매각가격(최저입찰가격)이라도 법원이 직권으로 변경할 수 있으나, 그 변경은 수긍할 만한 합리적인 이유가 있는 경우에 한하여 허용된다(대결 1994.11.30. 94마1673). **기출** 21

③ 재변경가능 여부 : 합의로 변경한 조건 및 직권으로 변경한 조건을 다시 직권으로 변경할 수 있으나 법원이 직권으로 변경한 조건을 다시 합의로 변경할 수 없다.

④ 집행법원의 매각조건변경결정 및 고지
  ㉠ 법원이 직권으로 법정매각조건을 변경할 경우에도 매각조건변경결정을 한다.
  ㉡ 결정의 고지방법도 합의변경의 경우와 같다.
⑤ 매각조건변경결정에 대한 불복 : 집행법원의 직권에 의한 매각조건변경결정에 대하여 이해관계인은 즉시항고를 할 수 있다(제111조 제2항). **기출** 21 · 15

4. 특별매각조건의 고지
① 특별매각조건은 매각기일 공고에 기재할 필요적 기재사항은 아니나(제106조), 매각기일의 공고 전에 변경하였으면 공고에 기재하는 것이 바람직하다.
② 특별매각조건이 있는 경우 집행관은 매각기일을 개시할 때에 그 내용을 고지하며(제112조), 특별매각조건으로 매각한 때에는 집행법원은 매각허가결정에 그 조건을 적어야 한다(제128조). **기출** 21
③ 특별매각조건이 매각기일공고에 기재되어 있더라도 그 고지를 생략할 수 없다.

제14절 부동산에 대한 강제집행 – 현금화(매각)절차 – (2) 매각준비절차

Ⅰ 서 설
① 압류와 매각 사이의 절차를 매각준비절차라고 한다.
② 매각준비절차에는 배당요구종기의 결정·공고·고지, 채권신고 최고, 공유자에 대한 통지, 현황조사명령, 감정평가명령, 매각방법의 결정, 매각가격과 매각결정기일 지정·공고·통지·변경, 매각물건명세서 작성·비치, 최저매각가격의 결정 등이 있다.

Ⅱ 배당요구의 종기결정 및 공고

> **민사집행법 제84조(배당요구의 종기결정 및 공고, 고지, 최고)**
> ① 경매개시결정에 따른 압류의 효력이 생긴 때(그 경매개시결정 전에 다른 경매개시결정이 있는 경우를 제외한다)에는 집행법원은 절차에 필요한 기간을 감안하여 배당요구를 할 수 있는 종기를 첫 매각기일 이전으로 정한다. **기출** 20
> ② 배당요구의 종기가 정하여진 때에는 법원은 경매개시결정을 한 취지 및 배당요구의 종기를 공고하고, 제91조(인수주의와 잉여주의의 선택 등) 제4항 단서의 전세권자 및 법원에 알려진 제88조(배당요구) 제1항의 채권자에게 이를 고지하여야 한다.
> ③ 제1항의 배당요구의 종기결정 및 제2항의 공고는 경매개시결정에 따른 압류의 효력이 생긴 때부터 1주 이내에 하여야 한다.
> ⑥ 법원은 특별히 필요하다고 인정하는 경우에는 배당요구의 종기를 연기할 수 있다.

1. 배당요구종기제도 취지

① 집행채권자들의 우열에 관하여 민사집행법은 평등주의를 원칙으로 하고 있다.

② 그러나 이러한 평등주의에 의할 때 배당요구와 그 철회를 번복함으로써 집행절차의 안정성을 저해하는 폐해가 많았다.

③ 현행 민사집행법은 배당요구종기제도를 도입하여 종전에 매각허가결정일까지 배당요구를 허용한 것을 경매개시결정 후 첫 매각기일 이전의 특정한 날을 정하여 그때까지 배당요구를 한 채권자에 한하여 배당 참가를 인정하고 있다.

2. 배당요구종기를 결정하는 시기

배당요구의 종기결정은 경매개시결정에 따른 압류의 효력이 생긴 때부터 1주 이내에 하여야 한다(제84조 제3항).

3. 배당요구종기의 공고 및 고지

① 공 고

　㉠ 법원은 배당요구의 종기가 정하여진 때에는 경매개시결정을 한 취지 및 배당요구의 종기를 공고하여야 하고(제84조 제2항), 그 공고는 경매개시결정에 따른 압류의 효력이 생긴 때부터 1주 이내에 하여야 한다(제84조 제3항). `기출` 24·22

　㉡ 배당요구의 종기를 첫 매각기일 이전으로 제한함으로 인하여 채권자들의 배당절차 참여가 실질적으로 봉쇄되는 결과에까지 이르러서는 아니 될 것이므로 배당요구의 종기를 채권자들이 널리 알 수 있도록 하기 위해서 공고를 하도록 하고 있다.

② **고지의 상대방** : 배당요구의 종기가 정하여진 때에는 법원은 최선순위의 전세권자(제91조 제4항 단서) 및 법원에 알려진 제88조 제1항의 채권자[54]에게 배당요구의 종기를 고지하여야 한다(제84조 제2항). `기출` 19

　㉠ 최선순위의 전세권자

　　㉮ 저당권·압류채권·가압류채권에 대항할 수 있는 최선순위 전세권은 매각으로 소멸되지 않고 매수인이 인수하지만, '최선순위의 전세권자'가 민사집행법 제88조에 따라 배당요구를 하면 매각으로 소멸된다(제91조 제3항, 제4항).

　　㉯ 이처럼 최선순위의 전세권자에게는 '매수인에 의한 전세권의 인수'와 '배당요구'의 선택권을 부여하고 그 전세권자에게는 배당요구의 종기를 고지하여 그 기간 안에 선택권을 행사할 수 있는 기회를 보장할 필요가 있으므로, 법원은 배당요구의 종기를 공고하는 외에 최선순위의 전세권자에게 이를 고지하여야 한다(제84조 제4항). `기출` 24

　㉡ 법원에 알려진 민사집행법 제88조 제1항의 채권자 : '민사집행법 제88조 제1항의 채권자'는 배당요구를 하여야만 배당받을 수 있으므로, 이들에게 배당에 참여할 수 있는 공평한 기회를 보장하기 위하여 법원은 매각절차 진행과정에서 알게 된 위 채권자들에게도 배당요구의 종기를 고지하여 주어야 한다.

---

54) 법원에 알려진 집행력 있는 정본을 가진 채권자, 경매개시결정이 등기된 뒤에 가압류를 한 채권자, 민법·상법, 그 밖의 법률에 의하여 우선변제청구권이 있는 채권자를 말한다.

4. 배당요구종기의 연기

① 특별한 사정이 있는 경우에는 법원은 배당요구의 종기를 연기할 수 있고(제84조 제6항), 이 경우에 배당요구종기를 첫 배당요구종기결정일부터 6월 이후로 연기해서는 아니 된다(재민 2004-3).

> 민사집행법 제84조 제6항은 법원이 특별히 필요하다고 인정하는 경우에는 배당요구의 종기를 연기할 수 있다고 규정하고 있는바, 주채무자 소유 부동산에 대한 강제경매절차에서 집행법원이 배당요구의 종기를 결정하였는데, 보증인이 채무를 대위변제한 후 주채무자에 대한 구상권을 행사하는 과정에서 위 종기를 준수하지 못하여 그 연기를 구하여 온 경우에, 집행법원은 경매절차의 진행 경과, 보증인이 위 종기를 준수하지 못한 데에 귀책사유가 있는지 여부, 위 종기를 준수하지 못한 기간의 크기, 채권자 등 이해관계인이나 경매절차에 미치는 영향 등을 고려하여 특별히 필요하다고 인정하는 경우에 한하여 배당요구의 종기를 연기할 수 있고, 위와 같은 사유로 배당요구종기 연기 신청을 인용하거나 기각하는 집행법원의 결정은 위 조항에 따른 재량에 의한 것이다(대판 2013.7.25. 2013다204324). [기출] 21

   ㉠ 배당요구종기를 연기한 경우 법원은 다시 경매개시결정을 한 취지 및 배당요구의 종기를 공고하여야 하고, 최선순위 전세권자와 법원에 알려진 민사집행법 제88조 제1항의 채권자에게 고지하여야 하며, 제84조 제4항의 채권신고의 최고를 하여야 한다(제84조 제7항 본문).

   ㉡ 다만, 이미 배당요구 또는 채권신고를 한 사람에 대하여는 이러한 고지 및 최고를 다시 하지 아니한다(제84조 제7항 단서). [기출] 19

② 특별한 사정이란 감정평가나 현황조사가 예상보다 늦어지는 경우, 촉탁이나 통보과정에서 절차가 누락되거나 지연되는 경우, 절차상 하자로 인하여 다시 절차를 밟아야 할 경우가 있다.

5. 배당요구종기의 효력

① 배당을 요구하여야 배당받을 수 있는 채권자에게 배당요구종기는 배당에 참가할 수 있는 마지막 시한이라고 할 수 있다.

② 실체법상 우선변제권이 있는 채권자라 할지라도 배당요구를 하지 아니하면 배당에 참가할 수 없다.

Ⅲ 채권신고의 최고

민사집행법 제84조(배당요구의 종기결정 및 공고, 고지, 최고) 기출 24 · 20

④ 법원사무관등은 제148조 제3호 및 제4호의 채권자 및 조세, 그 밖의 공과금을 주관하는 공공기관에 대하여 채권의 유무, 그 원인 및 액수(원금 · 이자 · 비용, 그 밖의 부대채권을 포함한다)를 배당요구의 종기까지 법원에 신고하도록 최고하여야 한다.
⑤ 제148조(배당받을 채권자의 범위) 제3호 및 제4호의 채권자가 제4항의 최고에 대한 신고를 하지 아니한 때에는 그 채권자의 채권액은 등기사항증명서 등 집행기록에 있는 서류와 증빙에 따라 계산한다. 이 경우 다시 채권액을 추가하지 못한다.

민사집행법 제148조(배당받을 채권자의 범위)

제147조 제1항에 규정한 금액을 배당받을 채권자는 다음 각 호에 규정된 사람으로 한다.
1. 배당요구의 종기까지 경매신청을 한 압류채권자
2. 배당요구의 종기까지 배당요구를 한 채권자
3. 첫 경매개시결정등기 전에 등기된 가압류채권자
4. 저당권 · 전세권, 그 밖의 우선변제청구권으로서 첫 경매개시결정등기 전에 등기되었고 매각으로 소멸하는 것을 가진 채권자

1. 의의 및 취지

① 경매개시결정이 있은 다음 법원사무관 등은 당연배당채권자(제148조 제3호 · 제4호)와 조세 등 공과금을 주관하는 공공기관에 배당요구의 종기까지 채권의 유무 · 원인 · 액수를 신고하도록 최고하여야 한다(제84조 제4항).
② 이는 우선변제청구권 있는 채권의 유무와 그 금액에 관하여 신고를 받아 남을 가망이 있는지 여부를 확인함과 동시에 매각조건을 결정하고, 그들에게 교부청구(공공기관의 경우)를 할 수 있는 기회를 부여하여 채권회수나 조세징수를 용이하게 하려 함에 그 목적이 있다.

2. 최고의 상대방

① **당연배당채권자**(제148조 제3호 · 제4호)
  ㉠ 당연히 배당을 받는 채권자
    ㉮ 첫 경매개시결정등기 전에 등기된 가압류채권자(제148조 제3호)
    ㉯ 저당권 · 전세권, 그 밖의 우선변제청구권으로서 첫 경매개시결정등기 전에 등기되었고 매각으로 소멸하는 것을 가진 채권자(제148조 제4호)가 그 대상이며 첫 경매개시결정등기 전에 임차권등기를 경료한 임차인에 대하여도 전세권자에 준하여 채권신고 최고서를 발송하여야 한다.
  ㉡ 취지 : 제88조에 의하여 배당요구를 하여야 배당받을 수 있는 자의 경우 이미 채권액을 명시한 배당요구서가 있음에도 구태여 채권계산서를 다시 제출하라고 할 필요가 없고, 채권계산서 제출의 종기가 배당요구의 종기와 일치하므로 배당요구채권자에게 이중의 부담을 주는 것으로서 불필요하므로, 그 최고의 대상을 배당요구 없이도 배당을 받을 수 있는 채권자로 제한하였다.

② 공공기관에 대한 최고

　ⓐ 의 의

　　㉮ 국세 등의 교부청구권자는 민사집행법 제88조 제1항의 배당요구를 할 수 있는 채권자에 해당하므로 별도의 최고가 필요하지 않지만, 조세징수의 편의를 위하여 법은 특별히 채권신고를 최고하도록 규정하고 있다(제84조 제4항).

　　㉯ 법원사무관 등이 조세 기타 공과금 주관 공공기관에 대하여 채권의 유무와 그 한도를 일정 기간 안에 통지할 것을 최고하지 아니하였어도 매각허가결정에는 아무런 영향이 없다(대결 1979.10.30. 79마299). 따라서 매각허가결정에 대한 항고사유도 되지 않는다. **기출** 20 · 16

　ⓑ 최고대상 공공기관 : 최고할 공공기관은 국세에 대해서는 채무자의 주소지를 관할하는 세무서이고, 지방세에 대해서는 부동산 소재지를 관할하는 시 · 군 · 구 · 읍 · 면이다.

③ 가등기권자에 대한 최고

　ⓐ 의의 : 소유권이전에 관한 가등기가 되어 있는 부동산에 대하여 경매개시결정이 있는 경우에는 법원은 가등기권리자에 대하여 그 가등기가 담보가등기인 때에는 그 내용 및 채권의 존부, 원인 및 액수를, 담보가등기가 아닌 경우에는 그 내용을 법원에 신고할 것을 상당한 기간을 정하여 최고하여야 한다(가등기담보법 제16조 제1항). **기출** 24 · 20

　ⓑ 취 지

　　㉮ 담보가등기가 경료된 부동산에 대하여 경매 등이 행해진 때에는 담보가등기권리는 그 부동산의 매각에 의하여 소멸한다(가등기담보법 제15조).

　　㉯ 따라서 권리신고가 되지 않아 담보가등기인지 일반가등기인지 알 수 없는 경우에는 일단 순위보전을 위한 가등기로 보아 그 가등기가 최선순위이면 매수인에게 그 부담이 인수되므로 말소하여서는 아니 되고, 그 가등기보다 선순위의 담보권이나 또는 가압류가 있으면 함께 말소된다.

3. 최고의 방법과 시기

① 최고의 방법에는 제한이 없으므로 서면 외에 말 또는 전화로도 가능할 것이나, 실무에서는 통상 서면(최고서)으로 하고 있다.

② 최고시기 및 통지기간에 관하여 법의 규정은 없으나, 배당요구의 종기결정일(제84조 제3항)부터 적어도 3일 이내에 최고하여야 한다.

③ 실무에서는 통상 배당요구 종기의 결정과 동시에 최고를 하고 있다.

④ 최고를 받을 채권자가 외국에 있거나 있는 곳이 분명하지 아니한 때에는 최고할 사항을 공고하면 된다. 이 경우 최고는 공고를 한 날부터 1주일이 지나면 효력이 생긴다(규칙 제8조 제3항). **기출** 16

⑤ 실무에서는 통상 법원게시판에 게시하여 공고하거나 법원경매정보 홈페이지에 공고한다(규칙 제11조 제1항).

4. 채권신고를 하지 아니한 경우

① 당연배당채권자

　ⓐ 최고에 따른 채권신고를 하지 않더라도 그 자체로 불이익은 없다.

　ⓑ 첫 경매개시결정등기 전에 등기된 가압류채권자와 저당권 · 전세권, 그 밖의 우선변제청구권으로서 첫 경매개시결정 등기 전에 등기되었고 매각으로 소멸하는 것을 가진 채권자가 배당요구종기까지 최고에 따른 채권신고를 하지 아니한 때에는 그 채권자의 채권액은 등기사항증명서 등 집행기록에 있는 서류와 증빙에 따라 계산한다. 이 경우 다시 채권액을 추가하지 못한다(제84조 제5항). **기출** 19

② 공공기관
  ㉠ 부동산에 관한 경매개시결정등기 이전에 체납처분에 의한 압류등기 등을 하지 않는 한 배당요구의 종기까지 배당요구로서 교부청구를 하여야만 배당을 받을 수 있다(대판 2001.5.8. 2000다21154).
  ㉡ 공공기관에서 채권신고서만 제출하고 별도의 교부청구를 하지 않은 경우에도 배당요구의 원인사실 및 액수 등을 특정하기에 충분한 정도의 내용을 기재한 채권신고서를 배당요구의 종기 이전에 집행법원에 제출하였다면 이로써 적법한 방식에 의한 배당요구를 하였다고 봄이 상당하다.
  ㉢ 체납처분의 압류등기가 되어 있는 경우 조세채권자가 배당요구의 종기까지 세액을 계산할 수 있는 증빙서류를 제출하지 않았더라도 집행법원은 압류등기촉탁서에 의한 체납세액을 조사하여 배당하여야 한다(대판 1997.2.14. 96다51585).

③ 담보가등기권자
  ㉠ 압류등기 전에 경료된 담보가등기권리가 매각에 의하여 소멸된 때에는 위의 채권신고를 한 때에 한하여 채권자는 배당을 받을 수 있다(가등기담보법 제16조 제2항).
  ㉡ 따라서 채권신고를 하지 아니한 담보가등기권자는 배당받을 채권자에 해당하지 아니한다.

5. 채권신고 최고의 흠결
① 이 규정은 훈시규정이므로 이를 흠결하였어도 매각절차가 무효로 되는 것은 아니다.
② 매각허가결정에 아무런 영향이 없으므로(대결 1979.10.30. 79마299), 매각허가결정에 대한 항고사유도 되지 않는다.

Ⅳ **현황조사**

> **민사집행법 제85조(현황조사)**
> ① 법원은 경매개시결정을 한 뒤에 바로 집행관에게 부동산의 현상, 점유관계, 차임(借賃) 또는 보증금의 액수, 그 밖의 현황에 관하여 조사하도록 명하여야 한다. `기출` 25
> ② 집행관이 제1항의 규정에 따라 부동산을 조사할 때에는 그 부동산에 대하여 제82조에 규정된 조치를 할 수 있다.
>
> **민사집행법 제82조(집행관의 권한)**
> ① 집행관은 제81조제4항의 조사를 위하여 건물에 출입할 수 있고, 채무자 또는 건물을 점유하는 제3자에게 질문하거나 문서를 제시하도록 요구할 수 있다. `기출` 25
> ② 집행관은 제1항의 규정에 따라 건물에 출입하기 위하여 필요한 때에는 잠긴 문을 여는 등 적절한 처분을 할 수 있다. `기출` 25
>
> **민사집행법 제5조(집행관의 강제력 사용)**
> ① 집행관은 집행을 하기 위하여 필요한 경우에는 채무자의 주거·창고 그 밖의 장소를 수색하고, 잠근 문과 기구를 여는 등 적절한 조치를 할 수 있다. `기출` 25
> ② 제1항의 경우에 저항을 받으면 집행관은 경찰 또는 국군의 원조를 요청할 수 있다. `기출` 25
> ③ 제2항의 국군의 원조는 법원에 신청하여야 하며, 법원이 국군의 원조를 요청하는 절차는 대법원규칙으로 정한다.

1. 의 의

① 경매신청 시 제출하는 목적물의 목록과 등기사항증명서만으로는 경매대상 목적물의 현황을 파악하기에는 부족한 점이 많다.

② 특히 농지취득자격증명이 필요한 농지인지 여부는 '실제 현황'에 의하므로 현황조사의 필요성이 있다.

> 집행관이 작성한 현황조사보고서는 경매목적물의 점유관계를 파악하는데 유력한 자료가 되는 것이기는 하나 거기에 우월한 증명력이 있다고 할 수는 없다(대결 2006.11.23. 2006마713).

2. 현황조사의 실시

① **조사명령** : 법원은 경매개시결정을 한 뒤에 바로 집행관에게 부동산의 현상, 점유관계, 차임 또는 보증금의 액수, 그 밖의 현황에 관하여 조사하도록 명하여야 한다(제85조 제1항). 이것을 일반적으로 현황조사명령이라고 부르는데, 그 성질은 결정이며, 집행관에게 발하여지는 직무명령이다. `기출` 25·20

② **명령시기**

　㉠ 실무에서는 경매개시결정등기촉탁과 동시에 조사명령을 내리고 있다.

　㉡ 그러나 경매개시결정등기가 이루어지기 전에 조사에 착수하면 채무자가 매각부동산을 타인에게 처분할 염려가 있으므로 같은 법원의 등기과에 경매개시결정등기를 촉탁하는 경우라면 모르되 그렇지 않은 한 경매개시결정등기를 촉탁한 2~3일 뒤에 조사명령을 하는 것이 무난할 것이다.

　㉢ 재민 91-5에서도 임의경매에 있어서는 개시결정일(같은 일자에 경매개시결정촉탁이 있게 된다)부터 3일 안에, 강제경매에 있어서는 등기필증 접수일부터 3일 안에 조사명령을 발하도록 하고 있고, 보고서의 제출기간은 2주간으로 하고 있다.

③ 수명자

    ㉠ 현황조사를 집행관에게 명하여야 하며, 집행관 이외의 자에게 명할 수 없다(제85조 제1항).

    ㉡ 다만 집행법원의 소재지에 집행관이 없는 때에는 지방법원장이 미리 정한 바에 따라 법원사무관등으로 하여금 집행관의 직무를 대행하게 할 수 있으므로(집행관법 제11조) 집행관이 없는 집행법원에서는 법원사무관등에게 그 조사를 명할 수 있다 할 것이다.

④ **불복** : 현황조사명령의 발령이 위법한 경우(예컨대 현황조사의 목적물이 틀렸다든가, 압류가 경합된 경우에 있어서 후행사건으로 절차를 속행하는 것이 아닌데도 다시 현황조사명령을 발한 경우 등) 이에 대하여 불복이 있는 자는 집행에 관한 이의를 신청할 수 있다(제16조 제1항).

⑤ 추가조사명령, 재조사명령

    ㉠ 집행관의 조사보고 내용이 충분하지 못하면 추가조사명령 또는 재조사명령을 발할 수 있으나, 이로써도 점유관계에 관한 사실을 확정할 수 없는 경우에는 집행법원이 심문기일을 정하여 채무자, 부동산을 점유하는 제3자 그 밖의 참고인을 심문할 수 있다(규칙 제2조).

    ㉡ 이중경매개시결정을 한 경우에 있어서 먼저 개시결정한 경매신청이 취하되거나 그 절차가 취소되어 민사집행법 제87조 제2항에 따라 뒤의 개시결정에 의하여 절차를 속행하는 경우에는 압류에 대항할 수 있는 권리의 범위는 후행사건의 압류가 기준이 되므로 앞의 압류와 뒤의 압류 사이에 임차권 그 밖의 용익권의 설정, 가처분의 집행이 있으면 매각물건명세서의 기재사항(제105조 제1항 제3호의 기재사항)이 달라지게 되는 경우가 있으므로, 선행 사건에 의한 현황조사가 뒤의 압류 후에 행해진 경우 등을 제외하고는 다시 현황조사를 명할 필요가 생기게 된다.

    ㉢ 한편 선행의 매각절차가 정지된 경우에는 그 매각절차가 취소되더라도 동법 제105조 제1항 제3호의 기재사항이 변경되지 않을 때에만 뒤의 경매개시결정에 의하여 매각절차를 속행할 수 있으므로(제87조 제4항) 앞의 개시결정과 뒤의 개시결정과의 사이에 용익권이 설정되어 있는지의 여부 등을 확인하기 위하여 다시 현황조사를 명할 필요가 있다 할 것이다.

3. 조사사항

① 현황조사에 있어서 조사할 사항은 부동산의 현상, 점유관계, 차임 또는 보증금의 액수, 그 밖의 현황이다(제85조 제1항).

② 그러나 여기서 열거한 것은 예시에 불과하고 매각조건의 결정, 최저매각가격의 결정 및 인도명령의 허부의 판단 등을 함에 필요한 부동산에 관한 사실관계 및 권리관계 전반에 걸친 것이 곧 여기서 말하는 현황으로서 모두 본조의 조사할 사항에 속한다 할 것이다.

③ 강제집행의 목적물이 부동산의 공유지분인 경우 그 조사의 목적물은 공유지분 그 자체가 아니라 공유지분의 대상인 본래의 부동산, 즉 토지 또는 건물이라 할 것이다.

④ 집행관의 조사보고는 현실로 존재하는 임대차의 실체를 있는 그대로 보고하면 족하고 그 임대차가 제3자에게 대항할 수 있는 것인가 여부의 법률적 판단까지 할 필요는 없다.

⑤ 법원의 현황조사명령에 따라 현황조사를 하려는 집행관은 주민등록법상 전입세대확인서의 열람이나 교부신청을 할 수 있는 자에 해당하고(주민등록법 제29조의2 제2항 제3호 라목), 출입국관리법상 외국인체류확인서의 열람이나 교부신청을 할 수 있는 자에도 해당한다(출입국관리법 제88조의3 제2항 제3호 라목). **기출** 25

4. 현황조사보고서의 열람 등

① 법원은 현황조사보고서의 사본을 매각물건명세서 및 평가서의 사본과 함께 비치하여 누구든지 볼 수 있도록 하여야 한다(제105조 제2항).

② 비치시기는 매각기일마다 그 1주 전까지이다(규칙 제55조 본문).

③ 매각기일의 1주 전부터 매각실시일까지 계속하여 비치하여야 함은 물론이다.

5. 임차인에 대한 통지

① 집행법원은 집행관의 현황조사보고서 등의 기재에 의하여 주택임차인(또는 상가건물임차인)으로 판명된 자, 임차인인지 여부가 명백하지 아니한 자 또는 임차인으로 권리신고를 하고 배당요구를 하지 아니한 자에 대하여 별지 통지서 양식을 송부하여 주택임대차보호법 제3조 제1항 소정의 대항요건과 임대차계약서상의 확정일자를 구비한 임차인 또는 동법 제8조 제1항 소정의 소액임차인이거나, 상가건물 임대차보호법 제3조 제1항이 정하는 대항요건을 갖추고 임대차계약서상의 확정일자를 받은 임차인 또는 같은 법 제14조 제1항이 정하는 소액임차인이라도 배당요구의 종기까지 배당요구를 하여야만 우선변제를 받을 수 있음을 고지하여야 한다(재민 98-6).

② 이 통지를 받은 임차인은 배당요구의 종기까지 배당요구를 하여야 배당을 받을 수 있다.

6. 농지에 대한 집행법원의 사실조회

① 농지취득자격증명이 필요한 경우

　㉠ 농지를 취득하고자 하는 자는 원칙적으로 농지취득자격증명을 발급받아야 한다(농지법 제8조 제1항).

　㉡ 매매는 물론이고 경매, 공매, 명의신탁해지의 경우에도 농지취득자격증명을 발급받아야 농지를 취득할 수 있다.

　㉢ 따라서 경매목적물인 토지가 농지법 제2조 소정의 농지인지 조사할 필요가 있다.

② 농지취득자격증명의 법적 의미 : 농지취득자격증명은 등기요건이고(대판 1998.2.27. 97다49251), 효력발생요건은 아니지만, 경매절차에서 농지에 대한 매수인의 농지취득자격증명의 취득 여부는 '매각허가요건'이다(대판 1997.12.23. 97다42991 등).

> 집행법원에 의하여 매각불허가결정이 내려진 이후 그 결정에 대한 항고사건 계속 중에 농지취득자격증명이 제출된 경우에는 항고법원으로서는 이와 같은 사유까지 고려하여 매각불허가결정의 당부를 판단하여야 할 것이다(대결 2004.2.25. 2002마4061).

③ 농지인지의 판단기준

　㉠ 어떤 토지가 농지법 소정의 농지인지의 여부는 공부상의 지목 여하에 불구하고 당해 토지의 사실상의 현상에 따라 가려져야 할 것이다(대판 1998.4.10. 97누256; 대결 1999.2.23. 98마2604 등).

　㉡ 경매목적인 토지의 지목이 전으로 되어 있지만 사실상 대지화되어 농경지로 사용되지 아니하고 있어 객관적인 현상으로 보아 농지법의 적용대상인 농지가 아니라면, 토지의 최고가매수신고인이 농지법 소정의 농지취득자격증명을 제출하지 아니하였다는 이유만으로 매각불허를 할 수 없다(대결 1987.1.15. 86마1095).

④ 집행법원의 사실조회

　　㉠ 집행관은 등기부상의 지목이 전, 답, 과수원에 해당하지만 그 현황지목이 농지법 제2조 소정의 농지에 해당하는지 여부에 대하여 의문이 있는 경우에는 이를 즉시 집행법원에 보고하여야 한다(재민 97-1).

　　㉡ 보고를 받은 집행법원은 농지소재지 관할 시장, 군수, 자치구청장에 대하여 경매목적물인 토지의 현황이 농지법 제2조 소정의 농지인지 여부 등에 관하여 사실 조회를 함과 동시에 감정인에 대하여는 사실조회를 하였다는 취지와 감정평가서의 작성을 유보할 것을 통지하여야 한다.

Ⅴ　감정평가와 최저매각가격의 결정

1.　부동산에 대한 감정평가절차

① 감정인 선임 및 권한

　　㉠ 집행법원은 최저매각가격을 결정하기 위하여 적당한 자를 감정인으로 선임하여 부동산을 평가시켜야 한다.

　　　㉮ 감정인의 자격에는 원칙적으로 특별한 제한이 없다.

　　　㉯ 따라서 집행관에게 부동산의 평가를 명하고 이를 참작하여 최저매각가격을 정한 것은 위법하다고 할 수 없다는 것이 판례이다(대판 1994.5.26. 94마83[전합]).

　　㉡ 감정인은 부동산의 평가를 위하여 필요하면 건물에 출입할 수 있고, 채무자 또는 건물을 점유하는 제3자에게 질문하거나 문서를 제시하도록 요구할 수 있다(제97조 제2항, 제82조 제1항). **기출** 22

　　㉢ 집행관과는 달리 감정인은 부동산에 출입하기 위하여 강제력을 행사할 수는 없고, 강제력의 행사가 필요한 경우 집행법원의 허가를 얻어 집행관의 원조를 요구할 수 있다(제97조 제3항, 제7조 제2항).

② 평가명령

　　㉠ 평가명령은 임의경매에 있어서는 경매개시결정일부터 3일 안에, 강제경매에 있어서는 등기필증 접수일부터 3일 안에 하여야 한다(재민 91-5).

　　㉡ 실무상으로는 경매개시결정이 있게 되면 기입등기의 통지를 거치지 아니하고 바로 평가를 명한다.

③ 재평가 : 단순히 상당한 기간이 경과하였다는 사실(대결 1971.9.2. 71마533) 또는 가격이 저렴하다는 사실만으로는 재평가 사유가 되지 못하지만, 첫 매각기일 이후 강제집행의 정지결정으로 인하여 장기간 매각절차가 정지된 후 다시 속행하는 경우에 그동안 경제사정의 급격한 변동이 생겨 당초의 평가액이 정당한 최저매각가격이라고 보기 어려울 때에는 법원은 경매의 공정을 기하기 위하여 재평가를 명할 수 있다.

기출 19

> - 재경매는 종전의 경매절차를 속행하는 것으로서, 민사소송법 제648조 제2항에 의하여 재경매명령 후 최초의 재경매기일에 적용되는 최저경매가격 기타 매각조건이란 전 매수인이 최고가매수신고인으로 호창받은 경매기일에서 정하여졌던 최저경매가격 기타 매각조건을 가리키고, 또한 최초의 경매가격을 결정한 후 상당한 시일이 경과되고 부동산가격에 변동이 있다고 하더라도 평가의 전제가 된 중요한 사항이 변경된 경우와 같은 특별한 사정이 없는 한 경매법원이 부동산가격을 재평가하여야 하는 것은 아니라고 할 것이다(대결 1998.10.28. 98마1817). **기출** 19
> - 경매목적물의 감정가격이나 매각가격이 시가에 비하여 저렴하다는 취지의 주장은 단순히 매각가격을 다투는 것으로서 적법한 재항고이유가 되지 아니한다(대결 2002.12.6. 2002마2754).

④ 평가의 대상
 ㉠ 서설 : 평가의 대상은 매각부동산 및 매수인이 그 부동산과 함께 취득할 모든 물건 및 권리에 미친다. 매수인이 취득할 물적 범위는 압류의 효력이 미치는 물적 범위와 일치한다. 따라서 매각부동산의 구성부분, 천연과실, 종물 등도 평가의 대상이 된다.
 ㉡ 부동산 자체
  ㉮ 부동산 자체의 평가는 평가 당시의 현황을 기준으로 하고, 토지의 지목, 지적, 건물의 구조, 바닥 면적 등에 관하여 현황과 공부상의 표시에 차이가 있는 경우에는 현황에 따라 평가하여야 한다.

> • 경매대상토지인 임야가 도시계획상 자연녹지지역 내에 설치된 공원으로서 그 사용·수익에 있어서 공법상의 제한이 있다고 하여도 그 지상에 식재된 수목이 경제적 가치를 가지지 않는 것은 아니므로, 경매법원으로서는 마땅히 위 수목의 가액을 포함하여 경매대상이 된 임야의 가액을 평가하여야 함에도 불구하고 위 수목의 가액을 제외시킨 채 오직 토지가격만을 평가하여 이를 그대로 최저경매가격으로 결정한 것은 그 가격결정에 중대한 하자가 있는 경우에 해당하여 매각을 불허하여야 한다(대결 1998.10.28. 98마1817). **기출** 20
> • 건물이 증축된 경우에 증축부분의 기존건물에 부합 여부는 증축부분이 기존건물에 부착된 물리적 구조뿐만 아니라, 그 용도와 기능의 면에서 기존건물과 독립한 경제적 효용을 가지고 거래상 별개의 소유권의 객체가 될 수 있는지의 여부 및 증축하여 이를 소유하는 자의 의사 등을 종합하여 판단하여야 한다(대판 1994.6.10. 94다11606).
> • 기존건물에 부합된 증축부분이 기존건물에 대한 매각절차에서 경매목적물로 평가되지 아니한 경우에도 매수인이 증축부분의 소유권을 취득한다(대판 2002.5.10. 99다24256). **기출** 19·15

  ㉯ 평가서에는 부동산의 모습과 그 주변의 환경을 알 수 있는 도면·사진 등을 붙여야 한다(규칙 제51조 제2항). **기출** 22
 ㉢ 부합물
  ㉮ 부동산의 부합물은 당연히 평가의 대상이 된다.
  ㉯ 타인의 권원(지상권, 전세권, 임차권 등)에 의하여 부속된 것은 평가의 대상이 되지 않는다(민법 제256조 단서).
  ㉰ 임의경매에 있어서는 법률에 특별한 규정(공장 및 광업재단 저당법 제3조, 제4조, 제54조)이 있는 경우에는 부합물이 아닌 경우에도 평가의 대상이 됨을 주의하여야 한다.

> 온천공을 경매대상물건에서 제외한 다음 온천공이 굴착되어 있는 토지만을 경매절차에서 매각하였다 하더라도 온천공은 토지의 부합물로서 그 토지를 매수한 매수인의 소유로 귀속된다(대판 2005.1.28. 2003다5351).

  ㉱ 경매의 대상이 된 토지 위에 생립하고 있는 채무자 소유의 미등기 수목은 토지의 구성 부분으로서 토지의 일부로 간주되어 특별한 사정이 없는 한 토지와 함께 경매되는 것이므로 그 수목의 가액을 포함하여 경매 대상 토지를 평가하여 이를 최저경매가격으로 공고하여야 하고, 다만 입목에 관한 법률에 따라 등기된 입목이나 명인방법을 갖춘 수목의 경우에는 독립하여 거래의 객체가 되므로 토지 평가에 포함되지 아니한다(대결 1998.10.28. 98마1817). **기출** 23·22

ⓜ 증축 또는 개축되는 부분이 독립된 구분소유권의 객체로 거래될 수 없는 것일 때에는 기존 건물에 부합한다(대판 1981.7.7. 80다2643).

> 건물이 증축된 경우에 증축된 부분이 본래의 건물에 부합되어 본래의 건물과 분리하여서는 전혀 별개의 독립물로서의 효용을 갖지 않는다면 비록 경매절차에서 경매 목적물로 평가되지 아니하였다 할지라도 경락인(매수인)은 부합의 법리와 근저당권 등의 효력 및 경매의 효력으로서 그 부합된 증축부분의 소유권을 취득한다(대판 1981.11.10. 80다2757). **기출** 23

ⓔ 종 물

　㉮ 압류의 효력은 종물에 미치므로 종물도 평가의 대상이 된다. 압류 후나 저당권설정등기 후의 종물도 평가의 대상이 된다(대결 1971.12.10. 71마757).

　㉯ 건물이 경매목적건물과 동일지번상에 있다는 사실이나 가옥대장상에 경매목적건물의 부속건물이라고 기재되어 있다는 사실만으로써는 그것이 곧 종물인 부속건물이라 단정할 수 없다(대결 1966.10.5. 66마222).

　㉰ 독립된 건물을 경매신청건물의 부합물이나 종물로 오인하여 진행된 경우 매수인은 위 독립된 건물에 대한 소유권을 취득할 수 없다.

> • 저당권은 법률에 특별한 규정이 있거나 설정행위에 다른 약정이 있는 경우를 제외하고 그 저당부동산에 부합된 물건과 종물 이외까지 그 효력이 미치는 것이 아니므로, 토지에 대한 경매절차에서 그 지상건물을 토지의 부합물 내지 종물로 보아 경매법원에서 저당 토지와 함께 경매를 진행하고 매각허가를 하였다고 하여 그 건물의 소유권을 취득할 수 없다(대판 1997.9.26. 97다10314).
> **기출** 19 · 17
> • 종물은 물건의 소유자가 그 물건의 상용에 공하기 위하여 자기 소유인 다른 물건을 이에 부속하게 한 것을 말하므로(민법 제100조 제1항), 주물과 다른 사람의 소유에 속하는 물건은 종물이 될 수 없다(대판 2008.5.8. 2007다36933).

ⓜ 종된 권리

　㉮ 압류 및 저당권의 효력은 매각부동산의 종된 권리에도 미치고 매수인은 종된 권리도 취득한다.

　㉯ 부동산의 종된 권리에는 토지에 관하여는 지역권(경매목적토지가 요역지인 경우, 민법 제292조), 건물에 관하여는 지상권이 있다.

　㉰ 건물에 대한 저당권의 효력은 그 건물의 소유를 목적으로 한 지상권, 건물의 소유를 목적으로 한 토지의 임차권에도 미친다는 것이 판례의 태도이다.

　㉱ 평가 당시 종된 권리로서 존재하고 있는 것은 아니지만 매각허가로 인하여 건물의 매수인이 법정지상권을 취득하게 되어 있는 경우, 그 장래의 법정지상권도 종된 권리로서 평가의 대상이 된다.

　㉲ 건물이 경매의 목적물인 경우 부지의 임차권은 매수인에게 양도되는 것으로 보아야 하나, 부지의 임차권에 관하여 임대인이 사전에 그 양도에 대한 동의를 한 경우 종된 권리로서 평가의 대상이 되지만, 임대인의 동의가 없으면 양도되지 않으므로(민법 제629조) 평가에서 제외된다(대판 1993.4.13. 92다24950 참조). **기출** 15

ⓗ 대지권 : 대지사용권은 원칙적으로 전유부분 건물의 종된 권리이다(집합건물법 제20조 제1항). 따라서 임의경매든 강제경매든 구별 없이 전유부분의 소유자가 대지사용권을 취득하고 있다면, 비록 그것이 등기되어 있지 아니하다 할지라도 그 대지사용권은 '대지사용권의 분리처분이 가능하도록 규약으로 정해져 있는 경우가 아닌 한' 종된 권리로서 당연히 경매목적물에 포함이 된다 할 것이고, 경매개시결

정의 효력이 대지사용권에도 미치는 것으로 보아야 할 것이고, 여기의 대지사용권에는 지상권 등 용익권 이외에 대지소유권도 포함된다(대판 2001.9.4. 2001다22604).

ⓐ 공장저당의 목적인 토지, 건물에 관한 평가

㉮ 공장저당의 목적이 된 부동산과 이에 설치된 기계, 기구, 그 밖의 공용물은 임의경매나 강제경매 절차에서 이를 일괄매각하지 아니하면 안 되므로(대결 1992.8.29. 92마576) 배당관계가 동일한 경우에는 일괄평가만으로 족하나 배당관계가 동일하지 않은 경우에는 부동산과 기계, 기구, 그 밖의 공용물에 대하여 각각 평가를 하여야 한다.

㉯ 평가의 대상이 되는 기계, 기구, 그 밖의 공용물의 범위는 공장의 토지 또는 건물에 대하여 공장저 당권이 설정되어 있는 경우에 이에 부가되어 일체를 이루는 물건(그 공장건물이나 토지의 종물 또는 부합물)(대판 1995.6.29. 94다6345)과 공장저당법 제6조 소정의 기계·기구목록에 기재된 것에 한정되므로(대결 1993.4.6. 93마116), 감정인으로서는 기계·기구목록을 확인하여 정확히 평가할 것을 요한다.

- 법원의 경매절차에서 공장저당권의 목적인 토지 또는 건물에 대한 경매개시결정이 내려져 위 토지 또는 건물이 압류된 경우에는 특별한 사정이 없는 한 공장저당권의 목적인 토지 또는 건물과 함께 그 공장공용물도 법률상 당연히 일괄경매되어 경락허가결정도 일괄하여 이루어지는 것이고, 경매법 원이 경매개시결정에서 공장공용물을 경매목적물로 명시하지 아니하거나 경매목적물의 감정평가와 물건명세서에서 이를 누락하였다고 하여도 이를 달리 볼 것은 아니라 할 것이다(대결 2000.4.14. 99마 2273). **기출** 19
- 공장저당법의 규정에 의하여 저당권의 목적이 되는 것으로 목록에 기재되어 있는 동산이라고 하더라 도 그것이 저당권설정자가 아닌 제3자의 소유인 경우에는 위 저당권의 효력이 미칠 수 없고, 그 목록에 기재되어 있는 동산이 점유개정의 방법에 의하여 이미 양도담보에 제공되어 있는 것인 경우에 도 그 동산은 제3자인 저당권자와의 관계에 있어서는 양도담보권자의 소유에 속하므로, 마찬가지로 공장저당법에 의한 저당권의 효력이 미칠 수 없다고 보아야 하며, 이 경우 양도담보권자가 저당권자에 대하여 소유권을 주장하기 위하여 명인방법과 같은 별도의 공시방법을 갖추어야 하는 것은 아니다(대 판 2003.9.26. 2003다29036). → 제3자의 소유 또는 양도담보로 제공된 기계·기구는 비록 그 목록에 기재되었더라도 공장저당권의 효력이 미치지 아니하므로 평가의 대상이 아니다.
- 공장의 토지 또는 건물에 설치된 기계·기구 기타 공장의 공용물은 공장저당법 제6조 소정의 기계· 기구 목록에 기재되어야만 공장저당의 효력이 미치고, 공장저당법 제8조는 저당권의 효력이 기계· 기구 등에 미치는 경우에 그 집행의 불가분성을 규정하고 있으므로, 공장저당이 설정된 공장의 토지 또는 건물에 대하여 압류 또는 가압류가 된 경우에 있어서도 그때까지 기계·기구 목록이 전혀 제출된 바가 없다면, 그 압류 및 가압류의 효력이 기계·기구에까지 미친다고 할 수는 없다(대판 1995.6.29. 94다20174).

ⓞ 미분리의 천연과실

㉮ 미분리의 천연과실은 원래 토지의 구성부분이므로 명인방법을 구비하여 제3자에게 양도된 경우 가 아니면 원칙적으로 평가의 대상이 되나, 그것이 매각허가결정 시까지 수확기에 달하여 채무자 에 의하여 수취될 것이 예상되거나 채굴이 예상되는 경우에는 평가의 대상에서 제외된다(제189조 제2항 제2호).

㉯ 그러나 임의경매의 경우에는 강제경매와 달리 민법 제359조가 "저당권의 효력은 저당부동산에 대한 압류가 있은 후에 저당권설정자가 그 부동산으로부터 수취한 과실 또는 수취할 수 있는 과실 에 미친다"고 규정하고 있으므로 항상 천연과실까지 고려하여 평가를 하여야 한다.

ⓩ 법정과실 : 물건의 사용대가로 받는 금전 그 밖의 물건(지료, 또는 차임)이 법정과실인바(민법 제101조 제2항), 압류 및 저당권의 효력이 법정과실에 미치지 않으므로 법정과실은 평가의 대상이 되지 않는다.

ⓩ 부동산의 공유지분에 관한 평가

㉮ 공유물지분을 경매하는 경우에는 채권자의 채권을 위하여 채무자의 지분에 대한 경매개시결정이 있음을 등기부에 기입하고 다른 공유자에게 그 경매개시결정이 있다는 것을 통지하여야 한다. 다만, 상당한 이유가 있는 때에는 통지하지 아니할 수 있다(제139조 제1항).

㉯ 공유물지분을 경매하는 경우 최저매각가격은 공유물 전부의 평가액을 기본으로 채무자의 지분에 관하여 정하여야 한다. 다만, 그와 같은 방법으로 정확한 가치를 평가하기 어렵거나 그 평가에 부당하게 많은 비용이 드는 등 특별한 사정이 있는 경우에는 그러하지 아니하다(제139조 제2항).

기출 22 · 11

㉧ 구분소유적 공유지분에 대한 평가 : 매각허가에 의한 소유권취득은 성질상 승계취득이므로 하나의 토지 중 특정부분에 대한 구분소유적 공유관계를 표상하는 공유지분등기에 근저당권이 설정된 후 그 근저당권의 실행에 의하여 위 공유지분을 취득한 매수인은 구분소유적 공유지분을 그대로 취득한다고 할 것이므로(대판 1991.8.27. 91다3703), 집행법원은 평가명령에 있어서 구분소유적 공유일 때는 이를 명시하여 토지의 지분에 대한 평가가 아닌 특정 구분소유목적물에 대한 평가를 명할 것이다(대결 2001.6.15. 2000마2633). **기출** 19 · 17

㉨ 법정지상권 등 부동산상의 부담 : 매수인이 인수하게 되는 부동산상의 부담은 매각부동산의 가격을 감액하게 하는 요인이 된다. 장래 법정지상권도 평가의 대상이 된다.

> • [1] 동일인의 소유에 속하고 있던 토지와 그 지상 건물이 강제경매 또는 국세징수법에 의한 공매 등으로 인하여 소유자가 다르게 된 경우에는 그 건물을 철거한다는 특약이 없는 한 건물소유자는 토지소유자에 대하여 그 건물의 소유를 위한 관습상 법정지상권을 취득한다. 원래 관습상 법정지상권이 성립하려면 토지와 그 지상 건물이 애초부터 원시적으로 동일인의 소유에 속하였을 필요는 없고, 그 소유권이 유효하게 변동될 당시에 동일인이 토지와 그 지상 건물을 소유하였던 것으로 족하다.
> [2] 강제경매의 목적이 된 토지 또는 그 지상 건물의 소유권이 강제경매로 인하여 그 절차상의 매수인에게 이전된 경우에 건물의 소유를 위한 관습상 법정지상권이 성립하는가 하는 문제에 있어서는 그 매수인이 소유권을 취득하는 매각대금의 완납시가 아니라 그 압류의 효력이 발생하는 때를 기준으로 하여 토지와 그 지상 건물이 동일인에 속하였는지가 판단되어야 한다. … 한편 강제경매개시결정 이전에 가압류가 있는 경우에는, 그 가압류가 강제경매개시결정으로 인하여 본압류로 이행되어 가압류집행이 본집행에 포섭됨으로써 당초부터 본집행이 있었던 것과 같은 효력이 있다. 따라서 경매의 목적이 된 부동산에 대하여 가압류가 있고 그것이 본압류로 이행되어 경매절차가 진행된 경우에는, 애초 가압류가 효력을 발생하는 때를 기준으로 토지와 그 지상 건물이 동일인에 속하였는지를 판단하여야 한다(대판 2012.10.18. 2010다52140[전합]).
> • 민법 제366조의 법정지상권은 저당권 설정 당시부터 저당권의 목적되는 토지 위에 건물이 존재할 경우에 한하여 인정되며, 토지에 관하여 저당권이 설정될 당시 그 지상에 토지소유자에 의한 건물의 건축이 개시되기 이전이었다면, 건물이 없는 토지에 관하여 저당권이 설정될 당시 근저당권자가 토지소유자에 의한 건물의 건축에 동의하였다고 하더라도 그러한 사정은 주관적 사항이고 공시할 수도 없는 것이어서 토지를 낙찰받는 제3자로서는 알 수 없는 것이므로 그와 같은 사정을 들어 법정지상권의 성립을 인정한다면 토지 소유권을 취득하려는 제3자의 법적 안정성을 해하는 등 법률관계가 매우 불명확하게 되므로 법정지상권이 성립되지 않는다(대판 2003.9.5. 2003다26051). **기출** 15
> • 건물공유자의 1인이 그 건물의 부지인 토지를 단독으로 소유하면서 그 토지에 관하여만 저당권을 설정하였다가 위 저당권에 의한 경매로 인하여 토지의 소유자가 달라진 경우에도, 위 건물공유자들은 민법 제366조에 의하여 토지 전부에 관하여 건물의 존속을 위한 법정지상권을 취득한다고 보아야 한다(대판 2011.1.13. 2010다67159). **기출** 15

- [1] 동일인의 소유에 속하는 토지 및 지상 건물에 관하여 공동저당권이 설정된 후 건물이 철거되고 새로 건물이 신축된 경우에는, 신축건물을 위한 법정지상권이 성립하지 않으므로, 위와 같은 경우 토지와 신축건물에 대하여 민법 제365조에 의하여 일괄매각이 이루어졌다면 일괄매각대금 중 토지에 안분할 매각대금은 법정지상권 등 이용 제한이 없는 상태의 토지로 평가하여 산정하여야 한다. 그리고 집행법원이 위와 같은 일괄매각절차에서 각 부동산별 매각대금의 안분을 잘못하여 적법한 배당요구를 한 권리자가 정당한 배당액을 수령하지 못하게 되었다면 그러한 사유도 배당이의의 청구사유가 될 수 있다.
  [2] … 위와 같은 경우 토지의 저당권자가 건물의 매각대금에서 배당을 받으려면 민사집행법 제268조, 제88조의 규정에 의한 적법한 배당요구를 하였거나 그 밖에 달리 배당을 받을 수 있는 채권으로서 필요한 요건을 갖추고 있어야 한다(대판 2012.3.15. 2011다54587). **기출** 15
- 동일한 소유자에 속하는 대지와 그 지상건물이 매매에 의하여 각기 소유자가 달라지게 된 경우에는 특히 건물을 철거한다는 조건이 없는 한 건물소유자는 대지 위에 건물을 위한 관습상의 법정지상권을 취득하는 것이고, 한편 건물 소유를 위하여 법정지상권을 취득한 자로부터 경매에 의하여 건물의 소유권을 이전받은 매수인은 매각 후 건물을 철거한다는 등의 매각조건하에서 경매되는 경우 등 특별한 사정이 없는 한 건물의 매각취득과 함께 위 지상권도 당연히 취득한다. 이러한 법리는 압류, 가압류나 체납처분압류 등 처분제한의 등기가 된 건물에 관하여 그에 저촉되는 소유권이전등기를 마친 사람이 건물의 소유자로서 관습상의 법정지상권을 취득한 후 경매 또는 공매절차에서 건물이 매각되는 경우에도 마찬가지로 적용된다(대판 2014.9.4. 2011다13463). **기출** 15
- [1] 토지공유자의 한 사람이 다른 공유자의 지분 과반수의 동의를 얻어 건물을 건축한 후 토지와 건물의 소유자가 달라진 경우 토지에 관하여 관습법상의 법정지상권이 성립되는 것으로 보게 되면 이는 토지공유자의 1인으로 하여금 자신의 지분을 제외한 다른 공유자의 지분에 대하여서까지 지상권설정의 처분행위를 허용하는 셈이 되어 부당하다. 그리고 이러한 법리는 민법 제366조의 법정지상권의 경우에도 마찬가지로 적용되고, 나아가 토지와 건물 모두가 각각 공유에 속한 경우에 토지에 관한 공유자 일부의 지분만을 목적으로 하는 근저당권이 설정되었다가 경매로 인하여 그 지분을 제3자가 취득하게 된 경우에도 마찬가지로 적용된다. **기출** 15
  [2] 동일인의 소유에 속하는 토지 및 그 지상건물에 관하여 공동저당권이 설정된 후 지상 건물이 철거되고 새로 건물이 신축된 경우에, 신축건물의 소유자가 토지의 소유자와 동일하고 토지의 저당권자에게 신축건물에 관하여 토지의 저당권과 동일한 순위의 공동저당권을 설정해주는 등 특별한 사정이 없는 한, 저당물의 경매로 인하여 토지와 신축건물이 다른 소유자에 속하게 되더라도 신축건물을 위한 법정지상권은 성립하지 않는다. 이러한 법리는 집합건물의 전부 또는 일부 전유부분과 대지 지분에 관하여 공동저당권이 설정된 후 그 지상 집합건물이 철거되고 새로운 집합건물이 신축된 경우에도 마찬가지로 보아야 한다(대판 2014.9.4. 2011다73083,73045).

ⓜ 공법상의 제한 : 매각부동산의 사용수익에 관하여, 공법상의 제한이 가해져 있는 경우[55]에는 평가에 있어서 이를 고려하여야 한다. 이에 관한 사항은 평가서의 필요적 기재사항이다(규칙 제51조 제1항 제5호).

ⓝ 환지예정지 지정이 있는 경우 : 매각부동산에 환지예정지가 지정되어 있는 경우에 환지예정지의 지정에 의한 토지의 사용관계는 그 예정지 위에 이전하는 것이므로 그 예정지의 위치, 평수, 형상 그 밖의 사정도 종전 토지의 평가시에 참작되어야 한다(대결 1983.9.26. 83마카33; 대결 1973.9.3. 73마762).

⑤ 감정평가에 대한 불복
㉠ 집행절차상 구제방법
㉮ 감정인은 집행보조자에 불과하여 감정평가액은 최저매각가격결정의 참작요소일 뿐이다. 따라서 감정평가 자체에 대한 불복은 인정되지 아니한다.

---

55) 예를 들어 도시계획선에 저촉이 된다든지 혹은 공법상 법령에 따라 토지의 사용수익에 제한이 있는 경우

ⓐ 그러나 감정평가의 잘못은 최저매각가격결정에 대하여 집행에 관한 이의를 신청할 수 있고(반대견해 있음), 매각허가 이후에는 매각허가에 대한 이의 또는 매각허가결정에 대한 항고로 다툴 수 있다.

> 경매 대상 토지인 임야가 도시계획상 자연녹지지역 내에 설치된 공원으로서 그 사용·수익에 있어서 공법상의 제한이 있다고 하여도 그 지상에 식재된 수목이 경제적 가치를 가지지 않는 것은 아니므로, 경매법원으로서는 마땅히 위 수목의 가액을 포함하여 경매 대상이 된 임야의 가액을 평가하여야 함에도 불구하고 위 수목의 가액을 제외시킨 채 오직 토지가격만을 평가하여 이를 그대로 최저매각가격으로 결정한 것은 그 가격결정에 중대한 하자가 있는 경우에 해당하여 민사집행법 제121조 제5호의 규정에 따라 매각을 불허하여야 한다(대결 1998.10.28. 98마1817).

ⓛ 손해배상청구 : 잘못된 감정평가에 대하여 감정평가법 제28조 제1항 및 민법에 따라 손해배상책임을 청구할 수도 있다.

2. 최저매각가격결정절차

① 최저매각가격의 의의 및 기능
　　㉠ 최저매각가격이란 그 사건의 매각기일에서 당해 부동산을 그 가격보다 저가로 매각할 수 없고 그 액 또는 그 이상으로 매각함을 요하는 기준매각가격을 말한다.
　　㉡ 매각(입찰)의 공정 : 최저매각가격제도를 채택하고 있는 이유는 부동산이 그 실거래보다 훨씬 저가로 매각되게 되면 이해관계인의 이익을 해치게 되므로 공정·타당한 가격을 유지하여, 부당하게 염가로 매각되는 것을 방지함과 동시에 매수신고를 하려는 사람에게 기준을 제시함으로써 매각이 공정하게 이루어지도록 함에 있다(대결 2003.8.21. 2003마1352). **기출** 23
　　㉢ 법정매각조건 및 매수신고의 하한 **기출** 19·15
　　　　㉮ 집행법원이 감정평가액을 참작하여 정한 최저매각가격은 민사집행법에서 규정한 법정매각조건이고(제97조 제1항 참조), 이해관계인 전원의 합의가 있더라도 변경할 수 없다(제110조 제1항 참조).[56]
　　　　㉯ 최저매각가격 미만의 매수신고에 대하여는 매각을 불허가하여야 한다.

> 최저매각가격은 경매에 있어 매각허가를 허가하는 최저의 가격으로 그 액에 미달하는 매수신고에 대하여는 매각허가가 허가되지 않는다(대결 1967.9.26. 67마796). **기출** 15

　　㉣ 무잉여의 판단기준 : 최저매각가격은 무잉여 여부를 판단하는 기준이 된다.
② 최저매각가격 결정
　　㉠ 법원은 감정인의 평가액을 참작하여 최저매각가격을 정한다(제97조 제1항).
　　㉡ 감정인의 평가액을 그대로 최저매각가격으로 정하여야 하는 것은 아니다.
　　㉢ 그러나 감정인의 평가액을 증감하여 최저매각가격을 정함에는 그럴만한 합리적인 이유가 있어야 한다.
③ 최저매각가격의 공고
　　㉠ 최저매각가격은 매각기일의 공고내용의 하나이다.
　　㉡ 최저매각가격 공고의 흠결은 결과적으로 매각기일의 공고가 잘못된 것에 해당하며 이에 대해서는 집행에 관한 이의로 다툴 수 있다.

---

56) 법원은 직권으로 최저매각가격을 변경할 수 있다는 것과 구별

> 최저매각가격의 의미 및 이를 매각기일의 공고내용에 포함시켜 둔 민사집행법 제106조 제5호 등의 규정 취지 등에 비추어 볼 때 매각기일을 공고함에 있어서 <u>최저매각가격을 누락한 경우는 물론 착오로 잘못 기재한 경우에도</u> 그것이 사소한 것이 아니라면 그 <u>매각기일의 공고는 적법한 공고가 되지 못한다고 보아야 한다</u>(대결 1994.11.30. 94마1673).

Ⅵ 매각기일 및 매각결정기일의 지정·공고·통지·변경

1. 매각기일 및 매각결정기일의 지정

> **민사집행법 제104조(매각기일과 매각결정기일 등의 지정)**
> ① 법원은 최저매각가격으로 제102조(남을 가망이 없을 경우의 경매취소) 제1항의 부담과 비용을 변제하고도 남을 것이 있다고 인정하거나 압류채권자가 제102조 제2항의 신청을 하고 충분한 보증을 제공한 때에는 직권으로 매각기일과 매각결정기일을 정하여 대법원규칙이 정하는 방법으로 공고한다.
> ② 법원은 매각기일과 매각결정기일을 이해관계인에게 통지하여야 한다.
> ③ 제2항의 통지는 집행기록에 표시된 이해관계인의 주소에 대법원규칙이 정하는 방법으로 발송할 수 있다.
> ④ 기간입찰의 방법으로 매각할 경우에는 입찰기간에 관하여도 제1항 내지 제3항의 규정을 적용한다.

① 매각기일
- ㉠ '매각기일'이란 집행법원이 매각부동산에 대한 매각을 실시하는 기일을 말한다.
- ㉡ 집행법원은 경매개시결정, 이해관계인 등에 대한 최고, 현황조사, 최저매각가격결정 등의 절차가 끝나고 경매절차를 취소할 사유가 없는 경우에는 직권으로 매각기일을 정하여 공고한다(제104조 제1항).
- ㉢ 매각기일과 매각결정기일의 지정은 원칙적으로 입찰을 실시할 때마다 하여야 하나, 3~4회 정도의 기일을 일괄하여 지정할 수도 있다(재민 98-11). 이해관계인이 매각기일의 지정에 관하여 합의를 하더라도 법원은 이에 구속되지 아니한다.
- ㉣ 법원이 매각기일을 지정하면 '매각명령'을 발한다. 이 매각명령은 집행관에게 별도로 송부하지 아니하고 기록에 가철하여 두었다가 매각기일 공고가 끝난 후에 경매사건기록과 함께 집행관에게 교부하여 매각을 실시하도록 한다.

② 매각결정기일
- ㉠ '매각결정기일'이란 매각이 실시되어 최고가매수신고인이 있을 때 법원에 출석한 이해관계인의 진술을 듣고 매각절차의 적법여부를 심사하여 매각허가 또는 불허가의 결정을 선고하는 기일을 말한다.
- ㉡ '매각결정기일'은 매각기일로부터 1주 이내로 정하여야 한다(제109조 제1항). 이 규정은 훈시규정이다 (대결 1984.8.23. 84마454).

2. 매각기일 및 매각결정기일의 공고

① 공고의 방법
- ㉠ 매각기일의 공고는 법원게시판 게시, 관보·공보 또는 신문 게재, 전자통신매체를 이용한 공고 중 어느 하나의 방법으로 한다(규칙 제11조 제1항).
- ㉡ 신문공고에는 부동산을 아파트, 다세대주택, 단독주택, 상가, 대지, 전·답, 임야 등 용도별로 구분하여 작성하고, 감정평가액과 최저매각가격을 함께 표시하여야 하며, 아파트·상가 등의 경우에는 면적란에 등기부상의 면적과 함께 모델명(평형 등)을 표시할 수 있다(재민 2004-3). **기출** 16

② 공고의 시기
　　㉠ 법원은 매각기일과 매각결정기일을 매각기일로부터 반드시 2주 전까지 공고하여야 한다(제104조 제1항, 규칙 제56조).
　　　　㉮ 이 기간의 규정은 훈시규정이 아니므로, 정하여진 입찰기간의 2주일 전까지 공고를 하지 아니한 때에는 집행법원은 입찰기일을 변경하여야 한다.
　　　　㉯ 이 기간을 지키지 아니한 채로 매각이 실시된 때에는 매각불허가사유가 된다.
　　㉡ 공고는 매각기일의 2주일 전까지 하여야 하므로, 매각기일 전날부터 2주에 해당하는 날을 포함하여 그 이전으로 하면 되고, 따라서 공고일과 매각기일 간의 중간기간이 13일이면 족하다(대결 1979.3.20. 79마79).
　　㉢ 매각기일의 공고는 매각기일마다 하여야 하므로, 그 기간의 제한은 최초의 매각기일뿐 아니라, 변경 후의 기일, 매수신고가 없는 경우나 매각불허가결정이 확정된 경우의 새 매각기일 또는 매수인이 대금을 지급하지 않은 경우의 재매각기일 등에 관하여도 그 2주일 전까지 공고를 하여야 한다.
　　㉣ '매각결정기일'은 매각기일로부터 1주 이내로 정하여야 하는데(제109조 제1항), 이는 훈시규정이다(대결 1984.8.23. 84마454).
③ 공고의 내용 : 매각공고는 부동산의 표시, 강제집행으로 매각한다는 취지와 그 매각방법, 부동산의 점유자, 점유의 권원, 점유하여 사용할 수 있는 기간, 차임 또는 보증금약정 및 그 액수, 매각기일의 일시·장소, 매각기일을 진행할 집행관의 이름 및 기간입찰의 방법으로 매각할 경우에는 입찰기간·장소, 최저매각가격, 매각결정기일의 일시·장소, 매각물건명세서·현황조사보고서 및 평가서의 사본을 매각기일 전에 법원에 비치하여 누구든지 볼 수 있도록 제공한다는 취지, 등기부에 기입할 필요가 없는 부동산에 대한 권리를 가진 사람은 채권을 신고하여야 한다는 취지, 이해관계인은 매각기일에 출석할 수 있다는 취지, 민사집행법 제98조의 규정에 따라 일괄매각결정을 한 때에는 그 취지, 민사집행규칙 제60조의 규정에 따라 매수신청인의 자격을 제한한 때에는 그 제한의 내용, 민사집행법 제113조의 규정에 따른 매수신청의 보증금액과 보증제공방법을 내용으로 한다(제106조, 규칙 제56조).

> 매각기일의 공고에 임대차가 없는 것처럼 잘못 기재되어 있다고 하더라도 채무자는 그와 같은 사유를 매각허가결정에 대한 항고이유로 삼을 수 없다(대결 1991.2.27. 91마18). **기출** 16·15

④ 위법공고의 효력
　　㉠ 위법공고를 간과하고 집행을 속행하면 매각허가에 대한 이의 및 매각불허가 사유(제121조 제7호, 제123조 제2항)가 되며 또한 매각허가결정에 대한 항고사유(제129조, 제130조)가 된다.
　　㉡ 다만, 불복 없이 매각허가결정이 확정되면 하자는 치유된다.

> 매각기일의 공고가 법률의 규정에 위반한 때에도 민사집행법 제121조 제7호 소정의 "경매절차에 중대한 잘못이 있는 때"에 해당하여 매각을 불허하여야 할 경우가 있을 수 있으나, 여기서 '매각기일'이란 매각허가 또는 불허가의 대상이 된 매수가격의 신고가 이루어진 당해 매각기일을 의미하므로 여러 차례의 매각기일에서 매수가격의 신고 없이 매각불능으로 된 후 그 다음 기일에서 비로소 매수가격의 신고가 이루어진 경우에는 매수가격의 신고가 된 당해 매각기일의 공고가 법률의 규정에 위반되었는지 여부만을 따져 민사집행법(이하 '법'이라 한다) 제121조 제7호에 의하여 매각을 허가 또는 불허가하여야 할 것이어서 당해 매각기일의 공고에 법규 위반이 없는 이상 이전의 매각기일의 공고가 법률의 규정에 위반되었다고 하더라도 이를 법 제121조 제7호 소정의 매각불허가사유에 해당한다고 보아 매각을 불허할 것은 아니다(대결 2008.5.20. 2008마463).

ⓒ 매각기일공고 등의 위법으로 매각을 불허하고 다시 매각을 하는 경우에 있어서 최저매각가격은 당초의 최저가격에 의하여야 하고 위법한 절차에 의하여 저감된 가격에 의할 수는 없다.

> 매각기일의 공고내용에 흠결사항이 있는 등 매각기일이 적법하게 열릴 수 없는 경우라면 그 매각기일에 허가할 매수신고가 없더라도 최저매각가격을 저감할 수는 없으며, 따라서 매각기일공고 등의 위법으로 매각을 불허하고 다시 매각을 하는 경우에 있어서 최저매각가격은 당초의 최저매각가격에 의하여야 하고 위법한 절차에 의하여 저감된 가격에 의할 수는 없다(대결 1994.11.30. 94마1673). **기출** 21 · 17 · 16

3. 매각기일 및 매각결정기일의 통지

① 의의 및 취지

ⓐ 법원은 매각기일과 매각결정기일을 이해관계인에게 통지하여야 한다(제104조 제2항). 그러나 이해관계인이 출석하지 않은 경우 그 불출석 사실을 기일조서에 기재하여야 하는 것은 아니다(제116조 제1항 참조). 한편 매각기일조서에는 작성자인 집행관이 기명날인 또는 서명하고(제10조 제2항 제6호), 그 밖에 최고가매수신고인 및 차순위매수신고인과 출석한 이해관계인은 조서에 서명날인하여야 하며, 그들이 서명날인할 수 없을 때에는 집행관이 그 사유를 적어야 한다(제116조 제2항). **기출** 23

ⓑ 매각절차의 이해관계인은 매각기일에 출석하여 매각부동산이 지나치게 저렴하게 매각되는 것을 방지하기 위하여 필요한 조치를 취할 수도 있고, 채무자를 제외하고는 스스로 매수신청을 하는 등 누구에게 얼마에 매각되느냐에 대하여 직접적인 이해관계를 가지고 있을 뿐 아니라, 매각기일에 출석하여 의견진술을 할 수 있는 권리가 있는 이해관계를 가진 사람들이므로, 매각기일과 매각결정기일을 공고만으로 고지하는 것은 충분하지 못하다는 점을 고려하여 개별적으로 이러한 기일에 관하여 통지를 함으로써 입찰절차에 참여할 기회를 부여한다는 데에 그 뜻이 있다(대결 1999.7.22. 99마2906; 대결 1999.11.15. 99마5256 등).

② 상대방

ⓐ 이해관계인이 아닌 자에게는 통지할 필요가 없다. 매각기일과 매각결정기일을 일괄하여 지정한 경우에는 이해관계인에 대한 통지도 일괄하여 할 수 있다(재민 98-11).

> 이해관계인의 권리신고가 매각기일의 공고 및 다른 이해관계인들에 대한 통지절차가 완료되기 전에 행해졌다면, 그 이해관계인에 대한 통지가 이루어지지 아니한 채 집행법원이 매각기일의 매각절차를 속행한 것은 매각허가결정에 대한 적법한 항고사유가 되지만, 매각기일의 공고 및 다른 이해관계인에 대한 매각기일 및 매각결정기일에 대한 통지절차가 완료된 후에 비로소 권리신고가 있는 경우에는 비록 그 신고가 매각기일 전에 행하여졌다고 할지라도 당해 이해관계인에게 매각기일 및 매각결정기일을 통지하지 아니하였다고 하여 위법하다고 할 수 없다(대결 1998.3.12. 98마206). **기출** 24

ⓑ 매각결정기일이 변경된 때에는, 법원사무관등은 최고가매수신고인, 차순위매수신고인 및 이해관계인에게 변경된 기일을 통지하여야 한다(규칙 제73조 제1항).

③ 통지의 방법

　㉠ 등기우편에 의한 발송송달

　　㉮ 매각기일과 매각결정기일의 통지는 집행기록에 표시된 이해관계인의 주소[57])에 등기우편으로 발송할 수 있다(제104조 제3항, 규칙 제9조). <mark>기출</mark> 15 　여기에서 말하는 이해관계인의 주소는 집행기록에 의하여 알 수 있는 주소 중 최근의 주소여야 한다(대결 1993.7.6. 93마549). 이와 같은 송달방법은 우편송달에 해당하므로 그 발송 시에 송달의 효력이 있다(대결 1994.7.30. 94마1107).

　　㉯ 따라서 근저당권자와 같이 등기부에 기입된 부동산의 권리자가 등기부상 주소변경 등기를 게을리하여 종전의 등기부상 주소에 등기우편으로 송달된 매각기일 통지를 받지 못하였다 하더라도 그 '발송시'에 송달의 효력이 발생하고, 등기부에 기입된 부동산의 권리자가 사망하여 이해관계인의 지위를 승계한 상속인들이 등기부상 상속등기를 게을리하여 매각기일 통지가 이미 사망한 등기부상 권리자의 주소에 등기우편으로 송달된 경우도 마찬가지이다(대결 1995.9.6. 95마372).

　　㉰ 특수우편물 수령증이 첨부되지 않은 등기우편에 의한 발송송달은 부적법하다(대결 2000.1.31. 99마7663).

　　㉱ 채무자가 외국에 있거나 있는 곳이 분명하지 않은 때에는 집행행위에 속한 송달이나 통지를 하지 않아도 된다(제12조). 따라서 채무자가 외국에 있거나 있는 곳이 분명하지 않은 때에는 매각기일을 통지하지 아니하여도 무방하다. <mark>기출</mark> 17

　　㉲ 공유자 등 이해관계인이 외국에 거주하는 경우에는 민사집행법 제8조 제4항의 적용이 배제되는 '법에 규정된 통지'에 해당하여 통지를 생략할 수 없다(대결 2010.6.14. 2010마363).

　　㉳ 외국으로 송달하는 경우에는 송달과 함께 대한민국 안에 송달이나 통지를 받을 장소와 영수인을 정하여 상당한 기간 내에 신고하도록 명할 수 있고, 그 기간 내에 신고가 없는 경우에는 그 이후의 송달이나 통지를 하지 않을 수 있다(제13조).

　㉡ 교부송달이나 공시송달도 가능 : 등기우편에 의한 발송송달은 매각절차의 신속한 진행을 위하여 보통의 송달방법과는 다른 특례를 인정하고 있음에 불과하여, 법원으로서는 적절하다고 인정되는 송달방법을 택하여 그 통지를 송달하면 충분하므로, 민사집행법 제104조 제3항의 규정과 달리 보통의 송달방법에 의하여 교부송달을 실시하거나 요건을 갖추어 공시송달을 실시하였다고 하여 그 송달의 효력을 부인할 수는 없다(대결 1995.4.25. 95마35). <mark>기출</mark> 17

> 민사집행법 제104조 제3항 규정은 경매절차의 신속한 진행을 위하여 매각기일과 매각기일의 통지의 송달에 관하여 보통의 송달방법과는 다른 특례를 인정하고 있음에 불과하여, 법원으로서는 매각기일과 매각기일을 통지함에 있어 위 규정의 우편송달(등기우편에 의한 발송송달)의 방법 외에도 적절하다고 인정되는 송달방법을 택하여 그 통지를 송달하면 족한 것이므로, 위 규정과 달리 보통의 송달방법에 의하여 교부송달을 실시하거나 요건을 갖추어 공시송달을 실시하였다고 하여 그 송달의 효력을 부인할 수는 없는 것이고, 따라서 법원이 이해관계인에 대한 매각기일의 통지를 처음부터 위 규정에 의한 우편송달의 방법에 의하지 아니하고 교부송달이나 공시송달의 방법에 의하여 송달하였다가 이후의 매각기일과 매각기일의 통지를 다시 위 규정에 의한 우편송달의 방법에 의하여 송달하였다고 하더라도 그 송달은 적법하다(대결 1995.4.25. 95마35). <mark>기출</mark> 17

---

57) 등기사항증명서, 권리신고서 또는 배당요구신청서상의 주소 등

ⓒ 통지하지 아니한 하자(흠)
  ㉮ 이해관계인에 대한 기일 통지의 누락은 민사집행법 제121조 제1호에서 정한 매각허가에 대한 이의사유인 '집행을 계속 진행할 수 없는 때'에 해당한다(대결 1999.11.15. 99마5256). 위 통지를 받지 못한 공유지분권자58)도 매각허가결정에 대한 항고를 할 수 있다(대결 1998.3.4. 97마962). **기출** 15
  ㉯ 이해관계인은 매각허가여부의 결정에 따라 손해를 볼 경우에만 그 결정에 대하여 즉시항고를 할 수 있다(제129조 제1항). 여기에서 '손해'란 현실적인 재산상의 손해가 아니라, 법이 보장하고 있는 절차상 권리를 침해당한 손해이므로, 통지를 받지 못함으로 인하여 그 이해관계인에게 구체적 또는 추상적으로 재산상의 손해가 발생한 경우에 한하여만 그 이해관계인에게 즉시항고가 허용되는 것은 아니다(대결 2001.3.22. 2000마6319).

> 집행법원이 이해관계인에게 매각기일 및 매각결정기일을 통지하지 아니한 채 매각기일의 경매절차를 속행하여 매각이 이루어지게 하였다면, 이해관계인이 이러한 기일통지를 받지 못하였더라도 매각기일을 스스로 알고 그 기일에 출석하여 입찰에 참가함으로써 자신의 권리보호에 필요한 조치를 취할 수 있었다는 등의 사정이 없는 한 그 이해관계인은 이로 인하여 법이 보장하고 있는 절차상의 권리를 침해당한 손해를 받았다고 할 것이어서 매각허가결정에 대하여 즉시항고를 할 수 있다고 할 것이며, 매각기일 및 매각결정기일을 통지받지 못함으로 인하여 그 이해관계인에게 구체적 또는 추상적으로 재산상의 손해가 발생한 경우에 한하여 그 이해관계인이 즉시항고를 할 수 있는 것은 아니다(대결 2002.12.24. 2001마1047[전합]).

  ㉰ 이해관계인이 기일 통지를 받지 못하였더라도 매각기일을 스스로 알고 그 기일에 출석하여 입찰에 참가함으로써 자신의 권리보호에 필요한 조치를 취할 수 있었다면, 이러한 통지의 누락은 특별한 사정이 없는 한 민사집행법 제121조(매각허가에 대한 이의신청사유) 제1호에서 정한 '집행을 계속 진행할 수 없을 때'에 해당한다고 볼 수 없다(대결 1995.12.5. 95마1053; 대결 2000.1.31. 99마7663).
  기출 24 · 15

  ㉱ 민사집행법 제90조에 따른 '권리신고를 하지 않은 주택임차인'에게 위 통지를 하지 않았다고 하여도 이해관계인이 아닌 위 주택임차인에 대한 통지(= 대법원예규에 의한 경매절차 진행 사실의 주택임차인에 대한 통지)는 법률상 규정된 의무가 아니어서 경매절차에 위법이 있다고 할 수 없으므로 이는 매각허가결정에 대한 불복사유가 될 수 없다(대결 2000.1.31. 99마7663).

> 주택임대차보호법상의 대항요건을 갖춘 임차인이라 하더라도 낙찰허가결정이 있을 때까지 경매법원에 스스로 그 권리를 증명하여 신고하여야만 경매절차에 있어서 이해관계인으로 되는 것이고, 대법원예규에 의한 경매절차 진행 사실의 주택임차인에 대한 통지는 법률상 규정된 의무가 아니라 당사자의 편의를 위하여 주택임차인에게 임차 목적물에 대하여 경매절차가 진행중인 사실과 소액임차권자나 확정일자부 임차권자라도 배당요구를 하여야 우선변제를 받을 수 있다는 내용을 안내하여 주는 것일 뿐이므로, 임차인이 그 권리신고를 하기 전에 임차 목적물에 대한 경매절차의 진행 사실에 관한 통지를 받지 못하였다고 하더라도 이는 매각허가결정에 대한 불복사유가 될 수 없다(대결 2000.1.31. 99마7663).
> **기출** 24

---

58) 대지권의 목적인 토지의 공유자나 공유물분할경매에 있어서의 공유자는 제외

ⓜ 집행법원이 이해관계인에게 매각기일을 통지함에 있어 '최저매각가격'을 잘못 통지한 경우 이는 통지의무가 있는 사항이 아니고 단지 당사자의 편의를 위해 통지하여 주는 것에 지나지 않으므로 매각허가결정에 대한 취소사유가 되지 않는다(대결 1999.7.22. 99마2906). 기출 15

ⓑ 경매법원이 이해관계인 등에게 매각기일 등의 통지를 하지 않아 그가 매각허가결정에 대한 항고기간을 준수하지 못하였다면 특별한 사정이 없는 한 그 이해관계인은 자기책임에 돌릴 수 없는 사유로 항고기간을 준수하지 못한 것으로 보아야 하며, 그러한 경우에는 형평의 원칙으로부터 인정된 구제방법으로서 추완이 허용되어야 할 것인바, 매각대금이 완납되고 배당절차가 종료됨으로서 매각절차가 완결되었다고 하더라도 그 추완항고가 허용될 수 있다(대결 2002.12.24. 2001마1047 [전합]). 기출 24 · 17

④ 매각기일 및 매각결정기일의 통지의 취소, 변경
  ㉠ 직권에 의한 경우
    ㉮ 법원은 일단 정하여진 매각기일을 자유재량에 의하여 변경할 수 있다.
    ㉯ 특히 법원은 경매절차 과정에 위법한 점이 있음을 발견하였다든지 불가피한 사정이 발생하여 매각기일에 경매를 실시할 수 없는 경우에는 매각기일을 취소하거나 변경하여 적법한 경매절차가 이루어지도록 하여야 한다.
    ㉰ 변경된 매각결정기일은 우편송달 기타의 방법으로 각 이해관계인에게 이를 통지하면 족하고 이를 공고하지 않았다고 하여 매각허가결정이 위법하다고 할 수 없다(대결 1966.7.29. 66마125). 기출 16
  ㉡ 당사자의 신청에 의한 경우
    ㉮ 이해관계인은 기일지정·변경신청권이 없으므로 이해관계인 간에 기일변경에 관하여 합의가 있었다 하더라도 법원은 이에 구속되지 아니한다.

> **수회 매각 및 매각결정기일 일괄 지정방식에 의한 부동산매각절차 진행시 유의사항[재민 98-11]**
> 수회 매각 및 매각결정기일을 일괄 지정하는 방식에 의하여 부동산매각절차를 진행하는 경우에는 부득이한 사유가 없는 한 당사자의 기일변경신청을 허용하여서는 아니 된다. 다만 부득이한 사유로 인하여 직권 또는 당사자의 신청에 의하여 일괄 지정된 기일을 변경하는 때에는 새로 수회 매각 및 매각결정기일을 지정하여야 한다. 기출 16

    ㉯ 채권자 또는 채권자의 동의를 얻은 채무자가 매각기일의 연기를 신청하는 경우에는 집행절차의 진행을 정지할 수 있다. 다만 실무에서는 경매신청채권자가 연기신청한 경우에는 1회의 연기기간을 2개월 이내로 하여 2회까지 허용하고 있다.
    ㉰ 민사집행법 제49조 제4호가 '변제유예증서'의 제출을 집행정지사유로 규정하고 있기 때문에 그 서류가 제출된 경우에는 매각기일을 연기하고 2개월간 정지한다(제51조 제1항). 그 정지는 2회에 한하며 통산하여 6월을 넘길 수 없다(제51조 제2항). 여기서 '통산하여 6월'이란 해당 경매절차에 있어서 통산하여 6월이란 뜻이고, 그 기간이 연속해야 하는 것은 아니다(실무제요 집행 1). 기출 21
    ㉱ 수회 매각 및 매각결정기일을 일괄 지정하는 경우의 민사집행법 제90조에서 정한 이해관계인에 대한 매각 및 매각결정기일의 통지는 별지 2 양식에 의하여 일괄하여 통지하고, 선행 매각기일에 매각불능이 되어 두 번째 이후의 매각 및 매각결정기일을 실시하는 경우에 다시 기일에 대한 통지를 하지 아니한다. 다만 수회 매각 및 매각결정기일을 일괄 지정한 이후에 새로 이해관계인의 지위를 취득한 자에 대하여는 즉시 아직 실시하지 아니한 기일에 대한 통지를 하여야 한다(재민 98-11). 기출 17 · 15

매각물건명세서

민사집행법 제105조(매각물건명세서 등)

① 법원은 다음 각 호의 사항을 적은 매각물건명세서를 작성하여야 한다.

  1. 부동산의 표시

  2. 부동산의 점유자와 점유의 권원, 점유할 수 있는 기간, 차임 또는 보증금에 관한 관계인의 진술

  3. 등기된 부동산에 대한 권리 또는 가처분으로서 매각으로 효력을 잃지 아니하는 것

  4. 매각에 따라 설정된 것으로 보게 되는 지상권의 개요 `기출` 22

② 법원은 매각물건명세서·현황조사보고서 및 평가서의 사본을 법원에 비치하여 누구든지 볼 수 있도록 하여야 한다.

부동산등에 대한 경매절차 처리지침[재민 2004-3, 재판예규 제1853호]

제8조(매각물건명세서의 작성·비치 등)

① 매각물건명세서는 매 매각기일 또는 입찰기간 개시일 1주 전까지 작성하여 그 원본을 경매기록에 가철하여야 하고, 이 경우 다른 문서의 내용을 인용하는 방법(예컨대, 현황조사보고서 기재와 같음)으로 작성하여서는 아니 된다. `기출` 19·15

② 인수 여부가 불분명한 임차권에 관한 주장이 제기된 경우에는 매각물건명세서의 임대차 기재란에 그 임차권의 내용을 적고 비고란에 ○○○가 주장하는 임차권은 존부(또는 대항력 유무)가 불분명함이라고 적는다.

③ 매각물건명세서에는 최저매각가격과 함께 매각목적물의 감정평가액을 표시하여야 한다. `기출` 15

④ 매각물건명세서·현황조사보고서 및 감정평가서의 사본은 일괄 편철하여 매각기일 또는 입찰기간 개시일 1주 전까지 사건별·기일별로 구분한 후 집행과 사무실 등에 비치하여 매수희망자가 손쉽게 열람할 수 있게 하여야 한다. 다만, 현황조사보고서에 첨부한 주민등록 등·초본은 비치하지 아니한다.

⑤ 법원은 전자적으로 작성되거나 제출된 매각물건명세서·현황조사보고서 및 감정평가서의 기재내용을 전자통신매체로 열람하게 하거나 그 출력물을 비치함으로써 그 사본의 비치에 갈음할 수 있다. `기출` 15

제9조(매각물건명세서의 정정·변경 등)

② 매각물건명세서의 정정·변경이 그 사본을 비치한 이후에 이루어진 경우에 정정·변경된 내용이 매수신청에 영향을 미칠 수 있는 사항(예컨대, 대항력 있는 임차인의 추가)이면 매각기일 또는 입찰기간등을 변경하여야 한다. `기출` 15

---

1. 서 설

① **취지** : 매각물건명세서는 매수희망자들에게 사려는 부동산에 관한 정확한 정보를 제공함으로써 예측하지 못한 손해를 입는 것을 방지하고 매각에의 참여를 유도하여 강제집행제도의 기능을 제고시키려는 것이다.

> • 민사집행법이 제105조에서 집행법원은 매각물건명세서를 작성하여 현황조사보고서 및 평가서의 사본과 함께 법원에 비치하여 누구든지 볼 수 있도록 하여야 한다고 규정하고 있는 취지는 경매절차에 있어서 매각대상 부동산의 현황을 되도록 정확히 파악하여 일반인에게 그 현황과 권리관계를 공시함으로써 매수 희망자가 매각대상 부동산에 필요한 정보를 쉽게 얻을 수 있도록 하여 예측하지 못한 손해를 입는 것을 방지하고자 함에 있다(대판 2008.1.31. 2006다913). `기출` 22·17

- 집행법원은 매각대상 부동산에 관한 이해관계인이나 그 현황조사를 실시한 집행관 등으로부터 제출된 자료를 기초로 매각대상 부동산의 현황과 권리관계를 되도록 정확히 파악하여 이를 매각물건명세서에 기재하여야 하고, 만일 경매절차의 특성이나 집행법원이 가지는 기능의 한계 등으로 인하여 매각대상 부동산의 현황이나 관리관계를 정확히 파악하는 것이 곤란한 경우에는 그 부동산의 현황이나 권리관계가 불분명하다는 취지를 매각물건명세서에 그대로 기재함으로써 매수신청인 스스로의 판단과 책임하에 매각대상 부동산의 매수신고 가격이 결정될 수 있도록 하여야 한다. 그럼에도 집행법원이나 경매담당 공무원이 위와 같은 직무상의 의무를 위반하여 매각물건명세서에 매각대상 부동산의 현황과 권리관계에 관한 사항을 제출된 자료와 다르게 작성하거나 불분명한 사항에 관하여 잘못된 정보를 제공함으로써 매수인의 매수신고가격 결정에 영향을 미쳐 매수인으로 하여금 불측의 손해를 입게 하였다면, 국가는 이로 인하여 매수인에게 발생한 손해에 대한 배상책임을 진다(대판 2010.6.24. 2009다40790). **기출** 22

② 기 능
  ㉠ 매각물건명세서의 기재는 이중경매의 경우, 먼저 된 매각절차가 정지된 때 뒤의 매각절차에 따라 속행할 것인가의 표준이 된다.
  ㉡ 선행경매사건이 정지된 때에 그 경매절차가 취소되면 민사집행법 제105조 제1항 제3호의 기재사항[59]이 바뀔 때에는 뒤의 경매개시결정에 의하여 절차를 속행하여서는 안 된다(제87조 제4항). 이처럼 선행경매사건이 정지된 경우 후행절차로 속행할지 여부의 판단기준이 된다.

2. 작성 및 비치

① 매각물건명세서는 집행법원의 인식을 기재한 서면에 불과하고 재판이 아니므로 그 작성행위는 일종의 사실행위에 속한다. 따라서 법관의 서명 또는 기명날인은 필요치 아니하다.

> 매각물건명세서는 법원의 인식을 기재한 서면에 지나지 아니한 것으로서 그 작성은 사실행위에 속하고 그에 의하여 매각조건이 결정되거나 실체법상의 권리관계에 영향을 미치는 것이 아니며 공신적 효력이 인정되는 것도 아니라 할 것이다. 위와 같은 경매물건명세서의 기능과 법적 성질 및 경매절차로서의 특성이나 경매법원이 가지는 기능의 한계 등을 고려하여 볼 때, 경매법원으로서는 매각물건명세서를 작성함에 있어 점유자와 그 권원의 유무 및 내용에 관한 여러 사항에 관하여는 관계인의 진술 내용만을 기재하면 족하고 이에 관한 경매법원의 결론적 인식 결과나 더 나아가 실질적인 권리관계의 존재 여부까지 판단하여 기재할 필요는 없다 할 것이다(대결 2000.2.16. 98마2837). **기출** 19 · 18

② 법원은 매각물건명세서·현황조사보고서 및 평가서의 사본을 매각기일(기간입찰의 방법으로 진행하는 경우에는 입찰기간의 개시일)의 1주일 전까지 법원에 비치하여 누구든지 볼 수 있도록 하여야 한다(제105조 제2항, 규칙 제55조 본문). 다만, 법원은 상당하다고 인정하는 때에는 매각물건명세서·현황조사보고서 및 평가서의 기재내용을 전자통신매체로 공시함으로써 그 사본의 비치에 갈음할 수 있다(규칙 제55조 단서). **기출** 22 · 18

---

59) 등기된 부동산에 대한 권리 또는 가처분으로서 매각으로 효력을 잃지 아니하는 것

③ 수회(예 3~4회) 매각 및 매각결정기일을 일괄 지정하여 진행하는 부동산 매각절차에서도 매각물건명세서는 매회의 매각기일 1주일 전까지 작성하고 그 사본을 집행과사무실 등에 비치하여 매수희망자들이 용이하게 열람할 수 있게 하여야 한다(재민 98-11). **기출** 16

④ 법원은 매각물건명세서를 작성할 때에 필요하다면 이해관계인 그 밖의 참고인을 심문할 수 있다(규칙 제2조). **기출** 17

⑤ 매각기일공고 전에는 매각절차의 이해관계인 또는 당사자와 이해관계를 소명한 제3자에 한하여 기록의 열람을 허용하고, 그 밖의 자에 대하여는 열람이 허용되지 않는다.

3. 매각물건명세서의 기재사항(제105조 제1항)

① **부동산의 표시**(제105조 제1항 제1호)
  ㉠ 매각목적물인 부동산을 표시한다.
  ㉡ 등기사항증명서상의 부동산표시를 그대로 기재하되, 그 표시와 부동산 현황이 다른 경우에는 현황도 병기한다.
  ㉢ 등기부상 표시 외에 미등기건물이 있음을 표시한 경우에는 그것이 경매목적물에 포함됨을 전제로 한 것으로 보게 되므로 미등기건물을 목적물에서 제외할 경우에는 그 취지를 명확히 하여 매수희망자들로 하여금 그 취지를 알 수 있도록 하여야 한다(대결 1991.12.27. 91마608). **기출** 22

② **점유관계와 관계인 진술**(제105조 제1항 제2호)
  ㉠ 집행관의 현황조사보고서 또는 감정인의 평가보고서 등에 의하여 매각부동산의 점유자와 그 점유권원(임차권 또는 전세권설정 등), 점유할 수 있는 기간(임대차기간 등), 차임 또는 보증금에 관한 관계인의 진술과 임차인이 있는 경우 배당요구 여부와 그 일자, 전입신고일자 및 확정일자의 유무와 그 일자를 기재한다.
  ㉡ 채무자가 목적물을 전부 점유하고 있는 경우에는 점유의 권원이라든가 점유기간 등은 기재할 필요가 없으나 채무자가 점유자란 사실만은 이를 그대로 기재한다.
  ㉢ 현황조사보고서와 다른 내용의 권리신고나 배당요구가 있는 경우(예 보증금의 액수, 점유개시시기 등)에는 신고내용대로 기재한다.

③ **매각으로 효력을 잃지 아니하는 등기된 부동산에 대한 권리 또는 가처분**(제105조 제1항 제3호)
  ㉠ 본 호는 매각물건명세서를 통하여 등기부에 나타난 권리관계에 대한 소제와 인수의 범위를 밝히고자 함에 있는데, 구체적으로 인수되거나 인수될 수 있는 것만을 기재하고 소제대상에 대하여는 별도로 기재하지 않는다.
  ㉡ 매수인에게 인수되는 임차권이라도 등기된 것이 아니면 본 호에 따라 기재할 것이 아니며, 제105조 제2호에 따라 기재될 뿐이다.
  ㉢ '전세권'은 배당요구가 있으면 항상 소제의 대상이 되므로 배당요구를 하지 아니한 것으로 말소기준권리에 앞서는 경우에만 기재한다.

> 주택임대차보호법상 임차인으로서의 지위와 전세권자로서의 지위를 함께 가지고 있는 자가 그중 임차인으로서의 지위에 기하여 경매법원에 배당요구를 하였다면 배당요구를 하지 아니한 전세권에 관하여는 배당요구가 있는 것으로 볼 수 없다. … 주택임대차보호법상 임차인으로서의 지위와 최선순위 전세권자로서의 지위를 함께 가지고 있는 자가 임차인으로서의 지위에 기하여 배당요구를 하였으나 집행법원이 매각물건명세서를 작성하면서 '등기된 부동산에 관한 권리 또는 가처분으로 매각허가에 의하여 그 효력이 소멸하지 아니하는 것'란에 아무런 기재를 하지 않고 경매를 진행한 경우, 위 최선순위 전세권은 경매절차에서의 매각으로 소멸되지 않고 매수인에게 인수되는 것이므로 매각물건명세서를 작성함에 있어서 위 전세권이 인수된다는 취지의 기재를 하였어야 할 것임에도 위와 같은 매각물건명세서의 잘못된 기재로 인하여 위 전세권이 매수인에게 인수되지 않은 것으로 오인한 상태에서 매수신고가격을 결정하고 매각대상부동산을 매수하였다가 위 전세권을 인수하여 그 전세금을 반환하여야 하는 손해를 입은 매수인에 대하여 경매담당 공무원 등의 직무집행상의 과실로 인한 국가배상책임이 인정된다(대판 2010.6.24. 2009다40790). **기출** 19·15

ⓛ '매수인에게 인수되는 가처분'의 기재는 가처분의 내용과 집행시기를 기재하면 족하고 피보전권리는 기재할 필요가 없다.

ⓜ 토지소유자가 그 지상 건물소유자에 대한 건물철거·토지인도청구권을 보전하기 위하여 건물에 대한 처분금지가처분을 한 때에는 처분금지가처분등기가 건물에 관한 강제경매개시결정등기 또는 담보권설정등기 '이후'에 이루어졌어도 매각으로 인하여 말소되지 아니한다. 따라서 집행법원은 가처분이 있을 경우 직권으로 가처분집행법원으로부터 가처분결정서등본을 송부받아 피보전권리를 명백히 하여 이를 매각물건명세서 등에 적어야 하고, 위의 경우에 해당하는 때에는 법원사무관 등은 말소촉탁을 하지 않도록 유의하여야 한다. **기출** 16

ⓗ '유치권'은 매수인에게 인수되나(제91조 제5항), 등기된 부동산에 관한 권리가 아니므로 본 호에 따른 기재사항이 아니다. 다만 유치권자라고 주장하는 자도 점유를 하고 있는 경우에는 유치권의 존부와 관계없이 제2호에서 정한 점유자로 기재한다. **기출** 15

> • 유치권에 의한 경매가 소멸주의를 원칙으로 하여 진행되는 이상 강제경매나 담보권 실행을 위한 경매의 경우와 같이 목적부동산 위의 부담을 소멸시키는 것이므로 집행법원이 달리 매각조건변경결정을 통하여 목적부동산 위의 부담을 소멸시키지 않고 매수인으로 하여금 인수하도록 정하지 않은 이상 집행법원으로서는 매각기일공고나 매각물건명세서에 목적부동산 위의 부담이 소멸하지 않고 매수인이 이를 인수하게 된다는 취지를 기재할 필요 없다(대결 2011.6.15. 2010마1059). **기출** 19·17
> • 담보권 실행을 위한 경매절차에서 근저당권자는 유치권자로 권리신고를 한 자에 대하여 유치권부존재확인의 소를 구할 법률상의 이익이 있다(대판 2004.9.23. 2004다32848). **기출** 11
> • 저가낙찰로 인해 경매를 신청한 근저당권자의 배당액이 줄어들거나 경매목적물 가액과 비교하여 거액의 유치권신고로 매각 자체가 불가능하게 될 위험은 경매절차에서 근저당권자의 법률상 지위를 불안정하게 하는 것이므로 위 불안을 제거하는 근저당권자의 이익을 단순한 사실상·경제상의 이익이라고 볼 수는 없다. 따라서 근저당권자는 유치권신고를 한 사람을 상대로 유치권 전부의 부존재뿐만 아니라 경매절차에서 유치권을 내세워 대항할 수 있는 범위를 초과하는 유치권의 부존재 확인을 구할 법률상 이익이 있고, 심리결과 유치권신고를 한 사람이 유치권의 피담보채권으로 주장하는 금액의 일부만이 경매절차에서 유치권으로 대항할 수 있는 것으로 인정되는 경우에는 법원은 특별한 사정이 없는 한 그 유치권 부분에 대하여 일부패소의 판결을 하여야 한다(대판 2016.3.10. 2013다99409). **기출** 20

ⓐ 매각목적물에 설정된 최선순위 저당권설정일자(또는 압류등기, 가압류등기, 담보가등기, 배당요구 종기까지 배당요구한 전세권등기 일자)를 기준으로 임차인의 매수인에 대한 대항력 여부가 결정되므로, 매수인이 예기치 않게 임차보증금을 인수하여야 하는 불이익을 받지 않도록 하기 위하여, 최선순위 저당권설정일자(또는 압류등기, 가압류등기, 담보가등기, 배당요구까지 배당요구한 전세권등기 일자)를 기재하고, 그 일자보다 먼저 전입신고를 마치고 거주하고 있는 임차인의 보증금은 매수인이 인수하는 경우가 생길 수 있다는 주의문구를 기재한다. **기출** 16

ⓞ 토지에 대하여 1순위 저당권이 설정되고, 그 후 임차인이 대항력을 갖춘 다음 건물에 1순위 저당권이 설정된 경우 건물의 매수인에게 대항할 수 있는지의 여부는 건물만을 기준으로 하므로, 이 경우의 임차인은 건물의 매수인에게 대항할 수 있다. 따라서 최선순위 저당권 설정일자를 기재할 때 건물과 토지의 저당권설정일자가 다를 때에는 모두 기재하고, 매각부동산이 여러 개인 경우에 설정일자가 다르면 모두 기재한다.

ⓩ 건물의 일부를 목적으로 하는 전세권은 그 목적물인 건물 부분에 한하여 그 효력을 미치므로, 건물 중 일부(2층 부분)를 목적으로 하는 전세권이 임차인이 대항력을 취득하기 이전에 설정되었다가 매각으로 인하여 소멸하였다고 하더라도, 임차인의 임차권이 전세권의 목적물로 되어 있지 아니한 주택 부분(1층의 일부)을 그 목적물로 하고 있었던 이상 매각으로 인하여 소멸한다고 볼 수는 없다(대판 1997.8.22. 96다53628).

④ **지상권의 개요**(제105조 제1항 제4호)

ⓖ 매각물건명세서에는 매각에 따라 설정된 것으로 보게 되는 지상권의 개요를 적어야 한다.

ⓛ 토지가 매각목적물이 되어 지상권을 부담하게 되는 경우는 물론, 건물이 매각목적물이 되어 지상권을 취득하게 되는 경우에도 모두 기재대상이 된다.

ⓒ 비록 미등기건물이라도 법정지상권 성립에는 아무런 지장이 없어 "법정지상권의 개요"란에 기재해야 될 대상이다.

> 강제경매의 목적이 된 토지 또는 그 지상건물에 관하여 강제경매를 위한 압류나 그 압류에 선행한 가압류가 있기 이전에 저당권이 설정되어 있다가 그 후 강제경매로 인해 그 저당권이 소멸하는 경우에는, 그 저당권 설정 이후의 특정 시점을 기준으로 토지와 그 지상건물이 동일인의 소유에 속하였는지에 따라 관습상 법정지상권의 성립 여부를 판단하게 되면, 저당권자로서는 저당권 설정 당시를 기준으로 그 토지나 지상건물의 담보가치를 평가하였음에도 저당권 설정 이후에 토지나 그 지상건물의 소유자가 변경되었다는 외부의 우연한 사정으로 인하여 자신이 당초에 파악하고 있던 것보다 부당하게 높아지거나 떨어진 가치를 가진 담보를 취득하게 되는 예상하지 못한 이익을 얻거나 손해를 입게 되므로, 그 저당권 설정 당시를 기준으로 토지와 그 지상건물이 동일인에게 속하였는지에 따라 관습상 법정지상권의 성립 여부를 판단하여야 한다(대판 2013.4.11. 2009다62059). **기출** 19

4. 매각물건명세서의 정정

① 매각물건명세서의 작성은 재판이 아니라 일종의 집행처분에 불과하므로 그 기재에 잘못이 있거나 변동이 생겼으면 비치 열람을 한 후에라도 직권으로 정정할 수 있다. **기출** 17

② 정정이 매각기일 1주일 이전에 행해졌다면 그대로 매각절차를 진행할 수 있으나, 위 정정·변경이 매각물건명세서 사본이 비치된 이후에 이루어졌고, 정정·변경된 내용이 매수신청에 영향을 미칠 수 있는 사항(예 대항력 있는 임차인의 추가)이면 매각기일을 변경하여야 한다(재민 2004-3 제9조 제2항). **기출** 18 · 16

③ 다만 매각물건명세서의 정정·변경이 매각물건명세서의 사본을 비치하기 전에 이루어져 당초 통지·공고된 매각기일에 매각을 실시하는 경우에, ㉠ 기일입찰에서는 집행관이 매각기일에 매각을 실시하기 전에 그 정정·변경된 내용을 고지하고, ㉡ 기간입찰에서는 법원사무관등이 집행과 및 집행관 사무실 게시판에 그 정정·변경된 내용을 게시한다(재민 2004-3 제9조 제3항). **기출** 16

5. 불명사항의 기재

① 매각물건명세서의 기능은 무엇보다도 인수와 소제의 범위를 밝히는 데 있다고 할 것이다.

② 그러나 인수와 소제의 범위는 불명확한 경우가 많으며 집행법원으로서는 이러한 사항에 대한 실체적인 심사권한도 없다.

③ 이러한 사정은 법정지상권이나 유치권 또는 임차권에 관한 사항에서 그 불명확성이 두드러진다.

④ 이러한 경우 매각물건명세서의 기재에 있어서는 그 불분명한 취지를 지적하며 불명사항까지도 기재하여야 한다.

6. 매각물건명세서에 관한 불복

① 불복방법

㉠ 매각물건명세서의 작성 자체의 위법사유를 근거로 '집행에 관한 이의신청'(제16조 제1항)은 허용되지 아니한다. 매각물건명세서의 작성행위는 재판이 아니고 사실행위에 불과하기 때문이다. **기출** 17

㉡ 매각물건명세서의 작성에 '중대한 하자'가 있는 때에는 매각허가에 대한 이의신청사유(제121조 제5호) 또는 매각허가결정에 대한 즉시항고의 사유(제130조 제1항)가 된다. 나아가 직권에 의한 매각불허가사유가 된다(대결 2010.11.30. 2010마1291). **기출** 22 · 18 · 17

> 집행법원이 매각기일 1주 전까지 매각물건명세서 사본을 비치하지 아니하였거나 혹은 중대한 하자가 있는 매각물건명세서 사본을 비치하였다가 매각기일 5일 전에 이를 정정하였음에도 매각기일을 변경하지 아니한 채 그대로 매각절차를 진행하면서 그 정정내용을 일반 매수희망자들에게 따로 고지하지도 아니한 것은 이해관계인의 이익이 침해되거나 매각절차의 공정성을 해칠 우려가 있는 중대한 절차 위반으로서 직권에 의한 매각불허가사유에 해당한다(대판 2010.11.30. 2010마1291). **기출** 18

㉢ 물건명세서를 비치하지 않았거나 또는 비치기간을 지키지 않은 경우에도 동일하다.

② 매각물건명세서 작성의 중대한 하자(흠) : 매각기일까지 경매대상 주택의 임차인의 전입신고가 저당권설정일자보다 앞선 일자로 잘못 기재되었는데 임차인이 매각기일까지 배당요구하지 않은 경우에는 중대한 하자에 해당한다.

- 민사집행법 제123조 제2항, 제124조 제6호에 의하여 직권에 의한 매각불허가사유가 되는 '물건명세서의 작성에 중대한 하자가 있는 때'에 해당하는지의 여부는 그 하자가 일반 매수희망자가 매수의사나 매수신고가격을 결정함에 있어 어떠한 영향을 받을 정도의 것이었는지를 중심으로 하여 부동산경매와 매각물건명세서 제도의 취지에 비추어 구체적인 사안에 따라 합리적으로 판단하여야 할 것이다(대결 2003.12.30. 2002마1208).
- 집행법원은 매각기일의 1주 전까지 비치하여야 할 매각물건명세서 사본을 그때까지 비치하지 아니하였거나 혹은 위와 같이 중대한 하자가 있는 매각물건명세서 사본을 일단 비치하였다가 매각기일로부터 5일 전에야 비로소 이를 정정하였음에도 그 매각기일을 변경하지 아니하고 당초 통지·공고된 매각기일에 매각을 실시하면서 위와 같이 매수의사 등의 결정에 중대한 영향을 미치는 정정내용을 일반 매수희망자들에게 따로 고지하지도 아니한 채 매각절차를 진행한 후 재항고인에 대한 매각을 허가하였는 바, 이는 이해관계인의 이익이 침해되거나 매각절차의 공정성을 해칠 우려가 있는 중대한 절차 위반에 해당하여 민사집행법 제123조, 제121조 제7호 소정의 직권에 의한 매각불허가사유에 해당한다고 할 것이다(대결 2010.11.30. 2010마1291).
- 최선순위 근저당권자보다 먼저 대항력을 갖추었으나 확정일자를 부여받지 않아 경락대금에서 배당받지 못하고 매수인이 임대인의 지위를 양수해야 하는 임차인과 그 부동산의 소유자가 부자관계에 있다는 사실을 입찰물건명세서에 기재하지 않은 것이 민사집행법 제121조 제5호 소정의 '입찰물건명세서의 작성에 중대한 하자가 있는 때'에 해당하지 않는다(대결 2000.1.19. 99마7804). **기출** 18

7. 매각물건명세서의 비치 및 열람

① 3~4회의 매각기일 및 매각결정기일을 일괄하여 지정한 경우에도 매각물건명세서는 매각기일마다 1주일 전까지 작성, 비치하여야 한다(재민 98-11).

② 매각물건명세서 사본은 매각기일마다 그 1주일 전까지 비치하되(규칙 제55조), 비치기간 중은 누구라도 집무시간 내에는 언제나 무료로 자유로이 열람할 수 있다.[60]

8. 매각물건명세서의 공신력

① 매각물건명세서는 원칙적으로 매수희망자에 대하여 정보를 제공하여 원활한 매각을 도모하기 위한 것이므로 공신력은 인정되지 아니한다.

② 매각물건명세서에 소제와 인수범위 또는 실체법상의 권리관계가 달리 기재되었다 하더라도 국가배상법상의 손해배상책임을 물을 수 있음은 별론으로 하고 잘못 기재된 내용에 따른 권리주장은 허용되지 아니한다.

---

60) [비교] 경매기록의 열람과 복사 : 매각기일공고 전에는 매각절차의 이해관계인 또는 당사자와 이해관계를 소명한 제3자에 한하여 기록의 열람을 허용하고, 그 밖의 자에 대하여는 열람을 허용하지 않는다(재민 2004-3 제53조). **기출** 17

- 매각물건명세서는 법원의 인식을 기재한 서면에 지나지 아니한 것으로서 사실행위에 속하고, 그 작성에 의하여 매각조건이 결정되거나 실체법상의 권리관계에 영향을 미치는 것이 아니고 공신적 효력이 인정되는 것도 아니다(대결 1994.1.15. 93마1601).
- 주택 경매절차의 매수인이 매각물건명세서에 기재되어 공시된 내용을 기초로 권리신고 및 배당요구를 한 주택임차인의 배당순위가 1순위 근저당권자보다 우선한다고 신뢰하여 임차보증금반환채무를 인수하지 않는다는 전제 아래 매수가격을 정하여 낙찰을 받아 주택에 관한 소유권을 취득한 경우, 주택임차인이 1순위 근저당권자에게 무상거주확인서를 작성해 준 사실이 있어 임차보증금을 배당받지 못하게 되었다는 사정을 들어 매수인에게 주택임대차보호법상 대항력을 주장할 수 없다(대판 2017.4.7. 2016다248431).
- 근저당권자가 담보로 제공된 건물에 대한 담보가치를 조사할 당시 대항력을 갖춘 임차인이 임대차 사실을 부인하고 건물에 관하여 임차인으로서의 권리를 주장하지 않겠다는 내용의 무상임대차 확인서를 작성해주었고, 그 후 개시된 경매절차에 무상임대차 확인서가 제출되어 매수인이 확인서의 내용을 신뢰하여 매수신청금액을 결정하는 경우와 같이, 임차인이 작성한 무상임대차 확인서에서 비롯된 매수인의 신뢰가 매각절차에 반영되었다고 볼 수 있는 사정이 존재하는 경우에는, 비록 매각물건명세서 등에 건물에 대항력 있는 임대차 관계가 존재한다는 취지로 기재되었더라도 임차인이 제3자인 매수인의 건물인도청구에 대하여 대항력 있는 임대차를 주장하여 임차보증금반환과의 동시이행의 항변을 하는 것은 금반언 또는 신의성실의 원칙에 반하여 허용될 수 없다(대판 2016.12.1. 2016다228215).

Ⅷ 일괄매각결정

민사집행법 제98조(일괄매각결정)
① 법원은 여러 개의 부동산의 위치·형태·이용관계 등을 고려하여 이를 일괄매수하게 하는 것이 알맞다고 인정하는 경우에는 직권으로 또는 이해관계인의 신청에 따라 일괄매각하도록 결정할 수 있다. `기출` 25 · 22
② 법원은 부동산을 매각할 경우에 그 위치·형태·이용관계 등을 고려하여 다른 종류의 재산(금전채권을 제외한다)을 그 부동산과 함께 일괄매수하게 하는 것이 알맞다고 인정하는 때에는 직권으로 또는 이해관계인의 신청에 따라 일괄매각하도록 결정할 수 있다.
③ 제1항 및 제2항의 결정은 그 목적물에 대한 매각기일 이전까지 할 수 있다. `기출` 15

민사집행법 제99조(일괄매각사건의 병합)
① 법원은 각각 경매신청된 여러 개의 재산 또는 다른 법원이나 집행관에 계속된 경매사건의 목적물에 대하여 제98조 제1항 또는 제2항의 결정을 할 수 있다.
② 다른 법원이나 집행관에 계속된 경매사건의 목적물의 경우에 그 다른 법원 또는 집행관은 그 목적물에 대한 경매사건을 제1항의 결정을 한 법원에 이송한다.
③ 제1항 및 제2항의 경우에 법원은 그 경매사건들을 병합한다.

민사집행법 제100조(일괄매각사건의 관할)
제98조 및 제99조의 경우에는 민사소송법 제31조에 불구하고 같은 법 제25조(관련재판적)의 규정을 준용한다. 다만, 등기할 수 있는 선박에 관한 경매사건에 대하여서는 그러하지 아니하다.

민사집행법 제101조(일괄매각절차)
① 제98조 및 제99조의 일괄매각결정에 따른 매각절차는 이 관의 규정에 따라 행한다. 다만, 부동산 외의 재산의 압류는 그 재산의 종류에 따라 해당되는 규정에서 정하는 방법으로 행하고, 그중에서 집행관의 압류에 따르는 재산의 압류는 집행법원이 집행관에게 이를 압류하도록 명하는 방법으로 행한다.

② 제1항의 매각절차에서 각 재산의 대금액을 특정할 필요가 있는 경우에는 각 재산에 대한 최저매각가격의 비율을 정하여야 하며, 각 재산의 대금액은 총대금액을 각 재산의 최저매각가격비율에 따라 나눈 금액으로 한다. 각 재산이 부담할 집행비용액을 특정할 필요가 있는 경우에도 또한 같다.

③ 여러 개의 재산을 일괄매각하는 경우에 그 가운데 일부의 매각대금으로 모든 채권자의 채권액과 강제집행비용을 변제하기에 충분하면 다른 재산의 매각을 허가하지 아니한다. 다만, 토지와 그 위의 건물을 일괄매각하는 경우나 재산을 분리하여 매각하면 그 경제적 효용이 현저하게 떨어지는 경우 또는 채무자의 동의가 있는 경우에는 그러하지 아니하다. `기출` 25 · 15 · 17

④ 제3항 본문의 경우에 채무자는 그 재산 가운데 매각할 것을 지정할 수 있다.

⑤ 일괄매각절차에 관하여 이 법에서 정한 사항을 제외하고는 대법원규칙으로 정한다.

민사집행법 제124조(과잉매각되는 경우의 매각불허가)

① 여러 개의 부동산을 매각하는 경우에 한 개의 부동산의 매각대금으로 모든 채권자의 채권액과 강제집행비용을 변제하기에 충분하면 다른 부동산의 매각을 허가하지 아니한다. 다만, 제101조 제3항 단서에 따른 일괄매각의 경우에는 그러하지 아니하다.

② 제1항 본문의 경우에 채무자는 그 부동산 가운데 매각할 것을 지정할 수 있다.

1. 의 의

하나의 매각절차에서 여러 개의 부동산을 매각하는 경우에 최저매각가격의 결정과 매각의 실시를 여러 개의 부동산 전부를 일괄하여 하는 방법을 '일괄매각'이라고 한다. 반면, 최저매각가격의 결정과 매각의 실시를 각 부동산별로 하는 방법을 '개별매각'(분할매각)이라 한다.

2. 개별매각의 원칙

① 민사집행법 제124조 제1항에서, 여러 개의 부동산을 매각하는 경우에 한 개의 부동산의 매각대금으로 모든 채권자의 채권액과 강제집행비용을 변제하기에 충분하면 다른 부동산의 매각을 허가하지 않는다고 규정한 점에 비추어 보면, 민사집행법은 개별매각을 원칙으로 하고 있는 것이다.

② 여러 개의 부동산을 동시에 매각하는 집행법원이 일괄매각결정을 한 바 없었다면 그 부동산들은 개별매각되는 것이다(대결 1994.8.8. 94마1150). `기출` 22

③ 개별매각은 법정매각조건은 아니므로, 경매목적 부동산이 2개 이상 있는 경우에 개별매각으로 할 것인지 또는 일괄매각으로 할 것인지는 집행법원의 재량에 속한다(대결 1964.6.24. 64마444). 따라서 법원은 이해관계인의 합의가 없어도 일괄매각을 명할 수 있고, 또 일단 정한 매각방법을 재량으로 다른 방법으로 변경할 수도 있다. `기출` 15

> 경매목적 부동산이 2개 이상 있는 경우 분할경매를 할 것인지 일괄경매를 할 것인지 여부는 집행법원의 자유재량에 의하여 결정할 성질의 것이나, 토지와 그 지상건물이 동시에 매각되는 경우, 토지와 건물이 하나의 기업시설을 구성하고 있는 경우, 2필지 이상의 토지를 매각하면서 분할경매에 의하여 일부 토지만 매각되면 나머지 토지가 맹지 등이 되어 값이 현저히 하락하게 될 경우 등 분할경매를 하는 것보다 일괄경매를 하는 것이 당해 물건 전체의 효용을 높이고 그 가액도 현저히 고가로 될 것이 명백히 예측되는 경우 등에는 일괄경매를 하는 것이 부당하다고 인정할 특별한 사유가 없는 한 일괄경매의 방법에 의하는 것이 타당하고, 이러한 경우에도 이를 분할경매하는 것은 그 부동산이 유기적 관계에서 갖는 가치를 무시하는 것으로써 집행법원의 재량권의 범위를 넘어 위법한 것이 된다(대결 2004.11.9. 2004마94). `기출` 25

3. 개별매각을 하여야 하는 경우(일괄매각이 허용되지 않는 경우)

① 과잉매각이 되는 경우

　㉠ 여러 개의 재산을 일괄매각하는 경우에 그 가운데 일부의 매각대금으로 모든 채권자의 채권액과 강제
집행비용을 변제하기에 충분하면 다른 재산의 매각을 허가하지 아니한다(제101조 제3항 본문). 이 경우
에 채무자는 그 재산 가운데 매각할 것을 지정할 수 있다(제101조 제4항). 그 지정은 매각허가결정이
선고되기 전에 서면으로 하여야 한다(규칙 제52조). [기출] 15 · 17

　㉡ 다만, (i) 토지와 그 위의 건물을 일괄매각하는 경우, (ii) 재산을 분리하여 매각하면 그 경제적 효용이
현저하게 떨어지는 경우, (iii) 채무자의 동의가 있는 경우에는 과잉매각금지의 원칙이 적용되지 않는
다(제101조 제3항 단서). [기출] 15

　㉢ 일반적으로 일반매각의 대상인 여러 개의 물건 중 어느 일부의 매각대금으로 각 채권자의 채권액과
집행비용을 상환함에 충분한 경우에는 일괄매각은 허용되지 않는다 할 것이나, 대지와 그 지상 건물
의 일괄매각에 관하여는 과잉매각금지의 원칙의 적용이 전면 배제된다(대결 1968.9.30. 68마890).

　㉣ 실체법상은 별개의 재산이지만 사회경제적으로 일체를 이루어 거래되는 것이 일반적이고 분리하면
그 경제적 효용이 현저하게 감소될 수밖에 없는 경우에는 과잉매각 여부에 관계없이 일괄매각을 할
수 있다.

　㉤ 공장 및 광업재단저당법 등에 의하여 당연 일괄매각의 경우에도 과잉매각금지의 규정이 적용되지
않는다(대결 1968.12.30. 68마1406).

　㉥ 채무자 또는 소유자의 동의가 있으면 과잉매각에 해당하더라도 매각을 허가할 수 있다.

② 일괄매각을 하는 것보다 개별매각을 하는 편이 보다 고가로 매각될 수 있으리라고 예상되는 경우에도
일괄매각을 할 수 없다.

4. 서로 다른 부동산의 일괄매각

① 일괄매각의 요건

　㉠ 매각물건 사이의 견련성

　　㉮ 집행법원은 여러 개의 부동산을 일괄하여 동일인에게 매수시키는 것이 상당하다는 이유만으로
일괄매각할 수 없고, 여러 개의 부동산의 위치·형태·이용관계 등을 고려하여 이를 일괄매수하
게 하는 것이 알맞다고 인정되는 경우에 직권으로 또는 이해관계인의 신청에 따라 일괄매각하도
록 결정할 수 있다(제98조 제1항). [기출] 22

　　㉯ 위와 같이 일괄매각의 요건으로 여러 개의 부동산의 상호 간 이용관계에 관하여 견련성을 요구하
고 있는 것은 일괄매각 여부를 전적으로 집행법원의 재량에 맡기게 되면 당사자나 사회적 관점에
서 일괄매각이 불필요한 경우에도 매각절차의 간이화를 위하여 안이하게 일괄매각의 방법이 채택
될 우려가 있고, 불필요하게 일괄매각을 하게 되면 최저매각가격이 지나치게 높아 오히려 매수희
망자를 감소시키는 결과가 될 수 있기 때문이다(대결 2001.8.22. 2001마3688).

　　㉰ 농지와 농지가 아닌 토지는 특별한 사정이 없는 한 그 상호 간의 이용관계에 관하여 견련성이
있다고 볼 수 없다(대결 2004.9.24. 2003마757).

ⓛ 소유자가 같을 필요 없음

㉮ 압류채권자가 다르거나 소유자가 다르더라도 일괄매각을 하는 데 아무런 지장이 없다.

㉯ 예를 들면, 남편 소유의 토지와 그 지상의 처 소유의 건물, 법인대표자 소유의 토지와 그 지상의 법인 소유의 건물 등에 관하여도 그들이 집행채무자인 한 일괄매각이 가능하다.

ⓒ 과잉매각이 되지 않을 것 : 여러 개의 부동산을 매각하는 경우에 한 개의 부동산의 매각대금으로 모든 채권자의 채권액과 강제집행비용을 변제하기에 충분하면 다른 부동산의 매각을 허가하여서는 안 되므로(제124조 제1항 본문), 여러 개의 재산을 일괄매각하는 경우에도 그 가운데 일부의 매각대금으로 모든 채권자의 채권액과 집행비용을 변제하기에 충분하면 과잉매각금지의 원칙이 적용되어 다른 재산의 매각은 허용되지 않는 것이 원칙이다(제101조 제3항 본문).

② **견련성과 관계없이 일괄매각하는 경우**

㉠ 전원 합의가 있는 경우 : 이해관계인 전원의 합의에 의하여 일괄매각신청이 있는 경우에는 법원은 이를 존중하여 일괄매각함이 타당하다(제110조 참조). **기출** 17

ⓛ 공장 및 광업재단 저당법 등에 의한 당연 일괄매각의 경우

㉮ 공장 및 광업재단 저당법 제3조, 제4조, 제6조 제1항 및 제8조, 제12조, 제54조의 규정들에 의하면, 공장저당 또는 공장재단 저당의 목적이거나 광업재단 저당의 목적물인 토지와 건물 및 기계, 기구, 그 밖의 공장의 공용물과는 유기적 일체성이 있으므로 일괄매각하여야 한다. **기출** 17

㉯ 공장저당의 경우에는 신청근저당권자가 아닌 자가 공장저당을 한 경우라 하더라도 공장저당이 있는 경우에는 일괄매각하여야 한다(대결 2003.2.19. 2001마785). 강제경매의 경우에도 매각 대상 부동산에 공장저당이 설정되어 있는 경우에는 일괄매각을 하여야 한다.

> 공장저당법 제4조, 제5조, 제7조 제1항에 의하면, 공장저당의 목적이 된 토지 또는 건물과 거기에 설치된 기계, 기구 등은 이를 분할하여 경매할 수 없으므로, 그 부동산에 신청근저당권자 이외의 근저당권자의 공장저당이 있을 때에는 경매법원으로서는 그 근저당권자의 공장저당의 목적이 된 기계, 기구 등도 함께 일괄경매하여야 한다(대결 2003.2.19. 2001마785). **기출** 22

㉰ 공장저당법에 정하여진 공장재단을 이루지 아니한 다수의 토지가 공장저당의 목적물이 된 경우에 있어서 그중 일부의 토지 위에 공장에 속하는 건물이나 공장의 공용물 등이 설치되어 있지 아니하면 단순히 공동으로 공장저당의 목적물이 되었다는 이유만으로 다수의 토지 전부에 대하여 일괄매각을 하여야 하는 것은 아니고, 이러한 경우에는 그 토지들이 공장의 부지로 상용되고 있는 것으로 사회통념상 인정될 수 있는 경우에만 이를 공장건물이 서 있는 토지와 마찬가지로 보아 그 토지 또는 건물 및 공장의 공용물 등과 분리하여 분할매각(개별매각)을 할 수 없다(대결 2004.11.30. 2004마796).

> 농지가 공장에 속하는 토지 또는 건물 및 공장의 공용물 등과 함께 공장저당의 목적물이 된 경우에 있어서 그 농지 위에 공장에 속하는 건물이나 공장의 공용물 등이 설치되어 있지 아니하면 단순히 공장저당의 목적물이 되었다는 이유만으로 그 농지에 대하여도 일괄매각을 할 수는 없는 것이다(대결 2004.11.30. 2004마796). **기출** 15 · 17

㉱ 다만, 공장저당의 목적이 된 기계 · 기구 등 설치물에 관하여 법률상의 제한이 있거나, 사실상의 이유(⑩ 소실 또는 멸실되었거나 분리 매각되어 제3자가 선의취득을 한 경우)로 저당권을 실행할 수 없는 경우에는 나머지 토지나 건물에 대해서만 경매를 할 수 있다고 해야 할 것이다(대결 1965.12.29. 65마950; 대결 1966.7.27. 66마714).

ⓒ 민법 제365조에 따라 토지·건물을 같이 매각하는 경우

㉮ 민법 제365조 본문이 토지를 목적으로 한 저당권을 설정한 후 저당권설정자가 그 토지에 건물을 축조한 때에는 저당권자가 토지와 건물에 대하여 일괄하여 경매를 청구할 수 있도록 규정한 취지는, 저당권설정자로서는 저당권 설정 후에도 그 지상에 건물을 신축할 수 있는데 후에 저당권 실행으로 토지가 제3자에게 매각될 경우에 건물을 철거하여야 한다면 사회경제적으로 현저한 불이익이 생기게 되므로 이를 방지할 필요가 있고, 저당권자에게도 저당토지상 건물의 존재로 인하여 생기게 되는 경매의 어려움을 해소하여 저당권 실행을 쉽게 할 수 있도록 한 데 있다(대판 2012.3.15. 2011다54587).

㉯ 민법 제365조의 일괄매각의 요건은 일반적으로 (i) 토지에 대하여 저당권설정 당시에 그 지상에 건물이 없을 것, (ii) 저당권설정 후에 설정자가 당해 토지에 건물을 건축하였을 것, (iii) 경매신청 시에 토지와 지상건물의 소유자가 동일할 것이다.

㉰ (i)의 요건과 관련하여, 저당권설정 당시에 건물의 존재가 예측되고 또한 당시 사회경제적 관점에서 그 가치의 유지를 도모할 정도로 건물의 축조가 진행되어 있는 경우에는 민법 제365조의 일괄매각은 적용되지 않는다(대판 1987.4.28. 86다카2856).

㉱ (ii)의 요건과 관련하여, 저당권설정자로부터 저당토지에 대한 용익권을 설정받은 자가 그 토지에 건물을 축조한 경우라도 그 후 저당권설정자가 그 건물의 소유권을 취득한 경우에는 일괄매각신청이 가능하다(대판 2003.4.11. 2003다3850). **기출** 13

> 저당지상의 건물에 대한 일괄경매청구권은 저당권설정자가 건물을 축조한 경우뿐만 아니라 저당권설정자로부터 저당토지에 대한 용익권을 설정받은 자가 그 토지에 건물을 축조한 경우라도 그 후 저당권설정자가 그 건물의 소유권을 취득한 경우에는 저당권자는 토지와 함께 그 건물에 대하여 경매를 청구할 수 있다(대판 2003.4.11. 2003다3850).

㉲ 민법 제365조에 의한 일괄매각청구권은 토지의 저당권자가 토지에 대하여 경매를 신청한 후에도 그 토지상의 건물에 대하여 '토지에 관한 매각기일 이전까지'는 일괄매각의 추가신청을 할 수 있고(제98조 제3항), 이 경우에 집행법원은 두 개의 경매사건을 병합하여 일괄매각절차를 진행함이 타당하다. **기출** 13

㉳ 민사집행법 제124조의 과잉매각금지의 원칙도 민법 제365조에 의한 일괄매각에는 적용되지 않기 때문에 민법 제365조에 의한 일괄매각은 저당권자의 권리이고, 법원은 저당권자의 일괄매각 신청이 있으면 그 요건이 인정되는 한 재량의 여지없이 이를 받아들여야만 한다(대결 1968.9.30. 68마890). 따라서 토지에 대한 저당권자가 토지와 그 지상건물에 대하여 민법 제365조의 요건을 갖춰 일괄경매를 신청한 경우 법원은 그 건물에 대하여도 경매개시결정을 하고 그 등기의 촉탁을 하여야 한다. **기출** 18

㉴ 다만, 민법 제365조에 의한 일괄매각은 저당권자의 권리일 뿐 의무는 아니므로, 저당권자가 단지 건물소유자를 괴롭히는 것만을 목적으로 일부러 토지에 대해서만 경매신청을 하여 매수인이 되어 건물의 철거를 구하는 등의 특별한 사정이 없는 한, 토지만에 대하여 경매를 신청하여 그 매각으로 소유권을 취득하고 건물의 철거를 구하는 것이 위법하다고 할 수 없다(대판 1977.4.26. 77다77).

② 개별매각을 하는 것보다 일괄매각을 하는 것이 현저히 고가로 매각할 수 있는 경우 : 토지와 그 지상 건물이 동시에 매각되는 경우(대결 1967.8.31. 67마781), 면적이 적어 합쳐야만 건축이 가능한 2개의 인접 토지 등과 같이 이를 일괄하여 동일인에게 귀속시켜 이용하게 하는 것이 경제적 효용성을 높이고 따라서 고가로 매각할 수 있다고 예상되는 경우, 토지와 건물이 하나의 기업시설을 구성하고 있는 경우(대결 1968.12.30. 68마1406), 2필지 이상의 토지의 매각으로써 개별매각에 의하여 일부토지만 매각 되면 나머지 토지가 맹지 등이 되어 값이 현저히 하락하게 될 경우 등에는 과잉매각 여부와 관계없이 일괄매각을 하는 것이 바람직하다.

⑩ 대지권등기가 되어 있는 집합건물의 대지사용권 : 대지권등기가 되어 있는 집합건물은 대지권의 분 리처분이 불가능하고 전유부분 및 공용부분(건물부분)에 대한 경매개시결정의 효력이 대지사용권에 미치므로 건물부분과 대지사용권에 관하여 일괄매각결정을 할 필요가 없다(대결 1997.6.10. 97마814).

5. 부동산과 다른 종류의 재산의 일괄매각

① 법원은 부동산을 매각할 경우에 그 위치·형태·이용관계 등을 고려하여 다른 종류의 재산(금전채권을 제외한다)을 그 부동산과 함께 일괄매수하게 하는 것이 알맞다고 인정하는 때에는 직권으로 또는 이해관 계인의 신청에 따라 일괄매각하도록 결정할 수 있다(제98조 제2항).

② 예를 들면, 지상권 또는 토지에 대한 전세권과 그 지상의 건물, 공작물, 수목의 일괄매각이나 민법 제622 조의 토지임차권과 그 지상 건물들도 일괄하여 매각할 필요성이 있는 경우가 있을 것이다.

6. 일괄매각에 따른 매각 및 배당절차

① 매각절차

㉠ 최저매각가격의 결정

㉮ 일괄매각의 경우에는 원칙적으로 평가를 할 때에도 여러 개의 매각목적물을 일괄평가하고 최저매 각가격도 일괄하여 결정하여야 한다.

㉯ 그러나 매각절차에서 각 재산의 대금액을 특정할 필요가 있는 경우에는 각 재산에 대한 최저매각 가격의 비율을 정하여야 하며, 각 재산의 대금액은 총대금액을 각 재산의 최저매각가격비율에 따라 나눈 금액으로 한다. 각 재산이 부담할 집행비용액을 특정할 필요가 있는 경우에도 또한 같다(제101조 제2항). 기출 22 · 17

㉰ 서로 다른 별개의 부동산 대한 매각대금의 배당순서를 달리하여야 한다면, 각 부동산에 대한 매각 대금을 별도로 특정할 필요가 있으므로, 일괄매각의 각 부동산별로 그 최저매각가격을 정하여 매각절차를 진행하여야 하고(대판 1999.7.27. 98다35020), 각 부동산별로 따로 최저매각가격을 정하 지 않은 경우에는 매각허가결정에 대한 즉시항고사유가 된다(대결 1995.3.2. 94마1729). 기출 25 · 22

㉡ 전체에 대한 매각불허

㉮ 일괄매각한 여러 개의 부동산 중 일부에 대하여 매각불허가사유가 있다면 전체에 대하여 매각을 불허하여야 한다(대결 1985.2.8. 84마키31). 기출 22

㉯ 다수의 매각 대상 부동산 중 일부씩만 묶어 각각 일괄매각결정을 한 경우 각 일괄매각결정별로 하나의 매각물건으로 개별매각하는 것이므로 그중 일부 부동산에 대해서만 매각불허가사유가 있 는 경우에는 해당 부동산을 포함하여 일괄매각결정을 한 매각물건에 대해서만 매각불허가를 하여 야 한다(대결 2019.10.21. 2018마825).

ⓒ 전체 토지에 대한 공유자 우선매수청구권의 불인정 : 일괄매각 대상 목적물은 하나의 매각 대상으로 취급되는데, 집행법원이 일괄매각결정을 유지하는 이상 매각 대상 부동산 중 일부에 대한 공유자라 하더라도 특별한 사정이 없는 한 매각 대상 부동산 전체에 대하여 공유자의 우선매수권을 행사할 수 없다(대결 2006.3.13. 2005마1078). **기출** 24 · 15

② **배당표 작성 및 배당이의의 상대방**

ⓐ 대지와 건물을 일괄경매하더라도 배당절차는 기본적으로 개별경매의 경우와 다르지 않으므로, 대지와 건물을 개별경매하는 경우와 마찬가지로 대지에 대한 권리자는 대지매각대금에서, 건물에 대한 권리자는 건물매각대금에서 각 배당을 받아야 한다(대판 2003.9.5. 2001다66291).

ⓑ 따라서 대지와 건물을 일괄매각하는 경우 각 재산의 매각대금에서 배당받을 채권자 및 채권이 다른 때에는 각 부동산의 매각대금마다 구분하여 이른바 개별배당재단을 형성한 후 각 대금마다 따로 배당표를 작성하여야 하며, 이 경우 배당표에 대한 이의는 각 물건마다 작성된 배당표를 대상으로 따로 처리되어야 하는 것이고, 설령 대지와 건물에 대한 배당표가 하나로 작성되었다고 하더라도 이는 대지매각대금에 대한 배당표와 건물매각대금에 대한 배당표의 각 채권자의 배당액이 합산되어 하나로 작성된 것에 불과하므로, 대지 매각대금이 모두 대지에 대한 권리자들에게 배당되었는데, 다만 그들 사이의 배당순위만 문제되는 경우 대지에 대한 선순위 채권자로서 배당을 받지 못한 자는 대지에 대한 후순위 채권자로서 선순위 채권자에 우선하여 배당받은 채권자를 상대로 배당이의를 할 수 있는 것이고, 후순위권자가 건물매각대금으로부터 배당을 받을 수 있어서 결과적으로 후순위 채권자의 배당액에 변경이 없을 것이라고 하여 달리 볼 것이 아니다(대판 2003.9.5. 2001다66291).

③ **부동산별로 최저매각대금을 정하지 않은 경우의 배당**

ⓐ 부동산별로 최저매각대금을 정하여야 함에도 이를 간과하고 부동산별로 최저매각대금을 정하지 않은 상태에서 일괄매각이 진행된 경우 배당실시가 불가능하다(대결 1995.3.2. 94마1729).

ⓑ 위와 같이 매각절차에서 부동산별로 최저매각대금을 정하지 않았음에도 배당법원이 임의로 매각대금을 부동산별로 개별배당재단을 형성한 경우에는, 부동산별 최저매각대금을 정하지 않았음에도 임의로 매각대금을 개별배당재산에 잘못 안분한 것 자체를 이유로 배당이의를 할 수 있다(대판 2012.3.15. 2011다54587).

④ **민법 제365조에 의한 일괄매각 시 토지저당권자에 대한 건물 매각대금 배당**

ⓐ 민법 제365조에 의한 일괄매각에서는 매각대금 중 토지의 매각대금 부분에서는 토지 압류채권자(저당권자)가 배당을 받는다. 또한, 그 밖의 토지에 대한 저당권자나 배당요구채권자도 배당을 받을 수 있다. 건물의 매각대금부분에서는 당해 건물의 저당권자 등 담보권자, 배당요구채권자 또는 교부청구채권자가 배당을 받게 된다.

ⓑ 토지와 신축건물에 대하여 민법 제365조에 의하여 일괄매각이 이루어졌다면 일괄매각대금 중 토지에 안분할 매각대금은 법정지상권 등 이용 제한이 없는 상태의 토지로 평가하여 산정하여야 한다(대판 2012.3.15. 2011다54587). **기출** 13

> 동일인의 소유에 속하는 토지 및 지상 건물에 관하여 공동저당권이 설정된 후 건물이 철거되고 새로 건물이 신축된 경우에는, 신축건물의 소유자가 토지의 소유자와 동일하고 토지의 저당권자에게 신축건물에 관하여 토지의 저당권과 동일한 순위의 공동저당권을 설정해 주었다는 등 특별한 사정이 없는 한 저당물의 경매로 인하여 토지와 신축건물이 다른 소유자에 속하게 되더라도 신축건물을 위한 법정지상권이 성립하지 않으므로, 위와 같은 경우 토지와 신축건물에 대하여 민법 제365조에 의하여 일괄매각이 이루어졌다면 일괄매각대금 중 토지에 안분할 매각대금은 법정지상권 등 이용 제한이 없는 상태의 토지로 평가하여 산정하여야 한다(대판 2012.3.15. 2011다54587). **기출** 13

ⓒ 토지의 저당권자인 압류채권자도 건물의 매각대금 부분에서 배당을 받을 수 있는지 여부에 관하여 견해가 대립하나, 판례는 토지의 저당권자가 건물의 매각대금에서 배당을 받으려면 민사집행법 제268조, 제88조 제1항의 규정에 의하여 적법한 배당요구를 하였거나 그 밖에 달리 배당을 받을 수 있는 채권으로서 필요한 요건을 갖추고 있어야 한다고 하여 일반채권자설의 입장을 취하고 있다(대판 2012.3.15. 2011다54587). **기출** 13

ⓔ 한편 대법원은 소액임차인과 관련하여, (i) 지상건물이 없었던 토지에 저당권이 설정된 후 건축된 건물의 임차인이 대지의 환가대금에서 소액보증금의 우선변제를 인정하지 않고 있지만, (ii) 토지에 관한 근저당권설정 당시 그 지상에 건물의 규모, 종류가 외형상 예상할 수 있는 정도까지 건축이 진전되어 있어 그 지상에 건물이 존재한다고 볼 수 있는 경우에는 그 지상 건물의 소액임차인에게 대지의 매각대금에 대한 우선변제권을 인정할 수 있다는 입장이다(대판 1999.7.23. 99다25532). (iii) 과거에는 임차주택의 대지 매각대금으로부터 소액보증금의 우선변제를 받기 위해서는 그 임대차의 목적물인 주택에 관하여 그 임대차 후에라도 소유권보존등기가 되어 있을 것을 요구하였으나(대판 2001.10.30. 2001다39657), 그 후 전원합의체판결로 입장을 변경하여 소유권보존등기가 되지 않은 미등기 건물(주택)의 임차인에게도 임차주택의 대지 매각대금으로부터 소액보증금의 우선변제권을 인정하고 있다(대판 2007.6.21. 2004다26133[전합]).

7. 일괄매각결정의 하자와 불복방법

① **일괄매각결정이 위법한 경우** : 매각목적물 사이에 아무런 견련관계가 없는데도 집행법원의 편의만을 위하여 일괄매각을 한 경우, 과잉매각 금지의 원칙상 개별매각을 하여야 함에도 일괄매각을 한 경우, 일괄매각결정을 공고하지 않은 경우, 매각목적물에 대한 매각기일 이후에 일괄매각결정을 한 경우 등에는 일괄매각결정이 위법하다.

② **불복방법**

ㄱ 일괄매각결정에 불복하는 자는 '집행에 관한 이의'를 신청할 수 있다(제16조 제1항). 매각기일 이후에는 매각허가에 대한 이의 또는 매각허가결정에 대한 즉시항고로만 다툴 수 있다.

ㄴ 일괄매각의 결정에 중대한 흠이 있는 경우 매각허가에 대한 이의신청을 할 수 있다(제121조 제5호). 그리고 매각허가결정에 대한 즉시항고는 민사집행법 제121조에서 규정한 매각허가에 대한 이의신청 사유가 있다거나, 그 결정 절차에 중대한 잘못이 있다는 것을 이유로 드는 때에만 할 수 있다(제130조 제1항). **기출** 25

ㄷ 채권자의 경매신청이 없고 경매법원의 경매개시결정 및 목적물에 대한 압류절차도 없었던 부동산을 일괄매각한 경우에 그 매각은 당연 무효이므로 매수인은 그 부동산에 대한 소유권을 취득할 수 없다(대판 1991.12.10. 91다20722).

Ⅸ 남을 가망이 없는 경우의 경매취소

민사집행법 제102조(남을 가망이 없을 경우의 경매취소) `기출` 20
① 법원은 최저매각가격으로 압류채권자의 채권에 우선하는 부동산의 모든 부담과 절차비용을 변제하면 남을 것이 없겠다고 인정한 때에는 압류채권자에게 이를 통지하여야 한다.
② 압류채권자가 제1항의 통지를 받은 날부터 1주 이내에 제1항의 부담과 비용을 변제하고 남을 만한 가격을 정하여 그 가격에 맞는 매수신고가 없을 때에는 자기가 그 가격으로 매수하겠다고 신청하면서 충분한 보증을 제공하지 아니하면, 법원은 경매절차를 취소하여야 한다.
③ 제2항의 취소 결정에 대하여는 즉시항고를 할 수 있다.

민사집행법 제91조(인수주의와 잉여주의의 선택 등) `기출` 21
① 압류채권자의 채권에 우선하는 채권에 관한 부동산의 부담을 매수인에게 인수하게 하거나, 매각대금으로 그 부담을 변제하는 데 부족하지 아니하다는 것이 인정된 경우가 아니면 그 부동산을 매각하지 못한다.

1. 의의 및 취지

① **의의** : 법원은 최저매각가격으로 압류채권자의 채권에 우선하는 부동산의 모든 부담과 절차비용을 변제하면 남을 것이 없겠다고 인정한 때에는 압류채권자에게 이를 통지하여야 하고, 압류채권자가 통지를 받은 날부터 1주 이내에 남을 것이 있다는 사실을 증명하지 못하고 적법한 매수신청 및 보증제공도 하지 아니하면 법원은 경매절차를 취소하여야 한다(제102조, 규칙 제53조). `기출` 20

② **취지** : 민사집행법 제102조는 압류채권자가 집행에 의하여 변제를 받을 가망이 전혀 없는데도 무익한 경매가 행하여지는 것을 막고 또 우선채권자가 그 의사에 반한 시기에 투자의 회수를 강요당하는 것과 같은 부당한 결과를 피하기 위한 것으로서 우선채권자나 압류채권자를 보호하기 위한 규정이다(대결 1987.10.30. 87마861). `기출` 20

2. 압류채권자의 채권에 우선하는 부동산의 부담과 절차비용

① 남을 가망 여부의 판단

㉠ 남을 가망의 여부는 선순위 물권자의 채권액(채권신고서가 제출되지 않은 경우에는 채권최고액), 우선변제권이 있는 임차보증금, 임금채권 및 예상되는 집행비용 등을 참작하여 판단한다.

㉡ 우선채권이란 압류채권자(경매신청자)의 채권에 우선하여 매각대금에서 변제받게 될 채권을 말한다. 부동산상의 부담과 절차비용(집행비용)이 포함된다.

> 강제경매개시 후 압류채권자에 우선하는 저당권자 등이 경매신청을 하여 이중경매개시결정이 되어 있는 경우에는 절차의 불필요한 지연을 막기 위해서라도 민사집행법 제102조 소정의 최저경매가격과 비교하여야 할 우선채권의 범위를 정하는 기준이 되는 권리는 그 절차에서 경매개시결정을 받은 채권자 중 '최우선순위 권리자'의 권리로 봄이 옳다(대결 2001.12.28. 2001마2094). `기출` 21·17

② 압류채권자의 채권에 우선하는 부동산의 부담

ⓐ '압류채권자의 채권에 우선하는 부동산의 부담'은 경매부동산의 매각대금에서 압류채권자에 우선하여 변제하여야 하는 채권으로서 당해 경매절차에서 밝혀진 것을 말한다. 이에 속하는 것으로는 다음과 같은 것이 있다.

- 선순위 저당권으로 담보되는 채권
- 선순위 가등기담보권으로 담보되는 채권
- 선순위 국세·지방세, 고용보험료, 산업재해보험료, 건강보험료, 연금보험료, 개발부담금, 장애인고용부담금 등 조세 및 공과금
- 임금, 퇴직금, 재해보상금 등 근로관계로 인한 채권
- 주택임대차보호법 및 상가건물 임대차보호법령상 소액보증금 중 일정액, 우선변제권이 인정되는 임차보증금
- 민법 제367조의 규정에 따라 우선권을 가지는 저당물의 제3취득자의 비용상환청구권 : 저당권설정등기 후에 목적부동산의 제3취득자가 그 부동산의 보존, 개량을 위하여 필요비나 유익비를 지출한 때에 가지는 비용상환청구권은 저당물의 매각대금에서 우선상환을 받을 수 있는데(민법 제367조), 이러한 규정은 저당권이 설정된 부동산을 강제경매하는 경우에도 적용되므로, 제3취득자가 지출한 필요비, 유익비는 선순위 채권액(우선채권)의 계산에 포함시켜 민사집행법 제102조에 따른 잉여 여부를 계산하여야 한다.
  기출 23

ⓑ 공동저당권의 목적이 된 여러 개의 부동산 중 1개만이 이시매각되는 경우 또는 여러 개의 부동산이 이시분할(개별)매각되는 경우에도 피담보채권 전액이 우선채권으로 된다. 그러나 공동저당권의 목적이 된 여러 개의 부동산이 동시에 일괄매각되는 경우에는 그 피담보채권 전액이 한 번만 우선채권의 범위에 산입될 뿐이고 각 부동산의 피담보채권액을 합산한 액이 우선채권으로 되는 것은 아니다. 공동저당의 부동산이 일괄매각이 아니더라도 한 절차에서 함께 매각되어 동시배당의 가능성이 있는 경우에는 함께 매각되는 각 부동산이 부담하여야 할 부담부분을 계산하여 무잉여를 판단하여야 하고, 어느 한 부동산에만 전액을 우선채권으로 계산해서는 안 된다(실무제요 집행 2). **기출** 18

③ **절차비용** : 경매절차비용은 항상 매각대금으로부터 우선변제받는다.

④ **압류채권자 본인이 취득한 우선채권**

ⓐ 부동산임의경매 신청채권자가 매각부동산에 다수의 근저당권을 가지고 있는 경우, 담보권 실행 대상이 되는 근저당권을 기준으로 담보권 실행 대상이 아닌 본인의 선순위 근저당권도 압류채권자의 채권에 우선하는 부동산의 부담에 해당한다.

ⓑ 부동산임의경매 신청채권자가 경매절차 진행 중에 신청채권과 별개의 선순위 채권 및 근저당권을 양수받은 경우에도 선순위 근저당권의 피담보채권액을 선순위 채권액의 계산에 포함시켜 민사집행법 제102조에 따른 잉여 여부를 계산하여야 한다(대결 2010.11.26. 2010마1650). **기출** 23 · 18

⑤ 일괄매각의 경우

    ㉠ 여러 개의 부동산을 '동시에 매각'하는 경우에는 각 부동산에 대하여 남을 가망이 있는지 여부를 심사하여야 한다.

    ㉡ 여러 개의 부동산에 관하여 '일괄매각'의 결정을 한 경우, 여러 개의 부동산을 전체로서 1개의 부동산으로 보아야 하고, 따라서 여러 개의 부동산 중 일부에 관하여 그 부동산만을 매각한다면 남을 가망이 없는 경우라도 전체로서 판단하여 배당을 받을 가능성이 있으면 남을 가망이 있다고 볼 수 있으므로, 집행법원으로서는 그 매각절차를 진행할 수 있다(대결 2012.12.21. 2012마379). 기출 21

3. 압류채권자에게 남을 가망이 없다는 취지의 통지

① 집행법원은 최저매각가격으로 압류채권자의 채권에 우선하는 부동산의 모든 부담과 절차비용을 변제하면 남을 것이 없겠다고 인정한 때에는 압류채권자에게 이를 통지하여야 한다(제102조 제1항).

② 집행법원이 경매신청채권자에게 우선하는 여러 채권 중 일부를 누락하여 무잉여통지(남을 가망이 없다는 취지의 통지)를 하고, 압류채권자가 통지받은 채권과 절차비용을 변제하고 남을 가망 있을 가격을 정하여 매수신고를 한 때에도 집행법원은 우선채권의 누락이 발견된 때에는 새로운 무잉여통지를 하여야 한다. 기출 21

> 경매법원이 경매신청채권자에게 민사집행법 제102조 소정의 무잉여통지를 함에 있어 경매신청채권자에게 우선하는 주택임차인의 보증금반환채권이 있음을 간과하고 선순위 근저당권의 피담보채권만이 있음을 통지하여 경매신청채권자가 위 선순위 근저당권의 피담보채권과 절차비용을 변제하고 잉여 있을 가격을 정하여 매수신고를 한 때에도 경매법원이 그 후 위 보증금반환채권이 누락되었음을 발견하였을 때에는 경매신청채권자에게 새로이 위 통지를 하여야 하고, 경매신청채권자가 위 통지를 받은 날로부터 7일 이내에 위 보증금반환채권까지 변제하고 잉여 있을 가격을 정하여 매수신고를 하지 않으면 경매법원으로서는 경매절차를 취소하는 결정을 하여야 한다(대결 1994.9.5. 94마1205). 기출 23·21

4. 경매절차의 취소

① 압류채권자가 남을 가망이 없다는 통지를 받고 1주(7일) 이내(또는 연장된 기간 내)에 적법한 매수신청 및 보증제공이 없을 때에는 법원은 결정으로 경매절차를 취소한다(제102조 제2항). 취소결정은 채권자에게 고지하되, 통상 송달의 방법에 의한다.

② 다만, 위 기간 경과 후라 할지라도 취소결정 전에 적법한 매수신청 및 보증제공이 있으면 경매절차를 속행하여야 한다.

> 민사집행법 제102조 제2항 소정 7일 내의 기간이란 성질상 일종의 재정기간에 지나지 않으므로 경매신청인이 경매법원으로부터 같은 법 제102조 제1항 소정의 잉여의 가망이 없다는 통지를 받은 날로부터 7일의 기간이 경과한 뒤에 압류채권자의 채권에 우선하는 부동산상의 모든 부담과 비용을 변제하고 잉여 있을 가격을 정하여 그 가격에 응하는 경매인이 없는 때에는 그 가격으로 매수할 것을 신청하고 담보를 제공하였다 하더라도 경매법원으로서는 위 기간이 경과된 뒤에 한 것이라는 사유로 경매절차를 취소할 수 없다(대결 1975.3.28. 75마64). 기출 21

③ 경매신청이 취하된 경우와 달리 민사집행법 제102조 제2항에 따라 경매절차가 취소된 경우에는 압류로 인한 소멸시효 중단의 효력이 소멸하지 않는다. **기출** 20

> 민법 제175조는 압류가 '권리자의 청구에 의하여 또는 법률의 규정에 따르지 아니함으로 인하여 취소된 때에는 소멸시효 중단의 효력이 없다'고 규정하고 있는데, 이는 그러한 사유가 압류채권자에게 권리행사의 의사가 없음을 객관적으로 표명하는 행위이거나 또는 처음부터 적법한 권리행사가 있었다고 볼 수 없는 사유에 해당한 다고 보기 때문이므로, 법률의 규정에 따른 적법한 압류가 있었으나 이후 남을 가망이 없는 경우의 경매취소를 규정한 민사집행법 제102조 제2항에 따라 경매절차가 취소된 때는 민법 제175조가 정한 소멸시효 중단의 효력이 없는 경우에 해당한다고 볼 수 없다. 따라서 경매신청이 취하된 경우에는 특별한 사정이 없는 한 압류로 인한 소멸시효 중단의 효력은 물론, 첫 경매개시결정등기 전에 등기되었고 매각으로 소멸하는 저당권을 가진 채권자의 채권신고로 인한 소멸시효 중단의 효력도 소멸하지만, 이와 달리 민사집행법 제102조 제2항에 따라 경매절차가 취소된 경우에는 압류로 인한 소멸시효 중단의 효력이 소멸하지 않고, 마찬가지로 첫 경매개시결정 등기 전에 등기되었고 매각으로 소멸하는 저당권을 가진 채권자의 채권신고로 인한 소멸시효 중단의 효력도 소멸하지 않는다(대판 2015.2.26. 2014다228778). **기출** 20

④ 압류채권자는 경매 취소결정에 대하여 즉시항고할 수 있다(제102조 제3항). 남을 가망이 없음에도 매각허가 결정을 한 경우 즉시항고를 할 수 있는 자는 압류채권자와 우선채권자에 한하고, 채무자와 소유자는 매각절차에서 위 규정에 어긋난 잘못이 있음을 다툴 수 있는 이해관계인에 해당하지 않는다(대결 2005.11.29. 2004마485).

> 민사집행법 제102조는 압류채권자가 집행에 의하여 변제를 받을 가망이 전혀 없는데도 무익한 경매가 행하여지는 것을 막고 또 우선채권자가 그 의사에 반한 시기에 투자의 회수를 강요당하는 것과 같은 부당한 결과를 피하기 위한 것으로서 우선채권자나 압류채권자를 보호하기 위한 규정일 뿐, 결코 채무자나 그 목적부동산 소유자의 법률상 이익이나 권리를 위한 것이 아니므로, 남을 가망이 없음에도 매각허가결정을 한 경우 즉시항고를 할 수 있는 자는 압류채권자와 우선채권자에 한하고, 채무자와 소유자는 매각절차에서 위 규정에 어긋난 잘못이 있음을 다툴 수 있는 이해관계인에 해당하지 않는다(대결 2005.11.29. 2004마485). **기출** 23

5. 규정 위반의 효과

① 최저경매가격이 압류채권자의 채권에 우선하는 채권과 절차비용에 미달하는데도 불구하고 경매법원이 이를 간과하고 민사집행법 제102조에서 정한 조치를 취하지 않은 채 경매절차를 진행한 경우에, 최고가 매수신고인의 매수가액이 우선채권 총액과 절차비용을 초과하는 한 그 절차위반의 하자가 치유된다(실무 제요 집행 2). **기출** 18

② 그 매수가액이 우선채권 총액과 절차비용에 미달하는 때에는 경매법원은 매각을 불허가하는 결정을 하여야 하며, 경매법원이 절차를 그대로 진행하였다고 하여 매수가액이 우선채권 총액과 절차비용에 미달함에도 불구하고 그 법조항 위반의 하자가 치유된다고는 할 수 없다(대결 1995.12.1. 95마1143). 다만 남을 것이 없음을 간과한 채 그대로 경매가 진행되어 '매각허가결정이 확정'되면 그 하자는 치유되므로, 매각 결정기일까지도 그 과오를 발견하지 못하여 매각허가결정이 확정되고 매수인이 대금을 지급하였으면 그 후에는 그 하자를 이유로 매수인의 소유권 취득을 부정할 수 없다(실무제요 집행 2). **기출** 18

③ 집행법원이 매각허가 여부의 결정단계에서 남을 가망이 없음을 알게 된 경우에는 직권으로 매각불허가 결정을 하여야 한다. 민사집행법 제121조 제1호(잉여주의에 반하여 집행을 계속 진행할 수 없는 때) 또는 제7호(경매절차에 그 밖의 중대한 잘못이 있는 때)에 해당하기 때문이다(실무제요 집행 2). **기출** 21

6. 매수신청과 보증제공에 따른 경매절차의 속행

① 압류채권자가 매수신청을 한 경우에 그 매수신청금액 이상의 가격이 아니면 매각허가가 되지 않는다는 점에서 매수신청가격은 최저매각가격의 의미를 가지므로, 압류채권자로부터 매수신청이 있었다는 취지 및 그 매수신청금액을 매각기일의 공고에 기재함이 타당하다.

② 매각기일에 매수신고가격이 압류채권자의 매수신청금액을 넘지 않으면 그 매수신고가격이 최저매각가격을 초과하더라도 매각허가를 하여서는 아니 되므로, 집행관은 특별매각조건이 있는 경우에 준하여 압류채권자의 매수신청금액을 고지하고 그 이상의 금액으로 매수가격 신고를 하도록 최고하여야 한다(제112조). 위 금액 이상의 매수가격의 신고가 없는 경우에는 압류채권자가 매각기일에 출석하였는지 여부를 불문하고 압류채권자를 최고가매수신고인으로 하여 그 이름과 가격을 부른 후 매각기일을 종결한다고 고지하여야 한다(제115조 제1항 참조, 실무제요 집행 2). **기출** 20 · 18

③ 매각기일에 압류채권자의 매수신청금액을 넘는 금액으로 매수신고가 있으면 압류채권자의 매수신청은 그 효력을 상실한다. 매수신고가격이 압류채권자의 매수신청금액과 같은 경우에도 마찬가지이다. 압류채권자는 압류채권자의 채권에 우선하는 부동산의 모든 부담과 절차비용을 변제하고 남을 만한 가격을 정하여 '그 가격에 맞는 매수신고가 없을 때' 매수하겠다고 신청하는 것이기 때문이다.

④ 압류채권자의 보증제공액이 매각대금에 미달하는 경우에 매수인이 된 압류채권자가 대금지급기한에 그 차액을 매각대금으로 납부하지 않고 차순위매수신고인이 없는 경우에는 재매각을 할 것이 아니라 민사집행법 제102조 제2항에 따라 경매절차를 취소해야 한다. 이때에 다시 압류채권자에게 동조 제1항의 통지를 할 필요가 없다. 매각절차의 취소결정이 확정되면 압류채권자는 앞서 제공한 보증금의 반환을 받을 수 있다(실무제요 집행 2). **기출** 20

7. 남을 가망이 있음을 증명한 경우 경매절차의 속행

민사집행법 제102조 제1항의 규정에 따른 통지를 받은 압류채권자가 통지를 받은 날부터 1주 안에 최저매각가격으로 압류채권자의 채권에 우선하는 부동산의 모든 부담과 절차비용을 변제하고 남을 것이 있다는 사실을 증명한 때에는 법원은 경매절차를 계속하여 진행하여야 한다(규칙 제53조).

제15절 **부동산에 대한 강제집행 – 현금화(매각)절차 – (3) 매각절차**

Ⅰ 매각개시

1. 경매기록교부 등

① 집행법원의 법원사무관 등은 집행관으로 하여금 매각을 실시하게 하기 위하여 매각기일 전에 매각명령이 가철된 경매기록을 집행관에 교부한다.

② 집행관은 법원으로부터 인계받은 기록에 매각명령이 붙어 있는지를 확인한다.

③ 기일입찰의 경우 기록에 매각명령이 붙어 있지 아니한 때에는 법원에 매각절차를 진행할지 여부를 확인하여야 한다(재민 2004-3 제12조).

2. 매각물건명세서 등의 비치

① 매각기일이 지정된 때에는 매각할 사건의 사건번호를 적은 사건목록을 3부 작성하여 1부는 법원게시판에 게시하고, 1부는 담임법관에게, 나머지 1부는 집행관에게 송부한다(재민 2004-3 제10조).

② 집행법원이 정한 매각방법에 따라 집행관이 실시할 기일입찰 또는 호가경매의 방법에 의한 매각기일에는 출석한 매수희망자 등이 매각물건명세서·현황조사보고서 및 평가서의 사본을 볼 수 있게 하여야 한다(제112조).

③ 매각물건명세서·현황조사보고서 및 평가서의 사본은 매각기일마다 그 1주 전까지 법원에 비치하여야 한다.

3. 매각기일의 개시

① 개시선언

ㄱ 매각기일은 집행관의 개시선언, 즉 출석한 이해관계인과 일반매수희망자에 대하여 적당한 방법으로 매각을 개시한다는 취지를 선언함에 의하여 개시된다.

ㄴ 입찰은 입찰의 개시를 알리는 종을 울린 후 집행관이 입찰표의 제출을 최고(호가경매의 경우 매수신청의 최고에 해당한다)하고 입찰마감시각과 개찰시각을 고지함으로써 시작한다(재민 2004-3 제32조 제1항).

② 매각물건명세서 등의 열람

ㄱ 집행관은 기일입찰 또는 호가경매의 방법에 의한 매각기일에는 출석한 이해관계인과 매수희망자에게 매각물건명세서·현황조사보고서 및 평가서의 사본을 볼 수 있게 하여야 한다(제112조).

ㄴ 매각기일에 매수희망자 일반은 위 사본만을 볼 수 있을 뿐 경매기록을 열람할 수는 없다.

③ 특별매각조건의 고지

ㄱ 집행관은 특별매각조건이 있으면 매수신청의 최고 전에 그 내용을 명확하게 고지하여야 한다(제112조).

ㄴ 특별매각조건이 매각기일공고에 기재되어 있더라도 그 고지를 생략할 수 없다.

Ⅱ 매수의 신청

1. 매각장소의 질서유지

① 집행관은 매각장소의 질서유지를 위하여 필요한 때에는 법원의 원조를 요청할 수 있다(규칙 제57조 제2항).

② 집행관은 집행을 위하여 필요한 경우에는 강제력을 사용할 수 있고 경찰 등의 원조도 구할 수 있다(제5조).

2. 매수신청의 최고

① 매수신청의 성질

ㄱ 절차법적으로는 매각허가결정을 구하는 신청이고, 실체법적으로는 매매계약의 청약의 성질을 가진다.

ㄴ 이러한 매수신청에는 조건이나 기한을 붙일 수 없다.

② 매수가격신고의 최고 : 집행관은 기일입찰 또는 호가경매의 방법에 의한 매각기일에는 개정 후 경매에 참여한 자로 하여금 매각물건명세서·현황조사보고서 및 평가서의 사본을 열람하게 하고 사건번호의 순서에 따라 사건번호, 사건명, 채권자, 채무자, 소유자, 매각목적물의 개요 및 최저매각가격을 부르고 특별매각조건의 고지 등의 절차가 끝나면 법원이 정한 매각방법에 따라 매수가격을 신고하도록 최고하여야 한다(제112조).

3. 매수신청인의 자격

① 능 력

⑤ 권리능력과 행위능력

㉮ 매수신청은 권리능력과 행위능력이 필요하다(제121조 제2호).

㉯ 자연인의 경우 미성년자 등 제한능력자는 스스로 매수신청을 할 수는 없고 법정대리인에 의하여 서만 매수신청을 할 수 있다. 미성년자는 경매 부동산을 매수할 수 없고, 설사 매수인이 되었다 할지라도 이러한 매수행위는 무효라고 할 것이다(대결 1967.7.12. 67마507). **기출** 21

㉰ 법인의 경우 자연인과 같은 방법으로 매수신청을 하는 사람의 자격을 확인하여야 하는데(재민 2004-3 제30조), 대표자의 자격을 증명하는 문서(법인등기사항증명서)를 집행관에게 제출하여야 한다(규칙 제62조 제3항, 제72조 제4항).

> 입찰절차에서 요구되는 신속성, 명확성 등을 감안할 때 법인등기사항증명서로 자격을 증명하는 원칙은 획일적으로 적용되어야 하므로, 경매절차에서 법인 대표자의 자격은 법인등기사항증명서에 의하여 증명하여야지 법인 인감의 동일성을 증명하는 서류일 뿐 대표자의 자격을 증명하는 서류로 볼 수 없는 법인인감증명서로 증명할 수는 없다(대결 2014.9.16. 2014마682). **기출** 20·17

㉱ 법인 아닌 사단이나 재산의 경우 대표자나 관리인이 있으면 입찰에 응할 수 있다(민소법 제52조, 부등법 제26조). 종중, 사찰, 교회 등 법인 아닌 사단이나 재단 명의로 입찰을 하려면 정관 그 밖의 규약, 대표자 또는 관리인임을 증명하는 서면, 대표자 또는 관리인의 주민등록표 등·초본 등의 서류를 제출하여야 한다(부동산등기규칙 제48조).

⑥ 행정관청의 증명·허가 : 경매목적물을 취득하는 데에 관청의 증명이나 허가를 필요로 하는 경우[61] 그 증명이나 허가는 매각허가결정 시까지 보완하면 되므로 매수신청 시에 그 증명이나 허가가 있음을 증명할 필요는 없다.

⑦ 매수자격의 제한 결정

㉮ 경매목적물을 취득하는 데에 관청의 증명이나 허가를 필요로 하는 경우, 이와 같은 일정한 자격을 갖추지 못한 자가 매수신청을 하여 최고가매수신고인이 되었어도 매각허가결정전에 농지취득자 격증명 등을 제출하지 못하게 되면 법원은 매각불허가결정을 할 수밖에 없고(제121조 제2호) 결국 매각절차는 무위로 돌아가게 되는데, 이를 악용하는 사례도 있으므로, 법원은 법령의 규정에 따라 취득이 제한되는 부동산에 관하여는 매수신청을 할 수 있는 사람을 정하여진 자격을 갖춘 사람으로 제한하는 결정을 할 수 있다(규칙 제60조).

㉯ 법원이 이러한 결정을 하면, 법원사무관등은 매수신고를 할 수 있는 자의 자격제한을 매각기일의 공고 중에 명시하여야 한다(규칙 제56조 제2호).

㉰ 집행관은 위와 같은 제한이 이루어진 경우에는, 매각을 실시함에 있어서 소정의 자격을 가지고 있는 자 이외의 자가 매수의 신고를 하게 하여서는 아니 된다.

---

61) 농지취득자격증명, 주무관청의 처분허가서

② 대리인에 의한 매수신청

　㉠ 매수신청은 임의대리인에 의하여서도 할 수 있다.

　㉡ 매수신청의 대리인은 변호사가 아니더라도 무방하며 법원의 허가를 얻을 필요도 없다(대결 1985.10.12. 85마613).

　㉢ 입찰자는 동일 물건에 관하여 다른 입찰자의 대리인이 될 수 없고, 동일인이 2인 이상의 다른 입찰자의 대리인이 될 수 없다. 다만 동일인이 공동입찰자의 대리인이 될 수 있다.

> 민법 제124조는 "대리인은 본인의 허락이 없으면 본인을 위하여 자기와 법률행위를 하거나 동일한 법률행위에 관하여 당사자 쌍방을 대리하지 못한다"고 규정하고 있으므로 부동산 입찰절차에서 동일물건에 관하여 이해관계가 다른 2인 이상의 대리인이 된 경우에는 그 대리인이 한 입찰은 무효이다(대결 2004.2.13. 2003마44). **기출** 21

③ 공동입찰신청

　㉠ 지분표시

　　㉮ 여러 사람이 공유 또는 합유를 목적으로 공동하여 입찰신청을 할 수 있다.

　　㉯ 공동으로 입찰하는 때에는 입찰표에 각자의 지분을 분명하게 표시하여야 하고(규칙 제62조 제5항), 입찰은 취소·변경 또는 교환할 수 없다(규칙 제62조 제6항). **기출** 20

　㉡ 대리인 적격 : 공동입찰자이면서 다른 공동입찰자의 대리인이 될 수도 있고, 공동입찰자 아닌 자가 2인 이상의 공동입찰자(또는 공동입찰자 전원)의 대리인이 될 수도 있다.

　㉢ 공동입찰자 중 일부만 대금지급

　　㉮ 공동입찰인은 각자 매수할 지분을 정하여 입찰하였더라도 일체로서 그 권리를 취득하고 의무를 부담하는 관계에 있으므로, 그 공동입찰인에 대하여는 일괄하여 매각허가여부를 결정하여야 하고 공동입찰인 중의 일부에 매각불허가 사유가 있으면 전원에 대하여 매각을 불허하여야 한다(대결 2001.7.16. 2001마1226).

　　㉯ 공동입찰인 각자는 입찰보증금 및 입찰대금의 지급에 관하여 불가분채무를 부담하고 대금이 전액 지급되지 않으면 전부에 대하여 재입찰을 명하게 된다.

④ 집행절차상의 지위에 기한 매수신청의 제한(규칙 제59조)

　㉠ 채무자, 매각절차에 관여한 집행관, 매각 부동산을 평가한 감정인(감정평가법인이 감정인인 때에는 그 감정평가법인 또는 소속 감정평가사)은 매수의 신청을 할 수 없다(규칙 제59조). **기출** 22·21

　㉡ 다른 사람의 대리인으로서 매수신고를 하는 것은 허용된다.

Ⅲ   매수신청의 방법

부동산의 매각은 호가경매, 기일입찰 또는 기간입찰의 세 가지 방법으로 한다(제103조 제2항). 어느 방법으로 하는지는 집행법원이 정한다(제103조 제1항).

> **민사집행법 제103조(강제경매의 매각방법)**
> ① 부동산의 매각은 집행법원이 정한 매각방법에 따른다.
> ② 부동산의 매각은 매각기일에 하는 호가경매, 매각기일에 입찰 및 개찰하게 하는 기일입찰 또는 입찰기간 이내에 입찰하게 하여 매각기일에 개찰하는 기간입찰의 세가지 방법으로 한다.
> ③ 부동산의 매각절차에 관하여 필요한 사항은 대법원규칙으로 정한다.

1. 기일입찰방식에 의한 매각

① 집행관에 의한 진행

> **민사집행법 제107조(매각장소)** 기출 20
> 매각기일은 법원 안에서 진행하여야 한다. 다만, 집행관은 법원의 허가를 얻어 다른 장소에서 매각기일을 진행할 수 있다.
>
> **민사집행법 제112조(매각기일의 진행)**
> 집행관은 기일입찰 또는 호가경매의 방법에 의한 매각기일에는 매각물건명세서·현황조사보고서 및 평가서의 사본을 볼 수 있게 하고, 특별한 매각조건이 있는 때에는 이를 고지하며, 법원이 정한 매각방법에 따라 매수가격을 신고하도록 최고하여야 한다.
>
> **민사집행법 제113조(매수신청의 보증)**
> 매수신청인은 대법원규칙이 정하는 바에 따라 집행법원이 정하는 금액과 방법에 맞는 보증을 집행관에게 제공하여야 한다.
>
> **민사집행법 제115조(매각기일의 종결)**
> ① 집행관은 최고가매수신고인의 성명과 그 가격을 부르고 차순위매수신고를 최고한 뒤, 적법한 차순위매수신고가 있으면 차순위매수신고인을 정하여 그 성명과 가격을 부른 다음 매각기일을 종결한다고 고지하여야 한다.

ⓐ 매각기일은 법원 안에서 집행관이 진행한다(제2조, 제107조 본문). 다만, 집행관은 법원의 허가를 얻어 다른 장소에서 매각기일을 진행할 수 있다(제107조 단서). 기출 20

ⓑ 입찰장소에는 입찰표, 입찰봉투, 입찰사건목록, 매각물건명세서를 비치 또는 게시하고, 특별매각조건을 고지한다(제112조).

ⓒ 기일입찰의 입찰장소에는 입찰자가 다른 사람이 알지 못하게 입찰표를 적을 수 있도록 설비를 갖추어야 한다(규칙 제61조 제1항). 기출 21

ⓓ 매수신청인은 대법원규칙이 정하는 바에 따라 집행법원이 정하는 금액과 방법에 맞는 보증을 집행관에게 제공하여야 한다. 기일입찰에서 매수신청의 보증금액은 최저매각가격의 10분의 1로 한다. 다만, 법원은 상당하다고 인정하는 때에는 보증금액을 달리 정할 수 있다(규칙 제63조). 기출 23·11

㉮ 매수신청보증은 금전(제1호), 「은행법」의 규정에 따른 금융기관이 발행한 자기앞수표로서 지급제
시기간이 끝나는 날까지 5일 이상의 기간이 남아 있는 것(제2호), 은행등이 매수신청을 하려는
사람을 위하여 일정액의 금전을 법원의 최고에 따라 지급한다는 취지의 기한의 정함이 없는 지급
보증위탁계약이 매수신청을 하려는 사람과 은행등 사이에 맺어진 사실을 증명하는 문서(제3호)
가운데 어느 하나를 입찰표와 함께 집행관에게 제출하는 방법으로 제공하여야 한다. 다만, 법원은
상당하다고 인정하는 때에는 보증의 제공방법을 제한할 수 있다(규칙 제64조). **기출** 20

㉯ 임의경매절차에서의 입찰자가 기일입찰표의 보증금액란에 정해진 액수에 미치지 못하는 금액을
기재하고 이를 매수신청의 보증으로 제공하여 집행관이 차순위매수신고인을 최고가매수신고인
으로 결정한 사안에서, 매수신청 보증에 관한 원칙은 입찰절차에서 요구되는 신속성, 명확성 등을
감안할 때 획일적으로 적용되어야 하고 입찰자가 제공한 보증의 미달액이 극히 근소하다(예 20
원)고 하여 그 적용을 달리할 것은 아니다(대결 2008.7.11. 2007마911). **기출** 21

㉰ 매수신청의 보증금액이 변경된 경우는 물론이고, 최저매각가격의 10분의 1로 정하여지는 통상적
인 경우에도 매각기일의 공고 내용 중에 보증금액을 명시하여야 한다(규칙 제56조 제3호). **기출** 23

> 경매절차에서 매수신청인은 대법원규칙이 정하는 바에 따라 집행법원이 정하는 금액과 방법에 맞는
> 보증을 집행관에게 제공하여야 하고(민사집행법 제113조), 기일입찰에서 매수신청의 보증금액은 최저매
> 각가격의 10분의 1로 하되(민사집행규칙 제63조 제1항), 법원은 상당하다고 인정하는 때에는 보증금액을
> 그와 달리 정할 수 있다(제63조 제2항). 매수신청의 보증은 진지한 매수의사가 없는 사람의 매수신청을
> 배제하여 매각의 적정성을 보장하는 한편 매수인이 대금을 지급하지 않는 경우에는 보증금을 몰취하게
> 된다. 매수신청의 보증금액은 최저매각가격의 10분의 1로 정하는 경우는 물론, 이를 변경하는 경우에도
> 매각기일의 공고에 명시되어야 한다(민사집행규칙 제56조 제3호). 집행관은 매각기일에 입찰을 개시하기
> 전에 참가자들에게 매수신청보증의 제공방법(법원이 달리 정하지 아니한 이상 최저매각가격의 10분의
> 1에 해당하는 금전 등이어야 한다는 것 포함) 등에 관하여 고지하여야 한다[부동산 등에 대한 경매절차
> 처리지침(재민 2004-3, 재판예규 제1728호) 제31조]. **기출** 25 매수신청인이 최저매각가격의 10분의
> 1에 해당하는 금액으로 보증을 집행관에게 제공해야 하는 의무는 민사집행법령에 의하여 미리 정해진
> 법정매각조건이다. 법원은 재매각(민사집행법 제138조)의 경우는 물론 일반의 매각절차에서도 최저매각
> 가격의 10분의 1이 아닌 다른 금액으로 보증금액을 정함으로써 매수신청인의 보증 제공의무에 관한
> 법정매각조건을 변경할 수 있으나(민사집행법 제111조 제1항, 민사집행규칙 제63조 제2항), 법원이 최저매
> 각가격의 10분의 1이 아닌 다른 금액으로 보증금액을 정하려면 이러한 내용의 '결정'을 해야 한다.
> 최저매각가격의 10분의 1이 아닌 다른 금액으로 보증금액을 정하는 '결정' 없이 다른 금액으로 한 매각기
> 일공고는 위법한 공고이고, 이를 간과한 채 매각을 실시한 경우 이해관계인의 이익이 침해되거나 매각
> 절차의 공정성을 해칠 우려가 있으므로 특별한 사정이 없는 한 '경매절차에 그 밖의 중대한 잘못이
> 있는 때'로서 매각허가에 대한 이의신청사유 및 매각불허가사유(민사집행법 제121조 제7호, 제123조
> 제2항)가 된다. 따라서 법원은 위와 같은 위법한 공고를 간과하고 매각기일을 진행하였을 경우 형식상
> 유효한 최고가매수가격의 신고가 있었더라도 매각결정기일에 매각을 불허하는 결정을 하고 새 매각기
> 일을 정하여 적법한 매각기일공고를 한 후에 매각을 실시하여야 한다(대결 2023.3.10. 2022마6559).
> **기출** 25

㉱ 매수신청 보증의 경우에는 남을 가망이 없는 경우의 보증(규칙 제54조 제2항, 민소법 제126조 본문)과
달리, 보증의 변경은 인정되지 않는다. 매수신청의 보증은 최고가매수신고인과 차순위매수신고
인 외의 사람에 대하여는 매각실시 후 바로 반환되고, 최고가매수신고인 등에 대하여도 매각결정
기일까지는 보증이 반환되는지 혹은 대금에 충당되는지 여부가 판명되므로, 그 사이에 굳이 보증
의 변경을 인정하여야 할 필요가 없기 때문이다. **기출** 23

② 입 찰

　ⓐ 입찰표의 제출 : 기일입찰에서 입찰은 매각기일에 본인 또는 대리인이 매각장소에 출석하여 입찰표를 집행관에게 제출하는 방식에 의하여 진행된다(규칙 제62조 제1항). 입찰표의 제출로서 매수의 신고를 한 것으로 된다.

　ⓑ 입찰의 변경 또는 취소의 금지

　　㉮ 입찰은 취소·변경 또는 교환할 수 없다(규칙 제62조 제6항).

　　㉯ 입찰표상의 금액의 기재는 그것이 착오에 기한 경우라도 수정할 수 없고, 이러한 경우에는 새 용지를 사용하도록 되어 있으며, 입찰가액의 기재가 정정되어 있는 경우에는 정정인 날인 여부를 불문하고 무효로 처리하고 있다.

　　㉰ 일괄매각결정이 없었던 입찰절차에서 1장의 입찰표에 여러 개의 부동산을 입찰가액의 총액만을 기재하여 제출하였다가 매각기일 종결 후 집행관의 보완지시를 받고 부동산별로 입찰표를 다시 작성, 제출한 경우 그 입찰표는 무효이다(대결 1994.8.8. 94마1150).

　　㉱ 동일인이 2개의 다른 매수신고를 한 경우에는 2개의 입찰 모두를 무효로 보아야 한다.

> 민법 제124조는 "대리인은 본인의 허락이 없으면 본인을 위하여 자기와 법률행위를 하거나 동일한 법률행위에 관하여 당사자 쌍방을 대리하지 못한다."고 규정하고 있으므로 부동산 입찰절차에서 동일 물건에 관하여 이해관계가 다른 2인 이상의 대리인이 된 경우에는 그 대리인이 한 입찰은 무효이다(대결 2004.2.13. 2003마44).

　ⓒ 동시입찰의 원칙

　　㉮ 같은 입찰기일에 입찰에 부칠 사건이 두 건 이상이거나 매각할 부동산이 두 개 이상인 경우에는 각 부동산에 대한 입찰을 동시에 실시하여야 한다(규칙 제61조 제2항 본문).

　　㉯ 이를 동시입찰의 원칙이라 한다.

③ 매수인의 결정

　ⓐ 입찰표의 제출을 최고하고 1시간 이상이 경과하면 입찰을 마감하고(규칙 제65조) 입찰표를 개봉하는 개찰절차를 실시한다.

　ⓑ 개찰의 공정을 위하여 입찰자의 참여가 보장되고 입찰자가 참여하지 아니하는 경우에는 법원사무관 등 적당한 사람을 참여하게 하여야 한다.

　ⓒ 최고의 가격으로 입찰한 사람을 최고가매수신고인으로 한다. 다만, 최고의 가격으로 입찰한 사람이 두 사람 이상일 경우에는 그 입찰자들만을 상대로 추가입찰을 실시한다(재판예규 제970호 제34조 제1항). 추가입찰에서 다시 최고가매수신고인이 2인 이상이거나 입찰참여가 없으면 추첨에 의한다.

> • 최고가매수신고인이 있음에도 불구하고 집행관이 그의 이름을 부르고 매각의 종결을 고지하는 절차를 취함이 없이 추가입찰을 실시한 경우 이는 직권으로 매각을 불허할 사유에 해당한다(대결 2000.3.28. 2000마724). **기출** 23
> • 민사집행법에 의한 부동산 경매절차에서는 민사집행법 제121조 각 호 및 제124조 제1항에 규정된 사유가 아닌 이상 매각을 불허할 수 없고, 최고가매수신고인이 착오로 자신이 본래 기재하려고 한 입찰가격보다 높은 가격을 기재하였다는 사유는 민사집행법 제121조 각 호 및 제124조 제1항의 어디에도 해당한다고 볼 수 없으므로, 결국 그러한 사유로는 매각을 불허할 수 없다(대결 2010.2.16. 2009마2252). **기출** 18

- 입찰자가 입찰표와 함께 집행관에게 제출한 보증이 <u>최저매각가격의 10분의 1</u> 또는 집행법원이 정한 기준에 미달하는 경우에는 민사집행법 제113조, 민사집행규칙 제63조, 제64조의 각 규정에 따라 그 입찰자에게 매수를 허가할 수 없으므로, <u>집행관으로서는 그 입찰표를 무효로 처리하고 차순위자를 최고가매수신고인으로 결정하여야 한다</u>(대결 2008.7.11. 2007마911).

④ 매각종결의 고지

ⓐ 집행관은 최고가매수신고인의 성명과 그 가격을 부르고 차순위매수신고를 최고한 뒤, <u>적법한 차순위매수신고가 있으면 차순위매수신고인을 정하여 그 성명과 가격을 부른 다음 매각기일을 종결한다고 고지하여야 한다</u>(제115조 제1항).

ⓑ 즉, 최고가매수신고인을 결정하고 입찰을 종결하는 때에는 집행관은 "○○○호 사건에 관한 최고가매수신고인은 매수가격 ○○○원을 신고한 ○○(주소)에 사는 ○○○(이름)입니다. 차순위매수신고를 할 사람은 신고하십시오"하고 차순위매수신고를 최고한 후, 차순위매수신고가 있으면 차순위매수신고인을 정하여 "차순위매수신고인은 매수가격 ○○○원을 신고한 ○○(주소)에 사는 ○○○(이름)입니다"라고 한 다음, "이로써 ○○○호 사건의 입찰절차가 종결되었습니다"라고 고지한다(재민 2004-3 제35조 제1항).

ⓒ 따라서 매각기일 종결 시까지 적법한 차순위매수신고를 한 사람이 없는 경우에는 집행관이 최고가매수신고인의 성명과 그 입찰가격만을 불렀다고 하여 매각 허가결정이 위법하다고 할 수 없다.

기출 23

⑤ 1기일 2회 입찰제도

ⓐ '기일입찰'과 '호가경매'의 방법에 의한 매각기일에서 매각기일을 마감할 때까지 허가할 매수가격의 신고가 없는 때에는 집행관은 즉시 매각기일의 마감을 취소하고 같은 방법으로 매수가격을 신고할 것을 최고할 수 있다(제115조 제4항). 즉 매각기일에 유찰되는 부동산에 대하여는 <u>최저매각가격의 저감 없이 즉시 2회의 입찰을 실시할 수 있다</u>. 그러나 '기간입찰'에는 1기일 2회 입찰제도가 적용되지 않는다. 기출 23

ⓑ 다만, 2회 이상을 할 수 없으므로, 두 번째로 매수가격의 신고를 최고한 후에도 매수신고가 없어 매각기일을 마감한 경우에는 매각기일의 마감을 다시 취소하지 못한다(제115조 제5항).

ⓒ 1기일 2회 입찰을 하였다는 취지를 조서에 적어야 한다(제116조 제1항 제7호).

ⓓ 1기일 2회 입찰을 실시하는 경우에 "같은 방법"으로 하여야 하므로(제115조 제4항), 1회에는 입찰을 실시하다가 2회에는 호가경매를 실시하는 것은 허용되지 않는다. 기출 23

2. 기간입찰방식에 의한 매각

① 의의 : 기간입찰은 일정한 입찰기간을 정하여 그 기간 내에 입찰표를 직접 또는 우편으로 법원에 제출하게 하여 입찰기간이 지난 후 일정한 날짜 안의 날을 매각기일(개찰기일)로 정해서 개찰을 실시하여 최고가매수신고인 등을 정하는 매각방법이다(제103조 제2항).

② 기일입찰과의 차이

　㉠ 입찰의 방법 : 기일입찰에서는 매각기일에 입찰표를 집행관에게 제출하는 방법 한 가지만 허용됨에 비하여(규칙 제62조 제1항), 기간입찰에서는 1주 이상의 입찰기간 내에 입찰이 이루어지므로(규칙 제68조), 입찰표를 넣고 봉함을 한 봉투의 겉면에 매각기일을 적어 집행관에게 제출하는 방법 외에 그 봉투를 등기우편으로 부치는 방법도 허용된다(규칙 제69조).

　㉡ 매수신고보증의 제공 : 등기우편방식으로 입찰하는 경우에는 보증서에 의하여 보증을 제공하여야 한다. 집행관에게 직접 제출하는 방식으로 입찰하는 경우에는 보증을 현금으로 제공할 수도 없다.

③ 입찰의 변경 또는 취소의 금지

　㉠ 기간입찰에서도 입찰은 취소·변경 또는 교환할 수 없다(규칙 제62조 제6항, 제71조).

　㉡ 다만, 기간입찰에 있어서의 입찰표에 금액의 기재가 잘못되어 있다고 하더라도 그것이 정정되어 입찰인 이름 밑의 도장과 같은 도장으로 정정인이 찍혀 있다면 유효한 입찰표로서 취급하여도 좋다.

3. 호가경매방식에 의한 매각

① 의의 : 호가경매란 매각기일에 매수할 가격을 구두로 호창하고 경쟁자가 있으면 경쟁적으로 더 높은 가격을 호창하며 최고가로 매수신고한 자를 매수인으로 결정하는 매각방법을 말한다.

② 적용범위

　㉠ 실무상으로 유체동산매각은 호가경매방식을 취하고 있다.

　㉡ 부동산매각절차라고 하여 호가경매방식을 취하지 못할 바는 아니다.

③ 호가경매의 진행

　㉠ 호가경매에 있어서도 보증을 제공하여야 한다.

　㉡ 집행관은 기일을 개시하는 때에 매각조건으로 고지한 다음 호가에 의한 매수신청을 기다려 최고가매수신청액을 3회 부른 후 더 높은 가격의 호가가 없으면 당해 매수신청인을 최고가매수신고인으로 정한다(규칙 제72조 제3항).

④ 1기일 2회 입찰제도

　㉠ 1기일 2회 입찰(경매)제도는 호가경매에도 적용된다(제115조 제4항, 제5항).

　㉡ 따라서 호가경매기일에서 매각기일을 마감할 때까지 허가할 매수가격의 신고가 없는 때에는 집행관은 즉시 매각기일의 마감을 취소하고 같은 방법으로 매수가격을 신고하도록 최고할 수 있다(제115조 제4항).

> **민사집행법 제114조(차순위매수신고)**
> ① 최고가매수신고인 외의 매수신고인은 매각기일을 마칠 때까지 집행관에게 최고가매수신고인이 대금지급기한까지
> 그 의무를 이행하지 아니하면 자기의 매수신고에 대하여 매각을 허가하여 달라는 취지의 신고(이하 "차순위매수신고"
> 라 한다)를 할 수 있다.
> ② 차순위매수신고는 그 신고액이 최고가매수신고액에서 그 보증액을 뺀 금액을 넘는 때에만 할 수 있다.
>
> **민사집행법 제118조(최고가매수신고인 등의 송달영수인신고)**
> ① 최고가매수신고인과 차순위매수신고인은 대한민국안에 주소·거소와 사무소가 없는 때에는 대한민국 안에 송달이
> 나 통지를 받을 장소와 영수인을 정하여 법원에 신고하여야 한다.
> ② 최고가매수신고인이나 차순위매수신고인이 제1항의 신고를 하지 아니한 때에는 법원은 그에 대한 송달이나 통지를
> 하지 아니할 수 있다.
> ③ 제1항의 신고는 집행관에게 말로 할 수 있다. 이 경우 집행관은 조서에 이를 적어야 한다.

1. 서 설

① **의의** : 차순위매수신고제도란 매각기일에 최고가매수신고인 이외의 매수신고인 중에서 일정한 요건을
구비한 자를 예비적으로 차순위매수신고인으로 정해 놓고, 만약 최고가매수신고인이 대금지급기한까지
대금을 지급하지 아니하면 재매각절차를 밟지 않고 차순위매수신고인에 대하여 매각허부결정을 하는
제도를 말한다(제114조 제1항).

② **취 지**
　㉠ 최고가매수신고인이 매각대금을 납부하지 아니한 경우에는 매수인으로서의 지위가 소멸하기 때문에
　　경매절차를 새로이 진행하기 위하여 재매각절차를 이행하여야 한다(제138조).
　㉡ 이처럼 재매각절차를 밟게 되면 상당기간 동안 경매절차가 지연될 수밖에 없기 때문에 이러한 점을
　　노리고 고의적으로 재매각절차를 이용하는 경우도 있었다.
　㉢ 이러한 폐단을 방지하기 위하여 차순위매수신고제도를 도입한 것이다.

2. 요 건

① 차순위매수신고는 그 신고액이 최고가매수신고액에서 그 보증액을 뺀 금액을 넘는 때에만 할 수 있다(제
114조 제2항).

② 이러한 액수이면 최고가매수신고인의 보증금을 몰수하여 배당할 금액에 포함시킬 경우 배당에 참가하는
채권자나 채무자 등 이해관계인의 입장에서는 최고가매수신고가격을 배당할 금액으로 하는 경우보다
불이익이 없기 때문이다.

3. 절차

① 최고가매수신고인 외의 매수신고인은 매각기일을 마칠 때까지 집행관에게 최고가매수신고인이 대금지급기한까지 그 의무를 이행하지 아니하면 자기의 매수신고에 대하여 매각을 허가하여 달라는 취지의 신고를 할 수 있다(제114조 제1항).

② 차순위매수신고인이란 최고가매수신고액에서 그 보증금을 공제한 금액을 넘는 금액으로 응찰한 자로서 차순위매수신고를 한 자를 말하고, 차순위입찰자는 입찰가격이 두 번째로 고액인 자를 말한다. 차순위입찰자라도 차순위매수신고를 하지 않으면 차순위매수신고인이 될 수 없다.

③ 최고가매수신고인으로 호창을 받은 자가 소정의 보증금을 제공하지 아니하여 그 입찰이 무효인 경우에는 그 차순위입찰자를 최고가매수신고인으로 정한다.

④ 차순위매수신고를 한 사람이 둘 이상인 때에는 신고한 매수가격이 높은 사람을 차순위매수신고인으로 정한다. 신고한 매수가격이 같은 때에는 추첨으로 차순위매수신고인을 정한다(제115조 제2항).

4. 차순위매수신고의 구속

① 차순위매수신고인은 일단 신고하여 집행관에 의하여 호창된 이상 그 신고를 임의로 철회하지 못한다.

② 차순위매수신고인은 매수인이 대금을 모두 지급한 때에야 비로소 매수의 책임을 벗게 되고, 즉시 매수신청의 보증을 돌려 줄 것을 요구할 수 있다(제142조 제6항). 기출 23

5. 차순위매수신고인에 대한 매각허부결정

① 최고가매수신고인이 매각대금을 납부하지 아니할 경우에는 다시 재매각을 실시하지 않고 차순위매수신고인에게 매각허가여부를 결정한다.

② 매각허가를 받은 차순위매수신고인도 매각대금을 납부하지 않아 재매각절차가 진행될 경우에는 재매각기일 3일 전까지 최고가매수신고인과 차순위매수신고인 중 먼저 매각대금을 납부한 매수인이 매각목적물의 소유권을 취득한다(제138조 제3항). 기출 19

③ 최고가매수신고인에 대한 매각허가가 불허된 경우에는 차순위매수신고인에 대한 매각허부결정을 하여서는 아니 되고, 새 매각을 실시[62]하여야 한다.

6. 경매신청취하의 동의권

매수신고가 있은 뒤 경매신청을 취하하는 경우에는 최고가매수신고인 또는 매수인뿐만 아니라 차순위매수신고인의 동의도 받아야 그 효력이 생긴다(제93조 제2항).

---

62) 차순위매수신고제도의 입법취지를 보면, 매수인이 대금을 지급하지 않은 경우에만 차순위매수신고인에게 매각을 허가할 것인지를 결정하도록 되어 있고(제137조 제1항), 매수인이 대금을 지급하지 않음으로써 매각대금의 일부로 되는 매수신청의 보증과 차순위매수신고인의 매수신고액의 합이 최고가매수신고인의 매수신고액을 초과하기 때문에 새로이 매각을 실시하지 않는 것인데, 최고가매수신고인에 대한 매각불허가가 있는 경우에는 매수신청의 보증이 매각대금에 포함되지 않기 때문이다.

V 공유자의 우선매수권

> **민사집행법 제140조(공유자의 우선매수권)**
> ① 공유자는 매각기일까지 제113조(매수신청의 보증)에 따른 보증을 제공하고 최고매수신고가격과 같은 가격으로 채무자의 지분을 우선매수하겠다는 신고를 할 수 있다. 기출 24
> ② 제1항의 경우에 법원은 최고가매수신고가 있더라도 그 공유자에게 매각을 허가하여야 한다. 기출 24
> ③ 여러 사람의 공유자가 우선매수하겠다는 신고를 하고 제2항의 절차를 마친 때에는 특별한 협의가 없으면 공유지분의 비율에 따라 채무자의 지분을 매수하게 한다. 기출 17
> ④ 제1항의 규정에 따라 공유자가 우선매수신고를 한 경우에는 최고가매수신고인을 제114조의 차순위매수신고인으로 본다. 기출 17

1. 우선매수권

① **의 의**

  ㉠ 공유자 사이의 유대관계를 고려하여 매각목적물의 공유지분에 대한 강제경매에 있어서 다른 공유자에게 최고가매수신고인과 동일한 조건으로 당해 지분을 매수할 지위를 인정하고 있다.

  ㉡ 이를 공유자 우선매수권이라고 한다(제140조).

② **우선매수권의 행사**

  ㉠ 공유자는 매각기일까지 보증(제113조)을 제공하고 최고매수신고가격과 같은 가격으로 채무자의 지분을 우선매수할 것을 신고할 수 있는데(제140조 제1항), 공유자의 우선매수의 신고는 집행관이 매각기일을 종결한다는 고지를 하기 전까지 할 수 있다(규칙 제76조 제1항). 따라서 공유자는 집행관이 민사집행법 제115조 제1항에 따라 최고가매수신고인의 이름과 가격을 호창하고 매각(경매)의 종결을 고지(선언)하기 전까지 최고매수신고가격과 동일가격으로 매수할 것을 신고하고 즉시 보증을 제공하면 적법한 우선매수권의 행사가 될 수 있다(대결 2000.1.28. 99마5871). 기출 17

  > 입찰의 경우에도 공유자의 우선매수신고 및 보증의 제공은 집행관이 매각의 종결을 고지하기 전까지이면 되고 입찰마감시각까지로 제한할 것은 아니다(대결 2004.10.14. 2004마581). 기출 23

  ㉡ 이 경우 법원은 최고가매수신고가 있더라도 그 공유자에게 매각을 허가하여야 한다(제140조 제2항).

  ㉢ 여러 사람의 공유자가 우선매수하겠다는 신고를 하여 매각허가결정을 한 경우, 특별한 협의가 없으면 공유지분의 비율에 따라 채무자의 지분을 매수하게 한다(제140조 제3항). 기출 17

  ㉣ 입찰기일 전에 공유자우선매수신고서를 제출한 공유자가 입찰기일에 입찰에 참가하여 입찰표를 제출하였다고 하여 그 사실만으로 우선매수권을 포기한 것으로 볼 수는 없다(대결 2002.6.17. 2002마234).

③ **매각기일 전의 우선매수권 행사**

  ㉠ 공유자는 매각기일 전에 미리 우선매수권을 행사하겠다는 신고를 함으로써 우선매수권을 행사할 수도 있다. 미리 우선매수권을 행사하였다고 하여도 매각기일 종결의 고지 전까지 보증을 제공하지 않으면 우선매수권 행사의 효력이 발생하지 않는다.

  ㉡ 보증은 반드시 우선매수신고와 동시에 제공할 필요는 없고 우선매수신고인을 최고가매수신고인으로 정하는 시점인 매각기일 종결 고지 전까지 제공하면 족하다. 우선매수신고와 별도로 매수신청을 한 것만으로 곧바로 우선매수권을 포기한 것으로 볼 수 없다.

> 공유자가 매각기일 이전에 집행법원 또는 집행관에게 공유자우선매수신고서를 제출하는 방식으로 우선매수신고를 한 경우에도 반드시 이와 동시에 매수보증금을 집행관에게 제공하여야만 적법한 우선매수신고를 한 것으로 볼 것은 아니고, 우선매수신고서만을 제출하거나 최고가매수신고인이 제공한 매수보증금에 미달하는 금액의 보증금을 제공한 경우에도 매각기일에 법정에서 집행관은 최고가매수신고인과 그 입찰가격을 호창하고 매각의 종결을 고지하기 전에 그 우선매수신고자의 출석 여부를 확인한 다음, 최고가매수신고인의 입찰가격으로 매수할 의사가 있는지 여부를 확인하여 즉시 매수보증금을 제공 또는 추가제공하도록 하는 등으로 그 최고입찰가격으로 매수할 기회를 주어야 한다(대결 2002.6.17. 2002마234).

④ 공유자와 최고가매수신고인
　㉠ 최고가매수신고인은 더 높은 매수신고가격을 제시할 수 없다.

> 민사집행법 제140조 제2항은 공유자가 우선매수권을 행사한 경우 법원은 그 공유자에게 매각을 허가하여야 한다고 규정하고 있고, 최고가매수신고인으로 하여금 당해 매각기일에서 더 높은 매수신고가격을 제시하도록 하는 것은 입찰의 본질에 반하는 것이며, 공유자와 최고가매수신고인만이 참여하여 더 높은 매수신고가격 내지 호가를 제시할 수 있는 새로운 매각기일 등에 관한 절차규정도 없으므로, 공유자가 우선매수권을 행사한 경우에 최고가매수신고인은 더 높은 매수신고가격을 제시할 수 없다(대결 2004.10.14. 2004마581).

　㉡ 공유자가 우선매수신고를 한 경우 최고가매수신고인은 차순위매수신고인으로 보며(제140조 제4항), 이 경우 그 매수신고인은 집행관이 매각기일을 종결한다는 고지를 하기 전까지 차순위매수신고인의 지위를 포기[63]할 수 있다. 최고가매수신고인이 차순위매수신고인의 지위를 포기한 때에는 집행관은 매각기일조서에 그 취지를 적어야 한다(규칙 제67조 제1항 제6호, 제71조, 제72조 제4항). **기출** 24·17
　㉢ 최고가매수신고인이 없으면 우선매수권자에게 최저매각가격으로 매각할 것을 허가할 것이다.
⑤ 수인의 공유자의 우선매수신고 : 집행채무자 아닌 수인의 공유자가 우선매수신고를 한 경우에는 공유자 사이에 특별한 협의가 없는 한 공유지분의 비율에 따라 채무자의 지분을 매수하게 한다. 공동입찰로 취급할 것은 아니다.

2. 적용범위

① 형식적 경매 : 공유물분할을 위한 형식적 경매에서는 공유자의 우선매수권이 적용되지 않는다. 공유물분할을 위한 경매는 공유관계의 해체를 위한 것이므로 공유자 사이의 유대관계를 고려할 필요가 없기 때문이다.

> 공유물분할판결에 기하여 공유물 전부를 경매에 붙여 그 매각대금을 분배하기 위한 환가의 경우에는 공유물의 지분경매에 있어 다른 공유자에 대한 경매신청통지와 다른 공유자의 우선매수권을 규정한 민사집행법 제139조, 제140조는 적용이 없다(대결 1991.12.16. 91마239). **기출** 24·17

---

63) 공유자의 우선매수신고에 따라 최고가매수신고인은 자신을 차순위매수신고인으로 취급하여 달라는 신고나 의사표시 없이 바로 위 규정에 따라 차순위매수신고인이 되는데, 이 경우 최고가매수신고인은 자신의 의사와 관계없이 우연한 사정에 따라 최고가매수신고인이 되지 못하게 될 뿐 아니라, 나아가 차순위매수신고인이 되어 매수의 보증도 돌려받지 못하는 불합리한 지위에 있게 되기 때문이다.

② 일괄매각 : 수 개의 부동산을 일괄매각함에 있어서 일부의 부동산만에 대한 공유자에게는 우선매수권이 인정되지 아니한다.

> 일괄매각 대상 목적물은 하나의 매각 대상으로 취급되는데, 집행법원이 일괄매각결정을 유지하는 이상 매각 대상 부동산 중 일부에 대한 공유자라 하더라도 특별한 사정이 없는 한 매각 대상 부동산 전체에 대하여 공유자의 우선매수권을 행사할 수 없다(대결 2006.3.13. 2005마1078). **기출** 24 · 15

③ 공유자도 채무자인 경우

> 甲이 남편인 乙과 부동산을 공유하던 중 乙이 사망하자 乙의 재산을 상속한 후, 乙이 생전에 위 부동산의 공유지분에 설정한 근저당권의 실행으로 매각절차가 진행되자 위 부동산의 공유자로서 우선매수신청을 한 사안에서, 甲은 위 매각절차에서의 채무자로서 매수신청이 금지된 자이므로 민사집행법 제121조 제2호에 정한 '부동산을 매수할 자격이 없는 자'에 해당한다(대결 2009.10.15. 2009마1302).

3. 공유자가 우선매수신고 후 매각기일까지 보증을 제공하지 않은 경우

> [1] 공유자우선매수제도의 취지, 관련 규정 등에 비추어 보면, 공유자가 매각기일 전에 우선매수신고를 하였으나 다른 매수신고인이 없는 경우 공유자는 그 매각기일이 종결되기 전까지 보증을 제공하고 우선매수권행사의 효력을 발생시킬 수 있으나, 다른 한편 보증을 제공하지 아니하여 우선매수권행사의 효력을 발생시키지 아니하는 것을 선택할 수도 있다고 봄이 상당하고, 다른 특별한 사정이 없는 한 공유자가 우선매수신고를 하고도 그 매각기일에 보증을 제공하지 아니한 것만으로 우선매수권을 행사할 법적 지위를 포기하거나 상실하는 것으로 볼 수는 없는 것이다.
> [2] 공유자가 민사집행법 제140조의 우선매수권제도를 이용하여 채무자의 지분을 저가에 매수하기 위하여 여러 차례에 걸쳐 우선매수신고만 하여 일반인들이 매수신고를 꺼릴 만한 상황을 만들어 놓은 뒤, 다른 매수신고인이 없는 때에는 매수신청보증금을 납부하지 아니하는 방법으로 유찰이 되게 하였다가 최저매각가격이 그와 같이 하여 저감된 매각기일에 다른 매수신고인이 나타나면 그때 비로소 매수신청보증금을 납부하여 법원으로 하여금 공유자에게 매각을 허가하도록 하는 것에는 민사집행법 제121조, 제108조 제2호의 "최고가매수신고인이 매각의 적정한 실시를 방해한 사람"에 해당되는 매각불허가사유가 있다고 할 것이다(대결 2011.8.26. 2008마637).

Ⅵ 새 매각

1. 서 설

① 의 의
ㄱ 새 매각이란 매각을 실시하였으나 매수인이 결정되지 않았기 때문에 다시 기일을 지정하여 실시하는 경매를 말한다.
ㄴ 매수인의 대금미납에 따른 재매각(제138조)과 구별하여야 한다.

② 새 매각을 실시하여야 하는 경우
ㄱ 매각기일에 허가할 매수가격의 신고가 없는 경우(제119조)
ㄴ 매각기일에 법원이 최고가매수신고인에 대하여 매각을 허가할 수 없는 사유가 있어 매각을 불허하거나 매각허가결정이 항고심에서 취소된 경우(제125조)

ⓒ 매수가격 신고 후에 천재지변, 그 밖에 자기가 책임을 질 수 없는 사유로 부동산이 현저하게 훼손된 사실 또는 부동산에 관한 중대한 권리관계가 변동되어 최고가매수신고인이나 매수인의 신청에 의하여 매각불허가결정을 하거나 매각허가결정을 취소한 경우(제121조 제6호, 제127조)

> 부동산에 대한 강제경매절차에 있어서 최고가매수신고인에 대한 매각이 불허된 경우에는 민사집행법 제114조 소정의 차순위매수신고제도에 의한 차순위매수신고인이 있다고 하더라도 그에 대하여 매각허가결정을 하여서는 안 되고, 새로 매각을 실시하여야 한다. 매수인이 대금을 지급하지 아니한 경우에 차순위매수신고인에 대하여 매각을 허가할 것인지를 결정하도록 규정한 같은 법 제137조 제1항의 취지는, 매수인이 대금을 지급하지 않음으로써 매각대금의 일부가 되는 매수신청의 보증금과 차순위매수신고인의 매수신고액의 합이 최고가매수신고인의 매수신청액을 초과하므로(같은 법 제114조 제2항) 재매각을 실시하지 아니하고 당해 매각절차를 속행할 수 있도록 한다는 데 있다고 볼 것이다. 그런데 최고가매수신고인에 대한 매각불허가가 있는 경우에는 그 매수신청의 보증금이 매각대금에 포함되지 아니하므로, 그와 같은 취지를 여기에 적용할 수 없는 것이다(대결 2011.2.15. 2010마1793). **기출** 22 · 21

ⓓ 여러 개의 부동산을 동시에 매각하는 경우에 일괄매각하는 경우를 제외하고는 일부의 부동산에 대하여서만 매수가격의 신고가 없는 경우에는 그 부동산에 대하여서만 새 매각을 실시하고 모든 부동산에 대하여 새 매각을 실시할 것은 아니다(실무제요 집행 2). **기출** 23

2. 허가할 매수가격의 신고가 없는 경우의 새 매각

① 새 매각의 요건
  ㉠ 허가할 매수가격의 신고가 없이 매각기일이 최종적으로 마감된 때에는 법원은 최저매각가격을 상당히 낮추고 새 매각기일을 정하여야 한다(제119조).
  ㉡ 적법한 매각기일 : 허가할 매수가격의 신고가 없는 경우의 새 매각은 매각기일이 적법하게 열린 경우에 한하므로, 적법한 매각기일의 공고가 없었던 경우나 매각기일을 직권으로 변경한 경우에는 최저매각가격을 낮출 수 없다. **기출** 15
  ㉢ 허가할 매수가격의 신고 없음 : 매수가격의 신고가 전혀 없었던 경우는 물론 신고한 매수가격이 최저매각가격에 미달한 경우 및 민사집행법 제113조에 따른 적법한 매수신청의 보증을 제공하지 아니하여 적법한 매수가격의 신고라고 볼 수 없는 경우도 포함한다.

② 새 매각의 절차
  ㉠ 최저매각가격의 저감 : 새 매각을 할 경우 법원은 민사집행법 제91조 제1항의 잉여주의 원칙을 해하지 않는 한도에서 최저매각가격을 상당히 낮출 수 있다(제119조).
  ㉡ 자유재량
    ㉮ 법원은 매각절차의 진행과정과 이해관계인의 이해를 감안하여 자유재량으로 최저매각가격을 저감할 수 있다(대결 1969.1.9. 68마982).
    ㉯ 1회 저감액이 30% 정도라 하여도 위법은 아니지만(대결 1966.12.17. 66마1027), 합리적이고 객관적인 타당성을 구비하지 못할 정도로 과도하게 가격을 낮춘 최저매각가격절차는 위법하여 무효이다(대결 1994.8.27. 94마1171). **기출** 15
  ㉢ 가격저감절차 : 최저매각가격을 저감하는 경우 재평가는 필요하지 않고, 가격저감 산출근거를 명시할 필요도 없으며, 별도의 가격저감결정서를 작성할 필요도 없다(대결 1968.3.30. 68마186). 가격저감은 매각명령서에 기재하고 매각기일공고에 기재함으로써 충분하다.

ⓛ 계속 저감

　ⓐ 새 매각기일에서도 매수가격의 신고가 없으면 매수가격의 신고가 있을 때까지 순차로 최저매각가격의 저감 및 새 매각기일의 지정 절차를 되풀이할 수 있다. 다만, 최저매각가격을 계속 저감한 결과 압류채권자에 우선하는 부동산의 부담과 절차비용을 변제하고 남을 가망이 없게 된 경우에는 법원은 민사집행법 제102조(남을 가망이 없을 경우의 경매취소)의 절차를 취하여야 한다.

　ⓑ 매각기일을 직권으로 변경하였을 때에는 최저매각가격을 저감할 수 없다. 최저매각가격의 저감 자체가 잘못된 경우에는 비록 매각가격이 저감되기 전의 최저매각가격 이상이었다 하더라도 부적법하게 저감된 최저매각가격을 전제로 한 매각절차이므로 그 매각절차는 위법하다(대결 1969.9.23. 69마544). **기출** 21 · 15

　ⓒ 부적법한 기일의 직후에 열린 새 매각기일에 저감한 최저매각가격으로 경매를 실시하였으나 역시 매수가격의 신고가 없어서 다시 지정한 새 매각기일이나 그 후의 기일에 매수가격의 신고가 있어 경매를 허가하였다면 부적법한 기일에서의 저감절차의 하자는 치유되므로 매각을 허가할 수 있다(대결 1970.10.13. 70마618).

ⓜ 가격저감에 대한 불복 **기출** 23 · 15

　ⓐ 최저매각가격의 저감에 대하여는 독립된 불복방법이 없다(대결 1971.7.19. 71마215).

　ⓑ 다만 매각결정기일에서 '매각허가에 대한 이의' 또는 '매각허가결정에 대한 즉시항고'로 불복할 수는 있다.

ⓝ 새 매각기일과 매각결정기일의 지정, 공고, 실시

　ⓐ 법원은 사유발생일로부터 1주 안에 직권으로 새 매각기일과 매각결정기일을 지정·공고하여야 한다(재민 91-5). 이에 관하여도 최초의 매각기일, 매각결정기일의 지정·공고에 관한 규정이 전부 적용되므로, 매각기일(기간입찰의 방법으로 진행하는 경우에는 입찰기간의 개시일)의 2주일 전까지 공고하여야 한다(규칙 제56조).

　ⓑ 매각기일의 공고는 법원게시판 게시, 관보·공보 또는 신문 게재, 전자통신매체를 이용한 공고 중 어느 하나의 방법으로 한다(규칙 제11조 제1항).

3. 매각불허가결정 또는 매각허가결정이 취소된 경우의 새 매각

① 집행법원이 매각결정기일에 매각불허가결정을 한 경우에 다시 매각을 허용할 수 있는 때에는 최저매각가격을 저감하지 않고 직권으로 새 매각기일을 정하여야 한다(제125조).

② 경매의 일시적 정지사유가 있어서 매각이 불허된 경우에는 그 사유가 해소되어야 새 매각기일을 정할 수 있다. 이 경우에도 매각기일(기간입찰의 방법으로 진행하는 경우에는 입찰기간의 개시일)의 2주일 전까지 공고하여야 한다(규칙 제56조).

③ 매각허가결정이 있었으나 즉시항고에 의하여 취소되고 다시 경매를 실시할 경우(대결 1962.11.26. 62그17) 또는 매각허가결정이 확정되어 대금지급까지 마친 후에 추후보완항고에 의하여 매각허가결정이 취소된 경우(재민 66-3. 대결 1965.7.19. 65마440 참조)에도 새 매각을 실시한다. 이 경우 최저매각가격을 저감할 수 없다. **기출** 15

4. 부동산의 훼손이나 권리변동으로 매각불허가 등을 한 경우의 새 매각

① 매수가격의 신고 후에 천재지변, 그 밖에 자기가 책임을 질 수 없는 사유로 부동산이 현저하게 훼손된 사실 또는 부동산에 관한 중대한 권리관계가 변동된 경우 최고가매수신고인은 매각허가에 대한 이의신청(제121조 제6호)을, 매수인은 매각대금을 낼 때까지 매각허가결정의 취소신청(제127조 제1항)을 할 수 있다.

② 이에 따라 법원이 매각불허가결정을 하거나 매각허가결정을 취소한 때에는 다시 감정인으로 하여금 감정평가를 하게 하여 최저매각가격결정부터 새로 한 후 새 매각기일을 지정한다(제134조, 제97조). 다만, 부동산에 관한 중대한 권리관계가 변동되었음을 사유로 매각허가결정이 취소된 경우 반드시 재감정을 하여야 하는 것은 아니고, 필요한 경우에 하여야 한다.

③ 경매목적물이 없어진 경우에는 매각절차를 취소하여야 하므로(제96조 제1항), 훼손의 경우처럼 다시 새 매각절차를 밟을 여지가 없다.

제16절 부동산에 대한 강제집행 – 현금화(매각)절차 – (4) 매각결정절차

Ⅰ 매각결정기일

1. 매각결정기일의 개시

① 의의 및 취지

    ㉠ 매각결정기일이란 집행법원이 매각기일의 종결 후 법원 내에서 매각허부의 결정에 관하여 이해관계인의 진술을 듣고 직권으로 법정의 이의사유가 있는지 여부를 조사한 후 매각의 허가 또는 불허가결정을 하는 기일을 말한다(제120조 제1항).

    ㉡ 매각의 준비나 매각기일을 법관이 아닌 집행관이 진행하는 점에서 집행법원이 최종적으로 절차적인 문제점을 신중하게 재검토하는 데 제도적 취지가 있다.

② 기일의 지정, 공고, 통지 및 개시

    ㉠ 매각결정절차는 법원 안에서 진행하여야 한다(제109조 제2항).

    ㉡ 매각결정기일은 매각기일과 함께 공고된다(제104조 제1항).

    ㉢ 매각결정기일은 매각기일부터 1주 이내로 정하여야 하나(제109조 제1항), 이는 훈시규정이므로 1주 이후라도 위법은 아니다.

    ㉣ 법원은 매각결정기일을 이해관계인에게 통지하여야 한다(제104조 제2항).

    ㉤ 이 통지는 집행기록에 표시된 이해관계인의 주소에 등기우편으로 발송할 수 있다(제104조 제3항, 규칙 제9조).

2. 매각결정기일의 변경

① 변경

    ㉠ 법원은 자유재량에 의하여 매각기일 전에 매각기일과 함께 매각결정기일을 변경하거나 또는 매각실시 후에 매각결정기일만을 변경할 수도 있고 또 매각결정기일을 개시한 후에 이를 연기할 수도 있다.

    ㉡ 매각결정기일은 매각의 실시에 앞서 지정되어 이해관계인에게 통지되며 일정한 방법으로 공고되지만(제104조 제1항, 제2항), 매각결정기일을 변경한 때에는 이해관계인에게 통지하면 족하고 변경된 기일을 공고할 필요는 없다(대결 1981.1.19. 80마96).

② 통지

    ㉠ 매각실시를 마친 뒤에 매각결정기일이 변경된 때에는, 법원사무관등은 최고가매수신고인, 차순위매수신고인 및 이해관계인에게 변경된 기일을 통지하여야 한다(규칙 제73조 제1항).

    ㉡ 여기서 이해관계인은 민사집행법 제90조에 규정된 이해관계인을 의미한다.

    ㉢ 매각실시 후 매각결정기일까지의 사이에 강제집행을 일시정지하도록 명하는 재판의 정본이 제출된 때(제49조 제2호)에는 일단 매각결정기일을 연 다음에 매각불허가결정을 함이 상당하다(제121조 제1호, 제123조 제2항 후단).

Ⅱ   이해관계인의 진술(매각허가에 대한 이의)

> **민사집행법 제90조(경매절차의 이해관계인)**
> 경매절차의 이해관계인은 다음 각 호의 사람으로 한다.
>   1. 압류채권자와 집행력 있는 정본에 의하여 배당을 요구한 채권자
>   2. 채무자 및 소유자
>   3. 등기부에 기입된 부동산 위의 권리자
>   4. 부동산 위의 권리자로서 그 권리를 증명한 사람
>
> **민사집행법 제120조(매각결정기일에서의 진술)**
> ① 법원은 매각결정기일에 출석한 이해관계인에게 매각허가에 관한 의견을 진술하게 하여야 한다.
> ② 매각허가에 관한 이의는 매각허가가 있을 때까지 신청하여야 한다. 이미 신청한 이의에 대한 진술도 또한 같다.

1. 서설

① 의의 : '매각허가에 대한 이의'란 매각결정기일에 출석한 이해관계인이 민사집행법 제121조 소정의 이의사유에 기하여 매각을 허가하여서는 아니 된다는 소송법상의 진술을 말한다.

② 매각허가에 관한 이의의 성질 : 매각허가에 관한 이의는 독립된 청구나 신청이 아니어서 집행법원이 이를 참고로 하여 매각허가여부의 결정을 선고하면 되는 것이고, 따로 그 이의에 대하여 인용한다거나 기각한다는 재판을 할 필요는 없는 것이며, 이의가 받아들여지지 아니한 경우에도 이의를 진술한 이해관계인은 매각허가결정에 대한 즉시항고를 할 수 있을 뿐 별도로 매각허가에 관한 이의가 받아들여지지 아니한데 대한 불복할 수는 없다(대결 1983.7.1. 83그18). **기출 18**

③ 이해관계인의 범위 : 여기의 이해관계인은 민사집행법 제90조의 이해관계인뿐만 아니라 최고가매수신고인, 차순위매수신고인도 포함한다.

2. 이의사유

① 서 설

  ㉠ 매각허가에 대한 이의사유는 민사집행법 제121조에 열거된 것에 한정되므로 그 이외의 사유로 이의를 할 수 없다.

  ㉡ 그러나 제121조 제7호는 일반조항을 두고 있는 점에서 열거라는 의미는 거의 없다.

  ㉢ 여기의 이의사유는 대부분이 집행에 관한 이의·즉시항고·경매개시결정에 대한 이의 등에 있어서의 불복사유가 된다.

② 이의사유

  ㉠ 강제집행을 허가할 수 없거나 집행을 계속 진행할 수 없을 때(제1호)

   ㉮ '강제집행을 허가할 수 없을 때'란 강제집행의 요건, 강제집행 개시의 요건, 강제경매 신청의 요건에 흠이 있는 경우를 말한다.

   ㉯ '집행을 계속 진행할 수 없을 때'란 집행의 정지 또는 취소사유가 있을 때(제49조, 제50조), 경매신청이 취하된 것을 간과하고 매각기일을 진행한 후 뒤늦게 발견한 경우, 경매개시결정이 채무자에게 송달되지 아니한 경우(대결 1997.6.10. 97마814), 매각기일을 이해관계인에게 통지하지 아니한 경우(대결 1999.11.15. 99마5256) 등 집행절차 중에 집행법상 절차의 진행을 저해하는 사유가 발생한 경우를 말한다. 또 집행법원이 매각허부의 결정단계에서 남을 가망이 없음을 알게 된 경우에는 민사집행법 제121조 제1호 또는 제7호에 해당하기 때문에 직권으로 매각불허가결정을 하여야 한다. 기출 13

   ㉰ 집행절차상의 하자가 아닌 실체상의 하자는 이의사유가 아니다. 따라서 집행권원이 된 채권이 강제경매개시결정 이후 변제로써 소멸되었더라도 그것만으로는 매각허가에 대한 적법한 이의신청사유가 되지 못한다. 기출 13

   ㉱ '임의경매'에서는 실체적 청구권[64]이 부존재한다든가 소멸하였다는 사실도 본 호의 이의신청사유가 되는 것인바, 처음부터 저당권설정이 무효였다든가 경매개시 전에 채권이 소멸되었다는 사실은 본 호 전단의 이의신청사유가 될 것이고(대결 1964.4.13. 63마98; 대결 1979.8.14. 79마203 등), 경매개시 후에 채권이 변제 등의 사유로 소멸하였다는 사실은 본 호 후단의 이의신청사유가 될 것이다(대결 1966.12.17. 65마439).

---

64) 처음부터 저당권설정이 무효였다든가 경매개시 전에 채권이 소멸되었다는 사실(대결 1964.4.13. 63마98; 대결 1979.8.14. 79마203 등), 경매개시 후에 채권이 변제 등의 사유로 소멸하였다는 사실(대결 1966.12.17. 65마439)

ⓛ 최고가매수신고인이 부동산을 매수할 능력이나 자격이 없는 때(제2호)

   ⑦ 매수할 능력이 없는 때는 미성년자, 한정치산자, 금치산자와 같이 독립하여 법률행위를 할 수 있는 능력이 없는 경우를 의미하고, 부동산을 매수할 경제적 능력을 의미하는 것이 아니다(대결 2004.11.9. 2004마94).

   ④ 매수할 자격이 없는 때는 법률의 규정에 의하여 매각부동산을 취득할 자격이 없거나 그 부동산을 취득하려면 관청의 증명이나 인·허가를 받아야 하는 경우를 의미한다(대결 2004.11.9. 2004마94).

ⓒ 부동산을 매수할 자격이 없는 사람이 최고가매수신고인을 내세워 매수신고를 한 때(제3호) : 부동산을 매수할 자격이 없는 사람이 위 제2호의 규정을 회피하기 위한 탈법행위로서 다른 제3자를 내세워 매수신고를 하는 사례를 방지하기 위하여 새로 명시한 규정이다.

ⓔ 최고가매수신고인, 그 대리인 또는 최고가매수신고인을 내세워 매수신고를 한 사람이 제108조 각 호 가운데 어느 하나에 해당되는 때(제4호) : 민사집행법 제108조 각 호 가운데 어느 하나에 해당하는 사람[다른 사람의 매수신청을 방해한 사람(제108조 제1호), 부당하게 다른 사람과 담합하거나 그 밖에 매각의 적정한 실시를 방해한 사람(제108조 제2호), 제1호 또는 제2호의 행위를 교사한 사람(제108조 제3호) 등]이 최고가매수신고인이 되거나 그 대리인인 경우에는 매각허가에 대한 이의사유가 됨은 물론 그 사람이 규정을 회피하기 위하여 제3자를 내세워 매수 신고를 하게 하는 경우에도 매각허가에 대한 이의사유 및 직권 매각불허가사유가 된다. **기출** 13

ⓜ 최저매각가격의 결정, 일괄매각의 결정 또는 매각물건명세서의 작성에 중대한 흠이 있는 때(제5호)

   ⑦ 최저매각가격의 결정 내용 및 그 절차에 중대한 잘못이 있는 때(대결 2004.11.9. 2004마94 등), 일괄매각의 결정 절차 또는 결정 자체에 중대한 위법이 있는 때, 매각물건명세서에 기재할 사항에 중대한 흠 또는 그 기재 내용에 중대한 오류가 있거나(대결 1997.10.13. 97마1612 등) 현황조사의 생략 등 그 작성 절차에 중대한 하자가 있는 경우이다.

> 민사집행법 제121조 제5호의 '매각물건명세서의 작성에 중대한 흠이 있는 때'에 해당하는지 여부는 그 흠이 일반 매수희망자가 매수의사나 매수신고가격을 결정함에 있어 어떠한 영향을 받을 정도의 것이었는지를 중심으로 하여 부동산 경매와 매각물건명세서 제도의 취지에 비추어 구체적인 사안에 따라 합리적으로 판단하여야 한다(대결 2024.4.5. 2023마7896).

   ④ 매각물건명세서의 사본을 비치하지 아니한 경우에도 매각허가에 대한 이의사유가 된다.

ⓗ 천재지변, 그 밖에 자기가 책임을 질 수 없는 사유로 부동산이 현저하게 훼손된 사실 또는 부동산에 관한 중대한 권리관계가 변동된 사실이 경매절차의 진행 중에 밝혀진 때(제6호)

   ⑦ 매수인의 귀책사유 없이 매각대상 부동산이 물리적으로 현저하게 훼손되거나, 인수할 권리가 변동되는 것과 같이 중대한 권리관계의 변동이 매각절차 진행 중에 발생하거나 발견되는 경우를 말한다.

   ④ 과거에 우선변제력 있는 임차인이 배당요구를 철회하는 경우가 그 대표적인 사유라 할 수 있는데 현재 배당요구종기제도를 도입함으로써 이러한 이의사유는 현저하게 감소하였다.

> 매각허가에 대한 이의신청사유를 규정한 민사집행법 제121조 제6호에서 말하는 '<u>부동산에 관한 중대한 권리관계의 변동</u>'이란 부동산에 물리적 훼손이 없는 경우라도 선순위 근저당권의 존재로 후순위 처분금 지가처분(내지 가등기)이나 대항력 있는 임차권 등이 소멸하거나 또는 부동산에 관하여 유치권이 존재하지 않는 것으로 알고 매수신청을 하여 매각허가결정까지 받았으나 그 이후 선순위 근저당권의 소멸로 인하여 처분금지가처분(내지 가등기)이나 임차권의 대항력이 존속하는 것으로 변경되거나 또는 부동산에 관하여 유치권이 존재하는 사실이 새로 밝혀지는 경우와 같이 <u>매수인이 소유권을 취득하지 못하거나 또는 매각부동산의 부담이 현저히 증가하여 매수인이 인수할 권리가 중대하게 변동되는 경우를 말한다</u>(대결 2005.8.8. 2005마643).

  ⓒ 부동산이 물리적으로 훼손된 사실 또는 중대한 권리관계가 변동된 사실이 매각허가결정의 확정 전에 발견된 때에는 최고가매수신고인은 매각허가에 대한 이의 또는 매각허가결정에 대한 즉시항 고로, 매각허가결정의 확정 후에 발견된 때에는 매수인은 매각허가결정의 취소신청(제127조)으로 각 구제를 받을 수 있다.

  ⓓ 그러나 첫 <u>최저매각가격 결정 이후 상당한 시일이 경과되고 부동산 가격이 변동되었더라도 특별한 사정변경이 없는 한 그러한 사유는 매각허가에 대한 적법한 이의신청사유가 되지 못한다.</u>

기출 13

 ⓢ 경매절차에 그 밖의 중대한 잘못이 있는 때(제7호) : 이해관계인의 이익이 침해되거나 매각절차의 공정 성을 해칠 우려가 있는 중대한 절차위반의 사유가 있는 때를 말한다(대결 2024.4.5. 2023마7896).

3. 이의의 제한

 ① 사익규정

  ㉠ 이의는 다른 이해관계인의 권리에 관한 이유로 신청하지 못한다(제122조).

  ㉡ 이의사유는 이해관계인 개인의 권리와 관계없는 공익적 규정 위배인 경우와 개인의 권리에 관계되는 사익적 규정 위배인 경우로 나누어지고, 공익적 규정을 위배한 경우 이의가 없더라도 법원이 직권으 로 참작하여 매각불허의 결정을 하여야 하므로 이의의 제한은 의미가 없고, 사익적 규정을 위배한 경우 다른 이해관계인의 권리에 관한 위법을 가지고 이의사유를 주장하는 것은 이의진술자에게 아무 런 이익이 없기 때문에 다른 이해관계인의 권리에 관한 사유로 이의를 진술하는 것을 금지하고 있는 것이다(대결 2004.11.9. 2004마94).

 ② **공익규정** : 공익적 규정을 위배한 경우에는 이의가 없더라도 법원이 직권으로 참작하여 매각불허의 결정 을 하여야 한다.

 ③ 구체적인 경우

  ㉠ 채무자에 대한 경매개시결정 송달의 흠결 : 경매개시결정은 비단 압류의 효력을 발생시키는 것일 뿐만 아니라 경매절차의 기초가 되는 재판이어서 그것이 당사자에게 고지되지 않으면 효력이 있다고 할 수 없고, 따라서 따로 압류의 효력이 발생하였는지의 여부와 관계없이 채무자에 대한 경매개시결 정의 고지 없이는 유효하게 경매절차를 속행할 수 없으므로, 채무자가 아닌 이해관계인으로서도 채무 자에 대한 경매개시결정 송달의 흠결을 민사집행법 제121조 제1호의 규정에 의하여 매각허가결정에 대한 항고사유로 삼을 수 있다(대결 1997.6.10. 97마814).

ⓛ 채무자에 대한 매각기일의 통지 흠결 : 매각허가에 대한 이의는 다른 이해관계인의 권리에 관한 이유에 의하여는 하지 못하므로, 채무자에 대한 매각기일의 통지에 하자가 있다고 할지라도 다른 이해관계인이 이를 매각허가결정에 대한 항고사유로 주장할 수는 없다(대결 1997.6.10. 97마814).

ⓒ 남을 가망이 없음에도 경매절차를 진행한 경우 : 남을 가망이 없는 경우에 경매절차를 취소하도록한 민사집행법 제102조의 규정은 압류채권자가 집행에 의해서 변제를 받을 가망이 전혀 없는데도 무익한 경매가 행해지는 것을 막고 또 우선채권자가 그 의사에 반한 시기에 투자의 회수를 강요당하는 것과 같은 부당한 결과를 피하기 위한 것으로서 우선채권자나 압류채권자를 보호하기 위한 규정일 뿐 결코 채무자의 법률상 이익이나 권리를 위한 것이 아니므로 채무자(또는 소유자)는 위 절차(남을 가망이 없을 경우의 경매취소 절차)를 거치지 않았다는 이유로 이의를 할 수 없다(대결 1987.10.30. 87마 861). [기출] 13·18

④ 이의진술의 종기 : 이해관계인은 매각결정기일에 출석하여 매각허가결정이 선고되기 전에 말로써 이의를 진술하여야 한다.

4. 이의에 대한 법원의 조치

매각허가에 대한 이의는 독립된 청구나 신청이 아니어서 집행법원은 이를 참고로 하여 매각허부의 결정을 선고하면 되는 것이고, 따로 그 이의에 대하여 인용한다거나 기각한다는 재판을 할 필요는 없으므로(대결 1983.7.1. 83그18), 법원은 이의신청이 정당하다고 인정한 때에는 매각을 허가하지 아니하는 결정을(제123조 제1항), 이의가 정당하지 않다고 인정한 때에는 매각허가결정을 선고하면 된다.

Ⅲ 매각허부결정

민사집행법 제123조(매각의 불허)
① 법원은 이의신청이 정당하다고 인정한 때에는 매각을 허가하지 아니한다.
② 제121조(매각허가에 대한 이의신청사유)에 규정한 사유가 있는 때에는 직권으로 매각을 허가하지 아니한다. 다만, 같은 조 제2호 또는 제3호의 경우에는 능력 또는 자격의 흠이 제거되지 아니한 때에 한한다.

민사집행법 제124조(과잉매각되는 경우의 매각불허가) [기출] 18
① 여러 개의 부동산을 매각하는 경우에 한 개의 부동산의 매각대금으로 모든 채권자의 채권액과 강제집행비용을 변제하기에 충분하면 다른 부동산의 매각을 허가하지 아니한다. 다만, 제101조 제3항 단서[토지와 그 위의 건물을 일괄매각 하는 경우나 재산을 분리하여 매각하면 그 경제적 효용이 현저하게 떨어지는 경우 또는 채무자의 동의가 있는 경우(註)]에 따른 일괄매각의 경우에는 그러하지 아니하다.
② 제1항 본문의 경우에 채무자는 그 부동산 가운데 매각할 것을 지정할 수 있다.

민사집행법 제125조(매각을 허가하지 아니할 경우의 새 매각기일)
① 제121조와 제123조의 규정에 따라 매각을 허가하지 아니하고 다시 매각을 명하는 때에는 직권으로 새 매각기일을 정하여야 한다.
② 제121조 제6호의 사유로 제1항의 새 매각기일을 열게 된 때에는 제97조 내지 제105조의 규정을 준용한다.

민사집행법 제126조(매각허가여부의 결정선고)

① 매각을 허가하거나 허가하지 아니하는 결정은 선고하여야 한다.
② 매각결정기일조서에는 민사소송법 제152조 내지 제154조와 제156조 내지 제158조 및 제164조의 규정을 준용한다.
③ 제1항의 결정은 확정되어야 효력을 가진다.

민사집행법 제127조(매각허가결정의 취소신청)

① 제121조 제6호에서 규정한 사실[천재지변, 그 밖에 자기가 책임을 질 수 없는 사유로 부동산이 현저하게 훼손된 사실 또는 부동산에 관한 중대한 권리관계가 변동된 사실(註)]이 매각허가결정의 확정 뒤에 밝혀진 경우에는 매수인은 대금을 낼 때까지 매각허가결정의 취소신청을 할 수 있다. **기출** 24
② 제1항의 신청에 관한 결정에 대하여는 즉시항고를 할 수 있다.

민사집행법 제128조(매각허가결정)

① 매각허가결정에는 매각한 부동산, 매수인과 매각가격을 적고 특별한 매각조건으로 매각한 때에는 그 조건을 적어야 한다.
② 제1항의 결정은 선고하는 외에 대법원규칙이 정하는 바에 따라 공고하여야 한다.

1. 서 설

① 집행법원은 매각결정기일에 이해관계인의 진술을 참고함은 물론 직권으로 매각불허가 사유가 있는지를 조사하여 매각허가여부를 결정한다.
② 결정임에도 반드시 매각허부결정을 선고[65]하여야 한다(제126조 제1항).

2. 매각불허가결정

① 서설 : 법원은 매각결정기일에 출석한 이해관계인의 매각허가에 대한 이의신청이 정당하다고 인정한 때에는 매각을 허가하지 아니한다(제123조 제1항).
② 민사집행법 제121조에 열거한 사유가 있는 때 : 법원은 매각결정기일에 출석한 이해관계인의 매각허가에 대한 이의신청이 없더라도 직권조사의 결과 민사집행법 제121조에 열거한 사유가 있는 때에는 직권으로 매각을 허가하지 아니한다(제123조 제2항 본문).

> [1] 가등기담보법 제13조, 제14조, 제15조에 의하면, 이러한 청산절차를 거치기 전에 강제경매 등의 신청이 행하여진 경우 담보가등기권자는 그 가등기에 기한 본등기를 청구할 수 없고, 그 가등기가 부동산의 매각에 의하여 소멸하되 다른 채권자보다 자기 채권을 우선변제받을 권리가 있을 뿐이다.

---

65) 판결은 반드시 기일에 선고하여야 하지만(민소법 제205조, 제206조) 결정은 반드시 선고하여야 하는 것이 아니고 상당한 방법으로 고지하면 효력을 가지므로(민소법 제221조), 일반적으로는 결정은 선고하지 아니하고 결정서의 정본이나 등본을 작성하여 관계인에게 송달하는 것이 보통이다.

[2] 가등기담보 등에 관한 법률(이하 '가등기담보법'이라 한다) 제3조, 제4조의 각 규정에 의하면 담보가등기의 경우 청산금의 평가액을 채무자 등에게 통지한 후 채무자에게 정당한 청산금을 지급하거나 지급할 청산금이 없는 경우에는 채무자가 그 청산의 통지를 받은 날로부터 2월의 청산기간이 경과하여야 하는 청산절차를 거친 후에야 그 가등기에 기한 본등기를 청구할 수 있는데, 위 각 규정을 위반하여 담보가등기에 기한 본등기가 이루어진 경우에는 그 본등기는 무효이고, 다만 가등기권리자가 이러한 청산절차를 거치면 위 무효인 본등기는 실체적 법률관계에 부합하는 유효한 등기가 될 수 있을 뿐이다(대결 2010.11.9. 2010마1322). → 따라서 담보가등기에 기한 본등기가 강제경매신청 등의 이후에 이루어진 경우, 무효의 등기이므로 부동산에 관한 중대한 권리관계의 변동이라 할 수 없다.

③ 과잉매각되는 경우(제124조)
  ㉠ 의의 : 여러 개의 부동산을 매각하는 경우에 한 개의 부동산의 매각대금으로 모든 채권자의 채권액과 강제집행비용을 변제하기에 충분하면 다른 부동산의 매각을 불허가하여야 한다(제124조 제1항 본문).
  ㉡ 모든 채권자의 채권액과 강제집행비용 : '모든 채권자의 채권'이란 경매신청채권자와 그에 우선하는 선순위채권자는 물론이고 배당요구채권자 중 경매신청인과 동순위로 배당을 받을 자의 채권도 포함한다.
  ㉢ 그러나 경매신청채권자보다 후순위의 채권은 포함되지 않는다.
  ㉣ 적용범위 : 과잉매각금지에 관한 민사집행법 제124조는 여러 개의 부동산을 개별매각하는 경우뿐만 아니라 일괄매각하는 경우에도 적용된다.
  ㉤ 일괄매각의 경우 예외
    ㉮ 토지와 그 위의 건물을 일괄매각하는 경우나 재산을 분리하여 매각하면 그 경제적 효용이 현저하게 떨어지는 경우 또는 채무자의 동의가 있는 경우에는 과잉매각금지의 적용이 없다(제124조 제1항 단서).
    ㉯ 다른 법률에 의하여 일괄매각하여야 하는 경우 즉 민법 제365조에 의하여 일괄매각하는 경우, 공장재단·광업재단, 공장저당의 경우 등에도 과잉매각금지가 적용될 여지가 없다.
  ㉥ 채무자의 지정권 행사
    ㉮ 과잉매각에 해당하는 경우 채무자는 매각허가결정이 선고되기 전에 서면[66]으로 매각을 허가할 부동산을 지정할 수 있다(규칙 제52조).
    ㉯ 매각허가결정을 선고한 뒤에는 지정권을 행사할 수 없으며, 구술로는 지정할 수 없다.
  ㉦ 과잉매각의 금지에 위반한 경우의 불복방법
    ㉮ 과잉매각의 금지에 위반하여 매각허가결정을 한 경우에는 손해를 본 이해관계인은 즉시항고를 할 수 있다(제129조 제1항).
    ㉯ 과잉경매의 금지에 위반한 경우 제121조 제7호에 해당한다고 볼 수 있기 때문이다.

---

66) 채무자의 지정권 행사는 이해관계인들에게 중대한 영향을 미칠 뿐 아니라 경매절차의 진행방향을 좌우하게 되므로 지정권의 행사 여부와 지정 내용을 절차상 명확히 하기 위함이다.

④ 집행정지결정 정본이 제출된 경우(제49조 제2호)

　　㉠ 매각허가결정 선고 전에 제출된 경우 : 매수신고 이후 매각허가결정 선고 전(매각결정기일이 종료되기 전)에 집행법원에 민사집행법 제49조 제2호 소정의 집행정지결정 정본이 제출된 경우에는 집행을 계속 진행할 수 없는 사유(제121조 제1호 후단)에 해당하므로 법원은 매각불허가결정을 하여야 한다(대결 2009.3.12. 2008마1855). **기출** 18

　　㉡ 매각허가결정이 있은 뒤에 제출된 경우

　　　　㉮ 매각허가결정이 있은 뒤에 민사집행법 제49조 제2호의 서류가 제출된 경우에는 민사집행법 제127조의 절차를 유추하여 매수인은 매각대금을 낼 때까지 매각허가결정의 취소신청을 할 수 있다.

　　　　㉯ 이 신청에 관한 결정에 대하여는 즉시항고를 할 수 있다(규칙 제50조 제2항).

　　　　㉰ 채무자가 매각허가결정이 선고된 후 집행법원에 강제집행을 일시정지하도록 명하는 재판의 정본(제49조 제2호)을 제출하였다 하더라도 매각허가결정의 확정을 저지할 수 없다(대판 1993.6.25. 93다12305). **기출** 19

　　　　㉱ 강제경매절차에서 매각허가결정이 된 후에라도 매수인이 매각대금을 납부하기 전까지는 집행법원은 민사집행법 제49조 제2호의 서면인 경매절차의 일시정지를 명하는 결정정본이 제출된 경우 필요적으로 그 경매절차의 진행을 정지하여야 할 것이다(대판 1992.9.14. 92다28020).

⑤ 부동산의 훼손 또는 권리관계의 변동이 있는 경우

　　㉠ 매각허가결정 확정 전

　　　　㉮ 최고가매수신고인은 매각허가에 대한 이의신청(제121조 제6호)을 하거나 매각허가결정에 대한 즉시항고(제129조)로 구제를 받을 수 있다.

　　　　㉯ 항고법원은 직권으로 매각허가결정을 취소하여야 한다(대결 1993.9.27. 93마480).

　　㉡ 매각허가결정의 확정 후 대금납부 전

　　　　㉮ 매수인은 대금을 낼 때까지 매각허가결정의 취소신청을 할 수 있다(제127조 제1항).

　　　　㉯ 선순위 근저당권의 존재로 후순위 임차권의 대항력이 소멸하는 것으로 알고 부동산을 매수하였으나, 그 이후 선순위 근저당권의 소멸로 인하여 임차권의 대항력이 존속하는 것으로 변경됨으로써 매각부동산의 부담이 현저히 증가하는 경우에는, 매수인으로서는 제127조 제1항에 의하여 매각허가결정의 취소신청을 할 수 있다(대결 1998.8.24. 98마1031). **기출** 18

　　㉢ 대금납부 후 매각절차 내에서의 담보책임

　　　　㉮ 매수의 목적을 달할 수 없는 경우에는 대금납부 후 배당 전인 때에는 집행법원에 대하여 매각허가결정에 의한 매매를 해제하여 납부한 대금의 반환을 청구할 수 있다(대결 1997.11.11. 96그64).

　　　　㉯ 선순위 근저당권의 존재로 후순위 임차권이 소멸하는 것으로 알고 부동산을 낙찰받았으나, 그 후 채무자가 후순위 임차권의 대항력을 존속시킬 목적으로 선순위 근저당권의 피담보채무를 모두 변제하고 그 근저당권을 소멸시키고도 이 점에 대하여 낙찰자(= 매수인)에게 아무런 고지도 하지 않아 낙찰자가 대항력 있는 임차권이 존속하게 된다는 사정을 알지 못한 채 대금지급기일에 낙찰대금(= 매각대금)을 지급하였다면, 채무자는 민법 제578조 제3항의 규정에 의하여 낙찰자가 입게 된 손해를 배상할 책임이 있다(대판 2003.4.25. 2002다70075). **기출** 18

　　㉣ 새 매각 : 민사집행법 제127조 제1항에 의하여 매각허가결정을 취소한 때에는 법원은 최저매각가격결정부터 새 매각절차를 진행한다(제134조).

⑥ 매각불허가결정의 선고
　　㉠ 매각불허가결정은 매각결정기일에 선고하여야 하며(제126조 제1항), 이 결정은 선고한 때에 고지의 효력이 발생한다(규칙 제74조).
　　㉡ 그 밖에 결정서의 정본이나 등본을 이해관계인에게 송달하거나 공고할 필요는 없다. 선고사실은 매각결정기일조서에 적어야 한다(제126조 제2항, 민소법 제154조).
⑦ 매각불허가결정 이후의 절차
　　㉠ 종국적 장애에 의한 불허가의 경우 : 매각부동산이 멸실되거나 집행취소사유가 있어 불허가결정이 선고된 경우에는 그 불허가결정이 확정되면 경매신청 자체를 포함한 그 이후의 매각절차는 모두 소멸하여 매각절차는 이로써 종결되어야 한다.
　　㉡ 종국적 불허사유가 아닌 경우 : 종국적으로 매각을 불허할 사유에 기한 것이 아니고, 다시 매각을 명하여야 할 경우에는 매각불허가결정이 확정된 후 직권으로 새 매각기일을 정한다(제125조 제1항).
　　㉢ 과잉매각을 이유로 매각부동산의 일부를 매각불허한 경우
　　　　㉮ 불허가결정이 확정되더라도 매각이 허가된 부동산에 대한 매각대금이 완납될 때까지 불허된 매각부동산을 그대로 두었다가 매각허가된 부동산에 대한 매각대금이 완납된 후, 그에 대하여 경매개시결정등기의 말소촉탁을 하여야 한다(제141조).
　　　　㉯ 왜냐하면 매각허가된 부동산의 매각대금이 완납되지 아니하는 경우에는 그 부동산을 재매각하여야 하는 바, 경매신청채권 및 배당요구채권에 대한 변제액과의 관계상 필요가 있다고 인정되는 때에는 매각불허가된 부동산도 함께 경매에 부칠 수 있기 때문이다.
　　㉣ 민사집행법 제127조에 의한 매각불허의 경우 : 민사집행법 제127조 제1항의 규정에 의하여 매각허가결정을 취소한 때에는 재평가를 명하여 최저매각가격부터 새로 정하여 경매를 속행한다(제134조).
⑧ 매수신청보증의 반환 : 매각불허가결정이 확정된 때에는 매수인과 매각허가를 주장한 매수신고인은 매수에 관한 책임이 면제되므로(제133조), 즉시 보증금반환청구권이 생긴다.

3. 매각허가결정

(1) 매각허가결정을 하여야 할 경우

집행법원은 이해관계인의 매각허가에 대한 이의가 이유 없다고 인정되고 그 밖의 직권으로 매각불허가할 사유가 없다고 인정되는 때에는 최고가매수신고인에게 매각을 허가한다는 취지의 결정을 한다(제126조 제1항).

(2) 매각허가결정의 기재사항

매각허가결정에는 매각한 부동산, 매수인과 매각가격을 적고 특별한 매각조건으로 매각한 때에는 그 조건을 적어야 한다(제128조 제1항).

① 매수인 사망
　　㉠ 매각결정기일 전 매수인 사망
　　　　㉮ 매각기일과 매각결정기일 사이에 최고가매수신고인의 사망에 의한 상속 등에 의한 일반승계가 있는 경우에는 상속인 등 승계인으로부터 승계를 증명하는 자료를 첨부한 신고가 있으면 그 승계인을 매수인으로 표시한다.
　　　　㉯ 집행법원이 그 승계사실을 모르고 피승계인에 대하여 매각허가결정을 한 경우에도 나중에 사망사실이 밝혀지면 승계인을 매수인으로 하여 소유권이전등기의 촉탁을 한다.

ⓛ 매각허가결정 확정 후 매수인 사망

㉮ 매각허가결정 후 대금 지급 전에 매수인이 사망함으로써 그 상속인이 매수인의 지위를 승계하여 매각대금을 지급한 경우에는, 사망한 매수인을 위하여 소유권이전등기를 촉탁할 것이 아니라, 직접 상속인 명의로 소유권이전등기의 촉탁을 한다. 이 경우 가족관계증명서 및 제적등본 등에 의하여 매수인과 상속인 간의 관계가 증명되면 족하고, 등기촉탁 시 등기권리자의 표시를 '매수인 망 ○○○의 상속인 ○○○'라고 표시하면 될 것이다. **기출** 18

㉯ 반면에 매수인이 대금지급 후 사망한 경우에는, 사망한 매수인을 위하여 소유권이전등기 촉탁을 하여야 한다는 견해와 사망한 사람 앞으로 소유권이전등기를 할 수는 없으므로, 매각허가결정등본 외에 상속을 증명하는 제적등본, 가족관계증명서를 첨부하여 직접 상속인 명의로 소유권이전등기의 촉탁을 하여야 한다는 견해가 대립하고 있으나, 실무는 후자를 따르고 있다(실무제요 집행 2). **기출** 18

② 매각결정기일 전에 최고가매수신고인의 지위를 타인에게 양도한 경우 : 최고가매수신고인의 지위는 집행법상의 지위인 점, 매수신청인의 자격이 제한되는 점 및 차순위매수신고인 등 이해관계인의 이익을 고려할 때 양도인을 매수인으로 표시한다.

(3) 매각허가결정의 선고 및 공고

① 선 고

㉠ 매각허가결정은 매각결정기일에 법정에서 반드시 선고하여야 한다(제126조 제1항).

㉡ 통상의 경우 결정은 상당하다고 인정되는 방법으로 고지하는 것이 원칙이지만, 매각허부결정은 매각결정기일에 선고하며, 이 결정은 이를 선고한 때에 고지의 효력이 발생한다(규칙 제74조).

㉢ 매각허가결정을 선고하지 아니하고 결정서의 정본이나 등본의 송달에 의하여 고지하는 것은 위법하다.

㉣ 매각허부결정은 이해관계인들의 출석 여부에 관계없이 선고에 의하여 일률적으로 그 고지의 효력이 생기게 되므로, 결정정본을 이해관계인에게 송달할 필요가 없다(대결 2000.1.31. 99마6589).

㉤ 매각허부결정을 선고하지 않고 공고만 하는 경우에는 불변기간인 항고기간이 진행되지 아니한다.

② 공고 : 매각허가결정은 선고하는 외에 공고하여야 한다(제128조 제2항).

(4) 매각허가결정의 경정결정의 고지방법

① 매각허가결정의 경정결정의 고지방법에 관하여는 특별히 규정한 바 없으므로 민사소송법 제221조 제1항에 의하여 상당한 방법으로 고지하면 그 효력이 발생한다(대결 1985.2.8. 84마키31).

② 그러나 단지 법원 게시판에 공고하거나 배당기일통지서를 송달한 것만으로는 상당한 방법에 의한 고지라고 볼 수 없다(대결 1985.2.8. 84마키31; 대결 1969.3.28. 69마77 참조). **기출** 18

4. 불 복

항고장을 원심법원에 제출하였는데, 다만 그 명칭을 "항고장"이라고 기재하지 아니하고 "재항고장" 또는 "특별항고장"이라고 기재하는 바람에 원심법원이 이를 대법원에 송부하거나 항고법원이 대법원에 이송한 경우에는 이를 관할법원인 항고법원에 이송하여야 하고(대결 2002.10.23. 2002그73), 즉 즉시항고만이 허용되는 집행법원의 재판(매각허가결정)에 대하여 "이의신청"이라는 제목으로 제출된 불복은 이를 즉시항고로 보아 처리하여야 한다(대결 1994.7.11. 94마1036).

Ⅳ   매각허부결정에 대한 불복방법

1.   매각허부결정에 대한 즉시항고

민사집행법 제129조(이해관계인 등의 즉시항고)

① 이해관계인은 매각허가여부의 결정에 따라 손해를 볼 경우에만 그 결정에 대하여 즉시항고를 할 수 있다.
② 매각허가에 정당한 이유가 없거나 결정에 적은 것 외의 조건으로 허가하여야 한다고 주장하는 매수인 또는 매각허가를 주장하는 매수신고인도 즉시항고를 할 수 있다. `기출` 24
③ 제1항 및 제2항의 경우에 매각허가를 주장하는 매수신고인은 그 신청한 가격에 대하여 구속을 받는다.

민사집행법 제130조(매각허가여부에 대한 항고)

① 매각허가결정에 대한 항고는 이 법에 규정한 매각허가에 대한 이의신청사유가 있다거나, 그 결정절차에 중대한 잘못이 있다는 것을 이유로 드는 때에만 할 수 있다. `기출` 17
② 민사소송법 제451조 제1항 각 호의 사유는 제1항의 규정에 불구하고 매각허가 또는 불허가결정에 대한 항고의 이유로 삼을 수 있다.
③ 매각허가결정에 대하여 항고를 하고자 하는 사람은 보증으로 매각대금의 10분의 1에 해당하는 금전 또는 법원이 인정한 유가증권을 공탁하여야 한다.
④ 항고를 제기하면서 항고장에 제3항의 보증을 제공하였음을 증명하는 서류를 붙이지 아니한 때에는 원심법원은 항고장을 받은 날부터 1주 이내에 결정으로 이를 각하하여야 한다.
⑤ 제4항의 결정에 대하여는 즉시항고를 할 수 있다.
⑥ 채무자 및 소유자가 한 제3항의 항고가 기각된 때에는 항고인은 보증으로 제공한 금전이나 유가증권을 돌려 줄 것을 요구하지 못한다. `기출` 17
⑦ 채무자 및 소유자 외의 사람이 한 제3항의 항고가 기각(각하, 취하)된 때에는 항고인은 보증으로 제공한 금전이나, 유가증권을 현금화한 금액 가운데 항고를 한 날부터 항고기각결정이 확정된 날까지의 매각대금에 대한 대법원규칙이 정하는 이율에 의한 금액(보증으로 제공한 금전이나, 유가증권을 현금화한 금액을 한도로 한다)에 대하여는 돌려 줄 것을 요구할 수 없다. 다만, 보증으로 제공한 유가증권을 현금화하기 전에 위의 금액을 항고인이 지급한 때에는 그 유가증권을 돌려 줄 것을 요구할 수 있다.
⑧ 항고인이 항고를 취하한 경우에는 제6항 또는 제7항의 규정을 준용한다.

민사집행법 제131조(항고심의 절차)

① 항고법원은 필요한 경우에 반대진술을 하게 하기 위하여 항고인의 상대방을 정할 수 있다.
② 한 개의 결정에 대한 여러 개의 항고는 병합한다.
③ 항고심에는 제122조(이의신청의 제한)의 규정을 준용한다.

민사집행법 제132조(항고법원의 재판과 매각허가여부결정) `기출` 20

항고법원이 집행법원의 결정을 취소하는 경우에 그 매각허가여부의 결정은 집행법원이 한다.

(1) 의 의

① 이해관계인은 매각허가여부의 결정에 따라 손해를 볼 경우에만 그 결정에 대하여 즉시항고를 할 수 있고, 매수인 또는 매각허가를 주장하는 매수신고인도 즉시항고를 할 수 있다(제129조 제1항, 제2항). `기출` 18
② 이와 같이 매각허가 여부의 결정에 대한 불복방법으로는 즉시항고만 인정되고 그 외에 통상항고나 비송사건절차법에 의한 항고는 허용되지 않으며, 매각허가결정 후에는 매각불허사유가 존재하는 때에도 집행에 관한 이의(제16조)로 불복할 수 없다(실무제요 집행 2). `기출` 18

(2) 즉시항고의 요건

① 항고의 제기방식

㉠ 즉시항고는 매각허가여부의 결정을 선고한 원심법원에 대하여 항고장을 제출하여야 한다(제15조 제2항). 따라서 서면에 의한다.

㉡ 항고장에 반드시 상대방의 표시가 있어야 하는 것도 아니고, 항고장을 상대방에게 송달하여야 하는 것도 아니다(대결 1997.11.127. 97스4).

② 항고권자

㉠ 항고권자는 이해관계인과 매수인 및 매수신고인에 한한다.

㉡ 매각허가결정이 있은 후에 즉시항고장을 제출하면서 경매개시결정등기 후에 저당권이나 소유권을 취득한 사실을 증명하는 서류를 제출한 자는 이해관계인이라 할 수 없다(대결 1994.9.13. 94마1342; 대판 1999.4.9. 98다53240).

㉢ '가압류권자', '가처분권자'는 이해관계인이 아니다(대결 1967.11.29. 67마1089; 대결 1994.9.30. 94마1534). 경매부동산의 '명의신탁자'도 이해관계인이 아니다.

㉣ 매각부동산에 관하여 소유권회복의 등기를 할 수 있는 확정판결이 있다 하더라도 이에 기한 등기를 갖추고 집행법원에 권리신고를 하기 전에는 항고할 수 있는 이해관계인이 아니다(대결 1991.4.18. 91마141).

㉤ '채무자 및 소유자'는 매각기일을 통지받지 못하였다는 사유로 어떠한 손해가 발생하였다고 볼 수는 없다(대판 2001.7.10. 2000다66010). 채무자 및 소유자는 무잉여위반에 대해서도 불복할 수 없다.

㉥ 항고권자의 채권자가 대위하여 항고할 수는 없다.

③ 항고 이유

㉠ 강제경매절차에서의 항고이유

㉮ '강제경매'에 있어서는 집행채권의 부존재·소멸·이행기의 연기 등과 같은 실체상의 하자는 청구이의의 소로써만 이를 주장할 수 있고, 경매개시결정에 대한 이의사유나 매각허가에 대한 이의사유 및 매각허가결정에 대한 항고사유가 되지 못한다.

㉯ 매각허가결정에 대한 항고는 민사집행법에 규정한 매각허가에 대한 이의신청사유가 있다거나, 그 결정절차에 중대한 잘못이 있다는 것을 이유로 드는 때에만 할 수 있다(제130조 제1항). **기출** 15

㉰ 민사소송법 제451조 제1항 각 호의 사유는 제1항의 규정에 불구하고 매각허가 또는 불허가결정에 대한 항고의 이유로 삼을 수 있다(제130조 제1항).

㉱ 이해관계인은 채무자에 대한 경매개시결정 송달의 흠을 매각허가결정에 대한 항고사유로 삼을 수 있는 반면, 다른 이해관계인에 대한 매각기일통지의 송달의 흠을 항고이유로 주장할 수 없다.

㉡ 비교 : 임의경매절차에서의 항고 이유

'임의경매'에 있어서는 담보권의 부존재·소멸, 피담보채권의 불발생·소멸·이행기의 연기 등 실체상의 하자를 매각허가결정에 대한 항고사유로 삼을 수 있다(대결 1980.9.14. 80마166; 대결 1991.1.21. 90마946).

④ 항고장 각하결정에 대한 즉시항고(제130조 제5항)

　㉠ 민사집행법 제130조 제4항 소정의 원심법원의 항고장각하결정에 대하여는 '확정되어야 효력이 있다' 는 규정이 없으며, 그 각하결정에 대한 즉시항고에는 집행정지의 효력이 없다. 따라서 그 즉시항고로 인하여 매각허가결정의 확정이 차단되지 아니하므로 강제집행절차는 정지되지 아니한다(대결 1995.1.20. 94마1961[전합]). **기출** 17 · 15

　㉡ 매각허가결정에 대한 항고에 대하여 집행법원이 보증제공 증명서류가 첨부되어 있지 않다는 이유로 결정으로 항고장을 각하하였으나, 항고인이 위 항고장각하결정이 있기 전에 보증제공을 하였고 이를 이유로 위 항고장각하결정에 대하여 불복신청을 한 경우, 집행법원은 스스로 위 항고장각하결정을 취소하고(재도의 고안) 경매기록 원본을 항고법원으로 송부한다. 이 경우 항고에 대한 결정이 확정될 때까지 경매절차를 정지한다(재민 95-2 제7조). ☞ 항고장각하결정을 취소했으므로 매각허가결정에 대한 즉시항고는 유효한 상태이다. **기출** 20

⑤ 항고기간

　㉠ 항고의 기간 제한

　　㉮ 즉시항고를 하려는 항고인은 집행법원의 매각허부결정을 고지받은 날부터 1주 이내에 항고장을 원심법원에 제출하여야 한다(제15조 제2항).

　　㉯ 매각을 허가하거나 허가하지 아니하는 결정은 선고한 때에 고지의 효력이 생기므로(규칙 제74조), 집행채무자는 매각허가결정이 선고된 날로부터 1주일 내에 즉시항고를 하면 된다. **기출** 18

　　㉰ 위 기간은 매각허가여부의 결정이 적법하게 선고된 것을 전제로 하여 진행되므로 선고가 없이 공고만 된 경우에는 위 기간은 진행되지 아니한다. 따라서 공고일로부터 1주일이 지난 경우에도 확정되지 아니한다.

　㉡ 추후보완항고(추완항고)

　　㉮ 항고기간은 불변기간으로 추완항고가 인정된다(제23조, 민소법 제173조).

　　㉯ 경매법원이 이해관계인 등에게 매각기일 등의 통지를 하지 아니하여 그가 매각허가결정에 대한 항고기간을 준수하지 못하였다면 특단의 사정이 없는 한 그 이해관계인은 자기책임에 돌릴 수 없는 사유로 항고기간을 준수하지 못한 것으로 보아야 하며, 그러한 경우에는 형평의 원칙으로부터 인정된 구제방법으로서의 추완이 허용되어야 할 것이다(대결 2002.12.24. 2001마1047[전합]).

> 경매법원이 이해관계인 등에게 매각기일 등의 통지를 하지 아니하여 그가 매각허가결정에 대한 항고기간을 준수하지 못하였다면 특단의 사정이 없는 한 그 이해관계인은 자기책임에 돌릴 수 없는 사유로 항고기간을 준수하지 못한 것으로 보아야 하며, 그러한 경우에는 형평의 원칙으로부터 인정된 구제방법으로서의 추완이 허용되어야 할 것이다. 매각허가결정에 대하여 이해관계인이 추완에 의한 항고를 제기한 경우 항고법원에서 추완신청이 허용되었다면 비록 다른 이유로 항고가 이유 없는 경우에도 매각허가결정은 확정되지 아니하고 따라서 그 이전에 이미 매각허가결정이 확정된 것으로 알고 경매법원이 매각대금납부기일을 정하여 매수인으로 하여금 매각대금을 납부하게 하였다고 하더라도 이는 적법한 매각대금의 납부라고 할 수 없는 것이어서, 배당절차가 종료됨으로써 경매가 완결되었다고 하여 그 추완신청을 받아들일 수 없는 것은 아니다(대결 2002.12.24. 2001마1047[전합]). **기출** 20 · 18

　　㉰ 추완항고 신청이 허용되면 매각허가결정의 확정력과 그에 따른 대금지급의 효력까지도 소급하여 효력을 상실하며, 이러한 결론은 항고법원이 추완항고가 이유 없어 기각하는 경우라도 마찬가지이다.

⑥ 매각허가결정에 대한 항고에 있어서 보증의 제공

- 매각'허가'결정에 대하여 항고를 하고자 하는 사람은 보증으로 매각대금의 10분의 1에 해당하는 금전 또는 '법원이 인정한 유가증권'을 공탁하여야 한다(제130조 제3항). 무익한 항고를 제기하여 절차를 지연시키는 것을 방지하기 위하여 매각허가결정에 불복하는 모든 항고인에 대하여 보증금을 공탁하도록 하고 있다. **기출** 20
- 여기서 '법원이 인정한 유가증권'이란 항고하고자 하는 자가 미리 법원에 유가증권의 지정신청을 하여 법원으로부터 지정받은 유가증권을 말한다. 그러나 지급보증위탁계약체결문서의 제출에 의한 보증의 제공은 허용되지 않는다(재민 2003-5 제5조의2 제2호). **기출** 20
- 매각허가결정에 대하여 즉시항고를 제기하는 항고인이 2인 이상인 경우에는, 그들이 경매절차에서의 이해관계의 기초가 되는 권리관계를 공유하는 등의 특별한 사정이 없는 한, 항고인별로 각각 매각대금의 10분의 1에 해당하는 금전 또는 유가증권을 공탁하여야 한다(대결 2006.11.23. 2006마513). **기출** 18・17
- 위 규정은 매각허가결정에 대한 항고시에 적용되는 것이므로, 매각'불허가'결정에 대하여는 보증의 제공을 요하지 않는다.

- '채무자 및 소유자'가 한 항고가 기각(각하, 취하)된 경우에는 항고인은 보증으로 제공한 금전이나 유가증권을 돌려 줄 것을 요구하지 못하므로(제130조 제6항) 그 전액을 배당할 금액에 편입시킨다. **기출** 17
- '채무자 및 소유자 외의 사람'이 한 항고가 기각(각하, 취하)되었다 하더라도 항고인이 보증으로 제공한 금전의 전부가 배당할 금액에 산입되는 것은 아니다. 이 경우에는 항고인은 보증으로 제공한 금전이나 유가증권을 현금화한 금액 가운데 항고를 한 날부터 항고기각결정이 확정된 날까지의 매각대금에 대한 연 100분의 12의 이율(규칙 제75조)에 의한 금액(보증으로 제공한 금전이나, 유가증권을 현금화한 금액을 한도로 한다)에 대하여는 돌려 줄 것을 요구할 수 없으므로(제130조 제7항 본문) 그 지연손해금만을 배당할 금액에 포함시키고 나머지는 보증제공자에게 반환한다. **기출** 12
- 항고가 기각(각하, 취하)되었더라도 경매신청이 취하되거나 매각절차가 취소된 때에는 항고인이 보증금을 반환받을 수 있다.

배당절차에서 채권자에게 배당하고 남은 금액이 있으면 채무자 또는 소유자에게 지급하는 바, 남은 금액이 있다고 하더라도 채무자나 소유자 이외의 항고인이 출연한 보증금이 채무자나 소유자에게 귀속되는 것은 불합리하므로, 채무자와 소유자를 제외한 항고인이 제공한 항고보증금이 배당할 금액에 편입된 경우에 배당하고 남은 금액이 있으면 배당할 금액에 편입된 금액의 범위 안에서 이를 제공한 사람에게 돌려주어야 한다(제147조 제2항).

⑦ 즉시항고에 대한 집행법원의 조치
　㉠ 집행절차에 관한 집행법원의 재판에 대한 즉시항고에는 이심의 효력과 확정차단의 효력이 있을 뿐이고, 집행정지의 효력은 없다(제15조 제6항 본문).
　㉡ 매각허가결정은 확정되어야 효력이 있는데(제126조 제3항), 항고된 경우 매각허가결정은 확정되지 아니하므로 그 허가결정에 따른 후속조치(대금지급기한의 지정 등)를 할 수는 없게 된다.

⑧ 항고심의 절차
　㉠ 상대방의 지정 : 항고법원은 필요한 경우에 반대진술을 하게 하기 위하여 항고인의 상대방을 정할 수 있다(제131조 제1항).
　㉡ 심판범위
　　㉮ 항고법원은 항고장 또는 항고이유서에 적힌 이유에 대하여서만 조사하므로(제15조 제7항), 항고심에서 매각불허사유에 관하여 직권으로 조사・판단할 의무가 없다.
　　㉯ 항고인은 항고장을 제출한 날부터 10일 이내에 항고이유서를 원심법원에 제출하여야 하는 항고이유서 제출강제주의를 전제로 하고 있으므로, 항고심에서는 원칙적으로 항고이유에서 지적한 매각허가에 대한 이의사유의 유무에 대하여만 심리하여 매각허가여부의 결정에 대한 취소여부를 판단하여야 한다.

    ④ 매각허가여부의 결정에 대한 항고에 있어서도 원심 재판에 영향을 미칠 수 있는 법령위반 또는 사실오인에 관하여는 직권으로 조사할 수 있으므로(제15조 제7항 단서), 항고법원으로서는 항고인이 항고이유서에 주장하지 아니한 위 파기사유가 있음을 발견한 경우 이를 이유로 파기할 수 있다.

   © 항고법원의 재판

    ㉮ 항고법원은 매각허가결정에 대한 항고가 이유 없는 경우에는 항고기각결정을 하고, 이유 있는 경우에는 원결정을 취소하여야 하나 매각불허가결정을 직접 할 수는 없다(제132조).

    ㉯ 즉, 항고법원이 집행법원의 결정을 취소하는 경우에 그 매각허가 여부의 결정은 집행법원이 한다 (제132조). **기출** 20

 ⑨ 항고법원의 재판에 대한 재항고

   ㉠ 항고법원이 항고를 기각한 경우 항고인만이 재항고를 할 수 있고 다른 사람은 그 결정에 이해관계가 있다 할지라도 재항고를 할 수 없다(대결 2002.12.24. 2001마1047[전합]).

   ㉡ 항고법원이 항고를 인용하여 원결정을 취소하고 다시 상당한 결정을 하거나 원심법원으로 환송하는 결정을 하였을 때에는 그 새로운 결정에 따라 손해를 볼 이해관계인은 재항고를 할 수 있다(대결 2002.12.24. 2001마1047[전합]).

   ㉢ 한편, '임의경매절차'에서 매각허가결정에 대한 항고기각결정이 고지된 후에 채무자가 근저당권이 담보할 채무와 경매절차비용을 변제하였다고 하더라도 이와 같은 사유가 경매개시결정에 대한 이의의 이유로 되는 것은 별론으로 하고 매각허가결정에 대한 재항고이유는 될 수 없다(대결 1991.2.6. 90마898). **기출** 20

2. 매각허가결정에 대한 준재심신청

 ① 매각허가결정이 확정된 이후라도 재심사유가 있으면 준재심을 신청할 수 있다(제23조).

 ② 당해 집행절차가 종료된 이후라도 마찬가지이다.

3. 매각허가결정에 대한 취소신청

> **민사집행법 제127조(매각허가결정의 취소신청)**
> ① 제121조 제6호에서 규정한 사실이 매각허가결정의 확정 뒤에 밝혀진 경우에는 매수인은 대금을 낼 때까지 매각허가결정의 취소신청을 할 수 있다.
> ② 제1항의 신청에 관한 결정에 대하여는 즉시항고를 할 수 있다.
>
> **민사집행법 제134조(최저매각가격의 결정부터 새로 할 경우)**
> 제127조의 규정에 따라 매각허가결정을 취소한 경우에는 제97조 내지 제105조의 규정을 준용한다.

 ① 확정 전 매각허가결정에 대한 취소신청 : 매각허가결정이 선고되었으나 그 확정 전에 강제집행의 일시정지를 명한 취지를 적은 재판의 정본(제49조 제2호)이 제출된 경우에는 매수인은 매각대금을 낼 때까지 매각허가결정의 취소신청을 할 수 있다.

② 확정된 매각허가결정에 대한 취소신청

　　㉠ 취소신청 : 매각허가결정이 확정된 이후라도 제121조 제6호의 사유가 매각허가결정 확정 후에 밝혀진 경우에는 매수인은 대금을 낼 때까지 매각허가결정의 취소를 신청할 수 있다(제127조 제1항).

　　㉡ 대금감액 청구 : 목적물의 멸실이 일부에 불과하여 매수인이 잔존물에 대하여 매수의사에 변함이 없는 경우에는 취소신청에 갈음하여 매각대금의 감액을 청구할 수도 있다.

제17절 **부동산에 대한 강제집행 – 현금화(매각)절차 – (5) 매각대금지급절차**

I 대금지급기한

> **민사집행법 제142조(대금의 지급)**
> ① 매각허가결정이 확정되면 법원은 대금의 지급기한을 정하고, 이를 매수인과 차순위매수신고인에게 통지하여야 한다.
> ② 매수인은 제1항의 대금지급기한까지 매각대금을 지급하여야 한다.

1. 의 의

매각허가결정이 확정되면 법원은 대금의 지급기한을 정하고, 이를 매수인과 차순위매수신고인에게 통지하여야 한다(제142조 제1항).

2. 기 한

① 대금지급기한의 지정

　　㉠ 법원은 매각허가결정이 확정되면 대금지급기한을 정하여야 하는데(제142조 제1항), 대금지급기한은 매각허가결정이 확정된 날부터 1월 안의 날로 정하여야 한다. 다만, 경매사건기록이 상소법원에 있는 때에는 그 기록을 송부받은 날부터 1월 안의 날로 정하여야 한다(규칙 제78조). 기출 19

> 대금지급기한의 지정 및 통지는 매각허가결정확정일 또는 상소법원으로부터 기록송부를 받은 날부터 3일 안에 하여야 한다(재민 91-5). 기출 19

　　㉡ 채무인수 또는 차액지급의 방식에 의한 대금지급의 경우에는 대금지급기한을 따로 지정할 필요 없이 바로 배당기일을 지정하면 된다. 기출 19·12

② 집행정지서류가 제출된 경우 : 매각허가결정이 확정된 후에 민사집행법 제49조 각 호의 서류가 제출된 경우에는 비록 매각허가결정이 확정된 후일지라도 대금지급기한을 정할 수 없고, 대금지급기한을 이미 정한 경우에도 대금을 수령할 수 없다.

③ 대금지급기한의 통지

    ⊙ 매각허가결정이 확정되면 법원은 대금의 지급기한을 정하고, 이를 매수인과 차순위매수신고인에게 통지하여야 한다(제142조 제1항). 이해관계인이나 배당을 요구한 채권자에게는 통지할 필요가 없다(대결 1992.11.11. 92마719).

    ⓒ 최고가매수신고인과 차순위매수신고인은 대한민국안에 주소·거소와 사무소가 없는 때에는 대한민국 안에 송달이나 통지를 받을 장소와 영수인을 정하여 법원에 신고하여야 하고 위 신고를 하지 아니한 때에는 법원은 그에 대한 송달이나 통지를 하지 아니할 수 있도록 하였다(제118조 제1항, 제2항).

    ⓒ 대금지급기한의 변경이 있으면 이를 다시 매수인과 차순위매수신고인에게 통지한다.

    ⓔ 경매법원은 상당한 기간을 두고 매수인에게 대금지급기한을 통지하여야 하고, 통지를 하지 않거나 통지서가 송달불능된 것을 간과하고 지정된 대금지급기한까지 대금을 지급하지 않았다고 하여 재매각을 명하게 되면 위법하다(대결 2001.6.4. 2000마7550 참조). **기출** 23

Ⅱ 매각대금의 지급

1. 지급의무

① 매각허가결정의 확정 후

    ⊙ 매각허가결정의 확정 전에는 매수인도 대금을 지급할 의무가 없고 매각허가결정이 확정되어야 대금지급의무가 현실적으로 발생하게 된다.

    ⓒ 경매법원의 매각허가결정에 대하여 이해관계인으로부터 즉시항고가 제기되어 매각허가결정이 확정되지 않은 경우, 경매법원은 대금지급기한을 정할 수 없고, 설사 매각허가결정 확정 전에 법원이 대금지급기한의 지정이 있었다고 하더라도 그 기한 지정은 아무런 효력이 없으며, 따라서 그 기한 내에 매각대금을 납부하지 아니하였다 하더라도 매각허가결정이 그 효력을 상실하는 것은 아니다(대판 1992.2.14. 91다40160). **기출** 18

    ⓒ 매수인은 대금지급기한이 정해진 이후 대금지급기한까지는 언제라도 대금을 납부하여 부동산의 소유권을 취득할 수 있다(제135조). **기출** 15

② 대금지급의무의 포기불가

    ⊙ 매각대금지급의무는 매각허가결정으로 발생한 공법상의 의무이다.

    ⓒ 따라서 이해관계인 사이의 합의로 면제하거나 매수인이 일방적으로 포기할 수 없는 것이다.

> 매수인으로서의 권리의무는 사법상 매매의 효력으로 발생하는 것이 아니고 매각허가결정의 효력으로서 발생하는 것이므로 매수인이 일방적인 의사표시로써 이를 포기할 수 없다(대결 1971.5.10. 71마283).
> **기출** 18

    ⓒ 매수인이 대금지급기한 전에 매수인으로서 지위에 관한 권리·의무의 포기서를 제출하였다 하더라도 집행채무자와의 합의 유무에 관계없이 매수인의 지위에는 변함이 없다(대결 1971.5.10. 71마283 참고).

③ 매각허가결정 확정 후 추후보완 항고가 허용된 경우

ⓐ 매각허가결정이 확정되어 매각대금의 지급이 있었더라도 이해관계인의 추후보완에 의한 항고가 허용되었다면 비록 위 추후보완항고에 의한 항고가 기각되고 또한 재항고도 기각되었다 하더라도 위 대금지급은 적법한 지급이라 할 수 없다(대결 2002.12.24. 2001마1047; 대판 2007.12.27. 2005다62747).

　　기출 15

ⓑ 따라서 이 경우에 경매법원은 추완항고가 기각되어 그것이 확정된 후에 다시 대금지급기한을 지정하여야 하고, 매수인은 그 기한 안에 대금을 납부하여야 한다.

ⓒ 다만 매수인이 이미 납부하였던 대금을 반환하지 아니한 사이에 새로이 정한 대금지급기한이 경과하면 대금지급의 효력이 생긴다고 할 것이다.

2. 지급방법

① 현금납부

> **민사집행법 제142조(대금의 지급)**
> ③ 매수신청의 보증으로 금전이 제공된 경우에 그 금전은 매각대금에 넣는다.
> ④ 매수신청의 보증으로 금전 외의 것이 제공된 경우로서 매수인이 매각대금중 보증액을 뺀 나머지 금액만을 낸 때에는, 법원은 보증을 현금화하여 그 비용을 뺀 금액을 보증액에 해당하는 매각대금 및 이에 대한 지연이자에 충당하고, 모자라는 금액이 있으면 다시 대금지급기한을 정하여 매수인으로 하여금 내게 한다.
> 　　기출 19
> ⑤ 제4항의 지연이자에 대하여는 제138조(재매각) 제3항(2할)의 규정을 준용한다.
> ⑥ 차순위매수신고인은 매수인이 대금을 모두 지급한 때 매수의 책임을 벗게 되고 즉시 매수신청의 보증을 돌려 줄 것을 요구할 수 있다.

② 특별한 납부방법

> **민사집행법 제143조(특별한 지급방법)**
> ① 매수인은 매각조건에 따라 부동산의 부담을 인수하는 외에 배당표의 실시에 관하여 매각대금의 한도에서 관계채권자의 승낙이 있으면 대금의 지급에 갈음하여 채무를 인수할 수 있다.
> ② 채권자가 매수인인 경우에는 매각결정기일이 끝날 때까지 법원에 신고하고 배당받아야 할 금액을 제외한 대금을 배당기일에 낼 수 있다. 　기출 25 · 19
> ③ 제1항 및 제2항의 경우에 매수인이 인수한 채무나 배당받아야 할 금액에 대하여 이의가 제기된 때에는 매수인은 배당기일이 끝날 때까지 이에 해당하는 대금을 내야 한다. 　기출 19

○ 채무인수
  ㉮ 매수인은 배당표의 실시에 관하여 매각대금의 한도에서 관계채권자의 승낙을 얻어 대금지급에 갈음하여 관계채권자에 대한 채무자의 금전채무를 인수함으로써 인수한 채무에 상당한 매각대금의 지급의무를 면할 수 있다(제143조 제1항). 여기서 '채무인수'는 모든 채권자의 채무를 인수해야 하는 것은 아니고 승낙을 얻은 '일부 채권자의 채무'만 인수할 수도 있다(실무제요 집행 2). 기출 18
  ㉯ 민사집행법 제143조 제1항에 따라 매수인이 관계채권자의 승낙을 얻어 매각대금의 지급을 갈음하여 채무를 인수한 경우 매수인이 현금으로 매각대금을 내는 것과 효과가 같다. 이러한 채무인수를 승낙한 관계채권자는 인수된 채무액 범위에서 채권의 만족을 얻은 것으로 보아야 하므로, 그 범위에서 채무자의 채무도 소멸하게 된다. 따라서 위 규정에서 정하고 있는 채무인수는 '면책적 채무인수'로 보아야 한다(대판 2018.5.30. 2017다241901). 기출 22
  ㉰ 근저당권부채무가 인수되는 경우에는 당해 근저당권등기의 말소촉탁을 하여서는 아니 된다. 채무인수에 동의한 채권자도 배당표에 배당받을 채권자로 기재하여야 한다.
  ㉱ 매수인이 채무를 인수하는 경우에는 나머지 대금을 '배당기일'에 낼 수 있다는 규정은 없으나, 채무인수의 경우 배당기일이 정해지지 않는 한 배당기일까지의 원리금을 미리 확정할 수 없어 인수하여야 할 채무의 액수가 명백하지 아니한 결과 매수인이 지급하여야 할 금액도 명백하지 않을 뿐 아니라 인수하는 채무의 액수에 관하여는 대금의 지급이 확실시된다는 점은 차액지급의 경우와 다를 바 없다. 따라서 매수인이 관계채권자의 승낙서를 첨부하여 채무인수신고를 한 경우에는 대금지급기한을 정할 필요가 없고 바로 배당기일을 지정하면 된다(실무제요 집행 2). 기출 19
○ 차액지급
  ㉮ 채권자가 매수인인 경우에는 매각결정기일이 끝날 때까지 법원에 신고하고 '배당받아야 할 금액을 제외한 대금'을 배당기일에 낼 수 있다(제143조 제2항). 기출 19
  ㉯ 여기서 '배당받아야 할 금액'은 매수인이 배당요구한 채권을 의미하는 것이 아니라 배당할 금액과 배당순위에 따라 매수인이 배당기일에 실제로 배당받을 수 있는 금액을 말한다. 따라서 매수인이 배당받을 절차적 요건을 갖추었더라도 그 배당순위에 비추어 실제로 배당받을 것이 없거나 적법한 배당요구를 하지 못하였을 경우에는 차액지급이 허용되지 아니한다(실무제요 집행 2). 기출 18·15
  ㉰ 채권자가 매수인으로서 차액지급을 하는 경우에는 배당받아야 할 금액을 제외한 나머지 대금을 '배당기일'에 낼 수 있다고 명시되어 있으므로 따로 대금지급기한을 정할 필요가 없고 바로 배당기일을 지정하면 된다(실무제요 집행 2). 기출 19
  ㉱ 매수인이 배당표에 배당을 받는 것으로 기재되더라도 그 배당금을 현실로 수령할 수 없어 공탁하여야 하는 경우[67]에는 차액지급은 허용될 수 없다. 다만 여기에 해당하지 아니하여 일단 차액지급이 허용된 이상 집행권원이 취소되는 등으로 매수인의 채권의 전부 또는 일부가 부존재하는 것으로 밝혀지더라도 대금납부의 효력에는 변함이 없다.

---

67) 제160조 제1항 각 호

> 가집행선고부판결을 집행권원으로 하여 채무자 소유 부동산에 대하여 강제경매를 <u>신청한 채권자가</u>
> <u>스스로 매수인이 되어</u> 매각허가결정이 확정된 다음 매각대금지급에 있어서는 집행권원이 된 가집행선
> 고부판결에서 표시된 채권을 자동채권으로 하여 경락대금 지급채무와 상계신청을 한 결과 민사집행법
> 제143조 제3항 소정의 이의가 없어 매각대금납부기일에 그 상계의 효력이 발생하고 매수인이 매각부동
> 산의 소유권을 취득하였다면 위 가집행선고부판결의 집행력이 상계 당시 적법한 절차에 의하여 저지되
> 지 아니한 이상, 위 상계는 채권자가 실제로 매각대금을 납부한 다음 배당기일에 자기의 채권액을
> 배당받는 경우와 마찬가지의 효력을 발생한다고 할 것이고, 따라서 그 이후에 <u>위 가집행선고부판결이</u>
> <u>상소심에서 취소되어</u> 위 상계에 있어서의 자동채권의 존재가 부정되었다 할지라도 위 상계를 비롯하여
> <u>이미 완료된 강제경매절차의 효력에는 아무런 영향을 미치지 아니한다</u>(대판 1991.2.8. 90다16177).

    ⓗ 차액지급에 의하여 배당받아야 할 금액만큼 대금지급의 효력이 생기고, 또 채권에 대한 배당액
       지급의 효과가 생긴다.
    ⓒ 이해관계인의 이의 : 매수인이 인수하거나 배당받을 금액에 관하여 채무자나 다른 채권자로부터 이
       의가 제기된 때에는 매수인은 배당기일이 끝날 때까지 이의가 제기된 부분에 해당하는 대금을 내야
       소유권을 취득할 수 있다(제143조 제3항). `기출` 19

Ⅲ 매각대금 미지급에 대한 조치

1. 서 설

① 매수인이 대금을 미납하는 경우에 집행법원이 어떠한 절차를 취할 것인가는 차순위매수신고인의 유무에
   따라 다르다.
② '차순위매수신고인이 있는 경우'에는 법원은 매각결정기일을 새로 지정하여 차순위매수신고인에게 매각
   허부를 결정하여야 하고(제137조 제1항 본문), '차순위매수신고인이 없는 경우'에는 법원은 직권으로 재매각
   을 명하여야 한다(제138조 제1항).

2. 차순위매수신고인에 대한 매각허부결정

> **민사집행법 제137조(차순위매수신고인에 대한 매각허가여부결정)**
> ① 차순위매수신고인이 있는 경우에 매수인이 대금지급기한까지 그 의무를 이행하지 아니한 때에는 차순위매수신
>   고인에게 매각을 허가할 것인지를 결정하여야 한다. 다만, 제142조(대금의 지급) 제4항의 경우에는 그러하지
>   아니하다.
> ② 차순위매수신고인에 대한 매각허가결정이 있는 때에는 매수인은 매수신청의 보증을 돌려 줄 것을 요구하지
>   못한다.

① 차순위매수신고인이 있는 경우에 매수인이 대금을 미납한 때에는 차순위매수신고인에게 매각을 허가할
   것인지 여부를 결정하여야 한다(제137조 제1항 본문).
② 따라서 법원은 매각결정기일을 새로 지정하여 차순위매수신고인에 대한 매각허가여부의 결정을 하는
   바, 차순위매수신고인에게 '매각허가결정이 확정'되면 대금지급기한을 지정하여 이후의 매각절차를 진
   행하고, '매각불허가결정이 확정'되면 직권으로 재매각을 실시한다.

③ 새 매각절차에 의할 것이 아니다.

④ 최고가매수신고인에 대한 매각허가결정이 항고심이나 재항고심에서 취소된 경우에는 차순위매수신고인이 있더라도 민사집행법 제137조가 적용될 여지가 없으므로 집행법원은 새 매각기일을 정하여 매각절차를 진행한다. 재매각할 것이 아님에 주의하여야 한다.

⑤ 차순위매수신고인에 대한 매각허가결정이 있는 때에는 매수인은 매수신청의 보증을 돌려 줄 것을 요구하지 못한다(제137조 제2항).

3. 재매각절차

> **민사집행법 제138조(재매각)**
> ① 매수인이 대금지급기한 또는 제142조 제4항의 다시 정한 기한까지 그 의무를 완전히 이행하지 아니하였고, 차순위매수신고인이 없는 때에는 법원은 직권으로 부동산의 재매각을 명하여야 한다. **기출** 22
> ② 재매각절차에도 종전에 정한 최저매각가격, 그 밖의 매각조건을 적용한다.
> ③ 매수인이 재매각기일의 3일 이전까지 대금, 그 지급기한이 지난 뒤부터 지급일까지의 대금에 대한 대법원규칙이 정하는 이율에 따른 지연이자와 절차비용을 지급한 때에는 재매각절차를 취소하여야 한다. 이 경우 차순위매수신고인이 매각허가결정을 받았던 때에는 위 금액을 먼저 지급한 매수인이 매매목적물의 권리를 취득한다.
> **기출** 25 · 24 · 22 · 19
> ④ 재매각절차에서는 전의 매수인은 매수신청을 할 수 없으며 매수신청의 보증을 돌려 줄 것을 요구하지 못한다.
> **기출** 25 · 22

(1) 서 설

① 의 의

ㄱ 재매각이란 매각허가결정이 확정되어 매수인이 결정되었음에도 불구하고 매수인이 대금을 미납하였고 차순위매수신고인이 없는 때 법원이 직권으로 다시 실시하는 매각을 말한다(제138조 제1항).

ㄴ 재매각명령은 직권에 의하며 결정의 형식으로 한다. 재매각절차는 종전 매각절차의 속행이며 새 매각절차가 아니다. 재매각명령이 있게 되면 종전의 매각허가결정은 당연히 효력을 잃는다.

② 새 매각과의 구별 : '재매각'은 매각허가결정이 확정되어 매수인이 결정되었음에도 불구하고 대금을 지급하여야 할 매수인이 대금을 지급하지 아니할 때에 취하여지는 경매절차인 데 반하여, '새매각'은 매각허가결정에 이르지 아니하였거나 매각허가결정이 항고심에서 취소된 경우에 행하여지는 경매절차라는 점에서 양자는 구별된다.

(2) 재매각의 요건

① 매수인이 대금지급기한까지 그 의무를 이행하지 아니하였을 것

ㄱ 매각대금지급의무를 완전히 이행하지 않으면 재매각이 실시되므로 일괄매각된 여러 개의 부동산 중 일부 부동산의 매각대금에 상당하는 대금지급만이 있을 때에는 의무를 완전히 이행한 것이라고 볼 수 없고, 또 여러 사람이 동일 부동산을 매각허가받은 경우에 공동매수인 내부 관계에서는 부담부분이 정하여져 있더라도 법원에 대하여는 연대하여 전액을 지급할 의무가 있으므로 그중 1인만이 그 부담액만을 납부하고 그 나머지는 납부하지 않은 경우에는 매수인들은 그 의무를 완전히 이행한 것이라고 볼 수 없다(실무제요 집행 2). **기출** 19

ⓒ 판례도 민사집행법 제140조 제3항에 따라 각자 우선매수신고를 한 여러 사람의 공유자에게 공유지분의 비율에 따라 공동으로 채무자의 지분을 매수하게 한 경우 그 공유자들이 대금지급기한까지 매각대금을 전액 납부하지 않은 때에는 민사집행법 제138조에 따라 채무자의 지분 전부의 재매각을 명하여야 한다는 입장이다(대결 2012.3.9. 2011그316).

② **차순위매수신고인이 없을 것**

ⓐ 매수인이 대금지급기한까지 그 의무를 이행하지 아니하였더라도 차순위매수신고인이 있는 경우에는 바로 재매각을 명할 수 없고 그에 앞서 차순위매수신고인에 대한 매각허가여부를 결정하여야 한다(제137조 제1항 본문).

ⓑ 차순위매수신고인이 있는 경우에는 그에 대한 매각불허가결정이 확정되거나, 차순위매수신고인에 대하여 매각허가결정이 확정되었지만 차순위매수신고인도 대금을 미납한 때에 비로소 재매각을 실시할 수 있다.

③ **매수인의 대금미지급이 재매각명령시까지 존속할 것 :** 재매각절차에서 '전의 매수인'은 재매각기일의 3일 이전까지 대금과 지연이자 및 절차비용을 지급하고 재매각절차를 취소시킬 수 있는 일방적 권리가 있으므로(제138조 제3항) 재매각명령 전에 대금을 지급한 때에는 재매각의 요건을 구비하지 못한 것으로 된다.

(3) 재매각의 대상

① 재매각의 대상으로 되는 목적물은 원칙적으로 매수인에게 매각허가되었던 부동산이다.

② 다만 당초 여러 개의 부동산에 대한 매각실시를 하였으나 과잉매각으로 일부 부동산에 대하여서만 매각허가를 하고 나머지 부동산에 대하여는 매각불허가를 하였다가 매수인이 대금을 지급하지 아니하여 그 부동산에 대하여 재매각을 실시하게 된 경우에 법원은 필요하다고 인정하면 앞서 과잉매각으로 매각허가를 하지 아니하였던 부동산도 함께 매각에 부칠 수 있다.

③ 이 경우 매각 불허된 부동산의 경매는 재매각이 아니므로 전의 매수인의 매수금지의 문제는 생기지 아니한다.

(4) 재매각명령

① 집행법원은 재매각의 요건이 구비되면 그 사유발생일로부터 1주 안에 직권으로 재매각을 명하여야 한다. 재매각명령이 발령되면 종전의 매각허가결정은 당연히 실효된다.

② 재매각명령에 대하여는 이해관계인이 집행에 관한 이의신청으로서 불복할 수 있다. 이 불복은 재매각기일이 종결될 때까지 할 수 있다.

③ 매수인에 대한 대금지급기한의 통지서의 송달이 적법하지 않다면 매수인이 대금지급기일에 대금을 납부하지 않았다는 이유로 경매법원이 재매각을 명하여 경매절차를 진행한 것은 위법하다(대결 2001.6.4. 2000마7550). **기출** 23

> 부동산임의경매절차에서 매수인에 대한 대금지급기한의 통지서의 송달이 적법하지 않다면 매수인이 대금지급기일에 대금을 납부하지 않았다는 이유로 경매법원이 재매각을 명하여 경매절차를 진행한 것은 위법하다 할 것이나, 이와 같은 재매각명령의 위법은 민사집행법 제121조 제1항의 집행을 속행할 수 없는 사유에 해당하므로, 매수인으로서는 같은 법 제121조, 제129조의 각 규정에 의하여 재매각명령에 따른 매각기일에 재매각명령의 위법을 매각에 대한 이의사유로 주장하거나 재매각명령의 위법을 사유로 매각허가결정에 대하여 즉시항고를 하여야 할 것이고, 이러한 매각에 대한 이의나 매각허가결정에 대한 즉시항고를 하지 아니하여 매각허가결정이 확정된 후에는 더 이상 재매각명령의 취소를 구하는 집행에 관한 이의신청을 할 이익이 없다(대결 2001.6.4. 2000마7550). **기출** 23 · 19 · 18

(5) 재매각절차

① 매각조건

- ㉠ 재매각절차에도 종전에 정한 최저매각가격, 그 밖의 매각조건을 적용한다(제138조 제2항).

- ㉡ 재매각은 '전의 매수인'이 최고가매수신고인으로 호명받은 매각기일부터 재개·속행되는 것이므로 재매각명령 후 최초의 재매각기일의 최저매각가격 그 밖의 매각조건에 대하여는 '전의 매수인'이 최고가매수신고인으로 호명받은 매각기일에 정하여졌던 최저매각가격 그 밖의 매각조건이 그대로 적용된다(실무제요 집행 2).

- ㉢ 민사집행법 제97조 제1항에 의하여 감정인이 처음 평가한 금액이나 전의 매수인이 매수신고한 가격을 최저매각가격으로 하여 재매각을 실시하여서는 아니 된다(대결 1975.5.31. 75마172). 또한 재매각 직전의 매각기일에서의 최저매각가격을 저감하여 이를 재매각에서의 최저매각가격으로 하여서도 안 된다. `기출` 22

- ㉣ 실무에서는 재매각의 경우 직권으로 매수신청의 보증금액을 변경하여 최저매각가격의 10분의 1로 정한 금액을 보증으로 보관하게 하고 있다(규칙 제63조 제2항).

- ㉤ 재매각절차에서는 '전의 매수인'은 매수신청을 할 수 없다(제138조 제4항).

> 재경매(재매각)는 종전의 경매절차를 속행하는 것으로서, 민사소송법 제648조 제2항에 의하여 재경매명령 후 최초의 재경매기일에 적용되는 최저경매가격 기타 매각조건이란 전 매수인이 최고가매수신고인으로 호창받은 경매기일에서 정하여졌던 최저경매가격 기타 매각조건을 가리키고, 또한 최초의 경매가격을 결정한 후 상당한 시일이 경과되고 부동산가격에 변동이 있다고 하더라도 평가의 전제가 된 중요한 사항이 변경된 경우와 같은 특별한 사정이 없는 한 경매법원이 부동산가격을 재평가하여야 하는 것은 아니라고 할 것이다(대결 1998.10.28. 98마1817). `기출` 19

② 재매각기일의 지정·공고·통지·실시

- ㉠ 법원이 재매각을 명한 때에는 즉시 재매각기일을 지정하여 일반의 매각절차와 같은 방법으로 이를 공고하여야 한다.

- ㉡ 재매각기일은 그 공고일부터 2주 이후 20일 이내로 정하여야 한다(규칙 제56조).

- ㉢ 재매각기일도 일반의 매각기일의 경우와 마찬가지로 이해관계인에게 통지를 하여야 한다(제104조 제2항).

> 공유물지분에 대한 경매에서 민사집행법 제140조에 정한 우선매수권을 행사하여 매각허가결정을 받은 공유자가 대금지급기한까지 대금을 지급하지 아니하여 재매각절차가 진행된 경우에, … 그 재매각절차에서 '전의 매수인'에 해당하는 공유자에 대한 매각기일과 매각결정기일의 통지가 누락되었다고 하더라도 이를 위법하다거나 민사집행법 제121조 제1호에 정한 매각허가 이의사유인 '집행을 계속 진행할 수 없는 때'에 해당한다고 볼 수 없다(대결 2014.9.2. 2014마969).

③ **매수신청보증의 반환불가 및 배당재단에의 산입**

　ⓐ 재매각절차에서 '전의 매수인'은 매수신청을 할 수 없고 매수신청의 보증을 돌려줄 것을 요구하지 못하며(제138조 제4항), 이 규정에 의하여 매수인이 돌려줄 것을 요구할 수 없는 보증은 배당할 금액에 포함된다(제147조 제1항 제5호). 재매각의 결과 매각대금이 재매각 전의 매각대금보다 다액인 경우에도 역시 반환청구를 하지 못한다. 기출 22

> 매수신청의 보증제도는 진지한 매수의사가 없는 사람의 매수신청을 배제하여 매각의 적정성을 보장하기 위한 것이라는 점에 비추어 볼 때, 매수인이 대금지급기한까지 그 의무를 완전히 이행하지 아니하여 진행되는 재매각절차에서는 전의 매수인은 매수신청의 보증을 돌려줄 것을 요구하지 못하며, 이는 재매각절차의 진행 중에 부동산 중 일부에 관한 권리관계가 변동되어 법원이 직권으로 최저매각가격을 변경하였더라도 마찬가지라고 할 것이다(대결 2008.9.12. 2008마1112). 기출 21

　ⓑ 재매각명령 후 매각절차가 취소되거나 경매신청이 취하된 때에는 전의 매수인은 매수신청의 보증의 반환을 청구할 수 있다.

　ⓒ 다만, 이중경매에서 선행사건이 취소 또는 취하된 경우에도 후행사건에 의하여 재매각절차가 계속 진행되는 한 후행절차는 선행절차의 속행이라는 성격을 지니는 것이므로 반환청구가 불가능하다. 따라서 후행사건도 취소 또는 취하되어야 매수신청의 보증의 반환청구가 가능하다. 기출 17

④ **경매신청의 취하의 동의권** : 재매각절차를 야기한 '전의 매수인'은 경매신청 취하에 대한 동의권자에 해당하지 아니한다(대결 1999.5.31. 99마468). '전의 매수인'의 지위를 보호해 줄 필요가 없기 때문이다.

기출 19

⑤ **전의 매수인의 매각대금 납부**

　ⓐ 대금을 미납한 전의 매수인은 재매각기일의 3일 전까지 대금 등을 납부하여 소유권을 취득할 수 있으나, 차순위매수신고인이 있어 차순위매수신고인이 매각허가결정을 받으면 그때부터는 차순위매수신고인이 새로운 매수인으로 우선하게 되므로 재매각기일 3일 이전이라도 전의 매수인은 대금을 납부할 수 없다. 기출 15

　ⓑ 따라서 차순위매수신고인이 있는 경우에는 차순위매수신고인에게 매각허가결정이 있기 전까지만 최고가매수신고인이 우선하여 대금을 납부할 수 있다.

(6) 재매각절차의 취소

① **서 설**

의 의	매수인이 재매각기일의 3일 이전까지 대금 등을 지급한 때에는 재매각절차를 취소하여야 한다(제138조 제3항). 즉 '재매각절차의 취소'란 재매각절차를 야기한 '전의 매수인'의 대금 등의 납부를 원인으로 매각절차를 취소하는 것을 말한다. 기출 15
취 지	재매각취소를 인정하는 취지는, 재매각절차라는 것이 전의 매수인의 대금미납에 기인하는 것이어서 전의 매수인이 매각대금을 완전히 지급하려고 하는 이상 재매각절차를 반복하는 것보다는 최초의 매각절차를 되살려서 그 대금 등을 수령하는 것이 신속한 절차진행을 위하여 합당하기 때문이다(대결 1999.11.17. 99마2551). 재매각취소결정이 있으면 일단 효력이 상실된 매각허가결정이 부활하고 매수인은 확정적으로 소유권을 취득하게 된다.
효 력	재매각취소결정이 있으면 일단 효력이 상실된 매각허가결정이 부활하고 매수인은 확정적으로 소유권을 취득하게 된다.

② 취소의 요건

　　㉠ 재매각기일의 3일 이전까지 지급할 것

　　　㉮ '재매각기일'은 '재매각명령 후 첫 매각기일'만을 의미하는 것이 아니라 '유찰·변경 등의 사유로
　　　　다시 정한 매각기일'도 포함한다. 기출 21·15

　　　㉯ '재매각기일의 3일 이전까지'란 재매각기일의 전일부터 소급하여 3일이 되는 날까지를 의미한다
　　　　(대결 1992.6.9. 91마500). 예컨대 재매각기일이 2월 10일이면 2월 9일부터 역산하여 3일이 되는 날은
　　　　2월 7일이 되므로 2월 7일까지 대금 등을 납부한 때에는 재매각절차를 취소한다.

　　　㉰ 다만, 재매각기일의 3일전까지에 한하지 아니하고 재매각이 실시되기 전이라면 대금납부를 허가
　　　　하는 것이 다수의 실무례이다. 그러나 매수인은 재매각명령이 난 이후에는 매각허가결정의 취소
　　　　신청을 할 수 없다(대결 2009.5.6. 2008마1270). 기출 25·23

> 민사집행법 제127조 제1항, 제121조 제6호가 "천재지변 그 밖에 자기가 책임을 질 수 없는 사유로
> 부동산이 현저하게 훼손된 사실 또는 부동산에 관한 중대한 권리관계가 변동된 사실이 매각허가결정의
> 확정 뒤에 밝혀진 경우에는 매수인은 대금을 낼 때까지 매각허가결정의 취소신청을 할 수 있다."고
> 규정한 취지는, 위와 같은 경우에 매수인에게 매각허가결정의 취소신청을 할 수 있도록 허용함으로써
> 매수인의 불이익을 구제하려는 데 있는 점, 민사집행법 제138조 제1항에 의하면 재매각명령이 나면
> 확정된 매각허가결정의 효력이 상실되는 점, 민사집행법 제138조 제3항의 취지는 재매각절차가 전
> 매수인의 대금지급의무 불이행에 기인하는 것이어서 전 매수인이 법정의 대금 등을 완전히 지급하려고
> 하는 이상 구태여 번잡하고 시일을 요하는 재매각절차를 반복하는 것보다는 최초의 매각절차를 되살려
> 서 그 대금 등을 수령하는 것이 경매의 목적에 합당하다는 데에 있는 점 등을 종합하여 보면, 매수인은
> 재매각명령이 난 이후에는 매각허가결정의 취소신청을 할 수 없다고 봄이 상당하다(대결 2009.5.6.
> 2008마1270). 기출 25·23·19

　　㉡ 매수인이 대금, 지연이자와 절차비용을 지급하였을 것 : '전의 매수인'이 재매각절차의 취소를 구하기
　　　위하여 대금, 지연이자[68]와 절차비용을 지급함에 있어서 민사집행법 제143조가 규정하고 있는 채무
　　　인수 또는 차액지급의 방식에 의한 특별지급방법은 허용할 수 없다(대결 1999.11.17. 99마2551). 기출 19

③ **차순위매수신고인의 대금미납** : 차순위매수신고인이 매각허가결정을 받아 매수인이 되었으나 차순위매
　　수신고인도 대금을 지급하지 아니하여 재매각을 하는 경우에는 최고가로 매수인이 된 자와 차순위로
　　매수인이 된 자 모두 같은 입장이기 때문에 둘 중 먼저 대금을 지급한 매수인이 매매목적물의 권리를
　　취득한다(제138조 제3항 후문). 기출 24

④ **취소절차** : 집행법원은 재매각절차 취소요건이 구비되었다고 판단되면 재매각절차를 취소하는 결정을
　　한다.

> 매수인의 대금미납으로 재매각명령이 내려진 상태에서 매수인이 집행법원의 허가를 받아 매각대금 등을 모두
> 지급하고 집행법원이 재매각명령 취소결정을 한 후 항고심에서 있었던 재매각명령 취소결정의 취소결정이
> 재항고심에서 취소된 경우 소득세법상 부동산의 취득시기는, 재매각명령 취소결정의 효력이 당연히 정지되는
> 것은 아니어서 재매각명령 취소결정에 의해 매각허가결정이 유효하게 되므로, 매각대금완납일이다(대판
> 2009.5.28. 2009두2733).

---

68) 대금의 지급기한이 지난 뒤부터 지급일까지의 대금에 대한 연 10분의 12(민사집행규칙 제75조)의 비율에 의한
　　지연이자를 말한다.

⑤ **취소 후의 조치** : 집행법원은 재매각절차를 취소한 경우에는 즉시 배당기일을 지정하고 배당기일통지를 한다(제146조). 대금은 이미 완납되었으므로 대금지급기한을 지정할 필요는 없다. 매수인이 납부한 대금 등은 배당할 금액이 된다.

Ⅳ 매각대금지급의 효과

> **민사집행법 제135조(소유권의 취득시기)**
> 매수인은 매각대금을 다 낸 때에 매각의 목적인 권리를 취득한다.

1. 소유권취득의 시기

① 취득시점

　㉠ 매수인은 매각대금을 다 낸 때에 매각의 목적인 권리를 취득하며(제135조), 부동산의 인도청구권이 발생하는 등 실체법적 효력이 발생한다.

　㉡ 매각대금을 완납하여야만 소유권취득의 효력이 생기는 것이므로 매수인이 대금을 분할하여 지급하거나 또는 민사집행법 제142조 제4항에 의하여 보증을 현금화하여 매각대금 및 이에 대한 지연이자에 충당하고, 모자라는 금액이 있어서 다시 대금지급기한을 정하여 매수인으로 하여금 내게 한 때에는 그 나머지 금액을 모두 낸 때에 소유권을 취득하고, 낸 대금에 비례하여 지분을 취득하는 것이 아니다.

> 부동산강제경매절차에서는, 매수인은 매각대금의 지급기일에 매각대금을 지급하지 아니하는 것을 해제조건으로 매각허가결정이 확정될 때 경매부동산에 대한 소유권을 취득한다고 해석되는바, 채무자가 매각허가결정이 선고된 후 경매법원에 강제집행의 일시정지를 명하는 재판의 정본을 제출하였다 하더라도, 매각허가결정은 즉시항고의 대상인 재판인데 강제집행정지결정은 재판의 확정을 방해하거나 재판의 효력발생 자체를 저지하는 효력이 없으므로 매각허가결정의 확정을 저지할 수 없고, 그 후 매각허가결정이 확정되면 대금납부로 소유권을 확보할 수 있는 매수인의 지위도 확정되기 때문에 매각대금납부기일의 지정, 매각대금의 수령, 매수인 명의의 소유권이전등기 촉탁 등 절차는 정지되지 아니한다 할 것이어서, 위와 같이 매각허가결정이 선고된 후 즉시항고기간의 도과로 매각허가결정이 확정되고 매수인이 대금납부기일에 매각대금을 완납한 이상 매수인은 부동산에 관한 소유권을 적법하게 취득한다(대판 1993.6.25. 93다12305).
>
> **기출** 18

　㉢ 차순위매수신고인은 매수인이 대금을 모두 지급한 때 매수의 책임을 벗게 되고, 즉시 매수신청의 보증을 돌려받을 수 있다(제142조 제6항). **기출** 23

　㉣ 매각대금을 다 낸 매수인은 매각부동산의 인도명령을 신청할 수 있다(제136조 제1항).

② 다른 사람 명의로 매각허가결정을 받은 경우

> • 부동산경매절차에서 부동산을 매수하려는 사람이 매수대금을 자신이 부담하면서 다른 사람의 명의로 매각허가결정을 받기로 그 다른 사람과 약정함에 따라 매각허가가 이루어진 경우 그 경매절차에서 매수인의 지위에 서게 되는 사람은 어디까지나 그 명의인이므로 경매 목적 부동산의 소유권은 매수대금을 실질적으로 부담한 사람이 누구인가와 상관없이 그 명의인이 취득한다고 할 것이고, 이 경우 매수대금을 부담한 사람과 이름을 빌려 준 사람 사이에는 명의신탁관계가 성립한다(대판 2005.4.29. 2005다664).

- 부동산경매절차에서 부동산을 매수하려는 사람이 매수대금을 자신이 부담하면서 타인의 명의로 매각허가결정을 받기로 함에 따라 그 타인이 경매절차에 참가하여 매각허가가 이루어진 경우에도 그 경매절차의 매수인은 어디까지나 그 명의인이므로 경매 목적 부동산의 소유권은 매수대금을 실질적으로 부담한 사람이 누구인가와 상관없이 그 명의인이 취득한다 할 것이고, 이 경우 매수대금을 부담한 사람과 이름을 빌려 준 사람 사이에는 명의신탁관계가 성립한다. 이러한 경우 매수대금을 부담한 명의신탁자와 명의를 빌려 준 명의수탁자 사이의 명의신탁약정은 '부동산 실권리자명의 등기에 관한 법률'(이하 '부동산실명법') 제4조 제1항에 의하여 무효이나, 경매절차에서의 소유자가 위와 같은 명의신탁약정 사실을 알고 있었거나 소유자와 명의신탁자가 동일인이라고 하더라도 그러한 사정만으로 그 명의인의 소유권취득이 부동산실명법 제4조 제2항에 따라 무효로 된다고 할 것은 아니다. 경매부동산의 소유자를 위 제4조 제2항 단서의 '상대방 당사자'라고 볼 수는 없기 때문이다(대판 2012.11.15. 2012다69197).

2. 소유권취득의 대상

① 매수인이 취득하는 부동산 소유권의 범위는 매각허가결정서에 적힌 부동산과 동일성이 인정되는 범위 내에서 그 소유권의 효력이 미치는 범위와 같다.

② 매각 대상 부동산의 구성부분, 종물 및 종된 권리(건물을 위한 지상권, 요역지를 위한 지역권 등)는 매각허가결정서에 기재되어 있지 않더라도 매수인이 소유권을 취득하는 범위에 포함된다.

- 집합건물에서 구분소유자의 대지사용권은 규약으로써 달리 정하는 등의 특별한 사정이 없는 한 전유부분과 종속적 일체불가분성이 인정되어 전유부분에 대한 경매개시결정과 압류의 효력은 종물 또는 종된 권리인 대지사용권에도 미치는 것이므로(집합건물법 제20조 제1항, 제2항), 건축자의 대지소유권에 관하여 부동산등기법에 따른 구분건물의 대지권등기가 마쳐지지 않았다 하더라도 전유부분에 관한 경매절차가 진행되어 그 경매절차에서 전유부분을 매수한 매수인은 전유부분과 함께 대지사용권을 취득한다(대판 2012.3.29. 2011다79210). 기출 23
- 집합건물의 분양자가 수분양자에게 대지지분에 관한 소유권이전등기나 대지권변경등기는 지적정리 후 해주기로 하고 우선 전유부분에 관하여만 소유권이전등기를 마쳐 주었는데, 그 후 대지지분에 관한 소유권이전등기나 대지권변경등기가 되지 아니한 상태에서 전유부분에 대한 경매절차가 진행되어 제3자가 전유부분을 경락받은 경우, 그 매수인은 집합건물의 소유 및 관리에 관한 법률 제2조 제6호의 대지사용권을 취득하고, 이는 수분양자가 분양자에게 그 분양대금을 완납한 경우는 물론 그 분양대금을 완납하지 못한 경우에도 마찬가지이다(대판 2006.9.22. 2004다58611). 기출 18
- 구분소유권이 이미 성립한 집합건물이 증축되어 새로운 전유부분이 생긴 경우에는 건축자의 대지소유권은 기존 전유부분을 소유하기 위한 대지사용권으로 이미 성립하여 기존 전유부분과 일체불가분성을 가지게 되었으므로 규약 또는 공정증서로써 달리 정하는 등의 특별한 사정이 없는 상태에서 부동산경매절차가 진행되었다면 위 경매절차에서 새로운 전유부분을 취득한 매수인은 대지사용권이 없는 전유부분만을 취득하게 된다(대판 2017.5.31. 2014다236809). 기출 21
- 집합건물의 소유 및 관리에 관한 법률 제20조 제2항에 의하면 구분소유자는 특별한 사정이 없는 한 대지사용권을 전유부분과 분리하여 처분할 수 없고, 이를 위반한 대지사용권의 처분은 법원의 공유물분할경매절차에 의한 것이라 하더라도 무효이므로, 구분소유의 목적물인 건물 각 층과 분리하여 그 대지만에 대하여 경매분할을 명한 확정판결에 기하여 진행되는 공유물분할경매절차에서 그 대지만을 매수하더라도 매수인은 원칙적으로 그 대지의 소유권을 취득할 수 없다(대판 2010.5.27. 2006다84171). 기출 21

③ 법원이 매각허가결정을 하면서 착오로 부동산목록에 매각대상이 아닌 부동산을 포함시킨 경우 이는 명백한 오기로서 결정의 경정사유가 될 뿐 매각허가결정의 효력이 그 부동산에 미치지 아니한다(대결 1993.7.6. 93마720).

④ 경매의 대상이 아닌 부동산이 경매절차에서 경매신청된 다른 부동산과 함께 감정평가되어 경매기일에 공고되고 경매된 결과 경락인에게 경락되고 그 후 경락인에 대한 경락허가결정이 확정되었다고 하더라고 채권자에 의하여 경매신청되지도 아니하였고 경매법원으로부터 경매개시결정을 받은 바도 없는 독립된 부동산에 대한 경락은 당연무효이므로 경락인은 그 부동산에 대한 소유권을 취득할 수 없다(대판 1991.12.10. 91다20722). **기출** 22

> 1동의 건물의 일부분이 구분소유권의 객체가 될 수 있으려면 그 부분이 구조상으로나 이용상으로 다른 부분과 구분되는 독립성이 있어야 하고, 그 이용 상황 내지 이용 형태에 따라 구조상의 독립성 판단의 엄격성에 차이가 있을 수 있으나, 구조상의 독립성은 주로 소유권의 목적이 되는 객체에 대한 물적 지배의 범위를 명확히 할 필요성 때문에 요구된다고 할 것이므로 구조상의 구분에 의하여 구분소유권의 객체 범위를 확정할 수 없는 경우에는 구조상의 독립성이 있다고 할 수 없다. 그리고 구분소유권의 객체로서 적합한 물리적 요건을 갖추지 못한 건물의 일부는 그에 관한 구분소유권이 성립될 수 없는 것이어서, 건축물관리대장상 독립한 별개의 구분건물로 등재되고 등기부상에도 구분소유권의 목적으로 등기되어 있어 이러한 등기에 기초하여 경매절차가 진행되어 이를 낙찰받았다고 하더라도, 그 등기는 그 자체로 무효이므로 낙찰자는 그 소유권을 취득할 수 없다(대판 2008.9.11. 2008마696).

3. 소유권이전등기 등 촉탁

① 법원사무관 등은 매수인이 매각대금을 완납하면 배당과는 관계없이 바로 매각허가결정등본을 첨부하여 매수인 앞으로 소유권을 이전하는 등기, 매수인이 인수하지 아니한 부동산의 부담에 관한 기입을 말소하는 등기, 경매개시결정등기를 말소하는 등기를 등기관에게 촉탁하여야 한다(제144조 제1항).

> 부동산경매절차에서 매수인이 매각대금을 지급하면 법원사무관등은 민사집행법 제144조 제1항 제2호에 따라 매수인이 인수하지 않은 부동산의 부담에 관한 기입을 말소하는 등기를 촉탁하여야 한다. 이때 매수인이 인수하지 않은 부동산의 부담에 관한 기입인지는 법원사무관등이 등기기록과 경매기록에 따라 판단한다. 등기된 사항에 무효 또는 취소의 원인이 있다고 하더라도 매수인은 소송으로 그 등기의 효력을 다툴 수 있을 뿐이고, 민사집행법 제144조 제1항에 따른 말소촉탁을 구할 수도 없고 '법원사무관등의 처분에 대한 이의'의 방법으로 그 말소의 촉탁을 구할 수도 없다(대결 2018.1.25. 2017마1093). **기출** 18

② 매각대금을 지급할 때까지 매수인과 부동산을 담보로 제공받으려고 하는 사람이 대법원규칙으로 정하는 바에 따라 공동으로 신청한 경우, 제1항의 촉탁은 등기신청의 대리를 업으로 할 수 있는 사람으로서 신청인이 지정하는 사람에게 촉탁서를 교부하여 등기소에 제출하도록 하는 방법으로 하여야 한다.

③ 이 경우 신청인이 지정하는 사람은 지체 없이 그 촉탁서를 등기소에 제출하여야 한다(제144조 제2항).

4. 매각부동산의 인도명령신청

① 매수인은 매각대금을 지급하고 매각부동산의 인도명령을 신청할 수 있다.

② 법원은 매수인(또는 일반승계인)이 대금을 다 낸 뒤 6월 이내에 신청하면 채무자·소유자 또는 부동산 점유자에 대하여 부동산을 매수인에게 인도하도록 명할 수 있다. 다만, 점유자가 매수인에게 대항할 수 있는 권원에 의하여 점유하고 있는 것으로 인정되는 경우에는 그러하지 아니하다(제136조 제1항).

기출 11

Ⅴ 경매절차에서 절차상의 하자를 다툴 수 있는 종기

1. 일반론

① 민사집행법 제135조는 "매수인은 매각대금을 다 낸 때에 경매의 목적인 권리를 취득한다"고 규정하고 있다.

② 강제경매이건 임의경매이건 불문하고 경매절차에 하자가 있더라도 매각허가결정이 확정되고 매수인이 대금을 납부한 이상 경매절차 외에서 별소로 매각허가의 무효를 주장하여 매수인의 소유권취득의 효과를 다툴 수 없다.

2. 판례의 태도

① 판례도 통상 경매절차에 있어서 매각허가결정이 확정되고 매각대금이 납부되면 더이상 절차상의 하자를 들어 매각허가의 효력을 다툴 수 없는 것으로 보고 있다.

② 매각허가결정 확정 후 이해관계인인 채무자에게 매각기일을 통지하지 아니한 사유로써 매각허가의 효력을 다툴 수 있는지 여부

> 집행법원이 이해관계인인 채무자에게 매각기일을 통지하지 아니하였다고 하더라도 위와 같은 위법은 매각허가결정에 대한 이의사유로서 매각허가결정에 대한 항고 등으로 다투어야 할 것이지 매각허가결정이 확정된 후에는 위와 같은 사유를 주장하여 매각의 효력을 다툴 수 없다(대판 1992.2.14. 91다40160).

③ 매각허가결정이 선고된 후 채무자가 집행법원에 강제집행의 일시정지를 명하는 재판의 정본을 제출하였음에도 이를 정지하지 않고 경매절차를 진행한 경우

  ㉠ 강제집행의 일시정지를 명하는 재판의 정본이 제출되었음에도 경매절차의 진행을 정지하지 아니한 채 그대로 진행하여 매수인으로부터 매각대금을 지급받는 것은 위법하므로, 법원이 대금지급기한을 정하고 대금을 받는 등 경매절차를 진행하는 경우에 이해관계인은 민사집행법 제16조의 집행에 관한 이의에 의하여, 매수인은 민사집행규칙 제50조 제2항에 의한 매각허가결정의 취소신청에 의하여 각 그 시정을 구할 수 있는 바, 이러한 불복절차없이 경매절차가 그대로 완결된 경우에는 그 집행행위에 의하여 발생된 법률효과를 부인할 수 없다(대판 1992.9.14. 92다28020).

  ㉡ 따라서 매각대금이 완납된 후에는 이해관계인이 이러한 위법한 처분들에 관하여 그 시정을 구할 수 없다.

3. 추후보완항고의 경우

① 집행법원이 이해관계인 등에게 매각기일을 통지하지 아니하여 그가 매각허가결정에 대한 항고기간을 준수하지 못하였다면 특단의 사정이 없는 한 그 이해관계인은 자기 책임에 돌릴 수 없는 사유로 항고기간을 준수하지 못한 것으로 보아야 하며, 그러한 경우에는 형평의 원칙으로부터 인정된 구제방법으로서 추후보완이 허용되어야 한다(대판 2002.12.24. 2001마1047[전합]).

② 매각허가결정에 대하여 이해관계인이 추후보완에 의한 항고를 제기한 경우 항고법원에서 추후보완 신청이 허용되었다면 비록 다른 이유로 항고가 이유 없는 경우에도 매각허가결정은 확정되지 아니하고 따라서 그 이전에 이미 매각허가결정이 확정된 것으로 알고 집행법원이 매각대금 납부기한을 정하여 매수인으로 하여금 매각대금을 납부하게 하였다고 하더라도 이는 적법한 매각대금의 납부라고 할 수 없는 것이어서, 배당절차가 종료됨으로써 경매절차가 완료되었다고 하여 그 추후보완신청을 받아들일 수 없는 것은 아니다(대판 2002.12.24. 2001마1047[전합]). 기출 20 · 18

Ⅵ 매각절차의 하자와 소유권취득 여부

1. 강제경매의 경우

(1) 경매절차의 하자

① **무효로 하지 아니하는 하자** : 강제경매절차를 무효로 하는 하자가 아닌 한 경매절차에 하자가 있더라도 매각허가결정이 확정되고 매수인이 대금을 납부한 이상 경매절차 밖에서 별소로 매각허가결정의 무효를 주장하여 매수인의 소유권취득의 효과를 다툴 수 없다.

② **경매절차를 무효로 하는 하자**

  ㉠ 경매개시결정이 채무자에게 송달되지 아니한 상태에서 진행된 경매절차

  > 집행법원이 이중경매 신청에 기한 경매개시결정을 하면서 그 결정을 채무자에게 송달함이 없이 경매절차를 진행하였다면 그 경매는 경매개시결정이 효력을 발생하지 아니한 상태에서 이루어진 것이어서 당연히 무효라고 보아야 하므로, 그 개시결정이 채무자에게 송달되기 전에 매각대금의 납부를 명하고 이에 따라 매각대금을 납부한 것은 경매절차를 속행할 수 없는 상태에서의 대금납부로서 부적법하여 대금납부의 효력을 인정할 수 없다(대결 1995.7.11. 95마147). 기출 18

  ㉡ 무효인 공정증서에 기해 진행된 경매절차

  ㉢ 주무관청의 허가

   ㉮ 학교법인의 기본재산(사립학교법 제28조 제1항), 사찰소유의 부동산(전통사찰보존법 제6조 제1항 제2호)에 대한 '주무관청의 허가'는 경매개시의 요건이 아니고 매수인의 소유권취득의 요건에 불과하므로 경매신청시에 그 처분허가서를 제출하지 아니하였다 하더라도 경매신청을 각하(기각)할 것은 아니지만, 주무관청의 허가가 없음에도 매각허가결정이 확정되어 대금이 완납되었어도 그 대금납부는 효력이 없고 매수인은 소유권을 취득할 수 없다(대판 1994.1.25. 93다42993). 기출 18

- 학교법인의 기본재산이 감독청의 허가 없이 강제경매절차에 의하여 매각허가결정이 확정되어 이에 관하여 경락을 원인으로 하여 경락인 명의의 소유권이전등기가 경료되었다 하더라도 그 등기는 적법한 원인을 결여한 등기이다(대판 1994.1.25. 93다42993). **기출** 18
- 학교법인이 사립학교법 제47조 제1항에 의한 해산명령을 받아 해산되고 고등교육법 제62조 제1항에 의한 학교폐쇄처분을 받아 사실상 학교법인으로서 실체를 상실하고 기능을 수행할 수 없게 된 경우에도 사립학교법 제28조 제1항이 여전히 적용되어 그 기본재산을 처분하고자 할 때에는 관할청의 허가를 받아야 한다고 해석함이 상당하다(대판 2010.4.8. 2009다93329). **기출** 21

㉯ 학교법인의 기본재산에 관하여 담보를 제공할 당시 주무부장관의 허가를 받았을 경우 저당권의 실행으로 매각이 될 때에는 다시 주무부장관의 허가를 받을 필요가 없다. **기출** 14

> 민법상 재단법인의 정관에 기본재산은 담보설정 등을 할 수 없으나 주무관청의 허가·승인을 받은 경우에는 이를 할 수 있다는 취지로 정해져 있고, 정관 규정에 따라 주무관청의 허가·승인을 받아 민법상 재단법인의 기본재산에 관하여 근저당권을 설정한 경우, 그와 같이 설정된 근저당권을 실행하여 기본재산을 매각할 때에는 주무관청의 허가를 다시 받을 필요는 없다(대결 2019.2.28. 2018마800 참조).
> **기출** 25

㉰ 반면, 강제경매의 경우에는 근저당권 설정 시에 주무관청의 허가를 받았더라도, 매각허가결정 시 주무부장관이 허가를 받아야 하는 것이 원칙이다. 다만, 매각대금이 모두 근저당권자에게 배당되어 그 근저당권이 소멸되었다면 매각허가결정 시 별도의 허가가 필요 없다.

> 의료법 제41조 제3항의 규정에 의한 보건사회부장관의 허가는 강제경매의 경우에도 그 효력요건으로 보아야 할 것이지만, 강제경매의 대상이 된 부동산에 보건사회부장관의 허가를 받아 소외 은행을 근저당권자로 한 근저당이 설정되었고, 그 경락대금이 모두 위 은행에 배당되어 그 근저당권이 소멸되었다면 이는 위 은행의 근저당권 실행에 의하여 임의경매가 실시된 것과 구별할 이유가 없다고 하겠고, 담보제공에 관한 보건사회부장관의 허가를 받았을 경우에 저당권의 실행으로 경락될 때에 다시 그 허가를 필요로 한다고 해석되지 아니하는 이치에서 위와 같은 경락의 경우에도 별도의 허가를 필요로 하지 아니한다고 할 것이다(대판 1993.7.16. 93다2094). **기출** 21

(2) 집행권원의 하자

① 집행권원의 부존재 : 집행력있는 정본이 전혀 존재하지 않은 채 실시된 강제경매는 절대적 요건에 흠결이 있어 외형상 적법한 절차가 행해졌다 하더라도 당연무효로서 아무런 효력이 생기지 않는다.

② 집행권원의 무효

> 무권대리인의 촉탁에 의하여 공정증서가 작성된 경우 그 공정증서는 집행권원으로서의 효력이 없으므로 그러한 무효인 공정증서에 기한 경매절차에서 부동산을 매수한 자는 소유권을 취득할 수 없다(대판 2002.5.31. 2001다64486). **기출** 18

③ 집행채권의 소멸 또는 집행권원의 집행력 배제
- ㉠ 민사집행법 제49조 제4호의 서류(변제증서)가 제출되더라도 같은 법 제51조에 의하여 2월의 집행정지의 효과가 있음에 그칠 뿐, 그 이상으로 경매절차의 진행이나 효력을 저지 또는 부정하는 사유가 될 수 없다(대판 1992.9.14. 92다28020; 대판 1993.4.23. 93다3165).
- ㉡ 매수인이 대금을 지급한 후에는 집행권원의 집행력을 배제하는 서류가 제출되더라도 매수인의 소유권취득은 영향을 받지 않는다. 따라서 확정된 종국판결에 터잡아 경매절차가 진행된 경우 그 뒤 그 확정판결이 재심소송에서 취소되었다고 하더라도 그 경매절차를 미리 정지시키거나 취소시키지 못한 채 경매절차가 계속 진행된 이상 매각대금을 완납한 매수인은 매각목적물의 소유권을 적법하게 취득한다(대판 1996.9.6. 96다26589; 대판 1996.12.20. 96다42628).
- ㉢ 가집행선고 있는 판결에 기한 강제집행은 확정판결에 기한 경우와 같이 본집행이므로 상소심의 판결에 의하여 가집행선고의 효력이 소멸되거나 집행채권의 존재가 부정된다 하더라도 그에 앞서 이미 완료된 집행절차나 이에 기한 매수인의 소유권취득의 효력에는 아무런 영향을 미치지 아니한다(대판 1993.4.23. 93다3165). **기출** 22

2. 임의경매의 경우

① 경매개시결정 후 담보권의 소멸 : 일단 유효하게 성립되었던 담보권이 경매절차개시 '후'에 피담보채권의 변제, 담보권의 포기 등의 사유로 인하여 사후적으로 소멸한 경우에는 대금을 모두 지급한 이상 소유권을 취득하는 데 아무런 장애가 되지 않는다(제267조, 대결 1992.11.11. 92마719; 대판 2001.2.27. 2000다44348).

② 경매개시결정 전 담보권의 무효 또는 소멸 : 담보권설정계약이 무효이거나 위조서류에 의하여 담보권설정등기가 된 경우와 같이 당초부터 담보권이 부존재인 경우 또는 담보권은 유효하게 성립되었으나 경매개시결정 '전'에 피담보채무가 변제되어 담보권이 소멸된 경우에는 이에 기한 경매절차 역시 당연무효이므로 그 절차에서 매수인이 매각대금을 납부하였다 하더라도 경매부동산의 소유권을 취득하지 못한다(대판 1999.2.9. 98다51855, 2012.1.12. 2011다68012). **기출** 21 · 18 · 13

> **이미 소멸한 근저당권에 기하여 임의경매가 개시되고 매각이 이루어진 경우, 그 경매의 효력(무효) 및 민사집행법 제267조는 경매개시결정이 있은 뒤에 담보권이 소멸하였음에도 경매가 계속 진행되어 매각된 경우에만 적용되는지 여부(적극)**
>
> 종래 대법원은 민사집행법 제267조가 신설되기 전에도 실체상 존재하는 담보권에 기하여 경매개시결정이 이루어졌으나 그 후 경매 과정에서 담보권이 소멸한 경우에는 예외적으로 공신력을 인정하여, 경매개시결정에 대한 이의 등으로 경매절차가 취소되지 않고 매각이 이루어졌다면 경매는 유효하고 매수인이 소유권을 취득한다고 해석해 왔다. 대법원은 민사집행법 제267조가 신설된 후에도 같은 입장을 유지하였다. 즉, 민사집행법 제267조는 경매개시결정이 있은 '뒤'에 담보권이 소멸하였음에도 경매가 계속 진행되어 매각된 경우에만 적용된다고 보는 것이 대법원의 일관된 입장이다. 위와 같은 현재의 판례는 타당하므로 그대로 유지되어야 한다.
> (1) 임의경매의 정당성은 실체적으로 유효한 담보권의 존재에 근거하므로, 담보권에 실체적 하자가 있다면 그에 기초한 경매는 원칙적으로 무효이다. 특히 채권자가 경매를 신청할 당시 실행하고자 하는 담보권이 이미 소멸하였다면, 그 경매개시결정은 아무런 처분권한이 없는 자가 국가에 처분권을 부여한 데에 따라 이루어진 것으로서 위법하다. 반면 일단 유효한 담보권에 기하여 경매개시결정이 개시되었다면, 이는 담보권에 내재하는 실체적 환가권능에 기초하여 그 처분권이 적법하게 국가에 주어진 것이다. 이러한 점에서 담보권의 소멸은 그 소멸 시기가 경매개시결정 전인지 또는 후인지에 따라 그 법률적 의미가 본질적으로 다르다고 할 수 있다.

(2) 민사집행법 제267조가 담보권의 소멸 시기를 언급하지 않고 있더라도 그것이 경매개시결정 전에 담보권이 소멸한 경우까지도 포함하여 경매의 공신력을 인정하려는 취지인지는 그 문언만으로는 분명하지 않고, 여전히 법률해석의 여지가 남아 있게 되었다.

(3) 원칙적으로는 경매가 무효라 하더라도 상대적으로 진정한 권리사에 대한 보호가치가 줄어든 경우에 한하여 실권효에 기초하여 예외적으로 경매의 공신력을 부여할지를 논할 수 있는 것이고, 이러한 논의에 애초부터 담보권이 소멸하여 위법하게 경매절차가 개시된 경우를 포함하는 것은 타당하다고 할 수 없다.

(4) 경매개시결정이 있기 '전'에 담보권이 소멸한 경우에도 그 담보권에 기한 경매의 공신력을 인정한다면, 이는 소멸한 담보권 등기에 공신력을 인정하는 것과 같은 결과를 가져오므로 현재의 등기제도와도 조화된다고 볼 수 없다.

(5) 결국 대법원이 현재에 이르기까지 민사집행법 제267조가 경매개시결정이 있은 뒤에 담보권이 소멸한 경우에만 적용되는 것으로 해석해 온 것은 민사집행법 제267조의 입법 경위, 임의경매의 본질과 성격 및 부동산 등기제도 등 법체계 전체와의 조화를 고려하여 다양한 해석이 가능한 법문언의 의미를 분명히 밝힌 것으로 보아야 한다(대판 2022.8.25. 2018다205209[전합]).

③ 중복 보존등기를 기초로 하여 경료된 근저당권설정등기

귀속재산에 관하여 1954.6.30. 원래의 소유자인 일본인 명의의 소유권보존 등기의 회복등기가 경료된 다음 1961.9.21. 이와 중복되는 국가 명의의 소유권보존등기가 경료되었다면 뒤에 경료된 국가 명의의 소유권보존등기 및 이를 기초로 하여 경료된 근저당권설정등기는 무효라 할 것이고, 이와 같이 무효의 근저당권설정등기에 기하여 진행된 임의경매절차에서 이를 경락받았다 하더라도 소유권을 취득하지는 못한다고 할 것이다(대판 1981.9.8. 81다212).

제18절   부동산에 대한 강제집행 – 배당절차 – (1) 총설

I   서 설

> **민사집행법 제145조(매각대금의 배당)**
> ① 매각대금이 지급되면 법원은 배당절차를 밟아야 한다.
> ② 매각대금으로 배당에 참가한 모든 채권자를 만족하게 할 수 없는 때에는 법원은 민법·상법, 그 밖의 법률에 의한 우선순위에 따라 배당하여야 한다.

① 매각대금의 납부로 매각절차가 마쳐지면 매각대금으로 채권자의 채권에 충족을 주는 배당절차를 밟는다(제145조).

② 매각대금이 집행비용 및 각 채권자의 채권을 만족시키기에 충분한 경우에도 배당절차를 생략할 수 없고, 법원은 배당기일을 지정하고 배당표를 작성하여 배당을 실시한다. **기출** 12

Ⅱ 배당준비

1. 배당개시요건(제145조)

① 매각대금이 완납되어야만 배당절차가 개시된다.
② 부동산집행절차에서는 매각대금이 채권변제에 충분하거나 채권자 사이의 합의가 있더라도 반드시 직권으로 배당절차를 밟아야 한다.

2. 배당기일의 지정 및 통지

> **민사집행법 제146조(배당기일)** 기출 23
> 매수인이 매각대금을 지급하면 법원은 배당에 관한 진술 및 배당을 실시할 기일을 정하고 이해관계인과 배당을 요구한 채권자에게 이를 통지하여야 한다. 다만, 채무자가 외국에 있거나 있는 곳이 분명하지 아니한 때에는 통지하지 아니한다.

① 집행법원은 배당에 관한 진술 및 배당을 실시할 기일, 즉 배당기일을 정하고 이해관계인과 배당을 요구한 채권자에게 이를 통지하여야 한다(제146조 본문).
② 배당액이 전혀 없는 채권자에게도 통지하여야 한다.
③ 그러나 채무자가 외국에 있거나 있는 곳이 분명하지 아니한 때에는 통지하지 아니한다(제146조 단서).

3. 배당표원안의 작성과 비치

> **민사집행법 제150조(배당표의 기재 등)** 기출 23 · 12
> ① 배당표에는 매각대금, 채권자의 채권의 원금, 이자, 비용, 배당의 순위와 배당의 비율을 적어야 한다.
> ② 출석한 이해관계인과 배당을 요구한 채권자가 합의한 때에는 이에 따라 배당표를 작성하여야 한다.

① 배당표원안의 작성
  ㉠ 배당표는 민사집행규칙 제81조의 채권계산서제출기간이 지난 뒤에 작성한다. 나아가 집행법원은 채권자와 채무자에게 보여주기 위하여 배당기일의 3일 전까지 배당표원안을 작성하여 법원에 비치하여야 한다(제149조 제1항). 기출 23
  ㉡ 채권자가 계산서를 제출하지 아니한 때에는 집행기록에 나타난 담보권이나 가압류의 내용, 배당요구서나 집행력 있는 정본의 취지와 그 증빙서류에 따라 법원이 채권자들의 채권을 계산하여 배당표원안을 작성한다.
  ㉢ 이 배당표는 집행법원이 작성하는 것만으로 그대로 확정되는 것이 아니고(배당계획안에 불과하다) 배당기일에 채권자들 사이에 합의가 성립하거나 이의가 없을 때 비로소 배당표로서 확정된다.

② **배당표원안의 비치와 열람** : 집행법원은 배당기일에 출석한 이해관계인과 배당을 요구한 채권자를 심문하여 배당표를 확정하여야 하나(제149조 제2항), 그에 앞서 채권자와 채무자에게 보여주기 위하여 배당기일의 3일 전에 배당표원안을 작성하여 법원에 비치하여야 한다(제149조 제1항). **기출** 12

> 채권자의 제3채무자가 채권자의 배당금 지급청구권에 관하여 가압류결정 또는 압류 및 추심명령을 받았다면 그 효력은 배당금지급청구권의 행사 수단인 위 공탁금 출급청구권에 대하여도 미친다(대판 2009.7.23. 2009다39363).

4. 배당표에 적어야 할 사항

① **서설** : 민사집행법 제150조 제1항은 배당표에 매각대금, 각 채권자의 채권의 원금, 이자, 비용, 배당의 순위와 배당비율을 적도록 규정하고 있으나 법에 규정된 위 사항 외에도 실무에서는 배당법원의 표시, 사건번호, 배당할 금액, 매각부동산, 채권자의 이름, 배당순위와 이유, 배당액, 잔여액 등을 적도록 되어 있다.

② **배당할 금액**(제147조, 규칙 제79조)

> **민사집행법 제147조(배당할 금액 등)**
> ① 배당할 금액은 다음 각 호에 규정한 금액으로 한다.
>   1. 대 금
>   2. 제138조 제3항 및 제142조 제4항의 경우에는 대금지급기한이 지난 뒤부터 대금의 지급·충당까지의 지연이자
>   3. 제130조 제6항의 보증(제130조 제8항에 따라 준용되는 경우를 포함한다.)
>   4. 제130조 제7항 본문의 보증 가운데 항고인이 돌려 줄 것을 요구하지 못하는 금액 또는 제130조 제7항 단서의 규정에 따라 항고인이 낸 금액(각각 제130조 제8항에 따라 준용되는 경우를 포함한다.)
>   5. 제138조 제4항의 규정에 의하여 매수인이 돌려줄 것을 요구할 수 없는 보증(보증이 금전 외의 방법으로 제공되어 있는 때에는 보증을 현금화하여 그 대금에서 비용을 뺀 금액)

㉠ 배당할 금액에 산입될 것은 민사집행법 제147조와 규칙 제79조에서 정하고 있다. 배당금은 매각대금, 재매각취소에 따라 매수인이 내는 지연이자(제138조 제3항)와 현금 이외의 것으로 제공된 매수보증의 현금화에 따른 지연이자(제142조 제4항), 이해관계인의 항고가 배척되었을 경우 돌려받지 못하는 항고보증이나 매각대금에 대한 지연이자(제130조 제6항·제7항·제8항), 매수신고인이 대금을 미납하여 돌려받지 못하는 매수보증금(제137조 제2항, 제138조 제4항) 등을 재원으로 한다.

㉡ 배당표에는 배당할 금액의 명세로 매각대금, 지연이자, 항고보증금, 전매수인의 매수신청보증금, 보증금 등 이자의 다섯 가지로 구분하고 있다.

③ **집행비용**

㉠ 강제집행에 필요한 비용은 채무자의 부담으로 하고 그 집행에 의하여 우선적으로 변상을 받는다(제53조 제1항).

㉡ 집행비용은 집행권원 없이도 배당재단으로부터 각 채권액에 우선하여 배당받을 수 있다.

④ 매각부동산

    ㉠ 매각대금이 발생한 당해 매각부동산을 표시한다.

    ㉡ 등기부 표제란에 적힌 부동산의 표시를 모두 적을 필요는 없고 매각부동산을 특정할 수 있을 정도로만 적으면 된다.

⑤ **배당받을 채권자** : 채권자는 조금이라도 배당을 받는 채권자뿐만 아니라 배당요구신청이 각하되지 아니한 채권자인 이상 배당액이 0인 채권자도 배당표에 기재하여야 한다.

⑥ 채권금액의 확정

    ㉠ 채권금액이란 배당에 참가한 모든 채권자의 채권액을 말한다.

    ㉡ 채권자가 채무자에 대하여 가지는 채권이라도 청구 또는 배당요구를 하지 아니하거나 채권계산서에 적지 아니한 것은 포함되지 아니한다(단 압류의 효력발생전에 등기한 저당권자나 가압류채권자의 채권은 그러하지 아니하다).

    ㉢ 이자는 배당요구의 종기까지 제출된 계산서에 이자채권이 적혀있는 한 배당기일까지의 이자를 계상하여 오면 그 부분 이자는 배당에 포함한다.

    ㉣ 부동산강제경매절차에 있어서는 변제자가 임의로 변제하는 경우의 변제자와 수령자 사이의 합의에 의한 변제충당이나 민법 제476조의 규정에 의한 지정변제충당은 허용될 수 없다(대판 1991.7.23. 90다18678).

    ㉤ 민법 제477조의 규정에 의한 법정변제충당의 방법에 따라 충당을 하여야 할 것이다(대판 1999.8.24. 99다22281, 22298 등). 따라서 매각대금은 비용·이자·원본의 순서로 변제에 충당된다.

⑦ 배당순위

    ㉠ 배당할 금액은 배당순위에 따라 배당한다.

    ㉡ 그 순위가 같은 경우에는 채권액에 비례하여 안분한다.

    ㉢ 배당하고 남은 것이 있다면 채무자 및 소유자에게 돌려주기 전에 매각허가결정에 대해 항고하였다가 배당재단에 편입된 보증금은 항고한 자에게 먼저 돌려준다.

    ㉣ 배당받을 채권자의 배당액 및 그 배당액과 그들 상호 간의 순위에 대해서는 별도의 항목으로 살펴본다.

⑧ **이유** : 이유란에는 배당순위를 결정하는 근거를 적는다.

⑨ **채권최고액** : 채권최고액은 채권금액 중에서 당해 순위에서 우선변제받는 것으로 인정되는 최고한도의 금액을 말한다.

⑩ **배당비율, 배당액** : 배당은 우선순위에 따라 선순위의 채권으로부터 순차로 전액을 배당한 다음 잔액이 있으면 그 잔액에 관하여 일반채권자의 각 채권액의 비율대로 안분한다.

⑪ **잔여액** : 배당할 금액으로부터 배당표 가장 왼쪽란에 기재된 채권자의 배당액을 공제한 금액을 가장 왼쪽란의 잔여액란에 적고 그 다음부터는 전자의 잔여액에서 배당액을 공제한 금액을 잔여액으로 적는다.

부동산에 대한 강제집행 – 배당절차 – (2) 배당받을 채권자의 배당액

I 채권자

경매절차에서 배당받을 채권자는 배당요구의 종기까지 경매신청을 한 압류채권자, 배당요구의 종기까지 배당요구를 한 채권자, 첫 경매개시결정등기 전에 등기된 가압류채권자, 저당권·전세권, 그 밖의 우선변제청구권으로서 첫 경매개시결정등기 전에 등기되었고 매각으로 소멸하는 것을 가진 채권자이다(제148조).

II 근저당권자의 채권

1. 피담보채권의 범위

① 채권최고액의 의미

㉠ 채권최고액

㉮ 근저당권이 담보하는 채권의 범위는 원금과 이자, 손해배상(지연손해금), 위약금 등을 합산하여 위 채권최고액의 범위 내에서만 근저당권의 효력이 미치며 이를 초과하는 부분은 우선변제를 받지 못한다.

㉯ 이와 같이 손해배상도 근저당권의 채권최고액에 포함되는 이상 지연손해금은 이행기일을 경과한 후의 1년분에 한정할 필요가 없으므로 민법 제360조는 근저당권의 경우에는 그 적용이 없고, 반면에 근저당권의 결산기에 확정된 원금에 대하여 그 최고액을 초과하는 지연손해금은 1년분의 범위 내라도 민법 제360조를 적용하여 이를 위 최고액과 별도로 청구할 수 없다.

㉰ 근저당권의 실행비용(경매비용)은 채권최고액에 포함되지 아니한다(대판 1971.4.6. 71다26).

㉡ 근저당권설정자와 채무자가 동일한 경우

㉮ 근저당권설정자와 채무자가 동일한 경우에 근저당권의 채권최고액은 후순위담보권자나 근저당 목적부동산의 제3취득자에 대한 우선변제권의 한도로서의 의미를 갖는 것에 불과하다.

㉯ 따라서 채무자의 채무액이 근저당권의 채권최고액을 초과하는 경우에 채무자 겸 근저당권설정자가 채권최고액, 지연손해금 및 집행비용을 변제한 경우에도 이는 채무의 일부변제에 불과하고 따라서 근저당권설정자가 근저당권의 말소를 청구할 수 없다(대판 1981.11.10. 80다2712).

㉰ 근저당권자가 최고액을 초과하는 금액을 청구한 경우에도 후순위담보권자나 근저당 목적부동산의 제3취득자가 없는 경우에는 근저당권자의 채권최고액을 초과하는 채무의 변제에 충당하여야 한다(대판 1992.5.26. 92다1896).

㉢ 근저당권설정자가 물상보증의 경우 : 근저당권설정자가 물상보증인인 경우에는 초과하는 지연손해금을 변제받을 수 없고 위 잔액은 근저당권설정자(물상보증인)에게 교부되어야 한다(대판 1974.12.10. 74다998). 결국 물상보증의 경우에는 피담보채권액의 범위가 채권최고액을 한도로 한다는 의미이다.

ⓔ 제3취득자가 있는 경우

㉮ 담보목적물의 제3취득자는 피담보채무를 변제하고 근저당권설정등기의 말소를 청구할 수 있다.

㉯ 민법 제364조는 "저당부동산에 대하여 소유권, 지상권 또는 전세권을 취득한 제3취득자는 저당권자에게 그 부동산으로 담보된 채권을 변제하고 저당권의 소멸을 청구할 수 있다."고 규정하고 있는데, 이 규정은 근저당권의 경우에도 유추적용할 수 있다. 따라서 근저당목적물에 대한 제3취득자도 피담보채무를 변제하고 근저당권의 소멸을 청구할 수 있다. 물상보증의 경우와 동일하다.

② **피담보채권액의 범위** : 채권계산서와 증빙서류에 의해 근저당권의 결산기에 확정된 총채권액이 최고액 범위 내의 액수이면 그 액수를, 최고액을 초과하면 그 최고액을 채권금액으로 하여 배당표에 적는다.

2. 피담보채권의 확정

① 근저당권자가 경매신청채권자인 경우(= 경매신청 시 확정)

㉠ 근저당권자 자신이 경매를 신청하려면 경매신청시에 이미 그 피담보채권액이 확정되어 있거나 또는 경매신청으로 인하여 피담보채권이 확정되어야 한다.

㉡ 따라서 '경매신청한 근저당권의 피담보채권'은 경매신청시에 확정되며, 근저당권의 피담보채권이 일단 확정되면 그 이후부터 근저당권은 부종성을 가지게 되어 보통의 저당권과 같은 취급을 받게 되므로 경매신청 이후에 발생하는 원금채권은 그 근저당권에 의하여 담보되지 않는다(대판 1998.10.27. 97다26104).

㉢ 약정결산기가 지난 후에 발생한 원금채권도 같다(대판 1988.10.11. 87다카545).

② 신청채권자 이외의 근저당권(= 매각대금납부 시 확정)

> 근저당권설정계약에 다른 담보권자나 일반채권자로부터 경매신청이 있으면 당연히 그 근저당거래계약이 종료되어 결산기가 도래한다는 특약이 있으면 이 특약에 의하여 근저당거래계약이 종료된 때를 기준으로 하여 피담보채권이 확정될 것이나, 이와 같은 특약이 없는 경우에는 후순위근저당권자가 근저당권의 실행을 위하여 경매를 신청한 경우 선순위근저당권의 피담보채권은 그 근저당권이 소멸하는 때, 즉 매수인이 매각대금을 완납한 때에 확정된다고 보아야 하므로 그 채권이 매각대금 지급시까지 발생한 것이기만 하면 채권최고액 범위 내에서는 배당요구의 종기 이후라도 배당표가 작성될 때까지는 채권계산서의 제출에 의하여 배당요구채권액을 확장할 수 있다(대판 1999.9.21. 99다26085).

3. 근저당권자에게 채권최고액 초과 부분도 배당할 수 있는지 여부

① 문제제기

㉠ 실채권액이 근저당권의 채권최고액을 초과하고 있고 근저당권자가 경매신청서 또는 채권계산서에 의하여 그 초과액까지도 청구하고 있을 경우에 매각대금으로 그 최고액을 변제하고도 잔액이 있으며 그 잔액으로부터 변제받을 후순위권자도 없는 때에는 근저당권자에게 채권최고액 초과 부분도 배당할 수 있는지 여부가 문제된다.

㉡ 판례는 근저당권설정자와 채무자가 동일한 경우와 근저당권설정자가 물상보증인이거나 목적 부동산에 관하여 제3취득자가 생긴 경우를 구별하고 있다.

② 근저당권설정자와 채무자가 동일한 경우

　　㉠ 근저당권자가 경매신청서 또는 채권계산서에 의하여 그 초과액까지도 청구한 경우에는 근저당권자의 채권최고액을 초과하는 채무의 변제에 충당하여야 한다.

> 민사집행법상 경매절차에 있어 근저당권설정자와 채무자가 동일한 경우에 근저당권의 채권최고액은 민사집행법 제148조에 따라 배당받을 채권자나 저당목적부동산의 제3취득자에 대한 우선변제권의 한도로서의 의미를 갖는 것에 불과하고, 그 부동산으로써는 그 최고액범위 내의 채권에 한하여서만 변제를 받을 수 있다는 이른바 책임의 한도라고까지는 볼 수 없다. 그러므로 민사집행법 제148조에 따라 배당받을 채권자나 제3취득자가 없는 한 근저당권자의 채권액이 근저당권의 채권최고액을 초과하는 경우에 매각대금 중 그 최고액을 초과하는 금액이 있더라도 이는 근저당권설정자에게 반환할 것은 아니고 근저당권자의 채권최고액을 초과하는 채무의 변제에 충당하여야 한다(대판 2009.2.26. 2008다4001). **기출** 23 · 18

　　㉡ 한편 여럿이 시기를 달리하여 채권의 일부씩을 대위변제하고 근저당권 일부이전의 부기등기를 각 경료한 경우 다른 특별한 사정이 없는 한 각 변제채권액에 비례하여 안분배당하여야 하고 부기등기의 순서에 따라 배당해서는 안 된다(대판 2001.1.19. 2000다37319).

　　㉢ 근저당권의 채권최고액을 초과하는 부분으로서 우선변제의 효력이 미치지 않는 채권에 관하여 다른 가압류채권자와의 사이에 같은 순위로 안분비례하여 배당하기 위하여는 근저당권에 기한 경매신청이나 채권계산서의 제출이 있는 것만으로는 안 되고, 그 채권최고액을 초과하는 채권에 관하여 별도로 적법한 배당요구를 하였거나 그 밖에 달리 배당을 받을 수 있는 채권으로서의 필요한 요건을 갖추고 있어야 한다(대판 1998.4.10. 97다28216). **기출** 19

③ 근저당권설정자가 물상보증인이거나 부동산에 관하여 제3취득자가 생긴 경우

　　㉠ 근저당권자에게 초과채권 배당여부(소극) : 근저당권설정자가 물상보증인이거나 또는 목적 부동산에 관하여 제3취득자가 생긴 경우에는 초과하는 지연손해금을 변제받을 수 없고 위 잔액은 근저당권설정자(물상보증인)나 제3취득자에게 교부되어야 한다(대판 1974.12.10. 74다998).

　　㉡ 초과채권 배당받기 위한 요건 : 근저당권자는 채권최고액 초과부분을 배당받을 수 없는 경우에 그 초과하는 부분을 배당받기 위해서는 일반채권으로서 가압류집행을 하거나, 집행력 있는 정본을 갖추어 별도의 배당요구 또는 배당요구종기까지 경매신청을 하면 배당받을 수 있다. 일반채권이므로 안분배당을 한다.

4. 피담보채권을 양수한 자가 대항요건을 갖추지 못한 경우

① 피담보채권을 저당권과 함께 양수한 자는 저당권이전의 부기등기를 마치고 저당권실행의 요건을 갖추고 있는 한 채권양도의 대항요건을 갖추고 있지 아니하더라도 경매신청을 할 수 있다.

> 집행법원은 담보권의 존재에 관해서 위 서류의 한도에서 심사를 하며, 그 밖의 실체법상의 요건은 신청서에 기재하도록 하는 데 그치고, 담보권실행을 위한 경매절차의 개시요건으로서 이를 증명하도록 요구하고 있지 않다. 따라서 피담보채권을 저당권과 함께 양수한 자는 저당권이전의 부기등기를 마치고 저당권실행의 요건을 갖추고 있는 한 채권양도의 대항요건을 갖추고 있지 아니하더라도 경매신청을 할 수 있으며, 이 경우에 경매개시결정을 할 때에 피담보채권의 양수인이 채무자에 대한 채권양도의 대항요건을 갖추었다는 점을 증명할 필요는 없지만, 적어도 그와 같은 사유는 경매개시결정에 대한 이의나 항고절차에서는 신청채권자가 증명하여야 한다(대결 2014.12.2. 2014마1412). **기출** 21 · 11

② 채권양도의 대항요건을 갖추지 못하는 동안에 발생한 채무소멸사유 등으로 채무자는 경매개시결정에 대한 이의신청이나 매각허가결정에 대한 즉시항고로 불복할 수 있다.

③ 선순위의 근저당권부채권을 양수한 채권자가 채권양도의 대항요건을 갖추지 아니한 경우, 후순위의 근저당권자가 채권양도로 대항할 수 없는 제3자에 포함되지 않는다.

> 채권양도의 대항요건의 흠결의 경우 채권을 주장할 수 없는 채무자 이외의 제3자는 양도된 채권 자체에 관하여 양수인의 지위와 양립할 수 없는 법률상 지위를 취득한 자에 한하므로, 선순위의 근저당권부채권을 양수한 채권자보다 후순위의 근저당권자는 채권양도의 대항요건을 갖추지 아니한 경우 대항할 수 없는 제3자에 포함되지 않는다(대결 2014.12.2. 2014마1412).

④ 근저당권부채권의 양도통지 후 채권양도계약이 해제되었으나 양수인의 채무자에 대한 해제사실의 통지 없이 양도인이 경매신청을 한 경우, 후순위 근저당권자가 채권양도계약 해제의 대항요건을 갖추지 아니한 때에 대항할 수 없는 제3자에 포함되지 않는다.

5. 근저당권이전의 부기등기를 경료받지 못한 양수인의 지위

① 근저당권부 채권이 양도되었으나 근저당권의 이전등기가 경료되지 않은 상태에서 실시된 배당절차에서 근저당권자의 명의인(양도인)은 배당이의를 할 수 없다. 피담보채권을 양도한 저당권자는 채권의 양도로 인하여 더 이상 채권자가 아니므로 배당이의를 할 수 없는 것이다.

② 또한 저당권이전등기를 하지 아니한 피담보채권의 양수인은 일반채권자에 불과하므로 일반채권자로서 배당받을 수 있는 요건을 갖춘 경우에 한하여 배당이의가 가능하다.

③ 즉 저당권이전등기를 하지 아니한 피담보채권의 양수인은 저당권이전등기를 하지 아니한 동안에는 저당권자라고 볼 수 없기 때문이다.

④ 저당권부채권의 양도를 받았으나 아직 저당권이전의 부기등기를 경료받지 못한 자는 비록 채권양도의 대항요건을 구비하였다 하더라도 저당권을 취득한 것이 아닌 반면, 저당권부채권이 법률의 규정[69]에 의하여 이전하는 경우에는 저당권도 이에 따라 등기 없이도 이전되므로 저당권을 취득한 자는 등기부상에 저당권자로 등기되지 아니하더라도 저당권자와 마찬가지로 취급된다.

⑤ 저당권이전의 부기등기 없이도 저당권자로서 배당을 받을 수 있고 배당이의도 할 수 있다.

6. 정지조건부 · 기한미도래의 피담보채권

① 정지조건이 성취되지 아니하였거나 기한이 도래하지 아니한 채권은 원래 강제집행은 물론 배당요구도 할 수 없고, 또한 담보권을 실행할 수도 없다.

② 이와 달리 담보권자가 배당에 참가하는 경우에는 정지조건이 성취되지 아니하였거나 기한이 도래하지 아니하여도 배당을 받게 되는데, 그 이유는 다른 채권자에 의하여 개시된 경매절차에서도 부동산의 매각으로 인하여 담보권이 소멸하므로 배당을 받는 것까지 금지되는 것은 아니기 때문이다.

③ 담보권의 피담보채권에 정지조건 또는 불확정기한이 붙어 있는 때에는 배당액을 공탁하여야 한다(제160조 제1항 제1호).

---

69) 상속, 저당권부채권의 전부채권자, 공동저당에 있어 차순위자의 대위로 인한 이전 등

7. 불법말소된 근저당권자의 구제방법

① 원인 없이 말소된 등기의 추정력 여부(적극)

  ㉠ 등기는 물권의 효력발생요건이고 효력존속요건이 아니므로 물권에 관한 등기가 원인 없이 말소된 경우에 그 물권의 효력에는 아무런 영향을 미치지 않는다고 봄이 타당한 바 그 회복등기가 마쳐지기 전이라도 말소된 등기의 등기명의인은 적법한 권리자로 추정된다(대판 2002.10.22. 2000다59678).

  ㉡ 근저당권은 물권이므로 불법 말소되었다고 하더라도 권리가 소멸되는 것은 아니다. 따라서 첫 경매개시결정등기 전에 등기되어 있던 저당권자는 회복등기가 되지 아니하였더라도 배당요구가 없이 당연히 배당을 받을 수 있는 자에 해당하므로 배당요구의 종기 이후라도 저당권이 불법말소된 사실을 증명하여 배당받을 수 있다(대판 2002.10.22. 2000다59678).

② 불법말소된 근저당권자의 구제방법

  ㉠ 매수인이 매각대금을 납부하기 전(근저당권말소회복등기)

    ㉮ 불법말소된 근저당권의 회복등기를 하면 근저당권자는 별도의 배당요구 없이도 배당을 받을 수 있는 자에 해당하므로 당연히 배당받을 수 있고, 배당이의도 제기할 수 있다.

    ㉯ 경매법원이 이를 알 수 없으므로 회복등기가 이루어진 등기사항증명서를 경매법원에 제출하는 것이 바람직하다.

  ㉡ 매수인이 매각대금을 납부한 경우(배당이의 또는 부당이득반환 청구)

  > • 원인 없이 말소된 근저당권설정등기의 회복등기절차 이행과 회복등기에 대한 승낙의 의사표시를 구하는 소송 도중에 매수인이 매각대금을 완납하였다면 매각부동산에 설정된 근저당권은 당연히 소멸하므로, 더 이상 원인 없이 말소된 근저당권설정등기의 회복등기절차 이행이나 회복등기에 대한 승낙의 의사표시를 구할 법률상 이익이 없게 된다(대판 2014.12.11. 2013다28025).
  > • 불법말소된 근저당권설정등기를 회복등기하지 못한 연유로 피담보채권액에 해당하는 금액을 전혀 배당받지 못한 근저당권자는 배당기일에 출석하여 이의를 하고 배당이의의 소를 제기하여 구제를 받을 수 있다(대판 2002.10.22. 2000다59678).
  > • 근저당권설정등기가 위법하게 말소되어 아직 회복등기를 경료하지 못한 연유로 그 부동산에 대한 경매절차에서 피담보채권액에 해당하는 금액을 전혀 배당받지 못한 근저당권자로서는 위 경매절차에서 실제로 배당받은 자에 대하여 부당이득반환 청구로서 그 배당금의 한도 내에서 그 근저당권설정등기가 말소되지 아니하였더라면 배당받았을 금액의 지급을 구할 수 있다(대판 1998.10.2. 98다27197).

8. 담보권의 효력이 미치는 매각부동산의 범위

① 집합건물의 전유부분에만 설정된 저당권자는 대지사용권의 목적인 토지의 매각대금에서도 배당을 받을 수 있다. 저당권의 효력은 저당부동산에 부합된 물건과 종물에 미친다고 규정하고 있는 민법 제358조 본문은 저당부동산의 종된 권리에도 유추적용되므로 집합건물의 전유부분만에 관하여 설정된 저당권의 효력은 대지사용권의 분리처분이 가능하도록 규약으로 정하는 등의 특별한 사정이 없는 한 대지사용권에도 미치고 여기의 대지사용권에는 지상권 등 용익권 이외에 대지소유권도 포함되며 저당권자는 전체 매각대금 중 대지사용권에 대한 부분에 대하여도 다른 후순위채권자에 우선하여 변제받을 수 있다(대판 1995.8.22. 94다12722).

② 구분건물의 전유부분에만 설정된 전세권의 효력은 대지사용권(대지권)에도 미친다.

> 부동산의 대지사용권인 공유지분에 관하여 건물부분(전유부분)과 분리하여 처분할 수 없다는 취지의 등기, 즉 대지권인 취지의 등기가 경료된 이상, 이 사건 부동산의 전유부분에 대하여 설정된 피고의 전세권은 대지권에 대하여도 미친다고 할 것이고 위 전세권설정등기가 건물부분만에 관한 것이라는 취지의 부기등기가 경료되었다고 하여 달리 볼 것도 아니므로, 이 사건 부동산의 매각대금 중 대지권에 대한 부분에 대하여도 피고가 위 전세권설정등기 이후에 근저당권을 취득한 원고보다 우선하여 변제받을 권리가 있다(대판 2009.1.30. 2008다67217). **기출** 19

③ 부동산일부에 대한 전세권자의 우선변제권의 범위

> 건물의 일부에 대하여 전세권이 설정되어 있는 경우 그 전세권자는 민법 제303조 제1항의 규정에 의하여 그 건물 전부에 대하여 후순위권리자 기타 채권자보다 전세금의 우선변제를 받을 권리가 있고, 민법 제318조의 규정에 의하여 전세권설정자가 전세금의 반환을 지체한 때에는 전세권의 목적물의 경매를 청구할 수 있는 것이나, 전세권의 목적물이 아닌 나머지 건물부분에 대하여는 우선변제권은 별론으로 하고 경매신청권은 없으므로, 위와 같은 경우 전세권자는 전세권의 목적이 된 부분을 초과하여 건물 전부의 경매를 청구할 수 없다고 할 것이고, 그 전세권의 목적이 된 부분이 구조상 또는 이용상 독립성이 없어 독립한 소유권의 객체로 분할할 수 없고 따라서 그 부분만의 경매신청이 불가능하다고 하여 달리 볼 것은 아니다(대결 2001.7.2. 2001마212). **기출** 20 · 18 · 17

9. 근저당권의 피담보채무의 일부대위변제의 경우

① 근저당권의 피담보채무의 일부 대위변제권자의 권리행사방법

ㄱ 변제할 정당한 이익이 있는 자가 채무자를 위하여 채권의 일부를 대위변제할 경우에 대위변제자는 변제한 가액의 범위 내에서 종래 채권자가 가지고 있던 채권 및 담보에 관한 권리를 취득하게 되고 따라서 채권자가 부동산에 대하여 저당권을 가지고 있는 경우에는 채권자는 대위변제자에게 일부 대위변제에 따른 저당권의 일부이전의 부기등기를 경료해 주어야 할 의무가 있으나 이 경우에도 채권자는 일부 대위변제자에 대하여 우선변제권을 가지고, 다만 일부 대위변제자와 채권자 사이에 변제의 순위에 관하여 따로 약정을 한 경우에는 그 약정에 따라 변제의 순위가 정해진다(대판 2010.4.8. 2009다80460). **기출** 16

ㄴ 근저당권의 피담보채권이 확정되기 전에 그 채권의 일부를 양도하거나 대위변제한 경우 근저당권이 양수인이나 대위변제자에게 이전할 여지는 없다. 다만 피담보채권이 확정되게 되면, 저당권일부이전의 부기등기 경료여부와 상관없이 대위변제자에게 법률상 당연히 이전된다(대판 2002.7.26. 2001다53929).

ㄷ 피담보채권 확정 전에 일부 대위변제한 경우 근저당권을 이전받을 수는 없지만 매각대금납부와 동시에 근저당권의 일부가 대위변제자에게 당연히 이전되므로 대위변제자는 대금납부 이후 배당기일 사이에 자신이 법률상 근저당권의 일부를 취득하였음을 이유로 일부대위변제자라는 소명자료와 채권계산서를 제출하여 배당받을 수 있다.

ㄹ 대위변제자는 대위할 범위에 관하여 종래 채권자가 이미 배당요구를 하였거나 배당요구 없이도 당연히 배당받을 수 있었던 경우에는 대위변제자는 따로 배당요구를 하지 않아도 배당을 받을 수 있다(대판 2006.2.10. 2004다2762).

② 채권자와 대위변제자의 순위 : 채권의 일부에 관하여 대위변제가 있는 때에는 대위자는 그 변제한 가액에 비례하여 채권자와 함께 그 권리를 행사한다(민법 제483조 제1항).

> 변제할 정당한 이익이 있는 사람이 채무자를 위하여 근저당권 피담보채무의 일부를 대위변제한 경우에는 대위변제자는 근저당권 일부 이전의 부기등기 경료 여부에 관계없이 변제한 가액 범위 내에서 채권자가 가지고 있던 채권 및 담보에 관한 권리를 법률상 당연히 취득한다. 한편 수인이 시기를 달리하여 채권의 일부씩을 대위변제한 경우 그들은 각 일부 대위변제자로서 변제한 가액에 비례하여 근저당권을 준공유한다고 보아야 하나, 그 경우에도 채권자는 특별한 사정이 없는 한 채권의 일부씩을 대위변제한 일부 대위변제자들에 대하여 우선변제권을 가지고, 채권자의 우선변제권은 채권최고액을 한도로 자기가 보유하고 있는 잔존 채권액 전액에 미치므로, 결국 근저당권을 실행하여 배당할 때에는 채권자가 자신의 잔존 채권액을 일부 대위변제자들보다 우선하여 배당받고, 일부 대위변제자들은 채권자가 우선 배당받고 남은 한도액을 각 대위변제액에 비례하여 안분 배당받는 것이 원칙이다. 다만 채권자가 어느 일부 대위변제자와 변제 순위나 배당금 충당에 관하여 따로 약정을 한 경우에는 약정에 따라 배당방법이 정해지는데, 경매법원으로서는 ① 채권자와 일부 대위변제자들 전부 사이에 변제 순위나 배당금 충당에 관하여 동일한 내용의 약정이 있으면 약정 내용에 따라 배당하고, ② 채권자와 어느 일부 대위변제자 사이에만 그와 같은 약정이 있는 경우에는 먼저 원칙적인 배당방법에 따라 채권자의 근저당권 채권최고액 범위 내에서 채권자에게 그의 잔존 채권액을 우선 배당하고, 나머지 한도액을 일부 대위변제자들에게 각 대위변제액에 비례하여 안분 배당하는 방법으로 배당할 금액을 정한 다음, 약정 당사자인 채권자와 일부 대위변제자 사이에서 약정 내용을 반영하여 배당액을 조정하는 방법으로 배당을 하여야 한다(대판 2011.6.10. 2011다9013).

Ⅲ 가등기담보권의 피담보채권

1. 가등기담보권자의 채권신고

① 가등기담보권의 경우에는 첫 경매개시결정등기 전에 등기된 것으로서 매각에 의하여 소멸되는 때에도 채권신고의 최고기간까지 채권신고를 한 경우에 한하여[70] 배당받을 수 있다(가등기담보법 제16조 제2항).

> 「가등기담보 등에 관한 법률」 제16조는 소유권의 이전에 관한 가등기가 되어 있는 부동산에 대한 경매 등의 개시결정이 있는 경우 법원은 가등기권리자에 대하여 그 가등기가 담보가등기인 때에는 그 내용 및 채권의 존부·원인 및 수액을, 담보가등기가 아닌 경우에는 그 내용을 법원에 신고할 것을 상당한 기간을 정하여 최고하여야 하고(제1항), 압류등기 전에 경료된 담보가등기권리가 매각에 의하여 소멸하는 때에는 제1항의 채권신고를 한 경우에 한하여 그 채권자는 매각대금의 배당 또는 변제금의 교부를 받을 수 있다고 규정하고 있으므로(제2항), 위 제2항에 해당하는 담보가등기권리자가 집행법원이 정한 기간 안에 채권신고를 하지 아니하면 매각대금의 배당을 받을 권리를 상실한다(대판 2008.9.11. 2007다25278). → 따라서 집행법원은 최고할 때 배당요구종기를 고지한다. 기출 19·17

② 집행법원은 소유권이전청구권보전의 가등기권리자에 대하여 그 가등기의 내용을 법원에 신고할 것을 상당한 기간을 정하여 최고하여야 한다(가등기담보법 제16조 제1항).

---

70) 이것은 가등기담보권의 경우 등기부에 담보목적의 가등기인 취지가 기재되어 있지 않고 단지 소유권이전청구권보전을 위한 가등기라고만 기재되어 있어 등기부에 적힌 내용만으로 그 가등기가 담보목적의 가등기인가의 여부를 알 수 없고, 또 담보목적의 가등기라 하더라도 피담보채권의 공시가 없기 때문이다.

2. 배당절차

① 가등기담보권자가 채권신고를 한 경우에는 민사집행법 제84조의 채권신고서를 제출한 효과가 있고 그 순위에 따라 우선적으로 매각대금에서 배당받을 수 있다.

② 가등기담보권자의 배당순위는 담보가등기가 된 때에 저당권의 설정등기가 행하여진 것으로 보아(가등기담보법 제13조) 저당권의 배당순위를 정하는 것과 같은 판단을 하면 된다.[71]

Ⅳ 전세보증금반환채권

1. 전세권의 소멸과 인수

① 전세권 등[72]은 저당권·압류채권·가압류채권에 대항할 수 없는 것은 매각으로 소멸하고, 대항할 수 있는 것은 매수인이 인수하되, 다만 전세권은 저당권 등에 대항할 수 있더라도 배당요구를 하면 매각으로 소멸된다고 규정하였다(제91조 제3항, 제4항).

② 즉 최선순위의 전세권은 오로지 전세권자의 배당요구에 의하여만 존속기간에 상관없이 소멸되고, 전세권자가 배당요구를 하지 않는 한 전세권은 매수인에게 인수된다. 최선순위의 전세권자는 소제와 인수를 선택할 수 있음은 이미 살펴보았다.

2. 전세금반환청구권이 분리양도된 경우

① 본래 전세권이 담보물권적 성격도 가지는 이상 부종성과 수반성이 있는 것이므로 전세권을 그 담보하는 전세금반환채권과 분리하여 양도하는 것은 허용되지 않는다고 할 것이나, 피담보채권의 처분이 있음에도 불구하고 담보물권의 처분이 따르지 않는 특별한 사정이 있는 경우에는 채권양수인은 담보물권이 없는 무담보의 채권을 양수한 것이 되고 채권의 처분에 따르지 않은 담보물권은 소멸한다(대판 1997.11.25. 97다29790; 대판 1999.2.5. 97다33997).

② 따라서 양수인은 우선변제권이 없을 뿐 아니라 별도로 집행력 있는 정본 등에 의하여 배당요구하지 아니하면 배당 자체를 받을 수 없다고 할 것이고, 한편 등기부상 남아 있는 전세권은 소멸하고 전세금반환채권은 없으므로 매수인에게 인수될 것도 없다(대판 1999.2.5. 97다33997).

3. 전세금의 배당순위

전세권자와 저당권자 또는 가등기담보권자 사이의 배당순위는 그 등기의 선후에 의하여 결정된다.

---

71) 권리신고를 하지 않아 담보가등기인지 일반가등기인지 알 수 없는 경우에는 일단 순위보전을 위한 가등기로 보아 처리한다. 따라서 그 가등기가 최선순위이면 매수인에게 그 부담이 인수되므로 배당 및 말소하여서는 안 되고, 그 가등기보다 선순위의 담보권이나 또는 가압류가 있으면 함께 말소하되, 가등기가 말소되더라도 채권신고가 없으므로 배당하지 않는다(가등기담보법 제16조 제2항).

72) 지상권·지역권·등기된 임차권 등

4. 전세권을 목적으로 한 저당권이 설정된 경우

[1] 전세권이 기간만료로 종료된 경우 전세권은 집행권원의 말소등기 없이도 당연히 소멸하고, 저당권의 목적물인 전세권이 소멸하면 저당권도 당연히 소멸하는 것이므로 전세권을 목적으로 한 저당권자는 전세권의 목적물인 부동산의 소유자에게 더 이상 저당권을 주장할 수 없다.

[2] 전세권에 대하여 저당권이 설정된 경우 그 저당권의 목적물은 물권인 전세권 자체이지 전세금반환채권은 그 목적물이 아니고, 전세권의 존속기간이 만료되면 전세권은 소멸하므로 더 이상 전세권 자체에 대하여 저당권을 실행할 수 없게 되고, 이러한 경우에는 민법 제370조, 제342조 및 민사소송법 제733조에 의하여 저당권의 목적물인 전세권에 갈음하여 존속하는 것으로 볼 수 있는 전세금반환채권에 대하여 압류 및 추심명령 또는 전부명령을 받거나 제3자가 전세금반환채권에 대하여 실시한 강제집행절차에서 배당요구를 하는 등의 방법으로 자신의 권리를 행사하여 비로소 전세권설정자에 대해 전세금의 지급을 구할 수 있게 된다는 점 등을 비추어 볼 때 전세권저당권이 설정된 경우에도 전세권이 기간만료로 소멸되면 전세권설정자는 전세금반환채권에 대한 제3자의 압류 등이 없는 한 전세권자에 대하여만 전세금반환의무를 부담한다고 보아야 한다(대판 1999.9.17. 98다31301).

5. 최선순위 전세권자의 채권자가 채권자대위권이나 추심권한에 기하여 전세권에 대한 배당요구를 하는 경우

경매의 매각절차에서 집행법원은 원래 전세권의 존속기간 만료 여부 등을 직접 조사하지는 아니하는 점, 또 건물에 대한 전세권이 법정갱신된 경우에는 등기된 존속기간의 경과 여부만 보고 실제 존속기간의 만료 여부를 판단할 수는 없는 점 및 민사집행규칙 제48조 제2항은 "배당요구서에는 배당요구의 자격을 소명하는 서면을 붙여야 한다."라고 규정하고 있는 점 등에 비추어 보면, 최선순위 전세권자의 채권자가 채권자대위권이나 추심권한에 기하여 전세권에 대한 배당요구를 할 때에는 채권자대위권 행사의 요건을 갖추었다거나 전세금반환채권에 대하여 압류 및 추심명령을 받았다는 점과 아울러 전세권이 존속기간의 만료 등으로 종료하였다는 점에 관한 소명자료를 배당요구의 종기까지 제출하여야 한다(대판 2015.11.17. 2014다10694).

6. 주택임대차보호법과의 중첩적 적용

① 전세권의 목적물이 주택인 경우, 임차인으로서 우선변제를 받을 수 있는 권리와 전세권자로서 우선변제를 받을 수 있는 권리는 근거규정 및 성립요건을 달리하는 별개의 것이므로, 전세권자가 주택임대차보호법상의 우선변제요건도 갖춘 경우에는 위 법에 의한 보호도 받게 된다(대판 1993.12.24. 93다39676 등).

② 따라서 전세권등기일자로는 매각으로 소멸하는 것처럼 보이는 전세권이라도 위 각 법 소정의 대항요건을 갖춘 것으로서는 최선순위인 경우에는 임차권자로서 저당권 등에 대항할 수 있게 됨을 유의하여야 한다(대판 1993.11.23. 93다10552).

③ 집합건물이 아닌 지상건물과 그 부지 중 건물에만 집행권원을 한 경우라도 전세권자가 주택임대차보호법상의 우선변제권의 요건을 갖춘 경우에는 그 부지의 매각대금에서도 배당을 받게 되는 경우가 있고, 나아가 전세권설정계약서에 날인된 등기소의 일부인도 확정일자로 보아야 하므로(대판 2002.11.8. 2001다51725), 대지의 매각대금에 대한 배당순위도 전세권등기일자를 기준으로 판단하여야 하는 경우가 있을 수 있음을 유의하여야 한다.

V **주택 및 상가건물의 임차보증금반환채권**

1. 주택임대차보호법 및 상가건물 임대차보호법의 적용범위

주택임차인은 「주택임대차보호법」의 적용을 받는데 있어서 임차보증금의 제한이 없지만, 상가임차인의 경우에는 임차보증금이 일정 한도(例 서울의 경우, 9억원)를 초과하는 경우에는 처음부터 「상가건물 임대차보호법」의 적용대상이 아니다(상가건물 임대차보호법 제2조 제1항).

> 주택임대차보호법 소정의 주거용 건물이란 공부상의 표시에 불구하고 그 실지용도에 따라서 정하여야 하고 더욱이 위 주택임대차보호법이 적용되려면 먼저 임대차계약 체결당시를 기준으로 하여 그 건물의 구조상 주거용 또는 그와 겸용될 정도의 건물의 형태가 실질적으로 갖추어져 있어야 하고, 만일 그 당시에는 주거용 건물부분이 존재하지 아니하였는데 임차인이 그 후 임의로 주거용으로 개조하였다면 임대인이 그 개조를 승낙하였다는 등의 특별한 사정이 없는 한 위 법의 적용은 있을 수 없다(대판 1986.1.21. 85다카1367).

2. (최)우선변제권의 발생 요건

① 소액보증금 최우선변제권의 요건
  ㉠ 배당요구의 종기까지 배당요구를 하였을 것
  ㉡ 보증금 액수가 소액보증금[73])에 해당할 것
  ㉢ 첫 경매개시결정등기 전에 대항요건[74])을 갖췄을 것

> 상가건물의 임차인이 임대차보증금 반환채권에 대하여 상가건물 임대차보호법 제3조 제1항 소정의 대항력 또는 같은 법 제5조 제2항 소정의 우선변제권을 가지려면 임대차의 목적인 상가건물의 인도 및 부가가치세법 등에 의한 사업자등록을 구비하고, 관할세무서장으로부터 확정일자를 받아야 하며, 그중 사업자등록은 대항력 또는 우선변제권의 취득요건일 뿐만 아니라 존속요건이기도 하므로, 배당요구의 종기까지 존속하고 있어야 한다(대판 2006.1.13. 2005다64002).

  ㉣ 배당요구의 종기까지 대항력을 유지할 것
② 임차보증금의 우선변제권의 요건
  ㉠ 배당요구의 종기까지 배당요구를 하였을 것
  ㉡ 배당요구의 종기까지 대항력을 유지할 것[75])

> 대항요건 및 확정일자를 갖춘 임차인과 소액임차인의 임차주택 대지에 대한 우선변제권에 관한 법리는 임차주택이 미등기인 경우에도 그대로 적용된다(대판 2007.6.21. 2004다26133[전합]).

  ㉢ 임대차계약서에 확정일자를 갖출 것

---

73) 주택임대차보호법 시행령 제4조, 상가건물 임대차보호법 시행령 제6조
74) 주택의 경우 인도(점유) + 주민등록, 상가건물의 경우 인도(점유) + 사업자등록의 신청
75) 첫 경매개시결정등기 전에 대항요건을 갖춰야 하는가에 대하여는, 소액보증금 최우선변제권의 경우와는 달리 첫 경매개시결정등기 이후에 갖추어도 된다는 것이 다수설이다.

③ 임차권등기를 한 자의 우선변제권

    ㉠ 임차권등기명령 또는 민법 제621조의 규정에 의하여 등기된 임차권일 것

    ㉡ 첫 경매개시결정등기 후에 등기된 임차인은 배당요구 종기까지 배당요구 필요[76)]

    ㉢ 첫 경매개시결정등기 전에 등기된 임차권은 배당요구 불요

> 임차권등기명령에 의하여 임차권등기를 한 임차인은 우선변제권을 가지며, 위 임차권등기는 임차인으로
> 하여금 기왕의 대항력이나 우선변제권을 유지하도록 해주는 담보적 기능을 주목적으로 하고 있으므로,
> 위 임차권등기가 첫 경매개시결정등기 전에 등기된 경우, 배당받을 채권자의 범위에 관하여 규정하고 있는
> 민사집행법 제148조 제4호의 "저당권·전세권, 그 밖의 우선변제청구권으로서 첫 경매개시결정 등기 전에
> 등기되었고 매각으로 소멸하는 것을 가진 채권자"에 준하여, 그 임차인은 별도로 배당요구를 하지 않아도
> 당연히 배당받을 채권자에 속하는 것으로 보아야 한다(대판 2005.9.15. 2005다33039). 기출 16

3. 주택 또는 상가건물의 임대인 및 임차인

① 임대인

    ㉠ 임대차계약상의 임대인이 주택의 소유자가 아니라고 하더라도 주택의 명의신탁자로서 사실상 이를
제3자에게 임대할 권한을 가지는 이상, 임차인은 등기부상 주택의 소유자인 명의수탁자에 대한 관계
에서도 적법한 임대차임을 주장할 수 있다(대판 1995.10.12. 95다22283).

    ㉡ 매매계약의 매수인으로부터 그 계약의 해제 전에 매매목적물인 주택을 임차하여 주택임대차보호법
상의 대항요건을 갖춘 임차인은 그 임차권을 가지고 계약해제로 소유권을 회복한 매도인에게 대항할
수 있다(대판 1995.10.12. 95다22283).

② 임차인

    ㉠ 주택임차인이란 당해 주택을 실제 주거용으로 사용수익하기 위하여 임차한 자를 뜻하는 것이므로,
임대차계약의 주된 목적이 주택을 사용·수익하려는 데 있는 것이 아니고 소액임차인으로 보호받아
기존채권을 회수하려는 데에 있는 경우에는 주택임대차보호법상의 소액임차인으로 보호받을 수 없
다(대판 1995.10.12. 95다22283).

> 채권자가 채무자 소유의 주택에 관하여 채무자와 임대차계약을 체결하고 전입신고를 마친 다음 그곳에
> 거주하였다고 하더라도 실제 임대차계약의 주된 목적이 주택을 사용수익하려는 것에 있는 것이 아니고,
> 실제적으로는 소액임차인으로 보호받아 선순위 담보권자에 우선하여 채권을 회수하려는 것에 주된 목적이
> 있었던 경우에는 그러한 임차인을 주택임대차보호법상 소액임차인으로 보호할 수 없다(대판 2001.5.8. 2001
> 다14733). 기출 20

    ㉡ 다만 임대차의 주된 목적이 주택을 사용·수익하려는 데 있는 경우에는 채권자가 기존의 금전채권을
임차보증금으로 전환해 채무자와 임대차계약을 체결, 거주한 경우라고 하더라도 임차인으로서 보호
를 받을 수 있다(대판 1995.10.12. 95다22283).

---

76) 임차권등기 이후에는 대항요건을 상실하더라도 이미 취득한 우선변제권을 상실하지 아니한다.

> 실제 임대차계약의 주된 목적이 주택을 사용·수익하려는 것인 이상, 처음 임대차계약을 체결할 당시에는 보증금액이 많아 주택임대차보호법상 소액임차인에 해당하지 않았지만 그 후 새로운 임대차계약에 의하여 정당하게 보증금을 감액하여 소액임차인에 해당하게 되었다면, 그 임대차계약이 통정허위표시에 의한 계약이어서 무효라는 등의 특별한 사정이 없는 한 그러한 임차인은 같은 법상 소액임차인으로 보호받을 수 있다(대판 2008.5.15. 2007다23203). **기출** 20

③ 법인인 임차인

ㄱ 상가건물 임대차보호법의 대항요건인 사업자등록신청은 법인도 할 수 있을 뿐 아니라 상가건물 임대차보호법 제3조 제1항이 대항요건으로 사업자등록신청을 규정하면서 법인세법 제111조의 규정에 의한 사업자등록신청을 인정하고 있으므로 법인도 상가건물 임대차보호법의 적용대상이다(상가건물 임대차보호법 제4조 제1항 제1호).

ㄴ 주택임차인이 법인인 경우에도 적용되는가에 관하여, 종전에는 경매절차에 있어서 주택임차인이 법인인 경우 법인은 주민등록을 할 수 없으므로 대항력 및 우선변제권 등이 인정되지 않았다. 그러나, 주택임대차보호법의 개정[77]으로 일정한 조건을 갖춘 법인[78]에 대하여는 대항력 및 우선변제권이 인정되고, 임차권등기명령에 따른 등기도 가능하게 되었다(주택임대차보호법 제3조 제2항, 제3조의2 제2항, 동법 시행령 제2조). 그러나 위 법인에 대해서는 동법 제8조 제1항이 적용되지 않으므로 소액보증금의 최우선변제는 받을 수 없다.

4. 대항력 및 최우선변제권

① 임차목적물의 인도(점유) : 주택임차인의 경우에, 주택임대차보호법 제3조 제1항의 대항력은 임차인이 당해 주택에 거주하면서 이를 직접 점유하는 경우뿐만 아니라 타인의 점유를 매개로 하여 이를 간접점유하는 경우에도 인정될 수 있다.

② 주민등록(전입신고) 또는 사업자등록신청

ㄱ 주민등록은 임차인 본인의 주민등록만이 아니라 그 배우자나 자녀 등 가족의 주민등록을 포함한다(대판 1998.6.12. 98다5968 등). 법인은 주민등록이 불가능하므로 법인이 주택을 임차하면서 그 소속 직원 명의로 주민등록을 하고 확정일자를 갖춘 경우에도 주택임대차보호법상 우선변제권은 인정되지 않는다(대판 1997.7.11. 96다7236).

ㄴ 주택임차인이 임대인의 승낙을 받아 임차주택을 전대한 경우에는 당해 주택에 실제로 거주하는 직접 점유자가 자신의 주민등록을 마친 경우에 한하여 비로소 그 임차인의 임대차가 제3자에 대하여 적법하게 대항력을 취득할 수 있다(대판 2001.1.19. 2000다55645; 대판 2007.11.29. 2005다64255 등). **기출** 17

---

77) 법률 제8583호, 2007.8.3. 공포, 2007.11.4.부터 시행
78) 주택임대차보호법 제3조 제2항의 "대항력이 인정되는 법인"이란 한국토지주택공사법에 따른 한국토지주택공사와 지방공기업법 제49조에 따른 주택사업을 목적으로 설립된 지방공사를 말한다(동법 시행령 제2조).

ⓒ 주민등록법 시행령 제9조 제4항은 공동주택(주택법 제2조 제3호, 건축법 제2조 제2항 제2호)의 경우에는 지번 다음에 건축물관리대장에 의한 <u>공동주택의 명칭과 동 호수를 적도록</u> 규정하고 있으므로 공동주택은 위 방식에 따라 전입신고를 하여야 하고, <u>단독주택은 지번까지만 적으면 된다</u>. 실무상으로는 이른바 다세대주택은 공동주택으로, 다가구주택은 단독주택으로 취급한다.

ⓓ <u>외국인인 경우</u> 외국인등록 및 체류지변경신고는 주민등록 및 전입신고에 갈음한다(출입국관리법 제88조 의2 제2항). 재외국민이 임차인인 경우에도 임차인 재외국민의 배우자나 가족 등(외국인 또는 외국 국적동포)의 외국인등록이나 국내거소신고로 대항력을 취득한다.

ⓔ 임차인이 유효하게 주민등록 전입신고를 한 후 사후적으로 임차주택의 지번이 등록전환이나 분필과 합필 등으로 인하여 변경된 경우에는 이미 발생한 대항력에 지장이 없다(대판 1999.9.3. 99다15597; 대판 1999.12.7. 99다44762).

ⓕ <u>'다가구용 단독주택'으로 소유권보존등기 된 건물의 일부를 임차한 사람이 그 지번을 기재하여 전입 신고를 함으로써 대항력을 취득한 후에 위 건물이 '다세대주택'으로 변경된 경우, 이미 취득한 대항력 을 상실하게 되는 것은 아니다</u>(대판 2007.2.8. 2006다70516). 기출 17

③ 소유자가 임차인이 된 경우의 대항력 취득시기(= 소유권이전등기 다음 날부터)

> 甲이 주택에 관하여 소유권이전등기를 경료하고 주민등록 전입신고까지 마친 다음 처와 함께 거주하다가 乙에게 매도함과 동시에 그로부터 이를 다시 임차하여 계속 거주하기로 약정하고 임차인을 '甲의 처'로 하는 임대차계약을 체결한 후에야 乙 명의의 소유권이전등기가 경료된 경우, 제3자로서는 주택에 관하여 甲으로부터 乙 앞으로 소유권이전등기가 경료되기 전에는 甲의 처의 주민등록이 소유권 아닌 임차권을 매개로 하는 점유라는 것을 인식하기 어려웠다 할 것이므로, 甲의 처의 주민등록은 주택에 관하여 乙 명의의 소유권이전등 기가 경료되기 전에는 주택임차의 대항력 인정의 요건이 되는 적법한 공시방법으로서의 효력이 없고 乙 명의의 소유권이전등기가 경료된 날에야 비로소 甲의 처와 乙 사이의 임대차를 공시하는 유효한 공시방법이 된다고 할 것이며, 주택임대차보호법 제3조 제1항에 의하여 유효한 공시방법을 갖춘 다음 날인 <u>乙 명의의 소유권이전등기일 익일(= 다음 날)부터 임차인으로서 대항력을 갖는다</u>(대판 2000.2.11. 99다59306). 기출 17

④ 대항력의 발생시기

ⓐ 주택의 인도와 주민등록을 마친 '다음 날(= 익일)'에 발생한다. 그 '다음 날(= 익일)'이란 다음 날(= 익일) 오전 영(0)시부터 대항력이 생긴다는 취지이므로 그 <u>다음 날(= 익일) 경료된 저당권에 기한 경매절차의 매수인에게 대항할 수 있다</u>(대판 1999.5.25. 99다9981).

> 例 2010.6.10. 1번 근저당권설정등기가 경료되었고, 2010.6.10. 주택임차인이 주택의 인도와 주민 등록을 마쳤으며, 2010.6.11. 2번 저당권설정등기가 경료된 경우의 우열은, 1순위는 1번 근저당권 이고, 2순위는 주택임차권이며, 3순위는 2번 근저당권이다.

ⓑ 주민등록은 되어 있으나 대항력이 없는 종전 임차인이 경매절차의 매수인과 임대차계약을 체결한 경우 매수인이 매각대금을 완납하여 소유권을 취득하는 즉시 대항력이 생긴다(대판 2002.11.8. 2002다 38361).

ⓒ 소액임차인으로서 최우선변제를 받기 위해서는 <u>첫 경매개시결정등기 전에 대항요건(주택의 인도와 주민등록)을 갖추어야 하고</u>(주택임대차보호법 제8조 제1항), 배당요구의 종기까지 위 요건을 유지하여야 한다(대판 1997.10.10. 95다44597). 기출 23

> 주택임대차보호법 제8조에서 임차인에게 같은 법 제3조 제1항 소정의 주택의 인도와 주민등록을 요건으로 명시하여 그 보증금 중 일정액의 한도 내에서는 등기된 담보물권자에게도 우선하여 변제받을 권리를 부여하고 있는 점, 위 임차인은 배당요구의 방법으로 우선변제권을 행사하는 점, 배당요구시까지만 위 요건을 구비하면 족하다고 한다면 동일한 임차주택에 대하여 주택임대차보호법 제8조 소정의 임차인 이외에 같은 법 제3조의2 소정의 임차인이 출현하여 배당요구를 하는 등 경매절차상의 다른 이해관계인들에게 피해를 입힐 수도 있는 점 등에 비추어 볼 때, 공시방법이 없는 주택임대차에 있어서 주택의 인도와 주민등록이라는 우선변제의 요건은 그 우선변제권 취득시에만 구비하면 족한 것이 아니고, 배당요구의 종기인 경락기일까지 계속 존속하고 있어야 한다(대판 1997.10.10. 95다44597). 기출 23

ⓔ 배당요구의 종기가 연기된 경우에는 연기된 배당요구의 종기까지 대항요건을 계속 구비하여야 한다(재민 98-6).

ⓜ 임차인이 매각으로 소멸하는 최선순위저당권보다 먼저 입주(= 주택의 인도)와 전입신고를 마친 경우에는 비록 확정일자를 구비하지 않았다 하더라도 보증금 전액에 대하여 매수인에게 대항할 수 있다(제91조 제3항, 제4항 본문 참조). 기출 17

ⓗ 그러나 임차인이 주민등록전입신고를 마치고 입주·사용함으로써 주택임대차보호법 제3조에 의하여 그 임차권이 대항력을 갖는다 하더라도 부동산에 가압류등기가 마쳐진 후에 그 채무자로부터 그 부동산을 임차한 자는 가압류집행으로 인한 처분금지의 효력에 의하여 가압류사건의 본안판결의 집행에 의하여 그 부동산을 취득한 매수인에게 그 임대차의 효력을 주장할 수 없다(대판 1983.4.26. 83다카116). 기출 17

⑤ 소액보증금 해당 여부

ⓐ 하나의 주택에 임차인이 2인 이상이고, 이들이 그 주택에서 가정공동생활을 하는 경우에는 이들을 1인의 임차인으로 보아야 하므로(주택임대차보호법 시행령 제10조 제4항) 이들의 각 보증금을 합산하여 소액임차인에 해당하는지 여부를 판단하여야 한다.

ⓛ 한편 주택임대차보호법 제3조의3 제6항, 제3조의4 제1항은 임차권등기명령 또는 민법 제621조에 의한 임차권등기가 된 주택을 그 이후에 임차한 임차인은 소액보증금의 우선변제를 받을 권리가 없다고 규정하고 있다.

⑥ 소액보증금 최우선변제권의 내용 및 범위

ⓐ 소액임차인은 소액보증금 중 일정액을 다른 담보물권자나 국세, 지방세보다 우선하여 변제받는다(지방세기본법 제71조 제1항 제4호).

> • 주택임대차보호법 제8조에 규정된 소액보증금반환청구권은 임차목적 주택에 대하여 저당권에 의하여 담보된 채권, 조세 등에 우선하여 변제받을 수 있는 이른바 법정담보물권으로서, 주택임차인이 대지와 건물 모두로부터 배당을 받는 경우에는 마치 그 대지와 건물 전부에 대한 공동저당권자와 유사한 지위에 서게 되므로 대지와 건물이 동시에 매각되어 주택임차인에게 그 경매대가를 동시에 배당하는 때에는 민법 제368조 제1항을 유추적용하여 대지와 건물의 경매대가에 비례하여 그 채권의 분담을 정하여야 한다(대판 2003.9.5. 2001다66291). 기출 22
> • 주택임대차보호법 제8조의 소액보증금 최우선변제권은 임차목적 주택에 대하여 저당권에 의하여 담보된 채권, 조세 등에 우선하여 변제받을 수 있는 일종의 법정담보물권을 부여한 것이므로, 채무자가 채무초과 상태에서 채무자 소유의 유일한 주택에 대하여 위 법조 소정의 임차권을 설정해 준 행위는 채무초과상태에서의 담보제공행위로서 채무자의 총재산의 감소를 초래하는 행위가 되는 것이고, 따라서 그 임차권설정행위는 사해행위 취소의 대상이 된다(대판 2005.5.13. 2003다50771). 기출 20

ⓛ 대항요건 및 확정일자를 갖춘 임차인과 소액임차인의 임차주택 대지에 대한 우선변제권에 관한 법리는 임차주택이 미등기인 경우에도 그대로 적용된다. **기출** 22

> 대항요건 및 확정일자를 갖춘 임차인과 소액임차인에게 우선변제권을 인정한 주택임대차보호법 제3조의2 및 제8조가 미등기주택을 달리 취급하는 특별한 규정을 두고 있지 아니하므로, 대항요건 및 확정일자를 갖춘 임차인과 소액임차인의 임차주택 대지에 대한 우선변제권에 관한 법리는 임차주택이 미등기인 경우에도 그대로 적용된다. … 소액임차인의 우선변제권에 관한 주택임대차보호법 제8조 제1항이 그 후문에서 '이 경우 임차인은 주택에 대한 경매신청의 등기 전에' 대항요건을 갖추어야 한다고 규정하고 있으나, 이는 소액보증금을 배당받을 목적으로 배당절차에 임박하여 가장 임차인을 급조하는 등의 폐단을 방지하기 위하여 소액임차인의 대항요건의 구비시기를 제한하는 취지이지, 반드시 임차주택과 대지를 함께 경매하여 임차주택 자체에 경매신청의 등기가 되어야 한다거나 임차주택에 경매신청의 등기가 가능한 경우로 제한하는 취지는 아니라 할 것이다. 대지에 대한 경매신청의 등기 전에 위 대항요건을 갖추도록 하면 입법취지를 충분히 달성할 수 있으므로, 위 규정이 미등기주택의 경우에 소액임차인의 대지에 관한 우선변제권을 배제하는 규정에 해당한다고 볼 수 없다(대판 2007.6.21. 2004다26133[전합]). **기출** 22

ⓒ 주택임대차보호법 제8조 소정의 최우선변제권의 한도가 되는 주택가액의 2분의 1에서 주택가액이란 매각대금에다가 매수신청보증금에 대한 배당기일까지의 이자, 반환하지 아니한 매수신청보증금 등을 포함한 금액에서 집행비용을 공제한 실제 배당할 금액이다(대판 2001.4.27. 2001다8974).

ⓔ 건물과 대지가 따로 매각되는 경우 소액임차인은 먼저 매각되는 목적물의 매각대금의 1/2 한도 안에서 우선변제를 받고 만일 잔여보증금이 있으면 후에 매각되는 목적물의 매각대금 1/2의 한도 안에서 다시 우선변제를 받는다(재민 84-10).

5. 확정일자 및 우선변제권

① 확정일자

ⓖ 대항요건과 확정일자를 갖춘 임차인은 우선변제권이 있다(주택임대차보호법 제3조의2 제2항).

ⓛ '확정일자'란 증서에 관하여 그 작성한 일자에 관한 완전한 증거가 될 수 있는 것으로 법률상 인정되는 일자를 말하며, 당사자가 나중에 변경하는 것이 불가능한 확정된 일자를 가리킨다(대판 1998.10.2. 98다28879, 민법 부칙 제3조).

ⓒ 주택의 임차인이 주택임대차보호법의 우선변제요건을 갖추었을 뿐 아니라 전세권등기까지 한 경우에는 위 각 법에 의한 보호뿐 아니라 전세권자로서도 보호를 받게 되는데(대판 1993.12.24. 93다39676 등), 확정일자의 개념을 위와 같이 보는 이상 집합건물이 아닌 지상건물과 그 부지 중 건물에만 집행권원을 한 경우라도 전세권자가 위에서 설명한 주택임대차보호법상의 우선변제권의 요건을 갖춘 경우에는 전세권설정계약서에 날인된 등기소의 일부인도 확정일자로 보아야 하므로, 그 부지의 매각대금에서도 우선변제를 받게 되는 경우가 있다는 점이다.

② 우선변제권의 성립 시기

ⓖ 주택의 경우 확정일자를 갖춘 임차인의 우선변제권은 대항요건 및 확정일자를 모두 갖춘 때에 발생한다. 임차권등기명령에 의한 임차권등기가 되면 임차인은 그때 대항력과 확정일자를 갖춘 임차인으로서의 우선변제권을 취득한다.

ⓛ 주택의 임차인이 임대차계약서에 확정일자를 갖춘 당일 또는 그 후에 주택의 인도와 주민등록을 마친 경우에는 우선변제권은 주택의 인도와 주민등록을 마친 다음 날 오전 영(0)시에 발생한다(대판 1999.3.23. 98다46938). 따라서 위와 같은 경우에는 인도와 주민등록을 마친 다음 날 설정된 저당권과의 관계에서는 확정일자를 갖춘 임차인이 우선한다.

ⓒ 주택 또는 상가건물의 임차인으로서 대항요건을 갖춘 다음 날 오전 영(0)시 이후에 확정일자를 받았는데 확정일자를 받은 날에 저당권이 설정된 경우 확정일자를 받은 때와 저당권이 설정된 때가 명백히 판명되지 않는다면 임차인과 저당권자의 우선순위는 같으므로 평등하게 배당받는다.

ⓔ 확정일자를 갖춘 임차인으로서 배당받는 경우에는 소액임차인으로서 배당받는 경우와는 달리 경매개시결정등기 이후 대항요건을 갖추어도 되지만, 배당요구의 종기까지 대항요건을 유지하여야 한다.

ⓜ 주택임대차보호법은 임차인에게 우선변제권이 인정되기 위하여 대항요건과 임대차계약증서상의 확정일자를 갖추는 것 외에 계약 당시 임차보증금이 전액 지급되어 있을 것을 요구하지는 않는다. 따라서 임차인이 임대인에게 임차보증금의 일부만을 지급하고 주택임대차보호법 제3조 제1항에서 정한 대항요건과 임대차계약증서상의 확정일자를 갖춘 다음 나머지 보증금을 나중에 지급하였다고 하더라도 특별한 사정이 없는 한 대항요건과 확정일자를 갖춘 때를 기준으로 임차보증금 전액에 대해서 후순위권리자나 그 밖의 채권자보다 우선하여 변제를 받을 권리를 갖는다고 보아야 한다(대판 2017.8.29. 2017다212194). **기출** 24

③ 우선변제권의 내용 및 범위

ⓐ 주택의 경우, 확정일자를 갖춘 임차인은 후순위 권리자 기타 채권자보다 우선하여 보증금을 변제받을 권리가 있는 바, 이는 배당절차에 있어서 확정일자를 갖춘 임차인은 담보물권자와 유사한 지위를 갖는다는 의미이다(대판 1992.10.13. 92다30597). **기출** 24

ⓑ 확정일자를 갖춘 임차인이 여러 명 있고 이들이 모두 저당권자에 우선하는 경우에는 각 임차인별로 우선변제권을 인정하되, 그들 상호 간에는 대항력 및 확정일자를 최종적으로 갖춘 순서대로 우열관계를 정하고, 선순위가압류권자가 있는 경우에는 확정일자를 갖춘 임차인은 가압류권자에게 우선권을 주장할 수 없고 평등배당을 받는다. 가압류채권자가 주택임차인보다 선순위인지 여부는, 주택임대차보호법 제3조의2의 법문상 임차인이 확정일자 부여에 의하여 비로소 우선변제권을 가지는 것으로 규정하고 있음에 비추어, 임대차계약증서상의 확정일자 부여일을 기준으로 삼는 것으로 해석함이 타당하므로, 대항요건을 미리 갖추었다고 하더라도 확정일자를 부여받은 날짜가 가압류일자보다 늦은 경우에는 가압류채권자가 선순위라고 볼 수밖에 없다(대판 1992.10.13. 92다30597). **기출** 24·23

ⓒ 조세와 저당권·전세권의 피담보채권, 우선변제권 있는 임차권의 우선순위는 조세의 법정기일과 저당권·전세권의 설정등기일 및 확정일자를 갖춘 임차인의 우선변제권 발생일의 선후를 따져 정한다(대판 1992.10.13. 92다30597).

ⓓ 대항요건과 확정일자를 갖춘 임차인이 주택임대차보호법 제8조 제1항에 의하여 보증금 중 일정액의 보호를 받는 소액임차인의 지위를 겸하는 경우, 먼저 소액임차인으로서 보호받는 일정액을 우선 배당하고 난 후의 나머지 임차보증금채권액에 대하여는 대항요건과 확정일자를 갖춘 임차인으로서의 순위에 따라 배당을 하여야 한다(대판 2007.11.15. 2007다45562). **기출** 22·19

ⓔ 주택임대차보호법상의 대항력과 우선변제권의 두 가지 권리를 겸유하고 있는 임차인이 우선변제권을 선택하여 제1경매절차에서 보증금 전액에 대하여 배당요구를 하였으나 보증금 전액을 배당받을 수 없었던 때에는 매수인에게 대항하여 이를 반환받을 때까지 임대차관계의 존속을 주장할 수 있을 뿐이고, 임차인의 우선변제권은 매각으로 인하여 소멸하는 것이므로 매각 후 새로 설정된 근저당권에 기한 제2경매절차에서는 우선변제권에 의한 배당을 받을 수 없다(대판 2001.3.27. 98다4552; 대판 2006.2.10. 2005다21166).

- 주택임대차보호법상의 대항력과 우선변제권의 두 가지 권리를 겸유하고 있는 임차인이 먼저 우선변제권을 선택하여 임차주택에 대하여 진행되고 있는 경매절차에서 보증금 전액에 대하여 배당요구를 하였다고 하더라도, 그 순위에 따른 배당이 실시될 경우 보증금 전액을 배당받을 수 없었던 때에는 보증금 중 경매절차에서 배당받을 수 있었던 금액을 공제한 잔액에 관하여 매수인에게 대항하여 이를 반환받을 때까지 임대차관계의 존속을 주장할 수 있다고 봄이 상당하며, 이 경우 임차인의 배당요구에 의하여 임대차는 해지되어 종료되고, 다만 같은 법 제4조 제2항에 의하여 임차인이 보증금의 잔액을 반환받을 때까지 임대차관계가 존속하는 것으로 의제될 뿐이므로, 매수인은 같은 법 제3조 제2항에 의하여 임대차가 종료된 상태에서의 임대인의 지위를 승계한다(대판 1997.8.22. 96다53628). 기출 24
- 주택임차인은 주택임대차보호법 제3조 제1항에서 정한 주택의 인도와 주민등록을 구비하면 대항력을 취득하고 대항요건이 존속되는 한 대항력은 계속 유지된다. 한편 주택임대차보호법에 정한 대항력과 우선변제권 두 가지 권리를 겸유하고 있는 임차인이 먼저 우선변제권을 선택하여 임차주택에 대하여 진행되고 있는 경매절차에서 배당요구를 하였으나 보증금 전액을 배당받지 못한 경우 임차인은 여전히 대항요건을 유지함으로써 임대차관계의 존속을 주장할 수 있으므로, 임차인이 대항력을 구비한 후 임차주택을 양수한 자는 그와 같이 존속되는 임대차의 임대인 지위를 당연히 승계한다. 이는 주택임대차보호법 제3조의2 제7항에서 정한 금융기관이 임차인으로부터 보증금반환채권을 계약으로 양수함으로써 양수한 금액의 범위에서 우선변제권을 승계한 다음 경매절차에서 배당요구를 하여 보증금 중 일부를 배당받은 경우에도 마찬가지이다. 따라서 주택임대차의 대항요건이 존속되는 한 임차인은 보증금반환채권을 양수한 금융기관이 보증금 잔액을 반환받을 때까지 임차주택의 양수인을 상대로 임대차관계의 존속을 주장할 수 있다(대판 2023.2.2. 2022다255126).

6. (최)우선변제권의 효력이 미치는 대지의 매각대금

① 주택의 임차인은 주택임대차보호법 제3조의2 제2항에 따라 대지를 포함한 주택의 환가대금에서 배당받는데, 이는 대지 및 건물에 관하여 경매 신청되었다가 대지 부분만이 매각되었거나(대판 1996.6.14. 96다7595) 대지만이 경매신청된 경우라도(대판 1999.7.23. 99다25532) 마찬가지이고, 대지와 건물에 대하여 따로 경매절차가 진행 중이라면 양 절차 모두에서 배당받을 수 있다.

② 건물과 대지가 시기를 달리하여 따로 경매되는 경우에 각 경매절차에 모두 참가하여 우선변제를 받을 수 있다(재민 84-10).

③ 대지의 매각대금에 대하여 (최)우선변제권이 미치게 하기 위해서는 대지에 관한 저당권 설정 당시 이미 그 지상 건물이 존재하는 경우에만 적용될 수 있는 것이고, 저당권 설정 후에 비로소 건물이 신축된 경우에는 소액임차인은 대지의 환가대금에 대하여 우선변제를 받을 수 없다(대판 1999.7.23. 99다25532).

기출 20

> 대지에 관한 저당권의 실행으로 경매가 진행된 경우에도 그 지상건물의 소액임차인은 대지의 환가대금 중에서 소액보증금을 우선변제받을 수 있다고 할 것이나, 이와 같은 법리는 대지에 관한 저당권 설정 당시에 이미 그 지상건물이 존재하는 경우에만 적용될 수 있는 것이고, 저당권 설정 후에 비로소 건물이 신축된 경우에까지 공시방법이 불완전한 소액임차인에게 우선변제권을 인정한다면 저당권자가 예측할 수 없는 손해를 입게 되는 범위가 지나치게 확대되어 부당하므로, 이러한 경우에는 소액임차인은 대지의 환가대금에 대하여 우선변제를 받을 수 없다고 보아야 한다(대판 1999.7.23. 99다25532). 기출 20

④ 그러나 토지에 관한 근저당권 설정 당시 그 지상에 건물의 규모, 종류가 외형상 예상할 수 있는 정도까지 건축이 진전되어 있는 경우에는 그 지상 건물의 소액임차인에게 대지의 매각대금에 대한 우선변제권을 인정할 수 있을 것이다(대판 1992.6.12. 92다7221).

Ⅵ 근로자의 우선변제권

1. 최종 3월분의 임금 및 재해보상금(최우선변제권 인정)

① 근로기준법 제38조 제2항에서는 "근로자의 최종 3월분의 임금 및 재해보상금은 질권·저당권 또는 담보된 채권, 조세·공과금 및 다른 채권에 우선하여 변제되어야 한다"고 규정하고 있다.

ㄱ) 최우선변제권이 있는 최종 3월분의 임금채권이란 최종 3개월 사이에 지급사유가 발생한 임금채권을 의미하는 것이 아니라, <u>최종 3개월간 근무한 부분의 임금채권을 말한다</u>(대판 2002.3.29. 2001다83838).

> 근로기준법 제38조 제2항에서 규정한 <u>근로자의 최종 3월분의 임금에 대한 우선특권</u>은 사용자의 총 재산에 대하여 일반 담보물권의 효력을 일부 제한하고 임금채권을 우선 변제받을 수 있는 권리로서, 근로자의 최저 생활을 보장하고자 하는 공익적 요청에서 나온 규정이므로, 이에 의하여 보호되는 임금채권의 범위는 <u>퇴직의 시기를 묻지 아니하고</u> 사용자로부터 <u>지급받지 못한 최종 3월분의 임금</u>을 말하고, 반드시 사용자의 도산 등 사업 폐지시로부터 소급하여 3월 내에 퇴직한 근로자의 임금채권에 한정하여 보호하는 취지라고 볼 수 없다(대판 1996.2.23. 95다48650). **기출** 16

ㄴ) 최종 3개월분의 임금은 배당요구 이전에 이미 근로관계가 종료된 근로자의 경우에는 근로관계 종료일부터 소급하여 3개월 사이에 지급사유가 발생한 임금 중 미지급분, 배당요구 당시에도 근로관계가 종료되지 않은 근로자의 경우에는 배당요구시점부터 소급하여 3개월 사이에 지급사유가 발생한 임금 중 미지급분을 말한다(대판 2015.8.19. 2015다204762). → 예를 들면, 배당요구 이전에 이미 근로관계가 종료된 근로자의 경우, 근로관계가 2003.10.경에 종료되었다면 근로관계 종료 시점으로부터 소급하여 3개월 이내인 2003. 8월분, 9월분, 10월분의 임금 중 미지급분이 된다. <u>근로자가 2003.8월분의 임금을 지급받았다고 하여 2003.7월분의 급여가 포함되는 것은 아니다</u>(대판 2008.6.26. 2006다1930). **기출** 24·21·19·16

ㄷ) 사용사업주가 파견근로자 보호 등에 관한 법률 제34조 제2항에 따라 근로자에 대하여 임금지급의무를 부담하고 그에 따라 파견근로자가 사용사업주에 대하여 임금채권을 가지는 경우, <u>파견근로자의 사용사업주에 대한 임금채권에 관하여도 근로기준법 제38조 제2항이 정하는 최우선변제권이 인정된다고 봄이 타당하다</u>(대판 2022.12.1. 2018다300586). **기출** 24

② 근로자의 최종 3월분의 임금 및 재해보상금 채권 자체에 대해서만 최우선변제권이 인정되고, 임금 등에 대한 '지연손해금 채권'에 대하여는 최우선변제권이 인정되지 않는다(대판 2000.2.12. 99마5143). **기출** 24·23·22

③ 따라서 지연손해금은 집행력있는 정본으로써 배당요구를 하는 경우에 원금만을 우선배당하고 지연손해금은 일반채권자와 안분한다(대결 2000.2.12. 99마5143). **기출** 23

2. 최종 3년간의 퇴직금(최우선변제권 인정)

① 「근로자퇴직급여 보장법」 제12조 제2항에서는 "최종 3년간의 퇴직금은 질권 또는 저당권에 의하여 담보된 채권, 조세·공과금 및 다른 채권에 우선하여 변제되어야 한다"고 규정하고 있다.

② 최종 3년간의 퇴직금은 배당요구종기일 이전에 퇴직금지급사유가 발생하여야 한다(대판 2015.8.19. 2015다204762). **기출** 24

3. 임금·퇴직금 그 밖에 근로관계로 인한 채권(근로관계채권, 최우선변제권 인정되는 채권 제외)

① 임금, 재해보상금, 그 밖에 근로관계로 인한 채권은 사용자의 총재산에 대하여 질권·저당권 또는 「동산·채권 등의 담보에 관한 법률」에 따른 담보권에 따라 담보된 채권 외에는 조세·공과금 및 다른 채권에 우선하여 변제되어야 한다. 다만, 질권·저당권 또는 「동산·채권 등의 담보에 관한 법률」에 따른 담보권에 우선하는 조세·공과금에 대하여는 그러하지 아니하다(근로기준법 제38조 제1항). **기출** 24

☞ 다만, 재해보상금은 최우선변제권이 인정된다.

② 사용자에게 지급의무가 있는 퇴직금, 제15조에 따른 확정급여형퇴직연금제도의 급여, 제20조 제3항에 따른 확정기여형퇴직연금제도의 부담금 중 미납입 부담금 및 미납입 부담금에 대한 지연이자, 제23조의7 제1항에 따른 중소기업퇴직연금기금제도의 부담금 중 미납입 부담금 및 미납입 부담금에 대한 지연이자, 제25조 제2항 제4호에 따른 개인형퇴직연금제도의 부담금 중 미납입 부담금 및 미납입 부담금에 대한 지연이자(이하 "퇴직급여등"이라한다)는 사용자의 총재산에 대하여 질권 또는 저당권에 의하여 담보된 채권을 제외하고는 조세·공과금 및 다른 채권에 우선하여 변제되어야 한다. 다만, 질권 또는 저당권에 우선하는 조세·공과금에 대하여는 그러하지 아니하다(근로자퇴직급여 보장법 제12조 제1항).

4. 우선변제권의 효력

① 배당순위

㉠ 최종 3월분의 임금, 최종 3년간의 퇴직금, 재해보상금은 저당권에 의하여 담보된 채권, 조세·공과금 및 일반채권보다는 선순위이나(근로기준법 제38조 제2항, 근로자퇴직급여보장법 제12조 제2항, 국세기본법 제35조 제1항 제5호, 지방세기본법 제71조 제1항 제5호), 주택임대차보호법 제8조에 의한 소액보증금채권과는 다 같은 우선채권으로서 동순위로 배당한다(재민 91-2). **기출** 16

> **부동산경매에서 우선채권 간의 배당순위[재민 91-2]**
> 부동산경매의 배당절차에 있어서 「주택임대차보호법」 제8조 제1항 또는 「상가건물 임대차보호법」 제14조 제1항에 따른 보증금 중 일정액(각 같은 법 제3조 제1항의 대항요건을 갖춘 경우)[소액보증금 중 최우선변제권이 인정되는 금액(註)]과 「근로기준법」 제38조 제2항 제1호 및 제2호에 따른 최종 3개월분의 임금, 재해보상금, 「근로자퇴직급여 보장법」 제12조 제2항에 따른 최종 3년간의 퇴직급여 등(「선원법」 제152조의2 제2항 제1호부터 제3호까지에 따른 최종 4개월분의 임금, 최종 4년분의 퇴직금, 요양비용, 보상 또는 장제비도 같다) 채권이 서로 경합하는 경우, 그 채권은 모두 우선채권으로서 각 법률에서 상호 간의 우열을 정하고 있지 아니하며 각 법률의 입법취지를 모두 존중할 필요가 있으므로 상호 동등한 순위의 채권으로 보아 배당을 실시하여야 할 것이니 업무에 착오 없기 바랍니다. **기출** 16

㉡ 임금·퇴직금 기타 근로관계로 인한 채권 중 위에 적은 것을 제외한 것(근로관계채권)은 저당권에 의하여 담보되는 채권보다는 후순위이고, 조세·공과금 및 일반채권보다는 선순위이다(근로기준법 제38조 제1항 본문, 국세기본법 제35조 제1항 제5호).

㉢ 따라서 저당권이 조세·공과금보다 우선하는 경우에는 저당권에 의하여 담보된 채권 → 근로관계채권 → 조세·공과금의 순으로 배당을 받는다(근로기준법 제38조 제1항 본문). 그러나 조세·공과금이 저당권에 우선하는 경우에는 조세·공과금 → 저당권에 의하여 담보되는 채권 → 근로관계채권의 순으로 배당을 받는다(근로기준법 제38조 제1항 단서).

ⓐ 저당권이 존재하고 동시에 당해세가 있는 경우에 당해세는 저당권에 우선하므로, 근로기준법 제38조 제1항 단서에 의하여 당해세가 근로관계채권보다 선순위가 된다. 이 경우 당해세 → 저당권으로 담보된 채권 → 근로관계채권 → 그 밖의 조세채권(법정기일이 저당권 설정일보다 늦은 경우)의 순으로 배당받거나, 당해세 → 그 밖의 조세채권(법정기일이 저당권 설정일보다 빠른 경우) → 저당권 등에 의하여 담보된 채권 → 근로관계채권의 순으로 배당받게 된다.

ⓑ 배당에 참가한 채권 중 조세·공과금이 없는 경우에는 근로관계채권은 항상 담보권(저당권 등)에 의하여 담보된 채권의 후순위이고, 담보권(저당권 등)에 의하여 담보된 채권이 없는 경우에는 근로관계채권은 항상 당해세를 포함한 조세·공과금에 우선하게 된다. **기출** 16

② 임금채권을 대위변제한 경우의 우선변제권의 효력

㉠ 우선변제권이 있는 임금채권을 대신 변제한 자는 채무자인 사용자에 대한 임금채권자로서 사용자의 총재산에 대한 강제집행절차나 임의경매절차가 개시된 경우에 배당요구의 종기까지 배당요구를 하여 그 배당절차에서 저당권의 피담보채권이나 일반채권보다 우선하여 변제받을 수 있다(대판 1996.2.23. 94다21160).

㉡ 일부 대위변제자와 본래의 임금채권자의 변제의 순위에 관하여는 본래의 임금채권자가 일부 대위변제자에 대하여 우선변제권을 가지고 있다.

> • 변제할 정당한 이익이 있는 자가 채무자를 위하여 근저당권의 피담보채무의 일부를 대위변제한 경우, 대위변제자는 변제한 가액의 범위 내에서 종래 채권자가 가지고 있던 채권 및 담보에 관한 권리를 법률상 당연히 취득하게 되지만 이때에도 채권자는 대위변제자에 대하여 우선변제권을 가진다. 이러한 법리는 근로복지공단이 최우선변제권이 있는 최종 3개월분의 임금과 최종 3년분의 퇴직금 중 일부를 체당금으로 지급하고 그에 해당하는 근로자의 임금 등 채권을 대위하여 행사하는 경우에도 그대로 적용되어 '최우선변제권이 있는 근로자의 나머지 임금 등 채권'이 '공단이 대위하는 채권'에 대하여 우선변제권을 갖는다고 보아야 한다(대판 2011.1.27. 2008다13623). **기출** 21·19·16
> • 근로복지공단이 그 임금채권보장법에 따라 어느 근로자에게 최우선변제권이 있는 임금과 퇴직금 중 일부를 체당금으로 지급하고 그에 해당하는 근로자의 임금 등 채권을 대위행사하는 경우 '근로복지공단이 대위하는 채권'은 '체당금을 지급받지 아니한 다른 근로자의 최우선변제권이 있는 임금 등 채권'과 서로 같은 순위로 배당받아야 하고, 단순히 원고의 대위채권이 근로자의 생활안정을 위한 공익적 성격을 갖는다는 등의 이유만으로 체당금을 지급받지 아니한 다른 근로자의 최우선변제권 있는 임금 등 채권보다 후순위로 배당받게 된다고 볼 수는 없다(대판 2015.11.27. 2014다208378). **기출** 24·18

③ 공동저당에 관한 민법 제368조 제2항 후문(후순위권리자의 대위)이 임금채권자가 우선변제받은 경우에도 유추적용된다.

㉠ 근로기준법에 규정된 임금 등에 대한 우선특권은 사용자의 총재산에 대하여 저당권에 의하여 담보된 채권, 조세 등에 우선하여 변제받을 수 있는 이른바 법정담보물권으로서(대판 2000.9.29. 2000다32475 등), 사용자의 부동산이 여러 건인 경우에는 마치 그 부동산 전부에 대한 공동저당권자와 유사한 지위에 서게 되므로 사용자 소유의 여러 건의 부동산이 동시에 경매되어 그 매각대금을 동시에 배당하는 때에는 각 부동산의 매각대금에 비례하여 그 채권의 분담을 정하여야 한다.

㉡ 위와 같은 법리는 조세채권자나 소액임차인이 우선변제받는 경우에도 마찬가지이다.

근로복지공단이 근로자가 지급받지 못한 임금 등을 사업주를 대신하여 지급한 경우에, 그 지급된 임금 등의 금액의 한도에서 그 근로자가 해당 사업주에 대하여 가지는 임금 등 채권을 대위하고 이때 그 근로자의 임금 등 채권에 인정되는 우선변제권은 근로복지공단이 대위하는 권리에 당연히 존속한다. 그리고 이처럼 근로복지공단이 개별 근로자의 임금 등 채권을 대위하여 행사함에 따라 어느 경매절차에서 우선배당받은 경우에, 저당권자는 앞에서 본 선순위 임금채권자가 직접 우선배당받은 경우와 마찬가지로 근로복지공단이 대위한 해당 근로자의 임금 등 채권을 다시 대위하여 다른 경매절차에서 우선하여 배당받을 수 있으나, 해당 근로자 또는 그를 대위한 근로복지공단이 그의 임금 등 채권에 관하여 위와 같이 배당요구의 종기까지 배당요구를 한 경우에 한하여 배당을 받을 수 있다(대판 2014.6.26. 2014다204857).

5. 임금직접지급의 원칙과 배당

① 임금은 직접 근로자에게 그 전액을 지급하여야 한다(근로기준법 제43조 제1항). 이를 임금직접지급의 원칙이라 한다.

② '근로자가 임금채권을 양도한 경우'에도 그 임금의 지급에 관하여는 근로기준법 제43조 제1항에 정한 임금 직접지급의 원칙이 적용되어 사용자는 직접 근로자에게 임금을 지급하지 아니하면 안 되고, 그 결과 비록 적법 유효한 양수인이라도 스스로 사용자에 대하여 임금의 지급을 청구할 수 없으며, 그러한 법리는 근로자로부터 임금채권을 양도받았거나 추심을 위임받은 자가 사용자의 집행재산에 대하여 배당을 요구하는 경우에도 그대로 적용된다(대판 1996.3.22. 95다2630).

③ 그러나 우선변제권이 있는 임금채권을 변제한 자가 사용자의 총재산에 대한 강제집행절차나 임의경매절차에서 임금채권자를 대위하는 경우에 근로자가 아닌 대위변제자에게 임금의 우선변제권을 인정하더라도 근로자에 대하여 임금이 직접 지급된 점에 비추어 이를 근로기준법 제43조 제1항 소정의 직접지급의 원칙에 위배된다고 할 수 없다(대판 1996.2.23. 94다21160).

6. 임금우선변제권의 적용 대상 및 적용범위

① **사용자의 총재산** : 임금우선변제권의 적용대상이 되는 '사용자의 총재산'이란 근로계약의 당사자로서 임금채무를 1차적으로 부담하는 사업주인 사용자의 총재산을 의미하고, 따라서 사용자가 법인인 경우에는 법인 자체의 재산만을 가리키며, 법인의 대표자 등 사업경영 담당자의 개인 재산은 이에 포함되지 아니한다(대판 1996.2.9. 95다719). **기출** 21

② 사용자가 재산을 특정승계 취득하기 전에 설정된 담보권에 대하여까지 임금채권의 우선변제권이 인정되는 것은 아니다.

[1] 근로기준법 제38조 제2항은 근로자의 최저생활을 보장하고자 하는 공익적 요청에서 일반 담보물권의 효력을 일부 제한하고 임금채권의 우선변제권을 규정한 것으로서, 그 규정의 취지는 근로자가 최종 3월분의 임금과 최종 3년간의 퇴직금, 재해보상금에 관한 채권을 질권, 저당권에 의하여 담보된 채권, 조세공과금 및 다른 채권과 동시에 사용자의 동일재산으로부터 경합하여 변제받는 경우에, 그 각 채권의 성립의 선후나 질권 또는 저당권의 설정 여부에 관계없이 그 임금, 퇴직금 등을 우선적으로 변제받을 수 있는 권리가 있음을 밝힌 것이며 사용자가 재산을 특정승계 취득하기 전에 설정된 담보권에 대하여까지 그 임금채권의 우선변제권을 인정한 것은 아니다.

[2] 개인병원 형태로 운영되던 사업을 의료법인 형태로 전환하면서 근저당권의 목적물인 부동산 등 물적 시설을 의료법인에 출자하고 그에 따라 근로자들의 근로관계도 법인에 단절 없이 승계된 경우와 같이 사업의 인적 조직·물적 시설이 그의 동일성을 유지하면서 일체로서 이전되어 형식적으로 경영주체의 변경이 있을 뿐 개인병원과 의료법인 사이에 실질적인 동일성이 인정되는 경우에는 담보된 재산만이 특정승계된 경우와는 달라서, 고용이 승계된 근로자는 물론 법인 전환 후에 신규로 채용된 근로자들도 사용자가 재산을 취득하기 전에 설정된 담보권에 대하여 임금 등의 우선변제권을 가진다(대판 2004.5.27. 2002다65905).

③ 사용자가 사용자 지위를 취득하기 전에 설정된 저당권 등에 대해서도 임금채권이 우선한다.

근로기준법 제38조 제2항은 근로자의 최저생활을 보장하고자 하는 공익적 요청에서 일반 담보물권의 효력을 일부 제한하고 최종 3개월분의 임금과 재해보상금에 해당하는 채권의 우선변제권을 규정한 것이므로, 합리적 이유나 근거 없이 적용 대상을 축소하거나 제한하는 것은 허용되지 않는다. 그런데 근로기준법 제38조 제2항은 최종 3개월분의 임금채권이 같은 조 제1항에도 불구하고 사용자의 총재산에 대하여 질권 또는 저당권에 따라 담보된 채권에 우선하여 변제되어야 한다고 규정하고 있을 뿐, 사용자가 사용자 지위를 취득하기 전에 설정한 질권 또는 저당권에 따라 담보된 채권에는 우선하여 변제받을 수 없는 것으로 규정하고 있지 않으므로, 최종 3개월분의 임금채권은 사용자의 총재산에 대하여 사용자가 사용자 지위를 취득하기 전에 설정한 질권 또는 저당권에 따라 담보된 채권에도 우선하여 변제되어야 한다(대판 2011.12.8. 2011다68777). **기출** 21·15

④ 사용자의 재산이 제3자에게 양도된 경우 임금채권의 우선변제권을 인정할 수 없다.

근로기준법 제38조 제2항은 임금채권의 우선변제권을 규정한 것으로서 그 규정의 취지는 최종 3월분의 임금 등에 관한 채권은 다른 채권과 동시에 사용자의 동일재산으로부터 경합하여 변제받는 경우에 그 성립의 선후나 질권이나 저당권의 설정 여부에 관계없이 우선적으로 변제받을 수 있는 권리가 있음을 밝힌 것일 뿐, 나아가 사용자의 특정재산에 대한 배타적 지배권을 본질로 하는 추급효까지 인정한 것은 아니므로, 사용자의 재산이 제3자에게 양도된 경우에 있어서는 양도인인 사용자에 대한 임금 등 채권의 우선권은 이 재산에 대하여는 더 이상 추구될 수 없고, 양수인의 양수재산에 대하여까지 우선권을 인정할 수는 없다(대판 1994.1.11. 93다 30938).

⑤ **임금에 대한 지연손해금** : 사용자에 대한 판결에 기하여 경매신청을 하는 경우 '임금 등에 대한 지연손해 금'에 대하여는 우선변제권을 인정할 수 없다(대판 2000.1.28. 99마5143). 따라서 임금채권자들이 집행력 있는 정본으로써 배당요구를 하는 경우 원금만을 우선배당하고, 지연손해금은 다른 일반채권자와 안분 배당한다. **기출** 18

7. 우선변제권이 있는 임금채권과 가압류

① 근로기준법에 의하여 우선변제청구권을 갖는 임금채권자라고 하더라도 임의경매절차에서 배당요구의 종기까지 배당요구를 하여야만 우선배당을 받을 수 있는 것이 원칙이나, 경매절차 개시 전의 부동산가압 류권자는 배당요구를 하지 않았더라도 당연히 배당요구를 한 것과 동일하게 취급하여 설사 그가 별도로 채권계산서를 제출하지 아니하였다 하여도 배당에서 제외하여서는 아니 된다(대판 2004.7.22. 2002다 52312).

② 근로기준법상 우선변제권이 있는 임금채권자가 경매절차 개시 전에 경매목적부동산을 가압류한 경우에 는 배당요구의 종기까지 우선권 있는 임금채권임을 소명하지 않았다고 하더라도 '배당표가 확정되기 전까지' 그 가압류의 청구채권이 우선변제권 있는 임금채권임을 소명하면 우선배당을 받을 수 있다(대판 2004.7.22. 2002다52312). **기출** 21·16

8. 임금우선특권과 선박우선특권

> 임금우선특권을 선박우선특권보다 우선시키는 것이 합리적인 해석이다(대판 2005.10.13. 2004다26799).

9. 외국인 근로자

> 외국인 근로자에 대하여도 국내의 근로자들과 마찬가지로 근로기준법상의 퇴직금 지급에 관한 규정이나 최저임금법상의 최저임금의 보장에 관한 규정이 그대로 적용된다(대판 2006.12.7. 2006다53627).

10. 임금 및 퇴직금 채권자가 배당요구 종기까지 그 자격을 소명하는 자료를 제출하지 않은 경우

근로기준법 및 「근로자퇴직급여 보장법」에 의하여 우선변제청구권이 있는 임금 및 퇴직금 채권자가 배당요구 종기까지 그 자격을 소명하는 서면을 제출하지 않았으나 배당표가 확정되기 전까지 이를 보완한 경우, 우선배당을 받을 수 있다(대판 2022.4.28. 2020다299955).

> 집행력 있는 정본을 가진 채권자, 경매개시결정이 등기된 뒤에 가압류를 한 채권자, 민법·상법, 그 밖의 법률에 의하여 우선변제청구권이 있는 채권자는 배당요구를 할 수 있고(민사집행법 제88조 제1항), 이에 따른 배당요구는 채권(이자, 비용, 그 밖의 부대채권을 포함한다)의 원인과 액수를 적은 서면으로 하여야 하며(민사집행규칙 제48조 제1항), 배당요구서에는 집행력 있는 정본 또는 사본, 그 밖에 배당요구의 자격을 소명하는 서면을 붙여야 한다(민사집행규칙 제48조 제2항). 이러한 민사집행법과 민사집행규칙의 규정에 의하면, 근로기준법 및 근로자퇴직급여 보장법에 의하여 우선변제청구권을 갖는 임금 및 퇴직금 채권자는 그 자격을 소명하는 서면을 붙인 배당요구서에 의하여 배당요구를 해야 한다. 다만 민사집행절차의 안정성을 보장하여야 하는 절차법적 요청과 근로자의 임금채권을 보호하여야 하는 실체법적 요청을 형량하여 보면 우선변제청구권이 있는 임금 및 퇴직금 채권자가 배당요구 종기까지 위와 같은 소명자료를 제출하지 않았다고 하더라도 배당표가 확정되기 전까지 이를 보완하였다면 우선배당을 받을 수 있다고 해석하여야 한다(대판 2022.4.28. 2020다299955). `기출` 24

Ⅶ 국세·지방세 채권

1. 교부청구(= 배당요구)

① 원칙 : 국세징수법 제59조에 규정된 교부청구는 과세관청이 이미 진행중인 강제환가절차에 가입하여 체납된 국세의 배당을 구하는 것으로서 민사집행법에 규정된 부동산경매절차에서의 배당요구와 같은 성질의 것이므로 당해 국세는 교부청구 당시 체납되어 있음을 요하고 또한 과세관청이 배당요구의 종기까지 교부청구를 한 경우에 한하여 비로소 배당을 받을 수 있으며, 적법한 교부청구를 하지 아니한 세액은 그 국세채권이 실체법상 다른 채권에 우선하는 것인지의 여부와 관계없이 배당할 수 없다(대판 2001.11.27. 99다22311). `기출` 18

② 첫 경매개시결정등기 '전에' 체납처분에 의한 압류등기를 마친 경우 : 국세의 교부청구도 배당요구와 마찬가지로 배당요구의 종기까지만 할 수 있으나, 경매부동산에 관하여 국세체납처분의 절차로서 압류의 등기가 되어 있는 경우에는 교부청구를 한 효력이 있는 것으로 보아야 하고, 이 경우 세무서장이 배당요구의 종기까지 체납된 국세의 세액을 계산할 수 있는 증빙서류를 제출하지 아니한 때에는 경매법원으로서는 당해 압류등기촉탁서에 의한 체납세액을 조사하여 배당할 수 있다(대판 1997.2.14. 96다51585).

③ 첫 경매개시결정등기 등기 '후에' 체납처분에 의한 압류등기를 마친 경우 : 부동산에 관한 경매개시결정이 등기된 뒤에 체납처분에 의한 압류등기가 마쳐진 경우에는 조세채권자인 국가로서는 경매법원에 배당요구의 종기까지 배당요구로써 교부청구를 하여야만 배당을 받을 수 있다(대결 2021.4.9. 2020마7695).

기출 24

2. 부동산 등의 압류의 효력

> **국세징수법 제46조(부동산 등의 압류의 효력)**
> ① 제45조에 따른 압류의 효력은 그 압류의 등기 또는 등록이 완료된 때에 발생한다.
> ② 제1항의 규정에 의한 압류는 당해압류재산의 소유권이 이전되기 전에 국세기본법 제35조 제2항에 따른 법정기일이 도래한 국세의 체납액에 대하여도 미친다.

> [1] 구 국세징수법 제47조 제2항의 취지는, 한 번 압류등기를 하고 나면 동일한 사람에 대한 압류등기 이후에 발생한 체납액에 대하여도 새로운 압류등기를 거칠 필요 없이 당연히 압류의 효력이 미친다는 것으로서, 여기에서 말하는 '체납액'이란 납세의무가 성립·확정된 이후에 그 납부기한까지 납부되지 아니한 국세와 그 가산금 등을 말한다.
> [2] 구 국세징수법 제45조의 규정에 의한 압류는 압류 당시의 체납액이 납부되었다고 하여 당연히 실효되지 아니하고, 압류가 유효하게 존속하는 한 압류등기 이후에 발생한 체납액에 대하여도 효력이 미친다.
> [3] 구 국세징수법 제68조는 세무서장이 압류된 재산의 공매를 공고한 때에는 즉시 그 내용을 체납자 등에게 통지하도록 정하고 있다. 이러한 체납자 등에 대한 공매통지는 국가의 강제력에 의하여 진행되는 공매절차에서 체납자 등의 권리 내지 재산상 이익을 보호하기 위하여 법률로 규정한 절차적 요건에 해당하지만, 그 통지를 하지 아니한 채 공매처분을 하였다 하여도 그 공매처분이 당연무효로 되는 것은 아니다(대판 2012.7.26. 2010다50625).

3. 당해세

① 의 의

> 지방세기본법 제71조 제1항 제3호 공시를 수반하는 담보물권과 관련하여 거래의 안전을 보장하려는 사법적 요청과 조세채권의 실현을 확보하려는 공익적 요청을 적절하게 조화시키려는 데 그 입법의 취지가 있으므로, 당해세가 담보물권에 의하여 담보되는 채권에 우선한다고 하더라도 이로써 담보물권의 본질적 내용까지 침해되어서는 아니 되고, 따라서 같은 법 제31조 제2항 제3호 단서에서 말하는 '그 재산에 대하여 부과된 지방세'란 담보물권을 취득하는 사람이 장래 그 재산에 대하여 부과될 것을 상당한 정도로 예측할 수 있는 것으로서 오로지 당해 재산을 소유하고 있는 것 자체에 담세력을 인정하여 부과되는 지방세만을 의미하는 것으로 보아야 한다(대판 2001.2.23. 2000다58088).

② 당해세 우선의 원칙

   ⊙ 당해세는 매각부동산 자체에 대하여 부과된 조세와 가산금으로서, 그 법정기일 전에 설정된 저당권 등으로 담보된 채권보다 우선하는데(국세기본법 제35조 제1항 제3호, 지방세기본법 제71조 제1항 제3호) 이를 당해세우선의 원칙이라 한다.

   ⓒ 예를 들면 법정기일이 2010.5.6.인 당해세는 설정등기일이 2010.3.6.인 근저당권보다 우선하여 배당을 받게 된다.

> 법정기일에 관계없이 근저당권에 우선하는 당해세에 관한 조세채권이더라도 배당요구종기까지 교부청구한 금액만을 매각대금에서 배당받을 수 있고, 당해세에 대한 가산금 및 중가산금의 경우, 교부청구 이후 배당기일까지의 가산금 또는 중가산금을 포함하여 지급을 구하는 취지를 배당요구종기 이전에 명확히 밝히지 않았다면, 배당요구종기까지 교부청구한 금액에 한하여 배당받을 수 있다(대판 2012.5.10. 2011다44160).
> **기출** 19 · 17

   ⓒ 다만, 2022.12.31. 개정 국세기본법에서는 경매 · 공매 시 해당 재산에 부과된 당해세(상속세, 증여세 및 종합부동산세)의 법정기일이 임차인의 확정일자보다 늦은 경우 그 당해세에 배분 예정액에 한하여 주택임차보증금반환채권 · 주택전세권의 담보된 채권에 먼저 배분할 수 있도록 하였다(국세기본법 제35조 제7항). **기출** 23

   ⓔ 지방세에 대하여도 당해세 우선의 원칙에 대하여 규정하고 있다(지방세기본법 제71조 제1항 제3호). 다만, 2023.5.4. 개정 지방기본세법에서도 대항요건과 확정일자를 갖춘 주택임차권에 의하여 담보된 보증금반환채권 또는 주거용 건물에 설정된 전세권에 의하여 담보된 채권은 그 확정일자 또는 전세권 설정일보다 법정기일이 늦은 해당 재산에 대하여 부과된 당해세(재산세, 지역자원시설세, 재산세에 부가되는 지방교육세)의 우선 징수 순서에 대신하여 변제될 수 있도록 하였다(지방세기본법 제71조 제6항).

③ 당해세의 종류

   ⊙ 국세 중 상속세, 증여세, 종합부동산세 등이 당해세에 해당한다(국세기본법 제35조 제3항).

   ⓒ 지방세 중 당해세의 종류로 재산세 · 자동차세 · 지역자원시설세 및 지방교육세를 규정하고 있다(지방세기본법 제71조 제5항). 취득세와 등록세는 당해세에 해당하지 않는다.

> • 국세에 대하여 우선적으로 보호되는 저당권으로 담보되는 채권이란 원래 저당권 설정 당시의 저당권자와 저당권 설정자와의 관계를 기본으로 하여 그 설정자의 납세의무를 기준으로 한 것이라고 해석되므로, 저당권 설정자가 그 피담보채권에 우선하여 징수당할 조세의 체납이 없는 상태에서 사망한 경우에 그 상속인에 대하여 부과된 국세인 상속세는 이를 당해세라 하여 우선징수할 수 없다(대판 1997.5.9. 96다55204). **기출** 19
> • 부동산에 대하여 근저당권 설정 이전에 이루어진 증여를 원인으로 하여 부과된 증여세는 위 부동산 자체에 관하여 부과된 것이고, 근저당권 설정 당시 이미 등기부상 증여를 원인으로 하여 근저당설정자 명의로 소유권이전등기가 마쳐져 있었으므로 근저당권자로서는 장래 이 증여를 과세원인으로 하여 증여세가 부과될 것을 상당한 정도로 예측할 수 있다고 봄이 상당할 것이고, 따라서 위 증여세는 국세기본법 제35조 제1항 제3호 단서에서 말하는 '그 재산에 대하여 부과된 국세', 즉 이른바 당해세에 해당한다(대판 2001.1.30. 2000다47972). **기출** 19

4. 압류선착주의

① 의 의

ⓐ 조세는 원칙적으로 교부청구의 선후에 관계없이 동순위로 그 사이에는 우선관계가 없다고 할 것이지만, 1개의 부동산에 대하여 체납처분의 일환으로 압류가 행하여졌을 때 그 압류에 관계되는 조세는 국세나 지방세를 막론하고 교부청구한 다른 조세보다 우선한다(국세기본법 제36조 제1항, 지방세 기본법 제73조 제1항). 이를 압류선착주의 원칙이라 한다.

ⓑ 압류선착주의는 압류가 먼저 된 대로 우선한다는 것이 아니라 압류와 교부청구 사이에는 압류가 우선한다는 원칙이다.

ⓒ 1순위 압류, 2순위 압류, 3순위 압류가 있는 경우에 2, 3순위 압류는 참가압류로서 교부청구의 효력만 있으므로 1순위 압류는 우선권이 있으나 2순위와 3순위는 서로 교부청구로서 동순위로 안분배당하여야 한다.

② 당해세에는 압류선착주의가 적용되지 않음

ⓐ 압류선착주의 원칙은 당해세(예 공매대상 부동산 자체에 부과된 조세와 가산금)에 대하여는 적용되지 않는다(대판 2007.5.10. 2007두2197). **기출** 22·15

ⓑ 즉, 조세채권의 압류기일이 당해세보다 앞선다고 하여도 당해세가 조세채권보다 우선한다.

③ 압류선착주의는 조채채권 사이의 우선순위를 정하는 데 적용할 수 있을 뿐 조세채권과 공시를 수반하는 담보물권 사이의 우선순위를 정하는 데 적용할 수는 없다(대판 2005.11.24. 2005두9088). **기출** 23·17

5. 본세 · 가산금 · 가산세 · 체납처분비의 징수순위와 배당순위

① 가산금

ⓐ 가산금이란 국세 등을 납부기한까지 납부하지 아니한 때에 국세징수법 등에 의하여 고지세액에 가산하여 징수하는 금액(가산금)과 납부기한 경과 후 일정기한까지 납부하지 아니한 때에 그 금액에 다시 가산하여 징수하는 금액(중가산금)을 말한다(구 국세기본법 제2조 제5호). 2018.12.31. 개정(202.1.1. 시행)된 국세기본법은 가산금을 폐지하고 이를 (납부지연)가산세로 통합하였는데, 시행일 이전에 성립된 가산금에 대하여는 종전의 규정에 따르므로 이하 가산금의 내용은 당분간 그대로 유효하다.

> 국세징수법 제21조, 제22조가 규정하는 가산금과 중가산금은 국세가 납부기한까지 납부되지 않은 경우 미납분에 관한 지연이자의 의미로 부과되는 부대세의 일종으로서, 과세권자의 확정절차 없이 국세를 납부기한까지 납부하지 아니하면 같은 법 제21조, 제22조의 규정에 의하여 당연히 발생하고 그 액수도 확정되는 것이다(대판 2000.9.22. 2000두2013).

ⓑ 특정의 조세채권에 관하여 조세의 본세와 가산금 및 체납처분비 전부를 충당하기에 부족한 경우에는 체납처분비 → 가산금 → 본세의 순으로 징수한다(국세징수법 제4조, 지방세법 제33조 제1항).

ⓒ 그런데 위 각 조항은 조세에 관한 충당의 순서를 정한 것에 불과하고, 다른 담보권과의 우열관계를 정한 것은 아니다. 따라서 가산금 채권과 저당권 등에 의하여 담보되는 채권의 우선관계도 역시 가산금 자체의 법정기일을 기준으로 결정하여야 한다(대판 1998.9.8. 97다12037; 대판 2002.2.8. 2001다74018).

② **가산세** : 가산세는 납세의무자가 세법에 의한 신고의무, 보고의무, 징수의무를 이행하지 아니하거나 위반하는 경우에 그에 대한 행정벌적인 성격으로 부과되는 것으로 본세의 산출세액에 가산하여 본세의 명목으로 징수하는 것이다.

> 취득세 납세의무자가 과세물건을 취득한 날로부터 30일 이내에 취득세를 신고납부하지 아니한 때에는 가산세를 보통징수의 방법에 의하여 징수하도록 하고 있고, 같은 법 제1조 제1항 제6호에 따르면 보통징수는 세무공무원이 납세고지서를 당해 납세의무자에게 교부하여 지방세를 징수하는 것을 뜻하므로, 같은 법 제31조 제2항 제3호 (나)목에 따라 가산세의 법정기일은 납세고지서의 발송일이 된다(대판 2001.4.24. 2001다10076).

③ **조세채권의 체납처분비** : 조세채권의 체납처분비는, 이 비용이 납처분의 집행에 소요되는 비용이긴 하지만 강제집행절차 또는 임의경매절차에 참가하여 배당을 받는 경우에는 조세 자체가 저당권 등에 우선하더라도 체납처분비는 저당권 등에 우선하지 못하고 공과금 기타의 채권에 우선하여 배당받을 뿐이라는 견해와 체납처분을 통하여 징수하려는 조세채권의 집행에 소요된 비용이므로 그 조세채권과 동순위로 변제받아야 할 것이라는 견해가 대립되어 있다. 실무에서는 첫 번째 견해를 채택하고 있다(실무제요 집행 3).

6. 부동산이 양도된 경우 조세채권의 효력과 순위

① **양도인에 대한 체납국세** : 국세의 체납처분 등에 의하여 납세의무자의 재산이 압류되기 전에 제3자가 그 소유권을 취득하였다면 그 재산에 대하여는 원칙적으로 국세의 우선징수권이 미치지 아니하므로, 부동산에 대한 강제집행절차가 진행되는 도중에 그 목적물이 제3자에게 양도된 경우에도 그 이전에 양도인의 체납 국세에 관하여 체납처분 등으로 압류를 한 바 없다면 그 이후에 그 체납 국세에 관하여 교부청구를 하더라도 매각대금으로부터 우선 배당을 받을 수 없다(대판 1998.8.21. 98다24396). **기출** 20

② **저당권이 설정된 부동산의 양수인에게 부과된 조세 또는 당해세**

　㉠ 저당권이 설정된 부동산이 양도되었을 경우 양수인인 제3자에게 부과된 조세는 그 법정기일이 저당권의 설정기일 전이라고 하더라도 저당권에 대하여는 우선권이 없다(대판 1972.1.31. 71다2266). **기출** 16

　㉡ 양수인에게 부과된 당해세의 경우도 마찬가지이다.

③ **계약인수가 이루어진 경우** : 저당부동산이 저당권설정자로부터 제3자에게 양도되면서 양도인, 양수인 및 저당권자 등 3자의 합의에 의해 저당권설정계약상의 양도인이 가지는 계약상의 채무자 및 설정자로서의 지위를 양수인이 승계하기로 하는 내용의 계약인수가 이루어진 경우 양수인인 제3자에 대하여 부과한 국세 또는 지방세를 법정기일이 앞선다거나 당해세라 하여 위 저당권부채권에 우선하여 징수할 수 없다(대판 2005.3.10. 2004다51153).

Ⅷ 공과금채권 등

1. 체납처분의 예에 따라 징수되는 공과금채권

① 전술한 조세·가산금 및 강제징수비 이외의 채권이면서 국세징수법상의 체납처분의 예에 의하여 징수할 수 있는 채권을 통상 공과금이라고 부른다. 국민건강보험료 및 국민연금보험료, 산업재해보상보험료 등이 여기에 해당한다.

② 위 각 보험료와 저당권 등은 법정기일에 따라 그 순위가 정해진다.

③ 다만 보험료의 납부기한이 저당권보다 우선한다고 하여도 저당권보다 후순위인 조세채권보다 우선하는 것은 아니므로 이 경우에는 순환관계가 성립한다.

2. 재산형·과태료와 국유재산법상 사용료·대부료·변상금채권

① 재산형이나 법원의 과태료재판에 의하여 확정되는 과태료는 조세라든가 특별한 공과금과는 달리 우선배당에 관한 아무런 규정이 없으므로 일반채권과 동순위로 배당받는다.

② 국유재산법상 사용료·대부료·변상금채권도 그 징수는 국세징수법에 의한 체납처분의 징수절차에 의하나, 징수순위에 관한 특별한 규정을 두고 있지 않으므로 원칙적으로 일반채권과 동순위로 배당받게 된다.

Ⅸ 집행력 있는 일반채권

① 집행력 있는 집행권원을 소지한 자의 채권 중 '민사집행법 제148조 제1호의 배당요구의 종기까지 경매신청을 한 압류채권자의 채권에 해당하는 것' 외에는 배당요구의 종기까지 배당요구를 하여야 한다.

② 배당요구서는 그 서면의 제목이 '권리신고서'이든 '채권계산서'이든 그 서면에 채권의 원인과 액수가 적혀 있다면 배당요구로 볼 것이다(대판 1999.2.9. 98다53547).

③ 한편, 강제집행을 신청할 때는 신청서에 반드시 집행력 있는 정본을 붙여야 하지만, 민사집행법 제88조의 배당요구를 할 때는 집행력 있는 정본을 소지한 자라도 배당요구서에 반드시 집행력 있는 정본을 붙일 필요는 없고 그 사본, 그 밖에 배당요구의 자격을 소명하는 서면을 붙이면 된다(규칙 제48조 제1항·제2항).

④ 상속부동산에 관하여 민사집행법 제274조 제1항에 따른 형식적 경매절차가 진행된 것이 아니라 담보권 실행을 위한 경매절차가 진행된 경우에는, 비록 한정승인 절차에서 상속채권자로 신고한 자라고 하더라도 집행권원을 얻어 그 경매절차(담보권 실행을 위한 경매절차)에서 배당요구를 함으로써 일반채권자로서 배당받을 수 있다(대판 2010.6.24. 2010다14599).

Ⅹ 가압류채권

1. 배당요구와 청구금액의 확정

① 가압류 중 첫 경매개시결정등기 전에 등기된 것은 민사집행법 제148조 제3호에, 첫 경매개시결정등기 후에 등기된 것은 배당요구의 종기까지 배당요구한 것에 한하여 민사집행법 제148조 제2호에 해당한다.

② 가압류권자가 배당받을 금액은 가압류의 청구금액 범위 내에서 원금, 이자 및 비용이다. 따라서 채권계산서에 적힌 채권액이 등기사항증명서나 가압류결정에 표시된 청구금액을 초과하는 때에는 위의 청구금액을 채권금액으로 본다.

③ 첫 경매개시결정등기 전에 등기된 가압류의 채권자는 배당요구가 없어도 당연히 배당을 받지만(제148조 제3호), 그 채권자가 민사집행법 제84조 제4항에 의한 법원사무관등의 채권신고의 최고에 대한 신고를 하지 아니한 때에는 그 채권자의 채권액은 등기사항증명서 등 집행기록에 있는 서류와 증빙에 따라 계산하고, 이 경우 다시 채권액을 추가하지 못하는데(제84조 제5항), 실무에서는 가압류의 청구금액을 채권금액으로 보고 배당을 한다.

2. 가압류채권의 배당순위

① 가압류채권의 배당순위는 가압류에 의하여 보전된 피보전권리의 민법·상법, 그 밖의 법률에 의한 우선순위에 따른다. 따라서 피보전권리가 우선변제권이 있으면 가압류채권으로서도 우선변제를 받는다.

② 다만 이는 가압류의 피보전권리가 우선변제권 있는 채권임이 소명된 경우에 한하고, 그렇지 아니한 경우에는 일반채권자로서만 배당을 받는다.

③ 가압류의 피보전권리가 우선변제권 있는 채권이라는 소명은 배당표 확정 시까지 하면 된다(대판 2002.5.14. 2002다4870; 대판 2004.7.22. 2002다52312). 따라서 ㉠ 배당이의가 있는 경우에는 배당이의소송 확정 시에 배당표도 확정되므로 결국 배당이의소송의 사실심 변론종결 시까지 소명하면 되고, ㉡ 배당이의가 없는 경우에는 배당기일의 실시가 끝날 때까지 소명하면 된다.

3. 가압류 후 담보권 설정 또는 소유권이 변동된 경우

① **가압류의 효력** : 가압류(압류의 경우도 같다)등기가 먼저 되고 나서 담보권설정등기가 마쳐진 경우에 가압류의 처분금지적 효력에 관하여, 가압류 후 이에 저촉되는 집행채무자의 처분은 절대적으로 무효인 것은 아니고 처분행위 당사자 사이에서는 유효하며, 다만 그 집행보전의 목적을 달성하는 데 필요한 범위 안에서 가압류채권자에 대한 관계에서 대항하지 못한다(상대효설). 이때 가압류에 저촉되는 처분은 가압류채권자와 그 처분 이전에 당해 집행절차에 참가한 채권자에게만 대항할 수 없을 뿐이고 저촉처분 후에 당해 집행절차에 참가한 채권자에게는 대항할 수 있다(개별상대효설).

> 부동산에 대하여 가압류등기가 먼저 되고 나서 근저당권설정등기가 마쳐진 경우에 그 근저당권등기는 가압류에 의한 처분금지의 효력 때문에 그 집행보전의 목적을 달성하는 데 필요한 범위 안에서 가압류채권자에 대한 관계에서만 상대적으로 무효이다(대결 1994.11.29. 94마417).

② **가압류등기 후 담보권이 설정된 경우** : 가압류등기가 먼저 되고 나서 담보물권 설정등기가 마쳐진 경우 가압류권자와 담보물권자는 서로 동순위에 해당하므로 채권액에 다른 안분비례에 의하여 평등하게 배당받는다(대결 1994.11.29. 94마417; 대판 2008.2.28. 2007다77446). [기출] 16

> • 가압류채권자와 근저당권자 및 근저당권설정등기 후 강제경매신청을 한 압류채권자 사이의 배당관계에 있어서, 근저당권자는 선순위 가압류채권자에 대하여는 우선변제권을 주장할 수 없으므로 1차로 채권액에 따른 안분비례에 의하여 평등배당을 받은 다음, 후순위 경매신청압류채권자에 대하여는 우선변제권이 인정되므로 경매신청압류채권자가 받을 배당액으로부터 자기의 채권액을 만족시킬 때까지 이를 흡수하여 배당받을 수 있다(대결 1994.11.29. 94마417). [기출] 22
> • 부동산에 대하여 가압류등기가 먼저 되고 나서 담보가등기가 마쳐진 경우에 그 담보가등기는 가압류에 의한 처분금지의 효력 때문에 그 집행보전의 목적을 달성하는데 필요한 범위 안에서 가압류채권자에 대한 관계에서만 상대적으로 무효라 할 것이고 따라서 담보가등기권자는 그 보다 선순위의 가압류채권자에 대항하여 우선변제를 받을 권리는 없으나 한편 가압류채권자도 우선변제청구권을 가지는 것은 아니므로 가압류채권자 보다 후순위의 담보가등기권자라 하더라도 「가등기담보 등에 관한 법률」 제16조 제1, 2항에 따라 법원의 최고에 의한 채권신고를 하면 가압류채권자와 채권액에 비례하여 평등하게 배당받을 수 있다(대판 1987.6.9. 86다카2570). [기출] 15

③ **가압류등기 후 소유권이 변동된 경우**

　㉠ 가압류집행 후 제3자의 소유권 취득은 가압류에 의한 처분금지의 효력때문에 그 집행보전의 목적을 달성하는 데 필요한 범위 안에서 가압류채권자에 대한 관계에서만 상대적으로 무효일 뿐이고 가압류채무자의 다른 채권자 등에 대한 관계에서는 유효하므로, 위와 같은 경우 집행권원을 얻은 가압류채권자의 신청에 의하여 제3자의 소유권 취득 후 당해 가압류목적물에 대하여 개시된 강제경매절차에서 '가압류채무자에 대한 다른 채권자'는 당해 목적물의 매각대금에 관한 배당에 참가할 수 없다(대판 1998.11.13. 97다57337 참조). [기출] 23

　㉡ 부동산에 대한 가압류집행 후 가압류목적물의 소유권이 제3자에게 이전된 경우 가압류의 처분금지적 효력이 미치는 것은 가압류결정 당시의 청구금액의 한도 안에서 가압류목적물의 교환가치이고, 위와 같은 처분금지적 효력은 가압류채권자와 제3취득자 사이에서만 있는 것이므로 제3취득자의 채권자가 신청한 경매절차에서 매각 및 경락인이 취득하게 되는 대상은 가압류목적물 전체라고 할 것이지만, 가압류의 처분금지적 효력이 미치는 매각대금 부분은 가압류채권자가 우선적인 권리를 행사할 수 있고 제3취득자의 채권자들은 이를 수인하여야 하므로, 가압류채권자는 그 매각절차에서 당해 가압류목적물의 매각대금에서 가압류결정 당시의 청구금액을 한도로 하여 배당을 받을 수 있고, '제3취득자의 채권자'는 위 매각대금 중 가압류의 처분금지적 효력이 미치는 범위의 금액에 대하여는 배당을 받을 수 없다(대판 2006.7.28. 2006다19986). [기출] 21

XI 저당물의 제3취득자가 지출한 필요비 · 유익비채권

1. 의 의

저당권설정등기 후에 목적 부동산의 제3취득자가 그 부동산의 보존, 개량을 위하여 필요비 또는 유익비를 지출한 때에는 민법 제203조(점유자의 상환청구권)의 규정에 의하여 <u>저당물의 경매대금에서 우선상환을 받을 수 있다</u>(민법 제367조).

2. 배당요구 및 변제의 범위

① 제3취득자는 필요비 또는 유익비를 매각대금으로부터 상환받기 위하여 필요비에 관하여는 지출한 금액, 유익비에 관하여는 지출한 금액 또는 부동산의 가액의 증가액을 증명하여 <u>배당요구의 종기까지</u> 법원에 그 상환을 청구하여야 한다.

② 즉 본조의 권리도 배당요구의 종기까지 배당요구를 하여야만 매각대금에서 우선변제를 받을 수 있다.

> <u>민법 제367조는 저당물의 제3취득자가 그 부동산의 보존, 개량을 위하여 필요비 또는 유익비를 지출한 때에는 제203조 제1항, 제2항의 규정에 의하여 저당물의 경매대가에서 우선상환을 받을 수 있다고 규정하고 있다.</u> 이는 저당권이 설정되어 있는 부동산의 제3취득자가 저당부동산에 관하여 지출한 필요비, 유익비는 그 부동산 가치의 유지 · 증가를 위하여 지출된 <u>일종의 공익비용</u>이므로 저당부동산의 환가대금에서 부담하여야 할 성질의 비용이고 더욱이 제3취득자는 경매의 결과 그 권리를 상실하게 되므로 특별히 경매로 인한 매각대금에서 우선적으로 상환을 받도록 한 것이다. <u>저당부동산의 소유권을 취득한 자도 민법 제367조의 제3취득자에 해당한다. 제3취득자가 민법 제367조에 의하여 우선상환을 받으려면 저당부동산의 경매절차에서 배당요구의 종기까지 배당요구를 하여야 한다</u>(민사집행법 제268조, 제88조)(대판 2023.7.13. 2022다265093). 기출 24

XII 잉여금의 처리

1. 소유자에게 지급(원칙)

① 배당받을 수 있는 각 채권자의 채권에 배당하고도 남은 잉여금이 있을 경우에는 소유자에게 지급하여야 한다.

② 다만 소유자의 잉여금채권이 다른 채권자에 의하여 압류 · 가압류된 경우에는 소유자에게 지급할 수 없다.

2. 항고인에게 지급

채무자와 소유자를 제외한 항고인이 제공한 항고보증금이 배당할 금액에 편입된 경우에 배당하고 남은 금액이 있으면 편입된 금액의 범위 안에서 이를 항고인에게 돌려주어야 한다(제147조 제2항).

3. 경매개시결정등기 후에 소유권이전등기를 마친 제3취득자

부동산 임의경매에 있어서 경매개시결정등기 후에 소유권이전등기를 마쳐 권리를 취득한 자는 경매신청채권자에 대하여는 그 권리취득을 주장할 수 없으나 그 밖에 위 경매개시결정등기 후에 집행에 참가한 자 등 제3자에 대하여는 유효하게 권리취득을 주장할 수 있고, 따라서 매각대금 중 피담보채권 등에 충당되고 남은 잔액은 위 제3취득자에게 교부되어야 하고, 이는 제3취득자가 그 권리를 집행법원에 신고하지 아니하여 경매절차에 대한 이해관계인으로서의 지위를 취득하지 못하였다 하더라도 마찬가지이다(대결 1990.4.10. 90다카2403). **기출** 19

4. 사해행위취소소송의 수익자(취소소송의 피고)

채권자취소권 행사에 의한 취소판결의 효력은 그 취소채권자와 수익자 사이에서만 상대적으로 미칠 뿐이어서 취소의 결과 소유명의가 수익자로부터 채무자에게 환원된 경우에도 채무자가 실체법적으로 그 환원된 부동산의 소유권 또는 처분권한을 취득하는 것은 아니므로(대판 2000.12.8. 98두11458), 수익자로부터 환원받은 부동산에 대하여 강제집행을 실시하여 배당받고 남은 잉여금은 그 재산을 반환한 수익자에게 복귀시켜야지 채무자에게 지급하여서는 아니 될 것이다.

제20절 부동산에 대한 강제집행 – 배당절차 – (3) 배당순위 및 기준일

I 배당순위의 결정

① 각 채권자는 민법·상법, 그 밖의 법률에 의한 우선순위에 따라 배당순위가 정하여진다(제145조 제2항).
② 배당참가채권이 모두 일반채권자라면 채권발생의 선후에 불구하고 평등한 비율로 배당을 받게 되지만 민법·상법, 그 밖의 법률에 의하여 일반채권자에 우선하여 변제받을 수 있도록 규정되어 있는 채권이 있으면 이러한 채권에 관하여는 우선적으로 변제하여야 하므로 배당표에 각 채권의 배당순위를 표시하여야 한다.

II 배당순위 결정의 기준일

1. 조세와 저당권·전세권 등의 순위 기준일

① 기준일
　㉠ 법정기일과 설정등기일(확정일자)
　　㉮ 국세나 지방세의 법정기일은 각 조세의 종류마다 개별적으로 규정되어 있는데(국세기본법 제35조 제1항 제3호, 지방세법 제31조 제2항 제3호), 통상 과세관청에서는 조세의 교부청구를 하면서 법정기일을 함께 기재한다.
　　㉯ 압류선착주의는 조세채권 사이의 우선순위를 정하는 데 적용할 수 있을 뿐 조세채권과 공시를 수반하는 담보물권 사이의 우선순위를 정하는 데 적용할 수는 없다(대판 2005.11.24. 2005두9088).

기출 23 · 17

ⓓ 조세채권과 담보권(저당권·전세권·가등기담보권)의 피담보채권(대항요건과 확정일자를 갖춘 임차권) 사이의 우선순위는 조세채권의 법정기일과 담보물권의 설정일(설정등기일, 임차권의 경우 확정일자)의 선후를 따져 정한다. 기출 16

> 공시를 수반하는 담보물권이 설정된 부동산에 관하여 담보물권 설정일 이전에 법정기일이 도래한 조세채권과 담보물권 설정일 이후에 법정기일이 도래한 조세채권에 기한 압류가 모두 이루어진 경우, 당해세를 제외한 조세채권과 담보물권 사이의 우선순위는 그 법정기일과 담보물권 설정일의 선후에 의하여 결정하고, 이와 같은 순서에 의하여 매각대금을 배분한 후, 압류선착주의에 따라 각 조세채권 사이의 우선순위를 결정하여야 한다(대판 2005.11.24. 2005두9088). 기출 23·20

ⓔ 물론 조세는 다른 공과금 기타 채권에 우선하여 징수하므로 조세보다 앞선 가압류등기가 되어 있다 하더라도 조세채권이 가압류채권보다 우선변제 받는다. 가압류와 저당권이 안분배당되는 것과 차이가 있다.
ⓛ 국세의 법정기일의 예시
ⓐ 과세표준과 세액의 신고에 따라 납세의무가 확정되는 국세(부가가치세, 법인세, 소득세 등)의 신고한 해당 세액의 경우, 법정기일은 '그 신고일'이다(국세기본법 제35조 제2항 제1호).

> 납세의무자가 신고납세방식인 국세의 과세표준과 세액을 신고한 다음 매각재산에 저당권 등의 설정등기를 마친 경우라면, 이후에 과세관청이 당초 신고한 세액을 증액하는 경정을 하여 당초보다 증액된 세액을 고지하였더라도, '당초 신고한 세액'에 대해서는 '당초의 신고일'이 법정기일이 되어 저당권 등에 의하여 담보되는 채권보다 우선하여 징수할 수 있다고 보아야 한다. 이러한 경우 원칙적으로 증액경정처분만이 항고소송의 심판대상이 된다는 사정 등이 있다고 하여 달리 보기도 어렵다(대판 2018.6.28. 2017다236978). 기출 23·20

ⓑ 과세표준과 세액을 정부가 결정·경정 또는 수시부과 결정을 하는 경우 고지한 해당 세액의 경우, 법정기일은 그 납부고지서의 발송일이다(국세기본법 제35조 제2항 제2호).
② 저당권 등의 설정일과 조세의 법정기일이 같은 날인 경우(= 조세채권 우선) : 견해가 대립하나 국세기본법 제35조 제1항 제3호가 법정기일 전에 설정된 저당권 등을 조세우선권의 예외로써 인정하는 형식으로 규정하고 있으므로 그 문리해석상 조세채권우선의 원칙으로 돌아가 조세채권이 우선한다고 보는 것이 실무이다.

2. 당해세의 순위 기준일

① 원칙적으로 당해세(예 해당 재산에 대하여 부과된 상속세, 증여세 및 종합부동산세 등)는 소액임차보증금, 최종 3개월분 임금·최종 3년간의 퇴직금·재해보상금을 제외하고 다른 채권(전세권, 질권 또는 저당권에 의해 담보된 채권, 「주택임대차보호법」 제3조의2 제2항 또는 「상가건물 임대차보호법」 제5조 제2항에 따라 대항요건과 확정일자를 갖춘 임차권의 보증금반환채권, 다른 조세채권 및 기타 일반 채권)에 우선한다(국세기본법 제35조 제3항).
② 임차인 보호를 위한 당해세 우선의 원칙의 예외 신설 : 다만, 2022.12.31. 개정 국세기본법에서는 경매·공매 시 해당 재산에 부과된 당해세(상속세, 증여세 및 종합부동산세)의 법정기일이 임차인의 확정일자보다 늦은 경우 그 당해세에 배분 예정액에 한하여 주택임차보증금반환채권·주택전세권의 담보된 채권에 먼저 배분할 수 있도록 하였다(국세기본법 제35조 제7항).

3. 저당권 상호 간의 순위 기준일

① 저당권 상호 간에는 설정등기의 선후에 의하여 순위가 정해진다(민법 제333조, 제370조).

② 저당권, 전세권, 등기된 임차권[79]도 그 등기의 선후에 의한다.

4. 임차인과 다른 권리자의 순위 기준일

① 대항요건과 확정일자를 갖춘 임차인

  ㉠ 대항요건과 확정일자를 갖춘 최종 시점을 기준

   ㉮ 주택의 경우 확정일자를 갖춘 임차인은 후순위 권리자 기타 채권자보다 우선하여 보증금을 변제받을 권리가 있는 바 이는 배당절차에 있어서 확정일자를 갖춘 임차인은 담보물권자와 유사한 지위를 갖는다는 의미이다(대판 1992.10.13. 92다30597).

   ㉯ 확정일자 부여일을 기준으로 삼지만, 확정일자를 인도 및 주민등록과 같은 날 또는 그 이전에 갖춘 경우에는 우선변제의 효력을 대항력과 마찬가지로 인도와 주민등록을 마친 다음 날을 기준으로 한다.[80]

  ㉡ 인도와 주민등록(확정일자도 같은 날 받음)을 마친 다음 날 설정된 저당권과의 순위 : 인도와 주민등록(확정일자도 같은 날 받음)을 마친 다음 날 영(0)시에 우선변제권이 발생하므로 저당권보다 임차권이 우선한다.

---

79) 주택임대차보호법 소정의 임차권등기는 등기에 앞서 법 소정의 각 요건을 갖춘 경우에는 그 요건을 갖춘 때를 기준으로 선후를 판단한다.

80) 확정일자를 갖춘 우선변제권은 대항요건과 확정일자를 모두 갖춘 때 발생하기 때문이다.

© 확정일자와 같은 날 설정된 저당권과의 순위 : 대항요건(인도와 주민등록)을 먼저 갖춘 이후에 확정일자를 받았는데 확정일자을 받은 같은 날짜에 저당권이 설정된 경우에는 그 순위가 명백히 판명되지 않는다면 평등하게 배당받는다.

② 조세와 저당권 등의 피담보채권과 순위 : 조세의 법정기일과 저당권 등의 설정등기일(임차권은 확정일자)을 기준으로 선후를 정한다.

② 소액임차인의 경우

⊙ 소액임차인(예 서울의 경우, 주택 16,500만원 이하, 상가건물 6,500만원 이하)은 소액보증금 중 일정액(예 서울의 경우, 주택 5,500만원, 상가건물 2,200만원)을 다른 담보물권자나 국세보다 우선하여 변제받는다(주택임대차보호법 제8조 제1항, 상가건물 임대차보호법 제14조 제1항).

ⓛ 대항요건과 확정일자를 갖춘 임차인이 주택임대차보호법 제8조 제1항에 의하여 보증금 중 일정액의 보호를 받는 소액임차인의 지위를 겸하는 경우, 먼저 소액임차인으로서 보호받는 일정액을 우선 배당하고 난 후의 나머지 임차보증금채권액에 대하여는 대항요건과 확정일자를 갖춘 임차인으로서의 순위에 따라 배당을 하여야 한다. 기출 22

> 주택임대차보호법 제3조의2 제2항은 대항요건(주택인도와 주민등록전입신고)과 임대차계약증서상의 확정일자를 갖춘 주택임차인에게 부동산 담보권에 유사한 권리를 인정한다는 취지로서, 이에 따라 대항요건과 확정일자를 갖춘 임차인들 상호 간에는 대항요건과 확정일자를 최종적으로 갖춘 순서대로 우선변제받을 순위를 정하게 되므로, 만일 대항요건과 확정일자를 갖춘 임차인들이 주택임대차보호법 제8조 제1항에 의하여 보증금 중 일정액의 보호를 받는 소액임차인의 지위를 겸하는 경우, 먼저 소액임차인으로서 보호받는 일정액을 우선 배당하고 난 후의 나머지 임차보증금채권액에 대하여는 대항요건과 확정일자를 갖춘 임차인으로서의 순위에 따라 배당을 하여야 하는 것이다(대판 2007.11.15, 2007다45562). 기출 22 · 21 · 19

Ⅲ 배당의 순위

1. 조세채권보다 우선하는 저당권 · 전세권 등이 있는 경우

제1순위	집행비용
제2순위	저당물의 제3취득자가 보존 · 개량을 위하여 지출한 필요비 · 유익비
제3순위	소액임차보증금 = 최종 3개월분 임금 · 최종 3년간의 퇴직금 · 재해보상금
제4순위	당해세(예 해당 재산에 부과된 상속세, 증여세 및 종합부동산세)
제5순위	• 저당권 · 질권 · 전세권에 의하여 담보된 채권, 가등기담보권의 피담보채권 • 대항요건과 확정일자를 갖춘 임차인에 의하여 담보된 임대차보증금반환채권, 주거용 건물에 설정된 전세권에 의하여 담보된 채권 [다만, 당해세(위 제4순위)의 법정기일이 임차인의 확정일자보다 늦은 경우에는 그 배분 예정액에 한하여 주택임차보증금 · 주택전세권의 담보된 채권에 먼저 배분 가능]
제6순위	위 제3순위임금 등을 제외한 임금 기타 근로관계로 인한 채권
제7순위	저당권 등의 설정일보다 법정기일이 늦은 국세 · 지방세(이에 관한 강제징수비, 가산금)
제8순위	공과금(산업재해보상보험료, 국민건강보험료, 국민연금보험료 등)
제9순위	일반채권(일반채권자의 채권과 재산형 · 과태료 등)

2. 조세채권보다 후순위의 저당권·전세권 등이 있는 경우

제1순위	집행비용
제2순위	저당물의 제3취득자가 보존·개량을 위하여 지출한 필요비·유익비
제3순위	소액임차보증금 = 최종 3개월분 임금·최종 3년간의 퇴직금·재해보상금
제4순위	저당권 등의 설정일보다 법정기일이 빠른 국세·지방세 (만약, 당해세도 있다면 당해세 > 국세·지방세)
제5순위	저당권 등보다 선순위 공과금 (저당권·전세권 설정일보다 납부기한이 빠른 건강보험료, 연금보험료 등)
제6순위	• 저당권·질권·전세권에 의하여 담보된 채권, 가등기담보권의 피담보채권 등 • 대항요건과 확정일자를 갖춘 임차권에 의하여 담보된 임대차보증금반환채권, 주거용 건물에 설정된 전세권에 의하여 담보된 채권 [다만, 당해세(위 제4순위)의 법정기일이 임차인의 확정일자보다 늦은 경우에는 그 배분 예정액에 한하여 주택임차보증금·주택전세권의 담보된 채권에 먼저 배분 가능]
제7순위	위 제3순위임금 등을 제외한 임금 기타 근로관계로 인한 채권
제8순위	저당권 등보다 후순위 공과금
제9순위	일반채권(일반채권자의 채권과 재산형·과태료 등)

3. 저당권 등이 없는 경우

제1순위	집행비용
제2순위	저당물의 제3취득자가 보존·개량을 위하여 지출한 필요비·유익비
제3순위	소액임차보증금 = 최종 3개월분 임금·최종 3년간의 퇴직금·재해보상금
제4순위	위 제3순위임금 등을 제외한 임금 기타 근로관계로 인한 채권
제5순위	당해세를 포함한 국세·지방세
제6순위	공과금(산업재해보상보험료, 국민건강보험료, 국민연금보험료 등)
제7순위	일반채권(일반채권자의 채권과 재산형·과태료 등)

4. 배당순위표(종합)

구 분	저당권 > 조세	조세 > 저당권	저당권 등 없음
1	경매집행비용(민사집행법 제53조)		
2	비용상환채권 : 저당물의 제3취득자가 보존·개량을 위하여 지출한 필요비·유익비(민법 제367조)		
3	• 소액임차보증금(주택임대차보호법 제8조 제1항, 상가건물 임대차보호법 제14조 제1항) • 최종 3개월분 임금·최종 3년간의 퇴직금 및 재해보상금(근로기준법 제38조 제2항, 근로자퇴직급여 보장법 제12조 제2항) ※ 위 채권들이 서로 경합하는 경우에는 동등한 순위의 채권으로 보아 배당함(재민 91-2)		
4	당해세 : 경매목적물에 직접 부과 된 국세, 지방세(국세기본법 제35조 제1항 제3호, 지방세법 제31조 제2항 제3호)	• 당해세를 포함한 조세. 그 밖의 이와 같은 순위의 징수금(당해세 > 조세) • 조세 사이에서는 압류선착주의	기타 임금채권 : 근로기준법 제38조 제2항의 임금 등을 제외한 임금 기타 근로채권(근로기준법 제38조 제1항 본문)
5	• 저당권·질권·전세권에 의해 담보된 채권(국세기본법 제35조 제1항, 지방세법 제31조 제2항) • 대항력과 확정일자 갖춘 주택·상가 임차보증금반환 채권(주택임대차보호법 제3조의2 제2항, 상가건물 임대차보호법 제5조 제2항) (다만, 당해세(위 제4순위)의 법정기일이 임차인의 확정일자·주택전세권의 설정일자보다 늦은 경우에는 그 당해세 배분 예정액에 한하여 주택임차보증금·주택전세권의 담보된 채권에 먼저 배분 가능)	저당권 등보다 선순위 공과금 : 저당권·전세권의 설정등기일보다 납부기한이 빠른 건강보험료, 연금보험료 등	• 당해세를 포함한 조세 그 밖의 이와 같은 순위의 징수금(당해세 > 조세) • 조세 사이에서는 압류선착주의 (당해세는 압류선착주의 적용 ×)
6	기타 임금채권 : 근로기준법 제38조 제2항의 임금 등을 제외한 임금 기타 근로채권(근로기준법 제38조 제1항 본문)	저당권·질권·전세권에 의한 담보되는 채권 등	조세 다음 순위의 공과금
7	국세·지방세 및 이에 관한 강제징수비, 가산금 등의 징수금(국세기본법 제35조, 지방세법 제31조)	기타 임금채권 (근로기준법 제38조 제1항 단서)	–
8	공과금 : 산업재해보상보험료, 국민연금보험료, 고용보험료, 국민건강보험료(단, 납부기한과 관련하여 예외규정 있음)	저당권 등보다 후순위 공과금 : 산업재해보험료 그 밖의 징수금, 의료보험료, 연금보험료, 의료보험료, 건강보험료, 연금보험료	일반채권 (일반채권자의 채권과 재산형·과태료 및 국유재산법상의 사용료·대부료·변상금채권)
9	일반채권(과태료 등)	일반채권(과태료 등)	

5. 배당순위에 따른 구체적 배당방법

① 사례 1

ⓐ 일반채권자(A, 대항요건을 갖추었으나 확정일자 없는 임차권) → 확정일자 있는 임차권(B) → 근저당권(C)

ⓑ 배당순위 및 배당액 : 일반채권자(A), 우선변제권 있는 임차권(B), 근저당권(C)이 순차로 있는 경우의 배당순위 및 배당액은 다음과 같다.

배당순위 및 배당액(서울특별시 주택, A · B 모두 대항요건 갖춤, 배당액 50,000만원)

(단위 : 만원)

일 자	권리내용	순 위	배당액	비 고
2/5	임차권 20,000(A, 확정일자 없음)	–	없음	일반채권
5/3	임차권 15,000(B, 확정일자 있음)	1	15,000	우선변제권 있는 임차권
12/1	근저당권 40,000(C)	2	35,000	담보물권

ⓒ 해 설

㉮ 1순위로 대항요건과 확정일자를 받아 우선변제권이 있는 임차인 B에게 15,000만원을 배당하고[81], 2순위로 근저당권자 C에게 나머지 35,000만원을 배당한다.

㉯ 대항요건을 갖추었으나 확정일자가 없는 임차권자 A에게는 주택임대차보호법상 우선변제권이 인정되지 않아 배당에 참가하지 못한다. 확정일자가 없어도 주택임대차보호법상 소액임차인에 해당하면 일정금액(서울특별시의 경우 5,500만원)에 대하여 최우선변제권이 인정되지만, 서울특별시의 경우 소액임차인의 범위는 보증금이 16,500만원 이하여야 하므로 A는 소액임차인에도 해당하지 않는다.

㉰ 다만 주택의 경우 임차권자 A는 배당에는 참가하지 못하지만 최선순위의 대항력 있는 임차인이므로 매수인에게 대항력을 행사할 수 있다(서울특별시의 경우 최우선변제권이 인정되는 소액임차인은 1억 6,500만원까지).

② 사례 2

ⓐ 가압류(A) → 가압류(B) → 근저당권(C)

ⓑ 배당순위 및 배당액 : 가압류(A), 가압류(B), 근저당권(C)이 순차로 있는 경우의 배당순위 및 배당액은 다음과 같다.

배당순위 및 배당액(배당액 5,500만원)

(단위 : 만원)

일 자	권리내용	순 위	배당액	비 고
2/5	가압류 4,000(A)	1	2,000	채 권
5/3	가압류 4,000(B)	1	2,000	채 권
12/1	근저당권 3,000(C)	1	1,500	물 권

---

81) 확정일자 있는 임차권은 주택임대차계약이 채권계약이지만 임차인이 대항력을 갖춘 상태에서 확정일자를 받으면 이후의 물권에 우선하는 우선변제권을 가짐

ⓒ 해 설
  ㉮ 가압류등기가 근저당권 설정등기에 우선하는 경우, 채권 상호 간에는 시간의 선후에 관계없이 동등한 지위를 갖게 되어 <u>우선순위 없이 평등하게 채권액에 비례하여 안분배당[82]</u>하여, 가압류권자 A, B에게 각각 2,000만원, 근저당권자 C에게 1,500만원 배당한다.
  ㉯ 만일 <u>근저당권(A) → 가압류(B) → 근저당권(C)의 순서인 경우라면 1순위로 근저당권자 A에게 우선변제</u>하고 2순위로 가압류권자 B와 근저당권자 C에게 동순위로 안분배당한다.

③ 사례 3
  ㉠ 가압류(A) → 1번 근저당권(B) → 2번 근저당권(C)
  ㉡ 배당순위 및 배당액 : 가압류(A) → 1번 근저당권(B) → 2번 근저당권(C)이 순차로 있는 경우의 배당순위 및 배당액은 다음과 같다.

배당순위 및 배당액(배당액 6,000만원)

(단위 : 만원)

일 자	권리내용	순 위	1차 안분 배당액	최종 배당액
1/5	가압류 3,000(A)	A · B · C 평등배당 후 B · C 사이에서 B의 흡수배당	1,800	1,800
2/7	근저당권 3,000(B)		1,800	3,000
4/8	근저당권 4,000(C)		2,400	1,200
11/5	C의 임의경매신청	-	-	-

ⓒ 해 설
  ㉮ 가압류등기가 최선순위인 경우, 먼저 채권액에 비례하여 평등하게 안분배당한 후에, <u>1번 근저당권자(B)는 자기의 채권이 모두 회수될 때까지 2번 근저당권자(C)의 배당액에서 흡수배당을 받는다.</u>
  ㉯ 먼저 1차로 안분배당을 하면, 가압류권자 A에게 1,800만원, 근저당권자 B에게 1,800만원, 근저당권자 C에게 2,400만원이 배당된다.
  ㉰ 최종적으로는 가압류권자 A에게 1,800만원을 배당하고(법원은 위 배당금 1,800만원을 공탁하게 되고, 가압류채권자가 채무자를 상대로 소송을 제기하여 승소판결을 받아 위 공탁금을 받아간다), <u>근저당권자 B에게 3,000만원</u>(C의 배당금에서 1,200만원을 흡수함)을, <u>근저당권자 C에게 1,200만원(= 2,400만원 − 1,200만원)</u>을 각 배당한다.

---

82) 배당액 × 해당 채권액/각 채권의 합계액

④ 사례 4

　㉠ 가압류(A) → 근저당권(B) → 압류(가압류)

　㉡ 배당순위 및 배당액 : 가압류(A) → 근저당권(B) → 압류(가압류)가 순차로 있는 경우의 배당순위 및 배당액은 다음과 같다.

배당순위 및 배당액(배당액 6,000만원)

(단위 : 만원)

일자	권리내용	순위	1차 안분 배당액	최종 배당액
1/5	가압류 2,000(A)	A·B·C 평등배당 후 B·C 사이에서 B의 흡수배당	1,500	1,500
2/7	근저당권 3,000(B)		2,250	3,000
4/8	압류 3,000(C)		2,250	1,500

　㉢ 해 설

　　㉮ 가압류가 최선순위일 경우에 후순위 근저당은 가압류채권자에게 우선변제권을 주장할 수 없고, 가압류와 근저당권이 동순위로 취급되어서 안분비례에 의하여 평등배당을 한다.

　　㉯ 먼저 1차로 안분배당을 하면, 가압류권자 A에게 1,500만원, 근저당권자 B에게 2,250만원, 압류채권자 C에게 2,250만원이 배당된다.

　　㉰ 최종적으로는 가압류권자 A에게 1,500만원을 배당하고, 근저당권자 B는 안분액 2,250만원이 자신의 청구금액 3,000만원에 미달하는 금액인 750만원을 C로부터 흡수배당을 받아 결국 3,000만원을 배당받게 되며, 압류채권자 C는 1,500만원(= 안분액 2,250만원 − 750만원)을 배당받게 된다.

⑤ 사례 5

　㉠ 가압류(A) → 1번 저당권(B) → 가압류(C) → 2번 근저당권(D)

　㉡ 배당순위 및 배당액 : 가압류(A) → 근저당권(B) → 가압류(C) → 근저당권(D)이 순차로 있는 경우의 배당순위 및 배당액은 다음과 같다.

배당순위 및 배당액(배당액 6,000만원)

(단위 : 만원)

일자	권리내용	순위	1차 안분 배당액	최종 배당액
1/5	가압류 4,000(A)	A·B·C·D 평등배당 후 B가 C·D로부터 1:1의 비율로 흡수배당	1,500	1,500
2/7	1번 근저당권 4,000(B)		1,500	4,000
3/7	가압류 4,000(C)		1,500	250
4/8	2번 근저당권 4,000(D)		1,500	250
11/5	A의 강제경매신청	−	−	−

ⓒ 해 설
㉮ 먼저 1차로 채권액에 비례하여 안분배당을 하면, 가압류채권자 A에게 1,500만원, 근저당권자 B에게 1,500만원, 가압류채권자 C에게 1,500만원, 근저당권자 D에게 1,500만원을 배당한다.
㉯ 최종적으로 가압류채권자 A에게는 1,500만원을, 1번 근저당권자 B에게는 4,000만원(C와 D의 배당액 합계 3,000만원에서 2,500만원을 흡수하되, C와 D로부터 1 : 1의 비율로 각 1,250만원씩을 흡수함)을, 가압류권자 C와 2번 근저당권자 D는 각 250만원씩(C와 D 사이에 흡수관계는 없음)을 각 배당한다.

⑥ 사례 6
㉠ 가압류(A) → 근저당권(B) → 당해세 아닌 조세(C) → 가압류(D)
㉡ 배당순위 및 배당액 : 가압류(A) → 근저당권(B) → 당해세 아닌 조세(C) → 가압류(D)가 순차로 있는 경우의 배당순위 및 배당액은 다음과 같다.

배당순위 및 배당액(배당액 5,000만원)

(단위 : 만원)

일 자	권리내용	순 위	1차 안분 배당액	최종 배당액
1/5	가압류 4,000(A)	㉢ 해설 참조	2,000	500
2/7	근저당권 2,000(B)		1,000	2,000
3/7 (법정기일)	조세 3,000(C)		1,500	2,500
4/8	가압류 1,000(D)		500	없음
11/5	B의 임의경매신청	–	–	–

ⓒ 해 설
㉮ 먼저 안분배당을 하면, 가압류채권자 A에게 2,000만원, 근저당권자 B에게 1,000만원, 조세권자 C에게 1,500만원, 가압류채권자 D에게 500만원을 배당하게 된다.
㉯ 안분한 후, 먼저 근저당권자인 B는 청구채권에 미치지 못하는 1,000만원을 조세권자인 C와 가압류채권자인 D로부터 흡수할 수 있으나, C와 D 사이에서는 C가 D에 우선하므로 먼저 D로부터 500만원을 흡수한 다음 그 나머지인 500만원을 C로부터 흡수하여 합계 1,000만원을 흡수한다. 결국 C는 안분액 중 1,000만원이 남고, D는 안분배당된 500만원을 모두 빼앗기게 된다.
㉰ 조세권자인 C는 가압류권자인 A와 D로부터 안분액이 청구채권에 미치지 못하는 1,500만원을 흡수배당을 받을 수 있는데, D는 이미 근저당권자에게 모두 빼앗기어 흡수할 돈이 없으므로 A로부터만 그 안분액 중 1,500만원을 흡수배당한다.
㉱ 이때 흡수하는 측에서 흡수할 수 있는 액수는 안분비례한 금액이 자신의 채권액에 못 미치는 금액 한도에서만 흡수당하는 것이고 흡수된 후 자신이 다른 채권자로부터 다시 흡수하여 배당받는 금액은 또다시 우선채권자에게 흡수당하지 않는다.
㉲ 결국 조세권자 C는 2,500만원(남은 안분액 1,000만원 + 흡수액 1,500만원)을 배당받는다.
㉳ 가압류권자 A는 나머지 500만원을 배당받게 되고, D는 배당액이 없게 된다.

⑦ 사례 7

　　㉠ 가압류(A) → 1번 근저당권(B) → 당해세 아닌 조세(C) → 2번 근저당권(D) → 가압류(E)

　　㉡ 배당순위 및 배당액 : 가압류(A) → 1번 근저당권(B) → 당해세 아닌 조세(C) → 2번 근저당(D) → 가압류(E)가 순차로 있는 경우의 배당순위 및 배당액은 다음과 같다.

배당순위 및 배당액(배당액 1,000만원)

(단위 : 만원)

일 자	권리내용	순 위	1차 안분 배당액	최종 배당액
1/5	가압류 600(A)		3,333,000	2,307,656원
2/7	근저당권 400(B)		2,222,000	400만원
3/7 (법정기일)	조세 300(C)	㉢ 해설 참조	1,667,000	300만원
4/8	근저당권 400(D)		2,222,000	692,344원
5/8	가압류 100(E)		556,000	없 음
11/5	B의 임의경매신청	–	–	–

㉢ 해 설

　　㉮ 이 경우도 안분 후 흡수배당을 한다. 다만 각 근저당권을 기준으로 흡수를 시작하는 것이 간명하다.

　　㉯ 우선 채권액에 비례하여 안분배당을 하면, 가압류권자 A에게 3,333,000원, 근저당권자 B에게 2,222,000원, 조세채권자 C에게 1,667,000원, 근저당권자 D에게 2,222,000원, 가압류권자 E에게 556,000원을 안분한다.

　　㉰ 선순위 근저당권자인 B는 자기보다 후순위의 C, D, E로부터 안분액이 청구액에 미치지 못하는 1,778,000원을 흡수할 수 있는데, 먼저 E로부터 556,000원을 흡수하고, 나머지 1,222,000원을 D로부터 흡수함으로써 결국 400만원(= 안분액 2,222,000원 + 흡수액 1,778,000원)을 배당받는다.

　　㉱ B의 흡수배당으로 인하여 E는 안분배당액을 모두 잃게 되고, D는 안분배당액 중 1,222,000원이 공제된 100만원이 남는다.

　　㉲ 다음으로 다른 근저당권자인 D가 안분액이 청구액에 미치지 못하는 1,778,000원을 흡수하여야 할 것이나 흡수할 수 있는 가압류권자 E가 이미 안분액을 모두 B에게 빼앗겨 가진 것이 없으므로 흡수하지 못한다.

　　㉳ 근저당권자를 제외한 우선순위의 채권자로부터 그보다 후순위 채권자 순으로 흡수할 수 있는 금액이 남을 때까지 1회 순환하며 흡수하면 되므로, 조세권자인 C가 안분액이 청구액에 미치지 못하는 1,333,000원을 자신보다 후순위인 A, D와 E로부터 흡수할 수 있으나, E는 가진 것이 없으므로 A, D로부터 비례액으로 흡수하면 된다.

　　㉴ A와 D는 어느 채권자가 우선한다고 볼 수 없으므로 그 안분액에 비례하여 흡수당한다.

　　㉵ 따라서 A는 1,025,344원, D는 307,656원을 각 흡수당하게 되고, C는 결국 300만원(안분액 1,667,000원 + 흡수액 1,333,000원)을 모두 배당받는다.

ⓐ 따라서 A는 안분액이 2,307,656원만 남게 되고, D는 692,344원만 남는다.

ⓐ 가압류권자인 A, E는 같은 순위이므로 서로 흡수할 수 없게 되어 순환은 멈춘다. 결국 A는 위 2,307,656원을, D는 위 692,344원을 각 배당받게 되고, E는 배당액이 없다.

제21절 부동산에 대한 강제집행 - 배당절차 - (4) 배당기일

I 배당표의 확정

> **민사집행법 제149조(배당표의 확정)**
> ① 법원은 채권자와 채무자에게 보여 주기 위하여 배당기일의 3일전에 배당표원안을 작성하여 법원에 비치하여야 한다.
> ② 법원은 출석한 이해관계인과 배당을 요구한 채권자를 심문하여 배당표를 확정하여야 한다.

1. 의의

① 집행법원은 배당기일에 출석한 이해관계인과 배당을 요구한 채권자를 심문하여 배당표를 확정하되 출석한 이해관계인 등의 합의가 있으면 그 합의에 따라 배당표를 작성하여 확정한다(제149조 제2항, 제150조 제2항).

② 변제충당은 법정충당에 의하여야지 합의충당이 인정되지 아니함은 이미 살펴보았다. 다만 배당절차상 조세충당은 반드시 법정충당에 따를 것은 아니라는 것이 판례의 태도이다.

> 민사집행법 제145조는 경매절차의 매각대금은 민법·상법, 그 밖의 법률에 의한 우선순위에 따라 배당하여야 한다고 규정하고 있으나, 동일 채권자에게 배당된 배당금이 그 채권자가 갖고 있는 복수의 채권 전부를 소멸시키기에 부족한 경우의 <u>충당에 관하여는 아무런 규정도 두고 있지 않으므로</u>, 세무서장이 경매절차에서 받은 배당금을 민법상 법정변제충당의 법리에 따르지 아니하고 어느 국세에 먼저 충당하였다고 하더라도, 체납자의 변제이익을 해하는 것과 같은 특별한 사정이 없는 한 이를 <u>위법하다고는 할 수 없다</u>(대판 2007.12.14. 2005다11848).

2. 효력

① 배당표에 대하여 이의가 있으면 그 이의있는 부분에 한하여 배당표는 확정되지 아니한다(제152조 제3항).

② 배당표가 확정되면 각 채권자와 채무자는 더 이상 배당표에 관하여 다투지 못한다.

③ 그러나, 배당표 확정의 효력은 집행절차상의 효력에 불과하고 실체적인 효력이 인정되는 것은 아니다.

④ 그러므로 확정된 배당표의 내용이 실체적 내용과 상이한 경우에는 이해관계인 사이에 부당이득반환청구 소송 등에 의해 다툴 수 있다(제155조).

- 대법원은 배당받을 권리 있는 채권자가 자신이 배당받을 몫을 받지 못하고 그로 인해 권리 없는 다른 채권자가 그 몫을 배당받은 경우에는 배당이의 여부 또는 배당표의 확정 여부와 관계없이 배당받을 수 있었던 채권자가 배당금을 수령한 다른 채권자를 상대로 부당이득반환 청구를 할 수 있다는 입장을 취해 왔다. 이러한 법리의 주된 근거는 배당절차에 참가한 채권자가 배당이의 등을 하지 않아 배당절차가 종료되었더라도 그의 몫을 배당받은 다른 채권자에게 그 이득을 보유할 정당한 권원이 없는 이상 잘못된 배당의 결과를 바로잡을 수 있도록 하는 것이 실체법 질서에 부합한다는 데에 있다. 나아가 위와 같은 부당이득반환 청구를 허용해야 할 현실적 필요성(배당이의의 소의 한계나 채권자취소소송의 가액반환에 따른 문제점 보완), 현행 민사집행법에 따른 배당절차의 제도상 또는 실무상 한계로 인한 문제, 민사집행법 제155조의 내용과 취지, 입법 연혁 등에 비추어 보더라도, 종래 대법원 판례는 법리적으로나 실무적으로 타당하므로 유지되어야 한다(대판 2019.7.18. 2014다206983[전합]). **기출** 25
- 배당절차에서 권리 없는 자가 배당을 받아갔다면 이는 법률상 원인 없이 부당이득을 한 것이라고 할 것이나 이로 인하여 손해를 입은 사람은 그 배당이 잘못되지 않았더라면 배당을 받을 수 있었던 사람이지 이것이 다음 순위의 배당을 받을 수 있는 사람이 있는 경우에도 채무자에게 귀속된다고 할 수 없다(대판 2000.10.10. 99다53230).
- 부당이득이 성립되는 경우 그 부당이득의 반환은 법률상 원인 없이 취득한 이익을 반환하여 원상으로 회복하는 것을 말하므로, 법률상 원인 없이 제3자에 대한 채권을 취득한 경우, 만약 채권의 이득자가 이미 그 채권을 변제받은 때에는 그 변제받은 금액이 이득이 되어 이를 반환하여야 할 것이나, 아직 그 채권을 현실적으로 추심하지 못한 경우에는 손실자는 채권의 이득자에 대하여 그 채권의 반환을 구하여야 하고 그 채권 가액에 해당하는 금전의 반환을 구할 수는 없다(대판 2001.3.13. 99다26948).
- 실체적 하자 있는 배당표에 기한 배당으로 인하여 배당받을 권리를 침해당한 자는 원칙적으로 배당기일에 출석하여 이의를 하고 배당이의의 소를 제기하여 구제받을 수 있고, 가사 배당기일에 출석하여 이의를 하지 않음으로써 배당표가 확정되었다고 하더라도, 확정된 배당표에 의하여 배당을 실시하는 것은 실체법상의 권리를 확정하는 것이 아니기 때문에 부당이득금반환청구의 소를 제기할 수 있지만, 배당표가 정당하게 작성되어 배당표 자체에 실체적 하자가 없는 경우에는 그 확정된 배당표에 따른 배당액의 지급을 들어 법률상 원인이 없는 것이라고 할 수 없다(대판 2002.10.11. 2001다3054).

Ⅱ 차액지급 또는 채무인수시의 잔여액 납부

① 매수인이 대금의 지급에 갈음하여 채무인수를 신청하였거나 또는 채권자인 매수인이 차액지급신고를 한 경우에는 매각대금에서 인수하거나 매수인이 배당받을 금액을 제외한 나머지 금액을 배당기일에 내야 한다.
② 매수인이 인수한 채무나 배당받아야 할 금액에 대하여 이의가 제기된 때에는 매수인은 배당기일이 끝날 때까지 이에 해당하는 대금을 내야 하고(제143조 제3항), 이를 내지 아니하면 재매각을 명한다.
③ 매수인이 내야 할 이에 해당하는 대금은, 차액지급의 경우 차액지급으로 소멸할 매수인이 배당받을 채권 중 이의 있는 금액부분을 뜻한다.
④ 따라서 매수인이 5천만원의 채권으로 배당요구하였고, 배당표에도 매수인이 배당요구한 채권 전액을 배당받는 것으로 기재되어 있으나, 다른 채권자가 매수인의 채권이 3천만원 밖에 안 된다고 다투면서 2천만원에 관하여 이의하는 경우에는 이의 있는 2천만원만을 내면 된다.
⑤ 채무인수의 경우에도 그 법리는 같다.

Ⅲ 배당표에 대한 이의

민사집행법 제151조(배당표에 대한 이의)
① 기일에 출석한 채무자는 채권자의 채권 또는 그 채권의 순위에 대하여 이의할 수 있다.
② 제1항의 규정에 불구하고 채무자는 제149조(배당표의 확정) 제1항에 따라 법원에 배당표원안이 비치된 이후 배당기일이 끝날 때까지 채권자의 채권 또는 그 채권의 순위에 대하여 서면으로 이의할 수 있다.
③ 기일에 출석한 채권자는 자기의 이해에 관계되는 범위 안에서는 다른 채권자를 상대로 그의 채권 또는 그 채권의 순위에 대하여 이의할 수 있다.

민사집행법 제152조(이의의 완결)
① 제151조의 이의에 관계된 채권자는 이에 대하여 진술하여야 한다.
② 관계인이 제151조의 이의를 정당하다고 인정하거나 다른 방법으로 합의한 때에는 이에 따라 배당표를 경정하여 배당을 실시하여야 한다.
③ 제151조의 이의가 완결되지 아니한 때에는 이의가 없는 부분에 한하여 배당을 실시하여야 한다.[83]

민사집행법 제153조(불출석한 채권자)
① 기일에 출석하지 아니한 채권자는 배당표와 같이 배당을 실시하는 데에 동의한 것으로 본다.
② 기일에 출석하지 아니한 채권자가 다른 채권자가 제기한 이의에 관계된 때에는 그 채권자는 이의를 정당하다고 인정하지 아니한 것으로 본다.

1. 이의를 할 수 있는 자

① 채무자와 채권자만이 이의할 수 있다. 기일에 '출석한' 채무자 및 각 채권자는 배당표의 작성, 확정 및 실시와 다른 채권자의 채권 또는 그 채권의 순위에 대하여 이의할 수 있다(제151조 제1항, 제3항).

> 배당표에 대한 이의는 배당표에 배당받는 것으로 적힌 채권자를 상대로 하여야 하는데, 배당절차에서 선정당사자가 선정되면 선정자들이 아닌 선정당사자만이 이러한 채권자 지위에 있으므로, 선정당사자만이 배당표에 대한 이의의 상대방이 된다(대판 2015.10.29. 2015다202490). 기출 18·17

② 이의를 할 수 있는 채권자 중에는 가압류채권자도 포함된다. 강제집행의 일시정지의 사유가 있는 채권자도 이의를 신청할 수 있다. '채권자'는 배당기일에 출석하여야 이의할 수 있지 출석하지 아니하고 서면으로 이의할 수 없다.

> 배당표에 대한 이의신청은 구술에 의해서만 가능하고 서면에 의한 이의신청은 허용되는 것이 아니므로 채권자가 미리 이의신청서를 집행법원에 제출하였다고 하더라도 배당기일에 출석하지 아니하거나 출석한 경우에도 그 이의신청서를 진술하지 아니하였다면 이의신청을 하지 않은 것으로 되어 배당표에 대한 이의의 소를 제기할 수 없다(대판 1981.1.27. 79다1846). 기출 19·17

③ 다만 '채무자'는 배당기일이 끝날 때까지 서면으로 이의할 수 있다(제151조 제2항). 여기서 말하는 채무자란 임의경매에 있어서는 담보부동산의 소유자를 포함하는 개념이다.

---

83) 사법보좌관이 작성한 배당표에 대하여 이의가 있는 경우, 민사집행법 제151조의 규정에 따른 배당표에 대한 이의절차에 따라 불복할 수 있으므로(사법보좌관규칙 제3조 제4호 참조), 이해관계인들이 그 이의를 인정하지 아니하거나 다른 합의가 이루어지지 아니하면, 이의가 없는 부분에 한하여 배당을 실시하여야 한다(제152조 제3항 참조). 기출 18

2. 이의 사유

① 절차상의 사유에 기한 이의(형식상의 이의)

   ㉠ 의의 : 이해관계 있는 각 채권자와 채무자는 배당표의 작성방법이나 배당실시절차에 위법이 있음을 이유로 이의를 진술할 수 있다(예 매각허가결정이 취소되었음에도 불구하고 배당기일을 지정하여 배당표를 작성하였다는 것).

   ㉡ 성질 : 절차상의 사유로 하는 이의의 성질은 집행에 관한 이의라고 보는 것이 통설적 견해이다. 따라서 이의는 집행법원에 대하여 배당표작성행위의 취소, 변경을 구하는 것으로 족하고 이의를 하는 채무자나 채권자가 다른 채권자를 상대방으로 지정하거나 이의의 범위를 특정할 필요가 없다.

   ㉢ 심 리

      ㉮ 배당법원은 별다른 절차 없이 직접 심리·판단한다.

      ㉯ 이의가 정당하다고 인정되면 배당표를 경정하거나 배당기일을 연기하고 배당표작성절차를 다시 진행한다.

      ㉰ 이의가 정당하지 아니하면 이의를 기각하고 배당절차를 속행한다.

② 실체상의 사유에 기한 이의

   ㉠ 의 의

      ㉮ '채무자'는 각 채권자의 채권의 존부, 범위, 순위에 관하여 이의할 수 있고, '배당기일에 출석한 각 채권자'는 자기의 이해에 관계되는 범위 안에서 다른 채권자의 채권의 존부, 범위, 순위에 관하여 이의할 수 있다.

      ㉯ 자기의 이해에 관계된다는 것은 이의가 받아들여지는 경우 자기의 배당액이 증가될 수 있다는 것을 의미한다. 채권자는 이의의 결과 자기의 배당액이 증가되는 경우에 한하여 이의할 수 있다(대판 1994.1.25. 92다50270).

      ㉰ 배당기일 후 배당이의 소송 중에 가압류채권자의 채권액이 변제 등의 사유로 일부 소멸하여 그 잔존 채권액이 그 가압류 청구금액에 미달하게 된 경우에도 이를 이의사유로 주장할 수 있다.

> • 경매절차에서 가압류채권자의 가압류 청구금액을 기준으로 배당표를 작성하였으나, 그 후 가압류채권자가 배당이의의 소의 진행 중 다른 부동산의 경매절차에서 배당받음으로써 그 잔존 채권액이 위 가압류 청구금액에 미달하게 된 경우, 잔존 채권액을 기준으로 배당표를 경정해야 한다(대판 2007.8.23. 2007다27427). **기출** 18
> • 배당이의는 배당받은 각 채권자의 채권의 존부 및 범위, 배당순위에 대한 것이지 배당액에 대한 것이 아니므로 배당이의의 소에 있어서 피고의 채권액이 그 받은 배당액보다 많다고 하더라도 배당의 기초가 된 채권액(배당요구액)에 대하여 다툼이 있고, 그 채권액이 줄어들 경우 민사집행법상의 배당법리에 따라 배당하면 결과적으로 배당액이 줄어들 경우에는 배당이의를 할 수 있고, 한편 배당이의의 소에 있어서 원고는 배당기일 후 그 사실심 변론종결 시까지 발생한 사유를 이의사유로 주장할 수 있으므로, 배당기일 후 배당이의 소송 중에 가압류채권자의 채권액이 변제 등의 사유로 일부 소멸하여 그 잔존 채권액이 그 가압류 청구금액에 미달하게 된 경우에도 이를 이의사유로 주장할 수 있다(대판 2007.8.23. 2007다27427).
> • 배당이의소송에 있어서의 배당이의사유에 관한 증명책임도 일반 민사소송에서의 증명책임 분배의 원칙에 따라야 하므로, 원고가 피고의 채권이 성립하지 아니하였음을 주장하는 경우에는 피고에게 채권의 발생원인사실을 입증할 책임이 있고, 원고가 그 채권이 통정허위표시로서 무효라거나 변제에 의하여 소멸되었음을 주장하는 경우에는 원고에게 그 장애 또는 소멸사유에 해당하는 사실을 증명할 책임이 있다(대판 2007.7.12. 2005다39617).

ⓛ 이의 방법

채무자	• '채무자'는 기일에 <u>출석</u>하여 이의할 수 있을 뿐 아니라 배당기일이 끝날 때까지 <u>서면</u>으로도 이의할 수 있다(제151조 제1항, 제2항). • 채무자의 경우에는 채권자에 대한 배당액 자체가 문제이고, <u>자기에게 잉여금이 생기는지 여부는 불필요하다.</u> 따라서 채무자가 이의할 경우에는, 이의에 관계된 채권자의 채권을 줄이는 내용을 진술하면 족하고, 그 줄어든 금액을 어느 채권자에게 배당하여야 한다는 것까지 진술할 필요는 없다. • 가압류채권자에 대한 배당액은 공탁되고, 가압류채권자가 이를 지급받기 위해서는 채무자를 상대로 집행권원을 얻어야 하므로 채무자는 가압류채권자에 대하여는 <u>이의를 할 필요가 없다.</u>
채권자	• '채권자'는 반드시 기일에 <u>출석</u>하여 이의를 진술하여야 한다(제151조 제3항). • 채권자가 다른 채권자에 대하여 이의할 경우에는 자기의 이해에 관계되는 범위 안에서 이의할 수 있으므로, 다른 채권자의 배당액에 관하여 이의하면서 그 채권액을 자기가 아닌 <u>다른 채권자에게 배당해 줄 것을 요구하는 내용의 이의는 부적법하다.</u>

ⓒ 이의에 관계된 다른 채권자의 진술

㉮ 이의에 관계된 채권자는 인부의 진술을 하여야 한다. 채권자가 이의를 정당하다고 진술하거나 다른 방법으로 이의자와 합의한 경우에는 그에 따라 배당표를 경정한다(제152조 제2항).

㉯ 이의를 정당한 것으로 인정하거나 다른 방법으로 합의된 때는 이의가 완결되어 경정된 배당표에 따라 배당을 실시하게 된다.

㉰ 이의가 완결되지 아니하면 이의가 없는 부분에 한하여 배당을 실시한다(제152조 제3항).

3. 불출석한 이해관계인(채권자)의 취급

① 배당표에 대한 동의

㉠ 기일에 출석하지 아니한 채권자는 배당표와 같이 배당을 실시하는 데에 동의한 것으로 본다(제153조 제1항).

㉡ 다만 채무자가 배당표원안이 비치된 이후 배당기일이 끝날 때까지 서면으로 이의한 경우에는 배당기일에 출석하지 아니하였더라도 적법하게 이의를 한 것으로 보아야 한다(제151조 제2항).

② 이의진술에 부동의

㉠ 기일에 출석하지 아니한 채권자가 다른 채권자가 제기한 이의에 관계된 때에는 그 채권자는 이의를 정당하다고 인정하지 아니한 것으로 본다(제153조 제2항).

㉡ 따라서 적어도 불출석채권자에 관계되는 한도에 있어서 이의는 그 기일에 완결할 수가 없고, 이의채권자는 배당이의 확정을 위한 절차를 취하여야 한다.

4. 이의의 완결

① 의의 : 실체상의 이의진술이 다투어지는 경우에는 절차상의 이의와는 달리 실체상의 이의에 대하여는 배당법원이 판단하지 못하고 배당이의의 소 또는 청구이의의 소의 수소법원의 판단으로 이의가 완결된다.

② 배당이의의 소

㉠ 이의를 제기한 자는 이의를 완결하기 위하여 배당이의의 소를 제기하고 배당기일로부터 1주일 이내에 소제기증명원을 집행법원에 제출하면 이의부분의 배당액은 공탁된다.

㉡ '<u>집행력 있는 집행권원의 정본을 가지지 아니한 채권자</u>'(가압류채권자를 제외한다)와 '다른 채권자'에 대하여 이의한 채권자는 <u>배당이의의 소를 제기하여야</u> 한다(제154조 제1항). [기출] 22

ⓒ 반면, '집행력 있는 집행권원의 정본을 가진 채권자'에 대하여 이의를 한 채무자는 청구이의의 소를 제기하여야 한다(제154조 제2항). **기출** 23 · 22

- 배당절차에서 작성된 배당표에 대하여 채무자가 이의하는 경우, 집행력 있는 집행권원의 정본을 가진 채권자의 채권 자체, 즉 '채권의 존재 여부나 범위'에 대해 이의한 채무자는 집행권원의 집행력을 배제시켜야 하므로, 청구이의의 소를 제기해야 하고 배당이의의 소를 제기할 수 없다. 배당절차에서 채무자가 갖는 잉여금채권에 대해 압류와 추심명령을 받은 채권자도 추심권 행사의 일환으로 청구이의의 소를 제기할 수 있다(대판 2020.10.15. 2017다228441).
- 집행력 있는 판결 정본을 가진 채권자에 대한 배당에 관하여 이의한 채무자는 배당이의의 소가 아닌 청구이의의 소를 제기하여야 하지만, 집행력 있는 판결 정본을 가진 채권자가 우선변제권을 주장하며 담보권에 기하여 배당요구를 한 경우에는 배당의 기초가 되는 것은 담보권이지 집행력 있는 판결 정본이 아니므로, 채무자가 담보권에 대한 배당에 관하여 우선변제권이 미치는 피담보채권의 존부 및 범위 등을 다투고자 하는 때에는 배당이의의 소로 다투면 되고, 집행력 있는 판결 정본의 집행력을 배제하기 위하여 필요한 청구이의의 소를 제기할 필요는 없다. 따라서 집행력 있는 판결 정본을 가진 채권자가 채권을 담보하기 위한 근저당권을 가지고 있어 경매법원이 근저당권의 채권최고액 범위 내에서 우선순위에 따라 배당을 실시하였다면, 그 배당에 관하여 이의한 채무자는 배당이의의 소로 다툴 수 있다(대판 2012.9.13. 2012다45702). **기출** 19 · 17
- 집행력 있는 판결 정본을 가진 채권자가 우선변제권을 주장하며 담보권에 기하여 배당요구를 한 경우 여기서 배당의 기초가 되는 것은 담보권이지 집행력 있는 판결 정본이 아니므로, 채무자로서는 담보권에 대한 배당에 이의한 후 제기한 배당이의의 소에서 담보권에 기한 우선변제권이 미치는 피담보채권의 존부 및 범위 등을 다투기 위하여 상계를 주장할 수 있고, 이 경우 채무자의 상계에 의하여 소멸하는 것은 피담보채권 자체이지 집행력 있는 판결 정본의 집행력이 아님이 명백하므로, 이러한 상계를 주장하기 위하여 집행력 있는 판결 정본의 집행력을 배제하기 위하여 필요한 청구이의의 소를 제기할 필요는 없다(대판 2011.7.28. 2010다70018).
- [1] 배당절차에서 작성된 배당표에 대하여 채무자가 이의하는 경우, 집행력 있는 집행권원의 정본을 가진 채권자의 채권 자체, 즉 채권의 존재 여부나 범위에 관하여 이의한 채무자는 그 집행권원의 집행력을 배제시켜야 하므로, 청구이의의 소를 제기해야 하고 배당이의의 소를 제기할 수 없다(민사집행법 제154조 제2항). 가집행선고 있는 판결에 대하여는 그 판결이 확정된 후가 아니면 청구이의의 소를 제기할 수 없으나(민사집행법 제44조 제1항), 채무자는 상소로써 채권의 존재 여부나 범위를 다투어 판결의 집행력을 배제시킬 수 있고 집행정지결정을 받을 수도 있으므로, 확정되지 아니한 가집행선고 있는 판결에 대하여 청구이의의 소를 제기할 수 없다고 하여 채무자가 이러한 판결의 정본을 가진 채권자에 대하여 채권의 존재 여부나 범위를 다투기 위하여 배당이의의 소를 제기할 수 있는 것이 아니다.
  [2] 채무자가 채권자의 채권 자체가 아니라 채권의 순위, 즉 그 채권에 대하여 '다른 채권자'의 채권보다 우선하여 배당하는 것 등에 관하여 이의하는 경우, 채무자의 이러한 이의는 위 '다른 채권자'가 민사집행법의 규정에 따라 배당받을 채권자에 해당함을 전제로 하는 것인데, 민사집행법 제148조 각 호에 해당하지 아니하여 배당에 참가하지 못하는 채권자는 배당표에 대하여 이의할 수 없으므로, 채무자 역시 배당에 참가하지 못하는 위와 같은 채권자의 채권에 배당해야 한다는 이유로 배당이의의 소를 제기할 수는 없다(대판 2015.4.23. 2013다86403). **기출** 20 · 18
- 배당이의 소의 원고적격이 있는 사람은 배당기일에 출석하여 배당표에 대하여 이의를 진술한 채권자 또는 채무자에 한하고, 다만 담보권 실행을 위한 경매에서 경매목적물의 소유자는 여기의 채무자에 포함된다. 그런데 진정한 소유자이더라도 경매개시결정기입등기 당시 소유자로 등기되어 있지 아니하였다면 민사집행법 제90조 제2호의 '소유자'가 아니고, 그 후 등기를 갖추고 집행법원에 권리신고를 하지 아니하였다면 같은 조 제4호의 '부동산 위의 권리자로서 그 권리를 증명한 사람'도 아니므로, 경매절차의 이해관계인에 해당하지 아니한다. 따라서 이러한 사람에게는 배당표에 대하여 이의를 진술할 권한이 없고,

이의를 진술하였더라도 이는 부적법한 것에 불과하여 배당이의의 소를 제기할 원고적격이 없다. 반면에, 경매개시결정기입등기 당시 소유자로 등기되어 있는 사람은 설령 진정한 소유자가 따로 있는 경우일지라도 그 명의의 등기가 말소되거나 이전되지 아니한 이상 경매절차의 이해관계인에 해당하므로, 배당표에 대하여 이의를 진술할 권한이 있고, 나아가 그 후 배당이의의 소를 제기할 원고적격도 있다(대판 2015.4.23. 2014다53790). **기출** 20

- 배당절차에서 작성된 배당표에 대하여 채무자가 이의하는 경우, 집행력 있는 집행권원의 정본을 가지지 않은 채권자에 대하여 이의한 채무자는 배당이의의 소를 제기해야 하고(민사집행법 제154조 제1항), 집행력 있는 집행권원의 정본을 가진 채권자에 대하여 이의한 채무자는 집행권원의 집행력을 배제시켜야 하므로 청구이의의 소를 제기해야 한다(같은 조 제2항). 다만 확정되지 않은 가집행선고 있는 판결에 대해서는 청구이의의 소를 제기할 수 없고(같은 법 제44조 제1항), 이에 대해 상소를 제기하거나 집행정지 결정을 받을 수 있는 채무자가 채권의 존재 여부나 범위를 다투기 위해 배당이의의 소를 제기할 수 있는 것도 아니다. 그러나 가집행선고는 그 선고 또는 본안판결을 바꾸는 판결의 선고로 바뀌는 한도에서 효력을 잃게 되므로(민사소송법 제215조), 만일 가집행선고 있는 제1심판결이 항소심에서 전부 취소되어 가집행선고의 효력도 상실되었다면 더 이상 집행력 있는 집행권원의 정본을 가진 채권자가 아니다. 채무자가 가집행선고 있는 제1심판결을 가진 채권자를 상대로 채권의 존부와 범위를 다투기 위해 제기한 배당이의의 소는 부적법하지만, 배당이의소송 도중 가집행선고 있는 제1심판결이 항소심에서 전부 취소되었고 그대로 확정되기까지 하였다면 위와 같은 배당이의의 소의 하자는 치유된다고 보아야 한다. 이러한 배당이의의 소의 하자 치유 여부는 특별한 사정이 없는 한 사실심 변론종결일을 기준으로 판단해야 한다. 배당이의의 소에서 원고는 배당기일 후 사실심 변론종결일까지 발생한 사유도 이의사유로 주장할 수 있다. 채권자가 받은 가집행선고 있는 제1심판결이 항소심에서 전부 취소되어 그대로 확정되었다면 채권자는 배당받을 지위를 상실하므로, 위와 같은 제1심판결의 취소는 배당이의의 소에서 배당이의 사유가 될 수 있다.(대판 2020.10.15. 2017다228441).

③ 사해행위취소

  ㉠ 채무초과 상태에 있는 채무자가 사해행위인 근저당권설정계약에 기하여 제3자에게 근저당권을 설정하여 두는 경우가 많다.

  ㉡ 이러한 경우에 다른 채권자는 당해 근저당권자를 상대로 사해행위취소의 소를 제기하지 아니하고 배당이의의 소로써 그 시정을 구할 수 있다고 하는 것이 판례의 입장이다.

  ㉢ 사해행위취소는 반드시 채권자취소소송을 통해 다투게 되어 있지만 그 예외를 인정하여 이 경우 배당이의의 소는 채권자취소소송의 성질을 아울러 갖는 것이라고 파악된다.

- 허위의 근저당권에 대하여 배당이 이루어진 경우, 배당채권자는 채권자취소의 소로써 통정허위표시를 취소하지 않았다 하더라도 그 무효를 주장하여 그에 기한 채권의 존부, 범위, 순위에 관한 배당이의의 소를 제기할 수 있다(대판 2001.5.8. 2000다9611).
- 근저당권설정계약을 사해행위로서 취소하는 경우 경매절차가 진행되어 타인이 소유권을 취득하고 근저당권설정등기가 말소되었다면 원물반환이 불가능하므로 가액배상의 방법으로 원상회복을 명할 것인바, 이미 배당이 종료되어 수익자가 배당금을 수령한 경우에는 수익자로 하여금 배당금을 반환하도록 명하여야 하고, 배당표가 확정되었으나 채권자의 배당금지급금지가처분으로 인하여 수익자가 배당금을 현실적으로 지급받지 못한 경우에는 배당금지급채권의 양도와 그 채권양도의 통지를 명할 것이나, 채권자가 배당기일에 출석하여 수익자의 배당 부분에 대하여 이의를 하였다면 그 채권자는 사해행위취소의 소를 제기함과 아울러 그 원상회복으로서 배당이의의 소를 제기할 수 있고, 이 경우 법원으로서는 배당이의의 소를 제기한 당해 채권자 이외의 다른 채권자의 존재를 고려할 필요 없이 그 채권자의 채권이 만족을 받지 못한 한도에서만 근저당권설정계약을 취소하고 그 한도에서만 수익자의 배당액을 삭제하여 당해 채권자의 배당액으로 경정하여야 한다(대판 2011.2.10. 2010다90708).

> • 주택임대차보호법 제8조의 소액보증금 최우선변제권은 임차목적 주택에 대하여 저당권에 의하여 담보된 채권, 조세 등에 우선하여 변제받을 수 있는 일종의 법정담보물권을 부여한 것이므로, **채무자가 채무초과 상태에서 채무자 소유의 유일한 주택에 대하여 위 법조 소정의 임차권을 설정해 준 행위는** 채무초과상태에서의 담보제공행위로서 채무자의 총재산의 감소를 초래하는 행위가 되는 것이고, 따라서 <u>그 임차권설정행위는 사해행위취소의 대상이 된다고 할 것이다</u>(대판 2005.5.13. 2003다50771).
> • 임대차보증금을 배당받지 못한 임차인이 배당을 받은 다른 채권자를 상대로 배당이의의 소를 제기한 경우, 다른 채권자가 이에 응소하면서 임차인이 내세우는 임대차계약이 사해행위에 해당하여 취소되어야 한다는 취지의 주장을 하려면, 위 배당이의 소송에서 반소로써 사해행위취소의 소를 제기하여야 한다(대판 1995.7.25. 95다8393).

④ **청구이의의 소** : '채무자'가 집행력있는 정본을 가진 채권자를 상대로 이의를 완결하기 위해서는 배당이의의 소가 아니라 청구이의의 소를 제기하여야 하고(제154조 제2항), 배당절차를 정지하기 위해서는 소제기증명원과 집행의 일시정지를 명하는 잠정처분을 배당법원에 제출하여야 한다.

⑤ **실체법상의 이의와 배당의 저지** : 적법한 실체법상의 이의가 있음에도 불구하고 이를 무시하고 배당을 실시하려고 하는 경우에는 집행에 관한 이의(제16조)를 제기하고 집행정지의 잠정처분을 받아 그 실시를 저지하는 수밖에 없고, 그러한 조치를 취하기 전에 배당이 실시된 경우에는 <u>부당이득반환을 구하는 수밖에 없다.</u>

5. 배당이의의 소제기 등의 증명

① 이의를 한 채권자나 채무자가 제출하여야 할 소제기의 증명은 수소법원의 소제기증명서, 변론기일통지서 등을 제출하는 방법으로 하면 된다.

② 이의한 채권자나 채무자가 배당기일부터 1주 이내에 소제기 증명을 하지 아니한 경우에는 <u>이의가 취하된 것으로 보게 되므로</u>(제154조 제3항), 법원은 유보되었던 배당을 실시하여야 한다. **기출** 23

③ 다만 이의한 채권자가 위 기간을 지키지 아니한 경우에도 배당표에 따른 배당을 받은 다른 채권자에 대하여 부당이득반환청구의 소 등의 방법으로 우선권 및 그 밖의 권리를 행사하는 데 영향을 미치지 아니한다(제155조).

6. 이의의 철회(취하)

① 이의를 한 채권자는 서면 또는 구술로 이의를 철회(취하)할 수 있다.

② 이의가 철회되면 이의에 의하여 유보되었던 배당을 실시하여야 한다.

Ⅳ 배당이의의 소

> **민사집행법 제154조(배당이의의 소 등)** [기출] 23 · 22
> ① 집행력 있는 집행권원의 정본을 가지지 아니한 채권자(가압류채권자를 제외한다)에 대하여 이의한 채무자와 다른 채권자에 대하여 이의한 채권자는 배당이의의 소를 제기하여야 한다.
> ② 집행력 있는 집행권원의 정본을 가진 채권자에 대하여 이의한 채무자는 청구이의의 소를 제기하여야 한다.
> ③ 이의한 채권자나 채무자가 배당기일부터 1주 이내에 집행법원에 대하여 제1항의 소를 제기한 사실을 증명하는 서류를 제출하지 아니한 때 또는 제2항의 소를 제기한 사실을 증명하는 서류와 그 소에 관한 집행정지재판의 정본을 제출하지 아니한 때에는 이의가 취하된 것으로 본다.

1. 서 설

① 의 의
  ㉠ 배당이의의 소는 배당표에 대한 이의를 진술한 자가 그 이의를 관철하기 위하여 배당표의 변경을 구하는 소이다.
  ㉡ 집행력 있는 정본을 가지지 아니한 채권자에 대하여 이의한 채무자와 다른 채권자에 대하여 이의한 채권자는 배당이의의 소를 제기하여야 한다.
② 성질 : 배당이의의 소의 성질은 이의 있는 채권자가 실체상 권리의 존재를 전제로 하여 배당법원이 작성한 배당표의 변경을 명하는 판결 또는 이를 취소하여 새로운 배당표의 작성을 명하는 판결을 구하는 소송법상의 형성소송이다.

2. 소송요건

(1) 제소기간

① 배당기일에 이의한 채권자나 채무자는 배당기일부터 1주(일) 이내에 배당이의의 소를 제기하여야 한다 (제154조 제3항).
② 소송 도중에 배당이의의 소로 청구취지를 변경한 경우 제소기간을 준수하였는지는 청구취지 변경신청서를 법원에 제출한 때를 기준으로 판단해야 한다(대판 2020.10.15. 2017다216523). [기출] 25

(2) 관할법원

① 배당이의의 소는 배당을 실시한 집행법원이 속한 지방법원의 관할로 한다(제156조 제1항 본문). 이는 전속관할이다(제21조). [기출] 24
② 한편 법원조직법은 지방법원 및 그 지원의 심판권을 원칙적으로 단독판사가 행사하도록 하고 있으므로 (법원조직법 제7조 제4항, 제5항), 심판권은 원칙적으로 단독판사에 속한다.
③ 다만, 소송물이 단독판사의 관할에 속하지 아니할 경우에는 지방법원의 합의부가 이를 관할한다(제156조 제1항 단서).
④ 파산관재인이 부인권을 행사하면서 원상회복으로서 배당이의의 소를 제기한 경우에는 파산법원이 아니라 배당을 실시한 집행법원이 속한 지방법원에 전속관할이 있다(대결 2021.2.16. 2019마6102). [기출] 21

> 배당이의의 소는 배당을 실시한 집행법원이 속한 지방법원의 관할에 전속한다(민사집행법 제21조, 제156조 제1항). 한편 파산관재인은 소, 부인의 청구 또는 항변의 방법으로 부인권을 행사할 수 있는데, 부인의 소와 부인의 청구사건은 파산계속법원의 관할에 전속한다[채무자 회생 및 파산에 관한 법률(이하 '채무자회생법'이라 한다) 제396조 제3항, 제1항]. 민사집행법과 채무자회생법의 위 관할규정의 문언과 취지, 배당이의의 소와 부인의 소의 본질과 관계, 당사자 간의 공평이나 편의, 예측가능성, 배당이의의 소와 부인의 소가 배당을 실시한 집행법원이 속한 지방법원이나 파산계속법원에서 진행될 때 기대 가능한 재판의 적정, 신속, 판결의 실효성 등을 고려하면, 파산관재인이 부인권을 행사하면서 원상회복으로서 배당이의의 소를 제기한 경우에는 채무자회생법 제396조 제3항이 적용되지 않고, 민사집행법 제156조 제1항, 제21조에 따라 배당을 실시한 집행법원이 속한 지방법원에 전속관할이 있다고 보는 것이 타당하다(대결 2021.2.16. 2019마6102). [기출] 21

(3) 원고적격

① 채권자(배당기일에 출석하여 이의를 한 채권자)

ⓐ 반드시 배당기일에 출석하여 이의를 한 채권자만이 원고적격이 인정되며(대판 1981.1.27. 79다1846), 서면에 의하여 이의를 신청한 채권자라 하여도 배당기일에 출석하지 않은 경우에는 원고가 될 수 없다. 가압류채권자도 다른 채권자의 채권에 대하여 이의를 할 수 있다.

ⓑ 채권자로서 배당기일에 출석하여 배당표에 대한 실체상 이의를 신청하려면 실체법상 집행채무자에 대한 채권자라는 것만으로 부족하고 배당요구의 종기까지 적법하게 배당요구를 했어야 한다. 적법하게 배당요구를 하지 않은 채권자는 배당기일에 출석하여 배당표에 대한 실체상 이의를 신청할 권한이 없으므로 배당기일에 출석하여 배당표에 대한 이의를 신청하였더라도 부적법한 이의신청에 불과하고, 배당이의의 소를 제기할 원고적격이 없다(대판 2022.3.31. 2021다203760). [기출] 17

> • 배당이의 소의 원고적격이 있는 자는 배당기일에 출석하여 배당표에 대한 실체상의 이의를 신청한 채권자 또는 채무자에 한하는 것인바, 채권자로서 배당기일에 출석하여 배당표에 대한 실체상의 이의를 신청하려면 그가 실체법상 집행채무자에 대한 채권자라는 것만으로는 부족하고 배당요구의 종기까지 적법하게 배당요구를 하였어야 하며, 적법하게 배당요구를 하지 못한 채권자는 배당기일에 출석하여 배당표에 대한 실체상의 이의를 신청할 권한이 없으므로 그러한 자가 배당기일에 출석하여 배당표에 대한 이의를 신청하였다고 하더라도 이는 부적법한 이의신청에 불과하고, 그 자에게는 배당이의 소를 제기할 원고적격이 없다(대판 2003.8.22. 2003다27696; 대판 2020.10.15. 2017다216523). [기출] 25 ☞ 민사집행법 제88조 제1항은 경매개시결정이 등기된 뒤에 가압류를 한 채권자는 배당요구를 할 수 있다고 규정하고 있는바, 여기서 배당요구를 할 수 있는 '가압류를 한 채권자'는 단순히 가압류결정을 받은 채권자가 아니라 당해 경매부동산에 대하여 가압류집행(= 가압류등기)을 마친 가압류채권자를 가리키는 것이므로, 만일 가압류집행 전에 가압류결정만을 제출하여 미리 배당요구를 하였다면 그 배당요구는 부적법하다고 할 것이고, 다만 그 후에 가압류집행이 됨으로써 배당요구의 하자가 치유된다고 할 것이나, 이 경우에도 가압류집행은 배당요구의 종기까지는 이루어져야 할 것이다. [기출] 18
> • 집행력 있는 정본을 가진 채권자, 경매개시결정이 등기된 뒤에 가압류를 한 채권자, 민법·상법, 그 밖의 법률에 따라 우선변제청구권이 있는 채권자는 배당요구의 종기까지 배당요구를 한 경우에 한하여 비로소 배당을 받을 수 있다(민사집행법 제88조 제1항, 제148조 제2호). 배당이의 소에서 원고적격이 있는 사람은 배당기일에 출석하여 배당표에 대한 실체상 이의를 신청한 채권자나 채무자에 한정된다. 채권자로서 배당기일에 출석하여 배당표에 대한 실체상 이의를 신청하려면 실체법상 집행채무자에 대한 채권자라는 것만으로 부족하고 배당요구의 종기까지 적법하게 배당요구를 했어야 한다. 적법하게 배당요구를 하지 않은 채권자는 배당기일에 출석하여 배당표에 대한 실체상 이의를 신청할 권한이 없으므로 배당기일에 출석하여 배당표에 대한 이의를 신청하였더라도 부적법한 이의신청에 불과하고, 배당이의의 소를 제기할 원고적격이 없다(대판 2020.10.15. 2017다216523).

- 「가등기담보 등에 관한 법률」제16조 제2항에 해당하는 담보가등기권리자가 집행법원이 정한 배당요구종기까지 적법한 배당요구를 한 바 없다면 배당이의를 할 수 없으므로 배당이의의 소를 제기할 원고적격이 **없다**(대판 2009.9.11. 2007다25278; 대판 2022.3.31. 2021다203760). **기출** 23

② 채무자(출석 또는 서면)
  ㉠ 기일에 출석한 채무자는 채권자의 채권 또는 그 채권의 순위에 대하여 이의할 수 있다(제151조 제1항). **기출** 18
  ㉡ 채무자는 배당기일에 출석하여 이의를 한 경우뿐 아니라 배당기일에 불출석하였더라도 배당표원안이 비치된 이후에 배당기일이 끝날 때까지 서면으로 이의한 경우에는(제151조 제1항, 제2항) 원고적격이 인정된다. **기출** 18

③ 근저당권이전의 부기등기를 경료하지 아니한 근저당권부 채권의 양수인
  ㉠ 근저당권의 명의인(양도인) : 근저당권부 채권이 양도되었으나 근저당권의 이전등기가 경료되지 않은 상태에서 실시된 배당절차에서, 근저당권의 명의인은 자신에게 배당하는 것으로 배당표의 경정을 구할 수 없다(대판 2003.10.10. 2001다77888). **기출** 23 · 19

> 피담보채권과 근저당권을 함께 양도하는 경우에 채권양도는 당사자 사이의 의사표시만으로 양도의 효력이 발생하지만 근저당권 이전은 이전등기를 하여야 하므로 채권양도와 근저당권이전등기 사이에 어느 정도 시차가 불가피한 이상 피담보채권이 먼저 양도되어 일시적으로 피담보채권과 근저당권의 귀속이 달라진다고 하여 근저당권이 무효로 된다고 볼 수는 없으나, 위 근저당권은 그 피담보채권의 양수인에게 이전되어야 할 것에 불과하고, 근저당권의 명의인은 피담보채권을 양도하여 결국 피담보채권을 상실한 셈이므로 집행채무자로부터 변제를 받기 위하여 배당표에 자신에게 배당하는 것으로 배당표의 경정을 구할 수 있는 지위에 있다고 볼 수 없다(대판 2003.10.10. 2001다77888). **기출** 23 · 19

  ㉡ 근저당권부 채권의 양수인
    ㉮ 이전등기를 경료하지 아니한 경우에는 저당권자가 아니고 일반채권자에 불과하므로 일반채권자로서 배당이의를 할 수 있는 요건을 갖추어야 한다.
    ㉯ 다만 법률규정에 의해 근저당권부채권을 이전받은 자[84]는 근저당권이전의 부기등기 없이도 저당권자로서 배당을 받을 수 있고 배당이의도 할 수 있다.

④ 제3자 소유의 물건이 채무자의 소유로 오인되어 매각된 경우

> 배당이의 소의 원고적격이 있는 자는 배당기일에 출석하여 배당표에 대한 실체상의 이의를 신청한 채권자 또는 채무자에 한하고, 제3자 소유의 물건이 채무자의 소유로 오인되어 강제집행목적물로서 경락된 경우에도 그 제3자는 경매절차의 이해관계인에 해당하지 아니하므로 배당기일에 출석하여 배당표에 대한 실체상의 이의를 신청할 권한이 없으며, 따라서 제3자가 배당기일에 출석하여 배당표에 대한 이의를 신청하였다고 하더라도 이는 부적법한 이의신청에 불과하고, 그 제3자에게 배당이의 소를 제기할 원고적격이 없다(대판 2002.9.4. 2001다63155). **기출** 20

---

84) 상속, 전부채권자, 대위변제자 등

⑤ 가압류권자

> 甲 소유의 부동산에 관하여 乙 등 명의의 가압류 등기와 丙 명의의 근저당권 설정등기가 순차적으로 마쳐진 후 丙의 근저당권에 관하여 계약양도를 원인으로 근저당권자를 丁으로 하는 근저당권 이전등기가 마쳐졌고, 그 후 丁의 경매신청에 따른 선행 임의경매개시결정과 乙 등의 경매신청에 따른 후행 강제경매개시결정이 내려져 선행 경매절차에서 乙 등과 丁만 배당을 받았는데, 乙 등이 丁을 상대로 근저당권 등 양도행위가 통정허위표시로서 무효라며 배당이의의 소를 제기하자, 丁이 근저당권 등 양도의 유·무효는 丙의 채권자들만 이해관계가 있고 乙 등은 이해관계가 없어 무효를 주장할 지위에 있지 않다고 주장한 경우, <u>乙 등은 근저당권 등 양도행위의 무효를 주장하여 그에 기한 채권의 존부, 범위, 순위에 관한 배당이의의 소를 제기할 수 있다</u>(대판 2016.7.29. 2016다13710).

(4) 권리보호의 이익

> 채권자가 배당이의의 소를 제기하여 승소판결이 확정되면 그가 이의한 부분에 대한 배당표가 확정되고, 특별한 사정이 없는 한 그의 채권은 배당액으로 충당되는 범위에서 배당표의 확정 시에 소멸한다. 그러나 배당이의의 소 수소법원이 피고에 대한 배당액을 삭제하면서 채권자인 원고가 배당받을 금액을 정하지 않고 배당표를 다시 만들고 다른 배당절차를 밟도록 명한 경우에는(민사집행법 제157조 후문), 그 판결에 따라 배당법원이 실시한 재배당절차에서 재조제한 배당표가 확정되어야 원고의 채권이 소멸한다. 그러므로 <u>채권자가 여러 명의 다른 채권자를 상대로 배당이의의 소를 제기하고 피고 중 일부에 대하여 승소판결이 확정되었으나 그 판결이 민사집행법 제157조 후문에 따라 배당법원으로 하여금 배당표를 다시 만들도록 했을 뿐 채권자인 원고의 구체적 배당액을 정하지 않은 경우에는 아직 배당이의의 소를 통하여 달성하려는 목적이 전부 실현되었다고 할 수 없으므로, 나머지 채권자를 상대로 한 소는 여전히 권리보호의 이익이 인정된다</u>(대판 2022.11.30. 2021다287171).

(5) 피고적격

① 피고로서의 당사자 적격이 있는 자는 보통 배당이의의 상대방인 채권자로서 그 이의를 정당한 것으로 승인하지 아니한 자, 다시 말하면 배당이의에 의하여 자기에 대한 배당액이 줄어드는 자이다.

② 채무자에게 잉여금이 지급되는 것으로 배당표가 작성된 경우에는, 채무자도 배당요구채권액을 전액 변제받지 못한 채권자가 제기한 배당이의의 소의 피고가 될 수 있다.

3. 소송절차

① 소의 제기와 접수 : 배당이의의 소도 그 제기와 접수절차는 통상의 소의 그것과 동일하고, 소장 접수 후의 재판장의 소장심사와 피고에 대한 소장부본의 송달도 통상의 소의 그것과 같다.

② 청구의 취지와 원인

　㉠ 청구의 취지 : 배당이의소송에 있어서의 청구의 취지는 원고가 이의를 한 대로 배당이 실시되도록 하는 것이므로 채권자가 원고인 경우에는 배당기일에 이의를 한 범위 내에서 원고가 원래의 배당표에 기재된 것보다 배당을 더 받게 될 금액을 명시하여야 할 것이다(대판 2000.6.9. 99다70983).

　㉡ 청구의 원인 : 청구취지를 이유 있게 하기 위하여 필요한 사실관계 또는 법률관계가 배당이의의 소의 청구원인이 된다. 원고는 원고의 이익이 되도록 배당표의 변경을 가져오게 하는 모든 사유, 즉 피고가 배당표대로 배당액을 수령할 수 없고 또 원고에게 보다 많은 배당액이 주어져야 할 근거가 되는 모든 사유를 주장할 수 있다.

③ 공격방어방법
　㉠ 원고는 채무자가 피고에 대하여 가지고 있는 모든 항변을 제출할 수 있고, 그 전제로서 채권자대위권 (민법 제404조)에 기하여 채무자가 피고인 채권자에게 대항할 수 있는 모든 권리, 즉 취소권, 해지·해제권, 상계권 등을 행사할 수 있다.

> • 채권자는 자기의 이해에 관계되는 범위 안에서만 다른 채권자를 상대로 그의 채권 또는 그 채권의 순위에 대하여 이의할 수 있으므로(민사집행법 제151조 제3항), 채권자가 제기한 배당이의의 소에서 승소하기 위하여는 피고의 채권이 존재하지 아니함을 주장·증명하는 것만으로 충분하지 아니하고 원고 자신이 피고에게 배당된 금원을 배당받을 권리가 있다는 점까지 주장·증명하여야 한다. 그러나 채무자나 소유자에게는 위와 같은 제한이 없을 뿐만 아니라(민사집행법 제151조 제1항), 채무자나 소유자가 배당이의의 소에서 승소하면 집행법원은 그 부분에 대하여 배당이의를 하지 아니한 채권자를 위하여서도 배당표를 바꾸어야 하므로(민사집행법 제161조 제2항 제2호), 채무자나 소유자가 제기한 배당이의의 소에서는 피고로 된 채권자에 대한 배당액 자체만 심리대상이고, 원고인 채무자나 소유자로서도 피고의 채권이 존재하지 아니함을 주장·증명하는 것으로 충분하다(대판 2015.4.23. 2014다53790). **기출** 24·23·20
> • 채권자는 자기의 이해에 관계되는 범위 안에서만 다른 채권자를 상대로 그의 채권 또는 그 채권의 순위에 대하여 이의할 수 있으므로(민사집행법 제151조 제3항), 채권자가 제기한 배당이의의 소에서 승소하기 위하여는 피고의 채권이 존재하지 아니함을 주장·증명하는 것만으로 충분하지 아니하고 원고 자신이 피고에게 배당된 금원을 배당받을 권리가 있다는 점까지 주장·증명하여야 한다. 위와 같은 법리는 채무자가 체결한 근저당권설정계약에 관하여 채권자가 사해행위취소의 소를 제기함과 아울러 그 원상회복으로서 배당이의의 소를 제기하는 경우에도 마찬가지이다(대판 2021.6.24. 2016다269698).
> • 배당이의의 소의 원고적격은 채무자 또는 배당기일에 출석하여 배당표에 대하여 이의를 진술한 채권자에 한하여 인정되나, 담보권 실행을 위한 경매에서 경매목적물의 소유자는 위 채무자에 포함된다. 이때 채권자는 자기의 이해에 관계되는 범위 안에서만 다른 채권자를 상대로 채권의 존부·범위·순위에 대하여 이의할 수 있으나(민사집행법 제151조 제3항), 채무자나 소유자는 이러한 제한이 없으며(민사집행법 제151조 제1항), 채무자나 소유자가 배당이의의 소에서 승소하면 집행법원은 그 부분에 대하여 배당이의를 하지 아니한 채권자를 위하여서도 배당표를 바꾸어야 하므로(민사집행법 제161조 제2항 제2호), 채무자나 소유자가 제기한 배당이의의 소는 피고로 된 채권자에 대한 배당액 자체만이 심리대상이어서, 원고인 채무자나 소유자는 피고의 채권이 존재하지 아니함을 주장·증명하는 것으로 충분하고, 자신이 피고에게 배당된 금원을 배당받을 권리가 있다는 점까지 주장·증명할 필요는 없다. 따라서 채무자나 소유자가 배당이의의 소를 제기한 경우의 소송목적물은 피고로 된 채권자가 경매절차에서 배당받을 권리의 존부·범위·순위에 한정되는 것이지, 원고인 채무자나 소유자가 경매절차에서 배당받을 권리까지 포함하는 것은 아니므로, 제3자가 채무자나 소유자로부터 위와 같이 배당받을 권리를 양수하였더라도 배당이의 소송이 계속되어 있는 동안에 소송목적인 권리 또는 의무의 전부 또는 일부를 승계한 경우에 해당된다고 볼 수는 없다(대판 2023.2.23. 2022다285288). **기출** 24·23
> • 민사집행법 제151조 제3항은 "기일에 출석한 채권자는 자기의 이해에 관계되는 범위 안에서는 다른 채권자를 상대로 그의 채권 또는 그 채권의 순위에 대하여 이의할 수 있다"라고 규정하여 채무자의 배당이의와 별도로 채권자가 독자적으로 배당표에 이의할 수 있도록 규정하고 있다. 그리고 민사집행법 제154조는 제1항에서 "집행력 있는 집행권원의 정본을 가지지 아니한 채권자(가압류채권자를 제외한다)에 대하여 이의한 채무자와 다른 채권자에 대하여 이의한 채권자는 배당이의의 소를 제기하여야 한다", 제2항에서 "집행력 있는 집행권원의 정본을 가진 채권자에 대하여 이의한 채무자는 청구이의의 소를 제기하여야 한다"라고 규정하고 있다. 따라서 채무자는 집행력 있는 집행권원의 정본을 가지지 아니한 채권자에 대하여는 배당이의의 소를, 집행력 있는 집행권원의 정본을 가진 채권자에 대하여는 청구이의의 소를 제기하여야 한다. 그러나 채무자가 아니라 채권자가 다른 채권자에 대한 배당에 대하여 이의를 한 경우에는 그 다른 채권자가 집행력 있는 집행권원의 정본을 가지고 있는지 여부에 상관없이 배당이의의 소를 제기하여야 하고, 이는 채권자가 배당이의를 하면서 배당이의 사유로 채무자를 대위하여 집행권원의 정본을

가진 다른 채권자의 채권의 소멸시효가 완성되었다는 등의 주장을 한 경우에도 마찬가지이다(대판 2023.8.18. 2023다234102). **기출** 25 ☞ 원고는 배당요구채권자로서 자기의 이해에 관계되는 범위 안에서는 독자적으로 다른 채권자인 피고를 상대로 배당이의를 하면서 채무자를 대위하여 피고 채권의 소멸시효가 완성되었다는 것을 배당이의 사유로 내세울 수 있고, 그 후 피고가 집행력 있는 집행권원의 정본을 가지고 있는지 여부에 상관없이 피고를 상대로 배당이의의 소를 제기하고 그 소송의 공격방어방법으로서 채무자를 대위하여 피고 채권의 소멸시효가 완성되었다는 등의 주장을 할 수 있다. **기출** 24

ⓛ 이러한 사유를 주장함에 있어서는 배당기일에 배당이의의 이유로서 하였던 진술에 구속되지 아니한다.

ⓒ 피고는 이의신청을 하지 아니한 다른 채권자 가운데 원고보다 선순위의 채권자가 있다고 주장할 수 없다.

채권자가 제기하는 배당이의의 소는 대립하는 당사자인 채권자들 사이의 배당액을 둘러싼 분쟁을 해결하는 것이므로, 그 소송의 판결은 원·피고로 되어 있는 채권자들 사이에서 상대적으로 계쟁 배당부분의 귀속을 변경하는 것이어야 하고, 따라서 피고의 채권이 존재하지 않는 것으로 인정되는 경우 계쟁 배당부분 가운데 원고에게 귀속시키는 배당액을 계산함에 있어서 이의신청을 하지 아니한 다른 채권자의 채권을 참작할 필요가 없으며, 이는 이의신청을 하지 아니한 다른 채권자 가운데 원고보다 선순위의 채권자가 있다 하더라도 마찬가지이다(대판 2001.2.9. 2000다41844). **기출** 23

ⓔ 배당이의 소송에서 경매신청기입등기 이전에 등기된 근저당권자가 채권계산서에 기재한 피담보채권 이외에 그 근저당권의 피담보채권이 될 수 있는 다른 채권의 존재를 주장할 수 있다.

담보권 실행을 위한 부동산 경매절차에서 경매신청기입등기 이전에 등기되어 있는 근저당권자는 민사집행법 제88조 제1항의 배당요구채권자에 포함되지 아니하고, 따라서 비록 그와 같은 근저당권자가 채권신고서를 제출하였고, 그 채권신고서에 기재한 피담보채권이 존재하지 아니한다 하더라도 그 근저당권자는 위와 같은 피담보채권의 부존재를 이유로 하여 다른 채권자가 제기한 배당이의 소송에서 그 근저당권의 피담보채권이 될 수 있는 다른 채권이 존재하고 있다는 주장을 할 수 있으며 그 다른 채권이 존재하고 있음이 밝혀진 경우에는 그 근저당권자에 대한 배당은 적법하다(대판 1998.7.28. 98다7179). **기출** 19

ⓜ 배당이의의 소에서 피고는 원고가 배당이의한 금원이 피고가 배당요구하였지만 배당에서 제외된 다른 채권에 배당되어야 한다고 주장할 수 있다.

배당이의의 소에 있어서 피고는 원고의 청구를 배척할 수 있는 모든 주장을 방어방법으로 내세울 수 있으므로, 피고는 원고의 청구를 배척할 수 있는 사유로서 원고가 배당이의한 금원이 피고가 배당요구하였지만 배당에서 제외된 다른 채권에 배당되어야 할 것이라고 주장할 수 있고, 이는 피고가 배당에서 제외된 채권에 기하여 배당이의를 하지 않았더라도 마찬가지이다(대판 2008.9.11. 2008다29697).

ⓑ 허위의 근저당권에 대하여 배당이 이루어진 경우, 채권자취소의 소로써 통정허위표시를 취소하지 않았다 하더라도 배당이의의 소로써 그 무효를 주장할 수 있다.

허위의 근저당권에 대하여 배당이 이루어진 경우, 통정한 허위의 의사표시는 당사자 사이에서는 물론 제3자에 대하여도 무효이고 다만, 선의의 제3자에 대하여만 이를 대항하지 못한다고 할 것이므로, 배당채권자는 채권자취소의 소로써 통정허위표시를 취소하지 않았다 하더라도 그 무효를 주장하여 그에 기한 채권의 존부, 범위, 순위에 관한 배당이의의 소를 제기할 수 있다(대판 2001.5.8. 2000다9611). **기출** 18

ⓢ 채권액이 외국통화로 정해진 금전채권인 외화채권을 우리나라 통화로 환산하는 시기는 **배당기일 당시**의 외국환시세를 기준으로 삼는다.

> 채권액이 외국통화로 정해진 금전채권인 외화채권을 채무자가 우리나라 통화로 변제하는 경우에 그 환산시기는 이행기가 아니라 현실로 이행하는 때, 즉 현실이행 시의 외국환시세에 의하여 환산한 우리나라 통화로 변제하여야 하므로, 집행법원이 경매절차에서 외화채권자에 대하여 배당을 할 때에는 특별한 사정이 없는 한 <u>배당기일 당시의 외국환시세를 우리나라 통화로 환산하는 기준으로 삼아야 한다</u>(대판 2011.4.14. 2010다103642). **기출** 15

ⓞ 혼합공탁된 공탁금이 배당된 경우, 공탁금에서 적법하게 변제받을 지위에 있는 채권자가 배당이의의 소로써 집행채권자들에 대한 배당액 중 변제공탁에 해당하는 부분으로 배당재단이 될 수 없는 부분을 경정하여 자신에게 배당할 것을 청구할 수 있다.

> 집행공탁과 민법의 규정에 의한 변제공탁이 혼합되어 공탁된 이른바 혼합공탁의 경우, <u>공탁금에서 지급 또는 변제받을 권리가 있음에도 불구하고 지급 또는 변제받지 못하였음을 주장하는 자는 배당표에 배당받는 것으로 기재된 다른 채권자들을 상대로 배당이의의 소를 제기할 수 있다.</u> 따라서 공탁금에서 적법하게 변제받을 지위에 있는 채권자는 배당이의의 소를 통하여 <u>집행채권자들에 대한 배당액 중 변제공탁에 해당하는 부분으로서 배당재단이 될 수 없는 부분을 경정하여 이를 자신에게 배당할 것을 청구할 수 있다</u>(대판 2014.11.13. 2012다117461).

ⓩ 배당이의의 소에서 피고는 배당기일에서 원고에 대하여 이의를 하지 아니하였다 하더라도 원고의 청구를 배척할 수 있는 사유로서 원고의 채권 자체의 존재를 부인할 수 있다(대판 2023.11.9. 2023다256577).

> 배당이의의 소는 배당표에 배당받는 것으로 기재된 자의 배당액을 줄여 자신에게 배당되도록 하기 위하여 배당표의 변경 또는 새로운 배당표의 작성을 구하는 것이므로, 원고가 배당이의의 소에서 승소하기 위해서는 피고의 채권이 존재하지 아니함을 주장·증명하는 것만으로 충분하지 않고 자신이 피고에게 배당된 금원을 배당받을 권리가 있다는 점까지 주장·증명하여야 하며, 피고는 배당기일에서 원고에 대하여 이의를 하지 아니하였다 하더라도 <u>원고의 청구를 배척할 수 있는 사유로서 원고의 채권 자체의 존재를 부인할 수 있다</u>(대판 2012.7.12. 2010다42259; 대판 2023.11.9. 2023다256577).

ⓩ 배당이의의 소의 당사자인 원고와 피고 사이의 전소에서 원고의 채권 존부에 관한 판결이 확정된 경우, 그 판결의 기판력이 배당이의의 소에 미친다.

> <u>배당이의의 소의 당사자인 원고와 피고 사이의 전소에서 원고 채권의 존부에 대한 판결이 확정되었다면, 그 판결의 기판력은 원고 채권의 존부를 선결문제로 하는 배당이의의 소에 미친다고 할 것이므로, 배당이의의 소에서 전소의 확정판결과 모순·저촉되는 판단을 할 수 없다</u>(대판 2012.7.12. 2010다42259). **기출** 20

ⓣ 과세관청이 경매절차에서 체납세액의 교부청구를 함에 있어 그 법정기일을 잘못 기재하였다 하더라도 실제 법정기일에 따른 실체법상 우선권이 소멸하지 않는다.

> 과세관청이 경매절차에서 체납세액의 교부청구를 함에 있어 <u>그 법정기일을 잘못 기재하였다 하더라도 그 교부청구가 적법한 이상 실제 법정기일에 따른 실체법상 우선권은 소멸하지 않는다</u>(대판 2008.9.11. 2008다29697).

④ 원고 불출석에 의한 소 취하간주의 특칙
 ㉠ 배당이의 소에 있어서 소를 제기한 '원고'가 첫 변론기일에 출석하지 아니한 때에는 소를 취하한 것으로 본다(제158조).

> 민사집행법 제158조에서 말하는 '첫 변론기일'에 '첫 변론준비기일'은 포함되지 않는다. 따라서 배당이의의 소송에서 첫 변론준비기일에 출석한 원고라고 하더라도 첫 변론기일에 불출석하면 민사집행법 제158조에 따라서 소를 취하한 것으로 볼 수밖에 없다(대판 2007.10.25. 2007다34876). 기출 24·23

 ㉡ 본 규정은 첫 변론기일에 원고가 불출석하고 피고가 출석한 경우뿐만 아니라 당사자 쌍방이 모두 불출석한 경우에도 적용된다(대판 1967.6.27. 67다796).
 ㉢ 따라서 원고가 출석하지 아니한 이상 피고의 출석여부를 따질 것도 없이 소취하간주로 볼 것이다.
 ㉣ 원고가 최초의 변론기일에는 출석하였으나 그 후의 변론기일에 쌍방이 2회 이상 출석하지 아니하였으면 민사소송법 제268조에 의하여 취하간주의 효력이 생길 수 있음은 물론이다.

4. 판결의 효력

① **상대효** : 채권자가 제기한 배당이의의 소의 판결의 효력은 원고와 피고 사이에만 미치고 그 밖의 채권자와 채무자에게는 미치지 아니한다. 즉 상대효가 원칙이다. 기출 17

> 채권자가 제기한 배당이의소송은 대립하는 당사자인 채권자들 사이의 배당액을 둘러싼 분쟁을 상대적으로 해결하는 것에 지나지 아니하고 그 판결의 효력은 오직 소송당사자인 채권자들 사이에만 미칠 뿐이므로, 배당이의소송의 판결에서 계쟁 배당 부분에 관하여 배당을 받을 채권자와 그 수액을 정함에 있어서는 피고의 채권이 존재하지 않는 것으로 인정되는 경우에도, 이의신청을 하지 아니한 다른 채권자의 채권을 참작함이 없이 그 계쟁 배당 부분을 원고가 가지는 채권액의 한도 내에서 구하는 바에 따라 원고의 배당액으로 하고, 그 나머지는 피고의 배당액으로 유지함이 상당하다(대판 1998.5.22. 98다3818). 기출 23

② 절대효
 ㉠ 채무자가 제기한 배당이의의 소에서 청구가 인용된 경우에는 이의를 제기하지 않은 채권자를 위하여도 배당표를 바꾸어야 한다(제161조 제2항 제2호).
 ㉡ 따라서 채무자가 제기한 배당이의의 소에서 채무자가 승소한 경우에 그 판결은 이의를 제기하지 아니한 채권자에게도 효력이 미치므로 그 범위에서 절대효가 인정된다.
③ 이의된 부분에 대한 배당표의 확정

> [1] 부동산경매절차에서 배당기일에 출석한 채권자는 자기의 이해에 관계되는 범위 안에서 다른 채권자를 상대로 그의 채권 또는 그 채권의 순위에 대하여 이의할 수 있고(민사집행법 제151조 제3항), 이 경우 이의한 채권자는 배당이의의 소를 제기하여야 한다(민사집행법 제154조 제1항). 배당표에 대한 이의가 있는 채권에 관하여 적법한 배당이의의 소가 제기된 때에는 그에 대한 배당액을 공탁하여야 하고(민사집행법 제160조 제1항 제5호), 이의된 부분에 대해서는 배당표가 확정되지 않는다(민사집행법 제152조 제3항). 위와 같이 배당액이 공탁된 뒤 배당이의의 소에서 이의된 채권에 관한 전부 또는 일부승소의 판결이 확정되면 이의된 부분에 대한 배당표가 확정된다. 이때 공탁의 사유가 소멸하게 되므로, 그러한 승소확정판결을 받은 채권자가 집행법원에 그 사실 등을 증명하여 배당금의 지급을 신청하면, 집행법원은 판결의 내용에 따라 종전의 배당표를 경정하고 공탁금에 관하여 다시 배당을 실시하여야 한다(민사집행법 제161조 제1항). 이 경우 집행법원의 법원사무관 등은 지급할 배당금액을 적은 지급위탁서를 공탁관에게 송부하고, 지급받을 자에게는 배당액지급증을 교부하여야 한다(민사집행법 제159조 제2항, 제3항, 민사집행규칙 제82조 제1항, 공탁규칙 제43조 제1항).

이때 공탁관은 집행법원의 보조자로서 공탁금 출급사유 등을 심리함이 없이 집행법원의 공탁금지급위탁서에 따라 채권자에게 공탁금을 출급하게 된다.

[2] 위와 같은 절차에 비추어 보면, 배당표가 확정되어야 비로소 채권자가 공탁된 배당금의 지급을 신청할 수 있으므로, 배당표 확정 이전에 채권자가 배당금을 수령하지 않았는데도 채권에 대해 변제의 효력이 발생한다고 볼 수는 없다. 한편 배당표가 일단 확정되면 채권자는 공탁금을 즉시 지급받아 수령할 수 있는 지위에 있는데, 배당표 확정 이후의 어느 시점(가령 배당액지급증 교부 시 또는 공탁금 출급 시)을 기준으로 변제의 효력이 발생한다고 보게 되면, 채권자의 의사에 따라 채무의 소멸시점이 늦추어질 수 있고, 그때까지 채무자는 지연손해금을 추가로 부담하게 되어 불합리하다. 따라서 채무자가 공탁금 출급을 곤란하게 하는 장애요인을 스스로 형성·유지하는 등의 특별한 사정이 없는 한 배당액에 대한 이의가 있었던 채권은 공탁된 배당액으로 충당되는 범위에서 '배당표의 확정 시'에 소멸한다고 보아야 한다. 다만 위와 같은 배당표의 확정 전에 어떤 경위로든 채권자가 공탁된 배당금을 지급받아 수령하고 그 후 같은 내용으로 배당표가 확정된 경우에는, 채권자가 현실적으로 채권의 만족을 얻은 시점인 '공탁금 수령 시'에 변제의 효력이 발생한다고 봄이 타당하다.

[3] 이러한 법리는 근저당권자의 피담보채권에 대하여 다른 채권자가 이의함으로써 해당 배당액이 공탁되었다가 배당이의소송을 거쳐 배당표가 확정됨에 따라 공탁된 배당금이 지급되는 경우에도 마찬가지로 적용된다(대판 2018.3.27. 2015다70822). **기출** 23 · 21 · 18

5. 소송 완료 후의 배당의 실시

배당이의의 소가 취하되었거나 취하간주된 사실 또는 배당이의의 판결이 확정된 사실의 증명이 있는 때에는 이에 의하여 배당을 실시하거나 배당법원이 추가배당(제161조 제2항 제2호의 경우) 또는 재배당절차를 명하여야 한다(제161조 제1항).

- 집행력 있는 집행권원을 가진 채권자에 대하여 이의한 채무자는 배당기일부터 1주 이내에 청구이의의 소 제기 사실 증명서류와 아울러 그 소에 기한 집행정지재판의 정본을 집행법원에 제출하여야 하고, 채무자가 그중 어느 하나라도 제출하지 않으면, 집행법원으로서는 채무자가 실제로 위 기간 내에 청구이의의 소를 제기하고 그에 따른 집행정지재판을 받았는지 여부와 관계없이 채권자에게 당초 배당표대로 배당을 실시하여야 하고, 배당을 실시하지 않고 있는 동안에 청구이의의 소에서 채권자가 패소한 판결이 확정되었다고 하여 달리 볼 것이 아니다. 그러한 경우 채무자는 채권자를 상대로 부당이득반환 등을 구하는 방법으로 구제받을 수 있을 뿐이다(대판 2011.5.26. 2011다16592). **기출** 19
- 배당기일부터 1주 이내에 청구이의의 소 제기 사실 증명서류와 그 소에 기한 집행정지재판의 정본이 제출되지 않았는데도 집행법원이 채권자에 대한 배당을 중지하였다가 청구이의의 소 결과에 따라 추가배당절차를 밟는 경우, 채권자는 추가배당절차의 개시가 위법함을 이유로 민사집행법 제16조에 따라 집행에 관한 이의신청을 할 수 있으나, 채권자가 집행에 관한 이의 대신 추가배당표에 대하여 배당이의를 하고 당초 배당표대로 배당을 실시해 달라는 취지로 배당이의의 소를 제기하였다면, 배당이의의 소를 심리하는 법원은 소송경제상 당초 배당표대로 채권자에게 배당을 실시할 것을 명한다는 의미에서 추가배당표상 배당할 금액을 당초 배당표와 동일하게 배당하는 것으로 추가배당표를 경정하여야 한다(대판 2011.5.26. 2011다16592). **기출** 18

6. 배당이의의 소와 부당이득반환청구의 소와의 관계

민사집행법 제155조(이의한 사람 등의 우선권 주장)
이의한 채권자가 제154조(배당이의의 소 등) 제3항의 기간을 지키지 아니한 경우에도 배당표에 따른 배당을 받은 채권자에 대하여 소로 우선권 및 그 밖의 권리를 행사하는 데 영향을 미치지 아니한다.

① 문제제기 : 적법한 배당요구를 하지 못하였거나, 배당기일에 적법하게 이의를 하지 못하였거나 또는 이의는 하였으나 배당이의의 소제기 및 증명기간을 준수하지 못하여 배당이의의 소를 통하여 구제받을 수 없게 된 경우에 배당을 받지 못한 채권자가 배당을 받지 못할 자이면서도 배당을 받았던 자를 상대로 부당이득반환청구를 할 수 있는가 하는 문제가 있다.

② 부당이득반환청구 가부

   ㉠ 민사집행법 제155조 : 민사집행법 제155조는 "이의한 채권자가 배당이의의 소제기 증명기간을 지키지 아니한 경우에도 배당표에 따른 배당을 받은 채권자에 대하여 소로 우선권 및 그 밖의 권리를 행사하는 데 영향을 미치지 아니한다."고 규정하고 있다.

   ㉡ 판례 : 이와 관련하여 대법원은 일관되게, 배당을 받아야 할 채권자가 배당을 받지 못하고 배당을 받지 못할 자가 배당을 받은 경우에는 배당을 받지 못한 채권자로서는 배당에 관하여 이의를 한 여부 또는 형식상 배당절차가 확정되었는가의 여부에 관계없이 배당을 받지 못할 자이면서도 배당을 받았던 자를 상대로 부당이득반환청구권을 갖는다고 판시하고 있다(대판 2001.3.13. 99다26948 등).

> • 배당이의소송은 대립하는 당사자인 채권자들 사이의 배당액을 둘러싼 분쟁을 상대적으로 해결하는 것에 지나지 아니하고, 그 판결의 효력은 오직 소송당사자인 채권자들 사이에만 미칠 뿐이므로, 위와 같은 판례의 법리는 배당이의의 소의 당사자가 아닌 배당요구채권자가 배당이의의 소의 판결에 기하여 경정된 배당표에 의하여 배당을 받은 다른 채권자를 상대로 하여 배당이 잘못되었다는 이유로 부당이득반환청구를 하는 경우에도 그대로 적용되는 것으로 보아야 한다(대판 2007.3.29. 2006다49130).
> • 배당이의소송은 대립하는 당사자 사이의 배당액을 둘러싼 분쟁을 그들 사이에서 상대적으로 해결하는 것에 지나지 아니하여 그 판결의 효력은 오직 그 소송의 당사자에게만 미칠 뿐이므로, 어느 채권자가 배당이의소송에서의 승소확정판결에 기하여 경정된 배당표에 따라 배당을 받은 경우에 있어서도, 그 배당이 배당이의소송에서 패소확정판결을 받은 자 아닌 다른 배당요구채권자가 배당받을 몫까지도 배당받은 결과로 된다면 그 다른 배당요구채권자는 위 법리에 의하여 배당이의소송의 승소확정판결에 따라 배당받은 채권자를 상대로 부당이득반환청구를 할 수 있다(대판 2007.2.9. 2006다39546).

   ㉢ 민사집행법 제155조 규정의 취지 : 이에 의하면 위 민사집행법 제155조는 배당표에 대한 이의를 한 채권자의 권리구제방안을 반드시 배당이의의 소에 한정하는 것은 아니라는 취지의 규정일 뿐이고, 부당이득반환을 구하기 위하여 적어도 적법한 배당이의가 있을 것을 요구하는 것은 아니라고 할 것이다.

③ 불법말소된 근저당권자의 부당이득반환청구(적극) : 대법원은, 근저당권은 물권으로서 불법말소되었다고 하더라도 권리가 소멸되는 것은 아니어서 첫 경매개시결정등기 전에 등기되어 있던 근저당권자는 불법말소 후 회복등기를 하지 않았다고 하더라도 배당요구 없이도 당연히 배당을 받을 수 있는 자에 해당하므로, 경매절차에서 배당을 받지 못한 경우 그 근저당권자는 경매절차에서 실제로 배당받은 자에 대하여 부당이득반환청구를 할 수 있다(대판 1998.10.2. 98다27197 등).

④ 배당요구하지 아니한 우선변제권자 : 대법원은 실체법상 우선변제청구권이 있는 채권자라고 하더라도 그가 적법한 배당요구를 하지 아니하여 배당에서 제외된 경우에는 배당받은 후순위 채권자를 상대로 부당이득의 반환을 청구할 수 없다고 판시하고 있는데(대판 1998.10.13. 98다12379 등), 이 판결과 위 98다27197 판결을 종합하면, 배당받은 채권자를 상대로 '부당이득반환을 청구할 수 있는 채권자'는 적어도 민사집행법 제148조의 배당받을 채권자의 범위에 해당하여야 한다고 할 것이다.

- 배당요구가 필요한 배당요구채권자(예 주택임대차보호법에 의하여 우선변제청구권이 인정되는 소액임차인)는, 압류의 효력발생 전에 등기한 가압류채권자, 경락으로 인하여 소멸하는 저당권자 및 전세권자로서 압류의 효력발생 전에 등기한 자 등 당연히 배당을 받을 수 있는 채권자의 경우와는 달리, 경락기일까지 배당요구를 한 경우에 한하여 비로소 배당을 받을 수 있고, 적법한 배당요구를 하지 아니한 경우에는 비록 실체법상 우선변제청구권이 있다 하더라도 경락대금으로부터 배당을 받을 수는 없을 것이므로, 이러한 배당요구채권자가 적법한 배당요구를 하지 아니하여 그를 배당에서 제외하는 것으로 배당표가 작성·확정되고 그 확정된 배당표에 따라 배당이 실시되었다면 그가 적법한 배당요구를 한 경우에 배당받을 수 있었던 금액 상당의 금원이 후순위 채권자에게 배당되었다고 하여 이를 법률상 원인이 없는 것이라고 할 수 없다(대판 2002.1.22. 2001다70702). **기출** 20
- 적법한 배당요구를 하지 아니한 경우에는 실체법상 우선변제청구권이 있는 채권자라 하더라도 배당을 받을 수 없으므로, 이러한 배당요구 채권자가 적법한 배당요구를 하지 아니하여 그를 배당에서 제외하는 것으로 배당표가 작성·확정되고 그 확정된 배당표에 따라 배당이 실시되었다면, 그가 적법한 배당요구를 한 경우에 배당받을 수 있었던 금액 상당의 금원이 후순위 채권자에게 배당되었다 하여 이를 법률상 원인이 없는 것이라고 볼 수 없다(대판 1997.2.25. 96다10263). **기출** 24

⑤ **배당이의의 소에서 패소판결을 받은 자** : 배당이의의 소에서 패소의 본안판결을 받은 당사자가 그 판결의 확정 후 상대방에 대하여 위 본안판결에서 확정된 배당액에 대하여 부당이득반환 청구소송을 제기한 경우에 관하여 대법원은, 배당이의의 소의 본안판결이 확정되면 이의가 있었던 배당액에 관한 실체적 배당수령권의 존부의 판단에 기판력이 생기므로 당사자는 그 배당수령권의 존부에 관하여 위 배당이의의 소의 본안판결의 판단과 다른 주장을 할 수 없고[85], 법원도 이와 다른 판단을 할 수 없다고 판시하였다(대판 2000.1.21. 99다3501).

⑥ **가압류채권의 양수인** : 첫 경매개시결정등기 전에 등기된 가압류채권자로부터 피보전권리를 양수한 채권양수인이 배당표 확정 전까지 채권양수사실을 제대로 소명하지 못함에 따라 가압류채권자에게 배당된 금액을 다른 배당참가 채권자가 배당이의의 소를 제기하여 배당받은 경우, 채권양수인이 그 채권자를 상대로 부당이득반환을 구할 수 있다.

첫 경매개시결정등기 전에 등기된 가압류채권자로부터 피보전권리를 양수한 채권양수인이 경매법원에 채권신고를 하였으나 배당표가 확정되기 전까지 채권양수사실을 제대로 소명하지 못함에 따라 가압류채권자에게 배당된 경우에, 다른 배당참가 채권자가 가압류채권자의 피보전권리는 채권양수인에게 양도되어 이미 소멸하였다는 이유로 가압류채권자에게 배당된 금액에 대하여 배당이의를 제기하고 배당이의의 소를 통해 가압류채권자에게 배당된 금액을 배당받는다면 채권양수인은 그 채권자를 상대로 가압류채권자의 배당액에 관하여 부당이득반환청구를 할 수 있다(대판 2012.4.26. 2010다94090).

---

85) 기판력에 의해 부당이득반환청구를 할 수 없다.

⑦ **가압류채권자와 조세채권** : 가압류가 된 채권에 대하여 체납처분에 의한 압류가 있고 그에 기하여 피압류채권의 추심이 이루어진 후 그 체납처분의 기초가 된 조세부과처분이 취소되었다 하더라도 그 가압류채권자는 조세환급금에 대한 부당이득반환청구를 할 수 없다.

> 동일한 채권에 대하여 체납처분절차에 의한 압류와 민사집행절차에 의한 압류가 서로 경합하는 경우에도 세무공무원은 체납처분에 의하여 압류한 채권을 추심할 수 있고, 청산절차가 종결되면 그 채권에 대한 민사집행절차에 의한 가압류나 압류의 효력은 상실되고, 따라서 보전처분에 기하여 가압류가 된 채권에 대하여 체납처분에 의한 압류가 있고 그에 기하여 피압류채권의 추심이 이루어진 후에 그 체납처분의 기초가 된 조세부과처분이 취소되었다고 하더라도, 특별한 사정이 없는 한 그 환급금채권은 조세를 납부한 자에게 귀속되므로 민사집행절차에 의한 가압류 및 압류 채권자로서는 조세부과처분의 취소에 따른 환급금에 대하여 부당이득반환을 구할 수는 없다(대판 2002.12.24. 2000다26036).

7. 가압류채권자에게 배당할 금액과 부당이득

- 가압류의 효력은 가압류를 청구한 피보전채권액에 한하여 미치므로, 가압류결정에 피보전채권액으로서 기재된 액(이하 '가압류 청구금액'이라 한다)이 가압류채권자에 대한 배당액의 산정 기준이 되며, 배당법원이 배당을 실시할 때에 가압류채권자의 피보전채권은 공탁하여야 하고, 그 후 피보전채권의 존재가 본안의 확정판결 등에 의하여 확정된 때 가압류채권자가 확정판결 등을 제출하면 배당법원은 가압류채권자에게 배당액을 지급하게 된다(민사집행법 제160조 제1항 제2호, 제161조 제1항). 이 경우 확정된 피보전채권액이 가압류 청구금액 이상인 경우에는 가압류채권자에 대한 배당액 전부를 가압류채권자에게 지급하지만, 반대로 확정된 피보전채권액이 가압류 청구금액에 미치지 못하는 경우에는 집행법원은 그 확정된 피보전채권액을 기준으로 하여 다른 동순위 배당채권자들과 사이에서의 배당비율을 다시 계산하여 배당액을 감액 조정한 후 공탁금 중에서 그 감액 조정된 금액만을 가압류채권자에게 지급하고 나머지는 다른 배당채권자들에게 추가로 배당하여야 한다(대판 2013.6.13. 2011다75478). `기출` 25 · 21 · 16
- 가압류에 대한 본안의 확정판결에서 그 피보전채권의 원금 중 일부만이 남아 있는 것으로 확정된 경우라도, 특별한 사정이 없는 한 가압류청구금액범위 내에서는 그 나머지 원금과 청구기초의 동일성이 인정되는 지연손해금도 피보전채권의 범위에 포함되므로, 이를 가산한 금액이 가압류청구금액을 넘는지 여부를 가리고 만약 가압류 청구금액에 미치지 못하는 경우에는 그 금액을 기초로 배당액을 조정하여야 한다. 그리고 위와 같이 배당채권자들과 사이에서 배당비율을 다시 계산하여 공탁되었던 배당액을 감액조정하여 지급하는 것은 그 범위 내에서 잠정적으로 보류되었던 배당절차를 마무리 짓는 취지이고, 동순위 채권자들 사이에서는 배당채권으로 산입될 수 있는 채권원리금액 산정에 형평을 기하여야 할 터인데 가압류채권자에 대한 배당금 조정 시에 다른 배당채권자들의 잔존 채권원리금액을 모두 다시 확인하기 쉽지 아니함을 고려하면, 배당금 조정 시에 다른 배당채권자들의 채권액은 종전 배당기일의 채권원리금액을 기준으로 하고 가압류채권자의 경우에도 종전 배당기일까지의 지연손해금을 가산한 채권원리금액을 기준으로 하여 조정한 후 공탁금 중에서 그 감액조정된 금액을 가압류채권자에게 지급하며, 나머지 공탁금은 특별한 사정이 없는 한 종전 배당기일의 채권액을 기준으로 하여 다른 배당채권자들에게 추가로 배당함이 타당하다(대판 2013.6.13. 2011다75478). `기출` 25 · 21
- 본안소송 결과 배당액 전액을 지급받기에 부족한 피보전권리만이 확정되어 다른 배당채권자들에게 추가배당하여야 할 경우임이 밝혀진 때에는 당초의 배당액 중 다른 배당채권자들에게 추가배당하여야 할 부분에 관하여는 가압류채권자가 처음부터 그 부분에 대한 배당금지급청구권을 가지고 있지 않았다고 보아야 하므로, 가압류채권자가 그 부분 채권을 부당이득하였다고 할 수 없다(대판 2013.6.13. 2011다75478). `기출` 16

- 배당법원은 부동산에 대한 경매절차에서 배당을 실시할 때 가압류채권자를 위하여 배당금을 공탁하여야 하고, 그 후 채권자 승소의 본안판결이 확정되는 등으로 공탁사유가 소멸한 때에는 가압류채권자에게 그 공탁금을 지급하여야 한다. 본안의 확정판결에서 지급을 명한 가압류채권자의 채권은 특별한 사정이 없는 한 위와 같이 공탁된 배당액으로 충당되는 범위에서 본안판결의 확정 시에 소멸한다. 본안판결 확정 이후 채무자에 대하여 파산이 선고되어 파산재단을 처분하는 권한이 파산관재인에게 속하게 되더라도 이미 발생한 채권 소멸의 효력은 그대로 유지된다. 따라서 가압류채권자가 본안의 승소판결 확정 이후 공탁금을 수령하지 않고 있는 동안, 채무자의 파산관재인이 채무자에 대하여 파산선고가 있었다는 이유로 공탁금을 출급하였더라도 파산관재인은 본안판결이 확정된 가압류채권자에게 부당이득으로 이를 반환하여야 한다(대판 2018.7.26. 2017다234019). **기출** 19

8. 기 타

- 담보권의 실행을 위한 경매에서 신청채권자가 경매를 신청함에 있어서 경매신청서에 피담보채권 중 일부만을 청구금액으로 기재하였을 경우에는 다른 특별한 사정이 없는 한 신청채권자가 당해 경매절차에서 배당을 받을 금액이 그 기재된 채권액을 한도로 확정되고, 신청채권자가 채권계산서를 제출하는 방법에 의하여 청구금액을 확장할 수 없다고 할 것이므로, 설사 신청채권자가 경매신청서에 기재하지 아니한 다른 피담보채권을 가지고 있었다고 하더라도 청구금액을 확장한 채권계산서를 제출하는 방법으로는 피담보채권액 중 경매신청 당시의 청구금액을 초과하는 금액에 관하여는 배당에 참가할 수 없으며, 배당법원으로서는 경매신청 당시의 청구금액만을 신청채권자에게 배당하면 족하다. 따라서 근저당권자가 경매신청서에 피담보채권 중 일부만을 청구금액으로 기재하여 담보권의 실행을 위한 경매를 신청한 후 청구금액을 확장한 채권계산서를 제출하였을 뿐 달리 경락기일까지 이중경매를 신청하는 등 필요한 조치를 취하지 아니한 채 그대로 경매절차를 진행시켜 경매신청서에 기재된 청구금액을 기초로 배당표가 작성·확정되고 그에 따라 배당이 실시되었다면, 신청채권자가 청구하지 아니한 부분의 해당 금원이 후순위 채권자들에게 배당되었다 하여 이를 법률상 원인이 없는 것이라고 볼 수는 없다(대판 1997.2.28. 96다495). **기출** 20·15
- 담보권의 실행을 위한 경매절차에서 경매신청채권자에 우선하는 근저당권자가 착오로 근저당권에 의하여 담보되는 피담보채권액 중 일부만을 채권계산서에 기재하여 제출하고 나머지 채권액에 대하여는 배당표가 작성될 때까지 배당법원에 채권계산서를 보정하는 방법 등으로 증액하는 조치를 취하지 아니함으로써, 채권계산서상의 채권액을 보정하였더라면 더 배당받을 수 있었던 금액만큼이 후순위 채권자에게 배당되었다고 하여 이를 법률상 원인 없이 취득한 것이라고 볼 수는 없다(대판 2000.9.8. 99다24911). **기출** 20
- 주택임대차보호법상의 대항력과 우선변제권을 겸유하고 있는 임차인이 배당요구를 하였으나 보증금 전액을 배당받지 못하였다면 임차인은 임차보증금 중 배당받지 못한 금액을 반환받을 때까지 그 부분에 관하여는 임대차관계의 존속을 주장할 수 있으나 그 나머지 보증금 부분에 대하여는 이를 주장할 수 없으므로, 임차인이 그의 배당요구로 임대차계약이 해지되어 종료된 다음에도 계쟁임대 부분 전부를 사용·수익하고 있어 그로 인한 실질적 이익을 얻고 있다면 그 임대부분의 적정한 임료 상당액 중 임대차관계가 존속되는 것으로 보는 배당받지 못한 금액에 해당하는 부분을 제외한 나머지 보증금에 해당하는 부분에 대하여는 부당이득을 얻고 있다고 할 것이어서 이를 반환하여야 한다(대판 1998.7.10. 98다15545). **기출** 20

I   배당을 실시하여야 할 경우

민사집행법 제159조(배당실시절차, 배당조서)
① 법원은 배당표에 따라 제2항 및 제3항에 규정된 절차에 의하여 배당을 실시하여야 한다.
② 채권 전부의 배당을 받을 채권자에게는 배당액지급증을 교부하는 동시에 그가 가진 집행력 있는 정본 또는 채권증서를 받아 채무자에게 교부하여야 한다.
③ 채권 일부의 배당을 받을 채권자에게는 집행력 있는 정본 또는 채권증서를 제출하게 한 뒤 배당액을 적어서 돌려주고 배당액지급증을 교부하는 동시에 영수증을 받아 채무자에게 교부하여야 한다.
④ 제1항 내지 제3항의 배당실시절차는 조서에 명확히 적어야 한다.

1.   배당이의가 없는 경우

① 채권자 및 채무자로부터 적법한 이의가 없는 경우 또는 배당기일에 출석하지 아니함으로 인하여 배당표와 같이 배당을 실시하는 데에 동의한 것으로 보는 경우(제153조 제1항)에는 법원이 작성한 배당표원안이 그대로 확정되므로 이에 따라 배당을 실시한다.
② 매수인이 배당액과의 차액지급에 의하여 대금을 지급한 때(제143조 제2항)와 매수인이 배당받을 채권자에 대한 채무를 인수한 경우(제143조 제1항)에는 그 자에 대하여는 현실의 배당을 실시하지 않는다.
③ 배당이의를 할 수 있는 채권자로서 이의를 제기하지 아니한 채권자라 할지라도 배당을 받은 다른 채권자에 대하여 부당이득반환청구권을 행사할 수 있다(대판 1988.11.8. 86다카2949).

2.   배당이의가 있는 경우

배당이의가 있는 경우라 할지라도 다음과 같은 사유가 있는 경우에는 배당을 실시한다.
① 이의가 있었으나 이의가 완결된 경우
② 이의가 있고 이의가 완결되지 아니하였으나 이의 없는 부분이 있는 경우
③ 이의가 있었으나 이의가 철회된 경우
④ 이의가 있었으나 이의한 자가 소제기증명 등을 제출하지 아니한 경우
⑤ 배당이의의 소 등이 취하(간주)되거나 소각하 또는 청구기각의 판결이 확정되었음이 증명된 경우

3.   채무자가 승소한 경우

채무자가 제기한 배당이의소송 등에서 채무자가 전부 또는 일부승소한 경우에는 추가배당을 실시하거나 채무자 등에게 지급하여야 한다.

Ⅱ 집행정지서류의 제출과 배당

1. 강제경매의 경우

① 매수인이 매각대금을 지급한 뒤에 민사집행법 제49조의 어느 서류가 제출된 때에는 경매절차의 진행에 영향을 미치지 아니한다.

② 이 경우 배당절차가 실시되는 때에는 그 채권자에 대하여 다음의 구분에 따라 처리하여야 한다.

　㉠ 제49조 제1호, 제3호, 제5호 또는 제6호의 서류가 제출된 때에는 그 채권자를 배당에서 제외한다(규칙 제50조 제3항 제1호).

　㉡ 제49조 제2호의 서류가 제출된 때에는 그 채권자에 대한 배당액을 공탁한다(제160조 제1항 제3호, 규칙 제50조 제3항 제2호).

　㉢ 제49조 제4호의 서류가 제출된 때에는 그 채권자에 대한 배당액을 지급한다(규칙 제50조 제3항 제3호). 이때 생기는 이중변제 등의 문제는 실체법상 부당이득문제로 해결하여야 한다.

2. 담보권실행을 위한 경매의 경우

① 담보권실행을 위한 경매의 경우에도 매수인이 매각대금을 납부한 후에는 매각부동산의 소유권은 매수인에게 이전되므로(제135조, 제268조), '매각대금 납부 후에' 민사집행법 제266조 제1항 각 호의 서류가 제출되더라도 경매절차는 정지되지 않는다. 기출 22

② 이 경우 배당절차가 실시되는 때에는 그다음의 구분에 따라 처리하여야 한다.

　㉠ 제266조 제1호(담보권의 등기가 말소된 등기사항증명서), 제2호(담보권 등기를 말소하도록 명한 확정판결의 정본), 제3호(담보권이 없거나 소멸되었다는 취지의 확정판결의 정본)의 서류가 제출된 때에는 그 채권자를 배당에서 제외한다(규칙 제194조 본문, 규칙 제50조 제3항 제1호). 기출 22

　㉡ 제266조 제4호(채권자가 담보권을 실행하지 아니하기로 하거나 경매신청을 취하하겠다는 취지 또는 피담보채권을 변제받았거나 그 변제를 미루도록 승낙한다는 취지를 적은 서류)의 서류가 제출된 때에는 그 서류가 화해조서의 정본 또는 공정증서의 정본인 경우에는 그 채권자를 배당에서 제외하고(규칙 제194조 단서), 그 밖의 제4호의 서류의 경우에는 그 채권자에 대한 배당액을 지급한다(규칙 제194조 본문, 규칙 제50조 제3항 제3호).

　㉢ 제266조 제5호(담보권 실행을 일시정지하도록 명한 재판의 정본)의 서류가 제출된 때에는 그 채권자에 대한 배당액을 공탁하여야 한다(제160조 제1항 제3호·제268조, 규칙 제194조 본문, 규칙 제50조 제3항 제2호).

> **민사집행법 제160조(배당금액의 공탁)** 기출 13
> ① 배당을 받아야 할 채권자의 채권에 대하여 다음 각 호 가운데 어느 하나의 사유가 있으면 그에 대한 배당액을 공탁하여야 한다.
> 1. 채권에 정지조건 또는 불확정기한이 붙어 있는 때
> 2. 가압류채권자의 채권인 때
> 3. 제49조 제2호(강제집행의 일시정지를 명한 취지를 적은 재판의 정본) 및 제266조 제1항 제5호(담보권 실행을 일시정지하도록 명한 재판의 정본)에 규정된 문서가 제출되어 있는 때
> 4. 저당권설정의 가등기가 마쳐져 있는 때
> 5. 제154조 제1항에 의한 배당이의의 소가 제기된 때
> 6. 민법 제340조 제2항 및 같은 법 제370조에 따른 배당금액의 공탁청구가 있는 때
> ② 채권자가 배당기일에 출석하지 아니한 때에는 그에 대한 배당액을 공탁하여야 한다.

- 민사집행법 제160조에 의하여 배당할 금액이 공탁된 후에는 그 배당액의 지급절차는 공탁금의 출급절차에 의하는 것이나, 이러한 경우에도 채권자가 공탁금을 출급받을 수 있는 권리는 배당금 지급청구권에 기한 것이고, 공탁금 출급청구권은 채권자가 배당금 지급청구권을 행사하는 수단으로서 그에 관하여 집행법원이 발급한 공탁금 지급위탁서가 공탁관에게 접수됨으로써 현실적으로 발생한다(대판 2006.10.13. 2006다32453).
- 가압류채권자에 대한 배당이 공탁된 후 가압류집행이 취소되거나 가압류채권자가 본안소송에서 패소확정판결을 받는 등의 경우에는, 그 공탁금은 채무자에게 교부할 것이 아니라 다른 채권자들에게 추가로 배당하여야 하는 것으로 해석하여야 할 것이고, 이는 가압류채권자가 본안에서 승소확정판결을 받은 금액이 공탁된 배당액을 초과한다고 하여도 마찬가지라 할 것이다(대판 2004.4.9. 2003다32681). ☞ [판결이유] 배당액이 공탁되었던 가압류채권자인 피고가 본안소송에서 일부 승소의 확정판결을 받았으므로 집행법원으로서는 그 승소확정된 금액을 기준으로 하여 배당액을 재차 조정하여 공탁된 배당액 중 그 조정된 금액만을 피고(가압류채권자)에게 지급하고 나머지는 다른 채권자들인 원고들에게 배당하는 방식의 추가배당을 실시하였어야 할 것임에도, 집행법원이 이에 이르지 아니한 채 공탁된 배당액 전부를 피고에게 지급한 이상 피고는 실제로 지급 받은 금액과 위와 같이 승소확정된 금액을 기준으로 하여 조정된 배당액과의 차액을 원고들에게 부당이득으로서 반환할 의무가 있다고 할 것이다. 기출 25 · 16

다음의 각 채권에 대한 배당액은 즉시 채권자에게 지급할 수 없거나 지급하는 것이 적당하지 아니하므로 법원사무관등은 그 채권자에게 배당액을 직접 지급하지 않고 공탁한다.

1. 채권에 정지조건 또는 불확정기한이 붙어 있는 때(제160조 제1항 제1호)

① **공탁** : 정지조건이 있거나 불확정기한이 있는 채권86)의 배당액은 공탁하고, 공탁의 원인이 소멸한 때 즉, 조건의 성부나 기한의 도래에 의하여 지급하거나 추가배당하여야 한다(제161조).

② **확정기한이 붙은 채권으로 기한이 도래하지 않은 경우** : 확정기한이 붙은 채권으로 그 기한이 도래하지 않은 채권에 대하여는 명문의 규정이 없으므로 문제가 되는데, 불확정기한이 붙은 채권에 관한 규정을 유추하여 배당액을 공탁하여야 한다는 견해와 민사집행법 제160조 제1항 제1호의 반대해석상 배당액을 지급하여야 한다는 견해가 대립되어 있다.

---

86) 정지조건의 성취나 불확정기한의 도래는 집행문부여의 요건이므로 정지조건이 있거나 불확정기한이 있는 채권은 원래 강제집행은 물론 배당요구를 할 수 없으므로, 제160조 제1항 제1호에 의하여 공탁을 하는 예로는 매각으로 인하여 소멸하는 저당권 또는 가등기담보권의 피담보채권이 정지조건이나 불확정기한에 걸려 있는 경우 등을 상정할 수 있으나, 현실적으로 그러한 예는 그리 많지 않을 것이다.

③ 우선변제권이 있는 임대차 보증금
  ㉠ 우선변제권이 인정되는 임대차보증금도 임차인이 임차목적물을 매수인에게 인도하지 아니하면 이를 수령할 수 없으므로, 정지조건 있는 채권에 대한 배당액 교부방법과 마찬가지로 임차물의 인도를 조건으로 배당액을 공탁하고 목적물의 인도를 증명한 때에 이를 지급하도록 한다(재민 84-10).
  ㉡ 전세보증금의 반환도 전세목적물의 반환과 동시이행관계에 있으므로 전세권의 경우도 인도확인서가 필요하다.
④ 소액임차인 : 소액임차인의 경우 주택임대차보호법 제8조에서 같은 법 제3조의2 제3항을 준용하지 않으므로 인도확인서가 필요 없는지에 관하여 견해의 대립이 있으나, 소액임차인도 인도확인서를 제출하여야 한다(재민 84-10).
⑤ 조건의 불성취가 확정된 경우
  ㉠ 조건의 불성취가 확정된 경우에는 그 채권자에 대한 배당을 실시할 수 없으므로 달리 추가배당을 받을 채권자가 있는 경우에는 다른 채권자가 그 사실을 증명하면 집행법원은 추가배당절차를 실시하고(제161조 제2항 제1호), 나머지가 있으면 채무자등에게 지급하여야 한다.
  ㉡ 달리 추가배당을 받을 채권자가 없는 경우에는 채무자등에게 지급한다.

2. 가압류채권자의 채권(제160조 제1항 제2호)

① 공탁 : 가압류의 경우에 확정되지 아니한 채권은 공탁하여야 한다.

> • 가압류는 강제집행을 보전하기 위한 것으로서 경매절차에서 부동산이 매각되면 그 부동산에 대한 집행보전의 목적을 다하여 효력을 잃고 말소되며, 가압류채권자에게는 집행법원이 그 지위에 상응하는 배당을 하고 배당액을 공탁함으로써 가압류채권자가 장차 채무자에 대하여 권리행사를 하여 집행권원을 얻었을 때 배당액을 지급받을 수 있도록 하면 족한 것이다. 따라서 이러한 경우 <u>가압류에 의한 시효중단</u>은 경매절차에서 부동산이 매각되어 가압류등기가 말소되기 전에 배당절차가 진행되어 가압류채권자에 대한 배당표가 확정되는 등의 특별한 사정이 없는 한, 채권자가 가압류집행에 의하여 권리행사를 계속하고 있다고 볼 수 있는 <u>가압류등기가 말소된 때 그 중단사유가 종료되어, 그때부터 새로 소멸시효가 진행한다고 봄이 타당하다</u>(매각대금 납부 후의 배당절차에서 가압류채권자의 채권에 대하여 배당이 이루어지고 배당액이 공탁되었다고 하여 가압류채권자가 그 공탁금에 대하여 채권자로서 권리행사를 계속하고 있다고 볼 수는 없으므로 그로 인하여 가압류에 의한 시효중단의 효력이 계속된다고 할 수 없다)(대판 2013.11.14. 2013다18622,18639). **기출** 19 · 17
>
> • 배당법원이 배당을 실시할 때에 가압류채권자의 채권에 대하여는 그에 대한 배당액을 공탁하여야 하고, 그 후 그 채권에 관하여 본안판결이 확정되거나 소송상 화해 · 조정이 성립되거나 또는 화해권고결정 · 조정을 갈음하는 결정 등이 확정됨에 따라 공탁의 사유가 소멸한 때에는 배당법원은 가압류채권자에게 공탁금을 지급하여야 하므로(민사집행법 제160조 제1항 제2호, 제161조 제1항), 특별한 사정이 없는 한 본안의 확정판결 등에서 지급을 명한 가압류채권자의 채권은 배당액으로 충당되는 범위에서 본안판결 등의 확정시에 소멸한다(대판 2014.9.4. 2012다65874).
>
> • 부동산에 관하여 가압류등기가 마쳐졌다가 등기가 아무런 원인 없이 말소되었다는 사정만으로는 곧바로 가압류의 효력이 소멸하는 것은 아니지만, <u>가압류등기가 원인 없이 말소된 이후에 부동산의 소유권이 제3자에게 이전되고 그 후 제3취득자의 채권자 등 다른 권리자의 신청에 따라 경매절차가 진행되어 매각허가결정이 확정되고 매수인이 매각대금을 다 낸 때에는, 경매절차에서 집행법원이 가압류의 부담을 매수인이 인수할 것을 특별매각조건으로 삼지 않은 이상 원인 없이 말소된 가압류의 효력은 소멸한다</u>(대판 2017.1.25. 2016다28897). **기출** 23 · 19

② 가압류권자의 배당금 출급절차

    ㉠ 본안소송에서 가압류채권자가 승소하여 집행력 있는 종국판결을 취득한 때, 혹은 그에 준하는 화해조서, 그 밖의 집행권원을 취득한 때 가압류채권자가 집행권원을 제출하면 법원사무관 등은 그 채권자에게 배당액을 지급하여야 한다.

    ㉡ 다만 다른 채권자가 가압류채권자의 채권에 대한 배당액에 대하여 이의를 한 경우에는 배당절차가 종료되지 아니하므로 판결내용에 따라 다시 배당을 실시한다.

③ 가압류권자가 집행증서를 제출한 경우

    ㉠ 가압류에 기한 본안소송은 반드시 판결을 목적으로 하는 일반소송의 제기만을 의미하는 것은 아니고 조정, 지급명령, 소제기 전 화해, 중재의 신청 등도 포함되지만 판결과 동일한 효력을 가지지 않는 문서의 작성절차의 경우에는 가압류의 본안이라도 인정할 수 없으므로 <u>집행증서작성을 가압류의 본안이라고 할 수 없다.</u>

    ㉡ 따라서 가압류권자가 집행력만 있을 뿐 기판력을 갖지 않는 집행증서를 제출할 경우 배당금을 지급하여서는 아니 된다.

④ 가압류채권자의 배당금이 공탁된 후 가압류채권자의 채권자가 그 공탁금을 압류한 경우 형식적 심사권밖에 없는 공탁관으로서는 그 채권압류에 대한 당부를 판단할 수 없으므로 그 채권압류가 취소(소멸)된 후가 아니면 가압류채권자에게 지급할 수 없다.

> 부동산에 대한 경매절차에서 배당법원은 배당을 실시할 때에 <u>가압류채권자의 채권에 대하여는 그에 대한 배당액을 공탁하여야 하고, 그 후 그 채권에 관하여 채권자 승소의 본안판결이 확정됨에 따라 공탁의 사유가 소멸한 때에는 가압류채권자에게 공탁금을 지급하여야 한다</u>(민사집행법 제160조 제1항 제2호, 제161조 제1항). 따라서 <u>특별한 사정이 없는 한 본안의 확정판결에서 지급을 명한 가압류채권자의 채권은 위와 같이 공탁된 배당액으로 충당되는 범위에서 본안판결의 확정 시에 소멸한다.</u> 이러한 법리는 <u>위와 같은 본안판결 확정 이후에 채무자에 대하여 파산이 선고되었다 하더라도 마찬가지로 적용되므로, 본안판결 확정 시에 이미 발생한 채권 소멸의 효력은 채무자회생법 제348조 제1항에도 불구하고 그대로 유지된다고 보아야 한다.</u> 이러한 경우에 가압류채권자가 공탁된 배당금을 채무자의 파산선고 후에 수령하더라도 이는 본안판결 확정 시에 이미 가압류 채권의 소멸에 충당된 공탁금에 관하여 단지 수령만이 본안판결 확정 이후의 별도의 시점에 이루어지는 것에 지나지 않는다. 따라서 <u>가압류채권자가 위와 같이 수령한 공탁금은 파산관재인과의 관계에서 민법상의 부당이득에 해당하지 않는다고 보아야 한다</u>(대판 2018.7.24. 2016다227014). `기출` 25

3. **민사집행법 제49조 제2호 및 제266조 제1항 제5호의 문서가 제출되어 있는 때**(일시정지의 잠정처분, 제160조 제1항 제3호)

① 공 탁

    ㉠ 배당을 받아야 할 채권자의 채권에 대하여 강제집행의 일시정지를 명한 취지를 적은 재판의 정본(제49조 제2호) 및 담보권 실행을 일시정지하도록 명한 재판의 정본(제266조 제1항 제5호)이 제출된 경우에는 법원은 배당절차를 속행하여야 하고, 다만 법원사무관등은 그 채권자에 대한 배당액을 공탁하여야 한다(제160조 제1항 제3호).

    ㉡ 예를 들면, 채무자가 집행력 있는 정본을 가진 채권자의 배당액에 대하여 배당이의를 하고, 그 후 청구이의의 소를 제기하면서 소제기증명서와 함께 집행정지결정 정본을 제출한 경우 그 채권자에 대한 배당액은 공탁되어야 한다. `기출` 16

② 공탁 이후의 절차
   ㉠ 이와 같이 공탁이 된 후 정지의 본안소송의 결과로서 집행불허의 재판의 정본이 제출되면 아직 만족하지 못한 다른 채권자가 있는 경우에는 그 채권자에게 추가배당을 하고 그렇지 아니하면 채무자등에게 지급을 한다.
   ㉡ 반대로 집행정지를 받은 채권자가 본안소송 또는 이의의 소에서 승소한 사실을 증명하면 그 채권자에게 전술한 공탁된 배당금액지급절차에 의하여 배당금액을 지급한다.

4. 저당권설정의 가등기가 마쳐져 있는 때(제160조 제1항 제4호)

① 압류의 효력발생 전에 저당권설정의 가등기가 되어 있는 경우에 그 가등기권리자는 후일 본등기를 하면 우선변제를 받을 수 있는 지위에 있으므로, 가압류의 경우에 준하여 가등기권리자가 본등기를 하였다고 가정하고 그에게 배당할 금액을 정하여 이를 공탁할 것이다.

② 가등기권리자가 본등기를 하든가 본등기를 하지 않더라도 본등기에 필요한 조건을 구비한 때에는 그 가등기권리자에게 그 배당금액을 지급한다.

5. 배당이의의 소가 제기된 때(제160조 제1항 제5호)

① 배당표에 대한 이의가 있는 채권에 관하여 적법한 배당이의의 소가 제기된 때에는 그 배당액을 공탁하여야 한다.

② 배당이의의 소의 판결이 확정된 때, 그 소가 취하 또는 취하간주된 때에는 이해관계있는 채권자가 그 사실을 증명하면 그 판결의 내용에 따라, 종전의 배당표를 경정하거나 추가배당 또는 재배당을 하여야 할 경우에는 법원이 그 필요한 절차를 밟으면 되고, 종전의 배당표가 그대로 확정된 경우에는 법원사무관등이 종전의 배당표에 따라 배당액을 지급한다.

6. 저당권자가 저당권의 목적부동산이 아닌 다른 부동산에 관한 배당절차에서 배당을 받는데 다른 채권자가 그 배당금의 공탁청구(민법 제340조 제2항·제370조)를 한 때(제160조 제1항 제6호)

① 저당권자는 담보권을 가지고 있어도 일반채권자로서의 자격을 상실하는 것은 아니므로 집행권원을 가지는 한 저당목적 부동산 이외의 채무자의 다른 부동산에 대하여도 강제집행을 할 수 있으나, 이 경우에 저당권자는 저당목적 부동산에 의하여 먼저 변제를 받고 그 부족액에 한하여 채무자의 일반재산에서 변제를 받을 수 있다(민법 제370조, 제340조 제1항).

② 그러나 저당권자가 저당권을 실행하기에 앞서 채무자의 다른 부동산에 대하여 다른 채권자가 먼저 강제집행을 개시하여 배당이 실시되는 경우에까지 위와 같이 제한을 한다면 후에 저당권이 실행되어 채권변제의 부족이 판명된 때에는 이미 다른 부동산에 대한 집행이 종료되어 부족액의 변제를 받을 기회를 상실하게 되므로 이런 경우에는 저당권자도 일반채권자와 동등한 자격으로 채권 전액을 가지고 배당에 참가할 수 있다(민법 제370조, 제340조 제2항 본문).

③ 다만 저당목적부동산으로써 채무액의 변제에 충분함에도 불구하고 저당권자가 미리 배당액을 수령한다면 결과적으로 민법 제340조 제1항의 취지와 모순되고 다른 채권자의 이익을 해하게 되므로 다른 채권자는 배당에 참가하는 저당권자에게 배당금의 공탁을 요구할 수 있고(민법 제370조, 제340조 제2항 단서), 이러한 공탁청구가 있으면 법원사무관등은 그 저당권자에 대한 배당액을 공탁하여야 한다.

7. 배당기일에 출석하지 아니한 채권자의 배당액 (제160조 제2항)

① 배당받을 채권자가 배당기일에 출석하지 아니한 경우에는 그 배당액을 지급할 수 없으므로 이를 공탁하여 배당을 완결한다.

② 채무자등이 배당기일에 출석하지 아니한 경우에도 채무자등에게 지급할 금원이 있으면 이를 공탁하였다가 채무자등이 그 지급을 청구하면 앞에서 본 배당액 지급방법에 의하여 처리할 것이다(재민 92-2).

③ 다만 기일에 출석하지 아니한 채권자가 배당액을 입금할 예금계좌를 신고한 때에는 공탁에 갈음하여 배당액을 그 예금계좌에 입금할 수 있다(규칙 제82조 제2항).

8. 저당권자의 저당권부채권이 압류 또는 가압류된 경우

저당권이 있는 채권이 압류(가압류를 포함한다)된 것만으로는 그 채권의 권리자가 바뀌는 것은 아니지만 저당권이 있는 채권에 대한 압류의 효력은 저당권자의 배당금청구권에 미친다고 해석되므로 압류가 존속하는 한 당해 배당금을 지급하지 않고 저당권자를 피공탁자로 하여 공탁을 한다.

Ⅳ 추가배당과 재배당

> **민사집행법 제161조(공탁금에 대한 배당의 실시)**
> ① 법원이 제160조 제1항의 규정에 따라 채권자에 대한 배당액을 공탁한 뒤 공탁의 사유가 소멸한 때에는 법원은 공탁금을 지급하거나 공탁금에 대한 배당을 실시하여야 한다.
> ② 제1항에 따라 배당을 실시함에 있어서 다음 각 호 가운데 어느 하나에 해당하는 때에는 법원은 배당에 대하여 이의하지 아니한 채권자를 위하여서도 배당표를 바꾸어야 한다.
>   1. 제160조 제1항 제1호 내지 제4호의 사유에 따른 공탁에 관련된 채권자에 대하여 배당을 실시할 수 없게 된 때
>   2. 제160조 제1항 제5호의 공탁에 관련된 채권자가 채무자로부터 제기당한 배당이의의 소에서 진 때
>   3. 제160조 제1항 제6호의 공탁에 관련된 채권자가 저당물의 매각대가로부터 배당을 받은 때
> ③ 제160조 제2항의 채권자가 법원에 대하여 공탁금의 수령을 포기하는 의사를 표시한 때에는 그 채권자의 채권이 존재하지 아니하는 것으로 보고 배당표를 바꾸어야 한다.

1. 추가배당

종전 배당표상 배당받는 것으로 기재된 채권자에 대한 배당액의 전부 또는 일부를 당해 채권자가 배당받지 못하는 것으로 확정된 경우에 그 채권자의 배당에 대하여 이의를 하였는지에 관계없이 배당에 참가한 모든 채권자를 대상으로 배당순위에 따라 추가로 배당하는 절차를 추가배당이라고 한다(제161조 제2항, 제3항).

2. 재배당

배당이의의 소의 결과에 따라 배당이의의 소의 원고와 피고 사이에서만 다시 배당하는 것을 재배당이라고 한다.

I   서 설

1.   매각대금 지급 뒤

> **민사집행법 제144조(매각대금 지급 뒤의 조치)**
> ① 매각대금이 지급되면 법원사무관등은 매각허가결정의 등본을 붙여 다음 각 호의 등기를 촉탁하여야 한다.
>   1. 매수인 앞으로 소유권을 이전하는 등기
>   2. 매수인이 인수하지 아니한 부동산의 부담에 관한 기입을 말소하는 등기
>   3. 제94조 및 제139조 제1항의 규정에 따른 경매개시결정등기를 말소하는 등기
> ② 매각대금을 지급할 때까지 매수인과 부동산을 담보로 제공받으려고 하는 사람이 대법원규칙으로 정하는 바에 따라 공동으로 신청한 경우, 제1항의 촉탁은 등기신청의 대리를 업으로 할 수 있는 사람으로서 신청인이 지정하는 사람에게 촉탁서를 교부하여 등기소에 제출하도록 하는 방법으로 하여야 한다. 이 경우 신청인이 지정하는 사람은 지체 없이 그 촉탁서를 등기소에 제출하여야 한다. 기출 15
> ③ 제1항의 등기에 드는 비용은 매수인이 부담한다.

① 매수인은 대금을 납입함으로써 목적물에 관한 권리를 취득한다. 이것은 법률규정에 의한 물권변동으로 등기와는 무관하다.
② 그러나 매수인이 목적물을 처분하기 위하여는 등기를 하여야 하므로 등기부를 정리할 필요가 있다.
③ 이에 민사집행법은 제144조에서 법원사무관 등에 의한 등기촉탁절차를 규정하고 있다.
④ 매각대금을 완납한 매수인은 종전 소유자 등을 상대로 매각허가를 원인으로 한 소유권이전등기절차이행의 소송을 제기할 소의 이익이 없다(대판 1999.7.9. 99다17272).

2.   소유권이전등기 등 촉탁의 시기

법원사무관등은 매수인이 대금을 지급하면 바로 매각허가결정의 등본을 첨부하여 매수인 앞으로 소유권을 이전하는 등기, 매수인이 인수하지 아니한 부동산의 부담에 관한 기입을 말소하는 등기, 경매개시결정등기를 말소하는 등기를 등기관에게 촉탁하여야 한다(제144조 제1항).

II   촉탁할 등기

1.   소유권이전등기

① **등기원인** : 법원사무관 등은 매수인이 대금을 모두 지급하면 매각부동산의 소유권을 취득하므로 매수인 앞으로 소유권을 이전하는 등기를 관할등기소 등기관에게 촉탁하여야 한다(제144조 제1항 제1호).
② **매수인이 사망한 경우의 처리** : 매수인이 사망한 경우에는 그 사망의 시기를 묻지 아니하고 곧바로 상속인 앞으로 이전등기를 촉탁하는 것이 실무이다.
③ **매수인의 지위가 양도된 경우의 처리** : 매각허가결정 확정 후에 매수인이 그 매수인의 지위를 제3자에게 양도하고 그 제3자가 매각대금을 지급한 경우라 하더라도 법원은 매수인을 위하여 이전등기촉탁을 하여야 할 것이며 제3자를 등기권리자로 하여 이전등기촉탁을 하여서는 안 된다.

④ 제3취득자가 매수인이 된 경우의 처리

  ㉠ 경매개시결정등기 '전(前)'에 소유권이전등기를 받은 제3취득자가 매수인이 된 경우에는, 경매개시결정등기의 말소촉탁 및 매수인이 인수하지 않는 부담기입의 말소촉탁 외에 소유권이전등기촉탁은 하지 않는다(등기예규 제1378호 1.). 기출 15

  ㉡ 경매개시결정등기(국세체납처분에 의한 압류등기, 매각에 의하여 소멸되는 가압류등기도 같다) '후(後)'에 소유권이전등기를 받은 제3취득자가 매수인이 된 경우에는, 경매개시결정등기와 제3취득자 명의의 소유권등기의 말소촉탁과 동시에 매각을 원인으로 한 소유권이전등기 촉탁을 하여야 한다(등기예규 제1378호 3.).

2. 매수인이 인수하지 아니한 부동산의 부담에 관한 기입의 말소

① 의 의

  ㉠ 매각대금이 지급된 경우에는 법원사무관등은 직권으로 매수인이 인수하지 아니한 부동산의 부담에 관한 기입을 말소하는 등기를 촉탁하여야 한다(제144조 제1항 제2호).

  ㉡ '매수인이 인수하지 아니한 부동산의 부담에 관한 기입'이란 매각에 의하여 소멸하는 저당권의 등기뿐만 아니라 매수인에 대항할 수 없는 모든 권리의 등기를 말한다.

② 판단기준

  ㉠ 등기부에 기재된 것을 기준 : 주의할 것은 매수인이 인수하지 아니한 부동산의 부담에 관한 기입인지 여부는 오로지 부동산등기부에 적힌 것을 기준으로 판단하여야 하고, 등기부에 기입되지 아니한 권리로서 특별법에 의하여 우선변제권이 인정되는 권리가 성립한 때를 기준으로 판단하여서는 안 된다는 것이다.

  ㉡ 특별법에 의한 우선변제권 : 매각에 의하여 소멸하는 부동산의 부담 중 최선순위의 것보다 앞서 담보가등기 아닌 가등기가 있는데, 다시 그 등기보다 앞서 대항력과 확정일자를 갖춘 등기되지 아니한 주택임차권자가 있고, 그 임차권자가 경매절차에서 보증금 전액을 변제받은 경우에도 위 가등기의 부담은 소멸하지 아니하고 매수인에게 인수된다. 즉, 주택임대차보호법의 적용을 받는 임차권을 기준으로 판단하여서는 안 된다.

3. 말소의 대상이 되는 등기

(1) 저당권 및 가등기담보권

① 저당권, 가등기담보권 등은 압류채권자보다 선순위라도 매각에 의하여 소멸되므로(제91조 제2항, 가등기담보법 제15조) 각 그 등기는 말소촉탁의 대상이 된다. 설정등기 후에 소유권의 변동이 있어도 저당권자나 가등기담보권자는 모두 배당받을 수 있고 모두 말소의 대상이 된다.

② 말소될 저당권에 관하여 채권압류의 등기(제228조)가 되어 있는 경우에 주등기의 말소만 촉탁하면 되고 부기등기에 관하여는 별도로 말소촉탁을 할 필요가 없다. 이 경우에는 등기관이 주등기를 말소한 후 '부기등기'를 직권으로 말소[87]하게 된다.

---

87) 저당권이전의 부기등기는 주등기인 저당권설정등기에 종속되어 주등기와 일체를 이루는 것이어서 피담보채무가 소멸된 경우 또는 근저당권설정등기가 당초 원인무효인 경우 주등기인 근저당권설정등기의 말소만 구하면 되고 그 부기등기는 별도로 말소를 구하지 않더라도 주등기의 말소에 따라 직권으로 말소되므로(대판 1995.5.26. 95다7550) 구태여 부기등기의 말소촉탁을 할 필요는 없지만, 실무에서는 당사자가 신청하여 오면 이를 촉탁하고 있다.

③ 담보가등기가 경료된 부동산에 대하여 경매 등이 행해진 때에는 담보가등기권리는 그 부동산의 매각에 의하여 소멸하나(가등기담보법 제15조), 권리신고가 되지 않아 담보가등기인지 일반가등기인지 알 수 없는 경우에는 일단 순위보전을 위한 가등기로 보아 그 가등기가 최선순위이면 매수인에게 그 부담이 인수되므로 말소하여서는 안 되고, 그 가등기보다 선순위의 담보권이나 또는 가압류가 있으면 함께 말소한다.

(2) 용익물권의 등기, 임차권의 등기

① 원칙적 말소

㉠ 저당권·압류채권·가압류채권에 대항할 수 없는 용익물권 등 : 저당권·압류채권·가압류채권에 대항할 수 없는 지상권·지역권·전세권 및 등기된 임차권은 매각으로 소멸되므로 말소촉탁의 대상이 된다(제91조 제3항). **기출** 15

㉡ 저당권·압류채권·가압류채권에 대항할 수 있는 용익물권 등

㉮ 저당권·압류채권·가압류채권에 대항할 수 있는 지상권·지역권·전세권 및 등기된 임차권은 소멸되지 아니하고 존속한다.

㉯ 다만 최선순위 전세권이라도 전세권자가 민사집행법 제88조에 따라 배당요구를 하면 (전세금의 일부만을 배당받은 경우에도) 매각으로 소멸하므로 말소촉탁의 대상이 된다(제91조 제4항 단서).

기출 15

② 대항력이 있는 임차권

㉠ 대항력이 있는 임차권 : 주택의 임차권은 등기된 여부를 불문하고 임차목적물에 대하여 경매가 행하여진 경우에는 그 임차목적물의 매각에 의하여 소멸하지만(주택임대차보호법 제3조의5 본문), 매수인에게 대항할 수 있는 임차권은 보증금이 전액 변제되지 아니하면 그 임차주택의 매각에 의하여 소멸되지 아니한다(주택임대차보호법 제3조의5 단서).

㉡ 대항력이 있는 임차권등기

㉮ 특별법의 적용을 받는 임차권등기는 원칙적으로 말소촉탁의 대상이 되지만, 최선순위의 대항력과 우선변제권을 겸유한 임차인이 경매절차에서 보증금전액에 관하여 배당요구를 하였으나 대항력 있는 보증금 중 일부라도 변제받지 못한 경우에는, 대항력 있는 보증금 중 경매절차에서 반환받을 수 있었던 금액을 공제한 잔액에 관하여 매수인에게 대항하여 이를 반환받을 때까지 임대차관계의 존속을 주장할 수 있으므로, 이 경우에는 말소촉탁을 할 수 없다.

㉯ 결국 우선변제를 받을 것인지는 임차인이 자유롭게 선택할 수 있으며, 한편 우선변제권의 행사는 배당요구로 나타나므로, 대항력 있는 임차권도 배당요구에 의하여 그 소멸여부와 매수인에게 인수되는 대항력 있는 보증금의 범위가 결정되는 셈이다.

㉰ '임차권등기명령'에 의하여 등기된 임차권이 있을 경우 그것이 매수인에게 대항할 수 있는 것인지는 등기된 때만을 기준으로 판단할 것이 아니라 실제로 대항력을 갖춘 때를 기준으로 판단하여야 한다.

㉱ 임차권등기를 경료한 임차인이 배당요구를 하지 아니한 경우에도 임차인은 민사집행법 제148조 제4호 소정의 법률상 당연히 배당요구를 한 것으로 보아야 하므로 우선변제를 받기 위하여 배당요구를 할 필요가 없다. 따라서 전액 우선변제받은 경우에는 말소촉탁의 대상이 된다.

㉲ 임차권등기명령에 의한 임차권등기가 압류 후에 기입되었어도 대항력을 갖춘 때가 매각에 의하여 소멸하는 최선순위의 권리보다 앞서고 그 대항력이 임차권등기가 될 때까지 중단 없이 계속 유지되었으며 임차권자가 보증금을 전액 변제받지 못한 경우에는 그 임차권은 말소촉탁의 대상이 되지 아니한다. 다만 변경등기촉탁은 하여야 할 것이다.

③ 전액 변제받지 못한 전세권등기
  ㉠ 배당요구에 따른 소제와 인수의 선택 : 전세권의 경우 경매절차에서 전세권이 언제 종료되었는지 그리고 전세권의 목적물이 건물인지 토지인지에 상관없이 최선순위의 전세권은 오로지 전세권자의 배당요구에 의하여만 소멸되고, 전세권자가 배당요구를 하지 않는 한 전세권은 매수인에게 인수되며, 반대로 배당요구를 하면 존속기간에 상관없이 전세권은 소멸한다(제91조 제3항 단서).
  ㉡ 일부 변제받은 경우의 소멸 : 최선순위 전세권자가 배당요구를 한 이상 그 배당금이 전세금에 미달하더라도 전세권은 소멸하게 되고 그 전세권등기는 말소촉탁의 대상이 된다. 이 점에서 주택임차권과 차이가 있다. **기출** 13 · 15
  ㉢ 전세권자인 동시에 대항력있는 임차권자인 경우 : 배당요구에 의해 또는 전세권등기일자에 의해 매각으로 소멸하는 것처럼 보이는 전세권이라도 주택임대차보호법상의 대항요건을 갖춘 최선순위 임차권자인 경우에는 매수인에게 대항할 수 있다.

(3) 소유권이전등기 · 가등기

① 압류의 효력발생 '후(後)'에 제3자 명의로 마쳐진 소유권이전청구권보전의 가등기는 매수인에게 대항할 수 없으므로 말소촉탁의 대상이 된다.
② 그러나 압류의 효력발생 '전(前)'에 마쳐진 것은 매수인에게 대항할 수 있으므로 소멸되지 아니하고 존속한다. 다만, 압류의 효력 발생 전에 경료된 소유권이전청구권보전의 가등기라도 그보다 선순위로서 매각으로 소멸되는 담보권에 관한 등기가 존재하는 경우에는 말소촉탁의 대상이 된다(대결 1985.2.11. 84마606; 대결 1989.11.6. 89마778 등). 이 점에서 주택임차권과 차이가 있다. **기출** 15
③ 경매개시결정으로 인한 압류의 효력발생 이전에 기입된 국세체납처분에 의한 압류등기 또는 가압류가 있고, 그 압류 또는 가압류등기가 매각으로 인하여 소멸하는 경우에는 그 압류 · 가압류 기입 이후의 가등기뿐 아니라 소유권이전등기도 말소촉탁의 대상이 된다(등기예규 제1378호).

(4) 가압류등기

① 압류의 효력 전후를 불문하고 말소대상
  ㉠ 압류의 효력발생 전에 가압류등기를 한 가압류채권자는 당연히 매각대금으로부터 배당을 받을 수 있으므로 매각에 의하여 소멸한다.
  ㉡ 압류의 효력발생 후에 등기한 가압류채권자는 매수인에 대항할 수 없으므로 매각에 의하여 소멸한다.
② 제3취득자의 채권자에 의한 경매절차
  ㉠ 판례에 의하면, "가압류채권자는 그 매각절차에서 당해 가압류목적물의 매각대금에서 가압류결정 당시의 청구금액을 한도로 하여 배당을 받을 수 있고, 제3취득자는 위 매각대금 중 가압류의 처분금지적 효력이 미치는 범위의 금액에 대하여는 배당을 받을 수 없다"고 판시하여(대판 2006.7.28. 2006다19986), 전소유자의 가압류권자는 배당을 받게 되고, 그 가압류등기는 말소가 된다는 입장을 취하고 있다.
  ㉡ 이때 전소유자의 가압류권자와 신소유자의 채권자는 안분배당을 하는 것이 아니라 가압류권자에게 가압류 청구금액의 범위 내에서 먼저 배당을 하여야 하고 그 가압류등기는 말소촉탁의 대상이 된다.
  ㉢ 다만 가압류등기가 항상 말소 촉탁의 대상이 되는 것은 아니다. 집행법원이 전 소유자를 채무자로 하는 가압류등기의 부담을 매수인이 인수하는 것을 전제로 하여 위 가압류채권자를 배당절차에서 배제하고 매각절차를 진행시킬 수도 있으므로 이 경우에는 말소촉탁의 대상이 되지 않는다.

(5) 가처분등기

① 대항력 유무에 따른 말소여부

㉠ 압류의 효력발생 '후'에 된 처분금지가처분등기는 매수인에 대항할 수 없으므로 말소촉탁의 대상이 되고, 압류의 효력발생 '전'에 된 가처분등기는 말소되지 아니한다.

㉡ 다만, 압류의 효력발생 전에 된 가처분등기라 할지라도 그보다 선순위로서 매각으로 소멸하는 담보권 · 압류 · 가압류 등기가 존재하는 경우에는 역시 말소의 대상이 된다(등기예규 제453호).

> 강제경매의 개시 당시 이미 소멸하였음에도 형식상 등기만이 남아 있을 뿐이었던 근저당권보다 후순위라는 이유로 집행법원의 촉탁에 의하여 이루어진 가처분기입등기의 말소등기는 원인무효이고, 가처분채권자는 그 말소등기에도 불구하고 여전히 가처분채권자로서의 권리를 가진다(대판 1998.10.27. 97다26104).

② 토지소유자가 건물철거 · 토지인도청구권을 보전하기 위하여 건물에 대한 처분금지가처분을 한 경우 : 토지소유자가 그 지상 건물소유자에 대한 건물철거 · 토지인도청구권을 보전하기 위하여 건물에 대한 처분금지가처분을 한 때에는 처분금지가처분등기가 건물에 관한 강제경매개시결정등기 또는 담보권설정등기 이후에 이루어졌어도 매각으로 인하여 말소되지 아니한다. 따라서 집행법원은 가처분이 있을 경우 직권으로 가처분집행법원으로부터 가처분결정서등본을 송부받아 피보전권리를 명백히 하여 이를 매각물건명세서 등에 적어야 하고, 위의 경우에 해당하는 때에는 법원사무관 등은 말소촉탁을 하지 않도록 유의하여야 한다. <kbd>기출</kbd> 16

(6) 국세체납처분에 의한 압류등기

국세체납처분에 의한 공매와 강제경매절차 또는 담보권실행을 위한 경매절차는 각각 독자적으로 진행할 수 있고 양 절차 중 먼저 진행된 절차에서 소유권을 취득한 자가 진정한 소유자로 확정되고(대판 1999.5.14. 99다3686 등), 또 그 매각 후의 배당에 있어서 국세는 우선적으로 변제되어야 하므로 경매절차에서 국세체납처분에 의한 압류등기에 관계된 국세를 우선변제하고 그 압류등기를 말소하여야 한다.

(7) 예고등기

부동산등기법의 개정으로 예고등기제도 자체를 폐지하였다 하여도 구법에 의하여 이미 마쳐진 예고등기는 권리관계에 영향을 미치는 것이 아니므로 말소촉탁의 대상이 되지 않는다. <kbd>기출</kbd> 13

(8) 사용승인을 받지 아니한 건물이라는 취지의 말소여부

사용승인을 받지 아니한 건물이라는 취지의 말소는 예고등기와 마찬가지로 권리에 관한 공시를 목적으로 하는 등기가 아니어서 부동산의 부담으로 되지 아니하므로 말소촉탁의 대상이 되지 아니한다.

(9) 대금납부 후 최선순위 담보권이 말소된 경우 후순위 등기의 말소 여부

① 대금납부 후 담보권 소멸 : 근저당권설정등기 → 지상권설정등기 → 가등기가 순차로 경료되고, 강제경매에 의한 매각허가결정이 확정된 후 매각대금을 납부하였으나, 그 배당기일 전에 채무자의 임의변제에 따라 근저당권설정등기가 말소된 경우에도, 위 지상권설정등기 및 가등기는 집행법원의 말소촉탁에 의하여 말소할 수 있다(등기선례 제2-605호). <kbd>기출</kbd> 15

② 대금납부 전 담보권 소멸

㉠ 매수인이 소유권을 취득하게 되는 시점인 매각대금지급 전에 선순위 근저당권이 소멸한 경우에는, 위 지상권설정등기 및 가등기는 말소촉탁의 대상이 되지 않는다(대결 1998.8.24. 98마1031).

㉡ 다만 매수인은 대금을 낼 때까지 매각허가결정의 취소신청을 할 수 있다(제127조).

4. 경매개시결정등기의 말소

매각이 완결되면 경매개시결정등기는 필요없게 되므로 법원사무관등은 직권으로 그 등기를 말소촉탁한다 (제144조 제1항 제3호).

Ⅲ 등기촉탁절차

1. 등기촉탁

등기촉탁은 법원사무관등의 명의로 등기촉탁서를 작성하여 관할등기소의 등기관에게 송부하는 방법으로 행한다.

2. 촉탁서에 적어야 할 사항

① **부동산의 표시** : 촉탁할 등기의 목적이 되는 매각부동산은 등기부의 표시와 일치하여야 한다.

② **등기권리자** : 등기권리자는 매수인을 표시한다.

③ **등기의무자**

　㉠ '소유권이전등기의 등기의무자'는 압류의 효력발생 당시의 등기부상 소유명의자이나, 압류의 효력발생 당시의 등기부상 소유명의자라도 그 소유권이 매각으로 인하여 말소될 것인 때[88]에는 그 소유자는 소유권이전등기의 등기의무자가 아니고 경매절차상 소유자로 인정된 자가 등기의무자이다.

　㉡ 따라서 압류의 효력발생 후에 소유권을 취득한 제3자가 있더라도 그 소유권이전등기는 압류에 대항할 수 없으므로 그 제3자가 등기의무자로 되는 것은 아니다.

④ **등기원인과 그 연월일** : 등기원인은 '강제경매(임의경매)로 인한 매각'이고, 등기원인인 일자는 매각대금 지급일이다(재민 2002-1 제27조). 예컨대 '2002.12.1.자 강제경매로 인한 매각'이라고 표시한다.

⑤ **등기목적** : 촉탁에 의하여 기입될 이전등기나 말소할 등기를 구체적으로 표시한다.

⑥ **첨부서류** : 촉탁서의 첨부서류란에는 촉탁서에 실제로 첨부한 서류를 표시한다. 촉탁서 첨부서류에 관하여는 다음에서 설명한다.

3. 촉탁서에 첨부할 서류

① **매각허가결정등본** : 등기촉탁서에는 매각허가결정의 등본을 붙여야 한다(제144조 제1항). 매각허가결정등본은 등기원인증서가 된다.

② **등기권리자의 주소를 증명하는 서면** : 촉탁서에는 매수인이 자연인인 경우에는 주민등록등·초본, 법인인 경우에는 법인등기부등·초본, 법인 아닌 사단, 재단인 경우에는 주소를 증명하는 서면 외에 대표자 또는 관리인의 주민등록등본을 첨부한다.

---

88) 예를 들어 갑 소유의 부동산에 을이 가압류를 한 후에 정에게 소유권이 이전되었는데 을이 갑에 대한 집행권원으로 위 가압류를 본압류로 이전하는 경매신청을 한 경우 정 명의의 소유권이전등기

③ 토지대장등본·건축물대장등본 : 국민주택채권의 매입의무의 유무판단, 매입액의 산출을 위하여 토지
　　대장등본, 건축물대장등본, 토지가격확인원이 필요하므로 법원사무관등은 매수인으로 하여금 등기촉탁
　　일로부터 3개월 이내에 발행된 위 대장등본을 제출토록 하여 이를 촉탁서에 첨부하여야 한다.
④ 농지취득자격증명의 요부 : 민사집행법에 의한 경매절차에서 농지에 대하여는 농지취득자격증명에 관한
　　사항을 집행법원이 매각허부 재판시에 직권으로 조사하게 되어 있으므로, 농지에 대하여 매각으로 인한
　　소유권이전등기를 촉탁함에 있어서는 농지취득자격증명을 첨부할 필요가 없다(등기선례 제3-865호).

4. 등기촉탁비용

소유권이전등기와 부동산 위의 부담의 기입등기 및 경매개시결정등기의 말소에 관한 비용은 매수인의 부담
으로 한다(제144조 제3항).

제24절　부동산에 대한 강제집행 – 부동산 인도명령

Ⅰ　서 론

> **민사집행법 제136조(부동산의 인도명령 등)**
> ① 법원은 매수인(또는 일반승계인)이 대금을 낸 뒤 6월 이내에 신청하면 채무자·소유자 또는 부동산 점유자에 대하여
> 　부동산을 매수인에게 인도하도록 명할 수 있다. 다만, 점유자가 매수인에게 대항할 수 있는 권원에 의하여 점유하고
> 　있는 것으로 인정되는 경우에는 그러하지 아니하다. [기출] 25·18
> ② 법원은 매수인 또는 채권자가 신청하면 매각허가가 결정된 뒤 인도할 때까지 관리인에게 부동산을 관리하게 할
> 　것을 명할 수 있다.
> ③ 제2항의 경우 부동산의 관리를 위하여 필요하면 법원은 매수인 또는 채권자의 신청에 따라 담보를 제공하게 하거나
> 　제공하게 하지 아니하고 제1항의 규정에 준하는 명령을 할 수 있다.
> ④ 법원이 채무자 및 소유자 외의 점유자에 대하여 제1항 또는 제3항의 규정에 따른 인도명령을 하려면 그 점유자를
> 　심문하여야 한다. 다만, 그 점유자가 매수인에게 대항할 수 있는 권원에 의하여 점유하고 있지 아니함이 명백한
> 　때 또는 이미 그 점유자를 심문한 때에는 그러하지 아니하다. [기출] 15
> ⑤ 제1항 내지 제3항의 신청에 관한 결정에 대하여는 즉시항고를 할 수 있다.
> ⑥ 채무자·소유자 또는 점유자가 제1항과 제3항의 인도명령에 따르지 아니할 때에는 매수인 또는 채권자는 집행관에게
> 　그 집행을 위임할 수 있다.

1. 의 의

법원은 매수인이 매각대금을 낸 뒤 6월 이내에 신청하면 채무자, 소유자 또는 부동산 점유자에 대하여 부동
산을 매수인에게 인도하도록 명할 수 있다(제136조 제1항). 이를 인도명령이라고 한다.

2. 법적 성질

① 인도명령은 독립된 집행권원이다(제56조 제1호). 인도명령절차는 집행절차와는 별개의 절차로 집행정지서류 등이 제출된 경우라도 인도명령절차의 진행에 영향이 없다. 그러나 별개의 절차이기는 하나 집행절차에 종된 절차이다. 인도명령을 할 수 있음에도 통상의 소송절차에 따라 인도를 구하는 소라도 소의 이익을 부정할 것은 아니다.

② 인도명령신청권은 실체상의 권리가 아니라 민사집행법에서 매각대금을 납부하였다는 사실 자체에 따라 매수인에게 부여하는 절차상의 지위이다. 즉 매수인은 소유권에 기한 목적물 인도청구권에 기해 인도소송을 제기할 수 있으나 간이한 방법인 민사집행법상의 인도명령신청을 할 수도 있다.

Ⅱ 인도명령의 당사자

1. 신청인

① 매수인의 인도명령신청권

    ㉠ 인도명령을 신청할 수 있는 자는 매수인과 매수인의 상속인 또는 회사의 합병 등에 의하여 매수인의 지위를 승계한 일반승계인에 한한다. 매수인의 특별승계인(예 양수인)은 신청인 적격이 없다. **기출** 15

    ㉡ 매수인이나 그 승계인이 매각대금을 지급하였으면 족하며 매수인명의로 소유권이전등기가 되었음을 요하지는 않는다.

    ㉢ 토지만이 매각된 경우에는 매수인은 인도명령신청으로 그 토지의 인도만을 구할 수 있을 뿐이고 지상건물의 철거 및 인도를 구할 수는 없다. 지상건물의 철거 및 인도청구는 소송으로 제기하여야 한다.

② 매수인으로부터의 양수인(특정승계인)

    ㉠ 인도명령신청권은 매각대금을 모두 지급한 매수인에게 부여된 집행법상의 권리이므로, 매수인이 매각부동산을 제3자에게 양도하였다 하더라도 '매수인'이 인도명령을 구할 수 있는 권리를 상실하지 아니한다(대결 1970.9.30. 70마539). 양수인 앞으로 소유권이전등기를 마친 경우에도 마찬가지이다.

    ㉡ 민사집행법 제136조의 매각부동산의 인도청구는 매수인에게 허용된 경매절차상의 권리에 속하는 것이므로 제3자가 매수인으로부터 매각부동산의 소유권을 취득하였다 하더라도 그 제3자가 승계를 이유로 위 법조에 규정된 인도청구를 할 수 없다(대결 1966.9.10. 66마713). 매수인을 대위하여 인도명령을 신청하는 것도 허용되지 않는다. **기출** 16 · 15 · 12

③ 공동 매수 : 여러 명이 공동으로 부동산을 매수하거나 사망한 매수인을 여러 명이 상속한 경우 공동매수인 또는 상속인 전원이 공동하여 인도명령을 신청할 수 있음은 물론이고 불가분채권에 관한 규정(민법 제409조) 또는 공유물의 보존행위에 관한 규정(민법 제265조 단서)에 의하여 각자가 단독으로도 인도명령을 신청할 수 있다고 할 것이다(실무제요 집행 2). **기출** 18

④ 공유지분의 매수

    ㉠ 부동산을 공유자 甲, 乙이 각 2분의 1 지분씩 공유하고 있는데, 甲의 공유지분(2분의 1 지분)이 경매로 매각되어 매수인이 부동산 전부를 점유하고 있는 공유자 乙을 상대로 부동산인도명령을 신청한 경우 법원은 그 신청을 기각해야 한다(대결 2020.6.12. 2020마5186 참조). **기출** 21

    ㉡ 공유물의 소수지분권자가 다른 공유자와 협의 없이 공유물의 전부 또는 일부를 독점적으로 점유·사용하고 있는 경우 다른 소수지분권자는 공유물의 보존행위로서 그 인도를 청구할 수는 없고, 다만 자신의 지분권에 기초하여 공유물에 대한 방해상태를 제거하거나 공동점유를 방해하는 행위의 금지 등을 청구할 수 있기 때문이다(대결 2020.6.12. 2020마5186 참조).

2. 상대방

① **상대방의 의의** : 인도명령의 상대방은 채무자, 소유자 또는 부동산점유자이다(제136조 제1항). 채무자나 소유자의 일반승계인도 인도명령의 상대방이 될 수 있음은 물론이다(대결 1973.11.30. 73마734).

② **채무자**

    ㉠ 채무자의 범위

        ㉮ 채무자는 경매개시결정에 표시된 채무자를 말하고 그 일반승계인이 포함되며, 상속인이 여럿인 경우에는 각 공동상속인마다 개별적으로 인도명령의 상대방이 된다.

        ㉯ 인도명령의 상대방이 채무자인 경우에 그 인도명령의 집행력은 당해 채무자는 물론 '채무자와 한 세대를 구성하며 독립된 생계를 영위하지 아니하는 가족'과 같이 그 채무자와 동일시되는 자에게도 미친다(대판 1998.4.24. 96다30786). **기출** 23·16·15

        ㉰ 채무자가 임차인의 지위를 겸하고 있는 경우(예 주택임대차보호법 또는 상가건물 임대차보호법상 대항력 있는 임차인이 담보권 실행을 위한 경매절차의 채무자인데 보증금 중 배당받지 못한 금액이 있는 경우)에는 단순한 채무자로 취급할 것이 아니라 점유자로서 매수인에게 대항할 수 있는지 여부를 따져 인도명령을 발하여야 한다(실무제요 집행 2). **기출** 18

    ㉡ 채무자의 점유 여부

        ㉮ 채무자의 점유는 직접점유는 물론 간접점유도 요건은 아니다. 경매에 의한 소유권취득은 승계취득이므로 채무자는 매각의 법률적 효과로 부동산을 매수인에게 인도하여야 할 의무가 있기 때문이다.

        ㉯ 다만 채무자가 부동산을 직접 점유하고 있지 않은 경우에는 민사집행법 제258조에 의한 인도집행을 할 수 없고 단지 채무자가 직접점유자에 대하여 인도청구권을 가지고 있을 때에 한하여 민사집행법 제259조에 의하여 인도청구권을 넘겨 받는 방법으로 집행할 수 있을 뿐이다.

③ **소유자** : 여기서 말하는 소유자는 집행절차상 소유자로 취급된 자를 의미하고 실체관계상 진정한 소유자인가를 묻지 않는다. 채무자와 별도로 소유자를 규정한 것은 물상보증인으로서 소유자를 예정한 것이다.

④ **점유자**

    ㉠ 구 민사소송법에서의 점유자는 압류의 효력이 발생한 후에 점유를 시작한 부동산점유자로 한정되어 있었으나, 현행 민사집행법 제136조는 단순히 부동산점유자로 규정함으로써 압류의 효력이 발생하기 전에 점유를 시작한 점유자에 대하여도 인도명령을 발령할 수 있도록 하였다. 따라서 점유를 시작한 때가 압류의 효력발생 전인지 여부와 관계없이, 심지어는 매각으로 인하여 소멸하는 최선순위의 담보권이나 가압류보다 먼저 점유를 시작한 점유자라도 매수인에게 대항할 수 있는 권원에 의하여 점유하고 있는 것으로 인정되는 경우가 아니면 인도명령의 상대방이 된다(실무제요 집행 2).

기출 18·16

ⓒ 직접점유자 : 점유를 시작한 시기를 묻지 아니하고 채무자와 소유자 이외의 모든 점유자는 인도명령의 상대방이 된다. 여기의 점유자는 <u>직접점유자</u>만을 가리키며, <u>간접점유자는 포함되지 않는다</u>.[89]

ⓒ 매수인에게 대항할 수 있는 권원

　㉮ 점유자가 매수인에게 대항할 수 있는 권원에 의하여 점유하고 있는 것으로 인정되는 경우에는 상대방이 될 수 없다(제136조 제1항 단서).

　㉯ 부동산인도명령 신청사건에서는 매수인은 <u>상대방의 점유사실만 소명하면 되고</u>, <u>그 점유가 매수인에게 대항할 수 있는 권원에 의한 것임은 이를 주장하는 상대방이 소명하여야 한다</u>(대결 2017.2.8. 2015마2025). **기출** 16 · 15

　㉰ 여기서 '매수인에게 대항할 수 있는 권원'이란 점유자의 채무자에 대한 점유권원으로서 매각에 의하여 효력을 잃지 않고 매수인에게 대항할 수 있는 권원으로, <u>매수인에게 인수되는 용익권, 유치권을 보유하고 있는 경우</u>와 <u>매각 후 매수인과 새로 임대차계약을 체결하는 등 새로운 약정에 의하여 점유권원을 취득한 경우</u>를 예로 들 수 있다.

> <u>유치권의 성립요건인 유치권자의 점유</u>는 직접점유이든 간접점유이든 관계없지만, <u>유치권자는 채무자의 승낙이 없는 이상 그 목적물을 타에 임대할 수 있는 처분권한이 없으므로</u>(민법 제324조 제2항), 유치권자의 그러한 임대행위는 소유자의 처분권한을 침해하는 것으로서 소유자에게 그 임대의 효력을 주장할 수 없고, 따라서 <u>소유자의 동의 없이 유치권자로부터 유치권의 목적물을 임차한 자의 점유</u>는 민사집행법 제136조 제1항 단서에서 규정하는 '매수인에게 대항할 수 있는 권원'에 기한 것이라고 <u>볼 수 없다</u>(대결 2002.11.27. 2002마3516).

3. 인도명령신청권의 상실

① 인도명령신청권은 매수인에게 간이한 방법으로 목적물에 대한 점유를 확보케 하기 위한 것이다.

　㉠ 매수인이 다른 경로를 통하여 목적물에 대한 점유를 확보하였다면 신청이익이 없다.

　㉡ 임의인도이든 인도명령집행에 의한 인도이든 매수인이 일단 부동산을 인도받은 후에는 제3자가 불법으로 이를 점유하여도 그 자를 상대방으로 하여 <u>더 이상 인도명령을 신청할 수 없다</u>.

> 부동산인도명령은 부동산경매절차에서 대금을 납부한 매수인의 신청에 의하여 채무자·소유자 또는 부동산점유자에 대하여 부동산을 매수인에게 인도할 것을 명하는 재판으로서 간이신속한 절차에 의하여 매수인으로 하여금 부동산을 인도받을 수 있도록 기판력이 없는 집행권원을 부여하는 것이므로(민사집행법 제136조 제1항, 제5항, 제56조 제1호), 만약 매수인이 소로써 같은 부동산에 관하여 채무자·소유자 또는 부동산점유자를 상대로 인도를 청구하는 소를 제기하여 그 인도청구를 인용하는 판결이 확정되어 기판력 있는 집행권원을 얻게 된 경우에는 더 이상 부동산인도명령을 신청할 이익이 없게 된다(대결 2013.12.27. 2011마1204). **기출** 21

② 매수인이 인도명령의 상대방에게 목적물을 양도하였거나 임대차 등을 통하여 점유를 용인한 이후에는 인도명령을 구할 수 없다.

---

89) 간접점유자를 포함시키면 그 집행절차는 제259조에 따라 '인도청구권의 이부'에 의할 것인데 이는 매수인에게 간이하게 점유를 이전받을 수 있게 하는 인도명령의 취지와는 거리가 멀기 때문이다.

③ 임의인도이든 인도명령집행에 의한 인도이든 매수인이 일단 부동산을 인도(점유개정 또는 반환청구권의 양도에 의한 점유이전의 경우도 포함한다)받은 후에는 제3자가 불법으로 이를 점유하여도 그 제3자를 상대방으로 하여 더 이상 인도명령을 신청할 수 없다. 다만 인도명령을 신청한 바 없이 점유자에 대하여 잠시 인도유예기간을 준 것에 불과한 경우에는 인도명령신청권을 상실하지 않고, 단지 유예기간이 지난 뒤에야 행사할 수 있을 뿐이다(실무제요 집행 2). **기출** 21

④ 다만, 양도나 점유를 용인한 원인행위가 무효·취소·해제 등으로 인도명령의 상대방이 점유권원을 상실한 경우에는 인도명령을 구할 수 있다.

Ⅲ 인도절차

1. 인도명령의 신청

① 인도명령의 신청은 집행법원에 서면 또는 말로 할 수 있다(제23조 제1항, 민소법 제161조 제1항). 인도명령은 매각대금을 낸 뒤 6월 이내에 신청해야 한다(제136조 제1항).

② 당해 부동산에 대한 경매사건이 현재 계속되어 있거나 또는 과거에 계속되어 있었던 집행법원이다. 이는 전속관할이다(제21조).

2. 인도명령의 재판

① 심 리

　㉠ 신청이 없으면 집행법원이 직권으로 인도명령을 발할 수는 없다. 법원은 서면심리만으로 인도명령의 허부를 결정할 수도 있고 또 필요하다고 인정되면 상대방을 심문하거나 변론을 열 수도 있다(제23조 제1항, 민소법 제134조).

　㉡ 법원이 채무자 및 소유자 외의 점유자에 대하여 인도명령을 하려면 그 점유자를 심문하여야 한다. 다만, 그 점유자가 매수인에게 대항할 수 있는 권원에 의하여 점유하고 있지 아니함이 명백한 때 또는 이미 그 점유자를 심문한 때에는 그러하지 아니하다(제136조 제4항).

> 신청인은 상대방의 점유사실만 소명하면 족하고, 그 점유가 신청인에게 대항할 수 있는 권원에 의한 것임은 이를 주장하는 상대방이 소명하여야 한다(대결 2012.5.25. 2012마388). **기출** 16

② 재 판

　㉠ 재판의 형식은 결정이지 소송법상 의미의 명령이 아니다. 인도명령신청에 대한 재판은 그것이 인용하는 것이든 기각하는 것이든 매수인의 소유권에 기한 인도청구권의 존부에 관하여 기판력을 갖지 않는다(대판 1981.12.8. 80다2821). **기출** 18

> • 경매부동산인도명령에 대한 이의는 경매절차상의 형식적 하자를 사유로 하여야 하고, 이에 대한 재판은 그 이의가 비록 실체법상의 이유에 기한 경우라도 단지 민사집행법에 의하여 당해 부동산의 인도명령을 청구할 수 있는가의 여부를 판단함에 그치고 실체법상의 법률관계를 확정하는 것이 아니므로 이의의 이유가 된, 소유권에 기한 인도청구권의 존부는 이의재판에 의하여 확정되지 아니한다(대판 1981.12.8. 80다2821).

- 매수인에게 민사집행법의 규정에 따른 매각목적물에 대한 인도명령을 신청하여 집행하는 절차가 있다 하여 채무자를 상대로 소로서 매각물건의 명도 또는 인도를 청구하는 것을 배제할 수는 없다(대판 1971.9.28. 71다1437).

ⓛ 매수인이 대금을 낸 뒤에 채무자로부터 민사집행법 제49조의 집행정지서면이 제출되더라도 매수인의 권리에 영향을 주지 못하므로 인도명령을 발하는 데 아무런 지장이 없다(실무제요 집행 2). **기출** 21

③ 인도명령의 집행

㉠ 집행문 필요 : 인도명령은 항고로만 불복할 수 있는 재판으로서 집행문을 부여받아야 한다. 인도명령이 발하여진 뒤에 승계관계가 발생하였을 경우에는 승계집행문을 부여받아야 한다.

> 집행채무자가 강제집행의 개시 전에 승계집행문부여에 대하여 불복 절차를 밟을 수 있도록 충분한 기간을 두고 승계집행문을 송달하는 것이 집행채무자 보호의 관점에서는 바람직할 수 있다 하더라도, 그러한 충분한 기간을 두지 않고 강제집행의 개시에 근접하여 승계집행문을 송달한 후 강제집행을 개시하였다고 하여 이를 가리켜 반드시 위법하다고 볼 것은 아니다(대판 2012.6.14. 2010다41256).

㉡ 즉시항고와 집행정지 : 인도명령은 이른바 확정되어야 효력이 생기는 재판으로는 규정되어 있지 아니하므로 송달만으로 즉시 효력(집행력)이 생기며 즉시항고가 제기되더라도 집행정지의 효력이 생기지 않는다(제15조 제6항).

Ⅳ 인도명령에 대한 불복

1. 불복사유

> 부동산인도명령은 부동산경매절차에서 대금을 납부한 매수인의 신청에 의하여 채무자·소유자 또는 부동산 점유자에 대하여 부동산을 매수인에게 인도할 것을 명하는 재판으로서 간이·신속한 절차에 의하여 매수인으로 하여금 부동산을 인도받을 수 있도록 기판력이 없는 집행권원을 부여하는 것이고(민사집행법 제136조 제1항, 제5항, 제56조 제1호), 인도명령에 대한 불복사유는 인도명령 발령의 전제가 되는 절차적 요건의 흠, 인도명령 심리절차의 흠, 인도명령 자체의 형식적 흠, 인도명령의 상대방이 매수인에 대하여 부동산의 인도를 거부할 수 있는 점유권원의 존재에 한정되며, 경매절차 고유의 절차적 흠은 인도명령에 대한 불복사유가 될 수 없다(대결 2015.4.10. 2015마19).
> **기출** 21·18

2. 즉시항고

① 인도명령의 신청에 관한 재판에 대하여는 즉시항고할 수 있다(제136조 제5항).

② 인도명령은 집행절차에 부수하여 매수인으로 하여금 간이한 방법으로 부동산을 인도받을 수 있도록 하는 제도이므로 민사소송법상의 즉시항고에 준하기보다는 민사집행법상의 즉시항고에 관한 규정이 준용된다.

[1] 인도명령에 대한 즉시항고(민사집행법 제136조 제5항)도 민사집행법상의 즉시항고이므로 그에 관한 항고법원의 결정에 대한 재항고절차에 있어서는 민사집행법상의 즉시항고와 재항고에 관한 규정이 준용된다. **기출** 15

[2] 제1심의 인도명령에 대한 즉시항고를 기각한 원심의 항고기각결정에 대하여 재항고인이 재항고를 제기하면서 10일 이내에 재항고이유서를 제출하지 않은 경우, 원심으로서는 결정으로 재항고를 각하하여야 하고, 원심이 이를 각하하지 않은 때에는 대법원이 재항고를 각하하여야 한다(대결 2004.9.13. 2004마505).

③ 부동산인도명령에 대하여 즉시항고가 제기된 후 그 명령에 기한 인도집행이 마쳐진 사안에서, 부동산인도명령에 따른 집행이 이미 종료된 이상 위 항고는 불복의 대상을 잃게 되므로 더 이상 항고를 유지할 이익이 없게 되었다(대결 2010.7.26. 2010마458). **기출** 16

- 집행방법에 관한 이의는 강제집행의 방법이나 집행행위에 있어서 집행관의 준수할 집행절차에 관한 형식적 절차상의 하자가 있는 경우에 한하여 집행당사자 또는 이해관계가 있는 제3자가 집행법원에 대하여 하는 불복신청을 말하는 것으로, 집행법원이 그 재판 전에 강제집행의 일시정지의 가처분을 하지 아니하는 한 집행정지의 효력이 없고, 이의 기각결정에 대한 즉시항고의 경우에도 법률에 특별한 규정이 있는 경우에 한하여 집행정지의 효력이 있으므로, 이미 강제집행이 종료된 후에는 집행방법에 관한 이의를 할 수 없을 뿐만 아니라 집행방법에 관한 이의신청사건이나 그 기각결정에 대한 즉시항고사건이 계속 중에 있을 때 강제집행이 종료된 경우에도 그 불허가를 구하는 이의신청이나 즉시항고는 이의나 불복의 대상을 잃게 되므로 이의나 항고의 이익이 없어 부적법하게 되는 바, 위와 같은 법리는 부동산인도명령에 대한 즉시항고의 경우에도 마찬가지로 적용된다고 할 것이다(대결 2008.2.5. 2007마1613).
- 확정된 인도명령에 대하여 민사소송법 제451조 제1항 각 호에 규정한 사유가 있는 때에는 준재심 신청을 할 수 있다(대결 2011.6.8. 2011마872).

3. 집행정지

상대방이 인도명령에 대하여 즉시항고를 제기한 경우에, 즉시항고는 집행정지의 효력을 가지지 아니하므로(제15조 제6항), 민사집행법 제15조 제6항의 집행정지의 잠정처분(직권)을 받아 이를 집행관에게 제출하여 그 집행을 정지할 수 있다.

부동산경매절차에서 발령된 부동산인도명령의 집행을 저지하기 위한 강제집행정지의 재판은 민사집행법 제15조 제6항 외에는 달리 근거가 없는 바, 위 규정에 따른 강제집행정지의 재판은 항고법원이 직권으로 하는 것이고 당사자에게 신청권이 인정된 것은 아니므로, 이에 대한 당사자의 강제집행정지신청은 단지 법원의 직권발동을 촉구하는 의미밖에 없다. 따라서 법원은 이 신청에 대하여 재판을 할 필요가 없다. 항고법원이 그 신청을 기각하는 재판을 하였다고 하여도 불복이 허용될 수 없으므로, 그에 대한 특별항고는 부적법하다(대결 2011.10.19. 2011그171).

I   서 설

1. 의 의

> **민사집행법 제78조(집행방법)**
> ① 부동산에 대한 강제집행은 채권자의 신청에 따라 법원이 한다.
> ② 강제집행은 다음 각 호의 방법으로 한다.
>   1. 강제경매
>   2. 강제관리
> ③ 채권자는 자기의 선택에 의하여 <u>제2항 각 호 가운데 어느 한 가지 방법으로 집행하게 하거나 두 가지 방법을 함께 사용하여 집행하게 할 수 있다.</u>
> ④ <u>강제관리는 가압류를 집행할 때에도 할 수 있다.</u>

① 강제경매는 목적물의 매각대금으로부터 채권의 만족을 추구하는 절차임에 반하여, 강제관리는 목적물의 사용·수익대가로부터 채권의 만족을 추구하는 절차이다.
② 따라서 강제경매는 목적물에 대한 채무자의 사용·수익에 영향을 미치지 아니하나, 강제관리의 경우에는 목적물에 대한 채무자의 사용·수익을 제한한다.

2. 활 용

강제관리를 하여 수익을 거두면서 적절한 강제경매 시기를 기다릴 필요가 있을 때, 임대용 빌딩이나 아파트와 같이 매각을 통한 현금화보다 임대료를 통한 고수익을 얻을 수 있을 때, 선순위 채권자들 때문에 부동산의 매각대금으로는 집행의 실효성이 없을 때, 집행채권이 비교적 소액일 때, 채무자가 목적물에 대한 소유권은 없으나 사용·수익할 수 있는 권리를 가지고 있는 때 등에 활용될 수 있다.

3. 과실에 대한 집행

① 부동산으로부터 발생하는 과실은 천연과실과 법정과실이 있다. 일반적으로 천연과실에 대해서는 유체동산집행의 방법으로, 법정과실에 대하여는 채권집행의 방법으로 채권의 만족을 추구할 수 있을 것이다.
② 이에 비하여 강제관리는 이러한 과실에 대한 강제집행에 있어서 과실의 내용에 따른 개별적인 만족을 추구하지 아니하고 부동산으로부터 발생하는 수익 내지 과실을 일체로서 파악하여 이를 강제집행의 대상으로 삼는 집행방법이다.

4. 강제관리의 적용범위

① 강제경매는 압류·매각·배당의 구조를 갖는데 비하여 강제관리는 압류·수익·배당의 구조를 갖는다.
② 강제관리는 집행권원에 의한 강제집행에만 인정될 뿐이고 담보권실행을 위한 강제집행의 방법으로는 인정되지 않는다. 담보권은 목적물에 대한 교환가치를 파악하여 이에 대한 우선변제권을 인정하는 것이어서 사용·수익가치에는 담보권의 효력이 미치지 아니하기 때문이다. **기출** 16

③ 강제경매는 원물을 매각하는 것이고 강제관리는 원물을 매각하지 아니한 채 관리하여 수익을 얻으려고 하는 것이므로, 양자는 집행방법에 있어서 근본적으로 차이가 있어서, 채권자는 두 가지 중 어느 한 가지 방법으로 집행하게 하거나 두 가지 방법을 함께 사용하여 집행하게 할 수 있다(제78조 제3항). 즉 이미 강제관리절차가 개시되어 있는 부동산에 관하여 동일한 채권자는 다시 강제경매신청을 할 수 있을 뿐만 아니라(제81조 제5항 참조), 이미 강제경매절차가 개시되어 있는 부동산에 관하여 동일한 채권자는 다시 강제관리신청을 할 수도 있다. 또한 동일한 채권자가 동일한 채무자 소유의 동일한 부동산에 관하여 강제관리와 강제경매를 동시에 신청할 수도 있다(실무제요 집행 2). **기출** 16

Ⅱ 강제관리의 대상 및 신청

> **민사집행법 제163조(강제경매규정의 준용)**
> 강제관리에는 제80조 내지 제82조, 제83조 제1항·제3항 내지 제5항, 제85조 내지 제89조 및 제94조 내지 제96조의 규정을 준용한다.[90]
>
> **민사집행법 제168조(준용규정)**
> 제3자가 부동산에 대한 강제관리를 막을 권리가 있다고 주장하는 경우에는 제48조(제3자이의의 소)의 규정을 준용한다.

1. 강제관리의 대상

① 양도가 금지된 부동산 : 강제관리는 부동산의 수익에 대한 집행이므로 양도금지된 부동산이라도 수익이 발생할 수 있는 한 강제관리의 대상이 될 수 있다. **기출** 16

② 무잉여로 강제경매가 불가능한 부동산 : 선순위 저당권 등의 존재로 말미암아 남을 가망이 없어 경매할 수 없는 부동산이라도 수익이 발생할 수 있는 한 강제관리의 대상으로 될 수 있다.

③ 공동광업권 : 공동광업권은 조합관계에 있으므로 공동광업권자의 지분권에 대하여는 강제관리가 인정되지 아니하고 그 밖의 재산권에 대한 집행방법(제251조)에 의하여 강제집행할 수밖에 없다.

④ 선박, 등록된 항공기, 자동차, 건설기계 : 부동산강제경매에 관한 규정이 준용되는 등기할 수 있는 선박, 등록된 항공기, 자동차, 건설기계는 관리인에게 그 점유를 이전하여 관리·수익시키는 것이 적당치 않을 뿐만 아니라, 관리·수익을 위하여 많은 비용이 소요되며 또 운행상의 위험이 따르고 행정감독상의 어려움도 있으므로 강제관리의 대상으로는 되지 아니한다(제172조, 제187조, 규칙 제106조, 제108조, 제130조).

2. 강제관리의 신청

① 강제관리는 채권자의 신청에 의한다.
② 강제관리와 강제경매 중 어느 절차를 취할 것인지는 채권자의 선택에 의한다.
③ 채권자는 양자를 함께 신청할 수도 있다.

---

90) 제83조 제2항은 준용하지 않음 : 압류는 부동산에 대한 채무자의 관리·이용에 영향을 미치지 아니한다.

III **압류절차**

1. 강제관리개시결정

> **민사집행법 제164조(강제관리개시결정)**
> ① 강제관리를 개시하는 결정에는 채무자에게는 관리사무에 간섭하여서는 아니 되고 부동산의 수익을 처분하여서도 아니 된다고 명하여야 하며, 수익을 채무자에게 지급할 제3자에게는 관리인에게 이를 지급하도록 명하여야 한다.
> ② 수확하였거나 수확할 과실과, 이행기에 이르렀거나 이르게 될 과실은 제1항의 수익에 속한다.
> ③ 강제관리개시결정은 제3자에게는 결정서를 송달하여야 효력이 생긴다. `기출` 16
> ④ 강제관리신청을 기각하거나 각하하는 재판에 대하여는 즉시항고를 할 수 있다.
>
> **민사집행법 제165조(강제관리개시결정 등의 통지)**
> 법원은 강제관리를 개시하는 결정을 한 부동산에 대하여 다시 강제관리의 개시결정을 하거나 배당요구의 신청이 있는 때에는 관리인에게 이를 통지하여야 한다.
>
> **민사집행법 제166조(관리인의 임명 등)**
> ① 관리인은 법원이 임명한다. 다만, 채권자는 적당한 사람을 관리인으로 추천할 수 있다.
> ② 관리인은 관리와 수익을 하기 위하여 부동산을 점유할 수 있다. 이 경우 저항을 받으면 집행관에게 원조를 요구할 수 있다.
> ③ 관리인은 제3자가 채무자에게 지급할 수익을 추심할 권한이 있다.
>
> **민사집행법 제167조(법원의 지휘 · 감독)**
> ① 법원은 관리에 필요한 사항과 관리인의 보수를 정하고, 관리인을 지휘 · 감독한다.
> ② 법원은 관리인에게 보증을 제공하도록 명할 수 있다.
> ③ 관리인에게 관리를 계속할 수 없는 사유가 생긴 경우에는 법원은 직권으로 또는 이해관계인의 신청에 따라 관리인을 해임할 수 있다. 이 경우 관리인을 심문하여야 한다.

① 심 리
  ㉠ 강제관리의 신청이 있으면 집행법원은 신청서의 기재와 첨부서류에 의하여 강제집행의 일반요건과 강제관리에 필요한 요건 등에 관하여 형식적 심사를 한다.
  ㉡ 집행법원은 채권자의 신청에 따라 압류를 선언하면서 채무자에게 관리사무에 간섭하여서는 아니 되고 부동산의 수익을 처분하여서도 아니 된다고 명하여야 하고 수익을 채무자에게 지급할 제3자에게는 관리인에게 이를 지급하도록 명한다(제164조 제1항).
② 강제관리개시결정의 효력
  ㉠ 채권자에 대한 효력 : 채권자는 법원에 적법한 강제관리절차의 수행을 요청할 수 있고, 만일 관리인의 관리행위가 부적법하거나 부적당한 경우에는 집행법원에 지휘 · 감독을 하거나, 경우에 따라서는 관리인을 해임하도록 요청할 수 있다.
  ㉡ 채무자에 대한 효력 : 채무자는 강제경매의 경우와 달리 부동산을 이용 또는 관리할 권능을 잃고, 관리를 위하여 필요한 경우에는 부동산을 관리인에게 인도할 의무를 지며 관리인의 관리사무에 간섭하거나 부동산의 수익을 처분하거나 다른 사람에게 양도할 수 없고 제3자로부터 수익을 추심할 수 없다.

ⓒ 수익지급의무를 부담하는 제3자에 대한 효력 : 수익지급의무를 부담하는 제3자는 강제관리개시결정 이후에는 채무자에게 수익을 지급하여서는 안 되고 관리인에게 이를 지급하여야 한다.

ⓔ 압류의 효력이 미치는 범위 : 수확하였거나 수확할 과실과 이행기에 이르렀거나 이르게 될 과실은 처분이 금지된 수익에 속한다(제164조 제2항). 따라서 천연과실의 경우 이미 수확한 것이라도 다른 것과 구별할 수 있으면 처분이 금지된 수익에 포함되며, 법정과실도 이미 이행기에 이른 것이라도 아직 채무자에게 지급되지 아니한 것은 강제관리개시결정이 제3자에게 송달된 이후부터는 관리인에게 지급하고 채무자에게 지급하여서는 아니 된다.

2. 강제관리개시결정등기의 촉탁

집행법원이 강제관리개시결정을 하면 법원사무관등은 즉시 그 사유를 등기부에 기입하도록 등기관에게 촉탁하여야 하며, 등기관은 위 촉탁에 따라 등기부에 강제관리개시결정사유를 기입하여야 한다(제163조, 제94조).

3. 강제관리개시결정의 송달

① 채무자에 대한 송달 : 압류는 채무자에게 그 결정이 송달된 때 또는 민사집행법 제94조의 규정에 따른 등기가 된 때에 그 효력이 생기므로(제163조, 제83조 제4항) 법원은 직권으로 그 결정정본을 채무자에게 송달하여야 한다. 송달의 방법, 시기 등은 강제경매개시결정의 경우와 같다.

② 수익지급의무를 부담하는 제3자에 대한 송달 : 강제관리개시결정은 부동산의 수익을 채무자에게 지급할 제3자에게는 이를 송달하여야 그 효력이 발생하므로(제164조 제3항), 그러한 제3자가 있는 때에는 그 개시결정정본을 송달하여야 한다. **기출** 16

4. 강제관리개시결정에 대한 이의

강제관리개시결정에 대한 불복은 집행에 관한 이의의 성질을 가진 강제관리개시결정에 대한 이의신청의 방법에 의하여야 하고, 그 이의신청에 대한 재판에 대하여 비로소 즉시항고를 할 수 있을 뿐이며 강제관리개시결정에 대하여 직접 즉시항고의 방법으로 불복신청을 할 수는 없다(제163조, 제86조 제1항, 제3항).

IV 부동산에 대한 가압류집행방법

1. 부동산에 대한 가압류집행방법

부동산에 대한 가압류의 집행방법에는 당해 가압류결정을 발한 법원의 법원사무관등의 촉탁에 의하여 가압류기입등기를 하는 방법(제293조)과 가압류의 집행을 위한 강제관리를 하는 방법(제78조 제4항)이 있다.

2. 차이점

① 전자의 경우에는 채무자는 그 부동산의 처분이 금지됨에 그치고 그 사용수익권을 상실하는 것은 아니나, 후자의 경우에는 채무자는 그 사용수익권을 박탈당하고 관리인으로 하여금 그 수익을 공탁하도록 하여 청구채권의 집행을 보전할 수 있는 것이다(제294조).

② 가압류의 집행을 위한 강제관리를 개시하는 방법은 두 가지가 있다.

3. 가압류의 집행을 위한 강제관리

① 첫째는 가압류기입등기에 의한 가압류집행을 한 후에 다시 가압류채권자의 신청에 따라 강제관리를 개시하는 방법이다.

② 둘째는 채권자가 처음부터 가압류의 집행을 위한 강제관리의 신청을 하여 강제관리를 개시하는 방법이다.

V 현금화절차

1. 공과금 주관 공공기관에 대한 통지

① 법원사무관등은 강제관리개시결정을 한 때에는 조세 그 밖의 공과금을 주관하는 공공기관에게 교부청구를 할 수 있는 기회를 부여하기 위하여 그 사실을 통지하여야 한다(규칙 제84조).

② 강제경매절차에서는 조세 그 밖의 공과금을 주관하는 공공기관에 대하여 채권최고를 하도록 법에 규정하고 있다(제84조 제4항).

③ 조세채권자 등에게 교부청구를 할 수 있는 기회를 부여하기 위하여 위와 같이 강제관리개시결정을 한 때에는 그 사실을 공과금 주관 공공기관에게 통지하도록 규정하고 있는 것이다.

2. 관리인

① 의 의

㉠ 강제관리는 부동산 자체의 현금화를 요하지 아니하고 그 수익만을 대상으로 하는 집행이므로, 강제관리절차를 실시하기 위하여는 부동산 수익의 관리를 구체적으로 담당할 집행법원의 집행보조기관이 필요하다.

㉡ 그 집행보조기관으로서 부동산의 수익을 관리·추심하여 변제를 하는 자가 관리인이다.

② 관리인의 임명 : 관리인은 법원이 임명한다(제166조 제1항). 채권자는 적당한 사람을 추천할 수 있으나(제166조 제1항 단서) 법원은 이에 구속되지 아니하고 자유롭게 적당한 자를 임명할 수 있다.

③ 관리인의 해임·사임 : 관리인에게 관리를 계속할 수 없는 사유가 생긴 경우에는 법원은 직권으로 또는 이해관계인의 신청에 따라 관리인을 해임할 수 있다(제167조 제3항). 법원이 관리인을 해임하는 경우에는 관리인을 심문하여야 한다(제167조 제3항 단서). 관리인은 정당한 이유가 있는 때에는 법원의 허가를 받아 사임할 수 있다(규칙 제87조 제1항).

④ 관리인의 권한

㉠ 부동산의 점유 : 관리인은 관리와 수익을 하기 위하여 채무자가 점유하는 부동산을 인도받아 스스로 그 부동산을 점유할 수 있다(제166조 제2항).

㉡ 제3자에 대한 수익의 추심

㉮ 관리인은 채무자에게 지급할 제3자가 있는 때에는 채무자에게 지급할 수익을 추심할 권한이 있다(제166조 제3항).

㉯ 제3자가 임의로 지급하지 아니할 때에는 관리인은 자기의 이름으로 이행청구소송을 제기하고 강제집행을 할 수 있다.

⑤ 법원의 지휘감독 : 강제관리에서 관리인은 집행법원의 보조기관으로 행동하는 것이므로 집행법원은 관리인에게 지휘감독권을 가진다.

Ⅵ 공동집행

강제관리에 있어서도 강제경매의 경우와 같이 채무자 소유의 동일 부동산에 관하여 공동강제관리, 이중관리신청, 배당요구 등 세 가지 형태의 공동집행이 인정된다. 배당요구에 대해서만 살펴본다.

Ⅶ 배당요구

강제관리에도 배당요구를 할 수 있다(제163조, 제88조). 강제관리에서의 배당요구는 채권자가 법원에 강제관리에 의한 부동산의 수익에 관하여 변제를 요구하는 신청이라 할 수 있다.

1. 배당요구를 할 수 있는 채권자

① 강제경매에 있어서 배당요구를 할 수 있는 채권자와 대부분 그 범위가 같다(제163조, 제88조).

② 다만 우선변제청구권이 있는 채권자 중 강제관리의 배당절차에서 배당요구를 하지 않고 당연히 배당을 받을 수 있는지 또는 배당받더라도 우선변제를 받을 수 있는지에 관하여 다툼이 있는 바, 이들 권리들은 목적부동산의 교환가치를 파악하여 그 현금화대금에서 우선변제를 받을 수 있을 뿐 채무자의 일반재산에서 우선변제를 받는 것은 아님에 반하여, '강제관리'는 목적물 자체를 현금화하는 것이 아니라 목적물에서 생기는 수익에 대하여 하는 수익집행에 불과하고 또 강제관리에 의하여 이들 권리가 소멸되는 일도 없다는 이유로, 이들 권리자들은 강제관리절차에서는 당연히 배당받을 수 없을 뿐만 아니라 배당요구를 할 수 있는 우선변제청구권이 있는 채권자에도 해당되지 아니한다는 견해가 실무와 관련하여 보면 유력하다고 할 것이다.

③ 강제관리개시결정등기 이전의 가압류채권자에 대하여는 강제관리의 방법에 의하지 않은 일반 가압류채권자에 대하여는 일반가압류가 수익집행의 보전을 위한 것이 아니라는 것과 관련하여 당연히 배당을 받을 수 있는 채권자가 아니라는 견해가 실무와 관련하여 유력하다고 할 것이다.

2. 배당요구를 할 수 있는 시기

관리인의 부동산 수익처리는 법원이 정하는 기간마다 하여야 하고, 이 경우 위 기간의 종기까지 배당요구를 하지 아니한 채권자는 그 수익의 처리와 배당절차에 참가할 수 없으므로(규칙 제91조 제1항), 배당요구를 할 수 있는 시기는 법원이 정한 수익처리기간의 종기까지이다.

> **민사집행법 제169조(수익의 처리)**
> ① 관리인은 <u>부동산수익에서 그 부동산이 부담하는 조세, 그 밖의 공과금을 뺀 뒤에 관리비용을 변제하고, 그 나머지 금액을 채권자에게 지급</u>한다.
> ② 제1항의 경우 모든 채권자를 만족하게 할 수 없는 때에는 관리인은 <u>채권자 사이의 배당협의에 따라 배당을 실시하여야</u> 한다.
> ③ 채권자 사이에 배당협의가 이루어지지 못한 경우에 관리인은 그 사유를 법원에 신고하여야 한다.
> ④ 제3항의 신고가 있는 경우에는 제145조·제146조 및 제148조 내지 제161조의 규정을 준용하여 <u>배당표를 작성</u>하고 이에 따라 관리인으로 하여금 채권자에게 지급하게 하여야 한다.

1. 서 설

① 관리인은 관리부동산으로부터 수익을 얻은 때에는 법원이 정하는 기간마다 그 수익으로부터 그 부동산이 부담하는 조세 그 밖의 공과금을 뺀 뒤에 관리비용을 변제하고 그 나머지 금액을 채권자에게 지급한다.

② 이 경우 모든 채권자를 만족하게 할 수 없는 때에는 관리인은 <u>채권자 사이의 배당협의에 따라 배당을 실시하여야</u> 한다.

③ 채권자 사이에 배당협의가 이루어지지 못한 경우에 관리인은 그 <u>사유를 법원에 신고</u>하여야 하며 그 신고를 받은 법원은 배당표를 작성하고 그 배당표에 의하여 관리인으로 하여금 채권자에게 지급하게 하여야 한다(제169조, 규칙 제91조).

2. 배당에 제공할 수익(배당재단)

① 관리인이 업무를 수행한 결과 부동산으로부터 수익을 얻은 때에는 그 부동산이 부담하는 조세 그 밖의 공과금을 뺀 뒤에 관리비용을 변제하고, 그 나머지 금액을 채권자에게 지급(배당)하게 된다(제169조 제1항).

② '부동산에 대한 공과금'은 부동산을 소유하며 <u>수익을 계속하기 위하여 필요한 재산세</u> 등을 말하는 것으로, 강제관리개시결정 전에 발생한 취득세, 상속세, 증여세와 같이 부동산의 취득에 부과된 조세는 포함하지 아니한다.

③ 부동산이 부담하는 조세와 공과금 이외의 조세·공과금은 교부청구에 의하여 부동산 수익으로부터 우선하여 변제받을 수 있으나, 관리비용보다 우선하여 변제받을 수는 없다(국세기본법 제35조 제1항 제2호).

④ 부동산 수익으로부터 부담하는 조세·공과금 및 관리비용을 공제한 것이 배당재단을 구성하고, 그것으로부터 그 밖의 조세 및 공과금(교부청구된 것)을 변제한 다음 그 나머지를 일반채권자에게 지급한다.

3. 협의에 의한 배당

① 협의에 의한 배당절차
- ㉠ 배당재단으로써 각 채권자의 채권을 만족시킬 수 없는 때에는 동산에 대한 배당절차에 있어서와 마찬가지로 먼저 각 채권자 사이의 협의에 의하여 배당방법, 배당액 등을 정한다.
- ㉡ 채권자 사이에 배당협의가 이루어지면 관리인은 그 협의에 따라 배당을 실시하여야 한다(규칙 제91조 제4항).
- ㉢ 관리인이 배당을 실시하는 경우, 배당협의가 이루어졌더라도 배당받을 채권자의 채권에 불확정기한이 붙어있는 때에는 그 배당액에 상당하는 금액을 공탁하고 그 사유를 법원에 신고한다.

② 협의가 이루어지지 아니한 경우 법원에 의한 배당절차
- ㉠ 배당에 관하여 채권자 사이에 협의가 이루어지지 못한 경우에는 관리인은 바로 그 사유를 법원에 신고하여야 한다(제169조 제3항, 규칙 제91조 제5항).
- ㉡ 유체동산에 대한 강제집행에 있어서의 집행관이 하는 사유신고(제222조)와는 달리, 관리인은 집행법원의 보조기관으로서 수익을 보관하고 있게 되므로 그 사유를 법원에 신고하면 되고, 배당에 충당될 금전은 공탁하지 아니한다.

Ⅸ 강제관리절차의 종료

① 강제관리개시결정 후에 민사집행법 제49조 제2호 또는 제4호 서류가 집행법원에 제출된 경우 배당절차를 제외한 나머지 강제관리절차는 위 서류가 제출될 당시의 상태로 계속하여 진행할 수 있다(규칙 제88조 제1항).
② 그러나 새로운 처분행위를 하거나 절차단계를 변경하는 것은 허용되지 아니한다.

Ⅹ 강제관리의 취소

> **민사집행법 제171조(강제관리의 취소)**
> ① 강제관리의 취소는 법원이 결정으로 한다.
> ② 채권자들이 부동산수익으로 전부 변제를 받았을 때에는 법원은 직권으로 제1항의 취소결정을 한다.
> ③ 제1항 및 제2항의 결정에 대하여는 즉시항고를 할 수 있다.
> ④ 강제관리의 취소결정이 확정된 때에는 법원사무관등은 강제관리에 관한 기입등기를 말소하도록 촉탁하여야 한다.

1. 강제관리의 취소

① 강제관리의 취소는 법원이 결정으로 한다(제171조 제1항).
② 즉 강제관리절차는 강제경매절차와는 달리 항상 그 취소결정에 의하여 종결되며 당연히 종결되는 것은 아니다.

2. 남을 가망이 없는 경우의 절차취소

강제관리를 통한 수익에서 그 부동산이 부담하는 조세, 그 밖의 공과금 및 관리비용을 빼면 남을 것이 없겠다고 인정하는 때에는 법원은 강제관리절차를 취소하여야 한다(규칙 제89조).

3. 관리인과 제3자에 대한 통지

① 강제관리신청이 취하된 때 또는 강제관리취소결정이 확정된 때에는 법원사무관등은 관리인과 수익의 지급명령을 송달받은 제3자에게 그 사실을 통지하여야 한다(규칙 제90조 제1항).

② 강제집행의 일시정지를 명한 취지를 적은 재판의 정본(제49조 제2호) 또는 집행할 판결이 있은 뒤에 채권자가 변제를 받았거나, 의무이행을 미루도록 승낙한 취지를 적은 증서(제49조 제4호)가 제출된 때 또는 민사집행법 제163조에서 준용하는 법 제87조 제4항의 재판이 이루어진 때에는 법원사무관등은 관리인에게 그 사실을 통지하여야 한다(규칙 제90조 제2항).

제26절　준부동산에 대한 강제집행절차 – 자동차·건설기계에 대한 강제집행절차

I　총 설

> **민사집행법 제187조(자동차 등에 대한 강제집행)**
> 자동차·건설기계·소형선박(「자동차 등 특정동산 저당법」 제3조 제2호에 따른 소형선박을 말한다) 및 항공기(「자동차 등 특정동산 저당법」 제3조 제4호에 따른 항공기 및 경량항공기를 말한다)에 대한 강제집행절차는 제2편 제2장 제2절부터 제4절까지의 규정에 준하여 대법원규칙으로 정한다.

1. 준부동산집행

① 자동차·건설기계나 선박·항공기 등은 민법상 동산에 해당한다. 그러나 일반적인 동산에 비하여 가치가 크고 등록이나 등기에 의하여 권리관계가 공시되며 권리관계가 복잡한 경우가 많다는 점에서 강제집행에 있어서는 부동산처럼 취급된다. 이러한 의미에서 자동차 등에 대한 강제집행을 '준부동산집행'이라고도 한다.

② 이러한 준부동산에는 강제관리가 인정되지 않는다(제163조 내지 제171조, 규칙 제128조 제2항, 규칙 제43조를 준용하지 않음).

2. 자동차·건설기계나 선박·항공기의 지분에 대한 강제집행 방법

① 자동차와 건설기계 및 소형선박의 (공유)지분에 대한 강제집행은 부동산 강제집행의 예에 의하지 아니하고 '그 밖의 재산권에 대한 강제집행'의 예에 의한다(규칙 제129조·제130조). **기출** 15

② 선박의 (공유)지분에 대한 강제집행은 제251조에서 규정한 강제집행(그 밖의 재산권에 대한 강제집행)의 예에 따른다(제185조 제1항). **기출** 14

③ 항공안전법에 따라 등록된 항공기에 대한 강제집행은 선박에 대한 강제집행의 예에 따라 실시한다(규칙 제106조). 따라서 항공기의 (공유)지분에 대한 강제집행 역시 그 밖의 재산권에 대한 강제집행의 예에 따른다.

3. 집행의 대상

① 자동차관리법과 건설기계관리법에 따라 등록된 자동차와 건설기계(이하 자동차 등이라 함)를 그 대상으로 한다.

② 따라서 미등록된 자동차·건설기계에 대해서는 유체동산강제집행의 예에 의한다. 이륜차(오토바이)에 대해서는 유체동산의 방법에 의한다.

③ 자동차에 대한 집행방법과 건설기계에 대한 집행방법은 완전히 같다(규칙 제130조).

④ 자동차 등 특정동산 저당법의 적용을 받는 소형선박은 자동차에 대한 집행방법을 따른다(규칙 제130조).

Ⅱ 부동산강제경매의 준용과 특례

1. 서 설

① 자동차 등에 대한 강제집행에 대해서는 원칙적으로 부동산강제집행에 의하도록 하고 있다. 그러면서도 현황조사절차를 생략하고 있으며 매각물건명세서를 별도로 작성하지 아니하는 등 약간의 차이점이 있다.

② 이하에서는 자동차에 대한 강제집행의 특칙 및 준용되지 아니하는 부동산에 대한 강제집행의 규정을 중심으로 살펴본다.

2. 자동차에 대한 강제집행의 규율 방식

① 등록된 자동차에 대한 강제집행은 원칙적으로 부동산에 대한 강제경매의 규정을 따른다(규칙 제108조).

② 민사집행규칙은 '제108조부터 제129조까지' 자동차강제집행에 특유한 몇 가지 특칙을 규정하고 있다.

③ 민사집행규칙 '제128조 제1항'은 항공기에 대한 집행 및 동산집행에 관한 조항 중 준용되는 일부 조항을 규정하고 있다.

④ 민사집행규칙 '제128조 제2항'은 부동산강제집행에 관한 규정 등 자동차강제집행에 준용되지 않는 규정들을 열거하고 있다.

3. **특별준용규정**(규칙 제128조 제1항)

① **평가서의 비치**[91](규칙 제107조의 준용) : 자동차집행에 있어서도 항공기에 대한 강제집행과 마찬가지로 현황조사의 실시 및 물건명세서를 작성하지 아니하고 대신 평가인이 제출한 평가서의 사본을 일반인에게 보여주는 것만으로 매각을 실시하게 된다.

② **직무집행구역 밖에서 자동차의 회수**(규칙 제138조의 준용) : 자동차집행에서는 동산집행에 관한 민사집행규칙 제138조의 규정이 준용되므로, 집행관이 일단 점유를 취득한 자동차가 그 후 어떤 사정으로 직무집행구역 밖으로 나가게 된 경우에, 이를 반환하기 위하여 필요한 때에는 집행관은 직무집행구역 밖에서 직무를 행할 수 있게 된다.

4. **준용되지 아니하는 규정**(규칙 제128조 제2항)

① **관할법원에 관한 규정**(제79조)

    ㉠ 등록원부에 기재된 사용본거지를 관할하는 지방법원이 관할하되, 강제경매신청 전의 인도명령에 따라 집행관이 자동차 등을 인도받은 경우에는 자동차 등의 소재지를 관할하는 지방법원에도 관할이 인정된다(규칙 제109조).

    ㉡ 관할이 인정되는 지방법원이 집행법원이 되어 집행절차의 진행 중에 다른 법원의 소속 집행관이 자동차 등을 점유하고 있는 경우에는 집행관의 소속 지방법원으로 사건을 이송할 수 있다(규칙 제119조).

② **부동산강제관리에 관한 규정**(제163조 내지 제171조, 규칙 제43조, 제83조 내지 제94조) : 자동차 등에 대해서는 강제관리가 적합하지 아니하므로 부동산강제관리에 관한 규정을 준용하지 않고 있다.

③ **채무자가 부동산을 점유·사용함을 전제로 하는 규정**(제83조 제2항·제3항, 제136조, 규칙 제44조) : 자동차집행에서는 집행의 초기단계부터 집행관이 자동차를 인도받아 점유하게 되므로 채무자에게 목적물의 사용·수익을 허용하는 것을 전제로 하는 조항은 적용을 배제하고 있다.

④ **현황조사의 실시와 물건명세서의 작성에 관한 규정**(제85조, 제105조, 규칙 제46조, 제55조)[92]

⑤ **기간입찰에 관한 규정**(제103조 제2항, 규칙 제68조 내지 제71조)

    ㉠ 자동차는 부동산, 선박, 항공기와 비교하여 가격이 저렴한 것이 통례이고, 또한 그 가격이 제작연도, 형식 등에 따라 보통 일정하며, 더욱이 시일이 지나면 가격이 현저하게 하락하므로, 기간입찰대상으로 적당하지 아니하다.

    ㉡ 따라서 입찰방법에 의한 매각 중 기간입찰에 관한 규정을 준용하지 아니하고 있다.

---

91) 자동차 소유권의 득실변경은 자동차등록원부에 등록하여야 그 효력이 생기고(자동차관리법 제6조), 자동차에 대하여는 질권을 설정할 수 없는 등 자동차에 관한 권리관계는 항공기에 대한 권리관계와 유사하며, 또한 자동차에 대한 임차권은 동산임차권으로서 매수인에게 대항할 수 없으므로 민사집행규칙 제128조 제1항에서 항공기에 대한 강제집행의 규정인 규칙 제107조를 준용하고 있다.

92) 자동차집행에서는 현황조사와 물건명세서의 작성절차는 생략된다.

5. 이동성제한을 위한 특례

① 서 설

   ⑦ 부동산강제집행에서는 부동산에 대한 채무자의 점유를 매각대금 납부 이전에는 제한하지 않는다.

   ⓛ 그러나 자동차는 부동산과 달리 이동성이 있는 점에서 자동차를 채무자의 점유 아래 두면 사실상 강제집행이 어려운 난점이 있다.

   ⓒ 이러한 점에서 채무자의 점유를 제한하는 특례를 두고 있다.

② 강제경매신청 전의 인도명령(규칙 제113조)

   ⑦ 강제집행의 신청 전에 미리 점유를 확보하지 아니하면 집행이 곤란하다고 예상되는 경우에는 채권자의 신청에 따라 목적물 소재지 관할 법원은 채무자에게 목적물을 집행관에게 인도할 것을 명할 수 있다.

   ⓛ 일종의 집행을 위한 보전처분으로 인도명령의 고지나 송달 후 2주일 이내에 집행을 해야 한다.

   ⓒ 집행관이 목적물을 인도받은 날로부터 10일 이내에 채권자는 강제집행개시신청 증명서면을 제출하여야 한다.

③ 강제경매개시결정에 기초한 인도명령(제111조)

   ⑦ 규칙 제113조에 따라 점유가 확보된 경우가 아니라면 집행법원은 강제경매개시결정을 하는 경우에는 채무자에게 목적물을 집행관에게 인도할 것을 명해야 한다.

   ⓛ 자동차인도명령은 자동차 강제집행절차에서 이루어지는 집행처분의 일종이므로 강제경매개시결정이 채무자에게 송달되기 전에도 집행할 수 있고(규칙 제111조 제2항), 집행문을 부여받을 필요도 없다.

           기출 24 · 15

④ **압류의 효력 발생 시기** : 자동차 등에 대한 압류의 효력은 압류명령의 채무자에 대한 송달시기와 등록원부에 경매개시결정이 등록된 시기 및 자동차가 집행관에게 인도된 시기 중 가장 먼저 도래한 시기에 압류의 효력이 발생한다(제83조 제4항, 규칙 제108조, 제111조 제3항). **기출** 24

⑤ **점유확보 불능 시 집행절차 취소**(규칙 제116조) : 강제경매개시결정이 있은 후에 2월이 지나도록 집행관이 목적물에 대한 점유를 확보하지 못한 경우에는 집행절차를 취소하여야 한다.

⑥ **운행의 예외적 허용**(규칙 제117조)

   ⑦ 법원은 영업상의 필요, 그 밖의 상당한 이유가 있다고 인정하는 때에는 이해관계를 가진 사람의 신청에 따라 자동차의 운행을 허가할 수 있다(규칙 제117조 제1항). **기출** 24 · 15

   ⓛ 법원이 자동차 운행의 허가를 하는 때에는 운행에 관하여 적당한 조건을 붙일 수 있다(규칙 제117조 제2항).

   ⓒ 운행허가결정에 대하여는 즉시항고를 할 수 있다(규칙 제117조 제3항). 즉시항고에는 집행정지의 효력이 없으므로(제15조 제6항) 운행허가결정은 상당한 방법으로 고지하면 즉시 효력이 발생하는데, 이 점에서 확정되어야 효력이 발생하는 선박에 대한 운행허가결정과는 다르다. **기출** 15

   ⓔ 선박에 대한 운행허가와 달리 자동차 운행의 허가는 그 신청권자가 채무자에 한정되지 않고 이해관계를 가진 사람도 가능하고, 채권자·최고가매수신고인·차순위매수신고인 및 매수인의 동의가 필요한 것은 아니라는 점 등도 다르다.

6. 간이한 집행절차(유체동산집행에의 근접)

① **매각방법**(규칙 제123조) : 집행법원은 상당하다고 인정되는 경우 미리 압류채권자의 의견을 들어 집행관에게 부동산의 매각방법과 다른 상당한 방법으로 자동차 등을 매각하게 할 수 있다.

② **양도명령절차**

㉠ 집행법원은 상당하다고 인정되는 경우 압류채권자의 신청이 있으면 압류채권자에게 매각을 허가할 수 있다. 이것을 양도명령이라고 한다(규칙 제124조).

㉡ 양도명령제도의 취지와 압류채권자의 대금납부가 담보되어 있는 점을 고려하여 압류채권자는 매수신청에 관하여 보증을 제공할 필요는 없다(제113조, 규칙 제124조 제3항).

㉢ 매수신고의 액은 최저매각가격 이상의 액이어야 한다(제97조).

③ **집행신청취하와 자동차 매각**

㉠ 집행신청이 취하된 경우 집행관은 자동차를 채무자에게 인도하여야 함은 물론이다.

㉡ 그러나 집행신청이 취하되었으나 채무자나 그 밖에 자동차를 수취할 권리를 갖는 자를 찾을 수 없는 때에는 집행관은 자동차집행절차에 따라 자동차를 매각한다는 결정을 해 줄 것을 법원에 신청할 수 있다(규칙 제127조).

Ⅲ 압류절차

1. 관할법원

① **사용본거지주의(원칙)**

㉠ 자동차강제집행의 집행법원은 원칙적으로 자동차등록원부에 기재된 사용본거지를 관할하는 지방법원이다(규칙 제109조 제1항).

㉡ 자동차강제집행의 관할은 전속관할로서(제21조) 법원은 직권으로 관할권의 유무를 조사하여 관할권이 없으면 사건을 관할법원에 이송하여야 한다(민소법 제32조, 제34조 제1항).

② **소재지주의(예외)**

㉠ 의 의

㉮ 자동차집행에 관하여 사용본거지주의의 원칙을 일관한다면 사용본거지와 자동차의 소재지가 일치하지 않을 경우 자동차에 대한 신속한 점유의 확보가 곤란하게 될 우려가 있다.

㉯ 민사집행규칙은 두 가지 경우에 사용본거지주의에 대한 예외로서 소재지주의에 의한 관할을 인정하고 있다.

㉡ 사건을 이송받은 경우 : 집행법원은 다른 법원 소속 집행관이 자동차를 점유하고 있는 경우에, 자동차를 집행법원 관할구역 안으로 이동하는 것이 매우 곤란하거나 지나치게 많은 비용이 든다고 인정하는 때에는, 사건을 그 법원으로 이송할 수 있는 바(규칙 제119조 제1항), 이때에는 이송을 받은 법원이 관할권을 가진다(규칙 제109조 제1항 단서).

㉢ 강제경매신청 전의 인도명령 : 강제경매신청 전에 자동차를 집행관에게 인도하지 아니하면 강제집행이 매우 곤란할 염려가 있는 때에는 자동차등록본거지가 아닌 그 자동차 소재지를 관할하는 지방법원은 신청에 따라 채무자에게 자동차를 그 소속 법원 집행관에게 인도할 것을 명할 수 있는 바(규칙 제113조 제1항), 위 인도명령에 따라 집행관이 자동차를 인도받은 경우에는 자동차가 있는 곳을 관할하는 법원도 관할권을 가지게 된다(규칙 제109조 제2항).

2. 강제경매의 신청

① 기본적인 기재사항 외에 자동차등록원부에 기재된 사용본거지를 적어야 한다.

② 신청을 함에 있어서는 집행력 있는 정본 외에 자동차등록원부등본을 붙여야 한다(규칙 제110조).

3. 강제경매개시결정

① 개시결정의 내용

    ㉠ 자동차집행은 집행법원이 강제경매개시결정을 하고, 공적장부상에 압류의 등록을 촉탁하는 방법에 의하여 개시된다.

    ㉡ 자동차집행에 관하여는 강제경매개시결정을 하고, 압류의 등록을 하는 외에 채무자에 대하여 자동차를 집행관에게 인도할 것을 명하고, 자동차를 집행관에게 보관시킨 후에 절차를 진행[93]하도록 한다.

② 인도명령의 발령

    ㉠ 법원은 강제경매개시결정을 하는 때에는 집행관이 이미 점유하고 있다는 신고가 없는 한 채권자를 위하여 자동차를 압류한다는 것을 선언하는 외에 채무자에 대하여 자동차를 집행관에게 인도할 것을 명하여야 한다(제83조 제1항, 규칙 제111조 제1항 본문).

    ㉡ 이 인도명령은 채권자의 신청이 없더라도 법원이 직권으로 발령하여야 하고, 채무자에 대하여만 발령할 수 있고 자동차를 점유하고 있는 제3자에 대하여는 인도명령을 할 수 없다.

    ㉢ 다만, 압류의 효력이 발생 당시에 채무자가 점유하고 있던 자동차를 제3자가 점유하게 된 때에는 법원은 채권자의 신청에 따라 그 제3자에 대하여 자동차를 집행관에게 인도할 것을 명할 수 있다(제193조 제1항, 규칙 제112조). **기출** 15

③ 인도명령의 집행

    ㉠ 인도명령은 자동차집행절차에서 이루어지는 집행처분의 일종이므로 강제경매개시결정이 채무자에게 송달되기 이전에도 집행할 수 있고(규칙 제111조 제2항), 집행문을 부여받을 필요도 없다. **기출** 24 · 15

    ㉡ 집행권원의 송달 전 집행이 가능하다는 점은 보전처분의 집행(제292조)과 동일하나, 집행기간의 제한(제292조 제2항, 규칙 제44조 제7항)이 없다는 점에서는 차이가 있다.

    ㉢ 다만, 강제경매개시결정이 있은 날로부터 2월이 경과하기까지 집행관이 자동차를 인도받지 못한 때에는 집행절차를 취소하여야 하므로(규칙 제116조), 그 기간이 사실상의 집행기간이 된다.

④ 즉시항고 : 위 개시결정에 대하여는 즉시항고를 할 수 있다[94](규칙 제111조 제4항).

4. 압류의 효력 발생시기

자동차에 대한 압류의 효력은 경매개시결정이 채무자에게 송달된 시기, 경매개시결정등록이 된 시기 또는 자동차가 집행관에게 인도된 시기 중 가장 먼저 도래한 시기에 발생한다.

---

93) 자동차는 부동산과 달리 고도의 기동성을 가지고 있으므로, 부동산강제경매에서와 같이 압류의 선언 및 등록에 의한 처분금지만으로는 충분하지 않다. 또한 선박·항공기에 비하여 기동성이 훨씬 높고, 크기도 작아서 은폐하기도 쉬우므로, 선박·항공기에 대한 강제집행과 같이 운행 또는 운항에 필요한 문서를 수취하여 운행을 금지하는 것도 충분하지 아니하기 때문이다.

94) 부동산강제경매개시결정에 대하여는 즉시항고를 할 수 없는데(제86조) 반하여, 자동차집행의 개시결정은 채무자로부터 자동차의 수익·사용권능을 빼앗는 것이므로 즉시항고를 인정하였다. 한편 자동차집행의 신청을 기각하거나 각하하는 재판에 대하여도 즉시항고를 할 수 있다(제83조 제5항).

Ⅳ 자동차인도명령[95]

1. 총 설

① 자동차는 고도의 기동성과 은닉의 용이성이라는 특성이 있어 단순한 압류의 선언과 그 등록만으로는 처분금지의 실효를 거둘 수 없으므로 현실적인 점유확보절차가 필요하다.

② 따라서 자동차에 대한 강제경매개시결정에는 압류의 선언 외에 채무자에 대하여 자동차를 집행관에게 인도할 것을 명하여야 한다(규칙 제111조 제1항).

③ 압류의 효력 발생 당시 채무자가 점유하던 자동차를 제3자가 점유하게 된 때에는 그 제3자에 대하여 인도명령을 발할 수 있고(제193조, 규칙 제112조),

④ 강제경매신청 전에도 일정한 요건 아래 채무자에게 자동차인도명령을 발할 수 있다(규칙 제113조).

2. 인도명령의 종류

① 강제경매신청 전의 인도명령

ⓐ 관할 : 강제경매신청 전에 자동차를 집행관에게 인도하지 않으면 강제집행이 매우 곤란할 염려가 있는 때에는 그 자동차가 있는 곳을 관할하는 지방법원은 신청에 따라 채무자에게 자동차를 그 소속 집행관에게 인도할 것을 명할 수 있다[96](규칙 제113조 제1항).

ⓑ 절차 : 집행관은 자동차를 인도받은 날부터 10일 안에 채권자가 강제경매신청을 하였음을 증명하는 문서를 제출하지 아니하는 때에는 자동차를 채무자에게 돌려주어야 한다(규칙 제113조 제3항). **기출** 15

ⓒ 송달 전 집행과 집행기간의 제한

㉮ 이 인도명령은 채무자에게 송달하여야 하나(제39조), 채무자에게 송달하기 전에도 집행할 수 있다[97](제292조 제3항, 규칙 제113조 제5항). 위 인도명령은 그 집행절차가 보전처분에 준하여 이루어지므로 집행문을 부여받을 필요가 없다.

㉯ 위 인도명령은 채권자에게 고지하거나 송달한 날부터 2주를 넘긴 때에는 집행하지 못한다[98](제292조 제2항, 규칙 제113조 제5항).

② 강제집행신청에 기초한 인도명령(규칙 제111조 제1항)

---

95) 이는 선박집행에 있어 선박국적증서등의 수취명령과 기능상 유사한 제도라고 할 수 있다.

96) 이는 자동차집행에 관하여 사용본거지주의를 채택한 결과 생길 수 있는 채권자의 권리행사상의 곤란을 고려하여 강제경매신청 전에 인도명령을 신청할 수 있도록 한 것으로서, 선박집행에 있어서 선박집행신청 전의 선박국적증서 등의 인도명령제도(제175조)에 상응한다.

97) 그 이유는 채무자가 인도명령을 송달받으면 자동차의 은닉을 꾀하는 등 인도명령의 목적을 이룰 수 없게 될 염려가 있기 때문이다.

98) 그 이유는 인도명령은 긴급한 필요 때문에 발하여지므로 가급적 빨리 집행하지 아니하면 발령 당시의 사정이 변경되어 부당한 집행이 될 가능성이 많기 때문이다.

③ 제3자에 대한 인도명령(규칙 제112조, 제193조)
　　㉠ 의의 : 압류의 효력 발생 당시 채무자가 점유하던 자동차를 제3자가 점유하게 된 때에는 법원은 채권
　　　　자의 신청에 따라 그 제3자에 대하여 자동차를 집행관에게 인도할 것을 명할 수 있다.
　　㉡ 절 차
　　　　㉮ 위 인도명령은, 집행관이 인도받은 자동차를 제3자가 점유하게 된 경우 외에, 집행관이 자동차를
　　　　　　점유하기 전에 압류의 등록 혹은 개시결정이 채무자에게 송달되어 압류의 효력이 생긴(제83조 제4
　　　　　　항, 규칙 제111조) 자동차에 대하여 채무자로부터 제3자로 점유가 이전된 경우에도 신청할 수 있다.
　　　　㉯ 위 인도명령은 제3자에게 송달되기 전에도 집행할 수 있고(제193조 제3항), 신청인에게 고지된 날부
　　　　　　터 2주가 지난 때에는 집행할 수 없다(제193조 제4항).

3. 인도집행불능으로 말미암은 집행절차 취소

① 강제경매개시결정이 있은 날부터 2월이 지나기까지 집행관이 자동차를 인도받지 못한 때에는 집행법원
　　은 집행절차를 취소하여야 한다(규칙 제116조).
② 즉 이 경우에 법원은 경매개시결정을 취소하고 경매신청을 기각하여야 한다.

4. 자동차집행의 신청이 취하된 때 또는 강제경매절차를 취소하는 결정의 효력이 생긴 때의 조치

① 자동차집행의 신청이 취하된 때 또는 강제경매절차를 취소하는 결정의 효력이 생긴 때에는 법원사무관
　　등은 집행관에게 그 취지를 통지하여야 한다(규칙 제127조 제1항). **기출** 24
② 집행관이 이 통지를 받은 경우 자동차를 수취할 권리를 갖는 사람이 채무자 외의 사람인 때에는 집행관은
　　그 사람에게 자동차집행의 신청이 취하되었다거나 또는 강제경매절차가 취소되었다는 취지를 통지하여
　　야 한다(규칙 제127조 제2항). **기출** 24
③ 통지를 받은 집행관은 자동차를 수취할 권리를 갖는 사람에게 자동차가 있는 곳에서 이를 인도하여야
　　하지만, 자동차를 수취할 권리를 갖는 사람이 자동차를 보관하고 있는 경우에는 그러하지 아니하다(규칙
　　제127조 제3항). **기출** 24
④ 집행관이 이러한 인도를 할 수 없는 때에는 법원은 집행관의 신청을 받아 자동차집행의 절차에 따라
　　자동차를 매각한다는 결정을 할 수 있다(규칙 제127조 제4항). **기출** 24

Ⅴ 현금화절차

1. 매각의 실시시기

법원은 그 관할구역 안에서 집행관이 자동차를 점유하게 되기 전에는 집행관에게 매각을 실시하게 할 수
없다(규칙 제120조).

2. 최저매각가격결정의 특례

법원은 상당하다고 인정하는 때에는 집행관에게 거래소에 자동차의 시세를 조회하거나 그 밖의 상당한 방법
으로 매각할 자동차를 평가하게 하고, 그 평가액을 참작하여 최저매각가격을 정할 수 있다(규칙 제121조 제1항).

3. 매각기일의 공고

점유 및 차임에 관한 사항, 등록되지 아니한 권리를 가진 사람의 채권신고에 관한 사항, 매수신청인 자격의 제한에 관한 사항 등은 자동차집행의 특성상 공고할 필요가 없기 때문에 공고대상에서 제외된다.

4. 특별매각방법

법원은 상당하다고 인정하는 때에는 집행관에게 입찰 또는 경매 외의 방법으로 자동차의 매각을 실시할 것을 명할 수 있다(규칙 제123조 제1항 전문).

5. 양도명령에 따른 매각

① 법원은 상당하다고 인정하는 때에는 압류채권자의 매수신청에 따라 그에게 자동차의 매각을 허가할 수 있다(규칙 제124조 제1항).
② 압류채권자는 매수신청에 관하여 보증을 제공할 필요는 없으나(규칙 제124조 제3항, 제113조), 매수신고의 액은 최저매각가격 이상의 액이어야 한다(제97조).

6. 집행정지 중의 매각(긴급매각)

자동차의 특성상 자동차의 가격이 크게 떨어질 염려가 있거나 그 보관에 지나치게 많은 비용이 드는 때에는 집행정지 중이라도 긴급매각의 필요성이 있으므로 일정한 경우 압류채권자 또는 채무자의 신청이 있는 때에는 긴급매각을 인정하고 있다(규칙 제126조).

7. 집행신청취하 또는 집행절차취소시 인도불능의 경우 자동차의 매각

집행관이 자동차를 인도할 수 없는 때[99]에는 자동차 보관비용의 증가 방지와 절차의 원활화를 위하여, 법원은 집행관의 신청을 받아 자동차집행의 절차에 따라 자동차를 매각한다는 결정을 할 수 있다(규칙 제127조 제4항).

8. 매수인에 대한 자동차의 인도

① 자동차집행에서 매각허가결정이 확정된 때에는 매수인은 집행법원이 정하는 기한까지 대금을 납부하여야 한다(제142조).
② 매수인은 대금을 납부한 때에 자동차의 소유권을 취득하고(제135조), 자동차의 인도를 구할 수 있게 된다.
③ 자동차집행에서 집행목적물인 자동차는 집행관이 보관하고 있으므로, 인도청구는 집행관에게 하게 된다.[100]

---

99) 자동차를 매각하기 위하여는 자동차집행의 신청이 취하되거나 혹은 강제경매절차를 취소하는 결정의 효력이 생긴 경우에, 집행관이 자동차를 채무자나 그 밖에 자동차를 수취할 권리를 갖는 사람에 대하여 인도할 수 없는 경우이어야 한다.
100) 부동산의 경우에는 민사집행법 제136조에 따라 매수인이 대금납부 후에 집행법원에 부동산 점유자에 대한 인도명령을 신청한다.

Ⅵ 변제절차(배당절차)

① 긴급매각결정에 기초하여 자동차가 매각되어 그 대금이 집행법원에 납부된 때에는 법원사무관등은 매각대금을 공탁하여야 한다(규칙 제126조 제5항).

② 후에 자동차집행이 속행되면, 집행법원은 공탁금에 관하여 배당을 실시하게 되며, 신청이 취하되거나 또는 절차가 취소되어 자동차집행이 종료되면, 공탁금은 채무자에게 교부하게 된다.

③ 민사집행규칙 제127조 제4항에 의한 결정에 기초하여 자동차가 매각되어 그 대금이 법원에 납부된 때에는 법원은 그 대금에서 매각과 보관에 든 비용을 빼고, 나머지가 있는 때에는 매각대금의 교부계산서를 작성하여 저당권자에게 변제금을 교부하고, 그 나머지를 채무자에게 교부하여야 한다(규칙 제127조 제6항).

제27절 준부동산에 대한 강제집행절차 - 선박 · 항공기에 대한 강제집행절차

Ⅰ 서 설

1. 선박에 대한 강제집행(선박집행)

> **민사집행법 제172조(선박에 대한 강제집행)**
> 등기할 수 있는 선박에 대한 강제집행은 부동산의 강제경매에 관한 규정에 따른다. 다만, 사물의 성질에 따른 차이가 있거나 특별한 규정이 있는 경우에는 그러하지 아니하다.
>
> **민사집행법 제185조(선박지분의 압류명령)**
> ① 선박의 지분에 대한 강제집행은 제251조(그 밖의 재산권에 대한 집행)에서 규정한 강제집행의 예에 따른다.
>
> **민사집행법 제186조(외국선박의 압류)**
> 외국선박에 대한 강제집행에는 등기부에 기입할 절차에 관한 규정을 적용하지 아니한다.

① 자동차 등에 대한 강제집행과 같은 준부동산집행의 하나로 원칙적으로 부동산강제경매의 방법에 의한다(제172조).

② 자동차 등 집행에서와 마찬가지로 목적물의 이동성을 제한하는 조치가 그 특색을 이룬다.

③ 선박 및 항공기에 대하여는 강제경매 외에 강제관리는 허용되지 않는다는 점은 자동차 등에 대한 강제집행과 같다.

2. 항공기에 대한 강제집행(항공기 집행)

항공기에 대한 집행방법은 매각물건명세서와 현황조사보고서를 작성하지 않는 점을 제외하고는 선박집행의 경우와 동일하게 규율하고 있다(제187조, 규칙 제106조).

3. 집행의 대상

선 박	• 등기할 수 있는 선박이 그 대상이다. 총톤수 20톤 이상의 기선과 범선 및 총톤수 100톤 이상의 부선이 이에 해당한다(선박등기법 제2조). • 자동차나 건설기계는 등록을 마친 것에 한하나, 선박의 경우에는 등기를 마친 것이 아니라도 상관없다. • 기타의 선박은 유체동산집행의 방법에 의하며, '선박지분'에 대한 집행은 그 밖의 재산권에 대한 강제집행의 방법에 의한다(제185조). • 항해준비를 마친 선박에 대하여는 항해를 준비하기 위하여 생긴 채무로만 압류할 수 있으므로 그 한도에서만 선박집행의 대상이 된다(상법 제744조). • 건조 중인 선박은 선박이라고 할 수 없으나, 건조 중인 선박도 선박저당권의 목적이 되고, 또 이에 대하여 선박소유권의 등기를 하지 아니한 채 저당권의 등기만 할 수 있도록 되어 있으므로(선박등기규칙 제36조), 담보권의 실행을 위한 경매를 할 수 있다. • 외국선박도 선박집행의 대상이 된다(제186조). • 외국선박의 저당권자가 등기부에 기입된 선박 위의 권리자로서 배당요구와 상관없이 배당을 받기 위한 요건이다.
항공기	항공법에 따라 등록된 항공기가 그 대상이다(규칙 제106조). 등록을 마친 것이어야 하는 점에서 선박에서와 다르다.

> 외국선박에 대한 집행절차에서 선박에 관한 등기부초본이 현실적으로 제출되기 곤란하여 선박등기부상의 권리관계를 확인하기 어려운 사정이 있다고 하더라도, 이러한 사정만으로 외국선박에 대하여 선적국의 법률에 따라 저당권을 설정하고 등기(공시절차)를 갖춘 적법한 저당권자를 민사집행법 제148조에서 규정하고 있는 법률상 우선변제권이 있는 채권자와 동일시할 수는 없으므로, 외국선박에 대한 집행절차에 있어서 경매개시결정등기 전에 선적국의 법률에 따라 저당권을 설정하고 등기(공시절차)를 갖춘 저당권자가 배당표 확정 이전에 이러한 사실을 입증하였다면 이러한 외국선박의 저당권자도 등기부에 기입된 선박 위의 권리자로서 배당요구와 상관없이 배당을 받을 수 있다(대판 2004.10.28. 2002다25693).

Ⅱ 선박 등에 대한 강제경매의 특례

1. 관할법원

① 선박에 대한 강제집행은 압류 당시에 그 선박이 있는 곳의 지방법원이 관할한다(제173조). **기출** 14
② 압류 당시 선박이 그 법원의 관할구역 안에 없었음이 판명된 경우에는 집행절차를 취소하여야 한다(제180조).
③ 압류된 선박이 관할구역 밖으로 떠난 때에는 집행법원은 선박 소재지를 관할하는 지방법원으로 사건을 이송할 수 있다(제182조 제1항). 이송결정에 대하여는 불복할 수 없다(제182조 제2항).
④ 선박에 대한 감수·보존처분을 한 경우에는 그 처분 당시의 선박 소재지를 관할하는 지방법원이 관할법원이 된다(대결 1970.10.23. 70마540). **기출** 14

2. 정박의 확보(억류조치)[101]

① **경매신청 전의 선박국적증서 등의 인도명령**(제175조)

   ㉠ 선박국적증서 등을 채무자나 소유자로부터 빼앗아 두지 않으면 선박이 이동하여 집행이 곤란할 경우가 많다.

   ㉡ 이때 채권자는 강제경매신청 전이라도 선적지 관할법원이나 급박한 경우 선박소재지 관할법원에 신청하여 채무자로 하여금 집행관에게 위 서류를 인도하도록 명할 수 있다.

   ㉢ 자동차 등에 대한 강제집행에서의 신청 전 인도명령과 동일한 취지이다.

② **경매개시결정에 기초한 선박국적증서 등의 제출명령**(제174조, 제176조 제1항)

   ㉠ 집행법원은 강제경매개시결정을 하면서 집행관에게 선박국적증서 등 선박 운행에 필요한 문서를 선장으로부터 넘겨받아 집행법원에 제출하도록 명하여야 한다.

   ㉡ 이들 서류가 없으면 선박운행이 허용되지 않으므로 이를 통해서 선박의 정박을 확보하려는 것이다.

   ㉢ 이와 별개로 집행법원은 경매개시결정에서 또는 별개의 결정으로 채무자에 대하여 압류선박의 정박을 명하여야 한다.

③ **선박국적증서등을 넘겨받지 못한 경우의 경매절차취소** : 경매개시결정이 있은 날부터 2월이 지나기까지 집행관이 선박국적증서등을 넘겨받지 못하고, 선박이 있는 곳이 분명하지 아니한 때에는 법원은 강제경매절차를 취소할 수 있다(제183조). **기출** 14

3. 기 타

① **감수·보존처분**(규칙 제103조)

   ㉠ 선박집행에는 다른 집행절차에서 볼 수 없는 특이한 집행처분으로서 감수·보존처분이 있다.

   ㉮ '감수처분'이란 엔진의 열쇠를 압수하거나 조타장치를 움직이지 못하도록 봉인하는 등 선박이나 그 속구의 이동을 방지하는 처분을 말한다.

   ㉯ '보존처분'이란 선박을 수리하는 등 선박이나 그 속구의 효용 또는 가치의 변동을 방지하는 처분을 말한다.

   ㉡ 채권자는 강제경매개시결정의 전후를 묻지 않고 필요한 경우에는 매각허가결정 전에는 언제든지 집행법원에 위와 같은 처분을 신청할 수 있다.

   ㉢ 매각허가결정 이후에는 관리명령에 의하여 같은 목적을 달성할 수 있기 때문이다.

   ㉣ 감수·보존처분이 실시된 경우에는 경매개시결정이 송달되기 전이라도 선박에 대한 압류의 효력이 생긴다.

   ㉤ 선박에 대한 감수명령(감수처분)은 이를 집행하였을 때에 비로소 압류의 효력이 발생하므로 감수명령 당시 그 선박 소재지를 관할하는 지방법원이 집행법원이 된다(대결 1970.10.23. 70마540).

② **선장에 대한 판결의 집행**(제179조)

   ㉠ 선장에 대한 판결로 선박채권자를 위하여 압류하면 그 압류는 선박소유자에 대하여도 효력이 미친다. 이 경우 소유자도 이해관계인으로 본다(제179조 제1항). **기출** 14

   ㉡ 압류한 뒤에 소유자나 선장이 바뀌더라도 집행절차에는 영향을 미치지 아니한다(제179조 제2항). 압류한 뒤에 선장이 바뀐 때에는 바뀐 선장만이 이해관계인이 된다(제179조 제3항). **기출** 14

---

101) 선박의 이동성을 고려하여 매각대금 납부 전에 선박의 정박(억류)을 확보하려는 조치이다.

③ 보증제공에 따른 경매절차의 취소(제181조)

    ㉠ 채무자가 집행의 일시정지를 명하는 재판의 서류 또는 변제증서나 변제유예증서를 제출하고 압류채권자 및 배당요구채권자의 채권과 집행비용에 해당하는 보증을 매수신고 전에 제공한 때에는 법원은 신청에 따라 배당절차 외의 절차를 취소하여야 한다.

    ㉡ 보증제공에 따른 경매절차 취소결정에 대해서는 즉시항고로 불복할 수 있으며, 그 효력은 고지로 발생한다(제181조 제3항, 제4항).

    ㉢ 제17조 제2항의 규정을 적용하지 아니하므로 취소결정이라 할지라도 확정되어야 효력이 발생하는 것이 아니라 고지함으로써 효력이 발생한다.

Ⅲ 압류절차

1. 관할법원

① 소재지주의

    ㉠ 선박에 대한 강제집행은 압류당시에 그 선박이 있는 곳을 관할하는 지방법원을 집행법원으로 한다(제173조).

    ㉠ 압류 당시 선박이 그 법원의 관할 안에 없었음이 판명된 때에는 집행절차를 취소하여야 한다(제180조).

② 사건의 이송 : 압류된 선박이 관할구역 밖으로 떠난 때에는 집행법원은 선박이 있는 곳을 관할하는 법원으로 사건을 이송할 수 있다(제182조 제1항).

2. 강제집행의 신청

선박에 대한 강제경매의 신청은 서면으로 하여야 한다(제4조).

3. 경매개시결정

경매개시결정에는 선박에 대하여 강제경매절차를 개시한다는 취지, 채권자를 위하여 선박을 압류한다는 취지의 선언, 선박을 압류항에 정박하게 하는 명령(정박명령)[102], 집행관에게 선박국적증서 그 밖의 선박운행에 필요한 문서를 받아 법원에 제출할 것을 명하는 명령(선박국적증서등 수취, 제출명령)을 하여야 한다.

4. 경매개시결정등기의 촉탁

① 이미 등기되어 있는 선박의 경우 법원이 경매개시결정을 하면 법원사무관등은 즉시 그 사유를 등기부에 기입하도록 등기관에게 강제경매개시결정등기를 촉탁하여야 함은 부동산강제경매의 경우와 같다(제172조, 제94조 제1항).

② 다만, 외국선박에 대하여 경매개시결정을 한 경우에도 그 등기의 촉탁은 하지 아니한다(제186조).

> 민사집행법 제186조는 외국선박에 대한 강제집행에는 등기부에 기입할 절차에 관한 규정도 적용하지 아니한다고 규정하고 있었는 바, 이는 국내에 외국선박의 등기부가 있을 수 없으므로 경매개시결정 등을 촉탁할 수 없다는 취지이지, 외국선박에 대한 집행절차에서 선박에 관한 등기부초본을 제출하도록 규정하고 있는 같은 법 제177조 제1항 제2호의 적용을 배제하는 근거가 될 수는 없다(대판 2004.10.28. 2002다25693).

---

102) 다만 경매개시결정에 적지 아니하고 별도의 결정으로도 가능

5. 선박국적증서 등의 수취 · 제출명령

① 법원은 '경매개시결정을 한 때'에는 집행관에게 선박국적증서 그 밖에 선박운행에 필요한 문서를 선장으로부터 받아 법원에 제출하도록 명하여야 한다(제174조 제1항).

② 수취 · 제출명령은 경매개시결정과 동시에 당사자의 신청 없이도 직권으로 발하여야 한다.

③ 경매개시결정이 송달 또는 등기되기 전에 집행관이 선박국적증서등을 받은 경우에는 그때에 압류의 효력이 생긴다(제174조 제1항).

④ 강제경매개시결정이 있은 날부터 2월이 지나기까지 집행관이 선박국적증서등을 넘겨받지 못하고 선박이 있는 곳이 분명하지 아니한 때에는, 집행법원은 강제경매절차를 취소할 수 있다(제183조).

6. 압류선박의 정박 및 운행허가

① **압류선박의 정박** : 법원은 집행절차를 행하는 동안 선박이 압류 당시의 장소에 계속 머무르도록 명하여야 한다(제176조 제1항).

② **선박운행허가**[103]

　㉠ 법원은 영업상의 필요, 그 밖에 상당한 이유가 있다고 인정할 경우에는 채무자의 신청에 따라 선박의 운행을 허가할 수 있다. 이 경우 채권자 · 최고가매수신고인 · 차순위매수신고인 및 매수인의 동의가 있어야 한다(제176조 제2항). **기출** 14

　㉡ 선박운행허가결정에 대하여는 즉시항고를 할 수 있다(제176조 제3항).

　㉢ 선박운행허가결정은 확정되어야 효력이 생긴다(제176조 제4항).

7. 압류의 효력발생시기

경매개시결정이 송달된 때, 경매개시결정등기가 된 때, 선박국적증서 등을 수취한 때, 감수 · 보존처분을 하였을 때 중 가장 빠른 때에 압류의 효력이 생긴다.

Ⅳ 강제경매신청 전의 선박국적증서 등의 인도명령 - 선박집행에서 보전처분

① **관 할**

　㉠ 선박에 대한 집행의 신청 전에 선박국적증서 등을 받지 아니하면 집행이 매우 곤란할 염려가 있는 경우에는 선적이 있는 곳을 관할하는 지방법원은 신청에 따라 채무자에게 선박국적증서 등을 집행관에게 인도하도록 명할 수 있다(제175조 제1항 전문).

　㉡ 급박한 경우에는 선박이 있는 곳을 관할하는 지방법원도 이 명령을 할 수 있다(제175조 제1항 후문).

② **절차** : 집행관은 선박국적증서 등을 인도받은 날부터 5일 내에 채권자로부터 선박집행을 신청하였음을 증명하는 문서를 제출받지 못한 때에는, 그 선박국적증서 등을 채무자에게 반환하도록 규정함으로써 간접적으로 채권자의 선박집행신청을 강제하고 있다(제175조 제2항).

③ **송달 전 집행과 집행기간의 제한**

　㉠ 위 인도명령은 상대방인 채무자에게 송달하여야 함은 물론이나, 그 송달이 있기 전에도 집행할 수 있다.

　㉡ 인도명령이 상대방에게 송달된 날부터 2주가 지나면 집행하지 못한다(제175조 제4항, 제292조 제2항, 제3항).

---

103) 선박운행허가에 의하여 선박이 출항하게 되면 집행절차의 속행은 적어도 운행기간 동안에는 불가능하게 되고, 만일 귀항하지 않으면 집행이 불가능하게 되므로 선박운행허가는 실질적으로는 강제집행의 일시정지 내지 취소에 해당한다고 할 수도 있다.

V 현금화와 배당

① 선박에 대한 강제집행에서 현금화와 배당절차는 부동산강제경매의 규정이 준용된다(제172조, 규칙 제105조).

② 집행관에게 선박의 현황 등에 관하여 조사할 것을 명하여야 하며(제85조), 감정인에게 매각선박을 평가하게 하고 그 평가액을 참작하여 최저매각가격을 정하고(제97조), 매각물건명세서를 작성, 비치하여야 한다(제105조).

③ 선박에 대한 강제집행에 있어서 채권자들에 대한 배당순위는 선박우선특권이 저당권보다 우선한다(상법 제777조 제2항) (선박우선특권의 발생시기는 문제되지 않는다)는 점 외에는 부동산에 대한 강제집행과 동일하다.

④ 선박우선특권이 있는 채권자라도 당연히 배당받을 수 있는 것은 아니고, 배당요구의 종기 이전에 배당요구를 한 경우에만 배당받을 수 있다.

> - 복수의 선원 그 밖의 선박사용인(이하 '선원')이 선박우선특권에 의하여 그들을 고용한 선박소유자가 소유한 복수의 선박 등에 대한 경매신청을 한 경우, 선박우선특권에 의해 경매신청을 한 압류채권자의 지위에서 당연히 우선배당을 받을 수 있는 대상은 그 선원이 승선한 당해 선박과 그 속구 등의 매각대금에 한정되는 것이고 당해 선박이 아닌 다른 선박에 대한 매각대금에 대하여서까지 따로 배당요구를 하지 않더라도 당연히 우선 배당을 받을 수 있는 것은 아니다. 그리고 그 선원이 근로기준법 등에 의한 임금우선특권을 가지고 있다고 하더라도, 선박우선특권과 달리 임금우선특권만으로는 경매신청을 할 수 없으므로 배당요구종기일 전에 그에 기한 적법한 배당요구를 하지 않는 한 임금우선특권에 의한 우선 배당을 받을 수도 없다(대판 2012.4.13. 2011다42188).
> - 어선의 책임선장이 선주와의 약정에 따라 지급받기로 한 특별상여금 채권은 상법 제777조 제1항 제2호가 정한 '선원과 그 밖의 선박사용인의 고용계약으로 인한 채권'으로서 선박우선특권 있는 채권에 해당한다(대판 2008.4.24. 2008다10006).
> - 근로자의 임금채권 우선변제권이 선박경매절차에서 행사된 뒤 그 사용자의 부동산이 경매되는 경우에는 민법 제368조가 유추적용되지 아니하므로, 선박에 대한 경매절차가 먼저 진행되어 근로자들이 임금채권 우선변제권에 따라 배당받음으로써 선박에 대한 저당권자가 부동산과 선박에 대한 경매절차가 함께 진행되어 동시에 배당이 이루어졌다면 받을 수 있었던 금액보다 적은 금액만을 배당받거나 또는 배당을 받지 못하게 되었다고 하더라도 선박에 대한 저당권자는 사용자의 부동산에 대한 경매절차에서 그 근로자들의 임금채권 우선변제권을 대위 행사할 수 없다(대판 2002.10.8. 2002다34901).

VI 선박집행절차의 취소

1. 관할위반으로 말미암은 절차의 취소

압류 당시 선박이 그 법원의 관할 안에 없었음이 판명된 때에는 그 절차를 취소하여야 한다(제180조).

2. 보증의 제공에 의한 강제경매절차의 취소

채무자가 민사집행법 제49조 제2호 또는 제4호의 서류를 제출하고 압류채권자 및 배당요구채권자의 채권과 집행비용에 해당하는 보증을 매수신고 전에 제공한 때에는, 법원은 신청에 따라 배당절차 외의 절차를 취소하여야 한다[104](제181조 제1항).

---

104) 배당절차는 그 취소의 대상에서 제외되는데, 이것까지 취소한다면 채무자가 제공한 보증에 대하여 채권자를 위한 배당을 실시할 수 없게 되기 때문이다.

선박경매절차 취소 제도는 경매개시결정으로 압류가 집행되어 선박의 출항이 금지되는 경우에 채무자 또는 소유자 (이하 '채무자 등'이라 한다)가 받게 되는 손실은 매우 커서 다툼이 있는 집행권원이나 담보권에 기하여 압류가 집행된 경우에 채무자 등이 받는 손실의 회복이 어려우므로, 채무자 등이 집행권원이나 담보권을 다투면서 집행정지 서류를 제출하고 압류채권자 및 배당요구채권자의 채권 및 집행비용의 총액에 상당한 보증을 제공하여 채권회수 조치가 강구된 경우에는 집행법원이 경매절차를 취소하여 선박에 대한 압류를 풀어 선박을 운행할 수 있도록 해주는 대신, 채무자 등의 위 다툼이 이유 없는 것으로 밝혀지는 등으로 위 집행정지가 효력을 잃은 때에는 위와 같이 제공된 보증금을 압류채권자와 배당요구채권자에게 배당하는 절차를 규정한 것이다. 위와 같은 선박경매절차 취소 제도의 취지와 규정 내용 등에 비추어 보면, 보증의 제공에 의한 선박경매절차의 취소는 강제집행 또는 담보권 실행의 목적물인 선박 자체를 경매함에 따른 매각절차와는 달리 선박소유자가 선박에 관한 소유권을 상실하 지 아니하여 그 성격이 다르므로, "매각부동산 위의 모든 저당권은 매각으로 소멸한다."라는 민사집행법 제91조 제2항이 적용되지 아니한다. 그리고 선박경매취소절차에서 보증을 제공받아 배당의 대상이 된 압류채권자(담보권 실행을 위한 경매의 경우 경매를 신청한 담보권자)나 배당요구채권자의 권리는 민사집행법 제181조 제2항에 따른 보증금의 배당절차가 종료됨으로써 소멸하지만, 그 밖에 배당을 요구하지 아니하여 배당절차에 관여하지 아니한 담보권자의 경우에는 선박경매절차의 취소로 인하여 아무런 영향을 받지 않으므로 보증금의 배당절차가 종료된다 고 하더라도 그 담보권은 소멸하지 않는다(대판 2012.12.16. 2011다43655).

3. 선박국적증서등을 수취할 수 없는 경우의 경매절차의 취소

강제경매개시결정이 있은 날부터 2월이 지나기까지 집행관이 선박국적증서등을 넘겨받지 못하고, 선박이 있는 곳이 분명하지 아니한 때에는 법원은 강제경매절차를 취소할 수 있다(제183조).

Ⅶ 선장에 대한 판결에 의한 집행

1. 선장에 대한 판결과 그 집행

① 선장에 대한 판결로 선박채권자를 위하여 선박을 압류하면 그 압류는 소유자에 대하여도 효력이 미친다 (제179조 제1항).

② '선장에 대한 판결로 선박채권자를 위하여 선박을 압류한 때'란 상법 제894조에 의하여 선장이 해난구조 료의 채무자인 선박소유자를 위하여 자기 이름으로 소송당사자로 되어 패소판결을 받은 경우를 말한다.

③ 이때에 그 확정판결은 그 구조료의 보수액의 채무자에 대하여도 효력이 있으므로(상법 제894조 제2항) 구조 료의 채권자는 위 판결로 선박에 대하여 강제집행을 할 수 있다. 만일 판결을 받은 후 경매신청 전에 선장이 바뀐 때에는 승계집행문을 필요로 한다.

④ 다만, 이처럼 선장을 상대로 판결을 받았더라도 선장을 채무자로 하여 선박에 대한 강제집행을 하는 대신 직접 선박소유자를 채무자로 하여 선박에 대한 강제집행을 할 수도 있다. 이 경우에도 승계집행문 을 부여받아야 한다.

2. 압류 후 선박소유자와 선장의 변경

① 선장에 대한 판결에 의한 집행에 있어서 압류한 뒤에 소유자나 선장이 바뀌더라도 집행절차에는 영향을 미치지 아니한다(제179조 제2항).

② 채무자의 변동이 있으면 집행이 개시된 뒤라도 새로운 당사자에 대한 승계집행문을 부여받아 집행하여야 하는 것이 원칙인데 위 규정은 이러한 원칙에 대한 예외를 규정하고 있다. 즉 선장을 상대방으로 하는 판결에 기하여 당해 선장을 채무자로 하여 선박집행의 신청을 한 경우에는, 압류 뒤의 선장의 변경은 집행채무자의 승계에 해당되어 본래는 승계집행의 문제가 되겠지만, 이미 집행절차가 개시되었고 또 위 판결의 효력도 선박소유자에게 미치므로 소송담당자인 선장의 변경은 실체상 집행절차를 방해할 사유가 되지 못하기 때문에 그대로 절차의 속행을 인정하는 것이다. 다만 이 경우 새로운 선장은 이해관계인으로 된다(제179조 제3항).

③ 선장을 상대방으로 하는 판결에 터잡아 선장을 채무자로 하는 선박집행이 개시된 후에 선박소유자의 변경이 있더라도, 위 판결의 기판력이나 집행력은 새로운 선박소유자에게도 미치므로 선박소유자의 변경도 집행절차에 영향을 미치지 아니하는 것이다.

제28절 동산에 대한 강제집행 – (1) 개설

I 서 설

1. 부동산집행과 동산집행

① 민사집행법은 집행의 유형에 관하여 그 대상에 따라 부동산집행과 동산집행을 대별하고 있다.

② 부동산집행의 대상으로는 본래 의미의 부동산과 선박이나 자동차 같은 준부동산을 두고 있고, 동산집행의 대상으로는 유체동산과 채권과 유체물의 인도청구권 및 그 밖의 재산권을 두고 있다.

2. 민사집행법상 동산 · 부동산

① 민사집행법에서는 선박과 같이 민법상 동산이라고 하더라도 집행절차에 있어서는 부동산과 같이 취급하기도 하고, 채권과 같이 민법상으로는 동산이 아니라고 하더라도 집행절차에 관하여는 동산과 같이 취급하는 것을 알 수 있다.

② 이러한 점에서 민사집행법과 민법상의 부동산과 동산의 개념이 다르다고 할 수 있다.

동산집행의 특성

1. 압류의 방법

① '부동산집행'에서는 등기부라는 공적장부에 경매개시결정의 등기를 하는 방법에 의한다.

② 이와는 달리 '유체동산집행'에서는 공적장부를 통한 공시방법이 없으므로 집행관이 점유를 취득하는 사실적인 방법에 의하며, '채권 그 밖의 재산권'에 대한 집행에서는 공적장부는 물론 점유를 통한 공시방법이 없으므로 압류명령을 이해관계인에게 송달하는 관념적인 방법에 의한다.

2. 남을 가망이 없는 압류와 초과압류의 금지

> **민사집행법 제188조(집행방법, 압류의 범위)**
> ① (모든) 동산에 대한 강제집행은 압류에 의하여 개시한다.
> ② 압류는 집행력 있는 정본에 적은 청구금액의 변제와 집행비용의 변상에 필요한 한도 안에서 하여야 한다.
> ③ 압류물을 현금화하여도 집행비용 외에 남을 것이 없는 경우에는 집행하지 못한다.

① 남을 가망이 없는 압류의 금지

    ㉠ 압류물을 현금화하여도 집행비용 외에 남을 것이 없는 경우에는 집행하지 못한다(제188조 제3항).

    ㉡ 압류 당시에는 남을 것이 있는 것으로 판단되어 압류하였으나, 압류 후에 압류물의 가치하락이나 비용증대 등의 사유로 압류물의 매각대금으로 압류채권자의 채권과 집행비용을 변제하면 남을 것이 없겠다고 인정하는 때에는 집행관이 직권으로 압류를 취소하여야 한다(규칙 제140조 제2항).

    ㉢ 남을 가망이 없는 압류의 금지에 위배되는 집행절차라도 당연무효는 아니며 채무자가 집행에 관한 이의로 다툴 수 있을 뿐이다.

② 초과압류의 금지

    ㉠ 압류는 집행력 있는 정본에 적은 청구금액의 변제와 집행비용의 변상에 필요한 한도에서 하여야 한다(제188조 제2항).

    ㉡ 유체동산에 대한 압류 후 그 압류가 판결정본에 기재한 청구금액의 변제와 집행비용의 변상에 필요한 한도를 초과한다는 사실이 명백해진 경우 집행관은 그 초과 부분의 압류를 취소하여야 한다.

    ㉢ 다만 다른 책임재산이 없다면 불가분인 하나의 목적물에 대하여는 초과압류라도 허용된다.

    ㉣ 초과압류금지에 위배되는 집행절차라도 당연무효는 아니며 채무자가 집행에 관한 이의로 다툴 수 있을 뿐이다.

> 민사집행법 제188조 제2항은 "압류는 집행력 있는 정본에 적은 청구금액의 변제와 집행비용의 변상에 필요한 한도 안에서 하여야 한다."고 규정하고 있는 바, 금전채권의 압류에 있어 피압류채권의 액면가액이 채권자의 집행채권 및 집행비용의 액을 초과하는 경우에는 그 피압류채권의 실제 가액이 채권자의 집행채권 및 집행비용에 미달한다고 볼 만한 특별한 사정이 없는 한 다른 채권을 중복하여 압류하는 것은 허용되지 않는다고 봄이 상당하다(대결 2011.4.14. 2010마1791).

I 총 설

1. 의 의

금전채권의 만족을 위하여 유체동산에 대해 실시하는 강제집행을 유체동산에 대한 금전채권집행이라고 한다.

2. 절차의 개요

① **압류절차** : 채권자가 집행관에게 집행신청(집행위임)을 하면 집행관은 채무자 소유의 유체동산 중 압류금지물건을 제외하고 압류를 실시한다.

② 현금화절차

　㉠ 압류물을 입찰 또는 호가경매의 방법으로 또는 적당한 매각의 방법으로 현금화한다.

　㉡ 다만, 법원은 직권 또는 압류채권자 등의 신청에 따라 일반 현금화의 방법에 의하지 아니하는 다른 방법에 의한 현금화나 다른 장소에서의 매각 또는 집행관 이외의 자에 의한 매각 등 특별한 현금화방법을 명할 수 있다.

③ 배당절차

　㉠ 집행관은 채권자가 한 사람인 경우에는 압류한 금전 또는 압류물을 현금화한 대금을 압류채권자에게 인도하여야 한다.

　㉡ 공동집행, 이중압류 또는 배당요구의 결과 채권자가 여러 사람인 경우 집행관은 압류금전 또는 매각대금으로 각 채권자의 채권과 집행비용의 전부를 변제할 수 있는 때에는 각 채권자에게 채권액을 교부하고 나머지가 있으면 채무자에게 교부하여야 할 것이다.

　㉢ 각 채권자의 채권과 집행비용의 전부를 변제할 수 없는 때에는 채권자 사이에 배당협의가 이루어지면 그 협의에 따라 배당을 실시하고 만약 협의가 이루어지지 아니하면 집행관은 그 매각대금을 공탁하고 그 사유를 집행법원에 신고하여야 한다. 위 공탁 및 사유신고가 있으면 집행법원은 배당절차를 실시하게 된다.

3. 압류의 대상이 되는 유체동산

> **민사집행법 제189조(채무자가 점유하고 있는 물건의 압류)**
> ② 다음 각 호 가운데 어느 하나에 해당하는 물건은 이 법에서 유체동산으로 본다.
> 　1. 등기할 수 없는 토지의 정착물로서 독립하여 거래의 객체가 될 수 있는 것
> 　2. 토지에서 분리하기 전의 과실로서 1월 이내에 수확할 수 있는 것
> 　3. 유가증권으로서 배서가 금지되지 아니한 것

① 의 의

　㉠ 민사집행법상의 유체동산은 대체로 민법상의 동산과 같다.

　㉡ 민법상의 동산이 아닌 것이라도 민사집행법상으로는 유체동산으로 취급하는 규정을 두고 있는데(제 189조 제2항), 이것은 집행의 방법 면에서 집행관의 사실적 행위를 통해 압류를 하는 것이 적절하기 때문이다.

　㉢ 목적물이 채무자의 소유이어야 함은 물론이다.

> [1] 금전채무를 담보하기 위하여 채무자가 그 소유의 동산을 채권자에게 양도하되 점유개정의 방법으로 인도하고 채무자가 이를 계속 점유하기로 약정한 경우 특별한 사정이 없는 한 그 동산의 소유권은 신탁적으로 이전되는 것에 불과하여, 채권자와 채무자 사이의 대내적 관계에서는 채무자가 소유권을 보유하나 대외적인 관계에서의 채무자는 동산의 소유권을 이미 채권자에게 양도한 무권리자가 되는 것이어서 다시 다른 채권자와 사이에 양도담보설정계약을 체결하고 점유개정의 방법으로 인도하더라도 선의취득이 인정되지 않는 한 나중에 설정계약을 체결한 채권자로서는 양도담보권을 취득할 수 없는데, 현실의 인도가 아닌 점유개정의 방법으로는 선의취득이 인정되지 아니하므로 결국 뒤의 채권자는 적법하게 양도담보권을 취득할 수 없다. **기출** 18
> [2] 동산을 목적으로 하는 유동 집합물 양도담보설정계약을 체결함과 동시에 채무불이행 시 강제집행을 수락하는 공정증서를 작성한 경우, 양도담보권자로서는 그 집행증서에 기하지 아니하고 양도담보계약내용에 따라 이를 사적으로 타에 처분하거나 스스로 취득한 후 정산하는 방법으로 현금화할 수도 있지만, 집행증서에 기하여 담보목적물을 압류하고 강제경매를 실시하는 방법으로 현금화할 수도 있는데, 만약 후자의 방식에 의하여 강제경매를 실시하는 경우, 이러한 방법에 의한 경매절차는 형식상은 강제집행이지만, 그 실질은 일반 강제집행절차가 아니라 동산양도담보권의 실행을 위한 환가절차로서 그 압류절차에 압류를 경합한 양도담보설정자의 다른 채권자는 양도담보권자에 대한 관계에서 압류경합권자나 배당요구권자로 인정될 수 없고, 따라서 환가로 인한 매득금에서 환가비용을 공제한 잔액은 양도담보권자의 채권변제에 우선적으로 충당하여야 한다(대판 2005.2.18. 2004다37430).

　㉣ 부부공유의 유체동산도 어느 일방에 대한 집행권원에 의하여 압류할 수 있다(제190조).

② 등기할 수 없는 토지의 정착물로서 독립하여 거래의 객체가 될 수 있는 것(제189조 제2항 제1호)

　㉠ 토지의 정착물은 민법상 부동산에 해당한다(민법 제99조). 이러한 정착물은 부동산의 일부로 취급되어 당해 토지에 대하여 강제경매가 이루어지면 매수인에게 당연히 귀속되는 것들이다.

　㉡ 여기서 민사집행법은 위와 같은 정착물 중에서 독립하여 거래의 객체가 될 수 있는 경우에는 토지에서 따로 떼어내어 독립된 강제집행의 객체로 삼고 있는 것이다.

　㉢ 독립하여 거래의 객체가 될 수 있다는 것은 목적물이 매각된 이후에는 토지로부터 분리하여 유통에 놓일 수 있음을 의미한다.

　㉣ 유체동산 집행의 대상이 되는 정착물의 예로는 송신용철탑, 정원석이나 정원수, 주유소의 급유기 등을 들 수 있다.

③ 토지에서 분리하기 전의 과실로서 1월 이내에 수확할 수 있는 것(제189조 제2항 제2호) : 압류의 효력은 압류물에서 생기는 천연물에도 미치므로(제194조), 과실은 토지에서 분리하기까지는 토지의 정착물로서 독립하여 거래의 대상으로 되지 아니하고, 그에 대한 강제집행은 토지에 대한 강제집행에 부수할 수밖에 없으나, 근래 미분리 과실이라도 독립하여 거래의 대상으로 되어 가는 추세에 있으므로 이를 압류의 대상으로 한 것이다.

> **민사집행법 제213조(미분리과실의 매각)**
> ① 토지에서 분리되기 전에 압류한 과실은 충분히 익은 다음에 매각하여야 한다.
> ② 집행관은 매각하기 위하여 수확을 하게 할 수 있다.

④ 유가증권으로서 배서가 금지되지 아니한 것(제189조 제2항 제3호)

　㉠ 유가증권으로서 배서가 금지되지 않은 것이 압류된 경우, 그 압류의 효력은 그 증서 자체만이 아니라 증서에 화체된 권리에까지 미친다. 그러나 그 권리의 목적인 물건(예 화물상환증의 목적인 화물) 자체에까지 압류의 효력이 미치는 것은 아니다.

　㉡ 유가증권이 배서가 금지된 것일 때에는 법원의 압류명령으로 집행관이 그 증권을 점유하여야 한다(제233조). 이러한 유가증권은 채권 그 밖의 재산권에 대한 집행의 대상이며 유체동산집행의 대상이 아니다.

⑤ 채무자와 그 배우자의 공유로서 채무자가 점유하거나 그 배우자와 공동으로 점유하고 있는 유체동산(제190조).

> **민사집행법 제190조(부부공유 유체동산의 압류)**
> 채무자와 그 배우자의 공유로서 채무자가 점유하거나 그 배우자와 공동으로 점유하고 있는 유체동산은 제189조(채무자가 점유하고 있는 물건의 압류)의 규정에 따라 압류할 수 있다. ☞ 배우자가 제출을 거부하지 아니하는 때에 한하여 압류할 수 있는 것이 아니다. **기출** 24
>
> **민사집행법 제189조(채무자가 점유하고 있는 물건의 압류)**
> ① 채무자가 점유하고 있는 유체동산의 압류는 집행관이 그 물건을 점유함으로써 한다. 다만, 채권자의 승낙이 있거나 운반이 곤란한 때에는 봉인, 그 밖의 방법으로 압류물임을 명확히 하여 채무자에게 보관시킬 수 있다. **기출** 24

　㉠ 민사집행법 제190조는 채무자와 그 배우자의 공유에 속하는 유체동산은 채무자가 점유하거나 그 배우자와 공동점유하는 때에는 같은 법 제189조의 규정에 의하여 압류할 수 있다고 규정하고 있는바, 위와 같은 규정은 부부공동생활의 실체를 갖추고 있으면서 혼인신고만을 하지 아니한 사실혼관계에 있는 부부의 공유유체동산에 대하여도 유추적용된다(대판 1997.11.11. 97다34273). **기출** 24 · 19

　㉡ 부부공유재산을 제외한 유체동산의 공유지분은 유체동산집행의 대상이 아니므로 '그 밖의 재산권에 대한 집행'(제251조)의 방법에 따라 압류한다. **기출** 24

　㉢ 부부공유재산의 추정과 부부공유의 유체동산에 대한 압류는 혼인관계가 유지되고 있는 부부를 전제로 한다.

> 부부의 누구에게 속한 것인지 분명하지 아니한 재산은 부부의 공유로 추정하고(민법 제830조 제2항), 채무자와 그 배우자의 공유로서 채무자가 점유하거나 그 배우자와 공동으로 점유하고 있는 유체동산은 압류할 수 있는데(민사집행법 제190조), 이와 같은 부부공유재산의 추정과 부부공유의 유체동산에 대한 압류는 혼인관계가 유지되고 있는 부부를 전제로 한다고 할 것이다(대판 2013.7.11. 2013다201233).

　㉣ 부부공유 유체동산의 압류에 관한 민사집행법 제190조의 규정은 체납처분의 경우에 유추적용을 배제할 만한 특수성이 없으므로 이를 체납처분의 경우에도 유추적용할 수 있다(대판 2006.4.13. 2005두15151). **기출** 24

Ⅱ 압류절차

1. 강제집행의 신청(집행위임)

① 유체동산의 집행은 채권자가 집행기관인 집행관에게 서면으로 집행신청을 함으로써 개시된다(제4조).

② 강제집행 목적물인 유체동산이 있는 장소를 기재하는 바, 동산의 경우에는 그 특성상 목적물이 있는 곳을 명확하게 표시함으로써 압류의 대상이 될 수 있는 동산을 특정하기 때문이다.

2. 집행관의 관할구역

① 원칙(관할구역 안에서의 압류) : 집행관은 각 지방법원 및 그 지원에 소속되어 있고(법원조직법 제55조, 집행관법 제2조), 그 임명받은 본원 또는 지원의 관할구역 내에서만 직무집행을 할 수 있음이 원칙이고(집행관규칙 제4조 제1항), 동시에 집행할 여러 개의 물건이 동일 지방법원 관할구역 내인 본원과 지원 또는 지원 상호 간의 관할에 산재해 있는 경우에는 소속지방법원장의 허가를 얻어 이를 집행할 수 있을 뿐이다(집행관규칙 제4조 제2항).

② 특칙(관할구역 밖에서의 압류) : 집행관은 동시에 압류하고자 하는 여러 개의 유체동산 가운데 일부가 관할구역 밖에 있는 경우에는 관할구역 밖의 유체동산에 대하여도 압류할 수 있고(규칙 제133조) 이 경우에는 소속 법원장의 허가 없이도 집행할 수 있다.

3. 압류의 개시

> **민사집행법 제189조(채무자가 점유하고 있는 물건의 압류)**
> ① 채무자가 점유하고 있는 유체동산의 압류는 집행관이 그 물건을 점유함으로써 한다. 다만, 채권자의 승낙이 있거나 운반이 곤란한 때에는 봉인, 그 밖의 방법으로 압류물임을 명확히 하여 채무자에게 보관시킬 수 있다. 기출 24
>
> **민사집행법 제191조(채무자 외의 사람이 점유하고 있는 물건의 압류)** 기출 18
> 채권자 또는 물건의 제출을 거부하지 아니하는 제3자가 점유하고 있는 물건은 제189조의 규정을 준용하여 압류할 수 있다.

① 압류의 실시

　㉠ 채무자가 점유하고 있는 경우

　　㉮ 집행관은 본래 채무자 소유의 유체동산에 대하여 압류를 하여야 마땅하나 실체상의 귀속관계에 관하여 조사할 권한을 가지지 아니하므로, 채무자가 점유하고 있는 유체동산이라면 그것이 진실로 채무자의 소유에 속하는지 여부를 묻지 않고 집행관은 일응 그 물건을 압류할 수 있다(제189조 제1항 참조).

　　㉯ 집행관은 설사 채무자 또는 제3자가 그 물건이 제3자의 소유라고 주장하거나 그에 관한 증거자료(예 양도담보공정증서 등)를 제출하더라도 그 물건이 채무자가 점유하고 있다고 인정되는 때에는 압류하여야 한다. 기출 18

④ 채무자가 점유하고 있는 이상 제3자가 그 물건에 대하여 소유권 그 밖의 권리를 가지고 있더라도 압류는 위법하지 않고, 다만, 이때에 제3자는 제3자이의의 소를 제기하여 구제받을 수 있다.

㉱ 다만, 채무자 이외의 자의 소유에 속하는 동산을 경매한 경우에도 매각절차에서 그 동산을 매수받아 매각대금을 납부하고 이를 인도받은 매수인은 특별한 사정이 없는 한 소유권을 선의취득한다(대판 1998.3.27. 97다32680). **기출** 20

㉡ 채권자가 점유하고 있는 경우 : 채무자 소유의 재산이면 채권자가 점유하고 있는 경우라도 민사집행법 제189조를 준용하여 압류할 수 있다(제191조).

㉢ 점유자인 제3자가 압류를 승낙하여 제출한 경우

㉮ 제3자가 채무자의 소유물을 점유하고 있는 경우에는 그 점유는 보호받아야 하므로 그 제3자가 압류를 승낙하여 제출을 거부하지 아니한 경우에 한하여 압류할 수 있다(제191조). **기출** 18

㉯ 유치권자가 점유하고 있는 채무자의 유체동산에 대한 강제집행은 유치권자가 채권자의 강제집행을 위하여 집행관에게 그 물건을 제출한 경우에 한하여 허용된다. **기출** 19

> 민사집행법 제189조 제1항은 채무자가 점유하고 있는 유체동산의 압류는 집행관이 그 물건을 점유함으로써 한다고 규정하고, 제191조는 채권자 또는 물건의 제출을 거부하지 아니하는 제3자가 점유하고 있는 물건은 제189조의 규정을 준용하여 압류할 수 있다고 규정하고 있으므로, 유치권자가 점유하고 있는 채무자의 유체동산에 대한 강제집행은 유치권자가 채권자의 강제집행을 위하여 집행관에게 그 물건을 제출한 경우에 한하여 허용된다(대결 2012.9.13. 2011그213). **기출** 19

㉰ 채무자와 제3자가 공동으로 점유하고 있는 물건은 제3자가 제출을 거부하지 아니한 때에 한하여 압류할 수 있다. 다만, 부부가 공동으로 점유하고 있는 부부공유 유체동산인 경우에는 이를 압류함에 있어서 배우자의 승낙이나 제출불거부 의사표시는 필요 없다(제190조).

㉱ 제3자인 점유자의 의사에 반하여 압류하였을 때에 그 압류는 당연무효가 아니고 취소할 수 있을 뿐이다.

㉲ 제3자가 그 점유하는 물건의 제출을 거부하는 때에는 이를 압류할 수 없다. 다만, 이 경우 채무자가 제3자에 대하여 인도청구권을 가지는 때에는 채권자는 그 청구권을 민사집행법 제243조의 규정에 따라 압류할 수밖에 없다.

② **압류물의 보관 등**

㉠ 집행관에 의한 목적물의 점유 : 압류는 원칙적으로 집행관이 채무자가 점유하고 있는 유체동산을 점유함으로써 한다(제189조 제1항 본문).

㉡ 압류물의 채무자 보관

㉮ 채권자의 승낙이 있거나 운반이 곤란한 때에는 집행관은 압류물을 채무자에게 보관하게 할 수 있다. 이때에는 봉인 그 밖의 방법으로 압류물임을 명확히 하여야 한다(제189조 제1항 단서).

㉯ 집행관이 물건을 압류하여 채무자에게 보관시키는 경우에 봉인 기타의 방법으로 압류를 명확히 하는 것은 압류의 효력발생요건이라 할 것이며, 압류의 표지가 명확하지 않은 경우의 압류는 무효일 뿐만 아니라 오히려 불성립에 속한다고 할 수 있으므로 위와 같은 하자를 추후에 집행관이 보정하여 경매하였다고 해서 그 흠이 치유되는 것은 아니다(대판 1991.10.11. 91다8951). **기출** 15

  ㉰ 동종의 물건 중 일부만을 압류하면서, 이를 유형적으로 구별하여 놓지 아니하고 <u>일괄공시의 방법</u>
   <u>으로 품목과 수량을 기재한 데 그친 공시서를 창고벽에 붙여서 한 압류는 무효이고 이를 기초로</u>
   하여 진행된 경매절차 역시 무효이다(대판 1991.10.11. 91다8951).

  ㉱ 집행관이 압류물을 채무자에게 보관시킨 경우에 채무자는 압류물에 대한 사용이 목적물의 가치감
   소를 초래하지 않거나 보존방법으로 인정되는 경우라면 압류표시를 훼손하지 않는 한도에서 통상
   의 용법에 따라 압류물을 사용할 수 있다.

 ⓒ 채권자 또는 제3자에의 보관위임 : 집행관은 채권자 또는 제출을 거부하지 아니하는 제3자가 점유하
  고 있는 유체동산을 압류하는 경우에는, 채무자에게 보관위임하는 경우에 준하여 압류물을 그 채권자
  또는 제3자의 보관에 위임할 수 있다(제191조, 제189조).

4. 압류의 제한

(1) 서 설

유체동산에 대한 집행의 제한에 대해서는 초과압류의 금지, 무익한 압류의 금지 이외에도 매각의 가망이
없는 압류의 금지, 국가의 일반재산에 대한 압류의 금지 및 채무자의 보호 및 사회·경제적인 요청에 부응한
제한이 있다.

(2) 매각의 가망이 없는 압류의 금지

 ① <u>집행관은 압류물에 관하여 상당한 방법으로 매각을 실시하였음에도 매각의 가망이 없는 때에는 그 압류</u>
  <u>물의 압류를 취소할 수 있다</u>(규칙 제141조).
 ② 집행법원의 허가를 받을 필요는 없다.
 ③ 채무자에게 주관적 가치나 사용가치는 있어도 시장가치가 없는 것을 압류하는 것은 무익하므로 그 압류
  는 허용되지 아니한다(제188조 제2항·제3항).

(3) 국가에 대한 강제집행에 있어서의 압류의 제한

 ① 국가에 대한 강제집행의 경우에 국유재산 중 어느 것이나 압류의 대상으로 되는 것이 아니고 <u>국고금만</u>
  <u>압류할 수 있다</u>(제192조).
 ② 그러므로 국가에 대한 금전채권의 집행을 위해 국가의 유체동산에 대한 강제집행은 허용되지 않는다.
 ③ 이러한 제한은 지방자치단체에 대해서는 적용되지 않는다.

(4) 압류가 금지되는 물건

 ① 민사집행법에 의하여 압류가 금지되는 물건(제195조)

제1호	채무자 및 그와 같이 사는 친족(사실상 관계에 따른 친족을 포함한다. 이하 이 조에서 "채무자등"이라고 한다)의 생활에 필요한 의복·침구·가구·부엌기구, 그 밖의 생활필수품
제2호	채무자 등의 생활에 필요한 <u>2월간</u>의 식료품·연료 및 조명재료
제3호	채무자 등의 생활에 필요한 <u>1월간</u>의 생계비로서 대통령령이 정하는 액수의 금전 – 본 호에 따라 압류가 금지되는 생계비는 250만원이다(시행령 제2조). 다만, 법 제246조 제1항 제8호 및 제9호에 따라 압류하지 못한 예금(적금·부금·예탁금과 우편대체를 포함하며, 이하 "예금 등"이라 한다)이 있으면 250만원에서 그 예금 등의 금액을 뺀 금액으로 한다.

제4호	주로 자기의 노동력으로 농업을 하는 사람에게 없어서는 아니될 농기구·비료·가축·사료·종자 그 밖에 이에 준하는 물건
제5호	주로 자기의 노동력으로 어업을 하는 사람에게 없어서는 아니될 고기잡이 도구·어망·미끼·새끼고기 그 밖에 이에 준하는 물건
제6호	전문직 종사자·기술자·노무자 그 밖에 주로 자기의 정신적 또는 육체적 노동으로 직업 또는 영업에 종사하는 사람에게 없어서는 아니될 제복·도구 그 밖에 이에 준하는 물건
제7호	채무자 또는 그 친족이 받은 훈장·포장·기장 그 밖에 이에 준하는 명예증표
제8호	위패·영정·묘비 그 밖에 상례·제사 또는 예배에 필요한 물건
제9호	족보·집안의 역사적인 기록·사진첩 그 밖에 선조숭배에 필요한 물건
제10호	채무자의 생활 또는 직무에 없어서는 아니 될 도장·문패·간판 그 밖에 이에 준하는 물건
제11호	채무자의 생활 또는 직업에 없어서는 아니될 일기장·상업장부 그 밖에 이에 준하는 물건
제12호	공표되지 아니한 저작 또는 발명에 관한 물건
제13호	채무자 등이 학교·교회·사찰 그 밖의 교육기관 또는 종교단체에서 사용하는 교과서·교리서·학습용구 그 밖에 이에 준하는 물건
제14호	채무자 등의 일상생활에 필요한 안경·보청기·의치·의수족·지팡이·장애보조용 바퀴의자 그 밖에 이에 준하는 신체보조기구
제15호	채무자 등의 일상생활에 필요한 자동차로서 자동차관리법이 정하는 바에 따른 장애인용 경형자동차
제16호	재해의 방지 또는 보안을 위하여 법령의 규정에 따라 설비하여야 하는 소방설비·경보기구·피난시설 그 밖에 이에 준하는 물건

② 다른 법령에 의한 압류금지물건

　㉠ 신탁법에 의한 신탁재산

　　㉮ 신탁법에 의하여 신탁재산으로 된 유체동산에 대하여는 수탁자에 대한 집행권원으로 압류할 수 없음은 물론, 대외적으로는 수탁자만이 소유권자이므로 신탁법의 규정에 의하여 해지되기 전에는 신탁자에 대한 집행권원으로도 이를 압류할 수 없다.

　　㉯ 다만, 신탁 전의 원인으로 발생한 권리 또는 신탁사무의 처리상 발생한 권리에 기한 경우에는 압류가능하다.

　㉡ 「공장 및 광업재단 저당법」 제3조와 제4조의 규정에 따라 저당권의 목적이 되는 기계·기구, 그 밖의 공장의 공용물 : 저당권의 목적인 토지나 건물에 대한 압류, 가압류 또는 가처분은 제3조 및 제4조에 따라 저당권의 목적이 되는 물건(기계·기구, 그 밖의 공장의 공용물)에 효력이 미치고, 제3조 및 제4조에 따라 저당권외 목적이 되는 물건은 토지나 건물과 함께하지 아니하면 압류, 가압류 또는 가처분의 목적으로 하지 못한다(같은 법 제8조).

　㉢ 「공장 및 광업재단 저당법」에 따라 공장재단(또는 광업재단)을 구성하는 물건 : 공장재단(또는 광업재단)과 분리하여 양도하거나 소유권 외의 권리, 압류, 가압류 또는 가처분의 목적으로 하지 못한다. 다만, 저당권자가 동의한 경우에는 임대차의 목적물로 할 수 있다(같은 법 제14조, 제54조).

　㉣ 그 밖의 특별법에서 개별적으로 강제집행이나 압류 또는 양도 등을 금지 또는 제한하고 있는 경우

③ 압류금지규정을 어긴 경우

㉠ 금지규정을 어겨 압류한 경우에 집행관은 법원의 지시나 채권자의 신청에 의하지 아니하고는 <u>스스로 압류를 해제할 수 없다</u>(대판 2003.9.26. 2001다52773).

> 공장저당의 목적인 동산은 공장저당법에 의하여 유체동산집행의 대상이 되지 아니하는 이른바 압류금지물에 해당하므로 집행관은 압류하여서는 아니 되지만, 금지규정을 어겨 압류한 경우에는 집행관은 집행에 관한 이의에 의한 법원의 결정이나 채권자의 신청에 의하지 아니하고는 스스로 압류를 해제할 수 없는 것이고, 압류의 부당해제의 경우 집행관의 처분에 대한 이의로서 구제받을 것을 예정하고 있다고 하더라도, 그러한 구제절차를 취하였더라면 부당한 압류해제로 인한 손해를 방지할 수 있었다고 단정할 수 없는 이상 구제절차를 취하지 아니하였다는 사유만으로 부당한 압류해제로 인한 손해발생을 부정할 수는 없다(대판 2003.9.26. 2001다52773). `기출` 25 · 19 · 15

㉡ 압류금지규정을 어긴 경우에 그 압류는 당연무효는 아니고, 집행에 관한 이의에 의하여 취소할 수 있을 뿐이다. 압류금지물건이 매각된 때에는 매수인은 유효하게 목적물의 소유권을 취득하고 그 매각대금으로 채권자가 변제받더라도 부당이득이 되지 않는다.

(5) 압류금지 물건을 정하는 재판

민사집행법 제196조(압류금지 물건을 정하는 재판)
① 법원은 당사자가 신청하면 채권자와 채무자의 생활형편, 그 밖의 사정을 고려하여 유체동산의 전부 또는 일부에 대한 압류를 취소하도록 명하거나 제195조(압류가 금지되는 물건)의 유체동산을 압류하도록 명할 수 있다. `기출` 15
② 제1항의 결정이 있은 뒤에 그 이유가 소멸되거나 사정이 바뀐 때에는 법원은 직권으로 또는 당사자의 신청에 따라 그 결정을 취소하거나 바꿀 수 있다.
③ 제1항 및 제2항의 경우에 법원은 제16조 제2항에 준하는 결정을 할 수 있다.
④ 제1항 및 제2항의 결정에 대하여는 즉시항고를 할 수 있다.
⑤ 제3항의 결정에 대하여는 불복할 수 없다.

5. 압류의 효력

민사집행법 제194조(압류의 효력)
압류의 효력은 압류물에서 생기는 천연물에도 미친다.

민사집행법 제193조(압류물의 인도)
① 압류물을 제3자가 점유하게 된 경우에는 법원은 <u>채권자의 신청에 따라</u> 그 제3자에 대하여 그 물건을 집행관에게 인도하도록 명할 수 있다. `기출` 15
② 제1항의 신청은 압류물을 제3자가 점유하고 있는 것을 안 날부터 1주 이내에 하여야 한다.
③ 제1항의 재판은 상대방에게 송달되기 전에도 집행할 수 있다.
④ 제1항의 재판은 신청인에게 고지된 날부터 2주가 지난 때에는 집행할 수 없다.
⑤ 제1항의 재판에 대하여는 즉시항고를 할 수 있다.

① **일반적 효력** : 압류의 효력은 압류물에서 생기는 천연물에도 미친다(제194조).
② **압류물 인도명령제도**(제193조) : 압류물 인도명령은 압류집행 후 그 압류가 실효되거나 취소되는 등 해제됨이 없이 제3자가 압류물을 점유하게 된 경우에, 집행관의 압류물에 대한 점유를 회복하기 위하여 행하여지는 것으로서 채권자의 신청에 의하여 법원으로부터 압류물 인도명령을 받아 이를 회수함으로써 압류의 사실상 효력을 유지하고자 하는 데 그 취지가 있다. 여기에서 '채권자'는 '압류채권자'를 말하고, '배당요구채권자'는 포함되지 않는다. **기출** 15

Ⅲ 집행참가제도

1. 서 설

① 압류채권자의 신청으로 집행절차가 개시된 이후에 다른 채권자의 집행절차 관여를 집행참가제도라고 하며 이에는 이중경매개시결정제도와 배당요구제도가 있음은 앞서 설명하였다.
② 한편 이와 구별할 것으로 공동집행이 있다는 것도 설명하였다.
③ 여기서는 유체동산강제경매에서 공동집행, 이중압류, 배당요구가 부동산강제경매에서와 어떻게 다른지를 중심으로 설명하기로 한다.

2. 공동(동시)압류

① **의 의**
   ㉠ 부동산강제경매에서와 다를 것이 없다. 수인의 채권자가 동일한 채무자에 대한 동일한 유체동산에 대하여 공동으로 압류를 신청한 경우로 이에 대하여 하나의 압류명령을 내린다. 이를 동시압류라고도 한다.
   ㉡ 수인의 채권자가 때를 달리하여 개별적으로 압류를 신청한 경우라도 집행법원은 이를 병합하여 하나의 압류명령을 내린다.
   ㉢ 압류명령을 내리기 전에 수인의 채권자의 압류명령 신청이 있어야 함은 이미 살펴보았다.

② **집행절차**
   ㉠ 동시압류의 경우에는 압류에서부터 현금화에 이르기까지 집행절차가 1개로서 진행된다.
   ㉡ 따라서 압류의 절차는 단독압류에 준하며, 집행조서는 하나로서 작성되고, 채권 또는 채권자 사이에 집행신청의 선후에 따른 우열은 없으며 실체법상의 우선순위에 따라 매각대금을 배당받는다.
   ㉢ 그러나 집행법상의 법률관계는 집행신청을 한 채권 또는 채권자별로 독립하여 성립되므로 하나의 채권 또는 채권자에 의한 집행신청의 취하나 집행정지, 취소 등은 다른 채권 또는 채권자에 의한 집행절차에는 아무런 영향을 미치지 못한다.

3. 압류의 경합(이중압류)

> **민사집행법 제215조(압류의 경합)**
> ① 유체동산을 압류하거나 가압류한 뒤 매각기일에 이르기 전에 다른 강제집행이 신청된 때에는 집행관은 집행신청서를 먼저 압류한 집행관에게 교부하여야 한다. 이 경우 더 압류할 물건이 있으면 이를 압류한 뒤에 추가압류조서를 교부하여야 한다.
> ② 제1항의 경우에 집행에 관한 채권자의 위임은 먼저 압류한 집행관에게 이전된다.
> ③ 제1항의 경우에 각 압류한 물건은 강제집행을 신청한 모든 채권자를 위하여 압류한 것으로 본다. `기출` 15
> ④ 제1항의 경우에 먼저 압류한 집행관은 뒤에 강제집행을 신청한 채권자를 위하여 다시 압류한다는 취지를 덧붙여 그 압류조서에 적어야 한다.

① 의 의
  ㉠ 어느 채권자의 집행신청으로 유체동산에 대한 압류가 있은 후에 다른 채권자의 집행신청이 있게 되면 양 절차를 병합하여 진행하게 되는데 이때 복수의 압류가 있다는 의미에서 이를 두고 이중압류라고 한다.
  ㉡ 이중압류를 논하는 실익은 압류의 효력을 어디까지 확장시킬 것인가를 정하고, 구체적인 집행절차의 진행에 있어서 수 개의 집행신청이 있다는 사정을 어떻게 고려할 것인가에 있다고 하겠다.
  ㉢ 유체동산집행에 있어 이중압류는 압류의 효력을 확장한다는 의미보다는 다른 채권자가 배당에 참가하는 유일한 방법이라는 데 그 실제적 의미가 있다.
② 압류경합의 요건
  ㉠ 채무자의 동일성 : 채무자가 다른 경우에는 비록 압류목적물이 동일하더라도 이중압류를 할 수는 없다.
  ㉡ 선행압류
    ㉮ 유체동산에 대한 선행의 압류나 가압류가 존재하여야 한다. 즉 어느 채권자에 의한 집행신청에 기하여 집행관이 유체동산에 대한 압류 또는 가압류를 위한 구체적인 집행행위에 나아간 이후에만 이중압류가 발생할 수 있다.
    ㉯ 이중압류는 후행압류에 따라 압류의 효력범위를 어디까지 확장시킬 것인가의 문제이므로 유치권에 기한 경매나 공유물분할을 위한 경매에서는 그 성질상 압류효력의 확장을 인정할 여지가 없으므로 이중압류의 문제가 생기지 아니하며, 체납처분절차와 민사집행절차는 동시에 진행되는 경우라도 양자는 불간섭주의 원칙에 따라 상호 독립된 별개의 절차라 할 것이어서 이중압류의 문제는 고려할 여지가 없다.
  ㉢ 후행압류
    ㉮ 후행압류는 선행압류와 선행압류에 따른 매각기일의 사이에 이루어져야 한다. 선행압류가 있기 전에 수 개의 집행신청이 병존하는 경우에는 이중압류가 아닌 공동압류 내지 동시압류에 따라야 한다.
    ㉯ 유체동산집행에 있어서의 이중압류는 우선변제청구권이 없는 일반 채권자가 배당에 참가할 수 있는 유일한 방법이므로 일면에서는 배당요구의 시적 한계와 일치시킬 필요가 있지만, 초과압류의 금지와 무잉여압류의 금지 및 매각의 한도와의 관계상 매각기일에 이르기 이전에 매각할 물건의 범위를 어느 정도 확정할 필요가 있으므로, 민사집행법 제215조 제1항은 이중압류의 시적 한계를 매각기일(= 실제로 매각이 된 매각기일)까지로 정하고 있다.

민사집행법 제215조 제1항은 "유체동산을 압류하거나 가압류한 뒤 매각기일에 이르기 전에 다른 강제집행이 신청된 때에는 집행관은 집행신청서를 먼저 압류한 집행관에게 교부하여야 한다."고 규정하고 있는데, 부동산과 채권에 대한 이중압류는 배당요구의 종기(終期)와 관계없이 매각대금 완납, 제3채무자의 공탁 또는 지급 등 집행대상 재산이 채무자의 책임재산에서 벗어날 때까지 가능한 것으로 폭넓게 인정되고 있고, 유체동산 매각절차에서는 매각 또는 입찰기일에 매수 허가 및 매각대금 지급까지 아울러 행해짐이 원칙인 점(민사집행규칙 제149조 제1항, 제151조)에 비추어 볼 때, 위 민사집행법 제215조 제1항에서 '매각기일에 이르기 전'이란 '실제로 매각이 된 매각기일에 이르기 전'을 의미하는 것으로서 그때까지의 이중압류는 허용된다고 보아야 한다. 더군다나 동산집행절차에서 이중압류는 우선변제청구권이 없는 일반채권자가 배당에 참가할 수 있는 유일한 방법인 점, 우선변제청구권이 있는 채권자의 배당요구의 종기가 집행관이 매각대금을 영수한 때 등으로 정해져 있는 점(민사집행법 제220조 제1항) 등에 비추어 보더라도, 앞서 본 법리와 달리 민사집행법 제215조 제1항의 '매각기일'을 '첫 매각기일'로 해석하여 이중압류의 종기를 앞당기는 것은 바람직하지 않다(대판 2011.1.27. 2010다83939).

기출 19

③ **집행절차의 진행**

㉠ 이중압류에 의한 절차의 진행

㉮ 부동산 이중경매에 있어서는 원칙적으로 선행압류를 기초로 경매절차가 진행된다(제87조). 그러나 유체동산 이중경매에 있어서는 선행압류만이 아닌 선행압류와 후행압류 양자를 기초로 절차가 진행된다.

㉯ 이 점에 있어서 부동산 이중경매와 크게 다르다.

㉰ 그렇다고 하더라도 양자가 결합하여 집행절차의 기초를 이루는 것은 아니며 각자가 독립하여 집행절차의 기초를 이룬다는 점을 유의해야 한다.

㉡ 선행집행관에 의한 절차진행

㉮ 유체동산을 압류하거나 가압류한 뒤 매각기일에 이르기 전에 다른 강제집행이 신청된 때에는 집행관은 집행신청서를 먼저 압류한 집행관에게 교부하여야 한다.

㉯ 이 경우 더 압류할 물건이 있으면 이를 압류한 뒤에 추가압류조서를 교부하여야 한다(제215조 제1항).

㉰ 선행압류와 후행압류가 독립하여 집행절차의 기초를 이루는 것이지만 구체적인 집행절차의 진행은 선행집행관이 관할한다.

㉱ 이를 위하여 후행집행신청을 받은 집행관은 추가로 압류할 물건이 있는지를 따져 추가압류조서와 함께 후행압류신청서를 선행집행관에게 교부한다.

㉲ 만일 추가로 압류할 물건이 없는 경우에는 후행압류신청서만을 교부하면 된다.

④ **이중압류의 효력**

㉠ 집행위임의 이전 : 이중압류가 이루어지면 후행 집행신청을 한 채권자의 집행위임은 선행압류한 집행관에게 이전된다(제215조 제2항).

㉡ 압류의 효력확장

㉮ 이중압류가 이루어지면 각 압류한 물건은 강제집행을 신청한 모든 채권자를 위하여 압류한 것으로 본다(제215조 제3항).

㉯ 후행집행신청에 따라 추가압류된 것이 없는 경우에는 선행집행사건에서 압류된 물건은 선행집행신청을 한 채권자뿐만 아니라 후행집행신청을 한 채권자를 위하여서도 압류된 것으로 본다.

④ 추가압류물이 있는 경우에는 선행압류물과 추가압류물 모두에 대하여 선행 및 후행채권자는 압류의 효력을 주장할 수 있다.

④ 어느 하나의 압류의 효력이 소멸한 경우라도 나머지 압류의 효력범위가 당초에 압류한 목적물의 범위로 축소되는 것도 아니다.

⑤ **각 압류의 독립성**

㉠ 이중압류의 경우, 후행압류도 독립한 압류이다. 따라서 이중압류 후의 집행절차는 압류가 경합된 채로 집행절차가 진행되는 것이라고 보아야 할 것이다.

㉡ 후행압류가 취소되거나 그 신청이 취하되더라도 그것만으로는 추가압류물에 대한 압류를 취소할 수 없다.

㉢ 선행압류에 대하여 집행정지의 재판이 있은 후 후행집행신청에 따라 추가압류한 경우에는 추가압류물에 대한 매각절차를 진행할 수 있다.

⑥ **집행비용** : 이중압류가 된 경우, 각 압류가 경합된 채로 집행절차가 진행되는 것이므로 추가압류비용뿐 아니라 후행압류에 소요된 모든 비용이 공익비용에 산입되어 매각대금으로부터 우선변제받을 수 있다.

4. 배당요구

① 배당요구권자

> **민사집행법 제217조(우선권자의 배당요구)** 기출 19·14
> 민법·상법, 그 밖의 법률에 따라 우선변제청구권이 있는 채권자는 매각대금의 배당을 요구할 수 있다.
>
> **민사집행법 제218조(배당요구의 절차)**
> 제217조의 배당요구는 이유를 밝혀 집행관에게 하여야 한다.
>
> **민사집행법 제219조(배당요구 등의 통지)**
> 제215조 제1항 및 제218조의 경우에는 집행관은 그 사유를 배당에 참가한 채권자와 채무자에게 통지하여야 한다.

㉠ 유체동산집행에 있어서는 실체법(민법·상법, 그 밖의 법률)상 우선변제청구권이 있는 채권자에 한하여 매각대금의 배당요구를 할 수 있다(제217조). 기출 19·14

㉡ 집행력 있는 정본을 가지지 아니한 자는 아예 배당에서 제외되고, '집행력 있는 정본을 가진 자'도 민사집행법 제215조에 따라 이중압류하지 않는 이상 배당절차에 참가할 수 없다.

> 이미 소멸시효가 완성된 어음채권을 원인으로 하여 집행력 있는 집행권원을 가진 채권자가 채무자의 유체동산에 대한 강제집행을 신청하고, 그 절차에서 채무자의 유체동산 매각대금이 채권자에게 교부되어 그 채무의 일부변제에 충당될 때까지 채무자가 아무런 이의를 진술하지 아니하였다면, 그 강제집행 절차의 진행을 채무자가 알지 못하였다는 등 다른 특별한 사정이 없는 한 채무자는 어음채권에 대한 소멸시효 이익을 포기한 것으로 볼 수 있고, 그때부터 그 원인채권의 소멸시효 기간도 다시 진행하지만, 이렇게 소멸시효 이익을 포기한 것으로 보기 위해서는 채무자의 유체동산 매각대금이 채권자에게 교부되어 그 채무의 일부변제가 이루어졌음이 증명되어야 한다(대판 2010.5.13. 2010다6345). 기출 18

ⓒ 압류 이전에 목적물을 가압류한 채권자는 압류채권자에 해당하므로 당연히 배당을 받게 된다.

② 이러한 점은 채권집행에 있어서는 '실체법상 우선변제청구권이 있는 채권자'와 '집행력 있는 정본을 가진 채권자'가 배당요구를 할 수 있고(제247조), 부동산집행에 있어서는 '실체법상 우선변제청구권이 있는 자', '집행력 있는 정본을 가진 자' 외에 '경매개시결정이 등기된 뒤에 가압류를 한 채권자'가 배당요구를 할 수 있는 점(제88조)과 대비된다.

ⓜ 판례는 '점유개정에 의한 동산양도담보권자'는 유체동산경매절차에서 그 물건의 소유자임을 주장하여 제3자이의의 소를 제기할 수 있으며, 경매절차에서 배당요구를 하여 우선변제를 받을 수도 있다고 한다(대판 1999.9.7. 98다47283).

② **배당요구의 시기** : 배당요구의 시기에 대하여는 특별한 규정은 없으나 집행개시 후, 즉 집행관이 압류할 물건의 소재지에 이르러 압류할 물건을 수색하기 시작함으로써 집행에 착수한 때부터라고 할 수 있다.

③ **배당요구의 종기**(제220조 제1항)

> **민사집행법 제220조(배당요구의 시기)**
> ① 배당요구는 다음 각 호의 시기까지 할 수 있다.
>   1. 집행관이 금전을 압류한 때 또는 매각대금을 영수한 때
>   2. 집행관이 어음·수표 그 밖의 금전의 지급을 목적으로 한 유가증권에 대하여 그 금전을 지급받은 때
> ② 제198조 제4항에 따라 공탁된 매각대금에 대하여는 동산집행을 계속하여 진행할 수 있게 된 때까지, 제296조 제5항 단서에 따라 공탁된 매각대금에 대하여는 압류의 신청을 한 때까지 배당요구를 할 수 있다.

ⓗ 금전을 압류한 경우(제1호 전단) : 압류금전은 별도의 현금화절차를 요하지 아니하고 즉시 채권자에게 인도하여야 하고 이로써 채무자가 지급한 것이 되므로 그 압류한 때까지 배당요구를 할 수 있다.

ⓛ 압류물을 매각, 현금화하는 경우(제1호 후단) : 이 경우에는 집행관이 매각대금을 영수한 때까지 배당요구를 할 수 있다.

ⓒ 금전의 지급을 목적으로 하는 유가증권을 압류한 경우(제2호) : 이때에는 그 매각대금의 영수시가 배당요구의 종기로 된다.

④ **배당요구의 통지** : 집행관은 실체법상 우선변제청구권이 있는 자의 배당요구가 있는 경우에는 그 사유를 배당에 참가한 채권자와 채무자에게 통지하여야 한다(제219조).

⑤ **배당요구의 효력**

ⓗ 적법한 배당요구가 있는 때에는 압류금전 또는 매각대금 등에서 배당받을 지위를 취득한다. 압류채권자와 배당요구채권자, 배당요구채권자 상호 간의 배당순위는 채권자 전원의 협의에 의하거나 실체법의 규정에 의하여 정해진다. **기출** 14

ⓛ 배당요구를 한 후 다른 채권자가 이중압류를 하여 압류물이 추가된 때에는 그 추가된 압류물에 대하여도 배당요구의 효력이 미친다고 해석된다(제215조 제3항 참조). **기출** 14

5. 배우자의 지급요구

> **민사집행법 제221조(배우자의 지급요구)** [기출] 14
> ① 제190조(부부공유 유체동산의 압류)의 규정에 따라 <u>압류한 유체동산에 대하여 공유지분을 주장하는 배우자는</u> <u>매각대금을 지급하여 줄 것을 요구할 수 있다.</u>
> ② 제1항의 지급요구에는 제218조 내지 제220조의 규정을 준용한다.
> ③ 제219조의 통지를 받은 채권자가 배우자의 공유주장에 대하여 이의가 있는 때에는 <u>배우자를 상대로 소를 제기하</u> <u>여 공유가 아니라는 것을 확정하여야</u> 한다.
> ④ 제3항의 소에는 제154조 제3항, 제155조 내지 제158조, 제160조 제1항 제5호 및 제161조 제1항·제2항·제4항 의 규정을 준용한다.

① 서설 : 민사집행법 제190조의 규정에 따라 부부공유 유체동산을 압류한 경우 그 배우자는 그 목적물에 대한 우선매수권(제206조)을 행사하거나 자기 공유지분에 대한 매각대금을 지급하여 줄 것을 요구할 수 있다(제221조 제1항). 이 지급요구는 자기 소유물의 매각대금의 반환을 구하는 것으로서 배당요구와는 본질을 달리 하는 것이나, 그 규율에 있어서는 배당이의에 관한 규정을 준용한다(제221조 제2항, 규칙 제153조).

② 지급요구의 절차

　㉠ 지급요구의 절차에는 배당요구에 관한 규정이 준용된다. 다만, '배당요구'는 반드시 <u>서면</u>에 의하여야 하나(규칙 제158조, 제48조), '지급요구'는 매각기일에 매각장소에 출석하여 하는 경우에는 <u>말로도</u> 할 수 있다(규칙 제153조).

　㉡ 배우자의 지급요구가 있는 때에는 집행관은 그 사유를 배당에 참가한 채권자와 채무자에게 통지하여야 한다(제221조 제2항, 제219조). 이러한 통지를 받은 채권자는 공유관계부인의 소를 제기하는 방법으로 다툴 수 있다.

　㉢ 지급요구의 대상이 되는 '매각대금'을 어떻게 볼 것인가에 관하여 집행관사무소에 비치할 각종 문서의 양식에 관한 예규(행정예규 제1200호) [별지] 2-32호의 유체동산호가경매조서는 집행비용을 <u>빼기</u> 전의 것을 의미한다는 전제 아래(채무자 아닌 배우자가 부담할 것이 아니라는 의미), 지급요구가 있을 때에는 '집행비용의 공제에 앞서(= 집행비용을 공제하지 않고)' 배우자에 대하여 그 지분에 해당하는 몫을 지급하도록 하고 있다(실무제요 집행 4). [기출] 14

③ **지급요구의 시기** : 배우자의 지급요구의 시적 한계에 관하여는 배당요구와 동일한 제한이 있다. 따라서 배당요구종기 전에 하여야 한다(제221조 제2항, 제220조). 이 시기 내에 지급요구가 없으면 매각대금전액이 압류채권자 및 배당요구채권자에게 지급된다.

④ 공유관계부인의 소

　㉠ 의의 : 지급요구의 통지를 받은 채권자가 배우자의 공유주장에 대하여 이의가 있는 때에는 그 배우자를 상대로 공유관계부인의 소를 제기하여 압류물이 채무자와 그 배우자의 공유가 아니라 채무자의 단독소유라는 것을 확정함으로써 부당한 지급요구를 배제할 수 있다(제221조 제3항).

　㉡ 소송절차

　　㉮ 공유관계부인의 소는 배당이의의 소에 준용한다(제221조 제4항).

　　㉯ 공유관계부인의 소를 제기한 자는 배당기일부터 1주 이내에 집행관에 대하여 그 소를 제기한 사실을 증명하는 서류를 제출하지 아니한 때 또는 그 소를 제기한 사실을 증명하는 서류와 그 소에 관한 집행정지재판의 정본을 제출하지 아니한 때에는 이의가 취하된 것으로 본다(제221조 제4항, 제154조 제3항 준용).

　　㉰ 공유관계부인의 소를 제기한 채권자가 <u>첫 변론기일에 출석하지 아니하면 소를 취하한 것으로 간</u> <u>주된다</u>(제221조 제4항, 제158조 준용).

Ⅳ 현금화절차

1. 서 론

① 유체동산에 대하여 압류가 있은 다음에는 현금화절차가 진행된다.

② 압류물이 금전인 경우에는 현금화절차라는 것이 무의미하고 그 밖의 경우에는 매각을 통해 현금화를 한다.

2. 압류물이 금전인 경우

> **민사집행법 제201조(압류금전)**
>
> ① 압류한 금전은 채권자에게 인도하여야 한다.
>
> ② 집행관이 금전을 추심한 때에는 채무자가 지급한 것으로 본다. 다만, 담보를 제공하거나 공탁을 하여 집행에서 벗어날 수 있도록 채무자에게 허가한 때에는 그러하지 아니하다.
>
> **민사집행법 제208조(집행관이 매각대금을 영수한 효과)**
>
> 집행관이 매각대금을 영수한 때에는 채무자가 지급한 것으로 본다. 다만, 담보를 제공하거나 공탁을 하여 집행에서 벗어날 수 있도록 채무자에게 허가한 때에는 그러하지 아니하다.

① 압류물이 금전인 경우에는 집행관이 채무자로부터 현금을 인도받는 것이 현금화절차가 된다.

② 채무자가 집행관에게 금전을 인도한 때에 집행채권이 만족을 얻게 되므로 집행절차는 종료된다. 따라서 집행관이 금전을 채권자에게 지급하기 전이라도 채권이 소멸한다.

3. 압류물의 매각

① 유체동산의 매각방법

　㉠ 유체동산의 매각방법은 기일입찰(규칙 제151조), 호가경매(제199조, 규칙 제145조 내지 제150조), 금은붙이의 현금화(제209조 후문, 제210조 전단), 특별한 현금화명령이 있는 경우(제214조)로 나누어져 있다. 민사집행법은 호가경매를 원칙적인 방법으로서 이에 대하여 먼저 규정하고 있다(규칙 제145조 내지 제150조). 기간입찰 방식은 동산에서는 채용하지 않고 있다.

　㉡ 매수인이 대금지급일에 대금을 지급하지 아니하여 다시 유체동산을 매각하는 경우 뒤의 매각가격이 처음의 매각가격에 미치지 아니하는 때에는 전의 매수인이 제공한 매수신고의 보증은 그 차액을 한도로 매각대금에 산입한다(규칙 제149조 제5항).

② 호가경매

　㉠ 매각의 준비

최저매각가격의 결정	• 유체동산집행에는 최저매각가격제도가 없으므로 이를 정하는 것은 특별매각조건에 해당한다. 집행관은 매수신청의 액이 상당하지 아니하다고 인정하는 경우에는 매수를 허가하지 아니할 수 있다. • 다만 고가물에 대하여는 감정인에게 평가하게 하여야 한다(제200조). 집행관이 값비싼 물건에 대하여 감정인의 평가를 거치지 않고 매각하는 경우에는, 이해관계인은 집행에 관한 이의를 신청할 수 있다(제16조).
매각기일의 지정 등	• 집행관이 호가경매의 방법으로 유체동산을 매각하는 때에는 현금화를 위한 경매기일의 일시와 장소를 정하여야 한다(규칙 제145조 제1항 전문). • 호가경매기일은 원칙적으로 압류일부터 1주 이상 기간을 두어야 한다(제202조 본문). • 압류물을 보관하는 데 지나치게 많은 비용이 들거나 시일이 지나면 그 물건의 값이 크게 내릴 염려가 있는 때에는 압류일부터 1주가 지나기 이전이라도 매각할 수 있다(제202조 단서).

ⓛ 매각의 실시

> **민사집행법 제205조(매각·재매각)**
> ① 집행관은 최고가매수신고인의 성명과 가격을 말한 뒤 매각을 허가한다.
> ② 매각물은 대금과 서로 맞바꾸어 인도하여야 한다.

㉮ 호가경매는 미리 정한 일시·장소에서 집행관이 매각조건을 정하여 이를 고지하고, 매각할 압류물에 대하여 매수의 신청을 최고하여 개시하고 최고가매수신고인을 매수인으로 고지한 다음, 매각대금과 서로 맞바꾸어 매각물을 매수인에게 인도함으로써 종결한다(제205조 제2항).

㉯ 호가경매는 호가경매기일에 매수신청의 액을 서로 올려가는 방법으로 한다(규칙 제147조 제4항, 제72조 제1항).

ⓒ 재매각

㉮ 매수인이 매각조건에 정한 지급기일에 대금의 지급과 물건의 인도청구를 게을리한 때에는 재매각을 하여야 한다. 지급기일을 정하지 아니한 경우로서 매각기일의 마감에 앞서 대금의 지급과 물건의 인도청구를 게을리한 때에도 또한 같다(제205조 제3항).

㉯ 전의 매수인은 재매각절차에 참가하지 못하며, 뒤의 매각대금이 처음의 매각대금보다 적은 때에는 그 부족한 액수를 부담하여야 한다(제205조 제4항). 이 경우 뒤의 매각가격이 처음의 매각가격에 미치지 아니하는 때는 전의 매수인이 제공한 매수신고의 보증은 그 차액을 한도로 매각대금에 산입하고(규칙 제149조 제5항 전문), 나머지가 있는 때에는 이를 전의 매수인에게 반환한다(실무제요 집행 4). **기출** 14

ⓔ 배우자의 우선매수권

> **민사집행법 제206조(배우자의 우선매수권)** **기출** 14
> ① 제190조(부부공유 유체동산의 압류)의 규정에 따라 압류한 유체동산을 매각하는 경우에 배우자는 매각기일에 출석하여 우선매수할 것을 신고할 수 있다.
> ② 제1항의 우선매수신고에는 제140조 제1항 및 제2항의 규정을 준용한다.

㉮ 민사집행법 제190조의 규정에 따라 부부공유 유체동산을 압류한 경우에 배우자는 매각기일에 출석하여 우선매수할 것을 신고할 수 있다(제206조 제1항). **기출** 14

㉯ 배우자는 매각기일까지 보증을 제공하고 최고매수신고가격과 같은 가격으로 우선매수하겠다는 신고를 할 수 있고, 법원은 최고가매수신고가 있더라도 그 배우자에게 매각을 허가하여야 한다(제206조 제2항, 제140조 제1항·제2항). **기출** 14

㉰ 신고는 말로 하면 되고 특별한 방식을 요하지 아니하나, 최고매수신고가격과 동일한 가격으로 우선매수하겠다는 취지를 표시하여야 한다(제206조 제2항, 제140조 제1항).

③ 특별현금화방법
  ㉠ 금·은붙이의 현금화

> **민사집행법 제209조(금·은붙이의 현금화)**
> 금·은붙이는 그 금·은의 시장가격 이상의 금액으로 일반 현금화의 규정에 따라 매각하여야 한다. 시장가격 이상의 금액으로 매수하는 사람이 없는 때에는 집행관은 그 시장가격에 따라 적당한 방법으로 매각할 수 있다.

  ㉮ 금·은붙이는 그 금·은의 시장가격 이상의 금액으로 일반 현금화의 규정에 따라 매각하여야 한다(제209조 전문).
  ㉯ 금·은붙이에 대하여 매각을 실시하였으나 그 시장가격 이상의 금액으로 매수하는 사람이 없는 때에는 집행관은 그 취지를 매각조서에 적은 후, 그 시장가격에 따라 적당한 방법으로 매각할 수 있다(제209조 후문).
  ㉡ 유가증권의 현금화 : 배서가 금지되지 아니한 유가증권 중 집행관이 압류한 것으로서 시장가격이 있는 것은 매각하는 날의 시장가격에 따라 적당한 방법으로 매각하고 그 시장가격이 형성되지 아니한 것은 일반 현금화의 규정에 따라 매각하여야 한다(제210조).
④ 법원의 명령에 의한 특별현금화

> **민사집행법 제214조(특별한 현금화 방법)**
> ① 법원은 필요하다고 인정하면 직권으로 또는 압류채권자, 배당을 요구한 채권자 또는 채무자의 신청에 따라 일반 현금화의 규정에 의하지 아니하고 다른 방법이나 다른 장소에서 압류물을 매각하게 할 수 있다. 또한 집행관에게 위임하지 아니하고 다른 사람으로 하여금 매각하게 하도록 명할 수 있다.
> ② 제1항의 재판에 대하여는 불복할 수 없다.

  ㉠ 법원은 필요하다고 인정하면 직권으로 또는 압류채권자, 배당을 요구한 채권자 또는 채무자의 신청에 따라 일반현금화의 규정에 의하지 아니하고 다른 방법이나 다른 장소에서 압류물을 매각하게 할 수 있다.
  ㉡ 집행관에게 위임하지 아니하고 다른 자로 하여금 매각하게 하도록 명할 수 있다(제214조 제1항).
  ㉢ 채권자가 채무자 소유 주식에 대한 압류명령을 받아 특별현금화명령을 신청함에 따라 집행법원이 그 주식을 일정액의 금전 지급에 갈음하여 채권자에게 양도하는 특별현금화명령을 하였는데, 이에 대한 불복방법(= 즉시항고)

> 민사집행법 제189조 제2항 제3호에 의하여 민사집행법상 유체동산으로 보는 것은 유가증권으로서 배서가 금지되지 아니하는 것으로 주권은 이에 해당할 여지가 있으나 주권이 표창하는 주식은 이에 해당하지 아니한다. 채권자가 채무자 소유 주식에 대한 압류명령을 받아 특별현금화명령을 신청함에 따라 집행법원이 그 주식을 일정액의 금전 지급에 갈음하여 채권자에게 양도하는 특별현금화명령을 하였는데, 채무자가 이에 대해 즉시항고를 제기하자, 항고법원이 압류된 주식은 유체동산으로 간주되고 그 주식에 대한 양도명령은 특별항고로만 불복할 수 있다는 이유로 사건을 대법원으로 이송한 사안에서, 주권은 민사집행법상 유체동산으로 간주될 여지가 있으나 주권이 표창하는 주식은 이에 해당하지 않는 것이어서 주식에 대한 특별현금화명령은 민사집행법 제241조 제3항에 의하여 즉시항고를 할 수 있음에도, 주식을 유체동산으로 오인한 나머지 이에 대한 특별현금화명령에 대해서는 특별항고로만 불복할 수 있다고 본 원심결정에는 법리오해 등 위법이 있다(대결 2011.5.6. 2011그37).

Ⅴ 배당절차

1. 서 설

① 유체동산강제집행의 매각대금의 교부는 집행관이 실시하는 것이 보통이다.

② 그러나 채권자가 복수이고, 매각대금으로 모든 채권자를 만족시킬 수 없으며, 채권자들 사이에 배당에 관한 협의가 이루어지지 못하면 집행법원이 배당절차를 실시하게 된다.

2. 채권자 1인 또는 모든 채권자를 만족시키는 경우

채권자 사이에 이해의 대립이 없어 배당을 실시할 필요가 없으므로, 집행관은 매각대금 또는 압류금전으로 채권자에게 채권액을 교부하고 나머지가 있으면 채무자에게 교부하여야 한다(제201조 제1항, 규칙 제155조 제1항).

3. 채권자가 복수이며 모든 채권자를 만족시킬 수 없는 경우

① 배당협의기일의 지정 : 집행관은 매각허가결정일로부터 2주일 이내의 날을 배당협의기일로 지정하여 그 일시와 장소를 각 채권자에게 서면으로 통지하되 예상되는 배당계산서를 첨부한다(규칙 제155조 제2항).

② 배당협의가 이루어진 경우 : 배당협의가 이루어진 경우에는 그 협의에 따라 배당을 실시한다.

③ 배당협의가 이루어지지 않은 경우

> **민사집행법 제222조(매각대금의 공탁)**
>
> ① 매각대금으로 배당에 참가한 모든 채권자를 만족하게 할 수 없고 매각허가된 날부터 2주 이내에 채권자 사이에 배당협의가 이루어지지 아니한 때에는 매각대금을 공탁하여야 한다.
>
> ② 여러 채권자를 위하여 동시에 금전을 압류한 경우에도 제1항과 같다.
>
> ③ 제1항 및 제2항의 경우에 집행관은 집행절차에 관한 서류를 붙여 그 사유를 법원에 신고하여야 한다.

㉠ 배당협의가 이루어지지 않으면 집행관은 배당을 실시하지 못하고 집행법원이 배당을 실시한다.

㉡ 집행관은 매각대금을 모두 공탁하고 그 사유를 집행법원에 신고한다(제222조).

Ⅵ 선의취득 인정여부

1. 동산경매에서의 선의취득 인정여부(적극)

공장저당법 제9조 제1항에 의하면 저당권자의 동의 없이 공장저당권의 목적물이 분리된 것이라면 제3취득자에게 인도된 후에도 여전히 저당권의 효력이 미치지만, 같은 조 제2항은 "전항의 규정은 민법 제249조 내지 제251조의 적용에 영향을 미치지 아니한다."라고 하여 선의취득을 인정하고 있으며, 강제경매절차에서 동산을 경락받은 자도 일반 매매와 마찬가지로 민법의 선의취득규정이 적용될 수 있다고 볼 것이므로, 위 규정은 공장저당권의 목적물이 경매된 경우에도 적용될 수 있다(대구지법 2005.9.23. 2004가단75385 판결).

2. 선의취득과 부당이득

채무자 이외의 자의 소유에 속하는 동산을 경매한 경우에도 경매절차(매각절차)에서 그 동산을 경락받아 경락대금(매각대금)을 납부하고 이를 인도받은 경락인(매수인)은 특별한 사정이 없는 한 소유권을 선의취득한다고 할 것이지만, 그 동산의 매득금은 채무자의 것이 아니어서 채권자가 이를 배당받았다고 하더라도 채권은 소멸하지 않고 계속 존속한다고 할 것이므로, 배당을 받은 채권자는 이로 인하여 법률상 원인 없는 이득을 얻고 소유자는 경매에 의하여 소유권을 상실하는 손해를 입게 되었다고 할 것이니, 그 동산의 소유자는 배당을 받은 채권자에 대하여 부당이득으로서 배당받은 금원의 반환을 청구할 수 있다(대판 1998.3.27. 97다32680). **기출** 20

Ⅶ | 동산·채권 등의 담보에 관한 법률

1. 서 설

① 우리 법제상 인정되는 원칙적인 동산담보제도는 질권이다(민법 제329조). 그러나 민법은 동산 질권에 대하여 엄격한 점유질 원칙(민법 제330조, 제332조)을 견지하여 입질된 동산을 질권설정자가 점유하는 것을 금지하고 있다.

② 동산질권과 양도담보 등 기존의 동산담보제도가 안고 있는 문제점들을 해소하고 동산담보제도를 개선하기 위하여 2020.6.10. 「동산·채권 등의 담보에 관한 법률」(이하 '동산채권담보법')이 제정되어 2012.6.11. 부터 시행되고 있다. 이 법은 시행 후 최초로 체결한 담보약정부터 적용한다(부칙 제2조).

2. 동산담보권의 내용

① 동산담보권은 담보약정에 따라 동산(여러 개의 동산 또는 장래에 취득할 동산을 포함한다)을 목적으로 등기한 담보권을 말한다(동산채권담보법 제2조 제2호).

② 동산담보권의 목적물은 동산이다. 여기에서 '동산'은 민법 제99조 제2항의 동산을 말하고, 여러 개의 동산 또는 장래에 취득할 동산을 포함한다(동산채권담보법 제2조 제2호).

　㉠ 여러 개의 동산(장래에 취득할 동산을 포함한다)이더라도 목적물의 종류, 보관장소, 수량을 정하거나 그 밖에 이와 유사한 방법으로 특정할 수 있는 경우에 이를 목적으로 담보등기를 할 수 있다(동산채권담보법 제3조 제2항).

> 동산·채권 등의 담보에 관한 법률 제3조 제2항, 동산·채권의 담보등기 등에 관한 규칙 제35조 제1항 제1호 (가)목, (나)목, 제2항, 동산·채권의 담보등기 신청에 관한 업무처리지침(대법원 등기예규 제1710호) 제6조 제1항 제1호 (가)목, (나)목, 제3항의 규정 내용, 체계와 입법 취지를 종합하면, 여러 개의 동산을 종류와 보관장소로 특정하여 집합동산에 관한 담보권, 즉 집합동산 담보권을 설정한 경우 같은 보관장소에 있는 같은 종류의 동산 전부가 동산담보권의 목적물이다. 등기기록에 종류와 보관장소 외에 중량이 기록되었다고 하더라도 당사자가 중량을 지정하여 목적물을 제한하기로 약정하였다는 등 특별한 사정이 없는 한 목적물이 그 중량으로 한정된다고 볼 수 없고 중량은 목적물을 표시하는 데 참고사항으로 기록된 것에 불과하다고 보아야 한다(대결 2021.4.8. 2020그872). **기출** 22

ⓛ 「선박등기법」에 따라 등기된 선박, 「자동차 등 특정동산 저당법」에 따라 등록된 건설기계・자동차・항공기・소형선박, 「공장 및 광업재단 저당법」에 따라 등기된 기업재산, 그 밖에 다른 법률에 따라 등기되거나 등록된 동산, 화물상환증, 선하증권, 창고증권이 작성된 동산, 무기명채권증서 등 대통령령으로 정하는 증권에 대하여는 담보등기를 할 수 없다(동산채권담보법 제3조 제3항). 또한 양도할 수 없는 물건도 담보등기를 할 수 없다(동산채권담보법 제33조, 민법 제331조).

③ 담보설정자

ⓖ 동산채권담보법에 따라 동산・채권・지식재산권에 담보권을 설정한 자를 말한다. 다만, 동산・채권을 담보로 제공하는 경우에는 법인(상사법인, 민법법인, 특별법에 따른 법인, 외국법인을 말한다. 이하 같다) 또는 「부가가치세법」에 따라 사업자등록을 한 사람으로 한정한다(동산채권담보법 제2조 제5호).

ⓛ 담보권설정자의 사업자등록이 말소된 경우에도 이미 설정된 동산담보권의 효력에는 영향을 미치지 아니한다(동산채권담보법 제4조).

ⓒ 채무자가 아닌 제3자도 담보권설정자가 될 수 있다(동산채권담보법 제8조, 제16조).

④ 담보권자

ⓖ 담보권자는 동산채권담보법에 따라 동산을 목적으로 하는 담보권을 취득한 자를 말한다(동산채권담보법 제2조 제6호).

ⓛ 담보권설정자와 달리 담보권자가 될 수 있는 자에 대하여는 아무런 제한이 없고, 담보권자의 피담보채권에 대하여도 제한이 없다.

ⓒ 동산담보권은 그 담보할 채무의 최고액만을 정하고 채무의 확정을 장래에 보류하여 설정할 수 있고(근담보권), 이 경우 그 채무가 확정될 때까지 채무의 소멸 또는 이전은 이미 설정된 동산담보권에 영향을 미치지 아니하며, 채무의 이자는 최고액 중에 포함된 것으로 본다(동산채권담보법 제5조 제1항・제2항).

3. 담보등기부

① 동산채권담보법에 따라 동산담보권이 성립하려면 담보권설정자가 소유하는 동산을 담보로 제공하기로 약정하고 같은 법에 따라 담보등기를 해야 한다(동산채권담보법 제2조 제2호, 제3조 제1항).

② 담보등기는 동산담보권의 설정, 이전, 변경, 말소 또는 연장에 대하여 한다(동산채권담보법 제38조).

③ 약정에 따른 동산담보권의 득실변경은 담보등기부에 등기를 하여야 그 효력이 생긴다(동산채권담보법 제7조 제1항).

④ 동일한 동산에 설정된 동산담보권의 순위는 등기의 순서에 따른다(동산채권담보법 제7조 제2항).

⑤ 동일한 동산에 관하여 담보등기부의 등기와 인도(민법에 규정된 간이인도, 점유개정, 목적물반환청구권의 양도를 포함한다)가 행하여진 경우에 그에 따른 권리 사이의 순위는 법률에 다른 규정이 없으면 그 선후에 따른다(동산채권담보법 제7조 제3항). 즉, 인도에 대한 담보등기의 우선은 인정되지 않는다.

⑥ 담보등기부는 담보목적물인 동산 또는 채권의 등기사항에 관한 전산정보자료를 전산정보처리조직에 의하여 담보권설정자별로 구분하여 작성한다(동산채권담보법 제47조 제1항). **기출** 22

4. 동산담보권의 효력

① **동산담보권의 효력 범위** : 동산담보권의 효력은 담보목적물에 부합된 물건과 종물에 미친다. 다만, 법률에 다른 규정이 있거나 설정행위에 다른 약정이 있으면 그러하지 아니하다(동산채권담보법 제10조).

② **과실에 대한 효력** : 동산담보권의 효력은 담보목적물에 대한 압류 또는 제25조 제2항의 인도 청구가 있은 후에 담보권설정자가 그 담보목적물로부터 수취한 과실 또는 수취할 수 있는 과실에 미친다(동산채권담보법 제11조).

③ **피담보채권의 범위** : 동산담보권은 원본, 이자, 위약금, 담보권실행의 비용, 담보목적물의 보존비용 및 채무불이행 또는 담보목적물의 흠으로 인한 손해배상의 채권을 담보한다. 다만, 설정행위에 다른 약정이 있는 경우에는 그 약정에 따른다(동산채권담보법 제12조).

④ **동산담보권의 우선변제권** : 동산담보권자는 채무자 또는 제3자가 제공한 담보목적물에 대하여 다른 채권자보다 자기채권을 우선변제받을 권리가 있다(동산채권담보법 제8조). **기출** 25·22

⑤ **동산담보권의 불가분성** : 동산담보권자는 채권 전부를 변제받을 때까지 담보목적물 전부에 대하여 그 권리를 행사할 수 있다(동산채권담보법 제9조).

⑥ **동산담보권의 양도** : 동산담보권은 피담보채권과 분리하여 타인에게 양도할 수 없다(동산채권담보법 제13조).

⑦ **물상대위** : 동산담보권은 담보목적물의 매각, 임대, 멸실, 훼손 또는 공용징수 등으로 인하여 담보권설정자가 받을 금전이나 그 밖의 물건에 대하여도 행사할 수 있다. 이 경우 그 지급 또는 인도 전에 압류하여야 한다(동산채권담보법 제14조).

⑧ **담보목적물이 아닌 재산으로부터의 변제** : 동산담보권자는 담보목적물로부터 변제를 받지 못한 채권이 있는 경우에만 채무자의 다른 재산으로부터 변제를 받을 수 있다(동산채권담보법 제15조 제1항). 제1항은 담보목적물보다 먼저 다른 재산을 대상으로 하여 배당이 실시되는 경우에는 적용하지 아니한다. 다만, 다른 채권자는 담보권자에게 그 배당금액의 공탁을 청구할 수 있다(동산채권담보법 제15조 제2항).

⑨ **물상보증인의 구상권** : 타인의 채무를 담보하기 위한 담보권설정자가 그 채무를 변제하거나 동산담보권의 실행으로 인하여 담보목적물의 소유권을 잃은 경우에는 민법의 보증채무에 관한 규정에 따라 채무자에 대한 구상권이 있다(동산채권담보법 제16조).

5. 동산담보권의 실행

① 동산담보권자는 자기의 채권을 변제받기 위하여 담보목적물의 경매를 청구할 수 있다(동산채권담보법 제21조 제1항). **기출** 22

② 정당한 이유가 있는 경우 담보권자는 담보목적물로써 직접 변제에 충당하거나 담보목적물을 매각하여 그 대금을 변제에 충당할 수 있다. 다만, 선순위권리자(담보등기부에 등기되어 있거나 담보권자가 알고 있는 경우로 한정한다)가 있는 경우에는 그의 동의를 받아야 한다(동산채권담보법 제21조 제2항). **기출** 22

③ 경매절차는 유체동산에 대한 강제집행의 절차에 따른다(동산채권담보법 제22조 제1항, 민사집행법 제272조).

④ 동산담보권이 설정된 유체동산에 대하여 다른 채권자의 신청에 의한 강제집행절차가 진행되는 경우 민사집행법 제148조 제4호를 유추적용하여 집행관의 압류 전에 등기된 동산담보권을 가진 채권자는 배당요구를 하지 않아도 당연히 배당에 참가할 수 있다고 보아야 한다(대판 2022.3.31. 2017다263901). **기출** 25·22

6. 동산담보권의 존속기간

① 동산채권담보법에 따른 담보권의 존속기간은 5년을 초과할 수 없다(동산채권담보법 제49조 제1항 본문). 따라서 설정 후 5년이 경과한 동산담보권은 소멸한다.

② 다만 5년을 초과하지 않는 기간으로 이를 갱신할 수 있고(동산채권담보법 제49조 제1항 단서), 설정자와 담보권자는 존속기간을 갱신하려면 그 만료 전에 연장등기를 신청하여야 하며(동산채권담보법 제49조 제2항), 그 연장등기를 위하여 담보등기부에 존속기간을 연장하는 취지와 연장 후의 존속기간 등을 기록하여야 한다(동산채권담보법 제49조 제3항). 갱신의 횟수에는 제한이 없다.

7. 담보목적물 제3취득자의 지위

동산채권담보법에 따라 동산담보권이 설정된 담보목적물의 소유권·질권을 취득하는 경우에는 민법 제249조부터 제251조까지의 규정을 준용한다(동산채권담보법 제32조). 즉, 동산담보권의 목적물에 대하여도 소유권·질권의 선의취득이 가능하다.

제30절 **동산에 대한 강제집행 – (3) 채권과 그 밖의 재산권에 대한 강제집행**

I 총 설

① 금전채권의 실현을 위한 강제집행 중, 집행의 대상이 채권인 경우와 그 밖의 다른 재산권에 관한 경우에 대하여 살펴본다.

② 집행대상이 채권인 경우는 제3자에 대한 채무자의 금전채권과 유가증권, 그 밖의 유체물의 권리이전이나 인도를 목적으로 한 채권에 대한 집행으로 나눌 수 있다.

③ 채권과 그 밖의 다른 재산권에 대한 강제집행의 특성은 그 권리가 관념적인 성격을 띤 만큼 그 집행방법도 법원의 재판에 의하여야 한다는 점과 채무자 외에 집행의 목적인 권리의 의무자인 제3자도 이른바 제3채무자로서 집행절차에 관여하게 된다는 점이다.

II 금전채권에 대한 강제집행

1. 의 의

① 금전채권의 만족을 위하여 채무자의 재산 중 금전채권, 즉 채무자가 제3채무자에 대하여 금전의 급여를 구할 수 있는 각종의 청구권에 대하여 하는 강제집행이다.

② 이를 금전채권에 대한 집행 또는 금전채권집행이라고도 한다.

2. 금전채권집행절차의 개요

① **동산에 대한 강제집행 통칙 적용** : 금전채권에 대한 집행은 민사집행법상으로는 동산에 대한 강제집행의 일종이므로 민사집행법 제4절 제1관(제188조, 동산에 대한 강제집행 통칙)이 적용된다.

② **압류절차** : 금전채권에 대한 집행도 압류, 현금화, 배당의 3단계로 실시된다. 즉 채권자가 집행법원에 집행신청(압류명령의 신청)을 하면 집행법원은 압류명령을 발령하여 채무자의 제3채무자에 대한 채권을 압류한다(제227조 제1항).

③ **현금화절차**

    ㉠ 다시 채권자의 신청에 의하여 추심명령 또는 전부명령을 발령하여 현금화한다(제229조 제1항).

    ㉡ 다만 압류한 채권이 추심명령이나 전부명령에 의하여 현금화하기 곤란한 경우에는 법원은 채권자의 신청에 의하여 양도명령 등 특별현금화방법을 명할 수 있다(제241조 제1항).

④ **추심명령** : 추심명령을 받은 집행채권자의 현금화절차는 추심의 신고에 의하여 종료되고, 이중압류나 배당요구도 그 시기까지만 인정되므로 추심의 신고시에 그 절차에 참가한 다른 채권자가 없는 경우에는 추심채권자는 추심한 금전으로 자기의 집행채권 및 집행비용의 변제에 충당할 수 있지만, 절차에 참가한 다른 채권자가 있는 경우에는 추심한 금액을 바로 공탁하고 그 신고를 하여야 하고(제236조 제2항) 이에 따라 배당절차가 실시된다(제252조 제2호).

⑤ **전부명령** : 한편 전부명령이 발령되어 확정된 경우에는 압류한 금전채권이 압류시점에 소급하여 권면액(券面額)으로 집행채권의 변제에 갈음하여 집행채권자에게 이전되므로 집행절차는 종료되며 변제절차가 진행될 여지가 없다.

3. 집행의 대상

(1) 서 설

금전채권집행의 대상이 되는 채무자의 금전채권은 피압류적격이 있는 것이어야 한다. 채권집행의 피압류적격의 요건은 다음과 같다. 피압류적격의 유무는 직권조사사항이며 피압류적격이 없는 대상에 대한 집행신청은 기각하여야 한다.

> 채권이 채무자의 책임재산에 속하는가를 판정하는 시점은 압류명령이 제3채무자에게 송달된 때이다(대판 2006.2.9. 2005다28747).

(2) 금전채권

① 집행의 대상인 '금전채권'이란 집행채무자가 제3채무자에 대하여 가지는 금전의 지급을 목적으로 하는 채권을 말한다.

② 금전채권에는 외국의 화폐의 지급을 목적으로 하는 외화채권도 포함된다.

③ 반대채권과 동시이행관계에 있는 채권이나 소송계속 중인 채권도 집행할 수 있으며 압류채권자 자신이 제3채무자인 채권도 집행할 수 있다.

④ 질권의 목적이 된 채권이나 국세체납처분에 따라 압류된 채권에 대하여도 집행할 수 있다.

⑤ 어음, 수표 그 밖에 배서로 이전할 수 있는 증권에 대한 집행은 원칙적으로 유체동산집행의 방법에 의하나(제189조 제2항 제3호), 그중 배서가 금지된 증권채권은 그 증권에 화체된 채권을 채권집행의 방법으로 현금화한다(제233조).

(3) 독립된 재산적 가치가 있을 것

① 금전채권에 대하여 압류 및 추심명령이 있었다고 하더라도 이는 강제집행절차에서 압류채권자에게 채무자의 제3채무자에 대한 채권을 추심할 권능만을 부여한 것으로서 이와 같은 추심권능은 그 자체로서는 독립적으로 처분하여 환가할 수 있는 것이 아니어서 압류할 수 없는 성질의 것이고, 따라서 이에 대한 압류 및 추심명령은 무효라고 보아야 한다(대판 1988.12.13. 88다카3465).

> 금전채권에 대하여 압류 및 추심명령이 있었다고 하더라도 이는 강제집행 절차에서 압류채권자에게 채무자의 제3채무자에 대한 채권을 추심할 권능만을 부여하는 것으로서 강제집행절차상의 환가처분의 실현행위에 지나지 아니한 것이며, 이로 인하여 채무자가 제3채무자에 대하여 가지는 채권이 압류채권자에게 이전되거나 귀속되는 것이 아니다. 따라서 이와 같은 추심권능은 그 자체로 독립적으로 처분하여 환가할 수 있는 것이 아니어서 압류할 수 없는 성질의 것이고, 이에 대한 압류명령은 무효라고 보아야 한다(대판 2019.12.12. 2019다256471). **기출** 21

② 법률행위의 취소권이나 해제권과 같은 형성권만을 압류할 수는 없다.
③ 질권이나 저당권과 같은 담보물권은 피담보채권과 독립하여 압류할 수 없다(민법 제361조)
④ 아직 발생하지 아니한 이자채권을 원본채권과 분리하여 압류할 수 없다.
⑤ 환매권(민법 제590조)은 그 밖의 재산권으로서 압류의 대상이 된다.
⑥ 공탁물회수청구권에 대한 압류도 인정하고 있다.

(4) 장래 미확정채권

① 압류의 대상인 채권이 압류 당시 이미 변제기가 도래하였어야 하는 것은 아니며 아직 변제기 도래 전의 것이라도 압류할 수 있다.
② 장래 발생할 채권이나 조건부 채권도 현재 그 권리의 특정이 가능하고 가까운 장래에 발생할 것이 상당 정도 기대되는 경우에는 이를 압류할 수 있다(대결 2001.9.18. 2000마5252). **기출** 22
③ 따라서 아직 퇴직하기 전의 퇴직금청구권, 장래 경매가 취하될 것을 조건으로 한 매수신청보증금반환청구권, 부동산임차인이 부동산을 임대인에게 반환하기 전의 임대차보증금반환청구권 등은 모두 압류의 대상이 되고, 반대급부에 걸린 채권인 공사완성 전의 공사대금채권도 압류의 대상이 된다.

> 20년 이상 근속한 지방공무원의 경우에는 명예퇴직수당의 기초가 되는 법률관계가 존재하고 그 발생근거와 제3채무자를 특정할 수 있어 그 권리의 특정도 가능하며 가까운 장래에 발생할 것이 상당 정도 기대된다고 할 것이어서, 그 공무원이 명예퇴직수당 지급대상자로 확정되기 전에도 그 명예퇴직수당 채권에 대한 압류가 가능하다고 할 것이고, 그 공무원이 명예퇴직 및 명예퇴직수당 지급신청을 할지 여부가 불확실하다거나 예산상 부득이한 경우 그 지급대상범위가 제한될 수 있다는 것 때문에 그것이 가까운 장래에 발생할 것이 상당 정도 확실하지 않다고 볼 것은 아니다(대결 2001.9.18. 2000마5252). **기출** 22

④ 추가공사 도급계약의 성립 전에 한 추가공사대금채권의 압류 및 전부명령은 무효이다.
⑤ 이처럼 장래의 미확정채권도 압류의 대상이 될 수 있는 이상 채권의 액수를 압류 당시 현실적으로 확정할 수 없더라도 무방하다(대판 1990.12.26. 90다카24816).

(5) 양도할 수 없는 채권

① 채무자의 채권이 양도할 수 없는 것이면 압류하더라도 현금화할 수 없으므로 피압류적격이 없다. 양도할 수 없는 채권에는 '성질상 양도가 금지된 채권'과 '법률의 규정에 의하여 양도가 금지된 채권'이 있다.

② 성질상 양도가 금지된 채권

    ㉠ 국가나 지방자치단체와 같은 공권력의 주체만이 행사할 수 있는 공법상의 채권(조세·부담금의 징수권)이나 부양료청구권(민법 제979조) 등은 일신전속적인 권리로서 성질상 양도가 제한되므로 압류의 대상이 되지 않는다(견해 대립 있음).

    ㉡ 유류분반환청구권은 행사상의 일신전속성을 가진다고 보아야 하지만 양도나 상속 등의 승계까지 부정해야 할 아무런 이유가 없으므로 귀속상의 일신전속성까지 가지는 것은 아니다(대판 2013.4.25. 2012다80200). 유류분반환청구권은 채권압류의 대상이 되지 않는다. `기출` 16

    ㉢ 당사자 사이에 양도금지의 특약이 있는 채권이라도 압류·전부명령에 따라 이전될 수 있고, 양도금지의 특약이 있는 사실에 관하여 압류채권자가 선의인지 악의인지는 전부명령의 효력에 영향이 없다(대판 2002.8.27. 2001다71699). `기출` 22·19

    ㉣ 종신정기금채권(민법 제725조 이하)과 같은 것은 전적으로 당사자 간의 개인적 관계에 기초하는 채권으로서 채권자가 달라지면 그 채권의 내용도 달라진다고 할 수 있으므로 이러한 채권은 채무자의 승낙 없이는 양도하거나 압류할 수 없고, 위임계약상의 위임자의 채권이나 고용계약상의 사용자의 채권, 사용대차상의 사용차권 등도 마찬가지라는 것이 종래의 통설이다.

    ㉤ 이혼으로 인한 재산분할청구권은 이혼을 한 당사자의 일방이 다른 일방에 대하여 재산분할을 청구할 수 있는 권리로서, 이혼이 성립한 때에 법적 효과로서 비로소 발생하며, 또한 협의 또는 심판에 의하여 구체적 내용이 형성되기 전까지는 범위 및 내용이 불명확·불확정하기 때문에 구체적으로 권리가 발생하였다고 할 수 없다. 따라서 당사자가 이혼이 성립하기 전에 이혼소송과 병합하여 재산분할의 청구를 한 경우에, 아직 발생하지 아니하였고 구체적 내용이 형성되지 아니한 재산분할청구권을 미리 양도하는 것은 성질상 허용되지 아니하며, 법원이 이혼과 동시에 재산분할로서 금전의 지급을 명하는 판결이 확정된 이후부터 채권양도의 대상이 될 수 있다(대판 2017.9.21. 2015다61286). 따라서 이혼과 동시에 재산분할로서 금전의 지급을 명하는 판결이 확정된 이후부터 채권집행의 대상이 될 수 있다. [비교 : 이혼으로 인한 재산분할청구권은 채권자대위권의 목적이 될 수 없다(대판 2023.9.21. 2023므10861).] `기출` 22

③ 법률의 규정에 의하여 양도가 금지된 채권

    ㉠ 채무자의 제3채무자에 대한 금전채권이 법률의 규정에 의하여 양도가 금지된 경우에는 특별한 사정이 없는 한 이를 압류하더라도 현금화할 수 없으므로 피압류적격이 없다. 또한 위와 같이 채권의 양도를 금지하는 법률의 규정이 강행법규에 해당하는 이상 그러한 채권에 대한 압류명령은 강행법규에 위반되어 무효이다(대판 2014.1.23. 2013다71180).

    ㉡ 법률이 채권의 양도를 금지할 때에는 동시에 압류금지의 규정을 두는 경우가 많으나, 단순히 양도금지의 규정만을 두고 있다. 일반적으로 법률상 양도가 금지된 채권은 압류도 할 수 없다고 보고 있으나, 우편대체법 제25조와 같이 사무의 편의만을 위하여 임의양도를 금지한 경우에는 압류가 가능하다는 견해도 있다.

    ㉢ 채권의 양도에 법률상 관할청의 허가 등이 필요한 경우, 예를 들어 채권이 사립학교의 기본재산에 해당하는 경우(사립학교법 제28조 제1항)에 집행법원은 그 처분을 금지하는 압류명령은 할 수 있지만, 관할청의 허가가 없는 이상 현금화를 명하는 추심명령을 할 수는 없고, 압류명령이 내려진 경우에도

피압류채권이 사립학교의 기본재산임이 밝혀지고 나아가 관할청의 허가를 받을 수 없는 사정이 확실하다고 인정되거나 관할청의 불허가가 있는 경우 그 채권은 사실상 압류적격을 상실하게 된다(대결 2002.9.30, 2002마2209).

ㄹ 채권에 대한 중복압류는 허용되므로, 이미 압류·가압류가 되어 처분제한의 효과가 생긴 채권이라 하여도 중복하여 압류할 수 있다(제235조 참조).

ㅁ 채권자대위소송에서 제3채무자로 하여금 직접 대위채권자에게 금전의 지급을 명하는 판결이 확정되더라도, 대위의 목적인 권리, 즉 채무자의 제3채무자에 대한 피대위채권이 그 판결의 집행채권으로서 존재하는 것이고, 대위채권자는 채무자를 대위하여 피대위채권에 대한 변제를 수령하게 될 뿐 자신의 채권에 대한 변제로서 수령하게 되는 것은 아니다. 따라서 그 피대위채권이 변제 등으로 소멸하기 전이라면 채무자의 다른 채권자는 이를 압류·가압류할 수 있고(대판 2016.8.29, 2015다236547), 압류를 허용하는 취지상 추심명령 또한 가능하다고 볼 수 있다. 그러나 전부채권자에게 독점적 만족을 주는 전부명령의 경우에는 이와 다르다. 즉 채권자대위소송이 제기되고 대위채권자가 채무자에게 대위권 행사사실을 통지하거나 채무자가 이를 알게 된 이후에는 민사집행법 제229조 제5항이 유추적용되어, 피대위채권에 대한 전부명령은, 우선권 있는 채권에 기초한 것이라는 등의 특별한 사정이 없는 한 무효라고 봄이 타당하다(대판 2016.8.29, 2015다236547).

(6) 법률상 압류금지채권이 아닐 것

민사집행법 제246조(압류금지채권) `기출` 21
① 다음 각 호의 채권은 압류하지 못한다.
1. 법령에 규정된 부양료 및 유족부조료
2. 채무자가 구호사업이나 제3자의 도움으로 계속 받는 수입 `기출` 18
3. 병사의 급료
4. 급료·연금·봉급·상여금·퇴직연금, 그 밖에 이와 비슷한 성질을 가진 급여채권의 2분의 1에 해당하는 금액. 다만, 그 금액이 국민기초생활보장법에 의한 최저생계비를 고려하여 대통령령이 정하는 금액에 미치지 못하는 경우 또는 표준적인 가구의 생계비를 감안하여 대통령령이 정하는 금액을 초과하는 경우에는 각각 당해 대통령령이 정하는 금액으로 한다.
5. 퇴직금 그 밖에 이와 비슷한 성질을 가진 급여채권의 2분의 1에 해당하는 금액
6. 「주택임대차보호법」 제8조, 같은 법 시행령의 규정에 따라 우선변제를 받을 수 있는 금액 `기출` 22
7. 생명, 상해, 질병, 사고 등을 원인으로 채무자가 지급받는 보장성보험의 보험금(해약환급 및 만기환급금을 포함한다). 다만, 압류금지의 범위는 생계유지, 치료 및 장애 회복에 소요될 것으로 예상되는 비용 등을 고려하여 대통령령으로 정한다.
8. 제246조의2에 따른 생계비계좌에 예치된 예금
9. 제8호에 따른 예금 외에 채무자의 1월간 생계유지에 필요한 예금(적금·부금·예탁금과 우편대체를 포함한다). 다만, 그 금액은 「국민기초생활 보장법」에 따른 최저생계비, 제195조제3호에서 정한 금액 및 제8호에 따른 생계비계좌에 예치된 금액 등을 고려하여 대통령령으로 정한다.
② 법원은 제1항 제1호부터 제7호까지에 규정된 종류의 금원이 금융기관에 개설된 채무자의 계좌에 이체되는 경우 채무자의 신청에 따라 그에 해당하는 부분의 압류명령을 취소하여야 한다.
③ 법원은 당사자가 신청하면 채권자와 채무자의 생활형편, 그 밖의 사정을 고려하여 압류명령의 전부 또는 일부를 취소하거나 제1항의 압류금지채권에 대하여 압류명령을 할 수 있다. `기출` 24 · 18
④ 제3항의 경우에는 제196조 제2항 내지 제5항의 규정을 준용한다.

① **취지** : 민사집행법이나 그 밖의 특별법은 채무자의 생활보장 또는 국가적, 공익적 사업에 종사하는 자의 업무 및 생계보장이라는 공익적, 사회정책적인 이유 등으로 압류를 할 수 없는 채권을 규정하고 있다.

> 국가나 지방자치단체에 대한 보조금청구채권이 압류금지채권이다(대판 2008.4.24. 2006다33586). **기출** 16

② **민사집행법상의 압류금지채권**(제246조 제1항)
  ㉠ 법령에 규정된 부양료[105] 및 유족부조료[106](제1호)
  ㉡ 채무자가 구호사업 또는 제3자의 도움으로 계속 받는 수입(제2호)
  ㉢ 병사의 급료(제3호)
  ㉣ 급료·연금·봉급·상여금·퇴직연금[107], 그 밖에 이와 비슷한 성질을 가진 급여채권의 2분의 1에 해당하는 금액. 다만, 그 금액이 국민기초생활보장법에 의한 최저생계비를 감안하여 대통령령이 정하는 금액에 미치지 못하는 경우 또는 표준적인 가구의 생계비를 감안하여 대통령령이 정하는 금액을 초과하는 경우에는 각각 당해 대통령령이 정하는 금액으로 한다(제4호).
  ㉤ 퇴직금 그 밖에 이와 비슷한 성질을 가진 급여채권[108]의 2분의 1에 해당하는 금액(제5호)

> 사용자인 법인이 민사집행법 제246조 제1항 제5호가 정하는 압류금지채권인 근로자의 퇴직금 2분의 1 상당액을 민법 제487조의 규정에 의하여 근로자의 수령거절을 원인으로 변제공탁한 경우, 그 공탁금은 임금채권의 성질을 유지한다고 보아야 하므로 이를 집행대상으로 한 압류 및 전부명령은 비록 그 방식이 적법하더라도 그 내용은 무효라 할 것이나 형식적 심사권밖에 없는 공탁공무원으로서는 그 압류 및 전부명령의 유·무효를 심사할 수는 없는 것이므로 피공탁자 또는 전부채권자가 공탁금의 출급을 청구하는 어느 경우라도 그 출급을 인가할 수 없을 것이다(공탁선례 제2-89호). **기출** 24

  ㉥ 「주택임대차보호법」 제8조, 같은 법 시행령의 규정에 따라 우선변제를 받을 수 있는 금액(제6호). 소액보증금 중 최우선변제를 받는 금액을 말한다. 그러나 「상가건물 임대차보호법」 제14조, 같은 법 시행령의 규정에 따라 우선변제를 받을 수 있는 금액은 압류금지채권으로 규정하고 있지 않다.

기출 22

  ㉦ 생명, 상해, 질병, 사고 등을 원인으로 채무자가 지급받는 보장성보험의 보험금(해약환급 및 만기환급금을 포함한다). 다만, 압류금지의 범위는 생계유지, 치료 및 장애 회복에 소요될 것으로 예상되는 비용 등을 고려하여 대통령령으로 정한다(제7호).
  ㉧ 채무자의 1월간 생계유지에 필요한 예금(적금·부금·예탁금과 우편대체를 포함한다). 다만, 그 금액은 「국민기초생활 보장법」에 따른 최저생계비, 제195조 제3호에서 정한 금액 등을 고려하여 대통령령으로 정한다(제8호).

---

105) 민법 제974조 등 법령의 규정에 의하여 발생하는 부양료청구권을 말한다.
106) 공무원 또는 피용자 등 근로자의 사망 후 배우자, 자녀 등의 부조를 규정한 공무원연금법 그 밖의 법령에 의하여 발생하는 유족연금, 유족보상금 등의 청구권을 말한다.
107) '퇴직연금' 중 공무원이나 군인, 사립학교교원의 퇴직연금은 각각 특별법에 의하여 그 전액이 압류금지채권으로 규정되어 있음에 유의하여야 한다.
108) 퇴직위로금이나 명예퇴직수당도 퇴직금 그 밖에 이와 비슷한 성질을 가진 급여채권에 해당한다(대결 2000.6.8. 2000마1439).

③ 민사집행법상 제246조 제1항 제4호의 압류금지채권

ⓒ '급여채권의 2분의 1에 해당하는 금액'이란 총액에서 소득세, 주민세, 보험료 등 원천징수액을 뺀 잔액의 2분의 1을 말한다.

ⓒ 채무자가 다수의 직장으로부터 급여를 받거나 여러 종류의 급여를 받는 경우에는 이를 합산한 금액을 급여채권으로 한다(시행령 제5조).

ⓒ 민사집행법 제246조 제1항 제4호 단서에서 '국민기초생활 보장법에 의한 최저생계비를 감안하여 대통령령이 정하는 금액'이란 월 250만원을 말한다.

ⓒ 민사집행법 제246조 제1항 제4호 단서에서 '표준적인 가구의 생계비를 감안하여 대통령령이 정하는 금액'이란 월 300만원 이상으로서 월 300만원과 민사집행법 제246조 제1항 제4호 본문의 규정에 의한 압류금지금액(월액으로 계산한 금액을 말한다)에서 월 300만원의 금액을 뺀 금액의 2분의 1을 합산한 금액을 말한다(시행령 제4조. 압류금지 최고금액). 결국 압류금지최고액 = 300만원 + {(급여의 2분의 1 − 300만원) × 1/2}이다.

ⓒ 상법 제388조가 정하는 '이사의 보수'에는 월급·상여금 등 명칭을 불문하고 이사의 직무수행에 대한 보상으로 지급되는 대가가 모두 포함되고, 퇴직금 또는 퇴직위로금도 그 재직 중의 직무수행에 대한 대가로 지급되는 급여로서 상법 제388조의 '이사의 보수'에 해당한다. 주식회사의 이사, 대표이사(이하 '이사 등'이라고 한다)의 보수청구권(퇴직금 등의 청구권을 포함한다)은, 그 보수가 합리적인 수준을 벗어나서 현저히 균형을 잃을 정도로 과다하거나, 이를 행사하는 사람이 법적으로는 주식회사 이사 등의 지위에 있으나 이사 등으로서의 실질적인 직무를 수행하지 않는 이른바 명목상 이사 등에 해당한다는 등의 특별한 사정이 없는 이상 민사집행법 제246조 제1항 제4호 또는 제5호가 정하는 압류금지채권에 해당한다고 보아야 한다(대판 2018.5.30. 2015다51968). 기출 23

ⓗ 국회의원이 「국회의원수당 등에 관한 법률」에 따라 지급받는 일반수당, 관리업무수당, 정액급식비, 정근수당, 명절휴가비와 같은 수당은 민사집행법 제246조 제1항 제4호의 '급료·연금·봉급·상여금·퇴직연금, 그 밖에 이와 비슷한 성질을 가진 급여채권'으로 그 1/2에 해당하는 금액은 압류가 금지된다. 그러나 입법활동비, 특별활동비, 입법 및 정책개발비, 여비는 국회의원으로서의 고유한 직무수행을 위하여 별도의 근거조항을 두고 예산을 배정하여 직무활동에 소요되는 비용을 국가가 지급해 주는 것으로, 국회의원의 직무활동에 대한 대가로 지급되는 보수 또는 수당과는 그 성격을 달리하고 위 법률에서 정한 고유한 목적에 사용되어야 하므로 '성질상' 압류가 금지되고 강제집행의 대상이 될 수 없다(대결 2014.8.11. 2011마2482). 기출 16

ⓧ 채권자가 채권압류 및 추심명령에 기하여 채무자의 제3채무자에 대한 예금채권의 추심을 구하는 소를 제기한 경우, 추심 대상 채권이 압류금지채권에 해당하지 않는다는 점은 채권자가 증명하여야 한다. 기출 23

> 채권자가 채권압류 및 추심명령에 기하여 채무자의 제3채무자에 대한 예금채권의 추심을 구하는 소를 제기한 경우 추심 대상 채권이 압류금지채권에 해당하지 않는다는 점, 즉 채무자의 개인별 예금 잔액과 민사집행법 제195조 제3호에 의하여 압류하지 못한 금전의 합계액이 250만원을 초과한다는 사실은 채권자가 증명하여야 한다(대판 2015.6.11. 2013다40476). 기출 23 · 18

◎ 민사집행법 제246조 제2항의 규정 취지 및 위 조항에 따라 압류명령이 취소된 경우, 채권자가 집행행위로 취득한 금전을 채무자에게 부당이득으로 반환하여야 하는 것은 아니다.

> 개정된 민사집행법에서 신설된 제246조 제2항은, 압류금지채권이 금융기관에 개설된 채무자의 계좌에 이체되는 경우 더 이상 압류금지의 효력이 미치지 아니하므로 그 예금에 대한 압류명령은 유효하지만, 원래의 압류금지의 취지는 참작되어야 하므로 채무자의 신청에 의하여 압류명령을 취소하도록 한 것으로서 개정 민사집행법 제246조 제3항과 같은 압류금지채권의 범위변경에 해당하고, 위 조항에 따라 압류명령이 취소되었다 하더라도 압류명령은 장래에 대하여만 효력이 상실할 뿐 이미 완결된 집행행위에는 영향이 없고, 채권자가 집행행위로 취득한 금전을 채무자에게 부당이득으로 반환하여야 하는 것도 아니다(대판 2014.7.10. 2013다25552). 기출 24

㋨ 사용자가 근로자에게 이미 퇴직금 명목의 금원을 지급하였으나 그것이 퇴직금 지급으로서의 효력이 없어 사용자가 같은 금원 상당의 부당이득반환채권을 갖게 된 경우, 이를 자동채권으로 하여 근로자의 퇴직금채권과 상계하는 것은 퇴직금채권의 2분의 1을 초과하는 부분에 해당하는 금액에 관하여만 허용된다고 봄이 상당하다(대판 2010.5.20. 2007다90760[전합]). 기출 18

④ 민사집행법상 제246조 제1항 제7호의 압류금지채권(시행령 제6조)

> **민사집행법 시행령 제6조(압류금지 보장성 보험금 등의 범위)**
> ① 법 제246조 제1항 제7호에 따라 다음 각 호에 해당하는 보장성보험의 보험금, 해약환급금 및 만기환급금에 관한 채권은 압류하지 못한다.
> 　1. 사망보험금 중 1천만원 이하의 보험금
> 　2. 상해·질병·사고 등을 원인으로 채무자가 지급받는 보장성보험의 보험금 중 다음 각 목에 해당하는 보험금
> 　　가. 진료비, 치료비, 수술비, 입원비, 약제비 등 치료 및 장애 회복을 위하여 실제 지출되는 비용을 보장하기 위한 보험금
> 　　나. 치료 및 장애 회복을 위한 보험금 중 가목에 해당하는 보험금을 제외한 보험금의 2분의 1에 해당하는 금액
> 　3. 보장성보험의 해약환급금 중 다음 각 목에 해당하는 환급금
> 　　가. 「민법」 제404조에 따라 채권자가 채무자의 보험계약 해지권을 대위행사하거나 추심명령 또는 전부명령을 받은 채권자가 해지권을 행사하여 발생하는 해약환급금
> 　　나. 가목에서 규정한 해약사유 외의 사유로 발생하는 해약환급금 중 150만원 이하의 금액
> 　4. 보장성보험의 만기환급금 중 150만원 이하의 금액
> ② 채무자가 보장성보험의 보험금, 해약환급금 또는 만기환급금 채권을 취득하는 보험계약이 둘 이상인 경우에는 다음 각 호의 구분에 따라 제1항 각 호의 금액을 계산한다.
> 　1. 제1항 제1호, 제3호 나목 및 제4호 : 해당하는 보험계약별 사망보험금, 해약환급금, 만기환급금을 각각 합산한 금액에 대하여 해당 압류금지채권의 상한을 계산한다.
> 　2. 제1항 제2호 나목 및 제3호 가목 : 보험계약별로 계산한다.

> [1] 민사집행법 제246조 제1항 제7호는 '생명, 상해, 질병, 사고 등을 원인으로 채무자가 지급받는 보장성보험의 보험금(해약환급 및 만기환급금을 포함한다) 채권은 압류하지 못하되, 압류금지의 범위는 생계유지, 치료 및 장애 회복에 소요될 것으로 예상되는 비용 등을 고려하여 대통령령으로 정한다'고 규정하고 있다. 민사집행법 시행령 제6조 제1항 제3호 (가)목은 '민법 제404조에 따라 채권자가 채무자의 보험계약 해지권을 대위행사하거나 추심명령 또는 전부명령을 받은 채권자가 보장성보험에 관한 해지권을 행사하여 발생하는 해약환급금은 (금액의 제한 없이) 압류하지 못한다'고 규정하고 있다. 이처럼 민사집행법이 보장성보험의 보험금 채권을

압류금지채권으로 규정하는 입법 취지는 생계유지나 치료 및 장애 회복 등 보험계약자의 기본적인 생활을 보장하기 위한 최소한의 수단을 마련하기 위함이다. 기출 25

[2] 하나의 보험계약에 보장성보험과 저축성보험의 성격이 모두 있는 경우에 저축성보험의 성격을 갖는 계약 부분만을 분리하여 해지할 수 없다면, 해당 보험 전체를 두고 민사집행법 제246조 제1항 제7호에서 규정하는 '보장성보험'에 해당하는지를 결정하여야 한다. 원칙적으로 보험가입 당시 예정된 해당 보험의 만기환급금이 보험계약자의 납입보험료 총액을 초과하는지를 기준으로 하여, 만기환급금이 납입보험료 총액을 초과하지 않으면 민사집행법 제246조 제1항 제7호에서 규정하는 '보장성보험'에 해당한다고 보아야 한다. 그러나 만기환 급금이 납입보험료 총액을 초과하더라도, 해당 보험이 예정하는 보험사고의 성질과 보험가입 목적, 납입보험료 의 규모와 보험료의 구성, 지급받는 보험료의 내용 등을 종합적으로 고려하였을 때 보장성보험도 해당 보험의 주된 성격과 목적으로 인정할 수 있다면 이를 민사집행법이 압류금지채권으로 규정하고 있는 보장성보험으로 보아야 한다(대판 2018.12.27. 2015다50286). 기출 23

⑤ 민사집행법상 제246조 제1항 제9호의 압류금지채권(시행령 제7조) : 제246조 제1항 제9호에 따라 압류하지 못하는 예금 등의 금액은 개인별 잔액이 250만원 이하인 예금 등으로 한다. 다만, 제195조 제3호에 따라 압류하지 못한 금전이나 법 제246조의2에 따른 생계비계좌에 예치된 예금이 있으면 250만원에서 그 금액을 뺀 금액으로 한다(시행령 제7조).

- 민사집행법 제246조 제1항 제8호는 채무자의 1월간 생계유지에 필요한 예금을 압류금지채권으로 정하고, 구 민사집행법 시행령(2019.3.5. 대통령령 제29603호로 개정되기 전의 것) 제7조는 '민사집행법 제246조 제1항 제8호에 따라 압류하지 못하는 예금 등의 금액은 개인별 잔액이 150만원[현행법상 250만원(註)]이하인 예금 등으로 한다'고 정하였다. 위 규정에 따라 압류가 금지되는 '채무자의 1월간 생계유지에 필요한 예금'은 채무자 명의의 어느 한 계좌에 예치되어 있는 금액이 아니라 개인별 잔액, 즉 각 금융기관에 예치되어 있는 채무자 명의의 예금을 합산한 금액 중 일정 금액을 의미한다(대판 2024.2.8. 2021다206356). 기출 25
- 채무자의 제3채무자에 대한 예금채권에 대하여 채권압류 및 추심명령이 있음에도 채무자가 제3채무자인 금융기관을 상대로 해당 예금이 위 규정에서 정한 채무자의 1월간 생계유지에 필요한 예금으로서 압류금지채 권에 해당한다고 주장하며 예금의 반환을 구하는 경우, 해당 소송에서 지급을 구하는 예금이 압류 당시 채무자의 개인별 예금 잔액 중 위 규정에서 정한 금액[150만원, 현행법상 250만원(註)] 이하로서 압류금지채 권에 해당한다는 사실은 예금주인 채무자가 증명하여야 한다. 이때 채무자가 금융결제원 등 관련기관이 제공하는 계좌정보통합조회 내역과 압류 및 추심명령의 대상이 된 각 예금계좌에 대한 입출금 내역 등 상당한 방법으로 해당 소송에서 지급을 구하는 예금이 압류 당시 자신이 보유하고 있는 각 예금계좌의 예금 잔액 중 위 규정에서 정한 금액 이하임을 알 수 있는 자료를 제출하였다면, 특별한 사정이 없는 한 해당 소송에서 지급을 구하는 예금채권이 압류금지채권에 해당한다는 사실이 증명되었다고 볼 수 있고, 이에 관하여 반드시 사전에 채무자가 민사집행법 제246조 제3항에서 정한 압류금지채권 범위변경 신청에 따른 압류명령 취소 결정을 받아야만 하는 것은 아니다(대판 2024.2.8. 2021다206356). 기출 25

⑥ 압류금지채권이 예금계좌에 입금된 경우(제246조 제2항) : 압류금지채권의 목적물이 채무자의 예금계좌에 입금된 경우에는 그 예금채권에 대하여 더 이상 압류금지의 효력이 미치지 아니하므로, 그 예금은 압류 금지채권에 해당하지 않는다(대결 1999.10.6. 99마4857). 기출 23 · 18 · 16

압류금지채권의 목적물이 채무자의 예금계좌에 입금된 경우에는 그 예금채권에 대하여 더 이상 압류금지의 효력이 미치지 아니하므로, 그 예금은 압류금지채권에 해당하지 아니하는 것이지만, 이러한 경우에도 원래의 압류금지의 취지는 참작되어야 할 것이므로 민사집행법 제246조 제2항이 정하는 바에 따라 집행법원이 채무자 의 신청에 의하여 채무자와 채권자의 생활 상황 기타의 사정을 고려하여 압류명령의 전부 또는 일부를 취소할 수 있다(대결 2008.12.12. 2008마1774). 기출 22

⑦ 특별법에 의한 압류금지채권

　㉠ 공무원연금법 제32조, 군인연금법 제7조, 사립학교교직원 연금법 제40조 등에 의해 지급받는 공무원이나 군인 및 사립학교교직원의 퇴직연금은 전액 압류가 금지된다.

　㉡ 금원의 목적 내지 성질상 국가나 지방자치단체와 특정인 사이에서만 수수, 결제되어야 하는 보조금교부채권은 성질상 양도가 금지된 것으로 보아야 하므로 강제집행의 대상이 될 수 없으며, 이러한 법리는 국가나 지방자치단체가 중요무형문화재를 보호·육성하기 위하여 그 전수 교육을 실시하는 중요무형문화재 보유자에게만 전수 교육에 필요한 경비 명목으로 지급하고 있는 금원으로서 그 목적이나 성질상 국가나 지방자치단체와 중요무형문화재 보유자 사이에서만 수수, 결제되어야 하는 전승지원금의 경우에도 마찬가지이다(대판 2013.3.28. 2012다203461).

　㉢ 구 여객자동차 운수사업법 등에 근거하여 유류세액 인상액 보조 등의 명목으로 지방자치단체가 관내 여객자동차 운수사업자에게 지급하는 유류보조금에 관한 채권은 압류금지채권이므로 강제집행의 대상이 될 수 없다.

> 이 사건 유류보조금은, 그 금원의 목적과 성질상 국가 또는 지방자치단체와 운수사업자 사이에서만 수수·결제되어야 하는 것이고, 여객자동차 운수사업을 운영하고 있는 현재의 사업자에게 직접 지급되어야 할 성질의 것이라고 봄이 상당하고, 따라서 위 보조금채권은 성질상 압류가 금지된 것으로서 강제집행의 대상이 될 수 없다고 할 것이다(대판 2009.3.12. 2008다77719).

　㉣ 「근로자퇴직급여 보장법」상 퇴직연금채권은 그 전액에 관하여 압류가 금지된다. **기출** 16

> [1] 채무자의 제3채무자에 대한 금전채권이 법률의 규정에 의하여 양도가 금지된 경우에는 특별한 사정이 없는 한 이를 압류하더라도 현금화할 수 없으므로 피압류 적격이 없다. 또한 위와 같이 채권의 양도를 금지하는 법률의 규정이 강행법규에 해당하는 이상 그러한 채권에 대한 압류명령은 강행법규에 위반되어 무효라고 할 것이어서 실체법상 효력을 발생하지 아니하므로, 제3채무자는 압류채권의 추심금 청구에 대하여 그러한 실체법상의 무효를 들어 항변할 수 있다. 그런데 근로자 퇴직급여제도의 설정 및 운영에 필요한 사항을 정함으로써 근로자의 안정적인 노후생활 보장에 이바지함을 목적으로 2005.1.27 법률 제7379호로 '근로자퇴직급여 보장법'이 제정되면서 제7조에서 퇴직연금제도의 급여를 받을 권리에 대하여 양도를 금지하고 있으므로 위 양도금지 규정은 강행법규에 해당한다. 따라서 퇴직연금제도의 급여를 받을 권리에 대한 압류명령은 실체법상 무효이고, 제3채무자는 그 압류채권의 추심금 청구에 대하여 위 무효를 들어 지급을 거절할 수 있다.
> [2] 민사집행법은 제246조 제1항 제4호에서 퇴직연금 그 밖에 이와 비슷한 성질을 가진 급여채권은 그 1/2에 해당하는 금액만 압류하지 못하는 것으로 규정하고 있으나, 이는 '근로자퇴직급여 보장법'(이하 '퇴직급여법'이라고 한다)상 양도금지 규정과의 사이에서 일반법과 특별법의 관계에 있으므로, 퇴직급여법상 퇴직연금채권은 그 '전액'에 관하여 압류가 금지된다고 보아야 한다(대판 2014.1.23. 2013다71180). **기출** 25 · 16

　㉤ 정당의 국가에 대한 정당보조금지급채권은 압류금지채권이다.

> 정치자금법에 근거하여 국가가 정당에 지급하는 금전이나 유가증권(이하 '정당보조금'이라고 한다)은 … 정당보조금의 목적, 용도 외 사용의 금지 및 위반시의 제재조치 등 그 근거 법령의 취지와 규정 등에 비추어 볼 때, 정당보조금은 국가와 정당 사이에서만 수수·결제되어야 하는 것으로 봄이 상당하므로, 정당의 국가에 대한 정당보조금지급채권은 그 양도가 금지된 것으로서 강제집행의 대상이 될 수 없다(대결 2009.1.28. 2008마1440).

ⓗ 지방의회의원에게 지급되는 지방자치법 제32조 제1항의 의정활동비 등이 압류금지채권에 해당하지 않는다.

> 지방의회의원이 지급받는 비용들은 근로자의 근로의 대가로서의 급여와는 그 성격이 다른 것으로서 지방의 회의원은 지방자치법에서 정한 겸직의 제한을 받는 외에는 보수를 수반한 겸직이 금지되고 있지 아니하므로 지방의회의원에게 지급되는 비용들은 민사집행법 제246조 제1항에서 정한 압류금지채권에 해당하지 아니 한다(대결 2004.6.18. 2004마336).

⑧ **재판에 의한 압류금지채권의 범위 변경**(제246조 제3항·제4항)

의 의	법원은 당사자가 신청하면 채권자와 채무자의 생활형편, 그 밖의 사정을 고려하여 압류가 허용 되는 채권에 대한 압류명령의 전부 또는 일부를 취소하거나 민사집행법 제246조 제1항의 압류 금지채권에 대하여 압류를 허용하는 압류명령을 할 수 있다(제246조 제3항). 이 재판은 직권으 로 할 수는 없고, 채권자가 압류금지채권에 대한 압류명령을 신청하거나 채무자가 압류명령의 취소를 신청하여야 한다. 기출 24
채무자의 신청에 의한 압류금지 확장	채무자는 압류명령이 있은 이후에 생활형편이 어렵다는 사정 등을 들어 압류명령의 전부 또는 일부를 취소해 줄 것을 구할 수 있다.
채권자의 신청에 의한 압류금지 축소	채권자는 보통 압류명령의 신청과 함께 채무자의 생활형편이 넉넉하다는 사정 등을 들어 민사 집행법상 압류금지채권에 대하여 압류명령을 구할 수 있다. 이러한 '채권자의 압류금지축소신 청'은 민사집행법상의 압류금지채권에 대하여만 적용이 있고 특별법에 의한 압류금지채권에는 적용이 없다.
잠정처분	법원은 압류금지채권의 범위변경의 재판 또는 그 변경의 재판에 앞서 채무자에게 담보를 제공하 게 하거나 담보를 제공하게 하지 않고 강제집행을 일시정지하도록 명하거나, 채권자에게 담보 를 제공하게 하고 그 집행을 계속하도록 명하는 등의 잠정처분을 할 수 있다(제246조 제4항, 제196조 제3항, 제16조 제2항). 기출 24

> '채무자'가 압류금지채권의 목적물이 입금된 예금채권을 압류당한 다음에 압류명령의 전부 또는 일부의 취소를 구하는 내용의 서면을 집행법원에 제출한 경우에 집행법원으로서는 위와 같은 서면에 즉시항고나 이의신청 등의 다른 제목이 붙어 있다 하더라도 특별한 사정이 없는 한 이를 민사집행법 제246조 제2항에 정한 압류명령 의 취소 신청으로 보고 이에 대한 판단을 하여야 한다(대결 2008.12.12. 2008마1774). 기출 24

⑨ **압류금지규정에 위반된 압류명령의 효력**

> [1] 압류가 금지된 채권에 대한 압류명령은 강행법규에 위반되어 무효라 할 것이고, 또 전부명령은 압류채권의 지급에 갈음하여 피전부채권이 압류채권자에게 이전하는 효력을 갖는 것이므로 전부명령의 전제가 되는 압류자 체가 무효라면 이에 기한 전부명령 역시 무효라고 하지 않을 수 없지만 한편 이와 같은 무효는 압류 및 전부명령 도 하나의 재판인 이상 이를 당연무효라고 할 수는 없으므로 다만 실체법상의 효과를 발생시키지 아니하는 뜻의 무효라고 보아 제3채무자는 압류채권자의 전부금지급청구에 대하여 위와 같은 실체법상의 무효를 들어 항변할 수 있다.
> [2] 압류가 금지된 채권에 대하여 압류 및 전부명령이 내려지더라도 그것이 제3채무자와 채무자에게 송달되면 집행절차를 종료시키는 효과를 갖게 되어 집행방법에 관한 이의 등으로는 그 효력을 다툴 수 없다(대판 1987.3.24. 86다카1588).

Ⅲ 압류절차

1. 압류명령의 신청

① 의 의

ⓐ 금전채권에 대한 압류명령신청은 서면으로 하여야 한다(제4조).

ⓑ 압류명령과 추심명령, 전부명령 또는 특별현금화명령의 신청은 병합하여 함께 할 수 있고 또 그것이 보통이다.

ⓒ 압류명령을 신청하기 위해서는 강제집행의 요건과 강제집행 개시의 요건(제39조 내지 제41조)을 갖추어야 한다.

ⓓ 제3채무자에 대한 채무자의 금전채권에 대한 강제집행은 집행법원의 압류명령에 의하여 개시된다(제223조).

> 채권이 집행의 대상으로서의 적격, 즉 압류적격을 가지기 위하여는 그 채권이 집행채무자에게 귀속되어 채무자의 책임재산의 일부를 이루어야 하고, 당해 채권이 채무자의 책임재산에 속하는가를 판정하는 시점은 압류명령이 제3채무자에게 송달된 때로서 발생이 확정된 채권이 압류의 대상이 됨이 원칙이므로, 압류명령 송달 당시 이미 변제기가 도래하였으나 근로자에 지급되지 않은 임금채권에 대한 압류도 유효하다(대판 2006.2.29. 2005다28747).

② **신청서 기재사항**(제225조, 규칙 제159조)

ⓐ 채권자·채무자·제3채무자와 그 대리인의 표시(규칙 제159조 제1항 제1호) : 사립학교 교원이 아닌 초, 중등학교 교육공무원의 급여를 받을 권리 등을 압류하고자 하는 경우 제3채무자는 광역시, 도가 되며 그 대표자는 도지사가 아닌 교육감이 된다(지방교육자치에 관한 법률 제18조 제2항).

ⓑ 집행권원(청구금액)의 표시(규칙 제159조 제1항 제2호)

㉮ 집행권원 중 일부에 관해서만 집행을 신청한 경우에 뒤에 집행권원을 확장할 수 없다.

㉯ 나머지 채권에 대하여 만족을 얻으려면 새로운 압류절차나 배당요구를 하여야 한다.

㉰ 한편 압류명령 신청 시에 집행비용도 동시에 청구할 수 있으므로, 이 경우에는 신청서에 그 내역을 분명히 하여 금액을 표시하여야 한다.

> 근저당권에 기한 물상대위권을 갖는 채권자가 그 물상대위권을 행사하여 우선변제를 받음에 있어, 그 권리실행방법은 민사집행법 제273조에 의하여 채권에 대한 강제집행절차를 준용하여 채권의 압류 및 전부명령을 신청할 수 있다고 할 것이나, 이는 어디까지나 담보권의 실행절차이므로 그 요건으로서 담보권의 존재를 증명하는 서류를 제출하여 개시하면 되는 것이고, 일반채권자로서 강제집행을 하는 것이 아니므로 채무명의[집행권원(註)]를 필요로 하지 않는다(대결 1992.7.10. 92마380). **기출** 22

ⓒ 압류할 채권의 종류, 액수(제225조), 범위(규칙 제159조 제1항 제3호)

㉮ 채권에 대한 가압류 또는 압류명령을 신청하는 채권자는 신청서에 압류할 채권의 종류와 액수를 밝혀야 하고(민사집행법 제225조, 제291조), 특히 압류할 채권 중 일부에 대하여만 압류명령을 신청하는 때에는 그 범위를 밝혀 적어야 한다(규칙 제159조 제1항 제3호, 제218조).

㉯ 압류할 채권(= 피압류채권)의 내용이 특정되지 않으면 압류명령은 무효이고, 나중에 채권자가 이를 보완하더라도 압류명령이 소급하여 유효로 되는 것은 아니다(대판 1973.1.30. 72다2151).

기출 24

㉰ 압류 및 전부명령의 목적인 채권의 표시가 이해관계인 특히 제3채무자로 하여금 다른 채권과 구별할 수 있을 정도로 기재되어 동일성 인식을 저해할 정도에 이르지 아니하였다면, 그 압류 및 전부명령은 유효하다고 보아야 한다(대판 2011.4.28. 2010다89036). [기출] 22

- [1] 채권자가 가압류나 압류를 신청하면서 압류할 채권의 대상과 범위를 특정하지 않음으로 인해 가압류결정 및 압류명령(이하 '압류 등 결정'이라 한다)에서도 피압류채권이 특정되지 않은 경우에는 그 압류 등 결정에 의해서는 압류 등의 효력이 발생하지 않는다. 이러한 법리는 채무자가 제3채무자에 대하여 여러 개의 채권을 가지고 있고, 채권자가 그 각 채권 전부를 대상으로 하여 압류 등의 신청을 할 때에도 마찬가지로 적용되므로, 그 경우 채권자는 여러 개의 채권 중 어느 채권에 대해 어느 범위에서 압류 등을 신청하는지 신청취지 자체로 명확하게 인식할 수 있도록 특정하여야 한다. [2] 채권의 추심명령은 압류한 금전채권을 대위절차 없이 추심할 수 있게 해주는 것으로서 유효한 압류명령이 있음을 전제하는 것이므로, 압류할 채권이 특정되지 않아 압류명령에 따른 압류의 효력이 발생하지 않는 경우에는 그에 따른 추심명령도 효력이 없다. 그와 같은 경우 채무자는 가압류이의나 즉시항고로써 가압류결정이나 압류 및 추심명령의 효력을 다툴 수 있지만, 제3채무자로서도 추심금 소송에서 추심명령의 무효를 주장하여 다툴 수 있다(대판 2012.11.15. 2011다38394). [기출] 21·20
- 가압류명령의 가압류할 채권의 표시에 '채무자가 각 제3채무자들에게 대하여 가지는 다음의 예금채권 중 다음에서 기재한 순서에 따라 위 청구금액에 이를 때까지의 금액'이라고 기재된 사안에서, 위 문언의 기재로써 가압류명령의 송달 이후에 새로 입금되는 예금채권까지 포함하여 가압류되었다고 보는 것은 통상의 주의력을 가진 사회평균인을 기준으로 할 때 의문을 품을 여지가 충분하다고 보이므로, 이 부분 예금채권까지 가압류의 대상이 되었다고 해석할 수는 없다(대판 2011.2.10. 2008다9952). ☞ 이는 압류 및 추심명령에서 '압류 및 추심할 채권의 표시'에 대하여도 마찬가지이다. [기출] 24
- 채권압류·추심명령의 '압류할 채권의 표시'에 기재된 문언은 그 문언 자체의 내용에 따라 객관적으로 엄격하게 해석하여야 하고, 문언의 의미가 불명확한 경우 그로 인한 불이익은 압류 등 신청채권자에게 부담시키는 것이 타당하다. 따라서 제3채무자가 통상의 주의력을 가진 사회평균인을 기준으로 그 문언을 이해할 때 포함 여부에 의문을 가질 수 있는 채권은 특별한 사정이 없는 한 압류 등의 대상에 포함되었다고 보아서는 아니 된다(대판 2018.5.30. 2015다51968). [기출] 24
- 국세징수법상 체납처분에 의한 채권압류에서 압류조서의 작성은 과세관청 내부에서 당해 채권을 압류하였다는 사실을 기록·증명하는 것에 불과하여 이를 채권압류의 효력발생요건이라고 할 수 없으므로, 압류조서가 작성되지 않았다고 하여 채권압류 자체가 무효라고 할 수 없으나, 채권압류는 채무자(이하 '제3채무자'라 한다)에게 체납자에 대한 채무이행을 금지시켜 조세채권을 확보하는 것을 본질적 내용으로 하는 것이므로, 제3채무자에 대한 채권압류통지서의 문언에 비추어 피압류채권이 특정되지 않거나 체납자에 대한 채무이행을 금지하는 문언이 기재되어 있지 않다면 채권압류는 효력이 없다(대판 2017.6.15. 2017다213678).

㉱ 예금주에게 하나의 예금계좌만 있을 때에는 반드시 예금의 종류와 계좌를 밝히지 않더라도 가압류 또는 압류의 대상이 특정된 것으로 볼 수 있다(대판 2007.11.15. 2007다56425).

압류명령의 송달 이후에 채무자의 계좌에 입금될 예금채권도 그 발생의 기초가 되는 법률관계가 존재하여 현재 그 권리의 특정이 가능하고 가까운 장래에 예금채권이 발생할 것이 상당한 정도로 기대된다고 볼 만한 예금계좌가 개설되어 있는 경우 등에는 압류의 대상이 될 수 있다. 그러나 장래의 예금채권에 대한 압류명령 정본이 제3채무자에게 송달되었을 때 채무자의 제3채무자에 대한 예금계좌가 개설되어 있지 않는 등 그 피압류채권 발생의 기초가 되는 법률관계가 없거나, 예금계좌가 개설되어 있다 하더라도 가까운 장래에 예금채권이 발생할 것이 상당한 정도로 기대된다고 보기 어려운 경우에는 그러한 채권압류는 효력이 없다. 여기서 가까운 장래에 예금채권이 발생할 것이 상당한 정도로 기대되는지 여부는, 채무자와 제3채무자 사이의 예금계약의 내용, 예금계좌의 잔액 및 입출금 내역 등 예금계약을 통해 이루어진 거래의 실태, 채무자가 해당 예금계좌를 사용한 목적 또는 용도, 이에 대한 일반인의 인식 정도 등 여러 가지 사정을 종합하여 객관적으로 판단하여야 한다(대판 2025.5.15. 2024다310980). **기출** 25

㉑ 판결결과에 따라 제3채무자가 채무자에게 지급하여야 하는 금액을 피압류채권으로 표시한 경우 해당 소송의 소송물인 실체법상의 채권이 채권압류 및 추심명령의 대상이 된다고 볼 수밖에 없고, 결국 채권자가 받은 채권압류 및 추심명령의 효력은 거기에서 지시하는 소송의 소송물인 청구원인채권에 미친다고 보아야 한다(대판 2018.6.28. 2016다203056). **기출** 21

㉒ 장래 발생할 채권이나 조건부채권을 압류할 수 있는지 여부에 관하여 판례는 긍정한다.

[1] 장래 발생할 채권이나 조건부채권도 현재 그 권리의 특정이 가능하고 가까운 장래에 발생할 것이 상당 정도 기대되는 경우에는 이를 압류할 수 있다고 할 것이다.
[2] 지방공무원 甲이 약 14~15년 정도 근무한 때에 乙이 甲의 명예퇴직수당 채권에 대하여 채권가압류결정과 채권압류 및 추심명령을 받았고 그 후 甲이 약 20년 5개월을 근속한 뒤 명예퇴직한 사안에서, 명예퇴직수당의 기초가 되는 법률관계가 존재하고 그 발생근거와 제3채무자를 특정할 수 있어 그 권리의 특정이 가능하고, 권리가 가까운 장래에 발생할 것이 상당 정도 기대되는 경우라고 볼 수 있으므로, 채권가압류결정 등이 유효하다고 판단한 원심을 수긍한 사례(대판 2010.2.25. 2009다76799) **기출** 16

㉓ 채무자나 제3채무자가 수인인 경우, 가압류 또는 압류로써 각 채무자나 제3채무자별로 어느 범위에서 지급이나 처분의 금지를 명하는 것인지를 특정하지 아니한 가압류결정이나 압류명령의 효력은 원칙적으로 무효이고, 수인의 채무자들의 채권 합계액이나 수인의 제3채무자들에 대한 채권 합계액이 집행채권액을 초과하지 않는 경우에도 마찬가지이다. **기출** 19

• 채권에 대한 가압류 또는 압류를 신청하는 채권자는 신청서에 압류할 채권의 종류와 액수를 밝혀야 하고(민사집행법 제225조, 제291조), 채무자가 수인이거나 제3채무자가 수인인 경우에는 집행채권액을 한도로 하여 가압류 또는 압류로써 각 채무자나 제3채무자별로 어느 범위에서 지급이나 처분의 금지를 명하는 것인지를 가압류 또는 압류할 채권의 표시 자체로 명확하게 인식할 수 있도록 특정하여야 하며, 이를 특정하지 아니한 경우에는 집행의 범위가 명확하지 아니하여 특별한 사정이 없는 한 그 가압류결정이나 압류명령은 무효라고 보아야 한다. … 그리고 압류의 대상인 수인의 채무자들의 채권 합계액이나 수인의 제3채무자들에 대한 채권 합계액이 집행채권액을 초과하지 않는다 하더라도, 개별 채무자 및 제3채무자로서는 자신을 제외한 다른 모든 채무자들의 채권액이나 모든 제3채무자들의 채무액을 구체적으로 알고 있는 특별한 경우가 아니라면 자신에 대한 집행의 범위를 알 수 없음은 마찬가지이므로 달리 볼 것은 아니다(대판 2014.5.16. 2013다52547). **기출** 24 · 19

- 채권에 대한 가압류 또는 압류명령을 신청하는 채권자는 신청서에 압류할 채권의 종류와 액수를 밝혀야 하고(민사집행법 제225조, 제291조), 특히 압류할 채권 중 일부에 대하여만 압류명령을 신청하는 때에는 그 범위를 밝혀 적어야 한다(민사집행규칙 제159조 제1항 제3호, 제218조). 그럼에도 채권자가 가압류나 압류를 신청하면서 압류할 채권의 대상과 범위를 특정하지 않음으로 인해 가압류결정 및 압류명령(이하 '압류 등 결정'이라 한다)에서도 피압류채권이 특정되지 아니한 경우에는 그 압류 등 결정에 의해서는 압류 등의 효력이 발생하지 않는다 할 것이다. 이러한 법리는 채무자가 제3채무자에 대하여 여러 개의 채권을 가지고 있고, 채권자가 그 각 채권 전부를 대상으로 하여 압류 등의 신청을 할 때에도 마찬가지로 적용되므로, 그 경우 채권자는 여러 개의 채권 중 어느 채권에 대하여 어느 범위에서 압류 등을 신청하는지 신청취지 자체로 명확하게 인식할 수 있도록 특정하여야 한다. 다만 압류의 대상인 여러 채권의 합계액이 집행채권액보다 오히려 적다거나 복수의 채권이 모두 하나의 계약에 기하여 발생하였거나 제3채무자가 채무자에게 그 채무를 일괄 이행하기로 약정하였다는 등 특별한 사정이 있는 경우에는 압류할 대상인 채권별로 압류될 부분을 따로 특정하지 아니하였더라도 그 압류 등 결정은 유효한 것으로 볼 수 있다(대판 2013.12.26. 2013다26296). `기출` 24 · 17 · 16

⑭ 채권자가 채무자의 제3채무자에 대한 채권을 압류하는 경우 제3채무자가 채권자 자신인 경우에도 이를 압류하는 것이 금지되지 않으므로 단지 채권자와 제3채무자가 같다고 하여 채권압류 및 전부명령이 위법하다고 볼 수 없다(대결 2017.8.21. 2017마499). `기출` 25 · 22 · 18

- 사해행위 취소의 소에서 수익자가 원상회복으로서 채권자취소권을 행사하는 채권자에게 가액배상을 할 경우, 수익자 자신이 사해행위취소소송의 채무자에 대한 채권자라는 이유로 채무자에 대하여 가지는 자기의 채권과 상계하거나 채무자에게 가액배상금 명목의 돈을 지급하였다는 점을 들어 채권자취소권을 행사하는 채권자에 대해 이를 가액배상에서 공제할 것을 주장할 수 없다. 그러나 수익자가 채권자취소권을 행사하는 채권자에 대해 가지는 별개의 다른 채권을 집행하기 위하여 그에 대한 집행권원을 가지고 채권자의 수익자에 대한 가액배상채권을 압류하고 전부명령을 받는 것은 허용된다. 이는 수익자의 채무자에 대한 채권을 기초로 한 상계나 임의적인 공제와는 내용과 성질이 다르다. 또한 채권자가 채무자의 제3채무자에 대한 채권을 압류하는 경우 제3채무자가 채권자 자신인 경우에도 이를 압류하는 것이 금지되지 않으므로 단지 채권자와 제3채무자가 같다고 하여 채권압류 및 전부명령이 위법하다고 볼 수 없다(대결 2017.8.21. 2017마499). `기출` 21 · 19 · 18
- 사용자가 근로자에 대한 집행권원을 가지고 근로자의 자신에 대한 임금채권 중 압류가 가능한 부분(2분의 1 상당액)에 관하여 압류 및 전부명령을 받는 것은 가능하다(대결 1994.3.16. 93마1822). `기출` 24

⑮ 1개의 채권의 일부에 대한 가압류 · 압류는 유효한 채권부분을 대상으로 한 것이고, 유효한 채권부분이 남아 있는 한 거기에 가압류 · 압류의 효력이 계속 미친다.

채권자가 1개의 채권 중 일부에 대하여 가압류 · 압류를 하는 취지는 1개의 채권 중 어느 특정 부분을 지정하여 가압류 · 압류하는 등의 특별한 사정이 없는 한 가압류 · 압류대상채권 중 유효한 부분을 가압류 · 압류함으로써 향후 청구금액만큼 만족을 얻겠다는 것이므로, 1개의 채권의 일부에 대한 가압류 · 압류는 유효한 채권부분을 대상으로 한 것이고, 유효한 채권부분이 남아 있는 한 거기에 가압류 · 압류의 효력이 계속 미친다. 따라서 1개의 채권 중 일부에 대하여 가압류 · 압류를 하였는데, 채권의 일부에 대하여만 소멸시효가 중단되고 나머지 부분은 이미 시효로 소멸한 경우, 가압류 · 압류의 효력은 시효로 소멸하지 않고 잔존하는 채권부분에 계속 미친다(대판 2016.3.24. 2014다13280). `기출` 19

③ 압류명령신청서에 붙일 서류
  ㉠ 압류명령을 신청하기 위해서는 강제집행의 요건과 강제집행 개시의 요건(제39조 내지 제41조)을 갖추어야 한다.
  ㉡ 따라서 신청서에는 집행력 있는 정본, 그 밖에 강제집행개시의 요건을 증명하는 서면 등을 붙여야 한다.
  ㉢ 민사집행법 제224조 제3항의 규정에 따라 가압류를 명한 법원이 있는 곳을 관할하는 지방법원에 가압류에서 본압류로 이전하는 채권압류를 신청하는 때에는 가압류결정서 사본과 가압류 송달증명을 붙여야 한다(규칙 제159조 제2항).
  ㉣ 이것은 압류명령의 신청단계에 가압류결정서 사본과 가압류 송달증명이 제출되어야 민사집행법 제224조 제3항의 규정에 따른 관할의 존부를 판단할 수 있기 때문이다.
④ **압류명령의 당사자** : 금전채권에 대한 집행에서 당사자는 압류채권자와 채무자이며, 제3채무자는 집행의 당사자가 아니다.

2. 관 할

> **민사집행법 제223조(채권의 압류명령)**
> 제3자에 대한 채무자의 금전채권 또는 유가증권, 그 밖의 유체물의 권리이전이나 인도를 목적으로 한 채권에 대한 강제집행은 집행법원의 압류명령에 의하여 개시한다.
>
> **민사집행법 제224조(집행법원)**
> ① 제223조의 집행법원은 채무자의 보통재판적이 있는 곳의 지방법원으로 한다.
> ② 제1항의 지방법원이 없는 경우 집행법원은 압류한 채권의 채무자(이하 "제3채무자"라 한다)의 보통재판적이 있는 곳의 지방법원으로 한다. 다만, 이 경우에 물건의 인도를 목적으로 하는 채권과 물적 담보권 있는 채권에 대한 집행법원은 그 물건이 있는 곳의 지방법원으로 한다.
> ③ 가압류에서 이전되는 채권압류의 경우에 제223조의 집행법원은 가압류를 명한 법원이 있는 곳을 관할하는 지방법원으로 한다. `기출` 22

① **원칙** : 압류명령을 신청할 집행법원은 원칙적으로 채무자의 보통재판적이 있는 곳의 지방법원이다(제224조 제1항).
② **예 외**
  ㉠ 제3채무자의 보통재판적 : 채무자가 국내에 주소나 거소 등이 없고, 마지막 주소도 판명되지 않을 때와 같이 채무자의 보통재판적이 없는 경우 집행법원은 압류한 채권의 채무자(= 제3채무자)의 보통재판적이 있는 곳의 지방법원으로 한다(제224조 제2항 본문).
  ㉡ 채권가압류를 본압류로 이전하는 경우 : 채권압류 중 가압류에서 이전되는 채권압류의 경우 집행법원은 가압류를 명한 법원이 있는 곳을 관할하는 지방법원으로 하여(제224조 제3항), 가압류법원과 본압류법원을 일치시켰다. `기출` 22

3. 압류명령

(1) 심 리

① 서면에 의한 형식적 심사

ㄱ 채권압류명령의 신청이 있으면 집행법원은 신청서와 첨부서류에만 기초하여 신청의 적식여부, 관할권의 존부, 집행력 있는 정본의 유무와 그 송달여부, 집행개시요건의 존부, 집행장애의 존부, 목적채권의 압류될 적격의 유무, 남을 가망이 없는 압류 여부(제188조 제3항) 등에 관하여 조사하여 흠결이 있는 경우에 보정할 수 없는 것이면 곧바로, 보정할 수 있는 것이면 보정을 명하여 따르지 않을 때에는 신청을 기각한다.

ㄴ 채권압류명령의 '압류할 채권의 표시'에 기재된 문언의 해석 방법

> 채권압류에 있어서 제3채무자는 순전히 타의에 의하여 다른 사람들 사이의 법률분쟁에 편입되어 압류명령에서 정한 의무를 부담하는 것이므로 이러한 제3채무자는 압류된 채권이나 그 범위를 파악함에 있어서 과도한 부담을 가지지 아니하도록 보호할 필요가 있다. 따라서 그에 있어서 '압류할 채권의 표시'에 기재된 문언은 그 문언 자체의 내용에 따라 객관적으로 엄격하게 해석하여야 하고, 문언의 의미가 불명확한 경우 그로 인한 불이익은 압류 신청채권자에게 부담시키는 것이 타당하므로, 제3채무자가 통상의 주의력을 가진 사회평균인을 기준으로 그 문언을 이해할 때 포함 여부에 의문을 가질 수 있는 채권은 특별한 사정이 없는 한 압류의 대상에 포함되었다고 보아서는 아니 된다(대판 2013.6.13. 2013다10628). **기출** 22

② 채무자와 제3채무자의 심문금지(제226조) : 집행면탈의 여지를 주기 않기 위해 채무자와 제3채무자를 심문하여서는 아니 되며, 피압류채권이 실제로 존재하는지 여부나 집행채무자에게 귀속되는지에 대해서는 실체법적 사항으로 집행법원이 조사할 사항이 아니다.

(2) 재판(압류명령의 내용)

> **민사집행법 제227조(금전채권의 압류)**
> ① 금전채권을 압류할 때에는 법원은 제3채무자에게 채무자에 대한 지급을 금지하고 채무자에게 채권의 처분과 영수를 금지하여야 한다.
> ② 압류명령은 제3채무자와 채무자에게 송달하여야 한다. **기출** 22
> ③ 압류명령이 제3채무자에게 송달되면 압류의 효력이 생긴다.
> ④ 압류명령의 신청에 관한 재판에 대하여는 즉시항고를 할 수 있다.
>
> **민사집행법 제234조(채권증서)**
> ① 채무자는 채권에 관한 증서가 있으면 압류채권자에게 인도하여야 한다.
> ② 채권자는 압류명령에 의하여 강제집행의 방법으로 그 증서를 인도받을 수 있다.

① 압류선언 · 지급금지 · 처분 및 영수 금지 : 압류명령에서는 제3채무자에 대한 채권을 압류한다는 취지, 제3채무자에게 집행채무자에 대한 지급을 금지하고, 채무자에게는 채권의 처분과 영수를 금지하는 것을 내용으로 한다.

ㄱ 금전채권에 대한 압류명령이 있으면 제3채무자는 채무자에 대한 지급이 금지되고, 채무자는 채권의 처분과 영수가 금지되므로(제227조 제1항), 채무자는 채권을 소멸 또는 감소시키는 등의 행위를 할 수 없고 그와 같은 행위로 채권자에게 대항할 수 없다. 다만 채권의 발생원인인 법률관계에 대한 채무자의 처분까지도 구속하는 효력은 없다(대판 2024.6.27. 2021다261704).

> [1] 채권의 압류는 제3채무자에 대하여 채무자에게 지급 금지를 명하는 것이므로 채무자는 채권을 소멸 또는 감소시키는 등의 행위를 할 수 없고 그와 같은 행위로 채권자에게 대항할 수 없는 것이지만, 채권의 발생원인인 법률관계에 대한 채무자의 처분까지도 구속하는 효력은 없다. **기출** 25
> [2] 계약 당사자로서의 지위 승계를 목적으로 하는 계약인수의 경우에는 양도인이 계약관계에서 탈퇴하는 까닭에 양도인과 상대방 당사자 사이의 계약관계가 소멸하지만, 양도인이 계약관계에 기하여 가지던 권리 의무가 동일성을 유지한 채 양수인에게 그대로 승계된다. 따라서 양도인의 제3채무자에 대한 채권이 압류된 후 채권의 발생원인인 계약의 당사자 지위를 이전하는 계약인수가 이루어진 경우 양수인은 압류에 의하여 권리가 제한된 상태의 채권을 이전받게 되므로, 제3채무자는 계약인수에 의하여 그와 양도인 사이의 계약관계가 소멸하였음을 내세워 압류채권자에 대항할 수 없다(대판 2015.5.14. 2012다41359). **기출** 24 · 20 · 17

ⓛ 압류의 처분금지 효력은 절대적인 것이 아니고, 채무자의 처분행위 또는 제3채무자의 변제로써 처분 또는 변제 전에 집행절차에 참가한 압류채권자나 배당요구채권자에게 대항하지 못한다는 의미로서 상대적 효력을 가진다. 채무자가 채권을 처분하기 전에 먼저 압류한 채권자에게는 그 처분으로 대항 할 수 없다(대판 2024.6.27. 2021다261704). **기출** 25

> 채권에 대한 압류의 처분금지의 효력은 절대적인 것이 아니고, 이에 저촉되는 채무자의 처분행위가 있어도 압류의 효력이 미치는 범위에서 압류채권자에게 대항할 수 없는 상대적 효력을 가지는 데 그치므로, 압류 후에 피압류채권이 제3자에게 양도된 경우 채권양도는 압류채무자의 다른 채권자 등에 대한 관계에서는 유효하다. 그리고 채권양도 행위가 사해행위로 인정되어 취소 판결이 확정된 경우에도 취소의 효과는 사해 행위 이전에 이미 채권을 압류한 다른 채권자에게는 미치지 아니한다(대판 2015.5.14. 2014다12072).

ⓒ '확정일자 있는 채권양도 통지'와 '채권가압류명령'이 동시에 도달됨으로써 제3채무자가 변제공탁을 하고, 그 후에 다른 채권압류 또는 가압류가 이루어졌다 하더라도 '채권양수인'과 '선행가압류채권자' 사이에서만 채권액에 안분하여 배당하여야 한다(대판 2004.9.3. 2003다22561). **기출** 18

② 지급금지명령 누락의 경우 : '제3채무자에 대한 지급을 금지하는 명령'은 채권압류의 효력에 있어서 본질 적인 것으로서 그 기재가 없으면 압류명령은 무효이다. 반면 '채무자에 대한 처분과 영수를 금지하는 명령'은 그 기재가 누락되었다 하더라도 채권압류명령의 효력에 영향이 없다.

(3) 송 달

① 제3채무자에 대한 송달

ⓐ 압류명령은 제3채무자와 채무자에게 송달하여야 한다(제227조 제2항). **기출** 22

ⓑ 압류명령의 본질적 부분은 제3채무자의 채무자에 대한 지급금지에 있으므로 송달에 있어서도 제3채무 자에 대한 송달이 이루어지지 않으면 압류의 효력이 발생하지 아니한다(제227조 제3항). 제3채무자가 채 권자 자신인 경우에도 제3채무자에 대한 송달은 압류의 효력발생요건이므로 반드시 이루어져야 한다.

② 채무자에 대한 송달 : 압류명령은 채무자에게도 반드시 송달하여야 하나, 채무자에게 송달되지 않더라도 제3채무자에게 송달된 이상 압류명령의 효력에는 영향이 없다.

(4) 저당권이 있는 채권의 압류(제228조)

> **민사집행법 제228조(저당권이 있는 채권의 압류)**
> ① 저당권이 있는 채권을 압류할 경우 채권자는 채권압류사실을 등기부에 기입하여 줄 것을 법원사무관등에게 신청할 수 있다. 이 신청은 채무자의 승낙 없이 법원에 대한 압류명령의 신청과 함께 할 수 있다. **기출** 21
> ② 법원사무관등은 의무를 지는 부동산 소유자에게 압류명령이 송달된 뒤에 제1항의 신청에 따른 등기를 촉탁하여 야 한다.

> **민사집행법 제230조(저당권이 있는 채권의 이전)**
> 저당권이 있는 채권에 관하여 전부명령이 있는 경우에는 제228조의 규정을 준용한다.

① 의 의

　㉠ 저당권이 있는 채권을 압류할 경우에 채권자는 채권압류의 사실을 등기부에 기입하여 줄 것을 법원사무관등에게 신청할 수 있다. 이 신청은 <u>채무자의 승낙 없이</u> 법원에 대한 압류명령의 신청과 함께 할 수 있다(제228조 제1항). 　기출　21

　㉡ 저당권의 피담보채권이 압류되면 담보물권의 수반성에 의하여 저당권에도 압류의 효력이 미치는데 (저당권이 있는 채권의 압류명령이 제3채무자에게 송달되면 압류의 효력이 발생한다. 반대로 피담보채권을 압류하지 않고 저당권만 압류하는 것은 효력이 없다), 이 경우 피담보채권의 압류를 공시하기 위해서는 저당권설정등기에 부기등기의 방법으로 그 피담보채권의 압류사실이 기입되어야 한다(대판 2009.12.24. 2009다72070; 대판 2011.4.28. 2010다107408). 압류기입등기는 단순히 공시의 효과밖에 없으며 압류의 효력발생요건이나 제3자에 대한 대항요건은 아니다. 　기출　17

　㉢ 저당권이 있는 채권에 관하여 '전부명령'이나 '양도명령'이 있는 경우에는 채권과 함께 저당권이 이전되므로 저당권 이전의 부기등기에 관하여 민사집행법 제228조가 준용된다(제230조, 제241조 제6항). 저당권이 있는 채권에 관하여 '추심명령'이 있는 경우에는 채권 및 저당권의 귀속에는 영향이 없고, 추심채권자는 민사집행법 제228조에 따라 저당권에 대한 압류기입등기를 하는 것만으로도 추심권을 행사하는 데 지장이 없다.

　㉣ 근저당권부 채권압류 및 추심명령이 발령된 후 신청인의 착오로 위 압류명령에 부동산의 일부가 누락되었다며 누락된 부동산을 추가한 부동산 목록으로 압류명령의 부동산 표시를 고치는 것은 결정 주문의 내용을 실질적으로 변경하는 경우에 해당하여 허용할 수 없다(대결 2018.9.7. 2018마535 참조). 　기출　21

② **압류등기절차** : 신청을 받은 법원사무관등은 저당부동산의 소유자(제3채무자, 물상보증인, 제3취득자)에게 압류명령이 송달된 뒤에, 관할 등기소의 등기관에게 저당권등기에 채권압류의 부기등기를 촉탁하여야 한다(제228조 제2항).

③ **압류의 효력**

　㉠ 저당권이 있는 채권의 압류명령이 제3채무자에게 송달되면 압류의 효력이 발생하고, 그 채권이나 저당권의 처분이 압류채권자에 대한 관계에서는 금지된다. 　기출　17

　㉡ 압류의 효력은 저당권부채권의 압류의 부기등기의 유무와 관계가 없다. 이 점에서 압류의 부기등기는 단순한 공시의 효과밖에 없으며 압류의 효력발생요건이나 제3자에 대한 대항요건이 아니다.

　㉢ 압류채권자가 추심명령을 받은 때에는 바로 자기의 이름으로 저당권을 실행할 수 있다. 또한 압류채권자가 전부명령을 받은 때에는 저당권이 압류채권자에게 이전되므로 전부채권자가 저당권자로서 저당권을 실행할 수 있다.

　㉣ 저당권 이전의 부기등기를 경료한 자는, 그 저당권의 피담보채권이 소멸된 이상, 실체관계에 부합하지 않는 그 근저당권 설정등기를 말소할 의무를 부담한다.

> 피담보채권이 소멸하면 저당권은 그 부종성에 의하여 당연히 소멸하게 되므로, 그 말소등기가 경료되기 전에 그 저당권부채권을 가압류하고 압류 및 전부명령을 받아 저당권 이전의 부기등기를 경료한 자라 할지라도, 그 가압류 이전에 그 저당권의 피담보채권이 소멸된 이상, 그 근저당권을 취득할 수 없고, 실체관계에 부합하지 않는 그 근저당권 설정등기를 말소할 의무를 부담한다(대판 2002.9.24. 2002다27910).

ⓜ 근저당권의 피담보채권이 존재하지 않는 경우 그 채권에 대한 압류명령은 무효이고, 이 경우 압류권 자가 근저당권의 말소에 대한 승낙의 의사표시를 하여야 할 의무를 부담한다.

> 근저당권이 있는 채권이 압류되는 경우, 근저당권설정등기에 부기등기의 방법으로 그 피담보채권의 압류사 실을 기입등기하는 목적은 근저당권의 피담보채권이 압류되면 담보물권의 수반성에 의하여 종된 권리인 근저당권에도 압류의 효력이 미치게 되어 피담보채권의 압류를 공시하기 위한 것이므로, 만일 근저당권의 피담보채권이 존재하지 않는다면 그 압류명령은 무효라고 할 것이고, 근저당권을 말소하는 경우에 압류권 자는 등기상 이해관계 있는 제3자로서 근저당권의 말소에 대한 승낙의 의사표시를 하여야 할 의무가 있다(대 판 2009.12.24. 2009다72070).

(5) 배서금지의 지시채권의 압류(제233조)

> **민사집행법 제233조(지시채권의 압류)** 기출 19
> 어음·수표 그 밖에 배서로 이전할 수 있는 증권으로서 배서가 금지된 증권채권의 압류는 법원의 압류명령으로 집행관이 그 증권을 점유하여 한다.

① **의의** : 어음·수표 그 밖에 배서로 이전할 수 있는 증권으로서 배서가 금지된 증권채권의 압류는 법원의 압류명령으로 집행관이 그 증권을 점유하여야 한다(제233조). 집행관의 점유 외에 법원의 압류명령이 필 요한 것으로 한 데 의미가 있다. 기출 19

② **압류명령** : 증권채권에 대한 압류명령에는 "채무자의 제3채무자에 대한 별지 목록 기재의 약속어음에 기초한 채권을 압류한다."라고 적고, 집행관이 그 증권을 점유하게 되므로 압류명령에 지급금지문구나 처분금지문구를 적을 필요는 없다.

③ **집행관의 증권 점유** : 채권자는 위 압류명령에 기초하여 집행관에게 증권의 압류집행을 위임하고, 위임 을 받은 집행관은 민사집행법 제257조의 동산인도청구권집행에 준하여 집행채무자가 점유하는 증권을 빼앗아 점유한다. 이러한 집행관의 증권 점유는 압류의 효력발생요건으로서, 집행관의 증권점유가 없으 면 압류명령의 송달만으로는 법률상 아무런 효력이 없다.

(6) 제3채무자의 진술의무(제237조)

① 압류채권자는 제3채무자로 하여금 압류명령의 송달을 받은 날부터 1주 이내에 서면으로 민사집행법 제 237조 제1항에 정해진 사항을 진술하게 하도록 집행법원에 신청할 수 있다.

② 집행법원은 신청이 있는 경우에만 제3채무자에게 최고를 할 수 있고 직권으로 최고할 수는 없다.

③ 진술최고를 신청하는 시기는 압류명령의 신청과 함께 하거나 적어도 압류명령을 발송하기 전이라야 한 다. 압류명령이 송달된 뒤의 최고신청은 부적법하므로 각하하여야 한다.

④ 최고는 진술최고서를 제3채무자에게 송달하는 방법으로 한다(제237조 제2항).

(7) 제3채무자의 진술

① 집행법원의 최고를 받은 제3채무자는 진술최고서를 받으면 그 정해진 1주 이내에 서면으로 그에 기재된 사항을 진술할 의무가 있다.

② 제3채무자가 위 진술의무를 게을리한 때에는 압류채권자가 그 이행을 소로써 청구할 수는 없으나 집행법 원은 직권으로 제3채무자를 심문할 수 있다(제237조 제3항).

(8) 압류명령신청에 관한 재판에 대한 불복

① 압류명령신청에 관한 재판에 대하여는 즉시항고로 다툴 수 있다(제227조 제4항).

② 배척하는 결정에 대하여는 집행채권자에게, 인용하는 결정에 대하여는 채무자나 제3채무자에게 당사자적격이 인정된다.

4. 압류명령의 효력

(1) 압류명령의 효력발생시기

① 압류명령이 제3채무자에게 송달되면 압류의 효력이 생긴다(제227조 제3항).

② 저당권이 있는 채권을 압류하는 경우에도 저당권에 대한 압류의 효력은 제3채무자에게 송달된 때에 발생한다.

③ 어음·수표 등 배서로 이전할 수 있는 증권으로서 배서가 금지된 증권채권(지시채권)은 압류명령의 송달만으로는 효력이 발생하지 아니하고, 그 외에 집행관이 증권을 점유하여야 압류의 효력이 생긴다(제233조).

④ 채무자에 대한 송달이 없더라도 압류의 효력발생에는 영향이 없다.

(2) 압류의 객관적 범위

① 피압류채권에 대한 효력

　⑴ 금전채권의 압류에 관하여 특히 피압류채권의 수액에 특별한 제한을 둔 바 없다면 압류의 효력은 압류된 채권 전액에 미치고(대결 1973.1.24. 72마1548; 대판 1991.10.11. 91다12233), 압류된 채권보다 집행채권의 액수가 적다고 하더라도 집행채권의 범위에 한하는 것은 아니다. 기출 20

　⑵ 그러나 '피압류채권의 일부에 대하여 압류명령이 내려진 경우'에는 그 일부에 대하여서만 압류의 효력이 미친다. 다만, 채권 일부가 압류된 뒤에 그 나머지 부분을 초과하여 다시 압류명령이 내려진 때(압류의 경합)에는 각 압류의 효력은 그 채권 전부에 미친다(제235조 제1항). 기출 21·20

　⑶ 채권에 대한 압류명령은 압류목적채권이 현실로 존재하는 경우에 그 한도에서 효력을 발생할 수 있는 것이고 압류의 효력이 발생된 후 새로 발생한 채권에 대하여는 압류의 효력이 미치지 아니한다(대판 1989.2.28. 88다카13394). 기출 25 따라서 '공사금채권에 대한 압류 및 전부명령'은 그 송달 후 체결된 추가공사계약으로 인한 추가공사금채권에는 미치지 아니한다(대판 2001.12.24. 2001다62640).

> • 채권에 대한 압류명령은 그 목적이 된 채권의 한도에서 효력이 발생하므로 장래의 채권에 대한 압류가 허용되는 경우라도 피압류채권과 동일성이 없는 새로운 원인에 의하여 발생한 채권에는 압류의 효력이 미칠 수 없다(대판 2012.10.25. 2010다32214). 기출 20
>
> • 채권의 일부가 압류된 후에 그 나머지 부분을 초과하여 다시 압류명령이 발하여진 때에는 압류경합 상태가 되어 각 압류의 효력은 그 채권의 전부에 미치는데(민사집행법 제235조 제1항), 이는 압류대상 채권이 계속적 수입채권이라 하여 달리 볼 것이 아니고, 따라서 계속적 수입채권에 대하여 여러 건의 압류가 시기를 달리하여 발하여진 결과 압류경합이 된 경우에 각 압류에서 그 압류의 효력이 미치는 채권의 발생시기를 특별히 제한하여 명시한 경우가 아니라면 각 압류의 효력은 그 압류 후에 발생한 계속적 수입채권 전부에 미치고, 한편 다른 압류보다 뒤에 발하여진 압류라도 그 압류 전에 다른 사유로 압류의 효력이 배제된 경우를 제외하고는 원칙적으로 당해 압류 전에 발생한 채권 전부에 대하여 그 효력이 미친다(대판 2003.5.30. 2001다10748).

② 종된 권리

    ㉠ 압류의 효력은 종된 권리에도 미치므로 압류의 효력이 발생한 '뒤'에 생기는 이자나 지연손해금에도 당연히 미치지만, 그 효력발생 '전'에 이미 생긴 이자 등에는 미치지 않는다.

    ㉡ 담보부채권에 대한 압류가 있으면 담보권에도 압류의 효력이 미친다.

    ㉢ 다만 원인채권과 어음채권은 별개의 것으로 일방에 대한 압류명령은 타방에 대하여 그 효력이 미치지 아니한다.

③ 피압류채권의 기본적인 법률관계

    ㉠ 기본적인 법률관계가 바뀌면 압류의 효력은 소멸한다. 채권에 대한 압류가 행하여지면 그 효력으로 채무자나 제3채무자가 압류된 채권(= 피압류채권) 그 자체를 처분하더라도 채권자에게 대항하지는 못하지만, 그 압류로써 피압류채권의 기본적인 법률관계의 처분까지 금지되는 것은 아니기 때문이다. 따라서 채무자나 제3채무자는 기본적인 계약관계 자체를 해지할 수 있고, 채무자와 제3채무자 사이의 기본적인 계약관계가 해지된 이상 그 계약에 의하여 발생한 채권은 소멸하게 되므로 이를 대상으로 한 압류명령 또한 실효될 수밖에 없다.

> • 보험계약자의 보험금채권에 대한 압류가 행하여지면 그 효력으로 채무자가 압류된 채권을 처분하더라도 채권자에게 대항할 수 없고, 제3채무자도 채권을 소멸 또는 감소시키는 등의 행위는 할 수 없으며, 그와 같은 행위로 채권자에게 대항할 수 없는 것이지만, 그 압류로써 위 압류채권의 발생원인인 보험계약관계에 대한 채무자나 제3채무자의 처분까지도 구속하는 효력은 없으므로 채무자나 제3채무자는 기본적 계약관계인 보험계약 자체를 해지할 수 있고, 채무자와 제3채무자 사이의 기본적 계약관계인 보험계약이 해지된 이상 그 계약에 의하여 발생한 보험금채권은 소멸하게 되므로 이를 대상으로 한 압류명령 또한 실효될 수밖에 없다(대판 2013.7.12. 2012다105161). [기출] 20
> • 채권이 가압류되면 그 효력으로 채무자가 가압류채권을 처분하더라도 채권자에게 대항할 수 없고, 또 채무자는 가압류채권에 관하여 제3채무자로부터 변제를 받을 수 없으므로, 제3채무자인 임차인이 가압류 채무자인 임대인에게 임차보증금 잔금을 지급한 것은 가압류결정의 효력에 의하여 가압류채권자에게 대항할 수 없으나, 임차인으로서는 임차보증금 잔금채권이 압류되어 있다고 하더라도 그 채권을 발생시킨 기본적 계약관계인 임대차계약 자체를 해지할 수 있고, 따라서 임차인과 임대인 사이의 임대차계약이 해지된 이상 그 임대차계약에 의하여 발생한 임차보증금 잔금채권은 소멸하게 되고, 이를 대상으로 한 압류 및 추심명령 또한 실효될 수밖에 없다(대판 1997.4.25. 96다10867).
> • 수급인의 보수채권에 대한 압류가 행하여지면 그 효력으로 채무자가 압류된 채권을 처분하더라도 채권자에게 대항할 수 없고, 제3채무자도 채권을 소멸 또는 감소시키는 등의 행위는 할 수 없으며, 그와 같은 행위로 채권자에게 대항할 수 없는 것이지만, 그 압류로써 위 압류채권의 발생원인인 도급계약관계에 대한 채무자나 제3채무자의 처분까지도 구속하는 효력은 없으므로 채무자나 제3채무자는 기본적 계약관계인 도급계약 자체를 해지할 수 있고, 채무자와 제3채무자 사이의 기본적 계약관계인 도급계약이 해지된 이상 그 계약에 의하여 발생한 보수채권은 소멸하게 되므로 이를 대상으로 한 압류명령 또한 실효될 수밖에 없다(대판 2006.1.26. 2003다29456). [기출] 17

    ㉡ 예를 들면, 차임채권을 압류하였는데 그 후 임대차가 종료하여 차임채권이 불법행위로 인한 손해배상 채권으로 바뀐 경우 그 압류의 효력이 손해배상채권에 미치지 않고, 종업원인 채무자가 퇴직하였다가 제3채무자와 새로운 고용계약을 맺은 경우 압류의 효력이 새로운 고용계약상의 임금채권에는 미치지 않는다. [기출] 24 도급계약이 해지되기 전에 수급인의 보수채권을 압류한 경우에도 도급계약 해지 후 제3채무자와 사이에 새로 체결한 공사계약에서 발생한 공사대금채권에는 압류의 효력이 미치지 않는다.

ⓒ 그러나 양도인의 제3채무자에 대한 채권이 압류된 후 채권의 발생원인인 계약의 당사자 지위를 이전하는 계약인수가 이루어진 경우 양수인은 압류에 의하여 권리가 제한된 상태의 채권을 이전받게 되므로, 제3채무자는 계약인수에 의하여 그와 양도인 사이의 계약관계가 소멸하였음을 내세워 압류채권자에 대항할 수 없다(대판 2015.5.14. 2012다41359).

(3) 채무자에 대한 효력

① 처분권 상실

ⓐ 채무자는 압류명령에 의하여 채권의 처분과 영수가 금지되어 채권의 추심뿐만 아니라 채권의 양도 등 채권자를 해치는 일체의 처분이 금지된다.

ⓑ 압류명령에 반하는 채무자의 행위는 압류채권자에 대한 관계에서만 상대적으로 무효이다.

ⓒ 따라서 채무자가 압류된 채권을 압류된 뒤에 제3자에게 양도하였다면, 채무자의 다른 채권자가 이를 압류할 수는 없고 배당요구도 할 수 없다.

> 압류의 처분금지 효력은 절대적인 것이 아니고, 채무자의 처분행위 또는 제3채무자의 변제로써 처분 또는 변제 전에 집행절차에 참가한 압류채권자나 배당요구채권자에게 대항하지 못한다는 의미에서의 상대적 효력만을 가지는 것이어서, 압류의 효력발생 전에 채무자가 처분하였거나 제3채무자가 변제한 경우에는, 그 보다 먼저 압류한 채권자가 있어 그 채권자에게는 대항할 수 없는 사정이 있더라도, 그 처분이나 변제 후에 압류명령을 얻은 채권자에 대하여는 유효한 처분 또는 변제가 된다(대판 2003.5.30. 2001다10748).
>
> **기출** 17

② 피압류채권의 채권자로서의 지위보유

ⓐ 채무자는 압류된 뒤에도 여전히 압류된 채권의 채권자이므로 추심명령이나 전부명령이 있기까지는 채권자를 해치지 않는 한도에서 채권을 행사할 수 있다.

ⓑ 제3채무자를 상대로 이행의 소를 제기하여 승소판결을 받을 수도 있다. 그러나 추심명령까지 있으면 채무자는 피압류채권에 대한 이행소송을 제기할 당사자적격을 상실한다.

> [1] 일반적으로 채권에 대한 가압류가 있더라도 이는 가압류채무자가 제3채무자로부터 현실로 급부를 추심하는 것만을 금지하는 것이므로 가압류채무자는 제3채무자를 상대로 그 이행을 구하는 소송을 제기할 수 있고, 법원은 가압류가 되어 있음을 이유로 이를 배척할 수 없는 것이며, 채권양도는 구 채권자인 양도인과 신 채권자인 양수인 사이에 채권을 그 동일성을 유지하면서 전자로부터 후자에게로 이전시킬 것을 목적으로 하는 계약을 말한다 할 것이고, 채권양도에 의하여 채권은 그 동일성을 잃지 않고 양도인으로부터 양수인에게 이전된다 할 것이며, 가압류된 채권도 이를 양도하는 데 아무런 제한이 없으나, 다만 가압류된 채권을 양수받은 양수인은 그러한 가압류에 의하여 권리가 제한된 상태의 채권을 양수받는다고 보아야 할 것이다.
> [2] 채권에 대한 압류 및 추심명령이 있으면 제3채무자에 대한 이행의 소는 추심채권자만이 제기할 수 있고 채무자는 피압류채권에 대한 이행소송을 제기할 당사자적격을 상실한다(대판 2000.4.11. 99다23888).

ⓒ 다만 이행소송의 승소판결을 받더라도 강제집행을 실시하여 만족을 얻을 수는 없다.

ⓓ 압류의 효력은 소극적으로 압류된 채권의 처분행위를 금지하는 것뿐인 이상 '그 압류된 채권'의 소멸시효는 압류만으로 중단되지 아니한다.

- [1] 채권자가 채무자의 제3채무자에 대한 채권을 압류 또는 가압류한 경우에 채무자에 대한 채권자의 채권에 관하여 시효중단의 효력이 생긴다고 할 것이나, 압류 또는 가압류된 채무자의 제3채무자에 대한 채권에 대하여는 민법 제168조 제2호 소정의 소멸시효 중단사유에 준하는 확정적인 시효중단의 효력이 생긴다고 할 수 없다.
  [2] 소멸시효 중단사유의 하나로서 민법 제174조가 규정하고 있는 최고는 채무자에 대하여 채무이행을 구한다는 채권자의 의사통지(준법률행위)로서, 이에는 특별한 형식이 요구되지 아니할 뿐 아니라 행위 당시 당사자가 시효중단의 효과를 발생시킨다는 점을 알거나 의욕하지 않았다 하더라도 이로써 권리 행사의 주장을 하는 취지임이 명백하다면 최고에 해당하는 것으로 보아야 할 것이므로, 채권자가 확정판결에 기한 채권의 실현을 위하여 채무자의 제3채무자에 대한 채권에 관하여 압류 및 추심명령을 받아 그 결정이 제3채무자에게 송달이 되었다면 거기에 소멸시효 중단사유인 최고로서의 효력을 인정하여야 한다(대판 2003.5.13. 2003다16238). 기출 24

⑩ 보험계약자의 해약환급금청구권에 대한 추심명령을 얻은 채권자가 제3채무자를 상대로 추심금 지급의 소를 제기한 경우, 그 소장 부본의 송달로써 보험계약 해지의 효과가 발생한다.

> 해약환급금청구권에 대한 추심명령을 얻은 채권자가 추심명령에 기하여 제3채무자를 상대로 추심금의 지급을 구하는 소를 제기한 경우 그 소장에는 추심권에 기초한 보험계약 해지의 의사가 담겨 있다고 할 것이므로, 그 소장 부본이 상대방인 보험자에 송달됨에 따라 보험계약 해지의 효과가 발생하는 것으로 해석함이 상당하다(대판 2009.6.23. 2007다26165). 기출 16

ⓑ 채권에 대한 강제집행의 방법으로 벌금형을 집행하는 경우 그 벌금에 대하여 시효중단의 효력이 발생하는 시기는 채권압류명령 신청시이고, 수형자의 재산이라고 추정되는 채권에 대하여 압류신청을 하였으나 집행불능이 된 경우 이미 발생한 시효중단의 효력이 소멸하지는 않는다.

- 벌금에 있어서의 시효는 강제처분을 개시함으로 인하여 중단되고(형법 제80조), 여기서 채권에 대한 강제집행의 방법으로 벌금형을 집행하는 경우에는 검사의 징수명령서에 기하여 '법원에 채권압류명령을 신청하는 때'에 강제처분인 집행행위의 개시가 있는 것으로 보아 특별한 사정이 없는 한 그때 시효중단의 효력이 발생하며, 한편 그 시효중단의 효력이 발생하기 위하여 집행행위가 종료되거나 성공하였음을 요하지 아니하고, 수형자에게 집행행위의 개시사실을 통지할 것을 요하지 아니한다. 따라서 일응 수형자의 재산이라고 추정되는 채권에 대하여 압류신청을 한 이상 피압류채권이 존재하지 아니하거나 압류채권을 환가하여도 집행비용 외에 잉여가 없다는 이유로 집행불능이 되었다고 하더라도 이미 발생한 시효중단의 효력이 소멸하지는 않는다(대결 2009.6.25. 2008모1396).
- [1] 시효가 중단된 때에는 중단까지에 경과한 시효기간은 이를 산입하지 아니하고 중단사유가 종료한 때로부터 새로이 진행하는데(국세기본법 제28조 제2항, 민법 제178조 제1항), 소멸시효의 중단사유 중 '압류'에 의한 시효중단의 효력은 압류가 해제되거나 집행절차가 종료될 때 중단사유가 종료한 것으로 볼 수 있다.
  [2] 보험계약자의 보험금 채권에 대한 압류가 행하여지더라도 채무자나 제3채무자는 기본적 계약관계인 보험계약 자체를 해지할 수 있고, 보험계약이 해지되면 계약에 의하여 발생한 보험금 채권은 소멸하게 되므로 이를 대상으로 한 압류명령은 실효된다.
  [3] 체납처분에 의한 채권압류로 인하여 채권자의 채무자에 대한 채권의 시효가 중단된 경우에 압류에 의한 체납처분 절차가 채권추심 등으로 종료된 때뿐만 아니라, 피압류채권이 기본계약관계의 해지·실효 또는 소멸시효 완성 등으로 인하여 소멸함으로써 압류의 대상이 존재하지 않게 되어 압류 자체가 실효된 경우에도 체납처분 절차는 더 이상 진행될 수 없으므로 시효중단사유가 종료한 것으로 보아야 하고, 그때부터 시효가 새로이 진행한다(대판 2017.4.28. 2016다239840). 기출 24

(4) 제3채무자에 대한 효력

① 지급금지

㉠ 제3채무자는 집행의 당사자가 아니다.

㉡ 그럼에도 채권집행의 특성상 제3채무자는 압류에 의하여 채무자에 대한 지급이 금지된다(제227조 제1항). 이는 채권압류의 본질적 효력이다.

㉢ 따라서 채무자에게 지급하더라도 이로써 압류채권자에게 대항할 수 없고, 압류채권자가 추심권을 취득하면 그에게 다시 지급하여야 하는 이중변제의 위험을 부담하게 된다.

> 압류의 처분금지효력은 절대적인 것이 아니고, 채무자의 처분행위 또는 제3채무자의 변제로써 처분 또는 변제 전에 집행절차에 참가한 압류채권자나 배당요구채권자에게 대항하지 못한다는 의미에서의 상대적 효력만을 가지는 것이어서, 압류의 효력발생 전에 채무자가 처분하였거나 제3채무자가 변제한 경우에는, 그보다 먼저 압류한 채권자가 있어 그 채권자에게는 대항할 수 없는 사정이 있더라도, 그 처분이나 변제 후에 압류명령을 얻은 채권자에 대하여는 유효한 처분 또는 변제가 된다(대판 2003.5.30. 2001다10748).
>
> **기출** 20

㉣ 동일한 채권에 관하여 채권가압류명령과 확정일자 있는 채권양도 통지가 제3채무자에게 동시에 도달한 경우, 후행의 압류채권자 등은 더 이상 그 채권에 관한 집행절차에 참가할 수 없다.

> 압류의 처분금지의 효력은 절대적인 것이 아니고, 이에 저촉되는 채무자의 처분행위로써는 그 압류의 효력이 미치는 범위에서 압류채권자에게 대항할 수 없는 상대적 효력을 가지는 데 그치므로, 채무자가 압류된 채권을 양도 등 처분을 함으로써 그 압류채권자에게는 대항할 수 없는 사정이 있더라도, 그 처분 후에 채무자의 채권을 압류하거나 가압류한 다른 채권자에 대하여는 유효한 처분이 되고, 이는 가압류의 경우에도 마찬가지이다. 따라서 동일한 채권에 관하여 가압류명령과 확정일자 있는 양도통지가 동시에 제3채무자에게 도달한 경우, 채권양수인은 그 후에 압류나 가압류를 한 다른 채권자에 대해서는 이미 채권이 전부 양도되었음을 주장하여 대항할 수 있으므로 그러한 후행 압류권자 등은 더 이상 그 채권에 관한 집행절차에 참가할 수 없다(대판 2013.4.26. 2009다89436).

② 채권자에 대한 항변

㉠ 압류명령이 있다고 하더라도 제3채무자에게 종전보다 더 불리한 지위를 강요할 수는 없다.

㉡ 제3채무자는 압류 당시에 채무자에 대하여 주장할 수 있었던 취소, 해제 등의 모든 항변으로 압류채권자에게 대항할 수 있다.

㉢ 그 원인이 압류 전에 발생한 것이면 된다.

㉣ 압류명령을 송달받은 제3채무자는 그 뒤에 취득한 채권에 의한 상계로 그 명령을 신청한 채권자에게 대항하지 못한다(민법 제498조).

㉤ 상계와 관련하여 어느 범위에서 상계가 허용되는가에 관하여 판례는 압류명령이 송달될 당시 제3채무자가 채무자에 대하여 가지는 채권(자동채권)과 압류된 채권(수동채권)이 모두 변제기에 도래하여 상계적상에 있었던 경우는 물론 상계적상에 있지 아니한 경우에도 자동채권만이 변제기가 지났거나, 또는 두 채권 모두 변제기가 지나지 않았더라도 자동채권이 먼저 또는 압류된 채권과 동시에 변제기에 도달할 경우에는 제3채무자의 상계를 허용하고 있다(대판 1977.11.13. 73다518[전합]; 대판 1989.9.12. 88다카25120).

- 채권가압류결정을 받은 제3채무자는 그 후에 취득한 채권에 의한 상계로 그 가압류채권자에게 대항하지 못하지만 수동채권이 가압류될 당시 자동채권과 수동채권이 상계적상에 있거나 자동채권의 변제기가 수동채권의 그것과 동시에 또는 그보다 먼저 도래하는 경우에는 제3채무자는 자동채권에 의한 상계로 가압류채권자에게 대항할 수 있다. 그리고 이러한 법리는 압류된 채권이 장래 발생할 채권으로서 압류의 효력발생 당시 피압류채권이 아직 발생하지 않은 경우에도 그대로 적용되는 것으로 보아야 한다(대판 2011.2.24. 2010다76870). **기출** 24
- 은행 등 금융기관은 통상 대출금 등 채권과 관련하여 채무자의 변제자력에 의심이 가는 상황이 발생한 때에는 채무자의 그 대출금 등 채권에 관한 기한의 이익이 상실되도록 함으로써 예금 등 채권에 대한 압류가 있어도 그 대출금 등 채권으로 피압류채권인 예금 등의 채권과 상계를 할 수 있도록 특약을 하고 있고, 이 사건 은행여신거래약관(기업용) 제7조 제4항 제6호, 제10조 제1항이 바로 이러한 특약에 해당한다. 그리고 대법원은 이러한 기한의 이익 상실 등 특약의 유효성을 인정하면서 그러한 특약에 따라 대출금 등 채권과 피압류채권인 예금채권이 곧바로 상계적상에 이르기 때문에 제3채무자인 은행 등은 제한 없이 상계권을 행사할 수 있다고 보고 있다(대판 2015.4.23. 2012다79750). **기출** 24

ⓑ 항변권 발생요건이 압류 이후에 충족된 경우라도 압류 이전에 이미 항변권 발생의 기초사실이 성립되었고, 자동채권과 수동채권이 동시이행관계인 경우라면 채권자에게 당해 항변으로 대항할 수 있다.

> 금전채권에 대한 압류 및 전부명령이 있는 때에는 압류된 채권은 동일성을 유지한 채로 압류채무자로부터 압류채권자에게 이전되고, 제3채무자는 채권이 압류되기 전에 압류채무자에게 대항할 수 있는 사유로써 압류채권자에게 대항할 수 있는 것이므로 제3채무자의 압류채무자에 대한 자동채권이 수동채권인 피압류채권과 동시이행의 관계에 있는 경우에는, 압류명령이 제3채무자에게 송달되어 압류의 효력이 생긴 후에 자동채권이 발생하였다고 하더라도 제3채무자는 동시이행의 항변권을 주장할 수 있고 따라서 그 채권에 의한 상계로 압류채권자에게 대항할 수 있는 것으로서, 이 경우에 자동채권이 발생한 기초가 되는 원인은 수동채권이 압류되기 전에 이미 성립하여 존재하고 있었던 것이므로, 그 자동채권은 민법 제498조 소정의 "지급을 금지하는 명령을 받은 제3채무자가 그 후에 취득한 채권"에 해당하지 않는다고 봄이 상당하다(대판 1993.9.28. 92다55794).

ⓐ 동산 양도담보권자가 물상대위권 행사로 양도담보 설정자의 화재보험금청구권에 대하여 압류 및 수심명령을 얻어 추심권을 행사하는 경우 특별한 사정이 없는 한 제3채무자인 보험회사는 그 양도담보 설정 후 취득한 양도담보 설정자에 대한 별개의 채권을 가지고 상계로써 양도담보권자에게 대항할 수 없다(대판 2014.9.25. 2012다58609). **기출** 24

ⓞ 채권압류 전에 압류된 채권에 관하여 질권이 설정되어 있거나 또는 확정일자 있는 증서에 의하여 채권양도가 이루어진 경우에는 제3채무자로서는 압류명령에도 불구하고 질권자나 채권양수인의 청구에 따라야 하고, 이러한 사유를 가지고 압류채권자에게 대항할 수 있다.

> - 전세기간 만료 이후 전세권양도계약 및 전세권이전의 부기등기가 이루어진 것만으로는 전세금반환채권의 양도에 관하여 확정일자 있는 통지나 승낙이 있었다고 볼 수 없어 이로써 제3자인 전세금반환채권의 압류·전부 채권자에게 대항할 수 없다(대판 2005.3.25. 2003다35659).

- 채권압류의 효력발생 전에 채무자가 그 채권을 처분한 경우에는 그보다 먼저 압류한 채권자가 있어 그 채권자에게는 대항할 수 없는 사정이 있더라도 그 처분 후에 집행에 참가하는 채권자에 대하여는 처분의 효력을 대항할 수 있는 것이므로, 채무자가 압류 또는 가압류의 대상인 채권을 양도하고 확정일자 있는 통지 등에 의한 채권양도의 대항요건을 갖추었다면, 그 후 채무자의 다른 채권자가 그 양도된 채권에 대하여 압류 또는 가압류를 하더라도 그 압류 또는 가압류 당시에 피압류채권은 이미 존재하지 않는 것과 같아 압류 또는 가압류로서의 효력이 없고, 따라서 그 다른 채권자는 압류 등에 따른 집행절차에 참여할 수 없다(대판 2010.10.28. 2010다57213). **기출** 17

ⓩ 원인채권에 대한 압류의 효력이 발생하기 전에 제3채무자가 원인채권의 지급을 위하여 어음이나 수표를 발행한 경우 원인채권에 대한 압류의 효력은 어음이나 수표채권에는 미치지 아니하므로 제3채무자는 어음이나 수표의 소지인에 대하여 지급할 의무가 있고, 압류명령이 송달된 뒤에 지급하더라도 그 지급으로써 압류된 원인채권이 소멸하였다는 것을 압류채권자에게도 대항할 수 있다(대판 2000.3.24. 99다1154). **기출** 24

- 원인채권에 대한 압류의 효력이 발생하기 전에 원인채권의 지급을 위하여 약속어음을 발행하고 그것이 제3자에게 배서양도된 경우에 그 어음의 소지인에 대한 어음금의 지급이 원인채권에 대한 압류의 효력이 발생한 후에 이루어졌다 하더라도 그 어음을 발행하거나 배서양도한 원인채무자는 그 어음금의 지급에 의하여 원인채권이 소멸하였다는 것을 압류채권자에게 대항할 수 있다(대판 1994.3.25. 94다2374).
- 수입업자가 물품대금 지급을 위하여 은행에 신용장 개설을 의뢰하고 그 은행이 수출업자를 수익자로 하여 신용장을 개설한 경우, 수출업자와 개설은행 사이의 신용장 거래는 직접적 상품의 거래가 아니라 서류에 의한 거래로서 원칙적으로 수입업자와 수출업자 사이의 원인관계로부터는 물론이고 수입업자와 개설은행 사이의 관계로부터도 독립하여 규율된다. 따라서 원인채권인 물품대금 채권에 대한 가압류나 압류의 효력이 발생하기 전에 물품대금의 지급을 위하여 신용장이 발행된 경우에는 그 가압류나 압류의 효력이 발생한 후에 신용장 대금의 지급이 이루어졌다 하더라도 수입업자는 그 신용장 대금의 지급으로 물품대금 채권이 소멸하였다는 것을 가압류채권자나 압류채권자에게 대항할 수 있다. 반면 원인채권인 물품대금 채권에 대한 가압류나 압류의 효력이 발생한 후에 물품대금의 지급을 위하여 신용장이 발행된 경우에는 수입업자는 가압류채권자나 압류채권자에게 신용장 대금의 지급으로써 물품대금 채권이 소멸하였다는 것을 대항할 수 없다(대판 2022.11.17. 2017다235036). **기출** 24

ⓩ 채무자·제3채무자 사이에 채권발생의 원인된 법률관계를 정당한 이유에 기초하여 소멸, 변경시키는 것은 채권압류로 인하여 방해되지 않고, 그 한도에서 압류의 효력이 상실된다.

ⓚ 제3채무자는 즉시항고에 의하여 압류절차의 하자를 다툴 수 있다(제227조 제4항).

ⓣ 다른 한편으로는 압류명령이 무효라고 하여도 제3채무자로서는 압류명령의 유·무효를 조사할 의무가 없으며, 압류명령의 유효를 신뢰하고 추심권을 취득한 압류채권자에게 변제한 때에는 과실이 없는 한 채권의 준점유자에 대한 변제(민법 제470조)로서 보호를 받을 수 있다.

ⓟ 가압류한 지명채권에 대하여 가압류에서 본압류로 전이하는 내용의 주문이 누락된 채 압류 및 추심명령이 발령되었더라도 해당 가압류가 본압류로 이전되는 효력을 인정할 수 있는 경우

가압류한 지명채권에 대하여 가압류에서 본압류로 전이하는 내용의 주문이 누락된 채 압류 및 추심명령이 발령되었다 하더라도, 가압류 및 압류·추심의 당사자 사이에 서로 동일성이 인정되고, 가압류의 피보전채권과 압류·추심의 집행채권 사이 및 가압류 대상 채권과 압류·추심 대상 채권 사이에 서로 동일성이 인정되는 경우에는, 해당 가압류는 특별한 사정이 없는 한 당연히 본압류로 이전되는 효력이 생긴다(대판 2010.10.14. 2010다48455). **기출** 22

ⓗ 가압류가 본압류로 이행되어 강제집행이 이루어진 경우 당초부터 본집행이 있었던 것과 같은 효력이 있는지 여부에 대하여 판례는 긍정한다.

> 가압류가 본압류로 이행되어 강제집행이 이루어진 경우에는 <u>가압류집행은 본집행에 포섭됨으로써 당초부터 본집행이 있었던 것과 같은 효력이 있게 된다</u>(대판 2010.10.14. 2010다48455).

③ 제3채무자의 공탁(제248조)

> **민사집행법 제248조(제3채무자의 채무액의 공탁)**
> ① 제3채무자는 압류에 관련된 금전채권의 전액을 공탁할 수 있다.
> ② 금전채권에 관하여 배당요구서를 송달받은 제3채무자는 배당에 참가한 채권자의 청구가 있으면 <u>압류된 부분에 해당하는 금액을 공탁하여야 한다</u>. 기출 21·20
> ③ 금전채권 중 압류되지 아니한 부분을 초과하여 거듭 압류명령 또는 가압류명령이 내려진 경우에 그 명령을 송달받은 제3채무자는 압류 또는 가압류채권자의 청구가 있으면 <u>그 채권의 전액에 해당하는 금액을 공탁하여야 한다</u>. 기출 20·17
> ④ 제3채무자가 채무액을 공탁한 때에는 그 사유를 법원에 신고하여야 한다. 다만, 상당한 기간 이내에 신고가 없는 때에는 압류채권자, 가압류채권자, 배당에 참가한 채권자, 채무자, 그 밖의 이해관계인이 그 사유를 법원에 신고할 수 있다.

권리공탁(제248조 제1항)

- 민사집행법 제248조 제1항은 "제3채무자는 압류에 관련된 금전채권의 전액을 공탁할 수 있다"고 규정하여 채권자의 공탁청구, 추심청구, 경합 여부 등을 따질 필요 없이 당해 압류에 관련된 채권 전액을 공탁할 수 있도록 규정하고 있다.
- 이에 따라 금전채권의 일부만이 압류되었음에도 그 채권 전액을 공탁한 경우에는 그 공탁금 중 압류의 효력이 미치는 <u>금전채권액은 그 성질상 당연히 집행공탁으로 보아야 하나, 압류금액을 초과하는 부분은 압류의 효력이 미치지 않으므로 집행공탁이 아니라 변제공탁으로 보아야 한다</u>(대판 2008.5.15. 2006다74693).[109] 기출 25·21·17
- 제3채무자가 일부 압류를 원인으로 금전채권 전액을 집행공탁을 하고 사유신고를 한 후 변제공탁의 성질을 갖는 부분에 관한 피공탁자(압류채무자)의 공탁금출급청구권에 대하여 압류경합이 발생하면 공탁관이 사유신고를 하여야 하는데, <u>이때 개시되는 배당절차는 제3채무자의 공탁사유신고로 인해 진행되는 배당절차사건과는 별개이다</u>(실무제요 집행 3). 기출 22
- 제3채무자가 채무액을 공탁한 때에는 그 사유를 법원에 신고하여야 하는데(제248조 제4항 본문), 민법·상법, 그 밖의 법률에 의하여 우선변제청구권이 있는 채권자와 집행력 있는 정본을 가진 채권자는 <u>제3채무자가 제248조 제4항에 따른 공탁의 신고를 한 때까지 법원에 배당요구를 할 수 있다</u>(제247조 제1항 제1호). 기출 25
- 다만, <u>채권가압류를 이유로 한 제3채무자의 공탁은 압류를 이유로 한 제3채무자의 공탁과 달리 가압류의 제3채무자가 공탁을 하고 공탁사유를 법원에 신고하더라도 배당절차를 실시할 수 없다</u>(대판 2006.3.10. 2005다15765). 기출 21·18

> <u>채권가압류를 이유로 한 제3채무자의 공탁은 압류를 이유로 한 제3채무자의 공탁과 달리 그 공탁금으로부터 배당을 받을 수 있는 채권자의 범위를 확정하는 효력이 없고, 가압류의 제3채무자가 공탁을 하고 공탁사유를 법원에 신고하더라도 배당절차를 실시할 수 없으며,</u> 공탁금에 대한 채무자의 출급청구권에 대하여 압류 및 공탁사유신고가 있을 때 비로소 배당절차를 실시할 수 있다(대판 2006.3.10. 2005다15765). 기출 21·18

- 체납처분절차에 의한 압류와 민사집행절차에 의한 압류가 동일 채권에 관하여 이루어진 경우, 제3채무자는 집행공탁을 함으로써 채무에서 벗어날 수 있다.

---

109) '집행공탁'은 공탁 이후 행해질 배당 등 절차의 진행을 전제로 한 것인데, <u>처분금지가처분은 그것이 설령 금전채권을 목적으로 하더라도 이러한 배당 등 절차와는 관계가 없으므로 제3채무자로서는 이를 이유로 집행공탁을 할 수는 없고, 다만 채권자불확지에 의한 변제공탁을 할 수 있다</u>(대판 2008.5.15. 2006다74693). 기출 25·17

- 체납처분에 의한 피압류채권에 대하여 근로기준법상 우선변제권을 갖는 임금 등 채권에 의한 가압류집행이 이루어진 경우, 제3채무자가 그 가압류를 이유로 체납처분에 의한 압류채권자의 추심청구를 거절할 수 없다(대판 2008.11.13. 2007다33842).
- 금전채권에 대하여 압류와 체납처분압류가 경합하는 경우에 그 선후를 불문하고 민사집행법 제248조 제1항에 따른 집행공탁이 허용되는 이상 가압류와 체납처분압류가 경합하는 경우에도 그 선후를 불문하고 제3채무자는 민사집행법 제291조, 제248조 제1항의 공탁(가압류 집행공탁)을 함으로써 강제집행(징수)과 이중지급의 위험으로부터 벗어날 수 있다. 이는 가압류와 관련된 금전채권 전액을 공탁하는 경우에도 같다(공탁선례 제202311호 1.).
- 국세징수법에 의한 체납처분에 의한 압류만을 이유로 집행공탁을 할 수 없다.
- 민사집행법 제248조가 정하는 제3채무자의 공탁은 채무자의 제3채무자에 대한 금전채권의 전부 또는 일부가 압류된 경우에 허용되므로, 그러한 공탁에 따른 변제의 효과 역시 압류의 대상에 포함된 채권에 대해서만 발생한다고 보아야 한다(대판 2018.5.30. 2015다51968). **기출** 21
- 제3채무자가 채무 전액을 공탁하지 않아 집행공탁의 효력이 인정되지 않는 공탁금에 대하여 배당절차가 종료된 경우, 그 공탁금에 대하여 변제의 효력이 있다.

> 압류 및 추심명령의 제3채무자가 채무 전액을 공탁하지 않아 집행공탁의 효력이 인정되지 않는다고 하여도 그 공탁이 수리된 후 공탁된 금원에 대하여 배당이 실시되어 배당절차가 종결되었다면 그 공탁되어 배당된 금원에 대하여는 변제의 효력이 있다(대판 2014.7.24. 2012다91385).

- 금전채권에 대한 압류를 이유로 제3채무자가 민사집행법 제248조 제1항에 의하여 공탁한 후에, 압류명령이 취소되거나 신청의 취하 등으로 인하여 압류가 실효된 경우, 채무자는 압류된 채권액에 대하여 집행법원의 지급위탁에 의하여 공탁금의 출급을 청구할 수 있다(행정예규 제1018호 5. 가.). **기출** 21

의무공탁(제248조 제2항 · 제3항)

- 채권자가 경합하고 있는 경우에는 금전채권에 관하여 배당요구서의 송달을 받은 때에 '배당에 참가한 채권자'의 청구가 있으면 압류된 부분에 해당하는 금액을, 금전채권 중 압류되지 아니한 부분을 초과하여 거듭 압류명령 또는 가압류명령을 송달받은 때에 압류 또는 가압류채권자의 청구가 있으면 그 채권의 전액에 해당하는 금액을 공탁할 의무가 있다[110](제248조 제2항, 제3항). → 압류가 경합하는 것만으로 제3채무자의 공탁의무가 생기는 것은 아니고 경합채권자의 청구가 있는 때에만 공탁의무가 생긴다. **기출** 16
- 여기서 '공탁하여야 한다'란 공탁의 방법에 의하지 아니하고는 면책을 받을 수 없다는 의미이므로, 제3채무자가 추심채권자 중 한 사람에게 임의로 변제하거나 일부 채권자가 강제집행절차 등에 의하여 추심한 경우, 제3채무자는 이로써 공탁청구한 채권자에게 채무의 소멸을 주장할 수 없고 이중지급의 위험을 부담한다. **기출** 16
- 구 민사소송법 제581조 제1항(현 민사집행법 제248조 제3항)에 기한 제3채무자의 집행공탁은 피압류채권에 대한 압류경합을 요건으로 하는 것으로서, 이 경우 제3채무자가 위 법 규정에 따라 공탁하여야 할 금액은 채무 전액이라고 할 것이고, 이러한 법리는 압류경합상태에 있는 피압류채권 중 일부에 관하여 일부 압류채권자가 추심명령을 얻은 후 추심금청구소송을 제기하여 승소확정된 경우 제3채무자가 그 추심금청구 사건의 확정판결에 기한 강제집행을 저지하기 위하여 위 법 규정에 따라 집행공탁하는 경우에도 달리 볼 것이 아니다(공탁하여야 할 금액은 채무의 전액이다)(대판 2004.7.22. 2002다22700). **기출** 20 · 17
- 그런데 민사집행법 제248조 제3항에서 정한 공탁의무는 민사집행절차에서 발생하는 제3채무자의 절차협력의무로서 제3채무자의 실체법상 지위를 변경하는 것은 아니다. … 이러한 여러 사정을 고려하면, 공탁청구한 채권자가 제3채무자를 상대로 추심할 수 있는 금액은, 제3채무자가 공탁청구에 따라 채권 전액에 해당하는 금액을 공탁하였더라면 공탁청구 채권자에게 배당될 수 있었던 금액범위에 한정된다(대판 2012.2.9. 2009다88129). **기출** 20
- 공탁청구가 있는 때에만 공탁의무가 생기는 데 그치고[111] 경합한 집행채권의 합계액보다도 피압류채권의 총액이 많은 경우에는 공탁의무가 없다.

---

110) 배당요구의 경우에는 압류의 경합의 경우와 달리 압류의 확장효가 없으므로 공탁의무의 대상이 되는 것은 당초 압류된 부분에 해당하는 금전이지만, 압류가 경합한 경우에는 각각의 압류의 효력이 채권전액에 확장되므로(제235조) 그 채권의 전액을 공탁하여야 한다.

111) 즉 배당을 받을 채권자 중 한 사람으로부터 공탁청구가 있는 때에만 공탁의무가 생기는 데 그치고 채권자가 경합한다는 것만으로는 제3채무자에게 공탁의무가 생기지 않는다. 따라서 압류채권자가 추심명령을 얻은 경우에 제3채무자는 그 채권자에게 변제하였을 때 다른 채권자에게도 대항할 수 있으므로 채권자나 제3채무자의 행동 여하에 따라서는 반드시 공평한 배당을 꾀할 수 없게 될 우려가 있다.

민사집행법 제248조 제1항에, "제3채무자는 압류에 관련된 금전채권의 전액을 공탁할 수 있다."라고 규정하고 같은 조 제3항에, "금전채권 중 압류되지 아니한 부분을 초과하여 거듭 압류명령 또는 가압류명령이 내려진 경우에 그 명령을 송달받은 제3채무자는 압류 또는 가압류채권자의 청구가 있으면 그 채권의 전액에 해당하는 금액을 공탁하여야 한다."라고 규정하고 있는 바, 제3채무자가 현실적으로 공탁을 하거나 제3채무자가 공탁의무를 이행하지 아니할 때에는 추심채권자가 공탁을 명하는 취지의 추심소송을 제기하여 그 판결에 기초한 강제집행으로 공탁을 강제하여 공탁이 이루어진 때에 비로소 제3채무자는 채무를 면하게 되고 그 효력은 압류경합 관계에 있는 모든 채권자에게 미치므로 압류경합 관계에 있는 다른 채권자가 또다시 제3채무자에 대하여 변제의 청구를 할 수 없게 된다(대판 2011.1.27. 2010다78050).

(5) 채권자에 대한 효력

① 압류명령을 얻은 것만으로는 아직 채권을 추심할 권능을 취득하지는 못하며, 현금화를 위해서는 별도로 추심명령이나 전부명령 등을 받아야 한다. 그러므로 압류명령만을 받은 채권자의 지위는 가압류채권자의 지위와 유사하다.

② 그러나 압류채권자는 압류명령만을 받은 단계에서도 그 고유의 권한으로 압류된 채권을 보존하기 위하여 소멸시효의 중단을 위한 확인소송을 제기하는 등의 행위를 할 수 있다.

③ 저당권이 있는 채권을 압류하는 경우에는 채무자의 승낙 없이도 그 채권압류사실을 등기부에 기입하여 줄 것을 법원사무관등에게 신청할 수 있다(제228조 제1항).

④ 채권의 압류는 집행채권의 소멸시효를 중단시키는 효력을 가진다(민법 제168조). 이 집행채권에 관한 시효중단의 효력은 압류명령신청 시에 발생한다. [기출] 24

- 채권자가 채무자의 제3채무자에 대한 채권을 압류할 당시 그 피압류채권이 이미 소멸하였다는 등으로 부존재하는 경우에도 특별한 사정이 없는 한 압류집행을 함으로써 그 집행채권의 소멸시효는 중단된다(대판 2014.1.29. 2013다47330). [기출] 24
- 금전채권의 보전을 위하여 채무자의 금전채권에 대하여 가압류가 행하여진 경우에 그 후 채권자의 신청에 의하여 그 집행이 취소되었다면, 다른 특별한 사정이 없는 한 가압류에 의한 소멸시효 중단의 효과는 소급적으로 소멸된다. 민법 제175조는 가압류가 '권리자의 청구에 의하여 취소된 때에는' 소멸시효 중단의 효력이 없다고 정한다. 가압류의 집행 후에 행하여진 채권자의 집행취소 또는 집행해제의 신청은 실질적으로 집행신청의 취하에 해당하고, 이는 다른 특별한 사정이 없는 한 가압류 자체의 신청을 취하하는 것과 마찬가지로 그에게 권리행사의 의사가 없음을 객관적으로 표명하는 행위로서 위 법 규정에 의하여 시효중단의 효력이 소멸한다고 봄이 상당하다. 이러한 점은 위와 같은 집행취소의 경우 그 취소의 효력이 단지 장래에 대하여만 발생한다는 것에 의하여 달라지지 아니한다(대판 2010.10.14. 2010다53273). [기출] 25

⑤ 금전채권에 대한 가압류를 원인으로 제3채무자가 민사집행법 제291조, 제248조 제1항에 따라 공탁을 한 이후 가압류를 본압류로 이전하는 압류명령이 국가에 송달된 경우, 가압류의 효력이 미치는 부분에 대한 채무자의 출급청구권은 소멸한다.

⑥ 금전채권의 채권자가 공탁약정에 기하여 채무자에게 공탁할 것을 청구할 수 없다. 이는 채무자에게 민사집행법상 집행공탁의 요건이 갖추어져 있는 경우에도 마찬가지이다.

금전채권에 대한 가압류를 원인으로 제3채무자가 민사집행법 제291조, 제248조 제1항에 따라 공탁을 한 이후 공탁사유인 가압류를 본압류로 이전하는 압류명령이 국가(공탁관)에게 송달되면 민사집행법 제291조, 제248조 제1항에 따른 공탁은 민사집행법 제248조에 따른 집행공탁으로 바뀌어 공탁관은 즉시 압류명령의 발령법원에 그 사유를 신고하여야 하는데, 이로써 가압류의 효력이 미치는 부분에 대한 채무자의 공탁금출급청구권은 소멸하고, 그 부분 공탁금은 배당재단이 되어 집행법원의 배당절차에 따른 지급위탁에 의하여만 출급이 이루어질 수 있게 된다(대판 2014.12.24. 2012다118785).

(6) 제3자에 대한 효력

① 압류의 효력발생 '전(前)'에 압류된 채권에 관하여 권리를 취득한 제3자

　㉠ 압류의 효력발생 전에 권리를 취득한 자는 압류에 의하여 영향을 받지 않는다.

　㉡ 예컨대 압류된 채권의 질권자는 압류에도 불구하고 여전히 자기의 질권을 행사할 수 있다.

　㉢ 제3자가 채권의 압류로 인하여 권리를 침해당할 우려가 있을 때에는 제3자이의 소(제48조)에 의하여 구제를 받을 수 있다(대판 1997.8.26. 97다4401).

② 압류의 효력발생 '후(後)'에 압류된 채권에 관하여 권리를 취득한 제3자

　㉠ 압류 후에 압류된 채권에 관하여 권리를 취득한 자는 압류채권자에게 대항하지 못한다.

　㉡ 그러나 이는 압류채권자에 대한 관계에서만 효력을 주장할 수 없는 것이므로(상대적 무효) 나중에라도 압류의 효력이 소멸하면 완전한 권리를 주장할 수 있다.

5. 압류명령의 하자와 불복방법

(1) 압류명령의 무효 및 취소

① 집행력 있는 정본에 기초하지 않은 압류명령, 파산 등과 같은 집행 장애사유를 간과한 압류명령, 압류적격이 없는 채권에 대한 압류명령, 제3채무자에 대한 지급금지명령이 없는 압류명령 등은 모두 무효이다.

② 집행채권자의 채권자에 의해 집행채권이 압류된 경우에도 그 후 추심명령이나 전부명령이 행하여지지 않은 이상 집행채권에 대한 압류는 집행채권자가 그 채무자를 상대로 한 채권압류명령에는 집행장애사유가 될 수 없다(대결 2000.10.2. 2000마5221). 기출 20 · 15

> • 채권압류명령은 집행채권의 현금화나 만족적 단계에 이르지 아니하는 보전적 처분으로서 집행채권에 대한 압류의 효력에 반하지 않으므로, '집행채권에 대한 압류'는 집행채권자가 그 채무자를 상대로 한 '채권압류명령'의 집행장애사유가 될 수 없고, 이는 국가가 국세징수법에 의한 체납처분으로 체납자의 채무자에 대한 집행채권을 압류한 경우에도 마찬가지이다(대결 2023.1.12. 2022마6107). 기출 25
>
> • [비교] 집행채권자의 채권자가 집행권원에 표시된 '집행채권을 압류 또는 가압류, 처분금지가처분'을 한 경우에는 압류 등의 효력으로 '집행채권자의 추심, 양도 등의 처분행위와 채무자의 변제가 금지'되고 이에 위반되는 행위는 집행채권자의 채권자에게 대항할 수 없게 되므로 집행기관은 압류 등이 해제되지 않는 한 집행할 수 없는 것이니 이는 집행장애사유에 해당하고, 국가가 국세징수법에 의한 체납처분으로 체납자의 채무자에 대한 집행채권을 압류한 경우에도 체납자의 양도 등의 처분행위와 해당 채무자의 변제가 금지되므로(국세징수법 제43조 참조), 집행장애사유에 해당한다(대결 2023.1.12. 2022마6107).
>
> • 채권압류명령과 전부명령을 동시에 신청하더라도 압류명령과 전부명령은 별개로서 그 적부는 각각 판단하여야 하는 것이고, 집행채권의 압류가 집행장애사유가 되는 것은 집행법원이 압류 등의 효력에 반하여 집행채권자의 채권자를 해하는 일체의 처분을 할 수 없기 때문이며, 집행채권이 압류된 경우에도 그 후 추심명령이나 전부명령이 행하여지지 않은 이상 집행채권의 채권자는 여전히 집행채권을 압류한 채권자를 해하지 않는 한도 내에서 그 채권을 행사할 수 있다고 할 것인데, 채권압류명령은 비록 강제집행절차에 나간 것이기는 하나 채권전부명령과는 달리 집행채권의 환가나 만족적 단계에 이르지 아니하는 보전적 처분으로서 집행채권을 압류한 채권자를 해하는 것이 아니기 때문에 집행채권에 대한 압류의 효력에 반하는 것은 아니라고 할 것이므로 집행채권에 대한 압류는 집행채권자가 그 채무자를 상대로 한 채권압류명령에는 집행장애사유가 될 수 없다(대결 2000.10.2. 2000마5221). 기출 20 · 15
>
> • 집행채권에 대한 압류 등이 있은 후에 집행채권자가 채무자의 채권에 대하여 압류명령을 받은 경우에 채권압류명령의 제3채무자는 민사집행법에 따른 공탁을 함으로써 채무를 면할 수 있으나, 위 채권압류명령은 보전적 처분으로서 유효한 것이고 현금화나 만족적 단계로 나아가는 데에는 집행장애사유가 존재하므로, 이를

원인으로 한 공탁에는 가압류를 원인으로 한 공탁과 마찬가지의 효력만이 인정된다. 따라서 위와 같은 공탁에 따른 사유신고는 부적법하고, 이로 인하여 채권배당절차가 실시될 수는 없으며, 만약 채권배당절차가 개시되었더라도 배당금이 지급되기 전이라면 집행법원은 공탁사유신고를 불수리하는 결정을 하여야 한다(대판 2016.9.28. 2016다205915).

- 채권자가 자기의 금전채권을 보전하기 위하여 채무자의 금전채권을 대위행사하는 경우 제3채무자로 하여금 채무자에게 지급의무를 이행하도록 청구할 수도 있지만, 직접 대위채권자 자신에게 이행하도록 청구할 수도 있는데, 채권자대위소송에서 제3채무자로 하여금 직접 대위채권자에게 금전의 지급을 명하는 판결이 확정되더라도, 대위의 목적인 권리, 즉 채무자의 제3채무자에 대한 피대위채권이 판결의 집행채권으로서 존재하는 것이고 대위채권자는 채무자를 대위하여 피대위채권에 대한 변제를 수령하게 될 뿐 자신의 채권에 대한 변제로서 수령하게 되는 것이 아니므로, 피대위채권이 변제 등으로 소멸하기 전이라면 채무자의 다른 채권자는 이에 대하여 압류 또는 가압류, 처분금지가처분을 할 수 있다. 그리고 이러한 경우에는 집행채권자의 채권자가 집행권원에 표시된 집행채권을 압류 또는 가압류, 처분금지가처분을 한 경우에 관한 법리가 그대로 적용된다(대판 2016.9.28. 2016다205915).
- 대위채권자의 제3채무자에 대한 추심권능 내지 변제수령권능은 자체로서 독립적으로 처분하여 환가할 수 있는 것이 아니어서 압류할 수 없는 성질의 것이고, 따라서 추심권능 내지 변제수령권능에 대한 압류명령 등은 무효이다. 그리고 채권자대위소송에서 제3채무자로 하여금 직접 대위채권자에게 금전의 지급을 명하는 판결이 확정되었더라도 판결에 기초하여 금전을 지급받는 것 역시 대위채권자의 제3채무자에 대한 추심권능 내지 변제수령권능에 속하므로, 채권자대위소송에서 확정된 판결에 따라 대위채권자가 제3채무자로부터 지급받을 채권에 대한 압류명령 등도 무효이다(대판 2016.8.29. 2015다236547).

③ 직무관할에 위배된 압류명령, 예컨대 집행관이 한 압류명령은 당연무효이지만, 토지관할에 위반된 법원의 압류명령이나 집행정지결정이 집행법원에 제출된 사실을 간과한 압류명령 등은 당연무효는 아니고 취소사유에 불과하다.

④ 소유권이전등기청구권을 압류한 채권자가 제3채무자나 채무자로부터 이전등기를 경료한 제3자에 대하여 위 이전등기의 말소를 청구할 수 없으며, 제3채무자가 위 압류결정을 무시하고 채무자에게 이전등기를 이행하고 채무자가 다시 제3자에게 이전등기를 경료함으로써 채권자에게 손해를 입힌 경우 불법행위를 구성한다.

- 소유권이전등기청구권에 대한 압류가 있으면 그 변제금지의 효력에 의하여 제3채무자는 채무자에게 임의로 이전등기를 이행하여서는 아니 되는 것이나, 그와 같은 압류는 채권에 대한 것이지 등기청구권의 목적물인 부동산에 대한 것이 아니고, 채무자와 제3채무자에게 결정을 송달하는 외에 현행법상 등기부에 이를 공시하는 방법이 없어 당해 채권자와 채무자 및 제3채무자 사이에만 효력을 가지며, 제3자에 대하여는 압류의 변제금지의 효력을 주장할 수 없으므로 소유권이전등기청구권의 압류는 청구권의 목적물인 부동산 자체의 처분을 금지하는 대물적 효력은 없어서 제3채무자나 채무자로부터 이전등기를 경료한 제3자에 대하여는 취득한 등기가 원인무효라고 주장하여 말소를 청구할 수 없고, 제3채무자가 압류결정을 무시하고 이전등기를 이행하고 채무자가 다시 제3자에게 이전등기를 경료하여 준 결과 채권자에게 손해를 입힌 때에는 불법행위를 구성하고 그에 따른 배상책임을 지게 된다(대판 2007.9.21. 2005다44886).
- 소유권이전등기청구권에 대한 압류가 있으면 변제금지의 효력에 따라 제3채무자는 채무자에게 임의로 이전등기를 이행하여서는 아니 되나, 이러한 압류에는 청구권의 목적물인 부동산 자체의 처분을 금지하는 대물적 효력이 없으므로, 제3채무자나 채무자로부터 이전등기를 마친 제3자에 대하여는 취득한 등기가 원인무효라고 주장하여 말소를 청구할 수 없지만, 제3채무자가 압류결정을 무시하고 이전등기를 이행하고 채무자가 다시 제3자에게 이전등기를 마쳐준 결과 채권자에게 손해를 입힌 때에는 불법행위에 따른 배상책임을 진다(대판 2022.12.15. 2022다247750).

(2) 압류명령에 대한 불복(즉시항고)

① 절차상의 하자

㉠ 압류명령의 신청에 관한 재판에 대하여는 즉시항고를 할 수 있다(제227조 제4항).

㉡ '절차상의 하자'는 집행법원의 판단이 가능하므로 즉시항고 사유에 해당한다.

㉢ '제3채무자'는 압류된 채권이 압류금지채권에 해당한다거나 압류된 채권이 특정되지 않았다는 등의 사유를 들어 즉시항고를 할 수 있다.

㉣ 그러나 절차상 하자(= 형식적 하자)라고 하더라도 집행법원이 압류명령을 심리함에 있어 판단이 곤란한 사정이 있다면 적법한 항고사유는 될 수 없다.

> - 집행법원이 채권압류 및 추심명령의 결정을 함에 있어서는 집행권원의 유무 및 그 송달 여부, 선행하는 압류명령의 존부, 집행장해의 유무 및 신청의 적식 여부 등 채권압류 및 추심명령의 요건을 심리하여 결정하면 되고, 비록 그 집행권원인 집행증서가 무권대리인의 촉탁에 의하여 작성되어 당연무효라고 할지라도 그러한 사유는 '형식적 하자'이기는 하지만 집행증서의 기재 자체에 의하여 용이하게 조사·판단할 수 없는 것이므로 청구이의의 소에 의하여 그 집행을 배제할 수 있을 뿐 적법한 항고사유는 될 수 없다(대결 1998.8.31. 98마1535).
> - 청구이의의 소는 원칙적으로 유효한 집행권원의 존재를 전제로 하지만, 무권대리인의 촉탁에 기하여 작성되어 무효인 집행증서에 대하여는 청구이의의 소와 집행문부여에 대한 이의신청이 모두 가능하고 어느 방법에 의할지는 당사자가 자유로이 선택할 수 있다는 입장이다(대판 1989.12.12. 87다카3125; 대결 1999.6.23. 99그20).

㉤ '제3채무자'로서는 이러한 즉시항고를 제기하지 않더라도 압류채권자가 제기한 추심금 또는 전부금 청구소송에서 이러한 사유를 주장하여도 무방하나 즉시항고라는 간이한 절차에 의하여 자기의 법적 지위의 불안정을 면할 수도 있다.

> 민사집행법 제241조 제1항에 의한 채권자의 특별현금화명령 신청에 대하여 특별현금화를 명할 것인지 여부나 그 방법의 선택은 법원의 재량에 맡겨져 있으므로 같은 조 제3항에서 즉시항고의 대상으로 규정하고 있는 "제1항의 결정"에는 특별현금화명령 신청을 받아들이는 결정뿐만 아니라 신청을 기각하는 결정도 포함된다고 볼 수 있다. 또한 추심명령 또는 전부명령의 신청을 기각한 결정에 대하여는 민사집행법 제229조 제6항에 따라 즉시항고를 할 수 있는데, 추심명령이나 전부명령과 특별현금화명령은 압류된 채권의 종류 및 성질에 따라 적용 범위와 대상, 그리고 현금화의 구체적 방법을 달리할 뿐 압류된 채권에 대한 강제집행이라는 제도의 취지는 같고, 신청이 기각됨으로 인한 당사자의 이해관계 등도 본질적으로 다르지 않다. 따라서 특별현금화명령 신청에 대한 법원의 기각결정에 대해서도 채권자는 민사집행법 제241조 제3항에 의하여 즉시항고로써 다툴 수 있다(대결 2012.3.15. 2011그224).

② 실체상의 하자

㉠ 집행채권의 부존재나 압류된 채권의 부존재와 같은 실체상의 이유는 압류명령에 대한 항고사유가 되지 못한다. **기출** 20

㉡ 집행채권의 부존재는 '채무자'가 청구이의의 소를 통하여 주장하여야 하고, 압류된 채권의 부존재는 '제3채무자'가 추심금 또는 전부금청구소송에서 주장하여야 한다. **기출** 20

6. 압류명령의 취하

① 채권자는 현금화절차가 끝나기 전까지 압류명령의 신청을 취하할 수 있다(대판 2009.11.12. 2009다48879).
② '추심명령'의 경우에는 추심채권자가 제3채무자로부터 추심을 하거나 제3채무자가 민사집행법 제248조에 따라 공탁을 한 경우에 압류된 채권이 현금화된 것으로 볼 수 있고, '전부명령'의 경우에는 전부명령이 확정됨으로써 집행채권의 변제를 갈음하여 피전부채권이 압류채권자에게 이전되어 집행절차가 종료하게 되므로, 그 이후에는 압류명령신청을 취하할 수 없다(실무제요 집행 4). **기출** 18

Ⅳ 현금화절차

1. 서 설

> **민사집행법 제229조(금전채권의 현금화방법)**
> ① 압류한 금전채권에 대하여 압류채권자는 추심명령이나 전부명령을 신청할 수 있다.
> ② 추심명령이 있는 때에는 압류채권자는 대위절차 없이 압류채권을 추심할 수 있다. **기출** 25
> ③ 전부명령이 있는 때에는 압류된 채권은 지급에 갈음하여 압류채권자에게 이전된다.
> ④ 추심명령에 대하여는 제227조 제2항 및 제3항의 규정을, 전부명령에 대하여는 제227조 제2항의 규정을 각각 준용한다.
> ⑤ 전부명령이 제3채무자에게 송달될 때까지 그 금전채권에 관하여 다른 채권자가 압류·가압류 또는 배당요구를 한 경우에는 전부명령은 효력을 가지지 아니한다.
> ⑥ 제1항의 신청에 관한 재판에 대하여는 즉시항고를 할 수 있다.
> ⑦ 전부명령은 확정되어야 효력을 가진다.
> ⑧ 전부명령이 있은 뒤에 제49조 제2호 또는 제4호의 서류를 제출한 것을 이유로 전부명령에 대한 즉시항고가 제기된 경우에는 항고법원은 다른 이유로 전부명령을 취소하는 경우를 제외하고는 항고에 관한 재판을 정지하여야 한다.

① 의 의
  ㉠ 금전채권의 압류만으로써는 압류채권자의 집행채권에 만족을 줄 수 없으므로 압류채권자는 자기채권의 만족을 얻기 위해서는 압류한 금전채권을 현금화할 필요가 있다.
  ㉡ 민사집행법 제229조는 금전채권의 현금화방법으로서 추심명령과 전부명령을 규정하고 있다. 특별현금화방법으로 양도명령, 매각명령, 관리명령 및 그 밖의 상당한 방법에 의한 현금화방법 등이 있다(제241조).
② 추심명령과 전부명령의 차이점 및 장단점
  ㉠ 차이점
    ㉮ '전부명령'은 압류된 채권을 지급에 갈음하여 채무자로부터 압류채권자에게 이전하는 것으로서, 그에 의하여 채권이 이전되면 그 현실적인 추심 여부와 관계없이 집행채권은 그 권면액만큼 소멸하게 된다.
    ㉯ '추심명령'은 압류된 채권의 채권자의 지위에 변동을 가져오는 것은 아니고 채무자가 여전히 압류된 채권의 채권자로 남아있기는 하지만 압류채권자가 채무자 대신 압류된 채권의 추심권능을 취득하게 된다.
    ㉰ 추심명령은 전부명령과 달리 압류가 경합된 경우에도 할 수 있으며, 또 다른 채권자를 위하여 이중으로 발령하여도 상관없다.

ⓛ 장단점

　　　㉮ '전부명령'의 경우에는 다른 채권자가 배당요구를 할 수 없어 압류채권자가 독점적 만족을 받을 수 있는 이점이 있는 반면 제3채무자가 무자력인 때에는 전혀 만족을 받을 수 없게 되는 위험을 부담하게 되고, '추심명령'의 경우에는 그와 반대의 상황이 된다.

　　　㉯ 실무에서는 제3채무자의 자력이 확실할 때에는 전부명령을 신청하는 경우가 많다.

③ 추심명령과 전부명령의 동시신청 등

　　㉠ 추심명령과 전부명령을 동시에 신청할 수는 없으나, 압류된 채권 중 일부에 관하여는 추심명령을, 다른 일부에 관하여는 전부명령을 신청할 수 있고, 전부명령을 신청하면서 그것이 허용되지 않는 경우에 대비하여 예비적으로 추심명령을 신청하는 것도 허용된다.

　　㉡ 추심명령을 얻은 채권에 대하여 사후에 전부명령을 신청할 수도 있으나 전부명령을 받은 채권에 대하여는 추심명령을 신청할 여지가 없다.

　　㉢ 추심명령과 전부명령의 어떤 것을 신청하는 것인지가 분명하지 않은 경우에는 채권자가 불이익을 입을 위험이 적은 추심명령의 신청으로 볼 것이다.

2. 추심명령

(1) 의 의

① 압류채권자가 채무자에 갈음하여 제3채무자에 대하여 직접 피압류채권의 이행을 청구하고 그 급부를 수령하여 집행채권의 변제에 충당할 수 있는 권한을 부여하는 집행법원의 명령[112]이다. 피압류채권의 처분권을 국가가 행사하지 아니하고 압류채권자에게 부여하는 것이다. 압류채권자가 제3채무자에 대해 실체법상의 채권자대위권을 통해서 피압류채권의 이행을 청구하는 것과는 다르다.

② 이러한 압류채권자의 추심권능 자체에 대한 압류는 허용되지 않는다.

> 금전채권에 대하여 압류 및 추심명령이 있었다고 하더라도 이는 강제집행절차에서 압류채권자에게 채무자의 제3채무자에 대한 채권을 추심할 권능만을 부여하는 것으로서 이로 인하여 채무자가 제3채무자에 대하여 가지는 채권이 압류채권자에게 이전되거나 귀속되는 것이 아니므로, 이와 같은 추심권능은 그 자체로서 독립적으로 처분하여 환가할 수 있는 것이 아니어서 압류할 수 없는 성질의 것이고, 따라서 이러한 추심권능에 대한 가압류결정은 무효이며, 추심권능을 소송상 행사하여 승소확정판결을 받았다 하더라도 그 판결에 기하여 금원을 지급받는 것 역시 추심권능에 속하는 것이므로, 이러한 판결에 기하여 지급받을 채권에 대한 가압류결정도 무효라고 보아야 한다(대결 1997.3.14. 96다54300). **기출** 22・16

③ 추심명령을 통한 채권집행절차는 압류채권자의 추심신고 시까지 계속되는 것으로 그 시점까지 다른 채권자의 집행참가가 인정되고 채무자는 집행법원에 집행정지를 구하여 압류채권자의 추심을 막을 수 있다.

---

112) 압류명령에 의해 국가에 귀속된 처분권을 부여해 달라고 하는 압류채권자의 신청에 대해 처분권을 부여하는 명령으로 보면 될 것이다.

④ 채무자가 제3채무자에 대한 채권을 특정 채권자에게 양도하였다가 채권양도가 사해행위라는 이유로 취소판결이 확정되었으나, 채권자가 당해 채권에 대하여 채권압류 및 추심명령을 받아 둔 경우, 압류 및 추심명령을 받은 채권자의 지위에서 배당받는 것은 가능하다.

> 배당이의의 소에서 피고는 원고의 청구를 배척할 수 있는 모든 주장을 방어방법으로 내세울 수 있으므로, 원고가 배당이의를 한 금원이 피고가 배당요구하였지만 배당에서 제외된 다른 채권에 배당되어야 한다는 주장도 피고는 할 수 있고, 이는 피고가 그 다른 채권에 기하여 배당이의를 하지 아니하였더라도 마찬가지이다. 따라서 채무자가 제3채무자에 대한 채권을 특정 채권자에게 양도하였다가 채권양도가 사해행위라는 이유로 취소판결이 확정되었으나, 채권자가 당해 채권에 대하여 채권압류 및 추심명령도 받아 둔 경우에는, 당해 채권에 대한 제3채무자의 혼합공탁에 따른 배당절차에서 채권자가 사해행위의 수익자인 당해 채권의 양수인의 자격으로는 배당받을 수 없으나, 압류 및 추심명령을 받은 채권자의 지위에서 배당받는 것은 가능하다(대판 2014.3.27. 2011다107818). **기출** 19

(2) 신 청

① 추심명령은 압류채권자의 신청에 의하여 발령한다. 압류명령 없이 추심명령만을 신청하는 것은 인정되지 않는다. 그 신청은 압류명령의 신청과 동시에 할 수도 있고, 사후에 신청할 수도 있다.

② 다만, 민사집행법 제233조에 의한 '지시채권'의 경우에는 집행관이 증권을 점유하여야 압류의 효력이 발생하므로 압류명령과 동시에 추심명령을 신청할 수는 없고 집행관의 증권에 대한 점유가 있은 후에만 신청할 수 있다. 따라서 집행관이 증권을 점유하지 않은 상태에서 발령된 추심명령이나 전부명령은 무효이다.[113]

(3) 관할법원

① 추심명령을 신청하여야 할 관할법원은 압류명령을 발령한 법원이다.

② 추심명령이 압류명령과 별도로 신청되는 경우에 압류명령이 송달된 뒤 채무자나 제3채무자의 주소가 바뀌어 그 보통재판적이 달라지더라도 추심명령은 압류명령을 전제로 하여 내려지는 것이므로 추심명령은 압류명령을 발령한 법원이 관할법원이 된다.

③ 외국의 사법적(私法的) 행위에 대하여 해당 국가를 피고로 하여 우리나라 법원이 원칙적으로 재판권을 행사할 수 있다.

> 우리나라 영토 내에서 행하여진 외국의 사법적 행위가 주권적 활동에 속하는 것이거나 이와 밀접한 관련이 있어서 이에 대한 재판권 행사가 외국의 주권적 활동에 대한 부당한 간섭이 될 우려가 있다는 등의 특별한 사정이 없는 한, 외국의 사법적 행위에 대하여는 해당 국가를 피고로 하여 우리나라 법원이 재판권을 행사할 수 있다(대판 2011.12.13. 2009다16766).

---

113) 다만 추심명령이나 전부명령이 제3채무자에게 송달되기 전에 집행관이 증권을 점유한 때에는 그 현금화명령은 유효하게 된다.

④ 우리나라 법원이 외국을 제3채무자로 하는 채권압류 및 추심명령에 대한 재판권이 인정되지 않는 경우에는 추심금 소송에 대한 재판권 역시 인정되지 않는다.

> [1] 우리나라 법원이 외국을 제3채무자로 하는 추심명령에 대하여 재판권을 행사할 수 있는 경우에는 그 추심명령에 기하여 외국을 피고로 하는 추심금 소송에 대하여도 역시 재판권을 행사할 수 있다고 할 것이고, 반면 추심명령에 대한 재판권이 인정되지 않는 경우에는 추심금 소송에 대한 재판권 역시 인정되지 않는다고 보아야 한다.
> [2] 대한민국에 거주하면서 주한미군사령부에서 근무하는 甲의 채권자 乙이 우리나라 법원에서 제3채무자를 미합중국으로 하여 甲이 미합중국에 대하여 가지는 퇴직금과 임금 등에 대하여 채권압류 및 추심명령을 받은 후 추심금의 지급을 구한 사안에서, 위 채권압류 및 추심명령은 재판권이 없는 법원이 발령한 것으로 무효이고, 우리나라 법원은 추심금 소송에 대하여도 재판권이 인정되지 않는다(대판 2011.12.13. 2009다16766). 기출 16

(4) 추심명령의 재판

① 심 리
  ㉠ 집행법원은 추심명령의 신청이 있으면 관할권의 유무, 신청의 적식여부, 강제집행의 요건과 개시요건의 유무, 집행 장애의 유무, 압류명령의 효력의 존부 등을 조사하여 신청의 허부를 결정한다.
  ㉡ 채권압류 및 추심명령은 제3채무자를 심문하지 않은 채 이루어진다(대판 2017.1.12. 2016다38658).
  ㉢ 압류명령을 내린 후에 추심명령의 허부를 심리함에 있어서는 채무자나 제3채무자를 심문하는 것도 가능하나(제23조 제1항, 민소법 제134조), 압류금지채권의 경우에는 추심명령도 발령할 수 없다.
  ㉣ 집행채권의 존부나 피압류채권의 존부는 실체법적 사항으로 집행법원이 조사할 것이 아니다.

> 공탁자가 공탁한 내용은 공탁의 기재에 의하여 형식적으로 결정되므로 수인의 공탁자가 공탁하면서 각자의 공탁금액을 나누어 기재하지 않고 공동으로 하나의 공탁금액을 기재한 경우에 공탁자들은 균등한 비율로 공탁한 것으로 보아야 하고, 공탁자들 내부의 실질적인 분담금액이 다르다고 하더라도 이는 공탁자들 내부 사이에 별도로 해결하여야 할 문제이다. 이러한 법리는 강제집행정지의 담보를 위하여 공동명의로 공탁한 경우 담보취소에 따른 공탁금회수청구권의 귀속과 비율에 관하여도 마찬가지로 적용된다. 따라서 제3자가 다른 공동공탁자의 공탁금회수청구권에 대하여 압류 및 추심명령을 한 경우에 압류 및 추심명령은 공탁자 간 균등한 비율에 의한 공탁금액의 한도 내에서 효력이 있고, 공동공탁자들 중 실제로 담보공탁금을 전액 출연한 공탁자가 있다 하더라도 이는 공동공탁자들 사이의 내부관계에서만 주장할 수 있는 사유에 불과하여 담보공탁금을 전액 출연한 공탁자는 압류채권자에 대하여 자금 부담의 실질관계를 이유로 대항할 수 없다(대판 2015.9.10. 2014다29971). 기출 22

② 재 판
  ㉠ 신청이 이유 있으면 결정으로 압류채권자에게 피압류채권에 대한 추심권을 부여하는 선언을 한다. 통상 '채권자는 채무자의 제3채무자에 대한 별지 기재의 압류된 채권을 추심할 수 있다.'라는 주문형식을 갖는다.
  ㉡ 압류명령과 추심명령을 병합하여 발령하는 경우에는 사건명으로는 채권압류 및 추심이라고 하며 압류명령 주문의 끝에 '위 압류된 채권은 채권자가 추심할 수 있다'고 적으면 된다.

(5) 추심명령의 송달

① 추심명령도 압류명령과 마찬가지로 제3채무자와 채무자에게 송달하여야 한다(제229조 제4항, 제227조 제2항). 또한 채권자에게도 적당한 방법으로 고지하여야 한다.

② 추심명령은 제3채무자에게 송달됨으로써 그 효력이 발생하고(제229조 제4항, 제227조 제3항), 채무자에 대한 송달은 추심명령의 효력발생요건이 아니다. 기출 19 · 14

③ 추심명령을 각하 또는 기각할 때에는 그 결정을 신청채권자에게만 고지하면 된다(규칙 제7조 제2항).

④ 추심명령에 대하여 즉시항고가 제기되더라도 이는 추심명령의 효력발생에는 영향을 미치지 아니한다(제15조 제6항). 기출 19

(6) 채권압류 및 추심명령의 경정결정

① 채권압류 및 추심명령은 제3채무자를 심문하지 않은 채 이루어지고 제3채무자에게 송달함으로써 효력이 생긴다. 그 후 채권압류 및 추심명령의 경정결정이 확정되는 경우 당초의 채권압류 및 추심명령은 경정결정과 일체가 되어 처음부터 경정된 내용의 채권압류 및 추심명령이 있었던 것과 같은 효력이 있으므로, 원칙적으로 당초의 결정이 제3채무자에게 송달된 때에 소급하여 경정된 내용으로 결정의 효력이 있다(대판 2017.1.12. 2016다38658). 기출 21

② 그런데 직접당사자가 아닌 제3채무자는 피보전권리의 존재와 내용을 모르고 있다가 결정을 송달받고 비로소 이를 알게 되는 것이 일반적이기 때문에 당초의 결정에 잘못된 계산이나 기재, 그 밖에 이와 비슷한 잘못이 있음이 객관적으로는 명백하더라도 제3채무자의 입장에서는 당초의 결정 자체만으로 잘못된 계산이나 기재, 그 밖에 이와 비슷한 잘못이 있다는 것을 알 수 없는 경우가 있다. 이러한 경우에도 일률적으로 채권압류 및 추심명령의 경정결정이 확정되면 당초의 채권압류 및 추심명령이 송달되었을 때에 소급하여 경정된 내용의 채권압류 및 추심명령이 있었던 것과 같은 효력이 있다고 하게 되면 순전히 타의에 의하여 다른 사람들 사이의 분쟁에 편입된 제3채무자를 보호한다는 견지에서 타당하지 않다(대판 2017.1.12. 2016다38658). 기출 21

③ 그러므로 제3채무자의 입장에서 볼 때 객관적으로 경정결정이 당초의 채권압류 및 추심명령의 동일성을 실질적으로 변경한 것이라고 인정되는 경우에는 경정결정이 제3채무자에게 송달된 때에 비로소 경정된 내용의 채권압류 및 추심명령의 효력이 생긴다(대판 2017.1.12. 2016다38658). 기출 21

(7) 추심명령에 대한 불복(즉시항고)

① 추심명령의 신청에 관한 재판에 대하여는 즉시항고를 할 수 있다(제229조 제6항). 즉시항고의 사유로서는 압류명령의 경우와 마찬가지이다. 따라서 '절차상의 하자'인 압류된 채권이 압류금지채권에 해당한다거나 압류된 채권이 특정되지 않았다는 것을 사유로 하여 즉시항고를 할 수 있다.

> • 채권압류 및 추심명령에 대한 즉시항고는 집행력 있는 정본의 유무와 그 송달 여부, 집행개시요건의 존부, 집행장애사유의 존부 등과 같이 채권압류 및 추심명령을 할 때 집행법원이 조사하여 준수할 사항에 관한 흠을 이유로 할 수 있을 뿐이고, 집행채권의 소멸 등과 같은 실체상의 사유는 이에 대한 적법한 항고이유가 되지 아니한다(대결 2013.9.16. 2013마1438).
> • 채권에 대한 압류의 효력은 압류채권자가 압류명령의 신청을 취하하거나 압류명령이 즉시항고에 의하여 취소되는 경우 또는 채권압류의 목적인 현금화절차가 종료할 때(추심채권자가 추심을 완료한 때 등)까지 존속한다. 이처럼 채권압류의 집행으로 압류의 효력이 유지되고 있는 동안에는 특별한 사정이 없는 한 추징형의 집행이 계속되고 있는 것으로 보아야 한다. 한편 피압류채권이 법률상 압류금지채권에 해당하더라도 재판으로서 압류명령이 당연무효는 아니므로 즉시항고에 의하여 취소되기 전까지는 역시 추징형의 집행이 계속되고 있는 것으로 보아야 한다(대결 2023.2.23. 2021모3227).

② 압류된 채권의 부존재는 제3채무자가 <u>추심금 또는 전부금청구소송</u>에서, <u>집행채권의 부존재</u>는 채무자가 <u>청구이의의 소</u>로써 주장하여야 하고, 즉시항고에 의하여 주장할 수는 없다.

> • <u>집행채권의 부존재나 소멸은 집행채무자가 청구이의의 소에서 주장할 사유이지 추심의 소에서 제3채무자인 피고가 이를 항변으로 주장하여 채무의 변제를 거절할 수 있는 것이 아니다</u>(대판 1996.9.24. 96다13781). 기출 19
>
> • 집행권원인 <u>집행증서가 무권대리인의 촉탁에 의하여 작성되어 당연무효라고 할지라도 그러한 사유는 형식적 하자이기는 하지만 집행증서의 기재 자체에 의하여 용이하게 조사·판단할 수 없는 것이므로 청구이의의 소에 의하여 그 집행을 배제할 수 있을 뿐 적법한 항고사유는 될 수 없다</u>(대결 1993.8.31. 98마1535).

③ 채권압류 및 추심명령의 기초가 된 가집행의 선고가 있는 판결이 상소심에서 취소되었다는 사실은 적법한 항고이유가 될 수 있다.

> 채권압류 및 추심명령의 신청에 관한 재판에 대하여 집행채권이 변제나 시효완성 등에 의하여 소멸되었다거나 존재하지 아니한다는 등의 실체상의 사유는 특별한 사정이 없는 한 적법한 항고이유가 되지 못하지만, 채권압류 및 추심명령의 기초가 된 가집행의 선고가 있는 판결을 취소한 상소심판결의 정본은 민사집행법 제49조 제1호 소정의 집행취소 서류에 해당하므로, 채권압류 및 추심명령의 기초가 된 가집행의 선고가 있는 판결이 상소심에서 취소되었다는 사실은 적법한 항고이유가 될 수 있다(대결 2007.3.15. 2006마75). 기출 19

④ 「채무자 회생 및 파산에 관한 법률」에 의한 면책결정이 확정되었다는 사유가 면책된 채무에 관한 집행력 있는 집행권원 정본에 기하여 그 확정 후 신청되어 발령된 채권압류 및 추심명령에 대한 적법한 항고이유가 되지 못한다. 기출 17

> <u>채권압류 및 추심명령에 대한 즉시항고</u>는 집행력 있는 정본의 유무와 그 송달 여부, 집행개시요건의 존부, 집행장애사유의 존부 등과 같이 채권압류 및 추심명령을 할 때 집행법원이 조사하여 준수할 사항에 관한 흠을 이유로 할 수 있을 뿐이고, <u>집행채권의 소멸 등과 같은 실체상의 사유는 이에 대한 적법한 항고이유가 되지 아니한다.</u> 그런데 채무자 회생 및 파산에 관한 법률에 의한 면책결정이 확정되어 채무자의 채무를 변제할 책임이 면제되었다고 하더라도, 이는 면책된 채무에 관한 집행권원의 효력을 당연히 상실시키는 사유는 되지 아니하고 다만 <u>청구이의의 소를 통하여 그 집행권원의 집행력을 배제시킬 수 있는 실체상의 사유</u>에 불과하며, 한편 면책결정의 확정은 면책된 채무에 관한 집행력 있는 집행권원 정본에 기하여 그 확정 후 비로소 개시된 강제집행의 집행장애사유가 되지 아니한다. 따라서 채무자 회생 및 파산에 관한 법률에 의한 면책결정이 확정되어 채무자의 채무를 변제할 책임이 면제되었다는 것은 면책된 채무에 관한 집행력 있는 집행권원 정본에 기하여 그 확정 후 신청되어 발령된 <u>채권압류 및 추심명령에 대한 적법한 항고이유가 되지 아니한다</u>(대결 2013.9.16. 2013마1438). 기출 17

(8) 추심명령의 효력

> **민사집행법 제232조(추심명령의 효과)**
> ① 추심명령은 그 채권전액에 미친다. 다만, 법원은 채무자의 신청에 따라 압류채권자를 심문하여 압류액수를 그 채권자의 요구액수로 제한하고 채무자에게 그 초과된 액수의 처분과 영수를 허가할 수 있다.
> ② 제1항 단서의 제한부분에 대하여 다른 채권자는 배당요구를 할 수 없다.
> ③ 제1항의 허가는 제3채무자와 채권자에게 통지하여야 한다.

① 채권자에 대한 효력

추심권의 행사

- 채권자는 추심명령에 의하여 채무자가 제3채무자에 대하여 가지는 채권을 직접 추심할 권능을 취득한다. 추심채권자는 추심에 필요한 채무자의 일체의 권리를 채무자를 대리하거나 대위하지 아니하고 <u>자기의 이름으로</u> 재판상·재판외에서 행사할 수 있다.

> - 채권압류 및 추심명령을 받은 추심채권자는 추심에 필요한 채무자의 권리를 대위절차 없이 자기 이름으로 재판 상 또는 재판 외에서 행사할 수 있으므로, <u>상대적 불확지 변제공탁의 피공탁자 중 1인을 채무자로 하여 그의 공탁물출급청구권에 대하여 채권압류 및 추심명령을 받은 추심채권자는 공탁물을 출급하기 위하여 자기의 이름으로 다른 피공탁자를 상대로 공탁물출급청구권이 추심채권자의 채무자에게 있음을 확인한다는 확인의 소를 제기할 수 있다</u>(대판 2011.11.10. 2011다55405). 기출 18
> - <u>같은 채권에 관하여 추심명령이 여러 번 발부되더라도 그 사이에는 순위의 우열이 없고, 추심명령을 받아 채권을 추심하는 채권자는 자기채권의 만족을 위하여서 뿐만 아니라 압류가 경합되거나 배당요구가 있는 경우에는 집행법원의 수권에 따라 일종의 추심기관으로서 압류나 배당에 참가한 모든 채권자를 위하여 제3채무자로부터 추심을 하는 것이므로 그 추심권능은 압류된 채권 전액에 미치며</u>, 제3채무자로서도 정당한 추심권자에게 변제하면 그 효력은 위 모든 채권자에게 미치므로 압류된 채권을 경합된 압류채권자 및 또 다른 추심권자의 집행채권액에 안분하여 변제하여야 하는 것도 아니다(대판 2001.3.27. 2000다43819). 기출 23·14

- 채권자는 이행을 최고하거나 변제를 수령하고, 선택권을 행사하며, 정기예금에 대한 추심명령으로 그 만기 전에 해약하는 경우와 같이 <u>해제권, 해지권, 취소권</u> 등을 행사함은 물론, 보증인에 대한 청구를 할 수 있다.
- 추심명령을 받은 채권자는 <u>추심할 채권에 질권, 저당권 등 담보권이 있는 경우에는</u>(제228조) 직접 담보권을 실행할 권능을 취득하게 되므로, 자기 이름으로 담보권실행을 위한 경매를 신청할 수 있다. 기출 16
- 그러나 추심의 목적을 넘는 행위, 예컨대 <u>압류한 채권의 면제·포기·기한의 유예·채권양도 등은</u> 할 수 없고, 추심소송에서 추심채권자와 제3채무자 사이에 <u>그러한 내용의 조정이나 화해도</u> 할 수 없다.
- 추심할 채권이 반대급부에 걸려있는 경우에 채권자는 채무자에 갈음하여 그 반대급부를 이행하고 추심할 수 있다.
- 공탁금출급·회수청구권에 대하여 추심명령을 받은 채권자는 추심명령정본 및 그 송달증명서를 첨부하여 공탁공무원에게 공탁금의 출급 또는 회수를 청구하면 되고, 공탁서나 공탁통지서를 첨부할 필요는 없다(공탁규칙 제33조, 제34조).

추심권의 범위

압류된 채권전액

- <u>추심명령의 효력은 추심명령에 특별한 제한이 없는 한 압류된 채권의 전액에 미치고</u>(제232조 제1항 본문) 집행채권의 범위로 한정되는 것은 아니다. 기출 14·16
- 추심한 채권을 집행채권의 변제에 충당하고 남으면 이는 채무자에게 지급하여야 한다. 그러나 채권자 스스로가 압류된 채권의 일부에 한하여만 추심명령을 신청하는 것은 무방하다. 추심명령의 효력은 압류의 효력이 미치는 종된 권리에도 미친다.

추심액 제한

- 압류된 채권이 채권자의 요구액(집행채권액과 집행비용의 합산액)보다 많을 때에는 채무자는 집행법원에 대하여 압류금액을 그 요구액으로 제한하여 줄 것을 신청할 수 있고, 집행법원은 압류채권자를 심문한 다음 압류액을 그 채권자의 요구액수로 제한하고 채무자에게 그 초과된 액수의 처분과 영수를 허가하는 결정을 할 수 있다(제232조 제1항 단서).
- 반드시 채무자의 신청이 있어야만 할 수 있고 법원이 직권으로 할 수는 없다.
- 압류액수를 제한하는 범위를 결정함에 있어 다른 <u>채권자의 배당요구가 있는 때에는 이것도 채권자의 요구액수에 포함시</u>켜야 한다.
- 집행법원은 압류액수 제한의 결정을 하기 전에 반드시 <u>집행채권자를 심문하여야 한다.</u>
- 법원의 위 허가에 의하여 제한된 부분에 대하여 <u>다른 채권자는 배당요구를 할 수 없다</u>(제232조 제2항). 따라서 그 한도에서 추심명령을 받은 <u>집행채권자가 우선변제를 받을 수 있다.</u>

- 채권압류에서 압류될 채권에 장래 채무자의 계좌에 입금될 예금채권이 포함되는지는 압류명령에서 정한 압류할 채권에 그 예금채권이 포함되었는지에 의해 결정되는 것이고 이는 곧 압류명령의 '압류할 채권의 표시'에 기재된 문언의 해석에 따라 결정되는 것이 원칙이다. '제3채무자가 통상의 주의력을 가진 사회평균인'을 기준으로 그 문언을 이해할 때 포함 여부에 의문을 가질 수 있는 채권은 특별한 사정이 없는 한 압류의 대상에 포함되었다고 보아서는 아니 된다(대판 2012.10.25. 2010다47117).
- 추심명령은 압류채권자에게 채무자의 제3채무자에 대한 채권을 추심할 권능을 수여함에 그치고, 제3채무자로 하여금 압류채권자에게 압류된 채권액 상당을 지급할 것을 명하거나 그 지급 기한을 정하는 것이 아니므로, 제3채무자가 압류채권자에게 압류된 채권액 상당에 관하여 지체책임을 지는 것은 집행법원으로부터 추심명령을 송달받은 때부터가 아니라 추심명령이 발령된 후 압류채권자로부터 추심금 청구를 받은 다음 날부터라고 하여야 한다(대판 2012.10.25. 2010다 47117). **기출** 18
- 채무자의 제3채무자에 대한 금전채권에 대하여 압류 및 추심명령이 있더라도, 이는 추심채권자에게 피압류채권을 추심할 권능만을 부여하는 것이고, 이로 인하여 채무자가 제3채무자에게 가지는 채권이 추심채권자에게 이전되거나 귀속되는 것은 아니다. 따라서 채무자가 제3채무자를 상대로 금전채권의 이행을 구하는 소를 제기한 후 채권자가 위 금전채권에 대하여 압류 및 추심명령을 받아 제3채무자를 상대로 추심의 소를 제기한 경우, 채무자가 권리주체의 지위에서 한 시효중단의 효력은 집행법원의 수권에 따라 피압류채권에 대한 추심권능을 부여받아 일종의 추심기관으로서 그 채권을 추심하는 추심채권자에게도 미친다(대판 2019.7.25. 2019다212945). **기출** 24

추심 후의 절차

제1항의 신고 전에 다른 압류·가압류 또는 배당요구가 있었을 때에는 채권자는 추심한 금액을 바로 공탁하고 그 사유를 신고하여야 한다.

추심의 효과

- 추심명령을 얻은 채권자가 제3채무자로부터 압류한 채권을 추심하면 그 범위 내에서 압류된 채권은 소멸한다. 따라서 제3채무자는 채무자에 대하여도 채권자에 대한 변제로서 대항할 수 있고, 이는 채권압류나 가압류가 경합된 경우에도 공탁청구가 없는 이상 마찬가지이다.
- 추심채권자는 제3채무자로부터 추심한 금전을 추심신고를 통하여 집행채권의 변제에 충당할 수 있고 나머지가 있으면 이를 채무자에게 반환하여야 한다.

> 채권압류 및 추심명령을 받은 채권자가 제3채무자로부터 피압류채권을 추심한 다음 민사집행법 제236조 제1항에 따른 추심신고를 한 경우 그때까지 다른 압류·가압류 또는 배당요구가 없으면 그 추심한 범위 내에서 피압류채권은 소멸하고, 집행법원은 집행채권 전액이 변제된 경우에는 집행력 있는 정본을 채무자에게 교부하며, 일부 변제가 된 경우에는 그 취지를 집행력 있는 정본 등에 적은 다음 채권자에게 돌려주는 등의 조치를 취함으로써 채권집행이 종료하게 된다(대판 2004.12.10. 2004다54725). **기출** 17

- 그러나, 채권자가 집행법원에 추심신고를 할 때까지 다른 압류, 가압류 또는 배당요구가 있는 경우에 배당을 받을 채권자의 공탁청구가 있는 때에는 제3채무자의 공탁 또는 추심채권자의 공탁에 의하여 배당절차에 들어가게 되며, 그 배당절차에서 실제로 배당받은 금액의 범위 내에서만 집행채권이 소멸하게 된다.

추심신고와 공탁

> **민사집행법 제236조(추심의 신고)** **기출** 14 · 17
> ① 채권자는 추심한 채권액을 법원에 신고하여야 한다.
> ② 제1항의 신고 전에 다른 압류·가압류 또는 배당요구가 있었을 때에는 채권자는 추심한 금액을 바로 공탁하고 그 사유를 신고하여야 한다.

- 추심채권자가 채권을 추심한 때에는 추심한 채권액을 법원에 신고하여야 한다(제236조 제1항). 추심신고의무는 추심명령의 대상인 채권의 일부만이 추심된 경우에도 발생하며, 계속적 수입채권이 압류된 경우에는 매 추심시마다 신고를 하여야 한다. 추심신고가 있으면 다른 채권자들에 의한 배당요구는 더 이상 허용되지 아니하므로 추심신고가 있을 때까지 다른 채권자들의 배당요구가 없으면 추심채권자가 독점적으로 만족을 얻게 된다.
- 채권자가 추심의 신고를 하기 전에 다른 압류, 가압류 또는 배당요구가 있었을 때에는 채권자는 추심한 금액을 바로 공탁하고 그 사유를 신고하여야 한다(제236조 제2항). 제3채무자가 공탁하거나 추심채권자가 공탁을 한 때에는 집행법원은 배당절차를 개시하여야 한다(제252조 제2호).

- 압류 등의 경합이 있음에도 불구하고 추심을 완료한 채권자가 공탁의무를 이행하지 않을 경우에 다른 경합채권자는 추심채권자를 상대로 추심한 금원을 법원에 공탁하고, 그 사유를 신고할 것을 구하는 소[114]를 제기할 수 있다.
- 추심채권자가 추심을 마쳤음에도 지체 없이 공탁 및 사유신고를 하지 아니한 경우에는 그로 인한 손해배상으로서 추심금 이외에 지연손해금[115]도 추가 공탁하여야 할 의무가 있다(대판 2005.7.28. 2004다8753). [기출] 17

추심의무
- 채권자가 추심할 채권의 행사를 게을리한 때에는 이로써 생긴 채무자의 손해를 부담한다(제239조).
- 압류채권자가 추심절차를 게을리한 때에는 집행력 있는 정본으로 배당을 요구한 채권자는 일정한 기간 내에 추심하도록 집행채권자에게 최고하고 최고에 따르지 아니한 때에는 법원에 대하여 추심허가의 신청을 하여 법원의 허가를 얻어 직접 추심할 수 있다(제250조).

추심권의 포기

> **민사집행법 제240조(추심권의 포기)** [기출] 21
> ① 채권자는 추심명령에 따라 얻은 권리를 포기할 수 있다. 다만, 기본채권에는 영향이 없다.
> ② 제1항의 포기는 법원에 서면으로 신고하여야 한다. 법원사무관등은 그 등본을 제3채무자와 채무자에게 송달하여야 한다.

- 채권자는 추심명령에 따라 얻은 권리를 포기할 수 있다. 추심권의 포기는 집행채권에 영향을 미치지 아니한다(제240조 제1항).
- 압류채권자는 추심명령을 얻은 뒤에도 다시 동일한 채권에 관하여 전부명령을 얻을 수 있는데 이 전부명령에 의하여 압류한 채권은 채권자에게 이전되므로 추심명령은 당연히 소멸되고 따라서 이 경우에는 추심권을 포기할 필요가 없다.
- 추심권의 포기는 채권자가 집행법원에 서면으로 신고하여야 한다(제240조 제2항). 추심명령을 얻은 채권자가 추심금청구소송 중 그 청구액을 감축하였다 하여 추심권의 포기라고는 볼 수 없다(대판 1983.8.23. 83다카450).
- 추심명령은 추심권의 포기로 인하여 당연히 효력을 상실하고 별도로 집행법원의 취소결정을 필요로 하지 아니한다.
- 금전채권에 대한 압류명령과 그 현금화 방법인 추심명령을 동시에 신청하더라도 압류명령과 추심명령은 별개로서 그 적부는 각각 판단하여야 하고, 그 신청의 취하 역시 별도로 판단하여야 한다. 채권자는 추심명령에 따라 얻은 권리를 포기할 수 있지만(제240조 제1항) 추심권의 포기는 압류의 효력에는 영향을 미치지 아니하므로, 추심권의 포기만으로는 압류로 인한 소멸시효 중단의 효력은 상실되지 아니하고 압류명령의 신청을 취하하면 비로소 소멸시효 중단의 효력이 소급하여 상실된다(대판 2014.11.13. 2010다63591). [기출] 24

추심의 소

> **민사집행법 제238조(추심의 소제기)** [기출] 16
> 채권자가 명령의 취지에 따라 제3채무자를 상대로 소를 제기할 때에는 '일반규정에 의한 관할법원'에 제기하고 채무자에게 그 소를 고지하여야 한다. 다만, 채무자가 외국에 있거나 있는 곳이 분명하지 아니한 때에는 고지할 필요가 없다.

> **민사집행법 제249조(추심의 소)**
> ① 제3채무자가 추심절차에 대하여 의무를 이행하지 아니하는 때에는 압류채권자는 소로써 그 이행을 청구할 수 있다. [기출] 25
> ② 집행력 있는 정본을 가진 모든 채권자는 공동소송인으로 원고 쪽에 참가할 권리가 있다. [기출] 25·16
> ③ 소를 제기당한 제3채무자는 제2항의 채권자를 공동소송인으로 원고 쪽에 참가하도록 명할 것을 첫 변론기일까지 신청할 수 있다.
> ④ 소에 대한 재판은 제3항의 명령을 받은 채권자에 대하여 효력이 미친다.

---

114) 추심금공탁청구의 소
115) 제3채무자로부터 추심금을 지급받은 후 공탁 및 사유신고에 필요한 상당한 기간을 경과한 때부터 실제 추심금을 공탁할 때까지의 기간 동안 금전채무의 이행을 지체한 경우에 관한 법정지연손해금

- 추심채권자의 추심청구에 대하여 제3채무자가 불응하는 경우 추심채권자는 제3채무자를 상대로 피압류채권의 지급을 구하는 이행의 소를 제기할 수 있다. 이를 <u>추심의 소</u>라 한다.[116] 통상의 이행의 소에 해당한다. 추심의 소를 제기한 채권자는 채무자가 외국에 있거나 소재가 불명한 경우를 제외하고는 그에게 제소를 고지하여야 한다(제238조). 이러한 고지가 흠결되었다고 하여 추심권 행사에 영향을 미치지는 않는다.

> 채권자가 추심의 신고를 하기 전에 다른 압류, 가압류 또는 배당요구가 있었을 때에는 채권자는 추심한 금액을 바로 공탁하고 그 사유를 신고하여야 한다. 이는 <u>제3채무자가 추심명령에 기한 추심에 임의로 응하지 아니하여 추심채권자가 제3채무자를 상대로 추심의 소를 제기한 후 얻어낸 집행권원에 기하여 제3채무자의 재산에 대하여 강제집행을 한 결과 취득한 추심금의 경우에도 마찬가지이다</u>(대판 2007.11.15. 2007다62963).

- 추심명령을 얻은 채권자가 제3채무자를 상대로 추심의 소를 제기하는 경우에 이는 '집행법원'의 관할에 속하는 것은 아니고 '일반규정에 의한 관할법원'에 소를 제기하여야 한다(제238조 본문). 여기서 '일반규정에 의한 관할법원'이란 '채무자가 제3채무자를 상대로 소를 제기하는 경우'에 관한 민사소송법의 일반규정에 의한 관할법원을 말한다고 보고, 피고가 되는 제3채무자의 보통재판적이 있는 곳의 법원(민소법 제2조) 또는 압류된 채권의 의무이행지의 특별재판적이 있는 곳의 법원(민소법 제8조)이 관할법원이 된다고 하는 견해가 일반적이다.
- <u>추심의 소의 원고는 압류한 채권에 대하여 추심명령을 얻어 추심권을 취득한 채권자이다. 추심의 소는 법정소송담당에 해당하므로 추심명령이 유효하여야 원고에게 추심권 및 소송수행권이 있어 당사자적격이 인정된다. 추심소송에서 추심명령이 유효하지 않은 것으로 인정되는 경우에는 또는 추심소송 계속 중에 추심명령이 취소된 경우에는 당사자적격 흠결을 이유로 소를 각하하여야 한다</u>(대판 2016.11.10. 2014다54366 참조). **기출** 24

> - 채권에 대한 압류 및 <u>추심명령이 있으면 제3채무자에 대한 이행의 소는 추심채권자만이 제기할 수 있고 채무자는 피압류채권에 대한 이행소송을 제기할 당사자적격을 상실하나, 채무자의 이행소송 계속 중에 추심채권자가 압류 및 추심명령 신청의 취하 등에 따라 추심권능을 상실하게 되면 채무자는 당사자적격을 회복한다.</u> 이러한 사정은 직권조사사항으로서 당사자가 주장하지 않더라도 법원이 직권으로 조사하여 판단하여야 하고, 사실심 변론종결 이후에 당사자적격 등 소송요건이 흠결되거나 그 흠결이 치유된 경우 상고심에서도 이를 참작하여야 한다(대판 2010.11.25. 2010다64877).
> - 이 사건 채권압류 및 추심명령 결정정본이 제3채무자인 피고에게 적법하게 송달되지 아니하여 <u>이 사건 채권압류 및 추심명령의 효력이 발생하지 아니한 이상, 채권자인 원고는 피고를 상대로 직접 이 사건 추심금청구의 소를 제기할 권능이 없다. 그렇다면 이 사건 소는 당사자 적격이 없는 자에 의하여 제기된 것으로서 부적법하므로 각하되어야 한다</u>(대판 2016.11.10. 2014다54366). **기출** 24
> - 추심채권자의 제3채무자에 대한 <u>추심소송 계속 중에 채권압류 및 추심명령이 취소되어 추심채권자가 추심권능을 상실하게 되면 추심소송을 제기할 당사자적격도 상실한다</u>(대판 2021.9.15. 2020다297843). **기출** 24

- 추심금의 지급을 구하는 소를 제기한 후 그 집행권원인 제1심판결에 대하여 강제집행정지 결정이 있을 경우, 그로 인하여 집행법원이 채권압류 및 추심명령을 취소하여야 하는 것은 아니다.

> - 가집행선고부 제1심판결을 집행권원으로 한 채권압류 및 추심명령을 받은 추심채권자가 제3채무자를 상대로 추심금의 지급을 구하는 소를 제기한 후 그 집행권원인 제1심판결에 대하여 강제집행정지결정이 있을 경우, <u>위 결정의 효력에 의하여 집행절차가 중지되어 추심채권자가 피압류채권을 추심하는 행위에 더 이상 나아갈 수 없을 뿐 그로 인하여 집행법원이 채권압류 및 추심명령을 취소하여야 하는 것은 아니다</u>(대결 2005.11.8. 2005마992). **기출** 18

---

116) 추심채권자는 스스로 원고가 되어 제3채무자를 상대로 추심의 소를 제기하거나, 지급명령신청을 할 수 있고, 채무자가 이미 소를 제기한 경우에는 승계인으로서 참가할 수 있으며 채무자가 집행권원을 가지고 있는 경우에는 승계집행문을 받을 수 있다.

- 채권에 대한 압류 및 추심명령이 있으면 제3채무자에 대한 이행의 소는 추심채권자만이 제기할 수 있고 채무자는 피압류채권에 대한 이행소송을 제기할 당사자적격을 상실한다. 한편 가집행선고부 제1심판결을 집행권원으로 한 채권압류 및 추심명령을 받은 추심채권자가 제3채무자를 상대로 추심금의 지급을 구하는 소를 제기한 후 그 집행권원인 제1심판결에 대하여 강제집행정지 결정이 있을 경우, 위 결정의 효력에 의하여 집행절차가 중지되어 추심채권자는 피압류채권을 실제로 추심하는 행위에 더 이상 나아갈 수는 없으나, 이와 같은 사정만으로 제3채무자의 추심금 지급에 관한 소송절차가 중단된다고 볼 수는 없을 뿐 아니라 이로 인해 제3채무자가 압류에 관련된 금전채권의 전액을 공탁함으로써 면책받을 수 있는 권리가 방해받는 것도 아니다(대판 2010.8.19. 2009 다70067).

- 국세징수법에 의한 체납처분으로 채무자의 제3채무자에 대한 채권을 압류하였다가 압류를 해제한 경우, 피압류채권에 대한 추심권능과 소송수행권이 채무자에게 복귀한다. **기출** 19

  > 채권에 대한 압류 및 추심명령이 있으면 제3채무자에 대한 이행의 소는 추심채권자만이 제기할 수 있고 채무자는 피압류채권에 대한 이행소송을 제기할 당사자적격을 상실한다. 그러나 채권자는 현금화절차가 끝나기 전까지 압류명령의 신청을 취하할 수 있고, 이 경우 채권자의 추심권도 당연히 소멸하게 되며, 추심금청구소송을 제기하여 확정판결을 받은 경우라도 그 집행에 의한 변제를 받기 전에 압류명령의 신청을 취하하여 추심권이 소멸하면 추심권능과 소송수행권이 모두 채무자에게 복귀하며, 이는 국가가 국세징수법에 의한 체납처분으로 채무자의 제3채무자에 대한 채권을 압류하였다가 압류를 해제한 경우에도 마찬가지이다(대판 2009.11.12. 2009다48879).
  >
  > **기출** 24 · 19

- 압류가 경합하고 있는 경우에도 압류채권자 중 1인은 추심명령을 얻어 단독으로 소를 제기할 수 있다. 다른 추심채권자가 먼저 추심의 소를 제기한 경우에 그와 별개의 소송으로 추심의 소를 제기하는 것은 중복된 소제기 금지(민사소송법 제259조)의 원칙에 위배되어 부적법하나(대판 1994.2.8. 93다53092 등 참조), 민사소송법 제83조나 민사집행법 제249조 제2항에 따라 기존의 추심소송에 공동소송참가를 하는 것은 적법하다고 보아야 한다(대판 2015.7.23. 2013다30301 참조). **기출** 24

- 채권압류 및 추심명령에 기한 추심의 소에서 '피압류채권의 존재'는 '채권자'가 증명하여야 한다(대판 2023.4.13. 2022다279733).

- 추심의 소에서 제3채무자가 '집행채권의 부존재나 소멸'을 주장하여 집행채무의 변제를 거절할 수 없다. 이는 집행채무자가 청구이의의 소에서 주장할 사유이다. 제3채무자는 '피압류채권의 부존재나 소멸'을 이유로 변제를 거절할 수 있다.

  > 집행채권의 부존재나 소멸은 집행채무자가 청구이의의 소에서 주장할 사유이지 추심의 소에서 제3채무자가 이를 항변으로 주장하여 집행채무의 변제를 거절할 수 있는 것이 아니다(대판 1994.11.11. 94다34012; 대판 1996.9.24. 96다13781). **기출** 18

- 동일한 채권에 대해 복수의 채권자들이 압류·추심명령을 받은 경우 어느 한 채권자가 제기한 추심금소송에서 확정된 판결의 기판력은 그 소송의 변론종결일 이전에 압류·추심명령을 받았던 다른 추심채권자에게 미치지 않는다.

  > 동일한 채권에 대해 복수의 채권자들이 압류·추심명령을 받은 경우 어느 한 채권자가 제기한 추심금소송에서 확정된 판결의 기판력은 그 소송의 변론종결일 이전에 압류·추심명령을 받았던 다른 추심채권자에게 미치지 않는다. 그 이유는 다음과 같다. 확정판결의 기판력이 미치는 주관적 범위는 신분관계소송이나 회사관계소송과 같이 법률에 특별한 규정이 있는 경우를 제외하고는 원칙적으로 당사자, 변론을 종결한 뒤의 승계인 또는 그를 위하여 청구의 목적물을 소지한 사람과 다른 사람을 위하여 원고나 피고가 된 사람이 확정판결을 받은 경우의 그 다른 사람에 국한되고(민사소송법 제218조 제1항, 제3항) 그 밖의 제3자에게는 미치지 않는다. 따라서 추심채권자들이 제기하는 추심금소송의 소송물이 채무자의 제3채무자에 대한 피압류채권의 존부로서 서로 같더라도 소송 당사자가 다른 이상 그 확정판결의 기판력이 서로에게 미친다고 할 수 없다(대판 2020.10.29. 2016다35390).
  >
  > **기출** 24

② 채무자에 대한 효력

　　㉠ 압류 및 추심명령이 있으면 제3채무에 대한 이행의 소는 추심채권자만이 제기할 수 있고 채무자는 피압류채권에 대한 이행소송을 제기할 당사자적격을 상실한다(대판 2000.4.11. 99다23888). 판결 결과에 따라 제3채무자가 채무자에 지급하여야 하는 금액을 피압류채권으로 표시한 경우에도, 해당 소송의 소송물인 실체법상 채권이 채권압류 및 추심명령의 피압류채권이 된다고 볼 수 있으므로 마찬가지이다(대판 2011.4.28. 2010다40444; 대판 2018.7.20. 2018다220178).

　　㉡ 추심명령이 있는 채권에 대하여 채무자가 제3채무자를 상대로 제기한 이행의 소는 추심명령의 선·후와 무관하게 부적법한 소로서 본안에 관하여 심리·판단할 필요 없이 각하하여야 한다(대판 2000.4.11. 99다23888; 대판 2008.9.25. 2007다60417).

　　㉢ 이러한 법리는 채무자의 이행소송 계속 중에 추심명령이 내려진 경우에도 마찬가지로 적용되고, 심지어 채무자의 이행소송이 상고심에 계속되고 있는 경우에도 동일하게 적용된다(대판 2004.3.26. 2001다51510).

　　㉣ 채무자가 제3채무자를 상대로 제기한 이행의 소가 법원에 계속되어 있는 경우에도 추심채권자는 제3채무자를 상대로 압류한 채권의 이행을 청구하는 추심의 소를 제기할 수 있고, 제3채무자를 상대로 추심채권자가 제기한 추심의 소는 채무자가 제기한 이행의 소에 대한 관계에서 민사소송법 제259조가 금지하는 중복된 소제기에 해당하지 않는다(대판 2013.12.18. 2013다202120[전합]). **기출** 24·19

　　㉤ 채무자가 이행의 소에 관한 소송수행권을 상실하는 범위는 채무자의 제3채무자에 대한 채권 중 추심명령의 효력이 미치는 범위에 한한다.

> 2인 이상의 불가분채무자 또는 연대채무자(이하 '불가분채무자 등'이라 한다)가 있는 금전채권의 경우에, 그 불가분채무자 등 중 1인을 제3채무자로 한 채권압류 및 추심명령이 이루어지면 그 채권압류 및 추심명령을 송달받은 불가분채무자 등에 대한 피압류채권에 관한 이행의 소는 추심채권자만이 제기할 수 있고 추심채무자는 그 피압류채권에 대한 이행소송을 제기할 당사자적격을 상실하지만, 그 채권압류 및 추심명령의 제3채무자가 아닌 나머지 불가분채무자 등에 대하여는 추심채무자가 여전히 채권자로서 추심권한을 가지므로 나머지 불가분채무자 등을 상대로 이행을 청구할 수 있고, 이러한 법리는 위 금전채권 중 일부에 대하여만 채권압류 및 추심명령이 이루어진 경우에도 마찬가지이다(대판 2013.10.31. 2011다98426). **기출** 14

③ 제3채무자에 대한 효력

　　㉠ 제3채무자의 권리공탁과 의무공탁에 대해서는 앞에서 설명하였다.

　　㉡ 추심권능을 행사하는 자가 채무자에서 추심채권자로 달라졌다고 하더라도 제3채무자의 지위가 더 불리해져서는 안 된다.

　　㉢ 그러므로 제3채무자는 채무자에게 대항할 수 있는 모든 사유로 추심채권자에게 대항할 수 있다.

> 금전채권에 대하여 채권압류 및 추심명령이 있는 때에는 제3채무자는 채권이 압류되기 전에 압류채무자에게 대항할 수 있는 사유로 압류채권자에게 대항할 수 있다(대판 2023.4.13. 2022다293272).

　　㉣ 그러나 채무자가 채권자에게 다툴 수 있었던 항변은 제3채무자가 주장할 것이 아니다. '집행채권의 부존재'와 같은 채권자와 채무자 사이의 사정은 제3채무자가 주장할 수 있는 항변은 아니다.

　　㉤ 집행채권이 실제로 존재하는 것과 같은 실체적 사항은 추심명령이라는 집행절차에서 전혀 고려되는 것이 아니기 때문이다.

　　㉥ 제3채무자를 상대로 공탁의 방법에 의한 추심금의 지급을 구하는 소를 제기하여 승소한 채권자가, 그 판결을 집행권원으로 제3채무자가 가진 금전채권을 압류·추심할 수 있다.

> 추심명령을 받은 압류채권자는 그 채무액의 공탁을 구하는 추심의 소를 제기하여, '채무자는 채권자에게 410,028,098원을 지급하라. 위 금원의 지급은 공탁의 방법으로 하여야 한다.'는 판결을 선고받았고 이 사건 판결은 그대로 확정된 사실을 알 수 있는 바, 채권자가 제기한 위 추심의 소는 공탁의 방법에 의하여 채무액의 추심을 구하는 이행청구의 소이고 이를 인용한 이 사건 판결은 공탁의 방법에 의한 추심금 지급을 명하는 이행판결이므로, 채권자는 이 사건 판결 정본을 집행권원으로 한 강제집행으로서 채무자(제3채무자)가 가진 금전채권을 압류·추심할 수 있다(대판 2009.5.28. 2007마767).

Ⓢ 추심명령을 얻은 채권자는 집행법원의 수권에 따라 일종의 추심기관으로서 제3채무자로터 추심을 하는 것이므로 제3채무자로부터 압류된 채권을 추심하면 그 범위 내에서 압류된 채권(피압류채권)은 소멸한다(대판 2008.11.27. 2008다59163). **기출** 17

ⓞ 추심명령을 얻어 채권을 추심하는 채권자는 집행법원의 수권에 따라 일종의 추심기관으로서 압류나 배당에 참가한 모든 채권자를 위하여 제3채무자로부터 추심을 하는 것이므로, 압류 등이 경합된 경우에도 공탁청구(제248조 제2항·제3항)가 없는 이상 제3채무자가 정당한 추심권자에게 지급하면 피압류채권은 소멸한다. 이는 추심명령이 경합된 경우에도 마찬가지이다(대판 2001.3.27. 2000다43819 참조).

> 압류경합의 경우에는, 추심명령을 받아 채권을 추심하는 채권자는 집행법원의 수권에 따라 일종의 추심기관으로서 압류나 배당에 참가한 모든 채권자를 위하여 제3채무자로부터 추심을 하는 것이므로 제3채무자로서도 정당한 추심권자에게 변제하면 그 효력은 압류경합관계에 있는 모든 채권자에게 미치고, 또한 제3채무자가 집행공탁을 하거나 상계 기타의 사유로 압류채권을 소멸시키면 그 효력도 압류경합관계에 있는 모든 채권자에게 미친다(대판 2003.5.30. 2001다10748). **기출** 19

ⓩ 채권에 대한 압류·가압류명령은 그 명령이 제3채무자에게 송달됨으로써 효력이 생기는 것이므로, 제3채무자의 지급으로 인하여 피압류채권이 소멸한 이상 설령 다른 채권자가 그 변제 전에 동일한 피압류채권에 대하여 압류·가압류명령을 신청하고 나아가 압류·가압류명령을 얻었다고 하더라도 제3채무자가 추심권자에게 지급한 후에 그 압류·가압류명령이 제3채무자에게 송달된 경우에는 추심권자가 추심한 금원에 그 압류·가압류의 효력이 미친다고 볼 수 없다(대판 2008.11.27. 2008다59391).

기출 23·18·17

> • 민법 제450조 제2항 소정의 지명채권양도의 제3자에 대한 대항요건은 양도된 채권이 존속하는 동안에 그 채권에 관하여 양수인의 지위와 양립할 수 없는 법률상의 지위를 취득한 제3자가 있는 경우에 적용되는 것이므로, 양도된 채권이 이미 변제 등으로 소멸한 경우에는 그 후에 그 채권에 관한 채권압류 및 추심명령이 송달되더라도 그 채권압류 및 추심명령은 존재하지 아니하는 채권에 대한 것으로서 무효이고, 위와 같은 대항요건의 문제는 발생할 여지가 없다(대판 2011.7.28. 2010다63690). **기출** 23
> • 압류 당시에 피압류채권이 존재하지 않는 경우에는 압류로서의 효력이 없고, 그에 기한 추심명령도 무효이므로, 해당 압류채권자는 압류 등에 따른 집행절차에 참여할 수 없다. 또한 압류된 금전채권에 대한 전부명령이 절차상 적법하게 발부되어 확정되었더라도, 전부명령이 제3채무자에게 송달될 때에 피압류채권이 존재하지 않으면 전부명령도 무효이므로, 피압류채권이 전부채권자에게 이전되거나 집행채권이 변제되어 소멸하는 효과는 발생할 수 없다(대판 2023.7.27. 2023다228107).

- 채권압류의 효력발생 전에 채무자가 채권을 처분한 경우에는 그보다 먼저 압류한 채권자가 있어 그 채권자에게는 대항할 수 없는 사정이 있더라도 처분 후에 집행에 참가하는 채권자에 대하여는 처분의 효력을 대항할 수 있는 것이므로, 채무자가 압류 또는 가압류의 대상인 채권을 양도하고 확정일자 있는 통지 등에 의한 채권양도의 대항요건을 갖추었다면, 그 후 채무자의 다른 채권자가 양도된 채권에 대하여 압류 또는 가압류를 하더라도 압류 또는 가압류 당시에 피압류채권은 이미 존재하지 않는 것과 같아 압류 또는 가압류로서의 효력이 없다(대판 2022.1.27. 2017다256378). 기출 25

- [1] 채무자가 압류 또는 가압류의 대상인 채권을 양도하고 확정일자 있는 통지 등에 의한 채권양도의 대항요건을 갖추었다면, 그 후 채무자의 다른 채권자가 그 양도된 채권에 대하여 압류 또는 가압류를 하더라도 그 압류 또는 가압류 당시에 피압류채권은 이미 존재하지 않는 것과 같아 압류 또는 가압류로서의 효력이 없고, 그에 기한 추심명령 또한 무효이므로, 그 다른 채권자는 압류 등에 따른 집행절차에 참여할 수 없다. 기출 24 또한 압류된 금전채권에 대한 전부명령이 절차상 적법하게 발부되어 확정되었다고 하더라도 전부명령이 제3채무자에게 송달될 때에 피압류채권이 존재하지 않으면 전부명령도 무효이므로, 피압류채권이 전부채권자에게 이전되거나 집행채권이 변제되어 소멸하는 효과는 발생할 수 없다. 기출 25·24 [2] 채권자가 사해행위의 취소와 함께 수익자 또는 전득자로부터 책임재산의 회복을 명하는 사해행위취소의 판결을 받은 경우 그 취소의 효과는 채권자와 수익자 또는 전득자 사이에만 미치므로, 수익자 또는 전득자가 채권자에 대하여 사해행위의 취소로 인한 원상회복 의무를 부담하게 될 뿐, 채무자와 사이에서 그 취소로 인한 법률관계가 형성되거나 취소의 효력이 소급하여 채무자의 책임재산으로 회복되는 것은 아니다. 따라서 채권압류명령 등 당시 피압류채권이 이미 제3자에 대한 대항요건을 갖추어 양도되어 그 명령이 효력이 없는 것이 되었다면, 그 후의 사해행위취소소송에서 위 채권양도계약이 취소되어 채권이 원채권자에게 복귀하였다고 하더라도 이미 무효로 된 채권압류명령 등이 다시 유효로 되는 것은 아니다(대판 2022.12.1. 2022다247521). 기출 25·23

ⓩ 추심채권자가 제3채무자로부터 압류된 채권을 추심한 후 추심의 신고를 하기 전에 다른 채권자가 동일한 피압류채권에 대하여 압류·가압류명령을 신청하였다고 하더라도 이를 당해 채권추심사건에 관한 적법한 '배당요구'로 볼 수 없다(대판 2008.11.27. 2008다59391).[117] 기출 23·22·18·17

ⓚ 제3채무자가 압류나 가압류를 이유로 민사집행법 제248조 제1항이나 민사집행법 제291조, 제248조 제1항에 따라 집행공탁을 하면 제3채무자에 대한 피압류채권은 소멸하고, 한편 채권에 대한 압류·가압류명령은 그 명령이 제3채무자에게 송달됨으로써 효력이 생기므로(민사집행법 제227조 제3항, 제291조), 제3채무자의 집행공탁 전에 동일한 피압류채권에 대하여 다른 채권자의 신청에 따라 압류·가압류명령이 발령되었더라도, 제3채무자의 집행공탁 후에야 그에게 송달된 경우, 압류·가압류명령은 집행공탁으로 이미 소멸한 피압류채권에 대한 것이어서 압류·가압류의 효력이 생기지 아니한다(대판 2015.7.23. 2014다87502). 기출 25·18

---

117) 채권자가 추심의 신고를 하기 전에 다른 압류, 가압류 또는 배당요구가 있었을 때에는 채권자는 추심한 금액을 바로 공탁하고 그 사유를 신고하여야 한다(제236조 제2항).

- 제3채무자가 압류나 가압류를 이유로 민사집행법 제248조 제1항이나 민사집행법 제291조, 제248조 제1항에 따라 집행공탁을 하면 그 제3채무자에 대한 피압류채권은 소멸한다. 채권에 대한 압류·가압류명령은 그 명령이 제3채무자에게 송달됨으로써 효력이 생기므로(민사집행법 제227조 제3항, 제291조), 제3채무자의 집행공탁 전에 동일한 피압류채권에 대하여 다른 채권자의 신청에 의하여 압류·가압류명령이 발령되었더라도, 제3채무자의 집행공탁 후에야 그에게 송달되었다면 그 압류·가압류명령은 집행공탁으로 인하여 이미 소멸한 피압류채권에 대한 것이어서 효력이 생기지 아니한다(대판 2015.7.23. 2014다87502; 대판 2021.12.16. 2018다226428). **기출** 25 ☞ 다만 다른 채권자의 신청에 의하여 발령된 압류·가압류명령이 제3채무자의 집행공탁 후에야 제3채무자에게 송달되었더라도 공탁사유신고서에 이에 관한 내용까지 기재되는 등으로 집행법원이 배당요구의 종기인 공탁사유신고 시까지 이와 같은 사실을 알 수 있었고, 또한 그 채권자가 법률에 의하여 우선변제청구권이 있거나 집행력 있는 정본을 가진 채권자인 경우라면 배당요구의 효력은 인정된다. 이러한 법리는 다른 채권자의 신청에 의하여 발령된 압류·가압류명령이 제3채무자의 공탁사유신고 이후에 제3채무자에게 송달되었다고 하더라도 마찬가지이다(대판 2021.12.16. 2018다226428).
- [1] 집행채권의 채권자가 집행권원에 표시된 집행채권을 압류 또는 가압류한 경우 그 효력으로 집행채무자의 변제가 금지되고 이에 위반되는 행위는 집행채권자의 채권자에게 대항할 수 없게 되므로, 집행기관은 압류 또는 가압류가 해제되지 않는 한 집행할 수 없다. 따라서 집행채권이 압류 또는 가압류되었다는 사정은 집행장애사유에 해당한다. 다만 이러한 경우에도 집행채권을 압류 또는 가압류한 채권자를 해하는 것이 아닌 집행절차는 집행채권에 대한 압류 또는 가압류의 효력에 반하는 것이 아니므로 허용된다.
  [2] 집행채권이 압류 또는 가압류된 상태에서 집행채무자에 대한 강제집행절차가 진행되어 집행채권자에게 적법하게 배당이 이루어진 경우, 집행채권에 대한 압류 또는 가압류의 효력은 집행채권자의 배당금지급청구권(만약 민사집행법 제160조 제1항 각 호에서 정한 배당유보공탁사유로 인하여 공탁이 이루어진 경우에는 공탁사유가 소멸하면 집행채권자에게 발생할 공탁금출급청구권도 포함한다. 이하 '배당금지급청구권'이라고만 한다)에 미친다고 할 것이다. **기출** 23 한편 집행채권자의 다른 채권자들은 집행채권자의 배당금지급청구권을 압류 또는 가압류할 수 있다. 이러한 압류 등으로 인하여 집행채권자의 배당금지급청구권에 대하여 민사집행법 제235조의 압류경합이 발생하고 채무자에 해당하는 집행법원 등이 압류경합을 이유로 민사집행법 제248조 제1항에 따라 집행공탁을 하였다면, 그 집행공탁으로써 배당금지급의무는 소멸하고 특별한 사정이 없는 한 집행채무자는 집행채권의 압류 또는 가압류권자에 대하여 집행채권 소멸의 효력을 대항할 수 있다. **기출** 23 위와 같이 배당금지급청구권에 관한 압류경합에 따른 적법한 공탁사유신고에 의하여 채권배당절차가 개시되면 집행채권을 압류 또는 가압류하였던 채권자는 그 채권배당절차에서 배당금지급청구권에 대한 압류 또는 가압류권자의 지위에서 배당을 받아야 하므로, 집행법원 등이 집행채권자의 배당금지급청구권에 대한 압류의 경합을 이유로 사유신고를 할 때 사유신고서에 집행채권자에 대한 압류 또는 가압류명령도 기재하여야 한다. **기출** 23 만약 이 경우 집행채권자에 대한 압류 또는 가압류명령이 사유신고서에 기재되지 않는 등의 이유로 그 후에 이루어진 배당절차에서 집행채권자의 채권자가 배당을 받지 못한 경우에는 과다배당을 받은 다른 채권자를 상대로 자신이 배당받을 수 있었던 금액만큼 부당이득반환청구를 할 수 있다(대판 2022.9.29. 2019다278785). **기출** 23

3. 전부명령

(1) 의 의

① 전부명령은 압류된 금전채권을 집행채권의 변제에 갈음하여 권면액으로 채무자로부터 압류채권자에게 이전시키는 집행법원의 명령으로서, 채권이 이전되면 그 현실적인 추심여부와 관계없이 집행채권은 그 권면액만큼 소멸하게 된다.

② 법률규정에 의한 권리이전이라고 볼 수 있다(제229조 제3항).

(2) 신 청

① 신청에 관한 내용은 추심명령에서 본 바와 동일하다.

② 전부명령이 유효하기 위해서는 우선 채권압류명령이 있어야 한다.

③ 따라서 채권가압류 뒤에 가압류채권자가 집행권원을 취득하더라도 직접 전부명령을 신청할 수는 없고, 가압류에서 본압류로 이전하는 압류명령을 신청하면서 전부명령을 함께 신청하여야 한다.

(3) 요 건

① 압류된 채권이 금전채권으로 권면액(券面額)을 가지고 있을 것

　㉠ 피압류채권의 제공으로 집행채권이 변제에 갈음하기 위해서는 피압류채권의 권면액이 정해진 것이어야 한다.

　㉡ 매매계약이 해제되는 경우 발생하는 기지급 매매대금의 반환채권은 매매계약 해제 전에도 전부명령의 대상이 될 수 있다.

> 매매계약이 해제되는 경우 발생하는 매수인의 매도인에 대한 기지급 매매대금의 반환채권은 매매계약이 해제되기 전까지는 채권 발생의 기초가 있을 뿐 아직 권리로서 발생하지 아니한 것이기는 하지만 일정한 권면액을 갖는 금전채권이라 할 것이므로 전부명령의 대상이 될 수 있다(대판 2010.4.29. 2007다24930). 기출 19

　㉢ 판례는 장래의 채권, 조건부채권, 반대급부에 걸린 채권 등에 대해서도 전부명령을 허용하고 있다.

> 채권에 대한 압류 및 전부명령이 유효하기 위하여 채권압류 및 전부명령이 제3채무자에게 송달될 당시 반드시 피압류 및 전부채권이 현실적으로 존재하고 있어야 하는 것은 아니고, 장래의 채권이라도 채권발생의 기초가 확정되어 있어 특정이 가능할 뿐 아니라 권면액이 있고, 가까운 장래에 채권이 발생할 것이 상당한 정도로 기대되는 경우에는 채권압류 및 전부명령의 대상이 될 수 있다(대판 2002.11.8. 2002다7527). 기출 19

② 피전부채권이 양도가능할 것

　㉠ 양도할 수 없는 채권은 압류의 대상이 되지 아니하므로 이에 대하여는 전부명령도 할 수 없다.

　㉡ 다만, 당사자 사이에 양도금지 특약이 있는 채권이라도 압류 및 전부명령에 의하여 이전할 수 있고, 양도금지의 특약이 있는 사실에 대하여 압류채권자가 선의인가 악의인가는 전부명령의 효력에 영향을 미치지 못한다(대판 2002.8.27. 2001다71699). 기출 22 · 19 · 16

　㉢ 상계가 금지되는 채권이라고 하더라도 압류금지채권에 해당하지 않는 한 강제집행에 의한 전부명령의 대상이 될 수 있다(대결 2017.8.21. 2017마499). 기출 23 · 18

③ 압류의 경합이 없을 것

㉠ 전부명령이 제3채무자에게 송달될 때까지 그 금전채권에 관하여 다른 채권자가 압류·가압류 또는 배당요구를 한 경우에는 전부명령은 효력을 가지지 아니한다(제229조 제5항).

> 장래의 불확정채권에 대하여 압류가 중복된 상태에서 전부명령이 있는 경우 그 압류의 경합으로 인하여 전부명령이 무효가 되는지의 여부는 나중에 확정된 피압류채권액을 기준으로 판단할 것이 아니라 전부명령이 제3채무자에게 송달된 당시의 계약상의 피압류채권액을 기준으로 판단하여야 하고, 장래의 불확정채권에 대한 전부명령을 허용하는 것은 가까운 장래에 채권이 발생할 것이 상당한 정도로 기대되기 때문이므로, 전부명령 송달 당시 피압류채권의 발생원인이 되는 계약에 그 채권액이 정해지지 아니하여 그 채권액을 알 수 없는 경우에는 그 계약의 체결경위와 내용 및 그 이행경과, 그 계약에 기하여 가까운 장래에 채권이 발생할 가능성 및 그 채권의 성격과 내용 등 제반 사정을 종합하여 그 계약에 의하여 장래 발생할 것이 상당히 기대되는 채권액을 산정한 후 이를 그 계약상의 피압류채권액으로 봄이 상당하다(대판 2010.5.13. 2009다98980). 기출 25·21

㉡ 동일한 채권에 대하여 두 개 이상의 채권압류 및 전부명령이 발령되어 제3채무자에게 동시에 송달된 경우, 각 채권압류명령의 압류액을 합한 금액이 피압류채권액을 초과하면 당해 전부명령은 모두 무효이나(대판 2002.7.26. 2001다68839), 각 압류명령까지 무효가 되는 것은 아니므로 각 압류채권자의 지위에서 배당에 참여할 수 있다. 기출 22

㉢ 전부명령은 그 명령이 확정되면 그 명령이 제3채무자에게 송달된 때에 소급하여 피압류채권이 집행채권의 범위 안에서 당연히 전부채권자에게 이전되고 동시에 집행채권 소멸의 효력이 발생되는 것이므로, 전부명령이 제3채무자에게 송달될 당시를 기준으로 압류가 경합되지 않았다면 그 후에 이루어진 채권압류가 그 전부명령의 효력에 영향을 미칠 수 없으며, 이러한 법리는 피압류채권이 장래에 발생하는 조건부채권이라 하더라도 달라질 수 없다(대판 2000.10.6. 2000다31526). 기출 16

> • 일반적으로 금전채권의 압류에 관하여 특히 피압류채권의 수액에 특별한 제한을 둔 바 없다면 압류의 효력은 채권 전액에 미치는 것이며, 압류가 경합된 채권에 대한 전부명령은 그 효력이 없다(대판 1991.10.11. 91다12233). 기출 19
> • 매매계약이 해제되는 경우 발생하는 매수인의 매도인에 대한 기지급 매매대금의 반환채권은 매매계약이 해제되기 전까지는 채권 발생의 기초가 있을 뿐 아직 권리로서 발생하지 아니한 것이기는 하지만 일정한 권면액을 갖는 금전채권이라 할 것이므로 전부명령의 대상이 될 수 있다(대판 2000.10.6. 2000다31526).

② 채권가압류와 채권압류가 경합된 후 채권가압류가 해제된 경우

> [1] 채권가압류에 있어서 채권자가 채권가압류신청을 취하하면 채권가압류결정은 그로써 효력이 소멸되지만, 채권가압류결정정본이 제3채무자에게 이미 송달되어 채권가압류결정이 집행되었다면 그 취하통지서가 제3채무자에게 송달되었을 때에 비로소 그 가압류집행의 효력이 장래를 향하여 소멸된다.
> [2] 채권가압류와 채권압류의 집행이 경합된 상태에서 발령된 전부명령은 무효이고, 한 번 무효로 된 전부명령은 일단 경합된 가압류 및 압류가 그 후 채권가압류의 집행해제로 경합상태를 벗어났다고 하여 되살아나는 것은 아니다(대판 2001.10.12. 2000다19373). **기출** 23 · 22 · 19 · 15

④ 복수의 피압류채권의 개별적 특정
  ㉠ 채무자가 수인이거나 제3채무자가 수인인 경우 또는 채무자의 제3채무자에 대한 채권이 수개인 경우에는 피압류채권이 복수로 존재하게 된다.
  ㉡ 이러한 경우에는 어느 피압류채권으로부터 얼마씩의 전부를 명하는 것인지를 개별적으로 특정하여 전부명령을 신청하여야 한다. 초과압류의 결과를 가져올 수 있기 때문이다.
  ㉢ 따라서 수개의 피압류채권액의 합계액이 전부채권액 이하인 경우에는 피압류채권별로 전부할 금액을 개별적으로 특정할 필요가 없다.

> 전부명령이 확정된 경우에는 전부명령이 제3채무자에게 송달된 때에 채무자가 채무를 변제한 것으로 보게 되므로 채무자가 수인이거나 제3채무자가 수인인 경우 또는 채무자가 제3채무자에 대하여 여러 채권을 가지고 있는 경우에는 집행채권액을 한도로 하여 각 채무자나 제3채무자별로 얼마씩의 전부를 명하는 것인지 또는 채무자의 어느 채권에 대하여 얼마씩의 전부를 명하는 것인지를 특정하여야 하고, 이를 특정하지 아니한 경우에는 집행의 범위가 명확하지 아니하므로 그 전부명령은 무효라고 보아야 한다(대판 2010.6.24. 2007다63997). **기출** 24

(4) 심리 및 재판

전부명령의 심리는 앞서 설명한 추심명령의 심리와 동일하다. 전부채권이나 피전부채권의 존부에 대해서 심리하지 아니하는 것도 동일하다.

(5) 송 달

① 전부명령은 채무자와 제3채무자에게 송달하여야 한다(제229조 제4항, 제227조 제2항). 또 이를 채권자에게 고지하여야 한다.
② 전부명령은 확정되어야 효력이 있고(제229조 제7항), 전부명령에 대하여는 제3채무자뿐만 아니라 채무자도 즉시항고를 제기할 수 있으므로(제229조 제6항), 즉시항고권자인 채무자에게 송달되지 아니하면 전부명령이 확정될 수 없으므로, 채무자에 대한 송달도 전부명령의 효력발생요건으로 보아야 한다.

(6) 전부명령에 대한 불복(즉시항고)

① 전부명령에 대한 불복
  ㉠ 전부명령의 신청에 관한 결정에 대하여는 즉시항고 할 수 있다(제229조 제6항).
  ㉡ 전부명령에 대한 즉시항고권자는 보통 채무자와 제3채무자이나, 채권을 경합하여 압류한 다른 채권자 등 제3자에게도 즉시항고의 이익이 있는 경우가 있다.

② 즉시항고사유

절차상의 하자

- 전부명령에 대하여 즉시항고를 하려면 전부명령절차상의 하자인 전부명령 고유의 무효나 취소사유만을 이의사유로 삼을 수 있고 '실체상 하자'라고 할 수 있는 <u>피압류채권의 존부</u>나 <u>집행채권의 존부</u>에 관한 것은 이의사유로 삼을 수 없다.
- 이러한 절차상의 하자가 있는 경우에는 <u>즉시항고로 다툴 수 있음</u>은 물론 즉시항고로 다투지 않았다고 하여도 실체법상의 효과를 발생시키지 아니하는 뜻의 무효라고 보아 제3채무자는 <u>압류채권자의 전부금소송에서 위와 같은 실체법상의 무효를 들어 항변</u>할 수 있다(대판 1987.3.24. 86다카1588).

> 집행법원이 채권압류 및 추심명령의 결정을 함에 있어서는 집행권원의 유무 및 그 송달 여부, 선행하는 압류명령의 존부, 집행 장해의 유무 및 신청의 적식 여부 등 채권압류 및 추심명령의 요건을 심리하여 결정하면 되고, 비록 그 집행권원인 집행증서가 무권대리인의 촉탁에 의하여 작성되어 당연무효라고 할지라도 그러한 사유는 형식적 하자이기는 하지만 집행증서의 기재 자체에 의하여 용이하게 조사·판단할 수 없는 것이므로 <u>청구이의의 소</u>에 의하여 그 집행을 배제할 수 있을 뿐 적법한 항고사유는 될 수 없다(대결 1998.8.31. 98마1535).

- 전부명령이 제3채무자에게 송달되었으나 확정되기 전 즉시항고 절차 단계에서 집행채권이 압류되는 등으로 집행장애사유가 발생한 경우 특별한 사정이 없는 한 항고법원은 전부명령을 직권으로 취소하여야 한다.

> 집행법원은 강제집행의 개시나 속행에 있어서 집행장애사유에 대하여 직권으로 그 존부를 조사하여야 한다. 집행 개시 전부터 그 사유가 있는 경우에는 집행의 신청을 각하 또는 기각하여야 하고, 만일 집행장애사유가 존재함에도 간과하고 강제집행을 개시한 다음 이를 발견한 때에는 이미 한 집행절차를 직권으로 취소하여야 한다. 그리고 집행개시 당시에는 집행장애사유가 없었더라도 집행 종료 전 집행장애사유가 발생한 때에는 만족적 단계에 해당하는 집행절차를 진행할 수 없으므로, <u>전부명령이 제3채무자에게 송달되었으나 확정되기 전 즉시항고 절차 단계에서 집행채권이 압류되는 등으로 집행장애사유가 발생한 경우 특별한 사정이 없는 한 항고법원은 전부명령을 직권으로 취소하여야 한다</u>(대결 2023.1.12. 2022마6107). `기출` 24

- 개인회생재단에 속하는 채권에 대한 압류 및 전부명령이 확정되지 않은 상태에서 개인회생절차가 개시되고 이를 이유로 압류 및 전부명령에 대하여 즉시항고가 제기된 경우, 항고법원이 취하여야 할 조치

> 채권자목록에 기재된 개인회생채권에 기하여 개인회생재단에 속하는 재산에 대하여 <u>이미 계속 중인 강제집행, 가압류 또는 가처분절차는 개인회생절차가 개시되면 일시적으로 중지되었다가</u>, 변제계획이 인가되면 변제계획 또는 변제계획인가결정에서 다르게 정하지 아니하는 한 <u>그 효력을 잃는다</u>. 따라서 채권자목록에 기재된 개인회생채권에 기하여 <u>개인회생재단에 속하는 채권에 대하여 내려진 압류 및 전부명령이 아직 확정되지 않은 상태에서</u> 채무자에 대하여 <u>개인회생절차가 개시되고 이를 이유로 압류 및 전부명령에 대하여 즉시항고가 제기되었다면</u>, 항고법원은 다른 이유로 압류 및 전부명령을 취소하는 경우를 제외하고는 <u>항고에 관한 재판을 정지하였다가 변제계획이 인가된 경우</u> 압류 및 전부명령이 효력이 발생하지 않게 되었거나 그 효력이 상실되었음을 이유로 <u>압류 및 전부명령을 취소하고 압류 및 전부명령신청을 기각하여야 한다</u>(대결 2013.4.12. 2013마408). `기출` 19

- 처음 신청한 개인회생절차가 폐지되었으나 그 압류 및 전부명령에 대한 항고재판 진행 중에 채무자가 새롭게 신청한 개인회생절차가 다시 개시된 경우에도 마찬가지이다.

> <u>애초에 신청한 개인회생절차가 채무자의 개인회생신청 취하 등을 이유로 폐지되었다고 하더라도, 그 압류 및 전부명령에 대한 항고재판 진행 중에 채무자가 새롭게 신청한 개인회생절차가 다시 개시되었다면 변제계획이 인가시까지 그 항고재판을 정지하여야 하는 것</u>은 마찬가지이다(대결 2009.9.24. 2009마1300). `기출` 22

실체상의 하자

'<u>집행채권의 부존재</u>'는 채무자가 청구이의의 소로, '<u>피압류채권의 부존재</u>'는 제3채무자가 추심금 또는 전부금소송에서 주장할 수 있는 사유이지, 즉시항고로 다툴 수 있는 사유가 아니다.

③ 우회적인 즉시항고사유

문제점

집행권원의 무효, 집행채권의 부존재 등은 즉시항고의 사유로 삼을 수 없고 채무자가 청구이의의 소로 다투어야 하는 것이다. 그러므로 채무자는 청구이의의 소를 제기하고 청구이의의 소의 수소법원으로부터 잠정처분을 받아 전부명령을 관할하는 집행법원에 제출하여야 한다. 그런데 여기서 잠정처분결정 정본을 제출하는 것만으로는 전부명령에 대한 즉시항고기간의 진행을 막지 못하는 문제가 있다. 즉 전부명령의 확정을 저지하지 못한다.

민사집행법 제229조 제8항의 취지

• 이러한 문제점에 대하여 민사집행법은 제229조 제8항 규정을 두어 해결하고 있다. 즉 잠정처분결정 정본 등을 제출하였음을 이의사유로 삼아 즉시항고를 허용하고 있는 것이다.
• 이때의 즉시항고는 절차적 위법을 시정하기 위한 것이 아니고 청구이의의 소에 따른 결론을 도출하기까지 단순히 전부명령의 확정을 차단하기 위해 둔 불가피한 규정이다.
• 따라서 민사집행법은 제229조 제8항에 따른 즉시항고와 제15조에 따른 통상의 즉시항고는 전혀 다른 제도적 취지를 담고 있는 것이다.

실체상의 하자로 즉시항고를 제기하는 방법

• 집행채권의 부존재 등 실체상의 하자를 이유로 전부명령이 확정되는 것을 차단하기 위하여 채무자는 청구이의의 소를 제기하고 잠정처분을 받아 집행법원에 제출하고 잠정처분의 서류를 제출하였음을 이유로 하여 민사집행법 제229조 제8항의 즉시항고를 제기하면 된다.
• 이에 대하여 항고법원은 다른 이유로 전부명령을 취소하는 경우를 제외하고는 항고에 관한 재판을 정지하였다가 청구이의의 소 등의 결론을 기다려 그 결론에 따라 항고에 관한 재판을 하면 된다.

• 전부명령이 있은 뒤에 채무자가 민사집행법 제49조 제2호의 서류를 제출한 경우 항고법원은 다른 이유로 전부명령을 취소하는 경우를 제외하고는 같은 법 제229조 제8항에 의하여 항고에 관한 재판을 정지하여야 하고, 그 후 잠정적인 집행정지가 종국적인 집행취소나 집행속행으로 결말이 나는 것을 기다려, 집행취소로 결말이 난 때에는 항고를 인용하여 전부명령을 취소하고, 집행속행으로 결말이 난 때에는 항고를 기각하여야 한다(대결 2008.11.13. 2008마1140).
• 채권압류 및 전부명령의 기초가 된 가집행의 선고가 있는 판결을 취소한 상소심 판결의 정본은 민사집행법 제49조 제1호 소정의 집행취소서류에 해당하는 것이므로, 채권압류 및 전부명령에 대한 항고심에서 항고인이 가집행의 선고가 있는 판결을 취소한 항소심 판결의 '사본'을 제출하였다면 항고심으로서는 항고인으로 하여금 그 '정본'을 제출하도록 한 후, 즉시항고를 받아들여 채권압류 및 전부명령을 취소하여야 한다(대결 2004.7.9. 2003마1806). **기출** 22
• 채권자목록에 기재된 개인회생채권에 기하여 개인회생재단에 속하는 재산에 대하여 이미 계속 중인 강제집행, 가압류 또는 가처분절차는 개인회생절차가 개시되면 일시적으로 중지되었다가, 변제계획이 인가되면 변제계획 또는 변제계획인가결정에서 다르게 정하지 아니하는 한 그 효력을 잃는다. 따라서 채권자목록에 기재된 개인회생채권에 기하여 개인회생재단에 속하는 채권에 대하여 내려진 압류 및 전부명령이 이에 대한 즉시항고가 제기되어 아직 확정되지 않은 상태에서 채무자에 대하여 개인회생절차가 개시되었다면, 항고법원은 다른 이유로 압류 및 전부명령을 취소하는 경우를 제외하고는 항고에 관한 재판을 정지하였다가 변제계획이 인가된 경우 압류 및 전부명령이 효력이 발생하지 않게 되었거나 그 효력이 상실되었음을 이유로 압류 및 전부명령을 취소하고 압류 및 전부명령신청을 기각하여야 한다(대결 2011.4.20. 2011마3).
• 실질에 있어서 각 규정에서 정한 취소서류에 준하는 '채권압류 및 전부명령의 기초가 된 저당권의 피담보채권의 부존재를 확인하는 취지의 확정판결 정본'이 채권압류 및 전부명령에 대한 항고심 혹은 재항고심 계류 중 제출된 경우에는 그 항고를 받아들여 채권압류 및 전부명령을 취소하여야 한다(대결 2008.10.9. 2006마914).
기출 22 · 19

④ 즉시항고와 집행정지

    ㉠ 즉시항고의 기간은 1주일이고(제15조 제2항), 그 기산점은 각 즉시항고권자에게 전부명령이 송달된 때이며 즉시항고를 할 자가 전부명령을 고지받을 자가 아닌 때에는 그 재판을 고지받아야 할 자 전원에게 고지된 날로부터 진행한다(규칙 제12조). 전부명령은 확정되어야 효력이 발생한다(제229조 제7항).

    ㉡ 따라서 즉시항고가 제기된 경우에는 전부명령은 확정되지 아니하여 효력이 생기지 아니하므로, 별도의 집행정지가 필요하지 않다.

(7) 전부명령의 효력

> **민사집행법 제231조(전부명령의 효과)**
> 전부명령이 확정된 경우에는 전부명령이 제3채무자에게 송달된 때에 채무자가 채무를 변제한 것으로 본다. 다만, 이전된 채권이 존재하지 아니한 때에는 그러하지 아니하다. **기출** 24

① 전부명령의 확정과 소급효

    ㉠ 전부명령은 확정되어야 효력을 가진다(제229조 제7항). **기출** 22

    ㉡ 전부명령의 기본적인 효력은 피전부채권의 전부채권자에게의 이전(권리이전 효과)과 그로 인한 집행채권의 소멸(변제효)이다.

    ㉢ 이러한 효력은 전부명령이 확정된 때[118]에 발생하지만(제229조 제7항), 그 확정에 의하여 발생하는 효력은 전부명령이 제3채무자에게 송달된 때로 소급한다(제231조).

    ㉣ 즉 전부명령이 확정되면 전부명령이 제3채무자에게 송달된 때에 채무자는 채무를 변제한 것으로 볼 뿐만 아니라(제231조), 전부명령이 제3채무자에게 송달될 때까지 그 금전채권에 관하여 압류 등이 경합되면 전부명령은 무효이지만 압류의 경합이 전부명령 송달 뒤에 발생하였다면 비록 그 전부명령이 확정되기 전이었다 하더라도 이는 전부명령의 효력에 영향을 미치지 않는다(제229조 제5항). **기출** 24

    ㉤ 이처럼 전부명령은 확정을 전제로 효력이 발생하므로 채무자에 대한 송달이 없는 전부명령은 즉시항고기간이 경과되지 아니하므로 아무런 효력을 가질 수 없다.

    ㉥ 재판상 담보공탁에 있어서 담보권리자가 공탁금회수청구권에 대해 압류·전부명령을 받은 후 담보취소결정을 받아 공탁금회수청구를 하는 경우, 그 전부명령은 확정되어 효력이 있는 것이어야 한다(대결 2007.6.14. 2007마214).

---

118) 즉시항고가 제기되지 않은 경우에는 1주일의 즉시항고기간이 경과한 때, 즉시항고가 제기된 경우에는 그 기각 또는 각하결정이 확정된 때

ⓢ 동일한 채권에 관하여 확정일자 있는 채권양도통지와 두 개 이상의 채권압류 및 전부명령이 제3채무자에게 동시에 송달된 경우 채권압류의 경합 여부를 판단함에 있어 채권양도의 대상이 된 금액을 고려하지 아니한다.

> [1] 동일한 채권에 관하여 확정일자 있는 채권양도통지와 두 개 이상의 채권압류 및 전부명령 정본이 동시에 송달된 경우 채권의 양도는 채권에 대한 압류명령과는 그 성질이 다르므로 당해 전부명령이 채권의 압류가 경합된 상태에서 발령된 것으로서 무효인지의 여부를 판단함에 있어 압류액에 채권양도의 대상이 된 금액을 합산하여 피압류채권액과 비교하거나 피압류채권액에서 채권양도의 대상이 된 금액 부분을 공제하고 나머지 부분만을 압류액의 합계와 비교할 것은 아니다.
> [2] 동일한 채권에 대하여 두 개 이상의 채권압류 및 전부명령이 발령되어 제3채무자에게 동시에 송달된 경우 당해 전부명령이 채권압류가 경합된 상태에서 발령된 것으로서 무효인지의 여부는 그 각 채권압류명령의 압류액을 합한 금액이 피압류채권액을 초과하는지를 기준으로 판단하여야 하므로 '전자가 후자를 초과하는 경우'에는 당해 전부명령은 모두 채권의 압류가 경합된 상태에서 발령된 것으로서 '무효'로 될 것이지만 '그렇지 않은 경우'에는 채권의 압류가 경합된 경우에 해당하지 아니하여 당해 전부명령은 모두 '유효'하게 된다고 할 것이며, 그때 동일한 채권에 관하여 확정일자 있는 채권양도통지가 그 각 채권압류 및 전부명령 정본과 함께 제3채무자에게 동시에 송달되어 채권양수인과 전부채권자들 상호 간에 우열이 없게 되는 경우에도 마찬가지라고 할 것이다(대판 2002.7.26. 2001다68839). 기출 22·18

ⓞ 약속어음금 채권을 집행채권으로 하는 전부명령이 확정된 경우의 효력

> 민사집행법 제231조 본문은 "전부명령이 확정된 경우에는 전부명령이 제3채무자에게 송달된 때에 채무자가 채무를 변제한 것으로 본다"고 규정하고 있는바, 이는 집행채권자가 전부명령에 의하여 피전부채권에 대하여 독점적인 권리를 취득하는 것에 상응하여 전부명령으로 집행채권이 변제되는 것과 동일한 효과가 발생한다는 취지를 정하고 있는 것으로 해석된다. 그러므로 채권자가 약속어음금 채권을 집행채권으로 하여 약속어음 채무자가 제3채무자에 대하여 가지는 채권의 압류 및 전부명령을 받아 확정되었다면 위 전부명령이 제3채무자에게 송달된 때에 소급하여 피전부채권이 채권자에게 이전하고, 이는 집행채무자가 채무의 이행에 갈음하여 현실적인 출연을 한 것과 법률상 동일하게 취급되어 집행채권인 약속어음금 채권은 변제된 것으로 보아 소멸한다(대판 2009.2.12. 2006다88234). 기출 22

ⓩ 보상금청구권에 대하여 다른 채권자가 채권압류 및 전부명령을 얻고 그것이 확정된 때에도 물상대위권에 기한 압류명령이 배당요구종기 전에 제3채무자에게 송달되었다면 물상대위권자에게 우선하여 배당한다(대판 2000.6.23. 98다31899 참조). 기출 18

② 전부명령과 경정
ⓠ 전부명령에 명백한 위기나 오산 등이 있는 경우에는 경정에 의하여 그 하자를 치유할 수 있다.
ⓛ 경정은 전부명령의 동일성에 영향을 주지 않는 한도에서만 가능하며 원칙적으로 전부명령의 효력발생시기에 아무런 영향이 없다.
ⓒ 즉, 채권압류 및 전부명령의 경정결정이 확정된 경우에는 처음부터 경정된 내용의 압류 및 전부명령이 있었던 것과 같은 효력이 있으므로 당초의 결정정본이 제3채무자에게 송달된 때에 소급하여 경정된 내용의 압류 및 전부명령 결정의 효력이 발생하는 것이 원칙이다(대판 2005.1.13. 2003다29937 참조).

ⓐ 전부명령의 동일성 여부는 당사자를 기준으로 판단한다.

[1] 채권자가 이미 사망한 자를 그 사망 사실을 모르고 제3채무자로 표시하여 압류 및 전부명령을 신청하였을 경우 채무자에 대하여 채무를 부담하는 자는 이제는 사망자가 아니라 그 상속인이므로 사망자를 제3채무자로 표시한 것은 명백한 오류이고, 또한 압류 및 전부명령에 있어서 그 제3채무자의 표시가 이미 사망한 자로 되어 있는 경우 그 압류 및 전부명령의 기재와 사망이라는 객관적 사정에 의하여 누구라도 어느 채권이 압류 및 전부되었는지를 추인할 수 있다고 할 것이어서 그 제3채무자의 표시를 사망자에서 그 상속인으로 경정한다고 하여 압류 및 전부명령의 동일성의 인식을 저해한다고 볼 수는 없으므로, 그 압류 및 전부명령의 제3채무자의 표시를 사망자에서 그 상속인으로 경정하는 결정은 허용된다.
[2] 이미 사망한 자를 제3채무자로 표시한 압류 및 전부명령이 있었다고 하더라도 이러한 오류는 위와 같은 경정결정에 의하여 시정될 수 있다고 할 것이므로, 채권압류 및 전부명령의 제3채무자의 표시를 사망자에서 그 상속인으로 경정하는 결정이 있고 그 경정결정이 확정되는 경우에는 당초의 압류 및 전부명령 정본이 제3채무자에게 송달된 때에 소급하여 제3채무자가 사망자의 상속인으로 경정된 내용의 압류 및 전부명령의 효력이 발생한다(대판 1998.2.13. 95다15667).

ⓜ 판례에 따르면 동일성이 인정되나 제3채무자 입장에서는 동일성이 부정되는 경우에는 경정자체는 허용하되 그 효력발생시기에 관하여는 예외적으로 경정결정이 제3채무자에게 송달된 시점을 기준으로 삼는다(대판 2005.1.13. 2003다29937 참조).

채권압류명령의 경정결정이 확정된 경우에는 처음부터 경정된 내용의 압류명령이 있었던 것과 같은 효력이 있으므로 당초의 결정정본이 제3채무자에게 송달된 때에 소급하여 경정된 내용의 압류결정의 효력이 발생하는 것이 원칙이나, 경정결정이 그 허용한계 내의 적법한 것인 경우에 있어서도 제3채무자의 입장에서 볼 때에 객관적으로 경정결정이 당초의 결정의 동일성에 실질적으로 변경을 가하는 것이라고 인정되는 경우에는 경정결정이 제3채무자에게 송달된 때에 비로소 경정된 내용의 결정의 효력이 발생한다고 보는 것이 제3채무자 보호의 견지에서 타당하다 할 것이고, 채권압류명령의 채무자를 변경하는 경정결정은 그 결정정본이 제3채무자에게 송달된 때에 비로소 경정된 내용의 결정의 효력이 발생한다고 보아야 하고, 이러한 채권압류명령의 효력 및 경정에 관한 법리는 채권가압류의 경우에도 마찬가지이다(대판 2005.1.13. 2003다29937). **기출** 22

ⓑ 추심명령에서 전부명령으로의 경정

[1] 채권압류 및 전부명령의 경정결정은 채권압류 및 추심명령을 그 내용과 효력을 달리하는 채권압류 및 전부명령으로 바꾸는 것이므로 경정결정의 한계를 넘어 재판의 내용을 실질적으로 변경하는 위법한 결정이라고 할 것이나, 그와 같은 위법한 경정결정이라 하더라도 하나의 재판이므로 즉시항고에 의하여 취소되지 아니하고 확정된 이상 당연무효라고 할 수는 없다.
[2] 채권압류 및 전부명령의 경정결정이 확정된 경우에는 처음부터 경정된 내용의 압류 및 전부명령이 있었던 것과 같은 효력이 있으므로, 당초의 결정 정본이 제3채무자에게 송달된 때에 소급하여 경정된 내용의 압류 및 전부명령결정의 효력이 발생하는 것이 원칙이나, 경정결정이 그 허용한계 내의 적법한 것인 경우에 있어서도 제3채무자의 입장에서 볼 때에 객관적으로 경정결정이 당초의 결정의 동일성에 실질적으로 변경을 가하는 것이라고 인정되는 경우에는 경정결정이 제3채무자에게 송달된 때에 비로소 경정된 내용의 결정의 효력이 발생한다고 보는 것이 제3채무자 보호의 견지에서 타당하다 할 것이고, 경정결정이 재판의 내용을 실질적으로 변경하여 위법하나 당연무효로 볼 수 없는 경우에는 더욱 그 소급효를 제한할 필요성이 크다고 할 것이므로 채권압류 및 추심명령을 채권압류 및 전부명령으로 경정한 결정은 그 결정정본이 제3채무자에게 송달된 때에 비로소 경정된 내용의 결정의 효력이 발생한다(대판 2001.7.10. 2000다72589). **기출** 16

③ 피전부채권의 이전

　ⓐ 법률규정에 의한 채권이전(제229조 제3항)

　　㉮ 전부명령에 의하여 피전부채권은 그 동일성을 유지하면서 채무자에서 전부채권자에게 이전된다.

> • 금전채권에 대하여 채권압류 및 전부명령이 있는 때에는 피전부채권이 동일성을 유지한 채로 집행채무자로부터 집행채권자에게 이전되므로 제3채무자는 채권압류 전 피전부채권자에 대하여 가지고 있었던 항변사유로 전부채권자에게 대항할 수 있다(대판 2023.4.13. 2022다293272). **기출** 24
> • 수인의 채권자에게 금전채권이 불가분적으로 귀속되는 경우에, 불가분채권자들 중 1인을 집행채무자로 한 압류 및 전부명령이 이루어지면 그 불가분채권자의 채권은 전부채권자에게 이전되지만, 그 압류 및 전부명령은 집행채무자가 아닌 다른 불가분채권자에게 효력이 없으므로, 다른 불가분채권자의 채권의 귀속에 변경이 생기는 것은 아니다. 따라서 다른 불가분채권자는 모든 채권자를 위하여 채무자에게 불가분채권 전부의 이행을 청구할 수 있고, 채무자는 모든 채권자를 위하여 다른 불가분채권자에게 전부를 이행할 수 있다. 이러한 법리는 불가분채권의 목적이 금전채권인 경우 그 일부에 대하여만 압류 및 전부명령이 이루어진 경우에도 마찬가지이다(대판 2023.3.30. 2021다264253). **기출** 24

　　㉯ 전부명령으로 인한 이전의 효력은 피전부채권의 종된 권리, 즉 전부 후의 이자 및 지연손해금, 보증채무, 저당권 등에도 미친다.

　　㉰ 이는 법률규정에 의한 채권이전에 해당하므로 채권양도의 대항요건에 관한 민법 제450조 등이 적용되지 않는다.

> 채권자 甲 금융회사의 파산관재인 예금보험공사가 채무자 乙 주식회사의 제3채무자 丙 학교법인 등에 대한 매매대금반환채권 중 일부에 관하여 소멸시효기간이 지난 후에 전부명령을 받아 제기한 전부금 등 청구소송에서 조정에 갈음하는 결정이 내려져 확정되자, 丙 법인 등이 전부된 매매대금반환채무 중 일부를 변제하였는데, 그 후 乙 회사의 파산관재인 丁이 丙 법인 등에 전부되지 않은 나머지 매매대금반환채권 중 일부에 대한 추심금을 청구한 사안에서, 위 변제로 전부되지 않은 나머지 채무에 대한 소멸시효 이익까지 포기하였다고 단정할 수 없다고 한 사례(대판 2013.7.25. 2011다56187) → [판결이유] 가분적인 금전채권의 일부에 대한 전부명령이 확정되면 특별한 사정이 없는 한 전부명령이 제3채무자에 송달된 때에 소급하여 전부된 채권 부분과 전부되지 않은 채권 부분에 대하여 각기 독립한 분할채권이 성립하게 된다.

　ⓑ 담보권의 이전

　　㉮ 저당권은 피담보채권에 부종성을 가진다. 그러므로 피담보채권에 대한 전부명령이 있게 되면 저당권도 전부채권자에게 이전된다.

　　㉯ 이는 전부명령으로 피담보채권이 법률규정에 의해 이전되는 것과 마찬가지로 피담보채권의 이전으로 저당권도 법률규정에 의해 이전되는 것이다.

　　㉰ 따라서 법률규정에 의한 물권변동에 해당하므로 저당권이전의 부기등기를 하지 않았다 하더라도 전부채권자에게 저당권은 이전된다.

　　㉱ 피담보채권의 양수인은 저당권이전의 부기등기를 경료하지 아니하면 아직 저당권자가 아닌 것과 차이가 있다.

④ 집행채권의 변제

　㉠ 전부명령이 제3채무자에게 송달된 때 변제효과

　　㉮ 전부명령이 확정된 경우에는 전부명령이 제3채무자에게 송달된 때에 채무자가 채무를 변제한 것으로 본다(제231조).

　　㉯ 제3채무자가 무자력이어서 전부채권자가 만족을 얻지 못하였다고 하더라도 집행채권에 대한 변제의 효과에는 변함이 없으며, 그로인한 불이익은 전부채권자에게 귀착된다.

> 전부명령이 확정되면 피압류채권은 제3채무자에게 송달된 때에 소급하여 집행채권의 범위 안에서 당연히 전부채권자에게 이전하고 그와 동시에 채무자는 채무를 변제한 것으로 간주되므로, 원금과 이에 대한 변제일까지의 부대채권을 집행채권으로 하여 전부명령을 받은 경우에는 집행채권의 원금의 변제일은 전부명령이 제3채무자에게 송달된 때가 되어 결국 집행채권액은 원금과 제3채무자에 대한 전부명령 송달시까지의 부대채권액을 합한 금액이 되므로 피압류채권은 그 금액 범위 안에서 전부채권자에게 이전한다(대판 1999.12.10. 99다36860).

　㉡ 피전부채권이 부존재하는 경우

　　㉮ 피전부채권이 존재하지 않는 경우에는 전부명령은 실체법상 무효이므로 집행채권 소멸의 효력은 발생하지 않는다(제231조 단서). **기출** 24 · 19

　　㉯ 피전부채권이 존재하지 않는 경우 전부채권자는 전부명령 신청당시 제출한 집행권원의 반환을 청구할 수는 없고(재민 62-9), 피전부채권이 존재하지 아니함을 입증하여 다시 집행력 있는 정본을 부여받아 강제집행을 할 수 있다(대판 1996.11.22. 96다37176).

　　㉰ 장래의 채권 또는 조건부채권에 대한 전부명령이 확정된 후에 그 피압류채권의 전부 또는 일부가 존재하지 아니한 것으로 밝혀졌다면 민사집행법 제231조 단서에 의하여 그 부분에 대한 전부명령의 실체적 효력은 소급하여 실효된다(대판 2001.9.25. 99다15177; 대판 2004.8.20. 2004다24168).

　　㉱ 전부명령이 제3채무자에게 송달되기 전에 이전된 채권이 이미 다른 사람에게 양도되고 확정일자 있는 양도통지가 제3채무자에게 도달하였다면 그 전부명령은 이미 양도된 채권에 대한 것이어서 효력이 없다(대판 1997.6.27. 95다40977).

　　㉲ 피전부채권이 존재하지 않는 경우에는 제3채무자는 즉시항고를 할 수 없고, 전부채권자의 전부금 청구소송에서 위와 같은 사유를 들어 전부명령의 무효를 주장할 수 있다.

⑤ 제3채무자에 대한 효력

　㉠ 압류되기 전에 압류채무자에게 대항할 수 있는 사유

> [1] 금전채권에 대한 압류 및 전부명령이 있는 때에는 압류된 채권은 동일성을 유지한 채로 압류채무자로부터 압류채권자에게 이전되고, 제3채무자는 채권이 압류되기 전에 압류채무자에게 대항할 수 있는 사유로써 압류채권자에게 대항할 수 있는 것이므로, 제3채무자의 압류채무자에 대한 자동채권이 수동채권인 피압류채권과 동시이행의 관계에 있는 경우에는, 압류명령이 제3채무자에게 송달되어 압류의 효력이 생긴 후에 자동채권이 발생하였다고 하더라도 제3채무자는 동시이행의 항변권을 주장할 수 있다. 이 경우에 자동채권이 발생한 기초가 되는 원인은 수동채권이 압류되기 전에 이미 성립하여 존재하고 있었던 것이므로, 그 자동채권은 민법 제498조의 '지급을 금지하는 명령을 받은 제3채무자가 그 후에 취득한 채권'에 해당하지 않는다고 봄이 상당하고, 제3채무자는 그 자동채권에 의한 상계로 압류채권자에게 대항할 수 있다.

[2] 가분적인 금전채권의 일부에 대한 전부명령이 확정되면 특별한 사정이 없는 한 전부명령이 제3채무자에 송달된 때에 소급하여 전부된 채권 부분과 전부되지 않은 채권 부분에 대하여 각기 독립한 분할채권이 성립하게 되므로, 그 채권에 대하여 압류채무자에 대한 반대채권으로 상계하고자 하는 제3채무자로서는 전부채권자 혹은 압류채무자 중 어느 누구도 상계의 상대방으로 지정하여 상계하거나 상계로 대항할 수 있고, 그러한 제3채무자의 상계 의사표시를 수령한 전부채권자는 압류채무자에 잔존한 채권 부분이 먼저 상계되어야 한다거나 각 분할채권액의 채권 총액에 대한 비율에 따라 상계되어야 한다는 이의를 할 수 없다(대판 2010.3.25. 2007다35152). **기출** 22 · 15

ⓛ 상계의 항변

㉮ 판례는, 자동채권이 압류명령의 송달 이전에 발생한 것이기만 하면 그 변제기가 압류명령의 송달 이후에 도달한 경우라도 늦어도 그 변제기의 도래가 수동채권인 피전부채권의 변제기와 동시에 도래한 경우까지 상계를 허용하고 있다.

> 가압류 명령을 받은 제3채무자가 가압류채무자에 대한 반대채권을 가지고 있는 경우에 가압류채권자에게 상계로써 대항하기 위하여는 가압류의 효력발생 당시에 양채권이 상계적상에 있거나 반대채권이 압류당시 변제기에 달하지 아니한 경우에는 피압류채권인 수동채권의 변제기와 동시에 또는 그 보다 먼저 변제기에 도달하는 경우이어야 한다(대판 1987.7.7. 86다카2762).

㉯ 더 나아가 판례는 제3채무자의 자동채권은 압류명령의 송달 이후에 발생된 것이라 하더라도 송달 시점에 청구권 발생의 기초가 확립되어 있으면 족하다고 한다.

> 제3채무자의 압류채무자에 대한 자동채권이 수동채권인 피압류채권과 동시이행의 관계에 있는 경우에는, 비록 압류명령이 제3채무자에게 송달되어 압류의 효력이 생긴 후에 비로소 자동채권이 발생하였다고 하더라도 동시이행의 항변권을 주장할 수 있는 제3채무자로서는 그 채권에 의한 상계로써 압류채권자에게 대항할 수 있는 것으로서, 이 경우 자동채권이 발생한 기초가 되는 원인은 수동채권이 압류되기 전에 이미 성립하여 존재하고 있었던 것이므로 그 자동채권은 민법 제498조에 규정된 '지급을 금지하는 명령을 받은 제3채무자가 그 후에 취득한 채권'에 해당하지 않는다(대판 2005.11.10. 2004다37676). **기출** 16

ⓒ 제3채무자인 임대인의 목적물인도 동시이행의 항변

㉮ 임차인의 임대차보증금 반환청구채권에 관하여 전부명령이 있는 경우에, 임대차가 종료되더라도 제3채무자인 임대인으로서는 채무자인 임차인이 임대차목적물을 반환하기까지는 보증금반환청구채권의 지급을 거절할 동시이행의 항변권을 행사할 수 있으므로 채무자인 임차인이 임대목적물을 반환할 때까지는 전부받은 임대차보증금반환청구채권을 행사할 수 없고, 극단적으로는 위 임대차보증금에서 차임 내지 차임 상당의 손해배상액이 공제되어 임대차보증금이 한 푼도 남지 않게 되는 결과도 생길 수 있어 문제이다.

> 임차인의 임차보증금반환청구채권이 전부된 경우에도 채권의 동일성은 그대로 유지되는 것이어서 동시이행관계도 당연히 그대로 존속한다고 해석할 것이므로 임대차계약이 해지된 후에 임대인이 잔존임차보증금반환청구 채권을 전부받은 자에게 그 채무를 현실적으로 이행하였거나 그 채무이행을 제공하였음에도 불구하고 임차인이 목적물을 명도하지 않음으로써 임차목적물반환채무가 이행지체에 빠지는 등의 사유로 동시이행의 항변권을 상실하게 되었다는 점에 관하여 임대인이 주장, 입증을 하지 않은 이상, 임차인의 목적물에 대한 점유는 동시이행의 항변권에 기한 것이어서 불법점유라고 볼 수 없다(대판 1989.10.27. 89다카4298). **기출** 24

㉯ 이러한 경우 채권자대위권의 법리에 의하여 전부채권자로서는 제3채무자인 임대인을 대위하여 그가 무자력이 아니더라도 그의 임차인에 대한 임대차목적물 명도청구권을 대위행사할 수 있다(대판 1989.4.25. 88다카4253).

㉰ 임대인이 임대차보증금반환청구채권의 양도통지를 받은 후에는 임대인과 임차인 사이에 임대차계약의 갱신이나 계약기간 연장에 관하여 명시적 또는 묵시적 합의가 있더라도 그 합의의 효과는 보증금반환채권의 양수인에 대하여는 미칠 수 없다(대판 1989.4.25. 88다카4253).

㉱ 임차보증금반환채권을 피전부채권으로 한 전부명령이 확정된 경우, 제3채무자에게 송달한 때에 소급하여 그 효력이 발생하지만, 임차보증금반환채권은 임대인의 채권이 발생하는 것을 해제조건으로 하여 발생하는 것이므로, 임대차관계 종료 후 그 목적물이 명도되기까지 사이에 발생한 임대인의 채권을 공제한 잔액에 관하여서만 전부명령이 유효하다(대판 1998.10.20. 98다31905). **기출** 19

㉲ 주택임대차보호법 제3조 제1항의 대항요건을 갖춘 임차인의 임대차보증금반환채권에 대한 압류 및 전부명령이 확정되어 임차인의 임대차보증금반환채권이 집행채권자에게 이전된 경우 제3채무자인 임대인으로서는 임차인에 대하여 부담하고 있던 채무를 집행채권자에 대하여 부담하게 될 뿐 그가 임대차목적물인 주택의 소유자로서 이를 제3자에게 매도할 권능은 그대로 보유하는 것이며, 위와 같이 소유자인 임대인이 당해 주택을 매도한 경우 주택임대차보호법 제3조 제2항에 따라 전부채권자에 대한 보증금지급의무를 면하게 되므로, 결국 임대인은 전부금지급의무를 부담하지 않는다(대판 2005.9.9. 2005다23773). **기출** 17

(8) 전부명령에 따른 집행절차의 종료

① 전부명령은 현금화절차인 동시에 배당절차의 성질을 함께 갖는다. 전부명령으로 피압류채권이 전부채권자에게 이전되는 동시에 집행채권이 만족을 얻어 소멸하기 때문이다.

② 그러므로 채권집행절차는 전부명령이 확정되어 효력이 발생하면 목적을 달성하고 종료한다. 그 뒤에는 집행의 정지, 취소나 신청의 취하, 배당요구, 압류의 경합, 제3자이의 등의 여지가 없다.

③ '피전부채권이 존재하지 아니하는 경우'라 하더라도 강제집행절차는 피전부채권이 존재하는 경우와 마찬가지로 전부명령의 확정으로 종료된다(대판 1996.11.22. 96다37176).

> 금전채권의 압류 및 전부명령이 집행절차상 적법하게 발부되어 채무자 및 제3채무자에게 적법하게 송달되고 1주일의 즉시항고기간이 경과하거나 즉시항고가 제기되어 그 항고기각 또는 각하결정이 확정된 경우에는 집행채권에 관하여 변제의 효과가 발생하고 그때에 강제집행절차는 종료하는 것인바, 가사 피전부채권이 존재하지 아니하는 경우라 하더라도 민사집행법 제231조 단서의 규정에 따라 집행채권 소멸의 효과는 발생하지 아니하나 강제집행절차는 피전부채권이 존재하는 경우와 마찬가지로 전부명령의 확정으로 종료하는 것이고, 단지 전부채권자는 집행채권이 소멸하지 아니한 이상 피전부채권이 존재하지 아니함을 입증하여 다시 집행력 있는 정본을 부여받아 새로운 강제집행을 할 수 있을 뿐이다(대판 1996.11.22. 96다37176). **기출** 15

(9) 전부명령에 대한 구제수단

① 무효인 전부명령

의 의

전부명령이 형식적으로 확정되었다고 하더라도 그 기초가 되는 집행권원이 무효이거나 부존재하는 경우, 집행적격이 없는 자를 채무자로 한 경우, 압류금지채권을 피전부채권으로 한 경우, 압류가 경합된 상태에서 내려진 경우에의 전부명령은 아무런 실체법적 효력을 가질 수 없다.

전부명령 자체의 효력

- 실체적 효력을 갖지 못하는 전부명령이라도 확정된 이후에는 전부명령이라는 재판 자체로서는 유효한 것으로 취급된다. 그러므로 무효인 집행권원에 기초한 전부명령이라도 확정되면 집행절차는 종료되는 것이므로 채무자는 청구이의의 소 등으로 전부명령을 다툴 수도 없다.

> 공정증서가 무권대리인의 촉탁에 기하여 작성된 것으로서 무효인 때에는 채무자는 청구이의의 소에 의하여 강제집행불허의 재판을 구할 수 있는 것이지만, 위 공정증서에 기한 강제집행이 일단 전체적으로 종료된 후에는 채권자가 위 공정증서가 당초부터 무효이었기 때문에 이에 기한 강제집행이 무효가 되어 집행이 끝나지 않았다는 이유를 내세워 다시 강제집행에 착수할 수는 없는 노릇이므로 채무자가 청구이의의 소로써 그 강제집행의 불허를 구할 소의 이익이 없다(대판 1989.12.12. 87다카3125).

- 채무자로서는 전부명령이 확정되기 이전에 청구이의의 소 또는 집행문부여에 대한 이의로 다투어 전부명령이라는 재판의 외관이 발생하는 것을 막을 수 있을 뿐이다.

> 집행증서상의 명의를 모용당하였다고 주장하는 채무자는 위 집행증서에 채무자 본인의 집행촉탁 및 집행수락의 의사가 결여되었음을 내세워 집행문부여에 대한 이의로써 무효인 집행증서에 대하여 부여된 집행문의 취소를 구하는 것도 가능하다(대결 1999.6.23. 99그20).

전부명령의 실체법적 효력

의 의

- 무효인 전부명령은 피전부채권의 이전과 집행채권의 소멸이라는 실체법적 효력을 갖지 못한다. 이러한 의미에서 전부명령은 무효이다. 전부명령이라는 재판 자체가 유효하다는 것과 전부명령이 실제법적 효과를 갖지 못한다는 점에서 무효라는 것은 논의의 평면이 다른 것으로 상호 모순된 것이 아니다.

> - 공정증서가 집행권원으로서 집행력을 가질 수 있도록 하는 집행인낙의 표시는 공증인에 대한 소송행위이므로, 무권대리인의 촉탁에 의하여 공정증서가 작성된 때에는 집행권원으로서의 효력이 없고, 이러한 공정증서에 기초하여 채권압류 및 전부명령이 발령되어 확정되었더라도 채권압류 및 전부명령은 무효인 집행권원에 기초한 것으로서 강제집행의 요건을 갖추지 못하여 실체상 효력이 없다. 따라서 제3채무자는 채권자의 전부금 지급청구에 대하여 그러한 실체법상의 무효를 들어 항변할 수 있다(대판 2016.12.29. 2016다22837). **기출** 18
> - 집행권원에 표시된 채무자의 상속인이 상속을 포기하였음에도 불구하고, 집행채권자가 동인에 대하여 상속을 원인으로 한 승계집행문을 부여받아 동인의 채권에 대한 압류 및 전부명령을 신청하고, 이에 따라 집행법원이 채권압류 및 전부명령을 하여 그 명령이 확정되었다고 하더라도, 채권압류 및 전부명령이 집행채무자 적격이 없는 자를 집행채무자로 하여 이루어진 이상, 피전부채권의 전부채권자에게의 이전이라는 실체법상의 효력은 발생하지 않는다고 할 것이고, 이는 집행채무자가 상속포기 사실을 들어 집행문부여에 대한 이의신청 등으로 집행문의 효력을 다투어 그 효력이 부정되기 이전에 채권압류 및 전부명령이 이루어져 확정된 경우에도 그러하다고 할 것이다(대판 2002.11.13. 2002다41602).

- 외형상 유효한 전부명령이 있더라도 피전부채권 이전이라는 실체법적 효력이 인정되지 아니하는 경우에 제3채무자로서는 피전부채권을 채권자에게 변제하여서는 아니 된다.
- 이러한 경우 전부채권자의 이행청구에 대하여는 제3채무자가 적극적으로 다투어야 할 신의칙상의 응소의무가 인정된다.

채권의 준점유자에 대한 변제

- 제3채무자로서는 전부명령이 무효라는 사정을 알 수가 없는 것이므로 전부명령의 송달이 있게 되면 전부채권자에게 변제를 하기 쉽다.
- 이러한 변제는 원칙적으로 채권자 아닌 자에 대한 변제로 아무런 효력을 가질 수 없는 것이지만 민법 제470조에서는 이를 채권의 준점유자에 대한 변제로서 유효하게 취급하고 있다.

> 제3채무자가 무효의 전부명령을 얻은 채권자에게 선의·무과실로 변제한 경우에는 준점유자에 대한 변제로서 유효하다(대판 1995.4.7. 94다59868).

- 위와 같이 채권의 준점유자에 대한 변제로 취급되는 경우에 채무자는 제3채무자에 대하여는 더 이상 피압류채권의 이행을 구할 수는 없고, 채권자에게 부당이득반환 내지는 불법행위책임을 물을 수 있다.
- 사전에 미리 조치를 취하고자 한다면, 채무자는 채권자를 상대로 채권의 추심과 처분을 금하는 가처분을 구함과 동시에 자신이 제3채무자에 대한 진정한 채권자라는 확인의 소를 제기하는 것이 적절한 구제책이 될 것이다.
- 물론 제3채무자를 상대로 직접 채무의 이행을 구하는 통지나 소송을 통해 채권의 준점유자에 대한 변제에 필요한 선의·무과실 주장을 방지하는 것도 좋은 방법 중 하나이다.

② **집행채권의 부존재**

ㄱ 집행채권의 부존재는 집행권원과 전부명령 자체의 효력에 아무런 영향이 없다. 그러므로 집행채권이 없는 집행권원에 따른 전부명령이라고 하더라도 유효한 것으로 피전부채권의 이전이라는 전부명령의 실체적 효력이 발생한다.

ㄴ 집행채권의 부존재는 집행채권자와 집행채무자 사이의 문제로서 제3채무자가 다툴 것은 아니다.

ㄷ 제3채무자는 전부채권자에게 피전부채권을 변제하여야 한다. 이러한 제3채무자의 변제는 채권의 준점유자에 대한 변제가 아니며 통상의 변제에 해당한다.

ㄹ 이러한 경우 채무자로서는 전부명령이 확정되기 전이라면 청구이의의 소에 의하여 전부명령의 효력 발생을 막는 조치를 취해두어야 한다(이른바 우회적 즉시항고).

ㅁ 채무자가 이를 간과하여 전부명령이 확정된 경우에는 채권자에게 부당이득반환 내지 불법행위책임을 물을 수밖에 없다.

ㅂ 전부명령이 확정된 후 그 집행권원상의 집행채권이 소멸한 것으로 판명된 경우, 그 소멸한 부분에 관하여는 집행채권자가 집행채무자에 대한 관계에서 부당이득반환의무를 부담한다.

> - 집행권원에 기한 금전채권에 대한 강제집행의 일환으로 채권압류 및 전부명령이 확정된 후 그 집행권원상의 집행채권이 소멸한 것으로 판명된 경우에는 그 소멸한 부분에 관하여는 집행채권자가 집행채무자에 대한 관계에서 부당이득을 한 셈이 되므로, 집행채권자는 그가 위 전부명령에 따라 전부받은 채권 중 실제로 추심한 금전 부분에 관하여는 그 상당액을, 추심하지 아니한 부분에 관하여는 그 채권 자체를 집행채무자에게 양도하는 방법으로 반환하여야 한다(대판 2010.12.23. 2009다37725). **기출** 19
> - 전부명령이 확정된 후 그 집행권원인 집행증서의 기초가 된 법률행위 중 전부 또는 일부에 무효사유가 있는 것으로 판명된 경우에는 그 무효 부분에 관하여는 집행채권자가 부당이득을 한 셈이 되므로, 그 집행채권자는 집행채무자에게, 위 전부명령에 따라 전부받은 채권 중 실제로 추심한 금전 부분에 관하여는 그 상당액을 반환하여야 하고, 추심하지 아니한 나머지 부분에 관하여는 그 채권 자체를 양도하는 방법에 의하여 반환하여야 한다(대판 2005.4.15. 2004다70024). ☞ 이는 전부명령이 확정된 후 그 집행권원상의 집행채권이 소멸한 것으로 판명된 경우에도 동일하다(대판 2008.2.29. 2007다49960). **기출** 24

ⓢ 전부명령 확정 후 집행권원상의 집행채권이 소멸한 것으로 판명된 경우, 집행채권자가 얻은 부당이득의 반환 방법 및 이때 집행채권의 소멸원인으로 어느 사유를 주장하여 패소 확정판결을 받고 다시 다른 사유로 부당이득반환청구를 할 수 있는지 여부(소극)

> 집행권원에 기한 금전채권에 대한 강제집행절차에서, 그 집행권원에 표시된 집행채권이 소멸하였다 하더라도 그 강제집행절차가 청구이의의 소 등을 통하여 적법하게 취소·정지되지 아니한 채 계속 진행되어 채권압류 및 전부명령이 적법하게 확정되었다면, 특별한 사정이 없는 한 단지 집행채권의 소멸을 이유만으로, 확정된 전부명령에 따라 전부채권자에게 피전부채권이 이전되는 효력 자체를 부정할 수는 없는 것이고, 다만 위와 같이 전부명령이 확정된 후 그 집행권원상의 집행채권이 소멸한 것으로 판명된 경우에는 그 소멸된 부분에 관하여는 집행채권자가 집행채무자에 대한 관계에서 부당이득을 한 셈이 되므로, 그 집행채무자는 집행채권자에 대하여 그가 위 전부명령에 따라 전부받은 채권 중 실제로 추심한 금전 부분에 관하여는 그 상당액을, 추심하지 아니한 부분에 관하여는 그 채권 자체를 양도하는 방법에 의하여 부당이득의 반환을 구할 수 있다. 그리고 위와 같은 부당이득반환청구에서 집행채무자가 집행채권 소멸의 원인으로 주장할 수 있는 사유가 여러 가지인 경우 이들은 법률상의 원인 없는 사유에 관하여 공격방법이 다른 데 지나지 않으므로 그중 어느 사유를 주장하여 패소의 확정판결을 받은 경우에 다른 사유를 주장하여 다시 청구하는 것은 기판력에 저촉되어 허용될 수 없다(대판 2008.2.29. 2007다49960). **기출** 15

ⓞ 전부명령으로 인한 채무 소멸의 효과는 압류명령 신청 시 명시한 집행채권에 한해서만 발생한다.

> 채권자가 대여금 청구소송을 제기하여 원금 및 이자 등의 지급을 명하는 승소 판결을 받은 다음 그 판결에 기하여 청구금액을 '대여금 중 일부금'으로 표시한 채권 압류 및 전부 명령을 신청한 경우, 채무명의상의 대여금채권만이 집행채권으로 되었을 뿐 그 이자나 지연손해금은 집행채권으로 되었다고 할 수 없으므로 원금과 이자 사이의 변제충당에 관한 문제가 발생할 여지가 없다(대판 1996.4.12. 95다55047).

③ 피압류채권(= 피전부채권)의 부존재
  ㉠ 피압류채권이 없는 경우라고 하여도 전부명령이라는 재판 자체는 유효하다. 그러나 이러한 전부명령은 피전부채권 이전에 따른 집행채권의 소멸이라는 효력을 갖지 못한다.
  ㉡ '피전부채권이 부존재한다'는 사정은 전부명령절차상의 하자라고 할 것이 아니므로 채무자 등이 전부명령에 대하여 즉시항고로 다툴 것도 아니다.
  ㉢ 채무자나 제3채무자로서는 피전부채권이 부존재한다는 사정을 들어 전부명령을 다툴 이익도 전혀 없다.
  ㉣ 다만 이러한 전부명령에 기초한 전부채권자의 이행청구에 대해 제3채무자는 피전부채권이 부존재한다는 이유로 그 이행을 거절하면 그만이다.
  ㉤ 전부채권자가 전부금청구의 소송을 제기한다면 제3채무자는 피전부채권의 부존재를 항변사유로 내세우면 될 것이다.

> 채권의 압류 및 전부명령은 금전채권의 집행권원을 가지는 채권자가, 그 집행권원상의 채무자가 제3채무자에 대하여 가지는 금전채권을 대상으로 하는 강제집행으로서, <u>법원은 압류 및 전부명령의 결정을 함에 있어서는 집행권원의 송달, 선행하는 압류명령의 존부, 피전부적격의 유무 등의 요건을 심리하면 되고,</u> 실지로 <u>채무자가 제3채무자에게 압류 및 전부명령의 대상이 되는 채권을 가지고 있는지 여부는 따질 필요가 없는 것이 원칙</u>이고, 만일 채무자의 제3채무자에 대한 그와 같은 채권이 존재하지 아니하는 경우에는 전부명령이 확정되더라도 변제의 효력이 없는 것이며, 채무자로서는 제3채무자에게 그와 같은 채권을 가지고 있지 않다고 하더라도 특별한 사정이 없는 한 이로 인하여 어떠한 불이익이 있는 것이 아니므로, <u>이것을 이유로 하여서는 스스로 불복의 사유로 삼을 수 없다</u>(대결 2004.1.5. 2003마1667).

ⓗ 만일 피전부채권이 부존재한다는 사정이 채무자의 채무면탈을 위한 사해행위에 기한 경우라면 전부채권자는 사해행위취소소송을 거쳐 다시 전부명령을 받아야 한다.

ⓢ 예를 들어 집행채권자를 해하기 위하여 채무자가 제3채무자에 대한 채권을 전부명령의 송달 전에 제3자에게 양도한 경우에 집행채권자는 사해행위취소소송을 제기하여 채권양도행위를 취소한 이후에 다시 전부명령절차를 거쳐야 한다.

ⓞ 압류된 금전채권에 대한 <u>전부명령이 제3채무자에게 송달될 때에 피압류채권이 존재하지 않는 경우,</u> 전부명령은 무효이다.

> <u>압류된 금전채권에 대한 전부명령이 절차상 적법하게 발부되어 확정되었다고 하더라도,</u> 전부명령이 제3채무자에게 송달될 때에 <u>피압류채권이 존재하지 않으면 전부명령은 무효</u>이므로, <u>피압류채권이 전부채권자에게 이전되거나</u> 집행채권이 변제되어 소멸하는 효과는 발생할 수 없다(대판 2007.4.12. 2005다1407).
>
> `기출` 21

4. 특별 현금화방법(제241조)

> **민사집행법 제241조(특별한 현금화방법)**
> ① <u>압류된 채권이 조건 또는 기한이 있거나, 반대의무의 이행과 관련되어 있거나 그 밖의 이유로 추심하기 곤란할 때에는 법원은 채권자의 신청에 따라 다음 각 호의 명령을 할 수 있다.</u> `기출` 25
> 1. 채권을 법원이 정한 값으로 지급함에 갈음하여 압류채권자에게 양도하는 <u>양도명령</u>
> 2. 추심에 갈음하여 법원이 정한 방법으로 그 채권을 매각하도록 집행관에게 명하는 <u>매각명령</u>
> 3. 관리인을 선임하여 그 채권의 관리를 명하는 관리명령
> 4. 그 밖에 적당한 방법으로 현금화하도록 하는 명령
> ② 법원은 제1항의 경우 그 신청을 허가하는 결정을 하기 전에 채무자를 심문하여야 한다. 다만, 채무자가 외국에 있거나 있는 곳이 분명하지 아니한 때에는 심문할 필요가 없다.
> ③ 제1항의 결정에 대하여는 즉시항고를 할 수 있다.
> ④ 제1항의 결정은 확정되어야 효력을 가진다.
> ⑤ <u>압류된 채권을 매각한 경우에는 집행관은 채무자를 대신하여 제3채무자에게 서면으로 양도의 통지를 하여야 한다.</u> `기출` 23
> ⑥ 양도명령에는 제227조 제2항·제229조 제5항·제230조 및 제231조의 규정을, 매각명령에 의한 집행관의 매각에는 제108조의 규정을, 관리명령에는 제227조 제2항의 규정을, 관리명령에 의한 관리에는 제167조, 제169조 내지 제171조, 제222조 제2항·제3항의 규정을 각각 준용한다.

① 의 의
　　㉠ 피압류채권에 조건, 기한, 반대의무 등과 관련하여 추심하기 어려운 사정이 있는 경우에는 채권자의 신청으로 법원은 피압류채권을 추심·전부명령 이외의 방법으로 현금화할 수 있다. 기출 25
　　㉡ 이를 특별 현금화방법이라고 한다.
② 현금화 방법
　　㉠ 양도명령(제241조 제1항 제1호)
　　　㉮ 피압류채권을 법원이 정한 값으로 집행채권의 지급에 갈음하여 채권자에게 양도하는 명령이다.
　　　㉯ 압류된 채권에 대한 양도명령은 압류채권자에게 우선적 지위를 주는 것이므로 채권자가 경합되어 있는 때에는 허용되지 않는다. 즉 양도명령이 제3채무자에게 송달될 때까지 피압류채권에 관하여 다른 채권자가 압류·가압류 또는 배당요구를 한 경우에는 양도명령을 발할 수 없고, 발령하더라도 그 양도명령은 효력이 없다(제241조 제6항, 제229조 제5항). 기출 23
　　㉡ 매각명령(제241조 제1항 제2호)
　　　㉮ 집행법원이 정한 방법으로 피압류채권을 매각할 것을 집행관에게 명하는 명령이다.
　　　㉯ 법원은 압류된 채권의 매각대금으로 압류채권자의 채권에 우선하는 채권과 절차비용을 변제하면 남을 것이 없겠다고 인정하는 때에는 법 제241조 제1항 제2호의 규정에 따른 매각명령을 하여서는 아니 된다(규칙 제165조 제1항).
　　　㉰ 집행관은 압류채권자의 채권에 우선하는 채권과 절차비용을 변제하고 남을 것이 있는 가격이 아니면 압류된 채권을 매각하여서는 아니 된다(규칙 제165조 제2항).
　　　㉱ 압류된 채권을 매각한 경우에는 집행관은 채무자를 대신하여 제3채무자에게 서면으로 양도의 통지를 하여야 한다(제241조 제5항). 집행관은 대금을 지급받은 후가 아니면 매수인에게 채권증서를 인도하거나 법 제241조 제5항의 통지를 하여서는 아니 된다(규칙 제165조 제3항). 기출 23
　　　㉲ 집행관이 매각절차를 마친 때에는 스스로 배당할 수 없고, 바로 매각대금과 매각에 관한 조서를 법원에 제출하여야 하는데(규칙 제165조 제4항), 현금화를 마친 집행관이 그 현금화한 금전을 법원에 제출하는 절차는 법원보관금취급규칙 제9조 내지 제11조에 따른다. 매각대금이 제출된 때에는 집행법원에 의한 배당절차가 개시되고(제252조 제3호), 집행법원의 사법보좌관이 채권 등 배당절차('타배' 사건)로 진행한다. 즉, 매각대금을 공탁하고 사유신고를 하여야 하는 것이 아니다.
　　　　　　기출 23
　　　㉳ 민사집행법 제241조 제1항 제2호에 따른 매각명령은 집행력 있는 정본의 유무와 그 송달 여부, 집행개시요건의 존부, 집행장애사유의 존부 등과 같이 매각명령을 할 때 집행법원이 조사하여 준수할 사항에 관한 흠을 이유로 할 수 있을 뿐이고, 집행채권의 소멸 등과 같은 실체상의 사유는 이에 대한 적법한 항고이유가 되지 아니한다(대결 2021.4.2. 2020마7789).
　　㉢ 관리명령(제241조 제1항 제3호)
　　　㉮ 관리인을 선임하여 피압류채권의 관리를 명하는 명령이다.
　　　㉯ 관리인에게 채권을 관리하게 하여 그 수익으로 집행채권을 만족시킨다.
　　　㉰ 다수의 임료채권을 압류한 경우에 계속하여 이를 추심하려고 하는 때에 이용된다.
　　㉣ 그 밖의 현금화명령(제241조 제1항 제4호) : 집행법원은 위 세 가지 방법 이외에 그 밖에 적당한 방법으로 현금화하도록 명할 수 있다.

③ 관련 판례

• 민사집행법 제241조 제1항 제2호는, '압류된 채권이 조건 또는 기한이 있거나, 반대의무의 이행과 관련되어 있거나 그 밖의 이유로 추심하기 곤란할 때에는 법원은 채권자의 신청에 따라, 추심에 갈음하여 법원이 정한 방법으로 그 채권을 매각하도록 집행관에게 명하는 매각명령(제2호)을 할 수 있다.'라고 규정하고, 같은 조 제2항은 '법원은 제1항의 경우 그 신청을 허가하는 결정을 하기 전에 채무자를 심문하여야 한다. 다만, 채무자가 외국에 있거나 있는 곳이 분명하지 아니한 때에는 심문할 필요가 없다.'라고 규정하고 있으므로, 법원이 민사집행법 제241조 제1항의 규정에 의하여 특별현금화 신청을 허가하는 결정을 하는 경우에는 그 결정을 하기 전에, 채무자에 대한 심문이 사실상 불가능하거나 채무자가 심문을 포기하는 등의 특별한 사정이 없는 한, 필요적으로 채무자에 대한 심문절차를 거쳐야 할 것이다(대결 2009.12.24. 2007마184).
• 민사집행법 제241조 제1항에 의한 채권자의 특별현금화명령 신청에 대하여 특별현금화를 명할 것인지 여부나 그 방법의 선택은 법원의 재량에 맡겨져 있으므로 같은 조 제3항에서 즉시항고의 대상으로 규정하고 있는 "제1항의 결정"에는 특별현금화명령 신청을 받아들이는 결정뿐만 아니라 신청을 기각하는 결정도 포함된다고 볼 수 있다. 또한 추심명령 또는 전부명령의 신청을 기각한 결정에 대하여는 민사집행법 제229조 제6항에 따라 즉시항고를 할 수 있는데, 추심명령이나 전부명령과 특별현금화명령은 압류된 채권의 종류 및 성질에 따라 적용 범위와 대상, 그리고 현금화의 구체적 방법을 달리할 뿐 압류된 채권에 대한 강제집행이라는 제도의 취지는 같고, 신청이 기각됨으로 인한 당사자의 이해관계 등도 본질적으로 다르지 않다. 따라서 특별현금화명령 신청에 대한 법원의 기각결정에 대해서도 채권자는 민사집행법 제241조 제3항에 의하여 즉시항고로써 다툴 수 있다(대결 2012.3.15. 2011그224). 기출 23
• 집행관이 질권에 기초한 채권특별환가명령에 따라서 매각절차를 진행하면서 당초 채권특별환가명령에서 정한 최저매각가격을 경정한 경정결정이 확정되지 않았음에도 그 효력을 가진다고 오인하고 그 경정결정에서 정한 바에 따라 당초 최저매각가격에 못 미치는 가격으로 매수 신청한 자에게 매각을 허가하였다고 하더라도, 매수인이 그 매각허가에 따라 매각대금을 납부하였다면 환가명령의 기초가 된 질권이 당초부터 부존재하였거나 환가명령의 효력 발생 이전에 피담보채무가 변제 등으로 소멸하였다는 등의 사정이 없는 한 매수인은 그 채권을 유효하게 취득하게 된다. 그리고 이러한 매수인의 채권 취득의 효과는 그 채권 취득 이후에 위 경정결정이 즉시항고에 의하여 취소되더라도 번복될 수 없다(대결 2010.7.23. 2008마247).

V 공동집행과 집행참가제도

1. 서 설

① 동산집행절차상 공동집행과 집행참가는 부동산 강제경매와 크게 다를 것이 없다.
② 따라서 여기에서는 채권과 그 밖의 재산권에 대한 집행절차상 집행참가제도를 검토하기로 한다.

2. 공동집행

① 수인의 채권자가 공동으로 같은 채무자의 동일한 피압류대상에 대하여 압류명령을 신청하는 것을 말한다.
② 이때에는 하나의 압류명령을 발한다.
③ 전부명령을 공동으로 신청하는 것도 허용되나 전부명령을 발부함에 있어서는 각 채권자별로 각각의 전부채권액을 밝혀야 한다.

3. 이중압류

(1) 의 의

압류명령이 있은 후에 다른 채권자에 의해 압류 또는 가압류신청에 따라 별개의 압류 또는 가압류명령이 있는 것을 말한다.

(2) 이중압류의 종기

① 개별적으로 검토를 하여야 하는 바, 추심제한의 결정이 있는 경우(제232조 제2항), 전부명령이 확정된 경우, 유체동산인도청구권의 집행에서 집행관이 유체동산을 인도받은 경우 등에는 이중압류가 허용되지 아니한다.

② 추심절차에서 제3채무자가 추심명령에 따라 채무액을 지급하거나 공탁한 이후에는 이중압류가 허용되지 아니한다.

(3) 배당요구의 효력

이중압류에 있어 일방의 압류는 타방의 압류에 따른 집행절차에 배당요구를 한 것과 동일한 효과가 있다.

(4) 압류의 경합

① 의의 : 압류의 경합이란 동일한 피압류채권에 관하여 여러 개의 압류명령이 있고 각 압류의 압류액의 합계(집행채권의 총액)가 압류의 대상인 채권의 액(피압류채권액)보다 많은 경우를 말한다.

② 요 건

   ㉠ 여러 개의 채권압류명령

      ㉮ 채권압류의 경합이 발생하려면 목적채권에 관하여 이미 압류의 집행이 된 경우에 다시 압류명령이 내려져야 한다.

      ㉯ 가압류의 집행에도 원칙적으로 강제집행에 관한 규정이 준용되므로(제291조) 압류명령과 가압류명령이 중복된 경우에도 이중압류가 된다. **기출** 16

      ㉰ 동일한 채권자의 '서로 다른 채권'에 기한 압류는 압류의 경합에 해당하나, 동일한 채권자의 '동일한 채권'에 기한 압류는 압류의 경합에 해당하지 않는다. **기출** 21

      ㉱ 압류 후에 배당요구가 있는 경우에는 압류의 경합에 해당하지 않는다.

   ㉡ 목적채권이 동일할 것 : 압류의 경합이 발생하려면 압류된 채권이 동일하여야 한다.

   ㉢ 압류액의 중복 : 동일한 채권에 관하여 여러 개의 압류명령이 있더라도 각 압류의 압류액의 합계가 압류의 대상인 채권의 액보다 많지 않다면 압류의 경합이라고 할 수 없다.

   ㉣ 압류명령의 효력 발생

      ㉮ 압류명령이 효력을 발생하기 위해서는 목적채권이 존재하여야 한다. 따라서 선행압류가 있을 때에는 목적채권이 존재하였더라도 후행압류가 있을 당시에 이미 채권이 존재하지 않는다면 압류의 경합은 생기지 않는다.

      ㉯ 선행 압류채권자가 전부명령을 얻은 경우에는 그 전부명령이 제3채무자에게 송달되기 '전(前)'에 다른 채권자의 압류명령이 제3채무자에게 송달된 때에는 압류의 경합이 발생하지만(제229조 제5항), 전부명령이 제3채무자에게 송달된 '후(後)'에는 비록 확정되기 전에 다른 압류명령이 있더라도 선행의 전부명령이 실효되지 않는 한 압류의 경합은 생기지 않는다.

> [1] 전부명령이 확정되면 피압류채권은 전부명령이 제3채무자에게 송달된 때에 소급하여 집행채권의 범위 안에서 당연히 전부채권자에게 이전하고 동시에 집행채권 소멸의 효력이 발생하는 것이며, 이 점은 피압류채권이 그 존부 및 범위를 불확실하게 하는 요소를 내포하고 있는 장래의 채권인 경우에도 마찬가지라고 할 것이다.
> [2] 장래의 채권에 관하여 압류 및 전부명령이 확정되면 그 부분 피압류채권은 이미 전부채권자에게 이전된 것이므로 그 이후 동일한 장래의 채권에 관하여 다시 압류 및 전부명령이 발하여졌다고 하더라도 압류의 경합은 생기지 않고, 다만 장래의 채권 중 '선행 전부채권자에게 이전된 부분을 제외한 나머지 중 해당 부분' 피압류채권이 후행 전부채권자에게 이전된다(대판 2004.9.23. 2004다29354).
> **기출** 21 · 20 · 16

ⓜ 금전채권에 대한 추심명령에 있어 집행법원이 채무자의 신청에 따라 압류액을 그 채권자의 요구액에 제한한 때에는 다른 채권자가 배당요구를 하지 못하므로(제232조 제2항) 이 경우에도 이중압류는 발생하지 않는다.

ⓑ 선행 압류채권자가 추심명령을 얻어 추심을 마쳤거나, 제3채무자가 공탁을 한 경우에도 압류된 채권은 소멸하므로 그 후 압류명령이 발령되어도 압류의 경합이 생기지 않는다.119)

> 채권에 대한 압류·가압류명령은 그 명령이 제3채무자에게 송달됨으로써 효력이 생기는 것이므로(민사집행법 제227조 제3항, 제291조), 제3채무자의 지급으로 인하여 피압류채권이 소멸한 이상 설령 다른 채권자가 그 변제 전에 동일한 피압류채권에 대하여 압류·가압류명령을 신청하고 나아가 압류·가압류명령을 얻었다고 하더라도 '제3채무자가 추심권자에게 지급한 후'에 그 압류·가압류명령이 제3채무자에게 송달된 경우에는 추심권자가 추심한 금원에 그 압류·가압류의 효력이 미친다고 볼 수 없다(대판 2008.11.27. 2008다59391). **기출** 23 · 18

ⓢ 선행의 압류가 이루어진 후에 목적채권이 제3자에게 양도되어 대항요건을 갖춘 다음에는 그 채무자에 대한 집행채권에 기초하여 다시 그 채권을 압류할 수 없으므로 압류의 경합은 생기지 않으며, 압류하더라도 배당요구의 효력도 인정되지 않는다.

ⓞ 배당요구의 종기(제247조 제1항) 이후에 후행의 압류가 이루어진 때에는 그 압류채권자는 선행압류에 의한 배당절차에 가입하지 못하므로 압류의 경합은 생기지 않는다.

---

119) 다만, 추심채권자가 추심신고를 하거나, 제3채무자가 공탁사유신고를 할 때까지는 압류명령신청으로서는 무효라고 하더라도 배당요구로서의 효력을 인정하는 것이 일반적이다.

③ 압류의 경합이 있었는지 여부를 결정하는 기준시점

    ㉠ 전부명령에 대해 압류의 경합이 있었는지 여부를 결정하는 기준시점은 <u>전부명령이 제3채무자에게 송달된 때이다</u>(대판 1995.9.26. 95다4681). **기출** 18

    ㉡ 이러한 법리는 피압류채권이 장래에 발생하는 조건부채권 또는 불확정채권이라고 하더라도 마찬가지로 적용된다(대판 1998.8.21. 98다15439; 대판 2000.10.6. 2000다31526 등).

> 채권액의 확정에 불확실한 요소가 내포된 공사 완성 전의 공사대금채권에 대하여 전부명령을 허용하면서 동시에 그 전부명령의 효력이 장래의 채권 확정시가 아니라 전부명령이 제3채무자에게 송달된 때 발생된다고 해석하는 이상, 압류 및 전부명령을 받은 자보다 먼저 당해 피압류채권을 압류한 자가 있을 경우에 <u>압류가 경합되어 전부명령이 무효로 되는지의 여부는, 나중에 확정된 피압류채권액을 기준으로 판단할 것이 아니라 전부명령이 제3채무자에게 송달된 당시의 계약상의 피압류채권액을 기준으로 판단하여야 한다</u>(대판 1995.9.26. 95다4681). **기출** 15

④ 압류경합의 효과

압류의 효력 확장

- 압류가 경합하는 경우에는 각 압류가 목적채권의 일부에 대한 것이었다고 하더라도 그 압류의 효과는 <u>목적채권의 전부에 미친다.</u>
- 일단 압류의 경합에 따라 압류의 효력이 목적채권의 전부에 미치게 된 후에 압류의 취소나 취하 등에 의하여 <u>압류의 경합이 해소되더라도 압류의 효력은 확장된 채로 남아 있게 된다.</u>
- 따라서 나머지 경합채권자는 별도의 압류 없이도 목적채권 전부에 관하여 추심명령을 신청할 수 있다.

제3채무자의 공탁의무

- 금전채권 중 압류되지 아니한 부분을 초과하여 거듭 압류명령 또는 가압류명령이 내려져 그 명령을 송달받은 경우에 압류채권자나 가압류채권자의 청구가 있으면 그 채권의 전액에 해당하는 금액을 공탁하여야 한다(제248조 제3항).
- 압류가 경합된 상태에서 제3채무자가 집행공탁사유를 신고하면서 경합된 압류 중 일부에 관한 기재를 누락한 경우, <u>압류채권자가 제3채무자의 공탁사유신고 시까지 배당요구를 하지 않더라도 배당절차에 참가할 수 있다.</u>

               기출 20 · 19 · 18

> 압류가 경합되면 각 압류의 효력은 피압류채권 전부에 미치므로(민사집행법 제235조), 압류가 경합된 상태에서 제3채무자가 민사집행법 제248조의 규정에 따라 집행공탁을 하여 피압류채권을 소멸시키면 그 효력은 압류경합관계에 있는 모든 채권자에게 미친다. 그리고 이때 압류경합관계에 있는 모든 채권자의 압류명령은 목적을 달성하여 효력을 상실하고 압류채권자의 지위는 집행공탁금에 대하여 배당을 받을 채권자의 지위로 전환되므로, <u>압류채권자는 제3채무자의 공탁사유신고 시까지 민사집행법 제247조에 의한 배당요구를 하지 않더라도 배당절차에 참가할 수 있다.</u> 따라서 <u>압류가 경합된 상태에서 제3채무자가 집행공탁을 하여 사유를 신고하면서 경합된 압류 중 일부에 관한 기재를 누락하였다 하더라도 달리 볼 것은 아니며,</u> 그 후 이루어진 공탁금에 대한 배당절차에서 기재가 누락된 압류의 집행채권이 배당에서 제외된 경우에 압류채권자는 과다배당을 받게 된 다른 압류채권자 등을 상대로 배당이의의 소를 제기하여 배당표의 경정을 구할 수 있다(대판 2015.4.23. 2013다207774).

               기출 20 · 19 · 18

전부명령 등의 효력 불발생

전부명령과 민사집행법 제241조에 의한 양도명령은 그 명령이 제3채무자에게 송달되기 전에 다른 채권자가 압류·가압류 또는 배당요구를 한 때에는 효력이 없다(제229조 제5항, 제241조 제6항).

배당요구의 효력 발생

이중의 압류명령이 제3채무자에게 송달되면 각 압류는 그 선후와는 관계없이 서로 배당요구를 한 것과 같은 효력을 가진다.

⑤ 다른 절차에 의한 압류와의 경합
  ㉠ 담보권의 실행 등을 위한 압류와 경합
    ㉮ 담보권 실행을 위한 압류와 일반 강제집행에 의한 압류 사이에도 경합의 문제가 발생하는 지가 문제된다.
    ㉯ 이러한 경우에는 우선변제권의 범위 내에서 담보권자가 우선하게 되므로 압류의 경합이 있더라도 담보권자는 전부명령을 얻을 수 있고, 또는 고유의 추심권능에 기초하여 추심권을 행사할 수 있으며, 그러한 우선권 있는 담보권 등에 기초한 압류의 효력도 확장되지 않는다.
  ㉡ 체납처분과 압류의 경합 : 체납처분에 의한 채권압류로 인하여 압류가 경합되더라도 압류효력의 확장에 관한 민사집행법 제235조는 적용되지 않는다.

> 체납처분에 의한 채권압류는 채권의 일부가 압류된 후에 그 나머지 부분을 초과하여 다시 압류명령이 발하여진 때에는 각 압류의 효력은 그 채권의 전부에 미친다고 하는 일반채권에 기한 강제집행에 있어서의 압류경합의 경우와 다르다고 할 것으로서 우선권 있는 채권에 기한 체납처분에 의한 압류에 관하여서는 피압류채권의 일부를 특정하여 압류한 경우 그 특정한 채권부분에 한하여 압류의 효력이 미치는 것이며 그 후 강제집행에 의한 압류가 있고 그 압류된 금액의 합계가 피압류채권의 총액을 초과한다고 하더라도 그 압류의 효력이 피압류채권 전액으로 확장되지 아니한다고 할 것이므로 나머지 부분에 대하여는 압류경합이 되는 것은 아니라고 할 것이다(대판 1991.10.11. 91다12233). **기출** 21

  ㉢ 체납처분에 의한 채권압류와 민사집행법상 압류·추심명령이 있는 경우

> • 현행법상 체납처분절차와 민사집행절차는 별개의 절차이고 두 절차 상호 간의 관계를 조정하는 법률의 규정이 없어 한쪽의 절차가 다른 쪽의 절차에 간섭할 수 없으므로, 체납처분에 의하여 압류된 채권에 대하여도 민사집행법에 따라 압류 및 추심명령을 할 수 있고, 그 반대로 민사집행법에 따른 압류 및 추심명령의 대상이 된 채권에 대하여도 체납처분에 의한 압류를 할 수 있다(대판 2015.8.28. 2013다203833). **기출** 21
>
> • 현행법상 체납처분절차와 민사집행절차는 별개의 절차이고 두 절차 상호 간의 관계를 조정하는 법률의 규정이 없으므로, 한쪽의 절차가 다른 쪽의 절차에 간섭할 수 없는 반면, 쌍방 절차에서 각 채권자는 서로 다른 절차에 정한 방법으로 다른 절차에 참여하게 된다. 따라서 체납처분에 따라 압류된 채권에 대하여도 민사집행법에 따라 압류 및 추심명령을 할 수 있고, 민사집행절차에서 압류 및 추심명령을 받은 채권자는 제3채무자를 상대로 추심의 소를 제기할 수 있다. 제3채무자는 압류 및 추심명령에 선행하는 체납처분에 의한 압류가 있어 서로 경합된다는 사정만을 내세워 민사집행절차에서 압류 및 추심명령을 받은 채권자의 추심청구를 거절할 수 없고, 또한 민사집행절차에 따른 압류가 근로기준법에 따라 우선변제권을 가지는 임금 등 채권에 기한 것이라는 등의 사정을 내세워 체납처분에 의한 압류채권자의 추심청구를 거절할 수도 없다(대판 2015.7.9. 2013다60982).
>
> • 제3채무자는 체납처분에 따른 압류채권자와 민사집행절차에서 압류 및 추심명령을 받은 채권자 중 어느 한쪽의 청구에 응하여 그에게 채무를 변제하고 변제 부분에 대한 채무의 소멸을 주장할 수 있으며, 또한 민사집행법 제248조 제1항에 따른 집행공탁을 하여 면책될 수도 있다. 그리고 체납처분에 의한 압류채권자가 제3채무자에게서 압류채권을 추심하면 국세징수법에 따른 배분절차를 진행하는 것과 마찬가지로, 민사집행절차에서 압류 및 추심명령을 받은 채권자가 제3채무자에게서 압류채권을 추심한 경우에는 민사집행법 제236조 제2항에 따라 추심한 금액을 바로 공탁하고 사유를 신고하여야 한다(대판 2015.7.9. 2013다60982). **기출** 21·16

4. 배당요구

① **의의** : 배당요구는 먼저 강제집행에 착수한 채권자가 있는 경우에 다른 채권자가 그 강제집행절차에서 동일한 재산으로부터 평등한 비율로 변제를 받으려고 하는 일종의 집행행위(집행신청)이다.

② **배당요구를 할 수 있는 채권자**(제247조)

    ㉠ 배당요구를 할 수 있는 자는 '민법·상법 그 밖의 법률에 의하여 우선변제청구권이 있는 채권자'와 '집행력 있는 정본을 가진 채권자'이다(제247조 제1항). 그 범위가 유체동산보다는 넓고 부동산집행보다는 좁다. 기출 25

> • 체납처분에 의한 압류는, 비록 그 자체만을 이유로 집행공탁을 할 수 있는 민사집행법 제248조 제1항의 '압류'에는 포함되지 않지만, 제3채무자에게 채무자에 대한 지급을 금지하고 채무자에게 채권의 처분과 영수를 금지하는 효력을 가지는 것으로서 민사집행절차에서 압류명령을 받은 채권자의 전속적인 만족을 배제하고 배당절차를 거쳐야만 하게 하는 민사집행법 제229조 제5항의 '다른 채권자의 압류'나 민사집행법 제236조 제2항의 '다른 압류'에는 해당한다(대판 2015.8.28. 2013다203833). 기출 21
> • 그런데 민사집행법에 따른 압류 및 추심명령과 체납처분에 의한 압류가 경합한 후 제3채무자가 민사집행절차에서 압류 및 추심명령을 받은 채권자의 추심청구에 응하거나 민사집행법 제248조 제1항에 따른 집행공탁을 하게 되면, 그 피압류채권은 소멸하게 되고 이러한 효력은 민사집행절차에서 압류 및 추심명령을 받은 채권자에 대하여는 물론 체납처분에 의한 압류채권자에 대하여도 미치므로, 민사집행법에 따른 압류 및 추심명령과 함께 체납처분에 의한 압류도 그 목적을 달성하여 효력을 상실하는 것으로 보아야 한다. 따라서 민사집행절차에서 압류 및 추심명령을 받은 채권자뿐만 아니라 체납처분에 의한 압류채권자의 지위도 민사집행법상의 배당절차에서 배당을 받을 채권자의 지위로 전환된다고 할 것이어서, 체납처분에 의한 압류채권자가 공탁사유신고 시나 추심신고 시까지 민사집행법 제247조에 의한 배당요구를 따로 하지 않았다고 하더라도 그 배당절차에 참가할 수 있다(대판 2015.8.28. 2013다203833). 기출 21
> • [1] 민사집행법 제247조 제1항은 금전채권에 대한 강제집행에 있어서 배당요구를 할 수 있는 채권자의 범위를 '민법·상법 기타 법률에 의하여 우선변제청구권이 있는 채권자'와 '집행력 있는 정본을 가진 채권자'로 제한하여 규정하고 있으므로, 그 어느 것에도 해당하지 않는 채권자는, 위 조항 각 호의 사유 발생 전에 미리 가압류를 하여 이른바 경합압류채권자로서 배당에 참가하게 되는 것은 별론으로 하고, 별도의 배당요구를 할 자격이 없다. [2] 수익자에 대한 사해행위취소(소유권이전등기말소)소송에서 승소하고 그 목적물인 부동산의 경매절차에서 발생한 수익자의 배당잔금지급청구권에 대하여 지급정지가처분(위 사해행위취소소송을 본안으로 한 가처분)을 하여 두었을 뿐인 채권자는 위 배당잔금지급청구권에 대한 압류경합에 따라 개시된 배당절차에서 배당요구를 할 수 있는 채권자에 해당하지 않는다고 한 사례(대판 2003.12.11. 2003다47638). 기출 25

    ㉡ 변제기가 도래하지 아니한 채권[120]에 대하여는 집행권원을 가지고 있더라도 배당요구를 할 수 없다.

    ㉢ 조건부채권[121]에 대한 집행권원을 가진 자도 배당요구는 할 수 없다.

    ㉣ 다만 조건부채권이 담보권의 피담보채권인 경우에는 그 담보권에 기초하여 배당요구를 할 수 있고, 이 경우 정지조건부채권에 대한 배당액은 공탁하여 그 뒤에 조건의 성취여부에 따라 공탁금을 지급하거나 공탁금에 대한 배당을 실시하여야 한다(제256조, 제161조 제1항).

③ **배당요구의 절차**

    ㉠ 집행력 있는 정본에 의하여 배당요구를 신청하는 경우에는 배당요구신청서에 집행문이 부여된 집행권원의 정본 또는 그 사본을 첨부하여야 한다.

---

120) 집행개시요건을 갖추지 못함
121) 집행문을 부여받기 위하여 조건의 성취가 증명되어야 하기 때문이다.

ⓒ 배당요구는 채권집행사건이 계속된 법원에 신청하여야 한다. 중복압류가 서로 다른 법원에 의하여
이루어진 경우에는 그중 어느 법원에 배당요구를 하여도 상관없다.

ⓒ 배당요구신청서를 접수한 집행법원의 법원사무관등은 배당에 참가한 각 채권자와 채무자는 물론 제3
채무자에게도 배당요구사유를 통지하여야 한다(제247조 제3항, 제219조).

ⓒ '채무자'가 외국에 있거나 있는 곳이 분명하지 아니한 때에는 통지할 필요가 없다(제12조).

④ 배당요구의 종기

㉠ 종 기

㉮ 배당요구는 채권자의 경합이 있는 경우에는 제3채무자가 채무액을 공탁하고 민사집행법 제248조
제4항에 의하여 공탁사유신고를 한 때까지, 채권자가 추심명령에 의하여 채권을 추심한 때에는
민사집행법 제236조 제1항에 의하여 추심의 신고를 한 때까지, 채권이 특별현금화에 의하여 매각
된 경우에는 집행관이 매각대금을 법원에 제출한 때까지 각각 배당요구를 할 수 있다(제247조 제1항).

㉯ 제3채무자의 집행공탁에 대하여 공탁사유신고 각하결정이 내려진 경우, 그 사유신고에 민사집행
법 제247조 제1항 제1호에 정한 배당가입차단의 효력은 인정되지 않는다.

> [1] 채무액을 공탁한 제3채무자가 그 사유를 법원에 신고하면 배당절차가 개시되는 것이 원칙이지만
> 법원이 사유신고서를 접수한 결과 배당절차에 의할 것이 아니라고 판단될 경우 그 신고서를 각하하는
> 결정을 할 수 있고, 이 경우에는 배당절차가 개시되는 것이 아니므로 그 사유신고에는 새로운 권리자의
> 배당가입을 차단하는 민사집행법 제247조 제1항 제1호 소정의 효력이 없다.
> [2] 대공탁은 공탁유가증권의 상환기가 도래하였을 때 공탁자 또는 피공탁자의 청구에 기하여 공탁기관
> 이 공탁유가증권의 상환금을 받아 종전 공탁유가증권에 대신하여 그 상환금을 공탁함으로써 종전 공탁
> 의 효력을 지속하게 하는 공탁이므로 대공탁을 하게 되면 공탁의 목적물은 유가증권에서 금전으로
> 변경되나 공탁의 동일성은 유지된다 할 것이고, 부속공탁은 공탁유가증권의 이자 또는 배당금의 지급기
> 가 도래하였을 때 공탁기관이 그 이자 또는 배당금을 수령하여 공탁유가증권에 부속시켜 공탁함으로써
> 기본공탁의 효력을 그 이자 또는 배당금에 의한 금전공탁에도 일체로서 미치게 하는 것이므로, 당초
> 공탁된 유가증권 인도청구권에 대한 압류 및 배당요구의 효력은 공탁기관이 그 유가증권을 환가하여
> 현금화한 원금과 이자에 대한 대공탁과 부속공탁에 미친다(대판 2005.5.13. 2005다1766).

㉰ 추심명령에 의하여 제3채무자가 변제하면 면책되지만, 추심채권자는 집행법원에 추심의 신고를
하여야 비로소 다른 채권자의 배당요구를 막을 수 있다.

㉱ 계속적 수입채권을 압류한 경우에 이미 변제기가 도래한 채권만을 추심한 때에는 그것이 집행채
권액에 미달하더라도 채권자는 추심신고를 할 수 있고 그 이후 그 금액에 대한 배당요구는 차단
된다.

㉡ 배당요구가 금지되는 경우

㉮ 전부명령이 제3채무자에게 송달된 뒤에는 배당요구를 하지 못한다(제247조 제2항).

㉯ 전부명령은 확정시에 그 효력이 발생하지만 확정된 경우에는 전부명령이 제3채무자에게 송달된
때에 피전부채권은 압류채권의 지급에 갈음하여 전부채권자에게 이전하게 되어 권면액으로 변제
된 것으로 보아 강제집행절차가 종료되므로, 전부명령이 효력을 발생한 이상 제3채무자에 대하여
송달된 뒤의 배당요구는 그 효력이 없다.

㉰ 특별현금화방법으로 양도명령이 내려진 경우에도 전부명령과 마찬가지로 제3채무자에게 송달된
뒤에는 배당요구를 할 수 없다.

㉱ 추심명령이 내려진 뒤 채무자의 신청에 의하여 압류액을 채권자의 요구액으로 제한한 경우에는
그 제한부분에 관하여 다른 채권자의 배당요구가 금지된다(제232조 제2항).

⑭ 채권압류가 있은 뒤에 채무자가 피압류채권을 제3자에게 양도하고 그 대항요건을 구비한 때에는 그 채무자에 대한 다른 채권자는 그 뒤 동일한 채권을 중복하여 압류할 수 없음은 물론 선행 압류 절차에 배당요구도 할 수 없다.

⑤ 배당요구의 효력

　　㉠ 적법한 배당요구의 신청이 있으면 배당요구채권자는 추심금이나 현금화한 금전에서 압류채권자와 평등하게 배당을 받을 수 있는 지위 또는 우선변제권이 있는 경우에 다른 채권자에 우선하여 배당을 받을 수 있는 지위를 가지게 된다.

　　㉡ 배당요구채권자는 배당법원으로부터 배당기일을 통지받고(제255조) 배당표에 대하여 이의할 수 있는 권리가 있다(제151조). 배당요구가 있으면 그 뒤 전부명령은 허용되지 아니한다.

　　㉢ 집행력 있는 정본을 가진 배당요구채권자는 압류채권자가 추심을 게을리한 때에는 압류채권자에 대하여 일정한 기간 내에 추심할 것을 최고하고 이에 따르지 아니하는 경우 법원의 허가를 얻어 스스로 추심할 수 있다(제250조). **기출** 25

　　㉣ 집행력 있는 정본을 가진 배당요구채권자는 압류채권자가 제기한 추심소송에 공동소송인으로 참가할 수 있다(제249조 제2항). **기출** 25

　　㉤ 제3채무자에 대하여 채무액의 공탁을 청구할 수도 있고, 이 경우에 제3채무자는 압류된 부분에 해당하는 금액을 공탁하여야 한다(제248조 제2항).

　　㉥ 배당요구는 민법 제168조 제2호의 압류에 준하는 것으로서 배당요구에 관련된 채권에 관하여 소멸시효를 중단하는 효력이 있다(대판 2002.2.26. 2000다25484).

제31절　동산에 대한 강제집행 – (4) 유체물의 인도청구권 등에 대한 집행

I　총 설

> **민사집행법 제242조(유체물 인도청구권 등에 대한 집행)**
> 부동산·유체동산·선박·자동차·건설기계·항공기·경량항공기 등 유체물의 인도나 권리이전의 청구권에 대한 강제집행에 대하여는 제243조부터 제245조까지의 규정을 우선적용하는 것을 제외하고는 제227조부터 제240조까지의 규정을 준용한다.

① 금전채권의 만족은 궁극적으로 집행절차를 통하여 책임재산에 대한 현금화를 통해 이루어진다. 그런데 채무자의 책임재산이 유체물(유체동산·부동산)에 대한 인도(점유의 이전)나 권리의 이전을 구하는 권리인 경우에는 이를 곧바로 매각하여 현금화한다는 것이 매우 어렵다.

② 이러한 이유에서 민사집행법은 유체물인도·권리이전청구권의 급부의 내용을 실현시킨 다음 그 실현결과물을 현금화하는 방법으로 강제집행절차를 규율하고 있다.

③ 그러므로 유체물인도·권리이전청구권에 대한 강제집행은 집행의 대상이 되는 청구권을 실현시키는 점에 절차의 중점이 놓여지게 된다.

④ 그러나 실무상 이러한 강제집행은 그리 많지 않다. 이러한 경우 채권자는 강제집행절차를 거치지 아니하더라도 채권자 대위권을 행사하여 당해 청구권의 급부내용을 실현시킨 다음 통상의 유체동산 또는 부동산 강제집행에 의하는 것이 가능하기 때문이다.

⑤ '유체물인도청구권'에는 유체동산·부동산의 인도를 구하는 권리가 있고, '유체물권리이전청구권'에는 유체 동산의 권리이전이나 부동산의 권리이전을 구하는 권리가 있다.

Ⅱ 유체동산의 인도·권리이전청구권에 대한 집행

> **민사집행법 제243조(유체동산에 관한 청구권의 압류)**
> ① 유체동산에 관한 청구권을 압류하는 경우에는 법원이 제3채무자에 대하여 그 동산을 채권자의 위임을 받은 집행관에게 인도하도록 명한다.
> ② 채권자는 제3채무자에 대하여 제1항의 명령의 이행을 구하기 위하여 법원에 추심명령을 신청할 수 있다.
> ③ 제1항의 동산의 현금화에 대하여는 압류한 유체동산의 현금화에 관한 규정을 적용한다.
>
> **민사집행법규칙 제171조(선박 등 청구권에 대한 집행)**
> ② 자동차 또는 건설기계의 인도청구권에 대한 압류에 관하여는 법 제243조(유체동산에 관한 청구권의 압류) 제1항·제2항의 규정을 준용한다.
> ③ 제1항 또는 제2항의 규정에 따라 인도 또는 권리이전된 선박·항공기·자동차 또는 건설기계의 강제집행에 대하여는 선박·항공기·자동차 또는 건설기계 강제집행에 관한 규정을 각기 적용한다.

1. 서 설

채무자가 제3채무자에게 유체동산인도청구권이나 유체동산권리이전청구권을 가지고 있는 경우에, 채권자는 그 유체동산으로부터 자기의 금전채권의 만족을 얻기 위하여 채무자의 제3채무자에 대한 유체동산인도청구권이나 유체동산에 대한 권리이전청구권을 압류하여 그 청구권의 내용을 실현시켜 그 유체동산을 채무자의 책임재산으로 강제집행할 수 있는 상태로 만든 후, 이를 현금화하여 그 매각대금에서 채권의 변제를 받을 수 있다(제242조, 제243조).

2. 집행의 대상

① 채무자가 제3채무자에 대하여 가지는 '유체동산의 인도 또는 권리이전을 구하는 청구권'이 집행의 대상이 된다.
　　㉠ 청구권 자체를 처분하기 위한 것이 아니다.
　　㉡ 당해 청구권의 성질이 물권적 청구권이든 채권적 청구권이든 묻지 아니한다.
② 그러나 청구권의 실현결과 목적물이 채무자의 책임재산을 구성하는 것이어야 하므로 그 청구권이 단순히 채무자의 점유만을 목적으로 하는 때에는 본 절차의 대상이 아니다.
③ 채무자가 임차권에 기하여 임대인에게 갖는 임차목적물 인도청구권은 본 절차의 대상으로 삼을 수 없다.

3. 압류절차

① 집행신청
　　㉠ 제3채무자에 대한 채무자의 금전채권 또는 유가증권, 그 밖의 유체물의 권리이전이나 인도를 목적으로 한 채권에 대한 강제집행은 집행법원의 압류명령에 의하여 개시한다(제223조).
　　㉡ 압류명령은 채권자가 서면으로 신청하여 집행법원이 내린다.

② 압류명령

　　㉠ 압류명령의 내용 : 집행신청이 있고 이유가 있으면 집행법원은 압류선언에 덧붙여, 아래의 내용을 행할 수 있다.

　　　㉮ 제3채무자에게 채무자에 대한 유체동산의 인도 또는 권리이전을 금지

　　　㉯ 채무자에 대하여 그 청구권의 추심과 처분을 금지

　　　㉰ 제3채무자는 그 유체동산을 채권자의 위임을 받은 집행관에게 인도하는 것을 명한다(제243조 제1항). 인도명령은 별도로 내릴 수도 있다.

　　㉡ 인도명령

　　　㉮ '인도명령'은 환가를 위한 준비로서 의미가 있는 것으로 압류명령의 본질적 부분을 구성하는 것은 아니며, 인도명령의 기재가 없는 압류명령도 완전히 유효한 것인바, 압류명령이 제3채무자에게 송달됨으로써 유체동산인도청구권 자체에 대한 압류의 집행은 끝나고 그 효력이 발생하는 것이다 (대판 1994.3.25. 93다42757). **기출** 10

> 유체동산인도청구권의 압류(강제집행에 관한 규정을 준용하는 가압류의 경우도 마찬가지이다)는 원칙적으로 금전채권의 압류에 준하여 집행법원의 압류명령과 그 송달로써 하는 것으로 제3채무자에 대한 압류명령의 송달이 있으면 압류의 효력이 발생하는 것이고, 민사집행법 제243조 제1항 소정의 이른바 인도명령은 같은 조 제2항에 의한 환가를 위한 준비로서 의미가 있는 것으로 압류명령의 본질적 부분을 구성하는 것은 아니며, 인도명령의 기재가 없는 압류명령도 완전히 유효한 것인바, 압류명령이 제3채무자에게 송달됨으로써 유체동산인도청구권 자체에 대한 압류의 집행은 끝나고 그 효력이 발생하는 것이다(대판 1994.3.25. 93다42757). **기출** 10

　　　㉯ 인도명령은 집행관에게 유체동산의 수령권한 부여에 그치는 것이므로 제3채무자가 집행관에게 임의로 인도하면 면책되지만, 제3채무자가 인도를 거부하는 경우에 집행관이 강제로 인도집행을 할 수는 없다.

　　　㉰ 따라서 제3채무자가 임의로 인도하지 않는 경우에 채권자가 이를 강제하기 위해서는 추심명령을 얻어 추심의 소를 제기하여야 한다.

　　㉢ 송달 및 효력발생

　　　㉮ 압류명령은 제3채무자와 채무자에게 송달하여야 한다(제242조, 제227조 제2항).

　　　㉯ 압류명령이 제3채무자에게 송달되면 압류의 효력이 발생한다(제242조, 제227조 제3항).

4. 청구권의 현실화절차

> **민사집행법 제245조(전부명령 제외)**
> 유체물의 인도나 권리이전의 청구권에 대하여는 전부명령을 하지 못한다. **기출** 10

① 서 설

　　㉠ 유체동산 인도·권리이전청구권의 현실화 방법은 추심명령과 추심의 소에 의한다. : 여기서 추심명령은 금전채권에 대한 집행에서의 추심명령과 그 내용이 전혀 다른 것이다.

　　㉡ 유체물의 인도나 권리이전의 청구권에 대하여는 전부명령은 인정되지 않는다(제245조). 권면액이 없기 때문이다. **기출** 10

② 추심명령

    ㉠ 제3채무자가 인도명령에 따라 임의로 인도하지 아니하는 경우에는 인도명령으로 집행관이 강제로 인도집행을 할 수는 없으므로 채권자는 별도로 집행법원에 인도를 구하는 권능의 부여를 신청하여야 한다.

    ㉡ 이러한 신청에 대한 법원의 재판을 '추심명령'이라 한다.

③ 추심의 소

    ㉠ 제3채무자가 추심명령이 있음에도 인도를 거부하는 경우에는 추심명령만으로는 직접 인도를 강제할 수는 없다.

    ㉡ 따라서 채권자는 별도로 추심의 소를 제기하여 판결을 받은 다음 이를 집행권원으로 하여 유체동산인 도청구권의 집행절차에 따라 인도를 강제하여야 한다.

5. 현금화 절차(= 집행관에 의한 매각)

① 집행관에게 인도된 유체동산은 민사집행법 제199조의 규정(유체동산의 매각)에 따라 집행관의 매각에 의하여 현금화된다(제243조 제3항).

② 집행관이 이러한 현금화절차를 진행함에는 인도명령이 있는 것으로 족하고 별도의 집행위임이 필요 없다.

③ 다만, 집행관은 현금화를 마치면 매각대금을 자기의 권한으로 배당할 수는 없으며 매각대금을 집행법원에 제출하여야 한다. 배당은 집행법원이 민사집행법 제252조의 규정에 따라 진행하게 된다.

Ⅲ 부동산 등의 인도 · 권리이전청구권에 대한 집행

민사집행법 제244조(부동산청구권에 대한 압류)

① 부동산에 관한 인도청구권의 압류에 대하여는 그 부동산소재지의 지방법원은 채권자 또는 제3채무자의 신청에 의하여 보관인을 정하고 제3채무자에 대하여 그 부동산을 보관인에게 인도할 것을 명하여야 한다. **기출** 22 · 16 · 12

② 부동산에 관한 권리이전청구권의 압류에 대하여는 그 부동산소재지의 지방법원은 채권자 또는 제3채무자의 신청에 의하여 보관인을 정하고 제3채무자에 대하여 그 부동산에 관한 채무자명의의 권리이전등기절차를 보관인에게 이행할 것을 명하여야 한다. **기출** 22 · 12

③ 제2항의 경우에 보관인은 채무자명의의 권리이전등기신청에 관하여 채무자의 대리인이 된다.

④ 채권자는 제3채무자에 대하여 제1항 또는 제2항의 명령의 이행을 구하기 위하여 법원에 추심명령을 신청할 수 있다. **기출** 12

민사집행법규칙 제171조(선박 등 청구권에 대한 집행)

① 선박 또는 항공기의 인도청구권에 대한 압류에 관하여는 법 제244조(부동산청구권에 대한 압류) 제1항 · 제4항의 규정을, 선박 · 항공기 · 자동차 또는 건설기계의 권리이전청구권에 대한 압류에 관하여는 법 제244조(부동산청구권에 대한 압류) 제2항 내지 제4항의 규정을 준용한다. **기출** 12 · 10

③ 제1항 또는 제2항의 규정에 따라 인도 또는 권리이전된 선박 · 항공기 · 자동차 또는 건설기계의 강제집행에 대하여는 선박 · 항공기 · 자동차 또는 건설기계 강제집행에 관한 규정을 각기 적용한다.

1. 서 설

채무자가 제3자에 대하여 부동산인도청구권이나 부동산소유권이전등기청구권 또는 소유권이전등기의 말소
등기청구권 등 부동산에 관한 등기청구권을 가지고 있는 경우에 채권자는 그 부동산으로부터 자기의 금전채
권의 만족을 얻기 위하여 채무자의 제3자에 대한 부동산에 관한 위와 같은 청구권을 압류하여 그 청구권의
내용을 실현시키고 그 부동산을 채무자의 책임재산으로 귀속시킨 후 이를 현금화(강제경매)하거나 또는
강제관리를 실시하여 그 매각대금이나 수익금으로부터 채권의 변제를 받을 수 있다(제242조, 제244조).

2. 집행의 대상

① 부동산권리이전청구권
　㉠ 부동산 청구권의 집행 중 가장 중요한 것은 등기청구권에 대한 집행이라고 할 수 있는데, 집행의
　　 대상이 되는 등기청구권에는 소유권이전등기청구권, 등기의 말소 또는 진정등기명의의 회복을 구하
　　 는 청구권 등이 포함된다. **기출** 16

> 소유권보존등기의 말소등기청구권도 민사집행법 제244조 제2항에서 말하는 '부동산에 관한 권리이전청구
> 권'에 포함된다(대결 2004.3.21. 2014마149).

　㉡ 부동산에 대한 청구권의 성질이 물권적 청구권이든 채권적 청구권이든 묻지 않는다. 청구권자체를
　　 처분하기 위한 것이 아니라는 점은 유체동산인도·권리이전청구권에 대한 집행과 동일하다.
　㉢ 권리이전청구권에 대한 집행의 경우에는 그 집행을 통하여 제3채무자로부터 채무자 명의로 등기를
　　 하게 하여 부동산 그 자체에 대한 강제경매 또는 강제관리를 개시할 수 있도록 하는 데 의미가 있다.
　㉣ 본등기청구권만이 집행의 대상으로 되고 가등기청구권은 그 대상이 되지 않는다. 가등기청구권에
　　 대한 집행이 있은 후에 현금화절차를 진행할 수 없기 때문이다. **기출** 12·16

② 부동산인도청구권
　㉠ 인도청구권에 대한 강제집행의 경우에는 부동산에 대한 채무자 명의의 등기가 이미 경료되어 있음을
　　 전제로 하는 경우에는, 제3자가 점유하는 부동산에 대하여도 강제경매나 강제관리를 개시할 수 있으
　　 므로 그 필요성이 적다.
　㉡ 부동산인도청구권에 대한 집행은 소유권이 반드시 채무자에게 귀속될 것을 요하지 아니하고 그 부동
　　 산을 채무자의 점유로 회복한 다음 강제관리를 할 수 있는 것이면 여기서의 청구권집행의 대상이
　　 된다. 즉 채무자가 전세권자로서 목적물을 제3채무자에게 임대한 경우 임대차계약 종료로 인한 건물
　　 명도청구권을 가지는 경우 등이다.

3. 압류절차

① 집행신청
　㉠ 제3자에 대한 채무자의 금전채권 또는 유가증권, 그 밖의 유체물의 권리이전이나 인도를 목적으로
　　 한 채권에 대한 강제집행은 집행법원의 압류명령에 의하여 개시한다(제223조).
　㉡ 압류명령은 채권자가 서면으로 신청하여 집행법원이 내린다.
　㉢ 부동산 등의 인도 또는 권리이전청구권에 대한 집행의 관할법원은 채무자의 보통재판적이 있는 곳의
　　 지방법원이지만, 그 지방법원이 없는 때에는 목적부동산이 있는 곳의 지방법원이다(제224조 제1항 및
　　 제2항 단서). **기출** 16

② 압류명령

　　㉠ 압류명령의 내용

　　　㉮ 제3채무자에 대하여 채무자에게 인도 또는 권리이전을 금지하며, 채무자에 대하여 그 청구권의 추심과 처분의 금지를 명하여야 한다.

　　　㉯ 다만 이전등기청구권의 압류에 있어서는 제3채무자에 대하여는 이전등기절차의 이행을 금지하고 채무자에 대하여는 이전등기청구권의 양도 그 밖의 처분을 금지하는 것으로 충분하다.

　　　㉰ 소유권이전등기청구권의 압류 또는 가압류 후에도 채무자 또는 제3채무자가 매매계약 자체를 해제할 수 있다.

> 소유권이전등기청구권의 가압류나 압류가 행하여지면 제3채무자로서는 채무자에게 등기이전행위를 하여서는 아니 되고, 그와 같은 행위로 채권자에게 대항할 수 없다 할 것이나, 가압류나 압류에 의하여 그 채권의 발생원인인 법률관계에 대한 채무자와 제3채무자의 처분까지도 구속되는 것은 아니므로 기본적 계약관계인 매매계약 자체를 해제할 수 있다(대판 2000.4.11. 99다51685).

　　　㉱ 부동산의 인도나 권리이전의 청구권에 대하여는 전부명령은 인정되지 않는다(제245조). **기출** 22

　　　㉲ 부동산의 인도 또는 권리이전청구권에 대한 강제집행은 금전채권에 관한 강제집행의 선행적 절차에 해당하는 것으로서, 그 절차 내에 환가절차가 예정되어 있지 않아 그 청구권 자체를 환가·처분하여 그 대금으로 채권자를 만족시키는 방법은 인정되지 않으므로 민사집행법 제241조 소정의 특별현금화 방법(양도명령, 매각명령, 관리명령 등)을 적용할 수 없다(대결 1999.12.9. 98마2934).
기출 23·16

　　　㉳ 보관인에게 인도되거나 채무자 명의로 권리이전 된 부동산은 부동산집행에 관한 규정에 의하여 현금화하므로(규칙 제170조), 종국적인 만족을 얻기 위해서는 채권자는 본래의 집행권원에 기초하여 인도 또는 권리이전 받은 부동산에 대한 강제경매 또는 강제관리를 신청하여야 한다(제170조, 대판 2002.10.25. 2002다39371).

　　㉡ 압류명령의 송달 및 효력발생 : 부동산 인도나 권리이전청구권에 대한 압류명령은 채무자와 제3채무자에게 송달하여야 하고, 압류명령이 제3채무자에게 송달되면 압류의 효력이 생긴다(제242조, 제227조 제2항·제3항). **기출** 22

　　㉢ 압류의 효력

　　　㉮ 소유권이전등기청구권에 대한 압류나 가압류가 되어 있는 경우라도 제3채무자나 채무자로부터 소유권이전등기를 넘겨받은 제3자에 대하여 원인무효를 주장하여 등기의 말소를 청구할 수 없다.
기출 10

> [1] '소유권이전등기청구권에 대한 압류나 가압류'는 채권에 대한 것이지 등기청구권의 목적물인 부동산에 대한 것이 아니고, 채무자와 제3채무자에게 결정을 송달하는 외에 현행법상 등기부에 이를 공시하는 방법이 없는 것으로서 당해 채권자와 채무자 및 제3채무자 사이에만 효력을 가지며, 압류나 가압류와 관계가 없는 제3자에 대하여는 압류나 가압류의 처분금지적 효력을 주장할 수 없으므로 소유권이전등기청구권의 압류나 가압류는 청구권의 목적물인 부동산 자체의 처분을 금지하는 대물적 효력은 없고, 제3채무자나 채무자로부터 소유권이전등기를 넘겨받은 제3자에 대하여는 취득한 등기가 원인무효라고 주장하여 말소를 청구할 수 없다. [2] 부동산소유권이전등기청구권의 가압류는 채무자 명의로 소유권을 이전하여 이에 대하여 강제집행을 할 것을 전제로 하고 있으므로 소유권이전등기청구권을 가압류하였다 하더라도 어떠한 경로로 제3채무자로부터 채무자 명의로 소유권이전등기가 마쳐졌다면 채권자는 부동산 자체를 가압류하거나 압류하면 될 것이지 등기를 말소할 필요는 없다(대판 1992.11.10. 92다4680[전합]). **기출** 25·10

ⓝ 다만, 채권자가 소유권이전등기청구권 압류 후 제3채무자가 위 압류결정을 무시하고 채무자에게 이전등기를 이행하고 채무자가 다시 제3자에게 이전등기를 경료해 준 결과 채권자에게 손해를 입힌 경우 불법행위를 구성하고 그에 따른 배상책임을 지게 된다.

> 소유권이전등기청구권에 대한 압류가 있으면 그 변제금지의 효력에 의하여 제3채무자는 채무자에게 임의로 이전등기를 이행하여서는 아니 되는 것이나, 그와 같은 압류는 채권에 대한 것이지 등기청구권의 목적물인 부동산에 대한 것이 아니고, 채무자와 제3채무자에게 결정을 송달하는 외에 현행법상 등기부에 이를 공시하는 방법이 없는 것으로서 당해 채권자와 채무자 및 제3채무자 사이에만 효력을 가지며, 제3자에 대하여는 압류의 변제금지의 효력을 주장할 수 없으므로 소유권이전등기청구권의 압류는 청구권의 목적물인 부동산 자체의 처분을 금지하는 대물적 효력은 없어서 제3채무자나 채무자로부터 이전등기를 경료한 제3자에 대하여는 취득한 등기가 원인무효라고 주장하여 말소를 청구할 수 없고, 제3채무자가 압류결정을 무시하고 이전등기를 이행하고 채무자가 다시 제3자에게 이전등기를 경료하여 준 결과 채권자에게 손해를 입힌 때에는 불법행위를 구성하고 그에 따른 배상책임을 지게 된다(대판 2002.10.25. 2002다39371).

ⓓ 제3채무자의 고의 또는 과실로 소유권이전등기청구권이 압류된 부동산에 관하여 채무자, 제3자 명의의 소유권이전등기가 순차 경료됨으로써 채권자에 대한 불법행위책임이 성립하는 경우, 채권자의 손해액(= 압류채권액 범위 내에서 배당받을 금액)

> 소유권이전등기청구권을 압류한 경우 채권자가 채권을 추심하기 위하여는 우선 민사집행법 제244조에서 정한 절차에 따라 부동산에 관하여 채무자 명의로 소유권이전등기를 경료한 다음 다시 그 부동산에 대한 강제경매를 실시하여 그 경매절차에서 배당받아야 할 것이므로, 제3채무자의 고의 또는 과실로 소유권이전등기청구권이 압류된 부동산에 관하여 채무자, 제3자 명의의 소유권이전등기가 순차 경료됨으로써 채권자에 대한 불법행위책임이 성립하는 경우, 그로 인한 압류채권자의 손해액은 압류채권액 범위 내에서 압류채권자가 배당받을 금액이라고 보아야 한다(대판 2002.10.25. 2002다39371).

ⓔ 압류명령에 대한 불복 : 부동산의 인도나 권리이전의 청구권에 대한 압류명령의 신청에 관한 재판에 대하여는 즉시항고를 할 수 있다(제242조, 제227조 제4항). **기출** 22

4. 청구권실현절차

① 보관인 선임과 인도명령·권리이전등기절차이행명령

ⓒ 보관인선임신청

ⓐ 채권자는 부동산이 있는 곳의 지방법원에 대하여 목적부동산의 보관인을 정하고, 제3채무자에 대하여 그 부동산을 보관인에게 인도하거나 권리이전등기절차를 이행하라는 결정을 하여 주도록 신청할 수 있다(제244조 제1항·제2항).

ⓑ 유체동산에 관한 청구권의 집행절차는 집행관이 관여하나 부동산에 관한 청구권에 있어서는 따로 보관인이 선임되어 절차에 관여하게 된다.

ⓒ 유체동산에 관한 청구권의 압류의 경우에 별도의 신청이 없더라도 목적물을 집행관에게 인도할 것을 명하여야 하지만, 부동산에 관한 청구권의 압류에서는 이후의 집행에 부동산의 점유가 반드시 필요한 것은 아니기 때문에 채권자 또는 제3채무자의 신청이 있는 경우에만 인도명령을 발할 수 있고 직권으로는 이를 발할 수 없다.

ⓛ 인도명령 및 권리이전등기절차이행명령

㉮ 신청이 이유 있으면 법원은 결정으로 보관인을 선임하고, 그 부동산을 보관인에게 인도하거나 보관인에게 부동산에 대하여 채무자 명의로 권리이전등기절차를 이행할 것을 명한다.

㉯ 권리이전청구권의 집행에 있어서 '보관인'은 채무자 명의로 권리이전등기를 신청함에 있어서 채무자의 대리인이 된다(제244조 제3항).

㉰ 보관인선임과 인도명령, 권리이전명령은 압류명령 그 자체의 효력과는 관계가 없으며, 압류명령의 본질적 부분을 구성하는 것도 아니다.

ⓒ 인도명령 및 권리이전등기절차이행명령의 효력

㉮ 위 명령으로는 보관인이 목적물의 점유를 강제로 취득하거나 일방적으로 등기신청을 할 수 있는 강제력이 없다. (∵ 판결이 아니기 때문에)

㉯ 제3채무자가 이행에 협조하는 경우 채무자 명의의 이전등기신청에 있어서 '보관인'만이 채무자의 법정대리인으로 채무자를 대리하여 이전등기신청을 할 수 있으며 '채무자' 스스로는 이를 할 수 없다. <mark>기출</mark> 16

㉰ 그러나 이전등기는 '채무자' 명의로 경료하여야 하며 '보관인' 명의로 등기하는 것은 아니다.

② 추심명령 및 추심의 소

㉠ 제3채무자가 보관인선임 및 인도 또는 권리이전등기명령에 따라서 보관인에 대하여 임의로 부동산의 인도의무를 이행하지 않거나 등기절차의 이행에 협력하지 않을 경우에는 '압류채권자'는 추심명령을 얻어 추심소송을 제기하여야 한다(제244조 제4항). '보관인'은 소를 제기할 권한이 없다. <mark>기출</mark> 10

㉡ 승소판결이 확정되면 부동산의 인도청구의 집행(제258조) 또는 의사표시의무의 집행(제263조)에 의한 강제집행의 방법으로 인도 또는 직접 채무자 명의로 등기를 실현하며 이로써 부동산에 관한 청구권의 집행은 종료하고, 그 후의 강제집행은 부동산에 대한 강제경매 또는 강제관리로 들어가게 된다.

5. 현금화절차

종국적인 만족을 얻기 위해서는 채권자는 본래의 집행권원에 기초하여 인도 또는 권리이전 받은 부동산에 대한 '강제경매' 또는 '강제관리'를 신청하여야 한다(규칙 제170조). <mark>기출</mark> 10

Ⅰ 서설

> **민사집행법 제251조(그 밖의 재산권에 대한 집행)**
> ① 앞의 여러 조문에 규정된 재산권 외에 부동산을 목적으로 하지 아니한 재산권에 대한 강제집행은 이 관의 규정(채권집행) 및 제98조 내지 제101조(일괄매각)의 규정을 준용한다.
> ② 제3채무자가 없는 경우에 압류는 채무자에게 권리처분을 금지하는 명령을 송달한 때에 효력이 생긴다.

1. 그 밖의 재산권

① 부동산을 목적으로 하지 아니하고 또 유체동산, 금전채권, 유체물의 인도나 권리이전을 목적으로 하는 청구권 이외의 재산권에 대한 강제집행에 관해서는 민사집행법 제223조 내지 제250조의 규정 및 민사집행법 제98조 내지 제101조의 규정을 준용한다(제251조).

② 부동산 집행의 대상이 되지 않는 재산 중 유체동산과 채권, 그리고 유체물 인도나 권리이전청구권을 제외한 것으로 민사집행법 제251조에 따른 강제집행의 대상이 되는 것을 '그 밖의 재산권'이라 한다.

2. 그 밖의 재산권에 대한 집행방법

① 지금까지 채무자의 책임재산이 부동산, 유체동산, 금전채권, 유체물인도·권리이전청구권인 경우의 집행절차에 대하여 살펴보았다.

② 그 밖의 재산권에 대하여는 개별적인 책임재산의 성질에 알맞은 집행절차를 두는 것이 논리적이겠지만 이는 입법기술상 매우 어려운 문제이다.

③ 이에 민사집행법은 제251조의 규정에서 '그 밖의 재산권에 대한 집행'이라는 제하에서 제98조 내지 제101조의 규정을 준용한다고 하여 최소한의 개괄적인 규정만을 두고 있다.

Ⅱ 집행의 대상

1. 그 밖의 재산권에 대한 집행의 대상이 되는 것

① 의의

㉠ 민사집행법에서 개별적으로 그 집행방법을 정한 부동산, 선박·자동차·건설기계·항공기, 유체동산, 채권 및 유체물 인도청구권 이외에 '그 밖의 재산권'은 다양하게 존재하고 있다.

㉡ 여기서 말하는 '그 밖의 재산권'에는 여러 가지가 있으나, 이를 압류·현금화하여 금전채권의 만족을 얻으려고 하는 것이므로 그 권리는 독립하여 재산적 가치가 있어야 하고, 금전적 평가가 가능한 것이어야 한다.

㉢ 따라서 조건부권리나 장래의 권리라고 하더라도 집행목적물을 특정하기 위한 법적 기초가 이미 성립되어 있는 경우에는 상관이 없다.

② 구체적인 경우

　　㉠ 일반적으로 위 집행의 대상이 될 수 있는 재산권으로는 특허권, 실용신안권, 의장권, 상표권, 저작권 등의 지적재산권, 양도가능한 전화의 전화사용권, 골프회원권·스포츠회원권·콘도회원권 등과 같은 설비의 이용을 목적으로 하는 재산권, 합명회사·합자회사·유한회사의 사원권, 예탁유가증권, 전세권 등을 들 수 있다.

> 골프회원권은 민사소송법 제584조 소정의 강제집행방법[민사집행법 제251조의 그 밖의 재산권에 대한 집행(註)]에 의한 집행대상이 되지만 회원이 퇴회할 때 행사할 수 있는 정지조건부 채권인 예치금반환청구권에 대하여 압류 및 전부명령을 받는 방법으로 집행할 수도 있다(대판 1989.11.10. 88다카19606). **기출** 15

　　㉡ 조합원의 지분권, (부부공유재산을 제외한) 유체동산의 공유지분권, 선박·자동차·건설기계·항공기의 공유지분에 대한 집행도 그 밖의 재산권의 집행의 예에 따른다. **기출** 13

　　㉢ 선박의 (공유)지분에 대한 강제집행은 제251조(그 밖의 재산권에 대한 집행)에서 규정한 강제집행의 예에 따른다(제185조 제1항). **기출** 13

　　㉣ 회사성립 후 또는 신주납입기일 후 6개월이 경과하도록 회사가 주권을 발행하지 않는 경우에는 주권 없이 주식을 양도할 수 있고, 양수인은 회사에 대하여 양수인 명의로 명의개서 후 양수인에게로의 주권의 발행을 청구할 수 있다. 이 경우에는 '주식 자체'가 채무자의 재산권이고 양도성이 있어, '그 밖의 재산권에 대한 집행의 예에 따른다. 따라서 주식 자체를 압류 목적물로 하여 집행법원으로부터 압류명령을 받고 그에 대한 양도명령, 매각명령 등 특별현금화방법의 결정을 받아 현금화하면 된다(대결 2011.5.6. 2011그37 참조). **기출** 13

　　㉤ 한국예탁결제원에 예탁된 유가증권(예탁유가증권)에 대한 강제집행은 그 밖의 재산권에 대한 집행방법에 따라 예탁유가증권에 관한 공유지분에 대한 법원의 압류명령에 따라 개시되고(제176조), 채권집행 등에 관한 규정의 대부분이 준용되고 있다(규칙 제182조). **기출** 13

　　㉥ 광업권의 공유지분에 대하여는 의문의 여지가 있으나 부동산의 경우와 달리 공유지분등록이 불가능하므로 민사집행법 제139조의 방법에 의하기는 어렵고 그 밖의 재산권에 대한 집행방법에 따른다.

　　㉦ 등기되어 있는 환매권(민법 제592조)은 독립한 재산권으로 볼 수 있으므로 그 밖의 재산권에 대한 집행방법에 따른다.

　　㉧ 공유수면점용허가권은 '그 밖의 재산권'에 대한 집행방법에 의한다. **기출** 15

> 공유수면관리법 제11조 제1항, 제2항, 같은 법 시행령 제19조 제1항의 각 규정에 의하면, 공유수면점용허가권은 공법상의 권리라고 하더라도 허가를 받은 자가 관할 관청의 허가 없이 그 점용허가권을 자유로이 양도할 수 있으므로 독립한 재산적 가치를 가지고 있고, 법률상 압류가 금지된 권리도 아니어서 민사집행법 제251조 소정의 '그 밖의 재산권'에 대한 집행방법에 의하여 강제집행을 할 수 있고, 사해행위로서 이를 양도한 경우에는 채권자취소권의 대상이 된다(대판 2005.11.10. 2004다7873).

2. 그 밖의 재산권에 대한 집행의 대상이 될 수 없는 것

① 해제권, 취소권 등 형성권이나 저당권, 질권 등과 같은 담보권 자체, 보증으로 인한 권리 등은 독립한 재산권이 아니어서 그 밖의 재산권에 대한 집행의 대상이 되지 않는다.

② 성명권, 초상권 등 인격권은 일신전속권이므로 그 밖의 재산권에 대한 집행의 대상이 되지 않는다.

③ 전기, 가스, 수도의 공급계약에 기초한 수요자의 권리는 금전적 평가를 할 수 없으므로 위 집행의 대상이 되지 않는다.

④ 광업권, 어업권, 댐사용권 등은 부동산집행의 방법에 따른다.

⑤ 건설업면허나 여객자동차운수아업면허권 등은 사업의 양도에 따라 이전되는 것이므로 그 면허만을 그 밖의 재산권으로서 집행의 대상의 삼기로 부적합하다. **기출** 15

> 건설업법 제6조, 제7조, 제9조, 제16조의2, 제13조, 제15조의 규정에 의하면, 건설부장관의 인가를 받아 건설업의 양도가 적법하게 이루어지면 건설업면허는 당연히 양수인에게 이전되는 것일 뿐, 건설업을 떠난 건설업면허 자체는 건설업을 합법적으로 영위할 수 있는 자격에 불과한 것으로서 양도가 허용되지 아니하는 것이라 할 것이므로, 결국 건설업자의 건설업면허는 법원이 강제집행의 방법으로 이를 압류하여 환가하기에는 적합하지 아니한 것이라 할 것이다(대결 1994.12.15. 94마1802).

⑥ '다른 공유자의 동의서가 첨부되지 아니한 특허권의 공유지분권'은 '그 밖의 재산권에 대한 집행'의 대상이 아니다. **기출** 13

> 특허권을 공유하는 경우에 각 공유자는 다른 공유자의 동의를 얻지 아니하면 그 지분을 양도하거나 그 지분을 목적으로 하는 질권을 설정할 수 없고, 그 특허권에 대하여 전용실시권을 설정하거나 통상실시권을 허락할 수 없는 등 특허권의 공유관계는 합유에 준하는 성질을 갖는 것이고, 또한 특허법이 위와 같이 공유지분의 자유로운 양도 등을 금지하는 것은 다른 공유자의 이익을 보호하려는 데 그 목적이 있으므로, 각 공유자의 공유지분은 다른 공유자의 동의를 얻지 않는 한 압류의 대상이 될 수 없다(대결 2012.4.16. 2011마2412).
>
> **기출** 13 · 15

Ⅲ 압류절차

1. 집행신청

① 관할 집행법원

㉠ '그 밖의 재산권'에 대한 압류명령의 신청은 일반의 채권압류에 준하여 이루어지므로 채무자의 보통재판적이 있는 곳을 관할하는 지방법원(제224조 제1항)이 관할 집행법원이다.

㉡ 다만, 특허권, 저작권 등의 지식재산권, 선박·항공기·자동차·건설기계 등의 공유지분, 등기된 임차권, 가등기상의 권리, 등기된 환매권, 합명회사 등의 사원권 등 그 권리 이전에 등기 또는 등록이 필요한 재산권에 대하여는, 채무자의 보통재판적이 없는 때에는 압류할 채권이 있는 곳이라고 할 수 있는 '그 등록 등을 하는 곳을 관할하는 지방법원'도 보충적 관할 집행법원이 되므로(규칙 제175조 제2항), 주의를 요한다. **기출** 15

② 압류의 신청방법

　　㉠ 집행의 신청에는 압류할 권리를 명확하게 특정하여야 한다. 그 존재를 증명할 필요는 없다.

　　㉡ 권리이전에 등기 또는 등록이 필요한 그 밖의 재산권에 대한 압류명령신청서에는 집행력 있는 정본 외에 권리에 관한 등기사항증명서 또는 등록원부의 등본이나 초본을 붙여야 한다(규칙 제175조 제1항).

기출 15

2. 압 류

① 그 밖의 재산권에 대한 압류는 금전채권의 압류에 관한 규정(제223조)을 준용하여 집행법원이 채권자의 신청에 의하여 압류명령을 발령하고 이를 송달함으로써 행한다.

② 압류명령은 채무자에게 송달하여야 하고, 제3채무자가 있을 경우에는 제3채무자에게도 송달하여야 한다. 압류명령은 그 송달로써 효력이 생긴다(제227조 제2항).

3. 현금화절차

① 압류된 그 밖의 재산권은 채권자의 신청에 따라 추심명령이나 전부명령 또는 민사집행법 제241조의 특별 현금화방법에 따라 현금화된다.

② 그 밖의 재산권은 그 종류가 다양하므로 추심명령이나 전부명령 등 통상의 현금화방법으로는 현금화하기 어려운 경우가 많으므로 특별현금화방법에 의한 현금화가 적당한 경우가 많다.

제33절　동산에 대한 강제집행 – (6) 배당절차

I　서 설

① 부동산집행에서의 배당절차는 압류·현금화절차와 함께 집행절차의 한 단계로서 집행절차에 당연히 포함되어 있으므로(제145조, 제169조) 별개의 절차로 취급되지 않지만, 동산집행에 있어서의 배당절차는 압류·현금화절차와는 독립된 별개의 절차로 실시된다.

② 금전채권에 대한 강제집행에 있어서 거의 모든 경우에 배당절차가 필요하지만, 전부명령, 양도명령이 확정된 경우에는 이로써 집행절차가 종료하므로 변제절차가 진행될 여지가 없다.

③ 민사집행법은 먼저 민사집행법 제145조 이하에서 부동산집행의 배당절차에 관하여 상세하게 규정하고(제145조 내지 제161조), 동산집행의 배당절차는 대체로 부동산집행에서의 배당절차에 관한 규정(제149조 내지 제161조)을 준용하도록 하고 있다(제256조).

Ⅱ 배당절차의 개시

1. 민사집행법 제222조의 규정에 따라 집행관이 공탁한 때(제252조 제1호)

유체동산집행에서 매각대금 또는 압류한 금전으로 배당에 참가한 모든 채권자를 만족하게 할 수 없고, 매각허가된 날부터 2주 이내에 채권자 사이에 배당협의가 이루어지지 아니한 때에는 집행관은 매각대금을 공탁하고 그 사유를 법원에 신고하여야 하는 바(제222조), 집행관의 공탁 및 사유신고가 있으면 집행법원(배당법원)의 배당절차가 개시된다. 기출 17

2. 민사집행법 제236조의 규정에 따라 추심채권자가 공탁한 때(제252조 제2호)

① 추심명령을 얻은 채권자는 추심한 채권액을 법원에 신고하여야 한다(제236조 제1항).

② 채권자의 추심신고 전에 다른 압류·가압류 또는 배당요구가 있었을 때에는 채권자는 추심한 금액을 바로 공탁하고 그 사유를 신고하여야 하는 바(제236조 제2항), 추심채권자가 공탁 및 사유신고를 하면 배당절차가 개시된다. 기출 17

3. 민사집행법 제248조의 규정에 따라 제3채무자가 공탁한 때(제252조 제2호)

① 민사집행법 제248조 제1항 내지 제3항의 규정에 따라 제3채무자가 채무액을 공탁한 때에는 그 사유를 법원에 신고하여야 하는 바(제248조 제4항), 이와 같이 제3채무자가 공탁 및 사유신고를 하면 배당절차가 개시된다.

② 채무자의 제3채무자에 대한 금전채권이 집행의 목적물이 되어 채권자가 압류한 경우에 민사집행법은 채권자의 경합이 없더라도 제3채무자는 자신의 권리로서 압류에 관련된 금전채권의 전액을 공탁할 수 있도록 하여 제3채무자가 압류의 구속에서 벗어날 수 있도록 하였고(제248조 제1항), 위 규정은 금전채권이 가압류된 경우에도 그대로 준용된다(제291조).

③ 그러나 국세징수법상의 체납처분에 의한 압류만을 이유로 집행공탁이 이루어진 경우에 제3채무자가 민사집행법 제248조 제4항에 따라 법원에 공탁사유를 신고하였다고 하더라도 민사집행법 제247조 제1항에 의한 배당요구 종기가 도래한다고 할 수는 없다(대판 2007.4.12. 2004다20326). 따라서 사업시행자가 법원에 공탁사유신고를 한 이후에도 채무자의 공탁금출급청구권에 대하여 채권압류 및 전부명령을 받는 등의 방법으로 물상대위권을 행사하여 위 공탁금으로부터 우선변제를 받을 수 있다. 기출 25·22

④ 관련 판례

> • '채권가압류를 이유로 한 제3채무자의 공탁'은 압류를 이유로 한 제3채무자의 공탁과 달리 그 공탁금으로부터 배당을 받을 수 있는 채권자의 범위를 확정하는 효력이 없고, 가압류의 제3채무자가 공탁을 하고 공탁사유를 법원에 신고하더라도 배당절차를 실시할 수 없으며, 공탁금에 대한 채무자의 출급청구권에 대하여 압류 및 공탁사유신고가 있을 때 비로소 배당절차를 실시할 수 있다(대판 2006.3.10. 2005다15765). 기출 21·19·18·17
>
> • 제3채무자가 혼합공탁을 하고 그 공탁사유신고를 한 후에 채무자의 공탁금출급청구권에 대하여 압류 및 추심명령을 받은 채권자는, '집행공탁에 해당하는 부분'에 대하여는 '배당가입차단효'로 인하여 적법한 배당요구를 하였다고 볼 수 없지만, '변제공탁에 해당하는 부분'에 대하여는 적법한 배당요구를 하였으므로, 집행공탁에 해당하는 부분으로부터 배당받은 사람에 대하여는 배당이의의 소를 제기할 원고적격이 없고, 변제공탁에 해당하는 부분으로부터 배당받은 사람에 대하여는 배당이의의 소를 제기할 원고적격이 있다(대판 2008.5.15. 2006다74693). 기출 19

- 압류채권자는 제3채무자의 공탁사유신고 시까지 민사집행법 제247조에 의한 배당요구를 하지 않더라도 배당절차에 참가할 수 있다. 따라서 압류가 경합된 상태에서 제3채무자가 집행공탁을 하여 사유를 신고하면서 경합된 압류 중 일부에 관한 기재를 누락하였다 하더라도 달리 볼 것은 아니며, 그 후 이루어진 공탁금에 대한 배당절차에서 기재가 누락된 압류의 집행채권이 배당에서 제외된 경우에 압류채권자는 과다배당을 받게 된 다른 압류채권자 등을 상대로 배당이의 소를 제기하여 배당표의 경정을 구할 수 있다(대판 2015.4.23. 2013다207774). **기출** 18 · 19
- 다른 채권자의 신청에 의하여 발령된 압류 · 가압류명령이 제3채무자의 집행공탁 후에야 제3채무자에게 송달되었더라도, 공탁사유신고서에 이에 관한 내용까지 기재되는 등으로 집행법원이 배당요구의 종기인 공탁사유신고 시까지 이와 같은 사실을 알 수 있었고, 또한 그 채권자가 법률에 따라 우선변제청구권이 있거나 집행력 있는 정본을 가진 채권자인 경우라면 배당요구의 효력은 인정되나, 집행법원이 공탁사유신고 시까지 이와 같은 사실을 알 수 없었던 경우라면 설령 이러한 압류 · 가압류명령이 공탁사유신고 전에 제3채무자에게 송달되었다고 하더라도 배당요구의 효력도 인정될 수 없다. 나아가 이러한 법리는 민사집행법의 규정에 의한 집행공탁과 민법의 규정에 의한 변제공탁이 혼합되어 공탁된 이른바 혼합공탁의 경우에도 그대로 적용된다(대판 2015.7.23. 2014다87502). **기출** 19
- 체납처분절차와 민사집행절차의 차이에 비추어 볼 때 공탁금회수청구권에 대하여 민사집행법에 의한 가압류와 체납처분에 의한 압류가 있는 경우 그 선후를 불문하고 사유신고의 대상이 아니라고 할 것이다. 또한 가압류만이 있는 경우에는 압류의 경합에 해당하지 아니하므로 공탁관은 공탁규칙 제58조 제1항에 따른 사유신고를 할 수 없다. 따라서 공탁금회수청구권에 대하여 민사집행법에 의한 가압류와 체납처분에 의한 압류가 경합하였다는 이유로 공탁관이 공탁규칙 제58조 제1항에 따라 집행법원에 사유신고를 하였다고 하더라도, 이러한 사유신고는 요건을 갖추지 못한 것으로 이로써 배당요구의 종기가 도래하거나 그 후의 배당요구를 차단하는 효력이 발생한다고 할 수는 없다(대판 2012.5.24. 2009다88112). **기출** 19

4. 민사집행법 제241조의 규정에 따라 현금화된 금전이 법원에 제출된 때(제252조 제3호)

① 압류된 채권이 조건 또는 기한이 있거나, 반대의무의 이행과 관련되어 있거나 그 밖의 이유로 추심하기 곤란할 때에는 법원은 채권자의 신청에 따라 추심에 갈음하여 법원이 정한 방법으로 그 채권을 매각하도록 집행관에게 명하는 매각명령을 할 수 있다(제241조 제1항 제2호).

② 특별현금화 방법의 하나로 법원의 매각명령에 따라 집행관은 매각절차를 마친 때에는 바로 매각대금과 매각에 관한 조서를 법원에 제출하여야 하는 바(규칙 제165조 제4항), 집행관이 현금화된 금전을 집행법원에 제출하면 배당절차가 개시된다(제252조 제3호). **기출** 17

5. 규칙 제169조의 규정에 따라 집행관이 현금화된 금전을 법원에 제출한 때(규칙 제183조)

유체동산에 관한 청구권에 대한 집행에 있어 집행관이 유체동산을 현금화한 경우에는 집행관은 바로 매각대금을 법원에 제출하여야 하는 바(규칙 제169조, 제165조 제4항), 집행관이 현금화된 금전을 집행법원에 제출한 때에도 배당절차가 개시된다(규칙 제183조). **기출** 17

CHAPTER
02

금전채권 외의
채권에 기초한 강제집행

제1절　서 설

Ⅰ　개 관

① 채권자의 금전채권 만족을 위해서는 공통적으로 채무자의 재산을 현금화하는 방법을 취하는 직접강제방식을 취하고 있다.

② 비금전채권의 만족을 위하여도 먼저 당해 비금전채권의 금전적 가치를 환산하여 채무자의 재산을 통하여 만족을 얻도록 하는 방법을 생각해 볼 수 있는데, 민사집행법은 비금전채권을 만족시키는 절차로 비금전채권의 내용 자체를 실현시키는 방식을 취하고 있다.

③ 이러한 비금전채권을 만족시키는 구체적 방식은 비금전채권의 내용에 따라 직접강제방식, 간접강제방식, 대체집행방식을 취하고 있다.

④ 한편, '의사표시를 구하는 채무의 집행'에 있어서는 채무자에게 직접적인 강제력의 행사나 의무의 부과를 거치지 아니하고 집행권원에 기초하여 채권자가 단독으로 비금전채권인 의사표시를 구하는 채무를 실현시키는 방식을 취하고 있다.

⑤ 이러한 채권만족방식은 본래 의미의 집행절차가 아니라는 점에서 다른 집행절차의 유형과는 이질적인 특성을 가지고 있다.

Ⅱ　비금전채권의 종류와 집행방식

1. 물건의 인도를 목적으로 하는 채권에 기초한 강제집행

① 이러한 채권에 기초한 강제집행은 다시 동산인도청구의 집행(제257조), 부동산이나 선박인도청구의 집행(제258조) 및 목적물을 제3자가 점유하는 경우의 집행(제259조)으로 나눌 수 있다.

② 이러한 채무에 관한 강제집행의 방법은 원칙적으로 직접강제에 의한다. 다만 예외적으로 간접강제도 허용된다.

2. 작위나 부작위를 목적으로 하는 채권에 기초한 강제집행

① 이러한 채권에 기초한 강제집행은 다시 그 강제집행방법에 따라 대체집행(제260조)과 간접강제(제261조)로 나눌 수 있다.

② 양자의 구별은 주로 그 채무의 성질상 대체성이 있는지의 여부에 따른다.

3. 의사표시의무의 집행

① 의사표시를 하여야 할 의무는 대체성이 없는 채무의 일종이므로 원래는 그 강제이행은 민사집행법 제261조의 간접강제의 방법에 의하여야 한다.

② 그러나 의사표시의무에 있어서는 그 의사표시에 의하여 발생하게 되는 법률효과가 인정되기만 하면 집행의 목적은 달성되는 것으로서 채무자 자신이 그러한 의사표시를 하는 것이 반드시 필요한 것은 아니다.

③ 그런데 이러한 경우에도 간접강제에 의하는 것은 채권자의 입장에서는 시간만 끄는 반면에 채무자에 대하여는 불필요하게 번거로움만을 끼치는 것에 불과하기 때문에 민사집행법은 보다 직접적인 구제수단으로서, 채무자가 권리관계의 성립을 인낙한 때에는 그 조서로, 의사의 진술을 명한 판결이 확정된 때에는 그 판결로 권리관계의 성립을 인낙하거나 의사를 진술한 것으로 보도록 하고 있다(제263조 제1항).

제2절   **유체물인도청구권의 집행**

I   동산인도청구권의 집행

민사집행법 제257조(동산인도청구의 집행) [기출] 15

채무자가 특정한 동산이나 대체물의 일정한 수량을 인도하여야 할 때에는 집행관은 이를 채무자로부터 빼앗아 채권자에게 인도하여야 한다.

---

1. 의 의

채무자가 특정한 동산이나 대체물의 일정한 수량을 인도하여야 할 때에는 동산인도청구의 강제집행은 집행관이 이를 채무자로부터 빼앗아 채권자에게 인도하여야 한다(제257조).[122] 채권자가 인도 집행을 시도하였으나 한차례 불능에 이른 사정이 있다고 하더라도 그러한 특정물 인도채무에 관하여 간접강제를 명할 수 없다(대결 2012.1.27. 2010마1850 참조). [기출] 25

2. 집행의 대상

① 동산은 유체동산을 말한다. 항공기, 자동차, 건설기계 등도 이에 해당하고, 그 등록의 가부 및 실제 등록의 여하는 불문하나, 선박은 원래 동산이지만, 그 인도청구의 집행에서는 '부동산'과 같이 취급된다(제258조).

② 금전집행이 아니므로 재산적 가치가 없는 동산의 인도집행도 가능하며, 압류금지물도 대상이 된다.

---

122) 동산인도청구의 집행은 '금전채권 외의 채권'에 기초한 강제집행으로 실현될 권리가 '비금전채권'인 채권자의 동산인도청구권이다. 반면 금전채권에 기초한 유체물 인도·권리이전청구권에 대한 강제집행은 실현될 권리가 금전채권이다. 양자를 혼동하지 않아야 할 것이다.

3. 집행기관

① 집행관이 집행기관이 된다(제257조).

② 채권자는 집행관에게 집행을 위임하여 집행관이 민사집행법 제257조에 따라 집행한다.

4. 집행절차

① 채권자의 집행 위임을 받은 집행관은 목적물인 특정한 동산이나 대체물의 일정한 수량을 채무자 또는 그 법정대리인으로부터 빼앗아 채권자에게 인도한다(제257조).

② 집행관은 강제집행의 장소에 채권자 또는 그 대리인이 출석하지 아니한 경우에 채무자로부터 목적물을 빼앗은 때에는 이를 보관하여야 한다(규칙 제186조 제2항).[123] 다만, 집행관은 강제집행의 장소에 채권자 또는 그 대리인이 출석하지 아니한 경우에 목적물의 종류·수량 등을 고려하여 부득이하다고 인정하는 때에는 강제집행의 실시를 유보할 수 있다(규칙 제186조 제1항). 기출 12

③ 반면, '부동산인도청구의 강제집행'은 채권자나 그 대리인이 인도받기 위하여 출석한 때에만 한다(제258조 제2항).

④ 인도할 물건을 제3자가 점유하고 있는 때에는 채권자의 신청에 따라 금전채권의 압류에 관한 규정에 따라 채무자의 제3자에 대한 인도청구권을 채권자에게 넘겨야 한다(제259조).

5. 유아인도청구권의 집행

유체동산인도청구권의 집행절차(제257조)에 준하여 집행관이 이를 강제집행할 수 있다(재판예규 제917-2호).

Ⅱ 부동산·선박 인도청구권의 집행

> **민사집행법 제258조(부동산 등의 인도청구의 집행)**
> ① 채무자가 부동산이나 선박을 인도하여야 할 때에는 집행관은 채무자로부터 점유를 빼앗아 채권자에게 인도하여야 한다.
> ② 제1항의 강제집행은 채권자나 그 대리인이 인도받기 위하여 출석한 때에만 한다.
> ③ 강제집행의 목적물이 아닌 동산은 집행관이 제거하여 채무자에게 인도하여야 한다.
> ④ 제3항의 경우 채무자가 없는 때에는 집행관은 채무자와 같이 사는 사리를 분별할 지능이 있는 친족 또는 채무자의 대리인이나 고용인에게 그 동산을 인도하여야 한다.
> ⑤ 채무자와 제4항에 적은 사람이 없는 때에는 집행관은 그 동산을 채무자의 비용으로 보관하여야 한다.
> ⑥ 채무자가 그 동산의 수취를 게을리한 때에는 집행관은 집행법원의 허가를 받아 동산에 대한 강제집행의 매각절차에 관한 규정에 따라 그 동산을 매각하고 비용을 뺀 뒤에 나머지 대금을 공탁하여야 한다. 기출 14
>
> **민사집행법 제259조(목적물을 제3자가 점유하는 경우)**
> 인도할 물건을 제3자가 점유하고 있는 때에는 채권자의 신청에 따라 금전채권의 압류에 관한 규정에 따라 채무자의 제3자에 대한 인도청구권을 채권자에게 넘겨야 한다. 기출 14

---

123) 따라서 유체동산인도청구권의 집행에서는 채권자 등이 출석하지 아니하여도 집행이 가능하다.

1. 의 의

① 채무자가 부동산이나 선박을 인도하여야 할 때에는 부동산 등의 인도청구권의 집행은 집행관이 채무자로부터 점유를 빼앗아 채권자에게 인도하여야 한다(제258조).

② 집행의 대상자는 집행권원에 표시된 채무자 본인이고, 목적물을 제3자가 점유하고 있는 경우에는 민사집행법 제258조에 의한 인도 집행을 할 수 없다(대결 2022.6.30. 2022그505).

> 부동산 인도청구권의 집행은 직접 부동산에 대한 채무자의 점유를 빼앗아 채권자에게 그 점유를 취득하게 하는 직접강제 방법에 의하여 진행하므로(민사집행법 제258조 제1항), 집행의 대상자는 집행권원에 표시된 채무자 본인이고, 목적물을 제3자가 점유하고 있는 경우에는 민사집행법 제258조에 의한 인도 집행을 할 수 없다.
>
> 따라서 집행기관으로서 집행관은 부동산 인도 집행을 개시함에 있어 집행권원에 표시된 채무자가 목적물을 점유하는지를 스스로 조사·판단하여야 한다. 이때 집행관은 그 개연성을 인정할 수 있는 외관과 징표에 의하여서만 판단할 수 있을 뿐이고 실질적 조사권은 없더라도, 집행관이 집행권원 등 관련 자료를 조사하면 쉽게 그 점유관계를 판단할 수 있는 경우 이를 조사·판단하여야 한다.
>
> 한편 점유사실을 인정하거나 점유자가 누구인지 판단함에 있어서 주민등록표 등본이나 사업자등록증은 중요한 자료이지만 유일한 자료는 아니다. 집행관은 이러한 자료뿐만 아니라 실제의 점유상황과 그 밖의 사정 등을 종합적으로 살펴 점유사실의 인정 내지 점유자를 특정하여야 한다. 특히 영업장 등의 점유자를 판단함에 있어서는 사업자등록증, 간판, 상호, 영수증, 기타 영업장 내의 부착물이나 집기, 각종 우편물, 납세고지서 등으로 점유자를 확인하고, 이를 통하여도 채무자의 점유를 확인할 수 없는 경우에 이르러야 집행불능으로 처리할 수 있다(대결 2022.6.30. 2022그505).

2. 집행의 대상

① 여기서의 부동산은 민법상 부동산을 의미하며, '선박'은 원래 동산이지만 인도청구의 집행에서는 선박의 대소나 등기의 유무를 불문하고 '부동산'과 같이 취급된다(제258조). 인도청구권은 채권적이거나 물권적이거나를 불문한다.

② 인도의 집행과 구별할 것으로 퇴거의 집행이 있다. '퇴거'는 건물점유자의 점유를 풀고 건물로부터 점유자를 쫓아내고 점유자가 점유하는 동산을 건물 밖으로 들어내는 것을 말한다.

③ 건물소유자를 채무자로 하는 건물철거의 집행에 있어서 건물을 점유하는 제3자가 있을 때에는 먼저 그 건물을 점유하는 제3자에 대하여 퇴거의 집행권원을 얻어 퇴거의 집행을 하여야 한다. 즉 제3자를 퇴거시킨 후가 아니면 건물철거의 집행(대체집행)을 할 수 없다.

> • 건물의 소유자가 그 건물의 소유를 통하여 타인 소유의 토지를 점유하고 있다고 하더라도 그 토지 소유자로서는 그 건물의 철거와 그 대지 부분의 인도를 청구할 수 있을 뿐, 자기 소유의 건물을 점유하고 있는 자에 대하여 그 건물에서 퇴거할 것을 청구할 수는 없다(대판 1999.7.9. 98다57457). **기출** 15
> • 건물의 '인도'는 건물에 대한 현실적·사실적 지배를 완전히 이전하는 것을 의미하고, 민사집행법상 인도청구의 집행은 집행관이 채무자로부터 물건의 점유를 빼앗아 이를 채권자에게 인도하는 방법으로 한다. 한편 건물에서의 '퇴거'는 건물에 대한 채무자의 점유를 해제하는 것을 의미할 뿐, 더 나아가 채권자에게 점유를 이전할 것까지 의미하지는 않는다는 점에서 건물의 '인도'와 구별된다. 그러므로 채권자가 소로써 채무자가 건물에서 퇴거할 것을 구하고 있는데 법원이 채무자의 건물 인도를 명하는 것은 처분권주의에 반하여 허용되지 않는다(대판 2024.6.13. 2024다213157).

④ **집행기관** : 집행관이 집행기관으로 된다(제258조 제1항).

3. 집행절차

① **채권자 등이 출석한 때에만 집행**

    ⊙ 채무자가 부동산이나 선박을 인도하여야 할 때에는 집행관이 직접 실력으로 당해 목적물에 대한 채무자의 점유를 빼앗아 채권자에게 인도하여 그 점유를 취득케 함으로써 종료한다(제258조 제1항, 대판 1996.12.20. 95다19843).

    ⓒ 부동산 등의 인도청구의 강제집행은 채권자나 그 대리인이 인도받기 위하여 출석한 때에만 한다(제258조 제2항).

② **가족, 동거인 등에 대한 집행** : 채무자와 함께 거주하고 있는 가족이나 동거인 또는 고용인 등에 대하여는 사회통념상 그들이 채무자와 별개 독립한 점유를 가진다고 인정되는 등의 특별한 사정이 없는 한 별도의 집행권원 없이도 채무자와 동시에 퇴거시켜서 집행할 수 있다.

③ **간접점유자에 대한 집행** : 간접점유자 및 직접점유자에 대한 집행권원을 가지고 부동산에 대한 인도청구권을 집행하는 채권자로서는 현실적으로 직접점유자에 대하여 인도집행을 함으로써 간접점유자에 대한 인도집행을 한꺼번에 할 수밖에 없으므로, 직접점유자에 대하여 부동산에 대한 인도집행을 마치면 간접점유자에 대하여도 집행을 종료한 것으로 본다(대결 2000.2.11. 99그92).

> 간접점유자가 직접점유자를 통하여 부동산을 간접적으로 점유하고 있는 경우 간접점유자 및 직접점유자에 대한 채무명의를 가지고 부동산에 대한 인도청구권을 집행하는 채권자로서는 현실적으로 직접점유자에 대하여 인도집행을 함으로써 간접점유자에 대한 인도집행을 한꺼번에 할 수밖에 없으므로, 직접점유자에 대하여 부동산에 대한 인도집행을 마치면 간접점유자에 대하여도 집행을 종료한 것으로 보아야 할 것이고, 또한 강제집행정지는 집행 종료 후에는 허용되지 아니한다(대결 2000.2.11. 99그92). `기출` 25

④ **인도집행의 부동산 안에 있는 동산의 처리**

    ⊙ 인도(강제)집행의 목적물이 아닌 동산

        ㉮ 강제집행의 목적물이 아닌 동산은 집행관이 제거하여 채무자에게 인도하여야 하는 바(제258조 제3항), 채무자가 없는 때에는 집행관은 채무자와 같이 사는 사리를 분별할 지능이 있는 친족 또는 채무자의 대리인이나 고용인에게 그 동산을 인도하여야 한다(제258조 제4항).

> • 건물명도의 강제집행은 당해 건물에 대한 채무자의 점유를 배제하고 채권자에게 그 점유를 취득케 함으로써 종료하는 것이고, 당해 건물 내에 있는 집행목적외 동산의 처리는 종료된 강제집행에서 파생된 사무적인 부수처분에 불과한 것으로서 채권자를 위한 집행행위가 아니므로, 비록 채권자가 건물 부분의 명도집행 당시 그 곳에 남아 있던 동산이 집행채무자의 소유가 아님을 알면서도 집행관에게 명도집행을 위임하여 시행케 하였다 하여도, 이러한 사유만으로는 그 명도집행이 위법하다고 할 수는 없다(대판 1996.12.20. 95다19843). `기출` 14 · 15
> • 부동산 등의 인도집행에서 강제집행의 목적물이 아닌 동산이 있는 경우에 집행관에게는 강제집행의 목적물이 아닌 동산을 제거하여 인도집행을 할 책무가 있으므로, 이를 제거하여 보관 혹은 매각하는 것이 다소 곤란하다는 사유만으로는 목적물의 인도집행을 불능으로 처리할 수는 없다(대결 2022.4.14. 2021그796). `기출` 24

        ㉯ 강제집행의 목적물이 아닌 동산을 인도받을 채무자나 채무자와 같이 사는 사리를 분별할 지능이 있는 친족 또는 채무자의 대리인이나 고용인이 없는 때에는 집행관은 그 동산을 채무자의 비용으로 보관하여야 한다(제258조 제5항).

㉰ 채무자 등이 없는 때 집행관은 동산을 스스로 보관할 수도 있고 채권자나 제3자를 보관인으로 선임하여 보관하게 할 수도 있다. 이때 집행관이나 채권자 등은 보관비용이 생긴 경우 동산의 수취를 청구하는 채무자 등에게 보관비용을 변제받을 때까지 유치권을 행사할 수 있다(대판 2020.9.3. 2018다288044). **기출** 23

㉱ 매각한 대금 공탁 : 채무자나 그 밖에 동산을 수취할 권한이 있는 자가 강제집행의 목적물이 아닌 동산의 수취를 게을리한 때에는 집행관은 집행법원의 허가를 받아 동산에 대한 강제집행의 매각절차에 관한 규정에 따라 그 동산을 매각하고 비용을 뺀 뒤에 나머지 대금을 공탁하여야 한다(제258조 제6항).

ⓛ 인도집행의 부동산 안에 있는 종물인 동산 : 강제집행의 목적물인 부동산이나 선박 등의 종물인 동산은 집행권원에 기재되어 있지 않더라도 부동산 등과 함께 강제집행의 대상이 되므로 집행관은 이 또한 채권자에게 점유를 이전하여야 한다.

⑤ 건물이나 수목 등이 있는 토지의 인도집행 : 토지인도청구의 집행에서 그 집행권원에 그 지상건물이나 수목의 철거, 수거를 명하고 있지 아니하면 그 토지 인도집행은 불가능하다(대결 1980.12.26. 80마528; 대결 1986.11.18. 86마902).

Ⅲ 목적물을 제3자가 점유하고 있는 경우의 인도집행

민사집행법 제259조(목적물을 제3자가 점유하는 경우)
인도할 물건을 제3자가 점유하고 있는 때에는 채권자의 신청에 따라 금전채권의 압류에 관한 규정에 따라 채무자의 제3자에 대한 인도청구권을 채권자에게 넘겨야 한다. **기출** 14

1. 의 의

① 인도의 목적물을 채무자 아닌 제3자가 점유하고 있는 때에는 원칙적으로 인도집행이 불가능하다. 이에 대비하여 두고 있는 규정이 제259조이다.

② 이와 같이 집행권원의 집행력이 미치지 않는 제3자의 점유로 말미암아 집행불능으로 되는 것을 막기 위하여, 인도할 물건을 제3자가 점유하고 채무자가 제3자에 대하여 인도청구권을 가지는 때에는 채무자의 제3자에 대한 인도청구권을 채권자가 압류하여 넘겨받을 수 있게 하였다(제259조).

③ 이러한 경우 채권자가 채권자대위권이나 물권적청구권에 의하여 직접 제3자에 대하여 목적물의 인도를 청구하는 것도 가능하므로 실무에서는 거의 문제되지 않는다.

2. 집행기관과 집행방법

① 채무자의 제3자에 대한 인도청구권의 압류와 이부에 있어서는 집행목적물이 있는 곳의 지방법원이나 지원이 관할한다(제224조, 규칙 제190조).

② 집행법원은 채권자의 신청에 따라 금전채권의 압류에 관한 규정에 따라 채무자의 제3자에 대한 인도청구권을 압류하고 이를 채권자에게 넘기는 명령을 한다.

3. 인도청구권을 넘기는 명령(이부명령)의 효력

① 이부명령은 성질상 추심명령과 유사하고 전부명령과는 다르다. 이 명령의 경우에는 금전채권에 대한 압류명령과는 달라서 압류경합의 문제는 원칙적으로 생기지 않는다.

② 채무자의 다른 금전채권자가 이를 압류하는 것은 허용되지 아니하며 그러한 압류는 효력이 없다.

③ 제3자가 채권자의 인도청구에 불응할 때에는 채권자는 제3자를 상대로 추심의 소인 목적물 인도청구소송을 제기하여 승소판결을 받아 집행할 수밖에 없다.

제3절 대체집행

I 개 설

민사집행법 제260조(대체집행)

① 민법 제389조 제2항 후단과 제3항의 경우에는 제1심 법원은 채권자의 신청에 따라 민법의 규정에 의한 결정을 하여야 한다.

② 채권자는 제1항의 행위에 필요한 비용을 미리 지급할 것을 채무자에게 명하는 결정을 신청할 수 있다. 다만, 뒷날 그 초과비용을 청구할 권리는 영향을 받지 아니한다.

③ 제1항과 제2항의 신청에 관한 재판에 대하여는 즉시항고를 할 수 있다.

민법 제389조(강제이행)

① 채무자가 임의로 채무를 이행하지 아니한 때에는 채권자는 그 강제이행을 법원에 청구할 수 있다. 그러나 채무의 성질이 강제이행을 하지 못할 것인 때에는 그러하지 아니하다.

② 전항의 채무가 법률행위를 목적으로 한 때에는 채무자의 의사표시에 갈음할 재판을 청구할 수 있고 채무자의 일신에 전속하지 아니한 작위를 목적으로 한 때에는 채무자의 비용으로 제3자에게 이를 하게 할 것을 법원에 청구할 수 있다.

③ 그 채무가 부작위를 목적으로 한 경우에 채무자가 이에 위반한 때에는 채무자의 비용으로써 그 위반한 것을 제각하고 장래에 대한 적당한 처분을 법원에 청구할 수 있다.

④ 전3항의 규정은 손해배상의 청구에 영향을 미치지 아니한다.

① 대체집행에 관한 직접적인 규정은 민법 제389조 제2항 및 제3항에서 찾아볼 수 있다.

② 이에 따르면 대체집행은 대체적인 작위채무와 부작위채무위반으로 인한 물적상태를 제거하는 절차[124]이다.

II 대체적 작위채무의 대체집행

1. 서 설

① 의의 : 대체적 작위채무에 대한 강제집행으로서는 대체집행만이 인정된다(제260조 제1항, 민법 제389조 제2항). 대체집행에 있어서 집행법원은 채무자에 갈음하여 채무자 이외의 사람으로 하여금 그 행위를 하도록 하고 그 비용을 채무자로부터 강제로 추심하는 방법으로 사법상 이행청구권을 실현시킨다.

---

124) 부작위의무 위반결과의 제각(除却)과 위반행위의 반복을 방지하기 위한 장래에 대한 적당한 처분

② 대체적 작위채무의 종류 : 채무자의 일신에 전속하지 아니한 작위를 목적으로 하는 채무로서, 건물이나 수목의 철거, 단순한 노무의 제공, 명예훼손에 대한 원상회복 수단으로서의 판결의 공시 등의 채무 등이 이에 해당한다.

③ 절차개요

 ㉠ 대체집행절차는 법원이 채무자의 비용으로 작위 실시자에 의하여 작위를 할 수 있는 권능을 채권자에게 부여하는 '수권결정의 단계', 채권자가 위 권능에 터 잡아 실시자로 하여금 작위를 하도록 하는 수권결정에 의한 '실제 집행단계'로 나눌 수 있다.

 ㉡ 더불어 실시자에 의한 작위의 실시에 필요한 비용을 미리 채무자로부터 추심하는 '대체집행비용의 선지급절차'가 있다.

2. 집행기관

① 판결이 집행권원인 경우에는 제1심법원이 집행기관으로 된다(제260조).

② 가집행선고 있는 판결이 집행권원인 경우에 사건이 상소심에 계속 중이라도 관할법원은 여전히 제1심법원이다.

③ 소송상 화해조서나 인낙조서가 집행권원인 경우에는 화해나 인낙이 상급심에서 행하여졌더라도 제1심 재판을 한 법원이 관할법원으로 된다.

3. 집행절차

① 수권결정절차

 ㉠ 대체집행신청(수권결정신청)

  ㉮ 대체적 작위채무에 관한 집행권원에 기초하여 집행문을 부여받아 곧바로 집행절차에 나아갈 수 없다.

  ㉯ 따라서 채권자는 먼저 제1심법원에 서면으로 대체집행신청에 해당하는 수권결정신청을 거쳐야 한다.

  ㉰ 이러한 수권결정절차는 통상의 강제집행에 있어 집행문부여절차에 대응하는 절차라고 할 수 있다.

  ㉱ 수권결정을 하는 것은 강제집행의 개시이므로 집행개시의 요건을 갖추어야 한다.

  ㉲ 예컨대 집행권원의 송달, 반대급여의 제공, 집행문의 부여 등이다.

 ㉡ 심 리

  ㉮ 법원의 수권결정(대체집행의 결정)은 변론 없이 할 수 있다. 다만, 결정하기 전에 채무자를 심문하여야 한다(제262조).

  ㉯ 채무자의 진술이 실제로 이루어져야만 하는 것은 아니고 진술의 기회를 주면 충분하다.

> 민사집행법 제262조 단서의 규정 취지는 대체집행결정 전에 채무자에게 진술의 기회를 주기 위한 것이고 채무자가 적법한 통지를 받고도 정당한 사유 없이 출석하지 아니하는 경우에도 반드시 채무자의 진술을 들어야 한다는 뜻은 아니다(대결 1977.7.8. 77마211).

  ㉰ 채무자가 당해 작위를 실시할 수 있는 실체법상 권능을 가졌는지 여부는 심사의 대상이 되지 않는다.

  ㉱ 따라서 철거의 대상인 건물이 채무자의 소유가 아니라든가 또는 철거의 대상인 건물에 채무자 이외의 거주자가 있다는 것 등의 사유는 수권결정을 하는데 장애가 되는 것은 아니다.

ⓒ 대체집행의 결정(수권결정)

⑦ 대체집행 신청이 이유 있으면 법원은 채권자에 대하여 채무자에 갈음하여 채무자의 비용으로 집행권원의 내용인 작위를 실시하게 하는 권능을 수여하는 수권결정을 한다(제260조 제1항).

㉯ 수권결정에는 채무자에 갈음하여 작위를 실시할 제3자를 정할 수 있다.

㉰ 집행관을 지정하는 것이 보통이다.

> 수권결정(대체집행결정)에는 반드시 채무자에 갈음하여 작위를 실시할 자를 특정하여 지정할 필요는 없다. 그러나 수권결정에서 그 지정이 있으면 채권자는 이에 구속되어 피지정자를 실시자로 하지 않으면 안 된다(대판 1966.1.25. 65다2318). 기출 12

㉣ 수권결정에 대한 불복

⑦ 대체집행 신청에 관한 재판 즉 수권결정이나 그 신청을 각하 또는 기각하는 결정에 대하여는 즉시항고를 할 수 있다(제260조 제3항).

㉯ 대체집행을 명하는 결정(수권결정)에 대한 즉시항고는 단순히 그 집행방법으로서의 하자가 있음을 이유로 하는 경우에 한하는 것이고 실체상의 청구권 존부에 관한 주장이나 집행권원의 당부를 다투는 사유들로써는 적법한 항고이유로 삼을 수 없다(대결 1992.6.24. 92마214). 기출 14·15

㉤ 수권결정의 집행력과 집행문부여의 요부

⑦ 대체집행을 위한 수권결정은 즉시 집행력이 생긴다. 수권결정 그 자체는 집행권원이 아니므로 수권결정에 대하여 별도의 집행문을 부여받을 필요는 없다(실무제요 집행 4). 기출 23

㉯ 그러나 수권결정을 한 후 채무자의 승계가 있는 때에는 본래의 집행권원에 대하여 승계집행문을 부여받아 다시 승계인에 대하여 수권결정을 받아야 한다.

㉰ 다만, 1개의 결정으로 수권결정과 대체집행비용선지급결정을 하는 경우에는 대체집행비용선지급결정 부분은 집행권원이 되고, 대체집행비용선지급결정을 집행하는 때에 집행문을 부여받아야 한다(실무제요 집행 4). 기출 23

② 대체집행의 실시(수권결정에 기초한 작위의 실시)

㉠ 수권결정에 집행관이 작위의 실시자로 정해진 경우에는 채권자는 집행관에게 집행위임을 하여 집행관으로 하여금 작위를 실시하도록 한다.

㉡ 수권결정에 실시자를 정하지 않은 경우 채권자는 스스로 실시를 하거나 채무자 이외의 자를 선정하여 작위를 실시하게 할 수 있다.

> 집행기관은 집행을 개시함에 있어 집행대상이 채무자에게 속하는지를 스스로 조사·판단하여야 하고, 이는 건물철거의 대체집행에서 수권결정에 기초하여 작위의 실시를 위임받은 집행관이 실제 철거를 실시하는 경우에도 마찬가지이다. 그런데 미등기건물에는 소유권을 표상하는 외관적 징표로서 등기부가 존재하지 아니하므로, 집행관이 미등기건물에 대한 철거를 실시함에 있어서는 건축허가서나 공사도급계약서 등을 조사하여 철거대상 미등기건물이 채무자에게 속하는지를 판단하여야 할 것이고, 또한 대체집행의 기초가 된 집행권원에는 철거의무의 근거로서 철거대상 미등기건물에 대한 소유권 등이 채무자에게 있다고 판단한 이유가 기재되어 있기 마련이므로, 집행관으로서는 집행권원의 내용도 확인하여야 할 것이다(대결 2014.6.3. 2013그336).

㉢ 수권결정이 있으면 채무자는 채권자의 작위실시를 방해하여서는 아니 되는 수인의무를 부담하지만 수권결정이 채무자의 작위실시권을 박탈하는 것은 아니므로 작위의 실시가 완료될 때까지 채무자가 임의로 이행할 수 있다.

4. 대체집행비용 지급절차

① 대체집행비용의 추심의 일반적 방법 : 대체집행의 비용은 종국적으로 채무자의 부담으로 되므로(제53조 제1항), 채권자는 집행을 끝낸 '뒤'에 작위채무의 집행권원에 터 잡아 직접 채무자로부터 비용을 추심할 수 있는데, 구체적으로는 채권자의 신청에 따라 법원이 집행비용 확정결정을 하고 이를 기초로 금전집행의 방법으로 추심한다(규칙 제24조 제1항).

② 대체집행비용 선지급결정에 의한 추심절차(제260조 제2항)

　　㉠ 채권자는 작위의 실시에 필요한 비용을 미리 지급할 것을 채무자에게 명하는 결정을 신청할 수 있다(제260조 제2항 본문).

　　　　㉮ 위에서 본 일반적인 집행비용의 추심 외에 사전 추심을 인정하고 있는 것이다.

　　　　㉯ 이 신청에 따른 결정을 대체집행비용 선지급결정이라고 한다.

　　　　㉰ 작위실시 후에 선지급결정액보다 초과액이 있으면 위 1.의 비용추심방법으로 추심할 수 있다.

　　㉡ 대체집행비용 선지급결정은 그 자체로 독립하여 금전지급을 명하는 집행권원이 되고(제56조 제1호), 그 고지가 있으면 확정되기 전에도 집행력이 있다.

　　㉢ 다만 집행을 위해서는 집행문의 부여를 받아야 한다(제57조).

Ⅲ 부작위채무위반 결과에 대한 대체집행

1. 의 의

① 부작위채무의 위반으로 생긴 물적 상태의 제거는 부작위채무 그 자체는 아니고 그 변형물로서 작위채무에 속하는 것이므로 이에 대하여는 대체집행이 인정된다(제260조 제1항, 민법 제389조 제2항, 제3항).

② 부작위채무는 성질상 일신전속적 채무라 할 수 있으므로 이에 대한 강제집행은 간접강제에 의하는 것이 원칙이다.

③ 그러나 부작위채무의 위반결과로 생긴 물적 상태에 대하여 채무자는 그 결과를 제거할 채무를 지는데 이러한 채무는 대체적 작위채무에 속하므로 대체집행에 의한다.

④ '반복적 부작위채무나 계속적 부작위채무'는 그 위반으로 생긴 상태의 제거를 위하여 대체집행이 허용되는 것이다.

⑤ 1회적 부작위채무에서는 한 번 위반하면 채무의 목적이 소멸하므로 강제집행의 방법이 없고, 그로 말미암은 손해배상을 청구할 수밖에 없다.

2. 집행기관, 집행절차, 집행비용 지급

대체적 작위채무에 대한 대체집행과 같다.

간접강제

I 개 설

> **민사집행법 제261조(간접강제)**
> ① 채무의 성질이 간접강제를 할 수 있는 경우에 <u>제1심 법원은 채권자의 신청에 따라</u> 간접강제를 명하는 결정을 한다. **기출** 24 그 결정에는 채무의 이행의무 및 상당한 이행기간을 밝히고, 채무자가 그 기간 이내에 이행을 하지 아니하는 때에는 늦어진 기간에 따라 일정한 배상을 하도록 명하거나 즉시 손해배상을 하도록 명할 수 있다.
> ② 제1항의 신청에 관한 재판에 대하여는 즉시항고를 할 수 있다.
>
> **민사집행법 제262조(채무자의 심문)** **기출** 12 · 15 · 14
> 제260조(대체집행) 및 <u>제261조(간접강제)의 결정은 변론 없이 할 수 있다. 다만, 결정하기 전에 채무자를 심문하여야</u> 한다.
>
> **민사집행규칙 제191조(간접강제)**
> ① 법 제261조(간접강제) 제1항의 규정에 따른 결정을 한 제1심 법원은 사정의 변경이 있는 때에는 채권자 또는 채무자의 신청에 따라 그 결정의 내용을 변경할 수 있다.
> ② 제1항의 규정에 따라 결정을 하는 경우에는 신청의 상대방을 심문하여야 한다.
> ③ 제1항의 규정에 따른 결정에 대하여는 즉시항고를 할 수 있다.

1. 의 의

① 채무의 성질이 간접강제를 할 수 있는 경우에 제1심 법원은 채권자의 신청에 따라 간접강제를 명하는 결정을 한다(제261조 제1항 전문).

② 그 결정에는 채무의 이행의무 및 상당한 이행기간을 밝히고, 채무자가 그 기간 이내에 이행을 하지 아니하는 때에는 늦어진 기간에 따라 일정한 배상을 하도록 명하거나 즉시 손해배상을 하도록 명할 수 있다(제261조 제1항 후문).

2. 간접강제의 보충성

① 간접강제의 방법은 채무자의 인격을 존중한다는 의미에서 다른 강제집행이 불가능할 때에만 허용된다.

② 따라서 실제에 있어서 간접강제에 의한 강제집행의 대상이 되는 것은 부대체적 작위채무와 부작위채무의 2가지이다.

3. 간접강제의 대상

① 부대체적 작위채무

㉠ 채무자의 일신에 전속하는 작위채무는 채무자만이 할 수 있고 그 행위를 하느냐의 여부가 채무자의 의사에 전적으로 달려 있다.

㉡ 증권에 서명할 채무, 주식에 명의개서를 할 채무, 어음 등에 서명하여야 할 채무, 대리인을 선임하여야 할 채무 등이 이에 해당한다.

ⓒ 수혈의무, 부부의 동거의무나 약혼에 기초한 혼인의무 등은 채무자의 인격을 존중하여야 한다는 관점에서, 예술 창작이나 저술할 것을 내용으로 하는 채무 등은 채무의 이행에 특별한 예술적 또는 학문적 기능을 필요로 한다는 관점에서 간접강제가 배제된다.

② **부작위채무** : 계속적 부작위채무와 반복적 부작위채무에 관하여는 대체집행이 허용되지만 이는 위반 결과의 제각과 장래에 대한 적당한 처분에 한정되므로 그로써 불충분한 경우에는 간접강제의 필요성이 인정된다.

Ⅱ 부대체적 작위채무의 간접강제

1. 의 의

① 채무자의 작위를 통해서만 목적을 달성할 수 있는 작위채무에 대하여는 법원이 상당한 이행기간을 정하여 이행을 명하고 이행이 늦어진 기간에 따라 일정한 금액의 배상을 명하는 방법으로 진행한다.

② 부대체적 작위채무 중에서 의사표시를 할 채무에 관하여는 간접강제가 아닌 특별한 집행절차를 두고 있으므로 간접강제에 의할 수 없다(제263조).

2. 집행기관

간접강제의 관할은 제1심 법원의 관할에 속한다(제261조).

3. 집행절차

① 신 청

  ㉠ 간접강제의 신청은 서면으로 하여야 한다(제4조).

  ㉡ 이 신청서에 채무자가 이행하여야 할 상당한 기간 또는 배상금 등을 반드시 구체적으로 적어야 하는 것은 아니며, 적었다고 하더라도 법원을 구속하지 않는다.

② **심리** : 법원은 변론 없이 간접강제의 결정을 할 수 있다. 다만, 간접강제의 결정을 하기 전에 반드시 채무자를 심문하여야 한다(제262조). **기출** 15·14·12

③ 결 정

  ㉠ 간접강제결정(예고결정)

    ㉮ 간접강제의 신청이 이유 있으면 법원은 간접강제를 명하는 결정을 하여야 한다.

    ㉯ 이 결정에는 집행권원에서 명하여진 부대체적 작위의무와 이를 이행하여야 할 상당한 이행기간을 밝히고, 채무자가 그 기간 이내에 이행하지 아니하는 때에는 늦어진 기간에 따라 일정한 배상을 하도록 명하거나 즉시 일정금액의 손해배상을 하도록 명한다(제261조). 이를 예고결정이라고도 한다.

    ㉰ 위 이행기간의 결정이나 배상금의 액수, 일시금의 지급을 명할 것인가 아니면 정기금의 지급을 명할 것인가 하는 점 등은 법원이 모든 사정을 참작하여 결정하여야 하고, 채권자의 신청에 구속 되는 것은 아니다.

    ㉱ 간접강제를 명하는 결정에 대하여는 즉시항고가 가능하다(제261조 제2항). 다만 이 즉시항고에는 집행정지의 효력은 인정되지 않는다(제15조 제6항).

간접강제결정의 즉시항고에 관한 항고법원의 결정에 대하여 재항고가 제기되었으나 그 이유서가 정해진 기간 안에 제출되지 않는 등 각하 사유가 있어 항고법원이 이를 각하하여야 함에도 불구하고 사건을 대법원으로 송부한 경우, 간접강제결정에 대한 즉시항고(민사집행법 제261조 제2항)도 민사집행법상의 즉시항고이므로 그에 관한 항고법원의 결정에 대한 재항고절차에 있어서는 민사집행법상의 즉시항고와 재항고에 관한 규정이 준용된다(대결 2008.4.25. 2008마228). ☞ 대법원이 취할 조치는 각하결정이다. **기출** 25

ⓜ 간접강제결정의 기초가 된 집행권원에 대한 강제집행정지결정 정본이 제출된 경우 이는 간접강제결정의 취소사유에 해당한다. **기출** 15

강제집행의 일시정지를 명한 취지를 기재한 재판의 정본이 제출된 경우 집행법원은 이미 실시한 집행처분을 일시 유지하여야 한다는 취지를 규정하고 있는 민사집행법 제50조 제1항의 규정은 간접강제에는 적용되지 않으므로, 본래의 채무명의에 대한 강제집행정지결정 정본이 제출되었다는 사유는 간접강제결정의 취소사유에 해당하는 것으로 보아야 하고, 나아가 그와 같은 사유는 간접강제결정에 대한 즉시항고이유로도 주장할 수 있는 것으로 보아야 한다(대결 1997.1.16. 96마774). **기출** 15

ⓑ 이와는 별도로 배상금의 지급을 명하는 간접강제결정을 집행권원으로 하여 강제집행을 하는 경우에는 그에 대하여 청구이의의 소를 제기할 수 있다.

민사집행법 제44조 제1항은 "채무자가 판결에 따라 확정된 청구에 관하여 이의하려면 제1심 판결법원에 청구에 관한 이의의 소를 제기하여야 한다."라고 규정하고, 제45조 본문은 위 규정을 집행문부여에 대한 이의의 소에 준용하도록 하고 있다. 여기서 '제1심 판결법원'이란 집행권원인 판결에 표시된 청구권, 즉 그 판결에 기초한 강제집행에 의하여 실현될 청구권에 대하여 재판을 한 법원을 가리키고, 이는 직분관할로서 성질상 전속관할에 속한다. 한편 민사집행법 제56조 제1호는 '항고로만 불복할 수 있는 재판'을 집행권원의 하나로 규정하고, 제57조는 이러한 집행권원에 기초한 강제집행에 대하여 제44조, 제45조 등을 준용하도록 규정하고 있다. 따라서 지방법원 합의부가 재판한 간접강제결정을 대상으로 한 청구이의의 소나 집행문부여에 대한 이의의 소는 그 재판을 한 지방법원 합의부의 전속관할에 속한다(대판 2017.4.7. 2013다80627). **기출** 23

ⓛ 간접강제결정의 변경
  ㉮ 간접강제결정을 한 제1심 법원은 사정변경이 있는 때에는 채권자 또는 채무자의 신청에 따라 그 결정의 내용을 변경할 수 있다(규칙 제191조 제1항). **기출** 15
  ㉯ 이처럼 결정의 변경을 인정한 취지는 원래 간접강제결정에서 명하는 배상금은 채무자에 대한 심리적 강제수단일 뿐이어서 실제 손해의 유무나 금액과는 무관하게 법원이 재량으로 정하는 것이므로 사정의 변경이 있을 경우에는 그 변경을 인정하는 것이 상당하기 때문이다.
  ㉰ 위 변경의 요건으로서 사정의 변경은 간접강제결정 당시에 이미 존재하였던 사정이 후에 판명된 경우도 포함된다고 봄이 상당하다.
  ㉱ 다만, 원결정 당시의 평가나 예견의 착오 등은 여기에서 말하는 사정변경에는 해당하지 아니하고 이러한 경우에는 즉시항고에 의하여 구제를 받아야 한다.
  ㉲ 위와 같은 변경결정의 효력은 그 결정이 고지된 때부터 효력이 생기고, 그 변경결정이 확정될 때 비로소 생기는 것이 아니다.

④ 배상금의 추심

㉠ 채무자가 이행기간 경과 후에 뒤늦게 채무를 이행한 경우에 관하여, (i) 간접강제의 절차와 배상금의 집행절차는 별개라는 점을 근거로 채무자가 임의로 작위채무를 이행하더라도 이미 발생한 배상금 지급의무를 면하는 것은 아니라는 견해(추심가능설)와 (ii) 간접강제결정에 기초한 배상금의 추심은 과거의 지연에 대한 제재나 손해배상이 아니고 작위의무의 이행에 관한 심리적 강제수단에 불과하므로 작위의무의 이행이 있으면 배상금을 추심함으로써 심리적 강제를 꾀할 목적이 상실되어 버리므로 채권자가 더 이상 배상금을 추심할 수 없다는 견해(추심불능설)가 대립한다.

㉡ 판례는 민사집행법상의 부대체적 작위채무에 대한 간접강제결정에 기한 배상금의 추심에 관하여 간접강제결정에서 명한 이행기간이 지난 후에 채무를 이행하였다면 채권자가 특별한 사정이 없는 한 채무의 이행이 지연된 기간에 상응하는 배상금의 추심을 위한 강제집행을 할 수 있다고 하여 추심가능설의 입장을 분명히 하였다(대판 2013.2.14. 2012다26398).

> 민사집행법 제261조 제1항의 간접강제결정에 기한 배상금은 채무자에게 이행기간 이내에 이행을 하도록 하는 심리적 강제수단이라는 성격뿐만 아니라 채무자의 채무불이행에 대한 법정 제재금이라는 성격도 가진다고 보아야 한다. 따라서 채무자가 간접강제결정에서 명한 이행기간이 지난 후에 채무를 이행하였다면, 채권자는 특별한 사정이 없는 한 채무의 이행이 지연된 기간에 상응하는 배상금의 추심을 위한 강제집행을 할 수 있다(대판 2013.2.14. 2012다26398). **기출** 25 · 24 · 23 · 15

㉢ 만약 작위의무를 이행하여 그 의무가 소멸된 이후의 부분에 대해서까지 채권자가 배상금의 강제집행을 계속하려고 할 때에는 채무자는 작위를 명하는 본래의 집행권원에 대한 청구이의의 소를 제기하여 구제를 받아야 한다(대판 2013.2.14. 2012다26398).

> 간접강제결정에서 부대체적 작위의무를 위반한 때부터 의무이행 완료 시까지 위반일수에 비례하여 배상금 지급을 명한 경우, 그에 대한 청구이의의 소에서 채무자는 간접강제의 대상인 작위의무를 이행했음을 증명하여 의무이행일 이후 발생할 배상금에 관한 집행력 배제를 구할 수 있지만, 이미 작위의무를 위반한 기간에 해당하는 배상금 지급의무는 소멸하지 아니하므로 그 범위 내에서 간접강제결정의 집행력은 소멸하지 않는다(대판 2023.2.23. 2022다277874). **기출** 23

㉣ 간접강제결정에 의한 배상금의 집행은 금전채권에 기초한 집행절차에 따라 이루어지며, 이 경우 간접강제결정 자체가 독립된 집행권원이 된다. **기출** 15

> 부대체적 작위채무의 이행을 명하는 가처분결정과 함께 그 의무위반에 대한 간접강제결정이 동시에 이루어진 경우에는 간접강제결정 자체가 독립된 집행권원이 되고 간접강제결정에 기초하여 배상금을 현실적으로 집행하는 절차는 간접강제절차와 독립된 별개의 금전채권에 기초한 집행절차이므로, 그 간접강제결정에 기한 강제집행을 반드시 가처분결정이 송달된 날로부터 2주 이내에 할 필요는 없다. 다만, 그 집행을 위해서는 당해 간접강제결정의 정본에 집행문을 받아야 한다(대결 2008.12.24. 2008마1608). **기출** 23 · 15

㉤ 채무자로부터 추심한 배상금은 채무자의 작위의무 불이행으로 인한 손해배상청구권에 충당될 성질의 것이고, 배상금으로 충당하더라도 손해가 완전히 전보되지 않을 때에는 채권자가 채무자를 상대로 별도로 손해배상을 청구할 수 있다.

> 채권자가 채무자로부터 추심한 간접강제 배상금은 채무자의 동일한 작위·부작위의무의 불이행에 따른 손해의 전보에 충당된다. 그러므로 채무자로 하여금 채권자에 대한 작위·부작위의무 불이행으로 인한 손해배상을 명하는 판결이 확정되는 경우에도, 이미 동일한 작위·부작위의무에 대한 간접강제 배상금이 지급되었다면, 확정판결에서 정한 손해가 간접강제 배상금을 초과하는 부분이 아닌 이상, 채권자가 지급받은 간접강제 배상금과 별도로 확정판결에 따른 손해배상금을 추심할 수는 없다(대판 2022.11.10. 2022다255607).

ⓑ 간접강제 배상금은 채무자로부터 추심된 후 국고로 귀속되는 것이 아니라 채권자에게 지급하여 채무자의 작위의무 불이행으로 인한 손해의 전보에 충당되는 것이다(대판 2014.7.24. 2012다49933). **기출** 25

ⓢ 채권자가 부대체적 작위채무에 대한 간접강제결정을 집행권원으로 하여 강제집행을 하기 위해서는 집행문을 받아야 한다(제57조, 제28조, 대결 2008.12.24. 2008마1608). **기출** 24 간접강제결정에서 의무이행의 효력기간을 정하지 않은 경우, 배상금 추심이 완료된 후에도 의무위반이 계속된다면 추심 후의 의무위반 기간에 대하여 다시 집행문을 받아 집행할 수 있다.

> 채권자가 부대체적 작위채무에 대한 간접강제결정을 집행권원으로 하여 강제집행을 하기 위해서는 집행문을 받아야 한다. 부대체적 작위채무로서 장부 또는 서류의 열람·등사를 허용할 것을 명하는 집행권원에 대한 간접강제결정의 주문에서 채무자가 열람·등사 허용의무를 위반하는 경우 민사집행법 제261조 제1항의 배상금을 지급하도록 명하였다면, 그 문언상 채무자는 채권자가 특정 장부 또는 서류의 열람·등사를 요구할 경우에 한하여 이를 허용할 의무를 부담하는 것이지 채권자의 요구가 없어도 먼저 채권자에게 특정 장부 또는 서류를 제공할 의무를 부담하는 것은 아니다. 따라서 그러한 간접강제결정에서 명한 배상금 지급의무는 그 발생 여부나 시기 및 범위가 불확정적이라고 봄이 타당하므로, 그 간접강제결정은 이를 집행하는 데 민사집행법 제30조 제2항의 조건이 붙어 있다고 보아야 한다. 채권자가 그 조건이 성취되었음을 증명하기 위해서는 채무자에게 특정 장부 또는 서류의 열람·등사를 요구한 사실, 그 특정 장부 또는 서류가 본래의 집행권원에서 열람·등사의 허용을 명한 장부 또는 서류에 해당한다는 사실 등을 증명하여야 한다. 이 경우 집행문은 민사집행법 제32조 제1항에 따라 재판장의 명령에 의해 부여하되 강제집행을 할 수 있는 범위를 집행문에 기재하여야 한다(대판 2021.6.24. 2016다268695). → 피고가 원고를 상대로 한 회계장부 등 열람·등사 가처분신청 사건에서, "원고는 결정 송달일로부터 공휴일을 제외한 30일 동안 피고에게 이 사건 장부 및 서류를 열람·등사하는 것을 허용하여야 하고, 이에 위반하는 경우 위반행위 1일당 100만원을 지급하라"는 가처분결정이 내려졌고, 피고는 이 가처분결정에 대하여 집행문을 부여받았는데, 원고는 열람·등사 허용의무를 위반하지 않았다는 등의 이유로 이 사건 집행문부여에 대한 이의의 소를 제기하였다. 대법원은 위와 같은 간접강제결정은 그 배상금 지급의무의 발생 여부와 시기 및 범위가 불확정적이므로 민사집행법 제30조 제2항의 조건이 붙어 있는 경우에 해당한다는 이유로, 원고가 그 조건의 성취를 다투는 취지에서 이 사건 집행문부여에 대한 이의의 소를 제기한 것은 적법하다고 판단한 사례 **기출** 24·23

ⓞ 채무자는 부대체적 작위의무를 이행하였음을 내세워 청구이의의 소로써 본래의 집행권원인 판결 등의 집행력 자체를 배제해 달라고 할 수 있고, 그 판결 등을 집행권원으로 하여 발령된 간접강제결정에 대하여도 청구이의의 소를 제기할 수 있다(대판 2023.2.23. 2022다277874).

> 부대체적 작위의무의 이행으로서 장부 또는 서류의 열람·복사를 허용하라는 판결 등의 집행을 위한 간접강제결정에서 채무자로 하여금 의무위반 시 배상금을 지급하도록 명한 경우, 채권자는 특정 장부 또는 서류의 열람·복사를 요구한 사실, 그것이 본래의 집행권원에서 열람·복사 허용을 명한 장부 또는 서류에 해당한다는 사실 등을 증명함으로써 간접강제결정에 집행문을 받을 수 있다. 한편 채무자는 위와 같은 조건이 성취되지 않았음을 다투는 집행문부여에 대한 이의의 소를 통해 간접강제결정에 기초한 배상금채권의 집행을 저지할 수 있다. 아울러 채무자는 부대체적 작위의무를 이행하였음을 내세워 청구이의의 소로써

본래의 집행권원인 판결 등의 집행력 자체를 배제해 달라고 할 수 있고, 그 판결 등을 집행권원으로 하여 발령된 간접강제결정에 대하여도 청구이의의 소를 제기할 수 있다. 부대체적 작위의무는 채무자의 의무이행으로 소멸하므로 이 경우 채무자는 판결 등 본래의 집행권원에 기한 강제집행을 당할 위험에서 종국적으로 벗어날 수 있어야 하고, 또한 간접강제결정은 부대체적 작위의무의 집행방법이면서 그 자체로 배상금의 지급을 명하는 독립한 집행권원이기도 하므로, 본래의 집행권원에 따른 의무를 이행한 채무자는 그 의무이행 시점 이후로는 간접강제결정을 집행권원으로 한 금전의 강제집행을 당하는 것까지 면할 수 있어야 하기 때문이다(대판 2023.2.23. 2022다277874). 기출 24

Ⅲ 부작위채무의 간접강제

1. 의 의

① 부작위채무의 간접강제의 관할이나 그 신청방식은 부대체적 작위채무의 경우와 같다.

② 신청을 할 수 있는 기간은 제한이 없으므로 채권자는 언제든지 신청할 수 있다.

2. 1회적 부작위채무

① 채무자가 이를 위반하여 강제집행 개시의 요건을 구비함과 동시에 실체법상 소멸하여 버리므로 강제집행의 여지가 없다는 견해가 있으나 이 견해는 간접강제결정을 위하여 부작위채무 위반행위가 있을 것을 요한다는 위반행위 필요설의 입장을 전제로 한 것이다.

② 위반행위 불요설의 입장에서는 1회적 부작위채무에 대해서도 부작위채무를 명하는 집행권원의 집행방법으로서 간접강제가 허용된다고 본다.

3. 계속적 부작위채무와 반복적 부작위채무

계속적 부작위채무와 반복적 부작위채무에 관하여는 '대체집행'이 허용되지만, 이는 위반결과의 제각과 장래에 대한 적당한 처분에 한정되므로 그로써 불충분한 경우에는 '간접강제'의 필요성이 인정된다.

[1] 계속적 부작위의무를 명한 가처분에 기한 간접강제결정이 발령된 상태에서 의무위반행위가 계속되던 중 채무자가 그 행위를 중지하고 장래의 의무위반행위를 방지하기 위한 적당한 조치를 취했다거나 가처분에서 정한 금지기간이 경과하였다고 하더라도, 그러한 사정만으로는 처음부터 가처분위반행위를 하지 않은 것과 같이 볼 수 없고 간접강제결정 발령 후에 행해진 가처분위반행위의 효과가 소급적으로 소멸하는 것도 아니므로, 채무자는 간접강제결정 발령 후에 행한 의무위반행위에 대하여 배상금의 지급의무를 면하지 못하고 채권자는 위반행위에 상응하는 배상금의 추심을 위한 강제집행을 할 수 있다. 기출 25

[2] 채권자가 부작위채무에 대한 간접강제결정을 집행권원으로 하여 강제집행을 하기 위하여는 집행문을 받아야 하는데, 채무자의 부작위의무위반은 부작위채무에 대한 간접강제결정의 집행을 위한 조건에 해당하므로 민사집행법 제30조 제2항에 의하여 채권자가 조건의 성취를 증명하여야 집행문을 받을 수 있다. 그리고 집행문부여 요건인 조건의 성취 여부는 집행문부여와 관련된 집행문부여의 소 또는 집행문부여에 대한 이의의 소에서 주장·심리되어야 할 사항이지, 집행권원에 표시되어 있는 청구권에 관하여 생긴 이의를 내세워 집행권원이 가지는 집행력의 배제를 구하는 청구이의의 소에서 심리되어야 할 사항은 아니다. 따라서 부작위채무에 대한 간접강제결정의 집행력 배제를 구하는 청구이의의 소에서 채무자에게 부작위의무위반이 없었다는 주장을 청구이의사유로 내세울 수 없다(대판 2012.4.13. 2011다92916).

4. 부작위채무위반이 존재하지만 물적 위반상태를 남기지 않는 경우

① 주택출입금지의무에 위반하여 주택에 거주하는 경우에는 적당한 처분으로서 집행관의 원조를 구할 수는 있겠으나 사실상 그것이 곤란하다면 간접강제도 허용될 수 있다. 그리고 일조방해금지채무에 위반하여 일조를 방해하는 경우에도 대체집행을 할 수 없는 것은 아니지만 그 위반행위가 매일 반복되는 경우에는 간접강제가 허용되는 것으로 해석된다.

② 이러한 부작위채무의 위반행위는 원칙적으로 집행권원이 성립한 후에 생긴 것이어야 하지만 위반상태가 집행권원이 성립하기 전부터 있었어도 집행권원이 성립한 후의 행위에 의하여 침해상태가 계속되는 경우에는 부작위집행의 대상이 된다고 보아야 한다. **기출** 23

5. 관련 판례

- 부작위채무를 명하는 판결의 실효성 있는 집행을 보장하기 위하여는, 부작위채무에 관한 소송절차의 변론종결 당시에서 보아 채무명의가 성립하더라도 채무자가 이를 단기간 내에 위반할 개연성이 있고, 또한 그 판결절차에서 민사집행법 제261조 제1항 의하여 명할 적정한 배상액을 산정할 수 있는 경우에는, 그 부작위채무에 관한 판결절차에서도 위 법조에 의하여 장차 채무자가 그 채무를 불이행할 경우에 일정한 배상을 할 것을 명할 수 있다(대판 1996.4.12. 93다40614). → 부작위채무를 명하는 집행권원의 강제집행으로서 간접강제를 명하는 경우 의무위반행위의 존재는 그 요건이 아니라고 해석한다.

- 채권자가 부작위채무에 대한 간접강제결정을 집행권원으로 하여 강제집행을 하기 위하여는 집행문을 받아야 하는데, 채무자의 부작위의무 위반은 부작위채무에 대한 간접강제결정의 집행을 위한 조건에 해당하므로 민사집행법 제30조 제2항에 의하여 채권자가 조건의 성취를 증명하여야 집행문을 받을 수 있다. 그리고 집행문부여요건인 조건의 성취 여부는 집행문 부여와 관련된 집행문 부여의 소 또는 집행문 부여에 대한 이의의 소에서 주장·심리되어야 할 사항이지, 집행권원에 표시되어 있는 청구권에 관하여 생긴 이의를 내세워 집행권원이 가지는 집행력의 배제를 구하는 청구이의의 소에서 심리되어야 할 사항은 아니다. 따라서 부작위채무에 대한 간접강제결정의 집행력 배제를 구하는 청구이의의 소에서 채무자에게 부작위의무 위반이 없었다는 주장을 청구이의사유로 내세울 수 없다(대판 2012.4.13. 2011다92916). **기출** 19

- 부작위채무에 관하여 판결절차의 변론종결 당시에 보아 부작위채무를 명하는 집행권원이 성립하더라도 채무자가 이를 단기간 내에 위반할 개연성이 있고, 또한 판결절차에서 민사집행법 제261조에 의하여 명할 적정한 배상액을 산정할 수 있는 경우에는 '판결절차'에서도 채무불이행에 대한 간접강제를 할 수 있다. 또한 부대체적 작위채무에 관하여서도 판결절차의 변론종결 당시에 보아 집행권원이 성립하더라도 채무자가 부대체적 작위채무를 임의로 이행할 가능성이 없음이 명백하고, 판결절차에서 채무자에게 간접강제결정의 당부에 관하여 충분히 변론할 기회가 부여되었으며, 민사집행법 제261조에 의하여 명할 적정한 배상액을 산정할 수 있는 경우에는 '판결절차'에서도 채무불이행에 대한 간접강제를 할 수 있다. 그 이유는 다음과 같다. ① 본안판결에서 동시에 민사집행법 제261조 제1항의 간접강제에 관한 판결을 할 수 있는지 여부에 관하여 이를 명시적으로 금지하는 법 규정은 없다. 입법자는 채권에 대한 강제이행의 원칙과 집행권원에 기초한 강제집행의 원칙을 규정하였을 뿐 판결절차에서는 어떠한 경우에도 간접강제를 명할 수 없도록 법률을 제정하였다고 볼 수 없다. ② 판결절차에서 간접강제를 명할 수 있도록 한 이유는 부작위채무와 부대체적 작위채무(이하 '부작위채무 등'이라 한다)를 이행하지 않는 경우에 집행의 실효성을 확보하고 집행공백을 막으려는 데 있다. ③ 판결절차에서 간접강제를 명하더라도 채무자에게 크게 불리하다고 볼 수 없다. 판결절차에서도 채권자인 원고가 간접강제를 청구해야만 법원이 간접강제를 명할 수 있으므로, 변론 과정에서 채무자인 피고가 간접강제에 관하여 충분히 의견을 진술할 수 있기 때문이다. ④ 판례가 제시하는 요건에 따라 판결절차에서 간접강제를 명하는 것은 분쟁의 종국적인 해결에도 이바지한다(대판 2021.7.22. 2020다248124[전합]). **기출** 25

의사표시의무의 집행

I 총 설

> **민사집행법 제263조(의사표시의무의 집행)**
> ① 채무자가 권리관계의 성립을 인낙한 때에는 그 조서로, 의사의 진술을 명한 판결이 확정된 때에는 그 판결로 권리관계의 성립을 인낙하거나 의사를 진술한 것으로 본다.
> ② 반대의무가 이행된 뒤에 권리관계의 성립을 인낙하거나 의사를 진술할 것인 경우에는 제30조(집행문부여)와 제32조(재판장의 명령)의 규정에 따라 집행문을 내어 준 때에 그 효력이 생긴다.

1. 의 의

① 의사표시를 하여야 할 의무는 대체성이 없는 작위채무로 원래는 그 강제이행은 법 제261조의 간접강제의 방법에 의하여야 한다.

② 그러나 의사표시의무에 있어서는 그 의사표시에 의하여 발생하게 되는 법률효과가 인정되기만 하면 집행의 목적은 달성되는 것으로서 채무자 자신이 그러한 의사표시를 하는 것이 반드시 필요한 것은 아니라는 점에서 간접강제는 적절하지 않다.

③ 이에 민법 제389조 제2항과 법 제263조에서는 의사표시채무에 관하여는 집행권원이 성립한 때 곧바로 채무자가 의사표시를 한 것으로 의제하는 특수한 집행방법을 채택하고 있다.

2. 특 성

① 판결절차와 집행절차의 융합

  ㉠ 의사표시채무는 집행권원의 성립과 동시에 의사표시가 있는 것으로 의제된다.

  ㉡ 이러한 점에서 집행권원형성절차인 판결절차 등에 집행절차가 이미 녹아들어 있는 탓으로 집행권원 성립 이후에 채무자에 대한 강제력을 발동하는 절차라고 할 것이 전혀 없다.

  ㉢ 즉 원칙적으로 판결 등의 확정을 가지고 의사표시가 있는 것으로 봄으로 집행기관이 관여하는 현실적인 집행은 존재하지 않는다.

  ㉣ 의사표시채무의 집행이 본래 의미의 강제집행이 아니라고 하는 것은 이와 같은 이유에서이다.

② 집행문

  ㉠ 집행기관이 관여하는 현실적인 집행은 존재하지 아니하므로 집행기관에 대한 집행청구권을 상정할 필요가 없고 집행권원 작성기관과 집행기관의 준별을 전제로 하고 집행기관을 위하여 집행권원 작성기관이 집행력을 공증하는 집행문을 부여할 필요가 없다.

  ㉡ 따라서 법 제263조 제2항이 규정하는 '집행문'은 집행권원의 집행력을 공증하고, 그 후의 집행절차의 기초를 제공하는 것을 목적으로 하는 것이 아니고 의사표시가 다른 사실에 관련된 경우에 의사표시를 의제하기 위해서 집행문부여의 형식을 빌려서 공권적으로 확인하는 것을 목적으로 하는 것이다.

③ **가집행** : 법 제263조는 집행권원의 확정을 조건으로 의사표시가 있는 것으로 의제하고 있다는 점, 가집행선고를 인정하면 후에 가집행선고가 취소되는 경우에는 법률관계가 불안정하게 되는 점에서 의사표시채무에 관한 재판에 있어서는 가집행선고를 붙일 수 없다.

Ⅱ   집행의 대상

1. 서 설

① 법 제263조는 의사표시 자체가 아니라 의사표시가 있음을 전제로 하는 법률효과를 추상적·관념적으로 의제하는 절차이다.
② 이러한 점에서 동조가 집행대상으로 삼는 의사표시는 다음과 같은 범위로 한정된다.

2. 법률효과를 갖는 의사표시 등

① 민사집행법 제263조는 의사표시가 있는 것으로 봄으로써 법률효과가 발생하는 것을 목적으로 하기 때문에 위 조항이 적용될 수 있는 의사표시는 그 의사표시에 의하여 일정한 법률효과가 생기는 것이어야 한다.
② 그러나 법률행위의 요소로서의 의사표시에만 국한되는 것은 아니고, 준법률행위인 의사의 통지(圆 최고 등)나 관념의 통지(圆 채권양도의 통지 또는 승낙 등)도 여기서 말하는 의사표시에 해당한다. 따라서 채권양도인이 채권양도의 통지를 하지 않는 경우 의사표시에 갈음할 재판으로 그 이행을 강제할 수 있다.

기출 12

3. 공법상의 의사표시

① 본조는 채무자의 공법상의 의사표시를 구하는 채권자의 사법상 이행청구권 실현을 위한 경우에도 적용된다.
② 예를 들면, 등기신청이나 토지거래허가신청에 관한 채무자의 의사표시에 관하여도 본조가 적용된다.
③ 이하에서는 소유권이전등기청구권자가 판결에 기해 등기신청하는 경우를 가정하여 설명하기로 한다.

Ⅲ   집행권원

① 법 제263조에 의하여 의사표시 의제의 효과가 발생하기 위해서는 우선 채권자가 판결 등의 집행권원을 얻어야 한다.
    ㉠ 판결 그 밖의 재판은 이행판결(소유권이전등기절차의 이행을 명하는 판결)이나 이행을 명하는 재판이어야 하며 확인의 재판이나 형성의 재판은 이에 해당되지 않는다.
    ㉡ 화해조서, 인낙조서, 조정조서 등도 집행권원에 해당한다.
② 화해조서의 화해조항에 "본건 토지의 소유권 지분 5분의 3을 양도한다."고 되어 있지 소유권이전등기절차를 이행한다고 되어 있지 아니하다면, 화해조서가 소유권(지분)이전등기의 의사진술을 한 것이라고 보기는 어렵고, 그렇다면 이 화해조서를 가지고 소유권(지분)이전등기의 집행을 할 수는 없으므로 화해조서의 존재에도 불구하고 위 소유권(지분)이전등기의 소송을 제기할 이익이 있다(대판 1991.6.25. 91다11476).
③ '집행증서'는 기판력이 없을 뿐 아니라 일정한 금액의 지급이나 대체물 또는 유가증권의 일정 수량의 급여에 관한 권리만을 집행채권으로 삼을 수 있다는 점에서 의사표시채무의 집행권원이 될 수 없다.

Ⅳ 넓은 의미의 집행절차

1. 판결이 확정된 때(조건이 붙어 있지 아니한 의사표시의무의 집행)

① 의사의 진술을 명한 판결이 확정된 때에는 그 판결로 의사를 진술한 것으로 본다(제263조 제1항). 따라서 '무조건'으로 의사를 진술할 것을 내용으로 하는 채무는 집행권원인 재판이 확정된 때 또는 화해조서·인낙조서 등이 성립한 때에 채무자가 의사의 진술을 한 것으로 간주된다.

② 따라서 이러한 경우에는 별도의 집행절차가 요구되지 아니하며, 집행문의 부여도 필요하지 않다.

③ 다만 등기신청의 의사표시를 명하는 집행권원과 같은 경우에는 그 집행권원에 기초하여 등기절차 등이 뒤따르게 되나, 이러한 광의의 집행을 위해서는 승계집행문을 필요로 하는 수가 있다.

④ '무조건'이란 집행권원에 있는 채무자의 의사표시에 반대의무의 이행 등과 같은 조건이 붙지 않은 경우를 말한다.

⑤ 소유권이전등기청구권이 압류 또는 가압류된 경우에 채무자가 소유권이전등기의 의사표시를 명하는 판결을 받을 수 있다고 한다면 제3채무자는 채무자가 일방적으로 이전등기를 신청하는 것을 저지할 방법이 없으므로 이와 같은 경우에는 압류나 가압류의 해제를 조건으로 하지 않는 한 법원은 이를 인용하여서는 안 된다(대판 1992.11.10. 92다4680).

⑥ 의사의 진술을 명하는 판결이 확정되어 채무자의 의사표시 의제의 효과가 일단 발생하면 그 강제집행은 이로써 완료되기 때문에 그에 대한 청구이의의 소(제44조)나 제3자이의의 소(제48조)는 더 이상 허용되지 않는다(실무제요 집행 4). **기출** 14

> 대지에 대한 수분양자 명의변경 절차의 이행을 소구함은 채무자의 의사의 진술을 구하는 소송으로서 그 청구를 인용하는 판결이 선고되고 그 소송이 확정되었다면, 그와 동시에 채무자가 수분양자 명의변경 절차의 이행의 의사를 진술한 것과 동일한 효력이 발생하는 것이므로 위 확정판결의 강제집행은 이로써 완료되는 것이고 집행기관에 의한 별도의 집행절차가 필요한 것이 아니므로, 특별한 사정이 없는 한 위 확정판결 이후에 집행절차가 계속됨을 전제로 하여 그 채무명의가 가지는 집행력의 배제를 구하는 청구이의의 소는 허용될 수 없다(대판 1995.11.10. 95다37568). **기출** 14

2. 집행문이 부여된 때(의사표시의무에 조건 등이 붙어 있는 경우)

① 조건성취집행문

  ㉠ 의사진술을 명하는 집행권원은 집행절차가 개입될 여지가 없는 것이어서 집행문부여절차 역시 문제되지 않는다.

  ㉡ 집행권원상의 의사표시가 조건성취를 전제로 하는 경우에는 예외적으로 집행문부여절차가 필요하다.

> 조건부 의사진술을 명하는 재판은, 그 조건이 성취되어 집행문이 부여될 때 의사를 진술한 것과 동일한 효력이 발생하고, 집행기관이 관여하는 현실적인 강제집행절차가 존재할 수 없으므로, 강제집행의 정지도 있을 수 없으니, 등기공무원은 강제집행정지결정에 구애됨이 없이 등기신청을 받아들여 등기기입을 할 수 있다(대결 1979.5.22. 77마427). **기출** 23·12

ⓒ '조건'이란 집행문부여의 실질적 요건으로서 넓은 의미의 조건과 동시이행의무의 이행제공 등 집행개시요건을 포함하는 것이다.

ⓔ 다만, '확정기한'에 관하여는 기한의 도래로 곧바로 의사표시 의제의 효과가 생기고 별도로 집행문이 필요하지 않다.

ⓜ 이와 같이 집행문을 필요로 하는 것은 본래 의미의 집행절차로 나아가기 위한 것이 아니라 의사표시가 다른 사실에 관련된 경우(조건 등)에 의사표시를 의제하기 위해서 집행문부여의 형식을 빌려서 공권적으로 확인하는 것을 목적으로 하는 것이다.

ⓗ 채권자가 '집행문부여의 소'를 거친 경우에는 조건부 의사표시의무의 집행절차에서 예외적으로 집행문을 요구하는 취지는 이미 달성되었다고 할 것이어서 더 나아가 집행문을 부여받을 필요가 없다.

ⓢ 즉 집행문부여의 소송절차에서 조건 등이 이미 성취되었음이 확인되었기 때문에 그 자체로 의사표시를 의제할 수 있기 때문이다.

② **조건성취집행문의 송달** : 예외적으로 집행문을 필요로 하는 경우라도 집행문부여절차의 기능이 본래 의미의 집행절차에서 그 취지가 서로 다르다 할 것이므로 조건성취집행문이라 할지라도 별도로 송달할 필요가 없다.

③ **집행문부여에 대한 구제**

ⓞ 집행문부여가 있다고 하더라도 본래 의미의 집행절차라고 할 것이 없다는 점에는 변함이 없다.

ⓛ 집행문부여에 대한 구제수단인 집행문부여에 대한 이의나 이의의 소는 본래 의미의 집행절차를 예정하고 있는 것이므로 의사표시의무의 집행에서 집행문이 부여되었다 하더라도 채무자는 집행문부여에 대한 이의 등으로 다툴 수 없고 그로 인한 실체적 결과에 대하여 소송절차를 통하여 다툴 수 있을 뿐이다.

> 집행권원상의 의사표시를 하여야 하는 채무가 반대급부 이행 등 조건이 붙은 경우에는 채권자가 조건 등의 성취를 증명하여 재판장의 명령에 의하여 집행문을 받아야만 의사표시 의제의 효과가 발생한다. 따라서 반대급부 이행 등 조건이 성취되지 않았는데도 등기신청의 의사표시를 명하는 판결 등 집행권원에 집행문이 잘못 부여된 경우에는 그 집행문부여는 무효이나, 이러한 집행문부여로써 강제집행이 종료되고 더 이상의 집행 문제는 남지 않는다는 점을 고려하면 집행문부여에 대한 이의신청이나 집행문부여에 대한 이의의 소를 제기할 이익이 없으므로, 채무자로서는 집행문부여에 의하여 의제되는 등기신청에 관한 의사표시가 무효라는 것을 주장하거나 그에 기초하여 이루어진 등기의 말소 또는 회복을 구하는 소를 제기하여야 한다(대판 2012.3.15. 2011다73021). **기출** 15

담보권의
실행 등을 위한 경매

PART

03

총 설

제1절 **권리실현**

Ⅰ 서 론

1. 의 의

① 금전채권집행은 집행권원의 유무에 따라 크게 강제경매와 임의경매로 나눌 수 있다.

② 임의경매는 다시 우선변제력을 실현시키기 위한 실질적 경매와 단순히 목적물을 현금화하기 위한 형식적 경매가 있다.

2. 실질적 경매

① 실질적 경매는 임의경매절차 중에서도 담보물권의 우선변제력을 실현시키는 절차이다.

② 피담보채권의 목적을 직접 실현시키는 절차라는 점에서 실질적 경매라고 한다.

3. 형식적 경매

① 협의의 형식적 경매

  ㉠ 형식적 경매는 단순히 목적물을 현금화시키는 절차이다.

  ㉡ 사법상 이행청구권을 직접 실현시키지 아니하고 목적물을 현금화시키는 방법으로서 경매절차를 이용하는 것에 지나지 아니한다는 점에서 형식적 경매라고 한다.

  ㉢ 형식적 경매가 실질적 경매와 가장 차이가 나는 점은 현금화절차 이후의 배당 등 절차가 배제되어 있다는 점이다.

  ㉣ 민사집행법 제1조에서는 형식적 경매(민사집행)를 민법·상법 그 밖의 법률규정에 따른 경매라고 표현하고 있다.

  ㉤ 형식적 경매의 종류

공유물분할을 위한 경매	공유물을 분할하기 위하여 현금화하기 위한 경매
자조매각	특정물의 인도의무를 부담하는 자가 그 인도의무를 면하기 위하여 물건을 금전으로 현금화하기 위한 경매
단주의 경매	단주를 경매하여 그 대금을 주주에게 교부할 의무를 이행하기 위한 경매
타인의 권리를 상실시키는 경매	어떤 물건에 대한 타인의 권리를 상실시키는 것 자체를 직접적인 목적으로 하는 그 권리에 대한 경매
청산을 위한 경매	어떤 범위의 재산을 한도로 하여 각 채권자에 대하여 채권액의 비율에 따라 일괄하여 변제하기 위하여 청산을 목적으로 당해 재산을 현금화하기 위한 경매

② 유치권에 의한 경매 : 유치권에는 경매신청권은 있으나(민법 제322조 제1항) <u>우선변제권은 없으므로</u>, 경매신청의 목적은 피담보채권의 강제적 실현이 아니라 그 물건을 채무변제 시까지 무작정 보관하고 있어야 한다는 부담에서 해방되기 위하여 유치권자에게 부여된 현금화권을 행사하는 것이기 때문에 현행법은 유치권에 의한 경매의 성질을 현금화를 위한 경매의 일종으로 규율하고 있다.

Ⅱ 실체법에 따른 권리실현

1. 의 의
① 현행법은 피담보채권의 만족을 얻는 방법으로 전혀 이질적인 두 가지 수단을 두고 있다.
② 하나는 민사집행법이 마련한 집행절차를 통하여 만족을 얻는 방법이고, 다른 하나는 민법 등 실체법이 정하는 방식으로 채권자가 채무자의 권리를 직접 행사하여 그 결과를 통하여 만족을 얻는 방법이다.

2. 질권자
① 유질계약의 예외적 허용
  ㉠ 상사질권자는 변제에 갈음하여 질물의 소유권을 취득하거나 집행절차에 의하지 아니하고 질물을 처분하여 피담보채권의 만족을 구할 수 있다(상법 제339조).
  ㉡ 민사질권자라도 변제기 이후에는 유질을 허용하고 있다(민법 제339조).
② 질권자의 과실수취권 : 현행법에서는 점유질만을 인정하고 수익질을 허용하지 않으나 과실을 수취하여 다른 채권자보다 앞서 자기의 채권에 충당할 수는 있다(민법 제323조, 제343조).
③ 질권자의 직접 청구 : 금전채권에 대한 권리질권자는 집행권원이나 채무자의 위임이 없더라도 피담보채권액의 한도에서 제3채무자에게 입질채권을 직접 청구하여 피담보채권의 변제에 충당할 수 있다(민법 제353조).
④ 간이변제충당권 : 질물의 가치가 작아 경매에 붙이는 것이 부적절한 사정 등이 있는 경우에는 채무자에게 미리 통지하고 감정인의 평가를 거쳐 유치물로 직접 변제에 충당할 것을 법원에 청구할 수 있다(제338조).

3. 가등기담보권자
① 가등기담보권자 역시 집행절차에 따르는 것과 별도로 실체법이 정한 권리실현절차를 통하여 피담보채권의 만족을 구할 수 있다(가등기담보 등에 관한 법률 제3조).
② 이를 권리취득에 의한 실현절차라고 한다. 여기에 민사집행법이 적용될 여지는 없다.

4. 유치권자에게는 질권자와 같은 내용의 권리 인정(민법 제322조, 제324조)

임의경매절차의 특색

CHAPTER 02

강제경매절차와의 비교

Ⅰ 강제경매절차의 원칙적 준용

1. 서 론

① 법에서는 임의경매절차에 대하여 별도로 규율하기보다는 원칙적으로 강제경매절차를 준용하는 입법태도를 취하고 있다(제202조, 제268조, 제275조, 규칙 제194조).

② 이하에서는 개략적인 준용내용을 살펴본 후에 임의경매와 강제경매의 차이점만을 설명하기로 한다.

2. 매각절차의 개시

① 집행법원(제79조)이 경매개시결정을 하고, 압류를 명하며(제83조 제1항), 개시결정을 한 때에는 법원사무관 등은 경매개시결정의 등기를 촉탁하여야 한다(제94조 제1항).

② 경매개시결정을 이중으로 하는 것도 가능하다(제87조).

3. 매각의 준비절차

배당요구의 종기결정 및 공고, 조세, 공과금 및 채권신고의 최고, 현황조사, 부동산의 평가와 최저매각가격의 결정, 인수주의와 잉여주의의 선택 등, 일괄매각결정, 부동산의 멸실 등으로 말미암은 경매취소, 매각물건명세서 등, 남을 가망이 없을 경우의 경매의 취소도 강제경매의 경우와 똑같다.

4. 매각·매각결정 및 대금지급절차

매각기일의 공고내용, 매수신청의 보증, 매각결정절차 및 매각허가여부의 결정에 대한 항고절차 등, 과잉매각되는 경우의 매각불허가, 부동산의 인도명령 등, 대금의 지급 등도 강제경매의 경우와 같다.

5. 채무자의 매수신청 금지

① 채무자의 매수신청을 금지한 민사집행규칙 제59조도 준용된다. 따라서 채무자는 매수신청을 할 수 없다.

② 그러나 임의경매의 경우에 채무자 아닌 소유자는 다른 이해관계인을 불리하게 하는 바 없고 특별규정도 없으므로 매수신청인이 될 수 있다.

6. 배당절차 등

임의경매에도 집행법원에 관한 법 제88조, 공동경매에 관한 법 제162조 이하가 준용된다(제268조).

Ⅱ 강제경매절차와 차이점

1. 집행권원의 요부

① **강제경매의 경우** : 강제경매에 있어서는 집행권원의 존재를 요하며 그 정본에 집행문을 부여한 집행력있는 정본에 기하여 실시되는 것이므로, 강제경매의 신청에는 집행할 수 있는 일정한 집행권원을 적어야 하고(제80조 제3호), 또 그 신청에는 집행력있는 정본을 붙여야 한다(제81조 제1항).

② **임의경매의 경우** : 그러나 임의경매는 피담보채권의 변제를 받기 위하여 경매의 신청권이 인정되므로(민법 제363조 제1항) 집행권원의 존재를 요하지 아니하며, 그 신청서에도 집행력 있는 정본은 요구하지 않으며, 담보권의 존재를 증명하는 서류를 내도록 되어 있다(제264조 제1항).

> • 근저당권에 기한 물상대위권을 갖는 채권자가 그 물상대위권을 행사하여 우선변제를 받음에 있어, 그 권리실행방법은 민사집행법 제273조에 의하여 채권에 대한 강제집행절차를 준용하여 채권의 압류 및 전부명령을 신청할 수 있다고 할 것이나, 이는 어디까지나 담보권의 실행절차이므로 그 요건으로서 담보권의 존재를 증명하는 서류를 제출하여 개시하면 되는 것이고, 일반채권자로서 강제집행을 하는 것이 아니므로 집행권원을 필요로 하지 않는다(대결 1992.7.10. 92마380). **기출** 22
> • 저당권에 기한 물상대위권을 갖는 채권자가 동시에 집행권원을 가지고 있으면서 집행권원에 의한 강제집행의 방법을 선택하여 채권의 압류 및 전부명령을 얻은 경우에는 비록 그가 물상대위권을 갖는 실체법상의 우선권자라 하더라도 원래 일반 집행권원에 의한 강제집행절차와 담보권의 실행절차와는 그 개시요건이 다를 뿐만 아니라 다수의 이해관계인이 관여하는 집행절차의 안정과 평등배당을 기대한 다른 일반 채권자의 신뢰를 보호할 필요가 있는 점에 비추어 압류가 경합된 상태에서 발부된 전부명령은 무효로 볼 수밖에 없다(대판 1990.12.26. 90다카24816). **기출** 24
> • 근저당권자가 공탁금에 대하여 물상대위권 행사를 위한 압류를 하지 아니하고 일반채권에 기하여 가압류만 하고 있던 중에 다른 채권자가 압류를 하게 되면 공탁관은 압류와 가압류의 경합을 사유로 하여 압류법원에 사유신고를 하게 되므로, 그 이후에는 근저당권자는 물상대위권 행사를 위한 압류나 배당요구를 할 수 없으므로 근저당권자는 위 배당절차에서 근저당권자가 아닌 단순한 가압류채권자로서 다른 채권자들과 안분배당을 받을 수 있을 뿐이다(공탁선례 제1-232호). **기출** 24

2. 공신적 효과의 유무

① **강제경매의 경우(공신력 긍정)** : 강제경매는 집행력있는 정본이 존재하는 경우에 한하여 국가의 강제집행권의 실행으로서 실시되므로 일단 유효한 집행력있는 정본에 기하여 매각절차가 완결된 때에는 후일 그 집행권원에 표상된 실체상의 청구권이 당초부터 부존재·무효라든가 매각절차 완결시까지 변제 등의 사유로 인하여 소멸되거나 나아가 재심에 의하여 집행권원이 폐기된 경우라 하더라도 매각절차가 유효한 한 매수인은 유효하게 목적물의 소유권을 취득한다. 즉 강제경매에는 공신적 효과가 인정된다.

[기출] 13

② **임의경매의 경우**

㉠ 경매개시결정 전의 담보권소멸에 기한 경매절차(공신력 부정) : 임의경매에 있어서는 담보권자의 담보권에 기한 경매의 실행을 국가기관이 대행하는 것에 불과하므로 이미 소멸된 저당권에 기하여 경매개시결정이 있었다면 그것이 매각허가결정의 효력에 영향을 미치게 되므로 경매의 공신적 효과는 부정된다. 즉 임의경매에 있어서는 강제경매의 경우와는 달리 집행법원은 담보권 및 피담보채권의 존부를 심사하여 담보권의 부존재·무효, 피담보채권의 불발생·소멸 등과 같은 실체상의 하자가 있으면 경매개시결정을 할 수 없으며, 나아가 이러한 사유는 매각불허가사유에 해당하며 또 이를 간과하여 매각허가결정이 확정되고 매수인이 매각대금을 완납하고 소유권이전등기를 경료받았다 하더라도 매수인은 매각부동산의 소유권을 취득하지 못한다(대판 1999.2.9. 98다51855). [기출] 21·18·13

> - 피담보채권의 소멸로 저당권이 소멸하였는데도 이를 간과하고 경매개시결정이 되고 그 경매절차가 진행되어 매각허가결정이 확정되었다면 이는 소멸한 저당권을 바탕으로 하여 이루어진 무효의 절차와 결정으로서 비록 매수인이 매각대금을 완납하였다고 하더라도 그 부동산의 소유권을 취득할 수 없다(대판 2012.1.12. 2011다68012). [기출] 17
> - 무효인 근저당권에 의한 경매는 그 등기의 말소된 여부를 불문하고 무효이다(대결 1967.1.23. 66마1165).
> - 사립학교 경영자가 사립학교의 교지, 교사로 사용하기 위하여 출연·편입시킨 토지나 건물이 등기부상 사립학교 경영자 개인 명의로 있는 경우에도 그 토지나 건물에 관하여 마쳐진 근저당권설정등기는 사립학교법 제51조에 의하여 준용되는 같은 법 제28조 제2항, 같은 법 시행령 제12조에 위배되어 무효이다(대판 2011.9.29. 2010다5892).
> - 부동산등기에는 공신력이 인정되지 아니하므로, 부동산의 소유권이전등기가 불실등기인 경우 그 불실등기를 믿고 부동산을 매수하여 소유권이전등기를 경료하였다 하더라도 그 소유권을 취득한 것으로 될 수 없고, 부동산에 관한 소유권이전등기가 무효라면 이에 터잡아 이루어진 근저당권설정등기는 특별한 사정이 없는 한 무효이며, 무효인 근저당권에 기하여 진행된 임의경매절차에서 부동산을 경락받았다 하더라도 그 소유권을 취득할 수 없다(대판 2009.2.26. 2006다72802).
> - 임의경매의 정당성은 실체적으로 유효한 담보권의 존재에 근거하므로, 담보권에 실체적 하자가 있다면 그에 기초한 경매는 원칙적으로 무효이다. 특히 채권자가 경매를 신청할 당시 실행하고자 하는 담보권이 이미 소멸하였다면, 그 경매개시결정은 아무런 처분권한이 없는 자가 국가에 처분권을 부여한 데에 따라 이루어진 것으로서 위법하다. 그러므로 피담보채권이 소멸되어 무효인 근저당권에 기초하여 임의경매절차가 개시되고 매수인이 해당 부동산의 매각대금을 지급하였더라도, 그 경매절차는 무효이므로 매수인은 부동산의 소유권을 취득할 수 없다. 이와 같이 경매가 무효인 경우 매수인은 경매채권자 등 배당금을 수령한 자를 상대로 그가 배당받은 금액에 대하여 부당이득반환을 청구할 수 있다(대판 2023.7.27. 2023다228107).

㉡ 경매개시결정 후의 담보권 소멸(공신력 긍정)

㉮ 다만, 민사집행법 제267조는 '매수인의 부동산 취득은 담보권 소멸로 영향을 받지 않는다'고 규정하고 있으므로, 임의경매에 있어서도 다음과 같은 경우에는 예외적으로 경매의 공신적 효과가 인정된다.

㉴ 실체상 존재하는 저당권에 기하여 경매개시결정이 있었다면 그 후 저당권이 소멸되었거나(예컨대 저당권설정계약이 해지된 경우), 변제 등에 의하여 피담보채권이 소멸되었더라도 경매개시결정에 대한 이의 또는 매각허가결정에 대한 항고에 의하여 매각절차가 취소되지 아니한 채 매각절차가 진행된 결과 매각허가결정이 확정되고 매각대금이 완납되었다면 매수인은 매각부동산의 소유권을 취득한다(제267조, 대결 1992.11.11. 92마719; 대판 2001.2.27. 2000다44348).

> **이미 소멸한 근저당권에 기하여 임의경매가 개시되고 매각이 이루어진 경우, 그 경매의 효력(무효) 및 민사집행법 제267조는 경매개시결정이 있은 뒤에 담보권이 소멸하였음에도 경매가 계속 진행되어 매각된 경우에만 적용되는지 여부(적극)**
>
> 종래 대법원은 민사집행법 제267조가 신설되기 전에도 실체상 존재하는 담보권에 기하여 경매개시결정이 이루어졌으나 그 후 경매 과정에서 담보권이 소멸한 경우에는 예외적으로 공신력을 인정하여, 경매개시결정에 대한 이의 등으로 경매절차가 취소되지 않고 매각이 이루어졌다면 경매는 유효하고 매수인이 소유권을 취득한다고 해석해 왔다. 대법원은 민사집행법 제267조가 신설된 후에도 같은 입장을 유지하였다. 즉, 민사집행법 제267조는 경매개시결정이 있는 '뒤'에 담보권이 소멸하였음에도 경매가 계속 진행되어 매각된 경우에만 적용된다고 보는 것이 대법원의 일관된 입장이다. 위와 같은 현재의 판례는 타당하므로 그대로 유지되어야 한다.
> (1) 임의경매의 정당성은 실체적으로 유효한 담보권의 존재에 근거하므로, 담보권에 실체적 하자가 있다면 그에 기초한 경매는 원칙적으로 무효이다. 특히 채권자가 경매를 신청할 당시 실행하고자 하는 담보권이 이미 소멸하였다면, 그 경매개시결정은 아무런 처분권한이 없는 자가 국가에 처분권을 부여한 데에 따라 이루어진 것으로서 위법하다. 반면 일단 유효한 담보권에 기하여 경매개시결정이 개시되었다면, 이는 담보권에 내재하는 실체적 환가권능에 기초하여 그 처분권이 적법하게 국가에 주어진 것이다.. 이러한 점에서 담보권의 소멸은 그 소멸 시기가 경매개시결정 전인지 또는 후인지에 따라 그 법률적 의미가 본질적으로 다르다고 할 수 있다.
> (2) 민사집행법 제267조가 담보권의 소멸 시기를 언급하지 않고 있더라도 그것이 경매개시결정 전에 담보권이 소멸한 경우까지도 포함하여 경매의 공신력을 인정하려는 취지인지는 그 문언만으로는 분명하지 않고, 여전히 법률해석의 여지가 남아 있게 되었다.
> (3) 원칙적으로는 경매가 무효라 하더라도 상대적으로 진정한 권리자에 대한 보호가치가 줄어든 경우에 한하여 실권효에 기초하여 예외적으로 경매의 공신력을 부여할지를 논할 수 있는 것이고, 이러한 논의에 애초부터 담보권이 소멸하여 위법하게 경매절차가 개시된 경우를 포함하는 것은 타당하다고 할 수 없다.
> (4) 경매개시결정이 있기 '전'에 담보권이 소멸한 경우에도 그 담보권에 기한 경매의 공신력을 인정한다면, 이는 소멸한 담보권 등기에 공신력을 인정하는 것과 같은 결과를 가져오므로 현재의 등기제도와도 조화된다고 볼 수 없다.
> (5) 결국 대법원이 현재에 이르기까지 민사집행법 제267조가 경매개시결정이 있은 뒤에 담보권이 소멸한 경우에만 적용되는 것으로 해석해 온 것은 민사집행법 제267조의 입법 경위, 임의경매의 본질과 성격 및 부동산등기제도 등 법체계 전체와의 조화를 고려하여 다양한 해석이 가능한 법문언의 의미를 분명히 밝힌 것으로 보아야 한다(대판 2022.8.25. 2018다205209[전합]).

㉵ 민사집행법 제267조가 적용되는 범위에 관하여 경매개시결정 전후를 불문하고 담보권이 소멸된 경우 적용된다는 견해도 있으나 판례는 경매개시결정 후에 담보권이 소멸된 경우에만 적용되고 경매개시결정 전에 이미 담보권이 소멸한 경우에는 적용되지 않는다는 입장이다(대판 2022.8.25. 2018다205209[전합]).

3. 경매개시결정에 대한 이의

① **강제경매의 경우**

　ⓐ 강제경매에서는 집행채권의 존재가 소송절차를 통해서 집행권원이라는 형식으로 확정되어 있다. 집행권원의 효력을 부인하려면 집행절차 밖에서 청구이의의 소를 제기해서 승소판결을 얻어 집행법원에 제출해야 한다. 집행채권의 부존재와 소멸, 이행기 유예 등 '실체상 하자'는 경매절차 안에서 개시결정에 대한 이의로는 다툴 수 없다. 기출 22

　ⓑ 강제경매개시결정에 대한 이의는 '절차상 하자'만을 이유로 해야 하고 집행채권의 부존재나 소멸 등 실체상 하자는 민사집행법 제121조 제1호의 '강제집행을 허가할 수 없거나 집행을 계속 진행할 수 없을 때'에 해당하지 않으므로, 매각허가에 대한 이의사유나 매각허가결정에 대한 즉시항고사유가 아니다(대결 1978.12.19. 77마452; 대결 1983.8.30. 83마197). 기출 13

> 강제경매개시결정에 대한 이의신청은 경매개시결정에 관한 형식적인 절차상의 하자에 대한 불복방법이기 때문에 실체적 권리관계에 관한 사유를 경매개시결정에 대한 이의의 원인으로 주장할 수 없다(대결 2004.9.8. 2004마408).

② **임의경매의 경우**

> **민사집행법 제265조(경매개시결정에 대한 이의신청사유)**
> 경매절차의 개시결정에 대한 이의신청사유로 담보권이 없다는 것 또는 소멸되었다는 것을 주장할 수 있다.

　ⓐ 임의경매개시결정에 대한 이의는 강제경매개시결정에 대한 이의와는 달리 '절차상 하자'뿐만 아니라 담보권이 부존재·무효, 피담보채권의 불성립·소멸 또는 변제와 같은 '실체상 하자'도 이의사유로 주장할 수 있다. 기출 24 · 22 · 13

　ⓑ 임의경매는 집행권원을 필요로 하지 않고 절차의 안정을 위해서 '담보권이 있다는 것을 증명하는 서류'를 제출하면 되는 것으로 정하고 있다. 담보권의 존재는 절차의 개시 또는 속행의 필수적 요건에 해당한다. 따라서 담보권의 부존재나 소멸 등과 같은 실체상 하자는 경매절차의 어느 단계에 있든지 직접 영향을 미치므로, 이해관계인은 경매절차에서 실체상 하자를 이유로 언제든지 개시결정에 대한 이의를 제기할 수 있고(제265조), 매각허가에 대한 이의나 매각허가결정에 대한 즉시항고에서도 주장할 수 있다(대결 1964.4.13. 63마98; 대결 2008.9.11. 2008마696 등).

> 민사집행법 제265조는 담보권의 실행을 위한 경매절차에서 경매절차의 개시결정에 대한 이의신청사유로 담보권이 없다는 것 또는 소멸되었다는 것을 주장할 수 있다고 규정하고 있다. 따라서 부동산의 임의경매에 있어서는 강제경매의 경우와는 달리 경매의 기본이 되는 저당권이 존재하는지 여부는 경매개시결정에 대한 이의사유가 되고, 그 부동산의 소유자가 매각허가결정에 대하여 저당권의 부존재를 주장하여 즉시항고를 한 경우에는 항고법원은 그 권리의 부존재 여부를 심리하여 항고이유의 유무를 판단하여야 한다(대결 2008.9.11. 2008마696).

　ⓒ 담보권 실행 또는 민법 제342조의 물상대위에 기한 권리행사에 대한 즉시항고에 있어서 담보권이나 피담보채권의 부존재, 소멸 등의 실체상의 사유를 항고이유로 주장할 수 있다(대결 2008.8.12. 2008마807). 기출 24

② 부동산을 목적으로 하는 담보권을 실행하기 위한 경매절차를 정지하려면 (ⅰ) 민사집행법 제268조에 의하여 준용되는 같은 법 제86조 제1항에 따라 경매개시결정에 대한 이의신청을 하고 같은 조 제2항에 따라 같은 법 제16조 제2항에 준하는 매각절차의 일시정지를 명하는 가처분(잠정처분) 결정을 받거나, (ⅱ) 담보권의 효력을 다투는 소(통상 채무부존재확인이나 저당권설정등기말소청구의 소)를 먼저 제기하고 같은 법 제46조 제2항에 의하여 정지를 명하는 잠정처분 결정을 받아 집행법원에 제출하여야 한다(실무제요 집행 3). **기출** 24

⑩ 경매개시결정에 대한 이의신청을 하였으나 집행정지결정을 받지 아니하여 경매가 계속 진행되어 매각허가결정이 확정되고 매수인이 매각대금을 납부하였다면 경매개시결정을 취소할 수 없다(대결 1971.6.30. 71마422 참조). **기출** 24

⑭ 부동산을 목적으로 하는 담보권을 실행하기 위한 경매절차를 정지하려면 경매개시결정에 대한 이의신청을 하고 집행정지명령을 받거나 그 담보권의 효력을 다투는 소를 제기하고 집행정지명령을 받아 그 절차의 진행을 정지시킬 수 있을 뿐이고, 직접 경매의 불허를 구하는 소를 제기할 수는 없다(대판 2002.9.24. 2002다43684). **기출** 24

4. 청구이의의 소

① **강제경매의 경우** : 실체상의 하자를 이유로 집행권원의 효력을 소멸시키는 구제제도로서 청구이의의 소를 두고 있음은 이미 보았다.

② **임의경매의 경우**

㉠ 임의경매절차에서는 집행권원이라고 할 것이 없으므로 청구이의의 소가 문제되지 않는다.

㉡ 임의경매절차에서는 실체상의 하자를 다툴 방법이 무엇인가 문제되는데, 판례는 채무이의의 소(채무부존재확인의 소, 근저당권설정등기말소청구의 소)라는 구제방법을 인정하고 있다.

5. 매각절차에서 승계(제2편 강제경매 – 제2절 매각절차의 승계 참조)

① **경매개시결정 전 채무자가 사망한 경우**

㉠ 강제경매의 경우, 경매개시결정 전에 이미 채무자가 사망하였다면 상속인에 대한 강제집행의 요건을 구비한 후에 강제집행을 하여야 하므로 채권자는 승계집행문을 부여받아 경매신청을 하여야 한다. 경매개시결정 당시에 이미 소유자, 채무자가 사망하였음에도 이를 간과하고 강제경매신청을 하여 개시결정인 난 후 사망사실이 밝혀지면, 개시결정을 취소하고 강제경매신청을 각하한다(실무제요 집행 2). **기출** 21 · 17 · 13

㉡ 반면 임의경매의 경우, 근저당권설정등기 후 경매신청 전에 채무자(소유자)가 사망하여 상속이 개시되었으나 그 상속등기가 되지 않은 경우에는 대위에 의한 상속등기를 하고 그 상속인을 채무자(소유자)로 하여 경매신청을 하여야 함이 원칙이다. 그러나 이를 간과하고 경매개시결정을 한 때에는 그 채무자(소유자)의 표시를 경정하면 충분하고 경매개시결정을 취소하고 신청을 각하할 필요는 없다(실무제요 집행 3). **기출** 21 · 17 · 13

> 저당권 실행의 경매신청에는 판결절차에 있어서와 같은 상대방은 없는 것이므로 경매개시결정 당시 이미 채무자나 소유자가 사망하였었다 하여도 후에 이를 경정하여 채무자나 소유자의 표시를 고칠 수 있을 뿐, 경매개시결정의 효력 자체에는 영향이 없다(대결 1964.5.16. 64마258). **기출** 21

② 경매절차 진행 중 채무자 또는 채권자가 사망한 경우

   ㉠ 강제경매

     ㉮ 강제집행을 개시한 뒤에 채무자가 죽은 때에는 상속재산에 대하여 강제집행을 계속하여 진행하므로(제52조 제1항), 이 경우 상속인에 대하여 승계집행문을 요하지 않는다.

     ㉯ 강제경매절차가 진행되던 중 채권자가 사망한 경우 그 상속인이 승계집행문을 받은 후가 아니면 경매절차를 속행할 수 없다. 승계인을 위하여 강제집행을 속행하기 위해서는 우선적으로 승계의 사실을 인정할 필요가 있으므로, 승계인이 자기를 위하여 강제집행을 속행하여 달라고 신청하는 때에는 단순히 승계의 사실을 증명하는 것만으로는 부족하고, 승계집행문이 붙은 집행권원의 정본을 제출하여야 한다(규칙 제23조 제1항, 실무제요 집행 2). **기출** 13

   ㉡ 임의경매

     ㉮ 집행을 개시한 후에 채무자 또는 소유자가 사망하여도 매각절차는 중단되지 않고 속행된다(제275조, 제52조 제1항). **기출** 21

     ㉯ 매각절차의 진행 중에 채권자가 사망한 경우 그 사망 후에 채권자 명의로 이루어진 절차는 그의 상속인들에 의하여 이루어진 것으로 간주되므로, 그 후에 이루어진 매각절차는 상속인들을 위하여 진행된 유효한 것이다(대결 1972.11.7. 72마1266). 임의경매개시결정 후 저당채권자의 사망으로 그 상속인으로부터 수계신청이 있는 경우에도 소송절차의 중단, 수계 등에 관한 규정이 적용 또는 준용되는 것이 아니므로 집행법원이 이를 저당채무자 또는 소유자에게 통지할 필요가 없다(대결 1964.3.24. 63마55). 따라서 신청채권자의 저당권에 관하여 일반승계(저당권자의 사망, 저당권자인 법인의 합병 등)가 있는 경우에 매각절차는 중단되지 않고 그대로 속행된다(실무제요 집행 3).

                                                  기출 13 · 17

6. 경매개시결정의 발송송달의 특례

① 「한국자산관리공사 설립 등에 관한 법률」에 따라 일정한 금융기관 등에게 임의경매절차에서 경매개시결정의 발송송달의 특례가 인정된다(같은 법 제45조의2 제1항).

② 발송송달의 특례가 인정되는 경우, 경매신청 당시 당해 부동산등기부상에 기재되어 있는 주소(주민등록표 주소와 다른 경우 주민등록표에 적힌 주소 포함, 주소를 법원에 신고한 때에는 그 주소)에 발송함으로써 송달의 효력이 발생하고, 발송된 송달서류가 실제로 송달되었는지 아니면 송달불능이 되었는지 여부는 위와 같은 효력에 영향이 없다(대판 2003.6.24. 2003다13116). **기출** 21

③ 여기에서의 송달은 통상의 우편에 의한 송달방법으로 발송하더라도 그 효력이 발생하는 것이고, 반드시 민사소송법 제187조 소정의 우편송달의 경우와 같이 별도의 형식을 갖춘 송달보고서가 작성되어야만 송달의 효력이 발생한다고 볼 것은 아니다(대판 2003.6.24. 2003다13116). **기출** 21

④ 이러한 발송송달특례는 담보권 실행을 위한 경매의 경우에 한하여 인정되고, 강제경매절차나 형식적 경매절차에서는 인정되지 않는다. **기출** 21 · 13 · 11

⑤ 채무자 및 소유자에게 모두 경매실행 예정통지를 한 경우에만 발송송달의 특례를 적용받을 수 있으므로, 채무자 또는 소유자 1인에게만 경매실행 예정사실을 통지한 경우에는 채무자·소유자 모두에게 송달특례를 적용할 수 없다(같은 법 제45조의2 제2항). **기출** 21

⑥ 발송송달의 특례를 인정받기 위해서는 경매신청 전에 채무자 및 소유자에게 경매실행예정사실 통지를 하였다는 확인서를 경매신청서에 첨부하여야 하므로(재민 99-4), 경매 사건을 접수한 이후에 비로소 경매예정사실을 통지한 경우에는 송달특례를 인정할 수 없다. **기출** 21

⑦ 채무자 또는 소유자의 주민등록이 말소된 경우(말소자초본이 제출된 경우)에는 위 특례를 적용함이 없이 (발송송달을 함이 없이) 직권(신청)에 의하여 공시송달을 하여도 무방하다. 판사(사법보좌관)가 공시송달 명령에 의하여 공시송달을 한 이상 공시송달의 요건을 구비하지 않은 흠결이 있더라도 송달의 효력에는 영향이 없다(대결 1984.3.15. 84마20[전합]; 대판 1994.10.21. 94다27922).

제2절   임의경매의 절차

Ⅰ   서 설

1. 임의경매

민사집행법은 제3편에서 '담보권 실행 등을 위한 경매'라는 이름 아래 제264조부터 제275조까지 그 실행에 집행권원을 요하지 아니하는 경매에 관한 규정을 두고 있는 바, 강학상 이러한 경매를 통틀어 강제경매에 대응하여 '임의경매'라고 부른다.

2. 실질적 경매

임의경매에는 저당권, 질권, 전세권 등 담보물권의 실행을 위한 이른바 '실질적 경매'와 민법, 상법 그 밖의 법률의 규정에 의한 현금화를 위한 이른바 '형식적 경매'가 있다.

3. 실질적 경매의 대상에 따른 분류

① 실질적 경매(담보권의 실행을 위한 경매)를 다시 그 대상에 따라 부동산에 대한 경매(제264조), 선박에 대한 경매(제269조), 자동차, 건설기계, 소형선박 및 항공기에 대한 경매(제270조), 유체동산에 대한 경매(제271조, 제272조) 및 채권 그 밖의 재산권에 대한 담보권의 실행(제273조)으로 구분하여 규정을 두고 있다.

② 여기서는 주로 담보권의 실행을 위한 경매 그중에서도 특히 실무에서 많이 취급되고 있는 저당권의 실행을 위한 경매에 관하여 강제경매와 상이한 점을 중심으로 설명하기로 한다.

1. 신청의 방식

① 부동산에 대한 임의경매의 신청은 서면으로 집행법원에 하여야 한다(제4조).

② 동일 채권자가 동일 채무자 또는 수인의 채무자에 대한 각별 여러 개의 채권에 관하여 저당권이 설정된 일개 또는 여러 개의 부동산에 대하여 경매의 신청을 일건으로 하나의 신청서로써 한 경우에 이는 본래 여러 개의 독립된 신청으로 할 것을 편의상 일건으로 신청한 것에 불과하므로 첩용인지는 저당권마다 소정의 인지를 첨부하여야 한다(재민 69-1).

2. 신청서에 적어야 할 사항

신청서에는 채권자, 채무자, 소유자 및 그 대리인의 표시, 담보권과 피담보채권의 표시, 담보권 실행 또는 권리행사의 대상이 될 재산의 표시, 피담보채권의 일부에 대하여 담보권 실행 또는 권리행사를 하는 때에는 그 취지 및 범위를 적어야 한다(규칙 제192조).

(1) 채권자(규칙 제192조 제1호)

① 채권자

㉠ 담보권의 실행을 위한 경매에 있어서 경매를 신청할 수 있는 자는 저당권자, 전세권자 등 담보권을 가지는 자이다.

㉡ 저당권과 함께 피담보채권을 양수한 자는 저당권이전의 부기등기를 마치고 저당권실행의 요건을 갖추고 있는 한 채권양도의 대항요건을 갖추고 있지 않더라도 경매신청을 할 수 있다.

> • 저당권과 함께 피담보채권을 양수한 자는 저당권이전의 부기등기를 마치고 저당권실행의 요건을 갖추고 있는 한 채권양도의 대항요건을 갖추고 있지 않더라도 경매신청을 할 수 있고, 이 경우 경매개시결정을 할 때 피담보채권의 양수인이 채무자에 대한 채권양도의 대항요건을 갖추었다는 점을 증명할 필요는 없지만, 적어도 그와 같은 사유는 경매개시결정에 대한 이의나 항고절차에서는 '신청채권자'가 증명하여야 한다(대결 2022.1.14. 2019마71). **기출** 23 · 17
> • 피담보채권을 저당권과 함께 양수한 자는 저당권이전의 부기등기를 마치고 저당권실행의 요건을 갖추고 있는 한 채권양도의 대항요건을 갖추고 있지 아니하더라도 경매신청을 할 수 있으며, 채무자는 경매절차의 이해관계인으로서 채권양도의 대항요건을 갖추지 못하였다는 사유를 들어 경매개시결정에 대한 이의나 즉시항고절차에서 다툴 수 있고, 이 경우는 신청채권자가 대항요건을 갖추었다는 사실을 증명하여야 할 것이나, 이러한 절차를 통하여 채권 및 근저당권의 양수인의 신청에 의하여 개시된 경매절차가 실효되지 아니한 이상 그 경매절차는 적법한 것이고, 또한 그 경매신청인은 양수채권의 변제를 받을 수도 있다(대판 2005.6.23. 2004다29279). **기출** 16

㉢ 그러나 저당권부채권의 양도를 받았으나 아직 저당권이전의 부기등기를 경료받지 못한 자는 비록 지명채권양도의 대항요건(민법 제450조)을 구비하였다 하더라도 저당권을 취득한 것이 아니므로 경매신청을 할 수 없다. **기출** 11

ⓐ 저당권부채권이 '법률의 규정'에 의하여 이전하는 경우에는 저당권이전의 부기등기를 경료받지 못한 경우라도 경매신청을 할 수 있다(등기선례 제2-386호).

ⓑ 저당권부채권이 질권의 목적으로 된 경우에는 질권자는 질권의 행사로서의 저당권의 실행을 위하여 경매신청을 할 수 있다. 이 경우 그 저당권등기에 질권의 부기등기가 경료되어 있어야 한다(민법 제348조). 기출 16

② 대위변제자의 경매신청

㉠ 전액 대위변제한 경우 : 대위변제자도 경매신청을 할 수 있다. 다만, 변제할 정당한 이익이 없는 자가 변제한 경우에는 채권자를 (변제자)대위함에 있어서 채권자의 승낙을 필요로 하며, 채권양도와 똑같은 대항요건을 갖추지 않으면 안 된다(민법 제480조). 대위변제로 인한 저당권이전의 부기등기를 거쳐야 하는 것은 아니나 실무상으로는 저당권의 이전의 부기등기를 하여 등기사항증명서를 제출함이 통례이다.

㉡ 일부 대위변제한 경우 : 일부 대위변제한 자가 자신에게 이전된 담보권을 대위의 범위 내에서 단독으로 행사할 수 있는지에 관하여 실무는 일부 대위변제자가 단독으로 경매신청을 하는 경우 받아들이지 않고 있다.

- 일부 대위변제자의 채무자에 대한 구상채권에 대하여 보증한 자가 자신의 보증채무를 변제함으로써 일부 대위변제자를 다시 대위하게 되었다 하더라도 그것만으로 채권자의 채무자에 대한 권리가 아니라 채권자와 일부 대위변제자 사이의 약정에 지나지 않는 '우선회수특약'에 따른 권리까지 당연히 대위하거나 이전받게 된다고 볼 수는 없다(대판 2010.4.8. 2009다80460).
- 변제할 정당한 이익이 있는 자가 채무자를 위하여 채권의 일부를 대위변제할 경우에 대위변제자는 변제한 가액의 범위 내에서 종래 채권자가 가지고 있던 채권 및 담보에 관한 권리를 취득하게 되고 따라서 채권자가 부동산에 대하여 저당권을 가지고 있는 경우에는 채권자는 대위변제자에게 일부 대위변제에 따른 저당권의 일부이전의 부기등기를 경료해주어야 할 의무가 있으나 이 경우에도 채권자는 일부 대위변제자에 대하여 우선변제권을 가진다(대판 2009.11.26. 2009다57545).
- 채무자를 위하여 근저당권 피담보채무의 일부를 대위변제한 사람은 종래 채권자가 가지고 있던 채권 및 담보에 관한 권리를 취득할 수 있는데, 이 경우에도 채권자는 일부 대위변제자에 대하여 우선변제권을 가지고, 근저당권을 실행하여 배당할 때에는 채권자가 자신의 잔존 채권액을 일부 대위변제자보다 우선하여 배당받는 것이 원칙이다. 그러나 채권자와 일부 대위변제자는 변제 순위나 배당금 충당에 관하여 따로 약정을 체결할 수 있다. 이 경우에는 그 약정에 따라 채권자와 일부 대위변제자 사이에 변제 순위와 배당방법이 정해진다(대판 2023.5.18. 2020다269275). 기출 15

㉢ 임의경매절차가 개시된 후 대위변제

임의경매절차가 개시된 후 경매신청의 기초가 된 담보물권이 대위변제에 의하여 이전된 경우에는 경매절차의 진행에는 아무런 영향이 없고, 대위변제자가 경매신청인의 지위를 승계하므로, 종전의 경매신청인이 한 취하는 효력이 없다(대결 2001.12.28. 2001마2094). 기출 25 · 17

(2) 채무자 · 소유자(규칙 제192조 제1호)

① 채무자는 경매신청의 기본이 되는 저당권의 피담보채권의 채무자를 말하고 소유자는 저당부동산의 소유자를 말한다.

② 채무자와 소유자가 동일인인 경우에는 채무자 겸 소유자로 표시하고 저당권을 설정한 소유자로부터 저당부동산의 소유권을 취득한 자(제3취득자)가 있으면 그 자를 소유자로 표시한다.

(3) 담보권의 표시(규칙 제192조 제2호)

① 담보권의 존재(승계)를 증명하는 서류 : 부동산을 목적으로 하는 담보권을 실행하기 위한 경매신청을 함에는 집행권원이 필요하지 않고, 담보권의 존재를 증명하는 서류를 내야 하며, 담보권을 승계한 경우에는 담보권의 승계를 증명하는 서류를 내야 한다(제264조 제1항, 제2항). 현행 민법 하에서는 등기가 물권변동의 효력발생요건이므로 담보권의 등기가 되어 있는 등기사항증명서가 주로 이용될 것이다.

기출 22 · 20

② 대위변제사실을 증명하는 공정증서 등 : 등기 없이 법률의 규정에 의하여 당연히 담보권이 이전되는 경우[125])에는 대위변제사실을 증명하는 공정증서 또는 차순위저당권자로 기입된 등기사항증명서와 배당표등본 등을 첨부한다.

(4) 피담보채권의 표시(규칙 제192조 제2호)

① 피담보채권의 존재의 소명

㉠ 실체법상으로는 담보권의 실행에는 피담보채권이 현실로 존재함을 요하나, 피담보채권에 관하여는 신청인이 경매신청서에 이를 기재하고 소명하는 정도로 족한 것이다.

㉡ 즉, 담보권의 존재를 증명하는 서류 외에 채권증서, 저당권설정계약서와 같은 피담보채권의 존재를 증명하는 서류, 피담보채권의 양수인이 채권양도의 대항요건을 갖추었다는 점을 증명할 서류 등을 반드시 제출하여야 하는 것은 아니다(대판 2005.6.23. 2004다29279; 대판 2012.4.12. 2011다109357 등).

기출 17 · 11

㉢ 집행법원은 경매신청서의 기재나 첨부한 서류 등에 의해 채권이 존재하지 않거나 변제기가 도래하지 않은 것이 명백한 경우에는 경매개시결정을 할 수 없지만, 그렇지 않은 경우에까지 피담보채권의 존부를 증명할 것을 요구해서는 아니 된다(대결 2000.10.25. 2000마5110). 피담보채권의 존재에 관하여 증명이 없다 하더라도 신청을 각하할 수는 없다.

> 민사집행법은 부동산에 대한 담보권실행을 위한 경매의 개시요건으로서 민사집행규칙 제192조에 정해진 채권자 · 채무자 및 소유자(제1호), 담보권과 피담보채권의 표시(제2호), 담보권의 실행 대상이 될 재산의 표시(제3호), 피담보채권의 일부에 대하여 담보권을 실행하는 때에는 그 취지 및 범위(제4호)를 기재한 신청서와 민사집행법 제264조에 정해진 담보권의 존재를 증명하는 서류를 제출하면 되는 것이고, 집행법원은 담보권의 존재에 관해서 위 서류의 한도에서 심사를 하지만, 그 밖의 실체법상 요건인 피담보채권의 존재 등에 관해서는 신청서에 기재하도록 하는 데 그치고, 담보권실행을 위한 경매절차의 개시요건으로서 피담보채권의 존재를 증명하도록 요구하고 있는 것은 아니므로 경매개시결정을 함에 있어서 채권자에게 피담보채권의 존부를 입증하게 할 것은 아니다. 따라서 신청채권자로서는 피담보채권의 표시로서 채권발생의 원인 및 그 일자, 채권액, 원본채권 이외에 지연손해금에 대하여 배당을 받으려고 하는 때에는 그 금액 또는 이율 및 기산일을 기재할 필요가 있으나, 이를 증명하는 문서를 제출할 필요까지는 없고, 집행법원은 담보권실행을 위한 경매절차를 개시함에 있어서 단지 담보권의 형식적 존재를 증명하는 서류를 조사함으로써 충분하다고 할 것이다(대결 2000.10.25. 2000마5110). **기출** 23 · 22

---

125) 변제자대위로 인한 이전, 공동저당에 있어서 차순위자의 대위로 인한 이전

② **피담보채권의 표시(청구금액의 표시)** : 피담보채권의 표시는 그 채권이 어떠한 채권인가를 명백히 하기 위하여 채권의 종류와 청구금액을 표시하는 것이 통례이다.

③ **피담보채권의 이행지체**

   ⊙ 담보권을 실행하기 위해서는 피담보채권이 이행지체의 상태에 있어야 한다. 담보권과 피담보채권의 표시에 관하여는 명문의 규정이 있지만(규칙 제192조 제2호), 피담보채권이 이행지체에 빠져 있다는 사실에 관하여는 그 기재를 요구하는 규정이 없기 때문에 신청서에 이를 기재할 필요가 없다는 견해가 있다.

   ⊙ 하지만 피담보채권의 변제기 도래사실의 증명은 필요 없으나, 경매신청서에 변제기의 도래사실에 관한 주장은 필요하다.

④ **전세권자의 경매신청**

> • 전세권자의 전세목적물 인도의무 및 전세권설정등기말소등기의무와 전세권설정자의 전세금반환의무는 서로 동시이행의 관계에 있으므로 <u>전세권자인 채권자가 전세목적물에 대한 경매를 청구하려면 우선 전세권설정자</u>에 대하여 전세목적물의 인도의무 및 전세권설정등기말소의무의 이행제공을 완료하여 <u>전세권설정자를 이행지체에 빠뜨려야 한다</u>(대결 1977.4.13. 77마90). **기출** 16
> • <u>건물의 일부에 대하여 전세권이 설정되어 있는 경우</u> 그 전세권자는 민법 제303조 제1항, 제318조의 규정에 의하여 그 건물 전부에 대하여 후순위 권리자 기타 채권자보다 전세금의 우선변제를 받을 권리가 있고, 전세권설정자가 전세금의 반환을 지체한 때에는 전세권의 목적물의 경매를 청구할 수 있다 할 것이나, <u>전세권의 목적물이 아닌 나머지 건물부분에 대하여는 우선변제권은 별론으로 하고 경매신청권은 없다</u>(대결 1992.3.10. 91마256; 대결 2001.7.2. 2001마212). **기출** 20·17·16

⑤ **근저당권의 경우**

   ⊙ 근저당권실행의 요건

     ㉮ 근저당권을 실행하기 위해서는 근저당권에 의하여 담보되는 채권이 확정되고 또 채권의 변제기가 도래할 것을 요한다.

     ㉯ 근저당권의 피담보채권은 '기본계약의 존속기간(결산기), 근저당권의 존속기간 등의 정함이 있으면' 그 시기의 도래에 의하여 확정되나, '기본계약과 근저당권의 존속기간의 정함이 없는 경우'에는 그 기본계약을 해지하였을 때에 채권액이 확정된다.

     ㉰ '<u>근저당권자</u>'가 피담보채무의 불이행을 이유로 경매신청을 한 경우에는 경매신청시에 근저당권의 <u>피담보채권액이 확정되고, 그 이후부터 근저당권은 부종성을 가지게 되어 보통의 저당권과 같은 취급을 받게 된다</u>(대판 1997.12.9. 97다25521; 대판 1998.10.27. 97다26104 등).

> 근저당권자가 스스로 담보권의 실행을 위한 경매를 신청한 때에는 그때까지 기본계약에 의하여 발생되어 있는 채권으로 피담보채권이 확정되는 것이고, 이때 <u>신청채권자가 경매신청서에 피담보채권 중 일부만을 청구금액으로 기재하여 경매를 신청하였을 경우에는 다른 특별한 사정이 없는 한 신청채권자가 당해 경매절차에서 배당을 받을 금액이 그 기재된 채권액을 한도로 확정되는 것이며, 피담보채권이 경매신청서에 기재된 청구금액으로 확정되는 것은 아니다</u>(대판 1997.2.28. 96다495). **기출** 19

㉩ 경매신청에 의하여 경매개시결정이 발하여져 매각절차가 개시된 뒤에는 종국적인 현금화에 이르기 전에 경매신청이 취하되더라도 확정의 효력에는 영향이 없다(대판 1989.11.28. 89다카15601).

> 근저당권자가 피담보채무의 불이행을 이유로 경매신청을 한 경우에는 경매신청시에 근저당 채무액이 확정되고, 그 이후부터 근저당권은 부종성을 가지게 되어 보통의 저당권과 같은 취급을 받게 되는 바, 위와 같이 경매신청을 하여 경매개시결정이 있은 후에 경매신청이 취하되었다고 하더라도 채무확정의 효과가 번복되는 것은 아니다(대판 2002.11.26. 2001다73022). **기출** 23 · 20 · 19 · 16

㉮ '다른 채권자의 경매신청'에 의하여 저당목적물이 경매되었을 때 근저당권의 피담보채권의 확정시기는 그 근저당권이 소멸하는 시기, 즉 '매수인이 매각대금을 완납한 때'이다(대판 1999.9.21. 99다26085).

> 공동근저당권자가 목적부동산 중 일부 부동산에 대하여 제3자가 신청한 경매절차에 소극적으로 참가하여 우선배당을 받은 경우, 해당 부동산에 관한 근저당권의 피담보채권은 그 근저당권이 소멸하는 시기, 즉 매수인이 매각대금을 지급한 때에 확정되지만, 나머지 목적부동산에 관한 근저당권의 피담보채권은 기본거래가 종료하거나 채무자나 물상보증인에 대하여 파산이 선고되는 등의 다른 확정사유가 발생하지 아니하는 한 확정되지 아니한다(대판 2017.9.21. 2015다50637). **기출** 19

㉯ 근질권이 설정된 금전채권에 대하여 제3자의 압류로 강제집행절차가 개시된 경우, 근질권의 피담보채권의 확정시기는 '근질권자가 강제집행이 개시된 사실을 알게 된 때'이다.

> 근질권이 설정된 금전채권에 대하여 제3자의 압류로 강제집행절차가 개시된 경우 근질권의 피담보채권은 근질권자가 위와 같은 강제집행이 개시된 사실을 알게 된 때에 확정된다고 봄이 타당하다(대판 2009.10.15. 2009다43621). **기출** 19

㉡ 피담보채권액

㉮ 근저당권은 채권최고액을 한도로 하여 그 기본계약의 존속기간의 만료 시 또는 결산기에 현실로 존재하는 채권액 전액을 담보한다.

㉯ 이 경우 약정이자나 지연이자는 최고액에 산입한 것으로 보므로(민법 제357조 제2항) 원금과 이자를 합한 액이 최고액을 초과하지는 못한다.

> • 근저당권자의 경매신청 등의 사유로 인하여 근저당권의 피담보채권이 확정되었을 경우, 확정 이후에 새로운 거래관계에서 발생한 원본채권은 그 근저당권에 의하여 담보되지 아니하지만, 확정 전에 발생한 원본채권에 관하여 확정 후에 발생하는 이자나 지연손해금채권은 채권최고액의 범위 내에서 근저당권에 의하여 여전히 담보되는 것이다(대판 2007.4.26. 2005다38300). **기출** 19
> • 담보권의 실행을 위한 경매절차에서 경매신청채권자에 우선하는 근저당권자는 배당요구를 하지 않더라도 당연히 등기부상 기재된 채권최고액의 범위 내에서 순위에 따른 배당을 받을 수 있으므로, 그러한 근저당권자가 채권계산서를 제출하지 않았더라도 배당에서 제외되지 않는다. 만일 그 근저당권자가 배당요구의 종기 전에 피담보채권액에 관한 채권계산서를 제출하거나 그 후 배당표가 작성될 때까지 이를 보정함으로써 그에 따라 배당표가 확정되었다면, 채권최고액범위 내에서 제출되거나 보정된 채권계산서에 기재된 이자 또는 지연손해금으로서 '배당기일까지' 발생한 것은 배당에 포함될 수 있지만 '배당기일 이후'에 발생한 이자나 지연손해금은 배당에 포함될 여지가 없다. 이러한 법리는 채권계산서를 제출한 근저당권자의 피담보채권에 대하여 다른 채권자가 이의를 하여 해당 배당액이

공탁되었다가 배당이의소송을 거쳐 배당표가 확정됨에 따라 공탁된 배당금이 지급되는 경우에도 마찬가지로 적용된다. 따라서 위와 같은 경우에 배당기일 이후 배당금이 공탁되어 있는 동안 실체법상 이자나 지연손해금이 발생하더라도, 해당 근저당권자가 수령할 배당액을 정하는 단계에서는 채권최고액범위 내에서 '배당기일까지'의 이자나 지연손해금만이 배당액에 포함될 수 있다. 채권계산서를 제출한 근저당권자의 피담보채권에 대하여 다른 채권자가 이의함으로써 해당 배당액이 공탁되었다가 배당이의소송을 거쳐 배당표가 확정됨에 따라 공탁된 배당금이 지급되는 경우에, 그 배당금은 특별한 사정이 없는 한 민법 제479조 제1항에 따라 배당표의 확정 시까지(배당표 확정 시보다 앞서는 공탁금 수령 시에 변제의 효력이 발생한다고 볼 수 있는 경우에는 공탁금 수령 시까지를 의미한다) 발생한 이자나 지연손해금채권에 먼저 충당된 다음 원금에 충당된다고 보아야 한다(대판 2018.3.27. 2015다 70822). **기출** 19

ⓒ 경매대상건물이 인접한 다른 건물과 합동됨으로 인하여 건물의 독립성을 상실하게 된 경우

경매대상건물이 인접한 다른 건물과 합동됨으로 인하여 건물로서의 독립성을 상실하게 되었다면 경매대상 건물만을 독립하여 양도하거나 경매의 대상으로 삼을 수는 없고, 이러한 경우 경매대상건물에 대한 채권자의 저당권은 위 합동으로 인하여 생겨난 새로운 건물 중에서 위 경매대상건물이 차지하는 비율에 상응하는 공유지분 위에 존속하게 되므로 근저당권자인 채권자로서는 경매대상건물 대신 위 공유지분에 관하여 경매신청을 할 수밖에 없다 할 것이고, 경매대상건물에 관하여 생긴 위와 같은 사유는 경매한 부동산이 양도할 수 없는 것으로서 민사집행법 제268조에 의하여 준용되는 같은 법 제123조 제2항, 제121조 소정의 강제집행을 허가할 수 없는 때에 해당하게 될 것이므로 경매법원으로서는 직권으로 위 건물에 대한 경락을 허가하지 아니하여야 한다(대결 2010.3.22. 2009마1385). **기출** 20

⑥ 전세권을 목적으로 한 저당권의 경우

전세권을 목적으로 한 저당권이 설정된 경우, 전세권의 존속기간이 만료되면 전세권의 용익물권적 권능이 소멸하기 때문에 더 이상 전세권 자체에 대하여 저당권을 실행할 수 없게 되고, 저당권자는 저당권의 목적물인 전세권에 갈음하여 존속하는 것으로 볼 수 있는 전세금반환채권에 대하여 압류 및 추심명령 또는 전부명령을 받거나 제3자가 전세금반환채권에 대하여 실시한 강제집행절차에서 배당요구를 하는 등의 방법으로 물상대위 권을 행사하여 전세금의 지급을 구하여야 한다(대판 2014.10.27. 2013다91672). **기출** 20 · 16

(5) 담보권의 실행의 대상이 될 재산의 표시(규칙 제192조 제3호)

① **표시방법** : 신청서에는 담보권 실행의 대상이 될 재산을 특정하여 기재하지 않으면 안 된다. 등기가 되어 있는 부동산의 경우에는 등기부의 표제부에 기재되어 있는 대로 표시한다.

② **공유지분에 대한 임의경매**

ㄱ. 甲이 단독으로 토지를 소유하고 있다가 근저당권을 설정한 경우에 근저당권자가 임의로 토지의 일부 지분에 대하여 경매신청을 하는 것은 일부 지분에 대하여만 경매신청을 하여야 할 특별한 사정을 소명하지 않는 한 저당권일부실행금지의 원칙에 반하여 허용할 수 없다.

ㄴ. 다만 甲, 乙이 각각 2분의 1 지분씩 토지를 공유하고 있다가 甲, 乙이 각자의 지분에 근저당권을 설정한 경우나 甲, 乙이 각각 2분의 1 지분씩 토지를 공유하고 있다가 토지전체를 대상으로 1개의 근저당권설정계약을 체결하고 근저당권설정등기를 한 경우에 甲의 지분 2분의 1만을 대상으로 한 경매신청은 허용된다고 볼 것이다.

> 동일한 채권의 담보를 위하여 공유인 부동산에 저당권을 설정한 경우 각 공유지분에 대하여는 특별한 사정이 없는 한 공동저당의 관계가 성립하여 각 공유지분은 저당권의 피담보채무 전액을 담보한다고 보아야 한다. 따라서 동일한 채권의 담보를 위하여 저당권이 설정된 공유의 부동산 중 일부 지분에 대하여 경매가 진행되어 그 매각대금을 먼저 배당하는 경우에는 채권자는 그 매각대금에서 채권 전부의 변제를 받을 수 있다(민법 제368조 제1항)(대판 2015.9.10. 2014다87731). 기출 19

③ 부합물 및 종물
　　㉠ 저당권의 효력은 매각부동산에 부합되어 이와 일체를 이루는 물건 및 종물에 미치므로 이러한 물건도 매각부동산과 함께 경매의 대상이 된다.
　　㉡ 그러나 부합물, 종물은 채권자가 미리 조사하여 경매신청서에 일일이 기재하는 것은 곤란하므로 경매 신청서에는 등기부의 기재대로만 표시하면 족하고, 존재하는 모든 부합물, 종물을 표시할 필요는 없다.
④ **공장저당의 경우** : 공장저당권에 기한 경매신청시에는 매각부동산뿐만 아니라 공장저당권의 효력이 미치는 기계·기구 등의 목록도 함께 표시하여야 한다.

3. 청구금액의 확장

① **의의** : 신청채권자가 등록세를 절감하기 위하여 그 신청단계에서는 경매신청서에 집행권원상의 채권 또는 피담보채권 중 일부에 한정하여 기재하였다가 그 후 채권계산서를 제출하면서 당초의 청구금액을 확장하여 기재하는 경우가 있는 바, 이를 '청구금액의 확장'이라고 한다.
② **경매신청 후 신청채권자의 청구금액의 확장**
　　㉠ 경매신청서에 피담보채권의 원금 중 일부만을 청구금액으로 하여 경매를 신청하였을 경우에는 경매 채권자의 청구금액은 그 기재된 채권액을 한도로 확정되고 경매채권자는 청구 금액을 확장할 수 없고, 이는 피담보채권 중 일부 채권의 변제기가 도래하지 아니한 경우에도 마찬가지이다.

> 담보권 실행을 위한 경매절차에서 신청채권자가 경매신청서에 피담보채권의 일부만을 청구금액으로 하여 경매를 신청하였을 경우에는 다른 특별한 사정이 없는 한 신청채권자의 청구금액은 그 기재된 채권액을 한도로 확정되고 그 후 신청채권자가 채권계산서에 청구금액을 확장하여 제출하는 등의 방법으로 청구금액을 확장할 수 없다. 그러나 경매신청서에 청구채권으로 원금 외에 이자, 지연손해금 등의 부대채권을 개괄적으로나마 표시하였다가 나중에 채권계산서에 의하여 그 부대채권의 구체적인 금액을 특정하는 것은 경매신청서에 개괄적으로 기재하였던 청구금액의 산출 근거와 범위를 밝히는 것이므로 허용된다. 또한 신청채권자가 경매신청서에 청구채권 중 이자, 지연손해금 등의 부대채권을 확정액으로 표시한 경우에는 나중에 배당요구 종기까지 채권계산서를 제출하는 등으로 부대채권을 증액하여 청구금액을 확장하는 것은 허용된다(대판 2022.8.11. 2017다225619). 기출 24

　　㉡ 청구금액의 확장이 허용되지 않는 결과 후순위자가 배당을 받은 경우에 그 자를 상대로 한 부당이득 반환청구도 허용되지 않는다(대판 1997.2.28. 96다495).

- 담보권의 실행을 위한 경매에서 신청채권자가 경매를 신청함에 있어서 경매신청서에 피담보채권 중 일부만을 청구금액으로 기재하였을 경우에는 다른 특별한 사정이 없는 한 신청채권자가 당해 경매절차에서 배당을 받을 금액이 그 기재된 채권액을 한도로 확정되고, 신청채권자가 채권계산서를 제출하는 방법에 의하여 청구금액을 확장할 수 없다고 할 것이므로, 설사 신청채권자가 경매신청서에 기재하지 아니한 다른 피담보채권을 가지고 있었다고 하더라도 청구금액을 확장한 채권계산서를 제출하는 방법으로는 피담보채권액 중 경매신청 당시의 청구금액을 초과하는 금액에 관하여는 배당에 참가할 수 없으며, 배당법원으로서는 경매신청 당시의 청구금액만을 신청채권자에게 배당하면 족하다. 따라서 근저당권자가 경매신청서에 피담보채권 중 일부만을 청구금액으로 기재하여 담보권의 실행을 위한 경매를 신청한 후 청구금액을 확장한 채권계산서를 제출하였을 뿐 달리 경락기일까지 이중경매를 신청하는 등 필요한 조치를 취하지 아니한 채 그대로 경매절차를 진행시켜 경매신청서에 기재된 청구금액을 기초로 배당표가 작성·확정되고 그에 따라 배당이 실시되었다면, 신청채권자가 청구하지 아니한 부분의 해당 금원이 후순위 채권자들에게 배당되었다 하여 이를 법률상 원인이 없는 것이라고 볼 수는 없다(대판 1997.2.28. 96다495). **기출** 20
- 담보권의 실행을 위한 경매절차에서 경매신청채권자에 우선하는 근저당권자가 착오로 근저당권에 의하여 담보되는 피담보채권액 중 일부만을 채권계산서에 기재하여 제출하고 나머지 채권액에 대하여는 배당표가 작성될 때까지 배당법원에 채권계산서를 보정하는 방법 등으로 증액하는 조치를 취하지 아니함으로써, 채권계산서상의 채권액을 보정하였더라면 더 배당받을 수 있었던 금액만큼이 후순위 채권자에게 배당되었다고 하여 이를 법률상 원인 없이 취득한 것이라고 볼 수는 없다(대판 2000.9.8. 99다24911). **기출** 20

③ 다른 피담보채권의 추가 또는 교환

　㉠ 경매신청서에 피담보채권으로 기재한 채권이 변제 등에 의하여 소멸하였으나 당해 근저당권의 피담보채권으로서 다른 채권이 있는 경우 신청채권자는 그 청구채권을 소멸된 당초의 채권으로부터 그 다른 채권으로 교환적으로 변경하여 그 다른 채권에 대하여 배당을 구하는 방법으로 당초 청구한 금액의 범위 내에서는 그 다른 채권에 대하여 배당을 받을 수 있다(대판 1997.1.21. 96다457; 대판 1998.7.10. 96다39479). **기출** 17

　㉡ 그러나 이 경우에도 경매신청에 의하여 근저당권의 피담보채권이 확정된 이후 발생한 채권으로 청구채권을 변경할 수는 없다(대판 1989.11.28. 89다카15601).

④ 청구금액에 이자의 기재가 없는 경우

　㉠ '경매신청서'에 청구금액으로 원리금을 기재한 이상, '경매개시결정'에 원금만이 기재되었다 하더라도 채권자는 원리금의 변제를 받을 수 있다(대결 1968.6.3. 68마378; 대판 1999.3.23. 98다46938).

　㉡ 신청채권자가 이자 등 부대채권을 특정액으로 표시하였다가 나중에 채권신고서에 의하여 그 부대채권을 증액하는 방법으로 청구금액을 확장하는 경우 그 확장은 늦어도 채권신고서의 제출시한인 배당요구의 종기까지는 이루어져야 하고, 그 이후에는 허용되지 않는다(대판 2001.3.23. 99다11526).[126]

---

126) 피담보채권은 경매신청시 확정되지만, 이자 또는 지연손해금은 확정된 원금채권에서 파생되는 채권으로 원금채권의 확장에 불과하기 때문에 확정된 채권의 범위에 포함되는 것이다.

> 담보권 실행을 위한 경매절차에서 신청채권자가 경매신청서에 피담보채권의 일부만을 청구금액으로 하여 경매를 신청하였을 경우에는 다른 특별한 사정이 없는 한 신청채권자의 청구금액은 그 기재된 채권액을 한도로 확정되고 그 후 신청채권자가 채권계산서에 청구금액을 확장하여 제출하는 등의 방법으로 청구금액을 확장할 수 없다. 그러나 경매신청서에 청구채권으로 원금 외에 이자, 지연손해금 등의 부대채권을 개괄적으로나마 표시하였다가 나중에 채권계산서에 의하여 그 부대채권의 구체적인 금액을 특정하는 것은 경매신청서에 개괄적으로 기재하였던 청구금액의 산출 근거와 범위를 밝히는 것이므로 허용된다. `기출` 24 또한 신청채권자가 경매신청서에 청구채권 중 이자, 지연손해금 등의 부대채권을 확정액으로 표시한 경우에는 나중에 배당요구 종기까지 채권계산서를 제출하는 등으로 부대채권을 증액하여 청구금액을 확장하는 것은 허용된다(대판 2022.8.11. 2017다225619). `기출` 24

　　ⓒ 다만 경매신청서에 원금을 기재하고 이자(지연손해금)에 관하여는 그 발생일과 이율만을 명기한 다음 그 종기를 '완제시까지'라고 표시한 경우에는 그 후 신청채권자가 채권신고서를 제출하지 않더라도 민사집행법 제84조 제5항에 따라 신청채권자가 제출한 경매신청서 등의 증빙서류에 의하여 배당기일까지의 이자를 계산하여 배당을 해주어야 하므로, 신청채권자 스스로 그에 관하여 배당기일까지의 구체적인 금액을 계산한 채권계산서를 제출하더라도 이는 신청서에 기재된 청구금액의 구체적인 특정에 불과할 뿐 이를 청구금액의 확장이라고 할 수 없으므로 '배당기일까지'의 이자도 변제받을 수 있다(대판 1999.3.23. 98다46938).[127]

　　ⓓ 그러나 경매신청서에 이자의 기재가 없었는데 후에 채권계산서를 제출하면서 이자를 청구하는 경우 청구금액의 확장으로 보아 이를 받아들일 수 없다 할 것이다.

⑤ 청구금액의 확장을 위한 이중경매신청

　　⊙ 배당요구의 종기까지 이중경매신청 : 신청채권자가 경매신청서에 피담보채권 중 일부만을 청구금액으로 기재하여 경매를 신청하였을 경우에 다른 특별한 사정이 없는 한 신청채권자가 당해 매각절차에서 배당받을 금액이 그 기재된 채권액을 한도로 확정되는 것일 뿐, 피담보채권이 경매신청서에 기재된 청구금액으로 확정되는 것이 아니므로, 경매신청 당시 누락된 피담보채권액은 배당요구의 종기까지 이중경매를 신청하여 구제를 받을 수 있다(대판 1997.2.28. 96다495; 대판 1998.7.10. 96다39479).

　　⊙ 경매의 신청 이후에 발생한 채권은 제외 : 경매의 신청 이후에 발생한 채권은 제외된다. 근저당권자가 그 피담보채무의 불이행을 이유로 경매신청을 한 때에는 그때까지 기본계약에 의하여 발생한 채권으로 그 피담보채권이 확정되고 그 이후에 발생한 원금채권은 그 근저당권에 의하여 담보되지 않으므로 경매신청 당시 이미 발생한 채권 중 누락된 부분만을 이중경매신청할 수 있을 뿐이다.

⑥ 배당요구 불가 : '임의경매'의 신청채권자가 경매신청서에 청구채권으로 기재하지 아니한 피담보채권액을 가지고 법 제88조 제1항에 의하여 배당요구를 하여 배당에 참가할 수는 없다(대판 1997.2.28. 95다22788). 이에 반하여 '강제경매'의 신청채권자는 집행력 있는 정본을 가진 채권자로서 배당요구를 할 수 있으므로, 배당요구의 종기까지 청구금액을 확장하여 잔액을 청구한 경우 이를 배당요구로 볼 수 있다.

---

127) 경매신청서에 청구금액을 "원금 ○○원 및 이에 대한 연체이자(지연이자)"라고 표시한 것도 배당기일까지의 이자를 청구한 것으로 볼 수 있다.

⑦ 신청채권자 이외의 담보권자의 청구금액의 확장

　　㉠ 담보권의 실행을 위한 매각절차에서 신청채권자 이외의 근저당권자는 배당요구의 종기까지 제출한 채권신고서에 기재한 피담보채권액을 그 후에 확장하는 내용으로 보정할 수 있다(대판 1999.1.26. 98다21946).

　　㉡ 신청채권자 이외의 담보권자의 근저당권의 피담보채권의 확정시기는 그 근저당권이 소멸하는 시기, 즉 매수인이 매각대금을 완납한 때이다(대판 1999.9.21. 99다26085).

4. 첨부서류

① 담보권의 존재를 증명하는 서류 : 부동산에 대한 담보권의 실행을 위한 경매신청을 함에는 담보권의 존재를 증명하는 서류를 붙여야 한다(제264조 제1항). 담보권설정계약서를 제출할 필요는 없다.

② 담보권의 승계를 증명하는 서류

　　㉠ 일반승계의 경우

　　　　㉮ 상속, 회사합병 등 일반승계에 있어서는 호적등본과 제적등본, 회사등기부등본을 첨부한다.

　　　　㉯ 다만, 이미 담보권 이전의 등기가 되어 있는 경우에는 등기사항증명서를 제출하는 것만으로 족하다.

　　㉡ 특정승계의 경우

　　　　㉮ '법률행위'로 인한 특정승계의 경우에는 양수인 앞으로 담보권 이전의 등기가 된 등기사항증명서를 붙여야 한다.

　　　　㉯ '법률의 규정'에 의하여 당연히 담보권이 이전되는 경우에는 대위변제사실을 증명하는 공정증서 또는 차순위저당권자로 기입된 등기사항증명서와 배당표등본을 첨부하여 경매신청을 할 수 있다 할 것이다.

　　　　㉰ 다만 위와 같은 경우에도 실무상으로는 통상 담보권이전의 부기등기를 거쳐 경매를 신청하는 것이 관례로 되어 있다.

③ 채권증서, 저당권설정계약서의 제출 불요 : 담보권의 존재를 증명하는 서류 외에 채권증서와 같은 피담보채권의 존재를 증명하는 서류를 반드시 제출하여야 하는 것은 아니다(대결 2000.10.25. 2000마5110).

Ⅲ　매각절차의 개시

1. 경매개시요건의 심사

① 경매의 신청이 있으면 집행법원은 그 신청서의 기재와 그 첨부서류에 의하여 경매신청의 형식적 요건(예 당사자능력, 대리권의 흠, 인지의 불첨용·첨용부족, 신청서 기재사항의 흠, 첨부서류의 미비 등) 및 실질적 요건에 대하여 직권으로 심사한다.

② 경매신청의 '실질적 요건'이란 저당권실행의 요건을 말한다. 저당권을 실행하기 위해서는 저당권과 피담보채권이 존재하고 피담보채무가 이행지체의 상태에 있어야 하나 경매신청의 단계에 있어서는 저당권의 존재만 증명되면 법원은 매각절차를 개시한다.

③ 경매신청의 단계에 있어서는 피담보채권의 존재라든가 그 채무가 이행지체에 빠져 있다는 사실을 증명할 필요는 없으나(대판 2002.1.25. 2000다26388), 제출된 문서에 의하여 이행기가 아직 도래하지 않았음이 밝혀진 경우에는 채무자나 소유자측의 이의를 기다릴 것 없이 신청을 각하하여야 한다. **기출** 11

④ 담보권자가 피담보채권의 조건이 성취되기 전에 담보권을 실행하여 경매절차가 개시되었더라도 그 경매신청이나 경매개시결정이 무효로 되는 것은 아니고, 이러한 경우 채무자나 소유자는 경매개시결정에 대한 이의신청 등으로 경매절차의 진행을 저지할 수 있을 뿐이다. 따라서 이러한 조치를 취하지 아니한 채 경매절차가 진행되어 매각허가결정에 따라 매각대금이 납입되었다면, 이로써 매수인은 유효하게 매각부동산의 소유권을 취득하고 신청채권자의 담보권은 소멸하므로, 장래에 발생할 조건부 채권을 피담보채권으로 하여 임의경매를 신청한 담보권자도 배당을 받을 수 있다(대판 2015.12.24. 2015다200531). **기출** 21

⑤ 피담보채권을 저당권과 함께 양수한 자는 저당권이전의 부기등기를 마치고 저당권실행의 요건을 갖추고 있는 한 채권양도의 대항요건을 갖추고 있지 아니하더라도 경매신청을 할 수 있다.

> • 집행법원은 담보권의 존재에 관해서 위 서류의 한도에서 심사를 하며, 그 밖의 실체법상의 요건은 신청서에 기재하도록 하는 데 그치고, 담보권실행을 위한 경매절차의 개시요건으로서 이를 증명하도록 요구하고 있지 않다. 따라서 피담보채권을 저당권과 함께 양수한 자는 저당권이전의 부기등기를 마치고 저당권실행의 요건을 갖추고 있는 한 채권양도의 대항요건을 갖추고 있지 아니하더라도 경매신청을 할 수 있으며, 이 경우에 경매개시결정을 할 때에 피담보채권의 양수인이 채무자에 대한 채권양도의 대항요건을 갖추었다는 점을 증명할 필요는 없지만, 적어도 그와 같은 사유는 경매개시결정에 대한 이의나 항고절차에서는 신청채권자가 증명하여야 한다(대결 2014.12.2. 2014마1412). **기출** 21 · 16 · 11
> • 저당권과 함께 피담보채권을 양수한 자는 저당권이전의 부기등기를 마치고 저당권실행의 요건을 갖추고 있는 한 채권양도의 대항요건을 갖추고 있지 않더라도 경매신청을 할 수 있고, 이 경우 경매개시결정을 할 때 피담보채권의 양수인이 채권양도의 대항요건을 갖추었다는 점을 증명할 필요는 없다. 하지만 채무자는 신청채권자가 채권양도의 대항요건을 갖추지 못하였는데도 경매개시결정 또는 매각허가결정이 이루어졌음을 이유로 경매개시결정에 대한 이의신청이나 매각허가결정에 대한 즉시항고를 할 수 있고, 신청채권자는 이에 따른 절차에서 채권양도의 대항요건을 갖추었음을 증명하여야 한다(대결 2024.8.19. 2024마6339).

2. 경매개시결정

① 이 개시결정은 소유자에게 송달하여야 하며 담보권에 관하여 승계가 있는 경우에는 소유자에게 개시결정을 송달할 때에 법 제264조 제2항에 의하여 제출된 담보권의 승계를 증명하는 서류의 등본을 붙여야 한다(제264조 제3항).

② 개시결정에 의한 압류의 효력은 개시결정이 소유자에게 송달된 때에 생기나, 법 제94조의 규정에 의한 경매개시결정의 기입등기가 개시결정의 송달보다 먼저 된 때에는 그 기입등기 시에 압류의 효력이 생긴다(제83조 제4항, 제268조).

3. 경매개시결정등기의 촉탁

법원이 경매개시결정을 하면 법원사무관 등은 즉시 그 사유를 등기부에 기입하도록 등기관에게 촉탁하여야 한다(제94조, 제268조).

민사집행법 제266조(경매절차의 정지)

① 다음 각 호 가운데 어느 하나에 해당하는 문서가 경매법원에 제출되면 <u>경매절차를 정지하여야 한다.</u>

1. 담보권의 등기가 말소된 등기사항증명서
2. 담보권 등기를 말소하도록 명한 확정판결의 정본
3. 담보권이 없거나 소멸되었다는 취지의 확정판결의 정본
4. 채권자가 담보권을 실행하지 아니하기로 하거나 경매신청을 취하하겠다는 취지 또는 피담보채권을 변제받았거나 그 변제를 미루도록 승낙한다는 취지를 적은 서류
5. 담보권 실행을 일시정지하도록 명한 재판의 정본

② 제1항 <u>제1호 내지 제3호의 경우와 제4호의 서류가 화해조서의 정본 또는 공정증서의 정본인 경우에는</u> 경매법원은 <u>이미 실시한 경매절차를 취소하여야 하며,</u> <u>제5호의 경우에는 그 재판에 따라 경매절차를 취소하지 아니한 때에만 이미 실시한 경매절차를 일시적으로 유지하게 하여야 한다.</u>

③ 제2항의 규정에 따라 경매절차를 취소하는 경우에는 제17조(취소결정의 효력)의 규정을 적용하지 아니한다.

---

1. 매각절차의 정지(제266조)

① 담보권의 등기가 말소된 등기사항증명서(제1호) : 채무자는 경매신청채권자의 저당권을 말소한 다음 저당권이 말소된 등기사항증명서를 제출하여 경매절차취소결정을 받을 수 있다. `기출` 24

② 담보권 등기를 말소하도록 명한 확정판결의 정본(제2호)

③ 담보권이 없거나 소멸되었다는 취지의 확정판결의 정본(제3호) : 경매절차 정지를 규정한 민사소송법 제266조 제1항 제2호, 제3호 소정의 확정판결의 의미

> 제266조 제2항은 제1항 제1호 내지 제3호의 경우와 제4호, 제5호의 재판서가 제출된 경우에는 경매절차를 정지함에서 더 나아가 그 절차를 취소하도록 규정하는 바, 그중 제1호는 재판문서가 아닌 담보권의 등기가 말소된 등기부의 등본인 점, 그 법 제277조의 대금의 완납에 의한 매수인의 부동산 취득은 담보권의 소멸에 의하여 방해받지 아니한다고 규정하는 점 등을 아울러 고려할 때, <u>그 제2호, 제3호가 정한 판결은 그 담보등기상의 이해관계인에게 대항할 수 있어서 그 담보권등기의 말소를 기입할 수 있는 판결이어야 된다고 풀이할 것이다.</u> 같은 취지에서 원심이 이 사건 근저당설정등기의 말소에 관하여 등기상 이해관계 있는 집행채권자의 <u>승낙서나 그에게 대항할 수 있는 의사표시가 그 판결에서 명하여져 있지 아니하였음을 들어 위의 판결은 위의 제2호나 제3호가 정한 판결에 해당하지 아니한다고 보아 위의 매각허가결정에 대한 재항고인의 항고를 기각한 것은 정당하다(대결 1999.7.2. 99마1970).

④ 채권자가 담보권을 실행하지 아니하기로 하거나 경매신청을 취하하겠다는 취지 또는 피담보채권을 변제받았거나 그 변제를 미루도록 승낙한다는 취지를 적은 서류(제4호)

　　㉠ 민사집행법 제49조 제4호, 제6호에 대응하는 서류이다. 다만, 담보권의 실행을 하지 아니하기로 하거나 경매신청을 취하하겠다는 취지를 기재한 서류는 민사집행법 제49조 제6호에서와는 달리 사문서라도 무방하다.

　　㉡ 피담보채권을 변제받았거나 그 변제를 미루도록 승낙한다는 취지를 기재한 서류가 화해조서의 정본 또는 공정증서의 정본이 아닌 경우에는 민사집행법 제51조가 준용되어 정지기간의 제한을 받게 된다(제275조).

⑤ 담보권 실행을 일시정지하도록 명한 재판의 정본(제5호) : 본 호의 문서의 예로서는 채무부존재 확인의 소 또는 근저당권설정등기말소 청구의 소에 따른 매각절차의 일시정지결정(제46조 제2항, 제275조), 경매개시결정에 대한 이의신청에 따른 매각절차의 일시정지결정(제86조, 제268조), 제3자이의의 소에 따른 집행의 일시정지결정(제48조 제3항, 제275조) 등이 있다.

> 민사집행법 제44조, 제46조 제2항에 기한 강제집행정지의 잠정처분은 청구에 관한 이의의 소에 부수된 절차에 불과하므로 그 잠정처분은 청구에 관한 이의의 소가 제기되어 있을 것을 전제로 한다. 한편 부동산을 목적으로 하는 담보권을 실행하기 위한 경매절차를 정지하려면 담보권의 효력을 다투는 소를 제기하고 민사집행법 제46조에 준하는 강제집행정지 결정을 받아 그 절차의 진행을 정지시킬 수 있는데(민사집행법 제275조), 이러한 강제집행정지 신청도 근저당권말소청구의 소나 피담보채무부존재확인의 소와 같은 본안의 소가 제기되어 있을 것을 전제로 한다(대결 2012.8.14. 2012그173).

2. 매각절차의 취소

① 민사집행법 제266조 제1항 제1호 내지 제3호의 서류의 경우와 제4호의 서류가 화해조서의 정본 또는 공정증서의 정본인 경우에는 집행법원은 이미 실시한 매각절차를 취소하여야 한다(제266조 제2항).

② 담보권 실행을 위한 경매에서 매각허가결정이 확정된 뒤라도 매수인이 매각대금을 지급하기 전까지는 경매법원에 같은 법 제266조 제1항 제1호의 서면인 '담보권의 등기가 말소된 등기사항증명서'의 제출이 가능하며, 이 경우 경매법원은 필요적으로 그 경매절차를 취소하여야 한다(대판 2004.12.24. 2003다22592).

③ 담보권실행을 위한 경매의 경우에서도 매수인이 매각대금을 납부한 후에는 매각부동산의 소유권은 매수인에게 이전되므로(제135조, 제268조), '매각대금 납부 후에' 민사집행법 제266조 제1항 각 호의 서류가 제출되더라도 경매절차는 정지되지 않는다. **기출** 22

④ 이 경우 배당절차가 실시되는 때에는 그다음의 구분에 따라 처리하여야 한다.

　㉠ 제266조 제1호(담보권의 등기가 말소된 등기사항증명서), 제2호(담보권 등기를 말소하도록 명한 확정판결의 정본), 제3호(담보권이 없거나 소멸되었다는 취지의 확정판결의 정본)의 서류가 제출된 때에는 그 채권자를 배당에서 제외한다(규칙 제194조 본문, 규칙 제50조 제3항 제1호). **기출** 22

　㉡ 제266조 제4호(채권자가 담보권을 실행하지 아니하기로 하거나 경매신청을 취하하겠다는 취지 또는 피담보채권을 변제받았거나 그 변제를 미루도록 승낙한다는 취지를 적은 서류)의 서류가 제출된 때에는 그 서류가 화해조서의 정본 또는 공정증서의 정본인 경우에는 그 채권자를 배당에서 제외하고(규칙 제194조 단서), 그 밖의 제4호의 서류의 경우에는 그 채권자에 대한 배당액을 지급한다(규칙 제194조 본문, 규칙 제50조 제3항 제3호).

　㉢ 제266조 제5호(담보권 실행을 일시정지하도록 명한 재판의 정본)의 서류가 제출된 때에는 그 채권자에 대한 배당액을 공탁하여야 한다(제160조 제1항 제3호·제268조, 규칙 제194조 본문, 규칙 제50조 제3항 제2호).

3. 정지, 취소문서 제출과 배당

① 서 설
- ㉠ 대금의 납부에 의하여 매수인은 부동산의 소유권을 취득한다(제135조, 제268조).
- ㉡ 따라서 대금납부 후에는 정지, 취소문서가 제출된다 하더라도 매수인의 소유권취득에 아무런 영향을 주지 못하며 배당절차도 그대로 실시된다.
- ㉢ 다만, 당해 정지, 취소문서가 제출된 채권자만 배당을 받을 수 없게 되거나 또는 그에게 배당될 금액이 공탁되는 데 그칠 따름이다.

② 이 경우 배당절차가 실시되는 때에는 그다음의 구분에 따라 처리하여야 한다.
- ㉠ 제266조 제1호(담보권의 등기가 말소된 등기사항증명서), 제2호(담보권 등기를 말소하도록 명한 확정판결의 정본), 제3호(담보권이 없거나 소멸되었다는 취지의 확정판결의 정본)의 서류가 제출된 때에는 그 채권자를 배당에서 제외한다(규칙 제194조 본문, 규칙 제50조 제3항 제1호). **기출** 22
- ㉡ 제266조 제4호(채권자가 담보권을 실행하지 아니하기로 하거나 경매신청을 취하하겠다는 취지 또는 피담보채권을 변제받았거나 그 변제를 미루도록 승낙한다는 취지를 적은 서류)의 서류가 제출된 때에는 그 서류가 화해조서의 정본 또는 공정증서의 정본인 경우에는 그 채권자를 배당에서 제외하고(규칙 제194조 단서), 그 밖의 제4호의 서류의 경우에는 그 채권자에 대한 배당액을 지급한다(규칙 제194조 본문, 규칙 제50조 제3항 제3호).
- ㉢ 제266조 제5호(담보권 실행을 일시정지하도록 명한 재판의 정본)의 서류가 제출된 때에는 그 채권자에 대한 배당액을 공탁하여야 한다(제160조 제1항 제3호·제268조, 규칙 제194조 본문, 규칙 제50조 제3항 제2호).

Ⅴ 배당절차

강제경매에 있어서의 배당절차와 임의경매 중 담보권의 실행을 위한 경매에 있어서의 배당절차 간에 차이가 없으므로, 여기서도 임의경매에 있어서 특히 문제가 되고 있는 공동저당에 있어서의 배당을 살펴보기로 한다.

1. 공동저당에 있어서의 배당

(1) 총 설

① 공동저당 : 공동저당이란 동일한 채권을 담보하기 위하여 여러 개의 부동산 위에 설정된 저당권 또는 근저당권을 말한다.

> 부동산의 일부 공유지분에 관하여 저당권이 설정된 후 부동산이 분할된 경우, 그 저당권은 분할된 각 부동산 위에 종전의 지분비율대로 존속하고, 분할된 각 부동산은 저당권의 공동담보가 된다(대판 2012.3.29. 2011다74932).

② 동일한 채권이란 동일 당사자 간에 동일 발생원인에 의하여 발생한 채권으로서 그 급부내용이 동일한 것을 말한다.

③ 공동저당은 반드시 각 부동산 위에 동시에 설정하여야 하는 것은 아니고 이른바 추가담보로서 때를 달리하여 설정될 수도 있다.

④ 목적물은 모두 동일인의 소유에 속할 필요가 없으므로 소유자가 다르더라도(예 채무자 및 물상보증인의 각 소유부동산에 관하여 각각 저당권 설정) 무방하고 또 목적물에 있어서의 공동저당권의 순위가 반드시 동일할 필요가 없다(예컨대 갑 부동산의 공동저당권은 제1순위이고 을 부동산의 공동저당권은 제2순위라도 무방하다).

⑤ 공동저당에 있어서의 채권의 분담 및 대위의 문제

㉠ 공동저당권자의 선택권 : 공동저당권자는 이른바 저당권의 불가분성에 의하여 공동저당목적부동산의 어느 것으로부터도 채권의 전부나 일부를 자유로이 우선변제 받을 수 있으므로 저당권자의 의사여하에 따라 후순위저당권자, 물상보증인, 제3취득자에게 불공평한 결과를 초래하게 된다.

㉡ 동시배당의 경우 배분 : 민법은 공동저당권자의 자유선택권을 원칙적으로 보장하면서도 공동저당권자의 의사에 의한 불공평한 결과를 피하기 위하여 한편으로는 공동저당의 목적물 전부가 매각되어 매각대금을 동시에 배당하는 경우에 있어서 각 부동산에 합리적인 부담을 할당하도록 규정하고 있다.

㉢ 이시배당의 경우 대위 : 다른 한편으로는 일부의 부동산만이 매각되어 그 매각대금으로부터 변제받는 경우에는 그로 인하여 불이익을 받는 후순위저당권자가 공동저당권자가 가지는 다른 부동산의 저당권을 대위할 수 있는 규정을 두고 있다(민법 제368조).

(2) 공동저당권자와 유사한 지위를 가지는 경우

① 임금채권

㉠ 공동저당권자와 유사한 지위 : 근로기준법에 규정된 임금 등에 대한 우선특권은 사용자의 총재산에 대하여 저당권에 의하여 담보된 채권, 조세 등에 우선하여 변제받을 수 있는 이른바 법정담보물권으로서(대판 2000.9.29. 2000다32475 등), 사용자의 부동산이 여럿인 경우에는 마치 그 부동산 전부에 대한 공동저당권자와 유사한 지위에 서게 된다.

㉡ 채권의 분담 및 대위

㉮ 사용자 소유의 여러 부동산이 동시에 매각되어 그 경매대가를 동시에 배당하는 때에는 각 부동산의 경매대가에 비례하여 그 채권의 분담을 정하여야 할 것이다.

㉯ 사용자 소유의 여러 부동산 중 일부가 먼저 매각되어 그 경매대가에서 임금채권자들이 우선특권에 의하여 우선변제 받은 결과 그 매각한 부동산의 저당권자가 민법 제368조 제1항에 의하여 위 여러 부동산으로부터 임금채권이 동시배당되는 경우보다 불이익을 받은 경우에는 민법 제368조 제2항 후문을 유추적용하여, 위 저당권자로서는 임금채권자가 위 여러 부동산으로부터 동시에 배당받았다면 다른 부동산의 경매대가에서 변제를 받을 수 있었던 금액의 한도 내에서 선순위자인 임금채권자를 대위하여 다른 부동산의 경매절차에서 우선하여 배당받을 수 있다(대판 2000.9.29. 2000다32475 등).

② 조세채권

　　㉠ 공동저당권자와 유사한 지위 : 조세우선특권도 일정한 범위 내에는 조세채무자의 총재산에 대하여 우선변제권이 인정되는 점에서 위 임금채권과 같이 이른바 법정담보물권으로서의 성격을 갖고, 조세 채무자의 부동산이 여럿인 경우에는 마치 그 부동산 전부에 대한 공동저당권자와 유사한 지위에 서게 된다.

　　㉡ 채권의 분담 및 대위 : 납세의무자 소유의 여러 부동산 중 일부가 먼저 매각되어 과세관청이 조세 우선특권에 의하여 조세를 우선변제받은 결과 그 매각 부동산의 저당권자가 민법 제368조 제1항에 의하여 위 여러 부동산으로부터 조세채권이 동시 배당되는 경우보다 불이익을 받은 경우에는 같은 조 제2항 후문을 유추적용하여, 위 저당권자는 과세관청이 위 여러 부동산으로부터 동시에 배당받았 다면 다른 부동산의 경매대가에서 변제를 받을 수 있었던 금액의 한도 내에서 선순위자인 조세채권자 를 대위하여 다른 부동산의 경매절차에서 우선하여 배당받을 수 있다(대판 2001.11.27. 99다22311).

③ 대항력 및 확정일자를 갖춘 임차보증금 반환채권, 소액보증금반환청구권

　　㉠ 대항력 및 확정일자를 갖춘 임차인은 건물과 대지의 매각대금에서 우선변제권이 있으므로 공동저당 권자와 유사한 지위를 갖는다.

　　㉡ 주택임대차보호법 제8조에 규정된 소액임차인도 임차주택의 건물과 대지의 매각대금에서 우선변제 권이 있으므로 공동저당권자와 유사한 지위를 갖는다.

> 주택임대차보호법 제8조에 규정된 소액보증금반환청구권은 임차목적 주택에 대하여 저당권에 의하여 담보 된 채권, 조세 등에 우선하여 변제받을 수 있는 이른바 법정담보물권으로서, 주택임차인이 대지와 건물 모두로부터 배당을 받는 경우에는 마치 그 대지와 건물 전부에 대한 공동저당권자와 유사한 지위에 서게 되므로 대지와 건물이 동시에 매각되어 주택임차인에게 그 경매대가를 동시에 배당하는 때에는 민법 제368 조 제1항을 유추적용하여 대지와 건물의 경매대가에 비례하여 그 채권의 분담을 정하여야 한다(대판 2003.9.5. 2001다66291). **기출** 22

④ 선박저당권자의 임금채권 우선변제권 대위 : 부정

> 근로자의 임금채권 우선변제권이 선박경매절차에서 행사된 뒤 그 사용자의 부동산이 경매되는 경우에는 민법 제368조가 유추적용되지 아니하므로, 선박에 대한 경매절차가 먼저 진행되어 근로자들이 임금채권 우선변제권 에 따라 배당 받음으로써 선박에 대한 저당권자가 부동산과 선박에 대한 경매절차가 함께 진행되어 동시에 배당이 이루어졌다면 받을 수 있었던 금액보다 적은 금액만을 배당 받거나 또는 배당을 받지 못하게 되었다고 하더라도 선박에 대한 저당권자는 사용자의 부동산에 대한 경매절차에서 그 근로자들의 임금채권 우선변제권 을 대위 행사할 수 없다(대판 2002.10.8. 2002다34901).

(3) 동시배당의 경우

① 안분부담의 원칙

　　㉠ 동일한 채권의 담보로 수개의 부동산에 저당권을 설정한 경우에 그 부동산의 경매대가를 동시에 배당 하는 때에는 '각 부동산의 경매대가'에 비례하여 그 채권의 분담을 정한다(민법 제368조 제1항).

　　㉡ 민법 제368조 제1항에서 말하는 '각 부동산의 경매대가'란 매각대금에서 당해 부동산이 부담할 경매 비용과 선순위 채권을 공제한 잔액을 말한다(대판 2003.9.5. 2001다66291). **기출** 20

- 민법 제368조는 공동근저당권의 경우에도 적용되고, 공동근저당권자가 스스로 근저당권을 실행한 경우는 물론이며 타인에 의하여 개시된 경매·공매 절차, 수용 절차 또는 회생 절차 등(이하 '경매 등의 환가절차'라 한다)에서 환가대금 등으로부터 다른 권리자에 우선하여 피담보채권의 일부에 대하여 배당받은 경우에도 적용된다(대판 2017.12.21. 2013다16992[전합]).
- 공동근저당권이 설정된 목적 부동산에 대하여 동시배당이 이루어지는 경우에 공동근저당권자는 채권최고액 범위 내에서 피담보채권을 민법 제368조 제1항에 따라 부동산별로 나누어 각 환가대금에 비례한 액수로 배당받으며, 공동근저당권의 각 목적 부동산에 대하여 채권최고액만큼 반복하여, 이른바 누적적으로 배당받지 아니한다. 그렇다면 공동근저당권이 설정된 목적 부동산에 대하여 이시배당이 이루어지는 경우에도 동시배당의 경우와 마찬가지로 공동근저당권자가 공동근저당권 목적 부동산의 각 환가대금으로부터 채권최고액만큼 반복하여 배당받을 수는 없다고 해석하는 것이 민법 제368조 제1항 및 제2항의 취지에 부합한다(대판 2017.12.21. 2013다16992[전합]). 기출 18
- 공동근저당권자가 스스로 근저당권을 실행하거나 타인에 의하여 개시된 경매 등의 환가절차를 통하여 공동담보의 목적 부동산 중 일부에 대한 환가대금 등으로부터 다른 권리자에 우선하여 피담보채권의 일부에 대하여 배당받은 경우에, 그와 같이 우선변제받은 금액에 관하여는 공동담보의 나머지 목적 부동산에 대한 경매 등의 환가절차에서 다시 공동근저당권자로서 우선변제권을 행사할 수 없다고 보아야 하며, 공동담보의 나머지 목적 부동산에 대하여 공동근저당권자로서 행사할 수 있는 우선변제권의 범위는 피담보채권의 확정 여부와 상관없이 최초의 채권최고액에서 위와 같이 우선변제받은 금액을 공제한 나머지 채권최고액으로 제한된다고 해석함이 타당하다. 그리고 이러한 법리는 채권최고액을 넘는 피담보채권이 원금이 아니라 이자·지연손해금인 경우에도 마찬가지로 적용된다(대판 2017.12.21. 2013다16992[전합]).

기출 23·20

ⓒ 후순위권리자가 있는 경우

㉮ 공동저당권의 목적부동산이 전부 매각되어 그 경매대가를 동시에 배당하는 때에는 각 부동산의 경매대가에 비례하여 그 채권의 분담을 정한다(민법 제368조 제1항).

㉯ 즉 동시배당의 경우에는 공동저당권자의 의사에 의하여 어느 특정부동산의 경매대가만으로부터 만족을 받는 것은 허용되지 않고 각 부동산의 경매대가의 비율로 공동저당권의 피담보채권의 부담을 안분할당하여 그 할당된 부담액에 한하여서만 공동저당권자는 각 부동산으로부터 우선변제를 받을 수 있고 그 할당부담액을 초과하는 부분은 후순위저당권자의 변제에 충당한다.

> **[예시 1]**
>
> 공동저당권자의 채권액이 100만원이고 공동저당의 목적인 A, B부동산의 경매대가가 각각 400만원, 600만원이라 한다면 A, B 각 부동산의 부담액은 다음과 같은 수식에 의하여 산정한다.
> - A부동산 부담액 = 100만원 × 400/(400 + 600)
> - B부동산 부담액 = 100만원 × 600/(400 + 600)

㉰ 이와 같은 부담의 안분은 공동저당권의 목적부동산 전부에 관하여 후순위저당권이 존재하는 경우에 한하지 않고 목적부동산의 일부에만 후순위저당권이 존재하는 경우에도 마찬가지로 적용되어야 한다.

㉱ 후순위저당권자가 없고 소유자가 동일한 경우 : 공동저당권의 목적부동산 전부에 후순위저당권자가 존재하지 아니하고 동시에 그 부동산의 소유자가 동일한 경우에는 1개의 부동산의 경매대가로부터 공동저당권자의 채권전액(경매비용포함)을 변제받을 수 있으면 과잉매각금지의 원칙에 따라 다른 부동산의 매각은 허용되지 아니하므로(제124조, 제268조) 부담의 안분의 문제는 발생할 여지가 없게 된다.

② 민법 제368조 제1항의 적용범위

　　㉠ 공동저당권이 설정되어 있는 수개의 부동산 중 일부는 채무자 소유이고 일부는 물상보증인 소유인 경우 각 부동산의 경매대가를 동시에 배당하는 때에는 민법 제368조 제1항은 적용되지 아니한다.

> 공동저당권이 설정되어 있는 수개의 부동산 중 일부는 채무자 소유이고 일부는 물상보증인의 소유인 경우 위 각 부동산의 경매대가를 동시에 배당하는 때에는, 물상보증인이 민법 제481조, 제482조의 규정에 의한 변제자대위에 의하여 채무자 소유 부동산에 대하여 담보권을 행사할 수 있는 지위에 있는 점 등을 고려할 때, "동일한 채권의 담보로 수개의 부동산에 저당권을 설정한 경우에 그 부동산의 경매대가를 동시에 배당하는 때에는 각 부동산의 경매대가에 비례하여 그 채권의 분담을 정한다"고 규정하고 있는 민법 제368조 제1항은 적용되지 아니한다고 봄이 상당하다. 따라서 이러한 경우 경매법원으로서는 채무자 소유 부동산의 경매대가에서 공동저당권자에게 우선적으로 배당을 하고, 부족분이 있는 경우에 한하여 물상보증인 소유 부동산의 경매대가에서 추가로 배당을 하여야 한다(대판 2010.4.15. 2008다41475). `기출` 23·22·20

　　㉡ 민법 제368조 제1항은 각 부동산의 소유자가 다른 경우 등에도 적용 : 민법 제368조 제1항은 원래 공동저당권자의 자의를 배제하여 후순위 저당권자 사이의 이해의 조정을 도모하려는 것을 주된 목적으로 한 규정이나 위 규정에는 공동저당권이 설정된 부동산의 전부 또는 일부에 관하여 후순위저당권자가 존재하는 경우에 한하여 적용된다는 명문의 제한이 없으므로 각 부동산의 소유자가 다른 경우에도 위 규정이 적용될 뿐만 아니라 당해 부동산의 매각대금의 배당에 참여하는 후순위의 전세권자, 가압류채권자, 일반채권자(배당요구채권자)가 있는 경우에도 위 규정이 적용된다.

(4) 이시배당의 경우

① 차순위 저당권자의 대위권

　　㉠ 공동저당권자의 후순위권리자의 대위 : 공동저당권의 목적부동산 일부만이 매각되어 그 경매대가를 먼저 배당하는 때에는 공동저당권자는 그 대가로부터 채권금액을 변제받을 수 있으나 이 경우 그 매각한 부동산의 차순위 저당권자는 선순위 저당권자가 공동저당 목적부동산 전부가 매각되어 동시에 배당을 하였더라면 다른 부동산의 경매대가에서 변제를 받을 수 있는 금액의 한도 내에서 선순위자를 대위하여 저당권을 행사할 수 있다(민법 제368조 제2항).

> **[예시 2]**
> 甲이 300만원의 채권을 위하여 400만원 가격의 A부동산과 200만원 가격의 B부동산에 관하여 순위 1번의 공동저당권을 가지고 있고 乙이 300만원의 채권을 위하여 A부동산에 관하여 2번 저당권을 가진 경우에 甲이 A부동산만을 경매에 붙여 그 매각대금 400만원을 배당하는 때에는 이로부터 甲은 그 채권 300만원 전액의 변제를 받고 乙은 그 잔액 100만원의 변제밖에 받지 못하게 되나, 만약 A·B 부동산이 동시에 매각되어 그 대금이 동시에 배당되었더라면 甲은 A부동산의 대금으로부터 200만원, B부동산의 대금으로부터 100만원의 변제를 받게 될 것이므로 B부동산이 동시에 매각되었더라면 분할하여 부담하게 될 100만원에 관하여는 乙은 甲에 대위하여 후일 B부동산의 대금으로부터 변제받을 수 있다. 이는 B부동산 위에 순위 2번의 다른 저당권자 丙이 있는 경우에도 다를 바 없다.

　　㉡ 임금채권자나 조세채권자의 후순위권리자의 대위 : 임금채권자나 조세채권자가 사용자 또는 조세채무자 소유의 여러 개의 부동산 중 일부가 먼저 매각되어 그 경매대가에서 우선변제 받은 경우 그 매각한 부동산의 저당권자로서는 임금채권자 또는 조세채권자가 위 여러 개의 부동산으로부터 동시에 배당받았다면 다른 부동산의 경매대가에서 변제를 받을 수 있었던 금액의 한도 내에서 선순위자인 임금채권자 또는 조세채권자를 대위하여 다른 부동산의 매각절차에서 우선하여 배당받을 수 있음은 전술한 바와 같다(대판 2000.9.29. 2000다32475; 대판 2001.11.27. 99다22311).

② 민법 제368조 제2항의 적용범위

ㄱ 문제제기 : 차순위 저당권자의 대위권 발생의 요건으로서 공동저당권의 목적 부동산이 전부 채무자의 소유에 속할 것을 요하는가, 그렇지 않으면 목적부동산의 일부가 물상보증인 또는 제3취득자의 소유에 속하는 경우에도 위 대위권이 발생하는가에 관하여 견해의 대립이 있다.

ㄴ 판례의 태도 : 차순위 저당권자의 대위권은 공동저당권의 목적부동산이 동일한 채무자의 소유에 속한 경우에 한하여 발생한다는 견해가 유력설이고, 대법원도 공동저당의 목적인 채무자 소유의 부동산과 물상보증인 소유의 부동산 중 채무자 소유의 부동산에 대하여 먼저 매각이 이루어져 그 매각대금의 교부에 의하여 1번 공동저당권자가 변제를 받더라도, 채무자 소유의 부동산에 대한 후순위저당권자는 민법 제368조 제2항 후단에 의하여 1번 공동저당권자를 대위하여 물상보증인 소유의 부동산에 대하여 저당권을 행사할 수 없다고 판시하였다(대판 1994.5.10. 93다25417; 대결 1995.6.13. 95마500).

기출 20

ㄷ 결론 : 대법원 판례에 따르면 다음과 같은 결론에 도달하게 된다. 즉 채무자 甲 소유의 부동산과 물상보증인 또는 제3취득자 乙 소유의 부동산이 순위 1번의 공동저당권의 목적이 되어 있고, 甲 소유 부동산에 제2순위의 저당권자가 있는 경우에 공동저당권자가 채무자 甲 소유 부동산을 먼저 경매신청을 하여도 甲 소유 부동산의 순위 2번의 저당권자는 乙 소유 부동산에 대위할 수 없고, 반면에 먼저 물상보증인(또는 제3취득자) 乙 소유 부동산을 매각하면 乙은 변제자의 대위에 관한 규정(민법 제481조, 제482조)에 의하여 공동저당권자에 대위하므로 甲 소유 부동산 위의 순위 2번의 저당권자는 乙이 변제받은 후의 잔액에 대하여서만 권리를 행사할 수 있다.

③ 대위의 효과

ㄱ 대위는 선순위의 공동저당권자의 저당권이 법률상 당연히 차순위 저당권자에게 이전하는 효과를 발생케 하고 이때 저당권의 이전은 법률규정에 의한 이전이므로 등기 없이도 효력이 생긴다(민법 제187조).

ㄴ 따라서 이와 같은 경우에는 매각목적 부동산에 관한 공동저당권설정등기만 말소하고 다른 부동산에 관한 공동저당권설정등기는 말소하여서는 안 된다. 대위의 효력은 저당권의 이전이고 저당권의 이전은 부기등기를 하므로 대위등기의 방법은 부기등기에 의하여야 할 것이다.

④ 채권자가 공동 담보 중 채무자 소유 부동산에 대한 담보를 상실하게 하거나 감소하게 한 경우

물상보증인의 변제자대위에 대한 기대권은 민법 제485조에 의하여 보호되어, 채권자가 고의나 과실로 담보를 상실하게 하거나 감소하게 한 때에는, 특별한 사정이 없는 한 물상보증인은 그 상실 또는 감소로 인하여 상환을 받을 수 없는 한도에서 면책주장을 할 수 있다. 채권자가 물적 담보인 담보물권을 포기하거나 순위를 불리하게 변경하는 것은 담보의 상실 또는 감소행위에 해당한다. 따라서 채무자 소유 부동산과 물상보증인 소유 부동산에 공동근저당권을 설정한 채권자가 공동담보 중 채무자 소유 부동산에 대한 담보 일부를 포기하거나 순위를 불리하게 변경하여 담보를 상실하게 하거나 감소하게 한 경우, 물상보증인은 그로 인하여 상환받을 수 없는 한도에서 책임을 면한다. 그리고 이 경우 공동근저당권자는 나머지 공동담보목적물인 물상보증인 소유 부동산에 관한 경매절차에서, 물상보증인이 위와 같이 담보상실 내지 감소로 인한 면책을 주장할 수 있는 한도에서는, 물상보증인 소유 부동산의 후순위 근저당권자에 우선하여 배당받을 수 없다(대판 2018.7.11. 2017다292756).

기출 20

2. 채권자와 대위변제자와의 관계

① **대위변제자의 지위** : 채권의 일부에 관하여 대위변제가 있는 때에는 대위변제자는 그 변제한 가액에 비례하여 채권자와 함께 그 권리를 행사한다(민법 제483조 제1항).

② **권리행사의 의미**

ㄱ 견해대립 : 권리의 행사방법에 관하여는 견해가 나뉘는 바, 제1설은 대위자는 그 변제한 가액에 비례하여 그 범위 내에서는 단독으로 저당권을 행사할 수 있고 채권자와 평등한 입장에 선다고 하고, 제2설은 대위자는 단독으로 대위한 권리를 행사할 수 없고 채권자가 그 권리를 행사하는 경우에만 채권자와 함께 그 권리를 행사할 수 있으며, 또 이 경우에는 변제에 관하여 채권자가 우선한다고 한다. 제2설이 통설이다.

ㄴ 구체적인 경우 : 예컨대 1,000만원의 저당채권에 관하여 보증인이 400만원을 변제한 경우에 제1설에 의하면 채권자 또는 보증인이 담보물건에 관하여 경매를 신청하여 매각대금 500만원을 얻은 때에는 채권자는 300만원, 보증인은 200만원의 배당을 받게 되나, 제2설(통설)에 의하면 채권자만이 경매를 신청할 수 있으며 배당에 있어서도 채권자의 채권액에 우선적으로 충당을 하게 되므로 보증인은 배당을 받을 수 없게 된다.

ㄷ 판례의 태도

㉮ 변제의 순위에 관하여는 본래의 채권자가 일부 대위변제자에 대하여 우선변제권을 가지고 있다(대판 1988.9.27. 88다카1797; 대판 1995.3.3. 94다33514).

㉯ 예를 들면, 일부 대위변제자와 본래의 임금채권자의 변제의 순위에 관하여는 본래의 임금채권자가 일부 대위변제자에 대하여 우선변제권을 가지고 있다.

• 변제할 정당한 이익이 있는 자가 채무자를 위하여 근저당권의 피담보채무의 일부를 대위변제한 경우, 대위변제자는 변제한 가액의 범위 내에서 종래 채권자가 가지고 있던 채권 및 담보에 관한 권리를 법률상 당연히 취득하게 되지만 이때에도 채권자는 대위변제자에 대하여 우선변제권을 가진다. 이러한 법리는 근로복지공단이 최우선변제권이 있는 최종 3개월분의 임금과 최종 3년분의 퇴직금 중 일부를 체당금으로 지급하고 그에 해당하는 근로자의 임금 등 채권을 대위하여 행사하는 경우에도 그대로 적용되어 '최우선변제권이 있는 근로자의 나머지 임금 등 채권'이 '공단이 대위하는 채권'에 대하여 우선변제권을 갖는다고 보아야 한다(대판 2011.1.27. 2008다13623). 기출 21 · 19 · 16

• 근로복지공단이 그 임금채권보장법에 따라 어느 근로자에게 최우선변제권이 있는 임금과 퇴직금 중 일부를 체당금으로 지급하고 그에 해당하는 근로자의 임금 등 채권을 대위행사하는 경우 '근로복지공단이 대위하는 채권'은 '체당금을 지급받지 아니한 다른 근로자의 최우선변제권이 있는 임금 등 채권'과 서로 같은 순위로 배당받아야 하고, 단순히 원고의 대위채권이 근로자의 생활안정을 위한 공익적 성격을 갖는다는 등의 이유만으로 체당금을 지급받지 아니한 다른 근로자의 최우선변제권 있는 임금 등 채권보다 후순위로 배당받게 된다고 볼 수는 없다(대판 2015.11.27. 2014다208378). 기출 18

형식적 경매절차

CHAPTER 03

제1절 분류 및 절차

I 서설

① 민사집행법상의 경매에는 집행권원에 기하여 행하는 강제경매와 담보권실행을 위한 경매, 그리고 오로지 특정재산의 가격보존 또는 정리를 위하여 하는 경매의 세 가지가 있는데, 이중강제경매와 담보권실행을 위한 경매는 채권자가 자기채권의 만족을 얻기 위하여 실행한다는 의미에서 '실질적 경매'라고 부르고, 이에 대응하여 재산의 가격보존 또는 정리를 위한 경매를 보통 '형식적 경매'라고 부른다.

② 민사집행법 제274조 제1항은 유치권에 의한 경매와 민법·상법, 그 밖의 법률이 규정하는 바에 따른 경매는 담보권 실행을 위한 경매의 예에 따라 실시한다고 규정하고 있는데, 여기에 규정된 민법·상법, 그 밖의 법률이 규정하는 바에 따른 경매를 흔히 '협의의 형식적 경매'라 부르고 여기에 유치권에 의한 경매를 포함시켜 '광의의 형식적 경매'라고 부르는 것이 일반적인 바, 이에 따르면 결국 '형식적 경매'는 '담보권의 실행을 위한 경매절차'의 예에 의하여 실시하여야 하는 셈이 된다.

II 형식적 경매의 절차

민사집행법 제274조(유치권 등에 의한 경매)

① 유치권에 의한 경매와 민법·상법, 그 밖의 법률이 규정하는 바에 따른 경매(이하 "유치권등에 의한 경매"라 한다)는 담보권 실행을 위한 경매의 예에 따라 실시한다. 기출 22·14

② 유치권 등에 의한 경매절차는 목적물에 대하여 강제경매 또는 담보권 실행을 위한 경매절차가 개시된 경우에는 이를 정지하고, 채권자 또는 담보권자를 위하여 그 절차를 계속하여 진행한다. 기출 22·20

③ 제2항의 경우에 강제경매 또는 담보권 실행을 위한 경매가 취소되면 유치권 등에 의한 경매절차를 계속하여 진행하여야 한다. 기출 22

1. 개 요

① 형식적 경매의 절차는 담보권실행을 위한 경매의 예에 따라 실시한다(제274조 제1항). 담보권실행을 위한 경매는 목적재산의 종류에 따라 그 절차를 달리하므로 형식적 경매의 절차도 목적재산의 종류에 따라 달라진다.

② 여기서 "예에 따라 실시한다"란 담보권의 실행을 위한 경매에 관한 모든 규정을 그대로 적용한다는 것이 아니라 사항의 성질에 따라 다소의 변용을 가하면서 이용할 수 있는 한도 안에서 이들 절차를 이용하여 경매를 실시한다는 것을 뜻한다.

2. 형식적 경매의 종류

① 유치권에 의한 경매

㉠ 유치권에는 민사유치권(민법 제320조)과 상사유치권(상법 제58조, 제91조, 제111조, 제11조, 제120조, 제147조, 제807조 제2항, 제844조 제1항 등)이 있다.

> • 부동산 경매절차에서의 매수인은 민사집행법 제91조 제5항에 따라 유치권자에게 그 유치권으로 담보하는 채권을 변제할 책임이 있는 것이 원칙이나, 채무자 소유의 건물 등 부동산에 경매개시결정의 기입등기가 경료되어 압류의 효력이 발생한 후에 채무자가 위 부동산에 관한 공사대금 채권자에게 그 점유를 이전함으로써 그로 하여금 유치권을 취득하게 한 경우, 그와 같은 점유의 이전은 목적물의 교환가치를 감소시킬 우려가 있는 처분행위에 해당하여 민사집행법 제92조 제1항, 제83조 제4항에 따른 압류의 처분금지효에 저촉되므로 점유자로서는 위 유치권을 내세워 그 부동산에 관한 경매절차의 매수인에게 대항할 수 없다. 그러나 이러한 법리는 경매로 인한 압류의 효력이 발생하기 전에 유치권을 취득한 경우에는 적용되지 아니하고, 유치권 취득시기가 근저당권설정 후라거나 유치권 취득 전에 설정된 근저당권에 기하여 경매절차가 개시되었다고 하여 달리 볼 것은 아니다(대판 2009.1.15. 2008다70763). **기출** 25 · 24 · 12
> • 부동산에 가압류등기가 경료되면 채무자가 당해 부동산에 관한 처분행위를 하더라도 이로써 가압류채권자에게 대항할 수 없게 되는데, 여기서 처분행위란 당해 부동산을 양도하거나 이에 대해 용익물권, 담보물권 등을 설정하는 행위를 말하고 특별한 사정이 없는 한 점유의 이전과 같은 사실행위는 이에 해당하지 않는다. 다만 부동산에 경매개시결정의 기입등기가 경료되어 압류의 효력이 발생한 후에 채무자가 제3자에게 당해 부동산의 점유를 이전함으로써 그로 하여금 유치권을 취득하게 하는 경우 그와 같은 점유의 이전은 처분행위에 해당한다는 것이 당원의 판례이나, … 이와 달리 부동산에 가압류등기가 경료되어 있을 뿐 현실적인 매각절차가 이루어지지 않고 있는 상황 하에서는 채무자의 점유이전으로 인하여 제3자가 유치권을 취득하게 된다고 하더라도 이를 처분행위로 볼 수는 없다(대판 2011.11.24. 2009다19246). → 토지에 대한 담보권 실행 등을 위한 경매가 개시된 후 그 지상건물에 가압류등기가 경료되었는데, 甲이 채무자인 乙 주식회사에게서 건물 점유를 이전받아 그 건물에 관한 공사대금채권을 피담보채권으로 한 유치권을 취득하였고, 그 후 건물에 대한 강제경매가 개시되어 丙이 토지와 건물을 낙찰받은 사안에서, 건물에 가압류등기가 경료된 후 乙 회사가 甲에게 건물 점유를 이전한 것은 처분행위에 해당하지 않아 가압류의 처분금지효에 저촉되지 않으므로, 甲은 丙에게 건물에 대한 유치권을 주장할 수 있다고 한 사례 **기출** 15 · 12
> • 대법원은 부동산에 관하여 경매개시결정등기가 된 뒤에 비로소 부동산의 점유를 이전받거나 피담보채권이 발생하여 유치권을 취득한 경우에는 경매절차의 매수인에 대하여 유치권을 행사할 수 없다고 본 것이다. 이는 집행절차의 법적 안정성을 보장할 목적으로 매각절차인 경매절차가 개시된 뒤에 유치권을 취득한 경우에는 그 유치권을 경매절차의 매수인에게 행사할 수 없다고 보는 것이므로, 부동산에 저당권이 설정되거나 가압류등기가 된 뒤에 유치권을 취득하였더라도 경매개시결정등기가 되기 전에 민사유치권을 취득하였다면 경매절차의 매수인에게 유치권을 행사할 수 있다(대판 2014.3.20. 2009다60336[전합]).
> **기출** 24 · 20

- 채무자 소유의 건물 등 부동산에 강제경매개시결정의 기입등기가 경료되어 압류의 효력이 발생한 이후에 채무자가 위 부동산에 관한 공사대금 채권자에게 그 점유를 이전함으로써 그로 하여금 유치권을 취득하게 한 경우, 그와 같은 점유의 이전은 목적물의 교환가치를 감소시킬 우려가 있는 처분행위에 해당하여 민사집행법 제92조 제1항, 제83조 제4항에 따른 압류의 처분금지효에 저촉되므로 점유자로서는 위 유치권을 내세워 그 부동산에 관한 경매절차의 매수인에게 대항할 수 없다(대판 2005.8.19. 2005다22688). **기출** 15 ☞ 이 경우 위 부동산에 경매개시결정의 기입등기가 경료되어 있음을 채권자가 알았는지 여부 또는 이를 알지 못한 것에 관하여 과실이 있는지 여부 등은 채권자가 그 유치권을 매수인에게 대항할 수 없다는 결론에 아무런 영향을 미치지 못한다(대판 2006.8.25. 2006다22050).
- 유치권은 그 목적물에 관하여 생긴 채권이 변제기에 있는 경우에 비로소 성립하고(민법 제320조), 한편 채무자 소유의 부동산에 경매개시결정의 기입등기가 마쳐져 압류의 효력이 발생한 후에 유치권을 취득한 경우에는 그로써 부동산에 관한 경매절차의 매수인에게 대항할 수 없다. 따라서 채무자 소유의 건물에 관하여 증·개축 등 공사를 도급받은 수급인이 경매개시결정의 기입등기가 마쳐지기 전에 채무자로부터 건물의 점유를 이전받았다 하더라도 경매개시결정의 기입등기가 마쳐져 압류의 효력이 발생한 후에 공사를 완공하여 공사대금채권을 취득함으로써 그때 비로소 유치권이 성립한 경우에는, 수급인은 유치권을 내세워 경매절차의 매수인에게 대항할 수 없다(대판 22013.6.27. 2011다50165). **기출** 15
- 부동산에 관한 민사집행절차에서는 경매개시결정과 함께 압류를 명하므로 압류가 행하여짐과 동시에 매각절차인 경매절차가 개시되는 반면, 국세징수법에 의한 체납처분절차에서는 그와 달리 체납처분에 의한 압류(이하 '체납처분압류'라고 한다)와 동시에 매각절차인 공매절차가 개시되는 것이 아닐 뿐만 아니라, 체납처분압류가 반드시 공매절차로 이어지는 것도 아니다. 또한 체납처분절차와 민사집행절차는 서로 별개의 절차로서 공매절차와 경매절차가 별도로 진행되는 것이므로, 부동산에 관하여 체납처분압류가 되어 있다고 하여 경매절차에서 이를 그 부동산에 관하여 경매개시결정에 따른 압류가 행하여진 경우와 마찬가지로 볼 수는 없다. 따라서 체납처분압류가 되어 있는 부동산이라고 하더라도 그러한 사정만으로 경매절차가 개시되어 경매개시결정등기가 되기 전에 부동산에 관하여 민사유치권을 취득한 유치권자가 경매절차의 매수인에게 유치권을 행사할 수 없다고 볼 것은 아니다(대판 2014.3.20. 2009다60366[전합]). **기출** 24·20·15

ⓛ 유치권이 성립된 부동산의 매수인은 유치권자에게 그 유치권으로 담보하는 채권을 변제할 책임이 있으나 채무자의 채무와는 별개의 독립된 채무를 부담하는 것은 아니다. **기출** 20

민사집행법 제91조 제5항은 매수인은 유치권자에게 그 유치권으로 담보하는 채권을 변제할 책임이 있다고 규정하고 있는바, 여기에서 '변제할 책임이 있다'는 의미는 부동산상의 부담을 승계한다는 취지로서 인적 채무까지 인수한다는 취지는 아니므로, 유치권자는 경락인에 대하여 그 피담보채권의 변제가 있을 때까지 유치목적물인 부동산의 인도를 거절할 수 있을 뿐이고 그 피담보채권의 변제를 청구할 수는 없다(대판 1996.8.23. 95다8713). **기출** 22

ⓒ 유치권자는 채권의 변제를 받을 때까지 그 목적물을 유치할 권리가 있을 뿐 매각대금에서 우선변제를 받을 권리는 없다(대판 1996.8.23. 95다8713 참조).

ⓡ 유치권에 의한 경매도 강제경매나 담보권 실행을 위한 경매와 마찬가지로 목적부동산 위의 부담을 소멸시키는 것을 법정매각조건으로 하여 실시되고 우선채권자뿐만 아니라 일반채권자의 배당요구도 허용되며, 유치권자는 일반채권자와 동일한 순위로 배당을 받을 수 있다고 보아야 한다(대결 2011.6.15. 2010마1059). **기출** 20·12

ⓜ 다만 집행법원은 부동산 위의 이해관계를 살펴 위와 같은 법정매각조건과는 달리 매각조건 변경결정을 통하여 목적부동산 위의 부담을 소멸시키지 않고 매수인으로 하여금 인수하도록 정할 수 있다(대결 2011.6.15. 2010마1059).

ⓑ 유치권에 의한 경매가 소멸주의를 원칙으로 하여 진행되는 이상 강제경매나 담보권 실행을 위한 경매의 경우와 같이 목적부동산 위의 부담을 소멸시키는 것이므로, 집행법원이 달리 매각조건 변경결절을 통하여 목적부동산 위의 부담을 소멸시키지 않고 매수인으로 하여금 인수하도록 정하지 않은 한, 집행법원으로서는 매각기일 공고나 매각물건명세서에 목적부동산 위의 부담이 소멸하지 않고 매수인이 이를 인수하게 된다는 취지를 기재할 필요가 없다(대결 2011.6.15. 2010마1059). **기출** 17

ⓢ 유체동산의 유치권자가 민사집행법 제274조 제1항, 제271조에 따라 유치권에 의한 경매를 신청하고 집행관에게 그 목적물을 제출하여 유치권에 의한 경매절차가 개시된 때에도 그 목적물에 대한 유치권자의 유치권능은 유지되고 있다고 보아야 하므로, 유치권에 의한 경매절차가 개시된 유체동산에 대하여 다른 채권자가 민사집행법 제215조에 정한 이중압류의 방법으로 강제집행을 하기 위해서는 채권자의 압류에 대한 유치권자의 승낙이 있어야 한다.

> 민사집행법 제189조 제1항은 채무자가 점유하고 있는 유체동산의 압류는 집행관이 그 물건을 점유함으로써 한다고 규정하고, 제191조는 채권자 또는 물건의 제출을 거부하지 아니하는 제3자가 점유하고 있는 물건은 제189조의 규정을 준용하여 압류할 수 있다고 규정하고 있으므로, 유치권자가 점유하고 있는 채무자의 유체동산에 대한 강제집행은 유치권자가 채권자의 강제집행을 위하여 집행관에게 그 물건을 제출한 경우에 한하여 허용된다. 또한 유체동산의 유치권자가 민사집행법 제274조 제1항, 제271조에 따라 유치권에 의한 경매를 신청하고 집행관에게 그 목적물을 제출하여 유치권에 의한 경매절차가 개시된 때에도 그 목적물에 대한 유치권자의 유치권능은 유지되고 있다고 보아야 하므로, 유치권에 의한 경매절차가 개시된 유체동산에 대하여 다른 채권자가 민사집행법 제215조에 정한 이중압류의 방법으로 강제집행을 하기 위해서는 채권자의 압류에 대한 유치권자의 승낙이 있어야 한다. 그런데도 유치권에 의한 경매절차가 개시된 유체동산에 대하여 유치권자의 승낙 없이 민사집행법 제215조에 따라 다른 채권자가 강제집행을 위하여 압류를 한 다음 민사집행법 제274조 제2항에 따라 유치권에 의한 경매절차를 정지하고 채권자를 위한 강제경매절차를 진행하였다면, 그 강제경매절차에서 목적물이 매각되었더라도 유치권자의 지위에는 영향을 미칠 수 없고 유치권자는 그 목적물을 계속하여 유치할 권리가 있다고 보아야 한다(대결 2012.9.13. 2011그213). **기출** 25·22

ⓞ 채무자 소유의 부동산에 관하여 이미 선행(先行)저당권이 설정되어 있는 상태에서 채권자의 상사유치권이 성립한 경우, 상사유치권자는 채무자 및 그 이후 채무자로부터 부동산을 양수하거나 제한물권을 설정받는 자에 대해서는 대항할 수 있지만, 선행저당권자 또는 선행저당권에 기한 임의경매절차에서 부동산을 취득한 매수인에 대한 관계에서는 상사유치권으로 대항할 수 없다.

> 상사유치권은 민사유치권과 달리 피담보채권이 '목적물에 관하여' 생긴 것일 필요는 없지만 유치권의 대상이 되는 물건은 '채무자 소유'일 것으로 제한되어 있다(상법 제58조, 민법 제320조 제1항 참조). 이와 같이 상사유치권의 대상이 되는 목적물을 '채무자 소유의 물건'에 한정하는 취지는, 상사유치권의 경우에는 목적물과 피담보채권 사이의 견련관계가 완화됨으로써 피담보채권이 목적물에 대한 공익비용적 성질을 가지지 않아도 되므로 피담보채권이 유치권자와 채무자 사이에 발생하는 모든 상사채권으로 무한정 확장될 수

있고, 그로 인하여 이미 제3자가 목적물에 관하여 확보한 권리를 침해할 우려가 있어 상사유치권의 성립범위 또는 상사유치권으로 대항할 수 있는 범위를 제한한 것으로 볼 수 있다. 즉 상사유치권이 채무자 소유의 물건에 대해서만 성립한다는 것은, 상사유치권은 성립 당시 채무자가 목적물에 대하여 보유하고 있는 담보가치만을 대상으로 하는 제한물권이라는 의미를 담고 있다 할 것이고, 따라서 유치권 성립 당시에 이미 목적물에 대하여 제3자가 권리자인 제한물권이 설정되어 있다면, 상사유치권은 그와 같이 제한된 채무자의 소유권에 기초하여 성립할 뿐이고, 기존의 제한물권이 확보하고 있는 담보가치를 사후적으로 침탈하지는 못한다고 보아야 한다. 그러므로 채무자 소유의 부동산에 관하여 이미 선행(先行)저당권이 설정되어 있는 상태에서 채권자의 상사유치권이 성립한 경우, 상사유치권자는 채무자 및 그 이후 채무자로부터 부동산을 양수하거나 제한물권을 설정받는 자에 대해서는 대항할 수 있지만, 선행저당권자 또는 선행저당권에 기한 임의경매절차에서 부동산을 취득한 매수인에 대한 관계에서는 상사유치권으로 대항할 수 없다(대판 2013.2.28. 2010다57350). **기출** 15

② 협의의 형식적 경매의 대표적인 예

㉠ 공유물분할을 위한 경매

⑦ 공유물을 그 가치에 의하여 분할하기 위하여 현금화하는 것을 목적으로 하는 경매로서, 민법 제 269조 제2항(공유물의 경매에 의한 분할), 제278조(준공동소유), 제1013조 제2항(상속재산의 경매에 의한 분할)에 의한 경매가 그 예이다.

㉡ 공유물분할판결에 기하여 공유물 전부를 경매에 붙여 그 매득금을 분배하기 위한 환가의 경우에는 공유물의 지분경매에 있어 다른 공유자에 대한 경매신청통지와 다른 공유자의 우선매수권을 규정한 민사집행법 제139조, 제140조는 적용이 없다(대결 1991.12.16. 91마239). **기출** 20 · 14

㉢ 공유물분할소송에서 민법 제269조 제2항에 의하여 공유물을 경매에 부쳐 그 매각대금을 분배할 것을 명한 판결은 공유자 전원에 대하여 획일적으로 공유관계의 해소를 목적으로 하는 것이므로 그 판결의 당사자는 원고이든 피고이든 동 판결에 기하여 그 공유물에 대한 경매를 신청할 권리가 있다고 봄이 상당하다(대결 1979.3.8. 79마5). **기출** 22

㉣ 상속인 간에 상속재산협의분할이 이루어지지 않아 법원이 상속재산의 경매분할을 명한 경우, 그 심판은 상속재산의 현물분할을 명한 것이 아니므로 그 심판에 따른 협의분할 상속등기를 할 수 없고, 그 심판에 따른 경매신청을 하기 위하여서는 법정상속등기가 선행되어야 한다(등기선례 제200612-4호).

㉤ 「집합건물의 소유 및 관리에 관한 법률」 제20조 제2항에 따르면 구분소유자는 특별한 사정이 없는 한 대지사용권을 전유부분과 분리하여 처분할 수 없다. 이를 위반한 대지사용권의 처분은 법원의 공유물분할경매절차에 의한 것이더라도 무효이므로(대판 2009.6.23. 2009다26145 참조), 구분소유의 목적물인 건물 각 층과 분리하여 대지에 대하여 경매분할을 명한 확정판결에 기하여 진행되는 공유물분할경매절차에서 대지만을 매수하더라도 매수인은 원칙적으로 그 소유권을 취득할 수 없다(대판 2010.5.27. 2006다84171).

ⓛ 청산을 위한 경매
㉮ 어떤 범위의 재산을 한도로 하여 각 채권자에 대하여 채권액의 비율에 따라 일괄하여 변제하기 위하여 청산을 목적으로 당해 재산을 현금화하는 경매를 말한다. 민법 제1037조(한정승인이 있는 경우 변제를 위한 상속재산의 경매), 민법 제1051조 제3항(재산의 분리가 있는 경우 배당변제를 위한 상속재산의 경매), 민법 제1056조 제2항(상속인 없는 재산의 청산을 위한 경매) 등이 그 예이다.

㉯ 상속부동산에 관하여 민사집행법 제247조 제1항에 따른 형식적 경매절차가 진행된 것이 아니라 담보권 실행을 위한 경매절차가 진행된 경우에는, 비록 한정승인 절차에서 상속채권자로 신고한 자라고 하더라도 집행권원을 얻어 그 경매절차에서 배당요구를 함으로써 일반채권자로서 배당받을 수 있다(대판 2010.6.24. 2010다14599). 기출 20

3. 경매의 신청

① 형식적 경매의 신청도 서면에 의하여 법원 또는 집행관에게 하여야 한다. 즉 경매의 목적재산의 종류에 따라, 본래의 집행기관이 법원이면 법원에 대하여 경매신청을 하여야 하고, 유체동산처럼 본래의 집행기관이 집행관이면 집행관에게 경매신청을 하여야 한다.

② 부동산의 형식적 경매의 신청서에는 부동산에 대한 경매신청의 예에 의하여 '유치권의 존재 또는 협의의 형식적 경매의 신청권이 있다는 것을 증명하는 서류'를 첨부하여야 한다(제264조, 제274조).

ⓒ 유치권에 의한 경매신청서에는 '유치권의 존재가 있다는 것을 증명하는 서류'를 첨부해야 한다(제264조 제1항, 제274조 제1항). 유치권의 존재를 증명하는 서류로는 유치권의 존재에 관한 확인판결(이유란에 기재된 것이라도 무방할 것이다)이나 공정증서 등이 있으면 가장 확실하겠지만, 이러한 서류가 아니더라도 집행기관에 대하여 유치권의 존재를 증명할 수 있는 서류라고 인정될 수 있으면 충분하다(대결 2012.1.20. 2011마2349). 따라서 이 서류는 사문서라도 무방하다. 기출 14

ⓛ 협의의 형식적 경매에서도 어떤 종류의 서류라도 경매신청권의 존재를 증명할 수 있는 것이면 충분하나, 다만 법원의 판결 또는 심판에 의하여 형식적 경매의 신청권이 생기거나(예 민법 제269조 제2항의 공유물 분할을 위한 경매, 민법 제1013조 제2항의 상속재산의 분할을 위한 경매) 형식적 경매의 신청에 법원의 허가를 필요로 하는 경우(예 민법 제490조의 자조매각)에는 각 그 판결이나 심판 또는 허가결정의 등본을 첨부할 필요가 있다.

4. 경매절차의 개시

① 형식적 경매(광의)의 절차를 개시하는 방법 역시 담보권실행의 절차의 예에 따른다(제274조 제1항).

② 따라서 부동산의 경우에는 법원은 당사자의 신청에 따라 경매개시결정을 하고 동시에 그 부동산의 압류를 명하여야 하고(제83조 제1항, 제268조, 제274조), 담보권실행의 예에 따라 경매개시결정등기를 촉탁할 필요가 있다(제94조 제1항, 제268조, 제274조).

③ 동산의 경우에는 집행관이 당해 유체동산을 점유함으로써 압류의 효력이 발생한다(제274조 제1항, 제271조, 제272조, 제189조 제1항 본문).

④ 유치권 등에 의한 경매절차는 목적물에 대하여 강제경매 또는 담보권 실행을 위한 경매절차가 개시된 경우에는 이를 정지하고, 채권자 또는 담보권자를 위하여 그 절차를 계속하여 진행한다(제274조 제2항). 이 경우 강제경매 또는 담보권 실행을 위한 경매가 취소되면 유치권 등에 의한 경매절차를 계속하여 진행하여야 한다(제274조 제3항). 기출 22·20

⑤ 유치권에 의한 경매절차는 목적물에 대하여 강제경매 또는 담보권 실행을 위한 경매절차가 개시된 경우에는 정지되도록 되어 있으므로(제274조 제2항), 유치권에 의한 경매절차가 정지된 상태에서 그 목적물에 대한 강제경매 또는 담보권 실행을 위한 경매절차가 진행되어 매각이 이루어졌다면, 유치권에 의한 경매절차가 소멸주의를 원칙으로 하여 진행된 경우와는 달리 그 유치권은 소멸하지 않는다(대판 2011.8.18. 2011다35593). 기출 14

⑥ 형식적 경매(광의)의 절차에 있어서도 담보권의 실행을 위한 경매절차의 예(제265조)에 의하여 유치권 또는 형식적 경매신청권의 부존재 또는 소멸 등 실체적 하자를 이유로 하여 경매개시결정에 대한 이의를 할 수 있다. 기출 14

5. 현금화와 매각조건 – 소제주의와 인수주의

① 문제점

㉠ 부동산에 관한 '담보권의 실행을 위한 경매'에 있어서는 부동산 위에 존재하는 제한물권 등의 부담은 매수인이 인수하는 것이 아니라 매각에 의하여 소멸하는 것이 원칙이다(제91조 제2항, 제3항, 제4항, 제268조).

㉡ 형식적 경매(광의)의 경우에도 위 소멸주의가 적용되는가에 관하여는 견해가 나뉜다.

② 판 례

㉠ 판례는 '공유물분할을 위한 경매'와 '유치권에 의한 경매'가 강제경매나 담보권 실행을 위한 경매와 마찬가지로 목적부동산 위의 부담을 소멸시키는 것을 법정매각조건으로 한다는 입장이다. 다만, 이는 형식적 경매의 모든 경우에 그렇다는 취지는 아니므로, 경매의 종류나 목적에 따라서는 달리 판단될 수도 있다.

㉡ 공유물분할을 위한 경매 : 공유물 분할을 위한 경매도 강제경매나 담보권 실행을 위한 경매와 마찬가지로 목적부동산 위의 부담을 소멸시키는 것을 법정매각조건으로 하여 실시된다고 봄이 상당하다. 다만, 집행법원은 필요한 경우 위와 같은 법정매각조건과는 달리 목적부동산 위의 부담을 소멸시키지 않고 매수인으로 하여금 인수하도록 할 수 있으나, 이때에는 매각조건변경결정을 하여 이를 고지하여야 한다(대판 2009.10.29. 2006다37908). 기출 20

㉢ 유치권에 의한 경매

㉮ 민법 제322조 제1항에 의하여 실시되는 유치권에 의한 경매도 강제경매나 담보권 실행을 위한 경매와 마찬가지로 목적부동산 위의 부담을 소멸시키는 것을 법정매각조건으로 하여 실시되고 우선채권자뿐만 아니라 일반채권자의 배당요구도 허용되며, 유치권자는 일반채권자와 동일한 순위로 배당을 받을 수 있다고 봄이 상당하다. 다만 집행법원은 부동산 위의 이해관계를 살펴 위와 같은 법정매각조건과는 달리 매각조건 변경결정을 통하여 목적부동산 위의 부담을 소멸시키지 않고 매수인으로 하여금 인수하도록 정할 수 있다(대판 2011.8.18. 2011다35593). 기출 25

㉯ 유치권에 의한 경매가 소멸주의를 원칙으로 하여 진행되는 이상 강제경매나 담보권 실행을 위한 경매의 경우와 같이 목적부동산 위의 부담을 소멸시키는 것이므로, 집행법원이 달리 매각조건변경결정을 통하여 목적부동산 위의 부담을 소멸시키지 않고 매수인으로 하여금 인수하도록 정하지 않은 이상 집행법원으로서는 매각기일공고나 매각물건명세서에 목적부동산 위의 부담이 소멸하지 않고 매수인이 이를 인수하게 된다는 취지를 기재할 필요 없다(대결 2011.6.15. 2010마1059).

기출 19·17

6. 현금화와 매각조건 – 잉여주의의 적용 여부

① **문제점** : 담보권 실행을 위한 경매에서는 강제경매와 마찬가지로 절차비용 및 우선채권을 변제하고 잉여가 생기지 않으면 경매를 실시할 수 없다는 잉여주의가 적용되는데(제268조, 제91조 제1항), 형식적 경매에서도 잉여주의가 적용되는지에 관해 견해가 대립한다.

② **판례**는 유치권에 의한 경매가 소멸주의를 원칙으로 하여 진행되는 이상 유치권에 의한 경매에서도 압류채권자에 우선하는 채권자나 압류채권자의 보호를 위하여 민사집행법 제91조 제1항이 정한 잉여주의가 준용되고, 따라서 같은 법 제101조에 따른 경매절차의 취소규정도 준용되어야 한다는 입장이다(대결 2011.6.17. 2009마2063).

7. 배당요구

- 민법 제322조 제1항에 의하여 실시되는 <u>유치권에 의한 경매도</u> 강제경매나 담보권 실행을 위한 경매와 마찬가지로 <u>목적부동산 위의 부담을 소멸시키는 것을 법정매각조건으로 하여 실시되고 우선채권자뿐만 아니라 일반채권자의 배당요구도 허용되며, 유치권자는 일반채권자와 동일한 순위로 배당을 받을 수 있다</u>고 봄이 상당하다(대판 2011.8.18. 2011다35593).

- 민법 제1037조에 근거하여 민사집행법 제274조에 따라 행하여지는 <u>상속재산에 대한 형식적 경매</u>는 한정승인자가 상속재산을 한도로 상속채권자나 유증받은 자에 대하여 일괄하여 변제하기 위하여 청산을 목적으로 당해 재산을 현금화하는 절차이므로, 제도의 취지와 목적, 관련 민법 규정의 내용, 한정승인자와 상속채권자 등 관련자들의 이해관계 등을 고려할 때 <u>일반채권자인 상속채권자로서는 민사집행법이 아닌 민법 제1034조, 제1035조, 제1036조 등의 규정에 따라 변제받아야 한다고 볼 것이고, 따라서 그 경매에서는 일반채권자의 배당요구가 허용되지 아니한다</u>(대판 2013.9.12. 2012다33709). **기출** 22

- 상속부동산에 관하여 민사집행법 제247조 제1항에 따른 형식적 경매절차가 진행된 것이 아니라 <u>담보권 실행을 위한 경매절차가 진행된 경우에는, 비록 한정승인 절차에서 상속채권자로 신고한 자라고 하더라도 집행권원을 얻어 그 경매절차에서 배당요구를 함으로써 일반채권자로서 배당받을 수 있다</u>(대판 2010.6.24. 2010다14599).

8. 강제경매 또는 담보권실행으로서의 경매와의 경합

① 형식적 경매(유치권등에 의한 경매)가 진행 중인 목적물에 대하여 강제경매 또는 담보권의 실행을 위한 경매절차가 개시된 경우에는 <u>형식적 경매를 정지하고</u>, 채권자 또는 담보권자를 위하여 그 절차를 계속하여 진행하고, 강제경매 또는 담보권실행을 위한 경매가 취소되면 형식적 경매절차를 속행한다(제274조 제2항, 제3항). **기출** 22 · 20

② 따라서 양자가 경합한 경우에는 시간적 선·후에 관계없이 강제경매 등의 절차에 의하여 속행할 것임을 명백히 하고 있다. 다만, 공유물분할을 위한 경매의 경우 문제가 다른 경우가 존재한다.

- 유치권에 의한 경매절차는 목적물에 대하여 강제경매 또는 담보권 실행을 위한 경매절차가 개시된 경우에는 정지되도록 되어 있으므로(제274조 제2항), <u>유치권에 의한 경매절차가 정지된 상태에서 그 목적물에 대한 강제경매 또는 담보권 실행을 위한 경매절차가 진행되어 매각이 이루어졌다면, 유치권에 의한 경매절차가 소멸주의를 원칙으로 하여 진행된 경우와는 달리 그 유치권은 소멸하지 않는다</u>(대판 2011.8.18. 2011다35593).
  기출 14

- 강제경매 또는 담보권의 실행을 위한 경매(이하 강제경매와 담보권 실행을 위한 경매를 합하여 '강제경매 등'이라 한다)절차가 진행 중인 목적물에 대하여 나중에 공유물분할 경매가 개시되더라도 강제경매 등 절차를 계속 진행하여야 하고 공유물분할 경매에 의하여 절차를 진행할 것은 아니라고 할 것이다. 그런데 목적물의 지분 일부에 대하여 강제경매 등 절차가 진행되던 중 목적물 전체에 대하여 공유물분할경매가 개시된 경우에는 강제경매 등 절차와 공유물분할경매절차를 병합하여 목적물 전체를 한꺼번에 매각하되, 이중경매의 대상인 지분 매각은 강제경매 등 절차에 따라 진행하고 나머지 지분 매각은 공유물분할경매절차에 따라 진행함이 상당하고, 이 경우에는 결과적으로 공유물 전체를 매각하는 것이므로 민사집행법 제140조 소정의 공유자의 우선매수권은 그 적용이 배제된다(대결 2014.2.14. 2013그305).

무언가를 시작하는 방법은

말하는 것을 멈추고, 행동을 하는 것이다.

- 월트 디즈니 -

PART

04

보전처분절차

CHAPTER 01 총 론

제1절 서 설

I 보전처분의 의의

1. 의 의

'보전처분'이란 민사소송의 대상이 되는 권리 또는 법률관계에 대한 쟁송(본안소송)이 있을 것을 전제로 하여, 그 확정판결의 집행을 용이하게 하거나 그 확정판결이 있을 때까지 손해 발생을 방지할 목적으로 일시적으로 현상을 동결하거나 임시의 법률관계를 형성하도록 명하는 처분을 말한다. 이와 같이 집행보전 또는 손해방지를 위하여 잠정적 조치를 명하는 재판을 '보전재판'이라고 한다.

2. 보전처분의 필요성

① 민사집행의 상황에 처한 '금전채무자'는 대부분 변제자력이 충분하지 아니한 경우가 많다. 이러한 채무자로서는 채무면탈을 시도하는 예가 많고, '부동산소유권이전등기의무와 같은 비금전채무'를 지는 경우에는 변제자력과는 무관하게 더 나은 전매기회 등을 얻기 위해 채무이행을 회피하는 경우가 많다.

② 이러한 결과를 방지하기 위해서는 확정판결을 받기 전에 미리 '채무자의 일반재산'이나 '다툼의 대상(계쟁물)의 현상'을 동결시켜 두거나 임시로 '잠정적인 법률관계'를 형성시킴으로써 나중에 확정판결을 얻었을 때 그 판결의 집행을 용이하게 하고 그때까지 채권자가 입게 될지 모르는 손해를 예방할 수 있는 수단이 필요하게 된다.

II 보전처분의 특징

1. 잠정성(임시성)

① 보전처분은 확정판결의 집행보전을 위하여 다툼이 있는 법률관계를 잠정적으로 규율하기 위한 처분이므로 당연히 잠정성(임시성)을 가진다. 즉 보전처분은 다툼이 있는 권리 또는 법률관계의 존부를 확정적으로 판단하는 것이 아니고, 또 보전처분의 집행도 권리의 종국적 실현을 가져오는 것이 아니다. 이러한 점에서 권리보전을 위한 제도이기는 하지만 권리의 종국적 실현을 목적으로 하는 실체법상의 채권자대위권이나 채권자취소권 등과 다르다.

② '임시의 지위를 정하기 위한 가처분' 중 임금지급가처분, 간물인도단행가처분과 같은 이른바 단행적 가처분은 외관상 권리의 실현을 가져오는 것과 같은 형태를 취하고 있으나(이 때문에 '만족적 가처분'이라고도 한다), 이 역시 손해를 피하기 위한 최소한의 권리관계 형성만을 목적으로 하는 것에 지나지 않으므로 직접 본안청구권 자체를 만족하게 하는 것은 아니다. 따라서 단행적 가처분이 있더라도 제소명령이 있으면 채권자는 본안소송을 제기하여야 하고, 만일 본안소송에서 가처분채권자가 패소하면 가처분 전의 상태로 회복시켜야 한다.

> • [1] 가처분의 피보전권리는 채무자가 소송과 관계없이 스스로 의무를 이행하거나 본안소송에서 피보전권리가 존재하는 것으로 판결이 확정됨에 따라 채무자가 의무를 이행한 때에 비로소 법률상 실현되는 것이어서, 채권자의 만족을 목적으로 하는 이른바 단행가처분의 집행에 의하여 피보전권리가 실현된 것과 마찬가지의 상태가 사실상 달성되었다 하더라도 그것은 어디까지나 임시적인 것에 지나지 않으므로, 가처분이 집행됨으로써 그 목적물이 채권자에게 인도된 경우에도 본안소송의 심리에서는 그와 같은 임시적, 잠정적 이행상태를 고려함이 없이 그 목적물의 점유는 여전히 채무자에게 있는 것으로 보아야 한다.
> [2] 토지와 건물의 소유권에 기하여 점유자 등을 상대로 그 인도를 구하는 소송에서, 원고가 제1심 변론종결 전에 가처분 결정을 받아 집행하여 이를 인도받아 건물을 철거한 후에도 건물인도청구 부분의 소를 그대로 유지했다면 법원은 건물의 멸실을 고려함이 없이 그 청구의 당부를 판단해야 한다고 본 사례(대판 2007.10.25. 2007다29515) **기출** 18
> • [1] 가처분의 피보전권리는, 채무자가 소송과 관계없이 임의로 의무를 이행하거나 본안소송에서 피보전권리가 존재하는 것으로 판결이 확정됨에 따라 채무자가 의무를 이행한 때에 비로소 법률상 실현되는 것이어서, 채권자의 만족을 목적으로 하는 이른바 단행가처분의 집행에 의하여 피보전권리가 실현된 것과 마찬가지의 상태가 사실상 달성되었다 하더라도, 그것은 어디까지나 임시적인 것에 지나지 않는 것이다.
> [2] 甲이 乙에 대하여 토지의 인도를 명하는 가처분결정을 받아 집행함으로써 그 토지가 甲에게 인도되었다고 하더라도, 그 후 위 토지에 대한 乙의 점유를 방해하여서는 아니 된다는 결정을 구하는 가처분신청사건에서는 그와 같은 잠정적인 이행상태의 실현은 고려함이 없이 위 토지를 乙이 점유하는 것으로 보아야 한다(대결 1992.6.26. 92마401). **기출** 18

2. 신속성(긴급성)

① 보전처분은 민사소송절차에 오랜 시일이 걸림에 따라 생기게 될 피해를 방지하는 것이 주된 목적이므로, 당연히 보전처분의 재판절차와 집행절차에 있어 신속성(긴급성)이 요구된다.

② 보전처분 신청 중 '가압류'와 '다툼의 대상에 대한 가처분'의 경우에는 변론을 거치지 않고 재판할 수 있고 변론을 거쳐 재판할 수도 있다(제280조 제1항, 제301조). 변론을 거치지 않는 경우에도 순전히 서면만에 의하여 심리하기도 하고 심문절차를 거치기도 한다. 실무상으로는 보전처분의 신속성과 밀행성(기습성)의 요구 때문에 통상 서면심리만으로 심문한다. 그러나 '임시의 지위를 정하기 위한 가처분'은 그 결과의 중대성을 감안하여 변론기일 또는 채무자가 참석할 수 있는 심문기일을 열어야 한다. 다만, 그 기일을 열어 심리하면 가처분의 목적을 달성할 수 없는 사정이 있는 때에는 그러하지 아니하다(제304조). **기출** 19

③ 설령 변론을 연 경우라 하더라도 재판은 판결이 아닌 결정의 형식으로 한다(제281조 제1항, 제301조).

④ 보전소송절차에서 사실인정은 증명 대신 소명에 의하고(제280조 제3항, 제301조), 보전명령에 대한 이의소송이나 취소소송에서도 채권자와 채무자의 입증은 소명으로 족하다. 그러나 관할, 당사자능력, 소송능력, 법정대리인, 소송대리권 그 밖의 소송요건의 경우, 명문의 규정이 없고 공익적 사항으로서 직권조사 사항이며 본래 소명에 친하지 아니하므로 보전소송에서도 증명의 대상이다. **기출** 19

⑤ 본집행과는 달리 보전집행절차에서는 원칙적으로 집행문이 필요 없고, 보전명령의 집행은 채무자에게 재판을 송달하기 전에도 할 수 있으나, 그 대신 집행기간을 단기로 제한하여 채권자에게 재판을 고지하거나 송달한 날부터 2주일을 넘긴 때에는 집행하지 못하도록 하여(제292조 제2항, 제301조) 신속한 집행을 꾀하였다. **기출** 18

3. 밀행성(기습성)

① 보전처분은 미리 상대방에게 알리게 하면 그 효과를 얻을 수 없다. 따라서 보전처분을 위한 절차는 원칙적으로 상대방이 알 수 없는 상태에서 비밀리에 심리되고 발령되며 그 처분을 송달하기 전에 미리 집행에 착수하게 하는 것이 보통이다.

② 이 경우에 재판의 적정은 일방적 소명이나 담보제공에 의하여 확보하도록 하고 있다. 그러나 재판의 적정을 기대할 수 없는 경우에는 변론 또는 상대방을 심문하는 방법에 의하여 재판의 적정을 도모하게 된다. 임시의 지위를 정하기 위한 가처분은 원칙적으로 변론기일 또는 채무자가 참석할 수 있는 심문기일을 열도록 한 것이 바로 그것이다(제304조).

4. 자유재량성

① 보전절차에 있어서는 긴급성·밀행성과 재판의 적정이라는 서로 상충되는 두 개의 요구를 조화시키려는 목적으로 심리방법에 관하여 법원에 많은 자유재량을 주고 있다.

② 변론을 거칠 것인가, 서면심리로 할 것인가, 소명만으로 발령할 것인가, 담보를 제공하게 할 것인가, 담보의 종류와 범위는 어떻게 할 것인가 등은 모두 법원의 재량에 속한다.

③ 하나의 청구권이나 그 밖의 권리를 보전하기 위하여 종류와 강도가 다른 여러 가지의 방법이 있는 경우에 그중 어떤 형태의 보전처분을 할 것인가도 원칙적으로 법원의 재량에 속한다. 물론 보전처분에도 민사소송의 원칙인 처분권주의가 적용되지만, 당사자의 신청취지에 반하지 않는 한 구체적으로 어떤 처분이 확정판결을 보전하기 위하여 적절할 것인가의 결정은 법원의 재량에 맡겨져 있다.

5. 종속성(부수성)

① 보전처분은 장래에 있을 확정판결의 집행을 보전하기 위한 것이므로 당연히 그 확정판결을 얻기 위한 민사소송(본안소송)절차가 현재 또는 장래에 계속될 것을 전제로 한다.

② 따라서 보전처분을 통하여 본안소송으로 얻을 수 있는 권리범위를 넘어서는 것을 구하는 것은 허용되지 않는다(대판 1964.11.10. 64다649).

③ 제소명령 위반에 따른 취소절차(제287조, 제301조), 사정변경을 이유로 한 취소절차(제288조, 제301조), 제소 기간경과에 따른 취소절차(제288조 제1항), 본안소송의 관할법원의 보전소송 관할(제278조, 제301조) 등은 보전처분의 종속성을 반영한 규정이다.

Ⅲ 보전처분의 종류

1. 가압류(제276조)

① '가압류'는 금전채권이나 금전으로 환산할 수 있는 채권의 집행을 보전할 목적으로 미리 채무자의 일반재산을 동결시켜 채무자로부터 일반재산에 대한 처분권을 잠정적으로 빼앗는 보전처분이다.

② 실무상 집행의 대상이 되는 재산의 종류에 따라 부동산가압류, 선박·항공기·자동차·건설기계에 대한 가압류, 채권가압류, 유체동산가압류, 그 밖의 재산에 대한 가압류로 구분하고 있다.

2. 가처분

가처분은 금전채권 이외의 권리 또는 법률관계에 관한 확정판결의 강제집행을 보전하기 위한 제도로서 '다툼의 대상(계쟁물)에 관한 가처분'과 '임시의 지위를 정하기 위한 가처분'이 있다.

① 다툼의 대상(계쟁물)에 관한 가처분(제300조 제1항)

　　㉠ '다툼의 대상에 대한 가처분'은 채권자가 금전채권 이외의 특정 물건이나 권리를 대상으로 하는 청구권을 가지고 있는 경우에 강제집행 때까지 다툼의 대상이 멸실·처분되는 등 사실상·법률상 변경이 생기는 것을 막기 위하여 다툼의 대상(계쟁물)의 현상을 동결시키는 보전처분이다.

　　㉡ 다툼의 대상에 관한 현상변경을 금지하는 방법은 다양하므로 가처분의 형식도 일정하지 않다. 일반적으로 처분행위, 점유이전행위 등을 금지하는 부작위명령의 형식으로 발령되는데 이를 처분금지가처분과 점유이전금지가처분이라고 한다.

② 임시의 지위를 정하기 위한 가처분(제300조 제2항)

　　㉠ '임시의 지위를 정하기 위한 가처분'은 다툼이 있는 권리 또는 법률관계에 관하여 그것이 본안소송에 의하여 확정되기까지 가처분권리자가 현재의 현저한 손해를 피하거나 급박한 위험을 막기 위하여, 또는 그 밖의 필요한 이유가 있는 경우에 잠정적으로 권리 또는 법률관계에 관하여 임시의 지위를 주어 그와 같은 손해를 피하거나 위험을 막을 수 있도록 하는 응급적·잠정적인 보전처분이다.

　　㉡ 가압류 또는 다툼의 대상에 관한 가처분과는 달리 보전하고자 하는 권리 또는 법률관계의 종류는 묻지 아니한다.

　　㉢ 단순히 현상을 동결하는 것이 아니라 적극적으로 현상을 변경하여 잠정적으로나마 새로운 법률관계를 형성하는 점에서 가압류나 다툼의 대상에 관한 가처분과 구별된다.

　　㉣ 임시의 지위를 정하기 위한 가처분 중 실무상 많이 이용하는 가처분으로 직무집행정지가처분, 공사금지가처분, 인도·철거단행가처분, 총회나 이사회 결의의 효력정지가처분, 업무방해금지가처분, 유체동산사용금지가처분, 임금지급가처분 등이 있다.

　　㉤ 임시의 지위를 정하기 위한 가처분 중에는 가처분 집행의 결과가 실질적으로 본안판결을 통하여 얻고자 하는 내용과 실질적으로는 동일한 내용의 권리 또는 법률관계를 형성하는 것이 있다. 이를 '단행적 가처분' 또는 '만족적 가처분'이라고 한다.

Ⅳ 보전처분절차의 이원적 구조

① 보전처분절차는 보전명령이라는 집행권원을 형성하는 절차인 '보전소송절차(보전명령절차)'와 보전명령을 집행하는 '보전집행절차'라는 별개의 절차로 구성되어 있다. 그러면서도 보전소송절차와 보전집행절차는 불가분적으로 결합되어 있다. 보전처분의 밀행성과 긴급성에 기인하는 구조이다.

② 보전명령절차와 보전집행절차가 구별되므로 보전처분신청과 보전집행의 신청은 그 의미와 법적 규제가 다르다. 따라서 보전처분신청에 따라 보전명령이 내려지면 별도로 보전집행신청을 구하여야 하는 것이 원칙이다.

기출 19

Ⅴ 보전절차와 본안절차와의 관계

1. 의 의

본안절차는 많은 경우 보전절차가 없이는 그 실효성을 담보하기 어렵다. 또한 보전절차는 본안절차를 염두에 두지 아니하고는 독자적인 의미를 가질 수 없다. 이러한 보전절차와 본안절차의 관련성은 양 절차의 당사자와 소송물의 연관성으로 나타난다.

2. 보전절차와 본안절차의 당사자

① 당사자적격에 변동이 있는 경우를 제외하고는 보전절차와 본안절차의 당사자는 일치하여야 한다. 당사자가 다른 절차 사이에서는 보전절차와 본안절차의 관계로 인정되지 않는다.

② 甲이 乙에 대하여 직접 가지는 손해배상채권을 피보전권리로 한 가압류결정을, 丙이 乙에 대하여 가지는 손해배상채권을 보전하기 위한 것으로 유용할 수 없다(대판 2004.12.24. 2004다53715).

> 이건 가처분의 피보전권리는 甲의 乙에 대한 토지소유권이전등기청구권인데 반하여 이건 소송에서는 甲이 丙을 대위하여 丙의 乙에 대한 토지소유권이전등기청구권을 행사하고 있어서 위 가처분의 피보전권리와 이건 소송물과는 동일성이 없으므로 위 가처분을 이건 소송에 유용할 수 없다(대판 1976.4.27. 74다2151).

3. 보전절차와 본안소송의 소송물

① 보전처분에 의한 보전의 효력이 미치는 범위 : 청구기초의 동일성

㉠ 보전처분의 피보전권리와 본안의 소송물인 권리는 엄격히 일치할 필요가 없고 청구의 기초의 동일성이 인정되는 한 그 보전처분에 의한 보전의 효력은 본안소송의 권리에 미치고, 동일한 생활 사실 또는 동일한 경제적 이익에 관한 분쟁에 있어서 그 해결 방법에 차이가 있음에 불과한 청구취지 및 청구원인의 변경은 청구의 기초에 변경을 가져 오지 않는다(대결 2009.3.13. 2006다35223).

기출 20 · 19 · 14 · 13

㉡ 가압류는 금전채권이나 금전으로 환산할 수 있는 채권에 의한 강제집행을 보전하기 위한 것이므로(민사집행법 제276조 제1항), 가압류의 피보전채권과 본안소송의 권리 사이에 청구의 기초의 동일성이 인정된다 하더라도 본안소송의 권리가 '금전채권'이 아닌 경우에는 가압류의 효력이 그 본안소송의 권리에 미친다고 할 수 없다(대결 2013.4.26. 2009마1932). 기출 21

- 가압류의 피보전채권과 본안의 소송물인 권리는 엄격하게 일치될 필요는 없고 청구의 기초의 동일성이 인정되면 가압류의 효력은 본안소송의 권리에 미친다고 할 것이지만, 가압류는 금전채권이나 금전으로 환산할 수 있는 채권에 의한 강제집행을 보전하기 위한 것이므로(민사집행법 제276조 제1항), 가압류의 피보전채권과 본안소송의 권리 사이에 청구의 기초의 동일성이 인정된다 하더라도 본안소송의 권리가 금전채권이 아닌 경우에는 가압류의 효력이 그 본안소송의 권리에 미친다고 할 수 없다. 피신청인들이 이 사건 가압류의 본안소송에서 청구취지를 부당이득금반환청구에서 배당금출급청구권의 양도 및 양도통지 청구로 변경한 것은 동일한 생활 사실 또는 동일한 경제적 이익에 관한 분쟁에 관하여 그 해결 방법을 다르게 한 것일 뿐이어서 청구의 기초에 변경이 있다고는 할 수 없다. 그러나 변경된 청구인 '배당금출급청구권의 양도 및 양도통지 청구'는 의사의 진술을 구하는 것으로서, 이는 의사표시의무의 집행에 관한 민사집행법 제263조에 따라 집행되어야 할 것이지 금전채권에 기초한 강제집행의 방법으로 집행할 수 있는 권리가 아니므로 가압류로써 집행을 보전할 피보전채권이 될 수 없다. 따라서 위 청구취지 변경 전의 부당이득금반환청구권을 피보전채권으로 한 이 사건 가압류의 효력은 본안소송에서 변경된 청구권, 즉 '배당금출급청구권의 양도 및 양도통지 청구'에 관한 권리를 위한 강제집행의 보전에 대하여는 미친다고 할 수 없다(대결 2013.4.26. 2009마1932). **기출** 16
- 부당이득의 반환은 법률상 원인 없이 취득한 이익을 반환하여 원상으로 회복하는 것을 말하므로, 배당절차에서 작성된 배당표가 잘못되어 배당을 받아야 할 채권자가 배당을 받지 못하고 배당을 받을 수 없는 사람이 배당받는 것으로 되어 있을 경우, 그 배당금이 실제 지급되었다면 그 배당금 상당의 금전지급을 구하는 부당이득반환청구를 할 수 있지만 아직 배당금이 지급되지 아니한 때에는 그 '배당금지급청구권의 양도'에 의한 부당이득의 반환을 구하여야지 그 채권 가액에 해당하는 금전의 지급을 구할 수는 없다 할 것이며, 그 경우 집행의 보전은 가압류에 의할 것이 아니라 '배당금지급금지가처분'의 방법으로 하여야 한다(대결 2013.4.26. 2009마1932).

② 보전처분의 유용의 금지

- ㉠ 일단 어떤 청구권을 피보전권리로 하여 보전처분을 받은 후 이 보전처분을 다른 청구권을 보전하는 보전처분으로 유용할 수 있는가의 문제에 관하여 통설·판례는 이를 소극적으로 해석한다(대판 1963.9.12. 63다354[전합]; 대판 1976.4.27. 74다2121 등).
- ㉡ 어느 피보전권리에 관하여 본안소송에서 패소확정이 되면 피보전권리와 청구의 기초를 달리하는 경우는 물론 청구의 기초를 같이하는 다른 권리의 보전을 위하여도 앞서 받은 보전처분을 유용할 수 없다(대판 2004.12.24. 2004다53715 참조). **기출** 22·19

  > 가압류의 피보전권리가 소멸되었거나 또는 존재하지 아니함이 본안소송에서 확정된 경우에는 민사집행법 제288조 소정의 사정변경에 따른 가압류 취소사유가 되는 것이며, 이 경우 그 가압류를 그 피보전권리와 다른 권리의 보전을 위하여 유용할 수 없는 것이다(대판 2004.12.24. 2004다53715). **기출** 14

- ㉢ 그러나 종국 판단 이전에 본안의 청구를 변경한 경우에는 채권자에게 보전처분의 남용이라는 귀책성이 있다고 할 수 없으므로 보전처분은 변경된 본안의 소송물에 관하여도 그 효력이 미친다.

  > 가처분의 본안소송에서 그 청구취지와 청구원인을 원래의 원인무효로 인한 말소등기청구에서 명의신탁해지로 인한 이전등기청구로 변경한 것은 동일한 생활 사실 또는 동일한 경제적 이익에 관한 분쟁에 관하여 그 해결 방법을 다르게 한 것일 뿐이어서 청구의 기초에 변경이 있다고 볼 수 없고, 이와 같이 가처분의 본안소송에서 청구의 기초에 변경이 없는 범위 내에서 적법하게 청구의 변경이 이루어진 이상, 변경 전의 말소등기청구권을 피보전권리로 한 위 가처분의 효력은 후에 본안소송에서 청구변경된 이전등기청구권의 보전에도 미친다(대판 2001.3.13. 99다11328).

ⓔ 한편 이혼위자료청구권을 피보전권리로 한 가압류결정을 재산분할로 인한 금전지급청구권에 유용할수 없다.

> 이 사건 부동산가압류의 피보전권리인 이혼을 원인으로 한 위자료청구채권이 재산분할청구권과 비록 청구의 기초에 있어서 다소의 동일성이 인정되나 피신청인은 본안소송에서 위자료청구채권에 대하여 피신청인일부승소의 가집행선고부 판결을 받은 후 위 가압류에 기한 본압류절차인 강제집행에 착수하였다가 그채권을 모두 변제받음으로써 강제집행을 취하한 이 사건에 있어서, 위 가압류의 효력은 그 피보전권리로특정된 위자료청구채권 외에 재산분할로 인한 금전지급청구권에까지 유용할 수 없다(대판 1994.8.12. 93므1259). **기출** 20

제2절 보전처분의 당사자

I 서 설

1. 당사자 : 채권자와 채무자

① 보전소송에서 '당사자'란 자기의 이름으로 보전명령 또는 그 집행명령을 신청하거나 이를 받는 자를 말한다.

② 보전소송절차에서는 민사소송절차와는 달리 당사자를 '원고', '피고'라고 부르지 않고, 보전처분의 신청인을 '채권자', 그 상대방을 '채무자'라고 한다(제280조, 제287조, 제292조 등).[128] 다만, 보전처분 취소사건에서는 취소신청인을 '신청인'으로, 그 상대방을 '피신청인'으로 표시한다는 점에 유의하여야 한다.

③ 금전채권이 가압류 또는 가처분의 대상이 되는 경우 제3채무자는 보전재판의 집계행단에서의 이해관계인에 불과하고 보전소송의 당사자라고 할 수 없으므로 보전재판(보전명령)에 불복을 신청할 자격이 없다.

> 채권가압류결정을 받은 제3채무자는 그 후에 취득한 채권에 의한 상계로 그 가압류채권자에게 대항하지 못하지만 수동채권이 가압류될 당시 자동채권과 수동채권이 상계적상에 있거나 자동채권의 변제기가 수동채권의그것과 동시에 또는 그보다 먼저 도래하는 경우에는 제3채무자는 자동채권에 의한 상계로 가압류채권자에게대항할 수 있다(대판 2003.6.27. 2003다7623). **기출** 18

---

128) 이와 같은 채권자, 채무자의 호칭은 실체적 채권·채무관계에 따른 것이 아니고 절차상의 호칭에 불과하다.

2. 당사자능력과 소송능력 및 대리권

① 보전소송에서도 당사자가 되기 위해서는 당사자능력이 있어야 하고 유효한 소송행위를 하기 위해서는 소송능력이 있어야 함은 민사소송에서와 같다. 당사자능력과 소송능력의 유무를 가리는 기준은 민사소송의 그것과 같다. 또 소송능력이 없는 자는 법정대리인이나 법정대리인이 선임한 소송대리인이 대리할 수 있는 것도 마찬가지이다.[129]

② 본안소송에서 소송대리권을 가지는 자는 당연히 보전소송의 대리권도 가진다(민소법 제90조 제1항). 따라서 본안소송의 위임장 사본을 제출하고, 본안소송의 소장 사본 등을 첨부하여 피보전권리를 소명한다면 별도의 소송위임장을 제출하지 아니하여도 된다. 그러나 보전소송과 본안소송은 사건기록이 별개이고 담당재판부도 다른 경우가 많으므로 보전소송에 별도의 소송위임장을 제출하고 있는 것이 다수의 실무이다.

> 민사소송법 제90조 제1항의 규정은 소송절차의 원활·확실을 도모하기 위하여 소송법상 소송대리권을 정형적·포괄적으로 법정한 것에 불과하고 변호사와 의뢰인 사이의 사법상의 위임계약의 내용까지 법정한 것은 아니므로, <u>본안소송을 수임한 변호사가 그 소송을 수행함에 있어 강제집행이나 보전처분에 관한 소송행위를 할 수 있는 소송대리권을 가진다고 하여 의뢰인에 대한 관계에서 당연히 그 권한에 상응한 위임계약상의 의무를 부담한다고 할 수는 없고</u>, 변호사가 처리의무를 부담하는 사무의 범위는 변호사와 의뢰인 사이의 위임계약의 내용에 의하여 정하여진다(대판 1997.12.12. 95다20775). **기출** 18

③ 보전소송사건을 수임받은 소송대리인의 소송대리권은 수임받은 사건에 관하여 포괄적으로 미치지만, 소송위임의 효력이 보전처분 취소소송에까지 유지되는 것은 아니다.

> - 가압류·가처분 등 보전소송사건을 수임받은 소송대리인의 소송대리권은 수임받은 사건에 관하여 포괄적으로 미친다고 할 것이므로 가압류사건을 수임받은 변호사의 소송대리권은 그 가압류신청사건에 관한 소송행위뿐만 아니라 <u>본안의 제소명령을 신청하거나, 상대방의 신청으로 발하여진 제소명령결정을 송달받을 권한에까지 미친다</u>(대결 2003.3.31. 2003마324). **기출** 18
> - <u>보전처분을 소송대리인이 신청하였더라도 그 소송위임의 효력이 보전처분 취소소송에까지 유지되는 것은 아니므로 취소신청서 및 기일소환장 등은 채권자 본인에게 송달하여야 한다</u>. 또한 <u>보전처분 신청절차에서 이루어진 선정당사자 선정행위의 효력은 제소명령신청절차에는 미치나 보전처분 취소신청 사건에까지 미치지는 아니한다</u>(대판 2001.4.10. 99다49170). **기출** 23·18·15

---

129) 당사자능력은 소송상의 권리능력이라고 불리는 것으로 민법상의 권리능력에 대응된다. 그러나 당사자능력은 민법상의 권리능력보다 그 범위가 넓다(민소법 제51조, 제52조 참조). 민사소송법 제51조는 당사자능력에 관하여 민법 그 밖의 법률에 따른다고 하였으므로 민법상 권리능력을 가지는 사람은 민사소송에 있어서 당사자능력을 갖는다. 법인이 아닌 사단이나 재단도 대표자 또는 관리인이 있는 경우에는 그 사단이나 재단의 이름으로 당사자가 될 수 있다(민소법 제52조). 소송능력은 당사자(또는 보조참가인)로서 유효하게 소송행위를 하거나 소송행위를 받기 위해 갖추어야 할 능력을 말한다. (미성년자가 독립하여 법률행위를 할 수 있는 경우와 피성년후견인이 민법 제10조 제2항에 따라 취소할 수 없는 법률행위를 할 수 있는 경우를 제외하고) 미성년자나 피성년후견인은 법정대리인에 의해서만 소송행위를 할 수 있다(민소법 제55조).

④ 당사자능력, 소송능력은 보전소송의 소송요건이므로 이를 갖추지 못한 경우에는 신청을 각하한다. 이를 간과하고 내려진 재판은 위법하므로 이의나 즉시항고에 의하여 취소할 수 있다. 재판이 확정된 때에는 소송능력 또는 소송대리권 흠결의 경우 준재심사유가 될 수 있다. 그러나 당사자능력이 흠결된 경우 재판(보전명령)은 무효이다.

> • 자연물인 도롱뇽 또는 그를 포함한 자연 그 자체로서는 소송을 수행할 당사자능력을 인정할 수 없다(대결 2006.6.2. 2004마1148).
> • 원래 어떠한 단체가 실제로 존재하지 않음에도 불구하고 그 단체가 존재하고 그 대표자로 표시된 자가 대표자 자격이 있는 자인 것으로 오인하여 가처분결정이 내려졌다고 하더라도, 그 단체가 실제로 존재하지 않는다면 그 가처분결정은 누구에게도 그 효력을 발생할 수 없는 무효인 결정이다(대판 1994.11.11. 94다14094).

⑤ 판례는 신청 당시 이미 사망한 사람을 상대로 한 보전처분신청은 부적법하고(당사자능력 흠결), 위 신청에 따른 보전명령이 있다고 하더라도 그 보전명령은 당연무효이며, 그 효력이 상속인에게 미치지 않는다고 한다. 따라서 채무자 표시를 상속인으로 경정할 수 없다(대결 1991.3.29. 89그9).

> 이미 사망한 자를 채무자로 한 처분금지가처분신청은 부적법하고 그 신청에 따른 처분금지가처분결정이 있었다고 하여도 그 결정은 당연무효로서 그 효력이 상속인에게 미치지 않는다고 할 것이므로, 채무자의 상속인은 일반승계인으로서 무효인 그 가처분결정에 의하여 생긴 외관을 제거하기 위한 방편으로 가처분결정에 대한 이의신청으로써 그 취소를 구할 수 있다(대판 2002.4.26. 2000다30578). **기출** 18

⑥ 최소한 보전처분 신청 당시 채무자가 생존해 있었다면, 그 후 보전처분 결정 당시 채무자가 사망하였고 소송수계절차가 이루어지지 않았다고 하더라도, 사망한 채무자를 상대로 한 보전처분이 당연무효로 되는 것은 아니다(대판 1976.2.24. 75다1240; 대판 1993.7.27. 92다48017).

> 당사자 쌍방을 소환하여 심문절차를 거치거나 변론절차를 거침이 없이 채권자 일방만의 신청에 의하여 바로 내려진 처분금지가처분결정은 신청 당시 채무자가 생존하고 있었던 이상 그 결정 직전에 채무자가 사망함으로 인하여 사망한 자를 채무자로 하여 내려졌다고 하더라도 이를 당연무효라고 할 수 없다(대판 1993.7.27. 92다48017). **기출** 18 · 16

⑦ 제3채무자는 보전재판의 집계행단에서의 이해관계인에 불과하고 보전소송의 당사자가 아니다. 따라서 이미 사망한 자를 '제3채무자'로 한 보전명령은 무효라고 볼 것은 아니며 그 상속인은 제3채무자로 하는 경정절차가 필요할 뿐이다(대판 1998.2.13. 95다15667).

> 채권자가 이미 사망한 자를 그 사망 사실을 모르고 제3채무자로 표시하여 압류 및 전부명령을 신청하였을 경우 채무자에 대하여 채무를 부담하는 자는 다른 특별한 사정이 없는 한 이제는 사망자가 아니라 그 상속인이므로 사망자를 제3채무자로 표시한 것은 명백한 오류이고, 또한 압류 및 전부명령에 있어서 그 제3채무자의 표시가 이미 사망한 자로 되어 있는 경우 그 압류 및 전부명령의 기재와 사망이라는 객관적 사정에 의하여 누구라도 어느 채권이 압류 및 전부되었는지를 추인할 수 있다고 할 것이어서 그 제3채무자의 표시를 사망자에서 그 상속인으로 경정한다고 하여 압류 및 전부명령의 동일성의 인식을 저해한다고 볼 수는 없으므로, 그 압류 및 전부명령의 제3채무자의 표시를 사망자에서 그 상속인으로 경정하는 결정은 허용된다(대판 1998.2.13. 95다15667). **기출** 16

3. 당사자적격

① 가압류 또는 다툼의 대상에 관한 가처분의 경우

    ㉠ 원칙적으로는 그러한 '청구권의 주체라고 주장하는 자'가 정당한 채권자가 되고, 그에 대한 '의무자라고 주장되는 자'가 채무자가 된다. 실제로 그 권리자 또는 의무자인가는 묻지 않는다.

    ㉡ 민사소송법 제218조(기판력의 주관적 범위)에 의하여 판결의 효력이 미치는 제3자에 대하여도 보전명령을 구할 필요가 있는 경우에는 그 제3자가 정당한 채무자가 된다.

② 임시의 지위를 정하기 위한 가처분의 경우

    ㉠ 가처분의 성질상 '다툼이 있는 권리관계에 관하여 주장 자체에 의하여 정당한 이익이 있는 자'가 정당한 채권자가 되고, '주장 자체에 의하여 채권자와 저촉되는 지위에 있는 자'가 채무자 된다.

> • 통합 정당을 상대로 합당결의가 무효임을 주장하면서 그에 기하여 총재로 선출된 자가 정당의 대표로서의 직무를 집행하지 못하도록 해달라는 신청은, 그 법적 성격이 민사집행법 제300조 제2항 소정의 임시의 지위를 정하기 위한 가처분 신청이어서, 이 경우 피신청인이 될 수 있는 자는 신청인들이 주장하는 법률상의 지위와 정면으로 저촉되는 지위에 있는 총재 개인에 한정되므로, 신청인들이 신설된 통합 정당을 피신청인으로 한 위 직무 가처분 신청은 당사자적격을 갖지 아니하는 자에 대한 것으로서 부적법하다(대판 1997.7.25. 96다15916).
> • 합유재산의 보존행위는 합유재산의 멸실·훼손을 방지하고 그 현상을 유지하기 위하여 하는 사실적·법률적 행위로서 이러한 합유재산의 보존행위를 각 합유자 단독으로 할 수 있도록 한 취지는 그 보존행위가 긴급을 요하는 경우가 많고 다른 합유자에게도 이익이 되는 것이 보통이기 때문이다. 민법상 조합인 공동수급체가 경쟁입찰에 참가하였다가 다른 경쟁업체가 낙찰자로 선정된 경우, 그 공동수급체의 구성원 중 1인이 그 낙찰자 선정이 무효임을 주장하며 무효확인의 소를 제기하는 것은 그 공동수급체가 경쟁입찰과 관련하여 갖는 법적 지위 내지 법률상 보호받는 이익이 침해될 우려가 있어 그 현상을 유지하기 위하여 하는 소송행위이므로 이는 합유재산의 보존행위에 해당한다(대판 2013.11.28. 2011다80449). → 따라서 보존행위로서 구성원 중 1인은 입찰절차의 속행금지가처분을 신청할 수 있다. `기출` 18

    ㉡ 임시의 지위를 정하기 위한 가처분은 피보전권리가 명백하지 아니하므로 누구를 채무자로 하여야 하는지 다소 문제가 되는 경우가 있다. 구체적 사안에 따라서는 본안소송의 내용에 구애됨이 없이 본안소송의 피고가 아닌 제3자를 채무자로 삼아야 실효를 얻게 되는 경우가 존재한다. 실무상 자주 문제가 되는 경우는 상법 제470조(직무집행정지, 직무대행자선임)에 의한 가처분인데, 주식회사의 이사에 관한 이 규정은 주식회사의 감사, 청산인에도 준용된다(상법 제415조, 제542조).

> 임시의 지위를 정하기 위한 이사직무집행정지가처분에 있어서 피신청인이 될 수 있는 자는 그 성질상 당해 이사이고 회사에게는 피신청인의 적격이 없다(대판 1982.2.9. 80다2424).

4. 보전소송에서의 참가와 승계

① 참 가

㉠ 민사소송법 규정의 준용 : 보전소송절차에서도 통상의 소송절차와 마찬가지로 한쪽 당사자를 돕기 위하여 민사소송법 제71조에 의한 보조참가를 할 수 있고, 소송목적의 전부나 일부가 자기의 권리라고 주장하거나 보전처분에 의하여 자기의 권리가 침해된다고 주장하면서 민사소송법 제79조에 의한 독립당사자참가를 할 수 있으며, 민사소송법 제83조에 의한 공동소송참가도 할 수 있다(제23조 제1항).

㉡ 참가적격자는 보전처분이 발령되기 전에는 변론을 거치는지 여부를 불문하고 참가할 수 있고, 보전처분이 발령된 후에도 그에 대한 이의의 재판이 확정되기까지는 보전처분에 관한 사건은 계속된다고 보기 때문에 참가를 할 수 있다.

㉢ 보전처분에 대한 이의는 '당사자'와 그 '일반승계인'만이 할 수 있으므로 제3자(특정승계인과 채무자의 채권자 포함)가 참가(참가승계 또는 보조참가)를 하지 않고 자기의 이름으로 직접 또는 채무자를 대위하여 이의신청을 할 수는 없다(대판 1970.4.28. 69다2108).

② 승 계

㉠ 원 칙

㉮ 보전소송절차에서 당사자의 지위가 일반적으로 승계되거나 소송의 목적물이 양도된 경우 그 소송절차의 승계에 관하여 민사집행법에는 별다른 규정이 없고, "가압류에 대한 재판이 있은 뒤에 채권자나 채무자의 승계가 이루어진 경우에 가압류의 재판을 집행하려면 집행문을 덧붙여야 한다"라는 규정만 있고(제292조 제1항), 이 규정은 가처분에 준용된다(제301조).

㉯ 따라서 위 규정을 제외하고는 일반승계에는 민사소송법 제233조(당사자의 사망으로 말미암은 중단)의 규정을, 특정승계에는 민사소송법 제81조(승계인의 소송참가)·제82조(승계인의 소송인수)를 준용하여 통상의 소송절차에서와 같은 절차를 밟으면 된다(제23조 제1항).

> 어떤 부동산에 대하여 점유이전금지가처분이 집행된 이후에 제3자가 가처분채무자의 점유를 '침탈하는 등의 방법'으로 가처분채무자를 통하지 아니하고 부동산에 대한 점유를 취득한 것이라면, 설령 점유를 취득할 당시에 점유이전금지가처분이 집행된 사실을 알고 있었다고 하더라도, 실제로는 가처분채무자로부터 점유를 승계받고도 점유이전금지가처분의 효력이 미치는 것을 회피하기 위하여 채무자와 통모하여 점유를 침탈한 것처럼 가장하였다는 등의 특별한 사정이 없는 한 제3자를 민사집행법 제31조 제1항에서 정한 '채무자의 승계인'이라고 할 수는 없다(대판 2015.1.29. 2012다111630). **기출** 19

㉡ 보전명령 발령 후 집행 전 승계가 있는 경우

> **민사집행법 제292조(집행개시의 요건)**
> ① 가압류에 대한 재판이 있은 뒤에 채권자나 채무자의 승계가 이루어진 경우에 가압류의 재판을 집행하려면 집행문을 덧붙여야 한다.
>
> **민사집행법 제301조(가압류절차의 준용)**
> 가처분절차에는 가압류절차에 관한 규정을 준용한다. 다만, 아래의 여러 조문과 같이 차이가 나는 경우에는 그러하지 아니하다.

⑦ 이에 관하여는 제292조 제1항이 규율하고 있다.

④ 여기서의 채권자나 채무자의 승계는 일반승계에 한하지 아니하고 특정승계도 포함한다.

⓪ 강제집행과는 달리 보전명령의 집행에는 원칙적으로 집행문부여가 필요 없으나, 예외적으로 민사집행법 제292조 제1항의 규정에 따라 보전명령(가압류명령·가처분명령) 발령 후 그 집행이 이루어지기 전에 채권자 또는 채무자의 승계가 있어 그 승계인에 대하여 또는 승계인이 집행할 때는 승계집행문을 받아야 한다. **기출** 19

ⓒ 보전처분신청 후 보전명령 발령 전에 승계가 있는 경우

⑦ 보전처분신청 후 보전명령 발령 전에 이미 채권자 또는 채무자의 승계가 있었음에도 이를 간과하고 보전명령의 절차를 중단하지 않았기 때문에 종전의 채권자를 위하여 또는 채무자에 대하여 보전명령이 발령된 경우, 승계인을 위하여 집행문을 내어줄 수 있는지가 문제된다.

④ 이 경우에도 보전명령의 당사자가 보전집행의 당사자와 일치하지 않음은 보전명령 발령 후에 승계가 있는 경우와 다를 바 없는 점과 보전소송의 신속성이나 소송경제를 고려하면, 민사집행법 제292조 제1항을 유추하여 승계집행문을 받아 집행할 수 있다고 해석하여야 한다(대판 1976.2.24. 75다1240; 대판 1993.7.27. 92다48017; 대결 1998.5.30. 98그7).

ⓔ 보전명령 집행 후 승계가 있는 경우

⑦ 이미 보전명령의 집행이 완료된 후 그 권리를 승계한 자가 있는 때에는, 승계인이 목적물의 현금화 명령을 신청하거나 집행취소를 신청하는 것과 같이 스스로 보전집행절차에 관여할 필요가 있는 경우를 제외하고는 승계집행문의 문제는 생기지 않는다.

④ 가압류·가처분등기는 이전등기제도가 없으며 부기등기에 의한 이전등기도 인정되지 않는다.

⓪ 이미 가압류 등기를 마친 후 피보전권리의 양수인 내지 승계인으로서는 가압류·가처분등기의 등기명의와 관계없이 자신이 피보전권리의 양수인 내지 승계인임을 증명하면 가압류·가처분의 효력을 원용할 수 있다.

⑮ 채무자의 승계인(제3취득자) 역시 등기명의와 상관없이 보전처분의 효력을 받고, 자기의 소유권을 주장하여 집행을 거부할 수 없다.

> 여러 명의 보증인이 있는 경우에 어느 보증인이 자기의 부담부분을 넘은 변제를 한 때에는 다른 보증인에 대하여 구상권을 행사할 수 있고, 그 구상권의 범위 내에서 종래 채권자가 가지고 있던 채권 및 그 담보에 관한 권리는 법률상 당연히 그 변제자에게 이전되는 것이므로, 채권자가 어느 공동보증인의 재산에 대하여 가압류결정을 받은 경우에, 그 피보전권리에 관하여 채권자를 대위하는 변제자는 채권자의 승계인으로서, 가압류의 집행이 되기 전이라면 민사집행법 제292조 제1항에 따라 승계집행문을 부여받아 가압류의 집행을 할 수 있고, 가압류의 집행이 된 후에는 위와 같은 승계집행문을 부여받지 않더라도 가압류에 의한 보전의 이익을 자신을 위하여 주장할 수 있다(대판 1993.7.13. 92다33251).
>
> **기출** 19

ⓜ 보전집행 후의 승계와 본집행 : 보전집행 후에 당사자의 승계가 있고 그 승계인에 대한 본집행을 함에 있어서는 본집행 자체를 위한 승계집행문은 별도로 부여받아야 한다.

민사집행법 제278조(가압류법원) `기출` 11
가압류는 <u>가압류할 물건이 있는 곳을 관할하는 지방법원</u>이나 <u>본안의 관할법원</u>이 관할한다.

민사집행법 제303조(관할법원) `기출` 18 · 11
가처분의 재판은 <u>본안의 관할법원</u> 또는 <u>다툼의 대상이 있는 곳을 관할하는 지방법원</u>이 관할한다.

민사집행법 제311조(본안의 관할법원)
이 편에 규정한 <u>본안법원은 제1심 법원</u>으로 한다. 다만, <u>본안이 제2심에 계속된 때에는 그 계속된 법원</u>으로 한다.

민사집행법 제312조(재판장의 권한)
급박한 경우에 <u>재판장</u>은 이 편의 신청에 대한 재판을 할 수 있다.

Ⅰ　총 론

1. 토지관할

① 보전소송의 토지관할은 보전소송의 종류에 따라 다르다.
② '가압류사건'은 가압류할 물건이 있는 곳을 관할하는 지방법원이나 본안의 관할법원이 관할하고, '가처분사건'은 본안의 관할법원 또는 다툼의 대상이 있는 곳을 관할하는 지방법원이 관할한다.
③ 보전소송의 관할 중 토지관할(재판적)은 전속관할이다(제21조). 따라서 합의관할(민소법 제29조)이나 변론관할(민소법 제30조)에 관한 규정은 적용될 여지가 없다. `기출` 13

2. 사물관할

① 실무상 보전소송의 소송목적의 값은 원칙적으로 본안소송의 소송목적의 값을 기준으로 하므로 피보전소송의 사물관할은 피보전권리의 가액에 의해 결정된다.
② 피보전권리의 가액을 기준으로 5억원 이하이면 단독판사의 관할, 5억원을 초과하는 경우이면 합의부의 사물관할에 속한다(민사 및 가사소송의 사물관할에 관한 규칙 제2조 참조).
③ 보전소송의 사물관할은 전속관할이 아니라고 보는 것이 타당하다.

3. 관할위반의 효과

① 관할권 없는 법원에 보전처분의 신청이 있으면 사건을 관할법원에 이송하는 것이 원칙이다.

② 전속관할에 위반된 이송결정도 기속력이 있으므로 관할권 없는 법원으로 잘못 이송하였더라도 이송받은 법원은 이송결정에 기속된다(대결 1995.5.15. 94마1059).[130]

③ 관할권 없음을 간과하고 보전처분을 하였을 때에는 이의가 있으면 취소사유가 된다.

④ 그러나 관할권 없는 법원이 발령한 보전처분도 이의에 의하여 취소되지 않는 한 유효하며(대결 1964.4.11. 64마66), 준재심사유가 아니므로 확정되면 관할위반의 흠은 치유된다. **기출** 18

Ⅱ 본안의 관할법원(가압류·가처분)

1. 본안의 의의

① 본안의 관할법원에서의 '본안'이란 보전처분에 의하여 직접 보전될 권리 또는 법률관계의 존부를 확정하는 민사재판절차를 말한다.

② 반드시 소송절차이어야 할 필요는 없고 독촉절차, 제소전화해절차, 민사조정절차 등도 모두 본안에 포함된다. 중재판정절차가 본안에 포함되는지 여부에 대해서는 견해대립이 있다. **기출** 11

③ 가사소송사건 또는 마류 가사비송사건을 본안사건으로 하는 가압류 또는 가처분사건은 가정법원의 전속관할에 속한다(가사소송법 제63조 참조). **기출** 20·11

2. 취 지

① 본안의 관할법원을 보전소송의 관할 법원으로 한 이유는 보전소송이 본안소송과 밀접한 관련이 있고, 본안이 계속된 이후에는 당사자·소송대리인이 소송을 수행하거나 자료를 수집·제출하는 것이 좀 더 편리하기 때문이다.

② 보전처분의 피보전권리와 본안소송물인 권리는 엄격히 일치함을 요하지는 않고 청구의 기초의 동일성이 인정되는 한 '본안'이라고 할 수 있다(대판 1982.3.9. 81다1223; 대판 2001.3.13. 99다11328).

3. 본안의 관할법원

① 본안이 계속 중인 경우

ㄱ 이미 어느 법원에 본안이 계속 중이라면 그 '본안이 계속 중인 법원'이 본안의 관할법원으로서 보전처분의 관할법원이 된다.

ㄴ 본안이 제1심 법원에 계속 중이면 그 제1심 법원이 보전처분의 관할법원이 되고, 본안이 항소심에 계속 중이면 그 항소법원이 관할법원이 된다(제311조).

---

130) 다만, 심급관할을 위배한 이송결정의 기속력이 이송받은 '상급심 법원'에는 미치지 않는다고 보아야 하는 반면, 심급관할을 위배한 이송결정의 기속력은 이송받은 '하급심의 법원'에는 미친다고 보아야 한다(대결 1995.5.15. 94마1059).

ⓒ 본안사건에 대하여 당해 법원에서 판결이 선고된 후 항소 또는 상고로 인하여 기록이 송부되기 전이면 기록이 있는 당해 법원이 본안의 관할법원으로서 보전처분의 관할법원이 된다(대판 1971.9.28. 71다1532). **기출** 18

ⓔ 그러나 본안이 상고심 계속 중이라면 제1심 법원이 보전처분의 관할법원이 된다.

> 상고로 인하여 기록이 상고심에 송부되고 본안이 상고심에 계속 중일 때에는 상고심은 사실심리를 하기에 적당하지 아니하고 집행법원으로서도 부적합하기 때문에 제1심 법원이 보전처분사건의 관할법원이 된다(대결 2002.4.24. 2002즈합4). **기출** 18 · 13 · 11

ⓜ 보전처분 신청당시에 본안소송이 계속되어 있는 이상, 그 법원이 비록 본안에 대한 관할권을 가지지 아니하는 경우라도 여기서 말하는 본안의 관할법원이 된다.

ⓗ 따라서 보전소송의 관할권의 유무를 결정함에 있어서는 보전처분 신청당시 본안의 계속여부만을 심사하면 되고 본안에 대하여 관할권을 가지는지 여부까지 조사할 필요는 없다.

ⓢ 보전처분신청 후 본안사건이 각하되었다든가 관할위반으로 다른 법원에 이송되었어도 보전처분의 신청은 관할위반으로 되지 아니한다(대판 1963.12.12. 4293민상824). **기출** 20 · 13

ⓞ 본안의 관할법원이 여러 개라도 이미 본안이 계속된 경우에는 '본안이 계속된 법원만'이 본안의 관할법원으로서 보전처분의 관할법원이 된다. **기출** 18

② 본안이 계속되기 전인 경우
　ⓗ 본안이 계속되기 전이라면 본안에 대하여 관할이 있는 법원(장차 본안소송이 제기되었을 때 이를 할할 수 있는 법원)이 본안의 관할법원이 된다.
　ⓛ 따라서 본안의 관할법원이 여러 개 있을 수 있고, 그중 하나의 법원에 보전처분을 신청할 수 있고 나중에 본안소송은 다른 관할법원에 제기하여도 된다.

Ⅲ　가압류

① 가압류에서는 가압류할 물건이 있는 곳을 관할하는 지방법원도 관할법원이 된다(제278조).
② 가압류할 물건이 '동산이나 부동산'인 경우에는 그 동산이나 부동산이 있는 곳의 법원이 관할법원이 되고, '채권'인 경우에는 제3채무자의 보통재판적이 있는 법원이 관할법원이 된다.
③ 권리이전에 등기 또는 등록이 필요한 그 밖의 재산권에 대한 가압류는 등기 또는 등록을 하는 곳을 관할하는 지방법원이 여기에 해당한다(규칙 제213조 제1항).

Ⅳ　가처분

① 가처분의 경우 다툼의 대상이 있는 곳을 관할하는 지방법원도 관할법원이 된다(제303조).
② 여기서의 '다툼의 대상'이란 민사집행법 제300조 제1항의 다툼의 대상에 관한 가처분에서의 다툼의 대상(계쟁물)보다 넓은 의미로, 같은 조 제2항의 다툼이 있는 권리관계에 관하여 가처분하여야 할 유체물, 무체물을 모두 포함한다.

V 재판장의 긴급처분권(가압류 · 가처분)

급박한 경우에 재판장은 보전처분신청에 대한 재판을 할 수 있다(민사집행법 제312조). '급박한 경우'란 합의신청사건일 경우 재판부가 1개밖에 없는데 법관 중 일부가 출장 중이거나 제척되는 등으로 재판부 구성이 불가능한 경우 등 법원의 합의가 신속하게 이루어질 수 없는 사정이 있는 때를 말하고, 법원에 아무런 사정도 없는 때에는 단순히 급속을 요한다는 이유만으로 재판장 단독으로 재판할 수 있는 것은 아니다. `기출` 18

VI 시 · 군법원의 관할에 대한 특례

① 시 · 군법원은 본안이 시 · 군법원의 관할에 속하는 경우에만[131] 보전소송에 대한 관할권을 가진다.
② 소액사건심판법의 적용대상이 아닌 사건을 본안으로 하는 보전처분은 시 · 군법원이 있는 곳을 관할하는 지방법원 또는 지방법원 지원이 관할한다(제22조 제4호).
③ 시 · 군법원에서 한 보전처분의 집행에 관한 '제3자이의의 소'는 시 · 군법원이 있는 곳을 관할하는 지방법원 또는 지방법원 지원이 관할한다(제22조 제2호).

제4절 보전처분의 요건

I 총 설

1. 개 설

① 보전처분을 하기 위해서는 우선 실체법상 보전을 받아야 할 권리(피보전권리)가 있어야 하고, 그와 같은 권리를 미리 보전하여야 할 필요성(보전의 필요성)이 있어야 한다.
② 민사집행법은 가압류에 관하여는 제276조와 제277조에서, 가처분에 관하여는 제301조에서 보전처분의 요건에 관하여 설명하고 있다.

2. 피보전권리와 보전의 필요성의 관계

① 모든 보전처분에 있어서는 '피보전권리'와 '보전의 필요성'의 존재에 관한 소명이 있어야 한다(제279조 제2항, 제301조). 이 두 요건은 서로 별개의 독립된 요건이기 때문에 그 심리에서도 상호 관계없이 독립적으로 심리되어야 한다(대결 2005.8.19. 2003마482; 대결 2007.7.26. 2005마972). `기출` 20 · 17 · 14
② 따라서 피보전권리가 같고 보전의 필요성이 다른 보전신청은 서로 동일하다고 볼 수 없어 중복된 보전처분신청에 해당하지 아니한다.

---

131) 소액사건심판법의 적용을 받은 사건(3,000만원 이하)

1. 가압류의 피보전권리(제276조)

> **민사집행법 제276조(가압류의 목적)** 기출 17·11
> ① 가압류는 <u>금전채권이나 금전으로 환산할 수 있는 채권</u>에 대하여 동산 또는 부동산에 대한 강제집행을 보전하기
>   위하여 할 수 있다.
> ② 제1항의 채권이 <u>조건이 붙어 있는 것이거나 기한이 차지 아니한 것인 경우</u>에도 가압류를 할 수 있다.

① 금전채권이나 금전으로 환산할 수 있는 채권일 것
 ㉠ 금전채권
  ㉮ 가압류의 피보전권리는 반드시 '금전채권'이나 '금전으로 환산할 수 있는 채권'이어야 한다.
  ㉯ '금전채권'이란 일정액의 금전의 지급을 목적으로 하는 채권이다.
  ㉰ 민법 제378조는 외국통화채권의 채무자에게 우리나라 통화로 변제할 수 있는 대용권을 인정하고
    있다. 이와 같이 외국통화채권에 관하여는 외국통화의 청구·재판·집행이 가능하므로, <u>외국통
    화 채권도 가압류의 피보전권리가 될 수 있다</u>(대판 1997.5.9. 96다48725). 기출 14
 ㉡ 금전으로 환산할 수 있는 채권 : '금전으로 환산할 수 있는 채권'이란 특정물의 이행 그 밖의 재산상의
   청구권이 채무불이행이나 계약해제 등에 의하여 손해배상채권으로 변하거나 강제집행 불능 시의 대
   상청구권과 같이 금전채권으로 바뀔 수 있는 채권을 말한다. 그러므로 가압류명령을 발령할 당시에
   금전채권으로 되어 있을 필요는 없다. 이러한 경우 본래의 채권에 관하여는 다툼의 대상에 관한 가처
   분을 하여야 할 것이나 손해배상채권 등으로 변경될 수 있을 때에는 가압류가 가능하다.
 ㉢ 가족법상의 권리
  ㉮ 재산상의 청구권이어야 하므로 친족법상의 청구권이라든지 금전으로 평가할 수 없는 청구권은
    가압류에 의하여 보전될 수 없다.
  ㉯ 다만, 금전적 청구권(이혼에 따른 위자료청구권, 재산분할청구권, 부양료청구권)[132) 등은 피보전
    권리가 된다.
 ㉣ 비금전채권
  ㉮ 특정물의 인도를 목적으로 하는 채권은 다툼의 대상에 관한 가처분의 대상이 될 수 있으나 가압류
    의 피보전권리는 될 수 없다. 기출 14
  ㉯ 비금전채권에 대하여는 다툼의 대상(계쟁물)에 관한 가처분을 하여야 할 것이나 손해배상채권
    등으로 전환될 가능성이 있는 때에는 그러한 장래의 손해배상청구권 등을 피보전권리로 삼을 수
    있다.

---

132) 가사소송법 제63조에서 민사집행법 제276조 내지 제312조의 규정을 준용하도록 하고 있어 민사집행절차에 따라
   가압류 할 수 있다.

ⓓ 채무자의 작위(예 건물철거)나 부작위를 구하는 청구권은 금전채권이 아니므로 그 집행보전을 위해서는 가압류신청을 할 수 없으나, 이에 대하여 대체집행이나 간접강제를 할 경우에는 비용청구권이나 손해배상청구권으로서의 금전채권이 생기므로 이 채권의 집행보전을 위하여 가압류를 할 수 있다. 기출 12

ⓔ 부동산 매매계약에서 소유권이전등기청구권을 갖는 매수인은 흔히 소유권이전등기청구권을 피보전권리로 한 목적물에 대한 처분금지가처분과 이행불능 시 발생할 손해배상청구권을 피보전권리로 한 채무자의 책임재산에 대한 가압류를 병합하여 신청하는 경우가 많다.

② 청구권이 성립하여 있을 것

ⓐ 가압류의 피보전권리는 재판 시까지는 청구권이 성립하여 있어야 하므로 청구권이 생기게 될지 여부가 전혀 불확정적인 채권은 피보전권리가 될 수 없다. 그러나 보전될 청구권은 조건이 붙어 있는 것이거나 기한이 차지 아니한 것이라도 무방하다(제276조 제2항). 기출 17

ⓑ 가압류의 피보전권리는 가압류신청 당시 확정적으로 발생되어 있어야 하는 것은 아니고, 이미 그 발생의 기초가 존재하는 한 조건부채권이나 장래에 발생할 채권도 가압류의 피보전권리가 될 수 있다(대판 1993.2.12. 92다29801). 기출 13 · 14 · 17

ⓒ 따라서 보증인의 주채무자에 대한 장래의 구상권(대판 1993.2.12. 92다29801), 상대방의 장래의 패소에 따른 소송비용상환청구권, 수급인의 장래 일의 완성에 따른 보수청구권, 고용계약상 피용자의 장래의 보수청구권 등도 가압류의 피보전권리로 할 수 있다.

ⓓ 사해행위 취소를 원인으로 한 원상회복청구권으로서의 '가액반환청구권'을 가압류의 피보전권리로 삼을 수 있다.

ⓔ 동시이행이나 유치권 등의 항변권이 부착된 청구권이나 채권양도의 대항요건을 갖추지 아니한 청구권도 피보전권리로 될 수 있다.

③ 통상의 강제집행에 적합한 권리일 것

ⓐ 의 의

㉮ 보전처분은 민사집행법상의 강제집행을 보전하기 위한 제도이므로 그 피보전권리는 통상의 강제집행방법에 의하여 집행이 가능한 권리이어야 한다.

㉯ 따라서 특수한 절차에 의하여 집행되는 청구권, 예를 들면 국세징수절차에 의하여 집행할 수 있는 조세채권, 그 밖의 공법상의 청구권 등은 가압류의 피보전권리가 될 수 없다.

㉰ 통상은 강제집행이 가능하나 특별한 사유로 인하여 집행할 수 없는 청구권(부집행의 특약이 있거나 파산에 의하여 면책된 채권이나 이른바 자연채무의 이행을 구하는 것 등)은 가압류의 피보전권리가 될 수 없다. 기출 22

㉱ 그러나 단지 본안의 소를 제기할 수 없다는 사유만으로 반드시 그 청구권이 가압류에 부적합하다고 할 수 없다. 예를 들면 중재합의가 있는 청구권은 본안의 소를 제기할 수는 없어도 중재판정에 법원의 집행결정이나 집행판결(중재법 제37조 제2항, 제39조 제2항)을 얻어 강제집행을 할 수 있으므로 가압류의 피보전권리가 될 수 있다(중재법 제10조). 기출 22 · 13 · 12

ⓑ 압류·가압류된 채권은 이에 기한 강제집행절차에서 압류, 현금화, 변제 중 어느 단계까지 나아갈 수 있느냐에 관하여 다툼이 있으나 압류의 단계까지는 지장이 없으므로 가압류의 피보전권리가 될 수 있다. 기출 11

채권압류명령과 전부명령을 동시에 신청하더라도 압류명령과 전부명령은 별개로서 그 적부는 각각 판단하여야 하는 것이고, 집행채권의 압류가 집행장애사유가 되는 것은 집행법원이 압류 등의 효력에 반하여 집행채권자의 채권자를 해하는 일체의 처분을 할 수 없기 때문이며, 집행채권이 압류된 경우에도 그 후 추심명령이나 전부명령이 행하여지지 않은 이상 집행채권의 채권자는 여전히 집행채권을 압류한 채권자를 해하지 않는 한도 내에서 그 채권을 행사할 수 있다고 할 것인데, 채권압류명령은 비록 강제집행절차에 나간 것이기는 하나 채권전부명령과는 달리 집행채권의 환가나 만족적 단계에 이르지 아니하는 보전적 처분으로서 집행채권을 압류한 채권자를 해하는 것이 아니기 때문에 집행채권에 대한 압류의 효력에 반하는 것은 아니라고 할 것이므로 집행채권에 대한 압류는 집행채권자가 그 채무자를 상대로 한 채권압류명령에는 집행장애사유가 될 수 없다(대결 2000.10.2. 2000마5221).

ⓒ 집행에 적합한 청구권이라도 민사소송절차에 의하여 보호를 받는 청구권이어야 한다(통설).

재산형의 일종인 추징을 집행하는 검사의 명령이 집행권원과 동일한 효력이 있다 하여도 민사소송절차에 의하여 권리를 보호받는 것이라 볼 수는 없어 가압류명령의 피보전권리라고는 보기 어렵다(대판 1971.3.9. 70다2783). **기출** 17 · 11

2. 다툼의 대상(계쟁물)에 관한 가처분의 피보전권리

민사집행법 제300조(가처분의 목적) **기출** 13
① 다툼의 대상에 관한 가처분은 현상이 바뀌면 당사자가 권리를 실행하지 못하거나 이를 실행하는 것이 매우 곤란할 염려가 있을 경우에 한다.

① 특정물에 관한 이행청구권일 것
　ㄱ 다툼의 대상에 관한 가처분은 다툼의 대상에 관한 현상이 바뀌면 채권자가 권리를 실행하지 못하거나 이를 실행하는 것이 매우 곤란할 염려가 있을 경우에 허용되므로(제300조 제1항), 그 피보전권리는 금전 채권을 제외한 특정물에 관한 이행청구권(특정물의 인도 또는 특정의 급여를 목적으로 하는 청구권)이다.
　ㄴ 다툼의 대상(계쟁물)에 관한 가처분은 그 피보전권리가 특정물에 관한 이행청구권이므로 이러한 가처분의 결정 및 집행에 있어서는 그 대상목적물인 다툼의 대상(계쟁물)이 명확히 특정되어야 하나(대결 1999.5.13. 99마230), 대체물이라도 채권자나 집행관이 집행의 목적물을 특정할 수 있는 경우에는 예외이다. **기출** 21

[1] 계쟁물에 관한 가처분(다툼의 대상에 관한 가처분)은 그 피보전권리가 특정물에 관한 이행청구권이므로 이러한 가처분의 결정 및 집행에 있어서는 그 대상 목적물인 계쟁물이 명확히 특정되어야 한다. [2] 신청인 회사가 상대방 회사가 보관중인 자사의 제품에 대한 가처분을 신청하면서 그 대상 물건을 품목, 규격, 수량, 가격 등으로만 표시하여 가처분결정도 이와 같은 방식으로 목적물을 표시하였으나, 상대방 회사의 소재지에 다른 회사의 제품으로서 위 가처분 목적물로 표시된 것과 동일한 명칭과 규격을 가진 제품이 혼합되어 있는 경우, 위 가처분결정은 계쟁물이 특정되어 있지 않은 경우로서 그에 따른 집행관의 집행처분은 무효라고 볼 수밖에 없다(대결 1999.5.13. 99마230). **기출** 25 ☞ 따라서 채무자는 집행에 관한 이의를 통하여 집행취소를 구할 수 있다.

ⓒ 처분금지가처분은 특정물의 인도 또는 특정의 급여를 목적으로 하는 청구권을 보전하기 위한 것이므로, 그 청구권의 목적인 다툼의 대상은 가처분에 의하여 보전될 강제집행의 대상이 될 수 있는 것이어야 하고, 따라서 그것이 '제3자 소유'라면 가처분의 대상으로 될 수 없다(대판 1996.1.26. 95다39410). **기출** 21·17·13

ⓓ 그러나 등기부상 진실한 소유자의 소유권에 방해가 되는 불실등기가 존재하는 경우에 그 등기명의인이 허무인 또는 실체가 없는 단체인 때에는 소유자는 그와 같은 허무인 또는 실체가 없는 단체 명의로 실제 등기행위를 한 사람에 대하여 소유권에 기한 방해배제로서 등기행위자를 표상하는 허무인 또는 실체가 없는 단체 명의 등기의 말소를 구할 수 있다. 또한, 소유자는 이와 같은 말소청구권을 보전하기 위하여 '실제 등기행위를 한 사람'을 상대로 '처분금지가처분'을 할 수도 있다(대결 2008.7.11. 2008마615). **기출** 22

ⓔ 이행청구권은 물권적 청구권, 채권적 청구권 모두를 포함한다. 반드시 제3자에 대한 대항요건을 갖추지 않아도 된다. 다툼의 대상에 관한 이행청구권에서 그 이행의 내용은 동산의 인도나 부동산의 인도는 물론이고, 공작물의 철거, 물건에 대한 권리의 이전·설정이나 이에 대한 등기·등록을 행하는 것과 같은 작위의무, 물건의 소유 또는 이용에 관한 부작위의무 또는 출입을 허용하는 의무와 같은 수인의무 등을 포함한다. 그러나 물건을 목적으로 하지 않는 단순한 작위청구권(예 출연 또는 강연의 청구권)이나 단순한 부작위청구권(예 경업금지청구권) 등은 현재의 물적 상태를 유지함으로서 보전될 수 없는 것이므로 다툼의 대상에 관한 가처분에 의하여 보전될 청구권에 포함되지 않는다.

ⓕ 금전채권에 대하여는 원칙적으로 가압류만이 허용되고 다툼의 대상에 관한 가처분이 허용되지 아니하나, 가처분채무자에 대하여 직접 금원의 지급을 구하는 것이 아니라 가처분채무자가 제3자에 대하여 가지고 있다고 주장하는 금전채권의 귀속을 가처분채권자가 다투면서 가처분채무자의 제3자에 대한 금전채권의 처분금지, 변제수령금지 등의 가처분을 구하는 것은 허용된다.

ⓖ 배당절차에서 작성된 배당표가 잘못되어 배당을 받아야 할 채권자가 배당을 받지 못하고 배당을 받을 수 없는 사람이 배당받는 것으로 되어 있으나 아직 배당금이 지급되지 않은 경우, 채권자는 '배당금지급청구권의 양도'에 의한 부당이득의 반환을 구하여야 하고, 그 채권 가액에 해당하는 금전의 지급을 구할 수는 없다. 따라서 그 집행의 보전은 가압류가 아니라 '배당금지급금지가처분'의 방법으로 하여야 한다(대결 2013.4.26. 2009마1932). **기출** 22

ⓗ 가등기와 관련된 가처분 중 '소유권이전등기청구권 보전을 위한 가등기상의 권리의 양도 그 밖의 일체의 처분을 금지하는 가처분'은 가등기권리 자체에 대한 처분의 금지이므로 부동산등기법 제3조의 처분의 제한에 해당하여 허용된다. 그러나 '가등기에 기한 본등기절차의 이행을 금지하는 취지의 가처분'은 등기사항이 아니어서 허용되지 않는다(대판 2007.2.22. 2004다59546). **기출** 25

② 청구권이 성립하여 있을 것

ⓐ 다툼의 대상에 관하여 가처분명령을 발령하려면 그 청구권이 이미 성립하였거나 적어도 그 내용, 주체를 특정할 수 있을 정도로 요건이 갖추어져야 한다.

> • 다툼의 대상인 부동산에 관하여 실체상 아무런 권리가 없는 사람의 신청에 의하여 처분금지가처분 결정이 내려졌다면, 그에 기한 가처분등기가 마쳐졌다 하더라도 그 가처분 권리자는 가처분의 효력을 채무자나 제3자에게 주장할 수 없는 것이므로, 그 가처분 등기 후 부동산 소유권이전등기를 마친 자는 가처분권리자에 대하여도 유효하게 소유권을 취득하였음을 주장할 수 있다(대판 1999.10.8. 98다38760). **기출** 17·16
> • 계쟁물에 관한 가처분은 특정물의 인도 또는 특정의 급여를 목적으로 하는 청구권을 보전하기 위한 경우에 허용되는 것인바, 주식을 매수하여 주주로서의 권리를 가진다는 것만으로 회사 소유의 부동산에 관하여 어떠한 청구권을 가진다고 할 수는 없으므로, 주주로서의 권리를 보전하기 위하여 회사 소유 부동산에 대한 처분금지가처분을 구하는 것은 허용되지 아니한다(대판 1998.9.18. 96다44136). **기출** 22·21

ⓛ 그러나 가압류의 경우와 마찬가지로 다툼의 대상에 관한 가처분의 피보전권리는 청구권의 이행기가 현실적으로 도래할 필요는 없으므로 기한부·조건부 청구권이라도 피보전권리가 될 수 있다. 피보전권리가 동시이행의 항변권이나 유치권이 부착되어 있는 청구권이어도 무방하다. **기출** 22

> • [1] 가처분이란 장래의 집행불능 또는 곤란을 예방하기 위한 것이므로, 그 피보전권리는 가처분 신청 당시 확정적으로 발생되어 있어야 하는 것은 아니고 이미 그 발생의 기초가 존재하고 그 내용이나 주체 등을 특정할 수 있을 정도의 요건만 갖추어져 있으면, 조건부·부담부 청구권이라 할지라도 그 피보전권리로 될 수 있다. [2] 채무자들의 차용금채무를 담보하기 위하여 부동산에 관하여 채권자 명의의 가등기 및 본등기가 경료된 경우에 채무자들이 아직 그 차용금채무를 변제하지 아니한 상태라 할지라도, 채무변제를 조건으로 한 말소등기청구권을 보전하기 위하여 그 담보목적 부동산에 관하여 처분금지가처분을 신청할 수도 있다 할 것이며, 그 경우 채권자가 담보목적 부동산에 대한 담보권 행사가 아닌 다른 처분행위를 하거나, 피담보채무를 변제받고서도 담보목적 부동산을 처분하는 것을 방지하는 목적 범위 내에서는 보전의 필요성도 있다고 할 것이다(다만, 이러한 가처분을 허용한다고 하여도 피담보채무가 변제되지 아니한 경우에는 채권자가 담보권 행사로서 담보목적 부동산의 처분행위를 방지하는 효력이 없어 위 가처분으로서는 채권자의 처분행위의 효력을 다툴 수 없게 될 뿐이다)(대판 2002.8.23. 2002다1567). **기출** 25
> • 가처분의 피보전권리는 가처분 신청 당시 확정적으로 발생되어 있어야 하는 것은 아니고 이미 그 발생의 기초가 존재하는 한 장래에 발생할 채권도 가처분의 피보전권리가 될 수 있다(대결 2002.9.27. 2000마6135).

ⓒ 단순한 기대권을 보전하기 위한 가처분은 허용되지 않는다. 예를 들면, 국유재산 임차인의 연고권은 법률상의 권리가 아니므로 이를 피보전권리로 하여 국가를 상대로 처분금지 등의 가처분을 신청하는 것은 허용되지 아니한다(대판 1971.10.11. 71다1826). **기출** 22·13

ⓔ 법원의 형성판결에 의하여 비로소 발생하는 청구권도 피보전권리의 적격을 가진다.

> • 채권자는 수익자를 상대로 사해행위취소로 인한 원상회복청구권(소유권이전등기 말소등기청구권)을 피보전권리로 하여 그 목적부동산에 대한 처분금지가처분을 할 수 있다(대판 2008.3.27. 2007다85157).
> • 부동산의 공유자는 공유물분할청구의 소를 본안으로 제기하기에 앞서 장래에 그 판결이 확정됨으로써 취득할 부동산의 전부 또는 특정 부분에 대한 소유권 등의 권리를 피보전권리로 하여 다른 공유자의 공유지분에 대한 처분금지가처분도 할 수 있다(대결 2013.6.14. 2013마396). **기출** 25·15
> • 부동산의 공유지분권자가 공유물 분할의 소를 본안으로 제기하기에 앞서 그 승소판결이 확정됨으로써 취득할 특정부분에 대한 소유권을 피보전권리로 하여 부동산 전부에 대한 처분금지가처분도 할 수 있다(대결 2002.9.27. 2000마6135). **기출** 14·13

ⓜ 구 「국토의 계획 및 이용에 관한 법률」(현행 「부동산 거래신고 등에 관한 법률」)상의 규제구역 내의 토지에 관하여 관할관청의 허가 없이 체결된 매매계약이라 하더라도, 허가를 받을 것을 전제로 하여 체결된 매매계약의 매수인은 토지거래허가신청절차청구권을 피보전권리로 하여 매매목적물의 처분을 금하는 가처분을 구할 수 있으나(대판 1998.12.22. 98다44376), 위와 같은 매매계약에 기한 소유권이전등기청구권 또는 토지거래계약에 관한 허가를 받을 것을 조건으로 한 소유권이전등기청구권을 피보전권리로 한 부동산처분금지가처분신청은 허용되지 않는다(대결 2010.8.26. 2010마818).

기출 17·15·13·11

③ 민사소송절차에 의하여 보호받을 수 있는 권리로서 강제집행에 적합한 권리일 것

ⓐ 다툼의 대상에 관한 처분은 민사소송절차에 의하여 보호를 받을 수 있는 권리에 한하여 허용된다. 따라서 행정사건에 관한 권리나 비송사건절차법에 의한 권리 등도 원칙적으로 가처분의 피보전권리의 적격이 없다. 예를 들면 민사집행법상의 가처분으로 행정청의 행정행위 금지를 구하는 것은 허용될 수 없다(대결 2011.4.18. 2010마1576).

ⓛ 다툼의 대상에 관한 가처분은 실체적 청구권의 장래의 집행을 위한 것이므로 그 피보전권리는 후에 강제집행이 가능한 것이어야 한다. 따라서 소송으로 청구할 수 없는 이른바 자연채무, 소송상 청구는 가능하나 집행이 불가능한 책임 없는 채무(예 강제집행을 하지 아니하기로 하는 특약이 있는 가옥인 도청구권) 등은 피보전권리가 되지 못한다.

ⓒ 민사집행법상의 압류금지 규정(제195조, 제246조)은 금전채권의 집행에 관한 것이므로 가압류는 허용되지 아니하더라도 다툼의 대상에 관한 가처분을 함에는 지장이 없다.

④ 다툼의 대상의 현상에 관한 것일 것
ⓐ 다툼의 대상에 관한 가처분은 다툼의 대상의 현상이 변경되는 불안을 제거하는 것을 목적으로 한다.
ⓑ 민법 제208조에 의하면 점유권에 기인한 소는 본권에 관한 이유로 재판하지 못하므로 점유권을 피보전권리로 하는 때에는 본권이 존재하지 아니하더라도 피보전권리는 존재한다고 본다. 따라서 목적물의 점유자인 가처분채권자가 그 소유권을 갖지 아니하여 결국에는 불법점유자로 된다 하더라도 그 목적물을 인도할 때까지는 점유권을 가지므로 가처분으로 그 방해의 예방이나 그 밖의 조치를 청구할 수 있다(대판 1967.2.21. 66다2635). **기출** 22

⑤ 관련 판례

• 법원의 가처분결정에 직무집행을 정지하는 기간이 정하여져 있는 경우 그 기간의 경과로 가처분결정의 효력이 상실되므로, 그 기간 경과 후에는 가처분결정이 외형상 잔존함으로 인하여 어떠한 법률상 이익이 침해되었다고 볼 만한 특별한 사정이 없는 한 그 취소를 구할 법률상의 이익이 없다(대결 2013.6.27. 2013마568).
• 보전처분에 대한 이의신청은 그 보전처분이 유효하게 존재하고 취소나 변경을 구할 이익이 있는 경우에 한하여 허용되는 것이므로, 서비스표의 사용을 금지하는 가처분에서 금지기간을 정한 경우에 그 금지기간의 경과로 가처분의 효력이 상실되었다면 채무자로서는 일단 더 이상 이의신청으로 가처분의 취소나 변경을 구할 이익이 없다. 그러나 위 가처분결정과 함께 그 의무 위반에 대한 간접강제결정이 내려진 경우에는 채무자는 위 금지기간 경과 후에도 간접강제결정에 기하여 집행당할 위험이 존재하므로 그 배제를 위하여 이의신청으로 가처분의 취소를 구할 이익이 있고, 또 위 이의신청에 따른 재판에 대하여 항고할 이익도 있다(대결 2007.6.14. 2006마910).
• 임차인이 부동산에 대한 임대차계약을 체결하고 임차권을 피보전권리로 한 처분금지가처분등기를 집행(기입)한 후에 강제경매신청에 의한 경매개시결정이 이루어지고 그 경매결과 제3자가 부동산을 경락받았다 하더라도 임차인이 임차권설정등기이행청구의 본안승소판결을 받아 그 판결이 확정되면 임차권설정등기를 경료하였는지의 여부에 관계없이 선행된 가처분등기와 위 확정판결에 기하여 그 매수인은 가처분권리자의 권리보전과 상용되지 아니하는 범위내에서 그 권리를 취득하는 것으로 확정된다 할 것이고 따라서 임차인은 임대인의 지위를 포괄승계한 매수인에 대하여 임차보증금의 반환을 청구할 수 있다(대판 1988.4.25. 87다카458).

3. 임시의 지위를 정하기 위한 가처분의 피보전권리

민사집행법 제300조(가처분의 목적)
② 가처분은 다툼이 있는 권리관계에 대하여 임시의 지위를 정하기 위하여도 할 수 있다. 이 경우 가처분은 특히 계속하는 권리관계에 끼칠 현저한 손해를 피하거나 급박한 위험을 막기 위하여, 또는 그 밖의 필요한 이유가 있을 경우에 하여야 한다.

① 서 설
ⓐ 임시의 지위를 정하기 위한 가처분은 다툼 있는 권리관계에 관하여 그것이 본안소송에 의하여 확정되기까지 가처분권리자가 현재의 현저한 손해를 피하거나 급박한 위험을 막기 위하여, 또는 그 밖의 필요한 이유가 있는 경우에 허용되는 응급적·잠정적인 처분이다.

ⓛ 임시의 지위를 정하기 위한 가처분은 장래의 집행보전이 아닌 현존하는 위험방지를 위한 것이므로 엄밀한 의미에서는 피보전권리라고 할 것이 없지만 보통 다툼이 있는 권리관계를 피보전권리라고 한다.

② **권리관계가 현존할 것**

ⓐ 임시의 지위를 정하기 위한 가처분은 가처분에 의하여 보전될 권리관계의 존재를 그 요건으로 한다(대결 1966.12.19. 66마516; 대결 1993.1.14. 92마916).

ⓛ 권리관계의 종류에는 제한이 없어 그 내용이 재산적 권리뿐만 아니라 신분적 권리라도 좋고, 또한 그 재산적 권리는 물권, 채권, 또는 지식재산권이라도 좋다. 당사자소송을 본안으로 하는 공법상의 권리관계도 포함된다. 금전채권도 현재의 위험, 손해를 방지할 필요가 있으면 그 대상으로 될 수 있으며, 여기에는 부양료, 임금의 지급을 구하는 것과 같은 정기적·반복적 채권은 물론 그 밖의 금전의 청구채권도 포함된다. `기출` 17

ⓒ 기존 법률관계의 변경·형성을 목적으로 하는 형성의 소는 법률에 명문의 규정이 있는 경우에 한하여 제소할 수 있는데, 학교법인의 이사장이나 「중소기업협동조합법」에 의하여 설립된 조합의 이사 등에 대하여 불법행위를 이유로 그 해임을 청구하는 소는 형성의 소로서 이를 허용하는 법적 근거가 없으므로 이를 피보전권리로 하는 직무집행 정지 및 직무집행대행자 선임의 가처분은 허용되지 않는다는 것이 판례의 입장이다(대결 1997.10.27. 97마2269; 대판 2001.1.16. 2000다45020). `기출` 21·17·15

ⓓ 이상의 권리관계는 민사소송에 의하여 보호를 받을 자격이 있어야 한다. 강제집행절차, 비송사건절차, 체납처분 등은 여기의 권리관계에 해당하지 않는다. 임시의 지위를 정하기 위한 가처분으로 위의 절차들을 정지시킬 수 있는지가 문제되나, 판례는 강제경매절차는 물론 임의경매절차에 관하여도 이를 정지시키기 위한 가처분은 허용되지 않는다는 입장이다(대결 1986.5.30. 86그76; 대결 2004.8.17. 2004카기93). 경매절차의 정지를 위해서는 경매개시결정에 대한 이의신청, 청구이의의 소, 제3자이의의 소 등을 제기하거나 임의경매의 경우에는 저당권말소의 소 또는 채무부존재확인의 소를 제기한 후 그 소송에서 경매절차정지를 신청하는 것이 원칙이다. `기출` 11

> • 확정판결 또는 이와 동일한 효력이 있는 집행권원에 기한 강제집행의 정지는 오직 강제집행에 관한 법규 중에 그에 관한 규정이 있는 경우에 한하여 가능한 것이고, 이와 같은 규정에 의함이 없이 일반적인 가처분의 방법으로 강제집행을 정지시킨다는 것은 허용할 수 없다(대결 1986.5.30. 86그76; 대결 2024.2.15. 2023그828). `기출` 25
> • 임의경매를 신청할 수 있는 권리의 존부를 다투는 경우에 그 경매절차를 정지하기 위하여는 민사집행법 제268조에 의하여 준용되는 같은 법 제86조의 규정에 의하여 경매개시결정에 대한 이의신청을 하고 같은 법 제16조에 의한 강제집행정지명령을 받거나, 같은 법 제44조를 준용하여 채무에 관한 이의의 소를 제기하여 같은 법 제47조에 의한 강제집행정지명령을 받아 정지시킬 수 있을 뿐이고, 민사집행법 제300조에 의한 일반적인 가처분절차에 의하여 임의경매절차를 정지시킬 수는 없다(대결 1993.1.20. 92그35).

ⓔ 행정행위에 속하는 것, 예를 들면 매립면허·준공허가를 하는 행위, 분묘이전명령 등은 행정소송법에 의한 집행정지가 가능하므로(행정소송법 제23조, 제38조), 민사집행법상의 가처분에 의한 정지의 대상이 되지 않는다(대결 1980.12.22. 80두5; 대결 1998.3.11. 98마104; 대결 2011.4.18. 2010마1576).

ⓕ 민사집행법 제300조 제2항 후문은 임시의 지위를 정하기 위한 가처분은 '계속하는 권리관계'에 한하여 허용하는 것처럼 규정하고 있으나, 통설은 이를 예시적인 규정으로 보아 치료비·보험금·퇴직금 등 1회의 이행에 의하여 소멸하는 권리관계도 포함하는 것으로 해석한다. 다만 일반적으로 1회의

이행으로 소멸하는 권리관계는 임시의 지위를 정하기 위한 가처분에 적합하지 않는 경우가 많기 때문에 임시로 형성해야 할 지위·상태가 있어야 허용된다.

ⓐ 임시의 지위를 정하기 위한 가처분에 관한 본안소송은 그 성질상 다툼 있는 권리관계에 관하여 확인을 구하는 것이라도 무방하고 또 반드시 가처분과 목적을 같이 하지 아니하여도 된다.

ⓞ 가처분에 의한 법률관계를 형성함으로써 채권자에게 임시의 만족을 주는 것도 허용된다. 예를 들면 건물인도청구권의 보전방법으로서 집행관으로 하여금 다툼의 대상인 건물을 보관하게 하고 현상을 변경하지 아니함을 조건으로 채권자에게 거주사용하게 하는 것도 허용된다(대판 1964.7.16. 64다69[전합]).

③ 권리관계에 다툼이 있을 것

ⓒ 임시의 지위를 정하기 위한 가처분은 다툼이 있는 권리관계에 관하여 현재의 위험을 방지할 것을 목적으로 하여 권리확정이 이루어지기 전에 임시로 채권자에게 권리자의 지위를 주려는 것이므로, 그 개념요소로서 다툼이 있는 권리관계의 존재를 그 요건으로 한다.

ⓛ '다툼'이란 당사자의 주장이 대립되어 소송절차에 의한 권리보호가 요구되는 것을 말한다. 그러나 반드시 재판이 계속 중임을 필요하지 아니함은 물론 당사자가 적극적으로 분쟁을 벌이고 있는 상태에 있을 필요도 없다.

Ⅲ 보전의 필요성

1. 서 설

① 보전처분은 본안소송에 의하여 권리의 존부가 확정되기 전에 그 집행을 보전하는 제도이므로 채무자에게 큰 불편을 주게 된다.

② 채무자의 권리행사 등의 제한을 정당화하기 위하여 채권자에게 피보전권리가 있다는 점 이외에 보전의 필요성이라는 요건이 추가로 요구된다. 이러한 보전의 필요성은 피보전권리의 소명자료와는 별도로 독립적적인 소명자료에 의하여 객관적인 기준에 따라 소명되어야 한다.

③ '보전의 필요성'은 보전처분 재판의 이유를 구성하는 것으로 통상의 소송절차에서 '소의 이익'에 대응하는 것이다.

2. 가압류와 보전의 필요성

> **민사집행법 제277조(보전의 필요)**
> 가압류는 이를 하지 아니하면 판결을 집행할 수 없거나 판결을 집행하는 것이 매우 곤란할 염려가 있을 경우에 할 수 있다.

① 의의 : 가압류의 보전의 필요성은 가압류를 하지 아니하면 판결 그 밖의 집행권원을 집행할 수 없거나 집행하는 것이 매우 곤란할 염려가 있을 경우에 인정된다(제277조).

② 집행불능 또는 집행의 현저한 곤란

ⓒ 집행할 수 없거나 집행하는 것이 매우 곤란할 염려가 있을 때란, 채권자가 가압류를 하지 않고 채무자의 재산을 그대로 놓아두면 장래 금전채권에 기하여 본안판결에서 승소하더라도 그 집행이 불능으로 돌아가거나 집행이 매우 곤란할 염려가 있는 경우를 말한다.

ⓛ 채권자가 피보전권리에 관하여 이미 확정판결이나 그 밖의 집행권원(조정, 화해 등의 조서 또는 집행

증서)을 가지고 있는 때에는 즉시 집행할 수 있는 상태에 있으므로 원칙적으로 보전의 필요성이 없어 가압류신청을 허용할 수 없다(대판 2005.5.26. 2005다7672). 그러나 집행권원이 있다 하더라도 집행할 채권이 '기한부·조건부채권'이거나 청구이의의 소가 제기되어 '집행정지'된 경우에는 보전의 필요성이 인정된다. **기출** 20

> 채권자가 피보전권리에 관하여 이미 확정판결이나 그 밖의 집행권원(조정, 화해 등의 조서 또는 집행증서)을 가지고 있는 때에는 즉시 집행할 수 있는 상태에 있으므로 원칙적으로 보전의 필요성이 없어 가압류신청을 허용할 수 없다. 따라서 원심으로서는 위 확정된 화해권고결정에 즉시 집행할 수 없는 특별한 사정이 있는지 의 여부를 살펴서, 만일 그러한 사정이 없다면, 위 화해권고결정 확정 이후에 신청된 채권자의 이 사건 가압류신청은 보전의 필요성이 없어 허용해서는 안 되는 것이다(대판 2005.5.26. 2005다7672). **기출** 16

③ 물적담보 등이 있는 피보전권리

    ㉠ 채권자의 금전채권에 관하여 충분한 물적 담보가 설정되어 있거나(대판 1967.12.29. 67다2289) 채무자에 게 재산이 충분히 있음이 소명된 경우(대결 2009.5.15. 2009마136), 동시이행관계에 있는 반대급부가 이 행불능이 된 경우(대판 1992.1.21. 91다33032) 등에는 보전의 필요성이 부정된다. **기출** 24 · 20 · 19

> 甲이 아파트 수분양자인 乙에 대하여, 乙은 아파트 건설회사인 丙 회사로부터 토지(대지지분권)에 관한 소유권이전등기절차를 이행받음과 동시에 甲에게 금원을 지급하라는 내용의 확정판결에 기한 집행권원을 갖고 있으나 위 확정판결이 명한 반대급부의 의무이행자는 제3자인 丙 회사일 뿐 아니라 위 토지에 관한 지분소유권자는 또 다른 제3자이며, 乙 등 위 아파트 수분양자들이 위 대지지분권에 관한 이전등기를 경료받음과 상환으로 잔대금을 지급하라는 위 토지 소유자들의 청구를 인낙한 경우 丙 회사의 乙에 대한 위 대지지분권이전등기절차의 이행이나 그 이행의 제공은 사실상 불가능하게 되었다고 보아 甲의 권리는 그 보전의 필요성이 없다고 한 사례(대판 1992.1.21. 91다33032) **기출** 16

    ㉡ 피보전권리에 우선변제력이 있는 저당권·선박우선특권 등이 있는 경우에는 보전의 필요성이 부정된다.

> 선박우선특권 있는 채권자는 선박소유자의 변동에 관계없이 그 선박에 대하여 채무명의 없이도 경매청구권 을 행사할 수 있으므로 채권자는 채권을 보전하기 위하여 그 선박에 대한 가압류를 하여둘 필요가 없다(대판 1988.11.22. 87다카1671). **기출** 22

④ **임금채권** : 임금채권자는 사용자의 모든 재산에 대하여 최우선변제권을 갖는다고 할지라도 그 자체로 경매신청권은 없으므로 보전의 필요성이 인정된다.

⑤ 인적담보

    ㉠ 자력이 충분한 보증인이나 연대채무자와 같이 인적담보가 있다는 사정만으로는 채무자에 대한 보전 의 필요성이 부정되지 않는다.

    ㉡ 반대로 주채무자에게 충분한 자력이 있는 경우에는 보증인에 대한 가압류의 필요성을 인정하기 어렵다.

⑥ **보전의 필요성의 소멸** : 가압류채권자가 본안소송에서 승소판결을 받아 확정된 후 가압류채무자가 그 본안판결에 대하여 재심의 소를 제기하였으나 재심의 소를 각하한 판결이 확정되고도 5개월이 지나도록 가압류채권자가 본집행에 착수하지 않고 있었다면 가압류는 보전의 필요성이 소멸되었다고 한다(대판 1990.11.23. 90다카25246).

3. 다툼의 대상에 관한 가처분과 보전의 필요성

> **민사집행법 제300조(가처분의 목적)**
> ① 다툼의 대상에 관한 가처분은 현상이 바뀌면 당사자가 권리를 실행하지 못하거나 이를 실행하는 것이 매우 곤란할 염려가 있을 경우에 한다.

① 의의 : 다툼의 대상(계쟁물)에 관한 가처분은 현상이 바뀌면 당사자가 권리를 실행하지 못하거나 이를 실행하는 것이 매우 곤란할 염려가 있을 경우에 허용된다(제300조 제1항).

② 다툼의 대상(계쟁물)에 관한 현상변경
  ㉠ 다툼의 대상(계쟁물) 자체의 상태를 변경하는 '객관적 변경'과 다툼의 대상(계쟁물)의 양도와 같은 '주관적 변경'이 있다.
  ㉡ 다툼의 대상에 관한 가처분은 다툼의 대상(계쟁물)에 관한 현상변경을 방지하기 위한 것으로 가압류와 달리 채무자의 일반재산(책임재산)의 변동을 고려하지 않는다.

③ 권리실행불능·곤란
  ㉠ '권리의 실행'이란 청구권의 강제실현, 즉 청구권에 기한 강제집행을 말한다.
  ㉡ 다툼의 대상에 관한 가처분에 있어서는 피보전권리의 소명이 인정되는 경우에는 특별한 사정이 없는 한 권리실행이 곤란할 사정이 있다고 본다.

④ 구체적인 경우
  ㉠ 타인의 토지를 그 소유자의 의사에 반하여 계속 점유경작하고 있는 이상 출입금지가처분의 필요성이 인정된다(대판 1968.5.14. 67다2777).
  ㉡ 토지의 처분행위를 금하는 가처분이 인정된다면 그 토지에 공작물설치와 수목벌채 등 행위의 금지를 구하는 가처분도 보전의 필요가 있고 또 그 소명이 되어 있다고 보아야 한다(대판 1969.6.24. 68다2100). **기출** 19
  ㉢ 불법점유라 하더라도 정당한 절차를 밟아 그 목적물을 인도할 때까지는 그 점유의 방해예방을 청구할 수 있으므로 가처분 채권자의 점유가 불법점유라고 하여도 보전의 필요성을 부정할 것은 아니다(대판 1967.4.4. 66다2641 등).
  ㉣ 가처분채권자가 본안소송에서 승소판결을 받은 그 집행채권이 정지조건부인 경우라 할지라도 그 조건이 집행채권자의 의사에 따라 즉시 이행할 수 있는 의무의 이행인 경우 정당한 이유 없이 그 의무의 이행을 게을리 하고 집행에 착수하지 않고 있다면 보전의 필요성은 소멸되었다고 보아야 한다(대판 2000.11.14. 2000다40773). **기출** 24
  ㉤ 가처분이 민사집행법 제288조 제1항 제3호 사유(가처분이 집행된 뒤에 3년간 본안의 소를 제기하지 아니한 때)에 해당하여 취소사유가 발생한 이후 채권자가 다시 동일한 내용의 가처분을 신청한 경우, 그 보전의 필요성 유무는 최초의 가처분 신청과 동일한 기준으로 판단하여서는 아니 되고, 채권자와 채무자의 관계, 선행 가처분의 집행 후 발생한 사정의 변경 기타 제반 사정을 종합하여, 채권자가 선행 가처분의 집행 후 3년이 지나도록 본안소송을 제기하지 아니하였음에도 불구하고 채권자가 보전의사를 포기 또는 상실하였다고 볼 수 없는 특별한 사정이 인정되는 경우에 한하여 보전의 필요성을 인정할 수 있다. 그렇지 않으면 제3호 사유가 발생한 경우를 채권자가 보전의사를 포기 또는 상실한 전형적인 사정으로 보아 채무자로 하여금 가처분취소를 통해 가처분으로 인한 제약으로부터 벗어날 수 있도록 하려는 법의 취지를 형해화시키기 때문이다(대결 2018.10.4. 2017마6308). **기출** 24

4. 임시의 지위를 정하기 위한 가처분과 보전의 필요성

> **민사집행법 제300조(가처분의 목적)**
> ② 가처분은 다툼이 있는 권리관계에 대하여 임시의 지위를 정하기 위하여도 할 수 있다. 이 경우 가처분은 특히 계속하는 권리관계에 끼칠 현저한 손해를 피하거나 급박한 위험을 막기 위하여, 또는 그 밖의 필요한 이유가 있을 경우에 하여야 한다.

① 의의 : 민사집행법 제300조 제2항은 가압류나 다툼의 대상에 관한 가처분과 달리 임시의 지위를 정하기 위한 가처분은 현재의 손해나 위험방지가 주목적임을 밝히고 있다.

② 법원의 재량적 판단과 필요적 심문

　　㉠ 보전의 필요성에 관하여 '현재의 손해나 위험방지' 외에 '그 밖의 필요한 이유가 있을 경우에'라고 하는 일반조항만을 두고 있기 때문에 이 '가처분의 필요성'은 법원의 재량적 판단에 맡겨질 영역이 넓다.

　　㉡ 이로 인한 채무자의 상대적 지위의 불안정에 대하여 '임시지위를 정하기 위한 가처분'은 원칙적으로 채무자에 대한 필요적 심문을 규정하고 있다(제304조).

③ 판단기준

　　㉠ 임시의 지위를 정하기 위한 가처분이 필요한지 여부는 당해 가처분신청의 인용 여부에 따른 당사자 쌍방의 이해득실관계, 본안소송에 있어서의 장래의 승패의 예상, 그 밖의 제반 사정을 고려하여 법원의 재량에 따라 합목적적으로 결정하여야 한다(대결 1997.10.14. 97마1473). **기출** 17

> 임시의 지위를 정하기 위한 가처분을 필요로 하는지 여부는 가처분신청의 인용 여부에 따른 당사자 쌍방의 이해득실관계, 본안소송에 있어서의 장래의 승패의 예상, 기타의 제반 사정을 고려하여 법원의 재량에 따라 합목적적으로 결정하여야 할 것이므로 가처분채권자가 신청 당시에 실체법상의 권리를 가지고 있다 하더라도 그 권리가 가까운 장래에 소멸하여 본안소송에서 패소판결을 받으리라는 점이 현재에 있어 충분히 예상되는 경우에는 필요성이 없다고 풀이하는 것이 상당하고, 더구나 특허권침해의 금지라는 부작위의무를 부담시키는 이른바 만족적 가처분일 경우에 있어서는 보전의 필요성 유무를 더욱 신중하게 결정하여야 할 것으로서 만일 가처분신청 당시 채무자가 특허청에 별도로 제기한 심판절차에 의하여 그 특허권이 무효라고 하는 취지의 심결이 있은 경우나, 무효심판이 청구되고 그 청구의 이유나 증거관계로부터 장래 그 특허가 무효로 될 개연성이 높다고 인정되는 등의 특별한 사정이 있는 경우에는 당사자 간의 형평을 고려하여 보전의 필요성을 결한 것으로 보는 것이 합리적이라 할 것이다(대판 1993.2.12. 92다40563).
>
> **기출** 24

　　㉡ '가압류'나 '다툼의 대상에 관한 가처분'에서는 채무불이행 그 밖의 필요성을 엿볼 수 있는 소명이 있으면 별다른 사정이 없는 한 보전처분의 필요성이 있다고 보는데 반하여, '임시의 지위를 정하기 위한 가처분'에 있어서는 반대로 그 필요성을 인정할 만한 특별한 사정의 소명이 없는 한 가처분신청을 배척하는 예가 많다(대결 1997.1.10. 95마837).

> • 경업금지약정위반을 이유로 영업정지가처분신청을 한 후 약정손해금을 청구하는 본안소송에서는 영업금지를 함께 청구하지 아니하였다면, 채권자로서는 약정손해금을 지급받을 경우 더 이상의 영업금지를 청구하지 않겠다는 의사인 것으로 볼 수 있으므로 위 가처분신청에는 민사집행법 제300조 제2항에 정한 긴급한 보전의 필요성이 없다(대결 2005.4.7. 2003마473). **기출** 16

- 보전처분에 의하여 제거되어야 할 상태가 채권자에 의하여 오랫동안 방임되어 온 때에는 보전처분을 구할 필요성이 인정되기 어렵다고 할 것인바, 신청인이 피신청인들의 업종제한약정 위반을 알고도 그러한 상태를 장기간 아무런 조치를 취하지 아니한 채 방치하고 있었다면, 현재의 상태가 더 지속됨으로써 신청인에게 비로소 현저한 손해가 발생할 우려가 있다는 등 임시의 지위를 정하는 가처분을 하여야 할 긴급한 보전의 필요성이 없다(대결 2005.8.19. 2003마482). **기출** 22
- (임시의 지위를 정하기 위한) 가처분신청을 인용하는 결정에 따라 권리의 침해가 중단되었다고 하더라도 가처분 채무자들이 그 가처분의 적법 여부에 대하여 다투고 있는 이상 권리 침해의 중단이라는 사정만으로 종래의 가처분이 보전의 필요성을 잃게 되는 것이라고는 할 수 없다(대판 2007.1.25. 2005다11626).
  기출 24 · 19 · 16
- 토지의 소유자가 충분한 예방공사를 하지 아니한 채 건물의 건축을 위한 심굴굴착공사를 함으로써 인접대지의 일부 침하와 건물 균열 등의 위험이 발생하였다고 하더라도 나머지 공사의 대부분이 지상건물의 축조이어서 더 이상의 심굴굴착공사의 필요성이 없다고 보여지고 침하와 균열이 더 이상 확대된다고 볼 사정이 없다면 토지심굴굴착금지청구권과 소유물방해예방 또는 방해제거청구권에 기한 공사중지가처분을 허용하여서는 아니 된다(대판 1981.3.10. 80다2832). **기출** 16

④ 만족적 가처분과 보전의 필요성
  ㉠ 임시의 지위를 정하기 위한 가처분 중 가처분채무자에 대하여 본안판결에서 명하는 것과 같은 내용의 의무를 부담시키는 '만족적 가처분'에서는 보다 고도의 보전의 필요성이 존재하지 않으면 안 된다(대판 2003.11.28. 2003다30265; 대결 2009.1.20. 2006마515). **기출** 19
  ㉡ 이미 실현된 위험상태 또는 이미 종료된 위험상태에 대하여는 위험예방을 위한 보전처분의 필요성이 인정되지 아니한다.

CHAPTER
02

보전소송절차

제1절　**보전처분(명령)의 신청**

Ⅰ　의 의

① 보전처분(보전명령)의 신청이란 법원에 대하여 보전재판(보전명령)을 구하는 당사자의 신청행위를 말한다.

② 보전처분신청은 통상 민사소송에서 소의 제기에 해당하므로 성질에 반하지 아니하는 한 소의 제기에 관한 규정이 준용된다(민사집행법 제23조 제1항). 보전처분절차는 보전명령절차(보전소송절차)와 보전집행절차가 구별되므로 보전처분신청과 보전집행의 신청은 그 의미와 법적 규제가 다르다. 따라서 보전처분신청에 따라 보전명령이 내려지면 별도로 보전집행신청을 구하여야 하는 것이 원칙이다. **기출** 19

③ 그러나 '부동산이나 채권에 관한 가압류처분'과 같이 보전명령절차와 보전집행절차를 담당하는 기관이 동일한 경우에는 실무상 보전처분의 신청이 있으면 보전집행의 신청도 아울러 있는 것으로 본다.

④ 보전처분신청은 본안의 신청과 별개의 행위로 본안에 관한 소의 제기 이후라도 신청할 수 있다.

⑤ 채권자는 채무자를 대위하여 그의 제3채무자에 대한 채권을 행사할 수 있으므로 보전처분신청도 대위하여 할 수 있다(대판 1958.5.29. 4290민상735). 보전처분신청은 보전행위에 해당하므로, 채권자는 자기의 채권의 기한이 도래하기 전이라도 법원의 허가를 얻지 아니하고 채무자를 대위하여 제3채무자에 대한 보전처분신청을 할 수 있다(민법 제404조 단서 참조). **기출** 21 · 20

⑥ 이때에 채권자가 채무자에게 그 대위사실을 통지하면 채무자는 자기채권을 처분하거나 행사할 수 없고 따라서 이중의 보전처분신청을 할 수 없다(민법 제405조 제2항). **기출** 19

Ⅱ　신청의 방식

1. 서면주의

① 보전처분의 신청은 신청의 취지와 이유를 적은 '서면'으로 하여야 한다(규칙 제203조).

② 보전처분의 신청을 기각 또는 각하한 결정에 대한 즉시항고, 보전처분에 대한 이의신청, 본안의 제소명령신청, 보전처분의 취소신청, 보전처분의 집행신청도 모두 신청의 취지와 이유를 적은 '서면'으로 하여야 한다(규칙 제203조).

2. 신청서의 기재사항

신청서에 적어야 할 사항에 관하여는 민사집행법 제279조, 민사집행규칙 제203조 제2항 외에 소장 또는 준비서면에 관한 민사소송법 제249조, 제274조가 준용된다(제23조 제1항).

① 당사자와 대리인
- ㉠ 당사자와 대리인의 이름(명칭 또는 상호)·주소와 연락처(전화번호·팩시밀리번호 또는 전자우편주소 등)를 적어야 한다(민소법 제274조 제1항, 민소규칙 제2조, 규칙 제18조).
- ㉡ 당사자가 무능력자인 경우에는 법정대리인을, 법인인 경우에는 대표자를 적어야 한다.
- ㉢ 수인이 공동명의로 공유수면 매립면허를 받았을 경우 그 매립권을 소송목적물로 한 소송에 있어서는 그 면허명의자 전원을 필요적 공동소송인으로 하여야 한다(대판 1969.11.25. 65다1352). 따라서 보전소송도 전원이 당사자가 되어야 한다고 본다.

② 신청의 취지(규칙 제203조 제2항)

③ 신청의 이유(규칙 제203조 제2항)
- ㉠ 피보전권리
  - ㉮ 가압류에서는 피보전권리인 청구채권을 표시하고 그 금액을 적는다. 만약 그 청구채권이 일정한 금액이 아닌 때에는 금전으로 환산한 금액을 적는다(제279조 제1항 제1호).
  - ㉯ 다툼의 대상에 관한 가처분의 경우에는 그 청구권을 표시하여야 하나 금액은 표시할 필요가 없다.
  - ㉰ 임시의 지위를 정하기 위한 가처분에서는 현재 다툼이 있는 권리 또는 법률관계를 적는다.
- ㉡ 보전의 필요성 : 민사집행법 제277조의 규정에 따라 보전처분의 이유가 될 사실(보전의 필요성)을 구체적으로 명백하게 표시한다(제279조 제1항 제2호).

④ 법원의 표시(민소법 제274조)

⑤ 소명방법의 표시 : 민사집행법 제279조 제2항(가처분은 제301조에 의하여 준용)은 청구채권과 보전처분의 이유가 되는 사실의 소명을 요구하고 있으므로 신청서에 그 소명방법을 적어야 한다.

⑥ 작성한 날짜(민소법 제274조)

⑦ 당사자 또는 대리인의 기명날인 또는 서명(민소법 제274조)

⑧ 덧붙인 서류의 표시(민소법 제274조)

⑨ 목적물의 표시 여부
- ㉠ 채무자의 모든 재산에 대하여 채무자의 처분을 제한하는 일반가압류는 허용되지 아니한다.
- ㉡ 가압류의 목적물은 채무자의 일반재산이며 동산, 부동산을 불문한다. 민사집행법상 동산에는 유체동산뿐만 아니라 채권 그 밖의 재산권도 포함하며, 부동산소유권이전등기청구권도 가압류의 대상이 된다(대결 1978.12.18. 76마381[전합]). **기출** 14
- ㉢ 신청 당시 목적물을 특정할 수 없는 유체동산가압류 이외에는 신청서에 목적물까지 구체적으로 표시하여야 하고, 법원도 목적물을 가압류명령 중에 기재하여야 한다. 유체동산가압류의 경우에는 가압류할 유체동산이 있는 장소도 기재하여야 한다(제296조 제1항, 규칙 제131조 제3호). **기출** 24
- ㉣ 채권에 대한 가압류명령을 신청하는 채권자는 신청서에 압류할 채권의 종류와 액수를 밝혀야 하고(제225조, 제291조), 특히 가압류할 채권 중 일부에 대하여만 가압류명령을 신청하는 때에는 그 범위를 밝혀 적어야 한다(규칙 제159조 제1항 제3호, 규칙 제218조). **기출** 24

- 채권에 대한 가압류 또는 압류명령을 신청하는 채권자는 신청서에 압류할 채권의 종류와 액수를 밝혀야 하고(민사집행법 제225조, 제291조), 특히 압류할 채권 중 일부에 대하여만 압류명령을 신청하는 때에는 그 범위를 밝혀 적어야 한다(민사집행규칙 제159조 제1항 제3호, 제218조). 그럼에도 채권자가 가압류나 압류를 신청하면서 압류할 채권의 대상과 범위를 특정하지 않음으로 인해 가압류결정 및 압류명령(이하 '압류 등 결정'이라 한다)에서도 피압류채권이 특정되지 않은 경우에는 그 압류 등 결정에 의해서는 압류 등의 효력이 발생하지 않는다. 이러한 법리는 채무자가 제3채무자에 대하여 여러 개의 채권을 가지고 있고, 채권자가 그 각 채권 전부를 대상으로 하여 압류 등의 신청을 할 때에도 마찬가지로 적용되므로, 그 경우 채권자는 여러 개의 채권 중 어느 채권에 대해 어느 범위에서 압류 등을 신청하는지 신청취지 자체로 명확하게 인식할 수 있도록 특정하여야 한다(대판 2012.11.15. 2011다38394). 기출 24 · 21
- 채권에 대한 가압류 또는 압류를 신청하는 채권자는 신청서에 압류할 채권의 종류와 액수를 밝혀야 하고 (민사집행법 제225조, 제291조), 채무자가 수인이거나 제3채무자가 수인인 경우에는 집행채권액을 한도로 하여 가압류 또는 압류로써 각 채무자나 제3채무자별로 어느 범위에서 지급이나 처분의 금지를 명하는 것인지를 가압류 또는 압류할 채권의 표시 자체로 명확하게 인식할 수 있도록 특정하여야 하며, 이를 특정하지 아니한 경우에는 집행의 범위가 명확하지 아니하여 특별한 사정이 없는 한 그 가압류결정이나 압류명령은 무효라고 보아야 한다. 그리고 압류의 대상인 수인의 채무자들의 채권 합계액이나 수인의 제3채무자들에 대한 채권 합계액이 집행채권액을 초과하지 않는다 하더라도, 개별 채무자 및 제3채무자로서는 자신을 제외한 다른 모든 채무자들의 채권액이나 모든 제3채무자들의 채무액을 구체적으로 알고 있는 특별한 경우가 아니라면 자신에 대한 집행의 범위를 알 수 없음은 마찬가지이므로 달리 볼 것은 아니다(대판 2014.5.16. 2013다52547). 기출 23

ⓜ 다툼의 대상에 관한 가처분은 그 피보전권리가 특정물에 관한 이행청구권이므로 그 목적물을 명확하게 표시하여야 한다(대결 1999.5.13. 99마230). 기출 24

ⓗ 피압류채권이 집행공탁으로 소멸한 경우

제3채무자가 압류나 가압류를 이유로 민사집행법 제248조 제1항이나 민사집행법 제291조, 제248조 제1항에 따라 집행공탁을 하면 그 제3채무자에 대한 피압류채권은 소멸한다. 채권에 대한 압류·가압류명령은 그 명령이 제3채무자에게 송달됨으로써 효력이 생기므로(민사집행법 제227조 제3항, 제291조), 제3채무자의 집행공탁 전에 동일한 피압류채권에 대하여 다른 채권자의 신청에 의하여 압류·가압류명령이 발령되었더라도, 제3채무자의 집행공탁 후에야 그에게 송달되었다면 그 압류·가압류명령은 집행공탁으로 인하여 이미 소멸한 피압류채권에 대한 것이어서 효력이 생기지 아니한다(대판 2015.7.23. 2014다87502: 대판 2021.12.16. 2018다226428). 기출 23 ☞ 다만 다른 채권자의 신청에 의하여 발령된 압류·가압류명령이 제3채무자의 집행공탁 후에야 제3채무자에게 송달되었더라도 공탁사유신고서에 이에 관한 내용까지 기재되는 등으로 집행법원이 배당요구의 종기인 공탁사유신고 시까지 이와 같은 사실을 알 수 있었고, 또한 그 채권자가 법률에 의하여 우선변제청구권이 있거나 집행력 있는 정본을 가진 채권자인 경우라면 배당요구의 효력은 인정된다. 이러한 법리는 다른 채권자의 신청에 의하여 발령된 압류·가압류명령이 제3채무자의 공탁사유신고 이후에 제3채무자에게 송달되었다고 하더라도 마찬가지이다(대판 2021.12.16. 2018다226428).

Ⅲ 신청의 효과

1. 소송계속의 효과(중복신청금지)

보전처분의 신청이 있으면 소의 제기에 준하여 보전사건의 계속이 생기고, 그 결과로서 중복된 소제기 금지 규정(민소법 제259조)이 준용되어 중복신청이 금지된다(제23조 제1항). 따라서 이미 계속되어 있는 보전처분의 신청과 동일한 신청을 한 때에는 후자의 신청은 부적법하여 각하된다.

> 보전처분신청에 관하여도 중복된 소제기에 관한 민사소송법 제259조의 규정이 준용되어 중복신청이 금지된다. 이 경우 보전처분신청이 중복신청에 해당하는지 여부는 후행 보전처분신청의 심리종결 시를 기준으로 판단하여야 하고, 보전명령에 대한 이의신청이 제기된 경우에는 이의소송의 심리종결 시가 기준이 된다(대결 2018.10.4. 2017마 6308). **기출** 21

2. 시효중단의 효과

① 보전처분의 신청은 시효의 중단의 효과가 있다(민법 제168조 제2호, 제175조, 제176조).

> • 채권자가 채무자의 제3채무자에 대한 채권을 압류 또는 가압류한 경우에 '채무자에 대한 채권자의 채권'에 관하여 시효중단의 효력이 생긴다고 할 것이나, 압류 또는 가압류된 '채무자의 제3채무자에 대한 채권'에 대하여는 민법 제168조 제2호 소정의 소멸시효 중단사유에 준하는 확정적인 시효중단의 효력이 생긴다고 할 수 없다(대판 2003.5.13. 2003다16238). **기출** 22·20·19
> • 민법 제440조는 '주채무자에 대한 시효의 중단은 보증인에 대하여 그 효력이 있다.'라고 규정하고 있는 바, 민법 제440조는 민법 제169조의 예외 규정으로서 이는 채권자 보호 내지 채권담보의 확보를 위하여 주채무자에 대한 시효중단의 사유가 발생하였을 때는 그 보증인에 대한 별도의 중단조치가 이루어지지 아니하여도 동시에 시효중단의 효력이 생기도록 한 것이고, 그 시효중단사유가 압류, 가압류 및 가처분이라고 하더라도 이를 보증인에게 통지하여야 비로소 시효중단의 효력이 발생하는 것은 아니다(대판 2005.10.27. 2005다 35554). **기출** 22

② 시효중단의 효력발생 시기에 관하여 판례는 보전처분신청시설의 입장을 취하고 있다.

> 가압류에 관해서도 위 민사소송법 규정을 유추적용하여 '재판상의 청구'와 유사하게 가압류를 신청한 때 시효중 단의 효력이 생긴다고 보아야 한다. … 채무자가 건설공제조합에 대하여 갖는 출자증권의 인도청구권을 가압류 한 경우에는 법원의 가압류명령이 제3채무자인 건설공제조합에 송달되면 가압류의 효력이 생기고, 이 경우 가압류로 인한 소멸시효 중단의 효력은 가압류신청 시에 소급하여 생긴다(대판 2017.4.7. 2016다35451). **기출** 24·19

③ 가분채권의 일부를 피보전권리로 하여 가압류를 한 경우 그 가분채권 일부에만 시효중단의 효력이 생긴다.

> 채권자가 가분채권의 일부분을 피보전채권으로 주장하여 채무자 소유의 재산에 대하여 가압류를 한 경우에 있어서는 그 피보전채권 부분만에 한하여 시효중단의 효력이 있다 할 것이고 가압류에 의한 보전채권에 포함되 지 아니한 나머지 채권에 대하여는 시효중단의 효력이 발생할 수 없다 할 것이다(대판 1976.2.24. 75다1240). **기출** 16

④ 보전처분에 의한 시효중단의 효력은 보전처분의 집행보전의 효력이 존속하는 동안 계속되고, 피보전권리에 관하여 본안의 승소판결이 확정되었다고 하더라도 보전처분에 의한 시효중단의 효력이 이에 흡수되어 소멸된다고 할 수 없다(대판 2000.4.25. 2000다11102).

- • [1] 민법 제168조에서 가압류를 시효중단사유로 정하고 있는 것은 가압류에 의하여 채권자가 권리를 행사하였다고 할 수 있기 때문인데 가압류에 의한 집행보전의 효력이 존속하는 동안은 가압류채권자에 의한 권리행사가 계속되고 있다고 보아야 할 것이므로 가압류에 의한 시효중단의 효력은 가압류의 집행보전의 효력이 존속하는 동안은 계속된다.
  [2] 민법 제168조에서 가압류와 재판상의 청구를 별도의 시효중단사유로 규정하고 있는데 비추어 보면, 가압류의 피보전채권에 관하여 본안의 승소판결이 확정되었다고 하더라도 가압류에 의한 시효중단의 효력이 이에 흡수되어 소멸된다고 할 수 없다(대판 2000.4.25. 2000다11102). 기출 19 · 11
- • 민법 제168조에서 가압류를 시효중단사유로 정하고 있는 것은 가압류에 의하여 채권자가 권리를 행사하였다고 할 수 있기 때문인데 가압류에 의한 집행보전의 효력이 존속하는 동안은 가압류채권자에 의한 권리행사가 계속되고 있다고 보아야 할 것이므로 가압류에 의한 시효중단의 효력은 가압류 집행보전의 효력이 존속하는 동안은 계속된다. 따라서 유체동산에 대한 가압류결정을 집행한 경우 가압류에 의한 시효중단 효력은 가압류 집행보전의 효력이 존속하는 동안 계속된다. 그러나 유체동산에 대한 가압류 집행절차에 착수하지 않은 경우에는 시효중단 효력이 없고, 집행절차를 개시하였으나 가압류할 동산이 없기 때문에 집행불능이 된 경우에는 집행절차가 종료된 때로부터 시효가 새로이 진행된다(대판 2011.5.13. 2011다10044). 기출 24 · 22
- • 채권자가 채무자의 제3채무자에 대한 채권을 가압류할 당시 그 피압류채권이 부존재하는 경우에도 집행채권에 대한 권리 행사로 볼 수 있어 특별한 사정이 없는 한 가압류집행으로써 그 집행채권의 소멸시효는 중단된다. 다만 가압류결정 정본이 제3채무자에게 송달될 당시 피압류채권 발생의 기초가 되는 법률관계가 없어 가압류의 대상이 되는 피압류채권이 존재하지 않는 경우에는 가압류의 집행보전 효력이 없으므로, 특별한 사정이 없는 한 가압류결정의 송달로써 개시된 집행절차는 곧바로 종료되고, 이로써 시효중단사유도 종료되어 집행채권의 소멸시효는 그때부터 새로이 진행한다고 보아야 한다(대판 2023.12.14. 2022다210093).
  기출 24
- • 체납처분에 의한 채권압류로 인하여 채권자의 채무자에 대한 채권의 시효가 중단된 경우에 압류에 의한 체납처분 절차가 채권추심 등으로 종료된 때뿐만 아니라, 피압류채권이 기본계약관계의 해지·실효 또는 소멸시효 완성 등으로 인하여 소멸함으로써 압류의 대상이 존재하지 않게 되어 압류 자체가 실효된 경우에도 체납처분 절차는 더 이상 진행될 수 없으므로 시효중단사유가 종료한 것으로 보아야 하고, 그때부터 시효가 새로이 진행한다(대판 2017.4.28. 2016다239840). 기출 24

⑤ 가등기가처분은 통상의 민사집행법상의 가처분과 그 성질을 달리하는 것이므로 시효중단의 효력이 없다
(대판 1993.9.14. 93다16758).

⑥ 관련 판례

- • 금전채권의 보전을 위하여 채무자의 금전채권에 대하여 가압류가 행하여진 경우에 그 후 채권자의 신청에 의하여 그 집행이 취소되었다면, 다른 특별한 사정이 없는 한 가압류에 의한 소멸시효 중단의 효과는 소급적으로 소멸된다. 민법 제175조는 가압류가 '권리자의 청구에 의하여 취소된 때에는' 소멸시효 중단의 효력이 없다고 정한다. 가압류의 집행 후에 행하여진 채권자의 집행취소 또는 집행해제의 신청은 실질적으로 집행신청의 취하에 해당하고, 이는 다른 특별한 사정이 없는 한 가압류 자체의 신청을 취하하는 것과 마찬가지로 그에게 권리행사의 의사가 없음을 객관적으로 표명하는 행위로서 위 법 규정에 의하여 시효중단의 효력이 소멸한다고 봄이 상당하다. 이러한 점은 위와 같은 집행취소의 경우 그 취소의 효력이 단지 장래에 대하여만 발생한다는 것에 의하여 달라지지 아니한다(대판 2010.10.14. 2010다53273). 기출 24 · 22 · 12

- 가압류는 강제집행을 보전하기 위한 것으로서 경매절차에서 부동산이 매각되면 그 부동산에 대한 집행보전의 목적을 다하여 효력을 잃고 말소되며, 가압류채권자에게는 집행법원이 그 지위에 상응하는 배당을 하고 배당액을 공탁함으로써 가압류채권자가 장차 채무자에 대하여 권리행사를 하여 집행권원을 얻었을 때 배당액을 지급받을 수 있도록 하면 족한 것이다. 따라서 이러한 경우 <u>가압류에 의한 시효중단</u>은 경매절차에서 부동산이 매각되어 가압류등기가 말소되기 전에 배당절차가 진행되어 가압류채권자에 대한 배당표가 확정되는 등의 특별한 사정이 없는 한, <u>채권자가 가압류집행에 의하여 권리행사를 계속하고 있다고 볼 수 있는 가압류등기가 말소된 때 그 중단사유가 종료되어, 그때부터 새로 소멸시효가 진행한다고 봄이 타당하다(매각대금 납부 후의 배당절차에서 가압류채권자의 채권에 대하여 배당이 이루어지고 배당액이 공탁되었다고 하여 가압류채권자가 그 공탁금에 대하여 채권자로서 권리행사를 계속하고 있다고 볼 수는 없으므로 그로 인하여 가압류에 의한 시효중단의 효력이 계속된다고 할 수 없다</u>)(대판 2013.11.14. 2013다18622). **기출** 22·21·20·19

Ⅳ 신청의 취하

1. 서 설

① 보전명령은 확정력이 없으므로 보전명령이 일단 발하여진 후에도 보전처분 자체가 존속하는 한 그 집행 여부에 관계없이 어느 단계에서든 신청의 취하는 가능하다. 변론을 열어 심리한 후 보전명령을 발령하였더라도 마찬가지이다. **기출** 12·17

② 보전처분신청을 취하하면 보전명령을 취소하는 결정이 없어도 보전명령의 효력은 당연히 상실된다. 따라서 <u>보전처분신청을 취하한 후에는 채무자로서는 보전처분 이의신청을 할 이익이 없다.</u> **기출** 24·17

> 채권가압류에 있어서 채권자가 가압류신청을 취하하면 가압류결정은 그로써 효력이 소멸되지만, <u>채권가압류결정 정본이 제3채무자에게 이미 송달되어 가압류결정이 집행되었다면 그 취하통지서가 제3채무자에게 송달되었을 때 비로소 가압류집행의 효력이 장래를 향하여 소멸되는 것인바, 이러한 법리는 그 취하통지서가 제3채무자에게 송달되기 전에 제3채무자가 집행법원 법원사무관등의 통지에 의하지 아니한 다른 방법으로 가압류신청 취하사실을 알게 된 경우에도 마찬가지</u>라고 할 것이다. 채권가압류는 가압류명령이 제3채무자에게 송달되어야 그 효력이 생기고(민사집행법 제291조, 제227조 제3항), 가압류명령의 신청이 취하된 때에는 법원사무관 등은 가압류명령을 송달받은 제3채무자에게 그 사실을 통지하여야 하는데(민사집행규칙 제213조 제2항, 제160조 제1항), 만약 제3채무자의 주관적 인식이나 가압류당사자들의 특수한 사정에 따라 채권가압류집행의 효력 소멸 여부를 달리 판단한다면 이해관계 있는 제3자의 이익을 보호하고 법적 안정성을 도모할 수 없기 때문이다(대판 2008.1.17. 2007다73826). **기출** 24·21·17·12

③ 보전처분신청의 취하에 의하여 보전처분은 실효되므로, 보전처분신청에 의하여 발생한 소송법상의 효과와 실체법상의 효과는 소멸한다. 즉 소송계속은 신청의 취하와 동시에 당연히 소멸하고, <u>실체법적으로 시효중단의 효과는 소급적으로 소멸한다</u>(민법 제175조). **기출** 24

2. 상대방의 동의

보전처분을 발령한 후의 신청취하에 관하여 민사소송법 제266조를 준용하여 상대방의 동의를 얻어야 하는가에 관하여는 논의가 있으나, 보전소송은 변론을 열고 재판하여 확정되더라도 통상의 소송과 같은 실질적 확정력이 없으므로 소의 취하와는 달리 상대방의 동의를 받을 필요가 없다. 따라서 가처분결정 후 가처분신청을 취하할 때에도 채무자의 동의를 얻을 필요가 없다. **기출** 20

3. 취하의 방식

① 보전처분 신청의 취하는 서면으로 하여야 하나, 변론기일 또는 심문기일에서는 말로도 가능하다(규칙 제203조의2 제1항). **기출** 24

② 민사소송법은 당사자 쌍방이 변론기일 또는 변론준비기일에 2회 불출석한 경우에는 소를 취하한 것으로 보는 규정을 두고 있으나(민소법 제268조, 제286조 참조), 보전사건의 심리는 임의적 변론·심문에 의하므로, 필수적 변론을 전제로 한 위 규정은 보전소송에서는 적용될 여지가 없다. **기출** 12

제2절 | **보전처분 신청의 심리**

Ⅰ 신청서의 심사

1. 신청서의 형식적 적법 여부 심사

보전처분의 신청서에는 소장에 관한 규정이 준용되므로 심리에 앞서 재판장이 신청서의 형식적 적법여부를 심사하여야 한다(제23조 제1항, 민소법 제254조).

2. 보정명령 및 신청서 각하명령

① 재판장은 규정에 따른 기재사항이 신청서에 적혀 있는지 살펴 흠이 있는 경우 상당한 기간을 정하여 보정하도록 명하여야 한다.

② 채권자가 위 기간 안에 흠을 보정하지 아니하거나 보정이 불가능한 경우에는 재판장은 명령으로 신청서를 각하하여야 한다.

③ 신청서에 규정에 따른 인지를 붙이지 아니한 경우에도 일단 보정을 명하고, 인지를 보정하지 아니하면 신청서를 각하하여야 한다.

신청내용의 심리

1. 심리방식의 결정

> **민사집행법 제280조(가압류명령)**
> ① 가압류신청에 대한 재판은 <u>변론 없이</u> 할 수 있다.
>
> **민사집행법 제301조(가압류절차의 준용)**
> 가처분절차에는 <u>가압류절차에 관한 규정</u>을 준용한다. 다만, 아래의 여러 조문과 같이 차이가 나는 경우에는 그러하지 아니하다.
>
> **민사집행법 제304조(임시의 지위를 정하기 위한 가처분)** 기출 19
> 제300조 제2항의 규정에 의한 가처분의 재판에는 <u>변론기일 또는 채무자가 참석할 수 있는 심문기일</u>을 열어야 한다. 다만, <u>그 기일을 열어 심리하면 가처분의 목적을 달성할 수 없는 사정이 있는 때에는 그러하지 아니하다.</u>

① 가압류와 다툼의 대상에 관한 가처분(서면심리)
　㉠ 보전처분 신청 중 '가압류'와 '다툼의 대상에 대한 가처분'의 경우에는 <u>변론을 거치지 않고 재판할 수 있고 변론을 거쳐 재판할 수도 있다</u>(제280조 제1항, 제301조).
　㉡ 변론을 거치지 않는 경우에도 순전히 서면만에 의하여 심리하기도 하고 심문절차를 거치기도 한다. <u>실무상으로는 보전처분의 신속성과 밀행성(기습성)의 요구 때문에 통상 '서면심리'만으로 심문한다.</u>
　　　기출 19
　㉢ 설령 변론을 연 경우라 하더라도 재판은 판결이 아닌 <u>결정의 형식</u>으로 한다(제281조 제1항, 제301조).
② 임시의 지위를 정하기 위한 가처분(필요적 심문) : '임시의 지위를 정하기 위한 가처분'은 그 결과의 중대성을 감안하여 반드시 변론기일 또는 채무자가 참석할 수 있는 '심문기일'을 열어야 한다.[133] 다만, 그 기일을 열어 심리하면 가처분의 목적을 달성할 수 없는 사정이 있는 때에는 그러하지 아니하다(제304조).
　　　기출 19

2. 서면심리 및 심문

① 서면심리의 원칙
　㉠ 서면심리란 <u>신청서에 첨부된 소명자료</u>만으로 신청의 당부를 심리하는 것을 말한다. 가장 신속하게 심리할 수 있는 방식이므로 신속성을 요구하는 보전처분의 심리에 적합한 방식이다.
　㉡ 가압류와 처분금지가처분, 점유이전금지가처분 등 현상유지적 가처분의 경우는 대부분 서면심리에 의하고 있는 것이 실무례이다.

---

133) 이해관계인 그 밖의 참고인의 진술을 들음으로써 결정을 함에 필요한 자료를 수집하는 경우가 있는 바, 이를 심문절차라고 부른다.

② 심문절차

    ㉠ 법원은 결정으로 완결할 사건에 대하여 변론을 열지 아니하는 경우에는 당사자, 이해관계인 그 밖의 참고인을 심문할 수 있다(제23조 제1항, 민소법 제134조).

    ㉡ 서면심리 중에 소명자료가 부족하다고 판단되거나 당사자의 주장이 분명하지 아니하여 이를 명확히 할 필요가 있다고 판단될 때에는 당사자로 하여금 주장을 석명하게 하거나 소명방법을 보충하도록 하고, 경우에 따라서는 이해관계인 그 밖의 참고인의 진술을 들음으로써 결정을 함에 필요한 자료를 수집하는 절차를 말한다.

    ㉢ 심문은 일정한 방식에 의하지 아니하고 서면 또는 말로 행하여진다. 심문을 위한 기일을 여는 경우도 있지만, 반드시 심문기일을 열어야 하는 것은 아니다. 다만, 임시의 지위를 정하기 위한 가처분의 재판에서 심문절차를 밟는 경우에는 채무자가 참석할 수 있는 기일을 열어야 한다(제304조).

    ㉣ 심문기일을 열면 반드시 조서를 작성하여야 하며, 그 조서에는 변론조서에 관한 규정(민소법 제152조 내지 제159조)이 준용된다(제23조 제1항, 민소법 제160조).

3. 임의적 변론절차

① 의 의

    ㉠ 보전소송절차에서 변론절차를 따르는 경우에는 민사소송법의 변론에 관한 규정이 적용된다.

    ㉡ 다만, 보전소송절차는 필요적 변론이 아닌 임의적 변론절차이며 판결이 아닌 결정에 의하여 재판하게 되므로 그 한도에서 준용의 범위에 제한이 있다.

② 일반 소송절차 규정의 준용 여부

    ㉠ 변론의 분리·병합(민소법 제141조) : 보전소송절차에서도 성질에 반하지 않는 한 심문을 분리하거 병합하여 심리할 수 있다. 그러나 '보전소송절차'와 '본안소송절차'는 성질이 다르므로 양자를 병합 심리할 수는 없다.

    ㉡ 처분권주의(민소법 제203조) : 보전소송도 당사자의 신청으로 개시되고 취하로 종결된다는 점에서 당연히 처분권주의가 적용된다. 판례도 법원이 발령하는 보전처분은 신청의 범위 안에서 신청의 목적을 달성함에 필요하여야 하며, 그 필요 여부는 피보전권리의 성격과 신청의 이유 등 제반 사정을 고려하여 법원이 정한다고 한다(대판 1962.4.26. 4294민상1436).

    ㉢ 재판상 자백(민소법 제288조) : 재판상 자백은 그대로 준용된다고 해석된다. 다만, 보전소송에서 자백하였더라도 이것이 곧 본안소송의 자백이 되는 것은 아니다. 그러나 보전소송에서의 자백을 기재한 조서는 본안소송에서 유력한 증거자료가 된다.

    ㉣ 진술간주(민소법 제148조), 자백간주(민소법 제150조), 소 취하간주(민소법 제268조) : 보전절차는 결정절차이고 그 기일에 행하는 변론은 임의적 변론에 불과하여 서면 또는 심문에 의한 심리를 보충하는 것에 지나지 아니하므로, 당사자가 기일에 출석하지 아니한 경우에도 진술간주, 자백간주, 쌍방 불출석에 의한 소 취하간주에 관한 민사소송법 규정은 준용되지 아니한다.

4. 입증과 그 대용

① 입증의 정도 : 소명

    ㉠ 보전소송절차에서 사실인정은 증명 대신 소명에 의하고(제280조 제3항, 제301조), 보전명령에 대한 이의소송이나 취소소송에서도 채권자와 채무자의 입증은 소명으로 족하다.

    ㉡ '소명'은 증명보다는 낮은 정도의 개연성으로 법관으로 하여금 일응 확실할 것이라는 추측을 얻게 한 상태 또는 그와 같은 상태에 이르도록 증거를 제출하는 당사자의 노력을 말한다.

② 소명의 방법

    ㉠ 소명의 방법에는 제한이 없다. 그러나 소명은 즉시 조사할 수 있는 증거에 의하여야 한다(민소법 제299조 제1항). '즉시 조사할 수 있는 증거'란 그 증거방법이 시간적으로 즉시 조사할 수 있는 상태에 있고 장소적으로 심리가 행하여지는 그 장소에 현재하여, 조사를 위하여 사전에 또는 새삼스럽게 법원의 준비행위를 필요로 하지 아니하여 심리기간 내에 조사를 마칠 수 있는 증거를 의미한다.

    ㉡ 따라서 문서 등의 송부촉탁신청(민소법 제352조, 제366조), 문서제출명령신청(민소법 제343조, 제366조), 법원 밖에서의 증거조사(민소법 제297조) 신청은 즉시성이 없어 원칙적으로 허용되지 아니한다(대결 1956.9.13. 4289민재항30). **기출** 12

③ 소명사항

    ㉠ 보전처분의 신청에 대한 소송에 있어서는 채권자는 피보전권리의 존재와 보전의 필요성을 인정하기에 족한 구체적 사실을 소명하여야 한다.

    ㉡ 그러나 관할, 당사자능력, 소송능력, 법정대리인, 소송대리권 그 밖의 소송요건의 경우, 명문의 규정이 없고 공익적 사항으로서 직권조사사항이며, 본래 소명에 친하지 아니하므로 보전소송에서도 증명의 대상이다. **기출** 19

④ 소명의 대용(代用) : 소명이 없거나 부족할 때에 법원은 당사자 또는 법정대리인으로 하여금 보증금을 공탁하게 하거나 그 주장이 진실하다는 것을 선서하게 하여 소명에 갈음할 수 있다(민소법 제299조 제2항).

5. 가압류신청진술서

① 종전의 보전소송의 실무관행에 관하여 보전명령의 발령은 지나치게 관대하고, 보전명령에 대한 사후구제는 지나치게 제한적으로 이루어졌다는 반성에서 2003.11.1.부터 가압류신청진술서제도를 도입하였다.

② 채권자는 가압류신청 시 가압류신청진술서에 그 신청과 동시에 또는 그 이전에 동일한 가압류나 다른 재산에 대한 가압류를 신청한 적이 있는지 밝혀야 한다(재민 2003-4 제3조). **기출** 20

③ 채권자가 가압류를 신청하면서 가압류신청진술서를 첨부하지 아니하거나, 고의로 진술사항을 누락하거나 허위로 진술한 내용이 발견된 경우에는 특별한 사정이 없는 한 보정명령 없이 신청을 기각할 수 있다(재민 2003-4 제3조). **기출** 24 · 12

I　재판의 형식 : 결정

> **민사집행법 제281조(재판의 형식)**
> ① 가압류신청에 대한 재판은 결정으로 한다.
>
> **민사집행법 제301조(가압류절차의 준용)**
> 가처분절차에는 가압류절차에 관한 규정을 준용한다. 다만, 아래의 여러 조문과 같이 차이가 나는 경우에는 그러하지 아니하다.

① 2005.1.27. 개정 민사집행법은 보전처분절차상의 재판을 '결정'으로 일원화하였다.
② 보전처분(가압류·가처분)신청에 대한 재판의 형식은 변론을 거쳤는지 여부에 관계없이 결정으로 한다(제281조 제1항, 제301조). 기출 14·12·11
③ 선고가 필요하지 아니한 결정과 같은 재판은 그 원본이 법원사무관등에게 교부되었을 때 대외적으로 성립된 것으로 보아야 하고, 특별한 사정이 없는 한 그 결정을 작성한 날짜에 법원사무관등에게 교부된 것이라고 추정한다(대결 1974.3.30. 73마894).
④ 보전처분신청에 대한 재판은 신청을 인용하는 재판(보전처분)과 신청을 배척하는 재판으로 구별할 수 있다.

II　재　판

1.　신청을 배척하는 재판

① 신청을 배척하는 재판에는 신청서각하명령, 소송요건(예 당사자능력, 소송능력, 당사자적격 등)을 구비하지 못하거나 법원이 명한 담보를 제공하지 아니한 것을 이유로 한 각하결정, 피보전권리나 보전의 필요성에 대한 주장·소명이 없거나 부족한 것을 이유로 한 기각결정이 있다. 다만 소송요건 중 관할권이 없는 경우에는 관할권이 있는 법원으로 이송하여야 한다. 기출 14
② 실무상으로는 소송요건에 흠이 있거나 법원이 명한 담보를 제공하지 아니한 때에는 신청각하, 보전처분의 신청이 이유가 없으면 신청기각의 주문을 사용하는 것이 보통이나, 구법상의 판례는 보전처분에는 실체적 확정력이 없기 때문에 각하와 기각을 엄격히 구별할 필요가 없다고 한다(대결 1960.7.21. 4293민항137). 그러나 민사집행법은 각하와 기각을 모두 규정하고 있으므로(제281조 제2항, 제3항), 양자를 구별하는 것이 타당하다.

2. 관련 판례

- 사립학교 경영자가 학교의 교지·교사로 사용하기 위하여 출연·편입시킨 토지나 건물이 등기부상 학교경영자 개인 명의로 있는 경우, 그 토지나 건물은 강제집행의 목적 대상이 될 수 없는 이상, 장차의 강제집행을 보전하기 위한 보전처분인 가압류의 목적 대상도 될 수 없다(대판 2004.9.13. 2004다22643).
- 유치원의 원사로 직접 사용되는 유치원 건물은 사립학교법 제51조에 의하여 준용되는 같은 법 제28조 제2항, 같은 법 시행령 제12조에 의하여 강제집행의 목적물이 될 수 없어 강제집행을 보전하기 위한 가압류의 대상도 될 수 없다(대결 2012.11.29. 2012마1647).
- 가처분취소재판의 집행에 의하여 처분금지가처분등기가 말소된 경우 그 효력은 확정적인 것이므로, 그 이후에 당해 부동산에 관한 소유권이전등기를 경료받은 자는 그 부동산에 관하여 아무런 제한을 받지 않고 가처분 신청인에게 그 소유권 취득의 효력으로 대항할 수 있다고 할 것이고, 이와 같이 이미 계쟁 부동산에 관하여 제3자 앞으로 소유권이전등기가 경료된 경우에는 가처분 신청인은 더 이상 그 처분금지가처분명령을 신청할 이익이 없게 된다(대결 2008.5.7. 2008마401). **기출** 24·19
- 가처분취소결정의 집행에 의하여 처분금지가처분등기가 말소된 경우 그 효력은 확정적인 것이다. 따라서 처분금지가처분결정에 따른 가처분등기가 마쳐져 있던 상태에서 부동산을 양수하여 소유권이전등기를 마친 제3자라 하더라도 위와 같이 가처분등기가 말소된 이후에는 더 이상 처분금지효의 제한을 받지 않고 소유권 취득의 효력으로 가처분채권자에게 대항할 수 있게 된다. 이러한 경우 가처분채권자는 더 이상 처분금지가처분을 신청할 이익이 없게 된다(대결 2017.10.19. 2015마1383). **기출** 18

Ⅲ 보전명령(신청을 받아들이는 재판)

1. 개설

① 보전처분의 신청을 인용하는 재판은 보전명령(가압류명령·가처분명령)이라고 한다.

② 신청을 인용하는 재판은 담보를 조건으로 하는 경우와 무조건으로 하는 경우가 있으며, '담보를 조건으로 하는 보전명령'은 실질적으로 일부기각의 재판과 같은 성격을 가진다.

2. 담보의 제공

> **민사집행법 제280조(가압류명령)**
> ② 청구채권이나 가압류의 이유를 소명하지 아니한 때에도 가압류로 생길 수 있는 채무자의 손해에 대하여 법원이 정한 담보를 제공한 때에는 법원은 가압류를 명할 수 있다.
> ③ 청구채권과 가압류의 이유를 소명한 때에도 법원은 담보를 제공하게 하고 가압류를 명할 수 있다.
> ④ 담보를 제공한 때에는 그 담보의 제공과 담보제공의 방법을 가압류명령에 적어야 한다.

(1) 취지 및 성질

① 보전명령은 피보전권리의 존부에 관한 확정적 판단 없이 채권자의 소명만으로 채무자의 재산을 동결하고 일정한 행위를 금지시키거나 임시의 법률관계 등을 형성하는 처분이기 때문에, 나중에 그 보전처분이 부적절한 것이었다는 것이 밝혀질 경우 채무자가 그 손해를 쉽게 회복할 수 있도록 담보를 마련해 두는 것이 형평에 맞는다.

② 이에 민사집행법은 보전명령을 발하기에 앞서 또는 보전명령의 발령과 동시에 채무자의 손해배상청구권을 담보하기 위하여 법원의 재량으로 채권자에게 담보제공을 명할 수 있도록 하고 있다(제280조 제2항·제3항, 제301조).

(2) 성 질

① 이 담보는 소명의 대용으로서 공탁시키는 담보와는 그 성질이 다르다.

② 즉 '민사소송법 제299조 제2항의 담보'는 법원에 대하여 진실성을 보증하기 위하여 제공되는 것으로 그 진술이 거짓인 때에도 법원이 이를 몰취할 수 있음에 그칠 뿐 그 거짓진술로 인하여 채무자가 입게 되는 손해에 대하여는 아무 담보가 되지 않는 것이나, '민사집행법 제280조의 담보'는 직접 채무자의 손해를 담보하는 것으로서 채무자는 보전처분이 부당한 경우 그 보전처분으로 인하여 입은 손해의 배상 청구권에 관하여 질권자로서의 권리를 가진다(제19조 제3항, 민소법 제123조).

(3) 담보제공명령

① **시기** : 담보제공명령은 보전명령의 발령과 동시에 하는 것이 보통이지만 보전명령의 발령에 앞서 담보제공을 하는 경우도 있다.

② **고지 및 불복**

㉠ 담보를 제공하게 하는 재판은 채권자에게만 고지하면 되고 채무자에게 고지할 필요가 없다(제281조 제3항, 제301조).

㉡ 담보제공명령은 채무자의 권리를 침해하는 것이 아니기 때문에 채무자는 이에 대하여 불복할 수 없다(대결 2001.9.3. 2001그85).

㉢ 담보제공명령은 나중에 있을 보전재판에 대한 중간적 재판에 해당하므로 채권자는 이러한 담보제공명령 자체에 대하여는 독립하여 불복할 수 없다(대결 2001.9.3. 2001그85). **기출** 11

㉣ 채권자가 무담보의 보전처분신청을 하였는데 법원이 담보제공명령을 한 경우, 법원이 정한 담보액이 지나치게 많다고 생각될 경우에 채권자는 담보제공명령을 이행하지 아니할 수 있고, 담보제공명령의 불이행을 이유로 보전처분신청이 각하되면 그 각하결정에 대하여 즉시항고할 수 있다(제281조 제2항, 제301조). **기출** 11

(4) 담보제공의 방법

① 담보의 제공은 금전 또는 법원이 인정하는 유가증권을 공탁하거나 대법원규칙이 정하는 바에 따라 지급을 보증하겠다는 위탁계약을 맺은 문서를 제출하는 방법으로 한다(민소법 제122조).

② 지급보증위탁계약을 맺은 문서를 제출하는 방법으로 담보를 제공하려면 미리 법원의 허가를 받아야 한다(민소규칙 제22조 제1항). 다만, 부동산·자동차 또는 채권에 대한 가압류신청을 하는 때에는 미리 은행 등과 지급보증위탁계약을 맺은 문서를 제출하고 이에 대하여 법원의 허가를 받는 방법으로 할 수 있다(규칙 제204조). 다만, 급여채권·영업자의 예금채권에 대한 가압류신청을 하는 때에는 그러하지 아니하다.

③ 담보제공명령에 따라 담보를 제공하면 통상은 보전처분을 발령하게 되지만(일반적으로는 법원이 신청을 인용할 수 있다고 판단하였을 때 비로소 담보제공을 명한다), 담보의 제공이 있다고 해서 법원이 반드시 신청을 인용하는 재판을 하여야 하는 것은 아니다(대판 1968.6.18. 68다539). **기출** 25 · 21 · 11

④ 소명이 부족하거나 없는 경우에도 법원은 담보를 제공하게 하고 보전처분을 명할 수 있으나(제280조 제2항), 오히려 반대로 보전처분 신청의 이유 없음이 소명된 경우에는 보전처분을 명할 수 없다(대결 2010.4.8. 2009마1026).

> 가처분신청에 있어서는 피보전권리나 가처분의 이유를 소명하여야 하고, 그 소명이 없을 때에도 법원은 가처분으로 인한 채무자의 손해에 대하여 채권자에게 담보를 제공케 하고 가처분을 명할 수 있으나(민사집행법 제301조, 제280조 제2항), 단지 그 소명이 없을 뿐 아니라 오히려 반대로 피보전권리 또는 가처분 이유 없음이 소명된 경우에는 법원으로서는 가처분을 명할 수는 없다고 해석함이 상당하다(대결 2010.4.8. 2009마1026). **기출** 14 · 17

(5) 담보권의 실행

① 현금 · 유가증권이 제공된 경우에 담보권을 행사하는 방법

ㄱ 첫째, 피담보채권의 존재 및 범위를 밝힌 확정판결(화해조서, 인낙조서 등)에 기하여 또는 담보제공자의 동의서를 첨부하여 보전명령을 발한 법원으로부터 공탁서를 넘겨받아 이를 공탁공무원에게 제출하고 공탁물을 받을 수 있다. **기출** 20

ㄴ 둘째, 공탁자가 가지는 공탁물회수청구권에 관하여 압류 및 전부 또는 추심명령을 받은 후 담보권자 명의로 담보취소를 신청하여 담보취소결정을 받아 공탁물을 회수할 수 있다(대결 1969.11.26. 69마1062).

② 지급보증서에 의하여 담보를 제공한 경우 : 지급보증위탁계약상의 피보험자인 보전처분의 채무자는 보전처분을 신청한 채권자를 상대로 먼저 집행권원을 취득한 후 이를 바탕으로 보험자에게 보험금청구를 하여야 하고, 보험자에게 직접 손해배상을 구할 수는 없다(대판 1999.4.9. 98다19011).

③ 가처분채권자가 가처분으로 인하여 가처분채무자가 받게 될 손해를 담보하기 위하여 법원의 담보제공명령으로 일정한 금전을 공탁한 경우에, 피공탁자로서 담보권리자인 가처분채무자는 담보공탁금에 대하여 질권자와 동일한 권리가 있다(제19조 제3항, 민소법 제123조). **기출** 25

④ 가처분채권자가 파산선고를 받게 되면 가처분채권자가 제공한 담보공탁금에 대한 공탁금회수청구권에 관한 권리는 파산재단에 속하므로, 가처분채무자가 공탁금회수청구권에 관하여 질권자로서 권리를 행사한다면 이는 별제권을 행사하는 것으로서 파산절차에 의하지 아니하고 담보권을 실행할 수 있다(대판 2015.9.10. 2014다34126). **기출** 25 · 21

(6) 담보취소

① 신청인

ㄱ 채권자가 제공한 담보는 채권자가 법원으로부터 담보취소결정을 받아 다시 찾을 수 있다(민소법 제125조, 제502조).

ㄴ 담보제공자의 담보물회수청구권에 대한 양수인이나 추심 또는 전부채권자와 같은 특정승계인에게도 담보취소신청권이 있고, 담보제공자의 일반채권자가 채권자대위권의 요건을 갖춘 경우 담보제공자를 대위하여 담보취소신청을 할 수 있다(대결 1982.9.23. 82마556).

② 담보취소사유

ⓐ 담보사유의 소멸 : 담보를 제공한 원인이 부존재하거나 손해 발생의 가능성이 없는 경우로서, 채권자가 본안의 승소확정판결을 얻은 때나 이행권고결정이 확정된 때가 담보취소의 사유로서 담보사유의 소멸에 해당한다. 예를 들면, 청구금액 1,000만원의 가압류결정 시 채권자가 담보로 100만원을 제공하였는데, 채권자가 1,000만원을 청구하는 본안소송을 제기하여 승소확정판결을 받으면 채권자가 담보취소결정을 받아 담보를 찾아갈 수 있다. **기출** 20

> 민사집행법 제23조에 의하여 가압류를 위한 담보에도 준용되는 민사소송법 제125조 제1항에서 담보의 취소사유로 규정하고 있는 담보사유가 소멸된 것이란 그 담보를 제공할 원인이 부존재인 경우는 물론이고 그 후 담보의 존속을 계속시킬 원인이 부존재하게 된 경우 또는 장래에 있어서 손해발생의 가능성이 없게 된 경우 등을 의미하는 것으로서, 가압류채권자가 본안소송에서 승소의 확정판결을 얻은 것과 같이 이미 집행된 가압류 등 보전처분의 정당성이 인용됨으로써 손해가 발생되지 아니할 것이 확실하게 된 경우도 이에 해당한다고 할 것인바, 소액사건심판법 제5조의7 제1항에서는 확정된 이행권고결정도 확정판결과 같은 효력을 가진다고 규정하고 있으므로, 이행권고결정이 확정된 경우에도 본안승소의 확정판결을 받은 것과 같이 담보사유가 소멸되었다고 해석함이 상당하다(대결 2006.6.30. 2006마257). **기출** 25·21

ⓑ 채무자의 동의

㉮ 채무자가 담보권을 포기한 경우에는 담보를 더 이상 존속시킬 필요가 없으므로, 채무자의 동의가 있는 이상 보전소송의 완결이나 본안소송의 완결 전이라도 담보취소결정을 하여야 한다. 예를 들면, 가압류결정 시 채권자가 담보로 100만원을 제공하였는데, 채권자가 본안소송을 제기하지 않았어도 채무자가 동의하면 채권자가 담보취소결정을 받아 담보를 찾아갈 수 있다. **기출** 20

㉯ 채무자의 동의는 서면으로 하며, 법원이 담보취소결정을 할 경우 그에 대한 항고권을 포기한다는 채무자의 서면까지 동의서에 첨부하여 채권자가 담보취소신청을 하는 것이 실무상의 관례이다.

㉰ 채무자가 채권자의 공탁금회수청구권을 압류 및 추심 또는 전부받아 담보취소를 대위신청하는 경우에는 담보권리자와 담보취소신청인이 동일인이므로 별도의 동의서나 항고권포기서를 제출할 필요가 없다.

ⓒ 소송 완결 후의 권리행사 최고

㉮ 소송완결 후 담보제공자의 신청에 의하여 법원이 담보권리자에 대하여 일정한 기간 내에 그 권리를 행사할 것을 최고하고, 담보권리자가 그 기간 내에 권리행사를 하지 아니하는 때에는 담보취소에 관하여 담보권리자의 동의가 있는 것으로 간주하여 법원이 담보취소결정을 할 수 있다(민소법 제125조 제3항).

㉯ 이 경우 권리행사의 최고를 받은 담보권리자의 권리행사 방법은 보전처분으로 인한 손해배상을 구하는 소제기 등 재판상의 청구이어야 하므로, 소송비용액의 확정신청이나 집행비용액확정결정신청은 이에 해당하지 아니한다(대결 2011.2.21. 2010그220). **기출** 21

㉰ 소송의 완결은 보전소송절차가 완결되어 더 이상 손해액이 증가할 염려가 없는 것을 말하며, 본안의 소가 제기된 때에는 그 본안소송도 완결되어야 한다(대결 1969.12.12. 69마967; 대결 2010.5.20. 2009마1073[전합]). 다만, 본안의 소가 제기되기 전에 보전소송이 완결된 경우에는 그 보전소송의 완결로써 소송완결이 있는 것으로 보는 것이 실무이다. **기출** 20

- 민사소송법 제125조 제4항에 의하여 즉시항고의 대상으로 되는 재판은 같은 조 제1항, 제2항에 따른 담보취소결정에 한하는 것이고, 권리행사최고 및 담보취소의 신청을 기각하는 결정에 대하여는 즉시 항고를 하여야 한다는 규정이 없으므로 민사소송법 제439조에 의하여 통상항고로 불복할 수 있다고 할 것이다(대결 2011.2.21. 2010그220). **기출** 14
- 보전처분에 관한 본안소송이 이미 제기되어 계속 중인 경우에는, 비록 보전처분이 그에 대한 이의신청 등을 통하여 취소 확정되고 그 집행이 해제되었다고 하더라도 그것만으로 민사소송법 제125조에서 말하는 '소송이 완결된 뒤'라고 볼 수 없고, 계속 중인 본안사건까지 확정되어야만 소송의 완결로 인정할 수 있다(대결 2010.5.20. 2009마1073).

    ㉴ 소송이 완결된 뒤 담보제공자의 신청에 의한 권리행사최고를 거쳐 담보취소결정이 발령된 후 그 결정이 확정되기 전에 담보권리자가 권리행사를 하고 이것을 증명한 경우에는 담보권리자가 담보 취소에 동의한 것으로 간주하여 발령된 담보취소결정은 그대로 유지할 수 없다(대결 2008.3.17. 2008마60). **기출** 21

3. 보전명령의 내용

(1) 가압류명령의 내용

   ① 피보전권리 및 청구금액

     ㉠ 피보전권리(청구채권)는 중복신청의 유무, 가압류의 효력 범위, 본안소송의 적법성, 본집행으로의 이행 유무를 판정하는 기준이 되므로, 어떤 금전채권의 집행을 보전하기 위한 것인지를 본안소송과 관련지어 식별·특정할 수 있도록 간략하고 요령 있게 표시한다.

> 채권에 대한 가압류 또는 압류를 신청하는 채권자는 신청서에 압류할 채권의 종류와 액수를 밝혀야 하고(민사집행법 제225조, 제291조), 채무자가 수인이거나 제3채무자가 수인인 경우에는 집행채권액을 한도로 하여 가압류 또는 압류로써 각 채무자나 제3채무자별로 어느 범위에서 지급이나 처분의 금지를 명하는 것인지를 가압류 또는 압류할 채권의 표시 자체로 명확하게 인식할 수 있도록 특정하여야 하며, 이를 특정하지 아니한 경우에는 집행의 범위가 명확하지 아니하여 특별한 사정이 없는 한 그 가압류결정이나 압류명령은 무효라고 보아야 한다(대판 2014.5.16. 2013다52547).

     ㉡ 청구금액은 가압류 해방금액 산정의 기준이 되고, 가압류집행의 한도가 되며, 가압류한 채권에 대하여 배당을 하게 될 때 기준금액이 되기도 하므로 명확하게 기재한다. 피보전권리가 복수이면 청구채권의 내용란에 각별로 내용과 금액 등을 기재한 후, 청구금액란에 합계액을 기재한다. 청구금액에는 장래의 지연손해금을 포함시키는 것도 가능하다.

   ② 담보에 관한 사항 : 채권자가 담보를 제공한 때에는 그 담보와 담보방법을 기재한다(제280조 제4항).

   ③ 가압류의 선언 : 가압류명령의 주문으로서 피보전권리의 보전을 위하여 채무자의 재산을 가압류한다는 선언을 하게 된다. 그 주문은 "채무자 소유의 ○○(재산)을 가압류한다"라는 선언의 형식으로 표현되며 목적재산에 따라 그 부수적 표현이 달라진다. 또 채권가압류의 경우에는 가압류선언 외에 "제3채무자는 채무자에게 위 채권에 관한 지급을 하여서는 아니 된다"는 문구도 같이 쓴다(제296조 제3항).

   ④ 목적재산 : 가압류의 목적물은 채무자의 일반재산이며 동산, 부동산을 불문한다. 민사집행법상 동산에는 유체동산뿐만 아니라 채권 그 밖의 재산권도 포함하며, 부동산소유권이전등기청구권도 가압류의 대상이 된다(민사집행법 제224조 제2항은 부동산소유권이전등기청구권에 대한 압류에 관하여 명문으로 규정하고 있으며, 이 규정은 제291조에 의하여 가압류에 준용된다)(대결 1978.12.18. 76마381[전합]). **기출** 14

⑤ 해방공탁금의 표시

> **민사집행법 제282조(가압류해방금액)**
> 가압류명령에는 가압류의 집행을 정지시키거나 집행한 가압류를 취소시키기 위하여 <u>채무자가 공탁할 금액을</u>
> <u>적어야</u> 한다.
>
> **민사집행법 제299조(가압류집행의 취소)** `기출` 16
> ① <u>가압류명령에 정한 금액을 공탁한 때에는</u> 법원은 <u>결정으로</u> 집행한 가압류를 <u>취소하여야</u> 한다.

㉠ 가압류명령에는 가압류의 집행을 정지시키거나 집행한 가압류를 취소시키기 위하여 채무자가 공탁할 금액을 적어야 한다(제282조). 이를 해방금 또는 해당공탁금이라 한다.

㉡ 채무자가 가압류명령에 정한 금액 공탁하였을 때에는 <u>결정으로</u> 집행한 가압류를 <u>취소하여야 한다</u>(제299조 제1항). `기출` 16

㉢ 가압류해방공탁금은, 채무자가 입을 수 있는 손해를 담보하는 취지의 이른바 소송상의 담보와는 달리 가압류의 목적물에 갈음하는 것으로서, 금전에 의한 공탁만 허용되고 유가증권에 의한 공탁은 그 유가증권이 실질적 통용가치가 있는 것이라고 하더라도 허용되지 않는다(대결 1996.10.1. 96마162[전합]).
`기출` 16 · 12

㉣ 가압류집행의 목적물에 갈음하여 가압류해방금이 공탁된 경우에 그 <u>가압류의 효력은 공탁금 자체가</u> 아니라 공탁자인 채무자의 공탁금 회수청구권에 대하여 미치는 것이므로 채무자의 다른 채권자가 가압류해방공탁금 회수청구권에 대하여 압류명령을 받은 경우에는 가압류채권자의 가압류와 다른 채권자의 압류는 그 집행대상이 같아 서로 경합하게 된다(대결 1996.11.11. 95마252). `기출` 22 · 16

㉤ 가압류해방공탁금은 이를 공탁하게 하는 목적이 피보전채권의 강제집행을 보전하는데 있고, <u>가압류</u> <u>채권자는 가압류해방공탁금에 대하여 우선변제권이 없다</u>(대결 1996.11.11. 95마252). `기출` 16

㉥ 해방금액의 공탁에 의한 가압류 집행취소 제도의 취지에 비추어 볼 때, 가압류 채권자의 가압류에 의하여 누릴 수 있는 이익이 가압류 집행취소에 의하여 침해되어서는 안 되므로, <u>가압류채무자에게</u> <u>해방공탁금의 용도로 금원을 대여하여 가압류집행을 취소할 수 있도록 한 자는 비록 가압류채무자에</u> <u>대한 채권자라 할지라도 특별한 사정이 없는 한 가압류채권자에 대한 관계에서 가압류 해방공탁금회</u> <u>수청구권에 대하여 위 대여금 채권에 의한 압류 또는 가압류의 효력을 주장할 수는 없다</u>(대판 1998.6.26. 97다30820). `기출` 21 · 16

(2) 가처분명령의 내용

> **민사집행법 제305조(가처분의 방법)**
> ① 법원은 신청목적을 이루는 데 필요한 처분을 직권으로 정한다.
> ② 가처분으로 <u>보관인을 정하거나</u>, 상대방에게 어떠한 행위를 하거나 하지 말도록, 또는 <u>급여를 지급하도록 명할</u>
> <u>수 있다</u>.
> ③ 가처분으로 <u>부동산의 양도나 저당을 금지한 때에는</u> 법원은 제293조(부동산가압류집행)의 규정을 준용하여
> <u>등기부에 그 금지한 사실을 기입하게 하여야</u> 한다.

① 피보전권리
  ㉠ 가처분은 금전채권을 보전하기 위한 것은 아니므로 그 재판서에 청구금액을 표시할 필요는 없다.
    기출 11
  ㉡ 이중신청의 방지, 본안과의 연결을 위하여 피보전권리의 내용을 표시한다(예 2023.8.11. 매매를 원인으로 한 소유권이전등기청구권).
② 가처분의 주문
  ㉠ 가처분방법은 법원의 재량에 속하나, 아무런 제한 없이 할 수 있는 것은 아니며, 피보전권리의 종류와 성질, 보전의 필요성, 강제집행과의 관련성 등에 의하여 일정한 제한을 받게 되고, 가처분의 잠정성이나 종속성에 따른 제약을 받게 된다.
  ㉡ 신청의 범위 내일 것
    ㉮ 처분권주의(민소법 제203조)가 적용되어 법원은 가처분채권자가 신청한 범위 안에서 가처분의 정도나 방법을 정해야 한다.
    ㉯ 광천인도청구권 보전을 위한 점유이전금지가처분을 신청하였는데 피신청인에 대한 출입금지와 아울러 신청인에게 이를 사용 수익하게 하는 것(대판 1961.2.16. 4292민상308), 신청인이 공장을 점유하고 있음을 전제로 상대방에 대하여 그 점유의 방해금지를 구하는 가처분을 신청하였는데 법원이 신청인과 피신청인이 공동점유하고 있다고 인정하여 그 점유를 풀고 신청인이 위임하는 집행관에게 보관을 명하는 것(대결 1965.10.14. 64마914) 등은 신청의 범위를 넘는다고 할 것이다.
  ㉢ 본안청구의 범위 내일 것
    ㉮ 가처분은 본안청구를 보전하기 위한 것이므로(부수성) 본안의 청구로서 채무자에게 요구할 수 있고 또 집행할 수 있는 범위를 벗어날 수 없다(대판 1964.11.10. 64다649).
    ㉯ 본안소송이 '소유권이전등기청구의 소'라면 처분금지가처분만 허용될 뿐, 점유이전금지가처분은 본안청구의 범위를 벗어나기 때문에 허용되지 않는다.
    ㉰ '저당권(임차권)설정계약에 기한 등기청구권'을 보전하기 위하여 목적부동산에 대한 처분금지가처분이 허용된다.
    ㉱ 본안소송에서 신청인이 피신청인에 대하여 광구에 대한 광업권등록말소만을 청구하고 있는데 피신청인에 대하여 위 광구출입금지를 구하는 가처분신청은 본안판결의 집행범위를 넘는 것이다(대판 1964.11.10. 64다649).
  ㉣ 가처분의 목적범위 내일 것
    ㉮ 가처분명령은 보전목적을 초과하여서는 안 된다. 신청취지가 보전목적을 초과한 경우에는 법원은 보전목적 범위 안에서 필요한 처분을 할 수 있다(대판 1955.10.6. 4288민상250). 기출 11
    ㉯ 부동산처분금지가처분에서 피보전권리의 대상으로 되어 있는 물건이 한 필지인 토지의 일부인 경우에는 바로 분할등기하는 것이 불가능하거나 곤란하다면 그 한 필지 전부에 대하여 가처분을 할 수밖에 없다(대판 1975.5.27. 75다190).
③ 해방공탁금에 관한 규정 준용 여부 : 금전채권이나 금전으로 환산할 수 있는 채권의 보전을 목적으로 하는 가압류와 달리 가처분은 금전채권을 제외한 특정물에 대한 이행청구권 또는 다툼이 있는 권리관계의 보전에 그 본래의 목적이 있다는 점과 민사집행법 제307조에서 특별사정으로 인한 가처분의 취소를 별도로 규정한 법의 취지 등에 비추어 볼 때 해방공탁금에 관한 규정은 가처분에 준용할 수 없다는 것이 판례이다(대결 2002.9.25. 2000마282 등).

Ⅳ 보전재판의 고지

1. 신청을 배척하는 재판

> **민사집행법 제281조(재판의 형식)**
> ③ 담보를 제공하게 하는 재판, 가압류신청을 기각하거나 각하하는 재판과 제2항의 즉시항고를 기각하거나 각하하는 재판은 채무자에게 고지할 필요가 없다.

① 담보를 제공하게 하는 재판, 보전처분신청을 기각하거나 각하하는 재판과 위 기각 또는 각하결정에 대한 즉시항고를 기각하거나 각하하는 재판은 채무자에게 고지할 필요가 없다(제281조 제3항).

② 이러한 결정은 채무자에게 아무런 불이익이 없고 보전처분의 밀행성에 비추어 채무자에게는 아무런 고지를 하지 않는다.

2. 신청을 받아들이는 재판(보전명령)

① 일반적으로 결정은 판결과 달리 상당한 방법으로 고지하면 되나(민소법 제221조), 민사집행규칙은 보전처분의 신청에 대한 결정은 '송달의 방법'으로 고지하도록 규정하고 있다(규칙 제203조의4).

② 보전처분의 집행은 채무자에게 재판을 송달하기 전에도 할 수 있으므로(제292조 제3항), 채무자에 대한 보전명령의 송달은 채무자의 집행면탈을 예방하기 위하여 보전명령의 집행착수 후에 송달하는 것이 실무이다.

Ⅴ 보전처분을 명하는 재판(보전명령)의 효력

1. 효력발생시기

① 고지된 때
  ㉠ 보전명령의 효력은 그 재판이 고지된 때에 발생함이 원칙이다.
  ㉡ 보전처분이 채무자에게 송달되기 전에 집행을 하게 되면 채무자는 그 집행에 의하여 보전처분의 내용을 알게 되는 것이므로 그때에 효력이 생긴다고 본다.

② 집행력의 즉시 발생 : 집행력은 채무자에 대한 송달 없이도 보전명령의 성립과 동시에 즉시 발생한다(제292조 제3항 참조).

③ 보전명령에 대한 경정결정이 있는 경우 효력발생시기
  ㉠ 원칙 : 당초의 보전명령이 고지된 때
    보전명령에 대한 경정결정이 있는 경우에는 당초의 보전명령이 고지된 때에 소급하여 경정된 내용의 보전명령의 효력이 발생하는 것이 원칙이다.
  ㉡ 예외 : 경정결정이 제3채무자에게 송달된 때
    제3채무자의 입장에서 볼 때 객관적으로 경정결정이 당초의 채권가압류결정의 동일성에 실질적으로 변경을 가하는 것일 경우에는 경정결정이 제3채무자에게 송달된 때에 비로소 경정된 내용의 채권가압류결정의 효력이 발생한다는 것이 판례이다(대판 1999.12.10. 99다42346). **기출** 14

2. 효력(보전명령 자체의 효력)

> **민사집행법 제292조(집행개시의 요건)** `기출` 12 · 18
> ① 가압류에 대한 재판이 있은 뒤에 채권자나 채무자의 승계가 이루어진 경우에 가압류의 재판을 집행하려면 집행문을 덧붙여야 한다.
> ② 가압류에 대한 재판의 집행은 채권자에게 재판을 고지한 날부터 2주를 넘긴 때에는 하지 못한다.
> ③ 제2항의 집행은 채무자에게 재판을 송달하기 전에도 할 수 있다.

① 구속력
  ㉠ 보전처분을 발령한 법원이 스스로 이를 취소·철회할 수 없는 효력을 말한다.
  ㉡ 다만, 보전명령신청에 관한 재판에 대한 불복으로 즉시항고 또는 이의가 제기된 때에는 '재도의 고안'이 허용되므로 보전명령을 발령한 법원이 스스로 취소 또는 변경을 할 수 있다(제23조 제1항, 제286조 제2항, 제301조, 민소법 제446조).

② 집행력
  ㉠ 보전명령의 집행력은 그 보전명령 성립과 동시에 발생하고 그 명령의 확정을 기다릴 필요가 없으며(따라서 가집행선고가 필요 없다), 당사자의 승계가 없는 한 집행문이 필요 없다.
  ㉡ 판결과 달리 선고가 필요하지 않는 보전명령(결정)과 같은 재판은 원본이 법원사무관 등에게 교부되었을 때 성립한 것으로 보아야 한다(대결 2014.10.8. 2014마667[전합]).

③ 효력의 잠정성
  ㉠ 보전처분의 효력은 피보전권리의 보전목적 범위 내에서 잠정적·가정적으로만 발생하고 피보전권리나 다툼의 대상이 된 법률관계의 존부를 확정하는 힘은 가지지 않는다.
  ㉡ 그러나 잠정적 효력을 갖는다고 하여 본안의 소에서 채권자가 패소하면 보전처분의 효력이 당연히 상실된다는 뜻은 아니다.

④ 실체적 확정력(기판력) : 소명이 없다는 이유로 보전처분신청을 배척하는 재판이 확정되었다 하더라도 그 소명을 강화하여 다시 신청하는 경우 종전 재판의 기판력은 미치지 않고(대결 1960.7.21. 4293민항137), 보전절차에서의 확정재판에는 피보전권리의 존부를 종국적으로 확정하는 의미의 기판력이 없다고 판시한 바 있다(대판 1977.12.27. 77다1698).

> 보전소송절차는 피보전권리를 종국적으로 확정하는 것을 목적으로 하는 것이 아니므로 보전소송에서 피보전권리가 소명되어 보전신청이 판결에 의하여 인용되고, 위 판결이 확정되었다고 하더라도 그로써 피보전권리에 관하여 기판력이 생기는 것은 아니다(대결 2008.10.27. 2007마944). `기출` 23

Ⅵ 보전재판에 대한 불복

1. 신청을 배척하는 재판

> **민사집행법 제281조(재판의 형식)**
> ② 채권자는 가압류신청을 기각하거나 각하하는 결정에 대하여 즉시항고를 할 수 있다.

① 채권자는 신청을 배척하는 결정에 대하여 즉시항고로 불복할 수 있다(제281조 제2항, 제301조).

② 채무자는 보전처분 신청을 배척하는 결정에 대하여 즉시항고나 이의신청 등으로 불복할 수 없다(대결 2008.10.24. 2007마1377).

③ 무담보의 가압류결정을 구하는 신청에 대하여 법원이 일정한 액수의 담보를 제공하는 것을 조건으로 가압류를 명하는 경우 이는 실질적으로 가압류신청에 대한 일부기각의 재판과 같은 성격을 가지는 것이므로 채권자는 가압류신청의 일부기각의 경우와 마찬가지로 '즉시항고'로 불복할 수 있다. 기출 23·19

> 무담보의 가압류결정을 구하는 신청에 대하여 법원이 일정한 액수의 담보를 제공하는 것을 조건으로 가압류를 명하는 경우 이는 실질적으로 가압류신청에 대한 일부 기각의 재판과 같은 성격을 가지는 것이므로 신청인으로 서는 위 일부 기각 부분(담보를 조건으로 명한 부분)에 대하여 불복할 이익을 갖는다고 할 것이고, 담보의 수액이 지나치게 과다하다고 다투는 경우도 마찬가지로 보아야 할 것인데, 이때 담보를 제공할 것을 명한 부분을 다투거나 담보의 수액이 지나치게 많다고 하여 다툴 수 있는 방법은 법률상 다른 특별한 규정이 없는 이상 가압류신청의 일부 또는 전부가 기각이나 각하된 경우와 마찬가지로 통상의 항고로써 다툴 수 있다(대결 2000.8.28. 99그30). → 종래에는 보전처분신청을 각하 또는 기각하는 결정에 대한 불복방법에 관하여 별도의 규정이 없었으므로 채권자는 항고의 이익이 있는 한 '통상의 항고'로 불복할 수 있었다. 그러나 2002년 제정된 민사집행법은 보전처분신청을 기각하거나 각하하는 결정에 대하여 '즉시항고'로 다툴 수 있도록 하였다(민사집 행법 제281조 제2항, 제301조). 기출 23·19

④ 즉시항고기간은 민사집행법에 특별한 규정이 없으므로, 항고인은 재판을 고지받은 날부터 1주 이내에 원심법원에 항고를 제기하여야 한다(제23조 제1항, 민소법 제444조·제445조). 그러나 법원이 즉시항고 제기기간을 잘못 고지하였다면, 설령 즉시항고가 법정기간을 경과하여 제기되었더라도 그것이 그 고지된 기간 내에 제기된 이상 적법한 항고로 봄이 상당하다(대결 2007.7.27. 2006마1131). 기출 19

2. 신청을 받아들이는 재판

보전처분에 대하여 채무자는 보전처분이의를 신청할 수 있을 뿐이고, 보전처분이 항고법원에 의하여 행하여진 경우라 하더라도 이에 대하여 민사소송법 제442조의 재항고나 민사소송법 제444조의 즉시항고로는 다툴 수 없다(대결 1999.4.20. 99마865; 대결 2008.5.13. 2007마573). 기출 22·19

> 가압류신청이나 가처분신청을 인용한 결정에 대하여는 채무자나 피신청인은 민사집행법 제283조, 제301조에 의하여 그 보전처분을 발한 법원에 이의를 신청할 수 있을 뿐이고, 그 인용결정이 항고법원에 의하여 행하여진 경우라 하더라도 이에 대하여 민사소송법 제442조에 의한 재항고나 같은 법 제444조의 즉시항고로는 다툴 수 없다(대결 2008.5.13. 2007마573). 기출 22

CHAPTER
03

보전집행절차

제1절 서 설

I 강제집행과의 구별

1. 강제집행규정의 준용

① 가압류의 집행에 관하여는 민사집행법 제292조 이하 몇 조문의 특칙이 있는 것을 제외하고는 강제집행에 관한 규정을 준용한다(제291조, 규칙 제218조). 가처분의 집행에 관하여도 마찬가지이다(제301조).

② 그러나 청구에 관한 이의의 소(제44조)의 규정은 준용되지 않고, 집행문부여에 대한 이의의 소(제45조)의 규정도 원칙적으로 준용되지 않는다(승계집행문이 있는 경우는 예외이다).

2. 강제집행과의 차이점

① 보전집행절차는 강제집행에 관한 규율에 준하는 것이지만 통상의 강제집행절차와 비교하여 전체적으로 신속한 집행에 초점이 맞추어져 있는 점에 특색이 있다.

② 강제집행과 다른 보전집행의 특색으로 다음과 같은 것이 있다.

> - 보전명령은 확정을 기다리지 않고 그 성립과 동시에 집행력이 인정되는 점(= 즉시 집행력 발생)
> - 보전명령에 가집행선고가 필요 없는 점
> - 당사자(채권자·채무자) 승계의 경우를 제외하고는 집행문을 요구하지 않는 점
> - 집행권원의 송달 전 집행을 허용하는 점
> - 집행기간(2주)의 제한을 둔 점
> - 별도의 집행신청을 요구하지 않는 경우도 있는 점(부동산·채권에 대한 가압류결정)

3. 집행기간제도

> **민사집행법 제292조(집행개시의 요건)**
> ② 가압류에 대한 재판의 집행은 채권자에게 재판을 고지한 날부터 2주를 넘긴 때에는 하지 못한다.
> ③ 제2항의 집행은 채무자에게 재판을 송달하기 전에도 할 수 있다.

① 의의 및 취지
　㉠ 민사집행법 제292조 제2항은 가압류에 대한 재판의 집행은 채권자에게 재판을 고지한 날부터 2주일을 넘긴 때에는 하지 못한다고 규정하고 있고 이 규정은 같은 법 제302조에 의하여 가처분의 집행에도 준용된다.
　㉡ 집행기간은 법정기간으로서, 이는 채무자의 이익만을 위한 기간은 아니고 채권자의 권리행사 확보와 채무자보호의 요청을 조화시키기 위하여 국가의 집행권을 제한하는 공익적 규정이므로, 법원이 임의로 신장할 수 없고, 채무자도 그 기간경과의 이익을 포기할 수 없다. **기출** 13

② 기산점
　㉠ 원 칙
　　㉮ 집행기간은 집행이 가능한 때부터 진행한다.
　　㉯ 즉시 집행이 가능한 보전처분(가압류, 부동산점유이전금지가처분 등)은 채권자에게 재판을 고지한 날부터 집행기간이 진행한다(제292조, 제301조).
　㉡ 임시의 지위를 정하기 위한 가처분
　　㉮ 일정한 작위를 명하는 가처분의 경우, 그 작위가 대체적인 경우에는 대체집행(제260조)에 의하고 부대체적인 경우에는 간접강제(제261조)에 의하게 되는데, 이때의 집행기간은 대체집행신청이나 간접강제신청에 대한 인용재판이 있을 때부터 진행되는 것이 아니라 가처분재판(가처분결정)의 고지일로부터 2주 안에 대체집행 또는 간접강제의 신청이 있어야 한다.

> - 부대체적 작위의무의 이행을 명하는 가처분결정을 받은 채권자가 간접강제의 방법으로 그 가처분결정에 대한 집행을 함에 있어서도 가압류에 관한 민사집행법 제292조 제2항의 규정이 준용되어 특별한 사정이 없는 한 가처분결정이 채권자에게 고지된 날부터 2주 이내에 간접강제를 신청하여야 함이 원칙이고, 그 집행기간이 지난 후의 간접강제 신청은 부적법하다. 다만 가처분에서 명하는 부대체적 작위의무가 일정 기간 계속되는 경우라면, 채무자가 성실하게 그 작위의무를 이행함으로써 강제집행을 신청할 필요 자체가 없는 동안에는 위 집행기간이 진행하지 않고, 채무자의 태도에 비추어 작위의무의 불이행으로 인하여 간접강제가 필요한 것으로 인정되는 때에 그 시점부터 위 2주의 집행기간이 기산된다(대결 2010.12.30. 2010마985). **기출** 24·19·13
> - 부대체적 작위채무의 이행을 명하는 가처분결정과 함께 그 의무위반에 대한 간접강제결정이 동시에 이루어진 경우에는 간접강제결정 자체가 독립된 집행권원이 되고 간접강제결정에 기초하여 배상금을 현실적으로 집행하는 절차는 간접강제절차와 독립된 별개의 금전채권에 기초한 집행절차이므로, 그 간접강제결정에 기한 강제집행을 반드시 가처분결정이 송달된 날로부터 2주 이내에 할 필요는 없다. 다만, 그 집행을 위해서는 당해 간접강제결정의 정본에 집행문을 받아야 한다(대결 2008.12.24. 2008마1608). **기출** 22·19

　　㉯ 집행이 따로 필요 없는 단순히 부작위를 명하는 가처분의 경우에는 원칙적으로 집행기간의 문제가 생기지 않으나, 채무자가 명령위반행위를 하면 채권자는 그 제거 또는 방지를 구할 수 있는데(제260조, 민법 제389조 제3항), 그 명령위반 행위를 한 때부터 그 제거나 방지를 위한 간접강제신청의 집행기간이 개시되는 것이 원칙이다.

> 채무자에 대하여 단순한 부작위를 명하는 가처분은 그 가처분 재판이 채무자에게 고지됨으로써 효력이 발생하는 것이지만, 채무자가 그 명령 위반의 행위를 한 때에 비로소 간접강제의 방법에 의하여 부작위 상태를 실현시킬 필요가 생기는 것이므로 그때부터 2주 이내에 간접강제를 신청하여야 함이 원칙이고, 다만 채무자가 가처분 재판이 고지되기 전부터 가처분 재판에서 명한 부작위에 위반되는 행위를 계속하고 있는 경우라면, 그 가처분결정이 채권자에게 고지된 날부터 2주 이내에 간접강제를 신청하여야 하고, 그 집행기간이 지난 후의 간접강제 신청은 부적법하다(대결 2010.12.30. 2010마985). **기출** 13·19

ⓒ 집행의 의미
  ㉮ 2주일 내에 '집행하여야 한다'는 의미는 2주일 내에 집행에 착수하여야 한다는 의미이다. 2주일 이내에 집행을 종료하여야 하는 것이 아니다.
  ㉯ 예외적으로 판례는 간접강제로 보전명령을 집행하는 경우에는 간접강제의 신청만으로 집행기간을 준수한 것으로 보고 있다(대결 2010.12.30. 2010마985).
ⓔ 집행기간 도과의 효과
  ㉮ 집행기간이 지나면 집행을 할 수 없고 그 보전처분은 집행력을 잃는다. 따라서 채권자는 새로운 보전처분의 신청을 하여 새로운 재판을 받지 않으면 집행이 불가능하다.
  ㉯ 채권자가 임의로 가압류집행을 해제한 경우에도 그 명령은 존속하고 있으므로 집행기간 내라면 다시 집행에 착수할 수 있다. **기출** 11
  ㉰ 그러나 집행기간이 도과하였다 하여 보전처분 자체의 효력이 상실되는 것은 아니므로 채무자가 보전처분 자체의 효력을 없애려면 집행기간 도과라는 사정변경을 이유로 취소신청을 하여야 한다. **기출** 13
  ㉱ 집행기관 경과의 유무는 집행기관이 직권으로 조사하고 집행기간이 경과한 경우에는 집행신청을 각하한다. 집행기간이 지났는데도 집행을 하면 위법한 집행으로서 채무자는 집행에 관한 이의로 구제받을 수 있다.

제2절 가압류집행

I 가압류집행절차

민사집행법 제291조(가압류집행에 대한 본집행의 준용)
가압류의 집행에 대하여는 강제집행에 관한 규정을 준용한다. 다만, 아래의 여러 조문과 같이 차이가 나는 경우에는 그러하지 아니하다.

민사집행법 제292조(집행개시의 요건)
① 가압류에 대한 재판이 있은 뒤에 채권자나 채무자의 승계가 이루어진 경우에 가압류의 재판을 집행하려면 집행문을 덧붙여야 한다. **기출** 24
② 가압류에 대한 재판의 집행은 채권자에게 재판을 고지한 날부터 2주를 넘긴 때에는 하지 못한다.
③ 제2항의 집행은 채무자에게 재판을 송달하기 전에도 할 수 있다. **기출** 24

1. 총 설

가압류의 피보전권리는 금전채권이다. 그러므로 가압류집행절차는 강제집행절차 중 금전채권에 기초한 강제집행절차와 같다. 다만 현금화와 배당절차는 별도로 문제되지 않는다.

2. 부동산에 대한 가압류

① 개 설

ㄱ 부동산에 대한 강제집행의 방법으로 '강제경매'와 '강제관리'의 두 가지가 있는 것과 같이 그 보전수단인 부동산 가압류도 '부동산 소유권에 대한 가압류'와 '가압류를 위한 강제관리'의 두 가지 방법이 있다.

ㄴ '부동산 소유권에 대한 가압류'의 경우에는 가압류명령을 등기부에 기입하는 방법으로 집행하고(제293조 제1항), '가압류를 위한 강제관리'의 경우에는 강제관리와 마찬가지의 방법으로 집행하나 본집행과는 달리 청구채권액에 해당하는 금액을 지급받아 공탁하여야 한다(제294조).

ㄷ 위 두 가지 방법은 함께 사용할 수 있다(제78조 제3항, 제291조).

② 부동산 소유권에 대한 가압류(부동산가압류)[134]

> **민사집행법 제293조(부동산가압류집행)**
> ① 부동산에 대한 가압류의 집행은 가압류재판에 관한 사항을 등기부에 기입하여야 한다.
> ② 제1항의 집행법원은 가압류재판을 한 법원으로 한다.
> ③ 가압류등기는 법원사무관등이 촉탁한다.

ㄱ 부동산 소유권에 대한 가압류(부동산가압류)는 가압류재판에 관한 사항을 등기부에 기입하는 방법으로 집행한다(제293조 제1항).

㉮ 부동산가압류의 집행법원은 가압류재판을 한 법원이 되나(제293조 제2항), 가압류등기는 법원사무관 등이 촉탁한다(제293조 제3항).

㉯ 부동산가압류에서는 가압류 신청 시에 집행신청도 함께 한 것으로 보아 따로 집행신청을 하지 않더라도 집행에 착수한다.

ㄴ 상속등기를 하지 아니한 부동산에 대하여 가압류명령이 있을 때에는 가압류채권자는 그 기입등기촉탁 이전에 먼저 대위에 의한 상속등기를 함으로써 등기의무자의 표시가 등기부와 일치하도록 하여야 한다.

---

134) '부동산 소유권에 대한 가압류'를 '부동산가압류'로 줄여 사용하는 것이 일반적이다. 이하에서도 '부동산가압류'를 같은 의미로 사용한다.

ⓒ 미등기 부동산

㉮ 미등기 부동산에 관하여 가압류명령을 하면 법원은 등기관에게 미등기 부동산에 대한 가압류등기를 촉탁한다. 등기관은 법원의 촉탁에 따라 미등기 부동산에 대하여 직권으로 소유권보존등기를 한 후 가압류등기를 한다.

㉯ 그러나 신축 중인 건물로서 아직 독립한 건물로 인정할 수 있는 단계에 이르지 못한 미등기 건물은 부동산등기법 제66조의 미등기 부동산으로 취급할 수 없는 것은 물론이고, 독립하여 거래의 객체가 될 수 없어 유체동산 집행의 대상으로도 되지 않으므로 보전처분의 대상으로 삼을 수 없다(대결 2009.5.19. 2009마406 참조). **기출** 24

> 완공되지 아니하여 보존등기가 경료되지 아니하였거나 사용승인되지 아니한 건물이라고 하더라도 채무자의 소유로서 건물로서의 실질과 외관을 갖추고 그의 지번·구조·면적 등이 건축허가 또는 건축신고의 내용과 사회통념상 동일하다고 인정되는 경우에는 보전처분의 대상으로 삼을 수 있다고 할 것이나, 그에 이르지 못한 경우에는 보전처분의 대상이 될 수 없는 것으로서 해당 미등기건물에 대한 보전처분신청은 각하되어야 할 것이다(대결 2009.5.19. 2009마406). **기출** 24

③ 부동산 수익의 가압류를 위한 강제관리

> **민사집행법 제294조(가압류를 위한 강제관리)**
> 가압류의 집행으로 강제관리를 하는 경우에는 관리인이 청구채권액에 해당하는 금액을 지급받아 공탁하여야 한다.

㉠ 강제관리는 부동산, 즉 토지 또는 건물의 수익(차임 등)으로 채권자의 금전채권을 만족시키려는 집행방법이다(제78조 제2항, 제163조 이하).

㉡ 부동산 수익의 가압류를 위한 강제관리(가압류를 위한 강제관리)의 경우(제294조)에는 가압류의 성질상 변제(배당)의 단계까지 갈 수 없으므로 강제집행을 위한 강제관리에 있어서와 같이 관리인이 지급받은 수익에서 조세, 공과금을 뺀 나머지를 채권자에게 지급(배당)하는 것(제169조)이 아니라 가압류청구채권액에 해당하는 금액을 지급받아 공탁하여야 한다(제294조).

3. 선박·항공기에 대한 가압류

> **민사집행법 제295조(선박가압류집행)**
> ① 등기할 수 있는 선박에 대한 가압류를 집행하는 경우에는 가압류등기를 하는 방법이나 집행관에게 선박국적증서 등을 선장으로부터 받아 집행법원에 제출하도록 명하는 방법으로 한다. 이들 방법은 함께 사용할 수 있다.
> ② 가압류등기를 하는 방법에 의한 가압류집행은 가압류명령을 한 법원이, 선박국적증서등을 받아 제출하도록 명하는 방법에 의한 가압류집행은 선박이 정박하여 있는 곳을 관할하는 지방법원이 집행법원으로서 관할한다.
> ③ 가압류등기를 하는 방법에 의한 가압류의 집행에는 제293조 제3항(법원사무관등의 촉탁)의 규정을 준용한다.

① 민사집행법은 선박에 대한 가압류의 집행에 관하여 기본적으로 부동산집행, 그중에서도 '강제경매' 관한 규정을 준용하도록 하고 있다(제172조, 제291조).

② 선박우선특권이 있는 채권은 그 선박소유자의 변동에 관계없이 집행권원이 없이도 선박에 대한 경매를 신청할 수 있으므로 선박을 가압류할 필요가 없어 보전의 필요성이 인정되지 아니한다는 점을 유의하여 야 한다(대판 1988.11.22. 87다카1671 등).

> 외국선박에 대한 가압류결정을 받은 가압류권자는 가압류집행을 마쳐야 배당요구를 할 수 있으므로, 가압류 대상인 선박에 대하여 이미 경매신청채권자 등에 의하여 선행 감수·보존처분이 되어 있다고 하더라도 별도로 가압류집행을 하여야 하고, 그러한 집행을 하지 아니한 채 선행 감수·보존처분을 원용하거나 가압류결정만으 로 적법한 배당요구가 있었다고 할 수는 없다(대판 2011.9.8. 2009다49896).

③ 항공기에 대한 강제집행절차는 부동산, 동산, 선박에 대한 강제집행규정에 준하여 대법원 규칙으로 정한 다(제187조). 이에 따라 항공기에 대한 가압류의 집행도 선박에 대한 가압류집행의 예에 따라 실시한다(규 칙 제209조).

4. 자동차·건설기계에 대한 가압류

① 자동차·건설기계에 대한 강제집행절차는 부동산, 동산 선박에 대한 강제집행규정에 준하여 대법원규칙 으로 정한다(제187조).

② 등록된 자동차에 대한 가압류의 집행은 원칙적으로 부동산에 대한 가압류집행의 예(강제관리의 방법은 제외)에 의하도록 하였다(규칙 제210조 제1항).

③ 건설기계관리법에 의하여 등록된 건설기계에 대한 가압류의 집행에 대하여는 자동차에 대한 가압류집행 의 규정들을 준용한다(규칙 제211조).

5. 유체동산에 대한 가압류

> **민사집행법 제296조(동산가압류집행)**
> ① 동산에 대한 가압류의 집행은 압류와 같은 원칙에 따라야 한다.
> ④ 가압류한 금전은 공탁하여야 한다.
> ⑤ 가압류물은 현금화를 하지 못한다. 다만, 가압류물을 즉시 매각하지 아니하면 값이 크게 떨어질 염려가 있거나 그 보관에 지나치게 많은 비용이 드는 경우에는 집행관은 그 물건을 매각하여 매각대금을 공탁하여야 한다.

① 유체동산에 대한 가압류집행은 압류와 같은 원칙에 따라야 한다(제296조 제1항). 유체동산 가압류는 집행 관에게 집행을 위임하여 집행관이 유체동산 압류의 방식에 의하여 집행한다.

② 유체동산 가압류집행이 본압류와 다른 것은 현금화할 수 없다는 것이다. 따라서 배당절차도 없다.

③ 유체동산에 대한 가압류 집행절차에 착수하지 않은 경우에는 시효중단 효력이 없고, 집행절차를 개시하 였으나 가압류할 동산이 없기 때문에 집행불능이 된 경우에는 집행절차가 종료된 때로부터 시효가 새로 이 진행된다(대판 2011.5.13. 2011다10044). **기출** 22

6. 금전채권에 대한 가압류

> **민사집행법 제296조(동산가압류집행)**
> ② 채권가압류의 집행법원은 가압류명령을 한 법원으로 한다.
> ③ 채권의 가압류에는 제3채무자에 대하여 채무자에게 지급하여서는 아니 된다는 명령만을 하여야 한다.
>
> **민사집행법 제297조(제3채무자의 공탁)**
> 제3채무자가 가압류 집행된 금전채권액을 공탁한 경우에는 그 가압류의 효력은 그 청구채권액에 해당하는 공탁금액에 대한 채무자의 출급청구권에 대하여 존속한다.

① 지명채권에 대한 가압류

  ㉠ 지명채권을 가압류할 때에는 주문에 가압류의 목적인 특정의 채권을 기재하고 이를 '가압류한다'는 뜻을 선언함과 동시에 '제3채무자에 대하여 채무자에게 지급하여서는 아니 된다'는 명령만을 한다(제296조 제3항).

  ㉡ 채무자에 대하여 채권의 처분과 영수를 금지하는 명령을 발하지 않는 점이 강제집행에 의한 본압류(제227조 제1항)와 다른 것이다.

  ㉢ 채권의 가압류는 제3채무자에게 채무자에 대한 지급을 금지하는 명령이 기재된 가압류재판 정본을 송달함으로써 집행한다.

  ㉣ 집행법원은 가압류명령을 한 법원이 되며(제296조 제2항), 법원은 따로 집행신청을 기다리지 않고 가압류 발령과 동시에 제3채무자에게 정본을 송달한다.

  ㉤ 가압류의 효력은 제3채무자에게 정본이 송달됨으로써 발생한다(제227조 제3항).

② 예금채권에 대한 가압류

  ㉠ 당사자 사이에 양도금지특약이 있는 예금채권도 가압류할 수 있고, 양도금지의 특약이 있는 사실에 관하여 가압류채권자가 선의인가 악의인가는 가압류명령의 효력에 영향이 없다. `기출` 11

  ㉡ 이자채권은 원본채권의 종된 권리이므로 원본채권이 가압류되면 이자채권에도 가압류의 효력이 미친다. 다만 가압류 당시 이미 변제기이 이른 이자채권은 원본채권에 대하여 독립성을 가지므로 가압류의 효력이 당연히 미치지는 않는다(대판 1989.3.28. 88다카12083 참조). `기출` 22

③ 지시채권에 대한 가압류

  ㉠ 지시채권에 대한 가압류집행은 그 지시증권이 배서가 금지된 것인 지의 여부에 따라 그 가압류방법이 다른데, 배서가 금지되지 아니한 것은 유체동산으로 집행하고(제189조 제2항 제3호, 제291조), 배서가 금지된 것은 채권집행의 방법에 따라야 한다(제233조, 제291조).

  ㉡ 지시채권의 가압류에 있어서도 일반채권의 가압류와 같이 제3채무자에게 정본을 송달하고 집행관이 증권을 점유하여야 가압류의 효력이 생긴다. `기출` 11

  > • 어음·수표 등 배서가 금지되지 아니한 유가증권을 압류할 경우 유체동산에 대한 압류 방법에 따라 집행관이 그 증권을 점유하여야 하며, 배서가 금지된 유가증권의 압류의 경우에도 법원의 압류명령 외에 집행관의 점유를 요한다(대판 1997.11.14. 97다38145).
  > • 어음의 가압류나 압류는 가압류명령이나 압류명령을 제3채무자에게 송달하는 외에 집행관이 그 어음증권을 점유하여야 하고 그렇지 않으면 가압류나 압류의 효력이 생기지 않는다(대판 1976.3.23. 76다198).

④ 저당권이 있는 채권에 대한 가압류

    ㉠ 저당권이 있는 채권에 대한 가압류는 기본적으로 금전채권에 대한 가압류절차와 동일하나, 저당권의 피담보채권이 가압류되면 종된 권리인 저당권에도 가압류의 효력이 미치므로 그 공시방법이 필요하다는 점이 다르다.

    ㉡ 가압류명령은 채무자, 제3채무자에게 송달하는 외에 부동산의 소유자에게도 송달한다. 부동산 소유자에 대한 송달은 가압류의 효력발생요건은 아니지만 가압류기입등기를 위한 전제조건이기 때문이다(제228조 제2항).

    ㉢ 저당권이 있는 채권이 가압류된 경우 채권자의 신청에 의하여 법원사무관등은 소유자에게 가압류명령을 송달한 후 채무자의 승낙 없이 채권가압류사실을 등기부에 기입하도록 촉탁하여야 한다(제228조 제1항).

    ㉣ 가압류등기의 촉탁은 제3채무자와 소유자에 대한 송달을 마친 후에 하여야 한다.

⑤ 관련 판례

> • [다수의견] 민법 제498조는 "지급을 금지하는 명령을 받은 제3채무자는 그 후에 취득한 채권에 의한 상계로 그 명령을 신청한 채권자에게 대항하지 못한다"라고 규정하고 있다. 위 규정의 취지, 상계제도의 목적 및 기능, 채무자의 채권이 압류된 경우 관련 당사자들의 이익상황 등에 비추어 보면, 채권압류명령 또는 채권가압류명령(이하 채권압류명령의 경우만을 두고 논의하기로 한다)을 받은 제3채무자가 압류채무자에 대한 반대채권을 가지고 있는 경우에 상계로써 압류채권자에게 대항하기 위하여는, 압류의 효력 발생 당시에 대립하는 양 채권이 상계적상에 있거나, 그 당시 반대채권(자동채권)의 변제기가 도래하지 아니한 경우에는 그것이 피압류채권(수동채권)의 변제기와 동시에 또는 그보다 먼저 도래하여야 한다(대판 2012.2.16. 2011다45521).[135] **기출** 23
>
> • 甲 주식회사의 신청에 따라 乙 주식회사의 丙 주식회사에 대한 공사대금채권에 관하여 가압류결정이 내려져 결정 정본이 丙 회사에 송달된 후 丙 회사가 乙 회사에 선급금을 지급한 사안에서, 가압류된 채권은 '공사대금채권'이고 선급금의 성질은 선급한 '공사대금'이어서, 결국 丙 회사는 가압류결정을 송달받은 후 乙 회사에 선급 공사대금을 지급한 셈이므로, 甲 회사에 선급금의 지급 및 그로 인한 정산 또는 충당의 효력을 주장할 수 없다(대판 2016.10.13. 2014다2723).

---

135) [대법관 김능환, 대법관 안대희, 대법관 이인복의 반대의견] 지급을 금지하는 명령을 받을 당시에 반대채권과 피압류채권 모두의 이행기가 도래한 때에는 제3채무자가 당연히 반대채권으로써 상계할 수 있고, 반대채권과 피압류채권 모두 또는 그중 어느 하나의 이행기가 아직 도래하지 아니하여 상계적상에 놓이지 아니하였더라도 그 이후 제3채무자가 피압류채권을 채무자에게 지급하지 아니하고 있는 동안에 반대채권과 피압류채권 모두의 이행기가 도래한 때에도 제3채무자는 반대채권으로써 상계할 수 있고, 이로써 지급을 금지하는 명령을 신청한 채권자에게 대항할 수 있다(대판 2012.2.16. 2011다45521[전합]).

7. 유체물의 인도·권리이전청구권 등에 대한 가압류

① 채무자의 책임재산이 될 유체동산의 인도청구권이 채무자에게 있다거나 제3자가 그에 관한 권리를 채무자에게 이전할 채무를 지고 있을 때 그 현실의 인도 또는 이전을 기다리지 않고(현실로 인도 등을 받으면 채무자가 이를 은닉, 처분할 우려가 있으므로) 그 인도청구권 자체를 가압류할 수 있다.

② 일반 지명채권의 가압류와 같이 발령법원이 집행법원이 되어 제3채무자에게 결정정본을 송달함으로써 집행한다.

③ 이전등기청구권에 대한 가압류명령도 제3채무자에게 가압류명령을 송달하는 방법으로 집행한다. 가압류의 대상인 소유권이전등기청구권이 가등기된 경우 이외에는 가압류집행을 등기부를 통하여 공시할 방법이 없다.

8. 가압류취소결정의 취소와 집행

> **민사집행법 제298조(가압류취소결정의 취소와 집행)**
> ① 가압류의 취소결정을 상소법원이 취소한 경우로서 법원이 그 가압류의 집행기관이 되는 때에는 그 취소의 재판을 한 상소법원이 직권으로 가압류를 집행한다.
> ② 제1항의 경우에 그 취소의 재판을 한 상소법원이 대법원인 때에는 채권자의 신청에 따라 제1심 법원이 가압류를 집행한다. **기출** 24

> 채권가압류취소결정의 집행으로서 집행법원이 제3채무자에게 가압류집행취소통지서를 송달한 경우 그 효력은 확정적이므로, 채권가압류결정이 제3채무자에게 송달된 상태에서 그 채권을 양수하여 확정일자 있는 통지 등에 의한 대항요건을 갖춘 채권양수인은 위와 같이 가압류집행취소통지서가 제3채무자에게 송달된 이후에는 더 이상 처분금지효의 제한을 받지 않고 아무런 부담이 없는 채권 취득의 효력을 가압류채권자에게 대항할 수 있게 된다. 위와 같이 가압류취소결정의 집행이 완료된 이상 이후 항고심에서 가압류취소결정을 취소하여 가압류결정을 인가하였다고 하더라도, 이미 취소된 가압류집행이 소급하여 부활하는 것은 아니므로, 채권양수인이 아무런 부담이 없는 채권 취득의 효력을 가압류채권자에게 대항할 수 있음은 마찬가지이다(대판 2022.1.27. 2017다256378). **기출** 25

Ⅱ 가압류집행의 효력

1. 서설

① 의의

 ㉠ 가압류명령의 효력과 가압류집행의 효력을 구별하여 사용하여야 할 것이지만 일반적으로 가압류의 효력이라고 하면 가압류집행의 효력을 의미한다.

 ㉡ 모든 가압류는 피보전권리가 금전채권이라는 공통점이 있어 그 효력에 있어서도 동일한 내용을 갖는다.

 ㉢ 가처분의 피보전권리는 다양한 것이어서 구체적인 피보전권리의 내용에 따라 가처분집행의 효력을 개별적으로 검토하여야 하는 점과 다르다.

 ㉣ 가압류집행의 효력은 크게 채무자의 목적물처분금지(제3취득자의 지위), 제3채무자의 변제 등 금지(제3채무자의 지위), 사용·수익의 제한, 가압류와 다른 절차와의 경합 등으로 나누어 살펴보는 것이 좋다.

② 가압류와 압류의 차이[136]

　ㄱ) 처분행위의 배척

　　㉮ 보전처분은 잠정적 효력만을 갖는다.

　　㉯ 보전처분에 위배되는 '채무자의 처분행위' 등이 있더라도 보전처분에 기하여 곧바로 그 효력을 부정하는 것은 허용되지 않는다.

　　㉰ 이에 비하여 '압류'는 그에 반하는 처분행위에 대하여 즉시 그 효력을 배척할 수 있다.

　ㄴ) 제3취득자의 변제

　　㉮ 목적물의 제3취득자의 지위에 있어서 제3취득자의 변제의 효력이 다르다.

　　㉯ '가압류에 있어서 제3취득자'는 가압류채권을 변제한 이후 제3자이의의 소를 통하여 가압류의 효력을 다툴 것이나, '본압류에 있어서 제3취득자'는 압류채권을 변제한 이후에 채무자를 대위하여 청구이의의 소를 통하여 압류의 효력을 다투어야 한다.

2. 제3취득자의 지위(채무자의 처분행위)

(1) 채무자의 처분행위

① 가압류의 취지에 반하는 채무자의 처분행위는 '가압류채권자에 대한 관계'에서, '피보전권리를 위한 한도'에서 무효이다.

② 채무자가 처분금지에 위반하여 가압류부동산을 제3자에게 처분하였더라도, 처분행위의 당사자, 즉 채무자와 제3취득자 사이에서는 그 거래행위가 유효하다.

> 가압류된 채권도 이를 양도하는 데 아무런 제한이 없다 할 것이나, 다만 가압류된 채권을 양수받은 양수인은 그러한 가압류에 의하여 권리가 제한된 상태의 채권을 양수받는다고 보아야 할 것이다(대판 2002.4.26. 2001다 59033). **기출** 24

③ 여기서 '처분행위'란 권리의 종국적·확정적 이전을 의미하는 것으로, 부동산의 경우에는 등기, 유체동산의 경우에는 인도, 채권양도의 경우에는 확정일자 있는 통지나 승낙의 도달을 의미한다.

> 채무자의 채권양도에 관한 승낙이 확정일자 없는 승낙서에 의하여 이루어진 후에 채권양수인이 채무자로부터 교부받은 승낙서를 첨부하여 법원에 양수금채권을 피보전권리로 하여 채무자의 재산에 대한 가압류를 신청하고, 법원공무원이 가압류신청서를 접수하면서 이에 접수일자를 표시하는 접수인을 찍었다면 위 승낙서는 가압류신청서의 첨부서류로서 위 신청서와 함께 법원에 접수되고 위 신청서에 접수인까지 날인되어 있으므로 당사자들이 나중에 그 작성일자를 변경하는 것이 불가능하다고 할 것인 점에 비추어, 가압류신청서에 찍힌 접수일자는 그 첨부서류인 승낙서에 대하여 민법 부칙 제3조 제4항 소정의 확정일자에 해당한다고 볼 것이다(대판 2004.7.8. 2004다17481). **기출** 24

---

136) 가압류와 압류의 효력은 본질적인 내용에 있어서는 크게 다를 것이 없다. 그러나 몇 가지 구체적인 면에서 차이가 있다. 이러한 차이점들은 기본적으로 보전처분의 잠정성에서 기인한다.

④ 매매 등 원인행위가 보전집행 이전에 있는 경우라도 등기나 인도 등의 성립요건 또는 확정일자 있는 통지나 승낙의 도달 등 대항요건이 보전집행 이후에 갖추어진 경우에는 보전집행에 저촉되는 처분행위라고 할 것이다.

⑤ 한편 가압류의 처분금지효는 토지수용을 저지하지 못한다. 오히려 토지수용이 있는 경우에는 가압류의 효력이 소멸한다.

⑥ 한편 보전집행 이후일지라도 보전집행 채무자의 등기가 원인무효라는 사정에 의하여 말소되고 전소유자에게 소유명의가 복귀되는 현상은 채무자의 처분행위라고 할 것이 아니다.

(2) 처분금지효의 주관적 범위

① 제3자의 소유권취득과 처분금지효

㉠ 보전처분에 반하는 처분행위에 의하여 권리를 취득한 제3자는 가압류채권자에게 대항할 수 없다.

㉡ '가압류채권자에게 대항할 수 없다'는 것은 결국 제3취득자가 제3자이의의 소를 통해 보전처분의 효력을 다툴 수 없다는 것을 의미한다.

> 가압류채무자가 가압류에 반하는 처분행위를 한 경우 그 처분의 유효를 가압류채권자에게 주장할 수 없지만, 이러한 가압류의 처분제한의 효력은 가압류채권자의 이익보호를 위하여 인정되는 것이므로 가압류채권자는 그 처분행위의 효력을 긍정할 수도 있다(대판 2007.1.11. 2005다47175). **기출** 19

㉢ 처분행위의 당사자, 즉 채무자와 제3취득자 사이에서는 처분행위가 유효하며(상대적 효력설), 처분행위 이후의 집행참가자들은 그러한 처분행위의 효력을 부정할 수 없다. **기출** 11

> • 부동산에 대한 가압류의 집행이 이루어졌다고 하더라도 채무자가 여전히 목적물의 이용 및 관리의 권한을 보유하고 있을 뿐더러(민사집행법 제83조 제2항), 가압류의 처분금지적 효력은 상대적인 것에 불과하기 때문에 부동산이 가압류되었더라도 채무자는 그 부동산을 매매하거나 기타의 처분행위를 할 수 있고, 다만 가압류채권자에 대한 관계에서만 처분행위의 유효를 주장할 수 없을 뿐이다(대판 2002.9.6. 2000다71715).
> • [1] 동일한 채권에 관하여 가압류명령의 송달과 확정일자 있는 양도통지가 동시에 제3채무자에게 도달함으로써 채무자가 가압류의 대상인 채권을 양도하고 채권양수인이 채권양도의 대항요건을 갖추었다면 다른 채권자는 더 이상 그 가압류에 따른 집행절차에 참가할 수는 없다.
> [2] 확정일자 있는 채권양도 통지와 채권가압류명령이 동시에 도달됨으로써 제3채무자가 변제공탁을 하고, 그 후에 다른 채권압류 또는 가압류가 이루어졌다 하더라도 채권양수인과 선행가압류채권자 사이에서만 채권액에 안분하여 배당하여야 한다(대판 2004.9.3. 2003다22561). **기출** 19

㉣ 따라서 가압류가 본압류로 이전한 경우에 채권자에게 배당하고 남은 매각대금은 채무자가 아니라 제3취득자에게 교부되어야 하고 처분행위가 있은 이후에는 채무자의 채권자는 배당절차에 참여할 수 없게 된다.

㉤ 가압류권자는 집행에 참가한 제3취득자의 채권자에 대하여는 항상 우선적 지위를 주장할 수 있다.

ⓑ 가압류된 후 제3자 앞으로 소유권이 변동된 경우에 집행권원을 얻은 가압류채권자의 신청에 의하여 제3자의 소유권 취득 후 당해 부동산에 대하여 개시된 경매절차에서 가압류채무자에 대한 다른 채권자는 당해 부동산의 매각대금의 배당에 참가할 수 없다. 나아가 집행채무자가 압류 후에 압류부동산을 제3자에게 양도하였다면 집행채무자에 대한 또 다른 채권자는 그 대상이 부존재하므로 다시 압류할 수 없고 배당요구도 할 수 없다(재민 63-11, 대판 1998.11.13. 97다57337). **기출** 18

> • 부동산에 대한 가압류집행 후 가압류목적물의 소유권이 제3자에게 이전된 경우 가압류의 처분금지적 효력이 미치는 것은 가압류결정 당시의 청구금액의 한도 안에서 가압류목적물의 교환가치이고, 위와 같은 처분금지적 효력은 가압류채권자와 제3취득자 사이에서만 있는 것이므로 제3취득자의 채권자가 신청한 경매절차에서 매각 및 경락인이 취득하게 되는 대상은 가압류목적물 전체라고 할 것이지만, 가압류의 처분금지적 효력이 미치는 매각대금 부분은 가압류채권자가 우선적인 권리를 행사할 수 있고 제3취득자의 채권자들은 이를 수인하여야 하므로, 가압류채권자는 그 매각절차에서 당해 가압류목적물의 매각대금에서 가압류결정 당시의 청구금액을 한도로 하여 배당을 받을 수 있고, 제3취득자의 채권자는 위 매각대금 중 가압류의 처분금지적 효력이 미치는 범위의 금액에 대하여는 배당을 받을 수 없다(대판 2006.7.28. 2006다19986). **기출** 22 · 18 · 11
> • 중기관리법에 의하여 등록된 중기에 대하여 가압류등록이 먼저 되고 나서 제3자 앞으로 소유권이전등록이 된 경우에 그 제3자의 소유권 취득은 가압류에 의한 처분금지의 효력 때문에 그 집행보전의 목적을 달성하는데 필요한 범위 안에서 가압류채권자에 대한 관계에서만 상대적으로 무효일 뿐이고 가압류채무자의 다른 채권자 등에 대한 관계에서는 유효하다 할 것이므로, 위와 같은 경우 집행권원을 얻은 가압류채권자의 신청에 의하여 제3자의 소유권 취득 후 당해 중기에 대하여 개시된 강제경매절차에서 가압류채무자에 대한 다른 채권자는 당해 중기의 경락대금의 배당에 참가할 수 없다(대판 1998.11.13. 97다57337). **기출** 18
> • 경매신청기입등기로 인한 압류의 효력은 부동산 소유자에 대하여 압류채권자에 대한 관계에 있어서 부동산의 처분을 제한하는 데 그치는 것일 뿐 그 밖의 다른 제3자에 대한 관계에 있어서까지 부동산의 처분을 금지하는 것이 아니므로 부동산 소유자는 경매절차 진행 중에도 매수인이 경락대금을 완납하여 목적부동산의 소유권을 취득하기 전까지는 목적부동산을 유효하게 처분할 수 있는 것이고 그 처분으로 인하여 부동산의 소유권을 취득한 자는 그 이후 집행법원에 그 취득사실을 증명하여 경매절차의 이해관계인이 될 수 있음은 물론 배당 후 잉여금이 있는 경우에는 부동산 소유자로서 이를 반환받을 권리를 가지게 되는 것이다(대판 1992.2.11. 91누5228).

② 제3자의 제한물권취득과 처분금지효 : 부동산에 대하여 가압류등기가 먼저 되고 나서 제3자가 우선변제력 있는 근저당권을 취득한 경우, 근저당권자는 선순위 가압류채권자에 대하여는 우선변제권을 주장할 수 없으므로 가압류채권자와의 관계에서 각자의 채권액에 따른 안분비례에 의하여 평등배당을 받는다.

> 부동산에 대하여 가압류등기가 먼저 되고 나서 근저당권설정등기가 마쳐진 경우에 그 근저당권등기는 가압류에 의한 처분금지의 효력 때문에 그 집행보전의 목적을 달성하는 데 필요한 범위 안에서 가압류채권자에 대한 관계에서만 상대적으로 무효이다. 이 경우 가압류채권자와 근저당권자 및 근저당권설정등기 후 강제경매신청을 한 압류채권자 사이의 배당관계에 있어서, 근저당권자는 선순위 가압류채권자에 대하여는 우선변제권을 주장할 수 없으므로 1차로 채권액에 따른 안분비례에 의하여 평등배당을 받은 다음, 후순위 경매신청압류채권자에 대하여는 우선변제권이 인정되므로 경매신청압류채권자가 받을 배당액으로부터 자기의 채권액을 만족시킬 때까지 이를 흡수하여 배당받을 수 있다(대결 1994.11.29. 94마417). **기출** 11

③ 가압류의 무효 등과 제3취득자의 지위 : 보전처분이 보전처분신청의 취하, 보전처분의 취소, 피보전권리의 변제 등으로 효력이 상실되거나 무효임이 밝혀진 경우 제3취득자는 제3자이의의 소를 통하여 가압류의 효력을 다툴 수 있다.

> • [1] 강제집행에 대한 제3자이의의 소는 집행목적물에 대하여 채무자 이외의 제3자가 소유권 기타 목적물의 양도나 인도를 저지하는 권리를 주장하여 강제집행의 배제를 구하는 것이기 때문에 그 소의 원인이 되는 권리는 집행채권자에게 대항할 수 있는 것이어야만 하는 바, 강제집행 개시결정 후 소유권을 취득한 제3자는 집행채권이 변제 기타사유로 소멸된 경우에도 청구에 관한 이의의 소에 의하여 집행권원의 집행력이 배제되지 아니한 이상 그 경매개시 결정은 취소 될 수 없고 그 결정이 취소되지 않는 동안에는 집행채권이 변제되었다는 사유만으로 소유권을 집행채권자에게 대항할 수 없으므로 제3자이의의 소에 의하여 그 강제집행의 배제를 구할 수 없다.
> [2] 가압류 부동산을 양수한 제3취득자의 변제로 인하여 피보전채권이 소멸되면 그 제3취득자는 가압류 채권자에 대한 관계에 있어서도 소유권 취득을 대항할 수 있게 되어 가압류 채권자에 의한 강제집행은 결국 채무자이외의 제3자의 소유물에 대하여 시행된 것이 되어 허용될 수 없다(대판 1982.9.14. 81다527).
> • 가압류결정 시까지 이 사건 부동산에 관하여 원고 명의의 소유권이전등기가 경료되지 않았으나, 피고의 가압류신청이 사망자를 상대로 한 것이라면 사망자 명의의 그 가압류결정은 무효라고 할 것이고 따라서 무효의 가압류결정에 기한 가압류집행에 대해서는 그 집행이후 소유권을 취득한 원고도 그 집행채권자인 피고에 대하여 그 소유권취득을 주장하여 대항할 수 있다고 할 것이므로 원고는 제3자이의의 소에 의하여 위 집행의 배제를 구할 수 있다(대판 1982.10.26. 82다카884). **기출** 25·19
> • 가압류집행이 형식적으로는 채권확보를 위한 강제집행절차에 따른 것이라고 하여도 법이 보호할 수 없는 반사회적인 행위에 의하여 이루어진 것이어서 무효인 경우에는, 그 가압류 이후의 소유권취득자가 강제집행 절차에서 그 무효를 주장하고 제3자(소유권자)로서 그 집행의 배제를 구할 수 있다(대판 1996.6.14. 96다14494). **기출** 18

(3) 처분금지효의 객관적 범위

① 제3취득자의 지위
  ㉠ 처분이 금지되는 것은 피보전권리의 집행보전이라는 보전처분의 목적과 양립할 수 없는 범위에 한정된다(개별상대효설).
  ㉡ 보전처분의 목적은 피보전권리의 보전에 있으므로 결국 '가압류의 처분금지의 효력'은 목적물의 교환가치 중에서 피보전채권에 대응하는 목적물의 교환가치에만 미친다.
  ㉢ 제3자의 권리취득은 가압류채권액의 범위에서만 무효인 것이다. 그러므로 제3취득자가 완전한 권리취득을 위해서는 가압류 당시의 청구금액만을 변제하면 되고 가압류채권자가 배당받을 수 있는 금액도 가압류결정 당시의 청구금액에 한정된다.

> [1] 가압류의 처분금지적 효력에 따라 가압류집행 후 가압류채무자의 가압류목적물에 대한 처분행위는 가압류채권자와의 관계에서는 그 효력이 없으므로 가압류 집행 후 가압류목적물의 소유권이 제3자에게 이전된 경우 가압류채권자는 채무명의를 얻어 제3취득자가 아닌 가압류채무자를 집행채무자로 하여 그 가압류를 본압류로 전이하는 강제집행을 실행할 수 있고, 이 경우 그 강제집행은 가압류의 처분금지적 효력이 미치는 객관적 범위인 가압류결정 당시의 청구금액의 한도 안에서는 집행채무자인 가압류채무자의 책임재산에 대한 강제집행절차이므로 제3취득자에 대한 채권자는 당해 가압류목적물의 매각대금 중 가압류의 처분금지적 효력이 미치는 범위의 금액에 대하여는 배당에 참가할 수 없다.

> [2] 가압류집행 후 가압류목적물의 소유권이 제3자에게 이전된 경우 가압류채권자는 채무명의를 얻어 제3취득자가 아닌 가압류채무자를 집행채무자로 하여 그 가압류를 본압류로 전이하는 강제집행을 실행할 수 있으나, 이 경우 그 강제집행은 가압류의 처분금지적 효력이 미치는 객관적 범위인 가압류결정 당시의 청구금액의 한도 안에서만 집행채무자인 가압류채무자의 책임재산에 대한 강제집행절차라 할 것이고, <u>가압류결정 당시의 청구금액이 채권의 원금만을 기재한 것으로서 가압류채권자가 가압류채무자에 대하여 원금채권 이외에 이자와 소송비용채권을 가지고 있다 하더라도 가압류결정 당시의 청구금액을 넘어서는 이자와 소송비용채권에 관하여는 가압류의 처분금지적 효력이 미치는 것이 아니므로, 가압류채권자는 가압류목적물의 매각대금에서 가압류결정 당시의 청구금액을 넘어서는 이자와 소송비용채권을 배당받을 수 없다</u>(대판 1998.11.10. 98다43441). **기출** 23 · 18

    ㉣ 위와 같이 가압류는 목적물에 대한 처분의 효력을 제한하는 것에 불과한 것이지 목적물의 양도성 자체를 금지하는 것은 아니다.

    ㉤ 이러한 점에서 가압류된 채권도 양도성 자체가 배제되는 것은 아니며 양수인은 가압류의 제한을 받는 채권을 양수하는 것으로 권리취득의 범위의 제한이 있을 뿐이다.

② **집행참가와 처분금지효**

    ㉠ 가압류채무자의 채권자 : 제3자의 권리취득 이후에는 가압류채무자의 채권자는 집행참가가 허용되지 않는다.

    ㉡ 제3취득자의 채권자

        ㉮ 제3취득자의 채권자가 집행에 참가할 수 있는가 하는 것은 다투어지고 있다.

        ㉯ 이러한 경우 당해 집행절차는 가압류채무자를 당사자로 한 절차이므로 제3취득자의 채권자는 당해 집행절차에 직접 참가하는 것은 허용하지 아니하고 별도로 제3취득자가 교부받을 잉여금에 대한 채권집행절차에 따라야 하는 것으로 보는 것도 가능하다.

        ㉰ 그러나 실무의 입장은 제3취득자의 채권자가 직접 당해 집행절차에 배당요구의 형식으로 참가하는 것을 인정하고 있다.

> <u>부동산에 대한 가압류집행 후 가압류목적물의 소유권이 제3자에게 이전된 경우 가압류채권자는 집행권원을 얻어 제3취득자가 아닌 가압류채무자를 집행채무자로 하여 그 가압류를 본압류로 이전하는 강제집행을 실행할 수 있으나</u>, 이 경우 그 강제집행은 가압류의 처분금지적 효력이 미치는 객관적 범위인 가압류결정 당시의 청구금액의 한도 안에서만 집행채무자인 가압류채무자의 책임재산에 대한 강제집행절차라 할 것이고, <u>나머지 부분은 제3취득자의 재산에 대한 매각절차라 할 것이므로, 제3취득자에 대한 채권자는 그 매각절차에서 제3취득자의 재산 매각대금 부분으로부터 배당을 받을 수 있다</u>(대판 2005.7.29. 2003다40637). **기출** 18 · 19

(4) 보전처분의 잠정성

① 처분행위가 무효인 경우라도 그 무효는 잠정적인 것에 불과하다.

② 보전처분은 임시적 · 잠정적 규율에 불과한 것이기 때문이다.

③ 그러므로 가압류채권자는 가압류의 집행이 있다는 사정만으로 제3취득자를 상대로 처분행위가 무효임을 전제로 제3자 명의의 소유권이전등기말소나 목적물반환을 구할 수 없다.

④ 채무자는 가압류가 있다는 사정을 이유로 제3자에게 권리의 이전을 거절할 수 없다.

채권가압류의 처분금지의 효력은 본안소송에서 가압류채권자가 승소하여 집행권원을 얻는 등으로 피보전권리의 존재가 확정되는 것을 조건으로 하여 발생하는 것이므로 채권가압류결정의 채권자가 본안소송에서 승소하는 등으로 집행권원을 취득하는 경우에는 가압류에 의하여 권리가 제한된 상태의 채권을 양수받는 양수인에 대한 채권양도는 무효가 된다(대판 2002.4.26. 2001다59033).

(5) 선의취득

① 유체동산 가압류의 집행은 집행관이 점유를 취득하거나 채무자에게 보관을 명하는 방법으로 한다.
② 집행관이 점유하는 경우에는 집행관이 점유한다는 취지를 표시하게 되므로 선의취득의 여지가 없지만 채무자에게 보관을 명하는 경우에는 선의취득이 인정될 여지가 많다.

3. 제3채무자의 지위

① 제3채무자의 변제금지

㉠ 채권이 가압류되면 제3채무자는 변제 등으로 가압류된 채권을 소멸시키는 행위를 할 수 없다.
㉡ 그러나 제3채무자가 가압류된 채권 자체가 아니라 그 채권의 발생의 원인되는 법률관계를 해제 등으로 해소함으로써 반사적으로 가압류된 채권이 소멸되는 결과를 가져오는 것은 특별한 사정이 없는 한 가압류의 효력에 반하지 않는다.

> • 채권의 가압류는 제3채무자에 대하여 채무자에게 지급하는 것을 금지하는 데 그칠 뿐 채무 그 자체를 면하게 하는 것이 아니고, 가압류가 있다 하여도 그 채권의 이행기가 도래한 때에는 제3채무자는 그 지체책임을 면할 수 없다(대판 1994.12.13. 93다951[전합]). **기출** 11
> • 채권에 대한 가압류는 제3채무자에 대하여 채무자에게의 지급 금지를 명하는 것이므로 채권을 소멸 또는 감소시키는 등의 행위는 할 수 없고 그와 같은 행위로 채권자에게 대항할 수 없는 것이지만, 채권의 발생원인인 법률관계에 대한 채무자의 처분까지도 구속하는 효력은 없다 할 것이므로 채무자와 제3채무자가 아무런 합리적 이유 없이 채권의 소멸만을 목적으로 계약관계를 합의해제한다는 등의 특별한 경우를 제외하고는, 제3채무자는 채권에 대한 가압류가 있은 후라고 하더라도 채권의 발생원인인 법률관계를 합의해제하고 이로 인하여 가압류채권이 소멸되었다는 사유를 들어 가압류채권자에게 대항할 수 있다(대판 2001.6.1. 98다17930).

② 채무자의 이행청구

㉠ 가압류명령의 주문에는 압류명령의 주문과 달리 채무자의 피압류채권의 처분과 영수금지를 명하지 않는 것이 실무이지만 주문의 형식적 표시 유무와 관계없이 당연히 채무자의 처분과 영수는 금지된다.
㉡ 그러나 가압류된 채무의 처분과 영수 이외의 행위는 금지되는 것이 아니다. 따라서 가압류집행이 이루어졌더라도 자신의 채권에 대하여 현실적인 만족을 얻지 않은 이상 가압류채무자는 제3채무자를 상대로 이행의 소를 제기하여 집행권원을 얻을 수 있다(대판 1989.11.24. 88다카25038). **기출** 24 특히 가압류된 채권이 시효로 소멸할 염려가 있을 때에는 채무자가 시효중단을 위하여 소를 제기할 필요가 있다(대판 2003.5.13. 2003다16238).

> 채권가압류가 된 경우, 제3채무자는 채무자에 대하여 채무의 지급을 하여서는 안 되고, 채무자는 추심, 양도 등의 처분행위를 하여서는 안 되지만, 이는 이와 같은 변제나 처분행위를 하였을 때에 이를 가압류채권자에게 대항할 수 없다는 것이며, 채무자가 제3채무자를 상대로 이행의 소를 제기하여 집행권원을 얻더라도 이에 기하여 제3채무자에 대하여 강제집행을 할 수는 없다고 볼 수 있을 뿐이고 그 집행권원을 얻는 것까지 금하는 것은 아니라고 할 것이다(대판 1989.11.24. 88다카25038). **기출** 24 · 20 · 11

ⓒ 채무자의 재판상 이행청구에 대하여 제3채무자가 가압류의 항변을 제출하더라도 그러한 항변은 무시되며 법원은 무조건의 단순 이행을 명한다.

③ 집행장애

ⓐ 채권이 가압류된 경우에는 그 채권에 의한 강제집행을 허용하는 것은 가압류의 효력에 배치되는 것으로 허용되지 않는다. 즉 집행채권에 가압류가 있다는 사정은 집행장애사유에 해당한다.

ⓑ 그러나 가압류가 있다는 사정만으로는 강제집행절차에 착수하는 것 자체가 금지되는 것은 아니며 압류 이후의 현금화절차 등만이 진행되지 아니하는 것이다.

ⓒ 가압류된 금전채권에 기하여 채무자의 제3채무자에 대한 '금전채권에 대한 강제집행'에 있어서 압류명령은 허용되나 추심이나 전부명령은 허용되지 않는다.

> [1] 집행채권자의 채권자가 집행권원에 표시된 집행채권을 압류 또는 가압류, 처분금지가처분을 한 경우에는 압류 등의 효력으로 집행채권자의 추심, 양도 등의 처분행위와 채무자의 변제가 금지되고 이에 위반되는 행위는 집행채권자의 채권자에게 대항할 수 없게 되므로 집행기관은 압류 등이 해제되지 않는 한 집행할 수 없는 것이니 이는 집행장애사유에 해당한다고 할 것이다.
> [2] 채권압류명령과 전부명령을 동시에 신청하더라도 압류명령과 전부명령은 별개로서 그 적부는 각각 판단하여야 하는 것이고, 집행채권의 압류가 집행장애사유가 되는 것은 집행법원이 압류 등의 효력에 반하여 집행채권자의 채권자를 해하는 일체의 처분을 할 수 없기 때문이며, 집행채권이 압류된 경우에도 그 후 추심명령이나 전부명령이 행하여지지 않은 이상 집행채권의 채권자는 여전히 집행채권을 압류한 채권자를 해하지 않는 한도 내에서 그 채권을 행사할 수 있다고 할 것인데, 채권압류명령은 비록 강제집행절차에 나간 것이기는 하나 채권전부명령과는 달리 집행채권의 환가나 만족적 단계에 이르지 아니하는 보전적 처분으로서 집행채권을 압류한 채권자를 해하는 것이 아니기 때문에 집행채권에 대한 압류의 효력에 반하는 것은 아니라고 할 것이므로 집행채권에 대한 압류는 집행채권자가 그 채무자를 상대로 한 채권압류명령에는 집행장애사유가 될 수 없다(대결 2000.10.2. 2000마5221).

④ 소유권이전등기청구권에 대한 가압류

ⓐ 문제점

㉮ 소유권이전등기청구권에 대한 가압류는 통상의 채권가압류에 해당한다. 그 효력에 있어서도 통상의 채권가압류의 효력과 다를 바 없다.

㉯ 그러나 소유권이전등기청구권은 가등기의 형식으로 등기부에 공시되는 경우가 있다는 점, 소유권이전등기청구권에 대한 가압류는 제3채무자에서 채무자 앞으로 이전등기를 예정하고 있다는 점, 소유권이전등기의무를 지는 자는 채무를 면하는 방법으로 공탁이 허용되지 아니하는 점, 소유권이전등기의무의 불이행에 대하여는 본래 의미의 강제집행절차가 문제되지 아니하는 점 등에서 소유권이전등기청구권에 대한 가압류를 통상의 채권가압류와는 다른 시각에서 살펴 볼 필요가 있다.

㉮ 소유권이전등기청구권에 대한 가압류가 있으면 채무자는 소유권이전등기청구권을 처분하거나 제3채무자명의에서 채무자명의로 이전등기를 하는 것이 금지된다.

㉯ 제3채무자도 마찬가지로 채무자에게 이전등기의무를 이행하는 것이 금지된다.

㉰ 그런데 소유권이전등기청구권에 대한 가압류 이후의 절차는 제3채무자의 소유명의를 채무자의 소유명의로 옮기는 이전등기절차를 거친 다음에 소유권이전등기청구권의 대상이었던 부동산에 대한 강제경매절차로 나아가게 된다.

㉱ 즉 소유권이전등기청구권에 대한 가압류는 제3채무자에서 채무자로의 이전등기를 금지하면서도 장래에 있어서는 제3채무자에서 채무자로의 이전등기를 예정하고 있는 자기모순의 구조에 서 있는 것이다.

㉲ 이에 대하여 판례는 어떤 경로를 통하여서든 제3채무자에서 채무자 앞으로 이전등기가 있게 되면 그러한 이전등기를 가압류채권자에 대한 관계에서도 유효하게 취급하고 그로 인한 가압류채권자의 불이익은 불법행위책임의 법리로 구제함으로써 그 모순을 해결하도록 하고 있다.

㉳ 채무자에게 이전등기가 된 이후에 채무자로부터 이전등기를 받은 제3자 역시 아무런 제한 없이 완전한 권리를 취득한다.

> 소유권이전등기청구권에 대한 압류가 있으면 그 변제금지의 효력에 의하여 제3채무자는 채무자에게 임의로 이전등기를 이행하여서는 아니 되는 것이나, 그와 같은 압류는 채권에 대한 것이지 등기청구권의 목적물인 부동산에 대한 것이 아니고, 채무자와 제3채무자에게 결정을 송달하는 외에 현행법상 등기부에 이를 공시하는 방법이 없는 것으로서 당해 채권자와 채무자 및 제3채무자 사이에만 효력을 가지며, 제3자에 대하여는 압류의 변제금지의 효력을 주장할 수 없으므로 소유권이전등기청구권의 압류는 청구의 목적물인 부동산 자체의 처분을 금지하는 대물적 효력은 없어서 제3채무자나 채무자로부터 이전등기를 경료한 제3자에 대하여는 취득한 등기가 원인무효라고 주장하여 말소를 청구할 수 없고, 제3채무자가 압류결정을 무시하고 이전등기를 이행하고 채무자가 다시 제3자에게 이전등기를 경료하여 준 결과 채권자에게 손해를 입힌 때에는 불법행위를 구성하고 그에 따른 배상책임을 지게 된다(대판 2000.2.11. 98다35327).

ㄷ 가압류해제조건부 이행판결

㉮ 채무자가 가압류된 금전채권을 소구하는 경우 법원은 단순이행을 명하고 제3채무자는 집행공탁을 함으로써 이행지체책임과 이중변제의 위험으로부터 벗어날 수 있다.

㉯ 그러나 소유권이전등기청구권이 가압류된 경우 채무자의 제3채무자에 대한 이행청구에 대하여는 이러한 결론을 적용할 수 없다.

㉰ 채무자가 가압류된 소유권이전등기청구권을 소구하는 경우에는 제3채무자는 가압류의 항변을 하고 법원은 이에 대하여 가압류해제조건부 이행판결을 하게 된다.

> 소유권이전등기청구권에 대한 압류나 가압류는 채권에 대한 것이지 등기청구권의 목적물인 부동산에 대한 것이 아니고, 채무자와 제3채무자에게 그 결정을 송달하는 외에 현행법상 등기부에 이를 공시하는 방법이 없는 것으로서, 당해 채권자와 채무자 및 제3채무자 사이에만 효력이 있을 뿐 압류나 가압류와 관계가 없는 제3자에 대하여는 압류나 가압류의 처분금지적 효력을 주장할 수 없게 되므로, 소유권이전등기청구권의 압류나 가압류는 청구의 목적물인 부동산 자체의 처분을 금지하는 대물적 효력은 없고, 또한 채권에 대한 가압류가 있더라도 이는 채무자가 제3채무자로부터 현실로 급부를 추심하는 것만을 금지하는 것이므로 채무자는 제3채무자를 상대로 그 이행을 구하는 소송을 제기할 수 있고 법원은

가압류가 되어 있음을 이유로 이를 배척할 수는 없는 것이지만, 소유권이전등기를 명하는 판결은 의사의 진술을 명하는 판결로서 이것이 확정되면 채무자는 일방적으로 이전등기를 신청할 수 있고 제3채무자는 이를 저지할 방법이 없게 되므로 위와 같이 볼 수는 없고 이와 같은 경우에는 가압류의 해제를 조건으로 하지 않는 한 법원은 이를 인용하여서는 안 되는 것이며, 가처분이 있는 경우도 이와 마찬가지로 그 가처분의 해제를 조건으로 하여야만 소유권이전등기절차의 이행을 명할 수 있다(대판 1999.2.9. 98다42615). **기출** 25 · 16

⑤ 가등기된 소유권이전등기청구권에 대한 가압류의 효력

　㉠ 소유권이전등기청구권에 대한 가압류가 있는 경우 처분금지의 대상이 되는 것은 소유권이전등기청구권 자체이지 소유권이전등기청구권의 목적이 되는 부동산이 처분금지의 대상이 되는 것은 아니라 할 것이다.

　㉡ 판례는 소유권이전등기청구권이 가등기된 경우에는 그에 대한 가압류의 처분금지적 효력을 소유권이전등기청구권은 물론 소유권이전등기청구권의 대상이 되는 부동산에까지 인정하고 있다.[137]

> 부동산에 관하여 전소유자로부터 채무자 명의의 소유권이전등기가 되고 같은 날 채무자로부터 제3자가 소유권이전등기를 넘겨받기 전에 이미 가압류채권자 명의의 적법한 가압류기입등기가 되어 가압류결정이 공시되어 있었던 경우, 가압류채권자는 제3자에 대하여 위 가압류의 처분금지적 효력을 주장할 수 있다 할 것이어서, 제3자 명의의 소유권이전등기는 등기된 가압류의 채권자와의 관계에서는 무효이다(대판 1998.8.21. 96다29564). **기출** 25

⑥ 임대차보증금반환채권에 대한 가압류의 효력

> • 주택임대차보호법 제3조 제3항은 같은 조 제1항이 정한 대항요건을 갖춘 임대차의 목적이 된 임대주택(이하 '임대주택'은 주택임대차보호법의 적용대상인 임대주택을 가리킨다)의 양수인은 임대인의 지위를 승계한 것으로 본다고 규정하고 있는 바, 이는 법률상의 당연승계 규정으로 보아야 하므로, 임대주택이 양도된 경우에 양수인은 주택의 소유권과 결합하여 임대인의 임대차 계약상의 권리·의무 일체를 그대로 승계하며, 그 결과 양수인이 임대차보증금반환채무를 면책적으로 인수하고, 양도인은 임대차관계에서 탈퇴하여 임차인에 대한 임대차보증금반환채무를 면하게 된다. 나아가 임차인에 대하여 임대차보증금반환채무를 부담하는 임대인임을 당연한 전제로 하여 임대차보증금반환채무의 지급금지를 명령받은 제3채무자의 지위는 임대인의 지위와 분리될 수 있는 것이 아니므로, 임대주택의 양도로 임대인의 지위가 일체로 양수인에게 이전된다면 채권가압류의 제3채무자의 지위도 임대인의 지위와 함께 이전된다고 볼 수밖에 없다. 한편 주택임대차보호법상 임대주택의 양도에 양수인의 임대차보증금반환채무의 면책적 인수를 인정하는 이유는 임대주택에 관한 임대인의 의무 대부분이 그 주택의 소유자이기만 하면 이행가능하고 임차인이 같은 법에서 규정하는 대항요건을 구비하면 임대주택의 매각대금에서 임대차보증금을 우선변제받을 수 있기 때문인데, 임대주택이 양도되었음에도 양수인이 채권가압류의 제3채무자의 지위를 승계하지 않는다면 가압류권자는 장차 본집행절차에서 주택의 매각대금으로부터 우선변제를 받을 수 있는 권리를 상실하는 중대한 불이익을 입게 된다. 이러한 사정들을 고려하면, 임차인의 임대차보증금반환채권이 가압류된 상태에서 임대주택이 양도되면 양수인이 채권가압류의 제3채무자의 지위도 승계하고, 가압류권자 또한 임대주택의 양도인이 아니라 양수인에 대하여만 위 가압류의 효력을 주장할 수 있다고 보아야 한다(대판 2013.1.17. 2011다49523[전합]). → 이와 같이 채권가압류의 제3채무자 지위가 승계된 경우에는 임차주택의 양수인을 제3채무자로 하여 가압류에서 이전하는 본압류를 신청하여야 한다. **기출** 23 · 22 · 19 · 17

---

137) 판례는 가등기의 부기등기를 통하여 공시된 것을 이유로 한 것 같다.

- 임대차보증금 반환채권을 양도하는 경우에 확정일자 있는 증서로 이를 채무자에게 통지하거나 채무자가 확정일자 있는 증서로 이를 승낙하지 아니한 이상 양도로써 채무자 이외의 제3자에게 대항할 수 없으며(민법 제450조 참조), 이러한 법리는 임대차계약상의 지위를 양도하는 등 임대차계약상의 권리의무를 포괄적으로 양도하는 경우에 권리의무의 내용을 이루고 있는 임대차보증금 반환채권의 양도 부분에 관하여도 마찬가지로 적용된다. 따라서 위 경우에 기존 임차인과 새로운 임차인 및 임대인 사이에 임대차계약상의 지위 양도 등 권리의무의 포괄적 양도에 관한 계약이 확정일자 있는 증서에 의하여 체결되거나, 임대차보증금 반환채권의 양도에 대한 통지·승낙이 확정일자 있는 증서에 의하여 이루어지는 등의 절차를 거치지 아니하는 한, 기존의 임대차계약에 따른 임대차보증금 반환채권에 대하여 채권가압류명령, 채권압류 및 추심명령 등을 받은 채권자 등 임대차보증금 반환채권에 관하여 양수인의 지위와 양립할 수 없는 법률상의 지위를 취득한 제3자에 대하여는 임대차계약상의 지위 양도 등 권리의무의 포괄적 양도에 포함된 임대차보증금 반환채권의 양도로써 대항할 수 없다(대판 2017.1.25. 2014다52933). `기출` 23

4. 사용·수익의 제한

① 부동산가압류집행의 경우에도 채무자는 아무런 제한 없이 목적물을 사용·수익할 수 있다(제291조, 제83조 제2항).

② 다만 부동산 강제관리를 위한 가압류의 경우에는 채무자의 사용·수익이 제한된다(제291조, 제163조, 제172조).

5. 다른 절차와의 경합

① 가압류 상호 간의 경합 : 수개의 가압류가 우선순위 없이 독립적으로 병존하게 된다.

② 강제집행과의 경합

　㉠ 금전채권집행과의 경합

　　㉮ 압류에 우선변제적 효력이 없는 점은 가압류에서와 같다. 그러므로 가압류와 압류는 서로 배척하지 아니하고 병존하게 된다.

　　㉯ 그러나 가압류와 압류가 경합하는 경우에는 가압류 상호 간에 경합하는 경우와 비교하여 크게 두 가지 점에서 차이가 있다. 첫째는 본압류와 가압류가 경합하게 되면 가압류채권자는 배당받을 채권자로서의 지위를 갖게 되는 것이며, 둘째는 본압류채권액과 가압류채권액의 합계액이 피압류채권액을 넘어서는 경우에는 압류 또는 가압류의 효력이 피압류채권액 전액으로 확장[138]된다는 점이다.

　㉡ 비금전채권집행과의 경합

　　㉮ 가압류된 동산에 대한 인도청구권의 강제집행이 가능한가에 대하여 견해의 대립이 있다.

　　㉯ 가압류된 동산은 집행관의 점유하에 있는 것이 보통이므로 인도청구권의 강제집행이 불가능하다고 보아야 한다.

---

138) 압류의 경합이 인정된다는 의미이다.

ⓒ 가처분과의 경합

㉮ 부동산에 대한 가압류와 처분금지가처분 : 부동산가압류와 부동산처분금지가처분은 그 내용이 서로 모순, 저촉되지 않는 경우라면(가처분의 피보전권리가 제한물권의 설정청구권인 경우 등) 경합이 가능하다. 하지만 그 내용이 모순, 저촉되는 경우(가처분의 피보전권리가 소유권이전등기 청구권 또는 말소등기청구권인 경우 등) 효력의 우열은 집행의 선후에 의하여 결정된다(가처분집행이 선행한 경우는 대판 2005.1.14. 2003다33004 참조). **기출** 24

> 부동산에 대하여 가압류등기가 된 경우에, 그 가압류채무자(현 소유자)의 전 소유자가 위의 가압류 집행에 앞서 같은 부동산에 대하여 소유권이전등기의 말소청구권을 보전하기 위한 처분금지가처분등 기를 경료한 다음, 채무자를 상대로 매매계약의 해제를 주장하면서 소유권이전등기 말소소송을 제기한 결과 승소판결을 받아 확정되기에 이르렀다면, 위와 같은 가압류는 결국 말소될 수밖에 없고, 따라서 이러한 경우 가압류채권자는 민법 제548조 제1항 단서에서 말하는 제3자로 볼 수 없으며, 가처분채권자 가 받은 본안판결이 전부 승소판결이 아닌 동시이행판결인 경우도 이와 달리 볼 이유가 없다(대판 2005.1.14. 2003다33004).

㉯ 채권적 청구권에 대한 가압류와 처분금지가처분

> 소유권이전등기청구권에 대한 가압류가 있기 전에 소유권이전등기청구권을 보전하기 위하여 "채무자 는 소유권이전등기청구권을 양도하거나 기타 일체의 처분행위를 하여서는 아니 된다. 제3채무자는 채무자에게 소유권이전등기절차를 이행하여서는 아니 된다."는 소유권이전등기청구권 처분금지가처 분이 있었다고 하더라도 그 가처분이 뒤에 이루어진 가압류에 우선하는 효력은 없으므로, 그 가압류는 가처분채권자와 사이의 관계에서도 유효하고, 이는 소유권이전등기청구권에 대한 압류의 경우에도 마찬가지이다(대판 2001.10.9. 2000다51216). **기출** 16 · 11

③ 토지에 대한 가압류의 효력이 토지수용보상금에도 미치는지 여부

> - 토지에 대하여 가압류가 집행되어 있어도 토지의 수용으로 기업자가 그 소유권을 원시취득하면 가압류의 효력은 소멸되고, 토지에 대한 가압류가 수용보상금 청구권에 당연히 이전되지는 않는다(대판 2000.7.4. 98다 62961). **기출** 23 · 19 · 11
> - 「공익사업을 위한 토지 등의 취득 및 보상에 관한 법률」 제45조 제1항에 의하면, 토지 수용의 경우 사업시행자 는 수용의 개시일에 토지의 소유권을 취득하고 그 토지에 관한 다른 권리는 소멸하는 것인바, 수용되는 토지에 대하여 가압류가 집행되어 있더라도 토지 수용으로 사업시행자가 그 소유권을 원시취득하게 됨에 따라 그 토지 가압류의 효력은 절대적으로 소멸하는 것이고, 이 경우 법률에 특별한 규정이 없는 이상 토지에 대한 가압류가 그 수용보상금채권에 당연히 전이되어 효력이 미치게 된다거나 수용보상금채권에 대하여도 토지 가압류의 처분금지적 효력이 미친다고 볼 수는 없으며, 또 가압류는 담보물권과는 달리 목적물의 교환가 치를 지배하는 권리가 아니고, 담보물권의 경우에 인정되는 물상대위의 법리가 여기에 적용된다고 볼 수도 없다(대판 2009.9.10. 2006다61536). **기출** 24

I　가처분 집행절차

가처분의 피보전권리는 통상적으로 비금전채권으로 그 집행절차는 비금전채권의 실현을 위한 본집행절차에 준한다. 피보전권리의 내용에 따라 그 집행절차를 간략히 살펴본다.

1. 부동산 처분금지 가처분

> **민사집행법 제305조(가처분의 방법)**
> ① 법원은 신청목적을 이루는 데 필요한 처분을 직권으로 정한다.
> ② 가처분으로 보관인을 정하거나, 상대방에게 어떠한 행위를 하거나 하지 말도록, 또는 급여를 지급하도록 명할 수 있다.
> ③ 가처분으로 부동산의 양도나 저당을 금지한 때에는 법원은 제293조(부동산가압류집행)의 규정을 준용하여 등기부에 그 금지한 사실을 기입하게 하여야 한다.

① 가처분의 내용 : 목적물에 대한 채무자의 소유권이전, 저당권·전세권·임차권의 설정 그 밖에 일체의 처분행위를 금지하고자 하는 가처분이다.

> • 부동산에 관하여 처분금지가처분의 등기가 마쳐진 후에 가처분권자가 본안소송에서 승소판결을 받아 확정되면 그 피보전권리의 범위 내에서 그 가처분에 저촉되는 처분행위의 효력을 부정할 수 있고, 이때 그 처분행위가 가처분에 저촉되는 것인지의 여부는 그 처분행위에 따른 등기와 가처분등기의 선후에 의하여 정해진다(대판 2003.2.28. 2000다65802).
> • 공유물을 경매에 붙여 매각대금을 분배할 것을 명하는 판결은 경매를 조건으로 하는 특수한 형성판결로서 공유자 전원에 대하여 획일적으로 공유관계의 해소를 목적으로 하는 것인바, 가처분채권자가 가처분채무자의 공유 지분에 관하여 처분금지가처분등기를 마친 후에 가처분채무자가 나머지 공유자와 사이에 위와 같이 경매를 통한 공유물분할을 내용으로 하는 화해권고결정을 받아 이를 확정시켰다면, 다른 특별한 사정이 없는 한 이는 처분금지가처분에서 금하는 처분행위에 해당한다(대판 2017.5.31. 2017다216981).

② 피보전권리

　㉠ 피보전권리의 대부분은 목적물에 대한 소유권이전등기청구권과 같은 특정물에 대한 이행청구권이나 자기 소유 토지상의 채무자 소유 건물의 철거청구를 본안으로 할 때와 같이 방해배제청구권의 보전을 위하여도 할 수 있다.

　㉡ 국토의 계획 및 이용에 관한 법률 소정의 규제구역 내의 토지에 관하여 체결된 매매계약에 기한 매수인의 토지거래허가신청절차청구권도 피보전권리가 된다(대판 1998.12.22. 98다44376).

　㉢ 저당권설정계약에 기한 등기청구권, 임차권에 기한 등기청구권이나 인도청구권 등을 피보전권리로 한 처분금지가처분이 가능하다.

② 금전채권은 처분금지가처분의 피보전권리가 될 수 없다.

⑩ 관련 판례

> 피보전권리가 없음에도 불구하고 그 권리보전이란 구실 아래 처분금지가처분 결정을 받아 이를 집행한
> 경우에는 그 가처분 후에 그 가처분에 반하여 한 행위라도 그 행위의 효력은 그 가처분에 의하여 무시될
> 수 없는 것이고 이러한 경우 그 가처분에 따른 본안소송에서 그 가처분권자와 채무자 사이에 소송상의
> 화해가 이루어져 그 화해조서에 기하여 가처분권자 명의의 소유권이전등기가 경료되었다 하더라도 이를
> 피보전권리의 실현에 의한 등기라고 할 수는 없으므로, 그 가처분을 가지고 후에 이루어진 처분금지가처분
> 의 권리자에게 대항할 수 없다(대판 1994.4.29. 93다60434). **기출** 23

③ **가처분의 집행**

㉠ 가처분명령이 있게 되면 가처분법원이 집행법원이 되어 등기부에 금지되는 처분행위의 내용을 기입
하는 방법으로 집행한다(규칙 제215조).

㉡ 부동산일부에 대한 가처분의 집행을 위하여는 가처분결정을 대위원인으로 하여 채권자가 대위분할
등기신청을 하여 분할등기가 먼저 이루어지도록 해야 한다(대판 1987.10.13. 87다카1093).

㉢ 부동산의 일부에 대한 분할등기가 될 수 없는 사정이 있는 경우에는 당해 부동산 전부에 대한 가처분
을 신청할 수 있다.

2. 점유이전금지가처분

① 부동산에 대한 인도청구권을 보전하기 위한 다툼의 대상에 관한 가처분의 일종으로서, 목적물의 주관적
(인적), 객관적(물적) 현상변경을 금지하고자 함을 목적으로 한다.

② 우리 민사소송법은 당사자 승계주의를 취하고 있어 변론종결 전의 승계인에게는 판결의 효력이 미치지
아니하므로 인도청구의 본안소송 중 목적물의 점유가 이전되면 그대로 본안소송에서 패소할 수밖에 없
고, 따라서 새로이 그 제3자를 상대로 하여 소송을 제기하든가 아니면 민사소송법 제82조 등에 의하여
위 제3자에게 소송을 인수시켜 소송을 유지할 수밖에 없다.

③ 그러나 점유이전금지가처분을 받아 두면 그 이후에 점유를 이전받은 자는 가처분채권자에게 대항할 수
없고, 당사자가 항정되므로 위와 같은 불측의 손해를 예방할 수 있다.

④ 점유이전금지가처분이 있었음에도 점유가 이전되었을 때에는 가처분채무자는 가처분채권자에 대한 관
계에서 여전히 점유자의 지위에 있고, 따라서 가처분채권자는 가처분채무자의 점유상실을 고려하지 아
니하고 가처분채무자를 피고로 한 채로 본안소송을 계속할 수 있다(대판 1966.7.26. 66다1060; 대판 1987.11.24.
87다카257). **기출** 24

⑤ 점유이전금지가처분의 피보전권리가 되는 인도·명도청구권은 채무자에게 대항할 수 있는 한 물권이든
채권(임차권 등)이든 관계없다. **기출** 11

⑥ '건물퇴거, 토지인도청구권'을 피보전권리로 하는 경우 건물점유자에게는 건물에 대하여만 점유이전금
지가처분을 하면 충분하고 토지에 대하여는 원칙적으로 불필요하다.

⑦ 임대차종료 시의 인도를 위한 제소전화해가 있는 경우에는 실무상 제소전화해의 인도권원을 소유권으로
명시한 경우는 물론, 인도권원을 소유권으로 명시하지 않은 경우에도 제소전화해의 신청원인에 임대인
이 소유자라는 사실을 명시한 경우에는 제소전화해 이후 점유를 승계한 자에 대하여 승계집행문을 부여
하고 있는 것이 다수의 실무이므로 제소전화해와 별도로 점유이전금지가처분을 인정할 보전의 필요성이
없다. **기출** 11

⑧ 타인의 토지 위에 무단으로 건축된 건물의 철거의무를 지는 자는 그 건물의 소유권자 또는 그 건물이 미등기건물인 때에는 이를 매수하여 법률상·사실상 처분할 수 있는 지위에 있는 사람이 되므로 건물철거, 토지인도청구권의 경우에는 건물과 토지에 대한 점유이전금지가처분만으로는 그 목적을 달성할 수 없고, 건물에 대하여 처분금지가처분을 하면 충분하다고 할 것이다(대판 1987.11.24. 87다카257).

⑨ 관련 판례

- 목적물에 대한 채무자의 점유를 풀고 채권자가 위임하는 집행관에게 그 보관을 명하며 집행관은 현상을 변경하지 아니할 것을 조건으로 하여 채무자에게 그 사용을 허가하도록 하는 내용의 점유이전금지가처분은, 가처분집행 당시의 목적물의 현상을 본집행시까지 그대로 유지함을 목적으로 하여 그 목적물의 점유이전과 현상의 변경을 금지하는 것에 불과하여, 이러한 가처분결정에도 불구하고 점유가 이전되었을 때에는 가처분채무자는 가처분채권자에 대한 관계에서 여전히 그 점유자의 지위에 있는 것으로 취급되는 것일 뿐 가처분집행만으로 소유자에 의한 목적물의 처분을 금지 또는 제한하는 것은 아니다(대판 2002.3.29. 2000다33010). **기출** 25·11

- 점유이전금지가처분의 대상이 된 목적물의 소유자가 그 의사에 기하여 가처분채무자에게 직접점유를 하게 한 경우에는 그 점유에 관한 현상을 고정시키는 것만으로 소유권이 침해되거나 침해될 우려가 있다고 할 수는 없고 소유자의 간접점유권이 침해되는 것도 아니라고 할 것이며, 따라서 간접점유자에 불과한 소유자는 직접점유자를 가처분채무자로 하는 점유이전금지가처분의 집행에 대하여 제3자이의의 소를 제기할 수 없다(대판 2002.3.29. 2000다33010). **기출** 15·11

- 점유이전금지가처분은 그 목적물의 점유이전을 금지하는 것으로서 그럼에도 불구하고 점유가 이전되었을 때에는 가처분채무자는 가처분채권자에 대한 관계에 있어서 여전히 그 점유자의 지위에 있다는 의미로서의 당사자항정의 효력이 인정될 뿐, 가처분 이후에 매매나 임대차 등에 기하여 가처분채무자로부터 점유를 이전받은 제3자에 대하여 가처분채권자가 가처분 자체의 효력으로 직접 퇴거를 강제할 수는 없고, 가처분채권자로서는 본안판결의 집행단계에서 승계집행문을 부여받아서 그 제3자의 점유를 배제할 수 있다(대판 1999.3.23. 98다59118). **기출** 11

- 건물에 대한 채무자 甲의 점유를 풀고 집행관에게 보관시킨 다음 甲의 청구에 따라 甲에게 그 사용을 허락하는 점유이전금지가처분(제1차 가처분)이 집행된 후에 다른 당사자 사이의 별개의 가처분신청사건에서 같은 건물에 대하여 그 사건 채무자 乙의 점유를 풀고 집행관에게 보관시킨 다음 이를 乙에게 사용을 허락하는 점유이전금지가처문(제2차 가처분)이 다시 집행된 경우에는 그 두 개의 가처분은 비록 당사자는 서로 다르다 할지라도 각기 서로 다른 채무자에게 동일 건물의 사용을 허락한 한도 내에서 모순 저촉된다고 할 것이므로 위 제2차 가처분의 집행은 불허되어야 할 것인바 이때 제1차 가처분채권자는 실체법상의 권리에 기하여 제3자 이의의 소를 제기할 수도 있고, 집행방법에 관한 이의로서 제2차 가처분집행의 배제를 구할 수도 있다(대결 1981.8.29. 81마86). **기출** 25

3. 공사금지가처분 등

① 건축공사로 인한 지반침하, 주택붕괴의 위험 또는 일조나 조망, 경관 기타 생활이익의 침해를 이유로 건물의 공사금지(또는 공사중지)를 구하거나 그 건축에 대한 방해금지를 구하는 것과 같이 '건물의 공사와 관련된 가처분'과 일정한 토지·건물에 채무자가 '진입·통행하는 것을 금지하는 가처분'은 채무자가 일정한 적극적 행위를 하는 것을 금지하는 부작위의무를 명하는 가처분이다. 성질상 임시의 지위를 정하기 위한 가처분에 속한다.

토지의 소유자가 충분한 예방공사를 하지 아니한 채 건물의 건축을 위한 심굴굴착공사를 함으로써 인접대지의 일부 침하와 건물 균열 등의 위험이 발생하였다고 하더라도 나머지 공사의 대부분이 지상건물의 축조이어서 더 이상의 심굴굴착공사의 필요성이 없다고 보여지고 침하와 균열이 더 이상 확대된다고 볼 사정이 없다면 토지심굴굴착금지청구권과 소유물방해예방 또는 방해제거청구권에 기한 공사중지가처분을 허용하여서는 아니 된다(대판 1981.3.10. 80다2832). **기출** 16

② 이러한 가처분은 단순히 부작위의무만을 명할 뿐이므로 채무자에게 가처분의 내용을 고지함으로써 족하고 원칙적으로 집행이라는 관념이 존재하지 않는다.

③ 다만, 반복적 계속적 부작위를 명하는 가처분에서 채무자가 의무위반을 할 때에는 대체집행 또는 간접강제의 방법에 의하여 그 의무의 이행을 강제할 수 있다.

4. 가등기와 관련한 가처분

① **가등기에 기한 본등기금지 가처분** : 판례는 '가등기에 터잡은 본등기'를 하는 것은 그 가등기에 의하여 순위보전된 권리의 취득(권리의 증대 내지 부가)이지 가등기상의 권리자체의 처분(권리의 감소 내지 소멸)이라고는 볼 수 없으므로 그러한 본등기를 금하는 가처분은 권리자체의 처분의 제한에 해당하지 아니하여 등기할 사항이라 할 수 없고 이를 접수하여 등기부에 기입하였다고 하더라도 아무 효력이 발생할 수 없다고 함으로써 이러한 가처분을 부정하고 있다(대결 1978.10.14. 78마282).

② **가등기상의 권리처분금지가처분** : 가등기상의 권리(대물변제예약 또는 매매예약상의 권리)를 타에 이전(양도)하는 것을 금지하는 가처분은 허용되고, 부동산처분금지가처분과 같은 방법으로 등기할 수 있다.

③ **가등기가처분**

  ㉠ 의의 : 가등기의 신청에 관하여 가등기의무자의 협력을 얻을 수 없는 경우, 가등기권리자는 부동산소재지를 관할하는 지방법원에 가처분신청을 하여 가등기원인을 소명하여 가등기를 명하는 가처분명령을 얻은 후에 그 명령의 정본을 첨부하여 단독으로 그 가등기를 신청할 수 있는데(부동산등기법 제89조), 이를 '가등기가처분'이라고 한다.

  ㉡ 성질 및 취지

  ㉮ 이 가처분은 민사집행법상의 가처분과 같은 기능을 가지는 점도 있으나 그와는 매우 다른 비송사건적인 성질을 가지고 있다.

  ㉯ 부동산등기법상의 가처분명령에 의한 가등기 이외에 민사집행법상의 가처분절차에 의하여 가등기를 명할 수는 없다.

> 부동산등기법상의 가등기가처분은 당사자의 이해관계의 대립이 있음을 요건으로 하지 아니하는 보전처분으로서, 그것도 본등기의 순위보전의 효력밖에 없는 것이므로 민사소송법상의 가처분과는 성질이 달라 민사소송법상의 가처분에 관한 규정을 준용할 여지가 없다(대결 1973.8.29. 73마657).

5. 채권의 추심 및 처분금지 가처분

① 채권의 존부나 귀속에 관하여 다툼이 있는 경우[139]에 필요한 가처분이다.

② 예를 들어 채권의 이중양도의 경우나 채권양도와 전부명령이 경합하는 경우 어느 한 채권자는 다른 채권자가 채무자로부터 채권을 추심하거나 제3자에게 양도하지 못하도록 채권의 추심 및 처분금지가처분을 하는 경우가 이에 해당한다.

③ 이러한 가처분은 채무자의 제3채무자에 대한 채권을 가압류하는 것과 구조적으로 다를 것이 없다.

---

139) 부동산 소유권에 관하여 분쟁이 있는 경우 분쟁의 상대방에게 임차인으로부터의 임대료의 추심을 금지할 필요도 있게 된다.

Ⅱ 가처분집행의 효력

1. 등기와의 관계

① 부동산에 대한 처분금지가처분은 그 집행인 등기가 마쳐짐으로써 가처분채무자와 제3자에 대하여 구속력을 갖게 된다. 이는 가처분결정 자체의 효력이 아니고 그 집행으로 인하여 생기는 효력이다.

② 채권자가 채무자를 상대로 처분금지가처분결정을 받았다고 하더라도 가처분등기가 마쳐지기 전에 채무자가 그 가처분의 내용에 위반되는 처분행위를 하여 제3자 명의로 소유권이전등기 등이 마쳐졌다면 그 등기는 완전히 유효하고 위 가처분결정은 집행불능이 된다(대판 1997.7.11. 97다15012 참조). **기출** 25 반대로 처분금지가처분 이전에 가처분채무자로부터 제3자에의 매매가 있었다 하더라도 그 이전등기가 가처분등기 이후에 마쳐진 경우에는 제3취득자가 가처분채권자에게 대항할 수 없다. **기출** 12

> • 아파트에 대한 분양금지 가처분결정을 받았다고 하더라도 그 가처분은 그 '집행'에 해당하는 '등기'에 의하여 비로소 가처분채무자 및 제3자에 대하여 구속력을 갖게 되는 것이므로 그 가처분등기가 경료되기 이전에 가처분채무자가 그 가처분의 내용에 위반하여 처분행위를 함으로써 이에 따라 제3자 명의의 소유권이전등기가 마쳐진 경우, 그 소유권이전등기는 완전히 유효하다(대판 1997.7.11. 97다15012). **기출** 23
> • 무효가 아닌 가처분등기 경료 후 가처분목적물에 대한 소유권을 취득한 사람은 집행법원에 가처분결정취소나 집행취소신청을 하여 그 결정을 받아 가처분등기를 말소시킬 수 있을 뿐, 곧바로 가처분등기 자체의 말소를 소구할 수는 없다(대판 1976.3.9. 75다1923 참조). **기출** 24

③ 그러나 가처분등기보다 먼저 등기된 가등기에 의하여 본등기가 경료된 경우에는 그 본등기가 설사 가처분등기 후에 경료되었다 하더라도 가처분채권자에게 대항할 수 있다.

④ 가처분결정을 송달하는 외에 현행법상 등기부에 공시할 방법이 없는 건축주명의변경금지가처분 등은 대물적 효력이 인정되지 아니하므로, 제3자가 채무자로부터 실제로 권리를 양수하여 소유권보존등기를 하였다면 가처분을 내세워 그 권리취득의 효력을 부인할 수 없다(대판 1997.5.7. 97다1907). **기출** 15

2. 처분금지가처분효력

① 처분금지효력

　㉠ 처분금지가처분이 등기되면 채무자 및 제3자에 대하여 구속력을 갖는다고 하는 것은 그 등기 후에 채무자가 가처분의 내용에 위배하여 제3자에게 목적부동산에 관하여 양도, 담보권설정 등의 처분행위를 한 경우에 채권자가 그 처분행위의 효력을 부정할 수 있는 것, 즉 무효로 할 수 있다는 것을 의미한다.

> 국세징수법 제35조에서 "체납처분은 재판상의 가압류 또는 가처분으로 인하여 그 집행에 영향을 받지 아니한다"고 규정하고 있으나, 이는 선행의 가압류 또는 가처분이 있다고 하더라도 체납처분의 진행에 영향을 미치지 않는다는 취지의 절차진행에 관한 규정일 뿐이고 체납처분의 효력이 가압류, 가처분의 효력에 우선한다는 취지의 규정은 아니므로 부동산에 관하여 처분금지가처분의 등기가 된 후에 가처분권자가 본안소송에서 승소판결을 받아 확정이 되면 피보전권리의 범위 내에서 가처분 위반행위의 효력을 부정할 수 있고 이와 같은 가처분의 우선적 효력은 그 위반행위가 체납처분에 기한 것이라 하여 달리볼 수 없다(대결 1993.2.19. 92마903[전합]). **기출** 23

　㉡ 부동산 처분금지가처분등기가 마쳐졌으나 그 가처분 당시의 가처분채무자 명의의 등기가 원인무효인 관계로 확정판결에 의해 말소되어 전소유자의 소유명의로 복귀되는 경우는 처분금지가처분에 의하여 금지되는 처분행위에 해당한다고 볼 수 없다(대판 1996.8.20. 94다58988). **기출** 16

② 처분금지효력과 주관적 범위(상대적 효력설)
　　㉠ 판례는 가처분위반의 처분행위는 가처분채무자와 그 상대방 및 제3자 사이에서는 완전히 유효하고 단지 가처분채권자에게만 대항할 수 없음에 그친다고 하고 있다(대판 1968.9.30. 68다1117 등). **기출** 12
　　㉡ 따라서 가처분채권자의 권리가 본안에서 확정될 때까지는 가처분등기 후의 처분행위라도 등기가 허용됨은 물론이고, 그 '제3취득자'는 비록 목적부동산에 관하여 처분금지가처분등기가 되어 있더라도 그 부동산이 임대된 경우에는 임차인에게 차임의 지급을 청구할 수 있으며, 가처분채무자에게 취득한 목적부동산의 인도를 구할 수 있고, 가처분채무자를 상대방으로 하는 타인의 강제집행에 대하여 제3자이의의 소를 제기할 수 있으며, 제3취득자의 채권자도 제3취득자를 채무자로 하여 목적부동산에 대하여 강제집행이나 보전처분을 할 수 있다.

③ 처분금지효력과 객관적 범위
　　㉠ 가처분에 의한 처분금지의 효력은 가처분채권자의 권리를 침해하는 한도에서만 생기는 것이므로, 가처분채권자는 본안소송에서 승소확정판결을 받거나 이와 같이 볼 수 있는 사정(화해, 조정, 청구의 인낙 등)에 의하여 가처분채권자의 권리의 존재가 확정된 때에 그 확정된 피보전권리의 한도에서만 가처분에 위반된 처분행위의 효력을 부정할 수 있다(실체적 효력설)(부산지법 2006.10.19. 2005구합3425).
　　㉡ 예를 들면, 저당권 또는 임차권설정등기청구권을 피보전권리로 한 처분금지가처분 후에 행하여진 소유권이전행위는 전면적으로 무효가 아니라 저당권, 임차권의 존재를 인정한 채로 제3취득자에게 소유권이 넘어가는 것이다.
　　㉢ 건물철거, 토지인도청구권보전을 위한 건물에 대한 처분금지가처분 후에 건물의 소유권이전등기를 한 제3취득자는 건물의 소유권을 취득하지만 건물철거와 토지인도청구권의 실현을 감수하여야 할 것이다.
　　㉣ 판례도 임차권은 목적물의 사용 수익을 내용으로 하는 권리로서 저당권의 존속이 임차권의 실현에 장애가 되지 아니한다고 할 것이고 가처분등기 후 설정된 저당권의 실행이 있다고 하더라도 선행된 가처분등기와 임차권설정등기청구를 인용한 본안판결에 기하여 제3자에게 대항할 수 있다고 할 것이니 근저당권의 설정으로 인하여 가처분에 의하여 보전된 임차권이 아무런 침해를 받지 아니한다고 할 것이라는 이유를 들어 위 임차권자(가처분권자)는 그 가처분등기 후에 마쳐진 근저당권설정등기의 말소를 구할 수 없다고 하였다(대결 1984.4.16. 84마7). **기출** 19 · 16

④ 보전처분의 잠정성
　　㉠ 잠정적 효력 : 가처분채권자가 가처분 위반행위의 효력을 부정할 수 있는 시기는 본안소송에서 승소확정판결을 받거나 이와 동일시할 수 있는 사정이 발생한 때이며, 단순히 가처분채권자인 지위만으로는 가처분채무자로부터 목적부동산의 소유권이전등기를 경료받은 제3자에 대하여 말소등기를 청구하는 등 위법한 처분행위의 효력을 부인할 수 없다(대판 1992.2.14. 91다12349; 대판 1996.3.22. 95다53768).

> 부동산처분금지가처분등기가 유효하게 기입된 이후에도 가처분채권자의 지위만으로는 가처분 이후에 경료된 처분등기의 말소청구권은 없으며, 나중에 가처분채권자가 본안 승소판결에 의한 등기의 기재를 청구할 수 있게 되면서 가처분등기 후에 경료된 가처분 내용에 위반된 위 등기의 말소를 청구할 수 있는 것이고, 또 등기공무원도 가처분 이후에 이루어진 가처분 위반등기를 직권으로 말소할 수도 없으므로 가처분 위반의 등기가 소유권이전등기 시에 말소되지 아니한 채 남아 있다면 이는 말소하여야 할 등기상의 부담이라고 보아야 할 것이다(대판 1992.2.14. 91다12349). **기출** 23

ⓛ 본안승소에 따른 본등기 절차 : 보전처분에 위배되는 제3취득자의 등기를 말소하는 방법은 본안 승소 판결에 기한 이전등기신청과 동시에 단독으로 말소신청을 하면 되고(등기예규 제1690호 1. 가. (1)), 별도로 가처분에 위배되는 등기의 말소를 소구하는 것은 소의 이익이 없다.

⑤ **소유권이전등기청구권 등 비금전채권을 대상으로 한 처분금지가처분의 효력**

ⓐ '소유권이전등기청구권에 대한 처분금지가처분'에 있어서 보전처분의 대상이 되는 것은 소유권이전 등기청구권 자체이며 소유권이전등기청구권의 대상이 되는 부동산은 보전처분과 무관하다. 그러므로 소유권이전등기청구권에 대한 처분이 아닌 부동산 자체의 처분은 당해 보전처분의 효력과는 아무런 관련이 없다.

ⓑ 그러나 가등기된 소유권이전등기청구권에 대한 처분금지가처분이 있는 경우에 관하여 판례는 소위 대물적 효력이라 하여 제3채무자 소유의 부동산에까지 가처분의 효력이 미치는 것으로 보고 있다.

⑥ **대위에 의한 처분금지가처분**

ⓐ 문제점

㉮ 부동산이 甲 → 乙 → 丙의 순차로 미등기 전매가 있는 경우에 丙이 乙을 대위하여 甲 소유의 부동산에 대한 처분금지가처분을 하는 사례를 흔히 볼 수 있다.

㉯ 이때 乙의 甲에 대한 소유권이전등기청구권을 '피대위채권'이라 하고 丙의 乙에 대한 소유권이전 등기청구권을 '피보전채권'이라 하며 甲 소유의 부동산은 가처분의 대상이 된다.

ⓑ 대위에 의한 처분금지가처분에 따른 처분금지

㉮ 위 사례에서 가처분의 대상은 甲 소유의 부동산이다.

㉯ 가처분의 피보전권리는 乙의 甲에 대한 소유권이전등기청구권이다.

㉰ 판례에 따르면 甲의 부동산처분행위는 乙의 소유권이전등기청구권을 침해하는 범위에서만 상대적으로 무효가 된다.

㉱ 예를 들면 위와 같은 가처분이 있음에도 불구하고 甲이 乙에게 소유권이전등기절차를 이행하는 것은 乙의 甲에 대한 소유권이전등기청구권을 전혀 침해하는 것이 아니므로 완전히 유효한 것으로 평가된다.

㉲ 이후에 乙이 제3자에게 목적물을 처분하는 것은 당해 가처분에 전혀 위배되는 것은 아니다.

㉳ 왜냐하면, 甲이 乙에게 임의로 소유권을 이전함을 계기로 乙이 제3자에게 목적물을 처분할 지위에 서게 됨으로 인하여 丙의 乙에 대한 소유권이전등기청구권이 침해될 위험이 있는 것은 사실이지만 丙의 乙에 대한 소유권이전등기청구권은 채권자대위권의 피보전권리일 뿐 가처분의 피보전 권리가 아니기 때문이다.

> 부동산의 전득자(채권자, 丙)가 양수인 겸 전매인(채무자, 乙)에 대한 소유권이전등기청구권을 보전하기 위하여 양수인을 대위하여 양도인(제3채무자, 甲)을 상대로 처분금지가처분결정을 받아 그 등기를 마친 경우 그 가처분은 전득자가 자신의 양수인에 대한 소유권이전등기청구권을 보전하기 위하여 양도인이 양수인 이외의 자에게 그 소유권의 이전 등 처분행위를 못하게 하는 데에 그 목적이 있는 것으로서 그 피보전권리는 양수인(乙)의 양도인(甲)에 대한 소유권이전등기청구권이고, 전득자(丙)의 양수인(乙)에 대한 소유권이전등기청구권까지 포함되는 것은 아닐 뿐만 아니라 그 가처분결정에서 제3자에 대한 처분을 금지하였다고 하여도 그 제3자 중에는 양수인(乙)은 포함되지 아니하며 따라서 그 가처분 이후에 양수인이 양도인으로부터 소유권이전등기를 넘겨 받았고 이에 터잡아 다른 등기가 경료되었다고 하여도 그 각 등기는 위 가처분의 효력에 위배되는 것이 아니다(대판 1994.3.8. 93다42665).
>
> **기출** 23 · 12

© 甲으로부터 乙, 丙을 거쳐 부동산을 전득한 丁이 그의 丙에 대한 소유권이전등기청구권을 보전하기 위하여 乙 및 丙을 순차 대위하여 甲을 상대로 처분금지가처분을 한 경우

> 甲으로부터 乙, 丙을 거쳐 부동산을 전득한 丁이 그의 丙에 대한 소유권이전등기청구권을 보전하기 위하여 乙 및 丙을 순차 대위하여 甲을 상대로 처분금지가처분을 한 경우, 그 처분금지가처분은 丁의 丙에 대한 소유권이전등기청구권을 보전하기 위하여 丙 및 乙을 순차 대위하여 甲이 乙 이외의 자에게 그 소유권의 이전 등 처분행위를 못하게 하는 데 그 목적이 있는 것으로서, 그 피보전권리는 실질적 가처분채권자인 乙의 甲에 대한 소유권이전등기청구권이고 丙의 乙에 대한 소유권이전등기청구권이나 丁의 丙에 대한 소유권이전등기청구권까지 포함하는 것은 아니므로, 위 처분금지가처분 이후에 가처분채무자인 甲으로부터 丙 앞으로 경료된 소유권이전등기는 비록 그 등기가 가처분채권자인 丁에 대하여 소유권이전등기의무를 부담하고 있는 자에게로의 처분이라 하여도 위 처분금지가처분의 효력에 위배되어 가처분채권자인 丁에게 대항할 수 없고, 따라서 丁의 말소신청에 따라 처분금지가처분의 본안에 관한 확정판결에 기하여 丙 명의의 소유권이전등기를 말소한 것은 적법하다(대판 1998.2.13. 97다47897). **기출** 12

⑦ 단체 임원의 직무집행정지 등에 관한 가처분
  ㉠ 주식회사 주주, 이사 등의 직무집행정지가처분 : 주식회사의 이사선임결의의 무효나 취소 또는 이사해임의 소가 제기된 경우 또는 급박한 사정이 있는 때에는 본안소송의 제기 전이라도 법원은 당사자의 신청에 의하여 가처분으로서 이사의 직무집행을 정지할 수 있고 또는 직무대행자를 선임할 수 있다(상법 제407조 제1항).
  ㉡ 민법상 법인 등의 이사직무집행정지가처분 : 민법상 법인의 이사회결의에 하자가 있는 경우에 관하여는 법률에 별도의 규정이 없으므로 그 결의에 무효사유가 있는 경우에는 이해관계인은 언제든지 또 어떠한 방법에 의하든지 그 무효를 주장할 수 있으므로 무효주장의 방법으로 이사회결의 무효확인소송을 제기할 수 있고, 이를 본안으로 하여 이사의 직무집행정지가처분 및 그 대행자선임 가처분을 신청할 수 있다(대판 2000.2.11. 99다30039).
  ㉢ 해임청구권 보전을 위한 직무집행정지가처분의 허용 여부
    ㉮ 상법 제385조 제2항은 이사가 그 직무에 관하여 부정행위 또는 법령이나 정관에 위반한 중대한 사실이 있음에도 불구하고 주주총회에서 그 해임을 부결한 때에는 발행주식 총수의 100분의 3 이상에 해당하는 주식을 가진 주주는 총회의 결의가 있은 날부터 1월 내에 그 이사의 해임을 법원에 청구할 수 있다고 규정하고 있다. 이와 같이 해임청구권이 명문으로 규정되는 경우에는 해임청구권을 보전하기 위한 직무집행정지가처분이 허용됨은 물론이다.
    ㉯ 민법상의 법인의 이사, 법인격 없는 사단·재단의 대표자, 합명회사 및 합자회사의 대표자 등의 경우에는 해임청구권에 관한 명문규정이 없는 바, 판례는 단체의 대표자 등이 그 업무에 관하여 위법행위 및 정관위반행위를 하였다는 이유로 그 해임을 청구하는 소송은 형성의 소에 해당하는데, 이를 제기할 수 있는 법적 근거가 없으므로 그러한 해임청구권을 피보전권리로 하는 직무집행정지가처분은 허용될 수 없다고 하였다(대결 1997.10.27. 97마2269; 대판 2001.1.16. 2000다45020).

본집행으로의 이전

I 의 의

① 보전처분은 강제집행의 보전을 목적으로 하는 임시적인 처분이므로 채권자가 집행권원을 얻어 강제집행을 할 수 있게 되면 보전처분이 집행되어 있는 상태에서 본집행을 하게 된다.

② 이를 '본집행으로의 이전'이라고 부른다.

II 이전절차

1. 가압류의 본압류로의 이전

① 부동산·선박·항공기·자동차·건설기계·소형선박 등에 대한 가압류

    ㉠ 부동산과 이에 준하는 선박·항공기·자동차·건설기계·소형선박 등의 경우는 강제경매개시결정을 함으로써 본압류로 이전한다.

    ㉡ 경매개시결정의 기입등기를 새로 촉탁하여야 함은 물론이다.

② 유체동산에 대한 가압류 : 집행관은 본집행의 신청을 받으면 그 물건의 보관장소에 가서 목적물을 점검한 후 채무자에게 본압류를 집행한다는 뜻을 고지하고 가압류의 표시는 그대로 둔 채 덧붙여 본압류의 표시를 붙임으로써 본압류로 이전한다.

③ 채권에 대한 가압류

    ㉠ 지명채권에 대한 가압류에서 본압류로의 이전에서는 압류를 다시 할 필요 없이 직접 추심명령·전부명령 등을 하면 족하다는 것이 학설의 대세이나 실무는 압류부터 다시 한다.

    ㉡ 이때에는 신청서에도 가압류의 본압류로의 이전이라는 것을 밝히고 가압류결정의 사본을 첨부한다.

    ㉢ 채권이 가압류된 후 본압류로 이전되는 경우 집행법원은 가압류를 명한 법원이 있는 곳을 관할하는 지방법원의 전속관할이다(제224조 제3항).

> • 가압류 후에 가압류된 채권이 제3자에게 양도된 경우에는 가압류채권자와의 관계에서 그 채권양도는 효력이 없으므로 가압류에서 이전하는 본압류는 '채권양도인(= 가압류채무자)'을 집행채무자로 하여 신청하면 된다. 가압류 후에 가압류된 채무가 제3자에게 면책적으로 인수된 경우에도 가압류채권자와의 관계에서 그 채무인수는 효력이 없으므로 원래의 채무자를 제3채무자로 하여 가압류에서 이전하는 본압류를 신청하면 된다. 그런데 예외적으로 대항력이 있는 주택임대차의 경우에는 임차주택의 양수인이 임대인의 지위를 승계한 것으로 간주되고(주택임대차보호법 제3조 제4항), 그 효과로서 임대차보증금반환채무가 임차주택의 양수인에게 면책적으로 인수되며, 이는 임대차보증금 반환채권이 가압류된 경우에도 마찬가지로 보아야 한다. 따라서 임차인의 임대차보증금반환채권이 가압류된 상태에서 임대주택이 양도되면 양수인이 채권가압류의 제3채무자의 지위도 승계하고, 가압류권자 또한 임대주택의 양도인이 아니라 양수인에 대하여만 위 가압류의 효력을 주장할 수 있다(대판 2013.1.17. 2011다49523[전합]). ☞ 이와 같이 채권가압류의 제3채무자 지위가 승계된 경우에는 가압류에서 이전하는 본압류를 임차주택의 양수인을 제3채무자로 하여 신청하여야 하고, 첨부서류로 가압류결정서 사본과 가압류 송달증명 외에도 임차권의 대항력을 증명하는 서면 및 해당 주택에 관한 등기사항증명서 등을 붙여야 할 것이다. `기출` 25·22
> • 가압류한 지명채권에 대하여 가압류에서 본압류로 전이하는 내용의 주문이 누락된 채 압류 및 추심명령이 발령되었다 하더라도, 가압류 및 압류·추심의 당사자 사이에 서로 동일성이 인정되고, 가압류의 피보전

채권과 압류·추심의 집행채권 사이 및 가압류 대상 채권과 압류·추심 대상 채권 사이에 서로 동일성이 인정되는 경우에는, 해당 가압류는 특별한 사정이 없는 한 당연히 본압류로 이전되는 효력이 생긴다(대판 2010.10.14. 2010다48455). 기출 25

④ 그 밖의 재산권에 대한 가압류
  ㉠ 그 밖의 재산권의 경우에도 실무상은 가압류 상태에서 바로 현금화절차로 들어가지 않고 압류를 다시 한 후 현금화하게 된다.
  ㉡ 지적재산권으로서 등록을 요하는 경우에는 압류 외에 새로운 등록촉탁을 하여야 한다.

2. 가처분의 본집행으로의 이전

① 부동산에 대한 처분금지가처분
  ㉠ 가처분채권자의 피보전권리와 가처분등기 이후에 경료된 제3자명의의 등기의 종류에 따라 본집행으로 이전하는 절차가 서로 다르다.
  ㉡ 예컨대, 본안소송이 소유권이전등기청구의 소인 경우, 채권자가 본안의 승소판결에 기한 소유권이전등기신청과 동시에 가처분 기입등기 후의 저촉되는 등기의 말소를 신청하면 등기관이 이들 등기를 말소하고 채권자 명의로 소유권이전등기를 경료한다.

② 점유이전금지가처분 : 집행관 보관의 점유이전금지가처분은 이미 채무자의 점유를 해제하여 인도집행을 종료하였기 때문에 새로 점유를 취득하는 절차는 필요 없고 그대로 채권자에게 점유를 이전하면 족하다.

③ 단행가처분
  ㉠ 단행가처분은 본집행으로의 이전절차가 불필요하다는 견해도 있으나 임시의 집행을 종국적인 것으로 전환하기 위해서는 본집행이 필요하다.
  ㉡ 구체적으로는 집행력 있는 판결정본 등 집행권원에 기하여 본집행의 신청을 하는 것으로 바로 본집행으로 이행됨과 동시에 본집행이 집행목적달성으로 종료한 것으로 처리한다.

Ⅲ 이전의 효과

1. 보전처분의 본압류로의 흡수

① 판례에 의하면, 가압류집행이 있은 후 그 가압류가 강제경매개시결정으로 인하여 본압류로 이행된 경우에 가압류집행이 본집행에 포섭됨으로써 당초부터 본집행이 있었던 것과 같은 효력이 있고, 본집행의 효력이 유효하게 존속하는 한 상대방은 가압류집행의 효력을 다툴 수는 없고(대판 2004.12.10. 2004다54725) 오로지 본집행의 효력에 대하여만 다투어야 하는 것이므로, 본집행이 취소, 실효되지 않는 한 가압류집행이 취소되었다고 하여도 이미 그 효력을 발생한 본집행에는 아무런 영향을 미치지 않는다고 한다(대결 2002.3.15. 2001마6620). 기출 12

> • 가압류집행이 있은 후 그 가압류가 강제경매개시결정으로 인하여 본압류로 이행된 경우에 가압류집행이 본집행에 포섭됨으로써 당초부터 본집행이 있었던 것과 같은 효력이 있고, 본집행의 효력이 유효하게 존속하는 한 상대방은 가압류집행의 효력을 다툴 수는 없고 오로지 본집행의 효력에 대하여만 다투어야 하는 것이므로, 본집행이 취소, 실효되지 않는 한 가압류집행이 취소되었다고 하여도 이미 그 효력을 발생한 본집행에는

아무런 영향을 미치지 않는다. (따라서) 가압류등기 후 제3자 앞으로 소유권이전등기가 마쳐진 부동산에 대하여 가압류권자의 신청에 의한 강제경매절차가 진행 중에 가압류해방금액을 공탁하였다고 하더라도 이를 이유로 가압류집행을 취소할 수 없고, 나아가 가압류집행 취소의 결과 가압류등기가 말소되었더라도 이를 이유로 강제경매개시결정을 취소할 수는 없다(대결 2002.3.15. 2001마6620). 기출 21·12

- 가압류가 본압류로 이행되어 강제집행이 이루어진 경우에는 가압류집행은 본집행에 포섭됨으로써 당초부터 본집행이 있었던 것과 같은 효력이 있게 되므로, 본집행이 되어 있는 한 채무자는 가압류에 대한 이의신청이나 취소신청 또는 가압류집행 자체의 취소 등을 구할 실익이 없게 되고, 특히 강제집행조차 종료한 경우에는 그 강제집행의 근거가 된 가압류결정 자체의 취소나 가압류집행의 취소를 구할 이익은 더 이상 없다(대판 2004.12.10. 2004다54725). 기출 24

- [1] 등기관이 등기신청인의 신청 또는 관공서의 촉탁에 따라 등기절차를 완료한 적극적인 처분을 하였을 때에는 비록 그 처분이 부당하더라도 등기가 부동산등기법 제29조 제1호, 제2호에 해당하는 것이 아니라면 소송으로 등기의 효력을 다투는 것은 별론으로 하고 부동산등기법 제100조에 의한 등기관의 처분에 대한 이의신청으로는 다툴 수 없고, 부동산등기법 제29조 제2호의 '사건이 등기할 것이 아닌 때'는 등기신청이 신청 취지 자체에 의하여 법률상 허용될 수 없음이 명백한 경우를 뜻한다.
  [2] 부동산에 대한 가압류가 집행된 후 강제경매개시결정 등으로 인하여 본압류로 이행된 경우에는 가압류집행이 본집행에 포섭됨으로써 당초부터 본집행이 행하여진 것과 같은 효력이 있고, 본집행이 유효하게 존속하는 한 가압류등기는 집행법원의 말소촉탁이 있는 경우라도 말소할 수 없다. 따라서 부동산에 대한 가압류가 본압류로 이행되어 본집행의 효력이 유효하게 존속하는 한 집행법원의 가압류등기 말소촉탁은 그 취지 자체로 보아 법률상 허용될 수 없음이 명백한 경우에 해당된다(대결 2012.5.10. 2012마180).

② 가압류만 되어 있을 뿐 아직 본압류로 이행되지 아니한 단계에서는 가압류채권자가 그 가압류의 집행비용을 변상받을 수 없고, 따라서 제3취득자가 가압류의 집행비용을 고려함이 없이 그 처분금지의 효력이 미치는 객관적 범위에 속하는 청구금액만을 변제함으로써 가압류의 집행의 배제를 소구할 수 있지만, 가압류에서 본압류로 이행된 후에는 민사집행법 제53조 제1항의 적용을 받게 되므로 가압류 후 본압류로의 이행 전에 가압류의 목적물의 소유권을 취득한 제3취득자로서는 가압류의 청구금액 외에, 그 가압류의 집행비용 및 본집행의 비용 중 가압류의 본압류로의 이행에 대응하는 부분까지를 아울러 변제하여야만 가압류에서 이행된 본압류의 집행배제를 구할 수 있다(대판 2006.11.24. 2006다35223). 기출 21

2. 보전처분의 지위회복

본집행의 효력이 없는 것이라면 보전집행의 효력은 그대로 살아나서 보전집행상태가 유지되나(대판 2000.6.9. 97다34594), 보전집행과 본집행은 하나의 목적을 위한 일련의 절차로서 일체를 이루는 것이므로 본집행이 목적달성불능으로 종료된 경우(예 강제경매개시결정이 잉여의 가망이 없어 취소된 경우, 채무자가 청구이의 소송에서 승소함으로써 본집행절차가 종국적으로 취소된 경우 등)에는 선행한 보전집행의 효력도 상실한다(대결 1980.6.26. 80마146). 기출 25·24

- 채권자가 금전채권의 가압류를 본압류로 전이하는 압류 및 추심명령을 받아 본집행절차로 이행한 후 본압류의 신청만을 취하함으로써 본집행절차가 종료한 경우, 특단의 사정이 없는 한 그 가압류집행에 의한 보전 목적이 달성된 것이라거나 그 목적 달성이 불가능하게 된 것이라고는 볼 수 없으므로 그 가압류집행의 효력이 본집행과 함께 당연히 소멸되는 것은 아니라고 할 것이니, 채권자는 제3채무자에 대하여 그 가압류집행의 효력을 주장할 수 있다(대판 2000.6.9. 97다34594). 기출 25
- 가압류와 강제집행의 효력은 연속일체를 이루게 되는 것이므로 본집행인 강제집행절차가 집행목적 달성이 불가능하게 되어 종료된 경우에는 그에 선행한 가압류집행도 그 효력을 상실한다(대결 1980.6.26. 80마146).

구제절차

제1절 서 설

I 개 설

1. 보전처분에 대한 구제절차의 종류

보전처분의 신청 내지 보전처분의 당부를 재심사하는 '이의절차'와 보전처분의 당부를 심사하는 것이 아니라 현재 보전처분을 유지할 필요가 없게 되었다는 것을 이유로 그 취소를 구하는 '취소절차'로 나눌 수 있다.

2. 보전처분(보전명령)에 대한 이의

① 이의절차는 보전처분에 대한 일종의 불복절차이다.

② 이와 같이 보전처분 결정에 대하여 따로 불복절차가 마련되어 있으므로 결정에 대한 통상의 불복방법, 즉 민사소송법 제444조의 즉시항고나 같은 법 제442조에 의한 재항고는 허용되지 아니한다(대결 1991.3.29. 90마819; 대결 2008.5.13. 2007마573 등). 기출 22 · 19

3. 보전처분의 취소

① 취소절차는 일단 유효하게 발령된 보전처분을 새로운 재판에 의하여 실효시키고자 하는 것으로서 일종의 형성소송이다.

② 법정된 취소사유

가압류 취소사유	가처분 취소사유
제소기간 도과(채권자가 기간 내 본안의 제소명령을 이행하지 않은 경우)(제287조 제3항, 제310조)	
가압류 · 가처분의 이유가 소멸되거나 그 밖에 사정이 바뀐 때(제288조 제1항 제1호, 제310조)	
법원이 정한 담보를 제공한 때(제288조 제1항 제2호)	특별한 사정이 있는 때(제307조 제1항)
가압류 · 가처분이 집행된 후에 3년간 본안의 소를 제기하지 아니한 때(제288조 제1항 제2호, 제310조)	

㉠ 보전처분에 대한 취소신청 중 제소기간 도과로 인한 보전처분의 취소와 사정변경에 따른 보전처분의 취소는 가압류와 가처분 모두에 인정되는 구제수단이다.

㉡ 보전처분에 대한 취소신청 중 담보제공으로 인한 취소신청은 가압류에만 있는 구제수단이고 특별사정에 의한 보전처분의 취소신청은 가처분에만 있는 구제수단이다.

㉢ 보전집행에 대한 취소신청에서 해방금을 공탁하고 집행취소신청을 할 수 있는 것은 가압류집행취소에만 인정된다(제282조).

4. 불법행위를 원인으로 한 손해배상

① 채무자에 대한 손해배상 책임

- 가압류나 가처분 등 보전처분은 법원의 재판에 의하여 집행되는 것이기는 하나, 실체상 청구권이 있는지는 본안소송에 맡기고 단지 소명에 의하여 채권자의 책임 아래 하는 것이므로 그 집행 후에 집행채권자가 본안소송에서 패소 확정되었다면 보전처분 집행으로 인하여 채무자가 입은 손해에 대하여는 특별한 반증이 없는 한 집행채권자에게 고의 또는 과실이 있다고 추정되고, 따라서 그 부당한 집행으로 인한 손해에 대하여 이를 배상할 책임이 있다(대판 2012.8.23. 2012다34764; 대판 2008.6.26. 2006다84874). `기출` 23 · 20
- 가압류채무자가 가압류 이후 가압류청구금액을 공탁하고 그 집행취소결정을 받았다면, 가압류채무자는 적어도 위 가압류집행으로 인하여 위 공탁금에 대한 민사법정이율인 연 5푼 상당의 이자와 공탁금이율인 연 1푼 상당 이자의 차액 상당의 손해를 입었다고 할 것이다(대판 1992.9.25. 92다8453). `기출` 23
- 가압류신청에서 채권액보다 지나치게 과다한 가액을 주장하여 그 가액대로 가압류결정이 된 경우 본안 판결에서 피보전권리가 없는 것으로 확인된 부분의 범위 내에서는 가압류채권자의 고의·과실이 추정되고 다만 특별한 사정이 있으면 고의·과실이 부정된다(대판 1999.9.3. 98다3757). `기출` 22
- 채권자가 가압류결정을 받아 집행한 후 그에 관한 본안소송에서 피보전권리의 일부가 인정되지 아니하여 패소한 경우, 일단 채권자로서는 실제 채권액보다 많은 가액을 주장하여 가압류결정을 받음으로써 그 차액만큼 부당한 가압류집행을 한 것이라고 볼 수 있고 그 범위 내에서는 채권자의 고의·과실도 추정되나, 채권자가 가압류신청 당시 그 주장하는 채권이 있다고 믿을 만한 상당한 이유가 있었다고 인정되는 경우에는 위와 같은 고의·과실의 추정이 번복되어 부당한 가압류를 이유로 한 손해배상책임은 인정되지 않는다(대판 2011.7.14. 2011다13241). `기출` 20
- 가압류채권자가 본안소송에서 패소하여 그의 과실이 추정되는 경우, 패소 확정된 금액에 관해서 제1심은 이를 인용하였으나 항소심에서 결론을 달리한 사정이 있기는 하지만 그 금액은 가압류채권자에게 귀책사유 있는 잘못된 충당행위로 인한 손해임이 본안소송에서 이미 확정된 이상 가압류채무자가 업무상배임죄로 유죄판결을 받았다거나 사실관계 및 소송의 경과가 복잡하였다는 사정만으로 부당 보전처분에 대한 가압류채권자의 과실 추정이 번복되지는 않는다고 본 사례(대판 1999.9.3. 98다3757) `기출` 23
- 본안 소송에서 패소확정된 처분금지가처분의 집행채권자인 피고가 그 신청이유로서 주장한 피보전권리의 존부가 사실관계의 차이에 의한 것이 아니라 원고와 소외인 사이의 화해조서의 기판력 범위에 관한 법적해석 내지는 평가상의 차이에 기인된 것이고 피고의 그에 대한 법적견해가 가처분법원과 본안 소송의 제2심에서 인용된 바 있었다면 피고가 피보전권리가 있다고 믿었음에 과실이 있다고 할 수 없다(대판 1980.11.25. 80다730). `기출` 23
- 운송 도중 화재로 운송물이 전소된 데 대하여 화주가 운송인을 상대로 손해배상청구권을 피보전권리로 한 가압류집행을 하고 본안소송이 대법원에서 파기환송되자 소를 취하하였지만, 그 사유가 실화책임에 관한 법률 소정의 "중대한 과실" 유무에 대한 법적 해석 및 평가상의 차이에 기인한 것이라고 보아 부당가압류로 인한 손해배상책임을 부정한 사례(대판 1993.3.23. 92다49454)
- 사용금지가처분의 집행을 받은 자가 제3자 이의의 소를 제기하여 1심에서 그 가처분집행을 불허하는 제지의 승소판결과 가집행의 선언이 있었음에도 불구하고 집행정지 등 그 해제배치를 취하지 않음으로서 손해가 증대되었다면 채권자에게도 과실이 있다 할 것이므로 그 과실상계를 해야 한다(대판 1970.11.30. 70다2218). `기출` 23
- 토지에 대한 부당한 가압류의 집행으로 그 지상에 건물을 신축하는 내용의 공사도급계약이 해제됨으로 인한 손해는 특별손해이므로, 가압류채권자가 토지에 대한 가압류집행이 그 지상 건물 공사도급계약의 해제사유가 된다는 특별한 사정을 알았거나 알 수 있었을 때에 한하여 배상의 책임이 있다(대판 2008.6.26. 2006다84874). `기출` 22 · 20

- 분양할 목적으로 토지를 매입하여 연립주택을 신축하였으나 부당한 처분금지가처분으로 인하여 처분이 지연되었다면 특별한 사정이 없는 한 그 기간 동안 부동산을 사용·수익함으로써 처분지연의 손해를 상쇄할 만한 경제적 이익을 얻을 수 있었다고 보기는 어려우므로, 그 가처분집행으로 처분이 지연된 기간 동안 입은 손해 중 적어도 부동산의 처분대금에 대한 법정이율에 따른 이자 상당의 금액은 통상손해에 속한다(대판 2001.11.13. 2001다26774). **기출** 20

② 제3자에 대한 손해배상 책임

법원이 가압류결정에서 특정된 대상채권을 가압류채무자의 채권이라고 기재하여 제3채무자에게 그 채권의 지급 금지를 명하고 있고 또 그러한 가압류가 절차법상으로는 유효한 이상, 그 집행이 취소되거나 대상채권의 진정한 채권자가 제기하는 제3자이의의 소 등을 통하여 그 가압류의 부당함이 밝혀질 때까지 제3채무자로서는 가압류의 절차적, 외관적 효력과 이중지급의 위험 등의 이유 때문에 가압류결정에서 채권자로 지목되어 있는 가압류채무자는 물론 진정한 채권자인 제3자에 대하여도 채무를 이행하는 것이 매우 어려워질 수밖에 없고 또 적극적으로 그 채무액을 공탁할 수도 있다. 그러므로 제3채무자가 위와 같은 가압류결정이 있었다는 이유로 진정한 채권자인 제3자에게 그 채무의 이행을 거절하는 경우에는 진정한 채권자인 제3자로서는 결과적으로 위와 같은 부당한 가압류로 인하여 자신의 채권을 제때에 회수하지 못하는 손해를 입게 될 것이고, 이 경우 그 손해는 위 부당한 가압류와 상당인과관계가 있는 것이다. 따라서 비록 가압류가 법원의 재판에 의하여 집행되는 것이기는 하지만, 그 부당한 가압류에 관하여 고의 또는 과실이 있는 가압류채권자는 그 가압류집행으로 인하여 제3자가 입은 위와 같은 손해를 배상할 책임이 있다(대판 2009.2.26. 2006다24872).

제2절 · 보전명령에 대한 구제수단

I 보전명령에 대한 이의신청

1. 의 의

민사집행법 제283조(가압류결정에 대한 채무자의 이의신청)
① 채무자는 가압류결정에 대하여 이의를 신청할 수 있다.
② 제1항의 이의신청에는 가압류의 취소나 변경을 신청하는 이유를 밝혀야 한다.
③ 이의신청은 가압류의 집행을 정지하지 아니한다.

① 이의신청은 결정의 형식으로 발령된 보전처분에 대해서만 채무자 등이 할 수 있다(제283조 제1항, 제301조).
② 보전처분의 신청을 배척하는 결정에 대하여는 채권자 등이 즉시항고의 방식에 의하여 불복하게 된다(제281조 제2항, 제301조).

2. 이의절차의 성질

① 절차의 연속성

    ㉠ 보전처분에 대한 이의는 지급명령에 대한 이의와 같이 같은 심급에서의 불복신청이다.

    ㉡ 따라서 종전의 보전명령절차상 당사자의 지위와 소송대리인의 지위가 변함없이 이의신청절차에서도 그대로 유지된다.

② 심리의 대상

    ㉠ 심리의 대상 및 기준시점 : 이의절차에서 심리의 대상이 되는 것은 절차의 연속성을 인정하므로 보전처분신청의 당부로 보아야 하며, 심리종결시점을 기준으로 한다.

> • 가처분이의절차에서 법원의 심리대상이 되는 것은 가처분신청의 당부로서 그 <u>심리종결시점을 기준</u>으로 하여 가처분신청이 이유 있다고 판단하는 경우에 가처분결정을 유지하게 된다(대판 2006.5.26. 2004다62597).
> • <u>선행 매매계약의 매매대금 지급청구권을 피보전채권으로 하는 가압류결정을 후행 매매계약에 기한 잔대금 및 그 지연배상금의 범위 내에서 인가하고 그 초과 부분을 취소한 원심의 판단은 당사자가 신청하지 아니한 사항에 대하여 판결한 것으로서 위법하다</u>(대판 2009.11.26. 2008다23224). **기출** 24

    ㉡ 채권자의 피보전권리 변경 : 가압류·가처분이의절차에서도 청구의 기초에 변경이 없는 한 신청이유의 피보전권리를 변경할 수 있다(대판 1996.2.27. 95다45224; 대판 1982.3.9. 81다1221).

> • <u>가압류결정의 피보전권리와 본안의 소송물인 권리는 엄격히 일치함을 요하지 않으며 청구의 기초의 동일성이 인정되는 한 그 가압류의 효력은 본안소송의 권리에 미치고</u>, 가압류의 신청은 긴급한 필요에 따른 것으로서 피보전권리의 법률적 구성과 증거관계를 충분하게 검토·확정할 만한 시간적 여유가 없이 이루어지는 사정에 비추어 보면, 당사자가 권리 없음이 명백한 피보전권리를 내세워 가압류를 신청한 것이라는 등의 특별한 사정이 없는 한, 청구의 기초에 변경이 없는 범위 내에서는 가압류의 이의 절차에서도 신청이유의 피보전권리를 변경할 수 있다. 가압류이의재판의 변론종결 시까지 피보전권리의 요건이 구비된 이상 가압류를 인가할 필요가 있으므로, <u>변경에 의하여 피보전권리로 추가되는 권리가 가압류의 재판 당시 아직 발생하지 아니한 권리라 하더라도 이를 피보전권리로 변경할 수 있으며</u>, 그 사이에 제3자가 가압류목적물에 법률상의 이해관계를 가지게 되었다 하더라도 어차피 그 제3자는 가압류에 의한 권리제한이 있음을 전제로 하고 권리를 취득한 것이므로, 그 경우라고 해서 이와 달리 볼 수는 없다(대판 1996.2.27. 95다45224). **기출** 25·21
> • 가처분이의절차에서도 청구의 기초에 변경이 없는 한 신청이유의 피보전권리를 변경할 수 있다. 따라서 <u>소유권이전등기말소 청구권을 피보전권리로 하여 처분금지가처분결정을 받은 다음 청구의 기초에 변경이 없는 범위 안에서 그 가처분이의절차에서 가처분신청이유에 예비적으로 시효취득에 인한 소유권이전등기 청구권을 추가할 수 있다</u>(대판 1982.3.9. 81다1221). **기출** 24·16

© 채권자의 신청취지 확장·변경

> 가처분에 대한 이의절차는 가처분이 이미 발령되어 재산의 처분 등이 제한된 채무자를 위하여 인정된 불복절차로서 그 발령에 의하여 즉시 집행력을 가지는 보전처분의 특성에 비추어 이러한 절차에서 채권자에 의한 신청 취지의 변경을 허용하는 것은 그 집행 내용에 따라서는 보전처분의 유용을 허용하는 결과가 될 수 있어 채권자에게 지나치게 유리한 점, … 보전처분의 이의신청에 대한 재판에서는 원결정의 전부 또는 일부의 인가·변경·취소를 주문에서 표시하여야 하고 여기서의 변경은 원결정에서 명하는 금지 등의 내용이나 방법을 원결정보다 제한하는 경우 등과 같이 채무자에게 유리한 변경을 의미하는 것이므로 심리 범위를 발령된 보전처분 그 자체에 한정하는 것이 상당한 점 등에 비추어 보면, 특별한 사정이 없는 한 가처분에 대한 이의절차에서 채권자가 신청 취지를 확장하거나 변경하는 것은 허용될 수 없다(대결 2010.5.27. 2010마279). **기출** 22·21·15

③ 항고절차에 대한 특칙

  ㉠ 보전처분 결정에 대하여 따로 불복절차가 마련되어 있으므로 결정에 대한 통상의 불복방법, 즉 민사소송법 제444조의 즉시항고나 같은 법 제442조에 의한 재항고는 허용되지 아니한다(대결 1991.3.29. 90마819; 대결 2008.5.13. 2007마573 등).

  ㉡ 보전명령이 항고법원에 의하여 행해진 경우라도 마찬가지이다.

  > 변론을 거치지 아니하고 행한 가압류나 가처분 등 보전처분의 신청을 인용한 결정에 대하여는 채무자나 피신청인은 그 보전처분을 발한 법원에 이의를 신청할 수 있을 뿐이고 그 결정이 항고법원에 의하여 행하여진 경우라 하더라도 이에 대하여 민사소송법 제412조에 의한 재항고로는 다툴 수 없는 것이다(대결 1991.3.29. 90마819).

  ㉢ 그 보전처분과 내용이 서로 저촉되는 제2의 보전처분을 받음으로써 사실상 선행(先行)의 보전처분을 폐지, 변경하거나 그 집행을 배제하는 목적을 달성하는 것은 허용되지 아니한다(대결 1992.6.26. 92마401).

3. 관 할

① 전속관할

  ㉠ 이의사건은 보전처분을 발령한 법원의 전속관할에 속한다. 따라서 본안에 대한 항소심법원이 보전처분을 하였을 때에는 이의사건도 그 항소심법원의 관할에 전속한다. **기출** 16·11

  ㉡ 채권자의 보전처분신청이 제1심에서 배척되고 채권자의 항고에 의하여 항고심에서 보전처분을 하게 된 경우 이의사건의 관할법원이 어디인가에 관하여는 논의가 있는 바, 통설이나 판례는 항고심법원이 관할법원이라고 한다(대결 1991.3.29. 90마819; 대결 1999.4.20. 99마865). **기출** 20·13·12

② 이 송

> **민사집행법 제284조(가압류이의신청사건의 이송)** **기출** 20
> 법원은 가압류이의신청사건에 관하여 현저한 손해 또는 지연을 피하기 위한 필요가 있는 때에는 직권으로 또는 당사자의 신청에 따라 결정으로 그 가압류사건의 관할권이 있는 다른 법원에 사건을 이송할 수 있다. 다만, 그 법원이 심급을 달리하는 경우에는 그러하지 아니하다.

4. 신 청

① 이의신청인

ⓐ 가압류결정에 대한 이의신청을 할 수 있는 자는 보전처분의 채무자와 그 일반승계인에 한한다.

ⓑ 이의신청은 보전절차 내에서 채무자에게 주어진 소송법상의 불복신청방법이므로 '채무자의 특정승계인'은 직접 자기 이름으로 이의신청을 할 수는 없고, 다만, 민사소송법 제81조의 참가승계의 절차를 거쳐 승계인으로서 이의신청을 할 수 있을 뿐이다(대판 1970.4.28. 69다2108). **기출** 21·16

ⓒ '채무자의 채권자'도 마찬가지의 이유에서 채무자를 대위하여 이의신청을 할 수 없으며(대결 1967.5.2. 67다267), 다만, 이해관계인으로서 보조참가신청과 동시에 이의신청을 할 수 있다.

ⓓ 그 이외의 제3자는 가압류에 대하여 사실상의 이해관계가 있더라도 이의를 신청할 수 없다.

ⓔ 보전처분의 신청을 대리한 소송대리인은 그 보전처분에 대한 이의가 있는 경우에 그 이의소송에서도 소송대리권이 있다(대결 2003.8.22. 2003마1209). **기출** 15

② 신청의 시기

ⓐ 이의신청의 시기에 관하여는 법률상 제한이 없으므로 보전처분이 유효하게 존재하고 취소·변경을 구할 이익이 있는 한 언제든지 할 수 있다. **기출** 12

ⓑ 취소·변경을 구할 이익은 보전명령이 갖는 효력의 제거에 대한 이익을 말하므로 보전명령이 집행되었는지 여부에 관계없다(대판 1959.10.29. 4292민상64).

③ 신청의 방식 : 이의신청은 신청의 취지와 이유를 적은 서면으로 하여야 한다(규칙 제203조).

④ 이의사유

ⓐ 보전처분에 대한 이의신청에서 이의사유에 관하여는 아무런 제한이 없다. 이는 사정변경, 특별사정, 소제기기간경과 등에 의한 보전처분의 취소에서 그 사유가 제한되어 있는 것과 다르다.

ⓑ 따라서 채무자는 당사자능력·소송능력·소송대리권 등의 흠이나 관할위반 등 절차상의 위법사유뿐만 아니라 피보전권리·보전의 필요성의 부존재·소멸 등 실체적 요건에 관한 사유도 이의사유로 주장할 수 있고, 그 외에도 이미 발하여진 보전명령을 부당하게 하는 모든 사유를 이의사유로 주장할 수 있다. 즉 이의사유는 보전처분 발령 당시의 사정에 국한되지 아니하고 이의사건의 심리종결 시까지의 사정이 모두 이의사유가 될 수 있다(대판 1978.2.14. 77다938). **기출** 20·15·12

ⓒ 보전명령의 집행기간이 도과하였다는 사유도 이의사유가 된다.

ⓓ 관련 판례

> • 가압류 또는 가처분결정에 대한 이의사유는 그 변론종결 시까지 발생한 피보전권리의 존부 및 보전의 필요성에 관한 일체의 사유를 포함하므로 동 결정 이후에 발생한, 사정변경에 의한 가압류 또는 가처분의 취소사유도 가압류 또는 가처분이의의 사유로 삼을 수 있다(대판 1981.9.22. 81다638). **기출** 24·20
> • 가압류이의소송은 가압류결정의 취소변경을 구하는 절차라는 면에서 제소기간 도과로 인한 가압류취소소송과 다를 바 없고, 소송경제적 측면과 보전소송의 긴급성의 요청에 비추어 볼 때 제소명령기간 내에 본안소송을 제기하지 아니한 때에 그 기간이 도과되었다는 것도 가압류이의사유로 주장할 수 있다(대판 2000.2.11. 99다50064). **기출** 20

⑤ 이의신청의 이익이 없는 경우

> • 채권가압류에 있어서 채무자가 제3채무자에 대한 채권이 없다면 가압류채무자는 채무가압류결정에 의하여 법률상 아무런 불이익을 받을 지위에 있다 할 수 없을 것이므로 가압류에 대한 이의를 신청할 이익이 없다 할 것이다(대판 1967.5.2. 67다267). 기출 24 · 20
> • 가압류가 본압류로 이행되어 강제집행이 이루어진 경우에는 가압류집행은 본집행에 포섭됨으로써 당초부터 본집행이 있었던 것과 같은 효력이 있게 되므로, 본집행이 되어 있는 한 채무자는 가압류에 대한 이의신청이나 취소신청 또는 가압류집행 자체의 취소 등을 구할 실익이 없게 되고, 특히 강제집행조차 종료한 경우에는 그 강제집행의 근거가 된 가압류결정 자체의 취소나 가압류집행의 취소를 구할 이익은 더 이상 없다(대판 2004.12.10. 2004다54725). 기출 24
> • 부동산소유권이전등기청구권 보전을 위한 가처분의 본안소송에서 승소한 채권자가 그 확정판결에 기하여 소유권이전등기를 경료하게 되면 가처분의 목적이 달성되어 그 가처분은 이해관계인의 신청에 따라 집행법원의 촉탁으로 말소될 운명에 있는 것이므로, 특별한 사정이 없는 한 가처분에 대한 이의로 그 결정의 취소를 구할 이익이 없다(대판 2002.4.26. 2000다30578). 기출 16
> • 보전처분에 대한 이의신청은 그 보전처분이 유효하게 존재하고 취소나 변경을 구할 이익이 있는 경우에 한하여 허용되는 것이므로, 영업비밀의 침해와 전직을 금지하는 가처분에서 금지기간을 정한 경우에 그 금지기간의 경과로 가처분의 효력이 상실되었다면, 채무자들로서는 더 이상 이의신청으로 가처분의 취소나 변경을 구할 이익이 없는 것이다(대판 2004.10.28. 2004다31593).

⑥ 이의신청의 취하

> **민사집행법 제285조(가압류이의신청의 취하)** 기출 15 · 12
> ① 채무자는 가압류이의신청에 대한 재판이 있기 전까지 가압류이의신청을 취하할 수 있다.
> ② 제1항의 취하에는 채권자의 동의를 필요로 하지 아니한다.
> ③ 가압류이의신청의 취하는 서면으로 하여야 한다. 다만, 변론기일 또는 심문기일에서는 말로 할 수 있다.
> ④ 가압류이의신청서를 송달한 뒤에는 취하의 서면을 채권자에게 송달하여야 한다.
> ⑤ 제3항 단서의 경우에 채권자가 변론기일 또는 심문기일에 출석하지 아니한 때에는 그 기일의 조서등본을 송달하여야 한다.

⑦ 이의신청과 집행정지 : 채무자의 이의신청은 보전명령의 집행을 정지하지 아니한다(제283조 제3항, 제301조, 제49조).

5. 심 리

① 심리방식

> **민사집행법 제286조(이의신청에 대한 심리와 재판)** 기출 12
> ① 이의신청이 있는 때에는 법원은 변론기일 또는 당사자 쌍방이 참여할 수 있는 심문기일을 정하고 당사자에게 이를 통지하여야 한다.

> 가처분결정에 대하여 채무자의 이의가 있으면 법원은 변론을 하기 위하여 쌍방당사자를 소환하여야 하는 것이고, 그 소송절차에서 가처분신청인(가처분채권자)이 적극당사자가 되고 피신청인(가처분채무자)이 소극당사자가 되는 것이므로, 피신청인(가처분채무자)이 신청인(가처분채권자)의 주소를 확인하여 보정할 의무를 지는 것은 아니다(대판 1992.4.14. 92다3441). 기출 21

② **심리의 대상** : 이의절차에서 심리의 대상이 되는 것이 '보전처분신청의 당부'인가 '보전명령의 당부'인가에 관하여 논의가 있으나, 보전명령에 대한 이의는 같은 심급에서의 불복신청으로서 당사자 쌍방이 참여할 수 있는 심문 또는 임의적 변론을 거쳐 다시 보전처분신청의 당부를 심리·판단하여 달라는 신청으로 보는 것이 통설 및 실무례이다(대판 1965.7.20. 65다902). 판단의 기준 시도 보전처분 시가 아닌 이의소송의 심리종결 시이다(대판 1978.2.14. 77다938 참조). 기출 21

③ **심리종결제도**(제286조 제2항)

> **민사집행법 제286조(이의신청에 대한 심리와 재판)**
> ② 법원은 심리를 종결하고자 하는 경우에는 상당한 유예기간을 두고 심리를 종결할 기일을 정하여 이를 당사자에게 고지하여야 한다. 다만, 변론기일 또는 당사자 쌍방이 참여할 수 있는 심문기일에는 즉시 심리를 종결할 수 있다.

6. 재 판

> **민사집행법 제286조(이의신청에 대한 심리와 재판)**
> ③ 이의신청에 대한 재판은 결정으로 한다.
> ④ 제3항의 규정에 의한 결정에는 이유를 적어야 한다. 다만, 변론을 거치지 아니한 경우에는 이유의 요지만을 적을 수 있다.
> ⑤ 법원은 제3항의 규정에 의한 결정으로 가압류의 전부나 일부를 인가·변경 또는 취소할 수 있다. 이 경우 법원은 적당한 담보를 제공하도록 명할 수 있다.
> ⑥ 법원은 제3항의 규정에 의하여 가압류를 취소하는 결정을 하는 경우에는 채권자가 그 고지를 받은 날부터 2주를 넘지 아니하는 범위 안에서 상당하다고 인정하는 기간이 경과하여야 그 결정의 효력이 생긴다는 뜻을 선언할 수 있다. 기출 15
> ⑦ 제3항의 규정에 의한 결정에 대하여는 즉시항고를 할 수 있다. 이 경우 민사소송법 제447조의 규정을 준용하지 아니한다[집행정지의 효력이 없다(註)].

① **각하, 인가, 취소결정**

ㄱ 이의신청이 부적법하면 이의신청을 각하한다.

ㄴ 이의가 이유 없다고 인정될 때에는 인가의 결정을 한다.

ㄷ 이의가 이유 있다고 인정될 때에는 원결정을 취소·변경하는 결정을 한다. 이 경우 법원은 적당한 담보를 제공하도록 명할 수 있다.

> 민사집행법 제286조 제5항은 법원이 가압류이의신청에 대한 재판에서 결정으로 가압류의 전부나 일부를 인가·변경 또는 취소하는 경우 적당한 담보를 제공하도록 명할 수 있도록 규정하고 있는 바, 강제집행의 목적물이 될 수 없어 장차의 강제집행을 보전하기 위한 보전처분인 가압류의 대상도 될 수 없는 목적물에 대한 가압류신청은 부적법하고, 가압류이의신청에 대한 재판에서 이러한 이유로 가압류결정을 취소하는 경우에는 가압류취소의 조건으로 채무자에게 담보제공을 명할 수 없다고 보아야 한다(대결 2012.11.29. 2012마1647). 기출 18 · 16

② 효력유예선언

ⓐ 보전처분을 취소하는 결정은 판결절차와 달리 결정의 고지에 의하여 바로 효력이 발생한다. 이 결정에 의하여 채무자는 바로 집행의 취소를 구할 수 있게 된다.

ⓑ 채권자는 이 결정에 대하여 즉시항고를 제기할 수 있지만 집행정지의 효력이 없다(제286조 제7항 후문). 따라서 채무자에 의하여 집행의 취소절차가 완료된다면 즉시항고가 인용되어도 보전의 목적을 달성할 수 없게 되는 경우가 발생한다.

ⓒ 이러한 사태를 피하기 위해 채권자는 즉시항고를 제기함과 더불어 보전처분을 취소하는 결정의 효력 정지를 신청하여야 하는데(제289조), 이러한 집행정지신청의 기회만이라도 보장하기 위해 보전처분의 취소결정을 한 법원이 직권으로 2주를 넘지 않는 범위 내에서 효력을 유예하는 선언을 할 수 있도록 한 것이다.

③ 결정의 송달 : 결정은 당사자에게 송달하여야 한다(규칙 제203조의4).

④ 보전처분의 취소·변경 결정에 따른 집행취소 : 보전처분을 취소·변경하는 결정이 내려지면 보전처분은 당연히 취소·변경되는 효력을 가져오지만 이로써 이미 행한 보전처분 집행의 효과가 상실되는 것은 아니고 채무자는 그 결정정본을 집행기관에 제출하여 집행의 취소를 구하여야 한다.

7. 불 복

① 즉시항고

ⓐ 이의신청에 대한 결정에 대하여는 즉시항고로 불복할 수 있다(제286조 제7항 전문). 즉시항고에는 집행정지의 효력이 없다(제286조 제7항 후문).

ⓑ 원심법원에 의한 재도의 고안은 성질상 인정하기 어렵다.

ⓒ 가압류이의신청에 대한 재판은 '집행절차에 관한 집행법원의 재판'에 해당하지 아니하므로 그에 대한 즉시항고에는 민사집행법 제15조가 적용되지 않고, 민사소송법의 즉시항고에 관한 규정이 적용된다(대결 2008.2.29. 2008마145). **기출** 19

> 민사소송법은 민사집행법 제15조와 달리 항소이유서의 제출기간에 관한 규정을 두고 있지 아니하므로, 민사집행법 제15조가 아니라 민사소송법의 즉시항고에 대한 규정이 준용되는 보전처분이의·취소신청에 대한 재판에 있어서는 항고인이 즉시항고이유서를 제출하지 아니하거나 항고장을 제출한 날로부터 10일 이내에 대법원규칙이 정하는 바에 따라 항고이유를 적지 않았다는 이유로 즉시항고를 각하할 수는 없다(대결 2008.2.29. 2008마145). **기출** 23

ⓓ 민사소송법상 항고법원의 소송절차에는 항소에 관한 규정이 준용되는데, 민사소송법은 항소이유서의 제출기한에 관한 규정을 두고 있지 아니하므로 가압류이의신청에 대한 재판의 항고인이 즉시항고이유서를 제출하지 아니하였다거나 그 이유를 적어내지 아니하였다는 이유로 그 즉시항고를 각하할 수는 없다(대결 2008.2.29. 2008마145). **기출** 19

ⓔ 항고법원의 심리범위는 항고이유에 의하여 제한되는 것이 아니므로, 항고법원은 항고인의 항고이유서 제출 여부와 관계없이 항고이유의 주장이 없더라도 그 불복신청의 한도 안에서 기록에 나타난 자료에 의하여 제1심 재판의 당부를 심리·판단하여야 한다(대결 2008.2.28. 2007마274; 대결 2010.3.3. 2009마876). **기출** 19

민사집행법은 가압류이의신청에 대한 재판은 결정으로 하고, 이의신청이 있는 때에는 법원은 변론기일 또는 당사자 쌍방에게 참여할 수 있는 심문기일을 정하고 당사자에게 이를 통지하여야 한다고 규정(제286조 제1항, 제3항)하면서도, 이의신청에 대한 결정에 관하여는 즉시항고를 할 수 있다고 규정할 뿐 항고법원의 심리방법에 관하여는 아무런 규정도 두고 있지 않다. 그렇다면 항고법원의 심리에 관하여는 결정으로 완결할 사건에 관한 민사소송법의 규정이 준용되어 항고법원이 변론을 열 것인지 아닌지 및 변론을 열지 아니할 경우에 당사자와 이해관계인 그 밖의 참고인을 심문할 것인지 아닌지를 정할 수 있다고 보아야 한다(대결 2012.5.31. 2012마300).

② **효력정지**(제289조, 제301조)

> **민사집행법 제289조(가압류취소결정의 효력정지)**
> ① 가압류를 취소하는 결정에 대하여 즉시항고가 있는 경우에, 불복의 이유로 주장한 사유가 법률상 정당한 사유가 있다고 인정되고 사실에 대한 소명이 있으며, 그 가압류를 취소함으로 인하여 회복할 수 없는 손해가 생길 위험이 있다는 사정에 대한 소명이 있는 때에는, 법원은 당사자의 신청에 따라 담보를 제공하게 하거나 담보를 제공하지 아니하게 하고 가압류취소결정의 효력을 정지시킬 수 있다.
> ② 제1항의 규정에 의한 소명은 보증금을 공탁하거나 주장이 진실함을 선서하는 방법으로 대신할 수 없다. 기출 23
> ③ 재판기록이 원심법원에 있는 때에는 원심법원이 제1항의 규정에 의한 재판을 한다.
> ④ 항고법원은 항고에 대한 재판에서 제1항의 규정에 의한 재판을 인가·변경 또는 취소하여야 한다.
> ⑤ 제1항 및 제4항의 규정에 의한 재판에 대하여는 불복할 수 없다. 기출 23

㉠ 민사집행법은 보전처분 취소결정에 대한 즉시항고에 관하여는 일반적으로 즉시항고에 대하여 집행정지의 효력을 부여하고 있는 민사소송법 제447조의 준용을 배제하고 있다(제287조 제5항, 제288조 제3항).

㉡ 보전처분에 대한 채무자의 이의신청 또는 취소신청에 따라 보전처분취소결정이 내려지면 채무자는 즉시 그 보전집행을 취소시킬 수 있다. 그 대신 민사집행법은 채권자 보호를 위하여 보전처분취소 재판의 효력정지를 규정하였다(제289조 제1항, 제301조).

③ **소송비용**

㉠ 보전처분에 대한 이의·취소 사건이나, 보전이의·취소에 대한 항고사건은 실질적으로 서로 대립하는 상대방이 소송에서 자기의 권리신장을 위하여 공격·방어할 수 있는 기회가 보장된 대심적 소송구조에 해당하기 때문에 소송비용부담의 재판을 하여야 한다(대결 2010.5.25. 2010마181).

㉡ 피항고인이 항고인의 항고취하 전에 변호사를 선임하여 그 변호사가 사건을 검토한 후 주장서면을 제출하는 행위는 위임사무에 해당하므로, 이와 관련하여 지급한 변호사 보수는 소송을 수행함에 있어 발생한 비용으로서 변호사보수의 소송비용 산입에 관한 규칙 제3조 제2항 본문에 따라 소송비용에 산입하여야 한다(대결 2010.5.25. 2010마181). 기출 23

Ⅱ 보전명령에 대한 취소신청

1. 의 의

보전명령에 대한 취소신청은 현재 보전처분을 유지할 수 없는 사유(취소사유)가 존재함을 이유로 그 효력을 다투는 제도이다.

2. 취소절차의 성질

① 보전명령의 당부를 재심사하는 것이 아니라 현재의 시점에 보전명령을 더 이상 존속시킬 필요가 없음을 주장하는 절차라는 점에서 이의절차와 다르다.

② '이의절차'는 종전의 보전소송절차와 연속선상에 있는 절차라고 할 것이나 '취소절차'는 종전의 보전소송절차와는 전혀 새로운 절차인 것이다.

③ 따라서 종전 보전명령절차상의 소송대리인 선임의 효력은 취소절차에는 미치지 아니한다.

> 보전처분을 소송대리인이 신청하였더라도 그 소송위임의 효력이 보전처분 취소소송에까지 유지되는 것은 아니므로 취소신청서 및 기일소환장 등은 채권자 본인에게 송달하여야 한다. 또한 보전처분 신청절차에서 이루어진 선정당사자 선정행위의 효력은 제소명령신청절차에는 미치나 보전처분 취소신청 사건에까지 미치지는 아니한다(대판 2001.4.10. 99다49170). **기출** 23·18·15·12

3. 관 할

① 전속관할

㉠ 보전처분 취소소송은 원칙적으로는 보전처분(가압류·가처분)을 명한 법원의 전속관할에 속한다(제288조 제2항 본문, 제301조). 다만, 보전처분 취소사건의 본안이 이미 계속되어 있는 경우에는 그 '본안의 관할법원'이 취소사건을 관할한다(제288조 제2항 단서, 제301조).

㉡ 이때 '본안의 관할법원'은 원칙적으로 제1심법원이지만, 보전처분의 취소신청 당시에 본안소송이 항소심에 계속된 때에는 항소심의 전속관할에 속한다(제311조). 보전처분의 취소를 신청할 당시 본안이 계속되어 있으면 족하고 그 취소신청의 심리종결 시까지 본안이 계속됨을 요하지 않는다. **기출** 13

㉢ 따라서 사정변경 등에 따른 보전처분 취소신청을 제기할 당시 본안소송이 항소심에 계속된 때에는 본안법원인 항소심만이 관할권을 가지고 있어, 보전처분 취소신청(취소소송)이 제1심법원에 잘못 제기된 경우에는 사건을 관할위반을 이유로 항소심법원에 이송하여야 한다. **기출** 23·20

② 이 송

㉠ 당사자가 취소신청을 한 법원과 다른 법원에 본안의 소를 제기한 경우처럼, 취소소송과 본안소송이 다른 법원에서 계속되는 경우가 생길 수 있다.

㉡ 그럴 경우 이의사건에서와 마찬가지로 재판결과가 달라지는 등의 문제가 있을 수 있으므로 민사집행법은 이의신청사건의 이송규정을 준용하여 보전처분 취소사건을 관할권이 있는 다른 법원으로 이송할 수 있도록 하였다(제290조 제1항, 제301조, 제307조, 제284조).

4. 신 청

① 신청인

　㉠ 보전처분의 취소신청을 할 수 있는 자는 '채무자'와 그 '일반승계인', 파산관재인 등이다. 채무자는 그 보전처분의 목적물을 타에 양도한 후에도 취소신청을 할 수 있다(대판 1962.9.27. 62다330). 이의절차에서와 달리 가압류·가처분 목적물의 '특정승계인'도 취소신청을 할 수 있다. 목적물의 일부지분 승계인, 예를 들면 부동산에 대한 처분금지가처분결정이 있고 그 결정이 집행된 이후 당해 부동산의 일부지분을 승계한 자는 공유물의 보존행위로서 단독으로 위 부동산 전체에 대한 가처분결정의 취소신청을 할 수 있다(실무제요 집행 5). **기출** 23

　㉡ 판례도 사정변경에 따른 취소신청사건에서, 가처분이 집행된 이후에 가처분 목적물에 대한 물권을 취득한 전득자는 가처분의 대항을 받는 이른바 가처분절차에 있어서의 소송상태가 반영·부착된 물권을 취득하는 것이므로, 그 목적물의 양수인은 사정변경에 따른 가처분명령의 취소신청을 할 수 있는 채무자의 지위에 있다고 해석함이 상당하다고 하였다(대판 1968.1.31. 66다842).

> 보전처분이 집행된 후에 보전처분의 대항을 받는 물권을 취득한 보전처분 목적물의 양수인은 민사집행법 제288조에 의하여 사정변경으로 인한 보전처분의 취소신청을 구할 수 있는 신청인적격이 있고, 그러한 양수인에 대한 채권자는 민사집행법 제288조 제1항 후문의 이해관계인에 해당한다(대결 2014.10.16. 2014마 1413). **기출** 18

　㉢ 보전처분의 취소를 신청할 수 있는 권리는 보전처분신청에 기한 소송을 수행하기 위한 소송절차상의 개개의 권리가 아니라 보전처분신청에 기한 소송절차와는 별개의 독립된 소송절차를 개시하게 하는 권리이므로 채권자대위권의 목적이 될 수 있는 권리이다.

> 가압류결정이나 가처분결정에 대한 이의신청은 그 결정에 대한 소송법상의 불복방법으로서, 이미 개시된 가압류·가처분의 소송절차에서 그 소송을 수행하기 위한 절차상의 권리에 지나지 않는 것이므로, 그 소송절차의 주체인 소송당사자(또는 그의 일반승계인이나 소송에 참가한 특정승계인)만이 그 권리를 행사할 수 있다고 보아야 할 것이다. 그러나 민사집행법 제301조에 의하여 가처분절차에도 준용되는 같은 법 제287조 제1항에 따라 가압류·가처분결정에 대한 본안의 제소명령을 신청할 수 있는 권리나 같은 조 제2항 및 제3항에 따라 제소기간의 도과에 의한 가압류·가처분의 취소를 신청할 수 있는 권리 또는 같은 법 제288조 제1항에 따라 사정변경에 따른 가압류·가처분의 취소를 신청할 수 있는 권리는 가압류·가처분신청에 기한 소송을 수행하기 위한 소송절차상의 개개의 권리가 아니라 가압류·가처분신청에 기한 소송절차와는 별개의 독립된 소송절차를 개시하게 하는 권리라고 할 것이므로, 이는 채권자대위권의 목적이 될 수 있는 권리라고 봄이 상당하다(대판 2011.9.21. 2011마1258). **기출** 18 · 15

　㉣ 채권가압류나 채권의 처분금지가처분에 있어서 제3채무자는 제3자에 불과하므로 취소신청권자가 될 수 없다.

　㉤ 법인 등 단체의 대표자 및 이사 등을 피신청인으로 하여 그 직무집행을 정지하고 직무대행자를 선임하는 가처분이 있은 경우 그 후 사정변경이 있으면 그 가처분에 의하여 직무집행이 정지된 대표자 등이 그 가처분의 취소신청을 할 수 있고, 이 경우 종전의 대표자 등이 사임하고 새로 대표자가 선임되었다고 하여도 가처분사건의 당사자가 될 수 없는 법인 등은 그 가처분취소신청을 할 수 없다(대판 1997.10.10. 97다27404). **기출** 25 · 18

② 신청의 시기

　　㉠ 채무자는 보전처분이 유효하게 존재하는 한 그 취소신청을 할 수 있다.

　　㉡ 따라서 이의사건에서 보전처분을 인가하는 결정이 확정된 후에도 취소신청은 가능하다.

　　㉢ 제소기간 도과로 인한 보전처분의 취소신청을 한 후 그 신청을 기각하는 결정이 확정되어도 사정변경에 따른 취소신청은 가능하다.

③ 신청의 방법 : 보전처분취소 신청서는 소장의 구실을 하므로 취소신청은 반드시 서면으로 하여야 하고, 그 신청서에는 보전처분의 취소를 구한다는 신청의 취지와 이유를 적어야 한다(규칙 제203조).

④ 신청의 취하

　　㉠ 취하에 채권자의 동의가 불필요한 것은 이의신청 취하의 경우와 다를 바 없다.

　　㉡ 따라서 채무자는 취소신청에 대한 재판이 있기 전까지 채권자의 동의 없이 보전처분 취소신청 및 제소명령 신청을 취하할 수 있다(제290조 제2항, 제285조, 제301조, 제307조). **기출** 18

⑤ 취소신청과 집행정지 : 보전처분(가압류·가처분) 취소신청이 제기되어 보전처분의 집행을 정지하는 효력이 없다(제288조 제3항, 제310조, 제307조 제2항, 제286조 제7항 후문).

5. 심리와 재판

① 제소기간 도과로 인한 보전처분 취소절차의 경우에는 서면심리만으로 가능하지만, 나머지 취소절차에서는 반드시 임의적 변론기일 또는 당사자 쌍방이 참여할 수 있는 심문기일을 열도록 규정하였다(제288조 제3항, 제307조 제2항, 제286조 제1항).

> • [1] 가처분결정에 대하여 채무자의 이의가 있으면 법원은 변론을 하기 위하여 쌍방 당사자를 소환하여야 하는 것이고, 그 소송절차에서 가처분신청인(채권자)이 적극당사자가 되고 피신청인(채무자)이 소극당사자가 되는 것이므로, 피신청인이 신청인의 주소를 확인하여 보정할 의무를 지는 것은 아니다.
> [2] 위 "가"항의 경우 설사 피신청인이 신청인의 구속 상태를 알고서 이를 법원에 제출하지 아니하였다 하여 법원이 신청인에 대한 송달을 공시송달로 할 것을 결정한 조치를 위법이라 할 수 없다(대판 1992.4.14. 92다3441).
> • 선행 매매계약의 매매대금 지급청구권을 피보전채권으로 하는 가압류결정을 후행 매매계약에 기한 잔대금 및 그 지연배상금의 범위 내에서 인가하고 그 초과부분을 취소하는 것은 당사자가 신청하지 아니한 사항에 대하여 재판을 한 것으로서 위법하다(대결 2009.11.26. 2008다23224).

② 본안에 대한 심리가 끝나면 법원은 취소신청을 인용하여 보전처분을 취소하거나 취소신청을 각하 또는 기각한다.

6. 취소사유

(1) 제소명령기간 도과로 인한 취소

> **민사집행법 제287조(본안의 제소명령)** **기출** 12·11
> ① 가압류법원은 채무자의 신청에 따라 변론 없이 채권자에게 상당한 기간 이내에 본안의 소를 제기하여 이를 증명하는 서류를 제출하거나 이미 소를 제기하였으면 소송계속사실을 증명하는 서류를 제출하도록 명하여야 한다.
> ② 제1항의 기간은 2주 이상으로 정하여야 한다.

③ 채권자가 제1항의 기간 이내에 제1항의 서류를 제출하지 아니한 때에는 법원은 채무자의 신청에 따라 결정으로 가압류를 취소하여야 한다.

④ 제1항의 서류를 제출한 뒤에 본안의 소가 취하되거나 각하된 경우에는 그 서류를 제출하지 아니한 것으로 본다.

⑤ 제3항의 신청에 관한 결정에 대하여는 즉시항고를 할 수 있다. 이 경우 민사소송법 제447조의 규정은 준용하지 아니한다[집행정지의 효력이 없다(註)].

① 의 의

　㉠ 보전처분은 본안에서 얻고자 하는 집행권원의 집행을 보전함에 그 목적이 있는 것이므로 본안의 소가 제기될 것을 당연히 예상할 수 있다.

　㉡ 그러나 일단 보전처분이 발령되면 채권자는 구태여 본안의 소를 제기할 필요를 느끼지 않고 권리의 보전만으로 만족하여 채무자의 자진이행을 기다리는 경우가 많기 때문에, 채무자로 하여금 채권자가 본안의 소를 제기할 때까지 일방적으로 보전처분으로 인한 불이익을 수인하도록 한다면 불합리하게 된다.

　㉢ 채무자에게 채권자로 하여금 상당한 기간 내에 본안의 소를 제기하고 이를 증명하는 서류를 제출할 것을 명하도록 법원에 신청할 권리를 주고, 채권자가 이 명령을 이행하지 않으면 피보전권리를 조속히 실현할 의사가 없다고 보아 채무자의 신청에 의하여 보전처분을 취소하도록 한 것이 이 제도이다 (제287조, 제301조).

　㉣ 이와 같은 일련의 절차는 '제소명령신청절차'와 '제소명령 불이행에 따른 보전명령취소신청절차'의 2단계로 구성되어 있다.

② 본안의 제소명령절차

　㉠ 제소명령의 신청

　　㉮ 제소명령을 발할 수 있는 법원은 보전처분을 발령한 법원이고, 이는 전속관할이다(제287조 제1항, 제301조). 항고법원이 스스로 보전처분을 발령한 경우에 제소명령을 발령할 수 있는 법원은 항고법원이 된다.

　　㉯ 제소명령의 신청인은 채무자, 일반승계인, 파산관재인 등이고, 채무자의 일반채권자, 가압류목적물의 양수인, 가처분목적물의 승계인 등 제3자도 채권자대위의 요건을 만족하면 신청인이 될 수 있다. 그러나 보전처분의 제3채무자는 제소명령신청권이 없다.

- 가압류결정이나 가처분결정에 대한 이의신청은 그 결정에 대한 소송법상의 불복방법으로서, 이미 개시된 가압류·가처분의 소송절차에서 그 소송을 수행하기 위한 절차상의 권리에 지나지 않는 것이므로, 그 소송절차의 주체인 소송당사자(또는 그의 일반승계인이나 소송에 참가한 특정승계인)만이 그 권리를 행사할 수 있다고 보아야 할 것이다. 그러나 민사집행법 제301조에 의하여 가처분절차에도 준용되는 같은 법 제287조 제1항에 따라 가압류·가처분결정에 대한 본안의 제소명령을 신청할 수 있는 권리나 같은 조 제2항 및 제3항에 따라 제소기간의 도과에 의한 가압류·가처분의 취소를 신청할 수 있는 권리 또는 같은 법 제288조 제1항에 따라 사정변경에 따른 가압류·가처분의 취소를 신청할 수 있는 권리는 가압류·가처분신청에 기한 소송을 수행하기 위한 소송절차상의 개개의 권리가 아니라 가압류·가처분신청에 기한 소송절차와는 별개의 독립된 소송절차를 개시하게 하는 권리라고 할 것이므로, 이는 채권자대위권의 목적이 될 수 있는 권리라고 봄이 상당하다(대결 2011.9.21. 2011마1258). **기출** 18·15

- 소유권이전등기청구권에 대한 <u>처분금지가처분의 제3채무자는 가처분에 대한 본안제소명령의 신청권</u><u>이 없으므로</u> 제3채무자가 채권자를 상대로 한 <u>본안제소명령신청은 부적법하다</u>(대결 1993.10.15. 93마1435). **기출** 23

  ⓛ 제소명령

    ㉮ 제소명령은 <u>변론 없이 결정의 형식으로</u> 한다.

    ㉯ 제소명령에서는 채권자에게 본안의 소를 제기하여 이를 증명하는 서류를 제출하거나 이미 소를 제기하였으면 소송계속사실을 증명하는 서류를 제출할 것을 명하고 그 기간(제소기간)을 정하면 된다.

    ㉰ 제소기간은 <u>2주 이상으로 정하여야</u> 한다(제287조 제2항).

    ㉱ 제소명령 불이행을 이유로 한 보전처분 취소결정에 대한 즉시항고에 관하여 적용되는 법령(= <u>민사소송법상 즉시항고에 관한 규정</u>)

- <u>채권자는 제소명령의 내용이 부당하더라도 항고를 할 수 없고,</u> 뒤에 제소기간 경과로 인한 <u>보전처분취소결정이 발령되면 이에 대하여 민사소송법상 즉시항고를 하여 그 절차에서 제소명령의 당부를 다투면 족하다</u>(대결 2006.9.28. 2006마829).
- 제소명령 후 가압류결정의 청구채권을 甲에게 양도한 乙이 채무자 丙에게 채권양도사실을 내용증명우편으로 통지하였으나 丙이 이를 수령하지 못하였는데, 甲이 제소기간 내에 丙을 상대로 본안의 소를 제기하고 제소신고서를 제출한 사안에서, <u>甲이 채권양도의 대항요건을 갖추지 못하였더라도 제소명령의 乙 지위를 승계하고, 제소명령에서 정한 기간 내에 丙을 상대로 본안의 소를 제기하고 소장접수증명서를 첨부한 제소신고서를 제출한 이상 제소명령을 준수하였다고 봄이 타당하다</u>(대결 2014.10.10. 2014마1284). **기출** 23 · 18
- 민사집행법 제287조에 규정된 본안의 소의 부제기 등에 의한 가압류취소는 채권자에게 본안의 소를 제기할 것을 명하고, 채권자가 본안의 소를 제기하였다는 등을 증명하는 서류를 일정한 기간 이내에 제출하지 아니한 때에 가압류명령을 취소하는 제도로서, <u>제소명령에 정하여진 기간 이내에 본안의 소를 제기하지 아니하거나 본안의 소가 계속되고 있지 아니한 때는 물론이고, 정하여진 기간 이내에 본안의 소가 제기되었거나 이미 소를 제기하여 계속되고 있었음에도 불구하고 채권자가 그러한 사실을 증명하는 서류를 기간 이내에 법원에 제출하지 아니한 경우에도 법원은 가압류명령을 취소하여야 하며, 이러한 법리는 가압류의 피보전채권 중 일부 채권액에 대해서만 정하여진 기간 이내에 본안의 소를 제기하고 나머지 채권액에 대하여는 그 기간이 지난 뒤에 청구 취지 확장의 방법으로 본안의 소를 추가로 제기한 경우에도 마찬가지로</u> 적용이 된다(대결 2008.7.10. 2008마260).
- 본안의 제소명령을 받은 가압류채권자가 <u>제소명령에 정하여진 기간 내에 본안의 소를 제기하였다가 그 기간이 지난 뒤에 이를 취하하면서 그에 앞서 그 청구기초의 동일성이 인정되는 별소를 제기한 사실이 있다 하여도 가압류명령을 취소하여야</u> 한다(대결 2008.7.10. 2008마332). **기출** 25
- 이 사건 <u>처분금지가처분결정이 소외인이 소유하던 13필지의 토지를 대상으로 한 것이었고, 상대방의 신청에 의한 제소명령이 그중 어느 부분에 대한 것인지가 특정되지 아니하였다고 하더라도,</u> 상대방이 그중 <u>2필지의 토지에 대해서만 위 가처분 후에 소유권을 취득하였음을 이유로 위 제소명령 불응을 이유로 한 가처분취소를 신청한 이상, 위 제소명령은 위 2필지의 토지에 대해서만 효력이 있다고</u> 할 것이다(대결 2008.5.9. 2007마696).
- 민사집행법 제287조에 규정된 본안의 소의 부제기 등에 의한 가압류취소는 채권자에게 본안의 소를 제기할 것을 명하고, 채권자가 본안의 소를 제기하였다는 등을 증명하는 서류를 일정한 기간 이내에 제출하지 아니한 때에 가압류명령을 취소하는 제도로서, 제소명령에 정하여진 기간 이내에 본안의 소를 제기하지 아니하거나 본안의 소가 계속되고 있지 아니한 때는 물론이고, 정하여진 기간 이내에 본안의 소가 제기되었거나 이미 소를 제기하여 계속되고 있었음에도 불구하고 채권자가 그러한 사실

을 증명하는 서류를 기간 이내에 법원에 제출하지 아니한 경우에도 법원은 가압류명령을 취소하여야 하며, 이러한 법리는 가압류의 피보전채권 중 일부 채권액에 대해서만 정하여진 기간 이내에 본안의 소를 제기하고 나머지 채권액에 대하여는 그 기간이 지난 뒤에 청구 취지 확장의 방법으로 본안의 소를 추가로 제기한 경우에도 마찬가지로 적용이 된다(대결 2008.7.10. 2008마260). **기출** 25 ☞ 따라서 위 청구취지의 확장 부분에 대한 가압류명령을 취소하여야 한다.

- 소유권이전등기청구권을 보전하기 위한 처분금지가처분결정의 집행 후 그 가처분의 피보전권리에 기한 소유권이전등기가 마쳐졌다면 그 가처분은 이미 그 목적을 달성한 것으로서, 이 경우 가처분등기의 말소는 그 말소에 관하여 이익을 갖는 자가 집행법원에 가처분의 목적달성을 이유로 하여 신청할 수 있으며, 그 신청에 기하여 집행법원은 별도의 취소결정 없이 등기관에게 말소의 촉탁을 하여야 하고, 당해 가처분등기에 대한 말소촉탁의 신청시에는 가처분권리자나 채무자로 하여금 별도의 가처분 취소신청이나 가처분집행취소신청을 하게 할 필요가 없으므로, 위와 같이 가처분의 목적이 달성된 후에 사정변경이 있음을 주장하여 그 가처분결정 자체의 취소를 신청하는 것은 아무런 이익이 없어 부적법한 것이고, 비록 이 사건의 경우와 같이 가처분취소신청이 있은 후에 비로소 그 가처분의 피보전권리에 터잡은 소유권이전등기가 적법하게 마쳐진 경우는 물론 그 피보전권리를 초과하는 소유권이전등기가 부적법하게 마쳐졌다고 하더라도 이와 달리 볼 것은 아니다(대판 2005.5.27. 2005다14779).

③ 보전명령 취소절차
  ㉠ 별도의 취소신청
    ㉮ 채권자가 법원이 정한 제소기간 내에 제소증명서 등을 제출하지 않으면 채무자는 보전처분의 취소를 신청할 수 있다.
    ㉯ 제소명령의 신청이 취소의 신청까지를 포함하는 것은 아니므로 별도로 신청하여야 한다.

- 가압류·가처분 등 보전소송사건을 수임받은 소송대리인의 소송대리권은 수임받은 사건에 관하여 포괄적으로 미친다고 할 것이므로 가압류사건을 수임받은 변호사의 소송대리권은 그 가압류신청사건에 관한 소송행위뿐만 아니라 본안의 제소명령을 신청하거나, 상대방의 신청으로 발하여진 제소명령 결정을 송달받을 권한에까지 미친다(대결 2003.3.31. 2003마324). **기출** 18
- 보전처분을 소송대리인이 신청하였더라도 그 소송위임의 효력이 보전처분 취소소송에까지 유지되는 것은 아니므로 취소신청서 및 기일소환장 등은 채권자 본인에게 송달하여야 한다. 또한 보전처분 신청절차에서 이루어진 선정당사자 선정행위의 효력은 제소명령신청절차에는 미치나 보전처분 취소 신청 사건에까지 미치지는 아니한다(대판 2001.4.10. 99다49170). **기출** 18·15
- 보전(처분)집행 후 3년간 본안의 소가 제기되지 아니하였다고 하여 보전처분취소결정 없이도 보전처분의 효력이 당연히 소멸되거나, 보전처분취소결정이 확정된 때에 보전(처분)집행 시로부터 3년이 경과된 시점에 소급하여 보전처분의 효력을 소멸하게 하는 것은 아니다(대판 2008.2.14. 2007다17222). **기출** 25

  ㉡ 지정된 기간 내에 소를 제기한 사실을 증명하는 서류의 미제출
    ㉮ 채권자는 지정된 기간 내에 소를 제기하고 그 사실을 증명하는 서류를 제출하거나 이미 소를 제기하였으면 소송계속사실을 증명하는 서류를 제출하여야 하고, 그 기간 내에 증명이 없는 경우에는 이후 소제기증명서 등이 제출되더라도 보전처분을 취소하여야 한다(제287조 제3항).

- [1] 보전처분의 신청을 대리한 소송대리인이 있는 경우에는 그 위임의 효력이 제소명령 신청사건에도 미치므로 제소명령의 송달을 그에 대하여 할 수 있다.
  [2] 가처분 채권자가 제소명령에서 지정된 기간 내에 소를 제기하고 그 사실을 증명하는 서류를 제출하지 아니한 이상 민사집행법 제287조 제3항의 규정에 의하여 위 가처분을 취소하여야 한다(대결 2003.8.22. 2003마1209). **기출** 18

- 소유권이전등기청구권에 대한 처분금지가처분의 제3채무자는 가처분에 대한 본안제소명령의 신청권이 없으므로 제3채무자가 채권자를 상대로 한 본안제소명령신청은 부적법하다(대결 1993.10.15. 93마1435).
- 민사집행법 제287조에 규정된 본안의 소의 부제기 등에 의한 가압류취소는 채권자에게 본안의 소를 제기할 것을 명하고 채권자가 본안의 소를 제기하였다는 등을 증명하는 서류를 일정한 기간 이내에 제출하지 아니한 때에 가압류명령을 취소하는 제도로서, 제소명령에 정하여진 기간 이내에 본안의 소를 제기하지 아니하거나 본안의 소가 계속되고 있지 아니한 때는 물론이고 정하여진 기간 이내에 본안의 소가 제기되었거나 이미 소를 제기하여 계속되고 있었음에도 불구하고 채권자가 그러한 사실을 증명하는 서류를 기간 이내에 법원에 제출하지 아니한 경우에도 법원은 가압류명령을 취소하여야 하고, 그 기간이 지난 뒤에 증명서류를 제출하였다고 하더라도 마찬가지이다(대결 2003.6.18. 2003마793). **기출** 15 ☞ 이러한 법리는 제소명령에 정하여진 기간이 지난 뒤에 청구취지 변경의 방법으로 본안의 소를 추가로 제기한 경우에도 마찬가지로 적용된다(대결 2024.4.18. 2023마7931).

㉯ 채권자가 법원이 정한 제소기간 내에 본안의 소를 제기하였으나 위 기간 내에 그 증명서류를 제출하지 아니한 때에는 그 뒤에 소제기증명서 등이 제출되더라도 가압류결정을 취소하여야 한다. **기출** 11

㉰ 소제기를 증명하는 서류를 제출한 뒤에 본안의 소가 취하되거나 각하된 경우에는 그 서류를 제출하지 아니한 것으로 본다(제287조 제4항).

> [1] 제소기간의 도과 여부를 판단함에 있어서 제소명령에 응하여 채권자가 제기한 본안의 소송이나 중재판정절차가 취하되거나 당사자의 불출석으로 인하여 취하간주 또는 종료선언되거나 소송요건의 흠결을 이유로 한 소각하 판결이 확정되었을 때에는 본안의 소 제기나 중재신청을 하지 아니한 것과 같이 보아야 할 것이다.
> [2] 가압류결정에 대한 제소명령에 응하여 제기한 본안의 소를 각하한 판결이나 중재절차를 종료한 선언의 당부는 당해 절차에서 판단되어야 할 것이고, 제소기간의 도과 여부를 심리하는 법원이 그 당부에 관하여 심리·판단할 수 있는 것이 아니므로, 그 판결이나 중재절차에 위법이 있다 하더라도 위 가압류결정에 대한 제소명령기간의 도과 여부를 판단함에 있어서는 아무런 영향도 미칠 수 없다(대판 2000.2.11. 99다50064).

ⓒ 본안의 소의 의미 : 본안소송은 반드시 판결을 목적으로 하는 일반소송의 제기만을 의미하는 것은 아니고, 그 외에 조정, 지급명령, 제소전 화해, 중재의 신청 등도 포함된다.

> - 가처분에 의해 직무집행이 정지된 당해이사 등을 선임한 주주총회 결의의 취소나 그 무효 또는 부존재확인을 구하는 본안소송에서 가처분채권자가 승소하여 그 판결이 확정된 때에는 가처분은 그 직무집행정지기간의 정함이 없는 경우에도 본안승소판결의 확정과 동시에 그 목적을 달성한 것이 되어 당연히 효력을 상실하게 된다(대판 1989.9.12. 87다카2691).
> - 민사집행법 제288조 제1항 제3호에서 정한 가압류취소 사유를 반드시 본안의 소를 제기하여 확정판결이라는 집행권원을 취득하는 경우로 한정할 이유가 없고, 이와 더불어 집행력이 있는 집행권원에 집행문을 부여받으면 가압류가 본압류로 이행될 수 있고, 또한 이를 가지고 가압류의 목적이 된 부동산이 매각되는 등의 절차에 따라 공탁된 가압류채권자에 대한 배당금에 대하여 지급위탁을 받아 그 배당금을 출급할 수 있다는 점까지 보태어 보면, 소송과정에서 확정판결과 같은 효력이 있는 조정이나 재판상 화해가 성립하는 경우뿐만 아니라 집행증서와 같이 소송절차 밖에서 채무자의 협력을 얻어 집행권원을 취득하는 경우에도 가압류채권자가 채권의 실현 내지 회수의사를 가졌음이 명백하다면 가압류 집행 후 3년 내에 본안의 소를 따로 제기하지 아니하였더라도 제3호에서 정한 가압류취소 사유에 해당한다고 할 수 없다. 다만 이 경우 집행권원은 가압류의 본안에 관한 것이어야 하므로, 집행권원에 표시된 권리는 가압류의 피보전권리와 청구기초의 동일성이 인정되어야 한다(대결 2016.3.24. 2013마1412). **기출** 25

(2) 사정변경 등에 따른 보전처분의 취소

민사집행법 제288조(사정변경 등에 따른 가압류취소) 기출 13·11

① 채무자는 다음 각 호의 어느 하나에 해당하는 사유가 있는 경우에는 <u>가압류가 인가된 뒤에도 그 취소를 신청할
수 있다</u>. 제3호에 해당하는 경우에는 이해관계인도 신청할 수 있다.
1. 가압류이유가 소멸되거나 그 밖에 사정이 바뀐 때
2. 법원이 정한 담보를 제공한 때[가압류만 적용(註)]
3. 가압류가 집행된 뒤에 3년간 본안의 소를 제기하지 아니한 때
② 제1항의 규정에 의한 신청에 대한 재판은 <u>가압류를 명한 법원</u>이 한다. 다만, 본안이 이미 계속된 때에는 본안법원
이 한다.
③ 제1항의 규정에 의한 신청에 대한 재판에는 제286조 제1항 내지 제4항·제6항 및 제7항을 준용한다.

---

① 서설 : 보전처분의 발령 후 보전처분의 이유가 소멸되거나 그 밖에 사정이 바뀌어 보전처분을 유지함이
상당하지 않게 된 때에는 채무자는 보전처분의 취소를 구할 수 있다(제288조 제1항, 제301조).

② 사정의 변경
　㉠ 보전처분을 취소할 사정은 그 발령 전의 것이든 그 후의 것이든 관계없고, 취소사건의 심리종결 시까
　　지 발생한 사유면 족하다.
　㉡ 사정변경에 의한 보전취소소송에서는 채무자가 사정변경에 해당하는 구체적인 사실을 주장·소명하
　　여야 한다. 증명의 정도는 소명으로 족하다. 기출 13
　㉢ 사정의 변경은 피보전권리에 관한 것과 보전의 필요성에 관한 것으로 나누어 볼 수 있다.

③ 피보전권리의 소멸, 변경
　㉠ 피보전권리에 관한 사정변경은 피보전권리의 전부 또는 일부가 변제·상계·소멸시효의 완성 등으
　　로 소멸하거나 피보전권리가 없음이 분명히 되었다는 경우가 전형적이다.

- 채무자는 <u>가압류이유가 소멸되거나 그 밖에 사정이 바뀐 때</u>에는 <u>가압류가 인가된 뒤에도 그 취소를 신청할
수 있고</u>(민사집행법 제288조 제1항 제1호), <u>피보전권리의 부존재가 분명하게 된 경우도 사정변경에 해당</u>
된다(대결 2014.11.18. 2014마1379).
- <u>가압류의 피보전권리가 소멸되었거나 또는 존재하지 아니함이 본안소송에서 확정된 경우</u>에는 민사집행법
제288조 소정의 사정변경에 따른 가압류 취소사유가 되는 것이며, 이 경우 그 가압류를 그 피보전권리와
다른 권리의 보전을 위하여 유용할 수 없는 것이다(대판 2004.12.24. 2004다53715). 기출 15
- 피보전권리가 없음에도 그 권리보전이라는 구실 아래 처분금지가처분 결정을 받아 이를 집행한 경우에는
그 가처분 후에 그 가처분에 반하여 한 행위라도 그 행위의 효력은 그 가처분에 의하여 무시될 수 없는
것이고, 피보전권리가 없다는 것은 가처분결정에 대한 이의 사유로 할 수 있으나 또한 <u>피보전권리 없음이
분명히 되었다는 것은 사정변경</u>으로 보아 민사집행법 제301조, 제288조에 의한 <u>사정변경으로 인한 가처
분 취소신청을 할 수 있다</u>고 해석되며, <u>가처분 목적물의 양수인도 사정변경으로 인한 가처분 취소신청을
할 수 있다</u>(대결 2010.8.26. 2010마818).
- 청산인 직무집행정지 및 직무대행자 선임의 가처분결정이 있은 후 소집된 주주총회에서 회사를 계속하기
로 하는 결의 및 새로운 이사들과 감사를 선임하는 결의가 있었다면, 특별한 사정이 없는 한 위 주주총회의
결의에 의하여 위 <u>직무집행정지 및 직무대행자선임의 가처분결정은 더 이상 유지할 필요가 없는 사정변경
이 생겼다</u>고 할 것이므로, 위 가처분에 의하여 직무집행이 정지되었던 피신청인으로서는 그 사정변경을
이유로 가처분이의의 소를 제기하여 위 가처분의 취소를 구할 수 있다(대판 1997.9.9. 97다12167).

> • 甲이 乙에 대한 임차보증금반환채권을 피보전권리로 하여 乙 소유 부동산에 관하여 가압류결정을 받았는데, 乙이 실제 임차인이 甲의 아버지인 丙이라고 주장하면서 丙을 상대로 제기한 건물인도소송에서 '丙이 실제 임차인임'을 전제로 한 판결이 선고되었고, 그 후 丙이 위 가압류결정의 피보전권리와 같은 임차보증금반환채권을 피보전권리로 하여 위 부동산에 관하여 거듭 가압류결정을 받은 경우, <u>甲의 乙에 대한 임차보증금반환채권은 부존재함이 분명하게 되었고 이는 가압류결정을 취소할 사정변경에 해당한다</u> (대결 2014.11.18. 2014마1379). **기출** 18

ⓛ 그러나 가압류의 목적인 채무자의 제3채무자에 대한 채권이 존재하지 않음이 밝혀졌다 하더라도 이는 가압류결정이 결과적으로 채권보전의 실효를 거둘 수 없게 됨에 그칠 뿐 가압류결정을 취소할 사유는 되지 못한다(대판 1999.3.23. 98다63100). **기출** 15

ⓒ 본안소송이나 채무자가 제기한 피보전권리 부존재확인청구소송에서 채권자가 실체법상의 이유로 패소확정된 때에는 가압류를 취소할 사정변경이 있다고 본다(대판 1963.9.12. 63다354[전합]; 대판 1973.3.20. 73다165). **기출** 13

> 가처분결정에 의하여 보전하려고 하였던 청구권인 소유권이전등기 청구권은 위 본안 사건에서 패소판결로서 부정되었다 할 것이고, 따라서 이건 가처분결정은 위 본안 판결의 확정과 동시에 이를 존립시킬 이유가 소멸되었다 할 것이며, 이는 민사집행법 제288조 소정의 사정변경이 있는 경우에 해당한다 할 것이다(대판 1973.3.20. 73다165).

ⓔ 채권자가 여러 개의 피보전권리를 주장하여 보전처분(보전명령)을 얻은 후 그중 일부의 권리만을 주장한 본안소송에서 패소확정된 경우에도 사정변경에 따른 취소를 인정할 수 있다(보전의 1회성의 문제). 예를 들면, 채권자가 점유권에 기한 인도청구권과 소유권에 기한 인도청구권을 피보전권리로 하여 보전처분(보전명령)을 받았는데 소유권에 기한 인도청구권을 본안으로 한 소송에서 패소확정되었다면, 그 후 다시 점유권에 기한 인도청구소송이 계속 중이더라도 사정이 변경된 경우에 해당한다 (대판 1973.3.20. 73다165 참조). **기출** 23

ⓜ 본안소송에서의 원고패소가 기한 미도래 또는 조건 불성취를 이유로 한 때에는 아직 피보전권리가 부정된 것이 아니기 때문에 반드시 사정변경이 되었다고 말할 수 없고(대판 2003.6.24. 2003다18005; 대판 2004.12.24. 2004다53715), 본안소송에서 소송법상의 이유로 각하판결을 받은 경우에는 일반적으로 사정변경이 있다고 할 수 없다(대판 1995.8.25. 94다42211; 대판 2004.12.24. 2004다53715).

④ **보전의 필요성의 소멸, 변경**

ⓐ 보전명령의 집행기간을 도과한 경우(제292조 제2항, 제301조) 또는 담보를 조건으로 하여 보전처분을 인가하였으나 그 담보를 제공하지 아니한 때에는 사정변경에 준하여 취소의 사유가 된다고 할 것이다.

> 법원의 가처분결정에 직무집행을 정지하는 기간이 정하여져 있는 경우 그 기간의 경과로 가처분결정의 효력이 상실되므로, 그 기간 경과 후에는 가처분결정이 외형상 잔존함으로 인하여 어떠한 법률상 이익이 침해되었다고 볼 만한 특별한 사정이 없는 한 <u>그 취소를 구할 법률상의 이익이 없다</u>(대결 2013.6.27. 2013마568). **기출** 23

ⓑ 채권자가 본안에서 패소 판결을 받고 항소심에서 소를 취하하여 재소금지 원칙의 적용을 받는 경우는 가압류를 취소할 사정변경에 해당한다(대판 1999.3.9. 98다12287). 반면에, 본안소송에서 소를 취하 또는 취하간주가 있다하여도 재소금지에 해당하지 아니하는 이상 보전의사를 포기하였다고 볼 수 있는 경우가 아니면 그 자체만으로 보전명령(가압류명령) 취소사유인 사정변경에 해당한다고 볼 수 없다 (대판 1992.6.26. 92다9449; 대판 1998.5.21. 97다47637[전합]). **기출** 25

- 소의 의제적 취하는 여러 가지 동기와 원인에서 이루어지고, 보전명령에 대한 본안소송이 쌍방불출석으로 취하된 것으로 간주되었다고 하더라도, 통상의 소취하의 경우와 마찬가지로 본안에 대한 종국판결이 있기 전이라면 피보전권리에 영향을 주는 것이 아니어서 다시 같은 소송을 제기할 수도 있으므로, 그 취하의 원인, 동기, 그 후의 사정 등에 비추어 채권자가 보전의 의사를 포기하였다고 인정되지 아니하는 이상 보전명령에 대한 본안소송이 취하된 것으로 간주되었다는 사실 자체만으로 보전명령 취소사유인 사정변경에 해당한다고 볼 수는 없다(대판 1998.5.21. 97다47637). **기출** 13
- 가처분권리자가 가처분결정의 본안소송에서 패소판결을 받고 항소하였다가 항소심에서 소취하를 함으로써 민사소송법 제240조 제2항 규정의 재소금지 원칙에 따라 다시 가처분 부동산에 대한 소유권이전등기청구를 할 수 없게 된 경우, 그 가처분결정은 그 보전의 필요성이 없어 더 이상 유지될 수 없는 사정변경이 생겼다고 할 것이다(대판 1999.3.9. 98다12287). **기출** 15

ⓒ 채권자가 본안소송에서 승소하고 집행권원을 획득하여 즉시 본집행을 할 수 있는 요건을 갖추었음에도 그 집행을 하지 않고 있는 경우(대판 1984.10.23. 84다카935; 대판 2008.3.27. 2006다24568 등), 가처분채권자가 본안소송에서 승소판결을 받은 그 집행채권이 정지조건부채권이고 그 조건이 매매잔대금의 지급과 같이 집행채권자의 의사에 따라 즉시 이행할 수 있는 반대의무의 이행인데 정당한 이유 없이 그 반대의무의 이행을 게을리하고 집행에 착수하지 아니하고 있는 경우(대판 1985.4.9. 84다카2331; 대판 2000.11.14. 2000다40773)에는 보전의 필요성이 소멸되어 사정변경이 있다고 본다.

> 법인 등 단체 대표자의 직무집행을 정지하는 가처분결정이 있은 후 직무집행이 정지된 대표자의 임기가 만료되고 새로 단체의 대표자가 선임되었다면, 특별한 사정이 없는 한 직무집행이 정지된 위 대표자가 단체의 대표자로서의 직무집행을 계속하여 위 단체에 회복하기 어려운 손해를 입힐 가능성은 없어졌다 할 것이어서 위 가처분결정은 이를 더 이상 유지할 필요가 없는 사정변경이 생겼다고 할 것이다(대판 1997.9.9. 97다12167; 대판 1995.3.10. 94다56708). **기출** 12

⑤ 기타 관련 판례

- 점유의 침탈을 이유로 한 점유물반환청구권을 피보전권리로 하는 점유이전금지가처분 신청에 대하여는 민법 제208조에 따라 소유권 그 밖의 본권에 관한 이유로 피보전권리나 보전의 필요성을 부정할 수는 없다. 그러나 그 가처분 신청에 따라 점유이전금지가처분결정을 받은 채권자가 채무자를 상대로 제기한 점유회수의 본소에 대하여, 채무자가 본소청구가 인용되어 채권자에게 점유가 회복될 경우를 대비하여 조건부로 소유권에 기한 인도청구를 구하는 반소를 제기하고, 본소청구와 반소청구가 모두 인용되어 확정된 경우에는, 본소 확정판결에 기한 점유회수의 집행은 무의미한 점유상태의 변경을 반복하는 결과를 초래할 뿐 아무런 실익이 없으므로, 그 집행을 보전하기 위한 점유이전금지가처분결정은 이를 더 이상 유지할 필요가 없는 사정변경이 생겼다고 보아야 한다(대결 2013.5.31. 2013마198).
- [1] 신탁법상의 신탁이 해지되어 신탁이 종료되면 신탁관계는 장래를 향하여 그 효력을 잃게 되고, 수탁자가 신탁재산의 귀속권리자인 위탁자에게 신탁재산인 부동산의 소유권을 이전하면서 소유권이전등기의 방법에 의하지 아니하고 수탁자의 소유권이전등기를 말소하는 방법에 의하더라도, 위탁자는 수탁자의 소유권에 기하여 다시 소유권을 취득한다.
  [2] 신탁법상의 신탁 해지로 신탁재산인 부동산의 소유권을 다시 이전받은 위탁자는 수탁자를 채무자로 한 가처분결정에 관하여 사정변경으로 인한 취소 신청을 할 수 있는 신청인적격을 가지며, 위탁자로부터 순차로 목적 부동산의 소유권을 전득한 사람도 마찬가지로 위 가처분결정에 관하여 사정변경으로 인한 취소 신청을 할 수 있다(대판 2006.9.22. 2004다50235).

(3) 담보제공으로 인한 '가압류'의 취소

> **민사집행법 제288조(사정변경 등에 따른 가압류취소)**
> ① 채무자는 다음 각 호의 어느 하나에 해당하는 사유가 있는 경우에는 <u>가압류가 인가된 뒤에도 그 취소를 신청할</u>
> <u>수 있다</u>. 제3호에 해당하는 경우에는 이해관계인도 신청할 수 있다.
>   2. <u>법원이 정한 담보를 제공한 때</u>[가압류만 적용(註)]

① 의의 : 가압류는 금전채권의 집행보전을 목적으로 채무자의 일반재산을 확보하는 제도이므로 채무자가
  적당한 담보를 제공한다면 구태여 일반재산을 가압류할 필요가 없게 된다. 채무자는 가압류결정상의
  해방금액을 공탁하고 가압류 '집행'의 취소·정지를 구할 수도 있으나(제282조), 법원이 자유재량에 의하여
  명한 담보를 제공하고서 그 가압류 '명령' 자체의 취소를 구할 수도 있다(제288조 제1항 제2호). **기출** 12·11
  이 규정은 금전채권의 보전을 목적으로 하지 않는 가처분의 경우에는 성질상 준용되지 않으며(대판
  1956.5.10. 4289민상26), 가처분에 대하여는 같은 취지에서 '특별사정에 따른 취소의 절차'가 따로 마련되어
  있다.

② 담보와 그 성질

  ㉠ 법 제282조의 가압류해방금액이 가압류목적물을 대신하는 것으로 채권자는 그 공탁금회수청구권을
  가압류하는 것과 동일한 효과를 가질 뿐 여기에 대해 어떤 우선변제권을 갖는 것이 아님에 대하여,
  법 제288조 제1항 제2호의 담보는 직접 피보전권리를 담보하는 것으로 채권자는 여기에 대하여 일종
  의 질권을 갖게 된다.

  ㉡ 이는 가압류취소로 인한 손해배상청구권만을 담보하는 이의사건에서의 취소결정 시에 제공하는 담
  보(제286조)와도 구별된다.

  ㉢ 민사집행법 제288조 제1항 제2호에 따른 가압류취소를 받기 위해 제공된 담보는 가압류명령 기재
  청구채권을 직접 담보하고 있으므로, 가압류채권자가 당해 가압류 청구채권인 손해배상청구채권 중
  일부에 관하여 본안소송을 제기하였다고 하여 그 사실만으로 본안 청구금액을 초과하는 부분에 대한
  담보사유가 소멸하였다고 할 수 없다(대결 2008.7.1. 2008마711). **기출** 25

(4) 보전집행 후 3년간 본안의 소 부제기

> **민사집행법 제288조(사정변경 등에 따른 가압류취소)**
> ① 채무자는 다음 각 호의 어느 하나에 해당하는 사유가 있는 경우에는 <u>가압류가 인가된 뒤에도 그 취소를 신청할</u>
> <u>수 있다. 제3호에 해당하는 경우에는 이해관계인도 신청할 수 있다.</u>
>   3. 가압류가 집행된 뒤에 3년간 본안의 소를 제기하지 아니한 때

① 3년이 경과하면 취소의 요건이 완성되며, 그 후에 본안의 소를 제기하여도 가압류, 가처분의 취소를
  배제하는 효력이 생기지 아니한다(대판 1999.10.26. 99다37887). 당연히 취소되는 것이 아니라 취소의 요건
  이 갖추어진 것이다.

② 보전처분 집행 후 3년간 본안소송이 제기되지 아니하였다고 하여, 보전처분 취소결정 없이도 보전처분
  의 효력이 당연히 소멸되거나, 보전처분취소결정이 확정된 때에 보전처분 집행시로부터 3년이 경과된
  시점에 소급하여 보전처분의 효력을 소멸하게 하는 것으로 볼 수 없으며, 따라서 그 가처분의 피보전권
  리가 소멸되었음에도 불구하고 가처분이 취소되지 않고 있음을 이용하여 다른 동종의 권리로 그 가처분
  을 유용하였다는 등의 특별한 사정이 없는 한, 그 가처분에 반하는 권리를 취득한 제3자는 가처분권자에
  게 대항할 수가 없게 된다(대판 2004.4.9. 2002다58389).

③ 3년간 본안의 소를 제기하지 아니하였음을 이유로 한 가압류취소는 이해관계인도 신청할 수 있다(제288조 제1항 단서).

㉠ 보전처분 목적물의 양수인도 사정변경으로 인한 보전처분의 취소 신청을 구할 신청인적격이 있고 그러한 양수인에 대한 채권자는 법 제288조 제1항 후문에서 정한 이해관계인에 해당한다.

> 보전처분이 집행된 후에 보전처분의 대항을 받는 물권을 취득한 보전처분 목적물의 양수인은 민사집행법 제288조에 의하여 사정변경으로 인한 보전처분의 취소 신청을 구할 수 있는 신청인적격이 있고, 그러한 양수인에 대한 채권자는 민사집행법 제288조 제1항 후문의 이해관계인에 해당한다(대결 2014.10.16. 2014마 1413).

㉡ 부동산에 대한 가압류결정이 있고 그에 기한 가압류등기가 마쳐진 후, 해당 가압류에 기한 집행절차가 아닌 경매절차에서 부동산이 매각되어 가압류등기가 직권으로 말소되더라도, 가압류결정의 효력은 그대로 남아 있게 된다. 따라서 채무자나 이해관계인은 가압류집행의 존속 여부에 관계없이 가압류결정이 유효하게 존재하고 그 신청의 이익이 있는 한 민사집행법 제288조 제1항 제3호에 의한 가압류취소신청을 할 수 있다(대결 2019.5.17. 2018마1006). **기출** 22

④ 3년간 본안의 소를 제기하지 아니하였음을 이유로 한 가압류취소는 시효중단의 효력이 소급하여 없어지는 민법 제175조에서 정한 가압류취소의 경우에 해당하지 않는다(대판 2009.5.28. 2009다20).

> 가압류결정이 그로부터 3년간 원고가 본안소송을 제기하지 않았다는 이유로 채무자의 이의신청에 따라 취소되어 그 가압류등기가 말소된 사실은 인정되지만 위와 같은 사유를 원인으로 하는 민사집행법 제288조 제1항 제3호의 가압류 취소는 「민법」 제175조의 "압류, 가압류 및 가처분이 권리자의 청구에 의하여 또는 법률의 규정에 따르지 아니함으로 인하여 취소된 때"에 해당하지 아니하여 위 가압류의 취소에도 불구하고 소멸시효 중단의 효력이 소급하여 소멸되지는 않는다(대판 2009.5.28. 009다20). **기출** 25

(5) 특별한 사정에 의한 '가처분' 취소

> **민사집행법 제307조(가처분의 취소)** **기출** 12
> ① 특별한 사정이 있는 때에는 담보를 제공하게 하고 가처분을 취소할 수 있다.
> ② 제1항의 경우에는 제284조, 제285조 및 제286조 제1항 내지 제4항·제6항·제7항의 규정을 준용한다.

① 의의 : 가처분은 금전채권의 집행을 목적으로 하는 것이 아니므로 채무자가 담보만을 제공한다 해서 곧 이를 취소하기에는 적당하지 않다.

㉠ 그러나 가처분으로 인하여 채무자가 큰 손해를 입게 된다든지 또는 채권자의 피보전권리가 금전적 보상으로도 종국적 만족을 얻을 수 있다는 등의 특수한 사정이 있을 때에는 채무자의 피해를 경감하기 위하여 담보를 제공하게 하고 가처분을 취소하는 것이 양당사자의 이익교량상 필요하게 된다.

㉡ 법은 가압류에서 담보를 제공하고 가압류를 취소할 수 있는 것과 궤를 같이 하여 '특별한 사정이 있는 가처분'에 있어서도 채무자로 하여금 담보를 제공하게 하고 가처분을 취소할 수 있도록 하는 제도를 마련하였다(제307조).

㉢ 법 제307조의 취소제도는 '다툼의 대상에 관한 가처분'과 '임시의 지위를 정하기 위한 가처분'에 모두 적용된다.

ⓔ 법 제307조는 제288조 제1항 제2호의 제도에 상응하는 가처분에서의 특별규정이며, 제288조 제1호의 사정변경과는 별개의 취소사유이다.

> 사정변경이 인정되는 이상 담보의 제공이나 특별사정의 존재 등은 고려할 필요 없이 바로 민사집행법 제301조, 제288조 제1항 제1호에 따라 가처분을 취소할 수 있다(대판 1966.2.28. 65다2560).

ⓜ 민사집행법 제307조 제1항의 특별사정에 의한 가처분취소사건에 있어서 피보전권리의 존부 및 보전의 필요성의 유무는 심판의 대상이 되지 아니하므로 오직 가처분취소사유인 특별사정의 유무만을 심리판단하면 된다(대판 1987.1.20. 86다카1547 참조). **기출** 25

② 특별사정

ⓐ 특별사정이란 가처분으로 보전되는 피보전권리가 금전적 보상에 의하여 종국적으로 만족을 얻을 수 있는 것이라는 사정, 채무자가 가처분에 의하여 통상 입는 손해보다 훨씬 큰 손해를 입게 될 사정 중 어느 하나의 사정이 있다는 것을 말한다.

ⓑ 이 두 사정 중 어느 하나라도 있으면 특별사정에 해당된다고 하는 것이 판례의 확립된 견해이다(대판 1997.3.14. 96다21188 등).

ⓒ 공사잔대금 채권의 담보를 위한 유치권을 보전하기 위하여 발령된 출입금지등가처분(대판 1997.3.14. 96다21188도 이와 같은 입장을 전제하고 있다), 사해행위취소에 의한 소유권이전등기말소청구권을 피보전권리로 하여 발령된 처분금지가처분(대판 1998.5.15. 97다58316), 금전채권의 처분금지가처분은 금전보상이 가능하다고 본다.

ⓓ 채무자가 특히 현저한 손해를 입게 될 사정이 있는지 여부는 가처분의 종류, 내용 등 제반 사정을 종합적으로 고려하여 채무자가 입을 손해가 가처분 당시 예상된 것보다 훨씬 클 염려가 있어 가처분을 유지하는 것이 채무자에게 가혹하고 공평의 이념에 반하는지 여부에 의하여 결정할 것이며, 위 채무자가 입을 손해는 반드시 공익적 손해임이 요구되는 것은 아니다(대판 1992.4.14. 91다31210).

> 민사집행법 제307조에서 특별한 사정이 있을 때 담보의 제공을 조건으로 가처분의 취소를 구할 수 있게 한 것은, 가처분을 존속시키는 것이 공평의 관념상 부당하다고 생각되는 경우, 즉 가처분에 의하여 보전되는 권리가 금전적 보상으로써 그 종국의 목적을 달할 수 있다는 사정이 있거나 또는 가처분 집행으로 가처분채무자가 특히 현저한 손해를 받고 있는 경우에 가처분채무자로 하여금 담보를 제공하게 하여 가처분의 집행뿐 아니라 가처분명령 자체를 취소하여 가처분채무자로 하여금 목적물을 처분할 수 있도록 하는 데 있고, 따라서 가처분채무자가 제공하는 담보는 가처분채권자가 본안소송에서 승소하였음에도 가처분의 취소로 말미암아 가처분목적물이 존재하지 않게 됨으로써 입는 손해를 담보하기 위한 것이므로, 가처분채권자는 가처분취소로 인하여 입은 손해배상청구소송의 승소판결을 얻은 후에 민사집행법 제19조 제3항, 민사소송법 제123조에 의하여 그 담보에 대하여 질권자와 동일한 권리를 가지고 우선변제를 받을 수 있다(대결 2010.8.24. 2010마459).

7. 보전처분의 취소·변경 결정에 따른 집행취소

보전처분을 취소·변경하는 결정이 내려지면 보전처분은 당연히 취소·변경되는 효력을 가져오지만 이로써 이미 행한 보전처분 집행의 효과가 상실되는 것은 아니고 채무자는 그 결정정본을 집행기관에 제출하여 집행의 취소를 구하여야 한다.

[1] 부동산에 대한 가압류등기 후에 가압류 목적물의 소유권을 취득한 제3자가 사정변경을 이유로 하여 가압류취소를 신청하고 법원이 이를 받아들여 그 <u>가압류를 취소하는 결정을 하였다고 하더라도 그에 기하여 가압류등기가 말소되기 전까지는 그 가압류집행으로 인한 처분금지의 효력이 여전히 유지되므로, 가압류채권자는 가압류를 취소하는 결정에 대하여 불복하면서 아직 말소되지 아니한 가압류등기에 기초하여 적법하게 강제경매신청을 할 수 있다.</u>

[2] 부동산에 대한 가압류가 집행된 후 그 가압류가 강제경매개시결정으로 인하여 본압류로 이행된 경우에는 가압류 집행이 본집행에 포섭됨으로써 당초부터 본집행이 행하여진 것과 같은 효력이 있고, <u>본집행이 유효하게 진행되는 한 채무자는 가압류에 대한 이의신청이나 취소신청 또는 가압류집행 자체의 취소를 구할 수 없다</u>(대결 2010.11.30. 2008마950).

8. 보전처분취소결정을 취소·변경한 상급심의 새로운 집행

상소법원에서 보전처분취소결정을 취소·변경함으로써 그 보전처분에 관하여 새로운 집행이 필요하게 된 때에는, <u>법원이 집행기관이 되는 경우에 한하여 절차의 신속을 위하여 취소의 재판을 한 상소법원이 직권으로 그 집행절차를 진행하여야 한다</u>(민사집행법 제298조 제1항, 제301조). 이 경우 채권자가 1심법원에 보전집행신청을 한 것은 여전히 유효하므로 채권자는 다시 보전집행신청을 할 필요가 없다. 따라서 항고법원은 보전처분취소결정을 취소·변경함과 동시에 보전집행에 착수하여야 하고, <u>위 결정이 채권자에게 송달된 다음 날부터 2주가 경과하면 보전집행을 할 수 없다.</u> 이와 달리 집행관이 집행기관이 되는 경우에는 채권자는 다시 집행신청을 하여야 한다. **기출** 22

제3절 보전집행에 대한 구제수단

I 서론

1. 보전집행의 하자 유형

① 보전집행의 하자는 크게 두 가지 유형으로 나눌 수 있다.

② 보전집행에 있어서 준수되어야 하는 절차적 규율에 배치되는 경우와 보전집행에 있어서 고유한 절차적 사항에는 아무런 하자가 없으나 보전명령과 보전집행이 모순·충돌하는 경우로 나눌 수 있다.

③ 전자를 다투는 방법으로는 '<u>즉시항고</u>'와 '<u>집행에 관한 이의</u>'가 있고 후자를 다투는 방법으로는 '<u>제3자이의의 소</u>'가 있다.

2. 즉시항고와 집행에 관한 이의

① 통상의 집행절차상의 절차적 하자에 관한 구제방법과 다를 것이 없다.

> 항고사건은 실질적으로 서로 대립하는 상대방이 소송에서 자기의 권리신장을 위하여 공격·방어할 수 있는 기회가 보장된 대심적 소송구조에 해당한다(대결 2010.5.25. 2010마181).

② 보전명령신청서가 위조되었다는 사정은 집행절차상의 하자가 아니므로 집행에 관한 이의로 다툴 것은 아니다.

> [1] 집행방법에 관한 이의는 집행 또는 집행행위에 있어서의 형식적 절차상의 하자가 있는 경우에 할 수 있는 것이므로 집행의 기본이 되는 채무명의 자체에 대한 실체권리관계에 관한 사유나 그 채무명의의 성립과 소멸에 관한 절차상의 하자는 어느 것이나 집행방법에 관한 이의사유로 삼을 수 없다.
> [2] 가처분신청취하서가 위조되었다는 사유는 가처분집행의 기본이 되는 가처분명령의 소멸에 관한 것이지 그것이 집행법원의 집행행위인 가처분기입등기 말소촉탁행위의 형식적 절차상의 하자에 해당한다고는 할 수 없다(대결 1987.3.24. 86마카51).

3. 제3자이의의 소

① 제48조에서 규정하고 있는 제3자이의의 소는 보전처분절차에도 당연히 적용된다.
② 보전처분절차에서와 관련한 제3자이의의 소는 보전명령 자체를 다투는 것이 아니고 보전집행상의 문제점을 다투는 절차이다.

Ⅱ 만족적 가처분과 집행정지

> **민사집행법 제309조(가처분의 집행정지)**
> ① 소송물인 권리 또는 법률관계가 이행되는 것과 같은 내용의 가처분을 명한 재판에 대하여 이의신청이 있는 경우에, 이의신청으로 주장한 사유가 법률상 정당한 사유가 있다고 인정되고 주장사실에 대한 소명이 있으며, 그 집행에 의하여 회복할 수 없는 손해가 생길 위험이 있다는 사정에 대한 소명이 있는 때에는, 법원은 당사자의 신청에 따라 담보를 제공하게 하거나 담보를 제공하게 하지 아니하고 가처분의 집행을 정지하도록 명할 수 있고, 담보를 제공하게 하고 집행한 처분을 취소하도록 명할 수 있다.
> ② 제1항에서 규정한 소명은 보증금을 공탁하거나 주장이 진실함을 선서하는 방법으로 대신할 수 없다.
> ③ 재판기록이 원심법원에 있는 때에는 원심법원이 제1항의 규정에 의한 재판을 한다.
> ④ 법원은 이의신청에 대한 결정에서 제1항의 규정에 의한 명령을 인가·변경 또는 취소하여야 한다.
> ⑤ 제1항·제3항 또는 제4항의 규정에 의한 재판에 대하여는 불복할 수 없다.

보전처분에 대한 이의사건·취소사건 등에서 보전처분을 취소하는 결정이 내려지거나 일정한 범위의 이른바 만족적 가처분에 대한 이의신청이 있는 경우 법 제309조 제1항에 따라 집행한 가처분을 취소하는 재판이 내려진 때에는, 현재의 실무는 채무자가 민사집행법 제49조, 제50조에 의해 그 재판서의 정본을 집행기관에 제출하여 집행취소를 신청하면 집행취소절차를 밟는 것으로 처리하고 있다.

Ⅲ 가처분의 취소와 원상회복

> **민사집행법 제308조(원상회복재판)**
> 가처분을 명한 재판에 기초하여 채권자가 물건을 인도받거나, 금전을 지급받거나 또는 물건을 사용·보관하고 있는 경우에는, 법원은 가처분을 취소하는 재판에서 채무자의 신청에 따라 채권자에 대하여 그 물건이나 금전을 반환하도록 명할 수 있다.

① 원상회복 재판은 가정성·잠정성에 기초한 가처분에 관하여 행해지는 것이어서 기판력이 없고 권리의 존부를 확정시키는 것도 아니므로, 가집행선고의 취소에 따른 가지급물 반환의 경우와는 달리 원상회복의 범위는 채권자에게 인도되었던 물건이나 금전에 국한되고, 별도로 손해배상의무의 존부에 관하여 판단할 수는 없다.
② 원상회복의 재판은 가처분을 취소하는 재판과 함께 하게 되는데, 이 경우 가처분을 취소하는 재판의 원인은 가처분에 대한 이의신청이든 취소신청이든 관계없다.
③ 원상회복 재판은 가처분 취소결정에 부수하여 이루어지므로 가집행선고 없이 즉시 집행력을 가지게 된다.

제4절   보전집행의 취소

Ⅰ 의의와 사유

1. 집행취소의 의의

① 집행의 취소는 이미 실시한 집행처분의 효력을 상실시키는 집행기관의 행위를 말한다.
② 집행취소는 채권자 또는 채무자의 신청에 의하거나 집행법원이 직권으로 행한다.

2. 집행취소의 사유

① 채권자의 집행신청취하(취소신청)
  ㉠ 채권자는 보전처분의 집행상태가 계속되고 있는 한 언제든지 그 집행취소를 신청할 수 있다.
  ㉡ 집행취소신청이라는 용어 외에 집행해제신청 또는 집행신청의 취하라는 용어가 사용되기도 하나 어느 것이나 같은 뜻이다.
  ㉢ 집행취소는 채무자에게는 불이익할 것이 전혀 없으므로 채권자가 집행취소의 신청을 함에는 채무자의 동의가 필요 없다.

  > 가처분 신청인은 가처분 피신청인의 동의 없이 그 가처분 집행취소의 신청을 할 수 있으며, 그 집행취소결정은 그 가처분 피신청인에게 아무런 불이익도 주지 아니하므로 그 가처분 피신청인은 그 집행취소 결정에 대하여 항고할 수 없다(대결 1980.2.15. 79마351).

ⓐ 보전처분해제신청서 등이 위조되었다고 주장하는 채권자로서는 집행법원에 대하여 집행이의를 통하여 말소회복을 구할 수 있다(대판 2000.3.24. 99다27149).

> • 부동산처분금지가처분의 기입등기는 채권자나 채무자가 직접 등기공무원에게 이를 신청하여 행할 수는 없고 반드시 법원의 촉탁에 의하여야 하는바, 이와 같이 당사자가 신청할 수 없는 처분금지가처분의 기입등기가 법원의 촉탁에 의하여 말소된 경우에는 그 회복등기도 법원의 촉탁에 의하여 행하여져야 하므로, 이 경우 처분금지가처분채권자가 말소된 가처분기입등기의 회복등기절차의 이행을 소구할 이익은 없다고 할 것이다. 다만, 가처분채권자의 가처분해제신청은 가처분집행신청의 취하 내지 그 집행취소 신청에 해당하는 것인바, 이러한 신청은 가처분의 집행절차를 이루는 행위이고, 그 신청이 가처분채권자의 의사에 기한 것인지 여부는 집행법원이 조사·판단하여야 할 사항이라고 할 것이므로, 그 신청서가 위조되었다는 사유는 그 신청에 기한 집행행위, 즉 가처분기입등기의 말소촉탁에 대한 집행이의의 사유가 된다고 보아야 할 것이며, 따라서 가처분해제신청서가 위조되었다고 주장하는 가처분채권자로서는 가처분의 집행법원에 대하여 집행이의를 통하여 말소회복을 구할 수 있을 것이다(대판 2000.3.24. 99다27149). 기출 21
>
> • 부동산처분금지가처분의 기입등기는 채권자나 채무자가 직접 등기공무원에게 이를 신청하여 행할 수는 없고 반드시 법원의 촉탁에 의하여야 하는바, 이와 같이 당사자가 신청할 수 없는 처분금지가처분의 기입등기가 법원의 촉탁에 의하여 말소된 경우에는 그 회복등기도 법원의 촉탁에 의하여 행하여져야 하므로, 이 경우 처분금지가처분채권자가 말소된 가처분기입등기의 회복등기절차의 이행을 소구할 이익은 없고, 다만 그 가처분기입등기가 말소될 당시 그 부동산에 관하여 소유권이전등기를 경료하고 있는 자는 법원이 그 가처분기입등기의 회복을 촉탁함에 있어서 등기상 이해관계가 있는 제3자에 해당하므로, 처분금지가처분채권자로서는 그 자를 상대로 하여 법원의 촉탁에 의한 그 가처분기입등기의 회복절차에 대한 승낙청구의 소를 제기할 수는 있다(대판 1997.2.14. 95다13951). 기출 21

② 해방금액의 공탁을 이유로 한 채무자의 가압류집행취소신청

> **민사집행법 제299조(가압류집행의 취소)** 기출 12
> ① 가압류명령에 정한 금액을 공탁한 때에는 법원은 결정으로 집행한 가압류를 취소하여야 한다.
> ③ 제1항의 취소결정에 대하여는 즉시항고를 할 수 있다.
> ④ 제1항의 취소결정에 대하여는 제17조 제2항의 규정을 준용하지 아니한다[취소결정은 확정되지 아니하여도 고지와 동시에 효력이 생긴다(註)].

㉠ 채무자가 가압류명령에 기재된 해방금액을 공탁하였을 때에는 법원은 결정으로써 집행한 가압류를 취소하여야 한다(제299조 제1항).

> 가압류해방금공탁은 금전에 의한 공탁만이 허용되고, 유가증권에 의한 공탁은 그 유가증권이 실질적 통용가치가 있는 것이라고 하더라도 허용되지 않는다(대결 1996.10.1. 96마162[전합]). 기출 12

㉡ 가압류집행이 취소되더라도 가압류명령 그 자체의 효력이 소멸되는 것은 아니다.

③ 보전명령이 취소된 경우 : 보전명령에 대한 이의신청 또는 취소신청에 따라 보전명령이 취소된 경우에 채무자는 그 재판서 정본을 제49조의 서류로 제출하여 제50조에 따라 집행취소를 신청할 수 있다.

Ⅱ 절차와 효과

1. 집행취소의 절차

① 집행취소기관

　㉠ 집행취소는 집행기관이 실시한다.

　㉡ 그러므로 집행법원이 집행취소결정을 한 경우에도 집행기관이 집행관인 때에는 채무자는 그 결정정본을 집행관에게 제출하여 집행취소를 위임하여야 한다.

② 집행취소의 방법

　㉠ 채권과 같이 제3채무자가 있는 경우에는 집행법원의 법원사무관 등이 집행취소결정정본을 제3채무자에게 송달한다(규칙 제218조, 제160조 제1항).

　㉡ 집행법원의 법원사무관 등이 보전처분기입등기・등록의 말소를 촉탁함으로써 취소한다(제299조 제3항).

　㉢ 집행관이 행한 집행의 취소는 집행관이 그 집행상태를 제거하는 조치를 취함으로써 한다.

> 무효가 아닌 법원의 가처분결정에 기하여 그 가처분집행의 방법으로 이루어진 처분금지가처분등기는 집행법원의 가처분결정의 취소나 집행취소의 방법에 의해서만 말소될 수 있는 것이어서 처분금지가처분등기의 말소를 소구할 수는 없는 것이다(대판 1982.12.14. 80다1872).

2. 집행취소의 효과

① 집행취소의 결과 채무자는 보전처분의 구속에서 벗어나게 된다.

> 가처분취소결정에 대하여 효력정지의 재판을 하기 전에 가처분취소결정의 집행이 마쳐진 경우에는 효력정지의 재판을 할 수 없고, 가처분취소결정의 집행이 마쳐진 후에 이를 간과하고 효력정지의 재판을 받았다고 하더라도 이미 집행된 가처분등기말소 및 그 이후에 이루어진 제3자 명의의 소유권이전등기의 효력에는 아무런 영향을 미치지 못한다(대결 2009.3.13. 2008마1963).

② 그러나 이는 장래에 대하여만 효력이 있고 소급하는 것이 아니다.

③ 따라서 가압류물을 현금화한 경우(제296조 제5항 단서)에는 그 현금화한 금전을 채무자에게 지급하면 족하고 그 현금화의 효력이 번복되는 것은 아니며, 대표이사의 직무대행자가 한 행위는 집행취소 후에도 유효하다.

Ⅲ 집행취소에 대한 구제

1. 집행에 관한 이의

① 집행취소는 보전명령의 집행절차와 별도의 절차가 아니라 집행절차 내의 부수절차로 파악된다.

② 그러므로 집행취소의 절차적 하자에 대하여는 즉시항고나 집행에 관한 이의로 다툴 수 있다.

> 가처분 채권자의 가처분해제신청은 가처분집행신청의 취하 내지 그 집행취소신청에 해당하는 것인바, 이러한 신청은 가처분의 집행절차를 이루는 행위이고, 그 신청서가 채권자의 위임 없이 작성되었다거나 위조되었다는 사유는 그 신청에 기한 집행행위, 즉 가처분기입등기의 말소촉탁에 대한 집행이의의 사유가 된다. 따라서 가처분해제신청서가 채권자의 위임 없이 작성되었다거나 위조되었다고 주장하는 가처분채권자로서는 가처분의 집행법원에 대하여 집행이의를 통하여 말소회복을 청구할 수 있는데, 말소된 가처분기입등기를 회복함에 있어 만일 등기상 이해관계가 있는 제3자가 있다면 그의 승낙서 또는 이에 대항할 수 있는 재판의 등본을 집행법원에 제출하여야 한다(대결 2010.3.4. 2009그250).

③ 보전집행취소신청서가 위조된 경우와 달리 보전명령신청서가 위조되었다는 사정은 집행절차상의 하자가 아니며 집행권원형성절차의 하자에 해당한다.

④ 그러므로 이에 대하여는 집행에 관한 이의로 다툴 것은 아니다.

> [1] 집행방법에 관한 이의는 집행 또는 집행행위에 있어서의 형식적 절차상의 하자가 있는 경우에 할 수 있는 것이므로 집행의 기본이 되는 채무명의 자체에 대한 실체권리관계에 관한 사유나 그 채무명의의 성립과 소멸에 관한 절차상의 하자는 어느 것이나 집행방법에 관한 이의사유로 삼을 수 없다.
> [2] 가처분신청취하서가 위조되었다는 사유는 가처분집행의 기본이 되는 가처분명령의 소멸에 관한 것이지 그것이 집행법원의 집행행위인 가처분기입등기 말소촉탁행위의 형식적 절차상의 하자에 해당한다고는 할 수 없다.
> [3] 경매신청취하는 그것이 강제집행절차를 이루는 행위이기 때문에 그에 관한 하자는 집행이의의 사유가 될 수 있다 하겠으나 가처분신청취하는 보전절차 중 보존명령의 효력자체를 소멸시킬 뿐 보전집행에 직접 관련되지 아니하는 것이고 또 집행법원에 의한 보전집행이나 그 집행취소는 보존명령의 효력에 따라 법원이 직권으로 하는 것이므로 위 양자는 구별하여 해석하여야 한다(대결 1987.3.24. 86마카51).

2. 신청권자

채무자는 집행취소로 인한 아무런 불이익이 없어 집행취소에 대하여 다툴 이익이 인정되지 아니한다.

3. 보전처분기입등기의 회복

① 보전처분의 집행으로서 기입등기와 집행취소에 기한 기입등기의 말소등기는 모두 법원사무관 등의 촉탁에 따라 이루어지는 등기이다.

② 이와 같이 촉탁에 의하여 이루어지는 등기의 말소등기 또는 회복등기 역시 원칙적으로 촉탁에 의하여 이루어진다.

민사집행법
기출문제해설

집행권원

CHAPTER 02

제2절 집행권원의 종류

01 집행판결에 관한 다음 설명 중 가장 옳지 않은 것은?　　　2021년
□□□

① 집행판결은 외국중재판정에 대하여 집행력을 부여하여 우리나라 법률상 강제집행절차로 나아갈 수 있도록 허용하는 것으로서 판결선고 시를 기준으로 집행력의 유무를 판단하는 재판이다.
② 외국법원의 확정판결 또는 이와 동일한 효력이 인정되는 재판에 기초한 강제집행은 대한민국 법원에서 집행판결로 그 강제집행을 허가하여야 할 수 있다.
③ 집행판결은 재판의 옳고 그름을 조사하지 아니하고 하여야 한다.
④ 외국 중재판정은 확정판결과 동일한 효력이 있어 기판력이 있으므로 대상이 된 청구권의 존재가 확정되고, 집행판결을 통하여 집행력을 부여받으면 우리나라 법률상의 강제집행절차로 나아갈 수 있게 된다.
⑤ 집행판결을 청구하는 소도 소의 일종이므로 통상의 소송에서와 마찬가지로 당사자능력 등 소송요건을 갖추어야 한다.

....

[❶ ▸ ✕]　집행판결은 외국중재판정에 대하여 집행력을 부여하여 우리나라 법률상 강제집행절차로 나아갈 수 있도록 허용하는 것으로서 **변론종결 시**를 기준으로 집행력의 유무를 판단하는 재판이다(대판 2018.11.29. 2016다18753).

[❷ ▸ ○]　외국법원의 확정판결 또는 이와 동일한 효력이 인정되는 재판(이하 "확정재판등"이라 한다)에 기초한 강제집행은 대한민국 법원에서 집행판결로 그 강제집행을 허가하여야 할 수 있다(민사집행법 제26조 제1항).

[❸ ▸ ○]　집행판결은 재판의 옳고 그름을 조사하지 아니하고 하여야 한다(민사집행법 제27조 제1항).

[❹ ▸ ○]　외국 중재판정은 확정판결과 동일한 효력이 있어 기판력이 있으므로 대상이 된 청구권의 존재가 확정되고, 집행판결을 통하여 집행력을 부여받으면 우리나라 법률상의 강제집행절차로 나아갈 수 있게 된다(대판 2018.12.13. 2016다49931).

[❺ ▸ ○]　집행판결을 청구하는 소도 소의 일종이므로 통상의 소송에서와 마찬가지로 당사자능력 등 소송요건을 갖추어야 한다(대판 2015.2.26. 2013다87055).

답 ❶

부동산경매절차상 집행권원 및 집행문에 관한 다음 설명 중 가장 옳지 않은 것은? 2025년

① 청구이의의 소는 채무자가 확정된 종국판결 등 집행권원에 표시된 청구권에 관하여 실체상 사유를 주장하여 그 집행력의 배제를 구하는 것이므로 유효한 집행권원을 그 대상으로 한다.

② 소유권이전등기절차의 이행을 명하는 판결은 등기신청 의사의 진술을 명하는 것으로서 그 판결이 확정되면 확정 시에 채무자의 의사표시가 있는 것으로 본다. 의사표시를 명하는 집행권원의 집행이 채권자의 반대의무와 동시이행관계에 있는 때와 같이 반대의무가 이행된 뒤에 의사를 진술할 것인 경우에는 집행문을 내어 준 때에 그 효력이 생긴다.

③ 집행권원상의 청구권이 양도되어 대항요건을 갖춘 경우 집행당사자적격이 양수인으로 변경되고, 양수인이 승계집행문을 부여받음에 따라 집행채권자는 양수인으로 확정되는 것이므로, 승계집행문의 부여로 인하여 양도인에 대한 기존 집행권원의 집행력은 소멸한다. 따라서 그 후 양도인을 상대로 제기한 청구이의의 소는 피고적격이 없는 자를 상대로 한 소이거나 이미 집행력이 소멸한 집행권원의 집행력 배제를 구하는 것으로 권리보호의 이익이 없어 부적법하다.

④ 제1심판결이 공시송달의 방법으로 송달되어 확정된 후 추완항소가 제기되고, 항소심이 추완항소를 각하하지 않은 채 제1심판결 선고 후의 사정으로 판결로써 소송종료선언을 하여 그 판결이 확정되었다면, 선행소송인 제1심판결에 대하여 집행력의 배제를 구하는 청구이의의 소를 제기할 수 있다.

⑤ 집행권원인 동시이행판결의 반대의무 이행 또는 이행제공은 집행개시의 요건으로서 집행개시와 관련된 집행에 관한 이의신청 절차에서 주장·심리되어야 할 사항이지, 집행권원에 표시되어 있는 청구권에 관하여 생긴 이의를 내세워 그 집행권원이 가지는 집행력의 배제를 구하는 청구이의의 소에서 심리되어야 할 사항은 아니다. 따라서 동시이행판결의 채무자로서는 그 집행력의 배제를 구하는 청구이의의 소에서 채권자가 반대의무의 이행 또는 이행제공을 하지 않았다는 주장을 청구이의의 사유로 내세울 수 없다.

[❶▸O] [❹▸×] 청구이의의 소는 채무자가 확정된 종국판결 등 집행권원에 표시된 청구권에 관하여 실체상 사유를 주장하여 그 집행력의 배제를 구하는 것이므로 유효한 집행권원을 그 대상으로 한다. 그런데 제1심판결이 공시송달의 방법으로 송달되어 확정된 후 추완항소가 제기되고, 항소심이 추완항소를 각하하지 않은 채 제1심판결 선고 후의 사정으로 판결로써 소송종료선언을 하여 그 판결이 확정되었다면, 이로써 제1심판결의 형식적 확정력은 소멸된다(대판 2024.12.12. 2024다273869). ☞ [판결이유] 선행소송 1심판결은 공시송달의 방법으로 송달되어 일응 확정되었으나, 원고가 제기한 추완항소에 따라 항소심이 판결로써 소송종료선언을 하여 그 판결이 확정되었으므로, 이로써 선행소송 1심판결의 형식적 확정력은 소멸되었다고 할 것이다. 따라서 선행소송 1심판결은 유효한 집행권원이라 할 수 없으므로 이에 대하여 집행력의 배제를 구하는 청구이의의 소를 제기할 수 없다.

[❷▸O] 소유권이전등기절차의 이행을 명하는 판결은 등기신청 의사의 진술을 명하는 것으로서 그 판결이 확정되면 확정 시에 채무자의 의사표시가 있는 것으로 본다(민사집행법 제263조 제1항). 의사표시를 명하는 집행권원의 집행이 채권자의 반대의무와 동시이행관계에 있는 때와 같이 반대의무가 이행된 뒤에 의사를 진술할 것인 경우에는 집행문을 내어 준 때에 그 효력이 생긴다(같은 조 제2항)(대판 2024.10.31. 2024다232523).

> **민사집행법 제263조(의사표시의무의 집행)**
> ① 채무자가 권리관계의 성립을 인낙한 때에는 그 조서로, 의사의 진술을 명한 판결이 확정된 때에는 그 판결로 권리관계의 성립을 인낙하거나 의사를 진술한 것으로 본다.
> ② 반대의무가 이행된 뒤에 권리관계의 성립을 인낙하거나 의사를 진술할 것인 경우에는 제30조와 제32조의 규정에 따라 집행문을 내어 준 때에 그 효력이 생긴다.

[❸ ▸ O] 집행권원상의 청구권이 양도되어 대항요건을 갖춘 경우 집행당사자적격이 양수인으로 변경되고, 양수인이 승계집행문을 부여받음에 따라 집행채권자는 양수인으로 확정되는 것이므로, 승계집행문의 부여로 인하여 양도인에 대한 기존 집행권원의 집행력은 소멸한다. 따라서 그 후 양도인을 상대로 제기한 청구이의의 소는 피고적격이 없는 자를 상대로 한 소이거나 이미 집행력이 소멸한 집행권원의 집행력 배제를 구하는 것으로 권리보호의 이익이 없어 부적법하고, 이러한 법리는 소액사건심판법상의 확정된 이행권고결정과 같이 위 법 제5조의8 제1항에 의하여 집행문을 별도로 부여받을 필요 없이 이행권고결정서의 정본에 의하여 강제집행이 가능한 경우에도 마찬가지이다(집행권원상의 청구권을 양도한 채권자가 집행력이 소멸한 이행권고결정서의 정본에 기하여 강제집행절차에 나아간 경우에 채무자는 민사집행법 제16조의 집행이의의 방법으로 이를 다툴 수 있다)(대판 2008.2.1. 2005다23889).

[❺ ▸ O] 집행권원인 동시이행판결의 반대의무 이행 또는 이행제공은 집행개시의 요건으로서 집행개시와 관련된 집행에 관한 이의신청 절차에서 주장·심리되어야 할 사항이지, 집행권원에 표시되어 있는 청구권에 관하여 생긴 이의를 내세워 그 집행권원이 가지는 집행력의 배제를 구하는 청구이의의 소에서 심리되어야 할 사항은 아니다. 따라서 동시이행판결의 채무자로서는 그 집행력의 배제를 구하는 청구이의의 소에서 채권자가 반대의무의 이행 또는 이행제공을 하지 않았다는 주장을 청구이의의 사유로 내세울 수 없다(대판 2024.6.13. 2024다231391).

답 ❹

CHAPTER 03 집행문

제2절 **집행문부여의 예외**

03
□□□

다음 중 집행문이 없어도 집행력 있는 정본이 되는 경우가 아닌 것은?(단, 조건이나 당사자의
승계가 없는 경우임)   2014년

① 확정된 이행권고결정
② 확정된 화해권고결정
③ 벌금·과료 등 형사소송법상 재산형 집행을 위한 검사의 집행명령
④ 확정된 배상명령 및 가집행선고가 있는 배상명령이 기재된 유죄판결서의 정본
⑤ 가압류·가처분명령

[❶▸○][❺▸○] 집행문(執行文)이란 집행권원에 집행력 있음과 집행당사자를 공증하기 위하여
법원사무관등이 공증기관으로서 집행권원의 끝에 덧붙여 적는 공증문언을 말하며(민사집행법 제29조 제1항,
제2항), 집행문이 있는 집행권원의 정본을 집행력 있는 정본이라고 한다(민사집행법 제28조 제1항). 그러나
모든 강제집행에 집행문부여가 필요한 것은 아니다. 집행절차의 간이성·신속성의 요구에 따라 집행문부여
가 필요하지 않은 것으로 확정된 지급명령, 확정된 이행권고결정, 가압류·가처분명령이 있다. 확정된
지급명령에 기한 강제집행은 원칙적으로 집행문을 부여받을 필요 없이 지급명령 정본에 의하여 행하고(민사
집행법 제58조 제1항 본문), 다만, 지급명령의 집행에 조건을 붙인 경우, 당사자의 승계인을 위하여 강제집행을
하는 경우, 당사자의 승계인에 대하여 강제집행을 하는 경우에는 집행문을 부여받아야 강제집행을 할
수 있다(민사집행법 제58조 제1항 단서). 확정된 이행권고결정에 기한 강제집행은 원칙적으로 집행문을 부여받
을 필요 없이 이행권고결정 정본에 의하여 행하고(소액사건심판법 제5조의8 제1항 본문), 다만 지급명령에서와
같은 예외적인 경우에만 집행문을 부여받아야 강제집행을 할 수 있다(소액사건심판법 제5조의8 제1항 단서).
가압류·가처분 명령을 집행하는 경우에도 집행문을 부여받을 필요가 없지만, 가압류·가처분에 대한
재판이 있은 뒤에 채권자나 채무자의 승계가 이루어진 경우에는 예외적으로 집행문을 부여받아야 승계된
채권자를 위하여 또는 승계된 채무자에 대하여 집행을 할 수 있다(민사집행법 제292조 제1항, 제301조).
[❷▸×] 확정된 화해권고결정은 재판상 화해와 동일한 효력이 있을 뿐이므로(민사소송법 제231조), 집행
문이 필요하다(민사집행법 제57조).
[❸▸○][❹▸○] 법률상 "집행력 있는 집행권원" 또는 "집행력 있는 민사판결 정본"과 동일한 효력이
있는 것으로 인정되기 때문에 집행문부여가 필요하지 않는 것으로, 과태료 재판(민사집행법 제60조, 질서위반행위
규제법 제42 등), 벌금·과료 등 형사소송법상 재산형 집행을 위한 검사의 집행명령(형사소송법 제477조), 확정된
배상명령 및 가집행선고가 있는 배상명령이 기재된 유죄판결서의 정본(소촉법 제34조 제1항) 등이 있다.

답 ❷

04
□□□

집행문에 관한 다음 설명 중 가장 옳지 않은 것은? 2019년

① 집행권원의 성립이 소송계속을 전제로 하는 경우에는 원칙적으로 제1심 법원의 법원사무관 등이 집행문을 내어 주지만, 소송기록이 상급심에 있는 때에는 그 법원의 법원사무관 등이 집행문을 내어 준다.

② 선이행이나 동시이행 관계에 있는 반대의무의 이행은 집행문부여의 요건이 된다.

③ 면책적 채무인수는 민사집행법 제31조(승계집행문) 제1항의 승계인에 해당하지만, 중첩적 채무인수의 경우에는 승계집행문을 부여할 수 없다.

④ 공증인이 작성한 증서의 집행문은 그 증서를 보존하는 공증인이 내어 주는데, 집행증서를 집행하는 데에 조건을 붙인 경우, 승계집행문부여신청의 경우 및 여러 통 또는 재도부여신청의 경우에도 재판장의 명령을 받을 필요 없이 공증인이 독자적으로 심사하여 집행문을 내어 줄 것인지 여부를 판단하여야 한다.

⑤ 집행권원상의 청구권이 양도되어 대항요건을 갖춘 경우에는 집행당사자적격이 양수인으로 변경되며, 양수인이 승계집행문을 부여받음에 따라 집행채권자가 양수인으로 확정되므로, 승계집행문의 부여로 인하여 양도인에 대한 기존 집행권원의 집행력은 소멸한다.

⋯⋯⋯⋯⋯⋯⋯⋯⋯⋯⋯⋯⋯⋯⋯⋯⋯⋯⋯⋯⋯⋯⋯⋯⋯⋯⋯⋯⋯⋯⋯⋯⋯⋯⋯⋯⋯

[❶▸○] 민사집행법 제28조 제2항

[❷▸×] 선이행관계에 있는 선이행의무의 이행은 '조건'에 해당하여 집행문 부여의 요건에 해당한다. 그러나 동시이행관계에 있는 반대급부의 이행은 집행개시의 요건에 불과하므로(민사집행법 제41조 제1항), 집행기관이 집행개시 시에 조사하면 충분하다. 다만, 의사표시를 명하는 집행권원의 경우에는 별도의 집행절차가 존재하지 아니하므로 집행문부여기관이 반대급여의 제공 여부를 조사하여 그 제공사실이 명확해진 때에 의사표시의 효력이 발생하도록 하기 위하여 집행문부여의 절차를 밟도록 하고 있다(민사집행법 제263조 제2항).

[❸▸○] 민사집행법 제31조 제1항에서 "집행문은 판결에 표시된 채권자의 승계인을 위하여 내어 주거나 판결에 표시된 채무자의 승계인에 대한 집행을 위하여 내어 줄 수 있다"고 규정하고 있는 바, 채무자의 채무를 소멸시켜 당사자인 채무자의 지위를 승계하는 이른바 면책적 채무인수는 위 조항에서 말하는 승계인에 해당한다고 볼 수 있지만, 중첩적 채무인수는 당사자의 채무는 그대로 존속하며 이와 별개의 채무를 부담하는 것에 불과하므로 승계인에 해당하지 않는다(대결 2010.1.14. 2009그196).

[❹▸○] 공증인이 작성한 증서의 집행문은 그 증서를 보존하는 공증인이 내어 주는데(민사집행법 제59조 제1항), 공증인 등의 집행문부여절차에 관하여는 민사집행법 제32조와 제35조가 준용되지 않으므로(제57조, 제59조 제1항) 집행증서를 집행하는 데에 조건을 붙인 경우, 승계집행문부여신청의 경우 및 여러 통 또는 재도부여신청의 경우에도 재판장의 명령을 받을 필요 없이 공증인 등이 독자적으로 심사하여 집행문을 내어 줄 것인지 여부를 판단하여야 한다. 실무제요 집행 1

[❺▸○] 대판 2008.2.1. 2005다23889

답 ❷

05 집행력 및 집행문에 관한 다음 설명 중 가장 옳지 않은 것은? 2025년

① 확정판결의 기판력은 변론을 종결한 뒤의 승계인 또는 그를 위하여 청구의 목적물을 소지한 사람 등 법률에 따로 규정되어 있는 경우 외에는 특별한 사정이 없는 한 당해 판결에 표시된 당사자 사이에만 미치고, 집행력의 범위도 원칙적으로 기판력의 범위에 준한다.

② 판결이 그 판결에 표시된 당사자 외의 사람에게 효력이 미치는 때 그 사람에 대하여 강제집행을 하기 위해서는 승계집행문을 부여받아야 한다.

③ 외국법원의 확정판결 또는 이와 동일한 효력이 있는 재판에 기초한 강제집행은 대한민국 법원에서 집행판결로 그 강제집행을 허가하여야 할 수 있다.

④ 확정된 지급명령에 기한 강제집행의 경우 조건이 붙어 있더라도 집행문을 부여받을 필요 없이 강제집행을 할 수 있다.

⑤ 강제집행을 위하여 집행문이 필요한데도 집행문을 부여받지 않은 집행권원에 기초하여 이루어진 강제집행은 무효이다.

....

[❶ ▸ O] 확정판결의 기판력은 변론을 종결한 뒤의 승계인(변론 없이 한 판결의 경우에는 판결을 선고한 뒤의 승계인) 또는 그를 위하여 청구의 목적물을 소지한 사람 등 법률에 따로 규정되어 있는 경우 외에는 특별한 사정이 없는 한 당해 판결에 표시된 당사자 사이에만 미치고(민사소송법 제218조 참조), 집행력의 범위도 원칙적으로 기판력의 범위에 준한다. 따라서 지부·분회·지회 등 어떤 법인의 하부조직을 상대로 일정한 의무의 이행을 구하는 소를 제기하여 승소 확정판결을 받은 경우 판결의 집행력이 해당 지부·분회·지회 등을 넘어서 소송의 당사자도 아닌 법인에까지 미친다고 볼 수는 없으므로 그 판결을 집행권원으로 하여 법인의 재산에 대해 강제집행을 할 수는 없고, 법인의 재산에 대한 강제집행을 위해서는 법인 자체에 대한 별도의 집행권원이 필요하다(대판 2018.9.13. 2018다231031).

[❷ ▸ O] 민사집행법 제25조, 제31조

민사집행법 제25조(집행력의 주관적 범위)
① 판결이 그 판결에 표시된 당사자 외의 사람에게 효력이 미치는 때에는 그 사람에 대하여 집행하거나 그 사람을 위하여 집행할 수 있다. 다만, 민사소송법 제71조의 규정에 따른 참가인에 대하여는 그러하지 아니하다.
② 제1항의 집행을 위한 집행문(執行文)을 내어 주는 데 대하여는 제31조 내지 제33조의 규정을 준용한다.

민사집행법 제31조(승계집행문)
① 집행문은 판결에 표시된 채권자의 승계인을 위하여 내어 주거나 판결에 표시된 채무자의 승계인에 대한 집행을 위하여 내어 줄 수 있다. 다만, 그 승계가 법원에 명백한 사실이거나, 증명서로 승계를 증명한 때에 한한다.
② 제1항의 승계가 법원에 명백한 사실인 때에는 이를 집행문에 적어야 한다.

[**❸** ▸ ○] 민사집행법 제26조 제1항은 "외국법원의 확정판결 또는 이와 동일한 효력이 인정되는 재판 (이하 '확정재판 등'이라고 한다)에 기초한 강제집행은 대한민국 법원에서 집행판결로 그 강제집행을 허가하여야 할 수 있다."라고 규정하고 있다. 여기서 정하여진 집행판결제도는, 재판권이 있는 외국의 법원에서 행하여진 판결에서 확인된 당사자의 권리를 우리나라에서 강제적으로 실현하고자 하는 경우에 다시 소를 제기하는 등 이중의 절차를 강요할 필요 없이 외국의 판결을 기초로 하되 단지 우리나라에서 판결의 강제실현이 허용되는지만을 심사하여 이를 승인하는 집행판결을 얻도록 함으로써 권리가 원활하게 실현되기를 원하는 당사자의 요구를 국가의 독점적·배타적 강제집행권 행사와 조화시켜 그 사이에 적절한 균형을 도모하려는 취지에서 나온 것이다. 이러한 취지에 비추어 보면, 위 규정에서 정하는 '외국법원의 확정재판 등'이라고 함은 재판권을 가지는 외국의 사법기관이 그 권한에 기하여 사법상의 법률관계에 관하여 대립적 당사자에 대한 상호 간의 심문이 보장된 절차에서 종국적으로 한 재판으로서 구체적 급부의 이행 등 강제적 실현에 적합한 내용을 가지는 것을 의미한다(대판 2017.5.30. 2012다23832).

> **민사집행법 제26조(외국재판의 강제집행)**
> ① 외국법원의 확정판결 또는 이와 동일한 효력이 인정되는 재판(이하 "확정재판등"이라 한다)에 기초한 강제집행은 대한민국 법원에서 집행판결로 그 강제집행을 허가하여야 할 수 있다.
> ② 집행판결을 청구하는 소(訴)는 채무자의 보통재판적이 있는 곳의 지방법원이 관할하며, 보통재판적이 없는 때에는 민사소송법 제11조의 규정에 따라 채무자에 대한 소를 관할하는 법원이 관할한다.

[**❹** ▸ ×] 민사집행법 제58조 제1항

> **민사집행법 제58조(지급명령과 집행)**
> ① 확정된 지급명령에 기한 강제집행은 집행문을 부여받을 필요 없이 지급명령 정본에 의하여 행한다. 다만, 다음 각 호 가운데 어느 하나에 해당하는 경우에는 그러하지 아니하다.
> 1. 지급명령의 집행에 조건을 붙인 경우
> 2. 당사자의 승계인을 위하여 강제집행을 하는 경우
> 3. 당사자의 승계인에 대하여 강제집행을 하는 경우

[**❺** ▸ ○] 판례는 집행문이 필요한데도 집행문의 부여 없이 집행권원에 의해서만 이루어진 강제집행은 무효라는 취지이고(대판 1978.6.27. 78다446 참조), 집행개시 요건인 판결정본의 송달이 적법하게 이루어지지 않은 채 진행된 강제집행은 무효라는 취지이다(대판 1987.5.12. 86다카2070 참조).

답 ❹

승계집행문에 관한 다음 설명 중 가장 옳지 않은 것은?

① 집행권원의 채무자와 동일성이 없는 사람 등 집행의 채무자적격을 가지지 아니한 사람이라도 그에 대하여 집행문을 내어 주었으면 집행문부여에 대한 이의신청 등에 의하여 취소될 때까지는 집행문에 의한 집행의 채무자가 되므로, 제3자이의의 소를 제기할 수 있는 제3자에 해당하지 않는다.

② 민사집행법 제248조에 따라 공탁이 이루어져 배당절차가 개시된 다음 집행채권이 양도되고 채무자에게 양도 통지를 했더라도, 양수인이 승계집행문을 부여받아 집행법원에 제출하지 않은 이상 양수인의 채권자가 위 배당금채권에 대하여 받은 압류 및 전부명령은 무효이다.

③ 의사표시 간주의 효과가 생긴 후에 등기권리자의 지위가 승계된 경우에는 부동산등기법의 규정에 따라 등기절차를 이행할 수 있을 뿐이고 원칙적으로 승계집행문이 부여될 수 없다.

④ 소송비용부담의 재판이 있은 후에 비용부담 의무자가 사망하자 승계집행문을 부여받지 않고 그 상속인들을 상대로 한 소송비용액확정 신청은 부적법하다.

⑤ 채무명의에 표시된 채무자의 상속인이 상속을 포기한 후 집행채권자가 상속인에 대한 승계집행문을 부여받아 압류 및 전부명령을 받아 확정되었다면, 집행채무자가 상속포기 사실을 들어 집행문 부여에 대한 이의신청 등으로 집행문의 효력을 다투어 그 효력이 부정되지 않은 이상 피전부채권은 전부채권자에게 이전한다.

···

[❶ ▸ ○] 대판 2016.8.18. 2014다225038

[❷ ▸ ○] 민사집행법 제248조에 따라 공탁이 이루어져 배당절차가 개시된 다음 집행채권이 양도되고 채무자에게 양도 통지를 했더라도, 양수인이 승계집행문을 부여받아 집행법원에 제출하지 않은 이상, 집행법원은 여전히 배당절차에서 양도인을 배당금채권자로 취급할 수밖에 없다. 이러한 상태에서는 양수인이 집행법원을 상대로 자신에게 배당금을 지급하여 달라고 청구할 수 없다. 양수인이 집행채권 양수 사실을 집행법원에 소명하였다고 하더라도 마찬가지이다. 집행채권의 양도와 채무자에 대한 양도 통지가 있었더라도, 승계집행문의 부여·제출 전에는 배당금채권은 여전히 양도인의 책임재산으로 남아 있게 된다. 따라서 승계집행문의 부여·제출 전에 양수인의 채권자가 위 배당금채권에 대한 압류 및 전부명령을 받았다고 하더라도, 이는 무효라고 보아야 한다(대판 2019.1.31. 2015다26009).

[❸ ▸ ○] 민사집행법 제263조 제1항은 의사표시의무의 집행에 관하여 '의사의 진술을 명한 판결이 확정된 때에는 그 판결로 의사를 진술한 것으로 본다'고 정하고 있다. 민사집행법 제263조 제2항과 같이 반대의무의 이행 등과 같은 조건이 부가된 것이 아니라 단순하게 의사의 표시를 명하는 경우에 판결 확정 시에 의사표시가 있는 것으로 간주된다. 의사표시 간주의 효과가 생긴 후에 등기권리자의 지위가 승계된 경우에는 부동산등기법의 규정에 따라 등기절차를 이행할 수 있을 뿐이고 원칙적으로 승계집행문이 부여될 수 없다(대결 2017.12.28. 2017그100).

[❹ ▸ ○] 대결 2009.8.6. 2009마897

[❺ ▸ ×] 채무명의에 표시된 채무자의 상속인이 상속을 포기하였음에도 불구하고, 집행채권자가 동인에 대하여 상속을 원인으로 한 승계집행문을 부여받아 동인의 채권에 대한 압류 및 전부명령을 신청하고, 이에 따라 집행법원이 채권압류 및 전부명령을 하여 그 명령이 확정되었다고 하더라도, 채권압류 및 전부명령이 집행채무자 적격이 없는 자를 집행채무자로 하여 이루어진 이상, 피전부채권의 전부채권자에게의 이전이라는 실체법상의 효력은 발생하지 않는다고 할 것이고, 이는 집행채무자가 상속포기 사실을 들어 집행문 부여에 대한 이의신청 등으로 집행문의 효력을 다투어 그 효력이 부정되기 이전에 채권압류 및 전부명령이 이루어져 확정된 경우에도 그러하다고 할 것이다(대판 2002.11.13. 2002다41602).

답 ❺

07 집행문부여의 소에 관한 다음 설명 중 가장 옳지 않은 것은?　　　　　2025년

① 집행문부여의 소에서 청구이의의 소의 이의 사유를 주장하는 것이 금지된다고 볼 근거는 없으므로, 승계집행문 부여의 소에서 집행채무자가 청구이의 사유를 항변으로 주장하는 것도 허용된다.

② 간접강제결정을 집행하는 데에 조건이 붙어 있지 않은 경우 그 간접강제결정에 대하여 집행문부여를 구하는 소는 부적법하다.

③ 집행력이 발생하지 않는 당연무효의 판결에 대하여는 집행문을 부여할 수 없고, 이러한 법리는 집행문부여의 소를 제기한 경우에도 마찬가지로 적용된다.

④ 집행문부여의 소에서 원고의 청구범위 중 일부에 대하여만 집행력의 존재가 인정되는 경우 법원은 집행문부여기관이 그 집행력이 인정되는 일부에 대하여만 집행문을 내어 줄 수 있도록 강제집행할 수 있는 범위를 특정하여 집행문부여를 명하여야 한다.

⑤ 집행문부여의 소는 원칙적으로 제1심법원의 관할에 속하므로, 집행권원이 항소심 판결이라 하더라도 이에 대한 집행문부여의 소는 해당 사건의 제1심을 담당한 법원의 관할에 속한다.

⋯⋯⋯

[❶ ▸ ×] 민사집행법 제33조에 규정된 집행문부여의 소는 채권자가 집행문을 부여받기 위하여 증명서로써 증명하여야 할 사항에 대하여 그 증명을 할 수 없는 경우에 증명방법의 제한을 받지 않고 그러한 사유에 터 잡은 집행력이 현존하고 있다는 점을 주장·증명하여 판결로써 집행문을 부여받기 위한 소이고, 민사집행법 제44조에 규정된 청구이의의 소는 채무자가 집행권원에 표시되어 있는 청구권에 관하여 생긴 이의를 내세워 집행권원이 가지는 집행력을 배제하는 소이다. 위와 같이 민사집행법이 집행문부여의 소와 청구이의의 소를 각각 인정한 취지에 비추어 보면 집행문부여의 소의 심리 대상은 조건 성취 또는 승계 사실을 비롯하여 집행문부여 요건에 한하는 것으로 보아야 한다. 따라서 채무자가 민사집행법 제44조에 규정된 청구에 관한 이의의 소의 이의 사유를 집행문 부여의 소에서 주장하는 것은 허용되지 아니한다(대결 2012.4.13. 2011다93087).

[❷ ▸ ○] 채권자가 부대체적 작위채무에 대한 간접강제결정을 집행권원으로 하여 강제집행을 하기 위해서는 집행문을 받아야 한다. 부대체적 작위채무에 대한 간접강제결정의 경우, 그 주문의 형식과 내용에 비추어 간접강제결정에서 명한 배상금 지급의무의 발생 여부나 발생 시기 및 범위를 확정할 수 있다면 간접강제결정을 집행하기 위한 조건이 붙어 있다고 볼 수 없으므로, 민사집행법 제30조 제2항에 따른 조건의 성취를 증명할 필요 없이 집행문을 부여받을 수 있다. 반면 그러한 간접강제결정에서 명한 배상금 지급의무의 발생 여부나 시기 및 범위가 불확정적인 것이라면 간접강제결정을 집행하는 데에 민사집행법 제30조 제2항의 조건이 붙어 있다고 보아야 하므로, 민사집행법 제30조 제2항에 따라 그 조건이 성취되었음을 증명하여야 집행문을 부여받을 수 있다(대판 2022.2.11. 2020다229987). ▸ [판결이유] 이 사건 가처분결정 주문 제3항은 그 주문의 내용과 형식에 비추어 볼 때 배상금 지급의무의 발생 여부와 발생 시기 및 범위를 확정할 수 있는 경우로서 민사집행법 제30조 제2항에 따른 조건의 성취를 증명할 필요 없이 민사집행법 제30조 제1항에 따라 집행문을 부여받을 수 있는 간접강제결정에 해당하고, 그 집행에 조건이 붙은 경우라고 볼 수 없다. 이 사건 가처분결정 주문 제3항의 간접강제결정에 대한 집행문부여에는 조건의 성취에 관한 증명이 필요하지 아니하므로 민사집행법 제33조가 정하는 집행문부여의 소로써 주문 제3항에 대한 집행문부여를 구할 수 없다. 그럼에도 원고가 이 사건 가처분결정 주문 제3항의 집행에 조건이 붙어 있다고 주장하거나 조건이 붙어 있지 않다고 하더라도 집행문부여에 관한 이의신청 재판에 대한 불복으로 민사집행법 제33조의 소(집행문부여의 소)를 제기할 수 있다고

주장하면서 제기한 이 사건 소는 부적법하다.

[❸ ▶ ○] 판결에 대하여 집행문을 부여하기 위해서는 판결의 집행력이 유효하게 발생하고 존재할 것을 요건으로 한다. 따라서 집행력이 발생하지 않는 당연무효의 판결에 대하여는 집행문을 부여할 수 없고, 이러한 법리는 민사집행법 제33조에 의하여 집행문부여의 소를 제기한 경우에도 마찬가지로 적용된다(대결 2012.4.13. 2011다93087).

[❹ ▶ ○] 집행문부여기관은 집행권원에 표시된 청구권의 일부에 대하여 집행문을 내어 주는 경우 강제집행을 할 수 있는 범위를 특정하여 집행문에 적어야 하고(민사집행규칙 제20조 제1항 참조), 한편 채권자가 집행문부여의 소에서 승소한 판결을 제출하여 집행문을 내어 달라고 신청하는 경우에는 집행문부여의 요건에 대한 조사·판단 없이 그 판결에 의하여 집행문을 부여하여야 하므로, 집행문부여의 소에서 집행문부여를 구하는 원고의 청구 범위 중 일부에 대하여만 집행력의 존재가 인정되는 경우, 법원은 집행문부여기관이 집행권원에 표시된 청구권 중 그 집행력이 인정되는 일부에 대하여만 집행문을 내어 줄 수 있도록 강제집행을 할 수 있는 범위를 특정하여 집행문부여를 명하여야 한다(대판 2009.6.11. 2009다18045).

[❺ ▶ ○] 민사집행법 제33조는 "제30조 제2항 및 제31조의 규정에 따라 필요한 증명을 할 수 없는 때에는 채권자는 집행문을 내어 달라는 소를 제1심 법원에 제기할 수 있다."라고 정하고 있다. 여기서 '제1심 법원'은 집행권원인 판결에 표시된 청구권, 즉 그 판결에 기초한 강제집행에 의하여 실현될 청구권에 대하여 재판을 한 법원을 가리키고, 이는 직분관할로서 성질상 전속관할에 속하므로 집행문부여의 소의 토지관할뿐만 아니라 사물관할도 전속관할이라고 할 것이다(서울중앙지법 2021.2.16. 2020나47702).

> **민사집행법 제33조(집행문부여의 소)**
>
> 제30조 제2항(조건) 및 제31조(승계)의 규정에 따라 필요한 증명을 할 수 없는 때에는 <u>채권자는 집행문을 내어 달라는 소를 제1심 법원에 제기할 수 있다.</u>

답

08 □□□ 집행문 부여 여부와 관련된 구제수단에 관한 다음 설명 중 가장 옳지 않은 것은? **2023년**

① 승계집행문부여의 소를 제기한 원고가 기존 확정판결상의 원고와 동일인인지 여부가 명백하지 아니하고, 확정판결상의 피고들 역시 그 동일성 여부를 다투고 있는 경우에는 원고가 피고들을 상대로 별도의 소송으로 피고들 명의의 등기의 말소를 구할 권리보호의 이익을 부정할 수 없다.

② 채무자가 채무자 지위의 승계를 부인하여 다투는 경우에는 승계집행문 부여에 대한 이의의 소를 제기할 수 있고, 이때 승계사실에 대한 증명책임은 승계를 주장하는 채권자에게 있다.

③ 채권자의 승계인에 대하여 승계집행문을 내어준 경우에 채무자만이 그 승계사실을 다투어 집행문 부여에 대한 이의의 소를 제기할 수 있고, 채권자가 그 승계사실을 다투어 집행문부여에 대한 이의의 소를 제기할 수는 없다.

④ 제1심법원의 법원사무관등이 집행문 부여 거절처분을 한 후 상소에 따라 소송기록을 상급심법원에 송부한 경우에는 제1심법원의 법원사무관등이 한 집행문 부여 거절처분에 대한 이의신청은 특별한 사정이 없는 한 신청의 이익이 없어 부적법하다.

⑤ 양자의 목적이 동일한 이상 채무자는 집행문 부여의 소에서 청구이의의 소의 이의사유를 주장할 수 있다.

···

[❶ ▸ ○] 피고들이 시종 원고가 등기말소를 명한 확정판결의 원고와는 동일성이 인정되지 않는다고 다투고 있을 뿐만 아니라 기록상 원고가 위 확정판결의 원고와 동일성이 명확하다고 보이지 아니하여 민사소송법 제481조의 규정에 의하여 법원사무관 등으로부터 승계집행문을 부여받기는 어려운 것으로 보이고 또 승계집행문부여의 소를 제기하더라도 패소될 경우도 생길 수 있고 그와 같은 경우라면 원고가 피고들을 상대로 한 별도의 소송으로 피고들 명의의 등기의 말소를 구할 권리보호의 이익을 부정할 수 없다(대판 1994.5.10. 93다53955).

[❷ ▸ ○] 채무자가 채무자 지위의 승계를 부인하여 다투는 경우에는 승계집행문 부여에 대한 이의의 소를 제기할 수 있고(민사집행법 제45조), 이때 승계사실에 대한 증명책임은 승계를 주장하는 채권자에게 있다(대판 2016.6.23. 2015다52190).

[❸ ▸ ○] 집행문부여에 대한 이의의 소는 집행문에 표시된 채무자가 원고이며 채권자를 피고로 하여야 한다. 채권자의 승계인에 대하여 승계집행문을 부여하였을 때에는 채무자만이 집행문부여에 대한 이의의 소를 제기할 수 있고, 채권자가 그 승계사실을 다투어 집행문부여에 대한 이의의 소를 제기할 수는 없다(대판 1973.5.22. 70다1090).

[❹ ▸ ○] 집행문은 신청에 따라 제1심법원의 법원사무관등이 내어 주며, 소송기록이 상급심에 있는 때에는 그 법원의 법원사무관등이 내어 준다(민사집행법 제28조 제2항). 따라서 제1심법원의 법원사무관등이 집행문부여를 거절한 후 상소에 의하여 소송기록을 상급심법원에 송부한 경우 제1심법원의 법원사무관 등은 집행문 부여에 권한을 잃게 되므로, 제1심법원의 법원사무관등이 한 집행문 부여 거절처분에 대한 이의신청은 특별한 사정이 없는 한 신청의 이익이 없어 부적법하다(대결 2000.3.13. 99마7096).

[❺ ▸ ✕] 민사집행법이 집행문부여의 소와 청구이의의 소를 각각 인정한 취지에 비추어 보면 집행문 부여의 소에 있어서 심리의 대상은 조건의 성취 또는 승계 사실을 비롯하여 집행문부여의 요건에 한하는 것으로 보아야 하므로, 채무자가 민사집행법 제44조에 규정된 청구이의의 소에서의 이의사유를 집행문 부여의 소에서 주장하는 것은 허용되지 않는다(대판 2012.4.13. 2011다93087).

 ❺

다음 설명 중 가장 옳지 않은 것은?

① 회생채권자표에 대한 청구이의의 소가 계속 중인 법원이 회생계속법원이 아니라면 법원은 관할법원인 회생계속법원에 사건을 이송하여야 한다.

② 집행권원의 채무자와 동일성이 없는 사람 등 집행의 채무자적격을 가지지 아니한 사람이라도 그에 대하여 집행문을 내어 주었으면 집행문부여에 대한 이의신청 등에 의하여 취소될 때까지는 집행문에 의한 집행의 채무자가 된다.

③ 상속채권자가 아닌 한정승인자의 고유채권자가 상속재산에 관하여 저당권 등의 담보권을 취득한 경우, 담보권을 취득한 채권자와 상속채권자 사이의 우열관계는 민법상 일반원칙에 따라야 하고 상속채권자가 우선적 지위를 주장할 수 없다.

④ 집행권원상의 채무자가 집행권원에 대한 강제집행정지를 위하여 공탁한 담보는 강제집행정지로 인하여 채권자(피공탁자)에게 생길 손해를 담보하기 위한 것이므로, 강제집행정지의 대상인 집행권원에 기한 기본채권 자체를 담보하지 않는다.

⑤ 반대급부 이행 등 조건이 성취되지 않았는데도 등기신청의 의사표시를 명하는 판결 등 집행권원에 집행문이 잘못 부여된 경우에는 채무자로서는 집행문부여에 대한 이의신청이나 집행문부여에 대한 이의의 소로 다투어야 한다.

....

[**❶ ▸ ○**] 채무자가 판결에 따라 확정된 청구에 관하여 이의하려면 제1심 판결법원에 청구에 관한 이의의 소를 제기하여야 하지만(민사집행법 제44조 제1항), 회생채권자표에 대한 청구이의의 소는 회생계속법원의 관할에 전속한다[채무자 회생 및 파산에 관한 법률(이하 '채무자회생법'이라 한다) 제255조 제3항]. 여기에서 회생계속법원이란 회생사건이 계속되어 있는 회생법원을 말하는데(채무자회생법 제60조 제1항), 회생절차가 종결되거나 폐지된 후에는 회생절차가 계속되었던 회생법원을 가리킨다. 따라서 회생채권자표에 대한 청구이의의 소가 계속 중인 법원이 회생계속법원이 아니라면 법원은 관할법원인 회생계속법원에 사건을 이송하여야 한다(대판 2019.10.17. 2019다238305).

[**❷ ▸ ○**] 집행의 채무자가 누구인지는 집행문을 누구에 대하여 내어 주었는지에 의하여 정하여지고, 집행권원의 채무자와 동일성이 없는 사람 등 집행의 채무자적격을 가지지 아니한 사람이라도 그에 대하여 집행문을 내어 주었으면 집행문부여에 대한 이의신청 등에 의하여 취소될 때까지는 집행문에 의한 집행의 채무자가 된다(대판 2016.8.18. 2014다225038).

[**❸ ▸ ○**] 상속채권자가 아닌 한정승인자의 고유채권자가 상속재산에 관하여 저당권 등의 담보권을 취득한 경우, 담보권을 취득한 채권자와 상속채권자 사이의 우열관계는 민법상 일반원칙에 따라야 하고 상속채권자가 우선적 지위를 주장할 수 없다(대판 2016.5.24. 2015다250574).

[**❹ ▸ ○**] 대판 2017.4.28. 2016다277798

[**❺ ▸ ✕**] 집행권원상의 의사표시를 하여야 하는 채무가 반대급부 이행 등 조건이 붙은 경우에는 채권자가 조건 등의 성취를 증명하여 재판장의 명령에 의하여 집행문을 받아야만 의사표시 의제의 효과가 발생한다. 따라서 반대급부 이행 등 조건이 성취되지 않았는데도 등기신청의 의사표시를 명하는 판결 등 집행권원에 집행문이 잘못 부여된 경우에는 그 집행문부여는 무효이나, 이러한 집행문부여로써 강제집행이 종료되고 더 이상의 집행 문제는 남지 않는다는 점을 고려하면 집행문부여에 대한 이의신청이나 집행문부여에 대한 이의의 소를 제기할 이익이 없으므로, 채무자로서는 집행문부여에 의하여 의제되는 등기신청에 관한 의사표시가 무효라는 것을 주장하거나 그에 기초하여 이루어진 등기의 말소 또는 회복을 구하는 소를 제기하여야 한다(대판 2012.3.15. 2011다73021).

답 ❺

민사집행의 주체

CHAPTER 04

제2절 집행관

10
□□□ 다음 설명 중 가장 옳지 않은 것은?   2021년

① 집행관은 집행을 하기 위하여 필요한 경우에는 채무자의 주거·창고 그 밖의 장소를 수색하고,
  잠근 문과 기구를 여는 등 적절한 조치를 할 수 있고, 이 경우에 저항을 받으면 집행관은 경찰
  또는 국군의 원조를 요청할 수 있다.
② 집행관 외의 사람으로서 법원의 명령에 의하여 민사집행에 관한 직무를 행하는 사람은 그 신분
  또는 자격을 증명하는 문서를 지니고 있다가 관계인이 신청할 때에는 이를 내보여야 하고, 그
  사람이 그 직무를 집행하는 데 저항을 받으면 집행관에게 원조를 요구할 수 있다.
③ 공휴일과 야간에는 법원의 허가가 있어야 집행행위를 할 수 있고, 이때 허가명령은 민사집행을
  실시할 때에 내보여야 한다.
④ 민사집행의 신청은 구두 또는 서면으로 한다.
⑤ 집행관은 집행조서를 작성하여야 하고, 조서에는 '집행한 날짜와 장소, 집행의 목적물과 그 중요한
  사정의 개요, 집행참여자의 표시, 집행참여자의 서명날인, 집행참여자에게 조서를 읽어 주거나
  보여 주고 그가 이를 승인하고 서명날인한 사실, 집행관의 기명날인 또는 서명'에 관한 사항을
  밝혀야 한다.

....

[❶ ▸ ○] 민사집행법 제5조 제1항·제2항
[❷ ▸ ○] 민사집행법 제7조 제1항·제2항
[❸ ▸ ○] 민사집행법 제8조
[❹ ▸ ×] 민사집행의 신청은 <u>서면으로</u> 하여야 한다(민사집행법 제4조).
[❺ ▸ ○] 민사집행법 제10조 제1항·제2항

답 ❹

11 다음 중 시·군법원의 관할에 속하는 사건은? 2012년

① 시·군법원에서 한 보전처분의 집행에 대한 제3자이의의 소
② 시·군법원에서 성립된 화해·조정에 기초한 대체집행
③ 소액사건심판법의 적용대상이 아닌 사건을 본안으로 하는 보전처분
④ 시·군법원에서 성립된 판결에 대한 청구에 관한 이의의 소
⑤ 채무불이행자명부등재신청사건

....

[**❶** ▸ ×] [**❷** ▸ ×] [**❸** ▸ ×]　모두 시·군법원이 있는 곳을 관할하는 지방법원 또는 지방법원지원이 관할한다.

> **민사집행법 제22조(시·군법원의 관할에 대한 특례)**
> 다음 사건은 시·군법원이 있는 곳을 관할하는 지방법원 또는 지방법원지원이 관할한다.
> 1. 시·군법원에서 성립된 화해·조정(민사조정법 제34조 제4항의 규정에 따라 재판상의 화해와 동일한 효력이 있는 결정을 포함한다. 이하 같다) 또는 확정된 지급명령에 관한 집행문부여의 소, 청구에 관한 이의의 소 또는 집행문부여에 대한 이의의 소로서 그 집행권원에서 인정된 권리가 소액사건심판법의 적용대상이 아닌 사건
> 2. 시·군법원에서 한 보전처분의 집행에 대한 제3자이의의 소**❶**
> 3. 시·군법원에서 성립된 화해·조정에 기초한 대체집행 또는 간접강제**❷**
> 4. 소액사건심판법의 적용대상이 아닌 사건을 본안으로 하는 보전처분**❸**

[**❹** ▸ ○]　집행권원이 확정판결이면 청구이의의 소는 제1심 판결법원의 전속관할에 속한다(민사집행법 제44조 제1항). 여기서 '제1심 판결법원'이란 집행권원인 판결에 표시된 청구권, 즉 그 판결에 기초한 강제집행에 의하여 실현될 청구권에 대하여 재판을 한 법원을 가리키고, 이는 직분관할로서 성질상 전속관할이므로, 토지관할뿐만 아니라 사물관할도 전속관할이라는 것이 판례의 입장이다(대판 2017.4.7. 2013다80627). 따라서 시·군법원에서 성립된 판결에 대한 청구에 관한 이의의 소는 제1심 판결법원인 시·군법원의 관할에 속한다.

[**❺** ▸ ×]　채무불이행자명부 등재신청에 대한 재판은 ㉠ 등재신청사유가 6개월 이내에 채무를 변제하지 않은 것인 때에는 채무자의 보통재판적이 있는 곳의 법원이 관할하고, ㉡ 등재신청사유가 재산명시절차에서 재산명시기일 불출석, 재산목록 제출 또는 선서 거부, 거짓의 재산목록 제출인 때에는 재산명시절차를 실시한 법원이 관할한다(민사집행법 제70조 제3항). 이 관할은 전속관할이다(민사집행법 제21조). 시·군법원은 재산명시신청 사건과 채무불이행자명부 등재신청 사건을 처리할 수 없다(민사집행법 제70조 제3항, 제61조 제1항, 법원조직법 제34조 참조).

답 **❹**

12

집행기관에 관한 다음 설명 중 가장 옳지 않은 것은?　　　　　　　　2023년

① 민사집행의 실시는 원칙적으로 집행관이 하나, 비교적 복잡한 법률판단을 필요로 하는 집행행위라든가 관념적인 명령으로 족한 집행처분 등은 민사집행법상 특별히 규정을 두어 집행법원이 담당하도록 하고 있고, 또 집행관이 실시하는 집행에 관하여도 신중을 기할 필요가 있는 경우에는 집행법원의 협력이나 간섭이 필요하도록 하고 있다.

② 집행관은 법령에서 정하는 바에 따라 재판의 집행, 서류의 송달, 그 밖의 사무에 종사하는 독립된 단독제의 사법기관이고, 국가로부터 봉급을 받지는 아니한다. 따라서 그 직무상 당연히 알아야 할 관계 법규를 알지 못하거나 필요한 지식을 갖추지 못하였고 또한 조사를 게을리하여 법규의 해석을 그르쳤고 이로 인하여 타인에게 손해를 가한 경우 국가는 손해배상의무가 배제된다.

③ 집행법원은 법률에 특별히 지정되어 있지 아니하면 집행절차를 실시할 곳이나 실시한 곳을 관할하는 지방법원이다. 다만 부동산과 채권에 대한 가압류·가처분 명령의 집행은 신속을 요하기 때문에 그 집행법원은 가압류·가처분 명령을 한 법원으로 한다.

④ 집행법원은 원칙적으로 단독판사로 구성되고, 2005.7.1.부터는 법원조직법 제54조에 의하여 신설된 '사법보좌관'이 집행법원의 사무 중 상당 부분을 처리하고 있다.

⑤ 청구의 내용과 관련하여 구체적인 집행방법을 판정하는 것이 필요한 경우로서 대체집행과 간접강제는 제1심 법원이 집행기관이 되고, 외국에서 강제집행을 할 경우에 그 외국 공공기관의 법률상 공조를 받을 수 있는 때 또는 외국에 머물고 있는 대한민국 영사에 의하여 강제집행을 할 수 있는 때에는 제1심 법원이 그 외국 공공기관에 또는 영사에게 촉탁하여야 한다.

[❶▶○] 집행법원이란 민사집행법에서 규정한 집행행위에 관한 법원의 처분이나 그 행위에 관한 법원의 협력사항을 관할하는 법원을 말한다(민사집행법 제3조). 민사집행의 실시는 원칙적으로 집행관이 하나(민사집행법 제2조), 비교적 곤란한 법률적 판단을 요하는 집행행위라든가 관념적인 명령으로 족한 집행처분에 관하여는 민사집행법상 특별히 규정을 두어 법원으로 하여금 이를 담당하도록 하고 있고, 또 집행관이 실시하는 집행에 관하여도 신중을 기할 필요가 있는 경우에는 법원의 협력 내지 간섭을 필요로 하도록 하고 있는바, 이러한 행위를 하는 법원이 곧 집행법원이다. **실무제요 집행 1**

[❷▶✕] 집행관은 법률이 정하는 바에 의하여 재판의 집행, 서류의 송달 기타 법령에 의한 사무에 종사하는 독립적·단독제의 사법기관이다(법원조직법 제55조, 집행관법 제2조). 집행관은 자기의 판단과 책임하에 독립적으로 국가의 권한을 행사하는 기관이며 법원 또는 법관의 단순한 보조기관이 아니다. 기관인 집행관을 구성하는 자연인인 집행관은 실질적 의미에 있어서 국가공무원이다. 따라서 집행관은 영리업무의 겸직금지 및 기타의 겸직제한에 관한 국가공무원법 제64조 및 법원공무원규칙 제88조의 각 적용을 받는다(행정예규 제270호). 또한 집행관이 그 직무를 수행함에 있어 주의의무를 위배함으로써 손해를 가한 경우 국가는 그 피해자에게 국가배상법 제2조에 의하여 손해를 배상할 의무가 있다(대판 1966.7.26. 66다854; 대판 1968.5.7. 68다326). 판례는 집행관으로서 당연히 알아야 할 관계 법규를 알지 못하고 필요한 지식을 갖추지 못하거나 조사를 게을리하여 법규의 해석을 그르치는 등으로 인하여 타인에게 손해를 가하였다면 불법행위가 성립한다고 한다(대판 2003.9.26. 2001다52773). **실무제요 집행 1**

[❸▶○] 법률에 특별히 집행법원이 지정되어 있지 아니하면 집행절차를 실시할 곳이나 실시한 곳을 관할하는 지방법원이 당해 집행절차에 관한 집행법원이 된다(민사집행법 제3조 제1항). 다만 부동산과 채권에 대한 가압류·가처분 명령의 집행은 신속을 요하기 때문에 그 집행법원은 가압류·가처분 명령을 한 법원으로 한다(민사집행법 제293조 제2항, 제296조 제2항, 제301조). 그리고 예외적으로 집행하여야 할 청구권의 존부를 확정하는 소송이 계속된 수소법원이 집행기관으로 되는 경우도 있다. **실무제요 집행 1**

[④ ▸ ○] 집행법원은 원칙적으로 집행절차를 실시할 곳이나 실시한 곳을 관할하는 지방법원이며(민사 집행법 제3조 제1항), 단독판사가 담당한다(법원조직법 제7조 제4항). 다만 2005.3.24. 법률 제7402호로 법원 조직법 제54조를 개정하면서 사법보좌관제도를 도입하여 2005.7.1.부터 시행하고 있다. 사법보좌관제도가 도입됨으로써 종전에 판사가 수행하던 대부분의 집행법원의 사무는 사법보좌관이 처리하고 있고, 이에 따라 집행절차에 있어서의 불복방법 중 즉시항고 등에 많은 변화가 일어나게 되었다.

실무제요 집행 1

[⑤ ▸ ○] 판결절차와 집행절차를 분리하고 있는 현행법 하에서는 수소법원이 집행기관으로 되는 것은 예외이나, 제1심 수소법원이 집행기관 또는 집행공조기관이 되는 것이 있다. 즉 청구의 내용과 관련하여 구체적인 집행방법을 판정하는 것이 필요한 경우로서 ㉠ 대체집행(민사집행법 제260조, 민법 제389조) 과 ㉡ 간접강제(민사집행법 제261조)는 제1심 수소법원이 집행기관이 된다. 그리고 외국에서 강제집행을 할 경우에 그 외국 공공기관의 법률상 공조를 받을 수 있는 때 또는 외국에 머물고 있는 대한민국 영사에 의하여 강제집행을 할 수 있는 때에는 제1심 법원이 그 외국 공공기관에 또는 영사에게 촉탁하여야 한다(집행공조기관)(민사집행법 제55조). 실무제요 집행 1

답 ❷

13

집행당사자에 관한 다음 설명 중 가장 옳지 않은 것은?   2022년

① 집행의 채무자가 누구인지는 집행문을 누구에 대하여 내어 주었는지에 의하여 정하여지고, 집행권원의 채무자와 동일성이 없는 사람 등 집행의 채무자적격을 가지지 아니한 사람이라도 그에 대하여 집행문을 내어 주었으면 집행문부여에 대한 이의신청 등에 의하여 취소될 때까지는 집행문에 의한 집행의 채무자가 된다.

② 상속포기로 인하여 집행채무자 적격이 없는 자를 집행채무자로 하여 이루어진 채권압류 및 전부명령이라도 그 명령이 확정되면 피전부채권은 집행채권의 범위 내에서 당연히 집행채권자에게 이전하는 것이므로 채권압류 및 전부명령의 효력에는 아무런 영향이 없다.

③ 다른 사람을 위하여 원고나 피고가 된 사람에 대한 확정판결은 그 다른 사람에 대하여도 효력이 미치고 그 판결의 집행력도 그 다른 사람에게 미치므로, 별도의 집행권원을 얻을 필요가 없고 승계집행문을 부여받아 집행을 개시 또는 속행을 할 수 있다.

④ 채권자가 집행권원에 기하여 채권압류 및 추심명령을 받은 후 그 집행권원상의 채권을 양도하였다고 하더라도 양수인은 승계집행문을 부여받음으로써 비로소 집행채권자로 확정되는 것이므로, 양수인이 기존 집행권원에 대하여 승계집행문을 부여받지 않았다면, 양도인이 여전히 집행채권자의 지위에서 압류채권을 추심하거나 압류명령 신청을 취하할 수 있다.

⑤ 당사자 또는 그 승계인을 위하여 청구의 목적물을 소지한 사람에 대하여도 기판력이 미치는데, 법인이 당사자일 때의 그 직원이나 당사자 본인의 동거가족과 같은 점유보조자의 경우에는 독립의 점유가 인정되지 않고 본인이 직접 소지, 점유하는 경우와 같기 때문에 여기에 해당하지 않고, 이 경우의 집행에는 별도의 집행권원이 필요 없음은 물론 승계집행문도 필요 없다.

[**❶ ▸ ○**] 집행의 채무자가 누구인지는 집행문을 누구에 대하여 내어 주었는지에 의하여 정하여지고, 집행권원의 채무자와 동일성이 없는 사람 등 집행의 채무자적격을 가지지 아니한 사람이라도 그에 대하여 집행문을 내어 주었으면 집행문부여에 대한 이의신청 등에 의하여 취소될 때까지는 집행문에 의한 집행의 채무자가 된다(대판 2016.8.18. 2014다225038).

[**❷ ▸ ✕**] 채무명의에 표시된 채무자의 상속인이 상속을 포기하였음에도 불구하고, 집행채권자가 동인에 대하여 상속을 원인으로 한 승계집행문을 부여받아 동인의 채권에 대한 압류 및 전부명령을 신청하고, 이에 따라 집행법원이 채권압류 및 전부명령을 하여 그 명령이 확정되었다고 하더라도, 채권압류 및 전부명령이 집행채무자 적격이 없는 자를 집행채무자로 하여 이루어진 이상, 피전부채권의 전부채권자에게의 이전이라는 실체법상의 효력은 발생하지 않는다고 할 것이고, 이는 집행채무자가 상속포기 사실을 들어 집행문부여에 대한 이의신청 등으로 집행문의 효력을 다투어 그 효력이 부정되기 이전에 채권압류 및 전부명령이 이루어져 확정된 경우에도 그러하다고 할 것이다(대판 2002.11.13. 2002다41602).

[**❸ ▸ ○**] 다른 사람을 위하여 원고나 피고가 된 사람에 대한 확정판결은 그 다른 사람에 대하여도 효력이 미친다(민사소송법 제218조 제3항). 이 경우 판결의 집행력은 제3자에게 미치므로 그 제3자에게 집행당사자적격이 있다(민사집행법 제25조 제1항). 이 경우 실체상으로는 권리의무의 승계가 아니나 강제집행에 있어서는 승계집행문부여의 절차와 같은 방법으로 집행문을 받아야 한다(민사집행법 제25조 제2항).

> **민사집행법 제25조(집행력의 주관적 범위)**
> ① 판결이 그 판결에 표시된 당사자 외의 사람에게 효력이 미치는 때에는 <u>그 사람에 대하여 집행하거나 그 사람을 위하여 집행할 수 있다.</u> 다만, 민사소송법 제71조의 규정에 따른 참가인에 대하여는 그러하지 아니하다.
> ② 제1항의 집행을 위한 집행문(執行文)을 내어 주는 데 대하여는 <u>제31조(승계집행문) 내지 제33조의 규정</u>을 준용한다.

[**❹ ▸ ○**] 강제집행절차에서는 권리관계의 공권적인 확정 및 그 신속·확실한 실현을 도모하기 위하여 절차의 명확·안정을 중시하여야 하므로, 집행권원을 가진 채권자의 지위를 승계한 자라고 하더라도 기존 집행권원에 기하여 강제집행을 신청하려면 민사집행법 제31조 제1항(같은 법 제57조의 규정에 따라 준용되는 경우를 포함한다)에 의하여 승계집행문을 부여받아야 하고, 집행권원에 의한 강제집행이 개시된 후 신청채권자의 지위를 승계한 경우라도 승계인이 자기를 위하여 강제집행 속행을 신청하기 위하여는 민사집행규칙 제23조가 정한 바와 같이 승계집행문이 붙은 집행권원의 정본을 제출하여야 하며 그 경우 법원사무관등 또는 집행관은 그 취지를 채무자에게 통지하도록 하고 있다. 따라서 채권자가 집행권원에 기하여 채권압류 및 추심명령을 받은 후 그 집행권원상의 채권을 양도하였다고 하더라도 양수인은 승계집행문을 부여받음으로써 비로소 집행채권자로 확정되는 것이므로, 양수인이 기존 집행권원에 대하여 승계집행문을 부여받지 않았다면, 양도인이 여전히 집행채권자의 지위에서 압류채권을 추심하거나 압류명령 신청을 취하할 수 있다고 할 것이다(대판 2014.11.13. 2010다63591).

[**❺ ▸ ○**] 당사자 또는 그 승계인을 위하여 청구의 목적물을 소지한 사람에 대하여도 기판력이 미친다(민사소송법 제218조 제1항 단서). … 한편 법인이 당사자일 때의 그 직원이나 당사자 본인의 동거가족과 같은 점유보조자(민법 제195조)의 경우에는 독립의 점유가 인정되지 않고 본인이 직접 소지, 점유하는 경우와 같기 때문에 여기에 해당하지 않고, 이 경우의 집행에는 별도의 집행권원이 필요 없음은 물론 승계집행문도 필요 없다(대판 2001.4.27. 2001다13983 참조). **실무제요 집행 1**

답 ❷

민사집행의 진행

제1절　강제집행개시의 요건

14
□□□

강제집행의 개시요건에 관한 다음 설명 중 가장 옳지 않은 것은?　　　2022년

① 강제집행을 하기 위해서는 원칙적으로 집행할 집행권원을 집행개시 전에 또는 늦어도 집행개시와 동시에 채무자에게 송달하여야 하나, 예외적으로 가압류·가처분명령의 집행의 경우에는 집행권원의 송달은 집행개시의 요건이 아니다.

② 판결의 집행이 그 취지에 따라 채권자가 증명할 사실에 매인 때 또는 판결에 표시된 채권자의 승계인을 위하여 하는 것이거나 판결에 표시된 채무자의 승계인에 대하여 하는 것일 때에는 집행할 판결 외에, 이에 덧붙여 적은 집행문을 강제집행을 개시하기 전에 채무자의 승계인에게 송달하여야 한다.

③ 반대의무의 이행과 상환으로 이행을 명한 판결의 경우에는 집행문부여 시 그 요건 성취 여부를 심사할 필요 없이 집행문을 부여하면 되고, 집행을 개시할 때 그 요건 성취 여부를 조사하면 된다. 또한 반대의무의 이행과 상환으로 부동산소유권이전등기절차 이행을 명한 판결의 경우에도 그 반대의무의 이행 또는 이행의 제공 여부는 등기 신청이 접수되면 등기관이 조사하면 된다.

④ 대상판결(代償判決)과 같이 본래 의무의 집행이 불가능한 때에 그에 갈음하여 집행할 수 있는 것을 내용으로 하는 집행권원의 경우, 본래의 의무가 집행불능으로 밝혀진 후 대상청구(代償請求)에 대한 집행을 하기 위해서는 다시 집행문을 부여받을 필요가 없다.

⑤ 집행을 받을 사람이 일정한 시일에 이르러야 그 채무를 이행하게 되어 있는 때에는 그 시일이 지난 뒤에 강제집행을 개시할 수 있는데, 이러한 채무 이행기의 도래는 집행기관이 조사할 사항이고, 불확정기한의 도래는 집행문부여 시에 조사할 사항이다.

[❶ ▶ ○]　강제집행을 하기 위해서는 원칙적으로 집행할 집행권원을 집행개시 전 또는 늦어도 집행개시와 동시에 채무자에게 송달하여야 한다(민사집행법 제39조 제3항 참조). 그러나 예외적으로 ㉠ 가압류·가처분명령의 집행(민사집행법 제292조 제3항, 제301조), ㉡ 비송사건절차법상의 비용에 관한 재판의 집행(비송사건절차법 제29조 제2항 단서), ㉢ 과태료 재판에 대한 검사의 명령의 집행(비송사건절차법 제249조 제2항 단서), ㉣ 벌금, 과료, 몰수, 추징, 과태료, 소송비용, 비용배상 또는 가납의 형사재판에 대한 검사의 명령의 집행(형사소송법 제477조 제3항)의 경우에는 집행권원의 송달은 집행개시의 요건이 아니다.

[❷ ▶ ○]　민사집행법 제39조 제2항

[**❸ ▸ ✕**] 반대의무의 이행과 상환으로 이행을 명하는 재판을 집행권원으로 하는 집행에 관하여는 집행문부여 시에 채권자가 반대의무를 이행한 것을 증명하도록 하면 이는 채권자로부터 동시이행의 이익을 박탈하여 선이행을 하도록 하는 결과가 되므로 집행문부여 시에는 반대의무의 이행을 증명할 필요가 없고 집행 전에 집행기관에 반대의무의 이행 또는 이행의 제공을 증명하면 충분하다(대결 1961.7.31. 4294민재항437; 대판 1962.2.15. 4294민상108). 즉, 동시이행관계에 있는 반대의무의 이행은 집행문부여의 요건이 아니고 집행개시의 요건이다(민사집행법 제41조 제1항). ⋯ 한편 예외적으로 반대의무의 이행과 상환으로 권리관계 인낙이나 의사를 진술할 의무에 대하여는 그 판결확정 후에 채권자가 그 반대의무를 이행한 사실을 증명하고 재판장(사법보좌관)의 명령에 의하여 집행문을 내어 준 때에 의사표시의 효력이 생기므로(민사집행법 제263조 제2항), 이행판결에서 반대의무와 동시이행으로 일정한 의사표시를 명하는 경우에는 반대의무의 이행 또는 이행제공이 집행문부여요건이다.   실무제요 집행 1

[**❹ ▸ ○**] 다른 의무의 집행이 불가능한 때에 그에 갈음하여 집행할 수 있다는 것을 내용으로 하는 집행권원의 집행은 채권자가 그 집행이 불가능하다는 것을 증명하여야만 개시할 수 있다(민사집행법 제41조 제2항). 즉, 대상청구권을 내용으로 하는 집행권원의 경우에 본래의 급부청구권에 관한 집행불능은 집행문부여의 요건이 아니라 집행개시의 요건이다. 따라서 본래의 의무가 집행불능으로 밝혀진 후 대상청구(代償請求)에 대한 집행을 하기 위해서는 다시 집행문을 부여받을 필요가 없다.

[**❺ ▸ ○**] 집행을 받을 사람이 일정한 시일에 이르러야 그 채무를 이행하게 되어 있는 때에는 그 시일이 지난 뒤에 강제집행을 개시할 수 있다(민사집행법 제40조 제1항). 확정기한의 도래는 집행기관이 역일(曆日)에 의하여 쉽게 조사할 수 있으므로 집행개시의 요건으로 하고 있다. 그러나 불확정기한의 도래는 조건의 경우와 마찬가지로 집행문부여 시에 조사할 사항이다.

답 ❸

15
□□□

강제집행 또는 보전처분과 채무자의 회생 · 개인회생 · 파산 절차에 관한 다음 설명 중 가장 옳지 않은 것은?   2023년

① 면책결정이 확정된 때에는 채무자 회생 및 파산에 관한 법률 제557조 제1항의 규정에 의하여 중지한 절차는 법원의 별도 재판 없이도 그 효력을 잃는다.
② 변제계획인가 후 개인회생절차가 폐지된 때에는 변제계획인가결정에 의한 개인회생채권에 기한 가압류 등의 실효는 번복되지 않는다.
③ 파산채권과 달리 재단채권에 기하여는 파산재단에 속하는 재산에 대하여 개별적인 강제집행을 할 수 있다.
④ 개인회생절차개시결정이 있는 때에도 개인회생채권에 기하여 개인회생재단에 속하는 재산에 대하여 한 보전처분은 중지 또는 금지된다.
⑤ 강제집행중지가처분이 발령되면 보전처분 신청인 등 이해관계인은 그 가처분결정 정본을 집행법원에 제출함으로써 해당 강제집행절차를 파산선고 시까지 정지시킬 수 있다.

···

[**❶ ▸ ○**] 면책결정이 확정된 때에는 채무자 회생 및 파산에 관한 법률 제557조 제1항의 규정에 의하여 중지한 절차는 법원의 별도 재판 없이도 그 효력을 잃고(채무자회생법 제557조 제2항), 면책신청이 각하 또는 기각되거나, 면책불허가결정이 확정된 때에는 다시 강제집행 등을 할 수 있고, 중지된 강제집행 등은 속행된다.   **실무제요 집행** 5

[**❷ ▸ ○**] 개인회생절차의 폐지에는 변제계획인가 전 개인회생절차의 폐지(채무자회생법 제620조)와 변제계획인가 후 개인회생절차의 폐지(채무자회생법 제621조)가 있다. 변제계획인가 전 개인회생절차가 폐지된 때에는 개인회생채권자목록에 기재된 개인회생채권에 기하여 개인회생재단에 속하는 재산에 대하여 한 강제집행, 가압류, 가처분도 그 중지 또는 금지에서 풀려 속행되거나 가능하게 된다. 그러나 변제계획인가 후 개인회생절차의 폐지는 이미 행한 변제와 채무자 회생 및 파산에 관한 법률의 규정에 의하여 생긴 효력에 영향을 미치지 아니하므로(채무자회생법 제621조 제2항), 변제계획인가결정에 의한 개인회생채권에 기한 가압류 등의 실효는 번복되지 않아 절차 속행의 문제가 발생하지 않는다.

  실무제요 집행 5

[**❸ ▸ ✕**] 파산절차는 모든 채권자를 위한 포괄적인 강제집행절차로서 이와 별도의 강제집행절차는 원칙적으로 필요하지 않는 것인바, 채무자회생 및 파산에 관한 법률에 강제집행을 허용하는 특별한 규정이 있다거나 구 파산법의 해석상 강제집행을 허용하여야 할 특별한 사정이 있다고 인정되지 아니하는 한 파산재단에 속하는 재산에 대한 별도의 강제집행은 허용되지 않고, 이는 재단채권에 기한 강제집행에 있어서도 마찬가지이다(대결 2007.7.12. 2006마1277).

[**❹ ▸ ○**] 회생절차개시결정이 있는 때에는 회생채권 또는 회생담보권에 기한 보전처분을 할 수 없고(채무자회생법 제58조 제1항 제2호), 채무자의 재산에 대하여 이미 행한 회생채권 또는 회생담보권에 기한 보전처분은 중지된다(채무자회생법 제58조 제2항 제2호). 개인회생절차개시결정이 있는 때에도 개인회생채권에 기하여 개인회생재단에 속하는 재산에 대하여 한 보전처분은 중지 또는 금지된다(채무자회생법 제600조 제1항 제2호).

[**❺ ▸ ○**] 강제집행중지가처분이 발령되면 보전처분 신청인 등 이해관계인은 그 가처분결정 정본을 집행법원에 제출함으로써 해당 강제집행절차를 파산선고 시까지 정지시킬 수 있다(민사집행법 제49조 제2호).   **실무제요 집행** 5

답 ❸

16
□□□   강제집행정지에 관한 다음 설명 중 가장 옳지 않은 것은?   2025년

① 강제집행정지결정 즉시 당연히 집행정지의 효력이 있는 것은 아니고, 그 결정 정본을 집행기관에 제출함으로써 집행정지의 효력이 발생한다.

② 가집행선고 있는 제1심판결 중 항소심판결에 의하여 취소된 부분의 가집행선고는 항소심판결의 선고로 인하여 그 효력을 잃고, 항소심판결의 정본을 집행법원에 제출함으로써 이 부분에 관한 강제집행을 정지할 수 있으므로, 별도로 강제집행정지신청을 할 이익이 없다.

③ 강제집행을 허가하지 않는 취지를 적은 집행력 있는 재판의 정본이 제출된 경우에는 이미 실시한 집행처분을 취소하여야 하나, 강제집행의 일시정지를 명한 취지를 적은 재판의 정본이 제출된 경우에는 이미 실시한 집행처분을 일시적으로 유지하게 하여야 한다.

④ 집행할 판결이 소의 취하로 효력을 잃었다는 것을 증명하는 조서등본이 제출된 경우 강제집행을 정지하고 이미 실시한 집행처분을 취소하여야 한다.

⑤ 간접점유자가 직접점유자를 통하여 부동산을 간접적으로 점유하는 경우, 간접점유자 및 직접점유자에 대한 집행권원을 가진 채권자가 직접점유자에 대하여 부동산에 대한 인도집행을 마쳤더라도 간접점유자에 대한 집행을 종료한 것으로 볼 수는 없으므로, 강제집행정지가 허용된다.

· ·

[**❶ ▸ O**]   강제집행의 정지결정이 있으면 결정즉시로 당연히 집행정지의 효력이 있는 것이 아니고 그 정지결정 정본을 집행기관에 제출함으로써 집행정지의 효력이 발생한다(대결 1966.8.12. 65마1059).

[**❷ ▸ O**]   가집행선고부 제1심판결 중 항소심판결에 의하여 취소된 부분의 가집행선고는 항소심판결의 선고로 인하여 그 효력을 잃고(민사소송법 제215조 제1항 참조), 항소심판결의 정본을 집행법원에 제출함으로써 이 부분에 관한 강제집행을 정지할 수 있으므로, 별도로 강제집행정지신청을 할 이익이 없어 이 부분 신청은 부적법하다(대결 2006.4.14. 2006카기62).

[**❸ ▸ O**]   강제집행을 허가하지 않는 취지를 적은 집행력 있는 재판의 정본이 제출된 경우에는 이미 실시한 집행처분을 취소하여야 하나, 강제집행의 일시정지를 명한 취지를 적은 재판의 정본이 제출된 경우에는 이미 실시한 집행처분을 일시적으로 유지하게 하여야 한다(민사집행법 제50조 제1항).

[**❹ ▸ O**]   민사집행법 제50조 제1항, 제49조 제5호

> **민사집행법 제50조(집행처분의 취소·일시유지)**
> ① 제49조 제1호·제3호·제5호 및 제6호의 경우에는 이미 실시한 집행처분을 취소하여야 하며, 같은 조 제2호 및 제4호의 경우에는 이미 실시한 집행처분을 일시적으로 유지하게 하여야 한다.
> ② 제1항에 따라 집행처분을 취소하는 경우에는 제17조의 규정을 적용하지 아니한다.
>
> **민사집행법 제49조(집행의 필수적 정지·제한)**
> 강제집행은 다음 각 호 가운데 어느 하나에 해당하는 서류를 제출한 경우에 정지하거나 제한하여야 한다.
>   1. 집행할 판결 또는 그 가집행을 취소하는 취지나, 강제집행을 허가하지 아니하거나 그 정지를 명하는 취지 또는 집행처분의 취소를 명한 취지를 적은 집행력 있는 재판의 정본
>   2. 강제집행의 일시정지를 명한 취지를 적은 재판의 정본
>   3. 집행을 면하기 위하여 담보를 제공한 증명서류
>   4. 집행할 판결이 있은 뒤에 채권자가 변제를 받았거나, 의무이행을 미루도록 승낙한 취지를 적은 증서

5. 집행할 판결, 그 밖의 재판이 소의 취하 등의 사유로 효력을 잃었다는 것을 증명하는 조서등본 또는 법원사무관등이 작성한 증서
6. 강제집행을 하지 아니한다거나 강제집행의 신청이나 위임을 취하한다는 취지를 적은 화해조서(和解調書)의 정본 또는 공정증서(公正證書)의 정본

[❺ ▸ ✕] 간접점유자가 직접점유자를 통하여 부동산을 간접적으로 점유하고 있는 경우 간접점유자 및 직접점유자에 대한 채무명의를 가지고 부동산에 대한 인도청구권을 집행하는 채권자로서는 현실적으로 직접점유자에 대하여 인도집행을 함으로써 간접점유자에 대한 인도집행을 한꺼번에 할 수밖에 없으므로, 직접점유자에 대하여 부동산에 대한 인도집행을 마치면 간접점유자에 대하여도 집행을 종료한 것으로 보아야 할 것이고, 또한 강제집행정지는 집행 종료 후에는 허용되지 아니한다(대결 2000.2.11. 99그92).

답 ❺

17 부동산경매절차 중에 민사집행법 제49조 또는 제266조 소정의 서류가 제출된 경우에 관한 다음 설명 중 가장 옳은 것은?   _{2022년}

① 매수신고 후 매각대금 납부 전에 변제기한의 일시적 유예를 이유로 청구이의의 소를 인용한 종국판결이 제출되면 경매절차가 일시정지되고 취소되지는 않는다.
② 매각허가결정 이후에 '이 사건 집행권원에 기한 강제집행을 불허한다'는 내용의 확정된 화해권고결정이 제출된 경우에는 민사집행법 제93조 제3항에 따라 매수인 등의 동의가 있어야 경매절차를 취소할 수 있다.
③ 매각대금 납부 후에 청구이의의 소 제기 시에 하는 잠정처분으로 강제집행정지결정이 제출되면 이후 절차의 진행을 정지해야 한다.
④ 담보권 실행을 위한 경매 절차에서 매각대금 납부 후에 근저당의 등기가 말소된 등기사항증명서가 제출되더라도 경매절차는 정지되지 않는다. 다만 배당이 실시될 경우, 위 근저당권자에 대한 배당액은 공탁하여야 한다.
⑤ 강제집행정지결정이 있으면 결정 즉시 당연히 집행정지의 효력이 있는 것이 아니고 그 정지결정 정본을 집행기관에 제출함으로써 집행정지의 효력이 발생한다. 따라서 경매개시결정에 대한 이의신청에 따른 매각절차의 일시정지결정을 집행법원이 재판기관이 되어 정지결정을 발한 경우에도 그 결정정본이 당사자로부터 제출되어야만 집행정지의 효력이 발생한다.

[❶ ▸ ✕] 민사집행법 제49조의 집행정지서류 가운데 제1호·제3호·제5호 및 제6호의 서류가 제출되었을 때에는 집행기관은 이미 실시한 집행처분을 취소하여야 하며, 같은 조 제2호 및 제4호의 경우에는 이미 실시한 집행처분을 일시적으로 유지하게 하여야 한다(민사집행법 제50조 제1항). 변제기한의 일시적 유예를 이유로 청구이의의 소를 인용한 (확정된) 종국판결은 민사집행법 제49조 제1호의 서류(강제집행을 허가하지 아니하는 집행력 있는 재판의 정본)에 해당하므로, 집행기관은 경매절차를 취소하여야 한다.

[**❷ ▸ ○**] 채권자 甲이 신청한 부동산 강제경매절차에서 乙이 최고가 매수신고를 하여 매각허가결정을 받았는데, 그 후 채무자 丙이 채권자 甲을 상대로 제기한 집행권원인 확정판결에 대한 청구이의의 소에서 법원이 강제집행정지결정을 한 다음 '집행권원에 기한 강제집행을 불허한다'는 화해권고결정을 하여 그 결정이 확정되자, 사법보좌관이 위 화해권고결정 정본이 민사집행법 제49조 제1호, 제50조 제1항에서 정한 집행취소서류라는 이유로 乙에 대한 매각허가결정을 취소하고 강제경매신청을 기각한다는 결정을 한 경우, 위 화해권고결정의 '집행권원에 기한 강제집행을 불허한다'는 내용은 형성소송인 청구이의의 소의 재판 대상으로 당사자가 자유롭게 처분할 수 있는 사항이 아니어서, 그 문구 그대로 확정되더라도 집행권원에 기한 강제집행을 허가하지 않는 효력은 생기지 않고, 집행권원이 확정판결로서 갖는 집행력은 여전히 남아 있게 되므로, 위 화해권고결정 정본은 민사집행법 제49조 제1호에서 정한 '강제집행을 허가하지 아니하는 취지를 적은 집행력 있는 재판의 정본'에 해당하지 않고, 다만 화해권고결정의 문구를 부집행 합의가 이루어졌다는 뜻으로 새길 여지가 있고, 당사자 사이에 강제집행을 하지 않기로 하는 합의를 담은 화해조서 정본도 집행취소서류가 되나(민사집행법 제49조 제6호), 그 서류를 매각허가결정이 있은 뒤에 제출한 경우에는 매수인의 동의를 받아야 집행취소의 효력이 생기는 것인데도(민사집행법 제93조 제3항), 위 화해권고결정 정본이 민사집행법 제49조 제1호에서 정한 집행취소 서류임을 전제로 한 사법보좌관의 처분이 정당하다고 본 원심결정은 수긍하기 어렵다(대결 2022.6.7. 2022그534).

[**❸ ▸ ✕**] 매수인이 매각대금을 낸 뒤에 법 제49조 각 호 가운데 어느 서류가 제출된 때에는 절차를 계속하여 진행하여야 하는데(민사집행규칙 제50조 제3항), 청구이의의 소 제기 시에 잠정처분으로 하는 강제집행정지결정의 정본은 민사집행법 제49조 제2호의 서류(강제집행의 일시정지를 명한 취지를 적은 재판의 정본)에 해당한다.

[**❹ ▸ ✕**] 담보권 실행을 위한 경매 절차에서 매각대금 납부 후에는 매각부동산의 소유권은 매수인에게 이전되므로(민사집행법 제135조, 제268조), 매각대금 납부 후에 정지, 취소문서가 제출되더라도 경매절차는 정지되지 않는다. 이 경우 배당절차가 실시되는 때에는 그다음의 구분에 따라 처리하여야 한다. 민사집행법 제266조 제1항 제1호(담보권의 등기가 말소된 등기사항증명서)·제2호·제3호의 서류가 제출된 경우에는 당해 채권자를 제외하고 나머지 채권자들에 대하여 배당을 실시하면 된다(민사집행규칙 제194조 본문, 제50조 제3항 제1호). 제266조 제1항 제4호의 서류가 제출된 때에는 그 서류가 화해조서의 정본 또는 공정증서의 정본인 경우에는 그 채권자를 배당에서 제외하고(민사집행규칙 제194조 단서), 그 밖의 제4호의 서류의 경우에는 그 채권자에 대한 배당액을 지급한다(민사집행규칙 제194조 본문, 제50조 제3항 제3호). 제266조 제1항 제5호 서류가 제출된 때에는 그 채권자에 대한 배당액은 공탁하여야 한다(민사집행법 제160조 제1항 제3호, 제268조, 민사집행규칙 제194조, 제50조 제3항 제2호).

[**❺ ▸ ✕**] 강제집행정지결정이 있으면 결정 즉시 당연히 집행정지의 효력이 있는 것이 아니고 그 정지결정 정본을 집행기관에 제출함으로써 집행정지의 효력이 발생함은 민사집행법 제49조 규정취지에 비추어 명백하다(대판 1963.9.12. 63다213; 대결 1966.8.12. 65마1059; 대결 2008.3.3. 2007마868). 그러나 경매개시결정에 대한 이의신청에 따른 매각절차의 일시정지결정과 같이 집행법원이 재판기관이 되어 정지결정을 발한 경우에는 그 결정이 당사자에게 고지되기 전이라도 이후의 절차를 진행할 수 없으며(대결 1971.5.27. 70마4 참조), 이러한 경우에도 매각절차의 정지에 관하여 당사자로부터 정지결정 정본의 제출이 요구되는 것은 아니다. 실무제요 집행 3

답

18
□□□

부동산경매절차 진행 중에 민사집행법 제49조 각 호에 해당하는 서류를 채무자가 확보하여 집행법원에 제출한 경우에 관한 다음 설명 중 가장 옳지 않은 것은?　　2023년

① 경매개시결정 후 매각기일에 매수신고가 있기 전에 법정서류(의무이행을 미루도록 승낙한 취지를 적은 증서)가 제출된 경우에는 집행법원은 경매절차를 정지한다.

② 매각기일에 매수신고가 있은 뒤, 매각대금을 내기 전에 법정서류(의무이행을 미루도록 승낙한 취지를 적은 증서)가 제출된 경우에는 최고가매수신고인 또는 매수인과 민사집행법 제114조의 차순위매수신고인의 동의를 받아야 그 효력이 생긴다.

③ 매각기일에 매수신고가 있은 뒤, 매각대금을 내기 전에 법정서류(강제집행의 일시정지를 명한 취지를 적은 재판의 정본)가 제출된 경우에는 최고가매수신고인 또는 매수인과 민사집행법 제114조의 차순위매수신고인의 동의를 받을 필요 없이 그 효력이 생긴다.

④ 매각기일에 매수신고가 있은 뒤, 매각대금을 내기 전에 법정서류(강제집행을 하지 아니한다는 취지를 적은 화해조서의 정본)가 제출된 경우에는 최고가매수신고인 또는 매수인과 민사집행법 제114조의 차순위매수신고인의 동의를 받을 필요 없이 그 효력이 생긴다.

⑤ 매수인이 매각대금을 낸 뒤에 법정서류(집행할 판결 또는 그 가집행을 취소하는 취지를 적은 집행력 있는 재판의 정본)가 제출된 경우에는 절차를 계속하여 진행하여야 하고, 이 경우 배당절차가 실시되는 때에는 그 채권자를 배당에서 제외한다.

⋯⋯⋯

[**❶ ▸ ○**]　경매개시결정 후 매각기일에 매수신고가 있기 전에 민사집행법 제49조 제4호(의무이행을 미루도록 승낙한 취지를 적은 증서)가 제출된 경우에는 집행법원은 경매절차를 정지한다(민사집행법 제49조 제4호, 제50조 제1항).

> **민사집행법 제49조(집행의 필수적 정지ㆍ제한)**
> 강제집행은 다음 각 호 가운데 어느 하나에 해당하는 서류를 제출한 경우에 정지하거나 제한하여야 한다.
> 　　4. 집행할 판결이 있은 뒤에 채권자가 변제를 받았거나, 의무이행을 미루도록 승낙한 취지를 적은 증서
>
> **민사집행법 제50조(집행처분의 취소ㆍ일시유지)**
> ① 제49조 제1호ㆍ제3호ㆍ제5호 및 제6호의 경우에는 이미 실시한 집행처분을 취소하여야 하며, 같은 조 제2호 및 제4호의 경우에는 이미 실시한 집행처분을 일시적으로 유지하게 하여야 한다.

[**❷ ▸ ○**]　민사집행법 제49조 제4호의 서류(의무이행을 미루도록 승낙한 취지를 적은 증서)는 매수인이 매각대금을 내기 전까지만 제출하면 집행이 정지되지만, 매수신고가 있은 뒤에 위 서류를 제출하는 경우에는 최고가매수신고인 또는 매수인과 미사집행법 제114조의 차순위 매수신고인의 동의를 받아야 그 효력이 생긴다(민사집행법 제93조 제3항).

[**❸ ▸ ○**]　민사집행법 제49조 제1호, 제2호(강제집행의 일시정지를 명한 취지를 적은 재판의 정본) 또는 제5호의 서류는 매수인이 매각대금을 내기 전까지 제출하면 집행이 정지 또는 취소된다(민사집행법 제50조 제1항, 민사집행규칙 제50조 제1항). 매각기일에 매수신고가 있은 뒤, 매각대금을 내기 전에 위 서류를 제출하는 경우라도 최고가매수신고인 또는 매수인과 민사집행법 제114조의 차순위매수신고인의 동의를 받을 필요 없이 그 효력이 생긴다(민사집행법 제93조 제3항 참조).

[**❹** ▸ ×] 매수신고가 있은 뒤, 매각대금을 내기 전에 민사집행법 제49조 제6호(강제집행을 하지 아니한다거나 강제집행의 신청이나 위임을 취하한다는 취지를 적은 화해조서의 정본 또는 공정증서의 정본)의 서류가 제출된 경우, 최고가매수신고인 또는 매수인과 제114조의 차순위매수신고인의 동의를 받아야 그 이후 절차의 진행을 정지하고 경매절차 취소의 효력이 생긴다(민사집행법 제93조 제3항). 최고가매수신고인 등의 동의가 없으면 절차를 속행하여야 한다.

> **민사집행법 제93조(경매신청의 취하)**
> ① 경매신청이 취하되면 압류의 효력은 소멸된다.
> ② 매수신고가 있은 뒤 경매신청을 취하하는 경우에는 최고가매수신고인 또는 매수인과 제114조의 차순위매수신고인의 동의를 받아야 그 효력이 생긴다.
> ③ 제49조 제3호 또는 제6호(강제집행을 하지 아니한다거나 강제집행의 신청이나 위임을 취하한다는 취지를 적은 화해조서의 정본 또는 공정증서의 정본)의 서류를 제출하는 경우에는 제1항 및 제2항의 규정을, 제49조 제4호의 서류를 제출하는 경우에는 제2항의 규정을 준용한다.

[**❺** ▸ ○] 매수인이 매각대금을 낸 뒤에 민사집행법 제49조 각 호의 서류가 제출된 때에는 절차를 계속하여 진행하여야 한다(민사집행규칙 제50조 제3항 전문). 배당절차가 실시되는 때에는 제1호(집행할 판결 또는 그 가집행을 취소하는 취지를 적은 집행력 있는 재판의 정본)·제3호·제5호 또는 제6호의 서류가 제출된 때에는 그 채권자를 배당에서 제외한다(민사집행규칙 제50조 제3항 후문 제1호).

답 ❹

19
□□□ **부동산경매절차에서 매수인에 관한 다음 설명 중 가장 옳지 않은 것은?**　　　2024년

① 매각허가에 정당한 이유가 없거나 결정에 적은 것 외의 조건으로 허가하여야 한다고 주장하는 매수인 또는 매각허가를 주장하는 매수신고인도 즉시항고를 할 수 있다.
② 천재지변, 그 밖에 자기가 책임을 질 수 없는 사유로 부동산이 현저하게 훼손된 사실이 매각허가결정의 확정 뒤에 밝혀진 경우에 매수인은 대금을 낼 때까지 매각허가결정의 취소신청을 할 수 있다.
③ 매수인이 매각대금을 낸 뒤에 강제집행의 일시정지를 명한 취지를 적은 재판의 정본이 제출된 경우에는 집행절차를 계속 진행하여야 한다. 이 경우 배당절차가 실시되는 때에는 그 채권자를 배당에서 제외하여야 한다.
④ 매각기일에 매수신고가 있은 뒤, 매각대금을 내기 전에 강제집행을 하지 아니한다거나 강제집행의 신청이나 위임을 취하한다는 취지를 적은 화해조서의 정본 또는 공정증서의 정본이 제출된 경우, 최고가매수신고인 또는 매수인과 민사집행법 제114조의 차순위매수신고인의 동의를 받아야 그 효력이 생긴다.
⑤ 매수인이 재매각기일의 3일 이전까지 대금, 그 지급기한이 지난 뒤부터 지급일까지의 대금에 대한 대법원규칙이 정하는 이율에 따른 지연이자와 절차비용을 지급한 때에는 재매각절차를 취소하여야 한다. 이 경우 차순위매수신고인이 매각허가결정을 받았던 때에는 위 금액을 먼저 지급한 매수인이 매매목적물의 권리를 취득한다.

[**❶** ▸ ○] 매각허가에 정당한 이유가 없거나 결정에 적은 것 외의 조건으로 허가하여야 한다고 주장하는 매수인 또는 매각허가를 주장하는 매수신고인도 즉시항고를 할 수 있다(민사집행법 제129조 제2항).

[**❷** ▸ ○] 민사집행법 제121조 제6호, 제127조 제1항

> **민사집행법 제121조(매각허가에 대한 이의신청사유)**
> 매각허가에 관한 이의는 다음 각 호 가운데 어느 하나에 해당하는 이유가 있어야 신청할 수 있다.
>   6. 천재지변, 그 밖에 자기가 책임을 질 수 없는 사유로 부동산이 현저하게 훼손된 사실 또는 부동산에 관한 중대한 권리관계가 변동된 사실이 경매절차의 진행 중에 밝혀진 때
>
> **민사집행법 제127조(매각허가결정의 취소신청)**
>   ① 제121조 제6호에서 규정한 사실이 매각허가결정의 확정 뒤에 밝혀진 경우에는 매수인은 대금을 낼 때까지 매각허가결정의 취소신청을 할 수 있다.

[**❸** ▸ ×] 매수인이 매각대금을 낸 뒤에 강제집행의 일시정지를 명한 취지를 적은 재판의 정본이 제출된 경우에는 집행절차를 계속 진행하여야 한다. 이 경우 배당절차가 실시되는 때에는 그 채권자에 대한 배당액을 공탁한다(민사집행법 제49조 제2호, 민사집행규칙 제50조 제3항 제2호 참조).

> **민사집행법 제49조(집행의 필수적 정지·제한)**
> 강제집행은 다음 각 호 가운데 어느 하나에 해당하는 서류를 제출한 경우에 정지하거나 제한하여야 한다.
>   2. 강제집행의 일시정지를 명한 취지를 적은 재판의 정본
>
> **민사집행규칙 제50조(집행정지서류 등의 제출시기)**
>   ③ 매수인이 매각대금을 낸 뒤에 법 제49조 각 호 가운데 어느 서류가 제출된 때에는 절차를 계속하여 진행하여야 한다. 이 경우 배당절차가 실시되는 때에는 그 채권자에 대하여 다음 각 호의 구분에 따라 처리하여야 한다.
>   1. 제1호·제3호·제5호 또는 제6호의 서류가 제출된 때에는 그 채권자를 배당에서 제외한다.
>   2. 제2호의 서류가 제출된 때에는 그 채권자에 대한 배당액을 공탁한다.
>   3. 제4호의 서류가 제출된 때에는 그 채권자에 대한 배당액을 지급한다.

[**❹** ▸ ○] 매수신고가 있은 뒤, (매각대금을 내기 전에) 강제집행을 하지 아니한다거나 강제집행의 신청이나 위임을 취하한다는 취지를 적은 화해조서의 정본 또는 공정증서의 정본이 제출된 경우, 최고가 매수신고인 또는 매수인과 민사집행법 제114조의 차순위매수신고인의 동의를 받아야 그 효력이 생긴다(민사집행법 제49조 제6호, 제93조 제2항·제3항).

> **민사집행법 제49조(집행의 필수적 정지·제한)**
> 강제집행은 다음 각 호 가운데 어느 하나에 해당하는 서류를 제출한 경우에 정지하거나 제한하여야 한다.
>   6. 강제집행을 하지 아니한다거나 강제집행의 신청이나 위임을 취하한다는 취지를 적은 화해조서(和解調書)의 정본 또는 공정증서(公正證書)의 정본

[**❺** ▶ ○] 매수인이 재매각기일의 3일 이전까지 대금, 그 지급기한이 지난 뒤부터 지급일까지의 대금에 대한 대법원규칙이 정하는 이율에 따른 지연이자와 절차비용을 지급한 때에는 재매각절차를 취소하여야 한다. 이 경우 차순위매수신고인이 매각허가결정을 받았던 때에는 위 금액을 먼저 지급한 매수인이 매매목적물의 권리를 취득한다(민사집행법 제138조 제3항).

답 **❸**

구제제도(불복절차)

제2절   **즉시항고**

20
☐☐☐

즉시항고에 관한 다음 설명 중 가장 옳지 않은 것은?   **2024년**

① 집행비용액확정 결정은 집행종료 후의 재판으로서 집행비용액확정 결정에 대한 즉시항고에는 항고이유서 제출에 관한 민사집행법 제15조 제3항 및 제5항이 적용될 수 없다.

② 집행정지서류가 제출되었음에도 집행기관이 집행을 정지하지 아니하고 집행처분을 하였으나 집행에 관한 이의신청 또는 즉시항고 없이 강제집행절차가 그대로 완결된 경우, 집행행위에 따라 발생된 법률효과를 부인할 수 없다.

③ 자신에게 주식양도명령이 송달되기 전에 제기한 주식양도명령에 대한 즉시항고는 아직 명령의 효력이 발생하기 전에 제기된 것으로서 항고권 발생 전에 한 항고에 해당하므로 부적법 각하하여야 한다.

④ 민사집행법상 즉시항고를 할 수 있는 사람이 재판을 고지받아야 할 사람이 아닌 경우 즉시항고의 제기기간은 그 재판을 고지받아야 할 사람 모두에게 고지된 날부터 진행한다.

⑤ 민사집행법상 즉시항고는 1주일 내에 제기하여야 하고 10일 이내에 항고이유서를 제출하여야 하며, 집행에 관한 이의신청의 경우에는 이러한 제한이 없다.

....

[❶ ▸ ○]   집행비용액확정 결정은 집행종료 후의 재판으로서 민사집행법 제15조 제1항의 '집행절차에 관한 집행법원의 재판'에 해당하지 아니하고, 그 결정에 대하여는 민사집행규칙 제24조 제2항에 의하여 준용되는 민사소송법 제110조 제3항에 따라 민사소송법상의 즉시항고가 허용될 뿐이다. 따라서 집행비용액확정 결정에 대한 즉시항고에는 항고이유서 제출에 관한 민사집행법 제15조 제3항, 제5항이 적용될 수 없다(대결 2011.10.13. 2010마1586).

[❷ ▸ ○]   집행정지서류가 제출되었음에도 집행기관이 집행을 정지하지 아니하고 집행처분을 한 경우에 이해관계인은 집행에 관한 이의신청 또는 즉시항고로 그 시정을 구할 수 있다. 그러나 이러한 불복의 절차 없이 강제집행절차가 그대로 완결되면 그 집행행위에 따라 발생된 법률효과를 부인할 수 없다(대판 2022.7.28. 2022다218509).

[❸ ▸ ✕]   판결과 달리 선고가 필요하지 않은 결정이나 명령(이하 '결정'이라고만 한다)과 같은 재판은 원본이 법원사무관등에게 교부되었을 때 성립한 것으로 보아야 하고, 일단 성립한 결정은 취소 또는 변경을 허용하는 별도의 규정이 있는 등의 특별한 사정이 없는 한 결정법원이라도 이를 취소ㆍ변경할 수 없다. 또한 결정법원은 즉시항고가 제기되었는지 여부와 관계없이 일단 성립한 결정을 당사자에게 고지하여야 하고 고지는 상당한 방법으로 가능하며(민사소송법 제221조 제1항), 재판기록이 항고심으로

송부된 이후에는 항고심에서의 고지도 가능하므로 결정의 고지에 의한 효력 발생이 당연히 예정되어 있다. 일단 결정이 성립하면 당사자가 법원으로부터 결정서를 송달받는 등의 방법으로 결정을 직접 고지받지 못한 경우라도 결정을 고지받은 다른 당사자로부터 전해 듣거나 기타 방법에 의하여 결론을 아는 것이 가능하여 본인에 대해 결정이 고지되기 전에 불복 여부를 결정할 수 있다. 그럼에도 이미 성립한 결정에 불복하여 제기한 즉시항고가 항고인에 대한 결정의 고지 전에 이루어졌다는 이유만으로 부적법하다고 한다면, 항고인에게 결정의 고지 후에 동일한 즉시항고를 다시 제기하도록 하는 부담을 지우는 것이 될 뿐만 아니라 이미 즉시항고를 한 당사자는 그 후 법원으로부터 결정서를 송달받아도 다시 항고할 필요가 없다고 생각하는 것이 통상의 경우이므로 다시 즉시항고를 제기하여야 한다는 것을 알게 되는 시점에서는 이미 즉시항고기간이 경과하여 회복할 수 없는 불이익을 입게 된다. 이와 같은 사정을 종합적으로 고려하면, 이미 성립한 결정에 대하여는 결정이 고지되어 효력을 발생하기 전에도 결정에 불복하여 항고할 수 있다(대결 2014.10.8. 2014마667[전합]). ☞ [판결이유] 원심결정 이유와 기록에 의하면, 제1심법원의 2012.7.12.자 이 사건 주식양도명령이 2012.7.18. 채권자에게, 2012.7.26. 채무자인 재항고인에게, 2012.8.17. 제3채무자에게 각각 송달되었는데, 재항고인은 자신에게 이 사건 주식양도명령이 송달되기 전인 2012.7.23.에 즉시항고를 제기하였고, 원심은 위 즉시항고는 이 사건 주식양도명령이 재항고인에게 고지되어 효력을 발생하기 전에 한 것이어서 부적법하고 그 하자를 치유할 방법도 없다는 이유로, 재항고인의 즉시항고를 각하하였다. 그러나 앞서 본 법리에 의하면, 재항고인의 즉시항고는 이 사건 주식양도명령이 이미 성립한 상태에서 제기되었으므로 적법하다고 할 것이다.

[❹ ▸ ○] 즉시항고를 할 수 있는 사람이 재판을 고지받아야 할 사람이 아닌 경우 즉시항고의 제기기간은 그 재판을 고지받아야 할 사람 모두에게 고지된 날부터 진행한다(민사집행규칙 제12조).

[❺ ▸ ○] 민사집행법상 즉시항고는 1주일 내에 제기하여야 하고 10일 이내에 항고이유서를 제출하여야 하며(민사집행법 제15조 제2항·제3항), 집행에 관한 이의신청의 경우에는 이러한 제한이 없다.

 ❸

집행에 관한 이의신청

21 집행에 관한 이의신청에 대한 다음 설명 중 가장 옳지 않은 것은?   2022년

① 집행법원의 집행절차에 관한 재판으로서 즉시항고를 할 수 없는 것과, 집행관의 집행처분, 그 밖에 집행관이 지킬 집행절차에 대하여서는 법원에 이의를 신청할 수 있다.

② 부동산경매절차에서 집행법원은 매각기일의 최고가매수신고인에 대하여 매각을 허가하거나 허가하지 아니하는 결정을 하여야 하는 것이므로, 집행법원이 최고가매수신고인임이 명백한 자에 대하여 특별한 사정 없이 매각허가 여부의 결정을 하지 아니하는 때에는 최고가매수신고인은 민사집행법 제16조에 정한 '집행에 관한 이의'에 의하여 불복할 수 있다.

③ 법원은 민사집행법 제16조 제1항의 이의신청에 대한 재판에 앞서, 채무자에게 담보를 제공하게 하거나 제공하게 하지 아니하고 집행을 일시정지하도록 명하거나, 채권자에게 담보를 제공하게 하고 그 집행을 계속하도록 명하는 등 잠정처분을 할 수 있다.

④ 경매절차의 진행에 관한 경매법원의 결정에 대하여 집행에 관한 이의를 신청하려면, 원칙적으로 그와 같은 경매법원의 결정에 대하여 법률상의 이해관계를 가져야만 할 것인바, 장차 경매절차에서 응찰할 예정이라는 사유만으로는 그 경매절차에 관하여 법률상 이해관계를 가진다고 할 수 없어 집행에 관한 이의를 신청할 적격이 없다 할 것이다.

⑤ 집행에 관한 이의신청은 집행관이 실시하는 기일에 출석하여 하는 경우가 아니면 서면으로 하여야 한다.

....

[❶ ▸ ○] [❸ ▸ ○] 민사집행법 제16조 제1항, 제2항

> **민사집행법 제16조(집행에 관한 이의신청)**
> ① 집행법원의 집행절차에 관한 재판으로서 즉시항고를 할 수 없는 것과, 집행관의 집행처분, 그 밖에 집행관이 지킬 집행절차에 대하여서는 법원에 이의를 신청할 수 있다.
> ② 법원은 제1항의 이의신청에 대한 재판에 앞서, 채무자에게 담보를 제공하게 하거나 제공하게 하지 아니하고 집행을 일시정지하도록 명하거나, 채권자에게 담보를 제공하게 하고 그 집행을 계속하도록 명하는 등 잠정처분(暫定處分)을 할 수 있다.

[❷ ▸ ○] 집행법원은 매각기일의 최고가매수신고인에 대하여 매각을 허가하거나 허가하지 아니하는 결정을 하여야 하는 것이므로(민사집행법 제126조), 집행법원이 최고가매수신고인임이 명백한 자에 대하여 특별한 사정 없이 매각허가 여부의 결정을 하지 아니하는 때에는 최고가매수신고인은 민사집행법 제16조에 정한 '집행에 관한 이의'에 의하여 불복할 수 있다(대결 2008.12.29. 2008그205).

[❹ ▸ ○] 경매절차의 진행에 관한 경매법원의 결정에 대하여 집행에 관한 이의를 신청하려면, 원칙적으로 그와 같은 경매법원의 결정에 대하여 법률상의 이해관계를 가져야만 할 것인바, 장차 경매절차에서 응찰할 예정이라는 사유만으로는 그 경매절차에 관하여 법률상 이해관계를 가진다고 할 수 없어 집행에 관한 이의를 신청할 적격이 없다(대결 1999.11.17. 99마2551).

[❺ ▸ ✕] 법 제16조 제1항·제3항의 규정에 따른 이의신청은 '집행법원'이 실시하는 기일에 출석하여 하는 경우가 아니면 서면으로 하여야 한다(민사집행규칙 제15조 제1항).

답 ❺

집행에 관한 이의에 관한 다음 설명 중 가장 옳지 않은 것은? 2024년

① 경매절차의 진행에 관한 경매법원의 결정에 대하여 집행에 관한 이의를 신청하려면, 원칙적으로 그와 같은 경매법원의 결정에 대하여 법률상의 이해관계를 가져야만 할 것인바, 장차 경매절차에서 응찰할 예정이라는 사유만으로는 그 경매절차에 관하여 법률상 이해관계를 가진다고 할 수 없어 집행에 관한 이의를 신청할 적격이 없다.

② 집행관의 집행처분 기타 집행관이 지킬 집행절차에 대한 이의신청은 감독기관인 집행법원에 의한 심사를 거침으로써 감독권 발동을 구하는 신청으로서 의미가 있고, 집행법원은 그 심리에 있어 이의재판 당시까지 제출된 이의사유 주장과 모든 자료를 종합하여 이의사유의 당부를 판단할 수 있다.

③ 경매개시결정에 대한 이의신청을 받아들여 집행절차를 취소하는 결정을 제외하고 경매개시결정에 대한 이의신청에 관한 재판은 확정되어야 효력을 가진다.

④ 부동산 등의 인도집행에서 강제집행의 목적물이 아닌 동산이 있는 경우, 집행관이 이를 제거하여 보관 혹은 매각하는 것이 다소 곤란하다는 사유만으로 목적물의 인도집행을 불능으로 처리하였다면 집행에 관한 이의신청을 할 수 있다.

⑤ 집행에 관한 이의신청에 대한 재판이 집행절차를 취소하는 결정, 집행절차를 취소한 집행관의 처분에 대한 이의신청을 기각·각하하는 결정 또는 집행관에게 집행절차의 취소를 명하는 결정에 해당하는 경우에는 즉시항고를 제기할 수 있다.

....

[**❶ ▸ ○**] 경매절차의 진행에 관한 경매법원의 결정에 대하여 집행에 관한 이의를 신청하려면, 원칙적으로 그와 같은 경매법원의 결정에 대하여 법률상의 이해관계를 가져야만 할 것인바, 장차 경매절차에서 응찰할 예정이라는 사유만으로는 그 경매절차에 관하여 법률상 이해관계를 가진다고 할 수 없어 집행에 관한 이의를 신청할 적격이 없다(대결 1999.11.17. 99마2551).

[**❷ ▸ ○**] 집행관의 집행처분 기타 집행관이 지킬 집행절차에 대한 이의신청(민사집행법 제16조)은 감독기관인 집행법원(집행관법 제7조 참조)에 의한 심사를 거침으로써 감독권 발동을 구하는 신청으로서 의미가 있고, 집행법원은 그 심리에 있어 이의재판 당시까지 제출된 이의사유 주장과 모든 자료를 종합하여 이의사유의 당부를 판단할 수 있다(대결 2022.6.30. 2022그505).

[**❸ ▸ ✕**] 집행에 관한 이의신청에 대한 재판 중 집행절차를 취소하는 결정(경매개시결정에 대한 이의신청을 받아들여 집행절차를 취소하는 결정 포함), 집행절차를 취소한 집행관의 처분에 대한 이의신청을 기각·각하하는 결정, 집행관에게 집행절차의 취소를 명하는 결정의 재판은 확정되어야 효력을 가지지만(민사집행법 제17조 제2항 참조), 경매개시결정에 대한 이의신청에 대한 재판이나 나머지 재판은 즉시 효력을 가진다.

[**❹ ▸ ○**] 부동산 등의 인도집행에서 강제집행의 목적물이 아닌 동산이 있는 경우에 집행관에게는 강제집행의 목적물이 아닌 동산을 제거하여 인도집행을 할 책무가 있으므로, 이를 제거하여 보관 혹은 매각하는 것이 다소 곤란하다는 사유만으로는 목적물의 인도집행을 불능으로 처리할 수는 없다(대결 2022.4.14. 2021그796). 따라서 이러한 경우에는 집행에 관한 이의신청을 할 수 있다.

[**❺ ▸ ○**] 민사집행법 제17조 제1항

> **민사집행법 제17조(취소결정의 효력)**
> ① 집행절차를 취소하는 결정, 집행절차를 취소한 집행관의 처분에 대한 이의신청을 기각·각하하는 결정 또는 집행관에게 집행절차의 취소를 명하는 결정에 대하여는 즉시항고를 할 수 있다.
> ② 제1항의 결정은 확정되어야 효력을 가진다.

답 ❸

23
☐☐☐

청구이의의 소에 관한 다음 설명 중 가장 옳지 않은 것은?

① 확정판결에 의한 권리라 하더라도 신의에 좇아 성실히 행사되어야 하고 판결에 기한 집행이 권리남용이 되는 경우에는 허용되지 않으므로, 집행채무자는 청구이의의 소에 의하여 집행의 배제를 구할 수 있다.

② 청구이의의 소로 집행권원의 집행력 자체의 배제를 구하는 것이 아니라 이미 집행된 개개의 구체적인 집행행위의 배제를 구하는 것은 허용되지 않는다.

③ 채권자가 다른 채권자에 대한 배당에 대하여 이의를 한 경우에는 그 다른 채권자가 집행력 있는 집행권원의 정본을 가지고 있다면 청구이의의 소를 제기하여 그 다른 채권자에 대한 배당을 다투어야 한다.

④ 아직 확정되지 않은 가집행선고 있는 판결에 대하여는 청구이의의 소를 제기할 수 없다.

⑤ 채무자의 의사의 진술을 명하는 판결의 경우 그 확정판결에 대하여는 특별한 사정이 없는 한 청구이의의 소가 허용되지 않는다.

....

[❶ ▸ ○] 확정판결에 의한 권리라 하더라도 신의에 좇아 성실히 행사되어야 하고 그 판결에 기한 집행이 권리남용이 되는 경우에는 허용되지 않으므로 집행채무자는 청구이의의 소에 의하여 그 집행의 배제를 구할 수 있다(대판 2001.11.13. 99다32899).

[❷ ▸ ○] 청구이의의 소는 채무명의의 집행력 자체의 배제를 구하는 것이므로 이미 집행된 개개의 집행행위의 불허를 구하는 것은 부적법하다(대판 1971.12.28. 71다1008).

[❸ ▸ ✕] 민사집행법 제151조 제3항은 "기일에 출석한 채권자는 자기의 이해에 관계되는 범위 안에서는 다른 채권자를 상대로 그의 채권 또는 그 채권의 순위에 대하여 이의할 수 있다."라고 규정하여 채무자의 배당이의와 별도로 채권자가 독자적으로 배당표에 이의할 수 있도록 규정하고 있다. 그리고 민사집행법 제154조는 제1항에서 "집행력 있는 집행권원의 정본을 가지지 아니한 채권자(가압류채권자를 제외한다)에 대하여 이의한 채무자와 다른 채권자에 대하여 이의한 채권자는 배당이의의 소를 제기하여야 한다.", 제2항에서 "집행력 있는 집행권원의 정본을 가진 채권자에 대하여 이의한 채무자는 청구이의의 소를 제기하여야 한다."라고 규정하고 있다. 따라서 '채무자'는 집행력 있는 집행권원의 정본을 가지지 아니한 채권자에 대하여는 배당이의의 소를, 집행력 있는 집행권원의 정본을 가진 채권자에 대하여는 청구이의의 소를 제기하여야 한다. 그러나 채무자가 아니라 '채권자'가 다른 채권자에 대한 배당에 대하여 이의를 한 경우에는 그 다른 채권자가 집행력 있는 집행권원의 정본을 가지고 있는지 여부에 상관없이 배당이의의 소를 제기하여야 하고, 이는 채권자가 배당이의를 하면서 배당이의 사유로 채무자를 대위하여 집행권원의 정본을 가진 다른 채권자의 채권의 소멸시효가 완성되었다는 등의 주장을 한 경우에도 마찬가지이다(대판 2023.8.18. 2023다234102).

[❹ ▸ ○] 배당절차에서 작성된 배당표에 대하여 채무자가 이의하는 경우, 집행력 있는 집행권원의 정본을 가지지 않은 채권자에 대하여 이의한 채무자는 배당이의의 소를 제기해야 하고(민사집행법 제154조 제1항), 집행력 있는 집행권원의 정본을 가진 채권자에 대하여 이의한 채무자는 집행권원의 집행력을 배제시켜야 하므로 청구이의의 소를 제기해야 한다(같은 조 제2항). 다만 확정되지 않은 가집행선고 있는 판결에 대해서는 청구이의의 소를 제기할 수 없고(같은 법 제44조 제1항), 이에 대해 상소를 제기하거나 집행정지결정을 받을 수 있는 채무자가 채권의 존재 여부나 범위를 다투기 위해 배당이의의 소를 제기할 수 있는 것도 아니다(대판 2020.10.15. 2017다228441).

[**⑤ ▸ O**] 채무자의 의사의 진술을 구하는 소송에서 그 청구를 인용하는 판결이 선고되고 확정되었다면, 그와 동시에 확정판결의 피고로 된 채무자가 의사를 진술한 것과 동일한 효력이 발생하는 것이므로 위 확정판결의 강제집행은 이로써 완료되는 것이고, 집행기관에 의한 별도의 집행절차가 필요한 것이 아니므로, 특별한 사정이 없는 한 위 확정판결 이후에 집행절차가 계속됨을 전제로 하여 그 채무명의가 가지는 집행력의 배제를 구하는 청구이의의 소는 허용될 수 없다(대판 1995.11.10. 95다37568 참조).

답 ❸

---

24 민사집행법상 불복절차에 관한 다음 설명 중 가장 옳지 않은 것은? 2025년

① 담보권실행경매에서 집행법원이 매각대금납부기한을 지정하거나 그 지정을 취소하는 결정에 대하여는 집행에 관한 이의신청으로 불복할 수 있다.

② 채권자 甲이 신청한 부동산 강제경매절차에서 乙이 최고가 매수신고를 하여 매각허가결정을 받았는데, 그 후 채무자 丙이 채권자 甲을 상대로 제기한 집행권원인 확정판결에 대한 청구이의의 소에서 법원이 강제집행정지결정을 한 다음 "집행권원에 기한 강제집행을 불허한다"는 화해권고결정을 하여 그 결정이 확정된 경우, 이러한 화해권고결정 정본은 민사집행법 제49조 제1호에서 정한 '강제집행을 허가하지 아니하는 취지를 적은 집행력 있는 재판의 정본'에 해당한다.

③ 경매절차의 진행에 관한 집행법원의 결정에 대하여 집행에 관한 이의를 신청하려면, 원칙적으로 그와 같은 집행법원의 결정에 대하여 법률상의 이해관계를 가져야만 할 것인바, 장차 경매절차에서 매수신고할 예정이라는 사유만으로는 그 경매절차에 관하여 법률상 이해관계를 가진다고 할 수 없어 집행에 관한 이의를 신청할 적격이 없다.

④ 즉시항고는 집행정지의 효력이 없다. 확정되어야 효력이 발생하는 재판에 대하여 즉시항고가 제기된 경우에는 즉시항고로 인하여 재판의 확정이 차단되므로 따로 집행정지처분이 필요 없다.

⑤ 항고절차는 편면적 불복절차이므로 항고장에 반드시 피항고인의 표시가 있어야 하는 것은 아니며, 항고장을 상대방에게 송달하여야 하는 것도 아니다.

....

[**❶ ▸ O**] 부동산임의경매(담보권실행경매)에서 집행법원이 매각대금납부기한을 지정하거나 그 지정을 취소하는 결정은 집행의 절차에 관한 사항으로서, 그와 같은 결정에 대하여 이의가 있는 사람은 집행에 관한 이의신청으로 불복할 수 있는 것이므로 위와 같은 결정에 대하여는 대법원에 특별항고를 할 수 없다(대결 1990.3.27. 90그1 참조).

[**❷ ▸ ✕**] [1] 법률관계의 변경·형성을 목적으로 하는 형성의 소는 법률에 명문의 규정이 있어야 제기할 수 있고 그 판결이 확정됨에 따라 효력이 생긴다. 이러한 형성판결의 효력을 개인 사이의 합의로 창설할 수는 없으므로, 형성소송의 판결과 같은 내용으로 재판상 화해를 하더라도 판결을 받은 것과

같은 효력은 생기지 않는다. [2] 채권자 甲이 신청한 부동산 강제경매절차에서 乙이 최고가 매수신고를 하여 매각허가결정을 받았는데, 그 후 채무자 丙이 채권자 甲을 상대로 제기한 집행권원인 확정판결에 대한 청구이의의 소에서 법원이 강제집행정지결정을 한 다음 '집행권원에 기한 강제집행을 불허한다.'는 화해권고결정을 하여 그 결정이 확정되자, 사법보좌관이 위 화해권고결정 정본이 민사집행법 제49조 제1호, 제50조 제1항에서 정한 집행취소서류라는 이유로 乙에 대한 매각허가결정을 취소하고 강제경매 신청을 기각한다는 결정을 한 사안에서, 위 화해권고결정의 '집행권원에 기한 강제집행을 불허한다.'는 내용은 형성소송인 청구이의의 소의 재판 대상으로 당사자가 자유롭게 처분할 수 있는 사항이 아니어서, 그 문구 그대로 확정되더라도 집행권원에 기한 강제집행을 허가하지 않는 효력은 생기지 않고, 집행권원 이 확정판결로서 갖는 집행력은 여전히 남아 있게 되므로, 위 화해권고결정 정본은 민사집행법 제49조 제1호에서 정한 '강제집행을 허가하지 아니하는 취지를 적은 집행력 있는 재판의 정본'에 해당하지 않고, 다만 화해권고결정의 문구를 부집행 합의가 이루어졌다는 뜻으로 새길 여지가 있고, 당사자 사이에 강제집행을 하지 않기로 하는 합의를 담은 화해조서 정본도 집행취소서류가 되나, 그 서류를 매각허가결 정이 있은 뒤에 제출한 경우에는 매수인의 동의를 받아야 집행취소의 효력이 생기는 것인데, 위 화해권 고결정 정본이 민사집행법 제49조 제1호에서 정한 집행취소서류임을 전제로 한 사법보좌관의 처분이 정당하다고 본 원심결정은 수긍하기 어렵다고 한 사례이다(대결 2022.6.7. 2022그534).

[**❸ ▸ ○**]　경매절차의 진행에 관한 경매법원의 결정에 대하여 집행에 관한 이의를 신청하려면, 원칙적 으로 그와 같은 경매법원의 결정에 대하여 법률상의 이해관계를 가져야만 할 것인바, 장차 경매절차에서 응찰할 예정이라는 사유만으로는 그 경매절차에 관하여 법률상 이해관계를 가진다고 할 수 없어 집행에 관한 이의를 신청할 적격이 없다(대결 1999.11.17. 99마2551).

[**❹ ▸ ○**]　집행절차에 관한 집행법원의 재판에 대하여는 특별한 규정이 있어야만 즉시항고(卽時抗告) 를 할 수 있는데(민사집행법 제15조 제1항), 이러한 즉시항고는 집행정지의 효력을 가지지 아니한다. 다만, 항고법원(재판기록이 원심법원에 남아 있는 때에는 원심법원)은 즉시항고에 대한 결정이 있을 때까지 담보를 제공하게 하거나 담보를 제공하게 하지 아니하고 원심재판의 집행을 정지하거나 집행절차의 전부 또는 일부를 정지하도록 명할 수 있고, 담보를 제공하게 하고 그 집행을 계속하도록 명할 수 있다(민 사집행법 제15조 제6항). 그러나 확정되어야 효력이 발생하는 재판에 대하여 즉시항고가 제기된 경우에는 즉시항고로 인하여 재판의 확정이 차단되므로 따로 집행정지처분이 필요 없다.

[**❺ ▸ ○**]　항고는 편면적 불복절차이므로 항고장에 반드시 피항고인의 표시가 있어야 하는 것은 아니 고, 또 항고장을 반드시 상대방에게 송달하여야 하는 것은 아니다(대결 1966.8.12. 65마473).

답 **❷**

잠정처분(민사집행법 제46조)에 관한 다음 설명 중 가장 옳지 않은 것은?

① 잠정처분은 청구이의의 소 등이 계속 중인 경우 신청할 수 있고, 이러한 소가 제기되지 않았는데도 신청한 경우 그 신청은 부적법하다.

② 법원이 담보를 제공하게 하고 강제집행을 정지하도록 명하는 잠정처분을 하였는데 그 담보금액이 과다하여 부당한 경우, 강제집행정지를 원하는 신청인은 담보제공명령에 대하여만 독립하여 불복할 수 있다.

③ 집행권원상의 채무자가 집행권원에 대한 강제집행정지를 위하여 공탁한 담보는 강제집행정지로 인하여 채권자에게 생길 손해를 담보하기 위한 것이므로, 강제집행정지의 대상인 집행권원에 기한 기본채권 자체를 담보하지 않는다.

④ 채무부존재확인의 소를 제기한 것만으로는 잠정처분을 할 요건이 갖추어졌다고 할 수 없다.

⑤ 잠정처분은 특별한 사정이 없는 한 본안소송인 이의의 소에 대한 판결 선고 시까지 효력이 있고, 인가의 재판이 없으면 판결 선고와 함께 실효된다. 다만 법원의 재량에 의하여 판결 확정 시까지로 그 시한을 정하는 것은 가능하다.

[**❶ ▶ ○**] 확정판결 또는 이와 동일한 효력이 있는 채무명의에 기한 강제집행의 정지는 오직 강제집행에 관한 법규 중에 그에 관한 규정이 있는 경우에 한하여 가능하고, 이와 같은 규정에 의함이 없이 일반적인 가처분의 방법으로 강제집행을 정지시킨다는 것은 허용되지 아니하며, 민사집행법 제46조 제2항 소정의 강제집행에 관한 잠정처분은 청구이의 소송이 계속 중임을 요하고, 이러한 집행정지요건이 결여되었음에도 불구하고 제기된 집행정지신청은 부적법하다(대결 2003.9.8. 2003그74).

[**❷ ▶ ✕**] 수소법원이 민사집행법 제48조 제2항 소정의 강제집행정지결정 등을 명하기 위하여 담보제공명령을 내렸다면 이러한 담보제공명령은 나중에 있을 강제집행을 정지하는 재판에 대한 중간적 재판에 해당하는바, 위 명령에서 정한 공탁금액이 너무 과다하여 부당하다고 하더라도 이는 강제집행정지의 재판에 대한 불복절차에서 그 당부를 다툴 수 있을 뿐, 중간적 재판에 해당하는 담보제공명령에 대하여는 독립하여 불복할 수 없다(대결 2001.9.3. 2001그85 참조).

[**❸ ▶ ○**] 집행권원상의 채무자가 집행권원에 대한 강제집행정지를 위하여 공탁(이하 '재판상 담보공탁'이라고 한다)한 담보는 강제집행정지로 인하여 채권자(피공탁자)에게 생길 손해를 담보하기 위한 것이므로, 강제집행정지의 대상인 집행권원에 기한 기본채권 자체를 담보하지 않는다(대판 2017.4.28. 2016다277798).

[**❹ ▶ ○**] 민사집행법 제46조 제2항의 잠정처분은 확정판결 또는 이와 동일한 효력이 있는 집행권원의 실효를 구하거나 집행력 있는 정본의 효력을 다투거나 목적물의 소유권을 다투는 구제절차 등에서 수소법원이 종국판결을 선고할 때까지 잠정적인 처분을 하도록 하는 것으로서, 청구이의 판결 등의 종국재판이 해당 물건에 대한 강제집행을 최종적으로 불허할 수 있음을 전제로 강제집행을 일시정지시키는 것이다. 따라서 승소하더라도 그와 같은 효력이 인정되지 않는 채무부존재확인의 소를 제기한 것만으로는 위 조항에 의한 잠정처분을 할 요건이 갖추어졌다고 할 수 없다(대결 2015.1.30. 2014그553).

[**❺ ▶ ○**] 잠정처분은 특별한 사정이 없는 한 본안소송인 이의의 소에 대한 "판결 선고 시"까지 효력이 있고, 인가의 재판이 없으면 판결 선고와 함께 실효된다. 다만, 판례는 법원의 재량에 의하여 "판결 확정 시"까지로 그 시한을 정하여도 위법이 아니라고 해석하고 있다(대결 1977.12.21. 77그6 참조).

답 ❷

26   제3자이의의 소에 관한 다음 설명 중 가장 옳지 않은 것은?   2023년

① 제3자이의의 소는 등기청구권을 포함하여 모든 재산권을 대상으로 하는 집행에 대하여 적용되는 것이므로, 등기청구권에 대하여 압류명령이 있은 경우에 집행채무자 아닌 제3자가 자신이 진정한 등기청구권의 귀속자로서 자신의 등기청구권의 행사에 있어 위 압류로 인하여 장애를 받는 경우에는 그 등기청구권이 자기에게 귀속함을 주장하여 집행채권자에 대하여 제3자이의의 소를 제기할 수 있다.

② 가압류 부동산을 양수한 제3취득자의 변제로 인하여 피보전채권이 소멸되면 그 제3취득자는 가압류 채권자에 대한 관계에 있어서도 소유권 취득을 대항할 수 있게 되어 가압류 채권자에 의한 강제집행은 결국 채무자 이외의 제3자의 소유물에 대하여 시행된 것이 되어 허용될 수 없다.

③ 제3자이의의 소의 이의원인은 소유권에 한정되는 것이 아니고 집행목적물의 양도나 인도를 막을 수 있는 권리이면 족하나, 집행목적물이 집행채무자의 소유에 속하지 아니한 경우에 집행채무자와 사이의 계약관계에 의거하여 집행채무자에 대하여 목적물의 반환을 구할 채권적 청구권을 가지고 있는 제3자는 그 채권적 청구권으로 제3자이의의 소를 제기할 수는 없다.

④ 물건에 대한 매각절차는 종료되었으나 배당절차는 아직 종료되지 아니한 경우, 경매목적물의 경락인이 유효하게 소유권을 취득한다면 경매절차에서 집행관이 영수한 매득금은 경매목적물의 대상물로서 제3자이의의 소에서 승소한 자가 그 대상물에 대하여 권리를 주장할 수 있다고 할 것이므로, 매각절차가 종료되었다고 하더라도 배당절차가 종료되지 않은 이상 제3자이의의 소는 여전히 소의 이익이 있다.

⑤ 제3자이의의 소의 원고적격은 집행의 목적물에 대하여 양도 또는 인도를 저지할 권리가 있음을 주장하는 제3자에게 있고, 제3자란 집행권원 또는 집행문에 채권자, 채무자 또는 그 승계인으로 표시된 자 이외의 자를 말하며, 승계집행문으로 인하여 피고의 승계인으로 표시된 자가 그 집행권원의 집행력의 배제를 구하는 소는 제3자이의의 소라 할 수 없다.

··

[**❶ ▸ O**]   제3자이의의 소는 등기청구권을 포함하여 모든 재산권을 대상으로 하는 집행에 대하여 적용되는 것이므로, 등기청구권에 대하여 압류명령이 있은 경우에 집행채무자 아닌 제3자가 자신이 진정한 등기청구권의 귀속자로서 자신의 등기청구권의 행사에 있어 위 압류로 인하여 장애를 받는 경우에는 그 등기청구권이 자기에게 귀속함을 주장하여 집행채권자에 대하여 제3자이의의 소를 제기할 수 있다(대판 1999.6.11. 98다52995).

[**❷ ▸ O**]   가압류 부동산을 양수한 제3취득자의 변제로 인하여 피보전채권이 소멸되면 그 제3취득자는 가압류 채권자에 대한 관계에 있어서도 소유권 취득을 대항할 수 있게 되어 가압류 채권자에 의한 강제집행은 결국 채무자 이외의 제3자의 소유물에 대하여 시행된 것이 되어 허용될 수 없다(대판 1982.9.14. 81다527).

[**❸ ▸ ✕**]   제3자이의의 소의 이의원인은 소유권에 한정되는 것이 아니고 집행목적물의 양도나 인도를 막을 수 있는 권리이면 족하며, 집행목적물이 집행채무자의 소유에 속하지 아니한 경우에는 집행채무자와 사이의 계약관계에 의거하여 집행채무자에 대하여 목적물의 반환을 구할 채권적 청구권을 가지고 있는 제3자는 집행에 의한 양도나 인도를 막을 이익이 있으므로 그 채권적 청구권도 제3자이의의 소의 이의원인이 될 수 있다(대판 2003.6.13. 2002다16576).

[**❹** ▸ ○] 물건에 대한 매각절차는 종료되었으나 배당절차는 아직 종료되지 아니한 경우, 경매목적물의 경락인이 유효하게 소유권을 취득한다면 경매절차에서 집행관이 영수한 매득금은 경매목적물의 대상물로서 제3자이의의 소에서 승소한 자가 그 대상물에 대하여 권리를 주장할 수 있다고 할 것이므로, 매각절차가 종료되었다고 하더라도 배당절차가 종료되지 않은 이상 제3자이의의 소는 여전히 소의 이익이 있다(대판 1997.10.10. 96다49049).

[**❺** ▸ ○] 제3자이의의 소의 원고적격은 집행의 목적물에 대하여 양도 또는 인도를 저지할 권리가 있음을 주장하는 제3자에게 있고, 제3자란 채무명의 또는 집행문에 채권자, 채무자 또는 그 승계인으로 표시된 자 이외의 자를 말하며, 승계집행문으로 인하여 피고의 승계인으로 표시된 자가 그 채무명의의 집행력의 배제를 구하는 소는 제3자이의의 소라 할 수 없다(대판 1992.10.27. 92다10883).

답 ❸

CHAPTER 09 집행비용

제2절 **집행비용의 부담**

27
☐☐☐
민사집행절차에서 집행비용(민사집행법 제53조)에 관한 다음 설명 중 가장 옳지 않은 것은?

2025년

① 강제집행에 필요한 비용은 채무자가 부담하고 그 집행에 의하여 우선적으로 변상을 받는데 이러한 집행비용은 집행권원 없이도 배당재단으로부터 각 채권액에 우선하여 배당받을 수 있다.

② 집행비용이란 각 채권자가 지출한 비용의 전부가 포함되는 것이 아니라 배당재단으로부터 우선변제를 받을 집행비용만을 의미한다.

③ 집행비용에 해당하려면 강제집행을 직접 목적으로 하여 지출된 비용으로서 강제집행의 준비 및 실시를 위하여 필요한 비용이어야 하고, 나아가 집행절차에서 모든 채권자를 위해 체당한 공익비용이어야 한다. 따라서 채권자가 현실적으로 지출한 비용이어도 당해 집행과 무관하거나 필요가 없는 것은 집행비용에 해당하지 않는다.

④ 강제집행의 기초가 된 판결이 파기된 때에는 채권자는 채무자가 부담한 집행비용을 채무자에게 변상하여야 하고, 그 변상하여야 할 금액은 채무자의 신청을 받아 집행법원이 결정으로 정한다.

⑤ 부동산을 목적으로 하는 담보권 실행을 위한 경매절차에서 그 경매신청 전에 부동산의 소유자가 사망하였으나 그 상속인이 상속등기를 마치지 않아 경매신청인이 경매절차의 진행을 위하여 부득이 상속인을 대위하여 상속등기를 마친 경우, 그 상속등기를 마치기 위해 지출한 비용은 담보권 실행을 위한 경매를 직접 목적으로 하여 지출된 비용으로서 그 경매절차의 준비 또는 실시를 위하여 필요한 비용이라고 볼 수 없고, 나아가 그 경매절차에서 모든 채권자를 위해 체당한 공익비용으로서 집행비용에 해당한다고 할 수 없다.

⋯⋯⋯

[❶ ▸ O] [❷ ▸ O] 강제집행에 필요한 비용은 채무자가 부담하고 그 집행에 의하여 우선적으로 변상을 받는다(민사집행법 제53조 제1항). 집행비용은 집행권원 없이도 배당재단으로부터 각 채권액에 우선하여 배당받을 수 있다. 여기서 집행비용이란 각 채권자가 지출한 비용의 전부가 아니라 배당재단으로부터 우선변제를 받을 집행비용만을 의미하며, 이에 해당하는 것으로서는 당해 경매절차를 통하여 모든 채권자를 위하여 체당한 비용으로서의 성질을 띤 집행비용(공익비용)에 한한다. 집행비용에는 민사집행의 준비 및 실시를 위하여 필요한 비용이 포함된다(대판 2011.2.10. 2010다79565).

[❸ ▸ O] 집행비용에 해당하려면 강제집행을 직접 목적으로 하여 지출된 비용으로서 강제집행의 준비 및 실시를 위하여 필요한 비용이어야 하고, 나아가 집행절차에서 모든 채권자를 위해 체당한 공익비용이어야 한다. 채권자가 현실적으로 지출한 비용이어도 당해 집행과 무관하거나 필요가 없는 것은 집행비용

에 해당하지 않는다(대판 2021.10.14. 2016다201197).

[**④ ▸ O**] 강제집행의 기초가 된 판결이 파기된 때에는 채권자는 채무자가 부담한 집행비용을 채무자에게 변상하여야 하나(민사집행법 제53조 제2항 참조), 그 변상하여야 할 금액은 채무자의 신청을 받아 집행법원이 결정으로 정하는 것으로서(민사집행규칙 제24조 제1항 참조), 집행비용액 확정절차와는 별개의 절차에서 이루어지는 것이다(대결 2009.3.2. 2008마1778).

[**⑤ ▸ ✕**] 집행비용에 관한 민사집행법 제53조 제1항은 담보권 실행을 위한 경매절차에도 준용된다(민사집행법 제275조). 부동산을 목적으로 하는 담보권 실행을 위한 경매절차에서 그 경매신청 전에 부동산의 소유자가 사망하였으나 그 상속인이 상속등기를 마치지 않아 경매신청인이 경매절차의 진행을 위하여 부득이 상속인을 대위하여 상속등기를 마쳤다면 그 상속등기를 마치기 위해 지출한 비용은 담보권 실행을 위한 경매를 직접 목적으로 하여 지출된 비용으로서 그 경매절차의 준비 또는 실시를 위하여 필요한 비용이고, 나아가 그 경매절차에서 모든 채권자를 위해 체당한 공익비용이므로 집행비용에 해당한다고 봄이 타당하다(대판 2021.10.14. 2016다201197).

답 ⑤

28

집행비용에 관한 다음 설명 중 가장 옳지 않은 것은?   2024년

① 배당재단으로부터 집행권원 없이도 우선변제받을 집행비용에 해당하려면 강제집행을 직접 목적으로 하여 지출된 비용으로서 강제집행의 준비 및 실시를 위하여 필요한 비용이어야 하고, 나아가 집행절차에서 모든 채권자를 위해 대지급한 공익비용이어야 한다.

② 가등기담보권자는 귀속정산 과정에서 담보목적물의 교환가치를 파악하기 위하여 쓴 감정평가비용 등을 실행비용으로서 청산금에서 공제할 수 있을 뿐, 청산의 결과로서 본등기를 마치기 위해 지출한 절차비용과 취득세 등은 스스로 부담해야 한다.

③ 부동산 인도 및 차임 상당의 부당이득반환청구가 하나의 판결로 확정된 경우 부동산 인도 강제집행의 집행비용에 대한 집행법원의 집행비용액확정 결정이 없다면, 그 집행비용을 위 부동산 인도 강제집행의 집행권원인 부당이득반환청구사건의 확정판결에 기한 강제경매절차에서 추심할 수 없다.

④ 강제집행이 신청의 취하 또는 집행처분의 취소 등으로 인하여 그 목적을 달성하지 못하고 끝난 경우 당사자는 집행이 끝날 당시에 집행이 계속된 법원에 집행비용의 부담 및 집행비용액확정 재판을 신청할 수 있고, 법원은 당사자의 신청에 따라 해당 비용이 지출된 시기, 채권자가 이를 지출할 필요성, 강제집행과의 관련성 및 강제집행이 끝나게 된 원인이나 경위 등 여러 사정을 종합하여 집행비용을 부담할 당사자와 그 부담액을 정할 수 있다.

⑤ 단체 임원 등의 직무대행자를 선임하는 가처분의 경우, 채권자가 예납한 금전에서 지급된 직무대행자의 보수는 가처분의 집행에 소요되는 비용에 해당한다고 볼 수 없으므로 민사집행법 제53조 제1항에서 정해진 집행비용에 해당하지 않는다.

[**❶ ▸ ○**] 강제집행에 필요한 비용은 채무자가 부담하고 그 집행에 의하여 우선적으로 변상을 받는다 (민사집행법 제53조 제1항). 집행비용은 집행권원 없이도 배당재단으로부터 각 채권액에 우선하여 배당받을 수 있다. 여기서 집행비용이란 각 채권자가 지출한 비용의 전부가 포함되는 것이 아니라 배당재단으로부터 우선변제를 받을 집행비용만을 의미한다. 이러한 집행비용에 해당하려면 강제집행을 직접 목적으로 하여 지출된 비용으로서 강제집행의 준비 및 실시를 위하여 필요한 비용이어야 하고, 나아가 집행절차에서 모든 채권자를 위해 체당한 공익비용이어야 한다. 채권자가 현실적으로 지출한 비용이어도 당해 집행과 무관하거나 필요가 없는 것은 집행비용에 해당하지 않는다(대판 2021.10.14. 2016다201197).

[**❷ ▸ ○**] 귀속정산에 의한 가등기담보권 실행도 민사집행법에 따라 담보물을 매각하지 않을 뿐 담보로 파악한 교환가치만큼을 채권자에게 이전한다는 점에서 경매에 의한 실행과 본질이 같으므로, 청산금에서 공제할 수 있는 가등기담보권 실행비용은 경매절차의 집행비용에 상응하는 것이어야 한다. 그러므로 가등기담보권자는 귀속정산 과정에서 담보목적물의 교환가치를 파악하기 위하여 쓴 감정평가비용 등을 실행비용으로서 청산금에서 공제할 수 있을 뿐, 청산의 결과로서 본등기를 마치기 위해 지출한 절차비용과 취득세 등은 스스로 부담해야 한다(대판 2022.4.14. 2017다266177).

[**❸ ▸ ○**] 강제집행에 필요한 비용은 채무자가 부담하고 그 강제집행절차에서 우선적으로 변상받을 수 있으나 당해 강제집행절차에서 변상을 받지 못한 비용은 집행법원의 집행비용액확정결정을 받아 이를 집행권원으로 하는 별도의 금전집행을 하여야 하므로, 부동산 명도 강제집행의 집행비용에 대한 집행법원의 집행비용액확정결정이 없는 경우, 그 집행비용을 위 부동산 명도 강제집행의 집행권원인 확정판결에 기한 강제경매절차에서 추심할 수 없다(대판 2006.10.12. 2004재다818). ☞ 원심이 그 판시의 건물 명도집행비용을 이 사건 부당이득금반환청구채권의 집행권원에 기한 강제경매절차 내에서 추심할 수 없다고 판단한 것은 정당하다.

[**❹ ▸ ○**] 민사집행법 제53조 제1항은 "강제집행에 필요한 비용은 채무자가 부담하고 그 집행에 의하여 우선적으로 변상을 받는다"라고 정하는바, 강제집행이 그 목적을 달성하여 끝난 경우에는 위 규정에 따라 그 집행에 필요한 비용은 채무자가 부담한다. 반면 강제집행이 신청의 취하 또는 집행처분의 취소 등으로 인하여 그 목적을 달성하지 못하고 끝난 경우 그때까지의 절차와 그 준비에 든 비용이 민사집행법 제53조 제1항에서 정한 집행비용에 해당한다고 볼 수는 없다. 그러나 이러한 경우에도 해당 강제집행이 그 목적을 달성하지 못하고 끝나게 된 사정을 고려하지 아니한 채 그 비용을 일률적으로 채권자에게 부담시키는 것은 형평에 반하여 부당하다. 따라서 이때는 민사집행법 제23조가 준용하는 민사소송법 제114조에 근거하여 당사자는 집행이 끝날 당시에 집행이 계속된 법원에 집행비용의 부담 및 집행비용액 확정 재판을 신청할 수 있고, 법원은 당사자의 신청에 따라 해당 비용이 지출된 시기, 채권자가 이를 지출할 필요성, 강제집행과의 관련성 및 강제집행이 끝나게 된 원인이나 경위 등 여러 사정을 종합하여 집행비용을 부담할 당사자와 그 부담액을 정할 수 있다고 보아야 한다(대결 2023.9.1. 2022마5860).

[**❺ ▸ ✕**] 민사집행법 제53조 제1항은 강제집행에 필요한 비용은 채무자가 부담하고 그 집행에 의하여 우선적으로 변상을 받도록 규정하고 있고, 민사집행규칙 제24조 제1항은 민사집행법 제53조 제1항의 규정에 따라 채무자가 부담하여야 할 집행비용으로서 그 집행절차에서 변상받지 못한 비용은 당사자의 신청을 받아 집행법원이 결정으로 정하도록 규정하고 있다. 그리고 가압류·가처분의 집행에 관하여는 강제집행에 관한 규정이 준용되므로(민사집행법 제291조, 제301조) 가압류·가처분의 집행에 소요되는 비용은 집행비용에 해당하고, 단체 임원 등의 직무대행자를 선임하는 가처분의 경우, 채권자가 예납한 금전에서 지급된 직무대행자의 보수는 가처분의 집행에 소요되는 비용에 해당하므로 민사집행법 제53조 제1항에 정해진 집행비용으로 보아야 한다(대결 2011.4.28. 2011마197).

답 **❺**

CHAPTER
01

금전채권에 기초한 강제집행

제2절 **집행보조절차 – 재산명시절차**

29 재산명시절차에 관한 다음 설명 중 가장 옳지 않은 것은? 2023년
□□□

① 재산명시절차는 다른 강제집행절차에 선행하거나 부수하는 절차가 아니라 그 자체가 독립적인 절차이고, 그 절차를 개시하기 위해서는 다른 강제집행의 경우와 마찬가지로 집행력 있는 정본과 집행개시의 요건을 갖추어야 한다.

② 가집행의 선고가 붙어 집행력을 가지는 집행권원을 제외한 금전의 지급을 목적으로 하는 집행권원이기만 하면 재산명시신청을 할 수 있으나, 채무자 회생 및 파산에 관한 법률상의 개인회생채권자표, 회생채권자표, 파산채권자표 등의 집행권원에 기초한 재산명시신청은 허용되지 아니한다.

③ 채무자에 대한 재산명시명령의 송달은 민사소송법 제187조의 우편송달이나 민사소송법 제194조의 공시송달의 방법에 의할 수 없지만, 채무자가 재산명시명령을 송달받은 뒤 송달장소를 바꾸고도 그 취지를 법원에 신고하지 아니하여 달리 송달할 장소를 알 수 없는 경우에는 종전에 송달받던 장소에 등기우편 발송의 방법으로 송달할 수 있고, 이 경우 서류를 발송한 때에 송달된 것으로 본다.

④ 재산명시신청을 각하·기각하는 결정에 대하여 채권자는 즉시항고를 할 수 있으나, 재산명시명령에 대하여 채무자는 즉시항고가 허용되지 아니하고 재산명시명령을 송달받은 날부터 1주일 이내에 이의신청을 할 수 있다.

⑤ 채무자가 재산명시기일에 불출석한 경우에 그 기일이 연기되지 않는 한 새로운 명시기일을 열지 않고 감치재판절차로 넘어가지만, 채무자가 감치의 집행 중에 재산명시명령을 이행하겠다고 신청한 때에는 법원은 바로 명시기일을 열어야 한다.

．．

[**❶▸O**] 재산명시절차는 일정한 집행권원에 기한 금전채무를 이행하지 아니하는 경우에 법원이 그 채무자로 하여금 강제집행의 대상이 되는 재산상태를 명시한 재산목록을 제출하게 하여 재산관계를 공개하고 그 재산목록의 진실함을 선서하게 하는 법적 절차를 말한다(민사집행법 제61조 제1항). 재산명시절차는 다른 강제집행절차에 선행하거나 부수하는 절차가 아니라 그 자체가 독립적인 절차이고, 그 절차를 개시하기 위해서는 다른 강제집행의 경우와 마찬가지로 집행력 있는 정본과 집행개시의 요건을 갖추어야 한다(민사집행법 제61조 제2항). **실무제요 집행 1**

[**❷▸×**] 민사집행법 제61조는 "금전의 지급을 목적으로 하는 집행권원" 중 '가집행의 선고가 붙어 집행력을 가지는 집행권원'을 제외한 모든 집행권원에 기초한 재산명시신청을 허용하고 있다. 따라서 금전의 지급을 목적으로 하는 집행권원이기만 하면, 확정판결, 화해·인낙조서, 확정된 지급명령, 확정

된 이행권고결정, 확정된 화해권고결정, 민사조정조서, 조정을 갈음하는 결정, 가사소송법에 의한 확정판결·심판·조정조서는 물론 항고로만 불복할 수 있는 재판(민사집행법 제56조 제1항)과 집행증서(민사집행법 제56조 제4호)도 재산명시신청을 할 수 있는 집행권원이 된다. 또한「채무자 회생 및 파산에 관한 법률」상의 개인회생채권자표, 회생채권자표, 파산채권자표 등의 집행권원에 기초한 재산명시신청도 허용된다. **실무제요 집행 1**

[❸ ▸ ○] 법원은 재산명시신청에 정당한 이유가 있다고 인정한 때에는 결정의 형식으로 채무자에게 재산상태를 명시한 재산목록을 제출하도록 명하고(민사집행법 제62조 제1항), 이 명령을 재산명시신청을 한 채권자와 채무자에게 송달하여야 한다(민사집행법 제62조 제4항). 재산명시명령의 송달은 민사소송법 제178조 제1항에 의하여 그 등본으로도 가능하다(대결 2003.10.14. 2003마1144). 채무자에게 하는 재산명시명령의 송달은 민사소송법 제187조에 의한 등기우편 발송의 방법이나 민사소송법 제194조에 의한 공시송달의 방법으로는 할 수 없다(민사집행법 제62조 제5항). 다만, 채무자는 재산명시명령(결정)을 송달받은 뒤 송달장소를 바꾼 때에는 그 취지를 법원에 바로 신고하여야 하는데, 그러한 신고를 하지 아니하여 달리 송달할 장소를 알 수 없는 경우 종전에 송달받던 장소에 대법원 규칙이 정하는 방법(등기우편, 민사소송규칙 제51조)으로 발송할 수 있고, 이 경우 서류를 발송한 때에 송달된 것으로 본다(민사집행법 제62조 제9항, 민사소송법 제185조 제2항 및 제189조).

[❹ ▸ ○] 재산명시신청을 각하·기각하는 결정에 대하여는 채권자는 즉시항고를 할 수 있다(민사집행법 제62조 제8항). 재산명시명령에 대하여 채무자는 재산명시명령을 송달받은 날부터 1주 이내에 이의신청을 할 수 있다(민사집행법 제63조). 재산명시명령에 대한 즉시항고는 허용되지 않는다. **실무제요 집행 1**

[❺ ▸ ○] 채무자는 재산명시기일에 출석하여야 한다. 채무자가 법인 또는 민사소송법 제52조의 비법인사단이나 재단인 때에는 그 대표자 또는 관리인이 출석하여야 한다(민사집행법 제68조 제2항 참조). 대리선서는 허용되지 않기 때문에 대리인만 출석하여서는 아니 된다. 채무자가 재산명시기일에 불출석한 경우에 그 기일이 연기되지 않는 한 새로운 명시기일을 열지 않고 감치재판절차로 넘어가지만, 채무자가 감치의 집행 중에 재산명시명령을 이행하겠다고 신청한 때에는 법원은 바로 재산명시기일을 열어야 한다. 채권자는 재산명시기일에 출석하지 아니하여도 되고(민사집행규칙 제27조 제3항), 소송대리인으로 하여금 출석하게 할 수도 있다.

답

30 채무불이행자명부 등재에 관한 다음 설명 중 가장 옳지 않은 것은? 2022년

① 채무불이행자명부 등재제도는 채무를 이행하지 아니하는 불성실한 채무자의 인적 사항을 공개함으로써 명예와 신용의 훼손과 같은 불이익을 가하고 이를 통하여 채무의 이행에 노력하게 하는 간접강제의 효과를 거둠과 아울러 일반인으로 하여금 거래상대방에 대한 신용조사를 용이하게 하여 거래의 안전을 도모하게 함을 목적으로 하는 제도이다.

② 채무자가 금전의 지급을 명한 집행권원이 확정된 후 6월 이내에 채무를 이행하지 아니하는 때 등에는 채권자는 그 채무자를 채무불이행자명부에 올리도록 신청할 수 있고, 법원은 위 신청에 정당한 이유가 있는 때에는 채무자를 채무불이행자명부에 올리는 결정을 하여야 하나, 등재신청에 정당한 이유가 없거나 쉽게 강제집행할 수 있다고 인정할 만한 명백한 사유가 있는 때에는 결정으로 이를 기각하여야 한다.

③ 채무불이행자명부 등재의 소극적 요건인 '쉽게 강제집행할 수 있다고 인정할 만한 명백한 사유'란 채무자가 보유하고 있는 재산에 대하여 많은 시간과 비용을 투입하지 아니하고서도 강제집행을 통하여 채권의 만족을 얻을 수 있다는 점이 특별한 노력이나 조사 없이 확인 가능하다는 것을 의미하고, 그 사유의 존재에 관하여는 채권자가 이를 증명한다.

④ 채무불이행자명부 등재결정이 확정된 후라도 변제, 그 밖의 사유로 채무가 소멸되었다는 것이 증명된 때에 법원은 채무자의 신청에 따라 채무불이행자명부에서 그 이름을 말소하는 결정을 한다.

⑤ 채무불이행자명부 등재결정 또는 신청기각결정에 대하여는 즉시항고를 할 수 있으나, 집행정지의 효력은 없으므로 채무자가 즉시항고를 하더라도 명부등재 및 비치는 집행된다.

....

[**❶**▸○] [**❸**▸✕] 채무불이행자명부 등재제도는 채무를 이행하지 아니하는 불성실한 채무자의 인적 사항을 공개함으로써 명예와 신용의 훼손과 같은 불이익을 가하고 이를 통하여 채무의 이행에 노력하게 하는 간접강제의 효과를 거둠과 아울러 일반인으로 하여금 거래상대방에 대한 신용조사를 용이하게 하여 거래의 안전을 도모하게 함을 목적으로 하는 제도로서, 그 소극적 요건인 '쉽게 강제집행할 수 있다고 인정할 만한 명백한 사유'란 채무자가 보유하고 있는 재산에 대하여 많은 시간과 비용을 투입하지 아니하고서도 강제집행을 통하여 채권의 만족을 얻을 수 있다는 점이 특별한 노력이나 조사 없이 확인 가능하다는 것을 의미하고, 그 사유의 존재에 관하여는 <u>채무자가 이를 증명한다</u>(대결 2010.9.9. 2010마779).
[**❷**▸○] 민사집행법 제70조 제1항, 제71조 제1항·제2항

> **민사집행법 제70조(채무불이행자명부 등재신청)**
> ① 채무자가 다음 각 호 가운데 어느 하나에 해당하면 채권자는 그 채무자를 채무불이행자명부(債務不履行者名簿)에 올리도록 신청할 수 있다.
>   1. 금전의 지급을 명한 집행권원이 확정된 후 또는 집행권원을 작성한 후 6월 이내에 채무를 이행하지 아니하는 때. 다만, 제61조 제1항 단서에 규정된 집행권원의 경우를 제외한다.
>   2. 제68조 제1항 각 호의 사유 또는 같은 조 제9항의 사유 가운데 어느 하나에 해당하는 때

[**④ ▸ ○**] 변제, 그 밖의 사유로 채무가 소멸되었다는 것이 증명된 때에는 법원은 채무자의 신청에 따라 채무불이행자명부에서 그 이름을 말소하는 결정을 하여야 한다(민사집행법 제73조 제1항).

[**⑤ ▸ ○**] 채무불이행자명부 등재결정 또는 신청기각결정에 대하여는 즉시항고를 할 수 있으나(민사집행법 제71조 제3항 전문), 이 경우 민사소송법 제447조의 규정을 준용하지 아니하여(민사집행법 제71조 제3항 후문) 집행정지의 효력이 없으므로 즉시항고를 하더라도 명부등재 및 비치는 집행된다.

답 ③

제4절 **집행보조절차 – 재산조회제도**

31 재산명시, 채무불이행자명부 등재, 재산조회절차 등에 관한 다음 설명 중 가장 옳지 않은 것은?

2025년

① 금전의 지급을 목적으로 하는 집행권원에 기초하여 강제집행을 개시할 수 있는 채권자는 채무자의 보통재판적이 있는 곳의 법원에 채무자의 재산명시를 요구하는 신청을 할 수 있다. 다만, 민사소송법 제213조에 따른 가집행의 선고가 붙은 판결 또는 같은 조의 준용에 따른 가집행의 선고가 붙어 집행력을 가지는 집행권원의 경우에는 그러하지 아니하다.

② 변제, 그 밖의 사유로 채무가 소멸되었다는 것이 증명되거나 채무불이행자명부에 오른 다음 해부터 10년이 지난 때에는 법원은 직권으로 채무불이행자명부에서 그 이름을 말소하는 결정을 하여야 한다.

③ 채무자가 재산명시명령을 송달받은 날부터 1주 이내에 이의신청을 한 때에는 법원은 이의신청사유를 조사할 기일을 정하고 채권자와 채무자에게 이를 통지하여야 한다.

④ 재산명시절차의 관할 법원은 재산명시절차에서 채무자가 제출한 재산목록의 재산만으로는 집행채권의 만족을 얻기에 부족한 경우, 그 재산명시를 신청한 채권자의 신청에 따라 개인의 재산 및 신용에 관한 전산망을 관리하는 공공기관·금융기관·단체 등에 채무자명의의 재산에 관하여 조회할 수 있다.

⑤ 재산명시신청에 정당한 이유가 없거나, 채무자의 재산을 쉽게 찾을 수 있다고 인정한 때에는 법원은 결정으로 이를 기각하여야 한다. 이 재판은 채무자를 심문하지 아니하고 한다.

[❶ ▸ ○] 민사집행법 제61조 제1항

> **민사집행법 제61조(재산명시신청)**
> ① 금전의 지급을 목적으로 하는 집행권원에 기초하여 강제집행을 개시할 수 있는 채권자는 <u>채무자의</u> <u>보통재판적이 있는 곳의 법원에 채무자의 재산명시를 요구하는 신청을 할 수 있다.</u> 다만, <u>민사소송법</u> <u>제213조에 따른 가집행의 선고가 붙은 판결 또는 같은 조의 준용에 따른 가집행의 선고가 붙어 집행력을</u> <u>가지는 집행권원의 경우에는 그러하지 아니하다.</u>
> ② 제1항의 신청에는 집행력 있는 정본과 강제집행을 개시하는데 필요한 문서를 붙여야 한다.

[❷ ▸ ✕] 민사집행법 제73조 제1항, 제3항

> **민사집행법 제73조(명부등재의 말소)**
> ① <u>변제, 그 밖의 사유로 채무가 소멸되었다는 것이 증명된 때에는 법원은 <u>채무자의 신청에 따라</u> 채무불이행</u> 자명부에서 그 이름을 말소하는 결정을 하여야 한다.
> ② 채권자는 제1항의 결정에 대하여 즉시항고를 할 수 있다. 이 경우 민사소송법 제447조의 규정은 준용하 지 아니한다.
> ③ <u>채무불이행자명부에 오른 다음 해부터 10년이 지난 때에는 법원은 <u>직권으로</u> 그 명부에 오른 이름을 말소하는 결정을 하여야 한다.</u>

[❸ ▸ ○] 민사집행법 제63조 제1항, 제2항

> **민사집행법 제63조(재산명시명령에 대한 이의신청)**
> ① <u>채무자는 재산명시명령을 송달받은 날부터 1주 이내에 이의신청을 할 수 있다.</u>
> ② 채무자가 제1항에 따라 이의신청을 한 때에는 법원은 이의신청사유를 조사할 기일을 정하고 <u>채권자와</u> <u>채무자에게 이를 통지하여야</u> 한다.
> ③ 이의신청에 정당한 이유가 있는 때에는 법원은 결정으로 재산명시명령을 취소하여야 한다.
> ④ 이의신청에 정당한 이유가 없거나 채무자가 정당한 사유 없이 기일에 출석하지 아니한 때에는 법원은 결정으로 이의신청을 기각하여야 한다.
> ⑤ 제3항 및 제4항의 결정에 대하여는 즉시항고를 할 수 있다.

[❹ ▸ ○] 민사집행법 제74조 제1항 제2호

> **민사집행법 제74조(재산조회)**
> ① 재산명시절차의 관할 법원은 다음 각 호의 어느 하나에 해당하는 경우에는 그 <u>재산명시를 신청한 채권자</u> <u>의 신청에 따라</u> 개인의 재산 및 신용에 관한 전산망을 관리하는 공공기관·금융기관·단체 등에 채무자 명의의 재산에 관하여 조회할 수 있다.
> 　1. 재산명시절차에서 채권자가 제62조 제6항의 규정에 의한 주소보정명령을 받고도 민사소송법 제194 조 제1항의 규정에 의한 사유로 인하여 채권자가 이를 이행할 수 없었던 것으로 인정되는 경우
> 　2. 재산명시절차에서 채무자가 제출한 재산목록의 재산만으로는 집행채권의 만족을 얻기에 부족한 경우
> 　3. 재산명시절차에서 제68조 제1항 각 호의 사유 또는 동조 제9항의 사유가 있는 경우
> ② 채권자가 제1항의 신청을 할 경우에는 조회할 기관·단체를 특정하여야 하며 조회에 드는 비용을 미리 내야 한다.

[❺ ▸ ○] 민사집행법 제62조 제2항, 제3항

> **민사집행법 제62조(재산명시신청에 대한 재판)**
> ① 재산명시신청에 정당한 이유가 있는 때에는 법원은 채무자에게 재산상태를 명시한 재산목록을 제출하도록 명할 수 있다.
> ② 재산명시신청에 정당한 이유가 없거나, 채무자의 재산을 쉽게 찾을 수 있다고 인정한 때에는 법원은 결정으로 이를 기각하여야 한다.
> ③ 제1항 및 제2항의 재판은 채무자를 심문하지 아니하고 한다.

답 ❷

제6절 | **부동산에 대한 강제집행 − 집행대상으로서의 부동산**

32
☐☐☐

미등기 부동산에 대한 경매에 관한 다음 설명 중 가장 옳지 않은 것은?   2023년

① 건물이 완성되었더라도 준공검사를 받지 아니하여 그 보존등기를 경료하지 못한 상태에 있다면 이는 유체동산집행의 대상이 된다.

② 토지에 관한 저당권자가 민법 제365조에 따라 그 지상의 미등기건물에 관하여 토지와 함께 경매를 신청하는 경우에는 지상 건물이 채무자 또는 저당권설정자의 소유임을 증명하는 서류를 첨부하여야 한다.

③ 지하 4층, 지상 12층으로 건축허가를 받았으나 지상 8층까지 골조공사가 완료된 채 공사가 중단된 건물은 민사집행법상 강제집행이나 보전처분의 대상이 될 수 있다고 단정하기 어렵다.

④ 법원이 집행관에 의한 현황조사를 거쳐 경매신청이 된 미등기 건물이 경매의 대상이 되는 건물이라고 판단하여 강제경매개시결정을 하고 등기관에게 강제경매개시결정등기를 촉탁한 경우라도 등기관으로서는 그 심사 결과 등기요건에 합당하지 아니하면 강제경매개시결정등기의 촉탁을 각하하여야 한다.

⑤ 채무자가 아직 소유권을 취득하지 못하고 소유권이전등기청구권만 가지고 있는 부동산에 관하여는 채무자의 명의로 등기를 하기 전에는 강제집행을 신청할 수 없다.

[❶ ▸ ×] 건물이 이미 완성되었으나 단지 준공검사만을 받지 아니하여 그 보존등기를 경료하지 못한 상태에 있다면 위와 같이 완성된 건물은 부동산등기법상 당연히 등기적격이 있는 것이고, 비록 준공검사를 마치지 아니함으로써 부동산등기법상 보존등기 신청시에 필요한 서류를 교부받지 못하여 아직 등기를 하지 못하고 있는 경우라고 하더라도 그와 같은 사정만으로 위 완성된 건물이 민사소송법 제527조 제2항 제1호(현행 민사집행법 제189조 제2항 제1호)의 "등기할 수 없는 토지의 정착물로서 독립하여 거래의 객체가 될 수 있는 것"에 해당하여 유체동산집행의 대상이 되는 것이라고 할 수 없다(대결 1994.4.12. 93마1933).

[❷ ▸ ○] 등기부에 채무자의 소유로 등기되지 아니한 부동산에 대하여 경매신청을 할 때에는 즉시 채무자의 명의로 등기할 수 있음을 증명할 서류를 첨부하여야 하고(민사집행법 제81조, 제268조), 미등기건물의 소유권보존등기는 가옥대장등본에 의하여 자기 또는 피상속인이 가옥대장에 소유자로서 등록되어 있는 것을 증명하는 자나 판결 또는 기타 시·구·읍·면의 장의 서면에 의하여 자기의 소유권을 증명하는 자 및 수용으로 인하여 소유권을 취득하였음을 증명하는 자만이 이를 신청할 수 있는 것이므로(부동산등기법 제131조), 토지에 대한 저당권자가 민법 제365조에 의하여 그 지상의 미등기건물에 대하여 토지와 함께 경매를 청구하는 경우에는 지상 건물이 채무자 또는 저당권설정자의 소유임을 증명하는 서류로서 부동산등기법 제131조 소정의 서면을 첨부하여야 한다(대결 1995.12.11. 95마1262).

[❸ ▸ ○] 甲 주식회사 대표이사 등인 피고인들이 공모하여 회사 채권자들의 강제집행을 면탈할 목적으로 甲 회사가 시공 중인 건물의 건축주 명의를 甲 회사에서 乙 주식회사로 변경하였다는 내용으로 기소된 사안에서, 위 건물은 지하 4층, 지상 12층으로 건축허가를 받았으나 명의 변경 당시 지상 8층까지 골조공사가 완료된 채 공사가 중단되었던 사정에 비추어 민사집행법상 강제집행이나 보전처분의 대상이 될 수 있다고 단정하기 어렵다고 한 사례(대판 2014.10.27. 2014도9442)

[❹ ▸ ○] 등기관은 실체법상의 권리관계와 일치하는지 여부를 심사할 실질적 심사권한은 없으나 신청서 및 그 첨부서류와 등기부에 의하여 등기요건에 합당한지 여부를 심사할 형식적 심사권한이 있으므로, 법원이 집행관에 의한 현황조사를 거쳐 경매 신청이 된 미등기건물이 경매의 대상이 되는 건물이라고 판단하여 강제경매개시결정을 하고 등기관에게 강제경매개시결정등기를 촉탁한 경우라도, 등기관으로서는 그 촉탁서 및 첨부서류에 의하여 등기요건에 합당한지 여부를 심사할 권한이 있고, 그 심사 결과 등기요건에 합당하지 아니하면 강제경매개시결정등기의 촉탁을 각하하여야 한다(대결 2008.3.27. 2006마920).

[❺ ▸ ○] 미등기 부동산이라도 채무자의 소유이면 민사집행법 제81조 제1항 제2호 본문에 따라 즉시 채무자 명의로 등기할 수 있다는 것을 증명할 서류를 붙여서 강제경매신청을 할 수 있다. 민사집행법 제81조 제1항 제2호에서 말하는 '채무자의 소유로 등기되지 아니한 부동산'이란 미등기 부동산을 말하는 것으로서 제3자 명의로 등기가 마쳐진 부동산은 이에 해당하지 않으므로, 채무자가 아직 소유권을 취득하지 못하고 소유권이전등기청구권만 가지고 있는 부동산에 관하여는 채무자의 명의로 등기를 하기 전에는 강제집행을 신청할 수 없다. 또한 제3자 명의로 등기되어 있는 부동산에 관하여는 사실상 그 부동산이 채무자의 소유라고 하더라도 채무자 명의로 등기가 회복되지 않는 한 경매신청을 할 수 없는 것이고, 채권자가 그 부동산에 관하여 채무자의 제3채무자에 대한 소유권이전등기청구권을 압류하고 민사집행법 제244조 제2항에 정한 권리이전명령을 받았다고 하더라도 그에 따라 제3채무자로부터 채무자 명의로 소유권이전등기가 마쳐지지 아니한 이상 이와 달리 볼 수 없다(대결 2007.5.22. 2007마200).

답 ❶

강제집행의 대상에 관한 다음 설명 중 가장 옳지 않은 것은?　　　2023년

① 미분리 천연과실은 토지의 구성부분이므로 통상은 그 토지에 대한 압류의 효력이 미친다. 다만 천연과실은 원물로부터 분리하는 때에 이를 수취할 권리자에게 속하고, 토지에서 분리하기 전의 과실로서 1개월 이내에 수확할 수 있는 것은 유체동산 집행의 대상이 된다.

② 집합건물에서 구분소유자의 대지사용권은 규약으로써 달리 정하는 등 특별한 사정이 없는 한 전유부분과 종속적 일체불가분성이 인정되어 전유부분에 대한 가압류결정의 효력은 종물 또는 종된 권리인 대지사용권에도 미치는 것이므로, 건축자의 대지소유권에 관하여 부동산등기법에 따른 구분건물의 대지권등기가 마쳐지지 않았다 하더라도 전유부분에 관한 경매절차가 진행되어 그 경매절차에서 전유부분을 매수한 매수인은 전유부분과 함께 대지사용권을 취득한다.

③ 공장재단, 광업재단을 구성하는 기계·기구 등은 동산이라 하더라도 유체동산집행의 대상이 될 수 없고 그 저당권의 목적물인 토지, 건물, 광업권 등과 함께 부동산에 대한 강제집행의 방법에 의하여 경매를 할 수 있을 뿐이다.

④ 채권담보를 목적으로 하는 가등기상의 권리, 부동산환매권 등은 모두 그 밖의 재산권에 대한 강제집행의 대상이 될 수 있을 뿐이고 부동산집행의 목적은 되지 않는다.

⑤ 구분소유권의 객체로서 적합한 물리적 요건을 갖추지 못한 건물의 일부는 그에 관한 구분소유권이 성립할 수 없는 것이나, 건축물관리대장상 독립한 별개의 구분건물로 등재되고 등기부상에도 구분소유권의 목적으로 등기되어 있어 이러한 등기에 기초하여 경매절차가 진행되어 매각허가를 받고 매각대금이 납부되었다면 매수인은 소유권을 취득한다.

[❶ ▶ O] 미분리 천연과실은 토지의 구성부분이므로 통상은 그 토지에 대한 압류의 효력이 이에 미친다. 다만 천연과실은 원물로부터 분리하는 때에 이를 수취할 권리자에게 속하고(민법 제102조 제1항), 토지에서 분리하기 전의 과실로서 1개월 이내에 수확할 수 있는 것은 유체동산으로 취급되므로(민사집행법 제189조 제2항 제2호), 이에 대하여는 유체동산에 대한 강제집행을 할 수 있다.　**실무제요 집행 2**

[❷ ▶ O] 집합건물에서 구분소유자의 대지사용권은 규약으로써 달리 정하는 등의 특별한 사정이 없는 한 전유부분과 종속적 일체불가분성이 인정되어 전유부분에 대한 경매개시결정과 압류의 효력은 종물 또는 종된 권리인 대지사용권에도 미치는 것이므로(집합건물법 제20조 제1항, 제2항), 건축자의 대지소유권에 관하여 부동산등기법에 따른 구분건물의 대지권등기가 마쳐지지 않았다 하더라도 전유부분에 관한 경매절차가 진행되어 그 경매절차에서 전유부분을 매수한 매수인은 전유부분과 함께 대지사용권을 취득한다(대판 2012.3.29. 2011다79210).

[❸ ▶ O] 「공장 및 광업재단 저당법」에 의한 공장재단 및 광업재단은 1개의 부동산으로 취급되어 강제경매의 대상이 된다(공장 및 광업재단 저당법 제12조 제1항, 제54조). 즉 공장재단, 광업재단을 구성하는 기계·기구 등은 동산이라 하더라도 유체동산집행의 대상이 될 수 없고 그 저당권의 목적물인 토지, 건물, 광업권 등과 함께 부동산에 대한 강제집행의 방법에 의하여 경매를 할 수 있을 뿐이다. 매각부동산이 공장재단, 광업재단의 일부를 구성하고 있을 때에는 이에 대한 개별집행은 금지되므로 재단의 일부에 속함이 드러난 경우에는 매각절차를 취소하여야 한다(공장 및 광업재단 저당법 제14조, 제54조).
　실무제요 집행 2

[❹ ▶ O] 채권담보를 목적으로 하는 가등기상의 권리, 부동산환매권 등은 모두 그 밖의 재산권에 대한 강제집행의 대상이 될 수 있을 뿐이고 부동산집행의 목적은 되지 않는다.　**실무제요 집행 2**

[**❺** ▸ ✕] 1동의 건물의 일부분이 구분소유권의 객체가 될 수 있으려면 그 부분이 이용상은 물론 구조상으로도 다른 부분과 구분되는 독립성이 있어야 하고, 그 이용 상황 내지 이용 형태에 따라 구조상의 독립성 판단의 엄격성에 차이가 있을 수 있으나, 구조상의 독립성은 주로 소유권의 목적이 되는 객체에 대한 물적 지배의 범위를 명확히 할 필요성 때문에 요구된다고 할 것이므로, 구조상의 구분에 의하여 구분소유권의 객체 범위를 확정할 수 없는 경우에는 구조상의 독립성이 있다고 할 수 없다. 그리고 구분소유권의 객체로서 적합한 물리적 요건을 갖추지 못한 건물의 일부는 그에 관한 구분소유권이 성립할 수 없는 것이어서, 건축물관리대장상 독립한 별개의 구분건물로 등재되고 등기부상에도 구분소유권의 목적으로 등기되어 있어 이러한 등기에 기초하여 경매절차가 진행되어 매각허가를 받고 매수대금을 납부하였다 하더라도, 그 등기는 그 자체로 무효이므로 매수인은 소유권을 취득할 수 없다(대결 2010.1.14. 2009마1449).

답 ❺

34 집행관에 의한 현황조사에 관한 다음 설명 중 가장 옳지 않은 것은? 2025년

① 법원은 경매개시결정을 한 뒤에 바로 집행관에게 부동산의 현상, 점유관계, 차임 또는 보증금의 액수, 그 밖의 현황에 관하여 조사하도록 명하여야 한다.

② 채무자 소유의 부동산이 등기되지 아니한 건물인 경우에는 그 건물이 채무자의 소유임을 증명할 서류, 그 건물의 지번·구조·면적을 증명할 서류 및 그 건물에 관한 건축허가 또는 건축신고를 증명할 서류를 강제경매신청서에 첨부하여야 하나, 이 건물의 지번·구조·면적을 증명하지 못한 때에는 집행법원에 경매신청과 동시에 그 조사를 집행법원에 신청할 수 있다. 이 경우 법원은 집행관에게 그 조사를 하게 하여야 한다.

③ 집행관은 건물의 지번·구조·면적의 증명을 위한 조사를 위하여 건물에 출입할 수 있고, 채무자 또는 건물을 점유하는 제3자에게 질문하거나 문서를 제시하도록 요구할 수 있고, 건물에 출입하기 위하여 필요한 때에는 잠긴 문을 여는 등 적절한 처분을 할 수 있다.

④ 집행관은 집행을 하기 위하여 필요한 경우에는 채무자의 주거·창고 그 밖의 장소를 수색하고, 잠근 문과 기구를 여는 등 적절한 조치를 할 수 있다. 이 경우에 저항을 받으면 집행관은 경찰 또는 국군의 원조를 요청할 수 있다.

⑤ 법원의 현황조사명령에 따라 현황조사를 하려는 집행관은 주민등록법상 전입세대확인서의 열람이나 교부신청을 할 수 있는 자에는 해당하나 현행 법령상 외국인체류확인서의 열람이나 교부신청을 할 수 있는 자에는 해당하지 아니한다.

┈┈

[**❶** ▸ ○] 민사집행법 제85조 제1항

> **민사집행법 제85조(현황조사)**
> ① 법원은 경매개시결정을 한 뒤에 바로 집행관에게 부동산의 현상, 점유관계, 차임(借賃) 또는 보증금의 액수, 그 밖의 현황에 관하여 조사하도록 명하여야 한다.
> ② 집행관이 제1항의 규정에 따라 부동산을 조사할 때에는 그 부동산에 대하여 제82조에 규정된 조치를 할 수 있다.

[**②** ▸ ○] 민사집행법 제81조 제1항 제2호 단서, 제3항 및 제4항

> **민사집행법 제81조(첨부서류)**
> ① 강제경매신청서에는 집행력 있는 정본 외에 다음 각 호 가운데 어느 하나에 해당하는 서류를 붙여야한다.
>   1. 채무자의 소유로 등기된 부동산에 대하여는 등기사항증명서
>   2. 채무자의 소유로 등기되지 아니한 부동산에 대하여는 즉시 채무자명의로 등기할 수 있다는 것을 증명할 서류. 다만, <u>그 부동산이 등기되지 아니한 건물인 경우에는 그 건물이 채무자의 소유임을 증명할 서류, 그 건물의 지번·구조·면적을 증명할 서류 및 그 건물에 관한 건축허가 또는 건축신고를 증명할 서류</u>
> ② 채권자는 공적 장부를 주관하는 공공기관에 제1항 제2호 단서의 사항들을 증명하여 줄 것을 청구할 수 있다.
> ③ 제1항 제2호 단서의 경우에 건물의 지번·구조·면적을 증명하지 못한 때에는, 채권자는 경매신청과 동시에 그 조사를 집행법원에 신청할 수 있다.
> ④ 제3항의 경우에 법원은 집행관에게 그 조사를 하게 하여야 한다.
> ⑤ 강제관리를 하기 위하여 이미 부동산을 압류한 경우에 그 집행기록에 제1항 각 호 가운데 어느 하나에 해당하는 서류가 붙어 있으면 다시 그 서류를 붙이지 아니할 수 있다.

[**③** ▸ ○] 민사집행법 제82조

> **민사집행법 제82조(집행관의 권한)**
> ① 집행관은 제81조 제4항의 조사를 위하여 건물에 출입할 수 있고, 채무자 또는 건물을 점유하는 제3자에게 질문하거나 문서를 제시하도록 요구할 수 있다.
> ② 집행관은 제1항의 규정에 따라 건물에 출입하기 위하여 필요한 때에는 잠긴 문을 여는 등 적절한 처분을 할 수 있다.

[**④** ▸ ○] 민사집행법 제5조 제1항 및 제2항

> **민사집행법 제5조(집행관의 강제력 사용)**
> ① 집행관은 집행을 하기 위하여 필요한 경우에는 채무자의 주거·창고 그 밖의 장소를 수색하고, 잠근 문과 기구를 여는 등 적절한 조치를 할 수 있다.
> ② 제1항의 경우에 저항을 받으면 집행관은 경찰 또는 국군의 원조를 요청할 수 있다.
> ③ 제2항의 국군의 원조는 법원에 신청하여야 하며, 법원이 국군의 원조를 요청하는 절차는 대법원규칙으로 정한다.

[**⑤** ▸ ×] 법원의 현황조사명령에 따라 현황조사를 하려는 집행관은 주민등록법상 전입세대확인서의 열람이나 교부신청을 할 수 있는 자에 해당하고(주민등록법 제29조의2 제2항 제3호 라목), 출입국관리법상 외국인체류확인서의 열람이나 교부신청을 할 수 있는 자에도 해당한다(출입국관리법 제88조의3 제2항 제3호 라목).

답 ⑤

35 부동산경매 신청에 관한 다음 설명 중 가장 옳지 않은 것은? 　　　2021년

① 신청서는 서면으로 작성하여야 하며, 첨부할 인지는 정액으로 강제경매인 경우 집행권원의 수에 따른 인지를, 담보권실행을 위한 경매인 경우 경매 대상 부동산의 수에 따른 인지를 붙여야 한다.

② 신청서에는 채권자·채무자와 법원의 표시, 부동산의 표시를 기재하여야 하며 강제경매는 경매의 이유가 된 일정한 채권과 집행할 수 있는 일정한 집행권원을, 담보권 실행을 위한 경매는 담보권과 피담보채권의 표시 등을 기재하여야 한다.

③ 임차인이 임차주택에 대하여 보증금반환청구소송의 확정판결이나 그 밖에 이에 준하는 집행권원에 따라서 경매를 신청하는 경우에는 집행개시요건에 관한 민사집행법 제41조에도 불구하고 반대의무의 이행이나 이행의 제공을 집행개시의 요건으로 하지 아니한다.

④ 미등기 토지인 경우에도 즉시 채무자의 소유로 등기할 수 있다는 것을 증명하는 서류를 첨부하면 경매신청을 할 수 있는데, 그에 해당하는 서류는 토지·임야대장, 소유권을 증명하는 확정판결, 수용증명서 등이다.

⑤ 부동산경매의 신청을 하는 때에는 채권자는 집행에 필요한 비용으로서 집행법원이 정하는 금액을 미리 내야 하고, 채권자가 비용을 미리 내지 아니한 때에는 집행법원은 결정으로 경매신청을 각하하거나 집행절차를 취소할 수 있다.

．．．

[**❶** ▶ ✕] 부동산경매신청서는 서면으로 작성하여야 하고(민사집행법 제4조), 강제경매인 경우 집행권원의 수에 따른 인지를(재민 87-9), 담보권 실행을 위한 경매인 경우 <u>저당권마다 정해진 인지를 붙여야</u> 한다(재민 69-1).

[**❷** ▶ ○] 민사집행법 제80조, 제268조, 민사집행규칙 제192조

> **민사집행법 제80조(강제경매신청서)**
> 강제경매신청서에는 다음 각 호의 사항을 적어야 한다.
> 　1. <u>채권자·채무자와 법원의 표시</u>
> 　2. <u>부동산의 표시</u>
> 　3. <u>경매의 이유가 된 일정한 채권과 집행할 수 있는 일정한 집행권원</u>
>
> **민사집행법 제268조(준용규정)**
> 부동산을 목적으로 하는 담보권 실행을 위한 경매절차에는 제79조 내지 제162조의 규정을 준용한다.
>
> **민사집행규칙 제192조(신청서의 기재사항)**
> 담보권 실행을 위한 경매, 법 제273조의 규정에 따른 담보권 실행이나 권리행사 제201조에 규정된 예탁유가증권에 대한 담보권 실행 또는 제201조의2에 규정된 전자등록주식등에 대한 담보권 실행(다음부터 "경매등"이라 한다)을 위한 신청서에는 다음 각 호의 사항을 적어야 한다.
> 　1. 채권자·채무자·소유자(광업권·어업권, 그 밖에 부동산에 관한 규정이 준용되는 권리를 목적으로 하는 경매의 신청, 법 제273조의 규정에 따른 담보권 실행 또는 권리행사의 신청 제201조에 규정된 예탁유가증권에 대한 담보권실행신청 및 제201조의2에 규정된 전자등록주식등에 대한 담보권실행신청의 경우에는 그 목적인 권리의 권리자를 말한다)와 그 대리인의 표시

2. 담보권과 피담보채권의 표시
3. 담보권 실행 또는 권리행사의 대상인 재산의 표시
4. 피담보채권의 일부에 대하여 담보권 실행 또는 권리행사를 하는 때에는 그 취지와 범위

[❸ ▸ ○] 임차인(제3조 제2항 및 제3항의 법인을 포함한다)이 임차주택에 대하여 보증금반환청구소송의 확정판결이나 그 밖에 이에 준하는 집행권원에 따라서 경매를 신청하는 경우에는 집행개시요건에 관한 민사집행법 제41조에도 불구하고 반대의무의 이행이나 이행의 제공을 집행개시의 요건으로 하지 아니한다(주택임대차보호법 제3조의2 제1항).

[❹ ▸ ○] 미등기토지라 하더라도 채무자의 소유이면 민사집행법 제81조 제1항 제2호 본문에 따라 즉시 채무자 명의로 등기할 수 있었다는 것을 증명할 서류를 붙여서 강제경매신청을 할 수 있다. 미등기토지에 관하여 경매개시결정을 하여 등기촉탁을 하면 등기관이 직권으로 소유권보존등기를 하고 경매개시결정등기를 하게 된다. 채무자의 명의로 등기할 수 있음을 증명할 서류는 토지대장, 임야대장, 확정판결, 수용증명서(재결서등본과 보상금수령증 원본 또는 공탁서 원본) 등이다(부동산등기법 제65조).

실무제요 집행 2

[❺ ▸ ○] 민사집행법 제18조 제1항·제2항

민사집행법 제18조(집행비용의 예납 등)
① 민사집행의 신청을 하는 때에는 채권자는 민사집행에 필요한 비용으로서 법원이 정하는 금액을 미리 내야 한다. 법원이 부족한 비용을 미리 내라고 명하는 때에도 또한 같다.
② 채권자가 제1항의 비용을 미리 내지 아니한 때에는 법원은 결정으로 신청을 각하하거나 집행절차를 취소할 수 있다.

답 ❶

① 집행력 있는 공정증서 정본상 차용원금채권 및 이에 대한 그 변제기까지의 이자 이외에 변제기 이후 다 갚을 때까지의 지연손해금채권에 대하여는 아무런 표시가 되어 있지 않는 한 그 지연손해금채권은 강제경매의 청구금액에 포함될 수 없다.

② 강제경매절차에서 경매신청 시 채권의 일부청구를 한 경우 경매개시결정 후에는 청구금액의 확장은 허용되지 않으나, 경매개시결정 후 배당요구종기까지 채권계산서를 제출하면서 청구금액을 확장하였다면 민사집행법 제88조의 배당요구의 효력은 인정할 수 있다.

③ 담보권 실행을 위한 경매절차에 있어 신청채권자가 신청서에 이자 등 부대채권을 표시하였다 하더라도 채권계산서에 의하여 부대채권을 증액하는 것은 그 제출시기에 상관없이 허용되지 않는다.

④ 담보권 실행을 위한 경매신청도 소멸시효 중단사유가 되나, 그 경매신청서의 청구금액에 기재되지 아니한 채권은 경매신청에 의하여 시효가 중단되지 않고, 가분채권의 경우 그 일부가 청구금액에 포함되지 않았다면 그 부분의 시효는 중단되지 않는다.

⑤ 경매신청서에 청구금액으로서 원리금의 기재가 있는데 경매개시 결정서에는 원금만이 기재되어 있다고 하여서 매각대금에서 채권자가 변제받을 수 있는 금액이 원금에 한정된다고 할 수는 없다.

....

[❶ ▸ ○] 강제집행에 있어서 채권자가 채무자에 대하여 가지는 집행채권의 범위는 채무명의에 표시된 바에 의하여 정하여지므로, 채무명의, 즉 집행력 있는 공정증서 정본상 차용원금채권 및 이에 대한 그 변제기까지의 이자 이외에 변제기 이후 다 갚을 때까지의 지연손해금채권에 대하여는 아무런 표시가 되어 있지 않는 한 그 지연손해금채권에 대하여는 강제집행을 청구할 수 없다(대결 1994.5.13. 94마542).

[❷ ▸ ○] 강제경매에 있어서 채권의 일부청구를 한 경우에 그 경매절차 개시를 한 후에는 청구금액의 확장은 허용되지 않고 그 후에 청구금액을 확장하여 잔액의 청구를 하였다 하여도 배당요구의 효력밖에는 없는 것이다(대결 1983.10.15. 83마393).

[❸ ▸ ✕] 담보권 실행을 위한 경매절차에 있어 신청채권자가 이자 등 부대채권을 특정액으로 표시하였다가 나중에 채권신고서에 의하여 그 부대채권을 증액하는 방법으로 청구금액을 확장하는 경우 그 확장은 늦어도 채권신고서의 제출시한인 배당요구의 종기까지는 이루어져야 하고, 그 이후에는 허용되지 않는다(대판 2001.3.23. 99다115260).

[❹ ▸ ○] 경매신청서의 청구금액에 기재되지 아니한 채권은 경매신청에 의하여 시효가 중단되지 아니하고, 가분채권의 경우 일부가 청구금액에 포함되지 아니하였다면 그 부분도 시효가 중단되지 아니한다고 보아야 할 것이며, 경매신청서의 청구금액에 포함되어 있었다 하더라도 채권계산서에 기재된 채권에 한하여 소멸시효 중단의 효력이 있다(대판 1991.12.10. 91다17092).

[❺ ▸ ○] 경매신청서에 청구금액으로서 원리금의 기재가 있는데 경매개시결정서에는 원금만이 기재되어 있다고 하여서 매득금에서 채권자가 변제받을 수 있는 금액이 원금에 한정된다고 할 수는 없다(대결 1968.6.3. 68마378).

답 ❸

부동산에 대한 강제집행 – 경매개시결정

37
☐☐☐

부동산에 대한 경매개시결정에 관한 다음 설명 중 가장 옳지 않은 것은?　　　2021년

① 경매신청서에 청구금액으로서 원리금의 기재가 있는데 경매개시결정에는 원금만이 기재되어 있다고 하여 매각대금에서 채권자가 변제받을 수 있는 금액이 원금에 한정된다고 할 수는 없다.

② 강제경매절차 또는 담보권 실행을 위한 경매절차를 개시하는 결정을 한 부동산에 대하여 다른 강제경매의 신청이 있는 때에는 법원은 다시 경매개시결정을 하고, 먼저 경매개시결정을 한 집행절차에 따라 경매한다.

③ 피담보채권을 저당권과 함께 양수한 자가 저당권이전의 부기등기를 마치고 저당권실행을 위한 경매를 신청한 경우 경매개시결정을 할 때에 양수인이 채무자에 대한 채권양도의 대항요건을 갖추었다는 점을 증명하여야 한다.

④ 담보권 실행을 위한 경매에 있어서 피담보채무가 일부라도 잔존하는 한 법원은 저당목적물 전부에 관하여 경매개시결정을 하여야 하고 그 개시결정에 표시된 채권액이 현존 채권액과 상위하다 하여 이를 이유로 경매개시결정에 대한 이의를 할 수 없다.

⑤ 담보권자가 피담보채권의 조건이 성취되기 전에 담보권을 실행하여 경매절차가 개시되었더라도 그 경매신청이나 경매개시결정이 무효로 되는 것은 아니고, 이러한 경우 채무자나 소유자는 경매개시결정에 대한 이의신청 등으로 경매절차의 진행을 저지할 수 있을 뿐이다.

⋯⋯⋯

[❶ ▸ ○] 대결 1968.6.3. 68마378

[❷ ▸ ○] 강제경매절차 또는 담보권 실행을 위한 경매절차를 개시하는 결정을 한 부동산에 대하여 다른 강제경매의 신청이 있는 때에는 법원은 다시 경매개시결정을 하고, 먼저 경매개시결정을 한 집행절차에 따라 경매한다(민사집행법 제87조 제1항).

[❸ ▸ ✕] 집행법원은 담보권의 존재에 관해서 위 서류의 한도에서 심사를 하며, 그 밖의 실체법상의 요건은 신청서에 기재하도록 하는 데 그치고, 담보권실행을 위한 경매절차의 개시요건으로서 이를 증명하도록 요구하고 있지 않다. 따라서 피담보채권을 저당권과 함께 양수한 자는 저당권이전의 부기등기를 마치고 저당권실행의 요건을 갖추고 있는 한 채권양도의 대항요건을 갖추고 있지 아니하더라도 경매신청을 할 수 있으며, 이 경우에 경매개시결정을 할 때에 피담보채권의 양수인이 채무자에 대한 채권양도의 대항요건을 갖추었다는 점을 증명할 필요는 없지만, 적어도 그와 같은 사유는 경매개시결정에 대한 이의나 항고절차에서는 신청채권자가 증명하여야 한다(대결 2014.12.2. 2014마1412).

[❹ ▸ ○] (담보권 실행을 위한 경매와 같은) 임의경매에 있어서 저당채무가 일부라도 잔존하는 한 법원은 저당목적물 전부에 관하여 경매개시결정을 하여야 하고 그 개시결정에 표시된 채권액이 현존 채권액과 상위하다 하여 채권액이 확정되는 것도 아니므로 이를 이유로서 그 결정에 대한 이의를 할 수 없다(대결 1971.3.31. 71마96).

[❺ ▸ ○] 담보권자가 피담보채권의 조건이 성취되기 전에 담보권을 실행하여 경매절차가 개시되었더라도 그 경매신청이나 경매개시결정이 무효로 되는 것은 아니고, 이러한 경우 채무자나 소유자는 경매개시결정에 대한 이의신청 등으로 경매절차의 진행을 저지할 수 있을 뿐이다. 따라서 이러한 조치를 취하지 아니한 채 경매절차가 진행되어 매각허가결정에 따라 매각대금이 납입되었다면, 이로써 매수인은 유효하게 매각부동산의 소유권을 취득하고 신청채권자의 담보권은 소멸하므로, 장래에 발생할 조건부 채권을 피담보채권으로 하여 임의경매를 신청한 담보권자도 배당을 받을 수 있다(대판 2015.12.24. 2015다200531).

답 ❸

경매개시결정에 관한 다음 설명 중 가장 옳지 않은 것은?

① 경매개시결정은 채무자에게 고지되어야만 효력이 생기고, 경매개시결정의 고지 없이는 유효하게 경매절차를 속행할 수 없다.

② 집행절차의 법적 안정성을 보장할 목적으로 부동산에 관하여 경매개시결정등기가 된 뒤에 비로소 부동산의 점유를 이전받거나 피담보채권이 발생하여 유치권을 취득한 경우에는 경매절차의 매수인에 대하여 유치권을 행사할 수 없다.

③ 부동산에 관하여 이중경매개시결정이 내려진 후에 선행 경매신청이 취하되거나 그 절차가 취소 또는 정지된 경우, 그때까지 진행된 선행 경매절차의 결과는 후행 매각절차에서 유효한 범위에서 후행 경매절차에 그대로 승계되어 이용된다.

④ 체납처분압류가 되어 있는 부동산에 대하여 경매절차가 개시되기 전에 민사유치권을 취득한 유치권자는 경매절차의 매수인에게 유치권을 행사할 수 없다.

⑤ 경매로 인한 압류의 효력이 발생하기 전에 유치권을 취득한 경우, 유치권 취득시기가 근저당권설정 후라거나 유치권 취득 전에 설정된 근저당권에 기하여 경매절차가 개시되었더라도 유치권으로 경매절차의 매수인에게 대항할 수 있다.

....

[**❶** ▸ ○] 경매개시결정은 비단 압류의 효력을 발생시키는 것일 뿐만 아니라 경매절차의 기초가 되는 재판이어서 그것이 당사자에게 고지되지 않으면 효력이 있다고 할 수 없고 따라서 따로 압류의 효력이 발생하였는지 여부에 관계없이 경매개시결정의 고지 없이는 유효하게 경매절차를 속행할 수 없다(대결 1991.12.16. 91마239).

[**❷** ▸ ○] 집행절차의 법적 안정성을 보장할 목적으로 부동산에 관하여 경매개시결정등기가 된 뒤에 비로소 부동산의 점유를 이전받거나 피담보채권이 발생하여 유치권을 취득한 경우에는 경매절차의 매수인에 대하여 유치권을 행사할 수 없다(대판 2022.12.29. 2021다253710).

[**❸** ▸ ○] 강제경매 또는 담보권실행을 위한 경매개시결정이 이루어진 부동산에 대하여 다른 채권자로부터 또다시 경매신청이 있어 이중경매개시결정을 하는 경우에 먼저 개시결정한 경매신청이 취하되거나 그 절차가 취소 또는 정지되지 아니하는 이상 뒤의 경매개시결정에 의하여 경매절차를 진행할 수는 없는 것이지만, 선행한 경매신청이 취하되거나 그 절차가 취소 또는 정지된 경우에는 후행의 경매신청인을 위하여 그때까지 진행되어 온 선행의 경매절차를 인계하여 당연하게 경매절차를 속행하여야 하는 것이고, 이 경우에 선행한 경매절차의 결과는 후행한 경매절차에서 유효한 범위에서 그대로 승계되어 이용된다(대판 2022.7.14. 2019다271685).

[**❹** ▸ ×] 부동산에 관한 민사집행절차에서는 경매개시결정과 함께 압류를 명하므로 압류가 행하여짐과 동시에 매각절차인 경매절차가 개시되는 반면, 국세징수법에 의한 체납처분절차에서는 그와 달리 체납처분에 의한 압류(이하 '체납처분압류'라고 한다)와 동시에 매각절차인 공매절차가 개시되는 것이 아닐 뿐만 아니라, 체납처분압류가 반드시 공매절차로 이어지는 것도 아니다. 또한 체납처분절차와 민사집행절차는 서로 별개의 절차로서 공매절차와 경매절차가 별도로 진행되는 것이므로, 부동산에 관하여 체납처분압류가 되어 있다고 하여 경매절차에서 이를 그 부동산에 관하여 경매개시결정에 따른 압류가 행하여진 경우와 마찬가지로 볼 수는 없다. 따라서 체납처분압류가 되어 있는 부동산이라고 하더라도 그러한 사정만으로 경매절차가 개시되어 경매개시결정등기가 되기 전에 부동산에 관하여 민사유치권을 취득한 유치권자가 경매절차의 매수인에게 유치권을 행사할 수 없다고 볼 것은 아니다(대판 2014.3.20. 2009다60336[전합]).

[**❺** ▶ **○**] 부동산 경매절차에서의 매수인은 민사집행법 제91조 제5항에 따라 유치권자에게 그 유치권으로 담보하는 채권을 변제할 책임이 있는 것이 원칙이나, 채무자 소유의 건물 등 부동산에 경매개시결정의 기입등기가 경료되어 압류의 효력이 발생한 후에 채무자가 위 부동산에 관한 공사대금 채권자에게 그 점유를 이전함으로써 그로 하여금 유치권을 취득하게 한 경우, 그와 같은 점유의 이전은 목적물의 교환가치를 감소시킬 우려가 있는 처분행위에 해당하여 민사집행법 제92조 제1항, 제83조 제4항에 따른 압류의 처분금지효에 저촉되므로 점유자로서는 위 유치권을 내세워 그 부동산에 관한 경매절차의 매수인에게 대항할 수 없다. 그러나 이러한 법리는 경매로 인한 압류의 효력이 발생하기 전에 유치권을 취득한 경우에는 적용되지 아니하고, 유치권 취득시기가 근저당권설정 후라거나 유치권 취득 전에 설정된 근저당권에 기하여 경매절차가 개시되었다고 하여 달리 볼 것은 아니다(대판 2009.1.15. 2008다70763).

답 ❹

39 □□□ 부동산에 대한 경매개시절차에 관한 다음 설명 중 가장 옳은 것은? 2023년

① 유치원교육에 직접 사용되는 교지 등 사립학교법 시행령 제12조에 정한 재산이라고 하더라도 유치원 설립자가 유치원 설립허가를 얻기 전에 담보권을 설정한 경우, 담보권자의 담보권 실행이 금지되는 것은 아니나 감독청의 처분허가를 필요로 한다. 이러한 감독청의 허가는 경매개시요건이 아니고 매수인의 소유권취득요건에 불과하므로 경매신청 시에 그 처분허가서를 제출하지 않았다 하더라도 일단 경매개시결정을 하여야 한다.

② 신탁법상의 신탁재산에 대하여는 수탁자 개인의 채권자뿐만 아니라 위탁자의 채권자도 강제집행을 할 수 없다. 다만, 신탁 전의 원인으로 발생한 권리 또는 신탁사무의 처리상 발생한 권리에 기한 경우에는 강제집행이 가능하고, '신탁전의 원인으로 발생한 권리'란 신탁 전에 이미 신탁부동산에 저당권이 설정된 경우 등 신탁재산 그 자체를 목적으로 하는 채권이 발생된 경우를 말하는 것이고 신탁 전에 위탁자에 관하여 생긴 모든 채권이 이에 포함되는 것은 아니다.

③ 최선순위의 소유권이전등기청구권의 보전을 위한 가등기가 있는 부동산에 대한 경매신청에 따라 경매절차를 진행할 경우, 경매절차 진행 중에 최선순위 가등기권자가 본등기를 마치면 경매 대상물이 채무자의 소유가 아니라 제3자인 가등기권자의 소유로 귀속되어 민사집행법 제96조 제1항에 따라 매각절차를 취소하여야 하는 위험이 발생할 수 있으므로, 최선순위의 소유권이전등기청구권의 보전을 위한 가등기가 있는 부동산에 대한 경매신청은 기각하여야 한다.

④ 국세체납절차와 민사집행절차는 별개의 절차로서 그 절차 상호 간의 관계를 조정하는 법률의 규정이 없으므로 한 쪽의 절차가 다른 쪽의 절차에 간섭을 할 수 없는 반면, 쌍방 절차에서의 각 채권자는 서로 다른 절차에서 정한 방법으로 그 다른 절차에 참여할 수밖에 없고, 다만 국세체납처분에 의한 공매절차가 진행 중에 있는 경우에는 법원은 그 부동산에 대하여 강제경매나 임의경매 절차를 별도로 진행할 수 없다.

⑤ 경매개시결정을 하는 경우에는 동시에 그 부동산의 압류를 명하여야 하는데, 그러한 압류는 채무자에게 그 결정이 송달된 때 또는 등기가 된 때에 효력이 발생하고, 경매개시결정의 송달에 위법이 있는 경우에는 경매개시결정의 등기가 기입되었다 하더라도 압류의 효력이 발생하지 않는다.

[**❶ ▸ ✕**] 학교교육에 직접 사용되는 학교법인의 재산 중 대통령령으로 정하는 것은 매도하거나 담보로 제공할 수 없다(사립학교법 제28조 제2항). 이와 관련하여 대법원 판례는, "사립학교법상의 사립학교에 해당하는 유치원 설립자 겸 경영자 소유의 재산으로서, 유치원교육에 직접 사용되는 교지 등 사립학교법 시행령 제12조 소정의 재산의 경우에는 관할관청의 처분허가 유무에 관계없이 처분할 수 없는 것이지만, 위에 해당하는 재산이라고 하더라도 유치원 설립자가 유치원 설립허가를 얻기 전에 담보권을 설정한 경우에는 담보권 성립 당시 담보제공자가 사립학교의 경영자라고 볼 수 없으므로 학교재산은 적법하게 설정된 피담보채무를 부담한 것이라 할 것이고, 적법하게 담보권이 성립한 이상 그 후에 담보제공자가 유치원 설립자의 지위를 얻었고, 그 재산이 유치원교육에 직접 사용하게 되었다고 하여 담보권자가 그 담보권을 실행하는 것이 금지된다거나 새삼스럽게 감독청의 처분허가를 필요로 한다고 볼 것은 아니다"라고 판시한 바 있다(대결 2004.7.5. 2004마97). 이와 달리, 주무관청의 허가가 없으면 처분할 수 없는 재산, 예를 들어 학교법인의 기본재산(사립학교법 제28조 제1항), 민법의 적용을 받는 재단법인의 기본재산, 전통사찰 소유의 부동산(전통사찰의 보존 및 지원에 관한 법률 제9조) 등에 대한 주무관청의 허가는 경매개시의 요건이 아니고 매수인의 소유권 취득의 요건에 불과하므로, 경매신청 시에 그 처분허가서를 제출하지 않았다 하더라도 그 허가 등을 받을 수 없는 사정이 확실하다고 인정되는 등의 특별한 사정이 없는 한 경매신청을 각하할 것은 아니라 일단 경매개시결정을 하여야 한다(대결 2014.10.17. 2014마1631; 대결 2018.7.20. 2017마1565 등). 집행법원으로서는 그 허가를 얻어 제출할 것을 특별매각조건으로 경매절차를 진행하고, 매각허가결정 시까지 이를 제출하지 못하면 매각불허가결정을 할 수밖에 없다(대결 2014.10.17. 2014마1631; 대결 2018.7.20. 2017마1565).

[**❷ ▸ ◯**] 신탁법상의 신탁재산은 수탁자의 고유재산으로부터 분리되어 독립성을 갖게 되므로, 수탁자 개인의 채권자가 신탁재산에 대하여 강제집행을 할 수 없을 뿐만 아니라(대결 2002.12.6. 2002마2754), 위탁자의 채권자도 강제집행을 할 수 없다(신탁법 제22조 제1항 본문). 다만 그 단서의 규정에 따라 신탁 전의 원인으로 발생한 권리 또는 신탁사무 처리상 발생한 권리에 기한 경우에만 예외적으로 강제집행이 허용되는데(신탁법 제22조 제1항 단서), 여기에서 위 '신탁 전의 원인으로 발생한 권리'란 신탁 전에 이미 신탁부동산에 저당권이 설정된 경우 등 신탁재산 그 자체를 목적으로 하는 채권이 발생되었을 때를 의미하는 것이고 신탁 전에 위탁자에 관하여 생긴 모든 채권이 이에 포함된다고 할 수 없다(대판 1987.5.12. 86다545).

[**❸ ▸ ✕**] 최선순위 가등기가 있음에도 다른 채권자들의 경매신청에 따라 매각절차를 진행하였다가 경매절차 진행 후에 최선순위 가등기권자가 본등기를 마치면 경매 대상물이 채무자의 소유가 아니라 제3자인 가등기권자의 소유로 귀속되어 민사집행법 제96조 제1항에 따라 매각절차를 취소하여야 하는 위험이 발생한다는 이유로, 종래에는 실무상 최선순위의 가등기가 있는 경우에는 경매개시결정을 마친 단계에서 매각절차를 사실상 중지하였다. 하지만 그 후 최선순위의 소유권이전등기청구권의 순위보전을 위한 가등기가 있는 경우라 하더라도 매수인에게 부담이 인수될 수 있다는 취지를 매각물건명세서에 기재한 후 그에 기하여 경매절차를 진행하면 충분한 것이지, 반드시 그 가등기가 담보가등기인지 순위보전의 가등기인지 밝혀질 때까지 경매절차를 중지하여야 하는 것은 아니라는 대법원 결정(대결 2003.10.6. 2003마1438)이 있은 이후로는 매각절차를 진행하는 것이 다수의 실무례이다. 즉, 위와 같이 최선순위의 소유권이전등기청구권 보전을 위한 가등기가 마쳐져 있는 부동산에 대하여도 그 가등기는 순위보전의 효력밖에 없으므로 그 부동산에 대하여 압류의 등기를 하고 강제경매절차를 속행할 수 있다. 그런데 강제경매절차 진행 중에 최선순위 가등기에 기한 본등기가 마쳐진 때에는 가등기의 순위보전의 효력에 의하여 결국 압류 이전에 소유권이 제3자에게 이전된 경우와 마찬가지로 그 매각절차를 속행할 수 없게 되므로, 집행법원은 민사집행법 제96조 제1항에 의하여 매각절차를 취소하여야 하고, 등기관은 부동산등기규칙 제147조 제1항 각 호에 규정된 등기를 제외한 경매개시결정등기를 비롯한 나머지 등기를 직권으로 말소하고 집행법원에 이를 통지하여야 한다. 실무제요 집행 2

[**❹** ▸ ×] 국세체납절차와 민사집행절차는 별개의 절차로서 그 절차 상호 간의 관계를 조정하는 법률의 규정이 없으므로 한쪽의 절차가 다른 쪽의 절차에 간섭을 할 수 없는 반면 쌍방 절차에서의 각 채권자는 서로 다른 절차에서 정한 방법으로 그 다른 절차에 참여할 수밖에 없고(대판 1989.1.31. 88다카42), 국세체납처분에 의한 공매절차가 진행 중에 있는 경우에도 법원은 그 부동산에 대하여 강제경매나 임의경매의 절차를 별도로 진행할 수 있으며, 이 경우 양 매수인 중 먼저 그 소유권을 취득한 자가 진정한 소유자로 확정된다. 체납처분에 의한 공매절차는 매각절차와 그 집행기관이 다를 뿐 아니라 그 적용할 법규가 다르므로 강제집행절차를 준용할 수 없다(대판 1998.12.11. 98두10578; 대판 2001.12.11. 2001두7329).

실무제요 집행 2

[**❺** ▸ ×] 경매개시결정에 의한 압류의 효력은 그 결정이 채무자에게 송달된 때 또는 경매개시결정의 기입등기가 된 때에 발생한다(민사집행법 제83조 제4항). 경매개시결정이 채무자에게 송달된 시기와 경매개시결정의 기입등기가 된 시기 중 먼저 된 시기에 경매개시결정의 효력, 즉 부동산 압류의 효력이 발생한다. *실무제요 집행 2* 한편 경매개시결정은 비단 압류의 효력을 발생시키는 것일 뿐만 아니라 매각절차의 기초가 되는 재판이어서 그것이 채무자에게 고지되지 않으면 효력이 없다(매각절차진행의 유효요건). 따라서 압류의 효력이 발생하였는지 여부에 관계없이 경매개시결정의 고지 없이는 유효하게 매각절차를 속행할 수 없고(대결 1991.12.16. 91마239), 채무자가 아닌 이해관계인도 채무자에 대한 경매개식결정 송달의 흠을 매각허가결정에 대한 즉시항고사유로 삼을 수 있다(대결 1997.6.10. 97마814). 집행법원이 강제경매개시결정을 채무자에게 송달하지도 않고 그 기입등기만 마친 채 매각절차를 진행하여 매각대금을 납부받더라도, 경매개시결정의 효력이 발생하지 않은 상태에서 매각절차를 속행한 이상, 그 매각허가의 효력은 없고 매수인으로서는 소유권을 취득할 수 없으며, 집행법원이 매각대금의 완납 후에 사후적으로 경매개시결정을 채무자에게 송달하였다고 하여 그 결론이 달라지는 것은 아니다(대판 1994.1.28. 93다9477).

 답 ❷

경매개시결정에 대한 이의신청에 관한 다음 설명 중 가장 옳지 않은 것은? 2018년

① 경매개시결정에 대한 이의신청을 받은 법원이 민사집행법 제86조 제2항, 제16조 제2항에 의하여 잠정처분을 하는 것은 그 이의신청에 대한 재판을 하기 전에만 허용되는 것이고, 이의신청에 대한 재판을 한 이후에는 잠정처분을 할 수 없다.

② 경매개시결정에 대한 이의신청을 기각한 결정에 관한 즉시항고도 민사집행법상의 즉시항고이므로 그에 관한 항고법원의 결정에 대한 재항고절차에서는 민사집행법상의 즉시항고와 재항고에 관한 규정이 준용된다.

③ 선순위 근저당권자가 담보권의 실행을 위한 경매신청을 함에 있어 첨부한 등기부등본이 후순위 근저당권자의 근저당권설정등기가 마쳐지기 이전에 발급받은 것이어서 후순위 근저당권자에 대한 매각기일의 통지 없이 경매절차가 진행되었다 하더라도 그와 같은 사유는 경매개시결정 자체에 대한 이의사유로 삼을 수는 없다.

④ 강제경매와 달리 임의경매절차에 있어서는 매각기일의 공고·통지 등에 관한 위법사유를 경매개시결정에 대한 이의사유로 삼을 수 있다.

⑤ 임의경매 매각절차 진행 중에 채권자와 채무자 사이에 대환의 약정이 있어서 기존채무가 소멸하였다면 그 경우 경매개시결정에 대한 이의사유가 될 수 있다.

....

[**❶ ▸ ○**] 대결 2011.5.27. 2011그64

[**❷ ▸ ○**] 경매개시결정에 대한 이의신청을 기각한 결정에 관한 즉시항고(민사집행법 제268조, 제86조)도 민사집행법상의 즉시항고이므로 그에 관한 항고법원의 결정에 대한 재항고절차에 있어서는 민사집행법상의 즉시항고와 재항고에 관한 규정이 준용된다고 할 것이다(대결 2005.2.28. 2004마1144).

[**❸ ▸ ○**] 대결 1995.11.1. 95마779

[**❹ ▸ ✕**] 경매개시결정 이후의 경매부동산의 가격평가절차나 또는 경매준비단계에 있어서의 경매기일공고 등에 관한 사유들을 경매개시결정에 대한 이의사유로 삼을 수 없는 것이다(대결 1971.7.14. 71마467). 즉, 부동산을 목적으로 하는 담보권 실행을 위한 경매절차에는 강제경매개시결정에 대한 이의신청에 관한 제86조의 규정이 준용되므로(민사집행법 제268조), 강제경매, 임의경매(담보권 실행을 위한 경매) 모두 경매개시결정 후에 생긴 경매절차상의 하자는 집행에 관한 이의로 다투어야 하고 경매개시결정에 대한 이의사유로 삼을 것이 아니다.

[**❺ ▸ ○**] 부동산임의경매절차에 있어서 매각허가결정이 확정된 이후라도 매각대금 완납 시까지는 채무자는 저당채무를 변제할 수 있고 채권자는 채무자에 대하여 채무의 면제 또는 변제기한의 유예 등을 할 수 있으며 위와 같은 실체법상의 이유는 경매개시결정에 대한 이의사유로 될 수 있을 뿐만 아니라 그 경우 저당채무가 소멸되었을 때에는 법원은 그 경매개시결정을 취소할 수도 있는 것이므로 경매절차 진행 중에 경매채권자와 채무자 사이에 대환의 약정이 있어서 기존채무가 소멸하였다면 그 경우 또한 경매개시결정에 대한 이의사유나 경매개시결정의 취소사유가 될 수 있다(대판 1987.8.18. 87다카671). → 임의경매에서 담보권의 존재는 절차의 개시 및 속행의 필수적 요건에 해당한다. 따라서 담보권의 부존재나 소멸 등과 같은 실체상 하자는 경매절차의 어느 단계에 있든지 직접 영향을 미치므로, 이해관계인은 경매절차에서 실체상 하자를 이유로 언제든지 경매개시결정에 대한 이의를 제기할 수 있다(민사집행법 제265조).

답 ❹

부동산 경매개시결정에 대한 이의에 관한 다음 설명 중 가장 옳지 않은 것은?

① 강제경매개시결정에 대하여는 경매개시결정에 대한 이의로 불복신청을 할 수 있고, 이의신청은 개시결정을 한 집행법원에 한다. 매각허가여부에 대한 즉시항고로 인하여 기록이 항고심에 있는 경우에도 이의신청은 개시결정을 한 집행법원에 제기하여야 한다.

② 강제경매개시결정에 대한 이의신청은 민사집행법 제16조의 집행에 관한 이의의 성질을 가지고 있으므로, 가집행선고 있는 종국 판결이 집행권원으로 된 집행절차에서 집행채권이 소멸되었다는 실체상의 사유를 경매개시결정에 대한 이의사유로 할 수 없다.

③ 강제경매개시결정에 대한 이의의 재판절차에서는 민사소송법상 재판상 자백이나 의제자백에 관한 규정은 준용되지 아니하고, 이는 민사집행법 제268조에 의하여 담보권실행을 위한 경매절차에도 준용되므로 경매개시결정에 대한 형식적인 절차상의 하자를 이유로 한 임의경매개시결정에 대한 이의의 재판절차에서도 민사소송법상 재판상 자백이나 의제자백에 관한 규정은 준용되지 아니한다.

④ 신청채권자로부터 변제유예를 받았음을 원인으로 한 임의경매개시결정에 대한 이의신청의 기한은 매각대금 완납 시이며 매수의 신고가 있은 후에는 그 이의신청에 최고가매수인 등의 동의가 필요하다.

⑤ 사법보좌관규칙 제2조 제1항 제7호 가목에서는 민사집행법 제86조의 규정에 따른 경매개시결정에 대한 이의신청에 대한 재판을 사법보좌관의 업무범위에서 제외하고 있다. 따라서 사법보좌관이 행한 경매개시결정에 대하여 이의신청이 있는 경우 이에 대한 재판은 판사가 담당한다.

....

[**❶ ▸ ○**] 강제경매개시결정에 대하여는 경매개시결정에 대한 이의로 불복신청을 할 수 있고, 이의신청은 개시결정을 한 집행법원에 한다(민사집행법 제86조 제1항). 매각허가여부에 대한 즉시항고로 인하여 기록이 항고심에 있는 경우에도 이의신청은 개시결정을 한 집행법원에 제기하여야 한다. 실무제요 집행 2

[**❷ ▸ ○**] 경매개시결정에 대한 이의신청은 민사집행법 제16조의 집행에 관한 이의의 성질을 가지고 있으므로, 임의 경매의 경우와 달리 경매신청요건의 흠, 경매개시요건의 흠 등 경매개시결정에 관한 형식적인 절차상의 하자에 대한 불복방법이기 때문에 실체적 권리관계에 관한 사유를 경매개시결정에 대한 이의의 원인으로 주장할 수는 없다(대결 1994.8.27. 94마147; 대결 2010.5.14. 2010마124). 따라서 가집행선고 있는 종국 판결이 집행권원으로 된 집행절차에서 집행채권이 소멸되었다는 실체상의 사유를 경매개시결정에 대한 이의사유로 할 수 없다(대결 1978.9.30. 77마263[전합]). 실무제요 집행 2

[**❸ ▸ ○**] 대결 2015.9.14. 2015마813 참조

[**❹ ▸ ✕**] 신청채권자로부터 변제유예를 받았음을 원인으로 한 임의경매개시결정에 대한 이의신청의 경우, 그 이의신청 기한은 매각대금 완납 시이며, 매수의 신고가 있은 후에도 그 이의신청에 최고가매수 신고인 등의 동의를 필요로 하지 않는다 할 것이므로, 변제유예 사실이 인정된다면 그 이의신청이 신의칙에 반하거나 권리남용에 해당하는 경우와 같은 특별한 사정이 없는 한 이를 인용하여야 한다(대결 2000.6.28. 99마7385). 실무제요 집행 3

[**❺ ▸ ○**] 사법보좌관규칙 제2조 제1항 제7호 가목에서는 민사집행법 제86조의 규정에 따른 경매개시결정에 대한 이의신청에 대한 재판을 사법보좌관의 업무범위에서 제외하고 있으므로, 사법보좌관이 행한 경매개시결정에 대하여 이의신청이 있는 경우 이에 대한 재판은 판사가 담당한다. 실무제요 집행 3

답 ❹

42
☐☐☐

부동산경매신청 취하에 관한 다음 설명 중 가장 옳지 않은 것은? 2025년

① 민사집행법 제87조의 적용을 받는 이중경매개시결정이 있는 때에는 선행사건의 경매신청이 매수신고가 있은 뒤에 취하될 경우 민사집행법 제105조 제1항 제3호의 기재사항(등기된 부동산에 대한 권리 또는 가처분으로서 매각으로 효력을 잃지 아니하는 것)이 바뀌는 경우에는 선행사건의 취하에 최고가매수신고인 등의 동의를 받아야 하고, 반대로 선행사건이 취하되더라도 동법 제105조 제1항 제3호의 기재사항이 바뀌지 아니하는 경우에는 최고가매수신고인 등의 동의를 받을 필요가 없지만, 후행사건이 배당요구의 종기가 지난 후의 신청에 의한 것인 경우에는 선행사건의 취하에 최고가매수신고인 등의 동의를 받아야 한다.

② 매수인의 대금미납으로 재매각명령이 내려진 상태에서 경매신청인이 경매신청을 취하할 경우, 대금 미납으로 재매각절차를 야기한 전 매수인도 경매신청 취하에 대한 동의권자에 해당한다.

③ 임의경매절차가 개시된 후 경매신청의 기초가 된 담보물권이 대위변제에 의하여 이전된 경우에는 경매절차의 진행에는 아무런 영향이 없고, 대위변제자가 경매신청인의 지위를 승계하므로, 종전의 경매신청인이 한 취하는 효력이 없다.

④ 매수인이 대금을 납부한 후에는 경매신청의 취하는 허용되지 아니하고 배당절차를 속행하면 된다.

⑤ 매수신고가 있은 뒤 경매신청을 취하하는 경우에는 최고가매수신고인 또는 매수인과 민사집행법 제114조의 차순위매수신고인의 동의를 받아야 그 효력이 생긴다.

....

[**❶** ▸ **O**] 민사집행법 제87조의 적용을 받는 이중경매개시결정이 있는 때에는 선행사건의 경매신청이 매수신고가 있은 뒤에 취하될 경우 ㉠ 민사집행법 제105조 제1항 제3호의 기재사항(등기된 부동산에 대한 권리 또는 가처분으로서 매각으로 효력을 잃지 아니하는 것)이 바뀌는 경우에는 선행사건의 취하에 최고가매수신고인 등의 동의를 받아야 하고, ㉡ 반대로 선행사건이 취하되더라도 동법 제105조 제1항 제3호의 기재사항이 바뀌지 아니하는 경우에는 최고가매수신고인 등의 동의를 받을 필요가 없지만, ㉢ 후행사건이 배당요구의 종기가 지난 후의 신청에 의한 것인 경우에는 선행사건의 취하에 최고가매수신고인 등의 동의를 받아야 한다(민사집행규칙 제49조 제1항, 민사집행법 제93조 제2항 참조).

> **민사집행규칙 제49조(경매신청의 취하 등)**
> ① 법 제87조 제1항의 신청(배당요구의 종기가 지난 뒤에 한 신청을 제외한다. 다음부터 이 조문 안에서 같다)이 있는 경우 매수신고가 있은 뒤 압류채권자가 경매신청을 취하하더라도 법 제105조 제1항 제3호의 기재사항[매각으로 효력을 잃지 아니하는 등기된 부동산에 대한 권리 또는 가처분에 대한 기재사항(註)]이 바뀌지 아니하는 때에는 법 제93조 제2항의 규정을 적용하지 아니한다.
>
> **민사집행법 제87조(압류의 경합)**
> ① 강제경매절차 또는 담보권 실행을 위한 경매절차를 개시하는 결정을 한 부동산에 대하여 다른 강제경매의 신청이 있는 때에는 법원은 다시 경매개시결정을 하고, 먼저 경매개시결정을 한 집행절차에 따라 경매한다.
>
> **민사집행법 제93조(경매신청의 취하)**
> ② 매수신고가 있은 뒤 경매신청을 취하하는 경우에는 최고가매수신고인 또는 매수인과 제114조의 차순위 매수신고인의 동의를 받아야 그 효력이 생긴다.

[❷ ▶ ✕] 재매각명령이 내려진 이후 전 매수인이 법정의 대금 등을 지급하지 아니한 상태에서 경매신청인이 경매신청 자체의 취하로써 경매절차를 종결시키고자 하는 경우, 원래의 대금지급기일에 그 의무를 이행하지 아니하여 재매각절차를 야기한 전 매수인은 민사집행법 제93조 제2항이 규정하는 경매신청 취하에 대한 동의권자에 해당하지 아니한다(대결 1999.5.31. 99마468 참조).

[❸ ▶ ○] 임의경매절차가 개시된 후 경매신청의 기초가 된 담보물권이 대위변제에 의하여 이전된 경우에는 경매절차의 진행에는 아무런 영향이 없고, 대위변제자가 경매신청인의 지위를 승계하므로, 종전의 경매신청인이 한 취하는 효력이 없다(대결 2001.12.28. 2001마2094).

[❹ ▶ ○] 매수인이 대금을 납부한 때에는 목적 부동산의 소유권이 매수인에게 이전하기 때문에, 그 후의 취하는 허용되지 않고, 배당절차를 속행하면 된다.

[❺ ▶ ○] 민사집행법 제93조 제2항

> **민사집행법 제93조(경매신청의 취하)**
> ① 경매신청이 취하되면 압류의 효력은 소멸된다.
> ② 매수신고가 있은 뒤 경매신청을 취하하는 경우에는 최고가매수신고인 또는 매수인과 제114조의 차순위 매수신고인의 동의를 받아야 그 효력이 생긴다.
> ③ 제49조 제3호 또는 제6호의 서류를 제출하는 경우에는 제1항 및 제2항의 규정을, 제49조 제4호의 서류를 제출하는 경우에는 제2항의 규정을 준용한다.

답 ❷

43

부동산경매절차에서 당사자의 승계에 관한 다음 설명 중 가장 옳은 것은? 　2021년

① 강제경매절차에서 경매개시 전 채무자가 사망한 사실이 경매개시결정 후에 밝혀지면 채권자는 상속인들에 대한 승계집행문과 승계집행문 송달증명원을 발급받아 경매개시결정 경정신청을 하여야 한다.

② 담보권실행을 위한 경매는 그 근저당권 설정등기에 표시된 채무자 및 저당 부동산의 소유자와의 관계에서 그 절차가 진행되는 것이므로, 그 절차의 개시 전 또는 진행 중에 채무자나 소유자가 사망하였다면 그 재산상속인들이 그 사망 사실을 밝히고 자신을 이해관계인으로 취급하여 줄 것을 신청하여야만 속행할 수 있다.

③ 담보권실행을 위한 경매절차에서 경매개시결정 당시 이미 채무자나 소유자가 사망하였다면 후에 이를 경정하여 채무자나 소유자의 표시를 고쳤다고 하더라도 경매개시결정의 효력은 인정될 수 없다.

④ 강제경매를 개시한 후 신청채권자가 승계된 경우에 승계인이 자기를 위하여 강제집행의 속행을 신청하는 때에는 민사집행법 제31조(승계집행문)에 규정된 집행문이 붙은 집행권원의 정본을 제출하여야 한다.

⑤ 강제집행을 개시한 뒤에 채무자가 죽은 때에 상속재산에 대하여 강제집행을 계속하여 진행하기 위하여 신청채권자는 승계집행문을 발급받아 집행법원에 제출하여야 한다.

....

[❶ ▸ ✕] 경매개시결정 전에 이미 채무자가 사망한 경우 상속인에 대하여 강제집행의 요건을 구비한 후에 강제집행을 하여야 하므로 채권자는 승계집행문을 부여받아 경매신청을 하여야 하고, 경매개시결정 당시에 이미 소유자, 채무자가 사망하였음에도 이를 간과하고 강제경매신청을 하여 개시결정이 난 후 사망사실이 밝혀지면 개시결정을 취소하고 강제경매신청을 각하한다. 　실무제요 집행 2

[❷ ▸ ✕] 부동산에 대한 근저당권의 실행을 위한 경매는 그 근저당권설정등기에 표시된 채무자 및 저당 부동산의 소유자와의 관계에서 그 절차가 진행되는 것이므로, 그 절차의 개시 전 또는 진행 중에 채무자나 소유자가 사망하였다고 하더라도 그 재산상속인들이 경매법원에 대하여 그 사망 사실을 밝히고 자신을 이해관계인으로 취급하여 줄 것을 신청하지 아니한 이상 그 절차를 속행하여 저당 부동산의 낙찰을 허가하였다고 하더라도 그 허가결정에 위법이 있다고 할 수 없다(대결 1998.12.23. 98마2509).

[❸ ▸ ✕] 저당권 실행의 경매신청에는 판결절차에 있어서와 같은 상대방은 없는 것이므로 경매개시결정 당시 이미 채무자나 소유자가 사망하였었다 하여도 후에 이를 경정하여 채무자나 소유자의 표시를 고칠 수 있을 뿐 경매개시결정의 효력 자체에는 영향이 없다(대결 1964.5.16. 64마258).

[❹ ▸ ○] 강제집행을 개시한 후 신청채권자가 승계된 경우에 승계인이 자기를 위하여 강제집행의 속행을 신청하는 때에는 법 제31조(법 제57조의 규정에 따라 준용되는 경우를 포함한다)에 규정된 집행문이 붙은 집행권원의 정본을 제출하여야 한다(민사집행규칙 제23조 제1항).

[❺ ▸ ✕] 강제집행을 개시한 뒤에 채무자가 죽은 때에는 상속재산에 대하여 강제집행을 계속하여 진행하므로(민사집행법 제52조 제1항), 이 경우 상속인에 대한 승계집행문을 요하지 않는다.

답 ❹

44 이중경매에 관한 다음 설명 중 가장 옳지 않은 것은?

① 법원이 이중경매 신청에 기한 경매개시결정을 하면서 그 결정을 채무자에게 송달함이 없이 경매절차를 진행하였더라도, 매각대금납부의 효력이 부정되는 것은 아니다.

② 강제경매절차를 개시하는 결정을 한 부동산에 대하여 다른 강제경매의 신청이 있는 때에는 법원은 다시 경매개시결정을 하고, 먼저 경매개시결정을 한 집행절차에 따라 경매한다.

③ 이중경매개시결정을 하는 경우, 선행 경매신청이 취하되거나 그 절차가 취소 또는 정지된 경우 선행한 경매절차의 결과는 후행한 경매절차에서 유효한 범위에서 그대로 승계되어 이용된다. 따라서 선행 경매절차에서 경매채무자가 주소변경신고를 하였다면 선행절차가 취소되더라도 그 주소변경신고는 후행절차에 의하여 속행된 경매절차에서 효력이 있다.

④ 먼저 경매개시결정을 한 경매절차가 정지된 경우 법원은 신청에 따라 결정으로 뒤의 경매개시결정 (배당요구의 종기까지 행하여진 신청에 의한 것에 한함)에 기초하여 절차를 계속하여 진행할 수 있다.

⑤ 강제경매개시 후 압류채권자에 우선하는 저당권자 등이 경매신청을 하여 이중경매개시결정이 되어 있는 경우, 경매취소사유인 '남을 가망이 없을 경우'의 해당 여부와 관련하여 최저매각가격과 비교해야 할 우선채권의 범위를 정하는 기준이 되는 권리는 그 절차에서 경매개시결정을 받은 채권자 중 최우선순위권리자의 권리로 보아야 한다.

....

[❶ ▸ ×] 집행법원이 이중경매 신청에 기한 경매개시결정을 하면서 그 결정을 채무자에게 송달함이 없이 경매절차를 진행하였다면 그 경매는 경매개시결정이 효력을 발생하지 아니한 상태에서 이루어진 것이어서 당연히 무효라고 보아야 하므로, 그 개시결정이 채무자에게 송달되기 전에 매각대금의 납부를 명하고 이에 따라 매각대금을 납부한 것은 경매절차를 속행할 수 없는 상태에서의 대금납부로서 부적법하여 대금납부의 효력을 인정할 수 없다(대결 1995.7.11. 95마147).

[❷ ▸ ○] 민사집행법 제87조 제1항

> **민사집행법 제87조(압류의 경합)**
> ① 강제경매절차 또는 담보권 실행을 위한 경매절차를 개시하는 결정을 한 부동산에 대하여 다른 강제경매의 신청이 있는 때에는 법원은 다시 경매개시결정을 하고, 먼저 경매개시결정을 한 집행절차에 따라 경매한다.
> ② 먼저 경매개시결정을 한 경매신청이 취하되거나 그 절차가 취소된 때에는 법원은 제91조 제1항의 규정에 어긋나지 아니하는 한도 안에서 뒤의 경매개시결정에 따라 절차를 계속 진행하여야 한다.
> ③ 제2항의 경우에 뒤의 경매개시결정이 배당요구의 종기 이후의 신청에 의한 것인 때에는 집행법원은 새로이 배당요구를 할 수 있는 종기를 정하여야 한다. 이 경우 이미 제84조 제2항 또는 제4항의 규정에 따라 배당요구 또는 채권신고를 한 사람에 대하여는 같은 항의 고지 또는 최고를 하지 아니한다.

[**❸** ▸ ○] 강제경매 또는 담보권실행을 위한 경매개시결정이 이루어진 부동산에 대하여 다른 채권자로부터 또다시 경매신청이 있어 이중경매개시결정을 하는 경우에 먼저 개시결정한 경매신청이 취하되거나 그 절차가 취소 또는 정지되지 아니하는 이상 뒤의 경매개시결정에 의하여 경매절차를 진행할 수는 없는 것이지만, 선행한 경매신청이 취하되거나 그 절차가 취소 또는 정지된 경우에는 후행의 경매신청인을 위하여 그때까지 진행되어 온 선행의 경매절차를 인계하여 당연하게 경매절차를 속행하여야 하는 것이고, 이 경우에 선행한 경매절차의 결과는 후행한 경매절차에서 유효한 범위에서 그대로 승계되어 이용되는 것이므로, 선행한 경매절차에서 경매채무자가 주소변경신고를 하였다면 선행절차가 취소되었다고 하더라도 그 주소변경신고는 후행절차에 의하여 속행된 경매절차에서 당연하게 효력이 있다(대판 2001.7.10. 2000다66010).

[**❹** ▸ ○] 민사집행법 제87조 제4항

> **민사집행법 제87조(압류의 경합)**
> ④ 먼저 경매개시결정을 한 경매절차가 정지된 때에는 법원은 신청에 따라 결정으로 뒤의 경매개시결정(배당요구의 종기까지 행하여진 신청에 의한 것에 한한다)에 기초하여 절차를 계속하여 진행할 수 있다. 다만, 먼저 경매개시결정을 한 경매절차가 취소되는 경우 제105조 제1항 제3호의 기재사항이 바뀔 때에는 그러하지 아니하다.
> ⑤ 제4항의 신청에 대한 재판에 대하여는 즉시항고를 할 수 있다.

[**❺** ▸ ○] 강제경매개시 후 압류채권자에 우선하는 저당권자 등이 경매신청을 하여 이중경매개시결정이 되어 있는 경우에는 절차의 불필요한 지연을 막기 위해서라도 민사집행법 제102조가 규정한 최저경매가격과 비교하여야 할 우선채권의 범위를 정하는 기준이 되는 권리는 그 절차에서 경매개시결정을 받은 채권자 중 최우선순위권리자의 권리로 봄이 옳다(대결 2012.12.21. 2012마379).

 ❶

이중경매에 관한 다음 설명 중 가장 옳지 않은 것은? 2022년

① 이중경매신청이 선행사건의 배당요구종기 전에 있는 경우, 선행사건의 경매신청취하가 매수신고가 있은 뒤 있더라도 매각으로 효력을 잃지 아니하는 등기된 부동산에 대한 권리 또는 가처분에 대한 기재사항이 바뀌지 아니하는 때에는 최고가매수신고인 등의 동의를 받을 필요가 없다.

② 이중경매신청은 매각대금 납부 시까지 할 수 있으나 배당요구의 종기까지 이중경매신청을 하지 않으면 압류채권자의 자격으로 배당받을 채권자가 될 수 없다.

③ 선행 경매신청 채권자를 기준으로 하여서는 잉여의 가망이 없더라도, 후행 경매신청 채권자가 저당권자 등으로서 선행 경매신청 채권자보다 우선하는 권리를 가진 자라면 후행 경매신청 채권자의 채권을 기준으로 잉여의 가망 여부를 판단하고 잉여의 가능성이 있으면 선행 경매절차를 그대로 진행하여야 한다.

④ 선행한 경매신청이 취하되어 후행사건에 기한 절차 진행을 하는 경우, 선행한 경매절차의 결과는 후행한 경매절차에서 유효한 범위에서 그대로 승계되어 이용되는 것이나, 선행한 경매절차에서 한 경매채무자의 주소변경신고의 효력은 후행경매절차에 당연하게 효력이 있는 것은 아니다.

⑤ 이중경매개시결정이 있고 선행사건의 집행절차에 따라 경매가 진행되는 경우, 이해관계인의 범위도 선행의 경매사건을 기준으로 정하여야 한다.

[**❶** ▸ ○] 이중경매개시결정이 된 때에는 선행사건의 압류채권자가 신청을 취하하여도 후행사건에 따라 절차가 계속 진행된다(민사집행법 제87조 제2항 참조). 따라서 민사집행법 제105조 제1항 제3호의 기재사항(매각으로 효력을 잃지 아니하는 등기된 부동산에 대한 권리 또는 가처분에 대한 기재사항)이 바뀌지 아니하는 경우에는 매각조건에 변동이 없어 최고가매수신고인 등은 취하에 의하여 아무런 영향을 받지 않으므로 최고가매수신고인 등의 동의를 받을 필요가 없다(민사집행법 제93조 제2항, 민사집행규칙 제49조 제1항 참조).

> **민사집행규칙 제49조(경매신청의 취하 등)**
> ① 법 제87조 제1항의 신청(배당요구의 종기가 지난 뒤에 한 신청을 제외한다. 다음부터 이 조문 안에서 같다)이 있는 경우 매수신고가 있은 뒤 압류채권자가 경매신청을 취하하더라도 법 제105조 제1항 제3호의 기재사항[매각으로 효력을 잃지 아니하는 등기된 부동산에 대한 권리 또는 가처분에 대한 기재사항(註)]이 바뀌지 아니하는 때에는 법 제93조 제2항의 규정을 적용하지 아니한다.
>
> **민사집행법 제87조(압류의 경합)**
> ① 강제경매절차 또는 담보권 실행을 위한 경매절차를 개시하는 결정을 한 부동산에 대하여 다른 강제경매의 신청이 있는 때에는 법원은 다시 경매개시결정을 하고, 먼저 경매개시결정을 한 집행절차에 따라 경매한다.
>
> **민사집행법 제93조(경매신청의 취하)**
> ② 매수신고가 있은 뒤 경매신청을 취하하는 경우에는 최고가매수신고인 또는 매수인과 제114조의 차순위 매수신고인의 동의를 받아야 그 효력이 생긴다.

[**❷** ▸ ○] 매각허가결정선고 후에도 먼저 한 경매신청이 취하되거나 그 절차가 취소되는 경우도 있으므로 매수인이 대금을 완납하여 그 부동산의 소유권이 채무자로부터 매수인에게 이전될 때까지는 이중경매신청을 할 수 있다고 봄이 상당하다(대결 1972.6.21. 72마507; 대결 1978.11.15. 78마285 등 참조). 다만 배당요구의 종기 이후에 이중경매신청을 한 자는 선행의 경매사건으로 절차가 진행되는 한 매각대금의 배당에 참가할 수 없다(민사집행법 제148조 제1호). **실무제요 집행 2**

[**❸** ▸ ○] 강제경매개시 후 압류채권자에 우선하는 저당권자 등이 경매신청을 하여 이중경매개시결정이 되어 있는 경우에는 절차의 불필요한 지연을 막기 위해서라도 민사집행법 제102조가 규정한 최저경매가격과 비교하여야 할 우선채권의 범위를 정하는 기준이 되는 권리는 그 절차에서 경매개시결정을 받은 채권자 중 최우선순위권리자의 권리로 봄이 옳다(대결 2012.12.21. 2012마379).

[**❹** ▸ ✕] 강제경매 또는 담보권실행을 위한 경매개시결정이 이루어진 부동산에 대하여 다른 채권자로부터 또다시 경매신청이 있어 이중경매개시결정을 하는 경우에 먼저 개시결정한 경매신청이 취하되거나 그 절차가 취소 또는 정지되지 아니하는 이상 뒤의 경매개시결정에 의하여 경매절차를 진행할 수는 없는 것이지만, 선행한 경매신청이 취하되거나 그 절차가 취소 또는 정지된 경우에는 후행의 경매신청인을 위하여 그때까지 진행되어 온 선행의 경매절차를 인계하여 당연하게 경매절차를 속행하여야 하는 것이고, 이 경우에 선행한 경매절차의 결과는 후행한 경매절차에서 유효한 범위에서 그대로 승계되어 이용되는 것이므로, 선행한 경매절차에서 경매채무자가 주소변경신고를 하였다면 선행절차가 취소되었다고 하더라도 그 주소변경신고는 후행절차에 의하여 속행된 경매절차에서 당연하게 효력이 있다(대판 2001.7.10. 2000다66010).

[**❺** ▸ ○] 이중경매개시결정이 있더라도 선행 개시결정의 효력이 유지되는 한 매각절차는 먼저 개시결정한 선행사건의 집행절차에 따라 진행하여야 한다. 따라서 이해관계인의 범위, 매각기일의 통지, 이의, 항고 등의 적법 여부 등도 선행의 경매사건을 기준으로 정한다. **실무제요 집행 2**

답 **❹**

46 □□□ **부동산경매에서의 인수주의와 잉여주의에 관한 다음 설명 중 가장 옳지 않은 것은?** 2025년

① 근저당권설정등기와 강제경매신청 사이에 대항력을 갖춘 주택임차인이 있는 경우 그 임차인은 매수인에게 대항할 수 없다.

② 저당권·압류채권·가압류채권에 대항할 수 있는 전세권은 매각으로 소멸하지 않고 매수인이 인수하나, 전세권의 경우 전세권자가 적법한 배당요구를 하면 매각으로 소멸한다.

③ 경매부동산에 가압류등기, 소유권이전등기청구권 보전의 가등기, 근저당권설정등기가 순차적으로 마쳐진 경우 가압류등기는 근저당권의 실행을 위한 경매절차에서 매각으로 인하여 소멸하지만, 근저당권보다 선순위인 가등기는 말소하지 않고 존속한다.

④ 유치권에 의한 경매도 강제경매나 담보권 실행을 위한 경매와 마찬가지로 목적부동산 위의 부담을 소멸시키는 것을 법정매각조건으로 하여 실시되고 우선채권자뿐만 아니라 일반채권자의 배당요구도 허용되며, 유치권자는 일반채권자와 동일한 순위로 배당을 받을 수 있다.

⑤ 부동산 경매절차에서의 매수인은 유치권자에게 그 유치권으로 담보하는 채권을 변제할 책임이 있는 것이 원칙이다. 그러나 경매개시결정 등기가 마쳐져 압류의 효력이 발생한 후에 유치권을 취득한 경우 그러한 유치권으로는 매수인에게 대항할 수 없다.

....

[**❶ ▸ ○**] 강제집행이나 후순위 저당권의 실행으로 임차주택이 매각되어 선순위 저당권이 소멸하면 비록 후순위 저당권자에게는 대항할 수 있는 임차권이라 하더라도 선순위 저당권보다 뒤에 대항력을 갖춘 임차권은 함께 소멸하므로 이런 경우 매수인에게는 임대차를 가지고 대항할 수 없다(대판 1987.2.24. 86다카1936). 그리고 첫 경매개시결정등기 전에 설정된 매각부동산 위의 권리 중 '담보권'이나 '최선순위가 아닌 용익권'(저당권·압류·가압류에 대항할 수 없는 임차권 등)은 매각으로 인하여 당연히 소멸하는 대신(소멸주의, 민사집행법 제91조 제2항·제3항), 법률상 당연히 배당요구한 것과 같은 효력이 있으므로, 별도의 배당요구가 없더라도 순위에 따라 배당을 받을 수 있다(민사집행법 제148조 제4호).

[**❷ ▸ ○**] 민사집행법 제91조 제4항

> **민사집행법 제91조(인수주의와 잉여주의의 선택 등)**
> ① 압류채권자의 채권에 우선하는 채권에 관한 부동산의 부담을 매수인에게 인수하게 하거나, 매각대금으로 그 부담을 변제하는 데 부족하지 아니하다는 것이 인정된 경우가 아니면 그 부동산을 매각하지 못한다.
> ② 매각부동산 위의 모든 저당권은 매각으로 소멸된다.
> ③ 지상권·지역권·전세권 및 등기된 임차권은 저당권·압류채권·가압류채권에 대항할 수 없는 경우에는 매각으로 소멸된다.
> ④ 제3항의 경우 외의 지상권·지역권·전세권 및 등기된 임차권은 매수인이 인수한다. 다만, 그중 전세권의 경우에는 전세권자가 제88조에 따라 배당요구를 하면 매각으로 소멸된다.
> ⑤ 매수인은 유치권자에게 그 유치권으로 담보하는 채권을 변제할 책임이 있다.

[**❸ ▸ ✕**] 소유권이전등기청구권 보전의 가등기보다 후순위로 마쳐진 근저당권의 실행을 위한 경매절차에서 매각허가결정에 따라 매각대금이 완납된 경우에도, 선순위인 가등기는 소멸하지 않고 존속하는 것이 원칙이다. 다만 그 가등기보다 선순위로 기입된 가압류등기는 근저당권의 실행을 위한 경매절차에서 매각으로 인하여 소멸하고, 이러한 경우에는 가압류등기보다 후순위인 가등기 역시 민사집행법 제144조 제1항 제2호에 따라 매수인이 인수하지 아니한 부동산의 부담에 관한 기입에 해당하여 말소촉탁의 대상이 된다(대판 2022.5.12. 2019다265376).

[**❹ ▸ ○**] 민법 제322조 제1항에 의하여 실시되는 유치권에 의한 경매도 강제경매나 담보권 실행을

위한 경매와 마찬가지로 목적부동산 위의 부담을 소멸시키는 것을 법정매각조건으로 하여 실시되고 우선채권자뿐만 아니라 일반채권자의 배당요구도 허용되며, 유치권자는 일반채권자와 동일한 순위로 배당을 받을 수 있다고 봄이 상당하다. 다만 집행법원은 부동산 위의 이해관계를 살펴 위와 같은 법정매각조건과는 달리 매각조건 변경결정을 통하여 목적부동산 위의 부담을 소멸시키지 않고 매수인으로 하여금 인수하도록 정할 수 있다(대판 2011.8.18. 2011다35593).

[❺ ▸ ○] 부동산 경매절차에서의 매수인은 민사집행법 제91조 제5항에 따라 유치권자에게 그 유치권으로 담보하는 채권을 변제할 책임이 있는 것이 원칙이나, 채무자 소유의 건물 등 부동산에 경매개시결정의 기입등기가 경료되어 압류의 효력이 발생한 후에 채무자가 위 부동산에 관한 공사대금 채권자에게 그 점유를 이전함으로써 그로 하여금 유치권을 취득하게 한 경우, 그와 같은 점유의 이전은 목적물의 교환가치를 감소시킬 우려가 있는 처분행위에 해당하여 민사집행법 제92조 제1항, 제83조 제4항에 따른 압류의 처분금지효에 저촉되므로 점유자로서는 위 유치권을 내세워 그 부동산에 관한 경매절차의 매수인에게 대항할 수 없다. 그러나 이러한 법리는 경매로 인한 압류의 효력이 발생하기 전에 유치권을 취득한 경우에는 적용되지 아니하고, 유치권 취득시기가 근저당권설정 후라거나 유치권 취득 전에 설정된 근저당권에 기하여 경매절차가 개시되었다고 하여 달리 볼 것은 아니다(대판 2009.1.15. 2008다70763). ❸

47 부동산경매절차에서 배당요구에 관한 다음 설명 중 가장 옳지 않은 것은? 2024년

① 근로기준법 및 근로자퇴직급여 보장법에 의하여 우선변제청구권을 갖는 임금 및 퇴직금 채권자가 배당요구를 하는 경우, 배당요구 종기까지 그 자격을 소명하는 소명자료를 제출하지 않았더라도 배당표가 확정되기 전까지 이를 보완하였다면 우선배당을 받을 수 있다.

② 적법한 배당요구가 필요함에도 이를 하지 않아 배당에서 제외된 선순위 채권자는 대신 배당받은 후순위 채권자를 상대로 부당이득반환을 청구할 수 없다.

③ 부동산에 관한 경매개시결정이 등기된 뒤에 체납처분에 의한 압류등기가 마쳐진 경우, 조세채권자인 국가가 경매법원에 배당요구의 종기까지 배당요구로써 교부청구를 하여야만 배당을 받을 수 있다.

④ 저당부동산의 소유권을 취득한 자가 민법 제367조에 의하여 우선상환을 받으려면 저당부동산의 경매절차에서 배당요구의 종기까지 배당요구를 할 필요는 없다.

⑤ 주택임대차보호법에서 정한 대항력과 우선변제권 두 가지 권리를 겸유하고 있는 임차인이 먼저 우선변제권을 선택하여 임차주택에 대하여 진행되고 있는 경매절차에서 배당요구를 하였으나 보증금 전액을 배당받지 못한 경우 임차인은 여전히 대항요건을 유지함으로써 임대차관계의 존속을 주장할 수 있으므로, 임차인이 대항력을 구비한 후 임차주택을 양수한 자는 그와 같이 존속되는 임대차의 임대인 지위를 당연히 승계한다.

[**❶ ▸ ○**] 집행력 있는 정본을 가진 채권자, 경매개시결정이 등기된 뒤에 가압류를 한 채권자, 민법·상법, 그 밖의 법률에 의하여 우선변제청구권이 있는 채권자는 배당요구를 할 수 있고(민사집행법 제88조 제1항), 이에 따른 배당요구는 채권(이자, 비용, 그 밖의 부대채권을 포함한다)의 원인과 액수를 적은 서면으로 하여야 하며(민사집행규칙 제48조 제1항), 배당요구서에는 집행력 있는 정본 또는 사본, 그 밖에 배당요구의 자격을 소명하는 서면을 붙여야 한다(민사집행규칙 제48조 제2항). 이러한 민사집행법과 민사집행규칙의 규정에 의하면, 근로기준법 및 근로자퇴직급여 보장법에 의하여 우선변제청구권을 갖는 임금 및 퇴직금 채권자는 그 자격을 소명하는 서면을 붙인 배당요구서에 의하여 배당요구를 해야 한다. 다만 민사집행절차의 안정성을 보장하여야 하는 절차법적 요청과 근로자의 임금채권을 보호하여야 하는 실체법적 요청을 형량하여 보면 우선변제청구권이 있는 임금 및 퇴직금 채권자가 배당요구 종기까지 위와 같은 소명자료를 제출하지 않았다고 하더라도 배당표가 확정되기 전까지 이를 보완하였다면 우선배당을 받을 수 있다고 해석하여야 한다(대판 2022.4.28. 2020다299955).

[**❷ ▸ ○**] 적법한 배당요구를 하지 아니한 경우에는 실체법상 우선변제청구권이 있는 채권자라 하더라도 배당을 받을 수 없으므로, 이러한 배당요구 채권자가 적법한 배당요구를 하지 아니하여 그를 배당에서 제외하는 것으로 배당표가 작성·확정되고 그 확정된 배당표에 따라 배당이 실시되었다면, 그가 적법한 배당요구를 한 경우에 배당받을 수 있었던 금액 상당의 금원이 후순위 채권자에게 배당되었다 하여 이를 법률상 원인이 없는 것이라고 볼 수 없다(대판 1997.2.25. 96다10263).

[**❸ ▸ ○**] 부동산에 관한 경매개시결정이 등기된 뒤에 체납처분에 의한 압류등기가 마쳐진 경우에는 조세채권자인 국가로서는 경매법원에 배당요구의 종기까지 배당요구로써 교부청구를 하여야만 배당을 받을 수 있다(대결 2021.4.9. 2020마7695).

[**❹ ▸ ✕**] 민법 제367조는 저당물의 제3취득자가 그 부동산의 보존, 개량을 위하여 필요비 또는 유익비를 지출한 때에는 제203조 제1항, 제2항의 규정에 의하여 저당물의 경매대가에서 우선상환을 받을 수 있다고 규정하고 있다. 이는 저당권이 설정되어 있는 부동산의 제3취득자가 저당부동산에 관하여 지출한 필요비, 유익비는 부동산 가치의 유지·증가를 위하여 지출된 일종의 공익비용이므로 저당부동산의 환가대금에서 부담하여야 할 성질의 비용이고 더욱이 제3취득자는 경매의 결과 그 권리를 상실하게 되므로 특별히 경매로 인한 매각대금에서 우선적으로 상환을 받도록 한 것이다. 저당부동산의 소유권을 취득한 자도 민법 제367조의 제3취득자에 해당한다. 제3취득자가 민법 제367조에 의하여 우선상환을 받으려면 저당부동산의 경매절차에서 배당요구의 종기까지 배당요구를 하여야 한다(민사집행법 제268조, 제88조)(대판 2023.7.13. 2022다265093).

[**❺ ▸ ○**] 주택임대차보호법상의 대항력과 우선변제권의 두 가지 권리를 겸유하고 있는 임차인이 먼저 우선변제권을 선택하여 임차주택에 대하여 진행되고 있는 경매절차에서 보증금 전액에 대하여 배당요구를 하였다고 하더라도, 그 순위에 따른 배당이 실시될 경우 보증금 전액을 배당받을 수 없었던 때에는 보증금 중 경매절차에서 배당받을 수 있었던 금액을 공제한 잔액에 관하여 매수인에게 대항하여 이를 반환받을 때까지 임대차관계의 존속을 주장할 수 있다고 봄이 상당하며, 이 경우 임차인의 배당요구에 의하여 임대차는 해지되어 종료되고, 다만 같은 법 제4조 제2항에 의하여 임차인이 보증금의 잔액을 반환받을 때까지 임대차관계가 존속하는 것으로 의제될 뿐이므로, 매수인은 같은 법 제3조 제2항에 의하여 임대차가 종료된 상태에서의 임대인의 지위를 승계한다(대판 1997.8.22. 96다53628).

답 ❹

부동산경매절차에서 배당받을 채권자에 관한 다음 설명 중 가장 옳지 않은 것은?

① 공동근저당권자가 스스로 근저당권을 실행하거나 타인에 의하여 개시된 경매 등의 환가절차를 통하여 공동담보의 목적 부동산 중 일부에 대한 환가대금 등으로부터 다른 권리자에 우선하여 피담보채권의 일부에 대하여 배당받은 경우에, 그와 같이 우선변제받은 금액에 관하여는 공동담보의 나머지 목적 부동산에 대한 경매 등의 환가절차에서 다시 공동근저당권자로서 우선변제권을 행사할 수 없다고 보아야 하며, 공동담보의 나머지 목적 부동산에 대하여 공동근저당권자로서 행사할 수 있는 우선변제권의 범위는 피담보채권의 확정 여부와 상관없이 최초의 채권최고액에서 위와 같이 우선변제받은 금액을 공제한 나머지 채권최고액으로 제한된다.

② 근저당권거래계약의 결산기에 이미 발생한 채권이 그 채권최고액을 초과하고 있고 근저당권자가 경매신청서에 그 초과액까지 청구하고 있을 경우에, 근저당권설정자와 채무자가 동일하고 민사집행법 제148조에 따라 배당받을 채권자나 제3취득자가 없는 경우 매각대금 중 그 채권최고액을 초과하는 금액이 있으면 이는 근저당권설정자에게 반환하여야 한다.

③ 가압류가 된 후 제3자 앞으로 소유권이 변동된 경우에 집행권원을 얻은 가압류채권자의 신청에 의하여 제3자의 소유권 취득 후 당해 부동산에 대하여 개시된 경매절차에서 가압류채무자에 대한 다른 채권자는 당해 부동산의 매각대금의 배당에 참가할 수 없다.

④ 임금 등에 대한 지연손해금에 대하여는 우선변제권을 인정할 수 없으므로 임금채권자들이 집행력 있는 정본으로써 배당요구를 하는 경우에 원금만을 우선배당하고, 지연손해금은 일반채권자와 안분배당한다.

⑤ 주택임차인이 소액임차인으로서 최우선변제를 받기 위해서는 첫 경매개시결정등기 전에 주택의 인도와 주민등록이라는 우선변제의 요건을 갖추어야 하고 배당요구의 종기까지 위 요건을 유지하여야 한다.

⋯⋯⋯

[**❶ ▸ ○**] 공동근저당권자가 스스로 근저당권을 실행하거나 타인에 의하여 개시된 경매 등의 환가절차를 통하여 공동담보의 목적 부동산 중 일부에 대한 환가대금 등으로부터 다른 권리자에 우선하여 피담보채권의 일부에 대하여 배당받은 경우에, 그와 같이 우선변제받은 금액에 관하여는 공동담보의 나머지 목적 부동산에 대한 경매 등의 환가절차에서 다시 공동근저당권자로서 우선변제권을 행사할 수 없다고 보아야 하며, 공동담보의 나머지 목적 부동산에 대하여 공동근저당권자로서 행사할 수 있는 우선변제권의 범위는 피담보채권의 확정 여부와 상관없이 최초의 채권최고액에서 위와 같이 우선변제받은 금액을 공제한 나머지 채권최고액으로 제한된다고 해석함이 타당하다. 그리고 이러한 법리는 채권최고액을 넘는 피담보채권이 원금이 아니라 이자·지연손해금인 경우에도 마찬가지로 적용된다(대판 2017.12.21. 2013다16992[전합]).

[**❷ ▸ ✕**] 근저당거래계약의 결산기에, 이미 발생한 채권이 그 채권최고액을 초과하고 있고 근저당권자가 경매신청서 또는 채권계산서에 의하여 그 초과액까지도 청구하고 있을 경우에 목적부동산의 매각대금에 그 최고액을 변제하고도 잔액이 있으면 그 잔액 그 잔액으로부터 변제받을 후순위권자도 없는 때에는 그 잔액에서 위 초과액을 변제받을 수 있는 가에 관하여는 다음과 같이 경우를 나누어 처리할 것이다. ㉠ 근저당권설정자가 물상보증인이거나 또는 목적부동산에 관하여 제3취득자가 생긴 경우에는 위 잔액은 근저당권설정자(물상보증인)나 제3취득자에게 교부되어야 한다(대결 1971.5.15. 71마251; 대판 1974.12.10. 74다998 참조). 그러나 ㉡ 근저당권설정자와 채무자가 동일하고, 제3취득자가 생기지 않은 경우 매각대금 중 그 채권최고액을 초과하는 금액이 있더라도 이는 근저당권설정자에게 반환할 것은 아니고 근저당권자의 채권최고액을 초과하는 채무의 변제에 충당하여야 한다(대판 1992.5.26. 92다1896; 대판 2009.2.26. 2008다4001 등). **실무제요 집행 3**

[**❸** ▸ O] 가압류가 된 후 제3자 앞으로 소유권이 변동된 경우에 집행권원을 얻은 가압류채권자의 신청에 의하여 제3자의 소유권 취득 후 당해 부동산에 대하여 개시된 경매절차에서 가압류채무자에 대한 다른 채권자는 당해 부동산의 매각대금의 배당에 참가할 수 없다(대판 1998.11.13. 97다57337).

실무제요 집행 3

[**❹** ▸ O] 임등 등에 대한 지연손해금에 대하여는 우선변제권을 인정할 수 없으므로, 임금채권자들이 집행력 있는 정본으로써 배당요구를 하는 경우에 원금만 우선배당하고, 지연손해금은 일반채권자와 안분배당한다(대결 2000.2.12. 99마5143).   실무제요 집행 3

[**❺** ▸ O] 주택임대차보호법상 주택임차인이 소액보증금을 최우선변제를 받기 위해서는 ㉠ 배당요구의 종기까지 배당요구를 하여야 하고, ㉡ 보증금 액수가 소액보증금(주택임대차보호법 시행령 제11조)에 해당하여야 하고, ㉢ 첫 경매개시기결정 등기 전에 소액임차인의 우선변제권의 요건(주택의 인도 및 주민등록)을 갖추어야 하며(주택임대차보호법 제8조 제1항), ㉣ 주택의 인도와 주민등록이라는 우선변제의 요건을 배당요구의 종기까지 유지하여야 한다(대판 1997.10.10. 95다44597).   실무제요 집행 3

 답 ❷

부동산에 대한 강제집행 – 매각절차의 이해관계인

 49

경매절차의 이해관계인(민사집행법 제90조)에 관한 다음 설명 중 가장 옳지 않은 것은?

2025년

① 가압류채권자는 민사집행법 제90조에서 말하는 경매절차의 이해관계인에 해당한다.
② 집행력 있는 정본을 가진 채권자라도 배당을 요구하지 않은 경우에는 경매절차의 이해관계인이 아니다.
③ 민사집행법 제90조 제3호의 '등기부에 기입된 부동산 위의 권리자'란 경매개시결정 등기 시점을 기준으로 그 당시에 이미 등기가 되어 등기부에 나타난 자를 말한다.
④ 경매부동산에 대한 가처분권자는 매각허가 여부의 결정에 대하여 즉시항고를 제기할 수 있는 민사집행법 제90조의 이해관계인에 해당하지 않는다.
⑤ 민사집행법 제90조 제4호의 '부동산 위의 권리자로서 그 권리를 증명한 사람'으로서 매각허가결정에 대한 항고를 제기하기 위해서는 매각허가결정 전까지 그러한 사실을 증명하여야 한다.

[❶ ▸ ✕] [❷ ▸ ○] 경매절차의 '이해관계인'이라 함은 압류채권자와 집행력 있는 정본에 의하여 배당을 요구한 채권자, 채무자 및 소유자, 등기부에 기입된 부동산 위의 권리자, 부동산 위의 권리자로서 그 권리를 증명한 자(같은 법 제90조)를 말하는 것이고, 경매절차에 관하여 사실상의 이해관계를 가진 자라 하더라도 민사집행법 제90조에서 열거한 자에 해당하지 아니한 경우에는 경매절차에 있어서의 이해관계인이라고 할 수 없으므로, '가압류를 한 자'는 위 조항에서 말하는 이해관계인이라고 할 수 없고, '배당을 요구하지 않은 집행력 있는 정본을 가진 채권자'도 역시 위 조항에서 말하는 이해관계인이 아님은 문언상 명백하다(대판 1999.4.9. 98다53240).

[❸ ▸ ○] 민사집행법 제90조 제3호는 '등기부에 기입된 부동산 위의 권리자'를 경매절차의 이해관계인으로 규정하고 있는바, '등기부에 기입된 부동산 위의 권리자'라 함은 '경매개시결정 시점'이 아닌 '경매개시결정 등기 시점'을 기준으로 그 당시에 이미 등기가 되어 등기부에 나타난 자를 말하며 용익권자(전세권자, 지상권자, 임대차등기를 한 임차권자), 담보권자 등이 이에 해당한다(대결 1999.11.10. 99마5901).

[❹ ▸ ○] 경매부동산에 대한 가처분권자는 매각허가 여부의 결정에 대하여 즉시항고를 제기할 수 있는 이해관계인에 해당하지 아니하고, 이해관계인, 매수인, 매수신고인에 해당하지 않는 자가 한 즉시항고는 부적법하다(대결 2008.9.18. 2008마1154).

[❺ ▸ ○] 민사집행법 제90조 제4호의 이해관계인인 '부동산 위의 권리자로서 그 권리를 증명한 사람'은 부동산 위에 위와 같은 권리가 있다는 것만으로 당연히 이해관계인이 되는 것이 아니고 집행법원에 스스로 그 권리를 증명한 때에 비로소 이해관계인이 되고(대결 1994.9.14. 94마1455 참조), 설사 권리가 있다고 하더라도 권리를 증명하여 신고하지 아니하면 이해관계인이 될 수 없다(대결 2005.5.19. 2005마59 참조).

[참고] [1] 매각허가결정에 대한 항고는 민사집행법 제121조에서 정한 매각허가에 대한 이의신청사유가 있거나 그 결정절차에 중대한 잘못이 있다는 것을 이유로 드는 때에만 할 수 있다(민사집행법 제130조 제1항). 위 이의신청사유 중 민사집행법 제121조 제5호의 '매각물건명세서의 작성에 중대한 흠이 있는 때'에 해당하는지 여부는 그 흠이 일반 매수희망자가 매수의사나 매수신고가격을 결정함에 있어 어떠한 영향을 받을 정도의 것이었는지를 중심으로 하여 부동산 경매와 매각물건명세서 제도의 취지에 비추어 구체적인 사안에 따라 합리적으로 판단하여야 한다. 또한 민사집행법 제121조 제7호의 이의신청사유인 '경매절차에 중대한 잘못이 있는 때'란 이해관계인의 이익이 침해되거나 매각절차의 공정성을 해칠 우려가 있는 중대한 절차위반의 사유가 있는 때를 말한다. [2] 집행법원은 민사집행법 제104조 제2항에 따라 매각기일과 매각결정기일을 민사집행법 제90조 각 호에서 정한 이해관계인에게 통지하여야 하는데, 이때 유치권 신고자가 민사집행법 제90조 제4호의 이해관계인인 '부동산 위의 권리자로서 그 권리를 증명한 사람'에 해당하기 위해서는 신고서 접수 이후 매각허가결정이 있을 때까지 유치권의 취득·존속에 관한 사실을 집행법원에 증명하여야 한다(대결 2024.4.5. 2023마7896).

답 ❶

민사집행법 제90조에 규정된 경매절차의 이해관계인에 관한 다음 설명 중 가장 옳지 않은 것은?

2023년

① 임의경매에서 경매신청이 되지 않은 저당권의 피담보채권의 채무자는 민사집행법 제90조에 규정된 경매절차의 이해관계인 중에 포함되지 않는다.

② 이해관계인은 강제집행절차와 관련하여, 집행에 관한 이의신청권, 경매개시결정에 대한 이의신청권, 배당요구 또는 이중경매신청이 있으면 법원으로부터 그 통지를 받을 수 있는 권리, 여러 개의 부동산을 일괄매각하도록 신청할 수 있는 권리, 매각기일과 매각결정기일을 통지받을 수 있는 권리, 매각허가여부의 결정에 대하여 즉시항고를 할 수 있는 권리, 배당기일의 통지를 받을 권리 등이 인정된다.

③ 민사집행법 제87조 제1항에 의하여 이중경매개시결정이 있고 선행사건의 집행절차에 따라 경매가 진행되는 경우 이해관계인의 범위도 선행의 경매사건을 기준으로 정하여야 하는바, 선행사건의 배당요구의 종기 이후에 설정된 후순위 근저당권자로서 위 배당요구의 종기까지 아무런 권리신고를 하지 아니한 위 배당요구의 종기 이후의 이중경매신청인은 이해관계인이 아니다.

④ 주택임대차보호법상의 대항요건을 갖춘 임차인은 매각허가결정 이전에 경매법원에 스스로 그 권리를 증명하여 신고하거나, 집행관의 현황조사결과 임차인으로 조사·보고되어 집행법원이 부동산 위의 권리자임을 알게 된 경우에는 이해관계인이 될 수 있다.

⑤ 집행력 있는 정본 또는 그 사본에 의하지 않고 재판예규(재민 97-11)에 따라 체불 임금등·사업주 확인서와 근로자라는 소명자료를 붙여 배당요구를 한 임금채권자는 경매절차에 관하여 사실상의 이해관계를 가진 자일 뿐 민사집행법 제90조에서 정한 이해관계인이 아니다.

⋯⋯⋯

[**❶ ▸ O**] 대법원 판례는 경매절차의 이해관계인을 규정하고 있는 민사집행법 제90조를 제한적 열거규정으로 보고 있으므로(대판 1999.4.9. 98마53240), 위 조항에 열거된 이해관계인의 범위에 속하지 않는 사람은 그 매각절차에 어떠한 이해관계가 있는 사람이라도 매각절차에서 이해관계인으로서 취급받지 못하게 된다. 민사집행법 제90조 제2호의 채무자는 집행채무자를 가리키며, 소유자는 경매개시결정등기 당시의 매각부동산의 소유자를 말한다. 임의경매에서 경매신청이 되지 않은 저당권의 피담보채권의 채무자는 민사집행법 제90조 제2호에서 말하는 채무자에 해당하지 않는다(대결 1968.7.31. 68마716). 또 저당권설정등기에 채무자로 표시되지 않은 다른 공동채무자도 여기의 채무자에 포함되지 않는다.

[**❷ ▸ O**] 민사집행법 제90조에 규정된 경매절차의 이해관계인은 강제집행절차와 관련하여, ㉠ 집행에 관한 이의신청권(민사집행법 제16조), ㉡ 경매개시결정에 대한 이의신청권(민사집행법 제86조 제1항), ㉢ 배당요구 신청 또는 이중경매 신청이 있으면 법원으로부터 그 통지를 받을 수 있는 권리(민사집행법 제89조), ㉣ 여러 개의 부동산을 일괄매각하도록 신청할 수 있는 권리(민사집행법 제98조), ㉤ 매각기일과 매각결정기일을 통지 받을 수 있는 권리(민사집행법 제104조 제2항), ㉥ 매각결정기일에 매각허가에 관한 의견을 진술할 수 있는 권리(민사집행법 제120조), ㉦ 매각허가 여부의 결정에 대하여 즉시항고를 할 수 있는 권리(민사집행법 제129조), ㉧ 배당기일의 통지를 받을 권리(민사집행법 제146조), ㉨ 배당기일에 출석하여 배당표에 관한 의견을 진술할 수 있는 권리(민사집행법 제149조) 등이 인정된다. **실무제요 집행 2**

[❸ ▸ ○] 이중경매개시결정이 있더라도 선행 개시결정의 효력이 유지되는 한 매각절차는 먼저 개시결정한 선행사건의 집행절차에 따라 진행하여야 한다. 따라서 이해관계인의 범위, 매각기일의 통지, 이의, 항고 등의 적법 여부 등도 선행의 경매사건을 기준으로 정한다. 실무제요 집행 2 민사집행법 제87조 제1항에 의하여 이중경매개시결정이 있고 선행사건의 집행절차에 따라 경매가 진행되는 경우, 이해관계인의 범위도 선행의 경매사건을 기준으로 정하여야 하는바, 선행사건의 배당요구의 종기 이후에 설정된 후순위 근저당권자로서 위 배당요구의 종기까지 아무런 권리신고를 하지 아니한 위 배당요구의 종기 이후의 이중경매신청인은 선행사건에서 이루어진 낙찰허가결정에 대하여 즉시항고를 제기할 수 있는 이해관계인이 아니다(대결 2005.5.19. 2005마59).

[❹ ▸ ✕] '부동산 위의 권리자로서 그 권리를 증명한 사람'은 경매절차의 이해관계인에 해당한다(민사집행법 제90조 제4호). 여기서 '부동산 위의 권리자'란 경매개시결정등기 이전에 매각부동산에 대하여 등기 없이도 제3자에게 대항할 수 있는 물권 또는 채권을 가진 자를 말한다. 부동산 위에 위와 같은 권리를 가지고 있다는 것만으로 당연히 이해관계인이 되는 것은 아니고 집행법원에 스스로 그 권리를 증명한 자만이 비로소 이해관계인이 된다(대결 1994.9.14. 94마455). 주택임대차보호법상의 대항요건을 갖춘 임차인이라 하더라도 권리신고를 하지 않은 사람은 집행관의 현황조사결과 임차인으로 조사·보고 되어 있는지 여부와 관계없이 이해관계인에 해당하지 않는다(대결 1999.8.26. 99마3792; 대판 2008.11.13. 2008다43976). 따라서 주택임대차보호법상의 대항요건을 갖춘 임차인이 민사집행법 제90조 제4호에서 정한 이해관계인에 해당하기 위해서는 집행법원에 그 권리를 증명하여 신고하여야 한다(대결 2004.2.13. 2003마44). 실무제요 집행 2

[❺ ▸ ○] 집행력 있는 정본 또는 그 사본에 의하지 않고 재판예규(재민 97-11)에 따라 체불 임금등·사업주 확인서와 근로자라는 소명자료를 붙여 배당요구를 한 임금채권자는 경매절차에 관하여 사실상의 이해관계를 가진 자일 뿐 민사집행법 제90조에서 정한 이해관계인이 아니다(대결 2003.2.19. 2001마785). 실무제요 집행 2

답 ❹

51
☐☐☐

부동산경매에서의 인수주의와 잉여주의에 관한 다음 설명 중 가장 옳지 않은 것은? 2025년

① 근저당권설정등기와 강제경매신청 사이에 대항력을 갖춘 주택임차인이 있는 경우 그 임차인은 매수인에게 대항할 수 없다.

② 저당권·압류채권·가압류채권에 대항할 수 있는 전세권은 매각으로 소멸하지 않고 매수인이 인수하나, 전세권의 경우 전세권자가 적법한 배당요구를 하면 매각으로 소멸한다.

③ 경매부동산에 가압류등기, 소유권이전등기청구권 보전의 가등기, 근저당권설정등기가 순차적으로 마쳐진 경우 가압류등기는 근저당권의 실행을 위한 경매절차에서 매각으로 인하여 소멸하지만, 근저당권보다 선순위인 가등기는 말소하지 않고 존속한다.

④ 유치권에 의한 경매도 강제경매나 담보권 실행을 위한 경매와 마찬가지로 목적부동산 위의 부담을 소멸시키는 것을 법정매각조건으로 하여 실시되고 우선채권자뿐만 아니라 일반채권자의 배당요구도 허용되며, 유치권자는 일반채권자와 동일한 순위로 배당을 받을 수 있다.

⑤ 부동산 경매절차에서의 매수인은 유치권자에게 그 유치권으로 담보하는 채권을 변제할 책임이 있는 것이 원칙이다. 그러나 경매개시결정 등기가 마쳐져 압류의 효력이 발생한 후에 유치권을 취득한 경우 그러한 유치권으로는 매수인에게 대항할 수 없다.

···

[❶ ▸ ○] 강제집행이나 후순위 저당권의 실행으로 임차주택이 매각되어 선순위 저당권이 소멸하면 비록 후순위 저당권자에게는 대항할 수 있는 임차권이라 하더라도 선순위 저당권보다 뒤에 대항력을 갖춘 임차권은 함께 소멸하므로 이런 경우 매수인에게는 임대차를 가지고 대항할 수 없다(대판 1987.2.24. 86다카1936). 그리고 첫 경매개시결정등기 전에 설정된 매각부동산 위의 권리 중 '담보권'이나 '최선순위가 아닌 용익권'(저당권·압류·가압류에 대항할 수 없는 임차권 등)은 매각으로 인하여 당연히 소멸하는 대신(소멸주의. 민사집행법 제91조 제2항·제3항), 법률상 당연히 배당요구한 것과 같은 효력이 있으므로, 별도의 배당요구가 없더라도 순위에 따라 배당을 받을 수 있다(민사집행법 제148조 제4호).

[❷ ▸ ○] 민사집행법 제91조 제4항

> **민사집행법 제91조(인수주의와 잉여주의의 선택 등)**
> ① 압류채권자의 채권에 우선하는 채권에 관한 부동산의 부담을 매수인에게 인수하게 하거나, 매각대금으로 그 부담을 변제하는 데 부족하지 아니하다는 것이 인정된 경우가 아니면 그 부동산을 매각하지 못한다.
> ② 매각부동산 위의 모든 저당권은 매각으로 소멸된다.
> ③ 지상권·지역권·전세권 및 등기된 임차권은 저당권·압류채권·가압류채권에 대항할 수 없는 경우에는 매각으로 소멸된다.
> ④ 제3항의 경우 외의 지상권·지역권·전세권 및 등기된 임차권은 매수인이 인수한다. 다만, 그중 전세권의 경우에는 전세권자가 제88조에 따라 배당요구를 하면 매각으로 소멸된다.
> ⑤ 매수인은 유치권자에게 그 유치권으로 담보하는 채권을 변제할 책임이 있다.

[❸ ▶ ✕] 소유권이전등기청구권 보전의 가등기보다 후순위로 마쳐진 근저당권의 실행을 위한 경매절차에서 매각허가결정에 따라 매각대금이 완납된 경우에도, 선순위인 가등기는 소멸하지 않고 존속하는 것이 원칙이다. 다만 그 가등기보다 선순위로 기입된 가압류등기는 근저당권의 실행을 위한 경매절차에서 매각으로 인하여 소멸하고, 이러한 경우에는 가압류등기보다 후순위인 가등기 역시 민사집행법 제144조 제1항 제2호에 따라 매수인이 인수하지 아니한 부동산의 부담에 관한 기입에 해당하여 말소촉탁의 대상이 된다(대판 2022.5.12. 2019다265376).

[❹ ▶ ○] 민법 제322조 제1항에 의하여 실시되는 유치권에 의한 경매도 강제경매나 담보권 실행을 위한 경매와 마찬가지로 목적부동산 위의 부담을 소멸시키는 것을 법정매각조건으로 하여 실시되고 우선채권자뿐만 아니라 일반채권자의 배당요구도 허용되며, 유치권자는 일반채권자와 동일한 순위로 배당을 받을 수 있다고 봄이 상당하다. 다만 집행법원은 부동산 위의 이해관계를 살펴 위와 같은 법정매각조건과는 달리 매각조건 변경결정을 통하여 목적부동산 위의 부담을 소멸시키지 않고 매수인으로 하여금 인수하도록 정할 수 있다(대판 2011.8.18. 2011다35593).

[❺ ▶ ○] 부동산 경매절차에서의 매수인은 민사집행법 제91조 제5항에 따라 유치권자에게 그 유치권으로 담보하는 채권을 변제할 책임이 있는 것이 원칙이나, 채무자 소유의 건물 등 부동산에 경매개시결정의 기입등기가 경료되어 압류의 효력이 발생한 후에 채무자가 위 부동산에 관한 공사대금 채권자에게 그 점유를 이전함으로써 그로 하여금 유치권을 취득하게 한 경우, 그와 같은 점유의 이전은 목적물의 교환가치를 감소시킬 우려가 있는 처분행위에 해당하여 민사집행법 제92조 제1항, 제83조 제4항에 따른 압류의 처분금지효에 저촉되므로 점유자로서는 위 유치권을 내세워 그 부동산에 관한 경매절차의 매수인에게 대항할 수 없다. 그러나 이러한 법리는 경매로 인한 압류의 효력이 발생하기 전에 유치권을 취득한 경우에는 적용되지 아니하고, 유치권 취득시기가 근저당권설정 후라거나 유치권 취득 전에 설정된 근저당권에 기하여 경매절차가 개시되었다고 하여 달리 볼 것은 아니다(대판 2009.1.15. 2008다70763).

 답 ❸

부동산경매절차의 특별매각조건에 관한 다음 설명 중 가장 옳지 않은 것은?

① 최저입찰가격은 입찰법원이 직권으로 변경할 수 있지만, 그 변경은 수긍할 만한 합리적인 이유가 있는 경우에 한하여 허용된다.

② 거래의 실상을 반영하거나 경매절차를 효율적으로 진행하기 위하여 필요한 경우에 법원은 배당요구의 종기까지 매각조건을 바꾸거나 새로운 매각조건을 설정할 수 있다.

③ 특별매각조건이 있는 경우 집행관은 매각기일을 개시할 때에 그 내용을 고지하며, 특별매각조건으로 매각한 때에는 집행법원은 매각허가결정에 그 조건을 적어야 한다.

④ 집행법원의 특별매각조건결정에 대하여 이해관계인은 즉시항고할 수 있다.

⑤ 재단법인의 기본재산에 대하여 강제집행을 실시하는 경우 재단법인의 정관변경에 대한 주무관청의 허가는 경매개시요건이지 매수인의 소유권 취득에 관한 요건은 아니므로, 집행법원으로서는 그 허가를 얻어 제출한 후 경매개시결정을 하여야 하는 것이지 주무관청의 허가를 특별매각조건으로 경매절차를 진행할 수 있는 것은 아니다.

....

[**❶ ▸ ○**] 최저입찰가격은 입찰법원이 직권으로 변경할 수 있지만, 그 변경은 수긍할 만한 합리적인 이유가 있는 경우에 한하여 허용된다(대결 1994.11.30. 94마1673).

[**❷ ▸ ○**] 거래의 실상을 반영하거나 경매절차를 효율적으로 진행하기 위하여 필요한 경우에 법원은 배당요구의 종기까지 매각조건을 바꾸거나 새로운 매각조건을 설정할 수 있다(민사집행법 제111조 제1항).

[**❸ ▸ ○**] 민사집행법 제112조, 제128조 제1항

[**❹ ▸ ○**] 법정매각조건을 합의 또는 직권으로 변경한 매각조건을 특별매각조건이라 한다. 법원이 직권으로 법정매각조건을 변경할 경우에도 매각조건변경결정을 한다. 결정의 고지방법도 합의변경의 경우와 같다. 직권에 의한 매각조건변경결정에 대하여 이해관계인은 즉시항고를 할 수 있다(민사집행법 제111조 제2항). **실무제요 집행 2**

[**❺ ▸ ✕**] 민법 제32조, 제40조 제4호, 제42조 제2항, 제43조, 제45조 제3항, 제1항에 의하면, 재단법인은 정관에 재단법인의 자산에 관한 규정을 두어야 하고, 재단법인의 설립과 정관의 변경에는 주무관청의 허가를 얻어야 한다. 따라서 주무관청의 허가를 얻은 정관에 기재된 기본재산의 처분행위로 인하여 재단법인의 정관 기재사항을 변경하여야 하는 경우에는, 그에 관하여 주무관청의 허가를 얻어야 한다. 이는 재단법인의 기본재산에 대하여 강제집행을 실시하는 경우에도 동일하나, 주무관청의 허가는 반드시 사전에 얻어야 하는 것은 아니므로, 재단법인의 정관변경에 대한 주무관청의 허가는 경매개시요건은 아니고, 경락인의 소유권 취득에 관한 요건이다. 그러므로 집행법원으로서는 그 허가를 얻어 제출할 것을 특별매각조건으로 경매절차를 진행하고, 매각허가결정 시까지 이를 제출하지 못하면 매각불허가결정을 하면 된다(대결 2018.7.20. 2017마1565).

 ❺

53
□□□

배당요구의 종기결정 및 공고에 관한 다음 설명 중 가장 옳지 않은 것은?   2024년

① 배당요구의 종기가 정해지면 법원은 경매개시결정 전에 등기된 최선순위의 전세권자에게 배당요구의 종기를 고지하여야 한다.

② 배당요구의 종기결정 및 공고는 경매개시결정에 따른 압류의 효력이 생긴 때부터 1주 이내에 하여야 한다.

③ 소유권이전에 관한 가등기가 되어 있는 부동산에 대하여 경매개시결정이 있는 경우에는 법원은 가등기권리자에 대하여 그 가등기가 담보가등기인 때에는 그 내용 및 채권의 존부, 원인 및 금액을, 담보가등기가 아닌 경우에는 그 내용을 법원에 신고할 것을 적당한 기간을 정하여 최고하여야 한다.

④ 이미 배당요구 또는 채권신고를 한 자에 대하여도 배당요구의 종기를 연기한 경우에는 다시 고지 및 최고를 하여야 한다.

⑤ 법원사무관등은 첫 경매개시결정등기 전에 등기된 가압류채권자 및 저당권·전세권, 그 밖의 우선변제청구권으로서 첫 경매개시결정등기 전에 등기되었고 매각으로 소멸하는 것을 가진 채권자 및 조세, 그 밖의 공과금을 주관하는 공공기관에 대하여 채권의 유무, 그 원인 및 액수(원금·이자·비용, 그 밖의 부대채권을 포함한다)를 배당요구의 종기까지 법원에 신고하도록 최고하여야 한다.

......

[**①** ▸ **○**] 저당권·압류채권·가압류채권에 대항할 수 있는 최선순위 전세권은 매각으로 소멸되지 않고 매수인이 인수하지만 전세권자가 민사집행법 제88조에 따라 배당요구를 하면 매각으로 소멸된다(민사집행법 제91조 제3항, 제4항). 이처럼 최우선순위의 전세권자에게는 '매수인에 의한 전세권의 인수'와 '배당요구'의 선택권을 부여하고 그 전세권자에게는 배당요구의 종기를 고지하여 그 기간 안에 선택권을 행사할 수 있는 기회를 보장할 필요가 있으므로, 법원은 배당요구의 종기를 공고하는 외에 최우선순위의 전세권자에게 이를 고지하여야 한다(민사집행법 제84조 제2항 후단). **실무제요 집행 2**

[**②** ▸ **○**] 민사집행법 제84조 제1항, 제3항

> **민사집행법 제84조(배당요구의 종기결정 및 공고)**
> ① 경매개시결정에 따른 압류의 효력이 생긴 때(그 경매개시결정 전에 다른 경매개시결정이 있는 경우를 제외한다)에는 집행법원은 절차에 필요한 기간을 고려하여 배당요구를 할 수 있는 종기(終期)를 첫 매각기일 이전으로 정한다.
> ③ 제1항의 배당요구의 종기결정 및 제2항의 공고는 <u>경매개시결정에 따른 압류의 효력이 생긴 때부터 1주 이내에 하여야</u> 한다.

[❸ ▸ ○] 가등기담보법 제16조 제1항

> **가등기담보법 제16조(강제경매등에 관한 특칙)**
> ① 법원은 소유권의 이전에 관한 가등기가 되어 있는 부동산에 대한 강제경매등의 개시결정(開始決定)이 있는 경우에는 가등기권리자에게 다음 각 호의 구분에 따른 사항을 법원에 신고하도록 적당한 기간을 정하여 최고(催告)하여야 한다.
> 1. 해당 가등기가 담보가등기인 경우 : 그 내용과 채권[이자나 그 밖의 부수채권(附隨債權)을 포함한다]의 존부(存否)·원인 및 금액
> 2. 해당 가등기가 담보가등기가 아닌 경우 : 해당 내용

[❹ ▸ ✕] 민사집행법 제84조 제6항, 제7항

> **민사집행법 제84조(배당요구의 종기결정 및 공고)**
> ⑥ 법원은 특별히 필요하다고 인정하는 경우에는 배당요구의 종기를 연기할 수 있다.
> ⑦ 제6항의 경우에는 제2항 및 제4항의 규정을 준용한다. 다만, 이미 배당요구 또는 채권신고를 한 사람에 대하여는 같은 항의 고지 또는 최고를 하지 아니한다.

[❺ ▸ ○] 민사집행법 제84조 제4항, 제148조 제3호·제4호

> **민사집행법 제84조(배당요구의 종기결정 및 공고)**
> ④ 법원사무관등은 제148조 제3호 및 제4호의 채권자 및 조세, 그 밖의 공과금을 주관하는 공공기관에 대하여 채권의 유무, 그 원인 및 액수(원금·이자·비용, 그 밖의 부대채권(附帶債權)을 포함한다)를 배당요구의 종기까지 법원에 신고하도록 최고하여야 한다.
>
> **민사집행법 제148조(배당받을 채권자의 범위)**
> 제147조 제1항에 규정한 금액을 배당받을 채권자는 다음 각 호에 규정된 사람으로 한다.
> 1. 배당요구의 종기까지 경매신청을 한 압류채권자
> 2. 배당요구의 종기까지 배당요구를 한 채권자
> 3. 첫 경매개시결정등기 전에 등기된 가압류채권자
> 4. 저당권·전세권, 그 밖의 우선변제청구권으로서 첫 경매개시결정등기 전에 등기되었고 매각으로 소멸하는 것을 가진 채권자

답 ❹

54

부동산경매절차에서 통지에 관한 다음 설명 중 가장 옳지 않은 것은?

① 집행법원이 이해관계인 등에게 매각기일 등의 통지를 하지 아니하여 그가 매각허가결정에 대한 항고기간을 준수하지 못하였다면 특별한 사정이 없는 한 그 이해관계인은 자기책임에 돌릴 수 없는 사유로 항고기간을 준수하지 못한 것으로 보아야 하며, 그러한 경우에는 형평의 원칙으로부터 인정된 구제방법으로서의 추후보완이 허용된다.

② 공유물의 지분을 매각할 때에는 다른 공유자에게 매각기일 등을 통지하여야 하므로 이를 통지받지 못한 공유자도 이해관계인으로서 그 절차상의 흠을 들어 항고할 수 있다.

③ 이해관계인이 기일 통지를 받지 못하였더라도 매각기일을 스스로 알고 그 기일에 출석하여 입찰에 참가함으로써 자신의 권리보호에 필요한 조치를 취할 수 있었다면, 특별한 사정이 없는 한 이러한 통지 누락은 매각허가결정의 이의사유에 해당한다고 볼 수 없다.

④ 매각기일의 공고 및 다른 이해관계인에 대한 매각기일 및 매각결정기일에 대한 통지절차가 완료된 후에 권리신고가 있더라도 그 신고가 매각기일 전에 행하여졌다면 당해 이해관계인에게 매각기일 및 매각결정기일을 통지하지 아니한 것은 위법하다.

⑤ 권리신고절차를 취하지 아니한 주택임대차보호법상의 대항요건을 갖춘 임차인에 대하여 경매절차 진행사실의 통지를 하지 않았더라도 경매절차에 위법이 있다고 할 수 없다.

- -

[❶ ▸ ○] 경매법원이 이해관계인 등에게 경매기일 등의 통지를 하지 아니하여 그가 경락허가결정에 대한 항고기간을 준수하지 못하였다면 특단의 사정이 없는 한 그 이해관계인은 자기책임에 돌릴 수 없는 사유로 항고기간을 준수하지 못한 것으로 보아야 하며, 그러한 경우에는 형평의 원칙으로부터 인정된 구제방법으로서의 추완이 허용되어야 할 것이다(대결 2002.12.24. 2001마1047[전합]).

[❷ ▸ ○] 경매법원은 공유물의 지분을 경매함에 있어 다른 공유자에게 경매기일과 경락기일을 통지하여야 하므로 경매부동산의 다른 공유자들이 그 경매기일을 통지받지 못한 경우에는 이해관계인으로서 그 절차상의 하자를 들어 항고를 할 수 있다(대결 1998.3.4. 97마962).

[❸ ▸ ○] 이해관계인이 기일 통지를 받지 못하였더라도 매각기일을 스스로 알고 그 기일에 출석하여 입찰에 참가함으로써 자신의 권리보호에 필요한 조치를 취할 수 있었다면, 이러한 통지의 누락은 특별한 사정이 없는 한 민사집행법 제121조(매각허가에 대한 이의신청사유) 제1호에서 정한 '집행을 계속 진행할 수 없을 때'에 해당한다고 볼 수 없다(대결1995.12.5. 95마1053; 대결 2000.1.31. 99마7663).

[❹ ▸ ✕] 매각기일의 공고 및 다른 이해관계인에 대한 매각기일 및 매각결정기일에 대한 통지절차가 완료된 후에 비로소 권리신고가 있는 경우에는 비록 그 신고가 매각기일 전에 행하여졌다고 할지라도 당해 이해관계인에게 매각기일 및 매각결정기일을 통지하지 않았다고 하여 위법하다고 할 수 없으므로 이를 매각허가결정에 대한 이의 내지 항고사유로 삼을 수 없다(대결 1998.3.12. 98마206 참조).

[❺ ▸ ○] 주택임대차보호법상의 대항요건을 갖춘 임차인이라고 하더라도 매각허가결정 이전에 경매법원에 스스로 그 권리를 증명하여 신고하지 않는 한 집행관의 현황조사결과 임차인으로 조사·보고되어 있는지 여부와 관계없이 이해관계인이 될 수 없으며, 대법원예규에 따른 경매절차 진행사실의 주택임차인에 대한 통지는 법률상 규정된 의무가 아니라 당사자의 편의를 위하여 경매절차와 배당제도에 관한 내용을 안내하여 주는 것에 불과하므로, 이해관계인 아닌 임차인은 위와 같은 통지를 받지 못하였다고 하여 경매절차가 위법하다고 다툴 수 없다(대판 2008.11.13. 2008다43976).

답 ❹

55 부동산의 평가와 최저매각가격의 결정에 관한 다음 설명 중 가장 옳지 않은 것은? 2023년

① 최저매각가격제도를 채택하고 있는 이유는 부동산이 그 시세보다 훨씬 저가로 매각되게 되면 이해관계인의 이익을 해치게 되므로 공정·타당한 가격을 유지하여, 부당하게 염가로 매각되는 것을 방지함과 동시에 매수신고를 하려는 사람에게 기준을 제시함으로써 매각이 공정하게 이루어지도록 함에 있다.

② 경매의 대상이 된 토지 위에 생립하고 있는 채무자 소유의 미등기 수목은 토지의 구성 부분으로서 토지의 일부로 간주되어 특별한 사정이 없는 한 토지와 함께 경매되는 것이므로 그 수목의 가액을 포함하여 경매 대상 토지를 평가하여 이를 최저매각가격으로 공고하여야 하고, 다만 입목에 관한 법률에 따라 등기된 입목이나 명인방법을 갖춘 수목의 경우에는 독립하여 거래의 객체가 되므로 토지 평가에 포함되지 아니한다.

③ 건물이 증축되어 증축부분에 관하여 별도로 보존등기가 경료되었고 증축부분이 본래의 건물에 부합되어 본래의 건물과 분리하여서는 전혀 별개의 독립물로서의 효용을 갖지 않는다 하더라도, 본래의 건물에 대한 경매절차에서 증축부분에 대한 평가를 누락한 평가액을 최저매각가격으로 정한 것은 잘못이다. 따라서 매수인은 증축부분의 소유권을 취득할 수 없다.

④ 구분건물에 대한 경매에서 비록 경매신청서에 대지사용권에 대한 아무런 표시가 없는 경우에도 집행법원으로서는 대지사용권이 있는지, 그 전유부분 및 공용부분과 분리처분이 가능한 규약이나 공정증서가 있는지 등에 관하여 집행관에게 현황조사명령을 하는 때에 이를 조사하도록 지시하는 한편, 그 스스로도 관련자를 심문하는 등의 가능한 방법으로 필요한 자료를 수집하여야 하고, 그 결과 전유부분과 불가분적인 일체로서 경매의 대상이 되어야 할 대지사용권의 존재가 밝혀진 때에는 이를 매각 목적물의 일부로서 경매 평가에 포함시켜 최저매각가격을 정하여야 한다.

⑤ 건물에 관한 구분소유적 공유지분에 대한 매각을 실시하는 집행법원으로서는 감정인에게 위 건물의 지분에 대한 평가가 아닌 특정 구분소유 목적물에 대한 평가를 하게 하고 그 평가액을 참작하여 최저매각가격을 정한 후 매각을 실시하여야 한다.

[❶ ▸ ○] 최저매각가격제도를 채택하고 있는 이유는 부동산이 그 실거래보다 훨씬 저가로 매각되게 되면 이해관계인의 이익을 해치게 되므로 공정·타당한 가격을 유지하여, 부당하게 염가로 매각되는 것을 방지함과 동시에 매수신고를 하려는 사람에게 기준을 제시함으로써 매각이 공정하게 이루어지도록 함에 있다(대결 2003.8.21. 2003마352).

[❷ ▸ ○] 경매의 대상이 된 토지 위에 생립하고 있는 채무자 소유의 미등기 수목은 토지의 구성 부분으로서 토지의 일부로 간주되어 특별한 사정이 없는 한 토지와 함께 경매되는 것이므로 그 수목의 가액을 포함하여 경매 대상 토지를 평가하여 이를 최저경매가격으로 공고하여야 하고, 다만 입목에 관한 법률에 따라 등기된 입목이나 명인방법을 갖춘 수목의 경우에는 독립하여 거래의 객체가 되므로 토지 평가에 포함되지 아니한다(대결 1998.10.28. 98마1817).

[❸ ▸ ✕] 건물이 증축된 경우에 증축된 부분이 본래의 건물에 부합되어 본래의 건물과 분리하여서는 전혀 별개의 독립물로서의 효용을 갖지 않는다면 비록 경매절차에서 경매 목적물로 평가되지 아니하였다 할지라도 경락인(매수인)은 부합의 법리와 근저당권 등의 효력 및 경매의 효력으로서 그 부합된 증축부분의 소유권을 취득한다(대판 1981.11.10. 80다2757).

[**❹ ▶ O**] 구분건물에 대한 경매에 있어서 비록 경매신청서에 대지사용권에 대한 아무런 표시가 없는 경우에도 집행법원으로서는 대지사용권이 있는지, 그 전유부분 및 공용부분과 분리처분이 가능한 규약이나 공정증서가 있는지 등에 관하여 집달관에게 현황조사명령을 하는 때에 이를 조사하도록 지시하는 한편, 그 스스로도 관련자를 심문하는 등의 가능한 방법으로 필요한 자료를 수집하여야 하고, 그 결과 전유부분과 불가분적인 일체로서 경매의 대상이 되어야 할 대지사용권의 존재가 밝혀진 때에는 이를 경매 목적물의 일부로서 경매 평가에 포함시켜 최저입찰가격을 정하여야 할 뿐만 아니라, 입찰기일의 공고와 입찰물건명세서의 작성에 있어서도 그 존재를 표시하여야 할 것이나, 그렇지 않고 대지사용권이 존재하지 아니하거나 존재하더라도 규약이나 공정증서로써 전유부분에 대한 처분상의 일체성이 배제되어 있는 경우에는 특별한 사정이 없는 한 전유부분 및 공용부분에 대하여만 경매절차를 진행하여야 한다(대결 1997.6.10. 97마814).

[**❺ ▶ O**] 1동의 건물 중 위치 및 면적이 특정되고 구조상 및 이용상 독립성이 있는 일부분씩을 2인 이상이 구분소유하기로 하는 약정을 하고 등기만은 편의상 각 구분소유의 면적에 해당하는 비율로 공유지분등기를 하여 놓은 경우 공유자들 사이에 상호 명의신탁관계에 있는 이른바 구분소유적 공유관계에 해당하고, 낙찰에 의한 소유권취득은 성질상 승계취득이어서 1동의 건물 중 특정부분에 대한 구분소유적 공유관계를 표상하는 공유지분을 목적으로 하는 근저당권이 설정된 후 그 근저당권의 실행에 의하여 위 공유지분을 취득한 낙찰자는 구분소유적 공유지분을 그대로 취득하는 것이므로, 건물에 관한 구분소유적 공유지분에 대한 입찰을 실시하는 집행법원으로서는 감정인에게 위 건물의 지분에 대한 평가가 아닌 특정 구분소유 목적물에 대한 평가를 하게 하고 그 평가액을 참작하여 최저입찰가격을 정한 후 입찰을 실시하여야 한다(대결 2001.6.15. 2000마2633).

답 ❸

56
□□□

매각기일에 관한 다음 설명 중 가장 옳지 않은 것은?　　　　2023년

① 매각기일을 이해관계인에게 통지하였다면 이해관계인이 출석하지 않은 경우 그 불출석 사실을 매각기일조서에 기재하여야 한다.

② 입찰기일에 최고가매수신고인이 한 사람이어서 추가입찰의 요건에 해당하지 않는데도 집행관이 추가입찰을 실시하였다면 비록 그 추가입찰에서 최고가 매수신고인이 나왔다고 하더라도 직권으로 매각을 불허하여야 한다.

③ 1기일 2회 매각을 실시하는 경우에 1회에는 입찰을 실시하다가 2회에는 호가경매를 실시하는 것은 허용되지 않는다.

④ 매각기일 종결 시까지 적법한 차순위매수신고를 한 사람이 없는 경우에는 집행관이 최고가매수신고인의 성명과 그 입찰가격만을 불렀다고 하여 매각 허가결정이 위법하다고 할 수 없다.

⑤ 기일입찰 또는 호가경매의 방법에 의한 매각기일에서 매각기일을 마감할 때까지 허가할 매수가격의 신고가 없는 때에는 집행관은 즉시 매각기일의 마감을 취소하고 같은 방법으로 매수가격을 신고하도록 최고할 수 있다.

[**❶ ▸ ×**] 법원은 매각기일과 매각결정기일을 이해관계인에게 통지하여야 한다(민사집행법 제104조 제2항). 그러나 이해관계인이 출석하지 않은 경우 그 불출석 사실을 기일조서에 기재하여야 하는 것은 아니다(민사집행법 제116조 제1항 참조). 한편 매각기일조서에는 작성자인 집행관이 기명날인 또는 서명하고(민사집행법 제10조 제2항 제6호), 그 밖에 최고가매수신고인 및 차순위매수신고인과 출석한 이해관계인은 조서에 서명날인하여야 하며, 그들이 서명날인할 수 없을 때에는 집행관이 그 사유를 적어야 한다(민사집행법 제116조 제2항).

[**❷ ▸ ○**] 최고의 가격으로 입찰한 사람을 최고가매수신고인으로 한다. 다만, 최고의 가격으로 입찰한 사람이 두 사람 이상일 경우에는 그 입찰자들만을 상대로 추가입찰을 실시한다(재판예규 제970호 제34조 제1항). 최고가매수신고인이 있음에도 불구하고 집행관이 그의 이름을 부르고 매각의 종결을 고지하는 절차를 취함이 없이 추가입찰을 실시한 경우 비록 그 추가입찰에서 최고가매수신고인이 나왔다고 하더라도 이는 직권으로 매각을 불허할 사유(민사집행법 제121조 제7호, 제123조 제2항)에 해당한다(대결 2000.3.28. 2000마724).

[**❸ ▸ ○**] [**❺ ▸ ○**] 부동산의 매각은 ㉠ 매각기일에 하는 호가경매, ㉡ 매각기일에 입찰 및 개찰하게 하는 기일입찰, ㉢ 입찰기간 내에 입찰하게 하여 매각기일에 개찰하는 기간입찰의 3가지 방법으로 한다(민사집행법 제103조 제2항). 어느 방법으로 하는지는 집행법원이 정한다(민사집행법 제103조 제1항). 기입입찰이나 호가경매의 경우, 매각기일에 유찰되는 부동산에 대하여는 최저매각가격의 저감 없이 1기일에 즉시 제2회의 경매를 실시할 수 있다(민사집행법 제115조 제4항). 이때에는 1기일 2회 경매를 하였다는 취지를 조서에 적어야 한다(민사집행법 제116조 제1항 제7호). 기간입찰의 경우에는 이러한 방법을 사용할 수 없다. 　실무제요 집행 2　1기일 2회 경매를 실시하는 경우에 "같은 방법"으로 하여야 하므로(민사집행법 제115조 제4항), 1회에는 입찰을 실시하다가 2회에는 호가경매를 실시하는 것은 허용되지 않는다.

[**❹ ▸ ○**] 집행관은 최고가매수신고인의 성명과 그 가격을 부르고 차순위매수신고를 최고한 뒤, 적법한 차순위매수신고가 있으면 차순위매수신고인을 정하여 그 성명과 가격을 부른 다음 매각기일을 종결한다고 고지하여야 한다(민사집행법 제115조 제1항). 즉, 최고가매수신고인을 결정하고 입찰을 종결하는 때에는 집행관은 "○○○호 사건에 관한 최고가매수신고인은 매수가격 ○○○원을 신고한 ○○(주소)에 사는 ○○○(이름)입니다. 차순위매수신고를 할 사람은 신고하십시오"하고 차순위매수신고를 최고한 후, 차순위매수신고가 있으면 차순위매수신고인을 정하여 "차순위매수신고인은 매수가격 ○○○원을 신고한 ○○(주소)에 사는 ○○○(이름)입니다"라고 한 다음, "이로써 ○○○호 사건의 입찰절차가 종결되었습니다"라고 고지한다(재민 2004-3 제35조 제1항). 따라서 매각기일 종결 시까지 적법한 차순위매수신고를 한 사람이 없는 경우에는 집행관이 최고가매수신고인의 성명과 그 입찰가격만을 불렀다고 하여 매각 허가결정이 위법하다고 할 수 없다.

답 ❶

57

일괄매각에 관한 다음 설명 중 가장 옳지 않은 것은?　　　　2025년

① 경매목적 부동산이 2개 이상 있는 경우 분할매각보다 일괄매각을 하는 것이 물건 전체의 효용을 높이고 가액도 현저히 고가로 될 것이 명백한 경우, 일괄매각을 하는 것이 부당하다고 인정할 특별한 사유가 없는 한 일괄매각의 방법에 의하는 것이 타당하다.

② 토지와 그 지상 건물을 일괄매각하는 경우, 지상 건물의 매각대금으로 모든 채권자의 채권액과 강제집행비용을 변제하기에 충분하다면 토지에 대한 매각은 허가할 수 없다.

③ 일괄매각결정은 법원이 직권으로 할 수 있을 뿐 아니라, 이해관계인의 신청에 의하여도 가능하다.

④ 일괄매각결정의 중대한 흠을 간과하고 매각허가결정을 한 경우, 당사자들은 매각허가에 대한 이의 또는 매각허가결정에 대한 항고로 다툴 수 있다.

⑤ 부동산의 일괄매각의 경우에 서로 다른 별개의 부동산에 대한 매각대금의 배당순서를 달리하여야 한다면, 각 부동산에 대한 매각대금을 별도로 특정할 필요가 있고, 일괄매각 대상인 각 부동산별로 그 최저매각가격을 정하여 매각절차를 진행하여야 한다.

....

[**❶** ▸ ○] 경매목적 부동산이 2개 이상 있는 경우 분할경매를 할 것인지 일괄경매를 할 것인지 여부는 집행법원의 자유재량에 의하여 결정할 성질의 것이나, 토지와 그 지상건물이 동시에 매각되는 경우, 토지와 건물이 하나의 기업시설을 구성하고 있는 경우, 2필지 이상의 토지를 매각하면서 분할경매에 의하여 일부 토지만 매각되면 나머지 토지가 맹지 등이 되어 값이 현저히 하락하게 될 경우 등 분할경매를 하는 것보다 일괄경매를 하는 것이 당해 물건 전체의 효용을 높이고 그 가액도 현저히 고가로 될 것이 명백히 예측되는 경우 등에는 일괄경매를 하는 것이 부당하다고 인정할 특별한 사유가 없는 한 일괄경매의 방법에 의하는 것이 타당하고, 이러한 경우에도 이를 분할경매하는 것은 그 부동산이 유기적 관계에서 갖는 가치를 무시하는 것으로써 집행법원의 재량권의 범위를 넘어 위법한 것이 된다(대결 2004.11.9. 2004마 94).

[**❷** ▸ ×] 민사집행법 제101조 제3항 단서

> **민사집행법 제101조(일괄매각절차)**
> ③ 여러 개의 재산을 일괄매각하는 경우에 그 가운데 일부의 매각대금으로 모든 채권자의 채권액과 강제집행비용을 변제하기에 충분하면 다른 재산의 매각을 허가하지 아니한다. 다만, 토지와 그 위의 건물을 일괄매각하는 경우나 재산을 분리하여 매각하면 그 경제적 효용이 현저하게 떨어지는 경우 또는 채무자의 동의가 있는 경우에는 그러하지 아니하다.

[**❸** ▸ ○] 민사집행법 제98조 제1항, 제2항

> **민사집행법 제98조(일괄매각결정)**
> ① 법원은 여러 개의 부동산의 위치·형태·이용관계 등을 고려하여 이를 일괄매수하게 하는 것이 알맞다고 인정하는 경우에는 직권으로 또는 이해관계인의 신청에 따라 일괄매각하도록 결정할 수 있다.
> ② 법원은 부동산을 매각할 경우에 그 위치·형태·이용관계 등을 고려하여 다른 종류의 재산(금전채권을 제외한다)을 그 부동산과 함께 일괄매수하게 하는 것이 알맞다고 인정하는 때에는 직권으로 또는 이해관계인의 신청에 따라 일괄매각하도록 결정할 수 있다.
> ③ 제1항 및 제2항의 결정은 그 목적물에 대한 매각기일 이전까지 할 수 있다.

[**❹ ▶ O**]　일괄매각의 결정에 중대한 흠이 있는 경우 매각허가에 대한 이의신청을 할 수 있다(민사집행법 제121조 제5호). 그리고 매각허가결정에 대한 (즉시)항고는 민사집행법 제121조에서 규정한 매각허가에 대한 이의신청사유가 있다거나, 그 결정 절차에 중대한 잘못이 있다는 것을 이유로 드는 때에만 할 수 있다(민사집행법 제130조 제1항).

[**❺ ▶ O**]　어느 부동산에 대하여 저당권의 효력이 미친다는 것은 그 부동산이 저당권 실행의 대상이 된다는 것과 그 부동산의 처분대가가 피담보채권의 우선변제에 충당되고 그 결과 매수인은 그 부동산에 대한 소유권을 취득하게 된다는 것을 의미하므로, 서로 다른 별개의 부동산에 대한 매각대금의 배당 순서를 달리하여야 한다면, 각 부동산에 대한 매각대금을 별도로 특정할 필요가 있다고 할 것이고, 민사집행법 제101조 제2항은 "매각절차에서 각 재산의 대금액을 특정할 필요가 있는 경우에는 각 재산에 대한 최저매각가격의 비율을 정하여야 하며, 각 재산의 대금액은 총대금액을 각 재산의 최저매각가격비율에 따라 나눈 금액으로 한다."라고 규정하고 있으므로, 일괄매각의 각 부동산별로 그 최저매각가격을 정하여 매각절차를 진행하여야 한다(대판 1999.7.27. 98다35020 참조).

답 ❷

58
☐☐☐

부동산에 대한 경매절차에서 남을 가망이 없을 경우의 경매취소에 관한 다음 설명 중 가장 옳지 않은 것은?　　2023년

① 압류채권자가 남을 가망이 없다는 통지를 받고 1주 이내에 적법한 매수신청 및 보증제공이 없는 때에는 법원은 결정으로 경매절차를 취소하여야 하나, 남을 가망이 없음에도 매각허가결정을 한 경우 압류채권자 및 우선채권자는 물론 민사집행법 제90조에 규정된 경매절차의 이해관계인은 매각허가결정에 대하여 즉시항고를 할 수 있다.

② 집행채무자가 수 개의 공유지분을 순차로 취득하고, 압류채권자가 집행채무자의 공유지분 전부에 관하여 강제집행을 하는 경우에는 그 수 개의 공유지분 각각에 대한 권리관계가 다르다고 하더라도 이는 하나의 목적물에 대한 강제집행이므로, 공유지분 전부 중 일부 지분만을 매각한다면 남을 가망이 없는 때에도 압류채권자가 나머지 지분의 매각대금에서 일부라도 배당받을 가능성이 있다면 공유지분 전부에 대한 경매가 남을 가망이 있는 경매에 해당한다.

③ 부동산임의경매 신청채권자가 경매절차 진행 중에 신청채권과 별개의 선순위 채권 및 근저당권을 양수받은 경우에도 선순위 근저당권의 피담보채권액을 선순위 채권액의 계산에 포함시켜 민사집행법 제102조에 따른 잉여 여부를 계산하여야 한다.

④ 필요비, 유익비를 지출한 제3취득자는 그 상환청구권에 관하여 우선권이 있고 그에 의하여 우선배당을 받을 수 있다. 따라서 제3취득자가 지출한 필요비, 유익비는 선순위 채권액의 계산에 포함시켜 민사집행법 제102조에 따른 잉여 여부를 계산하여야 한다.

⑤ 경매신청 채권자에게 우선하는 주택임차인의 보증금반환채권이 있음을 간과하고 선순위 근저당권의 피담보채권만이 있음을 통지하여 경매신청 채권자가 위 선순위 근저당권의 피담보채권과 절차비용을 변제하고 잉여 있을 가격을 정하여 매수신고를 한 때에도 경매법원이 그 후 위 보증금반환채권이 누락되었음을 발견하였을 때에는 경매신청 채권자에게 새로이 위 통지를 하여야 하고, 경매신청 채권자가 위 통지를 받은 날로부터 1주일 이내에 위 보증금반환채권까지 변제하고 잉여있을 가격을 정하여 매수신고를 하지 않으면 경매법원으로서는 경매절차를 취소하는 결정을 하여야 한다.

[❶ ▸ ✕] 압류채권자가 남을 가망이 없다는 통지를 받고 1주 이내(또는 연장된 기간 내)에 적법한 매수신청 및 보증제공이 없는 때에는 법원은 결정으로 경매절차를 취소하여야 한다(민사집행법 제102조 제2항). 다만 위 기간경과 후라 할지라도 취소결정 전에 적법한 매수신청 및 보증제공이 있으면 경매절차를 속행하여야 한다. 민사집행법 제102조는 압류채권자가 집행에 의하여 받을 가망이 전혀 없는데도 무익한 경매가 행해지는 것을 막고 또 우선채권자가 그 의사에 반한 시기에 투자의 회수를 강요당하는 것과 같은 부당한 결과를 피하기 위한 것으로서 우선채권자나 압류채권자를 보호하기 위한 규정일 뿐, 결코 채무자나 그 목적부동산 소유자의 법률상 이익이나 권리를 위한 것이 아니므로, 남을 가망이 없음에도 매각허가결정을 한 경우 즉시항고를 할 수 있는 자는 압류채권자와 우선채권자에 한하고, 채무자와 소유자는 매각절차에서 위 규정에 어긋난 잘못이 있음을 다툴 수 있는 이해관계인에 해당하지 않는다(대결 2005.11.29. 2004마485). **실무제요 집행 2**

[❷ ▸ ○] 집행채무자가 수 개의 공유지분을 순차로 취득하고, 압류채권자가 집행채무자의 공유지분 전부에 관하여 강제집행을 하는 경우에는 그 수 개의 공유지분 각각에 대한 권리관계가 다르다고 하더라도 이는 하나의 목적물에 대한 강제집행이므로, 공유지분 전부 중 일부 지분만을 매각한다면 남을 가망이 없는 때에도 압류채권자가 나머지 지분의 매각대금에서 일부라도 배당받을 가능성이 있다면 공유지분 전부에 대한 경매가 남을 가망이 있는 경매라고 보아야 한다(대결 2013.11.19. 2012마745).

[❸ ▸ ○] 민사집행법 제102조는 우선채권자가 압류채권자와 동일인인 경우를 제외하고 있지 않으며, 우선채권자의 지위에 기하여 이중경매신청을 함으로써 선행 경매절차의 계속적인 진행을 구하는 의사를 적극적으로 표시하지 않은 경우에는 민사집행법 제102조에 우선채권자에 대한 보호기능이 없다고 할 수 없으므로, 부동산임의경매 신청채권자가 경매절차 진행 중에 신청채권과 별개의 선순위 채권 및 근저당권을 양수받은 경우에도 선순위 근저당권의 피담보채권액을 선순위 채권액의 계산에 포함시켜 민사집행법 제102조에 따른 잉여 여부를 계산하여야 한다고 본 원심판단을 수긍한 사례(대결 2010.11.26. 2010마1650)

[❹ ▸ ○] 남을 가망의 여부는 선순위 물권자의 채권액(채권신고서가 제출되지 않은 경우에는 채권최고액), 우선변제권이 있는 임차보증금, 임금채권 및 예상되는 집행비용 등을 참작하여 판단한다. 우선채권이란 압류채권자(경매신청자)의 채권에 우선하여 매각대금에서 변제받게 될 채권을 말한다. 부동산상의 부담과 절차비용(집행비용)이 포함된다. 저당권설정등기 후에 목적부동산의 제3취득자가 그 부동산의 보존, 개량을 위하여 필요비나 유익비를 지출한 때에 가지는 비용상환청구권은 저당물의 매각대금에서 우선상환을 받을 수 있는데(민법 제367조), 이러한 규정은 저당권이 설정된 부동산을 강제경매하는 경우에도 적용되므로, 제3취득자가 지출한 필요비, 유익비는 선순위 채권액(우선채권)의 계산에 포함시켜 민사집행법 제102조에 따른 잉여 여부를 계산하여야 한다. **실무제요 집행 2**

[❺ ▸ ○] 경매법원이 경매신청 채권자에게 남을 가망이 없다는 취지의 통지를 함에 있어 경매신청 채권자에게 우선하는 주택임차인의 보증금반환채권이 있음을 간과하고 선순위 근저당권의 피담보채권만이 있음을 통지하여 경매신청 채권자가 위 선순위 근저당권의 피담보채권과 절차비용을 변제하고 잉여 있을 가격을 정하여 매수신고를 한 때에도 경매법원이 그 후 위 보증금반환채권이 누락되었음을 발견하였을 때에는 경매신청 채권자에게 새로이 위 통지를 하여야 하고, 경매신청 채권자가 위 통지를 받은 날로부터 7일(1주일) 이내에 위 보증금반환채권까지 변제하고 잉여 있을 가격을 정하여 매수신고를 하지 않으면 경매법원으로서는 경매절차를 취소하는 결정을 하여야 한다(대결 1994.9.5. 94마1205).

답 ❶

59
□□□

부동산경매절차상 매각조건에 관한 다음 설명 중 가장 옳지 않은 것은? 　2025년

① 매수신청의 보증은 진지한 매수의사가 없는 사람의 매수신청을 배제하여 매각의 적정성을 보장하는 한편 매수인이 대금을 지급하지 않는 경우에는 보증금을 몰취하게 된다. 매수신청의 보증금액은 매각기일의 공고에 명시되어야 하고 집행관은 매각기일에 입찰을 개시하기 전에 참가자들에게 매수신청보증의 제공방법 등에 관하여 고지하여야 한다.

② 법원은 재매각의 경우는 물론 일반의 매각절차에서도 최저매각가격의 10분의 1이 아닌 다른 금액으로 보증금액을 정함으로써 매수신청인의 보증 제공의무에 관한 법정매각조건을 변경할 수 있으나, 법원이 최저매각가격의 10분의 1이 아닌 다른 금액으로 보증금액을 정하려면 이러한 내용의 결정을 해야 한다.

③ 최저매각가격의 10분의 1이 아닌 다른 금액으로 보증금액을 정하는 결정 없이 다른 금액으로 한 매각기일공고는 위법한 공고이고, 이를 간과한 채 매각을 실시한 경우 이해관계인의 이익이 침해되거나 매각절차의 공정성을 해칠 우려가 있으므로 특별한 사정이 없는 한 '경매절차에 그 밖의 중대한 잘못이 있는 때'로서 매각허가에 대한 이의신청사유 및 매각불허가사유가 된다. 따라서 법원은 위와 같은 위법한 공고를 간과하고 매각기일을 진행하였을 경우 형식상 유효한 최고가매수가격의 신고가 있었더라도 매각결정기일에 그 매각을 불허하는 결정을 하고 새 매각기일을 정하여 적법한 매각기일공고를 한 후에 매각을 실시하여야 한다.

④ 재단법인은 정관에 재단법인의 자산에 관한 규정을 두어야 하고, 재단법인의 설립과 정관의 변경에는 주무관청의 허가를 얻어야 한다. 따라서 주무관청의 허가를 얻은 정관에 기재된 기본재산의 처분행위로 인하여 재단법인의 정관 기재사항을 변경하여야 하는 경우에는, 그에 관하여 주무관청의 허가를 얻어야 한다. 이는 재단법인의 기본재산에 대하여 강제집행을 실시하는 경우에도 동일하나, 주무관청의 허가는 반드시 사전에 얻어야 하는 것은 아니므로, 재단법인의 정관변경에 대한 주무관청의 허가는 경매개시요건은 아니고 경락인의 소유권취득에 관한 요건이다.

⑤ 민법상 재단법인의 정관에 기본재산은 담보설정 등을 할 수 없으나 주무관청의 허가·승인을 받은 경우에는 이를 할 수 있다는 취지로 정해져 있고, 정관 규정에 따라 주무관청의 허가·승인을 받아 민법상 재단법인의 기본재산에 관하여 근저당권을 설정한 경우라도, 그와 같이 설정된 근저당권을 실행하여 기본재산을 매각할 경우에는 주무관청의 허가를 다시 받아야 한다.

[**❶** ▸ ○] 경매절차에서 매수신청인은 대법원규칙이 정하는 바에 따라 집행법원이 정하는 금액과 방법에 맞는 보증을 집행관에게 제공하여야 하고(민사집행법 제113조), 기일입찰에서 매수신청의 보증금액은 최저매각가격의 10분의 1로 하되(민사집행규칙 제63조 제1항), 법원은 상당하다고 인정하는 때에는 보증금액을 그와 달리 정할 수 있다(제63조 제2항). 매수신청의 보증은 진지한 매수의사가 없는 사람의 매수신청을 배제하여 매각의 적정성을 보장하는 한편 매수인이 대금을 지급하지 않는 경우에는 보증금을 몰취하게 된다. 매수신청의 보증금액은 최저매각가격의 10분의 1로 정하는 경우는 물론, 이를 변경하는 경우에도 매각기일의 공고에 명시되어야 한다(민사집행규칙 제56조 제3호). 집행관은 매각기일에 입찰을 개시하기 전에 참가자들에게 매수신청보증의 제공방법(법원이 달리 정하지 아니한 이상 최저매각가격의 10분의 1에 해당하는 금전 등이어야 한다는 것 포함) 등에 관하여 고지하여야 한다[부동산 등에 대한 경매절차 처리지침(재민 제2004-3호, 재판예규 제1728호) 제31조](대결 2023.3.10. 2022마6559).

[**❷ ▸ ○**] 매수신청인이 최저매각가격의 10분의 1에 해당하는 금액으로 보증을 집행관에게 제공해야 하는 의무는 민사집행법령에 의하여 미리 정해진 법정매각조건이다. 법원은 재매각(민사집행법 제138조)의 경우는 물론 일반의 매각절차에서도 최저매각가격의 10분의 1이 아닌 다른 금액으로 보증금액을 정함으로써 매수신청인의 보증 제공의무에 관한 법정매각조건을 변경할 수 있으나(민사집행법 제111조 제1항, 민사집행규칙 제63조 제2항), 법원이 최저매각가격의 10분의 1이 아닌 다른 금액으로 보증금액을 정하려면 이러한 내용의 '결정'을 해야 한다(대결 2023.3.10. 2022마6559).

[**❸ ▸ ○**] 최저매각가격의 10분의 1이 아닌 다른 금액으로 보증금액을 정하는 '결정' 없이 다른 금액으로 한 매각기일공고는 위법한 공고이고, 이를 간과한 채 매각을 실시한 경우 이해관계인의 이익이 침해되거나 매각절차의 공정성을 해칠 우려가 있으므로 특별한 사정이 없는 한 '경매절차에 그 밖의 중대한 잘못이 있는 때'로서 매각허가에 대한 이의신청사유 및 매각불허가사유(민사집행법 제121조 제7호, 제123조 제2항)가 된다. 따라서 법원은 위와 같은 위법한 공고를 간과하고 매각기일을 진행하였을 경우 형식상 유효한 최고가매수가격의 신고가 있었더라도 매각결정기일에 매각을 불허하는 결정을 하고 새 매각기일을 정하여 적법한 매각기일공고를 한 후에 매각을 실시하여야 한다(대결 2023.3.10. 2022마6559).

[**❹ ▸ ○**] 민법 제32조, 제40조 제4호, 제42조 제2항, 제43조, 제45조 제3항, 제1항에 의하면, 재단법인은 정관에 재단법인의 자산에 관한 규정을 두어야 하고, 재단법인의 설립과 정관의 변경에는 주무관청의 허가를 얻어야 한다. 따라서 <u>주무관청의 허가를 얻은 정관에 기재된 기본재산의 처분행위로 인하여 재단법인의 정관 기재사항을 변경하여야 하는 경우에는, 그에 관하여 주무관청의 허가를 얻어야 한다.</u> <u>이는 재단법인의 기본재산에 대하여 강제집행을 실시하는 경우에도 동일하나, 주무관청의 허가는 반드시 사전에 얻어야 하는 것은 아니므로, 재단법인의 정관변경에 대한 주무관청의 허가는, 경매개시요건은 아니고, 경락인의 소유권취득에 관한 요건이다.</u> 그러므로 집행법원으로서는 그 허가를 얻어 제출할 것을 특별매각조건으로 경매절차를 진행하고, 매각허가결정 시까지 이를 제출하지 못하면 매각불허가결정을 하면 된다(대결 2018.7.20. 2017마1565).

[**❺ ▸ ✕**] 민법상 재단법인의 정관에 기본재산은 담보설정 등을 할 수 없으나 주무관청의 허가·승인을 받은 경우에는 이를 할 수 있다는 취지로 정해져 있고, <u>정관 규정에 따라 주무관청의 허가·승인을 받아 민법상 재단법인의 기본재산에 관하여 근저당권을 설정한 경우, 그와 같이 설정된 근저당권을 실행하여 기본재산을 매각할 때에는 주무관청의 허가를 다시 받을 필요는 없다</u>(대결 2019.2.28. 2018마800).

답 **❺**

매수신청의 보증에 관한 다음 설명 중 가장 옳지 않은 것은? 2023년

① 기일입찰에서 매수신청의 보증금액은 최저매각가격의 10분의 1로 한다.
② 매수신청의 보증금액을 변경하는 경우에도 매각기일의 공고에 명시되어야 한다.
③ 매수신청 보증의 경우에는 남을 가망이 없는 경우의 보증과 달리 보증의 변경은 인정되지 않는다.
④ 공유자가 우선매수권을 행사하는 경우 입찰표를 제출한 후에는 매수신청의 보증을 제공하는 것이 허용되지 않는다.
⑤ 차순위매수신고인은 매수인이 대금을 모두 지급한 때 즉시 매수신청의 보증을 돌려 줄 것을 요구할 수 있다.

....

[❶ ▶ ○] 기일입찰에서 매수신청의 보증금액은 최저매각가격의 10분의 1로 한다(민사집행규칙 제63조 제1항). 다만, 법원은 상당하다고 인정하는 때에는 최저매각가격의 10분의 1로 하는 보증금액과 달리 정할 수 있다(민사집행규칙 제63조 제2항).

[❷ ▶ ○] 매수신청의 보증금액이 민사집행규칙 제63조 제2항에 따라 변경된 경우는 물론이고, 같은 조 제1항에 따라 최저매각가격의 10분의 1로 정하여지는 통상적인 경우에도 매각기일의 공고 내용 중에 보증금액을 명시하여야 한다(민사집행규칙 제56조 제3호). **실무제요 집행 2**

[❸ ▶ ○] 매수신청 보증의 경우에는 남을 가망이 없는 경우의 보증(민사집행규칙 제54조 제2항, 민사소송법 제126조 본문)과 달리, 보증의 변경은 인정되지 않는다. 매수신청의 보증은 최고가매수신고인과 차순위매수신고인 외의 사람에 대하여는 매각실시 후 바로 반환되고, 최고가매수신고인 등에 대하여도 매각결정기일까지는 보증이 반환되는지 혹은 대금에 충당되는지 여부가 판명되므로, 그 사이에 굳이 보증의 변경을 인정하여야 할 필요가 없기 때문이다. **실무제요 집행 2**

[❹ ▶ ✕] 공유자는 매각기일까지 민사집행법 제113조에 따른 보증을 제공하고 최고매수신고가격과 같은 가격으로 채무자의 지분을 우선매수할 것을 신고할 수 있는데, 공유자의 우선매수의 신고는 집행관이 매각기일을 종결한다는 고지를 하기 전까지 할 수 있다(민사집행규칙 제76조 제1항). 따라서 공유자는 집행관이 민사집행법 제115조 제1항에 따라 최고가매수신고인의 이름과 가격을 호창하고 매각의 종결을 고지하기 전까지 최고매수신고가격과 동일가격으로 매수할 것을 신고하고 즉시 보증을 제공하면 적법한 우선매수권의 행사가 될 수 있다(대결 2000.1.28. 99마5871). 우선매수권을 행사할 수 있는 시한을 입찰마감 시각까지로 제한할 것은 아니다(대결 2004.10.14. 2004마581). **실무제요 집행 2**

[❺ ▶ ○] 매각기일의 종결이 고지되면 최고가매수신고인과 차순위매수신고인을 제외한 다른 매수신고인은 매수의 책임에서 벗어나게 되고, 즉시 매수신청의 보증을 돌려줄 것을 신청할 수 있다(민사집행법 제115조 제3항). 최고가매수신고인은 보증의 반환을 청구하지 못하고, 차순위매수신고인은 매수인이 대금을 모두 지급한 때에 매수의 책임을 벗어나게 되고, 즉시 매수 신청의 보증을 돌려 줄 것을 요구할 수 있다(민사집행법 제142조 제6항).

답 ❹

민사집행절차에서 공유자에 관한 다음 설명 중 가장 옳지 않은 것은?

① 공유자가 매각기일까지 민사집행법 제113조에 따른 보증을 제공하고 최고매수신고가격과 같은 가격으로 채무자의 지분을 우선매수하겠다는 신고를 하면 집행법원은 최고가매수신고가 있더라도 그 공유자에게 매각을 허가하여야 한다.

② 공유물지분을 경매하는 경우에는 채권자의 채권을 위하여 채무자의 지분에 대한 경매개시결정이 있음을 등기부에 기입하고 다른 공유자에게 그 경매개시결정이 있다는 것을 원칙적으로 통지하여야 하나, 이 통지는 채무자에 대한 경매개시결정의 송달과는 성질을 달리하는 것이므로 이러한 통지가 누락된 경우라도 경매개시결정의 효력에는 영향이 없다. 그러나 공유자에게 매각기일과 매각결정기일을 통지하지 않으면 매각허가결정에 대한 즉시항고 사유가 된다.

③ 공유자가 우선매수신고를 한 경우에는 최고가매수신고인을 민사집행법 제114조의 차순위매수신고인으로 본다. 이 경우 그 매수신고인은 집행관이 매각기일을 종결한다는 고지를 하기 전까지 차순위매수신고인의 지위를 포기할 수 있다.

④ 공유물분할판결에 기하여 공유물 전부를 경매에 붙여 그 매각대금을 분배하기 위한 현금화의 경우에도 공유물의 지분경매에 있어 다른 공유자에 대한 통지를 규정한 민사집행법 제139조가 적용된다.

⑤ 집행법원이 일괄매각결정을 하는 경우, 매각대상인 여러 개의 부동산 중 일부에 대한 공유자는 특별한 사정이 없는 한 일괄매각된 부동산 전체에 대하여 공유자의 우선매수권을 행사할 수 없다.

[**❶ ▸ ○**] 민사집행법 제140조 제1항, 제2항

[**❷ ▸ ○**] <u>공유부동산의 지분에 관하여 경매개시결정을 하였을 때에는 다른 공유자에게 그 경매개시결정이 있다는 것을 통지하여야 한다</u>(민사집행법 제139조 제1항 본문). 각 공유자는 누가 공유자의 1인으로 되는가에 관하여 이해관계를 가지기 때문이다. … <u>이 통지는 채무자에 대한 경매개시결정의 송달과는 성질을 달리하는 것이므로 이 통지가 없었다 하더라도 경매개시결정의 효력에는 영향이 없다. 그러나 공유자에게 매각기일과 매각결정기일을 통지하지 않으면 매각허가결정에 대한 즉시항고사유가 된다</u>(대결 1998.3.4. 97마962). **실무제요 집행 2**

[**❸ ▸ ○**] 민사집행법 제140조 제1항·제4항, 민사집행규칙 제76조 제3항

민사집행법 제140조(공유자의 우선매수권)
① 공유자는 매각기일까지 제113조에 따른 보증을 제공하고 최고매수신고가격과 같은 가격으로 채무자의 지분을 우선매수하겠다는 신고를 할 수 있다.
② 제1항의 경우에 법원은 최고가매수신고가 있더라도 그 공유자에게 매각을 허가하여야 한다.
④ 제1항의 규정에 따라 공유자가 우선매수신고를 한 경우에는 <u>최고가매수신고인을 제114조의 차순위매수신고인으로 본다.</u>

민사집행규칙 제76조(공유자의 우선매수권 행사절차 등)
③ 최고가매수신고인을 법 제140조 제4항의 규정에 따라 차순위매수신고인으로 보게 되는 경우 <u>그 매수신고인은 집행관이 매각기일을 종결한다는 고지를 하기 전까지 차순위매수신고인의 지위를 포기할 수 있다.</u>

[④ ▸ ✕] 공유물분할판결에 기하여 공유물 전부를 경매에 붙여 그 매득금을 분배하기 위한 환가의 경우에는 공유물의 지분경매에 있어 다른 공유자에 대한 경매신청통지와 다른 공유자의 우선매수권을 규정한 민사집행법 제139조, 제140조는 적용이 없다(대결 1991.12.16. 91마239 참조).

[⑤ ▸ ○] 집행법원이 여러 개의 부동산을 일괄매각하기로 결정한 경우, 집행법원이 일괄매각결정을 유지하는 이상 매각대상 부동산 중 일부에 대한 공유자는 특별한 사정이 없는 한 매각대상 부동산 전체에 대하여 공유자의 우선매수권을 행사할 수 없다고 봄이 상당하다(대결 2006.3.13. 2005마1078).

답 ④

---

62 □□□ **새 매각과 재매각에 관한 다음 설명 중 가장 옳지 않은 것은?** 2023년

① 수인이 공동매수인이 되어 그중 일부가 자기 몫에 해당하는 매각대금을 냈다고 하더라도 나머지 사람이 대금을 내지 않으면 전부에 대하여 재매각을 실시하여야 한다.
② 여러 개의 부동산을 동시에 매각하는 경우에 일괄매각하는 경우를 제외하고는 일부의 부동산에 대하여서만 매수가격의 신고가 없는 경우에는 그 부동산에 대하여서만 새 매각을 실시하고 모든 부동산에 대하여 새 매각을 실시 할 것은 아니다.
③ 경매법원은 상당한 기간을 두고 매수인에게 대금지급기한을 통지하여야 하고, 통지를 하지 않거나 통지서가 송달불능된 것을 간과하고 지정된 대금지급기한까지 대금을 지급하지 않았다고 하여 재매각을 명하게 되면 위법하다.
④ 새 매각에서의 가격저감에 대하여는 즉시항고로 다툴 수 있다.
⑤ 매수인은 재매각명령이 난 이후에는 매각허가결정의 취소신청을 할 수 없다.

....

[① ▸ ○] 매각대금지급의무를 완전히 이행하지 않으면 재매각이 실시되므로 일괄매각된 여러 개의 부동산 중 일부 부동산의 매각대금에 상당하는 대금지급만이 있을 때에는 의무를 완전히 이행한 것이라고 볼 수 없고, 또 여러 사람이 동일 부동산을 매각허가받은 경우에 공동매수인 내부 관계에서는 부담부분이 정하여져 있더라도 법원에 대하여는 연대하여 전액을 지급할 의무가 있으므로 그중 1인만이 그 부담액만을 납부하고 그 나머지는 납부하지 않은 경우에는 매수인들은 그 의무를 완전히 이행한 것이라고 볼 수 없다. 판례도 민사집행법 제140조 제3항에 따라 각자 우선매수신고를 한 여러 사람의 공유자에게 공유지분의 비율에 따라 공동으로 채무자의 지분을 매수하게 한 경우 그 공유자들이 대금지급기한까지 매각대금을 전액 납부하지 않은 때에는 민사집행법 제138조에 따라 채무자의 지분 전부의 재매각을 명하여야 한다는 입장이다(대결 2012.3.9. 2011그316). **실무제요 집행 2**

> **[참고]** '재매각'은 매수인(차순위매수인이 매각허가를 받은 경우를 포함)이 대금지급기한 또는 민사집행법 제142조 제4항의 다시 정한 기한까지 대금지급의무를 완전히 이행하지 않았고, 차순위매수신고인이 없는 때에 법원이 직권으로 다시 실시하는 매각을 말한다(민사집행법 제138조 제1항). '재매각'은 매각절차를 다시 실시하는 점에서 '새 매각'과 같으나, 재매각은 매각허가결정 확정 후 매수인의 대금지급의무불이행을 원인으로 함에 반하여, '새 매각'은 매각허가결정에 이르지 않았거나 매각허가결정의 확정에 이르지 않은 경우에만 실시하는 점에서 구별된다. **실무제요 집행 2**

[**❷ ▸ ○**] '새 매각'이란 매각을 실시하였으나 매수인이 결정되지 않았기 때문에 다시 기일을 지정하여 실시하는 경매를 말한다. ㉠ 매각기일에 허가할 매수가격의 신고가 없는 경우(민사집행법 제119조), ㉡ 매각기일에 법원이 최고가매수신고인에 대하여 매각을 허가할 수 없는 사유가 있어 매각을 불허하거나 매각허가결정이 항고심에서 취소된 경우(민사집행법 제125조) 또는 ㉢ 매수가격 신고 후에 천재지변, 그 밖에 자기가 책임을 질 수 없는 사유로 부동산이 현저하게 훼손된 사실 또는 부동산에 관한 중대한 권리관계가 변동되어 최고가매수신고인이나 매수인의 신청에 의하여 매각불허가결정을 하거나 매각허가결정을 취소한 경우(민사집행법 제121조 제6호, 제127조 제1항)에 새 매각을 하게 된다. 여러 개의 부동산을 동시에 매각하는 경우에 일괄매각하는 경우를 제외하고는 일부의 부동산에 대하여서만 매수가격의 신고가 없는 경우에는 그 부동산에 대하여서만 새 매각을 실시하고 모든 부동산에 대하여 새 매각을 실시할 것은 아니다. 실무제요 집행 2

[**❸ ▸ ○**] 법원은 대금지급기한을 정하면 이를 매수인과 차순위매수신고인에게 통지하여야 한다(민사집행법 제142조 제1항). 이해관계인이나 배당을 요구한 채권자에게는 통지할 필요가 없다(대결 1992.11.11. 92마719). 부동산임의경매절차에서 매수인에 대한 대금지급기한의 통지서의 송달이 적법하지 않다면 매수인이 대금지급기일에 대금을 납부하지 않았다는 이유로 경매법원이 재매각을 명하여 경매절차를 진행한 것은 위법하다(대결 2001.6.4. 2000마7550).

[**❹ ▸ ✕**] 새 매각을 할 경우 법원은 민사집행법 제91조 제1항의 잉여주의 원칙을 해하지 않는 한도에서 최저매각가격을 상당히 낮출 수 있다(민사집행법 제119조). 이러한 새 매각에서의 가격저감에 대하여는 독립된 불복방법이 없다(대결 1971.7.19. 71마215). 다만 매각결정기일에서 '매각허가에 대한 이의' 또는 '매각허가결정에 대한 즉시항고'로 불복할 수는 있다. 실무제요 집행 2

[**❺ ▸ ○**] 매수인이 재매각기일의 3일 이전까지 대금, 그 지급기한이 지난 뒤부터 지급기일까지의 대금에 대한 대법원규칙이 정하는 이율(연 100분의 12)에 따른 지연이자와 절차비용을 지급한 때에는 재매각절차를 취소하여야 한다(민사집행법 제138조 제3항, 민사집행규칙 제75조). 그러나 매수인은 재매각명령이 난 이후에는 매각허가결정의 취소신청을 할 수 없다(대결 2009.5.6. 2008마1270).

답 **❹**

63
☐☐☐

부동산경매절차의 매각허가결정에 대한 즉시항고에 관한 다음 설명 중 가장 옳은 것은?

2020년

① 임의경매절차에서 매각허가결정에 대한 항고기각결정이 고지된 후에 채무자가 근저당권이 담보할 채무와 경매절차 비용을 변제하였다면 이와 같은 사유는 매각허가결정에 대한 재항고이유가 될 수 있다.

② 항고법원은 즉시항고의 이유가 있는 때에는 매각허가결정을 취소하고 매각불허가결정을 하여야 한다.

③ 매각허가결정에 대하여 항고를 하고자 하는 사람은 매각대금의 10분의 1에 해당하는 금전이나 법원이 인정한 유가증권 또는 지급보증위탁계약체결문서의 제출에 의한 보증을 제공하여야 한다.

④ 매각허가결정에 대하여 이해관계인이 책임질 수 없는 사유로 항고기간을 지킬 수 없었다 하더라도 이미 매각허가결정이 확정되어 매각대금이 납부되고 배당절차까지 종료되어 경매가 완결된 이상 그 후에는 추완신청에 의하여 매각허가결정을 취소할 수 없다.

⑤ 매각허가결정에 대한 항고에 대하여 집행법원이 보증제공 증명서류가 첨부되어 있지 않다는 이유로 결정으로 항고장을 각하하였으나, 항고인이 위 항고장각하결정이 있기 전에 보증제공을 하였고 이를 이유로 위 항고장각하결정에 대하여 불복신청을 한 경우, 집행법원은 스스로 위 항고장각하결정을 취소하고(재도의 고안) 경매기록 원본을 항고법원으로 송부한다. 이 경우 항고에 대한 결정이 확정될 때까지 경매절차를 정지한다.

....

[**❶ ▸ ✕**] 임의경매절차에서 경락허가결정에 대한 항고기각결정이 고지된 후에 채무자가 근저당권이 담보할 채무와 경매절차비용을 변제하였다고 하더라도 이와 같은 사유가 경매개시결정에 대한 이의의 이유로 되는 것은 별론으로 하고 매각허가결정에 대한 재항고이유는 될 수 없다(대결 1991.2.6. 90마898).

[**❷ ▸ ✕**] 항고법원이 집행법원의 결정을 취소하는 경우에 그 매각허가 여부의 결정은 집행법원이 한다(민사집행법 제132조).

[**❸ ▸ ✕**] 매각허가결정에 대하여 항고를 하고자 하는 사람은 보증으로 매각대금의 10분의 1에 해당하는 금전 또는 법원이 인정한 유가증권을 공탁하여야 한다(민사집행법 제130조 제3항). 여기서 '법원이 인정하는 유가증권'이란 항고하고자 하는 자가 미리 법원에 유가증권의 지정신청을 하여 법원으로부터 지정을 받은 유가증권을 말한다. 그러나 지급보증위탁계약체결문서의 제출에 의한 보증의 제공은 허용되지 않는다(재민 2003-5 제5조의2 제2호). **실무제요 집행 2**

[**❹ ▸ ✕**] 경매법원이 이해관계인 등에게 매각기일 등의 통지를 하지 아니하여 그가 매각허가결정에 대한 항고기간을 준수하지 못하였다면 특단의 사정이 없는 한 그 이해관계인은 자기책임에 돌릴 수 없는 사유로 항고기간을 준수하지 못한 것으로 보아야 하며, 그러한 경우에는 형평의 원칙으로부터 인정된 구제방법으로서의 추완이 허용되어야 할 것이다. 매각허가결정에 대하여 이해관계인이 추완에 의한 항고를 제기한 경우 항고법원에서 추완신청이 허용되었다면 비록 다른 이유로 항고가 이유 없는 경우에도 매각허가결정은 확정되지 아니하고 따라서 그 이전에 이미 매각허가결정이 확정된 것으로 알고 경매법원이 매각대금납부기일을 정하여 매수인으로 하여금 매각대금을 납부하게 하였다고 하더라도 이는 적법한 매각대금의 납부라고 할 수 없는 것이어서, 배당절차가 종료됨으로써 경매가 완결되었다고 하여 그 추완신청을 받아들일 수 없는 것은 아니다(대결 2002.12.24. 2001마1047[전합]).

[**❺** ▸ O] 매각허가결정에 대한 항고에 대하여 집행법원이 보증제공 증명서류가 첨부되어 있지 않다는 이유로 결정으로 항고장을 각하하였으나, 항고인이 위 항고장각하결정이 있기 전에 보증제공을 하였고 이를 이유로 위 항고장각하결정에 대하여 불복신청을 한 경우, 집행법원은 스스로 위 항고장각하결정을 취소하고(재도의 고안) 경매기록 원본을 항고법원으로 송부한다. 이 경우 항고에 대한 결정이 확정될 때까지 경매절차를 정지한다(재민 95-2 제7조).

답 **❺**

64
□□□

채무자 A 소유의 X아파트에는 甲의 1순위 근저당권설정등기(채권최고액 5천만원), 임차인 乙의 전입신고(임대차보증금 7천만원, 대항력 갖춤), 丙의 2순위 근저당권설정등기(채권최고액 8천만원)가 순차적으로 마쳐졌다. 丙이 X아파트에 대하여 임의경매신청을 하여 개시결정이 발령되었다. 다음 설명 중 가장 옳지 않은 것은?
2018년

① X아파트가 위 경매절차에서 매각되면 乙의 임차권은 대항력을 상실한다.
② X아파트에 대한 위 경매절차에서 매각대금을 내기 이전에 甲의 근저당권이 다른 사유로 소멸하면 乙의 임차권의 대항력은 소멸하지 아니한다.
③ 위 경매절차에서 X아파트에 대해 매각이 이루어져 최고가매수인인 丁에 대해 매각허가결정이 발령되어 확정된 후 매각대금을 내기 전에 乙이 甲의 근저당권의 피담보채무를 변제하여 근저당권 설정등기가 말소되면 乙의 임차권이 丁에게 인수된다.
④ 위 경매절차에서 X아파트에 대해 매각이 이루어져 최고가매수인인 丁에 대한 매각허가결정이 발령되어 확정된 후 매각대금을 내기 전에 채무자 A가 甲의 근저당권의 피담보채무를 변제하여 근저당권설정등기가 말소된 후에 丁이 그 사실을 모르고 매수대금을 납부하게 되면 채무자 A는 丁에 대해 손해배상책임을 부담할 수도 있다.
⑤ 최고가매수인인 丁이 매각허가결정이 확정된 후 매각대금을 내기 전에 甲의 근저당권설정등기가 말소되었다는 사실을 알게 되어 매각부동산의 부담이 증가되는 경우라고 하더라도 매각허가결정에 대해 취소신청을 할 수는 없다.

[**❶** ▸ O] [**❷** ▸ O] [**❸** ▸ O] 부동산의 경매절차에 있어서 주택임대차보호법 제3조에 정한 대항요 건을 갖춘 임차권보다 선순위의 근저당권이 있는 경우에는, 낙찰로 인하여 선순위 근저당권이 소멸하면 그보다 후순위의 임차권도 선순위 근저당권이 확보한 담보가치의 보장을 위하여 그 대항력을 상실하는 것이지만, 낙찰로 인하여 근저당권이 소멸하고 낙찰인(= 매수인)이 소유권을 취득하게 되는 시점인 낙찰 대금지급기일(= 매각대금지급기일) 이전에 선순위 근저당권이 다른 사유로 소멸한 경우에는, 대항력이 있는 임차권의 존재로 인하여 담보가치의 손상을 받을 선순위 근저당권이 없게 되므로 임차권의 대항력 이 소멸하지 아니한다(대판 2003.4.25. 2002다70075).

[**❹ ▸ ○**] 선순위 근저당권의 존재로 후순위 임차권이 소멸하는 것으로 알고 부동산을 낙찰받았으나, 그 후 채무자가 후순위 임차권의 대항력을 존속시킬 목적으로 선순위 근저당권의 피담보채무를 모두 변제하고 그 근저당권을 소멸시키고도 이 점에 대하여 낙찰자(= 매수인)에게 아무런 고지도 하지 않아 낙찰자가 대항력 있는 임차권이 존속하게 된다는 사정을 알지 못한 채 대금지급기일에 낙찰대금(= 매각대금)을 지급하였다면, 채무자는 민법 제578조 제3항의 규정에 의하여 낙찰자가 입게 된 손해를 배상할 책임이 있다(대판 2003.4.25. 2002다70075).

[**❺ ▸ ✕**] 선순위 근저당권의 존재로 후순위 임차권의 대항력이 소멸하는 것으로 알고 부동산을 낙찰받았으나, 그 이후 선순위 근저당권의 소멸로 인하여 임차권의 대항력이 존속하는 것으로 변경됨으로써 낙찰부동산의 부담이 현저히 증가하는 경우에는, 낙찰인(= 매수인)으로서는 민사집행법 제127조 제1항의 유추적용에 의하여 낙찰허가결정(= 매각허가결정)의 취소신청을 할 수 있다(대결 1998.8.24. 98마1031).

답 ❺

65
□□□

매각대금의 지급기한의 지정 및 대금지급방법에 관한 다음 설명 중 가장 옳지 않은 것은?

2019년

① 채무인수 또는 차액지급의 방식에 의한 대금지급의 경우에는 대금지급기한을 따로 지정할 필요 없이 바로 배당기일을 지정하면 된다.

② 채권자가 매수인인 경우에는 매각결정기일이 끝날 때까지 차액지급의 방식에 의한 대금지급을 법원에 신고하고 배당받아야 할 금액을 제외한 대금을 배당기일에 낼 수 있다.

③ 매수인이 매각대금에서 보증을 제외한 나머지 금액만을 낸 때에는 법원은 보증을 현금화하여 그 비용을 뺀 금액을 보증액에 해당하는 매각대금 및 이에 대한 지연이자에 충당하고, 모자라는 금액이 있으면 배당기일이 끝날 때까지 이에 해당하는 대금을 내야 한다.

④ 대금지급기한은 매각허가확정일 또는 상소법원으로부터 기록송부를 받은 날부터 3일 안에 지정하되, 1월 안의 날로 정하여야 한다.

⑤ 차액지급이 허용된 후에 매수인이 배당받아야 할 금액에 대하여 이의가 제기된 때에는 매수인은 배당기일이 끝날 때까지 이에 해당하는 대금을 내야 한다.

[❶ ▸ ○] 채권자가 매수인으로서 차액지급을 하는 경우에는 배당받아야 할 금액을 제외한 나머지 대금을 '배당기일'에 낼 수 있다고 명시되어 있으므로 따로 대금지급기한을 정할 필요가 없고 바로 배당기일을 정하면 되고, 또한 매수인이 채무를 인수하는 경우에는 나머지 대금을 '배당기일'에 낼 수 있다는 규정은 없으나, 채무인수의 경우 배당기일이 정해지지 않는 한 배당기일까지의 원리금을 미리 확정할 수 없어 인수하여야 할 채무의 액수가 명백하지 아니한 결과 매수인이 지급하여야 할 금액도 명백하지 않을 뿐 아니라 인수하는 채무의 액수에 관하여는 대금의 지급이 확실시된다는 점은 차액지급의 경우와 다를 바 없다. 따라서 매수인이 관계채권자의 승낙서를 첨부하여 채무인수신고를 한 경우에는 대금지급 기한을 정할 필요가 없고 바로 배당기일을 정하면 된다. <u>실무제요 집행 2</u>

[❷ ▸ ○] [❺ ▸ ○] 민사집행법 제143조 제2항·제3항

> **민사집행법 제143조(특별한 지급방법)**
> ① 매수인은 매각조건에 따라 부동산의 부담을 인수하는 외에 배당표의 실시에 관하여 매각대금의 한도에서 관계채권자의 승낙이 있으면 대금의 지급에 갈음하여 채무를 인수할 수 있다.
> ② 채권자가 매수인인 경우에는 매각결정기일이 끝날 때까지 법원에 신고하고 배당받아야 할 금액을 제외한 대금을 배당기일에 낼 수 있다.
> ③ 제1항 및 제2항의 경우에 매수인이 인수한 채무나 배당받아야 할 금액에 대하여 이의가 제기된 때에는 매수인은 배당기일이 끝날 때까지 이에 해당하는 대금을 내야 한다.

[❸ ▸ ✕] 매수신청의 보증으로 금전 외의 것이 제공된 경우로서 매수인이 매각대금 중 보증액을 뺀 나머지 금액만을 낸 때에는, 법원은 보증을 현금화하여 그 비용을 뺀 금액을 보증액에 해당하는 매각대금 및 이에 대한 지연이자에 충당하고, 모자라는 금액이 있으면 다시 대금지급기한을 정하여 매수인으로 하여금 내게 한다(민사집행법 제142조 제4항).

[❹ ▸ ○] 민사집행법 제142조 제1항에 따른 대금지급기한은 매각허가결정이 확정된 날부터 1월 안의 날로 정하여야 한다(민사집행규칙 제78조). 다만, 경매사건기록이 상소법원에 있는 때에는 그 기록을 송부받은 날부터 1월 안의 날로 정하여야 한다. 대금지급기한의 지정 및 통지는 매각허가결정확정일 또는 상소법원으로부터 기록송부를 받은 날부터 3일 안에 하여야 한다(재민 91-5).

답 ❸

66
□□□

매수인의 대금지급의무불이행과 법원의 조치에 관한 다음 설명 중 가장 옳지 않은 것은?

2022년

① 최고가매수신고인에 대한 매각허가결정이 항고심이나 재항고심에서 취소된 경우에는 차순위매수신고인이 있더라도 차순위매수신고인에 대한 매각허가여부결정을 하여서는 안 되고 집행법원은 새 매각기일을 정하여 매각절차를 진행한다.

② 민사집행법 제138조 제2항에 의하면 재매각절차에도 종전에 정한 최저매각가격, 그 밖의 매각조건을 적용한다고 규정하고 있는데, 위 규정은 재매각절차가 종전의 경매절차를 속행하는 것이고 또 전 매수인의 책임을 분명하게 하기 위한 것이므로 재매각명령 후 최초의 재매각기일의 최저매각가격은 전의 매수인이 최고가매수인으로 호명받은 매각기일에서의 최저매각가격을 저감한 금액을 최저매각가격으로 하여야 한다.

③ 매수인이 대금지급기한 또는 민사집행법 제142조 제4항의 다시 정한 기한까지 그 의무를 완전히 이행하지 아니하였고, 차순위매수신고인이 없는 때에는 법원은 직권으로 부동산의 재매각을 명하여야 한다.

④ 재매각절차에서는 전의 매수인은 매수신청을 할 수 없고 매수신청의 보증을 돌려줄 것을 요구하지 못하며, 이 규정에 의하여 매수인이 돌려줄 것을 요구할 수 없는 보증은 배당할 금액에 포함된다.

⑤ 매수인 또는 매각허가결정을 받은 차순위매수신고인 중 재매각기일의 3일 이전까지 대금, 그 지급기한이 지난 뒤부터 지급일까지의 대금에 대한 연 100분의 12의 비율에 의한 지연이자와 절차비용을 먼저 지급한 사람이 매매목적물의 권리를 취득하고, 이때 법원은 재매각절차를 취소하여야 한다.

....

[❶ ▸ ○] 부동산에 대한 강제경매절차에 있어서 최고가매수신고인에 대한 매각이 불허된 경우에는 민사집행법 제114조 소정의 차순위매수신고제도에 의한 차순위매수신고인이 있다고 하더라도 그에 대하여 매각허가결정을 하여서는 안 되고, 새로 매각을 실시하여야 한다. 매수인이 대금을 지급하지 아니한 경우에 차순위매수신고인에 대하여 매각을 허가할 것인지를 결정하도록 규정한 같은 법 제137조 제1항의 취지는, 매수인이 대금을 지급하지 않음으로써 매각대금의 일부가 되는 매수신청의 보증금과 차순위매수신고인의 매수신고액의 합이 최고가매수신고인의 매수신고액을 초과하므로(같은 법 제114조 제2항 참조) 재매각을 실시하지 아니하고 당해 매각절차를 속행할 수 있도록 한다는 데 있다고 볼 것이다. 그런데 최고가매수신고인에 대한 매각불허가가 있는 경우에는 그 매수신청의 보증금이 매각대금에 포함되지 아니하므로, 그와 같은 취지를 여기에 적용할 수 없는 것이다(대결 2011.2.15. 2010마1793).

[❷ ▸ ×] 재매각절차에도 종전에 정한 최저매각가격, 그 밖의 매각조건을 적용한다(민사집행법 제138조 제2항). 즉, 재매각은 전의 매수인이 최고가매수신고인으로 호명받은 매각기일부터 재개·속행되는 것이므로 재매각명령 후 최초의 재매각기일의 최저매각가격 그 밖의 매각조건에 대하여는 전의 매수인이 최고가매수신고인으로 호명받은 매각기일에 정하여졌던 최저매각가격 그 밖의 매각조건이 그대로 적용되어 재매각기일에서는 그 매각조건에 따라 매각을 실시하여야 한다. 따라서 민사집행법 제97조 제1항에 의하여 감정인이 처음 평가한 금액이나 전의 매수인이 매수신고한 가격을 최저매각가격으로 하여 재매각을 실시하여서는 안 된다(대결 1975.5.31. 75마172). 또한 재매각 직전의 매각기일에서의 최저매각가격을 저감하여 이를 재매각에서의 최저매각가격으로 하여서도 안 된다. **실무제요 집행 2**

[❸ ▸ ○] 매수인이 대금지급기한 또는 제142조 제4항의 다시 정한 기한까지 그 의무를 완전히 이행하지 아니하였고, 차순위매수신고인이 없는 때에는 법원은 직권으로 부동산의 재매각을 명하여야 한다(민사집행법 제138조 제1항).

[**❹** ▸ **○**] 민사집행법 제138조 제4항, 제147조 제1항 제5호

[**❺** ▸ **○**] 매수인이 재매각기일의 3일 이전까지 대금, 그 지급기한이 지난 뒤부터 지급일까지의 대금에 대한 대법원규칙이 정하는 이율(연 100분의 12)에 따른 지연이자와 절차비용을 지급한 때에는 재매각절차를 취소하여야 한다. 이 경우 차순위매수신고인이 매각허가결정을 받았던 때에는 위 금액을 먼저 지급한 매수인이 매매목적물의 권리를 취득한다(민사집행법 제138조 제3항).

답 ❷

부동산경매절차상 매수인에 관한 다음 설명 중 가장 옳지 않은 것은? 2025년

① 천재지변, 그 밖에 자기가 책임을 질 수 없는 사유로 부동산이 현저하게 훼손된 사실 또는 부동산에 관한 중대한 권리관계가 변동된 사실이 매각허가결정의 확정 뒤에 밝혀진 경우에는 매수인은 대금을 낼 때까지 매각허가결정의 취소신청을 할 수 있으나, 재매각명령이 난 이후에는 매각허가결정의 취소신청을 할 수 없다.

② 재매각절차에서는 전의 매수인은 매수신청을 할 수 없으며 매수신청의 보증을 돌려 줄 것을 요구하지 못한다.

③ 법원은 매수인이 대금을 낸 뒤 6월 이내에 신청하면 채무자·소유자 또는 부동산 점유자에 대하여 부동산을 매수인에게 인도하도록 명할 수 있다. 다만, 점유자가 매수인에게 대항할 수 있는 권원에 의하여 점유하고 있는 것으로 인정되는 경우에는 그러하지 아니하다.

④ 매수인이 재매각기일의 3일 이전까지 대금, 그 지급기한이 지난 뒤부터 지급일까지의 대금에 대한 대법원규칙이 정하는 이율에 따른 지연이자와 절차비용을 지급한 때에는 재매각절차를 취소하여야 한다. 이 경우 차순위매수신고인이 매각허가결정을 받았던 때에는 위 금액을 먼저 지급한 매수인이 매매목적물의 권리를 취득한다.

⑤ 채권자가 매수인인 경우에는 배당기일 전까지 법원에 신고하고 배당받아야 할 금액을 제외한 대금을 배당기일에 낼 수 있다.

[**❶** ▸ **○**] 민사집행법 제127조 제1항, 제121조 제6호가 "천재지변 그 밖에 자기가 책임을 질 수 없는 사유로 부동산이 현저하게 훼손된 사실 또는 부동산에 관한 중대한 권리관계가 변동된 사실이 매각허가결정의 확정 뒤에 밝혀진 경우에는 매수인은 대금을 낼 때까지 매각허가결정의 취소신청을 할 수 있다."고 규정한 취지는, 위와 같은 경우에 매수인으로 하여금 매각허가결정의 취소신청을 할 수 있도록 허용함으로써 매수인의 불이익을 구제하려는 데 있는 점, 민사집행법 제138조 제1항은 "매수인이 대금지급기한 또는 제142조 제4항의 다시 정한 기한까지 그 의무를 완전히 이행하지 아니하였고, 차순위매수신고인이 없는 때에는 법원은 직권으로 부동산의 재매각을 명하여야 한다."고 규정하고 있는데, 재매각명령이 나면 확정된 매각허가결정의 효력이 상실되는 점, 민사집행법 제138조 제3항이 "매수인이 재매각기일의 3일 이전까지 대금, 그 지급기한이 지난 뒤부터 지급일까지의 대금에 대한 대법원규칙이 정하는 이율에 따른 지연이자와 절차비용을 지급한 때에는 재매각절차를 취소하여야 한다."고 규정한 취지는, 재매각절

차가 전 매수인의 대금지급의무의 불이행에 기인하는 것이어서 그 전 매수인이 법정의 대금 등을 완전히 지급하려고 하는 이상 구태여 번잡하고 시일을 요하는 재매각절차를 반복하는 것보다는 최초의 매각절차를 되살려서 그 대금 등을 수령하는 것이 경매의 목적에 합당하다는 데에 있는 점 등을 종합하여 보면, 매수인은 재매각명령이 난 이후에는 매각허가결정의 취소신청을 할 수 없다고 봄이 상당하다(대결 2009.5.6. 2008마1270).

[❷ ▶ ○] 민사집행법 제138조 제4항

> **민사집행법 제138조(재매각)**
> ① 매수인이 대금지급기한 또는 제142조 제4항의 다시 정한 기한까지 그 의무를 완전히 이행하지 아니하였고, 차순위매수신고인이 없는 때에는 법원은 직권으로 부동산의 재매각을 명하여야 한다.
> ② 재매각절차에도 종전에 정한 최저매각가격, 그 밖의 매각조건을 적용한다.
> ④ 재매각절차에서는 전의 매수인은 매수신청을 할 수 없으며 매수신청의 보증을 돌려 줄 것을 요구하지 못한다.

[❸ ▶ ○] 민사집행법 제136조 제1항

> **민사집행법 제136조(부동산의 인도명령 등)**
> ① 법원은 매수인이 대금을 낸 뒤 6월 이내에 신청하면 채무자·소유자 또는 부동산 점유자에 대하여 부동산을 매수인에게 인도하도록 명할 수 있다. 다만, 점유자가 매수인에게 대항할 수 있는 권원에 의하여 점유하고 있는 것으로 인정되는 경우에는 그러하지 아니하다.

[❹ ▶ ○] 민사집행법 제138조 제3항

> **민사집행법 제138조(재매각)**
> ③ 매수인이 재매각기일의 3일 이전까지 대금, 그 지급기한이 지난 뒤부터 지급일까지의 대금에 대한 대법원규칙이 정하는 이율에 따른 지연이자와 절차비용을 지급한 때에는 재매각절차를 취소하여야 한다. 이 경우 차순위매수신고인이 매각허가결정을 받았던 때에는 위 금액을 먼저 지급한 매수인이 매매목적물의 권리를 취득한다.

[❺ ▶ ✕] 민사집행법 제143조 제2항

> **민사집행법 제143조(특별한 지급방법)**
> ① 매수인은 매각조건에 따라 부동산의 부담을 인수하는 외에 배당표(配當表)의 실시에 관하여 매각대금의 한도에서 관계채권자의 승낙이 있으면 대금의 지급에 갈음하여 채무를 인수할 수 있다.
> ② 채권자가 매수인인 경우에는 매각결정기일이 끝날 때까지 법원에 신고하고 배당받아야 할 금액을 제외한 대금을 배당기일에 낼 수 있다.
> ③ 제1항 및 제2항의 경우에 매수인이 인수한 채무나 배당받아야 할 금액에 대하여 이의가 제기된 때에는 매수인은 배당기일이 끝날 때까지 이에 해당하는 대금을 내야 한다.

 답 ❺

68 배당받을 채권자에 관한 다음 설명 중 가장 옳지 않은 것은? **2024년**

① 집행력 있는 정본을 가진 채권자, 경매개시결정이 등기된 후에 가압류를 한 채권자, 민법·상법 기타 법률에 의하여 우선변제청구권이 있는 채권자는 배당요구의 종기까지 배당요구를 하지 않으면 배당을 받지 못한다.
② 첫 경매개시결정등기 전에 등기한 전세권자는 배당요구를 한 경우에 매각으로 인하여 전세권이 소멸하기 때문에 배당을 받게 된다.
③ 첫 경매개시결정등기 전에 등기한 전세권자는 그보다 앞서는 저당권이나 가압류가 되어 있는 경우에 그 저당권이나 가압류가 매각으로 인하여 소멸하는 결과 전세권 역시 소멸하기 때문에 배당을 받게 된다.
④ 압류, 참가압류, 교부청구를 한 국세, 지방세 등 공과금채권자는 압류, 참가압류의 등기가 첫 경매개시결정등기 전에 행하여진 경우 다시 별도의 교부청구를 하지 않더라도 배당을 받는다.
⑤ 조세채권자인 과세관청이 파산선고 전 체납처분으로 부동산을 압류하고 이후 체납자가 파산선고를 받은 경우, 별제권(담보물권 등) 행사에 따른 부동산경매절차에서 채무자 회생 및 파산에 관한 법률 제349조 제1항에 따라 위 체납처분에 배당할 금원은 채권자인 과세관청이 아닌 파산관재인이 배당받게 된다.

....

[❶ ▸ ○] 집행력 있는 정본을 가진 채권자, 경매개시결정이 등기된 뒤에 가압류를 한 채권자, 민법·상법 그 밖의 법률에 의하여 우선변제청구권이 있는 채권자는 배당요구의 종기까지 배당요구를 한 경우에 한하여 배당을 받을 수 있고, 적법한 배당요구를 하지 아니한 경우에는 실체법상 우선변제청구권이 있는 채권자라 하더라도 그 매각대금으로부터 배당을 받을 수 없다(대판 2015.6.11. 2015다203660; 대판 2008.12.24. 2008다65242).

민사집행법 제88조(배당요구)
① 집행력 있는 정본을 가진 채권자, 경매개시결정이 등기된 뒤에 가압류를 한 채권자, 민법·상법, 그 밖의 법률에 의하여 우선변제청구권이 있는 채권자는 배당요구를 할 수 있다.

[❷ ▸ ○] 민사집행법 제91조 제4항 단서, 제148조 제4호
[❸ ▸ ○] 민사집행법 제91조 제3항, 제148조 제4호

민사집행법 제91조(인수주의와 잉여주의의 선택 등)
③ 지상권·지역권·전세권 및 등기된 임차권은 저당권·압류채권·가압류채권에 대항할 수 없는 경우에는 매각으로 소멸된다.
④ 제3항의 경우 외의 지상권·지역권·전세권 및 등기된 임차권은 매수인이 인수한다. 다만, 그중 전세권의 경우에는 전세권자가 제88조에 따라 배당요구를 하면 매각으로 소멸된다.

[④ ▶ O] 조세의 체납에 의한 압류등기가 되어 있는 경우에는 그 등기로써 교부청구의 효력이 있는 것이다(대판 1993.9.14. 93다22210).

[⑤ ▶ ×] 채무자회생법 제349조 제1항은 파산선고 전에 파산재단에 속하는 재산에 대하여 조세채권에 기한 체납처분을 한 때에는 파산선고는 그 처분의 속행을 방해하지 아니한다고 규정하고 있고, 이에 따라 조세채권자인 과세관청이 파산선고 전 체납처분으로 부동산을 압류(참가압류를 포함한다)한 경우에는 이후 체납자가 파산선고를 받더라도 선착수한 체납처분의 우선성에 따라 별제권(담보물권 등) 행사에 따른 부동산경매절차에서 조세채권자가 매각대금으로부터 직접 배당받을 수 있다(대판 2023.10.12. 2018다294162).

답 ⑤

69 부동산 경매절차에서 임금채권자에 관한 다음 설명 중 가장 옳지 않은 것은? 2024년

① 사용사업주가 파견근로자 보호 등에 관한 법률 제34조 제2항에 따라 근로자에 대하여 임금지급의 무를 부담하고 그에 따라 파견근로자가 사용사업주에 대하여 임금채권을 가지는 경우, 파견근로자의 사용사업주에 대한 임금채권에 관하여도 근로기준법 제38조 제2항이 정하는 최우선변제권이 인정된다고 봄이 타당하다.

② 임금, 재해보상금, 그 밖에 근로관계로 인한 채권은 사용자의 총재산에 대하여 질권·저당권 또는 「동산·채권 등의 담보에 관한 법률」에 따른 담보권에 따라 담보된 채권 외에는 조세·공과금 및 다른 채권에 우선하여 변제되어야 한다. 다만, 질권·저당권 또는 「동산·채권 등의 담보에 관한 법률」에 따른 담보권에 우선하는 조세·공과금에 대하여는 그러하지 아니하다.

③ 최종 3개월분의 임금은 배당요구 이전에 이미 근로관계가 종료된 근로자의 경우에는 근로관계 종료일부터 소급하여 3개월 사이에 지급사유가 발생한 임금 중 미지급분, 배당요구 당시에도 근로관계가 종료되지 않은 근로자의 경우에는 배당요구 시점부터 소급하여 3개월 사이에 지급사유가 발생한 임금 중 미지급분을 말한다. 그리고 최종 3년간의 퇴직금도 이와 같이 보아야 하므로, 배당요구 종기일 이전에 퇴직금 지급사유가 발생하여야 한다.

④ 근로기준법에 의하면 근로관계로 인한 채권 중 최종 3개월분의 임금, 재해보상금의 채권은 사용자의 총재산에 대하여 질권 또는 저당권에 의하여 담보된 채권, 조세·공과금 및 다른 채권에 우선하여 변제되어야 한다고 규정하고 있는바, 위와 같은 임금 등 채권의 최우선변제권은 근로자의 생활안정을 위한 사회정책적 고려에서 담보물권자 등의 희생 아래 인정되고 있는 점, 민법 제334조, 제360조 등에 의하면 공시방법이 있는 민법상의 담보물권의 경우에도 우선변제권이 있는 피담보채권에 포함되는 이자 등 부대채권 및 그 범위에 관하여 별도로 규정하고 있음에 비추어 볼 때, 임금 등에 대한 지연손해금 채권에 대하여도 최우선변제권이 인정된다고 봄이 상당하다 할 것이다.

⑤ 근로복지공단이 임금채권보장법에 따라 어느 근로자에게 최우선변제권이 있는 임금과 퇴직금 중 일부를 대지급금으로 지급하고 그에 해당하는 근로자의 임금 등 채권을 대위행사하는 경우, 근로복지공단이 대위하는 채권은 대지급금을 지급받지 아니한 다른 근로자의 최우선변제권이 있는 임금 등 채권과 서로 같은 순위로 배당받아야 하고, 단순히 근로복지공단의 대위채권이 근로자의 생활안정을 위한 공익적 성격을 갖는다는 등의 이유만으로 대지급금을 지급받지 아니한 다른 근로자의 최우선변제권 있는 임금 등 채권보다 후순위로 배당받게 된다고 볼 수는 없다.

··

[❶ ▸ ○] 파견근로자 보호 등에 관한 법률(이하 '파견법'이라 한다) 제1조, 제34조 제2항, 같은 법 시행령 제5조, 근로기준법 제38조 제2항 제호의 내용에 의하면, 사용사업주가 정당한 사유 없이 근로자파견의 대가를 지급하지 아니하고 그로 인하여 파견사업주가 근로자에게 임금을 지급하지 못한 경우 사용사업주는 근로자에 대하여 파견사업주와 연대하여 임금지급의무를 부담하게 된다. 이와 같이 사용사업주가 파견법 제34조 제2항에 따라 근로자에 대하여 임금지급의무를 부담하고 그에 따라 파견근로자가 사용사업주에 대하여 임금채권을 가지는 경우, 파견근로자의 복지증진에 관한 파견법의 입법 취지와 더불어 사용사업주가 파견사업주와 연대하여 임금지급의무를 부담하는 경우 임금 지급에 관하여 사용자로 본다는 파견법 제34조 제2항 후문 및 근로자의 최저생활을 보장하려는 근로기준법 제38조 제2항의 규정 취지를 고려하여 보면, 파견근로자의 사용사업주에 대한 임금채권에 관하여도 근로기준법 제38조 제2항이 정하는 최우선변제권이 인정된다고 봄이 타당하다(대판 2022.12.1. 2018다300586).

[❷ ▸ ○] 임금, 재해보상금, 그 밖에 근로관계로 인한 채권은 사용자의 총재산에 대하여 질권(質權)·저당권 또는 「동산·채권 등의 담보에 관한 법률」에 따른 담보권에 따라 담보된 채권 외에는 조세·공과금 및 다른 채권에 우선하여 변제되어야 한다. 다만, 질권·저당권 또는 「동산·채권 등의 담보에 관한 법률」에 따른 담보권에 우선하는 조세·공과금에 대하여는 그러하지 아니하다(근로기준법 제38조 제1항).

[❸ ▸ ○] 근로기준법 제38조 제2항에 따른 최종 3개월분의 임금, 재해보상금과 구 근로자퇴직급여보장법 제11조 제2항에 따른 최종 3년간의 퇴직금에 해당하는 채권은 사용자의 총재산에 대하여 질권·저당권 또는 동산·채권 등의 담보에 관한 법률에 따른 담보권에 따라 담보된 채권, 조세·공과금 및 다른 채권에 우선하여 변제되어야 한다. 여기서 최종 3개월분의 임금은 배당요구 이전에 이미 근로관계가 종료된 근로자의 경우에는 근로관계 종료일부터 소급하여 3개월 사이에 지급사유가 발생한 임금 중 미지급분, 배당요구 당시에도 근로관계가 종료되지 않은 근로자의 경우에는 배당요구 시점부터 소급하여 3개월 사이에 지급사유가 발생한 임금 중 미지급분을 말한다. 그리고 최종 3년간의 퇴직금도 이와 같이 보아야 하므로, 배당요구 종기일 이전에 퇴직금 지급사유가 발생하여야 한다(대판 2015.8.19. 2015다204762).

[❹ ▸ ✕] 근로기준법 제37조 제2항에 의하면, 근로관계로 인한 채권 중 최종 3월분의 임금, 최종 3년간의 퇴직금, 재해보상금의 채권은 사용자의 총재산에 대하여 질권 또는 저당권에 의하여 담보된 채권, 조세·공과금 및 다른 채권에 우선하여 변제되어야 한다고 규정하고 있는바, 위와 같은 임금 등 채권의 최우선변제권은 근로자의 생활안정을 위한 사회정책적 고려에서 담보물권자 등의 희생 아래 인정되고 있는 점, 민법 제334조, 제360조 등에 의하면 공시방법이 있는 민법상의 담보물권의 경우에도 우선변제권이 있는 피담보채권에 포함되는 이자 등 부대채권 및 그 범위에 관하여 별도로 규정하고

있음에 반하여, 위 근로기준법의 규정에는 최우선변제권이 있는 채권으로 원본채권만을 열거하고 있는 점 등에 비추어 볼 때, 임금 등에 대한 지연손해금 채권에 대하여는 최우선변제권이 인정되지 않는다고 봄이 상당하다(대결 2000.2.12. 99마5143).

[❺ ▶ ○] 원고(근로복지공단)가 법에 따라 어느 근로자에게 최우선변제권이 있는 임금과 퇴직금 중 일부를 체당금으로 지급하고 그에 해당하는 근로자의 임금 등 채권을 대위행사하는 경우 원고가 대위하는 채권은 체당금을 지급받지 아니한 다른 근로자의 최우선변제권이 있는 임금 등 채권과 서로 같은 순위로 배당받아야 하고, 단순히 원고의 대위채권이 근로자의 생활안정을 위한 공익적 성격을 갖는다는 등의 이유만으로 체당금을 지급받지 아니한 다른 근로자의 최우선변제권 있는 임금 등 채권보다 후순위로 배당받게 된다고 볼 수는 없다(대판 2015.11.27. 2014다208378).

답 ❹

70
□□□

다음 설명 중 가장 옳지 않은 것은? 2022년

① 주택임대차보호법 제8조에 규정된 소액보증금에 대하여 주택임차인이 대지와 건물 모두로부터 배당을 받는 경우에는 마치 그 대지와 건물 전부에 대한 공동저당권자와 유사한 지위에 서게 되므로 대지와 건물이 동시에 매각되어 주택임차인에게 그 경매대가를 동시에 배당하는 때에는 대지와 건물의 경매대가에 비례하여 그 채권의 분담을 정하여야 한다.

② 대항요건과 확정일자를 갖춘 임차인이 주택임대차보호법 제8조 제1항에 의하여 보증금 중 일정액의 보호를 받는 소액임차인의 지위를 겸하는 경우, 먼저 소액임차인으로서 보호받는 일정액을 우선 배당하고 난 후의 나머지 임차보증금채권액에 대하여는 대항요건과 확정일자를 갖춘 임차인으로서의 순위에 따라 배당을 하여야 하는 것이다.

③ 가압류등기 후 근당권설정등기가 마쳐지고 이후 강제경매신청이 이루어진 경우, 배당관계에 있어서 근저당권자는 선순위 가압류채권자에 대하여 우선변제권을 주장할 수 없으므로 가압류권자와 근저당권자, 경매신청채권자는 각 채권액에 따른 안분비례에 의하여 평등배당을 받을 수 있다.

④ 1개 부동산에 대하여 체납처분의 일환으로 압류가 행하여졌을 때 그 압류에 관계되는 조세는 국세나 지방세를 막론하고 교부청구한 다른 조세보다 우선하고 이는 선행압류 조세와 후행압류 조세 사이에도 적용되지만(압류선착주의 원칙), 이러한 압류선착주의 원칙은 공매 대상 부동산 자체에 대하여 부과된 조세와 가산금(당해세)에 대하여는 적용되지 않는다.

⑤ 강제경매의 목적 부동산에 설정된 근저당권의 피담보채권이 경매신청채권자의 임금채권에 대한 지연손해금 채권에 우선한다.

[**①** ▸ ○]　주택임대차보호법 제8조에 규정된 소액보증금반환청구권은 임차목적 주택에 대하여 저당권에 의하여 담보된 채권, 조세 등에 우선하여 변제받을 수 있는 이른바 법정담보물권으로서, 주택임차인이 대지와 건물 모두로부터 배당을 받는 경우에는 마치 그 대지와 건물 전부에 대한 공동저당권자와 유사한 지위에 서게 되므로 대지와 건물이 동시에 매각되어 주택임차인에게 그 경매대가를 동시에 배당하는 때에는 민법 제368조 제1항을 유추적용하여 대지와 건물의 경매대가에 비례하여 그 채권의 분담을 정하여야 한다(대판 2003.9.5. 2001다66291).

[**②** ▸ ○]　주택임대차보호법 제3조의2 제2항은 대항요건(주택인도와 주민등록전입신고)과 임대차계약증서상의 확정일자를 갖춘 주택임차인에게 부동산 담보권에 유사한 권리를 인정한다는 취지로서, 이에 따라 대항요건과 확정일자를 갖춘 임차인들 상호 간에는 대항요건과 확정일자를 최종적으로 갖춘 순서대로 우선변제받을 순위를 정하게 되므로, 만일 대항요건과 확정일자를 갖춘 임차인들이 주택임대차보호법 제8조 제1항에 의하여 보증금 중 일정액의 보호를 받는 소액임차인의 지위를 겸하는 경우, 먼저 소액임차인으로서 보호받는 일정액을 우선 배당하고 난 후의 나머지 임차보증금채권액에 대하여는 대항요건과 확정일자를 갖춘 임차인으로서의 순위에 따라 배당을 하여야 하는 것이다(대판 2007.11.15. 2007다45562).

[**③** ▸ ✕]　[1] 부동산에 대하여 가압류등기가 먼저 되고 나서 근저당권설정등기가 마쳐진 경우에 그 근저당권등기는 가압류에 의한 처분금지의 효력 때문에 그 집행보전의 목적을 달성하는 데 필요한 범위 안에서 가압류채권자에 대한 관계에서만 상대적으로 무효이다. [2] [1]의 경우 가압류채권자와 근저당권자 및 근저당권설정등기 후 강제경매신청을 한 압류채권자 사이의 배당관계에 있어서, 근저당권자는 선순위 가압류채권자에 대하여는 우선변제권을 주장할 수 없으므로 1차로 채권액에 따른 안분비례에 의하여 평등배당을 받은 다음, 후순위 경매신청압류채권자에 대하여는 우선변제권이 인정되므로 경매신청압류채권자가 받을 배당액으로부터 자기의 채권액을 만족시킬 때까지 이를 흡수하여 배당받을 수 있다(대결 1994.11.29. 94마417).

[**④** ▸ ○]　1개 부동산에 대하여 체납처분의 일환으로 압류가 행하여졌을 때 그 압류에 관계되는 조세는 국세나 지방세를 막론하고 교부청구한 다른 조세보다 우선하고 이는 선행압류 조세와 후행압류 조세 사이에도 적용되지만(압류선착주의 원칙), 이러한 압류선착주의 원칙은 공매대상 부동산 자체에 대하여 부과된 조세와 가산금(당해세)에 대하여는 적용되지 않는다(대판 2007.5.10. 2007두2197).

[**⑤** ▸ ○]　근로기준법 제37조 제2항에 의하면, 근로관계로 인한 채권 중 최종 3월분의 임금, 최종 3년간의 퇴직금, 재해보상금의 채권은 사용자의 총재산에 대하여 질권 또는 저당권에 의하여 담보된 채권, 조세·공과금 및 다른 채권에 우선하여 변제되어야 한다고 규정하고 있는바, 위와 같은 임금 등 채권의 최우선변제권은 근로자의 생활안정을 위한 사회정책적 고려에서 담보물권자 등의 희생 아래 인정되고 있는 점, 민법 제334조, 제360조 등에 의하면 공시방법이 있는 민법상의 담보물권의 경우에도 우선변제권이 있는 피담보채권에 포함되는 이자 등 부대채권 및 그 범위에 관하여 별도로 규정하고 있음에 반하여, 위 근로기준법의 규정에는 최우선변제권이 있는 채권으로 원본채권만을 열거하고 있는 점 등에 비추어 볼 때, 임금 등에 대한 지연손해금 채권에 대하여는 최우선변제권이 인정되지 않는다고 봄이 상당하다(대결 2000.2.12. 99마5143).

답 ❸

71

부동산경매절차에서 임차인에 관한 다음 설명 중 가장 옳지 않은 것은?

① 주택임대차보호법상의 대항요건을 갖춘 임차인이 집행관의 현황조사 결과 임차인으로 조사·보고 되었다 하여도 매각허가결정 이전에 경매법원에 스스로 그 권리를 증명하여 신고하지 않았다면 경매절차의 이해관계인이 될 수 없다.

② 대법원예규에 의한 경매절차 진행사실의 주택임차인에 대한 통지는 법률상 규정된 의무가 아니라 당사자의 편의를 위하여 주택임차인에게 임차 목적물에 대하여 경매절차가 진행 중인 사실과 소액 임차권자나 확정일자부 임차권자라도 배당요구를 하여야 우선변제를 받을 수 있다는 내용을 안내 하여 주는 것일 뿐이므로, 임차인이 그 권리신고를 하기 전에 임차 목적물에 대한 경매절차의 진행 사실에 관한 통지를 받지 못하였다고 하더라도 이는 매각허가결정에 대한 불복사유가 될 수 없다.

③ 매각허가결정이 확정되어 대금지급기일이 정해진 상태에서 임차인이 자기보다 선순위 저당권의 피담보채무를 대위변제한 경우, 매각으로 인하여 저당권이 소멸하고 경매절차의 매수인이 소유권 을 취득하는 시점인 매각대금 납부 전에 선순위의 저당권이 다른 사유로 소멸한 경우에는 대항력 있는 임차권의 존재로 인하여 담보가치의 손상을 받을 선순위 저당권이 없게 되므로 임차권의 대항력이 소멸하지 않는다.

④ 주택임대차보호법상의 대항력과 임대차계약서상의 확정일자를 갖춘 임차인은 경매절차의 매각대 금에서 후순위권리자나 그 밖의 채권자보다 우선하여 보증금을 변제받을 권리가 있고, 이는 배당절 차에 있어서 확정일자를 갖춘 임차인은 담보물권자와 유사한 지위를 갖는다는 의미이다. 따라서 확정일자를 갖춘 임차인이 여러 명 있고 이들이 모두 저당권자에 우선하는 경우에는 각 임차인별로 우선변제권을 인정하되, 그들 상호 간에는 대항력 및 확정일자를 최종적으로 갖춘 순서대로 우열관 계를 정하고, 선순위 가압류권자가 있는 경우에는 확정일자를 갖춘 임차인은 가압류권자에게 우선 권을 주장할 수 없고 평등배당을 받는다.

⑤ 임차인이 임대인에게 임차보증금의 일부만을 지급하고 주택임대차보호법 제3조 제1항에서 정한 대항요건과 임대차계약증서상의 확정일자를 갖춘 다음 나머지 보증금을 나중에 지급하였다면 특별 한 사정이 없는 한 대항요건과 확정일자를 갖춘 때를 기준으로 임차보증금 전액에 대해서 후순위권 리자나 그 밖의 채권자보다 우선하여 변제를 받을 권리를 가지지는 못한다.

. . . .

[**❶ ▶ O**] 경매절차에서 부동산 현황조사는 매각대상 부동산의 현황을 정확히 파악하여 일반인에게 그 부동산의 현황과 권리관계를 공시함으로써 매수 희망자가 필요한 정보를 쉽게 얻을 수 있게 하여 예상 밖의 손해를 입는 것을 방지하고자 함에 있는 것이고, 매각절차의 법령상 이해관계인에게는 매각기 일에 출석하여 의견진술을 할 수 있는 권리의 행사를 위해 매각기일 등 절차의 진행을 통지하여 주도록 되어 있는 반면, 주택임대차보호법상의 대항요건을 갖춘 임차인이라고 하더라도 매각허가결정 이전에 경매법원에 스스로 그 권리를 증명하여 신고하지 않는 한 집행관의 현황조사결과 임차인으로 조사·보 고되어 있는지 여부와 관계없이 이해관계인이 될 수 없다(대판 2008.11.13. 2008다43976).

[**❷ ▶ O**] 대법원예규에 의한 경매절차 진행 사실의 주택임차인에 대한 통지는 법률상 규정된 의무가 아니라 당사자의 편의를 위하여 주택임차인에게 임차 목적물에 대하여 경매절차가 진행중인 사실과 소액임차권자나 확정일자부 임차권자라도 배당요구를 하여야 우선변제를 받을 수 있다는 내용을 안내하 여 주는 것일 뿐이므로, 임차인이 그 권리신고를 하기 전에 임차 목적물에 대한 경매절차의 진행 사실에 관한 통지를 받지 못하였다고 하더라도 이는 매각허가결정에 대한 불복사유가 될 수 없다(대결 2000.1.31. 99마7663).

[**❸** ▸ **O**] 부동산의 경매절차에 있어서 주택임대차보호법 제3조에 정한 대항요건을 갖춘 임차권보다 선순위의 근저당권이 있는 경우에는, 매각으로 인하여 선순위 근저당권이 소멸하면 그보다 후순위의 임차권도 선순위 근저당권이 확보한 담보가치의 보장을 위하여 그 대항력을 상실하는 것이지만, 매각으로 인하여 근저당권이 소멸하고 매수인이 소유권을 취득하게 되는 시점인 매각대금 납부 전에 선순위 근저당권이 다른 사유로 소멸한 경우에는, 대항력이 있는 임차권의 존재로 인하여 담보가치의 손상을 받을 선순위 근저당권이 없게 되므로 임차권의 대항력이 소멸하지 아니한다(대판 2003.4.25. 2002다70075 참조).

[**❹** ▸ **O**] 주택의 경우 확정일자를 갖춘 임차인은 후순위 권리자 기타 채권자보다 우선하여 보증금을 변제받을 권리가 있는바, 이는 배당절차에서의 확정일자를 갖춘 임차인은 담보물권자와 유사한 지위를 갖는다는 의미이다(대판 1992.10.13. 92다30597; 대판 2007.11.15. 2007다45562 참조). 따라서 확정일자를 갖춘 임차인이 여러 명 있고 이들이 모두 저당권자에 우선하는 경우에는 각 임차인별로 우선변제권을 인정하되, 그들 상호 간에는 대항력 및 확정일자를 최종적으로 갖춘 순서대로 우열관계를 정하고, 선순위 가압류권자가 있는 경우에는 확정일자를 갖춘 임차인은 가압류권자에게 우선권을 주장할 수 없고 평등배당을 받는다(대판 1992.10.13. 92다30597). **실무제요 집행 3**

[**❺** ▸ **X**] 주택임대차보호법은 임차인에게 우선변제권이 인정되기 위하여 대항요건과 임대차계약증서상의 확정일자를 갖추는 것 외에 계약 당시 임차보증금이 전액 지급되어 있을 것을 요구하지는 않는다. 따라서 임차인이 임대인에게 임차보증금의 일부만을 지급하고 주택임대차보호법 제3조 제1항에서 정한 대항요건과 임대차계약증서상의 확정일자를 갖춘 다음 나머지 보증금을 나중에 지급하였다고 하더라도 특별한 사정이 없는 한 대항요건과 확정일자를 갖춘 때를 기준으로 임차보증금 전액에 대해서 후순위권리자나 그 밖의 채권자보다 우선하여 변제를 받을 권리를 갖는다고 보아야 한다(대판 2017.8.29. 2017다212194).

답 ❺

72
□□□

'乙' 소유 부동산에 대하여 '甲'이 가압류를 한 상태에서 '戊'에게로 소유권이 이전되었고, 그 후 '丙'이 근저당권에 기하여 담보권 실행을 위한 경매를 신청하여 경매절차가 개시되었다. 등기 기록상 기재와 배당요구 내지 채권신고가 아래와 같고 배당할 금액이 7천만원일 때, 위 담보권 실행을 위한 경매절차에서 '甲', '丙', '丁'에게 배당되어야 할 금액을 바르게 기재한 것을 고르시오.

2021년

---

1. 2020.2.7. 채권자 '甲' 가압류(청구금액 3천만원)
2. 2020.4.8. '戊'에게로 소유권 이전
3. 2020.4.9. 채권자 '丙' 근저당권 설정(채무자 '戊', 채권최고액 5천만원)
4. 2020.11.6. 임의경매개시결정(채권자 '丙', 청구금액 5천만원)
5. 2020.12.30. 채권자 '丁' 지급명령 정본 첨부하여 배당요구종기 이내에 배당요구(채무자 '乙'에 대한 물품대금채권 6천만원)

---

① '甲' 1천 5백만원, '丙' 2천 5백만원, '丁' 3천만원
② '甲' 0원, '丙' 5천만원, '丁' 2천만원
③ '甲' 3천만원, '丙' 0원, '丁' 4천만원
④ '甲' 3천만원, '丙' 4천만원, '丁' 0원
⑤ '甲' 1천만원, '丙' 5천만원, '丁' 1천만원

....

[❶▸×] [❷▸×] [❸▸×] [❹▸○] [❺▸×] 부동산에 대한 가압류집행 후 가압류목적물의 소유권이 제3자에게 이전된 경우 가압류의 처분금지적 효력이 미치는 것은 가압류결정 당시의 청구금액의 한도 안에서 가압류목적물의 교환가치이고, 위와 같은 처분금지적 효력은 가압류채권자와 제3취득자 사이에서만 있는 것이므로 제3취득자의 채권자가 신청한 경매절차에서 매각 및 경락인이 취득하게 되는 대상은 가압류목적물 전체라고 할 것이지만, 가압류의 처분금지적 효력이 미치는 매각대금 부분은 가압류채권자가 우선적인 권리를 행사할 수 있고 제3취득자의 채권자들은 이를 수인하여야 하므로, 가압류채권자는 그 매각절차에서 당해 가압류목적물의 매각대금에서 가압류결정 당시의 청구금액을 한도로 하여 배당을 받을 수 있고, 제3취득자의 채권자는 위 매각대금 중 가압류의 처분금지적 효력이 미치는 범위의 금액에 대하여는 배당을 받을 수 없다(대판 2006.7.28. 2006다19986). 즉, 가압류의 처분금지적 효력에 의하여 가압류채권자인 甲이 제3취득자의 채권자보다 우선하여 3천만원을 배당받는다. 그 다음으로 제3취득자의 채권자 겸 근저당권자 丙이 채권최고액(5천만원)의 범위 내에서 4천만원을 배당받는다. 채권자 '丁'은 채무자 '乙'에 대한 채권자로서, '戊'의 부동산에 대한 담보권 실행 경매절차에서 배당받을 수 없다.

답 ❹

아파트에 대해 강제경매가 진행되었다. 다음 중 배당의 순위를 1순위부터 차례로 올바르게 표시한 것은?

> ㉠ 일반채권자의 채권 ㉡ 경매목적물의 재산세
> ㉢ 저당권 ㉣ 아파트 임차인의 소액보증금
> ㉤ 집행비용

① ㉡ - ㉣ - ㉢ - ㉠ - ㉤   ② ㉤ - ㉠ - ㉡ - ㉣ - ㉢
③ ㉡ - ㉤ - ㉣ - ㉢ - ㉠   ④ ㉤ - ㉡ - ㉣ - ㉢ - ㉠
⑤ ㉤ - ㉣ - ㉡ - ㉢ - ㉠

[**❺ ▸ O**] ㉤ 집행비용 - ㉣ 아파트 임차인의 소액보증금 - ㉡ 경매목적물의 재산세(당해세) - ㉢ 저당권 - ㉠ 일반채권자의 채권의 순서로 배당된다.

구 분	저당권 > 조세	조세 > 저당권	저당권 등 없음
1	경매집행비용(민사집행법 제53조)		
2	비용상환채권 : 저당물의 제3취득자가 보존·개량을 위하여 지출한 필요비·유익비(민법 제367조)		
3	• 소액임차보증금(주택임대차보호법 제8조 제1항, 상가건물 임대차보호법 제14조 제1항) • 최종 3개월분 임금·최종 3년간의 퇴직금 및 재해보상금(근로기준법 제38조 제2항, 근로자퇴직급여 보장법 제12조 제2항) ※ 위 채권들이 서로 경합하는 경우에는 동등한 순위의 채권으로 보아 배당함(재민 91-2)		
4	당해세 : 경매목적물에 직접 부과된 국세(상속세, 증여세, 종합부동산세), 지방세(재산세)	당해세를 포함한 조세. 그 밖의 이와 같은 순위의 징수금 (당해세 > 조세)	기타 임금채권 : 근로기준법 제38조 제2항의 임금 등을 제외한 임금 기타 근로채권
5	• 저당권·질권·전세권에 의해 담보된 채권 • 대항력과 확정일자 갖춘 주택·상가 임차보증금반환 채권(다만, 당해세의 법정기일이 임차인의 확정일자·주택전세권의 설정일자보다 늦은 경우에는 그 당해세 배분 예정액에 한하여 주택임차보증금·주택전세권의 담보된 채권에 먼저 배분 가능)	저당권 등보다 선순위 공과금 : 저당권·전세권의 설정등기일보다 납부기한이 빠른 건강보험료, 연금보험료 등	• 당해세를 포함한 조세 그 밖의 이와 같은 순위의 징수금 (당해세 > 조세) • 조세 사이에서는 압류선착주의 (당해세 : 압류선착주의 적용 ×)
6	기타 임금채권 : 근로기준법 제38조 제2항의 임금 등을 제외한 임금, 기타 근로채권	저당권·질권·전세권에 의한 담보되는 채권 등	조세 다음 순위의 공과금
7	당해세 이외의 국세·지방세	기타 임금채권	-
8	공과금 : 산업재해보상보험료, 국민연금보험료, 고용보험료, 국민건강보험료(단, 납부기한과 관련하여 예외규정 있음)	저당권 등보다 늦은 공과금 : 산업재해보험료 그 밖의 징수금, 의료보험료, 연금보험료	일반채권(일반채권자의 채권과 재산형·과태료 및 국유재산법상의 사용료·대부료·변상금채권)
9	일반채권(과태료 등)	일반채권(과태료 등)	

답 ❺

다음 중 부동산경매절차 및 배당에 관한 다음 설명 중 옳지 않은 것을 모두 고른 것은?

2023년

가. 압류선착주의는 조세채권과 공시를 수반하는 담보물권 사이의 우선순위를 정하는 데 적용할 수는 없다.

나. 국세기본법 제35조 제3항에도 불구하고 주택임대차보호법 제3조의2 제2항에 따라 대항요건과 확정일자를 갖춘 임차권에 의하여 담보된 임대차보증금반환채권 또는 같은 법 제2조에 따른 주거용 건물에 설정된 전세권에 의하여 담보된 채권은 해당 임차권 또는 전세권이 설정된 재산이 국세의 강제징수 또는 경매 절차를 통하여 매각되어 그 매각금액에서 국세를 징수하는 경우 그 확정일자 또는 설정일보다 법정기일이 빠른 해당 재산에 대하여 부과된 상속세, 증여세 및 종합부동산세의 우선 징수 순서에 대신하여 변제될 수 있다.

다. 공시를 수반하는 담보물권이 설정된 부동산에 관하여 담보물권 설정일 이전에 법정기일이 도래한 조세채권과 담보물권 설정일 이후에 법정기일이 도래한 조세채권에 기한 압류가 모두 이루어진 경우, 당해세를 제외한 조세채권과 담보물권 사이의 우선순위는 그 법정기일과 담보물권 설정일의 선후에 의하여 결정하고, 이와 같은 순서에 의하여 매각대금을 배분한 후, 압류선착주의에 따라 각 조세채권 사이의 우선순위를 결정하여야 한다.

라. 주택임대차보호법상 임차인이 대항요건을 미리 갖추었다면 확정일자를 부여받은 날짜가 비록 가압류일자보다 늦은 경우라도 가압류채권자를 선순위라고 볼 수는 없다.

마. 한정승인자의 고유채권자가 상속재산에 관하여 담보권을 취득하였다는 등의 사정이 없는 이상, 한정승인자의 고유채권자는 상속채권자가 상속재산으로부터 채권의 만족을 받지 못한 상태에서 상속재산을 고유채권에 대한 책임재산으로 삼아 이에 대하여 강제집행을 할 수 없다고 보는 것이 형평의 원칙이나 한정승인제도의 취지에 부합하며, 이는 한정승인자의 고유채무가 조세채무인 경우에도 그것이 상속재산 자체에 대하여 부과된 조세나 가산금, 즉 당해세에 관한 것이 아니라면 마찬가지이다.

① 가, 나
② 가, 다
③ 나, 다
④ 나, 라
⑤ 라, 마

....

[가 ▶ O] 압류선착주의는 조세채권 사이의 우선순위를 정하는 데 적용할 수 있을 뿐 조세채권과 공시를 수반하는 담보물권 사이의 우선순위를 정하는 데 적용할 수는 없다(대판 2005.11.24. 2005두9088).

[나 ▶ ✕] 「주택임대차보호법」 제3조의2 제2항에 따라 대항요건과 확정일자를 갖춘 임차권에 의하여 담보된 임대차보증금반환채권 또는 같은 법 제2조에 따른 주거용 건물에 설정된 전세권에 의하여 담보된 채권은 해당 임차권 또는 전세권이 설정된 재산이 국세의 강제징수 또는 경매 절차를 통하여 매각되어 그 매각금액에서 국세를 징수하는 경우 그 확정일자 또는 설정일보다 "법정기일이 늦은" 해당 재산에 대하여 부과된 상속세, 증여세 및 종합부동산세의 우선 징수 순서에 대신하여 변제될 수 있다(국세기본법 제35조 제7항). 2022.12.31. 개정 국세기본법에서는 경매·공매 시 해당 재산에 부과된 당해세(상속세, 증여세 및 종합부동산세)의 법정기일이 임차인의 확정일자보다 늦은 경우 그 당해세에 배분 예정액에 한하여 주택임차보증금반환채권·주택전세권의 담보된 채권에 먼저 배분할 수 있도록 하였다(국세기본법 제35조 제7항).

① 국세 및 강제징수비는 다른 공과금이나 그 밖의 채권에 우선하여 징수한다. 다만, 다음 각 호의 어느 하나에 해당하는 공과금이나 그 밖의 채권에 대해서는 그러하지 아니하다.

  3. 제2항에 따른 법정기일 전에 다음 각 목의 어느 하나에 해당하는 권리가 설정된 재산이 국세의 강제징수 또는 경매 절차를 통하여 매각(제3호의2에 해당하는 재산의 매각은 제외한다)되어 그 매각금액에서 국세를 징수하는 경우 그 권리에 의하여 담보된 채권 또는 임대차보증금반환채권. 이 경우 다음 각 목에 해당하는 권리가 설정된 사실은 대통령령으로 정하는 방법으로 증명한다.

    가. 전세권, 질권 또는 저당권

    나. 「주택임대차보호법」 제3조의2 제2항 또는 「상가건물 임대차보호법」 제5조 제2항에 따라 대항요건과 확정일자를 갖춘 임차권

    다. 납세의무자를 등기의무자로 하고 채무불이행을 정지조건으로 하는 대물변제(대물변제)의 예약에 따라 채권 담보의 목적으로 가등기(가등록을 포함한다. 이하 같다)를 마친 가등기 담보권

  4. 「주택임대차보호법」 제8조 또는 「상가건물 임대차보호법」 제14조가 적용되는 임대차관계에 있는 주택 또는 건물을 매각할 때 그 매각금액 중에서 국세를 징수하는 경우 임대차에 관한 보증금 중 일정 금액으로서 「주택임대차보호법」 제8조 또는 「상가건물 임대차보호법」 제14조에 따라 임차인이 우선하여 변제받을 수 있는 금액에 관한 채권

③ 제1항 제3호에도 불구하고 해당 재산에 대하여 부과된 상속세, 증여세 및 종합부동산세는 같은 호에 따른 채권 또는 임대차보증금반환채권보다 우선하며, 제1항 제3호의2에도 불구하고 해당 재산에 대하여 부과된 종합부동산세는 같은 호에 따른 채권 또는 임대차보증금반환채권보다 우선한다.

⑦ 제3항에도 불구하고 「주택임대차보호법」 제3조의2 제2항에 따라 대항요건과 확정일자를 갖춘 임차권에 의하여 담보된 임대차보증금반환채권 또는 같은 법 제2조에 따른 주거용 건물에 설정된 전세권에 의하여 담보된 채권(이하 이 항에서 "임대차보증금반환채권등"이라 한다)은 해당 임차권 또는 전세권이 설정된 재산이 국세의 강제징수 또는 경매 절차를 통하여 매각되어 그 매각금액에서 국세를 징수하는 경우 그 확정일자 또는 설정일보다 법정기일이 늦은 해당 재산에 대하여 부과된 상속세, 증여세 및 종합부동산세의 우선 징수 순서에 대신하여 변제될 수 있다. 이 경우 대신 변제되는 금액은 우선 징수할 수 있었던 해당 재산에 대하여 부과된 상속세, 증여세 및 종합부동산세의 징수액에 한정하며, 임대차보증금반환채권등보다 우선 변제되는 저당권 등의 변제액과 제3항에 따라 해당 재산에 대하여 부과된 상속세, 증여세 및 종합부동산세를 우선 징수하는 경우에 배분받을 수 있었던 임대차보증금반환채권등의 변제액에는 영향을 미치지 아니한다. 〈신설 2022.12.31.〉

[**다 ▸ ○**] 공시를 수반하는 담보물권이 설정된 부동산에 관하여 담보물권 설정일 이전에 법정기일이 도래한 조세채권과 담보물권 설정일 이후에 법정기일이 도래한 조세채권에 기한 압류가 모두 이루어진 경우, 당해세를 제외한 조세채권과 담보물권 사이의 우선순위는 그 법정기일과 담보물권 설정일의 선후에 의하여 결정하고, 이와 같은 순서에 의하여 매각대금을 배분한 후, 압류선착주의에 따라 각 조세채권 사이의 우선순위를 결정하여야 한다(대판 2005.11.24. 2005두9088).

[**라 ▸ ✕**] 가압류채권자가 주택임차인보다 선순위인지 여부는, 주택임대차보호법 제3조의2의 법문상 임차인이 확정일자 부여에 의하여 비로소 우선변제권을 가지는 것으로 규정하고 있음에 비추어, 임대차계약증서상의 확정일자 부여일을 기준으로 삼는 것으로 해석함이 타당하므로, 대항요건을 미리 갖추었다고 하더라도 확정일자를 부여받은 날짜가 가압류일자보다 늦은 경우에는 가압류채권자가 선순위라고 볼 수밖에 없다(대판 1992.10.13. 92다30597).

[**마 ▸ ○**] 상속채권자가 아닌 한정승인자의 고유채권자가 상속재산에 관하여 저당권 등의 담보권을 취득한 경우, 담보권을 취득한 채권자와 상속채권자 사이의 우열관계는 민법상 일반원칙에 따라야 하고 상속채권자가 우선적 지위를 주장할 수 없다. 그러나 상속재산에 관하여 담보권을 취득하였다는 등 사정이 없는 이상, 한정승인자의 고유채권자는 상속채권자가 상속재산으로부터 채권의 만족을 받지

못한 상태에서 상속재산을 고유채권에 대한 책임재산으로 삼아 이에 대하여 강제집행을 할 수 없다고 보는 것이 형평의 원칙이나 한정승인제도의 취지에 부합하며, 이는 한정승인자의 고유채무가 조세채무인 경우에도 그것이 상속재산 자체에 대하여 부과된 조세나 가산금, 즉 당해세에 관한 것이 아니라면 마찬가지이다(대판 2016.5.24. 2015다250574).

답 ❹

75 **□□□** 민사집행절차 또는 체납처분절차에서의 조세채권에 관한 다음 설명 중 가장 옳지 않은 것은?

2020년

① 저당권 설정자가 그 피담보채권에 우선하여 징수당할 조세의 체납이 없는 상태에서 사망한 경우에 그 상속인에 대하여 부과된 국세인 상속세는 이를 당해세라 하여 우선 징수할 수 없다.

② 근저당권설정 당시 이미 등기부상 증여를 원인으로 하여 근저당설정자 명의로 소유권이전등기가 마쳐져 있었던 경우에 그 증여를 원인으로 하여 부과된 증여세는 위 부동산 자체에 관하여 부과된 국세로서 당해세에 해당한다.

③ 공시를 수반하는 담보물권이 설정된 부동산에 관하여 담보물권 설정일 이전에 법정기일이 도래한 조세채권과 담보물권 설정일 이후에 법정기일이 도래한 조세채권에 기한 압류가 모두 이루어진 경우, 당해세를 제외한 조세채권과 담보물권 사이의 우선순위는 그 법정기일과 담보물권 설정일의 선후에 의하여 결정하고, 이와 같은 순서에 의하여 매각대금을 배분한 후, 압류선착주의에 따라 각 조세채권 사이의 우선순위를 결정하여야 한다.

④ 납세의무자가 신고납세방식인 국세의 과세표준과 세액을 신고한 다음 매각재산에 저당권 등의 설정등기를 마쳤는데 이후 과세관청이 당초 신고한 세액을 증액하는 경정을 하여 당초보다 증액된 세액을 고지하였다면, 과세처분이 있은 후에 증액경정처분이 있는 경우 당초 처분은 증액경정처분에 흡수되어 당연히 소멸하고 그 증액경정처분만이 쟁송의 대상이 됨에 비추어, 증액경정처분의 납세고지서 발송일을 당초 신고한 세액을 포함한 전체 세액에 대한 법정기일로 보아야 한다.

⑤ 국세의 체납처분 등에 의하여 납세의무자의 재산이 압류되기 전에 제3자가 그 소유권을 취득하였다면 그 재산에 대하여는 원칙적으로 국세의 우선징수권이 미치지 아니하므로, 부동산에 대한 강제집행절차가 진행되는 도중에 그 목적물이 제3자에게 양도된 경우에도 그 이전에 양도인의 체납 국세에 관하여 체납처분 등으로 압류를 한 바 없다면 그 이후에 그 체납 국세에 관하여 교부청구를 하더라도 매각대금으로부터 우선 배당을 받을 수 없다.

[**❶** ▸ ○]　국세에 대하여 우선적으로 보호되는 저당권으로 담보되는 채권이란 원래 저당권 설정 당시의 저당권자와 저당권 설정자와의 관계를 기본으로 하여 그 설정자의 납세의무를 기준으로 한 것이라고 해석되므로, 저당권 설정자가 그 피담보채권에 우선하여 징수당할 조세의 체납이 없는 상태에서 사망한 경우에 그 상속인에 대하여 부과된 국세인 상속세는 이를 당해세라 하여 우선징수할 수 없다(대판 1997.5.9. 96다55204).

[**❷** ▸ ○]　부동산에 대하여 근저당권 설정 이전에 이루어진 증여를 원인으로 하여 부과된 증여세는 위 부동산 자체에 관하여 부과된 것이고, 근저당권 설정 당시 이미 등기부상 증여를 원인으로 하여 근저당설정자 명의로 소유권이전등기가 마쳐져 있었으므로 근저당권자로서는 장래 이 증여를 과세원인으로 하여 증여세가 부과될 것을 상당한 정도로 예측할 수 있다고 봄이 상당할 것이고, 따라서 위 증여세는 국세기본법 제35조 제1항 제3호 단서에서 말하는 '그 재산에 대하여 부과된 국세', 즉 이른바 당해세에 해당한다(대판 2001.1.30. 2000다47972).

[**❸** ▸ ○]　공시를 수반하는 담보물권이 설정된 부동산에 관하여 담보물권 설정일 이전에 법정기일이 도래한 조세채권과 담보물권 설정일 이후에 법정기일이 도래한 조세채권에 기한 압류가 모두 이루어진 경우, 당해세를 제외한 조세채권과 담보물권 사이의 우선순위는 그 법정기일과 담보물권 설정일의 선후에 의하여 결정하고, 이와 같은 순서에 의하여 매각대금을 배분한 후, 압류선착주의에 따라 각 조세채권 사이의 우선순위를 결정하여야 한다(대판 2005.11.24. 2005두9088).

[**❹** ▸ ✕]　구 국세기본법 제35조 제1항 제3호의 입법취지와 관련 규정의 내용 및 체계 등에 비추어 보면, 납세의무자가 신고납세방식인 국세의 과세표준과 세액을 신고한 다음 매각재산에 저당권 등의 설정등기를 마친 경우라면, 이후에 과세관청이 당초 신고한 세액을 증액하는 경정을 하여 당초보다 증액된 세액을 고지하였더라도, 당초 신고한 세액에 대해서는 구 국세기본법 제35조 제1항 제3호 (가)목에 따라 당초의 신고일이 법정기일이 되어 저당권 등에 의하여 담보되는 채권보다 우선하여 징수할 수 있다고 보아야 한다. 이러한 경우 원칙적으로 증액경정처분만이 항고소송의 심판대상이 된다는 사정 등이 있다고 하여 달리 보기도 어렵다(대판 2018.6.28. 2017다236978).

[**❺** ▸ ○]　납세의무자의 소유가 아닌 재산에 의하여 국세를 징수할 수는 없으므로 국세의 체납처분 등에 의하여 납세의무자의 재산이 압류되기 전에 제3자가 그 소유권을 취득하였다면 그 재산에 대하여는 원칙적으로 국세의 우선징수권이 미치지 아니하므로, 부동산에 대한 강제집행절차가 진행되는 도중에 그 목적물이 제3자에게 양도된 경우에도 그 이전에 양도인의 체납국세에 관하여 체납처분 등으로 압류를 한 바 없다면 그 이후에 그 체납국세에 관하여 교부청구를 하더라도 낙찰대금으로부터 우선배당을 받을 수 없고, 따라서 그러한 교부청구에 기하여 우선배당을 받았다면 이는 다른 배당권자에 대한 관계에서 부당이득이 된다(대판 1998.8.21. 98다24396).

답 **❹**

76

다음 설명 중 가장 옳지 않은 것은?

① 특별한 사정이 없는 한 배당액에 대한 이의가 있었던 채권은 공탁된 배당액으로 충당되는 범위에서 배당표의 확정 시에 소멸한다고 보아야 하고, 다만 위와 같은 배당표의 확정 전에 어떤 경위로든 채권자가 공탁된 배당금을 지급받아 수령하고 그 후 같은 내용으로 배당표가 확정된 경우에는, 채권자가 현실적으로 채권의 만족을 얻은 시점인 공탁금 수령 시에 변제의 효력이 발생한다고 보아야 한다.

② 민법상 재단법인의 정관 규정에 따라 주무관청의 허가·승인을 받아 민법상 재단법인의 기본재산에 관하여 근저당권을 설정한 경우, 그와 같이 설정된 근저당권을 실행하여 기본재산을 매각할 때에는 주무관청의 허가를 다시 받을 필요는 없다.

③ 부동산을 목적으로 하는 담보권 실행을 위한 경매절차에서 그 경매신청 전에 부동산의 소유자가 사망하였으나 그 상속인이 상속등기를 마치지 않아 경매신청인이 경매절차의 진행을 위하여 부득이 상속인을 대위하여 상속등기를 마친 경우 그 상속등기를 마치기 위해 지출한 비용은 그 경매절차에서 모든 채권자를 위해 체당한 공익비용이므로 집행비용에 해당한다.

④ 납세의무자가 신고납세방식인 국세의 과세표준과 세액을 신고한 다음 매각 재산에 저당권 등의 설정등기를 마쳤는데, 이후에 과세관청이 당초 신고한 세액을 증액하는 경정을 하여 당초보다 증액된 세액을 고지한 경우, 당초 처분은 증액경정처분에 흡수되므로, 저당권 등에 의하여 담보되는 채권은 위 국세 전액에 대하여 우선한다.

⑤ 상속채권자는 상속인이 아직 상속 승인, 포기 등으로 상속관계가 확정되지 않은 동안에도 상속인을 상대로 상속재산에 관한 가압류결정을 받아 이를 집행할 수 있고, 그 후 상속인이 상속포기로 인하여 상속인의 지위를 소급하여 상실한다고 하더라도 이미 발생한 가압류의 효력에 영향을 미치지 않는다. 따라서 위 상속채권자는 종국적으로 상속인이 된 사람 또는 민법 제1053조에 따라 선임된 상속재산관리인을 채무자로 한 상속재산에 대한 경매절차에서 가압류채권자로서 적법하게 배당을 받을 수 있다.

....

[❶▸○] 배당표가 확정되어야 비로소 채권자가 공탁된 배당금의 지급을 신청할 수 있으므로, 배당표 확정 이전에 채권자가 배당금을 수령하지 않았는데도 채권에 대해 변제의 효력이 발생한다고 볼 수는 없다. 한편 배당표가 일단 확정되면 채권자는 공탁금을 즉시 지급받아 수령할 수 있는 지위에 있는데, 배당표 확정 이후의 어느 시점(가령 배당액 지급증 교부 시 또는 공탁금 출급 시)을 기준으로 변제의 효력이 발생한다고 보게 되면, 채권자의 의사에 따라 채무의 소멸 시점이 늦추어질 수 있고, 그때까지 채무자는 지연손해금을 추가로 부담하게 되어 불합리하다. 따라서 채무자가 공탁금 출급을 곤란하게 하는 장애요인을 스스로 형성·유지하는 등의 특별한 사정이 없는 한 배당액에 대한 이의가 있었던 채권은 공탁된 배당액으로 충당되는 범위에서 배당표의 확정 시에 소멸한다고 보아야 한다. 다만 위와 같은 배당표의 확정 전에 어떤 경위로든 채권자가 공탁된 배당금을 지급받아 수령하고 그 후 같은 내용으로 배당표가 확정된 경우에는, 채권자가 현실적으로 채권의 만족을 얻은 시점인 공탁금 수령 시에 변제의 효력이 발생한다고 봄이 타당하다(대판 2018.3.27. 2015다70822).

[❷▸○] 민법상 재단법인의 정관에 기본재산은 담보설정 등을 할 수 없으나 주무관청의 허가·승인을 받은 경우에는 이를 할 수 있다는 취지로 정해져 있고, 정관 규정에 따라 주무관청의 허가·승인을 받아 민법상 재단법인의 기본재산에 관하여 근저당권을 설정한 경우, 그와 같이 설정된 근저당권을 실행하여 기본재산을 매각할 때에는 주무관청의 허가를 다시 받을 필요는 없다(대결 2019.2.28. 2018마800).

[**❸** ▸ ○] 집행비용에 관한 민사집행법 제53조 제1항은 담보권 실행을 위한 경매절차에도 준용된다(민사집행법 제275조). 부동산을 목적으로 하는 담보권 실행을 위한 경매절차에서 그 경매신청 전에 부동산의 소유자가 사망하였으나 그 상속인이 상속등기를 마치지 않아 경매신청인이 경매절차의 진행을 위하여 부득이 상속인을 대위하여 상속등기를 마쳤다면 그 상속등기를 마치기 위해 지출한 비용은 담보권 실행을 위한 경매를 직접 목적으로 하여 지출된 비용으로서 그 경매절차의 준비 또는 실시를 위하여 필요한 비용이고, 나아가 그 경매절차에서 모든 채권자를 위해 체당한 공익비용이므로 집행비용에 해당한다고 봄이 타당하다(대판 2021.10.14. 2016다201197).

[**❹** ▸ ✕] 구 국세기본법 제35조 제1항 제3호의 입법 취지와 관련 규정의 내용 및 체계 등에 비추어 보면, 납세의무자가 신고납세방식인 국세의 과세표준과 세액을 신고한 다음 매각재산에 저당권 등의 설정등기를 마친 경우라면, 이후에 과세관청이 당초 신고한 세액을 증액하는 경정을 하여 당초보다 증액된 세액을 고지하였더라도, 당초 신고한 세액에 대해서는 구 국세기본법 제35조 제1항 제3호 (가)목에 따라 당초의 신고일이 법정기일이 되어 저당권 등에 의하여 담보되는 채권보다 우선하여 징수할 수 있다고 보아야 한다. 이러한 경우 원칙적으로 증액경정처분만이 항고소송의 심판대상이 된다는 사정 등이 있다고 하여 달리 보기도 어렵다(대판 2018.6.28. 2017다236978).

[**❺** ▸ ○] 상속인은 아직 상속 승인, 포기 등으로 상속관계가 확정되지 않은 동안에도 잠정적으로나마 피상속인의 재산을 당연 취득하고 상속재산을 관리할 의무가 있으므로, 상속채권자는 그 기간 동안 상속인을 상대로 상속재산에 관한 가압류결정을 받아 이를 집행할 수 있다. 그 후 상속인이 상속포기로 인하여 상속인의 지위를 소급하여 상실한다고 하더라도 이미 발생한 가압류의 효력에 영향을 미치지 않는다. 따라서 위 상속채권자는 종국적으로 상속인이 된 사람 또는 민법 제1053조에 따라 선임된 상속재산관리인을 채무자로 한 상속재산에 대한 경매절차에서 가압류채권자로서 적법하게 배당을 받을 수 있다(대판 2021.9.15. 2021다224446).

답 ❹

77

추가배당에 관한 다음 설명 중 가장 옳지 않은 것은?

① 가압류채권자에 대한 배당액이 공탁된 후 가압류집행이 취소되거나 가압류채권자가 본안소송에서 패소확정판결을 받는 등의 경우, 그 공탁금은 채무자에게 교부할 것이 아니라 다른 채권자들에게 추가로 배당하여야 하고, 이는 가압류채권자가 본안에서 승소확정판결을 받은 금액이 가압류채권자에게 공탁된 배당액을 초과한다고 하여도 마찬가지다.

② 가압류채권자의 확정된 피보전채권액이 가압류 청구금액에 미치지 못하는 경우에는 집행법원은 그 확정된 피보전채권액을 기준으로 하여 다른 동순위 배당채권자들과 사이에서의 배당비율을 다시 계산하여 배당액을 감액 조정한 후 공탁금 중에서 그 감액 조정된 금액만을 가압류채권자에게 지급하고 나머지는 다른 배당채권자들에게 추가로 배당하여야 한다.

③ 가압류에 대한 본안의 확정판결에서 그 피보전채권의 원금 중 일부만이 남아 있는 것으로 확정된 경우라도, 특별한 사정이 없는 한 가압류 청구금액 범위 내에서는 그 나머지 원금과 청구기초의 동일성이 인정되는 지연손해금도 피보전채권의 범위에 포함되므로, 이를 가산한 금액이 가압류 청구금액을 넘는지 여부를 가리고 만약 가압류 청구금액에 미치지 못하는 경우에는 그 금액을 기초로 배당액을 조정하여야 한다.

④ 위 ③의 경우, 다른 배당채권자들의 채권액은 종전 배당기일의 채권원리금액을 기준으로 하고 가압류채권자의 경우에는 추가 배당기일까지의 지연손해금을 가산한 채권원리금액을 기준으로 하여 조정한 후 공탁금 중에서 그 감액 조정된 금액을 가압류채권자에게 지급하여야 한다.

⑤ 가압류채권자의 채권에 대하여는 그에 대한 배당액을 공탁하여야 하고, 그 후 그 채권에 관하여 채권자 승소의 본안판결이 확정됨에 따라 공탁의 사유가 소멸한 때에는 가압류채권자에게 공탁금을 지급하여야 하므로, 가압류채권자가 본안판결이 확정되었음에도 공탁된 배당금의 수령을 지체하던 중 채무자에 대하여 파산이 선고된 경우에도 가압류채권자는 적법하게 공탁금을 수령할 수 있다.

....

[❶ ▸ O]　가압류채권자에 대한 배당액이 공탁된 후 가압류집행이 취소되거나 가압류채권자가 본안소송에서 패소확정판결을 받는 등의 경우에는, 그 공탁금은 채무자에게 교부할 것이 아니라 다른 채권자들에게 추가로 배당하여야 하는 것으로 해석하여야 할 것이고, 이는 가압류채권자가 본안에서 승소확정판결을 받은 금액이 공탁된 배당액을 초과한다고 하여도 마찬가지라 할 것이다(대판 2004.4.9. 2003다32681).

[❷ ▸ O]　가압류의 효력은 가압류를 청구한 피보전채권액에 한하여 미치므로, 가압류결정에 피보전채권액으로서 기재된 액(이하 '가압류 청구금액'이라 한다)이 가압류채권자에 대한 배당액의 산정 기준이 되며, 배당법원이 배당을 실시할 때에 가압류채권자의 피보전채권은 공탁하여야 하고, 그 후 피보전채권의 존재가 본안의 확정판결 등에 의하여 확정된 때 가압류채권자가 확정판결 등을 제출하면 배당법원은 가압류채권자에게 배당액을 지급하게 된다(민사집행법 제160조 제1항 제2호, 제161조 제1항). 이 경우 확정된 피보전채권액이 가압류 청구금액 이상인 경우에는 가압류채권자에 대한 배당액 전부를 가압류채권자에게 지급하지만, 반대로 <u>확정된 피보전채권액이 가압류 청구금액에 미치지 못하는 경우에는 집행법원은 그 확정된 피보전채권액을 기준으로 하여 다른 동순위 배당채권자들과 사이에서의 배당비율을 다시 계산하여 배당액을 감액 조정한 후 공탁금 중에서 그 감액 조정된 금액만을 가압류채권자에게 지급하고 나머지는 다른 배당채권자들에게 추가로 배당하여야 한다</u>(대판 2013.6.13. 2011다75478).

[❸ ▸ O]　가압류에 대한 본안의 확정판결에서 그 피보전채권의 원금 중 일부만이 남아 있는 것으로 확정된 경우라도, 특별한 사정이 없는 한 가압류 청구금액 범위 내에서는 그 나머지 원금과 청구기초의 동일성이 인정되는 지연손해금도 피보전채권의 범위에 포함되므로, 이를 가산한 금액이 가압류 청구금액을 넘는지 여부를 가리고 만약 가압류 청구금액에 미치지 못하는 경우에는 그 금액을 기초로 배당액을

조정하여야 한다(대판 2013.6.13. 2011다75478).

[❹ ▸ ×] 배당채권자들과 사이에서 배당비율을 다시 계산하여 공탁되었던 배당액을 감액 조정하여 지급하는 것은 그 범위 내에서 잠정적으로 보류되었던 배당절차를 마무리 짓는 취지이고, 동순위 채권자들 사이에서는 배당채권으로 산입될 수 있는 채권원리금액 산정에 형평을 기하여야 할 터인데 가압류채권자에 대한 배당금 조정 시에 다른 배당채권자들의 잔존 채권원리금액을 모두 다시 확인하기 쉽지 아니함을 고려하면, 배당금 조정 시에 다른 배당채권자들의 채권액은 종전 배당기일의 채권원리금액을 기준으로 하고 가압류채권자의 경우에도 종전 배당기일까지의 지연손해금을 가산한 채권원리금액을 기준으로 하여 조정한 후 공탁금 중에서 그 감액 조정된 금액을 가압류채권자에게 지급하며, 나머지 공탁금은 특별한 사정이 없는 한 종전 배당기일의 채권액을 기준으로 하여 다른 배당채권자들에게 추가로 배당함이 타당하다(대판 2013.6.13. 2011다75478).

[❺ ▸ ○] 부동산에 대한 경매절차에서 배당법원은 배당을 실시할 때에 가압류채권자의 채권에 대하여는 그에 대한 배당액을 공탁하여야 하고, 그 후 그 채권에 관하여 채권자 승소의 본안판결이 확정됨에 따라 공탁의 사유가 소멸한 때에는 가압류채권자에게 공탁금을 지급하여야 한다(민사집행법 제160조 제1항 제2호, 제161조 제1항). 따라서 특별한 사정이 없는 한 본안의 확정판결에서 지급을 명한 가압류채권자의 채권은 위와 같이 공탁된 배당액으로 충당되는 범위에서 본안판결의 확정 시에 소멸한다. 이러한 법리는 위와 같은 본안판결 확정 이후에 채무자에 대하여 파산이 선고되었다 하더라도 마찬가지로 적용되므로, 본안판결 확정 시에 이미 발생한 채권 소멸의 효력은 채무자회생법 제348조 제1항에도 불구하고 그대로 유지된다고 보아야 한다. 이러한 경우에 가압류채권자가 공탁된 배당금을 채무자의 파산선고 후에 수령하더라도 이는 본안판결 확정 시에 이미 가압류채권의 소멸에 충당된 공탁금에 관하여 단지 수령만이 본안판결 확정 이후의 별도의 시점에 이루어지는 것에 지나지 않는다. 따라서 가압류채권자가 위와 같이 수령한 공탁금은 파산관재인과의 관계에서 민법상의 부당이득에 해당하지 않는다고 보아야 한다(대판 2018.7.24. 2016다227014).

답 ❹

78 □□□ 부동산 매각대금의 배당절차에 관한 다음 설명 중 가장 옳지 않은 것은? 2023년

① 매수인이 매각대금을 지급하면 법원은 배당에 관한 진술 및 배당을 실시할 기일을 정하고 이해관계인과 배당을 요구한 채권자에게 이를 통지하여야 한다. 다만, 채무자가 외국에 있거나 있는 곳이 분명하지 아니한 때에는 통지하지 아니한다.

② 법원은 채권자와 채무자에게 보여 주기 위하여 배당기일의 3일 전에 배당표원안을 작성하여 법원에 비치하여야 한다.

③ 집행력 있는 집행권원의 정본을 가진 채권자에 대하여 배당기일에 이의한 채무자는 배당이의의 소를 제기하여야 한다.

④ 배당이의한 채권자가 배당기일부터 1주 이내에 집행법원에 대하여 배당이의의 소를 제기한 사실을 증명하는 서류를 제출하지 아니한 때에는 이의가 취하된 것으로 본다.

⑤ 배당기일에 출석한 이해관계인과 배당을 요구한 채권자가 합의한 때에는 이에 따라 배당표를 작성하여야 한다.

··

[**❶** ▸ ○] 민사집행법 제146조

> **민사집행법 제146조(배당기일)**
> 매수인이 매각대금을 지급하면 법원은 배당에 관한 진술 및 배당을 실시할 기일을 정하고 이해관계인과 배당을 요구한 채권자에게 이를 통지하여야 한다. 다만, 채무자가 외국에 있거나 있는 곳이 분명하지 아니한 때에는 통지하지 아니한다.

[**❷** ▸ ○] 민사집행법 제149조 제1항

> **민사집행법 제149조(배당표의 확정)**
> ① 법원은 채권자와 채무자에게 보여 주기 위하여 배당기일의 3일전에 배당표원안(配當表原案)을 작성하여 법원에 비치하여야 한다.
> ② 법원은 출석한 이해관계인과 배당을 요구한 채권자를 심문하여 배당표를 확정하여야 한다.

[**❸** ▸ ✕] 집행력 있는 집행권원의 정본을 가진 채권자에 대하여 이의한 채무자는 청구이의의 소를 제기하여야 한다(민사집행법 제154조 제2항).

> **민사집행법 제154조(배당이의의 소 등)**
> ① 집행력 있는 집행권원의 정본을 가지지 아니한 채권자(가압류채권자를 제외한다)에 대하여 이의한 채무자와 다른 채권자에 대하여 이의한 채권자는 배당이의의 소를 제기하여야 한다.
> ② 집행력 있는 집행권원의 정본을 가진 채권자에 대하여 이의한 채무자는 청구이의의 소를 제기하여야 한다.

[**❹** ▸ ○] 민사집행법 제154조 제3항

> **민사집행법 제154조(배당이의의 소 등)**
> ③ 이의한 채권자나 채무자가 배당기일부터 1주 이내에 집행법원에 대하여 제1항의 소를 제기한 사실을 증명하는 서류를 제출하지 아니한 때 또는 제2항의 소를 제기한 사실을 증명하는 서류와 그 소에 관한 집행정지재판의 정본을 제출하지 아니한 때에는 이의가 취하된 것으로 본다.

[**❺** ▸ ○] 민사집행법 제150조 제2항

> **민사집행법 제150조(배당표의 기재 등)**
> ① 배당표에는 매각대금, 채권자의 채권의 원금, 이자, 비용, 배당의 순위와 배당의 비율을 적어야 한다.
> ② 출석한 이해관계인과 배당을 요구한 채권자가 합의한 때에는 이에 따라 배당표를 작성하여야 한다.

 답 **❸**

79 □□□ 배당이의의 소에 관한 다음 설명 중 가장 옳지 않은 것은? 2024년

① 채권자인 원고가 배당이의의 소에서 승소하기 위해서는 피고로 된 채권자에 대한 배당액 자체만이 심리대상이어서, 원고는 피고의 채권이 존재하지 아니함을 주장·증명하는 것으로 충분하고, 자신이 피고에게 배당된 금원을 배당받을 권리가 있다는 점까지 주장·증명할 필요는 없다.
② 배당이의의 소는 배당을 실시한 집행법원이 속한 지방법원이 관할하며, 이는 전속관할이다.
③ 채권자가 배당이의를 하면서 배당이의 사유로 채무자를 대위하여 집행권원의 정본을 가진 다른 채권자의 채권의 소멸시효가 완성되었다는 등의 주장을 하는 경우 그 다른 채권자가 집행력 있는 집행권원의 정본을 가지고 있는지 여부에 상관없이 배당이의의 소를 제기하여야 한다.
④ 채무자나 소유자가 배당이의의 소를 제기한 경우의 소송목적물은 피고로 된 채권자가 경매절차에서 배당받을 권리의 존부·범위·순위에 한정되는 것이므로, 제3자가 채무자나 소유자로부터 위와 같이 배당받을 권리를 양수하였더라도 배당이의의 소가 계속되어 있는 동안에 소송목적인 권리 또는 의무의 전부 또는 일부를 승계한 경우에 해당된다고 볼 수는 없다.
⑤ 배당이의의 소에서 원고가 변론준비기일에 출석한 적이 있더라도 첫 변론기일에 불출석하면 소를 취하한 것으로 간주된다.

....

[**❶** ▸ ✕] 채권자는 자기의 이해에 관계되는 범위 안에서만 다른 채권자를 상대로 그의 채권 또는 그 채권의 순위에 대하여 이의할 수 있으므로(민사집행법 제151조 제3항), **채권자가 제기한 배당이의의 소에서 승소하기 위하여는 피고의 채권이 존재하지 아니함을 주장·증명하는 것만으로 충분하지 아니하고 원고 자신이 피고에게 배당된 금원을 배당받을 권리가 있다는 점까지 주장·증명하여야 한다**(대판 2015.4.23. 2014다53790).

[**❷** ▸ ○] 배당이의의 소는 배당을 실시한 집행법원이 속한 지방법원의 관할에 전속한다(민사집행법 제21조, 제156조 제1항)(대결 2021.2.16. 2019마6102).

[**❸ ▸ ○**] 민사집행법 제154조는 제1항에서 "집행력 있는 집행권원의 정본을 가지지 아니한 채권자(가압류채권자를 제외한다)에 대하여 이의한 채무자와 다른 채권자에 대하여 이의한 채권자는 배당이의의 소를 제기하여야 한다", 제2항에서 "집행력 있는 집행권원의 정본을 가진 채권자에 대하여 이의한 채무자는 청구이의의 소를 제기하여야 한다"라고 규정하고 있다. 따라서 채무자는 집행력 있는 집행권원의 정본을 가지지 아니한 채권자에 대하여는 배당이의의 소를, 집행력 있는 집행권원의 정본을 가진 채권자에 대하여는 청구이의의 소를 제기하여야 한다. 그러나 채무자가 아니라 채권자가 다른 채권자에 대한 배당에 대하여 이의를 한 경우에는 그 다른 채권자가 집행력 있는 집행권원의 정본을 가지고 있는지 여부에 상관없이 배당이의의 소를 제기하여야 하고, 이는 채권자가 배당이의를 하면서 배당이의 사유로 채무자를 대위하여 집행권원의 정본을 가진 다른 채권자의 채권의 소멸시효가 완성되었다는 등의 주장을 한 경우에도 마찬가지이다(대판 2023.8.18. 2023다234102).

[**❹ ▸ ○**] 배당이의의 소의 원고적격은 채무자 또는 배당기일에 출석하여 배당표에 대하여 이의를 진술한 채권자에 한하여 인정되나, 담보권 실행을 위한 경매에서 경매목적물의 소유자는 위 채무자에 포함된다. 이때 채권자는 자기의 이해에 관계되는 범위 안에서만 다른 채권자를 상대로 채권의 존부·범위·순위에 대하여 이의할 수 있으나(민사집행법 제151조 제3항), 채무자나 소유자는 이러한 제한이 없으며(민사집행법 제151조 제1항), 채무자나 소유자가 배당이의의 소에서 승소하면 집행법원은 그 부분에 대하여 배당이의를 하지 아니한 채권자를 위하여서도 배당표를 바꾸어야 하므로(민사집행법 제161조 제2항 제2호), 채무자나 소유자가 제기한 배당이의의 소는 피고로 된 채권자에 대한 배당액 자체만이 심리대상이어서, 원고인 채무자나 소유자는 피고의 채권이 존재하지 아니함을 주장·증명하는 것으로 충분하고, 자신이 피고에게 배당된 금원을 배당받을 권리가 있다는 점까지 주장·증명할 필요는 없다. 따라서 채무자나 소유자가 배당이의의 소를 제기한 경우의 소송목적물은 피고로 된 채권자가 경매절차에서 배당받을 권리의 존부·범위·순위에 한정되는 것이지, 원고인 채무자나 소유자가 경매절차에서 배당받을 권리까지 포함하는 것은 아니므로, 제3자가 채무자나 소유자로부터 위와 같이 배당받을 권리를 양수하였더라도 배당이의 소송이 계속되어 있는 동안에 소송목적인 권리 또는 의무의 전부 또는 일부를 승계한 경우에 해당된다고 볼 수는 없다(대판 2023.2.23. 2022다285288).

[**❺ ▸ ○**] 민사집행법 제158조의 문언이 '첫 변론기일'이라고 명시하고 있을 뿐만 아니라, 변론준비절차는 변론이 효율적이고 집중적으로 실시될 수 있도록 당사자의 주장과 증거를 정리하여 소송관계를 뚜렷이 하기 위하여(민사소송법 제279조 제1항) 마련된 제도로서 당사자는 변론준비기일을 마친 뒤의 변론기일에서 변론준비기일의 결과를 진술하여야 하는 등(민사소송법 제287조 제2항) 변론준비기일의 제도적 취지, 그 진행방법과 효과, 규정의 형식 등에 비추어 볼 때, 민사집행법 제158조에서 말하는 '첫 변론기일'에 '첫 변론준비기일'은 포함되지 않는다. 따라서 배당이의의 소송에서 첫 변론준비기일에 출석한 원고라고 하더라도 첫 변론기일에 불출석하면 민사집행법 제158조에 따라서 소를 취하한 것으로 볼 수밖에 없다(대판 2007.10.25. 2007다34876).

답 ❶

배당이의의 소에 관한 다음 설명 중 가장 옳지 않은 것은?

① 채권자가 제기한 배당이의 소송에서 원고의 청구가 인용되어 피고에 대한 애초 배당표상 배당액을 원고의 채권이 전부 만족을 받을 때까지 추가로 배당하고도 남는 돈이 있는 경우에는 이를 채무자에게 교부하여야 한다.

② 채무자나 소유자가 제기한 배당이의의 소에서는 피고로 된 채권자에 대한 배당액 자체만 심리대상이고, 원고인 채무자나 소유자로서도 피고의 채권이 존재하지 아니함을 주장·증명하는 것으로 충분하다.

③ 배당이의의 소송에서 첫 변론준비기일에 출석한 원고라고 하더라도 첫 변론기일에 불출석하면 소를 취하한 것으로 볼 수밖에 없다.

④ 가등기담보 등에 관한 법률 제16조 제2항에 해당하는 담보가등기권자가 집행법원이 정한 배당요구 종기까지 적법한 배당요구를 한 바 없다면 배당이의의 소를 제기할 원고적격이 없다.

⑤ 채권자가 제기한 배당이의의 소에서 피고의 채권이 존재하지 않는 것으로 인정되는 경우 계쟁 배당부분 가운데 원고에게 귀속시키는 배당액을 계산함에 있어서 이의신청을 하지 아니한 다른 채권자의 채권을 참작할 필요가 없고, 이는 이의신청을 하지 아니한 다른 채권자 가운데 원고보다 선순위의 채권자가 있다고 하더라도 마찬가지이다.

⋯⋯⋯

[❶ ▸ ✕] 채권자가 제기한 배당이의소송은 대립하는 당사자인 채권자들 사이의 배당액을 둘러싼 분쟁을 상대적으로 해결하는 것에 지나지 아니하고 그 판결의 효력은 오직 소송당사자인 채권자들 사이에만 미칠 뿐이므로, 배당이의소송의 판결에서 계쟁 배당 부분에 관하여 배당을 받을 채권자와 그 수액을 정함에 있어서는 피고의 채권이 존재하지 않는 것으로 인정되는 경우에도, 이의신청을 하지 아니한 다른 채권자의 채권을 참작함이 없이 그 계쟁 배당 부분을 원고가 가지는 채권액의 한도 내에서 구하는 바에 따라 원고의 배당액으로 하고, 그 나머지는 피고의 배당액으로 유지함이 상당하다(대판 1998.5.22. 98다3818). 따라서 나머지 금액을 다른 채권자에게 배당하는 것으로 하거나 채무자에게 교부하도록 하는 것은 위법하다.

[❷ ▸ ○] 배당이의의 소의 원고적격은 채무자 또는 배당기일에 출석하여 배당표에 대하여 이의를 진술한 채권자에 한하여 인정되나, 담보권 실행을 위한 경매에서 경매목적물의 소유자는 위 채무자에 포함된다. 이때 채권자는 자기의 이해에 관계되는 범위 안에서만 다른 채권자를 상대로 채권의 존부·범위·순위에 대하여 이의할 수 있으나(민사집행법 제151조 제3항), 채무자나 소유자는 이러한 제한이 없으며(민사집행법 제151조 제1항), 채무자나 소유자가 배당이의의 소에서 승소하면 집행법원은 그 부분에 대하여 배당이의를 하지 아니한 채권자를 위하여서도 배당표를 바꾸어야 하므로(민사집행법 제161조 제2항 제2호), 채무자나 소유자가 제기한 배당이의의 소는 피고로 된 채권자에 대한 배당액 자체만이 심리대상이어서, 원고인 채무자나 소유자는 피고의 채권이 존재하지 아니함을 주장·증명하는 것으로 충분하고, 자신이 피고에게 배당된 금원을 배당받을 권리가 있다는 점까지 주장·증명할 필요는 없다(대판 2023.2.23. 2022다285288).

[❸ ▸ ○] 이의한 사람이 배당이의의 소의 첫 변론기일에 출석하지 아니한 때에는 소를 취하한 것으로 본다(민사집행법 제158조). 민사집행법 제158조의 문언이 '첫 변론기일'이라고 명시하고 있을 뿐만 아니라, 변론준비절차는 변론이 효율적이고 집중적으로 실시될 수 있도록 당사자의 주장과 증거를 정리하여 소송관계를 뚜렷이 하기 위하여(민사소송법 제279조 제1항) 마련된 제도로서 당사자는 변론준비기일을 마친 뒤의 변론기일에서 변론준비기일의 결과를 진술하여야 하는 등(민사소송법 제287조 제2항) 변론준비기일의 제도적 취지, 그 진행방법과 효과, 규정의 형식 등에 비추어 볼 때, 민사집행법 제158조에서 말하는 '첫 변론기일'에 '첫 변론준비기일'은 포함되지 않는다. 따라서 배당이의의 소송에서 첫 변론준비

기일에 출석한 원고라고 하더라도 첫 변론기일에 불출석하면 민사집행법 제158조에 따라서 소를 취하한 것으로 볼 수밖에 없다(대판 2007.10.25. 2007다34876).

[**④ ▸ ○**] 가등기담보 등에 관한 법률 제16조 제2항에 해당하는 담보가등기권리자가 집행법원이 정한 배당요구종기까지 적법한 배당요구를 한 바 없다면 배당이의를 할 수 없으므로 배당이의의 소를 제기할 원고적격이 없다(대판 2009.9.11. 2007다25278; 대판 2022.3.31. 2021다203760). **실무제요 집행 3**

[**⑤ ▸ ○**] 채권자가 제기하는 배당이의의 소는 대립하는 당사자인 채권자들 사이의 배당액을 둘러싼 분쟁을 해결하는 것이므로, 그 소송의 판결은 원·피고로 되어 있는 채권자들 사이에서 상대적으로 계쟁 배당부분의 귀속을 변경하는 것이어야 하고, 따라서 피고의 채권이 존재하지 않는 것으로 인정되는 경우 계쟁 배당부분 가운데 원고에게 귀속시키는 배당액을 계산함에 있어서 이의신청을 하지 아니한 다른 채권자의 채권을 참작할 필요가 없으며, 이는 이의신청을 하지 아니한 다른 채권자 가운데 원고보다 선순위의 채권자가 있다 하더라도 마찬가지이다(대판 2001.2.9. 2000다41844).

 ❶

---

81 배당에 관한 다음 설명 중 가장 옳지 않은 것은?   2025년

① 경매개시결정이 등기된 뒤에 가압류를 한 채권자는 배당요구의 종기까지 배당요구를 한 경우에 한하여 비로소 배당을 받을 수 있다.

② 배당받을 권리 있는 채권자가 자신이 배당받을 몫을 받지 못하고 그로 인해 권리 없는 다른 채권자가 그 몫을 배당받은 경우에는 배당이의 여부 또는 배당표의 확정 여부와 관계없이 배당받을 수 있었던 채권자가 배당금을 수령한 다른 채권자를 상대로 부당이득반환청구를 할 수 있다.

③ 집행력 있는 정본을 가진 채권자가 적법한 배당요구를 하지 않아 배당에서 제외되는 것으로 배당표가 작성되어 배당이 실시된 경우, 그 채권자는 자신이 적법한 배당요구를 했다면 배당받을 수 있었던 금액에 해당하는 돈을 배당받은 다른 채권자를 상대로 부당이득반환을 청구할 수 있다.

④ 배당이의의 소에서 원고적격이 있는 사람은 배당기일에 출석하여 배당표에 대한 실체상 이의를 신청한 채권자나 채무자에 한정된다.

⑤ 배당기일에 이의한 채권자나 채무자는 배당기일부터 1주일 이내에 배당이의의 소를 제기해야 하는데, 소송 도중 배당이의의 소로 청구취지를 변경한 경우 제소기간을 준수하였는지는 청구취지 변경신청서를 법원에 제출한 때를 기준으로 판단해야 한다.

[**❶** ▸ ○] 집행력 있는 정본을 가진 채권자, 경매개시결정이 등기된 뒤에 가압류를 한 채권자, 민법·상법, 그 밖의 법률에 따라 우선변제청구권이 있는 채권자는 배당요구의 종기까지 배당요구를 한 경우에 한하여 비로소 배당을 받을 수 있다(민사집행법 제88조 제1항, 제148조 제2호)(대판 2020.10.15. 2017다 216523).

[**❷** ▸ ○] 배당받을 권리 있는 채권자가 자신이 배당받을 몫을 받지 못하고 그로 말미암아 권리 없는 다른 채권자가 그 몫을 배당받은 경우에는 배당이의 여부 또는 배당표의 확정 여부와 관계없이 배당받을 수 있었던 채권자가 배당금을 수령한 다른 채권자를 상대로 부당이득반환청구를 할 수 있다(대판 2020.10.15. 2017다216523).

[**❸** ▸ ×] 집행력 있는 정본을 가진 채권자 등은 배당요구의 종기까지 배당요구를 한 경우에 한하여 비로소 배당을 받을 수 있고, 적법한 배당요구를 하지 않은 경우에는 매각대금으로부터 배당을 받을 수는 없다. 집행력 있는 정본을 가진 채권자가 적법한 배당요구를 하지 않아 배당에서 제외되는 것으로 배당표가 작성되어 배당이 실시되었다면, 그가 적법한 배당요구를 한 경우에 배당받을 수 있었던 금액에 해당하는 돈이 다른 채권자에게 배당되었다고 해서 법률상 원인이 없는 것이라고 할 수 없다(대판 2020.10.15. 2017다216523). ☞ 따라서 그 채권자는 자신이 적법한 배당요구를 했다면 배당받을 수 있었던 금액에 해당하는 돈을 배당받은 다른 채권자를 상대로 부당이득반환을 청구할 수 없다.

[**❹** ▸ ○] 배당이의의 소에서 원고적격이 있는 사람은 배당기일에 출석하여 배당표에 대한 실체상 이의를 신청한 채권자나 채무자에 한정된다. 채권자로서 배당기일에 출석하여 배당표에 대한 실체상 이의를 신청하려면 실체법상 집행채무자에 대한 채권자라는 것만으로 부족하고 배당요구의 종기까지 적법하게 배당요구를 했어야 한다. 적법하게 배당요구를 하지 않은 채권자는 배당기일에 출석하여 배당표에 대한 실체상 이의를 신청할 권한이 없으므로 배당기일에 출석하여 배당표에 대한 이의를 신청하였더라도 부적법한 이의신청에 불과하고, 배당이의의 소를 제기할 원고적격이 없다(대판 2020.10.15. 2017다 216523).

[**❺** ▸ ○] 민사집행법 제154조 제1항, 제3항, 민사소송법 제262조 제1항 본문, 제2항, 제265조의 규정을 종합하면, 배당기일에 이의한 채권자나 채무자는 배당기일부터 1주일 이내에 배당이의의 소를 제기해야 하는데, 소송 도중에 배당이의의 소로 청구취지를 변경한 경우 제소기간을 준수하였는지는 청구취지 변경신청서를 법원에 제출한 때를 기준으로 판단해야 한다(대판 2020.10.15. 2017다216523).

답 ❸

82
☐☐☐

다음 중 경매법원이 배당표에 정한 배당금을 공탁하여야 할 경우가 아닌 것은? 2013년

① 배당받을 채권자가 배당기일에 출석하지 아니한 때
② 배당받을 채권에 불확정기한이 붙어 있는 때
③ 배당받을 가압류채권자가 본안에서 일부 승소의 확정판결을 받은 때
④ 압류의 효력 발생 전에 저당권설정의 가등기가 마쳐져 있는 경우 그 가등기권자에 대하여 배당을 할 때
⑤ 배당표에 이의가 있는 채권에 관하여 적법한 배당이의의 소가 제기된 때

[❶ ▸ ○] [❷ ▸ ○] [❹ ▸ ○] [❺ ▸ ○]

민사집행법 제160조(배당금액의 공탁)
① 배당을 받아야 할 채권자의 채권에 대하여 다음 각 호 가운데 어느 하나의 사유가 있으면 그에 대한 배당액을 공탁하여야 한다.
  1. 채권에 정지조건 또는 불확정기한이 붙어 있는 때❷
  2. 가압류채권자의 채권인 때
  3. 제49조 제2호(강제집행의 일시정지를 명한 취지를 적은 재판의 정본) 및 제266조 제1항 제5호(담보권 실행을 일시정지하도록 명한 재판의 정본)에 규정된 문서가 제출되어 있는 때
  4. 저당권설정의 가등기가 마쳐져 있는 때❹
  5. 제154조 제1항에 의한 배당이의의 소가 제기된 때❺
  6. 민법 제340조 제2항 및 같은 법 제370조에 따른 배당금액의 공탁청구가 있는 때
② 채권자가 배당기일에 출석하지 아니한 때에는 그에 대한 배당액을 공탁하여야 한다.❶

[❸ ▸ ×] 배당액이 공탁되었던 가압류채권자인 피고가 본안소송에서 일부 승소의 확정판결을 받았으므로 집행법원으로서는 그 승소확정된 금액을 기준으로 하여 배당액을 재차 조정하여 공탁된 배당액 중 그 조정된 금액만을 피고(가압류채권자)에게 지급하고 나머지는 다른 채권자들인 원고들에게 배당하는 방식의 추가배당을 실시하였어야 할 것임에도, 집행법원이 이에 이르지 아니한 채 공탁된 배당액 전부를 피고에게 지급한 이상 피고는 실제로 지급 받은 금액과 위와 같이 승소확정된 금액을 기준으로 하여 조정된 배당액과의 차액을 원고들에게 부당이득으로서 반환할 의무가 있다고 할 것이다(대판 2004.4.9. 2003다32681).

답 ❸

배당을 받아야 할 채권자의 채권에 대하여 배당액 공탁과 관련된 다음 설명 중 가장 옳지 않은 것은? 2016년

① 채무자가 집행력 있는 정본을 가진 채권자의 배당액에 대하여 배당이의를 하고, 그 후 청구이의의 소를 제기하면서 소제기증명서와 함께 집행정지결정 정본을 제출한 경우 그 채권자에 대한 배당액은 공탁되어야 한다.

② 배당액이 공탁되었던 가압류채권자가 본안소송에서 일부 승소의 확정판결을 받은 경우에 집행법원은 그 일부 승소로 확정된 금액을 기준으로 배당액을 재차 조정하여 공탁된 배당액 중 그 조정된 금액만을 가압류채권자에게 지급해야 한다.

③ 甲은 乙이 자신의 배당받을 권리를 침해하여 배당받았음을 이유로 부당이득반환청구권을 피보전채권으로 乙이 대한민국에 대하여 가지는 배당금출급청구권에 대하여 채권가압류결정을 받은 후 乙에 대한 배당금은 공탁되었다. 甲이 그 후 乙을 상대로 '배당금출급청구권 양도 및 양도통지 청구'의 소를 제기한 경우 위 채권가압류의 효력은 甲의 '배당금출급청구권 양도 및 양도통지 청구'에 관한 권리를 위한 강제집행의 보전에 미친다.

④ 가압류채권자의 확정된 피보전채권액이 가압류 청구금액 이상인 경우에는 가압류채권자에 대한 배당액 전부를 가압류채권자에게 지급한다.

⑤ 본안소송 결과 배당액 전액을 지급받기에 부족한 피보전권리만이 확정되어 다른 배당채권자들에게 추가배당하여야 할 경우임이 밝혀진 때에는 당초의 배당액 중 다른 배당채권자들에게 추가배당하여야 할 부분에 관하여는 가압류채권자가 처음부터 그 부분에 대한 배당금지급청구권을 가지고 있지 않았다고 보아야 하므로, 가압류채권자가 그 부분 채권을 부당이득하였다고 할 수 없다.

....

[❶ ▶ ○] 배당을 받아야 할 채권자의 채권에 대하여 민사집행법 제49조 제2호(강제집행의 일시정지를 명한 취지를 적은 재판의 정본) 및 제266조 제1항 제5호(담보권 실행을 일시정지하도록 명한 재판의 정본)에 규정된 문서가 제출되어 있는 때에는 그에 대한 배당액을 공탁하여야 한다(민사집행법 제160조 제1항 제3호).

[❷ ▶ ○] 배당액이 공탁되었던 가압류채권자인 피고가 본안소송에서 일부 승소의 확정판결을 받았으므로 집행법원으로서는 그 승소확정된 금액을 기준으로 하여 배당액을 재차 조정하여 공탁된 배당액 중 그 조정된 금액만을 피고(가압류채권자)에게 지급하고 나머지는 다른 채권자들인 원고들에게 배당하는 방식의 추가배당을 실시하였어야 할 것임에도, 집행법원이 이에 이르지 아니한 채 공탁된 배당액 전부를 피고에게 지급한 이상 피고는 실제로 지급 받은 금액과 위와 같이 승소확정된 금액을 기준으로 하여 조정된 배당액과의 차액을 원고들에게 부당이득으로서 반환할 의무가 있다고 할 것이다(대판 2004.4.9. 2003다32681).

[❸ ▶ ✕] 가압류의 피보전채권과 본안의 소송물인 권리는 엄격하게 일치될 필요는 없고 청구의 기초의 동일성이 인정되면 가압류의 효력은 본안소송의 권리에 미친다고 할 것이지만, 가압류는 금전채권이나 금전으로 환산할 수 있는 채권에 의한 강제집행을 보전하기 위한 것이므로(민사집행법 제276조 제1항), 가압류의 피보전채권과 본안소송의 권리 사이에 청구의 기초의 동일성이 인정된다 하더라도 본안소송의 권리가 금전채권이 아닌 경우에는 가압류의 효력이 그 본안소송의 권리에 미친다고 할 수 없다. 피신청인들이 이 사건 가압류의 본안소송에서 청구취지를 부당이득금반환청구에서 배당금출급청구권의 양도 및 양도통지 청구로 변경한 것은 동일한 생활 사실 또는 동일한 경제적 이익에 관한 분쟁에

관하여 그 해결 방법을 다르게 한 것일 뿐이어서 청구의 기초에 변경이 있다고는 할 수 없다. 그러나 변경된 청구인 '배당금출급청구권의 양도 및 양도통지 청구'는 의사의 진술을 구하는 것으로서, 이는 의사표시의무의 집행에 관한 민사집행법 제263조에 따라 집행되어야 할 것이지 금전채권에 기초한 강제집행의 방법으로 집행할 수 있는 권리가 아니므로 가압류로써 집행을 보전할 피보전채권이 될 수 없다. 따라서 위 청구취지 변경 전의 부당이득금반환청구권을 피보전채권으로 한 이 사건 가압류의 효력은 본안소송에서 변경된 청구권, 즉 '배당금출급청구권의 양도 및 양도통지 청구'에 관한 권리를 위한 강제집행의 보전에 대하여는 미친다고 할 수 없다(대결 2013.4.26. 2009마1932).

[❹ ▸ O] 가압류의 효력은 가압류를 청구한 피보전채권액에 한하여 미치므로, 가압류결정에 피보전채권액으로서 기재된 액(이하 '가압류 청구금액'이라 한다)이 가압류채권자에 대한 배당액의 산정 기준이 되며, 배당법원이 배당을 실시할 때에 가압류채권자의 피보전채권은 공탁하여야 하고, 그 후 피보전채권의 존재가 본안의 확정판결 등에 의하여 확정된 때 가압류채권자가 확정판결 등을 제출하면 배당법원은 가압류채권자에게 배당액을 지급하게 된다(민사집행법 제160조 제1항 제2호, 제161조 제1항). 이 경우 확정된 피보전채권액이 가압류 청구금액 이상인 경우에는 가압류채권자에 대한 배당액 전부를 가압류채권자에게 지급하지만, 반대로 확정된 피보전채권액이 가압류 청구금액에 미치지 못하는 경우에는 집행법원은 그 확정된 피보전채권액을 기준으로 하여 다른 동순위 배당채권자들과 사이에서의 배당비율을 다시 계산하여 배당액을 감액 조정한 후 공탁금 중에서 그 감액 조정된 금액만을 가압류채권자에게 지급하고 나머지는 다른 배당채권자들에게 추가로 배당하여야 한다(대판 2013.6.13. 2011다75478).

[❺ ▸ O] 본안소송 결과 배당액 전액을 지급받기에 부족한 피보전권리만이 확정되어 다른 배당채권자들에게 추가배당하여야 할 경우임이 밝혀진 때에는 당초의 배당액 중 다른 배당채권자들에게 추가배당하여야 할 부분에 관하여는 가압류채권자가 처음부터 그 부분에 대한 배당금지급청구권을 가지고 있지 않았다고 보아야 하므로, 가압류채권자가 그 부분 채권을 부당이득하였다고 할 수 없다(대판 2013.6.13. 2011다75478).

답 ❸

84
□□□

부동산경매절차에서 매각으로 인한 소유권이전등기 등의 촉탁에 관한 다음 설명 중 가장 옳지 않은 것은?

2015년

① 경매개시결정등기 전에 소유권이전등기를 받은 제3취득자가 매수인이 된 경우에는 경매개시결정등기의 말소촉탁 및 매수인이 인수하지 않는 부담기입의 말소촉탁과 함께 소유권이전등기촉탁을 하여야 한다.

② 지상권·지역권·전세권 및 등기된 임차권 중 저당권·압류채권·가압류채권에 대항할 수 없는 것은 매각으로 소멸하므로 말소촉탁의 대상이 된다.

③ 최선순위전세권은 배당요구를 하면 전세금의 일부만을 배당받은 경우에도 매각으로 소멸하므로 말소촉탁의 대상이 된다.

④ 근저당권설정등기, 지상권설정등기, 가등기가 순차 경료되고, 강제경매에 의한 매각으로 대금을 납부하였으나, 그 배당기일 전에 채무자의 임의변제에 따라 위 근저당권설정등기가 말소된 경우에는 위 지상권설정등기 및 가등기는 말소촉탁의 대상이 된다.

⑤ 압류의 효력 발생 전에 경료된 소유권이전청구권보전 가등기라도 그보다 선순위로서 매각으로 소멸되는 담보권에 관한 등기가 존재하는 경우에는 말소촉탁의 대상이 된다.

....

[❶▸×] 경매개시결정등기 '전(前)'에 소유권이전등기를 받은 제3취득자가 매수인이 된 경우에는, 경매개시결정등기의 말소촉탁 및 매수인이 인수하지 않는 부담기입의 말소촉탁 외에 <u>소유권이전등기촉탁은 하지 않는다</u>(등기예규 제1378호 1.).

[❷▸○] <u>저당권·압류채권·가압류채권에 대항할 수 없는 지상권·지역권·전세권 및 등기된 임차권은 매각으로 소멸되므로 말소촉탁의 대상이 된다</u>(민사집행법 제91조 제3항).

[❸▸○] 저당권·압류채권·가압류채권에 대항할 수 있는 지상권·지역권·전세권 및 등기된 임차권은 소멸되지 아니하고 존속한다. 다만 <u>최선순위 전세권이라도 전세권자가 민사집행법 제88조에 따라 배당요구를 하면 전세금의 일부만을 배당받은 경우에도 매각으로 소멸하므로 말소촉탁의 대상이 된다</u>(민사집행법 제91조 제4항 단서).

[❹▸○] 근저당권설정등기, 지상권설정등기, 가등기가 순차 경료되고, 강제경매에 의한 경락허가결정이 확정된 후 경락대금을 납부하였으나, 그 배당기일 전에 채무자의 임의변제에 따라 근저당권설정등기가 말소된 경우에도, 위 지상권설정등기 및 가등기는 집행법원의 말소촉탁에 의하여 말소할 수 있다(등기선례 제2-605호).

[❺▸○] 압류의 효력발생 '후(後)'에 제3자 명의로 마쳐진 소유권이전청구권보전의 가등기는 매수인에게 대항할 수 없으므로 말소촉탁의 대상이 된다. 그러나 압류의 효력발생 '전(前)'에 마쳐진 것은 매수인에게 대항할 수 있으므로 소멸되지 아니하고 존속한다. 다만, <u>압류의 효력 발생 전에 경료된 소유권이전청구권보전의 가등기라도 그보다 선순위로서 매각으로 소멸되는 담보권에 관한 등기가 존재하는 경우에는 말소촉탁의 대상이 된다</u>(대결 1985.2.11. 84마606; 대결 1989.11.6. 89마778 등).

 ❶

85
☐☐☐

부동산인도명령에 대한 다음 설명 중 가장 옳지 않은 것은? 2018년

① 여러 명이 공동으로 부동산을 매수한 경우에는 매수인 각자가 단독으로도 부동산인도명령을 신청할 수 있다.
② 부동산인도명령에 대해서는 인도명령 발령 시의 실체적, 절차적 사항과 인도명령의 상대방의 점유권원의 존재를 들어 불복할 수 있으나, 매각절차 자체에 존재하는 하자로서 인도명령에 대하여 불복할 수 없다.
③ 압류의 효력이 발생하기 전에 점유를 시작한 점유자에 대하여도 인도명령을 발령할 수 있다.
④ 채무자가 임차인의 지위를 겸하고 있는 경우에는 단순한 채무자로 취급할 것이 아니라 점유자로서 매수인에게 대항할 수 있는지 여부를 따져 인도명령을 발하여야 한다.
⑤ 인도명령에 따라 매수인의 소유권에 기한 인도청구권의 존부에 관하여 기판력이 발생한다.

[❶ ▸ O] 여럿이 공동으로 매수인이 되었거나 사망한 매수인을 여럿이 상속한 경우 공동매수인 또는 상속인 전원이 공동하여 인도명령을 신청할 수 있음은 물론이고, 불가분채권에 관한 규정(민법 제409조) 또는 공유물의 보존행위에 관한 규정(민법 제265조 단서)에 의하여 각자가 단독으로도 인도명령을 신청할 수 있다고 할 것이다. 실무제요 집행 3
[❷ ▸ O] 부동산인도명령은 부동산경매절차에서 대금을 납부한 매수인의 신청에 의하여 채무자・소유자 또는 부동산점유자에 대하여 부동산을 매수인에게 인도할 것을 명하는 재판으로서 간이・신속한 절차에 의하여 매수인으로 하여금 부동산을 인도받을 수 있도록 기판력이 없는 집행권원을 부여하는 것이고(민사집행법 제136조 제1항, 제5항, 제56조 제1호), 인도명령에 대한 불복사유는 인도명령 발령의 전제가 되는 절차적 요건의 흠, 인도명령심리절차의 흠, 인도명령 자체의 형식적 흠, 인도명령의 상대방이 매수인에 대하여 부동산의 인도를 거부할 수 있는 점유권원의 존재에 한정되며, 경매절차 고유의 절차적 흠은 인도명령에 대한 불복사유가 될 수 없다(대결 2015.4.10. 2015마19).
[❸ ▸ O] 법원은 매수인이 대금을 낸 뒤 6월 이내에 신청하면 채무자・소유자 또는 부동산점유자에 대하여 부동산을 매수인에게 인도하도록 명할 수 있다. 다만, 점유자가 매수인에게 대항할 수 있는 권원에 의하여 점유하고 있는 것으로 인정되는 경우에는 그러하지 아니하다(민사집행법 제136조 제1항). 구 민사소송법에서의 점유자는 압류의 효력이 발생한 후에 점유를 시작한 부동산점유자로 한정되어 있었으나, 현행 민사집행법 제136조는 단순히 부동산점유자로 규정함으로써 압류의 효력이 발생하기 전에 점유를 시작한 점유자에 대하여도 인도명령을 발령할 수 있도록 하였다. 따라서 점유를 시작한 때가 압류의 효력발생 전인지 여부와 관계없이, 심지어는 매각으로 인하여 소멸하는 최선순위의 담보권이나 가압류보다 먼저 점유를 시작한 점유자라도 매수인에게 대항할 수 있는 권원에 의하여 점유하고 있는 것으로 인정되는 경우가 아니면 인도명령의 상대방이 된다. 실무제요 집행 3
[❹ ▸ O] 채무자가 임차인의 지위를 겸하고 있는 경우(예를 들어, 주택임대차보호법 또는 상가건물임대차보호법상 대항력 있는 임차인이 담보권 실행을 위한 경매절차의 채무자인데 보증금 중 배당받지 못한 금액이 있는 경우)에는 단순한 채무자로 취급할 것이 아니라 점유자로서 매수인에게 대항할 수 있는지 여부를 따져 인도명령을 발하여야 한다. 실무제요 집행 3
[❺ ▸ ✕] 인도명령신청에 대한 재판은 그것이 인용하는 것이든 기각하는 것이든 매수인의 소유권에 기한 인도청구권의 존부에 관하여 기판력을 갖지 않는다(대판 1981.12.8. 80다2821).

답 ❺

86

부동산경매절차에서 부동산인도명령에 관한 다음 설명 중 가장 옳은 것은?

① 甲과 乙 명의로 각 2분의 1 지분씩 소유권이전등기가 마쳐진 부동산의 甲 공유지분에 관하여 강제경매절차가 진행되어 위 공유지분을 취득한 매수인은 공유물의 보존행위로서 위 부동산 전부를 점유하고 있는 乙을 상대로 부동산의 인도를 청구할 수 있다.

② 부동산경매절차에서 대금을 납부한 매수인이 채무자·소유자 또는 부동산점유자를 상대로 인도를 청구하는 소를 제기하여 그 인도청구를 인용하는 판결이 확정되어 기판력 있는 집행권원을 얻게 된 경우라 하더라도 부동산인도명령을 신청할 이익이 있다.

③ 매수인이 매각대금을 납부한 후에 채무자로부터 민사집행법 제49조 소정의 집행정지서류가 제출되었다면 부동산인도명령을 발령할 수 없다.

④ 부동산인도명령에 대한 불복사유는 인도명령 발령의 전제가 되는 절차적 요건의 흠, 인도명령심리 절차의 흠, 인도명령 자체의 형식적 흠, 인도명령의 상대방이 매수인에 대하여 부동산의 인도를 거부할 수 있는 점유권원의 존재에 한정되며, 경매절차 고유의 절차적 흠은 인도명령에 대한 불복사유가 될 수 없다.

⑤ 매수인이 부동산인도명령집행에 의한 인도로 일단 부동산을 인도받은 후라도 제3자가 불법으로 점유를 침탈한 경우에는 그 자를 상대방으로 하여 다시 부동산인도명령을 신청할 수 있다.

....

[❶ ▸ ✕] 부동산을 공유자 甲, 乙이 각 2분의 1 지분씩 공유하고 있는데, 甲의 공유지분(2분의 1 지분)이 경매로 매각되어 매수인이 부동산 전부를 점유하고 있는 공유자 乙을 상대로 부동산인도명령을 신청한 경우 법원은 그 신청을 기각해야 한다(대결 2020.6.12. 2020마5186 참조). **실무제요 집행 3** 이와 관련하여 판례는, 공유물의 소수지분권자가 다른 공유자와 협의 없이 공유물의 전부 또는 일부를 독점적으로 점유·사용하고 있는 경우 다른 소수지분권자는 공유물의 보존행위로서 그 인도를 청구할 수는 없고, 다만 자신의 지분권에 기초하여 공유물에 대한 방해상태를 제거하거나 공동점유를 방해하는 행위의 금지 등을 청구할 수 있다. 원심결정 이유 및 기록에 의하면, 이 사건 아파트에 관하여 천○○ 및 그 배우자인 피신청인 명의로 각 2분의 1 지분씩 소유권이전등기가 마쳐진 사실, 이후 이 사건 아파트 중 천○○ 소유의 2분의 1 지분에 관하여 이 사건 강제경매절차가 진행된 사실, 신청인은 이 사건 강제경매절차에서 위 천○○ 소유 지분에 관하여 최고가 매수인으로서 매각허가결정을 받아 매각대금을 모두 납부한 사실을 … 알 수 있다. 위와 같은 사실관계를 위에서 본 법리에 비추어 살펴보면, 신청인은 이 사건 아파트에 관한 보유지분이 과반수에 달하지 못하는 소수지분권자로서, 이 사건 아파트를 독점적으로 점유하는 또 다른 소수지분권자인 피신청인을 상대로 이 사건 아파트의 인도를 청구할 수 없다. 그런데도 신청인이 공유물의 보존행위로서 피신청인을 상대로 이 사건 아파트의 인도를 청구할 수 있다고 본 원심결정에는 공유물의 보존행위에 관한 법리를 오해하여 재판에 영향을 미친 잘못이 있다고 판시하고 있다(대결 2020.6.12. 2020마5186).

[❷ ▸ ✕] 부동산인도명령은 부동산경매절차에서 대금을 납부한 매수인의 신청에 의하여 채무자·소유자 또는 부동산점유자에 대하여 부동산을 매수인에게 인도할 것을 명하는 재판으로서 간이신속한 절차에 의하여 매수인으로 하여금 부동산을 인도받을 수 있도록 기판력이 없는 집행권원을 부여하는 것이므로(민사집행법 제136조 제1항, 제5항, 제56조 제1호), 만약 매수인이 소로써 같은 부동산에 관하여 채무자·소유자 또는 부동산점유자를 상대로 인도를 청구하는 소를 제기하여 그 인도청구를 인용하는 판결이 확정되어 기판력 있는 집행권원을 얻게 된 경우에는 더 이상 부동산인도명령을 신청할 이익이 없게 된다(대결 2013.12.27. 2011마204).

[❸ ▸ ✕] 매수인이 대금을 낸 뒤에 채무자로부터 민사집행법 제49조의 집행정지서면이 제출되더라도 매수인의 권리에 영향을 주지 못하므로 인도명령을 발하는 데 아무런 지장이 없다. 실무제요 집행 3

[❹ ▸ ○] 부동산인도명령은 부동산경매절차에서 대금을 납부한 매수인의 신청에 의하여 채무자·소유자 또는 부동산점유자에 대하여 부동산을 매수인에게 인도할 것을 명하는 재판으로서 간이·신속한 절차에 의하여 매수인으로 하여금 부동산을 인도받을 수 있도록 기판력이 없는 집행권원을 부여하는 것이고(민사집행법 제136조 제1항, 제5항, 제56조 제1호), 인도명령에 대한 불복사유는 인도명령 발령의 전제가 되는 절차적 요건의 흠, 인도명령심리절차의 흠, 인도명령 자체의 형식적 흠, 인도명령의 상대방이 매수인에 대하여 부동산의 인도를 거부할 수 있는 점유권원의 존재에 한정되며, 경매절차 고유의 절차적 흠은 인도명령에 대한 불복사유가 될 수 없다(대결 2015.4.10. 2015마19).

[❺ ▸ ✕] 임의인도이든 인도명령집행에 의한 인도이든 매수인이 일단 부동산을 인도(점유개정 또는 반환청구권의 양도에 의한 점유이전의 경우도 포함한다)받은 후에는 제3자가 불법으로 이를 점유하여도 그자를 상대방으로 하여 더 이상 인도명령을 신청할 수 없다. 다만 인도명령을 신청한 바 없이 점유자에 대하여 잠시 인도유예기간을 준 것에 불과한 경우에는 인도명령신청권을 상실하지 않고, 단지 유예기간이 지난 뒤에야 행사할 수 있을 뿐이다. 실무제요 집행 3

답 ❹

87
□□□

부동산 강제관리에 관한 다음 설명 중 가장 옳지 않은 것은? 2016년

① 강제관리는 부동산의 수익에 대한 집행이므로 양도금지된 부동산이라도 수익이 발생할 수 있는 한 강제관리의 대상이 될 수 있다.

② 강제관리는 집행력 있는 정본에 의한 강제집행에만 인정될 뿐이고 담보권의 실행으로서 강제관리를 신청할 수는 없다.

③ 강제관리개시결정은 부동산의 수익을 채무자에게 지급할 제3자에게는 이를 송달하여야 그 효력이 발생한다.

④ 이미 강제관리절차가 개시되어 있는 부동산에 관하여 동일한 채권자는 다시 강제경매신청을 할 수 없다.

⑤ 강제관리를 통한 수익에서 그 부동산이 부담하는 조세 기타 공과금 및 관리비용을 빼면 남을 것이 없겠다고 인정하는 때에는 법원은 강제관리절차를 취소하여야 한다.

....

[**❶ ▸ ○**]　강제관리는 부동산을 매각하는 것이 아니고 부동산의 수익에 대한 집행이므로 강제경매에 적합하지 아니한 부동산, 예컨대 양도금지된 부동산이나 선순위 저당권의 존재로 말미암아 남을 가망이 없어 경매할 수 없는 부동산이라도 수익이 발생할 수 있는 한 강제관리의 대상으로 될 수 있다.
실무제요 집행 3

[**❷ ▸ ○**]　강제관리는 집행력 있는 정본에 의한 강제집행에만 인정될 뿐이고 담보권의 실행으로서 강제관리를 신청할 수는 없다(민사집행법 제268조 이하 참조). 담보권은 목적물에 대한 교환가치를 파악하여 이에 대한 우선변제권을 인정하는 것이어서 사용·수익가치에는 담보권의 효력이 미치지 아니하기 때문이다. 실무제요 집행 3

[**❸ ▸ ○**]　민사집행법 제164조 제3항

> **민사집행법 제164조(강제관리개시결정)**
> ① 강제관리를 개시하는 결정에는 채무자에게는 관리사무에 간섭하여서는 아니 되고 부동산의 수익을 처분하여서도 아니 된다고 명하여야 하며, 수익을 채무자에게 지급할 제3자에게는 관리인에게 이를 지급하도록 명하여야 한다.
> ③ 강제관리개시결정은 제3자에게는 결정서를 송달하여야 효력이 생긴다.

[**❹ ▸ ✕**]　강제경매는 원물을 매각하는 것이고 강제관리는 원물을 매각하지 아니한 채 관리하여 수익을 얻으려고 하는 것이므로, 양자는 집행방법에 있어서 근본적으로 차이가 있어서, 채권자는 두 가지 중 어느 한 가지 방법으로 집행하게 하거나 두 가지 방법을 함께 사용하여 집행하게 할 수 있다(민사집행법 제78조 제3항). 즉 이미 강제관리절차가 개시되어 있는 부동산에 관하여 동일한 채권자는 다시 강제경매신청을 할 수 있을 뿐만 아니라(민사집행법 제81조 제5항 참조), 이미 강제경매절차가 개시되어 있는 부동산에 관하여 동일한 채권자는 다시 강제관리신청을 할 수도 있다. 실무제요 집행 3

[**❺ ▸ ○**]　목적부동산의 수익에서 그 부동산이 부담하는 조세 그 밖의 공과금 및 관리비용을 빼면 남을 것이 없겠다고 인정하는 때에는 집행법원은 강제관리절차를 취소하여야 한다(민사집행규칙 제89조).

답 ❹

88
☐☐☐

자동차에 대한 강제집행에 관한 다음 설명 중 가장 옳지 않은 것은?   2015년

① 경매개시결정에서 채무자에게 명한 자동차인도명령은 개시결정이 채무자에게 송달되기 전에도 집행이 가능하며, 집행문의 부여도 필요로 하지 않는다.

② 강제경매신청 전의 인도명령에 의하여 집행관이 자동차를 인도받은 날로부터 10일 안에 채권자가 강제경매신청을 하였음을 증명하는 문서를 제출하지 아니한 때에는 집행관은 자동차를 채무자에게 돌려주어야 한다.

③ 집행법원은 영업상의 필요 기타 상당한 이유가 있다고 인정하는 때에는 이해관계를 가진 사람의 신청에 따라 자동차의 운행을 허가할 수 있다. 이 경우 운행허가결정에 대하여는 즉시항고를 할 수 있으며, 운행허가결정은 확정되어야 효력이 있다.

④ 압류의 효력발생 당시 채무자가 점유하던 자동차를 제3자가 점유하게 된 때에는 법원은 채권자의 신청에 의하여 그 제3자에 대하여 자동차를 집행관에게 인도할 것을 명할 수 있다.

⑤ 자동차 공유지분에 대한 강제집행은 민사집행법 제251조에 규정된 그 밖의 재산권에 대한 강제집행의 예에 따라 실시한다.

....

[**❶ ▸ O**] 자동차인도명령은 자동차집행절차에서 이루어지는 집행처분의 일종이므로 경매개시결정이 채무자에게 송달되기 이전에도 집행할 수 있고(규칙 제111조 제2항), 집행문을 부여받을 필요도 없다.

[**❷ ▸ O**] 민사집행규칙 제113조 제3항

> **민사집행규칙 제113조(강제경매신청 전의 자동차인도명령)**
> ① 강제경매신청 전에 자동차를 집행관에게 인도하지 아니하면 강제집행이 매우 곤란할 염려가 있는 때에는 그 자동차가 있는 곳을 관할하는 지방법원은 신청에 따라 채무자에게 자동차를 집행관에게 인도할 것을 명할 수 있다.
> ② 제1항의 신청에는 집행력 있는 정본을 제시하고, 신청의 사유를 소명하여야 한다.
> ③ 집행관은 자동차를 인도받은 날부터 10일 안에 채권자가 강제경매신청을 하였음을 증명하는 문서를 제출하지 아니하는 때에는 자동차를 채무자에게 돌려주어야 한다.

[**❸ ▸ ✕**] 법원은 영업상의 필요, 그 밖의 상당한 이유가 있다고 인정하는 때에는 이해관계를 가진 사람의 신청에 따라 자동차의 운행을 허가할 수 있고, 운행허가결정에 대하여는 즉시항고를 할 수 있다(민사집행규칙 제117조 제1항·제3항). 운행허가결정에 대한 즉시항고에는 집행정지의 효력이 없으므로(제15조 제6항) 운행허가결정은 상당한 방법으로 고지하면 즉시 효력이 발생하는데(민사소송법 제221조 제1항, 민사집행법 제23조 제1항), 이 점에서 확정되어야 효력이 발생하는 선박에 대한 운행허가결정과는 다르다.

[**❹ ▸ O**] 압류의 효력 발생 당시 채무자가 점유하던 자동차를 제3자가 점유하게 된 때에는 법원은 채권자의 신청에 따라 그 제3자에 대하여 자동차를 집행관에게 인도할 것을 명할 수 있다(민사집행규칙 제112조, 민사집행법 제193조 제1항).

[**❺ ▸ O**] 자동차의 공유지분에 대한 강제집행은 법 제251조(그 밖의 재산권에 대한 집행)에 규정된 강제집행의 예에 따라 실시한다(민사집행규칙 제129조).

답 ❸

자동차에 대한 강제집행에 관한 다음 설명 중 가장 옳지 않은 것은?　　　　2024년

① 법원은 영업상의 필요, 그 밖의 상당한 이유가 있다고 인정하는 때에는 이해관계를 가진 사람의 신청에 따라 자동차의 운행을 허가할 수 있다.

② 강제경매개시결정에 기초한 인도집행은 그 개시결정이 채무자에게 송달되기 전에도 할 수 있다.

③ 강제경매개시결정이 송달되거나 등록되기 전에 집행관이 자동차를 인도받은 경우에는 그때에 압류의 효력이 생긴다.

④ 자동차집행의 신청이 취하된 때 또는 강제경매절차를 취소하는 결정의 효력이 생긴 때에는 법원사무관등은 집행관에게 그 취지를 통지하여야 하고, 집행관이 이 통지를 받은 경우 자동차를 수취할 권리를 갖는 사람이 채무자 외의 사람인 때에는 집행관은 그 사람에게 자동차집행의 신청이 취하되었다거나 또는 강제경매절차가 취소되었다는 취지를 통지하여야 한다.

⑤ 법원사무관등으로부터 자동차집행의 신청이 취하된 사실 또는 강제경매절차를 취소하는 결정의 효력이 생긴 사실에 대한 통지를 받은 집행관은 자동차를 수취할 권리를 갖는 사람에게 자동차가 있는 곳에서 이를 인도하여야 하지만, 자동차를 수취할 권리를 갖는 사람이 자동차를 보관하고 있는 경우에는 그러하지 아니하다. 집행관이 이러한 인도를 할 수 없는 때에는 법원은 직권으로 자동차집행의 절차에 따라 자동차를 매각한다는 결정을 하여야 한다.

⋯⋯⋯

[**❶** ▸ ○] 법원은 영업상의 필요, 그 밖의 상당한 이유가 있다고 인정하는 때에는 이해관계를 가진 사람의 신청에 따라 자동차의 운행을 허가할 수 있다(민사집행규칙 제117조 제1항).

[**❷** ▸ ○] 민사집행규칙 제111조 제1항, 제2항

> **민사집행규칙 제111조(강제경매개시결정)**
> ① 법원은 강제경매개시결정을 하는 때에는 법 제83조 제1항에 규정된 사항을 명하는 외에 채무자에 대하여 자동차를 집행관에게 인도할 것을 명하여야 한다. 다만, 그 자동차에 대하여 제114조 제1항의 규정에 따른 신고가 되어 있는 때에는 채무자에 대하여 자동차 인도명령을 할 필요가 없다.
> ② 제1항의 개시결정에 기초한 인도집행은 그 개시결정이 채무자에게 송달되기 전에도 할 수 있다.

[**❸** ▸ ○] 강제경매개시결정이 송달되거나 등록되기 전에 집행관이 자동차를 인도받은 경우에는 그때에 압류의 효력이 생긴다(민사집행규칙 제111조 제3항).

[**❹** ▸ ○] 민사집행규칙 제127조 제1항, 제2항

[**❺** ▸ ×] 민사집행규칙 제127조 제3항, 제4항

> **민사집행규칙 제127조(자동차집행의 신청이 취하된 경우 등의 조치)**
> ① 자동차집행의 신청이 취하된 때 또는 강제경매절차를 취소하는 결정의 효력이 생긴 때에는 법원사무관등은 집행관에게 그 취지를 통지하여야 한다.
> ② 집행관이 제1항의 규정에 따른 통지를 받은 경우 자동차를 수취할 권리를 갖는 사람이 채무자 외의 사람인 때에는 집행관은 그 사람에게 자동차집행의 신청이 취하되었다거나 또는 강제경매절차가 취소되었다는 취지를 통지하여야 한다.
> ③ 집행관은 제1항의 규정에 따른 통지를 받은 때에는 자동차를 수취할 권리를 갖는 사람에게 자동차가 있는 곳에서 이를 인도하여야 한다. 다만, 자동차를 수취할 권리를 갖는 사람이 자동차를 보관하고 있는 경우에는 그러하지 아니하다.
> ④ 집행관이 제3항의 규정에 따라 인도를 할 수 없는 때에는 법원은 집행관의 신청을 받아 자동차집행의 절차에 따라 자동차를 매각한다는 결정을 할 수 있다.

답 ❺

90
□□□
선박에 대한 강제집행에 관한 다음 설명 중 가장 옳지 않은 것은?　　　2014년

① 선박의 공유지분에 관하여는 그 밖의 재산권에 대한 집행방법에 의한다.

② 선장에 대한 판결로 선박채권자를 위하여 선박을 압류하면 그 압류는 소유자에 대하여도 효력이 있고, 압류 후 선장이 된 자와 전의 선장은 모두 이해관계인이 된다.

③ 관할법원은 압류 당시 그 선박이 있는 곳을 관할하는 지방법원이고, 압류에 앞서 감수·보존처분을 한 경우에는 그 처분 당시의 선박 소재지를 관할하는 지방법원이다.

④ 집행법원은 경매개시결정이 있은 날부터 2월이 지나기까지 집행관이 선박국적증서 등을 넘겨받지 못하고 선박이 있는 곳이 분명하지 아니한 때에는 강제경매절차를 취소할 수 있다.

⑤ 집행법원은 영업상의 필요 기타 상당한 이유가 있다고 인정할 경우에는 채무자의 신청에 따라 선박의 운행을 허가할 수 있으나 채권자·최고가매수인·차순위매수신고인 및 매수인의 동의가 있어야 한다.

....

[**❶ ▸ ○**]　선박의 지분에 대한 강제집행은 제251조(그 밖의 재산권에 대한 집행)에서 규정한 강제집행의 예에 따른다(민사집행법 제185조 제1항).

[**❷ ▸ ×**]　민사집행법 제179조 제3항

> **민사집행법 제179조(선장에 대한 판결의 집행)**
> ① 선장에 대한 판결로 선박채권자를 위하여 <u>선박을 압류하면 그 압류는 소유자에 대하여도 효력이 미친다.</u> 이 경우 소유자도 이해관계인으로 본다.
> ② 압류한 뒤에 소유자나 선장이 바뀌더라도 집행절차에는 영향을 미치지 아니한다.
> ③ <u>압류한 뒤에 선장이 바뀐 때에는 바뀐 선장만이 이해관계인이 된다.</u>

[**❸ ▸ ○**]　선박에 대한 강제집행의 집행법원은 압류 당시에 그 선박이 있는 곳을 관할하는 지방법원으로 한다(민사집행법 제173조). 선박에 대한 감수명령은 이를 집행하였을 때에 비로소 압류의 효력이 발생하므로 그때 그 선박의 정박항을 관할하는 지방법원이 집행법원이 된다(대결 1970.10.23. 70마540).

[**❹ ▸ ○**]　경매개시결정이 있은 날부터 2월이 지나기까지 집행관이 선박국적증서등을 넘겨받지 못하고, 선박이 있는 곳이 분명하지 아니한 때에는 법원은 강제경매절차를 취소할 수 있다(민사집행법 제183조).

[**❺ ▸ ○**]　민사집행법 제176조 제2항

> **민사집행법 제176조(압류선박의 정박)**
> ① 법원은 집행절차를 행하는 동안 선박이 압류 당시의 장소에 계속 머무르도록 명하여야 한다.
> ② 법원은 영업상의 필요, 그 밖에 상당한 이유가 있다고 인정할 경우에는 채무자의 신청에 따라 선박의 운행을 허가할 수 있다. 이 경우 <u>채권자·최고가매수신고인·차순위매수신고인 및 매수인의 동의가 있어야</u> 한다.
> ③ 제2항의 선박운행허가결정에 대하여는 즉시항고를 할 수 있다.
> ④ 제2항의 선박운행허가결정은 확정되어야 효력이 생긴다.

 답 ❷

동산에 대한 강제집행 - (2) 유체동산에 대한 집행

91
□□□

유체동산 집행에 관한 다음 설명 중 가장 옳지 않은 것은?　　　　　　2024년

① 부부공유 유체동산의 압류에 관한 민사집행법 제190조의 규정은 체납처분의 경우에 유추적용을 배제할 만한 특수성이 없으므로 이를 체납처분의 경우에도 유추적용할 수 있다.

② 채무자와 그 배우자의 공유로서 채무자가 그 배우자와 공동으로 점유하고 있는 유체동산은 배우자가 제출을 거부하지 아니한 때에 한하여 압류할 수 있다.

③ 부부공유재산을 제외한 유체동산의 공유지분은 유체동산집행의 대상이 아니므로 민사집행법 제251조의 그 밖의 재산권에 대한 집행의 방법에 따라 압류한다.

④ 부부공동생활의 실체를 갖추고 있으면서 혼인신고만을 하지 아니한 사실혼관계에 있는 부부의 공유 유체동산에 대하여도 민사집행법 제190조의 규정은 유추적용된다.

⑤ 채무자가 점유하고 있는 유체동산의 압류는 집행관이 그 물건을 점유함으로써 한다. 다만, 채권자의 승낙이 있거나 운반이 곤란한 때에는 봉인, 그 밖의 방법으로 압류물임을 명확히 하여 채무자에게 보관시킬 수 있다.

· ·

[❶ ▸ ○]　부부공유 유체동산의 압류에 관한 민사집행법 제190조의 규정은 체납처분의 경우에 유추적용을 배제할 만한 특수성이 없으므로 이를 체납처분의 경우에도 유추적용할 수 있다(대판 2006,4,13, 2005 두15151).

[❷ ▸ ×]　채무자와 그 배우자의 공유로서 채무자가 점유하거나 그 배우자와 공동으로 점유하고 있는 유체동산은 제189조(채무자가 점유하고 있는 물건의 압류)의 규정에 따라 압류할 수 있다(민사집행법 제190조). 즉, 이를 압류함에 있어서 배우자의 승낙이나 제출을 거부하지 아니하는 의사표시가 필요 없다.

[❸ ▸ ○]　부부공유재산을 제외한 유체동산의 공유지분은 유체동산집행의 대상이 아니므로 그 밖의 재산권에 대한 집행(민사집행법 제251조)의 방법에 따라 압류한다.　**실무제요 집행 4**

[❹ ▸ ○]　민사집행법 제190조는 채무자와 그 배우자의 공유에 속하는 유체동산은 채무자가 점유하거나 그 배우자와 공동점유하는 때에는 같은 법 제189조의 규정에 의하여 압류할 수 있다고 규정하고 있는바, 위와 같은 규정은 부부공동생활의 실체를 갖추고 있으면서 혼인신고만을 하지 아니한 사실혼관계에 있는 부부의 공유 유체동산에 대하여도 유추적용된다(대판 1997,11,11, 97다34273).

[❺ ▸ ○]　채무자가 점유하고 있는 유체동산의 압류는 집행관이 그 물건을 점유함으로써 한다. 다만, 채권자의 승낙이 있거나 운반이 곤란한 때에는 봉인(封印), 그 밖의 방법으로 압류물임을 명확히 하여 채무자에게 보관시킬 수 있다(민사집행법 제189조 제1항).

 답 ❷

유체동산 집행에 관한 다음 설명 중 가장 옳지 않은 것은? 2025년

① 집행관이 독립·단독의 사법기관으로서 스스로 법령을 해석하고 집행할 권한이 있고, 특히 유체동산집행은 개시부터 종료까지 집행관의 고유권한으로서 무잉여인지 여부도 스스로 판단하는 것이라고 하더라도, 집행관은 유체동산집행에 관한 법률전문가로서 집행의 근거로 삼는 법령에 대한 해석이 복잡, 미묘하여 워낙 어렵고, 이에 대한 학설, 판례조차 귀일되어 있지 않는 등의 특별한 사정이 있는 경우가 아니라면 유체동산집행에 관한 관계 법규나 필요한 지식을 충분히 갖출 것이 요구되는 한편, 압류하려는 물건이 환가가능성이 있는지 여부는 통상적인 거래관행과 사례를 기초로 합리적으로 판단하여야 할 것이며, 만일 집행관으로서 당연히 알아야 할 관계 법규를 알지 못하거나 필요한 지식을 갖추지 못하였고 또한 조사를 게을리하여 법규의 해석을 그르쳤고 이로 인하여 타인에게 손해를 가하였다면 불법행위가 성립한다.

② 공장저당의 목적인 동산은 공장저당법에 의하여 유체동산집행의 대상이 되지 아니하는 이른바 압류금지물에 해당하므로 집행관은 압류하여서는 아니 되지만, 금지규정을 어겨 압류한 경우에는 집행관은 집행에 관한 이의에 의한 법원의 결정이나 채권자의 신청에 의하지 아니하고도 스스로 압류를 해제할 수 있다.

③ 동산·채권 등의 담보에 관한 법률에 따라 동산을 담보로 제공하기로 하는 담보약정을 하고 담보등기를 마치면 동산담보권이 성립한다. 동산담보권자는 담보목적물에 대하여 다른 채권자보다 자기 채권을 우선변제받을 권리가 있다.

④ 등기를 통해 공시되는 동산담보권을 창설한 동산·채권 등의 담보에 관한 법률의 입법 취지, 부동산 집행절차에서 등기된 담보권자를 당연히 배당받을 채권자로 정하는 민사집행법 제148조 제4호의 취지, 동산담보권자와 경매채권자 사이의 이익형량 등을 고려하면, 동산담보권이 설정된 유체동산에 대하여 다른 채권자의 신청에 의한 강제집행절차가 진행되는 경우 민사집행법 제148조 제4호를 유추적용하여 집행관의 압류 전에 등기된 동산담보권을 가진 채권자는 배당요구를 하지 않아도 당연히 배당에 참가할 수 있다.

⑤ 유치권에 의한 경매절차가 개시된 유체동산에 대하여 유치권자의 승낙 없이 민사집행법 제215조에 따라 다른 채권자가 강제집행을 위하여 압류를 한 다음 민사집행법 제274조 제2항에 따라 유치권에 의한 경매절차를 정지하고 채권자를 위한 강제경매절차를 진행하였다면, 그 강제경매절차에서 목적물이 매각되었더라도 유치권자의 지위에는 영향을 미칠 수 없고 유치권자는 그 목적물을 계속하여 유치할 권리가 있다.

[**❶** ▶ O] 집행관이 독립·단독의 사법기관으로서 스스로 법령을 해석하고 집행할 권한이 있고, 특히 유체동산집행은 개시부터 종료까지 집행관의 고유권한으로서 무잉여인지 여부도 스스로 판단하는 것이라고 하더라도, 집행관은 유체동산집행에 관한 법률전문가로서 집행의 근거로 삼는 법령에 대한 해석이 복잡, 미묘하여 워낙 어렵고, 이에 대한 학설, 판례조차 귀일되어 있지 않는 등의 특별한 사정이 있는 경우가 아니라면 유체동산집행에 관한 관계 법규나 필요한 지식을 충분히 갖출 것이 요구되는 한편, 압류하려는 물건이 환가가능성이 있는지 여부는 통상적인 거래관행과 사례를 기초로 합리적으로 판단하여야 할 것이며, 만일 집행관으로서 당연히 알아야 할 관계 법규를 알지 못하거나 필요한 지식을 갖추지 못하였고 또한 조사를 게을리하여 법규의 해석을 그르쳤고 이로 인하여 타인에게 손해를 가하였다면 불법행위가 성립한다(대판 2003.9.26. 2001다52773).

[**❷** ▸ ×] 공장저당의 목적인 동산은 공장저당법에 의하여 유체동산집행의 대상이 되지 아니하는 이른바 압류금지물에 해당하므로 집행관은 압류하여서는 아니 되지만, 금지규정을 어겨 압류한 경우에는 집행관은 집행에 관한 이의에 의한 법원의 결정이나 채권자의 신청에 의하지 아니하고는 스스로 압류를 해제할 수 없는 것이고, 압류의 부당해제의 경우 집행관의 처분에 대한 이의로서 구제받을 것을 예정하고 있다고 하더라도, 그러한 구제절차를 취하였더라면 부당한 압류해제로 인한 손해를 방지할 수 있었다고 단정할 수 없는 이상 구제절차를 취하지 아니하였다는 사유만으로 부당한 압류해제로 인한 손해발생을 부정할 수는 없다(대판 2003.9.26. 2001다52773).

[**❸** ▸ ○] 동산·채권 등의 담보에 관한 법률(이하 '동산채권담보법'이라 한다)에 따라 동산을 담보로 제공하기로 하는 담보약정을 하고 담보등기를 마치면 동산담보권이 성립한다(제7조). 동산담보권자는 담보목적물에 대하여 다른 채권자보다 자기채권을 우선변제받을 권리가 있다(제8조)(대판 2022.3.31. 2017다263901).

[**❹** ▸ ○] 등기를 통해 공시되는 동산담보권을 창설한 동산채권담보법의 입법 취지, 부동산 집행절차에서 등기된 담보권자를 당연히 배당받을 채권자로 정하는 민사집행법 제148조 제4호의 취지, 동산담보권자와 경매채권자 사이의 이익형량 등을 고려하면, 동산담보권이 설정된 유체동산에 대하여 다른 채권자의 신청에 의한 강제집행절차가 진행되는 경우 민사집행법 제148조 제4호를 유추적용하여 집행관의 압류 전에 등기된 동산담보권을 가진 채권자는 배당요구를 하지 않아도 당연히 배당에 참가할 수 있다고 보아야 한다(대판 2022.3.31. 2017다263901).

[**❺** ▸ ○] 민사집행법 제189조 제1항은 채무자가 점유하고 있는 유체동산의 압류는 집행관이 그 물건을 점유함으로써 한다고 규정하고, 제191조는 채권자 또는 물건의 제출을 거부하지 아니하는 제3자가 점유하고 있는 물건은 제189조의 규정을 준용하여 압류할 수 있다고 규정하고 있으므로, 유치권자가 점유하고 있는 채무자의 유체동산에 대한 강제집행은 유치권자가 채권자의 강제집행을 위하여 집행관에게 그 물건을 제출한 경우에 한하여 허용된다. 또한 유체동산의 유치권자가 민사집행법 제274조 제1항, 제271조에 따라 유치권에 의한 경매를 신청하고 집행관에게 그 목적물을 제출하여 유치권에 의한 경매절차가 개시된 때에도 그 목적물에 대한 유치권자의 유치권능은 유지되고 있다고 보아야 하므로, 유치권에 의한 경매절차가 개시된 유체동산에 대하여 다른 채권자가 민사집행법 제215조에 정한 이중압류의 방법으로 강제집행을 하기 위해서는 채권자의 압류에 대한 유치권자의 승낙이 있어야 한다. 그런데도 유치권에 의한 경매절차가 개시된 유체동산에 대하여 유치권자의 승낙 없이 민사집행법 제215조에 따라 다른 채권자가 강제집행을 위하여 압류를 한 다음 민사집행법 제274조 제2항에 따라 유치권에 의한 경매절차를 정지하고 채권자를 위한 강제경매절차를 진행하였다면, 그 강제경매절차에서 목적물이 매각되었더라도 유치권자의 지위에는 영향을 미칠 수 없고 유치권자는 그 목적물을 계속하여 유치할 권리가 있다고 보아야 한다(대결 2012.9.13. 2011그213).

답 **❷**

93

압류된 채권에 대한 특별현금화방법에 관한 다음 설명 중 가장 옳지 않은 것은? 2023년

① 부동산 권리이전청구권에 대한 강제집행은 금전채권에 관한 강제집행의 선행적 절차에 해당하는 것으로서, 그 절차 내에 환가절차가 예정되어 있지 않아 그 청구권 자체를 환가·처분하여 그 대금으로 채권자를 만족시키는 방법은 인정되지 않으므로 민사집행법 제241조 소정의 특별현금화 방법을 적용할 수 없다.

② 압류된 채권을 매각한 경우에는 집행관은 채무자를 대신하여 제3채무자에게 서면으로 양도의 통지를 하여야 하는데, 집행관은 대금을 지급받은 후가 아니면 매수인에게 채권증서를 인도하거나 제3채무자에게 위 통지를 하여서는 아니 된다.

③ 압류된 채권을 집행법원의 매각명령에 따라 집행관이 매각절차를 마친 때에는 스스로 배당할 수 없고, 바로 매각대금을 공탁하고 사유신고를 하여야 하고 집행관이 매각대금을 공탁한 때에는 집행법원에 의한 배당절차가 개시되고 집행법원의 사법보좌관이 채권 등 배당절차로 진행한다.

④ 압류된 채권에 대한 양도명령은 압류채권자에게 우선적 지위를 주는 것이므로 양도명령이 제3채무자에게 송달될 때까지 피압류채권에 관하여 다른 채권자가 압류·가압류 또는 배당요구를 한 경우에는 양도명령을 발할 수 없고, 발령하더라도 그 양도명령은 효력이 없다.

⑤ 민사집행법 제241조 제1항에 의한 채권자의 특별현금화명령 신청에 대하여 특별현금화를 명할 것인지 여부나 그 방법의 선택은 법원의 재량에 맡겨져 있으므로 같은 조 제3항에서 즉시항고의 대상으로 규정하고 있는 "제1항의 결정"에는 특별현금화명령 신청을 받아들이는 결정뿐만 아니라 신청을 기각하는 결정도 포함된다고 볼 수 있으므로 특별현금화명령 신청에 대한 법원의 기각결정에 대해서도 채권자는 민사집행법 제241조 제3항에 의하여 즉시항고로써 다툴 수 있다.

[**❶** ▸ **O**]   부동산의 인도 또는 권리이전청구권에 대한 강제집행은 금전채권에 관한 강제집행의 선행적 절차에 해당하는 것으로서, 그 절차 내에 환가절차가 예정되어 있지 않아 그 청구권 자체를 환가·처분하여 그 대금으로 채권자를 만족시키는 방법은 인정되지 않으므로 민사집행법 제241조 소정의 특별현금화 방법을 적용할 수 없다(대결 1999.12.9. 98마2934). 부동산의 인도 또는 권리이전청구권에 대하여는 전부명령을 하지도 못한다(민사집행법 제45조). 보관인에게 인도되거나 채무자 명의로 권리이전 된 부동산은 부동산집행에 관한 규정에 의하여 현금화하므로(민사집행규칙 제170조), 종국적인 만족을 얻기 위해서는 채권자는 본래의 집행권원에 기초하여 인도 또는 권리이전 받은 부동산에 대한 강제경매 또는 강제관리를 신청하여야 한다(민사집행규칙 제170조, 대판 2002.10.25. 2002다39371).   **실무제요 집행 4**

[**❷** ▸ **O**]   압류된 채권을 매각한 경우에는 집행관은 채무자를 대신하여 제3채무자에게 서면으로 양도의 통지를 하여야 한다(민사집행법 제241조 제5항), 집행관은 대금을 지급받은 후가 아니면 매수인에게 채권증서를 인도하거나 제3채무자에게 위 통지를 하여서는 아니 된다(민사집행규칙 제165조 제3항).   **실무제요 집행 4**

[**❸** ▸ **X**]   압류된 채권을 집행법원의 매각명령에 따라 집행관이 매각절차를 마친 때에는 스스로 배당할 수 없고, 바로 매각대금과 매각에 관한 조서를 집행법원에 제출하여야 하는데(민사집행규칙 제165조 제4항), 현금화를 마친 집행관이 그 현금화한 금전을 법원에 제출하는 절차는 법원보관금취급규칙 제9조 내지 제11조에 따른다. 매각대금이 제출된 때에는 집행법원에 의한 배당절차가 개시되고(민사집행법 제252조 제3호), 집행법원의 사법보좌관이 채권 등 배당절차('타배' 사건)로 진행한다.   **실무제요 집행 4** 즉, 매각대금을 공탁하고 사유신고를 하여야 하는 것이 아니다.

[**❹** ▸ ○] 압류된 채권에 대한 양도명령은 압류채권자에게 우선적 지위를 주는 것이므로 채권자가 경합되어 있는 때에는 허용되지 않는다. 즉 양도명령이 제3채무자에게 송달될 때까지 피압류채권에 관하여 다른 채권자가 압류·가압류 또는 배당요구를 한 경우에는 양도명령을 발할 수 없고, 발령하더라도 그 양도명령은 효력이 없다(민사집행법 제241조 제6항, 229조 제5항). **실무제요 집행 4**

[**❺** ▸ ○] 민사집행법 제241조 제1항에 의한 채권자의 특별현금화명령 신청에 대하여 특별현금화를 명할 것인지 여부나 그 방법의 선택은 법원의 재량에 맡겨져 있으므로 같은 조 제3항에서 즉시항고의 대상으로 규정하고 있는 "제1항의 결정"에는 특별현금화명령 신청을 받아들이는 결정뿐만 아니라 신청을 기각하는 결정도 포함된다고 볼 수 있다. 또한 추심명령 또는 전부명령의 신청을 기각한 결정에 대하여는 민사집행법 제229조 제6항에 따라 즉시항고를 할 수 있는데, 추심명령이나 전부명령과 특별현금화명령은 압류된 채권의 종류 및 성질에 따라 적용 범위와 대상, 그리고 현금화의 구체적 방법을 달리할 뿐 압류된 채권에 대한 강제집행이라는 제도의 취지는 같고, 신청이 기각됨으로 인한 당사자의 이해관계 등도 본질적으로 다르지 않다. 따라서 특별현금화명령 신청에 대한 법원의 기각결정에 대해서도 채권자는 민사집행법 제241조 제3항에 의하여 즉시항고로써 다툴 수 있다(대결 2012.3.15. 2011그224).

답 ❸

94 ☐☐☐ **동산담보권에 관한 다음 설명 중 가장 옳지 않은 것은?**

① 동산담보권자는 채무자 또는 제3자가 제공한 담보목적물에 대하여 다른 채권자보다 자기 채권을 우선변제받을 권리가 있다.

② 여러 개의 동산을 종류와 보관장소로 특정하여 집합동산에 관한 담보권, 즉 집합동산 담보권을 설정한 경우 같은 보관장소에 있는 같은 종류의 동산 전부가 동산담보권의 목적물이다. 등기기록에 종류와 보관장소 외에 중량이 기록되었다고 하더라도 당사자가 중량을 지정하여 목적물을 제한하기로 약정하였다는 등 특별한 사정이 없는 한 목적물이 그 중량으로 한정된다고 볼 수 없다.

③ 동산담보등기부는 담보목적물인 동산 또는 채권의 등기사항에 관한 전산정보자료를 담보목적물별로 구분하여 작성한다.

④ 동산담보권자는 자기 채권을 변제받기 위해 담보목적물의 경매를 청구할 수 있고, 정당한 이유가 있는 경우 담보권자는 담보목적물로써 직접 변제에 충당하거나 담보목적물을 매각하여 그 대금을 변제에 충당할 수 있는데, 이때에도 동산담보등기부에 선순위권리자가 있다면 그의 동의를 받아야 한다.

⑤ 동산·채권 등의 담보에 관한 법률에 따라 동산담보권이 설정된 유체동산에 대하여 다른 채권자의 신청에 의한 강제집행절차가 진행되는 경우, 집행관의 압류 전에 등기된 동산담보권을 가진 채권자는 배당요구를 하지 않아도 당연히 배당에 참가할 수 있다.

....

[**❶ ▸ ○**] 담보권자는 채무자 또는 제3자가 제공한 담보목적물에 대하여 다른 채권자보다 자기채권을 우선변제받을 권리가 있다(동산·채권 등의 담보에 관한 법률 제8조).

[**❷ ▸ ○**] 동산·채권 등의 담보에 관한 법률 제3조 제2항, 동산·채권의 담보등기 등에 관한 규칙 제35조 제1항 제1호 (가)목, (나)목, 제2항, 동산·채권의 담보등기 신청에 관한 업무처리지침(대법원 등기예규 제1710호) 제6조 제1항 제1호 (가)목, (나)목, 제3항의 규정 내용, 체계와 입법 취지를 종합하면, 여러 개의 동산을 종류와 보관장소로 특정하여 집합동산에 관한 담보권, 즉 집합동산 담보권을 설정한 경우 같은 보관장소에 있는 같은 종류의 동산 전부가 동산담보권의 목적물이다. 등기기록에 종류와 보관장소 외에 중량이 기록되었다고 하더라도 당사자가 중량을 지정하여 목적물을 제한하기로 약정하였다는 등 특별한 사정이 없는 한 목적물이 그 중량으로 한정된다고 볼 수 없고 중량은 목적물을 표시하는 데 참고사항으로 기록된 것에 불과하다고 보아야 한다(대결 2021.4.8. 2020그872).

[**❸ ▸ ✕**] 담보등기부는 담보목적물인 동산 또는 채권의 등기사항에 관한 전산정보자료를 전산정보처리조직에 의하여 담보권설정자별로 구분하여 작성한다(동산·채권 등의 담보에 관한 법률 제47조 제1항).

[**❹ ▸ ○**] 동산·채권 등의 담보에 관한 법률 제21조 제1항·제2항

[**❺ ▸ ○**] 등기를 통해 공시되는 동산담보권을 창설한 동산채권담보법의 입법 취지, 부동산 집행절차에서 등기된 담보권자를 당연히 배당받을 채권자로 정하는 민사집행법 제148조 제4호의 취지, 동산담보권자와 경매채권자 사이의 이익형량 등을 고려하면, 동산담보권이 설정된 유체동산에 대하여 다른 채권자의 신청에 의한 강제집행절차가 진행되는 경우 민사집행법 제148조 제4호를 유추적용하여 집행관의 압류 전에 등기된 동산담보권을 가진 채권자는 배당요구를 하지 않아도 당연히 배당에 참가할 수 있다고 보아야 한다(대판 2022.3.31. 2017다263901).

 ❸

95
☐☐☐

금전채권에 대한 강제집행절차에 관한 다음 설명 중 가장 옳지 않은 것은?　　　2022년

① 근저당권에 기한 물상대위권을 갖는 채권자가 그 물상대위권을 행사하기 위하여 채권의 압류 및 전부명령을 신청하는 경우 담보권의 존재를 증명하는 서류를 제출하여 개시하면 되는 것이고, 집행권원을 필요로 하지 않는다.

② 임차인의 임대차보증금 반환채권이 가압류된 상태에서 임차주택이 양도되면 가압류채권자는 가압류에서 이전하는 본압류를 신청할 때 임차주택의 양수인을 제3채무자로 하여 신청하여야 한다.

③ 압류명령신청 시 압류할 채권의 표시는 이해관계인 특히 제3채무자로 하여금 다른 채권과 구별할 수 있을 정도로 기재되어 동일성 인식을 저해할 정도에 이르지 않아야 한다.

④ 채권자가 채무자의 제3채무자에 대한 채권을 압류하는 경우 제3채무자가 채권자 자신인 경우에도 이를 압류하는 것이 금지되지 않으므로 단지 채권자와 제3채무자가 같다고 하여 채권압류 및 전부명령이 위법하다고 볼 수 없다.

⑤ 추심명령에 의한 추심권능은 그 자체로서 독립적으로 처분하여 현금화할 수 있는 것이 아니므로 이러한 추심권능을 압류할 수는 없으나, 추심권능을 소송상 행사하여 받은 승소확정판결에 기하여 지급받을 채권에 대하여 한 압류는 유효하다.

⋯⋯⋯

[❶▸O] 근저당권에 기한 물상대위권을 갖는 채권자가 그 물상대위권을 행사하여 우선변제를 받음에 있어, 그 권리실행방법은 민사집행법 제273조에 의하여 채권에 대한 강제집행절차를 준용하여 채권의 압류 및 전부명령을 신청할 수 있다고 할 것이나, 이는 어디까지나 담보권의 실행절차이므로 그 요건으로서 담보권의 존재를 증명하는 서류를 제출하여 개시하면 되는 것이고, 일반채권자로서 강제집행을 하는 것이 아니므로 채무명의[집행권원(註)]를 필요로 하지 않는다(대결 1992.7.10. 92마380 참조).

[❷▸O] 가압류 후에 가압류된 채권이 제3자에게 양도된 경우에는 가압류채권자와의 관계에서 그 채권양도는 효력이 없으므로 가압류에서 이전하는 본압류는 '채권양도인(= 가압류채무자)'을 집행채무자로 하여 신청하면 된다. 가압류 후에 가압류된 채무가 제3자에게 면책적으로 인수된 경우에도 가압류채권자와의 관계에서 그 채무인수는 효력이 없으므로 원래의 채무자를 제3채무자로 하여 가압류에서 이전하는 본압류를 신청하면 된다. 그런데 예외적으로 대항력이 있는 주택임대차의 경우에는 임차주택의 양수인이 임대인의 지위를 승계한 것으로 간주되고(주택임대차보호법 제3조 제4항), 그 효과로서 임대차보증금반환채무가 임차주택의 양수인에게 면책적으로 인수되며, 이는 임대차보증금 반환채권이 가압류된 경우에도 마찬가지로 보아야 한다. 따라서 임차인의 임대차보증금반환채권이 가압류된 상태에서 임대주택이 양도되면 양수인이 채권가압류의 제3채무자의 지위도 승계하고, 가압류권자 또한 임대주택의 양도인이 아니라 양수인에 대하여만 위 가압류의 효력을 주장할 수 있다(대판 2013.1.17. 2011다49523[전합]). 이와 같이 채권가압류의 제3채무자 지위가 승계된 경우에는 가압류에서 이전하는 본압류를 임차주택의 양수인을 제3채무자로 하여 신청하여야 하고, 첨부서류로 가압류결정서 사본과 가압류 송달증명 외에도 임차권의 대항력을 증명하는 서면 및 해당 주택에 관한 등기사항증명서 등을 붙여야 할 것이다.
　　실무제요 집행 4

[**❸ ▸ ○**] 압류 및 전부명령의 목적인 채권의 표시가 이해관계인 특히 제3채무자로 하여금 다른 채권과 구별할 수 있을 정도로 기재되어 동일성 인식을 저해할 정도에 이르지 아니하였다면, 그 압류 및 전부명령은 유효하다고 보아야 한다(대판 2011.4.28. 2010다89036).

[**❹ ▸ ○**] 채권자가 채무자의 제3채무자에 대한 채권을 압류하는 경우 제3채무자가 채권자 자신인 경우에도 이를 압류하는 것이 금지되지 않으므로 단지 채권자와 제3채무자가 같다고 하여 채권압류 및 전부명령이 위법하다고 볼 수 없다(대결 2017.8.21. 2017마499).

[**❺ ▸ ✕**] 금전채권에 대하여 압류 및 추심명령이 있었다고 하더라도 이는 강제집행절차에서 압류채권자에게 채무자의 제3채무자에 대한 채권을 추심할 권능만을 부여하는 것으로서 강제집행절차상의 환가처분의 실현행위에 지나지 아니한 것이며, 이로 인하여 채무자가 제3채무자에 대하여 가지는 채권이 압류채권자에게 이전되거나 귀속되는 것이 아니므로, 이와 같은 추심권능은 그 자체로서 독립적으로 처분하여 환가할 수 있는 것이 아니어서 압류할 수 없는 성질의 것이고, 따라서 이러한 추심권능에 대한 가압류결정은 무효이며, 추심권능을 소송상 행사하여 승소확정판결을 받았다 하더라도 그 판결에 기하여 금원을 지급받는 것 역시 추심권능에 속하는 것이므로, 이러한 판결에 기하여 지급받을 채권에 대한 가압류결정도 무효라고 보아야 한다(대판 1997.3.14. 96다54300).

답 ❺

96

피압류채권의 특정에 관한 다음 설명 중 가장 옳지 않은 것은?

① 피압류채권의 내용이 특정되지 않은 압류명령은 무효이고, 나중에 채권자가 이를 보완하더라도 압류명령이 소급하여 유효로 되는 것은 아니다.

② 가압류명령의 가압류할 채권의 표시에 '채무자가 각 제3채무자들에게 대하여 가지는 다음의 예금채권 중 다음에서 기재한 순서에 따라 위 청구금액에 이를 때까지의 금액'이라고 기재된 사안에서, 위 문언의 기재로써 가압류명령의 송달 이후에 새로 입금되는 예금채권까지 포함하여 가압류되었다고 보는 것은 통상의 주의력을 가진 사회평균인을 기준으로 할 때 의문을 품을 여지가 충분하다고 보이므로, 이 부분 예금채권까지 가압류의 대상이 되었다고 해석할 수는 없고, 이는 압류 및 추심명령에서 '압류 및 추심할 채권의 표시'에 대하여도 마찬가지이다.

③ 채무자가 수인이거나 제3채무자가 수인인 경우 또는 채무자가 제3채무자에 대하여 여러 채권을 가지고 있는 경우에는 집행채권액을 한도로 하여 각 채무자나 제3채무자별로 얼마씩의 전부를 명하는 것인지 또는 채무자의 어느 채권에 대하여 얼마씩의 전부를 명하는 것인지를 특정하여야 하고, 이를 특정하지 아니한 경우에는 그 전부명령은 무효이다.

④ 채무자나 제3채무자가 수인인 경우, 압류의 대상인 수인의 채무자들의 채권 합계액이나 수인의 제3채무자들에 대한 채권의 집행의 범위가 명확하지 않더라도 그 채권 합계액이 집행채권액을 초과하지 않는 경우에는 특별한 경우가 아니라면 압류명령이 무효로 되는 것은 아니다.

⑤ 채무자가 제3채무자에 대하여 여러 개의 채권을 가지고 있고, 압류의 대상인 여러 채권의 합계액이 집행채권액보다 오히려 적다거나 복수의 채권이 모두 하나의 계약에 기하여 발생하였거나 제3채무자가 채무자에게 그 채무를 일괄 이행하기로 약정하였다는 등 특별한 사정이 있는 경우에는 압류할 대상인 채권별로 압류될 부분을 따로 특정하지 아니하였더라도 그 압류 등 결정은 유효한 것으로 볼 수 있다.

⋯⋯⋯⋯⋯⋯⋯⋯⋯⋯⋯⋯⋯⋯⋯⋯⋯⋯⋯⋯⋯⋯⋯⋯⋯⋯⋯⋯⋯⋯⋯⋯⋯⋯

[❶▸○] 압류할 채권의 내용이 특정되지 아니하고 또 압류 통지서의 필요적 기재사항인 제3채무자에 대한 채무이행 금지명령의 기재가 누락됨으로써 채권압류가 무효로 될 경우에는 뒤에 그러한 보완조치를 하였다 하여 소급적으로 유효하게 치유될 수는 없는 것이다(대판 1973.1.30. 72다2151).

[❷▸○] 가압류명령의 가압류할 채권의 표시에 '채무자가 각 제3채무자들에게 대하여 가지는 다음의 예금채권 중 다음에서 기재한 순서에 따라 위 청구금액에 이를 때까지의 금액'이라고 기재된 사안에서, 위 문언의 기재로써 가압류명령의 송달 이후에 새로 입금되는 예금채권까지 포함하여 가압류되었다고 보는 것은 통상의 주의력을 가진 사회평균인을 기준으로 할 때 의문을 품을 여지가 충분하다고 보이므로, 이 부분 예금채권까지 가압류의 대상이 되었다고 해석할 수는 없다(대판 2011.2.10. 2008다9952). ☞ 이는 압류 및 추심명령에서 '압류 및 추심할 채권의 표시'에 대하여도 마찬가지이다. 채권압류·추심명령의 '압류할 채권의 표시'에 기재된 문언은 그 문언 자체의 내용에 따라 객관적으로 엄격하게 해석하여야 하고, 문언의 의미가 불명확한 경우 그로 인한 불이익은 압류 등 신청채권자에게 부담시키는 것이 타당하다. 따라서 제3채무자가 통상의 주의력을 가진 사회평균인을 기준으로 그 문언을 이해할 때 포함 여부에 의문을 가질 수 있는 채권은 특별한 사정이 없는 한 압류 등의 대상에 포함되었다고 보아서는 아니 된다(대판 2018.5.30. 2015다51968).

[**❸ ▸ ○**]　압류명령의 신청서에는 압류할 채권의 종류와 액수를 밝혀야 하고(민사집행법 제225조), 전부명령이 확정된 경우에는 전부명령이 제3채무자에게 송달된 때에 채무자가 채무를 변제한 것으로 보게 되므로, 채무자가 수인이거나 제3채무자가 수인인 경우 또는 채무자가 제3채무자에 대하여 여러 채권을 가지고 있는 경우에는 집행채권액을 한도로 하여 각 채무자나 제3채무자별로 얼마씩의 전부를 명하는 것인지 또는 채무자의 어느 채권에 대하여 얼마씩의 전부를 명하는 것인지를 특정하여야 하고, 이를 특정하지 아니한 경우에는 집행의 범위가 명확하지 아니하여 그 전부명령은 무효라고 보아야 한다(대판 2010.6.24. 2007다63997).

[**❹ ▸ ✕**]　채권에 대한 가압류 또는 압류를 신청하는 채권자는 신청서에 압류할 채권의 종류와 액수를 밝혀야 하고(민사집행법 제225조, 제291조), 채무자가 수인이거나 제3채무자가 수인인 경우에는 집행채권액을 한도로 하여 가압류 또는 압류로써 각 채무자나 제3채무자별로 어느 범위에서 지급이나 처분의 금지를 명하는 것인지를 가압류 또는 압류할 채권의 표시 자체로 명확하게 인식할 수 있도록 특정하여야 하며, 이를 특정하지 아니한 경우에는 집행의 범위가 명확하지 아니하여 특별한 사정이 없는 한 그 가압류결정이나 압류명령은 무효라고 보아야 한다. 각 채무자나 제3채무자별로 얼마씩의 압류를 명하는 것인지를 개별적으로 특정하지 않고 단순히 채무자들의 채권이나 제3채무자들에 대한 채권을 포괄하여 압류할 채권으로 표시하고 그중 집행채권액과 동등한 금액에 이르기까지의 채권을 압류하는 등으로 금액만을 한정한 경우에, 각 채무자나 제3채무자는 자신의 채권 혹은 채무 중 어느 금액 범위 내에서 압류의 대상이 되는지를 명확히 구분할 수 없고, 그 결과 각 채무자나 제3채무자가 압류의 대상이 아닌 부분에 대하여 권리를 행사하거나 압류된 부분만을 구분하여 공탁을 하는 등으로 부담을 면하는 것이 불가능하기 때문이다. 그리고 압류의 대상인 수인의 채무자들의 채권 합계액이나 수인의 제3채무자들에 대한 채권 합계액이 집행채권액을 초과하지 않는다 하더라도, 개별 채무자 및 제3채무자로서는 자신을 제외한 다른 모든 채무자들의 채권액이나 모든 제3채무자들의 채무액을 구체적으로 알고 있는 특별한 경우가 아니라면 자신에 대한 집행의 범위를 알 수 없음은 마찬가지이므로 달리 볼 것은 아니다(대판 2014.5.16. 2013다52547).

[**❺ ▸ ○**]　채권에 대한 가압류 또는 압류명령을 신청하는 채권자는 신청서에 압류할 채권의 종류와 액수를 밝혀야 하고(민사집행법 제225조, 제291조), 특히 압류할 채권 중 일부에 대하여만 압류명령을 신청하는 때에는 그 범위를 밝혀 적어야 한다(민사집행규칙 제159조 제1항 제3호, 제218조). 그럼에도 채권자가 가압류나 압류를 신청하면서 압류할 채권의 대상과 범위를 특정하지 않음으로 인해 가압류결정 및 압류명령(이하 '압류 등 결정'이라 한다)에서도 피압류채권이 특정되지 아니한 경우에는 그 압류 등 결정에 의해서는 압류 등의 효력이 발생하지 않는다 할 것이다. 이러한 법리는 채무자가 제3채무자에 대하여 여러 개의 채권을 가지고 있고, 채권자가 그 각 채권 전부를 대상으로 하여 압류 등의 신청을 할 때에도 마찬가지로 적용되므로, 그 경우 채권자는 여러 개의 채권 중 어느 채권에 대하여 어느 범위에서 압류 등을 신청하는지 신청취지 자체로 명확하게 인식할 수 있도록 특정하여야 한다. 다만 압류의 대상인 여러 채권의 합계액이 집행채권액보다 오히려 적다거나 복수의 채권이 모두 하나의 계약에 기하여 발생하였거나 제3채무자가 채무자에게 그 채무를 일괄 이행하기로 약정하였다는 등 특별한 사정이 있는 경우에는 압류할 대상인 채권별로 압류될 부분을 따로 특정하지 아니하였더라도 그 압류 등 결정은 유효한 것으로 볼 수 있다(대판 2013.12.26. 2013다26296).

답 ❹

97

압류명령의 효력에 관한 다음 설명 중 가장 옳지 않은 것은?

① 채권에 대한 압류가 행하여지면 그 효력으로 채무자나 제3채무자가 압류된 채권 그 자체를 처분하더라도 채권자에게 대항하지 못하므로, 차임채권을 압류하였는데 그 후 임대차가 종료하여 차임채권이 불법행위로 인한 손해배상채권으로 바뀐 경우에도 압류의 효력은 유지된다.

② 양도인의 제3채무자에 대한 채권이 압류된 후 채권의 발생원인인 계약의 당사자 지위를 이전하는 계약인수가 이루어진 경우 양수인은 압류에 의하여 권리가 제한된 상태의 채권을 이전받게 되므로, 제3채무자는 계약인수에 의하여 그와 양도인 사이의 계약관계가 소멸하였음을 내세워 압류채권자에 대항할 수 없다.

③ 채권의 압류는 집행채권의 소멸시효를 중단시키는 효력을 가지며, 집행채권에 관한 시효중단의 효력은 압류명령 신청 시에 발생한다. 이는 채권자가 채무자의 제3채무자에 대한 채권을 압류할 당시 그 피압류채권이 이미 소멸하였다는 등으로 부존재하는 경우에도 특별한 사정이 없는 한 압류집행을 함으로써 그 집행채권의 소멸시효는 중단된다고 할 것이다.

④ 채권자는 추심명령에 따라 얻은 권리를 포기할 수 있지만 추심권의 포기는 압류의 효력에는 영향을 미치지 아니하므로, 추심권의 포기만으로는 압류로 인한 소멸시효 중단의 효력은 상실되지 아니하고 압류명령의 신청을 취하하면 비로소 소멸시효 중단의 효력이 소급하여 상실된다.

⑤ 압류의 효력은 소극적으로 압류된 채권의 처분행위를 금지하는 것뿐이므로 그 압류된 채권의 소멸시효는 압류만으로 중단되지 아니한다. 다만 채무자의 제3채무자에 대한 채권에 관하여 압류 및 추심명령을 받아 그 결정이 제3채무자에게 송달되었다면 거기에 채무자의 제3채무자에 대한 채권에 대한 민법 제174조 소정의 소멸시효 중단사유인 '최고'로서의 효력은 인정된다.

....

[❶ ▸ ✕] 기본적인 법률관계가 바뀌면 압류의 효력은 소멸한다. 채권에 대한 압류가 행하여지면 그 효력으로 채무자나 제3채무자가 압류된 채권 그 자체를 처분하더라도 채권자에게 대항하지는 못하지만, 그 압류로써 압류채권의 발생 원인인 기본적인 법률관계의 처분까지 금지되는 것은 아니기 때문이다. 따라서 채무자나 제3채무자는 기본적 계약관계 자체를 해지할 수 있고, 채무자와 제3채무자 사이의 기본적 계약관계가 해지된 이상 그 계약에 의하여 발생한 채권은 소멸하게 되므로 이를 대상으로 한 압류명령 또한 실효될 수밖에 없다(대판 2006.1.26. 2003다29456 등 참조). 또한 예를 들어 차임채권을 압류하였는데 그 후 임대차가 종료하여 차임채권이 불법행위로 인한 손해배상채권으로 바뀐 경우, 종업원인 채무자가 퇴직하였다가 제3채무자와 새로운 고용계약을 맺은 경우, 도급계약이 해지되기 전에 수급인의 보수채권을 압류한 경우 등에는 그 압류의 효력이 손해배상채권이나 새로운 고용계약상의 임금채권 또는 도급계약 해지 후 제3채무자와 제3자 사이에 새로 체결한 공사계약에서 발생한 공사대금채권(대판 2006.1.26. 2003다29456) 등에는 미치지 않는다. 물론 이러한 법률관계의 변경이 강제집행을 면탈하기 위한 것으로 평가될 때에는 달리 취급할 여지가 있다. **실무제요 집행 4**

[❷ ▸ ○] 채권의 압류는 제3채무자에 대하여 채무자에게 지급 금지를 명하는 것이므로 채무자는 채권을 소멸 또는 감소시키는 등의 행위를 할 수 없고 그와 같은 행위로 채권자에게 대항할 수 없는 것이지만, 채권의 발생원인인 법률관계에 대한 채무자의 처분까지도 구속하는 효력은 없다. 그런데 계약 당사자로서의 지위 승계를 목적으로 하는 계약인수의 경우에는 양도인이 계약관계에서 탈퇴하는 까닭에 양도인과 상대방 당사자 사이의 계약관계가 소멸하지만, 양도인이 계약관계에 기하여 가지던 권리의무가 동일성을 유지한 채 양수인에게 그대로 승계된다. 따라서 양도인의 제3채무자에 대한 채권이 압류된 후 채권의 발생원인인 계약의 당사자 지위를 이전하는 계약인수가 이루어진 경우 양수인은 압류에 의하여 권리가 제한된 상태의 채권을 이전받게 되므로, 제3채무자는 계약인수에 의하여 그와 양도인 사이의 계약관계가 소멸하였음을 내세워 압류채권자에 대항할 수 없다(대판 2015.5.14. 2012다41359).

[❸ ▸ ○] 채권자가 채무자의 제3채무자에 대한 채권을 압류할 당시 그 피압류채권이 이미 소멸하였다는 등으로 부존재하는 경우에도 특별한 사정이 없는 한 압류집행을 함으로써 그 집행채권의 소멸시효는 중단된다(대판 2014.1.29. 2013다47330).

[❹ ▸ ○] 금전채권에 대한 압류명령과 그 현금화 방법인 추심명령을 동시에 신청하더라도 압류명령과 추심명령은 별개로서 그 적부는 각각 판단하여야 하고, 그 신청의 취하 역시 별도로 판단하여야 한다. 채권자는 추심명령에 따라 얻은 권리를 포기할 수 있지만(민사집행법 제240조 제1항) 추심권의 포기는 압류의 효력에는 영향을 미치지 아니하므로, 추심권의 포기만으로는 압류로 인한 소멸시효 중단의 효력은 상실되지 아니하고 압류명령의 신청을 취하하면 비로소 소멸시효 중단의 효력이 소급하여 상실된다(대판 2014.11.13. 2010다63591).

[❺ ▸ ○] 압류의 효력은 소극적으로 압류된 채권의 처분행위를 금지하는 것뿐인 이상 '그 압류된 채권'의 소멸시효는 압류만으로 중단되지 않는다. 다만 채무자의 제3채무자에 대한 채권에 관하여 압류 및 추심명령을 받아 그 결정이 제3채무자에게 송달되었다면 거기에 채무자의 제3채무자에 대한 채권(피압류채권)에 대한 민법 제174조 소정의 소멸시효 중단사유인 최고로서의 효력은 인정된다(대판 2003.5.13. 2003다16238 참조). **실무제요 집행 4**

답 ❶

98
□□□

다음 중 압류금지채권은 모두 몇 개인가?   2021년

가. 법령에 규정된 부양료 및 유족부조료
나. 채무자가 구호사업이나 제3자의 도움으로 계속 받는 수입
다. 병사의 급료
라. 급료·연금·봉급·상여금·퇴직연금, 그 밖에 이와 비슷한 성질을 가진 급여채권의 2분의 1에 해당하는 금액
마. 퇴직금 그 밖에 이와 비슷한 성질을 가진 급여채권의 2분의 1에 해당하는 금액
바. 주택임대차보호법 제8조, 같은 법 시행령의 규정에 따라 우선변제를 받을 수 있는 금액
사. 생명, 상해, 질병, 사고 등을 원인으로 채무자가 지급받는 보장성보험의 보험금(해약환급 및 만기환급금을 포함한다)
아. 채무자의 1월간 생계유지에 필요한 예금(적금·부금·예탁금과 우편대체를 포함한다)

① 4개   ② 5개
③ 6개   ④ 7개
⑤ 8개

> **민사집행법 제246조(압류금지채권)**
> ① 다음 각 호의 채권은 압류하지 못한다.
> 　1. 법령에 규정된 부양료 및 유족부조료㉮
> 　2. 채무자가 구호사업이나 제3자의 도움으로 계속 받는 수입㉯
> 　3. 병사의 급료㉰
> 　4. 급료·연금·봉급·상여금·퇴직연금, 그 밖에 이와 비슷한 성질을 가진 급여채권의 2분의 1에 해당하는 금액.㉱ 다만, 그 금액이 국민기초생활 보장법에 의한 최저생계비를 고려하여 대통령령이 정하는 금액에 미치지 못하는 경우 또는 표준적인 가구의 생계비를 고려하여 대통령령이 정하는 금액을 초과하는 경우에는 각각 당해 대통령령이 정하는 금액으로 한다.
> 　5. 퇴직금 그 밖에 이와 비슷한 성질을 가진 급여채권의 2분의 1에 해당하는 금액㉲
> 　6. 주택임대차보호법 제8조, 같은 법 시행령의 규정에 따라 우선변제를 받을 수 있는 금액㉳
> 　7. 생명, 상해, 질병, 사고 등을 원인으로 채무자가 지급받는 보장성보험의 보험금(해약환급 및 만기환급금을 포함한다).㉴ 다만, 압류금지의 범위는 생계유지, 치료 및 장애회복에 소요될 것으로 예상되는 비용 등을 고려하여 대통령령으로 정한다.
> 　8. 제246조의2에 따른 생계비계좌에 예치된 예금
> 　9. 제8호에 따른 예금 외에 채무자의 1월간 생계유지에 필요한 예금(적금·부금·예탁금과 우편대체를 포함한다).㉵ 다만, 그 금액은 「국민기초생활 보장법」에 따른 최저생계비, 제195조제3호에서 정한 금액 및 제8호에 따른 생계비계좌에 예치된 금액 등을 고려하여 대통령령으로 정한다.

답 ❺

99
☐☐☐

압류금지채권에 관한 다음 설명 중 가장 옳지 않은 것은?　　　　2023년

① 채권자가 채권압류 및 추심명령에 기하여 채무자의 제3채무자에 대한 예금채권의 추심을 구하는 소를 제기한 경우 추심 대상 채권이 압류금지채권에 해당하지 않는다는 점은 채권자가 증명하여야 한다.

② 상계가 금지되는 채권이라면 설령 압류금지채권에 해당하지 않더라도 전부 명령의 대상이 될 수 없다.

③ 원칙적으로 보험가입 당시 예정된 해당 보험의 만기환급금이 보험계약자의 납입보험료 총액을 초과하지 않으면 민사집행법 제246조 제1항 제7호에서 압류금지채권의 하나로 규정하는 '보장성보험'에 해당한다고 보아야 한다.

④ 주식회사의 이사, 대표이사의 보수청구권(퇴직금 등의 청구권을 포함한다)은 특별한 사정이 없는 이상 민사집행법 제246조 제1항 제4호 또는 제5호가 정하는 압류금지채권에 해당한다고 보아야 한다.

⑤ 압류금지채권의 목적물이 채무자의 예금계좌에 입금된 경우에 그 예금은 압류금지채권에 해당하지 않는다.

[**❶ ▸ O**]   채권압류 및 추심명령에 기한 추심의 소에서 피압류채권의 존재는 채권자가 증명하여야 하는 점, 민사집행법 제195조 제3호, 제246조 제1항 제8호, 민사집행법 시행령 제7조의 취지와 형식 등을 종합적으로 고려하여 보면, 채권자가 채권압류 및 추심명령에 기하여 채무자의 제3채무자에 대한 예금채권의 추심을 구하는 소를 제기한 경우 추심 대상 채권이 <u>압류금지채권에 해당하지 않는다는 점</u>, 즉 채무자의 개인별 예금 잔액과 민사집행법 제195조 제3호에 의하여 압류하지 못한 금전의 합계액이 <u>150만원[현재는 250만원(註)]을 초과한다는 사실은 채권자가 증명하여야</u> 한다(대판 2015.6.11. 2013다 40476).

> **민사집행법 시행령 제7조(압류금지 예금등의 범위)**
> 법 제246조 제1항 제9호에 따라 압류하지 못하는 예금등의 금액은 개인별 잔액이 250만원 이하인 예금등으로 한다. 다만, 법 제195조 제3호에 따라 압류하지 못한 금전이나 법 제246조의2에 따른 생계비계좌에 예치된 예금이 있으면 250만원에서 그 금액을 뺀 금액으로 한다.

[**❷ ▸ ✕**]   상계가 금지되는 채권이라고 하더라도 <u>압류금지채권에 해당하지 않는 한 강제집행에 의한 전부명령의 대상이 될 수 있다</u>(대결 2017.8.21. 2017마499).

[**❸ ▸ O**]   하나의 보험계약에 보장성보험과 저축성보험의 성격이 모두 있는 경우에 저축성보험의 성격을 갖는 계약 부분만을 분리하여 해지할 수 없다면, 해당 보험 전체를 두고 민사집행법 제246조 제1항 제7호에서 규정하는 '보장성보험'에 해당하는지를 결정하여야 한다. <u>원칙적으로 보험가입 당시 예정된 해당 보험의 만기환급금이 보험계약자의 납입보험료 총액을 초과하는지를 기준으로 하여, 만기환급금이 납입보험료 총액을 초과하지 않으면 민사집행법 제246조 제1항 제7호에서 규정하는 '보장성보험'에 해당한다고 보아야 한다.</u> 그러나 만기환급금이 납입보험료 총액을 초과하더라도, 해당 보험이 예정하는 보험사고의 성질과 보험가입 목적, 납입보험료의 규모와 보험료의 구성, 지급받는 보험료의 내용 등을 종합적으로 고려하였을 때 보장성보험도 해당 보험의 주된 성격과 목적으로 인정할 수 있다면 이를 민사집행법이 압류금지채권으로 규정하고 있는 보장성보험으로 보아야 한다(대판 2018.12.27. 2015다 50286).

[**❹ ▸ O**]   상법 제388조가 정하는 '이사의 보수'에는 월급 · 상여금 등 명칭을 불문하고 이사의 직무수행에 대한 보상으로 지급되는 대가가 모두 포함되고, 퇴직금 또는 퇴직위로금도 그 재직 중의 직무수행에 대한 대가로 지급되는 급여로서 상법 제388조의 '이사의 보수'에 해당한다. <u>주식회사의 이사, 대표이사 (이하 '이사 등'이라고 한다)의 보수청구권(퇴직금 등의 청구권을 포함한다)은</u>, 그 보수가 합리적인 수준을 벗어나서 현저히 균형을 잃을 정도로 과다하거나, 이를 행사하는 사람이 법적으로는 주식회사 이사 등의 지위에 있으나 이사 등으로서의 실질적인 직무를 수행하지 않는 이른바 명목상 이사 등에 해당한다는 등의 특별한 사정이 없는 이상 <u>민사집행법 제246조 제1항 제4호 또는 제5호가 정하는 압류금지채권에 해당한다고 보아야</u> 한다(대판 2018.5.30. 2015다51968).

[**❺ ▸ O**]   압류금지채권의 목적물이 채무자의 예금계좌에 입금된 경우에는 그 예금채권에 대하여 더 이상 압류금지의 효력이 미치지 아니하므로, <u>그 예금은 압류금지채권에 해당하지 아니한다</u>(대결 1999.10.6. 99마4857).

답 ❷

100

압류금지채권에 관한 다음 설명 중 가장 옳지 않은 것은?

① 민사집행법 제246조 제1항 제8호에 따라 압류가 금지되는 '채무자의 1월간 생계유지에 필요한 예금'은 채무자 명의의 어느 한 계좌에 예치되어 있는 금액이 아니라 개인별 잔액, 즉 각 금융기관에 예치되어 있는 채무자 명의의 예금을 합산한 금액 중 일정 금액을 의미한다.

② 예금채권에 대하여 채권압류 및 추심명령이 있음에도 채무자가 제3채무자인 금융기관을 상대로 해당 예금이 채무자의 1월간 생계유지에 필요한 예금으로서 압류금지채권에 해당한다고 주장하며 예금의 반환을 구하는 경우, 그러한 압류금지채권에 해당한다는 사실은 예금주인 채무자가 증명하여야 한다.

③ 민사집행법은 제246조 제1항 제4호에서 퇴직연금, 그 밖에 이와 비슷한 성질을 가진 급여채권은 그 1/2에 해당하는 금액만 압류하지 못하는 것으로 규정하고 있으나, 근로자퇴직급여 보장법상 퇴직연금채권은 압류가 전액 금지된다.

④ 민사집행법 제246조 제1항 제7호가 생명, 상해, 질병, 사고 등을 원인으로 채무자가 지급받는 보장성보험의 보험금 채권을 압류금지채권으로 규정한 입법 취지는 생계유지나 치료 및 장애 회복 등 보험계약자의 기본적인 생활을 보장하기 위한 최소한의 수단을 마련하기 위함이다.

⑤ 채권자가 스스로를 제3채무자로 하여 채무자의 자신에 대한 채권을 압류하는 것은 허용되지 않는다.

....

[**❶ ▶ ○**] 민사집행법 제246조 제1항 제8호는 채무자의 1월간 생계유지에 필요한 예금을 압류금지채권으로 정하고, 구 민사집행법 시행령 제7조는 '민사집행법 제246조 제1항 제8호에 따라 압류하지 못하는 예금 등의 금액은 개인별 잔액이 150만원[현행법상 250만원(註)] 이하인 예금 등으로 한다.'고 정하였다. 위 규정에 따라 압류가 금지되는 '채무자의 1월간 생계유지에 필요한 예금'은 채무자 명의의 어느 한 계좌에 예치되어 있는 금액이 아니라 개인별 잔액, 즉 각 금융기관에 예치되어 있는 채무자 명의의 예금을 합산한 금액 중 일정 금액을 의미한다(대판 2024.2.8. 2021다206356).

[**❷ ▶ ○**] 채무자의 제3채무자에 대한 예금채권에 대하여 채권압류 및 추심명령이 있음에도 채무자가 제3채무자인 금융기관을 상대로 해당 예금이 위 규정에서 정한 채무자의 1월간 생계유지에 필요한 예금으로서 압류금지채권에 해당한다고 주장하며 예금의 반환을 구하는 경우, 해당 소송에서 지급을 구하는 예금이 압류 당시 채무자의 개인별 예금 잔액 중 위 규정에서 정한 금액 이하로서 압류금지채권에 해당한다는 사실은 예금주인 채무자가 증명하여야 한다. 이때 채무자가 금융결제원 등 관련기관이 제공하는 계좌정보통합조회 내역과 압류 및 추심명령의 대상이 된 각 예금계좌에 대한 입출금 내역 등 상당한 방법으로 해당 소송에서 지급을 구하는 예금이 압류 당시 자신이 보유하고 있는 각 예금계좌의 예금 잔액 중 위 규정에서 정한 금액 이하임을 알 수 있는 자료를 제출하였다면, 특별한 사정이 없는 한 해당 소송에서 지급을 구하는 예금채권이 압류금지채권에 해당한다는 사실이 증명되었다고 볼 수 있고, 이에 관하여 반드시 사전에 채무자가 민사집행법 제246조 제3항에서 정한 압류금지채권 범위변경 신청에 따른 압류명령 취소 결정을 받아야만 하는 것은 아니다(대판 2024.2.8. 2021다206356).

[**❸ ▶ ○**] 민사집행법은 제246조 제1항 제4호에서 퇴직연금 그 밖에 이와 비슷한 성질을 가진 급여채권은 그 1/2에 해당하는 금액만 압류하지 못하는 것으로 규정하고 있으나, 이는 '근로자퇴직급여 보장법'상 양도금지 규정과의 사이에서 일반법과 특별법의 관계에 있으므로, '근로자퇴직급여 보장법'상 퇴직연금채권은 그 '전액'에 관하여 압류가 금지된다고 보아야 한다(대판 2014.1.23. 2013다71180).

[**❹ ▸ ○**] 민사집행법 제246조 제1항 제7호는 '생명, 상해, 질병, 사고 등을 원인으로 채무자가 지급받는 보장성보험의 보험금(해약환급 및 만기환급금을 포함한다) 채권은 압류하지 못하되, 압류금지의 범위는 생계유지, 치료 및 장애 회복에 소요될 것으로 예상되는 비용 등을 고려하여 대통령령으로 정한다'고 규정하고 있다. 민사집행법 시행령 제6조 제1항 제3호 가목은 '민법 제404조에 따라 채권자가 채무자의 보험계약 해지권을 대위행사하거나 추심명령 또는 전부명령을 받은 채권자가 보장성보험에 관한 해지권을 행사하여 발생하는 해약환급금은 (금액의 제한 없이) 압류하지 못한다'고 규정하고 있다. 이처럼 민사집행법이 보장성보험의 보험금 채권을 압류금지채권으로 규정하는 입법 취지는 생계유지나 치료 및 장애 회복 등 보험계약자의 기본적인 생활을 보장하기 위한 최소한의 수단을 마련하기 위함이다(대판 2018.12.27. 2015다50286).

[**❺ ▸ ✕**] 사해행위취소의 소에서 수익자가 원상회복으로서 채권자취소권을 행사하는 채권자에게 가액배상을 할 경우, 수익자 자신이 사해행위취소소송의 채무자에 대한 채권자라는 이유로 채무자에 대하여 가지는 자기의 채권과 상계하거나 채무자에게 가액배상금 명목의 돈을 지급하였다는 점을 들어 채권자취소권을 행사하는 채권자에 대해 이를 가액배상에서 공제할 것을 주장할 수 없다. 그러나 수익자가 채권자취소권을 행사하는 채권자에 대해 가지는 별개의 다른 채권을 집행하기 위하여 그에 대한 집행권원을 가지고 채권자의 수익자에 대한 가액배상채권을 압류하고 전부명령을 받는 것은 허용된다. 이는 수익자의 채무자에 대한 채권을 기초로 한 상계나 임의적인 공제와는 내용과 성질이 다르다. 또한 채권자가 채무자의 제3채무자에 대한 채권을 압류하는 경우 제3채무자가 채권자 자신인 경우에도 이를 압류하는 것이 금지되지 않으므로 단지 채권자와 제3채무자가 같다고 하여 채권압류 및 전부명령이 위법하다고 볼 수 없다(대결 2017.8.21. 2017마499).

답 ❺

101
□□□ **재판에 의한 압류금지채권의 범위변경에 관한 다음 설명 중 가장 옳지 않은 것은?** 2024년

① 법원은 당사자가 신청하면 채권자와 채무자의 생활형편, 그 밖의 사정을 고려하여 압류명령의 전부 또는 일부를 취소하거나 위 압류금지채권에 대하여 압류명령을 할 수 있다. 이 재판은 직권으로 할 수는 없고, 채권자가 압류금지채권에 대한 압류명령을 신청하거나 채무자가 압류명령의 취소를 신청하여야 한다.

② 법원은 압류금지채권의 범위변경의 재판 또는 그 변경의 재판에 앞서 채무자에게 담보를 제공하게 하거나 담보를 제공하게 하지 않고 강제집행을 일시정지하도록 명하거나, 채권자에게 담보를 제공하게 하고 그 집행을 계속하도록 명하는 등의 잠정처분을 할 수 있다.

③ 법원은 압류금지채권의 목적물이 금융기관에 개설된 채무자의 계좌에 이체되는 경우 채무자의 신청에 따라 그에 해당하는 부분의 압류명령을 취소하여야 하고, 압류명령이 취소된 경우 채권자가 집행행위로 취득한 금전을 채무자에게 부당이득으로 반환하여야 한다.

④ 사용자인 법인이 민사집행법 제246조 제1항 제5호가 정하는 압류금지채권인 근로자의 퇴직금 2분의 1 상당액을 민법 제487조의 규정에 의하여 근로자의 수령거절을 원인으로 변제공탁한 경우, 그 공탁금은 임금채권의 성질을 유지하므로, 이를 집행대상으로 한 압류 및 전부명령은 무효다.

⑤ 채무자가 압류금지채권의 목적물이 입금된 예금채권을 압류당한 다음에 압류명령의 전부 또는 일부의 취소를 구하는 내용의 서면을 집행법원에 제출한 경우에 집행법원으로서는 위와 같은 서면에 즉시항고나 이의신청 등의 다른 제목이 붙어 있다 하더라도 특별한 사정이 없는 한 이를 민사집행법 제246조 제2항에서 정한 압류명령의 취소 신청으로 보아야 한다.

[**❶** ▸ ○] 민사집행법 제246조 제3항

[**❷** ▸ ○] 법원은 압류금지채권의 범위변경의 재판 또는 그 변경의 재판에 앞서 채무자에게 담보를 제공하게 하거나 담보를 제공하게 하지 않고 강제집행을 일시정지하도록 명하거나, 채권자에게 담보를 제공하게 하고 그 집행을 계속하도록 명하는 등의 잠정처분을 할 수 있다(민사집행법 제246조 제4항, 제196조 제3항, 제16조 제2항).

[**❸** ▸ ×] 2011.4.5. 법률 제10539호로 개정된 민사집행법(이하 '개정 민사집행법'이라 한다)에서 신설된 제246조 제2항은, 압류금지채권이 금융기관에 개설된 채무자의 계좌에 이체되는 경우 더 이상 압류금지의 효력이 미치지 아니하므로 그 예금에 대한 압류명령은 유효하지만, 원래의 압류금지의 취지는 참작되어야 하므로 채무자의 신청에 의하여 압류명령을 취소하도록 한 것으로서 개정 민사집행법 제246조 제3항과 같은 압류금지채권의 범위변경에 해당하고, 위 조항에 따라 압류명령이 취소되었다 하더라도 압류명령은 장래에 대하여만 효력이 상실할 뿐 이미 완결된 집행행위에는 영향이 없고, 채권자가 집행행위로 취득한 금전을 채무자에게 부당이득으로 반환하여야 하는 것도 아니다(대판 2014.7.10. 2013다25552).

[**❹** ▸ ○] 사용자인 법인이「민사집행법」제246조 제1항 제5호가 정하는 압류금지채권인 근로자의 퇴직금 2분의 1 상당액을「민법」제487조의 규정에 의하여 근로자의 수령거절을 원인으로 변제공탁한 경우, 그 공탁금은 임금채권의 성질을 유지한다고 보아야 하므로 이를 집행대상으로 한 압류 및 전부명령은 비록 그 방식이 적법하더라도 그 내용은 무효라 할 것이나 형식적 심사권밖에 없는 공탁공무원으로서는 그 압류 및 전부명령의 유·무효를 심사할 수는 없는 것이므로 피공탁자 또는 전부채권자가 공탁금의 출급을 청구하는 어느 경우라도 그 출급을 인가할 수 없을 것이다(공탁선례 제2-89호 참조).

[**❺** ▸ ○] 채무자가 압류금지채권의 목적물이 입금된 예금채권을 압류당한 다음에 압류명령의 전부 또는 일부의 취소를 구하는 내용의 서면을 집행법원에 제출한 경우에 집행법원으로서는 위와 같은 서면에 즉시항고나 이의신청 등의 다른 제목이 붙어 있다 하더라도 특별한 사정이 없는 한 이를 민사집행법 제246조 제2항에 정한 압류명령의 취소 신청으로 보고 이에 대한 판단을 하여야 한다(대결 2008.12.12. 2008마1774).

답 **❸**

102

금전채권의 압류에 관한 다음 설명 중 가장 옳지 않은 것은?

① 금전채권에 대한 압류명령이 있으면 채무자는 채권을 소멸 또는 감소시키는 등의 행위를 할 수 없고 그 행위로 채권자에게 대항할 수 없다. 다만 채권의 발생원인인 법률관계에 대한 채무자의 처분까지도 구속하는 효력은 없다.

② 압류의 처분금지 효력은 절대적인 것이 아니고, 채무자의 처분행위 또는 제3채무자의 변제로써 처분 또는 변제 전에 집행절차에 참가한 압류채권자나 배당요구채권자에게 대항하지 못한다는 의미로서 상대적 효력을 가진다.

③ 압류한 채권이 추심명령이나 전부명령에 의하여 현금화하기 곤란한 경우 법원은 채권자의 신청에 의하여 양도명령 등 특별현금화방법을 명할 수 있다.

④ 집행채권에 대한 압류는 집행채권자가 그 채무자를 상대로 한 채권압류명령의 집행장애사유가 될 수 없다.

⑤ 장래의 예금채권에 대한 압류의 경우 그 압류명령 정본이 제3채무자에게 송달될 당시 채무자의 제3채무자에 대한 예금계좌가 개설되어 있지 않더라도 일단 제3채무자 및 금액이 특정되어 있기만 하다면 그러한 채권압류도 효력이 있다.

....

[❶ ▸ ○] 채권의 압류는 제3채무자에 대하여 채무자에게 지급 금지를 명하는 것이므로 채무자는 채권을 소멸 또는 감소시키는 등의 행위를 할 수 없고 그와 같은 행위로 채권자에게 대항할 수 없는 것이지만, 채권의 발생원인인 법률관계에 대한 채무자의 처분까지도 구속하는 효력은 없다(대판 2015.5.14. 2012다41359).

[❷ ▸ ○] 압류의 처분금지 효력은 절대적인 것이 아니고, 이에 저촉되는 채무자의 처분행위도 그 압류채권자와 처분 전에 집행절차에 참가한 압류채권자나 배당요구채권자에게 대항하지 못한다는 의미에서의 상대적 효력을 가지는 데 그치므로 압류의 효력발생 전에 채무자가 처분한 경우에는 그보다 먼저 압류한 채권자가 있어 그 채권자에게는 대항할 수 없는 사정이 있더라도 그 처분 후에 집행에 참가하는 채권자에 대하여는 처분의 효력을 대항할 수 있는 것이고, 이는 가압류의 경우에도 마찬가지이므로 동일한 채권에 관하여 가압류명령의 송달과 확정일자 있는 양도통지가 동시에 제3채무자에게 도달함으로써 채무자가 가압류의 대상인 채권을 양도하고 채권양수인이 채권양도의 대항요건을 갖추었다면 다른 채권자는 더 이상 그 가압류에 따른 집행절차에 참가할 수는 없다(대판 2004.9.3. 2003다22561).

[❸ ▸ ○] 압류된 금전채권은 추심명령이나 전부명령을 통해 현금화하는 것이 원칙이다(민사집행법 제229조 제1항 참조). 그러나 압류된 채권이 추심명령이나 전부명령을 통해 현금화하기 어렵다고 판단될 경우 법원은 채권자의 신청을 받아 '양도명령'이나 '매각명령' 등의 특별현금화방법을 명할 수 있다(민사집행법 제241조 제1항).

> **민사집행법 제241조(특별한 현금화방법)**
> ① 압류된 채권이 조건 또는 기한이 있거나, 반대의무의 이행과 관련되어 있거나 그 밖의 이유로 추심하기 곤란할 때에는 법원은 채권자의 신청에 따라 다음 각 호의 명령을 할 수 있다.
>   1. 채권을 법원이 정한 값으로 지급함에 갈음하여 압류채권자에게 양도하는 양도명령
>   2. 추심에 갈음하여 법원이 정한 방법으로 그 채권을 매각하도록 집행관에게 명하는 매각명령
>   3. 관리인을 선임하여 그 채권의 관리를 명하는 관리명령
>   4. 그 밖에 적당한 방법으로 현금화하도록 하는 명령

[❹ ▸ ○] 채권압류명령은 집행채권의 현금화나 만족적 단계에 이르지 아니하는 보전적 처분으로서 집행채권에 대한 압류의 효력에 반하지 않으므로, 집행채권에 대한 압류는 집행채권자가 그 채무자를 상대로 한 채권압류명령의 집행장애사유가 될 수 없고, 이는 국가가 국세징수법에 의한 체납처분으로 체납자의 채무자에 대한 집행채권을 압류한 경우에도 마찬가지이다(대결 2023.1.12. 2022마6107).

> **[참고]** 집행채권자의 채권자가 채무명의에 표시된 집행채권을 압류 또는 가압류, 처분금지가처분을 한 경우에는 압류 등의 효력으로 집행채권자의 추심, 양도 등의 처분행위와 채무자의 변제가 금지되고 이에 위반되는 행위는 집행채권자의 채권자에게 대항할 수 없게 되므로 집행기관은 압류 등이 해제되지 않는 한 집행할 수 없으니 이는 집행장애사유에 해당한다. 다만 채권압류명령은 비록 강제집행절차에 나아간 것이기는 하나 채권추심명령이나 채권전부명령과는 달리 집행채권의 현금화나 만족적 단계에 이르지 아니하는 보전적 처분으로서 집행채권을 압류한 채권자를 해하는 것이 아니기 때문에 집행채권에 대한 압류의 효력에 반하는 것은 아니므로, 집행채권에 대한 압류는 집행채권자가 채무자를 상대로 한 채권압류명령에는 집행장애사유가 될 수 없다(대판 2016.9.28. 2016다205915).

[❺ ▸ ✕] 압류명령의 송달 이후에 채무자의 계좌에 입금될 예금채권도 그 발생의 기초가 되는 법률관계가 존재하여 현재 그 권리의 특정이 가능하고 가까운 장래에 예금채권이 발생할 것이 상당한 정도로 기대된다고 볼 만한 예금계좌가 개설되어 있는 경우 등에는 압류의 대상이 될 수 있다. 그러나 장래의 예금채권에 대한 압류명령 정본이 제3채무자에게 송달되었을 때 채무자의 제3채무자에 대한 예금계좌가 개설되어 있지 않는 등 그 피압류채권 발생의 기초가 되는 법률관계가 없거나, 예금계좌가 개설되어 있다 하더라도 가까운 장래에 예금채권이 발생할 것이 상당한 정도로 기대된다고 보기 어려운 경우에는 그러한 채권압류는 효력이 없다. 여기서 가까운 장래에 예금채권이 발생할 것이 상당한 정도로 기대되는지 여부는, 채무자와 제3채무자 사이의 예금계약의 내용, 예금계좌의 잔액 및 입출금 내역 등 예금계약을 통해 이루어진 거래의 실태, 채무자가 해당 예금계좌를 사용한 목적 또는 용도, 이에 대한 일반인의 인식 정도 등 여러 가지 사정을 종합하여 객관적으로 판단하여야 한다(대판 2025.5.15. 2024다310980).

답 ❺

103

다음 설명 중 가장 옳지 않은 것은?

① 소유권이전등기청구권이 가압류된 후 채무자가 제3채무자를 상대로 소유권이전등기청구의 소를 제기한 경우에는 법원은 가압류 해제를 조건으로 하여서만 청구를 인용할 수 있다.

② 집행채권자의 채권자가 집행권원에 표시된 집행채권을 가압류한 경우에는 가압류의 효력으로 집행채권자의 추심, 양도 등의 처분행위와 채무자의 변제가 금지되고 이에 위반되는 행위는 집행채권자의 채권자에게 대항할 수 없게 되므로 집행채권자는 채무자를 상대로 채권압류 및 전부명령이나 채권압류 및 추심명령을 신청할 수 없다.

③ 부동산소유권이전등기청구권의 가압류는 채무자 명의로 소유권을 이전하여 이에 대하여 강제집행을 할 것을 전제로 하고 있으므로 소유권이전등기청구권을 가압류하였다 하더라도 어떠한 경로로 제3채무자로부터 채무자 명의로 소유권이전등기가 마쳐졌다면 채권자는 부동산 자체를 가압류하거나 압류하면 될 것이지 등기를 말소할 필요는 없다.

④ 채권자가 채무자를 상대로 처분금지가처분결정을 받았다고 하더라도 가처분등기가 마쳐지기 전에 채무자가 그 가처분의 내용에 위반되는 처분행위를 하여 제3자 명의로 소유권이전등기 등이 마쳐졌다면 그 등기는 완전히 유효하고 위 가처분결정은 집행불능이 된다.

⑤ 가등기된 부동산소유권이전등기청구권에 대한 가압류의 기입등기가 마쳐진 후라면 가등기에 기한 본등기와 이에 터잡아 제3자 명의의 소유권이전등기가 경료되었다 하더라도 가압류채권자는 위 제3자에 대하여 위 가압류의 처분금지적 효력을 주장할 수 있다.

....

[**❶ ▸ ○**] 소유권이전등기청구권에 대한 압류나 가압류는 채권에 대한 것이지 등기청구권의 목적물인 부동산에 대한 것이 아니고, 채무자와 제3채무자에게 그 결정을 송달하는 외에 현행법상 등기부에 이를 공시하는 방법이 없는 것으로서, 당해 채권자와 채무자 및 제3채무자 사이에만 효력이 있을 뿐 압류나 가압류와 관계가 없는 제3자에 대하여는 압류나 가압류의 처분금지적 효력을 주장할 수 없게 되므로, 소유권이전등기청구권의 압류나 가압류는 청구권의 목적물인 부동산 자체의 처분을 금지하는 대물적 효력은 없고, 또한 채권에 대한 가압류가 있더라도 이는 채무자가 제3채무자로부터 현실로 급부를 추심하는 것만을 금지하는 것이므로 채무자는 제3채무자를 상대로 그 이행을 구하는 소송을 제기할 수 있고 법원은 가압류가 되어 있음을 이유로 이를 배척할 수는 없는 것이지만, <u>소유권이전등기를 명하는 판결은 의사의 진술을 명하는 판결로서 이것이 확정되면 채무자는 일방적으로 이전등기를 신청할 수 있고 제3채무자는 이를 저지할 방법이 없게 되므로 위와 같이 볼 수는 없고 이와 같은 경우에는 가압류의 해제를 조건으로 하지 않는 한 법원은 이를 인용하여서는 안 되는 것이며</u>, 가처분이 있는 경우도 이와 마찬가지로 그 가처분의 해제를 조건으로 하여야만 소유권이전등기절차의 이행을 명할 수 있다(대판 1999.2.9. 98다42615).

[**❷ ▸ ✕**] 집행채권자의 채권자가 채무명의에 표시된 집행채권을 압류 또는 가압류, 처분금지가처분을 한 경우에는 압류 등의 효력으로 집행채권자의 추심, 양도 등의 처분행위와 채무자의 변제가 금지되고 이에 위반되는 행위는 집행채권자의 채권자에게 대항할 수 없게 되므로 집행기관은 압류 등이 해제되지 않는 한 집행할 수 없으니 이는 집행장애사유에 해당한다. 다만 <u>채권압류명령</u>은 비록 강제집행절차에 나아간 것이기는 하나 채권추심명령이나 채권전부명령과는 달리 집행채권의 현금화나 만족적 단계에 이르지 아니하는 보전적 처분으로서 집행채권을 압류한 채권자를 해하는 것이 아니기 때문에 집행채권에 대한 압류의 효력에 반하는 것은 아니므로, <u>집행채권에 대한 압류는 집행채권자가 채무자를 상대로 한 채권압류명령에는 집행장애사유가 될 수 없다</u>(대판 2016.9.28. 2016다205915). ☞ 따라서 집행채권자는 채무자를 상대로 채권압류 및 전부명령이나 채권압류 및 추심명령을 신청할 수 있다.

[❸ ▶ ○] [1] 소유권이전등기청구권에 대한 압류나 가압류는 채권에 대한 것이지 등기청구권의 목적물인 부동산에 대한 것이 아니고, 채무자와 제3채무자에게 결정을 송달하는 외에 현행법상 등기부에 이를 공시하는 방법이 없는 것으로서 당해 채권자와 채무자 및 제3채무자 사이에만 효력을 가지며, 압류나 가압류와 관계가 없는 제3자에 대하여는 압류나 가압류의 처분금지적 효력을 주장할 수 없으므로 소유권이전등기청구권의 압류나 가압류는 청구권의 목적물인 부동산 자체의 처분을 금지하는 대물적 효력은 없다 할 것이고, 제3채무자나 채무자로부터 소유권이전등기를 넘겨받은 제3자에 대하여는 취득한 등기가 원인무효라고 주장하여 말소를 청구할 수 없다. [2] 부동산소유권이전등기청구권의 가압류는 채무자 명의로 소유권을 이전하여 이에 대하여 강제집행을 할 것을 전제로 하고 있으므로 소유권이전등기청구권을 가압류하였다 하더라도 어떠한 경로로 제3채무자로부터 채무자 명의로 소유권이전등기가 마쳐졌다면 채권자는 부동산 자체를 가압류하거나 압류하면 될 것이지 등기를 말소할 필요는 없다(대판[전합] 1992.11.10. 92다4680).

[❹ ▶ ○] 부동산에 관하여 처분금지가처분의 등기가 마쳐진 후에 가처분권자가 본안소송에서 승소판결을 받아 확정되면 그 피보전권리의 범위 내에서 그 가처분에 저촉되는 처분행위의 효력을 부정할 수 있고, 이때 그 처분행위가 가처분에 저촉되는 것인지의 여부는 그 처분행위에 따른 등기와 가처분등기의 선후에 의하여 정해진다(대판 2003.2.28. 2000다65802). 따라서 채권자가 채무자를 상대로 처분금지가처분결정을 받았다고 하더라도 '가처분등기가 마쳐지기 전에' 채무자가 그 가처분의 내용에 위반되는 처분행위를 하여 제3자 명의로 소유권이전등기 등이 마쳐졌다면 그 등기는 완전히 유효하고 위 가처분결정은 집행불능이 된다(대판 1997.7.11. 97다15012 참조).

[❺ ▶ ○] 가등기된 부동산소유권이전등기청구권에 대한 가압류의 기입등기가 마쳐진 후 가등기에 기한 본등기와 이에 터잡아 제3자 명의의 소유권이전등기가 경료된 경우, 가압류채권자는 제3자에 대하여 위 가압류의 처분금지적 효력을 주장할 수 있다 할 것이어서, 제3자 명의의 소유권이전등기는 등기된 가압류의 채권자와의 관계에서는 무효이다(대판 1998.8.21. 96다29564).

답 ❷

104
□□□

집행공탁에 관한 다음 설명 중 가장 옳지 않은 것은?

① 금전채권에 대한 압류를 원인으로 제3채무자가 집행공탁을 하면 피압류채권이 소멸하고, 압류명령은 그 목적을 달성하여 효력을 상실하며, 압류채권자의 지위는 집행공탁금에 대하여 배당을 받을 채권자의 지위로 전환된다.

② 제3채무자의 집행공탁 전 동일한 피압류채권에 대하여 다른 채권자의 신청에 따라 압류·가압류명령이 발령되었더라도 집행공탁 후에야 제3채무자에게 송달된 경우, 그 압류·가압류명령은 집행공탁으로 이미 소멸한 피압류채권에 대한 것이므로 효력이 생기지 않는다.

③ 금전채권의 일부만이 압류되었음에도 채권 전액을 한꺼번에 공탁한 경우 그 공탁금 전부가 집행공탁으로 취급된다.

④ 집행공탁은 공탁 후 행해질 배당 등 절차의 진행을 전제로 한 것인데, 처분금지가처분은 그것이 설령 금전채권을 목적으로 하더라도 이러한 배당 등 절차와는 관계가 없으므로 제3채무자로서는 이를 이유로 집행공탁을 할 수는 없다.

⑤ 제3채무자가 압류를 이유로 집행공탁한 경우, 압류채권자 이외의 다른 채권자는 제3채무자가 공탁사유를 법원에 신고하기 전까지 배당요구를 하여야 해당 채권에 대한 강제집행절차에 참가할 수 있다.

[**❶** ▸ ○] 민사집행법 제248조에 따라 집행공탁이 이루어지면 피압류채권이 소멸하고, 압류명령은 그 목적을 달성하여 효력을 상실하며, 압류채권자의 지위는 집행공탁금에 대하여 배당을 받을 채권자의 지위로 전환된다. 이러한 법리는 민사집행법 제291조, 제248조 제1항에 따른 공탁이 위에서 본 법리에 따라 민사집행법 제248조에 따른 집행공탁으로 바뀌는 경우에도 마찬가지로 적용된다. 따라서 금전채권에 대한 가압류를 원인으로 한 제3채무자의 공탁에 의해 채무자가 취득한 공탁금출급청구권에 대하여 압류·추심명령을 받은 채권자는, 그러한 공탁이 위에서 본 법리에 따라 민사집행법 제248조에 따른 집행공탁으로 바뀌는 경우에는 더 이상 추심권능이 아닌 구체적으로 배당액을 수령할 권리, 즉 배당금채권을 가지게 된다(대판 2019.1.31. 2015다26009).

[**❷** ▸ ○] 제3채무자가 압류나 가압류를 이유로 민사집행법 제248조 제1항이나 민사집행법 제291조, 제248조 제1항에 따라 집행공탁을 하면 제3채무자에 대한 피압류채권은 소멸하고, 한편 채권에 대한 압류·가압류명령은 그 명령이 제3채무자에게 송달됨으로써 효력이 생기므로(민사집행법 제227조 제3항, 제291조), 제3채무자의 집행공탁 전에 동일한 피압류채권에 대하여 다른 채권자의 신청에 따라 압류·가압류명령이 발령되었더라도, 제3채무자의 집행공탁 후에야 그에게 송달된 경우, 압류·가압류명령은 집행공탁으로 이미 소멸한 피압류채권에 대한 것이어서 압류·가압류의 효력이 생기지 아니한다(대판 2015.7.23. 2014다87502).

[**❸** ▸ ✕] 민사집행법 제248조 제1항은 "제3채무자는 압류에 관련된 금전채권의 전액을 공탁할 수 있다"고 규정하여 채권자의 공탁청구, 추심청구, 경합 여부 등을 따질 필요 없이 당해 압류에 관련된 채권 전액을 공탁할 수 있도록 규정하고 있는바, 이에 따라 금전채권의 일부만이 압류되었음에도 그 채권 전액을 공탁한 경우에는 그 공탁금 중 압류의 효력이 미치는 금전채권액은 그 성질상 당연히 집행공탁으로 보아야 하나, 압류금액을 초과하는 부분은 압류의 효력이 미치지 않으므로 집행공탁이 아니라 변제공탁으로 보아야 한다(대판 2008.5.15. 2006다74693).

[**❹** ▸ ○] 집행공탁은 공탁 이후 행해질 배당 등 절차의 진행을 전제로 한 것인데, 처분금지가처분은 그것이 설령 금전채권을 목적으로 하더라도 이러한 배당 등 절차와는 관계가 없으므로 제3채무자로서는 이를 이유로 집행공탁을 할 수는 없고, 다만 채권자불확지에 의한 변제공탁을 할 수 있다(대판 2008.5.15. 2006다74693).

[**❺** ▸ ○] 민사집행법 제248조 제1항에 따라 금전채권에 관하여 압류명령을 송달받은 제3채무자는 압류명령을 받은 채무액을 공탁할 수 있는바, 집행공탁이 성립하면 무효가 아닌 한 제3채무자는 바로 채무를 면하게 되고, 공탁금은 이후 배당재단에 포함되어 집행법원의 관리하에 놓이게 된다. 제3채무자가 채무액을 공탁한 때에는 그 사유를 법원에 신고하여야 하는데(민사집행법 제248조 제4항 본문), 민법·상법, 그 밖의 법률에 의하여 우선변제청구권이 있는 채권자와 집행력 있는 정본을 가진 채권자는 제3채무자가 제248조 제4항에 따른 공탁의 신고를 한 때까지 법원에 배당요구를 할 수 있다(민사집행법 제247조 제1항 제1호). ☞ 민사집행법 제247조 제1항 제1호가 압류채권자 이외의 채권자가 배당요구의 방법으로 채권에 대한 강제집행절차에 참가하여 압류채권자와 평등하게 자신의 채권의 변제를 받는 것을 허용하면서도, 다른 한편으로 그 배당요구의 종기를 제3채무자의 공탁사유 신고 시까지로 제한하고 있는 이유는 제3채무자가 채무액을 (집행)공탁하고 그 사유 신고를 마치면 배당할 금액이 판명되어 배당절차를 개시할 수 있는 만큼 늦어도 그때까지는 배당요구가 마쳐져야 배당절차의 혼란과 지연을 막을 수 있다고 본 때문이다(대판 2008.5.15. 2006다74693).

답 ❸

금전채권에 대한 강제집행절차의 제3채무자에 관한 다음 설명 중 가장 옳지 않은 것은?

① 원인채권에 대한 압류의 효력이 발생하기 전에 제3채무자가 원인채권의 지급을 위하여 어음이나 수표를 발행한 경우 원인채권에 대한 압류의 효력은 어음이나 수표채권에는 미치지 아니하므로 제3채무자는 어음이나 수표의 소지인에 대하여 지급할 의무가 있고, 압류명령이 송달된 뒤에 지급하더라도 그 지급으로써 압류된 원인채권이 소멸하였다는 것을 압류채권자에게도 대항할 수 있다.

② 원인채권인 물품대금 채권에 대한 가압류나 압류의 효력이 발생하기 전에 물품대금의 지급을 위하여 신용장이 발행된 경우에는 그 가압류나 압류의 효력이 발생한 후에 신용장 대금의 지급이 이루어졌다 하더라도 수입업자는 그 신용장 대금의 지급으로 물품대금 채권이 소멸하였다는 것을 가압류채권자나 압류채권자에게 대항할 수 있다.

③ 동산 양도담보권자가 물상대위권 행사로 양도담보 설정자의 화재보험금청구권에 대하여 압류 및 추심명령을 얻어 추심권을 행사하는 경우 특별한 사정이 없는 한 제3채무자인 보험회사는 그 양도 담보 설정 후 취득한 양도담보 설정자에 대한 별개의 채권을 가지고 상계로써 양도담보권자에게 대항할 수 없다.

④ 압류명령이 송달될 당시 제3채무자가 채무자에 대하여 가지는 채권(자동채권)과 압류된 채권(수동채권)이 모두 변제기에 도래하여 상계적상에 있었던 경우는 물론 상계적상에 있지 아니한 경우에도 자동채권만이 변제기가 지났거나, 또는 두 채권 모두 변제기가 지나지 않았더라도 자동채권이 먼저 또는 압류된 채권과 동시에 변제기에 도달할 경우에는 제3채무자의 상계를 허용하고 있다. 그러나 이러한 법리는 피압류채권이 장래 발생할 채권으로서 압류의 효력 발생 당시 아직 발생하지 않은 경우에는 적용되지 않는다.

⑤ 은행 등 금융기관은 통상 대출금 등 채권과 관련하여 채무자의 변제자력에 의심이 가는 상황이 발생한 때에는 채무자의 그 대출금 등 채권에 관한 기한의 이익이 상실되도록 함으로써 예금 등 채권에 대한 압류가 있어도 그 대출금 등 채권으로 피압류채권인 예금 등의 채권과 상계를 할 수 있도록 특약을 하고 있는데, 판례는 이러한 기한의 이익 상실 등 특약의 유효성을 인정하면서 그러한 특약에 따라 대출금 등 채권과 피압류채권인 예금채권이 곧바로 상계적상에 이르기 때문에 제3채무자인 은행 등은 제한 없이 상계권을 행사할 수 있다고 보고 있다.

··

[**❶ ▸ ○**] 원인채권에 대한 압류의 효력이 발생하기 전에 원인채권의 지급을 위하여 약속어음을 발행하거나 배서·양도하고 그것이 다시 제3자에게 양도된 경우에는 <u>그 어음의 소지인에 대한 어음금의 지급이 원인채권에 대한 압류의 효력이 발생한 후에 이루어졌다 하더라도 그 어음을 발행하거나 배서·양도한 원인채권자는 그 어음금의 지급에 의하여 원인채권이 소멸하였다는 것을 압류채권자에게 대항할 수 있다</u>(대판 2000.3.24. 99다1154).

[**❷ ▸ ○**] 수입업자가 물품대금 지급을 위하여 은행에 신용장 개설을 의뢰하고 그 은행이 수출업자를 수익자로 하여 신용장을 개설한 경우, 수출업자와 개설은행 사이의 신용장 거래는 직접적 상품의 거래가 아니라 서류에 의한 거래로서 원칙적으로 수입업자와 수출업자 사이의 원인관계로부터는 물론이고 수입업자와 개설은행 사이의 관계로부터도 독립하여 규율된다. 따라서 <u>원인채권인 물품대금 채권에 대한 가압류나 압류의 효력이 발생하기 전에 물품대금의 지급을 위하여 신용장이 발행된 경우에는 그 가압류나 압류의 효력이 발생한 후에 신용장 대금의 지급이 이루어졌다 하더라도 수입업자는 그 신용장 대금의 지급으로 물품대금 채권이 소멸하였다는 것을 가압류채권자나 압류채권자에게 대항할 수 있다</u>. 반면 원인채권인 물품대금 채권에 대한 가압류나 압류의 효력이 발생한 후에 물품대금의 지급을 위하여 신용장이 발행된 경우에는 수입업자는 가압류채권자나 압류채권자에게 신용장 대금의 지급으로써 물품대금 채권이 소멸하였다는 것을 대항할 수 없다(대판 2022.11.17. 2017다235036).

[❸ ▸ ○] 동산 양도담보권자는 양도담보 목적물이 소실되어 양도담보 설정자가 보험회사에 대하여 화재보험계약에 따른 보험금청구권을 취득한 경우 담보물 가치의 변형물인 화재보험금청구권에 대하여 양도담보권에 기한 물상대위권을 행사할 수 있는데, 동산 양도담보권자가 물상대위권 행사로 양도담보 설정자의 화재보험금청구권에 대하여 압류 및 추심명령을 얻어 추심권을 행사하는 경우 특별한 사정이 없는 한 제3채무자인 보험회사는 양도담보 설정 후 취득한 양도담보 설정자에 대한 별개의 채권을 가지고 상계로써 양도담보권자에게 대항할 수 없다(대판 2014.9.25. 2012다58609).

[❹ ▸ ×] 채권가압류결정을 받은 제3채무자는 그 후에 취득한 채권에 의한 상계로 그 가압류채권자에게 대항하지 못하지만 수동채권이 가압류될 당시 자동채권과 수동채권이 상계적상에 있거나 자동채권의 변제기가 수동채권의 그것과 동시에 또는 그보다 먼저 도래하는 경우에는 제3채무자는 자동채권에 의한 상계로 가압류채권자에게 대항할 수 있다. 그리고 이러한 법리는 압류된 채권이 장래 발생할 채권으로서 압류의 효력발생 당시 피압류채권이 아직 발생하지 않은 경우에도 그대로 적용되는 것으로 보아야 한다(대판 2011.2.24. 2010다76870).

[❺ ▸ ○] 은행 등 금융기관은 통상 대출금 등 채권과 관련하여 채무자의 변제자력에 의심이 가는 상황이 발생한 때에는 채무자의 그 대출금 등 채권에 관한 기한의 이익이 상실되도록 함으로써 예금 등 채권에 대한 압류가 있어도 그 대출금 등 채권으로 피압류채권인 예금 등의 채권과 상계를 할 수 있도록 특약을 하고 있고, 이 사건 은행여신거래약관(기업용) 제7조 제4항 제6호, 제10조 제1항이 바로 이러한 특약에 해당한다. 그리고 대법원은 이러한 기한의 이익 상실 등 특약의 유효성을 인정하면서 그러한 특약에 따라 대출금 등 채권과 피압류채권인 예금채권이 곧바로 상계적상에 이르기 때문에 제3채무자인 은행 등은 제한 없이 상계권을 행사할 수 있다고 보고 있다(대판 2015.4.23. 2012다79750).

답 ❹

추심명령에 관한 다음 설명 중 가장 옳지 않은 것은? 2025년

① 추심명령이 있으면 압류채권자는 대위절차 없이 압류채권을 추심할 수 있고, 제3채무자가 추심절차에 대하여 의무를 이행하지 아니하는 때에는 압류채권자는 소로써 그 이행을 청구할 수 있다.

② 압류 및 추심명령의 제3채무자는 추심의 소를 제기당한 경우 집행력 있는 정본을 가진 다른 채권자를 공동소송인으로 원고 쪽에 참가하도록 명할 것을 첫 변론기일까지 신청할 수 있다.

③ 압류 및 추심명령이 있는 경우 추심집행이 종료될 때까지 채무자가 제3채무자에게 가지는 채권이 추심채권자에게 이전되므로, 만약 채권자가 추심할 채권의 행사를 게을리한 때에는 이로써 생긴 채무자의 손해를 부담한다.

④ 금전채권에 대하여 압류 및 추심명령이 있더라도 그 추심권능은 그 자체로서 독립적으로 처분하여 환가할 수 있는 것이 아니므로 압류할 수 없는 성질의 것이다.

⑤ 추심채권자가 집행법원에 추심신고를 하기 전에 다른 압류·가압류 또는 배당요구가 있었을 때에는 추심채권자는 추심한 금액을 바로 공탁하고 그 사유를 신고하여야 하며 이에 따라 배당절차가 개시된다.

....

[❶ ▸ ○] 추심명령이 있는 때에는 압류채권자는 대위절차(代位節次) 없이 압류채권을 추심할 수 있다(민사집행법 제229조 제2항). 제3채무자가 추심절차에 대하여 의무를 이행하지 아니하는 때에는 압류채권자는 소로써 그 이행을 청구할 수 있다(민사집행법 제249조 제1항).

[❷ ▸ ○] 민사집행법 제249조 제2항·제3항

> **민사집행법 제249조(추심의 소)**
> ① 제3채무자가 추심절차에 대하여 의무를 이행하지 아니하는 때에는 압류채권자는 소로써 그 이행을 청구할 수 있다.
> ② 집행력 있는 정본을 가진 모든 채권자는 공동소송인으로 원고 쪽에 참가할 권리가 있다.
> ③ 소를 제기당한 제3채무자는 제2항의 채권자를 공동소송인으로 원고 쪽에 참가하도록 명할 것을 첫 변론기일까지 신청할 수 있다.
> ④ 소에 대한 재판은 제3항의 명령을 받은 채권자에 대하여 효력이 미친다.

[❸ ▸ ✕] 채권자가 추심할 채권의 행사를 게을리한 때에는 이로써 생긴 채무자의 손해를 부담한다(민사집행법 제239조). 그러나 금전채권에 대하여 압류 및 추심명령이 있었다고 하더라도 이는 강제집행절차에서 압류채권자에게 채무자의 제3채무자에 대한 채권을 추심할 권능만을 부여하는 것으로서 강제집행절차상의 환가처분의 실현행위에 지나지 아니한 것이며, 이로 인하여 채무자가 제3채무자에 대하여 가지는 채권이 압류채권자에게 이전되거나 귀속되는 것이 아니다(대판 1997.3.14. 96다54300).

[❹ ▸ ○] 금전채권에 대하여 압류 및 추심명령이 있었다고 하더라도 이는 강제집행 절차에서 압류채권자에게 채무자의 제3채무자에 대한 채권을 추심할 권능만을 부여하는 것으로서 강제집행절차상의 환가처분의 실현행위에 지나지 아니한 것이며, 이로 인하여 채무자가 제3채무자에 대하여 가지는 채권이 압류채권자에게 이전되거나 귀속되는 것이 아니다. 따라서 이와 같은 추심권능은 그 자체로 독립적으로 처분하여 환가할 수 있는 것이 아니어서 압류할 수 없는 성질의 것이고, 이에 대한 압류명령은 무효라고 보아야 한다(대판 2019.12.12. 2019다256471).

[❺ ▸ ○] 채권자는 추심한 채권액을 법원에 신고하여야 한다. 추심채권자가 집행법원에 추심신고를 하기 전에 다른 압류·가압류 또는 배당요구가 있었을 때에는 추심채권자는 추심한 금액을 바로 공탁하고 그 사유를 신고하여야 한다(민사집행법 제236조 참조). 추심채권자가 추심금을 공탁한 때에는 배당절차를 개시한다(민사집행법 제252조 제2호).

답 ❸

추심권의 재판상청구에 관한 다음 설명 중 가장 옳지 않은 것은?

① 추심의 소의 원고는 압류한 채권에 대하여 추심명령을 얻어 추심권을 취득한 채권자로서 추심소송에서 추심명령이 유효하지 않은 것으로 인정되는 경우 또는 추심소송 계속 중에 추심명령이 취소된 경우에는 당사자적격 흠결을 이유로 소를 각하하여야 한다.

② 압류가 경합하고 있는 경우에도 압류채권자 중 1인은 추심명령을 얻어 단독으로 추심의 소를 제기할 수 있고, 다른 추심채권자가 먼저 추심의 소를 제기한 경우에 그와 별개의 소송으로 추심의 소를 제기하는 것은 중복제소 금지의 원칙에 위배되어 부적법하나, 민사소송법 제83조나 민사집행법 제249조 제2항에 따라 기존의 추심소송에 공동소송참가를 하는 것은 적법하다.

③ 채무자가 제3채무자를 상대로 제기한 이행의 소가 법원에 계속되어 있는 경우에도 압류채권자는 제3채무자를 상대로 압류된 채권의 이행을 청구하는 추심의 소를 제기할 수 있고, 제3채무자를 상대로 압류채권자가 제기한 추심의 소는 채무자가 제기한 이행의 소에 대한 관계에서 민사소송법 제259조가 금지하는 중복된 소제기에 해당하지 않는다.

④ 채권자가 추심금청구소송을 제기하여 확정판결을 받은 경우라도 그 집행에 의한 변제를 받기 전에 압류명령의 신청을 취하하여 추심권이 소멸하면 추심권능과 소송수행권이 모두 채무자에게 복귀한다. 이는 국가가 국세징수법에 의한 체납처분으로 채무자의 제3채무자에 대한 채권을 압류하였다가 압류를 해제한 경우에도 마찬가지이다.

⑤ 동일한 채권에 대해 복수의 채권자들이 압류·추심명령을 받은 경우 어느 한 채권자가 제기한 추심금소송에서 확정된 판결의 기판력은 그 소송의 변론종결일 이전에 압류·추심명령을 받았던 다른 추심채권자에게도 미친다.

[❶ ▸ ○] 추심의 소의 원고는 압류한 채권에 대하여 추심명령을 얻어 추심권을 취득한 채권자이다. 추심의 소는 법정소송담당에 해당하므로 추심명령이 유효하여야 원고에게 추심권 및 소송수행권이 있어 당사자적격이 인정된다. 추심소송에서 추심명령이 유효하지 않은 것으로 인정되는 경우에는 당사자적격 흠결을 이유로 소를 각하하여야 한다(대판 2016.11.10. 2014다54366). **실무제요 집행 4** 또한 추심채권자의 제3채무자에 대한 추심소송 계속 중에 채권압류 및 추심명령이 취소되어 추심채권자가 추심권능을 상실하게 되면 추심소송을 제기할 당사자적격도 상실한다고 판시하고 있다(대판 2021.9.15. 2020다297843).

[❷ ▸ ○] 압류가 경합하고 있는 경우에도 압류채권자 중 1인은 추심명령을 얻어 단독으로 소를 제기할 수 있다. 다른 추심채권자가 먼저 추심의 소를 제기한 경우에 그와 별개의 소송으로 추심의 소를 제기하는 것은 중복된 소제기 금지(민사소송법 제259조)의 원칙에 위배되어 부적법하나(대판 1994.2.8. 93다53092 등 참조), 민사소송법 제83조나 민사집행법 제249조 제2항에 따라 기존의 추심소송에 공동소송참가를 하는 것은 적법하다고 보아야 한다(대판 2015.7.23. 2013다30301 참조). **실무제요 집행 4**

[❸ ▸ ○] 채무자가 제3채무자를 상대로 제기한 이행의 소가 법원에 계속되어 있는 경우에도 압류채권자는 제3채무자를 상대로 압류된 채권의 이행을 청구하는 추심의 소를 제기할 수 있고, 제3채무자를 상대로 압류채권자가 제기한 추심의 소는 채무자가 제기한 이행의 소에 대한 관계에서 민사소송법 제259조가 금지하는 중복된 소제기에 해당하지 않는다고 봄이 타당하다(대판[전합] 2013.12.18. 2013다202120).

[❹ ▸ ○] 채권에 대한 압류 및 추심명령이 있으면 제3채무자에 대한 이행의 소는 추심채권자만이 제기할 수 있고 채무자는 피압류채권에 대한 이행소송을 제기할 당사자적격을 상실한다. 그러나 채권자는 현금화절차가 끝나기 전까지 압류명령의 신청을 취하할 수 있고, 이 경우 채권자의 추심권도 당연히 소멸하게 되며, 추심금청구소송을 제기하여 확정판결을 받은 경우라도 그 집행에 의한 변제를 받기 전에 압류명령의 신청을 취하하여 추심권이 소멸하면 추심권능과 소송수행권이 모두 채무자에게 복귀하며, 이는 국가가 국세징수법에 의한 체납처분으로 채무자의 제3채무자에 대한 채권을 압류하였다가 압류를 해제한 경우에도 마찬가지이다(대판 2009.11.12. 2009다48879).

[**⑤** ▸ **×**] 동일한 채권에 대해 복수의 채권자들이 압류·추심명령을 받은 경우 어느 한 채권자가 제기한 추심금소송에서 확정된 판결의 기판력은 그 소송의 변론종결일 이전에 압류·추심명령을 받았던 다른 추심채권자에게 미치지 않는다. 그 이유는 다음과 같다. 확정판결의 기판력이 미치는 주관적 범위는 신분관계소송이나 회사관계소송과 같이 법률에 특별한 규정이 있는 경우를 제외하고는 원칙적으로 당사자, 변론을 종결한 뒤의 승계인 또는 그를 위하여 청구의 목적물을 소지한 사람과 다른 사람을 위하여 원고나 피고가 된 사람이 확정판결을 받은 경우의 그 다른 사람에 국한되고(민사소송법 제218조 제1항, 제3항) 그 밖의 제3자에게는 미치지 않는다. 따라서 추심채권자들이 제기하는 추심금소송의 소송물이 채무자의 제3채무자에 대한 피압류채권의 존부로서 서로 같더라도 소송당사자가 다른 이상 그 확정판결의 기판력이 서로에게 미친다고 할 수 없다(대판 2020.10.29, 2016다35390).

답 ⑤

108 대법원 2022.9.29. 선고 2019다278785 판결에 관한 다음 설명 중 가장 옳지 않은 것은?
□□□
2023년

가. 집행채권이 압류 또는 가압류된 상태에서 집행채무자에 대한 강제집행절차가 진행되어 집행채권자에게 적법하게 배당이 이루어진 경우, 집행채권에 대한 압류 또는 가압류의 효력은 집행채권자의 배당금지급청구권에 미친다고 할 것이다.

나. 한편 집행채권자의 다른 채권자들은 집행채권자의 배당금지급청구권을 압류 또는 가압류할 수 있다. 이러한 압류 등으로 인하여 집행채권자의 배당금지급청구권에 대하여 민사집행법 제235조의 압류경합이 발생하고 채무자에 해당하는 집행법원 등이 압류경합을 이유로 민사집행법 제248조 제1항에 따라 집행공탁을 하였다면, 그 집행공탁으로써 배당금지급의무는 소멸하고 특별한 사정이 없는 한 집행채무자는 집행채권의 압류 또는 가압류권자에 대하여 집행채권 소멸의 효력을 대항할 수 있다.

다. 위와 같이 배당금지급청구권에 관한 압류경합에 따른 적법한 공탁사유신고에 의하여 채권배당절차가 개시되면 집행채권을 압류 또는 가압류하였던 채권자는 그 채권배당절차에서 배당금지급청구권에 대한 압류 또는 가압류권자의 지위에서 배당을 받아야 하므로, 집행법원 등이 집행채권자의 배당금지급청구권에 대한 압류의 경합을 이유로 사유신고를 할 때 사유신고서에 집행채권자에 대한 압류 또는 가압류명령도 기재하여야 한다.

라. 만약 이 경우 집행채권자에 대한 압류 또는 가압류명령이 사유신고서에 기재되지 않는 등의 이유로 그 후에 이루어진 배당절차에서 집행채권자의 채권자가 배당을 받지 못하였다고 하더라도 과다배당을 받은 다른 채권자를 상대로 자신이 배당받을 수 있었던 금액만큼 부당이득반환청구를 할 수는 없다.

① 가
② 나
③ 다
④ 라
⑤ 없음

[**가▸O**] 집행채권이 압류 또는 가압류된 상태에서 집행채무자에 대한 강제집행절차가 진행되어 집행채권자에게 적법하게 배당이 이루어진 경우, 집행채권에 대한 압류 또는 가압류의 효력은 집행채권자의 배당금지급청구권(만약 민사집행법 제160조 제1항 각 호에서 정한 배당유보공탁사유로 인하여 공탁이 이루어진 경우에는 공탁사유가 소멸하면 집행채권자에게 발생할 공탁금출급청구권도 포함한다. 이하 '배당금지급청구권'이라고만 한다)에 미친다고 할 것이다(대판 2022.9.29. 2019다278785).

[**나▸O**] 한편 집행채권자의 다른 채권자들은 집행채권자의 배당금지급청구권을 압류 또는 가압류할 수 있다. 이러한 압류 등으로 인하여 집행채권자의 배당금지급청구권에 대하여 민사집행법 제235조의 압류경합이 발생하고 채무자에 해당하는 집행법원 등이 압류경합을 이유로 민사집행법 제248조 제1항에 따라 집행공탁을 하였다면, 그 집행공탁으로써 배당금지급의무는 소멸하고 특별한 사정이 없는 한 집행채무자는 집행채권의 압류 또는 가압류권자에 대하여 집행채권 소멸의 효력을 대항할 수 있다(대판 2022.9.29. 2019다278785).

[**다▸O**] [**라▸✕**] 위와 같이 배당금지급청구권에 관한 압류경합에 따른 적법한 공탁사유신고에 의하여 채권배당절차가 개시되면 집행채권을 압류 또는 가압류하였던 채권자는 그 채권배당절차에서 배당금지급청구권에 대한 압류 또는 가압류권자의 지위에서 배당을 받아야 하므로, 집행법원 등이 집행채권자의 배당금지급청구권에 대한 압류의 경합을 이유로 사유신고를 할 때 사유신고서에 집행채권자에 대한 압류 또는 가압류명령도 기재하여야 한다. 만약 이 경우 집행채권자에 대한 압류 또는 가압류명령이 사유신고서에 기재되지 않는 등의 이유로 그 후에 이루어진 배당절차에서 집행채권자의 채권자가 배당을 받지 못한 경우에는 과다배당을 받은 다른 채권자를 상대로 자신이 배당받을 수 있었던 금액만큼 부당이득반환청구를 할 수 있다(대판 2022.9.29. 2019다278785).

답 ❹

109

□□□

채권압류명령 및 추심명령 또는 전부명령에 관한 다음 설명 중 가장 옳지 않은 것은?

2025년

① 채무자가 압류 또는 가압류의 대상인 채권을 양도하고 확정일자 있는 통지 등에 의한 채권양도의 대항요건을 갖추었다면, 그 후 채무자의 다른 채권자가 그 양도된 채권에 대하여 압류 또는 가압류를 하더라도 그 압류 또는 가압류 당시에 피압류채권은 이미 존재하지 않는 것과 같아 압류 또는 가압류로서의 효력이 없고, 그에 기한 추심명령 또한 무효이므로, 그 다른 채권자는 압류 등에 따른 집행절차에 참여할 수 없다.

② 압류된 금전채권에 대한 전부명령이 절차상 적법하게 발부되어 확정되었다고 하더라도 전부명령이 제3채무자에게 송달될 때에 피압류채권이 존재하지 않으면 전부명령도 무효이므로, 피압류채권이 전부채권자에게 이전되거나 집행채권이 변제되어 소멸하는 효과는 발생할 수 없다.

③ 채권자가 사해행위의 취소와 함께 수익자 또는 전득자로부터 책임재산의 회복을 명하는 사해행위 취소의 판결을 받은 경우 그 취소의 효과는 채권자와 수익자 또는 전득자 사이에만 미치므로, 수익자 또는 전득자가 채권자에 대하여 사해행위의 취소로 인한 원상회복 의무를 부담하게 될 뿐, 채무자와 사이에서 그 취소로 인한 법률관계가 형성되거나 취소의 효력이 소급하여 채무자의 책임재산으로 회복되는 것은 아니다. 따라서 채권압류명령 등 당시 피압류채권이 이미 제3자에 대한 대항요건을 갖추어 양도되어 그 명령이 효력이 없는 것이 되었다면, 그 후의 사해행위취소소송에서 위 채권양도계약이 취소되어 채권이 원채권자에게 복귀하였다고 하더라도 이미 무효로 된 채권압류명령 등이 다시 유효로 되는 것은 아니다.

④ 채권에 대한 압류명령은 압류목적채권이 현실로 존재하는 경우에 그 한도에서 효력을 발생할 수 있는 것이고 그 효력이 발생된 후 새로 발생한 채권에 대하여는 압류의 효력이 미치지 아니한다.

⑤ 장래의 불확정채권에 대하여 압류가 중복된 상태에서 전부명령이 있는 경우 그 압류의 경합으로 인하여 전부명령이 무효가 되는지의 여부는 나중에 확정된 피압류채권액을 기준으로 판단할 것이지, 전부명령이 제3채무자에게 송달된 당시의 계약상의 피압류채권액을 기준으로 판단할 것은 아니다.

[❶ ▸ ○] [❷ ▸ ○] 채무자가 압류 또는 가압류의 대상인 채권을 양도하고 확정일자 있는 통지 등에 의한 채권양도의 대항요건을 갖추었다면, 그 후 채무자의 다른 채권자가 그 양도된 채권에 대하여 압류 또는 가압류를 하더라도 그 압류 또는 가압류 당시에 피압류채권은 이미 존재하지 않는 것과 같아 압류 또는 가압류로서의 효력이 없고, 그에 기한 추심명령 또한 무효이므로, 그 다른 채권자는 압류 등에 따른 집행절차에 참여할 수 없다. 또한 압류된 금전채권에 대한 전부명령이 절차상 적법하게 발부되어 확정되었다고 하더라도 전부명령이 제3채무자에게 송달될 때에 피압류채권이 존재하지 않으면 전부명령도 무효이므로, 피압류채권이 전부채권자에게 이전되거나 집행채권이 변제되어 소멸하는 효과는 발생할 수 없다(대판 2022.12.1. 2022다247521).

[❸ ▸ ○] 채권자가 사해행위의 취소와 함께 수익자 또는 전득자로부터 책임재산의 회복을 명하는 사해행위취소의 판결을 받은 경우 그 취소의 효과는 채권자와 수익자 또는 전득자 사이에만 미치므로, 수익자 또는 전득자가 채권자에 대하여 사해행위의 취소로 인한 원상회복 의무를 부담하게 될 뿐, 채무자와 사이에서 그 취소로 인한 법률관계가 형성되거나 취소의 효력이 소급하여 채무자의 책임재산으로 회복되는 것은 아니다. 따라서 채권압류명령 등 당시 피압류채권이 이미 제3자에 대한 대항요건을 갖추어 양도되어 그 명령이 효력이 없는 것이 되었다면, 그 후의 사해행위취소소송에서 위 채권양도계약이 취소되어 채권이 원채권자에게 복귀하였다고 하더라도 이미 무효로 된 채권압류명령 등이 다시 유효로 되는 것은 아니다(대판 2022.12.1. 2022다247521).

[❹ ▸ ○] 채권에 대한 압류명령은 압류목적채권이 현실로 존재하는 경우에 그 한도에서 효력을 발생할 수 있는 것이고 그 효력이 발생된 후 새로 발생한 채권에 대하여는 압류의 효력이 미치지 아니한다(대판 1989.2.28. 88다카13394).

[❺ ▸ ×] 장래의 불확정채권에 대하여 압류가 중복된 상태에서 전부명령이 있는 경우 그 압류의 경합으로 인하여 전부명령이 무효가 되는지의 여부는 나중에 확정된 피압류채권액을 기준으로 판단할 것이 아니라 전부명령이 제3채무자에게 송달된 당시의 계약상의 피압류채권액을 기준으로 판단하여야 하고, 장래의 불확정채권에 대한 전부명령을 허용하는 것은 가까운 장래에 채권이 발생할 것이 상당한 정도로 기대되기 때문이므로, 전부명령 송달 당시 피압류채권의 발생 원인이 되는 계약에 그 채권액이 정해지지 아니하여 그 채권액을 알 수 없는 경우에는 그 계약의 체결 경위와 내용 및 그 이행 경과, 그 계약에 기하여 가까운 장래에 채권이 발생할 가능성 및 그 채권의 성격과 내용 등 제반 사정을 종합하여 그 계약에 의하여 장래 발생할 것이 상당히 기대되는 채권액을 산정한 후 이를 그 계약상의 피압류채권액으로 봄이 상당하다(대판 2010.5.13. 2009다98980).

답 ❺

110

금전채권의 강제집행에 관한 다음 설명 중 가장 옳지 않은 것은?

① 금전채권에 대하여 채권압류 및 전부명령이 있는 때에는 피전부채권이 동일성을 유지한 채로 집행채무자로부터 집행채권자에게 이전되므로 제3채무자는 채권압류 전 피전부채권자에 대하여 가지고 있었던 항변사유로 전부채권자에게 대항할 수 있다.

② 수인의 채권자에게 금전채권이 불가분적으로 귀속되는 경우에, 불가분채권자들 중 1인을 집행채무자로 한 압류 및 전부명령이 이루어지면 그 불가분채권자의 채권은 전부채권자에게 이전되므로, 피전부채권자가 아닌 다른 불가분채권자는 모든 채권자를 위하여 채무자에게 불가분채권 전부의 이행을 청구할 수 없다.

③ 전부명령이 제3채무자에게 송달되었으나 확정되기 전 즉시항고 절차 단계에서 국가가 국세징수법에 의한 체납처분으로 체납자의 채무자에 대한 집행채권을 압류한 경우 특별한 사정이 없는 한 항고법원은 전부명령을 직권으로 취소하여야 한다.

④ 채무자가 압류 또는 가압류의 대상인 채권을 양도하고 확정일자 있는 통지 등에 의한 채권양도의 대항요건을 갖추었다면, 그 후 채무자의 다른 채권자가 그 양도된 채권에 대하여 압류 또는 가압류를 하더라도 그 압류 또는 가압류 당시에 피압류채권은 이미 존재하지 않는 것과 같아 압류 또는 가압류로서의 효력이 없고, 그에 기한 추심명령 또한 무효이므로, 그 다른 채권자는 압류 등에 따른 집행절차에 참여할 수 없다.

⑤ 위 ④의 경우 압류된 금전채권에 대한 전부명령이 절차상 적법하게 발부되어 확정되었다고 하더라도 전부명령이 제3채무자에게 송달될 때에 피압류채권이 존재하지 않으면 전부명령도 무효이므로, 피압류채권이 전부채권자에게 이전되거나 집행채권이 변제되어 소멸하는 효과는 발생할 수 없다.

[❶ ▸ ○] 금전채권에 대하여 채권압류 및 추심명령이 있는 때에는 제3채무자는 채권이 압류되기 전에 압류채무자에게 대항할 수 있는 사유로 압류채권자에게 대항할 수 있고, 전부명령이 있는 때에는 피전부채권이 동일성을 유지한 채로 집행채무자로부터 집행채권자에게 이전되므로 제3채무자는 채권압류 전 피전부채권자에 대하여 가지고 있었던 항변사유로 전부채권자에게 대항할 수 있다(대판 2023.4.13. 2022다293272).

[❷ ▸ ×] 수인의 채권자에게 금전채권이 불가분적으로 귀속되는 경우에, 불가분채권자들 중 1인을 집행채무자로 한 압류 및 전부명령이 이루어지면 그 불가분채권자의 채권은 전부채권자에게 이전되지만, 그 압류 및 전부명령은 집행채무자가 아닌 다른 불가분채권자에게 효력이 없으므로, 다른 불가분채권자의 채권의 귀속에 변경이 생기는 것은 아니다. 따라서 다른 불가분채권자는 모든 채권자를 위하여 채무자에게 불가분채권 전부의 이행을 청구할 수 있고, 채무자는 모든 채권자를 위하여 다른 불가분채권자에게 전부를 이행할 수 있다. 이러한 법리는 불가분채권의 목적이 금전채권인 경우 그 일부에 대하여만 압류 및 전부명령이 이루어진 경우에도 마찬가지이다(대판 2023.3.30. 2021다264253).

[❸ ▸ ○] 집행법원은 강제집행의 개시나 속행에 있어서 집행장애사유에 대하여 직권으로 그 존부를 조사하여야 한다. 집행개시 전부터 그 사유가 있는 경우에는 집행의 신청을 각하 또는 기각하여야 하고, 만일 집행장애사유가 존재함에도 간과하고 강제집행을 개시한 다음 이를 발견한 때에는 이미 한 집행절차를 직권으로 취소하여야 한다. 그리고 집행개시 당시에는 집행장애사유가 없었더라도 집행 종료 전 집행장애사유가 발생한 때에는 만족적 단계에 해당하는 집행절차를 진행할 수 없으므로, 전부명령이 제3채무자에게 송달되었으나 확정되기 전 즉시항고 절차 단계에서 집행채권이 압류되는 등으로 집행장애사유가 발생한 경우 특별한 사정이 없는 한 항고법원은 전부명령을 직권으로 취소하여야 한다(대결 2023.1.12. 2022마6107).

[④▸○][⑤▸○] 채무자가 압류 또는 가압류의 대상인 채권을 양도하고 확정일자 있는 통지 등에 의한 채권양도의 대항요건을 갖추었다면, 그 후 채무자의 다른 채권자가 그 양도된 채권에 대하여 압류 또는 가압류를 하더라도 그 압류 또는 가압류 당시에 피압류채권은 이미 존재하지 않는 것과 같아 압류 또는 가압류로서의 효력이 없고, 그에 기한 추심명령 또한 무효이므로, 그 다른 채권자는 압류 등에 따른 집행절차에 참여할 수 없다. 또한 압류된 금전채권에 대한 전부명령이 절차상 적법하게 발부되어 확정되었다고 하더라도 전부명령이 제3채무자에게 송달될 때에 피압류채권이 존재하지 않으면 전부명령도 무효이므로, 피압류채권이 전부채권자에게 이전되거나 집행채권이 변제되어 소멸하는 효과는 발생할 수 없다(대판 2022.12.1. 2022다247521).

정답 **❷**

---

111 금전채권에 대한 전부명령에 관한 다음 설명 중 가장 옳지 않은 것은?　　2024년

① 채권압류 및 전부명령이 적법하게 이루어진 이상 피압류채권은 집행채권의 범위 내에서 당연히 집행채권자에게 이전하는 것이므로, 비록 집행채권이 이미 소멸하였거나 실제 채무액을 초과하더라도 채권압류 및 전부명령의 효력에는 아무런 영향이 없다.

② 전부명령이 제3채무자에게 송달될 때까지 그 금전채권에 관하여 압류 등이 경합하면 전부명령은 무효이지만, 압류 경합이 전부명령 송달 뒤에 발생하였다면 전부명령이 확정되기 전이었다 하더라도 전부명령의 효력에는 영향이 없고, 이는 피전부채권이 존재하지 않는 경우에도 마찬가지다.

③ 사용자가 근로자에 대한 집행권원을 가지고 근로자의 자신에 대한 임금채권 중 압류가 가능한 부분에 관하여 압류 및 전부명령을 받는 것은 가능하다.

④ 임차인의 임대인에 대한 보증금반환채권이 전부된 경우에도 임차인의 건물인도의무와 임대인의 보증금반환의무 사이의 동시이행관계는 존속하므로, 임대인이 임차인에게 보증금반환의무를 이행하거나 그 현실적인 이행의 제공을 하지 않는 한 임차인의 건물인도의무는 이행지체에 빠지지 않는다.

⑤ 전부명령이 확정된 후 그 집행권원인 집행증서의 기초가 된 법률행위 중 전부 또는 일부에 무효사유가 있는 것으로 판명된 경우에는 그 무효 부분에 관하여는 집행채권자가 부당이득을 한 셈이 되므로 그 집행채권자는 집행채무자에게, 위 전부명령에 따라 전부받은 채권 중 실제로 추심한 금전 부분에 관하여는 그 상당액을 반환하여야 하고, 추심하지 않은 나머지 부분에 관하여는 그 채권 자체를 양도하는 방법에 의하여 반환하여야 한다. 이는 전부명령이 확정된 후 그 집행권원상의 집행채권이 소멸한 것으로 판명된 경우에도 동일하다.

....

[❶▸○] 집행력 있는 집행권원에 기하여 채권압류 및 전부명령이 적법하게 이루어진 이상 피압류채권은 집행채권의 범위 내에서 당연히 집행채권자에게 이전한다 할 것이어서 그 집행채권이 이미 소멸하였거나 실제 채무액을 초과하더라도 그 채권압류 및 전부명령에는 아무런 영향이 없고, 제3채무자로서는 채무자에 대하여 부담하고 있는 채무액의 한도 내에서 집행채권자에게 변제하면 완전히 면책된다(대판 2004.5.28. 2004다6542).

[**❷ ▸ ✕**] 전부명령이 제3채무자에게 송달된 때에 채무자는 채무를 변제한 것으로 볼 뿐만 아니라(민사집행법 제231조), 전부명령이 제3채무자에게 송달될 때까지 그 금전채권에 관하여 압류 등이 경합하면 전부명령은 무효이지만 압류의 경합이 전부명령 송달 뒤에 발생하였다면 비록 그 전부명령이 확정되기 전이었다 하더라도 이는 전부명령의 효력에 영향을 미치지 않는다(민사집행법 제229조 제5항). ⋯ 피전부채권이 존재하지 않는 경우에는 전부명령은 실체법상 무효이므로 집행채권 소멸의 효력은 발생하지 않는다(민사집행법 제231조 단서). **실무제요 집행 4**

[**❸ ▸ ○**] 근로기준법 제36조 제1항 본문에 규정된 임금의 전액지급의 원칙에 비추어 사용자가 근로자의 급료나 퇴직금 등 임금채권을 수동채권으로 하여 사용자의 근로자에 대한 다른 채권으로 상계할 수 없지만, 그렇다고 하여 사용자가 근로자에 대한 집행권원의 집행을 위하여 근로자의 자신에 대한 임금채권 중 2분의 1 상당액에 관하여 압류 및 전부명령을 받는 것까지 금지하는 취지는 아니고, 같은 법 제25조는 사용자가 전차금 기타 근로할 것을 조건으로 하는 전대채권과 임금을 서로 상계하지 못한다는 취지를 규정한 데 불과하므로 이를 근거로 하여 위와 같은 사용자의 임금채권에 관한 압류 및 전부명령이 허용되지 않는다고 풀이할 수도 없다(대결 1994.3.16. 93마1822).

[**❹ ▸ ○**] 임차인의 임차보증금반환청구채권이 전부된 경우에도 채권의 동일성은 그대로 유지되는 것이어서 동시이행관계도 당연히 그대로 존속한다고 해석할 것이므로 임대차계약이 해지된 후에 임대인이 잔존임차보증금반환청구 채권을 전부받은 자에게 그 채무를 현실적으로 이행하였거나 그 채무이행을 제공하였음에도 불구하고 임차인이 목적물을 명도하지 않음으로써 임차목적물반환채무가 이행지체에 빠지는 등의 사유로 동시이행의 항변권을 상실하게 되었다는 점에 관하여 임대인이 주장, 입증을 하지 않은 이상, 임차인의 목적물에 대한 점유는 동시이행의 항변권에 기한 것이어서 불법점유라고 볼 수 없다(대판 1989.10.27. 89다카4298).

[**❺ ▸ ○**] 채무자 또는 그 대리인의 유효한 작성촉탁과 집행인낙의 의사표시에 터잡아 작성된 공정증서를 집행권원으로 하는 금전채권에 대한 강제집행절차에서, 비록 그 공정증서에 표시된 청구권의 기초가 되는 법률행위에 무효사유가 있다고 하더라도 그 강제집행절차가 청구이의의 소 등을 통하여 적법하게 취소·정지되지 아니한 채 계속 진행되어 채권압류 및 전부명령이 적법하게 확정되었다면, 그 강제집행절차가 반사회적 법률행위의 수단으로 이용되었다는 등의 특별한 사정이 없는 한, 단지 이러한 법률행위의 무효사유를 내세워 확정된 전부명령에 따라 전부채권자에게 피전부채권이 이전되는 효력 자체를 부정할 수는 없고, 다만 위와 같이 전부명령이 확정된 후 그 집행권원인 집행증서의 기초가 된 법률행위 중 전부 또는 일부에 무효사유가 있는 것으로 판명된 경우에는 그 무효 부분에 관하여는 집행채권자가 부당이득을 한 셈이 되므로, 그 집행채권자는 집행채무자에게, 위 전부명령에 따라 전부받은 채권 중 실제로 추심한 금전 부분에 관하여는 그 상당액을 반환하여야 하고, 추심하지 아니한 나머지 부분에 관하여는 그 채권 자체를 양도하는 방법에 의하여 반환하여야 한다(대판 2005.4.15. 2004다70024). 이는 전부명령이 확정된 후 그 집행권원상의 집행채권이 소멸한 것으로 판명된 경우에도 동일하다(대판 2008.2.29. 2007다49960).

답 ❷

채권압류 및 추심·전부명령의 효력에 관한 다음 설명 중 가장 옳지 않은 것은? 2023년

① 민법 제450조 제2항 소정의 지명채권양도의 제3자에 대한 대항요건은, 양도된 채권이 존속하는 동안에 그 채권에 관하여 양수인의 지위와 양립할 수 없는 법률상의 지위를 취득한 제3자가 있는 경우에 적용되는 것이므로, 양도된 채권이 이미 변제 등으로 소멸한 경우에는 그 후에 그 채권에 관한 채권압류 및 추심명령이 송달되더라도 그 채권압류 및 추심명령은 존재하지 아니하는 채권에 대한 것으로서 무효이고, 위와 같은 대항요건의 문제는 발생될 여지가 없다.

② 채권가압류와 채권압류의 집행이 경합된 상태에서 발령된 전부명령은 무효이고, 한 번 무효로 된 전부명령은 일단 경합된 가압류 및 압류가 그 후 채권가압류의 집행해제로 경합상태를 벗어났다고 하여 되살아나는 것은 아니다.

③ 채권압류 및 추심명령 또는 전부명령 당시 피압류채권이 이미 제3자에 대한 대항요건을 갖추어 양도되어 그 명령이 효력이 없는 것이 되었더라도, 그 후의 사해행위취소소송에서 위 채권양도계약이 취소되어 채권이 원채권자에게 복귀하였다면 일단 무효로 된 채권압류 및 추심명령 또는 전부명령은 유효로 된다.

④ 다른 채권자가 제3채무자의 변제 전에 동일한 피압류채권에 대하여 압류·가압류명령을 신청하고 나아가 압류·가압류명령을 얻었다고 하더라도 제3채무자가 추심권자에게 지급한 후에 그 압류·가압류명령이 제3채무자에게 송달된 경우에는 추심권자가 추심한 금원에 그 압류·가압류의 효력이 미친다고 볼 수 없고, 추심채권자가 추심의 신고를 하기 전에 다른 채권자가 동일한 피압류채권에 대하여 압류·가압류명령을 신청하였다고 하더라도 이를 당해 채권추심사건에 관한 적법한 배당요구로 볼 수도 없다.

⑤ 같은 채권에 관하여 추심명령이 여러 번 발령되더라도 그 사이에는 순위의 우열이 없고, 추심명령을 받아 채권을 추심하는 채권자는 자기채권의 만족을 위하여서뿐만 아니라 압류가 경합되거나 배당요구가 있는 경우에는 집행법원의 수권에 따라 일종의 추심기관으로서 압류나 배당에 참가한 모든 채권자를 위하여 제3채무자로부터 추심을 하는 것이므로 그 추심권능은 압류된 채권 전액에 미치며, 제3채무자로서도 정당한 추심권자에게 변제하면 그 효력은 위 모든 채권자에게 미치므로 압류된 채권을 경합된 압류채권자 및 또 다른 추심권자의 집행채권액에 안분하여 변제하여야 하는 것도 아니다.

··

[**❶ ▸ ○**] 민법 제450조 제2항 소정의 지명채권양도의 제3자에 대한 대항요건은 양도된 채권이 존속하는 동안에 그 채권에 관하여 양수인의 지위와 양립할 수 없는 법률상의 지위를 취득한 제3자가 있는 경우에 적용되는 것이므로, 양도된 채권이 이미 변제 등으로 소멸한 경우에는 그 후에 그 채권에 관한 채권압류 및 추심명령이 송달되더라도 그 채권압류 및 추심명령은 존재하지 아니하는 채권에 대한 것으로서 무효이고, 위와 같은 대항요건의 문제는 발생할 여지가 없다(대판 2011.7.28. 2010다63690).

[**❷ ▸ ○**] 채권가압류와 채권압류의 집행이 경합된 상태에서 발령된 전부명령은 무효이고, 한 번 무효로 된 전부명령은 일단 경합된 가압류 및 압류가 그 후 채권가압류의 집행해제로 경합상태를 벗어났다고 하여 되살아나는 것은 아니다(대판 2001.10.12. 2000다19373).

[❸ ▸ ✕] [1] 채무자가 압류 또는 가압류의 대상인 채권을 양도하고 확정일자 있는 통지 등에 의한 채권양도의 대항요건을 갖추었다면, 그 후 채무자의 다른 채권자가 그 양도된 채권에 대하여 압류 또는 가압류를 하더라도 그 압류 또는 가압류 당시에 피압류채권은 이미 존재하지 않는 것과 같아 압류 또는 가압류로서의 효력이 없고, 그에 기한 추심명령 또한 무효이므로, 그 다른 채권자는 압류 등에 따른 집행절차에 참여할 수 없다. 또한 압류된 금전채권에 대한 전부명령이 절차상 적법하게 발부되어 확정되었다고 하더라도 전부명령이 제3채무자에게 송달될 때에 피압류채권이 존재하지 않으면 전부명령도 무효이므로, 피압류채권이 전부채권자에게 이전되거나 집행채권이 변제되어 소멸하는 효과는 발생할 수 없다. [2] 채권자가 사해행위의 취소와 함께 수익자 또는 전득자로부터 책임재산의 회복을 명하는 사해행위취소의 판결을 받은 경우 그 취소의 효과는 채권자와 수익자 또는 전득자 사이에만 미치므로, 수익자 또는 전득자가 채권자에 대하여 사해행위의 취소로 인한 원상회복 의무를 부담하게 될 뿐, 채무자와 사이에서 그 취소로 인한 법률관계가 형성되거나 취소의 효력이 소급하여 채무자의 책임재산으로 회복되는 것은 아니다. 따라서 채권압류명령 등 당시 피압류채권이 이미 제3자에 대한 대항요건을 갖추어 양도되어 그 명령이 효력이 없는 것이 되었다면, 그 후의 사해행위취소소송에서 위 채권양도계약이 취소되어 채권이 원채권자에게 복귀하였다고 하더라도 이미 무효로 된 채권압류명령 등이 다시 유효로 되는 것은 아니다(대판 2022.12.1. 2022다247521).

[❹ ▸ ○] [1] 추심명령을 얻어 채권을 추심하는 채권자는 집행법원의 수권에 따라 일종의 추심기관으로서 제3채무자로부터 추심을 하는 것이므로 제3채무자로서도 정당한 추심권자에게 지급하면 피압류채권은 소멸한다. [2] 채권에 대한 압류·가압류명령은 그 명령이 제3채무자에게 송달됨으로써 효력이 생기는 것이므로(민사집행법 제227조 제3항, 제291조), 제3채무자의 지급으로 인하여 피압류채권이 소멸한 이상 설령 다른 채권자가 그 변제 전에 동일한 피압류채권에 대하여 압류·가압류명령을 신청하고 나아가 압류·가압류명령을 얻었다고 하더라도 제3채무자가 추심권자에게 지급한 후에 그 압류·가압류명령이 제3채무자에게 송달된 경우에는 추심권자가 추심한 금원에 그 압류·가압류의 효력이 미친다고 볼 수 없다. [3] 추심채권자가 추심의 신고를 하기 전에 다른 채권자가 동일한 피압류채권에 대하여 압류·가압류명령을 신청하였다고 하더라도 이를 당해 채권추심사건에 관한 적법한 배당요구로 볼 수 없다(대판 2008.11.27. 2008다59391).

[❺ ▸ ○] 같은 채권에 관하여 추심명령이 여러 번 발부되더라도 그 사이에는 순위의 우열이 없고, 추심명령을 받아 채권을 추심하는 채권자는 자기채권의 만족을 위하여서뿐만 아니라 압류가 경합되거나 배당요구가 있는 경우에는 집행법원의 수권에 따라 일종의 추심기관으로서 압류나 배당에 참가한 모든 채권자를 위하여 제3채무자로부터 추심을 하는 것이므로 그 추심권능은 압류된 채권 전액에 미치며, 제3채무자로서도 정당한 추심권자에게 변제하면 그 효력은 위 모든 채권자에게 미치므로 압류된 채권을 경합된 압류채권자 및 또 다른 추심권자의 집행채권액에 안분하여 변제하여야 하는 것도 아니다(대판 2001.3.27. 2000다43819).

답 ❸

동산에 대한 강제집행 – (4) 유체물의 인도청구권 등에 대한 집행

113
□□□

다음은 유체물의 인도청구권 등에 대한 강제집행에 관한 설명이다. 가장 틀린 것은? 2010년

① 선박, 항공기의 권리이전청구권에 대한 압류에 관하여는 부동산청구권의 집행에 관한 규정이 준용된다.
② 유체동산인도청구권을 압류하는 경우에 인도명령의 기재가 없는 압류명령도 완전히 유효하다.
③ 소유권이전등기청구권이 압류된 후에 제3채무자나 채무자로부터 소유권이전등기를 넘겨받은 제3자에 대하여는 그 취득한 등기가 원인무효라고 주장하여 그 말소를 청구할 수 있다.
④ 부동산에 관한 인도청구권에 대한 집행의 경우 종국적인 만족을 위해서는 채권자는 본래의 집행권원에 터잡아 인도받은 부동산에 대한 강제경매 또는 강제관리를 신청하여야 한다.
⑤ 유체물의 인도나 권리이전의 청구권에 대하여는 전부명령을 하지 못한다.

....

[❶ ▸ ○] 선박·항공기·자동차 또는 건설기계의 권리이전청구권에 대한 압류에 관하여는 <u>부동산청구권에 관한 민사집행법 제244조 제2항 내지 제4항의 규정을 준용한다</u>(민사집행규칙 제171조 제1항 후단).

> **민사집행규칙 제171조(선박 등 청구권에 대한 집행)**
> ① 선박 또는 항공기의 인도청구권에 대한 압류에 관하여는 법 제244조 제1항·제4항의 규정을, <u>선박·항공기·자동차 또는 건설기계의 권리이전청구권에 대한 압류에 관하여는 법 제244조 제2항 내지 제4항의 규정을 준용한다.</u>
> ② 자동차 또는 건설기계의 인도청구권에 대한 압류에 관하여는 법 제243조 제1항·제2항의 규정을 준용한다.
> ③ 제1항 또는 제2항의 규정에 따라 인도 또는 권리이전된 선박·항공기·자동차 또는 건설기계의 강제집행에 대하여는 선박·항공기·자동차 또는 건설기계 강제집행에 관한 규정을 각기 적용한다.
>
> **민사집행법 제244조(부동산청구권에 대한 압류)**
> ② <u>부동산에 관한 권리이전청구권의 압류에 대하여는</u> 그 부동산소재지의 지방법원은 채권자 또는 제3채무자의 신청에 의하여 보관인을 정하고 제3채무자에 대하여 그 부동산에 관한 채무자명의의 권리이전등기절차를 보관인에게 이행할 것을 명하여야 한다.
> ③ 제2항의 경우에 보관인은 채무자명의의 권리이전등기신청에 관하여 채무자의 대리인이 된다.
> ④ 채권자는 제3채무자에 대하여 제1항 또는 제2항의 명령의 이행을 구하기 위하여 법원에 추심명령을 신청할 수 있다.

[❷ ▸ ○] 유체동산인도청구권의 압류(강제집행에 관한 규정을 준용하는 가압류의 경우도 마찬가지이다)는 원칙적으로 금전채권의 압류에 준하여 집행법원의 압류명령과 그 송달로써 하는 것으로 제3채무자에 대한 압류명령의 송달이 있으면 압류의 효력이 발생하는 것이고, 민사집행법 제243조 제1항 소정의 이른바 인도명령은 같은 조 제2항에 의한 환가를 위한 준비로서 의미가 있는 것으로 압류명령의 본질적 부분을 구성하는 것은 아니며, <u>인도명령의 기재가 없는 압류명령도 완전히 유효한 것인바</u>, 압류명령이 제3채무자에게 송달됨으로써 유체동산인도청구권 자체에 대한 압류의 집행은 끝나고 그 효력이 발생하는 것이다(대판 1994.3.25. 93다42757).

[**❸** ▸ ✕]　소유권이전등기청구권에 대한 압류나 가압류는 '채권'에 대한 것이지 등기청구권의 목적물인 '부동산'에 대한 것이 아니고, 채무자와 제3채무자에게 결정을 송달하는 외에 현행법상 등기부에 이를 공시하는 방법이 없는 것으로서 당해 채권자와 채무자 및 제3채무자 사이에만 효력을 가지며, 압류나 가압류와 관계가 없는 제3자에 대하여는 압류나 가압류의 처분금지적 효력을 주장할 수 없으므로 소유권이전등기청구권의 압류나 가압류는 청구권의 목적물인 부동산 자체의 처분을 금지하는 대물적 효력은 없다 할 것이고, 제3채무자나 채무자로부터 소유권이전등기를 넘겨받은 제3자에 대하여는 취득한 등기가 원인무효라고 주장하여 말소를 청구할 수 없다(대판 1992.11.10. 92다4680[전합]).

[**❹** ▸ ○]　부동산에 관한 청구권에 대한 강제집행은 어느 경우에도 제3채무자로부터 부동산에 대한 채무자 명의의 등기를 실현시키거나 그 부동산을 보관인에게 인도하게 하여(또는 양자를 실현시켜) 부동산물권 자체에 대항 강제경매 또는 강제관리를 실시하여 현금화하는 것이 궁극적인 목적이다. 보관인에게 인도되거나 채무자 명의로 권리 이전된 부동산은 부동산집행에 관한 규정에 의하여 현금화하므로(민사집행규칙 제170조), 종국적인 만족을 얻기 위해서는 채권자는 본래의 집행권원에 기초하여 인도 또는 권리이전 받은 부동산에 대한 강제경매 또는 강제관리를 신청하여야 한다(민사집행규칙 제170조, 대판 2002.10.25. 2002다39371). 보관인은 인도받은 부동산을 강제경매의 경우에는 매수인에게, 강제관리의 경우에는 관리인에게 인도한다.　**실무제요 집행 4**

[**❺** ▸ ○]　유체물의 인도나 권리이전의 청구권에 대하여는 전부명령을 하지 못한다(민사집행법 제245조).

답 **❸**

부동산의 인도 또는 권리이전청구권에 대한 집행에 관한 다음 설명 중 가장 옳지 않은 것은?

2022년

① 부동산의 인도나 권리이전의 청구권에 대한 압류명령이 제3채무자에게 송달되면 압류의 효력이 생긴다.
② 부동산의 인도나 권리이전의 청구권에 대하여도 전부명령을 할 수 있다.
③ 부동산에 관한 인도청구권의 압류에 대하여는 그 부동산소재지의 지방법원은 채권자 또는 제3채무자의 신청에 의하여 보관인을 정하고 제3채무자에 대하여 그 부동산을 보관인에게 인도할 것을 명하여야 한다.
④ 부동산에 관한 권리이전청구권의 압류에 대하여는 그 부동산소재지의 지방법원은 채권자 또는 제3채무자의 신청에 의하여 보관인을 정하고 제3채무자에 대하여 그 부동산에 관한 채무자명의의 권리이전등기절차를 보관인에게 이행할 것을 명하여야 한다.
⑤ 부동산의 인도나 권리이전의 청구권에 대한 압류명령의 신청에 관한 재판에 대하여는 즉시항고를 할 수 있다.

....

[❶ ▸ ○] [❺ ▸ ○] 민사집행법 제242조, 제227조 제3항·제4항

> **민사집행법 제242조(유체물인도청구권 등에 대한 집행)**
> 부동산·유체동산·선박·자동차·건설기계·항공기·경량항공기 등 유체물의 인도나 권리이전의 청구권에 대한 강제집행에 대하여는 제243조부터 제245조까지의 규정을 우선적용하는 것을 제외하고는 제227조부터 제240조까지의 규정을 준용한다.
>
> **민사집행법 제227조(금전채권의 압류)**
> ③ 압류명령이 제3채무자에게 송달되면 압류의 효력이 생긴다.
> ④ 압류명령의 신청에 관한 재판에 대하여는 즉시항고를 할 수 있다.

[❷ ▸ ×] 유체물의 인도나 권리이전의 청구권에 대하여는 전부명령을 하지 못한다(민사집행법 제245조).
[❸ ▸ ○] 부동산에 관한 인도청구권의 압류에 대하여는 그 부동산소재지의 지방법원은 채권자 또는 제3채무자의 신청에 의하여 보관인을 정하고 제3채무자에 대하여 그 부동산을 보관인에게 인도할 것을 명하여야 한다(민사집행법 제244조 제1항).
[❹ ▸ ○] 부동산에 관한 권리이전청구권의 압류에 대하여는 그 부동산소재지의 지방법원은 채권자 또는 제3채무자의 신청에 의하여 보관인을 정하고 제3채무자에 대하여 그 부동산에 관한 채무자명의의 권리이전등기절차를 보관인에게 이행할 것을 명하여야 한다(민사집행법 제244조 제2항).

답 ❷

115
☐☐☐

다음 중 강제집행절차에서 그 밖의 재산권에 대한 집행의 대상으로 압류할 수 없는 것은?

2013년

① 주권발행 전의 주식으로 회사 성립 후 또는 신주납입기일 후 6월이 경과하도록 회사가 주권을
　발행하지 않은 경우
② 선박의 공유지분권
③ 부부공유재산을 제외한 유체동산에 대한 공유지분권
④ 다른 공유자의 동의서가 첨부되지 아니한 특허권의 공유지분권
⑤ 예탁결제원에 예탁된 예탁유가증권의 공유지분권

....

[❶ ▸ ○]　부동산 집행의 대상이 되지 않는 재산 중 유체동산과 채권, 그리고 유체물 인도나 권리이전청
구권을 제외한 것으로 민사집행법 제251조에 따른 강제집행의 대상이 되는 것을 '그 밖의 재산권'이라
한다. 민사집행법에서 개별적으로 그 집행방법을 정한 부동산, 선박·자동차·건설기계·항공기, 유체
동산, 채권 및 유체물 인도청구권 이외에 '그 밖의 재산권'은 다양하게 존재하고 있다. 여기서 말하는
'그 밖의 재산권'에는 여러 가지가 있으나, 이를 압류·현금화하여 금전채권의 만족을 얻으려고 하는
것이므로 그 권리는 독립하여 재산적 가치가 있어야 하고, 금전적 평가가 가능한 것이어야 한다.
　　실무제요 집행 4　회사성립 후 또는 신주납입기일 후 6개월이 경과하도록 회사가 주권을 발행하지
않는 경우에는 주권 없이 주식을 양도할 수 있고, 양수인은 회사에 대하여 양수인 명의로 명의개서
후 양수인에게로의 주권의 발행을 청구할 수 있다. 이 경우에는 주식 자체가 채무자의 재산권이고 양도성
이 있어, 주식 자체를 압류 목적물로 하여 집행법원으로부터 압류명령을 받고 그에 대항 양도명령,
매각명령 등 특별현금화방법의 결정을 받아 현금화하면 된다(대결 2011.5.6. 2011그37 참조).
[❷ ▸ ○]　선박의 지분에 대한 강제집행은 제251조(그 밖의 재산권에 대한 집행)에서 규정한 강제집행
의 예에 따른다(민사집행법 제185조 제1항).
[❸ ▸ ○]　부부공유재산을 제외한 '유체동산에 대한 공유지분권'도 '그 밖의 재산권'에 해당한다.
　　실무제요 집행 4
[❹ ▸ ✕]　특허권, 실용신안권, 디자인권, 상표권 및 저작권 등 지식재산권은 독립한 재산권으로 민사
집행법 제251조에서 정한 그 밖의 재산권에 대한 강제집행의 대상이 된다. 그런데, 특허권 등이 공유인
경우에는 다른 공유자의 동의 없이는 양도를 할 수 없다(특허법 제99조 제2항, 디자인보호법 제54조 제3항,
상표법 제48조 제4항 등). 결국 위 권리는 특허권자 등의 동의가 있는 경우에만 집행의 대상이 된다.
[❺ ▸ ○]　한국예탁결제원에 예탁된 유가증권(예탁유가증권)에 대한 강제집행은 그 밖의 재산권에 대
한 집행방법에 따라 예탁유가증권에 관한 공유지분에 대한 법원의 압류명령에 따라 개시되고(민사집행규
칙 제176조), 채권집행 등에 관한 규정의 대부분이 준용되고 있다(민사집행규칙 제182조).

 답 ❹

그 밖의 재산권에 대한 강제집행(민사집행법 제251조)에 관한 다음 설명 중 가장 옳지 않은 것은? *2015년*

① 특허권, 저작권 등 그 권리 이전에 등록이 필요한 재산권에 대하여 채무자의 보통재판적이 없는 때에는 그 등록을 하는 곳을 관할하는 지방법원도 관할법원이 된다.
② 골프회원권은 그 밖의 재산권에 대한 집행 대상이 되지만, 회원 탈퇴 시 행사할 수 있는 정지조건부 채권인 예탁금반환청구권에 대하여 압류 및 전부명령을 받는 방법으로 집행할 수도 있다.
③ 특허권이 공유인 경우 각 공유자의 공유지분은 다른 공유자의 동의를 얻지 않는 한 압류의 대상이 될 수 없다.
④ 건설업면허나 공유수면점용허가권은 사법상의 권리가 아니라 공법상의 권능에 속하는 것이므로 그 밖의 재산권에 대한 강제집행의 대상으로 삼기에 부적합하다.
⑤ 권리이전에 등기 또는 등록을 필요로 하는 그 밖의 재산권에 대한 압류명령 신청에는 집행력 있는 정본 외에 그 밖의 재산권에 관한 등기사항증명서 또는 등록원부의 등본이나 초본을 붙여야 한다.

．．．

[❶ ▸ ○] 그 밖의 재산권에 대한 압류명령의 신청은 일반의 채권압류에 준하여 이루어지므로, 채무자의 보통재판적이 있는 곳을 관할하는 지방법원(민사집행법 제224조 제1항)이 관할 집행법원이다. 다만 특허권, 저작권 등의 지식재산권, 선박·항공기·자동차·건설기계 등의 공유지분, 등기된 임차권, 가등기상의 권리, 등기된 환매권, 합명회사 등의 사원권 등 그 권리 이전에 등기 또는 등록이 필요한 재산권에 대하여는, 채무자의 보통재판적이 없는 때에는 압류할 채권이 있는 곳이라고 할 수 있는 '그 등록 등을 하는 곳을 관할하는 지방법원'도 보충적 관할 집행법원이 되므로(민사집행규칙 제175조 제2항), 주의를 요한다. **실무제요 집행 4**

[❷ ▸ ○] 골프 회원권은 그 밖의 재산권에 대한 집행의 대상이 된다(대결 2010.7.26. 2010마651 참조). 회원이 탈퇴할 때 행사할 수 있는 정지조건부채권인 예탁금 반환청구권에 대하여는 금전채권에 대한 집행의 방법, 즉 압류 및 전부명령을 받는 방법으로도 집행할 수 있다(대판 1989.11.10. 88다카19606).

[❸ ▸ ○] 특허를 받을 수 있는 권리가 공유인 경우에는 각 공유자는 다른 공유자 모두의 동의를 받아야만 그 지분을 양도할 수 있다(특허법 제37조 제3항). 따라서 특허권이 공유인 경우에는 각 공유자의 공유지분은 다른 공유자의 동의를 얻지 않는 한 압류의 대상이 될 수 없다(대결 2012.4.16. 2011마2412).

[❹ ▸ ✕] 사법상의 권리에 한하여 집행의 대상이 될 수 있고 공법상의 권능인 때에는 애초부터 집행의 대상이 되지 아니하며, 또 일반적으로 어느 사업을 경영할 권리와 같은 포괄적재산은 강제집행의 목적으로서 적합하지 않으므로 위와 같은 권리 중 집행의 대상이 되는 것은 드물다. 건설업면허(대결 1994.12.15. 94마1802)나 여객자동차운수사업면허권(대결 1996.9.12. 96마1088) 등은 사업의 양도에 따라 이전되는 것이므로 그 면허만을 그 밖의 재산권으로서 집행의 대상으로 삼기에 부적합하다. **실무제요 집행 4** 그러나 공유수면점용허가권은 공법상의 권리라고 하더라도 허가를 받은 자가 관할 관청의 허가 없이 그 점용허가권을 자유로이 양도할 수 있으므로 독립한 재산적 가치를 가지고 있고, 법률상 압류가 금지된 권리도 아니어서 민사집행법 제251조 소정의 '그 밖의 재산권'에 대한 집행방법에 의하여 강제집행을 할 수 있고, 사해행위로서 이를 양도한 경우에는 채권자취소권의 대상이 된다(대판 2005.11.10. 2004다7873).

[❺ ▸ ○] 권리이전에 등기 또는 등록이 필요한 그 밖의 재산권에 대한 압류명령신청서에는 집행력 있는 정본 외에 권리에 관한 등기사항증명서 또는 등록원부의 등본이나 초본을 붙여야 한다(민사집행규칙 제175조 제1항).

답 ❹

채권배당절차에 관한 다음 설명 중 가장 옳지 않은 것은?

① 동일한 채권에 대하여 두 개 이상의 채권압류 및 전부명령이 발령되어 제3채무자에게 동시에 송달된 경우, 각 채권압류명령의 압류액을 합한 금액이 피압류채권액을 초과하면 당해 전부명령은 모두 무효이나, 각 압류명령까지 무효가 되는 것은 아니므로 각 압류채권자의 지위에서 배당에 참여할 수 있다.

② 제3채무자가 일부 압류를 원인으로 금전채권 전액을 집행공탁을 하고 사유신고를 한 후 변제공탁의 성질을 갖는 부분에 관한 피공탁자(압류채무자)의 공탁금출급청구권에 대하여 압류경합이 발생하면 공탁관이 사유신고를 하여야 하는데, 이때 개시되는 배당절차는 제3채무자의 공탁사유신고로 인해 진행되는 배당절차사건과는 별개이다.

③ 집행력 있는 집행권원의 정본을 가지지 아니한 채권자 및 가압류채권자에 대하여 이의한 채무자와 다른 채권자에 대하여 이의한 채권자는 배당이의의 소를 제기하여야 하고, 집행력 있는 집행권원의 정본을 가진 채권자에 대하여 이의한 채무자는 청구이의의 소를 제기하여야 한다.

④ 동일한 피압류채권에 대한 다른 채권자의 압류명령이 추심권자의 추심 종료 후에 제3채무자에게 송달된 경우, 그 압류의 효력은 추심금에 미치지 아니하며 이를 배당요구로도 볼 수 없다.

⑤ 국세징수법상의 체납처분에 의한 압류만을 이유로 집행공탁이 이루어진 경우에 제3채무자가 민사집행법 제248조 제4항에 따라 법원에 공탁사유를 신고하였다고 하더라도 민사집행법 제247조 제1항에 의한 배당요구 종기가 도래한다고 할 수는 없다.

⋯⋯

[❶ ▸ ○] 동일한 채권에 대하여 두 개 이상의 채권압류 및 전부명령이 발령되어 제3채무자에게 동시에 송달된 경우 당해 전부명령이 채권압류가 경합된 상태에서 발령된 것으로서 무효인지의 여부는 그 각 채권압류명령의 압류액을 합한 금액이 피압류채권액을 초과하는지를 기준으로 판단하여야 하므로 전자(각 채권압류명령의 압류액을 합한 금액)가 후자(피압류채권액)을 초과하는 경우에는 당해 전부명령은 모두 채권의 압류가 경합된 상태에서 발령된 것으로서 무효로 될 것이지만(대판 2002.7.26. 2001다68839), 전부명령이 압류의 경합 등으로 인하여 무효라 할지라도 채권압류의 효력은 유효히 지속되므로(대판 1976.9.28. 76다1145 참조) 각 압류채권자의 지위에서 배당에 참여할 수 있다.

[❷ ▸ ○] 제3채무자가 일부 압류를 원인으로 금전채권 전액을 집행공탁을 하고 사유신고를 한 후 변제공탁의 성질을 갖는 부분에 관한 피공탁자(압류채무자)의 공탁금출급청구권에 대하여 압류경합이 발생하면 공탁관이 사유신고를 하여야 하는데, 제3채무자의 공탁사유신고로 인해 진행되는 배당절차사건과는 별개의 배당절차가 개시된다. *실무제요 집행 3*

[❸ ▸ ✕] 민사집행법 제154조 제1항, 제2항

> **민사집행법 제154조(배당이의의 소 등)**
> ① 집행력 있는 집행권원의 정본을 가지지 아니한 채권자(가압류채권자를 제외한다)에 대하여 이의한 채무자와 다른 채권자에 대하여 이의한 채권자는 배당이의의 소를 제기하여야 한다.
> ② 집행력 있는 집행권원의 정본을 가진 채권자에 대하여 이의한 채무자는 청구이의의 소를 제기하여야 한다.

[**❹** ▸ ○] [1] 채권에 대한 압류·가압류명령은 그 명령이 제3채무자에게 송달됨으로써 효력이 생기는 것이므로(민사집행법 제227조 제3항, 제291조), 제3채무자의 지급으로 인하여 피압류채권이 소멸한 이상 설령 다른 채권자가 그 변제 전에 동일한 피압류채권에 대하여 압류·가압류명령을 신청하고 나아가 압류·가압류명령을 얻었다고 하더라도 제3채무자가 추심권자에게 지급한 후에 그 압류·가압류명령이 제3채무자에게 송달된 경우에는 추심권자가 추심한 금원에 그 압류·가압류의 효력이 미친다고 볼 수 없다. [2] 추심채권자가 추심의 신고를 하기 전에 다른 채권자가 동일한 피압류채권에 대하여 압류·가압류명령을 신청하였다고 하더라도 이를 당해 채권추심사건에 관한 적법한 배당요구로 볼 수 없다(대판 2008.11.27. 2008다59391).

[**❺** ▸ ○] 국세징수법상의 체납처분에 의한 압류만을 이유로 집행공탁이 이루어진 경우에는 사업시행자가 민사집행법 제248조 제4항에 따라 법원에 공탁사유를 신고하였다고 하더라도 민사집행법 제247조 제1항에 의한 배당요구 종기가 도래한다고 할 수는 없다(대판 2007.4.12. 2004다20326).

답 ❸

118

물상대위권 행사에 관한 다음 설명 중 가장 옳지 않은 것은?

① 근저당권자가 공탁금에 대하여 물상대위권 행사를 위한 압류를 하지 아니하고 일반채권에 기하여 가압류만 하고 있던 중에 다른 채권자가 압류를 하게 되면 공탁관은 압류와 가압류의 경합을 사유로 하여 압류법원에 사유신고를 하게 되므로, 그 이후에는 근저당권자는 물상대위권 행사를 위한 압류나 배당요구를 할 수 없으므로 근저당권자는 위 배당절차에서 근저당권자가 아닌 단순한 가압류채권자로서 다른 채권자들과 안분배당을 받을 수 있을 뿐이다.

② 저당권에 기한 물상대위권을 갖는 채권자가 동시에 집행권원을 가지고 있으면서 집행권원에 의한 강제집행의 방법을 선택하여 채권의 압류 및 전부명령을 얻은 경우에는, 비록 그가 물상대위권을 갖는 실체법상의 우선권자라 하더라도 압류가 경합된 상태에서 발부된 전부명령은 무효로 볼 수밖에 없다.

③ 수용보상금채권에 물상대위권을 행사하기 위해서는 대상물인 금전 그 밖의 물건이 지급 또는 인도되기 전에 압류하여야 하고, 담보물권자가 물상대위권을 행사하기 전에 양도 또는 전부명령 등에 의하여 보상금 채권이 타인에게 이전된 경우에는 담보물권자는 물상대위권을 행사하여 다른 일반 채권자보다 우선적으로 보상금을 지급받을 수 없다.

④ 수용보상금에 대하여 다른 일반채권자가 먼저 가압류나 압류의 집행을 하였다고 하더라도 담보물권자는 물상대위권을 행사하여 우선변제를 받을 수 있으나, 일단 사업시행자가 집행공탁하고 공탁사유신고를 한 때 또는 추심채권자가 추심하고 추심신고를 한 때에는 배당요구의 종기가 지난 후이므로 물상대위권을 행사할 수 없다.

⑤ 수용되는 토지에 가압류가 집행되어 있더라도 토지수용으로 사업시행자가 그 소유권을 원시취득하게 됨에 따라 그 토지 가압류의 효력은 절대적으로 소멸하는 것이고, 이 경우 법률에 특별한 규정이 없는 이상 토지에 대한 가압류가 그 수용보상금채권에 당연히 이전되어 효력이 미치게 된다거나 수용보상금채권에 대하여도 토지 가압류의 처분금지적 효력이 미친다고 볼 수는 없다.

∴∴∴

[❶▸O] 근저당권자 '甲'이 근저당권설정자 '乙'이 받을 토지수용보상의 공탁금에 대하여 물상대위권을 행사하려면 그 지불 전에 이를 압류하여야 하고, 공탁금출급청구권에 대하여 가압류의 경합만이 있는 상태에서는 공탁공무원의 사유신고에 기한 배당절차가 개시될 수는 없는 것이며, '甲'이 위 공탁금에 대하여 물상대위권을 행사하기 위하여 근저당권의 존재를 증명하는 서류(등기부등본)를 제출하여 채권에 대한 강제집행절차에 준하는 채권압류 및 전부명령을 받은 경우에는 그 공탁금에 대하여 다른 일반 채권자가 먼저 가압류나 압류의 집행을 하였다 하더라도 그에 우선하여 변제를 받을 수 있을 것이나, '甲'이 위 공탁금에 대하여 물상대위권 행사를 위한 압류를 하지 아니하고 일반채권에 기하여 가압류만 하고 있던 중에 다른 채권자가 압류를 하게 되면 공탁공무원은 압류와 가압류의 경합을 사유로 하여 압류법원에 사유신고를 하게 되므로(공탁사무처리규칙 제52조), 그 이후에는 '甲'은 물상대위권 행사를 위한 압류나 배당요구를 할 수 없으므로(민사집행법 제247조 제1항 제1호) '甲'은 위 배당절차에서 근저당권자가 아닌 단순한 가압류채권자로서 다른 채권자들과 안분배분을 받을 수 있을 뿐이다(공탁선례 제1-232호).

[❷▸O] 저당권에 기한 물상대위권을 갖는 채권자가 동시에 집행권원을 가지고 있으면서 집행권원에 의한 강제집행의 방법을 선택하여 채권의 압류 및 전부명령을 얻은 경우에는 비록 그가 물상대위권을 갖는 실체법상의 우선권자라 하더라도 원래 일반 집행권원에 의한 강제집행절차와 담보권의 실행절차와는 그 개시요건이 다를 뿐만 아니라 다수의 이해관계인이 관여하는 집행절차의 안정과 평등배당을 기대한 다른 일반 채권자의 신뢰를 보호할 필요가 있는 점에 비추어 압류가 경합된 상태에서 발부된 전부명령은 무효로 볼 수밖에 없다(대판 1990.12.26. 90다카24816 참조).

[❸ ▸ ✕] 물상대위권자의 압류 전에 양도 또는 전부명령 등에 의하여 보상금 채권이 타인에게 이전된 경우라도 보상금이 직접 지급되거나 보상금지급청구권에 관한 강제집행절차에 있어서 배당요구의 종기에 이르기 전에는 여전히 그 청구권에 대한 추급이 가능하다(대판 2000.6.23. 98다31899).

[❹ ▸ ○] 물상대위권은 늦어도 민사집행법 제247조 제1항 각 호에서 정하고 있는 배당요구의 종기까지 행사하여야 하므로 저당권자로서는 제3채무자가 민사집행법 제248조 제4항 소정의 공탁사유신고를 하기 이전에 스스로 담보권의 존재를 증명하는 서류를 제출하여 물상대위권의 목적채권을 압류하거나 법원에 배당요구를 하여야 하는 것이고, 그 이후에는 물상대위권자로서의 우선변제권을 행사할 수 없게 된다. 공탁실무편람

> **민사집행법 제247조(배당요구)**
> ① 민법·상법, 그 밖의 법률에 의하여 우선변제청구권이 있는 채권자와 집행력 있는 정본을 가진 채권자는 다음 각 호의 시기까지 법원에 배당요구를 할 수 있다.
> 　1. 제3채무자가 제248조 제4항에 따른 공탁의 신고를 한 때
>
> **민사집행법 제248조(제3채무자의 채무액의 공탁)**
> ④ 제3채무자가 채무액을 공탁한 때에는 그 사유를 법원에 신고하여야 한다. 다만, 상당한 기간 이내에 신고가 없는 때에는 압류채권자, 가압류채권자, 배당에 참가한 채권자, 채무자, 그 밖의 이해관계인이 그 사유를 법원에 신고할 수 있다.

[❺ ▸ ○] '공익사업을 위한 토지 등의 취득 및 보상에 관한 법률' 제45조 제1항에 의하면, 토지 수용의 경우 사업시행자는 수용의 개시일에 토지의 소유권을 취득하고 그 토지에 관한 다른 권리는 소멸하는 것인바, 수용되는 토지에 대하여 가압류가 집행되어 있더라도 토지 수용으로 사업시행자가 그 소유권을 원시취득하게 됨에 따라 그 토지 가압류의 효력은 절대적으로 소멸하는 것이고, 이 경우 법률에 특별한 규정이 없는 이상 토지에 대한 가압류가 그 수용보상금채권에 당연히 전이되어 효력이 미치게 된다거나 수용보상금채권에 대하여도 토지 가압류의 처분금지적 효력이 미친다고 볼 수는 없으며, 또 가압류는 담보물권과는 달리 목적물의 교환가치를 지배하는 권리가 아니고, 담보물권의 경우에 인정되는 물상대위의 법리가 여기에 적용된다고 볼 수도 없다. 그러므로 토지에 대하여 가압류가 집행된 후에 제3자가 그 토지의 소유권을 취득함으로써 가압류의 처분금지 효력을 받고 있던 중 그 토지가 공익사업법에 따라 수용됨으로 인하여 기존 가압류의 효력이 소멸되는 한편 제3취득자인 토지소유자는 위 가압류의 부담에서 벗어나 토지수용보상금을 온전히 지급받게 되었다고 하더라도, 이는 위 법에 따른 토지 수용의 효과일 뿐이지 이를 두고 법률상 원인 없는 부당이득이라고 할 것은 아니다(대판 2009.9.10. 2006다61536).

답 ❸

금전채권 외의 채권에 기초한 강제집행

CHAPTER 02

119

다음은 부동산·선박 인도청구권의 집행에 관한 설명이다. 가장 틀린 것은?   2010년

① 채무자가 부동산을 인도하여야 할 때에는 집행관은 채무자로부터 점유를 빼앗아 채권자에게 인도하여야 한다.
② 선박은 원래 동산이지만 민사집행법 제258조는 그 대소나 등기의 유무를 불문하고 이를 부동산과 같이 취급하고 있다.
③ 집행관이 집행을 하기 위해서는 채권자나 대리인이 인도받기 위하여 출석하여야만 한다.
④ 강제집행의 목적물이 아닌 동산은 집행관이 제거하여 채권자에게 인도하여야 한다.
⑤ 건물의 소유자가 그 건물의 소유를 통하여 타인 소유의 토지를 점유하고 있다고 하더라도 그 토지 소유자로서는 그 건물의 철거와 그 대지 부분의 인도를 청구할 수 있을 뿐, 자기 소유의 건물을 점유하고 있는 자에 대하여 그 건물에서 퇴거할 것을 청구할 수는 없다.

......

[❶ ▸ O] 채무자가 부동산이나 선박을 인도하여야 할 때에는 집행관은 채무자로부터 점유를 빼앗아 채권자에게 인도하여야 한다(민사집행법 제258조 제1항).

[❷ ▸ O] 선박은 원래 동산이지만 민사집행법 제258조는 그 대소나 등기의 유무를 불문하고 이를 부동산과 같이 취급하고 있다.   실무제요 집행 4

[❸ ▸ O] 집행관이 부동산·선박 인도청구권의 집행을 하기 위해서는 채권자나 대리인이 인도받기 위하여 출석하여야만 한다(민사집행법 제258조 제2항).

[❹ ▸ ×] 부동산·선박 인도청구권의 집행을 할 때 강제집행의 목적물이 아닌 동산은 집행관이 제거하여 채무자에게 인도하여야 한다(민사집행법 제258조 제3항).

[❺ ▸ O] 건물의 소유자가 그 건물의 소유를 통하여 타인 소유의 토지를 점유하고 있다고 하더라도 그 토지 소유자로서는 그 건물의 철거와 그 대지 부분의 인도를 청구할 수 있을 뿐, 자기 소유의 건물을 점유하고 있는 자에 대하여 그 건물에서 퇴거할 것을 청구할 수는 없다(대판 1999.7.9. 98다57457).

답 ❹

120

금전채권 외의 채권에 기초한 강제집행에 대한 설명이다. 가장 옳지 않은 것은?　2012년

① 조건부 의사진술을 명하는 재판은 그 조건이 성취되어 집행문이 부여되었을 때 의사를 진술한 것과 동일한 효력이 발생하므로 강제집행의 정지도 인정될 여지가 없다.

② 대체집행결정에는 반드시 채무자에 갈음하여 작위를 실시할 자를 특정하여 지정할 필요는 없다.

③ 채권양도인이 채권양도의 통지를 하지 않는 경우 의사표시에 갈음할 재판으로 그 이행을 강제할 수 있다.

④ 법원은 간접강제결정을 변론 없이 할 수 있으나 결정하기 전에 채무자를 심문하여야 한다.

⑤ 유체동산인도청구권의 집행을 하기 위해서는 채권자나 대리인이 인도받기 위하여 출석하여야 한다.

....

[❶ ▸ ○]　조건부 의사진술을 명하는 재판은, 그 조건이 성취되어 집행문이 부여될 때 의사를 진술한 것과 동일한 효력이 발생하고, 집행기관이 관여하는 현실적인 강제집행절차가 존재할 수 없으므로, 강제집행의 정지도 있을 수 없으니, 등기공무원은 강제집행정지결정에 구애됨이 없이 등기신청을 받아들여 등기기입을 할 수 있다(대결 1979.5.22. 77마427).

[❷ ▸ ○]　수권결정(대체집행결정)에서 반드시 채무자에 갈음하여 작위를 실시할 사람을 특정하여 지정할 필요는 없다. 그 지정이 없으면 채권자가 스스로 작위를 실시하거나 또는 제3자를 지정하여 실시하게 할 수 있다. 그러나 수권결정에서 그 지정이 있었으면 채권자는 이에 구속되어 피지정자를 실시자로 하지 않으면 안 된다(대판 1966.1.25. 65다2318).

[❸ ▸ ○]　민사집행법 제263조(의사표시의무의 집행)는 의사표시가 있는 것으로 봄으로써 법률효과가 발생하는 것을 목적으로 하기 때문에 위 조항이 적용될 수 있는 의사표시는 그 의사표시에 의하여 일정한 법률효과가 생기는 것이어야 한다. 그러나 법률행위의 요소로서의 의사표시에만 국한되는 것은 아니고, 준법률행위인 의사의 통지(최고 등)나 관념의 통지(채권양도의 통지 또는 승낙 등)도 여기서 말하는 의사표시에 해당한다. 따라서 채권양도인이 채권양도의 통지를 하지 않는 경우 의사표시에 갈음할 재판으로 그 이행을 강제할 수 있다.

[❹ ▸ ○]　법원은 제260조(대체집행) 및 제261조(간접강제)의 결정은 변론 없이 할 수 있다. 다만, 결정하기 전에 채무자를 심문하여야 한다(민사집행법 제262조).

[❺ ▸ ✕]　채무자가 특정한 동산이나 대체물의 일정한 수량을 인도하여야 할 때에는 집행관은 이를 채무자로부터 빼앗아 채권자에게 인도하여야 한다(민사집행법 제257조). 집행관은 민사집행법 제257조에 규정된 강제집행의 장소에 채권자 또는 그 대리인이 출석하지 아니한 경우에 목적물의 종류·수량 등을 고려하여 부득이하다고 인정하는 때에는 강제집행의 실시를 유보할 수 있다. 집행관은 강제집행의 장소에 채권자 또는 그 대리인이 출석하지 아니한 경우에 채무자로부터 목적물을 빼앗은 때에는 이를 보관하여야 한다(민사집행규칙 제186조 제1항·제2항).

답 ❺

121 □□□ 금전채권 외의 채권에 기초한 강제집행에 관한 다음 설명 중 가장 옳지 않은 것은? 2015년

① 특정동산 인도청구권을 강제집행하는 경우에 인도하여야 할 목적물을 채무자가 소지하고 있을 때는 집행관은 채무자로부터 이를 빼앗아 채권자에게 인도하여야 한다.

② 반대급부 이행 등 조건이 성취되지 않았는데도 등기신청의 의사표시를 명하는 판결 등 집행권원에 집행문이 부여된 경우에는 그 집행문부여는 무효이다.

③ 토지 소유자는 그 지상에 건축된 건물의 소유자에게 부지의 불법점유를 이유로 건물에서 퇴거할 것을 청구할 수 있다.

④ 채권자가 건물인도집행 당시 당해 건물 내에 집행채무자의 소유가 아닌 집행목적 외 동산이 있음을 알면서도 집행관에게 인도집행을 위임하여 시행케 하였다고 하여도 이러한 사유만으로는 그 인도집행이 위법하다고 할 수는 없다.

⑤ 수권결정 신청에 관한 재판에 대하여 당사자는 즉시항고 할 수 있으나, 집행권원상의 실체적 청구권의 존부와 내용과 같은 실체법상의 이유를 가지고 즉시항고를 할 수는 없다.

....

[❶ ▸ ○] 채무자가 특정한 동산이나 대체물의 일정한 수량을 인도하여야 할 때에는 집행관은 이를 채무자로부터 빼앗아 채권자에게 인도하여야 한다(민사집행법 제257조).

[❷ ▸ ○] 집행권원상의 의사표시를 하여야 하는 채무가 반대급부 이행 등 조건이 붙은 경우에는 채권자가 조건 등의 성취를 증명하여 재판장의 명령에 의하여 집행문을 받아야만 의사표시 의제의 효과가 발생한다. 따라서 반대급부 이행 등 조건이 성취되지 않았는데도 등기신청의 의사표시를 명하는 판결 등 집행권원에 집행문이 잘못 부여된 경우에는 그 집행문부여는 무효이나, 이러한 집행문부여로써 강제집행이 종료되고 더 이상의 집행 문제는 남지 않는다는 점을 고려하면 집행문부여에 대한 이의신청이나 집행문부여에 대한 이의의 소를 제기할 이익이 없으므로, 채무자로서는 집행문부여에 의하여 의제되는 등기신청에 관한 의사표시가 무효라는 것을 주장하거나 그에 기초하여 이루어진 등기의 말소 또는 회복을 구하는 소를 제기하여야 한다(대판 2012.3.15. 2011다73021).

[❸ ▸ ✕] 건물의 소유자가 그 건물의 소유를 통하여 타인 소유의 토지를 점유하고 있다고 하더라도 그 토지 소유자로서는 그 건물의 철거와 그 대지 부분의 인도를 청구할 수 있을 뿐, 자기 소유의 건물을 점유하고 있는 자에 대하여 그 건물에서 퇴거할 것을 청구할 수는 없다(대판 1999.7.9. 98다57457).

[❹ ▸ ○] 건물명도의 강제집행은 당해 건물에 대한 채무자의 점유를 배제하고 채권자에게 그 점유를 취득케 함으로써 종료하는 것이고, 당해 건물 내에 있는 집행목적외 동산의 처리는 종료된 강제집행에서 파생된 사무적인 부수처분에 불과한 것으로서 채권자를 위한 집행행위가 아니므로, 비록 채권자가 건물 부분의 명도집행 당시 그 곳에 남아 있던 동산이 집행채무자의 소유가 아님을 알면서도 집행관에게 명도집행을 위임하여 시행케 하였다 하여도, 이러한 사유만으로는 그 명도집행이 위법하다고 할 수는 없다(대판 1996.12.20. 95다19843).

[❺ ▸ ○] 수권결정의 신청에 관한 재판에 대하여 당사자는 즉시항고를 할 수 있다(민사집행법 제260조 제3항). 인용결정뿐만 아니라 각하·기각결정에 대하여도 즉시항고를 할 수 있다. 대체집행을 명하는 결정(수권결정)에 대한 즉시항고는 그 집행절차상의 형식적인 하자(집행개시요건의 결여, 수권결정발령 절차의 하자 또는 수권결정절차에서의 심사사항 위배 등)를 이유로 하여야 하고, 집행권원상의 실체적 청구권의 존부와 내용 같은 실체법상의 이유를 가지고 즉시항고를 할 수는 없다(대결 1992.6.24. 92마214).

답 ❸

122

간접강제에 관한 다음 설명 중 가장 옳지 않은 것은?　　　　　　2025년

① 특정물의 인도를 내용으로 하는 채무는 원칙적으로 집행관이 특정물을 채무자로부터 빼앗아 채권자에게 인도하는 방법으로 집행해야 한다. 다만 채권자가 인도집행을 시도하였으나 한 차례 불능에 이른 사정이 있다면 그러한 특정물 인도채무에 관하여도 간접강제를 명할 수 있다.

② 계속적 부작위의무를 명한 가처분에 기한 간접강제결정이 발령된 상태에서 의무위반행위가 계속되던 중 채무자가 그 행위를 중지하고 장래의 의무위반행위를 방지하기 위한 적당한 조치를 취했다거나 가처분에서 정한 금지기간이 경과하였다고 하더라도, 채무자는 간접강제결정 발령 후에 행한 의무위반행위에 대하여 배상금의 지급의무를 면하지 못한다.

③ 채무자가 간접강제결정에서 명한 이행기간이 지난 후 채무를 이행하였다면, 채권자는 특별한 사정이 없는 한 채무의 이행이 지연된 기간에 상응하는 배상금의 추심을 위한 강제집행을 할 수 있다.

④ 간접강제 배상금은 채무자로부터 추심된 후 국고로 귀속되는 것이 아니라 채권자에게 지급하여 채무자의 의무 불이행으로 인한 손해의 전보에 충당된다.

⑤ 부작위채무에 관하여 판결절차의 변론종결 당시에 보아 부작위채무를 명하는 집행권원이 성립하더라도 채무자가 이를 단기간 내에 위반할 개연성이 있고, 또한 판결절차에서 명할 적정한 배상액을 산정할 수 있는 경우에는 판결절차에서도 채무불이행에 대한 간접강제를 할 수 있다.

[❶ ▶ ✕] 채무자가 특정한 동산이나 대체물의 일정한 수량을 인도하여야 할 때에는 집행관은 이를 채무자로부터 빼앗아 채권자에게 인도하여야 한다(민사집행법 제257조). 채권자가 인도집행을 시도하였으나 한 차례 불능에 이른 사정이 있다고 하더라도 그러한 특정물 인도채무에 관하여 간접강제를 명할 수 없다(대결 2012.1.27. 2010마1850 참조).

> **[참고]** 민사집행법 제261조 제1항은 채무의 성질이 간접강제를 할 수 있는 경우에 법원이 채권자의 신청에 따라 간접강제를 명할 수 있다고 규정하고 있다. 여기서 '간접강제를 할 수 있는 경우'에 해당하는 간접강제의 대상이 되는 채무는 일반적으로 부대체적 작위채무나 부작위채무에 한정되고, 특정물의 인도를 내용으로 하는 채무는 원칙적으로 민사집행법 제257조의 방법에 따른 집행의 대상이 될 뿐이어서 특별한 사정이 없는 한 간접강제의 대상이 되지 아니하며, 단순히 민사집행법 제257조의 방법에 따른 강제집행이 실효를 거두지 못하였다는 사유만으로 간접강제의 대상이 된다고 볼 수도 없다. 원심이 이러한 법리에 따라 단지 채권자가 이 사건 판결에 기하여 시도한 인도집행이 불능에 이른 적이 있다는 등의 사정만으로 이 사건 인도채무에 대하여 간접강제를 명할 수 없다고 보아 재항고인의 이 사건 신청을 기각한 것은 정당하고, 거기에 재항고이유로 주장하는 바와 같이 간접강제의 법리를 오해함으로써 필요한 심리를 다하지 않아 재판에 영향을 미친 위법이 있다고 볼 수 없다(대결 2012.1.27. 2010마1850).

[❷ ▶ ○] 계속적 부작위의무를 명한 가처분에 기한 간접강제결정이 발령된 상태에서 의무위반행위가 계속되던 중 채무자가 그 행위를 중지하고 장래의 의무위반행위를 방지하기 위한 적당한 조치를 취했다거나 가처분에서 정한 금지기간이 경과하였다고 하더라도, 그러한 사정만으로는 처음부터 가처분위반행위를 하지 않은 것과 같이 볼 수 없고 간접강제결정 발령 후에 행해진 가처분위반행위의 효과가 소급적으로 소멸하는 것도 아니므로, 채무자는 간접강제결정 발령 후에 행한 의무위반행위에 대하여 배상금의 지급의무를 면하지 못하고 채권자는 위반행위에 상응하는 배상금의 추심을 위한 강제집행을 할 수 있다 (대판 2012.4.13. 2011다92916).

[**❸** ▸ ○] 민사집행법 제261조 제1항의 간접강제결정에 기한 배상금은 채무자에게 이행기간 이내에 이행을 하도록 하는 심리적 강제수단이라는 성격뿐만 아니라 채무자의 채무불이행에 대한 법정 제재금이라는 성격도 가진다고 보아야 한다. 따라서 채무자가 간접강제결정에서 명한 이행기간이 지난 후에 채무를 이행하였다면, 채권자는 특별한 사정이 없는 한 채무의 이행이 지연된 기간에 상응하는 배상금의 추심을 위한 강제집행을 할 수 있다(대판 2013.2.14. 2012다26398).

[**❹** ▸ ○] 간접강제 배상금은 채무자로부터 추심된 후 국고로 귀속되는 것이 아니라 채권자에게 지급하여 채무자의 작위의무 불이행으로 인한 손해의 전보에 충당되는 것이다(대판 2014.7.24. 2012다49933).

[**❺** ▸ ○] 부작위채무에 관하여 판결절차의 변론종결 당시에 보아 부작위채무를 명하는 집행권원이 성립하더라도 채무자가 이를 단기간 내에 위반할 개연성이 있고, 또한 판결절차에서 민사집행법 제261조에 의하여 명할 적정한 배상액을 산정할 수 있는 경우에는 판결절차에서도 채무불이행에 대한 간접강제를 할 수 있다. 또한 부대체적 작위채무에 관하여서도 판결절차의 변론종결 당시에 보아 집행권원이 성립하더라도 채무자가 부대체적 작위채무를 임의로 이행할 가능성이 없음이 명백하고, 판결절차에서 채무자에게 간접강제결정의 당부에 관하여 충분히 변론할 기회가 부여되었으며, 민사집행법 제261조에 의하여 명할 적정한 배상액을 산정할 수 있는 경우에는 판결절차에서도 채무불이행에 대한 간접강제를 할 수 있다. 그 이유는 다음과 같다. ㉠ 본안판결에서 동시에 민사집행법 제261조 제1항의 간접강제에 관한 판결을 할 수 있는지 여부에 관하여 이를 명시적으로 금지하는 법 규정은 없다. 입법자는 채권에 대한 강제이행의 원칙과 집행권원에 기초한 강제집행의 원칙을 규정하였을 뿐 판결절차에서는 어떠한 경우에도 간접강제를 명할 수 없도록 법률을 제정하였다고 볼 수 없다. ㉡ 판결절차에서 간접강제를 명할 수 있도록 한 이유는 부작위채무와 부대체적 작위채무(이하 '부작위채무 등'이라 한다)를 이행하지 않는 경우에 집행의 실효성을 확보하고 집행공백을 막으려는 데 있다. ㉢ 판결절차에서 간접강제를 명하더라도 채무자에게 크게 불리하다고 볼 수 없다. 판결절차에서도 채권자인 원고가 간접강제를 청구해야만 법원이 간접강제를 명할 수 있으므로, 변론 과정에서 채무자인 피고가 간접강제에 관하여 충분히 의견을 진술할 수 있기 때문이다. ㉣ 판례가 제시하는 요건에 따라 판결절차에서 간접강제를 명하는 것은 분쟁의 종국적인 해결에도 이바지한다(대판[전합] 2021.7.22. 2020다248124).

답 ❶

123

간접강제에 관한 다음 설명 중 가장 옳지 않은 것은?

① 부대체적 작위채무로서 장부 또는 서류의 열람·등사를 허용할 것을 명하는 집행권원에 대한 간접강제결정의 주문에서 채무자가 열람·등사 허용의무를 위반하는 경우 배상금을 지급하도록 명하였다면, 위 간접강제결정에 부여되는 집행문은 단순집행문이므로 위의 경우에 특별한 사정이 없는 한 집행문부여에 대한 이의의 소의 대상이 되지 않는다.

② 부작위채무의 위반행위는 원칙적으로 집행권원 성립 후에 생긴 것이어야 하지만, 위반상태가 집행권원 성립 전부터 있었어도 집행권원 성립 후의 행위에 의하여 침해상태가 계속되는 경우에는 부작위채무에 대한 집행의 대상이 된다고 보아야 한다.

③ 지방법원 합의부가 재판한 간접강제결정을 대상으로 한 청구이의의 소나 집행문부여에 대한 이의의 소는 그 재판을 한 지방법원 합의부의 전속관할에 속한다.

④ 부대체적 작위채무의 이행을 명하는 가처분결정과 함께 그 의무위반에 대한 간접강제결정이 동시에 이루어진 경우에는 그 간접강제결정에 기한 강제집행을 반드시 가처분결정이 송달된 날로부터 2주 이내에 할 필요는 없다.

⑤ 간접강제결정 발령 후에 채무자가 부대체적 작위채무를 이행하였다고 하더라도 이미 발생한 강제금 지급의무는 소멸하지 않고, 다만 간접강제결정에 대하여 부대체적 작위채무의 이행을 이유로 하는 청구이의의 소를 제기할 수 있다.

[**❶** ▸ ×] [1] 민사집행법 제45조, 제30조 제2항, 제31조에 의하면, 집행문부여에 대한 이의의 소는 판결을 집행하는 데에 조건이 붙어 있어 그 조건이 성취되었음을 채권자가 증명하여야 하는 때에 이를 증명하는 서류를 제출하여 집행문을 내어 준 경우와 판결에 표시된 채권자의 승계인을 위하여 내어 주거나 판결에 표시된 채무자의 승계인에 대한 집행을 위하여 집행문을 내어 준 경우에, 채무자가 집행문부여에 관하여 증명된 사실에 의한 판결의 집행력을 다투거나 인정된 승계에 의한 판결의 집행력을 다투는 때에 제기할 수 있다. [2] 채권자가 부대체적 작위채무에 대한 간접강제결정을 집행권원으로 하여 강제집행을 하기 위해서는 집행문을 받아야 한다. 부대체적 작위채무로서 장부 또는 서류의 열람·등사를 허용할 것을 명하는 집행권원에 대한 간접강제결정의 주문에서 채무자가 열람·등사 허용의무를 위반하는 경우 민사집행법 제261조 제1항의 배상금을 지급하도록 명하였다면, 그 문언상 채무자는 채권자가 특정 장부 또는 서류의 열람·등사를 요구할 경우에 한하여 이를 허용할 의무를 부담하는 것이지 채권자의 요구가 없어도 먼저 채권자에게 특정 장부 또는 서류를 제공할 의무를 부담하는 것은 아니다. 따라서 그러한 간접강제결정에서 명한 배상금 지급의무는 그 발생 여부나 시기 및 범위가 불확정적이라고 봄이 타당하므로, 그 간접강제결정은 이를 집행하는 데 민사집행법 제30조 제2항의 조건이 붙어 있다고 보아야 한다. 채권자가 그 조건이 성취되었음을 증명하기 위해서는 채무자에게 특정 장부 또는 서류의 열람·등사를 요구한 사실, 그 특정 장부 또는 서류가 본래의 집행권원에서 열람·등사의 허용을 명한 장부 또는 서류에 해당한다는 사실 등을 증명하여야 한다. 이 경우 집행문은 민사집행법 제32조 제1항에 따라 재판장의 명령에 의해 부여하되 강제집행을 할 수 있는 범위를 집행문에 기재하여야 한다(대판 2021.6.24. 2016다268695). → 피고가 원고를 상대로 한 회계장부 등 열람·등사 가처분신청 사건에서, "원고는 결정 송달일로부터 공휴일을 제외한 30일 동안 피고에게 이 사건 장부 및 서류를 열람·등사하는 것을 허용하여야 하고, 이에 위반하는 경우 위반행위 1일당 100만원을 지급하라"는 가처분결정이 내려졌고, 피고는 이 가처분결정에 대하여 집행문을 부여받았는데, 원고는 열람·등사 허용의무를 위반하지 않았다는 등의 이유로 이 사건 집행문부여에 대한 이의의 소를 제기하였다. 대법원은 위와 같은 간접강제결정은 그 배상금 지급의무의 발생 여부와 시기 및 범위가 불확정적이므로 민사집행법 제30조

제2항의 조건이 붙어 있는 경우에 해당한다는 이유로, 원고가 그 조건의 성취를 다투는 취지에서 이 사건 집행문부여에 대한 이의의 소를 제기한 것은 적법하다고 판단한 사례

[**❷** ▸ ○] 부작위채무의 위반행위는 원칙적으로 집행권원이 성립한 후에 생긴 것이어야 하지만 위반상태가 집행권원이 성립하기 전부터 있었어도 집행권원이 성립한 후의 행위에 의하여 침해상태가 계속되는 경우에는 부작위 집행의 대상이 된다고 보아야 한다. 실무상 주로 문제되는 부작위채무의 예는 영업방해금지의무, 접근금지의무, 명예훼손금지의무, 방송금지 또는 영화상영 금지의무, 특허권 등 지식재산권 침해금지의무, 공사방해금지의무 등이 있다. 실무제요 집행 4

[**❸** ▸ ○] 민사집행법 제44조 제1항은 "채무자가 판결에 따라 확정된 청구에 관하여 이의하려면 제1심 판결법원에 청구에 관한 이의의 소를 제기하여야 한다."라고 규정하고, 제45조 본문은 위 규정을 집행문부여에 대한 이의의 소에 준용하도록 하고 있다. 여기서 '제1심 판결법원'이란 집행권원인 판결에 표시된 청구권, 즉 그 판결에 기초한 강제집행에 의하여 실현될 청구권에 대하여 재판을 한 법원을 가리키고, 이는 직분관할로서 성질상 전속관할에 속한다. 한편 민사집행법 제56조 제1호는 '항고로만 불복할 수 있는 재판'을 집행권원의 하나로 규정하고, 제57조는 이러한 집행권원에 기초한 강제집행에 대하여 제44조, 제45조 등을 준용하도록 규정하고 있다. 따라서 지방법원 합의부가 재판한 간접강제결정을 대상으로 한 청구이의의 소나 집행문부여에 대한 이의의 소는 그 재판을 한 지방법원 합의부의 전속관할에 속한다(대판 2017.4.7. 2013다80627).

[**❹** ▸ ○] 부대체적 작위채무의 이행을 명하는 가처분결정과 함께 그 의무위반에 대한 간접강제결정이 동시에 이루어진 경우에는 간접강제결정 자체가 독립된 집행권원이 되고 간접강제결정에 기초하여 배상금을 현실적으로 집행하는 절차는 간접강제절차와 독립된 별개의 금전채권에 기초한 집행절차이므로, 그 간접강제결정에 기한 강제집행을 반드시 가처분결정이 송달된 날로부터 2주 이내에 할 필요는 없다. 다만, 그 집행을 위해서는 당해 간접강제결정의 정본에 집행문을 받아야 한다(대결 2008.12.24. 2008마1608).

[**❺** ▸ ○] 간접강제결정에서 부대체적 작위의무를 위반한 때부터 의무이행 완료 시까지 위반일수에 비례하여 배상금 지급을 명한 경우, 그에 대한 청구이의의 소에서 채무자는 간접강제의 대상인 작위의무를 이행했음을 증명하여 의무이행일 이후 발생할 배상금에 관한 집행력 배제를 구할 수 있지만, 이미 작위의무를 위반한 기간에 해당하는 배상금 지급의무는 소멸하지 아니하므로 그 범위 내에서 간접강제결정의 집행력은 소멸하지 않는다(대판 2023.2.23. 2022다277874).

> 채무자가 이행기간 경과 후에 뒤늦게 채무를 이행한 경우에 관하여, ㉠ 간접강제의 절차와 배상금의 집행절차는 별개라는 점을 근거로 채무자가 임의로 작위채무를 이행하더라도 이미 발생한 배상금 지급의무를 면하는 것은 아니라는 견해(추심가능설)와 ㉡ 간접강제결정에 기초한 배상금의 추심은 과거의 지연에 대한 제재나 손해배상이 아니고 작위의무의 이행에 관한 심리적 강제수단에 불과하므로 작위의무의 이행이 있으면 배상금을 추심함으로써 심리적 강제를 꾀할 목적이 상실되어 버리므로 채권자가 더 이상 배상금을 추심할 수 없다는 견해(추심불능설)가 대립한다. 판례는 민사집행법상의 부대체적 작위채무에 대한 간접강제결정에 기한 배상금의 추심에 관하여 간접강제결정에서 명한 이행기간이 지난 후에 채무를 이행하였다면 채권자가 특별한 사정이 없는 한 채무의 이행이 지연된 기간에 상응하는 배상금의 추심을 위한 강제집행을 할 수 있다고 하여 추심가능설의 입장을 분명히 하였다(대판 2013.2.14. 2012다26398). 만약 작위의무를 이행하여 그 의무가 소멸된 이후의 부분에 대해서까지 채권자가 배상금의 강제집행을 계속하려고 할 때에는 채무자는 작위를 명하는 본래의 집행권원에 대한 청구이의의 소(민사집행법 제44조)를 제기하여 구제를 받아야 한다(대판 2013.2.14. 2012다26398). 실무제요 집행 4

답

금전채권 외의 채권에 기초한 강제집행에 관한 다음 설명 중 가장 옳지 않은 것은? 2024년

① 채무의 성질이 간접강제를 할 수 있는 경우에 제1심 법원은 채권자의 신청에 따라 간접강제를 명하는 결정을 한다.

② 부대체적 작위채무로서 장부 또는 서류의 열람·등사를 허용할 것을 명하는 집행권원에 대한 간접강제결정의 주문에서 채무자가 열람·등사 허용의무를 위반하는 경우 민사집행법 제261조 제1항의 배상금을 지급하도록 명한 경우, 이러한 간접강제결정에서 명한 배상금 지급의무는 그 발생여부나 시기 및 범위가 불확정적이라고 봄이 타당하므로, 그 간접강제결정은 이를 집행하는 데 민사집행법 제30조 제2항의 조건이 붙어 있다고 보아야 한다.

③ 부대체적 작위의무의 이행으로서 장부 또는 서류의 열람·복사를 허용하라는 판결 등의 집행을 위한 간접강제결정에서 채무자로 하여금 의무위반 시 배상금을 지급하도록 명한 경우, 채권자는 특정 장부 또는 서류의 열람·복사를 요구한 사실, 그것이 본래의 집행권원에서 열람·복사 허용을 명한 장부 또는 서류에 해당한다는 사실 등을 증명함으로써 간접강제결정에 집행문을 받을 수 있다. 한편 채무자는 위와 같은 조건이 성취되지 않았음을 다투는 집행문부여에 대한 이의의 소를 통해 간접강제결정에 기초한 배상금채권의 집행을 저지할 수 있을 뿐 부대체적 작위의무를 이행하였음을 내세워 청구이의의 소로써 본래의 집행권원인 판결 등의 집행력 자체를 배제해 달라고 할 수 없고, 그 판결 등을 집행권원으로 하여 발령된 간접강제결정에 대하여도 청구이의의 소를 제기할 수 없다.

④ 채무자가 간접강제결정에서 명한 이행기간이 지난 후에 채무를 이행하였다면, 채권자는 특별한 사정이 없는 한 채무의 이행이 지연된 기간에 상응하는 배상금의 추심을 위한 강제집행을 할 수 있다.

⑤ 채권자가 부대체적 작위채무에 대한 간접강제결정을 집행권원으로 하여 강제집행을 하기 위해서는 집행문을 받아야 한다.

......

[❶ ▶ ○] 채무의 성질이 간접강제를 할 수 있는 경우에 제1심 법원은 채권자의 신청에 따라 간접강제를 명하는 결정을 한다. 그 결정에는 채무의 이행의무 및 상당한 이행기간을 밝히고, 채무자가 그 기간 이내에 이행을 하지 아니하는 때에는 늦어진 기간에 따라 일정한 배상을 하도록 명하거나 즉시 손해배상을 하도록 명할 수 있다(민사집행법 제261조 제1항).

[❷ ▶ ○] 부대체적 작위채무로서 장부 또는 서류의 열람·등사를 허용할 것을 명하는 집행권원에 대한 간접강제결정의 주문에서 채무자가 열람·등사 허용의무를 위반하는 경우 민사집행법 제261조 제1항의 배상금을 지급하도록 명하였다면, 그 문언상 채무자는 채권자가 특정 장부 또는 서류의 열람·등사를 요구할 경우에 한하여 이를 허용할 의무를 부담하는 것이지 채권자의 요구가 없어도 먼저 채권자에게 특정 장부 또는 서류를 제공할 의무를 부담하는 것은 아니다. 따라서 그러한 간접강제결정에서 명한 배상금 지급의무는 그 발생 여부나 시기 및 범위가 불확정적이라고 봄이 타당하므로, 그 간접강제결정은 이를 집행하는 데 민사집행법 제30조 제2항의 조건이 붙어 있다고 보아야 한다(대판 2021.6.24. 2016다268695).

[❸ ▶ ✕] 부대체적 작위의무의 이행으로서 장부 또는 서류의 열람·복사를 허용하라는 판결 등의 집행을 위한 간접강제결정에서 채무자로 하여금 의무위반 시 배상금을 지급하도록 명한 경우, 채권자는 특정 장부 또는 서류의 열람·복사를 요구한 사실, 그것이 본래의 집행권원에서 열람·복사 허용을 명한 장부 또는 서류에 해당한다는 사실 등을 증명함으로써 간접강제결정에 집행문을 받을 수 있다.

한편 채무자는 위와 같은 조건이 성취되지 않았음을 다투는 집행문부여에 대한 이의의 소를 통해 간접강제결정에 기초한 배상금채권의 집행을 저지할 수 있다. 아울러 채무자는 부대체적 작위의무를 이행하였음을 내세워 청구이의의 소로써 본래의 집행권원인 판결 등의 집행력 자체를 배제해 달라고 할 수 있고, 그 판결 등을 집행권원으로 하여 발령된 간접강제결정에 대하여도 청구이의의 소를 제기할 수 있다. 부대체적 작위의무는 채무자의 의무이행으로 소멸하므로 이 경우 채무자는 판결 등 본래의 집행권원에 기한 강제집행을 당할 위험에서 종국적으로 벗어날 수 있어야 하고, 또한 간접강제결정은 부대체적 작위의무의 집행방법이면서 그 자체로 배상금의 지급을 명하는 독립한 집행권원이기도 하므로, 본래의 집행권원에 따른 의무를 이행한 채무자는 그 의무이행 시점 이후로는 간접강제결정을 집행권원으로 한 금전의 강제집행을 당하는 것까지 면할 수 있어야 하기 때문이다(대판 2023.2.23. 2022다277874).

[❹ ▸ ○] 민사집행법 제261조 제1항의 간접강제결정에 기한 배상금은 채무자에게 이행기간 이내에 이행을 하도록 하는 심리적 강제수단이라는 성격뿐만 아니라 채무자의 채무불이행에 대한 법정 제재금이라는 성격도 가진다고 보아야 한다. 따라서 채무자가 간접강제결정에서 명한 이행기간이 지난 후에 채무를 이행하였다면, 채권자는 특별한 사정이 없는 한 채무의 이행이 지연된 기간에 상응하는 배상금의 추심을 위한 강제집행을 할 수 있다(대판 2013.2.14. 2012다26398).

[❺ ▸ ○] 채권자가 부대체적 작위채무에 대한 간접강제결정을 집행권원으로 하여 강제집행을 하기 위해서는 집행문을 받아야 한다(대판 2022.2.11. 2020다229987).

답 ❸

의사표시의무의 집행

125
☐☐☐

금전채권 외의 채권에 기초한 강제집행에 관한 다음 설명 중 가장 옳지 않은 것은? 2014년

① 인도할 물건을 제3자가 점유하고 있는 때에는 채권자의 신청에 따라 금전채권의 압류에 관한 규정에 따라 채무자의 제3자에 대한 인도청구권을 채권자에게 넘겨야 한다.
② 부동산인도청구의 집행에 있어서 채무자가 강제집행의 목적물이 아닌 동산의 수취를 게을리한 때에는 집행관은 집행법원의 허가를 받아 동산에 대한 강제집행의 매각절차에 관한 규정에 따라 그 동산을 매각하고 비용을 뺀 뒤에 나머지 대금을 공탁하여야 한다.
③ 대체집행을 명하는 결정에 대한 항고에 있어서 집행권원의 당부를 다투는 사유는 항고이유로 삼을 수 있다.
④ 간접강제를 명하는 결정은 변론 없이 할 수 있으나, 결정하기 전에 채무자를 심문하여야 한다.
⑤ 의사의 진술을 명하는 판결이 확정된 때에는 그 판결이 가지는 집행력의 배제를 구하는 청구이의의 소는 허용될 수 없다.

....

[❶▶○] 인도할 물건을 제3자가 점유하고 있는 때에는 채권자의 신청에 따라 금전채권의 압류에 관한 규정에 따라 채무자의 제3자에 대한 인도청구권을 채권자에게 넘겨야 한다(민사집행법 제259조).
[❷▶○] 부동산인도청구의 집행에 있어서 채무자가 강제집행의 목적물이 아닌 동산의 수취를 게을리한 때에는 집행관은 집행법원의 허가를 받아 동산에 대한 강제집행의 매각절차에 관한 규정에 따라 그 동산을 매각하고 비용을 뺀 뒤에 나머지 대금을 공탁하여야 한다(민사집행법 제258조 제6항).
[❸▶✕] 대체집행을 명하는 결정에 대한 항고는 단순히 그 집행방법으로서의 하자가 있음을 이유로 하는 경우에 한하는 것이고 실체상의 청구권 존부에 관한 주장이나 집행권원의 당부를 다투는 사유들로써는 적법한 항고이유나 재항고이유로 삼을 수 없다(대결 1992.6.24. 92마214).
[❹▶○] 대체집행 및 간접강제의 결정은 변론 없이 할 수 있다. 다만, 결정하기 전에 채무자를 심문하여야 한다(민사집행법 제262조). 반드시 심문기일을 열어야 하는 것은 아니고 서면에 의한 심문도 가능하다.
[❺▶○] 의사의 진술을 명하는 판결이 확정되어 채무자의 의사표시 의제의 효과가 일단 발생하면 그 강제집행은 이로써 완료되기 때문에 그에 대한 청구이의의 소(민사집행법 제44조)나 제3자이의의 소(민사집행법 제48조)는 더 이상 허용되지 않는다. 실무제요 집행 4

> 대지에 대한 수분양자 명의변경 절차의 이행을 소구함은 채무자의 의사의 진술을 구하는 소송으로서 그 청구를 인용하는 판결이 선고되고 그 소송이 확정되었다면, 그와 동시에 채무자가 수분양자 명의변경 절차의 이행의 의사를 진술한 것과 동일한 효력이 발생하는 것이므로 위 확정판결의 강제집행은 이로써 완료되는 것이고 집행기관에 의한 별도의 집행절차가 필요한 것이 아니므로, 특별한 사정이 없는 한 위 확정판결 이후에 집행절차가 계속됨을 전제로 하여 그 채무명의가 가지는 집행력의 배제를 구하는 청구이의의 소는 허용될 수 없다(대판 1995.11.10. 95다37568).

답 ❸

금전채권 외의 채권에 기초한 강제집행에 관한 다음 설명 중 가장 옳지 않은 것은? 2023년

① 부동산의 인도명령의 상대방이 채무자인 경우에 그 인도명령의 집행력은 당해 채무자는 물론 채무자와 한 세대를 구성하며 독립된 생계를 영위하지 아니하는 가족과 같이 그 채무자와 동일시되는 자에게도 미친다.

② 부동산 인도청구의 집행을 할 때 강제집행의 목적물이 아닌 동산이 있어 이를 인도하려고 하나 인도받을 채무자나 채무자의 친족 등이 없는 경우, 집행관이 동산을 스스로 보관하거나 채권자 또는 제3자를 보관인으로 선임하여 보관하게 할 수 있으며, 이때 집행관이나 채권자 등은 발생한 보관비용에 관하여 동산에 유치권을 행사할 수 있다.

③ 대체집행을 위한 수권결정은 즉시 집행력이 생기고 수권결정 그 자체는 집행권원이 아니므로 수권결정에 대하여 별도의 집행문을 부여받을 필요가 없다. 다만 1개의 결정으로 수권결정과 대체집행비용선지급결정을 하는 경우에는 대체집행선지급결정 부분은 집행권원이 되고, 대체집행비용선지급결정을 집행하는 때에는 집행문을 부여받아야 한다.

④ 조건부 의사진술을 명하는 화해조서에 대하여 집행문이 부여된 후 등기의무자가 집행문부여에 대하여 이의신청을 하여 위 이의신청에 대한 결정이 있을 때까지 집행력 있는 화해조서에 의한 강제집행을 정지한다는 결정문을 제출한 경우 등기관은 등기의 기입을 해서는 안 된다.

⑤ 채무자가 민사집행법 제261조 제1항의 간접강제결정에서 명한 이행기간이 지난 후에 채무를 이행하였다면, 채권자는 특별한 사정이 없는 한 채무의 이행이 지연된 기간에 상응하는 배상금의 추심을 위한 강제집행을 할 수 있다.

....

[❶ ▸ ○] [1] 부동산의 인도명령의 상대방이 채무자인 경우에 그 인도명령의 집행력은 당해 채무자는 물론 채무자와 한 세대를 구성하며 독립된 생계를 영위하지 아니하는 가족과 같이 그 채무자와 동일시되는 자에게도 미친다. [2] 근저당권의 채무자인 처(妻)에 대한 적법한 부동산 인도명령의 집행 당시 대항력을 갖춘 임차권자가 아니고 또한 처와 같은 세대를 구성하면서 그 부동산을 공동점유하고 있었던 남편의 공동점유를 본인의 의사에 반하여 배제하였다고 하여 이를 곧 점유의 위법한 침탈이라고 할 수는 없다(대판 1998.4.24. 96다30786).

[❷ ▸ ○] 민사집행법 제258조는 부동산 등 인도청구의 집행에 관하여 다음과 같이 정하고 있다. 부동산 인도청구의 집행을 할 때 강제집행의 목적물이 아닌 동산이 있는 경우 그 동산을 제거하여 채무자나 채무자의 친족 등(이하 '채무자 등'이라 한다)에게 인도하여야 한다(제3항, 제4항). 채무자 등이 없는 때에는 집행관은 그 동산을 채무자의 비용으로 보관하여야 한다(제5항). 채무자 등이 없는 때 집행관은 동산을 스스로 보관할 수도 있고 채권자나 제3자를 보관인으로 선임하여 보관하게 할 수도 있다. 이때 집행관이나 채권자 등은 보관비용이 생긴 경우 동산의 수취를 청구하는 채무자 등에게 보관비용을 변제받을 때까지 유치권을 행사할 수 있다(대판 2020.9.3. 2018다288044).

[❸ ▸ ○] 대체집행은 채무자의 행위가 채무자 이외의 사람에 의하여 대체될 수 있는 경우에 집행법원의 수권결정에 따라 채무자에 갈음하여 채무자 이외의 사람으로 하여금 그 행위를 하도록 하고, 그 비용을 채무자로부터 강제로 추심하는 것을 말한다(민사집행법 제260조). 대체집행의 절차는 우선 법원이 대체집행의 권한을 채권자에게 부여하는 수권결정의 단계와 이 수권결정에 의한 채권자의 실제 집행의 2단계로 나눌 수 있다. 대체집행을 위한 수권결정은 즉시 집행력이 생긴다. 수권결정 그 자체는 집행권원이 아니므로 수권결정에 대하여 별도의 집행문을 부여받을 필요는 없다. 그러나 수권결정을 한 후 채무자의 승계가 있는 때에는 본래의 집행권원에 대하여 승계집행문을 부여받아 다시 승계인에 대하여 수권결정을 받아야 한다. 다만, 1개의 결정으로 수권결정과 대체집행비용선지급결정을 하는 경우에는 대체집행

비용선지급결정 부분은 집행권원이 되고, 대체집행비용선지급결정을 집행하는 때에 집행문을 부여받아야 한다. <u>실무제요 집행</u> 4

[❹ ▸ ✕]　조건부 의사진술을 명하는 재판은, 그 조건이 성취되어 집행문이 부여될 때 의사를 진술한 것과 동일한 효력이 발생하고, 집행기관이 관여하는 현실적인 강제집행절차가 존재할 수 없어 강제집행의 정지도 있을 수 없으니, 설령 법원이 집행문을 부여한 후 집행문부여에 대한 이의신청절차에서 강제집행정지결정을 하였더라도, 등기관은 강제집행정지결정에 구애됨이 없이 등기신청을 받아들여 등기기입을 할 수 있다(대결 1979.5.22. 77마427). <u>실무제요 집행</u> 4

[❺ ▸ ○]　민사집행법 제261조 제1항의 간접강제결정에 기한 배상금은 채무자에게 이행기간 이내에 이행을 하도록 하는 심리적 강제수단이라는 성격뿐만 아니라 채무자의 채무불이행에 대한 법정 제재금이라는 성격도 가진다고 보아야 한다. 따라서 채무자가 간접강제결정에서 명한 이행기간이 지난 후에 채무를 이행하였다면, 채권자는 특별한 사정이 없는 한 채무의 이행이 지연된 기간에 상응하는 배상금의 추심을 위한 강제집행을 할 수 있다(대판 2013.2.14. 2012다26398).

답 ❹

임의경매절차의 특색

제1절 **강제경매절차와의 비교**

127

강제경매와 담보권 실행을 위한 경매에 관한 다음 설명 중 가장 옳지 않은 것은? **2022년**

① 담보권 실행을 위한 경매신청을 함에는 집행권원이 필요하지 않고 담보권의 존재를 증명하는 서류를 내어야 하며, 담보권을 승계한 경우에는 승계를 증명하는 서류를 내야 한다.

② 가집행선고 있는 판결에 기한 강제집행은 확정판결에 기한 경우와 같이 본집행이므로 상소심의 판결에 의하여 가집행선고의 효력이 소멸되거나 집행채권의 존재가 부정된다고 할지라도 그에 앞서 이미 완료된 집행절차나 이에 기한 매수인의 소유권취득의 효력에는 아무런 영향을 미치지 아니한다.

③ 채무자에 대하여 파산이 선고되거나 회생절차개시결정이 있는 때에는 강제경매나 담보권 실행을 위한 경매신청을 할 수 없고, 이미 경매절차가 진행 중인 경우에는 모두 중지된다.

④ 담보권실행을 위한 경매 신청을 위하여는 채권자·채무자 및 소유자, 담보권과 피담보채권의 표시, 담보권의 실행 대상이 될 재산의 표시, 피담보채권의 일부에 대하여 담보권을 실행하는 때에는 그 취지 및 범위를 기재한 신청서와 담보권의 존재를 증명하는 서류를 제출하면 되는 것이고, 집행법원은 담보권의 존재에 관해서 위 서류의 한도에서 심사를 하고 채권자에게 피담보채권의 존부를 입증하게 할 것은 아니다.

⑤ 강제경매에서는 집행채권의 부존재나 소멸 등과 같은 실체상 하자를 경매개시결정에 대한 이의의 원인으로 주장할 수 없으나, 담보권 실행을 위한 경매에서는 담보권의 부존재나 소멸 등과 같은 실체상의 이유도 개시결정에 대한 이의사유로 할 수 있다.

[**❶ ▸ ○**] 민사집행법 제264조 제1항, 제2항

> **민사집행법 제264조(부동산에 대한 경매신청)**
> ① 부동산을 목적으로 하는 담보권을 실행하기 위한 경매신청을 함에는 담보권이 있다는 것을 증명하는 서류를 내야 한다.
> ② 담보권을 승계한 경우에는 승계를 증명하는 서류를 내야 한다.

[**❷ ▸ ○**] 가집행선고 있는 판결에 기한 강제집행은 확정판결에 기한 경우와 같이 본집행이므로 상소심의 판결에 의하여 가집행선고의 효력이 소멸되거나 집행채권의 존재가 부정된다 하더라도 그에 앞서 이미 완료된 집행절차나 이에 기한 경락인의 소유권취득의 효력에는 아무런 영향을 미치지 아니한다 할 것이고, 다만 강제경매가 반사회적 법률행위의 수단으로 이용된 경우에는 그러한 강제경매의 결과를

용인할 수 없다(대판 1993.4.23. 93다3165).

[❸ ▸ ×] 채무자에 대하여 파산선고가 있으면 강제집행, 보전처분은 중지되고, 새로운 강제집행 등의 신청이 금지되지만(채무자회생법 제348조 제1항 본문), 담보권 실행을 위한 경매절차는 중지되지도 금지되지도 않는다. 반면에 (개인)회생절차개시결정이 있으면 채무자의 재산에 대한 강제집행, 보전처분, 담보권 실행을 위한 경매는 중지되고, 새로운 강제집행 등의 신청이 금지된다(채무자회생법 제58조 제1항·제2항, 제600조 제1항·제2항).

[❹ ▸ ○] 민사집행법은 부동산에 대한 담보권실행을 위한 경매의 개시요건으로서 민사집행규칙 제192조에 정해진 채권자·채무자 및 소유자(제1호), 담보권과 피담보채권의 표시(제2호), 담보권의 실행 대상이 될 재산의 표시(제3호), 피담보채권의 일부에 대하여 담보권을 실행하는 때에는 그 취지 및 범위(제4호)를 기재한 신청서와 민사집행법 제264조에 정해진 담보권의 존재를 증명하는 서류를 제출하면 되는 것이고, 집행법원은 담보권의 존재에 관해서 위 서류의 한도에서 심사를 하지만, 그 밖의 실체법상 요건인 피담보채권의 존재 등에 관해서는 신청서에 기재하도록 하는 데 그치고, 담보권실행을 위한 경매절차의 개시요건으로서 피담보채권의 존재를 증명하도록 요구하고 있는 것은 아니므로 경매개시결정을 함에 있어서 채권자에게 피담보채권의 존부를 입증하게 할 것은 아니다(대결 2000.10.25. 2000마5110).

[❺ ▸ ○] 강제경매에서는 집행채권의 존재가 소송절차를 통해서 집행권원이라는 형식으로 확정되어 있으므로 집행권원의 효력을 부인하려면 집행절차 밖에서 청구이의의 소를 제기해서 승소판결을 얻어 집행법원에 제출해야 한다. 따라서 집행채권의 부존재와 소멸, 이행기 유예 등 실체상 하자는 강제경매절차 안에서 개시결정에 대한 이의로는 다툴 수 없고 절차상 하자만을 이의의 원인으로 주장할 수 있다. 반면에 임의경매는 집행권원을 필요로 하지 않고 절차의 안정을 위해서 '담보권이 있다는 것을 증명하는 서류'를 제출하면 되는 것으로 정하고 있고 담보권의 존재는 절차의 개시 또는 속행의 필수적 요건에 해당하므로 이해관계인은 임의경매절차에서 실체상 하자를 이유로 언제든지 개시결정에 대한 이의를 제기할 수 있다(민사집행법 제265조). **실무제요 집행 3**

답 ❸

128
□□□

저당권이 설정 당시부터 부존재하거나 또는 경매개시결정 이전에 피담보채권이 소멸함에 따라 저당권이 소멸하였는데도 이를 간과하고 경매개시결정이 된 경우에 관한 다음 설명 중 가장 옳지 않은 것은?   2024년

① 경매개시결정에 대한 이의신청을 하였으나 집행정지결정을 받지 아니하여 경매가 계속 진행되어 매각허가결정이 확정되고 매수인이 매각대금을 납부하였다면 경매개시결정을 취소할 수 없다.

② 채무자는 피담보채무부존재확인의 소 또는 저당권설정등기말소청구의 소를 제기하면서 수소법원으로부터 경매절차의 일시정지를 명하는 잠정처분을 받아 경매절차를 정지할 수 있다.

③ 채무자는 담보권실행을 위한 경매의 불허를 구하는 소를 제기하면서 수소법원으로부터 경매절차의 일시정지를 명하는 잠정처분을 받아 경매절차를 정지할 수 있다.

④ 담보권실행을 위한 경매는 담보권의 부존재·무효, 피담보채권의 불성립·소멸 또는 변제와 같은 실체상의 흠도 경매절차에 영향을 미치므로, 이해관계인은 이러한 실체상의 흠을 이유로 경매개시결정에 대한 이의를 할 수 있고, 매각허가결정에 대한 항고를 할 수 있다.

⑤ 채무자는 경매신청채권자의 저당권을 말소한 다음 저당권이 말소된 등기사항증명서를 제출하여 경매절차취소결정을 받을 수 있다.

[**①** ▸ ○] 경매개시결정에 대한 이의신청이 계속 중이라 하더라도 그 경매절차의 집행이 정지되지 않은 탓으로 경매절차가 진행되어 매수인이 매각대금을 납부하였다면 경매개시결정은 취소할 수 없음에 이르렀다 할 것이다(대결 1971.6.30. 71마422 참조).

[**②** ▸ ○] 부동산을 목적으로 하는 담보권을 실행하기 위한 경매절차를 정지하려면 ① 민사집행법 제268조에 의하여 준용되는 같은 법 제86조 제1항에 따라 경매개시결정에 대한 이의신청을 하고 같은 조 제2항에 따라 같은 법 제16조 제2항에 준하는 매각절차의 일시정지를 명하는 가처분(잠정처분) 결정을 받거나, ② 담보권의 효력을 다투는 소(통상 채무부존재확인이나 저당권설정등기말소청구의 소)를 먼저 제기하고 같은 법 제46조 제2항에 의하여 정지를 명하는 잠정처분 결정을 받아 집행법원에 제출하여야 한다. 실무제요 집행 3

[**③** ▸ ×] 부동산을 목적으로 하는 담보권을 실행하기 위한 경매절차를 정지하려면 경매개시결정에 대한 이의신청을 하고 집행정지명령을 받거나 그 담보권의 효력을 다투는 소를 제기하고 집행정지명령을 받아 그 절차의 진행을 정지시킬 수 있을 뿐이고, 직접 경매의 불허를 구하는 소를 제기할 수는 없다(대판 2002.9.24. 2002다43684).

[**④** ▸ ○] 임의경매(담보권실행을 위한 경매) 개시결정에 대한 이의는 강제경매개시결정에 대한 이의와는 달리 절차상 하자뿐만 아니라 실체상 하자도 이의사유로 주장할 수 있다(민사집행법 제265조). ⋯ 실체상 이의사유로는 경매의 기본이 되는 저당권의 부존재·무효(저당권설정등기의 원인무효), 피담보채권의 불성립, 무효 또는 변제, 변제공탁 등에 의한 소멸, 피담보채권의 이행기 미도래 또는 이행기의 유예(연기) 등이 있다(다만 이행기 미도래는 절차상 이의사유라는 견해도 있다). 실무제요 집행 3 나아가 이러한 사유는 매각불허가사유에 해당하며 또 이를 간과하여 매각허가결정이 확정되고 매수인이 매각대금을 완납하고 소유권이전등기를 경료받았다 하더라도 매수인은 매각부동산의 소유권을 취득하지 못한다(대판 1999.2.9. 98다51855).

[**⑤** ▸ ○] 민사집행법 제266조 제1항 제1호, 제2항

> **민사집행법 제266조(경매절차의 정지)**
> ① 다음 각 호 가운데 어느 하나에 해당하는 문서가 경매법원에 제출되면 경매절차를 정지하여야 한다.
>   1. 담보권의 등기가 말소된 등기사항증명서
> ② 제1항 제1호 내지 제3호의 경우와 제4호의 서류가 화해조서의 정본 또는 공정증서의 정본인 경우에는 경매법원은 이미 실시한 경매절차를 취소하여야 하며, 제5호의 경우에는 그 재판에 따라 경매절차를 취소하지 아니한 때에만 이미 실시한 경매절차를 일시적으로 유지하게 하여야 한다.

 답 ③

129 담보권실행경매절차에 관한 다음 설명 중 가장 옳지 않은 것은?

① 피담보채권을 저당권과 함께 양수한 자는 저당권이전의 부기등기를 마치고 저당권실행의 요건을 갖추고 있는 한 채권양도의 대항요건을 갖추고 있지 아니하더라도 경매신청을 할 수 있으며, 이 경우에 경매개시결정을 할 때에 피담보채권의 양수인이 채무자에 대한 채권양도의 대항요건을 갖추었다는 점을 증명할 필요는 없으므로, 그와 같은 사유가 구비되지 않았다는 사실을 경매개시결정에 대한 이의나 항고절차에서 채무자가 증명하여야 한다.

② 공동저당권이 설정되어 있는 수개의 부동산 중 일부는 채무자 소유이고 일부는 물상보증인 소유인 경우 위 각 부동산의 경매대가를 동시에 배당하는 때에는 민법 제368조 제1항은 적용되지 아니하고, 채무자 소유 부동산의 경매대가에서 공동저당권자에게 우선적으로 배당을 하고, 부족분이 있는 경우에 한하여 물상보증인 소유 부동산의 경매대가에서 추가로 배당을 하여야 한다.

③ 근저당권자가 피담보채무의 불이행을 이유로 경매신청을 한 경우에는 경매신청시에 근저당 채무액이 확정되고, 그 이후부터 근저당권은 부종성을 가지게 되어 보통의 저당권과 같은 취급을 받게 되는바, 위와 같이 경매신청을 하여 경매개시결정이 있은 후에 경매신청이 취하되었다고 하더라도 채무확정의 효과가 번복되는 것은 아니다.

④ 신청채권자로서는 피담보채권의 표시로서 채권발생의 원인 및 그 일자, 채권액, 원본채권 이외에 지연손해금에 대하여 배당을 받으려고 하는 때에는 그 금액 또는 이율 및 기산일을 신청서에 기재할 필요가 있으나, 이를 증명하는 문서를 제출할 필요까지는 없고, 집행법원은 담보권실행을 위한 경매절차를 개시함에 있어서 단지 담보권의 형식적 존재를 증명하는 서류를 조사함으로써 충분하다.

⑤ 피담보채권과 근저당권을 함께 양도하는 경우에 채권양도는 당사자 사이의 의사표시만으로 양도의 효력이 발생하지만 근저당권이전은 이전등기를 하여야 하므로 채권양도와 근저당권이전등기 사이에 어느 정도 시차가 불가피한 이상 피담보채권이 먼저 양도되어 일시적으로 피담보채권과 근저당권의 귀속이 달라진다고 하여 근저당권이 무효로 된다고 볼 수는 없으나, 위 근저당권은 그 피담보채권의 양수인에게 이전되어야 할 것에 불과하고, 근저당권의 명의인은 피담보채권을 양도하여 결국 피담보채권을 상실한 셈이므로 집행채무자로부터 변제를 받기 위하여 배당표에 자신에게 배당하는 것으로 배당표의 경정을 구할 수 있는 지위에 있다고 볼 수 없다.

[❶ ▸ ✕] 민사집행법은 부동산에 대한 담보권실행을 위한 경매의 개시 요건으로서 민사집행규칙 제192조에서 정한 채권자·채무자 및 소유자(제1호), 담보권과 피담보채권의 표시(제2호), 담보권 실행의 대상인 재산의 표시(제3호), 피담보채권의 일부에 대하여 담보권을 실행하는 때에는 그 취지와 범위(제4호)를 기재한 신청서와 민사집행법 제264조에 정한 담보권의 존재를 증명하는 서류를 제출하면 된다. 집행법원은 담보권의 존재에 관하여 위 서류의 한도에서 심사하고, 그 밖의 실체법상의 요건은 신청서에 기재하도록 하는 데 그치며, 담보권실행을 위한 경매절차의 개시요건으로서 이를 증명하도록 요구하고 있지 않다. 따라서 저당권과 함께 피담보채권을 양수한 자는 저당권이전의 부기등기를 마치고 저당권실행의 요건을 갖추고 있는 한 채권양도의 대항요건을 갖추고 있지 않더라도 경매신청을 할 수 있고, 이 경우 경매개시결정을 할 때 피담보채권의 양수인이 채무자에 대한 채권양도의 대항요건을 갖추었다는 점을 증명할 필요는 없지만, 적어도 그와 같은 사유는 경매개시결정에 대한 이의나 항고절차에서는 신청채권자가 증명하여야 한다(대결 2022.1.14. 2019마71).

[**❷** ▸ ○] 공동저당권이 설정되어 있는 수개의 부동산 중 일부는 채무자 소유이고 일부는 물상보증인의 소유인 경우 위 각 부동산의 경매대가를 동시에 배당하는 때에는, 물상보증인이 민법 제481조, 제482조의 규정에 의한 변제자대위에 의하여 채무자 소유 부동산에 대하여 담보권을 행사할 수 있는 지위에 있는 점 등을 고려할 때, "동일한 채권의 담보로 수개의 부동산에 저당권을 설정한 경우에 그 부동산의 경매대가를 동시에 배당하는 때에는 각 부동산의 경매대가에 비례하여 그 채권의 분담을 정한다"고 규정하고 있는 민법 제368조 제1항은 적용되지 아니한다고 봄이 상당하다. 따라서 이러한 경우 경매법원으로서는 채무자 소유 부동산의 경매대가에서 공동저당권자에게 우선적으로 배당을 하고, 부족분이 있는 경우에 한하여 물상보증인 소유 부동산의 경매대가에서 추가로 배당을 하여야 한다(대판 2010.4.15. 2008다41475).

[**❸** ▸ ○] 근저당권자가 피담보채무의 불이행을 이유로 경매신청을 한 경우에는 경매신청시에 근저당채무액이 확정되고, 그 이후부터 근저당권은 부종성을 가지게 되어 보통의 저당권과 같은 취급을 받게 되는바, 위와 같이 경매신청을 하여 경매개시결정이 있은 후에 경매신청이 취하되었다고 하더라도 채무확정의 효과가 번복되는 것은 아니다(대판 2002.11.26. 2001다73022).

[**❹** ▸ ○] 민사집행법은 부동산에 대한 담보권실행을 위한 경매의 개시요건으로서 민사집행규칙192조에 정해진 채권자·채무자 및 소유자와 그 대리인의 표시(제1호), 담보권과 피담보채권의 표시(제2호), 담보권의 실행 또는 권리행사의 대상인 재산의 표시(제3호), 피담보채권의 일부에 대하여 담보권 실행 또는 권리행사를 하는 때에는 그 취지 및 범위(제4호)를 기재한 신청서와 민사집행법 제264조에 정해진 담보권의 존재를 증명하는 서류를 제출하면 되는 것이고, 집행법원은 담보권의 존재에 관해서 위 서류의 한도에서 심사를 하지만, 그 밖의 실체법상 요건인 피담보채권의 존재 등에 관해서는 신청서에 기재하도록 하는 데 그치고, 담보권실행을 위한 경매절차의 개시요건으로서 피담보채권의 존재를 증명하도록 요구하고 있는 것은 아니므로 경매개시결정을 함에 있어서 채권자에게 피담보채권의 존부를 입증하게 할 것은 아니다. 따라서 신청채권자로서는 피담보채권의 표시로서 채권발생의 원인 및 그 일자, 채권액, 원본채권 이외에 지연손해금에 대하여 배당을 받으려고 하는 때에는 그 금액 또는 이율 및 기산일을 기재할 필요가 있으나, 이를 증명하는 문서를 제출할 필요까지는 없고, 집행법원은 담보권실행을 위한 경매절차를 개시함에 있어서 단지 담보권의 형식적 존재를 증명하는 서류를 조사함으로써 충분하다고 할 것이다(대결 2000.10.25. 2000마5110 참조).

[**❺** ▸ ○] 피담보채권과 근저당권을 함께 양도하는 경우에 채권양도는 당사자 사이의 의사표시만으로 양도의 효력이 발생하지만 근저당권이전은 이전등기를 하여야 하므로 채권양도와 근저당권이전등기 사이에 어느 정도 시차가 불가피한 이상 피담보채권이 먼저 양도되어 일시적으로 피담보채권과 근저당권의 귀속이 달라진다고 하여 근저당권이 무효로 된다고 볼 수는 없으나, 위 근저당권은 그 피담보채권의 양수인에게 이전되어야 할 것에 불과하고, 근저당권의 명의인은 피담보채권을 양도하여 결국 피담보채권을 상실한 셈이므로 집행채무자로부터 변제를 받기 위하여 배당표에 자신에게 배당하는 것으로 배당표의 경정을 구할 수 있는 지위에 있다고 볼 수 없다(대판 2003.10.10. 2001다77888).

 답 **❶**

130

민사집행절차에서 일부청구와 청구금액의 확장에 관한 다음 설명 중 가장 옳지 않은 것은?

2024년

① 담보권 실행을 위한 경매절차에서 신청채권자가 경매신청서에 피담보채권의 일부만을 청구금액으로 하여 경매를 신청하였을 경우에는 다른 특별한 사정이 없는 한 신청채권자의 청구금액은 그 기재된 채권액을 한도로 확정되고 그 후 신청채권자가 채권계산서에 청구금액을 확장하여 제출하는 등의 방법으로 청구금액을 확장할 수 없다.

② 담보권 실행을 위한 경매절차에서 경매신청서에 청구채권으로 원금 외에 이자, 지연손해금 등의 부대채권을 개괄적으로나마 표시하였다가 나중에 채권계산서에 의하여 그 부대채권의 구체적인 금액을 특정하는 것은 경매신청서에 개괄적으로 기재하였던 청구금액의 산출 근거와 범위를 밝히는 것이므로 허용된다.

③ 법원사무관등은 민사집행법 제148조 제3호 및 제4호의 채권자에 대하여 채권의 유무, 그 원인 및 액수(원금·이자·비용, 그 밖의 부대채권을 포함한다)를 배당요구의 종기까지 법원에 신고하도록 최고하여야 하는데, 이 최고를 받은 채권자가 이러한 신고를 하지 아니한 때에는 그 채권자의 채권액은 등기사항증명서 등 집행기록에 있는 서류와 증빙에 따라 계산하며, 이 경우 다시 채권액을 추가하지 못한다.

④ 강제경매에 있어서 채권의 일부청구를 한 경우에 그 경매절차 개시를 한 후에는 청구금액의 확장은 허용되지 않고 그 후에 청구금액을 확장하여 잔액의 청구를 하였다 하여도 민사집행법 제88조에 의한 배당요구의 효력밖에는 없다.

⑤ 담보권 실행을 위한 경매절차에서 신청채권자가 경매신청서에 청구채권 중 이자, 지연손해금 등의 부대채권을 확정액으로 표시한 경우에는 나중에 배당요구 종기까지 채권계산서를 제출하는 등으로 부대채권을 증액하여 청구금액을 확장하는 것은 허용되지 아니한다.

[**❶ ▶ ○**] [**❷ ▶ ○**] [**❺ ▶ ✕**] 담보권 실행을 위한 경매절차에서 신청채권자가 경매신청서에 피담보채권의 일부만을 청구금액으로 하여 경매를 신청하였을 경우에는 다른 특별한 사정이 없는 한 신청채권자의 청구금액은 그 기재된 채권액을 한도로 확정되고 그 후 신청채권자가 채권계산서에 청구금액을 확장하여 제출하는 등의 방법으로 청구금액을 확장할 수 없다. 그러나 경매신청서에 청구채권으로 원금 외에 이자, 지연손해금 등의 부대채권을 개괄적으로나마 표시하였다가 나중에 채권계산서에 의하여 그 부대채권의 구체적인 금액을 특정하는 것은 경매신청서에 개괄적으로 기재하였던 청구금액의 산출 근거와 범위를 밝히는 것이므로 허용된다. 또한 <u>신청채권자가 경매신청서에 청구채권 중 이자, 지연손해금 등의 부대채권을 확정액으로 표시한 경우에는 나중에 배당요구 종기까지 채권계산서를 제출하는 등으로 부대채권을 증액하여 청구금액을 확장하는 것은 허용된다</u>(대판 2022.8.11. 2017다225619).

[**❸ ▶ ○**] 민사집행법 제84조 제4항, 제5항

> **민사집행법 제84조(배당요구의 종기결정 및 공고)**
> ④ 법원사무관등은 제148조 제3호 및 제4호의 채권자 및 조세, 그 밖의 공과금을 주관하는 공공기관에 대하여 채권의 유무, 그 원인 및 액수(원금·이자·비용, 그 밖의 부대채권(附帶債權)을 포함한다)를 배당요구의 종기까지 법원에 신고하도록 최고하여야 한다.
> ⑤ 제148조 제3호 및 제4호의 채권자가 제4항의 <u>최고</u>에 대한 신고를 하지 아니한 때에는 그 채권자의 채권액은 등기사항증명서 등 집행기록에 있는 서류와 증빙(證憑)에 따라 계산한다. <u>이 경우 다시 채권액을 추가하지 못한다.</u>

[❹ ▶ O] 강제경매에 있어서 채권의 일부청구를 한 경우에 그 경매절차 개시를 한 후에는 청구금액의 확장은 허용되지 않고 그 후에 청구금액을 확장하여 잔액의 청구를 하였다 하여도 배당요구의 효력밖에는 없는 것이므로 강제경매 개시결정에 의하여 압류의 효력이 발생한 후에 채무자가 경매부동산을 처분하여 그 등기를 경료하였고 그 후에 청구금액 확장신청이 있고 먼저 한 강제경매 사건이 강제경매 절차에 의하지 않고 종료하였다면 청구금액 확장신청 이전에 소유권이전등기를 경료한 제3취득자는 그 소유권 취득을 확장신청인에게 대항할 수 있다(대결 1983.10.15. 83마393).

답 ❺

131
☐☐☐

부동산경매절차에 관한 다음 설명 중 가장 옳지 않은 것은?   2022년

① 배당요구의 종기가 정하여진 때에는 법원은 경매개시결정을 한 취지 및 배당요구의 종기를 공고하여야 한다.

② 민사집행법 제143조 제1항에 따라 매수인이 관계채권자의 승낙을 얻어 매각대금의 지급을 갈음하여 채무를 인수한 경우 매수인이 현금으로 매각대금을 내는 것과 효과가 같다. 이러한 채무인수를 승낙한 관계채권자는 인수된 채무액 범위에서 채권의 만족을 얻은 것으로 보아야 하므로, 그 범위에서 채무자의 채무도 소멸하게 된다. 따라서 위 규정에서 정하고 있는 채무인수는 면책적 채무인수로 보아야 한다.

③ 부동산에 대한 근저당권의 실행을 위한 경매는 그 근저당권 설정등기에 표시된 채무자 및 저당부동산의 소유자와의 관계에서 그 절차가 진행되는 것이므로, 그 절차의 개시 전 또는 진행 중에 채무자나 소유자가 사망하였다고 하더라도 그 재산상속인들이 경매법원에 대하여 그 사망 사실을 밝히고 자신을 이해관계인으로 취급하여 줄 것을 신청하지 아니한 이상 그 절차를 속행하여 저당부동산의 매각을 허가하였다고 하더라도 그 허가결정에 위법이 있다고 할 수 없다.

④ 집행법원은 매각대상 부동산에 관한 이해관계인이나 그 현황조사를 실시한 집행관 등으로부터 제출된 자료를 기초로 매각대상 부동산의 현황과 권리관계를 되도록 정확히 파악하여 이를 매각물건명세서에 기재하여야 하고, 만일 경매절차의 특성이나 집행법원이 가지는 기능의 한계 등으로 인하여 매각대상 부동산의 현황이나 관리관계를 정확히 파악하는 것이 곤란한 경우에는 그 부동산의 현황이나 권리관계가 불분명하다는 취지를 매각물건명세서에 그대로 기재함으로써 매수신청인 스스로의 판단과 책임하에 매각대상 부동산의 매수신고가격이 결정될 수 있도록 하여야 한다.

⑤ 공동저당권이 설정되어 있는 수개의 부동산 중 일부는 채무자 소유이고 일부는 물상보증인의 소유인 경우 위 각 부동산의 경매대가를 동시에 배당하는 때에도, "동일한 채권의 담보로 수개의 부동산에 저당권을 설정한 경우에 그 부동산의 경매대가를 동시에 배당하는 때에는 각 부동산의 경매대가에 비례하여 그 채권의 분담을 정한다"고 규정하고 있는 민법 제368조 제1항은 적용된다고 봄이 상당하다. 따라서 이러한 경우 경매법원으로서는 채무자 소유 부동산의 경매대가에서 공동저당권자에게 우선적으로 배당을 하고, 부족분이 있는 경우에 한하여 물상보증인 소유 부동산의 경매대가에서 추가로 배당을 하는 것이 아니라 각 부동산의 경매대가에 비례하여 그 채권의 분담을 정하여야 한다.

[❶ ▸ ○] 배당요구의 종기가 정하여진 때에는 법원은 경매개시결정을 한 취지 및 배당요구의 종기를 공고하고, 제91조 제4항 단서의 전세권자 및 법원에 알려진 제88조 제1항의 채권자에게 이를 고지하여야 한다(민사집행법 제84조 제2항).

[❷ ▸ ○] 민사집행법 제143조 제1항에 따라 매수인이 관계채권자의 승낙을 얻어 매각대금의 지급을 갈음하여 채무를 인수한 경우 매수인이 현금으로 매각대금을 내는 것과 효과가 같다. 이러한 채무인수를 승낙한 관계채권자는 인수된 채무액 범위에서 채권의 만족을 얻은 것으로 보아야 하므로, 그 범위에서 채무자의 채무도 소멸하게 된다. 따라서 위 규정에서 정하고 있는 채무인수는 면책적 채무인수로 보아야 한다(대판 2018.5.30. 2017다241901).

[❸ ▸ ○] 부동산에 대한 근저당권의 실행을 위한 경매는 그 근저당권 설정등기에 표시된 채무자 및 저당 부동산의 소유자와의 관계에서 그 절차가 진행되는 것이므로, 그 절차의 개시 전 또는 진행 중에 채무자나 소유자가 사망하였다고 하더라도 그 재산상속인들이 경매법원에 대하여 그 사망 사실을 밝히고 자신을 이해관계인으로 취급하여 줄 것을 신청하지 아니한 이상 그 절차를 속행하여 저당 부동산의 낙찰을 허가하였다고 하더라도 그 허가결정에 위법이 있다고 할 수 없다(대결 1998.12.23. 98마2509).

[❹ ▸ ○] 집행법원은 매각대상 부동산에 관한 이해관계인이나 그 현황조사를 실시한 집행관 등으로부터 제출된 자료를 기초로 매각대상 부동산의 현황과 권리관계를 되도록 정확히 파악하여 이를 매각물건명세서에 기재하여야 하고, 만일 경매절차의 특성이나 집행법원이 가지는 기능의 한계 등으로 인하여 매각대상 부동산의 현황이나 권리관계를 정확히 파악하는 것이 곤란한 경우에는 그 부동산의 현황이나 권리관계가 불분명하다는 취지를 매각물건명세서에 그대로 기재함으로써 매수신청인 스스로의 판단과 책임하에 매각대상 부동산의 매수신고가격이 결정될 수 있도록 하여야 한다. 그럼에도 집행법원이나 경매담당 공무원이 위와 같은 직무상의 의무를 위반하여 매각물건명세서에 매각대상 부동산의 현황과 권리관계에 관한 사항을 제출된 자료와 다르게 작성하거나 불분명한 사항에 관하여 잘못된 정보를 제공함으로써 매수인의 매수신고가격 결정에 영향을 미쳐 매수인으로 하여금 불측의 손해를 입게 하였다면, 국가는 이로 인하여 매수인에게 발생한 손해에 대한 배상책임을 진다(대판 2010.6.24. 2009다40790).

[❺ ▸ ✕] 공동저당권이 설정되어 있는 수개의 부동산 중 일부는 채무자 소유이고 일부는 물상보증인의 소유인 경우 위 각 부동산의 경매대가를 동시에 배당하는 때에는, 물상보증인이 민법 제481조, 제482조의 규정에 의한 변제자대위에 의하여 채무자 소유 부동산에 대하여 담보권을 행사할 수 있는 지위에 있는 점 등을 고려할 때, "동일한 채권의 담보로 수개의 부동산에 저당권을 설정한 경우에 그 부동산의 경매대가를 동시에 배당하는 때에는 각 부동산의 경매대가에 비례하여 그 채권의 분담을 정한다"고 규정하고 있는 민법 제368조 제1항은 적용되지 아니한다고 봄이 상당하다. 따라서 이러한 경우 경매법원으로서는 채무자 소유 부동산의 경매대가에서 공동저당권자에게 우선적으로 배당을 하고, 부족분이 있는 경우에 한하여 물상보증인 소유 부동산의 경매대가에서 추가로 배당을 하여야 한다(대판 2010.4.15. 2008다41475).

답 ❺

형식적 경매절차

제1절 분류 및 절차

132 형식적 경매에 관한 다음 설명 중 가장 옳지 않은 것은? 2022년

① 유치권에 의한 경매절차가 개시된 유체동산에 대하여 유치권자의 승낙 없이 민사집행법 제215조에 따라 다른 채권자의 강제집행을 위하여 압류를 한 다음 민사집행법 제274조 제2항에 따라 유치권에 의한 경매절차를 정지하고 채권자를 위한 강제경매절차를 진행하였다면, 그 강제경매절차에서 목적물이 매각되었더라도 유치권자의 지위에는 영향을 미칠 수 없고 유치권자는 그 목적물을 계속하여 유치할 권리가 있다고 보아야 한다.

② 공유물분할소송에서 민법 제269조 제2항에 의하여 공유물을 경매에 부쳐 그 매각대금을 분배할 것을 명한 판결은 공유자 전원에 대하여 획일적으로 공유관계의 해소를 목적으로 하는 것이므로 그 판결의 당사자는 원고이든 피고이든 동 판결에 기하여 그 공유물에 대한 경매를 신청할 권리가 있다고 봄이 상당하다.

③ 민법 제1037조에 근거하여 민사집행법 제274조에 따라 행하여지는 상속재산에 대한 형식적 경매는 한정승인자가 상속재산을 한도로 상속채권자나 유증받은 자에 대하여 일괄하여 변제하기 위하여 청산을 목적으로 당해 재산을 현금화하는 절차이므로, 그 제도의 취지와 목적, 관련 민법 규정의 내용, 한정승인자와 상속채권자 등 관련자들의 이해관계 등을 고려할 때 일반채권자인 상속채권자로서는 민사집행법이 아닌 민법 제1034조, 제1035조, 제1036조 등의 규정에 따라 변제받아야 한다고 볼 것은 아니고, 따라서 그 경매에서는 일반채권자의 배당요구가 허용된다고 할 것이다.

④ 유치권에 의한 경매절차는 목적물에 대하여 강제경매 또는 담보권 실행을 위한 경매절차가 개시된 경우에는 이를 정지하고, 채권자 또는 담보권자를 위하여 그 절차를 계속하여 진행한다. 이 경우에 강제경매 또는 담보권 실행을 위한 경매가 취소되면 유치권에 의한 경매절차를 계속하여 진행하여야 한다.

⑤ 유치권에 의한 경매는 담보권 실행을 위한 경매의 예에 따라 실시한다.

[**❶ ▸ ○**] 민사집행법 제189조 제1항은 채무자가 점유하고 있는 유체동산의 압류는 집행관이 그 물건을 점유함으로써 한다고 규정하고, 제191조는 채권자 또는 물건의 제출을 거부하지 아니하는 제3자가 점유하고 있는 물건은 제189조의 규정을 준용하여 압류할 수 있다고 규정하고 있으므로, 유치권자가 점유하고 있는 채무자의 유체동산에 대한 강제집행은 유치권자가 채권자의 강제집행을 위하여 집행관에게 그 물건을 제출한 경우에 한하여 허용된다. 또한 유체동산의 유치권자가 민사집행법 제274조 제1항, 제271조에 따라 유치권에 의한 경매를 신청하고 집행관에게 그 목적물을 제출하여 유치권에 의한 경매절차가 개시된 때에도 그 목적물에 대한 유치권자의 유치권능은 유지되고 있다고 보아야 하므로, 유치권에 의한 경매절차가 개시된 유체동산에 대하여 다른 채권자가 민사집행법 제215조에 정한 이중압류의 방법으로 강제집행을 하기 위해서는 채권자의 압류에 대한 유치권자의 승낙이 있어야 한다. 그런데도 유치권에 의한 경매절차가 개시된 유체동산에 대하여 유치권자의 승낙 없이 민사집행법 제215조에 따라 다른 채권자가 강제집행을 위하여 압류를 한 다음 민사집행법 제274조 제2항에 따라 유치권에 의한 경매절차를 정지하고 채권자를 위한 강제경매절차를 진행하였다면, 그 강제경매절차에서 목적물이 매각되었더라도 유치권자의 지위에는 영향을 미칠 수 없고 유치권자는 그 목적물을 계속하여 유치할 권리가 있다고 보아야 한다(대결 2012.9.13. 2011그213).

[**❷ ▸ ○**] 공유물을 경매에 부쳐 그 매득금을 분배할 것을 명한 판결은 경매를 조건으로 하는 특수한 형성판결로서 공유자 전원에 대하여 획일적으로 공유관계의 해소를 목적으로 하는 것이므로 그 판결의 당사자는 원고·피고의 구별 없이 동 판결에 기한 그 공유물의 경매를 신청할 권리가 있다(대결 1979.3.8. 79마5).

[**❸ ▸ ✕**] 민법 제1037조에 근거하여 민사집행법 제274조에 따라 행하여지는 상속재산에 대한 형식적 경매는 한정승인자가 상속재산을 한도로 상속채권자나 유증받은 자에 대하여 일괄하여 변제하기 위하여 청산을 목적으로 당해 재산을 현금화하는 절차이므로, 제도의 취지와 목적, 관련 민법 규정의 내용, 한정승인자와 상속채권자 등 관련자들의 이해관계 등을 고려할 때 일반채권자인 상속채권자로서는 민사집행법이 아닌 민법 제1034조, 제1035조, 제1036조 등의 규정에 따라 변제받아야 한다고 볼 것이고, 따라서 그 경매에서는 일반채권자의 배당요구가 허용되지 아니한다(대판 2013.9.12. 2012다33709).

[**❹ ▸ ○**] [**❺ ▸ ○**] 민사집행법 제274조

> **민사집행법 제274조(유치권 등에 의한 경매)**
> ① 유치권에 의한 경매와 민법·상법, 그 밖의 법률이 규정하는 바에 따른 경매(이하 "유치권 등에 의한 경매"라 한다)는 담보권 실행을 위한 경매의 예에 따라 실시한다.
> ② 유치권 등에 의한 경매절차는 목적물에 대하여 강제경매 또는 담보권 실행을 위한 경매절차가 개시된 경우에는 이를 정지하고, 채권자 또는 담보권자를 위하여 그 절차를 계속하여 진행한다.
> ③ 제2항의 경우에 강제경매 또는 담보권 실행을 위한 경매가 취소되면 유치권 등에 의한 경매절차를 계속하여 진행하여야 한다.

답 ❸

133

부동산경매절차에서 유치권에 관한 다음 설명 중 가장 옳지 않은 것은?

2020년

① 부동산에 관하여 경매개시결정등기가 된 뒤에 비로소 부동산의 점유를 이전받거나 피담보채권이 발생하여 민사유치권을 취득한 경우에는 경매절차의 매수인에 대하여 유치권을 행사할 수 없다.
② 유치권이 성립된 부동산의 매수인은 유치권자에게 그 유치권으로 담보하는 채권을 변제할 책임이 있으나 채무자의 채무와는 별개의 독립된 채무를 부담하는 것은 아니다.
③ 부동산에 저당권이 설정되거나 가압류등기가 된 뒤에 유치권을 취득하였더라도 경매개시결정등기가 되기 전에 민사유치권을 취득하였다면 경매절차의 매수인에게 유치권을 행사할 수 있다.
④ 근저당권자는 경매절차에서 유치권을 배제하기 위하여 그 부존재의 확인을 소로써 청구할 수 있지만 유치권은 불가분성으로 인하여 피담보채무의 범위에 따라 그 존부나 효력을 미치는 목적물의 범위가 달라지는 것이 아니므로, 근저당권자가 유치권 신고를 한 사람을 상대로 유치권 전부의 부존재 확인을 구하는 것이 아니라 경매절차에서 유치권을 내세워 대항할 수 있는 범위를 초과하는 유치권의 부존재 확인을 구할 법률상 이익은 없다.
⑤ 체납처분압류가 되어 있는 부동산에 대하여 경매절차가 개시되기 전에 민사유치권을 취득한 유치권자는 경매절차의 매수인에게 유치권을 행사할 수 있다.

[❶▸○] [❸▸○] 대법원은 부동산에 관하여 경매개시결정등기가 된 뒤에 비로소 부동산의 점유를 이전받거나 피담보채권이 발생하여 유치권을 취득한 경우에는 경매절차의 매수인에 대하여 유치권을 행사할 수 없다고 본 것이다. 이는 집행절차의 법적 안정성을 보장할 목적으로 매각절차인 경매절차가 개시된 뒤에 유치권을 취득한 경우에는 그 유치권을 경매절차의 매수인에게 행사할 수 없다고 보는 것이므로, 부동산에 저당권이 설정되거나 가압류등기가 된 뒤에 유치권을 취득하였더라도 경매개시결정등기가 되기 전에 민사유치권을 취득하였다면 경매절차의 매수인에게 유치권을 행사할 수 있다(대판 2014.3.20. 2009다60336[전합]).

[❷▸○] 민사집행법 제91조 제5항은 매수인은 유치권자에게 그 유치권으로 담보하는 채권을 변제할 책임이 있다고 규정하고 있는바, 여기에서 '변제할 책임이 있다'는 의미는 부동산상의 부담을 승계한다는 취지로서 인적 채무까지 인수한다는 취지는 아니므로, 유치권자는 경락인에 대하여 그 피담보채권의 변제가 있을 때까지 유치목적물인 부동산의 인도를 거절할 수 있을 뿐이고 그 피담보채권의 변제를 청구할 수는 없다(대판 1996.8.23. 95다8713).

[❹▸✕] 저가낙찰로 인해 경매를 신청한 근저당권자의 배당액이 줄어들거나 경매목적물 가액과 비교하여 거액의 유치권신고로 매각 자체가 불가능하게 될 위험은 경매절차에서 근저당권자의 법률상 지위를 불안정하게 하는 것이므로 위 불안을 제거하는 근저당권자의 이익을 단순한 사실상·경제상의 이익이라고 볼 수는 없다. 따라서 근저당권자는 유치권신고를 한 사람을 상대로 유치권 전부의 부존재뿐만 아니라 경매절차에서 유치권을 내세워 대항할 수 있는 범위를 초과하는 유치권의 부존재 확인을 구할 법률상 이익이 있고, 심리결과 유치권신고를 한 사람이 유치권의 피담보채권으로 주장하는 금액의 일부만이 경매절차에서 유치권으로 대항할 수 있는 것으로 인정되는 경우에는 법원은 특별한 사정이 없는 한 그 유치권 부분에 대하여 일부패소의 판결을 하여야 한다(대판 2016.3.10. 2013다99409).

[❺▸○] 체납처분절차와 민사집행절차는 서로 별개의 절차로서 공매절차와 경매절차가 별도로 진행되는 것이므로, 부동산에 관하여 체납처분압류가 되어 있다고 하여 경매절차에서 이를 그 부동산에 관하여 경매개시결정에 따른 압류가 행하여진 경우와 마찬가지로 볼 수는 없다. 따라서 체납처분압류가 되어 있는 부동산이라고 하더라도 그러한 사정만으로 경매절차가 개시되어 경매개시결정등기가 되기 전에 부동산에 관하여 민사유치권을 취득한 유치권자가 경매절차의 매수인에게 유치권을 행사할 수 없다고 볼 것은 아니다(대판 2014.3.20. 2009다60336[전합]).

답 ❹

총 론

제2절 보전처분의 당사자

134
□□□

보전처분의 당사자에 관한 다음 설명 중 가장 옳은 것은? 2018년

① 신청 당시 이미 사망한 사람을 상대로 한 보전처분신청은 부적법하고, 위 신청에 따른 보전명령이 있었다 하여도 그 명령은 당연무효이며 그 효력이 상속인에게 미치지 않으므로, 채무자의 상속인은 그 무효인 보전명령에 대하여 이의신청을 할 수 없다.

② 가압류와 다툼의 대상에 관한 가처분은 신청 당시 채무자가 생존해 있었으나 결정 당시는 사망했고 그 수계절차가 이루어지지 않았다면 그 사망인을 상대로 한 보전처분은 당연무효로 된다.

③ 민사소송법 제90조 제1항에 의하면 본안소송을 수임한 변호사는 그 소송을 수행함에 있어 강제집행이나 보전처분에 관한 소송행위를 할 수 있는 소송대리권을 가지므로 의뢰인에 대한 관계에서도 당연히 그 권한에 상응한 위임계약상의 의무를 부담한다.

④ 채권가압류결정을 받은 제3채무자는 그 후에 취득한 채권에 의한 상계로 그 가압류채권자에게 대항하지 못하므로, 수동채권이 가압류될 당시 자동채권과 수동채권이 상계적상에 있거나 자동채권의 변제기가 수동채권의 그것과 동시에 또는 그보다 먼저 도래하는 경우에도 제3채무자는 자동채권에 의한 상계로 가압류채권자에게 대항할 수 없다.

⑤ 민법상 조합인 공동수급체가 경쟁입찰에 참가하였다가 다른 경쟁업체가 매각자로 선정된 경우, 그 공동수급체의 구성원 중 1인은 입찰절차의 속행금지가처분을 신청할 수 있다.

···

[❶ ▶ ✕] 이미 사망한 자를 채무자로 한 처분금지가처분신청은 부적법하고 그 신청에 따른 처분금지가처분결정이 있었다고 하여도 그 결정은 당연무효로서 그 효력이 상속인에게 미치지 않는다고 할 것이므로, 채무자의 상속인은 일반승계인으로서 무효인 그 가처분결정에 의하여 생긴 외관을 제거하기 위한 방편으로 가처분결정에 대한 이의신청으로써 그 취소를 구할 수 있다(대판 2002.4.26. 2000다30578).

[❷ ▶ ✕] 당사자 쌍방을 소환하여 심문절차를 거치거나 변론절차를 거침이 없이 채권자 일방만의 신청에 의하여 바로 내려진 처분금지가처분결정은 신청 당시 채무자가 생존하고 있었던 이상 그 결정 직전에 채무자가 사망함으로 인하여 사망한 자를 채무자로 하여 내려졌다고 하더라도 이를 당연무효라고 할 수 없다(대판 1993.7.27. 92다48017).

[**❸** ▸ ×] 민사소송법 제90조 제1항의 규정은 소송절차의 원활·확실을 도모하기 위하여 소송법상 소송대리권을 정형적·포괄적으로 법정한 것에 불과하고 변호사와 의뢰인 사이의 사법상의 위임계약의 내용까지 법정한 것은 아니므로, 본안소송을 수임한 변호사가 그 소송을 수행함에 있어 강제집행이나 보전처분에 관한 소송행위를 할 수 있는 소송대리권을 가진다고 하여 의뢰인에 대한 관계에서 당연히 그 권한에 상응한 위임계약상의 의무를 부담한다고 할 수는 없고, 변호사가 처리의무를 부담하는 사무의 범위는 변호사와 의뢰인 사이의 위임계약의 내용에 의하여 정하여진다(대판 1997.12.12. 95다20775).

[**❹** ▸ ×] 채권가압류결정을 받은 제3채무자는 그 후에 취득한 채권에 의한 상계로 그 가압류채권자에게 대항하지 못하지만 수동채권이 가압류될 당시 자동채권과 수동채권이 상계적상에 있거나 자동채권의 변제기가 수동채권의 그것과 동시에 또는 그보다 먼저 도래하는 경우에는 제3채무자는 자동채권에 의한 상계로 가압류채권자에게 대항할 수 있다(대판 2003.6.27. 2003다7623).

[**❺** ▸ O] 민법상 조합인 공동수급체가 경쟁입찰에 참가하였다가 다른 경쟁업체가 낙찰자로 선정된 경우, 그 공동수급체의 구성원 중 1인은 합유재산의 보존행위로서 입찰절차의 속행금지가처분을 신청할 수 있다(대판 2013.11.28. 2011다80449 참조). **실무제요 집행 5**

답 ❺

135
□□□

보전처분절차에서의 승계 및 집행문에 관한 다음 설명 중 가장 옳지 않은 것은? 2019년

① 강제집행과는 달리 보전명령의 집행에는 원칙적으로 집행문부여가 필요 없으나, 예외적으로 민사집행법 제292조 제1항의 규정에 따라 보전명령 발령 후 그 집행이 이루어지기 전에 채권자 또는 채무자의 승계가 있어 그 승계인에 대하여 또는 승계인이 집행할 때는 승계집행문을 받아야 한다.

② 부동산에 대하여 점유이전금지가처분이 집행된 이후에 제3자가 가처분채무자의 점유를 침탈하는 등의 방법으로 부동산에 대한 점유를 취득한 것이라도, 제3자를 민사집행법 제31조 제1항에서 정한 '채무자의 승계인'이라고 할 수 있다.

③ 채권자가 어느 공동보증인의 재산에 대하여 가압류결정을 받은 경우에, 그 피보전권리에 관하여 채권자를 대위하는 변제자는 채권자의 승계인으로서, 가압류의 집행이 되기 전이라면 민사집행법 제292조 제1항에 따라 승계집행문을 부여받아 가압류의 집행을 할 수 있고, 가압류의 집행이 된 후에는 위와 같은 승계집행문을 부여받지 않더라도 가압류에 의한 보전의 이익을 자신을 위하여 주장할 수 있다.

④ 부대체적 작위채무의 이행을 명하는 가처분결정과 함께 그 의무위반에 대한 간접강제결정이 동시에 이루어진 경우에는 간접강제결정 자체가 독립된 집행권원이 되고 간접강제결정에 기초하여 배상금을 현실적으로 집행하는 절차는 간접강제절차와 독립된 별개의 금전채권에 기초한 집행절차이므로, 그 집행을 위해서는 당해 간접강제결정의 정본에 집행문을 받아야 한다.

⑤ 채권자가 부작위채무에 대한 간접강제결정을 집행권원으로 하여 강제집행을 하기 위하여는 집행문을 받아야 하는데, 채무자의 부작위의무위반은 부작위 채무에 대한 간접강제결정의 집행을 위한 조건에 해당하므로 민사집행법 제30조 제2항에 의하여 채권자가 조건의 성취를 증명하여야 집행문을 받을 수 있다.

[**①** ▸ ○] 강제집행과는 달리 보전명령의 집행에는 원칙적으로 집행문 부여가 필요 없는데, 예외적으로 민사집행법 제292조 제1항의 규정에 따라 보전명령 발령 후 그 집행이 이루어지기 전에 채권자 또는 채무자의 승계가 있어 그 승계인에 대하여 또는 승계인이 집행할 때는 승계집행문을 받아야 하고 위 승계에는 일반승계 이외에 특정승계도 포함된다. 실무제요 집행 5

[**②** ▸ ×] 어떤 부동산에 대하여 점유이전금지가처분이 집행된 이후에 제3자가 가처분채무자의 점유를 침탈하는 등의 방법으로 가처분채무자를 통하지 아니하고 부동산에 대한 점유를 취득한 것이라면, 설령 점유를 취득할 당시에 점유이전금지가처분이 집행된 사실을 알고 있었다고 하더라도, 실제로는 가처분채무자로부터 점유를 승계받고도 점유이전금지가처분의 효력이 미치는 것을 회피하기 위하여 채무자와 통모하여 점유를 침탈한 것처럼 가장하였다는 등의 특별한 사정이 없는 한 제3자를 민사집행법 제31조 제1항에서 정한 '채무자의 승계인'이라고 할 수는 없다(대판 2015.1.29. 2012다111630).

[**③** ▸ ○] 수인의 보증인이 있는 경우에 어느 보증인이 자기의 부담부분을 넘은 변제를 한 때에는 다른 보증인에 대하여 구상권을 행사할 수 있고, 그 구상권의 범위 내에서 종래 채권자가 가지고 있던 채권 및 그 담보에 관한 권리는 법률상 당연히 그 변제자에게 이전되는 것이므로, 채권자가 어느 공동보증인의 재산에 대하여 가압류결정을 받은 경우에, 그 피보전권리에 관하여 채권자를 대위하는 변제자는 채권자의 승계인으로서, 가압류의 집행이 되기 전이라면 민사집행법 제292조 제1항에 따라 승계집행문을 부여받아 가압류의 집행을 할 수 있고, 가압류의 집행이 된 후에는 위와 같은 승계집행문을 부여받지 않더라도 가압류에 의한 보전의 이익을 자신을 위하여 주장할 수 있다(대판 1993.7.13. 92다33251).

[**④** ▸ ○] 부대체적 작위채무의 이행을 명하는 가처분결정과 함께 그 의무위반에 대한 간접강제결정이 동시에 이루어진 경우에는 간접강제결정 자체가 독립된 집행권원이 되고 간접강제결정에 기초하여 배상금을 현실적으로 집행하는 절차는 간접강제절차와 독립된 별개의 금전채권에 기초한 집행절차이므로, 그 간접강제결정에 기한 강제집행을 반드시 가처분결정이 송달된 날로부터 2주 이내에 할 필요는 없다. 다만, 그 집행을 위해서는 당해 간접강제결정의 정본에 집행문을 받아야 한다(대결 2008.12.24. 2008마1608).

[**⑤** ▸ ○] 채권자가 부작위채무에 대한 간접강제결정을 집행권원으로 하여 강제집행을 하기 위하여는 집행문을 받아야 하는데, 채무자의 부작위의무 위반은 부작위채무에 대한 간접강제결정의 집행을 위한 조건에 해당하므로 민사집행법 제30조 제2항에 의하여 채권자가 조건의 성취를 증명하여야 집행문을 받을 수 있다. 그리고 집행문부여요건인 조건의 성취 여부는 집행문 부여와 관련된 집행문 부여의 소 또는 집행문 부여에 대한 이의의 소에서 주장·심리되어야 할 사항이지, 집행권원에 표시되어 있는 청구권에 관하여 생긴 이의를 내세워 집행권원이 가지는 집행력의 배제를 구하는 청구이의의 소에서 심리되어야 할 사항은 아니다. 따라서 부작위채무에 대한 간접강제결정의 집행력 배제를 구하는 청구이의의 소에서 채무자에게 부작위의무 위반이 없었다는 주장을 청구이의사유로 내세울 수 없다(대판 2012.4.13. 2011다92916).

답 **②**

136 보전처분의 관할에 관한 다음 설명 중 가장 옳지 않은 것은? 2020년

① 채권자의 보전처분신청이 제1심에서 배척되고 채권자의 항고에 의하여 항고심에서 보전명령을 하게 된 경우 이의사건의 관할법원은 항고심법원이 된다.

② 이의사건을 담당하는 법원이 현저한 손해 또는 지연을 피하기 위한 필요가 있는 때에는 직권으로 또는 당사자의 신청에 따라 결정으로 그 가압류·가처분사건의 관할권이 있는 다른 법원에 사건을 이송할 수 있다. 다만, 그 법원이 심급을 달리하는 경우에는 이송하지 못한다.

③ 가사소송사건 또는 마류 가사비송사건을 본안사건으로 하는 가압류 또는 가처분 사건은 가정법원의 전속관할에 속한다.

④ 보전처분 신청당시 본안사건이 계속되어 있는 법원에 적법하게 보전처분 신청사건이 계속된 후에, 그 본안사건이 각하되거나 관할위반으로 다른 법원에 이송되었다면 보전처분신청도 관할위반이 된다.

⑤ 사정변경에 따른 보전처분취소신청을 제기할 당시 본안소송이 항소심에 계속된 때에는 본안법원인 항소심만이 관할권을 가지고 있어, 취소소송이 제1심법원에 잘못 제기된 경우에는 사건을 관할위반을 이유로 항소심법원에 이송하여야 한다.

....

[**❶** ▸ ○] 이의사건은 보전처분을 발령한 법원의 전속관할에 속한다. 따라서 본안에 관한 항소심법원이 보전처분을 하였을 때에는 이의사건도 그 항소심법원의 관할에 전속한다. 채권자의 보전처분신청이 제1심에서 배척되고 채권자의 항고에 의하여 항고심에서 보전명령을 하게 된 경우 이의사건의 관할법원이 어디인가에 관하여는 논의가 있는데, 통설이나 판례는 항고심법원이 관할법원이라고 한다(대결 1991.3.29. 90마819; 대결 1999.4.20. 99마865).

[**❷** ▸ ○] 법원은 가압류이의신청사건에 관하여 현저한 손해 또는 지연을 피하기 위한 필요가 있는 때에는 직권으로 또는 당사자의 신청에 따라 결정으로 그 가압류사건의 관할권이 있는 다른 법원에 사건을 이송할 수 있다. 다만, 그 법원이 심급을 달리하는 경우에는 그러하지 아니하다(민사집행법 제284조).

[**❸** ▸ ○] 가사소송사건 또는 마류 가사비송사건을 본안사건으로 하는 가압류 또는 가처분 사건은 가정법원의 전속관할에 속한다(가사소송법 제63조 제1항 참조). *실무제요 집행* 5

[**❹** ▸ ×] 보전처분신청 당시에 본안소송이 계속되어 있는 이상 그 법원이 비록 본안에 대한 관할권을 가지지 아니하는 경우라도 여기서 말하는 본안의 관할법원이 된다. 따라서 관할권의 유무를 결정함에 있어서는 보전처분신청 당시 본안의 계속 여부만을 심사하면 되고 본안에 대하여 관할권을 가지는지 여부까지 조사할 필요는 없다. 그러므로 보전처분신청 후 본안사건이 각하되었다든가 관할위반으로 다른 법원에 이송되었어도 보전처분신청은 관할위반으로 되지 아니한다(대판 1963.12.12. 4293민상824).

[**❺** ▸ ○] 사정변경 등에 따른 보전처분취소사건의 본안이 이미 계속되어 있는 경우에는 그 본안의 관할법원이 취소사건을 관할한다(민사집행법 제288조 제2항 단서, 제301조). 이때 본안의 관할법원은 원칙적으로 제1심법원이지만 보전처분의 취소신청 당시에 본안이 항소심에 계속된 때에는 항소심의 전속관할에 속하므로(민사집행법 제311조), 사정변경에 따른 보전처분취소소송을 제기할 당시 본안소송이 항소심에 계속된 때에는 본안법원인 항소심만이 관할권을 가지고 있어, 취소소송이 제1심법원에 잘못 제기된 경우에는 사건을 관할위반을 이유로 항소심법원에 이송하여야 한다. *실무제요 집행* 5

답 **❹**

보전소송의 관할에 관한 다음 설명 중 가장 옳지 않은 것은?

① 가압류사건은 가압류할 물건이 있는 곳을 관할하는 지방법원이나 본안의 관할법원이 관할하고, 가처분사건은 본안의 관할법원 또는 다툼의 대상이 있는 곳을 관할하는 지방법원이 관할한다.

② 보전소송의 토지관할은 전속관할이나 관할권 없는 법원이 발령한 보전처분도 상소나 이의에 의하여 취소되지 않는 한 유효하며, 재심사유가 아니므로 확정되면 관할위반의 흠이 치유된다.

③ 상고로 인하여 기록이 상고심에 송부되고 본안이 상고심에 계속 중일 때에는 상고심은 사실심리를 하기에 적당하지 아니하고 집행법원으로서도 부적합하기 때문에 제2심 법원이 보전처분사건의 관할법원이 된다.

④ 본안사건에 대하여 당해 법원에서 판결이 선고된 후 항소 또는 상고로 인하여 기록이 송부되기 전이면 기록이 있는 당해 법원이 본안법원이 된다.

⑤ 본안의 관할법원이 여러 개라도 이미 본안이 계속된 경우에는 본안이 계속된 법원만이 본안법원으로서 관할권을 가지고, 다른 법원에는 본안법원으로서 관할권은 생기지 않는다.

....

[**❶ ▸ ○**] 민사집행법 제278조, 제303조

> **민사집행법 제278조(가압류법원)**
> 가압류는 가압류할 물건이 있는 곳을 관할하는 지방법원이나 본안의 관할법원이 관할한다.
>
> **민사집행법 제303조(관할법원)**
> 가처분의 재판은 본안의 관할법원 또는 다툼의 대상이 있는 곳을 관할하는 지방법원이 관할한다.

[**❷ ▸ ○**] 보전소송의 관할 중 토지관할(재판적)은 전속관할이다(민사집행법 제21조). 따라서 합의관할(민사소송법 제29조)이나 변론관할(민사소송법 제30조)에 관한 규정은 적용될 여지가 없다. … 관할권 없음을 간과하고 보전처분을 하였을 때에는 이의가 있으면 취소사유가 된다. 그러나 관할권 없는 법원이 발한 보전처분도 이의에 의하여 취소되지 않는 한 유효하며(대결 1964.4.11. 64마66), 준재심사유가 아니므로 확정되면 관할위반의 흠이 치유된다. 실무제요 집행 5

[**❸ ▸ ✕**] 상고로 인하여 기록이 상고심에 송부되고 본안이 상고심에 계속 중일 때에는 상고심은 사실심리를 하기에 적당하지 아니하고 집행법원으로서도 부적합하기 때문에 제1심법원이 보전처분사건의 관할법원이 된다(대결 2002.4.24. 2002즈합4 참조). 실무제요 집행 5 이와 관련하여 판례는, 상고 또는 재항고로 인하여 본안기록이 상고심 또는 재항고심에 송부되고 본안이 상고심 또는 재항고심에 계속 중일 때에는, 상고심 또는 재항고심은 사실심리를 하기에 적당하지 아니하고 가사소송법 제67조 소정의 의무불이행에 대한 제재를 가하거나 집행법원이 되기도 적당하지 아니하므로 제1심 가정법원이 가사소송법에 의한 사전처분사건이나 가압류·가처분사건의 관할법원이 된다고 판시하고 있다(대결 2002.4.24. 2002즈합4).

[**❹ ▸ ○**] 본안사건에 대하여 당해 법원에서 판결이 선고된 후 항소 또는 상고로 인하여 기록이 송부되기 전이면 보전처분신청 당시에 기록이 있는 당해 법원이 본안법원이 된다(대판 1960.6.30. 4293민항115; 대판 1971.9.28. 71다1532). 실무제요 집행 5

[**❺ ▸ ○**] 본안의 관할법원이 여러 개라도 이미 본안이 계속된 경우에는 본안이 계속된 법원만이 본안법원으로서 관할권을 가지고, 다른 법원에는 본안법원으로서 관할권은 생기지 않는다. 실무제요 집행 5

답 ❸

138
□□□

보전소송의 피보전권리에 관한 다음 설명 중 가장 옳지 않은 것은?　　　2017년

① 가압류의 피보전권리는 재판 시까지는 청구권이 성립하여 있어야 하므로 청구권이 생기게 될지 여부가 전혀 불확정적인 채권은 피보전권리가 될 수 없다. 그러나 보전될 청구권은 조건이 붙어 있는 것이거나 기한이 차지 아니한 것이라도 무방하다.
② 부동산의 공유지분권자가 공유물분할의 소를 제기하기에 앞서 공유물분할청구권을 피보전권리로 하여 부동산 전부에 대한 처분금지가처분도 할 수 있다.
③ 가압류의 피보전권리는 가압류신청 당시 확정적으로 발생되어 있어야 하는 것은 아니고, 이미 그 발생의 기초가 존재하는 한 장래에 발생할 채권도 가압류의 피보전권리가 될 수 있다. 따라서 보증인의 주채무자에 대한 장래의 구상권도 가압류의 피보전권리로 할 수 있다.
④ 재산형의 일종인 추징은 이를 집행하는 검사의 명령이 집행권원과 동일한 효력을 갖는다 하더라도 민사소송절차에 의하여 권리보호를 받을 수 없으므로 가압류명령으로 보전될 피보전권리라 할 수 없다.
⑤ 모든 보전처분에서 피보전권리와 보전의 필요성의 존재에 관한 소명이 있어야 하고, 이 두 요건은 서로 별개의 독립된 요건이기 때문에 그 심리에서도 상호 관계없이 독립적으로 심리되어야 한다.

....

[**❶** ▶ ○]　가압류의 피보전권리는 재판 시까지는 청구권이 성립하여 있어야 하므로 청구권이 생기게 될지 여부가 전혀 불확정적인 채권은 피보전권리가 될 수 없다. 그러나 보전될 청구권은 조건이 붙어 있는 것이거나 기한이 차지 아니한 것이라도 무방하다(민사집행법 제276조 제2항).　**실무제요 집행 5**
[**❷** ▶ ×]　부동산의 공유자는 공유물분할청구의 소를 본안으로 제기하기에 앞서 장래에 그 판결이 확정됨으로써 취득할 '부동산의 전부 또는 특정 부분에 대한 소유권 등의 권리'를 피보전권리로 하여 다른 공유자의 공유지분에 대한 처분금지가처분도 할 수 있다(대결 2013.6.14. 2013마396).
[**❸** ▶ ○]　가압류의 피보전권리는 가압류신청 당시 확정적으로 발생되어 있어야 하는 것은 아니고, 이미 그 발생의 기초가 존재하는 한 장래에 발생할 채권도 가압류의 피보전권리가 될 수 있다(대판 1993.2.12. 92다29801). 따라서 보증인의 주채무자에 대한 장래의 구상권도 가압류의 피보전권리로 할 수 있다.　**실무제요 집행 5**
[**❹** ▶ ○]　보전처분은 민사집행법상의 강제집행을 보전하기 위한 제도이므로 그 피보전권리는 통상의 강제집행방법에 의하여 집행이 가능한 권리이어야 한다. 집행에 적합한 청구권이라도 민사소송에 의한 보호를 받는 청구권이라야 한다(통설). 판례도 재산형의 일종인 추징은 이를 집행하는 검사의 집행명령이 집행력 있는 집행권원과 동일한 효력을 갖는다 하더라도 민사소송절차에 의하여 권리보호를 받을 수 없어 가압류명령으로 보전될 피보전권리라 할 수 없다고 하였다(대판 1971.3.9. 70다2783).
　실무제요 집행 5
[**❺** ▶ ○]　보전처분의 두 요건인 '피보전권리'와 '보전의 필요성'의 관계를 어떻게 파악할 것인가에 대하여 판례는 모든 보전처분에서 피보전권리와 보전의 필요성의 존재에 관한 소명이 있어야 하고, 이 두 요건은 서로 별개의 독립된 요건이기 때문에 그 심리에서도 상호 관계없이 독립적으로 심리되어야 한다고 판시하고 있다(대결 2007.7.26. 2005마972).　**실무제요 집행 5**

답 ❷

보전처분의 요건에 관한 다음 설명 중 가장 옳지 않은 것은?　　　　2025년

① 부동산의 공유지분권자가 공유물 분할의 소를 본안으로 제기하기에 앞서 그 승소판결이 확정됨으로써 취득할 특정부분에 대한 소유권을 피보전권리로 하여 부동산 전부에 대한 처분금지가처분은 할 수 있지만, 다른 공유자의 공유지분에 대하여는 처분금지가처분을 할 수 없다.

② 채무자의 차용금채무를 담보하기 위하여 부동산에 관하여 채권자 명의의 가등기 및 본등기가 마쳐진 경우에 채무자가 아직 그 차용금채무를 변제하지 아니한 상태라 할지라도, 채무변제를 조건으로 한 말소등기청구권을 보전하기 위하여 그 담보목적부동산에 관하여 처분금지가처분을 신청할 수 있다.

③ 가압류결정의 피보전권리와 본안의 소송물인 권리는 엄격하게 일치될 필요는 없으며, 청구의 기초의 동일성이 인정되는 한 그 가압류의 효력은 본안소송의 권리에 미친다.

④ 가등기와 관련된 가처분 중 소유권이전등기청구권 보전을 위한 가등기상의 권리의 양도 그 밖의 일체의 처분을 금지하는 가처분은 가등기권리 자체에 대한 처분의 금지이므로 부동산등기법 제3조의 처분의 제한에 해당하여 허용된다.

⑤ 확정판결 또는 이와 동일한 효력이 있는 집행권원에 기한 강제집행의 정지는 오직 강제집행에 관한 법규 중에 그에 관한 규정이 있는 경우에 한하여 가능한 것이고, 이와 같은 규정에 의함이 없이 일반적인 가처분의 방법으로 강제집행을 정지시킨다는 것은 허용되지 않는다.

··

[❶ ▸ ✕]　가처분의 피보전권리는 가처분 신청 당시 확정적으로 발생한 것이어야 하는 것은 아니고 이미 그 발생의 기초가 존재하는 한 장래에 발생할 권리도 가처분의 피보전권리가 될 수 있다. 따라서 부동산의 공유자는 공유물분할청구의 소를 본안으로 제기하기에 앞서 장래에 그 판결이 확정됨으로써 취득할 부동산의 전부 또는 특정 부분에 대한 소유권 등의 권리를 피보전권리로 하여 '다른 공유자의 공유지분'에 대한 처분금지가처분도 할 수 있다(대결 2013.6.14. 2013마396).

[❷ ▸ ○]　채무자들의 차용금채무를 담보하기 위하여 부동산에 관하여 채권자 명의의 가등기 및 본등기가 경료된 경우에 채무자들이 아직 그 차용금채무를 변제하지 아니한 상태라 할지라도, 채무변제를 조건으로 한 말소등기청구권을 보전하기 위하여 그 담보목적 부동산에 관하여 처분금지가처분을 신청할 수도 있다 할 것이며, 그 경우 채권자가 담보목적 부동산에 대한 담보권 행사가 아닌 다른 처분행위를 하거나, 피담보채무를 변제받고서도 담보목적 부동산을 처분하는 것을 방지하는 목적 범위 내에서는 보전의 필요성도 있다고 할 것이다(다만, 이러한 가처분을 허용한다고 하여도 피담보채무가 변제되지 아니한 경우에는 채권자가 담보권 행사로서 담보목적 부동산의 처분행위를 방지하는 효력이 없어 위 가처분으로서는 채권자의 처분행위의 효력을 다툴 수 없게 될 뿐이다)(대판 2002.8.23. 2002다1567).

[❸ ▸ ○]　가압류결정의 피보전권리와 본안의 소송물인 권리는 엄격히 일치함을 요하지 않으며 청구의 기초의 동일성이 인정되는 한 그 가압류의 효력은 본안소송의 권리에 미치고, 가압류의 신청은 긴급한 필요에 따른 것으로서 피보전권리의 법률적 구성과 증거관계를 충분하게 검토·확정할 만한 시간적 여유가 없이 이루어지는 사정에 비추어 보면, 당사자가 권리 없음이 명백한 피보전권리를 내세워 가압류를 신청한 것이라는 등의 특별한 사정이 없는 한, 청구의 기초에 변경이 없는 범위 내에서는 가압류의 이의 절차에서도 신청이유의 피보전권리를 변경할 수 있다(대판 1996.2.27. 95다45224).

[❹ ▸ ○]　소유권이전청구권을 보전하기 위한 가등기는 부동산등기법 제3조에 의하여 등기사항임이 명백하므로 그 가등기상의 권리 자체의 처분을 금지하는 가처분은 같은 법 제3조에서 말하는 처분의 제한에 해당되어 등기사항에 해당되지만, 가등기에 터잡아 본등기를 하는 것은 그 가등기에 기하여 순위보전된 권리의 취득(권리의 증대 내지 부가)이지 가등기상의 권리 자체의 처분(권리의 감소 내지 소멸)이라고는 볼 수 없으므로 가등기에 기한 본등기절차의 이행을 금지하는 취지의 가처분은 등기사항이 아니어서 허용되지 아니한다고 봄이 상당하다(대판 2007.2.22. 2004다59546).

[**❺ ▸ ○**] 확정판결 또는 이와 동일한 효력이 있는 집행권원에 기초한 강제집행의 정지는 오직 강제집행에 관한 법규 중에 그에 관한 규정이 있는 경우에 한하여 가능하고, 이와 같은 규정에 의함이 없이 일반적인 가처분의 방법으로 강제집행을 정지시키는 것은 허용되지 아니한다(대결 2024.2.15. 2023그828).

답 ❶

140
□□□

보전처분의 요건에 관한 다음 설명 중 가장 옳지 않은 것은?

2022년

① 등기부상 진실한 소유자의 소유권에 방해가 되는 부실등기가 존재하는 경우에 그 등기명의인이 허무인 또는 실체가 없는 단체인 때에는 소유자는 그와 같은 허무인 또는 실체가 없는 단체 명의로 실제 등기행위를 한 사람에 대하여 소유권에 기한 방해배제로서 등기행위자를 표상하는 허무인 또는 실체가 없는 단체 명의의 등기의 말소를 구할 수 있고, 이와 같은 말소청구권을 보전하기 위하여 실제 등기행위를 한 사람을 상대로 처분금지가처분을 할 수 있다.

② 어느 피보전권리에 관하여 본안소송에서 패소확정이 되더라도 그 피보전권리와 청구의 기초가 동일한 다른 권리의 보전을 위하여 앞서 받은 보전처분을 유용할 수 있다.

③ 선박우선특권이 있는 채권자는 선박소유자의 변동에 관계없이 그 선박에 대하여 집행권원 없이도 경매청구권을 행사할 수 있으므로 채권자는 채권을 보전하기 위하여 그 선박에 대한 가압류를 하여 둘 필요가 없다 할 것이다.

④ 채권자가 채무자들이 업종제한약정에 위반하여 동종영업을 하고 있음을 알고도 그러한 상태를 장기간 아무런 조치를 취하지 아니한 채 방치하고 있었다면 보전의 필요성이 있다고 보기는 어렵다.

⑤ 주식을 매수하여 주주로서의 권리를 가진다는 것만으로 회사 소유의 부동산에 관하여 어떠한 청구권을 가진다고 할 수는 없으므로, 주주로서의 권리를 보전하기 위하여 회사소유 부동산에 대한 처분금지가처분을 구하는 것은 허용되지 않는다.

··

[**❶ ▸ ○**] 등기부상 진실한 소유자의 소유권에 방해가 되는 불실등기가 존재하는 경우에 그 등기명의인이 허무인 또는 실체가 없는 단체인 때에는 소유자는 그와 같은 허무인 또는 실체가 없는 단체 명의로 실제 등기행위를 한 사람에 대하여 소유권에 기한 방해배제로서 등기행위자를 표상하는 허무인 또는 실체가 없는 단체 명의 등기의 말소를 구할 수 있다. 또한, 소유자는 이와 같은 말소청구권을 보전하기 위하여 실제 등기행위를 한 사람을 상대로 처분금지가처분을 할 수도 있다(대결 2008.7.11. 2008마615).

[**❷ ▸ ✕**] 가압류의 피보전권리가 소멸되었거나 또는 존재하지 아니함이 본안소송에서 확정된 경우에는 민사집행법 제288조 소정의 사정변경에 따른 가압류 취소사유가 되는 것이며, 이 경우 그 가압류를 그 피보전권리와 다른 권리의 보전을 위하여 유용할 수 없는 것이다(대판 2004.12.24. 2004다53715). 즉, 판례의 태도에 따르면 어느 피보전권리에 관하여 본안소송에서 패소확정이 되면 위의 피보전권리와 청구의 기초를 달리하는 경우는 물론 청구의 기초를 같이하는 다른 권리의 보전을 위하여도 앞서 받은 보전처분을 유용할 수 없다.

[**❸ ▸ ○**] 선박우선특권 있는 채권자는 선박소유자의 변동에 관계없이 그 선박에 대하여 채무명의 없이도 경매청구권을 행사할 수 있으므로 채권자는 채권을 보전하기 위하여 그 선박에 대한 가압류를 하여둘 필요가 없다(대판 1988.11.22. 87다카1671).

[**④ ▶ ○**]　보전처분에 의하여 제거되어야 할 상태가 채권자에 의하여 오랫동안 방임되어 온 때에는 보전처분을 구할 필요성이 인정되기 어렵다고 할 것인바, 신청인이 피신청인들의 업종제한약정 위반을 알고도 그러한 상태를 장기간 아무런 조치를 취하지 아니한 채 방치하고 있었다면, 현재의 상태가 더 지속됨으로써 신청인에게 비로소 현저한 손해가 발생할 우려가 있다는 등 임시의 지위를 정하는 가처분을 하여야 할 긴급한 보전의 필요성이 없다(대결 2005.8.19. 2003마482).

[**⑤ ▶ ○**]　계쟁물에 관한 가처분은 특정물의 인도 또는 특정의 급여를 목적으로 하는 청구권을 보전하기 위한 경우에 허용되는 것인바, 주식을 매수하여 주주로서의 권리를 가진다는 것만으로 회사 소유의 부동산에 관하여 어떠한 청구권을 가진다고 할 수는 없으므로, 주주로서의 권리를 보전하기 위하여 회사 소유 부동산에 대한 처분금지가처분을 구하는 것은 허용되지 아니한다(대판 1998.9.18. 96다44136).

답 ❷

141 □□□

보전처분의 요건에 관한 다음 설명 중 가장 옳지 않은 것은?　

① 배당절차에서 작성된 배당표가 잘못되어 배당을 받아야 할 채권자가 배당을 받지 못하고 배당을 받을 수 없는 사람이 배당받는 것으로 되어 있으나 아직 배당금이 지급되지 않은 경우 채권자는 배당금지급청구권의 양도에 의한 부당이득의 반환을 구하여야 하므로 그 집행의 보전은 배당금지급금지가처분의 방법으로 하여야 한다.

② 부집행의 특약이 있거나 파산에 의하여 면책된 채권이나 이른바 자연채무의 이행을 구하는 것 등은 가압류의 피보전권리가 될 수 없으나, 단지 본안의 소를 제기할 수 없다는 사유만으로 반드시 그 청구권이 가압류에 부적합하다고는 할 수 없다.

③ 다툼의 대상에 관한 가처분의 피보전권리는 청구권의 이행기가 현실적으로 도래할 필요는 없으므로 기한부·조건부 청구권이라도 피보전권리가 될 수 있다.

④ 목적물의 점유자인 가처분채권자가 그 소유권을 갖지 아니하여 결국에는 불법점유자로 된다 하더라도 그 목적물을 인도할 때까지는 점유권을 가지므로 가처분으로 그 방해의 예방이나 그 밖의 조치를 청구할 수 있다.

⑤ 국유재산의 임차인이 연고자로서 우선매수권이 있는 경우 이를 피보전권리로 하여 그 부동산에 대한 처분금지가처분을 청구할 수 있다.

[**① ▶ ○**]　부당이득의 반환은 법률상 원인 없이 취득한 이익을 반환하여 원상으로 회복하는 것을 말하므로, 배당절차에서 작성된 배당표가 잘못되어 배당을 받아야 할 채권자가 배당을 받지 못하고 배당을 받을 수 없는 사람이 배당받는 것으로 되어 있을 경우, 배당금이 실제 지급되었다면 배당금 상당의 금전지급을 구하는 부당이득반환청구를 할 수 있지만 아직 배당금이 지급되지 아니한 때에는 배당금지급청구권의 양도에 의한 부당이득의 반환을 구하여야지 그 채권 가액에 해당하는 금전의 지급을 구할 수는 없고, 그 경우 집행의 보전은 가압류에 의할 것이 아니라 배당금지급금지가처분의 방법으로 하여야 한다(대결 2013.4.26. 2009마1932).

[**❷ ▸ ○**] 보전처분은 민사집행법상의 강제집행을 보전하기 위한 제도이므로 그 피보전권리는 통상의 강제집행방법에 의하여 집행이 가능한 권리이어야 한다. 따라서 특수한 절차에 의하여 집행되는 청구권, 예를 들면 국세징수절차에 의하여 집행할 수 있는 조세채권이나 그 밖의 공법상의 청구권, 통상은 강제집행이 가능하나 특별한 사유로 인하여 집행할 수 없는 청구권(예 부집행의 특약이 있거나 파산에 의하여 면책된 채권이나 이른바 자연채무의 이행을 구하는 것 등)은 가압류의 피보전권리가 될 수 없다. 그러나 단지 본안의 소를 제기할 수 없다는 사유만으로 반드시 그 청구권이 가압류에 부적합하다고는 할 수 없다. 예를 들면 중재합의가 있는 청구권은 본안의 소를 제기할 수는 없어도 중재판정에 법원의 집행결정이나 집행판결(중재법 제37조 제2항, 제39조 제2항)을 얻어 강제집행을 할 수 있으므로 가압류할 수 있다(중재법 제10조). **실무제요 집행 5**

[**❸ ▸ ○**] 다툼의 대상에 관한 가처분의 피보전권리는 가압류의 경우와 마찬가지로 청구권의 이행기가 현실적으로 도래할 필요는 없으므로 기한부·조건부 청구권이라도 좋다(대판 2002.8.23. 2002다1567; 대결 2002.9.27. 2000마6135). **실무제요 집행 5**

[**❹ ▸ ○**] 다툼의 대상에 관한 가처분은 다툼의 대상의 현상이 변경되는 불안을 제거하는 것을 목적으로 한다. 민법 제208조에 의하면 점유권에 기인한 소는 본권에 관한 이유로 재판하지 못하므로 점유권을 피보전권리로 하는 때에는 본권이 존재하지 아니하더라도 피보전권리는 존재한다고 본다. 판례는 목적물의 점유자인 가처분채권자가 그 소유권을 갖지 아니하여 결국에는 불법점유자로 된다 하더라도 그 목적물을 인도할 때까지는 점유권을 가지므로 가처분으로 그 방해의 예방이나 그 밖의 조치를 청구할 수 있다고 한다(대판 1967.2.21. 66다2635). **실무제요 집행 5**

[**❺ ▸ ✕**] 국유재산의 임차인이 연고자로서 우선매수권이 있다고 하더라도 위 연고권을 법률상의 권리라고 볼 수는 없는 것이므로 이를 피보전권리로 하여 그 부동산에 대한 처분금지가처분을 청구할 수 없다(대판 1971.10.11. 71다1826).

 ❺

142
□□□

보전의 필요성에 관한 다음 설명 중 가장 옳지 않은 것은?   **2024년**

① 가처분채권자가 본안소송에서 승소판결을 받은 그 집행채권이 정지조건부인 경우라 할지라도 그 조건이 집행채권자의 의사에 따라 즉시 이행할 수 있는 의무의 이행인 경우 정당한 이유 없이 그 의무의 이행을 게을리하고 집행에 착수하지 않고 있다면 보전의 필요성은 소멸되었다고 보아야 한다.

② 동일한 피보전권리에 관하여 다른 채권자에 의하여 동종의 가처분집행이 이미 마쳐졌다거나, 선행의 가처분에 따른 본안소송에 공동피고로 관여할 수 있다거나 또는 나아가 장차 후행 가처분신청에 따른 본안소송이 중복소송에 해당될 여지가 있다는 등의 사정이 있다고 하더라도 그러한 사정만으로 곧바로 보전의 필요성이 없다고 단정할 수는 없다.

③ 채권자의 금전채권에 관하여 충분한 물적 담보가 설정되어 있거나 채무자에게 재산이 충분히 있음이 소명된 경우, 동시이행관계에 있는 반대급부가 이행불능이 된 경우에는 가압류의 필요성이 부인된다.

④ 임시의 지위를 정하기 위한 가처분신청을 인용하는 결정에 따라 권리의 침해가 중단되었다고 하더라도 가처분채무자들이 그 가처분의 적법 여부에 대하여 다투고 있는 이상, 권리침해의 중단이라는 사정만으로 종래의 가처분이 보전의 필요성을 잃게 되는 것은 아니다.

⑤ 임시의 지위를 정하기 위한 가처분이 필요한지 여부를 결정함에 있어 본안소송에 있어서의 장래의 승패의 예상은 고려할 필요가 없으므로, 특허권 등 침해금지 가처분 신청 당시에 실체법상의 권리를 가지고 있다면 가까운 장래에 본안소송에서 채권자가 패소하여 특허권 등이 무효로 될 것이 충분히 예상되는 경우에도 보전의 필요성은 있다고 보는 것이 판례의 태도이다.

[❶ ▸ ○] 가처분채권자가 본안소송에서 승소판결을 받은 그 집행채권이 정지조건부인 경우라 할지라도 그 조건이 집행채권자의 의사에 따라 즉시 이행할 수 있는 의무의 이행인 경우 정당한 이유 없이 그 의무의 이행을 게을리 하고 집행에 착수하지 않고 있다면 보전의 필요성은 소멸되었다고 보아야 한다(대판 2000.11.14. 2000다40773).

[❷ ▸ ○] 다툼의 대상에 관한 가처분은 현상이 바뀌면 당사자가 권리를 실행하지 못하거나 이를 실행하는 것이 매우 곤란할 염려가 있을 경우에 허용되는 것으로서(민사집행법 제300조 제1항), 이른바 만족적 가처분의 경우와는 달리 보전처분의 잠정성·신속성 등에 비추어 피보전권리에 관한 소명이 인정된다면 다른 특별한 사정이 없는 한 보전의 필요성도 인정되는 것으로 보아야 하고, 비록 동일한 피보전권리에 관하여 다른 채권자에 의하여 동종의 가처분집행이 이미 마쳐졌다거나, 선행 가처분에 따른 본안소송에 공동피고로 관여할 수 있다거나 또는 나아가 장차 후행 가처분신청에 따른 본안소송이 중복소송에 해당될 여지가 있다는 등의 사정이 있다고 하더라도 그러한 사정만으로 곧바로 보전의 필요성이 없다고 단정하여서는 아니 된다(대결 2005.10.17. 2005마814).

[❸ ▸ ○] 채권자의 금전채권에 관하여 충분한 물적 담보가 설정되어 있거나(대판 1967.12.29. 67다2289) 채무자에게 재산이 충분히 있음이 소명된 경우(대결 2009.5.15. 2009마136), 동시이행관계에 있는 반대급부가 이행불능이 된 경우(대판 1992.1.21. 91다33032) 등에는 가압류의 필요성이 부인된다. **실무제요 집행 5**

[❹ ▸ ○] 임시의 지위를 정하기 위한 가처분은 다툼 있는 권리관계에 관하여 그것이 본안소송에 의하여 확정되기까지 가처분권리자가 현재의 현저한 손해를 피하거나 급박한 위험을 막기 위하여, 또는 그 밖의 필요한 이유가 있는 경우에 허용되는 응급적·잠정적인 처분이므로, 이러한 가처분이 필요한지 여부는 당해 가처분신청의 인용 여부에 따른 당사자 쌍방의 이해득실관계, 본안소송의 승패의 예상, 기타 여러 사정을 고려하여 법원의 재량에 따라 합목적적으로 결정하여야 할 것인바, 가처분신청을 인용하는 결정에 따라 권리의 침해가 중단되었다고 하더라도 가처분 채무자들이 그 가처분의 적법 여부에 대하여 다투고 있는 이상 권리 침해의 중단이라는 사정만으로 종래의 가처분이 보전의 필요성을 잃게 되는 것이라고는 할 수 없다(대판 2007.1.25. 2005다11626).

[❺ ▸ ✕] 임시의 지위를 정하기 위한 가처분을 필요로 하는지 여부는 가처분신청의 인용 여부에 따른 당사자 쌍방의 이해득실관계, 본안소송에 있어서의 장래의 승패의 예상, 기타의 제반 사정을 고려하여 법원의 재량에 따라 합목적적으로 결정하여야 할 것이므로 가처분채권자가 신청 당시에 실체법상의 권리를 가지고 있다 하더라도 그 권리가 가까운 장래에 소멸하여 본안소송에서 패소판결을 받으리라는 점이 현재에 있어 충분히 예상되는 경우에는 필요성이 없다고 풀이하는 것이 상당하고, 더구나 특허권침해의 금지라는 부작위의무를 부담시키는 이른바 만족적 가처분일 경우에 있어서는 보전의 필요성 유무를 더욱 신중하게 결정하여야 할 것으로서 만일 가처분신청 당시 채무자가 특허청에 별도로 제기한 심판절차에 의하여 그 특허권이 무효라고 하는 취지의 심결이 있는 경우나, 무효심판이 청구되고 그 청구의 이유나 증거관계로부터 장래 그 특허가 무효로 될 개연성이 높다고 인정되는 등의 특별한 사정이 있는 경우에는 당사자 간의 형평을 고려하여 보전의 필요성을 결한 것으로 보는 것이 합리적이라 할 것이다(대판 1993.2.12. 92다40563).

답 ❺

CHAPTER
02

보전소송절차

제1절 **보전처분(명령)의 신청**

143
□□□ 보전처분의 신청 및 그 효과에 관한 다음 설명 중 가장 옳지 않은 것은? 2021년

① 채권자는 채무자를 대위하여 그의 제3채무자에 대한 채권을 행사할 수 있으므로 보전처분신청도 대위하여 할 수 있다. 다만, 채권자는 자기의 채권의 기한이 도래하기 전에는 법원의 허가 없이 채권자대위권을 행사할 수 없으므로, 이 경우 채권자는 법원의 허가를 얻어야만 채무자를 대위하여 제3채무자에 대한 보전처분신청을 할 수 있다.

② 채권자가 가압류를 신청하면서 가압류할 채권의 대상과 범위를 특정하지 않음으로 인해 가압류명령에서도 피압류채권이 특정되지 않은 경우에는 그 가압류명령에 의해서는 가압류의 효력이 발생하지 않는다.

③ 부동산가압류에 의한 시효중단은 경매절차에서 부동산이 매각되어 가압류등기가 말소되기 전에 배당절차가 진행되어 가압류채권자에 대한 배당표가 확정되는 등의 특별한 사정이 없는 한, 채권자가 가압류집행에 의하여 권리행사를 계속하고 있다고 볼 수 있는 가압류등기가 말소된 때 그 중단사유가 종료되어, 그때부터 새로 소멸시효가 진행한다.

④ 채권가압류에서 채권자가 가압류신청을 취하하면 가압류결정은 그로써 효력이 소멸되지만, 채권가압류명령 정본이 제3채무자에게 이미 송달되어 가압류명령이 집행되었다면 그 취하통지서가 제3채무자에게 송달되었을 때 가압류집행의 효력이 장래를 향하여 소멸된다. 이는 그 취하통지서가 제3채무자에게 송달되기 전에 제3채무자가 집행법원 법원사무관등의 통지에 의하지 아니한 다른 방법으로 가압류신청취하사실을 알게 된 경우에도 마찬가지이다.

⑤ 보전처분신청이 중복신청에 해당하는지 여부는 후행 보전처분신청의 심리종결 시를 기준으로 판단하여야 하고, 보전명령에 대한 이의신청이 제기된 경우에는 이의소송의 심리종결 시가 기준이 된다.

[**❶** ▸ ×]   채권자는 채무자를 대위하여 그의 제3채무자에 대한 채권을 행사할 수 있으므로 보전처분신청도 대위하여 할 수 있다(대판 1958.5.29. 4290민상735). 보전처분신청은 보전행위에 해당하므로, 채권자는 자기의 채권의 기한이 도래하기 전이라도 법원의 허가를 얻지 아니하고 채무자를 대위하여 제3채무자에 대한 보전처분신청을 할 수 있다(민법 제404조 단서 참조).

> **민법 제404조(채권자대위권)**
> ① 채권자는 자기의 채권을 보전하기 위하여 채무자의 권리를 행사할 수 있다. 그러나 일신에 전속한 권리는 그러하지 아니하다.
> ② 채권자는 그 채권의 기한이 도래하기 전에는 법원의 허가 없이 전항의 권리를 행사하지 못한다. 그러나 보전행위는 그러하지 아니하다.

[**❷** ▸ ○]   채권에 대한 가압류 또는 압류명령을 신청하는 채권자는 신청서에 압류할 채권의 종류와 액수를 밝혀야 하고(민사집행법 제225조, 제291조), 특히 압류할 채권 중 일부에 대하여만 압류명령을 신청하는 때에는 그 범위를 밝혀 적어야 한다(민사집행규칙 제159조 제1항 제3호, 제218조). 그럼에도 채권자가 가압류나 압류를 신청하면서 압류할 채권의 대상과 범위를 특정하지 않음으로 인해 가압류결정 및 압류명령(이하 '압류 등 결정'이라 한다)에서도 피압류채권이 특정되지 않은 경우에는 그 압류 등 결정에 의해서는 압류 등의 효력이 발생하지 않는다(대판 2012.11.15. 2011다38394).

[**❸** ▸ ○]   가압류에 의한 시효중단은 경매절차에서 부동산이 매각되어 가압류등기가 말소되기 전에 배당절차가 진행되어 가압류채권자에 대한 배당표가 확정되는 등의 특별한 사정이 없는 한, 채권자가 가압류집행에 의하여 권리행사를 계속하고 있다고 볼 수 있는 가압류등기가 말소된 때 그 중단사유가 종료되어, 그때부터 새로 소멸시효가 진행한다고 봄이 타당하다(매각대금 납부 후의 배당절차에서 가압류채권자의 채권에 대하여 배당이 이루어지고 배당액이 공탁되었다고 하여 가압류채권자가 그 공탁금에 대하여 채권자로서 권리행사를 계속하고 있다고 볼 수는 없으므로 그로 인하여 가압류에 의한 시효중단의 효력이 계속된다고 할 수 없다)(대판 2013.11.14. 2013다18622).

[**❹** ▸ ○]   채권가압류에 있어서 채권자가 가압류신청을 취하하면 가압류결정은 그로써 효력이 소멸되지만, 채권가압류결정 정본이 제3채무자에게 이미 송달되어 가압류결정이 집행되었다면 그 취하통지서가 제3채무자에게 송달되었을 때 비로소 가압류집행의 효력이 장래를 향하여 소멸되는 것인바, 이러한 법리는 그 취하통지서가 제3채무자에게 송달되기 전에 제3채무자가 집행법원 법원사무관등의 통지에 의하지 아니한 다른 방법으로 가압류신청취하사실을 알게 된 경우에도 마찬가지라고 할 것이다(대판 2008.1.17. 2007다73826).

[**❺** ▸ ○]   보전처분신청에 관하여도 중복된 소제기에 관한 민사소송법 제259조의 규정이 준용되어 중복신청이 금지된다. 이 경우 보전처분신청이 중복신청에 해당하는지 여부는 후행 보전처분신청의 심리종결 시를 기준으로 판단하여야 하고, 보전명령에 대한 이의신청이 제기된 경우에는 이의소송의 심리종결 시가 기준이 된다(대결 2018.10.4. 2017마6308).

답 ❶

144

보전처분신청에 관한 다음 설명 중 가장 옳지 않은 것은?

① 채권자가 가압류를 신청하면서 가압류신청 진술서를 첨부하지 아니하거나, 고의로 진술사항을 누락하거나 허위로 진술한 내용이 발견된 경우에는 특별한 사정이 없는 한 보정명령 없이 신청을 기각할 수 있다.

② 가처분이 집행된 뒤에 3년간 본안의 소를 제기하지 아니한 때에 해당하여 취소사유가 발생한 이후 채권자가 다시 동일한 내용의 가처분을 신청한 경우 보전의 필요성 유무는 최초의 가처분 신청과 동일한 기준으로 판단하여야 한다.

③ 확정일자 없는 증서에 의한 지명채권의 양도승낙 후에 채권양수인이 그 증서를 첨부하여 법원에 양수금채권을 피보전권리로 하여 채무자의 재산에 대한 가압류를 신청하고, 법원공무원이 가압류 신청서를 접수하면서 이에 접수일자를 표시하는 접수인을 찍은 경우, 가압류신청서에 찍힌 접수일 자는 그 첨부서류인 승낙서에 대하여 확정일자에 해당한다.

④ 다툼의 대상에 관한 가처분은 그 피보전권리가 특정물에 관한 이행청구권이므로 신청서에 그 목적 물을 명확하게 표시하여야 하나, 유체동산가압류의 경우에는 가압류할 유체동산이 있는 장소를 기재하면 된다.

⑤ 보전처분이 발령된 후에 채권자가 보전처분신청을 취하하면 보전처분을 취소하는 결정이 없어도 보전처분의 효력은 당연히 상실되므로 채무자로서는 보전처분 이의신청을 할 이익이 없다.

- -

[**❶ ▸ ○**] 재판예규 제1229호(재민 제2003-4호) 제3조

[**❷ ▸ ✕**] 민사집행법 규정의 내용과 취지에 비추어 보면, 가처분이 제3호 사유에 해당하여 취소사유가 발생한 이후 채권자가 다시 동일한 내용의 가처분을 신청한 경우, <u>그 보전의 필요성 유무는 최초의 가처분 신청과 동일한 기준으로 판단하여서는 아니 되고, 채권자와 채무자의 관계, 선행 가처분의 집행 후 발생한 사정의 변경 기타 제반 사정을 종합하여, 채권자가 선행 가처분의 집행 후 3년이 지나도록 본안소송을 제기하지 아니하였음에도 불구하고 채권자가 보전의사를 포기 또는 상실하였다고 볼 수 없는 특별한 사정이 인정되는 경우에 한하여 보전의 필요성을 인정할 수 있다</u>(대결 2018.10.4. 2017마6308).

[**❸ ▸ ○**] 채무자의 채권양도에 관한 승낙이 확정일자 없는 승낙서에 의하여 이루어진 후에 채권양수 인이 채무자로부터 교부받은 승낙서를 첨부하여 법원에 양수금채권을 피보전권리로 하여 채무자의 재산 에 대한 가압류를 신청하고, 법원공무원이 가압류신청서를 접수하면서 이에 접수일자를 표시하는 접수 인을 찍었다면 위 승낙서는 가압류신청서의 첨부서류로서 위 신청서와 함께 법원에 접수되고 위 신청서 에 접수인까지 날인되어 있으므로 당사자들이 나중에 그 작성일자를 변경하는 것이 불가능하다고 할 것인 점에 비추어, 가압류신청서에 찍힌 접수일자는 그 첨부서류인 승낙서에 대하여 민법 부칙 제3조 제4항 소정의 확정일자에 해당한다고 볼 것이다(대판 2004.7.8. 2004다17481).

[**❹ ▸ ○**] 유체동산가압류의 경우에는 <u>가압류할 유체동산이 있는 장소도 기재하여야 한다</u>(민사집행법 제296조 제1항, 민사집행규칙 제131조 제3호). 다툼의 대상에 관한 가처분은 그 피보전권리가 특정물에 관한 이행청구권이므로 가처분신청서에 그 목적물을 명확하게 표시하여야 한다(대결 1999.5.13. 99마230).
　　실무제요 집행 5

[**❺ ▸ ○**] 채권자는 보전처분이 발령된 이후라도 상대방의 동의를 받을 필요 없이 보전처분신청을 취하할 수 있고, 보전처분신청이 취하되면 소 취하에 준하여 보전처분신청사건은 처음부터 계속되지 아니한 것으로 보게 되므로(민사소송법 제267조 제1항, 민사집행법 제23조 제1항) 보전처분신청이 취하된 후에 는 채무자는 이의를 신청할 수 없다. 이 경우 이미 발령된 보전처분결정은 당연히 효력을 상실하고, 채무자는 신청취하증명원을 집행기관에 제출하여 집행취소를 받을 수 있다.　　실무제요 집행 5

답 ❷

145

□□□

가압류에 관한 다음 설명 중 가장 옳지 않은 것은?

① 채권에 대한 가압류명령을 신청하는 채권자는 신청서에 압류할 채권의 종류와 액수를 밝혀야 하고, 특히 가압류할 채권 중 일부에 대하여만 가압류명령을 신청하는 때에는 그 범위를 밝혀 적어야 한다.

② 채권자가 채무자의 제3채무자에 대한 여러 개의 채권 전부를 대상으로 하여 가압류를 신청하는 경우 가압류할 채권의 대상과 범위를 특정하지 않음으로 인해 가압류결정에서도 피압류채권이 특정되지 않은 경우 여러 채권 전부에 대하여 가압류의 효력이 발생한다.

③ 유체동산에 대한 가압류 집행절차에 착수하지 않은 경우에는 시효중단 효력이 없고, 집행절차를 개시하였으나 가압류할 동산이 없기 때문에 집행불능이 된 경우에는 집행절차가 종료된 때로부터 시효가 새로이 진행된다.

④ 가압류신청의 취하는 서면으로 하여야 하고, 다만 심문기일 또는 변론기일에서는 말로 할 수 있다.

⑤ 채권자가 가압류신청을 취하하면 가압류명령의 효력은 소멸하고 가압류로 인한 시효중단의 효력도 소급적으로 소멸한다.

[❶▸○] [❷▸✕] 채권에 대한 가압류 또는 압류명령을 신청하는 채권자는 신청서에 압류할 채권의 종류와 액수를 밝혀야 하고(민사집행법 제225조, 제291조), 특히 압류할 채권 중 일부에 대하여만 압류명령을 신청하는 때에는 그 범위를 밝혀 적어야 한다(민사집행규칙 제159조 제1항 제3호, 제218조). 그럼에도 채권자가 가압류나 압류를 신청하면서 압류할 채권의 대상과 범위를 특정하지 않음으로 인해 가압류결정 및 압류명령(이하 '압류 등 결정'이라 한다)에서도 피압류채권이 특정되지 않은 경우에는 그 압류 등 결정에 의해서는 압류 등의 효력이 발생하지 않는다. 이러한 법리는 채무자가 제3채무자에 대하여 여러 개의 채권을 가지고 있고, 채권자가 그 각 채권 전부를 대상으로 하여 압류 등의 신청을 할 때에도 마찬가지로 적용되므로, 그 경우 채권자는 여러 개의 채권 중 어느 채권에 대해 어느 범위에서 압류 등을 신청하는지 신청취지 자체로 명확하게 인식할 수 있도록 특정하여야 한다(대판 2012.11.15. 2011다38394).

[❸▸○] 민법 제168조에서 가압류를 시효중단사유로 정하고 있는 것은 가압류에 의하여 채권자가 권리를 행사하였다고 할 수 있기 때문인데 가압류에 의한 집행보전의 효력이 존속하는 동안은 가압류채권자에 의한 권리행사가 계속되고 있다고 보아야 할 것이므로 가압류에 의한 시효중단의 효력은 가압류 집행보전의 효력이 존속하는 동안은 계속된다. 따라서 유체동산에 대한 가압류결정을 집행한 경우 가압류에 의한 시효중단 효력은 가압류 집행보전의 효력이 존속하는 동안 계속된다. 그러나 유체동산에 대한 가압류 집행절차에 착수하지 않은 경우에는 시효중단 효력이 없고, 집행절차를 개시하였으나 가압류할 동산이 없기 때문에 집행불능이 된 경우에는 집행절차가 종료된 때로부터 시효가 새로이 진행된다(대판 2011.5.13. 2011다10044).

[❹▸○] 가압류신청의 취하는 서면으로 하여야 하고, 다만 심문기일 또는 변론기일에서는 말로 할 수 있다(민사집행규칙 제203조 제1항 제1호, 제203조의2 제1항).

[❺▸○] 보전처분신청의 취하에 의하여 보전처분은 실효되므로, 보전처분신청에 의하여 발생한 소송법상의 효과와 실체법상의 효과는 소멸한다. 즉 소송계속은 신청의 취하와 동시에 당연히 소멸하고, 실체법적으로 시효중단의 효과는 소급적으로 소멸한다(민법 제175조). **실무제요 집행 5**

답 ❷

다음 설명 중 가장 옳지 않은 것은?

① 금전채권의 보전을 위하여 채무자의 금전채권에 대하여 가압류가 행하여진 경우에 그 후 채권자의 신청에 의하여 그 집행이 취소되었다면, 다른 특별한 사정이 없는 한 가압류에 의한 소멸시효 중단의 효과는 소급적으로 소멸된다.

② 가압류의 집행 후에 행하여진 채권자의 집행취소 또는 집행해제의 신청은 실질적으로 집행신청의 취하에 해당하고, 이는 다른 특별한 사정이 없는 한 가압류 자체의 신청을 취하하는 것과 마찬가지로 그에게 권리행사의 의사가 없음을 객관적으로 표명하는 행위로서 시효중단의 효력이 소멸한다.

③ 채권가압류취소결정의 집행으로서 집행법원이 제3채무자에게 가압류집행취소통지서를 송달한 경우 그 효력은 확정적이므로, 채권가압류결정이 제3채무자에게 송달된 상태에서 그 채권을 양수하여 확정일자 있는 통지 등에 의한 대항요건을 갖춘 채권양수인은 위와 같이 가압류집행취소통지서가 제3채무자에게 송달된 이후에는 더 이상 처분금지효의 제한을 받지 않고 아무런 부담이 없는 채권 취득의 효력을 가압류채권자에게 대항할 수 있다.

④ 가압류취소결정의 집행이 완료되었다 하더라도 이후 항고심에서 가압류취소결정을 취소하여 가압류결정을 인가하였다면 이미 취소된 가압류집행은 소급하여 부활하게 된다.

⑤ 채권압류의 효력발생 전에 채무자가 채권을 처분한 경우에는 그보다 먼저 압류한 채권자가 있어 그 채권자에게는 대항할 수 없는 사정이 있더라도 처분 후에 집행에 참가하는 채권자에 대하여는 처분의 효력을 대항할 수 있는 것이므로, 채무자가 압류 또는 가압류의 대상인 채권을 양도하고 확정일자 있는 통지 등에 의한 채권양도의 대항요건을 갖추었다면, 그 후 채무자의 다른 채권자가 양도된 채권에 대하여 압류 또는 가압류를 하더라도 압류 또는 가압류 당시에 피압류채권은 이미 존재하지 않는 것과 같아 압류 또는 가압류로서의 효력이 없다.

....

[❶ ▶ ○] [❷ ▶ ○] 금전채권의 보전을 위하여 채무자의 금전채권에 대하여 가압류가 행하여진 경우에 그 후 채권자의 신청에 의하여 그 집행이 취소되었다면, 다른 특별한 사정이 없는 한 가압류에 의한 소멸시효 중단의 효과는 소급적으로 소멸된다. 민법 제175조는 가압류가 '권리자의 청구에 의하여 취소된 때에는' 소멸시효 중단의 효력이 없다고 정한다. 가압류의 집행 후에 행하여진 채권자의 집행취소 또는 집행해제의 신청은 실질적으로 집행신청의 취하에 해당하고, 이는 다른 특별한 사정이 없는 한 가압류 자체의 신청을 취하하는 것과 마찬가지로 그에게 권리행사의 의사가 없음을 객관적으로 표명하는 행위로서 위 법 규정에 의하여 시효중단의 효력이 소멸한다고 봄이 상당하다. 이러한 점은 위와 같은 집행취소의 경우 그 취소의 효력이 단지 장래에 대하여만 발생한다는 것에 의하여 달라지지 아니한다(대판 2010.10.14. 2010다53273).

[❸ ▶ ○] [❹ ▶ ✕] 채권가압류취소결정의 집행으로서 집행법원이 제3채무자에게 가압류집행취소통지서를 송달한 경우 그 효력은 확정적이므로, 채권가압류결정이 제3채무자에게 송달된 상태에서 그 채권을 양수하여 확정일자 있는 통지 등에 의한 대항요건을 갖춘 채권양수인은 위와 같이 가압류집행취소통지서가 제3채무자에게 송달된 이후에는 더 이상 처분금지효의 제한을 받지 않고 아무런 부담이 없는 채권 취득의 효력을 가압류채권자에게 대항할 수 있게 된다. 위와 같이 가압류취소결정의 집행이 완료된 이상 이후 항고심에서 가압류취소결정을 취소하여 가압류결정을 인가하였다고 하더라도, 이미 취소된 가압류집행이 소급하여 부활하는 것은 아니므로, 채권양수인이 아무런 부담이 없는 채권 취득의 효력을 가압류채권자에게 대항할 수 있음은 마찬가지이다(대판 2022.1.27. 2017다256378).

[**❺ ▸ ○**]   채권압류의 효력발생 전에 채무자가 채권을 처분한 경우에는 그보다 먼저 압류한 채권자가 있어 그 채권자에게는 대항할 수 없는 사정이 있더라도 처분 후에 집행에 참가하는 채권자에 대하여는 처분의 효력을 대항할 수 있는 것이므로, 채무자가 압류 또는 가압류의 대상인 채권을 양도하고 확정일자 있는 통지 등에 의한 채권양도의 대항요건을 갖추었다면, 그 후 채무자의 다른 채권자가 양도된 채권에 대하여 압류 또는 가압류를 하더라도 압류 또는 가압류 당시에 피압류채권은 이미 존재하지 않는 것과 같이 압류 또는 가압류로서의 효력이 없다(대판 2022.1.27. 2017다256378).

답 ❹

147 □□□ 집행채권의 시효중단에 관한 다음 설명 중 가장 옳지 않은 것은?   2024년

① 채권자가 채무자의 제3채무자에 대한 채권을 가압류할 당시 그 피압류채권이 부존재하는 경우에도 집행채권에 대한 권리 행사로 볼 수 있어 특별한 사정이 없는 한 가압류집행으로써 그 집행채권의 소멸시효는 중단된다.

② 채무자가 건설공제조합에 대하여 갖는 출자증권의 인도청구권을 가압류한 경우에는 법원의 가압류명령이 제3채무자인 건설공제조합에 송달되면 가압류의 효력이 생기고, 이 경우 가압류로 인한 소멸시효 중단의 효력은 가압류명령이 제3채무자에게 송달된 때부터 발생한다.

③ 체납처분에 의한 채권압류로 채권자의 채무자에 대한 채권의 시효가 중단된 후, 피압류채권이 기본계약관계의 해지·실효 또는 소멸시효 완성 등으로 소멸함으로써 압류의 대상이 존재하지 않게 되어 압류 자체가 실효된 경우 체납처분 절차는 더 이상 진행될 수 없으므로 시효중단사유가 종료한 것으로 보아야 하고, 그때부터 시효가 새로이 진행한다.

④ 채무자가 제3채무자를 상대로 금전채권의 이행을 구하는 소를 제기한 후 채권자가 위 금전채권에 대하여 압류 및 추심명령을 받아 제3채무자를 상대로 추심의 소를 제기한 경우, 채무자가 권리주체의 지위에서 한 시효중단의 효력은 그 채권을 추심하는 추심채권자에게도 미친다.

⑤ 추심권의 포기는 압류의 효력에는 영향을 미치지 아니하므로, 추심권의 포기만으로는 압류로 인한 소멸시효 중단의 효력은 상실되지 아니하고 압류명령의 신청을 취하하면 비로소 소멸시효 중단의 효력이 소급하여 상실된다.

[**❶ ▸ ○**]   채권자가 채무자의 제3채무자에 대한 채권을 가압류할 당시 그 피압류채권이 부존재하는 경우에도 집행채권에 대한 권리 행사로 볼 수 있어 특별한 사정이 없는 한 가압류집행으로써 그 집행채권의 소멸시효는 중단된다. 다만 가압류결정 정본이 제3채무자에게 송달될 당시 피압류채권 발생의 기초가 되는 법률관계가 없어 가압류의 대상이 되는 피압류채권이 존재하지 않는 경우에는 가압류의 집행보전 효력이 없으므로, 특별한 사정이 없는 한 가압류결정의 송달로써 개시된 집행절차는 곧바로 종료되고, 이로써 시효중단사유도 종료되어 집행채권의 소멸시효는 그때부터 새로이 진행한다고 보아야 한다(대판 2023.12.14. 2022다210093).

[**❷** ▸ ×] '가압류'는 법원의 가압류명령을 얻기 위한 재판절차와 가압류명령의 집행절차를 포함하는데, 가압류도 재판상의 청구와 마찬가지로 법원에 신청을 함으로써 이루어지고(민사집행법 제279조), 가압류명령에 따른 집행이나 가압류명령의 송달을 통해서 채무자에게 고지가 이루어지기 때문이다. 가압류를 시효중단사유로 규정한 이유는 가압류에 의하여 채권자가 권리를 행사하였다고 할 수 있기 때문이다. 가압류채권자의 권리행사는 가압류를 신청한 때에 시작되므로, 이 점에서도 <u>가압류에 의한 시효중단의 효력은 가압류신청을 한 때에 소급한다</u>. … 위 출자증권을 채무자가 아닌 제3자가 점유하고 있는 경우에는 채권자는 채무자가 제3자에 대하여 가지는 유체동산인 출자증권의 인도청구권을 가압류하는 방법으로 가압류집행을 할 수 있다(민사집행법 제242조, 제243조). 이 경우 유체동산에 관한 인도청구권의 가압류는 원칙적으로 금전채권의 가압류에 준해서 집행법원의 가압류명령과 그 송달로써 하는 것이므로(민사집행법 제223조, 제227조, 제242조, 제243조, 제291조), 가압류명령이 제3채무자에게 송달됨으로써 유체동산에 관한 인도청구권 자체에 대한 가압류집행은 끝나고 효력이 생긴다. 따라서 채무자가 건설공제조합에 대하여 갖는 출자증권의 인도청구권을 가압류한 경우에는 법원의 가압류명령이 제3채무자인 건설공제조합에 송달되면 가압류의 효력이 생기고, 이 경우 가압류로 인한 소멸시효 중단의 효력은 <u>가압류 신청 시에 소급하여 생긴다</u>(대판 2017.4.7. 2016다35451).

[**❸** ▸ ○]　체납처분에 의한 채권압류로 인하여 채권자의 채무자에 대한 채권의 시효가 중단된 경우에 압류에 의한 체납처분 절차가 채권추심 등으로 종료된 때뿐만 아니라, <u>피압류채권이 기본계약관계의 해지·실효 또는 소멸시효 완성 등으로 인하여 소멸함으로써 압류의 대상이 존재하지 않게 되어 압류 자체가 실효된 경우에도 체납처분 절차는 더 이상 진행될 수 없으므로 시효중단사유가 종료한 것으로 보아야 하고, 그때부터 시효가 새로이 진행한다</u>(대판 2017.4.28. 2016다239840).

[**❹** ▸ ○]　채무자의 제3채무자에 대한 금전채권에 대하여 압류 및 추심명령이 있더라도, 이는 추심채권자에게 피압류채권을 추심할 권능만을 부여하는 것이고, 이로 인하여 채무자가 제3채무자에게 가지는 채권이 추심채권자에게 이전되거나 귀속되는 것은 아니다. 따라서 <u>채무자가 제3채무자를 상대로 금전채권의 이행을 구하는 소를 제기한 후 채권자가 위 금전채권에 대하여 압류 및 추심명령을 받아 제3채무자를 상대로 추심의 소를 제기한 경우, 채무자가 권리주체의 지위에서 한 시효중단의 효력은 집행법원의 수권에 따라 피압류채권에 대한 추심권능을 부여받아 일종의 추심기관으로서 그 채권을 추심하는 추심채권자에게도 미친다</u>(대판 2019.7.25. 2019다212945).

[**❺** ▸ ○]　금전채권에 대한 압류명령과 그 현금화 방법인 추심명령을 동시에 신청하더라도 압류명령과 추심명령은 별개로서 그 적부는 각각 판단하여야 하고, 그 신청의 취하 역시 별도로 판단하여야 한다. 채권자는 추심명령에 따라 얻은 권리를 포기할 수 있지만(민사집행법 제240조 제1항) <u>추심권의 포기는 압류의 효력에는 영향을 미치지 아니하므로, 추심권의 포기만으로는 압류로 인한 소멸시효 중단의 효력은 상실되지 아니하고 압류명령의 신청을 취하하면 비로소 소멸시효 중단의 효력이 소급하여 상실된다</u>(대판 2014.11.13. 2010다63591).

 ❷

148

보전처분에 관한 다음 설명 중 가장 옳은 것은?   2019년

① 임차권자의 임차권설정등기청구권을 피보전권리로 한 처분금지가처분등기가 마쳐진 후 근저당권이 설정되는 경우, 임차권자는 가처분채권자로서 그 근저당권설정등기의 말소를 구할 수 있다.

② 채권가압류에 있어서 가압류채무자가 자기 채권에 대하여 가압류를 당하였다면, 가압류채무자가 제3채무자를 상대로 이행의 소를 제기하여 집행권원을 얻을 수 없게 된다.

③ 가처분취소결정의 집행에 의하여 처분금지가처분등기가 말소된 경우 그 효력은 확정적인 것이므로, 그 이후에 당해 부동산에 관한 소유권이전등기를 마친 사람은 그 부동산에 관하여 아무런 제한을 받지 않고 가처분채권자에게 그 소유권 취득의 효력으로 대항할 수 있다.

④ 가압류와 다툼의 대상에 관한 가처분은 신속성과 기습성의 요구 때문에 통상 서면심리에 의하고 있는 것이 다수의 실무례이다. 그러나 임시의 지위를 정하기 위한 가처분은 그 기일을 열어 심리하면 가처분의 목적을 달성할 수 없는 사정이 있는 때에도 그 결과의 중대성을 감안하여 변론기일 또는 채무자가 참석할 수 있는 심문기일을 열어야 한다.

⑤ 보전소송절차에서 사실인정은 증명 대신 소명에 의하고, 보전명령에 대한 이의소송이나 취소소송에서도 채권자와 채무자의 입증은 소명으로 족하다. 따라서 보전소송절차에서의 관할, 당사자능력, 소송능력, 법정대리인, 소송대리권 그 밖의 소송요건에 대한 입증도 소명으로 족하다.

[❶▸×] 가처분에 의한 처분금지의 효력은 가처분채권자의 권리를 침해하는 한도에서만 생기는 것이므로 가처분채권자는 피보전권리의 한도에서 가처분 위반의 처분행위의 효력을 부정할 수 있다 할 것인바 임차권은 목적물의 사용, 수익을 내용으로 하는 권리로서 근저당권의 존속이 임차권의 실현에 장애가 되지 아니한다 할 것이고 가처분등기 후에 설정된 근저당권의 실행이 있다 하더라도 선행된 가처분등기와 임차권설정등기청구를 인용한 본안판결에 기하여 임차권을 제3자에게 대항할 수 있다 할 것이니 근저당권의 설정으로 인하여 가처분에 의하여 보전된 임차권이 아무런 침해를 받지 아니한다 할 것이므로 위 가처분권자는 그 가처분 후에 마쳐진 근저당권설정등기의 말소를 구할 수 없다(대결 1984.4.16. 84마7).

[❷▸×] 가압류에 있어서 제3채무자의 채무자에 대한 지급금지는 집행보전을 위하여 인정된 것이므로 그 목적의 범위를 넘어서 채무자의 법률적 활동을 제한할 필요는 없다. 그러므로 가압류집행이 이루어졌더라도 자신의 채권에 대하여 현실적인 만족을 얻지 않은 이상 가압류채무자는 제3채무자를 상대로 이행의 소를 제기하여 집행권원을 얻을 수 있고 그 밖에 소송 외에서 어떠한 방법을 취하더라도 무방하며 단지 강제집행을 할 수 없을 뿐이다(대판 1989.11.24. 88다카25038; 대판 2000.4.11. 99다23888). 특히 가압류된 채권이 시효로 소멸할 염려가 있을 때에는 채무자가 시효중단을 위하여 소를 제기할 필요가 있다(대판 2003.5.13. 2003다16238). **실무제요 집행 5**

[❸▸○] 가처분취소결정의 집행에 의하여 처분금지가처분등기가 말소된 경우 그 효력은 확정적인 것이므로, 그 이후에 당해 부동산에 관한 소유권이전등기를 경료받은 자는 그 부동산에 관하여 아무런 제한을 받지 않고 가처분신청인에게 그 소유권 취득의 효력으로 대항할 수 있다고 할 것이고, 이와 같이 이미 계쟁부동산에 관하여 제3자 앞으로 소유권이전등기가 경료된 경우에는 가처분신청인은 더 이상 그 처분금지가처분명령을 신청할 이익이 없게 된다(대결 2008.5.7. 2008마401).

[**④** ▸ ×]   보전처분신청 중 가압류와 다툼의 대상에 관한 가처분의 경우에는 변론을 거치지 않고 재판할 수도 있고 변론을 거쳐 재판할 수도 있다(민사집행법 제280조 제1항, 제301조). 변론을 거치지 않는 경우에도 순전히 서면만에 의하여 심리하기도 하고 심문절차를 거치기도 한다(민사소송법 제134조 제2항). 실무상으로는 보전처분의 신속성과 밀행성(기습성)의 요구 때문에 통상 순전히 서면심리만으로 심문하고, 이것으로 불충분한 경우 또는 피보전권리가 일정한 가액 이상인 경우에 채권자를 대면하여 심문하는 절차를 열고 있으나 변론을 거치는 예는 거의 없다. 반면, 임시의 지위를 정하기 위한 가처분은 그 결과의 중대성을 감안하여 변론기일 또는 채무자가 참석할 수 있는 심문기일을 열어야 한다. 다만, 그 기일을 열어 심리하면 가처분의 목적을 달성할 수 없는 사정이 있는 때에는 그러하지 아니하다(민사집행법 제304조). 실무상으로는 심문기일로 진행하는 것이 일반적이다.   **실무제요 집행** 5

[**⑤** ▸ ×]   보전소송절차에서 사실의 인정은 증명 대신 소명에 의한다(민사집행법 제279조 제2항, 제301조). 보전처분의 이의나 취소사건에서도 명문의 규정은 없으나 민사집행법 제279조를 준용하여야 하므로 채권자와 채무자의 입증은 소명으로 족하다(대판 1964.5.12. 63다751). 그러나 관할, 당사자능력, 소송능력, 법정대리인, 소송대리권 그 밖의 소송요건은 명문의 규정이 없고, 공익적 사항으로서 직권조사사항이며, 본래 소명에 친하지 아니하므로 보전소송에서도 증명의 대상이다.   **실무제요 집행** 5

답 ❸

149
☐☐☐

보전처분을 명하는 재판과 담보에 관한 다음 설명 중 가장 옳지 않은 것은?　　2025년

① 가처분채권자가 가처분으로 인하여 가처분채무자가 받게 될 손해를 담보하기 위하여 법원의 담보 제공명령으로 일정한 금전을 공탁한 경우, 피공탁자로서 담보권리자인 가처분채무자는 담보공탁 금에 대하여 질권자와 동일한 권리가 있다.

② 가처분채권자가 파산선고를 받게 되면 가처분채권자가 제공한 담보공탁금에 대한 공탁금회수청구 권에 관한 권리는 파산재단에 속하므로, 가처분채무자가 공탁금회수청구권에 관하여 질권자로서 권리를 행사한다면 이는 별제권을 행사하는 것으로서 파산절차에 의하지 아니하고 담보권을 실행 할 수 있다.

③ 민사집행법 제23조에 의하여 가압류를 위한 담보에도 준용되는 민사소송법 제125조 제1항에서 담보의 취소사유로 규정하고 있는 '담보사유가 소멸된 것'이란 그 담보를 제공할 원인이 부존재인 경우는 물론이고 그 후 담보의 존속을 계속시킬 원인이 부존재하게 된 경우 또는 장래에 있어서 손해발생의 가능성이 없게 된 경우 등을 의미한다.

④ 가압류채권자가 본안소송에서 승소의 확정판결을 얻은 것과 같이 이미 집행된 가압류 등 보전처분 의 정당성이 인용됨으로써 손해가 발생되지 아니할 것이 확실하게 된 경우도 담보의 취소사유에 해당하지만 이행권고결정이 확정된 경우까지 담보사유가 소멸되었다고 볼 수는 없다.

⑤ 담보제공명령에 따라 담보를 제공하면 통상 보전처분을 발하게 되나 담보를 제공하였다고 해서 법원이 반드시 보전처분을 명하는 재판을 하여야 하는 것은 아니다.

⋯⋯

[❶ ▸ ○] [❷ ▸ ○]　가처분채권자가 가처분으로 인하여 가처분채무자가 받게 될 손해를 담보하기 위하여 법원의 담보제공명령으로 일정한 금전을 공탁한 경우에, 피공탁자로서 담보권리자인 가처분채무 자는 담보공탁금에 대하여 질권자와 동일한 권리가 있다(민사집행법 제19조 제3항, 민사소송법 제123조). 한편 가처분채권자가 파산선고를 받게 되면 가처분채권자가 제공한 담보공탁금에 대한 공탁금회수청구권에 관한 권리는 파산재단에 속하므로, 가처분채무자가 공탁금회수청구권에 관하여 질권자로서 권리를 행사 한다면 이는 별제권을 행사하는 것으로서 파산절차에 의하지 아니하고 담보권을 실행할 수 있다(대판 2015.9.10. 2014다34126).

[❸ ▸ ○] [❹ ▸ ×]　민사집행법 제23조에 의하여 가압류를 위한 담보에도 준용되는 민사소송법 제125 조 제1항에서 담보의 취소사유로 규정하고 있는 '담보사유가 소멸된 것'이란 그 담보를 제공할 원인이 부존재인 경우는 물론이고 그 후 담보의 존속을 계속시킬 원인이 부존재하게 된 경우 또는 장래에 있어서 손해발생의 가능성이 없게 된 경우 등을 의미하는 것으로서, 가압류채권자가 본안소송에서 승소의 확정판 결을 얻은 것과 같이 이미 집행된 가압류 등 보전처분의 정당성이 인용됨으로써 손해가 발생되지 아니할 것이 확실하게 된 경우도 이에 해당한다고 할 것인바, <u>소액사건심판법 제5조의7 제1항에서는 확정된 이행 권고결정도 확정판결과 같은 효력을 가진다고 규정하고 있으므로, 이행권고결정이 확정된 경우에도 본안 승소의 확정판결을 받은 것과 같이 담보사유가 소멸되었다고 해석함이 상당하다</u>(대결 2006.6.30. 2006마257).

[❺ ▸ ○]　담보제공명령에 따라 담보를 제공하면 통상은 보전처분을 발령하게 되지만(일반적으로는 법원이 신청을 인용할 수 있다고 판단하였을 때 비로소 담보제공을 명한다), 담보의 제공이 있다고 해서 법원이 반드시 신청을 인용하는 재판을 하여야 하는 것은 아니다(대판 1968.6.18. 68다539).

답 ❹

150

가압류의 효력에 관한 다음 설명 중 가장 옳지 않은 것은?

① 가압류등기가 원인 없이 말소된 이후에 부동산의 소유권이 제3자에게 이전되고 그 후 제3취득자의 채권자 등 다른 권리자의 신청에 따라 경매절차가 진행되어 매각허가결정이 확정되고 매수인이 매각대금을 다 낸 때에는, 경매절차에서 집행법원이 가압류의 부담을 매수인이 인수할 것을 특별매각조건으로 삼지 않은 이상 원인 없이 말소된 가압류의 효력은 소멸한다.

② 채무자 또는 제3채무자가 수인인 경우 가압류로써 각 채무자나 제3채무자별로 어느 범위에서 지급이나 처분의 금지를 명하는 것인지를 특정하지 아니한 경우에는 특별한 사정이 없는 한 그 가압류결정은 무효라고 보아야 하고, 수인의 채무자들의 채권 합계액이나 수인의 제3채무자들에 대한 채권 합계액이 집행채권액을 초과하지 않는다고 하더라도 마찬가지이다.

③ 보전소송에서 피보전권리가 소명되어 보전신청이 판결에 의하여 인용되고, 위 판결이 확정되었다면 그로써 피보전권리에 관하여 기판력이 발생한다.

④ 부동산에 대한 가압류집행 후 가압류목적물의 소유권이 제3자에게 이전된 경우 가압류채권자는 그 매각절차에서 당해 가압류목적물의 매각대금에서 가압류결정 당시의 청구금액을 한도로 하여 배당을 받을 수 있고, 제3취득자의 채권자는 위 매각대금 중 가압류의 처분금지적 효력이 미치는 범위의 금액에 대하여는 배당을 받을 수 없다.

⑤ 수용되는 토지에 대하여 가압류가 집행되어 있어도 토지의 수용으로 기업자가 그 소유권을 원시취득함으로써 가압류의 효력은 소멸되는 것이고, 토지에 대한 가압류가 그 수용보상금 청구권에 당연히 전이되어 그 효력이 미치게 된다고 볼 수는 없다.

....

[❶ ▶ ○] 부동산에 관하여 가압류등기가 마쳐졌다가 등기가 아무런 원인 없이 말소되었다는 사정만으로는 곧바로 가압류의 효력이 소멸하는 것은 아니지만, <u>가압류등기가 원인 없이 말소된 이후에 부동산의 소유권이 제3자에게 이전되고 그 후 제3취득자의 채권자 등 다른 권리자의 신청에 따라 경매절차가 진행되어 매각허가결정이 확정되고 매수인이 매각대금을 다 낸 때에는, 경매절차에서 집행법원이 가압류의 부담을 매수인이 인수할 것을 특별매각조건으로 삼지 않은 이상 원인 없이 말소된 가압류의 효력은 소멸한다.</u> 그리고 말소회복등기절차에서 등기상 이해관계 있는 제3자가 있어 그의 승낙이 필요한 경우라 하더라도 제3자가 등기권리자에 대한 관계에서 승낙을 하여야 할 실체법상의 의무가 있는 경우가 아니면 승낙요구에 응하여야 할 이유가 없다(대판 2017.1.25. 2016다28897).

[❷ ▶ ○] 채권에 대한 가압류 또는 압류를 신청하는 채권자는 신청서에 압류할 채권의 종류와 액수를 밝혀야 하고(민사집행법 제225조, 제291조), <u>채무자가 수인이거나 제3채무자가 수인인 경우에는 집행채권액을 한도로 하여 가압류 또는 압류로써 각 채무자나 제3채무자별로 어느 범위에서 지급이나 처분의 금지를 명하는 것인지를 가압류 또는 압류할 채권의 표시 자체로 명확하게 인식할 수 있도록 특정하여야 하며, 이를 특정하지 아니한 경우에는 집행의 범위가 명확하지 아니하여 특별한 사정이 없는 한 그 가압류결정이나 압류명령은 무효라고 보아야 한다.</u> 각 채무자나 제3채무자별로 얼마씩의 압류를 명하는 것인지를 개별적으로 특정하지 않고 단순히 채무자들의 채권이나 제3채무자들에 대한 채권을 포괄하여 압류할 채권으로 표시하고 그중 집행채권액과 동등한 금액에 이르기까지의 채권을 압류하는 등으로 금액만을 한정한 경우에, 각 채무자나 제3채무자는 자신의 채권 혹은 채무 중 어느 금액 범위 내에서 압류의 대상이 되는지를 명확히 구분할 수 없고, 그 결과 각 채무자나 제3채무자가 압류의 대상이 아닌 부분에 대하여 권리를 행사하거나 압류된 부분만을 구분하여 공탁을 하는 등으로 부담을 면하는 것이 불가능하기 때문이다. 그리고 압류의 대상인 <u>수인의 채무자들의 채권 합계액이나 수인의 제3채무자들에</u>

대한 채권 합계액이 집행채권액을 초과하지 않는다 하더라도, 개별 채무자 및 제3채무자로서는 자신을 제외한 다른 모든 채무자들의 채권액이나 모든 제3채무자들의 채무액을 구체적으로 알고 있는 특별한 경우가 아니라면 자신에 대한 집행의 범위를 알 수 없음은 마찬가지이므로 달리 볼 것은 아니다(대판 2014.5.16. 2013다52547).

[❸ ▸ ✕] 보전소송절차는 피보전권리를 종국적으로 확정하는 것을 목적으로 하는 것이 아니므로 보전소송에서 피보전권리가 소명되어 보전신청이 판결에 의하여 인용되고, 위 판결이 확정되었다고 하더라도 그로써 피보전권리에 관하여 기판력이 생기는 것은 아니다(대결 2008.10.27. 2007마944 결정).

[❹ ▸ ○] [1] 가압류의 처분금지적 효력에 따라 가압류집행 후 가압류채무자의 가압류목적물에 대한 처분행위는 가압류채권자와의 관계에서는 그 효력이 없으므로 가압류 집행 후 가압류목적물의 소유권이 제3자에게 이전된 경우 가압류채권자는 채무명의를 얻어 제3취득자가 아닌 가압류채무자를 집행채무자로 하여 그 가압류를 본압류로 전이하는 강제집행을 실행할 수 있고, 이 경우 그 강제집행은 가압류의 처분금지적 효력이 미치는 객관적 범위인 가압류결정 당시의 청구금액의 한도 안에서는 집행채무자인 가압류채무자의 책임재산에 대한 강제집행절차이므로 제3취득자에 대한 채권자는 당해 가압류목적물의 매각대금 중 가압류의 처분금지적 효력이 미치는 범위의 금액에 대하여는 배당에 참가할 수 없다. [2] 가압류 집행 후 가압류목적물의 소유권이 제3자에게 이전된 경우 가압류채권자는 채무명의를 얻어 제3취득자가 아닌 가압류채무자를 집행채무자로 하여 그 가압류를 본압류로 전이하는 강제집행을 실행할 수 있으나, 이 경우 그 강제집행은 가압류의 처분금지적 효력이 미치는 객관적 범위인 가압류결정 당시의 청구금액의 한도 안에서만 집행채무자인 가압류채무자의 책임재산에 대한 강제집행절차라 할 것이고, 가압류결정 당시의 청구금액이 채권의 원금만을 기재한 것으로서 가압류채권자가 가압류채무자에 대하여 원금 채권 이외에 이자와 소송비용채권을 가지고 있다 하더라도 가압류결정 당시의 청구금액을 넘어서는 이자와 소송비용채권에 관하여는 가압류의 처분금지적 효력이 미치는 것이 아니므로, 가압류채권자는 가압류목적물의 매각대금에서 가압류결정 당시의 청구금액을 넘어서는 이자와 소송비용채권을 배당받을 수 없다(대판 1998.11.10. 98다43441).

[❺ ▸ ○] 토지수용법 제67조 제1항에 의하면, 기업자는 토지를 수용한 날에 그 소유권을 취득하며 그 토지에 관한 다른 권리는 소멸하는 것인바, 수용되는 토지에 대하여 가압류가 집행되어 있어도 토지의 수용으로 기업자가 그 소유권을 원시취득함으로써 가압류의 효력은 소멸되는 것이고, 토지에 대한 가압류가 그 수용 보상금 청구권에 당연히 전이되어 그 효력이 미치게 된다고는 볼 수 없다(대판 2000.7.4. 98다62961). → 토지의 수용으로 그 토지에 관한 모든 법적인 제한이 소멸되고 완전한 소유권을 원시취득하는 것을 규정한 토지수용법 제67조 제1항이 헌법상의 평등권을 침해하지 않는다고 한 사례

답 ❸

보전집행절차

제1절   서 설

151
□□□

부대체적 작위의무 및 부작위 의무의 이행을 명하는 가처분의 집행기간에 관한 다음 설명 중 가장 옳지 않은 것은?   2019년

① 부대체적 작위의무의 이행을 명하는 가처분결정을 받은 채권자가 간접강제의 방법으로 그 가처분 결정에 대한 집행을 함에 있어서도 가압류에 관한 민사집행법 제292조 제2항의 규정이 준용되어 특별한 사정이 없는 한 가처분 결정이 채권자에게 고지된 날부터 2주 이내에 간접강제를 신청하여야 한다.

② 가처분에서 명하는 부대체적 작위의무가 일정 기간 계속되는 경우라면, 채무자가 성실하게 그 작위의무를 이행함으로써 강제집행을 신청할 필요 자체가 없는 동안에는 위 집행기간이 진행하지 않고, 채무자의 태도에 비추어 작위의무의 불이행으로 인하여 간접강제가 필요한 것으로 인정되는 때에 그 시점부터 위 2주의 집행기간이 기산된다.

③ 부대체적 작위채무의 이행을 명하는 가처분결정과 함께 그 의무위반에 대한 간접강제결정이 동시에 이루어진 경우에는 그 간접강제결정에 기한 강제집행을 반드시 가처분결정이 송달된 날로부터 2주 이내에 하여야 한다.

④ 채무자에 대하여 단순한 부작위를 명하는 가처분은 그 가처분 재판이 채무자에게 고지됨으로써 효력이 발생하는 것이지만, 채무자가 그 명령 위반의 행위를 한 때에 비로소 간접강제의 방법에 의하여 부작위 상태를 실현시킬 필요가 생기는 것이므로 그때부터 2주 이내에 간접강제를 신청하여야 함이 원칙이다.

⑤ 채무자가 가처분 재판이 고지되기 전부터 가처분 재판에서 명한 부작위에 위반되는 행위를 계속하고 있는 경우라면, 그 가처분결정이 채권자에게 고지된 날부터 2주 이내에 간접강제를 신청하여야 한다.

....

[❶ ▶ ○] [❷ ▶ ○]   부대체적 작위의무의 이행을 명하는 가처분결정을 받은 채권자가 간접강제의 방법으로 그 가처분결정에 대한 집행을 함에 있어서도 가압류에 관한 민사집행법 제292조 제2항의 규정이 준용되어 특별한 사정이 없는 한 가처분결정이 채권자에게 고지된 날부터 2주 이내에 간접강제를 신청하여야 함이 원칙이고, 그 집행기간이 지난 후의 간접강제신청은 부적법하다. 다만 가처분에서 명하는 부대체적 작위의무가 일정 기간 계속되는 경우라면, 채무자가 성실하게 그 작위의무를 이행함으로써 강제집행을 신청할 필요 자체가 없는 동안에는 위 집행기간이 진행하지 않고, 채무자의 태도에 비추어 작위의무의 불이행으로 인하여 간접강제가 필요한 것으로 인정되는 때에 그 시점부터 위 2주의 집행기간이 기산된다(대결 2010.12.30. 2010마985).

[❸ ▸ ✕]   부대체적 작위채무의 이행을 명하는 가처분결정과 함께 그 의무위반에 대한 간접강제결정이 동시에 이루어진 경우에는 간접강제결정 자체가 독립된 집행권원이 되고 간접강제결정에 기초하여 배상금을 현실적으로 집행하는 절차는 간접강제절차와 독립된 별개의 금전채권에 기초한 집행절차이므로, 그 간접강제결정에 기한 강제집행을 반드시 가처분결정이 송달된 날로부터 2주 이내에 할 필요는 없다. 다만, 그 집행을 위해서는 당해 간접강제결정의 정본에 집행문을 받아야 한다(대결 2008.12.24. 2008마160).
[❹ ▸ ○] [❺ ▸ ○]   채무자에 대하여 단순한 부작위를 명하는 가처분은 그 가처분재판이 채무자에게 고지됨으로써 효력이 발생하는 것이지만, 채무자가 그 명령위반의 행위를 한 때에 비로소 간접강제의 방법에 의하여 부작위상태를 실현시킬 필요가 생기는 것이므로 그때부터 2주 이내에 간접강제를 신청하여야 함이 원칙이고, 다만 채무자가 가처분재판이 고지되기 전부터 가처분재판에서 명한 부작위에 위반되는 행위를 계속하고 있는 경우라면, 그 가처분결정이 채권자에게 고지된 날부터 2주 이내에 간접강제를 신청하여야 하고, 그 집행기간이 지난 후의 간접강제신청은 부적법하다(대결 2010.12.30. 2010마985).

답 ❸

제2절   가압류집행

152
□□□

보전처분에서 제3채무자의 지위에 관한 다음 설명 중 가장 옳지 않은 것은?   2023년

① 채권압류명령을 받을 당시에 반대채권과 피압류채권 모두의 이행기가 도래한 때에는 제3채무자가 당연히 반대채권으로써 상계할 수 있고, 반대채권과 피압류채권 모두 또는 그중 어느 하나의 이행기가 아직 도래하지 아니하여 상계적상에 놓이지 아니하였더라도 그 이후 제3채무자가 피압류채권을 채무자에게 지급하지 아니하고 있는 동안에 반대채권과 피압류채권 모두의 이행기가 도래한 때에도 제3채무자는 반대채권으로써 상계할 수 있고, 이로써 지급을 금지하는 명령을 신청한 채권자에게 대항할 수 있다.

② 소유권이전등기청구권에 대한 처분금지가처분의 제3채무자가 채권자를 상대로 한 본안제소명령 신청은 부적법하다.

③ 제3채무자가 압류나 가압류를 이유로 집행공탁을 하면 제3채무자에 대한 피압류채권은 소멸하고, 채권에 대한 압류·가압류명령은 그 명령이 제3채무자에게 송달됨으로써 효력이 생기므로, 제3채무자의 집행공탁 전에 동일한 피압류채권에 대하여 다른 채권자의 신청에 따라 압류·가압류명령이 발령되었더라도, 제3채무자의 집행공탁 후에야 그에게 송달된 경우, 압류·가압류명령은 집행공탁으로 이미 소멸한 피압류채권에 대한 것이어서 압류·가압류의 효력이 생기지 아니한다.

④ 기존의 임대차계약에 따른 임대차보증금 반환채권에 대하여 채권가압류명령, 채권압류 및 추심명령 등을 받은 채권자 등 그 임대차보증금 반환채권에 관하여 양수인의 지위와 양립할 수 없는 법률상의 지위를 취득한 제3자에 대하여 임대차계약상의 지위 양도 등 그 권리의무의 포괄적 양도에 포함된 임대차보증금 반환채권의 양도로써 대항할 수 있는 경우가 있을 수도 있다.

⑤ 주택임대차보호법 제3조 제1항이 정한 대항요건을 갖춘 임대주택의 임차인이 임대인에 대하여 가지는 임대차보증금반환채권이 가압류된 상태에서 그 임대주택이 양도되면 양수인은 채권가압류의 제3채무자 지위를 승계하고, 가압류권자 또한 임대주택의 양도인이 아니라 양수인에 대하여만 위 가압류의 효력을 주장할 수 있다.

[**①** ▸ **×**] [다수의견] 민법 제498조는 "지급을 금지하는 명령을 받은 제3채무자는 그 후에 취득한 채권에 의한 상계로 그 명령을 신청한 채권자에게 대항하지 못한다"라고 규정하고 있다. 위 규정의 취지, 상계제도의 목적 및 기능, 채무자의 채권이 압류된 경우 관련 당사자들의 이익상황 등에 비추어 보면, 채권압류명령 또는 채권가압류명령(이하 채권압류명령의 경우만을 두고 논의하기로 한다)을 받은 제3채무자가 압류채무자에 대한 반대채권을 가지고 있는 경우에 상계로써 압류채권자에게 대항하기 위하여는, 압류의 효력 발생 당시에 대립하는 양 채권이 상계적상에 있거나, 그 당시 반대채권(자동채권) 의 변제기가 도래하지 아니한 경우에는 그것이 피압류채권(수동채권)의 변제기와 동시에 또는 그보다 먼저 도래하여야 한다(대판 2012.2.16. 2011다45521[전합]). → 지문은 [반대의견]의 내용이다.

[**②** ▸ **○**] 소유권이전등기청구권에 대한 처분금지가처분의 제3채무자는 가처분에 대한 본안제소명령 의 신청권이 없으므로 제3채무자가 채권자를 상대로 한 본안제소명령신청은 부적법하다(대결 1993.10.15. 93마1435).

[**③** ▸ **○**] 제3채무자가 압류나 가압류를 이유로 민사집행법 제248조 제1항이나 민사집행법 제291조, 제248조 제1항에 따라 집행공탁을 하면 그 제3채무자에 대한 피압류채권은 소멸한다. 채권에 대한 압류·가압류명령은 그 명령이 제3채무자에게 송달됨으로써 효력이 생기므로(민사집행법 제227조 제3 항, 제291조), 제3채무자의 집행공탁 전에 동일한 피압류채권에 대하여 다른 채권자의 신청에 의하여 압류·가압류명령이 발령되었더라도, 제3채무자의 집행공탁 후에야 그에게 송달되었다면 그 압류·가 압류명령은 집행공탁으로 인하여 이미 소멸한 피압류채권에 대한 것이어서 효력이 생기지 아니한다(대판 2015.7.23. 2014다87502; 대판 2021.12.16. 2018다226428).

[**④** ▸ **○**] 임대차보증금 반환채권을 양도하는 경우에 확정일자 있는 증서로 이를 채무자에게 통지하거 나 채무자가 확정일자 있는 증서로 이를 승낙하지 아니한 이상 양도로써 채무자 이외의 제3자에게 대항할 수 없으며(민법 제450조 참조), 이러한 법리는 임대차계약상의 지위를 양도하는 등 임대차계약상 의 권리의무를 포괄적으로 양도하는 경우에 권리의무의 내용을 이루고 있는 임대차보증금 반환채권의 양도 부분에 관하여도 마찬가지로 적용된다. 따라서 위 경우에 기존 임차인과 새로운 임차인 및 임대인 사이에 임대차계약상의 지위 양도 등 권리의무의 포괄적 양도에 관한 계약이 확정일자 있는 증서에 의하여 체결되거나, 임대차보증금 반환채권의 양도에 대한 통지·승낙이 확정일자 있는 증서에 의하여 이루어지는 등의 절차를 거치지 아니하는 한, 기존의 임대차계약에 따른 임대차보증금 반환채권에 대하 여 채권가압류명령, 채권압류 및 추심명령 등을 받은 채권자 등 임대차보증금 반환채권에 관하여 양수인 의 지위와 양립할 수 없는 법률상의 지위를 취득한 제3자에 대하여는 임대차계약상의 지위 양도 등 권리의무의 포괄적 양도에 포함된 임대차보증금 반환채권의 양도로써 대항할 수 없다(대판 2017.1.25. 2014다52933).

[**⑤** ▸ **○**] 주택임대차보호법상 임대주택의 양도에 양수인의 임대차보증금반환채무의 면책적 인수를 인정하는 이유는 임대주택에 관한 임대인의 의무 대부분이 그 주택의 소유자이기만 하면 이행가능하고 임차인이 같은 법에서 규정하는 대항요건을 구비하면 임대주택의 매각대금에서 임대차보증금을 우선변 제받을 수 있기 때문인데, 임대주택이 양도되었음에도 양수인이 채권가압류의 제3채무자의 지위를 승계 하지 않는다면 가압류권자는 장차 본집행절차에서 주택의 매각대금으로부터 우선변제를 받을 수 있는 권리를 상실하는 중대한 불이익을 입게 된다. 이러한 사정들을 고려하면, 임차인의 임대차보증금반환채 권이 가압류된 상태에서 임대주택이 양도되면 양수인이 채권가압류의 제3채무자의 지위도 승계하고, 가압류권자 또한 임대주택의 양도인이 아니라 양수인에 대하여만 위 가압류의 효력을 주장할 수 있다고 보아야 한다(대판 2013.1.17. 2011다49523[전합]).

답 ①

153

보전집행에 관한 다음 설명 중 가장 옳지 않은 것은?

① 무효가 아닌 가처분등기 경료 후 가처분목적물에 대한 소유권을 취득한 사람은 집행법원에 가처분 결정취소나 집행취소신청을 하여 그 결정을 받아 가처분등기를 말소시킬 수 있을 뿐, 곧바로 가처 분등기 자체의 말소를 소구할 수는 없다.

② 가압류집행이 본집행절차로 이행한 후 본집행의 신청만을 취하함으로써 본집행절차가 종료된 경우 나 채무자가 청구이의 소송에서 승소함으로써 본집행절차가 종국적으로 취소된 경우는 보전집행의 효력이 그대로 살아나서 보전집행상태가 유지된다.

③ 채무자가 가처분재판이 고지되기 전부터 가처분재판에서 명한 부작위에 위반되는 행위를 계속하고 있는 경우 가처분결정이 채권자에게 고지된 날부터 2주 이내에 간접강제를 신청하여야 한다.

④ 대법원에서 보전처분취소결정을 취소·변경함으로써 그 보전처분에 관하여 새로운 집행이 필요하 게 된 때에는 법원이 집행기관이 되는 경우에 한하여 채권자의 신청에 따라 제1심법원이 집행한다.

⑤ 보전재판의 집행은 채무자에게 재판을 송달하기 전에도 할 수 있고, 보전재판이 있은 뒤에 채권자나 채무자의 승계가 이루어진 경우에 보전재판을 집행하려면 집행문을 덧붙여야 한다.

···

[**❶** ▸ ○] 가처분등기는 사법상의 권리보전을 위한 국가권력의 조력작용으로서 의무자를 제압하는 환경 형성적 효력이 있는 것이어서 동 등기기입이 되면 채권자라도 단독으로 그 집행을 제기할 수 없고 집행법원의 가처분결정의 취소나 집행취소의 방법에 의하여서만 말소될 수 있는 것이니 동 등기경료 후 가처분 목적물에 대한 소유권 취득자는 집행법원에 가처분결정의 취소나 집행취소 신청을 하여 그 결정을 받아 이를 원인증서로 하여야 하고 막바로 가처분등기 자체의 말소를 소구할 수 없고 이러한 이치는 가등기후에 한 가처분등기로서 가등기에 기하여 본등기를 한 권리자에게 대항할 수 없는 경우에 도 마찬가지이다(대판 1976.3.9. 75다1923).

[**❷** ▸ ×] 본집행의 효력이 없는 것이라면 보전집행의 효력은 그대로 살아나서 보전집행상태가 유지되 나(대판 2000.6.9. 97다34594), 보전집행과 본집행은 하나의 목적을 위한 일련의 절차로서 일체를 이루는 것이므로 본집행이 목적달성불능으로 종료된 경우(강제경매개시결정이 잉여의 가망이 없어 취소된 경우 등)에는 선행한 보전집행의 효력도 상실한다(대결 1980.6.26. 80마146)고 한다. **실무제요 집행 5**

[**❸** ▸ ○] 채무자에 대하여 단순한 부작위를 명하는 가처분은 그 가처분 재판이 채무자에게 고지됨으 로써 효력이 발생하는 것이지만, 채무자가 그 명령 위반의 행위를 한 때에 비로소 간접강제의 방법에 의하여 부작위 상태를 실현시킬 필요가 생기는 것이므로 그때부터 2주 이내에 간접강제를 신청하여야 함이 원칙이고, 다만 채무자가 가처분 재판이 고지되기 전부터 가처분 재판에서 명한 부작위에 위반되는 행위를 계속하고 있는 경우라면, 그 가처분결정이 채권자에게 고지된 날부터 2주 이내에 간접강제를 신청하여야 하고, 그 집행기간이 지난 후의 간접강제 신청은 부적법하다(대결 2010.12.30. 2010마985).

[**❹** ▸ ○] 민사집행법 제298조 제1항, 제2항

[**❺** ▸ ○] 민사집행법 제292조 제1항, 제2항, 제3항

답 ❷

154
☐☐☐

처분금지가처분에 관한 다음 설명 중 가장 옳지 않은 것은?　　　　　2023년

① 피보전권리가 없음에도 불구하고 처분금지가처분 결정을 받아 이를 집행하였고, 이후 그 가처분에 따른 본안소송에서 그 가처분권자와 채무자 사이에 소송상의 화해가 이루어져 그 화해조서에 기하여 가처분권자 명의의 소유권이전등기가 경료된 이상, 그 가처분을 가지고 후에 이루어진 처분금지가처분의 권리자에게 대항할 수 있다.

② 부동산처분금지가처분등기가 유효하게 기입된 이후에도 가처분채권자의 지위만으로는 가처분 이후에 경료된 처분등기의 말소청구권은 없고, 등기관도 가처분 이후에 이루어진 가처분 위반등기를 직권으로 말소할 수 없다.

③ 아파트에 대한 분양금지 가처분결정을 받았다고 하더라도 그 가처분등기가 경료되기 이전에 가처분채무자가 그 가처분의 내용에 위반하여 처분행위를 함으로써 제3자 명의의 소유권이전등기가 마쳐진 경우, 그 소유권이전등기는 완전히 유효하다.

④ 부동산의 전득자(채권자)가 양수인 겸 전매인(채무자)에 대한 소유권이전등기청구권을 보전하기 위하여 양수인을 대위하여 양도인(제3채무자)을 상대로 처분금지가처분을 한 경우 그 가처분 후에 양수인이 양도인으로부터 경료받은 소유권이전등기는 위 가처분의 효력에 위배되지 아니하여 유효하다.

⑤ 부동산에 관하여 처분금지가처분의 등기가 된 후에 가처분권자가 본안소송에서 승소판결을 받아 확정이 되면 피보전권리의 범위 내에서 가처분 위반행위의 효력을 부정할 수 있고 이와 같은 가처분의 우선적 효력은 그 위반 행위가 체납처분에 기한 것이라 하여 달리 볼 수 없다.

···

[❶ ▸ ✕] 피보전권리가 없음에도 불구하고 그 권리보전이란 구실 아래 처분금지가처분 결정을 받아 이를 집행한 경우에는 그 가처분 후에 그 가처분에 반하여 한 행위라도 그 행위의 효력은 그 가처분에 의하여 무시될 수 없는 것이고 이러한 경우 그 가처분에 따른 본안소송에서 그 가처분권자와 채무자 사이에 소송상의 화해가 이루어져 그 화해조서에 기하여 가처분권자 명의의 소유권이전등기가 경료되었다 하더라도 이를 피보전권리의 실현에 의한 등기라고 할 수는 없으므로, 그 가처분을 가지고 후에 이루어진 처분금지가처분의 권리자에게 대항할 수 없다(대판 1994.4.29. 93다60434).

[❷ ▸ ○] 부동산처분금지가처분등기가 유효하게 기입된 이후에도 가처분채권자의 지위만으로는 가처분 이후에 경료된 처분등기의 말소청구권은 없으며, 나중에 가처분채권자가 본안 승소판결에 의한 등기의 기재를 청구할 수 있게 되면서 가처분등기 후에 경료된 가처분 내용에 위반된 위 등기의 말소를 청구할 수 있는 것이고, 또 등기공무원도 가처분 이후에 이루어진 가처분 위반등기를 직권으로 말소할 수도 없으므로 가처분 위반의 등기가 소유권이전등기 시에 말소되지 아니한 채 남아 있다면 이는 말소하여야 할 등기상의 부담이라고 보아야 할 것이다(대판 1992.2.14. 91다12349).

[❸ ▸ ○] 아파트에 대한 분양금지 가처분결정을 받았다고 하더라도 그 가처분은 그 집행에 해당하는 등기에 의하여 비로소 가처분채무자 및 제3자에 대하여 구속력을 갖게 되는 것이므로 그 가처분등기가 경료되기 이전에 가처분채무자가 그 가처분의 내용에 위반하여 처분행위를 함으로써 이에 따라 제3자 명의의 소유권이전등기가 마쳐진 경우, 그 소유권이전등기는 완전히 유효하다(대판 1997.7.11. 97다15012).

[**④** ▶ O] 부동산의 전득자(채권자)가 양수인 겸 전매인(채무자)에 대한 소유권이전등기청구권을 보전하기 위하여 양수인을 대위하여 양도인(제3채무자)을 상대로 처분금지가처분결정을 받아 그 등기를 마친 경우 그 가처분은 전득자가 자신의 양수인에 대한 소유권이전등기청구권을 보전하기 위하여 양도인이 양수인 이외의 자에게 그 소유권의 이전 등 처분행위를 못하게 하는 데에 그 목적이 있는 것으로서 그 피보전권리는 양수인의 양도인에 대한 소유권이전등기청구권이고, 전득자의 양수인에 대한 소유권이전등기청구권까지 포함되는 것은 아닐 뿐만 아니라 그 가처분결정에서 제3자에 대한 처분을 금지하였다고 하여도 그 제3자 중에는 양수인은 포함되지 아니하며 따라서 그 가처분 이후에 양수인이 양도인으로부터 소유권이전등기를 넘겨 받았고 이에 터잡아 다른 등기가 경료되었다고 하여도 그 각 등기는 위 가처분의 효력에 위배되는 것이 아니다(대판 1994.3.8. 93다42665).

[**⑤** ▶ O] 국세징수법 제35조에서 "체납처분은 재판상의 가압류 또는 가처분으로 인하여 그 집행에 영향을 받지 아니한다"고 규정하고 있으나, 이는 선행의 가압류 또는 가처분이 있다고 하더라도 체납처분의 진행에 영향을 미치지 않는다는 취지의 절차진행에 관한 규정일 뿐이고 체납처분의 효력이 가압류, 가처분의 효력에 우선한다는 취지의 규정은 아니므로 부동산에 관하여 처분금지가처분의 등기가 된 후에 가처분권자가 본안소송에서 승소판결을 받아 확정이 되면 피보전권리의 범위 내에서 가처분 위반행위의 효력을 부정할 수 있고 이와 같은 가처분의 우선적 효력은 그 위반행위가 체납처분에 기한 것이라 하여 달리볼 수 없다(대결 1993.2.19. 92마903[전합]).

 ①

155 □□□ 보전처분의 집행 및 효력에 관한 다음 설명 중 가장 옳지 않은 것은? 2024년

① 신축 중인 건물로서 아직 독립한 건물로 인정할 수 있는 단계에 이르지 않은 경우에는 부동산등기법 제66조의 미등기 부동산으로 취급할 수 없는 것은 물론이고, 독립하여 거래의 객체가 될 수 없어 유체동산 집행의 대상으로도 되지 않으므로 보전처분의 대상으로 삼을 수 없다.

② 점유이전금지가처분이 있었음에도 점유가 이전되었을 때에는 가처분채무자는 가처분채권자에 대한 관계에서 여전히 점유자의 지위에 있고, 따라서 가처분채권자는 가처분채무자의 점유상실을 고려하지 아니하고 가처분채무자를 피고로 한 채로 본안소송을 계속할 수 있다.

③ 부동산처분금지가처분과 부동산가압류는 그 내용이 서로 모순·저촉되지 않는 경우라면 경합이 가능하나, 그 내용이 모순·저촉되는 경우 효력의 우열은 집행의 선후에 의하여 결정된다.

④ 채권가압류는 채무자에 대하여 채권의 처분을 금지하는 명령을 발하지 않으므로 가압류된 채권도 이를 양도하는 데 아무런 제한이 없으나, 다만 가압류된 채권을 양수받은 양수인은 그러한 가압류에 의하여 권리가 제한된 상태의 채권을 양수받는 것이다.

⑤ 채권가압류에 있어서 제3채무자의 채무자에 대한 지급금지는 집행보전을 위하여 인정된 것이므로 가압류채무자는 피압류채권의 이행기가 도래한 때에도 제3채무자를 상대로 이행의 소를 제기할 수 없고, 다만 제3채무자가 공탁을 할 수 있을 뿐이다.

[**①** ▶ O] 완공되지 아니하여 보존등기가 경료되지 아니하였거나 사용승인되지 아니한 건물이라고 하더라도 채무자의 소유로서 건물로서의 실질과 외관을 갖추고 그의 지번·구조·면적 등이 건축허가 또는 건축신고의 내용과 사회통념상 동일하다고 인정되는 경우에는 보전처분의 대상으로 삼을 수 있다고 할 것이나, 그에 이르지 못한 경우에는 보전처분의 대상이 될 수 없는 것으로서 해당 미등기건물에 대한 보전처분신청은 각하되어야 할 것이다(대결 2009.5.19. 2009마406).

[**❷** ▸ O] 점유이전금지가처분이 있었음에도 점유가 이전되었을 때에는 가처분채무자는 가처분채권자에 대한 관계에서 여전히 점유자의 지위에 있고, 따라서 가처분채권자는 가처분채무자의 점유상실을 고려하지 아니하고 가처분채무자를 피고로 한 채로 본안소송을 계속할 수 있다(대판 1966.7.26. 66다1060; 대판 1987.11.24. 87다카257). **실무제요 집행** 5

[**❸** ▸ O] 부동산가압류와 부동산처분금지가처분은 그 내용이 서로 모순, 저촉되지 않는 경우라면(가처분의 피보전권리가 제한물권의 설정청구권인 경우 등) 경합이 가능하다. 하지만 그 내용이 모순, 저촉되는 경우(가처분의 피보전권리가 소유권이전등기청구권 또는 말소등기청구권인 경우 등) 효력의 우열은 집행의 선후에 의하여 결정된다(가처분집행이 선행한 경우는 대판 2005.1.14. 2003다33004 참조). **실무제요 집행** 5

[**❹** ▸ O] 가압류된 채권도 이를 양도하는 데 아무런 제한이 없다 할 것이나, 다만 가압류된 채권을 양수받은 양수인은 그러한 가압류에 의하여 권리가 제한된 상태의 채권을 양수받는다고 보아야 할 것이다(대판 2002.4.26. 2001다59033).

[**❺** ▸ ✕] 채권가압류에 있어서 제3채무자의 채무자에 대한 지급금지는 집행보전을 위하여 인정된 것이므로 그 목적의 범위를 넘어서 채무자의 법률적 활동을 제한할 필요는 없다. 그러므로 가압류집행이 이루어졌더라도 자신의 채권에 대하여 현실적인 만족을 얻지 않는 이상 가압류채무자는 제3채무자를 상대로 이행의 소를 제기하여 집행권원을 얻을 수 있고 그 밖에 소송 외에서 어떠한 방법을 취하더라도 무방하며 단지 강제집행을 할 수 없을 뿐이다(대판 1989.11.24. 88다카25038; 대판 2000.4.11. 99다23888). 특히 가압류된 채권이 시효로 소멸할 염려가 있는 때에는 채무자가 시효중단을 위하여 소를 제기할 필요가 있다(대판 2003.5.13. 2003다16238). **실무제요 집행** 5

 ❺

156

가압류가 본압류로 이전된 경우에 관한 다음 설명 중 가장 옳지 않은 것은?(다툼이 있는 경우 판례·예규에 따르고 전원합의체 판결의 경우 다수의견에 의함. 이하 같음)   **2025년**

① 가압류집행이 있은 후 그 가압류가 본압류로 이전된 경우에는 가압류집행은 본집행에 포섭됨으로써 당초부터 본집행이 있었던 것과 같은 효력이 있다. 따라서 본집행이 되어 있는 한 채무자는 가압류에 대한 이의신청이나 취소신청 또는 가압류집행 자체의 취소 등을 구할 실익이 없게 된다.

② 가압류한 지명채권에 대하여 가압류에서 본압류로 이전하는 내용의 주문이 누락된 채 압류 및 추심명령이 발령되었다 하더라도, 가압류 및 압류·추심의 당사자 사이에 서로 동일성이 인정되고 가압류의 피보전채권과 압류·추심의 집행채권 사이 및 가압류 대상 채권과 압류·추심 대상 채권 사이에 서로 동일성이 인정되는 경우에는, 해당 가압류는 본압류로 이전되는 효력이 생긴다.

③ 가압류를 본압류로 이전하는 압류 및 추심명령을 받아 본집행절차로 이행한 후 본압류의 신청을 취하함으로써 본집행절차가 종료한 경우, 가압류집행의 효력이 본집행과 함께 소멸되었으므로 채권자는 제3채무자에 대하여 그 가압류집행의 효력을 주장할 수 없다.

④ 가압류와 그 본집행인 강제집행절차는 하나의 목적을 위한 일련의 절차로서 일체를 이루는 것이므로 일단 가압류가 본집행으로 이전된 후 채무자가 청구이의 소송에서 승소함으로써 본집행절차가 종국적으로 취소된 경우에는 가압류절차도 본집행절차와 함께 효력을 상실한다.

⑤ 주택임대차보호법상 대항력을 갖춘 임차인의 임대차보증금반환채권이 가압류된 상태에서 임대주택이 양도되면 양수인이 채권가압류의 제3채무자의 지위를 승계하고, 가압류권자 또한 임대주택의 양도인이 아니라 양수인에 대하여만 위 가압류의 효력을 주장할 수 있다.

[**❶ ▸ ○**] 가압류가 본압류로 이행되어 강제집행이 이루어진 경우에는 가압류집행은 본집행에 포섭됨으로써 당초부터 본집행이 있었던 것과 같은 효력이 있게 되므로, 본집행이 되어 있는 한 채무자는 가압류에 대한 이의신청이나 취소신청 또는 가압류집행 자체의 취소 등을 구할 실익이 없게 되고, 특히 강제집행조차 종료한 경우에는 그 강제집행의 근거가 된 가압류결정 자체의 취소나 가압류집행의 취소를 구할 이익은 더 이상 없다(대판 2004.12.10. 2004다54725).

[**❷ ▸ ○**] 가압류한 지명채권에 대하여 가압류에서 본압류로 전이하는 내용의 주문이 누락된 채 압류 및 추심명령이 발령되었다 하더라도, 가압류 및 압류·추심의 당사자 사이에 서로 동일성이 인정되고, 가압류의 피보전채권과 압류·추심의 집행채권 사이 및 가압류 대상 채권과 압류·추심 대상 채권 사이에 서로 동일성이 인정되는 경우에는, 해당 가압류는 특별한 사정이 없는 한 당연히 본압류로 이전되는 효력이 생긴다(대판 2010.10.14. 2010다48455).

[**❸ ▸ ×**] 채권자가 금전채권의 가압류를 본압류로 전이하는 압류 및 추심명령을 받아 본집행절차로 이행한 후 본압류의 신청만을 취하함으로써 본집행절차가 종료한 경우, 특단의 사정이 없는 한 그 가압류 집행에 의한 보전 목적이 달성된 것이라거나 그 목적 달성이 불가능하게 된 것이라고는 볼 수 없으므로 그 가압류집행의 효력이 본집행과 함께 당연히 소멸되는 것은 아니라고 할 것이니, 채권자는 제3채무자에 대하여 그 가압류집행의 효력을 주장할 수 있다(대판 2000.6.9. 97다34594).

[**❹ ▸ ○**] 가압류와 그 본집행인 강제집행절차는 하나의 목적을 위한 일련의 절차로서 일체를 이루는 것이므로 일단 가압류가 본집행으로 이전된 후 채무자가 청구이의 소송에서 승소함으로써 본집행절차가 종국적으로 취소된 경우에는 가압류절차도 본집행절차와 함께 효력을 상실한다(대결 1980.6.26. 80마146).

[**❺ ▸ ○**] 주택임대차보호법 제3조 제3항은 같은 조 제1항이 정한 대항요건을 갖춘 임대차의 목적이 된 임대주택(이하 '임대주택'은 주택임대차보호법의 적용대상인 임대주택을 가리킨다)의 양수인은 임대인의 지위를 승계한 것으로 본다고 규정하고 있는바, 이는 법률상의 당연승계 규정으로 보아야 하므로, 임대주택이 양도된 경우에 양수인은 주택의 소유권과 결합하여 임대인의 임대차 계약상의 권리·의무 일체를 그대로 승계하며, 그 결과 양수인이 임대차보증금반환채무를 면책적으로 인수하고, 양도인은 임대차관계에서 탈퇴하여 임차인에 대한 임대차보증금반환채무를 면하게 된다. … 이러한 사정들을 고려하면, 임차인의 임대차보증금반환채권이 가압류된 상태에서 임대주택이 양도되면 양수인이 채권가압류의 제3채무자의 지위도 승계하고, 가압류권자 또한 임대주택의 양도인이 아니라 양수인에 대하여만 위 가압류의 효력을 주장할 수 있다고 보아야 한다(대판[전합] 2013.1.17. 2011다49523).

답 **❸**

CHAPTER
04

구제절차

제1절 서 설

157
□□□

부당한 보전처분과 손해배상에 관한 다음 설명 중 가장 옳지 않은 것은?　　2023년

① 가압류집행 후에 집행채권자가 본안소송에서 패소확정되었다면 특별한 반증이 없는 한 집행채권자는 채무자에게 그 부당한 집행으로 인한 손해를 배상하여야 하는데, 만일 가압류채무자가 가압류 이후 가압류청구금액을 공탁하고 그 집행취소결정을 받았다면 가압류채무자는 적어도 위 가압류집행으로 인하여 위 공탁금에 대한 민사법정이율 상당 이자와 공탁금이율 상당 이자의 차액 상당의 손해를 입었다고 할 것이다.

② 가압류채권자가 본안소송에서 패소하여 그의 과실이 추정되더라도 패소 확정된 금액에 관해서 제1심은 이를 인용하였으나 항소심에서 결론을 달리한 사정이 인정되고, 가압류채무자가 업무상배임죄로 유죄판결을 받았다거나 사실관계 및 소송의 경과가 복잡하였다는 등의 사정이 있으면 부당보전처분에 대한 가압류채권자의 과실 추정이 번복된다.

③ 본안소송에서 패소확정된 처분금지가처분의 집행채권자인 피고가 그 신청이유로서 주장한 피보전권리의 존부가 사실관계의 차이에 의한 것이 아니라 원고와 소외인 사이의 화해조서의 기판력범위에 관한 법적해석 내지는 평가상의 차이에 기인한 것이고, 그에 대한 피고의 법적 견해가 가처분 법원과 본안소송의 제2심에서 인용된 바 있었다면 피고가 피보전권리가 있다고 믿었음에 과실이 있다고 할 수 없다.

④ 운송 도중 화재로 운송물이 전소된 데 대하여 화주가 운송인을 상대로 손해배상청구권을 피보전권리로 한 가압류집행을 하고 본안소송이 대법원에서 파기환송되자 소를 취하하였지만, 그 사유가 실화책임에 관한 법률 소정의 "중대한 과실" 유무에 대한 법적 해석 및 평가상의 차이에 기인한 것이라면 부당가압류로 인한 손해배상책임이 있다고 할 수는 없다.

⑤ 사용금지가처분의 집행을 받은 자가 제3자이의의 소를 제기하여 제1심에서 그 가처분집행을 불허하는 취지의 승소판결과 가집행의 선언이 있었음에도 불구하고 집행정지나 가처분에 대한 해제조치를 취하지 않음으로써 손해가 증대되었다면 과실상계를 하여야 한다.

[**❶** ▸ ○] [1] 가압류나 가처분 등 보전처분은 법원의 재판에 의하여 집행되는 것이기는 하나 그 실체상 청구권이 있는지 여부는 본안소송에 맡기고 단지 소명에 의하여 채권자의 책임 하에 하는 것이므로, 그 집행 후에 집행채권자가 본안소송에서 패소확정되었다면 그 보전처분의 집행으로 인하여 채무자가 입은 손해에 대하여는 특별한 반증이 없는 한 집행채권자에게 고의 또는 과실이 있다고 추정되고, 따라서 그 부당한 집행으로 인한 손해에 대하여 이를 배상하여야 할 책임이 있다. [2] 가압류채무자가 가압류 이후 가압류청구금액을 공탁하고 그 집행취소결정을 받았다면, 가압류채무자는 적어도 위 가압류집행으로 인하여 위 공탁금에 대한 민사법정이율인 연 5푼 상당의 이자와 공탁금이율인 연 1푼 상당 이자의 차액 상당의 손해를 입었다고 할 것이다(대판 1992.9.25. 92다8453).

[**❷** ▸ ×] 가압류채권자가 본안소송에서 패소하여 그의 과실이 추정되는 경우, 패소 확정된 금액에 관해서 제1심은 이를 인용하였으나 항소심에서 결론을 달리한 사정이 있기는 하지만 그 금액은 가압류채권자에게 귀책사유 있는 잘못된 충당행위로 인한 손해임이 본안소송에서 이미 확정된 이상 가압류채무자가 업무상배임죄로 유죄판결을 받았다거나 사실관계 및 소송의 경과가 복잡하였다는 사정만으로 부당 보전처분에 대한 가압류채권자의 과실 추정이 번복되지는 않는다고 본 사례(대판 1999.9.3. 98다3757)

[**❸** ▸ ○] 본안 소송에서 패소확정된 처분금지가처분의 집행채권자인 피고가 그 신청이유로서 주장한 피보전권리의 존부가 사실관계의 차이에 의한 것이 아니라 원고와 소외인 사이의 화해조서의 기판력 범위에 관한 법적해석 내지는 평가상의 차이에 기인된 것이고 피고의 그에 대한 법적견해가 가처분법원과 본안 소송의 제2심에서 인용된 바 있었다면 피고가 피보전권리가 있다고 믿었음에 과실이 있다고 할 수 없다(대판 1980.11.25. 80다730).

[**❹** ▸ ○] 운송 도중 화재로 운송물이 전소된 데 대하여 화주가 운송인을 상대로 손해배상청구권을 피보전권리로 한 가압류집행을 하고 본안소송이 대법원에서 파기환송되자 소를 취하하였지만, 그 사유가 실화책임에 관한 법률 소정의 "중대한 과실" 유무에 대한 법적 해석 및 평가상의 차이에 기인한 것이라고 보아 부당가압류로 인한 손해배상책임을 부정한 사례(대판 1993.3.23. 92다49454)

[**❺** ▸ ○] 사용금지가처분의 집행을 받은 자가 제3자 이의의 소를 제기하여 1심에서 그 가처분집행을 불허하는 제지의 승소판결과 가집행의 선언이 있었음에도 불구하고 집행정지 등 그 해제배치를 취하지 않음으로서 손해가 증대되었다면 채권자에게도 과실이 있다 할 것이므로 그 과실상계를 해야 한다(대판 1970.11.30. 70다2218).

답 **❷**

158
□□□

보전처분에 대한 이의사유로 삼을 수 없는 것은?

2020년

① 가압류신청의 대리인에게 소송대리권이 없다.
② 가압류된 채권이 존재하지 않는다.
③ 본안의 제소명령을 신청했는데 제소기간이 도과하였다.
④ 채무자에게 부동산 등 다른 재산이 많아 유체동산을 압류할 필요성이 없다.
⑤ 보전처분 후 채권자가 채권을 포기하였다.

[**❶** ▸ ○] [**❹** ▸ ○] 채무자는 당사자능력·소송능력·소송대리권 등의 흠이나 관할위반 등 절차상의 위법사유뿐만 아니라 피보전권리·보전의 필요성의 부존재·소멸 등 실체적 요건에 관한 사유도 이의사유로 주장할 수 있다. 실무제요 집행 5

[**❷** ▸ ×] 채권가압류에 있어서 채무자가 제3채무자에 대한 채권이 없다면 가압류채무자는 채권가압류결정에 의하여 법률상 아무런 불이익을 받을 지위에 있다 할 수 없을 것이므로 가압류에 대한 이의를 신청할 이익이 없다 할 것이다(대판 1967.5.2. 67다267).

[**❸** ▸ ○] 가압류이의소송은 가압류결정의 취소변경을 구하는 절차라는 면에서 제소기간 도과로 인한 가압류취소소송과 다를 바 없고, 소송경제적 측면과 보전소송의 긴급성의 요청에 비추어 볼 때 제소명령 기간 내에 본안소송을 제기하지 아니한 때에 그 기간이 도과되었다는 것도 가압류이의사유로 주장할 수 있다(대판 2000.2.11. 99다50064).

[**❺** ▸ ○] 가압류 또는 가처분결정에 대한 이의사유는 그 변론종결 시까지 발생한 피보전권리의 존부 및 보전의 필요성에 관한 일체의 사유를 포함하므로 동 결정 이후에 발생한, 사정변경에 의한 가압류 또는 가처분의 취소사유도 가압류 또는 가처분이의의 사유로 삼을 수 있다(대판 1981.9.22. 81다638). 이와 같은 사유는 그에 기한 보전처분 취소절차가 별도로 마련되어 있지만 소송경제, 심리의 중복방지라는 실제상의 고려와 함께 이와 같은 사유도 결국은 이미 발령된 보전처분을 부당하게 하는 점에서 그 밖의 이의사유와 달리 볼 필요가 없기 때문이다. 실무제요 집행 5

답 **❷**

159

보전처분집행의 불복에 관한 다음 설명 중 가장 옳지 않은 것은?

① 부대체적 작위채무의 이행을 명하는 가처분결정과 동시에 이루어진 간접강제결정에 대한 즉시항고 도 민사집행법상의 즉시항고이므로 그에 관한 항고법원의 결정에 대한 재항고절차에는 민사집행법 상의 즉시항고와 재항고에 관한 규정이 적용된다.

② 동산에 대한 가처분결정에 기재한 다툼의 대상물 표시방법에 의하여는 그 대상물이 충분히 특정되 어 있지 아니함에도 불구하고 집행관에 의한 집행처분이 이루어진 경우, 채무자는 집행에 관한 이의를 통하여 집행취소를 구할 수 있다.

③ 사망자를 상대로 한 부동산가압류결정에 기한 가압류집행에 대해서는 그 집행 이후 소유권을 취득 한 제3자도 채권자에 대하여 그 소유권 취득을 주장하여 대항할 수 있으므로 제3자이의의 소에 의하여 집행배제를 구할 수 있다.

④ 점유이전금지가처분의 대상이 된 목적물의 소유자가 그 의사에 기하여 가처분채무자에게 직접점유 를 하게 한 경우, 소유자는 간접점유자로서 위 점유이전금지가처분의 집행에 대하여 제3자이의의 소를 제기할 수 있다.

⑤ 서로 모순·저촉되는 점유이전금지가처분집행이 경합된 경우 선행 가처분채권자는 제3자이의의 소를 제기할 수도 있고 집행에 관한 이의로 후행 가처분집행의 배제를 구할 수도 있다.

[❶▸○] 민사집행법상의 즉시항고에서는 항고장에 그 이유를 대법원규칙이 정하는 바에 따라 구체적 으로 적어야 하고, 항고장에 항고의 이유를 적지 아니한 때에는 항고장을 제출한 날로부터 10일 이내에 항고이유서를 원심법원에 제출하여야 하며, 항고심은 항고장 또는 항고이유서에 적힌 이유에 한하여 조사하는 것이 원칙이다. 따라서 항고인이 즉시항고의 이유서를 정하여진 기간 안에 제출하지 아니하였 거나 또는 항고이유서가 제출되었다 하더라도 그 기재가 대법원규칙이 정하고 있는 바에 위반된 때 또는 즉시항고가 부적법하고 그 불비를 보정할 수 없음이 분명한 때에는 원심법원은 결정으로 그 즉시항 고를 각하하여야 하고(민사집행법 제15조 제3항, 제4항, 제5항, 제7항), 원심법원이 즉시항고를 각하하 여야 함에도 불구하고 이를 각하하지 아니하고 사건을 송부한 경우에는 항고법원은 곧바로 즉시항고를 각하하여야 하며, 이와 같은 법리는 민사집행법상의 재항고에 있어서도 마찬가지라 할 것인바, 간접강제 결정에 대한 즉시항고(민사집행법 제261조 제2항)도 민사집행법상의 즉시항고이므로 그에 관한 항고법 원의 결정에 대한 재항고절차에 있어서는 민사집행법상의 즉시항고와 재항고에 관한 규정이 준용된다고 할 것이다(대결 2008.4.25. 2008마228).

> **[참고]** 부대체적 작위채무의 이행을 명하는 가처분결정과 함께 그 의무위반에 대한 간접강제결정이 동시에 이루어진 경우에는 간접강제결정 자체가 독립된 집행권원이 되고 간접강제결정에 기초하여 배상금을 현실 적으로 집행하는 절차는 간접강제절차와 독립된 별개의 금전채권에 기초한 집행절차이므로, 그 간접강제결 정에 기한 강제집행을 반드시 가처분결정이 송달된 날로부터 2주 이내에 할 필요는 없다 할 것이고, 다만 그 집행을 위해서는 당해 간접강제결정의 정본에 집행문을 받아야 한다(대결 2008.12.24. 2008마1608).

[❷▸○] [1] 계쟁물에 관한 가처분(다툼의 대상에 관한 가처분)은 그 피보전권리가 특정물에 관한 이행청구권이므로 이러한 가처분의 결정 및 집행에 있어서는 그 대상 목적물인 계쟁물이 명확히 특정되 어야 한다. [2] 신청인 회사가 상대방 회사가 보관 중인 자사의 제품에 대한 가처분을 신청하면서 그 대상 물건을 품목, 규격, 수량, 가격 등으로만 표시하여 가처분결정도 이와 같은 방식으로 목적물을 표시하였으나, 상대방 회사의 소재지에 다른 회사의 제품으로서 위 가처분 목적물로 표시된 것과 동일한 명칭과 규격을 가진 제품이 혼합되어 있는 경우, 위 가처분결정은 계쟁물이 특정되어 있지 않은 경우로서 그에 따른 집행관의 집행처분은 무효라고 볼 수밖에 없다(대결 1999.5.13. 99마230). ☞ 따라서 채무자는

집행에 관한 이의를 통하여 집행취소를 구할 수 있다.

[❸▸○] [2] 가압류신청이 사망자를 상대로 한 것이면 사망자 명의의 그 가압류결정은 무효라 할 것이다. [3] 가압류결정 시까지 이 사건 부동산에 관하여 원고 명의의 소유권이전등기가 경료되지 않았으나, 피고의 가압류신청이 사망자를 상대로 한 것이라면 사망자 명의의 그 가압류결정은 무효라고 할 것이고 따라서 무효의 가압류결정에 기한 가압류집행에 대해서는 그 집행 이후 소유권을 취득한 제3자(원고)도 그 집행채권자인 피고에 대하여 그 소유권취득을 주장하여 대항할 수 있다고 할 것이므로 원고는 제 3자이의 소에 의하여 위 집행의 배제를 구할 수 있다(대판 1982.10.26. 82다카884).

[❹▸✕] 목적물에 대한 채무자의 점유를 풀고 채권자가 위임하는 집행관에게 그 보관을 명하며 집행관은 현상을 변경하지 아니할 것을 조건으로 하여 채무자에게 그 사용을 허가하도록 하는 내용의 점유이전금지가처분은, 가처분집행 당시의 목적물의 현상을 본집행 시까지 그대로 유지함을 목적으로 하여 그 목적물의 점유이전과 현상의 변경을 금지하는 것에 불과하여, 이러한 가처분결정에도 불구하고 점유가 이전되었을 때에는 가처분채무자는 가처분채권자에 대한 관계에서 여전히 그 점유자의 지위에 있는 것으로 취급되는 것일 뿐 가처분집행만으로 소유자에 의한 목적물의 처분을 금지 또는 제한하는 것은 아니므로, 점유이전금지가처분의 대상이 된 목적물의 소유자가 그 의사에 기하여 가처분채무자에게 직접점유를 하게 한 경우에는 그 점유에 관한 현상을 고정시키는 것만으로 소유권이 침해되거나 침해될 우려가 있다고 할 수는 없고 소유자의 간접점유권이 침해되는 것도 아니라고 할 것이며, 따라서 간접점유자에 불과한 소유자는 직접점유자를 가처분채무자로 하는 점유이전금지가처분의 집행에 대하여 제3자이의의 소를 제기할 수 없다(대판 2002.3.29. 2000다33010).

[❺▸○] 건물에 대한 채무자 甲의 점유를 풀고 집행관에게 보관시킨 다음 甲의 청구에 따라 甲에게 그 사용을 허락하는 점유이전금지가처분(제1차 가처분)이 집행된 후에 다른 당사자 사이의 별개의 가처분신청사건에서 같은 건물에 대하여 그 사건 채무자 乙의 점유를 풀고 집행관에게 보관시킨 다음 이를 乙에게 사용을 허락하는 점유이전금지가처문(제2차 가처분)이 다시 집행된 경우에는 그 두 개의 가처분은 비록 당사자는 서로 다르다 할지라도 각기 서로 다른 채무자에게 동일 건물의 사용을 허락한 한도 내에서 모순 저촉된다고 할 것이므로 위 제2차 가처분의 집행은 불허되어야 할 것인바 이때 제1차 가처분 채권자는 실체법상의 권리에 기하여 제3자 이의의 소를 제기할 수도 있고, 집행방법에 관한 이의로서 제2차 가처분집행의 배제를 구할 수도 있다(대결 1981.8.29. 81마86).

답 ❹

160

보전처분에 대한 이의에 관한 다음 설명 중 가장 옳지 않은 것은?

① 소유권이전등기말소청구권을 피보전권리로 하여 처분금지가처분결정을 받은 다음 청구의 기초에 변경이 없는 범위 안에서 그 가처분이의절차에서 가처분신청이유에 예비적으로 시효취득으로 인한 소유권이전등기청구권을 추가할 수 있다.

② 보전집행이 본집행으로 이전된 경우 채무자는 보전집행 자체의 취소를 구할 실익은 없게 되나, 보전명령 자체의 효력이 소멸되는 것은 아니므로 보전처분에 대한 이의신청을 할 실익은 있게 된다.

③ 채권가압류에 있어서 채무자가 제3채무자에 대한 채권이 없다면 가압류채무자는 가압류결정에 의하여 법률상 아무런 불이익을 받을 지위에 있다 할 수 없을 것이므로 가압류에 대한 이의를 신청할 이익이 없다.

④ 채권자가 신청하지 아니하였음에도 선행 매매계약의 매매대금 지급청구권을 피보전채권으로 하는 가압류결정을 후행 매매계약에 기한 잔대금 및 그 지연배상금의 범위 내에서 인가하고 그 초과부분을 취소하는 것은 허용되지 않는다.

⑤ 보전처분에 대한 이의는 보전처분신청의 당부를 심리·판단하여 달라는 신청으로서, 사정변경에 해당하는 사유와 제소기간의 경과도 이의사유로서 주장할 수 있다.

....

[**❶** ▸ ○] 가처분이의절차에서도 청구의 기초에 변경이 없는 한 신청이유의 피보전권리를 변경할 수 있다. 따라서 소유권이전등기말소 청구권을 피보전권리로 하여 처분금지가처분결정을 받은 다음 청구의 기초에 변경이 없는 범위 안에서 그 가처분이의절차에서 가처분신청이유에 예비적으로 시효취득에 인한 소유권이전등기 청구권을 추가할 수 있다(대판 1982.3.9. 81다1221).

[**❷** ▸ ✕] 가압류가 본압류로 이행되어 강제집행이 이루어진 경우에는 가압류집행은 본집행에 포섭됨으로써 당초부터 본집행이 있었던 것과 같은 효력이 있게 되므로, 본집행이 되어 있는 한 채무자는 가압류에 대한 이의신청이나 취소신청 또는 가압류집행 자체의 취소 등을 구할 실익이 없게 되고, 특히 강제집행조차 종료한 경우에는 그 강제집행의 근거가 된 가압류결정 자체의 취소나 가압류집행의 취소를 구할 이익은 더 이상 없다(대판 2004.12.10. 2004다54725).

[**❸** ▸ ○] 채권가압류에 있어서 채무자가 제3채무자에 대한 채권이 없다면 가압류채무자는 채권가압류결정에 의하여 법률상 아무런 불이익을 받을 지위에 있다 할 수 없을 것이므로 가압류에 대한 이의를 신청할 이익이 없다 할 것이다(대판 1967.5.2. 67다267).

[**❹** ▸ ○] 선행 매매계약의 매매대금 지급청구권을 피보전채권으로 하는 가압류결정을 후행 매매계약에 기한 잔대금 및 그 지연배상금의 범위 내에서 인가하고 그 초과 부분을 취소한 원심의 판단은 당사자가 신청하지 아니한 사항에 대하여 판결한 것으로서 위법하다(대판 2009.11.26. 2008다23224).

[**❺** ▸ ○] 보전처분에 대한 이의는 보전처분신청의 당부를 심리·판단하여 달라는 신청으로서, 가압류 또는 가처분 결정에 대한 이의사유는 그 변론종결 시까지 발생한 피보전권리의 존부 및 보전의 필요성에 관한 일체의 사유를 포함하므로 동 결정 이후에 발생한, 사정변경에 의한 가압류 또는 가처분의 취소사유도 가압류 또는 가처분 이의의 사유로 삼을 수 있다(대판 1981.9.22. 81다638). 또한 가압류이의소송은 가압류결정의 취소 변경을 구하는 절차라는 면에서 제소기간 도과로 인한 가압류취소소송과 다를 바 없고, 소송경제적 측면과 보전소송의 긴급성의 요청에 비추어 볼 때 제소명령기간 내에 본안소송을 제기하지 아니한 때에 그 기간이 도과되었다는 것도 가압류 이의사유로 주장할 수 있다(대판 2000.2.11. 99다50064).

답 ❷

161 보전항고에 관한 다음 설명 중 가장 옳은 것은? 〈2023년〉

① 보전처분취소결정의 효력정지재판은 보전처분취소결정에 대한 즉시항고가 제기된 이후에 할 수 있으며, 효력정지의 요건에 관한 소명은 보증금을 공탁하는 방법으로 대신할 수 있으나 당사자는 효력정지결정에 대하여 불복할 수 없다.

② 가처분결정에 직무집행을 정지하는 기간이 정하여져 있는 경우 그 기간 경과 후에는 가처분결정이 외형상 잔존함으로 인하여 어떠한 법률상 이익이 침해되었다고 볼 만한 특별한 사정이 없는 한 그 취소를 구할 법률상 이익이 없다.

③ 무담보의 가압류결정을 구하는 신청에 대하여 법원이 일정한 액수의 담보를 제공하는 것을 조건으로 가압류를 명하는 경우 채권자는 즉시항고로 불복할 수 없다.

④ 보전이의·취소에 대한 항고사건이 항고인의 항고취하에 따라 재판에 의하지 아니하고 완결된 경우에는 피항고인이 항고인의 항고취하 전에 변호사를 선임하여 그 변호사가 사건 검토 후 주장서면을 제출하고 이와 관련하여 지급한 변호사보수는 소송비용에 산입할 수 없다.

⑤ 보전처분이의·취소신청에 관한 재판에 있어서는 항고인이 즉시항고이유서를 제출하지 아니하거나 항고장을 제출한 날로부터 10일 이내에 대법원규칙이 정하는 바에 따라 항고이유를 적지 않았다는 이유로 즉시항고를 각하할 수 있다.

....

[❶ ▸ ✕] 보전처분(가압류·가처분) 취소결정에 대하여는 즉시항고를 할 수 있으나, 이 경우 즉시항고에 집행정지의 효력은 발생하지 않는다(민사집행법 제288조 제3항, 제286조 제7항, 제301조 및 민사소송법 제447조). 보전처분(가압류·가처분)을 취소하는 결정에 대하여 즉시항고가 제기된 경우, 채권자는 일정한 요건(㉠ 불복의 이유로 주장한 사유가 법률상 정당한 사유가 있다고 인정되고 그 사실에 대한 소명 및 ㉡ 보전처분을 취소함으로 인하여 회복할 수 없는 손해가 생길 위험이 있다는 사정에 대한 소명이 있을 것)을 갖추어 법원에 가처분취소결정의 효력정지신청을 할 수 있다(민사집행법 제289조 제1항 및 제301조). 이러한 효력정지재판은 보전처분취소결정에 대한 즉시항고가 제기된 이후에 할 수 있다. 효력정지의 요건에 관한 소명은 보증금을 공탁하거나 주장이 진실함을 선서하는 방법으로 대신할 수 없고(민사집행법 제289조 제4항 및 제301조), 당사자는 효력정지결정에 대하여 불복할 수 없다(민사집행법 제289조 제5항 및 제301조).

민사집행법 제289조(가압류취소결정의 효력정지)
① 가압류를 취소하는 결정에 대하여 즉시항고가 있는 경우에, 불복의 이유로 주장한 사유가 법률상 정당한 사유가 있다고 인정되고 사실에 대한 소명이 있으며, 그 가압류를 취소함으로 인하여 회복할 수 없는 손해가 생길 위험이 있다는 사정에 대한 소명이 있는 때에는, 법원은 당사자의 신청에 따라 담보를 제공하게 하거나 담보를 제공하지 아니하게 하고 가압류취소결정의 효력을 정지시킬 수 있다.
② 제1항의 규정에 의한 소명은 보증금을 공탁하거나 주장이 진실함을 선서하는 방법으로 대신할 수 없다.
③ 재판기록이 원심법원에 있는 때에는 원심법원이 제1항의 규정에 의한 재판을 한다.
④ 항고법원은 항고에 대한 재판에서 제1항의 규정에 의한 재판을 인가·변경 또는 취소하여야 한다.
⑤ 제1항 및 제4항의 규정에 의한 재판에 대하여는 불복할 수 없다.

민사집행법 제301조(가압류절차의 준용)
가처분절차에는 가압류절차에 관한 규정을 준용한다. 다만, 아래의 여러 조문과 같이 차이가 나는 경우에는 그러하지 아니하다.

[**❷ ▸ ○**] 법원의 가처분결정에 직무집행을 정지하는 기간이 정하여져 있는 경우 그 기간의 경과로 가처분결정의 효력이 상실되므로, 그 기간 경과 후에는 가처분결정이 외형상 잔존함으로 인하여 어떠한 법률상 이익이 침해되었다고 볼 만한 특별한 사정이 없는 한 그 취소를 구할 법률상의 이익이 없다(대결 2013.6.27. 2013마568).

[**❸ ▸ ✕**] 무담보의 가압류결정을 구하는 신청에 대하여 법원이 일정한 액수의 담보를 제공하는 것을 조건으로 가압류를 명하는 경우 이는 실질적으로 가압류신청에 대한 일부 기각의 재판과 같은 성격을 가지는 것이므로 신청인으로서는 위 일부 기각 부분(담보를 조건으로 명한 부분)에 대하여 불복할 이익을 갖는다고 할 것이고, 담보의 수액이 지나치게 과다하다고 다투는 경우도 마찬가지로 보아야 할 것인데, 이때 담보를 제공할 것을 명한 부분을 다투거나 담보의 수액이 지나치게 많다고 하여 다툴 수 있는 방법은 법률상 다른 특별한 규정이 없는 이상 가압류신청의 일부 또는 전부가 기각이나 각하된 경우와 마찬가지로 통상의 항고로써 다툴 수 있다(대결 2000.8.28. 99그30). → 종래에는 보전처분신청을 각하 또는 기각하는 결정에 대한 불복방법에 관하여 별도의 규정이 없었으므로 채권자는 항고의 이익이 있는 한 통상의 항고로 불복할 수 있었다. 그러나 2002년 제정된 민사집행법은 보전처분신청을 기각하거나 각하하는 결정에 대하여 즉시항고로 다툴 수 있도록 하였다(민사집행법 제281조 제2항 제301조). 따라서 무담보의 가압류결정을 구하는 신청에 대하여 법원이 일정한 액수의 담보를 제공하는 것을 조건으로 가압류를 명하는 경우에도 채권자는 즉시항고로 불복할 수 있다.

[**❹ ▸ ✕**] 보전처분에 대한 이의·취소 사건이나, 보전이의·취소에 대한 항고사건은 실질적으로 서로 대립하는 상대방이 소송에서 자기의 권리신장을 위하여 공격·방어할 수 있는 기회가 보장된 대심적 소송구조에 해당하기 때문에 소송비용부담의 재판을 하여야 한다. 나아가 피항고인이 항고인의 항고취하 전에 변호사를 선임하여 그 변호사가 사건을 검토한 후 주장서면을 제출하는 행위는 위임사무에 해당하므로, 이와 관련하여 지급한 변호사 보수는 소송을 수행함에 있어 발생한 비용으로서 변호사보수의 소송비용 산입에 관한 규칙 제3조 제2항 본문에 따라 소송비용에 산입하여야 한다(대결 2010.5.25. 2010마181).

[**❺ ▸ ✕**] 보전처분이의·취소재판에 대하여는 즉시항고로 불복할 수 있는데(민사집행법 제287조 제7항 ·제5항, 제288조 제3항, 제301조, 제307조), 즉시항고기간은 민사집행법에 특별한 규정이 없으므로, 항고인은 재판을 고지받은 날부터 1주 이내에 원심법원에 항고를 제기하여야 한다(민사집행법 제23조 제1항, 민사소송법 제444조·제445조). 보전처분이의·취소재판에 관한 절차는 집행에 관한 절차가 아니므로, 민사집행법 제15조의 '집행절차에 관한 집행법원의 재판'에 해당하지 않고, 따라서 그에 대한 즉시항고에 관해서는 민사집행법 제15조가 아니라 민사소송법상 즉시항고에 관한 규정이 적용된다(대결 2006.9.28. 2006마829). 민사소송법은 민사집행법 제15조와 달리 항소이유서의 제출기간에 관한 규정을 두고 있지 아니하므로, 민사집행법 제15조가 아니라 민사소송법의 즉시항고에 대한 규정이 준용되는 보전처분이의·취소 신청에 대한 재판에 있어서는 항고인이 즉시항고이유서를 제출하지 아니하거나 항고장을 제출한 날로부터 10일 이내에 대법원규칙이 정하는 바에 따라 항고이유를 적지 않았다는 이유로 즉시항고를 각하할 수는 없다(대결 2008.2.29. 2008마145).

답 ❷

162

보전처분의 취소에 관한 다음 설명 중 가장 옳지 않은 것은?

① 보전처분신청절차에서 이루어진 선정당사자 선정행위의 효력은 보전처분취소신청 사건에는 미치지 않는다.

② 부동산처분금지가처분이 집행된 이후 당해 부동산의 일부지분을 승계한 자는 공유물의 보존행위로서 단독으로 위 부동산 전체에 대한 가처분결정의 취소신청을 할 수 있다.

③ 채권자가 여러 개의 피보전권리를 주장하여 보전명령을 얻은 후 그중 일부의 권리만을 주장한 본안소송에서 패소확정된 경우에도 사정변경에 따른 취소를 인정할 수 있다.

④ 제소명령 후 가압류결정의 청구채권을 양도하고 채권양도의 대항요건을 갖추지 못한 상태에서 제소명령에서 정한 기간 내에 채권양수인이 본안의 소를 제기하고 소장접수증명서를 첨부한 제소신고서를 제출한 경우라 하더라도 제소명령을 준수하였다고 볼 수 없다.

⑤ 보전처분의 취소신청 당시에 본안소송이 항소심에 계속된 때에는, 취소신청이 제1심법원에 잘못 제기된 경우 관할위반을 이유로 사건을 항소심법원에 이송하여야 한다.

....

[**❶** ▶ O] 보전처분을 소송대리인이 신청하였더라도 그 소송위임의 효력이 보전처분 취소소송에까지 유지되는 것은 아니므로 취소신청서 및 기일소환장 등은 채권자 본인에게 송달하여야 한다. 또한 보전처분 신청절차에서 이루어진 선정당사자 선정행위의 효력은 제소명령신청절차에는 미치나 보전처분 취소신청 사건에까지 미치지는 아니한다(대판 2001.4.10. 99다49170).

[**❷** ▶ O] 보전처분의 취소신청을 할 수 있는 사람은 채무자와 그 일반승계인, 파산관재인 등이다. 가처분목적물의 특정승계인은 채권자대위권의 행사에 의하지 아니하고 직접 취소신청을 할 수 있다(대판 2006.9.22. 2004다50235; 대결 2010.8.26. 2010마818). 가압류 목적물의 특정승계인도 취소신청을 할 수 있다(대판 2014.10.16. 2014마1413; 대결 2019.4.5. 2018마1075). 목적물의 일부지분승계인, 예를 들면 부동산에 대한 처분금지가처분결정이 있고 그 결정이 집행된 이후 당해 부동산의 일부지분을 승계한 자는 공유물의 보존행위로서 단독으로 위 부동산 전체에 대한 가처분결정의 취소신청을 할 수 있다. 실무제요 집행 5

[**❸** ▶ O] 채권자가 본안소송이나 채무자가 제기한 피보전권리 부존재확인청구소송에서 실체법상의 이유로 패소확정된 때에는 사정변경에 따른 보전처분(보정명령) 취소사유가 된다(1963.9.12. 63다354; 대판 1973.3.20. 73다165). 채권자가 여러 개의 피보전권리를 주장하여 보전처분(보전명령)을 얻은 후 그중 일부의 권리만을 주장한 본안소송에서 패소확정된 경우에도 사정변경에 따른 취소를 인정할 수 있다(보전의 1회성의 문제). 예를 들면, 채권자가 점유권에 기한 인도청구권과 소유권에 기한 인도청구권을 피보전권리로 하여 보전처분(보전명령)을 받았는데 소유권에 기한 인도청구권을 본안으로 한 소송에서 패소확정되었다면, 그 후 다시 점유권에 기한 인도청구소송이 계속 중이더라도 사정이 변경된 경우에 해당한다(대판 1973.3.20. 73다165 참조). 실무제요 집행 5

[**❹** ▶ ×] 제소명령 후 가압류결정의 청구채권을 甲에게 양도한 乙이 채무자 丙에게 채권양도사실을 내용증명우편으로 통지하였으나 丙이 이를 수령하지 못하였는데, 甲이 제소기간 내에 丙을 상대로 본안의 소를 제기하고 제소신고서를 제출한 사안에서, 甲이 채권양도의 대항요건을 갖추지 못하였더라도 제소명령의 乙 지위를 승계하고, 제소명령에서 정한 기간 내에 丙을 상대로 본안의 소를 제기하고 소장접수증명서를 첨부한 제소신고서를 제출한 이상 제소명령을 준수하였다고 봄이 타당하다(대결 2014.10.10. 2014마1284).

[❺ ▸ ○] 사정변경 등에 따른 보전처분취소사건의 본안이 이미 계속되어 있는 경우에는 그 본안의 관할법원이 취소사건을 관할한다(민사집행법 제288조 제2항 단서, 제301조). 이때 본안의 관할법원은 원칙적으로 제1심법원이지만 보전처분의 취소신청 당시에 본안이 항소심에 계속된 때에는 항소심의 전속관할에 속하므로(민사집행법 제311조), 사정변경에 따른 보전처분취소소송을 제기할 당시 본안소송이 항소심에 계속된 때에는 본안법원인 항소심만이 관할권을 가지고 있어, 취소소송이 제1심법원에 잘못 제기된 경우에는 사건을 관할위반을 이유로 항소심법원에 이송하여야 한다. **실무제요 집행 5**

답 ❹

제3절　**보전집행에 대한 구제수단**

163
□□□
보전처분의 집행 및 집행취소에 관한 다음 설명 중 가장 옳지 않은 것은?　2021년

① 가압류가 본압류로 이행되기 전에 목적물의 소유권을 취득한 제3취득자가 가압류에서 본압류로 이행된 후에 본압류의 집행배제를 구하기 위해서는 가압류의 청구금액 외에, 그 가압류의 집행비용 및 본집행의 비용 중 가압류의 본압류로의 이행에 대응하는 부분까지를 변제하여야 한다.

② 가압류채무자에게 해방공탁금의 용도로 금원을 대여하여 가압류집행을 취소할 수 있도록 한 자는 특별한 사정이 없는 한 가압류채권자에 대한 관계에서 가압류해방공탁금 회수청구권에 대하여 위 대여금채권에 의한 가압류의 효력을 주장할 수 없다.

③ 가처분해제신청서가 위조되었다고 주장하는 채권자는 집행법원에 대하여 집행이의를 통하여 말소회복을 구할 수 있고, 이러한 경우 채권자가 말소된 가처분기입등기의 회복등기절차의 이행을 소구할 이익은 없다.

④ 다만 위 ③의 경우, 그 가처분기입등기가 말소될 당시 그 부동산에 관하여 소유권이전등기를 경료하고 있는 자는 법원이 그 가처분기입등기의 회복을 촉탁함에 있어서 등기상 이해관계가 있는 제3자에 해당하므로, 채권자는 그 자를 상대로 가처분기입등기의 회복절차에 대한 승낙청구의 소를 제기할 수 있다.

⑤ 가압류등기 후 제3자 앞으로 소유권이전등기가 마쳐진 부동산에 대하여, 가압류권자의 신청에 의한 강제경매절차가 진행 중 가압류해방금액 공탁으로 해당 가압류집행이 취소되어 가압류등기가 말소된 경우, 이를 이유로 강제경매개시결정을 취소할 수 있다.

[**❶** ▸ ○] 민사집행법 제53조 제1항의 '강제집행에 필요한 비용'에는 가압류의 집행비용이 당연히 포함된다. 그리고 가압류가 집행된 후 그 가압류가 본압류로 이행된 때에는 가압류집행이 본집행에 포섭됨으로써 당초부터 본집행이 있었던 것과 같은 효력이 있다. 그러므로 가압류만 되어 있을 뿐 아직 본압류로 이행되지 아니한 단계에서는 가압류채권자가 그 가압류의 집행비용을 변상받을 수 없고, 따라서 제3취득자가 가압류의 집행비용을 고려함이 없이 그 처분금지의 효력이 미치는 객관적 범위에 속하는 청구금액만을 변제함으로써 가압류의 집행의 배제를 소구할 수 있지만, 가압류에서 본압류로 이행된 후에는 민사집행법 제53조 제1항의 적용을 받게 되므로 가압류 후 본압류로의 이행 전에 가압류의 목적물의 소유권을 취득한 제3취득자로서는 가압류의 청구금액 외에, 그 가압류의 집행비용 및 본집행의 비용 중 가압류의 본압류로의 이행에 대응하는 부분까지를 아울러 변제하여야만 가압류에서 이행된 본압류의 집행배제를 구할 수 있다(대판 2006.11.24. 2006다35223).

[**❷** ▸ ○] 해방금액의 공탁에 의한 가압류집행취소제도의 취지에 비추어 볼 때, 가압류채권자의 가압류에 의하여 누릴 수 있는 이익이 가압류집행 취소에 의하여 침해되어서는 안 되므로, 가압류채무자에게 해방공탁금의 용도로 금원을 대여하여 가압류집행을 취소할 수 있도록 한 자는 비록 가압류채무자에 대한 채권자라 할지라도 특별한 사정이 없는 한 가압류채권자에 대한 관계에서 가압류해방공탁금회수청구권에 대하여 위 대여금채권에 의한 압류 또는 가압류의 효력을 주장할 수는 없다(대판 1998.6.26. 97다30820).

[**❸** ▸ ○] 부동산처분금지가처분의 기입등기는 채권자나 채무자가 직접 등기공무원에게 이를 신청하여 행할 수는 없고 반드시 법원의 촉탁에 의하여야 하는바, 이와 같이 당사자가 신청할 수 없는 처분금지가처분의 기입등기가 법원의 촉탁에 의하여 말소된 경우에는 그 회복등기도 법원의 촉탁에 의하여 행하여져야 하므로, 이 경우 처분금지가처분채권자가 말소된 가처분기입등기의 회복등기절차의 이행을 소구할 이익은 없다고 할 것이다. 다만, 가처분채권자의 가처분해제신청은 가처분집행신청의 취하 내지 그 집행취소신청에 해당하는 것인바, 이러한 신청은 가처분의 집행절차를 이루는 행위이고, 그 신청이 가처분채권자의 의사에 기한 것인지 여부는 집행법원이 조사·판단하여야 할 사항이라고 할 것이므로, 그 신청서가 위조되었다는 사유는 그 신청에 기한 집행행위, 즉 가처분기입등기의 말소촉탁에 대한 집행이의의 사유가 된다고 보아야 할 것이며, 따라서 가처분해제신청서가 위조되었다고 주장하는 가처분채권자로서는 가처분의 집행법원에 대하여 집행이의를 통하여 말소회복을 구할 수 있을 것이다(대판 2000.3.24. 99다27149).

[**❹** ▸ ○] 부동산처분금지가처분의 기입등기는 채권자나 채무자가 직접 등기공무원에게 이를 신청하여 행할 수는 없고 반드시 법원의 촉탁에 의하여야 하는바, 이와 같이 당사자가 신청할 수 없는 처분금지가처분의 기입등기가 법원의 촉탁에 의하여 말소된 경우에는 그 회복등기도 법원의 촉탁에 의하여 행하여져야 하므로, 이 경우 처분금지가처분채권자가 말소된 가처분기입등기의 회복등기절차의 이행을 소구할 이익은 없고, 다만 그 가처분기입등기가 말소될 당시 그 부동산에 관하여 소유권이전등기를 경료하고 있는 자는 법원이 그 가처분기입등기의 회복을 촉탁함에 있어서 등기상 이해관계가 있는 제3자에 해당하므로, 처분금지가처분채권자로서는 그 자를 상대로 하여 법원의 촉탁에 의한 그 가처분기입등기의 회복절차에 대한 승낙청구의 소를 제기할 수는 있다(대판 1997.2.14. 95다13951).

[**❺** ▸ ✕] 가압류등기 후 제3자 앞으로 소유권이전등기가 마쳐진 부동산에 대하여 가압류권자의 신청에 의한 강제경매절차가 진행 중에 가압류해방금액을 공탁하였다고 하더라도 이를 이유로 가압류집행을 취소할 수 없고, 나아가 가압류집행 취소의 결과 가압류등기가 말소되었더라도 이를 이유로 강제경매개시결정을 취소할 수는 없다(대결 2002.3.15. 2001마6620). **실무제요 집행 5**

🔖 **❺**

164

보전처분 신청에 대한 취하와 재판에 관한 다음 설명 중 가장 옳지 않은 것은?

① 보전명령이 일단 발령된 후에도 보전명령 자체가 존속하는 한 그 집행여부에 관계없이 어느 단계에서든 신청의 취하는 가능하다. 보전처분신청을 취하하면 보전명령을 취소하는 결정이 없어도 보전명령의 효력은 당연히 상실된다.

② 채권가압류에서 채권자가 가압류신청을 취하하면 가압류결정은 그로써 효력이 소멸되고, 채권가압류결정정본이 제3채무자에게 이미 송달되어 가압류결정이 집행되었다면 그 취하통지서가 제3채무자에게 송달되었을 때 비로소 가압류집행의 효력이 장래를 향하여 소멸된다.

③ 위 ②항의 경우 채권가압류결정정본이 제3채무자에게 이미 송달되어 가압류결정이 집행되었다면 그 취하통지서가 제3채무자에게 송달되기 전에 제3채무자가 집행법원 법원사무관등의 통지에 의하지 아니한 다른 방법으로 가압류신청취하사실을 알게 된 경우에는 그렇게 알게 된 때 가압류집행의 효력이 소멸된다.

④ 보전처분신청에서는 피보전권리나 보전의 필요성을 소명하여야 하고, 그 소명이 없을 때에도 법원은 보전처분으로 인한 채무자의 손해에 대하여 채권자에게 담보를 제공케 하고 보전처분을 명할 수 있다.

⑤ 보전처분의 피보전권리나 보전의 필요성에 대한 소명이 없을 뿐 아니라 오히려 반대로 피보전권리 또는 보전의 필요성이 없음이 소명된 경우에는 법원으로서는 보전처분을 명할 수는 없다.

....

[**❶** ▸ **○**] 보전처분이 일단 발령된 후에도 보전처분 자체가 존속하는 한 그 집행여부에 관계없이 어느 단계에서든 신청의 취하는 가능하다. 보전처분신청을 취하하면 보전처분을 취소하는 결정이 없어도 보전처분의 효력은 당연히 상실된다(대판 2001.10.12. 2000다19373; 대결 2007.6.8. 2006마1333).

[**❷** ▸ **○**] 채권가압류에 있어서 채권자가 채권가압류신청을 취하하면 채권가압류결정은 그로써 효력이 소멸되지만, 채권가압류결정정본이 제3채무자에게 이미 송달되어 채권가압류결정이 집행되었다면 그 취하통지서가 제3채무자에게 송달되었을 때에 비로소 그 가압류집행의 효력이 장래를 향하여 소멸된다(대판 2001.10.12. 2000다19373).

[**❸** ▸ **×**] 채권가압류에 있어서 채권자가 가압류신청을 취하하면 가압류결정은 그로써 효력이 소멸되지만, 채권가압류결정정본이 제3채무자에게 이미 송달되어 가압류결정이 집행되었다면 그 취하통지서가 제3채무자에게 송달되었을 때 비로소 가압류집행의 효력이 장래를 향하여 소멸되는 것인바, 이러한 법리는 그 취하통지서가 제3채무자에게 송달되기 전에 제3채무자가 집행법원 법원사무관 등의 통지에 의하지 아니한 다른 방법으로 가압류신청 취하사실을 알게 된 경우에도 마찬가지라고 할 것이다. 채권가압류는 가압류명령이 제3채무자에게 송달되어야 그 효력이 생기고(민사집행법 제291조, 제227조 제3항), 가압류명령의 신청이 취하된 때에는 법원사무관 등은 가압류명령을 송달받은 제3채무자에게 그 사실을 통지하여야 하는데(민사집행규칙 제213조 제2항, 제160조 제1항), 만약 제3채무자의 주관적 인식이나 가압류당사자들의 특수한 사정에 따라 채권가압류집행의 효력 소멸 여부를 달리 판단한다면 이해관계 있는 제3자의 이익을 보호하고 법적 안정성을 도모할 수 없기 때문이다(대판 2008.1.17. 2007다73826).

[**❹** ▸ **○**] [**❺** ▸ **○**] 피보전권리 또는 보전의 필요성이 없는 점 등으로 그 이유가 없는 때에는 보전처분신청을 기각한다. 보전처분신청에서는 피보전권리나 보전의 필요성을 소명하여야 하고, 그 소명이 없을 때에도 법원은 보전처분으로 인한 채무자의 손해에 대하여 채권자에게 담보를 제공케 하고 보전처분을 명할 수 있으나(민사집행법 제280조 제2항, 제301조), 그 소명이 없을 뿐만 아니라 오히려 반대로 피보전권리 또는 보전의 필요성이 없음이 소명된 경우에는 법원으로서는 보전처분을 명할 수는 없다(대판 1965.7.27. 65다1021; 대결 2010.4.8. 2009마1026). **실무제요 집행 5**

답 ❸

165

□□□　보전집행의 취소에 관한 다음 설명 중 가장 옳지 않은 것은?　　　　　2024년

① 채권가압류에서 채권자가 채권가압류신청을 취하하면 채권가압류결정은 그로써 효력이 소멸되지만, 채권가압류결정정본이 제3채무자에게 이미 송달되어 채권가압류결정이 집행되었다면 그 취하통지서가 제3채무자에게 송달되었을 때에 비로소 그 가압류집행의 효력이 장래를 향하여 소멸된다.

② 가압류 취하통지서가 제3채무자에게 송달되기 전에 제3채무자가 집행법원 법원사무관등의 통지에 의하지 아니한 다른 방법으로 가압류신청취하사실을 알게 되었다면 취하통지서의 송달은 필요하지 아니하다.

③ 가압류가 본압류로 이행되어 강제집행이 이루어진 경우에는 가압류집행은 본집행에 포섭됨으로써 당초부터 본집행이 있었던 것과 같은 효력이 있게 되므로, 본집행이 되어 있는 한 채무자는 가압류에 대한 이의신청이나 취소신청 또는 가압류집행 자체의 취소 등을 구할 실익이 없다.

④ 가처분취소결정의 집행에 의하여 처분금지가처분등기가 말소된 경우 그 효력은 확정적인 것이므로, 그 이후에 당해 부동산에 관한 소유권이전등기를 경료받은 자는 그 부동산에 관하여 아무런 제한을 받지 않고 가처분 채권자에게 그 소유권 취득의 효력으로 대항할 수 있다.

⑤ 금전채권의 보전을 위하여 채무자의 금전채권에 대하여 가압류가 행하여진 경우에 그 후 채권자의 신청에 의하여 그 집행이 취소되었다면, 다른 특별한 사정이 없는 한 가압류에 의한 소멸시효 중단의 효과는 소급적으로 소멸된다.

⋯⋯⋯

[❶ ▸ ○] [❷ ▸ ✕]　채권가압류에 있어서 채권자가 가압류신청을 취하하면 가압류결정은 그로써 효력이 소멸되지만, 채권가압류결정정본이 제3채무자에게 이미 송달되어 가압류결정이 집행되었다면 그 취하통지서가 제3채무자에게 송달되었을 때 비로소 가압류집행의 효력이 장래를 향하여 소멸되는 것인바, 이러한 법리는 그 취하통지서가 제3채무자에게 송달되기 전에 제3채무자가 집행법원 법원사무관등의 통지에 의하지 아니한 다른 방법으로 가압류신청 취하사실을 알게 된 경우에도 마찬가지라고 할 것이다(대판 2008.1.17. 2007다73826).

[❸ ▸ ○]　가압류가 본압류로 이행되어 강제집행이 이루어진 경우에는 가압류집행은 본집행에 포섭됨으로써 당초부터 본집행이 있었던 것과 같은 효력이 있게 되므로, 본집행이 되어 있는 한 채무자는 가압류에 대한 이의신청이나 취소신청 또는 가압류집행 자체의 취소 등을 구할 실익이 없게 되고, 특히 강제집행조차 종료한 경우에는 그 강제집행의 근거가 된 가압류결정 자체의 취소나 가압류집행의 취소를 구할 이익은 더 이상 없다(대판 2004.12.10. 2004다54725).

[❹ ▸ ○]　가처분취소결정의 집행에 의하여 처분금지가처분등기가 말소된 경우 그 효력은 확정적인 것이므로, 그 이후에 당해 부동산에 관한 소유권이전등기를 경료받은 자는 그 부동산에 관하여 아무런 제한을 받지 않고 가처분 신청인에게 그 소유권 취득의 효력으로 대항할 수 있다고 할 것이고, 이와 같이 이미 계쟁 부동산에 관하여 제3자 앞으로 소유권이전등기가 경료된 경우에는 가처분 신청인은 더 이상 그 처분금지가처분명령을 신청할 이익이 없게 된다(대결 2008.5.7. 2008마401).

[❺ ▸ ○]　금전채권의 보전을 위하여 채무자의 금전채권에 대하여 가압류가 행하여진 경우에 그 후 채권자의 신청에 의하여 그 집행이 취소되었다면, 다른 특별한 사정이 없는 한 가압류에 의한 소멸시효 중단의 효과는 소급적으로 소멸된다. 민법 제175조는 가압류가 '권리자의 청구에 의하여 취소된 때에는' 소멸시효 중단의 효력이 없다고 정한다. 가압류의 집행 후에 행하여진 채권자의 집행취소 또는 집행해제의 신청은 실질적으로 집행신청의 취하에 해당하고, 이는 다른 특별한 사정이 없는 한 가압류 자체의

신청을 취하하는 것과 마찬가지로 그에게 권리행사의 의사가 없음을 객관적으로 표명하는 행위로서 위 법 규정에 의하여 시효중단의 효력이 소멸한다고 봄이 상당하다. 이러한 점은 위와 같은 집행취소의 경우 그 취소의 효력이 단지 장래에 대하여만 발생한다는 것에 의하여 달라지지 아니한다(대판 2010.10.14. 2010다53273).

답 ❷

166 보전처분의 취소에 관한 다음 설명 중 가장 옳지 않은 것은? 2025년
□□□

① 민사집행법 제288조 제1항 제2호에 따른 가압류취소를 받기 위해 제공된 담보는 가압류명령 기재 청구채권을 직접 담보하고 있으므로, 가압류채권자가 당해 가압류청구채권 중 일부에 관하여 본안의 소를 제기하였다고 하여 그 사실만으로 본안청구금액을 초과하는 부분에 대한 담보사유가 소멸하였다고 할 수 없다.

② 보전 집행 후 3년간 본안의 소를 제기하지 아니하였음을 이유로 한 보전처분 취소는 시효중단의 효력이 소급하여 없어지는 민법 제175조에서 정한 '압류, 가압류 및 가처분이 권리자의 청구에 의하여 또는 법률의 규정에 따르지 아니함으로 인하여 취소된 때'에 해당하지 않는다.

③ 법인 등 단체의 대표자를 채무자로 하여 그 직무집행을 정지하고 직무대행자를 선임하는 가처분이 있은 후, 종전의 대표자가 사임하고 새로 대표자가 선임된 경우 특별한 사정이 없는 한 가처분을 더 이상 유지할 필요가 없는 사정변경이 있는 것이지만 가처분 사건의 당사자가 될 수 없는 법인 등은 가처분취소신청을 할 수 없다.

④ 채권자가 정해진 기간 내에 본안의 소를 제기하고 소제기증명서를 제출하였으나 그 기간이 지난 뒤에 청구기초의 동일성이 인정되는 별소를 제기하고 원래의 소를 취하한 경우라면 채권자에게 피보전권리를 실현할 의사가 있었음이 명백하므로 제소명령 불이행에 따른 취소사유가 되지 아니한다.

⑤ 특별사정에 의한 가처분취소사건에 있어서 피보전권리의 존부 및 보전의 필요성의 유무는 심판의 대상이 되지 아니하므로 오직 가처분취소사유인 특별사정의 유무만을 심리판단하면 된다.

[❶ ▶ ○] 가압류취소를 받기 위해 제공된 담보는 가압류명령 기재 청구채권을 직접 담보하고 있으므로, 가압류채권자가 당해 가압류 청구채권인 손해배상청구채권 중 일부만에 관하여 본안소송을 제기하였다고 하여 그 사실만으로 본안 청구금액을 초과하는 부분에 대한 담보사유가 소멸하였다고 할 수 없다(대결 2008.7.1. 2008마711).

[❷ ▶ ○] 보전 집행 후 3년간 본안의 소를 제기하지 아니하였음을 이유로 한 보전처분(가압류, 가처분) 취소는 시효중단의 효력이 소급하여 없어지는 민법 제175조에서 정한 '압류, 가압류 및 가처분이 권리자의 청구에 의하여 또는 법률의 규정에 따르지 아니함으로 인하여 취소된 때'에 해당하지 않는다(대판 2004.4.9. 2002다58389, 대판 2009.5.28. 2009다20 참조).

[❸ ▶ ○] 법인 등 단체의 대표자 및 이사 등을 피신청인으로 하여 그 직무집행을 정지하고 직무대행자를 선임하는 가처분이 있는 경우, 그 후 사정변경이 있으면 그 가처분에 의하여 직무집행이 정지된 대표자 등이 그 가처분의 취소신청을 할 수 있고, 이 경우 종전의 대표자 등이 사임하고 새로 대표자가 선임되었다고 하여도 가처분 사건의 당사자가 될 수 없는 법인 등은 그 가처분취소신청을 할 수 없다(대판 1997.10.10. 97다27404). ☞ 가처분 사건의 당사자는 채무자(기존 대표자)와 가처분 신청인(가처분을 신청한 채권자)이다. 가처분 취소 신청은 당사자만이 할 수 있으므로, 법인 등은 그 가처분취소신청을 할 수 없다.

[**❹ ▸ ✕**] 민사집행법 제287조에 규정된 본안의 소의 부제기 등에 의한 가압류취소는 채권자에게 본안의 소를 제기할 것을 명하고, 채권자가 본안의 소를 제기하였다는 등을 증명하는 서류를 일정한 기간 이내에 제출하지 아니하거나 그 기간 이내에 서류를 제출하였다가 본안의 소가 취하되거나 각하된 경우에는 이를 제출하지 아니한 것으로 보아 가압류를 취소하는 제도로서, 제소명령에 정하여진 기간 이내에 본안의 소를 제기하지 아니하거나 본안의 소가 계속되고 있지 아니한 때는 물론이고, 정하여진 기간 이내에 본안의 소가 제기되었거나 이미 소를 제기하여 계속되고 있었음에도 불구하고 채권자가 그러한 사실을 증명하는 서류를 기간 이내에 법원에 제출하지 아니한 경우에도 법원은 가압류를 취소하여야 하며, 그 기간이 지난 뒤에 증명서류를 제출하였다고 하더라도 마찬가지로서, 이러한 법리는 정하여진 기간 이내에 본안의 소를 제기하였다가 그 기간이 지난 뒤에 이를 취하하면서 그에 앞서 그 청구기초의 동일성이 인정되는 별소를 제기한 사실이 있다 하여 달리 볼 것은 아니다(대결 2008.7.10. 2008마332).

[**❺ ▸ ○**] 민사집행법 제307조 제1항의 특별사정에 의한 가처분취소신청 사건에 있어서는 피보전권리의 존부 및 보전의 필요 유무, 즉 가처분의 당부는 심판의 대상이 되지 아니하고 오직 가처분 취소사유인 특별사정의 유무를 판단하여야 할 것이며 다만 가처분의 당부는 특별사정의 채부에 관한 하나의 자료에 지나지 않는다. 여기서 "특별한 사정이 있는 때"라 함은 가처분에 의하여 보전되는 권리가 금전보상으로 그 종국의 목적을 달할 수 있다는 사정이 있거나 또는 가처분 집행으로 가처분 채무자가 특히 현저한 손해를 받고 있다는 사정이 있는 경우를 가리킨다(대판 1987.1.20. 86다카1547).

답 ❹

167 다음 설명 중 가장 옳지 않은 것은? 2025년

① 본안소송에서 소의 취하 또는 취하간주가 있다 하여도 재소금지에 해당하지 아니하는 이상 보전의 사를 포기하였다고 볼 수 있는 경우가 아니면 보전처분의 취소 사유인 사정변경으로 볼 수 없다.

② 본안의 제소명령을 받은 가압류채권자가 가압류의 피보전채권 중 일부 채권액에 대하여만 제소명령에 정해진 기간 내에 본안의 소를 제기하고 나머지 채권액에 대하여는 그 기간이 지난 뒤에 청구취지 확장의 방법으로 본안의 소를 추가로 제기한 경우, 위 청구취지의 확장 부분에 대한 가압류명령을 취소하여야 한다.

③ 제소명령 불이행을 이유로 한 보전처분취소결정은 민사집행법 제15조의 '집행절차에 관한 집행법원의 재판'에 해당한다고 볼 수 없으므로 그에 대한 즉시항고에 관해서는 민사소송법상 즉시항고에 관한 규정이 적용된다.

④ 집행증서와 같이 소송절차 밖에서 채무자의 협력을 얻어 집행권원을 취득한 경우는 가압류채권자가 채권의 실현 내지 회수의사가 명백하고 가압류의 피보전권리와 청구기초의 동일성이 인정된다 하더라도 가압류 집행 후 3년 내에 본안의 소를 따로 제기하지 아니하였다면 가압류취소사유에 해당한다.

⑤ 보전집행 후 3년간 본안의 소가 제기되지 아니하였다고 하여 보전처분취소결정 없이도 보전처분의 효력이 당연히 소멸되거나, 보전처분취소결정이 확정된 때에 보전집행 시로부터 3년이 경과된 시점에 소급하여 보전처분의 효력을 소멸하게 하는 것은 아니다.

[❶ ▸ ○] 본안소송에서 소의 취하 또는 취하간주가 있다 하여도 재소금지에 해당하지 아니하는 이상, (본안에 대한 종국판결이 있기 전이라면 피보전권리에 영향을 주는 것이 아니어서 다시 같은 소송을 제기할 수도 있으므로) 보전의사를 포기하였다고 볼 수 있는 경우가 아니면 그 자체만으로는 사정변경사유로 볼 수 없다(대판 1992.6.26. 92다9449, 대판[전합] 1998.5.21. 97다47637).

[❷ ▸ ○] 민사집행법 제287조에 규정된 본안의 소의 부제기 등에 의한 가압류취소는 채권자에게 본안의 소를 제기할 것을 명하고, 채권자가 본안의 소를 제기하였다는 등을 증명하는 서류를 일정한 기간 이내에 제출하지 아니한 때에 가압류명령을 취소하는 제도로서, 제소명령에 정하여진 기간 이내에 본안의 소를 제기하지 아니하거나 본안의 소가 계속되고 있지 아니한 때는 물론이고, 정하여진 기간 이내에 본안의 소가 제기되었거나 이미 소를 제기하여 계속되고 있었음에도 불구하고 채권자가 그러한 사실을 증명하는 서류를 기간 이내에 법원에 제출하지 아니한 경우에도 법원은 가압류명령을 취소하여야 하며, 이러한 법리는 가압류의 피보전채권 중 일부 채권액에 대해서만 정하여진 기간 이내에 본안의 소를 제기하고 나머지 채권액에 대하여는 그 기간이 지난 뒤에 청구 취지 확장의 방법으로 본안의 소를 추가로 제기한 경우에도 마찬가지로 적용이 된다(대결 2008.7.10. 2008마260). ☞ 따라서 위 청구취지의 확장 부분에 대한 가압류명령을 취소하여야 한다.

[❸ ▸ ○] 보전처분에 대한 제소명령절차는 집행에 관한 절차가 아니므로, 제소명령 불이행을 이유로 한 보전처분 취소결정은 민사집행법 제15조의 '집행절차에 관한 집행법원의 재판'에 해당한다고 볼 수는 없고, 따라서 그에 대한 즉시항고에 관해서는 민사집행법 제15조가 아니라 민사소송법상 즉시항고에 관한 규정이 적용된다고 할 것이다(대결 2006.9.28. 2006마829).

[❹ ▸ ✕] 민사집행법 제288조 제1항 제3호에서 정한 가압류취소 사유를 반드시 본안의 소를 제기하여 확정판결이라는 집행권원을 취득하는 경우로 한정할 이유가 없고, 이와 더불어 집행력이 있는 집행권원에 집행문을 부여받으면 가압류가 본압류로 이행될 수 있고, 또한 이를 가지고 가압류의 목적이 된 부동산이 매각되는 등의 절차에 따라 공탁된 가압류채권자에 대한 배당금에 대하여 지급위탁을 받아 그 배당금을 출급할 수 있다는 점까지 보태어 보면, 소송과정에서 확정판결과 같은 효력이 있는 조정이나 재판상 화해가 성립하는 경우뿐만 아니라 집행증서와 같이 소송절차 밖에서 채무자의 협력을 얻어 집행권원을 취득하는 경우에도 가압류채권자가 채권의 실현 내지 회수의사를 가졌음이 명백하다면 가압류집행 후 3년 내에 본안의 소를 따로 제기하지 아니하였더라도 제3호에서 정한 가압류취소 사유에 해당한다고 할 수 없다. 다만 이 경우 집행권원은 가압류의 본안에 관한 것이어야 하므로, 집행권원에 표시된 권리는 가압류의 피보전권리와 청구기초의 동일성이 인정되어야 한다(대결 2016.3.24. 2013마1412).

[❺ ▸ ○] 보전(처분)집행 후 3년간 본안의 소가 제기되지 아니하였다고 하여 보전처분취소결정 없이도 보전처분의 효력이 당연히 소멸되거나, 보전처분취소결정이 확정된 때에 보전(처분)집행 시로부터 3년이 경과된 시점에 소급하여 보전처분의 효력을 소멸하게 하는 것은 아니다(대판 2008.2.14. 2007다17222 참조).

답 ❹

MEMO

늘 명심하라.
성공하겠다는 너 자신의 결심이
다른 어떤 것보다 중요하다는 것을

- 에이브러햄 링컨 -

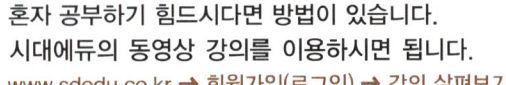

9.88%

*2025년 법무사 1차 합격률

CBT 모의고사로 최종 합격 점검!

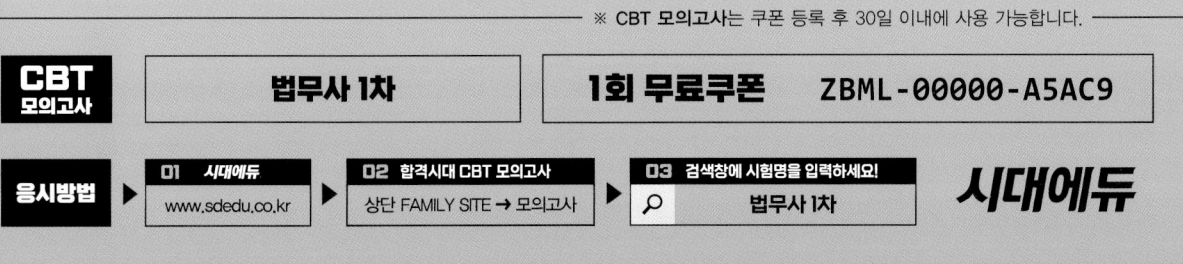

법무사

민사집행법 · 상업등기법 및 비송사건절차법

[1권] 민사집행법

법무사 1차 시험 대비 시리즈

1. 헌법 + 상법
2. 민법 + 가족관계의 등록 등에 관한 법률
3. **민사집행법 + 상업등기법 및 비송사건절차법**
4. 부동산등기법 + 공탁법
5. 5개년 기출문제해설
6. 전과목 주요 최신판례 한권으로 끝내기

시대에듀

발행일 2025년 12월 30일 | **발행인** 박영일 | **책임편집** 이해욱

편저 박종화 · 시대법학연구소 | **발행처** (주)시대고시기획

등록번호 제10-1521호 | **대표전화** 1600-3600 | **팩스** (02)701-8823

주소 서울시 마포구 큰우물로 75 [도화동 538 성지B/D] 9F

학습문의 www.sdedu.co.kr

2026 개정판

법무사

민사집행법 · 상업등기법 및 비송사건절차법

저 | 박종화 · 시대법학연구소

[2권] 상업등기법 및 비송사건절차법

名將名品

과목별 핵심이론 + 최근 3년간 기출문제 한권으로 정리

최신 법령 · 예규 · 판례 · 선례 및 실무제요 반영

핵심이론에 최근 10년간 기출쟁점 표시

유료 동영상 강의
www.sdedu.co.kr

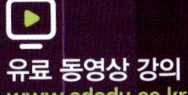

CBT 모의고사
1회 무료쿠폰 제공

시대에듀

법무사

민사집행법 · 상업등기법 및 비송사건절차법

[2권] 상업등기법 및 비송사건절차법

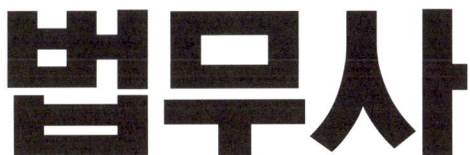

이 책의 차례

▌2권 상업등기법 및 비송사건절차법 ▌

제1편　상업등기법

CONTENTS

PART

01

상업등기법

CHAPTER 01 총론

제1절 서설

I 개설

1. 상업등기의 의의

① 상업등기란 상법 또는 다른 법령에 따라 상인 또는 합자조합에 관한 일정한 사항을 등기부에 기록하는 것 또는 그 기록 자체를 말한다(제2조 제1호).

　㉠ 상업등기는 '상인 또는 합자조합'에 관한 '일정한 사항'을 그 대상으로 한다.

　　㉮ 상인 또는 합자조합에 관한 등기인 이상 상법에 규정된 등기에 한하지 않는다. 따라서 「채무자 회생 및 파산에 관한 법률」에 의하여 회사의 본점 및 지점 소재지에서 하는 회생절차개시결정의 등기, 파산선고의 등기 등도 상업등기에 속한다(상업등기실무 1).

　　㉯ 그러나 민법에 의하여 설립된 사단법인·재단법인, 사립학교법에 의하여 설립된 학교법인, 의료법에 의하여 설립된 의료법인 등은 '상인 또는 합자조합'이 아니므로 이들에 관한 등기는 상업등기라고 할 수 없다(상업등기실무 1).

　　㉰ 합자조합에 관한 등기를 제외한 상업등기는 권리의무의 주체에 관한 등기인 점에서 권리·의무의 객체에 관한 등기인 부동산등기와 다르다. 선박등기도 상법의 규정에 의한 등기이긴 하나(상법 제743조, 선박법 제8조), 부동산등기와 같이 권리·의무의 객체에 관한 등기이므로 상업등기라고 할 수 없다(상업등기실무 1).

　　㉱ 상인 또는 합자조합에 관한 모든 사항이 상업등기의 대상이 되는 것은 아니고 상법 등 법령에서 개별적으로 '등기사항으로 정한 것'만 상업등기의 대상이 된다(상업등기실무 1).

　㉡ 상업등기는 '등기관'이라는 국가기관에 의하여 이루어진다.

② 상업등기에 관한 규정은 '소상인'에게 적용하지 아니한다(상법 제9조). '소상인'이란 자본금액이 1천만원에 미치지 못하는 상인으로서 회사가 아닌 자를 말한다(상법 시행령 제2조). **기출** 18

2. 상업등기에 관한 법규

상업등기에 관한 법규로는 등기사항, 등기기간, 등기의 효력, 등기절차 등을 정한 실체법과 절차법이 있다. 상법, 「채무자 회생 및 파산에 관한 법률」, 「자본시장과 금융투자업에 관한 법률」 등은 실체법에 해당하고, 상업등기법, 상업등기규칙 등은 절차법에 해당한다(상업등기실무 1).

3. 용어의 정의

상업등기법 제2조(정의)

이 법에서 사용하는 용어의 뜻은 다음과 같다.

1. "상업등기"란 상법 또는 다른 법령에 따라 상인 또는 합자조합에 관한 일정한 사항을 등기부에 기록하는 것 또는 그 기록 자체를 말한다.
2. "등기부"란 전산정보처리조직에 의하여 입력·처리된 등기정보자료를 대법원규칙으로 정하는 바에 따라 편성한 것을 말한다.
3. "등기부부본자료"(登記簿副本資料)란 등기부와 동일한 내용으로 보조기억장치에 기록된 자료를 말한다.
4. "등기기록"이란 하나의 회사·합자조합·상호, 한 사람의 미성년자·법정대리인·지배인에 관한 등기정보자료를 말한다. **기출** 08

4. 상업등기의 분류

① 등기부의 종류에 의한 분류

상업등기법 제11조(등기부의 종류 등) **기출** 11·08

① 등기소에서 편성하여 관리하는 등기부는 다음 각 호와 같다.

1. 상호등기부
2. 미성년자등기부
3. 법정대리인등기부
4. 지배인등기부
5. 합자조합등기부
6. 합명회사등기부
7. 합자회사등기부
8. 유한책임회사등기부
9. 주식회사등기부
10. 유한회사등기부
11. 외국회사등기부

② 등기의 목적에 의한 분류

㉠ 기입등기 : 기입등기란 등기원인에 의하여 등기사항을 등기부에 새롭게 기입하는 등기를 말한다. 개인상인의 지배인선임의 등기, 회사의 설립등기, 이사의 취임등기, 회사의 해산등기, 청산인선임등기 등이 이에 해당한다(상업등기실무 1).

㉡ 변경등기 : 변경등기란 어떤 등기가 행하여진 후에 그 등기된 사항에 대하여 후발적 변경사유가 있는 경우 그 등기의 일부를 변경하는 등기를 말한다(협의의 변경등기). 넓은 의미의 변경등기는 협의의 변경등기에 등기 시에 착오나 빠진 것이 있어 이미 경료된 등기가 실체관계에 부합하지 아니한 경우에 이를 시정하는 등기(경정등기)를 포함하는 개념이다(상업등기실무 1). 통상 변경등기는 협의의 변경등기만을 의미한다(상법 제40조, 제183조, 제317조 제4항 등).

ⓒ 말소등기 : 말소등기란 등기된 사항을 말소할 목적으로 하는 등기를 말한다. 말소등기의 대상에는 일단 적법하게 성립한 실체관계가 나중에 소멸된 경우(예 임기만료 또는 사임으로 인하여 퇴임한 주식회사 임원의 퇴임등기, 이사 또는 대표이사의 선임에 따른 일시이사 또는 일시대표이사의 말소등기)와 처음부터 실체관계에 부합하지 아니하는 부적법한 경우(예 상업등기법 제77조부터 제80조까지의 규정에 따른 말소등기)가 있다(상업등기실무 1).

ⓔ 회복등기 : 회복등기에는 등기부의 전부 또는 일부가 멸실된 경우에 그 등기를 회복하기 위한 멸실회복등기(규칙 제17조 참조)와 등기사항의 변경 또는 말소로 인하여 말소된 등기사항을 회복하기 위한 말소회복등기가 있다(규칙 제170조 제1항 등).

Ⅱ 등기사항

1. 등기사항의 의의

① 등기사항이란 상법, 상업등기법 등 법령에 의하여 상업등기부에 등기하도록 정하여진 사항을 말한다. 즉 공시할 필요가 있다고 해서 무조건 등기할 수 있는 것은 아니고 법령에 의하여 등기할 수 있는 사항으로 규정된 것만 등기할 수 있다(상업등기실무 1). **기출 23**

② 법령에서 등기사항으로 정해지지 않은 것을 임의로 등기부에 기록하는 행위나 그 기록된 것은 상업등기라고 할 수 없으며, 그에 대해서는 상법 등 법령에서 정하는 등기의 효력이 발생하지 않는다(상법 제37조 등).

2. 절대적 등기사항과 상대적 등기사항

① 등기사항에는 법령에서 등기할 것이 강제되어 있어서 반드시 등기하여야 하는 절대적 등기사항과 당사자의 의사에 의하여 등기할 것인지를 결정할 수 있는 상대적 등기사항이 있다.

② 등기사항은 대부분 절대적 등기사항이지만 개인상인의 상호의 등기(상법 제22조), 상호를 속용하는 영업양수인의 면책등기(상법 제42조 제2항 전문) 등은 상대적 등기사항이다.

③ 그러나 상대적 등기사항이라 하더라도 일단 등기를 한 후에는 그 변경 또는 소멸의 등기는 절대적 등기사항이 된다(상법 제40조). **기출 24**

3. 상법에 따른 등기사항과 특례법에 따른 등기사항

① 상법에 따른 등기사항

ⓐ 상법은 회사의 본점 소재지에서 등기할 사항에 관한 규정(상법 제35조)을 두면서도 합명회사, 합자회사, 유한책임회사, 주식회사, 유한회사의 본점의 등기사항과 지점의 등기사항을 별도로 정하고 있다.

ⓑ 특히 지배인에 관해서는 "상인은 지배인의 선임과 그 대리권의 소멸에 관하여 영업소(회사의 경우 본점을 말한다)의 소재지에서 등기하여야 한다"고 규정하고 있다(상법 제13조).

② 특례법에 따른 등기사항

    ㉠ 이 법은 법인(특별법에 따라 설립된 법인, 상사법인 및 민법법인을 말한다. 이하 같다)의 등기사항 및 등기절차에 관한 특례를 규정하는 것을 목적으로 한다(법인의 등기사항 등에 관한 특례법 제1조).

    ㉡ 법인의 임원을 등기할 때에는 <u>주민등록번호를 적어야 한다</u>. 다만, <u>대표권이 없는 임원을 등기할 때에는 주소를 적지 아니한다</u>(법인의 등기사항 등에 관한 특례법 제2조). 법인의 임원·사원·업무집행자·청산인의 등기를 함에 있어서 그 임원·사원·업무집행자·청산인이 주민등록번호가 없는 <u>재외국민 또는 외국인</u>인 경우에는 <u>외국인등록번호·국내거소신고번호 또는 생년월일을 등기하여야 한다</u>(법인 등의 등기사항 등에 관한 특례규칙 제2조). **기출** 14

    ㉢ 법인이 분사무소(分事務所)나 지점을 설치한 경우에는 <u>주사무소(主事務所)나 본점의 소재지에서 분사무소나 지점의 소재지와 설치 연월일, 신청서에 분사무소 또는 지점의 명칭을 기재하는 경우 그 명칭을 등기하여야 한다</u>(법인의 등기사항 등에 관한 특례법 제2조, 법인 등의 등기사항 등에 관한 특례규칙 제3조).

    ㉣ 법인이 주사무소나 본점을 이전한 경우에는 종전 소재지 또는 새 소재지에서 새 소재지와 이전 연월일을 등기하여야 한다(법인의 등기사항 등에 관한 특례법 제3조의2 제1항).

    ㉤ 법인이 분사무소나 지점을 이전한 경우에는 주사무소나 본점의 소재지에서 새 소재지와 이전 연월일을 등기하여야 한다(법인의 등기사항 등에 관한 특례법 제3조의2 제2항).

③ 외국회사 영업소의 등기사항

    ㉠ 외국회사가 영업소를 설치하는 경우에는 그 <u>설치일부터 3주일 내</u>에 영업소의 소재지에서 다음 각 호의 사항[목적, 상호, 회사를 대표할 자의 성명·주소 및 주민등록번호(외국인인 경우 외국인등록번호로 하되, 외국인등록번호가 없는 경우에는 생년월일로 한다), 공동으로 회사를 대표할 것을 정한 때에는 그 규정, 본점의 소재지, 영업소의 소재지(다른 영업소의 소재지는 제외한다), 회사의 존립기간 내지 해산사유를 정한 때에는 그 기간 또는 사유, 대한민국에서의 같은 종류의 회사 또는 가장 비슷한 회사가 주식회사인 경우에는 본국에서의 공고방법 및 제616조의2에 따른 대한민국에서의 공고방법]을 <u>등기하여야</u> 한다(상법 제614조 제2항).

    ㉡ 그 등기에서는 <u>회사설립의 준거법과 대한민국에서의 대표자의 성명·주소 및 주민등록번호</u>(외국인인 경우 외국인등록번호로 하되, 외국인등록번호가 없는 경우에는 생년월일로 한다)가 포함되어야 한다(상법 제614조 제3항).

Ⅲ 등기의 효력

1. 일반적 효력

> **상법 제37조(등기의 효력)** **기출** 24·18·14
> ① 등기할 사항은 이를 등기하지 아니하면 <u>선의의 제3자</u>에게 대항하지 못한다.
> ② 등기한 후라도 제3자가 정당한 사유로 인하여 이를 알지 못한 때에는 제1항과 같다.

① 등기 전의 효력

    ㉠ 등기할 사항은 이를 등기하지 아니하면 <u>선의의 제3자에게 대항하지 못한다</u>(상법 제37조 제1항). 등기할 사항을 등기하지 아니하더라도 악의의 제3자에게는 대항할 수 있다. **기출** 14

    ㉡ 여기에서 '등기할 사항'이란 절대적 등기사항 외에 상대적 등기사항을 포함하고, <u>'선의'란 거래 당시에 '등기할 사항의 존재'를 알지 못한 것</u>을 말하며, '제3자'란 당사자 이외의 자로서 거래의 상대방을 비롯하여 등기사항에 관하여 정당한 이해관계를 갖는 자를 말하고, '대항하지 못한다'는 것은 당사자가 선의의 제3자에 대하여 등기할 사항의 내용인 사실을 주장할 수 없다는 것을 의미한다(상업등기실무 1).

    ㉢ 예를 들면, 주주총회 결의에 의하여 이사를 해임하였어도 그 해임등기를 하지 않고 있는 동안에는 해임된 사실을 알지 못하는 선의의 제3자에 대해 회사는 그 이사의 해임사실을 주장할 수 없다(상업등기실무 1). **기출** 17

② 등기 후의 효력

    ㉠ 등기할 사항을 등기한 후에는 선의의 제3자에게도 대항할 수 있다(상법 제37조 제1항의 반대해석).

    ㉡ 그러나 <u>등기할 사항을 등기한 후라도 제3자가 정당한 사유로 이를 알지 못한 때에는 당사자는 그 등기사항으로써 제3자에게 대항하지 못한다</u>(상법 제37조 제2항). **기출** 24 · 18

    ㉢ 여기에서 '정당한 사유'는 엄격하게 해석하여야 한다. 따라서 천재지변 등으로 공공시설을 이용할 수 없어서 등기를 알 수 없는 것과 같은 객관적 장애가 생긴 경우는 '정당한 사유'에 해당하지만, 당사자의 장기여행이나 질병 등 주관적 · 개인적 사유는 '정당한 사유'에 해당하지 않는다(상업등기실무 1).

    ㉣ 정당한 사유로 인하여 알지 못했다는 것은 이를 주장하는 제3자가 증명하여야 한다.

2. 특수한 효력

① 창설적 효력

    ㉠ 등기가 일정한 법률효과 발생의 요건이 되는 경우가 있는데, 이러한 등기의 효력을 창설적 효력이라고 한다(대판 2009.4.9. 2007두26629).

    ㉡ 상법상 등기 중 <u>회사의 설립등기</u>(상법 제172조), <u>회사의 합병등기</u>(상법 제234조), <u>주식회사의 분할등기 · 분할합병의 등기</u>(상법 제530조의11, 제234조) 및 <u>유한회사의 자본금 증가의 등기</u>(상법 제592조) 등의 경우에 <u>창설적 효력이 인정된다.</u> **기출** 20 · 18

    ㉢ 즉 회사의 설립등기, 회사의 합병등기, 주식회사의 분할 또는 분할합병의 등기, 유한회사의 자본금 증가의 각 등기를 완료한 때에는 회사의 설립(상법 제172조), 합병(상법 제234조, 제269조, 제530조 제2항, 제603조), 분할 또는 분할합병(상법 제530조의11, 제234조), 자본금 증가(상법 제592조)의 각 효력이 발생한다. **기출** 17

② 대항력

    ㉠ 일반적으로 등기할 사항은 등기의 유무와 관계없이 악의의 제3자에게 대항할 수 있지만, 등기함으로써 원래 존재하던 대항력이 선의의 제3자에게도 미치게 된다(상법 제37조 제1항).

    ㉡ 그러나 <u>등기사항 중 일부는 그 등기를 하여야만 일정한 법률효과를 제3자에게 주장할 수 있도록 하고 있는데, 이를 상업등기의 대항력이라 한다.</u>

    ㉢ 예를 들면, <u>상호의 양도는 등기하지 아니하면 제3자(선의 · 악의를 불문)에게 대항하지 못한다</u>(상법 제25조 제2항). **기출** 17

③ 면책적 효력
  ⊙ 상업등기가 일정한 책임을 면제하는 기초가 되는 경우가 있는데, 이를 면책적 효력이라 한다.
  ⓒ 예를 들면, 합명회사와 합자회사의 사원은 퇴사등기를 한 때로부터 2년이 경과하면 퇴사 전에 발생한 회사의 채무에 대해서 책임을 면하게 되고(상법 제225조, 제269조), 영업양수인이 양도인의 상호를 속용하는 경우에도 영업양도 후 지체 없이 양수인이 양도인의 채무에 관해 책임을 지지 않는다는 뜻의 등기를 한 때에는 양도인의 영업으로 인한 제3자의 채권에 대하여 양수인은 변제할 책임을 면하게 되는데(상법 제42조 제2항), 이러한 등기에 인정되는 효력을 면책적 효력이라고 한다. `기출` 14·17
④ **상호등기의 배타적 효력** : 상호의 등기 또는 상호의 가등기를 하면 그 등기에 동일한 특별시·광역시·시·군에서 동종 영업을 목적으로 동일 상호를 등기하는 것을 막는 상호독점력이 부여되는데(상법 제22조 및 제22조의2 제4항), 이를 상호등기의 배타적 효력이라 한다. `기출` 17

3. 공신력의 부인과 부실등기의 효력
① **공신력의 부인**
  ⊙ 상업등기에는 공신력이 인정되지 아니하므로 객관적 사실과 다른 내용이 등기되더라도 그 등기사항을 믿고 거래한 제3자는 보호받지 못한다. `기출` 24
  ⓒ 대법원 판례도 상업등기의 공신력을 부정한다(대판 1996.10.29. 96다19321).

> 회사등기에는 공신력이 인정되지 아니하므로, 합자회사의 사원 지분등기가 불실등기인 경우 그 불실등기를 믿고 합자회사 사원의 지분을 양수하였다 하여 그 지분을 양수한 것으로는 될 수 없다(대판 1996.10.29. 96다19321).

② **부실등기의 효력**
  ⊙ 상법은 "고의 또는 과실로 인하여 사실과 상위한 사항을 등기한 자는 그 상위를 선의의 제3자에게 대항하지 못한다(상법 제39조)."고 하여 등기신청인에게 귀책사유가 있는 부실등기에 대해서는 그 등기를 신뢰한 제3자를 보호하고 있는데, 이를 부실등기의 효력이라 한다.
  ⓒ 부실등기의 효력은 독일법상의 외관이론 내지 영미법상의 금반언의 법리에 기초한 것이다.
  ⓒ 판 례

> • 등기신청권자에 대하여 상법 제39조에 의한 불실등기(不實登記) 책임을 묻기 위하여는 원칙적으로 그 등기가 등기신청권자에 의하여 마쳐진 것임을 요하지만, 등기신청권자가 스스로 등기를 하지 아니하였다 하더라도 그 등기가 이루어지는 데 관여하거나 그 불실등기의 존재를 알고 있음에도 이를 시정하지 않고 방치하는 등 등기신청권자의 고의 또는 과실로 불실등기를 한 것과 동일시할 수 있는 특별한 사정이 있는 경우에는 그 등기신청권자에 대하여 상법 제39조에 의한 불실등기 책임을 물을 수 있다(대판 2008.7.24. 2006다24100).
> • 이사 선임의 주주총회결의에 대한 취소판결이 확정되어 그 결의가 소급하여 무효가 된다고 하더라도 그 선임 결의가 취소되는 대표이사와 거래한 상대방은 상법 제39조의 적용 내지 유추적용에 의하여 보호될 수 있으며, 주식회사의 법인등기의 경우 회사는 대표자를 통하여 등기를 신청하지만 등기신청권자는 회사 자체이므로 취소되는 주주총회결의에 의하여 이사로 선임된 대표이사가 마친 이사 선임 등기는 상법 제39조의 부실등기에 해당한다(대판 2004.2.27. 2002다19797). `기출` 14

4. 추정력

① 사실상 추정력

　㉠ 상업등기에는 등기된 사항이 진실하다는 사실상의 추정력은 있으나 법률상의 추정력은 인정하지 않는 것이 원칙이다.

　㉡ 예를 들어, 등기부에 대표이사로 등재된 자는 반증이 없으면 정당한 절차에 의하여 선임된 대표이사로 추정을 받으며, 법인등기부에 이사 또는 감사로 등기되어 있는 경우에는 특단의 사정이 없는 한 정당한 절차에 의하여 선임된 적법한 이사 또는 감사로 추정된다(대판 1983.12.27. 83다카331; 대판 1991.12.27. 91다4409 참조).

② 법률상 추정력 : 다만, 예외적으로 동일한 특별시·광역시·시·군에서 동종 영업으로 타인이 등기한 상호를 사용하는 자는, 부정한 목적으로 사용하는 것으로 추정한다고 하여(상법 제23조 제4항 참조), 입증책임을 전환시키는 법률상의 추정력을 인정하는 경우가 있다(대판 2004.3.26. 2001다72081 참조). `기출` 24·18

5. 등기의 효력발생시기

> **상업등기법 제3조(등기신청의 접수시기 및 등기의 효력발생시기)** `기출` 19
> ① 상업등기(이하 "등기"라 한다)의 신청은 대법원규칙으로 정하는 등기신청정보가 전산정보처리조직에 저장된 때 접수된 것으로 본다.
> ② 제8조 제1항에 따른 등기관이 등기를 마친 경우 그 등기는 접수한 때부터 효력을 발생한다.

> 등기관이 등기를 마친 경우 그 등기는 접수한 때부터 효력을 발생하므로, 2010.4.29. 상호변경등기신청을 접수하여 등기관이 2010.5.6.에 등기를 마친 경우에 그 등기의 효력은 2010.4.29.부터 발생한다(상업등기선례 제2-19호).
> `기출` 20·16

제2절　등기기관과 등기에 관한 장부

I　등기소와 등기관

1. 등기소

> **상업등기법 제4조(관할 등기소)**
> ① 등기사무는 등기 당사자의 영업소(회사의 경우에는 본점을 말한다) 소재지를 관할하는 등기사무를 담당하는 지방법원 또는 그 지원 또는 등기소(이하 "등기소"라 한다)에서 담당한다.
> ② 제1항에도 불구하고 이 법 또는 대법원규칙으로 특별히 정하는 경우에는 등기신청을 접수한 등기소가 다른 등기소의 관할에 속하는 등기사무를 처리할 수 있다.
> [2024.9.20. 일부개정, 시행 2025.1.31.]

상업등기법 제5조(관할사무의 위임)

대법원장은 어느 등기소의 관할에 속하는 사무를 다른 등기소에 위임하게 할 수 있다.

상업등기법 제6조(관할변경에 따른 조치)

행정구역의 변경 등으로 인하여 어느 등기소의 관할구역의 전부 또는 일부가 다른 등기소의 관할로 바뀌었을 때에는 종전의 관할 등기소는 대법원규칙으로 정하는 바에 따라 등기기록의 처리권한을 다른 등기소로 넘겨주는 조치를 하여야 한다.

상업등기법 제7조(등기사무의 정지 등)

① 대법원장은 다음 각 호의 어느 하나에 해당하는 경우로서 등기소에서 정상적인 등기사무의 처리가 어려운 경우에는 기간을 정하여 등기사무의 정지를 명령하거나 대법원규칙으로 정하는 바에 따라 등기사무의 처리를 위하여 필요한 처분을 명령할 수 있다.

    1. 「재난 및 안전관리 기본법」 제3조 제1호의 재난이 발생한 경우

    2. 정전 또는 정보통신망의 장애가 발생한 경우

    3. 그 밖에 제1호 또는 제2호에 준하는 사유가 발생한 경우

② 대법원장은 대법원규칙으로 정하는 바에 따라 제1항의 정지명령에 관한 권한을 법원행정처장에게, 제1항의 처분명령에 관한 권한을 법원행정처장 또는 지방법원장에게 위임할 수 있다.

[2024.9.20. 일부개정, 시행 2025.1.31.]

① 등기사무를 담당하는 국가기관을 '등기소'라고 한다.

② 등기사무는 법원이 관장하며(법원조직법 제2조 제3항), 구체적으로는 지방법원과 소속 지원이 관할구역 내의 등기사무를 관장한다(법원조직법 제29조 제3항, 제31조 제4항).

③ 지방법원(지원)은 등기사무의 일부를 처리하게 하기 위하여 그 관할구역 안에 등기소를 둘 수 있다(법원조직법 제3조 제2항). 따라서 등기소라는 명칭을 가진 관서뿐만 아니라 등기사무를 담당하는 지방법원 등기국이나 등기과 및 지원의 등기과(계)도 하나의 등기소가 된다(제4조).

④ 등기소 관할의 확대 : 2024.9.20. 개정 상업등기법에서는 이 법 또는 대법원규칙으로 특별히 정하는 경우에는 등기신청을 접수한 등기소가 다른 등기소의 관할에 속하는 등기사무를 처리할 수 있도록 하였다(제4조 제2항).

2. 등기관

① **의의** : 등기관은 지방법원장(등기소 사무를 지원장이 관장하는 경우에는 지원장을 말한다)의 지정을 받아 등기소에서 등기사무를 처리하는 사람을 말한다(제8조 제1항).

② **등기관의 지정** : 등기관은 법원서기관·등기사무관·등기주사 또는 등기주사보(법원사무관·법원주사 또는 법원주사보 중 2001년 12월 31일 이전에 시행한 채용시험에 합격하여 임용된 사람을 포함한다) 중에서 지방법원장이 지정한다(제8조 제1항).

③ **등기관의 권한과 책임**

    ㉠ 등기관은 구체적인 등기사무 처리에 관한 한 독립적인 직무권한을 갖는다.

    ㉡ 등기관이 직무를 행함에 있어 고의 또는 과실로 법령에 위반하여 타인에게 손해를 가한 경우에는 국가가 사용자로서 손해배상책임을 지고 등기관에게 고의 또는 중대한 과실이 있는 때에는 국가는 등기관에게 구상할 수 있다(국가배상법 제2조).

    ㉢ 등기관의 책임과 관련하여 등기관이 가지는 주의의무는 등기신청서류와 등기부에 의하여 등기요건에 합당한지 여부를 심사할 형식적 심사권에 따른 통상의 주의의무이다(대판 1989.3.28. 87다카2470).

④ 등기관의 등기사무의 처리 및 그 제한
 ㉠ 등기사무의 처리 : 등기관은 등기사무를 전산정보처리조직을 이용하여 등기부에 등기사항을 기록하는 방식으로 처리하여야 한다. 등기관은 접수번호의 순서에 따라 등기사무를 처리하여야 한다. 등기관이 등기사무를 처리하였을 때에는 등기사무를 처리한 등기관이 누구인지 알 수 있는 조치를 하여야 한다(제8조 제2항·제3항·제4항).
 ㉡ 등기관의 업무처리의 제한 : 등기관은 자신, 배우자 또는 4촌 이내의 친족(이하 "배우자등"이라 한다)이 등기를 신청하였을 때에는 성년자로서 등기관의 배우자등이 아닌 사람 2명 이상의 참여가 없으면 등기를 할 수 없다. 배우자등의 관계가 끝난 후에도 같다. 이 경우 등기관은 조서를 작성하여 그 등기에 참여한 사람과 같이 기명날인 또는 서명을 하여야 한다(제9조 제1항·제2항).

Ⅱ 등기부와 인감부

1. 등기부의 종류와 보존
① 등기부란 전산정보처리조직에 의하여 입력·처리된 등기정보자료를 대법원규칙으로 정하는 바에 따라 편성한 것을 말한다(제2조 제2호).
② 등기소에서 편성하여 관리하는 등기부에는 상호등기부, 미성년자등기부, 법정대리인등기부, 지배인등기부, 합자조합등기부, 합명회사등기부, 합자회사등기부, 유한책임회사등기부, 주식회사등기부, 유한회사등기부, 외국회사등기부 총 11개가 있다(제11조 제1항). 기출 11·08

2. 등기기록의 편성
① 등기기록이란 하나의 회사·합자조합·상호, 한 사람의 미성년자·법정대리인·지배인에 관한 등기정보자료를 말한다(제2조 제4호). 기출 08
② 등기기록은 그 종류에 따라 전산정보처리조직에 의하여 별지 제1호부터 제9호까지 양식의 각 란에 기록한 등기정보로 편성한다. 다만, 외국회사 등기기록은 대한민국에서 설립되는 같은 종류 또는 가장 비슷한 회사의 등기기록의 예에 의하여 편성한다(규칙 제13조 제1항). 기출 11

3. 등기기록의 폐쇄와 부활
① 의 의
 ㉠ 등기기록의 폐쇄란 등기기록에 관하여 그 등기소에서는 등기하지 않는 상태로 된 경우 또는 사실상 그러한 상태에 이르렀다고 추정되는 경우 그 사유와 등기기록을 폐쇄한다는 뜻을 기록하는 것을 말한다. 이와 같은 사유로 등기기록이 폐쇄되면 이를 부활하지 않는 한, 그 등기기록에는 어떤 사항도 등기할 수 없게 된다(규칙 제58조 제1항·제2항 참조).
 ㉡ 등기기록의 폐쇄와 부활은 당사자의 신청에 의하여 하는 것이 아니라 등기관이 직권으로 한다.
 ㉢ 즉 당사자가 관할 외 본점이전등기, 청산종결의 등기, 합병으로 인한 해산등기 등을 신청하면 등기관이 그 등기를 완료함과 동시에 직권으로 해당 등기기록을 폐쇄하고(규칙 제116조 등), 당사자가 청산종결의 등기 등의 말소를 신청하면 그 등기를 완료함과 동시에 상업등기규칙 제58조 제2항에 의하여 해당 등기기록을 부활한다.

② 폐쇄절차 : 등기관이 등기기록을 폐쇄하는 때에는 기타사항란에 그 뜻과 연월일을 기록하여야 한다(규칙 제58조 제1항).

③ 폐쇄등기기록의 부활

   ⊙ 폐쇄한 등기기록에 다시 등기할 필요가 있는 때에는 그 등기기록을 부활하여야 한다. 이 경우 기타사항란에 그 뜻과 연월일을 기록하고 등기기록을 폐쇄한 뜻과 그 연월일의 등기를 말소하여야 한다(규칙 제58조 제2항).

   ⓒ 상업등기법 제19조 또는 제2항에 의하여 등기기록을 폐쇄한 경우에 회사 또는 합자조합이 본점 또는 주된 영업소 소재지 관할 등기소에 청산을 종결하지 아니하였다는 뜻을 신고한 때에는 등기관은 그 등기기록을 부활하여야 한다(규칙 제59조 제1항). 제1항의 신고로 등기기록이 부활된 때부터 5년이 지난 때에는 등기관은 다시 그 등기기록을 폐쇄할 수 있다(규칙 제59조 제2항).

④ 폐쇄등기기록의 보존 등

   ⊙ 폐쇄한 등기기록은 법률(이 법 또는 다른 법률을 말한다)에 다른 규정이 없는 경우에는 보조기억장치에 따로 기록하여 보관한다(제20조 제1항).

   ⓒ 폐쇄한 등기기록은 영구히 보존하여야 한다(제20조 제2항). **기출** 11

   ⓒ 폐쇄등기기록에 대하여도 등기사항의 전부 또는 일부의 열람과 이를 증명하는 서면을 발급한다(제20조 제3항, 제15조).

4. 등기부 등의 관리

① 등기부의 보관 및 보존

   ⊙ 등기부(폐쇄등기부를 포함한다)와 전자문서로 작성된 신청서 기타 부속서류는 중앙관리소(법원행정처에 둔 등기중앙관리소)에서 보관하고 관리한다(규칙 제14조 제1항·제10조 제1항). 등기부부본자료는 전산정보처리조직으로 작성하여 법원행정처장이 지정하는 장소에 보관하여야 한다(규칙 제14조 제2항). **기출** 08

   ⓒ 등기부(부속서류를 포함한다)는 대법원규칙으로 정하는 장소에 보관·관리하여야 하며, 전쟁·천재지변이나 그 밖에 이에 준하는 사태를 피하기 위한 경우 외에는 그 장소 밖으로 옮기지 못한다. 다만, 등기신청서나 그 밖의 부속서류에 대하여 법원의 명령 또는 촉탁이 있거나 법관이 발부한 영장에 의하여 압수되는 경우에는 그러하지 아니하다(제11조 제3항). **기출** 08

   ⓒ 등기부는 영구히 보존하여야 하며, 등기신청서나 그 밖의 부속서류는 대법원규칙으로 정하는 기간 동안 보존하여야 한다(제11조 제2항). 예를 들면, 상업등기신청서 접수장이나 기타 부속서류 편철장은 5년간 보존하여야 한다(규칙 제25조 제1항). **기출** 11

② 등기부 등의 손상방지를 위한 조치 : 등기부 등(인감부를 포함)의 전부 또는 일부가 손상되거나 손상될 우려가 있을 때에는 전산운영책임관은 지체 없이 그 상황을 조사한 후 처리방법을 법원행정처장에게 보고하여야 한다(규칙 제17조 제1항). 등기부 등의 전부 또는 일부가 손상된 경우에 전산운영책임관은 규칙 제14조 제2항의 등기부부본자료에 의하여 그 등기부 등을 복구하여야 한다(규칙 제17조 제2항). 등기부 등을 복구한 경우에 전산운영책임관은 지체 없이 그 경과를 법원행정처장에게 보고하여야 한다(규칙 제17조 제3항). **기출** 08

5. 인감부

① 인감부란 인감과 인감제출자에 관한 정보를 보조기억장치(자기디스크, 자기테이프 그 밖에 이와 비슷한 방법으로 일정한 사항을 기록하고 보관할 수 있는 전자적 정보저장매체)에 기록된 자료를 말한다(제2조 제2호, 규칙 제15조 제1항).

② 인감부는 영구히 보존하여야 한다(규칙 제15조 제2항). **기출** 11

제3절 **등기 등의 공시 및 인감증명**

I **등기사항증명서의 발급**

1. 서 설

> **상업등기법 제15조(등기사항의 열람과 증명)**
> ① 누구든지 수수료를 내고 대법원규칙으로 정하는 바에 따라 등기기록에 기록되어 있는 사항의 전부 또는 일부의 열람과 이를 증명하는 등기사항증명서의 발급을 신청할 수 있다. 다만, 등기기록의 부속서류에 대해서는 이해관계 있는 부분만 열람을 신청할 수 있다. **기출** 20
> ② 제1항에 따른 등기기록의 열람 및 등기사항증명서의 발급 신청은 관할 등기소가 아닌 다른 등기소에서도 할 수 있다. **기출** 22
>
> **상업등기규칙 제26조(열람 및 각종 증명서의 신청방법)**
> ① 등기소를 방문하여 등기기록 또는 신청서 기타 부속서류를 열람하거나 등기사항의 전부 또는 일부에 대한 증명서(이하 "등기사항증명서"라 한다) 또는 등기소에 제출한 인감에 대한 증명서(이하 "인감증명서"라 한다)를 발급받으려는 사람은 신청서를 제출하여야 한다.
> ② 대리인이 신청서 기타 부속서류의 열람 또는 인감증명서의 발급을 신청할 때에는 신청서에 그 권한을 증명하는 서면을 첨부하여야 한다.
> ③ 등기기록 또는 전자문서로 작성된 신청서 기타 부속서류의 열람, 등기사항증명서 또는 인감증명서의 발급신청은 관할 등기소가 아닌 다른 등기소에서도 할 수 있다. **기출** 16

2. 등기사항증명서의 종류 및 내용

> **상업등기규칙 제30조(등기사항증명서의 종류 및 내용)**
> ① 등기사항증명서의 종류는 다음 각 호로 한다.
>   1. 등기사항전부증명서(말소사항 포함)
>   2. 등기사항전부증명서(현재 유효사항)
>   3. 등기사항전부증명서(폐쇄사항)

4. 등기사항일부증명서(말소사항 포함)
5. 등기사항일부증명서(현재 유효사항)
6. 등기사항일부증명서(폐쇄사항)
7. 그 밖에 대법원예규로 정하는 바에 따라 등기기록의 전부 또는 일부를 증명하는 증명서

② 등기사항일부증명서는 대법원예규로 정하는 바에 따라 상호, 법인등록번호 등 해당 등기기록을 특정할 수 있는 사항과 신청인이 청구한 사항을 기록한다. 기출 22

3. 등기사항증명서의 발급방법

① 등기사항증명서를 발급할 때에는 그 종류를 명시하고, 등기기록의 내용과 다름이 없음을 증명하는 내용의 증명문을 부기하며, 발급연월일과 중앙관리소 전산운영책임관의 직명을 적은 후 전자이미지관인을 기록하여야 한다. 이 경우 등기사항증명서가 여러 장으로 이루어진 경우에는 연속성을 확인할 수 있는 조치를 하여 발급하여야 한다(규칙 제31조 제1항).

② 신청인이 지점 또는 지배인에 관한 증명을 따로 청구하지 아니하였을 때에는 이에 관한 기록을 생략하고 등기사항전부증명서를 발급할 수 있다. 기출 22

   ㉠ 신청인이 지점 또는 지배인에 관한 증명을 따로 청구하지 아니하였을 때에는 이에 관한 기록을 생략할 수 있다(규칙 제31조 제2항).

   ㉡ 법인 또는 합자조합에 대한 등기사항전부증명서를 작성함에 있어, 지점(분사무소를 포함) 또는 지배인(대리인을 포함)에 관한 신청이 없는 경우에는 그 기재를 생략하고, 증명문구에 기재를 생략하였다는 뜻을 덧붙여 적는다(등기예규 제1825호 3. 다. 1) (ㄴ)). 기출 16

③ 등기신청이 접수된 등기기록에 관하여는 등기관이 그 등기를 마칠 때까지 등기사항증명서를 발급하지 아니한다. 다만, 그 등기기록에 등기신청사건이 접수되어 처리 중에 있다는 뜻을 등기사항증명서에 표시하여 발급할 수 있다(규칙 제31조 제3항, 등기예규 제1825호 3. 마.). 기출 22·16

④ 무인발급기로는 현재사항 또는 말소사항포함 등기사항전부증명서만 발급하고 등기사항일부증명서는 발급하지 아니한다(등기예규 제1825호 4. 가.).

⑤ 인터넷등기소에 의하여 발급하는 등기사항증명서의 종류는 등기사항전부증명서(말소사항 포함)·등기사항전부증명서(현재 유효사항)·등기사항전부증명서(폐쇄사항)·등기사항일부증명서(말소사항 포함)·등기사항일부증명서(현재 유효사항)·등기사항일부증명서(폐쇄사항)로 한다(등기예규 제1825호 5. 가. 1)). 다만, 모바일 기기에서 사용되는 인터넷등기소 애플리케이션에 의하여 발급하는 전자등기사항증명서의 종류는 등기사항전부증명서(말소사항 포함)·등기사항전부증명서(현재 유효사항)·등기사항전부증명서(폐쇄사항)로 한다(등기예규 제1825호 5. 가. 2)). 기출 25

⑥ 폐쇄된 등기용지상 청산종결등기의 말소등기 신청서가 접수되면 등기관은 폐쇄된 등기용지의 등·초본과 인감에 관한 증명서가 발급되지 않도록 하여야 한다(등기예규 제1829호 제6조 제1항). 이 경우 전자촬영한 이미지에 의한 폐쇄등기부 등·초본도 발급할 수 없다. 기출 25 등기관이 폐쇄된 등기용지를 부활하여 청산종결등기의 말소등기 등을 한 후에도 등기용지가 전산등기부로 개제되기까지는 등기용지의 등·초본과 인감에 관한 증명서를 발급하지 않는다(등기예규 제1829호 제6조 제2항).

⑦ 주민등록번호의 공시 제한 : 등기부에 기록된 임원, 지배인, 상호사용자, 제한능력자, 법정대리인의 주민등록번호 중 뒷부분 7자리 숫자를 가리고(예 : 000000 - *******) 등기사항증명서를 발급하거나 등기기록을 열람하도록 하여 원칙적으로 주민등록번호의 공시를 제한하고 있다(등기예규 제1825호 8.). 기출 25

Ⅱ 등기기록, 등기신청서 기타 부속서류의 열람

> **상업등기법 제15조(등기사항의 열람과 증명)** 기출 24·22·20
> ① 누구든지 수수료를 내고 대법원규칙으로 정하는 바에 따라 등기기록에 기록되어 있는 사항의 전부 또는 일부의 열람과 이를 증명하는 등기사항증명서의 발급을 신청할 수 있다. 다만, 등기기록의 부속서류에 대해서는 이해관계 있는 부분만 열람을 신청할 수 있다.
> ② 제1항에 따른 등기기록의 열람 및 등기사항증명서의 발급 신청은 관할 등기소가 아닌 다른 등기소에서도 할 수 있다.

1. 등기기록의 열람

① 인터넷에 의한 등기기록의 열람 : 인터넷등기소를 통한 등기기록의 열람 및 등기사항증명서 발급도 가능하다(규칙 제33조 제1항 참조). 기출 22

   ㉠ 민원인은 등기기록에 기록되어 있는 내용의 전부 또는 일부를 인터넷을 통하여 볼 수 있고, 등기기록에 기록되어 있는 내용의 전부나 일부를 증명하는 서면을 인터넷을 통하여 발급받을 수 있다(등기예규 제1806호 제2조 제1항 제1호·제2호).

   ㉡ 신청사건이 계류 중인 등기기록을 열람하고자 하는 경우에는 그 사실을 알려 준다(등기예규 제1806호 제8조 제1항).

② 종이 폐쇄등기부와 이미지폐쇄등기부의 열람

   ㉠ 폐쇄등기부를 열람하고자 하는 자는 별지 제4호 양식의 열람신청서를 작성하여 관할 등기소에 제출하여야 한다. 다만 종이 폐쇄등기부를 전자촬영한 이미지에 의한 폐쇄등기부 열람은 관할 등기소 외에 다른 등기소에서도 할 수 있다(등기예규 제1825호 7. 가. 1)). 기출 25

   ㉡ 인터넷등기소를 통한 이미지폐쇄등기부의 열람도 가능하며, 컴퓨터모니터 화면으로 보는 방식 또는 등기사항증명서에 준하는 양식의 서면으로 등기사항을 출력하는 방식으로 할 수 있다. 다만, 이 경우에 등기사항전부증명서(말소사항 포함) 형태의 열람만 가능하며, 출력하는 서면에는 열람용임을 표시하여야 한다(등기예규 제1825호 5. 다. 3)). 그리고 이미지폐쇄등기부의 열람은 주민등록번호 등의 공시제한 조치가 완료된 이후에 할 수 있다(등기예규 제1825호 5. 다. 4)).

2. 등기신청서 기타 부속서류의 열람

① 열람신청

   ㉠ 누구든지 이해관계 있는 부분에 한하여 등기부의 부속서류의 열람을 청구할 수 있다(제15조 제1항).

> **상업등기규칙 제28조의2(인터넷에 의한 신청서나 그 밖의 부속서류의 열람 등)**
> ① 신청서나 그 밖의 부속서류의 열람 업무는 법원행정처장이 정하는 바에 따라 인터넷을 이용하여 처리할 수 있다.
> ② 제1항에 따라 신청서나 그 밖의 부속서류의 열람을 신청할 수 있는 자는 다음 각 호와 같다.
>   1. 해당 등기신청의 당사자
>   2. 제1호의 당사자로부터 열람을 위임받은 변호사나 법무사[법무법인·법무법인(유한)·법무조합 또는 법무사법인·법무사법인(유한)을 포함한다. 이하 "자격자대리인"이라 한다]
> ③ 제1항에 따른 열람의 절차 및 방법 등 그 밖에 필요한 사항은 대법원예규로 정한다.

ⓛ 등기부의 부속서류는 등기신청서, 촉탁서, 통지서 등과 그 첨부정보이다.

ⓒ 전자문서로 작성된 신청서 기타 부속서류의 열람은 관할 등기소가 아닌 다른 등기소에서도 할 수 있다(규칙 제26조 제3항).

ⓔ 등기신청서 기타 부속서류는 등기부와는 달리 법률상 이해관계가 있는 자가, 이해관계 있는 부분에 한하여 열람할 수 있으므로 신청서 기타 부속서류의 열람신청서에는 이해관계를 명백히 하는 사유를 적거나 이를 적은 서면을 첨부하여야 한다(규칙 제28조 제2항). **기출** 24

② **열람방법**

ⓐ 등기신청서 기타 부속서류의 열람은 등기관이 보는 앞에서 한다.

ⓑ 법령의 근거가 없으므로 그 등·초본이나 인증된 사본을 교부할 수 없다.

ⓒ 다만, 사진촬영을 허용하는 것은 무방하며, 열람의 연장으로써 등기관의 인증이 없는 단순한 사본을 교부할 수 있다(등기예규 제680호).

ⓔ 신청서 기타 부속서류가 전자문서 또는 그에 준하는 전자적 이미지로 등기소에 제출된 경우, 전자적 방법에 의하여 그 내용을 보게 하거나 그 내용을 기록한 서면을 교부하는 방법에 의하여 열람하도록 한다(규칙 제29조).

ⓜ 신청서나 그 밖의 부속서류의 열람 업무는 법원행정처장이 정하는 바에 따라 인터넷을 이용하여 처리할 수 있다(규칙 제28조의2 제1항).

Ⅲ 인감증명

1. 개 설

① 등기신청서에 기명날인할 사람은 미리 그 인감을 등기소에 제출하여야 한다. 인감을 변경할 때에도 같다(제25조 제1항). 이와 같이 등기신청인으로 하여금 미리 등기소에 인감을 제출하도록 하고 신청서에 그 인감을 날인하도록 한 것은 등기신청인의 동일성을 담보하여 등기의 진정성을 확보하기 위한 것이다(상업등기실무 1).

② 등기소에 인감을 제출하여야 할 등기신청인이 인감을 제출하지 않거나 신청서 또는 위임에 따른 대리인의 권한을 증명하는 서면에 찍힌 인감이 제출된 인감과 다른 때에는 등기관이 그 신청을 각하하여야 한다(제26조 제7호).

③ 상업등기법 제25조에 따라 인감을 등기소에 제출한 사람, 지배인, 「채무자 회생 및 파산에 관한 법률」에 따른 파산관재인·파산관재인대리·관리인·보전관리인·관리인대리·국제도산관리인 및 국제도산관리인대리로서 그 인감을 등기소에 제출한 사람은 수수료를 내고 대법원규칙으로 정하는 바에 따라 그 인감에 관한 증명서의 발급을 신청할 수 있다(제16조 제1항). **기출** 25·21

④ 인감증명서의 발급을 신청하려면 대법원규칙으로 정하는 바에 따라 수수료를 내고 인감카드를 발급받거나 그 밖의 방법에 따라야 한다(제16조 제2항).

ⓐ 인감증명서 발급신청을 할 때에는 인감증명서 발급신청서를 작성하여 제출하고, 인감카드와 그 비밀번호를 제시하여야 한다(등기예규 제1832호 제10조 제1항).

ⓑ 인감카드와 그 비밀번호를 제시하면 인감제출자 본인 또는 대리권을 수여받은 대리인임을 확인함이 없이 인감증명서 발급신청을 할 권한이 있는 것으로 본다. 다만 효력이 정지된 인감카드로는 인감증명서를 발급받을 수 없다(등기예규 제1832호 제10조 제2항). → 2025. 1. 24. 개정 등기예규에서는 보안토큰 기능이 있는 HSM USB(전자증명서)의 단종과 인감증명서 발급기능의 소멸에 따라 HSM USB는 전자증명서로만 사용할 수 있고, 인감증명서 발급용으로는 더 이상 사용할 수 없도록 하였다. **기출** 25

⑤ 인감증명서의 발급신청은 관할 등기소가 아닌 다른 등기소에서도 할 수 있다(제16조 제3항). **기출** 13

2. 인감을 제출할 수 있는 자

인감의 제출·관리와 인감증명서 발급 및 전자인감증명서에 관한 업무처리지침[등기예규 제1832호, 시행 2025.01.31.]

제2조(인감을 제출할 수 있는 자)

① 등기신청서에 기명날인할 사람으로서 인감을 제출할 수 있는 자는 다음 각 호와 같다.
   1. 법인의 대표자(합자조합의 업무집행조합원 등 대리권을 가지는 자를 포함한다. 이하 같다)
   2. 법인의 대표자의 직무대행자로 법원의 결정에 의하여 선임된 자
   3. 외국회사 영업소(또는 비영리 외국법인의 분사무소)의 대한민국에서의 대표자
   4. 상호등기기록의 상호사용자, 미성년자등기기록의 미성년자, 법정대리인등기기록의 법정대리인, 지배인등기기록의 영업주
   5. 「채무자 회생 및 파산에 관한 법률」에 의한 관리인, 관리인대리, 보전관리인, 파산관재인, 파산관재인대리, 국제도산관리인, 국제도산관리인대리
   6. 회사등기기록·합자조합등기기록·지배인등기기록의 지배인, 특수법인등기기록의 대리인
② 법인의 대표자가 2인 이상인 경우 등기를 신청하는 대표자만 인감을 제출하여도 된다. 다만, 공동으로 대표권을 행사하여야 하는 자가 등기를 신청할 경우에는 공동으로 대표권을 행사하도록 되어 있는 자 전원의 인감을 제출하여야 한다. `기출` 20·13

제3조(인감의 규격 등)

① 인감은 규칙 제35조 제4항에서 정한 크기(가로·세로 2.4센티미터의 정사각형 안에 들어갈 수 있어야 하고, 가로·세로 1센티미터의 정사각형 안에 들어가는 것이 아니어야 함)로, 대조에 적당하여야 하며 선명하지 않거나 너무 복잡한 것이어서는 안 된다. `기출` 25
② 법인을 대표하는 2인 이상의 인감은 각각 달라야 한다. `기출` 20

3. 인감증명서의 발급 제한

인감의 제출·관리와 인감증명서 발급 및 전자인감증명서에 관한 업무처리지침[등기예규 제1832호, 시행 2025.01.31.]

제13조(인감증명서의 발급 제한)

① 폐지된 인감 및 다음 각 호의 자에 대한 인감증명서는 발급하지 아니한다.
   1. 직무집행정지 가처분의 등기가 된 법인의 대표자 `기출` 25
   2. 「채무자 회생 및 파산에 관한 법률」에 따른 보전관리·회생절차개시·파산선고의 등기가 된 법인의 대표자, 지배인, 대리인 `기출` 21
   3. 등기기록상 존립기간(합자조합의 경우에는 존속기간을 말한다)이 만료된 법인의 대표자, 지배인, 대리인 `기출` 25
   4. 해산간주된 법인의 대표자, 지배인, 대리인
   5. 본점이전등기의 신청 등과 같이 인감제출자에 관한 사항에 변경이 발생하는 변경등기 또는 경정등기의 신청이 접수되어 처리 중에 있는 해당 등기기록의 인감제출자 `기출` 13
② 제1항의 경우 등기관은 인감증명서가 발급되지 않도록 조치를 하여야 한다.

4. 무인발급기에 의한 인감증명서의 발급

> **인감의 제출·관리와 인감증명서 발급 및 전자인감증명서에 관한 업무처리지침[등기예규 제1832호, 시행 2025. 01.31.]**
>
> **제14조(무인발급기에 의한 인감증명서의 발급)**
> ① 무인발급기(신청인이 발급에 필요한 정보를 스스로 입력하여 증명서를 발급받을 수 있게 하는 장치를 말한다. 이하 같다)로는 부동산매도용 또는 자동차매도용 인감증명서를 발급하지 아니한다. 다만 부동산매매계약 또는 자동차매매계약의 매수자가 2인 이하일 경우에 제10조제4항에 따른 인터넷등기소의 사전등록절차를 거쳤을 때에는 그러하지 아니하다. `기출` 25
> ② 등기소는 해당 등기소의 실정에 맞게 무인발급기의 사용방법을 게시하고 신청인이 문의할 경우 사용방법을 안내하여야 한다.

5. 전자인감증명서 발급신청 및 활용

> **인감의 제출·관리와 인감증명서 발급 및 전자인감증명서에 관한 업무처리지침[등기예규 제1832호, 시행 2025. 01.31.]**
>
> **제36조(전자인감증명서 발급신청 및 활용)**
> ① 발급시스템의 이용승인을 받은 자는 인터넷등기소에서 상호, 인감제출자의 성명, 용도, 제출기관 등을 입력하고 전자증명서 및 보안매체에 의하여 본인확인을 거친 후 전자인감증명서 발급을 신청할 수 있다. 이 경우 「등기사항증명서 등 수수료 규칙」 제5조 제2항 에서 정한 수수료를 납부하여야 한다. `기출` 25
> ② 제1항의 신청인은 발급확인번호, 용도, 제출기관 등이 기재된 별지 제19호 양식의 전자인감증명서 발급증(이하 "발급증"이라 한다)을 발급받아 규칙 제42조의3 제1항의 법원행정처장이 공고로써 지정한 행정기관 등(이하 "지정 행정기관등"이라 한다)에 제출하는 방법으로 전자인감증명서를 활용한다. 이 경우 발급증은 지정 행정기관등에 하나의 용도로 한 번만 제출할 수 있다. `기출` 25

제1장

제4절 등기신청절차

Ⅰ 등기신청의 기본원칙

1. 신청주의

> **상업등기법 제22조(신청주의)**
> ① 등기는 당사자의 신청 또는 관공서의 촉탁에 따라 한다. 다만, 법률에 다른 규정이 있는 경우에는 그러하지 아니하다.
> ② 촉탁에 따른 등기절차에 관하여는 법률에 다른 규정이 없는 경우에는 신청에 따른 등기에 관한 규정을 준용한다.
> ③ 등기를 하려는 자는 대법원규칙으로 정하는 바에 따라 수수료를 내야 한다.

① 신청주의란 원칙적으로 당사자의 신청에 의하여 등기를 하고, 등기관이 직권에 의하여 등기할 수 없다는 것을 의미한다.

② 상업등기는 법령에 다른 규정이 있는 경우를 제외하고는 당사자의 신청 또는 관공서의 촉탁이 없으면 하지 못한다(제22조 제1항).

③ 관공서가 등기를 촉탁하거나 등기관이 직권으로 등기를 하기 위해서는 법령상 각각 그에 관한 근거규정이 있어야 하는 바, 법령에 근거규정이 없으면 원칙적으로 당사자의 신청에 의하여 등기하여야 한다(상업등기선례 제201501-1호).

> 재판에 따른 등기는 그 재판이 있었음을 증명하는 서면을 첨부하여 <u>법령에 촉탁 근거가 있는 경우에는 법원의 촉탁으로</u>, 법령에 촉탁 근거가 없는 경우에는 법인을 대표하는 자가 그 등기를 신청한다(상업등기선례 제201501-1호).

④ 등기관의 직권에 의한 등기는 법령에 근거규정이 있을 경우에만 허용되는데, 그 근거규정으로는 제43조(상호의 가등기의 직권말소), 제73조(휴면회사의 해산등기), 제78조부터 제80조까지(직권말소), 상업등기규칙 제132조(대표이사 또는 대표집행임원의 등기) 등이 있다.

⑤ 법원 또는 관공서의 촉탁에 의하여 등기할 사항을 당사자가 신청한 경우에는 등기관은 이를 각하하여야 한다.

⑥ 상업등기는 당사자의 신청 또는 관공서의 촉탁이 없더라도 법령에 다른 규정이 있으면 할 수 있다.

2. 서면주의

> **상업등기법 제24조(등기신청의 방법)**
> ④ <u>신청정보를 적은 서면(전자문서를 포함한다. 이하 "등기신청서"라 한다)에는 신청인 또는 그 대리인이 기명날인</u>(대법원규칙으로 정하는 전자서명을 포함한다. 이하 같다)하여야 한다. 다만, 대법원규칙으로 정하는 경우에는 서명으로 이를 갈음할 수 있다.

3. 출석주의 또는 전자신청주의

① 원 칙 : 방문신청 또는 전자신청

> **상업등기법 제24조(등기신청의 방법)**
> ① 등기는 다음 각 호의 어느 하나에 해당하는 방법으로 신청한다.
>   1. 방문신청 : 신청인 또는 그 대리인이 <u>등기소에 출석하여</u> 신청정보 및 첨부정보를 적은 서면을 제출하는 방법. 다만, 대리인이 변호사[법무법인, 법무법인(유한) 및 법무조합을 포함한다]나 법무사[법무사법인 및 법무사법인(유한)을 포함한다]인 경우에는 대법원규칙으로 정하는 사무원을 등기소에 출석하게 하여 그 서면을 제출할 수 있다.
>   2. 전자신청 : 전산정보처리조직을 이용[<u>이동통신단말장치에서 사용되는 애플리케이션(Application)을 통하여 이용하는 경우를 포함한다</u>]하여 신청정보 및 첨부정보를 보내는 방법. 전자신청이 가능한 등기유형에 관한 사항과 전자신청의 방법은 대법원규칙으로 정한다.
> ③ 신청인이 제공하여야 하는 신청정보 및 첨부정보는 대법원규칙으로 정한다.
> [2024.9.20. 일부개정, 시행 2025.1.31.]

② 예 외 : 우편신청, 관공서의 등기 촉탁

> **상업등기법 제24조(등기신청의 방법)**
> ② 제1항에도 불구하고 촉탁에 따른 등기 등 대법원규칙으로 정하는 등기의 경우에는 우편을 이용하여 신청정보 및 첨부정보를 적은 서면을 등기소에 제출하는 방법으로 등기를 신청할 수 있다.
> ③ 신청인이 제공하여야 하는 신청정보 및 첨부정보는 대법원규칙으로 정한다.

Ⅱ 등기신청인 및 신청대리인

> **상업등기법 제23조(등기신청인)**
> ① 회사의 등기는 법률에 다른 규정이 없는 경우에는 그 대표자가 신청한다.
> ② 합자조합의 등기는 법률에 다른 규정이 없는 경우에는 합자조합의 업무를 집행하고 대리할 권한이 있는 자(이하 "업무집행조합원등"이라 한다)가 신청한다.
> ③ 외국회사의 등기는 대한민국에서의 대표자가 외국회사를 대표하여 신청한다.

1. 등기신청인

개인상인의 경우에는 그 상인이, 회사의 경우에는 그 회사가 등기신청인이다(대판 2004.2.27. 2002다19797). 다만, 제한능력자에 관한 등기 중 일정한 등기를 법정대리인이 신청하는 것과 같이(제47조 제2항, 제3항) 예외적인 경우도 있다.

2. 회사등기의 신청인

① 회사의 대표자와 합자조합의 대리인
  ㉠ 원칙적으로 회사의 등기는 그 회사의 대표자가, 합자조합의 등기는 합자조합의 업무를 집행하고 대리할 권한이 있는 자가 신청한다(제23조).
  ㉡ 다만, 합병, 분할 또는 분할합병으로 인한 해산등기는 합병, 분할 또는 분할합병 후 존속하는 회사 또는 설립되는 회사를 대표할 자가 소멸회사를 대표하여 신청한다(제63조 제1항, 제71조 제1항).
② 대표자로서의 권리의무가 있는 자 : 주식회사의 대표이사는 임기만료 또는 사임으로 퇴임하더라도 퇴임의 결과 법률 또는 정관에 정한 대표이사의 원수(員數)를 결한 경우에는 새로 선임된 대표이사가 취임할 때까지 대표이사로서의 권리의무가 있는바(대결 2005.3.8. 2004마800[전합]), 이러한 자도 회사를 대표하여 등기를 신청할 수 있다. `기출` 24
③ 일시대표이사
  ㉠ 대표이사의 원수를 결한 경우 법원은 이사, 감사 기타의 이해관계인의 청구에 의하여 일시대표이사의 직무를 행할 자를 선임할 수 있다(상법 제386조 제2항, 제389조 제3항, 제415조).
  ㉡ 일시대표이사는 그 권한이 본래의 대표이사의 권한과 같으므로(대판 1981.9.8. 80다2511), 회사를 대표하여 상업등기를 신청할 수 있다. `기출` 24

④ 법원의 가처분결정에 의하여 선임된 대표자의 직무대행자[1]

ㄱ 법원의 가처분결정에 의하여 선임된 대표자의 직무대행자는 대표자의 권한을 대행하는 자이므로 원칙적으로 법 제23조 제1항 및 상법 제407조 등에 의하여 해당 법인에 관한 상업등기를 신청할 수 있다.

> 대표자에 대한 직무집행을 정지하고 그 직무대행자를 선임하는 법원의 가처분이 있는 경우에 법원의 가처분결정에 의하여 선임된 대표자의 직무대행자는 주주총회 및 이사회에서 직무집행이 정지된 대표자를 해임하고 새로운 대표자를 선임하더라도 그 가처분이 따로 실효될 때까지 그 대표자의 권한을 대행하는 자이므로 원칙적으로 상법 제407조 및 상업등기법 제23조 제1항 등에 의하여 해당 회사에 관한 등기를 신청할 수 있다(대판 1992.5.12. 92다5638 참조). 기출 24

ㄴ 다만, 직무대행자는 가처분명령에 다른 정함이 있는 경우 또는 법원의 허가를 얻은 경우 외에는 상무(常務)에 속하지 아니한 행위를 하지 못하므로 그 범위에서 등기신청권한이 제한된다(상법 제408조 등). 기출 18

ㄷ 가처분결정에 의하여 선임된 직무대행자는 법원의 허가를 얻거나 가처분결정에 다른 정함이 있는 경우를 제외하고는 대표권 있는 이사의 직무대행자가 사원총회를 소집하여 임기만료된 이사들의 후임이사를 선임할 수 없으므로 그러한 사실이 기재된 사원총회의사록을 첨부해서 이사변경등기를 신청할 수 없다(상업등기선례 제2-112호). 기출 20

> • 가처분결정에 의하여 선임된 직무대행자는 단지 피대행자의 직무를 대행할 수 있는 임시의 지위에 놓여 있음에 불과하므로, 법인을 종전과 같이 그대로 유지하면서 관리하는 한도 내의 법인의 통상업무에 속하는 사무만을 행할 수 있다고 하여야 할 것이고, 그 가처분결정에 다른 정함이 있는 경우 외에는 법인의 근간인 이사회의 구성 자체를 변경하는 것과 같은 법인의 통상업무에 속하지 아니한 행위를 하는 것은 이러한 가처분의 본질에 반한다(대판 2000.1.28. 98두16996).
> • 상법 제408조 제1항이 규정하는 회사의 '상무'라 함은 일반적으로 회사에서 일상 행해져야 하는 사무, 회사가 영업을 계속함에 있어서 통상 행하는 영업범위 내의 사무 또는 회사경영에 중요한 영향을 주지 않는 통상의 업무 등을 의미하고, 어느 행위가 구체적으로 이 상무에 속하는가 하는 것은 당해 회사의 기구, 업무의 종류·성질, 기타 제반 사정을 고려하여 객관적으로 판단되어야 할 것인바, 직무대행자가 정기주주총회를 소집함에 있어서도 그 안건에 이사회의 구성 자체를 변경하는 행위나 상법 제374조의 특별결의사항에 해당하는 행위 등 회사의 경영 및 지배에 영향을 미칠 수 있는 것이 포함되어 있다면 그 안건의 범위에서 정기총회의 소집이 상무에 속하지 않는다고 할 것이고, 직무대행자가 정기주주총회를 소집하는 행위가 상무에 속하지 아니함에도 법원의 허가 없이 이를 소집하여 결의한 때에는 소집절차상의 하자로 결의취소사유에 해당한다(대판 2007.6.28. 2006다62362). 기출 24

⑤ 외국회사 영업소의 대표자 : 외국회사 영업소 설치등기와 그 변경등기는 본국에서의 대표자가 아닌 대한민국에서의 대표자가 외국회사를 대표하여 신청한다(제23조 제3항). 특히 대한민국에서의 대표자로 하여금 공동으로 대표권을 행사하도록 한 경우에는 공동대표권자 전원이 공동으로 신청하여야 한다(상업등기선례 제1-290호 참조). 기출 20·14

⑥ 회생법인의 등기신청인 : 회생절차와 관련하여 법원사무관등이 촉탁하여야 할 등기사항 이외의 등기사항에 관하여는 관리인 또는 관리인으로 간주되는 자가 등기를 신청하고, 회생절차개시결정이 있기 전에 법원사무관등이 촉탁하여야 할 등기사항 이외의 등기사항은 보전관리인의 신청에 의하여 등기한다.

---

[1] 직무대행자 선임의 재판은 회사의 본점 소재지 지방법원 합의부가 관할한다(비송법 제72조 제1항). 기출 17

⑦ 청산인 또는 대표청산인
    ⊙ 회사가 해산한 후에는 <u>청산인 또는 대표청산인</u>이 청산중인 회사를 대표해서 해산등기, 청산종결등기 등 해산법인에 관한 등기를 신청한다.
    ⓛ 회사의 해산 전에 법원의 가처분에 의하여 선임된 이사 직무대행자는 회사가 해산하는 경우 당연히 청산인 직무대행자가 된다(대판 1991.12.24. 91다4355).

⑧ 파산법인의 등기신청인
    ⊙ 회사의 비재산적 활동(회사의 조직법적 사단활동)범위에 속하는 사항에 관한 권한은 파산관재인이 아닌 법인에게 있다.
    ⓛ 파산법인이 신임이사를 선임하거나 본점이전을 한 경우에 그 등기는 파산관재인이 신청할 수 없고, 파산법인의 업무집행기관인 대표이사 등이 신청하여야 한다(등기선례 제200303-15호).

3. 신청대리인

① 개 설
    ⊙ 등기신청은 대리인에 의하여도 할 수 있다(제24조 제1항 제1호).
    ⓛ 대리인이 등기를 신청하였으나 <u>대리할 권한이 없는 때</u>에는 그 <u>등기신청을 각하</u>한다(제26조 제4호).

② 대리인의 자격
    ⊙ 대리인이 될 수 있는 자격에는 제한이 없으므로 누구나 대리인이 될 수 있다.
    ⓛ 행위능력자임을 요하지 아니하므로 의사능력이 있으면 미성년자라도 상관없다.
    ⓒ 전자신청은 당사자가 직접 하거나 자격자대리인(변호사나 법무사 등)이 당사자를 대하여 할 수 있다. 자격자대리인이 아닌 사람은 당사자를 대리하여 전자신청을 할 수 없다(규칙 제67조 제1항, 등기예규 제1855-1호 제3조 제1항). **기출** 20 · 18

③ 대리권한을 증명하는 서면
    ⊙ 대리인이 등기를 신청하는 때에는 그 권한을 증명하는 서면(위임장)을 첨부하여야 하는데(규칙 제52조 제1항 제1호), 위임장에는 등기소에 제출한 인감이 날인되어야 한다.
    ⓛ 복대리인이 복위임을 받아 등기를 신청하는 경우 본인의 대리인에 대한 위임장과 대리인의 복대리인에 대한 위임장을 각각 첨부정보로 제공하여야 한다. **기출** 25 만약, 본인의 대리인에 대한 위임장에 복대리인 선임에 관한 기재가 없음에도 복대리인이 등기를 신청하는 경우에는 복대리인 선임에 대한 본인의 승낙이 있음을 증명하는 서면을 첨부정보로 제공하여야 한다(민법 제120조, 규칙 제52조 제1항 제1호).

④ 일반인의 업(業)으로 하는 등기신청대리의 금지 : 변호사 또는 법무사 아닌 자는 법원에 제출하는 서류의 작성이나 그 서류의 제출대행을 업(業)으로 할 수 없으며(법무사법 제3조), 이를 위반하는 경우 형사처벌을 받게 된다(법무사법 제74조).

Ⅲ 등기청구권

1. 의 의

상업등기는 원칙적으로 당사자의 신청에 의하여 하는 것이나, 당사자가 등기의 신청을 해태하고 있는 경우 또는 당사자가 부실의 등기를 한 경우에, 등기가 되지 아니한 것 또는 부실의 등기가 있는 것에 의하여 이익을 침해받는 자가 당사자에 대하여 등기의 신청 또는 등기의 말소신청을 할 것을 청구할 수 있는 권리가 등기청구권이다.

2. 등기청구권의 인정 여부

① 대법원은 감사취임등기와 관련하여 등기청구권이 인정됨을 밝힌 바 있다(대판 1995.2.28. 94다31440).

② 등기실무도 이사, 감사 등이 사임으로 퇴임하였음에도 불구하고 대표이사 등 등기신청권자가 그 퇴임등기를 신청하지 않고 있는 때에는 퇴임한 이사 등이 회사를 피고로 하여 이사퇴임등기 절차이행을 구하는 소를 제기하여 승소의 확정판결을 받은 경우, 그 승소한 원고의 신청에 의하여 이사 또는 감사 등의 퇴임등기를 하는 것을 인정하고 있다(상업등기선례 제1-149호, 제1-164호, 제2-87호).

3. 판결에 의한 등기신청

① 등기청구권이 인정되는 자는 등기신청권자를 상대방으로 하여 등기절차를 이행할 뜻의 판결을 구하고 승소 판결을 받아서 등기를 신청할 수 있다.

② 다만, 회사를 상대로 이사 등의 임기만료 또는 사임에 따른 퇴임등기절차 이행청구의 소를 제기하여 퇴임등기절차를 이행하라는 취지의 확정판결을 받은 경우에도 그 퇴임의 결과 법률 또는 정관에 정한 원수를 결한 경우라면 그 퇴임한 이사 등은 후임 이사 등이 취임할 때까지 이사 등으로서 권리의무가 있는 바, 이때 후임 이사 등의 취임등기의 신청 없이 이사 등의 권리의무를 행사하는 자의 퇴임등기를 신청할 수 없다(대결 2005.3.8. 2004마800[전합], 상업등기선례 제1-164호・제2-87호 참조). **기출** 20

> 대표이사를 포함한 이사가 임기의 만료나 사임에 의하여 퇴임함으로 말미암아 법률 또는 정관에 정한 대표이사나 이사의 원수(최저인원수 또는 특정한 인원수)를 채우지 못하게 되는 결과가 일어나는 경우에, 그 퇴임한 이사는 새로 선임된 이사(후임이사)가 취임할 때까지 이사로서의 권리의무가 있는 것인바(상법 제386조 제1항, 제389조 제3항), 이러한 경우에는 이사의 퇴임등기를 하여야 하는 2주 또는 3주의 기간은 일반의 경우처럼 퇴임한 이사의 퇴임일부터 기산하는 것이 아니라 후임이사의 취임일부터 기산한다고 보아야 하며, 후임이사가 취임하기 전에는 퇴임한 이사의 퇴임등기만을 따로 신청할 수 없다고 봄이 상당하다(대결 2005.3.8. 2004마800[전합]).

③ 등기절차를 이행할 뜻의 의사표시를 구하는 소에 있어서 화해・조정이 성립하거나 피고가 청구를 인낙한 경우에 그 화해・조정 또는 청구인낙에 의하여 원고가 피고를 대신해서 등기를 신청할 수 있는지 문제된다.

  ㉠ 원칙적으로 이를 긍정할 것이지만, 당사자가 화해・조정 또는 청구를 인낙할 수 없는 경우에는 불가능하다.

  ㉡ 예를 들면, 주주총회결의의 하자를 다투는 소에 있어서 청구의 인낙이나 그 결의의 부존재・무효를 확인하는 내용의 화해・조정은 할 수 없으므로, 이러한 내용의 청구인낙 또는 화해・조정이 이루어졌다 하여도 이에 기하여 등기를 신청할 수 없다. **기출** 20

> • 주주총회결의의 부존재・무효를 확인하거나 결의를 취소하는 판결이 확정되면 당사자 이외의 제3자에게도 그 효력이 미쳐 제3자도 이를 다툴 수 없게 되므로, 주주총회결의의 하자를 다투는 소에 있어서 청구의 인낙이나 그 결의의 부존재・무효를 확인하는 내용의 화해・조정은 할 수 없고, 가사 이러한 내용의 청구인낙 또는 화해・조정이 이루어졌다 하여도 그 인낙조서나 화해・조정조서는 효력이 없다(대판 2004.9.24. 2004다28047).
> • 청구인낙은 당사자의 자유로운 처분이 허용되는 권리에 관하여만 허용되는 것으로서 회사법상 주주총회결의의 하자를 다투는 소나 회사합병무효의 소 등에 있어서는 인정되지 아니하므로 법률상 인정되지 아니하는 권리관계를 대상으로 하는 청구인낙은 효력이 없다(대판 1993.5.27. 92누14908). **기출** 15

Ⅳ 등기신청행위

1. 서 설

① 등기신청은 국가기관인 등기소에 대하여 일정한 내용의 등기를 해줄 것을 요구하는 등기절차법의 의사 표시로서 사인이 행하는 일종의 공법상 행위이다.

② 등기신청행위는 등기절차상의 의사표시이자 공법상의 신청이므로 등기신청인에게 의사능력이 요구된다.

③ 신청인 또는 그 대리인에게 의사능력이 없는 경우 또는 의사표시의 과정에 비진의표시·착오·사기·강박 등의 흠이 있는 경우 그 등기신청은 당사자의 출석이 없는 것으로 보아 법 제26조 제5호에 의하여 각하한다.

④ 등기의 신청은 당사자 또는 대리인이 등기소에 출석하여 법정의 서면을 제출하는 방법으로 하여야 하는 요식행위이므로(규칙 제51조 제1항) 방식을 갖추지 않은 신청은 법 제26조 제6호에 의하여 각하한다.

2. 신청방식

① 기명날인 또는 서명

㉠ 당사자가 직접 등기신청을 하는 경우에는 당사자가 신청서에 기명날인을 하고, 대리인이 등기신청을 하는 경우에는 당사자는 위임장에 기명날인을 하고 등기신청서에는 대리인이 기명날인한다.

㉡ 당사자가 등기신청서 또는 위임장에 날인할 때에는 제25조 제1항에 의하여 미리 등기소에 제출한 인감을 날인하여야 한다. 다만, 촉탁에 따른 등기를 신청하는 경우에는 그러하지 아니하다.

㉢ 당사자인 회사의 대표자가 수인이고 그 수인이 공동으로 등기를 신청하여야 하는 경우라면, 그 수인이 모두 신청서 또는 위임장에 기명날인하여야 하며, 그 날인된 인감은 각각 등기소에 제출한 인감이어야 한다.

㉣ 한편, 주소의 변경에 관한 등기를 신청하는 때에는 신청인 또는 그 대리인은 신청서에 상업등기규칙 제60조 제1항의 기명날인을 갈음하여 서명할 수 있다(규칙 제61조 제1항). 이 경우 신청서가 2장 이상일 때에 하는 간인은 각 장마다 연결되는 서명을 한다(규칙 제61조 제2항).

② 상호, 목적, 외국인의 성명, 외국 주소 및 외국회사 영업소의 본점 소재지의 등기 시 로마자 등의 병기

상호 및 외국인의 성명 등의 등기에 관한 예규[등기예규 제1598호]

제3조(상호와 목적, 외국인의 성명 등의 등기에 사용할 수 있는 문자 등)

① 상호, 목적, 외국인의 성명, 외국주소 및 외국회사의 영업소의 본점 소재지는 한글 등으로 등기한다. 이 경우, 한글은 「한국산업규격 정보교환용부호계(한글 및 한자)」에 수록되어 있는 것에 한한다.

② 상호, 목적, 외국인의 성명, 외국주소 및 외국회사의 영업소의 본점 소재지는 아라비아숫자만으로는 등기할 수 없다.

[등기할 수 있는 상호의 예시] 주식회사 21세기갑을식품

[등기할 수 없는 상호의 예시] 주식회사 333777

제5조(로마자 등의 병기 방식)

① 로마자 등의 병기는, 먼저 상호를 한글 등으로 등기(이하 "상호의 등기"라 한다)한 후 한 칸을 띄우고 그 오른쪽 옆에 괄호를 사용하여 기록한다.

[예시] 주식회사 에이비씨건설(ABC Construction Co., Ltd.)

[예시] 주식회사 갑을식품(株式會社 甲乙食品)

---

② 괄호 안의 로마자 등의 병기는 한자 또는 로마자의 각각으로만 할 수 있고(다만, <u>아라비아숫자는 로마자</u>
<u>또는 한자와 함께 사용할 수 있다</u>), 한자와 로마자를 조합하여 할 수는 없다. 또한, <u>로마자 등의 병기에는</u>
<u>한글을 사용할 수 없다.</u>
[병기할 수 없는 경우의 예시] <u>주식회사 에이비씨건설(주식회사 ABC 건설)</u> 기출 16
③ 회사의 종류를 표시하는 문자, 그 밖에 법령에 따라 상호 중에 사용할 것이 강제되는 문자에 대하여도
로마자 등의 병기를 할 수 있다.
[예시] 주식회사 에이비씨증권(ABC Securities Co., Ltd.)
[예시] 에이비씨생명보험 주식회사(ABC Life Insurance Co., Ltd.)

제17조(외국인의 성명의 등기)
① <u>외국인의 성명은 원지음을 한글 등으로 등기한다.</u>
② 외국인의 성명과 관련하여서도 신청에 따라 제1항의 등기를 한 후 괄호를 사용하여 여권에 기재된 로마자와
<u>본국에서의 표기를 선택적 또는 중첩적으로 병기할 수 있다.</u> 다만, 본국에서의 표기에 병기할 수 없는
문자나 부호가 사용되고 있는 경우에는 여권에 기재된 로마자로만 병기할 수 있고, 여권에 기재된 로마자를
등기하는 경우에는 여권 사본을 첨부정보로 제공하여야 한다.
③ 한글 등으로 등기되는 성명은 본국에서의 표기를 「외래어 표기법」에 따라 기재한 것이어야 한다.
④ 외국인의 성명을 한글 등으로 등기할 때에는 띄어쓰기를 하지 않는다.

③ 도로명주소
  ㉠ 2011.10.31.부터 본점 또는 주된 사무소의 소재지, 지점 또는 분사무소의 소재지, 지배인 또는 대리인
    을 둔 장소(이하 '본점의 소재지 등'이라 한다) 및 임원·지배인·상호사용자·미성년자·법정대리
    인·영업주 등의 주소(이하 '임원 등의 주소'라 한다)는 도로명주소로 등기한다(등기예규 제1728호).
  ㉡ 도로명주소법에 의해 이미 등기되어 있는 본점의 소재지 등과 임원 등의 지번주소를 도로명주소로
    변경하는 등기를 신청할 경우 등록면허세 및 등기신청수수료를 납부하지 않는다(등기예규 제1728호 6.).
  ㉢ 본점 소재지 등의 도로명주소
    ㉮ 본점의 소재지 등은 도로명주소로 등기한다.
    ㉯ 다만, 본점의 소재지 등을 건물에 두지 아니한 경우 등 도로명주소가 없는 경우에는 임대차계약서
      등 도로명주소가 없음을 증명하는 서면을 첨부하여 예외적으로 지번주소로 등기할 수 있다(등기예
      규 제1728호 3. 가.).
  ㉣ 임원 등의 주소의 도로명주소
    ㉮ 임원 등의 주소는 주소를 증명하는 정보에 표시된 주소(법정동, 공동주택 이름의 참고항목 포함)
      와 동일하게 등기한다(등기예규 제1728호 4. 가.).
    ㉯ 임원 등의 주소를 도로명주소로 변경하는 등기를 신청하는 경우 등기신청서의 등기원인 및 원
      인일자는 주소를 증명하는 정보에 표시된 변동사유 및 변동일자를 기재한다(등기예규 제1728호 4.
      나. 1)).
    ㉰ 첨부정보에 임원 등의 주소를 지번방식의 주소로 기재한 때에도 신청인이 제공한 도로명주소
      정보에 의하여 해당 도로명주소와 같은 주소임이 인정되면 등기를 수리한다(등기예규 제1728호 4.
      나. 2)).

3. 일괄신청

① 일괄신청의 의의와 요건

ㄱ 일괄신청은 수개의 등기를 하나의 신청서로 등기신청하는 것을 말한다.

ㄴ 일괄신청은 그 실질이 수 개의 등기신청이므로 등록면허세, 등기신청수수료 등은 각 등기기록별로, 또 등기사항별로 별도로 산정하여 납부하여야 한다.

ㄷ 동일한 등기기록에 대한 여러 개의 등기신청은 일괄하여 1건의 신청서로 할 수 있다. 다만, 다른 등기소의 관할 구역으로 본점 또는 주된 영업소를 이전하는 등기를 신청하는 경우에는 그러하지 아니하다(규칙 제53조 제1항).

② 본·지점 공통등기사항의 본·지점 일괄신청의 폐지 : 2024.9.20. 상법 개정으로 회사의 지점 등기부가 폐지됨에 따라, 본·지점 공통등기사항에 한하여 지점 소재지에서 하는 등기신청을 본점 소재지에서 하는 등기신청과 일괄하여 신청할 수 있도록 한 상업등기법 제58조는 폐지되었다.

③ 일괄신청과 일부취하 또는 일부각하

ㄱ 상호변경등기와 임원변경등기 등을 하나의 신청서로 일괄신청한 경우 그 신청의 적법여부는 각 신청 사건별로 판단할 수 있으므로 등기관은 일괄신청된 사건 중 각하사유가 있는 일부신청에 대하여만 각하할 수 있다.

ㄴ 등기가 완료되기 전이라면 신청인은 그 신청 중 일부를 취하할 수도 있다.

④ 관할 외 본점이전등기 시 일괄신청 개정(2024.9.20. 개정)

ㄱ 관할 외 본점이전등기 신청 : 본점을 다른 등기소의 관할구역 내로 이전한 경우에 '신 본점 소재지에서 하는 등기의 신청과 구 본점 소재지에서 하는 등기의 신청은 구 본점 소재지를 관할하는 등기소에서 동시에 하여야 한다'고 규정했던 상업등기법 제55조는 '본점을 다른 등기소의 관할구역으로 이전한 경우에는 종전의 본점 또는 새 본점의 소재지를 관할하는 등기소 중 한 곳에 본점이전등기의 신청을 할 수 있다'와 같이 본점이전등기 절차의 간소화를 위해 개정되었다.

ㄴ 다른 변경등기의 일괄신청 금지 : 다른 등기소의 관할 구역으로 본점 또는 주된 영업소를 이전하는 등기를 신청하는 경우에는 다른 등기와 일괄신청할 수 없다(규칙 제53조 제1항 단서). 이와 달리 동일한 관할 내에서의 본점이전등기를 신청하는 경우에는 다른 변경등기와 일괄신청이 가능하다.

ㄷ 상호변경등기와 일괄신청 허용 : 관할 외 본점이전등기신청을 한 회사의 상호가 새 소재지 관할 등기소에서 동일상호에 해당하여 본점이전등기를 할 수 없고(제29조), 종전 소재지 관할 등기소에서도 동일상호에 해당하여 상호변경등기를 할 수 없는 경우에는 상업등기규칙 제53조 제1항 단서에도 불구하고 그 상호변경등기신청은 본점이전등기신청과 동시에 종전 소재지 또는 새 소재지 관할등기소 중 한 곳에 할 수 있다(규칙 제100조 제1항).

4. 동시신청

① 동시신청은 2개 이상의 등기를 한 개의 신청서로 일괄하여 신청하거나 2개 이상의 등기신청서로 연속하여 신청하는 것을 의미한다.

② 위에서 설명한 일괄신청은 당연히 동시신청이라 할 것이지만, 동시신청은 별개의 신청서로 신청하는 경우도 포함하므로, 일괄신청과 동시신청은 개념적으로 구분된다.

③ 다음의 경우 동시신청이 강제된다.

- 상호를 등기한 사람이 영업소를 다른 등기소의 관할구역으로 이전한 경우, 종전 영업소의 소재지에서 하여야 하는 등기와 새 영업소의 소재지에서 하여야 하는 등기의 신청(제31조 제2항)
- 회사 또는 합자조합의 지배인을 둔 본점(합자조합의 경우 주된 영업소) 또는 지점이 이전·변경 또는 폐지된 경우, 본점 또는 지점의 이전·변경 또는 폐지의 등기의 신청과 지배인을 둔 장소의 이전·변경 또는 폐지의 등기의 신청(제51조 제3항) **기출** 22·19
- 해산등기의 신청과 해산으로 인한 청산인의 취임등기의 신청(제60조 제2항)
- '합병'으로 인한 해산등기의 신청과 합병 후 존속회사의 변경등기 또는 합병으로 신설되는 회사의 설립등기의 신청(제63조 제3항)
- '조직변경'으로 인한 설립등기의 신청과 해산등기의 신청(제66조) **기출** 19
- '분할 또는 분할합병'으로 인한 변경등기·설립등기·해산등기의 신청(제71조 제3항)
- 집행임원의 취임등기와 기존 대표이사의 퇴임등기신청(등기예규 제1538호 제4조 제1항)
- 이사를 겸한 집행임원에 대해 동일한 퇴임사유가 있는 경우, 이사의 퇴임등기와 집행임원의 퇴임등기 신청(등기예규 제1538호 제4조 제3항 제2호 본문)
- 이사가 1명 또는 2명(각자 대표하는 경우)인 회사가 이사를 3명 이상으로 변경하거나 이사가 1명인 회사가 이사를 2명(정관에 따라 대표이사를 정한 경우)으로 변경하는 경우, 새로 선임된 이사의 취임등기와 대표이사의 취임등기 및 종전 이사의 주소를 삭제하는 내용의 변경등기 신청(등기예규 제1538호 제3조 제1항 제1호)
- 이사가 2명(정관에 따라 대표이사를 정한 경우) 또는 3명 이상인 회사가 이사를 1명으로 변경하거나 이사가 3명 이상인 회사가 이사를 2명(각자 대표하는 경우)으로 변경하는 경우, 남아 있는 이사를 제외한 다른 이사의 퇴임등기와 대표이사의 퇴임등기 및 남아 있는 이사의 주소를 추가하는 내용의 변경등기 신청(등기예규 제1538호 제3조 제1항 제2호)
- 집행임원이 1명인 회사가 집행임원을 2명 이상으로 변경하는 경우, 새로 선임된 집행임원의 취임등기와 대표집행임원(2인 이상의 집행임원이 선임된 경우에는 이사회 결의로 대표집행임원을 선임하여야 함)의 취임등기 및 종전 집행임원의 주소를 삭제하는 내용의 변경등기 신청(등기예규 제1538호 제5조 제1항 제1호)
- 집행임원이 2명 이상인 회사가 집행임원을 1명으로 변경하는 경우, 남아 있는 집행임원을 제외한 다른 집행임원의 퇴임등기와 대표집행임원의 퇴임등기 및 남아 있는 집행임원의 주소를 추가하는 내용의 변경등기 신청(등기예규 제1538호 제5조 제1항 제2호)

④ 동시에 신청하여야 하는 다른 등기를 동시에 신청하지 아니한 경우 등기관은 이유를 적은 결정으로 신청을 각하하여야 한다(제26조 제12호). **기출** 19
⑤ 동시에 신청한 사건 중 하나의 신청에 각하사유가 있는 경우에는 다른 신청도 함께 각하하여야 한다.

V 첨부정보

1. 개 설

① 첨부정보의 법정(法定)

   ㉠ 첨부정보란 등기신청서에 첨부하여야 하는 서면으로 등기신청이 권한 있는 자에 의한 것이고 신청내용이 사실과 부합된다는 것 등을 증명하기 위한 것이다.

   ㉡ 신청서에 첨부할 서면에 관하여는 상업등기법, 상업등기규칙 및 그 밖의 법령에서 정하고 있고, 신청서에 필요한 서면을 첨부하지 아니한 때에는 법 제26조 제8호에 의하여 등기신청을 각하한다.

ⓒ 각종 등기유형별 첨부정보에 관해서는 해당 부분에서 설명하고, 여기에서는 첨부정보에 관한 일반적 내용으로 그 형식 등에 관하여 설명하고, 첨부정보 중 관청의 허가서와 주소·주민등록번호(생년월일)를 증명하는 서면, 인감 날인에 갈음하는 서명과 본인서명사실확인서 또는 전자본인서명확인서, 외국공문서에 대한 영사관 확인과 아포스티유, 첨부정보의 원용과 반환 등에 관하여 살펴본다(대리권을 증명하는 서면에 관하여는 이미 설명하였다).

② 첨부정보의 형식

ㄱ 첨부정보의 형식에 관하여 정해진 것은 없다.

ㄴ 상업등기규칙 제2조 등에서 등기에 관한 서면에 기재하는 문자 등에 관하여 규정하고 있지만 이는 등기신청을 위한 위임장과 같이 특히 등기의 신청을 위하여 작성되는 서면에 적용되는 것이다.

ㄷ 첨부정보가 외국어로 작성된 경우에는 그 번역문을 함께 제공하여야 한다(규칙 제52조 제5항). **기출** 25

ㄹ 등기신청서에 첨부된 서류가 외국어로 된 경우에 첨부하는 번역문에는 그 번역의 정확성을 보장하기 위하여 번역인의 성명 및 주소를 기재하고 번역인이 서명 또는 기명날인하면 된다. 그러나 등기신청인이 서명 또는 기명날인은 필요 없으며, 번역인의 자격에는 제한이 없다(상업등기선례 제1-22호).

기출 20

2. 관청의 인·허가서

① 관청의 허가 또는 인가를 필요로 하는 사항의 등기를 신청하는 경우에는 그 허가 또는 인가가 있음을 증명하는 서면을 첨부하여야 한다(규칙 제52조 제1항 제2호).

② 관청의 허가서 등을 첨부해야 하는 것은 당해 허가가 등기할 사항의 효력요건인 경우에 한하고, 당해 사업을 영위하기 위한 요건에 지나지 않는 것은 여기에 포함되지 않는다(상업등기선례 제1-92호, 제1-103호, 제1-104호).

> **회사가 등기기록 목적란에 대규모점포로서 대형마트, 백화점 등을 추가하는 변경등기를 신청하는 경우 관청에 등록하였음을 증명하는 정보가 첨부정보인지 여부**
>
> 1. 관청의 허가 또는 인가를 필요로 하는 사항의 등기를 신청하는 경우에는 그 허가 또는 인가가 있음을 증명하는 정보를 첨부하여야 하나(상업등기규칙 제52조 제1항 제2호), 이것은 당해 허가 또는 인가가 등기할 사항의 효력요건인 경우를 말한다.
> 2. 유통산업발전법 제8조 제1항은 "대규모점포를 개설하려는 자는 영업을 시작하기 전에 산업통상자원부령으로 정하는 바에 따라 상권영향평가서 및 지역협력계획서를 첨부하여 특별자치시장·시장·군수·구청장에게 등록하여야 한다"고 규정하고 있는데, 이는 영업에 관한 등록으로서 영업수행을 위한 요건이며 등기할 사항의 효력요건이 아니므로, 상법상의 회사가 같은 법 제2조 제3호 및 관련 별표 규정의 대형마트, 백화점 등을 등기기록의 목적란에 추가하는 변경등기를 신청할 때 관할 지방자치단체장에게 등록하였음을 증명하는 정보는 상업등기규칙 제52조 제1항 제2호의 첨부정보가 아니다(상업등기선례 제201812-1호).
>
> **기출** 23·20

③ 회사설립의 허가 법령에 특정사업을 목적으로 하는 회사를 설립할 때에 관청의 허가를 받아야 하거나 일정한 내용이 기재된 정관을 작성하여 관청의 인가를 받아야 하는 것으로 규정되어 있는 경우, 설립등기신청서에 각 허가서 내지 인가서를 첨부하여야 한다.

④ 합병, 해산의 허가

    ㉠ 유한회사와 주식회사가 합병하는 경우에 합병 후 존속하는 회사 또는 합병으로 설립되는 회사가 주식회사인 때에는 법원의 인가를 얻어야 하고, 법원의 인가를 얻지 아니하면 합병의 효력이 없다(상법 제600조 제1항). 따라서 이 경우 합병에 따른 등기신청서에 법원의 인가서를 첨부하여야 한다(규칙 제52조 제1항 제2호). **기출** 25·20

    ㉡ 은행은 그 분할 또는 다른 은행과의 합병(분할합병을 포함한다), 해산 또는 은행업의 폐업, 영업의 전부 또는 대통령령으로 정하는 중요한 일부의 양도·양수는 금융위원회의 인가를 받아야 한다.

    ㉢ 보험회사의 해산의 결의·합병과 보험계약의 이전은 금융위원회의 인가를 받아야 한다(보험업법 제139조).

    ㉣ 「자본시장과 금융투자업에 관한 법률」의 금융투자업자는 합병, 분할 또는 분할합병, 주식의 포괄적 교환 또는 이전, 해산 등 같은 법 제417조 제1항 각 호의 행위를 하고자 하는 경우 금융위원회의 승인을 받아야 한다(같은 법 제417조).

⑤ 조직변경의 허가

    ㉠ 유한회사는 그 조직을 변경하여 주식회사로 할 수 있는데, 이 경우에는 법원의 인가를 받아야 한다(상법 제607조 제1항, 제3항).

    ㉡ 유한회사가 주식회사로 조직을 변경하여 등기를 신청하는 경우에는 신청서에 법원의 인가서를 첨부하여야 한다(규칙 제155조 제1항).

3. 주소·주민등록번호(생년월일) 등을 증명하는 서면

① 증명서면 일반

    ㉠ 주소, 주민등록번호(주민등록번호가 없는 재외국민 또는 외국인의 경우에는 외국인등록번호·국내거소신고번호 또는 생년월일)를 등기하여야 하는 경우 등기신청서에 이를 증명하는 서면을 첨부하여야 하고(규칙 제52조 제1항 제3호), 성명, 주소의 변경에 관한 등기를 신청할 때에는 그 변경을 증명하는 서면을 첨부하여야 한다(규칙 제52조 제1항 제4호).

    ㉡ 주소 또는 주민등록번호를 증명하는 서면은 원칙적으로 주민등록표 등본·초본 또는 주민등록증사본이고 자동차운전면허증사본도 이러한 서면에 해당될 수 있으나, 인감증명서와 비상임 당연직이사의 인사발령공문은 주소 또는 주민등록번호를 증명하는 서면으로 보기 어렵다(상업등기선례 제1-94호, 제2-30호). **기출** 15

    ㉢ 임원·지배인 등의 성명의 변경(改名)을 증명하는 서면은 원칙적으로 가족관계등록사항별 증명서 중 기본증명서이고, 주민등록표 등·초본은 이에 해당하지 않는다. 위 증명서면은 발행일로부터 3개월 이내의 것이어야 한다(규칙 제52조 제4항).

② 재외국민의 경우

> **재외국민 및 외국인의 부동산등기신청절차에 관한 예규**
> **제10조(재외국민의 주소증명정보)**
> 재외국민은 주소를 증명하는 정보로서 다음 각 호의 어느 하나에 해당하는 정보를 제공할 수 있다.
> 1. 재외국민등록부등본
> 2. 「주민등록법」에 따라 주민등록 신고를 한 경우에는 주민등록표등본·초본
> 3. 주소증명제도가 있는 외국에 체류하는 재외국민으로서 체류국 법령에 따라 외국인등록 또는 주민등록 등을 마친 경우에는 체류국 관공서에서 발행한 주소증명정보(예: 일본국의 주민표, 스페인왕국의 주민등록증명서)

4. 제1호부터 제3호까지의 규정에 따라 주소를 증명하는 것이 불가능한 경우에는 체류국 공증인이 주소를 공증한 서면

③ 외국인의 경우

재외국민 및 외국인의 부동산등기신청절차에 관한 예규
제13조(외국인의 주소증명정보)
① 외국인은 주소를 증명하는 정보로서 다음 각 호의 어느 하나에 해당하는 정보를 제공할 수 있다.
1. 「출입국관리법」에 따라 외국인등록을 한 경우에는 외국인등록 사실증명
2. 「재외동포의 출입국과 법적 지위에 관한 법률」에 따라 국내거소신고를 한 외국국적동포의 경우에는 국내거소신고 사실증명
3. 본국에 주소증명제도가 있는 외국인(예: 일본, 독일, 프랑스, 대만, 스페인)은 본국 관공서에서 발행한 주소증명정보
4. 본국에 주소증명제도가 없는 외국인(예: 미국, 영국)은 본국 공증인이 주소를 공증한 서면. 다만, 다음 각 목의 어느 하나에 해당하는 방법으로써 이를 갈음할 수 있다.
   가. 주소가 기재되어 있는 신분증의 원본과 원본과 동일하다는 뜻을 기재한 사본을 함께 등기소에 제출하여 사본이 원본과 동일함을 확인받고 원본을 환부받는 방법. 이 경우 등기관은 사본에 원본 환부의 뜻을 적고 기명날인하여야 한다.
   나. 주소가 기재되어 있는 신분증의 사본에 원본과 동일함을 확인하였다는 본국 또는 대한민국 공증이나 본국 관공서의 증명을 받고 이를 제출하는 방법
   다. 본국의 공공기관 등에서 발행한 증명서 기타 신뢰할 만한 자료를 제출하는 방법(예: 주한미군에서 발행한 거주사실증명서, 러시아의 주택협동조합에서 발행한 주소증명서)
② 외국인이 본국을 떠나 대한민국이 아닌 제3국에 체류하는 경우에 체류국에 주소증명제도가 있다면 체류국 관공서에서 발행한 주소증명정보를 제공할 수 있고(예: 스페인에 체류하는 독일인이 스페인 법령에 따라 주민등록을 하였다면 스페인 정부가 발행하는 주민등록정보를 제공), 체류국에 주소증명제도가 없다면 체류국의 공증인이 주소를 공증한 서면을 제공할 수 있다. 다만, 주소를 공증한 서면을 제공하는 경우에는 해당 국가에서의 체류자격을 증명하는 정보(예: 영주권확인증명, 장기체류 비자증명)를 함께 제공하여야 한다.

주식회사의 설립등기 또는 새로운 대표이사의 취임으로 인한 변경등기를 신청함에 있어 대표이사 또는 새로이 취임하는 대표이사가 국내에 외국인등록을 한 외국국적자라면, 등기신청서에는 주소를 증명하는 서면으로 외국인등록표등본을 첨부하고 주소는 외국인등록표등본에 나타난 국내 체류지로 하여야 할 것이다(상업등기선례 제1-154호). **기출** 23

4. 본인서명사실확인서와 전자본인서명확인서

① 등기신청서와 첨부정보(이하 "신청서 등"이라 한다)에 인감증명법에 따라 신고한 인감을 날인하고 인감증명서를 첨부하여야 하는 경우, 이를 갈음하여 신청서 등에 서명을 하고 본인서명사실확인서를 첨부하거나 발급증을 첨부할 수 있다(등기예규 제1780호 제2조).

② 본인서명사실확인서가 첨부된 경우 본인서명사실확인서와 신청서 등의 서명은 본인고유의 필체로 자신의 성명을 기재하는 방법으로 하여야 하고, 신청서 등의 서명은 본인서명사실확인서의 서명이 한글로 기재되어 있으면 한글로, 한자로 기재되어 있으면 한자로, 영문으로 기재되어 있으면 영문으로 각각 기재하여야 하며, 본인서명사실확인서의 서명이 한글이 아닌 문자로 기재되어 있다 하더라도 등기신청서의 성명은 반드시 한글로 기재하여야 한다(등기예규 제1780호 제3조).

③ 등기관이 전자본인서명확인서 발급증을 제출받았을 때에는 전자본인서명확인서 발급시스템에서 전자본인서명확인서를 확인하여야 한다(등기예규 제1780호 제4조 제1항). 전자본인서명확인서 발급시스템에서 등기신청을 받은 등기소 외의 기관·법인 또는 단체가 전자본인서명확인서를 열람한 사실이 확인된 경우 등기관은 해당 등기신청을 수리하여서는 아니 된다(등기예규 제1780호 제4조 제3항).

④ 전자본인서명확인서 발급시스템 또는 등기시스템의 장애 등으로 등기관이 전자본인서명확인서를 확인할 수 없는 경우에는 신청인에게 인감증명서 또는 본인서명사실확인서를 등기소에 제공할 것을 요구할 수 있다. 이 경우 신청인이 인감증명서 또는 본인서명사실확인서를 제출할 때 이미 제출된 신청서 등을 그에 맞게 보정하여야 한다(등기예규 제1780호 제4조 제2항).

⑤ 본인서명사실확인서 또는 전자본인서명확인서의 매도 용도란에는 부동산 매수자의 성명·주소 및 주민등록번호(법인인 경우에는 그 명칭과 주사무소의 소재지 및 법인등록번호)가 모두 기재되어 있어야 하며, 위 기재사항이 누락된 경우 해당 등기신청을 수리하여서는 아니 된다. 다만, 부동산 매수자가 국가나 지방자치단체, 국제기구와 외국정부, 공공기관, 지방공사 및 지방공단, 은행법에 따른 인가를 받아 설립된 은행 등인 경우 법인의 명칭만 기재하고 법인등록번호와 주사무소의 소재지는 기재하지 아니할 수 있다(등기예규 제1780호 제6조 제1항). 본인서명사실확인서 또는 전자본인서명확인서에 기재된 부동산 매수자와 신청서 등에 기재된 등기권리자의 인적사항이 일치하지 않는 등기신청은 수리하여서는 아니 된다(등기예규 제1780호 제6조 제2항).

⑥ 매매를 원인으로 하는 부동산소유권 이전등기신청 외의 등기신청을 할 경우에는 본인서명사실확인서 또는 전자본인서명확인서의 일반 용도란에 신청할 등기유형이 기재되어 있지 아니한 경우 그 등기신청을 수리하여서는 아니 된다(例) ○○ 주식회사 이사 취임등기용, 근저당권 설정용)(등기예규 제1780호 제7조).

⑦ 등기관은 본인서명사실확인서 또는 전자본인서명확인서상의 등기의무자의 주소가 주민등록표초본 또는 등본의 주소이동 내역에서 확인되거나 성명과 주민등록번호 등에 의하여 같은 사람임이 인정되는 경우에는 해당 등기신청을 각하하여서는 아니 된다(등기예규 제1780호 제5조). **기출** 20

⑧ 본인서명사실확인서 또는 전자본인서명확인서는 발행일부터 3개월 이내의 것이어야 한다(등기예규 제1780호 제9조).

5. 외국공문서에 대한 영사관 확인과 아포스티유의 제출

① 외국인 이사의 취임등기 신청서에 첨부하는 외국 관청의 인감증명서 등 외국 정부나 그 밖의 권한 있는 기관이 발행한 서류 또는 공증인(법률에 따른 공증인의 자격을 가진 자만 해당된다)이 공증한 외국문서는 「재외공관 공증법」 제30조 제1항 본문에 따른 영사관의 확인을 받아 제출하여야 한다. 다만, 「외국공문서에 대한 인증의 요구를 폐지하는 협약」에 가입한 국가인 경우에는 그 협약에서 정한 바에 따라 아포스티유(Apostille)를 발급받아 제출할 수 있다(등기예규 제1534호 제2조). **기출** 15·18

② 등기관은 외국의 정부나 그 밖의 권한 있는 기관이 발행한 서류 또는 공증인이 공증한 외국문서에 「재외공관 공증법」에 따른 영사관의 확인이나 아포스티유가 없는 경우에는 보정을 명하여야 한다[협약 가입국 현황(www.hcch.net), (www.mofa.go.kr) 참조]. 다만, 영사관의 확인이나 아포스티유를 제출할 수 없는 특별한 사정이 있고 그 외국공문서가 적법하게 발급되었다고 인정할 만한 충분한 자료가 있는 경우에는 그러하지 아니하다(등기예규 제1534호 제3조). **기출** 20

6. 첨부정보 등의 제출 면제

① 첨부정보 중 법원행정처장이 지정하는 것은 전자정부법 제36조 제1항에 따른 행정정보 공동이용을 통하여 등기관이 확인하고 신청인에게는 그 제출을 면제한다.

② 다만, 그 첨부정보가 개인정보를 포함하고 있는 경우에는 그 정보주체의 동의가 있음을 증명하는 정보를 등기소에 제공한 경우에만 그 제출을 면제한다(규칙 제52조 제3항).

7. 첨부정보의 원용과 반환

① 첨부정보의 원용

㉠ 같은 등기소에 동시에 여러 건의 등기신청을 하는 경우에 첨부정보의 내용이 같은 것이 있을 때에는 먼저 접수되는 신청서에만 그 첨부정보를 제공하고, 다른 신청서에는 먼저 접수된 신청서에 그 첨부정보를 제공하였다는 뜻을 기재하는 것으로 그 첨부정보의 제공을 갈음할 수 있다. 다만, 전자신청의 경우에는 그러하지 아니하다(규칙 제53조 제2항).

㉡ 따라서 전자신청으로 여러 건의 등기신청을 하는 경우에는 첨부정보를 원용할 수 없고, 신청서별로 첨부정보에 해당하는 첨부정보를 따로 첨부하여야 한다. **기출** 20

② 원본인 첨부서류의 반환

㉠ 첨부정보로 제출한 첨부서류 원본은 반환받을 수 있다. **기출** 25 신청서에 첨부한 원본인 서류의 반환을 청구하는 경우 신청인은 그 원본과 같다는 뜻을 적은 사본을 첨부하여야 하고, 등기관이 서류의 원본을 반환할 때에는 그 사본에 원본 반환의 뜻을 적고 기명날인하여야 한다(규칙 제66조 제1항 본문).

㉡ 다만, 등기신청서에 첨부된 위임장 등 해당 등기신청만을 위하여 작성한 서류(제1호)와 인감증명, 법인등기사항증명서, 주민등록표등본·초본, 가족관계등록사항별증명서 등 별도의 방법으로 다시 취득할 수 있는 서류는 반환을 청구할 수 없다(규칙 제66조 제1항 단서). **기출** 20·15

Ⅵ 인감의 제출

1. 서 설

① 등기신청서에 기명날인할 사람은 미리 그 인감을 등기소에 제출하여야 한다. 인감을 변경할 때에도 같다(제25조 제1항).

② 다만, 관공서의 촉탁에 따른 등기 등 상업등기법 제25조 제3항 각 호의 등기를 신청할 때에는 그러하지 아니하다.

> **상업등기법 제25조(인감의 제출)**
> ① 등기신청서에 기명날인할 사람은 미리 그 인감을 등기소에 제출하여야 한다. 인감을 변경할 때에도 같다.
> ② 제1항은 대리인에 의하여 등기를 신청하는 경우에 그 위임을 한 사람에게도 적용한다.
> ③ 제1항은 다음 각 호의 어느 하나에 해당하는 등기에 대해서는 적용하지 아니한다.
> 　1. 촉탁에 따른 등기
> 　2. 삭제 〈2024.9.20.〉
> 　3. 제38조 제1항에 따른 상호의 가등기
> 　4. 제39조 제1항에 따른 본점이전에 관계된 상호의 가등기

5. 제47조 제2항·제3항에 따른 미성년자의 등기
6. 제49조 제2항 본문·제3항·제4항에 따른 법정대리인의 등기
7. 삭제 〈2024.9.20.〉
8. 제63조 제1항 또는 제71조 제1항에 따른 본점 소재지에서 하는 해산등기
※ 본·지점 공통 등기사항에 대한 지점 소재지에서의 등기(제2호)와 제55조 제1항에 따른 등기(제7호)는 2024.9.20. 법 개정으로 삭제됨

상업등기(민법법인·특수법인등기의 경우도 동일함)의 신청서에 날인할 자는 미리 그 인감을 등기소에 제출하여야 하는 바, 그 인감의 문자에 관하여는 법령에 특별한 규정이 없으므로 반드시 회사의 상호나 제출자의 자격 등이 기재되어 있을 필요는 없으며, 제출자의 개인성명 또는 성명이 아닌 다른 문자나 형상을 새긴 인감을 제출하는 것도 무방하지만 그 인감은 대조에 적합하고 일정한 크기의 것이어야 한다(상업등기선례 제1-29호). **기출** 21

2. 인감제출자

① 인감을 제출할 수 있는 사람으로는 관할 등기소에 인감을 제출할 것이 강제되어 있는 사람(제25조 제1항)과 지배인, 「채무자 회생 및 파산에 관한 법률」에 따른 파산관재인·파산관재인대리·관리인·보전관리인·관리인대리·국제도산관리인 및 국제도산관리인대리와 같이 인감을 제출할 의무는 없지만 인감을 제출한 후 그에 대한 인감증명서를 교부받을 수 있는 사람(제16조 제1항)이 있다.

② 등기신청 당시 인감을 제출할 것이 강제되어 있는 사람

- 회사의 대표자(제23조 제1항)
- 합자조합을 대리하는 업무집행조합원(제23조 제2항)
- 외국회사 영업소 설치등기를 신청하는 대한민국에서의 대표자(제23조 제3항)
- 상호등기를 신청하는 상호사용자(제22조 제1항)
- 미성년자의 등기를 신청하는 미성년자(제47조 제1항)
- 법정대리인등기를 신청하는 법정대리인(제49조 제1항)
- 지배인등기를 신청하는 영업주(제22조 제1항)

③ 등기 이후 인감제출이 강제되어 있는 사람

- 법원의 결정에 의하여 선임된 일시대표이사의 경우 그 선임에 관한 등기 **기출** 25
- 법원의 가처분결정에 의하여 선임된 대표이사 등의 직무대행자와 파산관재인·관리인·국제도산관리인의 경우 그 선임에 관한 등기

위의 등기는 제1심 수소법원 또는 법원사무관 등의 촉탁에 의하여 이루어지므로(비송법 제107조 제4호, 민사집행법 제306조) 인감신고 없이 등기가 되겠지만 그 후에 자신의 권한 범위 내에서 당해 회사에 관한 다른 등기를 신청할 때에는 그 등기를 신청하기 전에 미리 인감을 제출하여야 한다(제25조 제1항). **기출** 25

④ '회사의 설립을 위한 상호의 가등기'는 발기인 또는 사원이 그 등기를 신청하여야 하는데(제38조 제1항), 발기인 또는 사원은 「상업등기법」에 따른 인감을 등기소에 제출할 필요는 없으며, 다만 신청인의 권한 유무를 확인하기 위하여 신청서 또는 위임장(대리인의 권한을 증명하는 서면)에 「인감증명법」에 따라 신고한 인감을 날인하고 그 인감증명을 제공하여야 한다(규칙 제80조 제2항). **기출** 25

⑤ 법인의 대표자가 2인 이상인 경우 등기를 신청하는 대표자만 인감을 제출하여도 된다. 다만, 공동으로 대표권을 행사하여야 하는 자가 등기를 신청할 경우에는 공동으로 대표권을 행사하도록 되어 있는 자 전원의 인감을 제출하여야 한다(등기예규 제1832호 제2조 제2항). **기출** 21

⑥ 법인을 대표하는 2인 이상의 인감은 각각 달라야 한다(등기예규 제1832호 제3조 제2항).

3. 인감의 신고

① 인감신고서의 작성제출

  ㉠ 인감의 신고는 사용할 인감을 날인하고 인감제출자에 관한 사항을 적은 '인감(개인)신고서'를 관할 등기소에 제출하는 방식으로 한다(규칙 제35조 제1항 본문).

  ㉡ 인감(개인)신고서를 제출할 때에는 신고하는 인감을 날인한 '인감대지'도 함께 제출하여야 한다.

  ㉢ 인감카드의 (재)발급, 효력정지, 효력회복, 폐지신청은 인감을 제출한 등기소가 아닌 다른 등기소에 서도 할 수 있으나(규칙 제39조 제5항, 제26조 제3항), 인감의 제출과 인감의 개인신고는 반드시 관할 등기소에서 하여야 한다(규칙 제35조 제1항 본문).

  ㉣ 인감제출자가 개인(個人)인 경우 인감신고서에는 인감증명법에 따라 신고한 인감을 날인하고 그 인감 증명서(발행일로부터 3개월 이내의 것이어야 한다)를 첨부하거나 등기소에 제출한 유효한 종전 인감을 날인하여야 한다. 다만, 신고서에 인감제출자 본인이 기명날인 또는 서명하였다는 공증인의 인증 서면을 첨부하는 경우에는 그러하지 아니하다(규칙 제35조 제2항, 등기예규 제1832호 제4조 제2항 제2호).

  ㉤ 인감제출자가 법인(法人)인 경우에는 인감신고서에 그 법인이 등기소에 제출한 유효한 인감을 날인 하여야 한다(등기예규 제1832호 제4조 제2항 제2호).

  ㉥ 인감제출자가 외국인인 경우에는 인감증명제도가 있는 국가의 국민은 인감신고서에 본국 관공서에 신고한 인감을 날인하고 그 인감증명서를 제출하는 방식으로, 인감증명제도가 없는 국가의 국민은 인감신고서에 서명을 하고 그 서명이 본인의 것이라는 취지의 본국 관공서의 증명을 받아 인감을 제출할 수 있다(등기예규 제1832호 제4조 제3항).

② 인감제출자가 지배인 및 그에 준하는 자인 경우

  ㉠ 지배인이 인감신고하는 경우에는 지배인이 인감신고서에 인감을 날인하고 그 인감증명서를 첨부하 는 대신에, 영업주(개인상인인 영업주를 말한다) 또는 법인의 대표자가 지배인의 인감임이 틀림없음 을 보증하는 서면을 제출하여야 하고, 보증서면에는 등기소에 제출한 영업주 또는 법인 대표자의 인감을 날인하여야 한다(규칙 제35조 제3항, 등기예규 제1832호 제4조 제4항).

  ㉡ 「채무자 회생 및 파산에 관한 법률」에 따른 관리인대리·파산관재인대리·국제도산관리인대리가 인감신고하는 때에도 관리인대리 등이 인감을 날인하고 그 인감증명서를 첨부하는 대신에, 관리인· 파산관재인·국제도산관리인이 관리인대리·파산관재인대리·국제도산관리인대리의 인감임이 틀 림없음을 보증하는 서면(관리인 등이 등기소에 신고한 인감이 날인되어야 한다)을 제출하여야 한다 (등기예규 제1832호 제4조 제5항).

4. 인감의 개인(改印)·폐인(廢印)신고 등

① 개인(改印)신고

㉠ 인감을 제출한 사람은 자신이 제출한 인감을 다른 인감으로 교체한 후, 그 변경신청을 할 수 있는데, 이를 '개인(改印)신고'라고 한다.

㉡ 개인의 사유에는 제한이 없고 등기소에 그 사유를 소명할 필요도 없다.

㉮ 인감을 제출할 수 있는 자가 개인(個人)인 경우에는 인감(改印)신고서에 인감증명법에 따라 신고한 인감을 날인하고 그 인감증명서(발행일로부터 3개월 이내의 것에 한한다)를 첨부하거나 등기소에 제출한 유효한 종전 인감을 날인하여야 한다. 다만 그 신고서에 본인이 기명날인 또는 서명하였다는 공증인의 인증서면을 제출하는 경우에는 그러하지 아니한다(등기예규 제1832호 제4조 제2항 제1호).

㉯ 인감을 제출할 수 있는 자가 법인(法人)인 경우에는 인감(改印)신고서에 그 법인이 등기소에 제출한 유효한 인감을 날인하여야 한다(등기예규 제1832호 제4조 제2항 제2호).

② 폐인신고 등

㉠ 인감의 폐지신고를 하려는 사람은 폐인(廢印)신고서에 인감제출자에 관한 사항을 적고 등기소에 제출한 인감을 날인하여 관할 등기소에 제출하여야 한다. 다만, 등기소에 제출한 인감을 날인할 수 없을 때에는 인감증명법에 따라 신고한 인감을 날인하고 그 인감증명을 첨부하여야 한다(규칙 제38조 제2항).

㉡ 인터넷등기소를 이용하여 폐인신고서를 제출하는 경우에는 전자증명서 정보를 송신하여야 한다(등기예규 제1832호 제7조 제2항 단서).

㉢ 대리인이 인감의 폐지신고를 할 때에는 신청서에 그 권한을 증명하는 서면을 첨부하여야 한다(규칙 제26조 제2항, 제38조 제3항). 폐인신고서는 관할 등기소에 출석하여 제출하는 방법으로 한다. 다만, 대법원예규로 정하는 경우에는 인터넷을 이용하여 제출할 수 있다(규칙 제35조 제1항, 제38조 제3항).

㉣ 인감의 폐지를 신청하는 경우 발급받은 인감카드를 반환하여야 한다(등기예규 제1832호 제7조 제1항).

㉤ 인감을 제출한 사람이 그 자격을 상실하거나 개인(改印) 또는 인감의 폐지신고를 한 경우 등기관은 인감에 관한 기록을 폐쇄하여야 한다(규칙 제38조 제1항). **기출** 21

Ⅶ 전자신청(전산정보처리조직에 의한 등기신청 등)

1. 서 설

① 의 의

㉠ 전자신청이란 대법원 인터넷등기소에서 등기신청서를 작성한 후에 그 신청서와 전자화된 첨부서면을 온라인으로 등기소에 제출하는 등기신청방법을 말한다.

㉡ 전자신청을 하기 위해서는 전자증명서를 발급받거나 사용자등록을 하여야 하는 등의 사전 준비절차가 필요하다. 그리고 전자신청의 경우에는 인터넷등기소에 접속하여 신청서 등을 작성하여야 하고 첨부서면은 전자문서로 된 것을 제출하거나 종이로 작성된 것을 스캔하여 제출하여야 하는 등의 특징이 있다.

② 전자신청이 가능한 등기유형(규칙 제66조의2, 2024.11.29. 신설)

    ㉠ 회사의 등기. 다만, 조직변경의 등기는 제외한다.

    ㉡ 외국회사 영업소 등기. 다만, 영업소를 다른 등기소의 관할구역으로 이전하는 등기는 제외한다.

    ㉢ 그 밖에 대법원예규로 정하는 등기유형

③ 전자신청을 할 수 있는 자

    ㉠ 전자신청은 당사자가 직접하거나 자격자대리인(변호사나 법무사 등)이 당사자를 대리하여 할 수 있다. 자격자대리인이 아닌 사람은 당사자를 대리하여 전자신청을 할 수 없다(규칙 제67조 제1항, 등기예규 제1855-1호 제3조 제1항). **기출** 20·18

    ㉡ 전자신청을 하기 위해서는 사용자등록번호와 인증서정보를 입력하거나 이용등록 절차를 거친 전자증명서 정보를 입력하여 사용자인증을 받아야 한다(등기예규 제1855-1호 제6조).

2. 사용자등록

① 개 요

    ㉠ 전자신청을 하려는 당사자 또는 자격자대리인은 전자신청에 앞서 미리 사용자등록을 하여야 한다(규칙 제68조 제1항).

    ㉡ 사용자등록절차에는 부동산등기의 「사용자등록절차에 관한 업무처리지침」을 준용한다(등기예규 제1855-1호 제4조 제1항).

    ㉢ 전자증명서를 발급받아 송신하거나 관공서가 전자인증서를 송신한 경우 또는 부동산등기규칙 제68조에 따라 사용자 등록을 한 경우에는 상업등기규칙 제68조 제1항의 사용자등록을 한 것으로 본다(규칙 제68조 제5항).

② 사용자등록의 신청

    ㉠ 당사자 또는 자격자대리인은 등기소에 출석, 소정의 사항을 기재한 신청서를 제출하여 사용자등록을 신청할 수 있는데(규칙 제68조 제2항 본문), 회사설립등기를 전자신청하는 경우에는 등기소에 출석하는 대신 전산정보처리조직을 이용하여 사용자등록을 신청할 수 있다(규칙 제68조 제2항 단서, 등기예규 제1855-1호 제5조 제2항).

    ㉡ 사용자등록신청서에는 인감증명법에 따라 신고한 인감을 날인하고 그 인감증명서(발행일로부터 3개월 이내의 것)와 주소를 증명하는 서면을 첨부하여야 한다(규칙 제68조 제3항). 자격자대리인이 사업자등록을 신청할 때에는 그 자격을 증명하는 서면(법무사등록증 등)의 사본도 제출하여야 한다(규칙 제68조 제4항).

    ㉢ 상업등기규칙 제68조 제2항 단서의 온라인 사용자등록의 경우 인터넷등기소(http://www.iros.go.kr)에 로그인하여 신청서를 전자적으로 제출하여야 하는데, 이때 인터넷등기소에 회원으로 가입되어 있지 아니한 자는 회원가입과 동시에 위 신청서를 제출하여야 한다(등기예규 제1855-1호 제5조 제1항 제1호).

    ㉣ 사용자등록신청서를 전자적으로 제출할 때 신청인은 인증서로 인증을 하여야 하고(등기예규 제1855-1호 제5조 제1항 제2호), 온라인 사용자등록시에는 인증서와 사용자등록번호를 등록하여야 한다(등기예규 제1855-1호 제5조 제1항 제3호).

③ **사용자등록** : 등기소에 출석하여 사용자등록신청서를 접수하면 등기소로부터 사용자등록접수증(등기예규 제1855호 별지 제2호 양식)을 교부받는데(등기예규 제1855호 4. 나.), 사용자등록은 등기소로부터 접근번호(사용자등록접수증에 기재된 접근번호)를 부여받은 후 10일 이내에 하여야 한다(등기예규 제1855호 5. 가.).

④ **사용자등록정보의 변경**

　㉠ 사용자등록 후 사용자등록정보가 변경된 경우 그 변경된 사항을 등록하여야 하는데(규칙 제71조 제1항), 사용자등록정보 중 사용자의 성명 또는 주민등록번호가 변경된 때에는 등기소에 직접 출석하여 사용자등록정보를 변경하여야 한다(등기예규 제1855호 5. 다. (1)).

　㉡ 사용자등록 정보 중 공인인증서에 대한 정보의 변경과, 사용자등록번호 또는 주소의 변경은 사용자등록관리시스템을 이용하여 할 수 있다(등기예규 제1855호 5. 다. (2), (3)).

⑤ **사용자등록의 유효기간 및 유효기간의 연장 등**

　㉠ 사용자등록의 유효기간은 3년으로 한다. 다만, 자격대리인 이외의 자의 경우에는 대법원예규로 정하는 바에 따라 그 기간을 단축할 수 있다(규칙 제69조 제1항). 유효기간이 경과되어 사용자등록을 다시 하는 경우 최초의 사용자등록절차를 따른다(규칙 제69조 제2항).

　㉡ 사용자등록의 유효기간 만료일 3개월 전부터 만료일까지는 유효기간의 연장을 신청할 수 있는데, 그 연장기간은 원래의 유효기간과 동일하다(규칙 제69조 제3항).

　㉢ 유효기간의 연장신청은 전자문서로도 할 수 있다(규칙 제69조 제4항).

3. 전자증명서

① **개 요**

　㉠ 정당한 신청권자에 의한 전자신청인지를 확인하기 위한 수단으로, 공인인증서와 사용자등록번호의 입력을 통한 사용자인증 외에, 공인인증서와 유사한 기능을 수행하는 전자서명 및 자격에 관한 증명(이하 "전자증명서"라 한다) 제도가 도입되었다.

　㉡ 전자증명서는 법인 등기정보를 기초로 법인의 존재, 상호 또는 명칭, 본점 또는 주사무소, 대표권 등을 함께 증명할 수 있는 것으로 전자서명 당시의 대표권의 존부에 관한 증명기능까지 수행한다(제17조 제1항).

　㉢ 전자증명서는 등기신청과 대법원규칙으로 정하는 용도 외에는 사용하지 못하는데(제17조 제3항), 대법원규칙은 등기신청 외에 전자공탁, 전자확정일자 정보제공 요청, 대법원예규로 정하는 용도로 사용할 수 있도록 하고 있다(규칙 제46조 제5항).

② **전자증명서의 발급을 신청할 수 있는 사람**

　㉠ 전자증명서는 상업등기법 제16조 제1항에 따라 등기소에 인감을 제출한 사람에 한해 발급을 신청할 수 있다(제17조 제1항). **기출** 18

　㉡ 즉, 상업등기법 제25조에 따라 등기소에 인감을 제출한 회사의 대표자와, 법인의 대표자의 직무대행자로 법원의 결정에 따라 선임된 사람, 「채무자회생 및 파산에 관한 법률」에 따른 관리인, 관리인대리, 보전관리인, 파산관재인, 파산관재인대리, 국제도산관리인, 국제도산관리인대리, 회사의 등기된 지배인, 특수법인의 등기된 대리인이 전자증명서의 발급을 신청할 수 있다(등기예규 제1791호 제3조 제1항).

기출 24 · 14

ⓒ 다만, 대표권을 2인 이상이 공동으로 행사하는 법인은 모든 대표자가 언제나 공동하여서만 대표권을 행사할 수 있는 경우에 한하여 전자증명서의 발급을 신청할 수 있다(등기예규 제1830호 제3조 제1항 제1호).

기출 18·16

ⓓ 「채무자회생 및 파산에 관한 법률」에 따른 관리인대리, 파산관재인대리, 국제도산관리인대리과 회사의 등기된 지배인, 특수법인의 등기된 대리인은 각각 관리인, 파산관재인, 국제도산관리인, 법인 대표자, 법인 대표자의 직무대행자로 법원의 결정에 따라 선임된 사람(이하 "대표자 등"이라 한다)이 전자증명서를 발급받은 경우에 한하여 전자증명서의 발급을 신청할 수 있다(등기예규 제1830호 제3조 제2항). 기출 14

③ **전자증명서의 발급 제한** : 법 제17조 제1항에도 불구하고 직무집행정지의 등기가 된 법인의 대표자, 「채무자 회생 및 파산에 관한 법률」에 따라 보전관리, 회생절차개시 또는 파산선고의 등기가 된 법인의 대표자 및 지배인, 등기기록상 존립기간이 만료된 법인의 대표자(청산인은 제외) 및 지배인, 같은 자격으로 이미 유효한 전자증명서를 발급받은 사람, 인감제출자의 성명, 주민등록번호, 자격과 상호 또는 명칭, 법인등록번호에 변경을 가져오는 등기신청이 접수되어 처리 중에 있는 해당 법인의 인감제출자에 대해서는 전자증명서를 발급하지 않는다(규칙 제43조, 등기예규 제1830호 제4조). 기출 24·14

④ **전자증명서의 발급 신청**

ⓐ 본인이 직접 등기소에 출석하여 신청하거나 사용자등록을 한 자격자대리인(변호사나 법무사 등)이 당사자를 대리하여 신청할 수 있는데(규칙 제44조 제1항, 등기예규 제1830호 제5조 제1항), 당해 법인의 등기 사무에 대한 관할등기소가 아닌 다른 등기소에서도 할 수 있다(규칙 제44조 제4항·제26조 제3항, 등기예규 제1830호 제5조 제5항). 기출 16

ⓑ 발급 신청은 전자증명서 발급신청서를 작성하여 등기소에 제출하는 방법으로 하는데, 전자증명서발급신청서 또는 위임장에는 등기소에 제출한 인감(법인인감)을 날인하여야 한다(규칙 제44조 제2항, 등기예규 제1830호 제5조 제2항).

ⓒ 지배인 등이 발급을 신청하는 경우에는 전자증명서발급신청서에 대표자 등이 그 발급 신청을 확인하는 뜻을 기재하고 그 법인인감을 날인하여야 한다(규칙 제44조 제3항, 등기예규 제1830호 제5조 제4항).

ⓓ 전자증명서의 발급에 대한 수수료는 면제한다(등기예규 제1830호 제5조 제3항).

ⓔ 자격자대리인에게 위임하여 전자증명서 발급을 신청한 경우 등기관은 전자정명서 발급신청서에 기재된 신청인(본인)의 전자우편주소로 접수증이 발급된 사실을 통지하여야 한다(등기예규 제1830호 제6조 제6항).

⑤ **전자증명서의 발급**

ⓐ 전자증명서 발급을 신청한 사람 또는 자격자대리인(그 사무원을 포함)의 신분 확인이 불가능한 경우, 전자증명서발급신청서가 방식에 맞지 아니한 경우, 전자증명서발급신청서에 적힌 내용이 등기기록에 기록된 내용과 불일치하는 경우, 신청자격이 없는 사람 또는 발급이 제한되는 제43조 각 호의 사람이 신청한 경우, 전자증명서발급신청서에 날인된 인감이 등기소에 제출된 인감과 다른 경우 등기관은 전자증명서 발급 신청을 수리하여서는 아니 된다(규칙 제45조 제2항, 등기예규 제1830호 제6조 제4항).

ⓑ 전자증명서는 신청인이 인터넷등기소(http://www.iros.go.kr)에서 접근번호, 성명, 주민등록번호(외국인등록번호나 국내거소신고번호를 포함하며, 이러한 번호가 없으면 생년월일을 말한다) 등을 입력한 후 컴퓨터 하드디스크, 휴대용 저장매체에 저장하여 발급받는다. 신청인은 발급받은 전자증명서를 이동통신단말장치에 전송하여 저장할 수 있다(규칙 제46조 제1항, 등기예규 제1830호 제8조 제1항).

ⓒ 전자증명서에는 인감제출자의 성명, 자격, 주민등록번호(주민등록번호가 없는 재외국민 또는 외국인의 경우에는 외국인등록번호·국내거소신고번호 또는 생년월일), 상호 또는 명칭, 법인 등록번호, 전자증명서의 증명기간, 일련번호, 전자서명검증정보, 전자서명의 방식 등을 기록하여야 한다(규칙 제46조 제3항).

ⓓ 전자증명서의 증명기간은 3년이다(규칙 제46조 제3항). 전자증명서는 증명기간 만료일 3개월 전부터 만료일까지 갱신 발급받을 수 있다(규칙 제49조 제2항). **기출** 14

⑥ 전자증명서의 이용등록

ⓐ 발급받은 전자증명서를 전자신청, 인터넷을 이용한 인감증명서 발급신청 및 전자인감증명서 발급신청 등에 사용하기 위해서는 대법원예규로 정하는 방법에 따라 인터넷등기소에서 이용등록 절차를 거쳐야 한다(규칙 제46조 제5항).

ⓑ 이용등록은 인터넷등기소에서 전자증명서의 사용방법 및 용도, 보관상 주의사항 등에 대하여 안내를 받고, 전자증명서 비밀번호 등을 입력함으로써 한다. 이 경우 비밀번호는 10개 이상의 아라비아숫자, 로마자 및 특수문자로 구성되어야 한다(등기예규 제1830호 제9조 제1항).

ⓒ 지배인 등이 전자증명서를 발급받은 경우에는 대표자 등이 인터넷등기소에서 그 전자증명서로 지배인 등의 전자증명서를 인증하여야 한다(등기예규 제1830호 제9조 제3항).

ⓓ 전자증명서의 발급 및 이용등록은 접근번호를 부여받은 날부터 10일 이내에 하여야 한다(등기예규 제1830호 제9조 제4항).

ⓔ 접근번호를 부여받은 날부터 10일이 경과하면 접근번호는 무효가 되며, 최초의 발급절차에 의하여 새로이 전자증명서를 발급받아야 한다. 접수증의 분실 등으로 인해 10일이 경과되기 전에 새로이 전자증명서 발급신청을 하는 경우에는 기존의 발급신청에 대한 해지신고를 별도로 하여야 한다(등기예규 제1830호 제9조 제5항).

ⓕ 전자증명서를 발급받은 사람은 인터넷등기소를 통하여 비밀번호를 변경할 수 있다(등기예규 제1830호 제9조 제6항).

⑦ 전자증명서의 효력정지, 효력회복, 폐지 신청

ⓐ 전자증명서의 효력정지, 효력회복, 폐지를 신청할 때에는 전자증명서사건신고서를 작성하여 등기소에 제출하여야 한다. 다만, 전자증명서의 효력정지는 대법원예규로 정하는 바에 따라 전자문서로 신청할 수 있다(규칙 제47조 제1항). 즉, 전자증명서의 효력정지는 인터넷 등기소에서 전자증명서 정보 또는 인증서 정보를 입력함으로써 할 수 있다(등기예규 제1830호 제10조 제3항). **기출** 16

ⓑ 전자증명서의 폐지, 효력정지 또는 효력정지된 전자증명서의 효력회복의 신청은 당해 법인의 등기사무에 대한 관할등기소가 아닌 다른 등기소에서도 할 수 있다(등기예규 제1830호 제10조 제1항 후문·제5조 제5항). **기출** 18

ⓒ 전자증명서의 효력정지 후 효력회복 없이 6개월이 경과된 때에는 효력회복을 신청할 수 없다(등기예규 제1830호 제10조 제4항).

ⓓ 전자증명서에 기록된 사항에 변경이 발생하는 등기 또는 상업등기규칙 제43조의 전자증명서 발급 제한 사유에 해당하는 등기의 신청서 또는 촉탁서를 접수한 때에는 등기관은 직권으로 전자증명서의 효력을 정지하여야 하는데(규칙 제48조 제1항), 위 등기신청 또는 등기촉탁이 취하되거나 각하된 때에는 직권으로 전자증명서의 효력을 회복하여야 한다(규칙 제48조 제2항).

ⓔ 전자증명서의 분실·훼손 또는 전자증명서 비밀번호의 분실의 경우에는 규칙 제49조 제3항에 따라 기존의 전자증명서를 폐지하고, 최초의 발급절차에 의하여 전자증명서를 다시 발급받아야 한다(등기예규 제1830호 제10조의2).

⑧ 전자증명서의 변경발급 등

　　㉠ 전자증명서의 변경발급 또는 갱신발급

　　　　㉮ 변경등기에 의하여 등기기록의 내용과 전자증명서에 기록된 내용이 서로 달라진 경우 전자증명서를 변경발급 받아야 한다(규칙 제49조 제1항).

　　　　㉯ 전자증명서의 증명기간 만료일 3개월 전부터 만료일까지는 전자증명서를 갱신발급을 받을 수 있다(규칙 제49조 제2항).

　　㉡ 전자증명서의 분실 또는 훼손의 경우 : 전자증명서를 분실하거나 전자증명서가 훼손되어 사용할 수 없게 된 때에는 기존의 전자증명서는 폐지하고 최초의 발급절차에 의하여 다시 발급받아야 한다(규칙 제49조 제3항).

⑨ 전자증명서의 효력 소멸

　　㉠ 상업등기규칙 제43조의 전자증명서의 발급제한 사유에 해당하는 등기가 된 경우, 상업등기규칙 제46조 제4항의 전자증명서의 증명기간(3년)이 지난 경우, 상업등기규칙 제47조에 의하여 전자증명서가 폐지된 경우, 변경등기에 의하여 전자증명서 발급청구권자가 그 지위를 상실한 경우에는 전자증명서의 효력이 소멸된다(규칙 제50조).

　　㉡ 「채무자 회생 및 파산에 관한 법률」에 의하여 보전관리, 회생절차개시 또는 파산선고의 등기가 된 법인의 대표자 및 지배인에 관한 전자증명서의 효력은 소멸된다(규칙 제50조 제1호, 제43조 제2호). **기출** 14

4. 전자신청의 방법

① 신청정보, 첨부정보의 송신 등

　　㉠ 전자신청을 하는 경우에는 신청정보의 내용으로 등기소에 제공하여야 하는 정보를 전자문서로 등기소에 송신하여야 한다. 다만, 등기기록에 등기되어 있지 않은 등기신청권자와 법인이 아닌 자격자대리인이 신청하는 경우에는 사용자등록번호도 함께 송신하여야 한다(규칙 제67조 제2항).

　　㉡ 전자신청을 하는 경우에는 첨부정보로서 등기소에 제공하여야 하는 정보를 전자문서로 등기소에 송신하거나 대법원예규로 정하는 바에 따라 등기소에 제공하여야 한다(규칙 제67조 제3항).

　　㉢ 전자문서를 송신할 때에는 다음 구분에 따른 신청인 또는 작성명의인의 전자서명정보를 함께 송신하여야 한다(규칙 제67조 제4항·제5항).

> • 법인 : 상업등기법의 전자증명서. 이 경우 제1조의2 제7호(추가인증수단 : 전자증명서를 보완하여 대법원예규로 정하는 방법에 따라 본인임을 확인하는 보안매체 등의 인증수단)의 추가인증을 하여야 한다. 보안매체는 일회용 비밀번호(One-Time Password, 이하 "OTP"라 한다)를 말한다(등기예규 제1830호 제14조 제1항).
> • 개인 : 전자서명법 제2조 제6호에 따른 인증서(서명자의 실지명의를 확인할 수 있는 것으로서 법원행정처장이 지정·공고하는 인증서를 말한다[공고는 인터넷등기소에 하여야 한다].)
> • 관공서인 경우 : 대법원예규로 정하는 전자인증서

　　㉣ 신청정보 또는 등기신청에 관한 대리권한을 증명하는 서면(위임장)에 해당하는 첨부정보는 인터넷등기소에서 전자문서로 작성하여야 한다(등기예규 제1855-1호 제7조 제2항 본문).

ⓜ 다만, 회사의 대표자 주소 또는 주민등록번호의 변경이나 경정등기, 회사의 대표자를 제외한 임원의 변경이나 경정등기의 경우에는 위임장에 해당하는 첨부정보는 별지 제3호 양식의 위임장을 전자적 이미지 정보로 변환(스캐닝)하여 송신할 수 있다(등기예규 제1855-1호 제7조 제2항 단서).

> **법인등기의 전자신청 시 전자서명**
> 1. 법인의 전자증명서 또는 개인의 공인인증서에 기초한 전자서명정보가 있는 경우에는, 법인인감 또는 인감증명법에 따라 신고한 인감의 날인이 있는 것으로 본다. **기출** 23
> 2. 법인등기의 전자신청 시 첨부정보에 해당하는 서면을 스캐닝하여 파일로 송신하면서 신청인 및 작성명 의인의 전자서명정보를 함께 송신한 경우의 첨부정보는 단순한 스캔문서(등기예규 제1612호 제6조 제3항 제1호 등에 해당하는 스캔문서)가 아닌 전자문서에 해당하므로, 자격자대리인이 아닌 당사자도 첨부정보로 송신할 수 있다(상업등기선례 제201611-2호). **기출** 23

ⓗ 위임장 이외의 첨부정보도 원칙적으로 전자문서로 송신하여야 하지만(규칙 제67조 제3항, 등기예규 제 1855-1호 제7조 제3항 본문), 예외적으로 자격자대리인은 위임인으로부터 받은 첨부정보를 전자적 이미지 정보로 변환(스캐닝)하여 송신할 수 있고(인감증명법에 따른 인감증명서와 그 인감을 날인한 서면, 「본인서명사실 확인 등에 관한 법률」에 따른 본인서명사실확인서와 그 서명을 한 서면, 전자본인서명확인서발급증과 관련 서면을 한 서면은 제외한다), 공증인법 제66조의6에 따라 인증받은 전자화 문서를 송신할 수 있다(등기예규 제1855-1호 제7조 제3항 단서).

ⓢ 첨부정보 중 제9조 제1항에 규정된 별표의 행정정보(주민등록정보, 재외국민등록정보, 국내거소신고 사실정보, 외국인등록 사실정보, 등록면허세 납부확인정보, 기본증명서정보, 사업자등록정보)는 같은 조 제2항 및 제3항에 따라 요구하여 수신한 행정정보를 첨부정보로 제공할 수 있다(등기예규 제 1855-1호 제7조 제4항).

ⓞ 주금납입보관증명서 또는 잔고증명서에 해당하는 정보는 신청인이 금융기관에 요청하여 수신한 정보를 송신하는 방법으로 제출할 수 있다(등기예규 제1855-1호 제7조 제5항).

ⓩ 상업등기규칙 제35조 제2항, 제104조 제1항 및 그 밖의 규정에서 인감증명법에 따라 신고한 인감을 날인하고 그 인감증명서를 첨부하여야 하는 경우 작성명의인의 인증서정보를 송신하였을 때에는 인감증명서 정보를 송신할 필요가 없다(등기예규 제1855-1호 제7조 제6항).

② **전자증명서 등의 송신**

ⓣ 전자신청을 하기 위하여 신청정보를 송신할 때 당사자는 전자증명서를, 자격자대리인은 인증서와 사용자등록번호를 각각 함께 송신하여야 한다(등기예규 제1855-1호 제10조 제1항).

ⓛ 설립등기, 대표자 변경등기 등에 의하여 비로소 등기되는 등기신청권자나 그 밖에 등기기록에 등기되어 있지 않은 등기신청권자가 신청정보를 송신할 때에는 인증서와 사용자등록번호를 함께 송신하여야 한다(등기예규 제1855-1호 제10조 제2항).

ⓒ 자격자대리인이 위임장에 해당하는 첨부정보를 송신할 때에는 위임인의 전자증명서 또는 인증서(제2항의 등기신청권자의 위임에 따라 전자신청을 하는 경우)를 함께 송신하여야 한다. 다만, 제7조 제2항 단서의 방법(위임장을 스캔하거나 애플리케이션에서 제공하는 촬영 기능을 통해 전자적 이미지 정보로 변환)으로 작성된 위임장(첨부정보)을 송신하는 경우에는 위임인의 전자증명서 또는 인증서는 송신할 필요가 없다(등기예규 제1855-1호 제10 제4항 단서). **기출** 24

ⓔ 첨부정보를 전자문서로 송신할 때에는 작성명의인의 인증서를 함께 송신하여야 한다. 다만, 작성명의인이 법인인 경우에는 그 법인 대표자의 전자증명서를, 관공서인 경우에는 행정전자서명을 각각 송신하여야 한다(등기예규 제1855-1호 제10 제5항).

ⓜ 자격자대리인이 첨부정보를 전자적 이미지 정보로 송신할 때에는 위임인의 전자증명서 또는 인증서 (제2항의 등기신청권자의 위임에 따라 전자신청을 하는 경우)를 함께 송신하여야 한다(등기예규 제 1855-1호 제10 제6항 본문). 위임인이 전자증명서 등에 의하여 전자적 이미지 정보를 인증한 후에는 자격 자대리인이 첨부정보를 변경할 수 없다. 다만, 신청 후 보정을 하는 경우에는 그러하지 아니하다(등기 예규 제1855-1호 제10 제7항).

> 변호사나 법무사 등 자격자대리인이 상업등기 및 법인등기를 전자신청할 때 위임인으로부터 받은 첨부서면 인 공증인의 인증을 받은 법인 총회 등의 의사록 등을 전자적 이미지 정보로 변환(스캐닝)하여 송신하는 경우에는 위임인의 전자증명서 또는 공인인증서를 함께 송신하여야 하는데, 이때 전자적 이미지 정보로 변환(스캐닝)된 문서에 공증인법 제66조의6에 따라 공증인의 인증을 받아야 하는 것은 아니다(상업등기선례 제2-4호). **기출** 23

ⓑ 다만, 회사의 대표자의 주소 또는 주민등록번호의 변경이나 경정등기, 회사의 대표자를 제외한 임원의 변경 이나 경정등기의 전자신청시에 첨부정보를 전자적 이미지 정보로 변환하여 송신한 경우에는 작성자(위임 인)의 전자증명서 또는 인증서를 함께 송신할 필요가 없다(등기예규 제1855-1호 제10조 제6항 단서). **기출** 18

③ 등기신청을 공동으로 하는 경우의 승인 : 공동대표이사 등이 등기신청을 공동으로 하는 경우에는 그중 1인이 신청정보와 첨부정보를 입력한 후 등기신청을 공동으로 하는 다른 사람을 지정하고, 지정된 다른 사람은 전자증명서 또는 인증서(설립등기 또는 대표자변경등기의 경우에 한한다)에 의하여 승인을 한다 (등기예규 제1855-1호 제12조).

Ⅷ 등기의무해태와 과태사항통지

1. 개 설

① 상법 제2편의 합자조합에 관한 등기(상법 제2편 제4장의2의 등기)와 회사에 관한 등기(상법 제3편 회사 에 규정된 등기)의 경우 합자조합과 회사의 내용 등을 다수인에게 알릴 필요가 있기 때문에 일정한 기간 내에 등기하도록 하고, 등기를 해태한 때에는 500만원 이하의 과태료에 처하는 규정을 두어 등기의무이 행을 강제하고 있다(상법 제86조의9·제181조·제183조·제635조 제1항).

② 등기관이 과태료 부과대상이 있음을 안 때에는 지체 없이 그 사건을 관할 지방법원 또는 지원에 통지하여 야 한다(규칙 제176조).

2. 등기의무의 해태

① 개설 : 등기해태와 관련하여 상법은 제2편 제4장의2(합자조합)에서 정한 등기(상법 제86조의9)와 제3편(회 사편)에서 정한 등기(상법 제635조 제1항 제1호)의 해태에 관하여만 과태료 규정을 두고 있다. 따라서 상법 제1편에서 규정하고 있는 상호등기, 미성년자등기, 법정대리인등기 또는 지배인등기(개인 상인의 지배인 등기 및 회사의 지배인등기)의 해태에 대해서는 과태료 통지를 하지 아니한다. **기출** 23·16·11·10·08

② 등기기간의 계산 등
ⓐ '등기기간'이란 상법 등의 법령에 의하여 등기하도록 정하여져 있는 기간을 말한다.
ⓑ 상법 제2편 합자조합과 제3편의 회사의 각 등기에 관한 규정에서 등기기간을 정하고 있다. 다만, 합명회사, 합자회사 또는 유한책임회사의 설립등기와 같이 등기신청기간을 두지 않아 설립등기를 게을리한다는 것을 상정하기 어려운 경우도 있다.

ⓒ 기간계산에 관하여는 상법에 특별한 규정이 없으므로 민법에 의한다.

  ㉮ 기간을 일(日), 주(週), 월(月) 또는 연(年)으로 정한 때에는 기간의 초일은 산입하지 아니하며(그 기간이 오전 영(零)시로부터 시작하는 때에는 초일을 산입한다), 기간말일의 종료로 기간이 만료한다(민법 제157조, 제159조).

  ㉯ 기간의 말일이 토요일 또는 공휴일에 해당하는 때에는 기간은 그 익일로 만료한다(민법 제161조).

  ㉰ 민법 제161조는 기간의 '말일'이 토요일 또는 공휴일인 경우에만 적용되고 등기기간을 기산하는 '첫날'이 이에 해당하는 경우에는 위 규정이 적용되지 않고 바로 그 첫날부터 기산하며, 토요일 또는 공휴일이 기간의 중간에 있는 경우도 마찬가지다(대결 2004.4.28. 2004마181).

 ⓔ 관청의 허가 또는 인가를 요하는 등기할 사항에 관하여는 허가서 또는 인가서가 도달한 날로부터 등기기간을 기산하며(상법 제177조), 외국회사 영업소에 관한 등기사항이 외국에서 생긴 때에는 그 통지가 도달한 날로부터 등기기간을 기산한다(상법 제615조).

③ **등기의무자의 고의·과실** : 상업등기의 해태에 관하여 위반자의 고의·과실을 요건으로 하는지는 불분명하다(행정질서벌에 있어 원칙적으로 위반자의 고의·과실을 요하지 않는다는 대판 2000.5.26. 98두5972 참조). 그러나 형식적 심사권 밖에 없는 등기관은 등기해태에 대하여 고의·과실이 있는지 또는 그 위반행위에 정당한 사유가 있는지를 구분하지 않고 등기기간을 도과하였다면 과태사항을 통지하여야 한다고 본다(상업등기실무 1). **기출** 15

3. 과태사항통지

① **통지의 성격**

 ㉠ 상업등기 해태 과태료는 법원이 1차적으로 부과하므로 과태료재판절차는 법원이 직권으로 개시할 수 있다.

 ⓛ 그러나 법원으로서는 등기해태사실을 알 수 없으므로 실무상 등기관이 법원에 해태사실을 통지함으로써 절차가 개시되고 있다.

② **통지대상**

 ㉠ 상법상의 과태료 부과대상 중 법원이 1차적으로 과태료 부과처분을 하는 것은 상법 제86조의9와 제635조 제1항 제1호에 해당하는 경우로 등기를 해태한 때이다.

 ⓛ 등기해태료를 제외한 과태료는 법무부장관이 1차적으로 부과처분을 하고 이의제기시 법원이 과태료 재판절차를 개시한다.

 ⓒ 등기관은 상법 제2편 제4장의2 합자조합과 제3편 회사에서 정한 등기를 게을리한 경우에 한하여 과태사항통지를 하여야 하고, 법무부장관이 1차적으로 과태료 부과처분을 하는 이사 등의 선임해태 등에 대해서는 과태사항통지를 하지 않는다(등기예규 제1574호 제2조 제1항).

③ **과태료 부과대상자**

 ㉠ 회사에 관한 등기는 원칙적으로 당해 회사가 신청인이 되고 그 회사의 대표자가 회사를 대표해서 등기를 신청하므로(제23조), 등기의무는 회사에 있지만 그 등기를 해태한 것에 대하여 과태료에 처하여질 자는 상법 제635조 제1항에 열거된 자 중 회사를 대표해서 등기를 신청하였어야 할 자이고 회사가 아니다.

 ⓛ 대표이사가 여러 명인 때에는 대표이사는 원칙적으로 각자 회사를 대표해서 등기를 할 수 있기 때문에 모든 대표이사가 등기를 해태한 때에는 대표이사 전원이 과태료에 처하여진다.

ⓒ 공동대의 규정이 있는 경우에는 대표이사가 공동으로 등기를 신청할 것이지만 그중 1명이 신청에 협력하지 않은 때에도 대표이사 전원이 과태료에 처하여진다.

ⓔ 등기할 사항이 발생한 후에 취임한 대표자도 취임할 때까지 그 등기가 되어 있지 않은 때에는 회사의 등기의무는 이행되지 않은 것이기 때문에 취임 전에 발생한 사항의 등기를 신청하여야 하고, 이를 해태한 때에는 과태료에 처하여진다. 이 경우 새로 대표자로 취임한 자는 자신이 취임한 때로부터 등기기간을 계산하여 그 기간 내에 등기를 신청하면 과태료에 처하여지지 않는다.

ⓜ 퇴임한 대표자가 퇴임 전에 등기의무를 해태하고 있었다면 퇴임 전까지의 등기해태에 대해 퇴임 후에도 과태료에 처하여지지만, 퇴임 후에 발생한 당해 회사의 등기해태에 대해서는 그 퇴임한 대표자에게 등기신청의무가 인정되지 아니하므로 이에 대해서는 과태료에 처하여지지 않는다.

ⓑ 다만, 대표자가 임기만료 또는 사임으로 퇴임하더라도 법률 또는 정관에 정한 대표자의 원수 결여로 상법 제389조 제3항, 제386조 제1항 등에 의하여 대표자로서의 권리의무가 인정되는 경우라면 그 퇴임한 대표자는 당해 회사를 대표하여 등기를 신청할 의무가 있고, 그 의무를 해태한 경우 과태사항 통지의 대상이 된다.

④ 과태사항통지 법원과 통지 방법

㉠ 과태료 사건의 관할법원은 다른 법령에 특별한 규정이 있는 경우를 제외하고는 과태료에 처할 자의 주소지의 지방법원이다(비송법 제247조).

㉡ 대한민국에 주소가 없을 때 또는 대한민국 내의 주소를 알지 못할 때에는 거소지의 지방법원을, 거소가 없을 때 또는 거소를 알지 못할 때에는 마지막 주소지의 지방법원을, 마지막 주소가 없을 때 또는 그 주소를 알지 못할 때에는 재산이 있는 곳 또는 대법원 소재지를 관할하는 지방법원(서울중앙지방법원)을 관할법원으로 한다(비송법 제2조).

㉢ 회사에 2명 이상의 대표자가 있는 때에는 각각의 주소지 관할 법원에 위의 통지를 하여야 하며, 전·후임 대표자가 모두 해태의 책임을 져야 할 때에는 전·후임 대표자에 대하여 각각 그 고유의 등기해태에 대하여 과태사항통지를 하여야 한다.

4. 과태료사건의 재판

① 약식절차

㉠ 법원이 타당하다고 인정할 때에는 당사자의 진술을 듣지 아니하고 약식절차에 의하여 과태료의 재판을 할 수 있는데, 약식절차에 의할 것인지는 법원이 정한다(비송법 제250조 제1항).

㉡ 통상 등기해태로 인한 과태료사건의 경우 약식절차에 의하여 재판한 후, 이의신청이 있는 경우에 정식절차를 거쳐 재판한다.

㉢ 약식절차에 의한 과태료 재판에 대하여 당사자와 검사는 재판의 고지를 받은 날로부터 1주일 이내에 이의신청을 할 수 있다(비송법 제250조 제2항).

㉣ 이 경우 약식절차에 의한 과태료재판은 이의신청에 의하여 그 효력을 상실하고(비송법 제250조 제3항), 법원은 당사자의 진술을 듣고 다시 재판하여야 한다(비송법 제250조 제4항).

㉤ 이의신청의 방식에 대하여 특별한 규정은 없으나 서면으로 한다.

ⓗ 약식결정에 대해서는 곧바로 즉시항고를 제기할 수 없으므로, 약식결정에 대하여 즉시항고장이 제출된 경우, 이를 이의신청으로 보아 처리한다(재판예규 제1807호 3. 나.).

ⓢ 이의신청기간을 도과한 때에는 과태료 재판은 확정되어 더 이상 다툴 수 없으므로, 그 후에 제기된 이의신청은 부적법하여 각하된다(대결 1982.7.22. 82마337).

ⓞ 당사자가 책임질 수 없는 사유로 이의신청기간을 준수할 수 없는 경우 이의신청을 추완할 수 있다(대결 1981.9.30. 81마280).

ⓩ 그 밖에 민사소송법에 따른 재심이 가능하다.

② 정식절차

ㄱ 법원이 과태료 재판을 하기 전에 심문기일을 열어 당사자의 진술을 듣고 검사의 의견을 구하는 절차를 거치는 것을 '정식절차'라고 한다(비송법 제248조 제2항).

ㄴ 과태료 재판은 고지함으로써 효력이 생긴다. 과태료 사건에 관하여 종국결정이 내려진 때에는 즉시 그 결정등본을 위반자와 대응 검찰청 검사에게 송달하여야 한다(재판예규 제1807호 2.).

ㄷ 공시송달을 하는 경우에는 민사소송법에 의하여 한다(비송법 제18조 제1항·제2항).

③ 정식재판에 대한 불복

ㄱ 당사자의 진술을 듣고 한 과태료의 재판에 대하여는 즉시항고로써 불복을 신청할 수 있고, 이 경우 즉시항고에는 집행정지의 효력이 있다(비송법 제248조 제3항).

ㄴ 비송사건절차법 제23조에 의하여 준용하고 있는 민사소송법 제444조 제1항에 의하여 과태료재판에 대한 즉시항고기간은 1주일이다(헌재 1998.8.27. 97헌바17).

ㄷ 다만, 당사자가 책임질 수 없는 사유로 즉시항고기간을 준수할 수 없었던 경우에는 비송사건절차법 제10조, 민사소송법 제173조를 준용하여 그 사유가 없어진 후 2주일 내에 해태한 즉시항고를 추후보완할 수 있고, 이 경우에 민사소송법 제500조를 준용하여 법원은 강제집행의 일시정지 등을 명할 수 있다.

ㄹ 과태료의 재판이 확정된 경우에는 민사소송법에 따른 재심이 인정되고 있다.

5. 과태료재판의 집행

① 과태료 재판이 확정된 경우 법원사무관등은 대응하는 검찰청 검사에게 확정통보를 하고(재판예규 제1807호 5. 가.), 과태료의 재판은 검사의 명령으로 집행한다.

② 이 명령은 집행력 있는 집행권원과 동일한 효력이 있다. 집행절차는 민사집행법에 따르되, 집행을 하기 전에 재판의 송달을 할 필요는 없다(비송법 제249조).

Ⅸ 등록면허세 · 등기신청수수료 등의 납부

1. 개 요

신청인은 등기신청에 앞서 등록면허세 및 등기신청수수료를 납부하여야 하고, 등기신청과 관련하여 다른 법률에 의해 부과된 의무가 있다면 이를 미리 이행하여야 한다. 관공서 등의 촉탁에 따라 등기를 하는 경우에도 법령에 등록면허세 또는 등기신청수수료의 납부를 면제하는 규정이 없다면 등록면허세 및 등기신청수수료를 납부하여야 한다(등기예규 제251조 참조).

2. 등록면허세

① 상업등기의 세율 등

㉠ 등록면허세의 세율은 지방세법 제28조 제1항 제6호·제7호 및 제14호, 제28조 제2항 내지 제4항, 지방세법 시행령 제43조 내지 제45조에 규정되어 있는데, 등록면허세를 납부하는 경우에는 지방세법에 의하여 납부하여야 할 등록면허세액의 100분의 20에 해당하는 지방교육세를 함께 납부하여야 한다(지방세법 제150조 제2호·제151조 제1항 제2호).

㉡ 등록면허세 : 지방세법 제28조 제1항

등기의 목적			등록면허세(세율·세액)	
법인 등기	상사회사의 설립 또는 합병으로 인한 존속법인(제6호 가목)	설 립	납입한 주식금액이나 출자 금액 또는 현금 외의 출자 가액	4/1,000(0.4%) (세액이 112,500원 미만인 때에는 112,500원)
		자본 또는 출자증가	납입금액 또는 현금 외의 출자가액	
	비영리법인의 설립 또는 합병으로 인한 존속법인(제6호 나목)	설 립	납입한 출자총액 또는 재산가액	2/1,000(0.2%) (세액이 112,500원 미만인 때에는 112,500원)
		출자총액 또는 재산총액의 증가	납입한 출자 또는 재산가액	
	자산재평가적립금에 의한 자본 또는 출자금액의 증가 및 출자총액 또는 자산총액의 증가 (자산재평가법에 따른 자본전입은 제외) (제6호 다목)		증가한 금액	1/1,000(0.1%) (세액이 112,500원 미만인 때에는 112,500원)
	본점 또는 주사무소의 이전(제6호 라목)		112,500원	
	지점 또는 분사무소의 설치(제6호 마목)		40,200원	
	그 밖의 법인등기(제6호 바목)		40,200원	
상호 등 등기	상호의 설정 또는 취득(제7호 가목)		78,700원	
	지배인의 선임 또는 대리권의 소멸(제7호 나목)		12,000원	
	그 밖의 등기(제14호)			

㉢ 조세특례제한법, 관세법, 지방세법 또는 지방세특례제한법에 따라 등록면허세가 부과되지 아니하거나 감경되는 경우에는 원칙적으로 그 감면세액의 100분의 20의 비율에 해당하는 농어촌특별세를 납부하여야 하는데(농어촌특별세법 제2조 제1항 제1호·제3조 제1호·제5조 제1항 제1호), 일정한 경우에는 농어촌특별세도 납부하지 않도록 하고 있다(농어촌특별세법 제4조 제2호). 다만, 농어촌특별세법은 2024.6.30.까지만 유효하다(농어촌특별세법 부칙 제2조 본문).

② 수개의 등기사항을 일괄신청 하는 경우의 등록면허세 산정기준

    ㉠ 일괄신청의 산정방법 : 법인이 수 개의 등기사항을 하나의 신청서로써 일괄신청 하는 경우 원칙적으로 지방세법 제28조 제1항 제6호 각 목의 하나에 해당하는 세액을 합산한 금액의 등록면허세를 납부하여야 한다(등기예규 제1790호 제2조).

    ㉡ 설립등기

        ㋐ 법인이 설립등기를 신청할 때에는 등기사항에 관계없이 지방세법 제28조 제1항 제6호 가목 또는 나목의 등록면허세만 납부한다. 본점(주사무소를 포함한다)의 지배인(대리인을 포함한다)에 관한 등기를 동시에 신청하는 경우에도 같다(등기예규 제1790호 제3조 제1항).

        ㋑ 제1항에도 불구하고 설립과 동시에 지점(분사무소를 포함한다)을 설치한 경우에는 지점별로 지점에 관한 등록면허세를 별도로 납부하고, 지점에 지배인을 둔 경우에는 지배인을 둔 장소별로 지배인에 관한 등록면허세를 별도로 납부한다. 다만, 지점이나 지배인을 둔 장소가 동일 등기소의 관할구역 내인 경우에는 각각 1건의 등록면허세를 납부하되, 지점의 경우 수 개의 지점 중에 중과세 대상 지점이 있는 경우 그 지점에 대한 등록면허세를 납부한다(등기예규 제1790호 제3조 제2항).

    ㉢ 본점의 이전등기 : 법인이 본점을 이전한 경우 새 소재지를 관할하는 지방자치단체에 지방세법 제28조 제1항 제6호 라목의 등록면허세를 납부한다(등기예규 제1790호 제4조).

    ㉣ 지점의 설치등기

        ㋐ 법인이 지점을 설치한 경우 지점의 소재지를 관할하는 지방자치단체에 지방세법 제28조 제1항 제6호 마목의 등록면허세를 납부한다(등기예규 제1790호 제5조 제1항).

        ㋑ 법인이 수 개의 지점의 설치등기를 일괄하여 신청하는 경우 지점별로 등록면허세를 각각 납부한다. 다만, 동일 등기소의 관할구역 내에 수 개의 지점을 설치한 경우에는 1건의 등록면허세만 납부하되, 수 개의 지점 중에 중과세 대상 지점이 있는 경우 그 지점에 대한 등록면허세를 납부한다(등기예규 제1790호 제5조 제2항).

> **[예시]**
> • 주식회사가 지점을 서울에 2개, 대구에 2개, 부산에 1개 설치하여 일괄신청하는 경우 등록면허세는 3건(서울 1건, 대구 1건, 부산 1건)을 납부한다.
> • 주식회사가 수원(중과세 지역임)과 화성(중과세 지역 아님)에 지점을 설치하여 일괄신청하는 경우 수원의 등록면허세 1건을 납부한다(수원시와 화성시는 수원지방법원 등기국의 관할임).

    ㉤ 지점의 이전등기

        ㋐ 법인이 지점을 이전한 경우 새 지점의 소재지를 관할하는 지방자치단체에 지방세법 제28조 제1항 제6호 바목의 등록면허세를 납부한다(등기예규 제1790호 제6조 제1항).

        ㋑ 법인이 수 개의 지점의 이전등기를 일괄하여 신청하는 경우 지점별로 등록면허세를 각각 납부한다. 다만, 동일 등기소의 관할구역으로 수 개의 지점을 이전한 경우에는 1건의 등록면허세만 납부한다(등기예규 제1790호 제6조 제2항).

> **[예시]**
> 주식회사가 서초지점을 마포지점으로, 고양시 고양지점을 성동지점으로 이전하여 일괄신청하는 경우 등록면허세는 1건을 납부한다.

ⓑ 지점의 폐지등기

  ㉮ 법인이 지점을 폐지한 경우 지점 소재지를 관할하는 지방자치단체에 지방세법 제28조 제1항 제6호 바목의 등록면허세를 납부한다(등기예규 제1790호 제7조 제1항).

  ㉯ 법인이 수 개의 지점의 폐지등기를 일괄하여 신청하는 경우 지점별로 등록면허세를 각각 납부한다. 다만, 동일 등기소의 관할구역 내에서 수 개의 지점을 폐지한 경우에는 1건의 등록면허세만 납부한다(등기예규 제1790호 제7조 제2항).

ⓢ 지배인에 대한 변경등기

  ㉮ 법인이 지배인을 선임한 경우 지배인을 둔 장소를 관할하는 지방자치단체에 지방세법 제28조 제1항 제6호 바목의 등록면허세를 납부한다(등기예규 제1790호 제8조 제1항).

  ㉯ 법인이 수인의 지배인에 관한 등기를 일괄하여 신청하는 경우 지배인을 둔 장소별로 등록면허세를 각각 납부한다. 다만, 동일 등기소의 관할구역 내에서 수인의 지배인에 관한 등기를 일괄하여 신청하는 경우에는 1건의 등록면허세만 납부한다(등기예규 제1790호 제8조 제2항).

> **[예시]**
> 주식회사가 서초지점에 지배인 1인, 마포지점에 지배인 2인, 대구지점에 지배인 2인을 선임하여 일괄신청하는 경우 등록면허세는 2건(서울 1건, 대구 1건)을 납부한다.

ⓞ 변경등기 : 상호·목적·임원 등의 변경등기를 일괄하여 신청하는 경우 각각의 등록면허세(지방세법 제28조 제1항 제6호 바목)를 합산하여 납부한다. 다만, 동일한 등기사항에 수 개의 변경사항이 있는 경우(예 2인 이상의 임원의 취임 등)에는 1건의 등록면허세만 납부한다(등기예규 제1790호 제9조).

ⓩ 신주발행으로 인한 변경등기 : 신주발행으로 인한 자본금 증가의 변경등기 신청 시 회사가 발행할 주식의 총수(발행예정주식총수)의 변경등기를 일괄하여 신청하더라도 신주발행으로 인한 자본금 증가의 변경등기에 필요한 등록면허세(지방세법 제28조 제1항 제6호 가목부터 다목까지)만 납부한다(등기예규 제1790호 제10조).

3. 등기신청수수료

① 등기목적별 등기신청수수료 금액(등기사항증명서 등 수수료규칙 제5조의3, 제5조의5 제3항·제4항, 등기예규 제1861호 3. 가.)

등기의 목적	수수료			비 고
	방문신청	e-Form	전자신청	
㉠ 회사 또는 합자조합의 설립에 따른 등기(합병·분할·분할합병 및 조직변경으로 인한 설립등기와 외국회사 영업소설치등기 포함)	35,000원	28,000원	20,000원	합병·분할·분할합병·조직변경으로 인한 해산 등기 수수료(㉢)는 별도 납부함
㉡ 본점(합자조합의 주된 영업소 및 외국회사 영업소 포함)을 다른 등기소 관할구역으로 이전하는 경우에 신소재지에서 하는 본점이전등기				
㉢ 위의 ㉠과 ㉡ 외의 나머지 등기	7,000원	5,000원	2,000원	등기 목적마다 각각 수수료를 함

※ 법원의 촉탁에 의한 등기, 멸실회복등기 및 행정구역·지번의 변경, 주민등록번호(또는 부동산등기용등록번호)의 정정, 등기관의 과오로 인한 등기의 착오 또는 유류를 원인으로 하는 경정 및 변경등기는 그 신청수수료를 받지 아니함(등기사항증명서 등 수수료규칙 제5조의3 제2항).

※ 등기관이 직권으로 등기하는 경우에는 등기신청수수료를 받지 아니한다(등기예규 제1861호 9.).

② 등기신청수수료 산정의 예시

회사설립의 등기	회사가 설립등기를 신청하는 경우에는 등기사항에 관계없이 <u>설립등기신청수수료만 납부한다.</u> 회사의 설립과 동시에 지점을 설치하는 경우에도 같다(등기예규 제1861호 3. 라. (1)).
본점이전의 등기	• 회사 또는 합자조합이 본점을 동일 등기소의 관할구역에서 이전하는 경우에는 7,000원, <u>다른 등기소의 관할구역으로 이전하는 경우에는 35,000원의 신청수수료를 납부한다</u>(등기예규 제1861호 3. 라. (2) (가)). • 외국회사가 영업소를 동일 등기소의 관할구역에서 이전하는 경우에는 7,000원, 다른 등기소의 관할구역으로 이전하는 경우에는 종전 소재지에 관한 영업소이전등기는 7,000원, 새 소재지에 관한 영업소이전등기는 35,000원의 신청수수료를 납부한다(등기예규 제1861호 3. 라. (2) (나)).
회사합병의 등기	• 신설합병의 경우 신설회사에 대한 설립등기 신청수수료 35,000원과 소멸회사에 대한 해산등기 신청수수료 7,000원을 각 납부하여야 한다(등기예규 제1861호 3. 라. (3) (가)). • <u>흡수합병의 경우</u> 존속회사에 대한 변경등기 신청수수료 7,000원과 소멸회사에 대한 해산등기 신청수수료 7,000원을 각 납부하여야 한다(등기예규 제1861호 3. 라. (3) (나)).
조직변경의 등기	주식회사를 유한회사로 조직변경 하는 때에는 조직변경으로 인한 주식회사의 해산등기 신청수수료 7,000원과 유한회사의 설립등기 신청수수료 35,000원을 각 납부하여야 한다(등기예규 제1861호 3. 라. (4)).
그 밖의 등기	상호의 등기를 한 자, 미성년자, 법정대리인이 영업소를 동일 등기소의 관할구역에서 이전하는 경우에는 7,000원, 다른 등기소의 관할구역으로 이전하는 경우에는 종전 소재지 및 새 소재지에 관한 영업소이전등기에 대해 각각 7,000원의 신청수수료를 납부한다. 지배인등기기록의 지배인을 둔 장소를 이전하는 경우에도 같다(등기예규 제1861호 3. 라. (2) (다)).

종류주식의 발행에 따른 변경등기 시 수수료(상업등기선례 제201911-1호)
1. 법인등기 신청 시 수수료는 「등기사항증명서 등 수수료규칙」 제5조의3 제2항에 의해 각 등기목적에 따라 산정한다.
2. <u>신주발행에 의한 변경등기의 신청 시 '발행주식의 총수와 그 종류 및 각각의 수, 자본금의 총액의 변경등기, 종류주식의 내용의 등기' 전부에 대해 1건의 등기신청수수료를 납부하여야 한다.</u> **기출** 25
3. 종류주식의 발행에 따른 변경등기를 신청하는 경우 정관에 기재되어 있는 '종류주식의 내용'에 관한 등기도 함께 신청하여야 하나(종류주식의 등기에 관한 예규 제3조 제1항), '종류주식의 내용'란은 발행신주의 내용을 명확하게 공시하기 위한 것에 불과하므로 이에 대하여 별도의 수수료를 납부 할 필요가 없다.

X **등기의 촉탁절차**

1. 서 론

① 상업등기는 당사자의 신청 또는 관공서의 촉탁에 따라 한다. 다만, <u>법률에 다른 규정이 있는 경우에는 그러하지 아니하다</u>(제22조 제1항). **기출** 18
② 관공서가 등기를 촉탁하기 위해서는 비송사건절차법 제107조(그 밖의 등기촉탁을 할 경우) 및 민사집행법 제306조(법인임원의 직무집행정지 등 가처분의 등기촉탁)와 같이 해당 등기의 촉탁에 관한 법령상의 근거규정이 있어야 하며, 상업등기에 있어서의 대표적인 촉탁등기는 위 2개 조항에 의하여 주로 이루어진다.

2. 당사자 출석주의의 예외

① 촉탁에 따른 등기절차에 관하여는 법률에 다른 규정이 없는 경우에는 신청에 따른 등기에 관한 규정을 준용한다(제22조 제2항).

② 당사자 출석주의가 적용되지 아니하므로 촉탁인이나 그 대리인이 반드시 등기소에 출석할 필요가 없으며 우편에 의하여 촉탁할 수 있다(제24조 제2항 제1호). 그러나 전화나 전보, 말에 의한 촉탁은 가능하지 않다.

③ 등기신청서에 날인할 자는 미리 인감을 등기소에 제출하여야 하나, 관공서의 촉탁에 의한 등기의 경우에는 미리 등기소에 인감을 제출할 필요가 없으며, 촉탁서에 인감을 날인할 필요도 없다(제25조 제3항 제1호).

④ 법원이 등기를 촉탁하는 경우에는 등기신청수수료를 납부하지 않는다.

3. 신청정보 및 첨부정보

① 촉탁서의 방식에 관하여 상업등기법 제51조 제1항이 준용되고(제22조 제2항), 촉탁서의 첨부서면에 관하여 신청에 관한 규정을 배제하는 규정이 없기 때문에 촉탁할 때 상업등기법 및 상업등기규칙에서 각각의 등기신청별로 정하는 서면을 첨부하여야 한다.

② 법원이 회사의 본점 소재지의 등기소에 등기를 촉탁하는 때에는 촉탁서에 재판의 등본을 첨부하여야 한다(비송법 제108조). 그리고 법원의 재판에 따른 등기를 할 때에는 법원의 명칭, 사건번호 및 재판의 확정연월일 또는 재판연월일을 기록하여야 한다(규칙 제55조 제2항).

4. 촉탁등기를 신청하는 경우

① 제1심수소법원 또는 법원이 등기를 촉탁하는 경우

> **비송사건절차법 제107조(그 밖의 등기촉탁을 할 경우)** 기출 21
>
> 다음 각 호의 어느 하나에 해당하는 경우에는 제1심 수소법원은 회사의 본점 소재지의 등기소에 그 등기를 촉탁하여야 한다.
> 1. 회사 청산인의 해임 재판이 있는 경우
> 2. 합명회사, 합자회사 또는 유한회사의 설립을 취소하는 판결이 확정된 경우
> 3. 합명회사 또는 합자회사의 사원 제명 또는 그 업무집행권한이나 대표권 상실의 판결이 확정된 경우
> 4. 주식회사의 이사·감사·대표이사 또는 청산인이나 유한회사의 이사·감사 또는 청산인의 직무를 일시적으로 맡아 할 사람을 선임한 경우
> 5. 주식회사의 이사 또는 감사나 유한회사 이사의 해임 판결이 확정된 경우
> 6. 주식회사의 창립총회 또는 주주총회나 유한회사의 사원총회가 결의한 사항이 등기된 경우에 결의취소·결의무효확인·결의부존재확인 또는 부당결의의 취소나 변경의 판결이 확정된 경우
> 7. 주식회사의 신주 발행 또는 자본금 감소의 무효판결이 확정된 경우
> 8. 주식회사의 주식 교환 또는 이전의 무효판결이 확정된 경우
> 9. 유한회사의 자본금 증가 또는 자본 감소의 무효판결이 확정된 경우
> [2024.9.20. 일부개정, 시행 2025.1.31.]

> **주주총회 결의취소판결 후 촉탁에 의한 등기의 대상 및 이사선임 후 취소 전 등기행위의 효력(상업등기선례 제 201910-1호)**
>
> 1. 주주총회에서 결의한 사항을 등기한 후 주주총회결의 취소판결이 확정된 때에는 제1심 수소법원의 촉탁에 따라 본점 소재지에서 등기한다(상법 제308조 제2항, 제378조). 다만 등기관이 말소등기를 하기 위해서는 등기사항이 등기되어 있는 외에 등기기록상 현재 효력이 있는 것이어야 한다. 이사 선임결의 취소판결이 확정되기 전에 이사가 사임하고 사임의 등기가 이루어진 경우에는 그 이사의 등기는 말소되어 있으므로 이사 선임결의 취소의 등기를 하지 않는다(직무집행정지가처분등기 등 재판에 따른 등기에 관한 업무처리지침 제3조 제1항, 등기예규 제719호).
> 2. 형식적 심사권밖에 없는 등기관으로서는 주주총회결의취소판결이 확정되었다고 해서 <u>그 결의 이후의 이사회결의에 무효의 사유가 있는지 여부, 후속 주주총회결의에 절차상·내용상의 하자가 있는지 여부, 절차상·내용상의 하자가 있다면 그 하자가 주주총회결의부존재·무효의 사유인지 또는 취소의 사유인지</u> 등의 문제를 판단하기 어려우므로 당해 결의의 효력에 대한 판결이 존재하거나(판결이유 포함), 등기부·등기신청서와 첨부서면 자체에 의하여 무효임이 명백한 특별한 사정 등이 없다면 등기관은 그 후속 이사회나 주주총회의 결의에 따른 등기를 직권말소할 수 없을 것이다(2019.10.16. 사법등기심의관-3908 질의회답) (상법 제376조, 제380조, 「상업등기법」 제26조, 제75조, 제76조 내지 제80조, 직무집행정지가처분등기 등 재판에 따른 등기에 관한 업무처리지침[예규 제1536호], 상업등기선례 제1-67호, 제2-86호 등).

② 기타의 경우

> - 회사의 해산을 명한 재판이 확정된 때(비송법 제93조)
> - 회사설립을 무효로 하는 판결이 확정된 때(비송법 제98조)
> - 회사의 합병, 주식회사의 분할 또는 분할합병을 무효로 하는 판결이 확정된 때(비송법 제99조)

③ 담보부사채신탁법에 의한 등기의 촉탁이 있는 경우 : 금융위원회가 업무변경과 그 밖의 명령 또는 등록의 취소(담보부사채신탁법 제9조 또는 제10조)에 따라 업무의 정지를 명하거나 등록을 취소하였을 때에는 등기소는 금융위원회의 촉탁에 의하여 그 등기를 하여야 한다(담보부사채신탁법 제97조). 이에 따른 금융위원회의 등기촉탁이 있는 경우에는 다음 각 호의 구분에 따라 그 등기를 하여야 한다(규칙 제175조).

> - 촉탁이 신탁업자의 업무정지에 관한 것일 때에는 그 뜻의 등기
> - 촉탁이 은행사업을 겸하는 신탁업자의 등록취소에 관한 것일 때에는 목적변경의 등기
> - 촉탁이 신탁사업을 전업으로 하는 신탁업자의 등록취소에 관한 것일 때에는 해산의 등기

④ 촉탁할 수 없거나 촉탁에 의한 등기를 할 수 없는 경우

> - 주식회사의 설립취소의 등기
> - 본점이전금지 가처분에 의한 촉탁등기
> - <u>법원이 선임한 청산인의 선임등기</u> **기출** 21

⑤ 촉탁등기의 실행 : 촉탁에 따른 등기절차에 관하여는 법률에 다른 규정이 없는 경우에는 <u>신청에 따른</u> <u>등기에 관한 규정을 준용한다</u>(제22조 제2항).

직무집행정지가처분등기 등 재판에 따른 등기에 관한 업무처리지침[등기예규 제1826호, 개정 2025.1.20]

제1조(목적)
이 예규는 법인(합자조합을 포함한다. 이하 같다)과 관련된 등기사항에 관한 직무집행정지가처분등기 등 재판에 따른 등기에 관한 등기관의 업무처리절차를 규정함을 목적으로 한다.

제2조(등기신청인과 첨부서면)
① 재판에 따른 등기는 법령에 촉탁 근거가 있는 경우에는 <u>법원(법원서기관·법원사무관·법원주사 또는</u> <u>법원주사보를 포함한다)의 촉탁으로, 법령에 촉탁 근거가 없는 경우에는 법인을 대표하는 자가 그 등기를</u> <u>신청한다.</u> `기출` 16
　[촉탁 또는 신청에 의한 등기의 예시]
　(ㄱ) 새 소재지로 본점이전등기를 한 후 본점이전의 주주총회결의에 대한 무효확인판결이 확정된 경우에
　　새 소재지 등기소에 하는 제1심수소법원의 등기촉탁
　(ㄴ) <u>민법상 법인의 이사회결의 무효확인판결이 확정된 경우에 그 법인의 대표자가 하는 등기신청</u> `기출` 16
② 제1항의 등기를 신청하는 경우에는 그 재판이 있었음을 증명하는 서면을 첨부하여야 한다.

제3조(재판에 따른 등기)
① 등기사항을 기입, 변경, 말소, 회복하는 취지의 재판이 있는 경우에 등기관은 그것이 등기할 수 있는 것이면 재판의 내용에 따라 등기기록에 기입, 변경, 말소, 회복등기를 하여야 한다. 다만, 말소할 대상이 일체로서 등기되어 있는 사항의 일부인 경우에는 그 사항 전부를 말소하고 그 부분을 제외한 사항을 다시 기록하고 괄호 안에 변경의 연월일을 함께 등기하여야 한다.
　[등기할 수 있는 경우의 예시]
　(ㄱ) 이사선임결의 무효판결이 확정된 경우 이사취임등기의 말소등기
　(ㄴ) 신주발행 등기 후 2회에 걸쳐 추가로 신주발행 등기를 한 후 최초의 신주발행결의에 관하여 무효판결이
　　확정된 경우 그 신주발행에 따른 등기의 말소등기
　[등기할 수 없는 경우의 예시]
　(ㄱ) 본점이전금지가처분결정이 있는 경우 그 가처분등기
　(ㄴ) <u>이사선임결의 무효판결이 확정되기 전에 그 이사의 사임등기가 된 경우 이사취임등기의 말소등기</u>
`기출` 16
② 등기관이 제1항에 따라 등기를 함에 있어서 그 등기로 인하여 말소 또는 회복할 필요가 있는 등기사항이 있는 경우에는 직권으로 그 사항을 말소 또는 회복하여야 한다. 다만, 재판에 따른 해산등기로 등기기록을 폐쇄하는 경우에는 그러하지 아니하다.
　[말소 또는 회복할 필요성이 있는 경우의 예시]
　(ㄱ) 설립무효의 등기를 할 때에 감사 외에 임원에 관한 기록의 말소
　(ㄴ) 판결에 따라 임원등기를 말소할 때에 그 임원등기의 말소로 인하여 종전 임기만료 또는 사임한 임원이
　　상법 제386조 제1항, 제389조 제3항, 제415조의 규정에 의하여 권리의무가 있는 경우에 그 사람에
　　관한 기록의 회복
　[말소할 필요성이 없는 경우의 예시]
　<u>분할합병의 무효판결에 따라 설립한 회사에 대한 해산등기를 할 때에 임원에 관한 기록의 말소</u> `기출` 16

제4조(재판에 따른 등기기록)
재판에 따른 등기를 할 때에는 <u>법원의 명칭, 사건번호, 재판의 확정연월일 또는 재판연월일을 기록하여야</u> 한다(例 이사 등의 직무집행정지 등의 가처분의 등기). `기출` 17

제2장 제3장 제4장 기출문제

제5조(직무집행정지가처분등기 등과 다른 등기신청과의 관계)

① 직무집행정지가처분등기가 말소되기 전이라도 직무집행이 정지된 임원에 대하여 적법한 절차에 의한 해임 등의 사유를 원인으로 한 말소등기 신청이 있는 경우에는 이를 수리하여야 한다. 다만, 직무집행정지가처분 등기와 함께 직무대행자선임가처분등기가 마쳐진 경우, 직무대행자선임가처분등기가 말소되기 전에는 직무집행이 정지된 임원에 대한 해임 등에 의한 퇴임등기나 후임자 취임등기를 수리하여서는 아니 된다.

기출 17 · 16 · 14 · 13

> 등기부에 직무집행정지 가처분등기만 되어 있고 직무대행자선임 가처분등기가 되어 있지 않을 경우에는 등기예규 제359호는 그 적용이 없으므로 직무집행정지 가처분등기가 말소되기 전이라도 직무집행이 정지된 임원에 대한 해임등기 및 후임 임원의 선임등기 신청을 할 수 있다(상업등기선례 제1-270호).

② 직무집행정지된 당해 임원에 대한 말소등기를 한 때에는 직무집행정지가처분등기도 이를 직권으로 말소하여야 한다. 이 경우 등기관은 지체 없이 그 뜻을 [별지1] 양식에 의하여 가처분재판을 한 법원에 통지하여야 한다.

③ 제1항에 의하여 말소한 후 해임무효 등의 판결이 확정되어 촉탁 등을 원인으로 말소된 임원에 대한 등기를 회복하는 때에는 직무집행정지가처분등기도 직권으로 회복하여야 한다. 다만, 직무집행정지가처분등기가 가처분 취소결정 등을 원인으로 실효되었음이 소명된 때에는 그러하지 아니하다.

부 칙

제1조(시행일)

이 예규는 2014년 11월 21일부터 시행한다.

제2조(다른 예규의 폐지)

다음 각 호의 예규를 각각 폐지한다.
1. 본점이전금지가처분 결정에 의한 가처분촉탁등기의 수리 여부(등기예규 제673호)
2. 주주총회결의부존재확인판결에 의한 이사등 취임등기말소와 종전이사 등의 등기회복(등기예규 제719호)
3. 이사 등의 임원에 대한 직무집행정지 가처분등기 말소에 관한 사무처리지침(등기예규 제1079호)

부 칙(2025.1.20. 제1826호)

이 예규는 2025년 1월 31일부터 시행한다.

제5절 등기처리절차

I 총 설

1. 등기처리절차의 의의

① 신청서가 접수되면 등기관은 이를 조사하여 법 제26조 각 호의 각하사유가 없는 한 그 신청을 수리하여 등기를 실행하여야 한다.

② 신청에 잘못된 부분이 있어도 그 잘못된 부분이 보정될 수 있는 경우로서 등기관이 보정을 명한 날의 다음 날까지 그 잘못된 부분이 보정될 수 있는 경우에는 보정을 명하고, 보정이 가능하지 않거나 당사자가 보정명령에 응하지 않는 경우에는 그 신청을 각하하게 된다.

2. 등기처리절차의 변화

① 전산화 이전에 수작업에 의하여 등기사무를 처리할 때는 등기신청서가 접수되면 등기관이 신청서를 먼저 조사한 후, 각하사유가 없으면 기입담당자가 비로소 등기용지에 등기사항을 기재하고 등기관이 날인(교합)을 하는 것이 일반적이었다.

② 전산화 이후에는 미리 신청내용을 등기 시스템에 기입하였더라도 등기관이 식별부호에 의하여 전자서명하기 전에는 기록된 내용을 쉽게 수정할 수 있고 그 흔적이 등기부에는 남지 않으며, 신청서 내용대로 미리 등기부에 기록을 하고 그 기록된 내용을 기초로 신청서, 첨부정보 등과 비교하여 신청사건을 조사하는 것이 편리하므로 자연스럽게 등기실행절차가 접수, 기입, 조사, 교합의 순서로 변경되었다.

Ⅱ 등기신청의 조사 및 교합

1. 서 설

등기신청이 접수되면 등기관은 지체 없이 신청에 관한 모든 사항을 조사하여야 하고(규칙 제54조 제1항), 조사결과 신청에 따른 등기를 할 것인가, 보정을 명할 것인가, 신청을 각하할 것인가를 결정하여야 한다.

2. 등기관의 형식적 심사권

① 등기관의 심사권이란 등기부에 허위의 등기가 행하여지는 것을 막고, 실체관계에 맞는 등기가 이루어지도록 신청의 적법 여부를 심사할 수 있는 권한을 말한다.

② 등기관의 심사권에 관한 입법주의에는 형식적 심사주의와 실질적 심사주의가 있는데, 우리 상업등기법은 형식적 심사주의를 취하고 있다. 따라서 등기관은 실체관계의 효력에 관하여 심사할 수 있고 심사하여야 하지만 실체사항을 확인하기 위하여 당사자 또는 대리인에 대하여 증명을 요구하거나 심문할 수 없고 현장확인이나 사실조회 등을 할 수 없으며, 등기부, 신청서 및 그 첨부정보 이외의 자료를 심사자료로 할 수 없다(상업등기선례 제1-72호, 제1-74호, 제1-87호, 제1-119호, 제1-186호, 제1-382호, 제1-414호).

> **주식회사의 설립 시 1주의 발행가액을 발기인별로 차별하여 정할 수 있는지 여부**
> 주식회사의 설립 시 1주의 액면가액이 금 5,000원인 주식의 발행가액을 A발기인에 대해서는 금 5,000원, B발기인에 대하여는 금 100,000원, C발기인에 대하여는 금 200,000원으로 각각 달리한 설립등기신청이 있을 경우, 등기관은 형식적 심사권만 가지고 있으므로 주주평등의 원칙에 반하는지 여부와 관계없이 위와 같은 내용의 설립등기신청을 수리할 수 있다(상업등기선례 제1-87호). **기출** 23

③ 대법원도 "등기공무원은 등기신청에 대하여 실체법상의 권리관계와 일치하는 여부를 심사할 실질적 심사권한은 없고 오직 신청서 및 그 첨부서류와 등기부에 의하여 등기요건에 합당하는지 여부를 심사할 형식적 심사권한 밖에는 없다"고 판시하여(대결 1995.1.20. 94마535; 대결 2008.12.15. 2007마154), 같은 입장이다.

> 원칙적으로 등기공무원은 등기신청에 대하여 실체법상의 권리관계와 일치하는지 여부를 심사할 실질적 심사권한은 없고 오직 신청서 및 그 첨부서류와 등기부에 의하여 등기요건에 합당하는지 여부를 심사할 형식적 심사권한밖에는 없다. 따라서 등기관이 구 비송사건절차법 제159조 제10호에 의하여 등기할 사항에 관하여 무효 또는 취소의 원인이 있는지 여부를 심사할 권한이 있다고 하여도 그 심사방법에 있어서는 등기부 및 신청서와 법령에서 그 등기의 신청에 관하여 요구하는 각종 첨부서류만에 의하여 그 가운데 나타난 사실관계를 기초로 판단하여야 하고, 그 밖에 다른 서면의 제출을 받거나 그 외의 방법에 의해 사실관계의 진부를 조사할 수는 없다(대결 2008.12.15. 2007마154).

3. 심사의 기준시점

① 신청사건에 대한 등기관의 심사의 기준시점은 '등기기록에 기록하려고 할 때'이다.

② 대법원도 부동산등기와 관련한 사안에서, "등기공무원이 부동산등기법 제55조에 의하여 등기신청서류에 대한 심사를 하는 경우의 심사의 기준 시는 바로 등기부에 기재(등기의 실행)하려고 하는 때인 것이지 등기신청서류의 제출시가 아닌 것이다"라고 판시하였는데(대결 1989.5.29. 87마820), 이는 상업등기에서도 동일하게 적용된다고 본다(상업등기실무 1).

4. 신청서 및 첨부정보의 조사방법

① 개 설
  ㉠ 등기관은 조사화면에서 등기사항이 정상적으로 입력되었는지를 신청서와 대조하여 확인하고, 오류가 있을 경우 기입수정을 한다.
  ㉡ 그런 다음 신청서와 첨부정보를 중심으로 등기신청에 법 제26조 각 호 등의 각하사유가 있는지를 조사한다.

② 첨부정보를 위조한 등기신청이 있는 경우 : 첨부정보가 위조문서로 의심이 가는 경우에는 신청인 또는 대리인에게 알려 그 진위를 확인하여 처리하고, 위조문서임이 확실한 경우에는 수사기관에 고발조치한 후 그 고발조치 및 고발에 대한 처분의 통보가 있는 경우 이를 법원행정처장에게 보고한다(등기예규 제1377호 제3조).

5. 등기관의 사건처리

① 등기관은 등기사무를 전산정보처리조직을 이용하여 등기부에 등기사항을 기록하는 방식으로 처리하여야 한다(제8조 제2항).

② 등기관은 접수번호의 순서에 따라 등기사무를 처리하여야 한다(제8조 제3항).

③ 등기관이 등기사무를 처리하였을 때에는 등기사무를 처리한 등기관이 누구인지 알 수 있는 조치를 하여야 한다(제8조 제4항).

6. 교합(校合)

① 의의 : 등기신청에 각하사유가 없고 기입내용에 오류가 없을 경우 등기관은 교합하여야 한다. 여기에서 '교합'이란 수작업등기부를 기준으로 등기사건을 처리할 때는 등기부의 기입내용을 확인하고 등기부에 날인하는 행위를 의미하였으나, 전산등기부에서는 등기관이 미리 부여받은 식별부호를 기록하게 함으로써 등기사무를 처리한 등기관이 누구인지 알 수 있는 조치를 취하는 것을 말한다(제8조 제4항, 규칙 제3조 제3항).

② 방 법
  ㉠ 등기관은 접수번호의 순서에 따라 등기사무를 처리하여야 한다(제8조 제3항).
  ㉡ 등기관이 등기사무를 처리하였을 때에는 등기사무를 처리한 등기관이 누구인지 알 수 있는 조치를 하여야 한다(제8조 제4항). 법 제8조 제4항의 등기사무를 처리한 등기관이 누구인지 알 수 있도록 하는 조치는 각 등기관이 미리 부여받은 식별부호를 기록하는 방법으로 한다(규칙 제3조 제3항).

Ⅲ   등기신청의 취하 및 보정

1. 등기신청의 취하

① 개 설

  ㉠ 등기신청의 취하란 그 신청에 따른 등기가 완료되기 전에 등기신청의 의사표시를 철회하는 것을 말한다.

  ㉡ 등기신청의 취하는 등기신청인 또는 그 대리인이 할 수 있는데, 대리인이 등기신청을 취하하는 경우에는 취하에 대한 특별수권이 있어야 한다.

  ㉢ 등기신청 대상 법인의 대표자가 2인 이상이면서 각자 대표인 경우로서 정관 등에서 대표권을 제한하지 않은 경우에는 그 등기신청을 하지 않은 대표자(이하 "등기미신청각자대표"라 한다)도 그 신청을 취하할 수 있다(등기예규 제1822호 제2조 제2항).

② 취하의 시기

  ㉠ 등기신청의 취하는 등기관이 등기를 마치기 전까지 할 수 있다(규칙 제56조 제1항). 여기에서 '등기관이 등기를 마치기 전'이란 등기완료 전 또는 각하결정 전이라고 해석된다.

  ㉡ 구체적으로 등기신청의 취하는 등기관이 등기기록에 등기신청정보를 기록하고 상업등기규칙 제3조 제3항의 식별부호를 기록하기 전까지 할 수 있다(등기예규 제1822호 제4조). **기출** 13

③ 등기신청 취하 방법

  ㉠ 방문신청에 의한 등기신청의 경우 : 방문신청에 의한 등기신청을 취하하는 경우 신청인 또는 그 대리인이 등기소에 출석하여 취하서를 제출하는 방법으로 하여야 한다(규칙 제56조 제2항 제1호). 즉, 등기를 신청한 당사자 또는 취하 권한이 있는 대리인은 등기소에 출석하여 별지 양식의 취하서를 제출하는 방법으로 등기신청을 취하한다(등기예규 제1822호 제2조 제1항).

  ㉡ 전자신청에 의한 등기신청의 경우 : 전자신청에 의한 등기신청을 취하하는 경우 전산정보처리조직을 이용하여 취하정보를 전자문서로 등기소에 송신하는 방법으로 하여야 한다(규칙 제56조 제2항 제2호).

> **등기예규 제1822호 제3조(전자신청의 취하 방법)**
> ① 「상업등기법」 제24조 제1항 제2호 또는 「비송사건절차법」 제66조 제1항, 제67조 제1항에 따라 법인등기를 전산정보처리조직을 이용하여 신청한 경우에는 전자문서로 취하하여야 한다. **기출** 13
> ② 취하 내용을 담은 전자문서에는 등기신청 시 송신한 전자증명서 또는 「상업등기규칙」 제67조 제4항 제2호 에 따른 인증서로 전자서명을 하여 등기소에 송신하여야 한다.

④ 취하에 따른 등기관의 조치

  ㉠ 취하서가 제출된 경우 담당 공무원은 취하서의 왼쪽 아래 빈자리에 접수인을 찍고 접수번호를 기재한 다음 기타문서접수장에 등재한다(등기예규 제1822호 제5조).

  ㉡ 취하서는 등기관이 전산정보처리조직에 취하 조치(다음부터 "취하처리"라 한다)를 한 다음 신청서 기타 부속서류 편철장 중 취하된 신청서를 편철하였어야 할 곳에 편철한다(등기예규 제1822호 제6조 제1항).

  ㉢ 취하된 신청서와 그 부속서류는 신청서에 부착된 접수번호표에 취하라고 주서한(붉은 색으로 쓴) 후 당사자나 대리인에게 반환한다(등기예규 제1822호 제6조 제2항). **기출** 13

2. 등기신청의 보정

① 개 설

⊙ 등기관은 등기신청이 상업등기법 제26조 각 호의 각하사유 중 어느 하나에 해당하는 경우에는 이유를 적은 결정으로 신청을 각하하여야 한다. 다만, 신청의 잘못된 부분이 보정될 수 있는 경우로서 등기관이 보정을 명한 날의 다음 날까지 신청인이 그 잘못된 부분을 보정하였을 때에는 그러하지 아니하다(제26조).

⊙ 등기관이 신청서류에 잘못된 부분이 있음을 발견한 경우 신청인 또는 대리인에게 이를 보정하도록 권고함은 바람직하지만, 법률상 보정명령을 하거나 석명해야 할 의무는 없다(대결 1969.11.6. 67마243).

② 보정통지

⊙ 등기관은 흠결사항에 대한 보정이 없으면 그 등기신청을 각하할 수밖에 없는 경우에만 보정통지를 하여야 하고, 그 흠결이 각하사유에 해당하지 않는다면 보정통지를 할 필요가 없고 해서도 안 된다.

⊙ 등기관이 등기신청에 대하여 보정을 명하는 경우에는 보정이 필요한 사항과 그 근거가 된 법령, 예규 등을 구체적으로 제시하여야 한다(등기예규 제1718호 제6조 제1항).

⊙ 보정통지는 신청인에게 말로 하거나 전화, 팩시밀리 또는 인터넷을 이용하여 할 수 있다(규칙 제54조 제3항).

③ **보정기간** : 신청인은 등기관이 보정을 명한 날의 다음 날까지 그 잘못된 부분을 보정할 수 있고, 보정기간 내에 보정을 한 경우 등기관은 등기신청을 각하하여서는 아니 된다(제26조 단서). 여기에서 '다음 날'이 토요일 또는 공휴일에 해당하는 때에는 그 다음 날까지 보정할 수 있다(민법 제161조 참조).

④ **보정의 방법** : 보정은 당사자 본인이나 그 대리인이 등기소에 출석하여 한다(등기예규 제1718호 제6조 제2항).

⑤ **등기관의 처리** : 보정통지를 한 후에는 보정 없이 등기를 하여서는 안 된다. 따라서 잘못된 부분이 보정기간 내에 보정되지 않았다면 신청을 각하하여야 하고, 각하결정을 한 후 이를 고지하기 전에 보정되었다고 하여 이미 내려진 각하결정을 되돌릴 수는 없다(등기예규 제124호 참조).

Ⅳ 등기신청의 각하

1. 서 설

① 등기신청이 접수되었을 때에는 등기관은 지체 없이 신청에 관한 모든 사항을 조사하여야 하고, 특히 등기소에 제출되어 있는 인감과 등기기록에 관한 사항은 전산정보처리조직을 이용하여 조사하여야 한다(규칙 제54조 제1항, 제2항).

② 조사결과 신청이 적법하면 이를 수리하여 등기를 실행하고, 만약 신청에 법 제26조 각 호 등 법령에서 정하는 각하사유가 있고 그 사유가 보정할 수 없는 사항이거나 신청인이 보정하지 아니할 때에는 등기관은 이유를 기재한 결정으로써 각하처분을 하여야 한다.

③ 상업등기법은 제26조에서 일반적 각하사유를, 제56조 제1항(및 그 준용규정), 제64조 제1항(및 그 준용규정), 제67조(및 그 준용규정), 제72조 제1항 등에서 개별적 각하사유를 규정하고 있다. 위 규정의 각하사유들은 한정적 열거사항으로 해석하여야 하므로 등기신청이 위 각하사유에도 해당하지 않고 다른 법령에서 별도로 정한 각하사유에 해당하지 않는 한 등기관은 이를 수리하여 등기하여야 한다.

2. 각하사유

① 의의 : 상업등기법 제26조는 제1호부터 제9호까지는 절차상의 각하사유를, 제10호는 실체상의 각하사유를, 제12호부터 제16호까지는 특수한 등기에 있어서 적용되는 절차상의 각하사유를, 제17호는 등록면허세 납부 등 다른 법률에 의해 부과된 의무를 이행하지 않은 것을 이유로 하는 각하사유를 각각 규정하고 있다. 제11호(거쳐야 할 등기소를 거치지 아니하고 신청한 경우)는 2024.9.24. 법 개정으로 삭제되었다.

② 절차상의 각하사유(제1호~제9호)

사건이 그 등기소의 관할에 속하지 아니한 때(제1호)
• 상업등기사무는 등기 당사자의 영업소 소재지를 관할하는 등기사무를 담당하는 지방법원 또는 그 지원(支院) 또는 등기소에서 처리하는 것이 원칙이다(제4조).
• 다만, 동일 시·군·구 내에 여러 개의 등기소가 있고 그중 하나의 등기소에 상업등기사무가 위임되어 있을 때에는 그 위임받은 등기소가 상업등기사무를 처리한다(등기소의 설치와 관할구역에 관한 규칙 제4조).

사건이 등기할 사항이 아닌 때(제2호)

- 등기할 사항으로 정하여지지 않은 것은 등기할 수 없다. 따라서 ㉠ 지배인 이외의 상업 사용인에 관한 사항 ㉡ 정관에서 정하는 대표이사의 직무대행자에 관한 사항(상업등기선례 제1-368호) ㉢ 전환사채나 신주인수권부사채가 아닌 보통의 사채에 관한 사항(상법 제514조의2, 제516조의8) ㉣ 본점이전금지가처분(상업등기선례 제1-118호) ㉤ 신주발행효력정지의 가처분 등은 등기할 사항이 아니다.
- 정관에서 정하는 대표이사의 직무대행자에 관한 사항은 '사건이 등기할 사항이 아닌 경우'로서 각하사유에 해당한다(상업등기선례 제1-368호, 제1-434호 등 참조). **기출** 22
- 공고방법은 주식회사(상법 제289조 제1항 제7호, 제317조 제2항 제1호)와 유한책임회사(상법 제287조의5 제1항 제6호)에 있어서만 등기사항이다. 따라서 합명회사의 공고방법에 대한 등기를 신청한 경우, 법 제26조 제2호(사건이 등기할 사항이 아닌 경우)의 각하사유에 해당한다. **기출** 17
- 등기된 사항에 무효의 원인이 있는 경우 등기 당사자는 그 등기의 말소를 신청할 수 있고(상업등기법 제77조), 등기의 말소를 신청하는 자는 무효의 원인이 있음을 증명하는 정보를 제공하여야 한다(상업등기규칙 제169조 제1항). 이 경우 말소등기를 위한 첨부정보는 법률상 열거되어 있지 않기 때문에 '등기된 사항의 무효 또는 부존재를 확인하는 확정판결문'은 무효의 원인을 증명하는 첨부정보가 될 수 있다. 확정된 신주발행부존재확인 판결을 무효의 원인을 증명하는 첨부정보로 제공하여 신청한 신주발행의 변경등기에 대한 말소등기 취지의 경정등기신청은 상업등기법 제77조에 의하여 허용되는 적법한 말소등기신청이며, 상업등기법 제26조 제2호의 사건이 등기할 사항이 아닌 경우에 해당한다고 보기 어렵다(상업등기선례 제201903-1호). **기출** 20

사건이 그 등기소에 이미 등기되어 있는 때(제3호)

상업등기법 제8조 제3항에 의하면 등기관은 접수번호의 순서에 따라 등기를 하여야 하므로, 동일한 등기사항에 관하여 양립할 수 없는 내용의 등기신청이 순차로 접수된 경우, 먼저 접수된 등기신청에 각하 사유가 없는 이상, 선행 등기신청에 따라 등기를 실행하고 나중에 접수된 등기신청은 '사건이 그 등기소에 이미 등기되어 있는 때'에 해당된다고 보아 상업등기법 제26조 제3호에 따라 그 신청을 각하하여야 한다(대결 2008.12.15. 2007마1154). **기출** 19

사건이 신청권한 없는 사람의 신청에 의한 때(제4호)

- 법원 또는 관공서의 촉탁에 의하여 등기할 사항을 당사자가 신청한 경우, 이는 상업등기법 제26조 제4호의 신청할 권한이 없는 사람이 신청한 경우에 해당하므로, 등기관은 이를 각하하여야 한다. **기출** 18
- 회사의 등기에 대하여는 회사에 신청적이 인정된다(대판 2004.2.27. 2002다19797).
- 외국회사의 등기는 대한민국에서의 대표자가 외국회사를 대표하여 신청한다(제23조 제3항). **기출** 16
- 파산법인과 파산재단은 법인격상 동일하지 않으므로 파산재단의 사무실이전을 파산법인의 본점이전으로 보아 등기할 수는 없으며, 파산법인의 본점이전은 비재산적 활동범위에 속하므로 일반절차에 따라 법인의 대표자가 본점이전등기신청을 하여야 한다(상업등기선례 제1-134호). **기출** 24 · 16
- 업무집행조합원은 합자조합 설립 후 2주 내에 주된 영업소의 소재지에서 설립에 따른 등기를 신청하여야 한다(상법 제86조의4 제1항). **기출** 16
- 공동대표의 정함이 있는 경우는 반드시 대표권을 공동으로 행사하여야 한다. 등기신청의 경우도 같다. 따라서 공동대표의 정함이 있는 경우에 그 공동대표자 중 1인이 단독으로 회사를 대표해서 등기를 신청한 경우, 법 제26조 제4호(신청할 권한이 없는 사람이 신청한 경우)의 각하사유에 해당한다. **기출** 17
- 주식회사의 대표이사가 이사직을 사임함으로 인하여 법률과 정관에서 정한 대표이사의 원수를 결하게 되었지만 이사의 원수를 결하지는 않는 경우, 당해 퇴임한 이사에 관하여는 이사의 결원에 관한 상법 제386조 제1항이 적용되지 않으므로 그 이사는 이사로서의 권리의무가 없으며, 대표이사직의 전제인 이사 또는 이사로서의 권리의무가 있는 자의 자격이 없으므로 대표이사로서의 권리의무도 없다(상업등기선례 제2-35호). 따라서 이러한 경우 이사직을 사임한 대표이사가 신주발행에 따른 변경등기를 신청하였다면, 신청할 권한이 없는 자에 의한 등기신청에 해당하여 각하의 대상이 된다(제26조 제1항 제4호). **기출** 16 · 13
- 법률 또는 정관에 정한 이사의 원수를 결하게 된 경우 필요하다고 인정할 때에는 법원은 이사 · 감사 기타 이해관계인의 청구에 의하여 일시적으로 이사의 직무를 행할 자를 선임할 수 있다(상법 제386조 제2항). 일시이사는 직무대행자선임 가처분결정에 의하여 선임된 이사의 직무대행자와 달리, 회사의 상무에 속하지 않는 행위도 처리할 수 있기 때문에 그 권한은 본래의 이사의 권한과 같다(대결 1968.5.22. 68마119; 대판 1981.9.8. 80다2511). 회사를 대표하는 자인 대표이사 또는 집행임원이 본점이전의 등기를 신청하여야 하므로(제23조 제1항 참조), 대표이사 동일한 권한을 갖는 일시 대표이사의 직무를 행할 자는 본점이전의 등기를 신청할 수 있다. **기출** 16

당사자 또는 그 대리인 등의 출석이 필요한 경우에 출석하지 아니한 때(제5호)

- 방문신청의 방식으로 등기를 신청하면서 당사자 또는 그 대리인이 출석하지 아니한 때에는 본 호에 의하여 등기신청을 각하한다. 따라서 우편에 의한 신청 및 사자(使者)에 의한 신청은 수리할 수 없다. 다만, 대리인이 변호사 또는 법무사[법무법인·법무법인(유한)·법무조합 또는 법무사합동법인을 포함]인 경우에는 관할 지방법원장의 허가를 얻은 사무원으로 하여금 등기소에 출석하여 신청서를 제출하도록 하는 것이 가능하다.
- 촉탁에 따른 등기 등 대법원규칙으로 정하는 등기의 경우에는 우편을 이용하여 신청정보 및 첨부정보를 적은 서면을 등기소에 제출하는 방법으로 등기를 신청할 수 있다(제24조 제2항). **기출** 22·17

신청서가 방식에 적합하지 아니한 때(제6호)

- 등기의 신청은 서면(전자신청의 경우 전자문서)으로 하여야 하며, 그 서면에는 상업등기규칙 제51조 제1항 각 호의 사항을 기재하고 신청인이 기명날인(전자신청의 경우에는 전자서명) 하여야 한다(제24조 제4항, 규칙 제60조 제1항).
- 그 밖에 상업등기규칙 제2조(등기기록에 사용할 문자 등), 제60조(방문신청의 방법) 제2항, 제62조(신청서 등의 문자), 제100조(본점이전등기와 상호변경 등기), 제167조(경정등기신청) 제2항 등에서 신청서 작성방식에 관하여 규정하고 있다.

상업등기법 제25조에 따른 인감의 제출이 없거나 등기신청서 등 인감을 날인하여야 하는 서면에 찍힌 인감이 상업등기법 제25조에 따라 제출된 인감과 다른 경우(제7호)

인감의 제출이 없는 때는 물론, 신청서 또는 위임장에 날인된 인감이 등기소에 제출된 인감과 다른 때, 상업등기규칙 제73조와 제74조의 상호의 양도를 증명하는 서면과 면책등기에 대한 양도인의 승낙을 증명하는 서면 등에 찍힌 인감이 등기소에 제출된 인감과 다른 때에도 본 호에 의하여 각하한다.

신청서에 필요한 서면을 첨부하지 아니한 때(제8호)

첨부정보에 관하여는 상업등기법, 상업등기규칙 등에 규정되어 있다. 이러한 규정에 정하고 있는 서면을 첨부하지 아니한 때에는 본 호에 의하여 각하한다.

신청서와 그 첨부정보 및 이와 관련된 등기기록(폐쇄한 등기기록을 포함한다)의 각 내용이 서로 맞지 아니한 때(제9호)

- 신청서의 기재가 등기기록의 내용과 맞지 아니하는 때 : 신청서에 기재한 상호 또는 본점이 등기기록에 기록된 그것과 서로 다른 경우, 신청서에 사임할 것으로 기재된 대표이사의 등기가 등기기록에는 없는 경우 등이 이에 해당한다.
- 신청서의 기재가 첨부정보의 기재와 맞지 아니하는 때 : 이사·감사의 취임등기신청서에 기재한 이사·감사의 성명·주민등록번호 등이 그 첨부정보인 주주총회의사록에 이사·감사로 선임된 것으로 기재된 자의 성명·주민등록번호 등과 다른 경우 등이 이에 해당한다.
- 첨부정보의 기재가 등기기록의 내용과 맞지 아니하는 때 : 첨부정보인 주주총회의사록에 기재된 발행주식총수가 등기기록에 기재된 그것과 다른 경우 등이 이에 해당한다.
- 첨부정보의 기재가 서로 맞지 아니하는 때 : 신주발행으로 인한 변경등기 신청서의 첨부서면인 주식청약서 또는 신주인수권증서에 기재된 주금의 납입은행과 그 신청서에 첨부된 주금납입금 보관증명서를 발행한 은행이 다른 경우 등이 이에 해당한다.

③ 실체상의 각하사유 – 등기할 사항에 무효 또는 취소의 원인이 있는 때(제10호)
  ㉠ 등기관은 등기할 사항의 존부 또는 효력의 유무, 취소원인의 유무에 관하여 심사하여 상업등기법 제26조 제10호에 의하여 등기신청을 각하할 수 있다. 다만, 이러한 실체적 사항을 심사함에 있어서 등기관은 형식적 심사주의를 따라야 한다(대결 2008.12.15. 2007마1154).
  ㉡ 등기할 사항에 무효 또는 취소의 원인이 있어도 그 무효 또는 취소를 소(訴)로써만 주장할 수 있는 경우에 있어서 그 소가 제기기간 내에 제기되지 아니한 때에는 등기신청을 각하할 수 없다(제27조). 이 경우 등기의 신청서에는 제기기간 내에 소가 제기되지 아니한 사실을 증명하는 서면과 등기할 사항의 존재를 증명하는 서면을 첨부하여야 한다(규칙 제52조 제2항).

④ 특수한 각하사유
　　㉠ 동시에 신청하여야 하는 다른 등기를 동시에 신청하지 아니한 때(제12호)
　　　㉮ 회사가 합병을 한 경우 소멸회사의 본점 소재지에서 하는 해산등기의 신청은 존속회사 또는 신설
　　　　회사의 변경 또는 설립등기의 신청과 동시에 하여야 한다(제63조 제3항 및 그 준용규정).
　　　㉯ 조직변경으로 인한 변경 전 회사의 해산등기와 변경 후의 회사의 설립등기의 신청은 동시에 하여
　　　　야 한다(제66조).
　　　㉰ 본점 소재지에서 하는 분할신설회사·흡수분할합병회사·분할존속회사·분할소멸회사의 설립
　　　　등기·변경등기·해산등기의 신청은 분할신설회사 또는 흡수분할합병회사의 본점 소재지를 관
　　　　할하는 등기소에 동시에 하여야 한다(제71조 제3항).
　　　㉱ 위 각각의 등기를 동시에 신청하지 아니한 때에는 본 호에 의하여 각하한다.
　　㉡ 사건이 동일한 특별시, 광역시, 특별자치시, 시(행정시를 포함) 또는 군(광역시의 군은 제외) 내에서
　　　동종의 영업을 위하여 다른 사람이 등기한 것과 동일한 상호의 등기 또는 가등기를 목적으로 하는
　　　때(제13호) **기출** 22
　　　㉮ 상업등기법 제29조 또는 제45조에 의하여 등기 또는 가등기가 금지되는 동일상호에 해당하기
　　　　위해서는 (i) 신청인의 상호가 타인의 상호와 동일할 것, (ii) 신청인이 타인과 동일 또는 동종의
　　　　영업을 하거나 하려고 할 것, (iii) 신청인이 타인의 상호의 등기가 있는 특별시·광역시·시·군
　　　　의 관할 등기소에 상호에 관한 등기를 신청하였을 것의 3가지의 요건을 모두 충족한 경우이어야
　　　　한다(등기예규 제1547호 제6조).
　　　㉯ 따라서 등기관은 회사설립등기, 상호의 등기, 상호의 변경등기, 상호의 가등기 신청뿐만 아니라
　　　　목적변경의 등기(상호 가등기의 등기사항 중 목적을 변경하는 경우 포함) 또는 본점을 다른 등기
　　　　소의 관할구역에서 당해 등기소의 관할구역으로 이전하는 등기의 신청도 그 신청에 의하여 등기
　　　　를 한다면 상업등기법 제29조 또는 제45조에 반하게 되는 때에는 본 호에 의하여 각하한다(등기예
　　　　규 제1547호 제4조).
　　㉢ 사건이 법령의 규정에 따라 사용이 금지된 상호의 등기 또는 가등기를 목적으로 하는 때(제14호) :
　　　회사가 아니면서 상호에 회사임을 표시하는 문자를 사용하여 등기신청한 경우(상법 제20조), 금융투자
　　　업자가 아니면서 상호에 금융투자라는 문자를 사용하여 등기신청한 경우(자본시장법 제38조 제1항) 등이
　　　이에 해당한다. **기출** 22
　　㉣ 상호등기가 말소된 회사의 경우 상호의 등기에 앞서 다른 등기를 신청한 때(제15호) : 회사에 있어서도
　　　상호의 등기가 말소될 수 있는데, 이와 같은 회사는 우선 상호의 등기를 한 다음에 다른 등기를 하여
　　　야 한다(등기예규 제1558호 3. 가).
　　㉤ 사건이 상업등기법 제38조 제3항, 제39조 제2항 또는 제40조 제1항 단서를 위반한 때(제16호) : 상호의
　　　가등기에 있어서 주식회사 또는 유한회사 설립을 위한 상호가등기 및 관할 외 본점이전을 위한 상호
　　　가등기의 경우에는 본등기를 할 때까지의 예정기간이 2년, 상호나 목적, 상호와 목적변경을 위한
　　　상호가등기의 경우에는 본등기를 할 때까지의 예정 기간이 1년을 초과할 수 없으므로, 이에 위반한
　　　상호의 가등기신청은 본 호에 의하여 각하한다.

⑤ 등록면허세 또는 등기신청수수료를 내지 아니하거나 등기신청과 관련하여 다른 법률에 따라 부과된 의무를 이행하지 아니한 때(제17호)

    ㉠ 등록면허세의 부과·징수 권한은 지방자치단체에 있으므로 등기관은 등록면허세의 납부 여부를 심사함에 있어서 등록면허세의 영수필 확인서가 등기신청서에 첨부되었는지, 그 납세명세가 등기신청서의 기재사항과 부합하는지를 조사하면 되고, 등록면허세액이 정확한지까지 심사할 것은 아니다(상업등기선례 제1-48호).

    ㉡ 법원이 촉탁하는 경우 등기신청수수료를 납부하지 않는다는 규정이 있지만(수수료규칙 제5조의3 제2항 단서), 등록면허세에 관하여는 그러한 규정이 없다.

3. 각하결정

① 등기신청(촉탁을 포함)을 심사한 결과 상업등기법 제26조 각 호의 각하사유 등 법령에서 정하는 각하사유가 있고, 그 사유가 보정되지 않은 때에는 이유를 기재한 결정으로써 신청을 각하하여야 한다(제26조).

② 일단 등기관이 각하결정을 한 후에는 이를 취소할 수 없다(등기예규 제124호).

4. 불복방법

① 등기관이 각하결정을 한 경우 등기신청인은 이의신청을 할 수 있다. 이의사유는 각하결정이 부당하다는 사유면 족하고 특별한 제한은 없다.

② 각하사유가 있음에도 이를 간과하고 등기관이 등기를 한 경우에는, 그 사유가 아래 ㉠에 해당하는 때에는 등기관의 처분에 대한 이의신청으로 다툴 수 있지만, ㉡에 해당하는 때에는 등기관의 처분에 대한 이의절차로 다툴 수 없다.

    ㉠ 상업등기법 제26조 제1호, 제2호, 제3호, 제10호 사유 중 등기할 사항에 무효의 원인이 있는 때(다만, 소로써만 그 무효를 주장할 수 있는 경우는 제외)의 각하사유를 간과한 경우

        ㉮ 위의 각하사유가 있음에도 신청에 따라 등기가 된 경우, 그 등기는 당연무효이므로 등기관으로 하여금 상업등기법 제78조부터 제80조의 절차에 따라 직권으로 말소하도록 하고 있다.

        ㉯ 만약, 등기관이 직권으로 말소하지 않고 있다면 당사자는 이의신청의 방법으로 그 등기의 말소를 신청할 수 있다(제77조).

    ㉡ 상업등기법 제26조 제4호부터 제9호까지, 제10호(등기할 사항에 관하여 취소의 원인이 있거나 소로써만 그 무효를 주장할 수 있는 무효의 원인이 있는 경우에 한함), 제11호부터 제17호까지의 각하사유를 간과한 경우

        ㉮ 그 등기를 당연무효라고 할 수는 없으므로 등기관이 직권으로 등기를 말소할 수 없다.

        ㉯ 등기관의 처분에 대한 이의신청의 방법으로도 이를 다툴 수 없고, 말소소송으로 다투어야 한다(대결 2008.3.17. 2007마1572).

> - 등기를 마친 후에 이해관계인이 등기관의 처분에 대한 이의신청으로 다툴 수 있는 것은, 등기관이 직권으로 말소할 수 있는 각하사유이어야 한다. 등기할 사항에 취소의 원인이 있는 경우는 이에 해당하지 아니하므로, 이의신청이 아닌 말소소송으로 다투어야 한다(대결 2008.3.17. 2007마1572 참조).
>
>   기출 19
>
> - [1] 이의신청을 할 수 있는 자는 등기관의 결정 또는 처분이 부당하다고 하는 자로 이의신청을 하는 것에 관해 법률상 이익이 있어야 하므로, 등기관의 결정이나 처분의 부당을 주장하는 데 아무런 이해관계가 없는 자는 이의신청을 할 수 없다.
>   [2] 따라서 확정된 주주총회부존재확인판결에 따라 제1심 수소법원이 등기를 촉탁하였는데 등기관이 각하결정을 한 경우 등기신청인에 한하여 이의신청을 할 수 있고 제3자는 이의신청을 할 수 없다(상업등기선례 제201507-3호). 기출 20

Ⅴ 제소기간이 지난 후의 등기신청

1. 서 설

등기할 사항에 소(訴)로써만 주장할 수 있는 무효 또는 취소의 원인이 있더라도 그 소가 제소기간 내에 제기되지 아니한 때에는 상업등기법 제27조에 의하여 등기할 수 있다. 제소기간이 지난 후에는 그 무효 또는 취소를 다툴 수 없게 되므로 결국 유효한 것으로 확정되는데, 그와 같은 경우에도 등기신청을 각하한다면 등기가 실체관계와 다르게 되기 때문에 등기할 수 있는 길을 마련해 둔 것이다.

2. 상업등기법 제27조에 의하여 등기할 수 있는 경우

① 제소기간 내에 소로써만 다투어야 하는 경우

    ㉠ 신주, 전환사채, 신주인수권부사채의 발행에 관해 무효의 원인이 있는 경우

        ㉮ 신주발행의 무효는 주주·이사 또는 감사에 한하여 신주를 발행한 날로부터 6월 내에 소(訴)만으로 이를 주장할 수 있다(상법 제429조).

        ㉯ 명시적 규정은 없지만 전환사채 또는 신주인수권부사채의 발행의 무효도 소(訴)만으로 주장할 수 있는 것으로 해석하고 있다(대판 2004.6.25. 2000다37326; 대판 2022.10.27. 2021다201054).

> - 상법은 제516조 제1항에서 신주발행의 유지청구권에 관한 제424조 및 불공정한 가액으로 주식을 인수한 자의 책임에 관한 제424조의2 등을 전환사채의 발행의 경우에 준용한다고 규정하면서도, 신주발행무효의 소에 관한 제429조의 준용 여부에 대해서는 아무런 규정을 두고 있지 않으나, 전환사채는 전환권의 행사에 의하여 장차 주식으로 전환될 수 있는 권리가 부여된 사채로서, 이러한 전환사채의 발행은 주식회사의 물적 기초와 기존 주주들의 이해관계에 영향을 미친다는 점에서 사실상 신주를 발행하는 것과 유사하므로, 전환사채 발행의 경우에도 신주발행무효의 소에 관한 상법 제429조가 유추적용된다(대판 2004.6.25. 2000다37326).

- 신주인수권부사채는 미리 확정된 가액으로 일정한 수의 신주인수를 청구할 수 있는 신주인수권이 부여된 사채로서, 신주인수권부사채 발행의 경우에도 주식회사의 물적 기초와 기존 주주들의 이해관계에 영향을 미친다는 점에서 사실상 신주를 발행하는 것과 유사하므로, 신주발행무효의 소에 관한 상법 제429조가 유추적용된다. 신주인수권부사채 발행의 무효는 주주 등이 신주인수권부사채를 발행한 날로부터 6월 내 소만으로 주장할 수 있고, 6월의 출소기간이 지난 뒤에는 새로운 무효 사유를 추가하여 주장할 수 없다. 따라서 신주인수권부사채 발행일로부터 6월 내에 신주인수권부사채발행무효의 소가 제기되지 않거나 6월 내에 제기된 신주인수권부사채발행무효의 소가 적극적 당사자의 패소로 확정되었다면, 이후에는 더 이상 신주인수권부사채 발행의 무효를 주장할 수 없다. 다만 신주인수권부사채에 부여된 신주인수권의 행사나 그로 인한 신주 발행에 대해서는 상법 제429조를 유추적용하여 신주발행무효의 소로써 다툴 수 있다. 이때에는 특별한 사정이 없는 한 신주인수권 행사나 그에 따른 신주 발행에 고유한 무효 사유만 주장할 수 있고, 신주인수권부사채 발행이 무효라거나 그를 전제로 한 주장은 제기할 수 없다(대판 2022.10.27. 2021다201054).

ⓒ 회사 설립의 무효 또는 취소, 주식회사의 분할 또는 분할합병의 무효, 주식회사와 유한회사의 자본금감소의 무효, 유한회사의 증자무효 등의 경우에는 소로써 그 무효를 주장하여야 하지만 그 소는 등기가 완료된 후가 아니면 소의 제소기간이 진행되지 않기 때문에 상업등기법 제27조가 적용되지 않는다.

ⓛ 등기할 사항의 발생의 원인이 된 주주총회 또는 사원총회의 결의에 취소의 원인이 있는 경우

㉮ 주식회사·유한회사의 주주총회 또는 사원총회의 소집절차 또는 결의방법이 법령 또는 정관에 위반하거나 현저하게 불공정한 때 또는 그 결의의 내용이 정관에 위반한 때에는 주주(사원)·이사 또는 감사는 결의의 날로부터 2월 내에 결의취소의 소를 제기할 수 있다(상법 제376조 제1항·제578조).

㉯ 주주총회결의의 무효에 관하여는 소로써만 주장할 것을 요한다는 견해와 요하지 않는다는 견해가 있으나, 어느 견해에 따르더라도 상법 제380조의 주주총회결의 무효확인의 소의 제소기간에는 제한이 없기 때문에, 무효인 주주총회의 결의에 의하여 생긴 등기사항에 관해서는 상업등기법 제27조가 적용되지 않는다. 유한회사의 사원총회결의에 무효의 원인이 있는 경우도 마찬가지이다.

② 소가 각하되거나 기각된 경우 등

㉠ '소가 제소기간 내에 제기되지 아니한 때'에는 소송이 제소기간 내에 제기되지 않은 경우뿐만 아니라 제소기간 내에 제기되었지만 각하되거나 당사자가 소송을 취하한 후, 소의 제소기간이 경과하여 누구도 소송을 제기할 수 없게 된 경우도 포함된다.

㉡ 적법하게 소가 제기되었지만 기각된 때에는 원래 그 소가 이유 없었던 것이기 때문에 등기할 사항에 무효 또는 취소의 원인이 있었던 것으로 보지 않는다.

3. 등기기간

① 상업등기법 제27조에 의하여 등기를 신청하는 경우, 그 등기기간은 무효 또는 취소의 소의 제소기간이 경과한 때로부터 진행한다.

② 제소기간 내에 제기되었지만 제소기간이 지난 후에 각하된 경우에는 각하된 때부터 진행하는 것으로 해석된다.

4. 첨부정보

① 상업등기법 제27조에 의하여 등기를 신청할 때에는 같은 법 제27조의 소(訴)가 제소기간 내에 제기 되지 아니한 사실을 증명하는 정보와 등기할 사항의 존재를 증명하는 정보를 첨부정보로서 등기소에 제공하여야 한다.

② 제소기간 내에 소가 제기되지 아니한 사실을 증명하는 정보
  ㉠ 회사는 그 본점 소재지를 관할하는 지방법원 또는 그 지원에 법 제27조의 소가 그 제소기간 내에 제기되지 아니한 사실을 증명하는 서면의 발급을 신청할 수 있다(규칙 제52조 제2항).
  ㉡ 예를 들면, 무효 또는 취소의 소를 제소기간 내에 제기하였지만 각하되거나 소를 취하한 경우에는 그 각하결정 등본 또는 취하증명서와 제소기간 내에 소가 제기되지 않았다는 것을 증명하는 서면을 첨부정보로 제공하여야 한다.

③ 등기할 사항의 존재를 증명하는 정보
  ㉠ 상업등기법 제27조에 의하여 등기를 하는 경우에도 등기할 사항의 존재를 증명하는 서면을 첨부하여야 하는데(규칙 제52조 제2항), 그 서면이란 등기의 종류에 따라 상업등기법 및 그 밖의 법령에서 첨부할 것을 정하고 있는 등기사항의 기입, 변경, 말소, 회복을 증명하는 서면을 말한다.
  ㉡ 일반적으로 등기신청서에 첨부해야 하는 서면은 등기할 사항의 진정을 담보하는 것으로 등기할 사항이 적법한 것임을 증명하는 서면이어야 하는데, 상업등기법 제27조에 의하여 등기를 신청할 때는 첨부서면의 기재내용으로 판단하면 등기할 사항에 관해 무효 또는 취소의 원인이 있는 경우에도 그 서면을 첨부하면 된다. 예를 들면, 주주총회의사록의 기재내용에 따르면 정족수에 미달하고 결의에 취소원인이 있는 경우에도 상업등기법 제27조에 의하여 등기할 때에는 그 의사록을 첨부하면 된다.

제6절   등기의 경정과 말소

Ⅰ   총 설

① '등기의 경정'은 착오로 실제의 법률관계와 다른 등기가 된 경우 또는 등기에 빠진 것이 있어서 불완전한 등기가 된 경우에 그 등기를 진실한 법률관계와 합치시키거나 표시를 완전하게 하기 위하여 하는 등기이다.
② '등기의 말소'는 등기가 무효인 경우 또는 등기된 사항에 부합하는 실체관계가 존재하지 않거나 무효인 경우에 그것을 말소하는 것을 말한다.
③ 등기의 경정 또는 말소는 당사자의 신청에 의하여 또는 등기관이 직권으로 한다(제75조~제80조).

Ⅱ 등기의 경정

1. 경정의 사유

① 등기에 착오가 있는 경우

  ㉠ 등기에 착오가 있다고 함은 등기와 실체관계가 합치하지 않는 것을 말한다. 당사자가 의욕한대로 등기가 되었더라도 실체관계와 일치하지 않는 경우에는 등기에 착오가 있는 것으로 해석된다(상업등기 선례 제1-129호 참조).

  ㉡ 상업등기법 제75조는 경정사유로 '등기에 착오나 빠진 부분이 있을 때'라고 하고 있으므로 등기 자체에 착오가 있으면 경정의 사유로 되고, 등기에 착오가 발생한 것이 당사자의 고의 또는 과실에 의한 것인지는 문제되지 않는다.

  ㉢ 착오가 발생한 원인은 신청인의 행위에 의한 것이든 등기관의 행위에 의한 것이든 묻지 않고 경정사유가 된다. 다만, 등기의 착오가 등기관의 과오에 의한 때에는 등기관이 직권으로 경정하지 않으면 안 된다.

② 등기에 빠진 부분이 있는 경우

  ㉠ 등기에 빠진 부분이 있다고 하는 것은 등기가 불완전하게 된 것을 말한다. 즉 일정한 실체관계가 발생한 경우에 그것을 표시하기 위해서 어떤 사항을 등기할 것인가는 상법, 상업등기법 등 법령에 정하고 있기 때문에 일정한 실체관계를 표시하기 위해 행해진 등기가 법령에서 정하고 있는 등기사항을 완전하게 표시하고 있지 않는 경우에는 등기에 빠진 부분이 있다고 할 수 있다.

  ㉡ 예를 들면, 개인상인의 상호의 등기에 있어서는 상호, 영업의 소재지, 영업의 종류, 상호사용자의 성명·주민등록번호 및 주소가 등기사항으로 되어 있으므로(제30조), 상호의 등기를 하면서 영업의 소재지를 등기하지 않은 것은 등기에 빠진 부분이 있는 경우에 해당한다.

  ㉢ 처음부터 등기가 되어 있지 않은 경우 또는 등기사항이 동시에 발생하였지만 그 등기사항이 한 개의 등기를 구성하지 않고 개별로 등기할 수 있는데 그 가운데 한 개의 사항을 등기하고 다른 사항을 등기하지 않은 경우에는 등기를 해태한 것이고 등기에 빠진 부분이 있는 것은 아니다.

  ㉣ 예를 들면, 주주총회에서 현재 3명의 이사와 1명의 감사를 다시 중임했지만, 이사 3명에 대해서만 중임등기를 신청하고 감사에 대해서는 중임등기를 신청하지 않은 경우 이는 등기에 빠진 부분이 있는 경우에 해당하지 않는다.

2. 경정의 절차

① 신청인

  ㉠ 등기의 신청인은 등기에 착오나 빠진 부분이 있을 때에는 그 등기의 경정을 신청할 수 있다(제75조). 다만, 경정의 대상이 되는 등기의 신청인 등에 대해 법령에 특별한 규정이 있는 때에는 그 자(예 촉탁기관)가 경정등기를 신청한다.

  ㉡ 등기관이 직권으로 한 등기의 경우, 등기관으로 하여금 직권으로 등기하도록 한 취지가 당사자의 신청을 배제하는 취지인 때에는 당사자가 경정을 신청할 수 없지만 등기관이 직권으로 등기를 할 수 있을 뿐만 아니라 당사자도 등기를 신청할 수 있는 사안인 때에는 당사자도 그 경정을 신청할 수 있다.

② 경정의 대상

　㉠ 경정의 대상에는 등기사항(등기원인 및 그 연월일도 포함한다)뿐만 아니라(규칙 제55조 제1항), 법인등록번호도 포함된다.

　㉡ 다만, 법인등록번호는 당사자의 신청에 의하여 부여하는 것이 아니므로 원칙적으로 직권경정절차에 따라 경정하여야 한다. 경정등기는 원칙적으로 '현재 효력 있는 등기'에 대해서만 할 수 있다.

③ 경정신청서의 첨부정보

　㉠ 경정의 신청서에는 착오나 빠진 부분이 있음을 증명하는 서면을 첨부하여야 한다(규칙 제167조).

　㉡ 다만, 등기에 착오나 빠진 부분이 있음이 등기의 신청서 또는 첨부정보에 의하여 명백할 때에는 경정등기의 신청서에 그 뜻을 기재하고 착오나 빠진 부분이 있음을 증명하는 정보를 제공하지 아니할 수 있다(규칙 제167조 제2항). **기출** 22

④ 직권경정

　㉠ 등기관은 등기를 마친 후 그 등기에 착오나 빠진 부분이 있음을 발견하였을 때에는 지체 없이 그 사실을 등기를 한 자에게 통지하여야 한다. 다만, 그 착오나 빠진 부분이 등기관의 잘못으로 인한 것이었을 때에는 그러하지 아니하다(제76조 제1항).

　㉡ 등기관은 등기의 착오나 빠진 부분이 등기관의 잘못으로 인한 것이었을 때에는 지체 없이 그 등기를 직권으로 경정하고 그 사실을 등기를 한 자에게 통지하여야 한다(제76조 제2항). **기출** 22

⑤ 경정등기의 실행 : 등기를 경정하는 경우에는 경정할 등기에 대하여 말소하는 표시를 하고, 그 등기에 의하여 말소된 등기사항이 있을 때에는 그 등기를 회복하여야 한다(규칙 제168조). **기출** 18

Ⅲ 등기의 말소

1. 등기말소의 신청 사유

> **상업등기법 제77조(말소등기의 신청)**
> 등기 당사자는 등기가 다음 각 호의 어느 하나에 해당하는 경우에는 그 등기의 말소를 신청할 수 있다.
> 1. 제26조 제1호부터 제3호까지에 해당하는 사유가 있는 경우 **기출** 18
> 2. 등기된 사항에 무효의 원인이 있는 경우(소로써만 그 무효를 주장할 수 있는 경우는 제외한다) **기출** 22 · 18
>
> **상업등기법 제26조(신청의 각하)**
> 등기관은 다음 각 호의 어느 하나에 해당하는 경우에만 이유를 적은 결정으로 신청을 각하하여야 한다. 다만, 신청의 잘못된 부분이 보정될 수 있는 경우로서 등기관이 보정을 명한 날의 다음 날까지 신청인이 그 잘못된 부분을 보정하였을 때에는 그러하지 아니하다.
> 1. 사건이 그 등기소의 관할이 아닌 경우
> 2. 사건이 등기할 사항이 아닌 경우
> 3. 사건이 그 등기소에 이미 등기되어 있는 경우

① 상업등기법 제26조 제1호부터 제3호까지의 각하사유가 있거나, 등기된 사항에 관하여 무효의 원인이 있는 때(소로써만 그 무효를 주장할 수 있는 경우를 제외한다)에는 당사자의 신청 또는 소정의 절차를 거쳐 등기관의 직권으로 이를 말소할 수 있다(제77조~제80조).

② 이미 등기된 타인의 상호와 동일한 상호는 동일한 특별시·광역시·시 또는 군내에서는 동일한 영업을 위하여 등기할 수 없고 신청의 각하사유에 해당되므로 사전에 배척되어야 하나(제26조 제13호), 각하되어야 함에도 불구하고 유사 상호가 사실상 등기된 경우에는 비송사건절차법상 상호권자의 신청 또는 등기관이 직권으로 후에 등기된 상호를 말소하거나 등기부 등본 및 인감증명의 발급을 중단할 수는 없고, 먼저 등기한 상호권자는 상호전용권에 기한 상호사용의 폐지 및 상호등기의 말소를 구하는 판결을 받아 후에 등기된 상호를 말소할 수 있다(등기선례 제200205-8호). **기출** 07

2. 말소의 절차

① 신청인 등

　㉠ 당사자는 상업등기법 제77조 각 호에 규정하는 사유가 있는 때에는 등기의 말소를 신청할 수 있다. 즉, 등기의 말소를 신청하는 자는 등기의 당사자이다(제77조). 특히 회사에 있어서는 회사가 당사자이나 회사를 대표하는 자가 등기의 말소를 신청하여야 한다(제23조 제1항).

　㉡ 등기의 말소에 관하여 이해관계가 있는 자는 등기의 당사자인 회사 또는 개인상인을 상대방으로 하여 등기의 말소를 구하는 소를 제기해서 승소 확정판결을 얻으면 그 당사자를 대리하여 말소신청을 할 수 있다. 다만, 판결이 확정될 경우 법원의 촉탁에 의하여 말소등기를 하는 경우라면 그 이해관계인에게 말소등기청구권이 인정되지 않는다(대판 1997.6.10. 97다8243 참조).

② 첨부정보

　㉠ 등기된 사항에 무효의 원인이 있는 것을 이유로 하는 말소신청서에는 그 무효의 원인이 있는 것을 증명하는 서면을 첨부정보로 제공하여야 한다(규칙 제169조 제1항). 다만, 신청서와 등기기록 그것만으로도 등기에 무효원인이 있음이 명백한 경우에는 그 무효원인이 있음을 증명하는 서면을 첨부하지 아니하여도 된다. 이 경우에는 그 뜻을 말소신청서에 기재하여야 한다(제169조 제2항, 제67조 제2항).
기출 22

　㉡ 법원의 판결등본

　　㉮ 등기사항이 일정한 법률관계를 기초로 하고 있는 경우에 그 법률관계의 당사자 사이에 법률관계의 무효를 확인하는 판결이 확정된 때에는 그 판결등본(재판상 화해, 청구의 인낙 등의 경우에 화해조서 또는 인낙조서 등의 등본 포함)이 무효의 원인을 증명하는 서면에 해당한다.

　　㉯ 형사판결등본도 등기된 사항에 무효의 원인이 있다는 것을 증명하는 서면이 될 수 있다. 예를 들면, 합자회사의 유한책임사원인 甲이 불법으로 자신을 무한책임사원으로 등기하였으나 甲이 법원의 판결에 의하여 공정증서원본 불실기재죄로 유죄판결을 받고 그 판결이유 중에 甲의 무한책임사원의 등기는 불실기재라는 내용이 설시되어 있다면 위 형사판결등본을 첨부하여 甲의 무한책임사원의 등기를 말소신청할 수 있다(상업등기선례 제1-67호).

　㉢ 사인(私人)이 작성한 서면 : 상업등기규칙 제169조 제1항은 말소신청서에 첨부할 서면에 관하여 어떠한 형식도 규정하고 있지 않기 때문에 사인이 작성한 서면도 등기사항에 무효의 원인이 있음을 증명하는 서면이 될 수 있다.

③ 직권에 의한 말소

　㉠ 말소사유

　　㉮ 등기관은 등기가 상업등기법 제77조 각 호의 사유의 어느 하나에 해당하는 것을 발견한 때에는 같은 법 제78조부터 제80조까지의 절차에 따라 직권으로 등기를 말소한다.

　　㉯ 직권으로 말소할 수 있는 사유는 신청에 의하여 말소할 수 있는 사유와 동일하므로, 같은 법 제26조 제1호부터 제3호까지의 사유(사건이 그 등기소의 관할이 아닌 경우, 사건이 등기할 사항이 아닌 경우, 사건이 그 등기소에 이미 등기되어 있는 경우)와, 제10호의 사유 중 등기된 사항에 무효의 원인이 있는 경우(다만, 소로써만 그 무효를 주장할 수 있는 경우는 제외)에 한하여 직권으로 말소할 수 있다. 기출 25·23·22·18

　　㉰ 기타 등기관이 직권으로 말소하여야 하는 등기의 예시

> • 해산의 등기를 할 때 이사, 대표이사, 집행임원, 대표집행임원에 관한 등기(규칙 제145조) 기출 25
> • 회사해산 후 회가계속등기를 할 때 해산과 청산인에 관한 등기(규칙 제109조 제1항) 기출 25
> • 이사 선임결의의 부존재, 무효나 취소 또는 판결에 의한 해임의 등기를 할 때 그 이사가 대표이사인 경우 그 대표이사에 관한 등기(규칙 제132조) 기출 25
> • 파산선고 취소의 등기를 할 때 파산선고의 등기, 파산관재인에 관한 등기, 파산관재인대리에 관한 등기(등기예규 제1777호 제16조 제1항) 기출 25
> • 회생절차폐지결정 또는 회생절차종결의 등기를 한 경우, 회생절차개시등기, 회생계획인가등기 및 관리인, 관리인대리 또는 법인의 대표자를 관리인으로 본다는 취지의 등기(등기예규 제1777호 제13조 제2항) 기출 25

　㉡ 말소사유의 판단 : 등기관은 등기할 사항의 실체관계에 무효 또는 취소의 원인이 있는지 심사하기 위해서 첨부정보 외의 다른 서면을 제출받아 사실관계의 진부를 조사할 수 없다.

> 원칙적으로 등기관은 등기신청에 대하여 실체법상의 권리관계와 일치하는지 여부를 심사할 실질적 심사권한은 없고 오직 신청서 및 그 첨부서류와 등기부에 의하여 등기요건에 합당하는지 여부를 심사할 형식적 심사권한밖에는 없다. 따라서 등기관이 상업등기법 제26조 제10호에 의하여 등기할 사항에 관하여 무효 또는 취소의 원인이 있는지 여부를 심사할 권한이 있다고 하여도 그 심사방법에 있어서는 등기부 및 신청서와 법령에서 그 등기의 신청에 관하여 요구하는 각종 첨부서류만에 의하여 그 가운데 나타난 사실관계를 기초로 판단하여야 하고, 그 밖에 다른 서면의 제출을 받거나 그 외의 방법에 의해 사실관계의 진부를 조사할 수는 없다(대결 2008.12.15. 2007마1154). 기출 18

　㉢ 직권말소절차

직권말소의 통지
등기관이 말소의 사유가 있는 등기를 발견한 때에는 등기를 한 사람에게 1개월 이내의 기간을 정하여 그 기간 내에 서면으로 이의를 진술하지 아니한 때에는 등기를 말소한다는 뜻을 통지하여야 한다. 만약 등기를 한 사람의 주소 또는 거소를 알 수 없는 때에는 위 통지에 갈음하여 이의를 진술할 수 있는 기간 동안 등기소 게시장에 이를 게시하거나 대법원 인터넷등기소에 게시하는 방법으로 공고한다(제78조, 규칙 제170조 제2항).
말소에 대한 이의진술
통지를 받고 말소에 대하여 이의가 있는 자는 등기관에게 서면으로 이의를 진술할 수 있다. 이의를 할 수 있는 자는 통지를 받은 원래의 등기신청권자이다.

이의진술기간 내에 이의를 진술한 자가 없는 때에는 이의진술기간의 만료 시에 등기관이 직권으로 그 등기를 말소하면 되고, 이의진술기간 내에 이의를 진술한 자가 있는 때에는 등기관은 그 이의에 대하여 결정을 하여야 한다(제79조). 이의진술이 이유 없는 때에는 이의 진술기간 전이라도 등기관은 이의를 각하하고 그 등기를 직권으로 말소하면 되지만 이의신청이 이유 있는 경우에는 인용결정을 한다. 이러한 등기관의 직권말소 또는 이의인용결정에 대하여 불복하는 자는 상업등기법 제82조 이하에서 규정한 이의절차에 따라 그 결정 또는 처분을 한 등기관이 속한 지방법원(관할 지방법원)에 이의신청을 할 수 있다.

④ 등기의 말소

　　㉠ 등기를 말소하는 경우에는 <u>말소할 등기에 대하여 말소하는 표시를 하고, 그 등기에 의하여 말소된 등기사항이 있을 때에는 그 등기를 회복하여야 한다.</u> 다만, 등기의 말소로 인하여 등기기록을 폐쇄하여야 할 때에는 그러하지 아니하다(규칙 제170조 제1항).

　　㉡ 상업등기법 제80조에 따라 등기관이 직권으로 등기를 말소하는 경우에는 그 뜻을 기록하여야 한다 (규칙 제170조 제3항).

제7절　등기관의 처분에 대한 이의

Ⅰ　총 설

1. 이의신청의 대상

① 등기관의 결정 또는 처분에 이의가 있는 사람은 관할 지방법원에 이의신청을 할 수 있다(제121조).

② 이의신청의 대상이 되는 것은 등기관의 부당한 결정 또는 처분이다.

　㉠ 등기관의 결정 또는 처분 : 등기관의 결정이란, 예컨대 상업등기법 제26조에 의하여 등기신청을 각하하는 결정과 같은 것을 말하고, 처분이란 등기신청의 접수, 등기의 실행 및 직권말소, 신청서 기타부속서류의 열람과 그 거부 등 상업등기법에서 등기관이 하여야 하는 것으로 정하고 있는 모든 처분을 말한다.

　㉡ 결정 또는 처분의 부당

　　㉮ 등기신청 이외의 신청에 대한 처분 : 등기사항증명서 교부신청, 신청서 기타부속서류 열람신청 등 등기신청 이외의 신청에 대한 처분으로 적극적 부당이든 소극적 부당이든 모두 이의신청대상이 된다.

④ 등기신청에 대한 처분

소극적 부당처분	등기를 실행하여야 함에도 등기의 실행을 해태한 경우, 직권으로 등기를 하여야 함에도 이를 하지 아니하는 경우 또는 등기신청을 각하하는 결정을 한 경우와 같이 소극적인 부당한 처분을 한 경우에 이의를 할 수 있으며 이의사유는 그 처분이 부당하다는 것이면 족하고 특별한 제한이 없다.
적극적 부당처분	• 등기신청이 상업등기법 제26조 각 호에 해당되어 이를 각하하여야 함에도 등기관이 그러한 사유를 간과하고 등기를 실행한 경우에는 간과한 사유가 무엇이냐에 따라 불복방법이 달라진다. • (i) 사건이 그 등기소의 관할이 아닌 경우(제26조 제1호), (ii) 사건이 등기할 사항이 아닌 경우(제26 조 제2호), (iii) 사건이 그 등기소에 이미 등기되어 있는 경우(제26조 제3호), (iv) 등기된 사항에 무효의 원인이 있는 경우(다만, 소로써만 그 무효를 주장할 수 있는 경우는 제외)(제26조 제10호)에 는 등기관이 직권으로 잘못된 등기를 말소할 수 있기 때문에 등기관의 처분에 대한 '이의신청'의 방법으로 그 등기의 말소를 구할 수 있다. • 반면에, 그 외의 각하사유를 간과한 경우에는 이의신청의 방법으로 다툴 수 없고 소(訴)로써 그 등기의 효력을 다툴 수밖에 없다(대결 2008.3.17, 2007마1572).

2. 이의신청을 할 수 있는 자

① 등기공무원의 처분이 부당하다고 하여 이의신청을 할 수 있는 자는 등기상 직접적인 이해관계를 가진
자에 한한다고 할 것이므로(대결 1987.3.18, 87마206), 등기관의 결정이나 처분의 부당을 주장하는 데 아무런
이해관계가 없는 자는 이의신청을 할 수 없다. 기출 21

② 등기신청의 각하결정에 대하여는 등기신청인에 한하여 이의신청을 할 수 있고, 등기관이 부적법한 신청
을 간과하여 등기를 한 경우라면 등기상 이해관계 있는 제3자에 한하여 이의신청을 할 수 있고 등기신청
인은 이의신청을 할 수 없다(등기예규 제1812호 제2조).

Ⅱ 이의신청 절차와 이의에 대한 조치

1. 이의신청의 절차 및 효력

① 등기관의 결정 또는 처분에 이의가 있는 자는 그 결정 또는 처분을 한 등기관이 속한 지방법원(이하
"관할 지방법원"이라 한다)에 이의신청을 할 수 있다(제82조). 기출 25 · 21

② 이의신청은 대법원규칙으로 정하는 바에 따라 결정 또는 처분을 한 등기관이 속한 등기소에 이의신청서
를 제출하거나 전산정보처리조직을 이용하여 이의신청정보를 보내는 방법으로 한다(제83조). → 2024.
9. 20. 개정 상업등기법에서 '전자 이의신청제도'가 도입되었다. 기출 25 · 21 · 15 · 10

③ 이의신청서에는 이의신청인의 성명 · 주소, 이의신청의 대상인 등기관의 결정 또는 처분, 이의신청의
취지와 이유, 신청연월일, 관할지방법원 등의 표시를 기재하고 신청인이 기명날인 또는 서명하여야 한다
(등기예규 제1812호 제1조 제2항).

④ 누구든지 새로운 사실이나 새로운 증거방법을 근거로 이의신청을 할 수 없다(제84조). 따라서 등기관의
결정 또는 처분이 부당하다고 하여 이의신청을 하는 경우에는 그 결정 또는 처분 시에 주장되거나 제출되
지 아니한 사실이나 증거방법으로써 이의사유를 삼을 수 없다(등기예규 제1812호 제1조 제4항). 기출 15 · 10

⑤ 이의신청기간에는 제한이 없으므로 이의의 이익이 있는 한 언제라도 이의신청을 할 수 있다(등기예규
제1812호 제1조 제3항). 기출 25

⑥ 등기관의 결정 또는 처분에 대한 이의는 집행정지의 효력이 없다(제86조). 왜냐하면 등기사무는 그 성질상
신속을 요하므로 이의신청이 있다고 하여 결정 또는 처분의 집행을 정지하는 것이 타당하지 않기 때문이
다. 따라서 완료된 등기에 대한 이의신청이 있고 그 이의의 취지가 부기등기된 후에도, 그 법인에 대한
다른 등기신청을 수리하여야 한다. 기출 25 · 21 · 15 · 10

2. 이의신청에 대한 조치

(1) 등기관의 조치

① 각하결정이나 거부처분에 대한 이의신청이 있는 경우

　㉠ 이의신청이 이유 없다고 인정한 경우 : 등기관은 이의신청이 이유 없다고 인정하면 <u>이의신청일부터 3일 이내에 의견을 붙여 이의신청서 또는 이의신청정보를 관할 지방법원에 보내야 한다</u>(제85조 제2항). <u>전자신청사건이라면</u> 등기관은 등기업무시스템을 통해 의견서를 작성하고, 그 의견서와 전자문서로 보존되어 있는 신청정보 및 첨부정보를 <u>전산정보처리조직을 이용하여 관할 지방법원으로 전송</u>한다. 다만, 전산정보처리조직의 장애 등이 발생하여 등기업무시스템을 통하여 전송할 수 없는 경우에는 해당 정보를 출력하여 인증한 후 관할 지방법원에 송부하여야 한다(등기예규 제1855-1호 제22조).
　　기출 15 · 10

　㉡ 이의신청이 이유 있다고 인정한 경우 : 등기관은 이의신청이 이유 있다고 인정하면 <u>그에 해당하는 처분을 하여야 한다</u>(제85조 제1항). 여기에서 '그에 해당하는 처분'이란 부당한 처분을 시정하고 정당한 처분을 하는 것을 말한다. **기출** 10

　㉢ <u>등기신청의 각하결정에 대한 이의신청에 따라 관할 지방법원이 그 등기의 기록명령을 하였더라도, 등기관이 기록명령에 따른 등기를 하기 위하여 신청인에게 첨부정보를 다시 등기소에 제공할 것을 명령하였으나 신청인이 이에 응하지 아니한 경우에는 그 기록명령에 따른 등기를 할 수 없다</u>(등기예규 제1812호 제6조 제2항 제1호). **기출** 25

② 등기신청을 수리하여 완료된 등기에 대한 이의신청이 있는 경우

　㉠ 이의신청이 이유 없다고 인정한 경우 : 등기를 마친 후에 이의신청이 있는 경우 등기관은 3일 이내에 의견을 붙여 이의신청서 또는 이의신청정보를 관할 지방법원에 보내고 등기를 한 자에게 이의신청 사실을 통지하여야 한다(제85조 제3항 본문). <u>전자신청사건이라면</u> 등기관은 등기업무시스템을 통해 의견서를 작성하고, 그 의견서와 전자문서로 보존되어 있는 신청정보 및 첨부정보를 전산정보처리조직을 이용하여 관할 지방법원으로 전송한다. 다만, 전산정보처리조직의 장애 등이 발생하여 등기업무시스템을 통하여 전송할 수 없는 경우에는 해당 정보를 출력하여 인증한 후 관할 지방법원에 송부하여야 한다(등기예규 제1855-1호 제22조).

　㉡ 이의신청이 이유 있다고 인정한 경우

　　㉮ <u>이미 마친 등기에 관하여 상업등기법 제77조 각 호의 하나에 해당하여 이의가 이유 있다고 인정한 경우에는 같은 법 제78조부터 제80조까지의 절차를 거쳐 그 등기를 직권으로 말소한다</u>(제85조 제3항 단서). 즉, 등기관은 등기를 한 사람에게 1개월 이내의 기간을 정하여 그 기간 이내에 서면으로 이의를 진술하지 아니한 때에는 등기를 말소한다는 뜻을 통지한 후, 직권말소에 대하여 이의를 진술한 사람이 없는 때, 이의가 있더라도 그 이의를 각하한 때에는 직권으로 등기를 말소한다.

　　㉯ <u>직권말소 통지에 대한 이의의 진술은 등기관의 처분에 대한 이의가 아니므로 그 이의가 이유 없다고 판단되면 등기관은 결정으로써 각하하고 등기를 직권으로 말소한다</u>(제78조~제80조).

(2) 이의신청에 대한 관할 지방법원의 재판

① 심리의 방식

　㉠ 등기관으로부터 이의신청서를 송부받은 관할 지방법원은 변론을 열지 아니하고 신청서와 첨부정보에 의하여 <u>서면심리로써 재판</u>을 한다. 이 심리는 비송사건절차법에 따라 필요한 경우 심문 등을 할 수 있다.

　㉡ 재판의 형식은 <u>이유를 붙인 결정</u>으로 한다(제87조 제1항).

② 재판 전의 부기등기명령 : 관할 지방법원은 제85조 제3항의 이의신청에 대하여 결정하기 전에 등기관에게 이의신청이 있다는 뜻의 부기등기를 명령할 수 있다(제88조). 이는 이의신청의 대상이 된 등기가 등기관의 처분에 대한 이의절차에 의하여 말소될 수 있음을 공시하기 위함이다. **기출** 15

③ 이의신청을 각하, 기각한 경우 및 이의신청이 취하된 경우 : 관할 지방법원은 이의신청을 각하 또는 기각하였을 때에는 그 결정등본을 등기관과 이의신청인에게 송달하고, 이의신청이 취하된 경우에는 취하서 부본을 등기관에게 송달한다(등기예규 제1812호 제5조 제2항·제3항).

④ 이의신청을 인용한 경우

    ㉠ 관할 지방법원은 이의신청이 이유 있다고 인정하면 등기관에게 그에 해당하는 처분을 명령하고 그 뜻을 이의신청인과 등기를 한 자에게 통지하여야 한다(제87조 제1항 제2문). 여기에서 '그에 해당하는 처분의 명령'이란 등기의 실행을 명하거나 등기의 말소를 명하는 결정을 말한다.

    ㉡ 등기신청을 각하에 대한 이의신청을 인용하는 경우 등기관에 대하여 직접 "◇◇등기를 하라."고 신청한 등기의 실행을 명하고, 실행한 등기에 대한 이의신청을 인용하는 경우에는 등기관에 대하여 그 등기의 말소를 명하여야 한다.

    ㉢ 그러나 등기를 실행한 처분에 대한 이의신청이 이유 있는 경우에도 그 등기가 상업등기법 제77조 각 호에 해당하지 않는 한, 관할법원은 등기의 말소를 명하여서는 안 된다(대결 2008.3.17. 2007마1572).

(3) 관할 지방법원의 기록명령에 의한 등기

등기관이 제87조 제1항에 따라 관할 지방법원의 명령에 따른 등기를 할 때에는 명령을 한 지방법원, 명령 연월일, 명령에 따라 등기를 한다는 뜻과 등기 연월일을 기록하여야 한다(제89조).

3. 이의신청의 재판에 대한 불복

① 불복 방법 : 이의에 대한 관할 지방법원의 결정에 대하여는 비송사건절차법에 따라 항고할 수 있다(제87조 제2항).

② 이의신청을 각하(기각)한 경우

    ㉠ 이의신청을 각하(기각)하는 결정에 대하여는 '이의신청인만'이 비송사건절차법에 의하여 항고할 수 있다(제87조 제2항, 비송법 제20조 제2항). **기출** 10

    ㉡ 이의신청인은 항고에 대한 항고법원의 기각 결정에 대하여 그것이 헌법, 법률, 명령, 규칙의 위반이 있음을 이유로 하는 때에 대법원에 재항고할 수 있다(민소법 제442조).

③ 이의신청을 인용한 경우

    ㉠ 등기신청을 각하한 결정에 대한 이의신청을 인용한 경우

        ㉮ 기록명령에 기하여 등기를 하더라도 그 등기의 효력은 등기를 한 때에 발생하는 것이어서, 기록명령에 의하여 등기가 실행되기 전에는 등기상 이해관계인이 있을 수 없으므로, 어느 누구도 항고의 이익이 있는 경우가 없어 항고할 수 없고, 기록명령에 따라 등기관이 등기를 실행한 경우에는 등기관의 각하처분은 이미 존재하지 아니하므로 등기신청 각하처분 취소결정에 대하여는 항고할 수 없다(대결 1996.12.11. 96마1954).

        ㉯ 다만, 등기관이 관할법원의 기록명령에 의하여 등기를 실행한 후에, 그 실행된 등기에 대하여 상업등기법 제77조 각 호에 해당하는 사유(각하사유)가 있음을 이유로 등기관의 처분에 대한 이의의 방법으로 말소를 구하거나 별개의 소송으로 등기의 효력을 다툴 수는 있다.

ⓒ 등기를 완료한 등기관의 처분에 대한 이의신청을 인용한 경우

　㉮ 등기관이 등기를 완료한 처분에 대한 이해관계인의 이의에 대하여 관할법원이 이를 인용하여 그 등기의 말소를 명한 경우, 말소의 대상이 된 당해 등기의 등기신청인은 항고할 수 있다(대결 2008.12.15. 2007마1154). 기출 21

　㉯ 등기된 사항에 관하여 무효의 원인이 있는 때에 해당한다는 이유로 이의신청을 받아들여 등기를 말소하고 그 등기신청을 모두 각하하라는 내용의 이의신청법원의 결정 및 원심 결정에 의하여 등기가 말소된 후에, 대법원이 등기된 사항에 관하여 무효의 원인이 있는 때에 해당한다고 볼 수 없다고 하면서 원심결정을 파기하고 이의신청법원의 결정을 취소하고 이의신청을 기각한 경우 (대결 2008.3.17. 2007마1572), 등기관은 이의신청법원의 명령에 따라 말소한 등기를 직권으로 회복하여야 한다(상업등기선례 제1-34호).

CHAPTER 02 개인상인에 관한 등기

제1절 상호의 등기

I 총 설

1. 상호의 의의

① 상호란 '상인이 영업활동상 자기를 표시하기 위하여 사용하는 명칭'이다.

② 상호는 상인이 사용하는 명칭이므로 상인이 아닌 민법법인, 협동조합 등이 사용하는 명칭은 상호가 아니다.

③ 의사, 한의사, 변호사, 법무사, 변리사, 건축사 등은 전문직업인 또는 자유직업인으로 그 업무의 특성상 상인으로 볼 수 없으므로 상호의 등기를 할 수 없다.

> • 의료업의 영위를 영업의 종류로 하는 개인의 상호등기의 신청은 이를 수리할 수 없다(등기선례 제2-676호).
>
> 기출 23
>
> • 법무사를 상법 제5조 제1항이 규정하는 '상인적 방법에 의하여 영업을 하는 자'라고 볼 수는 없다. 따라서 법무사의 상호등기 신청을 각하한 등기관의 처분은 정당하다(대결 2008.6.26. 2007마996).
>
> • 법무법인의 설립등기를 '상호' 등을 등기사항으로 하는 상법상 회사의 설립등기나 개인 상인의 상호등기와 동일시할 수 없다. 변호사는 그 직무수행과 관련하여 의제상인에 해당한다고 볼 수 없고, 조세정책적 필요에 의하여 변호사의 직무수행으로 발생한 소득을 사업소득으로 인정하여 종합소득세를 부과한다고 하여 이를 달리 볼 것은 아니며, 변호사가 상인이 아닌 이상 상호등기에 의하여 그 명칭을 보호할 필요가 있다고 볼 수 없으므로 등기관이 변호사의 상호등기신청을 각하한 처분이 적법하다(대결 2007.7.26. 2006마334).

2. 상호선정의 자유

① 상호선정에 대한 입법의 태도는 기업의 실체와 어느 정도로 합치시킬 것인가에 따라 상호진실주의, 상호자유주의, 절충주의로 나누어진다.

② 우리 상법은 상인으로 하여금 성명 기타 명칭으로 자유롭게 상호를 정할 수 있도록 하고 있어서(상법 제18조), 원칙적으로 상호를 자유롭게 선정할 수 있다(상호자유주의 원칙). 그러나 상호선정에 상법 기타 법령과 선량한 풍속 기타 사회질서에 반하지 않아야 한다는 제한이 있어 상호진실주의가 상당히 가미되어 있다(자유주의적 절충주의).

3. 상법에 의한 상호선정의 제한

① 회사를 표시하는 문자의 사용강제 및 사용 제한

　㉠ 회사의 종류를 나타내는 문자의 사용강제

　　㉮ 회사의 상호에는 그 종류에 따라 합명회사, 합자회사, 유한책임회사, 주식회사 또는 유한회사의 문자를 사용하여야 한다(상법 제19조).

　　㉯ 회사의 종류를 표시하는 명칭은 상호의 앞부분이나 뒷부분 어디에 표시해도 무방하다.

　㉡ 개인상인의 경우 '회사임을 표시하는 문자'의 사용제한

　　㉮ 회사가 아니면 상호에 회사임을 표시하는 문자를 사용하지 못한다. 회사의 영업을 양수한 경우도 같다(상법 제20조).

　　㉯ 이를 위반하면 200만원 이하의 과태료 제재가 따르고(상법 제28조), 이에 위반한 등기신청은 각하된다(제26조).

② 상호단일의 원칙

　㉠ 의 의

　　㉮ 동일한 영업에는 하나의 상호만을 사용하여야 하는데(상법 제21조 제1항), 이를 '상호단일의 원칙'이라 한다. 따라서 동일영업에 관하여 수 개의 영업소가 있는 때에도 모든 영업소에 동일한 상호를 사용하여야 한다.

　　㉯ 상호단일의 원칙에 반하는 상호신설의 등기신청은 상업등기법 제26조 제10호에 의하여 모두 각하하게 된다.

　㉡ 개인상인의 경우

　　㉮ 동일한 영업에는 하나의 상호만을 사용하여야 하므로 여러 개의 상호를 사용할 수는 없다.

　　㉯ 그러나 영업의 종류가 다른 때에는 하나의 상호를 여러 개의 영업에 공통으로 사용할 수도 있고, 영업의 종류별로 다른 상호를 사용할 수도 있다.

　　㉰ 동일한 관할 등기소 내에 같은 영업주가 여러 개의 상호등기를 신청한 경우에는 각 상호별로 등기기록이 편제된다(규칙 제72조 참조). **기출** 13

　㉢ 회사의 경우

　　㉮ 회사의 상호는 회사의 유일한 명칭이므로 회사가 여러 개의 영업을 하더라도 하나의 상호만을 사용할 수 있다. 이것이 회사가 개인상인과 다른 점이다.

　　㉯ 만약, 회사가 본점 외에 수개의 영업소를 가지는 경우에는 그 수개의 지점에서 사용하는 상호에는 본점과의 종속관계를 표시하여야 한다(상법 제21조 제2항).

③ 동일상호의 등기금지

　㉠ 동일한 특별시·광역시·특별자치시·시 또는 군에서는 동종의 영업을 위하여 다른 상인이 등기한 상호와 동일한 상호를 등기할 수 없다(상법 제22조, 상업등기법 제29조). 따라서 동일 상호가 아닌 유사한 상호는 등기할 수 있다. **기출** 19

　㉡ 사건이 상업등기법 제29조에 따라 등기할 수 없는 상호(동일상호)의 등기 또는 가등기를 목적으로 하는 경우, 등기관은 이유를 적은 결정으로 신청을 각하하여야 한다(제26조 제13호).

　㉢ 동일상호 금지에 관한 규정(상업등기법 제29조)은 민법법인(민법에 의하여 설립된 비영리 사단법인과 재단법인)의 명칭에는 적용되지 않는다(상업등기선례 제202206-1호).

> **주식회사의 상호와 동일한 명칭의 사단법인 설립등기 가부**
>
> 1. "동일한 특별시, 광역시, 특별자치시, 시 또는 군에서 동종의 영업을 위하여 다른 상인이 등기한 상호와 동일한 상호를 등기할 수 없다"는 동일상호 금지에 관한 규정(상업등기법 제29조)은 민법법인(민법에 의하여 설립된 비영리 사단법인과 재단법인)의 명칭에는 적용되지 않는다. 따라서 다른 법령에 특별한 규정이 없는 한 민법법인은 이미 설립된 영리법인의 상호와 동일한 명칭을 사용할 수 있다.
> 2. 가칭 '사단법인 OOO자산공제회'와 'OOO자산공제회 주식회사'는 다른 특별한 사정이 없는 한 동일상호 금지에 관한 규정(상업등기법 제29조)이 적용되지 않는다(상업등기선례 제202206-1호). **기출** 23

④ 타인의 영업으로 오인할 수 있는 상호의 사용금지

㉠ 누구든지 부정한 목적으로 타인의 영업으로 오인할 수 있는 상호를 사용하지 못한다(상법 제23조 제1항).

㉡ 이에 위반하여 상호를 사용하는 자가 있는 경우에 이로 인하여 손해를 받을 염려가 있는 자 또는 상호를 등기한 자는 그 폐지를 청구할 수 있고(상법 제23조 제2항), 손해배상을 청구할 수 있다(상법 제23조 제3항).

㉢ 동일한 특별시·광역시·특별자치시·시 또는 군에서 동종영업으로 타인이 등기한 상호를 사용하는 자는 부정한 목적으로 사용하는 것으로 추정된다(상법 제23조 제4항).

4. 등기할 수 없는 상호 신청의 각하

> **동일상호의 판단 기준에 관한 예규[등기예규 제1819호]**
> **제3조(등기할 수 없는 상호)**
> ① 등기관은 다음 각 호의 어느 하나에 해당하는 경우에는 등기신청을 각하하여야 한다.
> 1. 상업등기법 제29조에 의해 등기할 수 없는 상호
> 2. 법령으로 상호에 사용하는 것을 금지한 문자를 사용한 경우
> **[예시]** 회사가 아니면서 상호에 회사임을 표시하는 문자를 사용한 경우(상법 제20조), 금융투자업자가 아니면서 상호에 금융투자라는 문자를 사용한 경우(자본시장과 금융투자업에 관한 법률 제38조 제1항), 보험회사가 아니면서 상호에 보험회사임을 표시하는 문자를 사용한 경우(보험업법 제8조 제2항) 등. 다만, '보험대리점'이라는 문자는 보험회사임을 표시하는 문자로 볼 수 없다(보험업법 제2조 제1호, 제5호, 제9호 등 참조).
> 3. 법령으로 상호에 일정한 문자(증권, 신탁 등)를 사용할 것을 규정하였음에도 불구하고 그러한 문자를 사용하지 아니한 경우
> 4. 상호에 지점, 지사, 지부, 출장소 등의 문자나 영업부문임을 표시하는 문자(영업부, 판매부 등)를 사용한 경우(상법 제21조 제2항에 따라 지점의 상호에 본점과의 종속관계를 표시하기 위하여 사용하는 경우는 제외한다). 다만, 대리점, 특약점 등의 문자는 상호에 사용할 수 있다(제4호). **기출** 23·10
> 5. 상호가 국가·공공단체 또는 그 소속기관 및 공법인과 관련성이 있다고 오인될 우려가 있는 경우
> 6. 상호가 선량한 풍속 기타 사회질서에 반하는 경우
> 7. 사회적 유명 인사의 성명권을 침해할 우려가 있는 경우
> 8. 회사의 종류를 표시하는 부분을 제외하면 신청인의 상호가 업종을 표시하는 문자만으로 구성되어 있는 경우

> 상호변경이나 명칭변경은 같은 종류의 회사 또는 같은 종류의 법인 내에서만 가능하기 때문에, 주식회사에서 특수법인으로의 명칭변경은 불가능하다. 따라서 조직변경을 전제로 하지 않고서는 대한주택보증주식회사에서 주택보증공사로의 명칭변경을 할 수 없다(상업등기선례 제201508-2호). **기출** 16

5. 상호 및 외국인의 성명 등의 등기

> **상호 및 외국인의 성명 등의 등기에 관한 예규[등기예규 제1598호]**
>
> **제3조(상호와 목적, 외국인의 성명 등의 등기에 사용할 수 있는 문자 등)**
> ① 상호, 목적, 외국인의 성명, 외국주소 및 외국회사의 영업소의 본점 소재지는 한글 등으로 등기한다. 이 경우, 한글은 「한국산업규격 정보교환용부호계(한글 및 한자)」에 수록되어 있는 것에 한한다.
> ② 상호, 목적, 외국인의 성명, 외국주소 및 외국회사의 영업소의 본점 소재지는 <u>아라비아숫자만으로는 등기할 수 없다.</u>
> **[등기할 수 있는 상호의 예시]** 주식회사 21세기갑을식품
> **[등기할 수 없는 상호의 예시]** <u>주식회사 333777</u> 기출 16
>
> **제5조(로마자 등의 병기 방식)**
> ① 로마자 등의 병기는, 먼저 상호를 한글 등으로 등기(이하 "상호의 등기"라 한다)한 후 한 칸을 띄우고 그 오른쪽 옆에 괄호를 사용하여 기록한다.
> **[예시]** 주식회사 에이비씨건설(ABC Construction Co., Ltd.)
> **[예시]** 주식회사 갑을식품(株式會社 甲乙食品)
> ② <u>괄호 안의 로마자 등의 병기는 한자 또는 로마자의 각각으로만 할 수 있고(다만, 아라비아숫자는 로마자 또는 한자와 함께 사용할 수 있다), 한자와 로마자를 조합하여 할 수는 없다. 또한, 로마자 등의 병기에는 한글을 사용할 수 없다.</u>
> **[병기할 수 없는 경우의 예시]** <u>주식회사 에이비씨건설(주식회사 ABC 건설)</u> 기출 16
> ③ 회사의 종류를 표시하는 문자, 그 밖에 법령에 따라 상호 중에 사용할 것이 강제되는 문자에 대하여도 로마자 등의 병기를 할 수 있다.
> **[예시]** 주식회사 에이비씨증권(ABC Securities Co., Ltd.)
> **[예시]** 에이비씨생명보험 주식회사(ABC Life Insurance Co., Ltd.)

Ⅱ   동일상호의 등기금지

1. 서 설

> **상업등기법 제29조(등기할 수 없는 상호)**
> 동일한 특별시, 광역시, 특별자치시, 시(행정시를 포함한다. 이하 같다) 또는 군(광역시의 군은 제외한다. 이하 같다)에서는 동종의 영업을 위하여 다른 상인이 등기한 상호(商號)와 동일한 상호를 등기할 수 없다.

① <u>타인이 등기한 상호와 동일한 상호는 동일한 특별시·광역시·특별자치시·시 또는 군에서 동종영업의 상호로 등기하지 못한다</u>(상법 제22조, 법 제29조).
② 동일상호의 판단과 관련하여 「동일상호의 판단기준에 관한 예규」(등기예규 제1819호)가 마련되어 있다.

2. 동일상호의 판단

① 등기관의 판단준칙(등기예규 제1819호 제2조)

　　㉠ 등기관은 상호에 관한 법령과 이 예규로 정한 기준에 따라, <u>등기부, 등기신청서와 그 첨부서면에 의하여</u> 사회 일반인의 입장에서 신청인의 상호가 타인이 등기한 상호와 동일한 상호인지 여부를 판단하여야 한다(제2조 제1항).

　　㉡ 신청인과 상호를 등기한 타인이 동일 또는 동종의 영업을 하는지는 <u>영업의 종류(이하 '업종'이라고 한다) 또는 목적을 비교하여 판단한다</u>(제2조 제2항).

② 동일상호 판단을 요하는 등기사건(등기예규 제1819호 제4조)

> **등기예규 제1819호 제4조(동일상호 판단을 요하는 등기사건)**
> ① 등기관이 동일상호 여부를 조사·판단하여야 하는 등기 사건은 다음 각 호와 같다.
> 　1. 회사의 설립 등기
> 　2. 상호의 등기
> 　3. 상호의 변경 등기
> 　4. 목적의 변경 등기
> 　5. <u>본점 또는 영업소를 다른 등기소의 관할 구역에서 당해 등기소의 관할구역으로 이전하는 등기</u> **기출** 14
> 　6. 상호의 가등기
> 　7. 주식회사 또는 유한회사를 설립하고자 할 때, 회사의 상호를 변경하고자 할 때, 회사의 본점을 이전하고자 할 때의 상호 가등기의 등기사항 중 목적을 변경하는 등기
> ② <u>회사의 지점 및 외국회사의 영업소를 설치하거나 이전하는 등기신청에서는 동일상호 여부를 조사하지 아니한다.</u> **기출** 23

③ 타인의 동의가 있는 경우(등기예규 제1819호 제5조) : <u>상호를 등기한 타인이 신청인의 상호에 관한 등기에 동의하거나 신청인이 발행한 주식을 100% 소유한 모회사(母會社)라 하더라도, 동일상호인 경우에 등기관은 상호에 관한 등기신청을 수리할 수 없다</u>(제5조). **기출** 23·19·14·12·10

④ 동일상호의 판단요건(등기예규 제1819호 제6조)

> **등기예규 제1819호 제6조(동일상호의 판단 요건)**
> 상호에 관한 등기 신청이 <u>다음 각 호의 요건을 충족할 경우 등기관은 그 신청을 각하하여야 한다.</u>
> 　1. 신청인이 타인의 상호의 등기가 있는 특별시·광역시·시·군의 관할 등기소에 상호에 관한 등기를 신청하였을 것
> 　2. 신청인의 상호가 타인의 상호와 동일할 것
> 　3. 신청인이 타인과 동일 또는 동종의 영업을 하거나 하려고 할 것

⑤ 타인이 등기한 상호의 범위(등기예규 제1819호 제7조)

　　㉠ 등기관은 신청인의 상호가 <u>회사의 상호(지점 및 외국회사 영업소의 상호를 포함), 가등기된 상호, 자연인인 상인의 등기된 상호</u>에 대하여 동일상호인지를 조사하여야 한다(제7조 제1항). **기출** 10

　　㉡ 등기관은 등기신청된 상호가 타인이 등기한 상호와 동일한지를 판단하기 위하여 <u>해산 또는 파산선고된 회사의 상호에 대하여도 조사하여야</u> 한다. 다만, 청산종결, 파산종결 또는 파산폐지의 등기가 되어 그 등기기록이 폐쇄된 회사의 상호에 대하여는 그러하지 아니하다(제7조 제2항). **기출** 19·10

ⓒ 회사의 지점 및 외국회사의 영업소를 설치하거나 이전하는 등기신청에서는 동일상호 여부를 조사하지 아니한다(등기예규 제1819호 제4조 제2항). 따라서 이미 유한회사의 설립등기가 되어 있는 관할 등기소 내에서 위 유한회사와 동종영업을 목적으로 하여 위 유한회사와 동일한 상호로 외국회사 영업소 설치 등기를 하는 것은 가능하다. **기출** 19·16

ⓓ 본점이 동일한 시(**예** 서울특별시)에 있고 사업목적이 유사한(영업목적이 동일하거나 동종인) "甲"주식회사와 "乙"주식회사에 있어, "甲"주식회사는 "乙"주식회사 명의로, "乙"주식회사는 "甲"주식회사 명의로 각 상호변경등기를 동시에 신청할 수 없다(상업등기선례 제1-109호). 즉, 양 회사의 상호변경등기 신청은 모두 허용되지 아니한다. **기출** 10

⑥ 상호 자체의 동일성 판단(등기예규 제1819호 제8조)

㉠ 상호 자체의 동일성을 판단할 때, 회사의 종류를 표시하는 문자(합명회사, 합자회사, 주식회사, 유한회사)(제1호)나 「상호 및 외국인의 성명 등의 등기에 관한 예규」에 근거하여 상호에 병기된 로마자 등(제2호)의 문자가 있는 경우에는 이를 제외한 나머지 부분만으로 동일성을 판단한다.
기출 16·14·12·10

㉡ 주식회사(분할회사)가 영업을 분할하여 다른 주식회사(신설회사)를 설립하면서 신설회사의 상호를 분할회사의 상호로 하여 설립등기를 하고, 분할회사에 대하여는 본래의 상호에 '홀딩스'를 붙여 변경 등기를 하는 것은, 분할회사의 변경 후의 상호가 동일한 특별시·광역시·시 또는 군 내에서 동일한 영업을 위하여 다른 사람이 등기한 것과 동일한 상호가 아니라면 가능하다(상업등기선례 제2-84호).
기출 13

⑦ 영업의 동종성 판단(등기예규 제1819호 제10조)

㉠ 목적의 전부 또는 주된 부분이 동일하거나 동종인 경우뿐만 아니라 목적의 일부가 동일하거나 동종인 경우에도 원칙적으로 영업의 동종성은 인정된다(제10조 제1항).

㉡ 두 상인의 목적 중 어느 일방의 목적이 상대방의 목적을 포함하는 경우에도 영업의 동종성이 인정된다(제10조 제2항).

㉢ 목적 중 '전 각 호에 부대하는(또는 관련되는) 일체의 업무'라는 부분은 영업의 동종성을 판단할 때 고려하지 않는다(제10조 제3항). **기출** 14

㉣ 영업은 사회 일반인이 쉽게 인식할 수 있도록 구체적으로 표시되어야 하는데(등기예규 제1819호 제9조 제3항) 등기관은 통계청장이 작성·고시하는 한국표준산업분류 중 소분류 이하를 참고하여 목적의 구체성을 판단할 수 있다(제9조 제4항).

3. 동일상호 등기금지 규정에 위반한 등기의 처리

① 이미 등기된 상호와 동일한 상호는 동일한 특별시·광역시·특별자치시·시 또는 군 내에서는 동종의 영업을 위하여 등기할 수 없고, 이를 목적으로 하는 등기신청은 각하하여야 한다(제26조).

② 등기신청이 각하되지 않고 동일상호가 잘못 등기되었더라도 이때에는 상호권자의 신청 또는 등기관이 직권으로 후에 등기된 상호를 말소하거나 그에 관한 등기사항증명서 또는 인감증명서의 발급을 중단할 수는 없다. 이 경우 먼저 등기한 상호권자는 상호등기의 말소를 구하는 판결을 받아, 후에 등기된 상호를 말소할 수 있다(상업등기선례 제1-58호).

Ⅲ 상호등기의 효력

1. 서 설

① 개인상인의 경우에는 상호를 선정하여 사용하면 상호권(상인이 상호에 대하여 가지는 권리)이 발생하므로, 상호권을 향유하기 위해서 상호의 등기를 하여야 하는 것은 아니다. 그런데 상인이 회사인 경우에는 반드시 회사의 등기부에 상호를 등기하여야 하므로, 원칙적으로 회사의 경우 그 설립 시에 상호권이 발생한다.

② 등기하지 않은 상호권자도 상호사용권과 상호권을 행사할 수 있다. 다만, 상호권자가 상호의 등기를 하거나 회사의 설립등기를 하면 그 상호와 동일한 등기를 배척하는 효력(사전등기배척권)이 인정되고, 또 상호전용권을 용이하게 행사(상호전용권의 강화)할 수 있게 되는데, 이를 상호등기의 효력이라고 한다.

2. 상호권

① 상호사용권

ㄱ 상호사용권은 자신이 적법하게 선정하거나 양수 또는 승계한 상호를 타인의 방해를 받지 않고 사용할 수 있는 권리이다. 상호의 등기 유무는 상호사용권의 내용에 아무런 영향을 미치지 않는다.

ㄴ 상호를 먼저 사용함으로써 상호사용권을 가지는 자는, 같은 상호를 나중에 사용하기 시작한 자가 먼저 등기를 하였다 하더라도 부정한 목적이 없으므로 후에 상호를 사용한 자의 상호폐지청구를 받지 않고 계속 사용할 수 있다.

② 상호전용권

ㄱ 상호전용권은 부정한 목적으로 타인의 영업으로 오인할 수 있는 상호를 사용하는 자가 있는 경우에 이로 인하여 손해를 받을 염려가 있는 때에는 상호사용의 폐지와 손해배상을 청구할 수 있는 권리이다(상법 제23조 제2항). 상호전용권은 상호의 등기 유무와 관계없이 생기는 권리이나 등기에 의하여 상호전용권인 배타성이 더욱 강화된다는 것이 다수의 견해이다.

ㄴ 상호폐지청구권

㉮ 상호사용의 폐지는 장래의 사용금지의 청구뿐만 아니라 현재의 사용금지의 청구를 포함한다(예컨대, 간판의 철거, 인쇄물의 폐기 등).

㉯ 상호사용폐지청구권에 의하여 가해자에 대하여 등기말소를 청구하는 것도 가능하다.

ㄷ 손해배상청구권 : 상법 제23조는 민법상의 불법행위에 기한 손해배상을 주의적으로 규정한 것으로 보아 불법행위의 요건을 모두 입증하여야 한다는 견해와 상법에서 특별한 책임을 규정한 것으로 보아 상호전용권의 요건과 손해발생의 사실만 입증하면 된다는 견해(부정한 목적이 인정되면 부정사용자의 고의, 과실에 관계없이 손해배상을 청구할 수 있다는 견해)로 나뉜다.

3. 상호등기의 효력

① 사전등기배척권

㉠ 의 의

㉮ 타인이 등기한 상호는 동일한 특별시·광역시·특별자치시·시 또는 군에서 동종영업의 상호로 등기하지 못한다(상법 제22조).

㉯ 상호의 가등기도 상법 제22조의 적용에 있어서는 상호의 등기로 보므로(상법 제22조의2 제4항) 상호의 가등기에도 사전등기배척권이 인정된다.

㉰ 미등기 상호에 대하여는 사전등기배척권이 인정되지 않는다.

㉡ 법적 성질 : 등기상호권자의 상호전용권의 내용으로 보아 등기배척권이 등기법상의 효력과 실체법상의 효력을 모두 가진 것으로 해석하는 견해와, 상호전용권과는 다른 것으로 등기법상 효력만 있는 것으로 보는 견해가 있는데, 전자의 견해가 다수설과 판례의 태도이다(대판 2004.3.26. 2001다72081).

② 상호전용권의 강화(등기 후의 상호전용권)

㉠ 상호는 등기에 의하여 상호전용권의 내용인 배타성이 강화되어 그 주장이 용이해진다(다수설).

㉡ 미등기 상호권자가 상호전용권을 행사하려면 가해자의 부정한 목적과 손해를 받을 염려를 입증하여야 하지만, 등기상호권자는 가해자의 부정한 목적을 입증하지 않아도 되고 오히려 가해자가 스스로 부정한 목적이 없음을 입증하여야 하고, 등기상호권자는 손해를 받을 염려가 있음을 입증하지 않아도 된다(상법 제23조 제2항·제4항, 대판 2004.3.26. 2001다72081 참조).

Ⅳ 상호신설의 등기

1. 개 설

① 상호를 등기할 것인가는 상인의 자유이므로 상호를 등기하지 않은 채 상호를 사용하는 것도 가능하다. 다만, 상호의 등기를 하지 않으면 상호등기의 효력을 받을 수 없다.

② 회사의 상호는 회사의 설립등기와 동시에 회사의 등기부에 등기하고 상호등기부에 따로 등기하지 아니하므로(제37조 제1항), 상호신설의 등기신청에 관한 아래의 설명은 회사에 대해서는 적용되지 않는다. 이는 합자조합의 등기부가 별도로 존재하는 합자조합의 경우에도 마찬가지이다(제11조 제1항 제5호 참조).

2. 신청인 및 등기기간

① 상호신설의 등기신청인은 상호사용인이다. 제한능력자도 상인이 될 수 있으므로 상호를 정하여 상호의 등기를 할 수 있으나, 제한능력자등기가 되어 있지 않는 한, 법정대리인의 등기에 기록된 법정대리인이 그 등기를 신청하여야 한다. 법정대리인이 제한능력자를 대리하여 상호의 등기를 신청하기 위해서는 법정대리인의 등기가 선행되어야 한다. 상호에 관한 변경등기, 상호의 상속 또는 양도의 등기, 상호등기의 말소등기, 면책의 등기, 상호의 가등기 등의 신청에 있어서도 마찬가지이다.

② 상호신설의 등기의 등기기간은 정함이 없다.

3. 등기사항(제30조)

> **상업등기법 제30조(등기사항)**
> 상호의 등기를 할 때에는 다음 각 호의 사항을 등기하여야 한다.
> 1. 상 호
> 2. 영업소의 소재지
> 3. 영업의 종류
> 4. 상호사용자의 성명·주민등록번호 및 주소
>
> **상업등기법 제37조(회사의 상호등기)**
> ① 회사의 상호는 상호등기부에 따로 등기하지 아니한다.
> ② 제30조부터 제33조까지[제30조(등기사항), 제31조(영업소의 이전등기), 제32조(변경등기 등), 제33조(상호의 상속 또는 양도의 등기) 및 제35조(상속인에 의한 등기의 신청)]는 회사에 대해서는 적용하지 아니한다.

① 상호(제1호)
  ㉠ 상호는 한글 또는 한글과 아라비아숫자로 등기한다(아라비아숫자만으로는 등기할 수 없다). 다만, 대법원예규로 정하는 바에 따라 한글 또는 한글과 아라비아숫자로 등기한 다음에 괄호 안에 로마자, 한자, 아라비아숫자 그리고 부호를 병기할 수 있다(규칙 제2조).
  ㉡ 개인 상인의 상호와 로마자 등의 병기 부분에는 회사로 오인하게 할 수 있는 문자를 사용하지 못한다(등기예규 제1598호 제11조 제3항).
② 영업소의 소재지(제2호) : 해당 상호를 사용하는 영업소의 소재장소를 등기한다. 상호의 등기는 영업소마다 하여야 하지만, 같은 등기소의 관할구역 내에 동종의 영업을 하는 영업소가 수개인 경우에는, 하나의 상호신설의 등기를 하고 그 상호의 등기기록의 영업소란에 수개의 영업소를 함께 등기한다.
③ 영업의 종류(제3호)
  ㉠ 등기하고자 하는 상호를 사용하는 영업의 종류를 등기하여야 한다. 이 경우 영업의 종류는 상행위 또는 점포 기타 유사한 설비에 의하여 상인적 방법으로 하는 영업이어야 한다(상법 제4조, 제5조).
  ㉡ 영업의 종류는 상호의 효력범위를 정하는 것이므로 사회일반인이 그 내용을 쉽게 인식할 수 있도록 명확하고 구체적으로 정하여야 하고 불명확할 때에는 상호의 등기신청은 수리할 수 없다(등기예규 제1819호 제9조).
④ 상호사용자의 성명·주민등록번호 및 주소(제4호)
  ㉠ 상호사용자의 주소가 영업소와 동일한 경우에도 상호사용자의 주소를 기재하여야 한다.
  ㉡ 수인이 공동으로 영업을 하는 때에는 상호를 공동으로 사용할 수 있으므로, 이 경우에는 모 든 상호사용자의 성명·주민등록번호 및 주소를 기재한다.

4. 첨부정보

① 상인임을 소명하는 서면 : 상업등기규칙에 명시적인 규정은 없지만, 상호신설의 등기를 신청할 때 신청인이 상인임을 소명하는 서면을 첨부자료로 제공하여야 한다(예 사업자등록증 사본).

② 로마자 등의 사용을 증명하는 서면 : 상호와 함께 로마자 등의 병기를 신청하는 경우에는 상호와 그 로마자 등의 표기가 함께 기재된 사업자등록증, 간판 사진, 광고 전단지 등 상호와 그 로마자 등 표기를 함께 사용하고 있다는 소명 자료를 등기신청서에 첨부하여야 한다(등기예규 제1598호 제11조 제2항).

③ 법정대리인임을 증명하는 서면 : 법정대리인이 제한능력자를 대리하여 신청할 때에는 그 자격을 증명하는 가족관계등록사항별 증명서 등을 첨부정보로 제공하여야 한다(규칙 제52조 제1항 제1호). 그 증명서 등은 발행일로부터 3개월 이내의 것이어야 한다(규칙 제52조 제4항).

④ 성명, 주민등록번호 및 주소를 증명하는 서면 : 상호사용인의 성명, 주민등록번호 및 주소를 증명하는 서면을 첨부정보로 제공하여야 한다(규칙 제52조 제1항 제3호).

⑤ 인감신고서 등
  ㉠ 상호신설의 등기를 신청하는 상호사용자는 등기소에 미리 그 인감을 제출하여야 하고, 신청서에는 그 신고하는 인감을 날인하여야 한다(제25조 제1항).
  ㉠ 대리인이 상호신설의 등기를 신청하는 경우에는 등기소에 신고하는 인감이 날인된 위임장을 첨부정보로 제공하여야 한다(제25조 제2항, 규칙 제52조 제1항 제1호).

Ⅴ 상호의 변경등기 등

1. 개 설

상호를 등기한 자는 그 상호, 영업소의 소재지, 영업의 종류 등의 등기사항을 변경할 수 있다. 회사의 경우에는 상호, 본점 소재지 또는 영업의 종류 등을 변경하기 위해서 정관변경, 본점 또는 지점의 이전 등에 관한 소정의 절차를 거쳐야 하지만, 개인상인의 경우에는 상인의 의사에 의하여 자유로이 이를 변경할 수 있다.

2. 신청인 및 등기기간

상업등기법 제32조(변경등기 등)
상호를 등기한 사람은 제30조 각 호의 사항(상호, 영업소의 소재지, 영업의 종류, 상호사용자의 성명·주민등록번호 및 주소)이 변경되거나 상호를 폐지한 경우에는 변경 또는 상호 폐지의 등기를 신청하여야 한다.

상업등기법 제35조(상속인에 의한 등기신청)
등기원인이 발생한 후에 상호를 등기한 사람이 사망한 경우에는 상속인이 제31조부터 제34조까지의 규정에 따른 등기를 신청할 수 있다.

① 상호의 변경 등의 등기는 상호를 등기한 사람이 신청하여야 한다(제32조). 다만, 상호를 등기한 사람이 그 등기를 하기 전에 사망한 경우에는 그의 상속인이 등기를 신청하여야 하는데, 상속인이 그 상호를 사용하지 않는 때에도 마찬가지이다(제35조).

② 예를 들면, 상호를 등기한 사람이 성명, 주소 등의 변경등기를 하지 않고 사망한 경우, 상속인이 상호를 상속받아 사용하는 때에는 그 변경등기를 한 뒤에 상호 상속에 의한 등기를 하게 되지만, 상속인이 상호를 계속 사용하지 않는 경우에는 변경등기를 한 다음 상호폐지의 등기를 한다.

③ 상호에 관한 변경등기의 등기기간에 관한 정함은 없다.

3. 변경 사유에 따른 등기사항 및 절차

① 관할 외 영업소 이전의 경우

> **상업등기법 제31조(영업소의 이전등기)**
> ① 상호를 등기한 사람이 영업소를 다른 등기소의 관할구역으로 이전한 경우에는 종전 영업소의 소재지에서는 새 영업소의 소재지와 이전 연월일을 등기하고, 새 영업소의 소재지에서는 제30조 각 호의 사항(상호, 영업소의 소재지, 영업의 종류, 상호사용자의 성명·주민등록번호 및 주소)을 등기하여야 한다.
> ② 제1항에 따라 종전 영업소의 소재지에서 하여야 하는 등기와 새 영업소의 소재지에서 하여야 하는 등기의 신청은 종전 영업소 또는 새 영업소의 소재지를 관할하는 등기소 중 한 곳에 동시에 하여야 한다.
> ③ 제2항에 따른 등기신청을 접수한 등기관은 다른 등기소의 관할에 속한 등기신청도 함께 처리하여야 한다. 이 경우 어느 하나의 등기신청에 관하여 제26조 각 호의 어느 하나에 해당하는 사유가 있을 때에는 이들 신청을 함께 각하하여야 한다.
> [2024.9.20. 일부개정, 시행 2025.1.31.]
>
> **상업등기규칙 제89조(등기기록의 폐쇄)**
> 다음 각 호의 등기는 기타사항란에 하여야 하고, 이를 등기할 때에는 등기기록을 폐쇄하여야 한다.
> 6. 상호의 등기를 한 자, 미성년자 또는 법정대리인의 영업소를 다른 등기소의 관할구역으로 이전한 경우에 구 소재지에서 하는 영업소 이전의 등기(종전 등기소의 관할 구역 내에 다른 영업소가 있는 경우는 제외한다)

㉠ 상호를 등기한 사람이 영업소를 다른 등기소의 관할구역으로 이전한 경우에는 종전 영업소의 소재지에서 하여야 하는 등기와 새 영업소의 소재지에서 하여야 하는 등기의 신청은 종전 영업소 또는 새 영업소의 소재지를 관할하는 등기소 중 한 곳에 동시에 하여야 한다(제31조 제2항).

㉡ 등기신청을 접수한 등기관은 다른 등기소의 관할에 속한 등기신청도 함께 처리하여야 한다. 이 경우 어느 하나의 등기신청에 관하여 제26조 각 호의 어느 하나에 해당하는 사유가 있을 때에는 이들 신청을 함께 각하하여야 한다(제31조 제3항).

㉢ 영업소의 소재지를 다른 등기소의 관할구역으로 이전한 경우에는 영업소 소재지를 이전한 사실을 증명하는 서면을 첨부정보로 제공할 필요가 없다. 다만, 대리인에 의하여 등기를 신청하는 때에는 위임장 등을 첨부정보로 제공하여야 한다(규칙 제52조 제1항 제1호).

② 관할 외 영업소 이전 외에 상호에 관한 변경 : 상호를 등기한 후, 당해 관할 등기소 관할 구역 내에서 영업소를 이전하거나 상호, 영업의 종류, 상호사용자의 성명·주소·주민등록번호가 변경된 때에는 상호사용자는 지체 없이 그 변경의 등기를 하여야 한다(제32조).

Ⅵ 상호폐지의 등기

1. 상호의 폐지와 폐지간주
① 상호의 등기를 한 자는 그 자유로운 의사에 의하여 상호를 폐지할 수 있는데, 상호사용자가 사망한 후 그 상속인이 상호를 속용하지 않을 때에도 상호는 폐지된다.
② 상호를 등기한 자가 정당한 사유 없이 2년간 상호를 사용하지 아니하는 때에는 상호를 폐지한 것으로 본다(상법 제26조).

2. 등기절차
① 상호를 등기한 자가 그 상호를 폐지하였거나 상법 제26조에 의하여 폐지가 간주되는 경우에는 상호폐지의 등기를 하여야 한다(제32조).
② 상호폐지의 등기를 하기 전에 상호사용자가 사망한 경우에는 상속인이 그 폐지의 등기를 신청하여야 한다(제35조).
③ 상호폐지의 등기는 등기기간의 정함이 없으므로 과태료 대상의 등기는 아니다.
④ 다만, 상호를 등기한 자가 상호를 폐지 또는 변경하였음에도 불구하고 2주간 내에 그 변경 또는 폐지의 등기를 하지 아니하는 때에는 이해관계인은 그 등기의 말소를 신청할 수 있다(상법 제27조). **기출** 12 · 13
⑤ 상호폐지의 등기를 신청할 때에는 위임장 등 일반적인 첨부정보 외에 그 폐지사실을 증명하는 서면을 첨부할 필요가 없다.

Ⅶ 상호의 상속 또는 양도의 등기

> **상업등기법 제33조(상호의 상속 또는 양도의 등기)**
> 등기된 상호를 상속하거나 양수한 사람은 그 상호를 계속 사용하려는 경우에는 상호의 상속 또는 양도의 등기를 신청할 수 있다.
>
> **상업등기법 제37조(회사의 상호등기)**
> ① 회사의 상호는 상호등기부에 따로 등기하지 아니한다.
> ② 제30조부터 제33조까지[제30조(등기사항), 제31조(영업소의 이전등기), 제32조(변경등기 등), 제33조(상호의 상속 또는 양도의 등기) 및 제35조(상속인에 의한 등기의 신청)]는 회사에 대해서는 적용하지 아니한다. **기출** 19

1. 상호의 상속
① 상호사용인이 사망한 경우에는 상속인이 그 상호사용권을 취득한다.
② 등기된 상호를 상속인이 계속 사용하고자 할 때에는 상호상속의 등기를 하여야 한다(제33조).
③ 회사의 경우에는 상호상속에 관한 규정이 적용되지 않는다(제37조 제2항). **기출** 19

2. 상호의 양도

① 상호는 양도할 수 있지만 영업과 함께 양도하거나 영업을 폐지한 경우에 한하여 양도할 수 있다(상법 제25조 제1항).

② 이때의 '영업의 양도'는 일정한 영업목적에 의하여 조직화된 일체, 즉 인적·물적 조직을 그 동일성은 유지하면서 일체로서 이전하는 것을 말한다(대판 2003.5.30. 2002다23826).

③ 영업이 폐지된 경우에는 상호만을 양도할 수 있는데, 상호만을 양도할 수 있는 영업의 폐지에는 정식으로 영업폐지에 필요한 행정절차를 밟아 폐업하는 경우와 사실상 폐업한 경우가 있다(대판 1988.1.19. 87다카1295).

④ 제33조에 따라 상호등기부에 하는 상호양도의 등기는 개인상인 간의 상호양도에만 적용되고 회사와 회사 간 또는 회사와 개인상인 간에는 적용되지 않는다(제37조 제2항).

⑤ 상호의 양도는 당사자 간에는 의사표시만으로 효력이 발생하지만, 상호의 양도에 변경등기를 하지 않으면 상호의 양도를 제3자에게 대항할 수 없다(상법 제25조 제2항).

⑥ 상호가 이중으로 양도된 경우에는 먼저 상호양도의 등기를 한 자가 권리를 취득한다.

3. 등기절차

① 신청인 : 상호의 상속인 또는 양수인이 신청한다(제33조). 수인의 상속인 또는 양수인이 공동하여 상호를 계속 사용하는 경우에는 이들이 공동으로 신청하여야 한다.

② 등기사항 : 상호의 상속 또는 양도에 따라 등기할 사항은 상호를 상속 또는 양도받은 상호사용자의 성명·주소·주민등록번호, 양도 또는 상속을 받은 취지와 그 연월일이다.

③ 첨부정보

　㉠ 상호를 상속한 경우에는 위임장 등 일반적인 서면 외에 상속을 증명하는 서면을 제출하여야 한다(규칙 제73조 제1항 제1문).

　㉡ 상호를 양도받은 경우에는 양수인의 성명, 주민등록번호 및 주소를 증명하는 서면 등 외에 상호의 양도를 증명하는 서면과 영업을 폐지하거나 영업과 함께 상호를 양도한 것임을 증명하는 서면을 첨부하여야 한다(규칙 제73조 제1항 제2문). 이때, 상호의 양도를 증명하는 서면에는 상업등기법 제25조에 따라 등기소에 제출한 양도인의 인감이 찍혀 있어야 한다(규칙 제73조 제2항).

　㉢ 상호의 양도인이 영업을 폐지하였음을 증명하는 서면으로는 양도인이 영업폐지의 뜻을 기재한 증명서를 제출하면 되고, 영업과 함께 상호를 양도한 것임을 증명하는 서면으로는 영업양도계약서를 제출하면 된다.

VIII 상호등기의 말소

1. 말소의 사유

> **상업등기법 제36조(이해관계인의 신청에 따른 상호등기의 말소)**
> ① 상호등기의 말소에 이해관계가 있는 자는 상법 제27조에 따라 그 등기의 말소를 신청할 수 있다.
> ② 제1항의 신청이 있는 경우의 등기 직권말소 통지, 이의신청에 대한 결정 및 등기 직권말소 등에 관하여는 제78조부터 제80조까지의 규정을 준용한다.
> ③ 등기관은 제2항에서 준용하는 제79조에 따라 이의신청이 이유 있다고 결정을 하면 제1항의 신청을 각하하여야 한다.
>
> **상법 제26조(상호불사용의 효과)**
> 상호를 등기한 자가 정당한 사유 없이 2년간 상호를 사용하지 아니하는 때에는 이를 폐지한 것으로 본다.
>
> **상법 제27조(상호등기의 말소청구)**
> 상호를 변경 또는 폐지한 경우에 2주간 내에 그 상호를 등기한 자가 변경 또는 폐지의 등기를 하지 아니하는 때에는 이해관계인은 그 등기의 말소를 청구할 수 있다.

① 상호를 등기한 자가 상호를 폐지 또는 변경하였음에도 불구하고 2주간 내에 그 변경 또는 폐지의 등기를 하지 아니하는 때에는 이해관계인은 그 등기의 말소를 신청할 수 있다(상법 제27조, 법 제36조 제1항).

② 이해관계인이 등기소에 상호등기의 말소를 신청할 수 있는 '상호의 폐지 또는 변경'에는 상호를 폐지하거나 변경한 경우뿐만 아니라, 등기한 시·군 외로 영업소를 이전하거나 영업소를 폐지한 경우도 포함되고, 적극적으로 폐지한 경우뿐만 아니라 상호를 등기한 자가 정당한 사유 없이 2년간 상호를 사용하지 않아서 상호를 폐지한 것으로 간주되는 경우(상법 제26조)도 포함된다(상업등기선례 제1-51호).

③ 회사의 상호등기에 대해서도 상법 제27조 및 상업등기법 제36조에 의해 이해관계인이 말소신청을 할 수 있다(상업등기선례 제1-52호).

2. 말소절차

① **신청인** : 상호등기의 말소를 신청할 수 있는 자는 상호의 폐지 또는 변경의 등기가 되는 것에 대하여 법률상의 이해관계를 가져야 하는데(상법 제27조), 주로 폐지 또는 변경된 상호를 사용하고자 하는 자가 이해관계인이 된다.

② **첨부정보**
  ㉠ 상호등기의 말소신청서에는 이해관계가 있음을 증명하는 서면을 첨부하여야 한다(규칙 제76조, 상업등기선례 제1-53호).
  ㉡ 회사의 경우에는 말소청구의 대상이 되는 상호와 동일한 상호를 사용하기 위하여 정관을 변경한 것을 증명하는 주주총회 의사록 등이, 개인의 경우에는 말소될 상호로 현재 영업을 하고 있다는 것을 증명하는 관공서의 증명서 등이 이에 해당한다(등기예규 제1558호 1. 나 (2)).

③ 등기소의 처리
  ㉠ 상호등기의 말소신청서를 접수받은 등기관은 상호의 등기를 한 자에게 1개월 이내의 기간을 정하여 그 기간 이내에 서면으로 이의를 진술하지 아니한 때에는 상호의 등기를 말소한다는 뜻을 통지하여야 한다(제36조 제2항·제78조 제1항).
  ㉡ 등기한 자의 주소 또는 거소를 알 수 없는 때에는 통지에 갈음하여 같은 기간 동안 등기소 게시장이나 대법원 인터넷등기소에 이를 게시한다(제78조 제2항).

3. 상호 등기가 말소된 회사의 등기

① 회사의 표시 : 상호등기가 말소된 회사가 상호등기를 신청하거나, 상호등기가 말소된 회사에 대한 등기 사항증명서 또는 인감증명서의 교부를 신청하는 경우 그 신청서에 회사를 표시할 때는 말소된 상호 앞에 '말소 전 상호'라고 기재하여야 한다(등기예규 제1558호 3. 나.).
② 상호의 등기와 다른 등기의 신청 : 상호등기가 말소된 회사는 상호의 등기를 하기 전에는 다른 등기를 신청할 수 없다(제26조 제5호, 등기예규 제1558호 3. 가.).

Ⅸ 면책의 등기

1. 상호를 속용하는 영업양수인의 책임과 면책요건

> **상법 제42조(상호를 속용하는 양수인의 책임)**
> ① 영업양수인이 양도인의 상호를 계속 사용하는 경우에는 양도인의 영업으로 인한 제3자의 채권에 대하여 양수인도 변제할 책임이 있다.
> ② 전항의 규정은 양수인이 영업양도를 받은 후 지체 없이 양도인의 채무에 대한 책임이 없음을 등기한 때에는 적용하지 아니한다. 양도인과 양수인이 지체 없이 제3자에 대하여 그 뜻을 통지한 경우에 그 통지를 받은 제3자에 대하여도 같다.
>
> **상업등기법 제34조(영업양도인의 채무에 대한 양수인의 면책등기)**
> 상법 제42조 제2항의 등기는 양수인이 신청하여야 한다.

① 영업양수인이 양도인의 상호를 속용(계속 사용)하는 경우에는 양도인의 영업으로 인한 제3자의 채권에 대하여 양수인도 변제할 책임이 있다(상법 제42조 제1항). 여기에서 '양도인의 영업으로 인한 제3자의 채권'이란 양도인의 영업상의 활동과 관련하여 발생한 모든 채무를 의미하므로 거래에서 발생한 채무뿐만 아니라 불법행위로 인한 손해배상채무나 부당이득으로 인한 상환채무 등도 포함된다(대판 1989.3.28. 88다카12100).
② 영업양도 후 지체 없이 양수인이 양도인의 채무에 관해 책임을 지지 않는다는 뜻의 등기(면책의 등기)를 한 때에는 상법 제42조 제1항의 양수인의 책임에 관한 규정은 적용되지 않으며, 양도인과 양수인이 지체 없이 제3자(양도인의 영업상 채권자)에 대해 그 뜻을 통지한 경우 그 통지를 받은 제3자에 대하여 양수인은 책임을 면하게 된다(상법 제42조 제2항). **기출** 14

2. 등기절차

① 신청인 및 등기기간

　ᄀ 면책의 등기는 양수인이 신청하여야 하는데(제34조), 회사가 양수인인 때에는 회사의 대표자가 회사를 대표해서 신청한다.

　ᄂ 면책의 등기는 영업의 양도 후 지체 없이 하지 않으면 안 되는데, 지체 없이 하지 않은 경우 과태료에 처하여 지는 것은 아니지만 면책의 등기는 그 효력이 없다고 해석된다(상법 제42조 제2항 제1문).

② 등기사항

　ᄀ 면책의 등기에 있어서 등기할 사항은 양도인의 성명과 그의 채무에 관하여는 책임이 없다는 뜻이다(상법 제42조 제2항 제1문). 이러한 면책의 등기는 당해 상호의 등기기록에 하고 영업양도가 이루어진 뜻과 그 연월일을 등기하여야 한다(규칙 제55조 제1항).

　ᄂ 다만, 회사가 영업의 양도인 또는 양수인인 때에는 양수인의 상호의 등기기록 또는 양수인인 회사의 등기기록에 이를 하여야 한다(규칙 제74조 제3항).

③ 첨부정보

　ᄀ 면책의 등기를 신청하는 경우에는 위임장 등 일반적 첨부정보 외에 양도인의 승낙서를 첨부정보로 제공하여야 한다(규칙 제74조 제1항·제2항).

　ᄂ 이 승낙서에는 상업등기법 제25조에 따라 등기소에 제출한 양도인의 인감이 날인된 승낙서를 첨부하여야 한다(규칙 제74조 제1항·제2항, 제73조 제2항).

　ᄃ 만약, 양도인이 미등기 상호권자(개인상인)라면 승낙서에 인감증명법에 의한 인감을 날인하고 인감증명서를 첨부정보로 제공하여야 할 것이다.

X 상호의 가등기

1. 의의

① 상호의 가등기란 상호의 등기를 하기 전에 장래에 등기하고자 하는 상호의 보전을 위하여 미리 하여 두는 등기를 말한다.

② '상호의 가등기'는 상법 제22조 및 상업등기법 제29조의 적용에 있어서는 '상호의 등기'로 본다(상법 제22조의2 제4항, 법 제45조). 따라서 상호의 가등기에도 사전등기배척권이 인정된다.

2. 상호의 가등기의 유형

① 회사를 설립하고자 할 때의 상호의 가등기

　ᄀ 회사설립절차가 비교적 복잡한 유한책임회사, 주식회사 또는 유한회사를 설립하고자 할 때에는, 설립등기를 하기 전에 본점의 소재지를 관할하는 등기소에 상호의 가등기를 신청할 수 있다(상법 제22조의2 제1항). 그러나 회사 설립과 관계된 상호의 가등기는 설립절차가 비교적 간단한 합명회사와 합자회사에 대하여는 인정되지 않는다(상업등기실무 1). **기출** 11

　ᄂ 합병, 분할 또는 분할합병에 의하여 주식회사를 설립하거나, 합병으로 유한회사를 설립하는 때에도 그 신설회사를 위하여 상호의 가등기를 할 수 있다.

② 회사의 상호나 목적 또는 상호와 목적을 변경하고자 할 때의 상호의 가등기
　　㉠ 회사는 상호나 목적, 또는 상호와 목적을 변경하고자 할 때, 본점의 소재지를 관할하는 등기소에 미리 상호의 가등기를 신청할 수 있다(상법 제22조의2 제2항).
　　㉡ 상호나 목적, 또는 상호와 목적을 변경하고자 할 때의 상호의 가등기는 <u>유한책임회사, 주식회사, 유한회사</u>뿐만 아니라 합명회사와 합자회사에 대해서도 인정된다. **기출** 13·11
③ 회사의 본점을 이전하고자 할 때의 상호의 가등기
　　㉠ 회사는 본점을 이전하고자 할 때, 이전할 곳(신 본점 소재지)을 관할하는 등기소에 미리 상호의 가등기를 신청할 수 있다(상법 제22조의2 제3항).
　　㉡ 본점 이전에 관계된 상호의 가등기도 <u>유한책임회사, 주식회사, 유한회사</u>뿐만 아니라 합명회사와 합자회사에 대해서도 인정된다.

3. 상호의 가등기의 절차

① 관할 등기소
　　㉠ 유한책임회사, 주식회사 또는 유한회사를 설립하고자 할 때의 상호의 가등기는 <u>신설되는 회사의 본점의 소재지를 관할하는 등기소</u>에 신청한다(상법 제22조의2 제1항).
　　㉡ 회사의 상호나 목적, 또는 상호와 목적의 변경하고자 할 때의 상호의 가등기는 <u>본점의 소재지를 관할하는 등기소</u>에 신청한다(상법 제22조의2 제2항).
　　㉢ 회사의 본점을 이전하고자 할 때의 상호의 가등기는 <u>이전할 곳(신 본점 소재지)을 관할하는 등기소</u>에 신청한다(상법 제22조의2 제3항).
② 가등기의 신청인
　　㉠ 회사를 설립하고자 할 때의 상호의 가등기는 <u>발기인 또는 사원이 본점 소재지를 관할하는 등기소에 신청한다</u>(제38조 제1항). 이때, 발기인 또는 사원은 전원이 아니라 그중 1인이 신청하면 되지만 가등기의 법적 효과는 발기인 또는 사원 전원에게 미친다. **기출** 12
　　㉡ 회사의 상호나 목적 또는 상호와 목적을 변경하고자 할 때의 상호의 가등기와 회사의 본점을 이전하고자 할 때의 상호의 가등기는 <u>회사의 대표자가 신청</u>하여야 한다(제23조 제1항).

4. 등기사항 및 첨부정보

① 등기사항
　　㉠ 상호가등기의 종류별로 등기할 사항은 다음과 같다.

회사의 설립에 관계된 상호의 가등기(제38조 제2항)
(i) 상호, (ii) 목적, (iii) 본점이 소재할 특별시·광역시·특별자치시·시 또는 군, (iv) 발기인 또는 사원 전원의 성명·주민등록번호 및 주소, (v) 본등기를 할 때까지의 기간(예정기간)

상호의 변경에 관계된 상호의 가등기(제39조 제1항)
(i) 상호, (ii) 목적, (iii) 본점 소재지, (iv) 변경 후 새로 정하여질 상호, (v) 본등기를 할 때까지의 기간

목적의 변경에 관계된 상호의 가등기(제39조 제1항)
(i) 상호, (ii) 본점 소재지, (iii) 변경 후 새로 정하여질 목적, (iv) 본등기를 할 때까지의 기간

상호와 목적의 변경에 관계된 상호의 가등기(제39조 제1항)
(i) 상호, (ii) 본점 소재지, (iii) 변경 후 새로 정하여질 상호와 목적, (iv) 본등기를 할 때까지의 기간

본점이전에 관계된 상호의 가등기(제39조 제1항)
(i) 상호, (ii) 목적, (iii) 본점 소재지, (iv) 본점을 이전할 특별시 · 광역시 · 특별자치시 · 시 또는 군, (v) 본등기를 할 때까지의 기간

ⓛ 상호의 가등기를 할 때 등기하여야 하는 '본등기를 할 때까지의 기간(= 예정기간)'은 유한책임회사, 주식회사 또는 유한회사의 설립에 관계된 상호의 가등기 및 **본점의 이전에 관계된 상호의 가등기**의 경우에는 2년을 초과할 수 없고, 상호나 목적, 또는 상호와 목적 변경에 관계된 상호의 가등기의 경우에는 1년을 초과할 수 없다(제38조 제3항, 제39조 제2항). 기출 **23 · 12 · 07**

ⓒ 회사, 합자조합, 외국회사 영업소 또는 개인상인의 상호의 등기 시에는 그 상호를 한글과 아라비아숫자로 등기한 다음 괄호 안에 로마자 등을 병기할 수 있지만, 상호의 가등기에는 그 병기가 인정되지 않는다(등기예규 제1598호 제20조 참조).

② 첨부정보

ⓞ 공탁이 있었음을 증명하는 정보(공탁서 사본)

㉮ 상호의 가등기 및 법 제40조제1항에 따른 예정기간 연장등기를 신청하는 경우에는 법 제41조에 따라 공탁한 공탁법원, 공탁번호, 공탁금액을 신청정보의 내용으로 제공하여야 한다. 이 경우 공탁서 사본을 첨부하여야 하나 신청정보에 의하여 등기관이 전산정보처리조직을 이용해 해당 공탁정보를 확인할 수 있는 경우에는 그러하지 아니하다(규칙 제80조 제1항). 공탁서 원본은 공탁금을 회수할 때 필요한 서면이므로 공탁서 사본을 첨부한다.

㉯ 상호가등기를 위한 공탁은 상호가등기 제도를 남용하는 것을 방지하기 위한 것으로 상호의 가등기가 말소된 때에는 회사 또는 발기인 등이 공탁금을 회수할 수 있는 경우를 제외하고는 공탁금을 국고에 귀속하도록 하고 있으므로 '몰취공탁'의 성격을 띤다.

㉰ 상호가등기를 위한 공탁의 경우에는 공탁소의 관할에 관한 규정이 없으므로 신청인의 편의에 따라 임의로 선택한 공탁소에 공탁하면 된다. 공탁은 금전으로써 하여야 하고 물품이나 유가증권으로 할 수 없으며, 지급보증위탁계약문서(보증보험증권)에 의한 공탁도 허용되지 않는다(상업등기실무 1). 기출 **07**

㉱ 등기관은 제80조 제1항에 따라 첨부된 공탁서 사본에 관하여 그 원본의 제출을 요구하여 첨부된 사본이 원본과 같음을 확인하고, 사본에 원본을 확인한 뜻을 적고 기명날인하여야 한다(규칙 제81조).

ⓛ 정 관

㉮ 유한책임회사, 주식회사 또는 유한회사의 설립에 관계된 상호의 가등기를 신청하는 경우에는 신청서 또는 대리인의 권한을 증명하는 서면에 인감증명법에 따라 신고한 인감을 날인하고 그 인감증명과 설립하려는 회사의 정관을 제공하여야 한다(규칙 제80조 제2항).

㉯ 주식회사와 유한회사의 원시정관은 공증인의 인증을 받아야 효력이 생기므로 정관은 공증인의 인증을 받은 것이어야 한다(상법 제292조 본문, 제543조 제3항). 기출 **13** 다만, 자본금 총액이 10억원 미만인 주식회사(소규모 주식회사)를 발기설립하거나 자본금 총액이 10억원 미만인 유한회사를 설립하는 때에는 정관에 공증인의 인증을 받지 않아도 되므로(상법 제292조 단서, 제543조 제3항), 이때에는 발기인 또는 사원이 정관에 기명날인 또는 서명을 하면 된다. 기출 **24 · 09**

㉰ 유한책임회사의 원시정관은 공증인의 인증을 받지 않아도 효력이 발생한다. 따라서 각 사원이 정관에 기명날인하거나 서명하면 된다(상법 제287조의3).

ⓒ 대리인의 권한을 증명하는 서면
　　㉮ 대리인에 의하여 등기를 신청할 때에는 신청서에 그 권한을 증명하는 서면(위임장)을 첨부정보로
　　　제공하여야 한다(규칙 제52조 제1항 제1호, 제80조 제2항).
　　㉯ 회사설립을 위한 상호 가등기의 경우에는 그 서면(위임장)에 발기인 또는 사원 등이 인감증명법에
　　　의하여 신고한 인감을 날인하여야 하고(규칙 제80조 제2항), 상호 또는 목적 변경, 상호와 목적변경
　　　을 위한 상호의 가등기의 경우, 본점이전을 위한 상호가등기의 경우에는 그 서면(위임장)에 회사
　　　의 대표자가 등기소에 제출한 인감을 날인하여야 한다(제25조 제1항).
ⓔ 인감증명
　　㉮ 유한책임회사, 주식회사 또는 유한회사의 설립에 관계된 상호의 가등기를 신청하는 경우에는 신
　　　청서 또는 대리인의 권한을 증명하는 서면에 인감증명법에 따라 신고한 인감을 날인하고 그 인감
　　　증명을 제공하여야 한다(규칙 제80조 제2항). 이에 반하여, 회사의 상호나 목적, 또는 상호와 목적의
　　　변경하고자 할 때의 상호의 가등기나 회사의 본점이전을 위한 상호의 가등기의 경우에는 인감증
　　　명법에 따른 인감증명을 첨부정보로 제공할 필요가 없다.
　　㉯ 등기신청서에 기명날인할 사람은 미리 그 인감을 등기소에 제출하여야 하지만, 회사(유한책임회
　　　사, 주식회사 또는 유한회사)의 설립에 관계된 상호의 가등기의 경우에는 등기소에 신청인의 인감
　　　을 미리 제출할 필요가 없다(제25조 제3항 제3호). **기출** 11
　　㉰ 본점이전에 관계된 상호의 가등기의 경우에도 상호의 가등기를 관할하는 등기소에 미리 그 인감
　　　을 제출하여야 하는 것은 아니다(제25조 제3항 제4호). 하지만, 이 경우에는 상호의 가등기의 신청서
　　　또는 위임장에 회사의 대표자가 본점을 관할하는 등기소에 기왕에 제출한 인감을 날인한다.

5. 상호의 가등기의 변경등기

① 신청인
　㉠ 회사(유한책임회사, 주식회사 또는 유한회사)의 설립에 관계된 상호 가등기의 변경등기의 경우, 회사
　　가 아직 성립되지 아니하였으므로 발기인 또는 사원이 변경등기를 신청한다. 최초로 상호가등기를
　　신청한 발기인 또는 사원뿐만 아니라 그 외의 발기인 또는 사원도 신청할 수 있다.
　㉡ 그 외의 상호의 가등기의 변경등기는 당해 회사를 대표하는 자가 신청한다(제23조 제1항).
② 등기사항
　㉠ 상호의 가등기의 등기사항 중 변경등기를 할 수 있는 것은 상호의 가등기의 유형에 따라 다르다(제40조).
　㉡ 그러나 상호의 가등기를 할 때 등기하여야 하는 '본등기를 할 때까지의 기간(= 예정기간)' 연장의
　　등기는 모든 종류의 상호의 가등기에 있어서 인정된다. 예정기간을 연장할 때, 종전의 예정기간과
　　연장기간을 합한 기간은 유한책임회사, 주식회사 또는 유한회사의 설립에 관계된 상호의 가등기 및
　　본점의 이전에 관계된 상호의 가등기의 경우에는 2년을 초과할 수 없고, 상호나 목적, 또는 상호와
　　목적 변경에 관계된 상호의 가등기의 경우에는 1년을 초과할 수 없다(제40조 제1항).

③ 첨부정보

  ㉠ 상호의 가등기의 변경등기신청서에는 일반적인 첨부서면인 대리인의 권한을 증명하는 서면(규칙 제52
    조 제1항) 외에 다음의 서면을 첨부하여야 한다(규칙 제80조).

  ㉡ 공탁이 있었음을 증명하는 정보(공탁서 사본)

    ㉮ 상호의 가등기 및 상업등기법 제40조 제1항에 따른 예정기간 연장의 등기를 신청하는 경우에는
      상업등기법 제41조에 따라 공탁한 공탁서의 사본을 첨부하여 공탁이 있었음을 증명하여야 한다(규
      칙 제80조 제1항). **기출** 19

    ㉯ 등기관은 첨부된 공탁서 사본에 관하여 그 원본의 제출을 요구하여 첨부된 사본이 원본과 같음을
      확인하고, 사본에 원본을 확인한 뜻을 적고 기명날인하여야 한다(규칙 제81조). 그리고 공탁서 사본
      이 원본과 같은지를 확인할 때에는 공탁금이 지정된 공탁금 보관은행에 납입되었는지 여부를 유
      의하여 확인하여야 한다(등기예규 제1794호 제2조).

  ㉢ 정 관

    ㉮ 회사의 설립에 관계된 상호가등기의 목적을 변경하거나, 발기인 등을 추가하는 등 정관을 변경하
      여야 하는 경우에는 변경정관을 첨부정보로 제공하여야 한다(규칙 제80조 제3항 제2호).

    ㉯ 발기인 등의 성명, 주민등록번호 또는 주소의 변경등기를 신청하는 경우에는 이를 첨부할 필요가
      없다(규칙 제80조 제3항).

  ㉣ 인감증명 : 회사의 설립에 관계된 상호가등기의 예정기간 연장, 발기인 또는 사원의 변경, 목적의
    변경등기를 신청하는 경우에는 신청서 또는 대리인의 권한을 증명하는 서면에 인감증명법에 따라
    신고한 인감을 날인하고 그 인감증명서를 첨부정보로 제공하여야 한다(규칙 제80조 제3항).

  ㉤ 성명, 주민등록번호 및 주소를 증명하는 정보 : 발기인 등의 변경이 아닌 개명, 주민등록번호 경정의
    경우에 기본증명서를, 주소의 변경의 경우에는 주민등록표등본·초본을 첨부정보로 각각 제공하여
    야 한다(규칙 제52조 제1항 제3호, 제4호).

6. 상호의 가등기의 말소

① 상호의 가등기는 가등기를 하여 둔 회사 또는 발기인 등의 신청에 의하여, 이해관계인의 신청에 의하여
  또는 등기관이 직권에 의하여 말소할 수 있다. 상호의 가등기를 말소할 때에는 해당 등기기록 중 '기타사
  항란'에 상호의 가등기를 말소한 뜻과 그 연월일을 기록하고, 그 등기기록을 폐쇄한다(규칙 제55조 제1항).

② 신청에 의한 말소

  ㉠ 회사 또는 발기인 등의 신청에 의한 말소

> **상업등기법 제42조(상호의 가등기의 말소신청)**
> ① 회사 또는 발기인등은 다음 각 호의 어느 하나에 해당할 때에는 상호의 가등기의 말소를 신청하여야
>   한다.
>   1. 주식회사 또는 유한회사의 설립, 본점이전, 목적변경에 관계된 상호의 가등기의 경우에 상호를 변경
>   하였을 때
>   2. 상호나 목적 또는 상호와 목적변경에 관계된 상호의 가등기의 경우에 본점을 다른 특별시·광역시·
>   특별자치시·시 또는 군으로 이전하였을 때
>   3. 그 밖에 상호의 가등기가 필요 없게 되었을 때
> ② 회사 또는 발기인등이 제1항에 따른 신청을 하지 아니하는 경우에는 제36조와 상법 제27조를 준용한다.

ⓛ 이해관계인의 신청에 의한 말소
　　㉮ 상업등기법 제42조 제1항 각 호의 말소신청사유가 발생한 후, 2주간 내에 회사 또는 발기인 등이 상호의 가등기의 말소신청을 하지 않는 경우에는 이해관계인은 그 상호의 가등기의 말소를 신청할 수 있다(상법 제27조, 법 제42조 제2항, 제36조).
　　㉯ 이해관계인이 말소신청을 하는 경우에는 그 말소에 관하여 이해관계가 있음을 증명하는 서면을 첨부하여야 하고(규칙 제76조), 대리인에 의하여 신청할 때에는 그 권한을 증명하는 서면을 첨부하여야 한다(규칙 제52조 제1항 제1호).

③ 등기관의 직권에 의한 말소

상업등기법 제43조(상호의 가등기의 직권말소)
등기관은 다음 각 호의 어느 하나에 해당할 때에는 상호의 가등기를 직권으로 말소하여야 한다.
　1. 예정기간 내에 본등기를 하였을 때
　2. 본등기를 하지 아니하고 예정기간을 지났을 때

상업등기법 제44조(공탁금의 회수 등)
① 예정기간 내에 본등기를 하였을 때에는 회사 또는 발기인등은 공탁금을 회수할 수 있다. 다만, 제42조 제1항 제1호 또는 제2호에 해당하는 경우에는 그러하지 아니하다.
② 상호의 가등기가 말소되면 공탁금은 국고에 귀속된다. 다만, 제1항에 따라 회사 또는 발기인등이 공탁금을 회수할 수 있는 경우에는 그러하지 아니하다.

㉠ 예정기간 내에 본등기를 한 때 등기관은 가등기를 직권으로 말소하여야 한다(제43조 제1호).
　　㉮ 본등기를 했다는 것은 예정기간 내에 가등기로 예정되어 있던 대로 회사의 설립등기, 본점이전등기, 상호나 목적 또는 상호와 목적의 변경등기를 한 것을 말한다.
　　㉯ 예정기간 내에 본등기를 하였을 때에는 회사 또는 발기인 등은 공탁금을 회수할 수 있다(제44조 제1항 본문).
㉡ 본등기를 하지 아니하고 예정기간을 지났을 때 등기관은 가등기를 직권으로 말소하여야 한다(제43조 제2호).
　　㉮ 본등기를 하지 아니하고 예정기간이 지나면 가등기는 당연히 효력이 소멸하기 때문에 그 가등기는 등기관이 직권으로 말소하여야 한다(제2호). 따라서 예정기간이 경과한 후에는 아직 가등기가 말소되기 전이라 하더라도 가등기가 아직 말소되지 않았음을 이유로 가등기에 기해 본등기를 신청하거나 공탁금을 회수할 수는 없다(상업등기실무 1). **기출** 07
　　㉯ 본점이전에 관계된 상호의 가등기를 직권 말소할 때에는 등기관은 말소등기에 앞서 본점 소재지를 관할하는 등기소에 본점이전등기 신청서가 접수되었는지 여부를 전산시스템으로 조회하여야 한다(등기예규 제1794호 제3조).

Ⅰ 미성년자의 등기

1. 미성년자등기의 등기사항

> **상법 제6조(미성년자의 영업과 등기)**
>
> 미성년자가 법정대리인의 허락을 얻어 영업을 하는 때에는 등기를 하여야 한다.
>
> **상업등기법 제46조(미성년자등기의 등기사항 등)**
>
> ① 상법 제6조에 따른 미성년자의 등기를 할 때에는 다음 각 호의 사항을 등기하여야 한다.
>   1. 미성년자라는 사실
>   2. 미성년자의 성명·주민등록번호 및 주소
>   3. 영업소의 소재지
>   4. 영업의 종류
> ② 제1항 각 호의 등기사항에 변경이 생긴 때에는 제31조와 제32조를 준용한다.

① 상법 제6조의 미성년자의 등기를 할 때에는 미성년자라는 사실, 미성년자의 성명·주민등록번호 및 주소, 영업소의 소재지, 영업의 종류를 등기한다(제46조 제1항).

② 법정대리인은 등기사항이 아니다. **기출** 05

③ 미성년자등기는 미성년자별로 1개씩 등기부를 개설한다. **기출** 05

2. 미성년자등기의 신청인

> **상업등기법 제47조(미성년자등기의 신청인)**
>
> ① 미성년자의 등기는 그 미성년자가 신청한다. **기출** 07·05
> ② 영업 허락의 취소로 인한 소멸의 등기 또는 영업 허락의 제한으로 인한 변경의 등기는 법정대리인도 신청할 수 있다. **기출** 14·11
> ③ 미성년자의 사망으로 인한 소멸의 등기는 법정대리인이 신청한다. **기출** 14·07
> ④ 미성년자가 성년이 됨으로 인한 소멸의 등기는 등기관이 직권으로 할 수 있다. **기출** 14·07·05

① 법정대리인으로부터 영업의 허락을 받은 때에는 미성년자는 그 영업에 관해 성년자와 동일한 능력을 갖기 때문에 미성년자의 등기는 미성년자가 신청한다(제47조 제1항).[2] **기출** 05

② 영업 허락의 취소로 인한 소멸의 등기 또는 영업 허락의 제한으로 인한 변경의 등기는 미성년자뿐만 아니라 법정대리인도 신청할 수 있다(제47조 제2항). **기출** 19·11

---

2) 민법 개정 시 부칙규정에 의해 이미 한정치산선고를 받은 자나 피한정후견인은 기존의 무능력자등기를 할 수 있었으나, 그 기한인 2018.6.30.이 경과됨에 따라 이제 미성년자 이외의 제한능력자는 그 등기를 할 수 없다. 따라서 현행법하에서는 제한능력자 중 미성년자만 상법 제6조 및 상업등기법 제46조에 따른 등기를 할 수 있다.

③ 미성년자의 사망으로 인한 소멸의 등기는 법정대리인이 신청한다(제47조 제3항). **기출** 07

④ 미성년자가 성년이 됨으로 인한 소멸의 등기는 등기관이 직권으로 할 수 있다(제47조 제4항). **기출** 07

⑤ 미성년자가 상법 제6조에 따른 미성년자등기를 신청하는 경우, ㉠ 법정대리인의 허락을 받았음을 증명하는 정보(다만, 신청서에 법정대리인의 기명날인이 있는 때에는 그러하지 아니하다), ㉡ 후견인이 영업의 허락을 한 경우에는 후견 감독인이 있으면 그의 동의나 가정법원의 허가가 있음을 증명하는 정보를 제공하여야 한다(규칙 제84조 제1항). 그리고 미성년자의 주민등록번호와 주소를 증명하는 서면(규칙 제52조 제1항)을 첨부하여야 한다. **기출** 07

⑥ 미성년자는 등기의 신청과 동시에 인감을 제출하고 그 인감을 신청서에 날인하여야 한다(제25조 제1항).

3. 미성년자에 관한 변경등기

미성년자의 등기를 한 후 등기한 사항에 변경이 생긴 때에는 변경등기를 하여야 한다(제46조 제2항·제31조·제32조).

Ⅱ 미성년자에 관한 소멸의 등기

1. 등기사유에 따른 등기절차

① 미성년자에 대한 영업허락의 취소, 영업의 폐지(제46조 제2항·제32조), 미성년자의 사망(제47조 제3항), 미성년자가 성년자가 된 때(제47조 제4항)에는 미성년자에 관한 소멸의 등기를 하여야 한다.

② 미성년자에 관한 소멸의 등기는 원칙적으로 미성년자가 신청하지만(제47조 제1항), 영업허락의 취소로 인한 소멸의 등기는 법정대리인도 신청할 수 있고(제47조 제2항), 미성년자의 사망으로 인한 소멸의 등기는 법정대리인이 신청하며(제47조 제3항), 미성년자가 성년이 됨으로 인한 소멸의 등기는 등기관이 직권으로 할 수 있다(제47조 제4항). **기출** 18·14

2. 첨부서류 등

① 미성년자의 사망으로 인한 미성년자에 관한 소멸등기의 신청서에는 사망사실을 증명하는 가족관계등록사항별증명서 중 기본증명서 또는 사망진단서를 첨부하여야 한다(규칙 제84조 제4항).

② 법정대리인이 미성년자에 관한 소멸의 등기를 신청할 때에는 법정대리인인 것을 증명하는 서면으로 가족관계등록사항별증명서 등을 첨부하여야 한다(규칙 제52조 제1항 제1호).

③ 미성년자에 관한 소멸의 등기를 할 때에는 기타사항란에 영업허락을 취소한 뜻, 영업을 폐지한 뜻, 미성년자가 사망한 뜻, 미성년자가 성년자가 된 뜻 및 그 연월일과 등기연월일을 기록한다. 미성년자에 관한 소멸의 등기를 한 때에는 등기기록을 폐쇄한다(규칙 제89조).

I 총 설

> **상법 제8조(법정대리인에 의한 영업의 대리)** 기출 19
> ① 법정대리인이 미성년자, 피한정후견인 또는 피성년후견인을 위하여 영업을 하는 때에는 등기를 하여야 한다.
> ② 법정대리인의 대리권에 대한 제한은 선의의 제3자에게 대항하지 못한다.

1. 법정대리인에 의한 영업

① 미성년자의 경우

  ㉠ 미성년자는 상인자격을 취득하여도 원칙적으로 스스로 유효한 영업을 할 수 없고, 법정대리인의 허락을 얻은 경우에만 유효하게 영업행위를 할 수 있다. 이때 허락을 얻은 특정한 영업에 관하여는 미성년자는 성년자와 동일한 영업능력을 갖는다(민법 제8조 제1항). 이러한 경우를 제외하고 법정대리인은 미성년자를 대리하여 영업을 하게 되는데, 이때에도 미성년자가 상인이 되는 것이지 법정대리인이 상인이 되는 것은 아니다.

  ㉡ 친권자인 법정대리인은 미성년자를 대리하여 영업행위를 할 수 있지만(민법 제920조), 후견인(미성년후견인, 한정후견인, 성년후견인)인 법정대리인은 후견감독인이 있으면 그의 동의를 얻거나 후견감독인의 동의를 갈음하는 가정법원의 허가를 얻어 미성년자, 피한정후견인, 피성년후견인을 대리하여 영업행위를 할 수 있다(민법 제950조 제1항·제2항, 제959조의6).

② 피한정후견인 및 피성년후견인의 경우

  ㉠ 피한정후견인은 원칙적으로 영업능력이 있고, 다만 가정법원이 한정후견인의 동의를 받아야 하는 행위(영업)의 범위를 정한 경우에는 한정후견인의 동의를 받아 영업을 할 수 있다(민법 제13조 제1항). 법정대리인이 피한정후견인을 위하여 영업을 하는 때에는 등기를 하여야 한다(상법 제8조 제1항).

  ㉡ 피성년후견인은 원칙적으로 영업능력이 없으므로(민법 제10조 제1항), 피성년후견인은 법정대리인(성년후견인)의 동의를 받아 유효한 영업행위를 하지 못한다. 따라서 성년후견인이 피성년후견인을 대리하여 영업을 할 수밖에 없는데, 이 경우에도 성년후견인이 이를 등기하여야 한다(상법 제8조 제1항).

2. 법정대리인에 의한 영업과 등기

① 법정대리인이 미성년자, 피한정후견인 또는 성년후견인을 위하여 영업을 하는 때에는 법정 대리인의 등기를 하여야 하고(상법 제8조 제1항) 그 등기한 사항에 변경이 생긴 때에는 변경등기를(제48조 제2항·제31조·제32조), 법정대리인이 더 이상 미성년자를 위하여 영업을 하지 않는 때에는 소멸의 등기를 하여야 한다.

② 법정대리인의 등기는 법정대리인이 미성년자, 한정후견인 또는 성년후견인을 위하여 영업을 함에 있어서 후견감독인의 동의를 요하는 경우뿐만 아니라, 동의를 요하지 아니하는 경우에도 하여야 한다.

Ⅱ 법정대리인의 등기

1. 등기사항

> **상업등기법 제48조(법정대리인등기의 등기사항 등)**
> ① 상법 제8조에 따른 법정대리인의 등기를 할 때에는 다음 각 호의 사항을 등기하여야 한다.
>   1. 법정대리인의 성명·주민등록번호 및 주소
>   2. 제한능력자의 성명·주민등록번호 및 주소
>   3. 영업소의 소재지
>   4. 영업의 종류
> ② 제1항 각 호의 등기사항에 변경이 생긴 때에는 제31조와 제32조를 준용한다.

2. 신청인

> **상업등기법 제49조(법정대리인등기의 신청인)**
> ① 법정대리인의 등기는 그 법정대리인이 신청한다. **기출** 07
> ② 제한능력자가 능력자로 됨으로 인한 소멸의 등기는 제한능력자도 신청할 수 있다. 다만, 미성년자가 성년이 됨으로 인한 소멸의 등기는 등기관이 직권으로 할 수 있다.
> ③ 법정대리인의 퇴임으로 인한 소멸의 등기는 새로운 법정대리인도 신청할 수 있다. **기출** 11·07
> ④ 법정대리인의 사망으로 인한 소멸의 등기는 새로운 법정대리인이 신청한다. **기출** 11·07

법정대리인의 등기는 법정대리인이 신청하는데(제49조 제1항), 이 경우 법정대리인은 자신이 신청인이 되는 것이지 미성년자의 법정대리인으로서 신청인이 되는 것은 아니다.

3. 첨부정보

① 법정대리인임을 증명하는 정보 : 친권자가 법정대리인인 경우에는 가족관계등록사항별 증명서를, 후견인이 법정대리인인 경우에는 가정법원의 심판서 등본 등을 첨부정보로 제공하여야 한다(규칙 제85조 제1항 제1호).

② 후견감독인의 동의 또는 가정법원의 허가가 있음을 증명하는 정보 : 법정대리인이 제한능력자의 영업을 대리하여 법정대리인의 등기를 신청할 때에 후견감독인이 있으면 그의 동의서 또는 후견감독인의 동의를 갈음하는 가정법원의 허가가 있음을 증명하는 심판서 등본 등을 첨부정보로 제공하여야 한다(규칙 제85조 제1항 제2호).

③ 주민등록번호(생년월일)와 주소를 증명하는 정보 : 법정대리인 및 제한능력자의 주민등록번호와 주소를 증명하는 정보를 첨부정보로 제공하여야 한다(규칙 제52조 제1항 제3호).

④ 인감제출 : 등기신청서에 기명날인할 법정대리인은 미리 그 인감을 등기소에 제출하여야 하므로 법정대리인의 등기신청과 동시에 등기소에 인감을 제출하여야 한다(제25조 제1항).

Ⅲ 법정대리인에 관한 변경등기

① 법정대리인의 등기를 한 후 그 등기한 사항에 변경이 생긴 때에는 변경등기를 신청하여야 하는데(제48조 제2항 · 제32조), 변경등기로는 아래의 영업소 이전의 등기와 법정대리인 또는 제한능력자의 성명·주소의 변경, 영업의 종류의 변경등기 등이 있다.

② 법정대리인이 제한능력자의 영업소를 동일 등기소의 관할구역 내에서 이전한 때에는 영업소 이전의 등기를 신청하여야 한다(제48조 제2항 · 제31조).

③ 법정대리인이 제한능력자의 영업소를 다른 등기소의 관할구역 내로 이전한 때에는 구소재지에서는 영업소 이전의 등기를, 신소재지에서는 상업등기법 제48조 제1항 각 호의 법정대리인등기의 등기사항을 등기한다(제48조 제2항 · 제31조).

④ 구소재지에서 하는 영업소 이전의 등기를 할 때에는 기타사항란에 '이전한 신영업소와 이전의 취지 및 그 연월일'을 기록하여야 하고, 이를 등기한 때에는 등기기록을 폐쇄한다.

⑤ 다만, 종전 등기소의 관할구역 내에 당해 법정대리인을 둔 다른 영업소가 있는 경우에는 등기기록을 폐쇄하지 않는다(규칙 제89조).

Ⅳ 법정대리인에 관한 소멸의 등기

1. 법정대리인의 소멸사유

법정대리인이 퇴임한 때, 법정대리인이 영업 또는 영업소를 폐지한 때, 미성년자가 성년이 되어 행위능력자(영업능력자)가 된 때, 피한정후견 또는 피성년후견이 종료된 때 등의 경우 법정대리인에 관해 소멸의 등기를 하여야 한다.

2. 등기절차

① 법정대리인에 관한 소멸의 등기는 법정대리인이 신청한다(제49조 제1항).

② 제한능력자가 능력자로 됨으로 인한 소멸의 등기는 제한능력자도 신청할 수 있다. 다만, 미성년자가 성년이 됨으로 인한 소멸의 등기는 등기관이 직권으로 할 수 있다(제49조 제2항).

③ 법정대리인의 퇴임으로 인한 소멸의 등기는 퇴임하는 법정대리인뿐만 아니라 새로운 법정대리인도 신청할 수 있다(제49조 제3항). 그러나 법정대리인의 사망으로 인한 소멸의 등기는 새로운 법정대리인이 신청한다(제49조 제4항). **기출** 11

④ 법정대리인의 소멸의 등기는 기타사항란에 하여야 하고, 이를 등기한 때에는 등기기록을 폐쇄한다(규칙 제89조).

⑤ 법정대리인이 퇴임하고 새로운 법정대리인이 선임되어 새로운 법정대리인이 제한능력자를 위해서 영업을 할 때에는 퇴임한 법정대리인의 등기에 관하여는 소멸의 등기를, 새로운 법정대리인에 관해서는 새로운 법정대리인의 등기를 하여야 하고, 퇴임한 법정대리인의 등기기록에 변경의 등기를 할 수는 없다.

⑥ 법정대리인의 퇴임 및 사망으로 인한 소멸의 등기의 신청서에는 법정대리인의 퇴임 또는 사망을 증명하는 서면을 첨부하여야 하는데(규칙 제85조 제3항), 새로운 법정대리인이 신청할 때에는 신청인이 새로운 법정대리인임을 증명하는 서면을 추가적으로 첨부하여야 한다(규칙 제85조 제4항).

I 총설

상법 제13조(지배인의 등기)

상인은 지배인의 선임과 그 대리권의 소멸에 관하여 영업소(회사의 경우 본점을 말한다)에서 등기하여야 한다. 제12조 제1항에서 규정한 사항[공동지배인(註)]을 등기하는 경우와 그 사항을 변경하는 경우에도 같다. 기출 12 [2024.9.20. 일부개정, 시행 2025.1.31.]

상업등기법 제50조(등기사항 등)

① 지배인의 등기를 할 때에는 다음 각 호의 사항을 등기하여야 한다.
  1. 지배인의 성명·주민등록번호 및 주소
  2. 영업주의 성명·주민등록번호 및 주소
  3. 영업주가 2개 이상의 상호로 2개 이상 종류의 영업을 하는 경우에는 지배인이 대리할 영업과 그 사용할 상호
  4. 지배인을 둔 장소
  5. 2명 이상의 지배인이 공동으로 대리권을 행사할 것을 정한 경우에는 그에 관한 규정
② 제1항 각 호의 등기사항에 변경이 생긴 때에는 제31조와 제32조를 준용한다.

상업등기법 제51조(회사 등의 지배인등기)

① 회사의 지배인등기는 회사의 등기부에 하고, 합자조합의 지배인등기는 합자조합의 등기부에 한다. 기출 12
② 제1항의 등기를 할 때에는 제50조 제1항 제2호 및 제3호의 사항을 등기하지 아니한다.
③ 회사 또는 합자조합의 지배인을 둔 본점(합자조합의 경우에는 주된 영업소를 말한다. 이하 이 항에서 같다) 또는 지점이 이전·변경 또는 폐지된 경우에 본점 또는 지점의 이전·변경 또는 폐지의 등기신청과 지배인을 둔 장소의 이전·변경 또는 폐지의 등기신청은 동시에 하여야 한다.

상업등기규칙 제87조(2인 이상의 지배인등기)

회사와 합자조합 외의 영업주가 2인 이상의 지배인에 관한 등기신청을 하였을 때에는 각 지배인을 다른 등기기록에 등기하여야 한다. 기출 14

상업등기규칙 제88조(해산등기와 지배인에 관한 등기)

해산등기를 하는 때에는 회사와 합자조합의 지배인에 관한 등기를 말소하여야 한다. 기출 12

1. **지배인 일반**

   ① 지배인의 의의·자격

     ㉠ 지배인이란 영업주에 갈음하여 그 영업에 관한 재판상 또는 재판 외의 모든 행위를 할 수 있는 상업사용인을 말한다(상법 제11조 제1항).

     ㉡ 지배인은 영업주를 대리하는 대리인이므로 의사능력을 가진 자연인이어야 하지만, 행위능력이 있어야 하는 것은 아니다(민법 제117조 참조). 기출 20

ⓒ 합명회사와 합자회사의 사원 또는 주식회사와 유한회사의 이사는 당해 회사의 지배인이 될 수 있으나 (대판 1968.7.23. 68다442), 그 직무의 성질상 주식회사와 유한회사의 감사는 그 회사 또는 자회사의 지배인이 될 수 없다(상법 제411조, 제570조). **기출** 20

ⓓ 회사는 그 성질상 인적 개성이 중요시되는 지배인과 같은 상업사용인이 되지 못한다.

② 지배인의 대리권

ⓐ 지배인은 본점 또는 지점별로 선임하므로(상법 제10조), 지배인의 대리권은 상호 또는 영업소에 의하여 특정된 영업에만 미친다(상법 제11조).

ⓑ 지배인은 영업주의 영업에 관한 행위에 한해 대리할 권한이 있는 바, 가족법상의 행위, 영업주의 가사에 관한 행위나 일신전속적 행위는 대리할 수 없다.

ⓒ 상호의 선정·변경·폐지 역시 영업에 관한 행위로 볼 수 없으므로 대리할 수 없고, 법인의 인격에 관한 법률행위인 상업등기의 신청도 할 수 없다.

ⓓ 지배인은 지배인 아닌 점원 기타 사용인을 선임 또는 해임할 수 있지만(상법 제11조 제2항), 다른 지배인을 선임할 수 없다(상법 제11조 제2항의 반대해석).

ⓔ 지배인의 대리권은 영업 자체의 존속을 전제로 하므로 영업의 양도, 폐지, 새로운 영업소의 설치 등은 지배인의 대리권의 범위에 속하지 않는다.

ⓕ 지배인은 대리권을 수여받은 영업에 관하여 재판상의 행위를 대리할 수 있다(상법 제11조 제1항, 민소규칙 제87조).

ⓖ 지배인은 영업주를 대리하여 소의 제기·응소·변론 등을 할 수 있다.

ⓗ 지배인은 별도의 수권 없이 또 변호사가 아니라도 영업주를 대리하여 소제기·응소를 하고 공격방어 방법의 제출 등 각종 소송행위를 할 수 있다.

ⓘ 영업행위를 하지 않고 소송행위만을 대리하기 위한 지배인은 선임할 수 없다(대판 1978.12.26. 78도2131).

ⓙ 지배인의 대리권은 제한할 수 있지만 그 제한을 선의의 제3자에게 대항할 수 없다(상법 제11조 제3항).

ⓚ 영업주는 수인의 지배인이 공동으로 대리권을 행사할 뜻을 정할 수 있다(상법 제12조 제1항, 상업등기선례 제1-60호).

2. 지배인의 등기

① 등기사유

ⓐ 상인은 지배인의 선임과 대리권 소멸에 관하여 영업소(회사의 경우 본점을 말한다)의 소재지에서 등기하여야 한다. 제12조 제1항에서 규정한 사항(공동지배인에 관한 사항)을 등기하는 경우와 그 사항을 변경하는 경우에도 같다(상법 제13조).

ⓑ 상법 개정 전에는 회사의 지점에 지배인을 두는 경우 지점 소재지에서 그 지배인 선임 등기를 하고, 회사의 본점에 지배인을 두는 경우 본점 소재지에서 그 지배인 선임 등기를 하였으나, 2024.9.20. 개정 상법에서 회사의 지점 등기부를 폐지하고 회사의 본점 소재지에서만 등기하도록 하였다.

기출 14·12

ⓒ 지배인의 등기에 있어서 등기할 사항은 상업등기법 제50조 제1항에 정하여져 있으며, 등기한 사항에 변경이 생긴 경우 변경등기를 하여야 한다(제50조 제2항·제31조·제32조).

② 등기신청인

    ㉠ 지배인에 관한 등기의 신청은 상인이 하여야 한다(상법 제13조).

    ㉡ 개인상인인 영업주가 제한능력자인 경우에는 법정대리인이 영업주를 대리하여 신청한다.

    ㉢ 법정대리인이 제한능력자를 위하여 영업을 하는 경우에 지배인을 선임하고 그 등기를 신청함에는 법정대리인의 등기가 있어야 한다.

    ㉣ 1개 또는 수 개의 영업의 허락을 받은 미성년자는 그 영업에 관하여는 능력자로 보므로, 그 영업에 관해 이들도 지배인을 선임할 수 있으나, 그 선임의 등기를 신청함에는 미성년자의 등기가 선행되어야 한다.

    ㉤ 회사의 경우, 지배인 선임의 등기는 회사의 대표자가 신청한다(상법 제13조 · 제23조 제1항).

Ⅱ 지배인의 선임등기

1. 지배인의 선임

① 상인에 한하여 지배인을 선임할 수 있고(상법 제10조), 상인이 제한능력자인 경우 그의 법정대리인이 지배인을 선임한다(민법 제920조 · 제949조).

② 다만, 미성년자가 영업의 허락을 받은 경우 그 영업에 관해서는 이들이 지배인을 선임한다.

③ 지배인은 영업을 전제로 하여 선임된다. 따라서 영업능력이 제한되는 청산중인 회사나 파산회사는 원칙적으로 지배인을 선임할 수 없다. 다만, 파산회사의 파산관재인은 법원의 허가를 받아 영업을 계속할 수 있으므로(채무자회생법 제486조) 이 경우에는 지배인을 선임할 수 있다.

④ 개인상인과 회사가 모두 상인에 해당하므로(상법 제2조, 제3조 참조), 개인상인도 지배인등기를 할 수 있다.

기출 19

⑤ 상법상 상인이 지배인을 선임할 수 있는 인원수에 관하여는 제한규정이 없으므로 1개 지점에 1인 이상의 지배인을 선임할 수 있으며, 수인의 지배인은 원칙적으로 각자 영업주에 갈음하여 그 영업에 관한 재판상 또는 재판외의 모든 행위를 할 수 있다(상업등기선례 제1-60호). 기출 19

2. 등기절차

지배인의 선임등기에 관하여는 등기기간이 정하여져 있지 않다.

① 등기사항(제50조 제1항)

    ㉠ 지배인의 성명 주민등록번호 및 주소(제1호), 영업주의 성명 · 주민등록번호 및 주소(제2호), 영업주가 2개 이상의 상호로 2개 이상 종류의 영업을 하는 때에는 지배인이 대리할 영업과 그 사용할 상호(제3호), 지배인을 둔 장소(제4호), 2인 이상의 지배인이 공동으로 대리권을 행사할 것을 정한 때에는 그에 관한 규정(제5호)

    ㉡ 회사의 지배인등기는 '회사의 등기부'에 하고, 합자조합의 지배인등기는 '합자조합의 등기부'에 한다(제51조 제1항). 즉, 회사와 합자조합의 지배인등기는 '지배인등기부'에 하지 아니한다. 기출 12 · 19

ⓒ 영업주가 회사 또는 합자조합인 경우, 제2호(영업주의 성명·주민등록번호 및 주소)와 제3호(영업주가 2개 이상의 상호로 2개 이상 종류의 영업을 하는 때에는 지배인이 대리할 영업과 그 사용할 상호)는 등기하지 않는다(제51조 제2항).

ⓔ 영업주가 개인상인인 경우에는 '지배인별로' 등기기록을 개설하여 등기하여야 한다. 2인 이상의 지배인에 관한 등기신청을 하였을 때에는 각 지배인을 다른 등기기록에 등기하여야 한다(규칙 제87조). 만약 공동지배인인 경우에도 기타사항란에 다른 지배인과 공동으로 대리권을 행사한다는 내용을 기록하고 각 공동지배인별로 등기기록을 개설하여야 한다.

② 첨부정보

ⓝ 회사와 합자조합이 지배인선임의 등기를 신청하는 경우에는 지배인의 선임을 증명하는 정보를 제공하여야 하고, 2명 이상의 지배인이 공동으로 대리권을 행사할 것을 정한 경우에는 그 정함을 증명하는 정보를 제공하여야 한다(규칙 제86조 제1항). **기출** 19·14 그러나 지배인의 취임승낙을 증명하는 서면(취임승낙서 등)은 첨부하지 않아도 된다(상업등기선례 제2-9호). **기출** 19·14

ⓛ 개인상인이 지배인선임의 등기를 신청하는 경우에는 경우 회사나 합자조합의 경우와 달리 지배인의 선임을 증명하는 정보나 공동지배인임을 정함을 증명하는 정보를 제공할 필요가 없다.

③ 개인상인의 인감 제출

ⓝ 개인상인이 지배인선임의 등기를 신청하는 경우, 지배인 선임등기의 신청서에는 신청인인 영업주의 인감을 날인하여야 하므로, 영업주는 지배인 선임등기의 신청과 동시에 등기소에 영업주의 인감을 제출하여야 한다(제25조 제1항).

ⓛ 지배인은 인감제출의무는 없으나 인감을 제출한 때에는 인감증명서를 발급받을 수 있다(제16조 제1항).

ⓒ 지배인이 제출하는 인감신고서 또는 개인신고서에는 영업주가 지배인의 인감이 틀림없음을 보증하는 서면을 첨부하여야 하고, 그 서면에는 영업주가 등기소에 제출한 인감을 날인하여야 한다(규칙 제35조 제3항).

④ 등록면허세 : 회사설립등기와 동시에 본점에 둔 지배인의 선임등기를 신청하는 경우에는 지배인선임등기와 관련한 등록면허세를 따로 납부하지 않는다(등기예규 제1790호 제3조 제1항). **기출** 12

⑤ 지배인에 관한 등기의 해태 : 상법상 지배인의 등기를 해태한 것은 과태료 부과 대상이 아니다(등기예규 제1574호 [예시] (ㄱ)). 따라서 지배인에 관한 등기를 해태한 경우 등기관은 관할 지방법원에 과태사항을 통지하여서는 아니 된다. **기출** 12

Ⅲ **지배인에 관한 변경등기**

1. **지배인에 관한 등기사항의 변경사유**

① 회사, 합자조합 또는 개인상인은 지배인을 둔 본점(합자조합의 경우에는 주된 영업소를 말한다) 또는 지점을 이전하거나 지배인의 공동대리에 관한 규정을 설정, 변경 또는 폐지할 수 있다.

② 등기된 지배인에 관하여 변경된 사항이 있을 경우 회사, 합자조합 또는 개인 영업주는 지체 없이 그 등기를 하여야 한다(상법 제40조).

③ 회사의 지배인을 둔 본점 또는 지점이 이전·변경 또는 폐지된 경우에 본점 또는 지점의 이전·변경 또는 폐지의 등기의 신청과 지배인을 둔 장소의 이전 변경 또는 폐지의 등기신청은 동시에 하여야 한다(제51조 제3항).

④ 지배인 또는 영업주의 성명·주소 등 상업등기법 제50조 제1항에서 등기사항으로 정하고 있는 사항에 변경이 있는 때에는 그 변경의 등기를 하여야 한다(제50조 제2항·제31조·제32조).

2. 회사의 지배인을 둔 장소의 관할 외 이전등기

① 회사 또는 합자조합의 지배인을 둔 본점(합자조합의 경우에는 주된 영업소를 말한다) 또는 지점이 이전·변경 또는 폐지된 경우에 본점 또는 지점의 이전·변경 또는 폐지의 등기신청과 지배인을 둔 장소의 이전·변경 또는 폐지의 등기신청은 동시에 하여야 한다(제51조 제3항). 등기신청을 동시에 하지 않을 경우 각하사유에 해당한다(제26조 제12호).

② 지배인을 둔 장소의 변경등기는 지배인을 둔 장소의 이전, 즉 본점 또는 지점의 이전등기와 동시에 신청하여야 하므로, 본점 또는 지점의 이전 등기의 신청서에 본점 또는 지점을 이전하였음을 증명하는 서면을 첨부하는 외에, 지배인을 둔 장소의 변경을 증명하는 서면은 따로 첨부할 필요가 없다.

3. 지배인에 관한 그 밖의 변경등기절차

① 다른 등기소의 관할구역 내로 영업소를 이전한 경우 외에도 상업등기법 제50조 제1항 각 호의 사항에 변경이 생긴 때에는 그 변경등기를 하여야 한다.

② 기타의 변경등기사항으로는 지배인 또는 영업주의 성명 또는 주소의 변경, 대리할 영업 또는 사용할 상호의 변경, 지배인을 둔 장소(동일 등기소의 관할구역 내에서 본점 또는 지점을 이전한 경우, 지점의 명칭을 변경한 경우)의 변경, 공동지배인에 관한 규정의 변경 등이다.

Ⅳ 지배인의 대리권 소멸의 등기

1. 지배인의 대리권의 소멸

지배인의 대리권이 소멸한 경우에는 그 소멸의 등기를 하여야 하는데(상법 제13조, 법 제50조 제2항·제32조), 지배인의 대리권은 지배인의 사임·해임·사망·파산, 성년후견의 개시, 영업주의 파산, 영업 또는 영업소의 폐지, 영업주인 회사의 해산으로 소멸한다.

2. 등기절차

① 등기신청인 등

㉠ 지배인의 대리권 소멸의 등기는 영업주가 회사인 경우에는 회사를 대표하는 자가, 영업주가 개인인 경우에는 영업주 본인이 신청하여야 한다.

㉡ 법정대리인이 제한능력자를 위하여 영업을 하는 경우에는 그 법정대리인이 신청한다(상법 제13조, 법 제23조 제1항).

② 첨부정보

<table>
<tr><td colspan="1" align="center">영업주가 회사인 경우</td></tr>
</table>

지배인의 대리권 소멸사실을 증명하는 서면으로 다음의 서면을 첨부하여야 한다(규칙 제86조 제2항).
(i) 지배인이 사임한 때에는 사임서, (ii) 지배인이 해임된 때에는 합명회사와 유한책임회사에 있어서는 총사원 과반수의 결의서, 합자조합과 합자회사에 있어서는 무한책임조합원 또는 무한책임사원의 각 과반수의 동의가 있음을 증명하는 서면, 주식회사에 있어서는 이사회회의록, 유한회사에 있어서는 이사 과반수의 결의 또는 총사원 과반수의 결의가 있음을 증명하는 서면, (iii) 사망의 경우에는 가족관계등록사항별증명서 중 기본증명서 또는 사망진단서, (iv) 성년후견개시의 심판이나 파산선고의 경우에는 재판서등본 등을 첨부하여야 한다.

<table>
<tr><td colspan="1" align="center">영업주가 개인인 경우</td></tr>
</table>

영업주가 개인인 경우에는 일반적인 첨부청보(규칙 제52조) 외에, 달리 다른 서면을 첨부할 필요가 없다.

③ 등기의 실행방법

　㉠ 영업주가 회사인 경우, 대리권 소멸의 등기는 그 지배인을 둔 본점 등기기록의 지배인란에 한다.

　㉡ 대리권 소멸의 등기를 할 때에는, 지배인이 사임, 해임, 사망, 성년후견개시의 심판을 받았다는 뜻 또는 영업을 폐지하였다는 뜻 및 그 연월일과 등기연월일을 기록한다.

　㉢ 영업주가 개인인 경우 지배인의 대리권 소멸의 등기는 기타사항란에 한다.

제5절　합자조합의 등기

Ⅰ　총 설

1. 합자조합의 의의

① 합자조합이란 업무집행자로서 조합의 채무에 대해 무한책임을 지는 조합원과 출자가액을 한도로 유한책임을 지는 조합원이 상호 출자하여 공동사업을 경영할 것을 약정함으로써 성립하는 상법상의 조합이다(상법 제86조의2).

② 민법상의 조합은 모든 조합원이 조합채무에 대하여 무한책임을 지고, 합자회사는 유한책임사원이 회사의 경영에 참여할 수 없다. 그런데 2011.4.14. 개정상법은 미국의 합자조합(Limited Partnership : LP)을 모델로 하여 조합이면서도 유한책임 조합원이 존재하고, 또 무한책임 조합원이 있는데도 유한책임조합원이 회사의 업무집행에 참여할 수 있는 기업형태로 합자조합을 도입하였다.

③ 합자조합은 2인 이상이 출자하여 공동사업을 할 것을 약정하는 계약인 점에서 기본적으로는 민법상의 조합이므로(민법 제703조) 상법에 특별한 규정이 없으면 민법의 조합에 관한 규정이 적용된다(상법 제86조의8).

④ 다만, 상법은 합자조합에 대하여 상법과 조합계약에 다른 규정이 없으면 합명회사에 관한 규정을 준용하고, 상업등기규칙도 합명회사의 등기에 관한 많은 규정을 준용하고 있다(상법 제86조의8, 규칙 제96조 참조).

⑤ 상법 제3편의 회사에 관한 등기뿐만 아니라 제2편의 제4장의2의 합자조합에 관한 등기의 경우에도 등기를 게을리한 때에는 500만원 이하의 과태료를 부과한다(제635조 제1항 제1호, 상법 제86조의9). **기출** 23

2. 조합원과 출자

① 조합원의 종류

㉠ 합자조합은 무한책임조합원인 업무집행조합원과 유한책임조합원으로 구성된다.

㉡ 업무집행조합원의 경우 조합의 재산으로 조합의 채무를 완제할 수 없는 때에는 각 연대하여 변제할 책임이 있고(상법 제86조의8 제2항·제212조 제1항), 유한책임조합원은 조합계약에서 정한 출자가액에서 이미 이행한 부분을 뺀 금액을 한도로 하여 조합의 채무를 변제할 책임이 있다.

㉢ 유한책임조합원의 경우 조합에 이익이 없음에도 불구하고 배당을 받은 금액은 변제책임을 정할 때에 변제책임의 한도액에 더한다(상법 제86조의6).

② 조합원의 출자

㉠ 모든 조합원은 출자하여야 하는데 출자의 내용은 구체적으로는 조합계약으로 정한다(상법 제86조의3 제6호).

㉡ 유한책임조합원의 경우 조합계약에 다른 규정이 없으면 신용 또는 노무를 출자의 목적으로 하지 못한다(상법 제86조의8 제3항·제272조). **기출** 23

㉢ 조합원은 조합 설립 시에 출자의 목적을 이행 완료하여야 하는 것은 아니다(상법 제86조의4 제1항 제2호).

3. 합자조합의 업무집행과 대리

① 업무집행

㉠ 업무집행조합원은 조합계약에 다른 규정이 없으면 각자가 합자조합의 업무를 집행하고 대리할 권리와 의무가 있다(상법 제86조의5 제1항).

㉡ 원칙적으로 무한책임조합원이 업무집행조합원이 되고 유한책임조합원은 조합의 업무를 집행할 수 없다(상법 제86조의8 제3항, 제278조). 그러나 조합계약으로 유한책임조합원에게 업무집행권을 부여할 수 있다(상법 제86조의4 제1항 제1호, 제86조의8 제3항).

② 대 리

㉠ 업무집행조합원은 조합계약에 다른 규정이 없으면 각자가 합자조합의 업무를 집행하고 대리할 권리와 의무가 있다(상법 제86조의5 제1항).

㉡ 유한책임조합원은 조합계약에 다른 규정이 없으면 원칙적으로 합자조합을 대리할 권한을 갖지 못하나 조합계약에 의하여 유한책임조합원에게 조합의 대리권을 부여할 수 있다(상법 제86조의8 제3항).

Ⅱ 설립에 따른 등기

1. 합자조합의 설립

① 합자조합은 조합원들의 조합계약에 의하여 성립한다.

② 조합계약은 회사의 정관에 해당하는 것으로 조합계약에는 다음 사항이 기재되어야 하고 총조합원이 기명날인하거나 서명하여야 한다(상법 제86조의3).

- 목적(제1호)
- 명칭(제2호)
- 업무집행조합원의 성명 또는 상호, 주소 및 주민등록번호(제3호)
- 유한책임조합원의 성명 또는 상호, 주소 및 주민등록번호(제4호)
- 주된 영업소의 소재지(제5호)
- 조합원의 출자에 관한 사항(제6호)
- 조합원에 대한 손익분배에 관한 사항(제7호)
- 유한책임조합원의 지분의 양도에 관한 사항(제8호)
- 둘 이상의 업무집행조합원이 공동으로 합자조합의 업무를 집행하거나 대리할 것을 정한 경우에는 그 규정(제9호)
- 업무집행조합원 중 일부 업무집행조합원만 합자조합의 업무를 집행하거나 대리할 것을 정한 경우에는 그 규정(제10호)
- 조합의 해산 시 잔여재산 분배에 관한 사항(제11호)
- 조합의 존속기간이나 그 밖의 해산사유에 관한 사항(제12호)
- 조합계약의 효력 발생일(제13호)

2. 등기절차

① 등기신청인 · 등기기간 등

㉠ 합자조합의 설립에 따른 등기는 법률에 다른 규정이 없는 경우에는 각 업무집행조합원(합자조합의 업무를 집행하고 대리할 권한이 있는 자)이 합자조합 설립 후(합자조합의 효력발생일 후) 2주 내에 조합의 주된 영업소 소재지 관할 등기소에 신청한다(제23조 제2항, 상법 제86조의4 제1항). 기출 23

㉡ 합자조합은 합자조합계약에서 정한 효력발생일에 성립하므로(상법 제86조의3) 합자조합의 설립에 따른 등기는 회사의 설립등기와 달리 창설적 효력이 인정되지 않는다(상법 제172조).

② 등기사항

㉠ 설립에 따른 등기사항은 목적, 명칭, 업무집행조합원의 성명 또는 상호, 주소 및 주민등록번호, 유한책임조합원의 성명 또는 상호, 주소 및 주민등록번호(유한책임조합원은 업무를 집행하는 경우에 한함), 주된 영업소의 소재지, 둘 이상의 업무집행조합원이 공동으로 합자조합의 업무를 집행하거나 대리할 것을 정한 경우에는 그 규정, 업무집행조합원 중 일부 업무집행조합원만 합자조합의 업무를 집행하거나 대리할 것을 정한 경우에는 그 규정, 조합의 존속기간이나 그 밖의 해산사유에 관한 사항, 조합계약의 효력 발생일, 조합원의 출자의 목적, 재산출자의 경우에는 그 가액과 이행한 부분이다(상법 제86조의4 제1항).

㉡ 업무집행조합원등이 법인인 경우에는 상법 제86조의4 제1항 또는 같은 법 제253조 제1항 각 호의 사항 외에 그 자의 직무를 행할 사람의 성명 · 주민등록번호 및 주소를 등기하여야 한다(제52조 제1항). 제1항의 직무를 행할 사람에 관한 사항이 변경된 경우에는 그 변경등기를 하여야 한다(제52조 제2항).

③ **첨부정보**(규칙 제91조)

　　㉠ 조합계약서

　　㉡ 재산출자에 관하여 이행을 한 부분을 증명하는 서면

　　㉢ 합자조합의 업무를 집행하고 대리할 권한이 있는 자가 법인인 경우에는 그 자의 직무를 행할 사람의 선임을 증명하는 서면

　　㉣ 총조합원 또는 어느 조합원의 동의를 필요로 하는 경우에는 그 동의가 있음을 증명하는 서면

　　㉤ 조합원의 성명·주민등록번호(생년월일) 및 주소를 증명하는 서면

　　㉥ 인감신고서 및 인감대지를 첨부하여야 한다.

Ⅲ　변경등기 및 주된 영업소의 이전 등의 등기

① 합자조합의 설립에 따른 등기 후 등기된 사항이 변경된 때에는 합자조합의 대리권을 가지는 업무집행조합원이 2주 내에 변경등기를 신청하여야 한다(상법 제86조의4 제2항).

② 합자조합의 주된 영업소를 다른 등기소의 관할구역으로 이전한 경우에는 종전의 주된 영업소 또는 새 주된 영업소의 소재지를 관할하는 등기소 중 한 곳에 주된 영업소 이전등기의 신청을 할 수 있다(제53조, 제55조).

③ 주된 영업소 이전등기를 신청할 때에는 종전의 주된 영업소 소재지와 새 주된 영업소의 소재지 및 이전 연월일을 신청정보의 내용으로 등기소에 제공하여야 한다(규칙 제96조 제1항, 규칙 제99조 제1항).

④ 등기신청을 접수한 등기관은 해당 등기기록의 '주된 영업소란'에 새 주된 영업소의 소재지와 이전연월일을, '기타사항란'에 접수한 등기소에서 그 등기를 하였다는 뜻을 각각 기록한 후 그 등기기록과 인감에 관한 기록의 처리권한을 전산정보처리조직을 이용하여 새 주된 영업소의 소재지로 넘겨주는 조치를 한다(규칙 제96조 제1항, 규칙 제99조 제2항).

Ⅳ　조합원의 등기

1. 조합원의 등기

① 업무집행권이 있는 조합원의 등기를 할 때에는 그 자의 성명 또는 상호, 주민등록번호 또는 법인등록번호 및 주소 또는 본점 소재지를 등기하여야 한다(규칙 제92조 제1항).

② 업무집행권이 없는 조합원의 등기를 할 때에는 그 자의 성명 또는 상호 및 주민등록번호 또는 법인등록번호를 등기하여야 한다(규칙 제92조 제2항). **기출** 23

③ 조합원 또는 청산인의 등기를 할 때 그 조합원 또는 청산인이 주민등록번호가 없는 재외국민 또는 외국인인 경우에는 주민등록번호를 갈음하여 그 생년월일을 등기하여야 한다(규칙 제92조 제3항).

2. 변경등기

① 상법은 조합원의 변경에 관하여 지분의 양도만 규정하고 있는데(상법 제86조의7), 새로운 조합원의 가입이나 기존 조합원의 탈퇴에 의하여도 조합원이 변경될 수 있다.

② 업무집행조합원의 업무집행을 정지하거나 직무대행자를 선임하는 가처분을 하거나 그 가처분을 변경·취소하는 경우 주된 영업소가 있는 곳의 등기소에서 이를 등기하여야 한다(상법 제86조의8 제2항·제183조의2).

V 해산 및 청산에 관한 등기

1. 해산등기

① 합자조합은 존속기간의 만료나 조합계약으로 정한 사유의 발생(상법 제86조의3 제12호), 업무집행조합원 또는 유한책임조합원 전원의 탈퇴(상법 제86조의8 제1항, 제285조 제1항), 부득이한 사유가 있을 때 하는 각 조합원의 해산청구(상법 제86조의8 제4항, 민법 제720조)에 의하여 해산한다.

② 합자조합이 해산되면 합자조합은 영업능력을 상실하므로 업무집행조합원의 업무집행권과 대리권이 소멸된다.

2. 청산인등기

청산인이 선임된 때에는 그 선임된 날로부터, 업무집행조합원이 청산인이 된 때에는 해산된 날로부터 주된 영업소의 소재지에서 2주간 내에 청산인선임 등기를 신청하여야 한다(상법 제86조의8 제1항·제253조).

3. 청산종결등기

① 합자조합이 해산하면 청산절차가 개시되는데, 합자조합의 경우 임의청산이 허용되지 않고 법정청산만 인정된다(상법 제86조의8 제1항·제253조·제264조, 합명회사의 임의청산에 관한 상법 제247조, 제248조 등 미준용).

② 청산인은 조합의 청산이 종결된 때에는 지체 없이 계산서를 작성하여 총 조합원의 승인을 얻어야 하고 그 승인이 있는 날로부터 주된 영업소의 소재지에서 2주간 내에 청산종결의 등기를 하여야 한다(상법 제86조의8 제1항·제264조).

③ 청산종결등기신청서에는 청산인이 그 계산의 승인을 받았음을 증명하는 서면을 첨부한다(규칙 제96조 제1항·제110조 제2항).

회사에 관한 등기

CHAPTER
03

제1절 주식회사의 등기

I 총 설

1. 주식회사의 의의

① 주식회사란 자본금이 주식으로 분할되어 주식의 인수를 통해 출자하거나 기왕에 발행된 주식을 취득함으로써 주주가 되고, <u>주주는 주식의 인수가액의 한도에서 책임(유한책임)을 질 뿐 회사의 채무에 대해서는 직접 책임을 지지 않는</u> 형태의 회사를 말한다.

② 주식회사는 전형적인 물적회사로 사원의 개성이 중시되지 않는 순수한 자본단체인데, 이러한 성격은 <u>주식, 자본금, 주주의 유한책임</u>이라는 주식회사의 본질적 요소에서 비롯된다.

2. 주 식

(1) 주 식

기업이 발행하는 자본증권으로서, <u>자본금의 구성단위와 주주의 지위인 주주권</u>(상법 제335조)을 의미한다.

(2) 액면주식과 무액면주식

① 의 의

㉠ 주의 금액이 정관과 주권에 기재된 주식을 액면주식이라고 하고, 주권에 1주의 금액을 기재하는 대신 그 표창하는 주식의 번호와 주식의 수만이 기재된 주식을 무액면주식이라고 한다.

㉡ <u>액면주식의 발행 시 1주의 금액은 100원 이상으로 균일해야 하는데</u>(상법 제329조 제2항·제3항), <u>종류주식을 발행하는 경우도 마찬가지다.</u> 액면주식을 발행하는 경우 <u>자본금은 발행주식의 액면총액을 의미한다</u>(상법 제451조 제1항).

㉢ 주식의 액면가는 균일해야 하므로 <u>일부 주식에 대해서만 액면가를 낮출 수 없고</u>, 1주의 금액은 100원 이상이어야 하므로 <u>100원 미만으로 액면가를 낮출 수 없다.</u> **기출** 24

② 무액면주식제도의 도입

㉠ 회사는 정관으로 정한 경우에는 주식의 전부를 무액면주식으로 발행할 수 있다. 다만, <u>무액면주식을 발행하는 경우에는 액면주식을 발행할 수 없다</u>(상법 제329조 제1항). 즉, 회사는 발행주식 전부를 액면주식 또는 무액면주식으로 발행해야 하고, <u>발행주식 중 일부는 액면주식으로 그 나머지는 무액면주식으로 발행할 수 없다.</u>

ⓛ 회사가 무액면주식을 발행하는 경우 회사의 자본금은 주식 발행가액의 2분의 1 이상의 금액으로서 이사회(상법 또는 정관에 따라 주주총회에서 발행결의를 한 경우에는 그 주주총회)에서 자본금으로 계상하기로 한 금액의 총액을 말한다. 이 경우 주식의 발행가액 중 자본금으로 계상하지 아니하는 금액은 자본준비금으로 계상하여야 한다(상법 제451조 제2항). **기출** 21 · 12

ⓒ 회사 설립 시에 무액면주식을 발행하는 경우에는 주식의 발행가액과 주식의 발행가액 중 자본금으로 계상하는 금액에 관하여 정관으로 달리 정하지 아니하면 발기인 전원의 동의로 이를 정한다(상법 제291조 제3호). **기출** 21

③ 액면주식과 무액면주식의 상호 전환

ⓖ 회사는 정관으로 정하는 바에 따라 이미 발행된 액면주식을 무액면주식으로 전환하거나 무액면주식을 액면주식으로 전환할 수 있지만(상법 제329조 제4항), 개별적인 주주의 청구에 의해 발행주식의 일부를 변경하는 것은 허용되지 않는다. 상법은 액면주식과 무액면주식 하나만을 허용하므로(상법 제329조 제4항), 액면주식을 발행한 회사가 무액면주식으로 전환하거나 그 반대로 하는 것은 발행주식 전부의 유형을 교체함을 뜻한다. **기출** 17

ⓛ 액면·무액면의 상호 전환 시에는 1월 이상의 기간을 정하여 그 전환의 뜻과 회사에 주권을 제출할 것을 공고·통지하여야 하는데, 주권제출공고기간이 만료한 때 전환의 효력이 생긴다(상법 제440조, 제441조).

ⓒ 액면·무액면의 전환 시에도 자본금은 변경할 수 없으므로(상법 제451조 제3항) 전환 시에 채권자보호절차를 밟을 필요는 없다.

(3) 종류주식

① 의의 : 종류주식은 이익의 배당, 잔여재산의 분배, 주주총회에서의 의결권의 행사, 상환 및 전환 등에 관하여 내용이 다른 주식을 말한다(상법 제344조 제1항).

② 발 행

ⓖ 종류주식을 발행하기 위해서는 당해 종류주식을 발행할 수 있는 것으로 정관에 기재되어 있어야 하고, 정관에 기재되어 있는 종류주식별로 발행 가능한 총수의 범위 내에서 발행할 수 있다(상법 제344조 제1항). 여기의 정관은 원시정관뿐만 아니라 변경정관을 포함한다.

ⓛ 종류주식을 발행한 때에는 이를 등기하여야 하고(상법 제317조 제2항), 주식청약서(상법 제302조 제2항)·신주인수권증서(상법 제420조의2 제2항)·주주명부(상법 제352조 제1항)·주권(상법 제356조) 등에 기재하여 공시하여야 한다.

ⓒ 종류주식은 정관에 기재된 범위 내에서 회사설립 시에는 발기인이, 신주발행 시에는 원칙적으로 이사회가 발행 여부를 결정한다(상법 제291조·제416조).

③ 종류주식에 관한 특칙

ⓖ 종류주식을 발행하는 때에는 정관에 다른 정함이 없는 경우에도 주식의 종류에 따라 신주의 인수, 주식의 병합·분할·소각 또는 회사의 합병·분할로 인한 주식의 배정에 관하여 특수하게 정할 수 있다(상법 제344조 제3항).

ⓛ 이는 주주평등의 원칙의 예외로서 이러한 차등에 대한 결의는 신주발행에 관한 이사회결의(상법 제416조 이하), 준비금의 자본금 전입에 관한 이사회결의(상법 제461조 이하), 주식의 병합·소각 등을 통한 자본금감소나 주식의 분할에 관한 주주총회의 결의(상법 제438조 이하), 회사합병이나 회사분할에 관한 주주총회의 결의(상법 제522조 이하) 등에서 정하여진다.

ⓒ 회사가 종류주식을 발행한 경우에는 정관을 변경함으로써 어느 종류 주식의 주주에게 손해를 미치게 될 때(상법 제435조 제1항), 신주의 인수 또는 주식의 병합 등으로 인한 주식의 배정에 관한 이사회 또는 주주총회의 결의에서 종류주식의 주주 간에 차등을 두어 어느 종류주식의 주주에게 손해를 미치게 될 때(상법 제436조 전단·제344조 제3항), 또는 회사의 분할 또는 분할합병, 주식교환·주식이전 및 회사의 합병으로 어느 종류주식의 주주에게 손해를 미치게 될 때(상법 제436조 후단)에는, 그에 관한 이사회 또는 주주총회의 결의 외에 종류주주총회의 결의가 있어야 한다.

ⓓ 종류주주총회의 결의는 "그 종류의 출석한 주주의 의결권의 3분의 2 이상의 수와 그 종류의 발행주식 총수의 3분의 1 이상의 수"로써 하여야 한다는 점(상법 제344조 제4항·제435조 제2항)에서, 주주총회의 특별결의요건(상법 제434조)과 유사하다.

ⓔ 주주총회의 특별결의요건에서는 의결권이 없는 종류주식 또는 의결권이 제한되는 종류주식은 발행 주식총수에 산입되지 않는데(상법 제435조 제1항), 종류주주총회에서는 의결권이 없는 종류주식 또는 의결권이 제한되는 종류주식도 발행주식총수에 포함됨은 물론 의결권의 수에도 산입되는 점(상법 제435조 제3항)은 주주총회의 특별결의요건과 구별되는 점이다.

ⓕ 어느 종류주주에게 손해를 미치는 내용으로 정관을 변경함에 있어서 그 정관변경에 관한 주주총회의 결의 외에 추가로 요구되는 종류주주총회의 결의는 정관변경이라는 법률효과가 발생하기 위한 하나의 특별요건이라고 할 것이므로, 그와 같은 내용의 정관변경에 관하여 종류주주총회의 결의가 아직 이루어지지 않았다면 그러한 정관변경의 효력이 아직 발생하지 않는 데에 그칠 뿐이고, 그러한 정관변경을 결의한 주주총회결의 자체의 효력에는 아무런 하자가 없다(대판 2006.1.27. 2004다44575).

기출 17

3. 등기사유에 관한 통칙

(1) 주주총회

① 의의 : 주주총회는 주주로써 구성되는 필요적 상설기관으로 법률 또는 정관에 정하여진 사항을 결의하는 주식회사의 최고의사결정기관이다.

② 소집권자

이사회의 결정
• 주주총회의 소집은 상법에 다른 규정이 있는 경우 외에는 이사회가 결정한다(상법 제362조). 이사회는 주주총회의 일시·장소·의안 등을 정하며, 그 소집결정의 집행은 업무집행권을 가진 대표이사가 한다. 다만, 일시와 장소 등에 관해서는 이사회가 대강의 범위를 정하고 구체적인 선정은 대표이사에게 위임하는 것도 무방하며, 회사가 해산한 경우에는 청산인 회가 주주총회의 소집을 결정한다(상법 제542조 제2항·제362조). • 이사회나 대표권을 행사하는 각 이사가 주주총회를 소집하거나, 법원의 허가를 얻어 소수주주 또는 감사가 주주총회를 소집하는 경우, 그 소집된 주주총회에서는 원칙적으로 이사회나 대표권을 행사하는 각 이사가 주주총회의 소집을 결정할 때 정한 회의의 목적사항 또는 법원에서 허가한 회의의 목적사항에 한해 결의할 수 있는 바, 주주총회에서 그 외의 사항을 결의한 경우 주주총회 결의에 소집절차의 하자가 있는 것이 된다.

소규모 주식회사에서 1명 또는 2명의 이사를 두고 있는 경우
자본금 총액이 10억원 미만인 소규모 주식회사(이하 '소규모 주식회사'라 한다)에서 1명 또는 2명의 이사를 둔 경우에는 대표권을 행사하는 각 이사(정관에 따라 대표이사를 정한 경우에는 그 대표이사를 말한다)가 주주총회의 소집을 결정한다(상법 제383조 제1항·제2항).

③ 법원의 허가에 의한 소집

소수주주에 의한 소집

- 발행주식총수의 100분의 3 이상에 해당하는 주식을 가진 주주가 회의의 목적사항과 소집의 이유를 기재한 서면 또는 전자문서를 이사회 또는 소규모 주식회사의 대표권을 행사하는 각 이사에게 제출하여 임시주주총회의 소집을 청구하였음에도 이사회 또는 대표권을 행사하는 각 이사가 지체 없이 주주총회 소집의 절차를 밟지 아니한 때에는 주주총회의 소집을 청구한 주주는 법원의 허가를 얻어 주주총회를 소집할 수 있다(상법 제366조 제1항·제2항).
- 2011.4.14. 개정상법은 법원이 소수주주에 대해 주주총회의 소집을 허가하는 경우 이해관계인의 청구나 직권으로 주주총회의 의장을 선임할 수 있다는 규정을 신설하였다(상법 제366조 후단).

감사에 의한 소집

- 감사 또는 감사위원회도 회의의 목적사항과 소집의 이유를 기재한 서면을 이사회 또는 소규모 주식회사의 대표권을 행사하는 각 이사에게 제출하여 임시주주총회의 소집을 청구할 수 있는데, 이 경우 이사회 또는 대표권을 행사하는 각 이사가 지체 없이 주주총회의 소집절차를 밟지 아니한 때에는 <u>감사 또는 감사위원회는 법원의 허가를 얻어 주주총회를 소집할 수 있다</u>(상법 제412조의3·제415조의2 제7항).
- 2011.4.14. 개정상법은 법원이 감사 또는 감사위원회에 대해 주주총회의 소집을 허가하는 경우 이해관계인의 청구나 직권으로 주주총회의 의장을 선임할 수 있다는 규정을 신설하였다(상법 제412조의3 제2항·제366조 제2항 후단).

④ 법원의 명령에 의한 소집

　　㉠ 회사의 업무집행에 관하여 부정행위 또는 법령이나 정관에 위반한 중대한 사실이 있음을 의심할 사유가 있는 때에는 발행주식의 총수의 100분의 3 이상에 해당하는 주식을 가진 주주는 회사의 업무와 재산상태를 조사하게 하기 위하여 <u>법원에 검사인의 선임을 청구할 수 있다</u>(상법 제467조 제1항).

　　㉡ 법원은 검사인이 보고한 조사의 결과에 의하여 필요하다고 인정한 때에는 <u>대표이사에게 주주총회의 소집을 명할 수 있다</u>(상법 제467조 제2항·제3항).

⑤ 소집시기

　　㉠ 주주총회는 매 결산기에 소집되는 정기주주총회와 회사의 필요에 따라 수시로 소집되는 임시주주총회로 구분된다(상법 제365조).

　　㉡ 정기주주총회는 원칙적으로 재무제표를 승인하고 이익처분을 결정하기 위하여 소집되는데(상법 제449조 제1항), 그 소집의 시기는 보통 정관에 규정되어 있다.

　　㉢ 정관에 정기주주총회의 소집시기에 관한 규정이 없으면 상법 제354조 제2항 등의 해석상 정기총회는 매 결산기 후 3월 내에 소집되어야 한다(상업등기선례 제1-162호).

⑥ 소집의 통지·공고

소집의 통지·공고 일반	• 주주총회를 소집할 때에는 <u>주주총회일의 2주 전에 각 주주에게 서면으로 통지를 발송하거나 각 주주의 동의를 받아 전자문서로 통지를 발송하여야 한다.</u> 다만, 그 통지가 주주명부상 주주의 주소에 계속 3년간 도달하지 아니한 경우, 해당 주주에게 총회의 소집을 통지하지 아니할 수 있다(상법 제363조 제1항). 소집통지서에는 회의의 목적사항을 적어야 한다(상법 제363조 제2항). • 주주총회의 소집통지는 의결권 없는 주주에게는 적용하지 아니한다(상법 제363조 제7항). 여기서 <u>의결권 없는 주주</u>란 <u>의결권이 배제 또는 제한되는 종류주식</u>(상법 제344조의3 제1항), <u>회사가 가진 자기주식</u>(상법 제369조 제2항), <u>상호보유주식</u>(상법 제369조 제3항), <u>회사, 모회사 및 자회사 또는 자회사가 다른 회사의 발행주식의 총수의 10분의 1을 초과하는 주식을 가지고 있는 경우 그 다른 회사가 가지고 있는 회사 또는 모회사의 주식</u> 등을 소유하는 주주를 말한다. • 다만, 특별이해관계가 있는 주주(상법 제368조 제3항)라든가 감사 선임 시 의결권 있는 발행주식총수의 100분의 3 이상을 가진 주주(상법 제409조 제2항)처럼 의결권은 가지나 단지 특정 의안에 대하여 그 전부 또는 일부의 행사만이 제한되는 경우는 여기에 해당하지 않고 소집통지를 하여야 한다.
소집의 철회	소집통지를 한 후 주주총회의 소집을 철회하거나 회의의 목적사항 중 일부를 철회할 수 있는데, 이때에도 이사회의 결의를 거쳐 대표이사가 각 주주에 대해 예정된 개회일시 전에 소집철회 또는 목적사항 일부철회의 통지가 도달하도록 통지하여야 한다.

⑦ 연기회 및 계속회

ㄱ 총회가 성립한 후에, 총회의 결의로 의안의 심사에 들어가지 않은 채 총회의 회일 및 장소를 정해서 그 의안의 심사를 후일로 연기할 수 있고, 의안의 심사에 들어갔지만 결의에 이르지 못하여 총회의 결의로 총회의 회일 및 장소를 정해서 동일 의안을 계속 다루는 속행 결의를 할 수 있다(상법 제372조 제1항).

ㄴ 연기 또는 속행의 결의에 의하여 후일 다시 여는 주주총회를 연기회 또는 계속회라고 하는데, 연기회 또는 계속회를 위해서 다시 주주총회 소집 절차를 밟을 필요는 없다(상법 제372조 제2항. 대판 1989.2.14. 87다카3200).

ㄷ 가결이든 부결이든 일단 결의가 행해지면 연기 또는 속행이란 있을 수 없고, 부결된 안건을 다시 다루고자 할 때에는 다시 총회소집절차를 밟아야 한다.

⑧ 전원출석총회

ㄱ 주주총회가 법령이나 정관상 요구되는 이사회의 결의나 소집절차를 거치지 아니하고 이루어졌다고 하더라도 주주 전원이 참석하여 아무런 이의 없이 일치된 의견으로 총회를 개최하는 데 동의하고 결의가 이루어졌다면 그 결의는 특별한 사정이 없는 한 유효하다(대판 2002.7.23. 2002다15733).

ㄴ 총 주식을 한 사람이 소유한 이른바 1인회사의 경우 그 주주가 유일한 주주로서 주주총회에 출석하면 전원출석총회로 성립하고 그 주주의 의사대로 결의가 될 것이 명백하므로 따로 총회소집절차가 필요 없고, 실제로 주주총회를 개최한 사실이 없었다고 하더라도 그 1인주주에 의하여 의결이 있었던 것으로 주주총회의사록이 작성되었다면 특별한 사정이 없는 한 그 내용의 결의가 있었던 것으로 볼 수 있다(대판 2007.2.22. 2005다73020).

4. 의결권

(1) 1주 1의결권의 원칙

① 상법 제369조 제1항은 1주 1의결권의 원칙을 규정하고 있는 바, 위 규정은 강행규정이므로 법률에서 위 원칙에 대한 예외를 인정하는 경우를 제외하고, 정관의 규정이나 주주총회의 결의 등으로 위 원칙에 반하여 의결권을 제한하더라도 그 효력이 없다(대판 2009.11.26. 2009다51820).

② 가부동수인 경우에는 부결된 것으로 평가되는데, 가부동수인 경우에 의장에게 결정권을 주는 것으로 정관에 정하였다면 이는 1주 1의결권의 원칙에 반하므로 위법하여 무효에 해당한다.

(2) 1주 1의결권의 원칙에 대한 예외

① 상법상 1주 1의결권의 원칙에 대한 예외로는, 의결권이 배제 또는 제한되는 종류주식과 의결권이 제한되는 회사의 자기주식, 상호보유주식이 있고, 의결권의 행사가 제한되는 주식으로는 특별이해관계인이 소유하는 주식과 감사 또는 감사위원회 위원의 선임 또는 해임시 일정비율을 초과하는 주식이 있다.

② 의결권이 배제되는 종류주식과 의결권이 제한되는 회사의 자기주식, 상호보유주식은 모든 의안에 대하여 의결권이 없다. 반면, 특별이해관계인이 소유하는 주식은 특별한 이해관계가 인정되는 의안에 대해서만, 감사 또는 감사위원회 위원의 선임 또는 해임시 일정비율을 초과하는 주식은 감사 또는 감사위원회 위원의 선임 또는 해임이라는 특정 의안에 대해서만, 의결권이 제한되는 종류주식은 제한된 의안에 대해서만 의결권을 행사할 수 없다.

ㄱ 의결권이 배제 또는 제한되는 종류주식(상법 제344조의3)

ㄴ 의결권의 제한

자기주식	• 회사가 가진 자기주식은 의결권이 없다(상법 제369조 제2항). • 개정 전에는 주식을 소각하기 위한 때, 회사의 합병 또는 다른 회사의 영업전부의 양수로 인한 때, 회사의 권리를 실행함에 있어 그 목적을 달성하기 위하여 필요한 때, 단주의 처리를 위하여 필요한 때, 주주가 주식매수청구권을 행사한 때, 회사의 자기주식의 양도를 내용으로 하는 주식매수선택권을 부여한 때에 한하여 회사가 자기의 계산으로 자기의 주식을 취득하는 것이 허용되었다(구 상법 제341조·구 상법 제341조의2 제1항). • 2011.4.14. 개정상법은 위와 같은 특정목적에 의한 자기주식의 취득(상법 제341조의2) 외에, 배당가능이익을 한도로 (i) 거래소에서 시세가 있는 주식의 경우에는 거래소에서 취득하는 방법, (ii) 제345조 제1항의 주식의 상환에 관한 종류주식의 경우 외에 각 주주가 가진 주식 수에 따라 균등한 조건으로 취득하는 것으로서 대통령령으로 정하는 방법에 따라 자기의 주식을 취득할 수 있도록 대폭적으로 허용하였다(상법 제341조 제4항). 다만, 회사는 취득한 자기주식을 회사의 필요에 따라 정관 또는 이사회의 결의에 의하여 처분할 수 있기 때문에(상법 제342조) 자기주식 취득이 허용되는 위의 특정목적 중에서 '주식을 소각하기 위한 때(구 상법 제341조 제1호)'는 삭제하였다.
상호보유주식	• 회사, 모회사 및 자회사 또는 자회사가 다른 회사의 발행주식의 총수의 10분의 1을 초과하는 주식을 가지고 있는 경우, 그 다른 회사가 가지고 있는 회사 또는 모회사의 주식(상호보유주식)은 의결권이 없다(상법 제369조 제3항). 이때, 회사가 다른 회사의 발행주식의 총수의 100분의 50을 초과하는 주식을 가지는 경우 그 회사를 모회사라 하고, 다른 회사를 자회사라고 한다(상법 제342조의2 제1항). • 한편, 다른 회사의 발행주식의 총수의 100분의 50을 초과하는 주식을 모회사 및 자회사 또는 자회사가 가지고 있는 경우 그 다른 회사는 상법의 적용에 있어 그 모회사의 자회사로 본다(상법 제342조의2 제3항).

(3) 의결권 행사의 제한

① 특별이해관계인의 소유주식

ㄱ 총회의 결의에 관하여 특별한 이해관계가 있는 자는 의결권을 행사하지 못한다(상법 제368조 제3항). 주주총회의 결의에서 특별이해관계인의 주식의 수는 발행주식 총수에는 산입하지만, 출석한 주주의 의결권의 수에는 산입하지 않는다(상법 제371조 제2항). **기출** 24

ㄴ 이때, '특별한 이해관계'를 특정한 주주가 주주의 입장을 떠나서 개인적으로 가지는 이해관계를 의미하는 것으로 보는 것이 일반적이고 판례도 같은 입장이다(대판 2007.9.6. 2007다40000). 특별한 이해관계가 있다고 볼 수 있는 주주로는, (i) 발기인·이사·집행임원·감사·감사위원의 책임을 면제하는 결의(상법 제324조·제400조·제408조의9·제415조·제415조의2)를 할 때의 발기인·이사·집행임원·감사·감사위원인 주주, (ii) 영업양도·영업양수·경영위임 등의 결의(상법 제374조 제1항)를 할 때의 거래 상대방인 주주, (iii)임원의 보수를 정할 때(상법 제388조·제415조, 대판 2007.7.12. 2006다3585)의 당해 임원인 주주 등이 있다.

ㄷ 다만, 이사·감사의 선임 또는 해임결의에 있어서 선임 또는 해임의 당사자인 주주는, 의결권의 행사를 통하여 회사의 기관구성이라는 회사의 지배 내지 경영활동에 참가하는 것이므로 특별이해관계인에 해당하지 않는다.

ㄹ 주주 자신에게 특별한 이해관계가 있으면 특별한 이해관계가 없는 대리인을 통하더라도 상법 제368조 제3항이 적용되므로 의결권을 행사할 수 없다. **기출** 24

ㅁ 본인인 주주는 특별한 이해관계가 없지만 대리인인 주주가 특별한 이해관계를 가질 경우도 상법 제368조 제3항이 적용되어 주주총회의 결의에 관하여 의결권을 행사하지 못한다(대판 2007.7.12. 2006다3585). **기출** 17

② 의결권 없는 주식을 제외한 발행주식의 총수의 100분의 3(정관에서 더 낮은 주식 보유비율을 정할 수 있으며, 정관에서 더 낮은 주식 보유비율을 정한 경우에는 그 비율로 한다)을 초과하는 수의 주식을 가진 주주는 그 초과하는 주식에 관하여 감사의 선임에 있어서는 의결권을 행사하지 못한다(상법 제409조 제2항).

> 상법 제409조 제2항·제3항은 '주주'가 일정 비율을 초과하여 소유하는 주식에 관하여 감사의 선임에 있어서 그 의결권을 제한하고 있고, 구 증권거래법(2007.8.3. 법률 제8635호 자본시장과 금융투자업에 관한 법률 부칙 제2조로 폐지) 제191조의11은 '최대주주와 그 특수관계인 등'이 일정 비율을 초과하여 소유하는 주권상장 법인의 주식에 관하여 감사의 선임 및 해임에 있어서 의결권을 제한하고 있을 뿐이므로, '최대주주가 아닌 주주와 그 특수관계인 등'에 대하여도 일정 비율을 초과하여 소유하는 주식에 관하여 감사의 선임 및 해임에 있어서 의결권을 제한하는 내용의 정관 규정이나 주주총회결의 등은 무효이다(대판 2009.11.26. 2009다51820).
> `기출` 10 → 이러한 경우 등기관은 그 감사취임등기신청을 각하하여야 한다.

(4) 결의의 효력발생시기

① 주주총회의 결의는 결의의 성립과 동시에 효력을 발생하는 것이 원칙이다.

② 결의를 할 때에 그 결의에 조건 또는 기한을 붙이는 것은 원칙적으로 가능하고, 이 경우에는 조건이 성취되거나 기한이 도래한 때 결의의 효력이 발생한다(상업등기선례 제1-133호).

③ 조건 또는 기한을 붙이는 것이 법령, 정관 또는 주식회사의 본질에 반해서는 안 되며, 이에 반하는 결의는 원칙적으로 결의 전체가 무효로 된다.

④ 주주총회가 회사의 최고기관이라는 점에서 총회 결의의 효력발생을 전적으로 제3자의 의사에 맡기는 결의는 허용되지 않는다.

(5) 종류주주총회

① 회사가 종류주식을 발행한 경우 정관 변경 등으로 어느 종류의 주주에게 손해를 미치게 될 때에는 주주총회의 결의 외에 그 종류의 주주총회의 결의가 있어야 하는데(상법 제435조 제1항·제436조·제530조의3), 이 결의를 위한 회합을 종류주주총회라고 한다.

② 정관변경 등에 관하여 종류주주총회의 결의가 이루어지지 않았다면 정관변경 등의 효력이 아직 발생하지 않은 데에 그칠 뿐이고, 정관변경 등을 결의한 주주총회결의의 효력에는 아무런 하자가 없다(대판 2006.1.27. 2004다44575). `기출` 17

③ 의결권 없는 종류의 주식 및 결의요건에 관한 것을 제외하고는 주주총회의 소집과 운영 등 주주총회에 관한 모든 규정이 종류 주주총회에 준용된다(상법 제435조 제3항).

④ 종류주주총회의 결의가 필요한 경우

ㄱ 정관을 변경함으로써 어느 종류의 주주에게 손해를 미치게 될 때(상법 제435조 제1항)

ㄴ 신주의 인수 등에 있어서 주식의 종류에 따라 특수하게 정함으로써 어느 종류의 주주에게 손해를 미치게 될 때(상법 제436조 전단)

ㄷ 주식교환·주식이전·합병·분할·분할합병으로 어느 종류의 주주에게 손해를 미치게 될 때(상법 제436조 후단·제530조의3 제5항)

⑤ 결의의 요건

    ㉠ 종류주주총회의 결의는 출석한 그 종류주주의 의결권의 3분의 2 이상의 수와 그 종류의 발행주식총수의 3분의 1 이상의 수로써 하여야 한다(상법 제435조 제2항).

    ㉡ 종류주주총회에서는 의결권 없는 주식도 의결권을 가진다(상법 제435조 제3항).

(6) 소규모 주식회사의 주주총회에 관한 특례

2009.5.8. 상법의 일부개정(법률 제9746호)시 자본금 총액이 10억원 미만인 소규모주식회사의 경우 주주총회에 관해 아래와 같은 특례를 인정하였다(상법 제363조 제3항~제6항).

① 소규모 주식회사가 주주총회를 소집할 때에는 <u>주주총회일의 10일 전에</u> 각 주주에게 서면으로 소집통지를 발송하거나 각 주주의 동의를 받아 전자문서로 통지를 발송할 수 있다(상법 제363조 제3항). `기출` 22

② 소규모주식회사는 <u>주주 전원의 동의가 있을 경우에는 소집절차 없이 주주총회를 개최할 수 있고, 서면에 의한 결의로써 주주총회의 결의를 갈음할 수 있다.</u> 결의의 목적사항에 대하여 주주 전원이 서면으로 동의를 한 때에는 서면에 의한 결의가 있는 것으로 본다(상법 제363조 제4항). `기출` 22

    ㉠ 주주들이 서면으로 의안에 대해 찬성 또는 반대의 의사를 표시한 결과, 찬성의 의사표시가 주주총회 결의요건을 충족하는지 여부에 따라 당해 의안은 가결 또는 부결된다(상법 제363조 제5항).

    ㉡ 서면에 의한 결의방식에 따라 결의된 사항을 등기 신청할 때에는 <u>서면결의로 결의하는 것에 관하여 주주 전원의 동의가 있었음을 증명하는 서면을 등기신청서에 첨부하여야 한다</u>(규칙 제128조 제1항).

[참고] 자본금 총액이 10억원 미만인 소규모 주식회사의 특례

- 발기설립의 경우 발기인이 이사와 감사 또는 감사위원회 위원을 선임하는데(상법 제296조, 제415조의2 제7항), 이 경우 발기인은 그 선임에 관한 의사의 경과와 결과를 기재한 의사록을 작성하여 기명날인 또는 서명하여야 하고(상법 제297조), <u>설립등기를 신청하는 경우에는 공증인의 인증을 받은 의사록을 첨부정보로 제공하여야 한다</u>(공증인법 제66조의2 제1항 본문, 상업등기규칙 제129조 제8호). 다만 <u>자본금 총액이 10억원 미만인 회사(소규모 주식회사)를 발기설립하는 경우에는 공증인의 인증을 받을 필요가 없다</u>(공증인법 제66조의2 제1항 단서 제1호). 다만, 상법 제292조 및 공증인법 제66조의2 제1항은 일정한 소규모 회사를 발기설립하는 경우 발기인들 간의 신뢰관계를 존중하여 신속하게 창업할 수 있도록 2009.5.28. 개정된 것으로, 자본금 총액이 10억원 미만인 회사를 발기설립하는 경우에만 상법 제292조 단서 및 공증인법 제66조의2 제1항 단서가 적용됨이 법문언상 명백하다. 따라서 자본금 총액이 10억원 미만인 회사를 발기설립하여 설립등기를 마친 회사의 임원변경등기에는 공증인법 제66조의2 제1항 단서가 적용되지 않으므로, 그 변경등기를 신청할 때 첨부하는 의사록은 공증인의 인증을 받은 것이어야 한다(상업등기선례 제2-36호). `기출` 24·22·16

- 자본금 총액이 10억원 미만 주식회사를 상법 제295조 제1항에 따라 발기설립하는 경우에 정관은 각 발기인이 정관에 기명날인 또는 서명함으로써 효력이 발생하므로(상법 제292조 단서), 정관 그 자체 또는 정관의 절대적 기재사항에 대해서는 별도로 발기인이 승인하는 절차가 필요 없으며, 이사·감사 등의 조사·보고는 발기인이 이사 등을 선임한 이후의 절차이므로, 발기인의 의사록에 정관 승인 건, 이사·감사 등의 조사·보고 건 등이 반드시 포함되어야 하는 내용은 아니다(상업등기선례 제2-18호).

    `기출` 16

- 자본금 총액이 10억원 미만인 주식회사(이하 '소규모 주식회사'라 함)에서 주주 전원의 동의로 서면에 의한 결의(이하 '서면결의'라 함)로써 주주총회의 결의를 갈음하거나(상법 제363조 제4항 전문), 결의의 목적사항에 대하여 주주 전원이 서면으로 동의(상법 제363조 제4항 후문, 이하 '서면동의'라 하고, '서면결의'와 '서면동의'를 합하여 '서면결의 등'이라 함)한 경우에도 <u>상법 제363조 제6항에 의해 제373조가 준용되어 의사록을 작성해야 할 것이다</u>(상업등기선례 제201809-3호). `기출` 24

- 회사가 가진 자기주식은 의결권이 없고, 총회의 결의에 관하여는 자기주식의 수는 발행주식총수에 산입하지 않으며, 자기주식을 가진 주주에 대해서는 원칙적으로 주주총회의 소집통지도 할 필요가 없는 점 등을 고려할 때 자기주식을 소유한 자본금 총액이 10억원 미만인 소규모 주식회사는 자기주식에 관하여 서면결의서 또는 서면동의서를 작성할 필요가 없다(상업등기선례 제202406-1호). 기출 24

- 소규모 주식회사가 현실적인 주주총회 개최하지 않고 서면결의 등의 절차를 거쳐 그에 따른 등기를 신청할 때에는, 상업등기규칙 제128조 제1항의 '총주주의 동의가 있음을 증명하는 정보'로서 ① 서면결의의 경우에는 서면결의를 하는 것에 관한 주주 전원의 동의서 및 해당 결의요건을 충족하는 서면결의서에 각 주주가 인감증명법에 따라 신고한 인감을 날인하고 그 인감증명서를 첨부하고, ② 서면동의의 경우에는 주주 전원의 서면동의서에 각 주주가 인감증명법에 따라 신고한 인감을 날인하고 그 인감증명서를 첨부하여야 한다. 또한, 서면결의 등의 진정성을 보장하기 위하여 서면결의 등이 이루어질 당시의 대표자가 등기소에 제출한 인감을 날인한 주주명부를 첨부하여야 할 것이다(상업등기선례 제201809-3호). 기출 24

- 자본금 총액이 10억 미만인 회사로서 상법 제363조 제4항의 절차(서면결의 등)를 밟는다면, 상업등기규칙 제128조 제1항의 '총주주의 동의가 있음을 증명하는 정보'로서 ① 서면결의의 경우에는 서면결의를 하는 것에 관한 주주 전원의 동의서 및 해당 결의요건을 충족하는 서면결의서에 각 주주가 인감증명법에 따라 신고한 인감을 날인하고 그 인감증명서를 첨부하고, ② 서면동의의 경우에는 주주 전원의 서면동의서에 각 주주가 인감증명법에 따라 신고한 인감을 날인하고 그 인감증명서를 첨부하여야 한다(법인등기선례 제201809-3호 참조). 다만, 법원의 확정 판결 등으로 1인 주주라는 사실을 등기관이 명백하게 알 수 있는 때에는 서면결의 등의 진정성을 보장하기 위한 서면결의 등이 이루어질 당시의 대표자가 등기소에 제출한 인감을 날인한 주주명부는 첨부할 필요는 없다(상업등기선례 제201901-2호). 기출 24

- [1]「벤처투자 촉진에 관한 법률」에 의하여 설립된 투자조합은 상법상 합자조합에 관한 규정을 준용하나, 합자조합의 등기에 관한 규정을 준용하지 않으므로 설립등기를 할 수 없다. 기출 25 [2]「벤처투자 촉진에 관한 법률」에 의하여 설립된 투자조합이 자본금 총액이 10억원 미만인 소규모 주식회사의 주주로서 서면결의서 또는 서면동의서를 작성하고자 한다면 그 조합에 업무집행조합원이 선임된 경우에는 업무집행조합원임을 증명하는 서면(조합계약서 등)과 업무집행조합원이 인감증명법에 따라 신고한 개인인감을 서면결의서 또는 서면동의서에 날인하고 그 인감증명서를 첨부하면 된다(다만, 수인의 업무집행조합원을 선임한 경우 또는 업무집행조합원이 없는 경우에는 업무집행조합원총회 또는 조합원총회의사록이 요구될 수 있음)(상업등기선례 제202312-1호). 기출 24

- 설립등기를 신청하는 경우에는 주금의 납입을 맡은 은행, 그 밖의 금융기관의 납입금 보관을 증명하는 정보를 제공하여야 한다. 다만, 자본금 총액이 10억원 미만인 소규모 주식회사를 상법 제295조 제1항에 따라 발기설립하는 경우에는 은행이나 그 밖의 금융기관의 잔고를 증명하는 정보로 대체할 수 있다(규칙 제129조 제12호). 기출 17·16·12

- 주식회사의 이사는 3명 이상이어야 한다. 다만, 자본금 총액이 10억원 미만인 소규모 주식회사는 1명 또는 2명으로 할 수 있다(상법 제383조 제1항). 기출 12
  - 이사가 1명인 경우에는 그 이사는 '사내이사'로 기재하고, 그 성명, 주민등록번호 및 주소를 같이 기재한다(등기예규 제1538호 제3조 제2항 제1호). 기출 14
  - 이사를 2명으로 하고 각 이사가 회사를 각자 대표하는 경우에는 각 이사를 '사내이사'로 기재하고, 그 성명, 주민등록번호 및 주소를 같이 기재한다(등기예규 제1538호 제3조 제2항 제2호). 기출 14·10
  - 이사를 2명으로 하고 정관에 따라 대표이사를 정한 경우에는 각 이사를 '사내이사'로 기재하고, 그 성명, 주민등록번호를 기재하며, 그 대표이사의 성명, 주민등록번호 및 주소를 같이 기재한다(등기예규 제1538호 제3조 제2항 제2항 제3호).

- 자본금의 총액이 10억원 미만인 소규모 주식회사의 경우에는 감사를 선임하지 아니할 수 있다(상법 제409조 제4항). 감사를 선임하지 아니한 회사가 이사에 대하여 또는 이사가 그 회사에 대하여 소를 제기하는 경우에 회사, 이사 또는 이해관계인은 법원에 회사를 대표할 자를 선임하여 줄 것을 신청하여야 한다(상법 제409조 제5항). 기출 22

(7) 서면동의

① 주주총회의 결의의 목적사항에 대하여 <u>주주 전원이 서면으로 동의를 한 때에는 서면에 의한 결의가 있는 것으로 간주된다</u>(서면동의, 상법 제363조 제4항 제2문).

② 서면동의는 의안 자체에 대해 주주 전원의 동의가 있어야 하는 것이어서 위의 서면결의와 달리 항상 가결의 주주총회결의가 있는 것으로 간주된다.

(8) 주주총회결의의 하자

① 개 설

　㉠ 주주총회의 결의는 사단적 법률행위이어서 그 성립과정에 다수인의 의사와 이해관계가 개입되고, 결의가 이루어지면 결의의 유효를 전제로 각종의 후속행위가 이루어지므로 무효·취소의 일반법리에 따라 해결한다면 단체 법률관계의 불안정을 초래할 수 있다.

　㉡ 상법은 하자의 유형을 법정하고 그에 따른 판결의 효력을 별도로 정함으로써 이해관계의 조정을 꾀하고 있다(상법 제376조·제380조).

② 주주총회결의 취소의 소

　㉠ 총회의 소집절차 또는 결의방법이 법령 또는 정관에 위반하거나 현저하게 불공정한 때 또는 그 결의의 내용이 정관에 위반한 때에는 주주·이사 또는 감사는 결의의 날로부터 2월 내에 결의취소의 소를 제기할 수 있다(상법 제376조 제1항).

　㉡ 주주총회결의가 취소될 수 있는 하자를 소집절차 하자, 결의방법 하자 또는 결의내용의 정관위반으로 나누어 살펴보면 다음과 같다.

　㉢ 소집절차의 하자가 인정될 수 있는 경우

> - 이사회의 주주총회 소집결의가 없거나 이사회의 주주총회 소집결의에 하자가 있는 경우, 이사회의 소집결의는 있지만 대표이사 또는 정관상 소집권자가 아닌 자가 소집한 경우(대판 1980.10.27. 79다1264)
> - 주주총회가 소집권자에 의하여 소집되어 개최된 이상 <u>정족수에 미달한 결의가 이루어졌다고 하더라도 그와 같은 하자는 결의취소의 사유에 불과</u>하고, 무효 또는 부존재한 결의라고 할 수 없다(대판 1996.12.23. 96다32768). **기출** 17
> - 법원의 가처분결정에 의하여 선임된 대표이사 직무대행자가 가처분 명령에 다른 정함이 없음에도 법원의 허가 없이 상무에 속하지 아니한 사항(예 새로운 이사의 선임을 승인하는 안건)이 포함된 내용을 안건으로 하여 정기주주총회를 소집한 경우(대판 2007.6.28. 2006다62362)
> - 일부 주주에게 소집통지를 하지 아니하거나 법정기간을 준수하지 아니한 서면통지에 의하여 주주총회가 소집된 경우(대판 1993.10.12. 92다21692)
> - 총회의 소집통지서에 기재되지 않은 사항을 결의한 경우(대판 1969.2.4. 68다2284)
> - 법원으로부터 '신임 이사의 선임'을 회의 목적으로 하여 소집허가 받은 임시주주총회에서 감사를 선임한 경우(서울고법 2008.7.30. 2007나66271)

　㉣ 결의방법의 하자가 인정될 수 있는 경우

> - 주주 아닌 자 또는 의결권이 제한되는 자가 주주총회에 출석하여 결의에 참가하거나 정족수에 미달하는 경우(대판 1996.12.23. 96다32768)
> - 정관상 의장이 될 사람이 아닌 자가 정당한 사유 없이 주주총회의 의장이 되어 의사에 관여한 경우(대판 1977.9.28. 76다2386)

ⓜ 결의의 내용이 정관에 위반한 것으로 볼 수 있는 경우

> 정관이 정하는 이사의 자격에 미달하는 자를 이사로 선임하거나 정관이 정하는 정원을 초과하여 이사를 선임하는 결의를 한 경우

③ 주주총회결의 무효확인의 소 - 결의내용이 법령에 위반하는 때(상법 제380조)

> • 주주총회의 권한 사항이 아닌 사항에 대한 결의(다음 주주총회의 소집결의)
> • 주주평등의 원칙에 반하는 내용의 결의(주주에 따라 의결권의 수를 달리하는 내용을 정하는 결의)
> • 주주유한책임의 원칙에 반하는 때(손실전보를 위한 추가출자의 결의)
> • 주주총회의 권한 사항을 타인에게 일임하는 결의(예 이사 선임을 이사회에 위임하는 결의) **기출** 17
> • 강행법규나 사회질서에 반하는 결의

④ 주주총회결의 부존재확인의 소 : 총회의 소집절차 또는 결의방법에 총회결의가 존재한다고 볼 수 없을 정도의 중대한 하자가 있는 때에는 결의부존재확인의 소를 제기할 수 있다(상법 제380조).

> • 주주총회를 소집할 권한이 없는 자가 이사회의 주주총회 소집결정도 없이 소집한 주주총회에서 이루어진 결의는, 1인 회사의 1인 주주에 의한 총회 또는 주주 전원이 참석하여 총회를 개최하는 데 동의하고 아무런 이의 없이 결의가 이루어졌다는 등의 특별한 사정이 없는 이상, 총회 및 결의라고 볼 만한 것이 사실상 존재한다고 하더라도 그 성립 과정에 중대한 하자가 있어 법률상 존재하지 않는다고 보아야 한다."라고 판시한 바 있다(대판 2010.6.24. 2010다13541).
> • 예정된 주주총회결의일 당일 소란으로 주주총회가 개회선언조차 하지 못하고 산회되었으나, 그중 일부 주주 들만 모여서 나머지 일부 소수주주들에게는 그 회의의 참석과 토의, 의결권행사의 기회를 전혀 배제하고 나아가 법률상 규정된 주주총회 소집절차를 무시한 채 결의를 한 경우

⑤ 주주총회결의의 하자와 등기관의 심사

ⓞ 주주총회의 결의에 '결의취소의 소의 원인이 되는 하자'가 있어도 법원의 취소판결이 확정되기 전까지 그 주주총회결의는 유효한 것으로 취급되고 누구도 그 효력을 다툴 수 없지만, 상업등기법 제26조 제10호는 취소판결의 확정 전에도 등기관이 취소사유가 있다고 인정한 경우 그 결의에 따른 등기신청을 각하하도록 하고 있다(제26조 제10호).

ⓛ 주주총회결의취소의 소가 그 주주총회결의가 있은 날로부터 2월 내에 제기되지 아니한 때에는 비록 그 주주총회결의에 취소사유에 해당하는 하자가 있더라도 등기관은 그 등기신청을 수리하여 등기하여야 한다(제27조). **기출** 17

> 주주총회의 결의에 상법 제376조 제1항에서 정하는 결의취소의 소의 원인이 되는 하자가 있어도 법원의 취소판결이 확정되기 전까지 그 주주총회결의는 유효한 것으로 취급되고 누구도 그 효력을 다툴 수 없지만, 상업등기법 제26조 제10호는 취소판결의 확정 전에도 등기관이 취소사유가 있다고 인정한 경우 그 결의에 따른 등기신청을 각하하도록 규정하고 있다. 다만, 주주총회결의취소의 소가 그 주주총회결의가 있은 날로 부터 2월 내에 제기되지 아니한 때에는 비록 그 주주총회결의에 취소사유에 해당하는 하자가 있더라도 등기관은 그 등기신청을 수리하여 등기하여야 한다(상업등기선례 제201511-2호).

ⓒ 주주총회의 결의에 '무효확인의 소의 원인이 되는 하자'가 있는 경우에도 등기관은 상업등기법 제26조 제10호에 의하여 그 등기신청을 각하하여야 한다.

ⓔ 주주총회결의에 무효의 원인이 있는 경우 소로써만 그 무효를 주장하여야 하는지에 관하여 견해의 대립이 있지만(확인소송설과 형성소송설), 확인소송으로 보는 것이 다수설, 판례(대판 1992.9.22. 91다5365)의 입장이고, 상업등기법 제26조 제10호의 경우 같은 법 제77조 제2호와 달리 소로써만 그 무효를 주장할 수 있는 경우를 제외하고 있지 않은 점에서 주주총회결의에 무효원인에 해당하는 하자가 있다면, 소로써만 그 무효를 다투어야 하는 경우에도 그에 따른 등기신청을 각하하여야 한다.

ⓜ 주주총회결의에 '부존재확인의 소의 원인이 되는 하자'가 있는 경우에는 특별히 그 주주총회 결의의 효력을 인정할 만한 실체도 없을 뿐만 아니라 소로써만 그 무효를 주장하게 할 수도 없으므로 등기관은 그 결의에 기초한 등기신청을 각하하여야 한다.

ⓗ 주주총회의 결의에 하자가 있음에도 이를 간과하여 잘못 등기가 된 경우

㉮ 주주총회의 결의에 취소원인에 해당하는 하자가 있는 경우와 무효원인에 해당하는 하자가 있지만 소로써만 그 무효를 다투어야 하는 경우에는, 소송으로 그 등기의 효력을 다투는 것은 별론으로 하고 당사자의 신청 또는 등기관의 직권에 의하거나 등기관의 처분에 대한 이의의 방법으로 그 결의에 따른 등기를 말소할 수 없다(제77조~제80조, 대결 2008.12.15. 2007마1154).

㉯ 주주총회의 결의에 무효원인에 해당하는 하자(다만, 소로써만 그 무효를 다투어야 하는 하자는 제외)가 있거나 부존재에 해당하는 하자가 있는 경우에는, 소송으로 그 등기의 효력을 다툴 수 있을 뿐만 아니라 당사자의 신청에 의하거나 등기관이 직권에 의하여 그 등기를 말소할 수 있고, 등기상 이해관계인이 등기관의 처분에 대한 이의의 방법으로 그 결의에 따른 등기를 다툴 수 있다.

(9) 이사회

① 의의 및 권한

㉠ 이사회는 회사의 업무집행에 관해 의사결정을 하고 이사의 직무집행을 감독할 권한을 갖는 이사 전원으로 구성되는 주식회사의 필요기관이다. 다만, 자본금 총액이 10억원 미만인 소규모 주식회사가 1명 또는 2명의 이사만을 둔 경우에는 이사회의 기능을 주주총회 또는 대표권을 행사하는 각 이사가 담당한다(상법 제383조 제5항·제6항).

㉡ 이사회는 상법(특별법 포함) 또는 정관에 의하여 이사회의 권한사항으로 규정된 것이 아니더라도 상법 또는 정관의 규정에 의하여 주주총회의 권한사항으로 규정된 것(상법 제361조)이 아니면, 그에 관하여 의사결정을 할 권한이 있다(상법 제393조 제1항).

㉢ 이사회는 대표이사를 포함한 이사의 직무집행을 감독할 권한을 갖는데(상법 제393조 제2항), 특히 대표이사에 대해서는 그 선임·해임권을 통하여 실질적인 감독권을 갖는다(상법 제389조 제1항 본문).

② 이사회의 소집

㉠ 이사회는 원칙적으로 각 이사가 소집할 수 있지만, 이사회 결의로 소집할 이사(대표이사 또는 이사회 의장 등)를 정한 때에는 그 이사가 소집한다(상법 제390조 제1항).

㉡ 이 경우, 소집권자로 지정되지 않은 다른 이사는 소집권자인 이사에게 이사회의 소집을 요구할 수 있고, 소집권자인 이사가 정당한 이유없이 소집을 거절하는 경우에는 다른 이사가 이사회를 소집할 수 있다(상법 제390조 제2항).

ⓒ 2011.4.14. 개정상법은 감사는 필요하면 회의의 목적사항과 소집이유를 서면에 적어 이사(소집권자가 있는 경우에는 소집권자를 말한다)에게 제출하여 이사회의 소집을 청구할 수 있고, 소집청구를 하였는데도 이사가 지체 없이 이사회를 소집하지 아니하면 소집을 청구한 감사가 이사회를 소집할 수 있다고 규정하였다(상법 제412조의4).

ⓔ 이사회를 소집함에는 회일을 정하고 그 1주간 전에 각 이사 및 감사에 대하여 통지를 발송하여야 하는데, 그 기간은 정관으로 단축할 수 있다(상법 제390조 제3항).

ⓜ 통지의 방법에 관하여 상법상 아무런 제한이 없으므로 서면이 아닌 구두로 하여도 무방하고, 통지에 그 의안(결의의 목적인 사항)을 기재할 필요도 없다. 이사 및 감사 전원의 동의가 있는 때에는 소집절차 없이 언제든지 회의할 수 있다(상법 제390조 제4항).

ⓗ 이사회의 개최장소에 관하여 상법상 아무런 제한이 없으므로 개최 장소에 관하여 정관에 규정이 없다면 주주총회와 같이 반드시 본점의 소재지 또는 이의 인접지(상법 제364조)에서 개최할 필요가 없다.

③ 결의방법

㉠ 의결권의 행사방법

㉮ 이사회의 결의방법과 관련해서는 상법상 특별한 제한이 없으므로 이에 관해 정관에 별도의 규정이 없으면 거수·기립·투표 등 어떠한 방법에 의해서도 결의할 수 있다.

㉯ 다만, 이사는 이사회의 결의 결과에 대하여 책임을 져야 하기 때문에(상법 제399조 제2항·제3항) 무기명투표는 허용되지 않는다. 이사회는 구체적인 회의를 요하므로 원칙적으로 일반전화나 서면에 의한 결의(대판 2000.11.10. 99다64285) 또는 공람·회람 등의 방식으로 결의할 수 없다(통설).

㉰ 다만, 정관에서 달리 정하는 경우를 제외하고는 이사회는 이사의 전부 또는 일부가 직접 회의에 출석하지 아니하고 모든 이사가 음성을 동시에 송·수신하는 통신수단에 의하여 결의에 참가하는 것을 허용할 수 있는데, 이 경우 당해 이사는 이사회에 직접 출석한 것으로 본다(상법 제391조 제2항).

㉡ 의결권의 대리행사 금지 : 이사회에서는 이사 자신이 이사회에 출석하여 결의에 참가하여야 하고 타인에게 위임하여 출석 및 의결권을 행사하도록 할 수 없다(대판 1982.7.13. 80다2441).

④ 감사의 출석권 : 감사는 이사회의 결의에 참가할 수는 없지만 이사회에 출석하여 의견을 진술할 수 있고(상법 제391조의2 제1항), 이사가 법령 또는 정관에 위반한 행위를 하거나 그 행위를 할 염려가 있다고 인정한 때에는 이사회에 이를 보고하여야 하므로(상법 제391조의2 제2항), 감사에 대해서도 이사회의 소집통지를 하여야 한다(상법 제390조 제3호).

⑤ 결의의 효력 등

㉠ 이사회의 결의는 특별한 사정이 없는 한 그 결의의 종료와 동시에 효력이 발생한다.

㉡ 이사회의 결의에 조건 또는 기한을 붙이는 것은 그것이 강행법규, 정관 또는 주식회사의 본질에 반하지 않는 한 가능하다.

㉢ 이사회의 결의는 그에 의하여 회사와 제3자의 법률관계가 아직 발생하지 않거나 소멸하지 않고 있는 사이에 그 후의 이사회의 결의에 의하여 종전 이사회의 결의를 변경 또는 철회하는 것도 가능하다.

㉣ 이사회의 결의의 내용, 소집절차 또는 결의방법이 법령 또는 정관에 위반하는 등으로 이사회의 결의에 하자가 있는 경우, 주주총회의 결의와는 달리 상법은 아무런 규정을 두고 있지 아니하므로 그 결의에 무효사유가 있는 경우에는 이해관계인은 언제든지 또 어떤 방법에 의하든지 그 무효를 주장할 수 있다(대판 1982.7.13. 80다2441).

㉤ 이사회결의 무효확인소송이 제기되어 승소확정판결을 받은 경우 그 판결의 효력에는 주주총회결의 무효확인소송 등과는 달리 상법 제190조가 준용될 근거가 없으므로 대세적 효력은 없다(대판 1988.4.25. 87누399).

(10) 소규모 주식회사의 기관구성에 관한 특례

① 개 설

    ㉠ 자본금 총액이 10억원 미만인 소규모 주식회사에 대해서는 회사의 선택에 의하여 이사를 1인 또는 2인으로 할 수 있고, 감사를 두지 않을 수 있다(상법 제383조 제1항 단서, 제409조 제4항).

    ㉡ 소규모 주식회사에서는 이사회의 존재를 전제로 한 제도가 수정되어야 하고 감사를 두지 않는 경우에는 사실상 감사가 행할 사무를 대신할 자를 정할 필요가 있다.

② 대표권의 귀속

    ㉠ 이사가 1인인 경우에는 달리 회사를 대표할 자가 없으므로 이사가 당연히 대표기관이 된다(상법 제383조 제6항).

    ㉡ 이사가 2인인 경우에는 원칙적으로 각 이사가 회사를 대표하지만, 정관에 따라 대표이사를 정한 경우에는 그 자가 회사를 대표한다(상법 제383조 제6항). `기출` 23

③ 이사회의 기능대체 : 소규모 주식회사에서 1명 또는 2명의 이사를 둔 경우 상법은 이사회를 갈음하여 의사결정방법으로 대표권이 있는 이사가 단독으로 결정할 수 있는 사항(상법 제383조 제6항)과 주주총회가 결정하도록 한 사항(상법 제383조 제4항)을 규정하고, 이사회를 갈음할 수 없는 사항(상법 제383조 제5항)을 정하고 있다.

④ 감사의 기능대체

    ㉠ 소규모 주식회사에는 감사를 두지 않을 수 있다(상법 제409조 제4항).

    ㉡ 이 경우 주주총회가 이사에 대한 업무감사권, 자회사에 대한 조사권을 행사하며, 이사는 회사에 현저하게 손해를 미칠 염려가 있는 사실을 발견한 때에는 감사에 갈음하여 즉시 주주총회에게 보고하여야 한다(상법 제409조 제6항·제412조의2).

    ㉢ 감사를 두지 않은 소규모 주식회사가 이사에 대하여 또는 이사가 그 회사에 대하여 소를 제기한 경우에 회사, 이사 또는 이해관계인이 법원에 회사를 대표할 자를 선임하여 줄 것을 신청하여야 한다(상법 제409조 제5항). `기출` 22

⑤ 이사 및 대표이사의 등기방식

    ㉠ 이사가 1명인 경우 : 이사가 1명인 경우에는 그 이사는 '사내이사'로 기재하고, 그 성명, 주민등록번호 및 주소를 같이 기재한다(등기예규 제1538호 제3조 제2항 제1호). `기출` 22·12

    ㉡ 이사가 2명인 경우

        ㉮ 이사를 2명으로 하고 각 이사가 회사를 각자 대표하는 경우에는 각 이사를 '사내이사'로 기재하고, 그 성명, 주민등록번호 및 주소를 같이 기재한다(등기예규 제1538호 제3조 제2항 제2호).

            `기출` 12·10

        ㉯ 정관에 따라 대표이사를 정한 경우에는 각 이사를 '사내이사'로 기재하고, 그 성명, 주민등록번호를 기재하며, 그 대표이사의 성명, 주민등록번호 및 주소를 같이 기재한다(등기예규 제1538호 제3조 제2항 제2항 제3호).

5. 첨부정보에 관한 통칙

① 서 설

㉠ 상업등기규칙은 제129조부터 제154조까지의 규정을 두어 주식회사의 각 등기별로 고유한 첨부정보를 개별적으로 규정하는 외에, 주식회사의 등기 일반에 필요한 첨부정보에 관하여 제128조의 통칙적 규정을 두고 있다.

㉡ 정관의 규정, 법원의 허가, 총주주 또는 어느 주주나 이사의 동의가 없으면 효력이 없거나 취소할 수 있는 사항의 등기에 관하여는 신청서에 정관, 법원의 허가서, 총주주 또는 그 주주나 이사의 동의서를 첨부하도록 하고, 등기할 사항에 관하여 주주총회·종류주주총회·이사회 또는 청산인회의 결의를 필요로 하는 경우에는 신청서에 그 의사록을 첨부하도록 하고 있다.

② 정 관

㉠ 개 설

㉮ 정관의 규정이 없으면 효력이 없거나 취소할 수 있는 사항의 등기에 관하여는 신청서에 정관을 첨부하여야 한다(규칙 제128조 제1항, 상업등기선례 제1-102호).

㉯ 주식회사의 원시정관은 원칙적으로 공증인의 인증을 받음으로써 효력이 생긴다. 다만, 자본금 총액이 10억원 미만인 소규모 주식회사를 발기설립하는 경우에는 각 발기인이 정관에 기명날인 또는 서명함으로써 효력이 생기고 공증인의 인증을 요하지 않는다(상법 제292조 참조).

기출 24·23·22·20·16

㉰ 일단 유효하게 작성된 정관을 변경할 경우에는 주주총회의 특별결의가 있으면 그때 유효하게 정관변경이 이루어지는 것이고, 공증인의 인증 여부는 정관변경의 효력 발생에는 아무 영향이 없다(대판 2007.6.28. 2006다62362). **기출** 20

㉡ 등기신청서에 정관을 첨부하여야 하는 경우(예시)

㉮ 주주총회의 정족수에 관하여 달리 정하고 있는 경우 : 주주총회의 보통결의는 출석한 주주의 의결권의 과반수와 발행주식총수의 4분의 1 이상의 수로써 하여야 하지만, 정관으로 이와 달리 정할 수 있는바(상법 제368조 제1항), 주주총회의사록상 상법 제368조 제1항에서 정하는 결의요건보다 경감된 결의요건으로 주주총회결의를 거쳐 그에 기해 등기를 신청하는 때에는 정관에서 그러한 규정을 두고 있는지를 증명하기 위한 자료로 정관을 첨부하여야 한다.

㉯ 이사회 소집기간을 단축하는 정함을 두고 있는 경우 : 이사회를 소집할 때에는 그 개최일로부터 1주간 전에 각 이사 및 감사에게 소집통지를 하여야 하지만 그 기간은 정관으로 단축할 수 있는바(상법 제390조 제3항), 1주 미만의 소집기간에 의하여 이사회를 소집한 후 그 이사회에서 결의한 사항의 등기를 신청하는 경우에는 정관에 이사회 소집기간의 단축에 관한 규정이 있는지를 증명하기 위해서 신청서에 정관을 첨부하여야 한다.

㉰ 신주발행 등에 관한 권한을 주주총회의 권한으로 정하고 있는 경우 : 신주의 발행, 전환사채의 발행, 신주인수권부사채의 발행 등은 원칙적으로 이사회에서 발행사항을 결정하지만, 정관으로 주주총회의 권한사항으로 정하고 그에 따라 주주총회에서 신주의 발행사항 등을 결정한 후 발행주식의 총수 등의 변경등기를 신청하는 때에는 신청서에 정관을 첨부하여야 한다(상법 제416조·제513조 제2항·제516조 제2항).

      ㉣ 주주총회에서 대표이사를 선정하도록 정하고 있는 경우 : 대표이사는 원칙적으로 이사회의 결의로 선정하지만 정관에 규정을 두어 주주총회에서 선정할 수 있는바(상법 제389조 제1항), 주주총회에서 대표이사를 선정한 후 그 등기를 신청하는 때에는 정관을 첨부하여야 한다.

      ㉤ 감사에 갈음하여 감사위원회를 설치한 경우 : 주식회사는 소규모 주식회사의 경우를 제외하고는 감사를 두어야 하지만, 정관이 정한 바에 따라 감사에 갈음하여 감사위원회를 설치할 수 있는바(상법 제415조의2), 감사위원회를 설치하고 그 등기를 신청하는 때에는 신청서에 정관을 첨부하여야 한다.

      ㉥ 주주총회의 결의 또는 정관규정에 의해 공동대표규정을 설정·변경 또는 폐지한 경우 : 정관규정에 따라 주주총회에서 공동대표규정을 설정하거나 폐지한 때 또는 정관규정에 의하여 각 대표이사가 당연히 공동대표가 되는 때에는 그 변경등기를 신청할 때 정관을 첨부하여야 한다.

      ㉦ 명의개서대리인을 둔 경우 : 회사는 정관이 정하는 바에 의하여 명의개서대리인을 둘 수 있으므로(상법 제337조 제2항), 명의개서대리인을 설치하고 그 등기를 신청하는 때에는 명의개서대리인과의 계약을 증명하는 서면과 이사회의사록을 첨부하는 외에 정관을 첨부하여야 한다.

③ **법원의 허가서**

      ㉠ 법원의 허가가 없으면 효력이 없거나 취소할 수 있는 사항의 등기의 신청서에는 법원의 허가서를 첨부하여야 한다(규칙 제128조 제1항).

      ㉡ 법원의 가처분결정에 의하여 선임된 이사직무대행자는 가처분명령에 다른 정함이 있는 경우 외에는 회사의 상무에 속하지 아니한 행위를 하는 때에 법원의 허가를 얻어야 한다(상법 제408조 제1항). 따라서 대표이사 직무대행자가 임시주주총회를 소집해서 그 총회에서 상무에 속하지 않는 사항을 결의하여 등기를 신청하는 때에는, 특히 직무대행자에게 그 결의를 위한 임시주주총회의 소집에 관한 권한을 부여한 경우가 아닌 한, 그와 같은 결의를 위한 직무대행자의 임시주주총회의 소집을 허가하는 법원의 허가서를 첨부하여야 한다.

      ㉢ 모집설립 시 또는 신주발행 시 납입금의 보관자 또는 납입장소를 변경할 때에는 법원의 허가를 얻어야 하므로(상법 제306조·제425조 제1항), 이 경우에도 설립등기신청서 또는 신주발행에 따른 증자등기신청서에 법원의 허가서를 첨부하여야 한다.

      ㉣ 유한회사와 주식회사가 합병하는 경우에 합병 후 존속하는 회사 또는 합병으로 설립되는 회사가 주식회사인 때에는 법원의 인가를 받아야 하고, 법원의 인가를 받지 아니하면 합병의 효력이 부인되는바(상법 제600조 제1항), 이 경우 합병에 따른 등기신청서에 법원의 인가서를 첨부하여야 한다.

      ㉤ 유한회사는 총사원의 일치에 의한 총회의 결의 또는 정관으로 정하는 바에 따라 사원총회의 특별결의로 주식회사로 조직을 변경할 수 있는데, 이를 위해서는 법원의 인가를 받아야 한다(상법 제607조 제1항·제3항). 따라서 유한회사가 주식회사로 조직을 변경하여 등기를 신청하는 경우에는 신청서에 법원의 인가서를 첨부하여야 한다.

④ 총주주의 동의서

　　㉠ 총주주의 동의가 없으면 효력이 없거나 취소할 수 있는 사항의 등기에 관하여는 신청서에 총주주의 동의서를 첨부하여야 한다(규칙 제128조 제1항).

　　㉡ 주주 전원의 동의를 증명하는 서면으로는 주주 전원이 동의를 한 것을 분명히 하고 그 전원이 서명 또는 기명날인한 것이 이에 해당하지만, 주주총회의사록상 주주 전원의 동의가 있다는 것이 기재되어 있는 때에는 그 의사록도 이에 해당한다.

　　㉢ 주주총회에서 주주 전원이 출석해서 의결권을 행사하고 이것이 주주총회의사록에 기재되어 있다면 주주총회의사록 외에 별도로 주주총회의 소집절차의 생략 또는 기간단축에 대하여 동의한 사실을 증명하는 서면을 첨부할 필요는 없다(상업등기선례 제1-73호).

⑤ 주주총회의사록

　　㉠ 개 설

　　　㉮ 주주총회, 종류주주총회, 이사회 또는 청산인회의 결의를 필요로 하는 등기를 신청하는 경우에는 그 의사록을 제공하여야 한다(규칙 제128조 제2항). **기출** 17

　　　㉯ 주주총회의사록에는 의사의 경과요령과 그 결과를 기재하고 의장과 출석한 이사가 기명날인 또는 서명하여야 한다(상법 제373조 제2항). 이때 의사록에 날인하는 인감은 등기소에 제출하였거나 인감증명법에 의하여 신고한 것이 아니어도 된다(상업등기선례 제1-384호). **기출** 20

　　　㉰ 주주총회의사록은 원본을 첨부하여야 하고, 당사자가 임의로 작성한 등본이나 초본을 첨부하여서는 안 된다.

　　　㉱ 등기할 사항에 관해 종류주주총회의 결의가 필요한 때에는 등기신청서에 종류주주총회의사록을 첨부하여야 하며(규칙 제128조 제2항), 종류주주총회의 의사록의 작성에 관하여는 주주총회의사록의 작성요령에 관한 규정이 준용된다(상법 제435조 제3항).

　　㉡ 의사록에 기재할 사항 : 의사록에 기재할 의사의 경과요령과 그 결과로 어떤 것을 기재하여야 하는가는 사안에 따라 다르지만 보통 (ⅰ) 주주총회의 개최 일시 및 장소, (ⅱ) 발행주식의 총수 및 출석한 주주가 보유한 의결권을 행사할 수 있는 주식의 수, (ⅲ) 의안의 제안이유 및 그것에 대한 질의응답, 토론 및 의견요지, (ⅳ) 결의의 성립 여부에 관한 내용, (ⅴ) 결의의 내용과 같은 사항이 기재된다.

　　㉢ 의장과 출석한 이사의 기명날인 또는 서명

　　　㉮ 주주총회의사록에는 의장과 출석한 이사(또는 청산인)가 각 기명날인 또는 서명을 하여야 한다(상법 제373조 제2항).

　　　㉯ 출석한 이사는 당해 주주총회가 개최되고 있는 동안 이사로서의 자격이 있는 자 중 주주총회에 출석한 자 전원을 말한다. 의사록에 날인하는 인감은 등기소에 제출하였거나 인감증명법에 의하여 신고한 것이 아니어도 된다(상업등기선례 제1-384호).

　　　㉰ 주주가 1인인 주식회사의 1인 주주가 주주총회의 소집 절차를 거치지 않고 이사들이 참석하지도 아니한 상태에서 주주총회를 개최하여 어느 이사를 해임하는 결의를 한 경우, 그로 인한 변경등기의 신청서에는 1인 주주만이 기명날인 또는 서명한 주주총회의사록을 첨부할 수 있다(상업등기선례 제2-28호).

② 공증인의 인증

㉮ 등기신청서에 주주총회의사록을 첨부할 때는 공증인의 인증을 받아야 한다(공증인법 제66조의2 제1항).

㉯ 주주총회의사록 등에 인증을 하는 공증인은 그 총회 등의 결의절차와 내용이 진실에 부합하는지 여부를 확인하여야 하는데(공증인법 제66조의2 제2항), 위의 확인은 공증인이 당해 회사의 의결장소에 참석하여 결의절차와 내용을 검사하거나 당해 의결을 한 자 중 그 의결에 필요한 정족수 이상의 자 또는 그 대리인의 촉탁을 받아 그 촉탁인으로부터 의사록의 내용이 진실에 부합하는가 여부에 관하여 진술을 듣고 촉탁인으로 하여금 공증인 앞에서 의사록의 서명 또는 기명날인을 확인하게 한 후 그 사실을 기재함으로써 한다(같은 법 제66조의2 제3항).

㉰ 법인의사록의 인증과 사서증서의 인증은 인증의 대상, 인증 시 제출하여야 하는 서면, 내용, 인증 이후 서류의 보관방법 등이 다르고「공증인법」에서도 별도로 규정하고 있으므로, 법인등기신청서에 첨부하여야 할 법인의 총회 또는 이사회 의사록의 인증방법으로는 법인의사록의 인증방식만 가능하고 사서증서의 인증방식으로는 할 수 없다(상업등기선례 제2-5호). **기출** 23

㉱「공증인법」제66조의2 제1항에 따라 법인등기를 할 때 그 신청서류에 첨부되는 법인 총회 등의 의사록은, 동조 단서에 해당하지 않는 한 공증인의 인증을 받아야 하므로, 해당 법인의 설립근거가 된 개별 법령에 근거하여 설치된 법인의 기관 의사록에 대하여 공증인의 인증을 받아야 하는 것은 물론이고, 해당 법인의 정관에 비로소 근거하여 설치된 별도의 기관인 위원회의 의사록에 대하여도 법인등기의 첨부서면으로서 공증인의 인증을 받아야 한다(상업등기선례 제202105-1호). **기출** 25

㋻ 주주총회의사록에 기재된 사실에 대한 등기관의 심사

㉮ 주주총회의사록은 보고문서의 성격을 가진 사서증서(私書證書)인데 공증인의 인증을 받은 경우 그 진정성립이 추정된다(대판 1992.7.28. 91다35816).

㉯ 주주총회의 의사의 경과, 요령 및 결과 등은 의사록을 작성하지 못하였다든가 이를 분실하였다는 등의 특단의 사정이 없는 한 그 의사록에 의하여서만 증명된다(대판 1984.5.15. 83다카1565).

㉰ 등기관은 등기와 관련하여 반대의 이해관계가 있는 자 등이 제출한 첨부정보가 아닌 다른 자료에 의하여 주주총회의 소집절차 또는 결의방법에 중대한 하자가 있는 것으로 인정하더라도 등기신청서에 첨부된 주주총회의사록 등이 형식적 요건을 갖추고 있고 공증인의 인증을 받았으며, 의사록 등의 기재에 의하여 등기할 사항이 유효하게 존재하는 것으로 인정되는 이상 그 등기신청의 수리를 거부할 수 없다(상업등기선례 제1-72호).

㉱ 소집절차는 의사록에 기재할 사항이 아니므로 소집절차에 중대한 하자가 있는 경우에도 의사록에 소집절차에 관한 사항이 기재되어 있지 않은 때에는 소집절차의 하자를 이유로 등기신청의 수리를 거부하거나 법령에서 요구하는 첨부서류 외의 다른 서류의 제출을 요구할 수 없다(특수법인의 총회의사록에 관한 상업등기선례 제2-129호).

㉲ 의사록에 소집절차가 기재되어 있고 그 기재 자체만으로 소집절차의 하자가 드러날 때에는 등기관은 이를 심사하여야 할 것으로 본다.

⑥ 이사회의사록

㉠ 개 설

㉮ 등기할 사항에 관하여 이사회의 결의를 필요로 하는 경우에는 신청서에 그 결의에 관한 의사록을 첨부하여야 한다(규칙 제128조 제2항).

㉯ 이사회의사록에는 의사의 안건, 경과요령, 그 결과, 반대하는 자와 그 반대이유를 기재하고 출석한 이사 및 감사가 기명날인 또는 서명하여야 한다(상법 제391조의3 제2항).

ⓛ 의사록에 기재할 의사의 경과요령, 그 결과 등 : 의사록에 기재할 의사의 경과요령과 그 결과 등은, 보통 (i) 이사회의 개최 일시 및 장소, (ii) 출석한 이사 및 감사의 성명, (iii) 의안에 대한 질의 및 의견 요지, (iv) 결의의 성립 여부에 관한 기재, (v) 결의의 내용을 기재한다.

ⓒ 이사 및 감사의 기명날인 또는 서명

㉮ 이사회의사록에는 출석한 이사 및 감사 전원이 기명날인 또는 서명하여야 한다.

㉯ 결의에 관하여 특별한 이해관계가 있는 이사의 경우 결의에 참가할 수 없지만 회의에 출석하였다면 출석한 이사로서 기명날인 또는 서명하여야 한다.

㉰ 이사 또는 감사 중에 사망 또는 그 밖의 사유로 기명날인 또는 서명할 수 없는 이사 또는 감사가 있는 경우 이를 증명하는 서류를 첨부하여야 하는 것은 주주총회의사록에 있어서와 같다.

㉱ 이사회의사록에 날인할 이사 또는 감사의 인감은 특별한 규정이 있는 경우를 제외하고는 등기소에 제출하였거나 인감증명법에 의하여 신고한 것일 필요는 없다(상업등기선례 제1-384호).

ⓔ 등기신청서에 첨부할 이사회의사록은 원본이어야 하고 공증인의 인증을 받아야 한다는 것과, 외국어로 작성된 이사회의사록을 첨부할 수 없는 것은 주주총회의사록과 동일하다.

⑦ 청산인회의사록

㉠ 등기할 사항에 관하여 청산인회의 결의를 필요로 하는 경우에는 신청서에 그 의사록을 첨부하여야 한다(규칙 제128조 제2항).

㉡ 청산인회의사록의 기재사항 등은 이사회의사록의 그것과 같다.

⑧ 최종의 대차대조표

㉠ 주식교환을 하면서 완전자회사가 되는 회사의 주주에게 일정한 금액을 지급하는 것으로 정하고 그 변경등기를 신청하는 때에는 최종의 대차대조표를 첨부하여야 한다(제91조 제1항 제1호·제92조 제6호).

㉡ 그 밖에 준비금의 자본금전입에 따른 변경등기 또는 이익에 의한 주식소각에 따른 변경등기를 신청하는 때에는 준비금의 존재 또는 이익의 존재를 증명하는 서면을 첨부하여야 하는데, 그 증명서면으로 최종의 대차대조표를 첨부할 수 있다(제86조·제88조, 상업등기선례 제1-175호, 제1-180호).

㉢ 여기서 말하는 대차대조표는 결산승인을 위한 주주총회에서 승인한 것 가운데 가장 최근의 것을 의미한다.

㉣ 이사는 매 결산기에 대차대조표 등과 그 부속명세서를 작성하여 이사회의 승인을 얻어야 하고(상법 제447조), 위 서류를 정기주주총회에 제출하여 그 승인을 받아야 하므로(상법 제449조 제1항), 결산기 중에 임의의 임시주주총회를 개최하여 당해 영업연도의 대차대조표를 승인할 수는 없다(상업등기선례 제1-195호).

㉤ 다만, 정기주주총회를 미처 개최하지 못하였거나 정기주주총회를 개최하였지만 재무제표를 미처 심의하지 못하였다면 뒤에라도 주주총회를 열어 이를 심의할 수 있으므로, 이 경우 그 주주총회에서 승인한 것도 상업등기법에서 첨부정보로 규정하고 있는 최종의 대차대조표에 해당한다.

㉥ 회사설립 후 최초의 결산기가 도래하지 않아 정기주주총회에서 대차대조표를 승인하지 못한 회사는 개시(개업)대차대조표를 첨부할 수 있다.

㉦ 회사가 정관변경절차를 통해 결산기를 변경하고 이에 따라 정기주주총회를 개최하여 대차대조표를 승인한 경우, 여기서 승인한 대차대조표를 첨부할 수도 있다(상업등기선례 제1-218호, 상법 제30조 제2항).

Ⅱ 설립의 등기

1. 개 설

① 주식회사는 정관의 작성, 사원의 확정, 출자의 이행, 기관의 구성 등과 같은 실체형성과정을 거친 후 설립등기를 함으로써 설립된다.

② 주식회사는 상법상 나머지 회사와 달리 사원(주주)이 아닌 발기인이 설립행위를 주도한다.

③ 발기인이 정관을 작성한 후 1주 이상의 주식을 인수하게 되면 설립중의 회사가 되는데, 설립중의 회사의 업무집행기관은 발기인이고, 발기인이 선임하거나 창립총회에서 선임된 이사 또는 감사는 설립중의 회사의 감사기관이지 업무집행기관이 아니다.

④ 주식회사의 설립방법에는 설립 시에 발행하는 주식의 총수를 발기인이 전부 인수하는 발기설립 방식과 발기인이 일부만을 인수하고 나머지 주식에 대하여 주주를 모집하는 모집설립 방식이 있다.

2. 설립절차

① 발기인(發起人)

ㄱ 의 의

㉮ 발기인은 회사설립사무를 주관하는 자로서 정관을 작성하고 정관의 말미에 기명날인 또는 서명한 자를 말한다(상법 제289조 제1항).

㉯ 실질적으로 회사의 설립에 관여하였다고 하더라도 원시정관에 기명날인하거나 서명하지 아니한 자는 발기인이 아니다.

㉰ 발기인은 회사의 설립 시에 발행하는 주식 중 적어도 1주 이상을 반드시 서면에 의하여 인수하여야 한다(상법 제293조). 발기인이 회사의 설립 시에 발행하는 주식의 총수를 인수한 때에는 지체 없이 각 주식에 대하여 그 인수가액의 전액을 납입하여야 한다. 이 경우 발기인은 납입을 맡을 은행 기타 금융기관과 납입장소를 지정하여야 한다(상법 제295조 제1항).

㉱ 투자회사의 발기인은 투자회사의 설립 시에 발행하는 주식의 총수를 인수(상법 제293조에 따른 인수를 말한다)하여야 하고, 주식을 인수한 발기인은 지체 없이 주식의 인수가액을 금전으로 납입하여야 한다(자본시장법 제194조 제6항·제7항). **기출** 21

ㄴ 발기인의 자격과 수

㉮ 상법상 특별한 제한이 없으므로 다른 법률에 특별한 제한이 없는 한 권리능력을 가진 자이면 누구나 발기인이 될 수 있다. 따라서 자연인 중 제한능력자와 외국인, 회사, 기타 법인 및 외국법인도 발기인이 될 수 있다.

㉯ 법인은 당해 법인의 설립의 근거법률과 정관에서 정한 목적의 범위 내에서 권리능력을 가지므로 (민법 제34조) 법인이 발기인이 되기 위해서는 당해 회사를 설립하는 행위가 그 법인의 정관상 목적 범위 내에 있어야 한다.

㉰ 발기인의 수에는 제한이 없으므로 1인이어도 된다(상법 제288조).

ㄷ 발기인 조합

㉮ 발기인이 2인 이상인 경우 발기인들 사이에는 회사설립을 목적으로 하는 발기인 조합이 성립한다 (대판 1990.12.26. 90누2536).

㉯ 발기인 조합은 민법상의 조합으로 조합에 관한 민법규정의 적용을 받으며, 정관 작성·주식의 인수·설립사무의 집행 등은 이 조합계약의 이행으로서 행해진다.

② 정관의 작성 및 인증

　㉠ 발기인의 정관 작성, 기명날인 또는 서명

　　㉮ 발기인은 정관을 작성하고, 발기인 전원이 이에 기명날인 또는 서명하여야 한다(상법 제289조 제1항). 발기인이 법인인 경우에는 그 법인의 대표자가 기명날인 또는 서명한다.

　　㉯ 정관은 대리인에 의해서도 작성할 수 있고, 다른 발기인을 자기의 대리인으로 하는 것도 가능하다. 이 경우, 정관에 본인을 표시하고 본인을 위한 것임을 표시한 후 대리인이 정관에 기명날인 또는 서명한다.

　㉡ 정관의 기재사항

기재사항 일반

기재사항은 절대적 기재사항, 상대적 기재사항, 임의적 기재사항으로 구분된다.
- 절대적 기재사항은 반드시 정관에 기재하여야 하는 것으로 그 기재가 없거나 위법한 때에는 정관이 무효로 되는 사항이다(상법 제289조 제1항).
- 상대적 기재사항은 반드시 정관에 기재할 필요는 없지만 정관에 기재함으로써 그 효력이 발생하는 것으로 규정된 사항이다(상법 제290조).
- 임의적 기재사항은 정관에 기재하지 않아도 정관 자체가 무효로 되지 않고 주주총회 또는 이사회의 정함에 의하여 그 효력이 발생하지만 내용을 명확히 하는 등의 목적으로 정관에 기재하는 사항이다. 임의적 기재사항도 정관에 기재된 이상 그 사항을 변경하기 위해서는 정관 변경절차를 거쳐야 한다.

절대적 기재사항(상법 제289조 제1항)

- 목적 : 목적은 회사가 영위하고자 하는 영업의 종류를 말한다. 회사는 비영리사업을 목적으로 할 수 없고, 강행법규나 공서양속에 반하는 영업을 목적으로 할 수 없으며, 목적이 불법한 것인 때에는 법원에 의하여 해산될 수 있다(상법 제176조 제1항).
- 상 호
  - 상호란 상인이 법률상 또는 영업상 자기를 표시하기 위하여 사용하는 명칭이므로 성명처럼 문자로 기재할 수 있고 호칭할 수 있어야 한다. 외국어도 무방하지만 등기는 음역(音譯)하여 한글로 표기한다. 회사는 그 종류에 따라 상호에 '합명회사', '합자회사', '주식회사', '유한회사', '유한책임회사'라는 문자를 사용하여야 한다(상법 제19조).
  - 동일한 특별시, 광역시, 특별자치시, 시(행정시를 포함한다. 이하 같다) 또는 군(광역시의 군은 제외한다. 이하 같다) 내에서는 동일·동종의 영업을 위하여 다른 사람이 등기한 것과 동일한 상호는 등기할 수 없다(상법 제22조, 법 제29조).
  - 회사를 설립하고자 하는 지역에 이미 등기되어 있는 상호가 지점의 상호라 하더라도 그와 동일·동종의 영업을 목적으로 동일한 상호를 사용하는 회사의 설립등기는 동일상호 등기금지 원칙에 반하여 허용되지 않는다(등기예규 제1819호 제7조 제1항).
  - 법령에 의하여 사용이 금지된 상호는 등기할 수 없다(법 제26조). 예컨대, 한국은행과 금융기관이 아닌 자는 그 상호 중에 '은행'이라는 문자를 사용할 수 없다(은행법 제14조).
- 회사가 발행할 주식의 총수
  - 정관변경절차 없이 회사가 발행할 수 있는 주식수의 한도로, 발행예정주식총수라고도 한다.
  - 개정 전에는 회사가 발행할 주식의 총수는 회사가 설립 시에 발행하는 주식의 총수의 4배를 초과할 수 없다는 제한이 있었으나, 이는 2011.4.14. 개정상법에 의하여 삭제되었다(구 상법 제289조 제2항).
- 액면주식을 발행하는 경우 1주의 금액
- 회사의 설립 시에 발행하는 주식의 총수 : 회사가 성립한 후에는 신주를 발행하여 발행주식총수에 변경이 있더라도 이는 등기사항에 불과할 뿐 정관을 변경할 사유는 아니다.
- 본점의 소재지
  - 회사의 본점은 소송사건 및 비송사건에 있어서 재판관할을 정하고(민소법 제5조 제1항, 비송법 제72조 제1항), 설립등기 등의 등기의 관할을 정하는 표준이 된다(제4조).
  - 정관에 기재할 본점의 소재지는 독립한 최소행정구역으로 표시하면 족하고 그 소재지번까지 표시할 필요는 없다(상업등기선례 제1-115호, 제1-137호, 제2-24호). 여기서 독립한 최소행정구역이란 일반적으로는 시 또는 군을 의미한다.

- 회사가 공고를 하는 방법
  - 회사의 공고는 관보 또는 시사에 관한 사항을 게재하는 일간신문에 하여야 하므로(상법 제289조 제3항 본문), 시사에 관한 것이 아닌 특정 업계에 관한 신문이나, 일간이 아닌 주간·월간신문을 공고를 하는 방법으로 정할 수 없다.
  - 일간신문을 회사가 공고를 하는 방법으로 정하는 경우에는 1개 또는 수 개의 신문을 특정하여 기재하여야 하고, 추상적·선택적으로 기재하여서는 아니 된다.
  - 공고할 신문을 정할 때에는 '서울시내에서 발행되는 ○○신문에 공고한다.'와 같이 발행지(發行地)를 특정하여 정하는 것도 가능하다. 만약, 발행지를 특정하지 않았다면 그 신문이 발행되는 지역 전역을 대상으로 발행되는 신문에 공고하여야 한다(상업등기선례 제2-71호).
  - 회사의 공고는 관보 또는 시사에 관한 사항을 게재하는 일간신문에 하여야 하는데, <u>회사의 설립등기를 신청하는 경우 정관 및 등기신청서에 일간신문 명칭([예] 한국00신문, 한00신문, 경0신문 등) 그대로 기재하면 되고, '일간' 단어를 추가로 기재할 필요는 없다</u>(상업등기선례 제202403-1호). **기출** 25
  - 회사는 정관으로 정하는 바에 따라 전자적 방법으로 공고할 수 있는데(상법 제289조 제3항 단서), 전자적 방법으로 공고를 하는 경우에는 회사의 인터넷 홈페이지에 게재하는 방법으로 하여야 하고(상법 시행령 제6조 제1항), 회사의 인터넷 홈페이지 주소를 등기하여야 한다(상법 시행령 제6조 제2항).
  - 인터넷 홈페이지에 공고를 하는 경우에는 대통령령으로 정하는 기간까지 계속 공고하여야 하고, 재무제표를 인터넷 홈페이지에 공고할 경우에는 재무제표를 승인한 정기주주총회의 종결일부터 2년간 계속 공고하여야 한다(상법 제289조 제4항 본문·제450조). 다만, 공고기간 이후에도 누구나 그 내용을 열람할 수 있도록 하여야 한다(상법 제289조 제4항 단서).
- 발기인의 성명·주민등록번호 및 주소 : 발기인이 법인인 경우에는 상호(또는 명칭)·법인등록번호 및 본점(또는 주사무소)을 기재하면 된다.

상대적 기재사항

- 변태설립사항 : 변태설립사항은 원시정관에 기재하여야만 그 효력이 인정되는데(상법 제290조), 변태설립사항을 정관에 기재한 회사의 설립을 통상 변태설립이라고 부른다. 특히 모집설립 시에는 주식청약서에도 변태설립사항을 기재하여야 한다(상법 제302조 제1항 제2호). 변태설립사항은 원칙적으로 법원이 선임한 검사인의 조사를 받아야 하는데(상법 제299조·제310조), <u>조사의 결과가 부당한 것으로 인정된다면 발기설립의 경우 법원이</u>(상법 제300조), <u>모집설립의 경우 창립총회가</u>(상법 제314조) 이를 <u>변경할 수 있다.</u> **기출** 18 모집설립의 경우 창립총회에서 변태설립사항이 부당하지 아니하다고 인정하여 이를 변경하지 아니한 때에는 <u>창립총회가 종결한 날로부터 2주간 내에 설립등기를 하여야</u> 한다(상법 제317조 제1항 참조). **기출** 18
  - 발기인이 받을 특별이익과 이를 받을 자의 성명(상법 제290조 제1호) : 발기인이 받을 특별이익은 회사의 설립에 공헌한 발기인에게 일반주주가 향유하는 이익 이상의 일정한 우선적 특권을 인정하는 것을 말한다. 즉, 특별이익은 회사의 성립 이후에 계속적으로 주어지는 재산상 이익으로 이익배당이나 잔여재산분배에 있어서의 우선적 특권, 신주인수에 관한 우선권, 회사의 설비이용에 있어서의 특권, 발기인과 회사 간의 계속적 거래의 약속 등이 이에 해당한다.
  - 현물출자를 하는 자의 성명과 그 목적인 재산의 종류 수량·가격과 이에 대하여 부여할 주식의 종류와 수(상법 제290조 제2호) : 현물출자란 금전 이외의 재산으로서 하는 출자를 말하는데, 현물출자는 출자와 주식의 취득이 대가관계에 있으므로 단체법상의 유상쌍무계약이다. 1995년 상법 개정에 의하여 발기인이 아닌 자도 현물출자를 할 수 있게 되었다(구 상법 제294조 삭제). 외국인투자가도 현물출자를 할 수 있다(외국인투자촉진법 제30조 제3항). 현물출자의 목적물이 될 수 있는 재산은 대차대조표상 자산으로 계상될 수 있는 것이면 동산, 부동산, 수목, 회사의 영업, 주식, 특허권, 채권, 유가증권, 컴퓨터소프트웨어 등 무엇이든 가능하다. 그러나 <u>노무 및 신용은 출자의 목적이 될 수 없다.</u>
  - 회사 성립 후에 양수할 것으로 약정한 재산의 종류·수량·가격과 그 양도인의 성명(상법 제290조 제3호) : 이는 재산인수를 말하는 것으로, 발기인이 장차 설립될 회사를 위하여 회사성립을 조건으로 다른 발기인이나 주식인수인 또는 제3자로부터 금전 이외의 재산을 양수할 것을 약정하는 계약을 의미한다. 재산인수도 현물출자와 마찬가지로 재산의 과대평가 문제가 있기 때문에 변태설립사항으로 취급되고 검사인의 조사 등 현물출자와 동일한 규제를 받는다. 정관에 기재하지 않은 재산인수는 무효다(대판 1992.9.14. 91다33087).
  - 회사가 부담할 설립비용과 발기인이 받을 보수(상법 제290조 제4호) : 설립비용은 발기인이 설립중의 회사의 기관으로서 회사의 설립을 위하여 지출한 비용, 즉 설립사무소의 차임, 정관·주식청약서 등 필요서류의 인쇄비, 광고비, 사무원 급료 등의 비용을 말한다. 발기인이 받을 보수는 발기인이 회사의 설립을 위하여 제공한 노무에 대한 대가를 말한다.
  - 신주발행 시 현물출자를 하는 자가 있는 경우 검사인 선임신청 사건은 본점 소재지의 지방법원 합의부가 관할한다(비송법 제72조 제1항, 상법 제422조 제1항). **기출** 22

- 주식에 관한 사항 : 주식에 관한 정관의 상대적 기재사항으로는 ㉮ 종류주식을 발행하는 경우에 각종 주식의 내용과 수(상법 제291조·제344조 제2항), ㉯ 상환주식의 발행(상법 제345조 제1항), ㉰ 신주의 발행을 주주총회의 권한으로 하는 것(상법 제416조 제1항 단서), ㉱ 명의개서대리인의 설치(상법 제337조 제2항), ㉲ 주권불소지제도의 배제(상법 제358조의2 제1항), ㉳ 제3자에 대한 신주인수권의 부여(상법 제418조 제2항), ㉴ 주식의 양도에 관한 이사회의 승인(상법 제335조 제1항), ㉵ 전환에 관한 종류주식의 발행(상법 제346조), ㉶ 주주명부의 폐쇄기간과 기준일의 지정(상법 제354조 제4항), ㉷ 주식매수선택권의 부여(상법 제340조의2), ㉸ 전자주주명부의 작성(상법 제352조의2 제1항) 등이 있다.
- 주주총회에 관한 사항 : 주주총회에 관한 정관의 상대적 기재사항에는 ㉮ 법정의 결의사항 외의 사항을 주주총회의 결의사항으로 정하려는 경우(상법 제361조), ㉯ 본점 소재지 또는 그 인접지 이외의 지에서 주주총회를 소집할 수 있도록 하는 경우(상법 제364조), ㉰ 정족수의 배제 기타 총회의 결의방법에 관한 다른 규정(상법 제368조 제1항), ㉱ 서면에 의한 주의 의결권의 행사(상법 제368조의3), ㉲ 상장회사의 소수주주에 대한 주주총회 소집의 통지방법(상법 제542조의4), ㉳ 주주총회의 의장에 관한 사항(상법 제366조의2 제1항) 등이 있다.
- 이사·감사·청산인·집행임원에 관한 사항 : 이사 등에 관한 정관의 상대적 기재사항으로는 ㉮ 이사의 자격주(資格株)에 관한 사항(상법 제387조), ㉯ 이사회(청산인회)의 소집통지기간의 단축(상법 제390조 제3항·제542조 제2항), ㉰ 이사회(청산인회)의 결의요건의 가중(상법 제391조 제1항·제542조 제2항), ㉱ 이사의 임기연장(상법 제383조 제3항), ㉲ 주주총회에 의한 대표이사의 선정(상법 제389조 제1항), ㉳ 2명의 이사를 둔 소규모 주식회사의 대표이사 선정 여부와 방법(상법 제383조 제6항) 등이 있다.
- 기타 **기출** 21·18·12 : 기타 정관의 상대적 기재사항으로는 ㉮ 정관으로 주주총회에서 대표이사를 선정할 것을 정한 경우(상법 제389조 제1항 후문), ㉯ 집행임원 설치회사의 이사회 의장의 결정(상법 제408조의2 제4항), ㉰ 집행임원의 임기와 임기연장(상법 제408조의3 제1항·제2항), ㉱ 주식회사의 존립기간 또는 해산사유(상법 제517조 제1호·제227조 제1호), ㉲ 청산인의 정함에 관한 규정(상법 제531조 제1항), ㉳ 중간배당에 관한 규정(상법 제462조의3 제1항), ㉴ 준비금의 자본금전입을 주주총회에서 결정하기로 정한 경우(상법 제461조 제1항 단서) 등이 있다.

임의적 기재사항

정관의 임의적 기재사항으로는 주권의 종류, 주권의 재발행 절차, 주식의 명의개서의 절차, 기명주식에 대한 질권의 등록 또는 신탁표시에 관한 사항, 주주와 법정대리인의 주소, 성명, 인감의 신고 등에 관한 사항, 정기주주총회의 소집시기, 주주총회의 구체적인 개최장소, 주주의 의결권의 대리행사에 관한 사항, 이사·감사의 원수, 이사·보선이사 또는 대표이사의 임기, 회사의 영업연도, 이익의 처분방법 등이 있다.

ⓒ 정관의 인증

㉮ 회사의 설립 시에 발기인이 작성한 원시정관은 발기인이 기명날인 또는 서명을 한 후(상법 제289조 제1항), 공증인의 인증을 받음으로써 효력이 생긴다(상법 제292조 본문).

㉯ 다만, 자본금 총액이 10억원 미만인 소규모 주식회사를 발기설립 하는 경우에는 발기인이 정관에 기명날인 또는 서명함으로써 효력이 생긴다(상법 제292조 단서).

㉰ 정관에 대한 공증인의 인증이 필요한 경우에 그 인증은 정관의 효력발생요건이므로 공증인의 인증이 없는 정관은 무효이다. 무효인 정관에 의하여 회사가 설립된 때에는 설립무효의 원인이 된다.

㉱ 회사가 성립한 후에 주주총회의 특별결의에 의하여 정관을 변경한 때에는 그 결의만으로 변경의 효력이 생기고, 서면인 정관이 고쳐지거나 등기 또는 공증인의 인증여부는 정관변경의 효력발생에 아무런 영향이 없다(대판 1978.12.26. 78누167; 대판 2007.6.28. 2006다62362). 즉, 변경정관은 따로 공증인의 인증을 요하지 않는다. **기출** 16

㉲ 정관의 인증은 2통의 정관을 제출한 촉탁인(발기인) 또는 그 대리인으로 하여금 공증인의 면전에서 제출된 각 정관에 발기인이 서명 또는 기명날인하였음을 확인하게 한 후 그 사실을 적는 방법으로 한다(공증인법 제63조 제1항·제2항).

㉳ 공정증서로 정관을 작성한 경우에는 다시 공증인의 인증을 받을 필요가 없다.

③ 주식발행사항의 결정

㉠ 회사가 발행할 주식의 총수, 액면주식을 발행하는 경우 1주의 금액, 회사의 설립 시에 발행하는 주식의 총수는 정관의 절대적 기재사항으로 반드시 정관에 기재하여야 한다(상법 제289조 제1항).

㉡ 회사의 설립 시에 발행하는 주식에 관한 사항은 정관에 다른 정함이 없으면 발기인이 이를 정하여야 하는데, 주식의 종류와 수(제1호), 액면주식의 경우에 액면 이상의 주식을 발행할 때에는 그 수와 금액 (제2호), 무액면주식을 발행하는 경우에는 주식의 발행가액과 주식의 발행가액 중 자본금으로 계상되는 금액(제3호)은 정관으로 달리 정하지 아니하면 발기인 전원의 동의로 정하고(상법 제291조), 주식청약기일, 납입기일, 납입금보관은행 등은 발기인의 과반수 결의로 정한다(민법 제706조 제2항). **기출** 21 · 11

㉢ 회사는 이익의 배당, 잔여재산의 분배, 주주총회에서의 의결권의 행사, 상환 및 전환 등에 관하여 내용이 다른 종류의 주식(종류주식)을 발행할 수 있는데(상법 제344조 제2항), 이 경우 정관으로 각 종류주식의 내용과 수를 정하여야 한다(상법 제344조 제2항).

㉣ 회사의 설립 시에 발행하는 주식의 총수는 회사가 발행할 주식의 총수의 4분의 1 이상이어야 한다고 규정한 구 상법 제289조 제2항은 2011년 상법 개정으로 삭제되었다. **기출** 20

㉤ 설립 시에 액면미달의 주식발행은 할 수 없지만(상법 제330조·제417조 제1항) 액면 이상으로는 발행할 수 있는데, 액면 이상으로 발행하는 주식의 수와 금액(발행가액)은 발기인 전원의 동의로 정한다(상법 제291조 제2호).

㉥ 주주평등의 원칙상 발행가액은 균일하여야 하지만 주주평등의 원칙이 포기할 수 없는 절대적인 원칙은 아니기 때문에(대판 1980.8.26. 80다1263), 발기인 전원의 동의로 발기인 간에 발행가액을 달리 정하는 것은 가능하다(상업등기선례 제1-87호 참조).

> 주식회사의 설립 시 1주의 액면가액이 금 5,000원인 주식의 발행가액을 A발기인에 대해서는 금 5,000원, B발기인에 대하여는 금 100,000원, C발기인에 대하여는 금 200,000원으로 각각 달리한 설립등기신청이 있을 경우, 등기관은 형식적 심사권만 가지고 있으므로 주주평등의 원칙에 반하는지 여부와 관계없이 위와 같은 내용의 설립등기신청을 수리할 수 있다(상업등기선례 제1-87호). **기출** 23

㉦ 서로 다른 종류주식 간에 발행가액을 달리 정할 수 있는 것은 당연하다(상법 제344조 제3항).

④ 발기설립

주식의 인수와 출자의 이행

- 발기설립의 경우 설립 시에 발행하는 주식의 전부를 발기인이 서면에 의하여 인수하여야 하고, 발기인이 주식 전부를 인수한 때에는 지체 없이 납입기일까지 각 주식에 대하여 인수 가액의 전액을 금전으로 납입하여야 한다. 이 경우 발기인은 납입을 맡을 은행 기타 금융기관과 납입장소를 지정하여야 한다(상법 제295조 제1항).
- 현물출자를 하기로 한 발기인은 납입기일에 지체 없이 출자의 목적인 재산을 인도하고, 등기, 등록 기타 권리의 설정 또는 이전을 요할 경우에는 이에 관한 서류를 완비하여 교부하여야 한다(상법 제295조 제2항). **기출** 24

이사와 감사(또는 감사위원회 위원) 등의 선임

- 인수가액 전액의 납입과 현물출자의 이행이 완료된 때에는 발기인은 지체 없이 의결권의 과반수로 이사와 감사를 선임하여야 한다(상법 제296조 제1항). 발기인의 의결권은 그 인수주식 1주에 대하여 1개로 한다(상법 제296조 제2항). **기출** 11
- 정관으로 주주총회에서 대표이사를 선정할 것을 정한 때에는 대표이사도 발기인이 선정한다(상법 제389조 제1항 단서).
- 정관으로 감사에 갈음하여 감사위원회를 설치하기로 정한 경우에는 발기인이 이사 중에서 3명 이상의 감사위원회 위원을 선임하여야 하는데, 사외이사가 감사위원회 위원의 3분의 2 이상이 되도록 하여야 한다(상법 제415조의2 제7항·제296조·제415조의2 제2항).
- 소규모 주식회사는 감사를 선임하지 아니할 수 있고(상법 제409조 제4조), 1명 또는 2명의 이사만을 선임할 수 있다(상법 제383조 제1항 단서).

- 이사와 감사의 전원은 취임 후 지체 없이 회사의 설립에 관한 모든 사항이 법령 또는 정관 규정에 위반되지 아니하는지를 조사하여 발기인에게 보고하여야 한다(상법 제298조 제1항).
- 이사와 감사 중 발기인이었던 자, 현물출자자 또는 회사성립 후 양수할 재산의 계약당사자인 자는 회사의 설립에 관한 사항의 조사·보고에 참가하지 못하고, 이사와 감사 전원이 이에 해당하는 때에는 이사는 공증인으로 하여금 조사·보고 하게 하여야 한다(상법 제298조 제2항·제3항). **기출 24**
- 한편, 회사가 발기인이고 그 회사의 대표이사가 설립 중인 회사의 이사 또는 감사에 취임한 경우 이사 또는 감사로 취임한 그 자는 위 조사·보고를 하여야 할 자에 해당된다(상업등기선례 제2-17호). **기출 15**

- 정관으로 변태설립사항을 정한 때에는 이사는 이에 관한 조사를 하게 하기 위하여 검사인의 선임을 법원에 청구하여야 하고, 검사인은 변태설립사항과 현물출자의 이행을 조사하여 법원에 보고하여야 한다(상법 제298조 제4항 본문·제299 조 제1항).
- 2011.4.14. 개정상법은 변태 설립사항 중 현물출자 및 재산인수의 목적인 재산총액이 자본금의 5분의 1을 초과하지 않고 대통령령으로 정한 금액(5천만원)을 초과하지 않는 경우, 현물출자 또는 재산인수의 목적인 재산이 거래소에서 시세가 있는 유가증권인 경우로서 정관에 정한 가격이 대통령령으로 정한 방법으로 산정된 시세를 초과하지 않는 경우, 그 밖에, 이에 준하는 경우로서 대통령령으로 정하는 경우에는 검사인 등의 조사절차를 요하지 않는 것으로 하였다(상법 제299조 제2항, 상법 시행령 제7조).

- 발기인이 3명 이상의 이사를 선임한 때에는 이사회를 개최하여 그 결의로 대표이사 또는 대표집행임원을 선정하고(상법 제389조 제1항·제408조의2 제3항), 본점의 구체적인 소재장소, 명의개서대리인, 설치할 지점 또는 선임할 지배인을 결정한다(상법 제393조 제1항).
- 1명 또는 2명의 이사만을 둔 소규모 주식회사의 경우에는 각 이사(정관에 따라 대표이사를 정한 경우에는 그 대표이사)가 회사를 대표하고(상법 제383조 제6항·제393조 제1항), 각 이사가 본점의 구체적인 소재장소, 명의개서대리인, 지점 또는 지배인을 결정한다.
- 주식회사 설립 시 정관에 본점 소재지로 독립된 최소행정구역까지만 기재되어 있는 경우, 당해 회사가 이사를 1인만 두고 있다면 그 1인 이사가 본점소재장소를 결정하지만, 창립총회 내지 발기인회는 최고 의사결정기관이므로 그 총회에 서도 소재장소를 결의할 수 있다(상업등기선례 제1-137호).

⑤ 모집설립

　㉠ 주주의 모집

　　㉮ 회사의 설립 시에 발행하는 주식의 총수를 발기인이 전부 인수하지 아니한 때에는 발기인이 인수하고 남은 주식에 대해 발기인은 주주를 모집하여야 한다(상법 제301조).

　　㉯ 모집방법에는 제한이 없으므로 사모(私募)든 공모(公募)든 상관이 없다.

　　㉰ 상법은 주식청약인을 보호하기 위하여 발기인으로 하여금 법정사항을 기재한 주식청약서를 작성하도록 하고(상법 제302조 제2항), 주식인수의 청약을 하고자 하는 자는 반드시 주식청약서에 의하여 청약을 하도록 하고 있다(상법 제302조 제1항).

　　㉱ 주식청약서에 의하지 아니한 주식인수의 청약은 무효라는 것이 통설의 입장이다. 주주를 공모하는 경우에는 일반투자자를 보호하기 위하여 「자본시장과 금융투자업에 관한 법률」상 특칙이 있다.

　　㉲ 모집총액이 10억원 이상인 경우에는 그 모집에 관하여 증권신고서를 금융위원회에 제출하여 수리된 날로부터 15일이 경과하여 신고의 효력이 발생한 때부터 주주를 모집할 수 있다(자본시장법 제119조 제1항·제120조 제1항, 같은 법 시행령 제120조 제1항, 같은 법 시행규칙 제12조 제1항 제2호).

ⓛ 주식의 인수

㉮ 모집설립에 있어서의 주식의 인수는 주식을 인수하고자 하는 자의 청약과 발기인의 배정에 의하여 성립한다(상법 제303조).

㉯ 주식인수의 청약을 하고자 하는 자는 주식청약서 2통에 인수할 주식의 종류 및 수와 주소를 기재하고 기명날인 또는 서명하여야 한다(상법 제302조 제1항).

㉰ 주식인수의 청약에 대하여 발기인은 모집할 주식의 총수의 범위 내에서 주식의 배정을 하게 되는데, 배정방법을 미리 공고하지 않은 이상 발기인은 주식인수의 청약에 대하여 몇 주를 배정할지를 자유로이 정할 수 있다.

㉱ 발기인의 주식배정에 의하여 주식청약인은 주식인수인으로 확정되어 배정받은 주식의 수에 따라서 인수가액을 납입할 의무를 지는데(상법 제303조), 일반적으로 주식인수의 청약자는 청약 당시에 주금액 상당액을 청약증거금으로 미리 납부하기 때문에 발기인으로부터 주식의 배정을 받으면 청약증거금이 주금의 납입으로 대체된다.

㉲ 주금납입의무는 현실적 이행이 있어야 하므로 <u>당좌수표로서 납입한 때에는 그 수표가 현실적으로 결제되어 현금화되기 전에는 납입이 있었다고 할 수 없다</u>(대판 1977.4.12. 76다943). **기출** 18

ⓒ 주식인수가액의 납입과 현물출자의 이행

주식인수가액의 납입의 경우	• 회사의 설립 시에 발행하는 주식의 총수가 인수된 때에는 발기인은 지체 없이 납입기일을 정하여 발기인과 모집에 응하여 주식의 배정을 받은 주식인수인에 대하여 주식에 대한 인수가액의 전액을 납입시켜야 한다(상법 제305조 제1항). 납입은 주식청약서에 기재한 납입장소에서 하여야 하는데(상법 제305조 제2항), 납입장소는 은행 기타 금융기관에 한한다. • 개정 전에는 주금의 납입을 상계의 방법으로 할 수 없었으나(구 상법 제334조). 2011.4.14. 개정 상법은 회사의 동의가 있는 경우 주식인수인의 주식에 대한 납입채무와 회사에 대한 채권의 상계를 허용하였다(상법 제421조 제2항).
현물출자의 경우	• 회사의 설립 시에 현물출자를 하는 자가 있는 경우에는 금전출자의 납입기일에 지체 없이 출자의 목적인 재산을 인도하고, 등기, 등록 기타 권리의 설정 또는 이전을 요할 경우에는 이에 관한 서류를 완비하여 교부하여야 한다(상법 제305조 제3항・제295조 제2항). • 현물출자는 개성이 강하기 때문에 실권을 예고하여 현물을 확보하는 것은 곤란하다. • 따라서 금전출자와 같이 주식인수인에 대한 실권절차는 적용할 수 없고, 민법의 일반원칙에 따라 그 이행을 강제하여야 한다(민법 제389조・제390조).
가장납입의 경우	• 주금의 납입 또는 현물출자의 이행을 가장하는 행위는 상법 제628조의 납입가장죄에 해당하여 형사처벌을 받는다. • 주금의 가장납입행위 중 발기인이 납입금의 보관은행과 통모함이 없이 제3자로부터 금전을 차용하여 주금을 납입하고 회사의 성립 후, 즉 설립 등기 후에 즉시 납입금의 보관은행으로부터 주금을 인출하여 제3자에 대한 차입금을 변제하는 이른바 '위장납입'에 대하여 대법원은 그 납입의 효력을 인정하고 있다(대판 2004.6.17. 2003도7645[전합]).

ⓓ 변태설립사항의 조사 보고

㉮ 정관으로 변태설립사항을 정한 때에는 <u>발기인은 이에 관한 조사를 하게 하기 위하여 검사인의 선임을 법원에 청구하여야 한다</u>(상법 제310조 제1항).

㉯ 다만, 변태설립사항 중 발기인이 받을 특별이익에 관한 사항 및 회사가 부담할 설립비용과 발기인이 받을 보수액에 관하여는 공증인의 조사・보고로 검사인의 조사에 갈음할 수 있고, 현물출자 및 재산인수에 관한 사항은 공인된 감정인의 감정으로 검사인의 조사에 갈음할 수 있다(상법 제310조 제3항・제298조 제4항 단서・제299조의2).

㉰ 모집설립의 경우 검사인·공증인의 조사보고서 또는 공인된 감정인의 감정서는 창립총회에 제출하여야 하지만(상법 제310조 제2항·제3항·제299조의2 1문), 검사인 등이 조사보고서나 감정서를 창립총회에 직접 제출하는 것은 아니다.

㉱ 검사인 등이 조사보고서 또는 감정서의 원본과 부본 1통을 본점 소재지를 관할하는 지방법원 합의부(비송법 제72조 제1항)에 제출하면, 법원은 이를 심사하지 아니하고 원본 및 부본 표지의 적당한 여백에 '20 . . . 접수'라고 기재하며, 재판장이 기명날인한 후 신청인(발기인)에게 그 부본을 송달한다(재판예규 제719호(재민 99-3) 제7조 제1항). 그러면 발기인이 그 송달받은 검사인 등의 조사보고서나 감정서의 부본을 창립총회에 제출한다.

㉲ 현물출자가 있는 모집설립 방식으로 주식회사를 설립하는 경우, '현물출자의 이행에 관한 사항'은 상법 제310조에 의한 검사인의 조사나 공인된 감정인의 감정의 대상에 포함되지 않고, 이사와 감사가 이를 조사하여 창립총회에 보고한다(상법 제313조, 상업등기선례 제1-95호). 즉, 검사인의 조사나 공인된 감정인의 감정의 대상에는 변태설립사항인 '현물출자의 내용'만 포함되고, '현물출자의 이행에 관한 사항'은 포함되지 않는 것이다. **기출** 18

㉳ 창립총회의 소집

소집절차

• 출자이행절차가 완료된 때에는 발기인은 지체 없이 창립총회를 소집하여야 한다(상법 제308조 제1항). 창립총회는 그 소집절차, 의결권, 결의의 하자 등에 관하여는 주주총회에 관한 규정이 준용된다(상법 제308조 제2항). 따라서 발기인은 창립총회일을 정하여 그 2주 전에 각 주식인수인에게 서면으로 소집통지를 발송하거나 각 주식인수인의 동의를 받아 전자문서로 소집통지를 발송하여야 하고, 위 통지서에는 회의의 목적사항을 적어야 한다(상법 제308조 제2항, 제363조 제1항·제2항).
• 창립총회의 소집기간의 단축이나 소집절차의 생략에 관해서는 발기인 및 주식인수인이 동의하여 이러한 이익을 포기하는 것이 가능한 것으로 해석된다.
• 소규모 주식회사에 관한 상법 제363조 제4항 제1문 전단을 창립총회에 유추적용하여 설립되는 회사의 자본금 규모에 관계없이 발기인 및 주식인수인 전원이 동의하면 소집절차 없이 창립총회를 개최할 수 있을 것이다.

결의방법

• 창립총회의 결의는 출석한 주식인수인의 의결권(상법 제308조 제2항, 제369조 제1항)의 3분의 2 이상이며 인수된 주식의 총수의 과반수에 해당하는 다수로 하여야 한다(상법 제309조).
• 창립총회의 경우에도 그 결의에 관하여 특별한 이해관계가 있는 주식인수인은 의결권을 행사하지 못한다(상법 제308조 제2항, 제368조 제3항, 제371조 제2항).
• 하지만, 창립총회에서는 주주총회와 달리 무의결권주식의 인수인도 의결권을 갖기 때문에 무의결권주식의 수를 발행주식의 총수에 산입하여야 한다(상법 제308조 제2항에서 상법 제363조 제7항, 제370조, 제371조 제1항을 준용하고 있지 않다).

창립에 관한 사항의 보고·청취

• 발기인은 회사의 창립에 관한 사항을 서면에 의하여 창립총회에 보고하여야 한다(상법 제311조 제1항).
• 위 보고서면에는 주식인수에 관한 제반상황과 변태설립사항에 관한 실태를 명확히 기재하여야 한다(상법 제311조 제2항).
• 한편, 발기인은 변태설립사항에 관하여 법원으로부터 송달받은 검사인·공증인의 조사보고서 또는 감정인의 감정서 부본을 창립총회에 제출하여야 한다(상법 제310조 제2항).

이사, 감사(또는 감사위원회 위원)의 선임

- 창립총회에서 이사와 감사를 선임하여야 하는데(상법 제312조), 창립총회에는 집중투표에 관한 상법 제382조의2 및 감사 선임 시의 일정비율을 초과하는 주식의 의결권 행사 제한에 관한 상법 제409조 제2항을 준용하고 있지 아니하므로, 집중투표의 방식으로 이사를 선임할 수 없고, 감사의 선임과 관련하여 발행주식총수의 100분의 3을 초과하는 수의 주식을 인수한 주식인수인의 그 초과하는 주식에 관한 의결권의 행사도 제한되지 않는다(상법 제308조 제2항).
- 자본금의 총액이 10억원 미만인 회사(소규모 주식회사)의 경우에는 정관에 위반되지 않는 범위에서 1명 또는 2명의 이사만을 선임할 수 있고[이들을 모두 사내이사로 선임하여야 한다(등기예규 제1538호)], 감사를 선임하지 아니할 수 있다(상법 제409조 제4항). 기출 09
- 3명 이상의 이사를 선임한 경우에는 원칙적으로 창립총회에서 선출한 이사들로 구성된 이사회에서 대표이사 또는 대표집행임원을 선정하여야 한다.
- 주주총회에서 선정한다는 정관의 규정이 있는 경우에는 창립총회에서 대표이사를 선정한다(상법 제389조 제1항).
- 정관이 정한 바에 따라 감사에 갈음하여 감사위원회를 설치하는 경우에는 창립총회에서 이사 중에서 감사위원회 위원을 선임하여야 한다(상법 제415조의2 제7항·제312조).

설립경과의 조사·보고

- 이사와 감사의 설립경과의 조사·보고절차로 그 내용은 발기설립에서 설명한 바와 같다(상법 제313조 제2항·제298조 제2항·제3항).
- 발기설립의 경우와는 2가지 점에서 다른데, 먼저 조사결과를 발기인에게 보고하는 것이 아니라 창립총회에 보고하여야 하고(상법 제313조 제1항), 현물출자를 한다면 그 이행에 관한 사항은 이사와 감사가 조사하여야 하고 검사인이나 감정인이 조사할 수 없다(상업등기선례 제1-95호).

변태설립사항의 변경

- 창립총회에서는 변태설립사항이 부당하다고 인정한 때에는 이를 변경할 수 있는데(상법 제314조 제1항), 이는 정관변경에 해당하는 것으로 그 변경은 정관변경절차에 따른다.
- 창립총회에서 변태설립사항을 변경한 경우에 이에 불복하는 발기인 또는 현물출자자는 자신의 주식인수를 취소할 수 있는데, 이 경우에는 발기설립과 마찬가지로 정관을 변경하여 설립에 관한 절차를 속행할 수 있다(상법 제314조 제2항·제300조 제2항).
- 즉, '회사가 설립 시에 발행하는 주식의 총수'를 감소하는 등 정관을 변경하여 회사의 설립절차를 속행할 수 있다.
- 창립총회에서의 변경결의가 있은 후 2주 내에 주식의 인수를 취소한 발기인이나 현물출자자가 없는 때에는 정관상 변태설립사항은 창립총회가 변경한 내용대로 변경된 것으로 본다(상법 제314조 제2항, 제300조 제3항).
- 창립총회에서 변태설립사항을 변경한 후에, 발기인 또는 현물출자자가 주식인수를 취소하여 정관을 변경한 경우 또는 주식 인수를 취소한 발기인 또는 현물출자자가 없어서 정관이 변경된 것으로 간주된 경우 그 변경된 정관에 대해 다시 공증인의 인증을 받을 필요는 없다.

정관변경 또는 설립폐지의 결의

- 창립총회는 정관변경 또는 설립폐지의 결의를 할 수 있으며, 그 소집통지서에 이런 뜻의 기재가 없는 경우에도 이러한 결의를 할 수 있다(상법 제316조). 기출 11
- 회사가 설립 시에 종류주식을 발행한 경우에 정관을 변경함으로써 어느 종류의 주식의 인수인에게 손해를 미치게 될 때에는 창립총회의 결의 외에 그 종류의 주식의 인수인으로 구성된 총회의 결의가 있어야 한다(상법 제308조 제2항, 제435조 제1항).

ⓗ 이사회의 개최

　㉮ 창립총회에서 3명 이상의 이사를 선임한 경우에는 이사회를 개최하여 그 결의로 대표이사 또는 집행임원을 선정하여야 하고(상법 제389조 제1항, 제408조의2 제3항), 본점의 구체적인 소재장소, 명의개서대리인, 지점의 설치 또는 지배인의 선임 여부 등을 이사회에서 결정한다(상법 제393조 제1항).

　㉯ 1명 또는 2명의 이사만을 둔 소규모 주식회사의 경우, 각 이사(정관에 따라 대표이사를 정한 경우에는 그 대표이사)가 회사를 대표하고 회사의 업무집행에 관한 의사결정을 하므로(상법 제383조 제6항, 제393조 제1항), 각 이사가 본점의 구체적인 소재장소, 명의개서대리인, 지점설치, 지배인의 선임 등을 결정한다(상법 제383조 제1항 단서·제6항).

　㉰ 창립총회는 모집설립 시의 설립중의 회사의 최고 의사결정기관이므로, 창립총회에서 소재장소 등을 결정할 수도 있다(상업등기선례 제1-137호).

3. 등기절차

(1) 등기신청인

① 설립등기의 신청은 회사의 대표자가 한다(제23조 제1항).

② 즉, 대표이사 또는 집행임원이 있는 경우에는 대표이사 또는 대표집행임원이 신청하며, 1명 또는 2명의 이사를 두고 있는 소규모 주식회사에서 따로 대표이사를 두지 않아 각 이사가 대표권을 행사하는 경우에는 그 각 이사가 신청한다(상법 제389조 제1항, 제383조 제6항).

(2) 등기기간

① 주식회사는 일정한 절차에 이른 후 2주간 내에 설립등기를 하여야 한다(상법 제317조 제1항).

② 등기기간이 지났다고 하여 설립등기를 할 수 없는 것은 아니고, 등기기간이 지난 뒤에도 그 등기를 함에 장애 사유가 없는 한 설립등기를 할 수 있다(상업등기선례 제1-299호).

③ 설립등기를 해태한 것은 단지 과태료 부과의 대상이 될 뿐이다(상법 제635조 제1항 제1호).

④ 발기설립의 경우

　㉠ 변태설립사항이 없거나 변태설립사항이 있더라도 상법 제299조 제2항에 해당하여 검사인 등의 조사·보고를 요하지 않는 경우에는 이사와 감사가 상법 제298조에 따라 회사의 설립에 관한 사항을 조사하여 발기인에게 보고한 날(이사와 감사의 전원이 발기인 등에 해당하여 공증인이 회사의 설립에 관한 사항을 조사한 경우에는 공증인이 발기인에게 보고한 날)로부터 2주간 내에 설립등기를 신청하여야 한다.

　㉡ 변태설립사항의 조사·보고에 대해 법원이 변경처분을 하지 않은 때에는 법원으로부터 검사종료의 통고를 받은 날로부터 2주간 내에, 법원이 변태설립사항을 변경하는 처분을 하고 그에 대하여 발기인이 불복하여 주식의 인수를 취소한 때에는 정관 변경 후 다시 공증인의 인증을 받은 날로(다만, 소규모 주식회사의 발기설립의 경우에는 변경정관의 경우도 공증받을 필요가 없다)부터 2주간 내에 설립등기를 하여야 한다.

　㉢ 발기인이 법원의 변경처분에 불복하여 주식의 인수를 취소하지 아니한 때에는 법원으로부터 변경처분의 통고를 받고 2주가 경과한 날로부터 2주간 내에 설립등기를 신청하여야 한다.

⑤ 모집설립의 경우

　㉠ 변태 설립사항이 없거나 변태설립사항이 있더라도 창립총회에서 이를 변경하지 아니한 때에는 창립총회가 종결한 날로부터 2주간 내에 설립등기를 하여야 한다.

　㉡ 창립총회에서 변태설립사항을 변경하고 발기인 또는 현물출자자가 이에 불복하여 주식의 인수를 취소한 때에는 정관을 변경하여 설립절차를 속행할 수 있는데, 이 경우 속행된 설립절차에 따른 창립총회를 종결한 날로부터 2주간 내에 설립등기를 하여야 한다.

　㉢ 주식의 인수를 취소한 발기인 등이 없는 때에는 창립총회에서 변태설립사항을 변경한 후 2주가 경과한 날로부터 2주간 내에 설립등기를 신청하여야 한다.

(3) 등기사항

주식회사의 설립등기에 있어서는 다음의 사항을 등기하여야 한다(상법 제317조 제2항).

- 목적(제1호) → 정관의 절대적 기재사항(제289조 제1항 제1호)
- 상호(제1호) → 정관의 절대적 기재사항(제289조 제1항 제2호)
- 회사가 발행할 주식의 총수(제1호) → 정관의 절대적 기재사항(제289조 제1항 제3호)
- 액면주식을 발행하는 경우 1주의 금액(제1호) → 정관의 절대적 기재사항(제289조 제1항 제4호)
- 본점의 소재지(제1호) → 정관의 절대적 기재사항(제289조 제1항 제6호)
- 회사가 공고를 하는 방법(제1호) → 정관의 절대적 기재사항(제289조 제1항 제7호) **기출** 11
- 자본금의 액(제2호) → 정관의 절대적 기재사항 × **기출** 23
- 발행주식의 총수, 그 종류와 각종주식의 내용과 수(제3호)
- 주식의 양도에 관하여 이사회의 승인을 받도록 정관에 정한 때에는 그 규정(제3의2호) **기출** 22
- 주식매수선택권을 부여하도록 정관에 정한 때에는 그 규정(제3의3호) **기출** 22
- 지점의 소재지(제3의4호)
- 회사의 존립기간 또는 해산사유를 정한 때에는 그 기간 또는 사유(제4호) → 정관의 상대적 기재사항(제227조 제1호) **기출** 24 · 12
- 주주에게 배당할 이익으로 주식을 소각할 것을 정한 때에는 그 규정(제6호)
- 전환주식을 발행하는 경우에는 제347조에 게기한 사항(제7호)
- 사내이사, 사외이사 그 밖에 상무에 종사하지 아니하는 이사, 감사 및 집행임원의 성명과 주민등록번호(제8호) **기출** 22
- 회사를 대표할 이사 또는 집행임원의 성명 · 주민등록번호 및 주소(제9호) **기출** 21
- 둘 이상의 대표이사 또는 대표집행임원이 공동으로 회사를 대표할 것을 정한 경우에는 그 규정(제10호) **기출** 22
- 명의개서대리인을 둔 때에는 그 상호 및 본점 소재지(제11호)
- 감사위원회를 설치한 때에는 감사위원회 위원의 성명 및 주민등록번호(제12호) **기출** 22

(4) 등기신청서

① 설립등기의 신청서에는 회사의 상호, 본점 및 대표자의 성명이나 명칭과 주소 또는 본점 소재지(대표자가 법인인 경우에는 그 직무를 행할 사람의 성명 및 주소를 포함한다), 대리인에 의하여 신청할 때에는 그 성명 및 주소 등기의 목적 및 사유, 등기할 사항(상법 제317조 제2항 각 호의 사항), 관청의 허가 또는 인가가 필요한 사항의 등기를 신청하는 경우에는 허가서 또는 인가서의 도달연월일, 다른 법률로 부과한 의무사항이 있을 때에는 그 의무사항, 등록면허세액과 과세표준액(자본금의 액), 등기신청수수료액, 신청 연월일, 등기소의 표시에 관한 사항을 기재한 후, 회사의 대표자 또는 대리인이 기명날인(전자신청시의 전자서명을 포함)하여야 한다(규칙 제51조 제1항, 법 제24조 제4항).

② 위 기재사항 중 등기의 목적은 '주식회사 설립'으로 기재하고, 등기의 사유는 회사의 설립에 관한 경과의 개요를 간략히 기재하며, 등기할 사항으로는 상법 제317조 제2항 각 호의 사항을 기재한다.

③ 회사의 대표자가 등기신청서에 기명날인하는 때에는 등기소에 제출하는 인감을 날인하여야 하고, 대리인이 신청하는 경우에는 신청서에는 대리인이 기명날인하고 그 권한을 증명하는 서면으로 첨부된 위임장에 대표자의 법인인감이 날인되어 있어야 한다(상업등기선례 제1-16호).

(5) 첨부정보

① 정관(규칙 제129조 제1호)

  ㉠ 원시정관은 공증인의 인증을 받은 것이어야 한다. 다만, 자본금 총액이 10억원 미만인 소규모 주식회사를 발기설립하는 경우에는 공증인의 인증을 받지 않아도 된다(상법 제292조).

  ㉡ 주식회사의 공고방법은 정관의 절대적 기재사항이므로(상법 제289조 제1항 제7호), 주식회사의 설립등기신청서에 첨부되는 정관에는 공고방법이 기재되어 있어야 한다. 회사의 공고는 관보 또는 시사에 관한 사항을 게재하는 일간신문에 하여야 한다. 다만, 회사는 그 공고를 정관으로 정하는 바에 따라 전자적 방법으로 할 수 있다(상법 제289조 제3항). **기출** 20

② 주식의 인수를 증명하는 정보(규칙 제129조 제2호)

  ㉠ 발기설립이든 모집설립이든 발기인은 반드시 1주 이상의 주식을 서면으로 인수하여야 하고(상법 제293조), 설립등기신청서에는 발기인이 주식을 인수한 사실을 증명하는 서면을 제출하여야 한다. 통상 발기인이 기명날인 또는 서명한 주식인수증이 이에 해당하지만, 발기인이 인수한 주식의 수가 기재된 정관도 이에 해당한다.

  ㉡ 현물출자를 하는 자가 있는 경우에는 원칙적으로 현물출자에 관한 합의를 증명하는 서면(예컨대 현물출자에 관한 계약서)을 주식의 인수를 증명하는 서면으로 제출한다.

  ㉢ 발기인이 현물출자를 하는 경우에는 현물출자를 하는 발기인에게 부여할 주식의 종류와 수 등 현물출자에 관한 사항이 정관에 기재되고, 정관에 발기인이 기명날인하기 때문에 별도의 서면으로 주식의 인수를 할 필요가 없으므로, 이때는 주식의 인수를 증명하는 서면으로 정관을 제출하면 된다.

③ 주식청약서(규칙 제129조 제3호)

  ㉠ 모집설립의 경우 주식청약서에 의해 주식인수의 청약을 하여야 하므로(상법 제302조 제1항), 모집설립에 의한 설립등기를 신청하는 경우에는 주식청약서를 첨부정보로 제공하여야 한다(규칙 제129조 제3호).

  ㉡ 다만, 모집설립 시에 발기인 외에 현물출자를 하는 자가 있는 경우에는 현물출자에 관한 합의를 증명하는 서면을 제출한다.

  ㉢ 주식청약서는 모집설립 시에만 첨부하고, 발기설립의 경우에는 첨부하지 않는다. **기출** 12

④ 발기인이 주식발행사항을 정한 때에는 이를 증명하는 서면(규칙 제129조 제4호) : 회사의 설립 시에 발행하는 주식에 관하여 정관에 다른 정함이 없으면 (i) 회사의 설립 시에 발행하는 주식의 종류와 수, (ii) 액면 이상의 주식을 발행하는 때에는 그 수와 금액을 발기인 전원의 동의로 정하여야 하는데(상법 제291조), 통상 이를 증명하는 서면으로 발기인 전원이 기명날인 또는 서명한 주식발행사항 동의서가 제출된다.

⑤ 설립경과에 관한 이사와 감사 또는 감사위원회 및 공증인의 조사보고서(규칙 제129조 제5호)

  ㉠ 이사와 감사는 설립경과에 관한 사항을 조사·보고하여야 하고(상법 제298조 제1항 참조), 설립등기를 신청하는 경우 해당 조사·보고에 관한 서면이 신청서에 첨부되어야 한다(규칙 제129조 제5호).
  기출 20

  ㉡ 만약 이사와 감사 전원이 발기인이었다면 이사는 공증인으로 하여금 위 조사·보고를 하게 하여야 한다(상법 제298조 제3항 참조).

⑥ 변태설립사항에 대한 검사인이나 공증인의 조사보고서 또는 감정인의 감정서(규칙 제129조 제6호)

 ㉠ 변태설립사항이 있는 경우, 법원으로부터 송달받은 변태설립사항에 대한 검사인의 조사보고서와 부속서류를 제출하여야 한다.

 ㉡ 공증인의 조사 또는 공인된 감정인의 감정으로 검사인의 조사를 대신한 경우에는 공증인의 조사보고서 또는 감정인의 감정서와 각각의 부속서류를 제출하여야 하는데, 이 경우에도 법원으로부터 송달받은 부본을 제출하여야 한다(등기예규 제979호 1).

> **등기신청서에 첨부할 검사인의 조사보고서 등에 관한 예규[등기예규 제979호]**
> 1. 주식회사의 발기설립 시의 변태설립사항과 현물출자이행, 모집설립 시의 변태설립사항, 신주발행 시의 현물출자와 관련하여 주식회사의 설립 또는 변경등기신청서에 첨부되는 검사인·공증인의 조사보고서 또는 감정인의 감정서는 법원으로부터 송달받은 부본이어야 한다.
> 2. 발기설립으로 인한 설립등기 및 신주발행으로 인한 변경등기신청서에 첨부된 위 1.항의 부본에 변경 결정의 취지가 기재된 경우에는 그 재판의 등본을 함께 첨부하여야 한다.

 ㉢ 회사의 설립 시에 외국투자가가 「외국인투자 촉진법」 제2조 제1항 제8호 나목의 자본재(예컨대, 기계)를 현물출자하는 경우에는 검사인의 조사보고서 대신 관세청장이 현물출자의 이행과 그 목적물의 종류·수량·가격 등을 확인한 현물출자완료확인서를 첨부할 수 있는데(외국인투자 촉진법 제30조 제3항), 이 경우에는 현물출자완료확인서의 내용을 법원에 보고할 필요가 없다(상업등기선례 제1-88호, 제1-93호).

⑦ 검사인 또는 공증인의 조사보고서나 감정인의 감정결과에 관한 재판이 있은 때에는 그 재판이 있음을 증명하는 정보(규칙 제129조 제7호)

⑧ 이사와 감사 또는 감사위원회 위원의 선임을 증명하는 정보(규칙 제129조 제8호)

 ㉠ 주식회사 발기설립등기신청서에는 발기인이 이사와 감사 또는 감사위원회 위원의 선임을 증명하는 정보를 제공하여야 하고, 이를 증명하는 정보로 일반적으로 상법 제297조에 의한 발기인회의사록을 제출하고 있다(상업등기선례 제202306-1호).

 ㉡ 발기설립의 경우, 설립등기신청서에는 이사와 감사 또는 감사위원회 위원을 선임한 발기인회의 의사록을 공증인의 인증을 받아 제출하여야 한다(공증인법 제66조의2 제1항 본문). **기출** 20

 ㉢ 다만, 자본금의 총액이 10억원 미만인 회사(소규모 주식회사)의 발기설립의 경우에는 발기인회의사록에 대한 공증인의 인증이 면제된다(공증인법 제66조의2 제1항 단서). **기출** 09

> **주식회사 발기설립등기신청 시 제출하는 발기인회의사록에 주금납입기관 및 납입장소에 관한 내용이 반드시 기재되어야 하는지 여부**
> 1. 주식회사 발기설립등기신청서에는 발기인이 이사와 감사 또는 감사위원회 위원의 선임을 증명하는 정보를 제공하여야 하고, 이를 증명하는 정보로 일반적으로 상법 제297조에 의한 발기인회의사록을 제출하고 있다.
> 2. 위 발기인회의사록은 발기인회에서 나온 회의내용과 결과를 기록한 문서로 필요한 경우 발기설립과정에서의 의사결정내용을 기록하는 것은 가능하나, 상법 제295조 제1항 후문의 주금납입을 맡은 은행 기타 금융기관과 납입장소는 발기인들의 과반수 동의로 정하되 이를 정하지 않은 경우에는 발기인 대표가 정할 수도 있으므로 반드시 이 내용이 발기인회의사록에 포함되어야 하는 것은 아니다(상업등기선례 제202306-1호). **기출** 25·23

⑨ **창립총회의사록**(규칙 제129조 제9호) **기출** 20

  ㉠ 모집설립의 경우 창립총회의 의사에는 의사록을 작성하여야 한다.

  ㉡ 창립총회의사록에는 의사의 경과요령과 그 결과를 기재하고 의장과 출석한 이사가 기명날인 또는 서명하여야 하며(상법 제308조 제2항, 제373항), 설립등기신청서에는 위 의사록을 공증인의 인증을 받아 첨부한다(공증인법 제66조의2 제1항 본문).

⑩ **이사·대표이사 또는 집행임원과 감사 또는 감사위원회 위원의 선임을 증명하는 정보**(규칙 제129조 제10호)

  ㉠ 취임승낙을 증명하는 서면 일반

    ㉮ 이사와 감사 등은 선임기관의 선임결의만으로 그 지위를 취득할 수 없고, 선임결의에 따른 회사 대표자의 청약과 이에 대한 피선임자의 승낙이 있어야 비로소 임용계약이 체결되어 그 지위를 취득한다(상법 제382조 제2항, 제415조).

    ㉯ 설립등기신청서에 첨부하는 이사·대표이사 등의 취임승낙을 증명하는 서면에는 취임하는 자의 취임승낙의 뜻이 기재되고 그 자가 기명날인하여야 하는데, 그 서면에는 (i) 「인감증명법」에 따라 신고한 인감을 날인하고 그 인감증명서(발행일로부터 3개월 이내의 인감증명서)를 첨부하거나 (ii) 본인이 기명날인 또는 서명하였다는 공증인의 인증서면이 첨부되어야 한다(규칙 제154조 제2항, 제104조 제1항, 제52조 제4항). **기출** 15·12

  ㉡ 재외국민의 경우 : 재외국민(일본거주)이 국내에 있는 주식회사의 감사로 취임할 때 그 취임승낙을 증명하는 서면에는 인감증명법에 의하여 작성된 인감증명을 제출하여야 하나, 인감증명의 날인제도가 있는 외국(일본)의 관공서가 발행한 인감증명으로 갈음할 수 있다(상업등기선례 제1-147호).

  ㉢ 외국인의 경우

    ㉮ 취임승낙을 증명하는 서면을 작성한 사람이 외국인인 경우에는 본국 관청에 신고한 인감을 날인하고 그 인감증명을 첨부하거나 그 서면에 본인이 서명하였다는 본국 관청의 증명서면을 첨부할 수 있다(규칙 제154조 제2항, 제104조 제2항).

    ㉯ 나아가 취임승낙을 증명하는 서면에 본인이 서명을 하였다는 대한민국 재외공관의 영사관의 인증을 받아 첨부하는 것도 가능하다(상업등기선례 제2-34호).

⑪ **명의개서대리인과의 계약을 증명하는 서면**(규칙 제129조 제11호)

  ㉠ 설립 시에 정관이 정하는 바에 의하여 명의개서대리인을 둔 때(상법 제337조 제2항)에는 명의개서대리인의 상호와 본점 소재지를 등기하여야 하는데(상법 제317조 제2항), 이 경우 회사와 명의개서대리인 간에 체결된 위임계약을 증명하는 서면을 제출하여야 한다.

  ㉡ 명의개서대리인의 자격은 「자본시장과 금융투자업에 관한 법률」 제294조 제1항의 한국예탁결제원 및 같은 법 제365조 제1항에 따라 금융위원회에 등록한 주식회사로 한정된다(상법 시행령 제8조).

⑫ **주금납입금 보관에 관한 증명서**(규칙 제129조 제12호)

  ㉠ 설립등기를 신청하는 경우에는 주금의 납입을 맡은 은행, 그 밖의 금융기관의 납입금 보관을 증명하는 정보를 제공하여야 한다(발기설립 및 모집설립 공통). 다만, 자본금 총액이 10억원 미만인 회사를 상법 제295조 제1항에 따라 발기설립하는 경우에는 은행이나 그 밖의 금융기관의 잔고를 증명하는 정보로 대체할 수 있다(규칙 제129조 제12호). **기출** 24·20·17·16·12

  ㉡ 모집설립 시 납입금의 보관자 또는 납입장소를 변경한 때에는 변경된 은행, 그 밖의 금융기관의 납입금 보관에 관한 증명서와 법원의 허가서를 제출하여야 한다(규칙 제128조 제1항).

  ㉢ 한편, 전자신청의 경우에는 첨부정보 중 주금납입보관증명서 또는 잔고증명서에 해당하는 정보는 신청인이 금융기관에 요청하여 수신한 정보를 송신하는 방법으로 제출할 수 있다(등기예규 제1855-1호 제7조 제5항). **기출** 24

⑬ 이사회의사록 등

    ㉠ 이사회 결의로 대표이사 또는 대표집행임원을 선정하거나 본점의 구체적인 소재장소를 정하거나 명의개서대리인을 선정한 때 또는 지점을 설치하거나 지배인을 선임한 때에는(상법 제393조 제1항) 설립등기신청서에 이사회의사록을 첨부하여야 한다. 등기신청서에 첨부하는 이사회의사록은 공증인의 인증을 받아야 하지만(공증인법 제66조의2 제1항), 소규모 주식회사를 발기설립하는 경우, 그 설립등기신청서에 첨부하는 이사회의사록은 공증인의 인증을 받을 필요가 없다(공증인법 제66조의2 제1항).

    ㉡ 이사, 대표이사 또는 대표집행임원 감사 등의 성명, 주소, 주민등록번호(또는 생년월일)를 증명하는 서면

    ㉢ 법령에 특정사업을 목적으로 하는 회사를 설립할 때에 관청의 허가를 받아야 하거나 일정한 내용이 기재된 정관을 작성하여 관청의 인가를 받아야 하는 것으로 규정되어 있는 경우, 설립등기신청서에 각 허가서 내지 인가서를 첨부하여야 한다(규칙 제52조 제1항). 이 경우 관청의 허가(인가)가 필요한 때란 그 허가(인가)가 회사가 법인격을 취득하기 위한 효력요건, 즉 설립의 효력요건인 경우를 말한다. 다만, 자본시장법 제119조 및 제120조에 따른 유가증권신고서와 외국인투자 촉진법 제5조에 따른 외국인투자신고서(상업등기선례 제2-52호)는 상업등기규칙 제52조 제1항 제2호에 의하여 첨부하여야 할 관청의 허가서에 해당하지 아니한다.

(6) 등록면허세·등기신청수수료 등의 납부

① 설립등기 시에는 자본금의 1,000분의 4에 해당하는 등록면허세와 그 등록면허세액의 100분의 20에 해당하는 지방교육세를 납부하여야 하는데(지방세법 제28조 제1항 제6호 가목 1)·제151조 제1항 제2호), 대도시 내에 회사를 설립할 경우에는 그 3배에 해당하는 것을 납부하여야 한다(같은 법 제28조 제2항 본문).

② 설립등기 시에는 30,000원(전자신청의 경우 20,000원, 전자표준양식에 의한 신청의 경우 25,000원)의 등기신청수수료를 납부하여야 한다(수수료규칙 제5조의3 제1항·제5조의5 제3항).

③ 회사의 설립과 동시에 본점등기기록에 지점설치와 지배인 선임의 등기를 할 경우 설립등기를 위한 등록면허세와 등기신청수수료 외에 지점설치와 지배인 선임 등기에 관해 등록면허세와 등기신청수수료는 따로 납부할 필요가 없다.

(7) 인감의 제출

회사를 대표하여 설립등기를 신청하는 사람 또는 위임에 의하여 등기를 신청하는 사람은 미리 등기소에 인감을 제출하여야 하고, 신청서 또는 위임장에는 등기소에 제출하는 그 인감을 날인하여야 한다(제25조 제1항·제2항).

(8) 설립등기의 효력

① 회사는 본점 소재지에서 설립등기를 함으로써 성립한다(상법 제172조).

② 설립등기에 의하여 회사가 성립한 후에는 주식을 인수한 자는 주식청약서 요건의 흠결을 이유로 하여 그 인수의 무효를 주장하거나 사기, 강박 또는 착오를 이유로 하여 그 인수를 취소하지 못한다(상법 제320조 제1항).

③ 회사 설립 시에 발행한 주식으로서 회사성립 후에 아직 인수되지 아니한 주식이 있거나 주식인수의 청약이 취소된 때에는 발기인이 이를 공동으로 인수한 것으로 보며, 인수인이 납입을 완료하지 아니한 주식이 있는 때에는 발기인은 연대하여 그 납입을 하여야 한다(상법 제321조).

④ 본점 소재지에서 설립등기가 된 이후에는 설립무효의 원인이 있어도 주주, 이사 또는 감사에 한하여 그 성립의 날로부터 2년 내에 소만으로 이를 주장할 수 있고(상법 제328조), 설립을 무효로 하는 판결이 확정된 때에는 해산의 경우에 준하여 청산하여야 한다(상법 제328조 제2항·제193조 제1항).

Ⅲ 상호, 목적, 공고방법, 존립기간 또는 해산사유의 변경등기

1. 상호의 변경

① 주식회사의 상호는 정관의 절대적 기재사항이므로, 회사의 성립 후에 상호를 변경하는 경우 주주총회의 특별결의를 거쳐 정관을 변경하여야 한다(상법 제433조, 제434조).
② 회사의 경우에도 영업양수인의 면책등기가 가능하고(제34조), 상호등기의 말소판결을 받은 승소한 원고의 신청에 의하거나 이해관계인의 신청에 의하여 상호의 등기를 말소하는 것이 가능하다(상법 제27조, 법 제36조).

2. 목적의 변경

① 주식회사의 목적은 정관의 절대적 기재사항이므로, 회사의 성립 후에 목적을 변경하고자 할 경우 주주총회의 특별결의를 거쳐 정관을 변경하여야 한다(상법 제433조, 제434조).
② 목적변경등기의 경우에도, 그 등기의 결과 본점이 소재하는 특별시·광역시·특별자치시·시 또는 군 내에 동일상호가 존재하게 되는 때에는 목적변경의 등기를 할 수 없다.

3. 공고방법의 변경

① 주식회사의 공고방법은 정관의 절대적 기재사항이므로, 회사의 성립 후에 공고방법을 변경하고자 할 경우 주주총회의 특별결의를 거쳐 정관을 변경하여야 한다(상법 제433조·제434조).
② 공고방법으로 정한 일간신문이 동일성을 유지한 채 그 신문의 명칭만 변경된 경우에는 정관변경 전에도 그 변경사실을 증명하는 서면을 첨부하여 등기기록상의 공고방법의 변경등기를 할 수 있다(상업등기선례 제1-224호).

4. 존립기간 또는 해산사유의 설정·변경·폐지

① 등기사항인 존립기간 또는 해산사유는 법령에서 정하는 존립기간 또는 해산사유가 아닌, 정관으로 정한 존립기간 또는 해산사유를 의미한다.
② 상업등기는 상인에 관한 일정한 사항을 일반에게 공시하는 것을 목적으로 하는 바, 법령으로 정한 존립기간 또는 해산사유는 법령을 보면 알 수 있기 때문에 굳이 등기사항으로 해석할 필요가 없기 때문이다.
③ 상법 제517조에서 주식회사의 해산사유로 규정하고 있는 합병, 파산, 법원의 명령 또는 판결(제1호), 회사의 분할 또는 분할합병(제1호의2), 주주총회의 결의(제2호) 등의 법정해산사유는 정관에서 이를 다시 해산사유로 정하더라도 등기사항으로 볼 수 없다.

④ 주식회사의 존립기간 또는 해산사유는 상대적 기재사항이지만, 회사성립 후에 정관으로 존립기간 또는 해산사유를 새롭게 정하거나 이에 관한 정관의 규정을 변경 또는 폐지하기 위해서는 주주총회의 특별결의에 의한 정관 변경절차를 거쳐야 한다(상법 제317조 제2항, 제433조, 제434조).

⑤ 정관으로 정한 존립기간의 만료 또는 해산사유의 발생 전에 존립기간 또는 해산사유에 관한 정관규정을 변경 또는 폐지한 경우에는 비록 그 변경 또는 폐지에 따른 등기를 하기 전에 존립기간이 지나거나 해산사유가 발생하더라도 회사는 그에 의하여 해산되는 것은 아니다.

5. 등기절차

① 등기기간 등 : 회사의 상호, 목적, 공고방법, 존립기간 또는 해산사유를 변경(존립기간 또는 해산사유의 경우, 이를 새롭게 설정하거나 폐지하는 것도 포함된다)한 경우에는 그 변경이 있는 때부터 본점의 소재지에서 2주일 내에 변경등기를 하여야 한다(상법 제317조 제3항·제4항, 제183조).

② 첨부정보

    ㉠ 상호, 목적, 공고방법, 존립기간 또는 해산사유에 관한 내용을 변경한 경우 그 등기신청서에는 주주총회의사록을 첨부하여야 한다(규칙 제128조 제2항).

    ㉡ 변경 후의 상호, 목적, 공고방법, 존립기간 또는 해산사유 등이 기재된 정관을 첨부할 필요는 없다(상업등기선례 제1-102호).

③ 등록면허세·등기신청수수료 등의 납부

    ㉠ 회사의 상호, 목적, 공고방법, 존립기간 또는 해산사유를 변경하는 등기를 신청할 때에는, 각 등기의 목적마다 각각 등록면허세 40,200원과 등록면허세액의 100분의 20에 해당하는 지방교육세 8,040원을 납부하여야 한다(지방세법 제28조 제1항 제6호 바목, 제151조 제1항 제2호).

    ㉡ 위의 상호 등의 변경등기를 신청할 때에는 각 등기의 목적마다 7,000원(전자신청은 2,000원, 전자표준양식에 의한 신청은 5,000원)을 납부하여야 한다(수수료규칙 제5조의3 제2항 본문·제5조의5 제6항).

    ㉢ 상호, 목적, 공고방법, 존립기간 또는 해산사유의 변경등기를 동시에 일괄신청하는 경우에도 각 신청항목별로 등록면허세와 지방교육세, 등기신청수수료를 산정한 후 이를 각각 합산하여 납부한다.

Ⅳ 본점이전의 등기

1. 본점의 이전

(1) 의 의

① 본점의 이전이란 회사의 영업을 총괄하는 영업소를 이전하는 것을 말한다. 본점의 이전은 '본점의 실질적인 장소의 이전'을 의미하므로 장소의 이전 없이 행정구역 또는 그 명칭 등의 변경으로 본점의 표시만 변경된 경우에는 본점의 이전이라 할 수 없다. 이 경우에는 행정구역 등의 변경에 따른 변경등기를 하여야 한다.

② 본점 소재지는 독립된 행정구역으로서 등기기록상 단일하여야 하므로 동시에 복수의 행정구역을 본점의 소재지로 등기할 수는 없고, 추가된 지번·동·호수 등에 본점을 둔다는 취지라면 본점이전등기를 하여야 한다(상업등기선례 제1-136호). 기출 17

(2) 본점이전의 구분

① 독립된 최소행정구역에 따른 구분 : 본점이전은 독립된 최소행정구역 내에서 그 소재 장소만을 이전한 경우와 다른 독립된 최소행정구역 내로 이전한 경우로 구분할 수 있다. 이는 본점의 소재지를 변경하기 위해 반드시 정관변경을 하여야 하는지 여부에 차이가 있다. 정관에 본점의 소재지를 독립된 최소행정구역으로 정하고 있는 회사의 경우 다른 독립된 최소행정구역 내로 본점을 이전하기 위해서는 반드시 정관변경을 하여야 한다.

② 등기소의 관할구역에 따른 구분 : 등기소의 관할을 기준으로 동일한 등기소의 관할구역 내에서 이전하는 경우와 다른 등기소의 관할구역 내로 이전하는 경우로 구분할 수 있다. 이는 등기처리의 방식에 차이가 있다. 즉 동일한 등기소의 관할구역 내에서 본점을 이전하는 경우 현재의 등기기록에 변경등기를 하는 반면, 다른 등기소의 관할구역 내로 본점을 이전하는 경우 구 본점 관할 등기소의 등기기록을 폐쇄하고 신 본점 관할 등기소에서 등기기록을 새롭게 개설하여야 한다.

(3) 본점이전절차

① 독립한 최소행정구역 내에서 본점을 이전하는 경우

㉠ 정관상 본점의 소재지로 독립된 최소행정구역(예 서울시)까지만 기재되어 있는 경우에 동일한 독립한 최소행정구역 내에서 본점의 소재 장소만을 이전하는 것은 회사의 업무집행에 관한 것이므로 이사회의 결의로 본점을 이전하는 것이 원칙이다(상법 제393조 제1항, 상업등기선례 제1-130호).

> 본점의 구체적인 이전장소나 이전일자에 관한 사항은 회사의 업무집행에 관한 사항으로 법률이나 정관에서 주주총회의 결의사항으로 규정되어 있지 않는 한, 이는 이사회의 권한으로 주주총회의 결의로 대신할 수 없다(상업등기선례 제1-130호).

㉮ 정관으로 주주총회의 결의에 의하여 본점을 이전하도록 한 경우에는 주주총회의사록을 첨부하는 외에 정관도 첨부정보로 제공하여야 한다(상업등기실무 2). **기출** 13·15

㉯ 청산절차가 진행 중인 회사, 즉 해산한 회사도 본점을 이전할 수 있는데, 이때에는 이사회의 결의를 갈음하여 청산인회가 본점이전에 관한 사항을 결의한다(상법 제542조 제2항·제393조 제1항).

㉰ 1명 또는 2명의 이사만을 둔 자본금 총액이 10억원 미만의 소규모 주식회사가 독립한 최소행정구역 내에서 본점을 이전하는 경우에는 정관에 별도의 규정이 없으면 회사의 대표권을 행사하는 이사가 본점 이전에 관한 사항을 결정한다(상법 제383조 제1항 단서·제5항·제6항, 상업등기선례 제2-24호). **기출** 13

> 정관에 본점의 소재지(상법 제289조 제1항 제6호)로서 최소 행정구역(특별시·광역시·시·군)이 기재되어 있고 상법 제383조 제1항 단서와 정관 규정에 따라 이사를 1인으로 한 주식회사가 그 최소행정구역 내에서 본점을 이전한 경우, 그로 인한 변경등기의 신청서에는 1인 이사가 본점을 이전하기로 결정하였음을 증명하는 서면(예를 들어, '결정서' 등)을 첨부하여야 한다. 그러나 본점 이전에 관한 주주총회 의사록[상업등기법 제79조 제2항(현행 제128조 제2항) 참조]은 첨부하지 않아도 된다(상업등기선례 제2-24호).

㉡ 정관에 본점의 소재지로 독립된 최소행정구역 외에 그 소재 지번·동·호수까지 기재되어 있는 경우에는 독립된 최소행정구역 내에서 본점을 이전하는 경우에도 정관의 변경이 필요하므로 주주총회의 특별결의로 정관을 변경하여야 한다(상법 제433조·제434조). 그리고 이사회 결의로 이전일자 등 본점 이전과 관련된 구체적인 의사결정을 하여야 한다.

② 다른 독립한 최소행정구역 내로 본점을 이전하는 경우

    ㉠ 정관상 본점의 소재지는 최소한 독립한 최소행정구역까지 기재되어 있어야 하므로 회사의 본점을 다른 독립된 최소행정구역 내로 이전하는 경우에는 주주총회의 특별결의에 의한 정관 변경이 필요하다(상법 제433조, 제434조).

    ㉡ 정관에 기재된 본점 소재지 외의 장소로 본점을 이전하는 경우 또는 정관의 본점 소재지를 구체적 소재장소까지 정한 경우에는 본점 이전을 위해서는 정관변경을 위한 주주총회의 특별결의를 거쳐야 하므로 그 결의에 관한 주주총회의사록을 첨부정보로 제공하여야 한다. 다만, 주주총회의 결의만으로 정관변경의 효력이 발생하므로(대판 2007.6.28. 2006다62362) 변경된 정관을 따로 제공할 필요는 없다(상업등기선례 제1-102호, 제1-117호). **기출** 17

2. 등기절차

(1) 등기신청인

① 회사를 대표하는 자인 대표이사 또는 집행임원이 본점이전의 등기를 신청하여야 한다(제23조 제1항). 이는 파산절차가 진행 중인 회사의 경우도 마찬가지이다.

② 회사가 파산선고를 받아 파산절차가 진행 중인 경우, 비록 파산재단에 속하게 된 자신의 재산에 관하여 관리처분권을 상실하고 파산관재인이 그 관리, 환가, 배당 등에 관하여 전권을 행사함으로써 파산절차는 그 개시부터 종료에 이르기까지 파산관재인을 통하여 이루어지지만, 회사의 비재산적 활동범위에 속하는 사항에 관한 권한은 여전히 법인에게 있으므로 파산법인의 본점이전의 등기는 회사의 대표자가 신청하여야 한다(상업등기선례 제1-134호, 제1-264호). **기출** 24 · 21 · 16

③ 회생절차개시결정을 받은 회사의 경우에는 「채무자 회생 및 파산에 관한 법률」 제23조에 의한 등기사항과 「채무자 회생 및 파산에 관한 규칙」 제9조 제1항 및 제12항에 의한 등기사항은 법원사무관 등의 촉탁에 의하여 등기하지만, 그 외의 등기사항은 관리인 또는 관리인으로 간주되는 자의 신청에 의하여 한다. 따라서 본점이전이 회생 계획의 수행에 따른 것이라면 "법원사무관 등의 촉탁"에 의하여 본점이전등기를 하지만, 회생계획의 인가결정 전에 법원의 허가 등을 받아 본점이전을 하는 경우라면 관리인 또는 관리인으로 간주되는 자의 "신청"에 의하여 등기한다(등기예규 제1777호 제4조 제1항). **기출** 17

④ 본점이전을 결의한 "이사회결의"에 무효 또는 부존재의 원인이 있음을 확인한 법원의 판결이 확정된 때에도, 법원의 말소촉탁에 관한 근거 규정이 없으므로(비송법 제107조 제6호 참조) 원칙적으로 당사자인 회사(회사를 대표하는 이사)가 본점이전등기의 말소를 신청하여야 한다. **기출** 13 · 17

⑤ 반면, 본점이전을 결의한 "주주총회결의"에 대하여 취소, 무효, 부존재의 판결이 확정된 때에는 제1심 수소법원은 회사의 본점 소재지의 등기소에 그 등기를 "촉탁"하여야 한다(상업등기선례 제1-132호, 비송법 제107조 제7호). **기출** 17

(2) 본점이전의 등기사항

본점이전의 등기를 할 때에는 새 본점의 소재지와 이전 연월일을 등기하여야 한다(제54조). 2024.9.20. 상업등기법 개정으로 '회사성립의 연월일'은 등기하지 아니한다. **기출** 21

(3) 등기기간

① 본점이전일로부터 본점 소재지에서 2주일 내에 새로운 본점의 소재장소를 등기하여야 한다(상법 제317조 제4항, 제183조).

② 주식회사의 본점이전 및 지점설치 시 등기기간의 기산점은 주주총회나 이사회에서 결의한 이전일자가 아니라 실제로 본점을 이전하거나 지점을 설치한 일자가 된다. 다만, 사전에 본점이전 및 지점설치를 한 다음에 주주총회나 이사회의 결의가 있는 경우에는 그 결의가 있는 날로부터 등기기간이 진행된다고 보아야 할 것이다(상업등기선례 제1-133호). **기출** 13 · 15

(4) 등기신청의 방식

① 본점을 동일 등기소의 관할구역 내에서 이전한 경우 : 일반적인 변경등기신청과 동일하다. 다만, 본점에 지배인을 두고 있는 때에는 그 지배인을 둔 장소의 변경등기도 동시에 신청하여야 한다(제51조 제3항).

② 본점을 다른 등기소의 관할구역으로 이전한 경우

　㉠ 본점이전등기의 간소화(2024.9.20. 개정)

　　㉮ 본점을 다른 등기소의 관할구역으로 이전한 경우에는 종전의 본점 또는 새 본점의 소재지를 관할하는 등기소 중 한 곳에 본점이전등기의 신청을 할 수 있다(제55조).

　　㉯ 이 경우 종전의 본점 소재지와 새 본점의 소재지 및 이전 연월일을 신청정보의 내용으로 등기소에 제공하여야 한다(규칙 제154조 제1항, 제99조 제1항).

　　㉰ 등기신청을 접수한 등기관은 해당 등기기록의 본점란에 새 본점의 소재지와 이전연월일을, 기타 사항란에 접수한 등기소에서 그 등기를 하였다는 뜻을 각각 기록한 후 그 등기기록과 인감에 관한 기록의 처리권한을 전산정보처리조직을 이용하여 새 본점의 소재지로 넘겨주는 조치를 한다(규칙 제154조 제1항, 제99조 제2항).

　㉡ 본점이전등기와 상호변경등기의 동시 신청

　　㉮ 본점이전등기신청을 한 회사의 상호가 새 소재지 관할 등기소에서 법 제29조에 해당(동일 상호에 해당)하여 본점이전등기를 할 수 없고, 종전 소재지 관할 등기소에서도 법 제29조에 해당(동일 상호에 해당)하여 상호변경등기를 할 수 없는 경우에는 제53조 제1항 단서에도 불구하고 그 상호 변경등기신청은 본점이전등기신청과 동시에 종전 소재지 또는 새 소재지 관할 등기소 중 한 곳에 할 수 있다(규칙 제154조 제1항, 제100조 제1항).

　　㉯ 신청을 접수한 종전 소재지 관할 등기소의 등기관은 법 제4조 제2항에 따라 상호변경등기신청사건을 함께 처리할 수 있다(규칙 제154조 제1항, 제100조 제2항).

　　㉰ 상업등기법 제55조의 본점이전등기신청이 접수된 후에 같은 법 제29조(등기할 수 없는 동일 상호)가 적용되는 등기신청이 접수된 경우, 종전 소재지 또는 새 소재지 관할 등기소의 등기관은 본점이전등기를 하기 전까지 그 등기를 하여서는 아니 된다(규칙 제154조 제1항, 제100조 제2항).

(5) 첨부정보

① 주주총회의사록

- ㉠ 정관에 기재된 본점의 소재지 이외의 장소로 본점을 이전하는 경우에는 정관변경을 위한 주주총회의 특별결의를 거쳐야 하므로, 그 결의에 관한 주주총회의사록을 첨부하여야 한다.
- ㉡ 정관변경의 효력은 주주총회의 결의만으로 발생하므로(대판 2007.6.28. 2006다62362), 변경된 정관을 따로 첨부할 필요는 없다(상업등기선례 제1-102호, 제1-117호).
- ㉢ 정관에 기재된 본점 소재지 내에서 본점을 이전하는 경우에는 원칙적으로 이사회가 이를 결정하는데, 정관으로 주주총회의 결의에 의하도록 정한 경우에는 주주총회의사록을 첨부하여야 한다(상업등기선례 제1-130호).
- ㉣ 공증인법 제66조의2 제1항 단서 및 동법 시행령 제2조의3 [별표 1]에 해당하는 법인([예] 자본금 총액이 10억원 미만인 소규모 주식회사를 발기설립하는 경우)이 아니라면, 법인의 등기를 할 때에 그 신청서류에 첨부되는 주주총회의사록은 공증인의 인증을 받아야 하는바(공증인법 제66조의2 제1항 본문), 이는 법인이 주무관청의 허가서를 첨부한 경우에도 마찬가지이다(상업등기선례 제1-25호).

② 이사회의사록(청산인회의사록) 또는 이사결정서

- ㉠ 본점의 이전등기신청서에는 원칙적으로 이사회의사록(청산법인의 경우에는 청산인회의사록)을 첨부하여야 한다(규칙 제128조 제2항). 이때 이사회의사록은 공증인의 인증을 받아야 한다(공증인법 제66조의2 제1항 본문). **기출** 21
- ㉡ 다만, 자본금 총액이 10억원 미만인 소규모 주식회사에서 1명 또는 2명의 이사만을 둔 경우에는, 각 이사(2명의 이사를 둔 경우에 정관에 따라 대표이사를 정한 경우에는 그 대표이사)가 본점이전에 관한 구체적인 사항을 결정한 사실이 기재된 결정서를 첨부하여야 한다(상업등기선례 제2-24호).

③ 정관 : 정관에 기재된 본점 소재지 내에서의 본점의 구체적인 소재장소는 원칙적으로 이사회에서 결정하지만, 정관으로 주주총회의 결의에 의하여 본점을 이전하도록 한 경우에는 주주총회의사록을 첨부하는 외에 정관도 첨부하여야 한다.

④ 인감 : 본점을 이전하는 경우 인감제출자에 관한 사항에 변경이 생기지만(등기예규 제1832호 제13조 제1항 제5호 참조), 본점이전등기를 신청하면서 대표자의 인감을 새로 제출하여야 하는 것은 아니다(등기예규 제1832호 제4조 제6항 참조). **기출** 25

(6) 관할 외 본점이전등기신청의 취하

① 등기신청의 취하는 등기관이 등기를 마치기 전까지 할 수 있다(규칙 제56조 제1항).

② 등기신청의 취하는 다음 각 호의 구분에 따른 방법으로 하여야 한다(규칙 제56조 제2항).

- ㉠ 방문신청 : 신청인 또는 그 대리인이 등기신청을 한 등기소에 출석하여 취하서를 제출하는 방법
- ㉡ 전자신청 : 전산정보처리조직을 이용하여 취하정보를 전자문서로 등기신청을 한 등기소에 송신하는 방법

Ⅴ 지점의 설치·이전·폐지의 등기

1. 지점의 설치·이전·폐지

① 지점은 본점의 지휘를 받으면서도 부분적으로 독립된 결정권을 가지고 인적 및 회계조직에 있어서 유기적인 단위를 이루는 장소적 중심지이다.

② 출장소가 지점으로서 등기능력이 있기 위해서는, 본점의 지휘를 받으면서도 부분적으로 독립된 결정권을 가지며 인적 및 회계조직에 있어서 유기적인 단위를 이루는 장소적 중심지로서 그 실체가 객관적인 사실에 의해 판명되어야 한다. 따라서 출장소가 지점과 동일한 업무를 집행하거나 지점으로서의 요건을 갖추었다면 지점으로 등기('○○ 출장소'라고 등기)할 수 있지만, 출장소가 독립적인 지휘명령권을 갖지 못하고 본점의 지휘명령에 따라 단순 노무만을 제공하고 있다면 지점으로 등기할 수 없다(상업등기선례 제1-121호, 제1-131호). **기출** 14

③ 본점의 소재지와 달리 지점의 소재지는 정관의 절대적 기재사항이 아니다(상법 제317조 제2항). 따라서 지점의 설치·이전 또는 폐지 등에 관하여 정관에 특별한 규정이 없다면 지점의 설치·이전·폐지는 이사회의 권한에 속하는 사항이므로(상법 제393조 제1항), 회사의 성립 후에 회사가 지점을 설치하거나 이전 또는 폐지하는 경우에는 원칙적으로 이사회의 결의에 의한다.

④ 다만, 자본금 총액이 10억원 미만인 소규모 주식회사가 1명 또는 2명의 이사를 둔 경우에는 대표권을 행사하는 이사가 지점의 설치·이전·폐지 여부를 결정한다(상법 제383조 제1항 단서, 제6항). **기출** 14

⑤ 정관에 주주총회의 결의로 지점을 둘 수 있다고 규정하고 있다면, 현행법상 지점설치가 이사회의 결의사항으로 되어 있다 하더라도 주주총회에서 이에 관한 정관의 규정을 변경하지 않고서는 이사회 결의만으로 지점을 설치할 수는 없다(상업등기선례 제1-116호). **기출** 20·14

2. 등기절차

① 서 설

㉠ 본점 소재지 관할 등기소의 관할구역 내에 지점을 설치하거나, 본점 소재지 관할 등기소 관할구역 내에 설치된 지점을 그 관할구역 내에서 이전하거나 폐지하는 경우에는 본점 소재지 관할 등기소에서만 지점의 설치·이전·폐지에 관한 사항을 등기한다.

㉡ 회사가 지점을 설치하거나 이전한 경우 그 등기를 하는 것이 강제되므로(상법 제317조 제3항·제4항, 제181조, 제182조 제2항), 지점이 설치 또는 이전되는 특별시·광역시·특별자치시·시 또는 군 내에 동일상호가 등기되어 있어도 지점의 설치 또는 이전의 등기가 가능하다(등기예규 제1819호 제4조 제2항). **기출** 20

> **동일상호 판단을 요하는 등기사건(등기예규 제1819호 제4조)**
> ② 회사의 지점 및 외국회사의 영업소를 설치하거나 이전하는 등기신청에서는 동일상호 여부를 조사하지 아니한다.

㉢ 지배인을 둔 지점이 이전·변경 또는 폐지된 경우 지점의 이전·변경 또는 폐지의 등기의 신청과 지배인을 둔 장소의 이전·변경 또는 폐지의 등기신청은 동시에 하여야 한다(제51조 제3항). **기출** 20

② 등기의 신청

  ⊙ 회사가 지점을 설치한 경우에는 <u>본점의 소재지에서 2주일 내에 그 지점의 소재지와 설치 연월일을</u> 등기하여야 한다(상법 제317조 제1항, 제181조).

    ㉮ <u>등기기간의 기산일은 주주총회나 이사회에서 결의한 일자가 아니라 실제로 지점을 설치한 날</u>이 될 것이나, 사전에 지점을 설치한 다음에 설치 결의를 한 경우에는 그 결의가 있는 날이 된다(상업등기선례 제1-133호).

    ㉯ 하지만 지점 설치에 따른 모든 준비가 완료되어 그 실체가 갖추어졌다 하더라도 <u>이사회 결의로 정한 설치일 이전의 날에 그 등기를 신청할 수는 없다</u>(상업등기선례 제2-23호). 지점의 이전·폐지의 등기도 마찬가지이다.

  ⓛ 회사가 지점을 이전한 경우에는 <u>본점의 소재지에서 2주일 내에 새 소재지와 이전 연월일을 등기하여야 한다</u>(상법 제317조 제1항, 제182조 제2항).

  ⓒ 지점을 폐지한 경우에는 <u>본점의 소재지에서 2주일 내에 지점 폐지의 등기를 하여야 한다</u>(상법 제317조 제1항, 제183조).

② 첨부정보

  ⊙ 지점의 설치·이전·폐지는 원칙적으로 이사회의 결의로 하므로(상법 제393조 제1항), 그 등기신청서에는 지점의 설치·이전·폐지를 결의한 이사회의사록을 첨부하여야 한다(규칙 제128조 제2항).

  ⓛ 1명 또는 2명의 이사만을 둔 소규모 주식회사에서 대표권을 행사하는 이사가 결정한 경우에는 당해 이사의 결정서를 첨부하여야 한다(상법 제383조 제1항 단서·제6항, 상업등기선례 제2-24호).

  ⓒ 정관 규정에 따라 주주총회에서 지점을 설치·이전·폐지한 경우에는 주주총회의사록과 정관을 첨부하여야 한다(규칙 제128조, 상업등기선례 제1-116호).

③ 등록면허세·등기신청수수료 등의 납부

  ⊙ 등록면허세 및 지방교육세

    ㉮ 본점의 소재지에서 하는 지점의 설치·이전·폐지의 등기신청에 대해서는 등록면허세 40,200원(지방세법 제28조 제1항 제6호 바목, 같은 법 시행령 제43조 제2항) 및 지방교육세 8,040원(지방세법 제151조 제1항 제2호)을 납부하여야 한다.

    ㉯ <u>본점 관할등기소에 1개의 신청서로 각각 수개의 지점을 설치·이전·폐지하는 경우에도 설치·이전·폐지의 등기에 대해 각각 1건의 등록면허세(및 그에 대한 지방교육세)만 납부한다</u>(등기예규 제1790호 제5조 제2항 단서, 제6조 제2항 단서, 제7조 제2항 단서). **기출** 20

  ⓛ 등기신청수수료

    ㉮ 지점의 설치·이전·폐지의 등기를 신청하는 경우에는 본점 소재지에서 하는 등기신청에 대하여 7,000원(전자신청은 각 2,000원, 전자표준양식에 의한 신청은 각 5,000원)의 등기신청수수료를 납부하여야 한다(수수료규칙 제5조의3 제2항 본문, 제5조의5 제6항).

    ㉯ 하나의 신청서로 수 개의 지점의 설치·이전 또는 폐지의 등기를 신청하는 경우에도 1건의 등기신청수수료만 납부한다(등기예규 제1861호 3. 다. (2)).

    ㉰ 지점의 설치등기와 지배인의 선임등기를 일괄신청하거나, 지점의 이전 또는 폐지의 등기와 지배인을 둔 장소의 이전 또는 폐지의 등기를 동시에 일괄신청하는 경우에는 지점 관련 등기의 등기신청수수료와 지배인 관련 등기의 등기신청수수료를 합산한 금액을 등기신청수수료로 납부하여야 한다(등기예규 제1861호 3. 다. (3)).

Ⅵ 행정구역 등의 변경에 따른 본점·지점의 변경등기

1. 본·지점의 표시의 변경 등

① 행정구역 또는 그 명칭이 변경되거나 행정구역이 아닌 구획 또는 그 명칭이 변경된 때에는 등기부에 기록한 행정구역 또는 그 명칭 등은 당연히 변경된 것으로 보므로(제28조), 본점 또는 지점의 소재지가 이와 같은 사정으로 변경된 때에는 그 변경등기를 신청할 의무는 없지만 회사의 대표자는 그 변경사실을 증명하는 서면을 첨부하여 변경등기를 신청할 수 있고(상업등기선례 제1-128호, 제1-136호), 등기관은 직권으로 변경사항을 등기할 수 있다(규칙 제57조).

② 지번의 변경이나 경정 또는 환지에 의한 본점 또는 지점의 지번표시의 변경은 상업등기법 제28조의 행정구역(구획) 또는 그 명칭의 변경이 아니므로 회사의 대표자는 변경사실을 증명하는 서면을 첨부하여 그 변경등기를 신청하여야 한다(상법 제317조 제4항·제183조).

2. 등기절차

① 행정구역 개편으로 본점 또는 지점의 표시변경등기를 신청함에 있어서는 위 행정구역이 개편되었다는 사실을 증명하는 서면(예컨대, 관보)을 첨부하면 되고, 그 이외에 총회의사록 또는 관할 행정청의 인가증 등을 첨부할 필요는 없다(상업등기선례 제1-127호).

② 위와 같은 행정구역의 변경, 지적소관청의 지번변경 등으로 인한 변경등기 시에는 등록면허세와 등기신청수수료를 납부하지 않는다(지방세법 제26조 제2항 제2호, 수수료규칙 제5조의3 제2항 제3호).

3. 본·지점의 도로명주소로의 표시 변경

본점 또는 지점의 소재지는 원칙적으로 도로명주소로 등기하여야 한다는 것과 그 등기절차에 대하여는 이미 설명한 바와 같다.

Ⅶ 이사·대표이사·집행임원·감사 등에 관한 변경등기

1. 이사의 취임·퇴임 등

(1) 이사의 의의

① 이사는 이사회를 구성하고 이사회를 통해 회사의 업무집행의 의사결정에 관여하는 자로, 주주총회에서 이사로 선임된 자를 말한다.

② 상법은 이사를 사내이사, 사외이사, 그 밖에 상무에 종사하지 아니하는 이사로 구분하여 등기하도록 하고 있는데, '사내이사'란 회사의 업무를 상시 집행하는 자를 말하고, '사외이사'란 회사의 상무에 종사하지 아니하는 이사로서 상법 제382조 제3항 각 호에 해당하지 않는 자(비상장회사의 경우) 또는 상법 제382조 제3항 각 호와 상법 제542조의8 제2항 각 호에 해당하지 않는 자(상장회사의 경우)를 말한다.

③ '그 밖에 상무에 종사하지 아니하는 이사(등기실무상 기타 비상무이사)'는 상무에 종사하지 않는 이사로서 사외이사가 아닌 자를 말한다.

④ 법인이 상법상 주식회사의 이사가 될 수 있는지에 관하여 견해의 대립이 있는데, 이사는 이사회의 구성원인 동시에 업무집행을 담당하는 대표이사라는 지위의 전제가 되는 등 본질적으로 인적 개성이 중요하므로 이사는 자연인에 한한다고 보는 것이 다수설이다. 다만, 법령에서 법인이사를 인정하는 경우에는 법인이사도 허용된다고 본다. 예를 들어, 「자본시장과 금융투자업에 관한 법률」에 따라 설립되는 주식회사 형태의 투자회사에 대해서는 법인이 이사가 되어 회사를 대표하도록 하는 특별규정을 두고 있다(같은 법 제197조, 제198조). **기출** 24

(2) 이사의 원수(員數)

① 주식회사의 이사는 3명 이상이어야 한다(상법 제383조 제1항). **기출** 23

② 다만, 자본금 총액이 10억원 미만인 소규모 주식회사는 1명 또는 2명으로 할 수 있다(상법 제383조 제1항).
기출 12

> • 이사가 1명인 경우에는 그 이사는 '사내이사'로 기재하고, 그 성명, 주민등록번호 및 주소를 같이 기재한다(등기예규 제1538호 제3조 제2항 제1호). **기출** 14
> • 이사를 2명으로 하고 각 이사가 회사를 각자 대표하는 경우에는 각 이사를 '사내이사'로 기재하고, 그 성명, 주민등록번호 및 주소를 같이 기재한다(등기예규 제1538호 제3조 제2항 제2항 제2호). **기출** 23 · 14 · 10
> • 이사를 2명으로 하고 정관에 따라 대표이사를 정한 경우에는 각 이사를 '사내이사'로 기재하고, 그 성명, 주민등록번호를 기재하며, 그 대표이사의 성명, 주민등록번호 및 주소를 같이 기재한다(등기예규 제1538호 제3조 제2항 제3호).

③ 원칙적으로 사외이사의 선임은 강제되지 않지만, 회사가 정관 규정에 따라 감사에 갈음하여 감사위원회를 설치하는 경우(상법 제415조의2 제1항)에는 사외이사가 적어도 2명 이상이어야 한다. 감사위원회는 3명 이상의 이사로 구성하고, 그중 사외이사가 위원의 3분의 2 이상이 되어야 하기 때문이다(상법 제415조의2 제2항).

(3) 이사의 선임

① 선임기관

　㉠ 이사는 주주총회에서 선임한다(상법 제382조 제1항). 이사의 선임은 주주총회의 전속적 권한사항에 해당하므로(상법 제361조) 정관의 규정으로도 이를 이사회 등에 위임할 수 없다.

> 주식회사의 정관에 이사와 사외이사는 주주총회에서 구분하여 선임하되, 주주총회에서 선임된 이사 중 사내이사와 기타비상무이사를 이사회에서 선임하도록 규정하고 있는 경우, 정관과 이사로 선임한 주주총회 의사록 및 사내이사와 기타비상무이사를 구분하여 선임한 이사회의사록을 첨부하여 위 사내이사와 기타비상무이사의 선임에 따른 등기를 신청할 수 있다(상업등기선례 제2-31호). **기출** 10

　㉡ 파산절차가 진행 중인 회사도 주주총회에서 이사를 선임한다.

　㉢ 채무자회생절차가 진행 중인 회사의 경우에는 그 회생계획에 이사의 변경에 관한 사항을 정할 수 있는데(채무자회생법 제193조 제2항), 이 경우 회생계획에 선임될 자와 임기 또는 선임의 방법과 임기를 정하여야 한다(채무자회생법 제203조 제1항).

　　㉮ 회생계획에서 이사로 선임될 자를 직접 정한 경우에는 회생계획이 인가된 때, 즉 회생계획의 효력이 발생한 때에 선임된 것으로 본다(채무자회생법 제246조, 제263조 제1항).

　　㉯ 회생계획에서 이사로 선임될 자를 직접 정하지 않고 그 선임의 방법만을 정한 때에는, 회생계획에서 정한 방법으로 이사를 선임할 수 있고, 이 경우에는 이사의 선임에 관한 상법이나 정관 규정은 적용되지 않는다(채무자회생법 제263조 제2항). **기출** 20

② 주주총회의 이사 선임결의 등

　㉠ 정족수

　　㉮ 주주총회에서 이사를 선임하는 때에는 정관에 다른 정함이 있는 경우를 제외하고는 보통결의, 즉 출석한 주주의 의결권의 과반수와 발행주식총수의 4분의 1 이상의 수로써 한다(상법 제368조 제2항).

　　㉯ 이사의 선임과 관련하여 피선임자인 주주는 주주총회의 결의에 관하여 특별한 이해관계가 있는 자(상법 제368조 제3항이 적용되는 자)가 아니므로, 자신을 선임하기 위한 주주총회에서 의결권을 행사할 수 있다.

　㉡ 주주총회 소집통지의 특례 : 상장회사는 이사의 선임에 관한 사항을 목적으로 하는 주주총회를 소집통지하거나 공고하는 경우에는 후보자의 성명, 약력, 추천인, 후보자와 최대주주와의 관계, 후보자와 해당 회사와의 3년간의 거래내역 등을 통지하거나 공고하여야 하고(상법 제542조의4 제2항, 상법 시행령 제31조 제3항), 위와 같이 통지하거나 공고한 후보자 중에서 이사를 선임하여야 한다(상법 제542조의5).

　㉢ 집중투표제

　　㉮ 집중투표제란 2명 이상의 이사의 선임에서 각 주주가 1주마다 선임할 이사의 수와 동일한 의결권을 가지고, 이 의결권을 이사후보자 1명 또는 수명에게 집중하여 투표하는 방법으로 그 의결권을 행사하는 제도이다.

　　㉯ 집중투표의 방법으로 이사를 선임하기 위해서는 정관에 배제하는 규정이 없고, 2인 이상의 이사의 선임을 목적으로 하는 주주총회의 소집이 있는 때에, 의결권이 없는 주식을 제외한 발행주식총수의 100분의 3 이상에 해당되는 주식(대규모 상장회사의 경우에는 100분의 1 이상에 해당되는 주식을 말한다)을 가진 주주가 총회일의 7일 전까지 서면 또는 전자문서로 회사에 대하여 집중투표의 방법으로 이사를 선임할 것을 청구하여야 한다(상법 제382조의2 제1항, 제542조의7 제2항).

　　㉰ 집중투표를 하는 경우, 이사의 선임결의에 관하여 각 주주는 1주마다 선임할 이사의 수와 동일한 수의 의결권을 가지며, 그 의결권은 이사 후보자 1인 또는 수인에게 집중하여 투표하는 방법으로 행사할 수 있다(상법 제382조의2 제3항). 이 경우 투표의 최다수를 얻은 자부터 순차적으로 이사에 선임되는 것으로 한다(상법 제382조의2 제4항).

　　㉱ 집중투표의 방법으로 이사를 선임하는 경우에도 그 결의의 특성상 결의요건 중 의결정족수는 적용되지 않지만 정관에 다른 정함이 없는 한 집중투표에 참여한 주주의 의결권의 수가 발행주식총수의 4분의 1 이상에 해당하여야 한다(상법 제368조 제1항).

(4) 예선(豫選)

① 재임 중인 이사의 임기만료 전에 후임 이사를 선임하는 결의를 하고, 재임중인 이사의 임기만료 시에 그 결의의 효력을 발생하도록 하는 것을 예선이라고 한다.

② 등기실무는 전임자의 퇴임시까지의 기간이 비교적 단기이고 예선에 관하여 합리적 이유가 있는 경우라면 이를 인정하고 있다(상업등기선례 제1-152호).

(5) 취임승낙(이사 지위의 취득 요건)

① 주주총회에서 선임된 이사가 그 지위를 취득하기 위해서는 <u>주주총회의 선임 결의와 피선임된 이사의 승낙이 있으면 되고</u> 피선임자의 대표이사와의 별도의 임용계약은 필요 없다(대판 2017.3.23. 2016다251215[전합]). **기출** 20

> **[참고] 변경 전 판례**
> 종래 대법원은 주주총회의 결의는 회사 내부의 의사결정에 지나지 않기 때문에 주주총회의 선임결의에 따라 회사의 청약과 피선임자의 승낙으로 임용계약이 성립하여야 피선임자는 비로소 이사의 지위를 취득한다고 보았다(대판 1995.2.28. 94다31440). 그러나 위와 같은 입장은 이사·감사의 선임을 주주총회의 전속적 권한으로 규정하여 주주들의 단체적 의사결정 사항으로 정한 상법의 규정에 배치된다.

② 주주총회의 결의에 앞서, 회사와 이사 후보자와의 사이에 후보자를 이사로 선임하는 주주총회의 결의가 성립될 것을 조건으로 취임승낙의 의사표시를 하는 것(임용계약이 체결)도 가능한데, 이 경우에는 주주총회의 결의 시에 이사 취임의 효과가 발생한다(상업등기선례 제1-169호).

(6) 이사의 임기

① 임기의 최장기

　㉠ 이사의 임기는 3년을 초과하지 못한다(상법 제383조 제2항). 회사는 3년 이내의 범위에서 정관으로 그 임기를 자유로이 정할 수 있다(상업등기선례 제1-141호, 제1-165호).

　㉡ 다만, 「자본시장과 금융투자업에 관한 법률」에 의하여 주식회사 형태로 설립되는 투자회사에 대하여는 이사의 원수 및 임기에 관한 상법 제383조가 적용되지 아니하므로, 정관 또는 주주총회의 결의로 이사의 임기를 정할 때 3년을 초과하여 정할 수 있다(같은 법 제9조 제18항 제2호).

② 임기의 연장

　㉠ 이사의 임기는 3년을 초과하지 못하지만, <u>정관으로 그 임기 중의 최종의 결산기에 관한 정기주주총회의 종결에 이르기까지 임기를 연장할 수 있다</u>(상법 제383조 제3항).

　㉡ 상법 제383조 제3항의 규정은 <u>임원의 임기가 최종의 결산기 말일로부터 당해 결산기에 관한 정기주주총회의 종결일까지 사이에 만료되는 경우에 한하여 정관으로 그 임기를 당해 정기주주총회 종결일까지 연장할 수 있다는 것이므로, 이사의 임기가 사업년도 중에 만료된 경우에는 위 규정은 적용되지 않는다</u>(상업등기선례 제1-138호).

　㉢ 즉, 정관에 따라 임기가 연장되는 것은 <u>이사의 임기가 최종 결산기의 말일과 당해 결산기에 관한 정기주주총회 사이에 만료되는 때이고, 결산기 말일 이전에 임기가 만료되는 때에는 임기 연장에 관한 상법 제383조가 적용되지 않는다</u>(대판 2010.6.24. 2010다13541, 상업등기선례 제1-138호).

기출 20·15·04

　㉣ 상법 제383조 제3항에 의한 임기연장은 정기주주총회가 적기에 개최된다는 것을 전제로 하므로, 정기주주총회가 적기에 개최되지 아니한 경우에는 정기주주총회가 마땅히 개최되었어야 할 시기(결산기로부터 3월 내, 상법 제354조)까지만 연장된다고 보아야 한다(감사의 임기에 관한 상업등기선례 제1-162호, 제2-25호).

③ 임기의 기산점(起算點)
- ㉠ 이사의 임기는 선임결의의 효력이 발생한 때와 취임승낙의 효력이 발생한 때 중 늦은 때로부터 진행한다(상업등기선례 제1-74호, 제1-169호, 제1-306호).
- ㉡ 다만, 설립등기 시의 최초이사의 경우 회사의 성립일로부터 임기가 시작된다고 해석하는 것이 등기실무이다(상업등기선례 제1-311호, 제1-408호, 제2-125호, 제2-32호).
- ㉢ 임기를 계산할 때 특별한 약정이 없다면 임기가 오전 0시로부터 시작하는 때를 제외하고는 초일은 산입하지 않는다(민법 제157조).
- ㉣ 주주총회의 선임결의, 취임승낙 또는 회사의 성립시점은 보통 1일의 도중이므로 초일은 산입하지 않고 임기의 계산은 그 취임의 다음 날로부터 기산한다(상업등기선례 제2-32호).

④ 보궐(補闕) 또는 증원(增員)에 의하여 선임된 이사의 임기
- ㉠ 보궐 또는 증원에 의하여 선임된 이사의 임기도 정관에 다른 정함이 없는 한 원칙적으로 이사 본래의 임기(全任期)에 의한다.
- ㉡ 다만, 정관에 보궐 또는 증원에 의하여 선임된 이사의 임기를 전임자의 잔여임기 또는 다른 이사의 잔여임기와 같이한다는 규정이 있는 경우에는 그에 따르는데, 이는 이사의 일부에만 결원이 생긴 경우에 적용될 뿐이고 이사 전원을 새로 선임하는 경우에는 적용되지 않고 이사 본래의 임기에 의한다(상업등기선례 제1-155호, 제1-165호). **기출** 10 · 04

⑤ 정관상 이사 임기의 변경
- ㉠ 이사의 임기에 관한 정관 규정을 변경한 경우, 즉 종전 정관상 임기를 단축하거나 상법의 제한 범위(상법 제383조 제2항·제3항) 내에서 이를 연장한 경우, 이사는 당연히 변경된 정관을 따라야 하므로, 변경된 정관의 임기에 관한 규정은 변경 후에 취임하는 이사뿐만 아니라 변경 당시에 재임 중인 이사에 대해서도 적용된다고 본다.
- ㉡ 다만, 정관을 변경하면서 재임 중인 이사에 대하여는 종전 규정을 적용한다는 규정을 따로 두었다면 그에 따른다(재건축조합에 관한 2016.4.11. 사법등기심의관-1231 질의회답).

⑥ 주식교환 또는 회사 합병 시 이사의 임기 : 주식교환에 의하여 완전모회사가 되는 회사의 이사로서 주식교환 전에 취임하거나, 흡수합병시 존속하는 회사의 이사로서 합병 전에 취임한 자는 주식교환계약서 또는 합병계약서에 다른 정함이 있는 경우를 제외하고는 주식교환 또는 합병 후 최초로 도래하는 결산기의 정기주주총회가 종료하는 때에 퇴임한다(상법 제360조의13, 제527조의4 제1항).

⑦ 회생법인의 이사의 임기 특례 : 회생절차가 진행 중인 회사의 경우에는 회생계획에 이사의 변경에 관한 사항을 정할 수 있는데(채무자회생법 제193조 제2항), 새롭게 이사를 선임하는 때에는 회생계획에 선임될 자와 임기 또는 선임의 방법과 임기를 정하여야 하고(채무자회생법 제203조 제1항), 기존 이사 중 유임하게 할 자가 있는 때에는 회생계획에 그 자와 임기를 정하여야 한다(채무자회생법 제203조 제2항 본문). 이 경우 회생계획에 의하여 새롭게 선임되거나 유임하는 이사의 임기는 1년을 넘지 못한다(채무자회생법 제203조 제5항).

(7) 이사의 퇴임

① 임기의 만료

㉠ 이사는 임기 말일의 만료로 퇴임한다.

㉡ 이사가 임기만료로 퇴임한 결과 법률 또는 정관에 정한 이사의 원수를 결하게 되는 경우에는 퇴임한 이사는 새로 선임된 이사가 취임할 때까지 이사의 권리의무가 있다(상법 제386조 제1항).

② 사 임

㉠ 이사는 언제든지 위임을 해지하는 방식으로 사임할 수 있다(민법 제689조).

㉡ 사임의 경우에도 사임으로 인하여 법률 또는 정관에 정한 이사의 원수를 결하는 결과가 발생하는 경우에는 사임한 이사는 새로 선임된 이사가 취임할 때까지 그 권리의무가 있다(상법 제386조 제1항).

㉢ 이사를 사임하는 행위는 상대방 있는 단독행위라 할 것이어서 그 의사표시가 상대방에게 도달함과 동시에 그 효력을 발생하고 그 의사표시가 효력을 발생한 후에는 마음대로 이를 철회할 수 없음이 원칙이나, 사임서 제출 당시 즉각적인 철회권유로 사임서 제출을 미루거나, 대표자에게 사표의 처리를 일임하거나, 사임서의 작성일자를 제출일 이후로 기재한 경우 등 사임의사가 즉각적이라고 볼 수 없는 특별한 사정이 있는 경우에는 별도의 사임서 제출이나 대표자의 수리행위 등이 있어야 사임의 효력이 발생하고, 그 이전에는 사임의사를 철회할 수 있다(대판 1998.4.28. 98다8615).

③ 해 임

선임기관에 의한 해임	• 이사와 회사의 관계에서는 민법상 위임에 관한 규정이 준용되므로(상법 제382조 제2항), 회사도 위임계약을 해지하는 차원에서 그 사유 여부를 불문하고 언제든지 주주총회의 결의로 이사를 해임할 수 있다. 이사를 해임할 때는 주주총회의 특별결의, 즉 출석한 주주의 의결권의 3분의 2 이상의 수와 발행주식 총수의 3분의 1 이상의 결의로써 한다(상법 제385조 제1항). • 이사에 대한 해임은 주주총회의 전속적 권한사항이므로(상법 제382조 제1항·제409조 제1항) 정관에 의해서도 대표이사 또는 이사회에 그 권한을 위임할 수 없다. 기출 20 • 주주총회에서 이사에 대한 해임결의를 할 때, 해임대상인 이사가 주주인 경우에도 그 주주는 특별 이해관계인에 해당하지 아니하므로 의결권을 행사할 수 있다(통설).
법원의 해임판결에 의한 해임	• 이사 또는 감사가 그 직무에 관하여 부정행위 또는 법령이나 정관에 위반한 중대한 사실이 있음에도 불구하고 주주총회에서 그 해임을 부결한 때에는, 발행주식총수의 100분의 3 이상에 해당하는 주식을 가진 주주는 총회의 결의가 있은 날부터 1월 내에 본점 소재지 관할지방법원에 그 이사 또는 감사의 해임을 청구할 수 있다(상법 제385조 제2항·제186조·제415조). • 원고승소의 판결이 확정되면 회사의 해임행위 없이 바로 해임의 효력이 발생하고, 법원의 촉탁에 의하여 해임등기가 이루어진다(비송법 제107조 제6호). • 대표이사 겸 이사, 감사위원회 위원 겸 이사가 법원의 판결에 의하여 이사직에서 해임된 때에는 대표이사 또는 감사위원회 위원의 직도 당연퇴임한다.
회생절차가 진행 중인 회사의 특례	• 회생절차가 진행 중인 회사는 회생계획에 의하여 기존 이사 중 유임하게 할 자가 있는 때에는 회생계획에 그 자와 임기를 정하는데(채무자회생법 제203조 제2항 본문), 회생계획에서 유임할 것으로 정하지 아니한 이사는 회생계획이 인가된 때에 해임된 것으로 본다(채무자회생법 제263조 제4항). 기출 20 • 해임된 것으로 간주된 이사의 퇴임등기는 법원사무관등의 촉탁에 의하여 한다(채무자회생법 규칙 제9조 제1항).

④ 회사의 해산

    ㉠ 주식회사는 존립기간의 만료, 정관으로 정한 사유의 발생, 합병, 파산, 법원의 명령 또는 판결, 회사의 분할 또는 분할합병, 주주총회의 결의(상법 제517조), 휴면법인의 해산간주(상법 제520조의2 제1항)에 의해서 해산하는데, 회사가 해산하는 경우 파산을 제외하고는 이사라는 기관은 없어지고 해산 당시의 이사는 당연 퇴임한다.

    ㉡ 따라서 해산등기를 하는 경우(상법 제521조의2, 제228조) 등기관은 이사 및 대표이사에 관한 등기를 직권으로 말소한다(규칙 제145조). 그러나 '감사에 관한 등기'는 등기관이 직권으로 말소하여야 하는 등기가 아니다. `기출` 25

⑤ 회사의 파산

    ㉠ 상법 제382조 제2항 및 민법 제690조에 따라 파산선고 당시 재임 중인 이사가 파산선고에 의하여 당연히 그 직을 퇴임하는지에 관하여 견해가 대립되어 있다.

    ㉡ 등기실무는 파산선고로 당연히 그 자격을 상실한다는 입장(자격상실설)이지만, 파산선고의 등기를 할 때 등기관이 직권에 의하여 종전 이사를 말소할 것은 아니라고 한다(상업등기선례 제1-266호).

    ㉢ 파산법인이 신임이사를 선임한 경우에는 "법인의 대표자"는 기존 이사의 퇴임등기와 신임이사의 취임등기를 신청할 수 있다(상업등기선례 제1-266호). `기출` 13

⑥ 사망, 파산, 성년후견개시 등에 의한 퇴임

    ㉠ 이사와 회사의 관계는 민법의 위임에 관한 규정이 준용되기 때문에, 이사는 위임의 종료사유에 의하여 종임된다(민법 제690조). 따라서 회사(위임인)가 해산·파산한 경우, 이사(수임인)가 사망하거나 파산한 경우 및 이사(수임인)가 성년후견개시의 심판을 받은 경우에는 위임계약이 종료되어 이사는 당연히 퇴임한다(상법 제382조 제2항, 민법 제690조). `기출` 23

    ㉡ 회사가 정관으로 이사가 가질 주식의 수(자격주)를 정하거나 일정한 자격요건을 정한 경우, 취임 후에 이사가 주식양도 등에 의하여 정관으로 정한 주식의 수에 미달하는 주식을 갖게 되거나 정관 소정의 자격요건을 갖추지 못하게 되는 때에는 당해 이사는 자격상실로 당연히 퇴임한다(상법 제387조).

    ㉢ 이사가 취임 후에 사형, 무기징역 또는 무기금고의 판결을 받거나 자격정지형을 받은 경우 그 직을 상실한다(형법 제43조 제1항 제4호·제44조).

    ㉣ 사외이사의 경우·취임 후에 회사의 상무에 종사하는 이사 및 피용자가 되거나 최대주주가 되는 등 그 결격사유에 해당하게 된 때에는 당연히 그 직을 상실한다(상법 제382조 제3항·제542조의8 제2항).

(8) 이사의 권리의무가 있는 자

① "임기만료" 또는 "사임"으로 퇴임한 결과 법률 또는 정관에 정한 이사의 원수를 결한 경우 그 퇴임한 이사는 새로 선임된 이사가 취임할 때까지 이사의 권리의무가 있다(상법 제386조 제1항).

② 수인의 이사가 동시에 임기의 만료나 사임에 의하여 퇴임함으로 말미암아 법률 또는 정관에 정한 이사의 원수(최저인원수 또는 특정한 인원수)를 채우지 못하게 되는 경우, 특별한 사정이 없는 한 그 퇴임한 이사 전원은 새로 이사가 선임되어 취임할 때까지 이사의 권리의무가 있다.

③ 회사의 대표자는 이사의 임기만료 또는 사임 등의 사유가 발생한 경우 그 이사의 퇴임등기를 신청하여야 하지만, 법률 또는 정관에 정한 이사의 인원수를 결한 경우(임기만료 또는 사임에 한정한다)에는 후임이사의 취임등기를 하기 전 퇴임한 이사의 퇴임등기만을 신청할 수 없다(등기예규 제1538호 제2조 제2항, 대결 2005.3.8. 2004마800). `기출` 18

④ 결원된 이사 일부를 선임하였지만 새로 취임한 이사와 잔존 이사만으로는 이사의 정원에 미달한 경우에도, 퇴임하는 이사는 이사로서의 권리의무가 있으므로 퇴임하는 이사만의 퇴임등기를 할 수도 없다. 다만, 새로 이사를 선임한 결과 이사의 수가 정관에서 정한 원수를 초과하더라도 적법하게 취임한 후임 이사의 취임등기는 가능하다 할 것이다(상업등기선례 제2-119호). **기출** 15

⑤ 반면, 주식회사의 "대표이사"가 이사직을 사임함으로 인하여 법률 또는 정관에서 정한 대표이사의 원수를 결하게 되었지만 이사의 원수를 결하지 않는 경우, 당해 퇴임한 이사에 관하여는 이사의 결원에 관한 상법 제386조 제1항이 적용되지 않으므로 그 이사는 이사로서의 권리의무가 없으며, 대표이사직의 전제인 이사 또는 이사로서의 권리의무가 있는 자의 자격이 없으므로 대표이사로서의 권리의무도 없다(상업등기선례 제2-35호). **기출** 13

⑥ 이사가 임기만료 또는 사임에 의하여 퇴임한 것이 아니라, "해임, 자격상실, 사망, 파산, 성년후견의 개시 등으로 퇴임한 경우"에는 그로 인하여 법률 또는 정관에 정한 이사의 원수를 결하는 결과가 발생하더라도 해임 등에 의하여 퇴임한 이사가 후임 이사가 취임할 때까지 이사의 권리의무를 행사하는 것이 아니다.

⑦ 상법 제386조 제1항에 따라 이사의 권리의무를 행사하고 있는 퇴임이사로 하여금 이사로서의 권리의무를 가지게 하는 것이 불가능하거나 부적당한 경우 등 필요한 경우에는 상법 제386조 제2항에 정한 일시이사의 직무를 행할 자의 선임을 법원에 청구할 수 있으므로, 이와는 별도로 상법 제386조 제1항에 정한 바에 따라 이사의 권리의무를 행사하고 있는 퇴임이사를 상대로 해임사유의 존재나 임기만료·사임 등을 이유로 그 직무집행의 정지를 구하는 가처분신청은 허용되지 않는다(대결 2009.10.29. 2009마1311). **기출** 15

⑧ 상법 제386조 제1항에 의하여 임기만료 또는 사임으로 인하여 퇴임한 이사가 새로 선임된 이사가 취임할 때까지 이사로서의 권리의무가 있는 경우에는, 이사의 퇴임등기를 하여야 하는 2주 또는 3주의 "등기기간"은 퇴임한 이사의 퇴임일로부터 기산하지 않고 "후임이사의 취임일"로부터 기산하여야 하며, 후임이사의 취임등기를 하기 전에는 퇴임한 이사의 퇴임등기만을 할 수 없다(대결 2005.3.8. 2004마800). **기출** 24

(9) 일시이사

① 법률 또는 정관에 정한 이사의 원수를 결하게 된 경우 필요하다고 인정할 때에는 법원은 이사·감사 기타 이해관계인의 청구에 의하여 일시적으로 이사의 직무를 행할 자를 선임할 수 있다(상법 제386조 제2항). **기출** 15

② 일시이사를 선임할 수 있는 '필요한 때'란 이사의 사망으로 결원이 생기거나 종전의 이사가 해임된 경우, 이사가 중병으로 사임하거나 장기간 부재중인 경우와 같이 퇴임이사로 하여금 이사로서의 권리의무를 가지게 하는 것이 불가능하거나 부적당한 경우를 의미한다(대결 2000.11.17. 2000마5632; 대결 2001.12.6. 2001그113).

③ 일시이사의 선임이 가능한 때란 법률 또는 정관에 정한 이사의 원수를 결한 일체의 경우를 말하는 것이지 단지 임기의 만료 또는 사임으로 인하여 원수를 결한 경우만을 지칭하는 것이 아니다(대판 1964.4.28. 63다518).

④ 이사의 "해임"의 경우에도 필요하다고 인정할 때에는 법원은 이사, 감사 기타 이해관계인의 청구에 의하여 일시이사의 직무를 행사할 자를 선임할 수 있다(상법 제386조 제2항).

⑤ 일시이사는 직무대행자선임 가처분결정에 의하여 선임된 이사의 직무대행자와 달리, "회사의 상무에 속하지 않는 행위"도 처리할 수 있기 때문에 그 권한은 본래의 이사의 권한과 같다(대판 1968.5.22. 68마119 결정).

⑥ 법원이 일시이사의 직무를 행할 자를 선임한 때에는 "법원의 촉탁"으로 본점의 소재지에서 그 등기를 하여야 한다(상법 제386조 제2항, 비송법 제107조 제4호). 기출 15 · 18

⑦ 일시이사의 경우 새로 이사가 선임된 때에는 당연히 그 지위를 상실한다(규칙 제131조 제1항).

⑧ 새로운 이사 등(대표이사, 청산인, 대표청산인, 감사)의 선임의 등기를 할 때에는 일시이사 등의 직무를 행할 자에 관한 등기를 등기관이 "직권으로 말소"하여야 한다(규칙 제131조 제1항). 기출 13 · 15

(10) 이사의 직무집행정지 및 직무대행자 선임

① 이사선임결의의 무효나 취소 또는 이사해임의 소가 제기된 경우 법원은 당사자의 신청에 의하여 가처분으로써 이사의 직무집행을 정지할 수 있고, 직무대행자를 선임할 수 있다.

> 이사 등의 직무집행정지 또는 직무대행자선임의 가처분과 달리, '신청인의 피신청인을 상대로 한 이사회결의무효확인등청구사건의 본안판결 확정시까지 신청인은 피신청인의 공동대표이사의 지위에 있음을 임시로 정한다.'는 내용의 가처분(이하, '지위보전가처분'이라 한다)은 그것을 등기할 수 있도록 하는 법령의 규정이 없으므로 등기할 수 없다. 지위보전가처분은 등기할 사항이 아니므로, 등기되었더라도 일정한 절차를 거쳐 등기관에 의해 직권으로 말소되어야 한다(비송사건절차법 제159조 제2호, 제234조 내지 제237조, 상업등기선례 제2-88호).
> 기출 23

② 급박한 사정이 있는 때에는 본안 소송의 제기 전에도 그 처분을 할 수 있다(상법 제407조 제1항).

③ 직무대행자 선임의 재판은 회사의 본점 소재지 지방법원 합의부가 관할한다(비송법 제72조 제1항). 기출 17

④ 이사의 직무대행자는 가처분명령에 다른 정함이 있는 경우 외에는 "회사의 상무에 속하지 아니한 행위"를 하지 못하는데, 법원의 허가를 얻은 경우에는 그러하지 아니하다(상법 제408조 제1항).

⑤ 법원은 당사자의 신청에 의하여 위 가처분을 변경 또는 취소할 수 있다(상법 제407조 제2항).

⑥ 이사 등의 직무집행정지가처분 또는 직무대행자선임가처분, 그 가처분의 변경 또는 취소의 처분이 있는 때에는 본점의 소재지에서 그 등기를 하여야 하는데(상법 제407조 제3항, 제415조, 제415조의2 제7항, 제542조 제2항), 이 등기는 법원사무관등의 촉탁에 따라 등기한다(민사집행법 제306조 본문). 기출 17

⑦ 이사 등의 직무집행정지 등의 가처분의 등기를 하는 때에는 법원의 명칭, 사건번호 및 재판의 확정연월일 또는 재판연월일을 기록하여야 한다(등기예규 제1826호 제4조). 기출 17

⑧ 직무집행정지 또는 직무대행자에 관한 등기가 마쳐진 이사, 대표이사, 집행임원, 대표집행임원, 청산인, 대표청산인, 감사 또는 감사위원회 위원에 대하여 그 이사 등의 선임결의의 부존재, 무효나 취소 또는 해임의 등기를 할 때에는 그 직무집행정지 또는 직무대행자에 관한 등기를 말소하여야 한다(규칙 제131조 제2항). 이 등기는 등기관이 직권으로 말소한다. 기출 17 · 15

2. 대표이사의 취임 · 퇴임 등

① 대표이사의 의의 : 대표이사는 대내적으로는 회사의 업무를 집행하고, 대외적으로는 회사를 대표하는 권한을 가진 주식회사의 필요기관이다.

② 대표이사의 권한

    ㉠ 대표이사는 주주총회와 이사회가 결정한 사항을 집행하고, 이사회가 위임한 사항과 일상 업무에 관한 사항을 결정 · 집행할 권한을 갖는다.

    ㉡ 대표이사가 수인이 있는 경우에도 원칙적으로 각자 단독으로 회사를 대표하지만 예외적으로 공동대표인 경우에는 공동으로 회사를 대표한다(상법 제389조 제2항).

    ㉢ 대표이사는 회사의 영업에 관한 재판상 또는 재판외의 모든 행위에 회사를 대표할 수 있는 권한을 가지는데(상법 제389조 제3항 · 제209조 제1항), 대표권에 대한 정관이나 이사회규칙 또는 이사회 결의에 의한 내부적 제한은 선의의 제3자에게 대항하지 못하고(상법 제389조 제3항 · 제209조 제2항), 이를 등기할 수 없다.

    ㉣ 대표이사는 이사와 회사 간의 소송행위에 관해서는 누가 원고이고 피고인가를 불문하고 대표권이 없고, 이때는 감사 또는 감사위원회가 회사를 대표한다(상법 제394조 제1항, 제415조의2 제7항).

    ㉤ 감사를 선임하지 아니한 소규모 주식회사가 이사에 대하여 또는 이사가 그 회사에 대하여 소를 제기하는 경우에 회사, 이사 또는 이해관계인은 법원에 회사를 대표할 자를 선임하여 줄 것을 신청하여야 하고(상법 제409조 제5항), 감사위원회 위원이 소의 당사자인 경우에는 감사위원회 또는 이사의 신청에 의하여 법원이 선임한 자가 회사를 대표한다(상법 제394조 제2항).

③ 대표이사의 자격

    ㉠ 대표이사는 이사의 자격을 전제로 하므로(상법 제389조 제1항 본문) 이사 이외의 자를 대표이사로 선임하는 것은 불가능하다.

    ㉡ 하지만, 이사의 권리의무를 행사하는 자(상법 제386조 제1항), 일시이사의 직무를 행하는 자(상법 제386조 제2항), 이사직무대행자(상법 제407조 제1항)를 대표이사로 선임하는 것은 가능하다.

    ㉢ 대표이사의 대표권은 업무집행권을 전제로 하므로 대표이사로 등기되는 이사는 회사의 상무에 종사하는 '사내이사'(업무담당이사)이어야 하고, '사외이사' 또는 '그 밖에 상무에 종사하지 아니하는 이사'(기타비상무이사)는 대표이사로 등기할 수 없다(상업등기선례 제2-33호). **기출** 16

    ㉣ 이사 또는 대표이사에 의한 법인인 채무자 재산의 도피, 은닉 또는 고의적인 부실경영 등의 원인에 의하여 회생절차가 개시된 때에는 회생계획으로 당해 이사 또는 대표이사를 유임하게 할 수 없고(채무자회생법 제203조 제2항), 그 이사 또는 대표이사는 회생절차종결의 결정이 있은 후에도 채무자의 이사로 선임되거나 대표이사로 선정될 수 없다(같은 법 제284조).

④ 대표이사의 원수(員數)

    ㉠ 상법상 대표이사의 원수에 관하여 아무런 제한이 없으므로 1인 또는 수인을 대표이사로 선임할 수 있는데, 이사 전원을 대표이사로 선임하는 것도 가능하다.

    ㉡ 대표이사가 수인인 경우에도 수인의 대표이사는 원칙적으로 각자 독립하여 회사를 대표한다.

    ㉢ 다만, 회사는 정관 또는 이사회의 결의로써 수인의 대표이사가 공동으로 회사를 대표하도록 정할 수 있다(상법 제389조 제2항, 대판 1993.1.26. 92다11008). **기출** 23

⑤ 대표이사의 취임

   ⑦ 주식회사는 <u>이사회의 결의로 회사를 대표할 이사를 선정하여야</u> 한다. 그러나 <u>정관으로 주주총회에서 이를 선정할 것을 정할 수 있다</u>(상법 제389조 제1항). **기출** 23

   ⓛ 이사회에서 대표이사를 선임하는 경우 정관으로 그 비율을 높게 정하지 않는 한 <u>이사 과반수의 출석과 출석이사의 과반수로 선임한다</u>(상법 제391조 제1항). 정관 규정에 의해 주주총회에서 대표이사를 선정하는 경우에는 정관에 다른 정함이 없으면 <u>주주총회 보통결의(출석한 주주의 의결권의 과반수와 발행주식총수의 4분의 1 이상의 수)로써 선임한다</u>(상법 제368조 제1항). <u>이사회 또는 주주총회에서 대표이사를 선임하는 경우 그 후보자인 이사 또는 주주는 특별이해관계인에 해당하지 않는다.</u>

   ⓒ 대표이사의 지위는 이사의 지위와는 별개이므로, 대표이사로 선정된 자가 대표이사에 취임하기 위해서는 이사직 외에 <u>대표이사직에의 취임에 대한 승낙의 의사표시가 필요하다</u>(규칙 제130조 · 제154조 제2항 · 제104조 제1항).

⑥ 대표이사의 퇴임

   ⑦ 이사지위의 상실

      ㉮ <u>대표이사가 이사의 지위를 잃을 경우 대표이사직도 당연 퇴임한다.</u>

      ㉯ 이사의 권리의무를 행하는 자(상법 제386조 제1항), 일시이사의 직무를 행하는 자(상법 제386조 제2항), 이사직무대행자(상법 제407조 제1항)로 대표이사가 된 자가 그러한 자격을 상실한 경우에도 대표이사 지위를 잃는다.

   ⓛ 대표이사직의 사임

      ㉮ 주주총회결의 또는 이사회결의에 의하여 선임된 이사는 <u>언제든지 위임계약을 해지하는 방식으로 이사직과 대표이사직을 모두 사임할 수 있고, 대표이사의 직만을 사임할 수도 있다.</u>

      ㉯ 회사의 대표자가 사임하는 경우에는 잔존하는 다른 대표이사, 이사회, 대표이사의 사임으로 그 권한을 대행하게 될 자 등 사임의 의사표시를 수령할 권한이 있는 자에게 사임의 의사표시를 하면 되고, 그에게 사임의 의사표시가 도달한 때에 사임의 효력이 발생한다(대판 2007.5.10. 2007다7256).

   ⓒ 대표이사직의 해임

      ㉮ 대표이사는 원칙적으로 이사회의 결의로 선정하므로 해임할 때에도 이사회의 결의에 의하여 한다. 다만, 정관의 정함에 의하여 주주총회에서 대표이사를 선정한 때에는 주주총회에서 해임한다(상법 제389조 제1항).

      ㉯ 이사회에서 대표이사를 해임하는 결의를 함에 있어서는 해임 대상이 되는 대표이사는 특별이해관계인에 해당하지 않는다고 본다.

   ⓔ 정관상의 퇴임사유의 발생

      ㉮ 대표이사의 자격을 정관으로 정한 경우 그 자격상실 사유가 발생하면 당연 퇴임하는데, 대표이사의 자격을 일반이사의 자격보다 가중해서 정하는 것도 가능하다.

      ㉯ 대표이사의 임기에 관하여 상법에 규정이 없지만 정관 또는 선임기관의 결의로 이를 정할 수 있다.

      ㉰ 만약 선임기관도 대표이사의 임기를 정하지 않았다면 대표이사는 이사의 자격을 전제로 하므로 <u>대표이사의 임기는 이사의 임기에 따른다.</u>

㉕ 회생절차가 진행 중인 회사의 경우에는 회생계획에 대표이사의 변경에 관한 사항을 정할 수 있는 데(채무자회생법 제193조 제2항), 새롭게 대표이사를 선정하는 때에는 회생계획에 의하여 선정되는 자와 그의 임기 또는 그 선정의 방법과 임기를 정하여야 하고(채무자회생법 제203조 제1항), 기존 대표이사 중 유임하게 할 자가 있는 때에는 회생계획에 그 자와 그의 임기를 정하여야 한다(채무자회생법 제203조 제2항 본문). 이 경우 이사의 임기가 1년을 넘지 못하기 때문에 대표이사의 임기도 이를 초과해서 정할 수 없다.

⑦ 대표이사로서의 권리의무가 있는 자
　　㉠ 법률 또는 정관에 정한 대표이사의 원수를 결한 경우, 임기만료 또는 사임으로 퇴임한 대표이사는 새로 후임자가 취임할 때까지 대표이사의 권리의무가 있다(상법 제389조 제3항, 제386조 제1항).
　　㉡ 대표이사가 이사 지위의 임기만료 또는 사임으로 퇴임함으로써 법률 또는 정관에 정한 이사 원수에 결원이 있지만 대표이사의 원수에는 결원이 없는 경우에는 이사로서의 권리의무만 행사할 수 있고 대표이사로서의 권리의무를 행사할 수는 없다.

⑧ 일시 대표이사, 대표이사 직무대행자
　　㉠ 법률 또는 정관에 정한 대표이사의 원수를 결하게 된 경우, 필요하다고 인정할 때에는 법원은 이사·감사 기타 이해관계인의 청구에 의하여 일시적으로 대표이사의 직무를 행할 자를 선임할 수 있다(상법 제389조 제3항, 제386조 제2항).
　　㉡ 명시적 규정은 없지만 대표이사인 이사의 선임결의의 무효나 취소 또는 이사해임의 소가 제기된 경우, 법원은 당사자의 신청에 의하여 가처분으로써 대표이사의 직무집행을 정지할 수 있고, 직무대행자를 선임할 수 있는 것으로 해석하고 있다.

⑨ 공동대표의 규정
　　㉠ 대표이사가 수인인 경우 정관에 별도의 규정이 없으면 각 대표이사는 원칙적으로 각자 단독으로 회사를 대표하지만 선임기관인 이사회 또는 주주총회의 결의로 수인의 대표이사가 공동으로 회사를 대표할 것을 정할 수 있는데(상법 제389조 제2항), 수인의 대표이사 중 일부는 단독대표로, 나머지 일부는 공동대표로 선임하는 것도 가능하다.
　　㉡ 정관에 별도의 규정이 없으면 이사회결의로 공동대표를 정한 때에는 이사회의 결의로(대판 1993.1.26. 92다11008), 주주총회의 결의로 공동대표를 정한 때에는 주주총회의 결의로 공동대표에 관한 정함을 변경하거나 폐지할 수 있다.
　　㉢ 공동대표로 정해진 이사 중 1인이 사망, 해임 등의 사유로 퇴임하더라도 공동대표의 정함이 폐지되지 않는 한, 다른 공동대표이사가 단독으로 회사를 대표할 수 있게 되는 것은 아니다.
　　㉣ 공동대표이사는 상대방에 대한 의사표시를 공동으로 하여야 하고, 등기신청, 어음행위 등과 같은 요식행위의 경우에는 공동대표이사 전원이 기명날인 또는 서명하여야 한다.
　　㉤ 하지만 공동대표이사가 상대방으로부터 의사표시를 수령하는 것은 공동대표이사 중 1인이 하면 된다(상법 제389조 제3항, 제208조 제2항).

3. 집행임원의 취임·퇴임 등

① 집행임원의 의의

　㉠ 집행임원은 이사회에서 선임되어 회사의 업무를 집행하는 회사의 집행기관이다.

　㉡ 집행임원은 2011.4.14. 개정상법에 의하여 도입된 제도로 주식회사는 그의 선택에 따라 대표이사에 갈음하여 집행임원을 둘 수 있다.

　㉢ 집행임원을 둔 회사(= 집행임원 설치회사)는 대표이사를 두지 못한다(상법 제408조의2 제1항). 따라서 대표이사와 집행임원을 동시에 등기할 수 없다. 집행임원을 둔 회사가 대표이사의 취임등기를 신청하였다면 이를 각하하여야 한다. **기출** 23·18·12

　㉣ 집행임원을 둔 회사의 대표자는 정관, 선임을 증명하는 이사회의사록, 취임승낙을 증명하는 서면 및 인감증명 또는 공증인의 인증서면을 첨부하여 집행임원의 취임등기를 신청하여야 한다. 다만, 대표이사가 있는 회사의 경우에는 대표이사의 퇴임등기도 동시에 신청하여야 한다(등기예규 제1538호 제4조 제1항).

② 집행임원의 권한과 책임

　㉠ 집행임원은 집행임원 설치회사의 업무를 집행하고, 정관이나 이사회의 결의에 의하여 위임받은 업무집행에 관한 의사를 결정한다(상법 제408조의4).

　㉡ 집행임원은 필요하면 회의의 목적사항과 소집이유를 적은 서면을 이사(소집권자가 있는 경우에는 소집권자를 말한다)에게 제출하여 이사회 소집을 청구할 수 있다. 이 청구를 한 후 이사가 지체 없이 이사회 소집절차를 밟지 아니하면 소집을 청구한 집행임원은 법원의 허가를 받아 이사회를 소집할 수 있다. 이 경우 이사회 의장은 법원이 이해관계자의 청구에 의하여 또는 직권으로 선임할 수 있다(상법 제408조의7).

　㉢ 집행임원이 고의 또는 과실로 법령이나 정관을 위반한 행위를 하거나 그 임무를 게을리한 경우에는 그 집행임원은 집행임원 설치회사에 손해를 배상할 책임이 있다(상법 제408조의8 제1항). **기출** 12

③ 집행임원의 자격

　㉠ 상법은 집행임원의 자격에 관하여 특별한 제한규정을 두고 있지 않다.

　㉡ 정관으로 집행임원의 자격을 제한한 경우 그 내용이 사회질서에 위반되지 아니하면 허용된다고 본다.

　㉢ 이사가 집행임원을 겸할 수 있으나 집행임원은 당해 회사 및 자회사의 감사를 겸직할 수는 없다고 본다(상법 제411조).

④ 집행임원의 원수(員數) : 상법상 집행임원의 원수에 관하여 아무런 제한이 없으므로 1인 또는 수인을 집행임원으로 선임할 수 있다.

⑤ 집행임원의 취임과 퇴임

　㉠ 집행임원 설치회사에서 집행임원의 선임과 해임의 권한은 이사회에 있다(상법 제408조의2 제3항 제1호). 대표이사의 선임과 달리, 집행임원을 정관으로 주주총회에서 선임하는 것으로 정할 수 없다.

기출 23

　㉡ 이사회는 정관에 높은 비율로 달리 규정하고 있지 않는 한 이사 과반수의 출석과 출석이사 과반수의 찬성으로 집행임원을 선임 또는 해임한다(상법 제391조 제1항).

ⓒ 집행임원의 선임기관은 이사회이므로 <u>자본금 총액이 10억원 미만인 소규모 주식회사로서 이사를 1명 또는 2명을 둔 경우에는 집행임원을 선임할 수 없다.</u>

ⓔ 이사회에서 집행임원을 선임하는 경우 그 후보자인 이사는 특별이해관계인(상법 제368조 제3항)에 해당하지 않는다.

ⓜ 집행임원으로 선임된 자가 집행임원에 취임하기 위해서는 집행임원직에의 취임에 대한 승낙의 의사표시가 필요하다(규칙 제130조, 제154조 제2항, 제104조 제1항).

ⓗ 집행임원의 임기는 정관에 다른 규정이 없으면 2년을 초과하지 못한다(상법 제408조의3 제1항). 다만, 집행임원의 임기는 정관에 그 임기 중의 최종 결산기에 관한 정기주주총회가 종결한 후 가장 먼저 소집하는 이사회의 종결 시까지로 정할 수 있다(상법 제408조의3 제2항). **기출** 12

ⓢ 집행임원은 임기 중 언제라도 사임할 수 있고, 이사회는 임기 중이라도 집행임원에게 정당한 사유가 있거나 없거나 불문하고 언제든지 집행임원을 해임할 수 있다(상법 제408조의2 제2항).

ⓞ 기타의 퇴임사유로는 집행임원의 자격상실 또는 자격정지, 법률이 정한 자격상실, 정관에 정한 자격상실, 사망, 파산 또는 성년후견의 개시, 회사의 해산이 있다.

⑥ 대표집행임원의 취임과 퇴임

　ⓖ 집행임원 설치회사에서는 대표집행임원이 회사를 대표한다. <u>2명 이상의 집행임원이 선임된 경우에는 이사회 결의로 집행임원 설치회사를 대표할 대표집행임원을 선임하여야 한다. 다만, 집행임원이 1명인 경우에는 그 집행임원이 대표집행임원이 된다</u>(상법 제408조의5 제1항). **기출** 12

　ⓛ 이사회는 수인의 대표집행임원이 공동으로 회사를 대표할 것을 정할 수 있다(상법 제408조의5 제2항, 제389조 제2항). 주식회사의 설립등기에 있어서는 '<u>둘 이상의 대표집행임원이 공동으로 회사를 대표할 것을 정한 경우에는 그 규정</u>'을 등기하여야 한다(상법 제317조 제2항). **기출** 23

　ⓒ 대표집행임원에 관하여 상법에 다른 규정이 없으면 주식회사의 대표이사에 관한 규정을 준용한다(상법 제408조의5 제2항).

　ⓔ 대표집행임원의 선임과 해임은 이사회의 권한이다(상법 제408조의2 제3항 제1호). 이사회는 정관에 높은 비율로 달리 규정하고 있지 않는 한 <u>이사 과반수의 출석과 출석이사 과반수의 찬성으로 대표집행임원을 선임 또는 해임</u>을 할 수 있다(상법 제391조 제1항).

　ⓜ 대표집행임원의 임기에 관하여는 상법상 그 규정이 없다. 따라서 임기에 관하여 정관에 규정이 있다면 그에 따르고, 정관에 규정이 없으면 이사회 결의로 이를 정할 수 있다. <u>이사회 결의로도 정하지 않았다면 대표집행임원은 집행임원의 자격을 전제로 하므로 집행임원의 임기에 따른다.</u>

　ⓗ 대표집행임원의 퇴임사유는 집행임원의 자격상실, 임기를 정한 경우에는 임기만료, 사임, 해임, 법률이 정한 자격상실 및 정관에 정한 퇴임사유의 발생이다.

⑦ **대표집행임원으로서의 권리의무가 있는 자** : 법률 또는 정관에 정한 대표집행임원의 원수를 결한 경우에는 임기만료 또는 사임으로 인하여 퇴임한 대표집행임원은 새로 선임된 대표집행임원이 취임할 때까지 대표집행임원의 권리의무가 있다(상법 제408조의5 제2항, 제389조 제3항, 제386조 제1항).

⑧ 일시(대표)집행임원·(대표)집행임원직무대행자

　㉠ 법률 또는 정관에 정한 집행임원 또는 대표집행임원의 원수를 결하게 된 경우, 필요하다고 인정한 때에는 법원은 이사, 감사, 기타 이해관계인의 청구에 의하여 일시집행임원 또는 일시대표집행임원의 직무를 행할 자를 선임할 수 있다. 일시(대표)집행임원은 본점 소재지에서 그 등기를 하여야 한다(상법 제408조의5 제2항, 제389조 제3항, 제386조 제2항).

　㉡ (대표)집행임원선임결의의 무효나 취소 또는 (대표)집행임원해임의 소가 제기된 경우에는 법원은 당사자의 신청에 의하여 가처분으로써 (대표)집행임원의 직무집행을 정지할 수 있고, 또 직무대행자를 선임할 수 있으며, 급박한 사정이 있는 때에는 본안 소송의 제기 전에도 그 처분을 할 수 있다. 집행임원·대표집행임원 직무집행정지 및 직무대행자 선임 가처분이 있는 때에는 본점의 소재지에서 그 등기를 하여야 한다(상법 제408조의9·제407조, 민사집행법 제306조). 집행임원 직무대행자는 가처분명령에 다른 정함이 있는 경우 외에는 회사의 상무에 속하지 아니한 행위를 하지 못하나, 법원의 허가를 얻은 경우에는 그러하지 아니하다(상법 제408조의9, 제408조 제1항).

⑨ 집행임원의 취임·퇴임등기신청

> **집행임원의 취임·퇴임등기신청(등기예규 제1538호 제4조)**
> ① 집행임원을 둔 회사의 대표자는 다음 각 호의 서면을 첨부하여 집행임원의 취임등기를 신청하여야 한다. 다만, 대표이사가 있는 회사의 경우에는 대표이사의 퇴임등기도 동시에 신청하여야 한다.
> 　1. 정관
> 　2. 선임을 증명하는 이사회의사록
> 　3. 취임승낙을 증명하는 서면 및 인감증명 또는 공증인의 인증서면
> ② 제1항의 대표자는 집행임원의 임기만료 또는 사임 등의 사유가 발생한 경우에는 그 임원의 퇴임등기를 신청하여야 한다. 다만, 정관에 집행임원의 임기를 그의 임기 중의 최종 결산기에 관한 정기주주총회가 종결한 후 가장 먼저 소집하는 이사회의 종결 시까지로 정한 경우 집행임원의 퇴임연월일에 관하여는 제2조 제3항을 준용한다.
> ③ 집행임원이 이사를 겸한 경우에는 다음 각 호의 구분에 따라 집행임원의 취임등기와 퇴임등기를 신청하여야 한다.
> 　1. 동일인을 이사 및 집행임원으로 선임한 경우에는 이사의 취임등기와 집행임원의 취임등기를 각각 신청하여야 한다. 다만, 이사의 취임등기가 된 집행임원을 선임하는 경우에는 집행임원의 취임등기만 신청한다.
> 　2. 이사를 겸한 집행임원에 대해 동일한 퇴임사유가 있는 경우에는 이사의 퇴임등기와 집행임원의 퇴임등기를 동시에 신청하여야 한다. 다만, 이사와 집행임원에 대해 각 퇴임사유가 있는 경우에는 이사의 퇴임등기 또는 집행임원의 퇴임등기를 각각 신청하여야 한다.

4. 감사 또는 감사위원회 위원의 취임·퇴임 등

① 서 설

    ㉠ 주식회사는 필요적 기관으로 감사를 두어야 한다(상법 제296조 제1항·제312조).

    ㉡ 예외적으로 소규모 주식회사는 회사의 선택에 따라 감사를 두지 않을 수 있다(상법 제409조 제4항).
    기출 12

    ㉢ 회사는 정관이 정한 바에 따라 감사에 갈음하여 이사회 내에 감사위원회를 설치할 수 있는데, 이를 설치한 경우에는 감사를 둘 수 없다(상법 제415조의2).

    ㉣ 최근 사업연도 말 현재의 자산총액이 1천억원 이상인 상장회사는 상근감사를 1명 이상 두어야 하는데, 상법 등에 따라 감사위원회를 설치한 때에는 그러하지 아니하다(상법 제542조의10 제1항, 상법 시행령 제36조 제1항).

    ㉤ 최근 사업연도 말 현재의 자산총액이 2조원 이상인 대규모 상장회사의 경우에는 감사 대신에 이사회 내에 감사위원회를 설치하여야 한다(상법 제542조의11, 상법 시행령 제37조 제1항).

② 감 사

    ㉠ 감사의 의의 : 감사는 이사의 업무집행과 회계를 감사할 권한을 가진 주식회사의 필요적 상설기관이다. 감사는 수인인 경우에도 각자 단독으로 그 권한을 행사한다(상법 제412조 제1항, 대판 2003.3.4. 2003다4112).

    ㉡ 감사의 자격 등

        ㋐ 감사의 자격은 상법상 특별한 제한이 없지만 정관으로 감사의 자격을 제한할 수 있고, 특별법에서 감사의 자격을 제한하는 경우도 있다(자본시장법 제24조, 은행법 제18조 제1항 등).

        ㋑ 감사는 그 직무의 성질상 이사와 마찬가지로 자연인에 한하므로 법령상 특별한 규정이 없는 한 법인은 감사가 될 수 없다.

        ㋒ 감사는 회사 및 자회사의 이사 또는 지배인 기타의 사용인의 직무를 겸하지 못한다(상법 제411조).

        ㋓ 감사와 회사와의 관계에는 민법의 위임에 관한 규정을 준용하므로(상법 제415조, 제382조 제2항) 피성년후견인이나 파산자는 감사에 선임되지 못하고, 만약 취임 후에 이에 해당하게 된 때에는 당연히 감사직을 상실한다(민법 제690조).

        ㋔ 미성년자나 피한정후견인 법정대리인의 동의를 얻어 감사가 될 수 있지만(민법 제5조 제1항, 제10조), 최근 사업연도 말 현재의 자산총액이 1천억원 이상인 상장회사의·상근감사는 될 수 없고, 상근감사가 취임 후에 피한정후견인 또는 피성년후견인이 된 경우에는 당연히 그 직을 상실한다(상법 제542조의10 제2항 제1호, 제542조의8 제2항 제1호).

        ㋕ 사형, 무기징역 또는 무기금고의 판결을 선고받아 법인의 감사가 될 수 있는 자격이 상실되거나, 자격정지형에 의하여 법인의 감사가 되는 자격이 정지된 자도 감사가 될 수 없다(형법 제43조 제1항 제4호, 제44조).

        ㋖ 감사는 필요하면 회의의 목적사항과 소집이유를 서면에 적어 이사(소집권자가 있는 경우에는 소집권자를 말한다)에게 제출하여 이사회 소집을 청구할 수 있다. 이사회 소집을 청구를 하였는데도 이사가 지체 없이 이사회를 소집하지 아니하면 그 청구한 감사가 이사회를 소집할 수 있다(상법 제412조의4 제1항·제2항). **기출** 18

ⓒ 감사의 원수(員數)
  ㉮ 감사의 인원수에는 제한이 없으므로 1명의 감사만 두어도 된다.
  ㉯ 다만, 정관 또는 주주총회의 결의로 2명 이상의 감사를 둘 수 있다.
ⓔ 감사의 취임
  ㉮ 감사는 주주총회에서 선임한다(상법 제409조 제1항). 이사와 마찬가지로 감사의 선임은 주주총회의 전속적 권한사항이므로(상법 제361조) 정관의 규정으로도 그 선임을 이사회 등에 위임할 수 없다. 파산절차가 진행 중인 회사도 동일하다.
  ㉯ 감사는 정관에 다른 정함이 없는 한 주주총회의 보통결의(출석한 주주의 의결권의 과반수와 발행 주식총수의 4분의 1 이상의 수)로써 선임하는데(상법 제368조 제1항), (비상장회사의 경우) 의결권 없는 주식을 제외한 발행 주식총수의 100분의 3(정관에서 더 낮은 주식 보유비율을 정할 수 있으며, 정관에서 더 낮은 주식 보유비율을 정한 경우에는 그 비율로 한다)을 초과하는 주식을 가진 주주는 그 초과하는 주식에 관하여 감사의 선임에 있어서 의결권을 행사할 수 없다(상법 제409조 제2항). 회사는 정관으로 위 비율보다 낮은 비율을 정할 수 있다(상법 제409조 제3항). **기출** 23
  ㉰ 회사가 제368조의4 제1항에 따라 전자적 방법으로 의결권을 행사할 수 있도록 한 경우에는 제368조 제1항에도 불구하고 출석한 주주의 의결권의 과반수로써 감사의 선임을 결의할 수 있다. 즉, '발행주식총수의 4분의 1 이상'은 의결정족수 요건에서 배제된다(정찬형, 상법강의(상) 제25판, 1121면).
ⓜ 감사의 임기
  ㉮ 감사의 임기는 취임 후 3년 내의 최종의 결산기에 관한 정기총회의 종결 시까지로 한다(상법 제410조). 감사의 임기는 법정되어 있기 때문에 정관 또는 주주총회의 결의에 의하더라도 이를 단축하거나 연장할 수 없다.
  ㉯ 회사 설립 시 '최초 감사의 임기'는 최초 이사와 마찬가지로 '회사의 설립등기일'을 임기의 기산점으로 보는 것이 등기실무이다(상업등기선례 제1-408호, 제2-25호, 제2-125호).
  ㉰ 감사의 임기의 종기와 관련해서는 정관에 정한 시기 또는 기간 내에 최종의 결산기에 관한 정기주주총회가 개최되지 아니한 때에는 그 시기 또는 기간이 경과함과 동시에 그 임기가 만료하고, 정관에 정기주주총회의 개최시기에 관한 정함이 없는 때에는 정기주주총회는 상법의 관련 규정(상법 제354조)의 해석상 결산기로부터 3월 내에 개최되어야 하므로, 회사의 결산기가 12월 31일이라면 익년 3월 31일에 임기가 만료한다(상업등기선례 제1-162호).
  ㉱ 주식교환에 의하여 완전모회사가 되는 회사 또는 흡수합병 시 존속하는 회사의 감사로서 주식교환 또는 합병 전에 취임한 자는 주식교환계약서 또는 합병계약서에 다른 정함이 있는 경우를 제외하고는 주식교환 또는 합병 후 '최초로 도래하는 결산기의 정기주주총회가 종료하는 때'에 임기만료로 퇴임한다(상법 제360조의13, 제527조의4 제1항).
ⓗ 감사의 퇴임
  ㉮ 감사는 상법 제410조 등에 따른 임기만료로 퇴임한다.
  ㉯ 감사가 사망하거나 파산선고 또는 성년후견개시의 심판을 받은 경우(상법 제415조 · 제382조 제2항, 민법 제690조), 취임 후에 정관 소정의 자격요건을 갖추지 못하게 되는 등의 경우, 당해 감사는 당연 퇴임한다.

ⓒ 감사는 언제든지 제434조의 규정에 의한 주주총회의 특별결의(출석한 주주의 의결권의 3분의 2 이상의 수와 발행주식총수의 3분의 1 이상의 수)로 해임할 수 있다. 그러나 감사의 임기를 정한 경우에 정당한 이유 없이 그 임기만료 전에 이를 해임한 때에는 그 감사는 회사에 대하여 해임으로 인한 손해의 배상을 청구할 수 있다(상법 제415조, 제385조). 기출 23

ⓓ 회생절차가 진행 중인 회사에 관하여 채권자협의회가 구성되어 있는 때에는 법원이 채권자협의회의 의견을 들어 감사(또는 감사위원회 위원)를 선임하는데(채무자회생법 제203조 제4항·제21조 제1항 제3호·제5항), 종전 감사로서 법원에 의하여 감사로 선임되지 못한 자는 법원에 의한 감사의 선임이 있는 때에는 해임된 것으로 본다(채무자회생법 제263조 제4항).

ⓢ 감사로서의 권리의무가 있는 자, 일시감사, 감사 직무대행자

ⓐ 감사도 이사와 마찬가지로 '임기만료' 또는 '사임'으로 퇴임한 경우에 그로 인하여 법률 또는 정관에 정한 감사의 원수를 결한 때에는 새로 선임된 감사가 취임할 때까지 감사의 권리의무가 있다(상법 제415조, 제386조 제1항). 그러나 감사가 '해임, 자격상실, 사망, 파산, 성년후견의 개시 등으로 퇴임한 경우'에는 새로운 감사가 취임할 때까지 감사의 권리의무가 인정되지 않는다. 기출 23

ⓑ 법률 또는 정관에 정한 감사의 원수를 결하게 된 경우 필요하다고 인정할 때에는 법원은 이사·감사 기타 이해관계인의 청구에 의하여 일시적으로 감사의 직무를 행할 자를 선임할 수 있다(상법 제415조, 제386조 제2항).

ⓒ 법원의 가처분결정에 의하여 감사의 직무집행을 정지하거나 직무대행자를 선임할 수 있다(상법 제415조, 제386조, 제407조).

③ 감사위원회 위원

감사위원회 일반

- 감사위원회는 감사에 갈음하여 이사의 업무집행과 회계를 감사할 권한을 가진 이사회 내 위원회로(상법 제393조의2), 회사는 정관이 정한 바에 따라 감사에 갈음하여 감사위원회를 설치할 수 있다.
- 감사위원회를 설치하는 경우에는 감사를 둘 수 없다(상법 제415조의2 제1항).
- 감사위원회의 설치는 원칙적으로 임의적이지만(상법 제415조의2 제1항), 대규모상장회사의 경우에는 감사위원회를 설치하여야 한다(상법 제542조의11 제1항).
- 감사위원회는 그 결의로 감사위원회를 대표할 자를 선정하여야 하는데, 수인의 위원이 공동으로 위원회를 대표할 것을 정할 수 있다(상법 제415조의2 제1항).
- 대규모 상장회사가 의무적으로 설치하는 감사위원회의 경우에는 위원 중 1명 이상은 대통령령으로 정하는 회계 또는 재무전문가이어야 하고, 감사위원회의 대표는 사외이사이어야 한다(상법 제542조의11 제1항·제2항, 상법 시행령 제37조 제1항 본문).

감사위원의 자격

- 감사위원회 위원은 이사 또는 사외이사의 자격을 전제로 하는 외에 상법상 원칙적으로 그 자격에 제한이 없다(상법 제415조의2 제1항).
- 이사의 자격을 전제로 한 감사위원회 위원이 이사의 임기가 만료된 후 다시 이사로 선임된 경우, 선임기관(이사회 또는 주주총회)에서 다시 감사위원회 위원으로 선임되지 않는 한 당연히 감사위원회 위원의 지위를 회복하는 것은 아니다.

감사위원의 원수 등

- 이사회 내 위원회는 원칙적으로 2인 이상의 이사로 구성되지만(상법 제393조의2 제3항), 감사위원회의 경우에는 3명 이상의 이사로 구성되며 사외이사가 위원의 3분의 2이상이 되어야 한다(상법 제415조의2 제2항). 기출 23·18
- 상장회사는 감사위원회 위원인 사외이사의 사임·사망 등의 사유로 인하여 사외이사의 수가 감사위원회의 구성요건, 즉 대규모 상장회사는 상법 제542조의11 제2항 및 제415조의2 제2항의 요건, 상법 제415조의2에 의하여 감사에 갈음하여 감사위원회를 설치한 상장회사는 상법 제415조의2 제2항의 요건에 미달하게 되면, 그 사유가 발생한 후 처음으로 소집되는 주주총회에서 그 요건에 합치되도록 하여야 한다(상법 제542조의11 제4항).

감사위원의 선임

- 선임기관
  - 정관이 정하는 바에 따라 감사에 갈음하여 이사회 내 위원회로서 감사위원회를 설치하는 경우(상법 제415조의2 제1항), 이사회에서 감사위원회 위원을 선임한다(상법 제393조의2 제1항·제2항 제3호). 파산절차가 진행 중인 회사도 동일하다.
  - 자산총액이 1천억원 이상 2조원 미만인 상장회사가 감사위원회를 둔 경우와 대규모 상장회사의 경우에는 주주총회의 결의로 감사위원회의 위원을 선임한다(상법 제542조의10 제1항, 제542조의12 제1항). 이 경우 먼저 이사를 선임하고 선임된 이사 중에서 감사위원을 선임하여야 한다(상법 제542조의12 제2항).
  - 회사 설립 시에 감사위원회를 설치하는 때에는 발기설립의 경우에는 발기인이, 모집설립의 경우에는 창립총회에서 감사위원회 위원을 선임하여야 한다(상법 제415조의2 제7항, 제296조 제1항, 제312조). **기출** 18
  - 채무자회생절차가 진행 중인 회사의 경우에는 채권자협의회의 의견을 들어(단, 채권자협의회가 구성된 경우에 한한다), 법원이 감사위원회 위원을 선임한다(같은 법 제21조 제1항 제3호·제5항·제203조 제4항).
- 선임결의 등
  - 이사회에서 감사위원회 위원을 선임하는 경우에는 정관으로 그 비율을 높게 정하지 않은 한 이사 과반수의 출석과 출석이사의 과반수로 선임한다(상법 제391조 제1항).
  - 주주총회에서 감사위원회 위원을 선임하는 경우에는 정관에 다른 정함이 있지 않는 한 보통결의(출석한 주주의 의결권의 과반수와 발행주식총수의 4분의 1 이상의 수)로써 선임한다(상법 제368조 제1항).
  - 감사위원회 위원은 이사 또는 사외이사의 자격을 전제로 하나 양자의 지위는 별개이므로 감사위원으로 취임하기 위해서는 이사 또는 사외이사직 외에 감사위원직에 대한 취임승낙의 의사표시가 필요하다(상법 제415조의2 제7항, 제382조 제2항).

감사위원의 임기

- 상법에는 감사위원회 위원의 임기에 관한 규정이 없다. 따라서 임기에 관하여 정관에 규정이 있으면 그에 따르고, 정관에 규정이 없으면 선임기관인 이사회 또는 주주총회의 결의로 이를 정할 수 있다. 선임기관의 결의로도 감사위원회 위원의 임기를 정하지 않았다면 감사위원회 위원은 이사의 자격을 전제로 하므로 이사의 임기에 따른다. **기출** 23
- 이사 또는 감사와 마찬가지로 회사의 흡수합병의 경우에는 존속회사의 합병 전에 취임한 감사위원회 위원은 합병계약서에 다른 정함이 있는 경우를 제외하고는 종전 임기가 남아 있는 경우에도 합병 후 최초로 도래하는 결산기의 정기주주총회가 종료하는 때에 퇴임한다(상법 제415조의2 제7항·제527조의4 제1항).

감사위원의 해임

- 감사위원회 위원은 원칙적으로 이사회에서 해임하는데(상법 제393조의2 제2항), 감사위원회 위원의 해임에 관한 이사회 결의는 이사 총수의 3분의 2 이상의 결의로 하여야 한다(상법 제415조의2 제3항). 선임요건보다 해임요건을 가중한 것은 감사위원회 위원의 독립성을 보장하기 위한 것이다. **기출** 23·18
- 최근 사업연도 말 현재 자산총액이 2조원 이상인 상장회사에서 감사위원회 위원을 선임하거나 해임하는 권한은 주주총회에 있고(제542조의12 제1항, 상법 제542조의11 제1항, 상법 시행령 제37조 제1항), 주주총회에서 이사를 선임한 후 선임된 이사 중에서 감사위원회 위원을 선임하여야 한다(상법 제542조의12 제2항). 한편, 자산총액이 1천억원 이상 2조원 미만인 상장회사로서 감사위원회를 설치한 경우(상법 제542조의10 제1항 단서)에도 상법 제542조의12의 절차가 동일하게 적용된다고 보아야 한다. 따라서 주주총회에서 감사위원회 위원을 선임하고 해임한다(송옥렬, 상법강의 제12판, 1135-1136면). **기출** 23·18

감사위원의 권리의무가 있는 자, 일시감사위원, 감사위원 직무대행자

감사위원회 위원에 대해서도 임기만료 또는 사임으로 퇴임한 감사위원회 위원의 감사위원회 위원으로서의 권리의무 인정에 관한 규정, 직무집행정지 및 직무대행자에 관한 규정을 준용하고 있다(상법 제393조의2 제5항·제415조의2 제7항·제386조 제1항·제407조). 하지만, 일시이사에 관한 규정(상법 제386조 제2항)은 준용하고 있지 않아(상법 제393조의2 제5항·제415조의2 제7항), 일시감사위원회 위원을 선임할 수 있는지 의문이 있지만 선임이 필요한 경우가 있으므로 유추하여 선임할 수 있다고 본다.

5. 이사 · 대표이사 · 집행임원 · 감사 등의 성명, 주소 등의 변경

① 이사, 대표이사, 집행임원, 감사, 감사위원회 위원(이하, 이 절에서 '이사 등'이라고 한다)의 성명이 변경되는 사유로는 이사 등이 자연인인 경우에는 개명, 외국 국적 취득 또는 대한민국 국적 취득이 있고, 법인이사의 경우에는 상호(명칭)를 변경하거나 조직변경 등에 의한 명칭변경이 있다.

② 주민등록번호를 추가 · 삭제하는 사유로는 대한민국 국적의 취득과 상실이 있다.

③ 회사를 대표할 이사 또는 집행임원의 경우 주소를 등기하는데, 주소가 변경된 경우 그 변경등기를 하여야 한다(상법 제317조).

6. 등기절차

① 등가사항

㉠ 취임의 경우

㉮ 사내이사, 사외이사, 그 밖에 상무에 종사하지 아니하는 이사, 감사 및 집행임원의 성명과 주민등록번호(제8호), 회사를 대표할 이사 또는 집행임원의 성명 · 주민등록번호 및 주소(제9호), 감사위원회를 설치한 때에는 감사위원회 위원의 성명 및 주민등록번호(제12호), 취임한 취지, 취임연월일 및 등기연월일을 등기하여야 한다(상법 제317조 제2항 제8호 · 제12호, 규칙 제55조 제1항).

㉯ 대표권을 행사하는 이사 또는 집행임원의의 경우에는 성명과 주민등록번호 외에, 그 <u>주소도 등기</u>한다(상법 제317조 제2항 제9호). <u>주소는 원칙적으로 도로명주소로 등기하여야 한다</u>는 것과 그 등기절차에 대하여는 이미 설명한 바와 같다.

㉰ <u>주민등록번호가 없는 재외국민 및 외국인의 경우에는 주민등록번호 대신 외국인등록번호 · 국내거소신고번호 또는 생년월일을 등기한다</u>(특례규칙 제2조).

㉱ <u>외국인의 성명을 등기할 때에는 국적을 함께 등기한다</u>(예 미합중국인 헨리키신저)(등기예규 제1628호 8).

㉲ 이사가 3인 이상인 회사의 경우에는 대표권이 있는 이사를 <u>"사내이사"</u>로 기재하고, 그 성명, 주민등록번호를 기재하며, 그 대표이사(이사 전부를 대표이사 또는 공동대표이사로 선임한 경우를 포함한다)의 성명, 주민등록번호 및 주소를 기재한다(등기예규 제1538호 제3조 제2항 제4호).

㉳ <u>주식회사의 이사 전원을 대표이사로 선임하고 그에 따른 등기신청이 있다면 이를 수리하여야 한다</u>(상업등기선례 제2-692호). **기출** 18 · 14

㉴ 취임연월일은 그 취임의 효력이 발생한 날, 즉 선임결의의 효력이 발생한 날과 취임승낙의 효력이 발생한 날 중 늦은 날이다(상업등기선례 제1-169호).

㉵ 이사의 경우에는 '사내이사'인지 '사외이사'인지, 아니면 '그 밖에 상무에 종사하지 아니하는 이사'(기타비상무이사)인지 구분하여 등기한다(상법 제317조 제2항 제3호). **기출** 16

> 주식회사의 정관에 이사와 사외이사는 주주총회에서 구분하여 선임하되, 주주총회에서 선임된 이사 중 사내이사와 기타비상무이사를 이사회에서 선임하도록 규정하고 있는 경우, 정관과 이사로 선임한 주주총회의사록 및 사내이사와 기타비상무이사를 구분하여 선임한 이사회의사록을 첨부하여 위 사내이사와 기타비상무이사의 선임에 따른 등기를 신청할 수 있다(상업등기선례 제2-31호). **기출** 10

ⓐ 대표이사의 대표권은 업무집행권을 전제로 하므로 대표이사로 등기되는 이사는 회사의 상무에 종사하는 '사내이사'(업무담당이사)이어야 하고, '사외이사' 또는 '그 밖에 상무에 종사하지 아니하는 이사'(기타비상무이사)는 대표이사로 등기할 수 없다(상업등기선례 제2-33호). **기출** 16

ⓒ 수인의 대표이사를 두면서 정관 또는 선임기관의 결의로 공동대표규정을 둔 경우에는 공동대표규정도 등기하여야 하는데(상법 제317조 제2항 제10호), 대표이사를 선임함과 동시에 공동대표규정을 둔 경우에는 공동대표이사의 취지만을 추가로 등기하고, 수인의 대표이사를 선임한 후 나중에 별도로 공동대표규정을 둔 경우에는 종전 각자대표에 대해 말소하는 기호를 기록하고 공동대표로 새로 등기하면서 공동대표규정을 설정한 취지와 그 연월일을 등기한다.

ⓒ 퇴임의 경우

ⓐ 이사 등의 퇴임등기를 하는 때에는 퇴임한 임원의 란에 퇴임의 취지 및 퇴임연월일, 등기연월일을 기록하고 퇴임한 임원의 등기를 말소한다(규칙 제55조 제1항·제3항).

ⓑ 이사 등이 임기만료 또는 사임으로 인하여 퇴임하였으나 법률 또는 정관이 정한 원수를 결한 결과, 상법 제386조 제1항 등에 의하여 그 권리의무를 행사하다가 나중에 후임자의 취임으로 퇴임등기를 하는 경우, "등기부상 퇴임일"은 권리의무 행사기간의 종료일이 아니라 "본래의 임기만료일" 또는 사임의 의사표시가 회사의 대표자에게 도달하여 "사임의 효력이 발생한 날을 등기한다(상업등기선례 제1-169호, 제1-373호). **기출** 16 · 07

> 정관에 '임기가 만료된 임원은 그 후임자가 선임될 때까지 그 직무를 행한다.'는 규정이 있다 하더라도 임기만료일은 권리의무행사기간 종료일이 아니라 본래의 임기만료일이므로 동일인이 다시 선임된 경우에도 임기만료로 인한 퇴임과 새로운 취임 사이에 시간적 간격이 있다면 시간적 간격이 없는 경우에 하는 중임등기를 할 수는 없고 임기만료로 인한 퇴임등기 및 새로운 취임등기를 하여야 한다. 임원이 임기만료로 인하여 퇴임하게 되어 정관에 정한 임원의 정수에 결원이 발생하였다면 임원의 퇴임으로 인한 변경등기는 후임임원의 선임등기와 동시에 하여야 한다(상업등기선례 제1-373호).

ⓒ 대표자의 임기만료를 원인으로 퇴임등기를 신청할 경우에는 그 자가 다시 대표자로 선임되어 취임등기를 동시에 신청하지 않는 이상 대표자의 주소변경 사실을 증명하는 서면을 첨부하여야 하는 것은 아니다(상업등기선례 제2-39호). **기출** 16

ⓒ 중임의 경우

ⓐ 이사, 대표이사, 감사 또는 감사위원회 위원이 "임기만료로 퇴임"함과 동시에 동일 직위에 재취임하여 임기만료로 인한 퇴임과 재취임 사이에 시간적 간격이 없는 경우를 등기실무상 중임이라고 한다(규칙 제154조 제2항·제104조 제1항, 상업등기선례 제1-153호·제1-373호·제2-27호).

ⓑ 퇴임의 원인이 "사임" 또는 "해임"인 경우에는 퇴임과 동시에 재취임하였더라도 중임이라고 하지 않는다.

ⓒ 퇴임과 재취임 사이에 시간적 간격이 있다면, 설령 그 사이에 상법 제386조 제1항 등에 의하여 퇴임한 이사, 대표이사, 감사 또는 감사위원회 위원이 그 권리의무를 행하고 있었다고 하더라도 중임이라고 할 수 없다. 이 경우에는 퇴임등기와 새로운 취임등기를 각각 하여야 한다(상업등기선례 제1-153호, 제1-373호). **기출** 14 · 10

㉑ 따라서 중임이 되는 것은 임기만료로 퇴임하게 되는 임원을 그 임기만료 전에 동일 직위에 다시 예선하고, 임기만료 전에 재취임에 대해 승낙의 의사표시를 한 경우이다.

㉒ 상법 제383조 제3항 및 정관 규정에 의하여 이사의 임기가 그 임기 중의 최종의 결산기에 관한 정기주주총회의 종결에 이르기까지 연장된 경우에는, 단순히 후임 이사 등의 결원으로 이사 등으로서의 권리의무가 인정되는 것이 아니라 임기 자체가 연장된 것이므로, 만약 그 임기 중의 최종의 결산기에 관한 정기주주총회에서 동일 직위에 재선되어 취임한 경우라면 중임 등기가 가능하다. 따라서 그에 따른 이사의 중임등기 신청이 있다면 등기공무원은 이를 수리하여야 한다(상업등기선례 제1-144호, 제1-157호). **기출** 16

㉓ 이사가 임기만료 직전 주주총회에서 다시 이사로 선임되고 그 임기만료 전에 취임을 승낙한 경우에는, "임기만료일의 다음 날"이 중임일이 되며 그날부터 2주 이내에 이사의 중임으로 인한 변경등기를 신청하여야 한다(상업등기선례 제2-27호). → 예 2015.5.20. 24:00에 임기가 만료되는 이사가 임기만료 전의 주주총회에서 다시 이사로 선임(예선)되고 그 임기만료 전에 취임을 승낙한 경우, 2015.5.21.을 중임일로 등기한다. **기출** 23·15

㉔ 임기만료로 퇴임하는 시각과 재취임하는 시각이 어느 날의 24:00시라면 그 다음 날 오전 0시부터 재취임하는 것으로 보아 그 다음 날을 중임일로 등기하고, 퇴임하는 시각과 재취임하는 시각이 어느 날의 중간에 해당한다면 그 어느 날을 중임일로 하여 등기하는 것이 등기실무이다(상업등기선례 제1-157호·제2-27호·제2-32호, 상업등기실무 2).

㉣ 이사의 인원수 변경에 따른 등기신청방법

이사의 인원수 변경에 따른 등기신청방법(등기예규 제1538호 제3조)

① 이사의 인원수가 변경된 경우에는 다음 각 호의 구분에 따라 등기를 신청하여야 한다. 다만, 종전 이사의 주소를 삭제하는 내용의 변경등기신청이 없는 경우 등기관은 직권으로 이사의 주소를 삭제한다. **기출** 18

1. 이사가 1명 또는 2명(각자 대표하는 경우)인 회사가 이사를 3명 이상으로 변경하거나 이사가 1명인 회사가 이사를 2명(정관에 따라 대표이사를 정한 경우)으로 변경하는 경우에는 새로 선임된 이사의 취임등기와 대표이사의 취임등기 및 종전 이사의 주소를 삭제하는 내용의 변경등기를 동시에 신청하여야 한다. **기출** 12

2. 이사가 2명(정관에 따라 대표이사를 정한 경우) 또는 3명 이상인 회사가 이사를 1명으로 변경하거나 이사가 3명 이상인 회사가 이사를 2명(각자 대표하는 경우)으로 변경하는 경우에는 남아 있는 이사를 제외한 다른 이사의 퇴임등기와 대표이사의 퇴임등기 및 남아 있는 이사의 주소를 추가하는 내용의 변경등기를 동시에 신청하여야 한다.

3. 이사가 3명 이상인 회사가 이사를 2명(정관에 따라 대표이사를 정한 경우)으로 변경하는 경우 대표이사가 남아있는 때에는 남아 있는 이사를 제외한 다른 이사의 퇴임등기만 신청하여야 한다. **기출** 12

4. 이사가 2명(각자 대표하는 경우)인 회사가 이사를 1명으로 변경하는 경우에는 남아 있는 이사를 제외한 다른 이사의 퇴임등기만 신청하여야 한다.

5. 이사가 1명인 회사가 이사를 2명(각자 대표하는 경우)으로 변경하는 경우에는 새로 선임된 이사의 취임등기 및 그 자의 성명, 주민등록번호, 주소를 같이 기재하여 신청하여야 한다.

② 제1항에 따라 등기를 신청하는 경우에 대표권 있는 이사에 관한 등기신청서의 기재방법은 다음 각 호와 같다.

1. 상법 제383조 제1항 단서의 규정에 의하여 자본금 10억원 미만인 회사가 이사를 1명으로 하는 경우에 그 이사는 "사내이사"로 기재하고, 그 성명, 주민등록번호 및 주소를 같이 기재한다. **기출** 12·14

2. 제1호의 회사가 이사를 2명으로 하고 각 이사가 회사를 각자 대표하는 경우에는 각 이사를 "사내이사"로 기재하고, 그 성명, 주민등록번호 및 주소를 같이 기재한다. **기출** 12·14

---

3. 제1호의 회사가 이사를 2명으로 하고 정관에 따라 대표이사를 정한 경우에는 각 이사를 "사내이사"로 기재하고, 그 성명, 주민등록번호를 기재하며, 그 대표이사의 성명, 주민등록번호 및 주소를 같이 기재한다.
4. 이사가 3인 이상인 회사의 경우에는 대표권이 있는 이사를 "사내이사"로 기재하고, 그 성명, 주민등록번호를 기재하며, 그 대표이사(이사 전부를 대표이사 또는 공동대표이사로 선임한 경우를 포함한다)의 성명, 주민등록번호 및 주소를 기재한다.

ⓜ 이사 등의 성명·주민등록번호·주소의 변경 등의 경우

성명·주민등록번호·주소의 변경

- 변경 후의 성명·주민등록번호·주소, 변경의 뜻(개명·주소변경 등), 변경연월일(개명허가일·주소변경일 등) 및 등기연월일을 기록하고, 변경 전의 성명·주민등록번호·주소를 말소한다. 임기만료 또는 사임 등으로 퇴임하기 전에 주소가 변경된 경우에도 주소변경등기를 하여야 한다(상업등기선례 제1-140호). 등기된 사항에 변경이 있으면 변경등기를 하여야 하고, 특별히 그 변경등기를 생략할 수 있다는 규정이 없기 때문이다.
- 임기만료 또는 사임으로 퇴임하였지만 대표권 있는 이사로서의 권리의무가 있는 자가 그 권리의무 보유기간 중에 주소 등이 변경된 경우에도 그 주소변경 등의 등기를 하여야 한다.
- 주소가 변경되었으나 변경등기를 하지 않고 있던 중 다시 주소를 이전한 경우 최초 전거한 주소로의 변경등기를 생략하고 최후 주소로 변경등기를 할 수 있다. 이 경우에도 생략된 주소변동사항의 등기를 게을리한 데 대해서는 과태료 책임을 면할 수 없다.

도로명주소의 등기

임원, 지배인 등의 주소는 원칙적으로 도로명주소로 등기하여야 한다는 것과 그 등기절차에 대하여는 이미 설명한 바와 같다.

② 등기기간
ⓐ 이사 등이 취임하거나 퇴임한 때, 공동대표에 관한 규정을 설정·변경·폐지한 때 또는 이사 등의 성명, 주민등록번호, 주소가 변경된 때에는 본점의 소재지에서 2주일 내에 등기하여야 한다(상법 제317조 제4항·제183조).
ⓑ 대표이사를 포함한 이사가 임기의 만료나 사임에 의하여 퇴임함으로 말미암아 법률 또는 정관에 정한 대표이사나 이사의 원수(최저인원수 또는 특정한 인원수)를 채우지 못하게 되는 결과가 일어나는 경우에, 그 퇴임한 이사는 새로 선임된 이사(후임이사)가 취임할 때까지 이사로서의 권리의무가 있는 것인바(상법 제386조 제1항, 제389조 제3항), 이러한 경우에는 이사의 퇴임등기를 하여야 하는 2주 또는 3주의 기간은 일반의 경우처럼 퇴임한 이사의 퇴임일부터 기산하는 것이 아니라 "후임이사의 취임일"부터 기산한다고 보아야 하며, 후임이사가 취임하기 전에는 퇴임한 이사의 퇴임등기만을 따로 신청할 수 없다(대결 2005.3.8. 2004마800[전합], 등기예규 제1574호 제2조 제2항). **기출** 13·07
ⓒ 개명은 가정법원의 허가를 필요로 하는 것으로서 그 재판은 비송사건절차법 제18조 제1항에 의하여 이를 받은 자에게 고지함으로써 효력이 생기는 것이므로, 주식회사의 대표이사가 개명을 하여 그에 따른 변경등기를 하는 경우 그 등기기간은 재판을 받은 자가 개명허가결정의 고지를 받은 날로부터 기산한다(상업등기선례 제2-37호). **기출** 20

③ 등기신청인

　　㉠ 이사 등에 관한 변경등기는 회사의 대표이사 등 회사를 대표할 자가 신청한다(제23조 제1항).

　　㉡ 이때의 대표자는 등기부를 기준으로 하지 않은 실체상의 대표자를 말한다(상업등기선례 제1–66호).

　　㉢ 주식회사의 이사나 대표이사가 회사에 사임의 의사표시를 했음에도 불구하고 회사가 사임등기를 신청하지 아니할 경우에는 법원으로부터 이사나 대표이사의 사임등기절차이행판결을 받아 주식회사를 대위하여 등기를 신청할 수 있으나, 이 사임등기에 의하여 법률 또는 정관에서 정한 이사나 대표이사의 원수를 결하게 된 경우 사임이사나 사임대표이사는 후임이사나 후임대표이사가 취임할 때까지 이사나 대표이사의 권리의무가 있으므로, 그 사임등기는 후임이사나 후임대표이사의 취임등기와 동시에 하거나 또는 일시이사나 일시대표이사 취임등기를 한 후에 할 수 있다(상업등기선례 제1–164호).

기출 15 · 07

> • 甲 주식회사의 이사 乙이 사임하였음에도 불구하고 甲 주식회사가 乙에 대한 사임등기를 하지 아니함에 따라 乙이 甲 주식회사를 상대로 위 사임을 원인으로 한 이사변경등기 절차의 이행을 구하는 소를 제기하여 승소확정판결을 받은 경우, 법령에 등기촉탁에 관한 규정이 없으므로 乙이 위 판결에 기하여 甲 주식회사를 대위하여 이사변경등기를 신청하여야 한다(상업등기선례 제1–149호).
> • [1] 감사는 주식회사의 필수적 상설기관으로서, 법률 또는 정관에 정한 감사의 원수를 결한 경우에는 임기만료 또는 사임으로 인해 퇴임한 감사는 후임 감사가 취임할 때까지 감사의 권리의무가 있다(상법 제415조, 제386조 제1항). 이 경우 후임 감사가 취임하기 전에는 퇴임한 감사의 퇴임등기만을 따로 신청할 수 없고, 퇴임한 감사가 회사를 상대로 감사 사임에 따른 사임등기절차 이행청구의 소를 제기하여 감사 사임에 따른 사임등기절차를 이행하라는 취지의 확정판결 또는 화해권고결정(재판상 화해와 같은 효력을 가지게 된 것을 말한다)을 받은 경우에도 다르지 않다.
> [2] 퇴임한 감사는 법원에 일시 감사의 직무를 행할 자(이하, '일시감사'라 한다)의 선임 청구를 할 수 있다(상법 제415조, 제386조). 그에 대해 법원의 선임결정(비송사건절차법 제84조, 제81조)이 있고 그 촉탁에 의해 일시감사의 등기가 경료된다면(동법 제107조 제4호), 퇴임한 감사는 그 후에 위 화해권고결정으로 주식회사를 대위하여 사임등기의 신청을 할 수 있다(상업등기선례 제2–87호).

④ 첨부정보

　　㉠ 취임의 경우

주주총회 의사록	이사 또는 감사의 취임등기(중임등기 포함)의 신청서에는 주주총회의사록을 첨부하여야 하는데(규칙 제128조 제2항), 위 의사록은 공증인의 인증을 받은 것이어야 한다(공증인법 제66조의2 제1항 본문). 정관에 따라 주주총회에서 대표이사를 선임한 경우에는 정관과 주주총회의사록을 첨부하여야 한다(규칙 제128조 제2항).
이사회의사록	• 대표이사는 원칙적으로 이사회에서 선임하므로 대표이사의 취임 등기신청서에는 이사회의사록을 첨부하여야 한다(규칙 제128조 제2항). • 정관에 정한 바에 따라 감사에 갈음하여 감사위원회를 설치하는 경우(상법 제415조의2 제1항), 원칙적으로 이사회에서 감사위원회 위원을 선임하므로(상법 제393조의2 제2항 제3호) 그 취임등기의 신청서에는 정관과 이사회의사록을 첨부하여야 한다.
취임승낙을 증명하는 서면	• 이사 등의 취임등기신청서에는 취임승낙을 증명하는 서면을 첨부하여야 한다(규칙 제130조). • 대표이사 또는 감사위원회 위원은 이사의 자격을 전제로 하지만, 대표이사 또는 감사위원회 위원은 이사와는 또 다른 지위이므로, 이사로 선임된 직후에 개최된 이사회에서 대표이사 또는 감사위원회 위원으로 선임된 경우에도 대표이사 또는 감사위원회 위원의 지위에 대한 별도의 취임승낙이 필요하다.

	• 이사 등의 취임승낙을 증명하는 서면에는 취임하는 자의 취임승낙의 뜻이 기재되고 그 자가 기명날인하여야 하는데, 그 서면에는 (i) 「인감증명법」에 따라 신고한 인감을 날인하고 그 인감증명서(발행일로 부터 3개월 이내의 인감증명서)를 첨부하거나 (ii) 본인이 기명날인 또는 서명하였다는 공증인의 인증서면이 첨부되어야 한다(규칙 제154조 제2항, 제104조 제1항, 제52조 제4항). 기출 15 · 12 · 13 • 회사를 대표하는 이사로서 등기소에 인감을 제출한 자가 중임(重任)하는 경우에는 그 취임승낙을 증명하는 서면에 등기소에 제출한 인감을 날인함으로써 인감증명법에 따라 신고한 인감의 날인과 그 인감증명서의 첨부를 갈음할 수 있다(규칙 제154조 제2항·제104조 제1항 단서).
성명, 주민등록번호, 주소 등을 증명하는 서면	• 이사 등의 성명, 주민등록번호(생년월일), 주소 등을 증명하는 서면은 원칙적으로 주민등록표 등본·초본 또는 주민등록증사본이고 자동차운전면허증사본도 이러한 서면에 해당될 수 있으나, 인감증명서와 비상임 당연직이사의 인사발령공문은 주소 또는 주민등록번호를 증명하는 서면으로 보기 어렵다(상업등기선례 제1-94호, 제2-30호). 기출 15 • 주식회사의 설립등기 또는 새로운 대표이사의 취임으로 인한 변경등기를 신청함에 있어 대표이사 또는 새로이 취임하는 대표이사가 국내에 외국인등록을 한 외국국적자라면, 등기신청서에는 주소를 증명하는 서면으로 외국인등록표등본을 첨부하고 주소는 외국인등록표등본에 나타난 국내 체류지로 하여야 할 것이다(상업등기선례 제1-154호). 기출 23
정 관	• 대표이사는 원칙적으로 이사회에서 선임하지만 정관의 정함이 있는 경우에는 주주총회에서 대표이사를 선임할 수 있기 때문에(상법 제389조 제1항), 주주총회에서 대표이사를 선임한 경우에는 그 취임등기의 신청서에 정관을 첨부하여야 한다(규칙 제128조 제1항, 상업등기선례 제1-102호). • 소규모 주식회사가 2명의 이사를 두고 있는 상태에서 대표이사를 선정하여 대표이사의 취임등기를 신청하였다면 정관에 대표이사를 두도록 규정하고 있는지 그리고 대표이사의 선정방식이 정관의 규정에 일치하는지 여부를 확인할 수 있도록 정관을 첨부하여야 한다(상법 제383조 제1항 단서·제6항, 규칙 제128조 제1항). • 회사는 정관이 정한 바에 따라 감사에 갈음하여 감사위원회를 설치할 수 있고 감사위원회를 설치한 경우에는 감사를 둘 수 없는데(상법 제415조의2 제1항), 만약 감사를 둔 회사에서 새로이 감사위원회를 설치하고 감사위원회 위원을 선임한 후에 그 취임등기와 감사의 퇴임등기를 신청하는 경우 신청서에 정관을 첨부하여야 한다(규칙 제128조 제1항).

도시 및 주거환경정비법상 주택재건축정비사업조합의 조합장에 대한 중임등기 시 시장·군수의 인가서가 첨부정보인지 여부(선례 일부 변경)(상업등기선례 제201804-3호)

1. 법인임원의 취임등기신청 시 그 취임에 주무관청의 허가·인가·승인 등이 필요한 경우에는 주무관청의 허가·인가·승인 등이 있음을 증명하는 정보를 첨부하여야 하며, 이는 임원이 임기만료로 퇴임함과 동시에 동일 직위에 재취임하여 임기만료로 인한 퇴임과 재취임 사이에 시간적 간격이 없는 중임의 경우에도 마찬가지이다(비송사건절차법 제64조, 상업등기규칙 제52조 제1항 제2호 참조).

2. 다만, 주무관청에서 "관련 규정의 해석상 기존의 임원이 퇴임하고 새로운 임원이 취임하는 경우와 달리 중임하는 때에는 허가·인가·승인 등이 필요하지 않다"고 명백히 밝힌 경우에는 그 사실을 소명하는 자료(이미 확립된 해석례, 허가 반려통지서 등)를 첨부하여 중임등기를 신청할 수 있을 것이다.

3. 한편, 도시 및 주거환경정비법 및 도시 및 주거환경정비법 시행령이 전부개정됨에 따라 주택재건축정비사업조합의 조합장이 조합원총회의 의결을 거쳐 중임되어, 조합장의 중임등기를 신청할 때에는 주무관청의 변경인가서는 첨부정보가 아니다(도시 및 주거환경정비법 제35조 제5항, 도시 및 주거환경정비법 시행령 제31조 제4호). 기출 20

ⓒ 퇴임의 경우

   ⑦ 이사·대표이사·감사 또는 감사위원회 위원의 <u>퇴임으로 인한 변경등기의 신청서</u>에는 그 <u>퇴임을 증명하는 서면을 첨부하여야 한다</u>(규칙 제130조). **기출** 13

   ⑭ 정관으로 정한 이사의 임기만료에 따라 이사의 퇴임등기를 신청하는 때에는 등기관이 그 임기를 확인할 필요가 있으므로 <u>등기신청서에 정관을 첨부</u>한다.

   ㉠ 정관에 임기에 관한 규정이 없는 상태에서 <u>선임기관의 결의로 임기를 정한 경우</u>(대판 2001.6.15. 2001다23928)에는 그 임기를 증명하기 위하여 <u>정관과 해당 이사를 선임할 당시의 의사록을 첨부</u>한다.

   ㉣ 취임 후 3년 내의 최종의 결산기에 관한 정기주주총회의 종결 시에 임기가 만료되는 감사(상법 제410조) 또는 정관으로 그 임기 중의 최종의 결산기에 관한 정기주주총회의 종결에 이르기까지 임기가 연장되는 이사(상법 제383조 제2항·제3항)의 퇴임의 경우에는, 정기주주총회의 종결일에 임기가 만료되므로 <u>최종의 결산기를 증명하기 위한 정관과 그 정기주주총회가 개최된 날을 증명하는 서면을 첨부</u>한다.

   ㉤ 대표이사와 감사위원회 위원의 경우, 임기에 관하여 상법에서 정하고 있는 바는 없지만 정관으로 임기를 정하는 것이 가능하다고 해석되므로, 이 경우 대표이사 또는 감사위원회 위원직만의 임기만료에 의한 퇴임등기를 신청할 때에는 정관을 첨부하여야 한다.

   ㉥ 주식교환 또는 흡수합병 시 완전모회사 또는 합병 후 존속하는 회사의 이사 또는 감사(흡수합병의 경우에는 감사위원회 위원도 포함)로서 주식교환 또는 합병 전에 취임하였으나 주식교환계약서 또는 합병계약서에 다른 정함이 없는 관계로, 주식교환 또는 합병 후 최초로 도래하는 결산기의 정기주주총회가 종료한 때에 퇴임하는 이사 또는 감사(또는 감사위원회 위원)의 퇴임의 경우(상법 제360조의13·제527조의4 제1항·제415조의2 제7항), 정관, 정기주주총회 의사록 외에 주식교환계약서 또는 합병계약서를 함께 첨부한다.

   ㉦ 하지만, 주식교환계약서 또는 합병계약서에 다른 정함이 있는 경우(예 '이사 본래의 임기에 의함' 또는 '주식교환(합병)으로 퇴임하지 아니함' 등의 규정이 있는 경우)에는 주식교환 또는 합병 후 최초로 도래하는 결산기에 관한 정기주주총회가 종료하는 때에 퇴임하는 것이 아니라 별도의 정함에 따르기 때문에 이 경우에는 정관과 주식교환계약서 또는 합병계약서를 첨부한다.

ⓓ 사 임

   ⑦ 사임으로 인한 퇴임의 경우 <u>사임을 증명하는 서면</u>으로 통상 '<u>사임서</u>'를 제출한다.

   ⑭ 대표이사 또는 감사위원회 위원은 이사의 자격을 전제로 하지만 이사의 지위와 대표이사 또는 감사위원회 위원의 지위는 별개이므로 대표이사 겸 이사, 감사위원회 위원 겸 이사가 대표이사 또는 감사위원회 위원의 지위뿐만 아니라 이사의 지위를 함께 사임하는 경우, 동일한 서면으로 사임을 증명하는 서면을 작성한 때에도 사임의 취지는 그 지위별로 따로 표시되어야 한다.

   ㉠ 사임을 증명하는 서면에는 사임을 하는 이사 등이 사임의 뜻을 기재하고 기명날인하여야 하는데, 그 서면에는 (i) 「인감증명법」에 따라 신고한 인감을 날인하고 그 인감증명서(발행일로부터 3개월 이내의 인감증명서)를 첨부하거나 (ii) 그 서면에 본인이 기명날인 또는 서명하였다는 공증인의 인증서면을 첨부하여야 한다(규칙 제52조 제4항, 제154조 제2항). **기출** 23

   ㉣ 회사를 대표하는 이사로서 등기소에 인감을 제출한 자가 사임하는 경우에는 그 사임을 증명하는 서면에 등기소에 제출한 인감을 날인함으로써 인감증명법에 따라 신고한 인감의 날인과 그 인감증명서의 첨부를 갈음할 수 있다(규칙 제154조 제2항, 제104조 제1항 단서).

ㄹ 해 임

㉮ 선임기관의 결의에 의하여 이사 등을 해임한 경우에는 공증인의 인증을 받은 그 의사록을 퇴임등기신청서에 첨부하여야 한다(규칙 제128조 제2항, 제130조). **기출** 23

㉯ 이사 또는 감사의 경우에는 주주총회의사록을 첨부하여야 하고(상법 제382조 제1항·제409조 제1항), 대표이사의 경우에는 원칙적으로 이사회의사록을 첨부하여야 하지만 정관에 따라 주주총회에서 해임한 때에는 주주총회의사록을 첨부하여야 하며(상법 제389조 제1항), 감사위원회 위원의 경우에는 원칙적으로 이사회의사록을 첨부하여야 하지만(상법 제393조의2 제2항 제3호, 제415조의2 제3항) 주주총회가 감사위원회 위원을 선임하거나 해임할 권한을 갖는 대규모 상장회사는 주주총회의사록(상법 제542조의12 제1항)과 최근 사업연도 말 현재의 자산총액이 2조원 이상인 상장회사임을 증명하는 서면을 첨부하여야 한다. **기출** 23

㉰ 회생절차가 진행 중인 회사의 경우 회생계획에서 유임할 것으로 정하지 아니한 종전 이사 또는 대표이사는 회생계획이 인가된 때에, 종전 감사로서 법원에 의해 감사로 선임되지 못한 자는 법원에 의해 새로운 감사가 선임된 때에 해임된 것으로 간주되므로(채무자회생법 제263조 제4항), 회생계획에서 유임되지 못한 종전 이사, 대표이사 또는 감사의 해임간주에 따른 등기촉탁의 경우에는 회생계획인가결정서의 등본 또는 초본 및 새로운 감사의 선임결정 등본을 첨부하여야 한다.

ㅁ 기타 사유에 의한 퇴임

㉮ 이사 등이 임기만료, 사임, 해임 외의 사유로 퇴임한 경우 퇴임등기신청서에 그 퇴임을 증명하는 서면을 첨부하여야 한다(규칙 제130조).

㉯ 이사 등이 사망한 경우에는 사망진단서 또는 가족관계등록사항별 증명서 중 기본증명서를 첨부하여야 한다.

㉰ 이사 등이 파산선고를 받아 퇴임하는 경우에는 파산선고결정서의 등본을 첨부하여야 한다.

㉱ 정관 소정의 자격주(상법 제387조)에 미달하는 주식의 보유로 인해 이사가 퇴임하는 경우에는 정관 및 자격주에 미달하는 주식 보유의 원인이 된 주식양도 등의 계약서 사본 또는 대표이사가 기명날인한 주주명부(상법 제352조, 제396조 제1항) 등을 첨부하여야 한다.

㉲ 형법상 자격상실에 해당하는 형벌 또는 자격정지의 형벌을 받은 경우에는 판결서 등본 및 그 확정증명을 첨부하여야 한다.

ㅂ 중임의 경우

㉮ 중임등기를 신청할 때에는 원칙적으로 임기만료에 의한 퇴임등기와 취임등기 시의 첨부정보를 모두 첨부한다.

㉯ 예를 들어, 이사의 중임등기라면 임기만료에 의한 퇴임과 관련해서는 정관(임기를 증명하기 위한 첨부정보), 주주총회의사록(주주총회에서 임기를 정한 경우 등에 첨부한다) 등을 첨부하고(규칙 제130조), 취임과 관련해서는 주주총회의사록, 취임승낙서, 인감증명서, 주소 주민등록번호(또는 생년월일)를 증명하는 서면 등을 첨부하여야 한다(규칙 제130조, 제154조 제2항, 제104조 제1항, 제52조 제1항 제3호).

㉰ 다만, 실무상 중임하는 임원의 주민등록번호가 등기부에 기록되어 있는 경우 주민등록번호를 증명하는 서면은 첨부하지 않고 있다(등기예규 제943호 5. 나.).

ㅅ 이사 등의 성명, 주민등록번호, 주소 등의 변경의 경우 : 이사 등의 성명, 주민등록번호(생년월일), 주소 등의 변경을 증명하는 서면에 관하여는 이미 설명하였다.

⑤ 등록면허세·등기신청수수료 등의 납부

    ㉠ 이사 등의 취임·퇴임 등기를 신청하는 경우 등록면허세 40,200원과 등록면허세액의 100분의 20에 해당하는 지방교육세 8,040원을 납부하여야 한다(지방세법 제28조 제1항 제6호 바목, 제151조 제1항 제2호).

    ㉡ 그리고 7,000원(전자신청은 2,000원, 전자표준양식에 의한 신청은 5,000원)의 등기신청수수료를 납부하여야 한다.

    ㉢ 이사 등의 성명·주민등록번호·주소 등의 변경등기를 신청하는 경우에도 위의 등록면허세·지방교육세와 등기신청수수료를 납부하여야 한다.

    ㉣ 수인의 이사 등의 취임·퇴임 등기와 이사 등의 성명·주민등록번호·주소 등의 변경등기를 하나의 신청서로 일괄신청하는 경우에도 그 등기 모두에 대해, 위의 1건의 등록면허세·지방교육세와 1건의 등기신청수수료만 납부하면 된다(등기예규 제1861호 3. 다. (1) 단서).

⑥ 인감의 제출과 인감에 관한 기록의 폐쇄 등

    ㉠ 등기를 신청하는 대표권 있는 이사는 인감을 제출하여야 하는데(제25조 제1항·제2항, 규칙 제35조 제1항), 대표권 있는 이사가 중임하는 경우에는 인감을 다시 제출하지 않고 종전에 제출한 인감을 계속하여 사용할 수 있다. 기출 13

    ㉡ 대표권 있는 이사가 여러 명인 경우 등기를 신청하는 대표자만 인감을 제출하여도 된다. 다만, 공동으로 대표권을 행사하여야 하는 자가 등기를 신청하는 경우에는 공동으로 대표권을 행사하도록 되어 있는 자 전원이 인감을 제출하여야 하고, 회사를 대표하는 2인 이상의 인감은 각각 달라야 한다(등기예규 제1768호 제2조 제2항, 제3조 제2항).

    ㉢ 인감을 제출하는 경우에는 인감신고서에 인감증명법에 따라 신고한 인감을 날인하고 그 인감증명서(발행일로부터 3개월 이내의 것에 한함)를 첨부하거나 등기소에 제출한 유효한 종전 인감을 날인하여야 하는데(규칙 제35조 제2항), 인감을 제출하는 사람이 신고서에 기명날인 또는 서명하였다는 공증인의 인증서면을 첨부하는 것으로 인감날인과 인감증명서의 첨부를 대신할 수 있다(규칙 제35조 제2항 단서).

    ㉣ 인감신고서에 첨부하는 인감증명서의 경우 취임승낙을 증명하는 서면에 첨부한 인감증명서(규칙 제154조 제2항, 제104조 제1항)를 원용하고 그 첨부를 생략할 수 있다(규칙 제53조 제2항 유추적용).

    ㉤ 등기소에 인감을 제출한 대표권 있는 이사의 퇴임등기를 한 때에는 등기관은 인감에 관한 기록을 폐쇄하여야 한다(규칙 제38조 제1항).

Ⅷ 발행할 주식의 총수의 변경등기

1. 발행할 주식의 총수의 의의

① '발행할 주식의 총수'(= 발행예정주식총수, 발행이 가능한 주식의 총수)'란 정관을 변경하지 않고 이사회의 결의 등에 의하여 회사가 발행할 수 있는 주식의 총수를 말한다.

② 발행할 주식의 총수는 정관의 절대적 기재사항이다(상법 제289조 제1항 제3호).

③ "회사가 '발행할 주식의 총수'를 증가하는 경우에는 '발행주식총수'의 4배를 초과하지 못한다"는 구 상법 제437조의 규정은 1995년 상법 개정으로 삭제되었으므로, 회사 설립 후 '발행할 주식의 총수'를 변경하는 경우에는 '발행주식총수'에 따른 범위 제한은 없다. 기출 19

2. 종류주식별 발행할 주식의 수

① 종류주식은 이익의 배당, 잔여재산의 분배, 주주총회에서의 의결권의 행사, 상환 및 전환 등에 관하여 내용이 다른 주식을 말하는데(상법 제344조 제1항), <u>종류주식을 발행하기 위해서는 정관에 발행할 수 있는 각 종류주식의 내용과 종류주식별로 발행가능한 주식의 수를 정하여야 한다</u>(상법 제344조 제2항).

② 종류주식을 발행하는 경우에는 <u>이를 상업등기부에 등기하여야 한다</u>(상법 제317조 제2항 제3호).

종류주식의 등기에 관한 예규[등기예규 제1535호]

제2조(발행주식의 종류)

주식회사가 한 종류의 주식만을 발행한 경우에는 보통주식으로 등기하고, 상법 제344조 제1항에 따라 2가지 이상의 주식을 발행한 경우에는 그 하나는 보통주식으로 나머지 주식은 정관에 기재되어 있는 명칭으로 등기한다.

[정관에 기재되어 있는 종류주식의 예시]

우선주식, 상환전환우선주식, 제1종 종류주식, 제2종 종류주식, 갑 종류주식, 을 종류주식, 무의결권 배당우선 (존속기한부) 전환주식

제3조(종류주식에 대한 등기신청)

① <u>종류주식의 발행에 따른 등기를 신청하는 경우에는 정관에 기재되어 있는 종류주식의 내용(주주총회 또는 이사회가 정관의 범위 내에서 그 주식의 내용을 세부적으로 정한 경우에는 그 내용을 말한다)에 관한 등기도 함께 신청하여야 한다. 다만, 보통주식의 경우에는 그러하지 아니하다.</u> 기출 16

② 종류주식의 말소등기를 신청하는 경우에는 그 주식의 내용에 관한 말소등기도 함께 신청하여야 한다. 종류주식의 상환 또는 전환에 따른 말소등기를 신청하는 경우에도 같다.

---

3. 발행할 주식의 총수의 변경

① <u>'발행할 주식의 총수'는 정관의 절대적 기재사항이므로 이를 변경하기 위해서는 주주총회의 특별결의,</u> 즉 출석한 주주의 의결권의 3분의 2 이상의 수와 '발행주식 총수'의 3분의 1 이상의 수로써 결의하여야 한다(상법 제433조 제1항, 제434조). 기출 19

② 주식소각 등에 의하여 발행주식수가 감소할 때 정관에 명시적 규정이 있으면 그에 따르지만, 그렇지 않은 경우 그 감소한 주식 수만큼 '발행할 주식의 총수'도 감소하는지에 관해 견해의 대립이 있다. 등기실무는 주식의 상환에 관한 종류주식을 상환하는 경우, <u>주식을 병합하거나 소각하는 방법으로 자본금을 감소하는 경우</u> 및 이사회의 결의에 의하여 회사가 보유하는 자기 주식을 소각하는 경우에 <u>소각된 주식 수만큼 회사가 '발행할 주식의 총수'가 당연히 감소하는</u> 것은 아니므로 정관의 변경 없이는 회사가 '<u>발행할 주식의 총수'에 관한 변경등기를 할 수 없는 것으로</u> 해석하고 있다(상업등기선례 제2-55호). 기출 24·19

4. 등기절차

① 등기기간, 등기사항 등

    ㉠ '발행할 주식의 총수'의 변경등기는 <u>정관변경의 효력발생일로부터 2주일 내</u>에 회사를 대표하는 자가 '<u>본점 소재지</u>'에서 하여야 한다(제23조 제1항, 상법 제317조 제4항·제183조). 기출 19

    ㉡ 등기할 사항은 <u>변경 후 회사가 발행할 주식의 총수, 발행할 주식의 총수가 변경된 뜻 및 그 연월일</u>이다. 기출 19

② 첨부정보 : 주주총회, 종류주주총회, 이사회 또는 청산인회의 결의를 필요로 하는 등기를 신청하는 경우에는 그 의사록을 제공하여야 하는데(규칙 제128조 제2항), 발행할 주식의 총수의 변경은 주주총회의 특별결의를 요하므로 <u>등기를 신청하는 경우에 발행할 주식의 총수를 변경 결의한 주주총회의사록을 첨부정보로 제공</u>하여야 한다. 기출 19

③ 등록면허세·등기신청수수료 등의 납부

    ㉠ 발행할 주식의 총수의 변경등기를 신청할 때에는 40,200원의 등록면허세와 등록면허세액의 100분의 20에 해당하는 지방교육세 8,040원을 납부하여야 한다(지방세법 제28조 제1항 제6호 바목·제151조 제1항 제2호).

    ㉡ 증자등기를 신청하는 때에 회사가 발행할 주식의 총수가 부족하여 그 변경등기도 같은 신청서에 의해 함께 신청한다면 증자등기에 필요한 등록면허세 및 지방교육세만을 납부하면 된다.

    ㉢ 발행할 주식의 총수의 변경등기를 신청할 때에는 7,000원(전자신청은 2,000원, 전자표준양식에 의한 신청은 5,000원)의 등기신청수수료를 납부하여야 한다.

Ⅸ 주식의 양도제한에 관한 등기

1. 서 설

① 주식은 자유롭게 양도할 수 있음이 원칙이다.

② 다만 회사는 <u>정관에 규정을 두어 주식의 양도 시에 이사회의 승인을 받도록 할 수 있다</u>(상법 제335조).

③ 이때, 자본금 총액이 10억원 미만인 소규모 주식회사로서 1명 또는 2명의 이사를 둔 경우에는 이사회에 갈음하여 <u>주주총회의 승인</u>을 얻어야 한다(상법 제383조 제4항).

2. 주식의 양도제한 규정의 신설·변경·폐지

① 주식의 양도제한에 관한 내용은 회사 설립 시의 원시정관에 이를 규정할 수 있고, 회사설립 후에 정관변경절차를 거쳐 변경정관에 이를 신설할 수도 있다.

② 변경정관에 주식의 양도 제한에 관한 규정을 신설할 때에는 정관변경에 관한 주주총회의 결의를 거쳐야 한다.

③ <u>정관으로 주식의 양도제한을 규정할 때에도 주식의 양도를 전면적으로 금지할 수는 없다</u>(대판 2000.9.26. 99다48429).

④ 주식의 양도승인 기관을 이사회가 아니라 특정주주, 주주총회 또는 대표이사로 정하는 것은 무효로 해석된다(통설).

⑤ 다만, 소규모 주식회사에서 1명 또는 2명의 이사를 둔 경우에는 주주총회의 승인을 받아 주식을 양도할 수 있는 것으로 할 수 있다(상법 제383조 제4항).

⑥ 정관에 주식의 양도를 제한하는 규정이 있는 때에는 주권과 주식청약서에 이를 기재하여야 하고(상법 제302조 제2항 제5의2호·제356조 제6의2호), 전환사채와 신주인수권부사채의 청약서·채권·사채원부와, 신주인수권부사채의 신주인수권증서에도 양도제한의 사실을 기재하여야 한다(상법 제514조 제1항 제5호, 제516조의4 제4호, 제516조의5 제2항 제5호).

⑦ 주식의 양도제한에 관한 규정을 두고 있는 회사는 그 규정을 변경·폐지할 수 있는데, 이를 위해서는 주주총회의 특별결의에 의하여 정관을 변경하여야 한다(상법 제434조).

3. 등기절차

① 등기기간, 등기사항 등

　㉠ 주식의 양도제한에 관한 내용을 신설하거나 변경 또는 폐지한 경우에는 그 효력의 발생일로부터 본점 소재지에서 2주일 내에 회사 대표자가 변경등기를 신청하여야 한다(상법 제317조 제4항·제183조, 법 제23조 제1항).

　㉡ 주식의 양도제한에 관한 내용을 신설한 때에는 그 뜻, 신설의 연월일 및 주식의 양도제한에 관한 내용을, 주식의 양도제한에 관한 내용을 변경한 때에는 그 뜻, 변경의 연월일 및 변경 후의 제한 내용을, 주식의 양도제한에 관한 내용을 폐지한 때에는 폐지한 뜻 및 폐지의 연월일을 등기하여야 하고, 주식의 양도제한에 관한 내용을 변경 또는 폐지한 때에는 변경 전의 양도제한에 관한 등기를 말소하여야 한다.

② 첨부정보 : 주식의 양도제한에 관한 내용의 신설·변경·폐지의 등기를 신청할 때에는 정관변경을 결의한 주주총회의사록을 첨부하여야 한다(규칙 제128조 제2항).

③ 등록면허세·등기신청수수료 등의 납부 : 주식의 양도제한에 관한 내용의 신설, 변경 또는 폐지의 등기를 신청할 때에는 각각 40,200원의 등록면허세와 등록면허세액의 100분의 20에 해당하는 지방교육세 8,040원을 납부하여야 하고(지방세법 제28조 제1항 제6호 바목·제151조 제1항 제2호), 7,000원(전자신청은 2,000원, 전자표준양식에 의한 신청은 5,000원)의 등기신청수수료를 납부하여야 한다.

Ⅹ　신주발행으로 인한 변경등기

1. 서 설

① 신주발행이란 회사의 성립 후에 발행할 주식의 총수 중 미발행주식의 범위 내에서 새로운 주식을 발행하여 회사의 자본금을 증가시키는 것을 말한다.

② 신주발행은 회사의 자금조달을 직접적인 목적으로 하는 상법 제416조 이하의 규정에 의한 보통의 신주발행과, 자금조달을 직접적인 목적으로 하지 않는 특수한 신주발행으로 구분할 수 있다.

③ 전자의 경우에는 신주인수인으로부터 주금의 납입 또는 현물출자의 이행을 받기 때문에 통상 '유상증자'라고 부르고, 특수한 신주발행 중 준비금의 자본금전입 또는 자산재평가적립금의 자본금전입에 의한 신주발행 등 현실적인 주금의 납입 없이 신주를 발행하는 경우를 통상 '무상증자'라고 한다. 여기서는 보통의 신주발행에 따른 변경등기에 관해서만 살펴본다.

2. 신주발행절차

① 결정기관

  ㉠ 상법 제416조의 보통의 신주발행은 상법에 다른 규정이 있거나 정관으로 주주총회에서 결정하기로 정한 경우를 제외하고는 이사회가 발행사항을 결정한다(상법 제416조).

  ㉡ 이사회는 신주발행의 결정을 대표이사나 기타의 자에게 포괄적으로 위임할 수 없다.

  ㉢ 자본금 총액이 10억원 미만인 소규모 주식회사로서 1명 또는 2명의 이사를 두고 있는 경우에는 주주총회에서 신주발행사항을 결정한다(상법 제383조 제4항).

② 신주발행을 위한 결정사항 : 보통의 신주발행 시 결정하여야 하는 사항은 다음과 같다(상법 제416조).

  ㉠ 신주의 종류와 수(제1호)

    ㉮ 발행하는 주식의 종류와 수를 결정한다.

    ㉯ 종류주식은 상법에서 그 발행을 허용하고 있는 것에 한하여, 정관에 의하여 발행이 수권되어 있는 범위 내에서 발행할 수 있는데, 정관에 기재되어 있는 종류주식별로 발행 가능한 총수의 범위 내에서 미발행된 수량을 발행할 수 있다.

    ㉰ 종류주식의 명칭과 내용도 정관에 정해진 바에 따라야 하는데, 정관의 범위 내에서 그 주식의 내용을 세부적으로 정하여 발행할 수 있다(등기예규 제1535호).

  ㉡ 신주의 발행기액과 납입기일(상법 제416조 제2호)

발행가액결정	• 상법은 액면 미달로 발행할 수 있는 경우를 규정(상법 제417조)하는 외에 어떤 기준으로 신주의 발행가액을 정하여야 하는지에 관하여 정하고 있지 않다. • 대법원은 주주배정의 방법으로 신주를 발행하는 경우에는 발행가액 등을 반드시 시가에 의하여야 하는 것은 아니므로 원칙적으로 액면가를 하회하여서는 안 된다는 제약 외에는 주주 전체의 이익과 회사의 자금조달의 필요성과 급박성 등을 감안하여 경영판단에 따라 자유로이 발행조건을 정할 수 있다고 하면서, 제3자 배정방법으로 신주를 발행하는 경우에는 시가보다 현저하게 낮게 발행하는 행위는 이사의 임무위배행위에 해당할 수 있다고 판시한 바 있다(대판 2009.5.29. 2007도4949[전합]). • 주주가 인수하는 주식의 발행가는 주주평등의 원칙상 균등하게 정하여야 한다. 그러나 제3자가 인수하는 주식은 달리 정할 수 있다. 또한, 발행시기가 다르거나 종류가 다른 주식은 가치가 다르므로 발행가를 각기 달리 할 수 있다.
액면미달 발행	• 액면미달발행은 원칙적으로 금지된다(상법 제330조 본문). 다만, 회사가 성립한 날로부터 2년을 경과한 후에 주식을 발행하는 경우에는 회사는 주주총회 특별결의와 법원의 인가를 얻어서 주식을 액면미달의 가액으로 발행할 수 있다(상법 제417조 제1항). **기출** 22 • 액면미달 발행을 위한 주주총회 결의에서는 최저발행가액을 정하여야 한다(상법 제417조 제2항). 법원은 회사의 현황과 제반사정을 참작하여 최저발행가액을 변경하여 인가할 수 있는데, 이 경우 법원은 회사의 재산상태 기타 필요한 사항을 조사하게 하기 위하여 검사인을 선임할 수 있다(상법 제417조 제3항). • 액면미달의 신주는 법원의 인가를 얻은 날로부터 1월 내에 발행하여야 하는데, 법원은 이 기간을 연장하여 인가할 수 있다(상법 제417조 제4항). • 채권금융기관이 「기업구조조정 촉진법」에 따른 기업구조조정을 위하여 채권을 출자전환하는 경우, 부실징후기업은 법원의 인가를 받지 아니하고 주주총회 특별결의만으로 액면미달 가액으로 주식을 발행할 수 있다(기업구조조정 촉진법 제25조 제2항). • 액면미달 가액으로 신주를 발행한 경우 액면미달금액의 총액은 주식발행초과금과 상계처리하고 미상각액은 등기한다(상법 제426조 참조). **기출** 21

| 납입기일 | • 납입기일은 신주인수인이 인수받은 신주에 관하여 납입 또는 현물출자의 이행을 하여야 할 날이다. 신주의 인수인이 납입 또는 현물출자의 이행을 한 때에는 <u>납입기일의 다음 날로부터 주주의 권리의무가 있으며</u>(상법 제423조 제1항 제1문), 납입기일까지 납입 또는 현물출자의 이행을 하지 않으면 실권된다(상법 제423조 제2항).
• 등기실무는 토요일, 일요일 또는 공휴일을 납입기일로 정하더라도 유효한 것으로 해석하고, 또 납입기일은 '기일'이고 '기간'이 아닌 점에서 기간에 관한 민법 제161조가 적용되지 않아 <u>납입기일이 토요일, 일요일 또는 공휴일에 해당되더라도 그 다음 날로 납입기일이 연장되지 않는 것으로 해석하고 있다.</u>
• 납입기일의 변경이 가능한지 문제되는데, <u>납입기일이 경과한 후에 납입기일을 연기하는 것은 허용되지 않는다.</u> 납입을 한 부분에 대해서는 이미 신주의 효력이 발생하였고, 납입을 하지 않은 부분은 이미 실권되었기 때문이다.
• 다만 납입기일 전에 주식청약을 한 자가 없는 동안에는 납입기일을 변경할 수 있으나 주식청약을 한 자가 있는 때에는 그자의 동의를 얻어 변경할 수 있다.
• <u>납입기일 전에 신주에 관해 전액 인수 및 납입이 완료된 때에는 이사회 결의에 의하여 납입기일을 앞당기는 것은 상관없다고 해석된다.</u> |

ⓒ <u>무액면주식 발행 시 신주의 발행가액 중 자본금으로 계상되는 금액</u>(상법 제416조의2 제2호) : <u>발행가액의 2분의 1 이상의 금액으로서 자본금으로 계상할 금액을 정한다.</u> 이 경우 주식의 발행가액 중 자본금으로 계상하지 아니하는 금액은 <u>자본준비금으로 계상한다</u>(상법 제451조 제1항).

ⓓ 신주의 인수방법(제3호)

㉮ 신주의 인수방법으로는 발행하는 신주에 관해 누구에게 인수의 권리를 줄 것인가를 정해야 하고, 주주에게 신주를 발행할 때에는 신주의 배정기준일을 정해야 한다.

㉯ 그 밖에, 주식의 청약과 배정, 실권주 및 단주의 처리에 관한 사항 등을 정해야 한다.

㉰ 보통의 신주발행은 신주인수권자를 기준으로 주주배정, 제3자 배정, 일반공모증자 방식으로 구분할 수 있는데, 일반공모증자의 경우 주주배정이 아니라는 점에서 제3자 배정에 포함시킬 수도 있다.

㉱ 주주배정은 기존 주주에게 그가 가진 주식의 수에 따라 신주를 배정하는 것을, 제3자 배정은 주주 외의 특정한 제3자(회사의 주주를 포함한다)에게 신주를 배정하는 것을, 일반공모증자는 회사의 주주를 포함하여 불특정 다수인을 상대방으로 하여 신주를 모집하는 것을 말한다(자본시장법 제165조의6 제1항).

㉲ 주주의 지분율 및 주주의 경제적 가치의 보호를 위해 <u>우리 상법은 원칙적으로 주주배정 방식으로 신주를 발행하도록 하고 있다</u>(상법 제418조 제1항).

㉳ 다만, 정관에 근거규정이 있다면 제3자 배정방식으로 신주를 발행할 수 있는데, 신기술의 도입, 재무구조의 개선 등 회사의 경영상 목적을 달성하기 위하여 필요한 경우에 한한다(상법 제418조 제2항).

㉴ '주주배정'과 '제3자 배정'은 정관에 근거규정이 필요한지, 배정기준일 지정·공고 절차가 필요한지, 제3자 배정방식의 신주발행사실의 주주에 대한 통지·공고(상법 제418조 제4항)가 필요한지 등에서 차이가 있으므로 그 구분이 중요한데, <u>주주들에게 그들의 지분비율에 따라 신주를 우선적으로 인수할 기회를 부여하였다면 주주배정이고 그렇지 않다면 제3자 배정에 해당한다.</u>

㉵ 신주 등의 발행에서 '주주 배정방식'과 '제3자 배정방식'을 구별하는 기준은 회사가 신주 등을 발행하는 때에 <u>주주들에게 그들의 지분비율에 따라 신주 등을 우선적으로 인수할 기회를 부여하였는지 여부에 따라 객관적으로 결정되어야 할 성질의 것</u>이지, <u>신주 등의 인수권을 부여받은 주주들이 실제로 인수권을 행사함으로써 신주 등을 배정받는지 여부에 좌우되는 것은 아니다</u>(대판 2009.5.29. 2007도4949[전합]). **기출** 21

ⓜ 현물출자에 관한 사항(제4호)

  ㉮ 현물출자로 신주를 발행할 경우, 현물출자를 하는 자의 성명과 그 목적인 재산의 종류, 수량, 가액과 이에 대하여 부여할 주식의 종류와 수를 정하여야 한다.

  ㉯ 현물출자의 목적물에는 특별한 제한이 없고, 대차대조표상 자산으로 계상할 수 있는 것이면 모두 그 목적물이 될 수 있다.

  ㉰ 신주를 발행하는 당해 회사에 대한 채권도 현물출자의 목적물이 될 수 있다(상업등기선례 제1-186호, 제1-208호). **기출** 24

  ㉱ 현물출자의 경우에도 주주의 신주인수권이 미치는지에 관하여 견해가 대립한다. 즉, 현물출자에 관하여 정관에 규정이 없으면 현물출자를 할 수 없다는 견해(긍정설)와 정관에 규정이 없어도 이사회 결의만으로 현물출자를 할 수 있다는 견해(부정설)가 대립되는데, 대법원은 증여세 과세에 관한 판결에서 현물출자의 경우에는 주주의 신주인수권이 적용되지 아니하므로 이사회결의만으로 가능하다고 판시한 바 있다(대판 1989.3.14. 88누889).

ⓗ 주주가 가지는 신주인수권을 양도할 수 있는 것에 관한 사항(제5호)

  ㉮ 회사가 실제 신주를 발행할 때 신주에 대해 청약하고 배정받을 수 있는 구체적 신주인수권은 이사회에서 정한 신주배정기준일에 발생하는데, 이는 주식과 분리된 별개의 채권적 권리로서 양도·처분의 대상이 될 수 있다.

  ㉯ 회사에서 신주인수권을 양도할 수 있는 것으로 정한 경우, 신주인수권의 양도는 신주인수권증서의 교부에 의해서만 가능하다(상법 제420조의3 제1항).

  ㉰ 신주발행사항 결정 시 신주인수권을 양도할 수 있는지 정하지 않은 경우 신주인수권의 양도 가부에 관하여 견해의 대립이 있는데, 대법원은 "회사가 정관이나 이사회의 결의로 신주인수권의 양도에 관한 사항을 결정하지 아니하였다 하여 신주인수권의 양도가 전혀 허용되지 아니하는 것은 아니고, 회사가 그와 같은 양도를 승낙한 경우에는 회사에 대하여도 그 효력이 있다고 할 것"이라고 판시하여(대판 1995.5.23. 94다36421), 긍정한 바 있다.

ⓢ 주주의 청구가 있는 때에만 신주인수권증서를 발행한다는 것과 그 청구기간(제6호)

  ㉮ 신주인수권을 양도할 수 있는 것으로 정한 경우, 그 양도는 신주인수권증서를 교부하는 방법으로 하여야 하므로 이때 회사는 원칙적으로 모든 주주에게 신주인수권증서를 발행하여야 한다.

  ㉯ 모든 주주가 반드시 신주인수권을 양도하는 것은 아니므로 신주인수권증서의 발행을 청구하는 때에만 발행한다는 것과 그 청구기간을 정할 수 있도록 하였다(상법 제420조의2 제1항).

  ㉰ 청구가 있는 때에만 신주인수권증서를 발행한다는 것을 정하지 않고 주주의 신주인수권의 양도에 관해서만 결의하면, 모든 주주에게 청약기일의 2주간 전에 신주인수권증서를 발행하여야 한다.

  ㉱ 2011.4.14. 개정상법은 신주인수권증서를 발행하는 대신 정관으로 정하는 바에 따라 전자등록기관의 전자등록부에 신주인수권을 등록할 수 있도록 했다. 전자등록을 한 경우 신주인수권의 양도, 입질은 전자등록으로 해야 한다(상법 제420조의4. 제356조의2 제2항).

③ 신주배정기준일의 지정·공고

　　㉠ 주주배정 방식으로 신주를 발행하는 때에는 회사는 신주배정기준일을 정하고, 그날에 주주명부에 기재된 주주가 그가 가진 주식 수에 따라서 신주의 배정을 받을 권리를 가진다는 뜻과 신주인수권을 양도할 수 있는 것으로 정한 때에는 그 뜻을 그날(신주배정기준일)의 2주간 전에 공고하여야 한다(상법 제418조 제3항).

　　㉡ 신주배정기준일이 주주명부의 폐쇄기간 중인 때에는 폐쇄기간의 초일의 2주간 전에 공고하여야 한다(상법 제418조 제3항).

　　㉢ 신주배정기준일의 지정·공고는 주식을 양수하고도 명의개서를 하지 아니한 자로 하여금 명의개서를 하여 신주인수권을 행사할 수 있도록 하기 위한 것이다.

　　㉣ 이와 같은 취지에 비추어 볼 때, 상법 제419조 제1항의 실권예고부 청약최고와 달리 신주배정기준일의 지정·공고는 주주명부상의 주주의 동의를 받아 생략할 수 있는 것이 아니다.

④ **금융위원회에의 증권신고** : 10억원 이상의 증권을 자본시장법에서 정하는 바에 따라 모집 또는 매출하는 경우 금융위원회에 증권신고를 하여야 하는데(상법 제119조, 제120조), 신주발행에 따른 변경등기신청서에 증권신고서를 첨부할 필요는 없다.

⑤ 실권예고부 청약최고

　　㉠ 회사는 신주의 인수권을 가진 자에 대하여 그 인수권을 가지는 주식의 종류 및 수와 일정한 기일(청약기일)까지 주식인수의 청약을 하지 아니하면 그 권리를 잃는다는 뜻을 그 기일의 2주간 전에 통지하여야 한다.

　　㉡ 이 경우 신주인수권을 양도할 수 있는 것으로 정한 때에는 그 뜻과, 주주의 청구에 의하여 신주인수권증서를 발행한다는 사항을 정한 때(상법 제416조 제5호·제6호)에는 그 내용도 통지하여야 한다(상법 제419조 제1항·제2항).

　　㉢ 실권예고부 청약최고는 주주의 이익을 위하여 존재하는 것이므로 신주인수권이 있는 주주의 동의가 있을 경우 그 기간을 단축할 수 있다(상업등기선례 제1-207호).

　　㉣ 등기실무상 '기간단축동의'라는 이름으로 많이 이용되고 있다. 실권예고부 청약의 최고 또는 공고에도 불구하고 그 기일까지 주식인수의 청약을 하지 아니한 때에는 신주의 인수권을 가진 자는 그 권리를 잃는다(상법 제419조 제3항).

⑥ 주식인수의 청약

　　㉠ 신주인수의 청약을 하고자 하는 자(신주인수권자, 모집발행의 경우의 일반인)는 이사가 작성한 주식청약서 양식에 인수할 주식의 수, 주소 등을 기재하고, 기명날인 또는 서명하여 청약한다(상법 제425조 제1항, 제302조 제1항).

> 주식을 양수하여 주주명부에 기재된 비법인사단은 회사가 신주를 발행하는 경우 주주로서 신주인수의 청약(상법 제420조, 제425조, 제302조 제1항)을 할 수 있다(상업등기선례 제202205-1호). **기출** 25

　　㉡ 신주인수권증서를 발행한 경우에는 신주인수권증서에 의하여 청약을 한다(상법 제420조의5 제1항). 신주인수권증서를 상실한 자는 주식청약서에 의하여 주식의 청약을 할 수 있으나 그 청약은 신주인수권증서에 의한 청약이 있는 때에는 그 효력을 잃는다(상법 제420조의5 제2항).

　　㉢ 현물출자를 하는 경우에는 이사회 또는 정관 규정에 따라 주주총회에서, 현물출자를 하는 자와 그에 대하여 부여할 주식의 수를 정하기 때문에, 주식청약서에 의한 주식청약을 하여야 하는 것은 아니다.

⑦ 신주의 배정
　　㉠ 주식인수의 청약에 대해 이사가 신주를 배정하는데(상법 제421조), 배정에 의하여 주식인수의 청약자는 신주의 인수인이 된다.
　　㉡ 신주인수권자의 청약에 대하여 이사는 재량권 없이 배정을 하여야 하는 의무를 진다.
　　㉢ 그러나 공모에 있어서는 이사의 재량으로 자유로이 배정할 수 있다.

⑧ 제3자 배정방식의 신주발행사실의 주주에 대한 통지·공고
　　㉠ 2011.4.14. 개정상법은 제3자 배정의 방식으로 신주를 발행하는 경우, 회사로 하여금 일정한 사항(신주의 종류와 수, 신주의 발행가액과 납입기일, 무액면주식의 경우에는 신주의 발행가액 중 자본금으로 계상하는 금액, 신주의 인수방법, 현물출자를 하는 자의 성명과 그 목적인 재산의 종류, 수량, 가액과 이에 대하여 부여할 주식의 종류와 수)을 그 납입기일의 2주 전까지 주주에게 통지하거나 공고하도록 하였다(상법 제418조 제4항). 이 통지나 공고는 총주주의 동의를 받아 그 기간을 단축하거나 절차를 생략할 수 있다(상업등기선례 제2-54호).
　　㉡ 제3자(주주 외의 자)에게 신주를 배정하는 경우, 신주발행으로 인한 변경등기의 신청서에는 위와 같이 일정한 사항을 납입기일의 2주 전까지 주주에게 통지하거나 공고하였음을 증명하는 정보)를 하였음을 증명하는 서면을 첨부하여야 한다(규칙 제133조 제3호, 등기예규 제1445호 제21조 제1호).

기출 21 · 17

⑨ 출자의 이행
　　㉠ 신주인수인은 납입기일에 그 인수가액의 전액을 납입하여야 하고, 현물출자자는 납입기일에 출자의 목적인 재산을 인도하고 등기·등록 기타 권리의 설정 또는 이전을 필요로 할 경우에는 그에 필요한 서류를 완비하여 교부하여야 한다(상법 제421조, 제425조, 제305조 제3항, 제295조 제2항).
　　㉡ 현금출자시 납입은 주식청약서에 기재된 납입장소에 하여야 하는데, 납입장소는 은행이나 기타 금융기관에 한한다(상법 제425조 제1항, 제318조).
　　㉢ 인수인이 납입기일에 납입하지 아니한 때에는 인수인으로서의 권리를 잃는다(상법 제423조 제2항).
　　㉣ 회사설립의 경우와는 달리 실권절차를 밟을 필요 없이 납입기일의 경과로 당연히 실권하며, 이 부분에 대하여는 다시 인수인을 모집할 수도 있고, 발행을 포기하고 미발행부분으로 남기고 후일 발행할 수도 있다.
　　㉤ 과거에는 주금의 납입을 상계의 방법으로 할 수 없었으나(구 상법 제334조), 2011.4.14. 상법 개정으로 신주의 인수인은 회사의 동의가 있는 경우 주금납입채무와 회사에 대한 채권을 상계할 수 있고(상법 제421조 제2항), 회사는 일방적 의사표시로 상계할 수 있게 되었다. 상계는 주금납입채무의 전부에 대해서도 할 수 있고, 주금납입채무의 일부나 신주인수인 중 일부 신주인수인의 주금납입채무에 대해서도 할 수 있다(등기예규 제1450호). **기출** 21 · 17
　　㉥ 주금납입의무는 현실적 이행이 있어야 하므로 당좌수표로서 납입한 때에는 그 수표가 현실적으로 결제되어 현금화되기 전에는 납입이 있었다고 할 수 없다(대판 1977.4.12. 76다943). **기출** 18

⑩ 현물출자의 검사

　　㉠ 현물출자를 하는 자가 있는 경우 이사는 현물출자에 관한 사항을 조사하게 하기 위하여 검사인의 선임을 법원에 청구하여야 한다(상법 제422조 제1항 본문). 이 경우 공인된 감정인의 감정으로 검사인의 조사에 갈음할 수 있다(상법 제422조 제1항 단서).

　　㉡ 법원은 검사인의 조사보고서 또는 감정인 감정결과를 심사하여 현물출자가 부당하다고 인정한 때에는 이를 변경하여 이사와 현물출자를 한 자에게 통고할 수 있고, 현물출자자는 이에 불복하여 주식의 인수를 취소할 수 있으며 법원의 통고 후 2주간 내에 취소가 없으면 통고한 내용대로 변경된 것으로 본다(상법 제422조 제3항·제4항·제5항).

　　㉢ 대법원은 위와 같은 검사인의 선임, 검사인의 조사 및 법원의 심사가 없는 경우에도 그 사유만으로는 이미 경료된 신주발행 및 그 변경등기가 당연무효가 된다고는 볼 수 없다고 판시한 바 있다(대판 1980.2.12. 79다509).

　　㉣ 2011.4.14. 개정상법은 신주발행 시 현물출자에 대한 검사절차를 완화하였다. 즉, (ⅰ) 현물출자의 목적인 재산의 가액이 자본금의 5분의 1을 초과하지 않고 대통령령으로 정한 금액(5,000만원)을 초과하지 않는 경우, (ⅱ) 현물출자의 목적인 재산이 거래소에서 시세가 있는 유가증권인 경우로서 신주의 발행기관이 결정한 가격이 대통령령으로 정한 방법으로 산정된 시세를 초과하지 않는 경우, (ⅲ) 변제기가 도래한 회사에 대한 금전채권을 출자의 목적으로 하는 경우로서 그 가액이 회사장부에 적혀 있는 가액을 초과하지 아니하는 경우, (ⅳ) 그밖에 이에 준하는 경우로서 대통령령으로 정하는 경우에는 검사인의 조사절차나 공인된 감정인의 감정절차와 이에 대한 법원의 심사절차를 요하지 않는다(상법 제422조 제2항 및 제3항 참조). 따라서 신주발행으로 인한 변경 등기신청서에도 검사인의 조사보고서를 첨부할 필요가 없다. **기출** 25·14

⑪ 실권주의 처리

　　㉠ 신주인수권자가 청약을 하지 않거나 납입기일에 납입하지 않으면 그 청약되지 않거나 납입되지 않은 발행예정 신주는 실권된다(상법 제419조 제3항, 제423조 제2항).

　　㉡ 회사설립 시와 달리 신주발행 시에는 자본금의 전액확정을 요하지 않으므로 실권주는 미발행 부분으로 남겨두어도 된다. 따라서 주식회사에서 신주식을 발행하여 자본을 증가함에 있어 주식을 배정받은 일부 주주가 자기에게 배정된 신주인수권을 포기한 경우 미인수주식에 대하여 별도의 주식청약인을 모집하지 아니하고 납입 완료된 신주의 주식금액의 총액만을 자본의 총액으로 하여 변경등기를 신청할 수 있다(상업등기선례 제1-179호). **예** 주주배정 방식으로 1만 주를 발행하기로 하였으나 5천 주에 대해서만 신주인수 및 주금납입이 이루어진 경우에도 신주발행에 따른 등기가 가능하다. **기출** 16

　　㉢ 회사는 이사회의 결의로 인수가 없는 부분에 대하여 자유로이 이를 제3자에게 처분할 수 있는데, 제3자에게 발행하는 것에 관하여 반드시 근거 규정이 있어야 하거나(대판 2012.11.15. 2010다49380), 제3자에게 발행할 때 발행조건을 변경하여야 하는 것은 아니다(전환사채에 관한 대판 2009.5.29. 2007도4949 [전합]).

3. 신주의 효력발생

① 납입 또는 현물출자의 이행이 완료되면 '납입기일의 다음 날'부터 신주발행의 효력이 발생하여 그날부터 주주로서의 권리, 의무가 생긴다(상법 제423조 제1항).

② 회사가 법령 또는 정관에 위반하거나 현저하게 불공정한 방법에 의하여 주식을 발행함으로써 주주가 불이익을 받을 염려가 있는 경우 주주는 회사에 대하여 그 발행을 유지할 것을 청구할 수 있는데(상법 제424조), 신주발행유지의 청구는 신주의 효력이 발행하기 전, 즉 납입기일까지 하여야 한다.

③ 신주의 효력이 발생한 후, 즉 납입기일의 다음 날부터는 신주발행무효의 소로 다투어야 한다(상법 제429조).

4. 등기절차

① 등기기간

ㄱ 납입 또는 현물출자의 이행이 완료되면 '납입기일의 다음 날'부터 신주발행의 효력이 발생하여 그날부터 주주로서의 권리, 의무가 생기므로(상법 제423조 제1항), 신주발행으로 인한 변경등기의 원인일자 및 그 등기기간의 기산일은 '납입기일의 다음 날'이다(상업등기선례 제1-172호). **기출** 21

ㄴ 따라서 '납입기일의 다음 날'부터 본점 소재지에서 2주간 내에 신주발행에 따른 변경등기를 하여야 한다(상법 제317조 제4항, 제183조). **기출** 14

ㄷ 신주발행의 효력은 '납입기일의 다음 날'의 오전 영(0)시부터 발생하므로 신주발행의 효력이 발생한 그날(납입기일의 다음 날)도 등기기간에 산입된다. 또한 납입기일 또는 납입기일의 다음 날이 공휴일인 경우에도 '납입기일의 다음 날'부터 신주발행의 효력이 생기고 그날부터 신주의 인수인이 주주가 된다. **기출** 17

ㄹ 납입기일 전에 신주의 전부에 대해 납입이 완료되었다고 하더라도 원칙적으로 납입기일의 다음 날에 신주발행의 효력이 발생하므로 '납입기일의 다음 날'에 신주발행에 따른 등기를 신청할 수 있고, 그전에는 등기의 신청을 할 수 없다(상업등기선례 제1-172호). **기출** 16·12 납입이 완료된 그날에는 신주발행에 따른 변경등기 신청을 할 수 없다.

ㅁ 납입기일이 경과한 후에 납입기일을 연기하는 것은 허용되지 않지만, 납입기일 전에 신주에 관해 전액 인수 및 납입이 완료된 때에는 신주발행 결정기관의 결의에 의하여 납입기일을 앞당기는 것은 상관없다고 해석된다.

② 등기사항

ㄱ 발행주식의 총수, 그 종류와 각종 주식의 내용과 수, 자본금의 총액

ㄲ 신주 효력발생 후의 회사의 발행주식의 총수와 자본금의 총액을 등기하고, 그 변경의 취지와 변경의 연월일을 등기한다(상법 제317조 제2항 제2호, 제3호). 이때, 변경 전의 등기사항을 말소한다.

ㄴ 상법 제416조의 보통의 신주발행에 의한 발행주식의 총수 등의 변경 연월일은 '납입기일의 다음 날'이다(상업등기선례 제1-172호).

ㄷ 종류주식을 발행한 때에는 종류주식의 명칭과, 주식의 내용과 수를 등기하여야 하는데, 명칭과 내용은 정관에 기재되어 있는 명칭과 내용(신주를 발행하면서 정관의 범위 내에서 주식의 내용을 세부적으로 정한 경우에는 그 내용)을 등기한다.

ㄹ 2014.11.21. 이후로는 종류주식의 내용은 '기타사항란'에 등기하지 않고 '종류주식의 내용란'에 등기한다(규칙 별지 제8호).

ⓛ 액면미달발행의 경우 미상각액 : 상법 제417조에 따른 액면미달의 발행을 한 경우, <u>액면미달금액의 총액은 (주식발행초과금과 상계처리한 후) 미상각액을 등기하여야 한다</u>(상법 제426조). 미상각액(액면미달금액의 총액을 말한다)은 자본충실의 원칙에 반하는 금액으로 회사채권자의 보호에 중요한 만큼 등기사항으로 규정하고 있다. 미상각액은 '기타사항란'에 등기하여야 한다. **기출 21**

③ 첨부정보

> **상업등기규칙 제133조(신주발행으로 인한 변경등기)**
> <u>신주발행으로 인한 변경등기를 신청하는 경우</u>에는 다음 각 호의 정보를 제공하여야 한다.
> 1. <u>주식의 인수를 증명하는 정보</u> **기출 17**
> 2. <u>주식의 청약을 증명하는 정보</u> **기출 17**
> 3. 상법 제418조 제2항에 따라 주주 외의 자에게 신주를 배정하는 경우에는 같은 조 제4항에 따른 통지 또는 공고를 하였음을 증명하는 정보
> 4. 주금의 납입을 맡은 은행, 그 밖의 금융기관의 납입금 보관을 증명하는 정보. 다만, <u>신주발행의 결과 자본금 총액이 10억원 미만인 회사에 대해서는 은행이나 그 밖의 금융기관의 잔고를 증명하는 정보로 대체할 수 있다.</u> **기출 25·20·17·16·12**
> 5. 상법 제421조 제2항에 따른 상계가 있는 경우에는 이를 증명하는 정보
> 6. 상법 제422조에 따른 검사인의 조사보고 또는 감정인의 감정에 관한 정보
> 7. 제6호의 검사인의 조사보고 또는 감정인의 감정결과에 관한 재판이 있은 때에는 그 재판이 있음을 증명하는 정보

㉠ <u>주식의 인수를 증명하는 서면</u>(규칙 제133조 제1호) **기출 17**

㉮ 일반적으로 신주의 인수인이 작성한 주식인수증이 이에 해당한다.

㉯ <u>신주의 인수인별로 주식인수를 증명하는 서면을 첨부할 필요는 없고, 주주명부 기타 주식의 배정 상황(각 인수인에게 배정한 주식의 수)에 관하여 대표이사가 작성한 서면도 주식의 인수를 증명하는 서면으로 첨부할 수 있다</u>(상업등기선례 제2-42호 참조). **기출 22**

> 신주발행으로 인한 변경등기의 신청서(비송법 제205조)에는 주식의 청약을 증명하는 서면뿐만 아니라 주식의 인수를 증명하는 서면도 첨부하여야 한다. 다만, <u>그 주식의 인수를 증명하는 서면이 신주의 인수인이 작성한 주식인수증에 한정되는 것은 아니다. 현물출자를 하는 자와 회사 간의 신주인수계약서, 주주명부 기타 주식의 배정 상황(각 인수인에게 배정한 주식의 수)에 관하여 대표이사가 작성한 서면도 주식의 인수를 증명하는 서면에 해당한다</u>(상업등기선례 제2-42호). **기출 24·22**

㉰ 금전출자의 경우에도 주식의 청약을 증명하는 서면 외에 주식의 인수를 증명하는 서면을 첨부하여야 하는데, 발행된 신주를 기존 주주가 그 소유주식의 비율에 따라 전부 인수한 때에도 마찬가지다(상업등기선례 제1-183호, 서울고법 2006.4.14. 2005누14747).

㉡ <u>주식의 청약을 증명하는 서면</u>(규칙 제133조 제2호) : 주식청약서 또는 신주인수권증서가 이에 해당한다(상법 제420조, 제420조의2 제2항). 그 외에도 '주식청약 취급 증명서'와 같이 주식의 청약이 있었음을 증명하기에 족한 서면도 이에 해당할 수 있다. **기출 17**

ⓒ 제3자 배정방식 신주발행사실의 주주에 대한 통지 또는 공고를 증명하는 서면(규칙 제133조 제3호)

㉮ 신주발행으로 인한 변경등기의 신청서에는 주주 외의 자(제3자)에게 신주를 배정하는 경우에 상법 제418조 제4항에 따른 통지 또는 공고(일정한 사항을 납입기일의 2주 전까지 주주에게 통지하거나 공고하였음을 증명하는 정보)를 하였음을 증명하는 서면을 첨부하여야 한다(등기예규 제1445호 제21조 제1호). 기출 21·17

㉯ 신주발행을 결정한 이사회결의일과 납입기일과의 시간적 간격이 2주가 되지 않아 통지 또는 공고기간을 단축한 경우에는 당해 기간의 단축에 관한 총주주의 동의가 있음을 증명하는 서면을, 통지 또는 공고를 생략한 경우에는 통지 또는 공고를 하였음을 증명하는 서면에 갈음하여 통지 또는 공고 생략에 관한 총주주의 동의서를 첨부하여야 한다(상업등기선례 제2-56호).

㉰ 주주에게 신주의 인수기회를 부여하였으나 그 인수를 하지 않아 발생한 실권주를 제3자에게 재배정하여 신주를 발행한 것은 상법 제418조 제2항에 따라 주주 외의 자에게 신주를 배정한 경우가 아니므로 그 변경등기신청서에 상법 제418조 제4항에 따른 통지 또는 공고하였음을 증명하는 서면을 첨부할 것은 아니다(상업등기선례 제2-57호). 기출 24·14

ⓓ 주금납입금 보관증명서 또는 잔고증명서(규칙 제133조 제4호)

㉮ 주금의 납입을 맡은 은행, 그 밖의 금융기관의 납입금 보관을 증명하는 정보. 다만, 신주발행의 결과 자본금 총액이 10억원 미만인 회사에 대해서는 은행이나 그 밖의 금융기관의 잔고를 증명하는 정보로 대체할 수 있다(규칙 제133조 제4호). 인터넷전문은행이 인터넷으로 발급한 잔고증명서도 동일하다(상업등기선례 제202106-4호). 기출 25·20·17·16·12

㉯ 등기신청서에 첨부한 잔고증명서에 "미결제 타점금액(Uncleared Checks & Bills)"이 표시되어 있다면 해당 금액이 이상 없이 결제되어 확정적으로 예금이 되었다는 사실을 소명하는 서면(예 입금한 자기앞수표가 다음 날 결제된 경우에는 결제된 날의 잔고증명서와 예금한 날부터 결제된 날까지의 거래내역이 나타나는 통장 사본)도 함께 제출하여야 한다(상업등기선례 제2-62호).
기출 14·15

ⓔ 상계를 증명하는 서면(규칙 제133조 제5호)

㉮ 주금납입채무와 신주발행회사에 대한 신주인수인의 채권을 상계한 경우에는 이를 증명하는 서면을 첨부하여야 한다(등기예규 제1445호 제21조 제2호).

㉯ 상계를 증명하는 서면으로는 회사가 신주인수인에 대하여 채무를 부담하고 있다는 사실을 증명하는 서면(소비대차계약서 등)과 회사가 상계를 한 경우에는 회사가 신주인수인에 대하여 상계의 의사표시를 하였음을 증명하는 서면을, 신주인수인이 상계를 한 경우에는 신주인수인이 회사에 대하여 상계의 의사표시를 하였음을 증명하는 서면과 회사가 그 의사표시에 대하여 동의하였음을 증명하는 서면을 첨부하여야 한다(등기예규 제1450호 제3조). 기출 16·12

㉰ 주금납입채무의 일부에 대하여만 상계가 있는 경우(2인 이상의 신주인수인 중 일부 신주인수인의 주금납입채무에 대하여만 상계가 있는 경우를 포함한다)에는 신청서에 제3조 각 호의 서면과 상계로 소멸하는 납입채무 외의 부분에 관한 납입을 증명하는 서면을 함께 첨부하여야 한다(등기예규 제1450호 제4조). 즉, 주금납입채무의 일부나 신주인수인 중 일부 신주인수인의 주금납입채무에 대해서도 상계가 가능하다. 기출 24

ⓕ 검사인의 조사보고서와 그 부속서류 또는 감정인의 감정서와 그 부속서류(규칙 제133조 제6호)

ⓖ 검사인의 조사보고 또는 감정인의 감정결과에 관한 재판의 등본(규칙 제133조 제7호)

◎ 이사회의사록 또는 주주총회의사록(규칙 제128조)

㉮ 신주발행 여부 및 신주발행사항은 원칙적으로 이사회에서 결정하므로 신주발행으로 인한 변경등기신청서에는 원칙적으로 공증인의 인증을 받은 이사회의사록을 첨부하여야 한다.

㉯ 다만, 정관의 규정에 의하여 주주총회에서 신주발행 여부 및 신주발행사항을 결정한 경우에는 정관과 공증인의 인증을 받은 주주총회의사록을 첨부하여야 한다(상법 제416조, 규칙 제128조, 공증인법 제66조의2 제1항).

㉰ 자본금 총액이 10억원 미만인 소규모 주식회사에서 1명 또는 2명의 이사만을 둔 경우에는 주주총회에서 신주발행 여부 및 신주발행사항을 결정하므로(상법 제383조 제4항), 이 경우에도 주주총회의사록을 첨부하여야 한다.

㉱ 액면에 미달하는 가액으로 신주를 발행하는 경우에는 이사회의사록 외에 주주총회의사록을 제출하여야 하고, 주주총회의사록에는 주식의 최저 발행가액이 기재되어 있어야 한다(상법 제417조).

㉣ 총주주의 동의서(규칙 제128조 제1항)

㉮ 주주배정 방식으로 신주를 발행하는 경우, 상법 제419조 제1항 및 제3항에 의하여 청약기일의 2주간 전에 신주의 인수권을 가진 자에 대하여 실권예고부 청약최고를 하여야 하는데, 이사회의사록 또는 주주총회의사록에 실권예고부 청약최고기간을 준수하지 못하였음이 드러나는 경우(신주배정기준일과 청약기일이 2주간이 안 되는 경우)에는 실권예고부 청약최고기간의 단축에 대한 총주주의 동의서 또는 신주인수권을 행사하지 않은 주주의 기간단축동의서 등을 첨부정보로 제공하여야 한다(상업등기선례 제1-207호). **기출** 17·16·12

> 상법 제418조 제2항에 의하여 정관에 정하는 바에 따라 이사회에서 주주 외의 자에게 신주를 발행하는 결의를 하고 그에 따른 변경등기를 신청하는 경우, 신주발행을 결의한 이사회 결의일과 청약기일 사이의 시간적 간격이 2주간이 되지 아니하여 상법 제419조 제3항의 최고기간을 준수하지 못하는 경우에도 그에 관한 신주인수권자 전원의 동의서는 동의서는 첨부할 서면이 아니다(상업등기선례 제2-60호).
> **기출** 25 ☞ 상법 제419조는 주주 배정 방식의 신주발행절차에 적용되는 규정이고 제3자 배정 방식의 신주발행절차에는 적용되지 않는다.

㉯ 신주인수인이 생긴 후에 납입기일을 변경하는 경우에는 신주인수인 전원의 동의서를 첨부하여야 한다. 다만, 납입기일 전에 신주에 대한 납입이 완료되어 이사회(주주총회에서 신주발행을 결의한 경우에는 주주총회)의 결의로 납입기일을 앞당기는 것에 대하여는 위 동의서를 첨부할 필요가 없다고 본다.

㉣ 정관(규칙 제128조 제1항)

㉮ 상법 제416조 각 호의 신주발행사항 중 정관에 규정이 있어서 이사회에서 따로 결정하지 않은 사항이 있거나, 정관에 의하여 주주총회에서 신주발행을 결정한 경우(상법 제416조), 주주배정이 아닌 제3자 배정 방식으로 신주를 발행한 경우(상법 제418조 제2항) 정관을 첨부하여야 한다.

㉯ 종류주식은 정관에 의하여 그 발행이 수권되어 있는 종류와 수량의 범위 내에서만 발행할 수 있으므로 종류주식을 발행한 경우에도 정관을 첨부하여야 한다.

㉠ 법원의 허가서(규칙 제128조 제1항)

㉮ 액면미달의 가액으로 신주를 발행할 때에는 주주총회의 특별결의와 법원의 인가를 받아야 하므로(상법 제417조), 이 경우 신주발행에 따른 변경등기신청서에는 법원의 인가서를 첨부하여야 한다(규칙 제128조 제1항).

④ 다만, 주권상장법인은 법원의 인가 없이 주주총회 특별결의만으로 액면미달의 가액으로 신주를 발행을 할 수 있는 바 이 경우 법원의 인가서 대신 주권상장법인임을 증명하는 서면을 첨부하여야 한다.

㉺ 주금납입금 보관자 또는 납입장소를 변경한 때에는 법원의 허가서를 첨부하여야 한다(상법 제425조, 제306조). 다만, 주금납입금 보관자 또는 납입장소의 변경으로 법원의 허가를 얻어야 하는 것은 주식청약서에 기재된 납입금보관자와 납입장소가 변경된 때이므로, 주식청약서에 기재된 납입금 보관자 등에 변경이 없다면 법원의 허가서를 첨부할 필요가 없다. **기출** 11

㉣ 첨부할 필요가 없는 것

외국인투자신고서와 증권신고서

「외국인투자 촉진법」 제5조에 따른 외국인투자신고와 자본시장법 제119조에 따른 증권신고가 신주발행의 효력요건이라고 할 수 없으므로, 외국인투자신고서(상업등기선례 제2-52호)와 증권신고서는 신주발행으로 인한 변경등기신청서의 첨부서면으로 해석되지 않는다.

신주배정일의 지정·공고를 증명하는 서면

주주배정 방식으로 신주를 발행할 경우, 회사는 신주배정기준일의 2주간 전에 신주인수권의 내용 및 배정일을 지정·공고하여야 하나(상법 제418조 제3항 본문), 신주배정일의 지정·공고를 증명하는 서면은 상업등기법 등에 첨부정보로 규정되어 있지 않기 때문에 신주발행으로 인한 등기신청서에 이를 첨부할 필요가 없다(상업등기선례 제1-171호). **기출** 17·14

신주인수권 포기서

신주인수권을 가진 주주가 신주인수권을 포기하여 발생한 실권주를 이사회 결의로 다른 주주나 제3자에게 배정하여 신주를 발행한 경우, 그 변경등기의 신청서에는 실권주의 배정을 결정한 이사회 의사록만 첨부하면 되고 신주인수권포기서는 첨부할 필요가 없다(상업등기선례 제1-207호). **기출** 24·22·12

④ 등록면허세·등기신청수수료 등의 납부

㉠ 등기부상 증가한 자본금의 1000분의 4에 해당하는 등록면허세와 그 등록면허세액의 100분의 20에 해당하는 지방교육세를 납부한다(지방세법 제28조 제1항 제6호 가목 2), 제151조 제1항 제2호).

㉡ 대도시에서 설립한 회사 또는 대도시로 전입한 회사가 설립 또는 전입 후 5년 내에 신주를 발행하는 경우에는 위 등록면허세 및 지방교육세의 3배를 납부한다(지방세법 제28조 제2항 본문).

㉢ 신주발행으로 인한 자본금증가의 변경등기를 신청하는 때에 회사가 발행할 주식의 총수(발행예정주식총수)가 부족하여 그 변경등기도 같은 신청서에 의해 함께 신청하는 경우 자본금 증가의 변경등기에 필요한 등록면허세 및 지방교육세만 납부하면 된다(등기예규 제1790호 10, 상업등기선례 제2-7호).

㉣ 증자등기의 신청수수료는 7,000원(전자신청은 2,000원, 전자표준양식에 의한 신청은 5,000원)의 등기신청수수료를 납부하여야 한다.

㉤ 등록면허세와 달리 신주발행으로 인한 자본금증가의 등기와 회사가 발행할 주식의 총수의 변경등기를 일괄하여 하나의 신청서로 동시에 신청하는 경우에도 등기신청수수료는 각각의 것을 합산하여 납부하여야 한다(등기예규 제1861호 3. 다. (1) 본문). **기출** 22

5. 신주발행등기의 효력

① 신주발행에 따른 발행주식의 총수와 자본금의 총액의 변경등기는 신주발행의 효력요건이 아니라, 이미 효력이 발생한 신주발행과 자본금의 증가를 공시하는 의미를 가진다(상법 제37조).

② 신주인수인은 신주의 발행으로 인한 변경등기를 한 날로부터 1년이 경과한 후에는 주식청약서 또는 신주인수권증서의 요건의 흠결을 이유로 하여 그 인수의 무효를 주장하거나 사기, 강박 또는 착오를 이유로 하여 그 인수를 취소하지 못한다(상법 제427조 제1문). 아직 1년이 지나지 않았지만 그 주식에 대하여 주주의 권리를 행사한 때에도 같은 제한을 받는다(상법 제427조 제2문).

③ 신주발행으로 인한 변경등기가 있은 후에 아직 인수하지 아니한 주식이 있거나 주식인수의 청약이 취소된 때에는 이사가 이를 공동으로 인수한 것으로 본다(상법 제428조 제1항).

XI 주식의 전환으로 인한 변경등기

1. 서 설

① 전환주식의 의의

  ㉠ 주주의 청구나 회사의 결정에 의하여 다른 종류주식으로 전환될 수 있는 주식을 전환주식이라고 한다(상법 제346조). 상법은 이를 별도의 종류주식으로 다루고 있다(상법 제344조 제2항).

  ㉡ 개정 전에는 전환주식의 전환권을 주주에게만 허용하였으나(상법 제346조 제1항) 2011.4.14. 개정상법은 회사에 대하여도 허용하였다(상법 제346조 제2항).

② 전환주식의 발행

  ㉠ 전환주식은 정관에 그 발행의 근거규정이 있는 경우에 발행할 수 있다(상법 제346조 제1항 제1문).

  ㉡ 정관에 발행근거가 마련되어 있는 한 전환주식의 발행은 상법 제416조의 통상의 신주발행이므로 이사회의 결의만으로 발행할 수 있다.

  ㉢ 회사가 종류주식을 발행하는 경우에는 정관에 일정한 사유가 발생할 때 회사가 주주의 인수 주식을 다른 종류주식으로 전환할 수 있음을 정할 수 있다. 이 경우 회사는 전환의 사유, 전환의 조건, 전환의 기간, 전환으로 인하여 발행할 주식의 수와 내용을 정하여야 한다(상법 제346조 제2항). **기출** 13

  ㉣ 전환으로 새로 발행될 종류주식의 수는 전환청구기간 또는 전환의 기간 내에는 그 종류주식의 발행예정주식수 중 미발행주식으로 유보(留保)되어 있어야 한다(상법 제346조 제4항).

  ㉤ 전환청구기간과 전환의 기간은 상법상 제약이 없으므로 정관에서 자유롭게 정할 수 있다. 하지만, 그 기간을 무기한으로 하거나 무기한이나 다름없는 장기로 하는 것은 허용되지 않는다.

  ㉥ 전환주식을 발행하는 경우 (i) 주식을 다른 종류의 주식으로 전환할 수 있다는 뜻, (ii) 전환의 조건 (iii), 전환으로 인하여 발행할 주식의 내용, (iv) 전환청구기간 또는 전환의 기간을 주식청약서 또는 신주인수권증서(상법 제347조)와 주권(상법 제356조 제6호)에 기재하여야 하고, 이를 등기(상법 제317조 제2항 제7호)하여 공시하여야 한다.

2. 주식의 전환절차

① 전환청구

　㉠ 전환권이 주주에게 있는 전환주식을 전환하고자 하는 자는 전환하고자 하는 주식의 종류·수와 청구 연월일을 기재하고 기명날인 또는 서명한 청구서 2통에, 주권을 첨부하여 회사에 제출하여야 한다(상법 제349조).

　㉡ 전환권이 회사에게 있는 경우 회사의 이사회(자본금 총액이 10억원 미만인 회사로서 이사를 1명 또는 2명 둔 경우에는 각 이사 또는 정관에 따라 대표이사를 정한 경우에는 그 대표이사)는 (i) 전환할 주식, (ii) 2주 이상의 일정한 기간 내에 전환주식의 주권을 회사에 제출하여야 한다는 뜻, (iii) 주권제출기간 내에 주권을 제출하지 아니할 때에는 그 주권이 무효로 된다는 뜻을 결정하고, 회사는 이러한 내용을 그 전환주식을 가진 주주 및 주주명부에 적힌 권리자에게 따로 통지하여야 하는데, 이러한 통지는 공고로 갈음할 수 있다(상법 제346조 제3항).

　㉢ 전환청구는 주주명부 폐쇄기간 중에도 할 수 있는데, 주주명부 폐쇄기간 중에 전환된 주식의 주주는 그 기간 중의 총회의 결의에 관하여는 의결권을 행사할 수 없다(상법 제350조 제2항).

② 전환의 효과

　㉠ 전환의 효력 발생 시기 : 주주가 전환을 청구하는 경우에는 그 청구한 때에 전환의 효력이 발생하고, 회사가 전환을 한 경우에는 회사의 통지 또는 공고에 따른 전환주식의 주권제출기간이 끝난 때에 전환의 효력이 발생한다(상법 제350조 제1항). **기출** 13

　㉡ 주식 및 자본금에 미치는 효과

　　㉮ 전환주식의 수보다 신주식의 수가 적어 전환비율이 1 : 1에 미달하는 주식의 전환이 허용되는지 여부가 문제된다. 자본감소절차에 있어서 엄격한 채권자보호 등의 절차를 이행할 것을 규정하고 있는 상법의 취지에 비추어, 전환권의 행사에 의하여 자본감소의 효과가 발생하는 전환, 즉 전환 주식과 전환권의 행사에 의하여 새로이 발행되는 주식의 비율이 1 : 1 미만이 되는 주식의 전환은 인정되지 아니할 것이다(상업등기선례 제2-40호). **기출** 13

　　㉯ 전환으로 인하여 신주식을 발행하는 경우에는 전환 전의 주식의 발행가액을 신주식의 발행가액으로 하고 있는데(상법 제348조), 이때 발행가액은 발행가액의 총액을 의미한다. 신주식의 발행가액 총액의 제한에 관한 위 규정은 액면미달가액의 발행금지를 규정하고 있는 상법 제417조와 함께 전환비율을 제한하는 역할을 한다.

　㉢ 주식 및 자본금에 미치는 효과 : 주식의 전환은 종류가 다른 주식 상호 간의 교체이고, 나아가 발행주 식수의 총수가 줄어드는 상향전환은 허용되지 아니하므로, 주식의 전환시에는 발행할 주식의 총수에 는 영향을 미치지 않는다고 해석된다.

3. 등기절차

① 등기기간 : 전환으로 인한 등기사항의 변경등기신청은 전환을 청구한 날(주주전환주식의 경우) 또는 전환주식의 주권제출기간이 끝난 날(회사전환주식의 경우)이 속하는 달의 마지막 날부터 2주 내에 회사 의 대표자가 본점 소재지에서 하여야 한다(상법 제351조, 법 제23조 제1항, 특례법 제3조).

② 등기사항

　㉠ 주식이 전환되면 어느 종류의 주식이 다른 종류의 주식으로 전환되기 때문에 전환 전의 주식이 속하 는 종류주식의 발행주식의 수는 감소하고, 전환 후의 주식이 속하는 종류주식의 발행주식의 수는 증가한다.

ⓛ 따라서 전환 후의 발행주식의 종류와 각 주식의 수를 등기하고, 전환 전의 발행주식의 종류와 각 주식의 수를 말소한다.

ⓒ 하향전환으로 발행주식의 총수가 증가하면 증가 후의 발행주식의 총수를 등기하고 전환 전의 사항을 말소한다.

ⓔ 주식이 전환되면 위 변경사항을 등기하는 외에 어느 주식 몇 주가 어느 주식 몇 주로 전환되었다는 뜻 및 그 변경연월일을 기타사항란에 등기한다.

ⓜ 어느 달에 수회의 전환청구가 있는 경우에, 그 행사일이 속하는 말일을 기준으로 1건의 변경등기를 하여야 한다는 견해가 있으나, 전환의 효력발생일도 등기사항이고 각 전환의 효력발생일이 다르며 이를 말일로 해서 등기하도록 하는 별도의 규정이 없으므로 그 효력발생일별로 등기를 하여야 하고, 그 효력발생일이 속하는 달의 말일로 합산하여 1건으로 등기할 수 없다(상업등기선례 제1-212호).

기출 13

③ **첨부정보** : 주식의 전환으로 인한 변경등기신청서에는 주주가 전환을 청구하는 경우에는 전환청구서를, 회사가 주식을 전환한 경우에는 상법 제346조 제3항에 따른 통지나 공고를 하였음을 증명하는 서면을 첨부하여야 한다(규칙 제136조). 기출 13

④ 등록면허세·등기신청수수료 등의 납부

ⓞ 주식의 전환으로 자본금이 증가하는 경우에는 등기부상 증가한 자본금액의 1000분의 4에 해당하는 등록면허세와 그 등록면허세액의 100분의 20에 해당하는 지방교육세를 납부하여야 한다.

㉮ 대도시에서 설립한 회사 또는 대도시로 전입한 회사가 설립 또는 전입 후 5년 내에 신주를 발행하는 경우에는 위 등록면허세 및 지방교육세의 3배를 납부하여야 한다(같은 법 제28조 제2항 본문).

㉯ 이때 발행주식의 총수와 그 종류 및 각각의 수, 각종주식의 내용의 변경등기에 대하여는 따로 등록면허세와 지방교육세를 납부하지 않는다(등기예규 제1790호 제10조).

ⓛ 자본금에 변경이 없는 주식전환의 경우에는 발행주식의 종류 및 각각의 수, 각종주식의 내용의 변경등기 전부에 대하여 1건의 등록면허세 40,200원 및 지방교육세 8,040원을 납부하여야 한다(같은 법 제28조 제1항 제6호 바목, 제151조 제1항 제2호).

ⓒ 주식의 전환으로 인한 변경등기를 신청할 때에는 발행주식의 총수와 그 종류 및 각각의 수, 자본금의 총액, 각종주식의 내용의 변경등기 전부에 대해 1건의 등기신청수수료 7,000원(전자신청은 2,000원, 전자표준양식에 의한 신청은 5,000원)를 납부하여야 한다(수수료규칙 제5조의3 제2항 본문, 제5조의5 제6항).

XII 주식매수선택권에 관한 등기

1. **서 설**

① 주식매수선택권은 미리 정한 가격으로 회사의 신주를 인수하거나 구주를 매수할 수 있는 권리를 말한다.

② 주식매수선택권제도는 1997년 상장법인에 최초 도입하였고, 그 다음 해에는 벤처기업에(벤처기업육성에 관한 특별조치법 제16조의3), 그리고 1999년에는 상법의 일반제도로 받아들여 모든 주식회사에 도입되었다(상법 제340조의2~제340조의5).

2. 주식매수선택권의 부여방식

상법상 인정되는 주식매수선택권의 부여방식에 관해 견해가 대립하는데, 첫 번째 견해는 아래와 같이 세 가지 방식으로 주식매수선택권을 부여할 수 있다고 한다.

① '신주발행형'은 주식매수선택권을 행사하여 행사가격을 회사에 납입하면 회사는 그에게 신주를 발행하여 교부하는 방식이다.

② '자기주식양도형'은 주식매수선택권을 행사하여 행사가격을 회사에 납입하면 회사는 이미 보유한 자기주식을 교부하는 방식이다.

③ '차액정산형' 또는 '주가차액교부방식'은 주식매수선택권의 행사가격이 주식의 실질가격보다 낮은 경우에 회사에서 그 차액을 금전으로 지급하거나 그 차액에 상당하는 자기주식을 양도하는 방식이다(상법 제340조의2 제1항 단서).

④ 또 다른 견해는 주식매수선택권의 부여방식으로 신주발행형과 자기주식양도형만 인정된다고 한다.

3. 주식매수선택권의 부여

① 부여대상자

받을 수 있는 자	• 주식매수선택권을 부여받을 수 있는 자는 원칙적으로 회사의 설립·경영 및 기술혁신 등에 기여하거나 기여할 수 있는 당해 회사의 이사·집행임원·감사·피용자이다(상법 제340조의2 제1항). • 상장회사의 경우에는 상법 제340조의2 제1항 본문에 규정된 자 이외에도 상법 시행령 제9조 제1항으로 정하는 관계 회사의 이사, 집행임원, 감사 또는 피용자에게 주식매수선택권을 부여할 수 있다(상법 제542조의3 제1항).
받을 수 없는 자	• 주식매수선택권제도가 대주주 등에 의해 남용되는 것을 방지하기 위해, 상법은 (i) 의결권 없는 주식을 제외한 발행주식총수의 100분의 10 이상의 주식을 가진 주주, (ii) 이사·집행임원·감사의 선임과 해임 등 회사의 주요경영사항에 대하여 사실상 영향력을 행사하는 자, (iii) 위 (i), (ii)에 규정된 자의 배우자와 직계 존·비속에게는 주식매수선택권의 부여를 금지하고 있다(상법 제340조의2 제2항). • 상장회사에 대해서는 상법 제542조의8 제2항 제5호의 최대주주 등 대통령령으로 정하는 자에게는 주식매수선택권을 부여할 수 없도록 하여 가중된 요건을 규정하고 있다(상법 제542조의3 제1항 단서, 상법 시행령 제30조 제2항).

② 부여의 한도

㉠ 주식매수선택권의 행사로 발행할 신주 또는 양도할 자기의 주식은 회사의 발행주식총수의 100분의 10을 초과할 수 없다(상법 제340조의2 제3항). 다만, 상장회사는 발행주식총수의 100분의 20의 범위에서 대통령령으로 정하는 한도까지(상법 제542조의3 제2항)[3], 주식매수선택권을 부여할 수 있다.

기출 23·18

㉡ 벤처기업인 주식회사의 주식매수선택권은 발행한 주식총수의 100분의 50을 초과할 수 없다(벤처기업 육성에 관한 특별조치법 제16조의3 제2항).

---

3) 상법 제542조의3 제2항에서 "대통령령으로 정하는 한도"란 발행주식총수의 100분의 15에 해당하는 주식 수를 말한다. 이 경우 이를 산정할 때에는 법 제542조의3 제3항에 따라 부여한 주식매수선택권을 포함하여 계산한다(상법 시행령 제30조 제3항).

③ 정관의 규정
　　㉠ 주식매수선택권을 부여하려면 정관에 주식매수선택권의 부여에 관한 규정이 있어야 한다(상법 제340조의2 제1항).
　　㉡ 정관에는 (i) 일정한 경우 주식매수선택권을 부여할 수 있다는 뜻, (ii) 주식매수선택권의 행사로 발행하거나 양도할 주식의 종류와 수, (iii) 주식매수선택권을 부여받을 자의 자격요건, (iv) 주식매수선택권의 행사기간, (v) 일정한 경우 이사회의 결의로 주식매수선택권의 부여를 취소할 수 있다는 뜻을 정하여야 한다(상법 제340조의3 제1항).

④ 주주총회의 특별결의
　　㉠ 정관 규정에 의하여 구체적으로 특정인에게 주식매수선택권을 부여하기 위해서는 상법 제434조의 주주총회 특별결의가 필요하다. **기출 18**
　　㉡ 주주총회에서는 (i) 주식매수선택권을 부여받을 자의 성명, (ii) 주식매수선택권의 부여방법, (iii) 주식매수선택권의 행사가액 및 그 조정에 관한 사항, (iv) 주식매수선택권의 행사기간, (v) 주식매수선택권을 부여받을 자 각각에 대하여 주식매수선택권의 행사로 발행하거나 양도할 주식의 종류와 수를 정하여야 한다(상법 제340조의3 제2항).
　　㉢ 주식매수선택권의 행사가액은 (i) 신주를 발행하는 경우에는 주식매수선택권의 부여일을 기준으로 한 주식의 실질가액과 주식의 권면액(다만, 무액면주식을 발행한 경우에는 자본금으로 계상되는 금액 중 1주에 해당하는 금액을 권면액으로 본다) 중 높은 금액, (ii) 자기의 주식을 양도하는 경우에는 주식매수선택권의 부여일을 기준으로 한 주식의 실질가액 이상이어야 한다(상법 제340조의2 제4항).

⑤ 주식매수선택권의 부여계약
　　㉠ 회사는 주주총회 결의에 의하여 주식매수선택권을 부여받은 자와 계약을 체결하고 상당한 기간 내에 그에 관한 계약서를 작성하여야 한다(상법 제340조의3 제3항).
　　㉡ 계약서를 주식매수선택권의 행사기간이 종료할 때까지 본점에 비치하고, 주주로 하여금 영업시간 내에 이를 열람할 수 있도록 하여야 한다(상법 제340조의3 제4항).
　　㉢ 주식매수선택권은 정관에 근거하여 주주총회의 특별결의로 부여하지만 그 부여의 취소는 이사회의 결의로도 할 수 있다(상업등기실무 2). **기출 18**

4. 주식매수선택권의 행사

① 행사기간
　　㉠ 주식매수선택권자는 주주총회 결의일부터 2년 이상 재임 또는 재직하여야 주식매수선택권을 행사할 수 있는데(상법 제340조의4 제1항), 회사와의 계약에 의하여 정한 구체적인 행사기간 내에 이를 행사하여야 한다. **기출 23**
　　㉡ 주식매수선택권은 양도할 수 없다. 다만, 주식매수선택권을 행사할 수 있는 자가 사망한 경우에는 그 상속인이 이를 행사할 수 있다(상법 제340조의4 제2항). **기출 18**

② 행사절차
　　㉠ 신주발행형으로 주식매수선택권을 부여 받은 주식매수선택권자는 청구서 2통을 회사에 제출하고(상법 제340조의5·제516조의8 제1항), 은행 기타 금융기관의 납입장소에 행사가격을 납입하여야 한다(상법 제340조의5·제516조의8 제3항).
　　㉡ 주식매수선택권자는 신주발행에서의 주식인수인과 같이 회사의 동의를 얻어 주금납입채무와 주식회사에 대한 채권을 상계할 수 있고, 회사도 주식매수선택권자에 대하여 상계할 수 있다(상법 제421조 제2항, 등기예규 제1450호. 상업등기실무 2). **기출 18**

③ 행사의 효과

㉠ 신주발행형으로 주식매수선택권을 부여받은 주식매수선택권자가 주식매수선택권을 행사하는 경우, 주식매수선택권을 행사하고 행사가액을 '납입한 때'에 주주가 된다(상법 제340조의5, 제516조의10, 상업등기선례 제2-41호). **기출** 23

㉡ 주식매수선택권의 행사는 주주명부 폐쇄기간 중에도 할 수 있는데, 주주명부 폐쇄기간 중에 주식매수선택권을 행사하여 주주가 된 자는 그 기간 중의 총회의 결의에 관하여는 의결권을 행사할 수 없다(상법 제340조의5, 제350조 제2항). **기출** 18

5. 등기절차

① 주식매수선택권 부여에 관한 정관내용의 등기

㉠ 등기기간 및 등기사항

㋐ (i) 회사 설립 시의 원시정관에 주식매수선택권에 관한 내용을 정한 경우에는 설립등기를 할 때에, (ii) 기왕에 정한 주식매수선택권 부여에 관한 정관 내용을 변경하거나 회사 설립 후에 주식매수선택권 부여에 관한 내용을 새로이 정관에 정한 경우에는 그 효력발생일로부터 2주간 내에 본점 소재지 관할 등기소에서 등기하여야 한다(제317조 제2항 제3조의3호, 제4항). 따라서 등기신청서에 주식매수선택권에 관한 그 등기사항을 기재하여야 한다. **기출** 23

㋑ 주식매수선택권 부여에 관한 정관 내용을 등기할 때에는 (i) 일정한 경우 주식매수선택권을 부여할 수 있다는 뜻, (ii) 주식매수선택권의 행사로 발행하거나 양도할 주식의 종류와 수, (iii) 주식매수선택권을 부여받을 자의 자격조건, (iv) 주식매수선택권의 행사 기간, (v) 일정한 경우 이사회의 결의로 주식매수선택권의 부여를 취소할 수 있다는 뜻을 등기한다(제83조 제1항, 상법 제340조의3 제1항). 회사설립 후에 주식매수선택권에 관한 내용을 정관에 마련하고 등기하는 경우에는 그 설정 연월일도 등기하여야 하는데, 정관변경을 위한 주주총회의 효력발행일이 그 설정연월일이 된다.

㉡ 첨부정보 등

㋐ 주식매수선택권의 설정 또는 변경등기의 신청서에는 원시정관 또는 정관변경을 결의한 주주총회 의사록을 첨부한다(규칙 제128조).

㋑ 주식매수선택권의 설정 또는 변경등기에 대해서는 등록면허세 및 지방교육세 48,240원과 등기 신청수수료 7,000원(전자신청은 2,000원, 전자표준양식에 의한 신청은 5,000원)을 납부하여야 한다.

② 주식매수선택권의 행사에 따른 등기

㉠ 등기기간

㋐ 주식매수선택권의 행사로 신주가 발행되는 경우 그 효력발생 시부터 등기를 신청할 수 있지만 등기기간은 주식매수선택권을 행사한 날이 속하는 달의 말일부터 2주를 계산한다(상법 제340조의5, 제351조).

㋑ 어느 달에 수회의 주식매수선택권의 행사가 있는 경우 그 효력발생일마다 각각 별개의 변경등기를 하여야 하고 효력발생일이 속하는 달의 말일로 합산하여 등기할 수 없다.

㉡ 등기사항

㋐ 통상의 신주발행과 마찬가지로 주식매수선택권 행사 후의 발행주식의 총수, 그 종류와 각종 주식의 내용과 수 및 자본금의 총액과 변경된 취지 및 변경연월일을 등기하고, 변경 전 등기사항을 말소한다.

④ 주식매수선택권의 행사로 신주를 발행할 경우에도 그 발행되는 신주의 수는 발행예정주식총수 중 미발행주식의 범위 내이어야 하므로 그 범위를 초과할 경우에는 발행예정주식총수의 변경등기가 선행 또는 동시에 되어야 한다.

© 첨부정보

㉮ 주식매수선택권의 행사로 인한 변경등기의 신청서에는 신주인수청구서 및 주금의 납입을 맡은 은행 기타 금융기관의 '납입금보관에 관한 증명서' 또는 '잔고증명서'(신주발행의 결과 자본금 총액이 10억원 미만인 회사의 경우)를 첨부한다(규칙 제134조). **기출** 23

㉯ 주식매수선택권자가 회사의 동의를 얻어 주금납입채무와 주식회사에 대한 채권을 상계하거나 회사가 주식매수선택권자에 대하여 상계한 경우에는 이를 증명하는 서면을 첨부하여야 한다(규칙 제134조, 등기예규 제1445호 제21조 제2호).

② 등록면허세·등기신청수수료 등의 납부

㉮ 주식매수선택권의 행사에 따라 발행주식의 총수 등의 변경등기를 할 때에는 등기기록상 증가한 자본액의 1000분의 4에 해당하는 등록면허세와 그 등록면허세액의 100분의 20에 해당하는 지방교육세를 납부하여야 한다(지방세법 제28조 제1항 제6호 가목 2), 제151조 제1항 제2호).

㉯ 주식매수선택권의 행사에 따라 발행주식의 총수 등의 변경등기를 할 때에는 7,000원의 등기신청수수료를 납부하여야 한다. 다만, 전자표준양식에 의한 신청의 경우에는 5,000원, 전자신청의 경우에는 2,000원을 납부한다(수수료규칙 제5조의3 제2항 본문, 제5조의5 제6항).

XIII 주식분할로 인한 변경등기

1. 주식의 분할

① 서 설

㉠ 주식의 분할이란 주식 1주를 2주 이상으로 만들면서 발행주식의 총수를 증가시키는 것을 말한다.

㉡ 주식의 분할은 단위주식의 시가가 너무 높아 거래가 불편하기 때문에 주식수를 증가시키면서 단위주식의 시가를 낮추고자 할 때에 행해진다.

㉢ 그 밖에 합병절차에 있어서 합병비율의 결정의 편리 등을 위해서 이루어진다.

② 주식분할의 절차

㉠ 주주총회의 특별결의 : 주식을 분할하기 위해서는 주주총회의 특별결의가 필요하다(상법 제329조의2 제1항).

㉡ 정관의 변경

㉮ 액면주식의 액면가는 정관의 절대적 기재사항이므로(상법 제317조 제2항 제1호, 제289조 제1항 제4호), 주식을 분할하기 위해서는 정관을 변경하여야 한다.

㉯ '회사가 발행할 주식의 총수'(= 발행예정주식의 총수)는 정관의 절대적 기재사항이고 등기사항이다(상법 제317조 제2항 제1호, 제289조 제1항 제3호). 따라서 '회사가 발행할 주식의 총수' 중 미발행주식이 충분하지 않다면 정관변경을 통하여 '회사가 발행할 주식의 총수'를 늘려야 하므로 주식의 분할과 관련하여 '회사가 발행할 주식의 총수'를 변경한 때에는 '회사가 발행할 주식의 총수'의 변경등기도 하여야 한다[[예] 회사가 발행할 주식의 총수(= 발행예정주식총수)가 1만 주, 발행주식총수가 5천 주, 1주의 금액이 1,000원인 회사가 1주의 금액을 100원으로 하는 주식분할을 하였다면 회사가 발행할 주식의 총수의 변경도 주식분할로 인한 변경등기의 등기사항에 해당한다]. **기출** 15

ⓓ 액면주식의 액면가는 100원 이상이어야 하므로 그 이하의 가격으로 주식을 분할할 수 없다(상법 제329조 제4항·제329조의2 제2항).

ⓔ 종류주식을 발행한 경우에도 주식의 액면가는 균일하여야 하므로(상법 제329조 제3항), 주식의 액면금액을 종류주식별로 달리하는 주식분할은 허용되지 않는다(상업등기실무 2). **기출** 15

ⓒ 주권제출공고

ⓐ 액면주식을 분할하는 경우에는 1월 이상의 기간을 정하여 그 뜻과 그 기간 내에 주권을 회사에 제출할 것을 공고하고, 주주명부에 기재된 주주와 질권자에게는 각별로 통지하여야 한다(상법 제329조의2 제3항·제440조).

ⓑ 주권제출공고는 회사가 사실상 주권을 발행하지 않았다는 이유로(상업등기선례 제1-196호), 또는 주주 전원의 이의가 없다는 이유로(상업등기선례 제1-199호) 이를 생략할 수 없다. **기출** 18

ⓒ 주권을 발행하지 아니하였다는 이유로 주권제출기간을 명시하지 않은 채 주식액면분할공고만을 한 것은 적법한 주권제출공고를 한 것으로 볼 수 없다(상업등기선례 제1-196호). **기출** 15

ⓓ 주권을 제출할 수 없는 자가 있는 때에는 회사는 그 자의 청구와 비용으로 3월 이상의 기간을 정하여 이해관계인에 대해 그 주권에 관해 이의가 있으면 그 기간 내에 제출할 뜻을 공고한다.

ⓔ 그 기간이 경과하도록 이의가 없으면 신주권을 청구자에게 교부한다(상법 제329조의2 제3항, 제442조).

ⓓ 단주의 처리

ⓐ 분할에 적당하지 아니한 주식이 있는 경우에는 그에 대하여 발행한 신주를 경매하여 그 대금을 각 주식수에 따라 종전의 주주에게 지급하여야 한다.

ⓑ 거래소의 시세 있는 주식은 거래소를 통하여 매각하고 거래소의 시세 없는 주식은 법원의 허가를 받아 경매 외의 방법으로 매각할 수 있다(상법 제329조의2 제3항, 제443조).

③ 주식분할의 효력발생

㉠ 액면주식의 분할은 주권제출기간이 만료한 때에 그 효력이 생긴다(상법 제329조의2 제3항, 제441조 본문). 상법상 자본금감소가 일어나는 주식분할은 없어 주식분할 시 채권자보호절차를 거칠 필요가 없으므로 상법 제441조 단서도 준용하는 상법 제329조의2 제3항에도 불구하고 공고된 주권제출기간이 만료한 때 주식분할의 효력이 발생한다고 본다(상업등기실무 2). **기출** 18

㉡ 반면, 무액면주식을 분할할 때에는 주주총회에서 그 분할을 결의하면서 효력발생일을 별도로 정하여야 하는데, 이는 무액면주식의 분할 시에는 주권의 제출이 필요 없어 상법 제441조가 준용되지 않기 때문이다.

2. 등기절차

① 등기기간 등

㉠ (액면)주식의 분할은 주권제출기간의 만료로 주식분할의 효력이 발생하는 바, 그때로부터 2주간 내에 본점 소재지 관할 등기소에서 주식분할에 따른 변경등기를 하여야 한다.

㉡ 주식분할에 따른 등기사항은 주식분할 후의 1주의 금액, 발행주식의 총수(종류주식을 발행한 때에는 각 주식의 종류별 발행주식의 수도 포함한다), 그 변경의 취지 및 변경연월일이다.

② 첨부정보

　㉠ 주주총회의사록(규칙 제128조 제2항) : 1주의 금액의 변경과 주식분할을 결의한 공증받은 주주총회의사록을 첨부하여야 하는데, 발행할 주식의 총수를 변경한 때에는 그 결의내용도 포함되어 있어야 한다.

　㉡ 주권제출공고를 하였음을 증명하는 서면(규칙 제139조 제2항) : 등기실무에서는 공고한 신문 원본을 접어서 A4용지에 붙여 제출하고 있다.

③ 등록면허세·등기신청수수료 등의 납부

　㉠ 주식의 분할로 인한 1주의 금액과 발행주식총수의 변경등기에 대하여는 40,200원의 등록면허세와 8,040원의 지방교육세를 납부하여야 한다(지방세법 제28조 제1항·제151조 제1항).

　㉡ 주식을 분할하면서 회사가 발행할 주식의 총수 중 미발행주식이 부족하여 발행할 주식의 총수를 변경하고 그 등기도 같이 신청한 경우, 이에 관하여 따로 등록면허세와 지방교육세를 납부하지 않는다(등기예규 제1790호 제10조).

　㉢ 주식분할에 따른 1주의 금액, 발행주식의 총수(종류주식을 발행한 경우에는 종류별 주식의 발행주식의 수도 포함한다) 또는 발행할 주식의 총수의 변경등기에 대해서는 각각 7,000원(전자신청은 2,000원, 전자표준양식에 의한 신청은 5,000원)의 등기신청수수료를 납부하여야 한다(수수료규칙 제5조의3 제2항 본문·제5조의5 제6항).

ⅩⅣ 준비금의 자본금전입으로 인한 변경등기

1. 서 설

① 준비금의 자본금전입의 의의

　㉠ 준비금의 자본금전입이란 준비금의 전부 또는 일부를 자본금으로 전입하여 자본금을 증가시키고 같은 금액을 준비금 계정에서 차감하는 것을 말한다(상법 제461조).

　㉡ 준비금의 자본금 전입으로 자본금은 증가하고, 그 증가하는 자본금액을 액면가로 나눈 수에 해당하는 신주가 발행된다.

　㉢ 준비금의 전부 또는 일부를 자본금에 전입한 경우에는 주주에 대하여 그가 가진 주식의 수에 따라 주식(무상주)을 발행하여야 한다(상법 제461조 제2항). 기출 13

　㉣ 발행하는 신주에 대해 기존의 주주들은 별도의 납입을 하지 않고 그가 가진 주식 수에 비례하여 신주를 취득하기 때문에 실제 회사에 유입되는 자산은 없다. 따라서 준비금의 자본금전입에 의한 증자 또는 신주발행을 '무상증자'라고 하고, 그 신주를 '무상주'라고도 한다.

　㉤ 준비금에는 법으로 그 적립이 강제되어 있는 법정준비금과 법으로 적립이 강제되지는 않지만 회사의 필요에 의하여 정관 또는 주주총회의 결의로 적립하는 임의준비금이 있다.

　㉥ 상법 제461조 제1항의 규정에 의하여 자본금에 전입할 수 있는 준비금은 법정준비금에 한한다고 해석되므로 임의준비금은 자본금에 전입할 수 없으며, 자본금의 2분의 1을 초과하여 이익준비금이 적립된 경우에 그 초과액은 임의준비금으로 보아야 할 것이므로 그 초과액은 자본금에 전입할 수 없다(상업등기선례 제1-191호). 기출 19·13

② 준비금의 종류

㉠ 법정준비금(상법 제459조)

㉮ 법령에 의하여 적립이 강제되는 준비금을 법정준비금이라고 하는데, 상법상의 법정준비금으로는 회사의 영업활동에서 얻은 이익을 재원으로 하여 적립되는 이익준비금과 자본거래에서 발생한 자본잉여금을 재원으로 하여 적립되는 자본준비금이 있다.

㉯ 상법은 법정준비금에 대해서만 그 적립과 사용을 규정하고 있고 임의준비금에 관해서는 특별한 규정을 두고 있지 아니하므로, 상법상 단순히 준비금이라고 하면 법정준비금만을 의미한다.

㉰ 자본준비금 및 이익준비금은 자본금의 결손 보전에 충당하는 경우 외에는 처분할 수 없는데, 2011.4.14. 개정상법은 결손의 보전에 있어서 이익준비금으로 먼저 충당하여야 한다(구 상법 제460조 제2항)는 제한을 폐지하였다.

㉱ 개정상법은 자본준비금 및 이익준비금의 총액이 자본금의 1.5배를 초과하는 경우 주주총회의 결의에 따라 그 초과한 금액의 범위에서 자본준비금과 이익준비금을 감액할 수 있도록 하였다(상법 제461조의2).

㉡ 이익준비금(상법 제458조)

㉮ 주식회사는 그 자본금의 2분의 1이 될 때까지 매 결산기의 이익배당액의 10분의 1 이상을 이익준비금으로 적립하여야 한다. 다만, 주식배당의 경우에는 그러하지 아니하다(상법 제458조). 즉, 잉여금의 사외유출이 없는 주식배당의 경우에는 이익준비금의 적립이 강제되지 않는다.

㉯ 2011.4.14. 상법 개정으로 현금배당뿐만 아니라 현물배당도 가능한바(상법 제462조의4), 개정상법은 현물배당의 경우에도 이익준비금을 적립하도록 하기 위해 이익준비금의 적립기준을 '금전에 의한 이익배당액의 10분의 1 이상'에서 '이익배당액의 10분의 1 이상'으로 변경하였다.

㉰ 개정상법하에서도 이익배당은 원칙적으로 주주총회의 결의로 정한다.

㉱ 다만, 상법 제449조의2 제1항에 따라 재무제표를 이사회가 승인하는 경우에는 이사회의 결의로 정한다(상법 제462조 제2항).

㉲ 당해 결산기에 발생한 당기이익뿐만 아니라 전기이월이익이나 임의준비금으로 이익배당할 경우에도 이익준비금을 적립하여야 한다.

㉳ 이익배당액의 10분의 1 이상을 적립하여야 한다는 뜻은 적립하여야 할 준비금의 최저한을 규정한 것이므로 그 이상을 적립하는 것이 가능할 뿐만 아니라 금전 배당을 하지 않거나 전혀 배당을 하지 않는 경우에도 이익준비금을 적립하는 것이 가능하다.

㉴ 법으로 적립이 강제되어 있는 것은 이익준비금이 자본금의 2분의 1이 될 때까지이기 때문에 그 이상을 적립하였다면 그 초과액은 이익준비금이 아니라 임의준비금의 성격을 갖는다.

㉵ 정관 규정에 의하여 이익준비금으로 적립한 것이라 하더라도 마찬가지이다(상업등기선례 제1-191호). 은행에 대해서는 적립금이 자본금의 총액이 될 때까지 결산 순이익금을 배당할 때마다 그 순이익금의 100분의 10 이상을 적립하도록 하는 특칙 규정이 있다(은행법 제40조).

ⓒ 자본준비금

㉮ 회사는 자본거래에서 발생한 잉여금을 대통령령이 정하는 바에 따라 자본준비금으로 적립하여야 한다(상법 제459조). **기출** 23

㉯ 자본거래에서 발생한 잉여금의 경우 그 자체가 잉여자본으로 자본금의 성질을 갖기 때문에 적립이 강제되는 것인데 그 재원이 발생한 때에는 전부 적립하여야 하고 이익준비금과 달리 적립한도에 제한이 없다. **기출** 23

㉰ 개정 전 상법 제459조는 자본준비금으로 적립될 재원을 아래와 같이 열거하였으나, 2011.4.14. 개정상법은 이를 대통령령에 위임하였고(상법 제459조 제1항) 상법 시행령에서도 구체적으로 자본준비금의 종류를 열거하지 않고 이를 회계기준에 위임하고 있는데(상법 시행령 제18조) 기업회계기준상 주식발행초과금, 자기주식처분이익, 감자차익 등이 여전히 자본잉여금 항목으로 인정된다.

ⓓ 임의준비금

㉮ 법령에 의하여 적립이 강제되는 것은 아니지만, 회사의 필요에 의하여 정관 또는 주주총회의 결의로 이익처분의 방법으로 적립하는 준비금을 말한다.

㉯ 감채(減債)준비금, 배당평균준비금, 사업확장준비금 등과 같이 사용목적이 특정된 것도 있고, 어떠한 목적에나 사용할 수 있는 것도 있다. 임의적립금은 적립목적에 따라 사용하거나 결손전보 또는 배당의 재원으로 사용한다.

㉰ 임의준비금은 자본금전입의 재원으로는 사용할 수 없다.

2. 준비금의 자본금전입

① 자본금전입의 대상

㉠ 자본금전입이 가능한 준비금은 법정준비금, 즉 자본준비금과 이익준비금에 한한다(상업등기선례 제1-202호). **기출** 19

㉡ 법정준비금 중 '이익준비금'은 결산기에 이익처분의 방식으로 주주총회(또는 이사회)에서의 이익잉여금처분계산서의 승인절차를 통해 확정되므로, 자본금전입의 대상이 되는 '이익준비금'은 반드시 결산기의 이익잉여금처분계산서를 승인하는 주주총회(또는 이사회)에서 그 적립을 결정한 것에 한정되고, 결산기 중에 임시주주총회의 결의로 자본금의 2분의 1의 범위 내에서 임의준비금 중 일부를 이익준비금으로 항목 이체한 것은 이를 자본금에 전입할 수 없다(상업등기선례 제1-175호, 제1-180호, 제1-195호). **기출** 23

㉢ 자본금의 2분의 1을 초과하여 이익준비금이 적립된 경우, 그 '초과액'은 임의준비금이므로 이를 자본금에 전입할 수 없다(상업등기선례 제1-191호). **기출** 19

㉣ 자본준비금은 원칙적으로 법률에서 정하는 사유가 있으면 바로 발생하고 주주총회에서 이를 승인하여야 발생하는 것이 아니다. 주주총회에서의 승인은 그 적립에 대한 확인절차에 불과하다.

㉤ 따라서 영업연도 중에도 주식발행초과금 등의 자본준비금이 발생할 수 있고, 영업연도 중에 발생한 자본준비금도 자본금전입의 대상이 될 수 있다(상업등기선례 제1-195호).

② 자본금전입의 결의

    ㉠ 주식회사는 <u>이사회의 결의에 의하여</u> 준비금의 전부 또는 일부를 자본금에 전입할 수 있다. 그러나 정관에서 주주총회에서 결정하기로 정한 경우에는 <u>주주총회의 (보통)결의에 의한다</u>(상법 제461조 제1항).

기출 23 · 18

    ㉡ 자본금 총액이 10억원 미만인 <u>소규모 주식회사로서 1명 또는 2명의 이사를 둔 회사</u>는 <u>주주총회의 결의에 의한다</u>(상법 제383조 제4항). 기출 23

    ㉢ 이사회는 언제든지 준비금의 자본금전입의 결의를 할 수 있으며, 영업연도의 중간이라도 무방하다. 정관으로 준비금의 자본금전입을 주주총회에서 결정하기로 정한 경우, 이를 정기주주총회로 한정하였다는 등의 특별할 사정이 없는 한 준비금의 전부 또는 일부를 자본금에 전입하는 결의는 반드시 '정기'주주총회에서 결정하여야 하는 것은 아니다(상업등기선례 제1-195호).[4] 기출 19 · 13

③ 신주배정기준일의 지정 · 공고

    ㉠ 이사회가 자본금전입의 결의를 하는 때에는, 회사는 일정한 날을 정하여 그날에 주주명부에 기재된 주주가 자본금전입으로 발행되는 신주의 주주가 된다는 뜻을 그날의 2주간 전에 공고하여야 한다.

    ㉡ 그날이 상법 제354조 제1항의 주주명부 폐쇄기간 중인 때에는 그 기간의 초일의 2주간 전에 이를 공고하여야 한다(상법 제461조 제3항).

④ 자본금전입의 효력발생

    ㉠ 자본금전입에 의한 신주발행의 경우에는 상법 제416조 이하의 규정에 의한 보통의 신주발행에 있어서 요구되는 청약, 배정, 납입과 같은 절차는 필요 없다. 따라서 <u>이사회에서 자본금전입을 결의한 때에는 신주배정일에 그 효력이 발생하고, 주주총회에서 자본금전입의 결의를 한 때에는 그 결의가 있는 때에 효력이 발생한다</u>(상법 제461조 제3항 · 제4항). 기출 19 · 18

    ㉡ 자본금전입의 효력이 발생하면 소정의 금액만큼 준비금이 감소하고 그만큼 자본금이 증가한다. 이때 종전 주주는 그가 가진 주식의 수에 따라 신주(무상주)의 주주가 된다(상법 제461조 제2항 제1문). 1주에 미달하는 단주는 상법 제443조에 따라 처분한 후 그 대금을 단주의 주주들에게 그 주식수에 따라 지급한다(상법 제461조 제2항 제2문).

3. 등기절차

① 등기기간, 등기사항 등

    ㉠ 준비금의 자본금전입으로 인한 변경등기는 자본금전입의 효력이 발생한 날, 즉 (i) ⓐ <u>이사회결의로 자본금전입을 결의한 때에는 신주배정기준일로부터, (ii) 주주총회의 결의로 자본금전입을 결의한 경우에는 주주총회의 결의일로부터</u> 본점 소재지에서 2주간 내에 등기하여야 한다(상법 제317조 제4항, 제183조, 제461조 제3항 · 제4항). 기출 23 · 13

    ㉡ 등기사항은 상법 제416조 이하의 규정에 의한 보통의 신주발행의 경우와 같다.

---

4) 한편, 상법의 규정에 의하면 이사는 매 결산기에 대차대조표 등과 그 부속명세서를 작성하여 이사회의 승인을 얻어야 하고(상법 제447조), 위 서류를 정기총회에 제출하여 그 승인을 요구하여야 하는 것이므로(상법 제449조 제1항), 결산기 중에 임시주주총회를 개최하여 당해 영업연도의 대차대조표를 승인할 수는 없다(상업등기선례 제1-195호).

② 첨부서면

　　㉠ 준비금의 존재를 증명하는 서면(규칙 제137조)

　　　㉮ 준비금의 자본금 전입으로 인한 변경등기에 있어서 준비금의 존재를 증명하는 정보는 원칙적으로 정기주주총회에서 승인한 재무제표이다(상법 제447조·제449조 제1항, 상업등기선례 제202108-2호). 그러나 감사인(공인회계사, 감사)의 확인서는 이에 해당하지 않는다.

　　　㉯ 주식회사가 액면 이상의 가액으로 신주를 발행한 후 그 액면을 초과한 금액의 전부 또는 일부를 자본금에 전입하여 그로 인한 변경등기를 신청하는 경우에, 위 주금의 납입을 맡은 은행 기타 금융기관의 납입금보관에 관한 증명서에 의하여 주식발행초과금의 존재가 증명되는 때에는, 위 납입금 보관에 관한 증명서도 준비금의 존재를 증명하는 서면에 해당된다(상업등기선례 제1-195호).

　　　　　　　　　　　　　　　　　　　　　　　　　　　　　　　　　기출 19·13

　　　㉰ 甲회사가 甲회사와 乙회사로 단순분할하고 분할계획서에 주식발행초과금 승계사실이 포함되어 있으며 乙회사가 영업연도 중에 발생한 준비금이 아니라 분할계획서상 승계된 주식발행초과금을 준비금으로 하여 자본금전입으로 인한 변경등기를 신청하는 경우, 甲회사의 정기주주총회에서 승인한 재무제표 및 분할계획서가 상업등기규칙 제137조의 준비금의 존재를 증명하는 정보에 해당할 수 있다(상업등기선례 제202108-2호). **기출** 23

　　　㉱ 은행 기타 금융기관의 잔고증명서는 원칙적으로 준비금의 존재를 증명하는 서면이 될 수 없지만, 준비금의 자본금전입결과 자본금의 총액이 10억원 미만이고, 액면금액을 초과한 가액으로 주식을 발행한 사실(액면을 초과한 금액으로 주식발행을 결정하고 신주인수의 청약과 신주배정 등이 있었다는 사실)을 알 수 있는 자료를 첨부하여 그 주식발행초과금이 얼마인지 확정할 수 있다면 은행 및 기타 금융기관의 잔고증명서도 준비금의 존재를 증명하는 서면이 될 수 있다(상업등기선례 제2-58호).

　　㉡ 정관, 이사회의사록 또는 주주총회의사록(규칙 제128조)

　　　㉮ 이사회결의에 의하여 준비금을 자본금에 전입하는 경우에는 이사회의 사록을 첨부한다. 다만, 정관이 정하는 바에 의하여 주주총회의 결의로 준비금을 자본금에 전입하는 경우에는 주주총회의 사록과 정관을 첨부한다.

　　　㉯ 자본금 총액 10억원 미만의 소규모 주식회사에서 2명 이하의 이사를 둔 경우에는 상법 제383조 제4항에 의하여 주주총회에서 자본금전입을 결의하여야 하므로, 이때는 주주총회의사록을 첨부하여야 한다.

③ 등록면허세·등기신청수수료 등의 납부 : 준비금의 자본금전입에 따른 신주발행으로 인한 등기의 등록면허세와 지방교육세, 등록면허세의 중과세, 등기신청수수료 등은 특별한 규정이 없는 한 상법 제416조의 보통의 신주발행으로 인한 변경등기의 등록면허세 등과 동일하다(지방세법 제28조 제1항·제28조 제2항 본문·제151조 제1항 제2호).

XV 주식배당으로 인한 변경등기

1. 서 설

① 회사는 주주총회의 결의에 의하여 이익의 배당을 새로 발행하는 주식으로써 할 수 있는데, 이를 주식배당이라고 한다.

② 주식에 의한 이익배당은 이익배당총액의 2분의 1에 상당하는 금액을 초과하지 못한다(상법 제462조의2 제1항). **기출** 18

③ 다만, 상법이 주식배당의 총액을 제한하는 것은 주주를 보호하기 위한 것이므로 주주 전원의 동의가 있다면 이익배당액 전액을 주식으로 배당할 수 있다.

④ 주식배당은 새로 발행하는 신주로 배당하는 것이므로 주식배당을 하면 그만큼 발행 주식수가 증가한다.

⑤ 따라서 주식배당을 하기 위해서는 주식배당으로 발행되는 신주에 해당하는 만큼 발행예정주식총수 중 미발행주식이 유보되어 있어야 한다.

⑥ 주식배당은 이익배당을 주식으로 하는 것이므로 주식배당을 하기 위해서는 배당가능이익이 있어야 하는 것은 당연하다.

⑦ 2011.4.14. 개정상법은 배당가능이익을 산정할 때 대통령령으로 정하는 미실현 이익을 공제하도록 하였다(상법 제462조 제1항).

2. 주식의 배당 절차

① 주식배당은 주주총회의 보통결의에 의하여 한다(상법 제462조의2 제1항 본문). 주식배당은 이익배당을 전제로 하는 것이고 결의요건도 같으므로 주식배당의 의안을 별도로 상정하지 않고 이익배당과 함께 하나의 의안으로 상정하여 결의하여도 된다.

② 다만, 정관에서 정하는 바에 따라 이사회의 결의로 재무제표를 승인하는 경우(상법 제449조의2 제1항) 이사회의 결의로 이익배당을 결정할 수 있지만(상법 제462조 제2항 단서), 이때에도 주식배당은 이사회결의로 할 수 없으므로 이사회가 결정한 이익배당을 주식배당으로 하고자 하는 경우에는 다시 주식배당에 관한 주주총회의 결의가 있어야 한다. **기출** 18

③ 주식배당을 할 때에는 배당할 금액을 먼저 확정한 후, 이를 주식으로 환산하여 배당한다. 주식의 배당으로 발행하는 신주의 발행가는 권면액으로 한다(상법 제462조의2 제2항 전단).

④ 주식배당을 할 때에는 주식평등의 원칙이 지켜져야 하는데, 주주 간에 차등을 두어 어떤 주주에게는 금전배당을, 어떤 주주에게는 주식배당을 하는 것은 허용되지 않고, 주식의 종류에 따라 이와 같은 차별을 하는 것도 허용되지 않는다.

⑤ 회사가 종류주식을 발행한 때에는 각각 그와 같은 종류의 주식으로 배당할 수 있다(상법 제462조의2 제2항 후단).

3. 주식배당의 효과

① 주식배당을 하면 배당가능이익이 자본화되기 때문에 그에 해당하는 만큼 발행주식수와 자본금이 증가한다.

② 주식배당시 단주가 발생할 수 있는데 단주는 경매하여 그 대금을 주주에게 지급하되, 거래소의 시세가 있는 주식은 거래소를 통하여 매각하고 거래소의 시세 없는 주식은 법원의 허가를 받아 경매 외의 방법으로 매각할 수 있다(상법 제462조의2 제3항·제443조 제1항).

③ 주식을 배당받은 주주는 주식배당의 결의가 있는 주주총회가 종결한 때부터 신주의 주주가 된다(상법 제462조의2 제4항 제1문).

④ 주식배당으로 발행되는 신주에 대한 이익이나 이자의 배당에 관하여는 정관에 규정을 두어 주식배당을 결의한 주주총회가 속하는 영업연도의 직전 영업연도의 말에 발행된 것으로 할 수 있다(상법 제462조의2 제4항 제2문·제350조 제3항 제2문).

4. 등기절차

① 주식배당시 발행주식의 총수 및 그 종류와 각종 주식의 내용과 수 및 자본금의 총액에 변경이 생기므로 주식배당의 효력이 발생하는 주주총회 결의일로부터 2주 내에 본점 소재지에서 그 변경등기를 하여야 한다.

② 주식의 배당으로 인한 변경등기를 신청하는 경우에는 이익이 존재하고 그 배당이 이익배당 총액의 2분의 1에 상당하는 금액을 초과하지 아니함을 증명하는 정보를 제공하여야 한다(규칙 제138조). 한편, 이익배당 총액의 2분의 1을 초과하여 주식배당을 한 경우에는 주주 전원의 동의서가 첨부되어야 한다. `기출` 17·15

③ 주식의 배당으로 인한 변경등기를 신청하는 경우, 주식배당을 결의한 주주총회의사록을 첨부정보로 제공하여야 한다(규칙 제128조 제2항). 이익배당을 이사회의 결의로 이익배당을 결정할 수 있는 경우에도 (주식배당은 이사회의 결의로 할 수 없으므로) 주식배당을 결의한 주주총회의사록을 반드시 첨부하여야 한다. `기출` 15

④ 주식배당에 따른 신주발행으로 인한 등기의 등록면허세, 등기신청수수료 등은 상법 제416조의 보통의 신주발행으로 인한 변경등기의 등록면허세 등과 동일하다.

XVI 자본금 감소로 인한 변경등기

1. 서 설

① 자본금의 감소(감자, 減資)란 회사의 자본금의 총액을 감소하는 것을 말한다.

② 자본금이 감소하면 그만큼 회사가 유보하여야 할 현실재산이 감소하게 되므로 대외적으로 회사 채권자에게 불리하게 되고, 대내적으로는 주주의 권리의 존재와 범위에 영향을 주게 된다.

③ 이러한 점 때문에 상법은 감자(減資)가 정관변경사항은 아니지만, 원칙적으로 엄격한 채권자보호절차를 거쳐 주주총회결의로 자본금을 감소하도록 하고 있다.

④ 자본금을 감소할 때 회사의 자산을 주주에게 유출(환급)하면 유상감자, 자산을 유출(환급)함이 없이 명목상 자본금만 줄이면 무상감자라고 하는데, 유상감자든 무상감자(결손보전 목적의 무상감자는 예외)든 주주총회 특별결의와 채권자보호절차를 거쳐야 하는 것은 동일하다.

⑤ 회사가 해산한 때에는 청산절차를 통해 주주에게 잔여재산을 분배하여야 하기 때문에 해산 후에는 감자결의를 할 수 없다고 본다.

2. 자본금감소의 방법

① 액면주식 발행회사와 무액면주식 발행회사

ㄱ 액면주식을 발행한 회사의 경우, 자본금은 원칙적으로 발행주식의 액면총액이므로 액면주식 발행회사에서 자본금을 감축할 때는 주식의 액면금액을 감소하거나 발행주식수를 줄이거나 양자를 병행하는 방법으로 한다.

ㄴ 무액면주식을 발행한 회사의 경우에는 주식의 액면가가 없고 그 발행 시에 발행가의 일부 또는 전부가 자본금에 계상된 후에는 발행주식수가 자본금과 무관하게 존재하므로 발행주식의 액면총액을 감액하는 방법으로 자본금을 감축한다는 개념이 있을 수 없다.

ㄷ 따라서 무액면주식 발행회사는 발행주식의 수라든가 액면가를 조정함이 없이 주주총회에서 단순히 자본금의 액을 얼마에서 얼마로 낮추겠다는 결정과 채권자보호절차를 거쳐 자본금을 줄인다.

ㄹ 어떤 경우이든 주주평등의 원칙에 의하여야 하는데, 회사가 종류주식을 발행한 경우로서 감자의 방법으로 주식의 병합 또는 소각을 하는 경우에는 예외가 인정된다(상법 제344조 제3항). 다만 이러한 예외의 경우에는 종류주주총회의 결의가 있어야 한다(상법 제436조).

ㅁ 다음에서의 주식의 액면금액의 감소 또는 발행주식 수의 감소를 통한 자본금의 감소는 액면주식을 발행한 회사에 관한 것이다.

② 주식의 액면금액의 감소

ㄱ 발행주식수는 줄이지 않으면서 주식의 액면금액을 낮추어 자본금을 감소할 수 있는데, 1주의 금액은 정관의 절대적 기재사항이므로 주식의 액면금액을 감소하기 위해서는 정관을 변경하여야 한다(상법 제289조 제1항 제4호·제434조).

ㄴ 액면가는 균일해야 하므로 일부 주식에 대해서만 액면가를 낮출 수 없고, 1주의 금액은 100원 이상이어야 하므로 100원 미만으로 액면가를 낮출 수 없다(상법 제329조 제3항·제4항).

③ 발행주식수의 감소

ㄱ 발행주식수를 줄이는 방법으로 '주식의 병합'과 '주식의 소각'이 있다.

ㄴ '주식의 병합'은 다수의 주식을 합하여 소수의 주식으로 하는 회사의 행위를 말한다.

ㄷ '주식의 소각'은 회사의 존속 중에 특정한 주식을 절대적으로 소멸시키는 회사의 행위를 말한다.

3. 자본금의 감소

① **주주총회의 특별결의**

ㄱ 자본금의 감소는 원칙적으로 <u>주주총회의 특별결의</u>에 의하여 한다(상법 제438조 제1항). **기출** 24·19

ㄴ 다만, <u>결손의 보전을 위한 자본금감소의 경우에는 주주총회의 보통결의</u>에 의한다(상법 제438조 제2항). **기출** 24·19

ㄷ <u>주주총회결의에 관하여 정족수의 흠결이 있는 경우에는 등기할 사항에 관하여 취소의 원인이 있는 때에 해당하여 각하사유에 해당한다</u>(제26조 제10호). 따라서 <u>결손의 보전을 목적으로 한 경우가 아님에도 불구하고 상법 제368조 제1항 소정의 보통결의에 의하여 자본금 감소를 결의하였다면 등기관은 그 변경등기신청을 각하하여야 한다.</u> **기출** 15

ㄹ 자본금감소를 결의하기 위한 주주총회의 소집통지 또는 공고에는 자본금의 감소에 관한 의안의 요령을 기재하여야 한다(상법 제438조).

ㅁ 주주총회에서 자본금을 감소하는 결의를 하는 때에는 그 감소의 방법을 정하여야 한다(상법 제439조 제1항). 따라서 <u>주주총회에서 자본금의 감소 자체만을 결의하고 이사회에 그 방법을 위임하는 것은 허용되지 않는다</u>(상업등기실무 2). **기출** 19

② **채권자보호절차**

ㄱ 필요 여부

㉮ 자본금을 감소하는 경우에는 반드시 채권자보호절차를 거쳐야 하므로 <u>회사의 재무제표상 채무가 없다는 이유만으로는 그 절차를 생략하거나 보다 간이한 방법으로 채권자보호절차를 밟을 수는 없고</u>(상업등기선례 제1-228호 참조), 채권자별로 이의를 진술할 수 있는 기간을 달리 정할 수 없다. **기출** 24·19·15

㉯ 다만, <u>결손의 보전을 위한 자본금감소의 경우에는 채권자보호절차를 거칠 필요가 없다</u>(상법 제439조 제2항 단서). **기출** 24·19·16

ㄴ 공고와 최고

㉮ <u>회사는 감자의 결의가 있은 날부터 2주 내에 회사채권자에 대하여 감자에 이의가 있으면 1월 이상으로 정한 기간 내에 이의를 제출할 것을 공고하고, 알고 있는 채권자에 대하여는 따로따로 이를 최고하여야</u> 한다(상법 제439조 제2항·제232조 제1항).

㉯ 채권자가 이의를 진술할 수 있는 기간은 일정하여야 하므로 채권자별로 이를 달리 정할 수 없다.

㉰ 공고는 정관 소정의 공고방법에 따라 하여야 하는데, <u>정관에서 정한 공고방법과 다른 공고를 한 경우에는 공고로서의 효력이 발생하지 아니하고, 이 경우 상법상 채권자보호절차를 이행하였다고 볼 수 없다</u>(상업등기선례 제1-225호).

㉱ 회사가 알고 있는 채권자에 대하여는 따로따로 이의제출 최고를 하여야 하는데, 채권자가 누구인지 또는 그 채권이 어떤 원인에 기초한 어떤 내용의 것인지에 관해 회사가 그 대강을 알고 있는 경우, 그는 회사가 알고 있는 채권자에 해당한다.

ⓒ 채권자의 이의

㉮ 이의를 제기할 수 있는 채권자의 채권은 금전채권에만 한정되는 것이 아니고, 채권의 변제기가 도래하고 있는지 여부도 문제되지 않는다.

㉯ 이의를 제기할 수 있는 채권자는 이의제출공고 당시의 채권자이지만 불법행위로 인한 손해배상청구소송이 계속 중인 경우처럼 그 금액에 대하여 다툼이 있어도 채권의 성립근거만 확정되어 있으면 위의 채권자에 포함된다고 해석된다.

㉰ 사채권자가 이의를 함에는 사채권자 집회의 결의가 있어야 하는데, 법원은 이해관계인의 청구에 의하여 사채권자를 위하여 이의기간을 연장할 수 있다(상법 제439조 제3항).

㉱ 이의를 제출한 채권자가 있는 때에는 회사는 그 채권자에 대하여 변제 또는 상당한 담보를 제공하거나 이를 목적으로 하여 상당한 재산을 신탁회사에 신탁하여야 한다(상법 제439조 제2항, 제232조 제3항).

㉲ 채권자가 위 이의기간 내에 이의를 제출하지 아니한 때에는 자본금의 감소를 승인한 것으로 본다(상법 제439조 제2항, 제232조 제3항).

③ 주식의 액면금액의 감소, 주식의 병합·소각의 실행절차

㉠ 주식의 액면금액을 감소하는 경우 : 주식의 액면금액을 감소하는 절차에 관하여 상법에 아무런 규정이 없으나, 회사가 주주에게 그 뜻을 통지·공고하고 주주로부터 주권을 제출받아 권면액(상법 제356조 제4호)을 정정하거나 신주권을 교부하면 될 것으로 해석된다.

㉡ 주식을 병합하는 경우

㉮ 주식을 병합하는 방법으로 자본금을 감소하는 경우에는 1월 이상의 기간을 정하여 그 뜻과 그 기간 내에 주권을 회사에 제출할 것을 공고하고, 주주명부에 기재된 주주와 질권자에게는 각별로 통지하여야 한다(상법 제440조). **기출** 19

㉯ 주권제출공고는 회사가 사실상 주권을 발행하지 않았다는 이유로(상업등기선례 제1-196호) 또는 주주 전원의 이의가 없다는 이유로(상업등기선례 제1-199호) 이를 생략할 수 없다. **기출** 19 · 18

㉰ 주권을 발행하지 아니하였다는 이유로 주권제출기간을 명시하지 않은 채 주식병합공고만을 한 것은 적법한 주권제출공고를 한 것으로 볼 수 없다(상업등기선례 제1-196호).

㉱ 주권을 제출할 수 없는 자가 있는 때에는 회사는 그 자의 청구와 비용으로 3월 이상의 기간을 정하고 이해관계인에 대하여 그 주권에 대한 이의가 있으면 그 기간 내에 제출할 뜻을 공고하고 그 기간이 경과한 후에 신주권을 청구자에게 교부한다(상법 제442조).

㉢ 주식을 소각하는 경우

㉮ 주식소각에 관하여는 주식병합의 절차가 준용된다(상법 제343조 제2항, 제440조, 제441조).

㉯ 따라서 주식병합과 마찬가지로 1월 이상의 기간을 정하여 주식을 소각한다는 뜻과 주주에게 주권을 제출할 것을 공고하고, 주주명부상의 주주와 질권자에게는 각별로 통지하여야 한다(상법 제343조 제2항, 제440조).

㉰ 주식병합 절차에 관한 상법 제440조 및 제441조가 준용되는 것은 그 성격상 강제소각의 경우에 한정된다고 해석된다. 임의소각의 경우에는 주주총회에서 정한 방법에 따라 회사와 주주와의 계약에 의하여 주주로부터 임의로 주권을 제공받아 주식의 실효절차를 마친다(대판 2008.7.10. 2005다24981).

㉱ 주식회사의 흡수합병으로 존속회사가 자기주식을 취득하는 경우 자기주식의 취득은 합병의 등기 후에 효력이 발생하므로 자기주식에 대한 소각 절차도 합병의 등기 후에 진행하는 것이 일반적이지만, 합병의 절차와 합병으로 취득할 자기주식의 소각 절차를 동시에 진행한 경우에는 합병의 등기와 자본금 감소로 인한 변경등기를 동시에 신청할 수 있고, 이는 소규모합병의 경우에도 동일하다(상업등기선례 제202211-1호). **기출** 25

④ 자본금감소의 효력발생시기

　　㉠ 자본금감소의 효력은 원칙적으로 감자의 모든 절차, 즉 주주총회의 결의, 채권자보호절차, 주식의 병합·소각 절차(주식의 액면금액을 인하한 경우에는 인하 절차)가 모두 완료한 때에 생긴다.

　　㉡ 주식의 액면금액을 인하하는 방법으로 자본금감소를 하는 경우에는, 회사의 자본금감소의 의사표시가 모든 주주에게 도달한 때와 채권자보호절차를 완료한 때 중 늦은 때에 자본금감소의 효력이 발생한다.

　　㉢ 주식의 병합 또는 소각의 방법으로 자본금을 감소하는 경우에는, 주식의 병합 또는 강제소각의 방법으로 자본금을 감소하는 경우와 임의소각의 방법으로 자본금을 감소하는 경우가 다르다.

　　　　㉮ 주식의 병합 또는 강제소각의 경우에는 상법 제440조의 주권제출기간이 만료한 때에 그 효력이 생긴다. 그러나 상법 제232조의 채권자보호절차가 종료하지 아니한 때에는 그 종료한 때에 효력이 생긴다(상법 제441조).

　　　　㉯ 임의소각의 경우에는 회사에서 소각할 주식을 취득하여 상법 제342조에서 정한 주식실효절차까지 마친 때와 채권자보호절차를 완료한 때 중 늦은 때에 자본금감소의 효력이 생기고, 주식의 취득과 동시에 임의소각의 효력이 발생하는 것이 아니다(대판 2008.7.10. 2005다24981).

(4) 등기절차

① 등기사항

　　㉠ 자본금감소 후의 자본금의 총액, 발행주식의 총수와 그 종류 및 각각의 수(주식의 소각 또는 병합시), 1주의 금액(주식의 액면금액의 감소 시)과 변경의 뜻 및 변경연월일을 등기한다.

　　㉡ 즉, 주식의 병합 또는 소각에 의하여 자본금을 감소한 경우에는 '발행주식의 총수'도 감소하므로 '발행주식의 총수'의 감소에 따른 변경등기도 하여야 한다. **기출** 14

　　㉢ 주식을 소각하거나 병합하는 방법으로 자본금을 감소하는 경우에도, 감소된 주식 수만큼 '발행예정주식총수'(= 회사가 발행할 주식의 총수)가 당연히 감소하는 것은 아니므로 정관의 변경 없이는 '발행예정주식총수'의 변경등기를 할 수 없다(상업등기선례 제2-55호). **기출** 19·14·16

　　㉣ 주식의 액면금액을 감소(인하)하는 방법으로 자본금을 감소하였다면 '발행주식의 총수'는 줄어들지 않으므로 '발행주식의 총수'의 변경은 변경등기의 등기사항이 아니다. **기출** 15

② 첨부정보

　　㉠ 주주총회의사록(규칙 제128조 제2항) : 자본금의 감소에 따른 변경등기신청서에는 원칙적으로 '특별결의'를 한 주주총회의사록을 첨부정보로 제공하여야 하지만, 결손의 보전을 위한 자본금의 감소의 경우에는 '보통결의'를 한 주주총회의사록을 첨부정보로 제공하여야 한다. **기출** 14

　　㉡ 채권자보호절차를 거쳤음을 증명하는 서면(규칙 제142조 제1호·제111조 제2호)

　　　　㉮ 상법 제232조 제1항에 따라 회사채권자에 대한 이의제출 공고 및 최고를 한 사실과 이의를 진술한 채권자가 있는 때에는 이에 대하여 변제 또는 담보를 제공하거나 신탁을 한 사실을 증명하는 서면을 첨부하여야 한다(규칙 제142조 제1호 본문·제111조 제2호).

　　　　㉯ 결손의 보전을 위한 자본금 감소에 해당하여 채권자보호절차의 이행을 생략한 경우(상법 제439조 제2항 단서), 채권자보호절차를 거쳤음을 증명하는 서면에 갈음하여 그 자본금 감소가 상법 제439조 제2항 단서에 따른 결손의 보전을 위한 자본금 감소임을 증명하는 서면을 첨부할 수 있다(규칙 제142조 제1호 단서, 등기예규 제1445호 제24조). **기출** 14·15

ⓒ 주권제출공고를 하였음을 증명하는 서면(제142조 제2호·제39조 제1항)

㉮ 주식의 병합 또는 강제소각의 방법으로 자본금을 감소하는 경우에는 정관으로 정하는 방법에 따라 주권제출의 공고를 하였음을 증명하는 서면을 첨부하여야 한다. 주권제출공고는 회사가 사실상 주권을 발행하지 않았다는 이유로(상업등기선례 제1-196호) 또는 주주 전원의 이의가 없다는 이유로(상업등기선례 제1-199호) 이를 생략할 수 없으므로, 회사가 주권을 발행하지 않은 경우에도 주권제출공고를 하였음을 증명하는 서면을 첨부하여야 한다. 기출 15

㉯ 그러나 무액면주식을 발행한 회사에서 주식의 병합 또는 소각 없이 단순히 자본금의 액을 임의로 낮추는 방식으로 자본금 감소를 하는 경우, 액면주식을 발행한 회사에서 주식의 액면금액을 인하하거나(상업등기선례 제1-188호), 주식을 임의소각하는 방식으로 자본을 줄이는 경우에는 주권제출공고를 증명하는 서면은 첨부정보로 제공할 필요가 없다. 기출 24

㉰ 주권제출공고를 하였음을 증명하는 서면은 채권자에 대한 이의제출의 공고를 증명하는 서면에서 설명한 바와 같다.

③ 등록면허세·등기신청수수료 등의 납부 : 자본금감소로 인한 자본금의 총액, 발행주식의 총수와 그 종류 및 각각의 수(주식의 소각 또는 병합 시), 1주의 금액(주식의 액면금액의 인하 시)의 변경등기 모두에 대해서 1건의 기타변경등기 등록면허세 40,200원 및 지방교육세 8,040원과 등기신청수수료 6,000원(전자신청은 2,000원, 전자표준양식에 의한 신청은 4,000원)의 등기신청수수료를 납부하여야 한다(지방세법 제28조 제1항 제4호 바목·제151조 제1항 제2호, 수수료규칙 제5조의3 제2항 본문·제5조의5 제4항).

XVII 상환주식의 상환에 따른 변경등기

1. 상환주식의 의의

① 상환주식이란 주식의 발행 시부터 장차 회사가 스스로 또는 주주의 청구에 의해 이익으로써 상환하여 소멸시킬 것이 예정된 주식을 말한다(상법 제345조 제5항).

② 종래 우선주에 한하여 상환주식으로 발행할 수 있도록 하면서 상환주식은 우선주식에 상환조항이 부가된 것에 불과하다고 하여 상환주식을 종류주식으로 보지 않았으나, 2011.4.14. 개정상법에서는 상환주식을 별도의 종류주식으로 인정하고 있다(상법 제344조 제1항).

2. 상환주식의 종류와 발행

① 회사는 정관에서 정하는 바에 따라 회사의 이익으로써 소각할 수 있는 종류주식 또는 정관에서 정하는 바에 따라 주주가 회사에 대하여 상환을 청구할 수 있는 종류주식을 발행할 수 있다(상법 제345조 제1항 제1문, 제3항 제1문).

② 전자처럼 상환의 선택권이 회사에 있는 주식을 회사상환주식이라 하고, 후자처럼 상환의 선택권이 주주에게 있는 주식을 주주상환주식이라고 한다.

③ 회사상환주식에는 다시 주주의 의사와 관계없이 회사가 일방적으로 상환하는 강제상환주식과 주주로부터 매입하여 상환하는 임의상환주식이 있다.

④ 회사상환주식을 발행하기 위해서는 회사는 정관에 상환가액, 상환기간, 상환방법과 상환할 주식의 수를 정하여야 하고(상법 제345조 제1항), 주주상환주식을 발행하기 위해서는 회사는 정관에 주주가 회사에 대하여 상환을 청구할 수 있다는 뜻, 상환가액, 상환청구기간, 상환방법을 정하여야 한다(상법 제345조 제3항).

⑤ 이러한 상환조항은 등기하여야 하고(상법 제317조 제2항 제2호·제6호), 주식청약서에도 기재하여야 한다(상법 제302조 제2항 제7호).

⑥ 정관에 상환주식의 발행이 규정되어 있으면 일반 신주발행절차에 따라 이사회의 결의로 상환주식을 발행할 수 있다(상법 제416조).

3. 상환절차

① 회사상환주식은 정관 규정에 따르는 한 다른 절차 없이 이사회의 결의만으로 상환할 수 있다.

② 그러나 상환에 사용할 자금은 이익처분안에 포함시켜 주주총회의 승인을 받아야 하므로 주주총회의 결의(상법 제449조의2에 의하여 정관에 규정을 두어 이사회에서 이익잉여금 처분계산서를 승인할 수 있도록 한 경우에는 이사회의 결의)가 필요하다.

③ 이 경우 상환시기는 정관에 규정이 없으면 이사회결의로 정할 수 있다.

④ 주주상환주식의 상환은 주주의 상환청구가 있어야 한다. 주주가 상환을 청구하면 그 자체로 회사를 구속하므로 회사의 의사결정이나 승낙은 필요 없다. 주주의 상환청구가 있으면 배당가능이익이 있는 한 즉시 상환하여야 한다.

⑤ 회사상환주식이든 주주상환주식이든 회사는 미리 정관에 정하여진 바에 따라 상환주식의 취득 대가로 현금 외에 유가증권(다른 종류주식은 제외한다)이나 그 밖의 자산을 교부할 수 있는데, 이 경우 그 자산의 장부가액이 상법 제462조에 따른 배당가능이익을 초과하여서는 아니 된다(상법 제345조 제4항).

⑥ 회사상환주식의 상환을 결정한 경우에는 회사는 상환대상인 주식의 취득일부터 2주 전에 그 사실을 그 주식의 주주 및 주주명부에 적힌 권리자에게 따로 통지하여야 한다. 다만, 통지는 공고로 갈음할 수 있다(상법 제345조 제2항).

⑦ 회사상환주식의 상환에 있어서는 강제소각과 임의소각의 방법이 이용된다.

  ㉠ 강제소각

    ㉮ 회사의 일방적 의사표시에 의하여 소각된다.

    ㉯ 강제소각의 경우에는 소각할 주식을 특정해서 주식을 소각한다는 뜻과 1개월 이상으로 정한 일정한 기간 내에 주권을 회사에 제출할 뜻을 공고하고, 주주 및 등록질권자에게는 각별로 이것을 통지하여야 한다.

    ㉰ 이 경우 주권제출공고기간 만료 시에 주식소각의 효력이 발생한다(상법 제343·제440조·제441조 본문).

  ㉡ 임의소각

    ㉮ 주식을 매수해서 이것을 폐기처분한 때 그 효력이 발생한다(대판 2008.7.10. 2005다24981).

    ㉯ 주식을 상환하면 상환된 주식수만큼 상환주식수와 발행주식총수는 줄어들지만, 자본금은 감소되지 않는다. 자본금감소절차(상법 제438조 이하)에 의한 주식의 소각이 아니기 때문이다(상법 제343조 제1항 단서). 이때 액면주식의 경우 「자본금은 발행주식의 액면총액」이라는 자본금의 정의(상법 제451조 제1항)에 예외적인 현상이 발생한다.

    ㉰ 상환주식을 상환하더라도 소각된 주식 수만큼 '회사가 발행할 주식의 총수'가 당연히 감소하는 것은 아니므로 정관의 변경 없이는 회사가 발행할 주식의 총수에 관한 변경등기를 할 수가 없다(상업등기선례 제2-55호, 상업등기선례 제2-55호에 의하여 제2-41호 내용 일부 변경).

4. 등기절차

① **등기기간** : 상환주식의 상환으로 주식을 강제소각하는 경우에는 주권제출기간 만료일 다음 날부터, 임의소각하는 경우에는 회사가 자기주식을 취득하여 주식을 실효시킨 때로부터 2주간 내에 회사의 대표자가 본점 소재지에서 등기하여야 한다(상법 제317조 제4항, 제183조).

② **등기사항**

발행주식의 총수와 그 종류 및 각각의 수

- 주식을 소각하면 그만큼 발행주식의 수가 감소되므로 감소 후의 발행주식의 총수와 그 종류 및 각각의 수를 등기한다.
- 하지만, 주주에게 배당할 이익으로 주식을 소각하는 것은 자본금감소절차에 따른 것이 아니기 때문에 자본금은 변동되지 않는다.
- 회사가 발행하는 상환주식 전부에 관하여 상환을 완료한 때에는 기타사항란에 등기된 상환주식의 내용도 말소한다.

회사가 발행할 주식의 총수

- 주식을 상환하는 경우에도 소각된 주식 수만큼 회사가 발행할 주식의 총수가 당연히 감소하는 것은 아니므로 정관의 변경 없이는 회사가 발행할 주식의 총수에 관한 변경등기는 할 수 없다.
- 따라서 회사가 발행할 주식의 총수의 범위 안에서 상환으로 소각된 주식 수만큼 새로운 상환에 관한 종류주식을 다시 발행하여 변경등기를 신청하는 경우 등기관은 특별한 사정이 없는 한 수리하여야 한다(상업등기선례 제2-55호).

변경연월일

상환주식의 상환에 따른 변경의 연월일은 상환 방법에 따라 다른데, 강제상환의 방법에 의할 경우에는 '주권제출기간 만료일의 다음 날'이 되고(상법 제343조 제2항·제441조 본문), 임의상환의 방법에 의할 때에는 회사가 자기주식을 취득하여 주식을 실효시킨 때이다(대판 2008.7.10. 2005다24981).

③ **첨부정보**

　㉠ 이익의 존재를 증명하는 서면

　　㉮ 상환주식의 상환은 주주에게 배당할 이익으로써 상환하는 것이기 때문에 그 상환 또는 소각으로 인한 변경등기의 신청서에는 이익의 존재를 증명하는 서면(정보)을 첨부(제공)하여야 한다(규칙 제141조 제1항). 이익의 존재를 증명하는 서면은 상환주식을 소각하기로 결의한 주주총회의 승인을 얻은 대차대조표이다. **기출** 16

　　㉯ 주주총회에서 법정준비금 감소 결의로 배당가능이익이 증가되고 이 증가된 배당가능이익을 재원으로 하여 곧바로 상환주식을 소각하기로 주주총회에서 결의한 경우에는, 상환주식 소각에 따른 변경등기신청서에 첨부하는 이익의 존재를 증명하는 서면은 법정준비금 감소 및 상환주식을 소각하기로 결의한 주주총회의 승인을 얻은 대차대조표이며, 이 대차대조표에는 배당가능이익이 있다는 내용이 명확히 나타나야 한다(상업등기선례 제2-61호).

　㉡ 주식의 상환청구가 있음을 증명하는 서면 : 주주상환주식의 상환에 따른 변경등기 신청서에는 주식의 상환청구가 있음을 증명하는 서면을 첨부하여야 한다(규칙 제141조 제1항).

　㉢ 주권제출공고를 하였음을 증명하는 서면 : 회사상환주식을 강제상환의 방식으로 상환한 경우에는 상환대상인 주식의 주주 및 주주명부에 적힌 권리자에게 상환사실을 통지하거나 공고하여야 하는 바, 통지 또는 공고를 하였음을 증명하는 서면을 첨부하여 한다(규칙 제141조 제1항).

ⓔ 주주총회의사록 및 이사회의사록

㉮ 회사상환주식의 경우 상환주식을 상환하기 위해서는 배당가능한 이익이 있어야 할 뿐만 아니라, 그 이익을 주식의 상환에 사용한다는 <u>이익잉여금의 처분에 관한 주주총회의 결의</u>가 있어야 하므로 이에 관한 <u>주주총회의사록</u>을 첨부하여야 한다(규칙 제128조 제2항).

㉯ 다만, 회사에서 이익잉여금처분계산서를 재무제표의 하나로 선택하고(상법 시행령 제16조 제1항) 정관에 의거 이사회에서 재무제표를 승인(상법 제449조의2 제1항 본문)하는 경우에는 위 주주총회의사록 대신 이사회의사록을 첨부한다.

㉰ 주식소각의 시기, 매수가격 등 구체적 내용을 이사회에서 결정한 경우 이에 관한 이사회의사록을 첨부하여야 한다(규칙 제128조 제2항).

ⓜ 임의소각의 경우 주식의 소각·폐기를 증명하는 서면의 첨부 요부 : 상업등기법 등에서 첨부정보로 규정하고 있지 않지만, 등기실무상 발행주식수의 변경일자를 증명하는 서면으로써 대표이사가 언제 몇 주를 취득하여 소각하였다는 확인서를 첨부하는 경우가 많다.

④ 등록면허세 등기신청수수료 등의 납부 : 주식상환으로 인한 발행주식의 총수와 그 종류 및 각각의 수의 변경등기에 대해서는 1건의 기타변경등기 등록면허세 40,200원 및 지방교육세 8,040원과 등기신청수수료 7,000원을 납부하여야 한다(지방세법 제28조 제1항 제6호 바목·제151조 제1항 제2호, 수수료규칙 제5조의3 제2항 본문).

XⅧ 자기주식의 소각에 따른 변경등기

1. 자기주식의 소각

① 주식의 소각은 <u>회사의 존속 중에 주식을 영구적으로 소멸시키는 것</u>을 말하는데, 단순히 주권의 효력만 상실시키는 제권판결과는 다르다.

② 주식의 소각은 자본금 감소절차에 따르는 소각과 그 밖의 소각이 있는데, 자본금 감소절차에 따른 주식의 소각에 관하여는 자본금 감소에 따른 변경등기에서, 그 밖의 소각 중 발행 시부터 소각이 예정되어 그 절차에 따라 소각하는 상환주식의 상환에 관하여는 앞에서 설명하였다. 여기서는 그 밖의 주식소각으로 자기주식의 소각에 따른 변경등기에 관하여 살펴본다.

③ 2011.4.14. 개정 전의 구 상법하에서는 자기주식의 취득을 원칙적으로 금지하였고 주식의 소각도 자본금 감소절차에 따른 소각 및 상환주식의 상환 외에는, 정관 규정에 의하거나 주주총회 특별결의에 의한 소각으로, 배당가능이익의 범위 내에서 소각하는 것만을 허용하였다(상장회사에 대해서는 구 자본시장법에 의하여 정관 규정에 따른 이사회결의에 의한 이익소각을 추가적으로 인정하고 있었다).

④ 현행 상법은 배당가능이익이 있다면 그 재원의 범위 내에서는 이사회결의로 원칙적으로 자기주식을 자유롭게 취득할 수 있도록 하면서 보유한 자기주식은 이사회결의로 자유롭게 소각할 수 있도록 하였다(상법 제343조 제1항 단서). 이와 더불어, 그 필요성이 없어진 구 상법 및 구 자본시장법에 의한 이익소각제도는 폐지하였다.

⑤ 상법은 자기주식 소각의 구체적 절차를 규정하고 있지는 않는데, 자기주식의 소각은 회사가 보유한 주식을 소각하는 것이므로 <u>소각을 위한 공고는 필요 없고</u> 이익으로 소각하는 것이므로 <u>채권자보호절차도 필요하지 않다.</u>

⑥ 소각에 관해 정관에 근거규정이 없어도 <u>이사회결의만으로 할 수 있다.</u> 이사회가 소각 결의를 할 때에는 소각할 주식의 종류와 수 및 소각의 효력발생일을 정하여야 하고, 소각하는 주식이 유통되지 않도록 폐기하는 등의 후속조치를 하여야 한다.

2. 등기절차

① 배당가능이익으로 자기주식을 소각한 경우 자본금은 변동 없이 발행주식의 수만 변경되므로 자본금의 총액은 그대로 둔 채 발행주식의 총수와 그 종류 및 각각의 수의 변경사항을 등기한다.

② 변경연월일(소각연월일)은 회사에서 소각의 효력발생일로 정한 날로, 이사회결의서에 이 날이 기재되어 있어야 할 것이다.

③ 자기주식의 소각에 따른 변경등기의 신청서에는 소각한 주식이 회사가 보유한 자기주식이었음을 증명하는 서면(例 대표자가 작성한 주주명부 등)을 첨부정보로 제공하여야 하고(규칙 제141조 제2항), 자기주식 소각을 결정한 이사회의사록을 첨부하여야 한다(규칙 제128조 제2항). 기출 16

④ 자기주식의 소각으로 인한 발행주식의 총수와 그 종류 및 각각의 수의 변경등기에 대해서는 1건의 기타 변경등기 등록면허세 40,200원 및 지방교육세 8,040원과 등기신청수수료 7,000원을 납부하여야 한다(지방세법 제28조 제1항 제6호 바목·제151조 제1항 제2호, 수수료규칙 제5조의3 제2항 본문).

XIX 전환사채의 등기

1. 사채 일반론

① 사채의 의의와 종류

㉠ 사채란 일반 공중으로부터 비교적 장기의 자금을 집단적·대량적으로 조달하기 위하여 채권을 발행하여 부담하는 액면가로 단위화된 채무를 말한다.

㉡ 사채 중에는 원리금의 상환청구권 외에 특수한 권리가 인정되는 것이 있는데, 통상 이를 '특수사채'라고 한다.

㉮ 특수사채에는 (i) 상법상 인정되는 전환사채(상법 제513조), 신주인수권부사채(상법 제516조의2), 이익참가부사채(상법 제469조 제2항 제1호), 교환사채와 상환사채(상법 제469조 제2항 제2호), 및 파생결합사채(상법 제469조 제2항 제3호), (ii) 자본시장법에 의하여 인정되는 조건부자본증권(자본시장과 금융투자업에 관한 법률 제165조의11), (iii) 담보부사채신탁법에 의하여 인정되는 담보부사채가 있다.

㉯ 특수사채 중 전환사채, 신주인수권부사채, 이익참가부사채와 조건부자본증권(상각형과 전환형 중 전환형)만 등기사항이다(상법 제514조의2·제516조의8, 상법 시행령 제21조 제10항, 자본시장법 시행령 제176조의12 제6항). 기출 24

㉰ 법령에서 명시적으로 규정하고 있는 특수사채 외에 다른 형태의 사채 또는 위의 특수사채의 결합형 사채를 발행할 수 있는지 또 등기할 수 있는지 문제되는데, 선례는 전환사채와 이익참가부사채의 성질을 함께 가진 사채(일명 '이익참가부전환사채')의 발행과 관련하여, 그것이 발행가능한지 여부는 별론으로 하더라도 이를 등기하도록 하는 법적 근거가 없으므로 단순히 전환사채 또는 이익참가부사채의 한 종류로써 발행된다 하여도 이를 등기할 수 없다고 한다(상업등기선례 제2-69호).

② 사채의 분류

　　㉠ 사채권에 사채권자의 성명이 기재되는 사채를 '기명사채'라고 하고, 그 기재가 없는 사채를 '무기명사채'라고 한다. 양자는 사채의 이전과 입질의 방식에 차이가 있다(상법 제479조).

　　㉡ 기명식 또는 무기명식에 한할 것으로 정한 경우가 아닌 한, 사채권자는 언제든지 기명식의 채권을 무기명식으로, 무기명식의 채권을 기명식으로 할 것을 회사에 청구할 수 있다(상법 제480조).

③ 2011.4.14. 개정 상법에서 회사는 전에 모집한 사채의 총액의 납입이 완료된 후가 아니면 다시 사채를 모집하지 못한다는 제한과 각 사채의 금액은 1만원 이상이어야 하고, 동일 종류의 사채에서 각 사채의 금액은 균일하거나 최저액으로 정제(整除)할 수 있는 것이어야 한다는 규정 등 사채 발행과 관련한 많은 제한이 폐지되었다. **기출** 24

2. 전환사채 발행의 등기

(1) 전환사채의 의의 등

① 전환사채는 사채권자의 청구로 주식으로 전환할 수 있는 사채를 말한다.

② 전환사채의 경우 주식으로 전환될 때에는 주주의 신주인수권을 잠식하게 되므로 전환사채의 발행에는 주주의 보호도 중요한 문제다.

③ 전환의 청구가 있으면 신주가 발행되므로 회사는 전환청구기간 내에는 전환에 의하여 발행되는 주식(종류주식이 발행되는 경우에는 그 주식)의 수를 발행할 주식의 수 중 미발행 주식으로 보류하여야 한다(상법 제516조 제1항·제346조 제4항).

(2) 전환사채의 발행

① 이사회의 결의(또는 주주총회의 결의)

　　㉠ 전환사채는 원칙적으로 이사회 결의로 발행한다(상법 제513조 제2항). 즉, 정관에 전환사채 발행에 관해 정한 바가 없더라도 이사회 결의만으로 발행할 수 있다.

　　㉡ 다만, 전환사채의 발행에 관하여 정관으로 주주총회 결의사항으로도 할 수 있는데, 신주발행이 정관에 의해 주주총회의 권한사항으로 되어 있는 경우에는 전환사채의 발행에 관해서는 정관에 명문의 규정이 없다고 하더라도 주주총회의 결의를 거쳐야 한다(대판 1999.6.25. 99다18435). **기출** 21

　　㉢ 자본금 총액이 10억원 미만으로서 1명 또는 2명의 이사를 두고 있는 소규모 주식회사는 주주총회 결의로 전환사채를 발행한다(상법 제383조 제4항). **기출** 17

　　㉣ 제3자에게 전환사채를 발행하기 위해서는 (i) 그 발행할 수 있는 전환사채의 액, (ii) 전환의 조건, (iii) 전환으로 인하여 발행할 주식의 내용, (iv) 전환을 청구할 수 있는 기간에 관하여 정관에 규정이 있거나 주주총회의 특별결의를 거쳐야 하고, 신기술의 도입, 재무구조의 개선 등 회사의 경영상 목적 달성을 위해 필요한 경우여야 한다(상법 제513조 제3항·제418조 제2항 단서).

　　㉤ 전환사채를 발행하는 경우에는 각 사채의 금액, 사채의 이율, 사채의 상환방법 및 상환기한, 사채의 발행가액 등 사채의 일반적인 사항 외에 다음 사항을 정해야 한다(상법 제513조 제2항).

전환사채의 총액(제1호)

- 구체적으로 어느 시기에 발행하는 전환사채의 총액을 말한다. 전환사채의 총액에 아래에서 설명하는 전환조건을 적용하면 전환권의 행사에 의하여 발행될 주식의 총수를 알 수 있다.
- 예를 들어, 전환사채의 총액이 1억원이고, 전환가액이 1주당 1만원일 경우 전환사채가 전부 주식으로 전환되면 총 1만주의 주식이 발행되는 것을 알 수 있다.

전환의 조건(제2호)

- 전환의 조건은 전환사채와 전환에 의하여 발행되는 주식의 비율을 말한다. 전환의 조건을 정할 때에는 전환가액으로 정하는 방법과 전환율로 정하는 방법이 있는데, 전자는 전환에 의해 발행되는 주식 1주에 대해서 요구되는 사채액면 금액을, 후자는 전환되는 일정한 사채의 액에 대해 부여되는 주식의 수를 정한다.
- 전환가액 또는 전환율은 전환청구기간 중에 일정할 필요는 없고, 전환기간을 여러 기간으로 나누어 기간별로 각각 상이한 전환가액 또는 전환율을 정하는 것도 가능하다.
- 전환사채의 주식으로의 전환시 전환사채의 발행가액을 신주식의 발행가액으로 보므로(상법 제516조 제2항·제348조), 전환사채를 발행할 때 사채를 할인 발행하였다면 전환가액 등의 전환조건을 정함에 있어서 향후 전환권 행사로 인한 신주의 발행이 액면미달의 신주발행이 되지 않도록 주의하여야 한다.

전환으로 인하여 발행할 주식의 내용(제3호)

1주의 금액 5천원의 보통주식 등으로 정한다.

전환을 청구할 수 있는 기간(제4호)

- 전환사채권자가 전환권을 행사할 수 있는 기간으로 시기와 종기를 정한다.
- 전환청구기간은 원칙적으로 전환사채의 발행 후 상환기간까지의 사이라면 언제라도 좋다.
- 다만, 상법상 주금의 분할납입은 허용되지 않기 때문에 전환사채에 대해 분할납입하는 때에는 전환청구기간은 전액을 납입한 후가 아니면 안 된다(상업등기실무 2). **기출** 17

주주에게 전환사채의 인수권을 준다는 뜻과 인수권의 목적인 전환사채의 액(제5호)

반드시 주주에게 전환사채 인수권을 주어야 하는 것은 아니지만, 주주 이외의 제3자에게 전환사채를 발행하기 위해서는 후술하는 바와 같이 특별한 절차가 필요하다.

주주 외의 자에게 전환사채를 발행하는 것과 이에 대하여 발행할 전환사채의 액(제6호)

② 전환사채의 인수

주주배정(배정일 공고 및 주주에 대한 실권예고부 최고 등)

- 주주에게 그가 가진 주식의 수에 따라 주주배정방식으로 전환사채를 발행할 경우에는 인수권을 행사할 주주를 확정하기 위하여 배정기준일을 정하고 그 2주간 전에 배정기준일에 주주명부에 기재된 주주가 인수권을 갖는다는 뜻을 공고하여야 한다(상법 제513조의2 제2항, 제418조 제3항).
- 배정기준일의 주주명부를 기준으로 전환사채의 인수권을 갖는 주주 및 각 주주가 인수권을 갖는 사채액이 확정되는데, 이때 전환사채의 최저액에 미달하는 단수에 대하여는 인수권이 미치지 않는다(상법 제513조의2 제1항 단서).
- 배정기준일에 의해 인수권이 확정된 주주에 대해, 인수권을 가지는 전환사채의 액, 발행가액, 전환의 조건, 전환으로 인하여 발행할 주식의 내용, 전환을 청구할 수 있는 기간과 일정한 기일(청약일)까지 전환사채의 청약을 하지 아니하면 권리를 잃는다는 뜻을 청약일의 2주간 전에 통지하여야 한다(상법 제513조의3 제1항·제2항, 제419조 제2항).
- 회사가 정한 청약기일에 청약을 하지 아니하면 사채에 관한 인수권을 잃는데(상법 제513조의3 제2항, 제419조 제3항), 회사는 이사회 결의로 그 인수가 없는 부분에 대하여 자유로이 이를 제3자에게 처분할 수 있다.

제3자배정

- 제3자에게 전환사채를 발행하는 방법으로는 제3자에게 전환사채인수권을 주는 방법과 모집에 의하여 전환사채를 발행하는 방법이 있다.
- 모집의 방법에는 총액인수와 공모의 방법이 있고, 공모에는 직접공모, 위탁모집, 인수모집이 있다.
- 이 중 총액인수는 특정인이 회사와의 계약에 의하여 사채의 총액을 인수하는 것으로 이 경우 사채청약서를 작성할 필요가 없다(상법 제475조 제1문).

- 공모는 일반 공중으로부터 사채를 모집하는 것이므로 인수모집을 하면서 수탁회사가 인수하는 부분을 제외하고는 <u>원칙적으로 사채청약서를 작성하여야 한다</u>(상법 제474조, 제475조).
- 공모의 방법 중 직접공모는 사채발행회사가 직접 공중으로부터 모집하고, 위탁모집은 모집절차를 타인(수탁회사)에 위탁하는 것(상법 제476조 제2항)을 말하며, 인수모집은 위탁모집에 있어서 사채응모액이 사채모집총액에 달하지 않을 때, 수탁회사가 그 잔액을 인수할 것을 약정한 모집방법이다(상법 제474조 제2항 제14호).
- 전환사채 인수권이 있는 주주 또는 제3자가 그 인수권의 범위에서 청약을 한 경우 회사는 재량권 없이 배정을 하여야 하지만, 전환사채에 대해 따로 인수권자가 없는 <u>공모의 경우 회사는 원칙적으로 자유로이 배정할 수 있다.</u>
- 만약 회사가 미리 배정기준을 정하여 이를 사채청약서에 기재하거나 공고한 때에는 이에 따라야 한다.
- 청약에 대하여 사채발행회사 또는 수탁회사에서 배정을 하면 사채의 인수계약이 성립하며, 이때부터 전환사채의 청약인은 전환사채 인수인으로서 사채의 납입의무를 진다.

사채청약서 등에 기재할 사항

- 사채의 청약은 원칙적으로 사채청약서에 의하여 하는데, 전환사채의 사채청약서에는 일반사채를 발행할 때 기재하는 사항(상법 제474조 제2항)외에 전환사채에 특유한 사항(상법 제514조 제1항)을 기재하여야 한다.
- 상법 제474조 제2항에서 정하는 사항 중 일부와 같은 법 제514조 제1항에서 정하는 사항은 채권과 사채원부에도 기재하여야 한다(상법 제478조 제2항, 제488조, 제514조 제1항).

③ 납 입
  ㉠ 사채의 모집을 완료한 때에는 이사는 지체 없이 인수인에 대하여 각 사채의 전부 또는 제1회의 납입을 시켜야 한다(상법 제476조). 이처럼 <u>사채금에 대해서는 분할납입이 인정된다</u>(제476조).
  ㉡ 사채의 납입장소는 은행 기타 금융기관에 한정되지 아니하므로 <u>발행회사 또는 수탁회사에 직접 납입하는 것도 가능</u>하다.
  ㉢ 사채를 인수한 자는 <u>자신이 회사에 대해 가지는 채권으로 사채의 납입의무와 상계할 수 있다</u>(대판 2004.8.20. 2003다 20060, 상업등기선례 제1-190호). **기출** 21

④ **전환사채의 효력발생**
  ㉠ 사채전액의 납입이 완료되면 회사는 채권을 발행하여야 하는데(상법 제478조 제1항), 2011.4.14. 개정상법에 의하여 회사는 채권을 발행하는 대신 정관으로 정하는 바에 따라 전자등록기관의 전자등록부에 채권을 등록할 수 있다(상법 제478조 제3항).
  ㉡ 상법은 제516조 제1항에서 신주발행무효의 소에 관한 제429조의 준용 여부에 대해서는 아무런 규정을 두고 있지 않으나, 전환사채는 전환권의 행사에 의하여 장차 주식으로 전환될 수 있는 권리가 부여된 사채로, 전환사채의 발행은 주식회사의 물적 기초와 기존 주주들의 이해관계에 영향을 미친다는 점에서 사실상 신주를 발행하는 것과 유사하므로, <u>전환사채 발행의 경우에도 신주발행무효의 소에 관한 상법 제429조가 유추적용된다</u>(대판 2004.6.25. 2000다37326). 따라서 <u>전환사채발행의 무효는 주주·이사 또는 감사에 한하여 사채를 발행한 날로부터 6개월 내에 소(訴)만으로 이를 주장할 수 있다</u>(상법 제429조 참조). **기출** 21

(3) 등기절차

① 등기기간

㉠ 각 사채의 전액 또는 제1회의 납입이 완료된 날로부터 본점 소재지에서 2주간 내에 등기하여야 한다 (상법 제514조의2 제1항·제476조).

㉡ 외국에서 사채를 모집한 경우에 등기할 사항이 외국에서 생긴 때에는 등기기간은 그 통지가 도달한 날로부터 기산하는바(상법 제514조의2 제4항), 이때는 등기신청서에 그 통지가 도달한 연월일을 기재하여야 한다(규칙 제51조 제3항).

② 등기할 사항

㉠ 전환사채를 발행한 때에는 (i) 전환사채의 총액, (ii) 각 전환사채의 금액, (iii) 각 전환사채의 납입금액, (iv) 사채를 주식으로 전환할 수 있다는 뜻, (v) 전환의 조건, (vi) 전환으로 인하여 발행할 주식의 내용, (vii) 전환을 청구할 수 있는 기간 (viii) 주식의 양도에 관하여 이사회의 승인을 얻도록 정한 때에는 그 규정을 등기하여야 한다(상법 제514조의2 제2항).

㉡ 전환가액 또는 전환율을 조정할 수 있는 조정산식을 둔 때에는 이것도 전환조건의 일부이기 때문에 이를 등기한다(상업등기선례 제1-214호).

③ 첨부정보

㉠ 이사회의사록 또는 정관과 주주총회의사록(규칙 제128조) : 전환사채의 발행은 원칙적으로 이사회 결의 사항이기 때문에 이사회의사록을 첨부한다. 다만, 정관에서 전환사채의 발행을 주주총회에서 결정하도록 정하고 있다면 이사회의사록 대신 정관과 주주총회의사록을 첨부한다(규칙 제128조). **기출** 15

㉡ 사채의 인수를 증명하는 서면(규칙 제144조 제1항 제1호)

㉮ 사채청약서 외에 사채의 인수를 증명하는 서면을 첨부하여야 한다.

㉯ '사채의 인수를 증명하는 서면'이 사채의 인수인이 작성한 사채인수증에 한정되는 것은 아니고, 사채를 인수하는 자와 회사 간의 사채인수계약서, 주주명부 기타 사채의 배정 상황(각 인수인에게 배정한 사채의 수)에 관하여 대표이사가 작성한 서면도 사채의 인수를 증명하는 서면에 해당한다 (상업등기선례 제2-42호).

㉢ 사채의 청약을 증명하는 서면(규칙 제144조 제1항 제2호)

㉮ 전환사채에 대한 청약은 원칙적으로 사채청약서에 의한다(상법 제474조). 따라서 사채청약서가 사채의 청약을 증명하는 서면이 될 것이지만 사채모집의 수탁회사가 작성한, 전환사채의 청약이 있었음을 증명하기에 족한 서면도 사채의 청약을 증명하는 서면에 해당한다고 본다. 이때는 사채청약서의 견본을 그 증명서에 첨부하여야 한다.

㉯ 다만, 계약에 의하여 사채의 총액을 인수하는 경우에는 사채청약서를 작성할 필요가 없다(상법 제475조 제1문). 따라서 총액인수의 방식으로 전환사채를 발행하였다면 전환사채의 등기신청서에 사채의 인수를 증명하는 서면 외에 사채청약서를 첨부할 필요는 없다. **기출** 12

ⓔ 납입이 있음을 증명하는 서면(규칙 제144조 제1항 제3호)

    ㉮ 사채의 납입에 관하여는 신주발행에 있어서와 달리 납입장소의 제한(상법 제302조 제2항, 제305조 제2항)에 관한 규정이 없으므로 반드시 은행 등 금융기관의 납입할 필요가 없다. 따라서 은행 등 금융기관의 납입을 증명서면뿐만 아니라 사채를 발생하는 회사 자신이 납입기관으로서 작성한 서면도 납입을 증명하는 서면이 될 수 있고, 수탁회사의 증명이나 우체국의 납입증명도 가능하다(상업등기실무 2). **기출** 21

    ㉯ 회사에 대한 채권으로 상계한 경우, 납입을 증명하는 서면 대신 (i) 회사가 전환사채인수인에 대하여 채무를 부담하고 있다는 사실을 증명하는 서면과 (ii) 위 전환사채 인수인으로부터 상계의 의사표시가 있음을 증명하는 서면을 첨부한다(상업등기선례 제1-217호).

④ 등록면허세·등기신청수수료 등의 납부

    ㉠ 전환사채의 등기에 대해서는 기타변경등기 등록면허세 40,200원 및 지방교육세 8,040원과 등기신청수수료 7,000원(전자신청은 2,000원, 전자표준양식에 의한 신청은 5,000원)을 납부한다(지방세법 제28조 제1항 제6호 바목·제151조 제1항 제2호, 수수료규칙 제5조의3 제2항 본문·제5조의5 제6항).

    ㉡ 전환사채를 수회 발행한 후 그 등기를 하나의 신청서로 일괄신청하는 때에도 1건의 기타변경등기 등록면허세, 지방교육세와 등기신청 수수료를 납부한다.

3. 전환사채에 관한 변경등기

① 서 설

    ㉠ 전환사채의 등기사항 중 변경이 잦은 것은 '전환사채의 납입금액', '전환사채의 총액', '전환조건', '전환청구기간' 등이다. 즉, 전환사채의 발행 후에 (i) 분할납입으로 전환사채의 납입금액이 변경되는 경우, (ii) 전환사채의 일부전환, 일부상환 또는 일부소각으로 전환사채의 총액이 변경되는 경우, (iii) 일정한 사유에 의해 전환조건이 변경되거나, (iv) 전환청구기간을 변경하는 경우이다.

    ㉡ 그 밖에 전환사채를 전부상환하거나 사채 발행회사가 전환사채를 전부 매입하여 소각한 때, 전환청구기간이 지나도록 전환권을 행사하지 아니한 때에는 전환사채의 등기를 말소하여야 한다.

② 전환사채의 납입금액의 변경등기

    ㉠ 전환사채의 분할납입이 인정된 때에는, 제2회 이후의 납입이 있을 때마다 변경등기를 하여야 한다. 즉, 납입이 있을 때마다 각 전환사채에 관하여 납입된 금액, 변경된 뜻 및 변경연월일을 등기하여야 한다(규칙 제55조 제1항·제3항). **기출** 15

    ㉡ 전환사채의 제2회 이후의 납입으로 인한 변경등기의 신청서에는 그 납입이 있음을 증명하는 서면을 첨부한다(규칙 제144조 제2항).

③ 전환사채의 총액의 변경등기

    ㉠ 전환사채의 주식으로의 일부전환, 전환사채의 일부매입소각 또는 일부상환으로 '전환사채의 총액'은 감소하는데, 이때 감소 후의 전환사채의 총액, 변경의 뜻 및 변경연월일을 등기한다.

    ㉡ 전환사채를 일부상환한 후 전환사채의 총액의 변경등기를 신청하면서 일부상환되었음을 증명하는 서면으로 사채권자의 확인서(= 사채상환완료증명서)를 첨부할 때에는 사채상환완료증명서를 작성한 자가 사채권자임을 소명하기 위한 사채인수계약서 사본 등을 첨부하여야 한다.

    ㉢ 이때 사채상환완료증명서에는 사채권자의 기명날인 또는 서명이 있어야 하지만, 인감이 날인되거나 인감증명서가 첨부되어야 하는 것은 아니다(상업등기선례 제2-64호). **기출** 24·21

④ 전환조건의 변경등기

    ㉠ 전환의 조건으로 전환가액(또는 전환율)을 조정할 수 있는 조정산식을 설정하여 이를 등기하였다면, 나중에 준비금의 자본금 전입(신주발행) 등의 사유로 전환가액(또는 전환율)이 조정산식에 의해 수정된 경우에는 그 수정된 전환가액으로 변경등기를 하여야 한다(상업등기선례 제1-214호). **기출** 15 · 14

    ㉡ 조정산식에 따라 전환가액 또는 전환율의 변경등기를 신청하는 경우 실무에서는 전환가액 조정산정표를 첨부하도록 하고 있다.

⑤ 전환청구기간의 변경등기

    ㉠ 주로 사채의 상환기간을 연장하는 합의에 부수하여 전환청구기간을 연장하는 합의를 하는데, 전환사채를 발행한 회사(= 기채회사)와 전환사채권자의 '합의'로 전환청구기간을 변경하는 것이 가능한 것으로 해석된다(상업등기선례 제2-67호). **기출** 12

    ㉡ 전환청구기간을 변경하기 위해서는 원칙적으로 이사회결의(정관에 의하여 주주총회에서 전환사채의 발행결의를 한 때에는 주주총회의 결의)와 사채권자집회의 결의가 있어야 한다.

    ㉢ 사채권자집회의 결의 후에는 법원의 인가를 받아야 하는데 사채권자 전원이 동의할 경우에는 그러하지 아니하다(상법 제498조 제1항).

    ㉣ 전환청구기간의 변경등기를 신청할 때에는 그 변경을 결의한 이사회의사록(또는 이사회의사록 대신 정관과 그 변경결의를 한 주주총회의사록), 사채권자집회의사록 및 법원의 인가서를 첨부한다(규칙 제128조).

    ㉤ 전환청구기간이 단축되는 경우에는 사채권자집회의사록과 법원의 인가서 대신 사채권자 전원의 동의서를 첨부하여야 한다.

⑥ 전환사채의 말소등기

말소사유	• 전환사채를 전부상환하거나 사채 발행회사가 전환사채를 전부 매입하여 소각한 경우에는 전환사채의 등기를 말소한다. • 그 밖에 사채가 상환되지 않았지만 전환청구기간이 지나도록 전환권을 행사하지 아니한 때에도 전환사채의 등기를 말소하는데, 전환권 행사기간이 경과한 경우 그 전환사채는 전환권이 없는 일반사채와 같고, 일반사채는 등기사항이 아니기 때문이다.
등기절차	• 전환사채를 전부상환한 후 전환사채등기의 말소를 신청할 때에는 전환사채가 전부상환 되었음을 증명하는 서면(규칙 제144조 제2항)으로 사채권자의 확인서를 첨부할 수 있는데, 이때 사채상환완료증명서를 작성한 자가 사채권자임을 소명하기 위해 사채인수계약서 사본 등을 첨부하여야 한다. • 사채상환완료증명서에는 사채권자의 기명날인 또는 서명이 있어야 하지만 인감이 날인되거나 인감증명서가 첨부되어야 하는 것은 아니다(상업등기선례 제2-64호). • 전환사채를 매입하여 소각한 경우에는 이를 증명하는 서면을 첨부하여야 한다. • 전환사채의 전환청구기간은 등기사항으로 되어 있기 때문에 원칙적으로 전환청구기간 만료 등을 원인으로 전환사채의 말소등기를 신청할 때에는 특별히 전환청구기간의 만료를 증명하는 서면은 첨부할 필요가 없다. • 다만, 등기부상 전환청구기간이 '전환사채 발행일로부터 전환사채 상환기간 만료 전 1개월 전까지'와 같이 등기부만으로 전환청구기간 만료 시를 알 수 없는 경우에는 전환청구기간 만료 시를 증명하는 서면(전환사채 발행당시의 이사회의사록 등)을 첨부하여야 한다.

4. 전환사채의 전환으로 인한 변경등기

① 전환사채의 전환

전환의 청구	• 사채권자는 전환청구기간 내에는 언제라도 전환을 청구할 수 있다. 다만, 상법은 주금의 분할납입을 인정하고 있지 않기 때문에 전환사채에 대해 분할납입하기로 한 때에는 그 전액이 납입된 후가 아니면 전환권을 행사할 수 없다. **기출** 17 • 전환을 청구하는 자는 청구서 2통에 사채권을 첨부하여 회사에 제출하여야 하고(상법 제515조 제1항), 전환청구서에는 전환하고자 하는 사채와 청구의 연월일을 기재하고 기명날인 또는 서명하여야 한다(상법 제515조 제2항). • 2011.4.14. 개정상법은 상법 제478조 제3항에 따라 채권을 발행하는 대신 전자등록기관의 전자등록부에 채권을 등록한 경우에는 전환을 청구할 때 그 채권을 증명할 수 있는 자료를 첨부하여 회사에 제출하도록 하였다(상법 제515조 제1항 단서). • 전환사채의 사채권자는 전환청구기간 내에는 주주명부의 폐쇄기간 중에도 전환을 청구할 수 있다. 이 경우 전환된 주식의 주주는 그 기간 중의 총회의 결의에 관하여는 의결권을 행사할 수 없다(상법 제516조 제2항·제350조 제2항). **기출** 17·14
전환의 효력발생	• 전환권은 형성권이므로 전환을 청구한 때에 전환의 효력이 생기며, 전환사채권자는 그때부터 주주가 되고 사채권자로서의 지위를 상실한다(상법 제350조 제1항, 대판 2004.8.16, 2003다9636). 다만, 신주에 대한 이익이나 이자의 배당에 관하여는 그 청구를 한 때가 속하는 영업연도 말에 전환된 것으로 본다. • 전환의 청구로 사채는 소멸하고 전환을 청구한 사채총액을 전환가액으로 나눈 수 또는 전환비율에 따라 산정되는 주식수만큼 발행주식의 총수가 증가하고 그 액면총액에 해당하는 만큼의 자본금이 증가한다. • 전환사채의 주식전환으로 인하여 새로운 주식을 발행하는 경우에는 전환 전의 전환사채의 발행가액을 새로운 주식의 발행가액으로 한다(상법 제516조 제2항, 제348조). 따라서 전환 전의 전환사채의 발행가액의 총액과 새로운 주식의 발행가액의 총액은 같아야 한다. **기출** 14

② 등기절차

㉠ 등기사항

㉮ 전환사채가 주식으로 전환된 경우에는 발행주식의 총수, 그 종류 및 각종주식의 내용과 수, 자본금의 총액이 증가하고 전환사채의 총액이 감소하거나 소멸하므로 신주발행의 변경등기와 함께 전환사채의 변경등기를 또는 말소등기를 신청하여야 한다. **기출** 15·12

㉯ 신주발행과 관련해서는 전환 후의 발행주식의 총수, 그 종류와 각종주식의 내용과 수 및 자본금의 총액과 변경된 취지 및 변경연월일을 등기하고, 변경 전 등기사항을 말소한다.

㉰ 전환사채의 변경과 관련해서는 당해 전환사채에 관한 그 밖의 사항은 그대로 놓아둔 채 전환사채의 총액에 관해서만 변경등기를 한다.

㉡ 등기기간

㉮ 전환사채의 전환에 의한 변경등기는 본점 소재지 관할 등기소에서 그 전환 청구가 있는 달의 말일부터 2주 내에 등기한다(상법 제516조 제2항·제351조). **기출** 17·14·12

㉯ 이는 전환주식의 전환에 따른 변경등기와 마찬가지로 그 전환의 효력이 발생한 때로부터 바로 신주발행에 따른 변경등기와 전환사채에 관한 변경등기 또는 말소등기를 할 수 있지만, 등기의 해태기간의 계산은 그 효력이 발생한 달의 말일을 기준으로 한다는 의미이다. **기출** 15

㉰ 어느 달에 수회의 전환청구가 있는 경우 위 등기는 그 효력발생일별로 등기를 하여야 하고 효력발생일이 속하는 달의 말일로 합산하여 등기할 수 없다.

ⓒ 첨부정보

㉮ 전환사채의 전환으로 인한 변경등기의 신청서에는 전환청구가 있음을 증명하는 서면을 첨부하여야 한다(규칙 제136조 제1항 제1호).

㉯ 다만, 한국예탁결제원에 예탁된 전환사채를 주식으로 전환하고 그로 인한 변경등기를 신청하는 경우, 그 신청서에는 전환사채를 발행한 회사가 공인인증서에 의한 인증을 거쳐 한국예탁결제원으로부터 온라인(Online)상 발급받은 전환청구서(발급번호에 의하여 그 진위를 확인할 수 있다)를 첨부할 수 있다(상업등기선례 제2-66호). **기출** 24

③ 등록면허세·등기신청수수료 등의 납부

㉠ 전환사채의 전환으로 인한 변경등기를 할 때에는 등기부상 증가한 자본금액의 1000분의 4에 해당하는 등록면허세와 그 등록면허세액의 100분의 20에 해당하는 지방교육세를 납부한다(지방세법 제28조 제1항 제6호 가목 2), 제151조 제1항 제2호).

㉡ 대도시에서 설립한 회사 또는 대도시로 전입한 회사가 설립 또는 전입 후 5년 내에 신주를 발행하는 경우에는 위 등록면허세 및 지방교육세의 3배를 납부한다(지방세법 제28조 제2항 본문).

㉢ 이때 발행주식의 총수와 그 종류 및 각각의 수, 각종주식의 내용의 변경등기에 대하여는 따로 등록면허세와 지방교육세를 납부하지 않는다(등기예규 제1790호 제10조).

㉣ 전환사채의 전환의 경우, 증자등기에 따른 등록면허세와 지방교육세 외에, 전환사채의 총액 등 전환사채의 변경등기(또는 말소등기)에 대한 등록면허세(40,200원)와 지방교육세(등록면허세액의 20%, 8,040원)를 따로 납부한다. **기출** 14

㉤ 등기신청수수료의 경우도 위의 증자등기와 전환사채의 변경등기(또는 말소등기)에 대해 각각 7,000원(전자신청은 각 2,000원, 전자표준양식에 의한 신청은 각 5,000원)을 납부한다(수수료규칙 제5조의3 제2항 본문·제5조의5 제6항).

XX 신주인수권부사채의 등기

1. 신주인수권부사채의 의의

① 신주인수권부사채란 사채권자에게 사채발행회사에 대한 신주인수권이 부여되어 있는 사채를 말하는데, 여기에서 '신주인수권'이란 사채 발행 시에 정한 바에 따라 사채발행회사에 대하여 신주발행을 청구하고, 이에 따라 회사가 신주를 발행하면 그 신주에 대하여 당연히 주주가 될 수 있는 권리를 의미한다.

② 신주인수권부사채에는 신주인수권이 사채로부터 분리되지 않는 '비분리형'과 신주인수권이 사채로부터 분리·양도될 수 있는 '분리형'이 있는데, '비분리형'의 경우에는 채권만 발행되고 '분리형'의 경우에는 채권 외에 신주인수권증권이 발행된다.

③ 회사는 신주인수권의 행사기간 중에는 신주인수권의 행사로 인하여 발행될 주식의 수(상법 제344조에 따라 종류주식을 발행하는 경우에는 정관에서 정한 종류주식의 수)를 미발행수권주식수로 유보하여야 한다(상법 제516조의11, 제516조 제1항, 제346조 제4항).

2. 신주인수권부사채 발행의 등기

① 신주인수권부사채의 발행

ⓒ 발행결정기관

㉮ 신주인수권부사채는 원칙적으로 이사회의 결의에 의하여 발행하지만, 정관에 주주총회의 결의로 신주인수권부사채를 발행할 것을 정하고 있는 경우에는 주주총회의 결의에 의하여 발행한다(상법 제516조의2 제1항). 다만, 자본금의 총액이 10억원 이하로서 2명 이하의 이사를 두고 있는 소규모 주식회사는 주주총회의 결의로 발행한다(상법 제384조 제4항).

㉯ 회사의 정관에 신주인수권부사채의 발행에 관하여는 명문의 규정이 없더라도 신주발행 및 인수에 관한 사항은 주주총회에서 결정하고 자본금의 증가 및 감소는 발행주식 총수의 과반수에 상당한 주식을 가진 주주의 출석과 출석주주가 가진 의결권의 3분의 2 이상의 찬성으로 의결하도록 정관에 규정되어 있는 경우, 신주인수권부사채를 발행하기 위하여는 주주총회의 특별결의가 필요하다 (전환사채에 관한 대판 1999.6.25. 99다18435 참조).

ⓒ 발행사항 : 신주인수권부사채를 발행할 때에는 각 사채의 금액, 사채의 이율, 사채의 상환방법 및 상환기한, 사채의 발행가액 등 사채의 일반적인 사항 외에 신주인수권부사채의 총액(제1호), 각 신주인수권부사채에 부여된 신주인수권의 내용(제2호), 신주인수권을 행사할 수 있는 기간(제3호), 신주인수권만을 양도할 수 있는 것에 관한 사항(제4호), 대용납입에 관한 사항(제5호), 주주에게 신주인수권부사채의 인수권을 준다는 뜻과 인수권의 목적인 신주인수권 부사채의 액(제7호), 주주 외의 자에게 신주인수권부사채를 발행하는 것과 이에 대하여 발행할 신주인수권부사채의 액(제8호)을 정해야 한다(상법 제516조의2 제2항).

② 신주인수권부사채의 인수

ⓒ 주주배정의 경우

㉮ 배정일 지정·공고 : 주주배정방식으로 신주인수권부사채를 발행할 경우에는 인수권을 행사할 주주를 확정하기 위하여 배정기준일을 정하고, 그 2주간 전에 배정기준일에 주주명부에 기재된 주주가 인수권을 갖는다는 뜻을 공고하여야 한다(상법 제516조의11, 제513조의2, 제2항, 제418조 제3항).

㉯ 실권예고부 청약최고 : 주주가 신주인수권부수채의 인수권을 가지는 경우에는 각 주주에 대하여 인수권을 가지는 신주인수권부사채의 액, 발행가액, 신주인수건의 내용, 신주인수권을 행사할 수 있는 기간과 일정한 기일까지 신주인수권부사채의 청약을 하지 아니하면 그 권리를 잃는다는 뜻을 청약일의 2주간 전에 통지하여야 하는데, 만약 신주인수권만을 양도할 수 있는 것에 관한 사항 및 대용납입에 관한 사항을 정한 때에는 그 내용도 통지한다(상법 제516조의3 제1항·제2항, 제419조 제2항).

ⓒ 제3자 배정의 경우

㉮ 신기술의 도입, 재무구조의 개선 등 회사의 경영상 목적을 달성하기 위하여 필요한 경우에 한하여 주주 이외의 자에 대하여 신주인수권부사채를 발행할 수 있다(상법 제516조의2 제4항 제2문, 제418조 제2항).

㉯ 이 경우 발행할 수 있는 신주인수권부사채의 액, 신주인수권의 내용과 신주인수권을 행사할 수 있는 기간에 관하여 정관에 규정이 없으면 주주총회의 특별결의로써 이를 정하여야 한다(상법 제516조의2 제4항 제1문).

ⓒ 청약 : 신주인수권부사채에 대한 청약은 원칙적으로 사채청약서에 의한다. 다만, 총액인수와 인수모집에서 수탁회사가 인수하는 경우에는 사채청약서를 작성할 필요가 없다(상법 제475조).

ⓔ 배 정

㉮ 청약에 대하여 발행회사 또는 수탁회사에서 배정을 하면 사채계약이 성립하고, 사채의 인수가 있게 된다.

㉯ 청약에 대한 배정으로 사채의 인수계약이 성립하면 이때부터 신주인수권부사채의 청약인은 신주인수권부사채의 인수인으로서 사채금의 납입의무를 진다.

ⓜ 납 입

㉮ 사채의 모집을 완료한 때에는 이사는 지체 없이 인수인에 대하여 각 사채의 전부 또는 1회의 납입을 시켜야 한다(상법 제476조 제1항). 사채모집의 위탁을 받은 회사는 그 명의로 위탁회사를 위하여 이를 할 수 있다(상법 제476조 제2항).

㉯ 주금의 납입과 달리, 현금납입에 한하지 않으므로 자신의 회사에 대해 가지는 채권으로 사채의 납입의무와 상계할 수도 있다(대판 2004.8.20. 2003다20060, 상업등기선례 제1-190호).

③ 신주인수권부사채의 효력

㉠ 효력발생일 등

㉮ 신주인수권부사채는 납입기일에 효력이 발생한다. 사채전액의 납입이 완료되면 회사는 채권을 발행하여야 하는데(상법 제478조 제1항), 신주인수권부사채가 '비분리형'인 경우에는 채권만 발행하고 '분리형'인 경우에는 채권과 함께 신주인수권증권을 발행한다(상법 제516조의5 제1항).

㉯ 신주인수권부사채를 '분리형'으로 발행하고 '신주인수권증권'이 발행된 경우, 신주인수권의 양도 및 행사는 신주인수권증권의 교부 및 제출에 의하여 한다(상법 제516조의6 제1항·제516조의9 제2항).

㉡ 무효 : 신주인수권부사채의 무효는 전환사채와 마찬가지로 신주인수권부사채발행무효의 소에 의해서만 다툴 수 있고, 그 무효원인은 그 발행에 있어서 법령이나 정관의 중대한 위반 또는 현저한 불공정이 있어 그것이 주식회사의 본질이나 회사법의 기본원칙에 반하거나 기존 주주들의 이익과 회사의 경영권 내지 지배권에 중대한 영향을 미치는 경우로서 신주인수권부사채와 관련된 거래의 안전, 주주 이해관계인의 이익 등을 고려하더라도 도저히 묵과할 수 없는 정도라고 평가되는 경우에 한하여 인정된다(대판 2004.6.25. 2000다37326 참조).

④ 등기 절차

㉠ 신주인수권부사채의 등기절차는 아래의 등기 사항을 제외하고 등기신청인과 등기기간, 첨부정보, 등록면허세·등기신청수수료 납부의무 등은 전환사채의 경우와 같다.

㉡ 신주인수권부사채를 발행한 때에는 신주인수권부사채라는 뜻, 신주인수권의 행사로 인하여 발행할 주식의 발행가액의 총액, 각 신주인수권부사채의 금액, 각 신주인수권부사채의 납입금액, 신주인수권부사채의 총액, 각 신주인수권부사채에 부여된 신주인수권의 내용, 신주인수권을 행사할 수 있는 기간을 등기한다(상법 제516조의8 제1항).

㉢ 위 ㉡의 신주인수권의 행사로 인하여 발행할 주식의 발행가액의 총액에서 "발행가액의 총액"이란 말 그대로 "발행가액의 총액"을 의미하고 "액면가액의 총액"을 의미하지 않는다(상업등기선례 제2-68호).

㉣ 신주인수권부사채를 발행할 때 각 신주인수권부사채에 부여된 신주인수권의 내용으로 신주인수권의 행사로 발행하는 신주의 발행가액을 정하여야 하는데, 발행가액에 대해 조정산식을 둔 경우에는 이 조정산식도 신주인수권의 내용의 일부로 보아 등기한다(상업등기선례 제1-214호).

3. 신주인수권부사채에 관한 변경등기

① 서 설
  ㉠ 신주인수권부사채에 관한 등기사항에 변경이 있을 경우 그 변경등기를 하여야 한다.
  ㉡ 신주인수권이 전부 행사되거나 신주인수권의 행사기간이 도과한 때 또는 신주인수권을 전부 매입소각하거나 비분리형의 신주인수권부사채를 전부상환한 때에는 더 이상 신주인수권이 인정되는 사채가 없으므로 신주인수권부사채에 관한 등기를 말소한다.

② 신주인수권의 행사로 인하여 발행할 주식의 발행가액의 총액의 변경등기
  ㉠ 신주인수권을 일부행사 또는 일부매입소각한 경우에는 그 이후 잔존하는 신주인수권의 행사로 인하여 발행할 주식의 발행가액의 총액이 줄어들기 때문에 그 변경등기를 하여야 한다.
  ㉡ '비분리형'의 신주인수권부사채의 경우에는 신주인수권이 행사되지 않은 채, 사채가 상환 또는 소각되면 그 행사되지 아니한 신주인수권도 소멸하는 것으로 된다. 따라서 이때에도 신주인수권부사채의 총액의 변경등기 외에, 변경 후의 '신주인수권의 행사로 인하여 발행할 주식의 발행가액의 총액', '변경의 뜻', '변경의 연월일'을 등기한다.
  ㉢ 한편, 각 신주인수권부사채에 부여된 신주인수권의 내용으로 발행가액 및 발행가액을 조정할 수 있는 조정산식을 정하여 이를 등기한 경우, 위 발행가액 또는 조정산식을 변경한 때에는 그 변경내용을 등기하여야 하지만 이 경우에도 신주인수권의 행사로 인하여 발행할 주식의 발행가액 총액이 변경되는 것은 아니므로 그에 따른 변경등기는 할 수 없다(상업등기선례 제2-68호).

③ 신주인수권부사채의 납입금액의 변경등기
  ㉠ 신주인수권부사채가 분할납입으로 발행되고 제2회 이후의 납입이 이루어진 때에는, 신주인수권부사채의 납입금액이 변경되므로 그 변경에 따른 등기를 한다.
  ㉡ 이때에는 납입이 있었다는 것을 증명하는 서면을 첨부한다(규칙 제144조 제2항).

④ 신주인수권부사채의 총액의 변경등기
  ㉠ 신주인수권부사채를 일부상환, 일부매입소각하거나 신주인수권을 행사하면서 사채로 대용납입한 경우 신주인수권부사채의 총액이 감소하는데, 이때 일부상환, 일부소각, 대용납입 후의 신주인수권부사채의 총액, 변경의 뜻 및 변경연월일을 등기한다.
  ㉡ 신주인수권부사채를 일부상환한 후 신주인수권부사채의 총액의 변경등기를 신청하는 때에는 그 상환되었음을 증명하는 서면으로 사채권자의 확인서를 첨부할 수 있는데, 이때는 사채상환완료증명서를 작성한 자가 사채권자임을 소명하기 위해 사채인수계약서 사본 등을 첨부하여야 한다(규칙 제144조 제2항). 다만, 사채상환완료증명서에는 사채권자의 기명날인 또는 서명이 있어야 하지만, 인감이 날인되거나 인감증명서가 첨부되어야 하는 것은 아니다(상업등기선례 제2-64호). **기출** 18

⑤ 각 신주인수권부사채에 부여된 신주인수권의 내용의 변경등기 : 신주인수권부사채의 발행당시에 신주인수권의 내용으로 신주의 발행가액의 조정산식을 정한 경우, 조정산식에 따른 신주의 발행가액의 변경은 이를 등기하여야 한다(상업등기선례 제1-214호).

⑥ 신주인수권을 행사할 수 있는 기간의 변경등기

   ㉠ '신주인수권의 행사기간'의 변경은 사채를 발행한 회사와 신주인수권부사채권자가 서로 합의하여 발행당시의 신주인수권의 행사기간을 변경하는 것을 말하며, 시기 또는 종기를 앞당기거나 늦추는 것 모두 가능하다(상업등기선례 제2-67호).

   ㉡ 신주인수권의 행사기간은 원칙적으로 이사회결의(정관에 의하여 주주총회에서 신주인수권부사채의 발행결의를 한 때에는 주주총회의 결의)와 사채권자집회의 결의로 변경할 수 있다.

   ㉢ 사채권자집회의 결의에 대해서는 법원의 인가를 받아야 하는데 기간변경에 대하여 사채권자 전원의 동의한 경우에는 법원의 인가를 받지 않아도 된다(상법 제498조 제1항). **기출** 18

   ㉣ 신주인수권의 행사기간의 변경등기를 신청할 때에는 그 변경을 결의한 이사회의사록(또는 이사회의사록 대신 정관과 그 변경결의를 한 주주총회의사록), 사채권자집회의사록 및 법원의 인가서를 첨부하여야 한다(규칙 제128조).

   ㉤ 다만, 신주인수권의 행사기간이 단축되는 경우에는 사채권자집회의사록과 법원의 인가서 대신 사채권자 전원의 동의서를 첨부하여야 한다.

⑦ 신주인수권부사채의 말소등기

   ㉠ 신주인수권의 행사기간의 만료 후에는 신주인수권부사채의 상환 여부와 관계없이 그 사채는 일반사채가 되므로 신주인수권부사채의 등기를 말소한다. 이 경우, 등기원인은 '신주인수권부사채 행사기간 만료'로 기록한다.

   ㉡ 등기부만으로 신주인수권의 행사기간을 알 수 없는 경우에는, 그 도과여부를 등기관이 확인하여야 하므로 이를 소명하는 자료를 제출하여야 한다(대부분의 경우 발행을 결의한 이사회의사록이 될 것이다).

   ㉢ '비분리형' 신주인수권부사채의 경우, 사채가 전부상환 또는 전부매입 소각되면 신주인수권부사채의 등기를 말소하여야 하는데, 이 경우 그 말소등기신청서에는 상환완료 또는 전부매입소각을 증명하는 서면을 첨부하여야 한다(규칙 제144조 제2항). **기출** 24·18

   ㉣ 다만, '분리형' 신주인수권부사채의 경우 사채가 전부상환 또는 전부매입 소각되더라도 신주인수권이 그대로 존속하는 때에는 신주인수권부사채의 등기를 말소하지 않는다. **기출** 18

4. 신주인수권의 행사로 인한 변경등기

(1) 신주인수권의 행사와 신주의 발행

① 행사방법

   ㉠ 신주인수권을 행사하려는 자는 주식발행청구서 2통에 인수할 주식의 종류 및 수와 주소를 기재하고 기명날인 또는 서명한 후 회사에 제출하여야 한다(상법 제516조의9 제1항 전단).

   ㉡ 주식발행청구서를 제출할 때에는 신주인수권부사채가 분리형인 경우, 즉 신주인수권증권을 발행한 경우(상법 제516조의5 제1항)에는 신주인수권증권을 첨부하고, 비분리형인 경우에는 채권을 제시하여야 한다(상법 제516조의9 제2항).

   ㉢ 신주인수권의 행사는 그 행사기간 중에 하여야 하는데, 주주명부 폐쇄기간 중에도 신주인수권을 행사할 수 있지만 주주명부 폐쇄기간 중에 신주인수권을 행사한 경우, 그 주주는 그 기간 중의 주주총회의 결의에 관하여는 의결권을 행사할 수 없다(상법 제516조의10 후문, 제350조 제2항).

② 주금의 납입

    ㉠ 신주인수권을 행사하는 자는 신주인수권의 행사시 신주의 발행가액의 전액을 납입하여야 하는데(상법 제516조의9 제1항 후단), 납입은 채권 또는 신주인수권증권에 기재된 은행 기타 금융기관의 납입장소에 하여야 한다(상법 제516조의9 제3항).

    ㉡ 대용납입이 인정되는 경우라면(상법 제516조의2 제2항 제5호), <u>신주인수권을 행사하는 자는 사채의 발행가액으로 주금을 대용납입할 수 있다.</u>

③ 신주인수권의 행사로 인하여 발행할 주식의 발행가액 총액의 제한 : 각 신주인수권부사채에 부여된 <u>신주인수권의 행사로 인하여 발행할 주식의 발행가액의 합계액은 각 신주인수권부사채의 금액을 초과할 수 없다</u>(상법 제516조의2 제3항).

④ 효력의 발생 : <u>신주인수권의 행사로 인하여 발행되는 신주는 신주의 발행가액의 전액을 납입한 때 효력이 발생하고</u>(상법 제516조의10 전문), 대용납입이 인정되는 경우에는 신주인수권을 행사하는 자가 회사에 신주인수권증권 또는 채권을 첨부하여 신주발행청구서를 제출한 때에 신주의 효력이 발생한다.

(2) 등기절차

① 등기사항

    ㉠ <u>신주인수권을 행사한 경우</u>, 발행주식의 총수, 그 종류 및 각종주식의 내용과 수, 자본금의 총액이 변경되고, 신주인수권부사채에 관한 등기사항 중 신주인수권의 행사로 발행할 주식의 발행가액의 총액과 신주인수권부사채의 총액(대용납입의 경우)이 감소하므로, <u>신주발행의 등기와 함께 신주인수권부사채의 변경등기를 하여야</u> 한다.

    ㉡ 어느 달에 수회의 신수인수권의 행사가 있은 경우 <u>그 효력발생일마다 각각 별개의 등기를 하여야</u> 하고, 효력발생일이 속하는 달의 말일로 합산하여 등기할 수 없다(상업등기선례 제1-212호).

② 등기기간

    ㉠ 신주인수권부사채에 부여된 신주인수권의 행사에 따른 변경등기는 본점 소재지 관할 등기소에서 그 <u>청구가 있은 달의 말일부터 2주 내에 등기하여야</u> 한다(상법 제516조의11, 제351조).

    ㉡ <u>신주인수권의 효력이 발생한 때로부터 바로 신주발행에 따른 변경등기와 신주인수권부사채에 관한 변경등기를 신청할 수 있지만, 등기해태기간의 계산은 그 효력이 발생한 달의 말일부터 기산한다는 의미이다.</u> `기출` 18

③ 첨부정보

    ㉠ 신주인수청구서(규칙 제135조 제1호)

    ㉡ 주금납입보관증명서 또는 대용납입청구를 증명하는 서면(규칙 제135조 제2호)

        ㉮ 신주인수권의 행사로 발행되는 신주의 발행가액에 해당하는 주금을 납입한 경우, 그 납입을 증명하는 주금납입보관증명서(또는 잔고증명서)를 첨부한다.

        ㉯ 다만, 신주인수권부사채의 발행가액으로 주금을 대용납입한 경우에는 사채권자의 대용납입청구를 증명하는 서면을 첨부한다.

④ 등록면허세·등기신청수수료 등의 납부

    ㉠ 신주인수권의 행사로 인하여 등기부상 증가한 자본금의 총액의 1000분의 4에 해당하는 등록면허세와 그 등록면허세액의 100분의 20에 해당하는 지방교육세를 납부한다(지방세법 제28조 제1항 제6호 가목 2)·제151조 제1항 제2호).

    ㉡ 대도시에서 설립한 회사 또는 대도시로 전입한 회사가 설립 또는 전입 후 5년 내에 신주를 발행하는 경우에는 위 등록면허세 및 지방교육세의 3배를 납부하여야 한다(지방세법 제28조 제2항).

    ㉢ 이때, 발행주식의 총수와 그 종류 및 각각의 수, 각종주식의 내용의 변경등기에 대하여는 따로 등록면허세와 지방교육세를 납부하지 않는다(등기예규 제1790호 제10조).

    ㉣ 증자에 관한 위 등록면허세와 지방교육세 외에, 신주인수권의 행사로 인하여 발행할 주식의 발행가액의 총액 등 신주인수권부사채에 관한 변경등기(또는 말소등기)에 대한 등록면허세와 지방교육세 48,240원을 따로 납부한다(지방세법 제28조 제1항 제6호 바목·제151조 제1항 제2호).

    ㉤ 신주인수권의 행사로 인한 증자에 따른 등기와 신주인수권부사채의 변경등기(또는 말소등기)에 대해 각각 1건의 등기신청수수료 7,000원(전자신청은 각 2,000원, 전자표준양식에 의한 신청은 각 5,000원)을 납부한다(수수료규칙 제5조의3 제2항 본문·제5조의5 제6항).

XXI 해산의 등기

1. 회사의 해산

① 해산의 의의

    ㉠ 회사의 해산이란 '회사의 법인격을 소멸시키는 원인이 되는 법률요건'을 말한다. 해산한 회사는 청산의 목적범위 내에서 그 법인격을 유지한다(상법 제542조 제1항, 제245조).

    ㉡ 해산 후에 존속하는 청산중인 회사는 그 목적이 청산의 범위 내로 축소되지만, 해산 전의 회사와 동일한 회사이다(동일회사설).

② 해산사유

    ㉠ 존립기간의 만료 기타 정관으로 정한 사유의 발생

        ㉮ 회사는 존립기간이 만료하거나 기타 정관으로 정한 해산사유가 발생한 때에는 해산하는데(상법 제517조 제1호, 제227조 제1호), 존립기간과 법률에서 규정하고 있지 않은 회사의 정관으로 정하는 해산사유는 정관에 기재되지 않으면 효력이 없고(상업등기선례 제1-332호), 이는 등기사항으로 되어 있다(상법 제317조 제2항 제4호).

        ㉯ 존립기간의 만료로 해산하는 경우 해산의 날은 존립기간의 만료일의 익일이고, 정관으로 정한 사유의 발생으로 해산하는 경우 해산의 날은 그 사유발생일이다.

        ㉰ 회사는 존립기간의 만료 기타 정관으로 정한 사유의 발생 전에 정관을 변경하여 존립기간을 연장하거나 존립기간 또는 해산사유에 관한 정관규정을 폐지할 수 있는데, 이 경우 당해 회사는 해산된 것이 아니기 때문에 해산등기와 회사계속등기를 하여야 하는 것은 아니다(상업등기선례 제1-68호, 제1-256호).

㉰ 등기부상 주식회사 ○○상호신용금고의 존립기간 만료일은 회사성립일(1969.6.13.)로부터 만 20년이 되는 1989.6.13.이라 할 것인데 존립기간 만료이전인 1989.6.13. 적법한 주주총회의 특별결의로 존립기간을 폐속하였다면 그 기간이 지났다 하더라도 해산된 것이 아니므로 회사를 계속하기 위하여는 존립기간변경등기만 하면 되고 해산등기 후 회사계속의 등기를 하여야 하는 것은 아니며, 주주총회가 적법한 것이 아니라면 존립기간만료로 해산된 것이므로 회사를 계속하기 위하여는 해산등기 후 회사계속의 등기를 하여야 한다(상업등기선례 제1-256호). **기출** 20·18

ⓛ 합 병

㉮ 다른 회사와 합병하여 소멸회사가 되는 경우, 회사는 합병으로 해산하는데(상법 제528조 제1항), 흡수합병의 경우에는 흡수되는 회사가, 신설합병의 경우에는 합병당사회사가 해산한다.

㉯ 합병으로 소멸하는 회사의 법률관계는 존속회사 또는 신설회사에 포괄승계되며, 소멸하는 회사는 청산절차가 필요하지 않다.

㉰ 위 소멸하는 회사는 합병 후 존속하는 회사 또는 합병으로 신설되는 회사가 그 본점 소재지에서 합병의 등기를 한 때에 해산한다(상법 제530조 제2항·제234조).

ⓒ 파 산

㉮ 법원의 파산선고의 결정이 있는 때에 회사는 해산한다(채무자회생법 제305조·제311조).

㉯ 하지만, 보통 파산선고로 즉시 법인격이 소멸하는 것은 아니고 파산의 목적 범위 안에서는 법인격이 존속한다(채무자회생법 제328조).

㉰ 다른 사유로 이미 해산하여 청산절차가 진행 중인 회사의 경우에도 파산할 수 있는데(상법 제542조 제1항·제254조 제4항, 민법 제93조, 채무자회생법 제298조), 이 경우에는 파산이 해산사유가 되지 않는다.

㉱ 회사가 파산하여 파산의 등기와 파산관재인의 등기를 촉탁받은 경우 등기관은 채무자인 법인의 대표자 등 임원에 관한 등기와 지배인 또는 대리인에 관한 등기는 말소하지 아니한다(등기예규 제1777호 제5조 제2항). **기출** 18·13

ⓔ 법원의 해산명령 또는 해산판결

| 해산명령 | • (i) 회사의 설립목적이 불법한 것이거나 (ii) 회사가 정당한 사유 없이 설립 후 1년 내에 영업을 개시하지 아니하거나 1년 이상 영업을 휴지한 때, 또는 (iii) 이사가 법령 또는 정관에 위반하여 회사의 존속을 허용할 수 없는 행위를 한 때에는 이해관계인이나 검사의 청구에 의하여 법원은 회사의 해산을 명할 수 있는데, 법원은 직권으로도 해산을 명할 수 있다(상법 제176조 제1항).
• 법원이 해산명령을 하는 때에는 이유를 붙인 결정으로 하여야 하고, 그 재판 전에 이해관계인의 진술과 검사의 의견을 들어야 한다(비송법 제90조·제75조 제1항).
• 한편, 이해관계인이나 검사가 해산명령을 청구한 때에는 법원은 해산명령의 청구가 있었다는 뜻을 지체 없이 관보에 공고하여야 하고(비송법 제92조·제88조 제4항), 회사의 해산을 명한 재판이 확정된 때에는 법원은 회사의 본점 소재지의 등기소에 그 등기를 촉탁하여야 한다(비송법 제93조).
• 해산명령에 따른 해산의 효력은 등기여부와 상관없이 해산을 명한 재판이 확정된 때에 발생하므로(상법 제517조 제1호·제227조 제6호), 해산명령이 확정된 후에는 회사가 임의로 주주총회의 결의에 의하여 해산하고 그에 따라 해산등기를 신청할 수 없다. **기출** 18
• 따라서 해산명령 확정 후, 그러한 신청에 의한 해산등기와 청산인선임등기가 이미 경료되었다면, 그 등기는 상업등기법 제77조 제2호의 '등기된 사항에 관하여 무효의 원인이 있는' 등기이므로 해산명령을 한 법원의 촉탁이 있으면, 등기관은 먼저 상업등기법 제78조부터 제80조까지의 규정에 의하여 임의해산등기와 청산인선임등기를 직권말소한 후, 해산명령에 따른 해산등기를 경료한다(상업등기선례 제1-275호). |

해산판결	• 회사의 업무가 현저한 정돈상태(停頓狀態)를 계속하여 회복할 수 없는 손해가 발생하거나 발생할 염려가 있는 때(상법 제520조 제1항 제1호) 또는 회사재산의 관리 또는 처분의 현저한 실당(失當)으로 인하여 회사의 존립을 위태롭게 한 때(상법 제520조 제1항 제2호)로서, 부득이한 사유가 있는 때에는 발행주식총수의 100분의 10 이상에 해당하는 주식을 가진 주주는 회사의 본점 소재지를 관할하는 지방법원에 회사의 해산을 청구할 수 있다(상법 제520조·제186조). • 해산판결 청구사건은 회사를 피고로 한 소송사건으로 그 소는 형성의 소에 해당하고 재판은 판결로 한다. • 해산을 명한 재판이 확정되면 법원은 회사의 본점 소재지의 등기소에 그 등기를 촉탁하여야 하는데(비송법 제93조), 해산판결에 따른 해산의 효력은 해산명령과 마찬가지로 등기여부와 상관없이 판결이 확정된 때에 발생한다(상법 제517조 제1호, 제227조 제6호).

ⓜ 분할 또는 분할합병 : 회사가 분할 또는 분할합병으로 소멸회사가 된 때에는 해산하는데(상법 제530조의11, 제528조 제1항), 분할 또는 분할합병으로 설립되는 회사 또는 존속하는 회사가 그 본점 소재지에서 분할 또는 분할합병에 따른 설립 또는 변경의 등기를 한 때에 해산한다(상법 제530조의11·제234조).

ⓑ 주주총회의 결의

㉮ 회사는 상법 제434조의 주주총회의 특별결의로 언제든지 해산할 수 있다(상법 제518조). 해산결의를 할 때 조건부 또는 기한부 결의를 할 수 있는지 의문이 있지만, 존립기간 또는 해산사유를 정관의 기재사항으로 하고 있는 것을 고려할 때 원칙적으로 조건부 또는 기한부 해산결의는 허용되지 않는 것으로 해석된다.

㉯ 다만, 기한부 결의의 경우 결의를 한 때로부터 그 기간이 단기간이고 존립기간을 정관으로 정하고 있는 취지에 반하지 않는 때에는 유효한 것으로 해석된다.

㉰ 이사에 관하여 법원의 직무집행정지 및 그 대행자선임 가처분결정이 있는 경우에도 주주총회에서 해산결의를 할 수 있는 것으로 해석된다.

㉱ 이사직무대행자는 가처분명령에 다른 정함이 있는 경우 외에는 회사의 상무에 속하지 아니한 행위를 하지 못하는 바, 해산결의를 위한 주주총회를 이사직무대행자가 소집하기 위해서는 직무대행자선임 가처분결정 시 이사직무대행자에게 이에 관한 권한을 부여하였거나, 이에 관하여 법원의 허가가 있어야 할 것으로 해석된다(대판 2007.6.28. 2006다62362).

ⓢ 휴면법인의 해산간주

㉮ 장기간 등기를 하고 있지 않은 회사는 영업을 하고 있지 않고, 실질적으로는 해산하였을 개연성이 크다. 이에, 상법은 5년간 어떤 등기도 하고 있지 않은 회사에 대해 일정한 절차를 거쳐 해산한 것으로 간주하도록 하고 있다(상법 제520조의2 제1항).

㉯ 휴면법인의 해산간주 및 청산종결간주 등기 등에 관하여는 '(3) 휴면법인의 해산간주 등에 관한 사무처리'에서 설명한다.

ⓞ 영업허가의 취소 등

㉮ 주무관청이 회사의 영업에 관해 허가를 하였지만, 일정한 사유가 있을 때에는 주무관청이 그 영업의 허가를 취소할 수 있는데, 그 허가의 취소가 회사의 해산사유로 되어 있는 경우가 있다.

㉯ 예를 들면, 은행, 보험회사, 상호저축은행에 대해 금융위원회가 은행업 또는 보험업의 인가 또는 허가를 취소한 때에는 은행, 보험회사, 상호저축은행은 해산하게 된다(은행법 제56조 제2항, 보험업법 제137조 제1항 제6호, 상호저축은행법 제21조 제1호).

㉰ 금융위원회가 투자회사에 대해 등록을 취소하거나, 금융투자업자(겸영금융투자업자는 제외)에 대해 그 업무에 관련된 인가와 등록을 모두 취소한 때에도 투자회사 또는 금융투자업자는 해산한다(자본시장법 제202조 제1항 제6호·제420조 제2항).

③ 해산의 효과

㉠ 청산절차의 개시

㉮ 해산한 때에는 합병·분할·분할합병 또는 파산의 경우를 제외하고는 청산절차에 들어가게 된다.

㉯ 합병·분할·분할합병을 제외한 <u>주주총회의 해산결의 등에 의한 해산등기는 원칙적으로 제3자에 대한 대항요건에 불과하므로 주주총회의 해산결의 등의 해산 사유가 발생하면, 해산의 효과가 발생하고 해산등기가 없어도 당해 회사는 청산중인 회사가 된다</u>(대판 1981.9.8. 80다2511).

㉰ 이에 반해, 합병·분할·분할합병의 경우에는 합병·분할·분할합병 후 존속하는 회사 또는 신설되는 회사가 본점 소재지에서 합병·분할·분할합병의 등기를 한 때에 합병·분할·분할합병의 효력이 발생한다(제234조·제530조의11 제1항).

㉱ 회사가 해산한 때에는 해산등기와 청산인에 관한 등기를 하여야 하는데, <u>합병·분할·분할합병으로 해산한 때에는 따로 청산절차를 거치지 않기 때문에 청산인에 관한 등기를 하지 않고, 해산등기와 동시에 그 회사의 등기기록을 폐쇄한다.</u>

㉲ 파산선고를 한 때에는 법원은 파산에 관한 사항을 공고하고, 알고 있는 채권자·채무자 및 재산소지자에게는 이것을 기재한 서면을 송달하여야 하고(채무자회생법 제313조), <u>법원사무관등은 파산에 관한 등기를 촉탁하여야 한다</u>(같은 법 제23조).

ⓛ 회사의 권리능력의 축소

㉮ 회사가 해산하면 회사의 권리능력은 청산의 목적범위 내로 축소되고 회사는 더 이상 영업을 수행할 수 없다.

㉯ 따라서 영업활동을 담당하는 이사, 이사회, 대표이사는 청산절차를 담당하는 청산인, 청산인회, 대표청산인으로 교체되고, 이익배당, 신주발행, 사채발행, 자본금감소, 지점설치 등 영업을 전제로 하는 행위는 할 수 없다.

㉰ 파산의 경우에는 회사의 권리능력이 파산의 목적범위 내로 제한되고, 파산절차가 개시되며, 회사재산의 관리처분권한은 파산절차를 담당하는 파산관재인에게 전속하게 된다.

㉱ 파산의 경우에도, 회사의 조직법적·사단적 활동에 관해서는 회사의 기관인 이사, 이사회, 대표이사가 그 권한을 행사하는데, 파산재단에 속하지 않는 재산관계의 청산사무가 존재하는 경우에는 이사, 이사회, 대표이사 대신 청산인, 청산인회, 대표청산인이 권한을 행사한다.

2. 등기절차

① 등기사항

㉠ 회사가 해산한 때에는 '기타사항란'에 회사가 해산한 뜻과 그 사유 및 해산연월일을 등기하여야 한다(제60조 제1항).

㉡ 해산등기를 할 때에는 이사, 대표이사, 집행임원, 대표집행임원 및 지배인에 관한 등기를 등기관이 직권으로 말소한다(규칙 제88조, 제145조). **기출 14**

㉢ 다만, 회사가 파산한 경우에는 비록 파산이 해산사유에 해당한다고 하더라도 법원사무관등의 촉탁에 따라 파산의 등기 및 파산관재인의 등기만 하고(채무자회생법 제23조 제1항·제2항), 채무자인 법인의 대표자 등 임원에 관한 등기와 지배인에 관한 등기를 등기관이 직권으로 말소하지 않는다(등기예규 제1777호 제5조 제2항 후단). **기출 18**

㉣ 회사가 해산된 때에는 합병과 파산의 경우 외에는 그 해산사유가 있은 날부터 2주일 내에 본점의 소재지에서 해산등기를 하여야 한다(상법 제521조의2·제228조).

② 등기신청인

대표청산인	회사가 해산한 때에는 법원 또는 주무관청의 촉탁에 의하거나 등기관이 직권으로 해산등기를 하는 경우를 제외하고는 해산한 회사를 대표하는 청산인이 해산등기를 신청하여야 한다(채무자회생법 제23조 제1항, 상업등기법 제73조). 따라서 해산한 회사의 채권자는 해산등기를 신청할 수 없다(상업등기선례 제2−101호). **기출 18**
법원 등의 촉탁 등	법원의 해산명령 또는 해산판결에 의하여 해산한 때에는 법원이 해산등기를 촉탁한다(비송법 제93조). 회생절차가 진행 중인 회사가 합병·분할 또는 분할합병에 의하지 아니하고 해산할 것을 회생계획에 정한 때에는 회생계획에서 정한 시기에 해산하는데, 이 경우에는 법원사무관이 회사의 본점 소재지 등기소에 해산등기를 촉탁한다(채무자회생규칙 제9조 제1항). 한편, 상법 제520조의2 제1항 본문에 의하여 해산간주된 휴면법인의 해산등기는 등기관이 직권으로 한다(제73조). **기출 24**

③ 첨부정보

주주총회의사록
회사가 주주총회의 결의로 해산한 때에는 해산등기신청서에 주주총회의사록을 첨부하여야 한다(규칙 제128조 제2항).

정 관
정관으로 정한 사유의 발생으로 인한 해산등기의 신청서에는 정관과 그 사유의 발생을 증명하는 서면을, 정관으로 정한 존립기간의 만료로 인한 해산등기의 신청서에는 정관을 첨부하여야 한다(규칙 제128조 제1항·제154조 제1항·제106조 제2항).

재판의 등본 등
해산명령 또는 해산판결의 확정에 따라 법원이 등기를 촉탁하는 때에는 촉탁서에 재판의 등본을 첨부하여야 한다(비송법 제108조). 「자본시장과 금융투자업에 관한 법률」상 투자회사가 금융위원회의 등록취소로 해산한 경우, 금융위원회가 해산등기를 촉탁하는 때에는 촉탁서에 그 등기원인을 증명하는 서면을 첨부하여야 한다(같은 법 제202조 제9항 제1호).

대표청산인의 자격을 증명하는 서면
회사를 대표할 청산인의 신청에 따른 해산등기의 신청서에는 그 자격을 증명하는 서면을 첨부하여야 하는데, 등기예규 제251호 제2항에 따른 법정청산인이 신청하는 경우에는 그러하지 아니하다(규칙 제154조 제1항·제106조 제1항).

④ 등록면허세·등기신청수수료 등의 납부

    ㉠ 해산등기를 신청하는 때에는 등록면허세 40,200원 및 지방교육세 8,040원을 납부하여야 하는데, 법원, 법원사무관등, 주무관청의 촉탁에 의해 해산등기를 하는 경우에도 다른 법령에 특별한 규정이 없으면 신청의 경우와 마찬가지로 등록면허세와 지방교육세를 납부하여야 한다.

    ㉡ 법원의 해산명령에 따른 해산등기의 경우에도 등록면허세를 납부하여야 한다.

    ㉢ 다만, 이 경우 당해 회사에게 등록면허세를 자진 납부할 것을 기대할 수 없으므로 법원으로부터 등록면허세의 납부 없이 위 등기촉탁을 받은 때에는 등기관은 그 촉탁에 따른 등기를 한 후 지방세법 제33조 및 제22조 제1항에 의하여 납세지를 관할하는 지방자치단체의 장에게 그 미납사실을 통보하여야 한다(등기예규 제251호).

    ㉣ 해산등기의 신청 또는 촉탁시 다른 법률에 등기신청수수료를 면제하는 규정이 있거나 국가가 자기를 위하여 하는 등기의 경우를 제외하고는 7,000원(전자신청은 2,000원, 전자표준양식에 의한 신청은 5,000원)의 등기신청수수료를 납부하여야 하는데, 법원 또는 법원사무관등의 촉탁에 따라 해산등기를 하는 때에는 등기신청수수료를 받지 않는다(수수료규칙 제5조의3 제2항 제1호).

3. 휴면법인의 해산간주 등에 관한 사무처리

① 개설 : 상법은 장기간 등기를 신청하지 않고 있는 회사의 경우 일정한 절차를 거쳐 해산된 것으로 하고, 그 이후에도 청산 또는 회사계속 등의 절차를 밟지 않으면 청산이 종결된 것으로 간주하여 등기기록을 폐쇄함으로써, 등기기록 관리의 편의를 도모하고 방치된 회사의 등기기록이 제3자에 의해 악용되는 것을 방지하고 있다.

② 휴면법인의 해산간주등기(등기예규 제1824호)

등기기록의 선별(제2조)
등기관은 전산정보처리조직에 의하여 상법 제520조의2 제1항의 공고일(매년 공휴일이 아닌 10월의 첫째 날 관보에 게재한다)을 기준으로 하여 최후의 등기(신청 또는 촉탁에 의한 등기를 말하며 등기관이 직권에 의하여 하는 경정 또는 말소등기는 포함하지 않는다) 후 5년이 경과된 주식회사의 등기기록(이하 '해당 등기기록'이라 한다)을 선별하여야 한다.

공고통지서 및 휴면법인목록의 작성(제3조)

- 법원행정처장이 최후의 등기 후 5년을 경과한 회사로 하여금 본점의 소재지를 관할하는 법원에 아직 영업을 폐지하지 아니하였다는 뜻의 신고를 할 것을 관보로써 공고한 때에는, 법원은 해당 회사에 대하여 그 공고가 있었다는 뜻의 통지를 발송하여야 한다(상법 제520조의2 제2항).
- 등기관은 선별된 해당 등기기록에 의하여 상법 제520조의2 제2항에 의한 통지서 및 휴면법인 목록을 작성하여야 한다.

공고통지 등(제4조)

상법 제520조의2 제2항에 의한 통지는 해당 등기기록에 등기되어 있는 본점 소재지로 하여야 하는데, 등기관은 위 통지 외에 대표자의 등기기록상 국내주소지(주민등록정보 연계를 통하여 최근 주민등록지를 알게 된 경우에는 그 주소지)로도 통지할 수 있다.

영업을 폐지하지 아니하였다는 뜻의 신고 등(제5조)

- 상법 시행령 제28조 제1항에 의하여 영업을 폐지하지 아니하였다는 뜻의 신고(이하 '신고'라 한다)가 있는 때에는 등기관은 그 신고서에 접수인을 날인하고 지체 없이 적법한 신고인지 여부를 조사하여야 하는데 (i) 신고서가 상법 시행령 제28조 제2항에 정한 방식에 적합하지 아니한 경우(다만, 신고서에 등기소의 표시나 신고연월일의 기재가 없는 등 그 흠결이 경미한 경우를 제외한다), (ii) 신고서의 기재내용이 등기기록의 내용과 다른 경우(다만, 회사 대표자의 주소가 상이한 경우를 제외한다), (iii) 대리인이 제출한 신고서에 그 권한을 증명하는 서면이 첨부되지 아니한 경우, (iv) 신고서 또는 대리인의 권한을 증명하는 서면에 날인된 회사 대표자의 법인인감이 등기소에 제출된 인감과 다른 경우(다만, 등기소로부터 통지서를 받고 이를 첨부하여 신고하는 경우를 제외한다), (v) 신고서가 상법 제520조의2 제1항에 따른 신고기간이 지난 후에 도달된 경우에는 적법한 신고라 할 수 없으므로 이 경우에는 신고서에 그 취지를 기재하여야 한다.
- 신고가 부적법할 때에는 등기관은 지체 없이 신고인에게 보통우편의 방법으로 그 취지를 통지(별지 4호 양식)하여야 하는데, 통지는 신고인의 신고서상 주소지로 한다. 이 경우에 통지는 신고인의 신고서상 주소지로 하며「우편법」제15조 제3항,「우편법 시행규칙」제25조 제1항 제12호에서 정한 전자우편의 방법으로 발송할 수 있다.
- 한편, 신고기간 내에 적법한 신고가 있거나(신고기간 내에 그 흠결을 보정한 경우를 포함한다), 등기의 신청 또는 촉탁이 있는 때에는 휴면법인 목록의 비고란에 그 취지를 기재하고 해당 등기기록의 "휴면"이라는 표시를 삭제하여야 한다. 제출한 신고서는 신고서철에 편철하고, 반송된 통지서는 접수인을 날인하고 별도로 보관한다.

직권에 의한 해산등기의 수행

- 2개월의 신고기간 내에 회사가 영업을 폐지하지 아니하였다는 뜻의 신고 또는 등기의 신청 또는 촉탁이 없거나, 신고가 있었지만 부적법하거나 신고기간 내에 그 흠결이 보정되지 못한 경우에는 최후의 등기 후 5년을 경과한 회사는 신고기간 이 만료한 때에 해산한 것으로 본다(상법 제520조의2 제1항).
- 휴면법인의 해산의 등기는 등기관이 직권으로 하여야 한다(제73조 제1항).
- 한편, 위 통지서는 전산정보처리조직에 의하여 보존한다.
- 휴면법인의 해산의 등기를 하는 때에는 "○○년 ○월 ○일 상법 제520조의2 제1항에 의한 해산"이라고 기록하고, 해산의 날은 신고기간 만료일의 다음 날을 기록한다.
- 해산의 등기를 하는 때에는 대표이사, 이사, 대표집행임원, 집행임원에 관한 등기와 지배인에 관한 등기를 말소하여야 하는데(규칙 제88조, 제145조, 등기예규 제1824호 제7조 제1항), 일반적인 해산등기의 경우에는 이사 및 대표이사와 지배인에 관한 등기에 대해 말소하는 기호만 기록하고 말소원인 및 말소일자를 기재하지 않지만, 휴면법인의 해산등기의 경우에는 "○○년 ○월 ○일 상법 제520조의2 제1항에 의한 해산"이라고 기재한다.
- 상법 제520조의2 제1항의 신고기간 만료 후 해산등기를 하기 전에 청산인의 취임등기신청이 있는 때에는 등기관은 해산등기를 한 후에 청산인의 취임등기를 한다(등기예규 제1824호 제7조 제2항).
- 해산등기를 한 때에는 등기관은 휴면법인 목록의 비고란에 "휴면해산"이라고 기록하여야 한다(등기예규 제1824호 제7조 제4항).

인감에 관한 기록의 정리 등

- 등기관은 해산간주의 등기를 한 때에는 회사의 대표자 및 지배인의 인감에 관한 기록을 폐쇄하고(등기예규 제1824호 제8조), 그 인감증명서가 발급되지 않도록 하여야 한다(등기예규 제1832호 제13조 제1항 제4호). **기출 18**
- 신고기간이 만료된 후 해산등기를 하기 전에 등기기록의 열람 또는 등기사항 증명서의 교부청구가 있는 때에는, 해산등기를 한 후 열람하게 하거나 등기사항증명서를 교부하여야 한다(등기예규 제1824호 제7조 제3항).

③ 휴면법인의 청산인에 관한 등기
  ㉠ 청산인의 결정
    ㉮ 상법 제520조의2 제1항에 의하여 해산간주된 휴면법인의 경우에도 원칙적으로 해산 당시의 이사 또는 대표이사가 당연히 청산인 또는 대표청산인이 된다(상법 제531조 제1항 본문).
    ㉯ 다만, 정관에 다른 정함이 있거나 주주총회에서 따로 청산인을 선임한 때에는 그러하지 아니하다 (상법 제531조 제1항 단서).
    ㉰ 위의 절차에 따른 청산인이 없는 때에는 이해관계인의 청구에 의하여 법원이 선임한 자가 청산인이 된다(상법 제531조 제2항).
  ㉡ 등기절차
    ㉮ 휴면법인의 경우에도 청산인에 관한 등기는 청산중인 회사를 대표하는 청산인이 신청한다(제23조 제1항).
    ㉯ 상법 제520조의2 제1항의 신고기간이 만료한 후 해산의 등기를 하기 전에 청산인의 취임등기신청이 있는 때에는 등기관이 직권으로 해산등기를 한 후(제73조 제1항)에 청산인의 취임등기를 하여야 한다(등기예규 제1824호 제7조 제2항).
④ 휴면법인의 회사계속의 등기
  ㉠ 회사의 계속
    ㉮ 상법 제520조의2 제1항의 규정에 의하여 해산한 것으로 본 회사는 그 후 3년 이내에는 제434조의 주주총회의 특별결의에 의하여 회사를 계속할 수 있다(상법 제520조의2 제3항). **기출** 21
    ㉯ 하지만, 휴면법인이 해산간주된 후 3년 이내에 회사계속의 결의를 하지 않아 상법 제520조의2 제4항에 의하여 청산이 종결된 것으로 간주된 경우에는, 잔여재산이 남아 있어 청산사무가 종결되지 않은 경우에도 회사를 계속할 수 없다(상업등기선례 제1-258호, 제1-281호).
    ㉰ 회사의 해산등기 및 청산인등기는 제3자에 대한 대항요건에 불과하기 때문에 상법 제531조에 의해 결정되는 청산인은 취임등기가 없더라도 그 지위를 취득한다(대판 1981.9.8. 80다2511).
  ㉡ 등기절차
    ㉮ 휴면법인의 회사계속의 등기도 회사계속의 결의 후에 선임된 회사의 대표권 있는 이사가 이를 신청한다.
    ㉯ 휴면법인에 대한 해산간주등기 후에 회사계속에 따른 등기를 신청하는 경우에는 그 회사계속의 등기를 하기 전에 또는 그 회사계속의 등기와 동시에 청산인에 관한 등기도 신청하여야 한다.
    ㉰ 해산하였지만 해산등기를 하기 전에 회사계속의 등기를 신청하는 경우에는 해산등기와 청산인등기를 한 후에, 또는 해산등기를 한 후 청산인등기와 동시에 신청하여야 한다.
    ㉱ 신고기간 만료일로부터 3년 이내에 회사계속의 등기를 한 때에는 등기관은 휴면법인 목록 비고란에 "회사계속"이라고 기록한다.

⑤ 휴면법인의 청산종결간주등기

<table>
<tr><td colspan="1" align="center">청산종결의 간주</td></tr>
</table>

- 해산간주된 회사가 회사를 계속하지 아니한 경우, 그 회사는 해산간주된 때로부터 3년이 경과한 때에 청산이 종결된 것으로 본다(상법 제520조의2 제4항).
- 한편, 해산간주된 회사도 상법 제520조의2 제4항에 의하여 청산종결된 것으로 간주되기 전에, 상법 제531조에 따라 청산인을 결정한 후 청산절차를 진행하여 청산절차를 종결함으로써 스스로 회사의 법인격을 소멸시킬 수도 있다.

<table>
<tr><td colspan="1" align="center">직권에 의한 청산종결간주등기의 수행</td></tr>
</table>

- 해산간주의 등기가 된 후 회사계속의 등기를 함이 없이 상법 제520조의2 제1항의 신고기간 만료일로부터 3년이 경과한 때에는 등기관은 직권으로 청산종결의 등기를 하고(제73조), 당해 등기기록을 폐쇄한다(규칙 제116조 제1항 제4호, 등기예규 제1824호 제10조 제1항).
- 청산종결의 등기를 하는 때에는 "○○년 ○월 ○일 상법 제520조의2 제4항에 의한 청산종결"이라고 기록하고(예규 제1755호 별지 기록례), 등기원인일인 청산종결의 날은 상법 제520조의2 제1항의 신고기간이 만료된 때로부터 다시 3년의 기간이 만료된 날의 다음 날을 기록한다(상법 제520조의2 제4항).
- 상법 제520조의2 제4항에 따라 청산이 종결된 것으로 보는 날부터 청산종결의 등기를 하기 전에 등기기록의 열람 또는 등기사항증명서의 교부 청구가 있는 때에는 청산종결등기를 한 후 열람하게 하거나 등기사항증명서를 교부하여야 한다(등기예규 제1824호 제10조 제2항).
- 청산종결의 등기를 하고 등기기록을 폐쇄한 때에는 등기관은 휴면법인 목록의 비고란에 "청산종결"이라고 기록한다(등기예규 제1824호 제10조 제1항).

<table>
<tr><td colspan="1" align="center">청산종결간주등기의 말소와 등기기록의 부활</td></tr>
</table>

- 상법 제520조의2 제4항에 의하여 청산이 종결된 것으로 보는 휴면법인도 잔여재산이 존재하는 등 청산사무가 잔존하는 경우에는 그 법인격이 소멸하지 않고 청산의 목적범위 내에서 여전히 존속한다.
- 청산사무가 잔존하여 청산종결의 사실이 없음에도 청산종결된 때에는 그 등기에 무효의 원인이 있으므로, 청산종결간주된 휴면법인은 청산사무가 종결되지 않았음을 소명하여 청산종결등기의 말소를 신청할 수 있고(제77조 제2호), 청산종결등기를 말소하는 경우 등기관은 당해 등기기록을 부활하여야 한다(규칙 제58조 제2항·제170조 제1항, 상업등기선례 제2-41호).
- 청산종결간주된 휴면법인의 경우에는 청산사무가 잔존하여 청산종결등기의 말소신청에 따라 등기기록이 부활된 때에도 회사계속은 허용되지 않는다(상법 제520조의2 제3항, 상업등기선례 제1-258호, 제1-281호).

⑥ 기록의 보존 등
ㄱ 휴면법인 목록, 반송통지서, 신고서철, 해산등기 또는 청산종결의 등기가 있었다는 뜻의 통지서는 상법 제520조의2 제1항의 신고기간 만료일로부터 5년간 보존하여야 한다(등기예규 제1824호 제12조).
ㄴ 지방법원장은 휴면법인에 대하여 상법 제520조의2 제2항의 공고통지를 완료한 때와 상업등기법 제73조에 의한 해산등기 또는 청산종결의 등기를 완료한 때에는 지체 없이 법원행정처장에게 이를 보고하여야 한다(등기예규 제1824호 제13조 별지 6-1호, 6-2호 양식).

XXII 회사계속의 등기

1. 회사의 계속

① 회사계속의 의의

    ⊙ 회사가 해산한 때에는 합병, 분할, 분할합병 또는 파산에 의하여 해산한 경우를 제외하고는 청산절차를 밟는다.

    ⓒ 상법은 청산절차에 들어간 후라도 회사가 해산 전의 상태로 복귀하는 것을 인정하고 있는데, 이를 '회사계속'이라고 한다.

    ⓒ 회사를 계속할 수 있는 경우로는 존립기간의 만료 기타 정관에 정한 사유의 발생으로 해산한 경우, 주주총회의 결의로 해산한 경우, 상법 제520조의2 제1항에 의하여 휴면법인이 해산한 것으로 간주된 경우 등이 있다(상법 제519조·제520조의2 제3항). **기출** 24

    ⓔ 법원의 해산명령 또는 해산판결에 의하여 해산한 경우, 합병 또는 분할·분할합병으로 해산한 경우(상업등기선례 제1-253호), 청산절차의 종료에 의하여 회사의 법인격이 소멸한 경우(상업등기선례 제1-257호)에는 회사의 계속이 인정되지 않는다. 따라서 해산판결에 의하여 해산등기가 실행된 주식회사는 아직 청산종결 전이라 하더라도 회사계속의 등기를 신청할 수 없다. **기출** 21

② 회사계속을 할 수 있는 시기

    ⊙ 회사계속의 결의는 언제까지 할 수 있는지에 관해 상법에 명문의 규정이 없는데, 잔여재산의 분배가 개시되면 할 수 없다는 견해와 청산이 종결될 때까지는 할 수 있다는 견해가 대립한다.

    ⓒ 형식적 심사권밖에 없는 등기관으로서는 회사계속의 등기신청서에 첨부된 서류만으로는 해산 후에 잔여재산의 분배를 개시하였는지 여부를 알기 어렵기 때문에 실제 잔여재산의 분배를 개시했는지 또는 청산이 종결되었는지에 관계없이 회사계속의 등기신청을 수리할 수밖에 없을 것으로 본다.

    ⓒ 상법 제520조의2 제1항의 규정에 의하여 해산한 것으로 본 회사(= 해산간주된 회사)는 그 후 3년 이내에 상법 제434조의 주주총회의 특별결의로 회사를 계속할 수 있다(상법 제520조의2 제3항). **기출** 21

    ⓔ 휴면회사가 해산한 것으로 간주된 후 3년 이내에 회사계속의 결의를 하지 않아 상법 제520조의2 제4항에 의하여 청산이 종결된 것으로 간주된 경우에는 잔여재산이 남아 있어 청산사무가 종결되지 않은 경우에도 회사를 계속할 수 없다(상업등기선례 제1-258호, 제1-281호). **기출** 21·14

③ 회사계속의 절차

    ⊙ 회사계속의 결의

        ㉮ 회사계속은 상법 제434조의 주주총회의 특별결의에 의하여 한다(상법 제519조·제520조의2 제3항). 따라서 회사계속의 결의 출석한 주주의 의결권의 3분의 2 이상의 수와 발행주식 총수의 3분의 1 이상의 수로써 하여야 한다(상법 제434조). **기출** 24

        ㉯ 다만, 파산선고를 받아 파산절차가 진행 중인 회사의 경우에는 상법 제434조의 주주총회의 특별결의로 회사계속을 결의한 후 법원으로부터 동의에 의한 파산폐지의 결정을 받아야 회사를 계속할 수 있다(채무자회생법 제538조·제540조). **기출** 14

        ㉰ 청산중이거나 파산선고를 받은 채무자인 회사는 「채무자 회생 및 파산에 관한 법률」에 의하여 회생절차개시의 신청을 하는 때에는 주주총회의 회사계속 결의를 거쳐야 하고(같은 법 제35조), 회생절차 진행 중에 있는 채무자인 회사는 회생 절차에 의하지 아니하고는 회사의 계속을 할 수 없다(같은 법 제55조 제1항 제6호).

ⓛ 새로운 이사 대표이사의 선임

㉮ 주주총회에서 회사계속을 결의하면 청산인은 당연히 그 권한을 상실하므로, 회사는 회사계속 결의 시 주주총회의 결의로 회사의 업무집행을 담당할 이사 등을 새로 선임하여야 한다. 왜냐하면 법령에 다른 제한이 없는 한, 회사를 계속할 때 해산 전의 이사 등을 회사계속 후의 이사 등으로 선임할 수는 있지만, 회사계속은 장래에 향하여 그 효력이 발생하는 것이므로 해산으로 그 지위를 상실하였던 해산 전의 이사 등이 회사계속으로 당연히 종전의 이사 등의 지위를 회복하는 것은 아니기 때문이다(부산고법 1997.1.31. 96나9409, 등기예규 제53호). 기출 21·19

㉯ 법원의 가처분결정에 의하여 선임된 청산인 직무대행자는 주주총회에서 회사의 계속결의와 동시에 새로운 이사를 선임하는 결의가 있어도 그 권한을 당연히 잃지는 않는다. 이 경우 사정변경을 이유로 그 가처분의 취소를 청구할 수 있다(대판 1997.9.9. 97다12167 참조). 기출 14

ⓒ 존립기간 또는 해산사유의 변경 또는 폐지 : 존립기간의 만료 기타 정관 소정의 해산사유의 발생으로 해산한 회사가 회사계속의 결의를 하는 때에는, 그에 관한 정관규정을 변경 또는 폐지하여야 한다.

④ 회사계속의 효과

㉮ 해산한 회사는 회사의 계속에 의하여 장래에 향하여 해산 전의 회사로 복귀하여 다시 영업능력을 회복한다.

㉯ 따라서 해산에 의하여 청산의 목적 범위 내로 축소되었던 권리능력은 해산 전의 상태로 회복된다.

㉰ 동의에 의한 파산폐지의 경우 상법 제434조의 주주총회의 특별결의로 회사계속을 결의한 후 법원으로부터 동의에 의한 파산폐지의 결정을 받아야 효력이 발생하지만(채무자회생법 제538조·제540조), 그 밖의 경우에는 회사의 계속은 원칙적으로 주주총회에서 그 결의를 한 때에 효력이 발생한다(대판 1997.9.9. 97다12167).

2. 등기절차

① 등기기간 : 회사계속의 효력이 발생한 때(보통은 주주총회에서 회사계속을 결의한 때)로부터 본점 소재지에서 2주일 내에 회사계속의 등기를 하여야 한다(상법 제521조의2·제229조 제3항).

② 등기사항

㉠ 회사계속의 등기를 할 때에는 회사를 계속한 뜻과 그 연월일(제61조) 및 새로 취임한 이사의 취임 등기를 하여야 한다.

㉡ 해산의 등기를 하기 전에 회사계속의 결의를 한 때에는 해산등기 및 청산인의 등기와 동시에 또는 그 후에 회사계속의 등기 및 이사 취임의 등기를 하여야(상업등기선례 제1-254호, 제1-256호), 해산등기 및 청산인의 등기를 생략한 채 회사계속의 등기 및 이사 취임 등기만을 할 수는 없다. 기출 14

㉢ 존립기간 기타 정관에 정한 해산사유의 발생에 의하여 해산한 경우에는 회사계속의 등기를 신청할 때 존립기간 기타 정관에 정한 해산 사유의 변경 또는 폐지의 등기도 동시에 신청하여야 한다(상업등기선례 제1-254호). 기출 14

㉣ 회사계속의 등기는 '기타사항란'에, 새로 취임한 이사의 등기는 '임원란'에 하여야 하고, 회사계속의 등기를 하는 때에는 해산에 관한 등기와 청산인에 관한 등기를 등기관이 직권으로 말소하여야 한다(규칙 제154조 제1항, 제109조 제1항). 기출 21

③ 등기신청인
  ㉠ 회사계속의 등기, 새로운 이사 또는 대표이사의 취임 등기, 존립기간 또는 기타 정관에 정한 해산사유의 변경 또는 폐지의 등기는 회사계속의 결의 후에 새로 선임된 대표권 있는 이사가 신청하여야 한다 (제23조 제1항).
  ㉡ 아직 해산등기와 청산인 취임등기가 되어 있지 않은 경우, 그 등기도 마찬가지다.
④ 첨부정보
  ㉠ 주주총회의사록 : 회사계속 및 이사 선임을 결의한 주주총회의사록을 첨부하여야 한다(규칙 제128조 제2항). 그 밖에 존립기간 또는 정관에 정한 해산사유를 변경 또는 폐지하는 등기를 신청하는 경우에는 그 변경 또는 폐지를 결의한 주주총회의사록도 첨부하여야 한다(규칙 제128조 제1항).
  ㉡ 이사회의사록 : 주주총회에서 3명 이상의 이사를 선임한 경우, 정관으로 주주총회에서 대표이사를 선정한다는 규정을 두고 있지 않는 한 이사회에서 대표이사를 선정하므로, 이 경우 대표이사를 선정한 이사회의사록을 첨부하여야 한다(상법 제389조 제1항).
  ㉢ 이사 및 대표이사의 취임승낙, 주민등록번호, 주소 등을 증명하는 서면
⑤ 등록면허세·등기신청수수료 등의 납부
  ㉠ 회사계속의 등기를 할 때에는 기타변경등기 등록면허세 40,200원과 지방교육세 8,040원을 납부하여야 하는데), 이때 이사 및 대표이사의 취임등기도 동시에 신청하여야 하므로 그에 관하여도 기타변경등기 등록면허세 40,200원과 8,040원의 지방교육세를 추가로 납부하여야 한다.
  ㉡ 만약, 존립기간 기타 정관에 정한 해산사유를 변경 또는 폐지하는 때에는 그에 대하여도 또 1건의 기타변경등기 등록면허세와 지방교육세를 납부하여야 한다.
  ㉢ 등기신청수수료도 회사계속의 등기, 이사(대표이사 포함) 취임등기 및 존립기간 기타 정관에 정한 해산사유의 변경 또는 폐지의 등기에 대하여 각각 1건의 등기신청수수료 7,000원(전자신청은 2,000원, 전자표준양식은 5,000원)을 납부하여야 한다.

XXIII 청산인에 관한 등기

1. 서 설

① 청산인의 의의
  ㉠ 청산인은 '청산중인 회사의 청산사무를 담당하는 자'로서 해산 전의 회사의 이사에 대응하는 자를 말하는데, 원칙적으로 청산중인 회사의 청산에 관한 사무를 의결하는 청산인회의 구성원이 되며, 청산중인 회사의 청산에 관한 사무를 집행하고 이를 대표하는 대표청산인의 자격이 있다.
  ㉡ 청산인회와 대표청산인은 해산 전의 이사회와 대표이사에 대응한다(상법 제542조 제2항·제389조·제393조).
② 청산인의 자격 및 원수(員數)
  ㉠ 청산인의 자격
    ㉮ 청산인의 자격과 관련해서 감사는 청산인이 되지 못한다는 제한(상법 제542조 제1항·제411조)을 제외하고는 상법상 특별한 제한이 없다.
    ㉯ 청산인이 성년후견개시의 심판을 받거나 파산선고를 받은 경우 당연히 그 직을 상실하므로(민법 제690조), 피성년후견인 또는 파산선고를 받은 자는 청산인이 될 수 없다.

ᄄ 비송사건절차법 제121조는 '청산인의 결격사유'라는 제목으로 (i) 미성년자 (ii) 피성년후견인 또는 피한정후견인 (iii) 자격이 정지되거나 상실된 자 (iv) 법원에서 해임된 청산인 (v) 파산선고를 받은 자는 청산인으로 선임될 수 없다고 규정하고 있는데, 비송사건절차법 제121조는 법체계상 상법 제531조 제2항에 의하여 법원이 선임하는 청산인에 대해서만 적용되는 것으로 해석된다.

ᄅ 청산인은 영업 중인 회사의 이사와 마찬가지로 자연인이어야 한다. 하지만, 예외적으로 법인(예 금보험공사)이 청산인이 되는 경우도 있다(예금자보호법 제35조의8 제1항).

ⓛ 청산인의 원수(員數)

㉮ 청산인의 원수에 관해서 상법에 특별한 규정이 없으므로 청산인은 1명이라도 상관없다(대판 1989.9.12. 87다카2691).

㉯ 청산인도 이사와 마찬가지로, 임기만료 또는 사임으로 퇴임한 결과 정관에서 정하는 청산인의 수(數)에 결원(缺員)이 있거나 청산인이 없게 되는 경우에는, 그 퇴임한 청산인이 청산인으로서의 권리의무를 행하게 된다(상법 제542조 제2항, 제386조 제1항).

③ 청산인의 지위와 권한

㉠ 청산인은 회사의 현존사무의 종결, 채권의 추심과 채무의 변제, 재산의 환가처분, 잔여재산의 분배에 관한 직무를 수행한다(상법 제542조 제1항·제254조 제1항).

㉡ 위와 같은 직무는 청산인의 수가 2인 이상으로 청산인회가 존재하는 때에는 청산인회의 결의로 정한 다(상법 제542조 제2항·제393조).

㉢ 청산인회는 해산 전의 이사회에 대응하므로 청산인회의 결의는 청산인 과반수의 출석과 출석 청산인 의 과반수로 하여야 하는데, 정관으로 그 비율을 높게 정할 수 있다(상법 제542조 제2항·제391조 제1항).

㉣ 청산인이 2인 이상인 경우, 청산인회의 결의로 회사를 대표할 청산인을 정하여야 하지만, 정관규정에 따라 주주총회에서 정할 수 있다.

㉤ 대표청산인은 그 직무에 관하여 재판상, 재판 외의 행위를 할 권한이 있다(상법 제542조 제2항·제254조 제3항·제389조 제3항·제209조 제1항).

㉥ 청산인은 취임한 날로부터 2주 내에 해산의 사유와 그 연월일, 청산인의 성명·주민등록번호 및 주소 를 회사의 본점 소재지 지방법원 합의부에 신고하여야 한다(상법 제532조, 비송법 제117조 제2항).

2. 청산인의 취임·퇴임

① 청산인의 결정·선임 : 주식회사가 해산한 때에는 합병·분할·분할합병 또는 파산의 경우 외에는 이사 가 청산인이 된다. 다만, 정관에 다른 정함이 있거나 주주총회에서 타인을 선임한 때에는 그러하지 아니 하다(상법 제531조 제1항).

> 주식회사가 해산(해산간주된 경우를 포함)한 경우(합병 또는 파산의 경우 제외)에 정관에 다른 규정이 있거나 주주총회에서 타인을 선임한 때를 제외하고는 해산 당시의 일시이사 및 일시대표이사는 청산인 및 대표청산인 이 된다(대판 1981.9.8. 80다2511). **기출** 24·16

법정청산인
• 주식회사가 해산한 때에는 합병·분할·분할합병 또는 파산의 경우 외에는 <u>해산 당시의 이사가 청산인이 된다</u>(상법 제531조 제1항 본문). 이러한 청산인을 '법정청산인'이라고 한다.
• 다만, 정관에 다른 정함이 있거나 주주총회에서 타인을 선임한 때에는 해산 당시의 이사가 당연히 청산인이 되지 못한다 (상법 제531조 제1항 단서).
• 상법 제520조의2 제1항 본문에 의하여 휴면법인이 해산간주될 때에도 정관에 청산인에 관하여 정하고 있는 것이 없다면 <u>해산 당시의 이사가 당연히 법정청산인이 된다</u>(대결 2000.10.12. 2000마287, 상업등기선례 제2-41호).
정관의 규정 또는 주주총회의 선임결의에 의한 청산인
• 정관에 청산인에 관한 다른 정함이 있거나, 주주총회에서 타인을 청산인으로 선임한 때에는 해산 당시의 이사가 당연히 청산인이 되지 못하고, <u>정관의 규정에 따라 정해지는 자 또는 주주총회의 보통결의로 선임된 자가 청산인이 된다</u>(상법 제531조 제1항 단서).
• 휴면법인의 해산간주의 경우(상법 제520조의2 제1항 본문)에도 동일하다.
법원의 선임에 의한 청산인
• 법정청산인 및 정관의 규정 또는 주주총회의 선임결의에 의한 청산인이 없는 때에는 법원은 이해관계인의 청구에 의하여 청산인을 선임하여야 하는데(상법 제531조 제2항), <u>법원의 청산인 선임 또는 해임의 재판에 대해서는 불복신청이 허용되지 않는다</u>(비송법 제119조). 기출 21·16
• 그 밖에도 <u>회사가 해산명령이나 해산판결에 의하여 해산한 때에는 법원은 주주 기타의 이해관계인이나 검사의 청구에 의하여 또는 직권으로 청산인을 선임하여야 한다</u>(상법 제542조 제1항·제252조).
• 해산의 경우에 준하여 청산하여야 하는 회사의 설립무효의 판결이 확정된 때에도 법원은 주주 기타의 이해관계인의 청구에 의하여 청산인을 선임하여야 한다.
• <u>법원에 의하여 선임된 청산인은 주주총회의 결의로 해임할 수 없다</u>(상법 제539조 제1항, 대판 1991.11.22. 91다22131).

② 청산인의 임기

　㉠ 청산인의 임기에 관해서는 상법상 아무런 규정이 없으므로 원칙적으로 <u>법정청산인은 회사의 해산일로부터, 그 외의 청산인은 취임일로부터 청산이 종결될 때까지를 그 임기로 보아야 한다</u>(대결 1998.9.3. 97마1429).

　㉡ 하지만, 정관의 규정 또는 주주총회의 선임결의로 청산인을 정하는 때에 정관 또는 주주총회의 결의로 임기를 정할 수 있다.

③ 청산인의 퇴임

　㉠ 청산인은 정관 또는 주주총회의 결의로 정한 임기가 만료되거나, 정관 또는 주주총회의 결의로 정한 퇴임사유가 발생한 때에 그 임기만료 또는 퇴임사유의 발생으로 퇴임한다.

　㉡ <u>청산인은 회사와의 위임계약을 해지하는 차원에서 언제든지 사임할 수 있다</u>(민법 제689조 제1항). 회사도 청산인과의 위임계약을 해지하는 차원에서 <u>주주총회의 보통결의로 언제든지 청산인을 해임할 수 있다</u>. 다만, 법원이 선임한 청산인의 경우에는 그러하지 아니하다(상법 제539조 제1항).

　㉢ 청산인이 그 업무를 집행함에 현저하게 부적임하거나 중대한 임무에 위반한 행위가 있는 때에는 발행주식의 총수의 100분의 3 이상에 해당하는 주식을 가진 주주는 법원에 그 청산인의 해임을 청구할 수 있다(상법 제539조 제2항).

　㉣ 청산인이 성년후견개시의 심판을 받거나 파산선고를 받은 경우 당연 퇴임한다(민법 제690조).

④ <u>청산인의 권리의무가 있는 자</u> : 청산인이 임기만료 또는 사임으로 퇴임한 결과, 청산인이 없거나 법률 또는 정관에 정한 청산인의 원수를 결한 때에는 그 퇴임한 청산인은 후임자가 취임할 때까지 청산인으로서의 권리의무를 행하여야 한다(상법 제542조 제2항·제386조 제1항, 대판 1991.11.22. 91다22131).

⑤ 일시청산인

　　㉠ 청산인이 정관 또는 주주총회의 결의로 정한 임기만료로 퇴임하거나 사임으로 인하여 퇴임한 결과 청산인이 없게 되거나 정관에 정한 청산인의 원수를 결한 경우에는 퇴임한 청산인이 새로이 후임자가 취임할 때까지 그 권리의무를 행사하지만(상법 제542조 제2항·제386조 제1항), 필요하다고 인정할 때에는 법원은 청산인·감사 기타 이해관계인의 청구에 의하여 일시적으로 청산인의 직무를 행할 자를 선임할 수 있다(상법 제542조 제2항·제386조 제2항, 대결 1998.9.3. 97마1429).

　　㉡ 일시청산인을 선임할 수 있는 '필요한 때'란 청산인의 사망으로 결원이 생기거나 종전의 청산인이 해임된 경우, 청산인이 중병으로 사임하거나 장기간 부재중인 경우와 같이 퇴임청산인으로 하여금 청산인으로서의 권리의무를 가지게 하는 것이 불가능하거나 부적당한 경우를 의미한다(대결 2000.11.17. 2000마5632; 대결 2001.12.6. 2001그113).

　　㉢ 일시청산인의 선임이 가능한 때란 청산인이 없거나 정관에 정한 청산인의 원수를 결한 일체의 경우를 말하는 것이지 단지 임기의 만료 또는 사임으로 인하여 원수를 결한 경우만을 지칭하는 것은 아니다(대판 1964.4.28. 63다518).

⑥ 청산인의 직무대행자

　　㉠ 청산인의 경우에도 이사의 경우와 마찬가지로 청산인 선임결의의 무효나 취소 또는 청산인 해임의 소가 제기된 경우에는 법원은 당사자의 신청에 의하여 가처분으로써 청산인의 직무집행을 정지할 수 있고, 직무대행자를 선임할 수 있는데, 급박한 사정이 있는 때에는 본안소송의 제기 전에도 그 처분을 할 수 있다(상법 제542조 제2항·제407조 제1항).

　　㉡ 법원은 당사자의 신청에 의하여 위 가처분을 변경 또는 취소할 수 있다(상법 제542조 제2항·제407조 제2항).

　　㉢ 청산인 직무대행자는 가처분명령에 다른 정함이 있는 경우 또는 법원의 허가를 얻은 경우 외에는 회사의 상무에 속하지 아니한 행위를 하지 못한다(상법 제408조 제1항, 대판 1989.9.12. 87다카2691).

　　㉣ 가처분에 의하여 선임된 청산인 직무대행자의 권한은 법원의 취소판결이 있기까지 유효하게 존속하고 그 판결이 있어야만 소멸한다.

　　㉤ 따라서 청산인 직무대행자 선임의 가처분이 이루어진 이후에 청산인이 해임되고 새로운 청산인이 선임되었다고 하더라도 가처분결정이 취소되지 아니하는 한 직무대행자의 권한은 유효하게 존속하며(대판 1991.12.24. 91다4355, 등기예규 제1826호 제5조 제3항), 이사 직무대행자가 선임된 회사가 해산되고 해산 전의 가처분이 실효되지 않은 채 새로운 가처분에 의하여 해산된 회사의 청산인 직무대행자가 선임되었다 하더라도 선행가처분의 효력은 그대로 유지되어 그 가처분에 의하여 선임된 직무대행자만이 청산인 직무대행자로서의 권한이 있다(대판 1991.12.24. 91다4355).

　　㉥ 청산인 직무대행자가 주주들의 요구에 따라 소집한 주주총회에서 회사를 계속하기로 하는 결의와 아울러 새로운 이사들과 감사를 선임하는 결의가 있었다고 하여, 그 주주총회의 결의에 의하여 청산인 직무대행자의 권한이 당연히 소멸하는 것은 아니다(대판 1992.5.12. 92다5638).

　　㉦ 다만, 특별한 사정이 없는 한 위 주주총회의 결의에 의하여 위 직무집행정지 및 직무대행자선임의 가처분결정은 더 이상 유지할 필요가 없는 사정변경이 생겼다고 할 것이다(대판 1995.3.10. 94다56708).

3. 대표청산인의 취임·퇴임

① 대표청산인의 의의, 자격 등 : 대표청산인은 청산중인 회사의 대표기관이다(상법 제542조 제2항·제389조 제1항). 청산인이 1인인 때에는 정관에 별도의 정함이 없는 한, 그 자가 대표청산인을 겸한다. 대표청산인은 청산인이어야 하지만, 청산인의 권리의무 있는 자, 일시청산인, 청산인 직무대행자도 대표청산인이 될 수 있다.

② 대표청산인의 결정·선정

　㉠ 상법 제531조 제1항 본문에 따라 해산 당시의 이사가 법정청산인으로 청산인이 되는 경우에는, 해산 당시의 대표이사가 대표청산인이 된다(상법 제542조 제1항·제255조 제1항). **기출 13**

　㉡ 법원이 수인의 청산인을 선임하는 경우에는 법원이 대표청산인을 정하거나 수인이 공동하여 회사를 대표할 것을 정할 수 있다(상법 제542조 제1항·제255조 제2항).

　㉢ 정관의 규정 또는 주주총회의 선임결의로 수인의 청산인을 선임한 경우에는 원칙적으로 청산인회에서 대표청산인을 선정하여야 한다.

　㉣ 다만, 정관으로 주주총회에서 대표청산인을 선정할 것을 정할 때에는 주주총회에서 대표청산인을 정한다(상법 제542조 제2항·제389조 제1항).

③ 대표청산인의 퇴임

　㉠ 대표청산인은 대표청산인의 지위만을 사임할 수 있는데, 이 경우 사임의 방법, 결원으로 인한 권리의무의 행사 등은 앞서 설명한 대표이사의 경우와 같다.

　㉡ 대표청산인은 청산인회, 주주총회 등 선임기관의 결의로 해임할 수 있는데, 법원이 대표청산인을 선임한 때에는 법원이 대표청산인을 해임할 수 있고, 주주총회 또는 청산인회에서는 해임할 수 없는 것으로 해석된다.

　㉢ 대표청산인 겸 청산인은 청산인의 지위를 상실한 때에도 앞서 대표이사 겸 이사에 관하여 설명한 바와 같이 대표청산인의 지위를 퇴임한다.

　㉣ 대표청산인은 정관에서 정한 퇴임사유의 발생으로 퇴임한다.

④ 대표청산인의 권리의무 있는 자, 일시대표청산인, 대표청산인의 직무대행자

　㉠ 대표청산인이 임기만료 또는 사임으로 퇴임한 결과, 대표청산인이 없거나 법률 또는 정관에 정한 대표청산인의 원수를 결한 때에는 그 퇴임한 대표청산인은 후임자가 취임할 때까지 대표청산인으로서의 권리의무를 행하여야 한다(상법 제542조 제2항·제389조 제3항·제386조 제1항).

　㉡ 대표이사의 경우와 마찬가지로 일정한 경우 법원은 일시대표청산인을 선임하거나 대표청산인의 직무대행자를 선임할 수 있다(상법 제542조 제2항·제389조 제3항·제386조 제2항).

⑤ 공동대표청산인

　㉠ 대표청산인이 수인인 경우, 각 대표청산인은 원칙적으로 각자 단독으로 회사를 대표하지만, 정관 또는 선임기관의 정함에 의해 수인의 대표청산인이 공동으로 회사를 대표하는 것으로 할 수 있다.

　㉡ 해산 당시의 이사가 법정청산인으로 청산인이 되는 때에는 해산 당시 공동으로 대표권을 행사하던 이사는, 해산 후에도 공동대표청산인으로 공동으로 대표권을 행사하여야 한다.

　㉢ 법원이 청산인을 선임하는 경우, 수인의 청산인을 선임하면서 그중 일부의 청산인으로 하여금 공동으로 회사를 대표할 것을 정할 수 있다.

　㉣ 법원이 공동대표를 정한 경우를 제외하고는 정관을 변경하거나, 정관에 위반되지 않는 범위 내에서 주주총회 또는 청산인회의 결의로 공동대표에 관한 정함을 설정, 변경 또는 폐지할 수 있다.

4. 등기절차

① 최초 청산인 및 최초 대표청산인의 등기

㉠ 등기기간

㉮ 이사가 법정청산인이 된 때에는 회사가 해산할 날부터 2주일 내에 본점의 소재지에서 청산인의 등기를 하여야 한다.

㉯ 그 외의 경우에는 청산인이 취임한 때부터 2주일 내에 본점의 소재지에서 청산인의 등기를 하여야 한다.

㉡ 등기사항

㉮ 청산인의 등기를 할 때는 청산인의 성명 및 주민등록번호를 등기하고, 대표권을 행사하는 청산인의 경우에는 그 외에 주소도 등기한다.

㉯ 만약, 청산인이 주민등록번호가 없는 재외국민 또는 외국인인 경우에는 주민등록번호를 대신하여 생년월일을 등기한다. 수인의 청산인이 공동으로 회사를 대표하는 경우에는 그 규정도 등기한다.

㉰ 청산인의 취임등기를 할 때에는 청산인에 취임한 뜻과 취임연월일을 등기하여야 하는데(규칙 제55조 제1항), 법정청산인 또는 법정대표청산인의 경우에는 회사가 해산된 날이 그 취임일자가 되고, 주주총회의 결의로 선임된 청산인이나 청산인회 또는 주주총회에서 선임된 대표청산인은 그 취임승낙의 효력이 발생한 날과 선임결의의 효력이 발생한 날 중 늦은 날이 취임일이 되며(상업등기선례 제1-152호, 제1-169호), 정관의 규정에 의하여 청산인 또는 대표청산인이 된 자의 경우에는 해산일과 취임승낙의 효력이 발생한 날 중 늦은 날이 취임일이 된다.

㉱ 법원이 선임한 청산인 또는 대표청산인의 경우에는 그 선임 재판일을 취임일자로 등기한다.

㉲ 법원의 촉탁에 따라 등기를 하는 때에는 법원의 명칭, 사건번호 및 재판연월일을 기록하여야 한다(규칙 제55조 제2항).

㉳ 해산의 등기를 하기 전에는 청산인의 등기를 할 수 없으므로 청산인의 등기는 해산의 등기와 동시에 신청하거나 해산의 등기가 된 후에 신청하여야 한다.

㉴ 청산인등기는 제3자에 대한 대항요건에 불과하므로 청산인 취임등기가 없다 하여도 청산인 지위의 취득에는 아무런 지장이 없다(대판 1981.9.8. 80다2511).

㉢ 등기신청인

㉮ 최초 청산인의 등기는 <u>청산중인 회사를 대표하는 청산인이 신청한다</u>(제23조 제1항, 상업등기선례 제1-271호).

㉯ 법원이 청산인을 선임한 경우에도 비송사건절차법에 이에 관한 <u>촉탁 규정이 없으므로 회사를 대표하는 청산인이 등기를 신청하여야 한다</u>(제23조 제1항). 다만, <u>법원이 청산인의 해임의 재판을 한 때에는 법원의 촉탁에 의하여 퇴임등기를 한다</u>(비송법 제107조 제1호). **기출** 16

㉰ 이 경우 회사를 대표하는 청산인은 미리 그 인감을 등기소에 제출하여야 한다(제25조 제1항·제2항).

㉱ 일시청산인 또는 일시대표청산인의 선임에 따른 등기는 법원의 촉탁에 의하여 등기한다(비송법 제107조 제4호).

② 첨부정보

법정청산인의 등기
해산 당시의 이사 또는 대표이사가 청산인 또는 대표청산인이 된 때에는 정관에 청산인에 관한 정함이 없다는 것을 증명하기 위하여 정관을 첨부하여야 한다(상업등기선례 제2-94호).

정관 소정의 청산인의 등기
• 정관으로 정한 자가 청산인 또는 대표청산인이 된 때에는 정관과 그 취임승낙을 증명하는 서면을 첨부하여야 한다. • 한편, 정관으로는 청산인만을 정하고 대표청산인은 청산인회에서 정한 때에는 정관 외에 청산인회의사록과 취임승낙서를 첨부하여야 한다(규칙 제128조).

주주총회에서 선임한 청산인의 등기
• 주주총회에서 청산인 또는 대표청산인을 선임한 경우에는 주주총회의사록과 그 취임승낙을 증명하는 서면을 첨부하여야 한다. • 한편, 주주총회에서는 수인의 청산인을 선임하고, 청산인회에서 대표청산인을 선임한 때에는 대표청산인에 관해서는 청산인회의사록과 취임승낙서를 첨부하여야 한다.

법원에서 선임한 청산인의 등기
• 법원이 선임한 청산인의 취임등기를 신청할 때에는 그 선임을 증명하는 서면으로 선임에 관한 재판의 등본을 첨부하여야 한다. • 특히, 법원이 수인의 청산인을 선임하면서 대표청산인을 정하거나 청산인 중 일부 또는 전부로 하여금 공동으로 회사를 대표할 것을 정한 때(상법 제542조 제1항·제255조 제2항)에는 이에 관한 재판의 등본도 첨부하여야 한다(제107조 제2항).

② 청산인 및 대표청산인에 관한 변경등기
  ㉠ 등기기간 : 청산인 또는 대표청산인이 취임 또는 퇴임하거나, 공동대표에 관한 규정을 설정·변경·폐지하거나, 청산인의 성명 또는 주소가 변경된 때에는 2주일 내에 본점의 소재지에서 그 변경등기를 하여야 한다(상법 제542조 제1항·제183조).
  ㉡ 등기사항
    ㉮ 청산인 또는 대표청산인이 퇴임한 때에는 퇴임한 뜻 및 퇴임의 연월일을, 청산인 또는 대표청산인이 취임한 때에는 취임한 뜻 및 취임의 연월일을 등기하여야 한다(규칙 제55조 제1항).
    ㉯ 해산간주된 회사에서 청산인회 결의로 대표청산인을 해임한 경우, 새로 선임된 대표청산인의 변경등기(취임등기 및 해임등기)를 신청하기 위해서는 그 전제로서 종전의 법정청산인의 등기를 선행하거나 동시에 하여야 한다(상업등기선례 제2-94호).
    ㉰ 퇴임등기를 할 때 기재하는 퇴임한 뜻은 퇴임사유에 따라 사임, 해임, 파산, 금치산, 한정치산, 임기만료 등으로 기재하고, 퇴임등기를 한 때에는 퇴임한 청산인에 관한 사항을 말소한다(규칙 제55조 제3항).
    ㉱ 공동대표에 관한 규정을 설치, 변경 또는 폐지한 때에는 공동대표에 관한 규정 및 그 설치, 변경 또는 폐지한 뜻 및 그 연월일을 등기하여야 한다.
    ㉲ 법원의 촉탁에 따라 등기를 하는 때에는 법원의 명칭, 사건번호 및 재판연월일을 기록하여야 한다(규칙 제55조 제2항).

ⓒ 등기신청인

㉮ 청산인 또는 대표청산인에 관한 변경등기는 해산회사를 대표하는 청산인이 신청한다.

㉯ 다만, 법원에서 청산인을 해임하는 재판을 하거나 일시청산인을 선임한 때에는 그 해임으로 인한 변경등기는 제1심 수소법원 또는 금융위원회의 촉탁에 의하여 한다(비송법 제107조).

㉣ 첨부정보

청산인 또는 대표청산인의 취임
• 주주총회에서 청산인을 선임한 경우에는 주주총회의사록 및 취임승낙을 증명하는 서면을 첨부하여야 하고, 청산인회에서 대표청산인을 선임한 경우에는 청산인회의사록 및 대표청산인의 취임승낙을 증명하는 서면을 첨부하여야 한다. • 법원에서 청산인을 선임하고 대표청산인을 선정한 경우에는 청산인의 선임 및 대표청산인을 선정하는 재판의 등본을 첨부하여야 한다.

청산인 또는 대표청산인의 퇴임
청산인 또는 대표청산인의 퇴임으로 인한 변경등기신청서에는 그 퇴임을 증명하는 서면을 첨부하여야 한다(규칙 제154조 제1항·제107조 제2항).

공동대표 규정의 설정, 변경, 폐지
공동대표 규정의 설정, 변경 또는 폐지를 증명하는 주주총회의사록, 청산인회의사록, 법원의 결정서 등을 첨부하여야 한다(규칙 제128조·제154조 제1항·제107조 제2항).

청산인 또는 대표청산인의 성명, 주소 등의 변경
청산인 또는 대표청산인의 성명 또는 주소의 변경에 관한 등기를 신청하는 때에는 신청서에 그 변경을 증명하는 서면을 첨부하여야 한다(규칙 제52조 제1항).

XXIV 청산종결의 등기

1. 서 설

① '청산'이란 해산한 후에 현존사무를 종결하고, 채권의 추심과 채무의 변제, 재산의 조사, 재산의 환가처분을 한 다음 잔여재산을 주주에게 분배하는 것을 말한다.

② '임의청산'이란 원칙적으로 청산인의 선임 없이 해산회사의 재산처분을 정관 또는 총사원의 동의로 정한 방법에 따라서 하는 청산을 말한다(상법 제247조 제1항). 합명회사의 청산은 임의청산을 원칙으로 하지만, 사원이 1인으로 되어 해산한 때와 해산을 명한 재판에 의하여 해산한 때에는 청산의 공정을 기하기 위하여 임의청산이 인정되지 않고(상법 제247조 제2항, 제252조) 법정청산의 절차를 밟아야 한다. 기출 14

③ 주식회사의 경우 해산된 회사의 재산을 정관 또는 총주주의 동의로 임의로 처분할 수 있는 임의청산은 허용되지 않고, 회사의 채권자와 주주를 보호하기 위하여 상법에 규정된 엄격한 절차에 의해서만 회사의 재산을 처분할 수 있는 법정청산만이 허용된다. 기출 14

④ 주식회사의 청산은 법원의 감독을 받아야 하는데(비송법 제118조), 주식회사의 청산에 관한 사건은 회사의 본점 소재지 지방법원합의부의 관할에 속한다(비송법 제117조 제2항). 기출 21

⑤ 청산절차를 종료하면 청산회사의 신청에 의해 청산종결의 등기를 하고 등기기록을 폐쇄한다.

2. 청산인의 취임 · 퇴임

① **재산목록 및 대차대조표의 작성, 승인 등** : 청산인은 취임한 후 지체 없이 회사의 재산상태를 조사하여 재산목록과 대차대조표를 작성한 후, 이를 주주총회에 제출하여 그 승인을 얻어야 하며, 승인을 얻은 후에는 지체 없이 재산목록과 대차대조표를 법원에 제출하여야 한다(상법 제533조).

② **채권신고의 공고 · 최고**
　　㉠ 청산인은 취임한 날로부터 2개월 내에 회사채권자에 대하여 일정한 기간 내에 그 채권을 신고할 것과 그 기간 내에 신고하지 아니하면 청산에서 제외될 뜻을 2회 이상 공고로써 최고하여야 하는데, 채권의 신고기간은 2개월 이상이어야 한다(상법 제535조 제1항).
　　㉡ 위 공고를 하는 외에, 청산인은 알고 있는 채권자에 대하여는 각별로 그 채권의 신고를 최고하여야 하며 채권자가 신고하지 아니한 경우에도 이를 청산에서 제외하지 못한다(상법 제535조 제2항).
　　㉢ 회사를 설립하였으나 사업을 시작하지 않고 해산결의를 하여 주주 이외에 다른 채권채무가 없다 하더라도, <u>청산인은 채권신고의 공고를 하여야 하고 청산인의 청산종결의 등기신청은 위 최고기간이 지난</u> <u>후에 할 수 있다</u>(상업등기선례 제1-280호).

③ **채권신고기간 내의 변제금지와 채무의 변제**
　　㉠ 회사는 채권신고기간 내에는 소액의 채권, 담보 있는 채권 기타 변제로 인하여 다른 채권자를 해할 염려가 없는 채권에 대하여 법원의 허가를 얻어 변제하는 경우를 제외하고는, 채권자에 대하여 변제하지 못한다(상법 제536조).
　　㉡ 채권신고기간이 경과하면 신고한 채권자와 신고하지 않았더라도 알고 있는 채권자에게 변제하여야 한다.
　　㉢ 변제기에 이르지 않은 채무도 변제할 수 있으며, 불확실한 채권은 법원이 선임한 감정인의 평가에 의해 변제한다(상법 제542조 제1항 · 제259조).
　　㉣ 회사재산으로 채무를 전부 변제할 수 없는 경우 외에는 어느 채권자에게 먼저 변제할 수 있는데, 전부 변제하기에 부족한 때에는 청산인은 지체 없이 파산선고를 신청하여야 한다(상법 제542조 제1항 · 제254조 제4항, 민법 제93조).

④ **잔여재산의 분배** : 채무를 완제하고 남는 재산은 주주에게 분배한다(상법 제542조 제1항 · 제260조). 주식평등의 원칙에 따라 그 보유주식의 수에 따라 분배하지만, 잔여재산분배에 관하여 우선적 내용이 있는 주식 등을 발행한 경우에는 그에 우선 분배한다(상법 제538조).

⑤ **청산의 종결**

결산보고서의 작성, 주주총회의 승인 등
청산사무가 종결한 때에는 청산인은 지체 없이 결산보고서를 작성하고 이를 주주총회에 제출하여 승인을 얻어야 하고(상법 제540조 제1항), 주주총회의 승인을 얻은 때에는 청산인은 청산종결의 등기를 신청하여야 한다(상법 제542조 제1항 · 제264조).

청산종결의 등기와 회사의 소멸
청산사무를 종료한 후 청산종결의 등기를 함으로써 청산사무는 완료되고 회사는 소멸한다. 그러나 회사의 권리, 의무가 남아 있는 한 청산종결의 등기가 되어 있어도 회사의 법인격은 소멸하지 않고 그 남아 있는 잔존사무의 한도에서 회사는 법인격을 가지고 소송상 당사자능력이 있으며, 청산인의 의무도 존속한다(대판 1968.6.18. 67다2528).

⑥ 청산종결의 간주
    ⊙ 상법 제520조의2 제1항에 의하여 해산간주된 회사가 회사를 계속하지 아니한 경우, 그 회사는 해산간주된 때로부터 3년이 경과한 때에 청산이 종결된 것으로 간주된다(상법 제520조의2 제4항). **기출** 21
    ⓛ 해산간주된 회사도 상법 제520조의2 제4항에 의하여 청산종결된 것으로 간주되기 전에 상법 제531조에 따라 청산인을 정한 후, 청산절차를 진행하여 청산절차를 종결함으로써 스스로 회사의 법인격을 소멸시킬 수 있다.

3. 청산종결의 등기절차

① 등기기간 : 청산이 완료된 때에는 청산인은 결산보고서에 대한 주주총회의 승인이 있는 날부터 2주일 내에 본점의 소재지에서 청산종결의 등기를 신청하여야 한다(상법 제542조 제1항·제264조).
② 등기사항 : 청산종결의 등기를 할 때에는 청산종결의 뜻과 그 연월일을 등기하여야 하는데(규칙 제55조 제1항), 청산종결의 날은 주주총회에서 결산보고서를 승인한 날로 해석된다.
③ 첨부정보
    ⊙ 청산종결의 등기에는 청산인이 결산보고서에 관해 주주총회의 승인을 얻었다는 것을 증명하는 주주총회의사록을 첨부하여야 한다. 이때, 결산보고서는 주주총회의 승인내용이므로 당연히 주주총회의 사록의 내용의 일부로 첨부되어야 한다(규칙 제154조 제1항, 제110조 제2항). **기출** 21
    ⓛ 청산인이 채권신고의 공고와 최고를 하여야 하지만(상법 제535조), 공고와 최고를 하였음을 증명하는 서면은 상업등기법 등의 법령에서 첨부정보로 규정하고 있지 아니하므로 청산종결의 등기신청서에 이를 첨부할 필요는 없다(상업등기선례 제1-280호). **기출** 21
④ 청산종결등기의 수행
    ⊙ 청산종결의 등기는 '기타사항란'에 하여야 하고, 이를 등기한 때에는 그 등기기록을 폐쇄하여야 한다.
    ⓛ 청산종결의 등기를 하고 등기기록을 폐쇄한 때에는 등기관은 회사를 대표할 청산인이 제출한 인감에 관한 기록을 폐쇄하여야 한다(규칙 제38조 제1항).
⑤ 등록면허세·등기신청수수료 등의 납부 : 청산종결의 등기에 대하여는 40,200원의 등록면허세와 8,040원의 지방교육세를 납부하여야 하고, 6,000원(전자신청은 2,000원, 전자표준양식은 4,000원)의 등기신청수수료를 납부하여야 한다.

4. 청산사무의 잔존과 청산종결등기의 말소

① 청산종결의 등기가 되고 등기기록이 폐쇄되었다고 하더라도 회사의 청산사무가 잔존하는 경우, 회사의 법인격은 소멸하지 않고 청산의 목적 범위 내에서 여전히 존속한다.
② 이때, 청산종결의 등기는 청산종결의 사실이 없음에도 그 등기가 된 것이므로, 상업등기법 제77조 제2호에 의하여 말소하고 등기기록을 부활한다.
③ 청산사무가 종결되지 않았음을 소명하여 청산종결등기의 말소를 신청하면, 등기관은 청산종결등기를 말소하고(상업등기선례 제1-278호, 제2-41호) 당해 등기기록을 부활한다(규칙 제58조 제2항).

④ 등기기록을 부활하는 경우에는 '기타사항란'에 그 뜻과 연월일을 기록하고 등기기록을 폐쇄한 뜻과 그 연월일의 등기를 말소한다(규칙 제58조 제2항).

⑤ 청산사무가 남아 있어 청산종결등기가 말소되고 등기기록이 부활된 주식회사의 경우도 해산된 후 청산 중인 회사인 것이고, 이와 같이 해산후의 회사가 합병을 하는 경우 존속하는 회사는 존립 중의 회사이어 야 하므로 해산 후의 회사를 소멸하는 회사로 하는 경우에는 합병을 할 수 있다(상업등기선례 제2-77호).

기출 14

XXV 합병의 등기

1. 서 설

① 합병의 의의
  ㉠ 합병이란 2개 이상의 회사가 상법의 특별규정에 의하여 청산절차를 거치지 않고 합쳐져 그중 한 회사 가 다른 회사를 흡수하거나 새로운 회사를 설립함으로써 1개 이상의 회사의 소멸과 권리의무의 포괄 적 이전을 생기게 하는 회사법상의 법률요건을 말한다(상법 제235조, 제530조 제2항).
  ㉡ 과거에는 소멸회사의 사원(주주)은 합병에 의하여 존속회사 또는 신설회사의 사원(주주)이 되어야 된다고 해석하였으나(대판 2003.2.11. 2001다14351), 2011년 개정 상법에 의하면, 합병대가의 전부 또는 일부를 금전이나 그 밖의 재산으로 제공하고 신설회사 또는 존속회사의 주식을 배정하지 아니함으로 써 사원(주주)을 수용하지 않을 수도 있으므로 소멸회사의 사원(주주)은 합병에 의하여 당연히 신설 회사 또는 존속회사의 사원이 되는 것은 아니다(상법 제523조 제4호, 제524조 제4호 참조).

② 합병의 종류
  ㉠ 합병에는 합병당사자인 회사의 전부가 소멸하고 새로운 회사를 설립하는 신설합병과 합병당사회사 중 일부는 존속하고 나머지 회사는 소멸하는 흡수합병이 있다.
  ㉡ 어느 경우에나 합병의 효력이 발생할 때 소멸회사는 청산절차에 의하지 않고 소멸하며, 그 권리의무 의 일체는 존속회사 또는 신설회사에 포괄승계된다(상법 제235조).

③ 합병의 자유 : 상법상 모든 회사는 자유롭게 합병할 수 있는 것이 원칙이며(상법 제174조 제1항), 상법상 회사 간에 종류나 목적이 다른 경우에도 합병할 수 있다. 다만, 상법 또는 특별법에 다음과 같은 제한이 있다.

④ 합병의 제한
  ㉠ 합병을 하는 회사의 일방 또는 쌍방이 주식회사, 유한회사 또는 유한책임회사인 때에는 합병 후 존속 하는 회사 또는 합병으로 설립되는 회사는 주식회사, 유한회사 또는 유한책임회사이어야 한다(상법 제174조 제2항). 기출 09
  ㉡ 유한회사가 주식회사와 합병하는 경우에 합병 후 존속하는 회사 또는 합병으로 설립되는 회사가 주식 회사인 때에는 법원의 인가를 받아야 한다(상법 제600조 제1항). 기출 09
  ㉢ 합병을 하는 회사의 일방이 사채의 상환을 완료하지 아니한 주식회사인 때에는 합병 후 존속하는 회사 또는 합병으로 설립되는 회사는 유한회사로 하지 못한다(상법 제600조 제2항). 기출 09

ⓔ 해산 후의 회사는 존립 중의 회사를 존속회사로 하는 경우에 합병을 할 수 있다(상법 제174조 제3항). 따라서 해산하여 청산절차 진행 중에 있는 회사끼리는 합병할 수 없다. 또한, 법원의 해산명령에 의하여 해산된 회사, 설립무효판결확정 후의 회사는 합병할 수 없고, 파산선고를 받은 회사는 합병의 당사자가 될 수 없다. 기출 09·08

ⓜ 설립중의 회사는 회사가 아니기 때문에 합병의 당사자가 될 수 없다. 그리고 상법상의 합병에 관한 규정은 상법상의 회사에 대해서만 적용되기 때문에 회사와 민법법인 간, 회사와 특수법인 간에는 다른 법률에 특별한 규정이 없는 한 합병할 수 없다. 내국회사와 외국회사 간에도 마찬가지다.

ⓗ 회생절차개시 이후부터 회생절차가 종료될 때까지 회생채무자는 회생절차에 의하지 아니하고는 합병할 수 없다(채무자회생법 제55조 제1항). 기출 20

ⓢ 종래의 선례는 채무총액이 적극재산의 총액을 초과하고 있는 회사를 해산회사로 하는 합병은 인정하기 어렵다고 해석하였으나(상업등기선례 제1-237호), 최근에 "채무초과회사를 소멸회사로 하는 흡수합병등기신청의 경우, 흡수합병으로 소멸하는 회사가 채무초과회사가 아님을 소명하는 서면(예컨대 소멸회사의 재무상태표 등)은 신청서에 첨부하여야 하는 서면이 아니며, 이러한 서면을 첨부하였다 하더라도 등기관은 소멸회사가 채무초과회사인지 여부를 심사할 수 없다."라고 그 해석을 변경하였다(상업등기선례 제2-78호). 기출 20·16

2. 합병의 절차

① 합병계약서의 작성

ㄱ 합병계약의 일반

ⓐ 합병을 할 때는 먼저 당사회사 사이에 합병계약을 체결하여 합병조건, 존속회사 또는 신설회사의 정관 내용 기타 합병에 필요한 사항을 정하여야 한다.

ⓑ 합병계약의 체결은 회사의 중요한 업무집행 행위이므로 이사회결의를 거쳐 대표이사가 한다.

ⓒ 합병할 회사의 일방 또는 쌍방이 합명회사 또는 합자회사인 때에도 합병 후 존속하는 회사 또는 합병으로 설립되는 회사가 주식회사인 경우에는 합병계약서를 작성하여야 한다(상법 제525조).

ㄴ 합병계약서의 기재사항

흡수합병의 경우(상법 제523조)

- 존속회사의 발행예정주식수(제1호)
  - 존속회사가 소멸회사의 주주에게 주식을 배정하기 위하여 합병신주를 발행할 때에도 존속회사의 발행예정주식총수의 범위 내에서만 신주를 발행할 수 있다.
  - 만약, 발행하고자 하는 합병신주의 수가 발행예정주식총수 중 미발행주식의 수를 초과하면 발행예정주식수를 늘려야 하는데, 합병계약서에 그 증가할 발행예정주식의 총수, 종류와 수를 기재하여 주주총회의 승인을 받으면 존속회사는 별도의 정관변경절차를 밟을 필요가 없다.
- 존속회사의 증가할 자본금과 준비금의 총액(제2호)
  - 자본금이나 준비금은 장부상, 계산상의 추상적 액수로서 회사가 보유해야 할 순자산액의 기준이 되는 것일 뿐이므로 합병을 하더라도 원칙적으로 소멸회사의 자본금 또는 준비금이 그대로 존속회사에 승계되는 것이 아니다.
  - 액면주식을 발행한 존속회사에서 합병신주를 발행할 경우 그 신주의 액면총액만큼 존속회사의 자본금이 증가한다. 한편, 존속회사가 무액면주식을 발행한 회사여서 합병신주가 무액면주식인 경우에 자본금을 어떻게 정해야 하는지에 관하여 상법에 명시적인 규정이 없는데, 다수의 견해는 존속회사가 승계하는 소멸회사의 순자산 가액이 소멸회사의 주주들에게 발행하는 신주의 발행가가 되므로 상법 제451조 제2항을 적용하여 그중 2분의 1 이상을 자본금으로 계상하여야 하고, 잔여의 금액은 자본준비금으로 적립하여야 한다고 한다.
  - 존속회사의 증가하는 자본금의 금액이 소멸회사의 순자산액의 범위 내로 제한되는지에 관해, 자본충실의 원칙에 비추어 제한된다는 견해와 합병가액 및 합병비율이 자산가치 외에 수익가치, 합병에 따른 시너지 효과 등을 고려해서 정해지므로 제한되지 않는다는 견해가 있다.

- 대법원 판결 중에는 합병당사자의 전부 또는 일방이 주권상장법인인 경우에는 그 합병가액 및 합병비율은 법령에 따라 산정하여야 하므로 존속회사가 발행할 합병신주의 액면총액이 소멸회사의 순자산가액을 초과할 수 있다고 판시한 것이 있다(대판 2008.1.10. 2007다64136). 그런데, 채무초과회사를 소멸회사로 하는 합병이 가능한가와 관련하여 채무초과회사가 아님을 소명하는 서면(예컨대 소멸회사의 재무상태표 등)은 첨부정보가 아니므로 등기관은 소멸회사가 채무초과회사인지 여부를 심사할 수 없다고 한 선례에 비추어 보면 등기관은 소멸회사의 순자산액을 초과하여 자본금을 증가시켰는지 여부도 심사할 수 없다고 본다.
- 합병을 할 때 존속회사의 자본금이 증가하지 않는 경우도 있는데, 이러한 무증자합병은 소멸회사의 주주에게 합병대가 전부에 대해 금전이나 그 밖의 재산을 제공하거나 보유하고 있는 자기주식을 이전하는 경우 또는 존속회사가 해산회사의 주식을 전부 소유한 경우 등에 있어서 합병신주를 발행하지 않는 때에 일어난다(상업등기선례 제1-237호).
- 1인주주인 주식회사와 1인사원인 유한회사의 주주와 사원이 동일한 경우에 유한회사가 주식회사에 흡수합병하여 해산하고 주식회사가 존속하기로 하는 흡수합병을 하는 경우에 주식회사와 유한회사의 합병으로 인하여 증가할 주식의 수를 0으로, 증가할 자본금을 0원으로 하는 무증자합병등기는 채권자 보호절차를 거쳐 법원의 인가를 받은 때에는 가능하다(상업등기선례 제2-76호). **기출** 16
- 한편, 소멸된 회사로부터 승계한 재산의 가액이 그 회사로부터 승계한 채무액, 그 회사의 주주에게 지급한 금액과 합병 후 존속하는 회사의 자본금증가액을 초과한 때에는 그 초과금액은 합병차익으로 자본준비금으로 적립하여야 한다(상법 제459조 제1항).
- 그러나 위 초과금액 중 소멸되는 회사의 이익준비금 기타 법정준비금은 존속회사가 이를 승계할 수 있다(상법 제459조 제2항).

• 합병신주 및 합병비율에 관한 사항(제3호)
- 존속회사가 합병당시에 발행하는 신주의 총수, 종류와 수 및 합병으로 인하여 소멸하는 회사의 주주에 대한 신주의 배정에 관한 사항을 기재해야 한다. 합병신주의 배정은 소멸회사의 주식 몇 주에 대하여 존속회사의 주식 몇 주를 부여할 것인지의 방식으로 정하는데, 보통 소멸회사의 주식 1주에 대해 부여되는 존속회사 주식의 비율(합병비율)로 정한다.
- 합병당사회사가 자기주식을 가지고 있는 경우 또는 반대당사자의 주식을 가지고 있는 경우 합병과정에서의 그 처리에 관해 살펴보면 다음과 같다.
- 먼저, 소멸회사가 자기주식을 가지고 있는 경우 그 주식은 당연히 소멸하며, 이에 대해 신주를 배정할 수 없다는 견해가 다수의 견해다.
- 다음, 존속회사가 소멸회사의 주식을 보유하고 있는 경우 그 주식에 대해 합병신주를 배정할 수도 있고 배정하지 않을 수도 있는데(대판 2004.12.9. 2003다69355) 일부에 대해서만 배정하는 것도 가능하다(상업등기선례 제2-75호).
- 만약, 존속회사가 소멸회사의 주식을 전부 소유하고 있다면 전혀 신주를 발행하지 않을 수 있다(상업등기선례 제2-85호). 그리고 소멸회사가 존속회사의 주식을 보유하고 있는 경우에는 존속회사가 합병으로 인해 자기주식을 승계하게 되는데, 합병신주를 배정·교부하는 대신 승계한 자기주식을 합병대가로 이전하는 것도 가능하고(상업등기선례, 합병계약서에 합병으로 취득하는 자기주식을 소각하는 뜻과 그 주식의 수 및 소각으로 인한 자본금의 변동이 없다는 사실을 기재하는 경우에는 합병절차 외에 별도의 절차를 거치지 않고도 자본금감소가 없는 주식소각을 할 수 있다(상업등기선례 제1-235호, 제1-239호).
- 그리고 소각한 주식의 액면총액만큼 자본금을 감소할 수도 있는데, 이 경우 자본금감소를 위한 주주총회의 특별결의와 채권자보호절차를 거쳐야 한다(상법 제438조·제439조).
- 이때, 자본금감소에 관한 주주총회의 특별결의에 의한 승인은 합병승인 주주총회에서 할 수 있고, 자본금감소절차로서의 채권자보호절차는 상법 제527조의5의 합병절차에 있어서의 채권자보호절차와 동시에 할 수 있다.

• 합병교부금에 관한 사항(제4호)
- 존속회사에서 합병대가로 소멸회사의 주주에게 지급하는 존속회사의 주식 이외의 금전이나 그 밖의 재산을 합병교부금이라고 하는데, 합병교부금을 지급할 경우 그 내용 및 배정에 관한 사항을 기재하여야 한다.
- 종래, 소멸회사 주주에게 존속회사 주식(합병으로 발행하는 신주 또는 자기주식)을 전혀 배정하지 않고 교부금만 주는 합병은 허용되지 않는다고 해석하였으나(상업등기선례 제2-73호), 2011.4.14. 개정상법에 의하여 합병대가 전부를 금전이나 그 밖의 재산으로 제공하는 것도 허용되었다. 특히, 존속회사에서 합병의 대가로 소멸회사 주주에게 모회사의 주식을 제공하는 것이 가능해지면서 삼각합병도 가능해졌다. 특히 소멸회사의 주주에게 제공하는 재산이 존속하는 회사의 모회사의 주식인 경우에는 그 지급을 위하여 모회사의 주식취득도 허용된다(상법 제523조의2).

- 각 회사에서 합병승인결의를 할 총회의 기일(제5호)
  - 합병계약서에는 합병당사회사의 합병승인을 위한 사원총회 또는 주주총회의 기일을 정하여 기재하여야 하는데, 반드시 합병당사회사의 총회기일이 같은 날일 필요는 없다.
  - 주주총회는 복잡한 절차를 거쳐서 소집되기 때문에 반드시 확정일자로 기재할 필요는 없고, 언제까지 총회를 개최한다는 식의 정함도 가능하다.
- 합병을 할 날(제6호)
  - 합병의 효력은 합병등기를 한 때 발생하지만(상법 제530조 제2항·제234조), 합병등기 이전에 사실상 모든 합병절차가 완료되어 소멸회사의 개별재산, 장부, 기타 일체의 영업이 존속회사에 인도되고 합병신주도 배정되는 바, 이와 같이 합병당사회사가 실질적으로 합체하기 위한 실무적인 절차를 완료하기로 당사회사 사이에 합의된 날을 합병기일이라고 한다. 합병기일은 합병의 효력이 발생하는 날인 합병등기일과 구별된다.
- 존속회사의 정관변경에 관한 사항(제7호) : 상법 제526조 제1항의 합병에 관한 보고총회에서 합병 후 존속하는 회사의 정관을 변경할 수 있지만, 그 변경사항을 합병계약서에 기재한 후 합병당사회사의 합병승인을 위한 주주총회에서 이를 승인받아 변경할 수도 있다.
- 이익배당 또는 중간배당의 한도액(제8호) : 합병당사회사는 합병계약을 체결할 당시의 회사의 재무상태를 기준으로 합병계약을 체결하게 되는데, 만약 각 회사에서 합병비율을 정한 후에 예정하지 않았던 이익배당을 한다면 기왕에 정한 합병비율이 불공정해질 수 있으므로, 합병계약 이후 이익배당을 하고자 한다면 미리 합병계약서에 이를 기재하도록 한 것이다.
- 존속회사에 취임할 이사와 감사 또는 감사위원회 위원을 정한 때에는 그 성명 및 주민등록번호(제9호)
  - 합병으로 소멸회사의 이사, 감사 등은 당연히 퇴임한다. 소멸회사의 이사, 감사, 그 밖에 다른 제3자를 존속회사의 이사, 감사 등으로 선임하는 내용을 합병계약서에 기재하고 그 계약서를 합병당사회사의 주주총회에서 승인한 때에는, 합병의 효력이 생길 때 그 자는 이사, 감사 등으로 선임된다.
  - 다만, 합병승인을 위한 주주총회를 실질적으로 개최하지 않는 소규모합병의 경우에는 이러한 방식으로 이사, 감사 등을 선임할 수 없다.
  - 소규모합병을 하는 때에는 그 뜻(상법 제527조의3 제2항)

신설합병의 경우

신설합병의 경우, 합병계약서에 기재하여야 할 사항은 아래와 같은데, 그중 제2호부터 제6호까지의 사항은 흡수합병시 합병계약서의 기재사항과 동일하다(상법 제524조).
- 설립되는 회사의 목적, 상호, 회사가 발행할 주식의 총수, 1주의 금액, 종류주식을 발행할 때에는 그 종류, 수와 본점소재지(제1호)
- 설립되는 회사가 합병당시에 발행하는 주식의 총수와 종류, 종류별 수 및 각 회사의 주주에 대한 주식의 배정에 관한 사항(제2호)
- 설립되는 회사의 자본금과 준비금의 총액(제3호)
- 각 회사의 주주에게 지급할 금액을 정한 때에는 그 규정(제4호)
- 각 회사에서 합병의 승인결의를 할 사원총회 또는 주주총회의 기일과, 합병을 할 날(제5호)
- 합병으로 설립되는 회사의 이사와 감사 또는 감사위원회위원을 정한 때에는 그 성명 및 주민등록번호(제6호)

② **합병계약서 등의 공시** : 합병계약서를 작성한 때에는 이사는 그 승인을 얻기 위한 주주총회일의 2주전부터 합병을 한 날 이후 6월이 경과하는 날까지 (i) 합병계약서, (ii) 합병을 위하여 신주를 발행하거나 자기주식을 이전하는 경우에는 합병으로 인하여 소멸하는 회사의 주주에 대한 신주의 배정 또는 자기주식의 이전에 관하여 그 이유를 기재한 서면, (iii) 각 회사의 최종의 대차대조표와 손익계산서를 본점에 비치하고, 주주 및 회사 채권자가 영업시간 내에는 언제든지 이를 열람하거나 비용을 지급하고 그 등본 또는 초본의 청구를 할 수 있게 하여야 한다(상법 제522조의2).

③ 합병계약의 승인

　㉠ 주주총회의 특별결의에 의한 승인

　　㉮ 합병당사회사는 합병에 관하여 각 회사의 주주총회의 승인을 얻어야 하는데 합병승인결의는 주주총회의 특별결의에 의하여 합병계약서를 승인하는 형식으로 한다(상법 제522조 제1항·제3항).

　　㉯ 합병승인결의를 위한 주주총회의 소집의 통지에는 합병계약의 요령을 기재하여야 한다(상법 제522조 제2항).

　　㉰ 회사가 종류주식을 발행한 경우에는 불이익을 받게 될 종류주주의 총회의 결의도 필요하다(상법 제436조).

　㉡ 간이합병(소멸회사)

　　㉮ 흡수합병의 경우에 합병으로 소멸하는 회사의 총주주의 동의가 있거나 소멸회사의 발행주식총수의 100분의 90 이상을 존속회사가 소유하고 있는 때에는 소멸회사는 이사회의 승인으로써 주주총회의 승인을 갈음할 수 있다.

　　㉯ 이를 간이합병이라고 하는데, 간이합병을 하고자 할 경우 소멸회사는 총주주의 동의가 있는 경우를 제외하고는 합병계약서를 작성한 날로부터 2주 내에 주주총회의 승인을 얻지 아니하고 합병을 한다는 뜻을 공고하거나 주주에게 통지하여야 한다(상법 제527조의2).

　㉢ 소규모합병(존속회사)

　　㉮ 존속회사가 합병으로 발행하는 신주와 이전하는 자기주식을 합한 수가 그 회사의 발행 주식총수의 100분의 10을 초과하지 아니하고, 존속회사가 합병으로 소멸하는 회사의 주주에게 제공하는 금전이나 그 밖의 재산의 가액이 존속하는 회사의 최종 대차대조표상으로 현존하는 순자산액의 100분의 10을 초과하지 아니하는 때에는 존속회사는 이사회의 승인으로써 주주총회의 승인을 갈음할 수 있는데(상법 제527조의3 제1항), 이를 '소규모합병'이라고 한다.

　　㉯ 소규모합병을 하는 경우에는 합병계약서에 주주총회의 승인을 얻지 아니하고 합병을 한다는 뜻을 기재하여야 하고, 합병계약서를 작성한 날부터 2주 내에 소멸하는 회사의 상호 및 본점의 소재지, 합병을 할 날, 주주총회의 승인을 얻지 아니하고 합병을 한다는 뜻을 공고하거나 주주에게 통지하여야 한다(상법 제527조의3 제2항·제3항).

　　㉰ 존속회사의 발행주식총수의 100분의 20 이상에 해당하는 주식을 소유한 주주가 위 공고 또는 통지를 한 날부터 2주 내에 회사에 대하여 서면으로 반대하는 의사를 통지한 때에는 소규모합병을 할 수 없다(상법 제527조의3 제4항). 소규모합병시에는 합병 반대주주의 주식매수청구권이 배제된다(상법 제527조의3 제5항).

④ 채권자보호절차

　㉠ 합병당사회사의 주주총회(간이합병 또는 소규모합병의 경우에는 이사회)에서 합병계약서를 승인한 때에는 각 회사는 그 승인결의가 있은 날로부터 2주 내에 채권자에 대해 합병에 이의가 있으면 1월 이상으로 정하여 공고한 이의제출기간 내에 이의를 제출할 것을 공고하고, 알고 있는 채권자에 대해서는 따로따로 이를 최고하여야 한다(상법 제527조의5 제1항).

　㉡ 위 공고는 회사의 정관에서 정하고 있는 공고방법에 따라 하여야 하는데, 이와 다른 방법으로 공고를 한 경우에는 공고로서 효력이 발생하지 않는다(상업등기선례 제1-225호).

ⓒ 주식회사가 합병에 따른 이의제출공고를 할 때 <u>공고문에 합병을 하는 회사를 표시하면서 회사의 본점 소재지가 아닌 다른 장소(옛 대표이사의 주소 등)를 기재한 경우, 그 공고에 의하여는 합병을 하는 회사의 동일성을 식별하기 어려워 적법·유효한 공고라고 볼 수 없기 때문에 그 공고문을 첨부한 등기신청은 수리될 수 없다</u>(상업등기선례 제2-74호). **기출** 17

ⓔ 회사가 합병을 하는 경우에는 상법 제527조의5에서 정하는 채권자보호절차를 반드시 밟아야 하므로 간이합병이나 소규모합병을 하는 경우는 물론, <u>합병 후 소멸하는 회사의 재무제표상 채무가 없다는 이유만으로는 그 절차를 생략하거나 보다 간이한 방법으로 채권자보호절차를 밟을 수는 없다</u>(상업등기선례 제1-228호). **기출** 20·08

ⓜ 합병당사회사의 정관상 공고방법이 동일할 경우에는 합병당사회사가 연명으로 이의제출공고를 하는 것도 가능하다.

ⓗ 한편, <u>채권자보호절차로써 이의제출기간중이라도 합병 후 존속하는 회사에 대한 상호변경등기를 한 후 합병의 등기를 할 수 있다</u>(상업등기선례 제1-232호).

ⓢ 채권자가 이의제출기간 내에 이의를 진술하지 않은 때에는 합병을 승인한 것으로 본다(상법 제232조 제2항).

ⓞ 이의를 제출한 채권자가 있는 때에는 회사는 그 채권자에 대하여 변제 또는 상당한 담보를 제공하거나 이를 목적으로 하여 상당한 재산을 신탁회사에 신탁하여야 한다(상법 제232조·제3항).

ⓩ 사채권자가 이의를 함에는 사채권자집회의 결의가 있어야 하는데, 이 경우 법원은 이해관계인의 청구에 의하여 사채권자를 위하여 이의의 기간을 연장할 수 있다(상법 제439조 제3항).

⑤ **소멸회사의 주식의 병합 또는 분할**

ⓐ 합병의 경우에 소멸회사의 주주는 존속회사 또는 신설회사의 주식을 배정받게 되는데, <u>합병비율이 1 : 1이 아닌 경우에는 소멸회사의 주식에 대하여 주식의 병합 또는 분할절차가 필요하다</u>(상업등기선례 제1-227호).

ⓛ <u>위 주식의 병합 또는 분할의 절차에 대해서는 자본금감소의 경우의 주식병합에 관한 규정이 준용된다</u>(상법 제530조 제3항·제329조의2 제3항·제440조~제443조).

ⓒ 즉, 회사는 1개월 이상의 기간을 정하여 주식의 병합 또는 분할의 뜻과 그 기간 내에 주권을 회사에 제출할 것을 공고하고 주주명부에 기재된 주주와 질권자에 대하여는 따로따로 통지를 하여야 한다(상법 제440조).

ⓔ 위 <u>주식의 병합 또는 분할은 소멸회사의 주식에 관하여 하는 것이므로 주권제출공고는 소멸회사의 정관 소정의 공고방법에 의하여 한다.</u>

ⓜ <u>주권제출공고는 소멸회사가 사실상 주권을 발행하고 있지 않다거나 주주 전원의 동의가 있다는 이유로 이를 생략할 수 없다</u>(상업등기선례 제1-196호, 제1-199호, 제1-233호).

ⓗ 주식을 병합하거나 분할하는 경우에 구주권을 회사에 제출할 수 없는 자가 있는 때에는 그 자의 청구에 의하여 3월 이상의 기간을 정하여 이해관계인에 대하여 그 주권에 대한 이의가 있으면 그 기간 내에 이의를 제출할 뜻을 공고하고, 그 기간이 경과한 후에 신주권을 청구자에게 교부할 수 있다(상법 제442조 제1항).

ⓐ 주식의 병합 또는 분할은 상법 제440조의 규정에 의한 주권제출기간이 만료한 때 효력이 생긴다(상법 제441조 본문).

ⓞ 병합 또는 분할에 적당하지 아니한 단주에 대하여는 이에 대하여 발행한 신주를 경매 또는 매각하여 종전의 주주에게 그 매각대금을 지급하여야 한다(상법 제443조).

⑥ 보고총회 또는 창립총회

보고총회 (존속회사)	• 존속회사의 대표이사는 채권자보호절차가 종료한 후 합병에 의하여 주식의 병합 또는 분할이 이루어진 때에는 그 효력이 생긴 후 주식의 병합 또는 분할에 의하여 단주가 생긴 때에는 상법 제443조에 따라 그 처분을 한 후 소규모합병의 경우에는 주주총회의 승인을 얻지 아니하고 합병한다는 뜻 등을 공고하거나 주주에게 통지한 후 지체 없이 주주총회를 소집하고 합병에 관한 사항을 보고하여야 한다(상법 제526조 제1항). • 이사의 합병의 경과에 관한 보고에 관하여는 승인결의가 필요하지 않다는 것이 통설이다. • 합병 당시에 발행되는 신주의 인수인(소멸회사의 주주)은 보고총회에서 존속회사의 주주와 동일한 권리가 있다(상법 제526조 제2항). • 이사회는 공고로써 주주총회에 대한 보고를 갈음할 수 있다(상법 제526조 제3항). • 다만, 1명 또는 2명의 이사만을 둔 소규모 주식회사의 경우 보고총회를 생략할 수 없다(상법 제383조 제5항).
창립총회 (신설회사)	• 신설회사의 정관의 작성 기타 회사의 설립에 관한 행위는 각 회사로부터 선임된 설립위원이 공동으로 하는데, 설립위원은 채권자보호절차 종료 후, 합병시 주식의 병합 또는 분할이 이루어진 때에는 그 효력이 발생한 후, 주식의 병합 또는 분할에 의해 단주가 생긴 때에는 상법 제443조에 의하여 이를 처분한 후, 지체 없이 창립총회를 소집하여야 한다(상법 제527조 제1항). • 설립위원은 창립총회에 회사의 설립에 관한 사항을 보고하고 창립총회는 이사 및 감사를 선임한다. • 그 외에, 합병계약의 취지에 반하지 않는 범위에서 창립총회는 정관변경을 결의할 수 있는데(상법 제527조 제2항), 정관변경의 결의는 소집통지에 그 뜻이 기재되지 않더라도 할 수 있다(상법 제527조 제3항·제316조 제2항). • 창립총회의 소집절차 및 결의의 방법 등에 관해서는 주식회사 설립 시의 창립총회에 관한 규정이 준용된다(상법 제527조 제3항·제308조 제2항·제309조·제311조·제312조 등). • 이사회는 공고로써 주주총회에 대한 보고를 갈음할 수 있다(상법 제527조 제4항). 합병으로 설립되는 회사의 이사, 감사 등을 정해 신설합병의 합병계약서에 그 성명 및 주민등록번호를 기재하고(상법 제524조), 그 합병계약서가 각 합병당사회사의 주주총회에서 승인되면 합병으로 설립되는 회사의 이사와 감사 등의 선임이 이루어지는 만큼, 이러한 경우에는 굳이 신설합병의 창립총회를 개최할 필요가 없다(대판 2009.4.23. 2005다22718). • 주식회사의 신설합병절차에서 합병계약서에 일반적인 합병사항과 신설회사의 등기할 사항에 대한 내용이 포함되고 이 합병계약서가 주주총회의 특별결의로 승인되었다면 단지 보고만을 위한 창립총회는 상법개정으로 이사회의 결의에 의한 공고로 갈음할 수 있으며, 신설회사에 대한 설립등기도 등기사항이 합병승인을 위한 주주총회에서 승인되었다고 볼 수 있으므로 일반적인 회사설립에서 필요한 창립총회를 거칠 필요 없이 등기가 가능하다(등기선례 제6-672호). **기출** 23 • 상법은 신설합병의 창립총회에 갈음하는 이사회 공고의 방식에 관하여 특별한 규정을 두고 있지 아니하므로, 이 경우 이사회 공고는 상법 제289조 제1항 제7호에 의하여 합병당사회사의 정관에 규정한 일반적인 공고방식에 의하여 할 수 있고, 상장회사의 주주총회 소집공고와 같은 방식으로 할 필요는 없다(대판 2009.4.23. 2005다22718). • 1명 또는 2명의 이사만을 둔 소규모 주식회사의 경우 이사회의 공고로 창립총회를 생략할 수 없다(상법 제383조 제5항).

3. 합병의 등기절차

(1) 등기기간

회사가 합병을 한 때에는 제526조의 주주총회가 종결된 날 또는 보고를 갈음하는 공고일(흡수합병의 경우), 제527조의 창립총회가 종결된 날 또는 보고를 갈음하는 공고일(신설합병의 경우)부터 2주일 내에 본점의 소재지에서 합병 후 존속하는 회사의 변경등기, 합병으로 인하여 소멸하는 회사의 해산등기, 합병으로 인하여 설립되는 회사의 설립등기를 하여야 한다(상법 제528조 제1항).

(2) 등기신청인

① 존속회사의 변경등기 또는 신설회사의 설립등기는 존속회사 또는 신설회사를 대표하는 자가 각각 신청한다(제23조 제1항).

② 합병으로 소멸하는 회사의 해산등기는 당해 회사를 대표하는 자가 아니라 존속회사의 대표자(흡수합병의 경우) 또는 신설회사의 대표자(신설합병의 경우)가 각각 소멸회사를 대표하여 신청한다(제63조 제1항).

기출 20 · 18 · 17 · 13 · 08

(3) 등기소의 처리

① 본점 소재지에서 하는 합병으로 인한 변경 또는 설립등기의 신청과 합병으로 인한 해산등기의 신청은 존속회사 또는 신설회사의 본점 소재지를 관할하는 등기소에 동시에 하여야 한다(제63조 제3항).

기출 17 · 13 · 08

② 제63조 제3항에 따른 등기신청을 접수한 등기관은 다른 등기소의 관할에 속한 등기신청도 함께 처리하여야 한다. 이 경우 어느 하나의 등기신청에 관하여 제26조 각 호의 어느 하나에 해당하는 사유가 있을 때에는 이들 신청을 함께 각하하여야 한다(제64조).

③ 청산종결의 등기, 합병 · 합병무효 또는 조직변경으로 인한 해산등기는 기타사항란에 하여야 하고, 이를 등기한 때에는 그 등기기록을 폐쇄하여야 한다(규칙 제154조 제1항 및 제116조).

(4) 등기사항

① 존속회사의 등기사항

㉠ 합병으로 인한 변경 또는 설립등기를 할 때에는 합병으로 소멸하는 회사의 상호 · 본점과 합병을 한 뜻도 함께 등기하여야 한다(제62조 제1항).

㉡ 회사가 합병을 하면서 합병 후 회사가 발행할 주식의 총수, 합병 후 발행주식의 총수, 종류와 그 수, 자본금의 총액을 변경한 때에는 그 변경등기도 하여야 한다.

㉢ 합병 시 존속하는 회사가 소멸회사로부터 전환사채 또는 신주인수권부사채를 승계한 때에는 변경등기와 동시에 그 승계하는 사채에 관한 등기도 하여야 한다(상법 제528조 제2항).

㉣ 해산회사가 존속회사의 발행주식 전부를 소유하고 있고 존속회사는 합병으로 승계할 위 자기주식을 자본금감소에 의하여 전부 소각하며, 해산회사의 주주에게는 합병신주를 발행하여 교부하는 것으로 합병계약에서 정한 경우, 합병으로 인한 존속회사의 등기기록상 발행주식총수 및 자본금의 총액의 각 기록방법은 합병신주의 발행으로 인한 변경등기를 먼저 한 후에 주식소각으로 인한 변경등기를 하여야 하고, 합병신주발행과 주식소각으로 인하여 최종적으로 변동되는 부분만의 변경등기를 경료할 수는 없다.

㉤ 위 경우에 자본금감소 없이 자기주식의 전부를 소각하는 것으로 합병계약에서 정한 때에는 자본금의 총액(발행주식총수는 위와 동일함)은 소각으로 인하여 변동이 없으며 합병신주의 발행으로 인하여 증가하는 자본금만큼의 변경등기를 하여야 한다(상업등기선례 제1-235호, 제1-239호).

② 신설회사의 등기사항

　　㉠ 합병으로 회사를 설립할 때에는 상법 제317조 제2항에서 정하는 설립등기사항 외에 소멸회사의 상호 및 본점과 합병을 한 뜻을 등기하여야 한다(제62조 제1항).

　　㉡ 합병 후 신설회사가 합병으로 인하여 소멸회사로부터 전환사채 또는 신주인수권부사채를 승계한 경우에는 설립등기와 동시에 그 사채에 관한 등기도 하여야 한다(상법 제528조 제2항). **기출** 17

③ 소멸회사의 등기사항

　　㉠ 합병으로 인한 해산등기를 할 때에는 합병 후 존속하는 회사 또는 합병으로 설립하는 회사 및 소멸회사의 상호·본점과 합병을 한 뜻 및 그 연월을 등기하여야 한다(제62조 제2항).

　　㉡ 여기서 소멸회사란 신설합병에서 2 이상의 회사가 소멸하게 될 때, 어느 소멸회사의 해산등기에 있어서 다른 합병당사회사인 소멸회사를 말한다.

　　㉢ 합병 연월일 또는 해산연월일은 합병의 효력이 발생한 날인 신설회사의 설립등기일 또는 존속회사의 변경 등기일을 말한다.

(5) 첨부정보

① 존속회사 변경등기신청서의 첨부정보

　　㉠ 합병계약서(규칙 제148조 제1호)

　　㉡ 존속회사의 주주총회의사록 및 이사회의사록(규칙 제128조 제2항)

　　　㉮ 합병계약서의 승인에 관한 존속회사의 주주총회 의사록과 보고총회의 사록을 첨부하여야 한다.

　　　㉯ 다만, 상법 제527조의3에 따라 합병계약서의 승인에 관해 이사회의 승인으로 주주총회의 승인을 갈음한 경우(소규모합병)에는 합병승인 주주총회의사록 대신 이사회의사록을 첨부하고, 이사회의 공고로써 보고총회를 갈음한 경우에는 보고총회의사록 대신에 공고를 증명하는 서면을 첨부한다(규칙 제148조).

　　㉢ 소멸회사의 주주총회 또는 이사회의 의사록이나 사원총회의 의사록 또는 총사원의 동의가 있음을 증명하는 서면(규칙 제148조 제2호) **기출** 17

　　　㉮ 소멸회사가 주식회사인 때에는 합병계약서의 승인에 관한 주주총회의사록 또는 이사회의사록(간이합병)을, 소멸회사가 유한회사인 때에는 합병계약서를 승인한 사원총회의사록을, 소멸회사가 합명회사 또는 합자회사인 때에는 사원 전원의 동의가 있었음을 증명하는 서면을 첨부하여야 한다.

　　　㉯ 합병으로 인하여 소멸회사의 어느 종류주주에게 손해를 미치게 될 경우에는 그 회사의 종류주주총회의사록을 첨부하여야 한다(규칙 제148조 제3호).

　　㉣ 채권자보호절차를 거쳤음을 증명하는 서면(규칙 제148조 제8호) : 상법 제527조의5 제1항에 따른 공고 및 최고한 사실과 이의를 진술한 채권자가 있는 때에는 이에 대하여 변제 또는 담보를 제공하거나 신탁을 한 사실을 증명하는 서면을 첨부하여야 한다. 합병 후 소멸하는 회사의 재무제표상 채무가 없는 경우에도 채권자보호절차를 거쳤음을 증명하는 서면을 첨부하여야 한다(상업등기선례 제1-228호 참조). **기출** 20·08

　　㉤ 이사회의 공고로 합병보고총회에 대한 보고를 갈음한 경우 이를 증명하는 서면(규칙 제148조 제4호)

　　㉥ 간이합병 또는 소규모합병의 경우 그 관련된 사실을 증명하는 서면(규칙 제148조 제5·6·7호) : 간이합병·소규모합병을 한다는 뜻을 공고 또는 통지한 사실을 증명하는 서면(규칙 제148조 제5호), 소규모합병시 소멸하는 회사의 주주에게 지급할 합병교부금을 정한 때에는 존속하는 회사의 최종대표대조표(규칙 제148조 제6호), 소규모합병에 반대한다는 의사를 통지한 주주가 있는 때에는 그 주주가 소유하는 주식의 총수를 증명하는 서면(규칙 제148조 제7호)을 첨부하여야 한다.

ⓐ 주권제출공고를 하였음을 증명하는 서면(규칙 제148조 제9호) : 합병비율이 1 : 1이 아니어서 소멸회사의 주식에 대해 주식의 병합 또는 분할을 하는 경우에는 주권제출공고를 하여야 하는데, 이때에는 그 증명서면을 첨부하여야 한다.

ⓞ 존속회사가 자본금감소를 한 경우 채권자보호절차를 거쳤음을 증명하는 서면 등(규칙 제142조)

㉮ 존속회사가 소멸회사가 보유하고 있던 존속회사 주식을 승계해서, 그 주식을 소각하고 그에 해당하는 만큼 자본금을 감소한 경우 자본금감소절차를 이행하여야 한다.

㉯ 존속회사가 새롭게 합병신주를 발행하여 합병 후 결과적으로 존속회사의 자본금이 합병전보다 증가한 때에도 마찬가지다.

㉰ 자본금감소절차를 합병절차에 흡수해서 동시에 진행하는 것은 가능하지만, 이 경우에도 그 자본금감소에 관하여 채권자보호절차를 거쳤음을 증명하는 서면을 첨부하여야 한다.

② 신설회사 설립등기신청서의 첨부정보

㉠ 합병계약서(규칙 제149조·제148조)

㉡ 소멸회사의 (종류)주주총회 또는 이사회의사록이나 사원총회의사록 또는 총사원의 동의가 있음을 증명하는 서면(규칙 제149조·제148조)

㉢ 채권자보호절차를 거쳤음을 증명하는 서면(규칙 제149조·제148조)

㉣ 주권제출공고를 하였음을 증명하는 서면(규칙 제149조·제148조)

㉤ 신설회사의 정관(규칙 제149조·제129조) : 회사 합병으로 인하여 신 회사를 설립하는 경우에는 정관의 작성 기타 설립에 관한 행위는 각 회사에서 선임한 설립위원이 공동으로 하여야 한다(상법 제175조). 합병으로 인한 설립등기를 신청하는 경우에는 신설회사의 정관을 첨부정보로 제공하여야 하는데(규칙 제149조 제3호, 제129조 제1호), 상법 제292조가 준용되지 아니하므로 공증인의 인증을 받을 필요가 없다(상업등기실무 2). 기출 08

㉥ 창립총회의사록(규칙 제149조·제129조)

㉦ 이사회의 공고로 주주총회에 대한 보고를 갈음한 경우 이를 증명하는 서면(규칙 제149조)

㉧ 이사·대표이사와 감사 또는 감사위원회 위원의 취임승낙을 증명하는 서면(규칙 제149조·제129조)

㉨ 명의개서대리인을 둔 때에는 명의개서대리인과의 계약을 증명하는 서면(규칙 제149조·제129조)

㉩ 설립위원의 자격을 증명하는 서면(규칙 제149조 제2호·제112조 제2호) : 설립위원은 주주총회의 특별결의 (주식회사), 사원총회의 특별결의(유한회사) 또는 총사원의 동의(합명·합자회사)에 의하여 정하므로(상법 제175조·제434조·제599조·제230조), 이러한 결의 또는 동의가 있었음을 증명하는 주주총회의사록, 사원총회의사록 또는 총사원의 동의서를 첨부하여야 한다.

③ 소멸회사 해산등기신청서의 첨부정보

㉠ 소멸회사 해산등기의 신청에 관하여는 첨부정보에 관한 규정이 적용되지 않으므로 합병절차를 거쳤음을 증명하는 일체의 정보를 제공할 필요가 없다(규칙 제53조 제3항). 기출 20

㉡ 존속회사 또는 신설회사의 대표자가 소멸회사를 대표하여 해산등기를 신청하지만, 해산등기에 있어서는 인감을 제출할 필요는 없다(제25조 제3항 제8호, 제63조 제1항). 기출 13

(6) 등록면허세·등기신청수수료 등의 납부

① 등록면허세와 지방교육세

㉠ 존속회사의 변경등기의 경우 자본금증가를 수반하는 때에는 증가된 자본금의 1,000분의 4에 해당하는 등록면허세와 그 등록면허세액의 100분의 20에 해당하는 지방교육세를 납부하여야 하는데, 자본금이 증가하더라도 자본금증가액을 기준으로 한 등록면허세액이 112,500원 미만인 경우에는 112,500원의 등록면허세를 납부한다.

㉡ 대도시 내에서 회사를 설립한 후 5년 내에 합병으로 자본금이 증가된 경우에는 3배 중과세된 등록면허세와 지방교육세를 납부한다(지방세법 제28조 제2항 제1호).

㉢ 자본금증가의 등기와 함께 발행할 주식의 총수와 그 종류 등 자본금에 관한 사항을 함께 변경한 경우 이에 관한 등록면허세는 따로 납부할 필요가 없지만(등기예규 제1790호 제10조), 자본금에 관한 사항 이외의 등기사항(상호, 목적, 임원 등)을 변경하는 경우에는 각 등기사항별로 등록면허세와 지방교육세를 추가로 납부한다.

㉣ 자본금증가나 다른 등기사항의 변경 없이 합병의 취지만을 등기하는 경우(무증자합병의 경우)에는 40,200원의 등록면허세와 8,040원의 지방교육세를 납부한다.

㉤ 설립등기의 경우에는 자본금의 1,000분의 4에 해당하는 등록면허세와 그 등록면허세액의 100분의 20에 해당하는 지방교육세를 납부한다.

㉥ 대도시 내에서 설립하는 경우에는 3배 중과세된 등록면허세와 지방교육세를 납부한다.

㉦ 해산등기에 대하여는 기타변경등기 등록면허세 40,200원과 지방교육세 8,040원을 납부한다.

② 등기신청수수료

㉠ 합병으로 인한 존속회사의 변경등기에 대하여는 7,000원의 등기신청수수료를 납부하여야 하는데, 자본금이 증가하거나, 상호, 목적 등의 변경등기를 함께 신청하는 경우에는 각각의 항목별로 7,000원(전자신청은 2,000원, 전자표준양식에 의한 신청은 5,000원)의 등기신청수수료를 납부하여야 한다.

㉡ 설립등기에 대해서는 35,000원(전자신청은 20,000원, 전자표준양식에 의한 신청은 28,000원)을 납부한다.

㉢ 해산등기에 대해서는 7,000원(전자신청은 2,000원, 전자표준양식에 의한 신청은 5,000원)의 등기신청수수료를 납부한다.

(7) 등기소의 처리

① 본점 소재지에서 하는 제62조 제1항의 변경 또는 설립등기의 신청과 제1항의 해산등기의 신청은 존속회사 또는 신설회사의 본점 소재지를 관할하는 등기소에 동시에 하여야 한다(제63조 제3항).

② 제63조 제3항에 따른 등기신청을 접수한 등기관은 다른 등기소의 관할에 속한 등기신청도 함께 처리하여야 한다. 이 경우 어느 하나의 등기신청에 관하여 제26조 각 호의 어느 하나에 해당하는 사유가 있을 때에는 이들 신청을 함께 각하하여야 한다(제64조).

③ 청산종결의 등기, 합병·합병무효 또는 조직변경으로 인한 해산등기는 기타사항란에 하여야 하고, 이를 등기한 때에는 그 등기기록을 폐쇄하여야 한다(규칙 제154조 제1항 및 제116조).

4. 합병의 효력

① 합병은 존속회사 또는 신설회사가 그 본점 소재지에서 변경등기 또는 설립등기를 함으로써 그 효력이 생긴다(상법 제530조 제2항·제234조). 합병의 등기는 합병의 효력발생요건이다.

② 합병으로 존속 또는 신설회사는 소멸회사의 권리의무를 포괄적으로 승계하고(상법 제530조 제2항·제235조) 존속회사 또는 신설회사를 제외한 합병의 당사회사는 소멸하는데, 청산절차를 거치지 않고 합병의 효력발생 시에 당연히 소멸한다.

③ 소멸회사의 주주는 주식인수의 의사를 특히 표시하지 않고도 합병계약에서 정하는 바에 따라 당연히 존속회사 또는 신설회사의 주주가 된다(대판 2003.2.11. 2001다14351).

④ 합병하는 회사의 일방이 합병 후 존속하는 경우에 존속하는 회사의 이사 및 감사로서 합병 전에 취임한 자는 합병계약서에 다른 정함이 있는 경우를 제외하고는 합병 후 최초로 도래하는 결산기의 정기주주총회가 종료하는 때에 퇴임한다(상법 제527조의4 제1항). **기출** 09

XXVI 분할 또는 분할합병의 등기

1. 서 설

① 회사분할의 의의

　㉠ 회사의 분할이란 1개의 회사(이하 '분할회사' 또는 '분할되는 회사'라고 한다)가 2개 이상의 부분으로 나누어져, 그 분할된 부분이 하나 이상의 신설회사 또는 기존의 회사('분할합병의 상대방회사'라고도 한다)에 포괄승계되고 분할되는 회사는 존속하거나 소멸하는 상법상의 제도를 말한다.

　㉡ 이때, 분할되는 회사로부터 재산을 승계하는 대가로, 신설되는 회사 또는 기존의 회사에서 발행하는 주식은 원칙적으로 분할되는 회사의 주주에게 부여하지만, 분할되는 회사가 존속하는 경우 그 분할되는 회사에 부여하기도 한다.

　㉢ 분할되는 회사, 분할로 신설되는 회사 또는 분할합병의 상대방 회사는 모두 주식회사여야 한다.

② 분할 또는 분할합병의 종류

　㉠ 단순분할과 분할합병

　　㉮ '단순분할'은 회사를 수 개로 분할하여 분할된 1개 또는 수 개를 각각 출자하여 1개 또는 수 개의 회사를 신설하는 것을 말한다(상법 제530조의2 제1항).

　　㉯ 이때, 분할되는 회사는 존속할 수도 있고, 소멸할 수도 있다. '분할합병'은 분할된 일부를 존립중인 다른 회사에 흡수합병시키거나 다른 존립중인 회사와 더불어 회사를 설립하는 것을 말한다(상법 제530조의2 제2항, 상업등기선례 제1-244호).

　　㉰ 회사는 사정에 따라 단순분할과 분할합병을 병행하여 분할된 수개의 부분 중 일부로는 회사를 신설하고, 다른 일부로는 다른 존립 중인 회사와 합병하는 것이 가능하다(상법 제530조의2 제3항).

　㉡ 물적분할과 인적분할

　　㉮ 분할로 신설되는 회사 또는 분할합병의 상대방회사가 분할 또는 분할합병으로 발행하는 신주는 분할되는 회사의 주주들에게 귀속시킬 수도 있고 분할되는 회사 자체에 귀속시킬 수도 있다.

　　㉯ 전자의 방식을 '인적분할'이라 하고, 후자의 방식을 '물적분할'이라고 한다.

　　㉰ 상법은 인적분할을 원칙적 모습으로 규정하면서, 인적분할에 관한 규정들을 물적분할에 준용하고 있다(상법 제530조의12).

③ 해산회사의 분할의 제한 : 해산 후의 회사는 <u>존립 중의 회사를 존속하는 회사로 하거나 새로 회사를</u> <u>설립하는 경우에 한하여 분할 또는 분할합병할 수 있다</u>(상법 제530조의2 제4항). 기출 21

2. (단순)분할의 절차

① 분할계획서의 작성(분할계획서의 기재사항)

　　㉠ 단순분할의 경우 상대방이 없고 분할되는 회사의 스스로의 결정에 의하여 회사를 분할하므로 그 분할의 내용 등을 명확히 할 필요가 있다.

　　㉡ <u>상법은 회사의 분할시 반드시 분할계획서를 작성하도록 하고, 분할계획서에 반드시 기재되어야 하는 필수적 기재사항을 정하고 있다</u>(상법 제530조의5).

　　㉢ 새로운 회사를 설립하면서 분할되는 회사의 출자 이외에 새로운 주주를 모집할 수 있는데(상업등기선례 제1-245호), 이러한 경우에는 그에 관한 내용도 분할계획서에 기재하여야 할 것으로 해석된다.

　　　㉮ 분할되는 회사가 소멸하는 경우(상법 제530조의5 제1항)

> • 설립되는 회사의 상호, 목적, 본점의 소재지 및 공고의 방법(제1호)
> • 설립되는 회사가 발행할 주식의 총수 및 액면주식·무액면주식의 구분(제2호)
> • 설립되는 회사가 분할 당시에 발행하는 주식의 총수, 종류 및 종류별 주식의 수, 액면주식·무액면주식의 구분(제3호)
> • 분할되는 회사의 주주에 대한 설립되는 회사의 주식의 배정에 관한 사항 및 배정에 따른 주식의 병합 또는 분할을 하는 경우에는 그에 관한 사항(제4호)
> • 분할되는 회사의 주주에게 지급할 금액을 정한 때에는 그 규정(제5호)
> • 설립되는 회사의 자본금과 준비금에 관한 사항(제6호) : 분할로 설립되는 회사에 출자된 재산의 가액이 출자한 회사로부터 승계한 채무액, 출자한 회사의 주주에게 지급한 금액과 설립된 회사의 자본금을 초과할 때에는 <u>그 초과금액은 자본준비금으로 적립된다</u>(상법 제459조 제1항). 그러나 <u>위 초과금액</u> <u>중 분할되는 회사의 이익준비금 기타 법정준비금은 분할로 설립되는 회사가 이를 승계할 수 있다</u>(상법 제459조 제2항).
> • 설립되는 회사에 이전될 재산과 그 가액(제7호)
> • 분할 전 회사의 채무에 관해 연대책임을 배제하는 정함이 있는 경우에는 그 내용(제8호)
> • 분할을 할 날(제8조의2호)
> • 설립되는 회사의 이사와 감사를 정한 경우에는 그 성명과 주민등록번호(제9호) : 회사분할의 경우 분할계획서에 이사와 감사를 기재한 후 분할을 승인하는 주주총회의 승인을 받아 선임할 수 있다. 분할되는 회사의 재산 외에 추가출자를 받아서 신설회사를 설립하는 경우에는 창립총회를 개최하여 이사와 감사를 선임하여야 한다.
> • 설립되는 회사의 정관에 기재할 그 밖의 사항(제10호) : 신설회사의 정관에 기재할 임의적 기재사항이 있다면 그것도 분할계획서에 기재하여 분할에 대한 주주총회의 승인을 얻음으로써 정관내용으로 할 수 있다.

ㄴ 분할되는 회사가 존속하는 경우(상법 제530조의5 제2항)

- 감소할 자본금과 준비금의 액(제1호) : 분할되는 회사의 자본금을 감소하고자 할 경우에는 분할계획서에 그 감소할 자본금액을 기재하여야 한다.
- 자본금감소의 방법(제2호) : 분할되는 회사의 자본금을 감소하고자 하는 경우 그 감소의 방법을 분할계획서에 정하고 이에 따라 자본금감소절차를 거쳐야 한다.
- 분할로 인하여 이전할 재산과 그 가액(제3호)
- 분할 후의 발행주식의 총수(제4호)
- 회사가 발행할 주식의 총수를 감소하는 경우에는 그 감소할 주식의 총수, 종류 및 종류별 주식의 수(제5호)
- 정관변경을 가져오게 하는 그 밖의 사항(제6호) : 분할부분으로 새로운 회사를 설립하면서 분할되는 회사의 사업목적, 상호 등을 변경할 수 있는데, 이때 분할계획서에 이에 관한 사항을 기재하여 분할승인을 위한 주주총회에서 승인받음으로써 그러한 내용으로 정관변경을 할 수 있다.

② 분할계획서 등의 공시 : 분할회사의 이사는 분할계획서의 승인을 위한 주주총회 회일의 2주 전부터 분할의 등기를 한 날 이후 6개월간 분할계획서, 분할되는 부분의 대차대조표, 분할되는 회사의 주주에게 발행할 주식의 배정에 관하여 그 이유를 기재한 서면을 본점에 비치하여야 하고(상법 제530조의7 제1항), 주주 및 회사채권자는 영업시간 내에는 언제든지 위 서류의 열람을 청구하거나 회사가 정한 비용을 지급하고 그 등본 또는 초본의 교부를 청구할 수 있다(상법 제530조의7 제3항, 제522조의2 제2항).

③ 분할의 승인

ㄱ 회사가 분할을 하는 때에는 분할계획서를 작성하여 상법 제434조의 <u>주주총회의 특별결의로써 그 승인을 받아야</u> 한다(상법 제530조의3 제1항·제2항).

ㄴ 분할의 승인을 위한 총회에서는 <u>의결권이 없거나 의결권이 제한되는 종류주식의 주주도 의결권을 행사할 수 있으며</u>, 분할계획의 요령은 총회의 소집의 통지에 기재하여야 한다(상법 제530조의3 제3항·제4항). **기출** 21

④ 채권자보호절차

ㄱ 분할로 설립되는 회사는, 원칙적으로 분할 전의 분할되는 회사의 채무에 관하여 분할되는 회사(분할로 수 개의 회사가 설립된 경우에는 그 수 개의 회사)와 연대하여 변제할 책임을 부담하므로, 회사가 분할하더라도 회사의 채권자에게는 불이익이 없다. 따라서 원칙적으로 <u>단순분할의 경우 채권자보호절차를 취할 필요가 없다</u>(상법 제530조의9 제1항·제530조의11).

ㄴ 예외적으로 분할로 설립되는 회사가 분할되는 회사의 채무 중에서 출자한 재산에 관한 채무만을 부담할 것을 정할 수 있고, 이 경우 분할되는 회사가 분할 후에 존속하는 때에는 분할로 설립되는 회사가 부담하지 아니하는 채무만을 부담하게 되는 바, 이때에는 채권자가 불리해질 수 있다. 따라서 <u>이 경우 상법은 채권자보호절차를 거치도록 하고 있다</u>(상법 제530조의9 제4항·제439조 제3항·제527조의5).

ㄷ 단순분할절차에서 예외적으로 채권자보호절차를 거쳐야 하는 경우, 회사는 분할승인 결의가 있은 날부터 2주 내에 회사채권자에 대하여 분할에 이의가 있으면 회사가 정한, 1월 이상의 일정한 기간 내에 이의를 제출할 것을 정관에서 정하고 있는 공고방법에 따라 공고하여야 하고, 알고 있는 채권자에 대하여는 따로따로 이를 최고하여야 한다. 위 기간 내에 채권자가 이의를 제출하지 아니한 때에는 분할을 승인한 것으로 본다.

ⓔ 이의를 제출한 채권자가 있는 때에는 회사는 그 채권자에 대하여 변제 또는 상당한 담보를 제공하거나 이를 목적으로 하여 상당한 재산을 신탁하여야 한다(상법 제530조의9 제4항·제439조 제3항·제527조의5).

ⓜ 분할되는 회사가 분할 후에도 존속하면서 분할의 기회에 자본금을 감소하는 경우 원칙적으로 상법 제232조의 채권자보호절차를 거쳐야 하지만, 그 자본금감소가 주주에 대한 출자의 환급이 없는 명목상의 것이고, 분할 후 분할되는 회사의 자본금과 신설회사의 자본금의 합계액이 분할 전의 분할되는 회사의 자본금 이상이며, 신설회사가 분할되는 회사의 채무에 관하여 연대하여 변제할 책임(상법 제530조의9 제1항)을 부담한다면, 채권자보호절차를 생략할 수 있다(상업등기선례 제2-82호).

⑤ 창립총회

㉠ 분할되는 회사의 대표이사는 채권자보호절차의 종료 후, 회사의 분할로 인한 주식의 병합 또는 분할이 있을 때에는 그 효력이 생긴 후에, 병합 또는 분할에 적당하지 아니한 단주가 있을 때에는 상법 제443조에 따라 이를 처분한 후, 지체 없이 분할로 신설되는 회사의 창립총회를 소집하여야 한다(상법 제530조의11 제1항·제527조 제1항).

㉡ 창립총회에서는 분할계획의 취지에 위반되지 않는 범위에서 정관변경의 결의를 할 수 있다(상법 제530조의11 제1항·제527조 제2항). 창립총회에 대한 보고는 이사회의 공고로써 갈음할 수 있는데(상법 제530조의11 제1항·제527조 제4항), 소규모 주식회사로 1명 또는 2명의 이사만을 둔 경우에는 창립총회를 생략할 수 없다(상법 제383조 제5항).

3. 분할합병의 절차

① 분할합병계약서의 작성(분할합병계약서의 기재사항) : 분할합병은 회사의 분할적 요소 외에, 그 분할된 부분과 다른 회사와의 합병이라는 성격을 내포하고 있다. 따라서 분할합병도 합병과 마찬가지로 상대방 회사와 분할합병계약을 체결하여 분할합병조건, 존속회사 또는 신설회사의 정관의 내용 기타 분할합병에 필요한 사항 등을 정해야 한다. 분할합병계약서의 필수적 기재사항은 다음과 같다.

㉠ 흡수분할합병의 경우 : 분할되는 회사의 일부가 다른 회사와 합병하여 그 다른 회사(분할합병의 상대방회사)가 존속하는 흡수분할합병의 경우, 분할합병계약서에는 다음의 사항을 기재하여야 한다(상법 제530조의6 제1항).

> - 분할합병의 상대방 회사로서 존속하는 회사(이하 "분할승계회사"라 한다)가 분할합병으로 인하여 발행할 주식의 총수를 증가하는 경우에는 증가할 주식의 총수, 종류 및 종류별 주식의 수
> - 분할승계회사가 분할합병을 하면서 신주를 발행하거나 자기주식을 이전하는 경우에는 그 발행하는 신주 또는 이전하는 자기주식의 총수, 종류 및 종류별 주식의 수
> - 분할승계회사가 분할합병을 하면서 신주를 발행하거나 자기주식을 이전하는 경우에는 분할회사의 주주에 대한 분할승계회사의 신주의 배정 또는 자기주식의 이전에 관한 사항 및 주식의 병합 또는 분할을 하는 경우에는 그에 관한 사항
> - 분할승계회사가 분할회사의 주주에게 제3호에도 불구하고 그 대가의 전부 또는 일부로서 금전이나 그 밖의 재산을 제공하는 경우에는 그 내용 및 배정에 관한 사항
> - 분할승계회사의 자본금 또는 준비금이 증가하는 경우에는 증가할 자본금 또는 준비금에 관한 사항
> - 분할회사가 분할승계회사에 이전할 재산과 그 가액
> - 제530조의9 제3항의 정함이 있는 경우에는 그 내용

- 각 회사에서 제530조의3 제2항의 결의를 할 주주총회의 기일
- 분할합병을 할 날
- 분할승계회사의 이사와 감사를 정한 경우에는 그 성명과 주민등록번호
- 분할승계회사의 정관변경을 가져오게 하는 그 밖의 사항

  ⓛ 신설분할합병의 경우 : 회사의 일부를 다른 회사 또는 다른 회사의 일부와 분할합병을 하여 회사를 설립하는 경우, 분할합병계약서에는 다음의 사항을 기재하여야 한다(상법 제530조의6 제2항).

- 제530조의5 제1항 제1호·제2호·제6호·제7호·제8호·제8호의2·제9호·제10호에 규정된 사항
- 분할합병을 하여 설립되는 회사(이하 "분할합병신설회사"라 한다)가 분할합병을 하면서 발행하는 주식의 총수, 종류 및 종류별 주식의 수
- 각 회사의 주주에 대한 주식의 배정에 관한 사항과 배정에 따른 주식의 병합 또는 분할을 하는 경우에는 그 규정
- 각 회사가 분할합병신설회사에 이전할 재산과 그 가액
- 각 회사의 주주에게 지급할 금액을 정한 때에는 그 규정
- 각 회사에서 제530조의3 제2항의 결의를 할 주주총회의 기일
- 분할합병을 할 날

  ⓒ 분할합병을 하지 않는 부분에 관한 사항
   ㉮ 분할합병을 할 때 분할되는 회사는 분할합병의 대상이 되는 부분 외의 나머지 부분만으로 존속할 수도 있지만, 나머지 부분 중 일부로 새로운 회사를 설립하고 존속하거나 새로운 회사를 설립하고 해산할 수도 있다.
   ㉯ 분할합병을 할 때는 분할합병을 하지 아니하는 부분에 관한 사항을 분할합병계약서에 기재하여야 하는데, 이때 신설되는 회사에 관한 사항으로는 상법 제530조의5 제1항에서 정하는 사항을, 분할되는 회사가 존속하는 경우에는 같은 조 제2항에서 정하는 사항을 분할합병계약서에 기재하여야 한다(상법 제530조의6 제3항).

② 분할합병계약서 등의 공시
  ㉠ 분할되는 회사와 분할합병의 상대방 회사의 이사는 분할합병을 승인하는 주주총회 회일의 2주 전부터 분할합병의 등기를 한 날 이후 6개월간 분할합병계약서, 분할되는 회사의 분할되는 부분의 대차대조표, 분할합병의 상대방 회사의 대차대조표, 분할 또는 분할합병을 하면서 신주가 발행되거나 자기주식이 이전되는 경우에는 분할회사의 주주에 대한 신주의 배정 또는 자기주식의 이전에 관하여 그 이유를 기재한 서면을 각 회사의 본점에 비치하여야 한다(상법 제530조의7 제1항·제2항).
  ㉡ 주주 및 회사채권자는 영업시간 내에는 언제든지 위 서류의 열람을 청구하거나, 회사가 정한 비용을 지급하고 그 등본 또는 초본의 교부를 청구할 수 있다(상법 제530조의7 제3항·제522조의2 제2항).

③ 분할합병의 승인

　　㉠ 회사가 분할합병을 하는 때에는 분할합병계약서를 작성하여 상법 제434조의 <u>주주총회의 특별결의로</u>
<u>써 그 승인을 받아야 한다</u>(상법 제530조의3 제1항 · 제2항).

　　㉡ 분할합병의 승인을 위한 총회에서는 <u>의결권이 없거나 의결권이 제한되는 종류주식의 주주도 의결권</u>
<u>을 행사할 수 있으며</u>, 분할합병계약의 요령은 총회의 소집의 통지에 기재하여야 한다(상법 제530조의3
제3항 · 제4항).

주주총회의 특별결의에 의한 승인

- 분할합병에 관하여는 <u>분할되는 회사와 분할합병의 상대방 회사의 주주총회의 특별결의에 의한 승인을 받아야 한다</u>
(상법 제530조의3 제1항 · 제2항 · 제530조의6 제1항 제7호). 분할합병의 승인을 위한 주주총회에서는 <u>의결권 없는</u>
<u>종류주식이나 의결권이 제한되는 종류주식의 주주도 의결권을 행사할 수 있으며</u>, 이 총회의 소집의 통지에는 분할합
병계약의 요령도 기재하여야 한다(상법 제530조의3 제3항 · 제4항).
- 분할합병에 반대하는 주주는 이사회가 분할합병계약서의 승인을 위한 주주총회소집의 결정을 한 때에 그 뜻을 회사
에 통지하고 주식의 매수를 청구할 수 있다(상법 제530조의11 제2항 · 제522조의3).
- 다만, 소규모 주식회사로써 1명 또는 2명의 이사를 두고 있는 회사에 있어서는 분할합병계약서의 승인을 위한 주주총
회소집의 통지가 있는 때에 그 뜻을 회사에 통지하고 주식매수청구권을 행사할 수 있다(상법 제383조 제4항).

간이분할합병(분할되는 회사의 주주총회의 승인을 이사회의 승인으로 갈음)

- 분할되는 회사의 <u>총주주의 동의</u>가 있거나 그 회사의 발행주식총수의 100분의 90 이상을 분할합병의 상대방 회사가
소유하고 있는 때에는 분할되는 회사의 주주총회의 승인은 이를 <u>이사회의 승인</u>으로 갈음할 수 있다(상법 제530조의
11 제2항 · 제527조의2 제1항). 이를 '간이분할합병'이라 한다.
- 이때, 분할되는 회사는 분할합병계약서를 작성한 날부터 2주 내에 주주총회의 승인을 얻지 아니하고 분할합병을
한다는 뜻을 공고하거나 주주에게 통지하여야 하는데, 총주주의 동의를 얻어 간이분할합병을 하는 경우에는 공고하
거나 통지할 필요가 없다(상법 제530조의11 제2항 · 제527조의2 제2항).

소규모 분할합병(분할합병의 상대방회사의 주주총회의 승인을 이사회 승인으로 갈음)

- 분할합병의 상대방회사가 분할합병으로 발행하는 신주 및 이전하는 자기주식의 총수가 <u>그 회사의 발행주식총수의</u>
<u>100분의 10을 초과하지 아니하고</u>, 분할합병의 상대방회사가 분할되는 회사의 주주에게 제공하는 금전이나 그 밖의
재산의 가액이 분할합병의 상대방회사의 최종 대차대조표상으로 현존하는 <u>순자산액의 100분의 5를 초과하지 아니하</u>
<u>는 때</u>에는 분할합병의 상대방회사는 이사회의 승인으로써 주주총회의 승인을 갈음할 수 있는데(상법 제530조의11
제2항 · 제527조의3 제1항), 이를 '소규모 분할합병'이라고 한다.
- 소규모 분할합병을 하는 경우에는 분할합병 계약서에 주주총회의 승인을 얻지 아니하고 분할합병을 한다는 뜻을
기재하여야 하고, 분할합병계약서를 작성한 날부터 2주 내에 분할되는 회사의 상호 및 본점의 소재지, 분할합병을
할 날, 주주총회의 승인을 얻지 아니하고 분할합병을 한다는 뜻을 공고하거나 주주에게 통지하여야 한다(상법 제530
조의11 제2항 · 제527조의3 제2항 · 제3항).
- 분할합병의 상대방회사의 발행주식총수의 100분의 20 이상에 해당하는 주식을 소유한 주주가 위 공고 또는 통지를
한 날부터 2주 내에 회사에 대하여 서면으로 반대하는 의사를 통지한 때에는 소규모 분할합병을 할 수 없고 정식으로
주주총회의 승인을 얻어 분할합병절차를 진행하여야 한다(상법 제530조의11 제2항 · 제527조의3 제4항). <u>소규모</u>
<u>분할합병 시에는 분할합병 반대주주의 주식매수청구권이 배제된다</u>(상법 제530조의11 제2항 · 제527조의3 제5항).

④ 채권자보호절차

　　㉠ 단순분할과 달리 <u>분할합병의 경우 반드시 채권자보호절차를 거쳐야 한다</u>(상법 제530조의11 제2항 · 제527
조의5 · 제439조 제3항).

　　㉡ 회사는 분할합병의 승인결의가 있은 날부터 2주 내에 채권자에 대하여 분할합병에 이의가 있으면
1월 이상으로 하여 회사가 정한, 일정한 기간 내에 이의를 제출할 것을 정관 소정의 공고방법에 따라
공고를 하여야 하고, 알고 있는 채권자에 대하여는 따로따로 이를 최고하여야 한다.

ⓒ 위 기간 내에 채권자가 이의를 제출하지 아니한 때에는 분할합병을 승인한 것으로 보고, 이의를 제출한 채권자가 있는 때에는 회사는 그 채권자에게 변제 또는 상당한 담보를 제공하거나 이를 목적으로 하여 상당한 재산을 신탁하여야 한다.

ⓔ 분할합병 시에 분할되는 회사는 분할합병의 상대방 회사 또는 분할합병으로 신설되는 회사에 그 영업재산의 일부를 이전하게 되는데, 이때 분할되는 회사에서 자본금을 줄이는 경우에는 그 줄이는 자본금과 자본금감소의 방법을 분할합병계약서에 기재하여야 하고(상법 제530조의6 제3항·제530조의5 제2항 제1호·제2호), 원칙적으로 자본금감소에 관하여 채권자보호절차를 이행하여야 한다(상법 제439조 제2항·제232조).

ⓜ 이때, 분할회사의 자본금감소에 관한 채권자보호절차는 분할합병에 관한 채권자보호절차와 동시에 진행하는 것도 가능하다.

⑤ 보고총회 또는 창립총회

보고총회	• 회사를 분할하여 분할된 일부를 존립중인 다른 회사에 흡수합병시키는 경우, 그 존립중인 분할합병의 상대방회사는 분할합병에 관한 사항을 보고하기 위한 주주총회를 개최하여야 한다(상법 제530조의11 제1항·제526조). 분할합병의 상대방 회사의 대표권 있는 이사는 분할합병에 따른 채권자보호절차를 마친 후, 주식의 병합 또는 분할이 있는 경우에는 그 효력이 발생한 후, 소규모 분할합병의 경우에는 주주총회의 승인을 얻지 아니하고 합병을 한다는 뜻을 공고하거나 주주에게 통지한 후 2주가 경과한 후 지체 없이 주주총회를 소집하고 합병에 관한 사항을 보고하여야 한다(상법 제530조의11 제1항·제526조 제1항). • 분할합병에 따라 신주를 배정받는 분할되는 회사의 주주는 위 보고총회에서 주주와 동일한 권리가 있다(상법 제530조의11 제1항·제526조 제2항). 이사회는 공고로써 위 주주총회에 대한 보고에 갈음할 수 있는데(상법 제530조의11 제1항·제526조 제3항), 분할합병의 상대방회사가 1명 또는 2명의 이사만을 둔 소규모 주식회사인 경우에는 보고총회를 생략할 수 없다(상법 제383조 제5항).
창립총회	• 분할된 일부를 다른 존립중인 회사의 전부 또는 일부와 합병시켜 회사를 설립하는 경우, 그 신설되는 회사의 창립총회를 개최하여야 한다(상법 제530조의11 제1항·제527조). 분할되는 회사 및 분할합병으로 소멸하는 회사의 대표권 있는 이사는 채권자보호절차의 종료 후, 주식의 병합 또는 분할이 있는 경우에는 그 효력이 발생한 후 지체 없이 창립총회를 소집하여야 한다(상법 제530조의11 제1항·제527조 제1항). • 창립총회는 이사회의 공고로써 이를 갈음할 수 있는데(상법 제530조의11 제1항·제527조 제4항), 1명 또는 2명의 이사만을 둔 소규모 주식회사의 경우에는 창립총회를 생략할 수 없다(상법 제383조 제5항). • 이사회의 공고로써 창립총회를 갈음하기 위해서는 신설회사의 이사와 감사 등 주식회사의 설립에 필수적인 사항을 분할합병계약서에 기재하여 분할되는 회사 및 분할합병으로 소멸하는 회사의 각 주주총회의 승인을 받아야 한다.

4. 분할 또는 분할합병의 등기절차

① 등기사항 : 분할 또는 분할합병으로 신설되는 회사(이하 '분할신설회사'라 한다)는 설립등기를, 분할 또는 분할합병 후에 존속하는 회사(이하 '분할존속회사'라 한다)와 분할합병에서 분할되는 부분을 흡수하는 분할합병의 상대방회사(이하 "흡수분할합병회사"라 한다)는 변경등기를, 분할 또는 분할합병으로 소멸하는 회사(이하 "분할소멸회사"라 한다)는 해산등기를 하여야 한다(상업등기법 제70조 제1항·제2항, 규칙 제150조·제151조, 등기예규 제1823호 제6조 제2항).

분할신설회사	• 상법 제317조 제2항의 통상의 설립등기사항 외에 분할존속회사나 분할소멸회사의 상호·본점과 분할 또는 분할합병을 한 뜻도 함께 등기하여야 한다(상업등기법 제70조 제1항). • 분할되는 회사 또는 분할합병의 상대방회사로부터 전환사채 또는 신주인수권부사채를 승계한 경우에는 설립등기와 <u>동시에</u> 그 사채에 관한 등기도 하여야 한다(상법 제530조의11 제1항·제528조 제2항).

흡수분할 합병회사	흡수분할합병회사의 경우 그 변경이 있는 때에는 분할합병 후의 회사가 발행할 주식의 총수, 분할합병 후의 발행주식의 총수, 종류 및 종류별 주식의 수, 분할합병 후의 자본금의 총액의 변경등기를 하고, 분할합병계약에서 이사와 감사 또는 감사위원회 위원을 정한 경우 이사와 감사 또는 감사위원회 위원의 성명·주민등록번호, 분할되는 회사의 전환사채 또는 신주인수권부사채를 승계한 때에는 그 사채에 관한 사항을 등기하는 외에, 분할존속회사나 분할소멸회사의 상호·본점과 분할합병을 한 뜻도 함께 등기하여야 한다.
분할존속회사	• 분할존속회사의 경우 그 변경이 있는 때에는 분할 또는 분할합병 후에 회사가 발행할 주식의 총수, 분할 또는 분할합병 후의 발행주식의 총수, 그 종류 및 종류별 주식의 수, 분할 또는 분할합병 후의 자본금의 총액의 변경등기를 하고, 분할신설회사 또는 흡수분할합병 회사가 분할존속회사의 전환사채 또는 신주인수권부사채를 승계하기로 한 경우 전환사채 또는 신주인수권부사채에 관한 등기를 말소하는 외에, 분할신설회사의 상호·본점과 분할을 한 뜻 및 그 연월일도 함께 등기하여야 한다. • 이 경우 분할되는 회사의 일부가 다른 회사 또는 다른 회사의 일부와 분할합병을 하여 회사를 설립하는 경우에는 그 다른 회사의 상호·본점도 함께 등기하여야 한다(상업등기법 제70조 제3항).
분할소멸회사	일반적인 해산등기의 등기사항 외에, 분할신설회사 또는 흡수분할합병회사의 상호·본점과 분할 또는 분할합병을 한 뜻 및 그 연월일도 함께 등기하여야 한다(상법 제70조 제3항 제1문).

② 등기기간 : 신설되는 회사의 창립총회의 종료일이나 분할합병의 상대방 회사의 보고총회의 종료일 또는 이들 총회에 갈음하는 공고일로부터 2주일 내에 본점의 소재지에서 설립등기·변경등기·해산등기를 하여야 한다(상법 제530조의11 제1항·제528조 제1항).

③ 등기신청인

　　㉠ 분할신설회사의 설립등기와 분할존속회사 또는 흡수분할합병 회사의 변경등기는 각 회사를 대표할 자 또는 대표하는 자가 신청하여야 한다(제23조 제1항).

　　㉡ 다만, 분할 또는 분할합병으로 인한 분할소멸회사의 해산등기는 분할신설회사, 흡수분할합병회사 또는 분할존속회사의 대표자가 분할소멸회사를 대표하여 신청한다(제71조 제1항). `기출` 21

④ 동시신청

　　㉠ 본점 소재지에서 하는 분할신설회사·흡수분할합병회사·분할존속회사·분할소멸회사의 설립등기·변경등기·해산등기의 신청은 분할신설회사, 흡수분할합병회사 또는 분할존속회사의 본점 소재지를 관할하는 등기소 중 한 곳에 동시에 하여야 한다(제71조 제3항).

　　㉡ 분할존속회사, 분할소멸회사, 분할신설회사, 흡수분할합병 회사의 관할등기소가 서로 다른 경우, 분할 또는 분할합병으로 인한 등기의 신청서를 제출하여야 할 등기소는 다음과 같다(등기예규 제1823호 제3조 제2항).

　　　㉮ 甲 회사의 일부를 분할하여 乙 회사를 설립하는 경우 → 甲 회사 또는 乙 회사의 관할등기소
　　　`기출` 21

　　　㉯ 甲 회사를 분할하여 乙 회사와 丙 회사를 각 설립하고 甲 회사는 소멸하는 경우

> • 乙 회사와 丙 회사의 관할등기소가 같은 경우 → 乙 회사 및 丙 회사의 관할등기소
> • 甲과 乙 회사의 관할등기소 또는 甲과 丙 회사의 관할등기소가 같은 경우 → 乙 회사 또는 丙 회사의 관할등기소
> • 甲, 乙, 丙 회사의 관할등기소가 모두 다른 경우 → 乙 회사 또는 丙 회사의 관할등기소

　　　㉰ 甲 회사의 일부를 분할하여 乙 회사와 丙 회사를 각 설립하고 甲 회사는 존속하는 경우 → 甲 회사 또는 乙 회사 또는 丙 회사의 관할등기소

　　　㉱ 甲 회사의 일부를 분할하여 그 분할된 부분을 乙 회사에 합병하고 甲 회사와 乙 회사가 모두 존속하는 경우 → 甲 회사 또는 乙 회사의 관할등기소

⑭ 甲 회사의 일부를 분할하여 그 분할된 부분과 乙 회사를 합병하여 丙 회사를 설립하고 甲 회사는 존속하고 乙 회사는 소멸하는 경우 → 甲 회사 또는 丙 회사의 관할등기소

⑮ 甲 회사와 乙 회사가 각 일부를 분할하여 그 분할된 부분을 합하여 丙 회사를 설립하고 甲 회사 및 乙 회사가 존속하는 경우 → 甲 회사 또는 乙 회사 또는 丙 회사의 관할 등기소

⑯ 甲 회사의 일부를 분할하여 그 분할된 부분과 乙 및 丙 회사를 합병하여 丁 회사를 설립하고 甲 회사는 존속하며 乙 및 丙 회사는 소멸하는 경우 → 甲 회사 또는 丁 회사의 관할등기소

⑰ 기타의 경우 → 분할존속회사, 분할신설회사, 흡수분할합병회사의 관할등기소가 같지 않은 경우로서 위에서 언급한 사례 이외의 경우에는 분할존속회사, 분할신설회사 또는 흡수분할합병회사 중 어느 한 회사의 관할등기소

⑤ **첨부정보**

㉠ 분할신설회사의 설립등기

- 분할계획서 또는 분할합병계약서(제1호) : 분할합병의 상대방 회사가 분할되는 회사의 주식을 전부 소유하고 있는 경우에는 분할되는 회사의 주주인 분할합병의 상대방 회사 자신이나 분할되는 회사에 대하여 분할합병의 상대방 회사의 주식을 주지 않는 내용의 분할합병계약을 체결하고, 그 분할합병계약서를 첨부하여 분할합병에 따른 변경등기를 신청할 수 있다(상업등기선례 제2-85호). 기출 16
- 분할존속회사 또는 분할소멸회사의 주주총회의사록(제2호)
- 분할존속회사 또는 분할소멸회사의 어느 종류주주에게 손해를 미치게 될 경우에는 그 회사의 종류주주총회의사록(제3호)
- 분할존속회사 또는 분할소멸회사의 주주의 부담이 가중되는 경우에는 그 주주 전원의 동의가 있음을 증명하는 정보(제4호)
- 신설되는 회사의 정관(제5호, 규칙 제129조 제1호) : 분할 또는 분할합병으로 신설되는 회사의 설립등기신청서에는 정관을 첨부하여야 하는데, 이 정관에는 분할존속회사와 분할소멸회사의 대표자가 서명 또는 기명날인하여야 한다. 이 정관에는 공증인의 인증을 요하지 않는다(상업등기선례 제1-240호). 기출 21
- 신설되는 회사의 창립총회의사록(제5호, 규칙 제129조 제9호) : 분할되는 회사의 출자 외에 추가적인 출자가 없고, 신설회사의 이사, 감사 등을 분할계획서에 기재하여 분할의 승인을 위한 주주총회에서 이를 승인받는 등의 절차를 거쳤기 때문에, 창립총회에서 특별히 결정할 사항이 없는 경우에는 이사회의 공고로 창립총회를 갈음할 수 있는 바(상법 제530조의11 제1항·제527조), 이 경우에는 창립총회의사록을 첨부할 필요가 없다.
- 이사, 대표이사, 집행임원, 대표집행임원, 감사 또는 감사위원회 위원의 취임승낙을 증명하는 서면(제5호, 규칙 제129조 제10호)
- 명의개서대리인을 둔 때에는 명의개서대리인과의 계약을 증명하는 서면(제5호, 규칙 제129조 제11호)
- 추가 출자를 하여 회사를 설립하는 경우, 그 외의 추가적 첨부정보(제6호) : 분할되는 회사 또는 분할합병의 상대방회사의 출자 외에 다른 출자를 추가하여 회사를 설립하는 경우에는, 위의 첨부정보 외에 그 추가 출자된 부분에 대해 주식의 인수를 증명하는 서면, 주금납입금 보관증명서 등 상업등기규칙 제129조 제2호부터 제7호까지 및 제12호의 서면을 첨부하여야 한다.
- 주권제출공고를 한 것을 증명하는 서면(제7호) : 분할존속회사 또는 분할소멸회사의 주주에게 분할신주를 배정하면서 주식의 병합 또는 분할을 하는 경우 주권제출공고를 하여야 하는 바, 이때 그 증명서면을 첨부한다.

- 채권자보호절차를 거쳤음을 증명하는 서면(제8호) : 단순분할의 경우에는 분할신설회사가 분할되는 회사의 채무 중에서 출자한 재산에 관한 채무만을 부담할 것을 정한 때에(연대책임을 배제하는 것으로 정한 경우) 한하여, 그리고 분할합병의 경우에는 원칙적으로 언제나, 채권자에 대하여 분할 또는 분할합병에 이의가 있으면 회사가 정하여 공고한 1월 이상의 기간 내에 이를 제출할 것을 공고 및 최고한 사실과, 이의를 진술한 채권자가 있는 때에는 이에 대하여 변제 또는 담보를 제공하거나 신탁을 한 사실을 증명하는 서면을 첨부하여야 한다.
- 이사회의 공고로 창립총회를 갈음한 경우, 이사회의사록과 그 공고한 것을 증명하는 서면(제9호)
- 분할 또는 분할합병으로 신설되는 회사가 전환사채 또는 신주인수권부사채를 승계하기로 한 경우에는 이를 증명하는 서면. 통상 분할계획서 또는 분할합병계약서와 이를 승인한 주주총회의사록이 이에 해당한다(상업등기선례 제1-247호).

㉮ 분할 또는 분할합병으로 인한 신설회사의 설립등기의 신청서에는 다음의 서면을 첨부하여야 한다(규칙 제150조 제2항).

㉯ 분할존속회사, 분할소멸회사, 분할신설회사, 흡수분할합병회사의 관할등기소(본점 소재지의 관할등기소를 의미한다)가 동일한 경우, 분할 또는 분할합병으로 인한 등기의 신청서는 그 관할등기소에 제출하여야 한다(등기예규 제1823호 제3조 제1항). 같은 등기소에 여러 건의 등기신청을 동시에 하는 경우에 첨부서면이 같은 것이 있을 때에는 먼저 접수하는 신청서에만 그 서면을 첨부하고 다른 등기의 신청서에는 대리권을 증명하는 서면(위임장)만 첨부하되 그 서면을 첨부하였다는 뜻을 기재하면 된다(등기예규 제1823호 제4조 제2항). **기출** 14

ⓛ 흡수분할합병회사의 변경등기 : 회사의 일부를 분할하여 다른 회사에 합병하는 흡수분할합병의 경우 그 흡수분할합병 회사의 변경등기 신청서에는 아래의 서면을 첨부한다(규칙 제151조).

- 분할합병계약서(제1호)
- 분할합병을 승인한 흡수분할합병회사의 주주총회의사록과 보고총회의사록 등(규칙 제128조 제2항) : 소규모 분할합병을 한 경우에는 주주총회 의사록 대신 이사회의사록을 첨부하고, 흡수분할합병의 보고총회(주주총회)를 이사회의 공고로 갈음한 경우에는 보고총회의사록 대신 이사회의사록을 첨부한다.
- 분할합병을 승인한 분할되는 회사의 주주총회의사록 또는 이사회의사록 등(제2~4호) : 간이분할합병을 한 경우에는 주주총회의사록 대신 이사회의사록을 첨부하고, 분할되는 회사의 어느 종류주주에게 손해를 끼치게 되거나 주주의 부담이 가중되는 경우에는 그 회사의 종류주주총회의사록과 부담이 가중되는 주주 전원의 동의서도 첨부한다(상법 제436조 · 제530조의3).
- 분할합병 시 주식의 병합 또는 분할을 하는 경우에는 주권제출공고를 하였음을 증명하는 서면(제5호)
- 이사회의 공고로써 주주총회를 갈음하는 경우 공고를 하였음을 증명하는 서면(제6호, 규칙 제148조 제4호)
- 간이분할합병 또는 소규모 분할합병의 경우 주주총회의 승인을 얻지 아니하고 분할합병을 한다는 뜻의 공고 또는 통지를 하였음을 증명하는 서면(제6호, 규칙 제148조 제5호)
- 소규모 분할합병의 경우에 분할되는 회사의 주주에게 지급할 금액을 정한 때에는 흡수분할합병회사의 **최종 대차대조표**(제6호, 규칙 제148조 제6호)
- 소규모 분할합병에 반대의사를 통지한 주주가 있는 경우에는 그 주주가 소유하는 주식의 총수를 증명하는 서면(제6호, 규칙 제148조 제7호)

- 채권자보호절차를 이행하였음을 증명하는 서면(제6호, 규칙 제148조 제8호) : 분할합병당사회사의 채권자에 대하여 분할합병에 이의가 있으면 회사가 정하여 공고한 1월 이상의 기간 내에 이를 제출할 것을 공고 및 최고한 사실과, 이의를 진술한 채권자가 있는 때에는 이에 대하여 변제 또는 담보를 제공하거나 신탁을 한 사실을 증명하는 서면을 첨부하여야 한다.
- 흡수분할합병회사가 전환사채 또는 신주인수권부사채를 승계하기로 한 경우에는 이를 증명하는 서면

ⓒ 분할존속회사의 변경등기와 분할소멸회사의 해산등기

㉮ 분할존속회사의 분할 또는 분할합병에 따른 변경등기의 경우 그 변경사실을 증명하는 서류는 위의 분할신설회사의 설립등기 또는 흡수분할합병회사의 변경등기 신청서에 첨부하여야 하는 서류와 동일하므로 분할존속회사의 변경등기신청서에 일체의 서면을 첨부할 필요가 없다.

㉯ 다만, 분할 또는 분할합병 시에 분할존속회사의 자본금을 줄이는 경우에는 그 줄이는 자본금과 자본금감소의 방법을 분할계획서 또는 분할합병계약서에 기재하여야 하고(상법 제530조의5 제2항 제1호·제2호), 원칙적으로 자본금감소에 관해 채권자보호절차를 이행한 후(상법 제439조 제2항·제232조) 그 이행증명서면을 첨부하여야 한다(채권자보호절차를 안 거쳐도 되는 경우 : 상업등기선례 제2–82호).

㉰ 분할로 소멸하는 회사의 해산등기의 신청에 관하여는 선청서의 첨부정보에 관한 규정을 적용하지 아니하므로(규칙 제53조 제3항), 분할소멸회사의 해산등기신청서에는 일체의 서면을 첨부할 필요가 없다. **기출** 21

⑥ 등록면허세·등기신청수수료 등 납부

㉠ 등록면허세 및 지방교육세

㉮ 흡수분할합병회사, 분할존속회사, 분할소멸회사의 분할 또는 분할합병의 등기에 대해서는 각각 1건의 기타변경등기 등록면허세 40,200원과 지방교육세 8,040원을 납부하여야 한다(지방세법 제28조 제1항 제6호 바목·제151조 제1항 제2호). 그 외에 흡수분할합병회사 또는 분할존속회사의 상호·목적의 변경등기, 증자등기, 감자등기를 하는 때에는 각각 그에 대한 등록면허세와 지방교육세를 추가로 납부하여야 한다.

㉯ 분할신설회사의 설립등기에 대해서는 자본금의 1,000분의 4에 해당하는 등록면허세와 그 등록면허세액의 100분의 20에 해당하는 지방교육세를 납부한다(지방세법 제28조 제1항 제6호 가목·제151조 제1항 제2호).

㉰ 다만, 대도시 내에서 설립하는 경우에는 3배 중과세된 등록면허세와 지방교육세를 납부하여야 한다(지방세법 제28조 제2항 제1호).

㉱ 이 경우 설립등기에 대한 등록면허세와 지방교육세 외에 분할 또는 분할합병의 등기에 대해서는 따로 등록면허세와 지방교육세를 납부하지 않는다.

㉡ 등기신청수수료

㉮ 흡수분할합병회사, 분할존속회사, 분할소멸회사의 분할 또는 분할합병의 등기에 대해서는 각각 7,000원(전자신청은 2,000원, 전자표준양식에 의한 신청은 5,000원)의 등기신청수수료를 납부하여야 한다(수수료규칙 제5조의3 제2항·제5조의5 제6항).

㉯ 그 외에, 흡수분할합병회사 또는 분할존속회사의 상호·목적의 변경등기, 증자등기, 감자등기를 하는 때에는 각각 그에 대한 등기신청수수료를 추가로 납부하여야 한다.

　　　　㉰ 분할신설회사의 설립등기에 대해서는 35,000원(전자신청은 20,000원, 전자표준양식에 의한 신청은 28,000원)의 등기신청수수료를 납부하여야 한다(수수료규칙 제5조의3 제1항 제1호·제5조의5 제3항).
　　　　㉱ 이 경우 분할 또는 분할합병의 등기에 대해서는 따로 등기신청수수료를 납부하지 않는다.
　⑦ 등기소의 처리 : 등기신청을 접수한 등기관은 다른 등기소의 관할에 속한 등기신청도 함께 처리하여야 한다. 이 경우 어느 하나의 등기신청에 관하여 제26조 각 호의 어느 하나에 해당하는 사유가 있을 때에는 이들 신청을 함께 각하하여야 한다(제72조항).

5. 분할 또는 분할합병의 효력

① 분할 또는 분할합병의 효력은 단순분할 또는 신설분할합병의 경우에는 분할 또는 분할합병으로 신설되는 회사의 설립등기를 한 때에, 흡수분할합병의 경우에는 분할합병의 상대방 회사가 본점 소재지에서 변경등기를 한 때에 그 효력이 발생한다(상법 제530조의11 제1항·제234조). 즉, 분할 또는 분할합병의 등기는 분할 또는 분할합병의 효력발생요건이다.
② 분할 또는 분할합병의 효력이 발생하면, 분할되는 회사의 영업재산의 일부를 기초로 새로운 회사가 설립되거나 다른 회사에 합병되고, 분할되는 회사가 소멸하기도 한다.
③ 분할되는 회사가 소멸하는 경우에는 청산절차 없이 소멸한다.
④ 단순분할신설회사, 분할승계회사 또는 분할합병신설회사의 권리의무는 분할 또는 분할합병의 효력이 발생하는 때에 신설회사 또는 분할합병의 상대방 회사에 포괄승계된다(상법 제530조의10).

XXVII 주식의 포괄적 교환·이전의 등기

1. 주식의 포괄적 교환 및 이전 제도

① 도입취지 : 회사가 다른 회사의 발행주식총수를 전부 소유하고 있는 경우 다른 회사의 발행주식총수 전부를 소유하고 있는 회사를 완전모회사라 하고 다른 회사를 완전자회사라 하는데(상법 제360조의2 제1항), 2001년 개정상법은 완전모회사를 만드는 것을 지원하기 위해 주식의 포괄적 교환과 주식의 포괄적 이전 제도를 도입하였다.
② 의 의
　㉠ 주식의 포괄적 교환은 이미 존재하던 2개 이상의 회사가 상호 간의 계약에 의하여 완전모자관계를 만드는 것으로(상법 제360조의3~제360조의14), 완전자회사가 될 회사의 주주는 그 소유하는 주식 전부를 완전모회사가 될 회사에 이전하고, 그 대신 완전모회사가 될 회사가 새로 발행하는 신주 또는 완전모회사가 되는 회사가 이미 가지고 있던 자기주식을 배정받거나 주식교환 대가의 전부 또는 일부로서 금전이나 그 밖의 재산을 제공받는다.
　㉡ 주식의 포괄적 이전은 이미 존재하던 어느 회사가 자신의 의지에 의해 자신의 완전모회사를 설립하는 것으로(상법 제360조의15~제360조의23), 완전자회사가 되는 회사의 주주는 그 소유하는 회사의 주식 전부를 주식의 포괄적 이전에 의하여 설립하는 완전모회사에 이전하고, 그 대신 완전모회사가 주식의 포괄적 이전으로 발행하는 주식을 배정받는다.

ⓒ 수 개의 회사가 공동으로 완전모회사를 설립하는 것에 관해 주식의 포괄적 이전의 경우에는 상법이 명시하고 있는데(상법 제360조의16 제1항 제8호), 주식의 포괄적 교환의 경우에는 이에 관한 명시적 규정이 없다.

ⓔ 주식의 포괄적 교환의 경우에도 완전모회사가 될 회사는 성질상 1개여야 하지만, 완전자회사가 될 회사는 수 개이어도 무방하다고 해석된다.

③ 법적 성격

ⓖ 주식의 포괄적 교환 및 이전은 그 경제적 효과의 측면에서 보면 현물출자적인 성격이 강하다.

ⓛ 하지만, 상법은 주식의 포괄적 교환 및 이전을 현물출자의 법리로 구성하지 않고, 합병, 분할과 같은 조직법적 행위로 구성하고 있다.

ⓒ 예를 들어, 주식의 포괄적 교환 또는 포괄적 이전에 주주총회결의를 거치도록 한 것이나, 현물출자에서와 달리 출자재산의 조사절차를 규정하고 있지 않는 점이나, 반대주주들의 주식도 모회사에 이전되도록 하고 반대주주에게 주식매수청구권을 인정하며, 주식의 포괄적 교환의 경우 모회사가 신주의 발행에 갈음하여 자기주식을 이전할 수 있도록 한 것 등이 그렇다.

ⓔ 이 절에서의 주식의 포괄적 교환 및 이전은 상법 제337조의 개인법적 행위인 주식 이전이 아니고, 합병·분할과 같은 조직법적 행위이다.

ⓜ 상법이 정하는 주식의 포괄적 교환 또는 포괄적 이전의 절차를 이행하면 별도의 이전 또는 교환행위 없이 주식의 소유주체가 변동된다.

④ 채권자보호절차의 요부

ⓖ 주식의 포괄적 교환 또는 주식의 이전으로 완전자회사가 되는 회사에 있어서는 그 주주만 변경되고 자본금이 감소하거나 책임재산이 변동되지 않으며, 완전모회사가 되는 회사에 있어서는 신주를 발행하거나 이미 가지고 있던 자기주식을 완전자회사의 주주에게 이전할 뿐이어서 책임재산 및 자본금이 증가할 수는 있어도 감소하지 않는다.

ⓛ 따라서 주식의 포괄적 교환 또는 이전 시 완전모회사 또는 완전자회사가 될 회사에서 채권자보호절차를 거칠 필요는 없다(상업등기실무 2). **기출** **22 · 17**

2. 주식의 포괄적 교환

① 주식교환의 절차

ⓖ 주식교환계약서의 작성 : 주식교환을 하고자 하는 회사는 주식교환계약서를 작성하여야 하는데(상법 제360조의3 제1항) 주식교환계약서에는 다음의 사항을 기재하여야 한다(상법 제360조의3 제3항).

> • 완전모회사가 되는 회사가 주식교환으로 인하여 정관을 변경하는 경우에는 그 규정(제1호)
> • 완전모회사가 되는 회사가 주식교환을 위하여 발행하는 신주 또는 이전하는 자기주식의 총수·종류, 종류별 주식의 수 및 완전자회사가 되는 회사의 주주에 대한 신주의 배정 또는 자기주식의 이전에 관한 사항(제2호)
> • 완전모회사가 되는 회사의 증가할 자본금 또는 자본준비금에 관한 사항(제3호)
> • 완전자회사가 되는 회사의 주주에게 그 대가의 전부 또는 일부로서 금전이나 그 밖의 재산을 제공하는 경우에는 그 내용 및 배정에 관한 사항(제4호)

- 완전모회사 및 완전자회사가 되는 각 회사가 주식교환의 승인결의를 할 주주총회의 기일(제5호)
- 주식교환을 할 날(제6호) : 주식교환을 할 날은 주식교환의 효력발생일이 된다.
- 각 회사가 주식교환을 할 날까지 이익배당을 할 때에는 그 한도액(제7호)
- 완전모회사가 되는 회사에 취임할 이사와 감사 또는 감사위원회 위원을 정한 때에는 그 성명 및 주민등록번호(제9호)

ⓛ 주식교환계약서 등의 사전공시

㉮ 이사는 주식교환계약서의 승인을 위한 주주총회의 회일의 2주 전부터 주식교환의 날 이후 6월이 경과하는 날까지 (i) 주식교환계약서, (ii) 완전모회사가 되는 회사가 주식교환을 위하여 신주를 발행하거나 자기주식을 이전하는 경우에는 완전자회사가 되는 회사의 주주에 대한 신주의 배정 또는 자기주식의 이전에 관하여 그 이유를 기재한 서면, (iii) 주식교환계약서 승인을 위한 주주총회 의회일(간이주식교환의 경우에는 공고 또는 통지를 한 날)전 6월 이내의 날에 작성한 주식교환을 하는 각 회사의 최종 대차대조표 및 손익계산서를 본점에 비치하여야 한다(상법 제360조의4 제1항).

㉯ <u>주주는 영업시간 내에 이 서류의 열람 또는 복사를 청구할 수 있다</u>(상법 제360조의4 제2항·제391조의3 제3항).

ⓒ 주식교환계약서의 승인

㉮ 주식교환을 하고자 하는 회사는 <u>주식교환계약서를 작성하여 주주총회의 특별결의에 의한 승인을 얻어야</u> 한다(상법 제360조의3 제1항·제2항).

㉯ 종류주식을 발행한 회사에서 주식교환으로 어느 종류의 주주에게 손해를 미치게 될 때에는 그 <u>종류주식의 주주로 구성되는 총회(= 종류주주총회)의 결의도 필요하고</u>(상법 제436조), 주식교환으로 각 회사의 주주의 부담이 가중되는 경우에는 <u>그 주주 전원의 동의를 얻어야</u> 한다(상법 제360조의3 제5항).

㉰ 종류주주총회의 승인결의는 출석한 주주의 의결권의 3분의 2 이상의 수와 그 종류의 발행주식총수의 3분의 1 이상의 수로써 하여야 한다(상법 제435조 제2항).

ⓔ 주식교환에 반대하는 주주의 주식매수청구권

㉮ 주식교환을 위한 승인사항에 관하여 이사회의 결의가 있는 때에 <u>그 결의에 반대하는 완전모회사 또는 완전자회사가 될 회사의 주주</u>는, <u>주주총회 전에 회사에 대하여 서면으로 그 결의에 반대하는 의사를 통지한 경우, 그 총회의 결의일로부터 20일 이내에 주식의 종류와 수를 기재한 서면으로 회사에 대하여 자기가 소유하고 있는 주식의 매수를 청구할 수 있다</u>(상법 제360조의5 제1항).

㉯ 간이주식교환의 경우에는 주식교환에 관한 이사회의 공고 또는 통지를 한 날부터 2주 내에 회사에 대하여 서면으로 주식교환에 반대하는 의사를 통지한 주주는 그 기간이 경과한 날부터 20일 이내에 주식의 매수를 청구할 수 있다(상법 제360조의5 제1항). 회사는 주식매수청구를 받은 날로부터 2월 이내에 그 주식을 매수하여야 하며, 매수가액은 주주와 회사간의 협의에 의하여 정하고 매수청구를 받은 날로부터 30일 이내에 협의가 이루어지지 아니한 경우에는 회사 또는 주식의 매수를 청구한 주주는 법원에 대하여 매수가액의 결정을 청구할 수 있다(상법 제360조의5 제3항·제374조의2 제2항~제5항).

ⓜ 완전모회사의 자본금증가의 한도액

  ㉮ 완전모회사가 되는 회사의 자본금은 주식교환의 날에 완전자회사가 되는 회사에 현존하는 순자산 액에서 (i) 완전자회사가 되는 회사의 주주에게 지급할 금액과, (ii) 신주발행에 갈음하여 완전자 회사가 되는 회사의 주주에게 이전하는 자기주식의 회계장부가액의 합계액을 공제한 금액을 초과 하여 증가시킬 수 없다(상법 제360조의7 제1항).

  ㉯ 완전모회사가 되는 회사가 주식교환 이전에 완전자회사가 되는 회사의 주식을 이미 소유하고 있 는 경우에는 완전모회사가 되는 회사의 자본금은 주식교환의 날에 완전자회사가 되는 회사에 현 존하는 순자산액에 그 회사의 발행주식총수에 대한 주식교환으로 완전모회사가 되는 회사에 이전 하는 주식의 수의 비율을 곱한 금액에서 상법 제360조의7 제1항 각 호의 금액을 공제한 금액의 한도를 초과하여 증가시킬 수 없다(상법 제360조의7 제2항).

ⓑ 주권의 실효절차

  ㉮ 주식교환에 의하여 완전자회사가 되는 회사는 그 주주총회에서 주식교환계약에 관해 승인을 한 때에는, (i) 주식교환에 관해 주주총회에서 승인을 한 뜻, (ii) 주식교환의 날의 전날까지 주권을 회사에 제출하여야 한다는 뜻, (iii) 주식교환의 날에 주권이 무효가 된다는 뜻을 주식교환의 날 1월 전에 공고하고, 주주명부에 기재된 주주와 질권자에 대하여 따로따로 그 통지를 하여야 한다 (상법 제360조의8 제1항).

  ㉯ 구주권을 회사에 제출할 수 없는 자가 있는 때에는 회사는 그 자의 청구에 의하여 청구자의 비용부 담으로 3월 이상의 기간을 정하고, 이해관계인에 대하여 그 주권에 대한 이의가 있으면 그 기간 내에 제출할 뜻을 공고하고 그 기간이 경과한 후에 신주권을 청구자에게 교부할 수 있다(상법 제360 조의8 제2항·제442조).

  ㉰ <u>완전자회사의 주권실효절차가 종료하면 회사에 제출한 주권이나 제출하지 아니한 주권이나 모두 '주식교환의 날'에 그 효력을 상실하고, 완전자회사의 주주는 주식교환의 날에 완전모회사의 주권 을 교부받는다.</u> **기출** 17

ⓢ 간이주식교환

  ㉮ 완전자회사가 되는 회사의 총주주의 동의가 있거나 그 회사의 발행주식총수의 100분의 90이상을 완전모회사가 되는 회사가 소유하고 있는 때에는 <u>완전자회사가 되는 회사의 주주총회의 승인은 이를 이사회의 승인으로 갈음할 수 있다</u>(상법 제360조의9 제1항).

  ㉯ 이 경우, 완전자회사가 되는 회사는 주식교환계약서를 작성한 날로부터 2주 내에 주주총회의 승 인을 얻지 아니하고 주식교환을 한다는 뜻을 공고하거나 주주에게 통지하여야 한다.

  ㉰ 다만, 총주주의 동의가 있는 때에는 그러하지 아니한다(상법 제360조의9 제2항).

ⓞ 소규모 주식교환

  ㉮ 완전모회사가 되는 회사가 주식교환을 위하여 발행하는 신주 및 이전하는 자기주식의 총수가 그 회사의 발행주식총수의 100분의 10을 초과하지 아니하고, 완전자회사가 되는 회사의 주주에게 제공하는 금전이나 그 밖의 재산의 가액이 주식교환에 관한 주주총회의회일전 6월 이내의 날에 작성한 최종 대차대조표에 의하여 완전모회사가 되는 회사에 현존하는 순자산액의 100분의 5를 초과하지 아니하는 경우에는 <u>완전모회사가 되는 회사의 주식교환에 관한 주주총회의 승인은 이를 이사회의 승인으로 갈음할 수 있다</u>(상법 제360조의10 제1항).

  ㉯ 소규모 주식교환을 하는 경우에는 주식교환계약서에 완전모회사가 되는 회사에 관하여 주주총회 의 승인을 얻지 아니하고 주식교환을 할 수 있는 뜻을 기재하여야 하고, 이사회의 승인으로 주주 총회의 승인 결의에 갈음하므로, 주식교환계약서에 정관변경 사항을 기재할 수 없다(상법 제360조 의10 제3항).

ⓓ 완전모회사가 되는 회사는 주식교환계약서를 작성한 날로부터 2주 내에 완전자회사가 되는 회사의 상호와 본점, 주식교환을 할 날 및 주주총회의 승인을 얻지 아니하고 주식교환을 한다는 뜻을 공고하거나 주주에게 통지하여야 한다(상법 제360조의10 제4항).

ⓔ 완전모회사가 될 회사의 발행주식총수의 100분의 20 이상에 해당하는 주식을 가지는 주주가 상법 제360조의10 제4항에 따른 공고 또는 통지를 한 날부터 2주 내에 소규모 주식교환에 반대하는 의사를 통지한 경우에는 소규모 주식교환을 할 수 없다(상법 제360조의10 제5항).

ⓕ <u>소규모 주식교환의 경우에는 반대주주에게 주식매수청구권이 인정되지 않는데</u>(상법 제360조의10 제7항), 이는 소규모 주식교환제도를 이용할 가장 큰 실익이 될 수 있다.

ⓧ 주식교환의 사후공시

ⓐ 이사는 주식교환의 날부터 6월간, (i) 주식교환의 날, (ii) 주식교환의 날에 완전자회사가 되는 회사에 현존하는 순자산액, (iii) 주식교환으로 완전모회사에 이전한 완전자회사의 주식의 수, (iv) 그 밖의 주식교환에 관한 사항을 기재한 서면을 본점에 비치하여야 한다(상법 제360조의12 제1항).

ⓑ 주주는 영업시간 내에 이 서면의 열람 또는 등사를 청구할 수 있다(상법 제360조의12 제2항·제391조의3 제3항).

② **주식교환의 효과**

㉠ 주식의 이전 및 신주의 발행

ⓐ 주주총회에서 주식교환계약서의 승인 결의가 이루어지면 자회사의 주주가 소유하는 자회사의 주식은 <u>주식교환계약서에 기재된 '교환을 하는 날'에 모회사로 이전된다</u>(상법 제360조의2 제2항).

ⓑ 완전자회사가 되는 회사의 주주는 주식을 교환하는 날에 그 완전모회사가 되는 회사가 주식교환을 위하여 발행하는 신주의 배정을 받거나 완전모회사가 되는 회사가 소유하는 자기주식을 이전받음으로써 그 회사의 주주가 된다.

ⓒ 완전모회사가 되는 회사가 신주를 발행한 경우에는 증자의 효과가 발생한다.

ⓓ 주식교환절차에 의한 주식의 이전 및 신주발행은 합병, 분할과 같은 조직법상의 행위로 행하여지는 것이므로, 상법 제337조의 이전 또는 상법 제416조에 의한 이사회결의나 주식의 청약이나 배정과 같은 절차를 요하지 않고, 주식을 교환하는 날에 당연히 주식의 이전 및 신주발행의 효과가 발생한다.

ⓔ 완전자회사가 되는 회사의 주주에 대해 신주를 발행하거나 자기주식을 교부할 때 발생하는 단주에 대하여는 주식병합 시에 발생하는 단주처럼 경매, 거래소를 통한 매각 또는 법원의 허가를 받아 경매 외의 방법으로 매각한 후 그 매각대금을 완전자회사가 되는 회사의 주주에게 각 주식 수에 따라 지급한다(상법 제360조의11 제1항·제443조).

㉡ 완전모자회사관계의 성립 및 완전자회사의 구주권의 실효 : '주식교환의 날'에 완전모회사가 완전자회사의 발행주식총수를 소유하게 되므로(상법 제360조의2), 이 날 <u>완전모자회사관계가 성립되고, 완전자회사의 기존주권은 실효된다</u>(상법 제360조의8).

㉢ 완전모회사의 이사 및 감사의 임기 : 주식교환에 의하여 완전모회사가 되는 회사의 이사 및 감사로서 <u>주식교환 전에 취임한 자는 주식교환계약서에 다른 정함이 있는 경우를 제외하고는 주식교환 후 최초로 도래하는 결산기에 관한 정기주주총회가 종료하는 때에 퇴임한다</u>(상법 제360조의13).

③ 주식교환무효의 소

　　㉠ 주식교환의 무효는 각 회사의 주주·이사·감사·감사위원회의 위원 또는 청산인에 한하여 주식교환의 날로부터 6월 내에 소만으로 주장할 수 있다(상법 제360조의14 제1항).

　　㉡ 이 소는 완전모회사가 되는 회사의 본점 소재지의 지방법원의 관할에 전속한다(상법 제360조의14 제2항).

　　㉢ 주식교환을 무효로 하는 판결은 원·피고뿐만 아니라 제3자에게도 그 효력이 있다(상법 제360조의14 제4항·제190조 본문).

　　㉣ 완전모회사가 주식교환으로 발행한 신주는 장래에 대하여 그 효력을 잃는데, 이때 회사는 지체 없이 그 뜻과 3월 이상의 기간 내에 교환된 완전모회사가 되는 회사의 신주권을 그 회사에 제출할 것을 공고하고 주주명부에 기재된 주주와 질권자에게도 각별로 통지하여야 한다(상법 제360조의14 제4항·제431조).

　　㉤ 완전모회사가 된 회사는 주식교환을 위하여 발행한 신주 또는 이전한 자기주식의 주주에 대하여 그가 소유하였던 완전자회사가 된 회사의 주식을 이전하여야 한다(상법 제360조의14 제3항).

　　㉥ 주식교환의 무효의 판결이 확정되면 제1심 수소법원은 회사의 본점 소재지의 등기소에 그 등기를 촉탁하여야 한다(비송법 제107조).

④ 주식교환에 의한 완전모회사의 변경등기절차

　　㉠ 신청인 및 등기기간

　　　　㉮ 주식의 포괄적 교환에 의한 완전모회사의 대표자는 주식교환의 효력이 발생하는 '주식교환을 할 날'로부터 2주일 내에 본점의 소재지에서 변경등기를 신청하여야 한다(상법 제317조 제4항, 제183조, 상업등기법 제23조 제1항).

　　　　㉯ 완전자회사의 경우에는, 주식교환에 의하여 주주만 (완전자회사의 기존 주주에서 완전모회사로) 변경될 뿐이므로 등기할 사항이 없다(상업등기실무 2). **기출** 22

　　㉡ 등기사항

　　　　㉮ 완전모회사가 주식교환을 위하여 신주를 발행하는 경우에는 발행주식총수, 그 종류와 각종 주식의 내용과 수, 자본금의 총액이 변경되므로 그 변경사항을 등기하여야 하는데, 완전모회사가 되는 회사가 자신이 가지고 있던 자기주식을 완전자회사가 되는 회사의 주주에게 이전하고 전혀 신주를 발행하지 않은 경우에는 위와 같은 등기사항이 발생하지 않는다.

　　　　㉯ 완전모회사가 되는 회사가 주식교환을 하면서 정관을 변경할 수 있는데, 이 경우 주식 교환계약서에 그 규정을 기재하면(상법 제360조의3 제3항) 주식교환의 효력발생 시에 정관이 변경된다.

　　　　㉰ 정관변경으로 상호, 목적, 회사가 발행할 주식의 총수 등의 등기사항에 변경이 있는 경우에는 이를 등기하여야 한다.

　　　　㉱ 완전모회사가 되는 회사에 취임할 이사와 감사 또는 감사위원회 위원을 정하여 주식교환계약서에 기재한 후 주주총회의 승인을 받은 때에는 그 이사, 감사 또는 감사위원회 위원의 취임사항도 등기하여야 한다.

© 첨부정보

> • 주식교환계약에 관한 정보(주식교환계약서)
> • 완전자회사의 주주총회 의사록(간이 주식교환의 경우에는 이사회의 사록)
> • 주식교환으로 인하여 완전자회사의 어느 종류주주에게 손해를 미치게 될 경우에는 그 회사의 종류주주총회의사록
> • 주식교환으로 인하여 완전자회사의 주주의 부담이 가중되는 경우에는 그 주주 전원의 동의가 있음을 증명하는 서면
> • 주식교환으로 자본금이 증가하는 경우에는 자본금의 한도액을 증명하는 서면
> • 완전자회사가 주권의 실효절차로 주권제출공고를 하였음을 증명하는 서면 **기출** 17
> • 주식교환 또는 소규모주식교환을 한다는 뜻을 공고 또는 통지한 경우 그 통지 또는 공고를 하였음을 증명하는 서면
> • 소규모 주식교환의 경우에 완전자회사가 되는 회사의 주주에게 지급할 금액을 정한 때에는 완전모회사가 되는 회사의 최종의 대차대조표
> • 소규모 주식교환 방식으로 주식교환하는 것에 대하여 반대하는 의사를 통지한 주주가 있는 때에는 그 주주가 소유하는 주식의 총수를 증명하는 서면을 첨부하여야 한다(규칙 제146조).

② 등록면허세·등기신청수수료 등의 납부

㉮ 주식교환으로 완전모회사가 되는 회사에서 신주를 발행한 후 등기를 신청하는 경우 증가한 자본금의 1000분의 4에 해당하는 등록면허세와 그 등록면허세액의 100분의 20에 해당하는 지방교육세를 납부하여야 한다.

㉯ 만약, 대도시 내에서 회사를 설립한 후 5년 내에 주식교환으로 자본금이 증가된 경우에는 3배 중과세된 등록면허세와 지방교육세를 납부하여야 한다(지방세법 제28조 제2항).

㉰ 그 밖에, 정관변경으로 발행예정주식총수, 상호, 목적 등이 변경되어 그 변경등기를 신청하는 때에는 각 등기사항마다 기타변경등기 등록면허세 및 지방교육세 48,240원을 추가로 납부하여야 한다.

㉱ 그리고 완전모회사가 되는 회사에 이사와 감사 또는 감사위원회 위원의 취임등기를 신청하는 때에는 그에 대하여도 기타변경등기 등록면허세 40,200원 및 지방교육세 8,040원을 추가로 납부하여야 한다.

㉲ 완전모회사가 되는 회사의 신주발행으로 인한 증자등기, 상호, 목적, 임원 등의 변경등기에 대해서는 등기사항별로 각각 7,000원(전자신청은 2,000원, 전자표준양식에 의한 신청은 5,000원)의 등기신청수수료를 납부하여야 한다.

3. 주식의 포괄적 이전

① 주식이전의 절차

㉠ 주식이전계획서의 작성 : 주식이전을 하고자 하는 회사는 주식이전계획서를 작성하여야 하는데, 주식이전계획서에는 다음의 사항을 기재하여야 한다(상법 제360조의16 제1항).

- 설립하는 완전모회사의 정관의 규정 : 주식이전은 완전모회사를 설립하는 절차이므로, 주식 이전계획서에 기재하는 완전모회사의 정관의 규정에는 상법 제289조 각 호의 정관의 절대적 기재사항이 기재되어야 한다.
- 설립하는 완전모회사가 발행하는 주식의 종류와 수 및 완전자회사가 되는 회사의 주주에 대한 주식의 배정에 관한 사항
- 설립하는 완전모회사의 자본금 및 자본준비금에 관한 사항
- 완전자회사가 되는 회사의 주주에게 제2호에도 불구하고 금전이나 그 밖의 재산을 제공하는 경우에는 그 내용 및 배정에 관한 사항
- 주식이전을 할 시기 : 주식교환에서의 '주식을 교환할 날'에 상응하는 것이지만 그 법적 효과는 다르다. 주식을 교환할 날은 주식교환의 효력이 발생하는 날이지만, <u>주식이전에서는 완전모회사가 되는 회사의 설립등기 시에 주식이전의 효력이 발생한다.</u> 따라서 '주식이전을 할 시기'는 완전모회사의 설립등기가 가능할 정도로 주식이전 절차를 모두 종료하는 예정일, 즉 주권의 실효절차가 종료되는 날을 뜻하는 것으로 해석된다.
- 완전자회사가 되는 회사가 주식이전의 날까지 이익배당을 할 때의 그 한도액
- 설립하는 완전모회사의 이사와 감사 또는 감사위원회 위원의 성명 및 주민등록번호
- 회사가 공동으로 주식이전에 의하여 완전모회사를 설립하는 때에는 그 뜻

㉡ 주식이전계획서의 승인

⑦ 주식의 포괄적 이전을 하고자 하는 회사는 <u>주식이전계획서를 작성하여 주주총회의 특별결의에 의한 승인을 얻어야</u> 한다(상법 제360조의16 제1항). **기출** 17

⑭ 주식교환의 경우와 마찬가지로 회사가 종류주식을 발행한 경우에 주식이전으로 어느 종류의 주주에게 손해를 미치게 될 경우에는 <u>그 종류의 주주총회 결의가 있어야</u> 하고(상법 제436조), 주식이전으로 주주의 부담이 가중되는 경우에는 <u>그 주주 전원의 동의를 얻어야</u> 한다(상법 제360조의16 제4항).

㉢ 주식이전계획서 등의 사전공시 : 이사는 주식이전계획서의 승인을 위한 주주총회의 회일의 2주 전부터 주식이전의 날 이후 6월을 경과하는 날까지 (i) 주식이전계획서, (ii) 완전자회사가 되는 회사의 주주에 대한 주식의 배정에 관하여 그 이유를 기재한 서면, (iii) 주식이전계획서 승인을 위한 주주총회의 회일 전 6월 이내의 날에 작성한 완전자회사가 되는 회사의 최종 대차대조표 및 손익계산서를 본점에 비치하여야 하고, 주주는 영업시간 내에 이 서류를 열람하거나 등사를 청구할 수 있다(상법 제360조의17).

㉣ 완전모회사의 자본금의 한도액

⑦ 설립하는 완전모회사의 자본금은 주식이전의 날에 완전자회사가 되는 회사에 현존하는 순자산액에서 그 회사의 주주에게 지급할 금액을 공제한 액(자본금의 한도액)을 초과하지 못한다(상법 제360조의18).

⑭ 자본금의 한도액이 설립되는 완전모회사의 자본금을 초과하는 경우에는 그 차액을 완전모회사의 자본준비금(이전차익)으로 적립하여야 한다(상법 제360조의16 제1항 제3호·제459조 제1항).

ⓜ 주권의 실효절차

㉮ 주식이전에 의하여 완전자회사의 주주가 보유하는 주권은 효력을 잃으므로 주권을 실효시켜야 한다.

㉯ 완전자회사가 되는 회사는 주식이전에 관한 주주총회의 승인을 얻은 때에는 (i) 주식이전에 대해 주주총회가 승인을 한 뜻, (ii) 1월을 초과하여 정한 기간 내에 주권을 회사에 제출하여야 한다는 뜻, (iii) 주식이전의 날에 주권이 무효가 된다는 뜻에 관한 사항을 공고하고, 주주명부에 기재된 주주와 질권자에 대하여 따로따로 그 통지를 하여야 한다(상법 제360조의19 제1항).

㉰ 주권을 회사에 제출할 수 없는 자가 있는 때에는 회사는 그 자의 청구에 의하여 청구자의 비용부담으로 3월 이상의 기간을 정하여, 이해관계인에 대하여 그 주권에 대한 이의가 있으면 그 기간 내에 제출할 뜻을 공고하고 그 기간이 경과한 후에 신주권을 청구자에게 교부할 수 있다(상법 제360조의19 제2항·제442조).

㉱ 완전자회사의 주권실효절차가 종료하면 회사에 제출한 주권이나 제출하지 아니한 주권이나 모두 '주식이전의 날'에 무효가 되고(상법 제360조의19), 완전자회사의 주주는 완전모회사의 주권을 교부받는다.

ⓗ 주식이전에 반대하는 주주의 주식매수청구권 등 : 주식이전에 반대하는 주주의 주식매수청구권의 내용, 완전자회사가 되는 회사의 주주에 대해 완전모회사의 신주를 배정할 때 발생하는 단주의 처리, 완전모회사가 완전자회사의 주주에게 발행하는 주식에 대하여 완전자회사의 주식에 대한 질권자가 가지는 권리, 주식이전사항의 사후공시 의무 등은 주식교환에 있어서와 동일하다(상법 제360조의22·제360조의5·제360조의11·제360조의12).

② 주식이전에 의한 완전모회사의 설립등기절차

㉠ 등기사항 및 등기기간

㉮ 주식의 포괄적 이전으로 완전모회사를 설립하는 때에는 완전모회사의 본점 소재지에서 2주일 내에 회사설립 시의 등기사항을 등기하여야 한다(상법 제360조의20). **기출** 07

㉯ 이 등기는 통상의 경우와 같이 완전모회사가 될 회사를 대표하는 이사가 신청하여야 하며, 등기기간은 주식이전의 날로부터 기산한다.

㉰ 완전자회사의 경우에는 주식이전으로 주주가 변경될 뿐 등기사항에는 변경이 없으므로 등기할 것이 없다.

㉡ 첨부정보

㉮ 주식이전으로 인한 완전모회사의 설립등기의 신청서에는 다음의 서류를 첨부정보로 제공하여야 한다(규칙 제147조). **기출** 22·07

- '완전자회사'의 주주총회의사록
- 주식이전으로 인하여 완전자회사의 어느 종류주주에게 손해를 미치게 될 경우에는 그 회사의 종류주주총회의사록
- 주식이전으로 인하여 완전자회사의 주주의 부담이 가중되는 경우에는 그 주주 전원의 동의가 있음을 증명하는 서면
- 완전모회사의 정관(이 정관에는 공증인의 인증을 요하지 아니한다)

- 완전모회사의 이사·대표이사·감사 또는 감사위원회 위원의 취임승낙을 증명하는 서면
- 명의개서대리인을 둔 때에는 명의개서대리인과의 계약을 증명하는 서면
- 완전모회사의 자본금의 한도액(상법 제360조의18)을 증명하는 서면
- 완전자회사의 주권의 실효공고를 하였음을 증명하는 서면

    ㉯ 주식의 포괄적 이전의 경우 (주금의 납입은 필요하지 않으므로) 주금의 납입을 맡은 은행 기타 금융기관의 납입금보관에 관한 증명서는 주식이전으로 인한 완전모회사의 설립등기의 신청서의 첨부서면이 아니다. **기출** 07

  © 등록면허세·등기신청수수료 등의 납부

    ㉮ 완전모회사의 설립등기의 경우 통상의 주식회사의 설립등기와 마찬가지로 자본금의 1,000분의 4에 해당하는 등록면허세와 그 등록면허세액의 100분의 20에 해당하는 지방교육세를 납부하여야 하고, 대도시내에서 설립하는 경우에는 그 3배에 해당하는 등록면허세와 지방교육세를 납부하여야 한다.

    ㉯ 등기신청수수료도 통상의 설립등기와 마찬가지로 30,000원(전자신청은 20,000원, 전자표준양식에 의한 신청은 25,000원을 납부한다.

③ 주식이전의 효과

  ㉠ 주식의 포괄적 이전은 이로 인하여 설립하는 완전모회사가 본점 소재지에서 설립등기를 함으로써 그 효력이 발생한다(상법 제360조의21). **기출** 17·07

  ㉡ 즉, 설립등기를 한 때 완전모회사가 성립하고, 완전자회사의 주주가 소유하는 완전자회사의 주식은 완전모회사에 귀속되고, 완전자회사의 주주는 완전모회사의 주주가 되며, 완전모자관계가 성립된다.

④ 주식이전무효의 소

  ㉠ 주식이전의 무효는 각 회사의 주주·이사·감사·감사위원회 위원 또는 청산인에 한하여 주식이전의 날부터 6월 내에 소만으로 주장할 수 있다(상법 제360조의23 제1항). **기출** 22

  ㉡ 이 소는 완전모회사가 되는 회사의 본점 소재지 지방법원의 관할에 전속한다(상법 제360조의23 제2항).

  ㉢ 주식이전을 무효로 하는 판결은 원·피고뿐만 아니라 제3자에게도 효력이 있다. 그러나 판결확정 전에 생긴 회사와 주주 및 제3자 간의 권리의무에 영향을 미치지 아니한다(상법 제360조의23 제4항·제190조).

  ㉣ 주식이전을 무효로 하는 판결이 확정되면, 완전모회사는 해산에 준하여 청산하여야 하고, 법원은 주주 기타 이해관계인의 청구에 의하여 청산인을 선임할 수 있다(상법 제360조의23 제4항, 제193조).

  ㉤ 주식이전을 무효로 하는 판결이 확정된 때에는 완전모회사가 된 회사는 주식이전을 위하여 발행한 주식의 주주에 대하여 그가 소유하였던 완전자회사가 된 회사의 주식을 이전하여야 한다(상법 제360조의23 제3항).

  ㉥ 주식이전의 무효의 판결이 확정되면 제1심 수소법원은 회사의 본점 소재지의 등기소에 그 등기를 촉탁하여야 한다(비송법 제107조 제8호). **기출** 22

XXVIII 조직변경의 등기

1. 서 설

① 회사의 조직변경은 회사가 그 법인격의 동일성을 보유하면서 다른 종류의 회사로 법률상의 조직을 변경하는 것을 말한다(대판 1985.11.12. 85누69).

② 상법상 회사의 조직변경은 합명회사와 합자회사 상호 간(상법 제242조·제286조), 주식회사와 유한회사 상호 간(상법 제604조·제607조), 주식회사와 유한책임회사 상호 간에 허용된다(상법 제287조의44·제604조·제607조). 유한회사와 유한책임회사 상호 간에는 조직변경이 인정되지 않는다. **기출** 21

③ 특수법인을 상법상 회사로 또는 상법상 회사를 특수법인으로 조직을 변경하기 위해서는 법률에 근거규정이 있어야 한다(상업등기선례 제1-252호, 제2-144호).

④ 여기에서는 상법상 회사의 조직변경 중 주식회사를 유한회사 또는 유한책임회사로 변경하는 조직변경에 따른 등기를 살펴본다. 그리고 주식회사를 유한회사나 유한책임회사로 변경하는 조직변경의 절차나 그 등기절차는 거의 대동소이하므로 유한회사로의 조직변경 위주로 살펴본다.

2. 주식회사의 유한회사로의 조직변경

① 총주주의 일치에 의한 주주총회의 결의

㉠ 주식회사를 유한회사로 조직을 변경하기 위해서는 총주주의 일치에 의한 주주총회의 결의가 있어야 한다(상법 제604조 제1항 본문). **기출** 21

㉡ 주주총회에서 조직변경을 결의할 때에는 주식회사의 정관을 유한회사에 적합한 내용으로 변경하는 등 기타 조직변경에 필요한 사항을 정하여야 한다(상법 제604조 제3항).

㉢ 유한회사로의 변경 정관은 설립 당시의 원시정관과 달리 공증인의 인증을 받을 필요가 없다.

㉣ 이익이나 이자의 배당 또는 잔여재산의 분배에 관하여 내용이 다른 종류주식, 즉 우선주식, 후배주식 등을 발행하고 있는 주식회사가 유한회사로 조직을 변경하는 경우, 유한회사는 그 지분과 관련하여 보통지분, 우선지분 등의 구별을 둘 수 없기 때문에, 주식회사의 우선주식 또는 후배주식에 대해 주어져야 할 유한회사의 지분에 관하여, 조직변경을 위한 주주총회의 결의 시에 이를 따로 정할 수 있지만, 반드시 우선주식 또는 후배주식을 소각할 필요는 없다(상업등기선례 제1-251호).

㉤ 조직변경 후의 유한회사의 이사 또는 감사는, 조직변경을 위한 주주총회의 결의 시에 정관에 필요한 사항을 정하면서 그 정관으로 이사 또는 감사를 정할 수도 있고, 아니면 조직변경을 위한 주주총회의 결의 시에 선임할 수도 있는데(상법 제547조 제1항·제568조 제2항), 조직변경 후의 유한회사의 대표이사의 선임도 마찬가지이다(상법 제562조 제2항).

㉥ 유한회사의 경우 감사는 정관에 규정이 있는 경우에 둘 수 있는 임의기관이므로(상법 제568조 제1항) 조직변경의 결의 시에 정관에 유한회사의 감사설치에 관한 규정을 두지 않았다면 감사를 선임할 수 없다.

㉦ 조직변경의 결의 시에 변경 후 유한회사의 이사를 선임하지 아니한 경우 상법 제386조 제1항을 유추적용하여 조직변경 전 주식회사의 이사가 유한회사의 이사가 취임할 때까지 그 권리의무를 행사하는 것으로 볼 수 있는지 문제되는데, 상법 제386조 제1항은 주식회사의 존재를 전제로 하여 법률 또는 정관이 정하는 이사의 원수에 결원이 있는 경우에 일시적 흠결을 메워주기 위한 잠정조치에 불과하므로, 조직변경의 경우에는 주식회사의 이사·감사 전원이 종임(終任)되기 때문에 변경 전 주식회사의 종전 이사가 당연히 변경 후 유한회사의 이사가 되지는 않는다고 보아야 한다.

ⓞ 따라서 주식회사를 유한회사로 조직을 변경하기 위한 주주총회의 결의 시에는 반드시 변경 후 유한회사의 이사를 선임하여야 한다.

ⓩ 유한회사 사원의 총수는 50인을 초과하지 못한다고 규정한 상법 제545조는 2011년 개정 상법에서 삭제되었다. **기출** 21

② **사채의 상환** : 유한회사는 사채를 발행할 수 없으므로(상법 제600조 제2항), 사채를 발행한 주식회사의 경우 유한회사로 조직을 변경하기 위해서는 먼저 사채의 상환을 완료하여야 한다(상법 제604조 제1항 단서).

기출 17

③ **자본금의 총액의 제한**

㉠ 주식회사를 유한회사로 조직을 변경하는 경우, 변경 전 주식회사에 현존하는 순 재산액보다 많은 금액을 변경 후의 유한회사의 자본금의 총액으로 할 수 없다(상법 제604조 제2항).

㉡ 이에 위반하여 유한회사의 자본금의 총액을 정한 때에는 조직변경 결의 당시의 이사와 주주는 회사에 대하여 연대하여 그 부족액을 지급할 책임이 있다(상법 제605조 제1항).

㉢ 채무초과인 주식회사는 회사에 현존하는 순 재산액(회사의 자산총액으로부터 채무총액을 뺀 금액)이 없기 때문에 유한회사로의 조직변경이 허용되지 않는 것으로 해석된다.

④ **채권자보호절차**

㉠ 주식회사를 유한회사로 조직을 변경하는 경우 채권자보호절차를 밟아야 한다(상법 제608조·제232조).

㉡ 회사는 조직변경의 결의가 있은 날부터 2주 내에 회사채권자에 대하여 조직변경에 이의가 있으면 1월 이상으로 정하는 일정한 기간 내에 이를 제출할 것을 공고하고, 알고 있는 채권자에 대하여는 따로따로 이를 최고하여야 한다(상법 제232조 제1항).

㉢ 이의를 제출한 채권자가 있는 때에는, 회사는 그 채권자에 대하여 변제 또는 상당한 담보를 제공하거나 이를 목적으로 하여 상당한 재산을 신탁회사에 신탁하여야 한다(상법 제608조·제232조 제3항).

㉣ 만약, 채권자가 이의제출기간으로 정하여 공고한 기간 내에 이의를 제출하지 아니한 때에는 조직변경을 승인한 것으로 본다(상법 제608조·제232조 제2항).

3. 주식회사의 유한책임회사로의 조직변경

① 주식회사의 유한책임회사로의 조직 변경에는 주식회사의 유한회사로의 조직 변경에 관한 규정이 그대로 준용된다(상법 제287조의44·제604조~제606조).

② 즉, 주식회사는 주주총회에서 총주주의 동의로 유한책임회사로 조직을 변경할 수 있는데(상법 제287조의43 제1항), 주식회사가 유한책임회사로 조직을 변경하기 위해서는 사채의 상환을 완료하여야 하고 회사에 현존하는 순 재산액보다 많은 금액을 자본금의 총액으로 할 수 없으며(상법 제287조의44·제604조 제1항 본문 및 제2항), 유한책임회사로 조직을 변경하기 위해서는 채권자보호절차를 거쳐야 한다(상법 제287조의44·제232조). **기출** 17

③ 주주총회에서 조직변경을 결의할 때에는 주식회사의 정관을 유한책임회사에 적합한 내용으로 변경하는 등 기타 조직변경에 필요한 사항을 정하여야 한다(상법 제287조의44·제604조 제3항).

4. 등기절차

① 등기사항

㉠ 주식회사가 유한회사로 조직을 변경할 때, 유한회사에 관하여 하는 설립의 등기에 있어서는 상법 제549조 제2항 각 호의 사항을 등기하는 외에 변경 전 주식회사의 성립연월일, 변경 전 주식회사의 상호·본점과 조직을 변경한 뜻을 등기하여야 한다(제65조 제1항).

㉡ 이때, 변경 전 주식회사의 성립연월일이 변경 후 유한회사의 회사성립연월일에 해당한다. 조직변경 전의 주식회사에 관하여 하는 해산의 등기에 있어서는 '기타사항란'에 조직변경으로 해산한 취지와 그 연월일 외에 변경 후의 유한회사의 상호와 본점도 함께 등기하여야 하는데(제65조 제2항), 이를 등기한 때에는 변경 전 주식회사의 등기기록을 폐쇄한다(규칙 제154조 제1항·제116조 제1항).

② 등기기간

㉠ 주식회사가 유한회사로 그 조직을 변경한 때에는 본점의 소재지에서 2주일 내에 주식회사의 해산등기, 유한회사의 설립등기를 하여야 한다(상법 제606조).

㉡ 이 경우 등기기간의 기산점과 관련하여 '조직을 변경한 때'는 조직변경에 필요한 실체형성절차가 완료된 때, 즉 채권자보호절차가 완료된 때로 해석된다.

③ 해산등기와 설립등기의 동시신청 등

㉠ 조직변경으로 인한 설립등기의 신청과 해산등기의 신청은 동시에 하여야 한다(제66조). **기출** 21

㉡ 조직변경의 경우 변경 전·후에 회사의 법인격의 동일성이 유지된다는 점에서 조직변경에 따른 변경 전 주식회사의 해산등기 및 변경 후 유한회사의 설립등기는 등기절차상 등기기록의 편제(제11조 제1항)를 변경하는 수단에 불과할 뿐, 법인격 소멸 또는 법인격 창설의 원인이 되는 고유한 의미의 해산등기 또는 설립등기가 아니다(서울행법 2002.4.19. 2001구40240).

㉢ 조직변경 후 유한회사의 대표자가 변경 전 주식회사의 해산등기도 신청한다. 등기관은 동시신청된 조직변경 전의 주식회사의 해산등기와 조직변경 후의 유한회사의 설립등기 중 어느 하나에 관하여 상업등기법 제26조 각 호의 각하사유 중 어느 하나에 해당하는 사유가 있는 때에는 이들 신청을 함께 각하하여야 한다(제67조). **기출** 21

④ 첨부정보

㉠ 유한회사 설립등기신청서의 첨부정보 : 주식회사가 유한회사 또는 유한책임회사로 조직을 변경함으로 인한 설립등기를 신청하는 경우에는 다음 각 호의 정보를 제공하여야 한다.

> - 주주총회의사록(규칙 제128조 제2항) : 총주주의 일치에 의한 총회의 결의로 유한회사로 조직을 변경할 수 있는바(상법 제604조 제1항 본문), 그에 관한 주주총회의사록을 첨부하여야 한다. 주주총회의 결의로 정한 유한회사의 정관에서 조직변경 후의 유한회사의 이사(감사 또는 대표이사를 두는 경우를 포함한다)를 정하지 않았다면, 주주총회에서 이를 선임하여야 하고 조직변경을 결의한 주주총회의사록에 이에 관한 내용이 포함되어 있어야 한다. 다만, 대표이사는 조직변경 후의 유한회사의 정관에 따라 이사회의 결의로 정할 수 있는데, 이 경우에는 이사회의사록을 첨부하여야 한다(규칙 제155조 제2항).
> - 정관(규칙 제152조 제1호) : 주주총회의 결의로 정한 유한회사의 정관은 공증인의 인증을 받을 필요가 없다.
> - 회사에 현존하는 순 재산액을 증명하는 서면(규칙 제152조 제2호) : 조직변경 전 주식회사의 대차대조표 등을 첨부정보로 제공하여야 한다.

- <u>사채의 상환을 완료하였음을 증명하는 서면</u>(규칙 제152조 제3호) **기출** 21 · 17 : 유한회사로 조직을 변경하는 주식회사가 발행한 사채가 있는 경우에는 대차대조표 등 사채의 상환이 완료되었음을 증명하는 정보를 첨부정보로 제공하여야 한다.
- 채권자보호절차를 이행하였음을 증명하는 서면(규칙 제152조 제3호, 제111조 제2호)
- 이사 등의 취임승낙을 증명하는 서면(규칙 제152조)
- 이사 등의 주민등록번호, 주소를 증명하는 서면(규칙 제52조 제1항)
- 인감신고서의 제출(제25조 제1항)

    𝕃 주식회사 해산등기신청서의 첨부정보 : 조직변경 전의 주식회사의 해산등기의 신청에는 첨부정보에 관한 규정이 적용되지 아니하므로 일체의 서면을 첨부할 필요가 없다(규칙 제53조 제3항).

  ⑤ 등록면허세 · 등기신청수수료 등의 납부

    ㉠ 주식회사의 해산등기 : 조직변경 전의 주식회사의 해산등기에 대하여는 40,200원의 등록면허세와 8,040원의 지방교육세를 납부하여야 하고, 6,000원(전자신청은 2,000원, 전자표준양식은 4,000원)의 등기신청수수료를 납부하여야 한다.

    𝕃 유한회사의 설립등기

      ㉮ 조직변경 후의 유한회사의 설립등기에 대하여 설립등기에 따른 등록면허세를 납부하여야 하는지, 기타 변경등기의 등록면허세를 납부하여야 하는지가 문제된다.

      ㉯ 과거 행정자치부(현 행정안전부)에서는 조직변경의 등기도 새로운 법인설립의 등기형식을 갖추는 한 법인설립등기의 등록면허세에 해당하는 자본금의 총액의 1,000분의 4에 해당하는 금액을 납부하여야 한다고 해석하였지만(2008.4.30. 행안부 도세-697) 대법원은 기타 변경등기의 등록면허세(지방세법 제28조 제1항 제6호 바목)를 납부하면 된다고 판시하였다(대판 2012.2.9. 2010두6731).

      ㉰ 조직변경에 따라 유한회사 설립등기를 신청하는 때에는 등록면허세 외에 등록면허세액의 100분의 20에 해당하는 지방교육세(지방세법 제151조 제1항 제2호)와 30,000원(전자신청은 20,000원, 전자표준양식은 25,000원)의 등기신청수수료를 납부하여야 한다.

  ⑥ 주식회사의 유한책임회사로의 조직변경에 따른 등기절차

    ㉠ 주식회사가 유한책임회사로 조직을 변경한 경우에는 변경 전 회사인 주식회사의 해산등기와 변경 후 회사인 유한책임회사의 설립등기를 하여야 하는데(상법 제287조의44 · 제606조), 그 등기사항, 등기기간, 등기신청인, 해산등기와 설립등기의 동시신청과 등기관의 심사 등 등기절차는 위에서 설명한 주식회사의 유한회사로의 조직변경에 따른 등기절차와 같다(제65조~제67조).

    𝕃 첨부서면만 살펴보면, 조직변경으로 인한 유한책임회사의 설립등기신청서에는 정관(규칙 제152조 제1호), 조직변경에 대한 총주주의 동의서(상법 제287조의43 제1항), (대표)업무집행자의 취임승낙을 증명하는 서면(규칙 제152조 제5호, 규칙 제120조 제3호 · 제4호), 대표업무집행자가 법인인 경우에 그 자의 직무를 행할 사람의 선임을 증명하는 서면(규칙 제152조 제5호, 규칙 제120조 제5호), 사채의 상환을 완료하였음을 증명하는 서면(규칙 제152조 제3호), 채권자보호절차를 이행하였음을 증명하는 서면(상법 제232조 제1항에 따른 공고 및 최고를 한 사실과 이의를 진술한 채권자가 있는 때에는 이에 대하여 변제 또는 담보를 제공하거나 신탁을 한 사실을 증명하는 서면)(규칙 제152조 제4호, 제111조 제2호), 회사에 현존하는 순자산액을 증명하는 서면(규칙 제152조 제2호)을 첨부하여야 한다(규칙 제128조 제1항 · 제152조).

    𝕔 <u>조직변경 전의 주식회사의 해산등기의 신청에는 첨부정보에 관한 규정이 적용되지 아니하므로 일체의 서면을 첨부할 필요가 없다</u>(규칙 제53조).

5. 조직변경의 효력발생시기

상법에 조직변경의 효력발생시기에 관한 규정이 없는데, 조직변경의 효력발생시기에 관하여 (i) 현실로 조직이 변경된 때(채권자보호절차가 종료된 때)에 조직 변경의 효력이 발생한다는 견해와 (ii) 조직변경에 따라 유한회사의 설립등기사항을 등기한 때에 그 효력이 발생한다는 견해가 있는데, 후자가 다수의 견해이다.

XXIX 채무자 회생 및 파산에 관한 법률에 따른 등기

1. 개 요

① 회생절차와 파산절차의 목적 : 「채무자 회생 및 파산에 관한 법률」은 회생절차와 파산절차를 규정하고 있는데, 회생절차는 원칙적으로 채무자 또는 그 사업의 회생을 목적으로 하지만, 파산절차는 회생이 어려운 채무자의 모든 재산을 공정하게 환가·배당하는 것을 목적으로 한다.

② 회생절차의 우선적용

ⓐ 회생절차는 재건절차로, 채무자회생법은 파산절차에 비하여 회생절차를 우선적으로 적용하고 있다.

ⓑ 즉, 회생절차개시의 신청이 있으면 법원은 필요하다고 인정하는 때에 이해관계인의 신청에 의하거나 직권으로 회생절차개시의 신청에 대한 결정이 있을 때까지 채무자에 대한 파산절차의 중지를 명할 수 있고(채무자회생법 제44조 제1항 제1호), 회생절차개시결정이 있는 때에는 파산절차는 중지되며(채무자회생법 제58조 제2항 제1호), 회생계획인가의 결정이 있으면 중지한 파산절차는 그 효력을 잃는다(채무자회생법 제256조 제1항 본문).

ⓒ 회생절차개시결정이 있는 때에는 파산신청을 할 수 없다(채무자회생법 제58조 제1항 제1호).

③ 회생절차의 실패와 파산절차의 진행

ⓐ 파산절차에 우선하여 진행되는 회생절차가 실패로 중도에 종료될 경우, 신속한 구조조정 등을 위해 법원은 신청 또는 직권으로, 필요적 또는 임의적으로 파산을 선고하게 된다.

ⓑ 파산선고를 받지 아니한 회사에 대하여 회생계획인가가 있은 후 회생절차폐지의 결정이 확정된 경우, 그 회사에 파산의 원인이 되는 사실이 있다고 인정되는 때(채무자회생법 제6조 제1항)

ⓒ 파산선고를 받은 회사에 대한 회생계획인가결정으로 파산절차가 효력을 잃은 후(채무자회생법 제256조 제1항 본문), 채무자회생법 제288조의 규정에 의한 회생절차폐지 결정이 확정된 때(채무자회생법 제6조 제8항)에는 법원은 직권으로 파산을 선고하여야 한다.

ⓓ 그리고 파산선고를 받지 아니한 회사에 대하여 회생절차개시신청의 기각결정, 회생계획인가 전 회생절차폐지결정, 회생계획불인가결정 중 어느 하나의 결정이 확정된 경우 법원은 그 회사에 파산의 원인이 되는 사실이 있다고 인정하는 때에는 회사 또는 관리인의 신청에 의하거나 직권으로 파산을 선고할 수 있다(채무자회생법 제6조 제2항).

2. 회생 또는 파산절차와 관련된 상업등기

① 등기촉탁

  ㉠ 일 반

   ㉮ 회생절차, 파산절차, 국제도산절차와 관련하여, 아래에서 보는 바와 같이 채무자회생법 제23조, 채무자회생규칙 제9조 등에 의한 법원사무관등의 촉탁이 있는 때에는 관할등기소의 등기관은 지체 없이 이를 수리하여 그에 따른 등기를 하여야 하는데(채무자회생법 제25조 제1항), 채무자인 당사자가 이러한 등기를 신청한 경우 이를 수리하여서는 안 된다(등기예규 제1777호 제3조 제1항).

   ㉯ 채무자회생법 제242조 내지 제245조에 의하여 법원의 인가를 받아 효력이 발생한 회생계획의 수행에 따른 등기는 회생절차종결 후에는 채무자 또는 신회사의 신청에 의하여 등기하여야 하고, 법원사무관등의 촉탁에 의하여 등기할 수 없다(등기예규 제1777호 제3조 제2항 본문). **기출** 24 · 17

   ㉰ 다만, 회생절차종결 이전에 등기사항이 발생하여 법원사무관등이 회생절차종결 이전에 촉탁할 수 있었던 사항인데 착오로 이를 누락한 경우에는 그러하지 아니하다(등기예규 제1777호 제3조 제2항 단서).

  ㉡ 절차의 개시 등과 관련한 등기촉탁

   ㉮ 법인인 채무자에 대하여 다음 각 호의 어느 하나에 해당하는 사유가 있는 경우에는 법원사무관등은 직권으로 지체 없이 촉탁서에 결정서의 등본 또는 초본 등 관련 서류를 첨부하여 채무자의 각 사무소 및 영업소(외국에 주된 사무소 또는 영업소가 있는 때에는 대한민국에 있는 사무소 또는 영업소를 말한다)의 소재지의 등기소에 그 등기를 촉탁하여야 한다(채무자회생법 제23조 제1항).

   > • 채무자인 법인에 대하여, 회생절차개시결정 또는 파산선고의 결정이 있는 경우(제1호) **기출** 25
   > • 회생절차개시결정취소, 회생절차폐지 또는 회생계획불인가의 결정이 확정된 경우(제2호)
   > • 회생계획인가 또는 회생절차종결의 결정이 있는 경우(제3호)
   > • 채무자회생법 제266조에 의한 신주발행, 제268조에 의한 사채발행, 제269조에 의한 주식의 포괄적 교환, 제270조에 의한 주식의 포괄적 이전, 제271조에 의한 합병, 제272조에 의한 분할 또는 분할합병이나 제273조 및 제274조에 의한 신회사의 설립이 있는 경우(제4호)
   > • 파산취소·파산폐지 또는 파산종결의 결정이 있는 경우(제5호)

   ㉯ 파산선고, 파산선고취소결정, 파산폐지, 파산종결의 결정에 따른 등기는 법원사무관등의 촉탁으로 하여야 한다(등기예규 제1777호 제15조 제1항). **기출** 22

   ㉰ 법인인 채무자에 대하여 회생계획인가결정이 있는 경우 그 등기는 법원사무관등의 촉탁으로 하여야 한다(등기예규 제1777호 제11조 제1항·제10조 제1항). **기출** 22

   ㉱ 회생절차개시결정을 받은 주식회사의 경우 본점이전이 회생계획의 수행에 따른 것이라면 법원사무관 등의 촉탁에 의하여 본점이전등기를 하지만, 회생계획인가의 결정 전에 법원의 허가 등을 받아 본점이전을 하는 경우라면 관리인 또는 관리인으로 간주되는 자의 신청에 의하여 등기한다(채무자회생법 제23조 제1항 제1호, 등기예규 제1777호 제4조 제1항 참조). **기출** 25

   ㉲ 위 채무자회생법 제23조 제1항 제4호에서 규정하는 사항 이외에도 회생계획의 수행이나 채무자회생법에 의하여 회생절차의 종료 전에 채무자나 신회사에 관하여 등기할 사항이 생긴 때에는 법원사무관 등은 직권으로 지체 없이 촉탁서에 결정서의 등본 또는 초본 등 관련서류를 첨부하여 채무자의 각 사무소 및 영업소 소재지의 등기소에 그 등기를 촉탁하여야 한다(채무자회생규칙 제9조 제1호).

   ㉳ 보전관리, 회생절차개시, 회생절차개시취소, 회생계획인가·불인가, 회생계획인가취소, 회생절차폐지, 회생절차종결의 등기 및 파산선고, 파산취소, 파산폐지, 파산종결의 등기는 '기타사항란'에 등기한다(등기예규 제1777호 제5조 제1항). **기출** 24 · 17

ⓐ 보전관리인, 관리인, 관리인대리, 파산관재인, 파산관재인대리, 국제도산관리인 및 국제도산관리인대리는 임원란 또는 사원란에 등기하고, 채무자인 법인의 대표자 등 임원에 관한 등기와 지배인 또는 대리인에 관한 등기는 말소하지 아니한다(등기예규 제1777호 제5조 제2항). 기출 24 · 18 · 17

ⓗ 회생절차개시의 등기를 한 경우, 등기관은 직권으로 보전관리 및 보전관리인에 관한 등기를 말소하여야 한다(등기예규 제1777호 제10조 제5항). 기출 22

ⓩ 파산등기(파산선고의 등기, 파산관재인등기, 파산관재인대리등기 등)가 있는 채무자인 법인에 대하여 회생계획인가의 등기를 하는 때에는, 등기관은 직권으로 그 파산등기를 말소하여야 하고 (채무자회생법 제25조 제2항, 등기예규 제1777호 제11조 제2항), 회생계획인가취소의 등기를 하는 때에 회생계획인가의 등기로 말소한 파산등기가 있는 경우 등기관은 직권으로 그 등기를 회복하여야 한다(채무자회생법 제25조 제3항, 등기예규 제1777호 제11조 제4항). 기출 17

ⓒ 회생계획불인가결정의 등기를 하는 경우, 등기관은 직권으로 회생절차개시등기 및 관리인, 관리인대리 또는 채무자회생법 제74조 제4항에 의하여 법인의 대표자를 관리인으로 본다는 취지의 등기를 말소하여야 하고, 회생계획인가취소결정에 따른 등기를 하는 경우에는 회생계획인가의 등기만을 말소하여야 한다(등기예규 제1777호 제11조 제3항).

ⓚ 보전관리, 회생절차개시 또는 파산선고의 등기를 한 등기기록의 경우에는 등기기록의 첫 장 오른쪽 윗부분의 적당한 곳에 '보전관리', '회생절차' 또는 '파산'이라고 표시하여 등기기록을 열람하게 하거나 등기사항증명서를 발급한다(등기예규 제1777호 제6조).

ⓒ 채무자의 기관(機關)에 관한 등기촉탁

관리인, 파산관재인 등의 선임 관련 등기촉탁

- 채무자회생법 제43조 제3항(보전관리인 선임) · 제74조 제1항(관리인 선임) · 제355조(파산관재인 선임) 또는 제636조 제1항 제4호(국제도산관리인 선임)에 의한 처분이 있는 때에는 법원사무관등은 직권으로 지체 없이 촉탁서에 그 처분의 등본 또는 초본을 첨부하여 그 처분의 등기를 채무자의 각 사무소 및 영업소의 소재지의 등기소에 촉탁하여야 하는데, 등기된 처분이 변경 또는 취소된 때에도 또한 같다(채무자회생법 제23조 제2항).
- 이때의 등기에는 관리인 · 보전관리인 · 파산관재인 또는 국제도산관리인의 성명 또는 명칭과 주소 또는 사무소를 기재하여야 하는데, 이 경우 그 기재사항이 변경된 때에도 법원사무관등은 지체 없이 그 변경의 등기를 채무자의 각 사무소 및 영업소의 소재지의 등기소에 촉탁하여야 한다(채무자회생법 제23조 제3항).
- 채무자가 개인, 중소기업, 그 밖에 대법원규칙이 정하는 자인 경우에는 법원은 관리인을 선임하지 아니할 수 있는데 (채무자회생법 제74조 제3항 본문), 관리인이 선임되지 아니한 경우 채무자가 회사인 경우에는 그 대표자를 관리인으로 본다(채무자회생법 제74조 제4항).
- 채무자회생법 제74조 제3항에 의하여 관리인을 선임하지 아니하는 처분을 한 경우 법원사무관등은 직권으로 지체 없이 촉탁서에 그 처분의 등본 또는 초본을 첨부하여 법인인 채무자의 대표자를 관리인으로 본다는 취지의 등기를 촉탁하여야 한다(채무자회생규칙 제9조 제3항).
- 등기된 처분이 변경 또는 취소된 때에도 마찬가지이다(채무자회생규칙 제9조 제2항, 채무자회생법 제23조 제2항).
- 채무자인 법인의 대표자를 관리인으로 본다는 취지의 등기를 한 후, 취임을 원인으로 한 대표자의 변경등기가 있는 경우 등기관은 직권으로 채무자회생법 제74조 제4항에 의한 채무자인 법인의 대표자를 관리인으로 본다는 취지의 등기를 하여야 한다(등기예규 제1777호 제10조 제7항).
- 관리인 또는 파산관재인은 필요한 때에는 관리인 또는 파산관재인에 갈음하여 재판상 또는 재판 외의 모든 행위를 할 수 있는 관리인대리 또는 파산관재인대리를 선임할 수 있는데(채무자회생법 제76조 제1항, 제362조 제1항), 관리인대리 또는 파산관재인대리의 선임은 법원의 허가를 얻어야 한다(채무자회생법 제76조 제2항, 제362조 제2항).
- 법원의 허가가 있는 경우 법원사무관등은 직권으로 지체 없이 촉탁서에 결정서 등본을 첨부하여 관리인대리 또는 파산관재인대리의 선임에 관한 등기를 촉탁하여야 하는데, 선임에 관한 법원의 허가가 변경 또는 취소된 때에도 마찬가지다(채무자회생법 제76조 제4항, 제362조 제3항).

등기기록상 기재방법

- 관리인 및 관리인대리와 파산관재인 및 파산관재인대리에 관한 등기는 회사의 등기기록 중 '임원에 관한 사항란'에 하여야 하는데(등기예규 제1777호 제5조 제2항 전단), 이러한 등기를 하는 경우에도 채무자의 대표자 등 임원에 관한 등기와 지배인에 관한 등기는 말소하지 않는다(등기예규 제1777호 제5조 제2항 후단).
- 채무자회생법 제74조 제4항에 의하여 채무자의 대표자를 관리인으로 본다는 취지의 등기(채무자회생규칙 제9조 제3항)는 등기기록 중 임원에 관한 사항란의 당해 대표자의 란에 한다(등기예규 제1777호 제5조 제3항).

인감의 제출 및 증명

- 보전관리인, 관리인, 관리인대리, 파산관재인, 파산관재인대리, 국제도산관리인 또는 국제도산관리인대리는 그 인감을 등기소에 제출하고 인감에 관한 증명서의 교부를 청구할 수 있다(등기예규 제1777호 제7조 제1항).
- 채무자회생법 제74조 제4항에 의하여 채무자의 대표자가 관리인으로 간주되는 경우, 그 대표자는 새로운 인감을 등기소에 제출한 후에 인감에 관한 증명서의 교부를 청구할 수 있는데, 이 경우, 인감증명서에 "채무자회생 및 파산에 관한 법률 제74조 제4항에 의하여 관리인으로 간주"라는 표시를 하여 발급하여야 한다(등기예규 제1777호 제7조 제2항).
- 관리인대리, 파산관재인대리 또는 국제도산관리인대리가 인감신고서 또는 개인(改印)신고서를 제출하는 경우에는, 그 인감이 틀림없음을 보증하는 관리인, 파산관재인 또는 국제도산관리인의 서면을 첨부하여야 하고, 그 서면에는 관리인, 파산관재인 또는 국제도산관리인이 등기소에 제출한 인감을 날인하여야 한다(등기예규 제1777호 제7조 제3항).
- 보전관리, 회생절차개시 또는 파산선고의 등기를 한 경우에는 채무자회생법 제74조 제4항에 의하여 채무자의 대표자가 관리인으로 간주되어 그 대표자가 새로운 인감을 등기소에 제출한 경우를 제외하고는 채무자인 회사의 대표자, 지배인 및 대리인의 인감증명서는 발급할 수 없다(등기예규 제1777호 제7조 제2항·제4항, 등기예규 제1768호 제13조 제1항 제2호).

② 촉탁등기사항 이외의 등기사항에 대한 등기신청권자

㉠ 회생절차개시결정이 있는 때에는 채무자의 업무의 수행과 재산의 관리 및 처분을 하는 권한은 관리인에게 전속하고(채무자회생법 제56조 제1항), 관리인이 선임되지 아니한 경우에는 채무자인 법인의 대표자가 관리인으로 간주되므로(채무자회생법 제74조 제4항), 위에서 본 법원사무관등이 촉탁하여야 할 등기사항 이외의 등기사항에 관하여는 관리인 또는 채무자회생법 제74조 제4항에 의하여 관리인으로 간주되는 자의 신청에 의하여 등기하여야 한다(등기예규 제1777호 제4조 제1항).

㉡ 채무자회생법 제43조 제3항에 따른 보전관리명령이 있는 때에는 회생절차개시결정 전까지 채무자의 업무수행과 재산의 관리 및 처분을 하는 권한은 보전관리인에게 전속하므로(채무자회생법 제85조), 이 경우 법원사무관등이 촉탁하여야 할 등기사항 이외의 등기사항에 관하여는 보전관리인의 신청에 의하여 등기하여야 한다(등기예규 제1777호 제4조 제2항).

㉢ 파산선고를 받은 법인도 파산절차가 진행되는 동안은 파산의 목적범위 내에서는 아직 존속되는 것으로 보므로, 파산재단 이외의 관계에 있어서는 업무를 집행하여야 할 집행기관이 필요한 바 이사가 그 집행기관이 된다(등기선례 제200303-15호).

㉣ 파산선고에 의하여 기존이사는 상법 제382조 제2항의 준용에 의한 민법 제690조에 근거하여 위임관계가 종료되어 당연 퇴임될 것이나, 후임이사가 선임될 때까지는 등기관이 기존이사에 관한 등기사항을 직권으로 말소할 수는 없고, 파산법인이 신임이사를 선임한 경우에는 법인의 대표자는 기존이사의 퇴임등기와 신임이사의 취임등기를 신청할 수 있다(등기선례 제200303-15호). **기출** 20

㉤ 파산선고를 받은 법인의 대표자가 새로운 이사나 감사의 취임등기를 신청하지 않는 한 파산종결등기를 할 때까지 종전의 이사나 감사의 퇴임등기를 할 수 없다(상업등기선례 제1-266호, 제1-268호).

ⓑ 파산재단을 관리 및 처분하는 권한은 파산관재인에게 속하므로(채무자회생법 제384조), 파산재단과 관련된 등기사항은 파산관재인의 신청에 의하여 등기하여야 한다(등기예규 제1777호 제4조 제3항).

ⓢ 회생계획에 따른 해산등기와 회생절차종결등기를 한 때에 그 법인에 대하여 청산절차가 필요 없거나 청산절차가 종료되었음이 회생계획인가결정서, 회생절차종결결정서 등에 나타나면, 등기관은 해당 법인의 등기부를 직권으로 폐쇄하여야 한다(등기예규 제1777호 제13조 제3항). **기출** 22

③ 등록면허세 등

ㄱ 법원사무관등이 채무자회생법 제23조, 제25조 제2항 및 제3항에 의한 등기 등 회생절차, 파산절차 또는 국제도산절차와 관련하여 등기를 촉탁하는 경우 등록면허세 및 등기신청수수료가 면제된다(지방세법 제26조 제2항 제1호, 등기예규 제1777호 제8조 제1항). **기출** 17

ㄴ 그 외에, 회생계획의 수행에 따른 채무자회생법 제266조에 의한 신주발행, 제268조에 의한 사채발행, 제269조에 의한 주식의 포괄적 교환, 제270조에 의한 주식의 포괄적 이전, 제271조에 의한 합병, 제272조에 의한 분할 또는 분할합병이나 제273조 및 제274조에 의한 신회사의 설립이 있는 경우에 법원사무관등이 그 등기를 촉탁하는 경우(등기예규 제1777호 제8조 제2항), 채무자회생규칙 제9조 제1항에 따라 회생계획의 수행이나 채무자회생법의 규정에 의한 등기를 법원사무관 등이 촉탁하는 경우 등록면허세 및 등기신청수수료가 면제된다(등기예규 제1777호 제8조 제3항).

제2절 **유한회사의 등기**

I 총 설

1. 유한회사 일반

① 의의 : 유한회사는 상호 신뢰가 있는 비교적 소수의 사원이 주식회사의 특징인 유한책임 제도를 이용하면서 상행위 기타 영리를 목적으로 하여 설립한 법인으로(상법 제169조) 주식회사에 비하여 폐쇄적인 성격을 띠는 회사이다.

② 특 징

ㄱ 유한회사는 광고 기타의 방법에 의하여 사원을 공모할 수 없고, 사원의 지분에 관하여 지시식 또는 무기명식 증권을 발행할 수 없다(상법 제589조 제2항).

ㄴ 종래에는 사원총회의 특별결의가 있는 때에 한하여 사원 지분의 전부 또는 일부를 타인에게 양도할 수 있도록 하였으나(구 상법 제556조 제1항), 2011. 4. 14. 개정상법은 정관으로 제한하지 않는 한 원칙적으로 지분을 양도할 수 있도록 하였다(상법 제556조 제1항).

ㄷ 유한회사의 최저자본금 총액은 개정 전에는 1,000만원이었으나(구 상법 제546조 제1항), 2011. 4. 14. 개정상법은 이러한 제한을 폐지하였다. 유한회사의 경우 자본금의 총액이 정관의 기재사항이다(상법 제543조 제2항 제2호). **기출** 14

ⓔ 출자 1좌의 금액은 개정 전에는 5천원 이상이었으나(구 상법 제546조 제1항), 2011.4.14. 개정상법은 이를 100원 이상으로 변경하였다. **기출** 14

ⓜ 유한회사의 사원은 재산에 한하여 출자할 수 있고, 출자금액을 한도로 간접·유한책임만을 지므로 회사채권자의 담보가 되는 것은 회사재산뿐이다.

ⓗ 유한회사의 사원의 수는 개정 전에는 원칙적으로 50인 이하로 제한하고 이에 대한 예외 규정을 두고 있었으나(구 상법 제545조), 2011.4.14. 개정상법은 이를 폐지하였다.

ⓢ 유한회사는 1인의 사원만으로 설립 및 존속이 가능하다(상법 제543조 제1항·제609조 제1항). 유한회사의 경우 소유와 경영이 분리되어 업무집행권 및 대표권이 이사에게 있고 사원의 지위로는 업무집행 및 대표행위를 할 수 없다(상법 제562조·제564조).

ⓞ 유한회사의 경우 '회사의 공고방법'이 정관의 절대적 기재사항 및 등기사항으로 되어 있지 않다.

기출 24

ⓩ 유한회사의 경우 사채제도가 없으며(상법 제600조 제2항), 사원은 일정한 경우 자본전보의 책임을 진다(상법 제550조·제593조와 제298조, 제313조 비교).

ⓩ 유한회사에도 법정준비금제도가 있으나(상법 제583조 제1항·제458조~제460조), 준비금의 자본금전입에 관한 규정은 유한회사에 준용되지 않는다.

2. 등기사유에 관한 통칙

① 사원총회

ⓐ 의의 및 권한

㉮ 사원총회는 회사의 내부에서 의사를 결정하는 유한회사의 최고기관이다.

㉯ 사원총회는 법령에 의해서 제외된 것이 아닌 한 회사의 모든 사항에 관하여 결의할 권한이 있다.

ⓑ 소집절차

㉮ 사원총회의 소집은 이사(또는 청산인)가 하는데 이사 또는 청산인이 수인인 때에는 이사 또는 청산인 과반수의 결의에 의하여 대표이사 또는 대표청산인이 소집한다(상법 제571조 제1항 본문·제564조 제1항·제613조·제254조 제2항).

㉯ 임시총회의 경우 감사도 소집할 수 있다(상법 제571조 제1항).

㉰ 자본금 총액의 100분의 3 이상에 해당하는 출자좌수를 가진 소수사원도 회의의 목적사항과 소집의 이유를 기재한 서면을 이사에게 제출하여 총회의 소집을 청구할 수 있는데(상법 제572조 제1항), 소집청구가 있은 후 이사가 지체 없이 소집절차를 밟지 않을 때에는 소집을 청구한 사원이 법원의 허가를 얻어 총회를 소집할 수 있다(상법 제572조 제3항·제366조 제2항).

㉱ 소수사원의 총회 소집권은 정관으로 달리 정할 수 있다(상법 제572조 제2항).

㉲ 사원총회의 소집통지는 회일로부터 1주간 전에 회의의 목적사항을 기재하여 각 사원에 대해 서면으로 발송하여야 하지만, 총사원의 동의가 있을 때에는 소집절차를 생략할 수 있다(상법 제571조 제2항·제3항·제363조 제2항·제573조).

㉳ 2011.4.14. 개정상법은 사원총회의 소집방법으로 각 사원의 동의를 받아 전자문서로 통지서를 발송할 수 있도록 하였다(상법 제571조 제2항).

㉴ 사원총회의 소집지는 정관에 다른 정함이 없으면 본점 소재지 또는 그 인접지여야 한다(상법 제571조 제3항·제364조).

ⓒ 의결권

㉮ 유한회사의 각 사원은 출자 1좌마다 1개의 의결권을 가진다. 그러나 정관으로 의결권의 수에 관하여 다른 정함을 할 수 있다(상법 제575조). 기출 19·14

㉯ 1좌 1의결권의 예외는 원시정관 또는 총사원의 동의로 정하여야 한다. 회사의 자기지분은 의결권이 없고(상법 제578조·제369조 제2항), 특별이해관계인은 의결권을 행사할 수 없으며, 사원은 대리인으로 하여금 의결권을 행사하게 할 수 있는 점(상법 제578조·제368조 제2항·제3항) 등은 주주총회의 경우와 같다.

ⓓ 결의의 방법

㉮ 결의방법에는 통상결의, 특별결의 및 총사원의 동의에 의한 결의의 3가지가 있다.

㉯ 통상결의는 총사원의 의결권의 과반수를 가진 사원이 출석하고 그 의결권의 과반수로써 하는데, 정관 또는 상법에 다른 규정이 있는 경우 외에는 사원총회의 결의는 통상결의에 의하여 한다(상법 제574조).

㉰ 이때 과반수는 2분의 1이 아닌 2분의 1을 초과하는 수를 뜻한다(대판 1995.4.11. 94다33903).

㉱ 특별결의는 총사원의 반수 이상이며 총사원의 의결권의 4분의 3 이상을 가진 자의 동의로 하는데(상법 제585조 제1항), 의결권을 행사할 수 없는 사원은 이를 총사원의 수에, 그 행사할 수 없는 의결권은 이를 의결권의 수에 산입하지 않는다(상법 제585조 제2항). 기출 24

㉲ 특별결의는 사원의 수도 결의요건으로 하고 있다(출자좌수에 관계없이 찬성하는 사원의 수가 총사원의 2분의 1 이상이어야 한다. 과반수가 아님을 유의한다).

㉳ 특별결의를 요하는 사항으로는 이사 또는 감사의 해임(상법 제567조·제570조·제385조 제1항), 정관의 변경(상법 제585조), 자본금 총액의 증가 또는 감소(상법 제543조 제2항·제585조), 합병(상법 제598조), 신설합병 시 설립위원의 선임(상법 제599조), 주식회사로의 조직변경(상법 제607조 제1항 단서), 해산결의(상법 제609조 제2항), 회사계속(상법 제610조 제1항) 등이 있다.

㉴ 총사원의 동의에 의한 결의는 어떤 사항을 사원총회에서 서면으로 결의할 것을 정하거나(상법 제577조 제1항) 주식회사로 조직변경을 하는 경우(상법 제607조 제1항 본문) 등에 필요하다.

ⓔ 서면결의

㉮ 유한회사는 사원총회의 결의에 갈음하는 결의방법으로 서면에 의한 결의를 할 수 있다(상법 제577조).

㉯ 서면에 의한 결의에 있어서는 회의의 존재를 전제로 하는 규정, 즉 연기회, 계속회에 관한 규정 등은 적용되지 않는다.

㉰ 사원총회의 모든 결의사항은 서면에 의해 결의할 수 있는데, 서면에 의한 결의에는 다음의 2가지 유형이 있다.

> **총사원이 서면으로 결의할 것을 동의한 경우**(상법 제577조 제1항)
>
> • 총회의 결의를 하여야 할 경우에 총사원이 그 의안에 관하여 서면결의에 의할 것을 동의한 경우에는 서면에 의한 결의를 할 수 있다.
> • 특별이해관계인도 총회에 출석할 수 있으므로 그의 동의도 필요하다.
> • 동의의 방식은 구술이든, 서면이든 상관없다.
> • 서면으로 결의하는 때에는 총사원으로부터 결의 대상인 사항에 관하여 서면에 의한 찬반을 구하는데, 그 결과에 따라 결의의 성부가 결정된다.
> • 서면결의에도 사원총회에 관한 규정이 준용되므로, 의결권의 수, 특별이해관계인의 의결권행사금지, 회사의 자기지분의 의결권의 부존재, 대리인에 의한 의결권 행사, 결의의 무효, 부존재, 취소, 변경의 소에 관한 규정은 모두 서면결의에 준용된다.

    ⓑ 의사록 작성 등 : 사원총회의 의사에는 의사록을 작성하여야 하고, 의사록에는 의사의 경과요령과 그 결과를 기재하고 의장과 출석한 이사가 기명날인 또는 서명하여야 한다(상법 제578조 · 제373조).

② 이사 또는 청산인 과반수의 동의에 의한 결의

    ㉠ 유한회사의 경우 이사회는 필요적 기관으로 되어 있지 아니하다.

    ㉡ 이사가 수인인 경우에 정관에 다른 규정이 없으면 회사의 업무집행, 지배인의 선임 또는 해임과 지점의 설치, 이전 또는 폐지의 경우에는 이사 과반수의 결의에 의하여야 한다(상법 제564조 제1항).

    ㉢ 다만, 지배인은 사원총회에서 선임 또는 해임할 수 있다(상법 제564조 제1항).

    ㉣ 정관 규정에 의하여 이사 호선으로 회사를 대표할 이사를 정하는 때에도 이사 과반수의 결의가 필요하다(상법 제562조 제2항).

    ㉤ 이사에 관한 규정은 청산인에게 준용되므로 청산업무를 집행하거나 정관 규정에 의하여 청산인의 호선으로 회사를 대표할 청산인을 선임하는 때에는 청산인 과반수의 동의에 의한 결의가 필요하다(상법 제562조 제2항 · 제564조 제1항 · 제613조).

3. 등기절차에 관한 통칙

① 신청인

    ㉠ 유한회사의 등기신청은 유한회사를 대표하는 자가 한다(제23조 제1항).

    ㉡ 유한회사에서 회사를 대표하는 자는 이사이지만 이사가 수인인 경우에 정관에 다른 정함이 없으면 사원총회에서 선정한 이사가 회사를 대표한다(상법 제562조 제1항 · 제2항).

    ㉢ 정관에 규정을 두어, 수인의 이사로 하여금 각자 회사를 대표하도록 하거나 이사의 호선으로 회사를 대표할 이사를 정하도록 할 수 있다.

② 첨부정보 통칙(규칙 제155조)

정관(규칙 제155조 제1항)
정관에 규정이 없으면 등기할 사항에 무효 또는 취소의 원인이 있는 것으로 되는 경우에는 신청서에 정관을 첨부하여야 한다. 정관을 첨부하는 경우로는, ㉠ 사원총회의 정족수, 결의방법에 관해 정관에 별도의 정함을 한 경우, ㉡ 각 사원은 출자 1좌마다 1개의 의결권을 갖는데, 정관에 이와 달리 정한 경우, ㉢ 정관에 총회소집기간을 단축한 경우, ㉣ 정관에 의하여 과반수에 달하지 않는 수의 이사의 동의로 지배인을 선임 또는 해임하거나 지점을 설치, 이전 또는 폐지한 경우, ㉤ 정관에 의하여 이사의 호선으로 대표이사를 정한 경우 등이다.

법원의 허가서(규칙 제155조 제1항)
등기할 사항에 관해 법원의 허가가 없으면 무효 또는 취소의 원인이 있는 것으로 되는 경우에는 신청서에 법원의 허가서를 첨부하여야 한다.

총사원의 동의서(규칙 제155조 제1항)
등기할 사항에 관하여 총사원의 동의가 없으면 무효 또는 취소의 원인이 있는 것으로 되는 때에는 등기신청서에 총사원의 동의서를 첨부하여야 한다. 총사원의 동의서를 첨부하는 경우는, ㉠ 총사원의 동의로 소집절차를 거치지 않고 총회를 개최한 경우(상법 제573조), ㉡ 서면으로 사원총회의 결의를 하는 것에 관해 총사원이 동의한 경우(상법 제577조 제1항)이다.

사원총회의사록(규칙 제155조 제2항)
등기할 사항에 관하여 사원총회의 결의가 필요한 때에는 등기신청서에 사원총회의사록을 첨부하여야 한다.

이사 또는 청산인의 동의가 있음을 증명하는 서면(규칙 제155조 제2항)
등기할 사항에 관하여 어느 이사 또는 어느 청산인의 동의를 요할 때에는 등기신청서에 그 동의가 있음을 증명하는 서면을 첨부하여야 한다.

Ⅱ 설립의 등기

1. 설립절차

① 개 설

㉠ 유한회사의 설립절차는 정관작성, 실체형성(출자의 이행, 이사와 감사의 선임), 설립등기의 순으로 이루어진다.

㉡ 유한회사에는 주식회사에서의 모집설립과 같은 제도가 없고, 정관의 작성에 의하여 사원 및 출자액이 확정된다는 점에서 유한회사는 인적회사와 비슷하다(상법 제543조 제1항·제179조·제269조·제543조).

㉢ 유한회사 사원의 설립행위의 하자는 회사설립무효 또는 취소의 소의 원인이 된다(상법 제552조).

㉣ 초대 이사 및 감사(감사는 임의기관임)는 정관으로 정할 수 있으나, 초대 이사 및 감사를 정관으로 정하지 아니한 경우에는 설립등기 전에 사원총회에서 이를 선임하여야 한다(상법 제547조 제1항·제568조).

㉤ 사원 및 이사는 자본금의 규모와 관계없이 각 1인이어도 무방하고(상법 제543조 제1항·제609조 제1항·제561조), 이사의 경우 자격과 임기에 제한이 없으므로 사원이 아닌 자도 이사가 될 수 있다.

㉥ 이사회제도가 법정되어 있지 않고, 이사가 수인인 경우 정관에 다른 정함이 없으면 사원총회에서 회사를 대표할 이사를 선정한다(상법 제562조 제2항).

② 정관의 작성 : 유한회사를 설립함에는 사원이 되고자 하는 자가 정관을 작성하고 사원 전원이 기명날인 또는 서명하여야 한다(상법 제543조 제1항·제2항).

㉠ 정관의 절대적 기재사항(상법 제543조 제2항) **기출** 23

> • 목 적
> • 상 호
> • 사원의 성명·주민등록번호 및 주소
> • 자본금의 총액
> • 출자 1좌의 금액
> • 각 사원의 출자좌수
> • 본점 소재지

㉡ 정관의 상대적 기재사항

㉮ 변태설립사항(상법 제544조)

> • 현물출자
> • 재산인수
> • 회사가 부담할 설립비용

⑭ 그 밖의 상대적 기재사항

사원에 관한 사항
(i) 1좌 1의결권 원칙의 예외(상법 제575조 제1항), (ii) 지분양도의 제한(상법 제556조), (iii) 배당이익에 의한 지분의 소각(상법 제560조 제1항·제343조 제1항), (iv) 이익배당 기준의 예외(상법 제580조), (v) 회계장부열람권의 완화(상법 제581조)

사원총회에 관한 사항
(i) 소집기간의 단축(상법 제571조 제2항), (ii) 소수사원의 총회소집청구에 관한 규정(상법 제572조), (iii) 총회의 정족수, 결의방법에 관한 규정(상법 제574조)

임원에 관한 사항
(i) 회사대표에 관한 규정(상법 제562조 제1항·제2항), (ii) 공동대표에 관한 규정(상법 제562조 제3항), (iii) 업무집행에 관한 규정(상법 제564조 제1항), (iv) 감사에 관한 규정(상법 제568조 제1항)

중간배당에 관한 사항(상법 제583조·제462조의3)
–

해산사유와 잔여재산의 분배 및 청산인에 관한 사항
(i) 존립기간과, 법정 해산사유 이외의 해산사유(상법 제609조 제1항·제227조), (ii) 잔여재산분배기준의 예외(상법 제612조), (iii) 청산인에 관한 규정(상법 제613조 제1항·제531조 제1항)

ⓒ 정관의 임의적 기재사항

> • 이사·감사의 원수 및 임기
> • 임원의 자격
> • 정기총회의 개최시기
> • 회사의 영업연도 등

ⓔ 공고방법은 주식회사의 경우 정관의 절대적 기재사항 및 등기사항이고(상법 제289조 제1항 제7호, 제317조 제2항 제1호), 유한책임회사에 있어서는 정관으로 공고방법을 정한 경우에만 등기사항(상대적 기재사항)이며(상법 제287조의5 제1항 제6호), 유한회사의 경우에는 정관의 절대적 기재사항도 아니고 등기사항도 아니다(상법 제543조 제2항, 제549조 제2항). 기출 24·23·15

③ 정관의 인증

ⓐ 유한회사를 설립할 때 작성하는 정관은 공증인의 인증을 받음으로써 효력이 생긴다. 기출 24·23

ⓑ 다만, 자본금 총액이 10억원 미만인 경우 각 사원이 정관에 기명날인 또는 서명함으로써 효력이 생긴다(상법 제543조 제3항·제292조). 기출 24

④ 사원총회(이사 및 감사의 선임)

ⓐ 정관으로 이사를 정하지 아니한 때에는 회사의 성립 전에 사원총회를 열어 이사를 선임하여야 한다(상법 제547조 제1항).

ⓑ 이 경우 사원총회는 각 사원이 소집할 수 있다(상법 제547조 제2항).

ⓒ 회사성립 전의 총회이지만 사원총회이므로 총사원의 의결권의 과반수를 가지는 사원이 출석하고 그 의결권의 과반수로써 이사 등을 선임한다(상법 제574조).

ⓓ 유한회사에서 감사는 정관에 의하여 둘 수 있는 임의기관이다.

ⓔ 초대감사도 초대이사와 같이 정관으로 정할 수 있고, 정관에 감사를 두기로 정하였음에도 구체적으로 누구를 감사로 한다는 정함이 없는 때에는 사원총회에서 선임한다(상법 제568조).

⑤ 출자의 이행 등

    ⊙ 각 사원은 적어도 출자 1좌를 가져야 한다. 출자는 금전 기타의 재산으로 하여야 하며, <u>노무 또는 신용의 출자는 인정되지 않는다.</u>

    ⓛ 각 사원은 출자좌수에 따라 지분을 가진다(상법 제554조, 지분복수주의).

    ⓒ 이사는 회사성립 전에 사원으로 하여금 출자전액의 납입 또는 현물출자의 목적인 재산 전부의 급여를 <u>시켜야</u> 한다(상법 제548조 제1항). 즉, 유한회사의 사원은 회사의 설립등기 이전에 금전이나 그 밖의 재산의 출자를 전부 이행하여야 한다. [기출] 23

    ⓔ 출자의 납입은 은행 기타 금융기관에 할 필요가 없으며, <u>현물출자 등이 있는 경우에도 검사인 등의 검사를 받을 필요가 없다.</u>

2. 등기절차

① 등기기간 등

    ⊙ <u>유한회사의 설립등기는 출자 전액의 납입 또는 현물출자의 이행이 있는 날부터 본점 소재지에서 2주간 내에 하여야 한다</u>(상법 제549조 제1항). [기출] 14

    ⓛ 유한회사의 설립등기는 회사를 대표할 자가 신청하고(제23조 제1항), 설립등기를 함으로써 유한회사가 성립한다(상법 제172조).

② 등기사항(상법 제549조 제2항) : 유한회사의 설립등기사항은 목적, 상호 및 본점 소재지와 지점을 둔 때에는 그 소재지, 자본금의 총액과 출자 1좌의 금액, 이사의 성명·주민등록번호(주민등록이 없는 자는 생년월일) 및 주소(다만, 회사를 대표할 이사를 정한 때에는 그 외의 이사의 주소를 제외한다), 회사를 대표할 이사를 정한 때에는 그 성명, 수인의 이사가 공동으로 회사를 대표할 것을 정한 때에는 그 규정, 존립기간 기타의 해산사유를 정한 때에는 그 기간과 사유, 감사가 있는 때에는 그 성명 및 주민등록번호(주민등록이 없는 자는 주민등록번호 대신에 생년월일)이다.

③ 첨부정보

    ⊙ 정 관

        ㉮ 유한회사의 설립등기 시 <u>원칙적으로 공증인의 인증을 받은 정관을 첨부정보로 제공하여야 한다</u>(규칙 제156조 제1호, 상법 제543조 제3항·제292조 본문).

        ㉯ 다만, <u>자본금의 총액이 10억원 미만인 유한회사를 설립하는 경우에 정관은 각 사원의 기명날인 또는 서명만으로 효력이 생기므로</u>(상법 제543조 제3항·제292조 단서), <u>이때에는 공증인의 인증이 없는 정관을 첨부할 수 있다.</u> [기출] 19

    ⓛ 출자 전액 납입 또는 현물출자의 목적인 재산 전부의 급여가 있었음을 증명하는 서면

    ⓒ 사원총회의사록

        ㉮ 이사를 정관으로 정하지 아니한 때 또는 정관으로 감사를 둘 것을 정하였지만 정관으로 구체적인 감사를 정하지 않은 때에는 회사의 성립 전에 사원총회를 열어 이사 또는 감사를 선임하여야 하는 바, 이를 증명하기 위하여 사원총회의사록을 첨부하여야 한다(규칙 제155조 제2항).

        ㉯ 사원총회의사록은 공증인의 인증을 받아야 한다(공증인법 제66조의2). 사원총회의 결의로 회사를 대표할 이사를 정하거나 수인의 이사로 하여금 공동으로 회사를 대표할 것을 정한 때에도 사원총회의사록을 첨부하여야 한다.

  ㉐ 이사 과반수의 동의가 있음을 증명하는 서면 : 정관 규정에 의하여 이사의 호선으로 회사를 대표할 이사를 정한 때에는 정관 및 이사 과반수의 동의가 있음을 증명하는 서면을 첨부하여야 한다(규칙 제155조 제2항).

  ㉑ 이사의 취임승낙을 증명하는 서면(규칙 제156조)

  ㉒ 감사를 둔 때에는 감사의 취임승낙을 증명하는 서면(규칙 제156조)

  ㉓ 대표이사의 취임승낙을 증명하는 서면(규칙 제156조)

  ㉔ 이사 등의 주소, 주민등록번호(생년월일)를 증명하는 서면(규칙 제52조 제1항)

  ㉕ 인감의 제출(제25조 제1항)

Ⅲ   상호, 목적, 존립기간 또는 해산사유의 변경, 본점의 이전의 등기

1. 상호, 목적, 존립기간 또는 해산사유의 변경등기

① 유한회사가 상호, 목적, 존립기간 또는 해산사유를 변경한 때에는 그 변경등기를 하여야 한다.

② 상호 및 목적은 정관의 절대적 기재사항이고 존립기간 및 해산사유는 정관의 상대적 기재사항이므로 상호 또는 목적의 변경, 존립기간 또는 해산사유의 설정·변경·폐지에 관해서는 사원총회의 특별결의에 의해 정관을 변경하여야 하는 바, 이러한 변경등기의 신청서에는 사원총회의사록을 첨부하여야 한다(규칙 제155조 제2항).

2. 본점이전의 등기

① 본점을 정관에 기재된 본점의 소재장소 이외의 장소로 이전하는 경우에는 정관을 변경하여야 한다.

② 변경정관에 구체적인 본점의 소재장소를 정하지 아니한 때에는 이사 과반수의 동의로 그 장소를 정하여야 한다.

③ 이때, 본점 소재지에서 하는 본점이전등기의 신청서에는 정관변경에 관한 사원총회의 특별결의가 있었음을 증명하는 서면 및 이사 과반수의 동의가 있었음을 증명하는 서면을 첨부하여야 한다(규칙 제155조 제2항).

④ 정관에 기재된 본점의 소재장소 이내에서 본점을 이전하는 경우에는 이사 과반수의 동의가 필요하기 때문에 본점 소재지에서 하는 등기의 신청서에는 이사 과반수의 동의가 있음을 증명하는 서면을 첨부하여야 한다(규칙 제155조 제2항).

⑤ 유한회사가 정관에 기재된 독립된 최소행정구역 내에서 본점을 이전하는 경우 정관에 다른 정함이 없으면 이사 과반수의 결의에 의하여야 하나(상법 제564조), 유한회사의 사원총회는 업무집행을 포함한 모든 사항에 관하여 결의할 수 있으므로 사원총회 결의로도 본점이전을 할 수 있다(상업등기선례 제202203-1호).

기출 25·24

Ⅳ **이사 · 대표이사 · 감사에 관한 변경등기**

1. 이사 · 대표이사 · 감사의 변경절차

① 이사의 취임 · 퇴임 등

㉠ 이사의 취임

㉮ 유한회사의 이사는 대내적으로는 회사의 업무를 집행하고, 대외적으로는 회사를 대표하는 필요상
설기관이다.

㉯ 유한회사에서는 1인 또는 수인의 이사를 두어야 한다(상법 제561조). 즉, 유한회사의 경우 주식회사
와 달리 자본금 규모와 관계없이 1인의 이사를 둘 수 있다. **기출** 19

㉰ 이사가 수인인 경우 정관에 다른 정함이 없으면 사원총회에서 회사를 대표할 이사를 선정하여야
한다(상법 제562조 제2항).

㉱ 유한회사에는 합의체인 이사회를 두는 것이 강제되지 않는다.

㉲ 이사는 사원총회의 보통결의로 선임한다.

㉳ 보통결의는 정관에 다른 정함이 없는 한 총사원의 의결권의 과반수를 가지는 사원이 출석하고
그 의결권의 과반수로써 한다(상법 제574조).

㉴ 설립 시의 초대이사의 경우 정관으로 정할 수 있는데(상법 제547조 제1항), 그 후의 이사도 정관으로
정하는 것은 가능하다.

㉵ 상법은 이사의 자격을 제한하는 규정을 두고 있지 않으나, 정관에 의하여 사원에 한하여 이사가
될 수 있는 것으로 하는 등 정관으로 이사의 자격을 제한할 수 있다.

㉡ 이사의 퇴임

사 임
이사는 언제라도 사임할 수 있다.

해임(상법 제567조 · 제385조)
• 사원총회는 언제든지 그 결의로 이사를 해임할 수 있다. 사원총회에서 이사를 해임할 때에는 특별결의요건인 총사원의 반수 이상이며 총사원의 의결권의 4분의 3 이상을 가지는 자의 동의에 의하여 하여야 한다(상법 제567조 · 제385조 제1항 · 제585조).
• 이사가 그 직무에 관하여 부정행위 또는 법령이나 정관에 위반한 중대한 사실이 있음에도 불구하고 사원총회에서 그 해임을 부결한 때에는 자본금의 100분의 3 이상에 해당하는 출자의 좌수를 가진 원은 총회의 결의가 있은 날부터 1월 내에 그 이사의 해임을 법원에 청구할 수 있다(상법 제567조 · 제385조 제2항).
• 정관으로 정하고 있는 이사를 해임함에 있어서는 정관변경의 절차를 밟아야 한다.
• 다만, 정관으로 정하고 있는 이사를 법원의 해임판결에 의하여 해임하는 때에는 해임판결이 있은 때에 정관의 변경 없이 해임되는 것으로 해석된다.

자격상실 또는 자격정지자로 된 경우
• 이사가 사망하거나 파산선고 또는 성년후견개시의 심판을 받은 경우에는 위임계약이 종료되어 당연 퇴임한다(상법 제567조 · 제382조 제2항, 민법 제690조). 이사 등이 취임 후에 사형, 무기징역 또는 무기금고의 판결을 받거나 자격정지형을 받은 경우에도 그 직을 상실한다(형법 제43조 제1항 · 제44조).
• 정관으로 정한 이사의 자격을 상실한 경우 그 이사는 자격을 상실한 때에 당연 퇴임한다.

사 망
–

임기의 만료
• 정관으로 또는 선임기관인 사원총회에서 임기를 정한 때에는 그 임기의 만료에 의하여 퇴임한다.
• 유한회사 이사의 경우 상법으로 정하고 있는 임기의 제한은 없다.

회사의 해산
회사가 해산하는 경우 파산을 제외하고는 해산 당시의 이사는 당연 퇴임한다.

    ⓒ 이사로서의 권리의무가 인정되는 경우 등 : 법률 또는 정관에 정한 원수를 결한 경우 임기만료 또는 사임으로 퇴임한 이사의 이사로서의 권리의무의 인정(상법 제386조 제1항), 일시이사의 선임(상법 제386조 제2항), 이사 직무집행정지 및 직무대행자 선임(상법 제407조·제408조) 등의 주식회사의 이사에 관한 규정은 유한회사의 이사에게도 준용된다(상법 제567조).

② 대표이사의 취임·퇴임 등

    ㉠ 대표이사의 취임

        ㉮ 이사가 회사를 대표하지만, 이사가 수인인 경우 정관에 다른 정함이 없으면 사원총회에서 회사를 대표할 이사를 선정하여야 한다(상법 제562조).

        ㉯ 정관으로 특정인을 대표이사로 정하거나 정관에 이사들의 호선으로 대표이사를 정한다는 규정을 둘 수 있는데, 후자의 경우 이사 과반수의 동의로 대표이사를 정한다.

        ㉰ 회사와 이사 간에 소가 제기된 경우 사원총회는 그 소에 관하여 회사를 대표할 자를 선정하여야 한다(상법 제563조).

    ㉡ 대표이사의 퇴임 : 대표이사는 이사의 지위상실, 정관변경 또는 사원총회의 결의에 의한 해임, 이사 과반수의 동의에 의한 해임, 사임에 의하여 퇴임한다.

    ㉢ 공동대표에 관한 규정의 설정. 변경, 폐지 : 이사가 수인인 경우 정관으로 또는 사원총회에서 수인의 이사로 하여금 공동으로 회사를 대표할 것을 정할 수 있다(상법 제562조 제3항).

③ 감사의 취임·퇴임 등

감사의 취임
• 유한회사의 감사는 정관에 감사를 둘 것으로 정한 경우에 한하여 둘 수 있는 임의기관이다(상법 제568조 제1항).
• 정관에 감사를 둘 것으로 정한 경우에는 초대감사는 초대이사와 마찬가지로 정관으로 정할 수 있고, 정관으로 정하지 아니한 경우에는 사원총회의 보통결의에 의하여 선임한다(상법 제568조 제2항·제547조).
• 회사성립 이후의 감사는 사원총회에서 선임한다. 이사와 마찬가지로 감사에 관하여도 상법에 그 자격·임기에 관한 규정이 없으나, 정관으로 그 자격과 임기를 정할 수 있다.

감사의 퇴임
• 감사를 둘 것으로 정한 정관규정의 폐지에 의하여 퇴임한다. 감사는 해산의 경우 당연퇴임하지 않는다.
• 그 밖에, 감사는 이사의 퇴임사유와 동일한 사유로 퇴임한다.

감사로서의 권리의무가 인정되는 경우 등
유한회사의 감사에 관해서는 법률 또는 정관에 정한 원수를 결한 경우 임기만료 또는 사임으로 퇴임한 이사의 권리의무 인정에 관한 규정(상법 제386조 제1항), 일시이사의 선임에 관한 규정(상법 제386조 제2항), 이사 직무집행정지 및 직무대행자 선임에 관한 규정(상법 제407조) 등 주식회사의 이사 또는 감사에 관한 규정이 준용된다(상법 제570조).

2. 등기절차

① **등기기간 등** : 이사·대표이사·감사가 취임, 퇴임하거나 대표이사의 주소 등이 변경되거나 공동대표에 관한 규정을 설치, 변경 또는 폐지한 때에는 본점 소재지에서 2주간 내에 회사를 대표하는 이사가 그 변경등기를 신청하여야 한다(상법 제549조 제4항·제183조, 법 제23조 제1항).

② **등기사항**

　㉠ 이사·대표이사·(대표)집행임원·감사·감사위원회의 위원(이하 '이사 등'이라 한다)이 취임한 때에는 그 이사 등의 성명과 주민등록번호, 취임한 취지, 취임연월일 및 등기연월일을 등기하여야 한다(상법 제317조 제2항 제8호·제9호·제12호, 규칙 제55조 제1항).

　㉡ 대표이사 또는 대표집행임원의 경우에는 성명과 주민등록번호 외에 그 주소도 등기하여야 한다(상법 제317조 제2항 제9호). 이 경우 원칙적으로 도로명주소법에 따른 도로명주소로 등기하여야 한다(등기예규 제1437호).

　㉢ 이사의 경우에는 사내이사, 사외이사, 그 밖의 상무에 종사하지 아니하는 이사(기타비상무이사)를 구분하여 등기하여야 한다(상법 제317조 제2항 제8호). 이 경우 대표이사의 대표권은 업무집행권을 전제로 하므로 회사의 상무에 종사하는 사내이사(업무담당이사)가 아닌 사외이사 또는 기타비상무이사를 대표이사로 등기할 수 없다(상업등기선례 제2-33호).

　㉣ 수인의 대표이사 또는 대표집행임원을 두면서 정관 또는 선임기관의 결의로 공동대표규정을 둔 경우에는 공동대표규정도 등기하여야 하는데(상법 제317조 제2항 제10호), 대표이사 또는 대표집행임원을 선임함과 동시에 공동대표규정을 둔 경우에는 공동대표이사 또는 공동집행임원의 취지만 추가로 등기하고, 수인의 대표이사 또는 대표집행임원을 선임한 후 나중에 별도로 공동대표규정을 둔 경우에는 종전 각자대표에 대해 말소하고 공동대표로 새로 등기하면서 공동대표규정을 설정한 취지와 그 연월일을 등기하여야 한다.

　㉤ 이사 등이 퇴임한 때에는 퇴임한 임원의 란에 퇴임의 취지 및 퇴임연월일, 등기연월일을 기록하고 퇴임한 임원에 관한 사항을 말소하여야 한다(규칙 제55조 제1항, 제3항).

　㉥ 이사 또는 집행임원의 선임결의의 부존재, 무효나 취소 또는 판결에 의한 해임의 등기를 하는 경우에 그 이사 또는 집행임원이 대표이사 또는 대표집행임원일 때에는 그 대표이사 또는 대표집행임원에 관한 등기도 말소하여야 한다(규칙 제132조). **기출** 13·07

③ **첨부정보**

　㉠ 이사·대표이사·감사의 취임

　　㉮ 사원총회의사록 : 이사·대표이사·감사는 사원총회에서 선임하기 때문에 그 취임등기신청서에는 이사·대표이사 감사를 선임한 사원총회의사록을 첨부하여야 한다(규칙 제155조 제2항). 정관으로 이사를 정하고 있는 경우에도 정관변경절차가 필요하기 때문에 이때에도 사원총회의사록을 첨부한다.

　　㉯ 정관 및 이사동의서(이사회의사록) : 정관 규정에 의하여 이사 과반수의 결의로 대표이사를 선임한 경우에는 정관과 이사 과반수의 동의가 있음을 증명하는 서면 또는 이사회의사록을 첨부하여야 한다(규칙 제155조).

　　㉰ 취임승낙을 증명하는 서면(규칙 제162조 제1항·제130조)

　　㉱ 주소·주민등록번호(생년월일)를 증명하는 서면

ⓛ 이사·대표이사 감사의 퇴임(규칙 제162조 제1항·제130조) : 이사, 감사가 사원총회에서의 해임결의로
퇴임(상법 제567조·제385조·제570조·제385조 제1항)한 때에는 사원총회의사록(규칙 제130조)을 첨부하여
대표이사가 퇴임등기를 신청하여야 하고, 이사의 해임판결 확정으로 퇴임한 때에는 제1심 수소법원
이 그 재판의 등본을 첨부하여 해임등기를 촉탁한다(비송법 제107조·제108조).

Ⅴ   자본금증가로 인한 변경등기

1. 자본금증가의 절차

① 개설 : 유한회사에서는 자본금 총액이 정관의 절대적 기재사항이므로 자본금을 늘리거나 줄일 때에는
반드시 정관을 변경하여야 하는 바, 유한회사에서의 자본금의 증가는 사원총회의 결의사항이다.

② 자본금증가의 방법

ⓐ 유한회사에서 자본금을 늘리는 방법으로는 출자 1좌의 금액을 증가시키는 방법과 출자 좌수를 늘리
는 방법, 그리고 양 방법을 병용하는 방법이 있다.

ⓑ 출자 1좌의 금액을 증가시키는 방법은 사원에게 추가 출자를 요하는 것이므로, 사원의 유한책임의
원칙에 비추어 볼 때 이 경우 각 사원의 동의를 필요로 한다.

ⓒ 출자 1좌의 금액은 균일하여야 하므로(상법 제546조) 자본금증가에 동의하는 사원에 한정하여 출자
1좌의 금액을 증가시킬 수는 없다.

③ 사원총회의 특별결의

ⓐ 유한회사의 자본금의 총액은 정관 기재사항이므로(상법 제543조 제2항 제2호), 자본금증가의 결의에는
정관 변경을 위한 사원총회의 특별결의를 요한다.

ⓑ 특별결의는 총사원의 반수(半數) 이상이며 총사원의 의결권의 4분의 3 이상을 가지는 자의 동의가
있어야 한다(상법 제584조·제585조).

ⓒ 자본금 총액의 증가를 위한 정관 변경도 총사원의 동의가 있으면 서면에 의한 결의로 할 수 있다(상법
제577조).

④ 출자의 인수

ⓐ 사원은 증가할 자본금에 대하여 그 지분에 따라 출자를 인수할 권리가 있으나, 자본금 증가의 결의
또는 그 이전의 사원총회의 특별결의로 특정한 자에게 출자인수권을 부여한 경우에는 그러하지 아니
하다(상법 제587조·제585조).

ⓑ 출자인수권을 가진 자가 출자의 인수를 하지 아니하는 경우, 회사는 다른 자에게 인수하게 할 수
있으나, 유한회사는 광고 기타의 방법에 의하여 인수인을 공모하지 못한다(상법 제589조 제2항).

ⓒ 출자의 인수를 하고자 하는 자는 인수를 증명하는 서면에 그 인수할 출자의 좌수와 주소를 기재하고
기명날인 또는 서명하여야 한다(상법 제589조 제1항).

ⓓ 유한회사의 자본금증가는 사원총회에서 결의한 증가할 출자좌수 전부에 대한 인수가 없으면 그 효력
이 없다(자본확정의 원칙).

⑤ 출자의 이행
   ㉠ 증자가액에 대한 출자의 인수가 있는 때에는 이사는 인수인으로 하여금 출자 전액의 납입 또는 현물출자의 목적인 재산 전부의 급여를 시켜야 한다(상법 제596조·제548조).
   ㉡ 개정 전에는 인수인은 납입에 관하여 상계를 주장할 수 없었으나(구 상법 제596조·제548조·제334조) 2011.4.14. 개정상법은 유한회사에 있어서도 주식회사와 마찬가지로 회사의 동의가 있는 경우 인수인의 출자금납입채무와 회사에 대한 채권의 상계를 허용하였다(상법 제596조·제421조 제2항).

2. 등기절차

① 등기기간 : 유한회사는 자본금증가로 인한 출자 전액의 납입 또는 현물출자의 이행이 완료된 날로부터 본점 소재지에서 2주 내에 자본금증가에 따른 등기를 신청하여야 한다(상법 제591조). 기출 24
② 첨부정보
   ㉠ 출자의 인수를 증명하는 서면(규칙 제157조)
   ㉡ 납입 또는 현물출자의 목적인 재산의 급여가 있음을 증명하는 서면(규칙 제157조)
      ㉮ 유한회사의 경우 출자의 납입기관이 은행 기타 금융기관으로 제한되어 있지 않기 때문에 대표이사 등이 납입을 받는 것도 가능하며, 그 납입을 증명하는 서면을 첨부하는 것도 가능하다. 현물출자의 이행의 경우에도 검사인 등의 검사를 받을 필요가 없다. 기출 24
      ㉯ 인수인이 회사의 동의를 얻어 출자금납입채무와 회사에 대한 채권을 상계한 경우에는 이를 증명하는 서면을 첨부하여야 한다(등기예규 제1445호 제27조).
   ㉢ 사원총회의사록 등
      ㉮ 자본금의 총액, 출자 1좌의 금액은 정관기재사항이기 때문에 이를 증가시키기 위해서는 정관변경절차를 거쳐야 하는 바, 자본금증가로 인한 변경등기신청서에는 증자를 결의한 사원총회의사록을 첨부하여야 한다(규칙 제155조 제2항).
      ㉯ 특히, 출자 1좌의 금액의 증가에 의해 증자를 한 경우에는 총사원의 동의서를 첨부하여야 한다(규칙 제155조 제1항).

3. 자본금증가에 의한 변경등기의 효력

① 자본금증가의 효력발생시기 : 유한회사의 자본금증가의 효력은 자본금증가의 등기를 함으로써 효력이 발생한다(상법 제592조). 따라서 출자인수인은 등기된 때로부터 사원이 되며, 자본금증가의 변경연월일은 등기연월일이다. 기출 19
② 자본금전보의 책임
   ㉠ 현물출자 또는 재산인수의 목적인 재산의 자본금증가당시의 실가가 자본금증가의 결의에 의하여 정한 가격에 현저하게 부족한 때에는 그 결의에 동의한 사원은 회사에 대하여 그 부족액을 연대하여 지급할 책임이 있고(상법 제593조 제1항), 사원의 이 책임은 면제하지 못한다(상법 제593조 제2항·제550조 제2항·제551조 제2항).
   ㉡ 자본금증가 후에 아직 인수되지 아니한 출자가 있는 때에는 이사와 감사가 공동으로 인수한 것으로 보며(상법 제594조 제1항), 자본금증가 후에 아직 출자 전액이 납입되지 않거나 현물출자의 목적인 재산의 급여가 미필된 때에는 이사와 감사는 연대하여 그 납입 또는 급여미필재산의 가액을 지급할 책임이 있고(상법 제594조 제2항), 이사와 감사의 이러한 책임은 총사원의 동의가 없으면 면제하지 못한다(상법 제594조 제3항·제551조 제3항).

Ⅵ 자본금감소로 인한 변경등기

1. 자본금감소의 방법

① 자본금감소의 방법으로는 출자 1좌의 금액을 감소시키는 방법, 출자좌수를 감소시키는 방법 그리고 양자를 병용하는 방법이 있다.

② 출자좌수의 감소는 지분을 소각 또는 병합하는 방법으로 하며, 지분의 소각에는 주식의 소각절차에 관한 규정(상법 제560조 제1항·제343조 제1항)이, 지분 병합 시의 단수지분의 처리에는 주식병합 시의 단주처리에 관한 규정(상법 제597조·제443조)이 준용된다.

③ 자본금감소절차에 의하여 출자 1좌의 금액을 100원 미만으로 할 수 없다(상법 제546조).

2. 자본금의 감소

① 자본금감소는 정관변경 사항이므로 사원총회의 특별결의가 있어야 하고, 이 결의에서는 자본금감소의 방법도 정하여야 한다(상법 제597조, 제439조 제1항).

② 유한회사에서 총회결의의 목적사항에 대하여 총사원이 서면으로 동의한 경우에는 총회의 결의와 동일한 효력이 있으므로, 유한회사의 자본감소에 관하여 총사원이 동의한 경우에는 사원총회의사록이 아닌 총사원동의서를 첨부하여 변경등기를 신청할 수 있다(상업등기선례 제1-283호). **기출** 19

③ 감자는 채권자에게 불이익을 가져올 수 있으므로 원칙적으로 채권자보호절차를 거쳐야 한다.

④ 다만, 2011.4.14. 개정상법 제597조 및 제439조 제2항 단서에 의하여 결손의 보전을 위한 자본금감소의 경우에는 채권자보호절차가 필요 없다.

⑤ 감자는 채권자 보호절차 등 자본금감소에 관한 절차가 완료된 때에 효력이 발생하므로 감자의 등기는 감자의 효력발생요건이 아니고 대항요건이다.

3. 등기절차

① 자본금감소의 효력이 발생한 날로부터 본점 소재지에서 2주간 내에 회사를 대표하는 이사가 그 변경등기를 신청하여야 한다(상법 제549조 제4항·제183조, 법 제23조 제1항).

② 자본금감소로 인한 변경등기의 신청서에는 감자를 결의한 사원총회의사록(규칙 제155조 제2항)과 채권자보호절차를 거쳤음을 증명하는 서면(규칙 제158조·제111조)을 첨부하여야 한다.

③ 다만, 2011.4.14. 개정상법 제597조 및 제439조 제2항 단서에 따라 결손의 보전을 위한 자본금감소의 경우에는 위 서면에 갈음하여 결손의 보전을 위한 자본금 감소를 증명하는 서면을 첨부할 수 있다(등기예규 제1445호 제28조).

VII 해산 및 청산인에 관한 등기

1. 해산의 등기

해산사유	• 유한회사는 (i) 존립기간의 만료 기타 정관으로 정한 사유의 발생, (ii) 합병, (iii) 파산, (iv) 법원의 해산명령 또는 해산판결, (v) 사원총회의 특별결의로 해산한다(상법 제609조). • 해산사유 중 사원총회의 결의로 해산할 때에는 총사원의 반수 이상이며, 총사원의 의결권의 4분의 3 이상을 가지는 자의 동의로써 하는 특별결의로 한다(상법 제609조 제2항·제585조 제1항).
등기절차	• 합병과 파산의 경우 외에는 그 해산사유가 있은 날부터 2주일 내에 본점의 소재지에서 해산등기를 하여야 한다(상법 제613조 제1항·제228조). • 해산등기는 원칙적으로 회사를 대표하는 자가 신청하여야 하지만(제23조 제1항), 법원의 명령 또는 판결에 의하여 해산한 경우에는 그 재판서 등본을 첨부한 법원의 촉탁에 의하여 등기한다(비송법 제93조·제108조). • 합병으로 인한 해산등기는 존속회사 또는 신설회사의 대표자가 소멸회사를 대표하여 신청한다(제60조 제1항). **기출 16** • 해산의 등기를 할 때에는 해산한 뜻과 그 사유 및 해산연월일을 등기하고, 해산등기의 신청과 해산으로 인한 청산인의 취임등기의 신청은 동시에 하여야 한다(제60조). **기출 16** • 정관에서 정한 해산사유의 발생으로 해산한 경우에는 해산등기신청서에 그 사유의 발생을 증명하는 서면을 첨부하면 되고(규칙 제162조 제1항·제106조 제2항), 그 외에 사원총회의 해산결의서를 첨부할 필요는 없다(상업등기선례 제1-282호). • 사원총회의 특별결의에 의하여 해산한 경우에는 그 의사록을 첨부한다(규칙 제155조).

2. 청산인에 관한 등기

① 청산인의 취임·퇴임

   ㉠ 청산인의 의의, 자격 등

      ㉮ 회사가 해산한 때에는 이사·대표이사는 그 지위를 잃고 이들에 갈음하여 청산인·대표청산인이 회사의 청산사무를 집행하고 회사를 대표하는 기관이 된다.

      ㉯ 유한회사에는 청산인회 제도가 없기 때문에 청산인이 수인인 경우에도 청산인의 업무집행은 그 과반수의 결의로 한다.

      ㉰ 청산인은 취임한 날로부터 2주간 내에 해산사유와 그 연월일, 청산인의 성명과 주민등록번호 및 주소를 법원에 신고하여야 한다(상법 제613조 제1항·제532조, 비송법 제118조).

      ㉱ 청산인은 취임 후 지체 없이 회사의 재산상태를 조사하여 재산목록과 대차대조표를 작성하고, 이를 사원총회에 제출하여 승인을 얻은 후 지체 없이 법원에 제출하여야 한다(상법 제613조 제1항·제533조).

   ㉡ 청산인의 취임

합병, 파산 또는 재판(해산명령 등) 이외의 사유로 해산한 경우
아래의 순서에 따라서 청산인이 정해진다. • 정관규정에 의하여 선임된 청산인 • 사원총회에서 선임한 청산인 : 정관에서 청산인에 관하여 달리 규정한 것이 없으면 사원총회에서 선임한 자가 청산인이 된다. 이때, 원칙적으로 총사원의 의결권의 과반수를 가지는 사원이 출석하고 그 의결권의 과반수로써 청산인을 선임하는데, 결의요건에 관하여 정관에 다른 정함이 있으면 그에 따른다(상법 제613조 제1항·제531조 제1항·제574조). • 법정청산인 : 정관에 다른 정함이 있거나 사원총회에서 따로 청산인을 선임한 경우가 아니면 해산 당시의 이사가 당연히 청산인이 된다(상법 제613조 제1항·제531조). • 법원에서 선임한 청산인 : 정관 규정에 의하여 청산인이 정하여 지지도 않고, 사원총회에서도 따로 청산인을 선임하지 않았을 뿐만 아니라 법정청산인도 없는 경우에는 이해관계인의 청구에 의하여 법원이 청산인을 선임한다(상법 제613조 제1항·제531조). 청산인의 선임 재판에 대하여는 불복할 수 없다(비송법 제119조).

법원의 해산명령이나 해산판결에 의하여 해산한 경우

사원 기타의 이해관계인이나 검사의 청구에 의하여 또는 직권으로 법원이 청산인을 선임한다(상법 제613조 제1항·제252조).

설립의 무효 또는 취소의 판결이 확정된 경우

법원은 사원 기타의 이해관계인의 청구에 의하여 청산인을 선임할 수 있다(상법 제552조 제2항·제193조).

ⓒ 청산인의 퇴임

㉮ 청산인은 정관 또는 사원총회의 결의로 정한 임기가 만료되거나 정관 또는 사원총회의 결의로 정한 퇴임사유가 발생한 때에는 그 임기만료 또는 퇴임사유의 발생으로 퇴임한다.

㉯ 청산인은 회사와의 위임계약을 해지하는 차원에서 언제든지 사임할 수 있다(민법 제689조 제1항).

㉰ 회사도 청산인과의 위임계약을 해지하는 차원에서 사원총회의 보통결의 총사원의 의결권의 과반수를 가지는 사원이 출석하고 그 의결권의 과반수로써 결의한다)로 언제든지 청산인을 해임할 수 있다(상법 제574조).

㉱ 다만, 법원이 선임한 청산인의 경우에는 사원총회의 결의로 해임할 수 없다(상법 제613조 제2항·제539조 제1항).

ⓓ 청산인으로서의 권리의무가 인정되는 경우 등 : 법률 또는 정관에 정한 원수를 결한 경우 임기만료 또는 사임으로 퇴임한 청산인의 청산인으로서의 권리의무의 인정(상법 제386조 제1항), 일시청산인의 선임(상법 제386조 제2항), 청산인 직무집행정지 및 직무대행자 선임(상법 제407조·제408조) 등의 주식회사의 이사에 관한 규정은 유한회사의 청산인에게도 준용된다(상법 제613조 제2항).

② 대표청산인의 취임·퇴임

대표청산인의 의의, 자격 등

- 대표청산인은 청산중인 회사의 대표기관이다(상법 제613조 제2항·제562조 제2항). 대표청산인은 원칙적으로 청산인의 과반수의 결의에 기초하여 청산에 관한 사무를 집행한다(상법 제613조 제1항·제254조 제2항).
- 청산인이 1인인 때에는 정관에 별도의 정함이 없는 한 그 자가 대표청산인을 겸한다.

대표청산인의 취임

- 상법 제613조 제1항 및 제531조 제1항 본문에 따라 해산 당시의 이사가 법정청산인으로 청산인이 되는 경우에는, 해산 당시의 대표이사가 대표청산인이 된다(상법 제613조 제1항·제255조 제2항, 대판 1981.9.8. 80다2511).
- 법원이 수인의 청산인을 선임하는 경우에는 법원이 대표청산인을 정하거나 수인이 공동하여 회사를 대표할 것을 정할 수 있다(상법 제613조 제1항·제255조 제2항).

대표청산인의 퇴임

- 대표청산인은 대표청산인의 지위만을 사임할 수 있는데, 이 경우 사임의 방법, 결원으로 인한 권리의무의 행사 등은 앞서 설명한 대표이사의 경우와 같다.
- 대표청산인은 사원총회의 결의, 청산인 과반수의 동의 등 선임기관의 결의로 해임할 수 있는데, 법원이 대표청산인을 선임한 때(상법 제613조 제1항·제255조 제2항)에는 법원이 대표청산인을 해임할 수 있고, 사원 또는 청산인의 결의로는 해임할 수 없다(상법 제613조 제2항·제539조 제1항).

공동대표청산인

대표청산인이 수인인 경우, 각 대표청산인은 원칙적으로 각자 단독으로 회사를 대표하지만, 정관 또는 선임기관의 정함에 의해 수인의 대표청산인이 공동으로 회사를 대표하는 것으로 할 수 있다(상법 제613조 제2항·제562조 제3항).

③ 등기절차

　　㉠ 최초 청산인 또는 최초 대표청산인의 등기 : (i) 이사 또는 대표이사가 법정청산인 또는 법정대표청산인이 된 경우에는 정관을, (ii) 정관의 정함에 의해서 청산인 또는 대표청산인이 선임된 경우에는 정관, 정관의 정함에 따라 선임된 사실을 증명하는 서면(예를 들어, 청산인 과반수의 동의로 대표청산인을 정한 때에는 청산인 과반수의 동의가 있었음을 증명하는 서면) 및 취임승낙서를, (iii) 사원총회에서 청산인 및 대표청산인을 선임한 경우에는 사원총회의사록, 정관 및 취임승낙서를, (iv) 법원이 청산인을 선임한 경우에는 법원의 선임결정서 등본을 청산인 또는 대표청산인등기의 신청서에 첨부하여야 한다.

　　㉡ 청산인 또는 대표청산인에 관한 변경등기

청산인 또는 대표청산인의 취임

정관 규정에 의하여 청산인 또는 대표청산인을 정한 때에는 정관, 정관의 정함에 따라 선임된 사실을 증명하는 서면 및 취임승낙서를, 사원총회에서 청산인 또는 대표청산인을 선임한 때에는 사원총회의사록 및 취임승낙서를, 법원이 청산인 또는 대표청산인을 선임한 때에는 법원의 선임결정서의 등본을 등기신청서에 첨부하여야 한다.

청산인 또는 대표청산인의 퇴임

청산인 또는 대표청산인의 퇴임으로 인한 변경등기의 신청서에는 그 퇴임을 증명하는 서면을 첨부하여야 하는데(규칙 제162조 제1항·제107조 제4항), 사임의 경우에는 사임서를, 사원총회의 결의로 해임한 경우에는 사원총회의사록을, 정관 규정에 의해 청산인의 호선으로 선임한 청산인을 청산인 과반수의 결의로 해임한 경우에는 정관과 청산인회의사록을, 법원의 결정에 의하여 해임한 경우에는 법원의 해임결정 등본 등을 첨부하여야 한다.

공동대표규정의 설정, 변경, 폐지

공동대표 규정의 설정, 변경 또는 폐지를 증명하는 사원총회의사록, 청산인 과반수의 동의가 있었음을 증명하는 서면, 법원의 결정서 등본 등을 첨부하여야 한다(규칙 제155조 제2항·제162조 제1항·제107조 제3항).

청산인 또는 대표청산인의 성명, 주소 등의 변경

청산인 또는 대표청산인의 성명 또는 주소의 변경에 관한 등기를 신청하는 때에는 신청서에 그 변경을 증명하는 서면을 첨부하여야 한다(규칙 제52조 제1항).

Ⅷ　회사계속의 등기

1.　회사계속의 절차

① 일정한 사유로 해산한 회사가 사원총회의 특별결의 등에 의하여 다시 해산 전의 상태로 복귀하여 존속하는 것을 회사계속이라고 한다.

② 유한회사는 (i) 존립기간의 만료 기타 정관 소정의 사유의 발생 또는 사원총회의 결의에 의하여 해산한 때에는 사원총회의 특별결의에 의하여 회사를 계속할 수 있고(상법 제610조), (ii) 파산으로 해산한 때에는 사원총회의 특별결의로 회사를 존속시키는 결의를 한 후, 법원의 파산폐지결정을 받아 회사를 계속할 수 있다(채무자회생법 제540조).

③ 유한회사의 경우 법원의 해산명령 또는 해산판결, 합병으로 해산된 때와 설립무효 또는 설립취소의 판결이 있는 때에는 회사계속을 할 수 없다.

④ 이와 달리 인적회사의 경우에는 설립무효나 취소의 원인이 특정한 사원에 한한 것인 때에는 다른 사원 전원의 동의로써 회사를 계속할 수 있다(상법 제194조, 규칙 제109조 제2항·제3항).

2. 등기절차

① 존립기간의 만료 기타 정관 소정의 사유 발생 또는 사원총회의 결의로 해산한 회사를 계속하는 때에는 회사계속을 결의한 사원총회의사록을 첨부하여야 한다(규칙 제155조 제2항).

② 존립기간의 만료 기타 정관 소정의 사유 발생에 의하여 해산한 회사가 회사계속의 등기를 신청하는 때에는 등기신청서에 존립기간을 변경 또는 폐지하거나 당해 해산사유의 폐지를 결의한 사원총회의사록을 첨부하여야 한다.

③ 그 밖에, 회사계속의 등기신청서에는 이사의 선임에 관한 사원총회의사록과 그 취임승낙을 증명하는 서면(규칙 제155조 제2항·제162조 제1항·제130조) 및 주민등록번호(주민등록번호가 없는 자에 관하여는 생년월일)를 증명하는 서면(규칙 제52조 제1항)을 첨부하여야 한다.

Ⅸ 합병의 등기

1. 서 설

① **합병의 의의** : 회사의 합병이란 상법의 절차에 따라 2개 이상의 회사가 계약에 의하여 신회사를 설립하거나(신설합병) 또는 그중의 한 회사가 다른 회사를 흡수하고(흡수합병), 소멸회사의 재산과 사원(주주)이 신설회사 또는 존속회사에 법정 절차에 따라 이전·수용되는 효과를 가져오는 것을 말한다(대판 2003.2.11. 2001다14351).

② **합병의 제한**

　㉠ 유한회사는 원칙적으로 어떤 종류의 회사와도 합병할 수 있다(상법 제174조 제1항).

　㉡ 합병을 하는 회사의 일방 또는 쌍방이 주식회사, 유한회사 또는 유한책임회사인 때에는 합병 후 존속하는 회사 또는 합병으로 인하여 설립되는 회사는 주식회사, 유한회사 또는 유한책임회사이어야 한다(상법 제174조 제2항).

　㉢ 해산 후의 회사가 존속 중의 회사와 합병하는 경우에는 존립 중의 회사를 존속회사로 하는 경우에 한하여 합병할 수 있다(상법 제174조 제3항). 합병의 일방당사회사인 주식회사가 사채의 상환을 완료하지 아니한 때에는 합병 후 존속하는 회사 또는 합병으로 인하여 설립되는 회사는 유한회사로 하지 못한다(상법 제600조 제2항). **기출** 14

　㉣ 유한회사가 주식회사와 합병을 하는 경우 존속회사 또는 신설회사가 주식회사인 때에는 법원의 인가를 받아야 하는데(상법 제600조 제1항), 법원에 대한 인가신청은 합병보고총회 또는 창립총회 전에(상업등기선례 제1-235호), 합병을 할 회사의 이사와 감사가 공동으로 한다(비송법 제104조).

　㉤ 흡수합병절차에서 해산하는 주식회사가 존속하는 유한회사의 지분의 전부를 보유하고 있는 경우에 존속하는 유한회사는 합병에 의하여 이를 승계하게 되는 바, 존속하는 유한회사는 합병의 대가로 합병으로 승계할 위 자기지분을 해산회사의 주주에게 지급하는 것을 내용으로 하는 합병계약을 체결하고 그에 대한 합병등기를 신청할 수 있을 것이다(상업등기선례 제2-72호). **기출** 16

2. 합병절차

① 합병계약서의 작성

  ㉠ 합병계약의 일반 : 합병을 하기 위해서는 먼저 합병당사회사 사이에 합병계약을 체결하여 합병조건, 존속회사 또는 신설회사의 정관의 내용 기타 합병에 필요한 사항을 정하여야 하는데, 합병계약의 체결은 회사의 중요한 업무집행행위이므로 이사 과반수의 결의에 의하여 대표이사가 한다(상법 제562조·제564조 제1항).

  ㉡ 합병계약서의 기재사항(상법 제603조·제522조 제1항·제523조·제524조)

유한회사를 존속회사로 하는 흡수합병계약서의 기재사항
• 존속하는 유한회사의 증가할 자본금액과 준비금에 관한 사항 • 존속하는 유한회사가 합병 당시에 소멸회사의 사원 또는 주주에 대하여 부여하는 출자의 총좌수 및 소멸회사의 주주 또는 사원에 대한 출자의 배정에 관한 사항 • 합병교부금에 관한 사항 • 각 합병당사회사에서 합병의 승인결의를 할 총회의 기일 • 합병을 할 날 • 존속하는 유한회사가 합병으로 인하여 정관을 변경하기로 정한 때에는 그 규정 • 각 회사가 합병으로 인하여 이익의 배당 또는 중간배당을 할 때에는 그 한도액 • 존속하는 유한회사에 취임할 이사와 감사를 정한 때에는 그 성명 및 주민등록번호

유한회사를 신설회사로 하는 합병계약서의 기재사항(상법 제603조·제524조)
• 설립되는 유한회사의 목적, 상호, 자본금의 총액, 출자 1좌의 금액, 본점 소재지 • 신설회사가 합병 당시에 발행하는 총 출자 좌수 및 각 합병당사회사의 사원 또는 주주에 대한 출자좌수의 배정에 관한 사항 • 신설회사의 자본금과 준비금에 관한 사항 • 합병교부금 • 각 회사에서 합병의 승인결의를 할 총회의 기일 • 합병을 할 날 • 합병으로 신설되는 유한회사에 취임할 이사와 감사를 정한 때에는 그 성명 및 주민등록번호

② 합병계약서 등의 공시

  ㉠ 이사는 합병계약의 승인을 위한 사원총회의 2주 전부터 합병을 한 날 이후 6월이 경과하는 날까지 합병계약서, 각 회사의 최종 대차대조표 등을 본점에 비치하여야 한다.

  ㉡ 사원, 주주 및 회사 채권자는 영업시간 내에는 언제든지 비치된 합병계약서 등 서류의 열람 및 등·초본의 교부를 청구할 수 있다(상법 제603조·제522조의2).

③ 합병결의

  ㉠ 유한회사의 합병결의는 총사원의 반수 이상이며 총사원의 의결권의 4분의 3 이상을 가지는 자의 동의로 한다(상법 제598조·제585조).

  ㉡ 주식회사는 주주총회의 특별결의에 의하여(상법 제522조 제3항·제434조), 합명회사와 합자회사는 총사원의 동의에 의한 승인으로(상법 제230조·제269조) 합병을 결의한다.

④ 채권자보호절차와 주식 또는 지분의 병합·분할

  ㉠ 합병당사회사는 합병결의가 있는 날로부터 2주 내에 회사채권자에 대하여 합병에 이의가 있으면 일정기간(1월 이상으로 정하여야 함) 내에 이를 제출할 것을 공고하고, 알고 있는 채권자에 대하여는 따로따로 이를 최고하여야 한다.

  ㉡ 기간 내에 이의를 하지 아니한 채권자는 합병을 승인한 것으로 보며, 이의를 한 채권자에게는 변제하거나 상당한 담보를 제공하거나 이를 목적으로 한 상당한 재산을 신탁하여야 한다(상법 제603조·제232조).

ⓒ 이 절차를 위반하면 합병무효의 원인이 된다(상법 제603조·제236조). 합병으로 소멸하는 주식회사 또는 유한회사의 주식 또는 지분의 병합을 하는 경우에 병합에 적당하지 아니한 단주 또는 단지분이 있는 때에는, 이를 경매하거나 법원의 허가를 얻어 경매 이외의 방법으로 매각하여 그 대금을 종전의 주주 또는 사원에게 교부하여야 한다(상법 제603조·제443조).

ⓔ 이때, 거래소의 시세 있는 주식 또는 지분은 거래소를 통하여 매각할 수 있다.

⑤ 보고총회 또는 창립총회

보고총회	유한회사가 존속회사로 되는 흡수합병의 경우에 이사는 채권자보호절차 완료 후, 지분 또는 주식의 병합 등이 있는 때에는 그 절차 완료 후 지체 없이 사원총회를 소집하여 합병에 관한 사항을 보고하여야 한다(상법 제603조·제526조 제1항).
창립총회	• 유한회사가 신설회사로 되는 신설합병에 있어서는 정관의 작성 기타 설립에 관한 행위는 각 회사에서 선임한 설립위원이 공동으로 하여야 하며, 설립위원은 합명회사, 합자회사에 있어서는 총사원의 동의, 주식회사에 있어서는 주주총회의 특별결의, 유한회사에 있어서는 사원총회의 특별결의에 의하여 선임하여야 한다(상법 제175조·제230조·제269조·제434조·제585조). • 설립위원은 채권자보호절차 완료 후, 지분 또는 주식의 병합 등이 있는 때에는 그 절차 완료 후 지체없이 창립총회를 소집하여야 한다(상법 제603조·제527조). • 설립위원은 창립총회에 회사의 설립에 관한 사항을 보고하여야 한다. 정관에서 이사를 정하지 아니하였을 때 또는 정관에 감사를 두기로 하였으나 누구를 감사로 할 것인지를 정하지 않았을 때에는 창립총회에서 이사 및 감사를 선임하여야 한다.

3. 등기절차

① 등기기간 및 등기신청인

ㄱ 유한회사가 합병을 한 때에는 제603조에서 준용하는 제526조 또는 제527조에 따른 사원총회[흡수합병의 보고총회, 신설합병의 창립총회]가 종결된 날부터 2주일 내에 본점의 소재지에서 합병 후 존속하는 유한회사의 변경등기, 합병으로 인하여 소멸하는 유한회사의 해산등기, 합병으로 인하여 설립되는 유한회사의 설립등기를 하여야 한다(상법 제602조).

ㄴ 존속회사의 변경등기 또는 신설회사의 설립등기는 각각 당해 회사를 대표하는 자가 신청하여야 하지만(제23조 제1항), 합병으로 소멸하는 회사의 해산등기는 당해 회사를 대표하는 자가 아니라, 존속회사(흡수합병의 경우) 또는 신설회사(신설합병의 경우)를 대표하는 자가 각각 소멸회사를 대표하여 신청한다(제63조 제1항).

② 동시신청 : 본점 소재지에서 하는 소멸회사의 해산등기의 신청은 흡수합병의 경우에는 존속회사의 변경등기의 신청과, 신설합병의 경우에는 신설회사의 설립등기의 신청과 동시에 하여야 한다(제63조 제3항).

③ 등기사항

ㄱ 존속회사의 등기사항

㉮ 소멸회사의 상호·본점과 합병을 한 뜻

㉯ 합병 후의 자본금의 총액(합병으로 변경된 경우)

ㄴ 신설회사의 등기사항

㉮ 통상의 설립등기사항

㉯ 소멸회사의 상호·본점과 합병을 한 뜻

ㄷ 소멸회사의 등기사항 : 합병으로 인한 해산등기를 할 때에는 합병 후 존속하는 회사 또는 합병으로 설립하는 회사 및 소멸회사의 상호·본점과 합병을 한 뜻 및 그 연월을 등기하여야 한다(제62조 제2항).

④ 첨부정보

존속회사 변경등기신청서의 첨부정보(규칙 제159조)
• 합병계약서 • 소멸회사의 사원총회나 주주총회의 의사록 또는 총사원의 동의가 있음을 증명하는 서면 • 소멸회사가 주식회사인 때에는 사채의 상환을 완료하였음을 증명하는 서면 • 채권자보호절차의 이행사실을 증명하는 서면 • 합병에 관한 사원총회의사록 • 대리권을 증명하는 서면 등 일반적인 첨부정보

신설회사 설립등기신청서의 첨부정보(규칙 제160조)
• 합병계약서 • 소멸회사의 사원총회나 주주총회의 의사록 또는 총사원의 동의가 있음을 증명하는 서면 • 소멸회사가 주식회사인 때에는 사채의 상환을 완료하였음을 증명하는 서면 • 채권자보호절차의 이행사실을 증명하는 서면 • 설립위원의 자격을 증명하는 서면 • 창립총회의사록 • 정관(공증인의 인증을 받을 필요가 없다) • 이사의 취임승낙을 증명하는 서면 • 감사를 둔 때에는 감사의 취임승낙을 증명하는 서면 • 정관 규정에 의하여 이사 과반수의 동의에 의한 결의로 대표이사를 둔 때에는 정관, 이사 과반수의 동의가 있음을 증명하는 서면 및 대표이사의 취임승낙을 증명하는 서면 • 대리권을 증명하는 서면

소멸회사 해산등기신청서의 첨부정보
대리권을 증명하는 서면 외에 다른 서면은 첨부할 필요가 없다(규칙 제53조 제3항).

> 유한회사의 합병으로 인한 변경등기신청서에는 상법 제603조, 제232조 제1항에 따른 공고 및 최고를 한 사실과 이의를 진술한 채권자가 있는 때에는 이에 대하여 변제 또는 담보를 제공하거나 신탁한 사실을 증명하는 서면을 첨부하여야 하는 바(상업등기규칙 제124조 제4호), 여기에서의 담보는 물적담보뿐만 아니라 인적담보도 포함된다(상업등기선례 제2-96호). **기출** 16

4. 합병의 효과

① **합병의 효력발생시기** : 합병은 합병 후 존속하는 회사 또는 합병으로 설립되는 회사가 그 본점 소재지에서 합병의 등기를 함으로써 그 효력이 생긴다(상법 제603조 · 제234조).

② **회사의 소멸과 설립 등**

　㉠ 합병은 존속회사 또는 신설회사를 제외한 합병당사회사의 해산사유가 되고(상법 제609조 제1항 · 제227조 제4항), 해산회사의 권리의무는 합병 후의 존속회사 또는 신설회사에 포괄적으로 이전되며(상법 제603조 · 제235조), 해산회사는 청산절차를 거치지 아니하고 바로 소멸한다.

　㉡ 신설합병의 경우에는 새로운 회사가 설립된다.

③ **소멸되는 회사의 사원(주주)의 수용** : 소멸회사의 사원(주주)이 합병계약상의 합병비율과 배정방식에 따라 존속회사 또는 신설회사의 사원권(주주권)을 취득하는 경우, 소멸회사의 사원(주주)은 인수의사를 특히 표시하지 않고도 합병의 효력발생 시에 당연히 존속회사 또는 신설회사의 사원이 된다(대판 2003.2.11. 2001다14351).

④ **합병 전에 취임한 이사, 감사의 임기** : 존속회사가 주식회사인 경우, 존속회사의 이사 및 감사로서 합병 전에 취임한 자는 합병계약서에 달리 정하지 아니하는 한 합병 후 최초로 도래하는 결산기의 정기총회가 종료하는 때에 퇴임한다(상법 제527조의4).

X 조직변경의 등기

1. 서 설

① 회사의 조직변경이란 회사가 그 법인격의 동일성을 보유하면서 법률상의 조직을 변경하여 다른 종류의 회사로 되는 것을 말한다.

② 다만, 조직변경의 경우 등기 기술적 처리를 위한 편의상, 변경 전 회사에 대하여는 해산의 등기를, 변경 후 회사에 대하여는 설립의 등기(본래의 의미의 설립등기는 아니다)를 한다.

③ 상법상 조직변경은 합명회사와 합자회사 상호 간, 주식회사와 유한회사 상호 간, 주식회사와 유한책임회사 상호 간에만 인정된다.

2. 유한회사에서 주식회사로의 조직의 변경

① 사원총회의 결의

ㄱ 개정 전에는 총사원의 일치에 의한 총회의 결의로 주식회사로 조직을 변경할 수 있었으나(구 상법 제607조 제1항), 2011.4.14. 개정상법은 원칙적으로 총사원의 일치에 의한 총회의 결의로 주식회사로 조직을 변경할 수 있도록 하되, 정관의 정함이 있다면 상법 제585조의 사원총회의 특별결의(총사원의 반수 이상이며 총사원의 의결권의 4분의 3 이상을 가지는 자의 동의)로 변경할 수 있도록 하였다(상법 제607조 제1항). **기출** 14

ㄴ 이 결의에서는 조직변경의 결정뿐만 아니라, 변경 후 주식회사의 정관 기타 조직변경에 필요한 사항을 정하여야 한다(상법 제607조 제5항·제604조 제3항).

ㄷ 조직변경 시 작성하는 정관은 공증인의 인증을 받을 필요가 없다.

㉮ 조직변경 시에 발행하는 주식의 발행가액의 총액은 유한회사에 현존하는 순재산액을 초과하지 못한다(상법 제607조 제2항).

㉯ 이에 위반하여 발행가액의 총액을 정한 때에는 조직변경 결의 당시의 이사, 감사와 사원은 회사에 대하여 연대하여 그 부족액을 지급할 책임이 있다(상법 제607조 제4항).

㉰ 이사와 감사의 이러한 책임은 총주주의 동의로 면제할 수 있으나, 사원(주주)의 책임은 면제할 수 없다(상법 제607조 제4항 단서·제550조 제2항·제551조 제2항·제3항).

② 법원의 인가

ㄱ 유한회사를 주식회사로 조직을 변경할 때에는 법원의 인가를 받지 아니하면 그 효력이 없다(상법 제607조 제3항).

ㄴ 인가신청사건은 본점 소재지 지방법원 합의부가 관할하며, 유한회사의 이사와 감사가 공동으로 인가신청을 하여야 한다(비송법 제72조 제1항·제105조·제104조).

③ 채권자보호절차

ㄱ 회사는 조직변경의 결의가 있은 날로부터 2주 내에 채권자에게 1월 이상의 기간을 정하여, 조직변경에 이의가 있으면 그 기간 내에 이를 제출할 것을 공고하고, 또 알고 있는 채권자에 대하여는 따로따로 최고하여야 한다.

ㄴ 채권자가 위 기간 내에 이의를 제출하지 않으면 조직변경을 승인한 것으로 본다(상법 제608조·제232조).

3. 등기절차

① 등기기간 등

　㉠ 채권자보호절차의 이행을 완료한 날부터 2주일 내에 본점의 소재지에서 유한회사에 있어서는 해산등기를, 주식회사에 있어서는 상법 제317조 제2항에 정하는 등기를 하여야 한다(상법 제607조 제5항·제606조).

　㉡ 유한회사의 해산등기와 주식회사의 설립등기는 동시에 신청하여야 한다(제66조). 조직변경에 따른 유한회사의 해산등기와 주식회사의 설립등기는 주식회사의 대표이사가 신청한다.

② 등기할 사항

　㉠ 주식회사의 설립등기(제65조 제1항) : 조직변경 후의 주식회사에 관한 설립등기를 할 때는 (i) 상법 제317조 제2항의 사항(통상의 설립등기사항) (ii) 조직변경 전의 유한회사의 성립연월일(유한회사의 설립등기 연월일) (iii) 조직변경 전의 유한회사의 상호·본점과 조직을 변경한 뜻을 등기한다.

　㉡ 유한회사의 해산등기(제65조 제2항) : 조직변경 전의 유한회사에 관한 해산등기를 할 때에는 변경 후의 회사의 상호·본점과 조직을 변경한 뜻 및 그 연월일도 함께 등기한다.

③ 첨부정보

　㉠ 주식회사의 설립등기(규칙 제161조)

　　㉮ 조직변경에 관한 사원총회의사록

　　㉯ 정 관

　　㉰ 회사에 현존하는 순재산액을 증명하는 서면

　　㉱ 채권자보호절차를 이행한 사실을 증명하는 서면 : 조직변경 당시의 유한회사의 대차대조표가 이에 해당한다.

　　㉲ 이사 등의 취임승낙을 증명하는 서면

　　㉳ 명의개서대리인과의 계약을 증명하는 서면

　　㉴ 이사 등의 주민등록번호, 주소를 증명하는 서면

　　㉵ 법원의 인가서

　㉡ 유한회사의 해산등기 : 대리권을 증명하는 서면 외에 일체의 서면을 첨부할 필요가 없다(규칙 제53조 제3항).

④ 신청사건의 처리 등 : 등기관은 조직변경 전의 유한회사의 해산등기와 조직변경 후의 주식회사의 설립등기의 신청 중 어느 하나에 관하여 상업등기법 제26조 각 호의 어느 하나에 해당하는 사유가 있는 때에는 이들 신청을 함께 각하하여야 한다(제67조).

4. 조직변경의 효력발생시기

조직변경의 경우 조직변경에 따라 주식회사의 설립등기사항을 등기한 때에 그 효력이 발생한다는 견해가 다수의 견해이다.

XI 청산종결의 등기

1. 청산절차의 종료

① 유한회사의 청산절차는 잔여재산의 분배에 관하여 정관에 다른 정함을 둔 경우 그 정함에 따르는 것(상법 제612조)을 제외하고는 주식회사의 청산절차와 같다.

② 청산사무가 종결한 때에는 청산인은 지체 없이 결산보고서를 작성하고, 이를 사원총회에 제출하여 승인을 얻어야 한다.

2. 등기절차

① 유한회사의 청산종결의 등기절차는, 등기신청서에 청산인이 계산의 승인을 받았음을 증명하는 서면으로 주주총회의사록 대신 사원총회의사록을 첨부하는 것(규칙 제162조 제1항·제110조 제2항)을 제외하고는 주식회사에서의 등기절차와 같다.

② 청산종결의 등기는 사원총회의 결산 보고서의 승인이 있은 날부터 2주일 내에 본점의 소재지에서 신청하여야 한다(상법 제613조 제1항·제264조).

제3절 합명회사의 등기

I 총 설

1. 서 설

① 합명회사는 회사의 재산으로써 회사의 채무를 완제할 수 없는 경우 각 사원이 회사의 채권자에 대하여 직접·연대·무한책임을 부담하는 2인 이상의 무한책임사원만으로 조직된 회사이다(상법 제212조).

② 합명회사는 각 사원이 회사의 채권자에 대해 직접·연대·무한책임을 진다는 점에서 사원 상호 간 및 회사의 채권자에게 각 사원의 신용 기타 인적요소가 중요한 전형적인 인적회사이다(대판 2007.5.10. 2005다60147).

2. 등기사유에 관한 통칙

① 상법상 합명회사에는 사원총회 또는 업무집행사원총회와 같은 합의체에 관한 규정이 없으므로 사원의 의사결정을 요하는 경우에도 서면결의가 인정될 뿐만 아니라 적당한 방법으로 사원의 의사를 파악할 수 있으면 된다(합자회사에 관한 대판 1995.7.11. 95다5820).

② 총사원의 동의의 형식은 반드시 요식행위로서의 특별결의를 요하지 않는다(대구고법 1971.11.30. 70나500).

③ 사원의 의사결정

　㉠ 일반적 사항

　　㉮ 합명회사의 업무집행은 정관 또는 상법에 규정이 없으면 총사원의 과반수로 결정하고, 특히 업무집행사원을 정한 때에는 이들의 과반수로 결정한다(상법 제195조, 민법 제706조 제2항).

　　㉯ 사원은 정관에 다른 규정이 없는 한, 1인이 1의결권을 갖는다(1인 1의결권주의). 다만, 정관에 규정을 두어 출자의 가액에 따라 의결권을 행사하는 것으로 할 수 있다.

ⓓ 총사원의 과반수에 의하여 결정된 업무집행의 내용 및 방법에 따른 집행행위는 원칙적으로 회사의 각 사원이 이를 집행할 권리와 의무가 있고 각자 회사를 대표하는 것이 원칙이다.

ⓔ 그러나 정관으로 업무집행사원을 정한 경우에는 그 업무집행사원이, 수인의 업무집행사원을 정한 경우에는 각 업무집행사원이 회사를 대표한다.

ⓕ 정관 또는 총사원의 동의로 업무집행사원 중 특히 회사를 대표할 자를 정할 수도 있다(상법 제200조 제1항·제201조 제1항·제207조).

ⓖ 사원이 아닌 자는 정관의 규정이나 총사원의 동의로도 업무집행기관이 될 수 없다. 다만, 해산한 회사는 사원이 아닌 자를 청산인으로 선임할 수 있다(상법 제251조 제1항).

ⓗ 각 사원 또는 각 업무집행사원의 업무집행에 대하여 다른 사원 또는 다른 업무집행사원의 이의가 있는 때에는 총 사원 또는 업무집행사원의 과반수의 결의에 의하여야 한다(상법 제200조 제2항·제201조 제2항).

ⓘ 합명회사의 지배인의 선임과 해임은 정관에 다른 정함이 없으면 업무집행사원을 정한 경우에도 총사원의 과반수의 결의에 의한다(상법 제203조). **기출** 23

ⓛ 정관변경 등 중요한 사항

㉮ 정관변경, 회사를 대표할 사원의 결정 및 공동대표에 관한 정함, 해산, 대표청산인의 정함 및 공동대표의 정함, 회사의 계속, 합병, 조직변경, 임의청산 시 회사의 재산처분방법 등 중요한 사항은 총사원의 동의로 결정한다.

㉯ 정관변경에 총사원의 동의를 규정한 상법 제204조는 회사의 내부관계에 관한 임의규정이므로, 정관의 규정으로 그 요건을 완화할 수 있다고 해석함이 통설이다. 다만, 사원의 변동과 관계되는 정관의 변경은 사원 전원의 동의를 요한다는 소수견해가 있다.

④ **청산인의 결의** : 청산인이 수인인 경우 청산에 관한 행위는 그 과반수의 결의로 정한다(상법 제254조 제2항).

3. 등기절차 통칙

① 신청인

㉠ 합명회사에 관한 등기는 원칙적으로 회사를 대표하는 자가 신청한다(제23조 제1항).

㉡ 해산 전에는 원칙적으로 각 사원이 회사를 대표한다. 그러나 정관으로 사원 중 업무집행사원을 정하고, 정관 또는 총사원의 동의로 업무집행사원 중 특히 회사를 대표할 자를 정할 수 있다(상법 제207조).

㉢ 회사는 정관 또는 총사원의 동의로 수인의 사원이 공동으로 회사를 대표할 것을 정할 수 있는데(상법 제208조), 이때에는 그 수인의 사원이 그 정함에 따라서 공동으로 회사를 대표하여 등기를 신청한다.

㉣ 해산한 경우 청산의 방법으로는 임의청산과 법정청산의 방법이 있다. 임의청산의 방법을 따를 때에는 해산 후의 회사를 대표할 자는 해산 전의 회사를 대표할 자와 동일하다.

㉤ 법정청산의 경우에는 청산인이 취임하고 청산인이 원칙적으로 각자 회사를 대표하지만 청산인 중 회사를 대표할 자를 정하는 것도 가능하고, 수인의 청산인이 공동으로 회사를 대표할 뜻을 정하는 것도 가능하다(상법 제265조·제207조·제208조).

② **첨부정보** : 상업등기법은 등기유형별로 합명회사의 등기신청서에 첨부할 서면을 개별적으로 규정하는 외에, 합명회사의 등기신청의 첨부정보에 관한 통칙규정으로 상업등기규칙 제97조를 두고 있다.

총사원의 동의가 있음을 증명하는 서면

- 등기할 사항에 관하여 총사원의 동의를 요하는 때에는 신청서에 그 동의가 있음을 증명하는 서면을 첨부하여야 한다(규칙 제97조 제2항).
- 사원의 출자의 목적과 그 가격은 정관의 절대적 기재사항이므로(상법 제179조) 출자를 증가하고자 하는 경우에는 정관의 변경이 필요하고, 정관을 변경하기 위해서는 총사원의 동의가 있어야 하는데(상법 제204조), <u>사원 중 일부가 동의하지 않아 사원의 출자증가로 인한 변경등기신청서에 동의서를 첨부할 수 없는 경우에는, 동의의 의사표시를 명하는 판결을 받아 그 판결문을 첨부할 수 있다</u>(상업등기선례 제1-69호).

어느 사원 또는 어느 청산인의 동의가 있음을 증명하는 서면

등기할 사항에 관하여 어느 사원 또는 어느 청산인의 동의, 예를 들면 업무집행사원 또는 청산인의 과반수의 동의를 요할 때에는 그 동의가 있음을 증명하는 서면을 첨부하여야 한다(규칙 제97조 제2항).

정 관

- 정관에 특별한 규정이 없으면 등기할 사항에 무효의 원인이 있는 것으로 되는 때에는 신청서에 정관을 첨부하여야 한다(규칙 제97조 제1항).
- 상법 제204조는 정관을 변경할 때 총사원의 동의를 얻어야 하는 것으로 규정하고 있지만, 정관으로 따로 규정을 두어 정관변경의 결의요건을 완화할 수 있고(통설), 정관변경에 관하여 이와 같은 특별한 규정을 두고 있는 회사에서 총사원의 동의를 얻지는 못했지만 정관에서 정하고 있는 총사원의 과반수의 동의로 정관을 변경하고 그 변경에 따라서 등기를 신청하는 때에는 등기신청서에 정관을 첨부하여야 한다.
- 정관에 별도의 정함이 없으면 원칙적으로 각 사원이 업무를 집행할 권리와 의무가 있기 때문에(상법 제200조), 정관으로 업무집행사원을 정하고, 그 과반수의 동의로 등기사항이 발생해서 등기를 신청할 때에는 신청서에 정관을 첨부하여야 한다.

Ⅱ 설립의 등기

1. 설립절차

① 개 설

㉠ 합명회사는 사원이 되고자 하는 2인 이상의 자가 공동으로 정관을 작성하고, 총사원이 기명날인 또는 서명하여 본점 소재지에서 설립등기를 함으로써 성립한다.

㉡ <u>원시정관은 공증인의 인증을 받지 않아도 효력이 발생한다.</u>

㉢ 사원은 회사채권자에 대하여 무한책임을 부담하며, <u>사원의 출자의 목적은 동산·부동산·금전·채권 기타의 재산권은 물론 신용과 노무도 포함된다</u>(상법 제195조·제222조, 민법 제703조 제2항). **기출** 22

㉣ 합명회사는 주식회사와 달리 <u>자본충실의 원칙이 적용되지 아니하고 현물출자 시에도 법원에 의한 검사절차도 필요 없다. 또한 정관에서 정한 출자의 이행을 설립등기 전에 하지 않아도 되므로 그 이행 여부는 회사설립에 영향을 미치지 않고, 그 이행시기에 관하여 상법에 규정이 없으므로 정관 또는 업무집행방법에 따라 자유로이 이를 정할 수 있다</u>(상법 제180조 제2호). **기출** 15

㉤ 정관에 다른 정함이 있거나 업무집행권이 박탈되지 않는 한 각 사원이 업무집행권과 대표권을 갖고, 사원총회가 상법에 법정되어 있지 아니하며, 별도의 감사기관도 없다.

② 사원의 자격
　㉠ 회사는 다른 회사의 무한책임사원이 되지 못하므로(상법 제173조), 회사는 합명회사의 사원이 될 수 없다.
　㉡ 외국회사도 마찬가지다. 그 밖에 민법법인 및 특수법인도 법령에 달리 특별한 규정이 없는 한 합명회사의 사원이 될 수 없는 것으로 해석된다.
③ 정관의 작성
　㉠ 합명회사의 설립 시에는 2인 이상의 사원이 공동으로 정관을 작성하여야 하고 총사원이 기명날인 또는 서명하여야 한다(상법 제178조·제179조). 원시정관은 공증인의 인증을 받지 않아도 효력이 발생한다. **기출** 22
　㉡ 합명회사의 사원[사원의 성명·주민등록번호 및 주소)은 정관의 절대적 기재사항이고 등기사항이므로 그 변동은 정관의 변경을 뜻하고 변경등기를 요한다(상법 제179조 제3호, 제180조·제183조).
기출 23·22
　㉢ 정관에는 사원의 출자의 목적과 그 가격 또는 평가의 표준을 기재하여야 하는데, 출자의 목적이란 사원이 회사에 대하여 출자할 것을 약속한 출자의 내용을 말한다. 출자의 목적은 동산·부동산·금전·채권·유가증권 기타의 재산권은 물론 신용·노무도 포함된다(상법 제195조·제222조, 민법 제703조 제2항). 금전을 출자하는 경우에는 정관에 가격을 기재할 필요가 없지만, 금전 이외의 재산을 출자하는 경우에는 정관에 그 가격을 기재하여야 하고, 노무·신용을 목적으로 하는 출자에 있어서는 그 가격을 정하거나 평가의 표준을 정하여 기재하여야 한다.
　㉣ 합명회사의 사원은 재산, 노무, 신용 중 어느 하나를 반드시 출자하여야 하고 정관의 규정으로써도 그러한 출자를 하지 않은 사원을 인정할 수 없으므로, 출자가 없는 자를 사원으로 정한 합명회사의 설립등기신청은 수리될 수 없다(상업등기선례 제1-64호). 출자의무의 불이행은 사원의 제명, 업무집행권 또는 대표권 상실의 원인이 된다(상법 제220조 제1항 제1호·제205조 제1항·제216조). **기출** 22

절대적 기재사항
• 절대적 기재사항은 (i) 목적, (ii) 상호, (iii) 사원의 성명·주민등록번호 및 주소, (iv) 사원의 출자의 목적과 그 가격 또는 평가의 표준, (v) 본점의 소재지(소재지의 표시는 최소행정구역으로 표시하여도 족하다), (vi) 정관의 작성 연월일이다.

상대적 기재사항
• 상대적 기재사항은 (i) 일부사원의 업무집행권의 제한, (ii) 대표사원의 특정, (iii) 공동대표의 정함, (iv) 정관으로 정하는 퇴사의 원인, (v) 노무 또는 신용을 출자한 퇴사원의 지분환급의 제한, (vi) 회사의 존립기간, (vii) 정관으로 정하는 해산의 사유, (vii) 임의청산에 있어 재산처분의 방법 등이 있다.
• 이 중 (ii), (iii), (vi)의 사항은 총사원의 동의로도 정할 수 있다(상법 제207조 제2문 단서·제208조 제1항·제247조 제1항 제1문).
• 그 밖에 (ix) 정관변경 시 총사원의 동의가 있어야 한다는 상법 제204조의 요건을 완화하는 내용은 정관으로 정하지 않으면 그 효력이 없다.

임의적 기재사항
회사의 본질, 강행법규 또는 사회질서에 반하지 않는 한 어떤 사항이라도 자치규범으로서 기재할 수 있는데, 통상 결산기, 이익의 처분에 관한 사항 등을 기재한다.

2. 등기절차

① 등기신청인, 등기기간 등

　　㉠ 회사를 대표하는 사원의 신청에 의하여 설립등기를 한다(제23조 제1항). 합명회사와 합자회사의 설립등기에 대해서는 등기기간의 정함이 없다.

　　㉡ 합명회사도 다른 회사와 마찬가지로 본점 소재지에서 설립등기를 함으로써 설립된다(상법 제172조).

② 등기사항(상법 제180조) : 합명회사는 설립등기에 있어서는 다음 사항을 등기하여야 한다(상법 제180조).

　　㉠ 목적, 상호, 본점, 사원의 성명과 주민등록번호 및 주소(회사를 대표할 사원을 정한 때에는 그 외의 사원의 주소는 등기하지 않는다)

　　㉡ 사원의 출자의 목적, 재산출자에 있어서는 그 가격과 이행한 부분 : 합자회사와 달리, 합명회사는 무한책임사원만으로 조직된 회사이므로 '각 사원의 무한책임 또는 유한책임인 것'은 등기사항이 아니다. **기출** 23

　　㉢ 존립기간 기타 해산사유를 정한 때에는 그 기간 또는 사유

　　㉣ 회사를 대표할 사원을 정한 때에는 그 성명·주민등록번호·주소

　　㉤ 수인의 사원이 공동으로 회사를 대표할 것으로 정한 때에는 그 규정

③ 첨부정보

상업등기규칙 제97조(첨부정보에 관한 통칙)

① 정관에 규정이 없으면 효력이 없는 사항의 등기를 신청하는 경우에는 정관을 제공하여야 한다.

② 총사원 또는 어느 사원이나 청산인의 동의를 필요로 하는 등기를 신청하는 경우에는 그 동의가 있음을 증명하는 정보를 제공하여야 한다.

상업등기규칙 제98조(설립등기)

설립등기를 신청하는 경우에는 다음 각 호의 정보를 제공하여야 한다.

　　1. 정 관

　　2. 재산출자에 관하여 이행을 한 부분을 증명하는 정보

상업등기규칙 제104조(취임승낙을 증명하는 서면 등)

① 대표사원, 청산인, 대표청산인의 취임승낙 또는 사임을 증명하는 서면에는 「인감증명법」에 따라 신고한 인감을 날인하고 그 인감증명을 첨부하거나 그 서면에 본인이 기명날인 또는 서명하였다는 공증인의 인증서면을 첨부하여야 한다. 다만, 등기소에 인감을 제출한 사람이 중임 또는 사임하는 경우에는 등기소에 제출된 인감이 날인된 중임승낙 또는 사임을 증명하는 서면으로 갈음할 수 있다.

② 제1항의 서면을 작성한 사람이 외국인인 경우에는 그 서면에 본국 관청에 신고한 인감을 날인하고 그 인감증명을 첨부하거나 그 서면에 본인이 서명하였다는 본국 관청의 증명서면을 첨부할 수 있다.

상업등기규칙 제52조(첨부정보)

① 등기를 신청하는 경우에는 다음 각 호의 정보를 그 신청정보와 함께 첨부정보로서 등기소에 제공하여야 한다.

　　1. 대리인에 의하여 등기를 신청하는 경우에는 그 권한을 증명하는 정보

　　2. 관청의 허가 또는 인가를 필요로 하는 사항의 등기를 신청하는 경우에는 그 허가 또는 인가가 있음을 증명하는 정보

---

3. <u>주소, 주민등록번호(또는 생년월일)를 등기하여야 하는 경우에는 이를 증명하는 정보</u>
4. 성명 또는 주소의 변경에 관한 등기를 신청하는 경우에는 그 사실을 증명하는 정보

④ 첨부정보 중 「주민등록법」에 따른 <u>주민등록표등본·초본</u>과 「인감증명법」에 따른 <u>인감증명</u> 및 「가족관계의 등록 등에 관한 법률」에 따른 <u>가족관계등록사항별증명서는 발행일부터 3개월 이내의 것이어야 한다.</u>

기출 25

⑤ <u>첨부정보가 외국어로 작성된 경우에는 그 번역문을 함께 제공하여야 한다.</u> 기출 25

Ⅲ 상호, 목적, 존립기간 또는 해산사유의 변경, 본점의 이전의 등기

1. 상호, 목적, 존립기간 또는 해산사유의 변경등기

① 합명회사가 상호, 목적, 존립기간 또는 해산사유를 변경한 때에는 그 변경등기를 하여야 하고, 이러한 사항의 변경을 위해서는 <u>총사원의 동의로 정관을 변경하여야 하며</u>(상법 제204조), 회사를 대표하는 사원이 그 등기를 신청함에는 그 동의 있음을 증명하는 서면을 첨부하여야 한다(규칙 제97조 제2항).

② 다만, 상법 제204조의 '총사원의 동의'라는 정관변경의 결의 요건은 정관으로 이를 완화할 수 있는 것으로 해석되는 바, 이때에는 어느 사원의 동의가 있음을 증명하는 서면과 정관을 첨부하여야 한다(규칙 제97조).

2. 본점이전의 등기

① 합명회사의 본점을 정관에 기재된 본점의 소재장소 이외의 장소로 이전하는 경우에는 정관을 변경하고, 업무집행사원의 과반수의 동의로 구체적인 본점의 소재장소를 정하여야 하기 때문에, 구 본점 소재지에서 하는 등기의 신청서에는 정관변경에 관한 총사원의 동의가 있었음을 증명하는 서면 및 업무집행사원의 과반수의 동의가 있었음을 증명하는 서면을 첨부하여야 한다(규칙 제97조 제2항).

② 다만, 정관에 총사원의 동의가 아닌 어느 사원의 동의로 정관을 변경할 수 있도록 정하고 있는 때에는 정관 소정의 사원의 동의가 있음을 증명하는 서면과 정관을 첨부하여야 한다(규칙 제97조).

③ 정관에 기재된 본점의 소재장소 내에서 본점을 이전하는 경우에는 업무집행사원의 과반수의 동의가 필요하고, 이 경우 본점 소재지에서 하는 등기의 신청서에는 그 동의가 있음을 증명하는 서면을 첨부하여야 한다(규칙 제97조 제2항).

Ⅳ 사원·대표사원에 관한 변경등기

1. 개 설

① 합명회사의 사원이 변동되는 원인으로는 입사, 지분의 양수·양도, 퇴사, 사망 등이 있다.

② 합명회사의 사원은 정관의 절대적 기재사항이고 등기사항이므로 그 변동은 정관의 변경을 뜻하고 변경등기를 요한다(상법 제179조 제3호, 제180조·제183조). **기출** 22

2. 사원의 입사 및 퇴사

① 상법에서는 '사원의 퇴사'라는 제목으로 회사의 존속 중에 특정 사원이 그 지위를 절대적으로 상실하는 사원지위의 승계가 없는 것(제명, 사원지위의 상속이 일어나지 않는 사망 등)만을 퇴사로 설명하고 있으나, 여기서는 그 설명의 편의상 사원지위의 승계가 일어나는 것을 포함하여 어느 사원이 특정 회사의 사원지위에서 물러나는 것 전부를 퇴사로 보고 설명한다.

② 마찬가지로 회사와의 계약에 의하여 사원의 지분을 원시취득하는 것뿐만 아니라 지분의 양수 또는 상속에 의하여 사원지위를 승계취득하는 경우도 입사에 포함시켜 설명한다.

③ 사원의 입사 : 설립 후 제3자가 사원이 되는 방법으로는 다른 사원으로부터 그 지분을 전부 또는 일부 양수받는 방법과 지분의 양수 없이 회사와의 계약에 의하여 입사하는 방법이 있다(대판 2002.4.9. 2001다77567).

지분양수에 의한 입사

- 사원은 다른 사원의 승낙이 없으면 그 지분의 전부 또는 일부를 양도할 수 없기 때문에(상법 제197조), 다른 사원으로부터 지분을 양수받을 때에는 먼저 그 양도의 상대방인 사원과 지분의 양도계약을 체결하고 다른 사원의 승낙을 받는다.
- 다만, 정관으로 지분의 양도에 관하여 다른 사원의 승낙을 받을 필요가 없는 것으로 정하고 있거나, 일부사원의 승낙만 받으면 되는 것으로 정하고 있는 경우에는 그에 따른다.

상속에 의한 입사

- 합명회사는 사원 상호 간의 인적 신뢰관계를 토대로 한 회사이므로 사원이 사망한 경우 상속인이 당연히 그 지위를 승계하는 것은 아니다.
- 다만, 사원이 사망한 경우 그 상속인이 회사에 대한 피상속인의 권리의무를 승계하여 사원이 될 수 있음을 정관으로 정한 때에는 상속인은 피상속인의 지위를 승계하여 사원이 될 수 있고, 이때에는 상속인은 상속의 개시를 안 날로부터 3월 내에 회사에 대하여 승계 또는 포기의 통지를 발송하여야 한다.
- 이 통지를 하지 않고 이 기간이 경과하면 사원이 될 권리를 포기한 것으로 본다(상법 제219조, 대판 1996.10.29. 96다19321).
- 상속인이 수인인 경우 그 일부만이 입사의 의사를 표시한 때에는 입사의 의사를 표시한 자는 상속분에 상응해서 사망한 자의 사원으로서의 권리의무를 가지고, 입사의 의사표시를 하지 않은 자는 지분의 환급청구권을 취득한다.
- 한정승인을 한 자는 입사의 의사표시를 할 수 없다. 한정승인과 무한책임을 부담하는 것은 서로 양립될 수 없기 때문이다.

지분의 양수 없이 회사와의 계약에 의한 입사

- 사원으로부터 지분을 양수받지 않고 회사와의 계약에 의해 사원자격을 원시적으로 취득(입사)할 수 있는데, 신입사원의 성명, 주민등록번호, 주소와 신입사원의 출자의 목적과 그 가격 또는 평가의 표준 등은 정관의 절대적 기재사항이므로, 이 경우 정관의 변경을 요한다.
- 신입사원의 입사에는 총사원의 동의를 얻어야 한다. 하지만, 정관에 총사원의 동의를 요하지 않는 것으로 정하고 있는 때에는 이에 따른다.
- 정관변경은 총사원의 동의만으로 그 효력을 발생하는 것이므로, 신입사원은 정관인 서면의 경정이나 등기부에의 기록을 기다리지 않고 그 동의가 있는 때에 곧바로 사원으로서의 지위를 취득한다(상법 제204조, 대판 1996.10.29. 96다19321).

④ 사원의 퇴사

　㉠ 사원의 퇴사는 회사의 존속 중에 어느 사원이 그 지위를 상실하는 것을 말하며, 퇴사는 정관 기재사항인 사원에 관하여 변경을 생기게 한다.

　㉡ 청산중인 합명회사는 청산의 목적범위 내에서만 존속하므로, 합명회사의 청산절차에서는 사원의 퇴사가 허용되지 않는다(대판 2005.7.15. 2003다46963).

　㉢ 따라서 청산중인 합명회사의 경우 사원 상호 간이나 제3자에게 지분을 전부 양도함에 따른 사원의 입·퇴사의 등기를 할 수 없다(등기예규 제666호).

⑤ 퇴사원인

　㉠ 지분 전부의 양도

　　㉮ 사원은 다른 사원 전원의 승낙을 얻지 않으면 그 지분의 전부를 양도할 수 없다(상법 제197조).

　　㉯ 다른 사원의 승낙을 얻어 지분 전부를 양도한 때에는 퇴사한다.

　　㉰ 정관에 별도의 규정을 둔 때에는 일부사원의 승낙 또는 다른 사원의 승낙 없이 양도할 수 있다.

　　㉱ 사원 전원이 그 지분의 전부를 양도할 수 있는데, 지분의 양도가 이루어진 결과 사원이 1인이 되는 때에는 회사는 해산한다(상법 제227조).

　㉡ 고지에 의한 임의퇴사

　　㉮ 정관으로 회사의 존립기간을 정하지 아니하거나 어느 사원의 종신까지 존속할 것으로 정한 때에는 사원은 영업연도의 말에 한하여 퇴사할 수 있다.

　　㉯ 이 경우 사원은 6월 전에 이를 예고하여야 한다(상법 제217조 제1항).

　　㉰ 정관으로 회사의 존립기간을 정한 경우든 정하지 않은 경우든, 부득이한 사유가 있을 때에는 사원은 언제든지 퇴사할 수 있다(상법 제217조 제2항).

　㉢ 정관에 정한 사유의 발생(상법 제218조)

　㉣ 총사원의 동의

　　㉮ 퇴사하는 사원을 포함해서 총사원이 어느 사원의 퇴사에 관하여 동의하면 그 사원은 퇴사한다(상법 제218조).

　　㉯ 상법 제217조에 의하여 임의퇴사를 할 수 없는 경우에도 총사원의 동의가 있으면 퇴사할 수 있고, 정관으로 그 동의요건을 완화할 수 있다.

　㉤ 사망(상법 제218조) : 해산한 후에 사원이 사망한 때에는 그 상속인이 당연히 사원이 된다.

　㉥ 파산(상법 제218조) : 청산절차에서는 사원의 퇴사가 허용되지 아니하므로 청산중에는 사원이 파산선고를 받은 경우에도 퇴사하지 않는 것으로 해석된다.

　㉦ 제 명

　　㉮ 사원이 (i) 출자의무를 이행하지 아니한 때, (ii) 상법 제198조 제1항의 경업피지의무를 위반한 때, (iii) 회사의 업무집행 또는 대표에 관하여 부정한 행위가 있는 때, (iv) 권한 없이 업무를 집행하거나 회사를 대표한 때, (v) 기타 중요한 사유가 있는 때에는, 회사의 청구에 의하여 법원이 당해 사원의 제명을 선고할 수 있다.

　　㉯ 회사에서 당해 사원의 제명을 선고해 줄 것을 법원에 청구할 때에는 다른 사원 과반수의 결의를 거쳐야 한다(상법 제220조).

　　㉰ 제명은 사원의 의사에 반하여 사원의 지위를 박탈하는 것인데, 상법은 위와 같이 제명의 사유를 한정하고 있고 제명절차를 엄격하게 규정하고 있다(상법 제220조).

◎ 지분압류권자에 의한 퇴사

㉮ 사원의 지분을 압류한 채권자는 회사와 그 사원에 대하여 6월 전에 퇴사의 예고를 하여, 영업연도 말에 그 사원을 일방적으로 퇴사시킬 수 있다.

㉯ 그러나 사원이 변제를 하거나 상당한 담보를 제공한 때에는 그 예고는 효력을 잃는다(상법 제224조).

㉰ 이는 강행규정이므로 정관으로도 퇴사청구권을 배제하거나 예고기간을 연장할 수 없다.

㉣ 기타의 퇴사원인

회사계속에 부동의한 사원

존속기간의 만료 기타 정관으로 정한 사유의 발생 또는 총사원의 동의로 회사가 해산한 때에는 사원의 전부 또는 일부의 동의로 회사를 계속할 수 있는데, 이때, 회사의 계속에 동의하지 않는 사원은 퇴사한 것으로 본다(상법 제229조 제1항 단서).

설립의 무효 또는 취소의 원인이 있는 사원

설립무효 또는 설립취소의 판결이 확정된 경우에 그 무효나 취소의 원인이 특정한 사원에 한한 것인 때에는 다른 사원 전원의 동의로써 회사를 계속할 수 있는데, 이때 무효 또는 취소의 원인이 있는 사원은 퇴사한 것으로 본다(상법 제194조 제2항).

3. 등기절차

① 등기기간 등

㉠ 사원이 입사·퇴사한 때, 대표권을 행사하는 사원이 변경되거나 공동대표에 관한 규정을 설정, 변경 또는 폐지한 때, 사원·대표사원의 성명 또는 주소가 변경된 때에는 회사를 대표하는 사원은 본점 소재지에서 2주 내에 그 변경등기를 하여야 한다.

㉡ 다만, 사원의 제명 또는 그 업무집행권한이나 대표권 상실의 판결이 확정된 때에는 제1심 수소법원이 그 재판의 등본을 첨부하여 본점 소재지의 등기소에 그 등기를 촉탁한다(비송법 제107조·제108조).

기출 22

② 등기사항

㉠ 사원의 입사 및 대표사원의 취임

㉮ 사원이 입사한 경우, 입사한 사원의 성명·주민등록번호·주소, 입사한 뜻 및 그 연월일과 사원의 출자의 목적을 등기하되 재산을 출자한 경우에는 그 가격과 이행한 부분을 등기한다.

㉯ 다만, 대표권을 행사하지 않는 사원의 경우 주소는 등기하지 않는다.

㉡ 사원의 퇴사 및 대표사원의 퇴임

㉮ 사원이 퇴사한 경우 퇴사한 뜻 및 그 연월일을 등기한다.

㉯ 제명에 의한 퇴사는 법원의 촉탁에 의하여 등기를 하므로 '20□□년 □월 □일 서울중앙지방법원 20□□가합□□□□호 제명판결 확정' 기록한다.

㉰ 대표사원이 퇴임한 경우에도 퇴임한 뜻 및 그 연월일을 등기한다.

㉢ 대표사원의 말소 : 대표사원 또는 업무집행사원의 정함을 폐지하여 사원 전원이 회사를 대표하게 되는 때에는 대표사원의 등기를 말소하고, 대표권을 행사하게 되는 사원 전원의 주소를 등기하여야 한다.

ⓔ 공동대표에 관한 규정의 설정·변경·폐지 : 공동대표에 관한 규정, 그 규정의 설정, 변경, 폐지한 뜻과 그 연월일을 등기한다.

ⓜ 사원 대표사원의 성명 또는 주소의 변경 : 변경 후 사원·대표사원의 성명 또는 주소, 변경한 뜻과 그 연월일을 등기한다.

ⓗ 업무집행권한 또는 대표권의 상실

㉮ 업무집행권한 또는 대표권 상실의 판결이 확정된 경우에는 제1심 수소법원의 촉탁에 의하여 업무집행권한 또는 대표권 상실의 등기를 하는데(비송법 제107조 제3호), 대표권 상실의 등기는 당해 대표사원에 관한 퇴임등기의 형식으로 한다.

㉯ 이때, 남아 있는 다른 사원이 대표권을 행사하는 경우라면 각 사원의 주소를 등기하여야 하는데, 대표권 상실의 등기와 동시에 할 수는 없을 것이므로 후일에 당해 회사의 등기 신청시 주소를 등기하도록 한다.

③ 첨부정보

㉠ 사원의 입사 : 사원의 입사로 인한 변경등기의 신청서에는 그 사실을 증명하는 서면을 첨부하여야 하고, 사원의 출자의 목적과 재산을 출자한 경우에는 그 가격과 이행한 부분을 등기하므로 이행한 부분을 등기할 때에는 그 이행이 있었음을 증명하는 서면을 첨부하여야 한다(규칙 제103조 제1항).

㉮ 지분의 양수에 의한 입사

㉯ 지분의 양수 없이 회사와의 계약에 의한 입사

㉰ 상속에 의한 입사

㉡ 사원의 퇴사 : 사원의 퇴사로 인한 변경등기의 신청서에는 그 사실을 증명하는 서면을 첨부하여야 한다.

㉮ 지분 전부의 양도에 의한 퇴사

㉯ 고지에 의한 임의퇴사

㉰ 정관에 정한 사유의 발생에 의한 퇴사

㉱ 총사원의 동의에 의한 퇴사

㉲ 사 망

㉳ 파산선고에 의한 퇴사

㉴ 사원의 지분을 압류한 압류채권자에 의한 퇴사

㉢ 대표사원의 등기의 말소 : 대표사원 또는 업무집행사원의 정함을 폐지함으로써 사원 전원이 회사를 대표하게 된 때에는 총사원의 동의가 있음을 증명하는 서면을, 사원의 퇴사에 의해 잔존사원 전원이 회사를 대표하게 된 때에는 사원의 퇴사를 증명하는 서면을 첨부한다.

㉣ 공동대표의 정함에 관한 변경 : 총사원의 동의서를 첨부한다(규칙 제97조 제2항).

㉤ 사원·대표사원의 성명, 주소의 변경 등

V 사원의 출자의 목적 등에 관한 변경등기

1. 사원의 출자의 목적 등의 변경

사원의 지분의 양도·양수나 상속 등으로 그 출자의 목적, 출자재산의 가격과 이행한 부분이 변경된 경우, 그 변경등기를 하여야 한다(상법 제180조 제2호).

① 사원의 지분의 이전

ⓐ 사원은 다른 사원의 전원의 동의를 얻은 경우에 그 지분을 이전할 수 있고(상법 제197조), 사원이 사망한 경우에는 정관의 정함이 있는 때에 한하여 그 상속인이 사원의 지분을 승계한다(상법 제219조).

ⓑ 사원이 지분의 일부를 양도한 때에는 그 사원의 출자의 목적, 출자한 재산의 가격 및 이행부분이 감소하고, 기존 사원이 양수, 상속, 합병에 의하여 어느 사원의 지분의 전부 또는 일부를 취득한 때에는 그 취득한 사원의 출자의 목적, 출자한 재산의 가격 및 이행한 부분이 증가한다.

② **사원의 출자의 목적, 출자한 가격의 증감 등** : 사원의 출자의 목적 및 그 출자한 가격은 정관의 기재사항이므로 총사원의 동의로 사원의 출자의 목적 및 그 출자한 가격을 증가하거나 감소할 수 있다.

③ 출자의 이행부분의 증가

ⓐ 사원의 출자의 이행시기 및 방법을 정관에 정한 때에는 그 정함에 따라, 정관에 정함이 없는 때에는 업무집행사원의 과반수의 결정에 따라 대표사원이 이행의 최고를 한다.

ⓑ 사원이 그 출자를 이행한 때에는 출자를 이행한 부분이 증가한다.

2. 등기절차

① 사원의 출자의 목적, 출자한 재산의 가격, 이행한 부분에 관한 변경등기절차는 다음 첨부정보의 몇 가지를 제외하고는 일반적인 변경등기신청의 경우와 동일하다.

② 지분의 일부 양도에 의해 사원의 출자의 목적, 출자한 재산의 가격 및 이행한 부분이 감소한 때에는 지분의 양도계약서 및 사원 전원의 동의가 있음을 증명하는 서면을 첨부하여야 한다.

③ 다른 사원의 지분의 전부 또는 일부를 양수받아, 사원의 출자의 목적, 출자한 재산의 가격 및 이행한 부분이 증가한 때에는 지분의 양도양수계약서 및 사원 전원의 동의가 있음을 증명하는 서면을 첨부하여야 한다.

④ 사원이 상속에 의해 다른 사원의 지분을 취득한 때에는 사원의 출자의 목적, 출자한 재산의 가격 및 이행부분이 증가하므로 상속을 증명하는 서면을 첨부하여야 한다.

⑤ 정관 변경에 의해 사원의 출자의 목적, 가격을 변경한 때에는 총사원의 동의가 있음을 증명하는 서면을 첨부하여야 한다(상법 제204조).

⑥ 출자의 이행에 의해 출자를 이행한 부분이 증가한 때에는 그 이행을 증명하는 서면을 첨부하여야 하는데 (규칙 제103조 제1항), 사원으로부터 이행을 받았다는 뜻을 확인한 대표사원이 작성한 영수증 또는 사원이 이행을 하였음이 나타나 있는 인수계약서 등이 이에 해당한다.

Ⅵ 합병의 등기

1. 합병의 절차

① 합병의 의의 및 종류

ㄱ 합명회사는 어떤 종류의 회사와도 합병할 수 있다(상법 제174조 제1항). 그러나 합명회사가 주식회사, 유한회사 또는 유한책임회사와 합병하는 때에는 존속회사 또는 신설회사는 주식회사, 유한회사 또는 유한책임회사이어야 한다(상법 제174조 제2항).

ㄴ 합명회사가 존속회사가 되어 합자회사 또는 합명회사를 흡수합병할 수 있고, 합자회사가 존속회사가 되어 합명회사 또는 합자회사를 합병할 수 있다.

ㄷ 합명회사와 합자회사가 합병해서 합명회사 또는 합자회사를 설립할 수 있고, 합명회사와 합명회사가 합병해서 합자회사를 설립하거나 합자회사와 합자회사가 합병해서 합명회사를 설립할 수 있다.

② 합병결의 : 합명회사가 다른 회사와 합병을 하려고 하는 때에는 우선 합병당사회사 사이에 합병의 계약을 하고, 총사원의 동의로 그 계약에 따라서 합병을 한다는 뜻을 결의하여야 한다(상법 제230조).

③ 채권자보호절차

ㄱ 합병의 결의를 한 때에는 채권자 보호절차를 이행하여야 한다.

ㄴ 그 절차의 세부내용은 주식회사에서 설명한 바와 같다.

2. 등기절차

(1) 존속회사의 변경등기

① 등기신청인, 등기기간 등

ㄱ 존속하는 합명회사의 변경등기는 합병절차(채권자보호절차 기타 합병에 필요한 절차) 완료일부터 2주일 내에 본점의 소재지에서(상법 제233조), 존속하는 합명회사의 대표자가 신청하여야 한다(제23조 제1항).

ㄴ 이때 존속하는 합명회사의 대표자가 소멸하는 회사의 해산등기도 동시에 신청하여야 한다(제63조 제1항·제3항).

② 등기사항 : 존속회사인 합명회사의 합병에 의한 변경등기 시 등기할 사항은 다음과 같다.

ㄱ 합병으로 인하여 입사한 사원의 성명·주민등록번호 : 합병으로 소멸회사의 사원이 존속회사에 입사할 경우 입사한 사원의 성명 등을 등기한다.

ㄴ 소멸회사의 상호 및 본점과 합병을 한 뜻

③ 첨부정보

ㄱ 소멸회사 총사원의 동의가 있음을 증명하는 서면

ㄴ 채권자보호절차의 이행사실을 증명하는 서면

ㄷ 존속회사의 총사원의 동의가 있음을 증명하는 서면

ㄹ 대리인에 의하여 등기를 신청하는 경우 그 권한을 증명하는 서면, 관청의 허가서, 성명·주소 등의 증명서면 등 일반적인 첨부정보

(2) 신설회사의 설립등기

① 등기신청인, 등기기간 등

㉠ 합병으로 신설되는 합명회사의 설립등기는, 합병절차(채권자보호절차 기타 합병에 필요한 절차) 완료일부터 2주일 내에 본점의 소재지에서(상법 제233조), 신설되는 합명회사의 대표자가 신청하여야 한다(제23조 제1항).

㉡ 이때 합명회사의 대표자가 소멸하는 회사의 해산등기도 동시에 신청하여야 한다(제63조 제1항·제3항).

② 등기사항

㉠ 통상의 설립등기 사항

㉡ 소멸회사의 상호 및 본점과 합병을 한 뜻

③ 첨부정보

㉠ 정 관

㉡ 소멸회사의 총사원의 동의가 있음을 증명하는 서면

㉢ 설립위원의 자격을 증명하는 서면 : 합병으로 신회사를 설립하는 경우, 정관의 작성 기타 설립에 관한 행위는 각 회사에서 선임한 설립위원이 공동으로 수행하여야 하므로(상법 제175조 제1항), 등기신청서에 설립위원의 자격을 증명하는 서면을 첨부하여야 한다. 설립위원을 선임한 소멸회사의 총사원의 동의서 등이 이에 해당한다(상법 제175조 제2항).

㉣ 채권자보호절차의 이행사실을 증명하는 서면

㉤ 총사원의 동의로 업무집행사원 중 특히 회사를 대표할 자를 정하거나 공동대표사원을 정한 때에는 총사원의 동의가 있음을 증명하는 서면

㉥ 대표사원의 취임승낙서

㉦ 대리인에 의하여 등기를 신청하는 경우 그 권한을 증명하는 서면, 관청의 허가서, 성명·주소 등의 증명서면 등 일반적인 첨부정보

(3) 소멸회사의 해산등기

① 등기신청인, 등기기간 등

㉠ 합병으로 인한 해산등기는 당해 소멸회사의 대표자가 아니라 존속회사 또는 신설회사를 대표하는 자가 소멸회사를 대표하여 신청한다(제63조 제1항).

㉡ 합병으로 인한 해산등기는 합병으로 인한 존속회사의 변경등기 또는 신설회사의 설립등기와 동시에 신청하여야 한다(제63조 제3항).

㉢ 등기기간은 합병으로 인한 존속회사의 변경등기 또는 신설합병으로 인한 설립등기와 마찬가지로 합병절차(채권자보호절차 기타 합병에 필요한 절차) 완료일부터 2주일 내이다(상법 제233조).

② 등기사항

㉠ 합병으로 인한 해산등기를 할 때에는 합병 후 존속하는 회사 또는 합병으로 설립하는 회사 및 소멸회사의 상호·본점과 합병을 한 뜻 및 그 연월을 등기하여야 한다(제62조 제2항).

㉡ 소멸회사란 신설합병에서 2 이상의 회사가 소멸하게 될 때, 어느 소멸회사의 해산등기에 있어서 다른 합병당사회사인 소멸회사를 말한다.

㉢ 합병 연월일 또는 해산연월일은 합병의 효력이 발생한 날인 신설회사의 설립등기일 또는 존속회사의 변경등기일을 말한다.

③ 첨부정보 : 대리인에 의하여 등기를 신청하는 때에 그 권한을 증명하는 서면을 첨부하는 외에 합병과 관련된 일체의 서면을 첨부할 필요가 없다(규칙 제53조 제3항).

3. 합병의 효력

① 합병절차의 완료 후 소정기간 내에 합병으로 인한 변경 또는 설립등기를 함으로써 합병의 효력이 발생한다(상법 제233조, 제234조).

② 합명회사가 합자회사를 흡수합병한 경우에는 합자회사의 유한책임사원도 합명회사의 사원이 된다.

③ 합병무효로 인한 회복의 등기를 한 때에는 합병으로 인한 해산등기를 말소하는 기호를 기록하여야 한다.

Ⅶ 해산의 등기

1. 해산사유

① 합명회사는 (i) 존립기간의 만료 기타 정관 소정의 사유의 발생, (ii) 총사원의 동의, (iii) 사원이 1인으로 된 때, (iv) 합병, (v) 파산, (vi) 법원의 명령(상법 제176조) 또는 판결(상법 제241조)로 해산한다(상법 제227조).

② 물적회사는 채무초과가 파산의 원인이 되지만(채무자회생법 제306조 제1항), 인적회사(합명·합자회사)는 그 존립 중에는 채무초과라도 이는 파산의 원인이 되지 않고(같은 법 제306조 제2항), 지급불능이 되어야 파산의 원인이 된다(같은 법 제305조).

③ 인적회사라도 청산중에 채무초과가 되면 파산의 원인이 된다(같은 법 제306조 제2항의 반대해석).

2. 등기절차

① 등기신청 및 등기사항

　㉠ 해산등기를 할 때에는 해산한 뜻과 그 사유 및 연월일을 등기하여야 한다.

　㉡ 해산등기의 신청과 해산으로 인한 청산인의 취임등기의 신청은 동시에 하여야 한다.

② 첨부정보

　㉠ 회사를 대표할 청산인이 해산등기를 신청하는 경우에는 그 자격을 증명하는 정보를 제공하여야 한다.

　㉡ 다만, 청산인의 선임이 없는 때에 업무집행사원이 청산인이 된 경우에는 그러하지 아니하다.

　㉢ 정관에 정한 사유의 발생으로 인한 해산등기를 신청하는 경우에는 그 사유의 발생을 증명하는 정보를 제공하여야 한다.

③ 해산등기와 사원에 관한 등기

　㉠ 해산등기를 할 때에는 대표사원 및 공동대표의 등기를 말소하여야 한다.

　㉡ 다만, 임의청산의 경우에는 그러하지 아니하다.

VIII 청산인에 관한 등기

1. 청산인의 취임, 퇴임 등

① 임의청산의 경우에는 정관 또는 총사원의 동의로 회사 재산의 처분방법을 정하고, 회사 재산의 처분 등 대외적 행위는 회사를 대표하는 사원이 수행한다.

② 임의청산에 의할 경우가 아니면 상법 제251조부터 제265조까지에서 정하는 법정청산절차에 의하여 해산 회사의 재산을 청산하여야 하는데, 법정청산의 경우에는 청산인이 청산사무를 담당하고 회사를 대표한다.

③ 이에 본 절에서 설명하는 청산인에 관한 등기는 법정청산절차를 밟을 때에 필요한 등기이다.

④ 청산인의 의의, 자격 등

　㉠ 주식회사의 이사와 마찬가지로 청산인은 직접 회사의 청산사무를 수행하는 자라는 점에서 법령에 특별한 규정이 없는 한 법인은 청산인이 될 수 없는 것으로 해석된다.

　㉡ 특별히 정관이나 선임기관이 임기를 정하지 않은 한 청산인은 청산사무가 종료될 때까지 그 임기가 계속된다.

　㉢ 청산인은 1인으로도 족한데, 청산인이 수인인 경우 청산인의 직무에 관한 행위는 그 과반수의 결의로 정한다(상법 제254조 제2항).

　㉣ 회사를 대표하는 청산인은 청산사무에 관하여 재판상 또는 재판 외의 모든 행위를 할 권한이 있다(상법 제254조 제3항).

⑤ 청산인의 취임

사원의 선임에 의한 청산인과 법정청산인
• 합명회사가 해산된 때에는 총사원의 과반수의 결의로 사원 또는 사원 이외의 자를 청산인으로 선임한다(상법 제251조 제1항).
• 사원이 청산인을 선임하지 아니한 때에는 업무집행사원이 청산인이 되는데(상법 제251조 제2항), 이를 법정청산인이라 한다.

법원의 선임에 의한 청산인
• 사원이 1인으로 되거나 법원의 해산명령이나 해산판결에 의하여 해산된 때에는 법원이 사원 기타 이해관계인이나 검사의 청구에 의하여 또는 직권으로 청산인을 선임한다(상법 제252조).
• 청산인의 선임 또는 해임의 재판에 대하여는 불복할 수 없다(비송법 제119조).

⑥ 청산인의 퇴임

　㉠ 청산인은 (i) 사임, (ii) 총사원의 과반수 결의에 의한 해임, 재판에 의한 해임, (iii) 정관에서 정하는 사유 발생, (iv) 사망, (v) 청산인의 파산선고(민법 제690조), (vi) 성년후견개시의 심판(민법 제690조), (v) 형의 확정에 의하여 자격이 정지되거나 상실된 때에 퇴임한다.

　㉡ 다만, 업무집행사원으로 청산인이 된 자는 사임할 수 없다고 본다. 총사원의 과반수 결의에 의하여 해임할 수 있는 청산인은 사원이 선임한 청산인에 한하고, 법원에서 선임한 청산인은 사원의 결의로 해임할 수 없다(상법 제261조).

　㉢ 다만, 사원의 결의에 의하여 선임된 청산인이든 법원이 선임한 청산인이든 법원은 사원 기타의 이해관계인의 청구에 의하여 어떤 청산인도 해임할 수 있다(상법 제262조).

2. 등기절차

① 등기신청인 등

  ㉠ 청산인이 선임된 때에는 선임된 날로부터, 업무집행사원이 청산인이 된 때에는 해산한 날부터 2주일 내에 본점의 소재지에서 청산인의 등기를 하여야 한다(상법 제253조).

  ㉡ 청산인에 관한 등기는 회사를 대표하는 청산인이 신청한다. <u>촉탁에 관한 규정이 없으므로 법원이 청산인을 선임한 경우도 마찬가지다</u>(제23조 제1항).

  ㉢ 다만, <u>법원이 청산인의 해임의 재판을 한 때에는 법원의 촉탁에 의하여 퇴임등기를 한다</u>(비송법 제107조 제1호).

② 첨부정보

  ㉠ 청산인의 취임

  ㉮ 사원이 청산인을 선임한 경우 사원 과반수의 동의와 취임승낙을 증명하는 서면을 첨부한다.

  ㉯ 업무집행사원이 청산인이 된 경우 업무집행사원이 정관에 기재되어 있기 때문에 정관을 첨부한다.

  ㉰ 법원이 청산인을 선임한 경우 법원의 선임결정서의 등본을 첨부한다.

  ㉡ 청산인의 퇴임 : 퇴임사유별로 각각 그 퇴임을 증명하는 서면을 첨부하여야 한다(규칙 제107조 제4항).

사 임
• 청산인이 사임한 경우에는 사임을 증명하는 서면에 인감증명법에 따라 신고한 인감을 날인하고 그 인감증명서를 첨부하여야 한다. • 다만, 등기소에 인감을 제출한 자가 중임 또는 사임할 경우에는 그 자가 등기소에 제출한 인감의 날인으로 이를 갈음할 수 있다.

총사원의 과반수 결의에 의한 해임 또는 재판에 의한 해임
사원 과반수의 동의가 있었음을 증명하는 서면 또는 법원의 해임결정서 등본을 첨부한다.

정관에서 정하는 사유 발생
정관에서 정하는 퇴임사유의 발생에 의하여 퇴임한 경우에는 정관과 그 사유의 발생을 증명하는 서면을 첨부하여야 한다.

사망 · 파산
사망의 경우에는 사망 사실을 증명하는 사망진단서 또는 가족관계등록사항별증명서 중 기본증명서를 첨부하여야 하고, 파산선고의 경우에는 법원의 결정문 등본을 첨부한다.

자격정지 또는 자격상실
자격정지 또는 자격상실의 형의 선고를 받았음을 증명하는 서면을 첨부하여야 한다.

Ⅸ 회사계속의 등기

1. 서 론

해산한 합명회사는 다음의 경우에 회사를 계속할 수 있다.

① 존립기간의 만료 기타 정관에 정한 사유의 발생 또는 총사원의 동의로 해산한 경우에는 총사원 또는 일부 사원의 동의로 회사를 계속할 수 있다.

② 사원이 1인으로 되어 해산한 경우에는 새로 사원을 가입시켜 회사를 계속할 수 있다.

③ 설립의 무효 또는 취소의 판결이 확정된 경우

ⓐ 그 무효 또는 취소의 원인이 특정사원에 한한 것인 때에는 다른 사원의 동의로 회사를 계속할 수 있다.

ⓑ 이때에는 무효 또는 취소원인이 있는 사원은 퇴사한 것으로 본다.

ⓒ 이 경우에 다른 사원이 1인인 때에는 신사원을 가입시켜 회사를 계속할 수 있다.

④ 회사가 해산한 경우 : 임의청산절차에 의하여 청산중인 때를 제외하고는 종전의 업무집행사원·대표사원·공동대표사원에 관한 정함은 효력을 상실하므로, 이에 관한 규정을 두고자 할 때에는 계속의 결의에서 다시 이에 관한 정함을 하여야 한다.

2. 계속의 등기절차

① 등기기간 : 회사를 계속한 때에는 2주일 내에 본점의 소재지에서 계속의 등기를 하여야 한다.

② 신청인 : 계속등기는 회사를 대표하는 사원의 신청에 의하여야 한다.

③ 등기사항

ⓐ 회사계속의 등기를 할 때에는 회사를 계속한 뜻과 그 연월일을 등기하여야 한다.

ⓑ 새로 사원을 가입시켜 계속한 때에는 그의 성명·주민등록번호(주민등록이 없는 자는 생년월일)·출자의 목적·재산출자에 있어서는 그 가격과 이행한 부분

ⓒ 사원 일부의 동의에 의하여 계속한 때에는 퇴사한 사원의 성명

ⓓ 대표사원·공동대표사원을 정한 때에는 그 성명·주소

ⓔ 존립기간 또는 해산사유를 변경·폐지한 때에는 그 뜻

④ 첨부정보 : 일반적인 첨부정보 외에 다음의 첨부정보를 첨부하여야 한다.

ⓐ 퇴사 또는 입사한 사원이 있는 때에는 이를 증명하는 서면

ⓑ 설립무효의 판결 또는 설립취소의 판결이 확정된 경우에 그 무효나 취소의 원인이 특정한 사원에 한한 것인 때에는 다른 사원전원의 동의로써 회사를 계속(상법 제194조 제1항)함에 따른 회사계속등기를 신청하는 경우에는 설립무효 또는 설립취소 판결에 관한 정보를 제공하여야 한다.

ⓒ 신입사원의 재산출자에 관하여(재산을 출자한 때) 이행부분을 증명하는 서면

ⓓ 총사원 또는 계속에 동의한 사원의 동의서

ⓔ 등기절차의 특칙

㉮ 회사 해산 후 회사계속등기를 할 때에는 해산과 청산인에 관한 등기를 말소하여야 한다.

㉯ 회사계속의 등기를 할 때에는 설립무효 또는 설립취소와 청산인에 관한 등기를 말소하여야 한다.

X 청산종결의 등기

1. 청산절차

① 인적회사인 합명회사와 합자회사는 임의청산 또는 법정청산의 방법으로 청산할 수 있다.

② 이에 반해 물적회사인 주식회사와 유한회사는 사원(주주)이 유한책임을 지므로 회사채권자를 보호하기 위하여 법정청산만이 인정된다(상법 제531조 · 제613조 제1항).

③ **임의청산** : 임의청산의 경우에는 해산사유가 있는 날로부터 2주간 내에 재산목록과 대차대조표를 작성하고 채권자보호절차를 이행한 후 정하여진 처리방법에 의하여 회사재산의 처분을 완료한 때에 청산이 종결된다.

④ **법정청산** : 법정청산의 경우에는 청산인이 현존사무의 종결 · 채권의 추심과 채무의 변제 · 재산의 환가처분과 잔여재산의 분배를 하고 계산서를 작성하여 각 사원의 승인을 얻은 때에 청산이 종결된다.

2. 등기절차

① 등기기간 등

　㉠ 임의청산의 경우

　　㉮ 회사재산의 처분을 완료한 날부터 2주일 내에 본점의 소재지에서 회사를 대표하는 사원이 청산종결의 등기를 신청하여야 한다(상법 제247조 제5항, 법 제23조 제1항).

　　㉯ 등기할 사항은 청산이 종결된 뜻과 그 연월일이다.

　㉡ 법정청산의 경우

　　㉮ 청산인이 총 사원으로부터 계산서의 승인을 받은 날부터 2주일 내에 본점의 소재지에서 청산종결의 등기를 신청하여야 한다(상법 제264조).

　　㉯ 청산종결의 등기는 회사를 대표하는 청산인이 신청하여야 한다(제23조 제1항).

　　㉰ 등기할 사항은 임의청산의 경우와 같다.

② 첨부정보

　㉠ 임의청산의 경우

　　㉮ 임의청산의 경우에 해산된 회사의 재산처분방법은 정관 또는 총사원의 동의로 이를 정할 수 있다(상법 제247조 제1항).

　　㉯ 이에 따른 청산종결등기를 신청하는 경우에는 회사재산의 처분이 완료되었음을 증명하는 정보를 제공하여야 한다(규칙 제110조 제1항).

　㉡ 법정청산의 경우 : 법정청산(상법 제250조)에 따른 청산종결등기를 신청하는 경우에는 청산인이 계산의 승인을 받았음을 증명하는 정보를 제공하여야 한다(규칙 제110조 제2항).

XI 조직변경의 등기

1. 조직변경절차

① 합명회사는 총사원의 동의로 일부사원을 유한책임사원으로 하거나 유한책임사원을 새로 가입시켜 합자회사로 조직을 변경할 수 있다.

② 합명회사가 사원이 1인으로 되어 해산하고 회사를 계속하는 경우에도 유한책임사원을 가입시켜 합자회사로 할 수 있다(상법 제242조).

2. 조직변경의 등기절차

① 등기기간 : 조직변경을 한 때에는 2주일 내에 본점의 소재지에서 합명회사에서는 해산등기, 합자회사에 있어서는 설립등기를 하여야 한다.

② 신청인 : 합명회사의 해산등기와 합자회사의 설립등기는 합자회사를 대표하는 사원이 신청하여야 한다.

③ 등기의 특칙

    ㉠ 조직변경으로 인한 설립등기의 신청과 해산등기의 신청은 동시에 하여야 한다(제66조).

    ㉡ 등기관은 조직변경으로 인한 설립등기의 신청과 해산등기의 신청 중 어느 하나에 관하여 각하사유(제26조)의 어느 하나에 해당하는 사유가 있을 때에는 이들 신청을 함께 각하하여야 한다(제67조).

④ 등기사항

    ㉠ 합자회사의 설립등기 : 조직변경으로 인한 변경 후의 회사에 관한 설립등기를 할 때에는 변경 전의 회사의 성립 연월일, 변경 전의 회사의 상호·본점과 조직을 변경한 뜻도 함께 등기하여야 한다(제65조 제1항).

    ㉡ 합명회사의 해산등기 : 조직변경으로 인한 변경 전의 회사에 관한 해산등기를 할 때에는 변경 후의 회사의 상호·본점과 조직을 변경한 한 뜻 및 그 연월일도 함께 등기하여야 한다(제65조 제2항).

⑤ 첨부정보

    ㉠ 합자회사의 설립등기

        ㉮ 정 관

        ㉯ 유한책임사원을 가입시킨 경우에는 그 가입을 증명하는 정보

        ㉰ 유한책임사원의 출자에 관하여 이행을 한 부분을 증명하는 정보

    ㉡ 합명회사의 해산등기 : 합명회사의 해산등기신청서에는 첨부정보 제출이 면제된다.

I 총 설

1. 합자회사 일반

① 합자회사는 무한책임사원과 유한책임사원의 각 1명 이상으로 구성되는 회사이다(상법 제268조).

② 무한책임사원은 합명회사의 사원과 같이 회사의 채무에 관해 회사의 채권자에 대해 연대하여 직접 무한의 책임을 부담한다.

③ 반면, 유한책임사원은 회사채권자에 대해 직접 연대책임을 부담하지만 그 책임은 회사에 대한 출자의 가액을 한도로 한다(상법 제279조 제1항).

④ 무한책임사원이 업무집행의 권리의무를 가지며 회사를 대표한다(상법 제277조·제278조). 반면, 유한책임사원은 회사의 업무 및 재산의 상황을 감시하는 권한이 있지만 회사의 업무집행이나 대표행위를 하지 못한다(상법 제278조).

2. 등기사유에 관한 통칙

① 업무집행

　㉠ 합자회사의 업무집행은 업무집행 사원의 과반수의 동의로 결정한다.

　㉡ 합자회사는 원칙적으로 무한책임사원이 업무집행의 권리의무를 가지지만, 합명회사의 경우와 마찬가지로 정관으로 무한책임사원 중 특히 업무를 집행하는 사원을 정할 수 있다(상법 제269조·제201조).

　㉢ 상법 제278조는 유한책임사원은 회사의 업무집행이나 대표행위를 하지 못하는 것으로 규정하고 있지만, 회사의 업무집행은 회사의 내부관계에 속하는 것이기 때문에 정관으로 유한책임사원도 업무집행의 권리의무를 가지는 것으로 정할 수 있는 것으로 해석된다(다수설).

　㉣ 그러나 회사의 대표행위는 대외관계에 속하므로 정관이나 총사원의 동의로 유한책임사원이 회사를 대표하는 것으로 정할 수 없다(대판 1996.1.25. 65다2128).

> 합자회사에 있어서는 정관 또는 총사원의 동의로써 회사 대표자로 될 수 있는 자는 무한책임사원에 한할 것이고, 총사원의 동의가 있더라도 유한책임사원을 대표사원으로 하는 변경등기는 허용되지 아니한다. 유한책임사원은 설사 정관 또는 총사원의 동의로서 회사의 대표자로 지정되어 그와 같은 등기까지 경유되었다 하더라도 회사대표권을 가질 수 없다(대판 1966.1.25. 65다2128).　기출 23

　㉤ 지배인의 선임과 해임에 관하여는 특히 업무집행사원을 정한 때에도 무한책임사원의 과반수로 결정한다(상법 제274조).

　㉥ 사원 또는 대표사원이 업무를 집행함에 현저하게 부적임하거나 중대한 의무에 위반한 행위가 있는 때에는 법원은 사원의 청구에 의하여 업무집행권한 또는 대표권의 상실을 선고할 수 있는데(상법 제269조·제205조·제216조), 권한상실선고를 청구할 수 있는 사원에는 유한책임사원도 포함된다.

　㉦ 다만, 무한책임사원이 1인뿐인 합자회사에 있어서는 업무집행사원에 대한 권한상실선고를 할 수 없다(대판 1977.4.26. 75다1341).

② 정관 변경, 기타 중요한 사항

    ㉠ 합자회사에는 다른 규정이 없는 사항은 합명회사에 관한 규정을 준용하므로(상법 제269조), 합자회사의 정관을 변경하는 경우 총사원의 동의가 있어야 한다(상법 제204조).

    ㉡ 총사원 또는 어느 사원이나 청산인의 동의를 필요로 하는 등기를 신청하는 경우에는 그 동의가 있음을 증명하는 정보를 제공하여야 한다(상업등기규칙 제118조, 제97조 제2항).

    ㉢ 합자회사가 정관의 규정에 따라 공동대표사원을 두어 등기한 경우에 공동대표규정을 폐지하기 위해서는 그 정관변경을 먼저 한 다음 공동대표규정을 말소하는 변경등기를 신청할 수 있는데, 이 경우 정관변경을 위해서는 총사원의 동의가 있음을 증명하는 정보가 첨부정보로 제공되어야 한다.

> **기출** 23

> 합자회사의 정관에 따라 공동대표규정(수인의 사원이 공동으로 회사를 대표할 것)을 등기한 경우, 먼저 그 정관규정을 변경한 후 공동대표규정을 말소하는 변경등기를 신청할 수 있을 것이다(등기선례 제200501-8호).

3. 등기절차 통칙

① 합자회사의 등기신청은 원칙적으로 각 무한책임사원이 회사를 대표하여 신청한다.

② 그러나 정관으로 무한책임사원 중 업무집행사원을 정하거나, 정관 또는 총사원의 동의로 업무집행사원 중 특히 회사를 대표할 자를 정한 경우에는 그 자가 신청한다(상법 제269조 · 제207조).

③ 다만, 유한책임사원은 정관에 규정을 두더라도 회사를 대표하는 사원으로 할 수 없다(상법 제278조, 대판 1996.1.25. 65다2128).

Ⅱ 설립의 등기

① 회사는 무한책임사원이 될 수 없지만(상법 제173조), 유한책임사원은 될 수 있다.

② 합자회사의 정관의 절대적 기재사항은 합명회사의 절대적 기재사항(상법 제179조)과 각 사원의 책임이 '무한책임' 또는 '유한책임'인지에 관한 것이다(상법 제270조). 따라서 합명회사와 마찬가지로 합자회사의 경우에도 사원의 성명 · 주민등록번호 및 주소가 정관의 절대적 기재사항이다. **기출** 23

③ 유한책임사원은 신용 또는 노무를 출자의 목적으로 하지 못하고(상법 제272조), 업무집행사원이나 대표사원이 될 수 없다(상법 제278조).

④ 다만, 정관에 규정을 둔 경우에는 유한책임사원도 업무집행사원이 될 수 있다(다수설)(대판 1977.4.26. 75다1341).

⑤ 합자회사 설립등기의 등기사항은 사원을 등기할 때에 각 사원이 무한책임 또는 유한책임인 것을 기록하여야 하는 것(상법 제271조) 외에는 합명회사 설립등기의 등기사항과 같다(상법 제269조 · 제180조).

Ⅲ 유한책임사원에 관한 변경등기

1. 유한책임사원의 입사와 퇴사

① 무한책임사원의 입사·퇴사 절차는 합명회사 사원의 입사·퇴사 절차와 같다.

② 유한책임사원의 전원이 퇴사하는 경우 회사는 해산하는데(상법 제285조 제1항), 이와 같은 경우에도 유한책임사원의 전원이 퇴사할 수 있다.

③ 새로운 유한책임사원의 입사의 경우에도 원칙적으로 정관변경을 위한 사원 전원의 동의가 필요하지만(상법 제269조·제204조), 정관에 규정을 두어 무한책임사원만의 동의가 있으면 되는 것으로 할 수 있다.

④ 유한책임사원의 입사·퇴사 절차는 위에서 설명한 것 외에는 합명회사 사원의 입사·퇴사 절차와 같다.

2. 등기절차

다음의 내용 이외에는 합명회사의 사원·대표사원에 관한 변경등기에서 설명한 바와 같다.

① 등기사항

  ㉠ 유한책임사원의 입사의 경우 그 사원의 성명·주민등록번호, 입사한 뜻과 그 연월일, 유한책임사원인 뜻과 출자의 목적·가격과 그 이행한 부분을 등기한다.

  ㉡ 유한책임사원은 업무집행권 및 대표권이 없으므로, 대표사원이라는 직함으로 등기된 자가 없는 경우에도 무한책임사원과 달리 그 주소를 등기하지 않는다.

② 첨부정보 : 일반적인 첨부정보 이외에 다음의 서면을 첨부하여야 한다(규칙 제118조·제97조 제2항·제103조 제3항).

  ㉠ 유한책임사원의 지분의 전부 또는 일부의 양도로 인한 퇴사, 입사의 등기를 신청하는 경우에는, 유한책임사원의 지분의 양도가 있음을 증명하는 서면과 무한책임사원 전원의 동의가 있음을 증명하는 서면을 첨부하여야 한다(상법 제276조).

  ㉡ 유한책임사원의 사망으로 상속인이 그 지분을 승계하여 사원이 된 경우(상법 제283조)에는 상속사실을 증명하는 서면을 첨부하여야 한다.

  ㉢ 지분의 양수 없이 회사와의 계약에 의하여 유한책임사원이 입사한 경우에도 원칙적으로 정관변경을 위한 사원 전원의 동의가 필요하지만(상법 제269조·제204조), 정관에 규정을 두어 무한책임사원만의 동의가 있으면 되는 것으로 할 수 있는 바, 총사원의 동의서, 또는 정관과 무한책임사원 전원의 동의서를 첨부하여야 한다.

3. 유한책임사원의 퇴사등기의 효력

유한책임사원이 퇴사한 경우에도 퇴사한 사원은 본점 소재지에서 퇴사의 등기를 하기 전에 생긴 회사의 채무에 대하여 등기 후 2년 내에는 다른 유한책임사원과 동일한 책임이 있다(상법 제269조·제225조).

Ⅳ 사원의 책임의 변경등기

1. 사원의 책임의 변경

① 정관변경에 의해 무한책임사원은 유한책임사원으로, 유한책임사원은 무한책임사원으로 변경할 수 있는데(상법 제282조), 정관을 변경함에는 총사원의 동의가 있어야 한다(상법 제269조·제204조).

② 유한책임사원이 무한책임사원의 지분의 전부 또는 일부를 양수하여 무한책임사원이 될 수도 있는데, 이를 위해서는 총사원의 동의를 얻어야 한다(상법 제269조·제197조).

③ 유한책임사원이 무한책임사원으로 된 경우에는 책임변경 전의 회사 채무에 대하여도 무한책임사원의 책임을 진다(상법 제282조·제213조).

2. 등기절차

① 사원의 책임의 변경등기절차는 다음에서 보는 등기사항과 첨부정보의 몇 가지를 제외하고는 일반적인 변경등기의 경우와 동일하다.

② 유한책임사원을 무한책임사원으로, 무한책임사원을 유한책임사원으로 그 책임을 변경한 경우, 책임을 변경한 뜻과 변경연월일, 책임을 변경한 사원의 성명·주민등록번호 및 주소를 등기한다(상법 제269조·제183조·제180조).

3. 사원의 책임의 변경등기의 효력

① 합자회사는 상법상의 모든 회사와 합병할 수 있다(상법 제174조 제1항).

② 다만, 합자회사가 주식회사, 유한회사 또는 유한책임회사와 합병할 때에는 존속회사 또는 신설회사는 주식회사, 유한회사 또는 유한책임회사이어야 한다(상법 제174조 제2항).

Ⅴ 합병의 등기

1. 합자회사의 합병

① 합자회사는 상법상의 모든 회사와 합병할 수 있다(상법 제174조 제1항).

② 다만, 합자회사가 주식회사, 유한회사 또는 유한책임회사와 합병할 때에는 존속회사 또는 신설회사는 주식회사, 유한회사 또는 유한책임회사이어야 한다(상법 제174조 제2항).

③ 합자회사와 합명회사가 합병해서 합자회사 또는 합명회사를 존속시키거나 합자회사 또는 합명회사를 설립할 수 있고, 합명회사와 합명회사가 합병해서 합자회사를 설립하거나 합자회사와 합자회사가 합병해서 합명회사를 설립할 수 있다.

2. 등기절차

합자회사의 합병절차 및 등기절차는 합자회사를 신설회사로 하는 신설합병의 경우 정관에 사원의 책임이 무한인지 유한인지로 구분하여 기재하여야 하는 점에서 차이가 있을 뿐 합명회사의 합병절차 및 등기절차와 동일하므로 이에 관하여는 설명을 생략한다.

VI 해산의 등기

1. 해산사유

① 합자회사는 합명회사의 해산사유(상법 제269조 · 제227조) 이외에, 무한책임사원 또는 유한책임사원 전원의 퇴사로 해산한다(상법 제285조 제1항).

② 무한책임사원과 유한책임사원이 각 1인인 합자회사에서 유한책임사원이 사망한 경우에는 그 상속인이 지분을 승계하여 사원이 되므로(상법 제283조 제1항) 회사가 해산하지 않지만, 무한책임사원이 사망한 경우에는 원칙적으로 그 상속인이 사원의 지위를 승계하지 못하므로 해산한다.

③ 다만, 정관으로 무한책임사원이 사망한 때에 그 상속인이 사원의 지위를 승계할 수 있음을 정하고 있고, 상속인이 상속의 개시를 안 날로부터 3월내에 회사에 대하여 승계의 통지를 하였다면 1인인 무한책임사원이 사망 하더라도 회사는 해산하지 않는다(상법 제269조 · 제219조).

2. 등기절차

① 합자회사의 해산등기 절차도 다음에서 설명하는 것 외에는 합명회사의 해산등기 절차와 같다.

② 무한책임사원 또는 유한책임사원의 전원의 퇴사로 해산한 때에는 무한책임사원 또는 유한책임사원의 퇴사의 등기와 동시에 해산의 등기를 한다.

③ 무한책임사원 또는 유한책임사원 전원의 퇴사로 인한 해산등기의 신청은 회사를 대표할 자, 즉 임의청산에 의할 때에는 회사를 대표하는 무한책임사원이, 법정청산에 의할 때에는 회사를 대표할 청산인이 회사를 대표해서 한다.

④ 유한책임사원의 전원이 퇴사해서 해산한 때에는 무한책임사원이 1명이 된 경우를 제외하고는 임의청산의 방법에 의하여 청산할 수 있지만, 무한책임사원의 전원이 퇴사한 경우에는 설령 2명 이상의 유한책임사원이 남아있어도 이때는 회사를 대표할 사원이 존재하지 않기 때문에 임의청산의 방법으로는 청산할 수 없다.

VII 청산인에 관한 등기

1. 청산인의 취임 · 퇴임

① 청산인의 취임

㉠ 무한책임사원이 청산인을 선임하는 경우

㉮ 합자회사의 청산인은 무한책임사원 과반수의 결의로 선임하며, 청산인 선임이 없는 때에는 업무집행사원이 청산인이 된다(상법 제287조).

㉯ 정관 또는 총사원의 동의로 청산인 중 회사를 대표할 자를 정하거나 공동대표에 관한 규정을 정할 수 있는 것 등은 합명회사의 경우와 같다.

ⓒ 법원이 청산인을 선임하는 경우

설립무효의 판결 또는 설립취소의 판결이 확정된 때
법원은 사원 기타의 이해관계인의 청구에 의하여 청산인을 선임할 수 있다.
법원의 해산명령 또는 해산판결에 의하여 해산된 때
법원은 사원 기타의 이해관계인이나 검사의 청구에 의하여 또는 직권으로 청산인을 선임한다(상법 제269조·제252조). 유한책임사원 또는 무한책임사원이 전부 퇴사하고, 무한책임사원 또는 유한책임사원 1인만이 잔존한 경우도 같다.
유한책임사원 전원이 퇴사하고 무한책임사원 1인이 남은 때
법원이 이해관계인 또는 검사의 청구에 의하여 또는 직권으로 청산인을 선임하여야 한다(상법 제269조·제252조·제227조 제3항).
무한책임사원 전원이 퇴사한 때
무한책임사원 전원이 퇴사한 때에는 업무집행사원이 없어서 임의청산을 할 수 없고 법정청산 절차를 밟아야 하는데, 이 경우 무한책임사원이 없으므로 청산인을 선임할 수 없고 업무집행사원으로서 청산인이 될 자도 존재하지 않는다(상법 제287조).

② 청산인의 퇴임 : 합자회사의 청산인에 대하여는 그 선임에 대해서만 무한책임사원의 과반수의 의결로 선임한다고 규정할 뿐 그 해임에 관하여 별도의 규정을 두고 있지 않다(상법 제287조).

2. 등기절차

청산인의 취임, 퇴임의 등기절차는 합명회사의 경우와 같다.

Ⅷ 회사계속의 등기

1. 회사계속의 절차

① 합명회사와 마찬가지로 합자회사는 존속기간의 만료 기타 정관으로 정한 사유의 발생 또는 총사원의 동의로 해산한 경우 사원 전원 또는 일부의 동의로 회사를 계속할 수 있다.

② 이 경우 동의하지 아니한 사원은 퇴사한 것으로 본다(상법 제269조·제229조).

③ 그 외에 합자회사는 무한책임사원 또는 유한책임사원의 전원이 퇴사하여 해산한 경우, 잔존한 무한책임사원 또는 유한책임사원의 전원의 동의로 새로 유한책임사원 또는 무한책임사원을 가입시켜서 회사를 계속할 수 있다(상법 제285조 제2항).

2. 등기절차

① 회사계속의 등기신청은 회사계속 후의 무한책임사원, 업무집행사원 등 회사를 대표할 사원이 신청한다.

② 업무집행사원 중 특히 회사를 대표할 사원을 정한 때에는 그 자가 신청한다.

③ 회사계속의 등기를 할 때에 해산등기가 되지 않은 때에는 해산의 등기를 한 후, 법정청산절차에 의하여 청산절차가 행해진 때에는 청산인 선임등기를 한 후, 회사계속의 등기를 하여야 한다.

IX 조직변경의 등기

1. 조직변경의 절차

① 합자회사는 사원 전원의 동의로 그 조직을 변경하여 합명회사로 할 수 있다(상법 제286조 제1항).

② 이 경우에는 종전의 유한책임사원은 합명회사의 사원이 되므로 인하여 무한책임을 부담하여야 한다.

③ 유한책임사원 전원이 퇴사함으로써 해산한 경우에는 무한책임사원 전원의 동의로 합명회사로 변경하여 회사를 계속할 수 있다(상법 제286조 제2항).

2. 조직변경의 등기절차

① 등기기간 : 합자회사가 합명회사로 조직을 변경한 경우에는 2주일 내에 본점의 소재지에서 합자회사에서는 해산의 등기를, 합명회사에 있어서는 설립의 등기를 하여야 한다(상법 제286조 제3항).

② 첨부정보 : 합자회사가 합명회사로 조직을 변경함으로 인한 설립등기를 신청하는 경우에는 정관을 제공하여야 한다(규칙 제117조).

제5절   유한책임회사의 등기

I 총 설

1. 의 의

① 유한책임회사는 내부적으로는 조합의 실체를 가진 인적회사면서 대외적으로는 사원 전원이 유한책임을 부담하는 회사다.

② 유한책임회사는 미국의 유한책임회사(Limited Liability Company)를 모델로 하여 도입된 새로운 기업형태다.

③ 유한책임회사는 내부관계에서는 정관이나 상법에 다른 규정이 없으면 합명회사에 관한 규정을 준용하고(상법 제287조의18), 대외관계에서는 사원이 유한책임을 부담하므로(상법 제287조의7), 합명회사와 주식회사의 성격을 가진 혼합형 회사형태라고 볼 수 있다.

2. 유한책임회사의 사원

① 사원의 의의

㉠ 유한책임회사의 사원은 정관을 작성하고 이에 각 사원이 기명날인 또는 서명하여야 하며, 반드시 일정한 재산을 출자하여야 한다(상법 제287조의2 · 제287조의3 · 제287조의4).

㉡ 유한책임회사의 사원의 책임은 상법에 다른 규정이 있는 경우 외에는 그 출자금액을 한도로 하는 유한책임이므로(상법 제287조의7) 회사도 유한책임회사의 사원이 될 수 있다.

㉢ 유한책임회사의 사원은 설립 시 또는 가입 시 출자를 완료해야 하므로, 합자회사의 유한책임사원의 경우 출자를 이행하지 않은 범위에서 회사채권자에 대하여 직접 책임을 지는 것과 달리, 회사에 대한 출자이행의 책임만을 진다(간접유한책임).

② 사원의 가입과 퇴사

    ㉠ 유한책임회사는 정관을 변경함으로써 새로운 사원을 가입시킬 수 있다(상법 제287조의23 제1항).

    ㉡ 유한책임회사 사원의 가입은 정관을 변경한 때에 효력이 발생한다. 다만, 정관을 변경한 때에 해당 사원이 출자에 관한 납입 또는 재산의 전부 또는 일부의 출자를 이행하지 아니한 경우에는 그 납입 또는 이행을 마친 때에 사원이 된다(상법 제287조의23 제2항). 기출 23 · 18

    ㉢ 사원은 정관에 정한 사유의 발생, 총사원의 동의, 사망, 성년후견개시, 파산, 제명에 의하여 퇴사한다(상법 제287조의25, 제218조).

    ㉣ 사원의 출자의 목적과 가액은 정관의 절대적 기재사항이므로(상법 제287조의2, 제179조) 사원의 퇴사는 정관의 변경이 필요하다.

    ㉤ 정관의 변경은 정관에 다른 규정이 없는 경우 총사원의 동의가 있어야 하는데(상법 제287조의16), 사원의 가입과 달리 퇴사의 경우에는 퇴사 원인이 있으면 당연히 퇴사하는 것이므로 별도의 정관변경절차는 필요 없다.

③ 사원의 지분 양도와 상속

    ㉠ 사원은 정관에 다른 규정이 없는 경우 다른 사원의 동의를 받지 아니하면 그 지분의 전부 또는 일부를 양도하지 못한다(상법 제287조의8 제1항 · 제3항). 기출 18

    ㉡ 그러나 업무를 집행하지 아니하는 사원은 정관에 다른 규정이 없는 경우 업무를 집행하는 사원의 전원의 동의가 있으면 지분의 전부 또는 일부를 양도할 수 있는데, 업무를 집행하는 사원이 없는 때에는 사원 전원의 동의를 받아야 한다(상법 제287조의8 제2항 · 제3항).

    ㉢ 사원의 사망은 원칙적으로 퇴사원인이 되고 사원지위는 상속되지 아니하므로 사원이 사망한 경우 그 상속인은 지분의 환급을 받는다(상법 제287조의25 · 제218조 제3호).

    ㉣ 다만, 정관으로 사원이 사망한 경우에 그 상속인이 회사에 대한 피상속인의 권리의무를 승계하여 사원이 될 수 있음을 정한 때에는 상속인은 상속의 개시를 안 날로부터 3월내에 회사에 대하여 승계 또는 포기의 통지를 발송하여야 하고, 통지 없이 위 기간이 경과한 때에는 사원이 될 권리를 포기한 것으로 본다(상법 제287조의26 · 제219조).

3. 사원의 의사결정

① 업무집행에 관하여 사원의 의사결정이 있어야 하는 경우(예컨대, 정관의 변경)에는 상법 또는 정관에 의한 결의를 요하고, 상법 또는 정관에 다른 규정이 없으면 '총사원의 과반수'로써 결정하여야 한다.

② 이 경우에 의결권은 1인 1의결권주의에 의한다(상법 제287조의11 · 제287조의18 · 제195조, 민법 제706조 제2항).

③ 유한책임회사에서는 사원총회가 없으므로 사원의 의사결정이 필요한 경우에는 회의를 소집할 필요는 없이 적당한 방법으로 사원의 의사를 파악할 수 있으면 된다. 그러나 정관으로 사원총회를 두는 것은 무방하다.

④ 유한책임회사에서 총사원의 동의를 요하는 사항은 (i) 정관변경, (ii) 둘 이상의 업무집행자가 있는 경우에 회사를 대표할 업무집행자를 정하는 것, (iii) 회사의 해산, (iv) 대표청산인의 결정 및 공동대표청산인에 관한 정함, (v) 회사계속, (vi) 합병, (vii) 조직변경 등이 있다.

⑤ 유한책임회사는 합명회사와 같이 총사원의 동의를 요하는 사항이라도 정관으로 그 요건을 완화할 수 있고, 총 사원 과반수의 결의사항도 정관으로 총사원의 동의를 얻도록 정하면 그에 따라야 한다.

⑥ 지배인의 선임과 해임은 정관에 다른 규정이 없으면 업무집행자가 있는 경우에도 총 사원 과반수의 결의에 의하여야 한다(상법 제287조의18 · 제203조).

Ⅱ 설립의 등기

1. 설립절차

(1) 정관의 작성

① 유한책임회사를 설립하는 때에는 1인 이상의 사원이 정관을 작성하여야 한다(상법 제287조의2).

② 정관에는 아래의 사항을 적고 각 사원이 기명날인하거나 서명하여야 한다(상법 제287조의3).

③ 정관은 공증인의 인증을 받지 않아도 효력이 발생하고, 정관을 변경하려면 정관에 다른 규정이 없는 경우 총사원의 동의를 요한다(상법 제287조의16). **기출** 23 · 18 · 13

④ **절대적 기재사항**(상법 제287조의3)

ㄱ 목 적

ㄴ 상 호

ㄷ 사원의 성명 · 주민등록번호 및 주소 **기출** 23 : 유한책임회사의 사원은 유한책임을 부담하므로 이론적으로는 사원의 변동에 관해 다른 사원들의 이해관계가 크지 않으나, 내부적으로 인적회사와 같이 폐쇄적 운영이 될 수 있도록 사원의 성명 · 주민등록번호 및 주소를 정관 기재사항으로 하고 있다. 그러나 사원의 성명 · 주민등록번호 및 주소는 설립등기 시 등기사항은 아니다(상법 제287조의5 참조).
기출 18

ㄹ 본점의 소재지

ㅁ 사원의 출자의 목적 및 가액

㉮ 자본은 회사의 책임재산이 될 수 있는 자산으로 구성해야 할 것이므로 사원은 신용이나 노무를 출자의 목적으로 하지 못한다.

㉯ 합자회사와 달리, 유한책임회사는 유한책임사원만으로 조직된 회사이므로 '각 사원의 무한책임 또는 유한책임인 것'은 등기사항이 아니다. **기출** 23

ㅂ 자본금의 액 **기출** 23

㉮ 자본금의 액은 사원이 출자한 금전이나 그 밖의 재산의 가액을 말한다(상법 제287조의35).

㉯ 유한책임회사의 경우 준비금 제도는 없고 출자가액 전부가 자본금이 된다.

㉰ 유한책임회사의 자본금 최저액 제한은 없다.

ㅅ 업무집행자의 성명(법인인 경우에는 명칭) 및 주소

㉮ 유한책임회사는 정관으로 사원 또는 사원이 아닌 자를 업무집행자로 정하여야 한다(상법 제287조의 12 제1항).

㉯ 법인을 업무집행자로 정하는 경우에는 법인의 명칭 및 주소를 정관에 기재하여야 한다.

ㅇ 정관의 작성 연월일

⑤ **상대적 기재사항**

ㄱ 정관의 상대적 기재사항에는 사원의 지분양도요건의 완화, 정관변경요건의 완화, 업무집행자가 둘 이상인 경우 대표사원의 결정, 공동대표의 결정, 사원의 임의퇴사요건의 결정, 공고방법 등이 있다.

ㄴ 공고방법은 주식회사의 경우 정관의 절대적 기재사항 및 등기사항이고(상법 제289조 제1항 제7호, 제317조 제2항 제1호), 유한책임회사에 있어서는 정관으로 공고방법을 정한 경우에만 등기사항(상대적 기재사항)이며(상법 제287조의5 제1항 제6호), 유한회사의 경우에는 정관의 절대적 기재사항도 아니고 등기사항도 아니다(상법 제543조 제2항, 제549조 제2항). **기출** 23 · 18 · 15 · 13

⑥ **임의적 기재사항** : 정관에는 유한책임회사의 본질이나 강행법규 또는 사회질서에 반하지 않는 한 어떤 사항이라도 기재할 수 있다. 이에는 결산기, 이익처분에 관한 사항 등이 있다.

(2) 출자의 이행

① 유한책임회사의 사원은 정관의 작성 후 설립등기를 하는 때까지 금전이나 그 밖의 재산의 출자를 전부 이행하여야 한다(상법 제287조의4 제2항). **기출** 23 · 12

② 현물출자를 하는 사원은 납입기일에 지체 없이 유한책임회사에 출자의 목적인 재산을 인도하고, 등기, 등록, 그 밖의 권리의 설정 또는 이전이 필요한 경우에는 이에 관한 서류를 모두 갖추어 교부하여야 한다(상법 제287조의4 제3항).

③ 사원은 신용이나 노무를 출자의 목적으로 하지 못한다(상법 제287조의4 제1항).

④ 납입장소에 관하여는 상법이 규정하고 있지 아니하므로 사원은 업무집행자에게 출자를 이행하면 된다.

2. 등기절차

① 등기신청인과 등기기간

ㄱ 유한책임회사를 대표하는 업무집행자는 본점 소재지에 설립등기를 신청하여야 한다(상법 제287조의5 제1항, 제287조의19 제1항). 특히 대표업무집행자가 법인인 경우 그 자의 직무를 행할 사람이 그 등기를 신청하여야 한다(제28조 제1항, 제68조 제1항).

ㄴ 유한책임회사는 본점 소재지에서 설립등기함으로써 성립하고(상법 제287조의5 제1항), 합명회사 · 합자회사와 마찬가지로 설립등기에 관하여 등기기간에 관한 제한은 없다. **기출** 13

② 등기사항

ㄱ 유한책임회사의 설립등기사항은 목적, 상호, 본점 소재지, 지점을 둔 때에는 그 소재지, 존립기간 기타 해산사유를 정한 때에는 그 기간 또는 사유, 자본금의 액, 업무집행자의 성명, 주소 및 주민등록번호(법인인 경우에는 명칭, 주소 및 법인등록번호). 다만, 유한책임회사를 대표할 업무집행자를 정한 경우에는 그 외의 업무집행자의 주소는 제외한다. **기출** 25 · 18 · 13

ㄴ 유한책임회사를 대표할 업무집행자를 정한 경우에는 그 성명, 주소 및 주민등록번호(법인인 경우에는 명칭, 주소 및 법인등록번호), 정관으로 공고방법을 정한 경우에는 그 공고 방법, 둘 이상의 업무집행자가 공동으로 회사를 대표할 것을 정한 경우에는 그 규정 등이다(상법 제287조의5 제1항). **기출** 25

ㄷ 한편, 유한책임회사의 대표자가 법인인 경우에는 그 자의 직무를 행할 사람의 성명 · 주민등록번호 및 주소를 등기하여야 한다(제68조 제1항).

ㄹ 유한책임회사의 설립등기에 있어 사원의 성명, 주민등록번호 및 주소는 등기사항이 아니다. **기출** 25

③ **첨부정보** : 유한책임회사의 설립등기신청서에는 (i) 정관, (ii) 출자 전액 납입 또는 현물출자의 목적인 재산 전부의 급여가 있음을 증명하는 서면, (iii) 총사원의 동의로 업무집행자 중 특히 회사를 대표할 업무집행자 또는 공동대표업무집행자를 정한 때에는 총사원의 동의서(규칙 제119조 제1항), (iv) (대표)업무집행자의 취임승낙을 증명하는 서면, (v) 정관상의 본점 소재지가 독립한 최소행정구역으로 기재되고 업무집행자 과반수의 결의로 본점의 구체적 장소를 정한 때에는 업무집행자 과반수의 동의서(규칙 제119조 제2항), (vi) 대표업무집행자가 법인인 때에는 당해 업무집행자의 직무를 행할 자의 선임을 증명하는 서면, (vii) 기타 대리인에 의하여 신청할 때에는 그 권한을 증명하는 서면(규칙 제52조 제1항 제2호) 등을 첨부하여야 한다(규칙 제120조 등).

Ⅲ 상호, 목적, 존립기간 또는 해산사유의 변경, 본점의 이전의 등기

1. 등기기간

유한책임회사의 등기된 사항에 변경이 있는 경우 2주일 내에 본점의 소재지에서 변경등기를 하여야 한다(상법 제287조의5 제4항).

2. 첨부정보

① 상호, 목적, 존립기간 또는 해산사유의 변경등기 : 유한책임회사가 상호, 목적, 존립기간 또는 해산사유를 변경한 때에는 그 변경등기를 하여야 하고, 이러한 사항의 변경을 위해서는 총사원의 동의로 정관을 변경하여야 하며(상법 제287조의16), 변경등기신청서에는 그 동의가 있음을 증명하는 서면을 첨부하여야 한다(규칙 제119조 제1항).

② 본점이전의 등기

㉠ 유한책임회사가 본점을 이전한 경우에는 그 이전의 등기를 하여야 한다(상법 제287조의5 제3항·제182조).

㉡ 정관에 기재된 본점의 소재장소 이외의 장소로 본점을 이전하는 경우에는 필수적으로 정관을 변경하여야 하는데, 정관에는 본점의 소재장소를 독립한 최소행정구역까지만 기재하고 업무집행자의 과반수의 동의로 구체적인 본점의 소재장소를 정한 때에는 구 본점 소재지에서 하는 등기의 신청서에는 정관변경에 관한 총사원의 동의가 있음을 증명하는 서면 및 업무집행자 과반수의 동의가 있음을 증명하는 서면을 첨부하여야 한다(규칙 제119조).

Ⅳ 업무집행자의 취임·퇴임 등으로 인한 변경등기

1. 유한책임회사의 업무집행과 대표

① 업무집행

㉠ 유한책임회사는 정관으로 사원 또는 사원이 아닌 자를 업무집행자로 정하여야 한다(상법 제287조의12 제1항). **기출** 12

㉡ 1명 또는 둘 이상의 업무집행자를 정한 경우에는 업무집행자 각자가 회사의 업무를 집행할 권리와 의무가 있다(상법 제287조의12 제2항). **기출** 12

㉢ 법인을 업무집행자로 정할 수 있는데, 법인이 업무집행자인 경우에는 그 법인은 해당 업무집행자의 직무를 행할 자(직무수행자)를 선임하고 그 자의 성명과 주소를 다른 사원에게 통지하여야 한다(상법 제287조의15 제1항). **기출** 12

② 대 표

㉠ 회사의 대표권은 업무집행권이 대외적으로 표현된 것에 지나지 아니하므로 업무집행권에 관한 위의 설명은 대표권에 관한 설명과 일치한다.

㉡ 즉, 원칙적으로 업무집행자가 유한책임회사를 대표하고, 업무집행자가 2명 이상인 경우 각 업무집행자가 회사를 대표하지만, 정관 또는 총사원의 동의로 대표업무집행자를 정하거나 공동대표로 정할 수 있다(상법 제287조의19 제3항).

2. 업무집행자의 취임·퇴임 등

① **업무집행자의 취임** : 업무집행자는 정관의 필수적 기재사항이므로(상법 제287조의3) 회사의 설립 후에 정관에 기재된 업무집행자를 교체하거나 업무집행자를 추가적으로 선임하려면 정관변경의 절차(정관에 다른 규정이 없는 경우 총사원의 동의)가 필요하다(상법 제287조의16).

② **업무집행자의 퇴임**

　㉠ 업무집행자는 임기만료, 사임, 해임, 정관규정에 의한 자격상실, 사망, 파산, 금치산등에 의하여 퇴임한다.

　㉡ 업무집행자의 임기를 정관으로 정한 경우에는 업무집행자는 임기만료로 퇴임한다.

　㉢ 유한책임회사의 내부관계에 관하여는 합명회사에 관한 규정이 원칙적으로 준용되므로(상법 제287조의18) 업무집행자 또는 대표업무집행자는 정당한 사유가 있는 경우에만 사임할 수 있고(상법 제287조의18·제195조, 민법 제708조), 회사는 정관에 다른 규정이 없는 경우 총사원의 동의로 업무집행자 또는 대표업무집행자를 해임할 수 있으며(상법 제287조의3 제4호, 제287조의16), 정관 또는 총사원의 동의로 공동대표에 관한 규정을 변경 또는 폐지할 수 있다(상법 제287조의5, 제287조의19 제3항). **기출** 13

③ **업무집행자에 관한 기타 변경**

　㉠ 정관 또는 총사원의 동의로 회사의 설립 후에 대표업무집행자 또는 공동대표업무집행자를 최초 정하거나, 이를 변경할 수 있다(상법 제287조의19 제2항·제3항).

　㉡ 유한책임회사의 업무집행자의 업무집행을 정지하거나 직무대행자를 선임하는 가처분을 하거나 그 가처분을 변경 또는 취소하는 경우에는 본점이 있는 곳의 등기소에서 등기하여야 한다(상법 제287조의5 제5항). **기출** 12

3. 등기절차

① **신청인과 등기기간 등** : (대표)업무집행자가 변경되거나 업무집행자의 성명, 주민등록번호, 주소가 변경된 때에는 그 변경이 있는 날부터 2주일 내에 본점의 소재지에서 회사를 대표하는 업무집행자가 그 변경등기를 신청하여야 한다(상법 제287조의5 제4항).

② **첨부정보**

　㉠ 총사원의 동의서 등

　　㉮ 유한책임회사의 설립등기 이후에 새로 취임한 (대표)업무집행자의 취임등기의 신청서에는 원칙적으로 정관 변경을 결의한 총사원동의서를 첨부하여야 한다.

　　㉯ 다만, 정관변경을 위한 결의요건을 정관으로 완화한 경우에는 정관과 그 결의요건이 충족되었음을 증명하는 서면을 첨부하여야 한다.

　㉡ 취임승낙을 증명하는 서면 등

1. 자본금의 증가와 감소

① 사원이 새로 가입하거나 추가로 출자할 경우 자본금이 증가하는데 자본금의 액은 정관의 필수적 기재사항이므로(상법 제287조의3 제3호) 자본금의 증가를 위해서는 정관에 다른 규정이 없는 경우 총사원의 동의에 의한 정관변경절차를 밟아야 한다(상법 제287조의16).

② 유한책임회사의 자본금의 증가는 정관을 변경하고 출자의 이행을 완료한 때에 효력이 발생한다.

③ 출자는 정관변경 전에 전액 납입하여야 하므로 분할납입은 인정되지 않고, 납입장소는 은행 기타 금융기관일 필요가 없으며, 현물출자가 있는 경우에도 검사제도가 없다(상법 제548조 · 제591조).

④ 회사에 대한 채권과 출자금을 상계할 수 있는가에 관해서는 상법상 규정은 없지만 회사의 동의가 있다면 가능한 것으로 해석된다.

⑤ 앞에서 설명한 것처럼 자본금의 액은 정관의 절대적 기재사항이므로(상법 제287조의3 제3호) 자본금의 감소도 정관 변경의 방법으로 할 수 있다(상법 제287조의36 제1항).

⑥ 자본금의 감소는 회사채권자들의 책임재산을 감소시키므로 채권자보호절차를 거쳐야 한다(상법 제287조의36 제2항 본문 · 제232조).

⑦ 다만, 자본금감소 후의 자본금의 액이 순자산액 이상인 경우에는 채권보호절차를 밟지 않아도 된다(상법 제287조의36 제2항 단서).

2. 등기절차

① 등기기간 등 : 자본금증가로 인한 변경등기는 출자전액의 납입 또는 현물출자의 이행이 완료된 날로부터, 자본금감소로 인한 변경등기는 자본금감소절차가 완료된 날로부터 본점 소재지에서 2주간 내에 회사를 대표하는 업무집행자가 신청하여야 한다(상법 제591조, 법 제23조 제1항).

② 첨부정보

　㉠ 자본금증가의 경우

　　㉮ 정관 변경을 결의한 총사원의 동의서(규칙 제119조) : 정관으로 정관변경 결의요건을 달리 정하고 있는 경우(완화된 결의요건을 정하고 있는 경우)에는 정관과, 그 결의요건을 충족하였음을 증명하는 서면을 첨부하여야 한다.

　　㉯ 출자 전액 납입 또는 현물출자의 목적인 재산 전부의 급여가 있음을 증명하는 서면(규칙 제122조 제1항 · 제120조 제2호)

　㉡ 자본금감소의 경우

　　㉮ 정관 변경을 결의한 총사원의 동의서(규칙 제119조) : 정관으로 정관변경 결의요건을 달리 정하고 있는 경우(완화된 결의요건을 정하고 있는 경우)에는 정관과, 그 결의요건을 충족하였음을 증명하는 서면을 첨부하여야 한다.

　　㉯ 채권자보호절차를 이행하였음을 증명하는 정보 등(규칙 제122조 제2항 · 제111조 제2호)

합병의 등기

1. 서 설

유한책임회사의 합병절차는 법 제62조(합병으로 인한 등기의 등기사항), 법 제63조(합병으로 인한 해산등기의 신청), 법 제64조(합병으로 인한 해산등기신청의 처리)가 적용된다.

2. 첨부정보

① **합병으로 인한 변경등기** : 합병으로 인한 변경등기를 신청하는 경우에는 다음 각 호의 정보를 제공하여야 한다(규칙 제124조).

> - 합병계약에 관한 정보
> - 소멸회사의 총사원의 동의가 있음을 증명하는 정보나 주주총회 또는 사원총회의 의사록
> - 소멸회사가 주식회사인 경우에는 사채의 상환을 완료하였음을 증명하는 정보
> - 합병의 결의가 있은 날부터 2주 내에 회사채권자에 대하여 합병에 이의가 있으면 일정한 기간 내에 이를 제출할 것을 공고하고 알고 있는 채권자에 대하여는 따로따로 이를 최고(상법 제232조 제1항)를 한 사실과 이의를 진술한 채권자가 있는 때에는 이에 대하여 변제 또는 담보를 제공하거나 신탁을 한 사실을 증명하는 정보

② **합병으로 인한 설립등기** : 합병으로 인한 설립등기를 신청하는 경우에는 다음 각 호의 정보를 제공하여야 한다(규칙 제125조).

> - 설립위원의 자격을 증명하는 정보
> - 정 관
> - 업무집행자의 취임승낙을 증명하는 정보
> - 대표업무집행자를 정한 경우에는 그 취임승낙을 증명하는 정보
> - 대표업무집행자가 법인인 경우에 그 자의 직무를 행할 사람의 선임을 증명하는 정보
> - 합병계약에 관한 정보
> - 소멸회사의 총사원의 동의가 있음을 증명하는 정보나 주주총회 또는 사원총회의 의사록
> - 소멸회사가 주식회사인 경우에는 사채의 상환을 완료하였음을 증명하는 정보
> - 합병의 결의가 있은 날부터 2주 내에 회사채권자에 대하여 합병에 이의가 있으면 일정한 기간 내에 이를 제출할 것을 공고하고 알고 있는 채권자에 대하여는 따로따로 이를 최고(상법 제232조 제1항)를 한 사실과 이의를 진술한 채권자가 있는 때에는 이에 대하여 변제 또는 담보를 제공하거나 신탁을 한 사실을 증명하는 정보

Ⅶ 해산의 등기, 회사계속의 등기

1. 해산사유

유한책임회사는 다음의 사유로 인하여 해산한다(상법 제287조의38).

- 존립기간의 만료, 기타 정관소정사유의 발생
- 총사원의 동의
- 합 병
- 파 산
- 법원의 명령 또는 판결

2. 회사의 계속

유한책임회사가 존립기간의 만료 기타 정관으로 정한 사유의 발생, 총사원의 동의에 의하여 해산된 경우에도 사원의 전부 또는 일부의 동의로 회사를 계속할 수 있다. 그러나 동의를 하지 아니한 사원은 퇴사한 것으로 본다(상법 제287조의40, 제229조). **기출** 18·13

3. 해산등기절차

① **등기기간** : 유한책임회사가 해산된 경우에는 합병과 파산의 경우 외에는 그 해산사유가 있었던 날부터 2주일 내에 본점의 소재지에서 해산등기를 하여야 한다(상법 제287조의39). **기출** 12

② **첨부정보** : 사원이 없게 되어 해산등기를 신청하는 경우에는 그 사실을 증명하는 정보를 제공하여야 한다(규칙 제123조).

③ **등기사항**
  ㉠ 해산의 등기에 있어서는 해산한 뜻과 그 사유 및 연월일을 등기하여야 한다.
  ㉡ 해산등기를 할 때에는 업무집행자, 대표업무집행자의 등기의 등기를 말소하여야 한다(규칙 제127조 제3항, 규칙 제108조 본문).

Ⅷ 청산, 계속, 청산종결에 관한 등기

합명회사에 관한 규정 중 규칙 제107조(청산인등기), 규칙 제109조(회사계속등기), 규칙 제110조 제2항(청산종결등기), 규칙 제116조(등기기록의 폐쇄)의 규정을 준용한다(규칙 제127조 제1항).

Ⅸ 조직변경의 등기

1. 조직변경절차

유한책임회사는 총사원의 동의에 의하여 주식회사로 변경할 수 있다(상법 제287조의43 제2항). 유한책임회사의 주식회사로의 조직변경은 채권자보호절차를 이행하여야 하며(상법 제287조의44, 제232조), 법원의 인가를 받지 아니하면 효력이 없다(상법 제287조의44, 제607조 제3항).

2. 조직변경의 등기절차

① 원칙 : 다른 회사와 마찬가지로 법 제65조(조직변경으로 인한 등기의 등기사항), 법 제66조(조직변경으로 인한 등기의 신청), 법 제67조(조직변경으로 인한 등기신청의 처리)가 적용된다.

② 첨부정보
    ㉠ 주식회사의 설립등기 : 유한책임회사가 주식회사로 조직을 변경함으로 인한 설립등기를 신청하는 경우에는 다음 각 호의 정보를 제공하여야 한다(규칙 제126조).
    ㉡ 유한책임회사의 해산등기 : 첨부정보의 제출이 면제된다.

> - 정 관
> - 이사, 대표이사, 집행임원, 대표집행임원, 감사 또는 감사위원회 위원의 취임승낙을 증명하는 정보
> - 명의개서대리인을 둔 때에는 명의개서대리인과의 계약을 증명하는 정보(규칙 제129조 제11호)
> - 회사에 현존하는 순재산액을 증명하는 정보
> - 합병의 결의가 있은 날부터 2주 내에 회사채권자에 대하여 합병에 이의가 있으면 일정한 기간 내에 이를 제출할 것을 공고하고 알고 있는 채권자에 대하여는 따로따로 이를 최고(상법 제232조 제1항)를 한 사실과 이의를 진술한 채권자가 있는 때에는 이에 대하여 변제 또는 담보를 제공하거나 신탁을 한 사실을 증명하는 정보

제6절   외국회사의 등기

Ⅰ 총 설

1. 외국회사의 의의

① 외국회사의 개념에 관한 통설인 설립준거법설에 따르면 내국회사는 대한민국 법령에 의하여 설립된 회사를, 외국회사는 외국법령에 의하여 설립된 회사를 말한다.

② 다만, 설립준거법설에 따라 외국회사로 해석되는 경우에도 본점 소재지나 영업중심지가 한국 내에 있는 회사는 국내에서 설립된 회사와 동일한 규정을 적용한다(상법 제617조).

2. 외국회사의 대한민국에서의 영업요건

① 개정 전에는 외국회사가 대한민국에서 영업을 하기 위한 방법으로 대한민국에서의 대표자를 정하고 대한민국 내에 영업소를 설치하는 방법만 있었으나, 2011.4.14. 개정상법은 대표자 중 1명 이상이 대한민국에 그 주소를 두는 방법도 추가하였다(상법 제614조 제1항).

② 외국회사가 대한민국에서 영업을 하려면 대한민국에서의 대표자를 정하고 대한민국 내에 영업소를 설치하거나 대표자 중 1명 이상이 대한민국에 그 주소를 두어야 한다(상법 제614조 제1항).

Ⅱ 영업소 설치의 등기

1. 대한민국에서의 대표자

① 대한민국에서 대표권을 행사할 자의 선임방법에 관하여 상법에 규정이 없으므로 대한민국에서의 대표자를 선임하는 것은 외국회사의 본국의 법에 의한다.

② 대한민국에서의 대표자는 영업소 설치등기의 신청의무가 있고(제23조 제3항), 외국회사의 영업에 관하여 재판상, 재판 외의 모든 행위를 할 권한을 가지며, 이에 대한 제한은 선의의 제3자에게 대항하지 못한다(상법 제614조 제4항·제209조).

③ 외국회사의 대한민국에서의 대표자의 대표권은 국내의 모든 영업소에 미치므로, 외국회사가 국내에 2개 이상의 영업소를 설치하는 경우 각 영업소별로 서로 다른 대표자를 정하여 등기하거나 대표권을 특정 영업소의 영업에 한정하는 취지의 등기는 할 수 없지만, 각 영업소마다 지배인을 선임하여 지배인등기를 할 수는 있다(상업등기선례 제1-287호). **기출** 25·20·18·14

④ 대한민국에서의 대표자를 공동대표로 할 수 있는가에 관하여 명시적 규정은 없으나 등기실무는 허용되는 것으로 해석하고 있다(상업등기선례 제1-290호).

> 공동대표는 법률행위를 공동으로 하여야 하므로, 외국회사의 한국에서의 대표자에 2인의 외국인을 공동대표로 추가하는 변경등기를 할 경우 기존 대표자와 추가되는 외국인 2인의 대표자가 공동으로 변경등기를 신청하여야 한다(상업등기선례 제1-290호). **기출** 20·14

2. 등기절차

① 등기신청인과 등기기간

㉠ 외국회사 영업소 설치의 등기는 대한민국에서의 대표자가 외국회사를 대표하여 신청한다(제23조 제3항). 대한민국에서의 대표자는 외국회사의 영업에 관하여 재판상 또는 재판 외의 모든 행위를 할 권한을 가지며 이에 대한 제한은 선의의 제3자에게 대항하지 못한다(상법 제23조, 제614조 제4항·제209조). **기출** 25

㉡ 외국회사가 그 설립과 동시에 영업소를 설치하는 경우에는 설립등기를 한 후 2주간 내에, 회사의 설립 후에 영업소를 설치하는 경우에는 영업소를 설치한 날로부터 3주간 내에 영업소설치의 등기를 하여야 한다.

㉢ 그러나 등기사항이 외국에서 생긴 때에는 등기기간은 그 통지서가 도달한 날로부터 기산한다(상법 제615조).

② 등기사항

㉠ 외국회사가 대한민국 내에 영업소를 설치하는 경우에는 그 설치일부터 3주일 내에 영업소의 소재지에서 다음의 사항을 등기하여야 한다(상법 제614조 제2항). **기출** 25

> - 목 적
> - 상 호
> - 회사를 대표할 자의 성명·주소 및 주민등록번호(외국인인 경우 외국인등록번호로 하되, 외국인등록번호가 없는 경우에는 생년월일로 한다)
> - 공동으로 회사를 대표할 것을 정한 때에는 그 규정
> - 본점의 소재지
> - 영업소의 소재지(다른 영업소의 소재지는 제외한다)
> - 회사의 존립기간 내지 해산사유를 정한 때에는 그 기간 또는 사유
> - 대한민국에서의 같은 종류의 회사 또는 가장 비슷한 회사가 주식회사인 경우에는 본국에서의 공고방법 및 제616조의2에 따른 대한민국에서의 공고방법

㉡ 외국회사의 목적 : 국내에서 영위하는 영업목적에 한하여 등기한다는 특별한 규정이 없는 한 외국회사의 영업소 설치등기 시 기록하여야 할 영업목적은 외국회사가 행하는 사업목적으로 당해 외국회사가 한국 내에서 행하는 사업목적에 한정되지 않는다.

㉢ 외국회사의 상호

㉮ 외국회사의 상호는 회사의 정관 또는 회사의 성질을 식별할 수 있는 서면에 한글 등으로 기재한 상호가 없더라도 당해 외국회사의 본국에서의 발음(원지음)대로 한글 또는 한글과 아라비아숫자로 등기한다.

㉯ 다만, 상호의 비주요 부분(회사의 종류나 업종을 표시하는 부분 등)에 관하여는 의미상 동일성이 있는 한글 단어로 등기할 수 있다(등기예규 제1598호 제10조 제1항).

㉰ 외국회사 영업소 설치의 등기를 할 때 상호 중에 상법 제19조에서 정하는 회사의 종류를 표시하는 문자(주식, 유한, 합명, 합자회사)가 반드시 포함되어 있어야 하는 것은 아니다.

㉣ 제2항의 등기에는 회사설립의 준거법과 대한민국에서의 대표자의 성명·주소 및 주민등록번호(외국인인 경우 외국인등록번호로 하되, 외국인등록번호가 없는 경우에는 생년월일로 한다)가 포함되어야 한다(상법 제614조 제3항).

㉮ 회사설립의 준거법 : 회사설립의 준거법은 외국회사가 현재 준거로 하고 있는 법률을 의미하고, 설립 당시에 준거로 삼았던 법률을 의미하지 않는다.

㉯ 외국회사가 대한민국 내에 영업소를 설치하는 경우 등기하여야 하는 대한민국에서의 대표자의 주소는 국내 주소로 제한되지 않으므로, 외국회사가 영업소를 설치하거나 영업소의 대한민국에서의 대표자를 변경하는 등기를 신청할 경우, 대한민국에서의 대표자가 반드시 대한민국에 그 주소를 둘 필요는 없다(상업등기선례 제201612-2호). **기출** 20

③ 첨부정보

㉠ 영업소설치등기의 신청서에는 위임장 등 일반적인 서류 외에 <u>아래의 서면을 첨부하여야 한다</u>. 다만, <u>다른 등기소에 이미 영업소 설치의 등기를 한 때에는 첨부하지 아니할 수 있다</u>(규칙 제163조 제1항).

기출 18

> • <u>본점의 존재를 인정할 수 있는 서면</u>(규칙 제163조 제1항 제1호) : 정관, 관청의 증명서 또는 본국의 등기사항 증명서가 이에 해당할 수 있다.
> • <u>대한민국에서의 대표자의 자격을 증명하는 서면</u>(규칙 제163조 제2호) : 대한민국에서의 대표자를 선임한 주주총회의사록, 이사회결의서 등이 이에 해당한다.
> • <u>정관 또는 회사의 성질을 식별할 수 있는 서면</u>(규칙 제163조 제1항 제3호) : 정관만으로는 외국회사의 성질을 식별할 수 없는 때에는 기타 성질을 식별할 수 있는 서면을 첨부하여야 한다.
> • <u>대한민국에서의 공고방법의 결정을 증명하는 서면</u>(규칙 제163조 제4호)
> • <u>허가서(인가서) 또는 그 인증 있는 등본</u> : 외국회사의 영업소 설치에 관하여 관청의 허가(인가)를 필요로 하는 경우에는 신청서에 관청의 허가서(인가서) 또는 그 인증 있는 등본을 첨부하여야 한다(규칙 제52조 제1항 제2호).

㉡ 대한민국에서의 대표자의 변경 또는 외국에서 생긴 등기사항의 변경으로 인한 등기를 신청하는 경우에는 외국회사의 본국의 관할관청 또는 대한민국에 있는 그 외국의 영사의 인증을 받은 그 변경의 사실을 증명하는 정보를 제공하여야 한다(규칙 제164조 제1항). **기출** 18·14

㉢ <u>외국의 정부나 그 밖의 권한 있는 기관이 발행한 서류 또는 공증인(법률에 따른 공증인의 자격을 가진 자만 해당된다)이 공증한 외국문서는</u>「재외공관 공증법」제30조 제1항 본문에 따른 영사관의 확인을 받아 제출하여야 한다. 다만, <u>외국공문서에 대한 인증의 요구를 폐지하는 협약에 가입한 국가인 경우에는 그 협약에서 정한 바에 따라 아포스티유(Apostille)를 발급받아 제출할 수 있다</u>(등기예규 제1534호 제2조, 상업등기선례 제2-98호). **기출** 20·15

㉣ 외국기업 등이 국내에 지점 및 사무소를 설치하고자 하는 경우에는 지정거래외국환은행의 장 또는 기획재정부장관에게 신고하여야 하고(외국환거래규정 제9-33호), 이 신고를 하지 않은 경우 과태료에 처하여지지만 외국기업 국내지사 설치는 법령에 다른 규정이 없는 한 단순히 신고사항일 뿐이므로, <u>외국기업이 국내지사 설치신고를 한 경우에도 그 신고서를 영업소설치등기신청서에 첨부할 필요는 없다.</u>

㉤ 일본국에 본점을 둔 부엌용품, 미용기구, 보석, 악세사리 등 귀금속의 수출입 및 판매 등을 하는 주식회사가 대한민국 내에 영업소 설치등기를 신청하는 경우에는 <u>주무관청의 허가서를 첨부할 필요가 없다</u>(상업등기선례 제1-291호). **기출** 14

④ 등록면허세 등의 납부

㉠ 외국회사 영업소 설치등기에 대해서는 40,200원의 등록면허세와 8,040원의 지방교육세를 납부하여야 한다.

㉡ 다만, 대도시 지역 내에서 영업소를 설치하는 때에는 등록면허세를 3배 중과세한다.

㉢ 외국회사의 영업소 설치등기의 등기신청수수료는 35,000원(전자신청은 20,000원, 전자표준양식에 의한 신청은 28,000원)이다.

⑤ **인감의 제출** : 외국회사 영업소 설치등기를 신청하는 대한민국에서의 대표자는 인감을 제출하고, 그 제출하는 인감을 등기신청서 또는 위임장에 날인하여야 한다.

Ⅲ 영업소의 변경등기

1. 등기사항 등기기간 등

① 외국회사가 영업소를 이전한 경우에는 3주일 내에 종전 소재지에서는 새 소재지와 이전 연월일을, 새 소재지에서는 제614조 제2항 및 제3항의 사항을 등기하여야 한다(상법 제614조2 제1항).

② 제614조 제2항 또는 제3항의 사항이 변경되었을 때에는 영업소의 소재지에서 3주일 내에 변경등기를 하여야 한다(상법 제614조2 제2항).

③ 등기사항이 외국에서 생긴 때에는 등기기간은 그 통지가 도달한 날로부터 기산한다(상법 제615조).

2. 첨부정보

① 영업소 변경등기신청서에는 그 변경사실을 증명하는 서면을 첨부하여야 하는데, 외국에서 생긴 등기사항의 변경에 대하여는 외국회사의 본국 관할관청 또는 대한민국에 있는 그 외국의 영사의 인증 있는 서면에 의하여 그 변경사실을 증명하여야 한다(규칙 제164조 제1항).

② 어느 등기소에 이미 동일한 내용의 변경등기를 마친 때에는 다른 등기소에는 그 변경의 사실을 증명하는 서면을 첨부하지 아니할 수 있다(규칙 제164조 제2항).

Ⅳ 영업소 폐쇄 및 청산의 등기

1. 영업소 폐쇄의 등기

① 영업소의 폐쇄

ㄱ 회사의 결정에 의한 영업소 폐쇄 : 대한민국에 설치한 영업소는 외국회사가 스스로의 결정에 의하여 폐쇄할 수 있다(상법 제620조 제2항). **기출** 25

ㄴ 법원의 명령에 의한 영업소 폐쇄

㉮ 외국회사는 외국법에 의하여 그 법인격이 인정된 것이므로 우리나라 법원이 외국회사에 대하여 국내회사와 같은 해산명령을 할 수 있는 권한이 없다.

㉯ 그 대신 상법은 국내 채권자 보호를 위해 영업소 폐쇄명령에 관한 규정을 두고 있다.

㉰ 즉, (i) 영업소의 설치목적이 불법한 것인 때, (ii) 영업소 설치등기를 한 후 정당한 사유 없이 1년 내에 영업을 개시하지 아니하거나 1년 이상 영업을 휴지한 때 또는 정당한 사유 없이 지급을 정지한 때, (iii) 회사의 대표자 기타 업무를 집행하는 자가 법령 또는 선량한 풍속 기타 사회질서에 위반한 행위를 한 때에는 법원은 이해관계인 또는 검사의 청구에 의하여 영업소의 폐쇄를 명할 수 있다(상법 제619조). **기출** 25

㉱ 영업소 폐쇄명령의 사유는 국내 회사의 해산명령의 사유와 대체로 유사하다.

ㄷ 주무관청의 인가취소 등 : 외국은행의 본점이 인가 후 합병이나 영업의 양도로 소멸한 경우, 위법행위, 불건전한 영업행위 등의 사유로 감독기관으로부터 징계를 받은 경우, 휴업하거나 영업을 중지한 경우에는 금융위원회는 그 인가를 취소할 수 있다(은행법 제60조 제1항).

② 등기절차
  ㉠ 등기신청인 등
    ㉮ 외국회사가 스스로의 결정에 의하여 영업소를 폐지한 때에는 한국에서의 대표자의 신청에 의하여, 법원의 폐쇄명령에 의한 경우에는 법원의 촉탁에 의하여 영업소 폐쇄의 등기를 한다(비송법 제101조 제2항·제93조). **기출** 25
    ㉯ 대한민국에 영업소를 설치한 외국회사가 스스로 영업소를 폐쇄한 경우, 법원이 이해관계인의 신청에 의하여 또는 직권으로 대한민국에 있는 그 회사재산의 전부에 대한 청산의 개시를 명하고 청산인을 선임한 경우가 아닌 한, 청산절차를 거치지 않고도 영업소폐지의 등기를 신청할 수 있다(상업등기선례 제1-293호). **기출** 20·18
    ㉰ 영업소의 임의폐쇄에 따른 등기신청서에는 외국의 본국 관할 관청 또는 대한민국에 있는 그 나라 영사가 인증한, 영업소 폐지의 사실을 증명하는 서면을, 법원의 폐쇄명령에 따른 촉탁의 경우에는 그 재판이 있었음을 증명하는 서면을 첨부하여야 한다(규칙 제164조 제1항, 등기예규 제1827호 제3조 제1항).
  ㉡ 등기기록의 폐쇄 등
    ㉮ 영업소폐쇄의 등기를 할 때에는 그 등기소의 관할구역 내에 다른 영업소가 존재하지 않고, 청산의 개시를 명한 경우가 아니면 등기기록의 '기타사항란'에 영업소 폐쇄의 뜻 및 폐쇄의 연월일을 기록한 후 그 등기기록을 폐쇄한다(규칙 제165조, 등기예규 제1827호 제3조 제2항).
    ㉯ 폐쇄되는 영업소가 등기되어 있는 등기소의 관할구역 내에 다른 영업소가 등기되어 있는 경우에는 '영업소에 관한 사항란'에 당해 영업소의 폐쇄의 뜻 및 폐쇄의 연월일을 기록한다.
    ㉰ 법원이 청산의 개시를 명하고 청산인을 선임한 경우가 아닌 한, 외국회사가 스스로 영업소를 폐쇄한 경우든 법원의 명령에 의하여 영업소가 폐쇄된 경우든 청산절차를 거치지 않고 영업소를 폐쇄한다(상업등기선례 제1-289호, 제1-293호).

2. 청산의 등기

① 서 설
  ㉠ 여기서의 청산절차는 외국회사 자체의 해산 후의 청산절차를 말하는 것이 아니라 한국 내에 설치한 영업소의 채권·채무관계를 정리하는 것을 말한다.
  ㉡ 법원의 청산개시명령 없이 외국회사 스스로의 선택에 의하여 청산절차를 진행하는 경우, 청산인에 관한 등기, 청산종결의 등기 등의 청산관련 등기를 할 수 있는지 문제된다.
  ㉢ 상법 등에서 법원의 청산개시명령에 따른 청산절차와 그 등기에 관하여만 규정하고 있을 뿐이므로 법령에 달리 규정이 없는 한 외국회사가 임의적으로 청산절차를 거치더라도 청산인 등의 청산관련 등기는 할 수 없는 것으로 해석된다.
② 법원의 청산개시명령
  법원은 영업소의 폐쇄를 명한 때 또는 외국회사가 스스로 영업소를 폐쇄한 때에 이해관계인의 신청에 의하여 또는 직권으로 대한민국에 있는 그 회사재산의 전부에 대한 청산의 개시를 명할 수 있다. 이 경우 법원은 청산인을 선임하여야 한다(상법 제620조 제1항). **기출** 25
③ **청산절차** : 외국회사 국내영업소의 청산에 있어서는 성질에 반하지 않는 한 내국회사의 통상의 청산절차에 관한 규정이 준용된다(상법 제620조 제2항).

법인등기

제1절 서 설

I 법인등기 서론

1. 의의 및 취지

① 법인등기란 등기관이 등기소에 비치된 각종 법인등기부에 회사 이외의 법인에 관한 일정한 사항을 기록하는 것 또는 그와 같은 기록 자체를 말한다.

② 법인등기는 법인의 대외적 신용을 확보하기 위한 면도 있으나 근본적으로는 법인과 거래하는 일반 공중을 보호하기 위한 제도이다.

2. 구 별

① **부동산등기 · 선박등기와의 구별** : 부동산등기와 선박등기는 권리객체에 관한 등기임에 비하여 법인등기는 권리주체에 관한 등기이다.

② **상업등기와의 구별** : 상업등기와 법인등기는 모두 권리주체에 관한 등기라는 점에서 같으나, 상업등기가 영리법인을 대상으로 함에 비하여 법인등기는 비영리법인을 대상으로 한다는 점이 다르다.

3. 등기의 종류

① 법인등기는 목적에 의한 분류와 준거법령에 의한 분류로 나뉜다.

② 법인등기는 목적에 따라 기입등기, 변경등기, 말소등기, 회복등기로 분류할 수 있으며 이는 상업등기에서 설명한 바와 같다.

③ 준거법령에 따라 민법상의 법인등기와 특별법상의 법인등기로 분류할 수 있다.

4. 등기사항

① 등기사항이란 당사자가 등기를 신청할 수 있고 등기관이 등기부에 등기할 수 있는 사항을 말한다.

② 법인등기의 등기사항은 등기사항한정주의가 적용되는 등 상업등기의 그것과 대체로 같으나 감사가 등기사항이 아니라는 점, 비영리법인이므로 영리와 관계되는 사채, 지배인 등이 등기사항이 아니라는 점, 임시이사와 특별대리인이 등기사항이 아니라는 점 등이 상업등기와 다르다. **기출 02**

- 「공익법인의 설립·운영에 관한 법률」과 민법의 규정에 의하여 설립된 비영리 법인은 대리인 선임등기를 할 수 없다(등기예규 제533호).
- 변호사법은 법무법인과 법무법인(유한)에 대해 각각 상법중 합명회사와 유한회사에 관한 규정을 준용한다고 규정하고 있으나(변호사법 제58조, 제58조의17), 법무법인과 법무법인(유한)은 상인에 해당하지 않으므로 지배인등기를 신청할 수 없으며, 법인[법무법인과 법무법인(유한)]의 업무에 관한 재판상 또는 재판외의 모든 행위를 할 수 있는 대리인을 선임할 수 있다는 규정이 없으므로 대리인등기 역시 신청할 수 없다(상업등기선례 제2-10호).
- 비영리법인인 재단법인의 등기사항은 민법 제49조에서 정하고 있는 바, 재단법인의 감사는 동조에서 등기사항으로 규정하고 있지 않으므로 등기할 수 없다(상업등기선례 제1-333호).
- 학교법인에 관하여는 사립학교법 및 동법 시행령 등에서 등기할 수 있도록 정하는 사항을 등기하여야 한다(민법법인 및 특수법인 등기처리규칙 제8조 제1항). 그런데, 사립학교법 및 동법 시행령 등에서는 학교법인의 임시이사를 등기할 수 있도록 하는 규정을 두고 있지 않기 때문에, 학교법인의 임시이사는 등기할 수 없다(상업등기선례 제2-131호).
- 사회복지법인에 관하여 사회복지사업법에 규정된 것을 제외하고는 민법과 「공익법인의 설립·운영에 관한 법률」을 준용하도록 하고 있는 바, 위 각 법률에 의할 때 사회복지법인의 임시이사는 등기사항이 아니어서 등기할 수 없다(상업등기선례 제201010-1호).
- 협동조합기본법 제61조 제2항의 해석상 이사장의 경우 그 성명·주민등록번호 및 주소가 등기사항이며, 협동조합기본법 제34조 제1항은 명시적으로 이사장 1명을 둔다고 규정하고 있고, 같은 법상 공동대표(공동이사장)에 관한 규정이나 대표권제한에 관한 규정을 두고 있지 않으므로, 협동조합의 대표자인 이사장의 등기는 1명만 가능하고, 이사장을 2명으로 하여 등기할 수는 없다(법인등기선례 제201804-2호).
- 재개발조합의 정관에 조합장의 유고시 이사 중 연장자가 직무를 대행하도록 정한 경우 이러한 정관 규정에 의한 직무대행자는 법률상 등기사항이 아니므로 이를 등기할 수 없다(상업등기선례 제200912-1호).
- 민법 법인의 임시이사는 그 등기를 할 수 있도록 하는 법령의 규정이 없으므로 등기할 수 없다(상업등기선례 제2-107호).
- 학교법인은 수익사업을 하는 경우에도 상법상의 지배인을 선임할 수 없으며, 따라서 지배인등기를 신청할 수 없다(상업등기선례 제1-379호).

「도시 및 주거환경정비법」에 의해 설립된 정비사업조합은 동 조합의 감사가 등기사항으로 규정되어 있으므로 그 등기가 가능하다(상업등기선례 제2-127호).

5. 관할 등기소 및 사무위임

① 민법법인 및 특수법인의 등기에 관하여는 법인의 사무소 소재지를 관할하는 지방법원, 그 지원 또는 등기소를 관할등기소로 한다(비송법 제60조 제1항, 제67조 제1항). 대한민국에 사무소를 둔 외국법인의 등기에 관하여도 같다(비송법 제60조 제2항).

② 즉, 민법법인 및 특수법인의 등기는 상법상 회사에 관한 등기와 달리 각 관할 등기소에서 관장하고 있다. 이와 달리 상업등기의 경우 대법원장은 어느 등기소의 관할에 속하는 사무를 다른 등기소에 위임하게 할 수 있다(상업등기법 제5조 참조). **기출** 19

③ 변호사법, 공인회계사법, 세무사법, 공인노무사법, 관세사법 등에 의하여 설립된 법무법인, 회계법인, 세무법인, 노무법인, 관세법인 등의 경우 상법상 합명회사, 유한회사 등의 규정을 준용하지만, 이들은 상법상 회사가 아니고 특수법인이므로 등기소의 설치와 관할구역에 관한 규칙 제4조(상업등기사무의 위임)를 적용할 수 없다. 이러한 법인에 관하여는 각 사무소 소재지를 관할하는 등기소에서 등기사무를 처리하여야 한다(등기소의 설치와 관할구역에 관한 규칙 제3조 참조, 상업등기 실무 I). **기출** 19

6. 등기의 공시

① 상업등기의 공고제도는 삭제되었으나 법인등기에서는 공고제도를 유지하고 있다.

② 등기의 개별적 공시는 상업등기의 그것과 같다.

③ 등기의 일반적 공시

ⓐ 등기사항의 공고 : 등기한 사항의 공고는 신문에 한 차례 이상 하여야 한다(비송법 제65조의2).

ⓑ 등기할 사항을 공고할 신문의 선정

㉮ 지방법원장은 매년 12월에 다음 해에 있어서 등기사항의 공고를 게재하게 할 신문을 관할구 안의 신문 중에서 선정하고, 일간신문에 이를 공고하여야 한다.

㉯ 공고를 게재하게 할 신문이 휴간 또는 폐간된 때에는 다시 다른 신문을 선정하여 위와 같은 방법으로 공고하여야 한다(비송법 제65조의3).

ⓒ 신문공고에 갈음하는 게시 : 지방법원장은 그 관할구역 안에 공고를 위한 적당한 신문이 없다고 인정할 때에는 신문상의 공고에 갈음하여 등기소와 그 관할 구역 안의 시·군·구의 게시판에 공고할 수 있다(비송법 제65조의4).

ⓓ 등기사항공고에 관한 경과조치

㉮ 위 공고에 관한 규정은 대법원 규칙이 정하는 기간 동안 이를 적용하지 아니한다.

㉯ 이때는 이를 공고한 것으로 본다(비송법 부칙 제5206호 제2조).

7. 특수법인등기에의 적용

① 비송사건절차법(비송법)의 준용

ⓐ 비송법 중 법인의 등기에 관한 규정은 민법 및 상법 외의 법령에 따라 설립된 법인의 등기에 대하여도 적용한다.

ⓑ 다만, 그 법령에 특별한 규정이 있거나 성질상 허용되지 아니하는 경우에는 그러하지 아니하다(비송법 제67조 제1항).

② 상업등기법의 준용 : 특수법인의 업무에 관하여 재판상 또는 재판 외의 모든 행위를 할 수 있는 대리인에 관하여는 「상업등기법」 제16조 및 제17조 중 지배인에 관한 규정과 같은 법의 회사의 지배인등기에 관한 규정을 준용한다(비송법 제67조 제2항).

Ⅱ 등기신청절차

법인등기의 등기절차는 대부분 상업등기의 규정이 준용된다.

1. 기본원칙

① 등기는 당사자의 신청 또는 관공서의 촉탁에 따라 한다.

② 다만, 법률에 다른 규정이 있는 경우에는 그러하지 아니하다.

③ 촉탁에 따른 등기절차에 관하여는 법률에 다른 규정이 없는 경우에는 신청에 따른 등기에 관한 규정을 준용한다.

2. 등기신청인 및 신청방식

① 법인의 등기는 법령에 다른 규정이 있는 경우를 제외하고는 그 대표자가 신청한다(비송법 제63조).
② 신청서의 기재사항, 신청서의 기재문자, 신청서의 날인, 일괄신청 등은 상업등기에 관한 규정이 준용된다.
   ㉠ 신청주의(비송법 제66조 제1항, 상업등기법 제22조)
   ㉡ 등기신청의 방법(비송법 제66조 제1항, 상업등기법 제24조)

3. 첨부정보

① 관청의 허가를 요하는 사항의 등기를 신청하는 경우에는 신청서에 관청의 허가서 또는 그 인증 있는 등본을 첨부하여야 한다.
② 준칙주의를 택하고 있는 상법상의 회사설립에는 관청의 허가가 필요 없으나 허가주의를 택하고 있는 민법상의 비영리법인설립에는 주무관청의 허가를 얻어야만 법인으로 할 수 있도록 규정하고 있다(민법 제32조).
③ 특별법상의 각종 법인의 경우에도 법인설립은 대부분 주무관청의 허가나 인가를 얻도록 되어 있고 그 외에 사무소이전이나 임원의 선임·해임, 정관의 변경, 출자의 변경, 법인의 합병 등에도 관청의 허가를 얻도록 규정한 경우가 적지 않다.
④ 관청의 허가서 또는 그 인증 있는 등본은 관청의 허가가 그 등기사항의 효력발생인 경우에 한하여 첨부하는 것이며 그 허가가 감독관청의 단순한 단속목적에 불과한 경우는 포함하지 않는다.

> • 주무관청의 허가를 필요로 하는 사항에 대한 등기신청서에는 허가서 도달연월일을 기재하여야 하는 바, 이는 등기기간을 계산하여 등기해태 통지여부를 결정하기 위하여 필요한 것으로서 허가서 도달연월일만 기재하면 되고 반드시 허가를 한 주무관청의 명칭을 포함하여 기재할 필요는 없을 것이다(등기선례 제200502-8호).
> • 외국 학교법인이 국내에 최초의 분사무소를 설치하여 그 등기를 신청할 경우에는 우리나라 주무관청의 허가를 얻어 신청서에 그 허가서 또는 인증이 있는 등본을 첨부하여야 한다(상업등기선례 제2-130호).

4. 인감의 제출(비송법 제66조 제1항)

① 등기신청서에 기명날인할 사람은 미리 그 인감을 등기소에 제출하여야 한다.
② 그 인감을 변경할 때도 같다(제25조 제1항).
③ 그러나 법인의 임시이사는 등기하지 아니하므로 인감을 제출하지 않는다(제25조 제1항 및 제2항 제외).

Ⅲ 등기실행절차

① 등기의 실행절차는 상업등기의 규정이 준용되므로 상업등기의 그것과 대체로 같다.

② 그러나 상업등기의 각하사유 중 상업등기법 제26조 제13호, 동조 제15호, 동조 제16호는 준용되지 아니한다.

③ **등기신청의 접수시기 및 등기의 효력발생시기**(비송법 제66조 제1항, 상업등기법 제3조)

   ㉠ 법인등기의 신청은 대법원규칙으로 정하는 등기신청정보가 전산정보처리조직에 저장된 때 접수된 것으로 본다.

   ㉡ 등기관(상업등기법 제8조 제1항)이 등기를 마친 경우 그 등기는 접수한 때부터 효력을 발생한다.

④ **신청의 각하**(비송법 제66조 제1항, 상업등기법 제26조 제1호부터 제12호까지 및 제14호·제17호)

   ㉠ 등기관은 다음 각 호의 어느 하나에 해당하는 경우에만 이유를 적은 결정으로 신청을 각하하여야 한다.

   ㉡ 다만, 신청의 잘못된 부분이 보정될 수 있는 경우로서 등기관이 보정을 명한 날의 다음 날까지 신청인이 그 잘못된 부분을 보정하였을 때에는 그러하지 아니하다.

> - 사건이 그 등기소의 관할이 아닌 경우
> - 사건이 등기할 사항이 아닌 경우
> - 사건이 그 등기소에 이미 등기되어 있는 경우
> - 신청할 권한이 없는 사람이 신청한 경우
> - 등기를 방문신청할 때에 신청인 또는 그 대리인이 출석하지 아니한 경우
> - 신청정보의 제공이 이 법과 대법원규칙으로 정한 방식에 맞지 아니한 경우
> - 최초 등기신청시 인감을 제출하지 아니하거나 등기신청서 등 인감을 날인하여야 하는 서면에 찍힌 인감이 같은 조에 따라 제출된 인감과 다른 경우
> - 등기에 필요한 첨부정보를 제공하지 아니한 경우
> - 신청정보와 첨부정보 및 이와 관련된 등기기록(폐쇄한 등기기록을 포함한다)의 각 내용이 일치하지 아니한 경우
> - 등기할 사항에 무효 또는 취소의 원인이 있는 경우
> - 동시에 신청하여야 하는 다른 등기를 동시에 신청하지 아니한 경우
> - 사건이 등기할 수 없는 상호의 등기(상업등기법 제29조) 또는 가등기를 목적으로 하는 경우
> - 사건이 법령의 규정에 따라 사용이 금지된 상호의 등기 또는 가등기를 목적으로 하는 경우
> - 상호등기가 말소된 회사가 상호의 등기에 앞서 다른 등기를 신청한 경우
> - 사건이 상호가등기의 예정기간을 위반한 경우
> - 등록에 대한 등록면허세 또는 등기신청수수료(상업등기법 제22조 제3항)를 내지 아니하거나 등기신청과 관련하여 다른 법률에 따라 부과된 의무를 이행하지 아니한 경우

⑤ **제소기간이 지난 후의 등기의 신청과 첨부정보**(비송법 제66조 제1항, 상업등기법 제27조) : 등기할 사항에 소(訴)로써만 주장할 수 있는 무효 또는 취소의 원인이 있는 경우(상업등기법 제26조 제10호)에 그 소가 제기기간 내에 제기되지 아니하였을 때에는 그 등기신청을 각하하지 아니한다.

⑥ **행정구역의 변경**(비송법 제66조 제1항, 상업등기법 제28조) : 행정구역 또는 그 명칭이 변경되었을 때에는 등기기록에 기록된 행정구역 또는 그 명칭에 대하여 변경등기가 있는 것으로 본다.

I 목적 및 허가 등

1. 목적의 비영리성

① 민법상 법인은 학술, 종교, 자선, 사교 기타 영리 아닌 사업을 목적으로 하여야 한다(민법 제32조).

② 비영리를 목적으로 하면 되며, 반드시 공익적일 필요는 없다.

2. 설립행위

① **사단법인의 설립행위** : 사단법인의 경우에는 2인 이상의 설립자가 정관을 작성하고 기명날인하여야 한다(민법 제40조).

② **재단법인의 설립행위**

　㉠ 재단법인의 경우에는 설립자가 1인이어도 가능하나, 일정한 재산을 출연하고 정관을 작성하여 기명날인하여야 한다(민법 제43조).

　㉡ 사단법인이나 재단법인 모두 정관의 작성시 정관의 필요적 기재사항을 기재하여서만 정관으로서의 효력이 발생한다.

③ **주무관청의 허가**

　㉠ 민법상 법인설립은 허가주의를 취하고 있기 때문에 반드시 주무관청의 허가를 받아야 한다(민법 제32조).

　㉡ 법인의 목적이 두 개 이상의 행정관청의 소관사항인 때에는 그들 행정관청 모두의 허가를 얻어야 한다.

3. 설립등기

① 민법상의 법인은 위의 절차를 모두 마친 후 그 주된 사무소에서 설립등기를 함으로써 성립한다(민법 제33조).

② 이때의 설립등기는 법인의 성립요건이다(민법 제54조).

II 등기기간 및 신청인

1. 등기기간

① 주무관청의 법인설립허가가 있는 때로부터 3주간 내에 그 설립의 등기를 하여야 한다(민법 제49조).

② 기간은 그 허가서가 도달한 날로부터 기산한다(민법 제53조).

③ 만약 이 기간 내에 설립의 등기를 해태하게 되면 과태료의 제재를 받는다(민법 제97조).

> 법인설립허가서에 설립기한이 허가의 조건으로 명시되어 있지 아니하다면 다른 하자가 없는 한 설립허가 후 장기간이 경과하였다 하더라도 그 허가서를 첨부하여 법인설립등기를 할 수 있다(상업등기선례 제1-299호).

2. 신청인

민법상의 사단법인과 재단법인의 설립등기는 법인을 대표하는 자가 이를 신청한다(비송법 제63조).

Ⅲ 등기사항 및 첨부정보

1. 등기사항(민법 제49조 제2항)

> - 목적
> - 명칭
> - 사무소
> - 설립허가의 연월일
> - 존립시기나 해산이유를 정한 때에는 그 시기 또는 사유
> - 자산의 총액
> - 출자의 방법을 정한 때에는 그 방법
> - 이사의 성명, 주소
> - 이사의 대표권을 제한한 때에는 그 제한

① 의의 : 등기사항은 법령의 규정에 의하여 등기부에 등기할 수 있도록 정하여진 사항으로서, 등기사항이 아닌 것은 등기할 필요성이 있더라도 등기할 수 없다(상업등기선례 제2-135호).

② 자산의 총액

　㉠ 비영리 사단법인의 설립등기사항 중 "자산의 총액"이란 비영리 사단법인이 보유하고 있는 정관상의 기본재산은 물론 기타 부동산, 동산 및 채권 등을 포함하는 적극재산의 총액에서 채무 등의 소극재산을 공제한 순재산액을 의미한다 할 것이다(상업등기선례 제1-323호). **기출** 15

　㉡ 법인 설립등기 시에 반드시 "자산의 총액"을 등기하여야 하는데(민법 제49조 제2항 제6호), 이는 사단법인뿐만 아니라 재단법인의 경우에도 마찬가지이다. 위 상업등기선례 제1-323호는 사단법인에 대한 것이지만 사단법인과 재단법인을 구별할 이유는 없으므로 위 선례의 내용은 재단법인에도 동일하게 적용된다(상업등기선례 제202203-3호).

③ 이사의 성명, 주소 : 법인의 임원(예 이사)을 등기할 때에는 주민등록번호를 적어야 한다. 다만, 대표권이 없는 임원을 등기할 때에는 주소를 적지 아니한다(법인의 등기사항에 관한 특례법 제2조). **기출** 19

④ 임시이사

　㉠ 민법법인의 임시이사는 등기사항이 아니다(민법 제49조 제2항 참조). **기출** 02

　㉡ 특수법인의 등기사항은 당해 특별법령에서 구체적으로 정하는 것이므로, 사립학교법 제25조에 의하여 선임되는 임시이사는 동법에서 등기사항으로 규정하고 있지 않으므로 등기할 수 없다(등기선례 제200202-14호). **기출** 09

> - 학교법인에 관하여는 사립학교법 및 동법 시행령 등에서 등기할 수 있도록 정하는 사항을 등기하여야 한다(민법법인 및 특수법인 등기처리규칙 제8조 제1항 참조). 그런데, 사립학교법 및 동법 시행령 등에서는 학교법인의 임시이사를 등기할 수 있도록 하는 규정을 두고 있지 않기 때문에, 학교법인의 임시이사는 등기할 수 없다(상업등기선례 제2-131호).
> - 사회복지법인에 관하여 사회복지사업법에 규정된 것을 제외하고는 「민법」과 「공익법인의 설립·운영에 관한 법률」을 준용하도록 하고 있는 바, 위 각 법률에 의할 때 사회복지법인의 임시이사는 등기사항이 아니어서 등기할 수 없다(상업등기선례 제2-136호).

⑤ 감 사

　㉠ 민법법인의 감사는 임의기관이며(민법 제66조 참조), 등기사항이 아니다(민법 제49조 제2항 참조).

> - 비영리법인인 재단법인의 등기사항은 민법 제49조에서 정하고 있는바, 재단법인의 감사는 동조에서 등기사항으로 규정하고 있지 않으므로 등기할 수 없다(등기선례 제200205-9호).
> - 사회복지법인에 관하여 사회복지사업법에 규정된 것을 제외하고는 민법과 「공익법인의 설립·운영에 관한 법률」을 준용하게 되는 바(사회복지사업법 제32조), 위 각 법률에 의할 때 사회복지법인의 감사는 등기사항이 아니다(상업등기선례 제2-135호).
> - 「도시 및 주거환경정비법」에 의해 설립된 정비사업조합은 동 조합의 감사가 등기사항으로 규정되어 있으므로 그 등기가 가능하다(상업등기선례 제2-127호).
> - 「소비자생활협동조합법」에 의해 설립된 소비자생활협동조합은 임원의 성명·주민등록번호 및 주소가 등기사항으로 규정되어 있으므로(소비자생활협동조합법 제22조 제2항, 소비자생활협동조합법 시행령 제8조 제3항 제4호), 이사장의 성명·주민등록번호 및 주소, 이사의 성명·주민등록번호, 감사의 성명·주민등록번호를 등기하여야 한다(상업등기선례 제2-151호).

　㉡ 공익법인의 감사는 필요적 기관이다(공익법인의 설립·운영에 관한 법률 제5조 제1항). 그러나 특수법인(민법 및 상법 외의 법령에 의하여 설립된 법인)에 대한 해당 특별법령에서, 감사를 기관으로 두고 있지만 등기사항으로 규정하고 있지 않은 경우, 감사는 민법 제49조 제2항 제8호 및 제9호의 '이사'와는 성질을 달리하고 민법의 다른 조항에도 감사를 등기사항으로 정하고 있지는 않으므로, 해당 특별법령에서 등기사항으로 규정되지 않은 감사를 민법에 근거하여 등기할 수는 없다(상업등기선례 제202105-3호).

기출 09·02

> **현행 특별법령에 등기사항 규정이 없는 특수법인 등기가부 및 등기사항(선례변경)**
>
> 1. 「민법」 및 「상법」 외의 법령에 의하여 설립된 법인(이하 "특수법인"이라 한다)에 대하여 해당 특별법령이 등기사항을 명시하고 있지 아니한 경우에도, 성질에 반하지 아니하는 한, 등기사항에 대하여 「민법」 제49조를 적용하여 특수법인에 대하여 등기할 수 있다. 「민법법인 및 특수법인 등기규칙」 제5조 제1항은 등기사항 법정주의를 확인하는 의미이지, 특수법인의 등기사항을 개별 법령에 명시된 것으로만 제한하는 의미는 아니다.
> 2. 특수법인에 대한 해당 특별법령에서 '이사' 외에 '협회장, 부협회장, 상임이사 또는 이사장 등' 다른 명칭의 임원을 두고 있고 그 임원별로 권한과 책임을 정하고 있는 경우, 그 권한이나 책임을 고려할 때 성질에 반하지 아니하는 한, 「민법」 제49조 제2항 제8호 및 제9호의 '이사'에 관한 규정을 준용하여 '협회장, 부협회장, 상임이사 또는 이사장 등'의 명칭을 그대로 등기하여야 한다.
> 3. 다만 특수법인에 대한 해당 특별법령에서, 감사를 기관으로 두고 있지만 등기사항으로는 규정하고 있지 않은 경우, 감사는 「민법」 제49조 제2항 제8호 및 제9호의 '이사'와는 성질을 달리하고 「민법」의 다른 조항에도 감사를 등기사항으로 정하고 있지는 않으므로, 해당 특별법령에서 등기사항으로 규정되지 않은 감사를 「민법」에 근거하여 등기할 수는 없다(상업등기선례 제202105-3호).
>
> ※ 이 선례에 의하여 상업등기선례 제1-436호는 그 내용이 변경됨

⑥ **특별대리인** : 민법법인의 **특별대리인**은 등기사항이 아니다(민법 제49조 제2항, 제64조 참조). 기출 **09·02**

⑦ **가처분재판에 의하여 선임된 이사직무대행자**

ㄱ 이사의 직무집행을 정지하거나 직무대행자을 선임하는 가처분을 하거나 그 가처분을 변경·취소하는 경우에는 주사무소와 분사무소가 있는 곳의 등기소에서 이를 등기하여야 한다(민법 제52조의2). 기출 **09·02**

ㄴ 그러나 민법은 '정관상 직무대행자'에 대해 등기사항으로 규정하고 있지 아니하므로, 정관상 직무대행자를 선임하더라도 이를 등기할 수 없다(상업등기선례 제202203-2호).

> 1. 「국민체육진흥법」은 등기사항에 대해 규정하고 있지 않고, 「민법」 중 사단법인에 관한 규정을 준용하고 있다(국민체육진흥법 제33조 내지 제34조).
> 2. 「국민체육진흥법」, 「동법 시행령」 및 「민법」은 정관상 직무대행자에 대해 등기사항으로 규정하고 있지 아니하므로, 지방체육회가 정관상 직무대행자를 선임하더라도 이를 등기할 수 없다(상업등기선례 제202203-2호).

⑧ **지배인, 재판상 또는 재판 외의 모든 행위를 할 수 있는 대리인**

> • 변호사법은 법무법인과 법무법인(유한)에 대해 각각 상법 중 합명회사와 유한회사에 관한 규정을 준용한다고 규정하고 있으나(변호사법 제58조, 제58조의17), 법무법인과 법무법인(유한)은 상인에 해당하지 않으므로 지배인등기를 신청할 수 없으며, 법인[법무법인과 법무법인(유한)]의 업무에 관한 재판상 또는 재판외의 모든 행위를 할 수 있는 대리인을 선임할 수 있다는 규정이 없으므로 대리인등기 역시 신청할 수 없다(상업등기선례 제2-10호). 기출 **15**
> • 「중소기업진흥에 관한 법률」에 의하여 설립된 중소기업진흥공단에 관하여는 위 법에 규정된 것을 제외하고는 「민법」 중 재단법인에 관한 규정을 준용하도록 하고 있고, 「민법」 및 「중소기업진흥에 관한 법률」에는 지배인이나 대리인을 선임하여 등기할 수 있도록 하는 규정이 없으므로 이를 등기할 수 없다(상업등기선례 제2-11호).
> • 「여객자동차 운수사업법」 제53조에 의하여 설립된 조합 분사무소의 지배인 및 대리인은 관련 규정에서 등기사항으로 규정하고 있지 아니하므로 등기능력이 없어 등기할 사항이 아니다(상업등기선례 제202106-1호).
> • 「협동조합 기본법」 제88조, 제19조 제1항, 제61조에 의하여 설립된 사회적 협동조합 분사무소의 지배인 및 대리인은 관련 규정에서 등기사항으로 규정하고 있지 아니하므로 등기능력이 없어 등기할 사항이 아니다(상업등기선례 제202106-2호).
> • [1] 「농업협동조합법」에 의해 설립된 품목별·업종별 협동조합은 조합원의 경제적·사회적·문화적 지위 향상을 증대하는 것을 목적으로 하는 비영리법인에 해당하고, 상업사용인인 지배인(상법 제10조)을 등기할 수 있는 상인에 해당한다고 볼 수 없다.
> [2] 품목별·업종별 협동조합이 비조합원에 대한 이자수입을 목적으로 한 장기간에 걸친 대출행위 등 특정 범위에서 상인성이 인정된다고 하더라도, 지배인은 특정 행위에 한정되지 않고 영업 전반에 걸친 포괄적 대리권(상법 제11조)을 가지는 바, 이러한 지배인의 성질은 특정성을 가지는 품목조합의 상인성과 양립할 수 없으므로 품목조합은 상인성이 인정되는 특정 범위에서도 지배인을 둘 수 없다(상업등기선례 제202108-1호).

⑨ 기 타

> - [1] 「국립대학법인 서울대학교 설립·운영에 관한 법률」 제5조는 임원으로 총장을 특정하지 않고 있으므로, 국립대학법인 서울대학교 총장을 '이사'의 명칭이 아닌 '총장'이라는 명칭으로 등기할 수 없다(국립대학법인 서울대학교 설립·운영에 관한 법률 시행령 제2조 제4호).
>   [2] 국립대학법인 서울대학교 총장의 직에 있는 이사는 다른 이사와 달리 대표권이 있는 임원이므로 그 주소를 등기하여야 하며(법인의 등기사항에 관한 특례법 제2조), 위 대표권이 있는 이사는 등기소에 인감을 제출함으로써(등기예규 제1311호 2. 가.), '이사' 명의로 등록된 법인인감증명서를 발급받을 수 있다. 한편, 인감의 문자에 관하여는 법령상 특별한 제한이 없으므로 '서울대학교 총장인'으로 새겨진 인감을 제출하는 것도 허용된다(상업등기선례 제2-154호).
> - [1] 「도시 및 주거환경정비법」에 의해 설립된 정비사업조합에 관하여 「도시 및 주거환경정비법」에 규정된 것을 제외하고는 「민법」중 사단법인에 관한 규정을 준용하고 있는바(도시 및 주거환경정비법 제49조), 위 각 법률에 의할 때 정비사업조합의 임시조합장은 등기사항이 아니어서 등기할 수 없다.
>   [2] 등기신청은 원칙적으로 대표자가 신청하고 법률에 다른 규정이 있는 경우에 한하여 관공서 등이 촉탁할 수 있는바, 「도시 및 주거환경정비법」에 의해 설립된 정비사업조합의 임시조합장 선임등기는 법률에 촉탁근거를 두고 있지 아니하므로 법원이 그 등기를 촉탁할 수 없다(상업등기선례 제202106-5호).
> - 사업협동조합의 설립 근거 법률인 「중소기업협동조합법」에는 등기사항에 관한 규정이 없으므로, 사업협동조합은 민법법인의 등기사항에 관한 규정이 준용된다(중소기업협동조합법 제7조 제1항 제1호, 제11조, 「민법」 제49조 제2항). 그런데 사업협동조합의 이사장은 법률상 인정되는 기관으로서 법인을 대표할 권한이 부여된 자이므로(중소기업협동조합법 제84조 제1항, 제85조, 제57조), 사업협동조합에 관하여 「민법」 제49조 제2항 제8호 및 제9호를 수정을 가하여 적용하는 바, 사업협동조합의 등기를 함에 있어서는 이사와 별도로 이사장을 등기하여야 한다. 따라서 이사장이라는 명칭, 이사장의 성명·주민등록번호·주소를 등기하여야 하지만, 사업협동조합의 이사장은 법률에 의해 단독으로 대표권을 가지므로 대표권제한규정은 등기사항이 아니다(상업등기선례 제2-152호).

2. 첨부정보

① 정관 : 민법상의 정관은 상법상의 주식회사나 유한회사의 원시적 정관과는 달리 공증인의 인증을 받을 필요가 없다.

② 이사의 자격증명서

  ㉠ 최초의 이사의 경우에는 정관에 정해지는 경우도 있으므로 이 경우에는 정관 이외의 별도의 서면을 첨부할 필요가 없다.

  ㉡ 그렇지 않은 경우에는 선임서 또는 창립총회의사록과 취임승낙서 및 인감증명을 첨부하여야 한다.

  ㉢ 공익법인의 설립·운영에 관한 법률의 적용을 받는 공익법인의 경우 이사의 취임등기신청서에 이사의 취임에 관한 주무관청의 승인서를 첨부하여야 한다(공익법인의 설립·운영에 관한 법률 제5조 제2항).

기출 15

③ 주무관청의 설립허가서는 그 인증 있는 등본

④ 재산목록

⑤ 기 타

  ㉠ 법인을 대표하는 이사의 인감을 제출하여야 한다.

  ㉡ 등록면허세와 교육세 및 등기신청수수료를 납부하여야 한다.

I   서 론

① 민법상 법인의 변경등기 원인은 주로 이사회의 결의만에 의하여 발생하는 경우도 있지만 정관의 변경에 기인하는 경우도 있다.

② 만약 정관변경이 필요한 경우에는 사단법인의 경우에는 사원총회, 재단법인의 경우에는 설립자나 이사가 그 변경절차를 밟은 후 주무관청의 허가를 받아야만 비로소 그 효력이 발생되는 것이기 때문에 정관변경에 기인한 변경등기신청 시에는 정관변경에 관한 사원총회나 이사회의 의사록(인증) 등 이외에 주무관청의 허가서나 그 인증 있는 등본도 첨부하여야 한다.

II   변경등기 절차

1. 변경등기절차 총론

① 등기기간
  ㉠ 민사상의 법인의 변경등기는 그 변경사유가 발생한 때로부터 3주간 내에 그 등기를 신청하여야 한다.
  ㉡ 그 변경에 관하여 허가를 요하는 경우에는 그 허가서가 도착한 때로부터 기산한다(민법 제53조).

② 신청인 : 법인을 대표하는 사람이 그 변경등기를 신청한다(비송법 제63조 제1항).

③ 첨부정보 : 민사상의 법인의 변경에 관하여 관청의 허가를 요하는 경우에는 관청의 허가(민법 제42조)나 그 인증 있는 등본을 첨부하여야 한다.

2. 주사무소이전등기

(1) 서 론

① 주식회사의 본점이전등기와 대체로 같으므로 그 차이점만을 설명하도록 한다.

② 다만 상업등기의 경우에는 특별시, 광역시, 시·군내에는 하나의 등기소에 상업등기에 관한 사무가 위임되어 있으나 법인등기는 그러하지 않다.

③ 따라서 회사의 경우에 서울특별시 용산구에서 관악구로 본점 소재지를 이전한 경우에는 관내이전(상업등기소관할 내)이 되나, 민사상의 법인인 경우에는 용산등기소관할에서 관악등기소관할로 이전하는 타관이전이 된다.

④ 법인등록번호는 1개 법인에 대해 1개만 부여하고 다시 부여하지 않는다. 즉, 한번 부여된 법인에 대한 등록번호는 관할의 전속이 있거나 본점 또는 주사무소가 다른 등기소의 관할구역 내로 이전하는 경우에도 변경되지 않는다(법인 및 재외국민의 부동산등기용등록번호 부여에 관한 규칙 제8조). 기출 19

> **[참고] 법인등록번호**
> 법인등록번호는 한번 부여된 후에는 법인 등의 실체가 존재할 동안에는 착오부여 등으로 정정되는 경우를 제외하고는 변경되거나 다시 부여하지 않으므로 법인 등의 명칭이 변경된 경우에도 법인등록번호를 다시 부여받을 필요가 없다. 기출 24

⑤ 다만, 합병, 분할 또는 분할합병, 조직변경과 주식의 포괄적 이전으로 설립등기를 하는 경우에는 새로 설립된 법인에 대해 새로운 법인등록번호를 부여한다(상업등기실무 1).

　㉠ 정관변경이 필요한 경우

　　㉮ 정관변경을 위한 사원총회(사단법인), 이사회(재단법인)의 결의가 필요하며 주무관청의 허가가 필요하다.

　　㉯ 이전장소와 이전 시기는 사단법인이나 재단법인 모두 이사회의 과반수의 결의로 족하다.

　㉡ 정관변경이 필요 없는 경우 : 이전장소와 이전시기를 결정하기 위한 이사회의 과반수 결의로 족하다.

(2) 등기절차

상업등기법 제54조(본점이전등기의 등기사항), 제55조(본점이전등기의 신청), 제56조(본점이전등기신청의 처리)를 준용한다(비송법 제66조 제1항).

3. 분사무소의 설치 · 이전 · 폐지등기

① 분사무소를 둔 때에는 그 소재지는 정관의 필요적 기재사항이며, 정관에는 최소행정구역까지만 기재해도 무방하다.

> • 민법상 사단법인이 분사무소를 설치하려면 정관에 분사무소의 소재지가 기재되어 있어야 한다(민법 제40조 제3호). 이때, 분사무소의 소재지로서는 최소 행정구역이 기재되어 있으면 되고, 소재지번까지 기재되어 있을 필요는 없다(상업등기선례 제2-106호). **기출** 15
> • 비영리 외국법인이 우리나라에 최초의 분사무소를 설치하여 그 등기를 신청하는 경우에는 원칙적으로 우리나라 주무관청의 허가를 얻어 신청서에 그 허가서 또는 인증 있는 등본을 첨부하여야 한다(상업등기선례 제2-109호).

② 분사무소의 이전에 의해 정관변경이 필요한 경우에는 사단법인인 경우에는 사원총회, 재단법인인 경우에는 정관규정에 따라 설립자나 이사회에서 정관을 변경하여 주무관청의 허가를 받고 다시 그 설치 · 이전 · 폐지 등의 업무집행을 위한 이사회의 결의를 거쳐야 한다.

③ 분사무소의 소재지가 정관에 최소행정구역만으로 기재되어 있는 경우, 동일한 행정구역 내에 분사무소를 이전하는 데에는 정관변경의 절차를 필요로 하지 않는다.

4. 이사 및 대표권제한 규정의 변경등기

① 이사의 취임

　㉠ 선임행위

　　㉮ 민법상 사단법인의 이사 임면에 관하여 민법에는 특별한 규정이 없으며, 정관으로 이사의 임면에 관한 사항을 정해야 한다(민법 제40조 제5호).

　　㉯ 사단법인인 경우에는 사원총회에서 선임하도록 정관에 규정하는 것이 일반적이다. 재단법인의 경우에는 이사회에서 선임하는 것이 일반적이나 그 설립자가 이사를 선임할 수도 있다(재단법인에는 사원총회가 존재하지 않음). **기출** 09

　㉡ 취임승낙 : 법인과 이사의 관계는 위임관계라 할 것이므로, 이사의 취임은 선임행위뿐만 아니라 당사자의 취임승낙이 있어야 비로소 그 효력을 발생한다.

② **이사의 퇴임** : 이사의 퇴임사유는 다음과 같다.

> • 사 임
> • 이사의 사형이나 무기징역 또는 무기금고 등의 형의 선고로 인한 자격상실
> • 법인내부의 선임기관에 의한 해임
> • 이사의 사망·성년후견개시 또는 파산이나 법인의 파산 등 위임종료사유의 발생
> • 정관소정의 임기만료
> • 법인의 해산

③ **대표권제한규정의 신설·변경·폐지** : 민사상 법인의 대표권제한규정의 신설이나 폐지에는 정관변경절차를 거쳐야 한다.

④ **등기절차**

 ㉠ 등기사항

  ㉮ 이사의 취임등기(취임한 이사의 성명·주민등록번호 및 취임취지와 그 연월일)

  ㉯ 이사의 퇴임등기(퇴임한 이사의 성명과 퇴임사유 및 그 연월일)

  ㉰ 대표권제한규정의 변경

> • 대표권제한규정설정의 경우에는 대표권제한규정설정의 취지와 그 연월일 및 대표권 있는 이사의 성명과 주소
> • 그 규정의 변경의 경우에는 변경된 대표권 있는 이사의 성명·주소와 변경취지 및 그 연월일
> • 그 폐지의 경우에는 대표권제한규정폐지의 취지와 그 연월일

 ㉡ 첨부정보

  ㉮ 이사의 취임등기

> • 사원총회의사록(사단법인), 이사회의사록이나 선임서(재단법인)
> • 취임승낙서와 인감증명
> • 주민등록번호를 소명하는 서면(중임의 경우에는 첨부하지 아니할 수 있다)
> • 법인을 대표하는 이사의 경우에는 인감신고서

> • 법인 등기를 할 때 공증인의 인증을 받은 법인 총회 등의 의사록을 첨부하여야 하는 경우, 인증이 있는 등본 내지 사본을 제출할 수 있다는 별도의 규정이 없으므로 반드시 공증인법 제66조의2에 따라 공증인의 인증을 받은 원본을 첨부하여야 하고, 등기신청인이 「상업등기규칙」 제60조 제1항에 따라 제출하였던 공증인의 인증을 받은 의사록의 반환을 청구하고자 할 때에는 같은 규칙 제60조 제2항에 따라 등기신청서에 그 원본과 같다는 뜻을 기재한 사본을 첨부하여야 한다(상업등기선례 제2-6호).
> • 법인등기를 신청할 때에 첨부하는 총회의 의사록은 당해 법인이 「공증인법 시행령」 [별표 1]의 의사록 인증제외대상법인에 해당하지 않는 한 공증인의 인증을 받아야 하는 바, 이는 비영리사단법인이 설립등기를 신청하는 경우에도 마찬가지이다(상업등기선례 제1-330호).

④ 이사의 퇴임등기

- 사임서와 그 인감증명서
- 사망진단서 또는 가족관계증명서
- 해임의 경우에는 사원총회의사록 또는 이사회의사록
- 자격상실의 경우에는 이를 입증하는 서면
- 파산 등의 경우에는 재판서의 등본과 그 확정증명서

⑮ 대표권제한규정의 신설·변경·폐지등기

- 종전의 대표이사가 경질된 경우에는 그 사유에 따른 서면과 새로 취임하는 대표권 있는 이사의 자격을 증명하는 이사회의사록 취임승낙서 및 인감증명서
- 대표권규정을 신설 또는 폐지하는 경우에는 정관변경을 소명하는 서면과 주무관청의 허가서 또는 그 인증 있는 등본

ⓒ 관련 등기예규 및 상업등기선례

- [1] 민법법인의 임시이사는 그 등기를 할 수 있도록 하는 법령의 규정이 없으므로 등기할 수 없다. [2] 재단법인에서 어느 이사의 사임으로 인하여 정관에 정한 이사의 원수를 결한 경우 사임한 이사는 후임자가 선임될 때까지 이사로서의 권리의무가 있지만, 임시이사가 선임되면 그러한 권리의무는 소멸한다. 이렇게 사임한 이사의 이사로서의 권리의무가 소멸하면, 재단법인은 법원의 임시이사선임결정서를 첨부하여 사임한 이사의 사임등기만을 신청할 수 있다(상업등기선례 제2-107호). **기출** 15
- 상법 제386조 제1항의 규정은 민법법인의 경우에도 다를 것이 없다 해석할 것이므로 정원수에 달하는 후임자 취임시까지 이사의 권리 의무가 있다는 사실을 등기상 명확하게 하기 위하여 후임이사의 선임등기와 동시에 하지 않으면 사임으로 인한 변경등기는 할 수 없다(등기예규 제187호).
- 민법상의 재단법인의 정관에 "임원은 이사회에서 선출하여 주무관청의 허가를 받아 취임한다"고 되어 있는 경우에 이러한 정관규정이 있는 재단법인의 임원변경등기를 신청할 때에는 주무관청의 허가서를 첨부하여야 할 것이다(상업등기선례 제2-108호).
- 민법에는 법인의 이사의 임기에 대해 규정이 없고 이사의 임면에 관한 규정처럼 정관에 필요적으로 기재하여야 할 사항으로 규정하고 있지는 않지만, 민법법인은 통상 정관에 이를 정하고 있다(민법 제40조). 민법법인은 영리를 목적으로 하는 법인이 아니므로 상법의 이사의 임기제한규정(상법 제383조 제2항)은 적용되지 않는다(상업등기선례 제2-115호).
- [1] 「민법법인 및 특수법인 등기규칙」 제6조에 의해 「상업등기규칙」 제104조 제2항을 준용하므로 비영리법인의 이사의 취임 또는 사임으로 인한 변경등기신청 시 취임승낙 또는 사임을 증명하는 서면에는 「인감증명법」에 따라 신고한 인감을 날인하고 그 인감증명서를 첨부하여야 한다. [2] 비영리법인으로서 정관에 일정한 직에 있는 자는 당연히 이사(당연직이사)가 되는 것으로 규정되어 있는 경우 그 당연직이사의 취임 또는 퇴임으로 인한 변경등기신청 시 취임 또는 퇴임을 증명하는 서면으로서 그 직을 증명하는 공문서(인사발령장 등)를 제출하면 되고, 취임승낙서나 인감증명서는 제출할 필요가 없다(상업등기선례 제2-110호).

I　사 유

1. 해산사유

- 존립기간의 만료 기타 정관에 정한 해산사유의 발생 : 파산, 합병, 설립허가취소 등과 같은 법정해산사유는 정관에 기재할 필요도 없고 등기할 사항도 아니다.
- 법인의 목적달성이나 그 달성불능
- 파 산
- 설립허가의 취소(주무관청)
- 사원이 없게 된 때
- 사원총회의 결의 : 사단법인인 경우의 해산결의는 정관에 다른 규정이 없는 한 총사원의 4분의 3 이상의 동의를 요한다(민법 제78조).

- 우리 민법이 사단법인에 있어서 구성원의 탈퇴나 해산은 인정하지만 사단법인의 구성원들이 2개의 법인으로 나뉘어 각각 독립한 법인으로 존속하면서 종전 사단법인에게 귀속되었던 재산을 소유하는 방식의 사단법인의 분열은 인정하지 아니한다. 그 법리는 법인 아닌 사단에 대하여도 동일하게 적용되며, 법인 아닌 사단의 구성원들의 집단적 탈퇴로써 사단이 2개로 분열되고 분열되기 전 사단의 재산이 분열된 각 사단들의 구성원들에게 각각 총유적으로 귀속되는 결과를 초래하는 형태의 법인 아닌 사단의 분열은 허용되지 않는다(대판 2006.4.20. 2004다 37775[전합]). 기출 11
- 화물유통촉진법 제21조에 의하여 설립되고 민법 중 사단법인에 관한 규정이 준용되는 법인에 대하여는, 민법상 법인의 합병절차에 관한 규정이 없으며 비송사건절차법이나 다른 법규에 상법 등의 합병절차에 관한 준용규정이 없으므로 합병으로 인한 변경등기를 할 수 없다(상업등기선례 제1-320호).

2. 청산인의 취임사유

법인이 해산한 경우에 파산의 경우를 제외하고는 청산인이 취임한다.

- 정관의 규정에 의한 청산인
- 사원총회의 결의에 의한 청산인
- 법정청산인(이사)
- 법원의 선임에 의한 청산인

3. 청산인의 퇴임사유

법인의 이사와 같으나, 법인의 이사는 법원이 해임할 수 없으나 청산인은 법원의 해임재판으로 인해서도 해임된다(민법 제84조).

Ⅱ 각 등기의 등기절차

1. 해산 및 청산인취임등기

① 등기기간
　㉠ 법인이 해산한 때에는 청산인은 취임 후 3주간 내에 해산 및 청산인취임등기를 해야 한다(민법 제85조).
　㉡ 해산등기의 신청과 해산으로 인한 청산인의 취임등기의 신청은 동시에 하여야 한다(비송법 제66조 제2항, 상업등기법 제60조 제2항).
　㉢ 해산등기를 하지 아니하고 청산인 취임등기를 먼저 신청한 경우, 등기관은 해산등기 전에 청산인 취임등기를 먼저 할 수는 없다. **기출** 21

② 신청인(비송법 제63조) : 해산 및 청산인취임등기는 법인을 대표할 청산인이 신청해야 한다.

③ 등기사항
　㉠ 해산등기는 해산사유, 해산취지 및 그 연월일을 등기한다.
　㉡ 청산인취임등기는 청산인의 성명·주민등록번호 및 대표권제한의 취지와 대표권 있는 청산인의 성명·주소를 등기한다.

④ 첨부정보(비송법 제66조 제2항, 상업등기법 제60조, 규칙 제128조 등)
　㉠ 해산을 증명하는 서면
　　㉮ 정관소정의 해산사유발생으로 해산할 경우에는 그 사유발생을 증명하는 서면
　　㉯ 목적달성 또는 달성불능으로 해산한 경우에는 이를 확인하는 사원총회의사록이나 이사회의사록
　　㉰ 사원의 결원으로 해산하는 경우에는 법원이 청산인을 선임한 결정서등본
　　㉱ 설립허가가 취소되어 해산한 경우에는 주무관청의 설립허가취소서나 그 통지서
　　㉲ 사원총회나 이사회의 결의로 해산하는 경우에는 그 의사록
　㉡ 청산인의 자격을 증명하는 서면(이사가 청산인이 된 경우는 제외)
　　㉮ 정관으로 청산인을 정한 경우에는 정관
　　㉯ 사원총회나 이사회에서 청산인을 선임한 경우에는 의사록과 취임승낙서
　　㉰ 법원이 청산인을 선임한 경우에는 청산인선임결정서등본
　　㉱ 이외에 청산인의 주민등록번호를 증명하는 서면과 대표청산인 선임의 경우에는 인감신고를 하여야 한다.

주무관청의 설립허가취소 등에 따른 법인등기 사무처리요령[등기예규 제1650호]

제1조(목적)
이 예규는 주무관청으로부터 사단법인이나 재단법인의 설립허가 취소 통보를 받은 경우(사단법인이나 재단법인에 관한 규정을 준용하는 경우를 포함한다) 등기관의 법인등기 사무처리절차를 정함을 목적으로 한다.

제2조(직권해산등기 여부)
사단법인 또는 재단법인은 주무관청의 설립허가 취소에 의해 당연히 해산되고, 이사 등이 민법 제82조 등에 따라 청산인이 되지만 그 법인에 대한 해산등기 및 청산인 선임등기는 청산인이 신청하여야 하므로 이러한 등기를 등기관이 직권으로 하여서는 아니 된다. **기출** 19

---

2. 청산인 변경등기

등기기간
등기사유가 발생한 때로부터 3주간 내에 그 변경등기를 하여야 한다.

신청인(비송법 제63조)
청산인이 그 변경등기를 신청하며, 대표청산인이 있는 경우에는 대표청산인이 그 변경등기를 신청한다.

등기사항
• 청산인의 퇴임에는 퇴임한 청산인의 성명과 퇴임사유 및 퇴임취지와 그 연월일을 등기한다. • 청산인의 취임에는 취임한 청산인의 성명·주민등록번호 및 취임취지와 그 연월일을 등기한다. • 대표권제한규정의 변경 이사의 그것과 같다. • 청산인의 표시변경의 경우에는 청산인의 변경된 성명 또는 주소 등과 변경취지 및 그 연월일을 등기한다.

첨부정보
이사와 같다.

> 대한민국 영토 밖에서의 공증에 관한 사무는 대한민국 재외공관의 영사관이 담당하는 바, 영사관의 인증도 우리나라 공증인이 한 인증과 다를 바 없으므로(「재외공관공증법」 제1조, 제2조, 제13조, 제27조, 제33조 참조), <u>회사의 임원의 취임 또는 사임으로 인한 변경등기 신청 시 본국에 인감증명제도가 없는 외국인의 취임승낙 또는 사임을 증명하는 서면에 본인이 서명을 하였다는 대한민국 재외공관의 영사관의 인증을 받아 첨부할 수 있다</u>(상업등기선례 제2-141호). 기출 11

3. 청산종결등기

① 등기기간과 신청인 : 청산이 종결된 날로부터 3주 내에 청산인이 청산종결의 등기를 신청하여야 한다.
② 등기사항 : 청산종결의 취지와 그 연월일을 등기한다.
③ 첨부정보 : 사단법인인 경우에는 사원총회, 재단법인의 경우에는 청산인회에서 청산결산보고서의 승인을 결의한 의사록을 첨부한다.

4. 등기기록의 폐쇄 및 부활

① 등기기록의 폐쇄 : 「신용협동조합법」에 의해 설립된 신용협동조합이 해산등기를 한 후 10년이 지난 경우, 즉 청산종결등기를 신청하지 않고 <u>10년 이상 등기기록을 방치한 경우에는 등기관이 직권으로 신용협동조합의 등기기록을 폐쇄할 수 있다</u>(상업등기선례 제2-141호). 기출 11
② 청산종결등기의 말소 및 폐쇄된 등기기록(등기용지)의 부활 : 상법 제520조의2(휴면회사의 해산) 제4항의 규정에 의하여 청산이 종결된 것으로 보는 주식회사(<u>청산종결 간주된 회사</u>)도 청산사무가 종결되지 않았음을 소명하여 청산종결등기의 말소를 신청할 수 있다(비송법 제234조 제1항 제2호). <u>청산종결등기의 말소 신청이 있으면 등기관은 그 등기용지를 부활하고 청산종결등기를 말소한다</u>(상업등기규칙 제58조, 상업등기선례 제2-41호). 기출 11

미래는
현재 우리가 무엇을 하는가에 달려 있다.

- 마하트마 간디 -

상업등기법
기출문제해설

CHAPTER 01 총 론

제1절 서 설

01 □□□

상업등기의 효력에 관한 다음 설명 중 가장 옳지 않은 것은? 2018년

① 상업등기에 관한 규정은 소상인에게는 적용되지 아니한다.
② 주식회사의 분할등기, 유한회사의 자본금증가의 등기는 창설적 효력이 인정된다.
③ 회사의 설립이나 합병의 경우에는 등기를 함으로써 효력이 발생한다.
④ 등기할 사항이 등기된 후에도 제3자가 정당한 사유로 이를 알지 못한 때에는 제3자에게 대항하지 못한다.
⑤ 상업등기부의 기재는 모두 사실상의 추정력만 있을 뿐 법률상 추정력을 갖지는 못한다.

···

[**❶ ▸ ○**] 지배인, 상호, 상업장부와 상업등기에 관한 규정은 소상인에게 적용하지 아니한다(상법 제9조).
[**❷ ▸ ○**] [**❸ ▸ ○**] 등기를 함으로써 비로소 새로운 법률관계가 형성되는 것을 등기의 창설적 효력이라고 하는데, 상법상 등기 중 회사의 설립등기(상법 제172조), 합병등기(상법 제234조), **주식회사의 분할등기 · 분할합병의 등기**(상법 제530조의11, 제234조) 및 유한회사의 자본금 증가의 등기(상법 제592조) 등의 경우에 창설적 효력이 인정된다.
[**❹ ▸ ○**] 등기할 사항은 이를 등기하지 아니하면 선의의 제3자에게 대항하지 못한다(상법 제37조 제1항). 등기사항을 등기한 때에는 선의의 제3자에게도 대항할 수 있지만, 등기할 사항을 등기한 후라도 제3자가 정당한 사유로 인하여 이를 알지 못한 때에는 제3자에게 대항하지 못한다(상법 제37조 제2항).
[**❺ ▸ ✕**] 상업등기에는 등기사항에 대하여 사실상의 추정력만을 인정하고, 법률상의 추정력은 인정하지 아니하는 것이 원칙이다. 다만, 예외적으로 동일한 특별시 · 광역시 · 시 · 군에서 동종 영업으로 타인이 등기한 상호를 사용하는 자는, 부정한 목적으로 사용하는 것으로 추정한다고 하여(상법 제23조 제4항 참조), 입증책임을 전환시키는 법률상의 추정력을 인정하는 경우가 있다. **상업등기 실무 1**

답 ❺

등기사항과 등기효력에 관한 다음 설명 중 가장 옳지 않은 것은?

① 개인상인의 상호에 관한 등기(상법 제22조)의 변경등기는 절대적 등기사항이다.

② 회사는 지배인의 선임과 그 대리권의 소멸에 관하여 본점 소재지에서 등기하여야 한다.

③ 외국회사가 영업소를 설치하는 경우 대한민국에서의 같은 종류의 회사 또는 가장 비슷한 회사가 주식회사인 경우에는 본국에서의 공고방법 및 제616조의2에 따른 대한민국에서의 공고방법을 영업소의 소재지에서 등기하여야 한다.

④ 등기사항을 등기하기 전에는 선의의 제3자에 대하여만 대항할 수 없을 뿐 악의 또는 중과실의 제3자에게는 대항할 수 있고, 등기한 후에는 선의의 제3자에게도 대항할 수 있는데, 제3자가 정당한 사유로 이를 알지 못한 때에도 대항할 수 있다.

⑤ 상업등기에는 공신력이 인정되지 아니하므로, 진실과 다른 내용이 등기되더라도 그 등기사항을 믿고 거래한 제3자는 보호를 받지 못하는데, 예외적으로 법률상 또는 사실상 추정력이 인정되는 경우가 있다.

···

[❶ ▸ ○] 등기사항은 대부분 절대적 등기사항이지만 개인상인의 상호의 등기(상법 제22조), 상호를 속용하는 영업양수인의 면책등기(상법 제42조 제2항 전문) 등은 상대적 등기사항이다. 그러나 상대적 등기사항이라 하더라도 일단 등기를 한 경우에는 그 변경 또는 소멸의 등기는 절대적 등기사항이 된다(상법 제40조). **상업등기 실무 1**

> **상법 제22조(상호등기의 효력)**
> 타인이 등기한 상호는 동일한 특별시·광역시·시·군에서 동종영업의 상호로 등기하지 못한다.
>
> **상법 제40조(변경, 소멸의 등기)**
> 등기한 사항에 변경이 있거나 그 사항이 소멸한 때에는 당사자는 지체 없이 변경 또는 소멸의 등기를 하여야 한다.

[❷ ▸ ○] 상인은 지배인의 선임과 그 대리권의 소멸에 관하여 영업소(회사의 경우 본점을 말한다)의 소재지에서 등기하여야 한다. 제12조(공동지배인) 제1항에서 규정한 사항을 등기하는 경우와 그 사항을 변경하는 경우에도 같다(상법 제13조).

[❸ ▸ ○] 상법 제614조 제2항 제8호

> **상법 제614조(대표자, 영업소의 설정과 등기)**
> ② 외국회사가 제1항의 영업소를 설치하는 경우에는 그 설치일부터 3주일 내에 영업소의 소재지에서 다음 각 호의 사항을 등기하여야 한다.
> 1. 목 적
> 2. 상 호
> 3. 회사를 대표할 자의 성명·주소 및 주민등록번호(외국인인 경우 외국인등록번호로 하되, 외국인등록번호가 없는 경우에는 생년월일로 한다)
> 4. 공동으로 회사를 대표할 것을 정한 때에는 그 규정
> 5. 본점의 소재지
> 6. 영업소의 소재지(다른 영업소의 소재지는 제외한다)
> 7. 회사의 존립기간 내지 해산사유를 정한 때에는 그 기간 또는 사유
> 8. 대한민국에서의 같은 종류의 회사 또는 가장 비슷한 회사가 주식회사인 경우에는 본국에서의 공고방법 및 제616조의2에 따른 대한민국에서의 공고방법

[**❹** ▸ ✕] 등기사항을 등기한 때에는 선의의 제3자에게도 대항할 수 있지만 등기사항을 등기한 후라도 제3자가 정당한 사유로 이를 알지 못한 때에는 당사자는 그 등기사항으로써 제3자에게 대항하지 못한다(상법 제37조 제2항). **상업등기 실무 1**

> **상법 제37조(등기의 효력)**
> ① 등기할 사항은 이를 등기하지 아니하면 선의의 제3자에게 대항하지 못한다.
> ② 등기한 후라도 제3자가 정당한 사유로 인하여 이를 알지 못한 때에는 제1항과 같다.

[**❺** ▸ ◯] 상업등기는 객관적 사실을 공시하는 제도이므로 객관적 사실과 상위한 사항을 등기하더라도 원칙적으로 아무런 효력이 생기기 않는다. 즉 상업등기에는 공신력이 인정되지 아니하므로 진실과 다른 내용이 등기되더라도 그 등기사항을 믿고 거래한 제3자는 보호를 받지 못한다. 대법원도 회사등기에는 공신력이 인정되지 아니하므로 합자회사의 사원에 관한 등기가 부실등기인 경우 그 부실등기를 믿고 합자회사 사원의 지분을 양수하였다 하여 그 지분을 양수한 것으로는 될 수 없다는 뜻의 판시를 한 바 있다(대판 1996.10.29. 96다19321 참조). … 상업등기에는 원칙적으로 등기된 사항이 진실하다는 사실상의 추정력이 있다. … 상업등기에는 예외적으로 등기된 사항이 적법하다는 법률상 추정력이 인정되는 경우가 있다. 이 경우 입증책임이 전환된다. 예를 들어, 상법 제23조 제4항은 동일한 서울특별시·광역시·시·군에서 동종영업으로 타인이 등기한 상호를 사용하는 자는 부정한 목적으로 사용하는 것으로 추정하므로 상호의 등기에는 이와 같은 법률상의 추정력이 부여되어 있다. **상업등기 실무 1**

답 **❹**

등기 등의 공시 및 인감증명

03
□□□

등기사항증명서의 발급 등 등기의 공시에 관한 다음 설명 중 가장 옳지 않은 것은? 2025년

① 종이 폐쇄등기부를 열람하고자 하는 사람은 폐쇄등기부 열람신청서를 작성하여 관할 등기소에 제출하여야 한다. 다만 종이 폐쇄등기부를 전자촬영한 이미지에 의한 폐쇄등기부는 관할 등기소 외의 다른 등기소에서도 열람할 수 있다.

② 폐쇄된 등기용지에 이루어진 청산종결등기의 말소신청이 접수될 경우, 등기관은 그 사건의 처리가 종료될 때까지 폐쇄된 등기용지의 등·초본이 발급되지 않도록 하여야 한다. 이 경우 전자촬영한 이미지에 의한 폐쇄등기부 등·초본도 발급할 수 없다.

③ 등기기록의 부속서류는 이해관계 있는 부분만 열람을 신청할 수 있으므로 등기신청서와 그 첨부서 면 등의 열람은 법률상 이해관계가 있는 자만이 신청할 수 있다. 법률상 이해관계가 있음을 판단하여야 하기 때문에 전자문서로 작성된 신청서 기타 부속서류의 열람은 관할 등기소에서 하여야 한다.

④ 인터넷등기소의 경우 현재 유효사항·말소사항 포함·폐쇄사항의 전부 또는 일부증명서를 발급하되, 모바일 기기에서 사용되는 인터넷등기소 애플리케이션에 의하여 발급하는 전자등기사항증명서의 종류는 등기사항전부증명서(말소사항 포함)·등기사항전부증명서(현재 유효사항)·등기사항전부증명서(폐쇄사항)로 한다.

⑤ 임원, 지배인, 상호사용자, 제한능력자, 법정대리인의 주민등록번호 중 뒷부분 7자리 숫자를 가리고 등기사항증명서를 발급하거나 등기기록을 열람하도록 하여 원칙적으로 주민등록번호의 공시를 제한하고 있다.

[**❶** ▸ **O**] 폐쇄등기부를 열람하고자 하는 자는 [별지 제4호 양식]의 열람신청서를 작성하여 관할 등기소에 제출하여야 한다. 다만 종이 폐쇄등기부를 전자촬영한 이미지에 의한 폐쇄등기부 열람은 관할 등기소 외에 다른 등기소에서도 할 수 있다[등기예규 제1825호 7. 가. 1)].

[**❷** ▸ **O**] 등기예규 제1829호 제6조 제1항

> □ **등기예규 제1829호[전산접수할 수 없는 등기신청서의 접수 방법 등에 관한 예규]**
> **제6조(등기부 등·초본 등의 발급 정지)**
> ① 폐쇄된 등기용지상 청산종결등기의 말소등기 신청서가 접수되면 등기관은 폐쇄된 등기용지의 등·초본과 인감에 관한 증명서가 발급되지 않도록 하여야 한다.
> ② 등기관이 폐쇄된 등기용지를 부활하여 청산종결등기의 말소등기 등을 한 후에도 등기용지가 전산등기부로 개제되기까지는 등기용지의 등·초본과 인감에 관한 증명서를 발급하지 않는다.

[**❸** ▸ ×] 등기기록의 부속서류에 대해서는 이해관계 있는 부분만 열람을 신청할 수 있다(상업등기법 제15조 제1항 단서). 전자문서로 작성된 신청서 기타 부속서류의 열람은 관할 등기소가 아닌 다른 등기소에서도 할 수 있다(상업등기규칙 제26조 제3항).

> **상업등기규칙 제26조(열람 및 각종 증명서의 신청방법)**
> ① 등기소를 방문하여 등기기록 또는 신청서 기타 부속서류를 열람하거나 등기사항의 전부 또는 일부에 대한 증명서(이하 "등기사항증명서"라 한다) 또는 인감증명서를 발급받으려는 사람은 신청서를 제출하여야 한다.
> ② 대리인이 신청서 기타 부속서류의 열람 또는 인감증명서의 발급을 신청할 때에는 신청서에 그 권한을 증명하는 서면을 첨부하여야 한다.
> ③ 등기기록 또는 전자문서로 작성된 신청서 기타 부속서류의 열람, 등기사항증명서 또는 인감증명서의 발급신청은 관할 등기소가 아닌 다른 등기소에서도 할 수 있다.

[**❹** ▸ ○] 등기예규 제1825호 5. 가. 1), 2)

> ❑ **등기예규 제1825호[법인 등의 등기사항증명서 발급 등에 관한 업무처리지침]**
> 5. 인터넷등기소를 통한 등기사항증명서의 발급 및 등기기록의 열람
>   가. 발급가능한 등기사항증명서의 종류
>   1) 인터넷등기소에 의하여 발급하는 등기사항증명서의 종류는 등기사항전부증명서(말소사항 포함)·등기사항전부증명서(현재 유효사항)·등기사항전부증명서(폐쇄사항)·등기사항일부증명서(말소사항 포함)·등기사항일부증명서(현재 유효사항)·등기사항일부증명서(폐쇄사항)로 한다.
>   2) 위 1)에도 불구하고 모바일 기기에서 사용되는 인터넷등기소 애플리케이션에 의하여 발급하는 전자등기사항증명서의 종류는 등기사항전부증명서(말소사항 포함)·등기사항전부증명서(현재 유효사항)·등기사항전부증명서(폐쇄사항)로 한다.

[**❺** ▸ ○] 등기예규 제1825호 8. 가., 나. (1)

> ❑ **등기예규 제1825호[법인 등의 등기사항증명서 발급 등에 관한 업무처리지침]**
> 8. 주민등록번호의 공시 제한
>   가. 대상 및 범위
>   등기부에 기록된 임원, 지배인, 상호사용자, 제한능력자, 법정대리인(다음부터 "임원 등"이라 한다)의 주민등록번호 뒷부분 7자리 숫자
>   나. 등기사항증명서 작성 및 열람 방법
>   (1) 원 칙
>   (가) 등기사항증명서는 등기부에 기록된 임원 등의 표시에 관한 사항 중 주민등록번호 뒷부분 7자리 숫자를 가리고(예) 000000 - *******) 작성하여 이를 교부한다.
>   (나) 등기부의 열람은 등기부에 기록된 임원 등의 주민등록번호 뒷부분 7자리 숫자를 가린 등기기록을 열람에 제공한다.

답 ❸

등기기록의 열람 또는 등기사항증명서의 발급에 관한 다음 설명 중 가장 옳지 않은 것은?

2022년

① 등기기록의 열람 및 등기사항증명서의 발급 신청은 관할 등기소가 아닌 다른 등기소에서도 할 수 있다.
② 인터넷등기소를 통하여 등기기록의 열람은 가능하지만 등기사항증명서는 발급할 수 없다.
③ 등기사항일부증명서는 대법원예규로 정하는 바에 따라 상호, 법인등록번호 등 해당 등기기록을 특정할 수 있는 사항과 신청인이 청구한 사항을 기록한다.
④ 등기신청이 접수된 등기기록에 관하여는 그 등기기록에 등기신청사건이 접수되어 처리 중에 있다는 뜻을 등기사항증명서에 표시하여 발급할 수 있다.
⑤ 회사의 등기사항전부증명서를 발급함에 있어서, 지점 또는 지배인에 관한 신청이 없는 경우에는 그에 관한 기록을 생략하고 등기사항전부증명서를 발급할 수 있다.

··

[❶ ▸ ○] 누구든지 수수료를 내고 대법원규칙으로 정하는 바에 따라 등기기록에 기록되어 있는 사항의 전부 또는 일부의 열람과 이를 증명하는 등기사항증명서의 발급을 신청할 수 있다. 다만, 등기기록의 부속서류에 대해서는 이해관계 있는 부분만 열람을 신청할 수 있다. 제1항에 따른 등기기록의 열람 및 등기사항증명서의 발급 신청은 관할 등기소가 아닌 다른 등기소에서도 할 수 있다(상업등기법 제15조).

[❷ ▸ ✕] 민원인은 등기기록에 기록되어 있는 내용의 전부 또는 일부를 인터넷을 통하여 볼 수 있고, 등기기록에 기록되어 있는 내용의 전부나 일부를 증명하는 서면을 인터넷을 통하여 발급받을 수 있다(등기예규 제1806호 제2조 제1항 제1호·제2호).

[❸ ▸ ○] 등기사항일부증명서는 대법원예규로 정하는 바에 따라 상호, 법인등록번호 등 해당 등기기록을 특정할 수 있는 사항과 신청인이 청구한 사항을 기록한다(상업등기규칙 제30조 제2항).

[❹ ▸ ○] 등기신청이 접수된 등기기록에 관하여는 등기관이 그 등기를 마칠 때까지 등기사항증명서를 발급하지 아니한다. 다만, 그 등기기록에 등기신청사건이 접수되어 처리 중에 있다는 뜻을 등기사항증명서에 표시하여 발급할 수 있다(상업등기규칙 제31조 제3항).

[❺ ▸ ○] 법인 또는 합자조합에 대한 등기사항전부증명서를 작성함에 있어, 지점(분사무소를 포함) 또는 지배인(대리인을 포함)에 관한 신청이 없는 경우에는 그 기재를 생략하고, 증명문구에 기재를 생략하였다는 뜻을 덧붙여 적는다[등기예규 제1825호 3. 다. 1) (ㄴ)].

답 ❷

상업등기법에 따라 등기소에 제출하는 인감 및 그 인감의 증명에 관한 다음 설명 중 가장 옳지 않은 것은?(다툼이 있는 경우 판례·예규 및 선례에 따르고 전원합의체 판결의 경우 다수의견에 의함. 이하 같음)

2025년

① 법원의 결정에 의하여 선임된 일시 대표이사의 직무를 행할 자도 대표자로서 등기를 신청하기 위해서는 상업등기법에 따른 인감을 등기소에 제출하여야 한다.

② 회사 설립을 위한 상호의 가등기는 발기인 또는 사원이 그 등기를 신청하여야 하는데, 발기인 또는 사원은 상업등기법에 따른 인감을 등기소에 제출할 필요는 없으며, 신청서 또는 위임장에 인감증명법에 따라 신고한 인감을 날인하고 그 인감증명을 제공하여야 한다.

③ 직무집행정지 가처분의 등기가 된 법인의 대표자는 법인을 대표하여 등기를 신청할 권한이 없지만, 상업등기법에 따른 인감에 관한 증명서를 발급받을 수는 있다.

④ 회생절차의 보전관리인, 관리인, 관리인대리, 파산절차의 파산관재인, 파산관재인대리는 상업등기법에 따른 인감을 등기소에 제출하고 그 인감에 관한 증명서의 발급을 신청할 수 있다.

⑤ 상업등기법에 따른 인감은 대조에 적당하고, 가로·세로 2.4센티미터의 정사각형 안에 들어갈 수 있는 것이어야 하며, 가로·세로 1센티미터의 정사각형 안에 들어가는 것이 아니어야 한다.

···

[**❶ ▶ O**] 법원의 결정에 의하여 선임된 일시 대표이사의 직무를 행할 자의 그 선임에 관한 등기, 법원의 가처분결정에 의하여 선임된 대표이사 등의 직무대행자와 파산관재인·관리인·국제도산관리인의 그 선임에 관한 등기는 제1심 수소법원 또는 법원사무관 등의 촉탁에 의하여 이루어지므로(비송사건절차법 제107조 제4호, 민사집행법 제306조 참조) 인감신고 없이 등기가 되겠지만, 그 후에 자신의 권한 범위 내에서 당해 회사에 관한 다른 등기를 신청할 때에는 그 등기를 신청하기 전에 미리 인감을 제출하여야 한다(상업등기법 제25조 제1항 참조).

[**❷ ▶ O**] '회사 설립을 위한 상호의 가등기'는 발기인 또는 사원이 그 등기를 신청하여야 하는데(상업등기법 제38조 제1항 참조), 발기인 또는 사원은 상업등기법에 따른 인감을 등기소에 제출할 필요는 없으며(상업등기법 제25조 제3항 제3호), 다만, 신청인의 권한 유무를 확인하기 위하여 신청서 또는 위임장(대리인의 권한을 증명하는 서면)에 인감증명법에 따라 신고한 인감을 날인하고 그 인감증명을 제공하여야 한다(상업등기규칙 제80조 제2항).

> **상업등기규칙 제80조(상호의 가등기 등)**
> ② 유한책임회사, 주식회사 또는 유한회사의 설립에 관계된 상호의 가등기를 신청하는 경우에는 신청서 또는 대리인의 권한을 증명하는 서면에「인감증명법」에 따라 신고한 인감을 날인하고 그 인감증명과 설립하려는 회사의 정관을 제공하여야 한다.

[**❸** ▸ ×] 직무집행정지 가처분의 등기가 된 법인의 대표자에 대한 인감증명서는 발급하지 아니한다(등기예규 제1832호 제13조 제1항 제1호).

> ❏ **등기예규 제1832호[인감의 제출·관리와 인감증명서 발급 및 전자인감증명서에 관한 업무처리지침]**
> **제13조(인감증명서의 발급 제한)**
> ① 폐지된 인감 및 다음 각 호의 자에 대한 인감증명서는 발급하지 아니한다.
>   1. 직무집행정지 가처분의 등기가 된 법인의 대표자
>   2. 채무자 회생 및 파산에 관한 법률에 따른 보전관리·회생절차개시·파산선고의 등기가 된 법인의 대표자, 지배인, 대리인
>   3. 등기기록상 존립기간(합자조합의 경우에는 존속기간을 말한다)이 만료된 법인의 대표자, 지배인, 대리인
>   4. 해산간주된 법인의 대표자, 지배인, 대리인
>   5. 본점이전등기의 신청 등과 같이 인감제출자에 관한 사항에 변경이 발생하는 변경등기 또는 경정등기의 신청이 접수되어 처리 중에 있는 해당 등기기록의 인감제출자

[**❹** ▸ ○] 상업등기법 제16조 제1항 제2호

> **상업등기법 제16조(인감증명)**
> ① 다음 각 호의 어느 하나에 해당하는 사람은 수수료를 내고 대법원규칙으로 정하는 바에 따라 그 인감에 관한 증명서의 발급을 신청할 수 있다.
>   1. 제25조에 따라 인감을 등기소에 제출한 사람
>   2. 지배인, 「채무자 회생 및 파산에 관한 법률」에 따른 파산관재인·파산관재인대리·관리인·보전관리인·관리인대리·국제도산관리인 및 국제도산관리인대리로서 그 인감을 등기소에 제출한 사람

[**❺** ▸ ○] 인감은 대조에 적당하고 가로·세로 2.4센티미터의 정사각형 안에 들어갈 수 있는 것이어야 하며, 가로·세로 1센티미터의 정사각형 안에 들어가는 것이 아니어야 한다(상업등기규칙 제35조 제4항).

답 ❸

06 □□□ 인감증명서 발급과 전자인감증명서에 관한 다음 설명 중 가장 옳지 않은 것은? 2025년

① 등기기록상 존립기간이 만료된 법인의 대표자, 지배인, 대리인에 대한 인감증명서는 발급하지 아니한다.

② 인감카드와 그 비밀번호 또는 전자증명서와 인감증명서 발급용 비밀번호를 제시하면 인감제출자 본인 또는 대리권을 수여받은 대리인임을 확인함이 없이 인감증명서 발급신청을 할 권한이 있는 것으로 본다. 다만, 효력이 정지된 인감카드 또는 인감증명서 발급기능의 효력이 정지된 전자증명서로는 인감증명서를 발급받을 수 없다.

③ 무인발급기를 이용해서도 인감증명서를 발급할 수 있다. 다만, 부동산매도용 또는 자동차매도용 인감증명서는 매수자가 2인 이하인 경우에 한하여 매수자의 인적사항을 미리 인터넷등기소에 등록하는 절차를 거쳤을 때에만 무인발급기로 발급받을 수 있다.

④ 전자인감증명서 발급시스템의 이용승인을 받은 자는 인터넷등기소에서 상호, 인감제출자의 성명, 용도, 제출기관 등을 입력하고 전자증명서 및 보안매체에 의하여 본인확인을 거친 후 전자인감증명서 발급을 신청할 수 있다.

⑤ 전자인감증명서 발급신청인은 전자인감증명서 발급증을 발급받아 법원행정처장이 공고로써 지정한 행정기관 등에 제출하는 방법으로 전자인감증명서를 활용한다. 이 경우 발급증은 지정 행정기관 등에 하나의 용도로 한 번만 제출할 수 있다.

[❶▶○] 등기예규 제1832호 제13조 제1항 제3호

□ **등기예규 제1832호[인감의 제출·관리와 인감증명서 발급 및 전자인감증명서에 관한 업무처리지침]**
제13조(인감증명서의 발급 제한)
① 폐지된 인감 및 다음 각 호의 자에 대한 인감증명서는 발급하지 아니한다.
  1. 직무집행정지 가처분의 등기가 된 법인의 대표자
  2. 「채무자 회생 및 파산에 관한 법률」에 따른 보전관리·회생절차개시·파산선고의 등기가 된 법인의 대표자, 지배인, 대리인
  3. 등기기록상 존립기간(합자조합의 경우에는 존속기간을 말한다)이 만료된 법인의 대표자, 지배인, 대리인
  4. 해산간주된 법인의 대표자, 지배인, 대리인
  5. 본점이전등기의 신청 등과 같이 인감제출자에 관한 사항에 변경이 발생하는 변경등기 또는 경정등기의 신청이 접수되어 처리 중에 있는 해당 등기기록의 인감제출자
② 제1항의 경우 등기관은 인감증명서가 발급되지 않도록 조치를 하여야 한다.

[**❷** ▸ ✕] 2025.1.24. 개정 등기예규에서는 보안토큰 기능이 있는 HSM USB(전자증명서)의 단종과 인감증명서 발급기능의 소멸에 따라 <u>HSM USB는 전자증명서로만 사용할 수 있고, 인감증명서 발급용으로는 더 이상 사용할 수 없도록 하였다</u>(등기예규 제1832호 제10조 제2항 참조).

> ❏ **등기예규 제1832호[인감의 제출·관리와 인감증명서 발급 및 전자인감증명서에 관한 업무처리지침]**
> **제10조(인감증명서의 발급신청)**
> ① 인감증명서 발급신청을 할 때에는 [별지 제5-가호 양식] 및 [별지 제5-나호 양식]의 인감증명서 발급신청서를 작성하여 제출하고, 인감카드와 그 비밀번호를 제시하여야 한다.
> ② <u>인감카드와 그 비밀번호를 제시하면 인감제출자 본인 또는 대리권을 수여받은 대리인임을 확인함이 없이 인감증명서 발급신청을 할 권한이 있는 것으로 본다. 다만 효력이 정지된 인감카드로는 인감증명서를 발급받을 수 없다.</u>
> ③ 인감증명서의 용도가 부동산매도용 또는 자동차(「자동차관리법」 제5조에 따라 등록된 자동차를 말한다. 이하 같다)매도용인 경우에는 인감증명서 발급신청서에 매수자의 성명(법인명), 부동산등기용등록번호(주민등록번호, 법인등록번호 등) 및 주소(본점 또는 주사무소 소재지)를 기재하여야 한다.
> ④ 부동산매도용 또는 자동차매도용 인감증명서 발급신청을 할 때에는 매수자의 인적사항을 미리 인터넷등기소에 등록한 후, 입력확인번호나 입력확인서를 등기소에 제출하여 매수자 정보가 포함된 인감증명서를 발급받을 수 있다.

[**❸** ▸ ○] 등기예규 제1832호 제14조 제1항

> ❏ **등기예규 제1832호[인감의 제출·관리와 인감증명서 발급 및 전자인감증명서에 관한 업무처리지침]**
> **제14조(무인발급기에 의한 인감증명서의 발급)**
> ① 무인발급기(신청인이 발급에 필요한 정보를 스스로 입력하여 증명서를 발급받을 수 있게 하는 장치를 말한다. 이하 같다)로는 부동산매도용 또는 자동차매도용 인감증명서를 발급하지 아니한다. <u>다만 부동산매매계약 또는 자동차매매계약의 매수자가 2인 이하일 경우에 제10조 제4항에 따른 인터넷등기소의 사전등록절차를 거쳤을 때에는 그러하지 아니하다.</u>
> ② 등기소는 해당 등기소의 실정에 맞게 무인발급기의 사용방법을 게시하고 신청인이 문의할 경우 사용방법을 안내하여야 한다.

[**❹** ▸ ○] [**❺** ▸ ○] 등기예규 제1832호 제36조 제1항·제2항

> ❏ **등기예규 제1832호[인감의 제출·관리와 인감증명서 발급 및 전자인감증명서에 관한 업무처리지침]**
> **제36조(전자인감증명서 발급신청 및 활용)**
> ① 발급시스템의 이용승인을 받은 자는 인터넷등기소에서 상호, 인감제출자의 성명, 용도, 제출기관 등을 입력하고 전자증명서 및 보안매체에 의하여 본인확인을 거친 후 전자인감증명서 발급을 신청할 수 있다. 이 경우 「등기사항증명서 등 수수료 규칙」 제5조 제2항에서 정한 수수료를 납부하여야 한다.
> ② 제1항의 신청인은 발급확인번호, 용도, 제출기관 등이 기재된 [별지 제19호 양식]의 전자인감증명서 발급증(이하 "발급증"이라 한다)을 발급받아 규칙 제42조의3 제1항의 법원행정처장이 공고로써 지정한 행정기관 등(이하 "지정 행정기관등"이라 한다)에 제출하는 방법으로 전자인감증명서를 활용한다. 이 경우 <u>발급증은 지정 행정기관등에 하나의 용도로 한 번만 제출할 수 있다.</u>

탑 ❷

상업등기에 있어서의 인감의 제출 및 인감증명에 관한 다음 설명 중 가장 옳지 않은 것은?

2021년

① 회사의 대표자가 제출한 인감의 문자에는 회사의 상호가 기재되어 있어야 하나, 제출자의 자격(대표이사 등)이 기재되어 있을 필요는 없다.

② 회사의 대표자가 2인 이상인 경우에 등기를 신청하는 대표자만 인감을 제출하여도 된다.

③ 인감을 제출한 사람이 그 자격을 상실하거나 개인 또는 인감의 폐지 신고를 한 경우 등기관은 인감에 관한 기록을 폐쇄하여야 한다.

④ 파산 선고의 등기가 된 회사의 대표자에 대하여는 인감증명을 발급하지 아니한다.

⑤ 채무자 회생 및 파산에 관한 법률에 따른 관리인과 관리인대리는 인감을 등기소에 제출한 후 그 인감증명의 발급을 신청할 수 있다.

⋯⋯

[**❶ ▸ ✕**] 상업등기(민법법인·특수법인등기의 경우도 동일함)의 신청서에 날인할 자는 미리 그 인감을 등기소에 제출하여야 하는바, 그 인감의 문자에 관하여는 법령에 특별한 규정이 없으므로 <u>반드시 회사의 상호나 제출자의 자격 등이 기재되어 있을 필요는 없으며</u>, 제출자의 개인성명 또는 성명이 아닌 다른 문자나 형상을 새긴 인감을 제출하는 것도 무방하지만 그 인감은 대조에 적합하고 일정한 크기의 것이어야 한다(상업등기선례 제1-29호).

[**❷ ▸ ○**] <u>법인의 대표자가 2인 이상인 경우 등기를 신청하는 대표자만 인감을 제출하여도 된다</u>. 다만, 공동으로 대표권을 행사하여야 하는 자가 등기를 신청할 경우에는 공동으로 대표권을 행사하도록 되어 있는 자 전원의 인감을 제출하여야 한다(등기예규 제1832호 제2조 제2항).

[**❸ ▸ ○**] 인감을 제출한 사람이 그 자격을 상실하거나 개인 또는 인감의 폐지신고를 한 경우 <u>등기관은 인감에 관한 기록을 폐쇄하여야 한다</u>(상업등기규칙 제38조 제1항).

[**❹ ▸ ○**] 등기예규 제1832호 제13조 제1항 제2호

> **등기예규 제1832호[인감의 제출·관리와 인감증명서 발급 및 전자인감증명서에 관한 업무처리지침]**
> 제13조(인감증명서의 발급 제한)
> ① 폐지된 인감 및 다음 각 호의 자에 대한 인감증명서는 발급하지 아니한다.
>   1. 직무집행정지 가처분의 등기가 된 법인의 대표자
>   2. 채무자 회생 및 파산에 관한 법률에 따른 보전관리·회생절차개시·파산선고의 등기가 된 법인의 대표자, 지배인, 대리인
>   3. 등기기록상 존립기간(합자조합의 경우에는 존속기간을 말한다)이 만료된 법인의 대표자, 지배인, 대리인
>   4. 해산간주된 법인의 대표자, 지배인, 대리인
>   5. 본점이전등기의 신청 등과 같이 인감제출자에 관한 사항에 변경이 발생하는 변경등기 또는 경정등기의 신청이 접수되어 처리 중에 있는 해당 등기기록의 인감제출자

[**❺ ▸ ○**] 상업등기법 제25조에 따라 인감을 등기소에 제출한 사람(제1호), 지배인, <u>채무자 회생 및 파산에 관한 법률에 따른 파산관재인·파산관재인대리·관리인·보전관리인·관리인대리·국제도산관리인 및 국제도산관리인대리로서 그 인감을 등기소에 제출한 사람</u>(제2호) 중 어느 하나에 해당하는 사람은 수수료를 내고 대법원규칙으로 정하는 바에 따라 <u>그 인감에 관한 증명서의 발급을 신청할 수 있다</u>(상업등기법 제16조 제1항).

답 ❶

08
☐☐☐

등기관이 직권으로 하거나 신청으로 하는 등기에 관한 다음 설명 중 가장 옳지 않은 것은?

2018년

① 합병으로 인한 해산등기는 존속회사 또는 신설회사의 대표자가 소멸회사를 대표하여 신청한다.
② 미성년자가 성년이 됨으로 인한 소멸의 등기는 등기관이 직권으로 할 수 있다.
③ 법원 또는 관공서의 촉탁에 의하여 등기할 사항을 당사자가 신청한 경우에는 등기관은 이를 각하하여야 한다.
④ 법원의 가처분결정에 의해 선임된 회사의 대표자의 직무대행자는 회사의 상무에 속하지 아니하는 사항에 대해서도 제한 없이 등기를 신청할 수 있다.
⑤ 상업등기는 당사자의 신청 또는 관공서의 촉탁이 없더라도 법령에 다른 규정이 있으면 할 수 있다.

- -

[❶ ▸ ○] 합병으로 인한 해산등기는 존속회사 또는 신설회사의 대표자가 소멸회사를 대표하여 신청한다(상업등기법 제63조 제1항).

[❷ ▸ ○] 상업등기법 제47조 제4항

> **상업등기법 제47조(미성년자등기의 신청인)**
> ① 미성년자의 등기는 그 미성년자가 신청한다.
> ② 영업허락의 취소로 인한 소멸의 등기 또는 영업허락의 제한으로 인한 변경의 등기는 법정대리인도 신청할 수 있다.
> ③ 미성년자의 사망으로 인한 소멸의 등기는 법정대리인이 신청한다.
> ④ 미성년자가 성년이 됨으로 인한 소멸의 등기는 등기관이 직권으로 할 수 있다.

[❸ ▸ ○] 법원 또는 관공서의 촉탁에 의하여 등기할 사항을 당사자가 신청한 경우, 이는 상업등기법 제26조 제4호의 신청할 권한이 없는 사람이 신청한 경우에 해당하므로, 등기관은 이를 각하하여야 한다.

[❹ ▸ ✕] 가처분결정에 의하여 선임된 직무대행자는 단지 피대행자의 직무를 대행할 수 있는 임시의 지위에 놓여 있음에 불과하므로, 법인을 종전과 같이 그대로 유지하면서 관리하는 한도 내의 법인의 통상상무에 속하는 사무만을 행할 수 있다고 하여야 할 것이고, 그 가처분결정에 다른 정함이 있는 경우 외에는 법인의 근간인 이사회의 구성 자체를 변경하는 것과 같은 법인의 통상업무에 속하지 아니한 행위를 하는 것은 이러한 가처분의 본질에 반하므로(대판 2000.1.28. 98두16996), 법원의 허가를 얻거나 가처분결정에 다른 정함이 있는 경우를 제외하고는 대표권 있는 이사의 직무대행자가 사원총회를 소집하여 임기만료된 이사들의 후임이사를 선임할 수 없으므로 그러한 사실이 기재된 사원총회의사록을 첨부해서 이사변경등기를 신청할 수 없다(상업등기선례 제2-112호).

[❺ ▸ ○] 등기는 당사자의 신청 또는 관공서의 촉탁에 따라 한다. 다만, 법률에 다른 규정이 있는 경우에는 그러하지 아니하다(상업등기법 제22조 제1항).

답 ❹

상업등기의 신청인 및 신청행위 등에 관한 다음 설명 중 가장 옳지 않은 것은? 2020년

① 외국회사 영업소 설치등기와 그 변경등기는 본국에서의 대표자가 아닌 대한민국에서의 대표자가 외국회사를 대표하여 신청한다.

② 회사를 상대로 이사 등의 임기만료 또는 사임에 따른 퇴임등기절차 이행청구의 소를 제기하여 퇴임등기절차를 이행하라는 취지의 확정판결을 받은 경우에는, 그 퇴임의 결과 법률 또는 정관에 정한 원수를 결한 경우라도 후임 이사 등의 취임등기의 신청 없이 이사 등의 권리의무를 행사하는 자의 퇴임등기를 신청할 수 있다.

③ 등기신청서에 첨부한 원본인 서류의 반환을 청구하는 경우에도 위임장, 인감증명, 법인등기사항증명서는 그 반환을 청구할 수 없다.

④ 주주총회결의의 하자를 다투는 소에 있어서 청구의 인낙이나 그 결의의 부존재·무효를 확인하는 내용의 화해·조정은 할 수 없으므로, 이러한 내용의 청구인낙 또는 화해·조정이 이루어졌다 하여도 이에 기하여 등기를 신청할 수 없다.

⑤ 전자신청은 당사자가 직접 하거나 자격자대리인이 당사자를 대리하여 할 수 있고, 자격자대리인이 아닌 사람은 당사자를 대리하여 전자신청을 할 수 없다.

⋯⋯⋯

[**❶ ▶ ○**] 외국회사 영업소 설치등기와 그 변경등기는 본국에서의 대표자가 아닌 대한민국에서의 대표자가 외국회사를 대표하여 신청한다(상업등기법 제23조 제3항). **상업등기 실무 2**

[**❷ ▶ ✕**] 주식회사의 이사나 대표이사가 회사에 사임의 의사표시를 했음에도 불구하고 회사가 사임등기를 신청하지 아니할 경우에는 법원으로부터 이사나 대표이사의 사임등기절차이행판결을 받아 주식회사를 대위하여 등기를 신청할 수 있으나, 이 사임등기에 의하여 법률 또는 정관에서 정한 이사나 대표이사의 원수를 결하게 된 경우 사임이사나 사임대표이사는 후임이사나 후임대표이사가 취임할 때까지 이사나 대표이사의 권리의무가 있으므로, 그 사임등기는 후임이사나 후임대표이사의 취임등기와 동시에 하거나 또는 일시이사나 일시대표이사 취임등기를 한 후에 할 수 있다(상업등기선례 제1-164호).

> 대표이사를 포함한 이사가 임기의 만료나 사임에 의하여 퇴임함으로 말미암아 법률 또는 정관에 정한 대표이사나 이사의 원수(최저인원수 또는 특정한 인원수)를 채우지 못하게 되는 결과가 일어나는 경우에, 그 퇴임한 이사는 새로 선임된 이사(후임이사)가 취임할 때까지 이사로서의 권리의무가 있는 것인바(상법 제386조 제1항, 제389조 제3항), 이러한 경우에는 이사의 퇴임등기를 하여야 하는 2주 또는 3주의 기간은 일반의 경우처럼 퇴임한 이사의 퇴임일부터 기산하는 것이 아니라 후임이사의 취임일부터 기산한다고 보아야 하며, 후임이사가 취임하기 전에는 퇴임한 이사의 퇴임등기만을 따로 신청할 수 없다고 봄이 상당하다(대결 2005.3.8. 2004마800[전합]).

[**❸ ▶ ○**] 상업등기규칙 제66조 제1항

> **상업등기규칙 제66조(원본인 첨부서류의 반환)**
> ① 신청서에 첨부한 원본인 서류의 반환을 청구하는 경우에 신청인은 그 원본과 같다는 뜻을 적은 사본을 첨부하여야 하고, 등기관이 서류의 원본을 반환할 때에는 그 사본에 원본 반환의 뜻을 적고 기명날인하여야 한다. 다만, 다음 각 호의 서류에 대해서는 반환을 청구할 수 없다.
> 1. 등기신청에 첨부된 위임장 등 해당 등기신청만을 위하여 작성한 서류
> 2. 인감증명, 법인등기사항증명서, 주민등록표등본·초본, 가족관계등록사항별증명서 등 별도의 방법으로 다시 취득할 수 있는 서류

[❹▸○] 주주총회결의의 부존재·무효를 확인하거나 결의를 취소하는 판결이 확정되면 당사자 이외의 제3자에게도 그 효력이 미쳐 제3자도 이를 다툴 수 없게 되므로, 주주총회결의의 하자를 다투는 소에 있어서 청구의 인낙이나 그 결의의 부존재·무효를 확인하는 내용의 화해·조정은 할 수 없고, 가사 이러한 내용의 청구인낙 또는 화해·조정이 이루어졌다 하여도 그 인낙조서나 화해·조정조서는 효력이 없다(대판 2004.9.24, 2004다28047). 따라서 이에 기하여 등기를 신청할 수 없다.

[❺▸○] 전자신청은 신청인이 직접 하거나 자격자대리인이 그 신청인을 대리하여 할 수 있다. 자격자대리인이 아닌 사람은 당사자를 대리하여 전자신청을 할 수 없다(상업등기규칙 제67조 제1항).

> **등기예규 제1855-1호[상업등기 및 법인등기의 전자신청 절차 등에 관한 업무처리지침]**
> **제3조(전자신청을 할 수 있는 사람)**
> ① 전자신청은 당사자가 직접 하거나 변호사나 법무사[법무법인·법무법인(유한)·법무조합·법무사법인·법무사법인(유한)을 포함한다. 이하 "자격자대리인"이라 한다]가 당사자를 대리하여 할 수 있다. 자격자대리인이 아닌 사람은 당사자를 대리하여 전자신청을 할 수 없다.

답 ❷

---

10 상업등기 신청 시 첨부정보에 관한 다음 설명 중 가장 옳지 않은 것은? 2023년

① 변호사나 법무사 등 자격자대리인이 상업등기 및 법인등기를 전자신청할 때 위임인으로부터 받은 첨부서면인 공증인의 인증을 받은 법인 총회 등의 의사록 등을 전자적 이미지 정보로 변환(스캐닝)하여 송신하는 경우에는 위임인의 전자증명서 또는 공인인증서를 함께 송신하여야 하는데, 이때 전자적 이미지 정보로 변환(스캐닝)된 문서에 공증인법 제66조의6에 따라 공증인의 인증을 받아야 한다.

② 법인의 전자증명서 또는 개인의 공인인증서에 기초한 전자서명정보가 있는 경우에는, 법인인감 또는 인감증명법에 따라 신고한 인감의 날인이 있는 것으로 본다.

③ 법인등기의 전자신청 시 첨부정보에 해당하는 서면을 스캐닝하여 파일로 송신하면서 신청인 및 작성명의인의 전자서명정보를 함께 송신한 경우의 첨부정보는 단순한 스캔문서가 아닌 전자문서에 해당하므로, 자격자대리인이 아닌 당사자도 첨부정보로 송신할 수 있다.

④ 법인의사록의 인증과 사서증서의 인증은 인증의 대상, 인증 시 제출하여야 하는 서면, 내용, 인증 이후 서류의 보관방법 등이 다르고 공증인법에서도 별도로 규정하고 있으므로, 법인등기신청서에 첨부하여야 할 법인의 총회 또는 이사회 의사록의 인증방법으로는 법인의사록의 인증방식만 가능하고 사서증서의 인증방식으로는 할 수 없다.

⑤ 유통산업발전법 제8조 제1항은 "대규모점포를 개설하려는 자는 영업을 시작하기 전에 산업통상자원부령으로 정하는 바에 따라 상권영향평가서 및 지역협력계획서를 첨부하여 특별자치시장·시장·군수·구청장에게 등록하여야 한다."고 규정하고 있는데, 상법상의 회사가 같은 법 제2조 제3호 및 관련 별표 규정의 대형마트, 백화점 등을 등기기록의 목적란에 추가하는 변경등기를 신청할 때 관할 지방자치단체장에게 등록하였음을 증명하는 정보는 상업등기규칙 제52조 제1항 제2호의 첨부정보가 아니다.

[**❶** ▸ ×]　변호사나 법무사 등 자격자대리인이 상업등기 및 법인등기를 전자신청할 때 위임인으로부터 받은 첨부서면인 공증인의 인증을 받은 법인 총회 등의 의사록 등을 전자적 이미지 정보로 변환(스캐닝)하여 송신하는 경우에는 위임인의 전자증명서 또는 공인인증서를 함께 송신하여야 하는데, 이때 전자적 이미지 정보로 변환(스캐닝)된 문서에 공증인법 제66조의6에 따라 공증인의 인증을 받아야 하는 것은 아니다(상업등기선례 제2-4호).

> ❑ **등기예규 제1855-1호[상업등기 및 법인등기의 전자신청 절차 등에 관한 업무처리지침]**
>
> 제10조(전자증명서 등의 송신)
> ⑥ 자격자대리인이 첨부정보를 제7조 제3항 제1호의 전자적 이미지 정보로 송신할 때에는 위임인의 전자증명서 또는 인증서(제2항의 등기신청권자의 위임에 따라 전자신청을 하는 경우)를 함께 송신하여야 한다. 다만 제7조 제2항 단서 각 호의 등기신청의 경우에는 그러하지 아니하다.
>
> 제7조(신청정보 및 첨부정보의 송신 등)
> ③ 위임장 이외의 첨부정보도 원칙적으로 전자문서로 송신하여야 한다. 다만 다음 각 호에 해당하는 경우에는 그러하지 아니하다.
> 　1. 자격자대리인이 위임인으로부터 받은 첨부서면(인감증명법에 따른 인감증명서와 그 인감을 날인한 서면, 본인서명사실 확인 등에 관한 법률에 따른 본인서명사실확인서와 그 서명을 한 서면, 전자본인서명확인서발급증과 관련 서명을 한 서면은 제외한다)을 스캔하거나 제25조 제1항의 애플리케이션에서 제공하는 촬영 기능을 통해 전자적 이미지 정보로 변환하여 송신할 수 있다.
> 　2. 공증인법 제66조의6에 따라 인증받은 전자화문서를 송신하는 경우

[**❷** ▸ ○]　법인의 전자증명서 또는 개인의 공인인증서에 기초한 전자서명정보가 있는 경우에는, 법인인감 또는 인감증명법에 따라 신고한 인감의 날인이 있는 것으로 본다(상업등기선례 제201611-2호).

> **상업등기선례 제201611-2호[법인등기의 전자신청 시 전자서명]**
> 　1. 법인의 전자증명서 또는 개인의 공인인증서에 기초한 전자서명정보가 있는 경우에는, 법인인감 또는 「인감증명법」에 따라 신고한 인감의 날인이 있는 것으로 본다.
> 　2. 법인등기의 전자신청 시 첨부정보에 해당하는 서면을 스캐닝하여 파일로 송신하면서 신청인 및 작성명의인의 전자서명정보를 함께 송신한 경우의 첨부정보는 단순한 스캔문서(등기예규 제1612호 제6조 제3항 제1호 등에 해당하는 스캔문서)가 아닌 전자문서에 해당하므로, 자격자대리인이 아닌 당사자도 첨부정보로 송신할 수 있다.

[**❸** ▸ ○]　법인등기의 전자신청 시 첨부정보에 해당하는 서면을 스캐닝하여 파일로 송신하면서 신청인 및 작성명의인의 전자서명정보를 함께 송신한 경우의 첨부정보는 단순한 스캔문서(등기예규 제1612호 제6조 제3항 제1호 등에 해당하는 스캔문서)가 아닌 전자문서에 해당하므로, 자격자대리인이 아닌 당사자도 첨부정보로 송신할 수 있다(상업등기선례 제201611-2호).

[**❹** ▸ ○]　[법인등기신청서에 첨부할 법인의 총회 또는 이사회 의사록의 인증방법] 법인의사록의 인증과 사서증서의 인증은 인증의 대상, 인증 시 제출하여야 하는 서면, 내용, 인증 이후 서류의 보관방법 등이 다르고 「공증인법」에서도 별도로 규정하고 있으므로, 법인등기신청서에 첨부하여야 할 법인의 총회 또는 이사회 의사록의 인증방법으로는 법인의사록의 인증방식만 가능하고 사서증서의 인증방식으로는 할 수 없다(상업등기선례 제2-5호).

[❺ ▸ ○] 상업등기선례 제201812-1호

> **상업등기선례 제201812-1호[회사가 등기기록 목적란에 대규모점포로서 대형마트, 백화점 등을 추가하는 변경등기를 신청하는 경우 관청에 등록하였음을 증명하는 정보가 첨부정보인지 여부]**
>
> 1. 관청의 허가 또는 인가를 필요로 하는 사항의 등기를 신청하는 경우에는 그 허가 또는 인가가 있음을 증명하는 정보를 첨부하여야 하나(상업등기규칙 제52조 제1항 제2호), 이것은 <u>당해 허가 또는 인가가 등기할 사항의 효력요건인 경우</u>를 말한다(상업등기신청서의 양식에 관한 예규 제3조 제2항, 상업등기선례 제1-92호, 제1-103호, 제1-104호 참조).
> 2. 유통산업발전법 제8조 제1항은 "대규모점포를 개설하려는 자는 영업을 시작하기 전에 산업통상자원부령으로 정하는 바에 따라 상권영향평가서 및 지역협력계획서를 첨부하여 특별자치시장·시장·군수·구청장에게 등록하여야 한다."고 규정하고 있는데, <u>이는 영업에 관한 등록으로서 영업수행을 위한 요건이며 등기할 사항의 효력요건이 아니므로</u>, 상법상의 회사가 같은 법 제2조 제3호 및 관련 별표 규정의 대형마트, 백화점 등을 등기기록의 목적란에 추가하는 변경등기를 신청할 때 관할 지방자치단체장에게 등록하였음을 증명하는 정보는 상업등기규칙 제52조 제1항 제2호의 첨부정보가 아니다.

답 ❶

11

　□□□

상업등기신청 시 첨부정보에 관한 다음 설명 중 가장 옳은 것은? 　2025년

① 복대리인이 복위임을 받아 등기를 신청하는 경우에는 대리인의 복대리인에 대한 위임장만 첨부정보로 제공하면 족하다.

② 첨부정보가 외국어로 작성된 경우에도 번역문을 함께 제공할 필요가 없다.

③ 유한회사가 주식회사와 합병하여 합병 후 존속하는 회사 또는 합병으로 인하여 설립되는 회사가 주식회사인 때에는 법원의 인가서를 첨부정보로 제공해야 한다.

④ 주민등록법에 따른 주민등록표등본·초본 및 가족관계의 등록 등에 관한 법률에 따른 가족관계등록사항별증명서를 첨부정보로 제출하는 경우에는 발행일로부터 6개월 이내의 것을 제출하면 족하다.

⑤ 첨부정보로 제출한 첨부서류 원본은 반환받을 수 없다.

....

[❶ ▸ ×] 복대리인이 복위임을 받아 등기를 신청하는 경우 <u>본인의 대리인에 대한 위임장과 대리인의 복대리인에 대한 위임장을 각각 첨부정보로 제공하여야 한다</u>. 만약, 본인의 대리인에 대한 위임장에 복대리인 선임에 관한 기재가 없음에도 복대리인이 등기를 신청하는 경우에는 <u>복대리인 선임에 대한 본인의 승낙이 있음을 증명하는 서면을 첨부정보로 제공하여야</u> 한다(민법 제120조, 상업등기규칙 제52조 제1항 제1호 참조).

[❷ ▸ ×] 첨부정보가 외국어로 작성된 경우에는 그 번역문을 함께 제공하여야 한다(상업등기규칙 제52조 제5항).

[❸ ▸ ○] 유한회사가 주식회사와 합병하는 경우에 합병 후 존속하는 회사 또는 합병으로 인하여 설립되는 회사가 주식회사인 때에는 법원의 인가를 얻지 아니하면 합병의 효력이 없다(상법 제600조 제1항). 따라서 그 등기를 신청하는 경우에는 법원의 인가서를 첨부정보로 제공하여야 한다(상업등기규칙 제52조 제1항 제2호).

> **상업등기규칙 제52조(첨부정보)**
> ① 등기를 신청하는 경우에는 다음 각 호의 정보를 그 신청정보와 함께 첨부정보로서 등기소에 제공하여야 한다.
>   1. 대리인에 의하여 등기를 신청하는 경우에는 그 권한을 증명하는 정보
>   2. 관청의 허가 또는 인가를 필요로 하는 사항의 등기를 신청하는 경우에는 그 허가 또는 인가가 있음을 증명하는 정보
>   3. 주소, 주민등록번호(주민등록번호가 없는 재외국민 또는 외국인의 경우에는 외국인등록번호·국내거소신고번호 또는 생년월일을 말한다)를 등기하여야 하는 경우에는 이를 증명하는 정보
>   4. 성명 또는 주소의 변경에 관한 등기를 신청하는 경우에는 그 사실을 증명하는 정보

[❹ ▸ ✕] 첨부정보 중 「주민등록법」에 따른 주민등록표등본·초본과 「인감증명법」에 따른 인감증명 및 「가족관계의 등록 등에 관한 법률」에 따른 가족관계등록사항별증명서는 발행일부터 3개월 이내의 것이어야 한다(상업등기규칙 제52조 제4항).

[❺ ▸ ✕] 첨부정보로 제출한 첨부서류 원본도 반환받을 수 있다. 다만, 등기신청에 첨부된 위임장 등 해당 등기신청만을 위하여 작성한 서류나 인감증명, 법인등기사항증명서, 주민등록표등본·초본, 가족관계등록사항별증명서 등 별도의 방법으로 다시 취득할 수 있는 서류에 대해서는 반환을 청구할 수 없다(상업등기규칙 제66조 제1항 참조).

> **상업등기규칙 제66조(원본인 첨부서류의 반환)**
> ① 신청서에 첨부한 원본인 서류의 반환을 청구하는 경우에 신청인은 그 원본과 같다는 뜻을 적은 사본을 첨부하여야 하고, 등기관이 서류의 원본을 반환할 때에는 그 사본에 원본 반환의 뜻을 적고 기명날인하여야 한다. 다만, 다음 각 호의 서류에 대해서는 반환을 청구할 수 없다.
>   1. 등기신청에 첨부된 위임장 등 해당 등기신청만을 위하여 작성한 서류
>   2. 인감증명, 법인등기사항증명서, 주민등록표등본·초본, 가족관계등록사항별증명서 등 별도의 방법으로 다시 취득할 수 있는 서류
> ② 대리인이 제1항의 청구를 할 때에는 신청서에 그 권한을 증명하는 서면을 첨부하여야 한다.

 답 ❸

12

전자증명과 전자신청에 관한 다음 설명 중 가장 옳은 것은?　　　　　

① 등기기록상 존립기간이 만료된 법인의 대표자도 전자증명서를 발급받을 수 있다.

② 회사의 등기된 지배인과 특수법인의 등기된 대리인은 등기신청권한이 없으므로 전자증명서 발급을 청구할 수 없다.

③ 변경등기에 의하여 등기기록의 내용과 전자증명서에 기록된 내용이 서로 달라진 경우라도 전자증명서를 변경 발급받을 필요는 없다.

④ 자격자대리인이 위임인으로부터 받은 위임장에 해당하는 첨부서면을 전자적 이미지 정보로 변환하여 송신할 수 있는 등기신청의 경우에는, 위임장에 해당하는 첨부정보를 전자적 이미지 정보로 송신할 때에 위임인의 전자증명서 또는 인증서를 송신할 필요가 없다.

⑤ 주금납입금보관증명서에 해당하는 정보는 신청인이 금융기관에 요청하여 수신한 정보를 송신하는 방법으로 제출할 수 있으나 잔고증명서는 그러하지 아니하다.

⋯⋯

[**❶** ▸ ×] 등기예규 제1850호 제4조 제3호

> **등기예규 제1850호[전자증명 및 보안매체에 관한 업무처리지침]**
> **제4조(전자증명서의 발급 제한)**
> 다음 각 호의 사람에게는 전자증명서를 발급하지 아니한다.
> 1. 직무집행정지의 등기가 된 법인의 대표자
> 2. 「채무자 회생 및 파산에 관한 법률」에 따라 보전관리, 회생절차개시 또는 파산선고의 등기가 된 법인의 대표자 및 지배인
> 3. 등기기록상 존립기간이 만료된 법인의 대표자 및 지배인
> 4. 같은 자격으로 이미 유효한 전자증명서를 발급받은 사람
> 5. 제8조 제2항 제1호와 제2호의 사항에 변경을 가져오는 등기신청이 접수되어 처리 중에 있는 해당 법인의 인감제출자

[**❷** ▸ ×] 등기예규 제1850호 제3조 제1항 제4호

> **등기예규 제1850호[전자증명 및 보안매체에 관한 업무처리지침]**
> **제3조(전자증명서의 발급을 신청할 수 있는 사람)**
> ① 등기소에 인감을 제출한 다음 각 호의 사람은 전자증명서의 발급을 신청할 수 있다.
> 1. 법인의 대표자. 다만 대표권을 2인 이상이 공동으로 행사하는 법인은 모든 대표자가 언제나 공동하여서만 대표권을 행사할 수 있는 경우에 한하여 전자증명서의 발급을 청구할 수 있다.
> 2. 법인 대표자의 직무대행자로 법원의 결정에 따라 선임된 사람
> 3. 「채무자 회생 및 파산에 관한 법률」에 따른 관리인, 관리인대리, 보전관리인, 파산관재인, 파산관재인대리, 국제도산관리인, 국제도산관리인대리
> 4. 회사의 등기된 지배인, 특수법인의 등기된 대리인

[**❸** ▸ ×] 변경등기에 의하여 등기기록의 내용과 전자증명서에 기록되는 내용이 달라진 경우에는 전자증명서를 변경 발급받아야 한다(상업등기규칙 제49조 제1항).

[**❹ ▸ ○**] 등기예규 제1855-1호 제7조 제2항 단서, 제10조 제4항 단서

> **등기예규 제1855-1호[상업등기 및 법인등기의 전자신청 절차 등에 관한 업무처리지침]**
>
> **제7조(신청정보 및 첨부정보의 송신 등)**
> ② 신청정보 또는 등기신청에 관한 대리권한을 증명하는 서면(이하 "위임장"이라 한다)에 해당하는 첨부정보는 반드시 제1항의 인터넷등기소에서 전자문서로 작성하여야 한다. 다만 다음 각 호의 하나에 해당하는 등기신청의 경우 위임장에 해당하는 첨부정보는 별지 제3호 양식의 <u>위임장을 전자적 이미지 정보로 변환[스캐닝]하여 송신할 수 있다.</u>
>   1. 대표자 주소 또는 주민등록번호의 변경이나 경정등기
>   2. 대표자를 제외한 임원(회사, 민법법인 및 특수법인의 사원, 이사, 감사, 감사위원회 위원, 지배인·대리인 등을 말한다)의 변경이나 경정등기
>
> **제10조(전자증명서 등의 송신)**
> ④ <u>자격자대리인이 위임장에 해당하는 첨부정보를 송신할 때에는</u> 위임인의 전자증명서 또는 인증서(제2항의 등기신청권자의 위임에 따라 전자신청을 하는 경우)를 함께 송신하여야 한다. 다만 <u>제7조 제2항 단서의 방법으로 작성된 첨부정보를 송신하는 경우에는 그러하지 아니하다.</u>

[**❺ ▸ ✕**] 첨부정보 중 <u>주금납입보관증명서 또는 잔고증명서에 해당하는 정보는</u> 신청인이 금융기관에 요청하여 수신한 정보를 송신하는 방법으로 제출할 수 있다(등기예규 제1855-1호 제7조 제5항).

답 ❹

13

재판에 따른 등기에 관한 다음 설명 중 가장 옳지 않은 것은?

① 촉탁절차에 관하여는 원칙적으로 신청절차가 준용되지만, 촉탁의 경우 촉탁자가 등기소에 출석하지 않아도 되고, 사전에 등기소에 인감을 제출하거나 촉탁서에 인감을 날인하지 않아도 된다.

② 주주총회결의의 취소, 부존재 또는 무효의 등기는 제1심 수소법원이 그 등기를 촉탁하여야 하고, 촉탁서에는 재판의 등본을 첨부하여야 한다.

③ 이사 선임 주주총회결의의 부존재 판결이 확정된 경우, 그 등기를 할 때에는 해당 이사의 등기를 말소하여야 하는데, 말소의 결과 등기기록상 등기되어 있는 이사의 수가 법률 또는 정관에 정한 원수에 부족한 때에도 사임 또는 임기만료에 의해 퇴임한 전임이사의 등기를 회복할 수 없다.

④ 주식회사의 설립무효의 판결에 따른 등기를 할 때 등기관은 직권으로 이사, 대표이사, 집행임원, 대표집행임원, 지배인에 관한 등기를 말소하여야 한다.

⑤ 법원이 촉탁하는 등기에 대하여는 등기신청수수료를 받지 아니한다.

....

[**❶ ▸ ○**] 촉탁에 의한 등기절차는 원칙적으로 신청절차가 준용되지만(상업등기법 제22조 제2항), 촉탁의 경우 촉탁자는 등기소에 출석하지 않아도 되고, 사전에 등기소에 인감을 제출하거나 촉탁서에 인감을 날인하지 않아도 된다(상업등기법 제24조 제2항 제1호, 제25조 제3항 제1호). **상업등기 실무 1**

> **상업등기법 제22조(신청주의)**
> ② 촉탁에 따른 등기절차에 관하여는 법률에 다른 규정이 없는 경우에는 <u>신청에 따른 등기에 관한 규정을 준용한다.</u>
>
> **상업등기법 제24조(등기신청의 방법)**
> ① 등기는 다음 각 호의 어느 하나에 해당하는 방법으로 신청한다.
>   1. 방문신청 : 신청인 또는 그 대리인이 등기소에 출석하여 신청정보 및 첨부정보를 적은 서면을 제출하는 방법. 다만, 대리인이 변호사[법무법인, 법무법인(유한) 및 법무조합을 포함한다]나 법무사[법무사법인 및 법무사법인(유한)을 포함한다]인 경우에는 대법원규칙으로 정하는 사무원을 등기소에 출석하게 하여 그 서면을 제출할 수 있다.
>   2. 전자신청 : 전산정보처리조직을 이용[이동통신단말장치에서 사용되는 애플리케이션(Application)을 통하여 이용하는 경우를 포함한다]하여 신청정보 및 첨부정보를 보내는 방법. 전자신청이 가능한 등기유형에 관한 사항과 전자신청의 방법은 대법원규칙으로 정한다.
> ② 제1항에도 불구하고 <u>촉탁에 따른 등기 등</u> 대법원규칙으로 정하는 등기의 경우에는 <u>우편을 이용하여 신청정보 및 첨부정보를 적은 서면을 등기소에 제출하는 방법</u>으로 등기를 신청할 수 있다.
>
> **상업등기법 제25조(인감의 제출)**
> ① <u>등기신청서에 기명날인할 사람은 미리 그 인감을 등기소에 제출하여야</u> 한다. 인감을 변경할 때에도 같다.
> ③ <u>제1항은 다음 각 호의 어느 하나에 해당하는 등기에 대해서는 적용하지 아니한다.</u>
>   1. 촉탁에 따른 등기

[❷ ▶ ○]　주식회사의 창립총회 또는 주주총회나 유한회사의 사원총회가 결의한 사항이 등기된 경우에 결의취소·결의무효확인·결의부존재확인 또는 부당결의의 취소나 변경의 판결이 확정된 경우에는 제1심 수소법원은 회사의 본점 소재지의 등기소에 그 등기를 촉탁하여야 한다(비송사건절차법 제107조 제6호). 비송사건절차법에 따라 법원이 회사의 본점 소재지의 등기소에 등기를 촉탁할 때에는 촉탁서에 재판의 등본을 첨부하여야 한다(비송사건절차법 제108조).

[❸ ▶ ×]　이사선임 주주총회결의의 취소, 부존재 또는 무효의 판결이 확정된 경우, 그 등기를 한 때에는 당해 이사의 등기를 말소하여야 하는데, 말소의 결과 등기기록상 등기되어 있는 이사의 수가 법률 또는 정관에 정한 원수에 부족한 때에는 사임 또는 임기만료에 의해 퇴임한 전임이사의 등기를 회복하여야 한다(상업등기규칙 제153조 제1항, 상업등기선례 제1-260호).

[❹ ▶ ○]　등기예규 제1826호 제3조 제2항

> **등기예규 제1826호[직무집행정지가처분등기 등 재판에 따른 등기에 관한 업무처리지침]**
> **제3조(재판에 따른 등기)**
> ② 등기관이 제1항에 따라 등기를 함에 있어서 그 등기로 인하여 말소 또는 회복할 필요가 있는 등기사항이 있는 경우에는 직권으로 그 사항을 말소 또는 회복하여야 한다. 다만, 재판에 따른 해산등기로 등기기록을 폐쇄하는 경우에는 그러하지 아니하다.
> **[말소 또는 회복할 필요성이 있는 경우의 예시]**
> (ㄱ) 설립무효의 등기를 할 때에 감사 외에 임원에 관한 기록의 말소

[❺ ▶ ○]　등기사항증명서 등 수수료규칙 제5조의3 제2항 제1호

> **등기사항증명서 등 수수료규칙 제5조의3(상업등기신청수수료)**
> ② 제1항의 경우를 제외한 나머지 상업등기의 신청수수료는 매 등기의 목적마다 7,000원으로 한다. 다만, 다음 각 호의 1에 해당하는 등기는 그 신청수수료를 받지 아니한다.
> 1. 법원의 촉탁에 의한 등기
> 2. 멸실회복등기
> 3. 행정구역·지번의 변경, 주민등록번호(또는 부동산등기용등록번호)의 정정, 등기관의 과오로 인한 등기의 착오 또는 유루를 원인으로 하는 경정 및 변경등기

답 ❸

14 □□□

제1심 수소법원이 등기를 촉탁하여야 할 사항에 해당하지 않는 것은?   2021년

① 회사의 청산인의 해임재판이 있는 경우
② 법원이 청산인을 선임한 경우
③ 합명회사, 합자회사 또는 유한회사의 설립을 취소하는 판결이 확정된 경우
④ 주식회사의 이사 · 감사 · 대표이사 또는 청산인이나 유한회사의 이사 · 감사 또는 청산인의 직무를
   일시적으로 맡아 할 사람을 선임한 경우
⑤ 주식회사의 이사 또는 감사나 유한회사 이사의 해임판결이 확정된 경우

....

[❶ ▸ ○] [❸ ▸ ○] [❹ ▸ ○] [❺ ▸ ○]   비송사건절차법 제107조

> **비송사건절차법 제107조(그 밖의 등기촉탁을 할 경우)**
> 다음 각 호의 어느 하나에 해당하는 경우에는 제1심 수소법원은 회사의 본점 소재지의 등기소에 그 등기를
> 촉탁하여야 한다.
>   1. 회사 청산인의 해임 재판이 있는 경우❶
>   2. 합명회사, 합자회사 또는 유한회사의 설립을 취소하는 판결이 확정된 경우❸
>   3. 합명회사 또는 합자회사의 사원 제명(除名) 또는 그 업무집행권한이나 대표권 상실의 판결이 확정된
>   경우
>   4. 주식회사의 이사 · 감사 · 대표이사 또는 청산인이나 유한회사의 이사 · 감사 또는 청산인의 직무를
>   일시적으로 맡아 할 사람을 선임한 경우❹
>   5. 주식회사의 이사 또는 감사나 유한회사 이사의 해임 판결이 확정된 경우❺
>   6. 주식회사의 창립총회 또는 주주총회나 유한회사의 사원총회가 결의한 사항이 등기된 경우에 결의취
>   소 · 결의무효확인 · 결의부존재확인(決議不存在確認) 또는 부당결의의 취소나 변경의 판결이 확
>   정된 경우
>   7. 주식회사의 신주 발행 또는 자본 감소의 무효판결이 확정된 경우
>   8. 주식회사의 주식 교환 또는 이전(移轉)의 무효판결이 확정된 경우
>   9. 유한회사의 자본 증가 또는 자본 감소의 무효판결이 확정된 경우

[❷ ▸ ×]   청산인선임재판의 경우에는 촉탁에 관한 규정이 없으므로, 회사의 대표자인 청산인이 등기
를 신청한다(상업등기법 제23조 제1항 참조).

> **상업등기법 제23조(등기신청인)**
> ① 회사의 등기는 법률에 다른 규정이 없는 경우에는 그 대표자가 신청한다.

답 ❷

제1장 제2장 제3장 제4장 기출문제

15 다음 중 등기신청의 각하사유에 해당하지 않는 것은?

2015년

① 등기할 사항에 무효 또는 취소의 원인이 있는 경우
② 신청정보의 제공이 방식에 맞지 아니한 경우
③ 당사자 또는 그 대리인 등의 출석이 필요한 경우에 출석하지 아니한 경우
④ 등기할 사항에 소(訴)로써만 주장할 수 있는 무효 또는 취소의 원인이 있는 경우에 그 소가 제기기간 내에 제기되지 아니한 경우
⑤ 사건이 법령의 규정에 따라 사용이 금지된 상호의 등기 또는 가등기를 목적으로 하는 경우

....

[**❶** ▸ ○] [**❷** ▸ ○] [**❸** ▸ ○] [**❺** ▸ ○]   상업등기법 제26조

> **상업등기법 제26조(신청의 각하)**
> 등기관은 다음 각 호의 어느 하나에 해당하는 경우에만 이유를 적은 결정으로 신청을 각하하여야 한다.
> 다만, 신청의 잘못된 부분이 보정될 수 있는 경우로서 등기관이 보정을 명한 날의 다음 날까지 신청인이
> 그 잘못된 부분을 보정하였을 때에는 그러하지 아니하다.
>   5. 제24조 제1항 제1호에 따라 등기를 신청할 때에 신청인 또는 그 대리인이 출석하지 아니한 경우**❸**
>   6. 신청정보의 제공이 이 법과 대법원규칙으로 정한 방식에 맞지 아니한 경우**❷**
>   10. 등기할 사항에 무효 또는 취소의 원인이 있는 경우**❶**
>   13. 사건이 제29조에 따라 등기할 수 없는 상호의 등기 또는 가등기를 목적으로 하는 경우
>   14. 사건이 법령의 규정에 따라 사용이 금지된 상호의 등기 또는 가등기를 목적으로 하는 경우**❺**
>   15. 상호등기가 말소된 회사가 상호의 등기에 앞서 다른 등기를 신청한 경우

[**❹** ▸ ×]   등기할 사항에 무효 또는 취소의 원인이 있는 경우에는 각하사유에 해당한다(상업등기법 제26조 제10호). 그러나 등기할 사항에 소(訴)로써만 주장할 수 있는 무효 또는 취소의 원인이 있는 경우에 그 소가 제기기간 내에 제기되지 아니하였을 때에는 제26조 제10호를 적용하지 아니하므로 등기신청을 각하할 수 없다(상업등기법 제27조).

답 ❹

16

등기신청의 각하사유에 관한 다음 설명 중 가장 옳은 것은?　　　

① 정관에서 정하는 대표이사의 직무대행자에 관한 사항은 법률상 등기사항이 아니므로, 이에 관한 등기를 신청한 경우에는 '사건이 등기할 사항이 아닌 경우'로서 각하사유에 해당한다.

② 관공서에서 우편을 이용하여 등기를 촉탁한 경우에는 '신청인 또는 그 대리인이 출석하지 아니한 경우'로서 각하사유에 해당한다.

③ 등기할 사항에 무효의 원인이 있는 경우에는 각하사유에 해당하지만, 등기할 사항에 취소의 원인이 있는 경우에는 각하사유에 해당하지 아니한다.

④ 동일한 특별시, 광역시, 시 또는 군에서 동종의 영업을 위하여 다른 상인이 등기한 상호와 유사한 상호의 등기를 신청한 경우에는 각하사유에 해당한다.

⑤ 회사가 아니면 상호에 '회사'임을 표시하는 문자를 사용하지 못하지만, 각하사유에 해당하는 것은 아니다.

···

[❶ ▸ ○]　법령에 의하여 등기할 사항으로 정하여지지 않은 것은 등기능력이 없으므로 이에 관한 등기신청은 상업등기법 제26조 제2호에 의하여 각하하여야 한다. 정관에서 정하는 대표이사의 직무대행자에 관한 사항은 등기할 사항이 아닌 것으로 등기관이 신청을 각하하여야 한다(상업등기선례 제1-368호, 제1-434호 등 참조).

[❷ ▸ ×]　등기의 '신청인 또는 그 대리인이 출석하지 아니한 경우'에는 해당하는 경우, 각하사유에 해당한다(상업등기법 제26조 제5호). 그러나 관공서의 촉탁에 따른 등기는 우편을 이용하여 신청정보 및 첨부정보를 적은 서면을 등기소에 제출하는 방법으로 등기를 신청할 수 있으므로(상업등기법 제24조 제2항), 관공서에서 우편을 이용하여 등기를 촉탁한 경우라도 각하사유에 해당하지 않는다.

[❸ ▸ ×]　등기할 사항에 무효 또는 취소의 원인이 있는 경우 각하사유가 된다(상업등기법 제26조 제10호). 등기할 사항에 관하여 무효 취소의 원인이 있음에도 그 사항을 등기할 경우 실체관계와 부합하지 않을 수 있기 때문이다. 다만, 등기할 사항에 소(訴)로써만 주장할 수 있는 무효 또는 취소의 원인이 있는 경우에 그 소가 제기기간 내에 제기되지 아니하였을 때에는 제26조 제10호를 적용하지 아니하므로 등기신청을 각하할 수 없다(상업등기법 제27조).

[❹ ▸ ×]　동일한 특별시, 광역시, 특별자치시, 시(행정시를 포함) 또는 군(광역시의 군은 제외)에서는 동종의 영업을 위하여 다른 상인이 등기한 상호와 동일한 상호는 등기할 수 없고(상업등기법 제29조), 이러한 등기할 수 없는 동일상호의 등기 또는 가등기를 신청한 경우에는 각하사유가 된다(상업등기법 제26조 제13호). 그러나 유사상호의 등기 또는 가등기의 신청은 각하사유에 해당하지 아니한다.

[❺ ▸ ×]　사건이 법령의 규정에 따라 사용이 금지된 상호의 등기 또는 가등기를 목적으로 하는 경우에는 각하사유가 되는데(상업등기법 제26조 제14호), 회사가 아니면 상호에 회사임을 표시하는 문자를 사용하지 못하므로(상법 제20조) 이러한 신청은 각하사유가 된다.

답 ❶

17
□□□

다음 중 주식회사의 등기와 관련하여 등기관이 직권으로 말소하여야 하는 등기가 아닌 것은?

2025년

① 해산의 등기를 할 때 감사에 관한 등기
② 파산선고 취소의 등기를 할 때 파산관재인에 관한 등기
③ 회생절차종결의 등기를 할 때 법인의 대표자를 관리인으로 본다는 취지의 등기
④ 회사계속의 등기를 할 때 청산인에 관한 등기
⑤ 이사 선임결의의 부존재, 무효나 취소 또는 판결에 의한 해임의 등기를 할 때 그 이사가 대표이사인 경우 그 대표이사에 관한 등기

[**❶** ▶ ✕] 해산의 등기를 할 때 '감사에 관한 등기'는 등기관이 직권으로 말소하여야 하는 등기가 아니다(상업등기규칙 제145조 참조).

> **상업등기규칙 제145조(해산등기와 이사 등에 관한 등기)**
> 해산등기를 할 때에는 이사, 대표이사, 집행임원, 대표집행임원에 관한 등기를 말소하여야 한다.

[**❷** ▶ ○] 등기예규 제1777호 제16조 제1항

> ❑ **등기예규 제1777호[채무자 회생 및 파산에 관한 법률에 따른 법인등기 사무처리지침]**
> 제16조(파산취소, 파산폐지, 파산종결의 등기)
> ① 등기관은 파산선고 취소의 등기를 한 때에는, 직권으로 파산선고의 등기, 파산관재인에 관한 등기, 파산관재인대리에 관한 등기를 말소하여야 한다.
> ② 등기관은 파산폐지 및 파산종결의 등기를 한 경우에는 당해 등기부를 폐쇄하여야 한다. 다만, 법 제538조의 동의에 의한 파산폐지의 등기를 한 경우에는 등기부를 폐쇄하지 아니하고, 직권으로 파산선고의 등기, 파산관재인, 파산관재인대리에 관한 등기를 말소하여야 한다.

[**❸** ▶ ○] 등기예규 제1777호 제13조 제2항

> ❑ **등기예규 제1777호[채무자 회생 및 파산에 관한 법률에 따른 법인등기 사무처리지침]**
> 제13조(회생절차폐지 및 회생절차종결 등기)
> ① 제10조 제1항, 제3항, 제4항의 규정은 회생절차폐지결정의 확정 또는 회생절차종결에 따른 등기에 준용한다.
> ② 회생절차폐지결정 또는 회생절차종결의 등기를 한 경우, 등기관은 직권으로 회생절차개시등기, 회생계획인가등기 및 관리인, 관리인대리, 또는 법 제74조 제4항에 의하여 법인의 대표자를 관리인으로 본다는 취지의 등기를 말소하여야 한다.
> ③ 회생계획에 따른 해산등기와 회생절차종결등기를 한 때에, 그 법인에 대하여 청산절차가 필요 없거나 청산절차가 종료되었음이 회생계획인가결정서, 회생절차종결결정서 등에 나타나면, 등기관은 해당 법인의 등기부를 직권으로 폐쇄하여야 한다.

[**④** ▸ ○] 상업등기규칙 제109조 제1항, 제154조 제1항

> **상업등기규칙 제109조(회사계속등기)**
> ① 회사 해산 후 회사계속등기를 할 때에는 해산과 청산인에 관한 등기를 말소하여야 한다.
> ② 상법 제194조에 따른 회사계속등기를 신청하는 경우에는 설립무효 또는 설립취소 판결에 관한 정보를 제공하여야 한다.
> ③ 제2항의 등기를 할 때에는 설립무효 또는 설립취소와 청산인에 관한 등기를 말소하여야 한다.
>
> **상업등기규칙 제154조(합명회사에 관한 규정의 준용)**
> ① 주식회사의 등기에 관하여는 제99조, 제100조, 제102조, 제106조, 제107조, 제109조 제1항, 제110조 제2항, 제113조, 제115조 및 제116조를 준용한다.

[**⑤** ▸ ○] 상업등기규칙 제132조

> **상업등기규칙 제132조(대표이사 또는 대표집행임원의 등기)**
> 이사 또는 집행임원의 선임결의의 부존재, 무효나 취소 또는 판결에 의한 해임의 등기를 하는 경우에 그 이사 또는 집행임원이 대표이사 또는 대표집행임원일 때에는 그 대표이사 또는 대표집행임원에 관한 등기도 말소하여야 한다.

답 **①**

18 **등기의 경정과 말소에 관한 다음 설명 중 가장 옳지 않은 것은?** 2022년

① 말소등기를 신청하는 경우에 등기에 무효원인이 있음이 그 등기의 신청정보 또는 첨부정보에 의하여 명백한 경우에도 그 무효원인이 있음을 증명하는 서면을 첨부정보로 제공해야만 한다.

② 등기에 착오나 빠진 부분이 있음이 그 등기의 신청정보 또는 첨부정보에 의하여 명백할 때에는 경정등기의 신청서에 그 뜻을 기재하고 착오나 빠진 부분이 있음을 증명하는 정보를 제공하지 아니할 수 있다.

③ 등기관은 등기의 착오나 빠진 부분이 등기관의 잘못으로 인한 것이었을 때에는 지체 없이 그 등기를 직권으로 경정하고 그 사실을 등기를 한 자에게 통지하여야 한다.

④ 말소등기를 신청하는 경우에 말소등기에 의하여 불이익을 받는 등기기록상의 이해관계인이 있는 때에는 그 자의 동의서와 인감증명서를 첨부하여야 한다.

⑤ 등기된 사항에 무효의 원인이 있지만 소로써만 그 무효를 주장할 수 있는 경우에는 말소등기를 신청할 수 없다.

··

[❶ ▸ ✕] [❷ ▸ ○] 상업등기규칙 제169조 제2항, 제167조 제2항

> **상업등기규칙 제169조(말소등기신청)**
> ① 법 제77조 제2호에 해당하는 말소등기를 신청하는 경우에는 <u>무효의 원인이 있음을 증명하는 정보를 제공하여야</u> 한다.
> ② <u>등기의 말소 신청에 관하여는 제167조 제2항을 준용한다.</u>
>
> **상업등기규칙 제167조(경정등기신청)**
> ① 경정등기를 신청하는 경우에는 착오나 빠진 부분이 있음을 증명하는 정보를 제공하여야 한다.
> ② 등기에 착오나 빠진 부분이 있음이 그 등기의 신청정보 또는 첨부정보에 의하여 명백할 때에는 경정등기의 신청서에 그 뜻을 기재하고 <u>제1항의 첨부정보를 제공하지 아니할 수 있다.</u>

[❸ ▸ ○] 등기관은 등기의 착오나 빠진 부분이 등기관의 잘못으로 인한 것이었을 때에는 지체 없이 그 등기를 직권으로 경정하고 그 사실을 등기를 한 자에게 통지하여야 한다(상업등기법 제76조 제2항).

[❹ ▸ ○] 무효의 원인이 있는 등기를 말소하기 위해서는 등기신청인과 첨부정보로 제공된 서면에 말소사유와 모순된 기재를 한 작성명의인 전원이 무효의 원인이 있음을 증명함에 족한 서면을 첨부정보로 제공하여야 하는데, 그 서면에는 무효사유가 있다는 뜻이 기재되어 있고 각자의 인감의 날인이 있어야 한다. 이 경우 작성명의인 전원은 인감증명법에 따라 발급받은 인감증명서를 첨부하여야 한다. 또한 말소등기에 의하여 불이익을 받는 등기기록상의 이해관계인이 있는 때에는 그 자의 동의서와 인감증명서도 첨부되어야 한다(상업등기선례 제1-66호 참조). **상업등기 실무 1**

[❺ ▸ ○] 상업등기법 제77조 제2호

> **상업등기법 제77조(말소등기의 신청)**
> 등기 당사자는 등기가 다음 각 호의 어느 하나에 해당하는 경우에는 그 등기의 말소를 신청할 수 있다.
>   1. 제26조 제1호부터 제3호까지에 해당하는 사유가 있는 경우
>   2. 등기된 사항에 <u>무효의 원인이 있는 경우</u>(<u>소로써만 그 무효를 주장할 수 있는 경우는 제외한다</u>)

답 ❶

19

상업등기의 등기사항에 관한 다음 설명 중 가장 옳지 않은 것은?

① 등기사항이란 상법 또는 다른 법령에 의하여 상업등기부에 등기하도록 정하여진 사항을 말하며, 공시할 필요가 있다고 해서 무조건 등기할 수 있는 것은 아니고, 법령에 의하여 등기할 수 있는 사항으로 규정된 것만 등기할 수 있다.

② 이사 등의 직무집행정지 가처분과 달리, '신청인의 피신청인을 상대로 한 이사회결의무효확인등청구사건의 본안판결 확정시까지 신청인은 피신청인의 공동대표이사의 지위에 있음을 임시로 정한다'는 내용의 가처분은 등기할 수 없다.

③ 주식회사의 설립등기를 함에 있어서 정관으로 회사의 존립기간 또는 해산사유를 정한 때에는 그 기간 또는 사유를 등기하여야 한다.

④ 상법은 제3편 회사에서 등기의무자가 등기기간 내에 등기사항을 등기하지 않으면 과태료를 부과한다는 규정을 두고 있다.

⑤ '사건이 등기할 사항이 아닌 경우'에는 등기관은 그 등기신청을 각하하여야 하지만, 이를 간과하고 등기가 실행되었더라도 등기관은 그 등기를 직권으로 말소할 수는 없다.

[**❶** ▶ ○] 등기사항이란 상법, 상업등기법 등 법령에 의하여 상업등기부에 등기하도록 정하여진 사항을 말한다. 즉 공시할 필요가 있다고 해서 무조건 등기할 수 있는 것은 아니고 법령에 의하여 등기할 수 있는 사항으로 규정된 것만 등기할 수 있다. **상업등기 실무 1**

[**❷** ▶ ○] 이사 등의 직무집행정지 또는 직무대행자선임의 가처분(상법 제183조의2, 제265조, 제407조, 제415조, 제542조 제2항, 제567조, 제570조, 제613조 제2항, 민법 제52조의2 등)과 달리, '신청인의 피신청인을 상대로 한 이사회결의무효확인등청구사건의 본안판결 확정시까지 신청인은 피신청인의 공동대표이사의 지위에 있음을 임시로 정한다'는 내용의 가처분(이하, '지위보전가처분'이라 한다)은 그것을 등기할 수 있도록 하는 법령의 규정이 없으므로 등기할 수 없다. 지위보전가처분은 등기할 사항이 아니므로, 등기되었더라도 일정한 절차를 거쳐 등기관에 의해 직권으로 말소되어야 한다(비송사건절차법 제159조 제2호, 제234조 내지 제237조)(상업등기선례 제2-88호).

[**❸** ▶ ○] 상법 제317조 제2항 제4호

> **상법 제317조(설립의 등기)**
> ② 제1항의 설립등기에 있어서는 다음의 사항을 등기하여야 한다.
>   1. 제289조 제1항 제1호 내지 제4호(목적, 상호, 회사가 발행할 주식의 총수, 액면주식을 발행하는 경우 1주의 금액), 제6호(본점의 소재지)와 제7호(회사가 공고를 하는 방법)에 게기한 사항
>   2. 자본금의 액
>   3. 발행주식의 총수, 그 종류와 각종주식의 내용과 수
>   4. 회사의 존립기간 또는 해산사유를 정한 때에는 그 기간 또는 사유
>   5. 삭제 〈2011.4.14.〉
>   6.~12. (생략)

[**❹** ▶ ○] 상법 제635조 제1항 제1호는 상법 제3편 회사편에 정한 등기를 게을리한 경우에 과태료에 처하도록 하고 있다. 즉, 회사 등기의 경우 상법 제181조 내지 제183조와 그 준용규정, 제317조 제1항, 제549조 제1항 등에서 정한 등기기간 내에 등기하지 않은 경우 제635조 제1항 제1호에 의하여, 과태료를 부과한다.

[**❺** ▸ ×] 등기관은 등기를 마친 후 그 등기가 상업등기법 제77조 각 호의 사유의 어느 하나에 해당하는 것을 발견한 때에는 같은 법 제78조부터 제80조까지의 절차에 따라 직권으로 등기를 말소한다. 직권으로 말소할 수 있는 사유는 신청에 의하여 말소할 수 있는 사유(상업등기법 제77조 각 호의 사유)와 동일하다 (상업등기법 제78조 제1항 참조). '사건이 등기할 사항이 아닌 경우'는 등기신청의 각하사유(상업등기법 제26 조 제2호)이자 동시에 직권말소 사유에도 해당한다(상업등기법 제77조 제1호, 제78조 제1항). 따라서 '사건이 등기할 사항이 아닌 경우'에는 등기관은 그 등기신청을 각하하여야 하고, 이를 간과하고 등기가 실행되었 더라도 등기관은 그 등기를 직권으로 말소하여야 한다.

상업등기법 제78조(등기의 직권말소의 통지 등)

① 등기관은 등기를 마친 후 그 등기가 제77조 각 호의 어느 하나에 해당되는 것임을 발견하였을 때에는 등기를 한 자에게 1개월 이내의 기간을 정하여 그 기간 이내에 이의를 진술하지 아니하면 등기를 말소한 다는 뜻을 통지하여야 한다.

상업등기법 제77조(말소등기의 신청)

등기 당사자는 등기가 다음 각 호의 어느 하나에 해당하는 경우에는 그 등기의 말소를 신청할 수 있다.

　1. 제26조 제1호부터 제3호까지에 해당하는 사유가 있는 경우
　2. 등기된 사항에 무효의 원인이 있는 경우(소로써만 그 무효를 주장할 수 있는 경우는 제외한다)

상업등기법 제26조(신청의 각하)

등기관은 다음 각 호의 어느 하나에 해당하는 경우에만 이유를 적은 결정으로 신청을 각하하여야 한다. 다만, 신청의 잘못된 부분이 보정될 수 있는 경우로서 등기관이 보정을 명한 날의 다음 날까지 신청인이 그 잘못된 부분을 보정하였을 때에는 그러하지 아니하다.

　1. 사건이 그 등기소의 관할이 아닌 경우
　2. 사건이 등기할 사항이 아닌 경우
　3. 사건이 그 등기소에 이미 등기되어 있는 경우

답 **❺**

20
□□□

등기관의 결정 또는 처분에 대한 이의에 관한 다음 설명 중 가장 옳은 것은?   2025년

① 등기관의 결정 또는 처분에 이의가 있는 회사는 본점 소재지를 관할하는 지방법원에 이의신청을 할 수 있다.
② 이의신청은 이의신청서를 제출하는 방법 외에 전산정보처리조직을 이용하여 이의신청정보를 보내는 방법으로도 가능하다.
③ 이의를 하려는 자는 등기관의 결정 또는 처분이 있은 날부터 1개월 이내에 이의신청을 하여야 한다.
④ 이의신청에는 집행정지의 효력이 있다.
⑤ 등기신청의 각하결정에 대한 이의신청에 따라 관할 지방법원이 그 등기의 기록명령을 하였다면 등기관은 신청인에게 첨부정보를 다시 등기소에 제공할 것을 명령할 수 없고, 그 기록명령에 따른 등기를 하여야 한다.

....

[❶ ▸ ✕] "본점 소재지를 관할하는 지방법원"이 아니라 "결정 또는 처분을 한 등기관이 속한 지방법원"이 관할 지방법원에 해당한다.

> **상업등기법 제82조(이의신청과 그 관할)**
> 등기관의 결정 또는 처분에 이의가 있는 자는 <u>그 결정 또는 처분을 한 등기관이 속한 지방법원</u>(이하 "관할 지방법원"이라 한다)에 이의신청을 할 수 있다.

[❷ ▸ ○] 2024.9.20. 개정 상업등기법(2025.1.31. 시행)에서 <u>전자 이의신청제도가 도입</u>되었다.

> **상업등기법 제83조(이의신청 방법)**
> 제82조에 따른 이의신청(이하 "이의신청"이라 한다)은 대법원규칙으로 정하는 바에 따라 결정 또는 처분을 한 등기관이 속한 등기소에 이의신청서를 제출하거나 <u>전산정보처리조직을 이용하여 이의신청정보를 보내는 방법</u>으로 한다.

[❸ ▸ ✕] 등기관의 결정 또는 처분에 대한 <u>이의신청기간에는 제한이 없으므로</u> 이의의 이익이 있는 한 언제라도 이의신청을 할 수 있다(등기예규 제1812호 제1조 제4항).
[❹ ▸ ✕] 이의신청에는 <u>집행정지의 효력이 없다</u>(상업등기법 제86조).
[❺ ▸ ✕] 등기신청의 각하결정에 대한 이의신청에 따라 관할 지방법원이 그 등기의 기록명령을 하였더라도, 등기관이 기록명령에 따른 등기를 하기 위하여 신청인에게 첨부정보를 다시 등기소에 제공할 것을 명령하였으나 신청인이 이에 응하지 아니한 경우에는 그 기록명령에 따른 등기를 할 수 없다(등기예규 제1812호 제6조 제2항 제1호 라목).

❑ **등기예규 제1812호[등기관의 처분에 대한 이의신청절차 등에 관한 업무처리지침]**

제6조(관할지방법원의 기록명령이나 가등기 또는 부기등기명령에 의한 등기)

② 기록명령에 따른 등기를 할 수 없는 경우

　　1. 등기신청의 각하결정에 대한 이의신청에 따라 관할 지방법원이 그 등기의 기록명령을 하였더라도 다음 각 호의 어느 하나에 해당하는 경우에는 그 기록명령에 따른 등기를 할 수 없다.

　　　　가. 권리이전등기의 기록명령이 있었으나, 그 기록명령에 따른 등기 전에 제3자 명의로 권리이전등기가 되어 있는 경우

　　　　나. 지상권·지역권·전세권·임차권설정등기의 기록명령이 있었으나, 그 기록명령에 따른 등기 전에 동일한 부분에 지상권·전세권·임차권설정등기가 되어 있는 경우

　　　　다. 말소등기의 기록명령이 있었으나 그 기록명령에 따른 등기 전에 등기상 이해관계인이 발생한 경우

　　　　라. 등기관이 기록명령에 따른 등기를 하기 위하여 신청인에게 첨부정보를 다시 등기소에 제공할 것을 명령하였으나 신청인이 이에 응하지 아니한 경우

　　2. 위 제1호와 같이 기록명령에 따른 등기를 할 수 없는 경우에는 그 뜻을 관할 지방법원과 이의신청인에게 통지하여야 한다.

답 ❷

등기관의 처분에 대한 이의에 관한 다음 설명 중 가장 옳지 않은 것은?

① 등기관의 결정 또는 처분에 이의가 있는 자는 관할 지방법원에 이의신청을 할 수 있다.
② 등기관의 결정이나 처분의 부당을 주장하는데 아무런 이해관계가 없는 자는 이의신청을 할 수 없다.
③ 등기관의 결정 또는 처분에 이의가 있는 자는 관할 지방법원에 이의신청서를 제출하여야 한다.
④ 등기관의 결정 또는 처분에 대한 이의는 집행정지의 효력이 없다.
⑤ 등기관이 등기를 완료한 처분에 대한 이해관계인의 이의에 대하여 관할법원이 이를 인용하여 그 등기의 말소를 명한 경우 말소의 대상이 된 당해 등기의 등기신청인은 항고할 수 있다.

[❶ ▸ ○] 등기관의 결정 또는 처분에 이의가 있는 자는 그 결정 또는 처분을 한 등기관이 속한 지방법원(이하 "관할 지방법원"이라 한다)에 이의신청을 할 수 있다(상업등기법 제82조).
[❷ ▸ ○] 등기공무원의 처분이 부당하다고 하여 이의신청을 할 수 있는 자는 등기상 직접적인 이해관계를 가진 자에 한한다고 할 것이므로(대결 1987.3.18. 87마206), 등기관의 결정이나 처분의 부당을 주장하는데 아무런 이해관계가 없는 자는 이의신청을 할 수 없다.
[❸ ▸ ×] 제82조에 따른 이의신청(이하 "이의신청"이라 한다)은 대법원규칙으로 정하는 바에 따라 결정 또는 처분을 한 등기관이 속한 등기소에 이의신청서를 제출하거나 전산정보처리조직을 이용하여 이의신청정보를 보내는 방법으로 한다(상업등기법 제83조).
[❹ ▸ ○] (등기관의 결정 또는 처분에 대한) 이의신청에는 집행정지의 효력이 없다(상업등기법 제86조). 왜냐하면 등기사무는 그 성질상 신속을 요하므로 이의신청이 있다고 하여 결정 또는 처분의 집행을 정지하는 것이 타당하지 않기 때문이다. 　상업등기 실무 1
[❺ ▸ ○] 이의신청에 대한 인용결정으로 말소의 대상이 된 당해 등기의 등기신청인은 비송사건절차법에 따라 항고할 수 있다(상업등기법 제87조 제2항).

> **상업등기법 제87조(이의신청에 대한 결정과 항고)**
> ① 관할 지방법원은 이의신청에 대하여 이유를 붙여 결정을 하여야 한다. 이 경우 이의신청이 이유 있다고 인정하면 등기관에게 그에 해당하는 처분을 명령하고, 그 뜻을 이의신청인과 등기를 한 자에게 통지하여야 한다.
> ② 제1항의 결정에 대해서는 비송사건절차법에 따라 항고할 수 있다.

 ❸

개인상인에 관한 등기

CHAPTER 02

제1절 **상호의 등기**

22
□□□

다음 중 상호의 등기에 관한 설명으로 가장 틀린 것은? 　　2012년

① 상호를 등기한 타인이 신청인의 상호에 관한 등기에 동의한 경우에는 등기관은 동일상호에 관한 등기신청을 수리할 수 있다.
② 등기관은 상호 자체의 동일성을 판단할 때 상호에 병기된 로마자가 있는 경우에는 이를 제외한 나머지 부분만으로 동일성을 판단한다.
③ 회사의 본점이전에 관계된 상호의 가등기의 경우 본등기를 할 때까지의 기간은 2년을 초과할 수 없다.
④ 상호를 폐지한 경우 2주 내에 그 상호를 등기한 자가 폐지의 등기를 하지 아니하는 때에는 이해관계인은 그 등기의 말소를 청구할 수 있다.
⑤ 유한책임회사, 주식회사 또는 유한회사를 설립하고자 할 때의 상호의 가등기는 발기인 또는 사원이 이를 신청한다.

···

[❶ ▸ ✕] 상호를 등기한 타인이 신청인의 상호에 관한 등기에 동의하거나 신청인이 발행한 주식을 100% 소유한 모회사라 하더라도, 동일상호인 경우에 등기관은 상호에 관한 등기신청을 수리할 수 없다(등기예규 제1547호 제5조).
[❷ ▸ ○] 상호 자체의 동일성을 판단할 때, 회사의 종류를 표시하는 문자(합명회사, 합자회사, 주식회사, 유한회사)나 상호에 병기된 로마자 등의 문자가 있는 경우 이를 제외한 나머지 부분만으로 동일성을 판단한다(등기예규 제1547호 제8조).
[❸ ▸ ○] 상호의 가등기를 할 때 등기하여야 하는 '본등기를 할 때까지의 기간'은 회사의 본점이전에 관계된 상호의 가등기의 경우에는 2년을 초과할 수 없고, 상호나 목적 또는 상호와 목적변경에 관계된 상호의 가등기의 경우에는 1년을 초과할 수 없다(상업등기법 제39조 제2항).
[❹ ▸ ○] 상호를 변경 또는 폐지한 경우에 2주 내에 그 상호를 등기한 자가 변경 또는 폐지의 등기를 하지 아니하는 때에는 이해관계인은 그 등기의 말소를 청구할 수 있다(상법 제27조).
[❺ ▸ ○] 상업등기법 제38조

> **상업등기법 제38조(유한책임회사, 주식회사 또는 유한회사의 설립에 관계된 상호의 가등기)**
> ① 상법 제22조의2 제1항에 따른 상호의 가등기는 발기인 또는 사원(이하 이 절에서 "발기인 등"이라 한다)이 본점 소재지를 관할하는 등기소에 신청한다.

답 ❶

상호의 등기 내지 가등기에 관한 다음 설명 중 가장 옳지 않은 것은? 2023년 기출+수정

① 상호나 목적 또는 상호와 목적 변경에 관계된 상호의 가등기의 본등기를 할 때까지의 기간은 1년을 초과할 수 없다.

② 의료업의 영위를 영업의 종류로 하는 개인의 상호등기 신청은 이를 수리할 수 있다.

③ 회사의 지점 및 외국회사의 영업소를 설치하거나 이전하는 등기에서는 동일상호 여부를 조사하지 아니한다.

④ 상호에 지점, 지사, 지부, 출장소 등의 문자나 영업부문임을 표시하는 문자(영업부, 판매부 등)를 사용한 경우(상법 제21조 제2항에 따라 지점의 상호에 본점과의 종속관계를 표시하기 위하여 사용하는 경우는 제외한다)는 등기할 수 없는 상호로 등기관은 이러한 등기신청을 각하하여야 한다.

⑤ 상호를 등기한 타인이 신청인의 상호에 관한 등기에 동의하거나 신청인이 발행한 주식을 100% 소유한 모회사라 하더라도, 동일상호인 경우에 등기관은 상호에 관한 등기 신청을 수리할 수 없다.

....

[**❶ ▸ ○**] 상호의 가등기를 할 때에는 '본등기를 할 때까지의 기간'도 등기하여야 한다(상업등기법 제39조 제1항 제8호). '본등기를 할 때까지의 기간'은 본점이전에 관계된 상호의 가등기의 경우에는 2년을 초과할 수 없고, 상호나 목적 또는 상호와 목적변경에 관계된 상호의 가등기의 경우에는 1년을 초과할 수 없다(상업등기법 제39조 제2항).

[**❷ ▸ ✕**] 의료업의 영위를 영업의 종류로 하는 개인의 상호등기의 신청은 이를 수리할 수 없다(등기선례 제2–676호).

[**❸ ▸ ○**] 회사의 지점 및 외국회사의 영업소를 설치하거나 이전하는 등기에서는 동일상호 여부를 조사하지 아니한다(등기예규 제1819호 제4조 제2항).

[**❹ ▸ ○**] 등기예규 제1819호 제3조 제4호

> **등기예규 제1819호[동일상호의 판단 기준에 관한 예규]**
> 제3조(등기할 수 없는 상호)
> 등기관은 다음 각 호의 어느 하나에 해당하는 경우에는 등기신청을 각하하여야 한다.
>   4. 상호에 지점, 지사, 지부, 출장소 등의 문자나 영업부문임을 표시하는 문자(영업부, 판매부 등)를 사용한 경우(상법 제21조 제2항에 따라 지점의 상호에 본점과의 종속관계를 표시하기 위하여 사용하는 경우는 제외한다). 다만, 대리점, 특약점 등의 문자는 상호에 사용할 수 있다.

[**❺ ▸ ○**] 상호를 등기한 타인이 신청인의 상호에 관한 등기에 동의하거나 신청인이 발행한 주식을 100% 소유한 모회사라 하더라도, 동일상호인 경우에 등기관은 상호에 관한 등기 신청을 수리할 수 없다(등기예규 제1819호 제5조).

답 ❷

24
□□□

다음 상법 제6조 미성년자의 영업과 등기에 관한 설명 중 타당한 것은?   2005년

① 미성년자의 등기는 법정대리인이 신청한다.
② 미성년자가 성년이 됨으로 인한 소멸의 등기는 등기관이 직권으로 할 수 있다.
③ 법정대리인도 등기사항이다.
④ 영업소별로 각 1개씩 등기부를 개설한다.
⑤ 영업의 종류별로 각 1개씩 등기부를 개설한다.

....

[❶▸×] 미성년자의 등기는 그 미성년자가 신청한다(상업등기법 제47조 제1항).

[❷▸○] 미성년자가 성년이 됨으로 인한 소멸의 등기는 등기관이 직권으로 할 수 있다(상업등기법 제47조 제4항).

[❸▸×] 상법 제6조에 따른 미성년자의 등기에서 법정대리인은 등기사항이 아니다.

> **상업등기법 제46조(미성년자등기의 등기사항 등)**
> ① 상법 제6조에 따른 미성년자의 등기를 할 때에는 다음 각 호의 사항을 등기하여야 한다.
>   1. 미성년자라는 사실
>   2. 미성년자의 성명·주민등록번호 및 주소
>   3. 영업소의 소재지
>   4. 영업의 종류

[❹▸×] [❺▸×] 미성년자별로 1개씩 등기부를 개설한다.

답 ❷

25
□□□

미성년자등기 및 법정대리인등기에 관한 다음의 기술 중 가장 타당한 것은?   2007년

① 미성년자등기와 법정대리인등기는 양자 모두 법정대리인이 등기를 신청하여야 한다.
② 미성년자등기는 미성년자, 피성년후견인이 법정대리인의 허락을 얻어 영업을 하는 때에 하는 등기이다.
③ 미성년자등기에 있어서 미성년자가 성년이 됨으로 인한 소멸의 등기와 미성년자의 사망으로 인한 소멸의 등기는 등기관이 직권으로 할 수 있다.
④ 법정대리인등기에 있어서 법정대리인의 퇴임으로 인한 소멸의 등기와 법정대리인의 사망으로 인한 소멸의 등기는 신법정대리인이 이를 신청하여야 한다.
⑤ 미성년자등기를 신청함에 있어서 후견인이 영업의 허락을 한 경우에는 후견감독인이 있으면 그의 동의나 가정법원의 허가가 있음을 증명하는 정보를 제공하여야 한다.

....

[**❶** ▸ ✕] 미성년자의 등기는 그 미성년자가 신청한다(상업등기법 제47조 제1항). 법정대리인의 등기는 그 법정대리인이 신청한다(상업등기법 제49조 제1항).

[**❷** ▸ ✕] 미성년자등기는 미성년자가 법정대리인의 허락을 얻어 영업을 하는 때에 하는 등기이다(상법 제6조, 상업등기법 제46조). 한편, 민법개정시 부칙규정에 의해 이미 한정치산선고를 받은 자나 피한정후견인은 기존의 무능력자등기를 할 수 있었으나, 그 기한인 2018.6.30.이 경과됨에 따라 이제는 미성년자 이외의 제한능력자는 그 등기를 할 수 없다. 따라서 현행법 하에서는 제한능력자 중 미성년자만 상법 제6조 및 상업등기법 제46조에 따른 등기를 할 수 있다.

[**❸** ▸ ✕] 미성년자가 성년이 됨으로 인한 소멸의 등기는 등기관이 직권으로 할 수 있다(상업등기법 제47조 제4항). 그러나 미성년자의 사망으로 인한 소멸의 등기는 법정대리인이 신청해야 하고(상업등기법 제47조 제3항), 등기관이 직권으로 할 수는 없다.

[**❹** ▸ ✕] 법정대리인의 사망으로 인한 소멸의 등기는 새로운 법정대리인이 신청한다(상업등기법 제49조 제4항). 반면, 법정대리인의 퇴임으로 인한 소멸의 등기는 퇴임하는 법정대리인뿐만 아니라 새로운 법정대리인도 신청할 수 있다(상업등기법 제49조 제3항).

[**❺** ▸ ○] 상업등기규칙 제84조 제1항 제2호

> **상업등기규칙 제84조(미성년자등기)**
> ① 미성년자가 「상법」 제6조에 따른 미성년자등기를 신청하는 경우에는 다음 각 호의 정보를 제공하여야 한다.
>   1. 법정대리인의 허락이 있음을 증명하는 정보. 다만, 신청서에 법정대리인의 기명날인이 있는 때에는 그러하지 아니하다.
>   2. 후견인이 영업의 허락을 한 경우에는 후견감독인이 있으면 그의 동의나 가정법원의 허가가 있음을 증명하는 정보

답 ❺

상업등기에 관한 다음 설명 중 가장 옳은 것은?

① 무능력자 제도가 제한능력자 제도로 변경되었지만 종전 규정에 따라 한정치산선고를 받은 자는 2019년 6월 22일 현재 무능력자 등기를 할 수 있다.

② 미성년자가 영업 허락을 받았을 때 하는 미성년자의 등기는 미성년자가 신청하지만 그 영업 허락의 취소로 인한 등기는 법정대리인도 신청할 수 있다.

③ 피성년후견인을 위하여 영업을 하고 있지 않은 경우에도 법정대리인은 법정대리인등기를 하여야 한다.

④ 같은 시(市) 내에 동일 상호가 아닌 유사한 상호가 이미 등기되어 있는 경우에도 상호의 등기를 할 수 없다.

⑤ 지배인은 회사의 영업에 관하여 재판상 또는 재판 외의 모든 행위를 할 수 있는 대리인이므로 개인상인은 지배인등기를 할 수 없다.

....

[❶ ▸ ×] 이 규칙 시행 당시 종전에 규정에 따라 마쳐진 한정치산자와 금치산자(법률 제10429호 민법 일부개정법률 부칙 제3조의 적용을 받는 피한정후견인과 피성년후견인을 포함한다)에 대한 "무능력자등기기록" 및 "법정대리인등기기록"은 규칙 제89조 제4호에 준하여 등기관이 직권으로 폐쇄한다(상업등기규칙 부칙 제2812호 제2조 제2항). 따라서 종전 규정에 따라 한정치산선고를 받은 자는 2019년 6월 22일 현재 무능력자등기를 할 수 없다.

[❷ ▸ ○] 상업등기법 제47조 제1항·제2항

> **상업등기법 제47조(미성년자등기의 신청인)**
> ① 미성년자의 등기는 그 미성년자가 신청한다.
> ② 영업허락의 취소로 인한 소멸의 등기 또는 영업허락의 제한으로 인한 변경의 등기는 법정대리인도 신청할 수 있다.

[❸ ▸ ×] 법정대리인이 미성년자, 피한정후견인 또는 피성년후견인을 위하여 영업을 하는 때에는 등기를 하여야 한다(상법 제8조 제1항).

[❹ ▸ ×] 동일한 특별시, 광역시, 특별자치시, 시(행정시를 포함한다) 또는 군(광역시의 군은 제외한다)에서는 동종의 영업을 위하여 다른 상인이 등기한 상호(商號)와 동일한 상호를 등기할 수 없다(상업등기법 제29조).

[❺ ▸ ×] 지배인은 영업주에 갈음하여 그 영업에 관한 재판상 또는 재판 외의 모든 행위를 할 수 있는 대리권을 가진 상업사용인이다(상법 제11조 제1항). 한편, 상인은 지배인의 선임과 그 대리권의 소멸에 관하여 영업소(회사의 경우 본점을 말한다)의 소재지에서 등기하여야 하는데(상법 제13조 참조), 개인상인과 회사가 모두 상인에 해당하므로(상법 제2조, 제3조 참조), 개인상인도 지배인등기를 할 수 있다.

답 ❷

27 미성년자의 등기 및 지배인의 등기에 관한 다음 설명 중 가장 옳은 것은? 2014년

① 영업 허락의 취소 또는 제한으로 인한 소멸 또는 변경의 등기는 법정대리인만이 신청할 수 있다.

② 미성년자의 사망으로 인한 소멸의 등기와 미성년자가 성년이 됨으로 인한 소멸의 등기는 등기관이 직권으로 할 수 있다.

③ 회사와 합자조합 외의 영업주로부터 여러 명의 지배인에 관한 등기신청이 있는 때에는 각 지배인을 같은 등기기록에 등기하여야 한다.

④ 본점에 지배인을 두는 경우 본점과 지점 소재지에서 각 지배인 선임등기를 한다.

⑤ 회사가 지배인 선임등기를 신청하는 경우에는 그 신청서에 지배인의 선임을 증명하는 서면 등을 첨부하여야 하나, 지배인의 취임승낙을 증명하는 서면은 첨부하지 않아도 된다.

....

[❶ ▸ ✕] 영업 허락의 취소 또는 제한으로 인한 소멸 또는 변경의 등기는 <u>원칙적으로 그 미성년자가 신청하고</u>(상업등기법 제47조 제1항), <u>법정대리인도 신청할 수 있다</u>(상업등기법 제47조 제2항).

[❷ ▸ ✕] <u>미성년자가 성년이 됨으로 인한 소멸의 등기는 등기관이 직권으로 할 수 있다</u>(상업등기법 제47조 제4항). 그러나 미성년자의 사망으로 인한 소멸의 등기는 법정대리인이 신청해야 하고(상업등기법 제47조 제3항). 등기관이 직권으로 할 수는 없다.

[❸ ▸ ✕] <u>회사와 합자조합 외의 영업주가 2인 이상의 지배인에 관한 등기신청을 하였을 때에는 각 지배인을 다른 등기기록에 등기하여야 한다</u>(상업등기규칙 제87조).

[❹ ▸ ✕] 본점에 지배인을 두는 경우 <u>본점 소재지에서 그 지배인의 선임등기를 한다</u>(상법 제13조).

[❺ ▸ ◯] 회사가 지배인 선임의 등기를 신청하는 경우에는 그 신청서에 지배인의 선임을 증명하는 서면 등을 첨부하여야 하나(상업등기규칙 제86조 제1항), <u>지배인의 취임승낙을 증명하는 서면(취임승낙서 등)은 첨부하지 않아도 된다</u>(상업등기선례 제2-9호).

답 ❺

28 지배인의 선임등기에 관한 다음 설명 중 가장 옳지 않은 것은?

① 지배인은 영업주를 대리하므로 의사능력을 가진 자연인이어야 하지만, 행위능력이 있어야 하는 것은 아니다.
② 주식회사의 이사와 감사는 지배인이 될 수 없다.
③ 1개 지점에 1인 이상의 지배인을 선임할 수 있으며, 수인의 지배인은 원칙적으로 각자 영업주에 갈음하여 그 영업에 관한 모든 행위를 할 수 있다.
④ 회사가 지배인 선임등기를 신청할 때 그 신청서에 지배인의 취임승낙을 증명하는 서면은 첨부하지 않아도 된다.
⑤ 회사와 합자조합의 지배인 선임등기는 지배인 등기부가 아닌, 회사와 합자조합의 등기부에 하여야 한다.

....

[❶ ▸ O] 대리인은 의사능력자이면 되고 행위능력자임을 요하지 아니하는데(민법 제117조 참조), 이는 영업주에 갈음하여 그 영업에 관한 재판상 또는 재판 외의 모든 행위를 할 수 있는 대리인인 지배인(상법 제11조 제1항 참조)도 마찬가지이다. 참고로 회사는 인적 개성이 중요시되고 육체적 노무를 제공하여야 하는 지배인과 같은 상업사용인이 되지 못한다.

[❷ ▸ ×] 주식회사의 이사는 지배인을 겸임할 수 있으나(대판 1968.7.23. 68다442), 그 직무의 성질상 주식회사와 유한회사의 감사는 그 회사 및 자회사의 지배인이 될 수 없다(상법 제411조, 제570조 참조).

[❸ ▸ O] 상법상 상인이 지배인을 선임할 수 있는 인원수에 관하여는 제한규정이 없으므로 1개 지점에 1인 이상의 지배인을 선임할 수도 있으며, 수인의 지배인이 공동으로 대리권을 행사할 것을 정하거나 대리할 영업의 종류를 정하여 이를 등기하지 않는 한 지배인은 각자 영업주에 갈음하여 그 영업에 관한 모든 행위를 할 수 있는 것이다(상업등기선례 제1-60호).

[❹ ▸ O] 회사가 지배인 선임의 등기를 신청하는 경우에는 그 신청서에 지배인의 선임을 증명하는 서면 등을 첨부하여야 하나(비송사건절차법 제181조 제1항), 지배인의 취임승낙을 증명하는 서면(취임승낙서 등)은 첨부하지 않아도 된다(상업등기선례 제2-9호).

[❺ ▸ O] 회사의 지배인등기는 회사의 등기부에 하고, 합자조합의 지배인등기는 합자조합의 등기부에 한다(상업등기법 제51조 제1항).

답 ❷

29 합자조합의 등기에 관한 다음 설명 중 가장 옳지 않은 것은? 2023년 기출수정

① 합자조합의 등기는 법률에 다른 규정이 없는 경우에는 합자조합의 업무를 집행하고 대리할 권한이 있는 자가 신청한다.
② 유한책임조합원의 경우 조합계약에 다른 규정이 없으면 신용 또는 노무를 출자의 목적으로 하지 못한다.
③ 업무집행권이 없는 조합원의 등기를 할 때에는 그 자의 성명 또는 상호 및 주민등록번호 또는 법인등록번호를 등기하여야 한다.
④ 합자조합 등기를 게을리한 경우 회사 등기와 달리 과태료 근거 규정이 없으므로 등기해태에 대한 과태료를 부과하지 아니한다.
⑤ 합자조합의 주된 영업소를 다른 등기소의 관할구역으로 이전한 경우에는 종전의 영업소 또는 새 영업소의 소재지를 관할하는 등기소 중 한 곳에 영업소 이전등기의 신청을 할 수 있다.

....

[❶▶○] 합자조합의 등기는 법률에 다른 규정이 없는 경우에는 합자조합의 업무를 집행하고 대리할 권한이 있는 자(이하 "업무집행조합원등"이라 한다)가 신청한다(상업등기법 제23조 제2항).
[❷▶○] 합자조합의 모든 조합원은 출자하여야 하는데, 출자의 내용은 구체적으로 조합계약으로 정한다(상법 제86조의3 제6호). 다만, 유한책임조합원의 경우 조합계약에 다른 규정이 없으면 신용 또는 노무를 출자의 목적으로 하지 못한다(상법 제86조의8 제3항, 제272조). **상업등기 실무 1**
[❸▶○] 상업등기규칙 제92조 제2항

> **상업등기규칙 제92조(조합원 등의 등기)**
> ① 업무집행권이 있는 조합원의 등기를 할 때에는 그 자의 성명 또는 상호, 주민등록번호 또는 법인등록번호 및 주소 또는 본점 소재지를 등기하여야 한다.
> ② 업무집행권이 없는 조합원의 등기를 할 때에는 그 자의 성명 또는 상호 및 주민등록번호 또는 법인등록번호를 등기하여야 한다.
> ③ 조합원 또는 청산인의 등기를 할 때 그 조합원 또는 청산인이 주민등록번호가 없는 재외국민 또는 외국인인 경우에는 주민등록번호를 갈음하여 그 생년월일을 등기하여야 한다.

[❹▶✕] 상법 제2편의 합자조합과 제3편의 회사에 관한 등기의 경우 일정한 기간 내에 등기를 하여야 하는데, 이를 게을리한 때에는 500만원 이하의 과태료를 부과한다(상법 제86조의9, 제635조 제1항 제1호).
[❺▶○] 합자조합의 주된 영업소를 다른 등기소의 관할구역으로 이전한 경우에는 종전의 영업소 또는 새 영업소의 소재지를 관할하는 등기소 중 한 곳에 영업소 이전등기의 신청을 할 수 있다(상업등기법 제53조, 제55조).

답 ❹

회사에 관한 등기

제1절 주식회사의 등기

30

주주총회에 관한 다음 설명 중 가장 옳지 않은 것은? 2017년

① 주주총회결의취소의 소가 제기기간 내에 제기되지 않은 경우 그 결의에 취소사유에 해당하는 하자가 있더라도 등기관은 그 등기신청을 수리하여야 한다.

② 주주총회가 소집권자에 의하여 소집되어 개최된 이상 정족수에 미달한 결의가 이루어졌다고 하더라도 그와 같은 하자는 결의취소의 사유에 불과하다.

③ 정관변경에 종류주주총회의 결의가 있어야 함에도 그 결의가 이루어지지 않았다면 정관변경을 결의한 주주총회결의 자체의 효력에 하자가 있게 된다.

④ 주주총회가 이사의 선임을 이사회에 위임하는 결의를 하였다면 이는 총회의 결의 내용이 법령에 위반한 것이므로 결의무효확인의 소를 제기할 수 있다.

⑤ 본인인 주주가 특별한 이해관계가 없더라도 대리인인 주주가 특별한 이해관계를 가질 때에는 주주총회의 결의에 관하여 의결권을 행사하지 못한다.

....

[**❶ ▸ ○**] 주주총회의 결의에 상법 제376조 제1항에서 정하는 결의취소의 소의 원인이 되는 하자가 있어도 법원의 취소판결이 확정되기 전까지 그 주주총회결의는 유효한 것으로 취급되고 누구도 그 효력을 다툴 수 없지만, 상업등기법 제26조 제10호는 취소판결의 확정 전에도 등기관이 취소사유가 있다고 인정한 경우 그 결의에 따른 등기신청을 각하하도록 규정하고 있다. 다만, 주주총회결의취소의 소가 그 주주총회결의가 있은 날로부터 2월 내에 제기되지 아니한 때에는 비록 그 주주총회결의에 취소사유에 해당하는 하자가 있더라도 등기관은 그 등기신청을 수리하여 등기하여야 한다(상업등기선례 제201511-2호).

[**❷ ▸ ○**] 주주총회가 소집권자에 의하여 소집되어 개최된 이상 정족수에 미달한 결의가 이루어졌다고 하더라도 그와 같은 하자는 결의취소의 사유에 불과하고, 무효 또는 부존재한 결의라고 할 수 없다(대판 1996.12.23. 96다32768).

[**❸ ▸ ✕**] 어느 종류주주에게 손해를 미치는 내용으로 정관을 변경함에 있어서 그 정관변경에 관한 주주총회의 결의 외에 추가로 요구되는 종류주주총회의 결의는 정관변경이라는 법률효과가 발생하기 위한 하나의 특별요건이라고 할 것이므로, 그와 같은 내용의 정관변경에 관하여 종류주주총회의 결의가 아직 이루어지지 않았다면 그러한 정관변경의 효력이 아직 발생하지 않는 데에 그칠 뿐이고, 그러한 정관변경을 결의한 주주총회결의 자체의 효력에는 아무런 하자가 없다(대판 2006.1.27. 2004다44575).

[**❹ ▶ ○**] 이사의 선임은 주주총회의 전속적 권한사항에 해당하므로(상법 제361조) 정관의 규정으로도 이를 이사회 등에 위임할 수 없다. **상업등기 실무 2** 따라서 주주총회가 이사의 선임을 이사회에 위임하는 결의를 하였다면 이는 '총회의 결의 내용이 법령에 위반한 때'에 해당하여 결의무효확인의 소를 제기할 수 있다(상법 제380조).

[**❺ ▶ ○**] 총회의 결의에 관하여 특별한 이해관계가 있는 자는 의결권을 행사하지 못하는데(상법 제368조 제3항), 주주 자신에게 특별한 이해관계가 있으면 특별한 이해관계가 없는 대리인을 통하여 의결권을 행사하더라도 상법 제368조 제3항이 적용된다. 또한 본인인 주주는 특별한 이해관계가 없지만 대리인인 주주가 특별한 이해관계를 가질 경우도 마찬가지로 해석된다(대판 2007.7.12, 2006다3585).

 답 ❸

---

31 자본금 총액이 10억원 미만인 소규모 주식회사의 특례에 관한 다음 설명 중 가장 옳지 않은 것은?   2022년

① 소규모 주식회사가 주주총회를 소집하는 경우에는 주주총회일의 10일 전에 각 주주에게 서면으로 소집통지를 발송하거나 각 주주의 동의를 받아 전자문서로 통지를 발송할 수 있다.

② 자본금 10억원 미만인 회사가 이사를 1명으로 하여 등기 신청하는 경우에 그 이사는 "대표이사"로 기재하고, 그 성명, 주민등록번호 및 주소를 같이 기재한다.

③ 자본금 총액이 10억원 미만인 회사는 주주 전원의 동의가 있을 경우에는 소집절차 없이 주주총회를 개최할 수 있고, 서면에 의한 결의로써 주주총회의 결의를 갈음할 수 있다.

④ 감사를 두지 않은 소규모 주식회사가 이사에 대하여 또는 이사가 그 회사에 대하여 소를 제기하는 경우에 회사, 이사 또는 이해관계인은 법원에 회사를 대표할 자를 선임하여 줄 것을 신청하여야 한다.

⑤ 자본금 총액이 10억원 미만인 회사를 발기설립하는 경우에는 각 발기인이 정관에 기명날인 또는 서명함으로써 효력이 생기고 공증인의 인증을 요하지 않는다.

··

[**❶ ▶ ○**] 주주총회를 소집할 때에는 주주총회일의 2주 전에 각 주주에게 서면으로 통지를 발송하거나 각 주주의 동의를 받아 전자문서로 통지를 발송하여야 한다(상법 제363조 제1항 본문). 제1항에도 불구하고 자본금 총액이 10억원 미만인 회사가 주주총회를 소집하는 경우에는 주주총회일의 10일 전에 각 주주에게 서면으로 통지를 발송하거나 각 주주의 동의를 받아 전자문서로 통지를 발송할 수 있다(상법 제363조 제3항).

[**❷ ▶ ✕**] 상법 제383조 제1항 단서의 규정에 의하여 자본금 10억원 미만인 회사가 이사를 1명으로 하는 경우에 그 이사는 "사내이사"로 기재하고, 그 성명, 주민등록번호 및 주소를 같이 기재한다(등기예규 제1538호 제3조 제2항 제1호).

[**❸ ▶ ○**] 자본금 총액이 10억원 미만인 회사는 주주 전원의 동의가 있을 경우에는 소집절차 없이 주주총회를 개최할 수 있고, 서면에 의한 결의로써 주주총회의 결의를 갈음할 수 있다. 결의의 목적사항에 대하여 주주 전원이 서면으로 동의를 한 때에는 서면에 의한 결의가 있는 것으로 본다(상법 제363조 제4항).

[❹ ▸ ○] 자본금의 총액이 10억원 미만인 회사의 경우에는 감사를 선임하지 아니할 수 있다(상법 제409조 제4항). 제4항에 따라 감사를 선임하지 아니한 회사가 이사에 대하여 또는 이사가 그 회사에 대하여 소를 제기하는 경우에 회사, 이사 또는 이해관계인은 법원에 회사를 대표할 자를 선임하여 줄 것을 신청하여야 한다(상법 제409조 제5항).

[❺ ▸ ○] 정관은 공증인의 인증을 받음으로써 효력이 생긴다. 다만, 자본금 총액이 10억원 미만인 회사를 제295조 제1항에 따라 발기설립하는 경우에는 제289조 제1항에 따라 각 발기인이 정관에 기명날인 또는 서명함으로써 효력이 생긴다(상법 제292조).

답 ❷

32

□□□ 자본금 총액이 10억원 미만인 주식회사(이하 '소규모 주식회사'라 함)에서 주주 전원의 동의로 서면에 의한 결의(이하 '서면결의'라 함)로써 주주총회의 결의를 갈음하거나(상법 제363조 제4항 전문), 결의의 목적사항에 대하여 주주 전원이 서면으로 동의(상법 제363조 제4항 후문, 이하 '서면동의'라 하고, '서면결의'와 '서면동의'를 합하여 '서면결의 등'이라 함)한 경우에 관한 다음 설명 중 가장 옳지 않은 것은? **2024년**

① 서면결의 등에 대하여는 주주총회에 관한 규정을 준용하도록 하고 있기 때문에 서면결의 등의 경우에도 의사록을 작성하여야 한다.

② 자기주식을 소유한 소규모 주식회사는 자기주식에 관하여 서면결의서 또는 서면동의서를 작성할 필요가 없다.

③ 서면결의의 경우에는 서면결의를 하는 것에 관한 주주 전원의 동의서 및 해당 결의요건을 충족하는 서면결의서에 각 주주가 인감증명법에 따라 신고한 인감을 날인하고 그 인감증명서를 첨부하고, 서면결의 등이 이루어질 당시의 대표자가 등기소에 제출한 인감을 날인한 주주명부를 첨부하여야 한다.

④ 법원의 확정 판결 등으로 1인 주주라는 사실을 등기관이 명백하게 알 수 있는 때에는 서면결의 등이 이루어질 당시의 대표자가 등기소에 제출한 인감을 날인한 주주명부는 첨부할 필요가 없다.

⑤ 벤처투자 촉진에 관한 법률에 의하여 설립된 투자조합이 소규모 주식회사의 주주로서 서면결의서 또는 서면동의서를 작성하는 경우에는 그 조합에 업무집행조합원이 선임된 경우에는 업무집행조합원임을 증명하는 서면과 업무집행조합원이 등기소에 제출한 인감을 날인한 서면결의서 또는 서면동의서를 첨부하여야 한다.

···

[❶ ▸ ○] 자본금 총액이 10억원 미만인 주식회사(이하 '소규모 주식회사'라 함)에서 주주 전원의 동의로 서면에 의한 결의(이하 '서면결의'라 함)로써 주주총회의 결의를 갈음하거나(상법 제363조 제4항 전문), 결의의 목적사항에 대하여 주주 전원이 서면으로 동의(상법 제363조 제4항 후문, 이하 '서면동의'라 하고, '서면결의'와 '서면동의'를 합하여 '서면결의 등'이라 함)한 경우에도 상법 제363조 제6항에 의해 제373조가 준용되어 의사록을 작성해야 할 것이다(상업등기선례 제201809-3호).

[❷ ▸ ○] 회사가 가진 자기주식은 의결권이 없고, 총회의 결의에 관하여는 자기주식의 수는 발행주식 총수에 산입하지 않으며, 자기주식을 가진 주주에 대해서는 원칙적으로 주주총회의 소집통지도 할 필요가 없는 점 등을 고려할 때 자기주식을 소유한 자본금 총액이 10억원 미만인 소규모 주식회사는 자기주식에 관하여 서면결의서 또는 서면동의서를 작성할 필요가 없다(상업등기선례 제202406-1호).

[**❸ ▸ ○**] 소규모 주식회사가 현실적인 주주총회 개최하지 않고 서면결의 등의 절차를 거쳐 그에 따른 등기를 신청할 때에는, 상업등기규칙 제128조 제1항의 '총주주의 동의가 있음을 증명하는 정보'로서 ① 서면결의의 경우에는 서면결의를 하는 것에 관한 주주 전원의 동의서 및 해당 결의요건을 충족하는 서면결의서에 각 주주가 인감증명법에 따라 신고한 인감을 날인하고 그 인감증명서를 첨부하고, ② 서면동의의 경우에는 주주 전원의 서면동의서에 각 주주가 인감증명법에 따라 신고한 인감을 날인하고 그 인감증명서를 첨부하여야 한다. 또한, 서면결의 등의 진정성을 보장하기 위하여 서면결의 등이 이루어질 당시의 대표자가 등기소에 제출한 인감을 날인한 주주명부를 첨부하여야 할 것이다(상업등기선례 제201809-3호).

[**❹ ▸ ○**] 자본금 총액이 10억 미만인 회사로서 상법 제363조 제4항의 절차(서면결의 등)를 밟는다면, 상업등기규칙 제128조 제1항의 '총주주의 동의가 있음을 증명하는 정보'로서 ① 서면결의의 경우에는 서면결의를 하는 것에 관한 주주 전원의 동의서 및 해당 결의요건을 충족하는 서면결의서에 각 주주가 인감증명법에 따라 신고한 인감을 날인하고 그 인감증명서를 첨부하고, ② 서면동의의 경우에는 주주 전원의 서면동의서에 각 주주가 인감증명법에 따라 신고한 인감을 날인하고 그 인감증명서를 첨부하여야 한다(법인등기선례 제201809-3호 참조). 다만, 법원의 확정 판결 등으로 1인 주주라는 사실을 등기관이 명백하게 알 수 있는 때에는 서면결의 등의 진정성을 보장하기 위한 서면결의 등이 이루어질 당시의 대표자가 등기소에 제출한 인감을 날인한 주주명부는 첨부할 필요는 없다(상업등기선례 제201901-2호).

[**❺ ▸ ✕**] 「벤처투자 촉진에 관한 법률」에 의하여 설립된 투자조합이 자본금 총액이 10억원 미만인 소규모 주식회사의 주주로서 서면결의서 또는 서면동의서를 작성하고자 한다면 그 조합에 업무집행조합원이 선임된 경우에는 업무집행조합원임을 증명하는 서면(조합계약서 등)과 업무집행조합원이 인감증명법에 따라 신고한 개인인감을 서면결의서 또는 서면동의서에 날인하고 그 인감증명서를 첨부하면 된다(다만, 수인의 업무집행조합원을 선임한 경우 또는 업무집행조합원이 없는 경우에는 업무집행조합원총회 또는 조합원총회의사록이 요구될 수 있음)(상업등기선례 제202312-1호).

답 ❺

33

주식회사의 설립등기에 있어서 등기사항이 아닌 것은?

2022년

① 감사위원회를 설치한 때에는 감사위원회 위원의 성명 및 주민등록번호
② 주식의 양도에 관하여 주주총회의 승인을 얻도록 정한 때에는 그 규정
③ 사내이사, 사외이사, 그 밖에 상무에 종사하지 아니하는 이사, 감사 및 집행임원의 성명과 주민등록
번호
④ 둘 이상의 대표이사 또는 대표집행임원이 공동으로 회사를 대표할 것을 정한 경우에는 그 규정
⑤ 주식매수선택권을 부여하도록 정한 때에는 그 규정

···

[❶▶○] 상법 제317조 제2항 제12호
[❷▶×] 상법 제317조 제2항 제3의2호(주식의 양도에 관하여 <u>이사회의 승인</u>을 얻도록 정한 때에는
그 규정)
[❸▶○] 상법 제317조 제2항 제8호
[❹▶○] 상법 제317조 제2항 제10호
[❺▶○] 상법 제317조 제2항 제3의3호

상법 제317조(설립의 등기)

① <u>주식회사의 설립등기</u>는 발기인이 회사설립 시에 발행한 주식의 총수를 인수한 경우에는 제299조와
제300조의 규정에 의한 절차가 종료한 날로부터, 발기인이 주주를 모집한 경우에는 창립총회가 종결한
날 또는 제314조의 규정에 의한 절차가 종료한 날로부터 2주간 내에 이를 하여야 한다.

② 제1항의 설립등기에 있어서는 다음의 사항을 등기하여야 한다.
   1. 제289조 제1항 제1호 내지 제4호, 제6호와 제7호에 게기한 사항
   2. 자본금의 액
   3. 발행주식의 총수, 그 종류와 각종 주식의 내용과 수
   3의2. 주식의 양도에 관하여 <u>이사회의 승인</u>을 얻도록 정한 때에는 그 규정❷
   3의3. <u>주식매수선택권을 부여하도록 정한 때에는 그 규정</u>❺
   3의4. 지점의 소재지
   4. 회사의 존립기간 또는 해산사유를 정한 때에는 그 기간 또는 사유
   5. 삭제 〈2011.4.14.〉
   6. 주주에게 배당할 이익으로 주식을 소각할 것을 정한 때에는 그 규정
   7. 전환주식을 발행하는 경우에는 제347조에 게기한 사항
   8. <u>사내이사, 사외이사, 그 밖에 상무에 종사하지 아니하는 이사, 감사 및 집행임원의 성명과 주민등록번</u>
      <u>호</u>❸
   9. 회사를 대표할 이사 또는 집행임원의 성명·주민등록번호 및 주소
   10. <u>둘 이상의 대표이사 또는 대표집행임원이 공동으로 회사를 대표할 것을 정한 경우에는 그 규정</u>❹
   11. 명의개서대리인을 둔 때에는 그 상호 및 본점 소재지
   12. <u>감사위원회를 설치한 때에는 감사위원회 위원의 성명 및 주민등록번호</u>❶

답 ❷

422 상업등기법 및 비송사건절차법 기출문제해설

34 □□□ **주식회사의 설립등기에 관한 다음 설명 중 가장 옳지 않은 것은?** 2021년

① 회사를 대표할 이사의 성명과 주민등록번호, 주소는 주식회사의 설립등기 사항이다.

② 주식회사의 존립기간 또는 해산사유는 주식회사 정관의 절대적 기재사항이다.

③ 회사 설립 시 '무액면주식을 발행하는 경우 주식의 발행가액과 주식의 발행가액 중 자본금으로 계상하는 금액'에 관하여 정관에 다른 정함이 없으면 발기인 전원의 동의로 이를 정한다.

④ 회사가 무액면주식을 발행하는 경우 회사의 자본금은 주식발행가액의 1/2 이상의 금액으로서 이사회(상법 제416조 단서에서 정한 주식발행의 경우에는 주주총회를 말한다)에서 자본금으로 계상하기로 한 금액의 총액으로 한다.

⑤ 투자회사의 발기인은 투자회사의 설립 시에 발행하는 주식의 총수를 인수하여야 하고, 이에 따라 주식을 인수한 발기인은 지체 없이 주식의 인수가액을 금전으로 납입하여야 한다.

....

[**❶ ▸ O**] 회사를 대표할 이사의 성명과 주민등록번호, 주소는 주식회사의 설립등기 사항이다(상법 제317조 제2항 제9호).

[**❷ ▸ ✕**] 주식회사의 존립기간 또는 해산사유는 주식회사 정관의 상대적 기재사항에 해당한다(상법 제517조 제1호, 제227조 제1호 참조).

[**❸ ▸ O**] 상법 제291조 제3호

> **상법 제291조(설립 당시의 주식발행사항의 결정)**
> 회사설립 시에 발행하는 주식에 관하여 다음의 사항은 정관으로 달리 정하지 아니하면 발기인 전원의 동의로 이를 정한다.
> 1. 주식의 종류와 수
> 2. 액면주식의 경우에 액면 이상의 주식을 발행할 때에는 그 수와 금액
> 3. 무액면주식을 발행하는 경우에는 주식의 발행가액과 주식의 발행가액 중 자본금으로 계상하는 금액

[**❹ ▸ O**] 회사가 무액면주식을 발행하는 경우 회사의 자본금은 주식 발행가액의 2분의 1 이상의 금액으로서 이사회(제416조 단서에서 정한 주식발행의 경우에는 주주총회를 말한다)에서 자본금으로 계상하기로 한 금액의 총액으로 한다. 이 경우 주식의 발행가액 중 자본금으로 계상하지 아니하는 금액은 자본준비금으로 계상하여야 한다(상법 제451조 제2항).

[**❺ ▸ O**] 자본시장법 제194조 제6항·제7항

> **자본시장법 제194조(투자회사의 설립 등)**
> ⑥ 투자회사의 발기인은 투자회사의 설립 시에 발행하는 주식의 총수를 인수(상법 제293조에 따른 인수를 말한다)하여야 한다.
> ⑦ 제6항에 따라 주식을 인수한 발기인은 지체 없이 주식의 인수가액을 금전으로 납입하여야 한다.

답 ❷

① 주식회사의 설립 시 1주의 액면가액이 5,000원인 주식의 발행가액을 A발기인에 대해서는 5,000 원, B발기인에 대하여는 100,000원, C발기인에 대하여는 200,000원으로 각각 달리한 설립등기신 청이 있을 경우, 등기관은 형식적 심사권만 가지고 있으므로 주주평등의 원칙에 반하는지 여부와 관계없이 위와 같은 내용의 설립등기신청을 수리할 수 있다.

② 주식회사의 설립등기 또는 새로운 대표이사의 취임으로 인한 변경등기를 신청함에 있어 대표이사 또는 새로이 취임하는 대표이사가 국내에 외국인등록을 한 외국국적자라면, 등기신청서에는 주소 를 증명하는 서면으로 외국인등록표등본을 첨부하고 주소는 외국인등록표등본에 나타난 국내 체류 지로 하여야 할 것이다.

③ 발기인회의사록은 발기인회에서 나온 회의내용과 결과를 기록한 문서로 필요한 경우 발기설립과정 에서의 의사결정내용을 기록하는 것은 가능하나, 상법 제295조 제1항 후문의 주금납입을 맡은 은행 기타 금융기관과 납입장소에 대한 내용이 발기인회의사록에 포함되어야 하는 것은 아니다.

④ "동일한 특별시, 광역시, 특별자치시, 시 또는 군에서 동종의 영업을 위하여 다른 상인이 등기한 상호와 동일한 상호를 등기할 수 없다"는 동일상호 금지에 관한 규정은 사실상 상법의 회사와 같은 목적을 수행하는 민법 법인의 명칭에는 적용되므로, 예를 들어 '사단법인 ○○○자산공제회'와 '○○○자산공제회 주식회사'는 다른 특별한 사정이 없는 한 동일상호 금지에 관한 규정이 적용된다.

⑤ 주식회사의 신설합병절차에서 합병계약서에 일반적인 합병사항과 신설회사의 등기할 사항에 대한 내용이 포함되고 이 합병계약서가 주주총회의 특별결의로 승인되었다면 단지 보고만을 위한 창립 총회는 상법개정으로 이사회의 결의에 의한 공고로 갈음할 수 있으며, 신설회사에 대한 설립등기도 등기사항이 합병승인을 위한 주주총회에서 승인되었다고 볼 수 있으므로 일반적인 회사설립에서 필요한 창립총회를 거칠 필요없이 등기가 가능하다.

[**❶** ▸ ○] [주식회사의 설립 시 1주의 발행가액을 발기인별로 차별하여 정할 수 있는지 여부] 주식회사 의 설립 시 1주의 액면가액이 금 5,000원인 주식의 발행가액을 A발기인에 대해서는 금 5,000원, B발기 인에 대하여는 금 100,000원, C발기인에 대하여는 금 200,000원으로 각각 달리한 설립등기신청이 있을 경우, 등기관은 형식적 심사권만 가지고 있으므로 <u>주주평등의 원칙에 반하는지 여부와 관계없이 위와 같은 내용의 설립등기신청을 수리할 수 있다</u>(상업등기선례 제1-87호).

[**❷** ▸ ○] [주식회사의 대표이사가 외국인으로서 외국인등록을 한 경우 등기하여야 할 주소] 주식회사 의 설립등기 또는 새로운 대표이사의 취임으로 인한 변경등기를 신청함에 있어 대표이사 또는 새로이 취임하는 대표이사가 국내에 외국인등록을 한 외국국적자라면, 등기신청서에는 <u>주소를 증명하는 서면으 로 외국인등록표등본을 첨부하고 주소는 외국인등록표등본에 나타난 국내 체류지로 하여야 할 것이다</u>(상 업등기선례 제1-154호).

[**❸** ▸ ○] 상업등기선례 제202306-1호

> **상업등기선례 제202306-1호[주식회사 발기설립등기신청 시 제출하는 발기인회의사록에 주금납입기관 및 납 입장소에 관한 내용이 반드시 기재되어야 하는지 여부]**
> 1. 주식회사 발기설립등기신청서에는 발기인이 이사와 감사 또는 감사위원회 위원의 선임을 증명하는 정보를 제공하여야 하고, 이를 증명하는 정보로 일반적으로 상법 제297조에 의한 발기인회의사록을 제출하고 있다.

2. 위 발기인회의사록은 발기인회에서 나온 회의내용과 결과를 기록한 문서로 필요한 경우 발기설립과정에서의 의사결정내용을 기록하는 것은 가능하나, 상법 제295조 제1항 후문의 주금납입을 맡은 은행 기타 금융기관과 납입장소는 발기인들의 과반수 동의로 정하되 이를 정하지 않은 경우에는 발기인 대표가 정할 수도 있으므로 반드시 이 내용이 발기인회의사록에 포함되어야 하는 것은 아니다.

[❹ ▸ ×] '사단법인 ○○○자산공제회'와 '○○○자산공제회 주식회사'는 다른 특별한 사정이 없는 한 동일상호 금지에 관한 규정이 적용되지 않는다(상업등기선례 제202206-1호).

> **상업등기선례 제202206-1호[주식회사의 상호와 동일한 명칭의 사단법인 설립등기 가부]**
> 1. "동일한 특별시, 광역시, 특별자치시, 시 또는 군에서 동종의 영업을 위하여 다른 상인이 등기한 상호와 동일한 상호를 등기할 수 없다"는 동일상호 금지에 관한 규정(상업등기법 제29조)은 민법법인 (민법에 의하여 설립된 비영리 사단법인과 재단법인)의 명칭에는 적용되지 않는다. 따라서 다른 법령에 특별한 규정이 없는 한 민법법인은 이미 설립된 영리법인의 상호와 동일한 명칭을 사용할 수 있다.
> 2. 가칭 '사단법인 ○○○자산공제회'와 '○○○자산공제회 주식회사'는 다른 특별한 사정이 없는 한 동일상호 금지에 관한 규정(상업등기법 제29조)이 적용되지 않는다.

[❺ ▸ ○] 주식회사의 신설합병절차에서 합병계약서에 일반적인 합병사항과 신설회사의 등기할 사항에 대한 내용이 포함되고 이 합병계약서가 주주총회의 특별결의로 승인되었다면 단지 보고만을 위한 창립총회는 상법개정으로 이사회의 결의에 의한 공고로 갈음할 수 있으며, 신설회사에 대한 설립등기도 등기사항이 합병승인을 위한 주주총회에서 승인되었다고 볼 수 있으므로 일반적인 회사설립에서 필요한 창립총회를 거칠 필요 없이 등기가 가능하다(등기선례 제6-672호).

답 ❹

주식회사의 설립등기에 관한 다음 설명 중 가장 옳지 않은 것은?

① 현물출자를 하기로 한 발기인은 납입기일에 지체 없이 출자의 목적인 재산을 인도하고, 등기, 등록 기타 권리의 설정 또는 이전을 요할 경우에는 이에 관한 서류를 완비하여 교부하여야 한다.

② 모집설립의 경우 현물출자의 이행에 관한 사항은 상법 제310조에 의한 검사인의 조사나 공인된 감정인의 감정 대상에 포함되지 않고, 이사와 감사가 이를 조사하여 창립총회에 보고한다.

③ 발기설립의 방법으로 자본금 총액을 10억원 이상으로 하여 주식회사를 설립하거나 모집설립의 방법으로 주식회사를 설립할 경우, 그 설립등기신청서에는 은행이나 그 밖의 금융기관이 발급한 납입금 보관에 관한 증명서면을 제출하여야 한다.

④ 발기설립의 경우 이사와 감사 중 발기인이었던 자를 포함한 이사와 감사 전원은, 취임 후 지체 없이 회사의 설립에 관한 모든 사항이 법령 또는 정관 규정에 위반되지 아니하는지를 조사하여 발기인에게 보고하여야 한다.

⑤ 소규모 주식회사를 발기설립하는 경우, 그 설립등기신청서에 첨부하는 이사회의사록은 공증인의 인증을 받을 필요가 없다.

....

[**❶ ▶ ○**] 현물출자를 하는 발기인은 납입기일에 지체 없이 출자의 목적인 재산을 인도하고 등기, 등록 기타 권리의 설정 또는 이전을 요할 경우에는 이에 관한 서류를 완비하여 교부하여야 한다(상법 제295조 제2항).

[**❷ ▶ ○**] 현물출자가 있는 모집설립 방식으로 주식회사를 설립하는 경우, 출자의 이행과 관련하여 현물출자자는 납일기일까지 그 목적인 재산의 전부를 인도하고, 등기·등록 기타 권리의 설정·이전을 요할 경우에는 이에 관한 서류를 완비하여 교부하여야 하는바, 상법 제310조의 규정에 의한 검사인의 조사나 공인된 감정인의 감정의 대상에는 '변태설립사항인 현물출자의 내용'(註−현물출자를 하는 자의 성명과 그 목적인 재산의 종류, 수량, 가격과 이에 대하여 부여할 주식의 종류와 수)만이 포함되며, '현물출자의 이행에 관한 것'은 같은 법 제313조의 규정에 의하여 이사와 감사가 이를 조사하여 창립총회에 보고하여야 할 사항이다(상업등기선례 제1−95호).

[**❸ ▶ ○**] 상업등기규칙 제129조 제12호

> **상업등기규칙 제129조(설립등기)**
> 설립등기를 신청하는 경우에는 다음 각 호의 정보를 제공하여야 한다.
> 1. 정 관
> 2. 주식의 인수를 증명하는 정보
> 3. 주식의 청약을 증명하는 정보
> 4. 발기인이 「상법」 제291조에 규정된 사항을 정한 때에는 이를 증명하는 정보
> 5. 「상법」 제298조 및 제313조에 따른 이사와 감사 또는 감사위원회 및 공증인의 조사보고에 관한 정보
> 6. 「상법」 제299조, 제299조의2 및 제310조에 따른 검사인이나 공증인의 조사보고 또는 감정인의 감정에 관한 정보
> 7. 제6호의 검사인이나 공증인의 조사보고 또는 감정인의 감정결과에 관한 재판이 있은 때에는 그 재판이 있음을 증명하는 정보
> 8. 발기인이 이사와 감사 또는 감사위원회 위원의 선임을 증명하는 정보
> 9. 창립총회의사록

10. 이사, 대표이사, 집행임원, 대표집행임원, 감사 또는 감사위원회 위원의 취임승낙을 증명하는 정보
11. 명의개서대리인을 둔 때에는 명의개서대리인과의 계약을 증명하는 정보
12. 주금의 납입을 맡은 은행, 그 밖의 금융기관의 납입금 보관을 증명하는 정보. 다만, 자본금 총액이 10억원 미만인 회사를 「상법」 제295조 제1항에 따라 발기설립(發起設立)하는 경우에는 은행이나 그 밖의 금융기관의 잔고를 증명하는 정보로 대체할 수 있다.

[❹ ▸ ✕] 상법 제298조 제1항, 제2항

상법 제298조(이사 · 감사의 조사 · 보고와 검사인의 선임청구)
① 이사와 감사는 취임 후 지체 없이 회사의 설립에 관한 모든 사항이 법령 또는 정관의 규정에 위반되지 아니하는지의 여부를 조사하여 발기인에게 보고하여야 한다.
② 이사와 감사 중 발기인이었던 자·현물출자자 또는 회사성립 후 양수할 재산의 계약당사자인 자는 제1항의 조사·보고에 참가하지 못한다.

[❺ ▸ ○] 공증인법 제66조의2 제1항 제1호

공증인법 제66조의2(법인의사록의 인증)
① 법인등기를 할 때 그 신청서류에 첨부되는 법인 총회 등의 의사록은 공증인의 인증을 받아야 한다. 다만, 다음 각 호의 어느 하나에 해당하는 경우에는 그러하지 아니하다.
1. 자본금 총액이 10억원 미만인 회사를 「상법」 제295조 제1항에 따라 발기설립하는 경우
2. 대통령령으로 정하는 공법인 또는 비영리법인인 경우
3. 대통령령으로 정하는 경미한 사항을 의결한 경우

답 ❹

37 주식회사의 본점이전등기에 관한 다음 설명 중 가장 옳지 않은 것은? 2025년

① 본점을 다른 등기소의 관할구역 내로 이전한 경우에 새 본점 소재지에서 하는 등기의 신청은 종전의 본점 소재지를 관할하는 등기소를 거쳐야 한다. 새 본점 소재지에서 하는 등기의 신청과 종전의 본점 소재지에서 하는 등기의 신청은 종전의 본점 소재지를 관할하는 등기소에 동시에 하여야 한다.

② 회생절차개시결정을 받은 주식회사의 경우 본점이전이 회생계획의 수행에 따른 것이라면 법원사무관 등의 촉탁에 의하여 본점이전등기를 하지만, 회생계획의 인가결정 전에 법원의 허가 등을 받아 본점이전을 하는 경우라면 관리인 또는 관리인으로 간주되는 자의 신청에 의하여 등기한다.

③ 주식회사의 본점에 지배인을 두고 있는 때에는 본점이전등기의 신청과 지배인을 둔 장소의 이전등기의 신청을 동시에 하여야 한다.

④ 정관에 기재된 본점 소재지 외의 장소로 본점을 이전하는 경우에는 신청서에 정관변경 결의에 관한 주주총회의사록을 첨부하여야 하는데, 정관변경의 효력은 주주총회의 결의만으로 발생하므로 변경된 정관을 첨부할 필요는 없다.

⑤ 본점을 이전하는 경우 인감제출자에 관한 사항에 변경이 생기지만, 본점이전등기를 신청하면서 대표자의 인감을 새로 제출하여야 하는 것은 아니다.

⋯⋯⋯⋯⋯⋯⋯⋯⋯⋯⋯⋯⋯⋯⋯⋯⋯⋯⋯⋯⋯⋯⋯⋯⋯⋯⋯⋯⋯⋯⋯⋯⋯⋯⋯⋯

[❶ ▸ ×] 지문은 2024.9.20. 상업등기법이 개정되기 전의 내용이다. 본점이전등기 절차의 간소화를 위해 상업등기법 제55조는 다음과 같이 개정되었다.

> **상업등기법 제55조(본점이전등기의 신청)**
> 본점을 다른 등기소의 관할구역으로 이전한 경우에는 종전의 본점 또는 새 본점의 소재지를 관할하는 등기소 중 한 곳에 본점이전등기의 신청을 할 수 있다.

[❷ ▸ ○] 채무자 회생 및 파산에 관한 법률 제23조 제1항 제1호, 등기예규 제1777호 제4조 제1항

> **채무자 회생 및 파산에 관한 법률 제23조(법인에 관한 등기의 촉탁)**
> ① 법인인 채무자에 대하여 다음 각 호의 어느 하나에 해당하는 사유가 있는 경우에는 법원사무관등은 직권으로 지체 없이 촉탁서에 결정서의 등본 또는 초본 등 관련 서류를 첨부하여 채무자의 주된 사무소 및 영업소(외국에 주된 사무소 또는 영업소가 있는 때에는 대한민국에 있는 사무소 또는 영업소를 말한다. 이하 이 조에서 같다)의 소재지의 등기소에 그 등기를 촉탁하여야 한다.
>   1. 회생절차개시(제293조의5 제4항에 따라 회생절차가 속행된 경우를 포함한다)·간이회생절차개시 또는 파산선고의 결정이 있는 경우

> ❏ **등기예규 제1777호[채무자 회생 및 파산에 관한 법률에 따른 법인등기 사무처리지침]**
> **제4조(촉탁등기사항 이외의 등기사항에 대한 등기신청권자)**
> ① 회생절차개시결정이 있는 때에는 채무자의 업무의 수행과 재산의 관리 및 처분을 하는 권한은 관리인에게 전속하고(법 제56조 제항), 관리인이 선임되지 아니한 경우에는 채무자인 법인의 대표자가 관리인으로 간주되므로(법 제74조 제4항), 법원사무관등이 촉탁하여야 할 등기사항 이외의 등기사항에 관하여는 관리인 또는 법 제74조 제4항에 의하여 관리인으로 간주되는 자의 신청에 의하여 등기하여야 한다.

[**❸** ▸ O] 상업등기법 제51조 제3항

> **상업등기법 제51조(회사 등의 지배인등기)**
> ① 회사의 지배인등기는 회사의 등기부에 하고, 합자조합의 지배인등기는 합자조합의 등기부에 한다.
> ② 제1항의 등기를 할 때에는 제50조 제1항 제2호 및 제3호의 사항을 등기하지 아니한다.
> ③ 회사 또는 합자조합의 지배인을 둔 본점(합자조합의 경우에는 주된 영업소를 말한다. 이하 이 항에서 같다) 또는 지점이 이전·변경 또는 폐지된 경우에 <u>본점 또는 지점의 이전·변경 또는 폐지의 등기신청과 지배인을 둔 장소의 이전·변경 또는 폐지의 등기신청은 동시에 하여야</u> 한다.

[**❹** ▸ O] 정관에 기재된 본점 소재지 외의 장소로 본점을 이전하는 경우에는 신청서에 정관변경 결의에 관한 주주총회의사록을 첨부하여야 하는데, <u>정관변경의 효력은 주주총회의 결의만으로 발생하므로 변경된 정관을 첨부할 필요는 없다</u>(상업등기선례 제1-117호 참조). 등기사항인 정관의 절대적 기재사항을 주주총회 결의로 변경하거나 이사회 결의로 대표이사의 선임 등을 하고 이에 대한 등기를 신청함에 있어서는 정관으로 상법의 규정과 달리 정할 수 있는 사항으로서 정관에 규정이 없으면 무효 또는 취소의 원인이 되는 경우(예 주주총회의 의결정족수 또는 소집지에 관한 사항, 이사회의 소집기간에 관한 사항 등) 이외에는 주주총회의사록이나 이사회의사록을 첨부하면 족하고 따로 정관을 첨부할 필요가 없기 때문이다(상업등기선례 제1-102호 참조).

[**❺** ▸ O] 본점을 이전하는 경우 인감제출자에 관한 사항에 변경이 생기지만(등기예규 제1832호 제13조 제1항 제5호 참조), <u>본점이전등기를 신청하면서 대표자의 인감을 새로 제출하여야 하는 것은 아니다</u>(등기예규 제1832호 제4조 제6항 참조).

> ❏ **등기예규 제1832호[인감의 제출·관리와 인감증명서 발급 및 전자인감증명서에 관한 업무처리지침]**
> **제4조(인감의 제출방법)**
> ⑥ 인감제출자에 관한 사항이 변경되는 변경등기 또는 경정등기를 신청하는 경우에는 인감을 재제출할 필요가 없다.

🗒 **❶**

① 자본금 총액이 10억원 미만인 주식회사는 이사를 1명 또는 2명으로 할 수 있다.
② 이사가 1명인 주식회사의 설립등기의 경우 그 이사는 '사내이사'로 기재하고, 그 성명, 주민등록번호 및 주소를 같이 기재한다.
③ 이사가 2명인 주식회사의 설립등기의 경우 2명의 이사가 회사를 각자 대표하는 경우에는 각 이사를 '대표이사'로 기재하고, 그 성명, 주민등록번호 및 주소를 같이 기재한다.
④ 이사가 3명 이상인 회사에서 이사를 2명으로 변경하는 경우 대표이사인 이사가 남아있는 때에는 남아있는 2명의 이사(사내이사이어야 함)를 제외한 다른 이사들의 퇴임등기만 한다.
⑤ 이사가 1명인 회사에서 이사를 2명으로 변경하기 위하여 다른 이사(사내이사이어야 함)를 선임하고, 정관에 따라 대표이사를 정한 경우 다른 이사의 취임등기와 대표이사의 취임등기를 신청하는 때에는 종전의 1명의 이사에 대하여 주소를 삭제하는 취지의 등기를 동시에 신청하여야 한다.

[**❶** ▸ ○] 이사는 3명 이상이어야 한다. 다만, 자본금 총액이 10억원 미만인 회사는 1명 또는 2명으로 할 수 있다(상법 제383조 제1항).
[**❷** ▸ ○] [**❸** ▸ ×] 자본금 10억원 미만인 소규모주식회사가 임원으로 이사 2인을 선임하는 경우에는 각 이사를 사내이사로 기재하여야 한다(상업등기선례 제201804-1호).

> **등기예규 제1538호[이사와 집행임원의 등기신청방법에 관한 예규]**
> 제3조(이사의 인원수 변경에 따른 등기신청방법)
> ② 제1항에 따라 등기를 신청하는 경우에 대표권 있는 이사에 관한 등기신청서의 기재방법은 다음 각 호와 같다.
>   1. 상법 제383조 제1항 단서의 규정에 의하여 자본금 10억원 미만인 회사가 이사를 1명으로 하는 경우에 그 이사는 "사내이사"로 기재하고, 그 성명, 주민등록번호 및 주소를 같이 기재한다.❷
>   2. 제1호의 회사가 이사를 2명으로 하고 각 이사가 회사를 각자 대표하는 경우에는 각 이사를 "사내이사"로 기재하고, 그 성명, 주민등록번호 및 주소를 같이 기재한다.❸

[**❹** ▸ ○] [**❺** ▸ ○] 등기예규 제1538호 제3조 제1호·제3호

> **등기예규 제1538호[이사와 집행임원의 등기신청방법에 관한 예규]**
> 제3조(이사의 인원수 변경에 따른 등기신청방법)
> ① 이사의 인원수가 변경된 경우에는 다음 각 호의 구분에 따라 등기를 신청하여야 한다. 다만, 종전 이사의 주소를 삭제하는 내용의 변경등기신청이 없는 경우 등기관은 직권으로 이사의 주소를 삭제한다.
>   1. 이사가 1명 또는 2명(각자 대표하는 경우)인 회사가 이사를 3명 이상으로 변경하거나 이사가 1명인 회사가 이사를 2명(정관에 따라 대표이사를 정한 경우)으로 변경하는 경우에는 새로 선임된 이사의 취임등기와 대표이사의 취임등기 및 종전 이사의 주소를 삭제하는 내용의 변경등기를 동시에 신청하여야 한다.❺
>   3. 이사가 3명 이상인 회사가 이사를 2명(정관에 따라 대표이사를 정한 경우)으로 변경하는 경우 대표이사가 남아있는 때에는 남아 있는 이사를 제외한 다른 이사의 퇴임등기만 신청하여야 한다.❹

🅐 ❸

주식회사의 이사의 등기에 관한 다음 설명 중 가장 옳은 것은?　　　

① 2015.5.20. 24:00에 임기가 만료되는 이사가 임기만료 전의 주주총회에서 다시 이사로 선임(예선)되고 그 임기만료 전에 취임을 승낙한 경우 2015.5.21.을 중임일로 등기한다.
② 사임의 결과, 법률 또는 정관에 정한 이사의 원수를 결한 경우에도 사임등기절차를 이행하라는 판결이 확정되면 사임등기를 할 수 있다.
③ 결원된 이사를 일부 선임하였지만 새로 취임한 이사와 잔존 이사만으로는 이사의 정원에 미달하여 동시에 임기만료로 퇴임한 이사가 이사로서의 권리의무를 계속 행사하는 경우, 퇴임이사의 퇴임등기는 하지 않은 채 새로 취임한 이사의 취임등기만 할 수는 없다.
④ 이사를 선임한 주주총회결의의 하자를 다투는 소에 있어서 청구의 인낙을 하는 것이 가능하고, 이 경우 제1심 수소법원의 촉탁에 의하여 취임등기를 말소한다.
⑤ 이사의 임기는 3년을 초과할 수 없지만, 정관으로 그 임기 중의 최종의 결산기에 관한 정기주주총회의 종결에 이르기까지 연장할 수 있는데, 이때의 정기주주총회란 임기만료 후 최초로 도래하는 결산기에 관한 정기주주총회를 말한다.

....

[❶ ▸ O]　이사가 임기만료 직전의 주주총회에서 다시 이사로 선임되고 그 임기만료 전에 취임을 승낙한 경우에는, <u>임기만료일의 다음 날이 중임일이 되며</u> 그날부터 2주 이내에 이사의 중임으로 인한 변경등기를 신청하여야 한다(상업등기선례 제2–27호).
[❷ ▸ X]　주식회사의 이사나 대표이사가 회사에 사임의 의사표시를 했음에도 불구하고 회사가 사임등기를 신청하지 아니할 경우에는 법원으로부터 이사나 대표이사의 사임등기절차이행판결을 받아 주식회사를 대위하여 등기를 신청할 수 있으나, 이 사임등기에 의하여 법률 또는 정관에서 정한 이사나 대표이사의 원수를 결하게 된 경우 사임이사나 사임대표이사는 후임이사나 후임대표이사가 취임할 때까지 이사나 대표이사의 권리의무가 있으므로, 그 사임등기는 후임이사나 후임대표이사의 취임등기와 동시에 하거나 또는 일시이사나 일시대표이사 취임등기를 한 후에 할 수 있다(상업등기선례 제1–164호).
[❸ ▸ X]　결원된 이사 일부를 선임하였지만 새로 취임한 이사와 잔존 이사만으로는 이사의 정원에 미달한 경우에도, <u>퇴임하는 이사는 이사로서의 권리의무가 있으므로</u> 퇴임하는 이사만의 퇴임등기를 할 수도 없다. 다만, 새로 이사를 선임한 결과 이사의 수가 정관에서 정한 원수를 초과하더라도 적법하게 취임한 후임 이사의 취임등기는 가능하다 할 것이다(상업등기선례 제2–119호).
[❹ ▸ X]　청구인낙은 당사자의 자유로운 처분이 허용되는 권리에 관하여만 허용되는 것으로서 <u>회사법상 주주총회결의의 하자를 다투는 소나 회사합병무효의 소 등에 있어서는 인정되지 아니하므로 법률상 인정되지 아니하는 권리관계를 대상으로 하는 청구인낙은 효력이 없다</u>(대판 1993.5.27. 92누14908).
[❺ ▸ X]　상법 제383조 제3항은 이사의 임기는 3년을 초과할 수 없도록 규정한 같은 조 제2항에 불구하고 정관으로 그 임기 중의 최종의 결산기에 관한 정기주주총회의 종결에 이르기까지 이를 연장할 수 있다고 규정하고 있는 바, 위 규정상의 '임기 중의 최종의 결산기에 관한 정기주주총회'란 임기 중에 도래하는 최종의 결산기에 관한 정기주주총회를 말하고, <u>임기 만료 후 최초로 도래하는 결산기에 관한 정기주주총회 또는 최초로 소집되는 정기주주총회를 의미하는 것은 아니다</u>(대판 2010.6.24. 2010다13541).

 답 ❶

40 □□□ 이사 등의 직무집행정지가처분 등의 재판 및 등기절차에 관한 다음 설명 중 가장 옳지 않은 것은?
2017년 기출수정

① 직무대행자 선임의 재판은 본점 소재지의 지방법원 합의부가 관할한다.
② 이사 등의 직무집행정지 등의 가처분의 등기를 하는 때에는 법원의 명칭, 사건번호 및 재판의 확정연월일 또는 재판연월일을 기록하여야 한다.
③ 이사 등의 직무집행정지 및 직무대행자선임 가처분등기까지 되어 있는 때에는 그 직무집행정지 및 직무대행자에 관한 등기가 말소되기 전에도 직무집행이 정지된 이사 등의 해임 등에 의한 퇴임등기를 할 수 있다.
④ 이사 등의 직무의 집행정지 또는 그 직무대행자의 등기는 그 이사 등의 선임결의의 부존재, 무효나 취소 또는 해임의 등기를 한 때에 등기관이 이를 직권으로 말소한다.
⑤ 이사 등의 직무집행정지 또는 그 직무대행자선임의 가처분, 가처분의 변경 또는 취소의 처분이 있는 때에는 본점의 소재지에서 그 등기를 하여야 한다.

[❶ ▸ ○] 직무대행자 선임의 재판은 회사의 본점 소재지 지방법원 합의부가 관할한다(비송사건절차법 제72조 제1항).

[❷ ▸ ○] 재판에 따른 등기를 할 때에는 법원의 명칭, 사건번호, 재판의 확정연월일 또는 재판연월일을 기록하여야 한다(등기예규 제1826호 제4조).

[❸ ▸ ×] 직무집행정지가처분등기가 말소되기 전이라도 직무집행이 정지된 임원에 대하여 적법한 절차에 의한 해임 등의 사유를 원인으로 한 말소등기 신청이 있는 경우에는 이를 수리하여야 한다. 다만, 직무집행정지가처분등기와 함께 직무대행자선임가처분등기가 마쳐진 경우, 직무대행자선임가처분등기가 말소되기 전에는 직무집행이 정지된 임원에 대한 해임 등에 의한 퇴임등기나 후임자 취임등기를 수리하여서는 아니 된다(등기예규 제1826호 제5조 제1항).

[❹ ▸ ○] 직무집행정지 또는 직무대행자에 관한 등기가 마쳐진 이사, 대표이사, 집행임원, 대표집행임원, 청산인, 대표청산인, 감사 또는 감사위원회 위원에 대하여 그 이사 등의 선임결의의 부존재, 무효나 취소 또는 해임의 등기를 할 때에는 그 직무집행정지 또는 직무대행자에 관한 등기를 말소하여야 한다(상업등기규칙 제131조 제2항).

[❺ ▸ ○] 이사 등의 직무집행정지가처분 또는 직무대행자선임가처분, 그 가처분의 변경 또는 취소의 처분이 있는 때에는 본점의 소재지에서 그 등기를 하여야 하는데(상법 제407조 제3항, 제415조, 제415조의2 제7항, 제542조 제2항), 이 등기는 법원사무관등의 촉탁에 따라 등기한다(민사집행법 제306조 본문).

상업등기 실무 2

답 ❸

주식회사의 대표자에 관한 다음 설명 중 가장 옳지 않은 것은?

① 주식회사의 이사는 원칙적으로 3명 이상이어야 하며, 이사회의 결의로 대표이사를 선정하여야 한다. 그러나 정관으로 주주총회에서 이를 선정할 것을 정할 수 있다.

② 자본금 총액이 10억원 미만인 주식회사는 1명 또는 2명의 이사만 두는 것도 가능하며, 이사가 2명일 때에는 각 이사(정관에 따라 대표이사를 정한 경우에는 그 대표이사를 말한다)가 회사를 대표하는 방식으로 대표자를 등기한다.

③ 집행임원을 둔 주식회사는 대표이사를 두지 못하므로 대표이사와 집행임원을 동시에 등기할 수 없다.

④ 대표이사 선임 방식과 동일하게 집행임원도 이사회에서 선임하는 것이 원칙이나, 정관으로 주주총회에서 선임하는 것으로 정할 수 있다.

⑤ 대표이사나 대표집행임원이 2명 이상인 경우에는 공동대표이사나 공동대표집행임원으로 등기를 하는 것이 가능하다.

....

[**❶ ▸ ○**] 주식회사의 이사는 3명 이상이어야 한다. 다만, 자본금 총액이 10억원 미만인 주식회사는 1명 또는 2명으로 할 수 있다(상법 제383조 제1항). 주식회사는 이사회의 결의로 회사를 대표할 이사를 선정하여야 한다. 그러나 정관으로 주주총회에서 이를 선정할 것을 정할 수 있다(상법 제389조 제1항).

[**❷ ▸ ○**] 자본금 총액이 10억원 미만인 소규모 주식회사는 1명 또는 2명의 이사를 두는 것도 가능하며(상법 제383조 제1항), 이 경우 각 이사(정관에 따라 대표이사를 정한 경우에는 그 대표이사를 말한다)가 회사를 대표한다(상법 제383조 제6항). 소규모 주식회사에서 이사를 2명으로 하고 각 이사가 회사를 각자 대표하는 경우에는 각 이사를 "사내이사"로 기재하고, 그 성명, 주민등록번호 및 주소를 같이 기재한다(등기예규 제1538호 제3조 제2항 제2호).

[**❸ ▸ ○**] 주식회사는 집행임원을 둘 수 있다. 이 경우 집행임원을 둔 주식회사(이하 "집행임원 설치회사"라 한다)는 대표이사를 두지 못한다(상법 제408조의2 제1항). 따라서 대표이사와 집행임원을 동시에 등기할 수 없다(등기예규 제1538호 제4조 제1항).

[**❹ ▸ ✕**] 집행임원 설치회사에서 집행임원의 선임과 해임의 권한은 이사회에 있다(상법 제408조의2 제3항 제1호). 이사회는 정관에 높은 비율로 달리 규정하고 있지 않는 한 이사 과반수의 출석과 출석이사 과반수의 찬성으로 집행임원을 선임한다(상법 제391조 제1항). 대표이사의 선임방식(상법 제389조 제1항)과 달리 집행임원을 정관으로 주주총회에서 선임하는 것으로 정할 수 없다.

[**❺ ▸ ○**] 주식회사는 수인의 대표이사를 두는 경우 정관에 별도의 규정이 없으면 각 대표이사는 원칙적으로 단독으로 회사를 대표하지만, 선임기관의 결의로 수인의 대표이사가 공동으로 회사를 대표할 것을 정할 수 있다(상법 제389조 제2항). 이 경우 2인 이상이 공동으로써만 회사를 대표할 수 있는 대표이사를 공동대표이사라 한다. **상업등기 실무 2** 집행임원 설치회사에서는 대표집행임원이 회사를 대표한다. 특히 2명 이상의 집행임원이 선임된 경우에는 이사회결의로 대표집행임원을 선임하여야 하는데, 집행임원이 1명인 경우에는 그 집행임원이 대표집행임원이 된다(상법 제408조의5 제1항). 또한 이사회는 수인의 대표집행임원이 공동으로 회사를 대표할 것을 정할 수 있다(상법 제408조의5 제2항, 제389조 제2항).

상업등기 실무 2 주식회사의 설립등기에 있어서는 '둘 이상의 대표이사 또는 대표집행임원이 공동으로 회사를 대표할 것을 정한 경우에는 그 규정'을 등기하여야 한다(상법 제317조 제2항).

답 ❹

42 □□□ 상업등기에 관한 다음 설명 중 가장 옳은 것은?   2024년

① 법인 등의 명칭이 변경된 경우에는 법인등록번호를 다시 부여받아 변경등기를 마쳐야 한다.
② 등기기록의 부속서류는 누구든지 열람할 수 있다.
③ 회사등기의 신청인에 관하여 대표이사의 원수를 결한 경우 법원은 이사, 감사 기타 이해관계인의 청구에 의하여 일시대표이사의 직무를 행할 자를 선임할 수 있고, 이렇게 선임된 일시대표이사는 회사의 상무에 속하는 행위로 제한되지 아니하므로 회사를 대표하여 등기를 신청할 수 있다.
④ 법원의 가처분결정에 의하여 대표자에 대한 직무집행을 정지하고 선임된 직무대행자는, 주주총회 및 이사회에서 직무집행이 정지된 대표자를 해임하고 새로운 대표자를 선임한 경우 새로운 대표자가 권한을 가지므로, 회사에 관한 등기를 신청할 수 없다.
⑤ 임기만료로 퇴임한 주식회사의 대표이사는 퇴임으로 법률 또는 정관에서 정한 대표이사의 원수를 결한 경우에도 일시이사의 선임 등의 방법으로 해결할 수 있으므로 회사를 대표하여 등기를 신청할 권한이 인정되지 않는다.

....

[**❶ ▸ ✕**] 법인등록번호는 한번 부여된 후에는 법인 등의 실체가 존재할 동안에는 착오부여 등으로 정정되는 경우를 제외하고는 변경되거나 다시 부여하지 않으므로 법인 등의 명칭이 변경된 경우에도 법인등록번호를 다시 부여받을 필요가 없다. 상업등기 실무 1

[**❷ ▸ ✕**] 누구든지 수수료를 내고 대법원규칙으로 정하는 바에 따라 등기기록에 기록되어 있는 사항의 전부 또는 일부의 열람과 이를 증명하는 등기사항증명서의 발급을 신청할 수 있다. 다만, 등기기록의 부속서류에 대해서는 이해관계 있는 부분만 열람을 신청할 수 있다(상업등기법 제15조 제1항). 등기신청서 기타 부속서류는 등기부와는 달리 법률상 이해관계가 있는 자가, 이해관계 있는 부분에 한하여 열람할 수 있으므로 신청서 기타 부속서류의 열람신청서에는 이해관계를 명백히 하는 사유를 적거나 이를 적은 서면을 첨부하여야 한다(상업등기규칙 제28조 제2항).

[**❸ ▸ ○**] 대표이사의 원수를 결한 경우 법원은 이사, 감사 기타의 이해관계인의 청구에 의하여 일시대표이사의 직무를 행할 자를 선임할 수 있다(상법 제386조 제2항, 제389조 제3항, 제415조). 이렇게 선임된 일시대표이사는 그 권한이 본래의 대표이사의 권한과 같으므로(상법 제386조 제2항, 제389조 제3항, 대판 1981.9.8. 80다2511), 당사자인 회사를 대표하여 등기를 신청할 수 있다. 상업등기 실무 1

[**❹ ▸ ✕**] 대표자에 대한 직무집행을 정지하고 그 직무대행자를 선임하는 법원의 가처분이 있는 경우에 법원의 가처분결정에 의하여 선임된 대표자의 직무대행자는 주주총회 및 이사회에서 직무집행이 정지된 대표자를 해임하고 새로운 대표자를 선임하더라도 그 가처분이 따로 실효될 때까지 그 대표자의 권한을 대행하는 자이므로 원칙적으로 상법 제407조 및 상업등기법 제23조 제1항 등에 의하여 해당 회사에 관한 등기를 신청할 수 있다(대판 1992.5.12. 92다5638 참조). 상업등기 실무 1

[**❺ ▸ ✕**] 주식회사의 대표이사는 임기만료 또는 사임으로 퇴임하더라도 퇴임의 결과 법률 또는 정관에 정한 대표이사의 원수(員數)를 결(缺)한 경우에는 새로 선임된 대표이사가 취임할 때까지 대표이사로서의 권리의무가 있는바(상법 제389조 제3항, 제386조 제1항, 대결 2005.3.8. 2004마800[전합] 참조), 이러한 자도 당해 회사를 대표하여 등기를 신청할 수 있다. 상업등기 실무 1

답 ❸

주식회사의 이사 퇴임 및 그 등기절차에 관한 다음 설명 중 가장 옳지 않은 것은? 2023년

① 이사의 사임을 증명하는 서면에는 인감증명법에 따라 신고한 인감을 날인하고 그 인감증명을 첨부하거나 그 서면에 본인이 기명날인 또는 서명하였다는 공증인의 인증서면을 첨부하여야 한다.

② 이사가 임기만료로 퇴임함과 동시에 동일 직위에 재취임하는 경우를 등기실무상 중임이라고 하는데, 이사가 임기만료 직전의 주주총회에서 다시 이사로 선임되고 그 임기만료 전에 취임을 승낙한 경우에는 임기만료일이 중임일이 되며 그날부터 2주 이내에 이사의 중임으로 인한 변경등기를 신청하여야 한다.

③ 주주총회 결의에 의하여 이사를 해임하고 그 이사의 퇴임등기를 신청할 때에는 공증인의 인증을 받은 주주총회의사록을 첨부하여야 한다.

④ 회생절차가 진행 중인 회사는 회생계획에 의하여 기존 이사 중 유임하게 할 자가 있는 때에는 회생계획에서 그 자와 임기를 정하는데, 회생계획에서 유임할 것으로 정하지 아니한 이사는 회생계획이 인가된 때에 해임된 것으로 본다.

⑤ 이사와 회사의 관계는 민법의 위임에 관한 규정이 준용되기 때문에 이사가 성년후견개시의 심판을 받은 경우에는 위임계약이 종료되어 당연히 퇴임한다.

[❶ ▸ ○] 상업등기규칙 제154조 제2항 및 제104조 제1항

> **상업등기규칙 제154조(합명회사에 관한 규정의 준용)**
> ② 이사, 대표이사, 집행임원, 대표집행임원, 청산인, 대표청산인, 감사 또는 감사위원회 위원의 취임승낙 또는 사임을 증명하는 정보에 관하여는 제104조를 준용한다.

> **상업등기규칙 제104조(취임승낙을 증명하는 서면 등)**
> ① 대표사원, 청산인, 대표청산인의 취임승낙 또는 사임을 증명하는 서면에는 「인감증명법」에 따라 신고한 인감을 날인하고 그 인감증명을 첨부하거나 그 서면에 본인이 기명날인 또는 서명하였다는 공증인의 인증서면을 첨부하여야 한다. 다만, 등기소에 인감을 제출한 사람이 중임 또는 사임하는 경우에는 등기소에 제출된 인감이 날인된 중임승낙 또는 사임을 증명하는 서면으로 갈음할 수 있다.

[❷ ▸ ×] 이사, 대표이사, 감사 또는 감사위원회 위원이 임기만료로 퇴임함과 동시에 동일 직위에 재취임하여 임기만료로 인한 퇴임과 재취임 사이에 시간적 간격이 없는 경우를 등기실무상 중임이라고 한다(상업등기규칙 제154조 제2항·제104조 제1항 참조). 정관에 이사의 임기를 3년으로 정한 경우 2006년 7월 30일에 설립등기를 한 회사의 이사의 임기만료일은 2009년 7월 30일이며, 이사가 임기만료 직전의 주주총회에서 다시 이사로 선임되고 그 임기만료 전에 취임을 승낙한 경우에는 임기만료일의 다음 날인 2009년 7월 31일이 중임일이 된다(상업등기선례 제2-32호). 따라서 그날(= 중임일)로부터 2주 이내에 이사의 중임으로 인한 변경등기를 신청하여야 한다(상업등기선례 제2-27호).

[❸ ▸ ○] 이사·대표이사·감사 또는 감사위원회 위원의 퇴임으로 인한 변경등기의 신청서에는 그 퇴임을 증명하는 서면을 첨부하여야 한다(상업등기규칙 제130조). 선임기관의 결의에 의하여 이사 등을 해임한 경우에는 공증인의 인증을 받은 그 의사록을 퇴임등기신청서에 첨부하여야 한다(상업등기규칙 제128조 제2항·제130조). 따라서 이사 또는 감사의 경우에는 주주총회의사록을 첨부하여야 한다(상법 제385조 제1항 본문, 제415조).

[❹ ▸ ○] 회생절차가 진행 중인 회사는 회생계획에 의하여 기존 이사 중 유임하게 할 자가 있는 때에는 회생계획에 그 자와 임기를 정하는데(채무자 회생 및 파산에 관한 법률 제203조 제2항 본문), 회생계획에서 유임할 것으로 정하지 아니한 이사는 회생계획이 인가된 때에 해임된 것으로 본다(채무자 회생 및 파산에 관한 법률 제263조 제4항). 해임된 것으로 간주된 이사의 퇴임등기는 법원사무관등의 촉탁에 의하여 한다(채무자 회생 및 파산에 관한 규칙 제9조 제1항).

[❺ ▸ O] 이사와 회사의 관계는 민법의 위임에 관한 규정이 준용되기 때문에(상법 제382조 제2항), 이사는 위임의 종료사유에 의하여 종임된다. 따라서 회사(위임인)가 해산·파산한 경우, 이사(수임인)가 사망·파산한 경우 및 이사(수임인)가 성년후견개시의 심판을 받은 경우에 위임계약이 종료되어 당연히 퇴임한다(민법 제690조).

답 ❷

44 **주식회사의 감사와 감사위원회에 관한 다음 설명 중 가장 옳은 것은?** 2023년

① 감사는 주주총회에서 정관에 다른 정함이 없는 한 출석한 주주의 의결권의 과반수와 발행주식총수의 4분의 1 이상의 수로써 선임하고, 감사를 해임할 때는 출석한 주주의 의결권의 3분의 1 이상의 수와 발행주식의 3분의 1 이상의 수로써 한다.
② 감사위원회위원의 임기는 취임 후 3년내의 최종의 결산기에 관한 정기총회의 종결일까지이다.
③ 감사위원회위원의 해임은 이사회에서 이사 총수의 3분의 2 이상의 결의로 하여야 하고, 최근 사업연도 말 현재의 자산총액이 2조원 이상인 상장회사의 경우에는 주주총회의 특별결의로써 하여야 한다.
④ 법률 또는 정관에 정한 감사의 원수를 결한 경우에는 임기의 만료, 사임 또는 해임으로 인하여 퇴임한 감사는 새로 선임된 감사가 취임할 때까지 감사의 권리의무가 있다.
⑤ 감사위원회는 3인 이상의 이사로 구성하고, 사외이사가 위원의 3분의 1 이상이어야 한다.

[❶ ▸ ✕] 감사는 주주총회에서 선임한다(상법 제409조 제1항). 감사는 정관에 다른 정함이 없는 한 주주총회의 보통결의(출석한 주주의 의결권의 과반수와 발행주식 총수의 4분의 1 이상의 수)로써 선임한다(상법 제368조 제1항). 반면, 감사의 해임은 제434조의 규정에 의한 주주총회의 특별결의(출석한 주주의 의결권의 3분의 2 이상의 수와 발행주식총수의 3분의 1 이상의 수)로써 한다(상법 제415조, 제385조).
[❷ ▸ ✕] 감사의 임기는 취임 후 3년 내의 최종의 결산기에 관한 정기주주총회의 종결 시까지인 것으로 법으로 정하여져 있다(상법 제410조). 이와 달리 상법에는 감사위원회 위원의 임기에 관한 규정이 없다. 따라서 임기에 관하여 정관에 규정이 있으면 그에 따르고, 정관에 규정이 없으면 선임기관인 이사회 또는 주주총회의 결의로 이를 정할 수 있다. 선임기관의 결의로도 감사위원회 위원의 임기를 정하지 않았다면 감사위원회 위원은 이사의 자격을 전제로 하므로 이사의 임기에 따른다.
[❸ ▸ O] 감사위원회 위원은 원칙적으로 이사회에서 해임하는데(상법 제393조의2 제2항), 이사 총수의 3분의 2 이상의 결의로 해임하여야 한다(상법 제415조의2 제3항). 다만, 상법 제542조의11 제1항의 상장회사(최근 사업연도 말 현재의 자산총액이 2조원 이상인 상장회사)의 경우 제393조의2에도 불구하고 감사위원회위원을 선임하거나 해임하는 권한은 주주총회에 있는데(상법 제542조의12 제1항, 상법 시행령 제37조 제1항), 감사위원회위원은 제434조에 따른 주주총회의 결의(주주총회의 특별결의)로 해임할 수 있다(상법 제542조의12 제3항).
[❹ ▸ ✕] 법률 또는 정관에 정한 감사의 원수를 결한 경우에는 임기의 만료 또는 사임으로 인하여 퇴임한 감사는 새로 선임된 감사가 취임할 때까지 감사의 권리의무가 있다(상법 제415조, 제386조 제1항). 해임으로 인하여 퇴임한 감사는 새로 선임된 감사가 취임할 때까지 감사의 권리의무가 인정되지 않는다.
[❺ ▸ ✕] 이사회 내 위원회는 원칙적으로 2인 이상의 이사로 구성되지만(상법 제393조의2 제3항), 감사위원회의 경우에는 3명 이상의 이사로 구성되며 사외이사가 위원의 3분의 2 이상이 되어야 한다(상법 제415조의2 제2항).

답 ❸

45 □□□ **주식회사의 등기에 관한 다음 설명 중 가장 옳지 않은 것은?** 2024년

① 법인이 상법상 주식회사의 이사가 될 수 있는 경우가 있다.

② 상법 제386조 제1항에 의하여 임기만료 또는 사임으로 인하여 퇴임한 이사가 새로 선임된 이사가 취임할 때까지 이사로서의 권리의무가 있는 경우에는 이사의 퇴임등기를 하여야 하는 2주 또는 3주의 등기기간은 퇴임한 이사의 퇴임일로부터 기산하지 않고 후임이사의 취임일로부터 기산하여야 하며, 후임이사의 취임등기를 하기 전에는 퇴임한 이사의 퇴임등기만을 할 수 없다.

③ 법원의 가처분결정에 의하여 선임된 대표이사 직무대행자는 법원의 허가가 없이는 새로운 이사의 선임을 승인하는 안건이 포함된 임시주주총회를 소집할 수 없다.

④ 등기사유로서 주주총회결의에서 특별이해관계인의 주식의 수는 발행주식총수에 산입하지만, 출석한 주주의 의결권의 수에는 산입하지 아니한다.

⑤ 특별이해관계인은 주주총회에서 의결권을 행사할 수 없으나, 이해관계 없는 대리인을 통하면 의결권을 행사할 수 있다.

⸺⸺⸺⸺⸺⸺⸺⸺⸺⸺⸺⸺⸺⸺⸺⸺⸺⸺⸺⸺⸺⸺⸺⸺⸺⸺⸺

[**❶ ▸ ○**] 법인이 상법상 주식회사의 이사가 될 수 있는지에 관하여 견해의 대립이 있는데, 이사는 이사회의 구성원인 동시에 업무집행을 담당하는 대표이사라는 지위의 전제가 되는 등 본질적으로 인적 개성이 중요하므로 이사는 자연인에 한한다고 보는 것이 다수설이다. 다만, 법령에서 법인이사를 인정하는 경우에는 법인이사도 허용된다고 본다. 예를 들어, 「자본시장과 금융투자업에 관한 법률」에 따라 설립되는 주식회사 형태의 투자회사에 대해서는 법인이 이사가 되어 회사를 대표하도록 하는 특별규정을 두고 있다(같은 법 제197조, 제198조). **상업등기 실무 2**

[**❷ ▸ ○**] 대표이사를 포함한 이사가 임기의 만료나 사임에 의하여 퇴임함으로 말미암아 법률 또는 정관에 정한 대표이사나 이사의 원수(최저인원수 또는 특정한 인원수)를 채우지 못하게 되는 결과가 일어나는 경우에, 그 퇴임한 이사는 새로 선임된 이사(후임이사)가 취임할 때까지 이사로서의 권리의무가 있는 것인바(상법 제386조 제1항, 제389조 제3항), 이러한 경우에는 이사의 퇴임등기를 하여야 하는 2주 또는 3주의 기간은 일반의 경우처럼 퇴임한 이사의 퇴임일부터 기산하는 것이 아니라 후임이사의 취임일부터 기산한다고 보아야 하며, 후임이사가 취임하기 전에는 퇴임한 이사의 퇴임등기만을 따로 신청할 수 없다고 봄이 상당하다(대결 2005.3.8. 2004마800[전합]).

[**❸ ▸ ○**] 상법 제408조 제1항이 규정하는 회사의 '상무'라 함은 일반적으로 회사에서 일상 행해져야 하는 사무, 회사가 영업을 계속함에 있어서 통상 행하는 영업범위 내의 사무 또는 회사경영에 중요한 영향을 주지 않는 통상의 업무 등을 의미하고, 어느 행위가 구체적으로 이 상무에 속하는가 하는 것은 당해 회사의 기구, 업무의 종류·성질, 기타 제반 사정을 고려하여 객관적으로 판단되어야 할 것인바, 직무대행자가 정기주주총회를 소집함에 있어서도 그 안건에 이사회의 구성 자체를 변경하는 행위나 상법 제374조의 특별결의사항에 해당하는 행위 등 회사의 경영 및 지배에 영향을 미칠 수 있는 것이 포함되어 있다면 그 안건의 범위에서 정기총회의 소집이 상무에 속하지 않는다고 할 것이고, 직무대행자가 정기주주총회를 소집하는 행위가 상무에 속하지 아니함에도 법원의 허가 없이 이를 소집하여 결의한 때에는 소집절차상의 하자로 결의취소사유에 해당한다(대판 2007.6.28. 2006다62362).

[**❹ ▸ ○**] 상법 제371조 제2항, 제368조 제3항

> **상법 제371조(정족수, 의결권수의 계산)**
> ② 총회의 결의에 관하여는 제368조 제3항에 따라 행사할 수 없는 주식의 의결권 수와 제409조 제2항 및 제542조의12 제4항에 따라 그 비율을 초과하는 주식으로서 행사할 수 없는 주식의 의결권 수는 출석한 주주의 의결권의 수에 산입하지 아니한다.

제1편 상업등기법 **437**

[❺ ▸ ×]   총회의 결의에 관하여 특별한 이해관계가 있는 자는 의결권을 행사하지 못하는데(상법 제368조 제3항), '특별한 이해관계'란 특정한 주주가 주주의 입장을 떠나서 개인적으로 가지는 이해관계를 말한다(대판 2007.9.6. 2007다40000 참조). … 주주 자신에게 특별한 이해관계가 있으면 특별한 이해관계가 없는 대리인을 통하여 의결권을 행사하더라도 상법 제368조 제3항이 적용된다.   상업등기 실무 2

답 ❺

46

회사가 발행할 주식의 총수의 변경등기에 관한 다음 설명 중 가장 옳지 않은 것은? 2019년

① 발행할 주식의 총수는 정관의 절대적 기재사항이므로 출석한 주주의 의결권의 2/3 이상의 수와 발행주식총수의 1/3 이상의 수로써 결의하여야 한다.

② 발행할 주식의 총수의 변경등기는 정관변경의 효력발생일로부터 2주간 내에 회사를 대표하는 자가 본점 소재지 및 지점 소재지에서 등기하여야 한다.

③ 발행할 주식의 총수의 변경등기를 신청하는 경우에는 발행할 주식의 총수를 변경 결의한 주주총회 의사록을 첨부정보로 제공하여야 한다.

④ 등기할 사항은 변경 후 회사가 발행할 주식의 총수, 발행할 주식의 총수가 변경된 뜻 및 그 연월일이다.

⑤ 회사설립 후 발행할 주식의 총수를 변경하는 경우에는 발행주식총수에 따른 범위 제한은 없다.

[❶ ▸ ○]   '발행할 주식의 총수'란 정관을 변경하지 않고 이사회의 결의 등에 의하여 회사가 발행할 수 있는 주식의 총수로 '발행예정주식의 총수' 또는 '발행이 가능한 주식의 총수'를 의미한다. 발행할 주식의 총수는 정관의 절대적 기재사항이므로(상법 제289조 제1항 제3호) 그 변경은 정관의 변경을 가져오므로 주주총회 특별결의, 즉 출석한 주주의 의결권의 3분의 2 이상의 수와 발행주식총수의 3분의 1 이상의 수로써 하여야 한다(상법 제433조 제1항, 제434조).

[❷ ▸ ×]   발행할 주식의 총수의 변경등기는 정관변경의 효력발생일로부터 2주간 내에 회사를 대표하는 자가 본점 소재지에서 변경등기를 하여야 한다(상법 제317조 제4항, 상업등기법 제23조 제1항). 발행할 주식의 총수는 지점 소재지에서는 등기사항이 아니므로 본점 소재지에서만 등기하여야 한다(상법 제317조 제3항, 법인등기법 제3조).

[❸ ▸ ○]   주주총회, 종류주주총회, 이사회 또는 청산인회의 결의를 필요로 하는 등기를 신청하는 경우에는 그 의사록을 제공하여야 하는데(상업등기규칙 제128조 제2항), 발행할 주식의 총수의 변경은 주주총회의 특별결의를 요하므로 등기를 신청하는 경우에는 발행할 주식의 총수를 변경 결의한 주주총회의사록을 첨부정보로 제공하여야 한다.

[❹ ▸ ○]   등기할 사항은 변경 후 회사가 발행할 주식의 총수, 발행할 주식의 총수가 변경된 뜻 및 그 연월일이다(상업등기규칙 제55조 제1항).

[❺ ▸ ○]   '발행할 주식의 총수'의 범위 내에서 '발행주식의 총수'는 제한된다. 다만, '회사가 발생할 주식의 총수를 증가하는 경우에는 발행주식의 총수의 4배를 초과하지 못한다'는 제한규정(구 상법 제437조)은 1995년 개정 상법에서 삭제되었으므로, 회사설립 후 '발행할 주식의 총수'를 변경하는 경우에는 '발행주식의 총수'에 따른 범위 제한은 없다.

답 ❷

주식회사의 신주발행으로 인한 변경등기에 관한 다음 설명 중 가장 옳지 않은 것은? 2025년

① 주주의 자격에는 특별한 제한이 없고 비법인사단도 주주명부에 기재될 수 있는 점에 비추어, 비법인 사단도 주식을 양수하여 주주가 될 수 있다.

② 신주발행으로 인해 등기된 사항에 무효의 원인이 있는 때에는 당사자의 신청 또는 소정의 절차를 거쳐 등기관이 직권으로 이를 말소할 수 있다.

③ 상법 제418조 제2항에 의하여 정관에 정하는 바에 따라 이사회에서 주주 외의 자에게 신주를 발행하는 결의를 하고 그에 따른 변경등기를 신청하는 경우, 신주발행을 결의한 이사회 결의일과 청약기일 사이의 시간적 간격이 2주간이 되지 아니하여 상법 제419조 제3항의 최고기간을 준수하지 못하는 경우에도 그에 관한 신주인수권자 전원의 동의서는 첨부할 서면이 아니다.

④ 신주발행의 결과 자본금 총액이 10억원 미만인 주식회사는 주금납입금 보관증명서 대신에 은행이나 그 밖의 금융기관의 잔고증명서를 첨부할 수 있다.

⑤ 현물출자의 경우 변제기가 도래한 회사에 대한 금전채권을 출자의 목적으로 하는 경우로서 그 가액이 회사장부에 적혀 있는 가액을 초과하지 아니하면 변경등기신청서에 검사인의 조사보고서를 첨부할 필요가 없다.

···

[❶ ▸ O] 주주의 자격에는 특별한 제한이 없고, 비법인사단도 주주명부에 기재될 수 있는 점에 비추어(상법 제352조, 「법인세법 시행령」 제160조, 「국세기본법」 제13조 제4항 참조), <u>비법인사단도 주식을 양수하여 주주가 될 수 있다</u>. 주식을 양수하여 주주명부에 기재된 비법인사단은 회사가 신주를 발행하는 경우 주주로서 신주인수의 청약(상법 제420조, 제425조, 제302조 제1항)을 할 수 있다(상업등기선례 제202205-1호).

[❷ ▸ ×] 신주발행의 무효는 주주, 이사 또는 감사에 한하여 신주를 발행한 날로부터 6월 내에 소(訴)만으로 이를 주장할 수 있다(상법 제429조). <u>신주발행으로 인해 등기된 사항에 무효의 원인이 있는 때에는 소(訴)로써만 그 무효를 주장할 수 있는 경우에 해당하므로 당사자의 신청 또는 소정의 절차를 거쳐 등기관이 직권으로 이를 말소할 수 없다</u>(상업등기법 제77조 제2호, 제78조 내지 제80조).

> **상업등기법 제77조(말소등기의 신청)**
> 등기 당사자는 등기가 다음 각 호의 어느 하나에 해당하는 경우에는 그 등기의 말소를 신청할 수 있다.
>   1. 제26조 제1호부터 제3호까지에 해당하는 사유가 있는 경우
>   2. 등기된 사항에 무효의 원인이 있는 경우(소로써만 그 무효를 주장할 수 있는 경우는 제외한다)
>
> **상업등기법 제78조(등기의 직권말소의 통지 등)**
> ① 등기관은 등기를 마친 후 그 등기가 제77조 각 호의 어느 하나에 해당되는 것임을 발견하였을 때에는 등기를 한 자에게 1개월 이내의 기간을 정하여 그 기간 이내에 이의를 진술하지 아니하면 등기를 말소한다는 뜻을 통지하여야 한다.
>
> **상업등기법 제79조(이의에 대한 결정)**
> 등기관은 제78조 제1항의 말소에 관하여 이의를 진술한 자가 있으면 그 이의에 대한 결정을 하여야 한다.
>
> **상업등기법 제80조(등기의 직권말소)**
> 등기관은 제78조 제1항의 기간 이내에 이의를 진술한 자가 없거나 이의를 각하한 경우에는 같은 항의 등기를 직권으로 말소하여야 한다.

[❸ ▸ O] 상법 제418조 제2항에 의하여 정관에 정하는 바에 따라 이사회에서 주주 외의 자에게 신주를

발행하는 결의를 하고 그에 따른 변경등기를 신청하는 경우, 신주발행을 결의한 이사회 결의일과 청약기일 사이의 시간적 간격이 2주간이 되지 아니하여 상법 제419조 제3항의 최고기간을 준수하지 못하는 경우에도 그에 관한 신주인수권자 전원의 동의서는 동의서는 첨부할 서면이 아니다(상업등기선례 제2-60호). ☞ 상법 제419조는 주주 배정 방식의 신주발행절차에 적용되는 규정이고 제3자 배정 방식의 신주발행절차에는 적용되지 않는다.

[❹ ▶ ○] 상업등기규칙 제133조 제4호 단서

> **상업등기규칙 제133조(신주발행으로 인한 변경등기)**
> 신주발행으로 인한 변경등기를 신청하는 경우에는 다음 각 호의 정보를 제공하여야 한다.
>   1. 주식의 인수를 증명하는 정보
>   2. 주식의 청약을 증명하는 정보
>   3. 상법 제418조 제2항에 따라 주주 외의 자에게 신주를 배정하는 경우에는 같은 조 제4항에 따른 통지 또는 공고를 하였음을 증명하는 정보
>   4. 주금의 납입을 맡은 은행, 그 밖의 금융기관의 납입금 보관을 증명하는 정보. 다만, 신주발행의 결과 자본금 총액이 10억원 미만인 회사에 대해서는 은행이나 그 밖의 금융기관의 잔고를 증명하는 정보로 대체할 수 있다.
>   5. 상법 제421조 제2항에 따른 상계가 있는 경우에는 이를 증명하는 정보
>   6. 상법 제422조에 따른 검사인의 조사보고 또는 감정인의 감정에 관한 정보
>   7. 제6호의 검사인의 조사보고 또는 감정인의 감정결과에 관한 재판이 있은 때에는 그 재판이 있음을 증명하는 정보

[❺ ▶ ○]
- 현물출자의 방법으로 신주발행을 하는 경우에 ㉠ 현물출자의 목적인 재산의 가액이 자본금의 5분의 1을 초과하지 않고 대통령령으로 정한 금액(5,000만원)을 초과하지 않는 경우, ㉡ 현물출자의 목적인 재산이 거래소에서 시세가 있는 유가증권인 경우로서 신주의 발행기준일이 결정한 가격이 대통령령으로 정한 방법으로 산정된 시세를 초과하지 않는 경우, ㉢ 변제기가 도래한 회사에 대한 금전채권을 출자의 목적으로 하는 경우로서 그 가액이 회사장부에 적혀 있는 가액을 초과하지 아니하는 경우, ㉣ 그 밖에 이에 준하는 경우로서 대통령령으로 정하는 경우에는 검사인의 조사절차나 공인된 감정인의 감정절차와 이에 대한 법원의 심사절차를 요하지 않는다(상법 제422조 제2항 및 제3항 참조).
- 상업등기규칙 제133조 제6호 및 제7호는 신주발행으로 인한 변경등기 시 "상법 제422조에 따른 검사인의 조사보고 또는 감정인의 감정에 관한 정보"와 "검사인의 조사보고 또는 감정인의 감정결과에 대한 재판이 있은 때에는 그 재판이 있음을 증명하는 정보"를 제공하도록 규정하고 있으나, 현물출자의 검사나 감정이 면제되는 경우에는 그 적용이 없으므로 상법 제422조 제2항 각 호의 면제사유를 증명하는 정보를 제공하면 족하다고 할 것이다(상업등기선례 제201807-2호).

정답 ❷

주식회사의 신주발행 및 그 등기절차에 관한 다음 설명 중 가장 옳지 않은 것은? 2022년

① 신주발행 시 현물출자를 하는 자가 있는 경우 검사인 선임신청 사건은 본점 소재지의 지방법원 합의부가 관할한다.

② 회사성립 후 2년이 경과한 회사는 주주총회 특별결의와 법원의 인가를 받아 액면미달 가액으로 신주를 발행할 수 있다.

③ 신주발행으로 인한 자본금증가의 등기와 회사가 발행할 주식의 총수의 변경등기를 일괄하여 하나의 신청서로 동시에 신청하는 경우에 등기신청수수료는 자본금증가의 등기에 필요한 것만 납부하면 된다.

④ 신주의 인수인별로 주식인수를 증명하는 서면을 첨부할 필요는 없고, 주주명부 기타 주식의 배정 상황(각 인수인에게 배정한 주식의 수)에 관하여 대표이사가 작성한 서면도 주식의 인수를 증명하는 서면으로 첨부할 수 있다.

⑤ 신주인수권을 가진 주주의 일부가 신주인수권을 포기하여 발생한 실권주를 이사회 결의로 다른 주주나 제3자에게 배정하여 납입이 이루어진 경우 그 변경등기의 신청서에는 실권주의 배정을 결정한 이사회 의사록만 첨부하면 되고 신주인수권포기서는 첨부할 필요가 없다.

....

[❶ ▶ ○] 신주발행 시 현물출자를 하는 자가 있는 경우 검사인 선임신청 사건은 <u>본점 소재지의 지방법원 합의부가 관할한다</u>(비송사건절차법 제72조 제1항, 상법 제422조 제1항).

[❷ ▶ ○] 회사가 성립한 날로부터 2년을 경과한 후에 주식을 발행하는 경우에는 회사는 <u>제434조의 규정에 의한 주주총회의 결의(= 주주총회 특별결의)와 법원의 인가를 얻어서 주식을 액면미달의 가액으로 발행할 수 있다</u>(상법 제417조 제1항).

[❸ ▶ ✕] 등록면허세와 달리 신주발행으로 인한 자본금증가의 등기와 회사가 발행할 주식의 총수의 변경등기를 일괄하여 하나의 신청서로 동시에 신청하는 경우에도 <u>등기신청수수료는 각각의 것을 합산하여 납부하여야 한다</u>(등기예규 제1816호 3. 다. 참조).

[❹ ▶ ○] 신주의 인수인별로 주식인수를 증명하는 서면을 첨부할 필요는 없고, <u>주주명부 기타 주식의 배정 상황(각 인수인에게 배정한 주식의 수)에 관하여 대표이사가 작성한 서면도 주식의 인수를 증명하는 서면으로 첨부할 수 있다</u>(상업등기선례 제2-42호 참조).

> **상업등기선례 제2-42호[신주발행으로 인한 변경등기의 신청서에 신주의 인수인별로 반드시 주식인수증을 첨부하여야 하는지 여부]**
> <u>신주발행으로 인한 변경등기의 신청서(비송사건절차법 제205조)에는 주식의 청약을 증명하는 서면뿐만 아니라 주식의 인수를 증명하는 서면도 첨부하여야 한다</u>. 다만, 그 주식의 인수를 증명하는 서면이 신주의 인수인이 작성한 주식인수증에 한정되는 것은 아니다. 현물출자를 하는 자와 회사 간의 신주인수계약서, <u>주주명부 기타 주식의 배정 상황(각 인수인에게 배정한 주식의 수)에 관하여 대표이사가 작성한 서면도 주식의 인수를 증명하는 서면에 해당한다</u>.

[❺ ▶ ○] 주식회사의 신주발행에 있어서 신주인수권을 가진 주주의 일부가 신주인수권을 포기하여 발생한 실권주를 이사회의 결의로 다른 주주나 제3자에게 배정하여 납입이 이루어진 경우, 이에 따른 <u>변경등기의 신청서의 첨부서면으로 실권주의 배정을 결정한 이사회의 의사록 외에 주주의 신주인수권포기서는 현행법상 첨부서면으로 하고 있지 않다</u>(상업등기선례 제1-207호).

답 ❸

49 □□□ 주식회사의 자금 조달을 직접적인 목적으로 하는 통상의 신주발행으로 인한 변경등기에 관한 다음 설명 중 가장 옳지 않은 것은? 2021년

① 납입 또는 현물출자의 이행이 완료되면 납입기일의 다음 날부터 신주발행의 효력이 발생한다.
② 액면미달발행을 한 경우 액면미달금액의 총액은 주식발행초과금과 상계처리한 후 미상각액을 등기하여야 한다.
③ 신주의 인수인은 회사의 동의 없이 주금납입채무와 회사에 대한 채권을 상계할 수 없지만, 회사는 일방적 의사표시로 상계할 수 있다.
④ 주주 배정과 제3자 배정은 정관에 근거규정이 필요한지, 배정기준일 지정·공고 절차가 필요한지 등에서 차이가 나는데, 주주들이 실제로 인수권을 행사함으로써 신주를 배정받았는지에 따라 주주 배정인지 제3자 배정인지가 결정된다.
⑤ 제3자배정방식으로 신주를 발행하는 경우에는 등기신청 시 일정한 사항을 납입기일의 2주 전까지 주주에게 통지하거나 공고하였음을 증명하는 정보를 제공하여야 한다.

．．

[❶ ▶ ○] 신주인수인이 신주의 주금납입 또는 현물출자의 이행을 한 때에는 그 납입기일의 다음 날부터 신주발행의 효력이 발생하여 그날부터 주주로서의 권리, 의무가 생기므로(상법 제423조 제1항), 신주발행으로 인한 변경등기의 원인일자 및 그 등기기간의 기산일은 '납입기일의 다음 날'이다(상업등기선례 제1-172호).

[❷ ▶ ○] 상법 제417조(액면미달의 발행)에 따른 주식을 발행한 경우에 (주식발행초과금과 상계처리한 후) 주식의 발행에 따른 변경등기에는 미상각액을 등기하여야 한다(상법 제426조). 미상각액(액면미달금액의 총액을 말한다)은 자본충실의 원칙에 반하는 금액으로 회사채권자의 보호에 중요한 만큼 등기사항으로 규정하고 있다. 미상각액은 기타사항란에 등기하여야 한다. **상업등기 실무 2**

[❸ ▶ ○] 신주의 인수인은 회사의 동의가 있는 경우 주금납입채무와 회사에 대한 채권을 상계할 수 있고(상법 제421조 제2항), 회사는 일방적 의사표시로 상계할 수 있다. 상계는 주금납입채무의 전부에 대해서도 할 수 있고, 주금납입채무의 일부나 신주인수인 중 일부 신주인수인의 주금납입채무에 대해서도 할 수 있다(등기예규 제1450호).

[❹ ▶ ✕] 신주 등의 발행에서 주주 배정방식과 제3자 배정방식을 구별하는 기준은 회사가 신주 등을 발행하는 때에 주주들에게 그들의 지분비율에 따라 신주 등을 우선적으로 인수할 기회를 부여하였는지 여부에 따라 객관적으로 결정되어야 할 성질의 것이지, 신주 등의 인수권을 부여받은 주주들이 실제로 인수권을 행사함으로써 신주 등을 배정받았는지 여부에 좌우되는 것은 아니다(대판 2009.5.29. 2007도4949 [전합]).

[❺ ▶ ○] 주주 외의 자(제3자)에게 신주를 배정하는 경우 회사는 제416조 제1호, 제2호, 제2호의2, 제3호 및 제4호에서 정하는 사항을 그 납입기일의 2주 전까지 주주에게 통지하거나 공고하여야 한다(상법 제418조 제4항). 주주 외의 자(제3자)에게 신주를 배정하는 경우, 신주발행으로 인한 변경등기의 신청서에는 위와 같이 일정한 사항을 납입기일의 2주 전까지 주주에게 통지하거나 공고하였음을 증명하는 정보)를 하였음을 증명하는 서면을 첨부하여야 한다(상업등기규칙 제133조 제3호, 등기예규 제1445호 제21조 제1호).

답 ❹

50 □□□ 　주식회사의 신주발행절차 및 그 변경등기에 관한 다음 설명 중 가장 옳지 <u>않은</u> 것은?

① 신주를 발행하는 당해 회사에 대한 채권도 현물출자의 목적물이 될 수 있다.

② 주주에게 신주의 인수기회를 부여하였으나 그 인수를 하지 않아 발생한 실권주를 제3자에게 재배정하여 신주를 발행한 것은 상법 제418조 제2항에 따라 주주 외의 자에게 신주를 배정한 경우가 아니므로, 그 변경등기신청서에 상법 제418조 제4항에 따른 통지 또는 공고하였음을 증명하는 서면을 첨부할 것은 아니다.

③ 주금의 납입을 상계의 방법으로 할 수 있으나, 상계는 주금납입채무의 전부에 대해서 하여야 하고 주금납입채무의 일부나 신주인수인 중 일부 신주인수인의 주금납입채무에 대해서는 할 수 없다.

④ 신주인수권을 가진 주주가 포기하여 발생한 실권주를 이사회 결의로 다른 주주나 제3자에게 배정하여 신주를 발행한 경우 그 변경등기의 신청서에는 실권주의 배정을 결정한 이사회의사록만 첨부하면 되고 신주인수권포기서는 첨부할 필요가 없다.

⑤ 신주발행시에 현물출자를 하는 자가 있는 경우에는 회사와 현물출자자 간에 작성된 현물출자에 관한 합의를 증명하는 서면도 주식의 인수를 증명하는 서면에 해당한다.

....

[**❶ ▸ ○**]　주식회사에서 현물출자의 목적물은 특별한 제한이 없고 대차대조표상 자산으로 계상할 수 있는 재산이면 모두 그 목적물이 될 수 있으므로, 회사설립 후 신주발행 시 당해 회사에 대한 채권도 현물출자의 목적물이 될 수 있다(상업등기선례 제1-208호).

[**❷ ▸ ○**]　<u>주주에게 신주의 인수기회를 부여하였으나 그 인수를 하지 않아 발생한 실권주를 제3자에게 재배정하여 신주를 발행한 것은</u> 「상법」 제418조 제2항에 따라 <u>주주 외의 자에게 신주를 배정한 경우가 아니므로 그 변경등기신청서에</u> 「상법」 제418조 제4항에 따른 통지 또는 공고하였음을 증명하는 서면을 <u>첨부할 것은 아니다</u>(상업등기선례 제2-57호).

[**❸ ▸ ✕**]　<u>주금납입채무의 일부에 대하여만 상계가 있는 경우(2인 이상의 신주인수인 중 일부 신주인수인의 주금납입채무에 대하여만 상계가 있는 경우를 포함한다)</u>에는 신청서에 제3조 각 호의 서면과 상계로 소멸하는 납입채무 외의 부분에 관한 납입을 증명하는 서면을 함께 첨부하여야 한다(등기예규 제1450호 제4조). 즉 주금납입채무의 일부나 신주인수인 중 일부 신주인수인의 주금납입채무에 대해서도 상계가 가능하다.

[**❹ ▸ ○**]　주식회사의 신주발행에 있어서 신주인수권을 가진 주주의 일부가 신주인수권을 포기하여 발생한 실권주를 이사회의 결의로 다른 주주나 제3자에게 배정하여 납입이 이루어진 경우, 이에 따른 <u>변경등기의 신청서의 첨부서면으로 실권주의 배정을 결정한 이사회의 의사록 외에 주주의 신주인수권포기서는 현행법상 첨부서면으로 하고 있지 않다</u>(상업등기선례 제1-207호).

[**❺ ▸ ○**]　신주발행으로 인한 변경등기의 신청서에는 주식의 청약을 증명하는 서면뿐만 아니라 주식의 인수를 증명하는 서면도 첨부하여야 한다. 다만, 그 주식의 인수를 증명하는 서면이 신주의 인수인이 작성한 주식인수증에 한정되는 것은 아니다. 현물출자를 하는 자와 회사 간의 신주인수계약서, 주주명부 기타 주식의 배정 상황(각 인수인에게 배정한 주식의 수)에 관하여 대표이사가 작성한 서면도 <u>주식의 인수를 증명하는 서면에 해당한다</u>(상업등기선례 제2-42호).

답 ❸

51 ☐☐☐ 주식매수선택권의 등기에 관한 다음 설명 중 가장 옳지 않은 것은? 2023년

① 설립등기신청서에 첨부된 원시정관에 주식매수선택권을 부여하도록 정한 규정이 있다면 그 규정에 관한 내용은 등기사항이므로, 신청서에 주식매수선택권에 관한 그 등기사항을 기재하여야 한다.

② 주식매수선택권의 행사로 발행할 신주 또는 양도할 자기의 주식은 회사의 발행주식총수의 100분의 10을 초과할 수 없다. 다만, 상장회사의 경우 발행주식총수의 100분의 20의 범위에서 상법 시행령으로 정하는 한도까지 주식매수선택권을 부여할 수 있다.

③ 주식매수선택권자는 주식매수선택권에 관한 사항을 정하는 주주총회결의일부터 2년 이상 재임 또는 재직하여야 주식매수선택권을 행사할 수 있다.

④ 신주발행형으로 주식매수선택권을 부여받은 자가 주식매수선택권을 행사하는 경우, 선택권을 행사하고 행사가액을 납입하면 납입일의 다음 날부터 주주가 된다.

⑤ 주식매수선택권의 행사로 인한 변경등기의 신청서에는 신주인수청구서 및 주금의 납입을 맡은 은행, 그 밖의 금융기관의 납입금보관 증명서 또는 잔고증명서를 첨부하여야 한다.

··

[❶ ▸ ○] 회사설립 시 원시정관에 주식매수선택권에 관한 내용을 정한 경우에는 설립등기를 할 때에, 기왕에 정한 주식매수선택권 부여에 관한 정관 내용을 변경하거나 회사 설립 후에 주식매수선택권 부여에 관한 내용을 새로이 정관에 정한 경우에는 그 효력 발생일로부터 2주간 내에, <u>본점 소재지 관할 등기소에서 등기하여야 한다</u>(상법 제317조 제2항 제3의3호, 제4항, 제183조). **상업등기 실무 2** 따라서 신청서에 주식매수선택권에 관한 그 등기사항을 기재하여야 한다.

[❷ ▸ ○] 주식매수선택권의 행사로 발행할 신주 또는 양도할 자기의 주식은 회사의 발행주식 총수의 100분의 10을 초과할 수 없다(상법 제340조의2 제3항). 다만, 상장회사는 제340조의2 제3항에도 불구하고 <u>발행주식 총수의 100분의 20의 범위에서 대통령령으로 정하는 한도(발행주식 총수의 100분의 15에 해당하는 주식 수)까지 주식매수선택권을 부여할 수 있다</u>(상법 제542조의3 제2항, 상법 시행령 제30조 제3항).

[❸ ▸ ○] 주식매수선택권자는 <u>제340조의3 제2항 각 호의 사항(주식매수선택권에 관한 사항)을 정하는 주주총회의 결의일로부터 2년 이상 재임 또는 재직하여야 주식매수선택권을 행사할 수 있는데</u>(상법 제340조의4 제1항), 회사와의 계약에 의하여 정한 구체적인 행사기간 내에 이를 행사하여야 한다.
상업등기 실무 2

[❹ ▸ ✕] 신주발행형으로 주식매수선택권을 부여받은 주식매수선택권자가 주식매수선택권을 행사하는 경우, <u>주식매수선택권을 행사하고 행사가액을 납입한 때에 주주가 된다</u>(상법 제340조의5, 제516조의10, 상업등기선례 제2-41호).

[❺ ▸ ○] 주식매수선택권의 행사로 인한 변경등기를 신청하는 경우에는 상법 제516조의9 제1항에 따른 청구가 있음을 증명하는 정보(주식매수선택권을 행사하려는 자가 회사에 제출하는 신주인수청구서)와 주금의 납입을 맡은 은행, 그 밖의 금융기관의 납입금 보관을 증명하는 정보(다만, 신주발행의 결과 자본금 총액이 10억원 미만인 회사에 대해서는 은행이나 그 밖의 금융기관의 잔고를 증명하는 정보로 대체할 수 있다), 상법 제421조 제2항에 따른 상계가 있는 경우에는 이를 증명하는 정보를 제공하여야 한다(상업등기규칙 제134조).

답 ❹

준비금의 자본전입으로 인한 등기절차에 관한 다음 설명 중 가장 옳지 않은 것은? 2019년

① 자본금의 2분의 1을 초과하여 이익준비금이 적립된 경우, 그 초과액은 임의준비금이므로 이를 자본금에 전입할 수 없다.

② 이사회에서 자본금 전입을 결의한 때에는 그 결의가 있는 때에 그 효력이 발생하고, 주주총회에서 자본금 전입의 결의를 한 때에는 신주배정일에 효력이 발생한다.

③ 액면 이상의 가액으로 신주를 발행한 후 그 액면을 초과한 금액의 전부 또는 일부를 자본금에 전입하여 그로 인한 변경등기를 신청하는 경우에, 위 주금의 납입을 맡은 은행 기타 금융기관의 납입금 보관에 관한 증명서도 준비금의 존재를 증명하는 서면에 해당된다.

④ 정관으로 자본금 전입을 주주총회에서 결정하기로 정한 경우, 이를 정기주주총회로 한정하였다는 등의 특별할 사정이 없는 한 준비금의 전부 또는 일부를 자본금에 전입하는 결의는 반드시 정기주주총회에서 결정하여야 하는 것은 아니다.

⑤ 자본금 전입이 가능한 준비금은 자본준비금과 이익준비금에 한한다.

....

[❶ ▸ ○] 회사는 그 자본금의 2분의 1이 될 때까지 매 결산기 이익배당액(금전배당액 외에 현물배당액을 포함한다)의 10분의 1 이상을 이익준비금으로 적립하여야 한다(상법 제458조, 제462조의4). 그러나 이익준비금의 적립한도가 자본금의 2분의 1이므로 자본금의 2분의 1이므로, 자본금의 2분의 1을 초과하는 금액은 임의준비금의 성질을 가진다. **상업등기 실무 2** 상법 제461조 제1항의 규정에 의하여 자본에 전입할 수 있는 준비금은 법정준비금에 한한다고 해석되므로 임의준비금은 자본에 전입할 수 없으며, 자본의 2분의 1을 초과하여 이익준비금이 적립된 경우에 그 초과액은 임의준비금으로 보아야 할 것이므로 그 초과액은 자본에 전입할 수 없다(상업등기선례 제1-191호).

[❷ ▸ ✕] 자본금 전입에 의한 신주발행의 경우에는 상법 제416조 이하의 규정에 의한 보통의 신주발행에 있어서 요구되는 청약, 배정, 납입과 같은 절차는 필요 없다. 따라서 이사회에서 자본금 전입을 결의한 때에는 신주배정일에 그 효력이 발생하고, 주주총회에서 자본금 전입의 결의를 한 때에는 그 결의가 있는 때에 효력이 발생하나(상법 제461조 제3항, 제4항), 그 결의에 조건이나 기한을 붙인 경우에는 그 조건이나 기한이 합리적이라면 그에 따라 효력이 발생한다. **상업등기 실무 2**

[❸ ▸ ○] 주식회사가 액면 이상의 가액으로 신주를 발행한 후 그 액면을 초과한 금액의 전부 또는 일부를 자본에 전입하여 그로 인한 변경등기를 신청하는 경우에, 위 주금의 납입을 맡은 은행 기타 금융기관의 납입금보관에 관한 증명서에 의하여 주식발행초과금의 존재가 증명되는 때에는, 위 납입금보관에 관한 증명서도 준비금의 존재를 증명하는 서면에 해당된다(상업등기선례 제1-195호).

[❹ ▸ ○] 회사는 이사회의 결의에 의하여 준비금의 전부 또는 일부를 자본에 전입할 수 있으나, 회사가 정관으로 이를 주주총회에서 결정하기로 정한 경우에는 정관에서 이를 정기주주총회로 한정하였다는 등의 특별한 사정이 없는 한 위 주식발행초과금의 전부 또는 일부를 자본에 전입하는 결의는 반드시 정기주주총회에서 결정하여야 하는 것은 아니다(상업등기선례 제1-195호).

[❺ ▸ ○] 준비금의 자본전입은 이사회의 결의로 법정준비금의 일부 또는 전부를 자본에 전입하여 무상으로 신주를 교부하는 절차인바, 자본전입이 가능한 준비금은 법정준비금, 즉 자본준비금과 이익준비금에 한한다(상업등기선례 제1-202호).

답 ❷

53

주식의 분할 또는 주식배당에 따른 변경등기와 관련된 다음 설명 중 가장 옳지 않은 것은?

2015년

① 종류주식을 발행한 회사의 경우에도 주식의 액면금액을 종류주식별로 달리하는 주식분할을 한 후 그에 따른 변경등기를 할 수 없다.

② 주권제출공고절차의 생략에 관하여 주주 전원의 이의가 없었다는 사실을 증명하는 정보를 제공하였다면 주권제출공고를 하였음을 증명하는 정보를 첨부정보로 제공하지 않은 경우에도 주식분할로 인한 변경등기가 가능하다.

③ 발행예정주식총수가 1만 주, 발행주식총수가 5천 주, 1주의 금액이 1,000원인 회사가 1주의 금액을 100원으로 하는 주식분할을 하였다면 발행예정주식총수의 변경도 주식분할로 인한 변경등기의 등기사항에 해당한다.

④ 주식배당으로 인한 변경등기신청 시에는 원칙적으로 주식배당이 이익배당 총액의 1/2 범위 내에서 이루어졌음을 증명하는 정보를 첨부하여야 한다.

⑤ 이익배당을 이사회결의로 정할 수 있는 경우에도 주식배당으로 인한 변경등기신청서에는 주주총회 의사록을 반드시 첨부하여야 한다.

....

[❶ ▸ ○] 상법상 주식의 액면가는 100원 이상이어야 하므로 그 이하의 가격으로 주식을 분할할 수는 없다(상법 제329조 제3항, 제329조의2 제2항). 한편, 종류주식을 발행한 경우에도 주식의 액면가는 균일하여야 하므로(상법 제329조 제2항), 주식의 액면금액을 종류주식별로 달리하는 주식분할은 허용되지 않는다.
　　상업등기 실무 2

[❷ ▸ ✕] 주권제출공고는 회사가 사실상 주권을 발행하지 않았다는 이유로(상업등기선례 제1-196호) 또는 주주 전원의 이의가 없다는 이유로(상업등기선례 제1-199호) 생략할 수 없다. 그리고 주권을 발행하지 아니하였다는 이유로 주권제출기간을 명시하지 않은 채 주식액면분할공고만을 한 것은 적법한 주권제출공고를 한 것으로 볼 수 없다(상업등기선례 제1-196호).　**상업등기 실무 2**

[❸ ▸ ○] '회사가 발행할 주식의 총수'(= 발행예정주식의 총수)는 정관의 절대적 기재사항이고 등기사항이다(상법 제289조 제1항 제3호, 제317조 제2항 제1호). 따라서 '회사가 발행할 주식의 총수'의 미발행주식이 충분하지 않다면 정관변경을 통하여 '회사가 발행할 주식의 총수'를 늘려야 하므로 주식의 분할과 관련하여 '회사가 발행할 주식의 총수'를 변경한 때에는 '회사가 발행할 주식의 총수'의 변경등기도 하여야 한다.

[❹ ▸ ○] 주식의 배당으로 인한 변경등기를 신청하는 경우에는 이익이 존재하고 그 배당이 이익배당 총액의 2분의 1에 상당하는 금액을 초과하지 아니함을 증명하는 정보를 제공하여야 한다(상업등기규칙 제138조).

[❺ ▸ ○] 주식의 배당으로 인한 변경등기를 신청하는 경우에는 주식배당을 결의한 주주총회의사록을 첨부정보로 제공하여야 한다(상업등기규칙 제128조 제2항). 주식배당은 주주총회의 보통결의에 의하여 한다(상법 제462조의2 제1항 본문). 다만, 정관에서 정하는 바에 따라 이사회의 결의로 재무제표를 승인하는 경우 이사회의 결의로 이익배당을 결정할 수 있지만(상법 제462조 제2항 단서), 이때에도 주식배당은 이사회의 결의로 할 수 없으므로 이사회가 결정한 이익배당을 주식배당으로 하고자 하는 경우에는 다시 주식배당에 관한 주주총회의 결의가 있어야 한다.

답 ❷

54

전환사채의 등기에 관한 다음 설명 중 가장 옳지 않은 것은?   2021년

① 사채를 인수한 자는 자신이 회사에 대해 가지는 채권으로 사채의 납입의무와 상계할 수 있다.

② 신주발행절차와 같이 납입증명서면은 은행 등 금융기관의 납입증명서면만 가능하다.

③ 전환사채 발행의 무효는 주주·이사 또는 감사에 한하여 사채를 발행한 날로부터 6개월 내에 소만으로 이를 주장할 수 있다.

④ 전환사채의 변경등기에 첨부할 사채상환증명서에는 사채권자의 기명날인 또는 서명이 있어야 하지만 인감이 날인되거나 인감증명서가 첨부되어야 하는 것은 아니다.

⑤ 전환사채의 발행에 관하여 정관으로 주주총회결의사항으로도 할 수 있는데, 신주발행이 정관에 의해 주주총회의 권한사항으로 되어 있는 경우에는 전환사채의 발행에 관해서는 정관에 명문의 규정이 없다고 하더라도 주주총회의 결의를 거쳐야 한다.

. . . .

[❶ ▸ O] 전환사채 발행의 등기를 신청하는 경우에는 상법 제476조의 규정에 의한 납입이 있음을 증명하는 서면을 첨부하여야 하나, 사채의 납입은 반드시 금융기관에 할 필요가 없는 것이므로 사채의 납입이 있었음을 증명하는 서면은 발행회사가 작성한 것이어도 무방하며, 사채의 납입은 상계로도 가능하다(상업등기선례 제1-190호).

> 한편, 과거에는 주금의 납입을 상계의 방법으로 할 수 없었으나(구 상법 제334조). 2011.4.14. 개정상법은 회사의 동의가 있는 경우 주식인수인의 주식에 대한 납입채무와 회사에 대한 채권의 상계를 허용하였다(상법 제421조 제2항).

[❷ ▸ ×] 사채의 납입에 관하여는 신주발행에 있어서와 달리 납입장소의 제한(상법 제302조 제2항, 제305조 제2항)에 관한 규정이 없으므로 반드시 은행 등 금융기관에 납입할 필요가 없다. 따라서 은행 등 금융기관의 납입을 증명하는 서면뿐만 아니라 사채를 발생하는 회사 자신이 납입기관으로서 작성한 서면도 납입을 증명하는 서면이 될 수 있고, 수탁회사의 납입증명이나 우체국의 납입증명도 가능하다(상업등기선례 제1-213호).   **상업등기 실무 2**

[❸ ▸ O] 상법은 제516조 제1항에서 신주발행무효의 소에 관한 제429조의 준용 여부에 대해서는 아무런 규정을 두고 있지 않으나, 전환사채는 전환권의 행사에 의하여 장차 주식으로 전환될 수 있는 권리가 부여된 사채로서, 이러한 전환사채의 발행은 주식회사의 물적 기초와 기존 주주들의 이해관계에 영향을 미친다는 점에서 사실상 신주를 발행하는 것과 유사하므로, 전환사채의 발행의 경우에도 신주발행무효의 소에 관한 상법 제429조가 유추적용된다(대판 2004.6.25. 2000다37326). 따라서 전환사채 발행의 무효는 주주·이사 또는 감사에 한하여 사채를 발행한 날로부터 6개월 내에 소만으로 이를 주장할 수 있다(상법 제429조 참조).

[❹ ▸ O] 전환사채를 발행한 회사가 그 사채를 전부 상환한 후 전환사채가 전부 상환되었음을 증명하는 서면으로서 사채권자의 확인서(이하, '사채상환완료증명서'라 한다)를 첨부하여 전환사채 등기의 말소를 신청하는 경우, 사채상환완료증명서에는 사채권자의 기명날인 또는 서명이 있어야 하지만 인감이 날인되거나 인감증명이 첨부되어야 하는 것은 아니다(상업등기선례 제2-64호).

[❺ ▸ O] 전환사채는 원칙적으로 이사회 결의로 발행한다(상법 제513조 제2항). 다만, 정관으로 주주총회 결의사항으로도 할 수 있는데, 신주발행이 정관에 의해 주주총회의 권한사항으로 되어 있는 경우에는 전환사채의 발행에 관해서는 정관에 명문의 규정이 없다고 하더라도 주주총회의 결의를 거쳐야 한다(대판 1999.6.25. 99다18435).

답 ❷

신주인수권부사채의 등기에 관한 다음 설명 중 가장 옳지 않은 것은?　　2018년

① 신주인수권부사채에 부여된 신주인수권의 행사에 따른 변경등기는 신주인수권의 효력이 발생한 때로부터 바로 신청할 수 있으나 그 등기기간은 그 효력이 발생한 달의 말일부터 기산한다.

② 분리형 신주인수권부사채의 경우 사채가 전부상환 또는 전부매입 소각되더라도 신주인수권이 그대로 존속하는 때에는 신주인수권부사채의 등기를 말소하지 않는다.

③ 비분리형 신주인수권부사채의 경우 신주인수권이 행사되지 않은 채 사채가 상환 또는 소각되면 그 행사하지 아니한 신주인수권도 소멸한다.

④ 신주인수권의 행사기간의 변경에 대한 사채권자집회의 결의가 사채권자 전원의 동의에 의한 것이더라도 그 결의에 대하여 법원의 인가를 받아야 한다.

⑤ 신주인수권부사채 총액의 변경등기신청서에 사채상환완료증명서를 첨부하는 경우 그 서면에 사채권자의 인감이 날인되거나 인감증명서가 첨부되어야 하는 것은 아니다.

···

[**❶**▸**○**]　신주인수권부사채에 부여된 신주인수권의 행사에 따른 변경등기는 본점 소재지 관할등기소에서 그 청구가 있는 달의 말일부터 2주 내에 등기하여야 한다(상법 제516조의11, 제351조). 이는 전환주식의 전환에 따른 변경등기와 마찬가지로 그 효력이 발생한 때로부터 바로 신주발행에 따른 변경등기와 신주인수권부사채에 관한 변경등기 또는 말소등기를 신청할 수 있지만, 등기해태기간의 계산은 그 효력이 발생한 달의 말일을 기준으로 한다는 의미이다.　**상업등기 실무 2**

[**❷**▸**○**] [**❸**▸**○**]　비분리형 신주인수권부사채의 경우, 신주인수권이 행사되지 않은 채 사채가 상환 또는 소각되면 그 행사하지 아니한 신주인수권도 소멸한다. 따라서 비분리형 신주인수권부사채의 경우, 사채가 전부상환 또는 전부매입 소각되면 신주인수권부사채의 등기를 말소하여야 한다. 이 경우 그 말소등기신청서에는 상환완료 또는 전부매입소각을 증명하는 서면을 첨부하여야 한다(상업등기규칙 제144조 제2항). 분리형 신주인수권부사채의 경우 사채가 전부상환 또는 전부매입 소각되더라도 신주인수권이 그대로 존속하는 때에는 신주인수권부사채의 등기를 말소하지 않는다.　**상업등기 실무 2**

[**❹**▸**✕**]　사채권자집회의 결의는 법원의 인가를 받음으로써 그 효력이 생긴다. 다만, 그 종류의 사채권자 전원이 동의한 결의는 법원의 인가가 필요하지 아니하다(상법 제498조 제1항).

[**❺**▸**○**]　신주인수권부사채를 일부상환한 후 신주인수권부사채의 총액의 변경등기를 신청하는 경우에는 사채권자의 일부상환완료증명서를 첨부정보로 제공할 수 있는데, 이때는 일부상환완료증명서를 작성한 자가 사채권자임을 소명하기 위해 사채인수계약서 사본 등을 첨부정보로 함께 제공하여야 한다(상업등기규칙 제144조 제2항). 다만, 일부상환완료증명서에는 사채권자의 기명날인 또는 서명이 있어야 하지만, 인감이 날인되거나 인감증명서가 첨부되어야 하는 것은 아니다(상업등기선례 제2-64호 참조).

답 **❹**

주식회사의 사채의 등기에 관한 다음 설명 중 가장 옳지 않은 것은?

① 자본시장과 금융투자업에 관한 법률에 의하여 인정되는 전환형 조건부자본증권은 등기사항이다.

② 회사는 전에 모집한 사채의 총액의 납입이 완료된 후가 아니면 다시 사채를 모집하지 못하며, 각 사채의 금액은 1만원 이상이어야 한다.

③ 한국예탁결제원에 예탁된 전환사채를 주식으로 전환하고 그로 인한 변경등기를 신청하는 경우, 그 신청서에는 전환사채를 발행한 회사가 공인인증서에 의한 인증을 거쳐 한국예탁결제원으로부터 온라인상 발급받은 전환청구서를 첨부할 수 있다.

④ 비분리형 신주인수권부사채의 경우, 사채가 전부상환 또는 전부매입 소각되면 신주인수권부사채의 등기를 말소하여야 하는데, 이 경우 그 말소등기신청서에는 상환완료 또는 전부매입소각을 증명하는 서면을 첨부하여야 한다.

⑤ 신주인수권부사채 총액의 변경등기신청서에 사채상환완료증명서를 첨부하는 경우 그 서면에 사채권자의 인감이 날인되거나 인감증명서가 첨부되어야 하는 것은 아니다.

⋯⋯⋯⋯⋯⋯⋯⋯⋯⋯⋯⋯⋯⋯⋯⋯⋯⋯⋯⋯⋯⋯⋯⋯⋯⋯⋯⋯⋯⋯⋯⋯⋯⋯⋯⋯

[❶ ▸ ○] 특수사채 중 전환사채, 신주인수권부사채, 이익참가부사채 및 전환형 조건부자본증권만 등기능력이 있는 사채이다(상법 제514조의2, 제516조의8, 상법 시행령 제21조 제10항, 자본시장법 시행령 제176조의12 제6항). **상업등기 실무 2**

> **자본시장과 금융투자업에 관한 법률 시행령 제176조의12(전환형 조건부자본증권의 발행 등)**
> ⑥ 주권상장법인이 전환형 조건부자본증권을 발행한 경우에는 「상법」 제476조에 따른 납입이 완료된 날부터 2주일 이내에 본점 소재지에서 다음 각 호의 사항을 등기하여야 한다.
>   1. 전환형 조건부자본증권의 총액
>   2. 각 전환형 조건부자본증권의 금액
>   3. 각 전환형 조건부자본증권의 납입금액
>   4. 제4항 각 호에 따른 사항

[❷ ▸ ✕] 2011.4.14. 개정 상법에서 회사는 전에 모집한 사채의 총액의 납입이 완료된 후가 아니면 다시 사채를 모집하지 못한다는 제한과 각 사채의 금액은 1만원 이상이어야 하고, 동일 종류의 사채에서 각 사채의 금액은 균일하거나 최저액으로 정제(整除)할 수 있는 것이어야 한다는 규정 등 사채 발행과 관련한 많은 제한이 폐지되었다.

[❸ ▸ ○] 증권예탁결제원(이하 '예탁원'이라 한다)에 예탁된 전환사채를 주식으로 전환하고 그로 인한 변경등기를 신청하는 경우, 그 신청서에는 전환사채를 발행한 회사가 공인인증서에 의한 인증을 거쳐 예탁원으로부터 온라인(on-line)상 발급받은 전환청구서(발급번호에 의하여 그 진위를 확인할 수 있다)를 첨부할 수 있다(상업등기선례 제2-66호).

[❹ ▸ ○] 비분리형 신주인수권부사채의 경우, 사채가 전부상환 또는 전부매입 소각되면 신주인수권부사채의 등기를 말소하여야 하는데, 이 경우 그 말소등기신청서에는 상환완료 또는 전부매입소각을 증명하는 서면을 첨부하여야 한다(상업등기규칙 제144조 제2항).

> **상업등기규칙 제144조(전환사채 등의 등기)**
> ② 전환사채, 신주인수권부사채, 이익참가부사채의 제2회 이후의 납입 등으로 인한 변경등기 또는 사채의 전부 상환 등으로 인한 말소등기를 신청하는 경우에는 그 사실을 증명하는 정보를 제공하여야 한다.

[**⑤ ▶ ○**] 신주인수권부사채를 일부상환한 후 신주인수권부사채의 총액의 변경등기를 신청하는 때에는 그 상환되었음을 증명하는 서면으로 사채권자의 확인서를 첨부할 수 있는데, 이때는 사채상환완료증명서를 작성한 자가 사채권자임을 소명하기 위해 사채인수계약서 사본 등을 첨부하여야 한다(규칙 제144조 제2항). 사채상환완료증명서에는 사채권자의 기명날인 또는 서명이 있어야 하지만, 인감이 날인되거나 인감증명서가 첨부되어야 하는 것은 아니다(상업등기선례 제2-64호 참조).

답 ❷

57

□□□ **주식회사의 자본금 감소로 인한 변경등기에 관한 다음 설명 중 가장 옳지 않은 것은?**

2019년

① 자본금의 감소는 원칙적으로 주주총회의 특별결의에 의하여 하나, 결손의 보전을 위한 자본금 감소의 경우에는 주주총회의 보통결의에 의한다.
② 주식을 병합하는 경우에는 1월 이상의 기간을 정하여 그 뜻과 그 기간 내에 주권을 회사에 제출할 것을 공고하고, 주주명부에 기재된 주주와 질권자에게는 각별로 통지하여야 하며, 이는 회사가 사실상 주권을 발행하지 않았다는 이유로 또는 주주 전원의 이의가 없다는 이유로 이를 생략할 수 없다.
③ 주식을 소각하거나 병합하는 방법으로 자본금을 감소하는 경우에도, 감소된 주식수만큼 발행예정주식총수가 당연히 감소하는 것은 아니므로 정관의 변경 없이는 발행예정주식총수의 변경등기를 할 수 없다.
④ 주주총회에서 자본금을 감소하는 결의를 하는 때에는 그 감소의 방법을 정하여야 하는데, 주주총회에서 자본금 감소 자체만을 결의하고 이사회에 그 방법을 위임하는 것은 허용되지 않는다.
⑤ 결손금 보전을 위한 자본금 감소나 회사의 재무제표상 채무가 없는 경우에는 채권자보호절차를 생략할 수 있다.

···

[**❶ ▶ ○**] 자본금의 감소는 (주주에게 중대한 이해관계가 있으므로) 원칙적으로 주주총회의 특별결의(상법 제434조에 따른 결의)에 의한다(상법 제438조 제1항). 그러나 결손의 보전을 위한 자본금의 감소는 주주총회의 보통결의(상법 제368조 제1항의 결의)에 의한다(상법 제438조 제2항).
[**❷ ▶ ○**] 주식을 병합하는 방법으로 자본금을 감소한 경우에는 1월 이상의 기간을 정하여 그 뜻과 그 기간 내에 주권을 회사에 제출할 것을 공고하고, 주주명부에 기재된 주주와 질권자에게는 각별로 통지하여야 한다(상법 제440조). 주권제출공고는 회사가 사실상 주권을 발행하지 않았다는 이유로(상업등기선례 제1-196호) 또는 주주 전원의 이의가 없다는 이유로(상업등기선례 제1-199호) 이를 생략할 수 없다. 그리고 주권을 발행하지 아니하였다는 이유로 주권제출기간을 명시하지 않은 채 주식액면분할공고만을 한 것은 적법한 주권제출공고를 한 것으로 볼 수 없다(상업등기선례 제1-196호). **상업등기 실무 2**
[**❸ ▶ ○**] 주식의 상환에 관한 종류주식을 상환하는 경우, 주식을 병합하거나 소각하는 방법으로 자본금을 감소하는 경우 및 이사회의 결의에 의하여 회사가 보유하는 자기 주식을 소각하는 경우에 소각된 주식 수만큼 회사가 발행할 주식의 총수가 당연히 감소하는 것은 아니므로 정관의 변경 없이는 '회사가 발행할 주식의 총수'(= 발행예정주식의 총수)에 관한 변경등기를 할 수 없다(상업등기선례 제2-55호).

[**❹ ▸ ○**] 주주총회에서 자본금을 감소하는 결의를 하는 때에는 그 감소의 방법을 정하여야 한다(상법 제439조 제1항). 따라서 주주총회에서 자본금의 감소 자체만을 결의하고 이사회에 그 방법을 위임하는 것은 허용되지 않는다. 상업등기 실무 2

[**❺ ▸ ✕**] 자본금을 감소하는 경우에는 반드시 채권자보호절차를 밟아야 하므로 회사의 재무제표상 채무가 없다는 이유만으로는 그 절차를 생략하거나 보다 간이한 방법으로 채권자보호절차를 밟을 수 없고(상업등기선례 제1-228호), 채권자별로 이의를 진술할 수 있는 기간을 달리 정할 수 없다. 다만, 결손의 보전을 위한 자본금 감소의 경우에는 채권자보호절차가 필요 없다(상법 제439조 제2항 단서). 상업등기 실무 2

답 ❺

58
□□□

주식회사의 자본금 감소로 인한 변경등기에 관한 다음 설명 중 가장 옳지 않은 것은?
2024년

① 액면주식을 발행한 회사에서 주식의 액면금액을 인하하거나, 주식을 임의소각하는 방식으로 자본을 줄이는 경우에는 주권제출공고를 하였음을 증명하는 서면을 첨부할 필요가 없다.
② 결손금 보전을 위한 자본금 감소나 회사의 재무제표상 채무가 없는 경우에는 채권자보호절차를 생략하거나 보다 간이한 방법으로 그 절차를 밟을 수 있다.
③ 자본금의 감소는 원칙적으로 주주총회의 특별결의에 의하여야 하나, 결손의 보전을 위한 자본금 감소의 경우에는 주주총회의 보통결의에 의한다.
④ 주식의 액면가는 균일해야 하므로 일부 주식에 대해서만 액면가를 낮출 수 없고, 1주의 금액은 100원 이상이어야 하므로 100원 미만으로 액면가를 낮출 수 없다.
⑤ 주식을 소각하거나 병합하는 방법으로 자본금을 감소하는 경우에도, 감소된 주식수만큼 발행예정 주식총수가 당연히 감소하는 것은 아니므로 정관의 변경 없이는 발행예정주식총수의 변경등기를 할 수 없다.

··

[**❶ ▸ ○**] 무액면주식을 발행한 회사에서 주식의 병합 또는 소각 없이 단순히 자본금의 액을 임의로 낮추는 방식으로 자본금 감소를 하는 경우, 액면주식을 발행한 회사에서 주식의 액면금액을 인하하거나(상업등기선례 제1-188호) 주식을 임의소각하는 경우에는 주권제출공고를 증명하는 서면은 첨부정보로 제공할 필요가 없다. 상업등기 실무 2

[**❷ ▸ ✕**] 자본금을 감소하는 경우에는 반드시 채권자보호절차를 밟아야 하므로 회사의 재무제표상 채무가 없다는 이유만으로는 그 절차를 생략하거나 보다 간이한 방법으로 채권자보호절차를 밟을 수 없고(상업등기선례 제1-228호 참조), 채권자별로 이의를 진술할 수 있는 기간을 달리 정할 수 없다. 다만, 결손의 보전을 위한 자본금 감소의 경우에는 채권자보호절차가 필요 없다(상법 제439조 제2항 단서). 상업등기 실무 2

[❸ ▸ O] 상법 제438조 제1항, 제2항

> **상법 제438조(자본금 감소의 결의)**
> ① 자본금의 감소에는 제434조에 따른 결의[주주총회의 특별결의(註)]가 있어야 한다.
> ② 제1항에도 불구하고 결손의 보전(補塡)을 위한 자본금의 감소는 제368조 제1항의 결의[주주총회의 보통결의(註)]에 의한다.

[❹ ▸ O] 주식의 액면가는 균일해야 하므로 일부 주식에 대해서만 액면가를 낮출 수 없고, 1주의 금액은 100원 이상이어야 하므로 100원 미만으로 액면가를 낮출 수 없다(상법 제329조 제2항 및 제3항 참조).

> **상법 제329조(자본금의 구성)**
> ② 액면주식의 금액은 균일하여야 한다.
> ③ 액면주식 1주의 금액은 100원 이상으로 하여야 한다.

[❺ ▸ O] 주식의 상환에 관한 종류주식을 상환하는 경우, 주식을 병합하거나 소각하는 방법으로 자본금을 감소하는 경우 및 이사회의 결의에 의하여 회사가 보유하는 자기 주식을 소각하는 경우에 소각된 주식 수만큼 회사가 발행할 주식의 총수는 당연히 감소하지 아니하므로 정관의 변경 없이는 회사가 발행할 주식의 총수에 관한 변경등기를 할 수가 없다(상업등기선례 제2-55호).

🔲 ❷

59

다음 중 각종 회사의 해산등기의 원인이 아닌 것은?

① 합명회사의 경우 총사원이 해산에 동의한 때
② 합자회사의 경우 무한책임사원 전원이 퇴사한 때
③ 주식회사의 경우 주주총회에서 출석한 주주의 의결권의 3분의 2 이상의 수와 발행주식총수의 3분의 1 이상의 수로써 해산을 결의한 때
④ 유한회사의 경우 사원총회에서 총사원의 반수 이상이며 총사원의 의결권의 4분의 3 이상을 가지는 자의 동의로 해산을 결의한 때
⑤ 유한책임회사의 경우 사원이 1인으로 된 때

....

[❶ ▸ ○] 합명회사는 존립기간의 만료 기타 정관으로 정한 사유의 발생, 총사원의 동의, 사원이 1인으로 된 때, 합병, 파산, 법원의 명령 또는 판결 중 어느 하나의 사유로 인하여 해산한다(상법 제227조).

[❷ ▸ ○] 합자회사는 무한책임사원 또는 유한책임사원의 전원이 퇴사한 때에는 해산된다(상법 제285조 제1항).

[❸ ▸ ○] 주식회사는 주주총회의 해산결의가 있는 때에도 해산하는데(상법 제517조 제2호), 주주총회의 해산결의는 상법 제434조의 규정(주주총회 특별결의)에 의하여야 한다(상법 제518조). 따라서 주주총회의 해산결의는 출석한 주주의 의결권의 3분의 2 이상의 수와 발행주식 총수의 3분의 1 이상의 수로써 하여야 한다(상법 제434조).

[❹ ▸ ○] 유한회사는 사원총회의 해산결의가 있는 때에도 해산하는데(상법 제609조 제1항 제2호), 사원총회의 해산결의는 제585조의 규정(사원총회 특별결의)에 의하여야 한다(상법 제609조 제2항). 따라서 사원총회의 해산결의는 총사원의 반수 이상이며 총사원의 의결권의 4분의 3 이상을 가지는 자의 동의로 한다(상법 제585조 제1항).

[❺ ▸ ✕] 유한책임회사의 경우, 존립기간의 만료 기타 정관으로 정한 사유의 발생, 총사원의 동의, 합병, 파산, 법원의 명령 또는 판결, 사원이 없게 된 경우 중 어느 하나의 사유로 해산한다(상법 제287조의 38). 사원이 1인으로 된 때는 유한책임회사 해산사유에 해당하지 않는다.

회사의 해산사유

합명회사	합자회사	유한책임회사	유한회사	주식회사
존립기간의 만료 기타 정관으로 정한 사유의 발생 · 합병 · 파산 · 법원의 명령 또는 판결				
총사원의 동의			–	
사원이 1인으로 된 때		사원이 없게 된 경우		
–	• 무한책임사원 전원이 퇴사한 때 • 유한책임사원 전원이 퇴사한 때	–	사원총회 특별결의	주주총회 특별결의
	–			분할 또는 분할합병
				휴면법인의 해산간주

답 ❺

60 □□□ 주식회사에 있어서 준비금의 자본전입으로 인한 변경등기에 관한 다음 설명 중 가장 옳지 않은 것은? 2023년

① 주식회사는 이사회의 결의에 의하여 준비금의 전부 또는 일부를 자본금에 전입할 수 있다. 그러나 정관으로 주주총회에서 결정하기로 정한 경우나 소규모 주식회사로서 2명 이하의 이사를 둔 회사는 주주총회의 결의에 의한다.
② 주식회사는 그 자본금의 2분의 1이 될 때까지 매 결산기 이익배당액의 10분의 1 이상을 이익준비금으로 적립하여야 하는데, 결산기 중에 임시주주총회의 결의로 자본금의 2분의 1의 범위 내에서 임의준비금 중 일부를 이익준비금으로 이체한 경우에도 이를 자본금에 전입할 수 없다.
③ 준비금의 자본전입으로 인한 변경등기는 이사회에서 자본전입의 결의를 한 때에는 신주배정일, 주주총회에서 자본전입의 결의를 한 때에는 주주총회결의일이 속하는 달의 마지막 날부터 2주 내에 본점 소재지에서 하여야 한다.
④ 분할로 설립되는 회사가 분할계획서상 승계된 주식발행초과금을 준비금으로 하여 자본금전입으로 인한 변경등기를 신청하는 경우, 분할되는 회사의 정기주주총회에서 승인한 재무제표 및 분할계획서가 준비금의 존재를 증명하는 정보에 해당할 수 있다.
⑤ 주식회사는 자본거래에서 발생한 잉여금을 자본준비금으로 적립하여야 하는데, 이에는 이익준비금과 달리 적립한도에 제한이 없다.

....

[**❶ ▸ ○**] 주식회사는 이사회의 결의에 의하여 준비금의 전부 또는 일부를 자본금에 전입할 수 있다. 그러나 정관으로 주주총회에서 결정하기로 정한 경우에는 주주총회의 결의에 의한다(상법 제461조 제1항). 한편, 소규모 주식회사(자본금 총액이 10억원 미만인 회사)로서 2명 이하의 이사를 둔 회사는 주주총회의 결의에 의한다(상법 제383조 제4항).

[**❷ ▸ ○**] 주식회사는 그 자본금의 2분의 1이 될 때까지 매 결산기 이익배당액의 10분의 1 이상을 이익준비금으로 적립하여야 한다. 다만, 주식배당의 경우에는 그러하지 아니하다(상법 제458조). 상법 제461조 제1항의 규정에 의하여 자본금에 전입할 수 있는 준비금은 법정준비금에 한한다고 해석되므로 임의준비금은 자본금에 전입할 수 없으며, 자본금의 2분의 1을 초과하여 이익준비금이 적립된 경우에 그 초과액은 임의준비금으로 보아야 할 것이므로 그 초과액은 자본금에 전입할 수 없다(상업등기선례 제1-191호). 또한 법정준비금 중 이익준비금은 결산기에 이익처분의 방식으로 주주총회(또는 이사회)에서의 이익잉여금처분계산서의 승인절차를 통해 확정되므로, 자본금전입의 대상이 되는 이익준비금은 반드시 결산기의 이익잉여금처분계산서를 승인하는 주주총회(또는 이사회)에서 그 적립을 결정한 것에 한정되고, 결산기 중에 임시주주총회의 결의로 자본금의 2분의 1의 범위 내에서 임의준비금 중 일부를 이익준비금으로 이체한 경우에도 이를 자본금에 전입할 수 없다(상업등기선례 제1-175호, 제1-180호, 제1-195호).

[**❸ ▸ ×**] 자본금 전입에 의한 신주발행의 경우에는 상법 제416조 이하의 규정에 의한 보통의 신주발행에 있어서 요구되는 청약, 배정, 납입과 같은 절차는 필요 없다. 따라서 이사회에서 자본금 전입을 결의한 때에는 신주배정일에 그 효력이 발생하고, 주주총회에서 자본금 전입의 결의를 한 때에는 그 결의가 있는 때에 효력이 발생한다(상법 제461조 제3항, 제4항). **상업등기 실무 2** 따라서 준비금의 자본금전입으로 인한 변경등기는 자본금전입의 효력이 발생한 날, 즉 ㉠ 이사회결의로 자본금전입을 결의한 때에는 신주배정(기준)일로부터, ㉡ 주주총회의 결의로 자본금전입을 결의한 경우에는 주주총회의 결의일로부터 본점 소재지에서 2주간 내에 등기하여야 한다(상법 제317조 제4항, 제183조, 제461조 제3항·제4항).

[❹ ▸ ○] 준비금의 자본금 전입으로 인한 변경등기에 있어서 준비금의 존재를 증명하는 정보는 원칙적으로 정기주주총회에서 승인한 재무제표이다(상법 제447조, 제449조 제1항). 甲회사가 甲회사와 乙회사로 단순분할하고 분할계획서에 주식발행초과금 승계사실이 포함되어 있으며 乙회사가 영업년도 중에 발생한 준비금이 아니라 분할계획서상 승계된 주식발행초과금을 준비금으로 하여 자본금전입으로 인한 변경등기를 신청하는 경우, 甲회사의 정기주주총회에서 승인한 재무제표 및 분할계획서가 상업등기규칙 제137조의 준비금의 존재를 증명하는 정보에 해당할 수 있다(상업등기선례 제202108-2호).

[❺ ▸ ○] 회사는 자본거래에서 발생한 잉여금을 대통령령이 정하는 바에 따라 자본준비금으로 적립하여야 한다(상법 제459조). 자본거래에서 발생한 잉여금의 경우 그 자체가 잉여자본으로 자본금의 성질을 갖기 때문에 적립이 강제되는 것인데 그 재원이 발생한 때에는 전부 적립하여야 하고 이익준비금과 달리 적립한도에 제한이 없다.   상업등기 실무 2

답 ❸

---

61 □□□ **해산 및 청산인의 등기에 관한 다음 설명 중 가장 옳은 것은?**   2024년

① 상법 제520조의2 제1항에 따라 최후의 등기 후 5년을 경과하여 관보에 공고하였음에도 신고하지 않음으로써 해산한 것으로 인정되는 경우에는 등기관이 직권으로 해산등기를 한다.

② 정관에 기재된 해산사유는 등기사항이 아니다.

③ 해산판결과 달리 해산명령은 공익상 회사의 존속이 허용될 수 없는 경우에 이루어지므로, 검사의 신청이나 법원의 직권에 의하여만 가능하다.

④ 일시이사는 법정청산인이 될 수 없다.

⑤ 회사가 존립기간의 만료 기타 정관에 정한 사유의 발생 또는 주주총회의 결의에 의하여 해산한 경우에는 발행주식총수의 과반수 이상의 결의로 회사를 계속할 수 있다.

....

[❶ ▸ ○] 상법 제520조의2 제1항에 따른 해산등기와 같은 조 제4항에 따른 청산종결등기는 등기관이 직권으로 하여야 한다(상업등기법 제73조).

상법 제520조의2(휴면회사의 해산)

① 법원행정처장이 최후의 등기후 5년을 경과한 회사는 본점의 소재지를 관할하는 법원에 아직 영업을 폐지하지 아니하였다는 뜻의 신고를 할 것을 관보로써 공고한 경우에, 그 공고한 날에 이미 최후의 등기후 5년을 경과한 회사로써 공고한 날로부터 2월 이내에 대통령령이 정하는 바에 의하여 신고를 하지 아니한 때에는 그 회사는 그 신고기간이 만료된 때에 해산한 것으로 본다. 그러나 그 기간내에 등기를 한 회사에 대하여는 그러하지 아니하다.

③ 제1항의 규정에 의하여 해산한 것으로 본 회사는 그 후 3년 이내에는 제434조의 결의에 의하여 회사를 계속할 수 있다.

④ 제1항의 규정에 의하여 해산한 것으로 본 회사가 제3항의 규정에 의하여 회사를 계속하지 아니한 경우에는 그 회사는 그 3년이 경과한 때에 청산이 종결된 것으로 본다.

[**❷ ▸ ✕**] 상법 제317조 제2항 제4호

> **상법 제317조(설립의 등기)**
> ② 제1항의 설립등기에 있어서는 <u>다음의 사항을 등기하여야</u> 한다.
>   4. <u>회사의 존립기간 또는 해산사유를 정한 때에는 그 기간 또는 사유</u>

[**❸ ▸ ✕**] 상법 제176조 제1항

> **상법 제176조(회사의 해산명령)**
> ① 법원은 다음의 사유가 있는 경우에는 <u>이해관계인이나 검사의 청구에 의하여 또는 직권으로</u> 회사의 해산을 명할 수 있다.
>   1. 회사의 설립목적이 불법한 것인 때
>   2. 회사가 정당한 사유 없이 설립 후 1년 내에 영업을 개시하지 아니하거나 1년 이상 영업을 휴지하는 때
>   3. 이사 또는 회사의 업무를 집행하는 사원이 법령 또는 정관에 위반하여 회사의 존속을 허용할 수 없는 행위를 한 때

[**❹ ▸ ✕**] 주식회사가 해산한 때에는 합병·분할·분할합병 또는 파산의 경우 외에는 해산 당시의 이사가 청산인이 된다. 다만, 정관에 다른 정함이 있거나 주주총회에서 타인을 선임한 때에는 그러하지 아니하다(상법 제531조 제1항). 이처럼 정관 규정에 의하거나 주주총회에서 선임되지 않고, 해산 당시의 이사가 상법 제531조 제1항 본문에 의하여 당연히 청산인이 된 경우, 그 청산인을 보통 '법정청산인'이라고 한다. … 법정청산인이 되는 이사에는 임기만료 또는 사임으로 퇴임하였지만 이사의 결원으로 상법 제386조 제1항에 의하여 이사로서의 권리의무를 행하는 자(대판 1991.11.22. 91다22131 참조), <u>일시이사</u>(대판 1981.9.8. 80다2511, 등기예규 제393호 참조)도 포함된다.   **상업 실무 2**   이와 관련하여 판례는, 주식회사가 해산(상법 시행법 제15조 제3항에 의하여 해산간주된 경우를 포함)한 경우(합병 또는 파산의 경우 제외)에 정관에 다른 규정이 있거나 주주총회에서 타인을 선임한 때를 제외하고는 <u>해산 당시의 일시이사 및 일시대표이사는 청산인 및 대표청산인이 된다</u>고 판시하고 있다(대판 1981.9.8. 80다2511).

[**❺ ▸ ✕**] 회사가 존립기간의 만료 기타 정관에 정한 사유의 발생 또는 주주총회의 결의에 의하여 해산한 경우에는 제434조의 규정에 의한 결의(주주총회의 특별결의)로 회사를 계속할 수 있다(상법 제519조). 따라서 주주총회의 결의는 <u>출석한 주주의 의결권의 3분의 2 이상의 수와 발행주식 총수의 3분의 1 이상의 수로써 하여야</u> 한다(상법 제434조).

답 ❶

주식회사 회사계속의 등기에 관한 다음 설명 중 가장 옳은 것은?

① 상법 제520조의2 제1항 본문에 의하여 해산간주된 회사는 5년 이내에 주주총회의 특별결의로 회사를 계속할 수 있다.

② 해산판결에 의하여 해산등기가 실행된 주식회사는 아직 청산종결 전이라면 회사계속의 등기를 신청할 수 있다.

③ 주주총회에서 회사계속의 특별결의를 하면 청산인은 당연히 그 권한을 상실하고, 해산 전의 이사 또는 대표이사가 종전의 지위를 회복한다.

④ 상법 제520조의2 제4항에 의하여 청산종결간주된 회사는 회사계속의 등기를 할 수 없다.

⑤ 회사계속의 등기를 할 때에는 해산에 관한 등기를 등기관이 직권으로 말소하여야 하나, 청산인에 관한 등기는 당사자의 신청으로 말소하여야 한다.

⋯⋯⋯

［❶▸✕］ 상법 제520조의2 제1항의 규정에 의하여 해산한 것으로 본 회사는 그 후 3년 이내에는 제434조의 주주총회의 특별결의에 의하여 회사를 계속할 수 있다(상법 제520조의2 제3항).

［❷▸✕］ 회사를 계속할 수 있는 사유로는 ㉠ 존립기간의 만료 기타 정관에 정한 사유의 발생 또는 주주총회의 결의로 해산한 경우(상법 제519조), ㉡ 휴면회사가 해산한 것으로 간주된 경우(상법 제520조의2 제1항, 제3항), ㉢ 파산선고로 회사가 해산한 경우(상법 제517조 제1호, 제227조 제5호) 등이 있다. 이에 반하여, 법원의 해산명령 또는 해산판결에 의하여 해산한 경우에는 회사의 계속 사유에 해당하지 않는다. 따라서 해산명령의 결정 또는 해산판결의 확정이 있는 때에는 회사는 청산절차를 밟아야 하고, 회사의 계속은 인정되지 아니한다.

> **상업등기선례 제1-253호[회사해산명령에 의하여 해산된 회사의 계속등기 가부]**
> 회사의 해산명령에 의하여 해산등기를 경료하였으나 아직 청산종결을 하지 아니한 회사는 회사계속의 등기를 할 수 없다.

［❸▸✕］ 주주총회에서 회사계속을 결의하면 청산인은 당연히 그 권한을 상실하므로, 회사는 회사계속 결의 시 주주총회의 결의로 회사의 업무집행을 담당할 이사 등을 새로 선임하여야 한다. 왜냐하면 법령에 다른 제한이 없는 한, 회사를 계속할 때 해산 전의 이사 등을 회사계속 후의 이사 등으로 선임할 수는 있지만, 회사계속은 장래에 향하여 그 효력이 발생하는 것이므로 해산으로 그 지위를 상실하였던 해산 전의 이사 등이 회사계속으로 당연히 종전의 이사 등의 지위를 회복하는 것은 아니기 때문이다(부산고법 1997.1.31. 96나9409, 등기예규 제53호). **상업등기 실무 2**

> **등기예규 제53호[청산 중의 회사가 회사계속의 결의를 한 경우 해산 전 이사의 지위]**
> 청산 중의 회사가 회사계속의 결의를 하면 해산 전의 상태에 복귀하나 해산 전의 이사는 해산으로 인하여 당연 그 자격이 소멸되었으므로 주주총회에서 새로이 이사를 선임하여야 한다.

［❹▸○］ 휴면회사가 해산한 것으로 간주된 후 3년 이내에 회사계속의 결의를 하지 않아 상법 제520조의2 제4항에 의하여 청산이 종결된 것으로 간주된 경우에는 잔여재산이 남아 있어 청산사무가 종결되지 않은 경우에도 회사를 계속할 수 없다(상업등기선례 제1-258호, 제1-281호).

［❺▸✕］ 회사계속의 등기를 하는 때에는 해산에 관한 등기와 청산인에 관한 등기를 등기관이 직권으로 말소한다(상업등기규칙 제154조 제1항, 제109조 제1항). **상업등기 실무 2**

답 ❹

63 상법상 회사의 합병 및 합병등기절차에 관한 다음 설명 중 가장 옳지 않은 것은? **2020년**

① 채무초과회사를 소멸회사로 하는 흡수합병등기신청의 경우, 흡수합병으로 소멸하는 회사가 채무초과회사가 아님을 소명하는 서면은 신청서에 첨부하여야 할 서면이 아니다.

② 회사가 합병을 하는 경우에는 상법 제527조의5에서 정하는 채권자보호절차를 밟아야 하나, 합병 후 소멸하는 회사의 재무제표상 채무가 없는 경우에는 그 절차를 생략하거나 보다 간이한 방법으로 채권자보호절차를 밟을 수 있다.

③ 회생절차개시 이후부터 회생절차가 종료될 때까지 회생채무자는 회생절차에 의하지 아니하고는 합병할 수 없다.

④ 소멸회사 해산등기의 신청에는 신청서의 첨부정보에 관한 규정을 적용하지 아니하므로 합병절차를 거쳤음을 증명하는 일체의 첨부정보를 제공할 필요가 없다.

⑤ 존속회사의 변경등기 또는 신설회사의 설립등기는 각각 당해 회사를 대표하는 자가 신청하지만, 합병으로 소멸하는 회사의 해산등기는 당해 회사를 대표하는 자가 아니라 존속회사 또는 신설회사의 대표자가 각각 소멸회사를 대표하여 신청한다.

....

[**❶ ▸ ○**] 채무초과회사를 소멸회사로 하는 흡수합병등기신청의 경우, 흡수합병으로 소멸하는 회사가 채무초과회사가 아님을 소명하는 서면(예컨대 소멸회사의 재무상태표 등)은 신청서에 첨부하여야 하는 서면이 아니며, 이러한 서면을 첨부하였다 하더라도 등기관은 소멸회사가 채무초과회사인지 여부를 심사할 수 없다(상업등기선례 제2-78호).

[**❷ ▸ ×**] 회사가 합병을 하는 경우에는 상법 제232조 또는 그 준용규정에 따른 회사 채권자의 보호절차를 반드시 밟아야 하는 것으로서, 합병 후 소멸하는 회사의 재무제표상 채무가 없다는 이유만으로는 그 절차를 생략하거나 보다 간이한 방법으로 채권자의 보호절차를 밟을 수는 없다(상업등기선례 제1-228호).

[**❸ ▸ ○**] 회생절차개시 이후부터 회생절차가 종료될 때까지 채무자는 회생절차에 의하지 아니하고는 합병·분할·분할합병 또는 조직변경을 할 수 없다(채무자회생법 제55조 제1항 제5호).

[**❹ ▸ ○**] 소멸회사 해산등기의 신청에 관하여는 첨부정보에 관한 규정이 적용되지 않으므로 합병절차를 거쳤음을 증명하는 일체의 정보를 제공할 필요가 없다(상업등기규칙 제53조 제3항). 또한 존속회사 또는 신설회사의 대표자가 소멸회사를 대표하여 해산등기를 신청하지만, 해산등기에 있어서는 인감을 제출할 필요는 없다(상업등기법 제25조 제3항 제8호, 제63조 제1항). **상업등기 실무 2**

[**❺ ▸ ○**] 존속회사의 변경등기 또는 신설회사의 설립등기는 각각 당해 회사를 대표하는 자가 신청하지만(상업등기법 제23조 제1항), 합병으로 소멸하는 회사의 해산등기는 존속회사(흡수합병의 경우) 또는 신설회사의 대표자(신설합병의 경우)가 각각 소멸회사를 대표하여 신청한다(상업등기법 제63조 제1항).

답 ❷

64

법인등기에 관한 다음 설명 중 가장 옳지 않은 것은?

① 벤처투자 촉진에 관한 법률에 의하여 설립된 투자조합은 상법상 합자조합에 관한 규정을 준용하나, 합자조합의 등기에 관한 규정을 준용하지 않으므로 설립등기를 할 수 없다.

② 유한회사가 정관에 기재된 독립된 최소행정구역 내에서 본점을 이전하는 경우 정관에 다른 정함이 없으면 이사 과반수의 결의에 의하여야 하나, 유한회사의 사원총회는 업무집행을 포함한 모든 사항에 관하여 결의할 수 있으므로 사원총회 결의로도 본점이전을 할 수 있다.

③ 주식회사 발기설립등기신청 시 제출하는 발기인회의사록에 필요한 경우 발기설립과정에서의 의사 결정내용을 기록하는 것은 가능하나, 주금납입을 맡은 은행 기타 금융기관과 납입장소는 발기인들의 과반수 동의로 정하되 이를 정하지 않은 경우에는 발기인 대표가 정할 수도 있으므로 반드시 이 내용이 발기인회의사록에 포함되어야 하는 것은 아니다.

④ 주식회사의 흡수합병으로 존속회사가 자기주식을 취득하는 경우 자기주식의 취득은 합병의 등기 후에 효력이 발생하므로, 합병의 절차와 합병으로 취득할 자기주식의 소각 절차를 동시에 진행한 경우에도 합병의 등기 후에 자본금 감소로 인한 변경등기를 신청하여야 하고, 이는 소규모합병의 경우에도 동일하다.

⑤ 농업회사법인 주식회사는 일반 주식회사로 전환(상호 및 사업목적 변경)이 가능하고, 이에 따른 변경등기신청을 하는 때에는 상호·목적 등의 변경을 증명하는 정보(주주총회의사록 등), 변경신고확인증 등을 첨부하여야 한다.

....

[❶ ▶ ○] 상업등기선례 제202312-1호

❑ **상업등기선례 제202312-1호**

1. 「벤처투자 촉진에 관한 법률」에 의하여 설립된 투자조합은 상법상 합자조합에 관한 규정을 준용하나, 합자조합의 등기에 관한 규정을 준용하지 않으므로 설립등기를 할 수 없다.

2. 「벤처투자 촉진에 관한 법률」에 의하여 설립된 투자조합이 자본금 총액이 10억원 미만인 소규모 주식회사의 주주로서 서면결의서 또는 서면동의서를 작성하고자 한다면 그 조합에 업무집행조합원이 선임된 경우에는 업무집행조합원임을 증명하는 서면(조합계약서 등)과 업무집행조합원이 인감증명법에 따라 신고한 개인인감을 서면결의서 또는 서면동의서에 날인하고 그 인감증명서를 첨부하면 된다(다만, 수인의 업무집행조합원을 선임한 경우 또는 업무집행조합원이 없는 경우에는 업무집행조합원총회 또는 조합원총회의사록이 요구될 수 있음).

[❷ ▶ ○] 상업등기선례 제202203-1호

❑ **상업등기선례 제202203-1호**

1. 주식회사의 주주총회는 상법 또는 정관에 정하는 사항에 한하여 결의할 수 있으나(상법 제361조), 유한회사의 사원총회는 결의사항에 제한이 없기 때문에 강행규정이나 공서양속에 반하지 않는 한, 회사의 업무집행을 포함한 모든 사항에 관하여 결의할 수 있다(상법 제578조에서 상법 제361조를 준용하고 있지 않음).

2. 유한회사가 정관에 기재된 독립된 최소행정구역 내에서 본점을 이전하는 경우 정관에 다른 정함이 없으면 이사 과반수의 결의에 의하여야 하나(상법 제564조), 유한회사의 사원총회는 업무집행을 포함한 모든 사항에 관하여 결의할 수 있으므로 사원총회 결의로도 본점이전을 할 수 있다.

[**❸ ▸ ○**] 상업등기선례 제202306-1호

> ❑ **상업등기선례 제202306-1호**
> 1. 주식회사 발기설립등기신청서에는 발기인이 이사와 감사 또는 감사위원회 위원의 선임을 증명하는 정보를 제공하여야 하고, 이를 증명하는 정보로 일반적으로 상법 제297조에 의한 발기인회의사록을 제출하고 있다.
> 2. 위 발기인회의사록은 발기인회에서 나온 회의내용과 결과를 기록한 문서로 필요한 경우 발기설립과정에서의 의사결정내용을 기록하는 것은 가능하나, 상법 제295조 제1항 후문의 주금납입을 맡은 은행 기타 금융기관과 납입장소는 발기인들의 과반수 동의로 정하되 이를 정하지 않은 경우에는 발기인 대표가 정할 수도 있으므로 반드시 이 내용이 발기인회의사록에 포함되어야 하는 것은 아니다.

[**❹ ▸ ×**] 주식회사의 흡수합병으로 존속회사가 자기주식을 취득하는 경우 자기주식의 취득은 합병의 등기 후에 효력이 발생하므로 자기주식에 대한 소각 절차도 합병의 등기 후에 진행하는 것이 일반적이지만, 합병의 절차와 합병으로 취득할 자기주식의 소각 절차를 동시에 진행한 경우에는 합병의 등기와 자본금 감소로 인한 변경등기를 동시에 신청할 수 있고, 이는 소규모합병의 경우에도 동일하다(상업등기선례 제202211-1호).

[**❺ ▸ ○**] 농업회사법인 주식회사는 일반 주식회사로 전환(상호 및 사업목적 변경)이 가능하다. 전환하는 경우, 본점 소재지 및 지점 소재지에서 상호 및 목적에 관한 변경등기신청을 하여야 하는데 이때 상호·목적 등의 변경을 증명하는 정보(주주총회의사록 등), 변경신고확인증 등을 첨부하여야 한다(단, 지점 소재지에서 등기를 신청할 경우 신청서의 첨부정보에 관한 규정은 적용되지 않음)(상업등기선례 제202306-3호).

답 ❹

상법상 회사의 분할 또는 분할합병의 등기에 관한 다음 설명 중 가장 옳지 않은 것은?

2021년 기출수정

① 해산 후의 회사는 존립 중의 회사를 존속하는 회사로 하거나 새로 회사를 설립하는 경우에 한하여 분할 또는 분할합병할 수 있다.

② 분할의 승인을 위한 총회에서는 의결권이 없거나 의결권이 제한되는 종류주식의 주주도 의결권을 행사할 수 있다.

③ 甲 회사의 일부를 분할하여 乙 회사를 설립할 때 관할등기소가 서로 다른 경우에는 분할 또는 분할합병으로 인한 등기의 신청서를 甲 회사의 관할등기소에 제출하여야 한다.

④ 분할 또는 분할합병으로 신설되는 회사의 설립등기신청서에는 정관을 첨부하여야 하는데, 이 정관에는 공증인의 인증을 요하지 않는다.

⑤ 분할소멸회사의 해산등기는 분할신설회사, 흡수분할합병회사 또는 분할존속회사의 대표자가 분할소멸회사를 대표하여 신청하고, 분할소멸회사의 해산등기신청서에는 일체의 서면을 첨부할 필요가 없다.

....

[❶ ▸ ○]   해산 후의 회사는 존립 중의 회사를 존속하는 회사로 하거나 새로 회사를 설립하는 경우에 한하여 분할 또는 분할합병할 수 있다(상법 제530조의2 제4항).

[❷ ▸ ○]   회사가 분할 또는 분할합병을 하는 때에는 분할계획서 또는 분할합병계약서를 작성하여 상법 제434조의 주주총회의 특별결의로써 그 승인을 얻어야 한다(상법 제530조의3 제1항, 제2항). 이 승인결의에 관하여는 상법 제344조의3 제1항에 따라 의결권이 배제되는 주주도 의결권이 있다(상법 제530조의3 제3항).

[❸ ▸ ✕]   甲 회사의 일부를 분할하여 乙 회사를 설립할 때 관할등기소가 서로 다른 경우, 분할 또는 분할합병으로 인한 등기의 신청서를 甲 회사 또는 乙 회사의 관할등기소에 제출하여야 한다(등기예규 제1823호 제3조 제2항 제1호).

등기예규 제1823호[주식회사의 분할 또는 분할합병으로 인한 등기의 사무처리지침]
제3조(등기신청서를 제출할 등기소)
② 분할존속회사, 분할소멸회사, 분할신설회사, 흡수분할합병회사의 관할등기소가 서로 다른 경우, 분할 또는 분할합병으로 인한 등기의 신청서를 제출하여야 할 등기소는 다음 각 호와 같다.
  1. 甲 회사의 일부를 분할하여 乙 회사를 설립하는 경우 : 甲 회사 또는 乙 회사의 관할등기소

[❹ ▸ ○]   분할합병신설회사의 설립등기를 신청하는 경우에는 정관을 첨부정보로 제공하여야 하는데(상업등기규칙 제150조 제5호, 제129조 제1호), 이 정관에는 분할되는 회사의 대표자 및 분할합병으로 소멸하는 회사의 대표자가 서명 또는 기명날인하여야 한다. 다만, 이 정관은 공증인의 인증을 요하지 않는다.
  상업등기 실무 2

[❺ ▸ ○]   분할 또는 분할합병으로 인한 해산등기는 분할신설회사, 흡수분할합병회사 또는 분할존속회사의 대표자가 분할소멸회사를 대표하여 신청한다(상업등기법 제71조 제1항). 분할소멸회사의 해산등기신청에 관하여는 신청서의 첨부정보에 관한 규정을 적용하지 아니하므로(상업등기규칙 제53조 제3항), 분할소멸회사의 해산등기신청서에는 일체의 서면을 첨부할 필요가 없다. 상업등기 실무 2

답 ❸

주식의 포괄적 교환 및 이전의 등기에 관한 다음 설명 중 가장 옳은 것은? 2022년 기출수정

① 주식의 포괄적 교환 또는 이전 시 완전모회사 및 완전자회사가 될 회사에서 채권자보호절차를 거쳐야 한다.

② 주식의 포괄적 교환을 한 때에는 완전자회사가 되는 회사의 대표이사는 주식교환일로부터 본점 소재지에서 2주 이내에 변경등기를 하여야 한다.

③ 주식이전으로 인한 설립등기를 신청하는 경우에 완전모회사의 자본금의 한도액을 증명하는 정보뿐만 아니라 완전자회사의 주권의 실효절차에 따른 공고를 하였음을 증명하는 정보를 제공하여야 한다.

④ 주식이전의 무효는 각 회사의 주주, 이사, 감사에 한하여 주식이전의 날부터 6월 내에 소만으로 주장할 수 있다.

⑤ 주식이전의 무효의 판결이 확정되면 제1심 수소법원은 회사의 본점소재와 지점 소재지의 등기소에 그 등기를 촉탁하여야 한다.

·····

[❶ ▸ ✕] 주식의 포괄적 교환 또는 주식의 이전으로 완전자회사가 되는 회사에 있어서는 그 주주만 변경되고, 자본금이 감소하거나 책임재산이 변동되지 않으며, 완전모회사가 되는 회사에 있어서는 신주를 발행하거나 이미 가지고 있던 자기주식을 완전자회사의 주주에게 이전할 뿐이어서 책임재산 및 자본금이 증가할 수는 있어도 감소하지 않는다. 따라서 주식의 포괄적 교환 또는 주식의 이전 시 완전모회사 또는 완전자회사가 될 회사에서 채권자보호절차를 거칠 필요는 없다. _{상업등기 실무 2}

[❷ ▸ ✕] 주식의 포괄적 교환에 의한 완전모회사의 대표자는 주식교환의 효력이 발생하는 '주식교환을 할 날'로부터 본점의 소재지에서 2주일 내에 변경등기를 하여야 한다_(상법 제317조 제4항·제183조, 상업등기법 제23조 제1항). 완전자회사의 경우에는 주식의 포괄적 교환으로 주주만 (완전사회사의 기존 주주에서 완전모회사로) 변경될 뿐이므로 등기할 사항이 없다. _{상업등기 실무 2}

[❸ ▸ ○] 상업등기규칙 제147조 제4호, 제5호

> **상업등기규칙 제147조(주식이전으로 인한 설립등기)**
> 주식이전으로 인한 설립등기를 신청하는 경우에는 다음 각 호의 정보를 제공하여야 한다.
> 1. 완전자회사의 주주총회의사록
> 4. 상법 제360조의18(완전모회사의 자본금의 한도액)에서 규정하는 자본금의 한도액을 증명하는 정보
> 5. 상법 제360조의19(주권의 실효절차) 제1항에 따른 공고를 하였음을 증명하는 정보

[❹ ▸ ✕] 주식이전의 무효는 각 회사의 주주·이사·감사·감사위원회의 위원 또는 청산인에 한하여 주식이전의 날부터 6월 내에 소만으로 이를 주장할 수 있다_(상법 제360조의23 제1항).

[❺ ▸ ✕] 주식회사의 주식 교환 또는 이전(移轉)의 무효판결이 확정된 경우, 제1심 수소법원은 회사의 본점 소재지의 등기소에 그 등기를 촉탁하여야 한다_(비송사건절차법 제107조 제8호). 2024.9.20. 상법 개정으로 회사의 지점 등기부가 폐지됨에 따라 상업등기법 및 비송사건절차법도 개정되었다.

답 ❸

회사의 조직변경등기에 관한 다음 설명 중 가장 옳지 않은 것은?

① 주식회사가 유한회사 또는 유한책임회사로 조직을 변경하기 위해서는 총주주의 일치에 의한 주주 총회의 결의가 있어야 한다.

② 주식회사가 유한회사 또는 유한책임회사로 조직을 변경함으로 인한 설립등기신청서에는 사채의 상환을 완료하였음을 증명하는 서면을 첨부하여야 한다.

③ 유한회사와 유한책임회사 상호 간에는 조직변경이 인정되지 않는다.

④ 조직변경으로 인한 각 회사의 설립등기의 신청과 해산등기의 신청은 동시에 하여야 하며, 등기관은 어느 하나에 관하여 각하사유가 있을 때에는 이들 신청을 함께 각하하여야 한다.

⑤ 조직변경으로 설립되는 유한회사의 사원 총수와 관련하여 특별한 사정이 있어서 법원의 인가를 받을 때를 제외하고는 사원이 50명을 초과할 수 없다.

....

[**❶** ▸ ○] 주식회사는 총주주의 일치에 의한 총회의 결의로 그 조직을 변경하여 이를 유한회사(상법 제604조 제1항) 또는 유한책임회사로(상법 제287조의43 제1항) 할 수 있다.

상법 제287조의43(조직의 변경)

① 주식회사는 총회에서 총주주의 동의로 결의한 경우에는 그 조직을 변경하여 이 장에 따른 유한책임회사로 할 수 있다.

상법 제604조(주식회사의 유한회사에의 조직변경)

① 주식회사는 총주주의 일치에 의한 총회의 결의로 그 조직을 변경하여 이를 유한회사로 할 수 있다. 그러나 사채의 상환을 완료하지 아니한 경우에는 그러하지 아니하다.

[**❷** ▸ ○] 상업등기규칙 제152조 제3호

상업등기규칙 제152조(조직변경으로 인한 설립등기)

주식회사가 유한회사 또는 유한책임회사로 조직을 변경함으로 인한 설립등기를 신청하는 경우에는 다음 각 호의 정보를 제공하여야 한다.
1. 정관
2. 회사에 현존하는 순재산액을 증명하는 정보
3. 사채의 상환을 완료하였음을 증명하는 정보
4.~6. (생략)

[**❸** ▸ ○] 조직변경이 인정되는 범위는 제한되어 있어서 합명회사와 합자회사 상호 간(상법 제242조, 제286조), 주식회사와 유한책임회사 상호 간(상법 제287조의43), 주식회사와 유한회사 상호 간(상법 제604조, 제607조)의 변경만이 인정된다.

[**❹** ▸ ○] 조직변경으로 인한 설립등기의 신청과 해산등기의 신청은 동시에 하여야 한다(상업등기법 제66조). 등기관은 제66조에 따른 등기의 신청(조직변경으로 인한 설립등기의 신청과 해산등기의 신청) 중 어느 하나에 관하여 제26조 각 호의 어느 하나에 해당하는 사유가 있을 때에는 이들 신청을 함께 각하하여야 한다(상업등기법 제67조).

[**❺** ▸ ✕] (유한회사) 사원의 총수는 50인을 초과하지 못한다고 규정한 구 상법 제545조는 2011년 삭제되었다.

답 ❺

채무자 회생 및 파산에 관한 법률에 따른 법인등기에 대한 다음 설명 중 가장 옳지 않은 것은?

① 파산재단과 관련된 등기사항은 파산관재인의 신청에 의하여 등기하여야 한다.

② 회생계획에 따른 해산등기와 회생절차종결등기를 한 때에 그 법인에 대하여 청산절차가 필요 없는 경우에 등기관은 해당 법인의 등기부를 직권으로 폐쇄하여야 한다.

③ 회생절차개시의 등기를 한 경우, 등기관은 직권으로 보전관리 및 보전관리인에 관한 등기를 말소하여야 한다.

④ 파산선고·파산취소·파산폐지 또는 파산종결의 결정에 따른 등기는 법원사무관등의 촉탁으로 하여야 한다.

⑤ 법인인 채무자에 대하여 회생계획인가결정이 있는 경우에 채무자가 결정서의 등본 또는 초본 등 관련서류를 첨부하여 채무자의 각 사무소 및 영업소의 소재지의 등기소에 그 등기를 신청할 수 있다.

....

[❶ ▶ ○] 파산재단을 관리 및 처분하는 권한은 파산관재인에게 속하므로(채무자 회생 및 파산에 관한 법률 제384조), 파산재단과 관련된 등기사항은 파산관재인의 신청에 의하여 등기하여야 한다(등기예규 제1777호 제4조 제3항).

[❷ ▶ ○] 회생계획에 따른 해산등기와 회생절차종결등기를 한 때에, 그 법인에 대하여 청산절차가 필요 없거나 청산절차가 종료되었음이 회생계획인가결정서, 회생절차종결결정서 등에 나타나면, 등기관은 해당 법인의 등기부를 직권으로 폐쇄하여야 한다(등기예규 제1777호 제13조 제3항).

[❸ ▶ ○] 회생절차개시의 등기를 한 경우, 등기관은 직권으로 보전관리 및 보전관리인에 관한 등기를 말소하여야 한다(등기예규 제1777호 제10조 제5항).

[❹ ▶ ○] 파산선고, 파산선고취소결정, 파산폐지, 파산종결의 결정에 따른 등기는 법원사무관등의 촉탁으로 하여야 한다(등기예규 제1777호 제15조 제1항).

[❺ ▶ ✕] 법인인 채무자에 대하여 회생계획인가결정이 있는 경우 그 등기는 법원사무관등의 촉탁으로 하여야 한다(등기예규 제1777호 제11조 제1항·제10조 제1항).

> **등기예규 제1777호[채무자 회생 및 파산에 관한 법률에 따른 법인등기 사무처리지침]**
> **제11조(회생계획의 인가·불인가 및 회생계획인가취소의 등기)**
> ① 제10조 제1항, 제3항, 제4항의 규정은 회생계획인가결정, 회생계획불인가결정의 확정, 회생계획인가취소결정의 확정에 따른 등기에 준용한다.
>
> **제10조(회생절차개시 및 관리인선임 등기 등)**
> ① 회생절차개시(채무자 회생 및 파산에 관한 법률 제49조), 관리인의 선임(채무자 회생 및 파산에 관한 법률 제74조), 관리인 대리의 선임허가(채무자 회생 및 파산에 관한 법률 제76조), 관리인의 사임 및 해임(채무자 회생 및 파산에 관한 법률 제83조)에 관한 등기는 법원사무관등의 촉탁으로 하여야 한다. 그 결정이 취소 또는 변경된 때에도 같다.

답 ❺

채무자회생 및 파산에 관한 법률(이하 '채무자회생법'이라 함)에 따른 등기절차에 관한 다음 설명 중 가장 옳지 않은 것은? 2024년

① 채무자회생법 제242조 내지 제245조에 의하여 법원의 인가를 받아 효력이 발생한 회생계획의 수행에 따른 등기는 회생절차종결 후에는 채무자인 법인 또는 새로운 법인의 신청에 의하여 등기하여야 하고, 법원사무관등의 촉탁에 의하여 등기할 수 없다.

② 관리인 및 관리인대리와 파산관재인 및 파산관재인대리에 관한 등기는 회사의 등기기록 중 '임원에 관한 사항란'에 하고, 이러한 등기를 하는 경우에는 채무자의 대표자 등 임원에 관한 등기와 지배인에 관한 등기는 말소한다.

③ 파산선고를 받은 채무자의 대표자가 새로운 이사 등의 취임등기를 신청하지 않는 한 파산종결등기를 할 때까지 종전 이사 등의 퇴임등기를 할 수 없다.

④ 보전관리, 회생절차개시, 회생절차개시취소, 회생계획인가·불인가, 회생계획인가취소, 회생절차폐지, 회생절차종결의 등기 및 파산선고, 파산취소, 파산폐지, 파산종결의 등기는 '기타사항란'에 등기하여야 한다.

⑤ 파산절차가 진행 중인 회사의 경우 본점이전의 등기는 회사의 대표자가 신청하여야 한다.

....

[❶ ▸ ○] 회생계획의 수행에 따른 등기는 회생절차종결 후에는 채무자인 법인 또는 새로운 법인의 신청에 의하여 등기하여야 하고, 법원사무관등의 촉탁에 의하여 등기할 수 없다. 다만, 회생절차종결 이전에 등기사항이 발생하여 법원사무관등이 회생절차종결 이전에 촉탁할 수 있었던 사항에 관하여 착오로 이를 누락한 경우에는 그러하지 아니하다(등기예규 제1777호 제3조 제2항).

[❷ ▸ ×] 보전관리인, 관리인, 관리인대리, 파산관재인, 파산관재인대리, 국제도산관리인 및 국제도산관리인대리는 임원란 또는 사원란에 등기하고, 채무자인 법인의 대표자 등 임원에 관한 등기와 지배인 또는 대리인에 관한 등기는 말소하지 아니한다(등기예규 제1777호 제5조 제2항).

[❸ ▸ ○] 청산 중 법인이 파산한 경우에 업무집행기관으로서의 청산인과 감독기관으로서의 감사는 당해 파산법인이 신임 청산인과 신임 감사의 취임등기를 하지 아니하면 파산종결등기를 할 때까지 퇴임등기를 할 수 없을 것이다(상업등기선례 제1-268호).

[❹ ▸ ○] 보전관리, 회생절차개시, 회생절차개시취소, 회생계획인가·불인가, 회생계획인가취소, 회생절차폐지, 회생절차종결의 등기 및 파산선고, 파산취소, 파산폐지, 파산종결의 등기는 기타사항란에 등기한다(등기예규 제1777호 제5조 제1항).

[❺ ▸ ○] 파산법인과 파산재단은 법인격상 동일하지 않으므로 파산재단의 사무실이전을 파산법인의 본점이전으로 보아 등기할 수는 없으며, 파산법인의 본점이전은 비재산적 활동범위에 속하므로 일반절차에 따라 법인의 대표자가 본점이전등기신청을 하여야 한다(상업등기선례 제1-134호).

답 ❷

70 유한회사와 그 등기절차에 관한 다음 설명 중 가장 옳지 않은 것은? 2019년
□□□

① 유한회사의 각 사원은 출자 1좌마다 1개의 의결권을 가지지만 정관으로 의결권의 수에 관하여 다른 정함을 할 수 있다.
② 유한회사의 설립등기 시 정관은 반드시 공증인의 인증을 받은 것을 첨부하여야 하며, 자본금의 총액이 10억원 미만인 유한회사를 설립하는 경우에도 소규모 주식회사와는 달리 공증인의 인증을 받은 정관을 첨부하여야 한다.
③ 유한회사의 이사는 주식회사와 달리 자본금 규모와 관계없이 1인의 이사를 둘 수 있다.
④ 유한회사의 자본금 증가의 효력은 자본금 증가의 등기를 함으로써 효력이 발생한다.
⑤ 자본금 감소에 대하여 총사원이 서면으로 동의한 경우에는 사원총회의사록이 아닌 총사원의 동의서를 첨부하여 변경등기를 신청할 수 있다.

· ·

[❶ ▸ ○] (유한회사의) 각 사원은 출자 1좌마다 1개의 의결권을 가진다. 그러나 정관으로 의결권의 수에 관하여 다른 정함을 할 수 있다(상법 제575조).
[❷ ▸ ×] 유한회사의 설립등기 시 원칙적으로 공증인의 인증을 받은 정관을 첨부정보로 제공하여야 한다(상법 제543조 제3항, 제292조 본문, 상업등기규칙 제156조 제1호). 자본금의 총액이 10억원 미만인 유한회사를 설립하는 경우에 정관은 각 사원의 기명날인 또는 서명만으로 효력이 생기므로(상법 제543조 제3항, 제292조 단서), 이때에는 공증인의 인증이 없는 정관을 첨부정보로 제공할 수 있다. 상업등기 실무 2

> **상법 제543조(정관의 작성, 절대적 기재사항)**
> ① 유한회사를 설립함에는 사원이 정관을 작성하여야 한다.
> ③ 제292조의 규정은 유한회사에 준용한다.
>
> **상법 제292조(정관의 효력발생)**
> 정관은 공증인의 인증을 받음으로써 효력이 생긴다. 다만, 자본금 총액이 10억원 미만인 회사를 제295조 제1항에 따라 발기설립(發起設立)하는 경우에는 제289조 제1항에 따라 각 발기인이 정관에 기명날인 또는 서명함으로써 효력이 생긴다.

[❸ ▸ ○] 유한회사에는 1인 또는 수인의 이사를 두어야 한다(상법 제561조).
[❹ ▸ ○] (유한회사의) 자본금 증가의 효력은 본점 소재지에서 제591조의 등기(자본금 증가의 등기)를 함으로써 발생한다(상법 제592조).
[❺ ▸ ○] 유한회사에서 총회결의의 목적사항에 대하여 총사원이 서면으로 동의한 경우에는 총회의 결의와 동일한 효력이 있으므로, 유한회사의 자본감소에 관하여 총사원이 동의한 경우에는 사원총회의 사록이 아닌 총사원동의서를 첨부하여 변경등기를 신청할 수 있다(상업등기선례 제1-283호).

답 ❷

유한회사의 등기에 관한 다음 설명 중 가장 옳지 않은 것은?

① 유한회사의 경우 회사의 공고방법이 정관의 절대적 기재사항으로 되어 있지 않으나 회사가 공고방법을 둔 경우에는 등기할 수 있다.

② 상법 제585조에 따른 사원총회의 특별결의는 총사원의 반수 이상이며 총사원의 의결권의 4분의 3 이상을 가진 자의 동의로 하는데, 의결권을 행사할 수 없는 사원은 이를 총사원의 수에, 그 행사할 수 없는 의결권은 이를 의결권의 수에 산입하지 않는다.

③ 유한회사를 설립할 때 작성하는 정관은 공증인의 인증을 받음으로써 효력이 생긴다. 다만, 자본금 총액이 10억원 미만인 경우 각 사원이 정관에 기명날인 또는 서명함으로써 효력이 생긴다.

④ 유한회사의 자본금 증가에 따른 등기는 자본금증가로 인한 출자 전액의 납입 또는 현물출자의 이행이 완료된 날부터 2주 내에 본점 소재지에서 신청하여야 하는데, 출자의 납입은 은행 기타 금융기관에 할 필요가 없으며, 현물출자의 이행의 경우에도 검사인 등의 검사를 받을 필요가 없다.

⑤ 유한회사가 정관에 기재된 독립된 최소행정구역 내에서 본점을 이전하는 경우 정관에 다른 정함이 없으면 이사 과반수의 결의에 의하여야 하나, 유한회사의 사원총회는 업무집행을 포함한 모든 사항에 관하여 결의를 할 수 있으므로, 사원총회 결의로도 본점이전을 할 수 있다.

....

[**❶** ▸ ×] 유한회사의 경우 회사의 공고방법이 정관의 절대적 기재사항 및 등기사항으로 되어 있지 않다(상법 제543조 제2항, 제549조 제2항 참조).

> **상법 제543조(정관의 작성, 절대적 기재사항)**
> ② 정관에는 다음의 사항을 기재하고 각 사원이 기명날인 또는 서명하여야 한다.
>   1. 제179조 제1호 내지 제3호에 정한 사항
>   2. 자본금의 총액
>   3. 출자1좌의 금액
>   4. 각 사원의 출자좌수
>   5. 본점의 소재지
>
> **상법 제549조(설립의 등기)**
> ② 제1항의 등기에서 다음 각 호의 사항을 등기하여야 한다.
>   1. 제179조 제1호·제2호 및 제5호에 규정된 사항과 지점을 둔 때에는 그 소재지
>   2. 제543조 제2항 제2호와 제3호에 게기한 사항
>   3. 이사의 성명·주민등록번호 및 주소. 다만, 회사를 대표할 이사를 정한 때에는 그 외의 이사의 주소를 제외한다.
>   4. 회사를 대표할 이사를 정한 때에는 그 성명, 주소와 주민등록번호
>   5. 수인의 이사가 공동으로 회사를 대표할 것을 정한 때에는 그 규정
>   6. 존립기간 기타의 해산사유를 정한 때에는 그 기간과 사유
>   7. 감사가 있는 때에는 그 성명 및 주민등록번호

[**❷** ▸ ○] 상법 제585조 제1항, 제2항

> **상법 제585조(정관변경의 특별결의)**
> ① 전조의 결의는 총사원의 반수 이상이며 총사원의 의결권의 4분의 3 이상을 가지는 자의 동의로 한다.
> ② 전항의 규정을 적용함에 있어서는 의결권을 행사할 수 없는 사원은 이를 총사원의 수에, 그 행사할 수 없는 의결권은 이를 의결권의 수에 산입하지 아니한다.

[**❸ ▸ ○**] 상법 제543조 제3항, 제292조

상법 제543조(정관의 작성, 절대적 기재사항)
③ 제292조의 규정은 유한회사에 준용한다.

상법 제292조(정관의 효력발생)
정관은 공증인의 인증을 받음으로써 효력이 생긴다. 다만, 자본금 총액이 10억원 미만인 회사를 제295조 제1항에 따라 발기설립(發起設立)하는 경우에는 제289조 제1항에 따라 각 발기인이 정관에 기명날인 또는 서명함으로써 효력이 생긴다.

[**❹ ▸ ○**] 유한회사는 자본금 증가로 인한 출자 전액의 납입 또는 현물출자의 이행이 완료된 날부터 2주 내에 본점 소재지에서 자본금 증가로 인한 변경등기를 하여야 한다(상법 제591조). 주식회사의 설립 또는 자본금의 증가에 있어서는 주식인수 가액의 납입을 은행 기타 금융기관만이 맡을 수 있으나(상법 제295조 제1항, 제302조 제2항 제9호, 제305조 제2항 참조), 유한회사의 경우에는 이러한 납입기관에 관한 제한이 없어 대표권이 있는 이사가 납입을 받는 것도 가능하다. 현물출자의 이행의 경우에도 검사인 등의 검사를 받을 필요가 없다.

[**❺ ▸ ○**] 유한회사가 정관에 기재된 독립된 최소행정구역 내에서 본점을 이전하는 경우 정관에 다른 정함이 없으면 이사 과반수의 결의에 의하여야 하나(상법 제564조), 유한회사의 사원총회는 업무집행을 포함한 모든 사항에 관하여 결의할 수 있으므로 사원총회 결의로도 본점이전을 할 수 있다(상업등기선례 제202203-1호).

답 ❶

72
☐☐☐

합명회사의 등기에 관한 다음 설명 중 가장 옳지 않은 것은?　　　2022년 기출+정

① 합명회사의 설립 시에는 2인 이상의 사원이 공동으로 정관을 작성하여야 하고 총사원이 기명날인 또는 서명하여야 한다.
② 정관의 규정으로 출자를 하지 않는 사원을 정할 수 있으므로, 출자가 없는 자를 사원으로 정한 합명회사의 설립등기신청은 수리하여야 한다.
③ 사원의 출자의 목적은 동산·부동산·금전·채권 기타의 재산권은 물론 신용과 노무도 포함된다.
④ 합명회사의 사원은 정관의 절대적 기재사항이고 등기사항이므로 그 변동은 정관의 변경을 뜻하고 변경등기를 요한다.
⑤ 사원의 제명 또는 그 업무집행권한이나 대표권 상실의 판결이 확정된 때에는 제1심 수소법원이 그 재판의 등본을 첨부하여 본점 소재지의 등기소에 그 등기를 촉탁한다.

⋯⋯⋯⋯⋯⋯⋯⋯⋯⋯⋯⋯⋯⋯⋯⋯⋯⋯⋯⋯⋯⋯⋯⋯⋯⋯⋯⋯⋯⋯⋯⋯⋯⋯⋯⋯⋯⋯⋯

[❶ ▸ O]　상법 제178조, 제179조

> **상법 제178조(정관의 작성)**
> 합명회사의 설립에는 2인 이상의 사원이 공동으로 정관을 작성하여야 한다.
>
> **상법 제179조(정관의 절대적 기재사항)**
> 정관에는 다음의 사항을 기재하고 총사원이 기명날인 또는 서명하여야 한다.
> 　1. 목 적
> 　2. 상 호
> 　3. 사원의 성명·주민등록번호 및 주소
> 　4. 사원의 출자의 목적과 그 가격 또는 평가의 표준
> 　5. 본점의 소재지
> 　6. 정관의 작성년월일

[❷ ▸ ✕]　합명회사의 사원은 재산, 노무, 신용 중 어느 하나를 반드시 출자하여야 하고 정관의 규정으로써도 그러한 출자를 하지 않은 사원을 인정할 수 없으므로, 출자가 없는 자를 사원으로 정한 합명회사의 설립등기신청은 수리될 수 없을 것이다(상업등기선례 제1-64호).

[❸ ▸ O]　절대적 기재사항으로 사원의 출자의 목적과 그 가격 또는 평가의 표준을 정관에 기재하여야 하는데, 출자의 목적이란 사원이 회사에 대하여 출자할 것을 약속한 출자의 내용을 말한다. 이러한 출자의 목적은 동산·부동산·금전·채권·유가증권 기타의 재산권은 물론 신용·노무도 포함된다(상법 제195조, 제222조, 민법 제703조 제2항). **상업등기 실무 1** 즉, 합명회사에는 무한책임사원이 존재하므로 회사재산의 확보가 강조되지 않아 사원의 출자의 목적으로 재산 외에도 노무 또는 신용의 출자가 가능한 것이다.

[**❹** ▶ O] 상법 제179조(정관의 절대적 기재사항) 제3호, 제180조 제1호, 제183조

[**❺** ▶ O] 비송사건절차법 제107조 제3호, 제108조

답 ❷

73 각 회사의 등기에 관한 다음 설명 중 가장 옳지 않은 것은?　　　　2023년

① 합자회사에서 총사원의 동의가 있더라도 유한책임사원을 대표사원으로 하는 변경등기는 허용되지 아니한다.
② 유한회사와 유한책임회사의 사원은 회사의 설립등기 이전에 금전이나 그 밖의 재산의 출자를 전부 이행하여야 한다.
③ 합자회사가 정관의 규정에 따라 공동대표사원을 두어 등기한 경우에 공동대표규정을 폐지하기 위해서는 그 정관변경을 먼저 한 다음 공동대표규정을 말소하는 변경등기를 신청할 수 있는데, 이 경우 정관변경을 위해서는 총사원의 동의가 있음을 증명하는 정보가 첨부정보로 제공되어야 한다.
④ 유한책임회사는 정관을 변경함으로써 새로운 사원을 가입시킬 수 있으므로, 정관을 변경한 때에 해당 사원이 출자에 관한 납입 또는 재산의 전부 또는 일부의 출자를 이행하지 아니한 경우이더라도 정관의 변경으로 사원이 된다.
⑤ 합명회사 지배인의 선임과 해임은 정관에 다른 정함이 없으면 업무집행사원이 있는 경우에도 총사원 과반수의 결의에 의하여야 한다.

∙∙∙

[❶ ▶ ○] 유한책임사원은 회사의 업무집행이나 대표행위를 하지 못한다(상법 제278조). 합자회사에 있어서는 정관 또는 총사원의 동의로써 회사 대표자로 될 수 있는 자는 무한책임사원에 한 할 것이고, 총사원의 동의가 있더라도 유한책임사원을 대표사원으로 하는 변경등기는 허용되지 아니한다. 유한책임사원은 설사 정관 또는 총사원의 동의로서 회사의 대표자로 지정되어 그와 같은 등기까지 경유되었다 하더라도 회사대표권을 가질 수 없다(대판 1966.1.25. 65다2128).
[❷ ▶ ○] 유한책임회사의 사원은 정관의 작성 후 설립등기를 하는 때까지 금전이나 그 밖의 재산의 출자를 전부 이행하여야 한다(상법 제287조의4 제2항). 유한회사의 이사는 사원으로 하여금 출자전액의 납입 또는 현물출자의 목적인 재산전부의 급여를 시켜야 한다(상법 제548조 제1항).
[❸ ▶ ○] 합자회사의 정관에 따라 공동대표규정(수인의 사원이 공동으로 회사를 대표할 것)을 등기한 경우, 먼저 그 정관규정을 변경한 후 공동대표규정을 말소하는 변경등기를 신청할 수 있을 것이다(등기선례 제200501-8호). 합자회사에는 다른 규정이 없는 사항은 합명회사에 관한 규정을 준용하므로(상법 제269조), 합자회사의 정관을 변경하는 경우 총사원의 동의가 있어야 한다(상법 제204조). 총사원 또는 어느 사원이나 청산인의 동의를 필요로 하는 등기를 신청하는 경우에는 그 동의가 있음을 증명하는 정보를 제공하여야 한다(상업등기규칙 제118조, 제97조 제2항).
[❹ ▶ ✕] 상법 제287조의23 제1항·제2항

> **상법 제287조의23(사원의 가입)**
> ① 유한책임회사는 정관을 변경함으로써 새로운 사원을 가입시킬 수 있다.
> ② 제1항에 따른 사원의 가입은 정관을 변경한 때에 효력이 발생한다. 다만, 정관을 변경한 때에 해당 사원이 출자에 관한 납입 또는 재산의 전부 또는 일부의 출자를 이행하지 아니한 경우에는 그 납입 또는 이행을 마친 때에 사원이 된다.

[**❺ ▸ O**] 합명회사의 지배인의 선임과 해임은 정관에 다른 정함이 없으면 업무집행사원이 있는 경우에도 총사원 과반수의 결의에 의하여야 한다(상법 제203조).

정답 ❹

제5절 **유한책임회사의 등기**

74
□□□

다음 중 유한책임회사의 설립등기에 있어 등기사항이 아닌 것은?　　　　2025년

① 목 적
② 지점을 둔 경우에는 그 소재지
③ 사원의 성명, 주민등록번호 및 주소(다만, 회사를 대표할 사원을 정한 경우에는 그 외의 사원의 주소는 제외함)
④ 정관으로 공고방법을 정한 경우에는 그 공고방법
⑤ 존립기간 또는 해산사유를 정한 때에는 그 기간 또는 사유

....

[**❶ ▸ O**] [**❷ ▸ O**] [**❸ ▸ ×**] [**❹ ▸ O**] [**❺ ▸ O**]　유한책임회사의 설립등기에 있어 사원의 성명, 주민등록번호 및 주소(다만, 회사를 대표할 사원을 정한 경우에는 그 외의 사원의 주소는 제외함)는 등기사항이 아니다(상법 제287조의5 제1항 참조).

> **상법 제287조의5(설립의 등기 등)**
> ① 유한책임회사는 본점의 소재지에서 다음 각 호의 사항을 등기함으로써 성립한다.
> 　1. 제179조 제1호(목적)·제2호(상호) 및 제5호(본점의 소재지)에서 정한 사항과 지점을 둔 경우에는 그 소재지
> 　2. 제180조 제3호(존립기간 기타 해산사유를 정한 때에는 그 기간 또는 사유)에서 정한 사항
> 　3. 자본금의 액
> 　4. 업무집행자의 성명, 주소 및 주민등록번호(법인인 경우에는 명칭, 주소 및 법인등록번호). 다만, 유한책임회사를 대표할 업무집행자를 정한 경우에는 그 외의 업무집행자의 주소는 제외한다.
> 　5. 유한책임회사를 대표할 자를 정한 경우에는 그 성명 또는 명칭과 주소
> 　6. 정관으로 공고방법을 정한 경우에는 그 공고방법
> 　7. 둘 이상의 업무집행자가 공동으로 회사를 대표할 것을 정한 경우에는 그 규정

상법 제179조(정관의 절대적 기재사항)

정관에는 다음의 사항을 기재하고 총사원이 기명날인 또는 서명하여야 한다.

1. 목 적
2. 상 호
3. 사원의 성명·주민등록번호 및 주소
4. 사원의 출자의 목적과 그 가격 또는 평가의 표준
5. 본점의 소재지
6. 정관의 작성년월일

상법 제180조(설립의 등기)

합명회사의 설립등기에 있어서는 다음의 사항을 등기하여야 한다.

1. 제179조 제1호 내지 제3호 및 제5호의 사항과 지점을 둔 때에는 그 소재지. 다만, 회사를 대표할 사원을 정한 때에는 그 외의 사원의 주소를 제외한다.
2. 사원의 출자의 목적, 재산출자에는 그 가격과 이행한 부분
3. 존립기간 기타 해산사유를 정한 때에는 그 기간 또는 사유
4. 회사를 대표할 사원을 정한 경우에는 그 성명·주소 및 주민등록번호
5. 수인의 사원이 공동으로 회사를 대표할 것을 정한 때에는 그 규정

답 ❸

75

유한책임회사와 그 등기절차에 관한 다음 설명 중 가장 옳지 않은 것은?

① 유한책임회사 사원의 가입은 정관을 변경한 때에 효력이 발생하나, 정관을 변경한 때에 해당 사원이 출자에 관한 납입 또는 재산의 전부 또는 일부의 출자를 이행하지 아니한 경우에는 그 납입 또는 이행을 마친 때에 사원이 된다.

② 유한책임회사의 정관은 공증인의 인증을 받지 않아도 효력이 발생하고, 정관을 변경하려면 정관에 다른 규정이 없는 경우 총사원의 동의를 요한다.

③ 유한책임회사의 목적, 상호, 사원의 성명·주민등록번호 및 주소, 본점의 소재지, 공고방법, 자본금의 액, 업무집행자의 성명과 주소는 정관의 절대적 기재사항으로 설립등기 시 이를 등기사항으로 신청하여야 한다.

④ 유한책임회사의 사원은 정관에 다른 규정이 없는 경우 다른 사원의 동의를 받지 아니하면 그 지분의 전부 또는 일부를 양도하지 못한다.

⑤ 유한책임회사가 존립기간의 만료 기타 정관으로 정한 사유의 발생, 총사원의 동의에 의하여 해산된 경우에는 사원의 전부 또는 일부의 동의로 회사를 계속할 수 있다.

[**❶** ▸ ○] 상법 제287조의23 제2항

> **상법 제287조의23(사원의 가입)**
> ① 유한책임회사는 정관을 변경함으로써 새로운 사원을 가입시킬 수 있다.
> ② 제1항에 따른 <u>사원의 가입은 정관을 변경한 때에 효력이 발생한다.</u> 다만, 정관을 변경한 때에 해당 사원이 출자에 관한 납입 또는 재산의 전부 또는 일부의 출자를 이행하지 아니한 경우에는 <u>그 납입 또는 이행을 마친 때에 사원이 된다.</u>

[**❷** ▸ ○] 유한책임회사를 설립하는 때에는 1인 이상의 사원이 정관을 작성하여야 하고 각 사원이 기명날인하거나 서명하여야 한다(상법 제287조의2, 제287조의3). <u>원시정관은 공증인의 인증을 받지 않아도 효력이 발생한다.</u> **상업등기 실무 1** 정관에 다른 규정이 없는 경우 정관을 변경하려면 총사원의 동의가 있어야 한다(상법 제287조의16).

[**❸** ▸ ✕] 유한책임회사 정관의 절대적 기재사항은 ㉠ 목적, ㉡ 상호, ㉢ 사원의 성명·주민등록번호 및 주소, ㉣ 본점의 소재지, ㉤ 사원의 출자의 목적 및 가액, ㉥ 자본금의 액, ㉦ 업무집행자의 성명(법인인 경우에는 명칭) 및 주소, ㉧ 정관의 작성연월일 등이다(상법 제287조의3, 제179조 참조). 공고방법은 상대적 기재사항에 해당한다(상법 제287조의5 제1항 제6호 참조). 한편, <u>사원의 성명·주민등록번호 및 주소는 설립 등기 시 등기사항은 아니다</u>(상법 제287조의5 참조).

[**❹** ▸ ○] 상법 제287조의8 제1항·제3항

> **상법 제287조의8(지분의 양도)**
> ① 사원은 다른 사원의 동의를 받지 아니하면 그 지분의 전부 또는 일부를 타인에게 양도하지 못한다.
> ② 제1항에도 불구하고 업무를 집행하지 아니한 사원은 업무를 집행하는 사원 전원의 동의가 있으면 지분의 전부 또는 일부를 타인에게 양도할 수 있다. 다만, 업무를 집행하는 사원이 없는 경우에는 사원 전원의 동의를 받아야 한다.
> ③ 제1항과 제2항에도 불구하고 정관으로 그에 관한 사항을 달리 정할 수 있다.

[**❺** ▸ ○] 상법 제287조의40, 제229조 제1항

> **상법 제227조(해산원인)**
> 회사는 다음의 사유로 인하여 해산한다.
> 1. 존립기간의 만료 기타 정관으로 정한 사유의 발생
> 2. 총사원의 동의
>
> **상법 제229조(회사의 계속)**
> ① 제227조 제1호와 제2호의 경우에는 사원의 전부 또는 일부의 동의로 회사를 계속할 수 있다. 그러나 동의를 하지 아니한 사원은 퇴사한 것으로 본다.
>
> **상법 제287조의40(유한책임회사의 계속)**
> 제287조의38의 해산원인 중 제227조 제1호 및 제2호의 경우에는 제229조 제1항 및 제3항을 준용한다.

답

상법상 회사의 정관의 기재사항과 등기할 사항에 관한 다음 설명 중 가장 옳은 것은?

2023년

① 합명회사, 합자회사 및 유한회사의 경우 사원의 성명·주민등록번호 및 주소가 정관의 절대적 기재사항이지만 유한책임회사의 경우에는 그러하지 아니하다.

② 사원이 등기할 사항인 경우에는 각 사원의 무한책임 또는 유한책임인 것을 등기하여야 한다.

③ 유한책임회사는 자본금의 액이, 유한회사는 자본금의 총액이 각 정관의 절대적 기재사항이나, 합명회사, 합자회사 및 주식회사의 경우에는 자본금의 액 또는 총액이 절대적 기재사항이 아니다.

④ 유한책임회사의 경우에는 공고방법이 정관의 기재사항 및 등기사항이 아니나 유한회사의 경우에는 정관으로 공고방법을 정한 때에는 그 공고방법을 등기하여야 한다.

⑤ 유한책임회사, 유한회사, 주식회사의 정관은 공증인의 인증을 받음으로써 효력이 생긴다.

．．．

[❶ ▸ ✕] 합명회사(상법 제179조 제3호), 합자회사(상법 제270조), 유한회사(상법 제543조 제2항 제1호)뿐만 아니라 <u>유한책임회사(상법 제287조의3 제1호)의 경우에도 사원의 성명·주민등록번호 및 주소가 정관의 절대적 기재사항이다.</u>

[❷ ▸ ✕] 합자회사의 경우 각 사원의 책임이 무한책임인지 유한책임인지를 등기하여야 한다(상법 제271조 제1항). 그러나 합명회사와 유한회사의 경우 각 사원의 책임이 무한책임인지 유한책임인지를 등기하지 <u>아니한다(상법 제180조, 제549조 제2항).</u> 합명회사는 무한책임사원만으로으로 조직된 회사이고(상법 제212조), 유한회사와 유한책임회사는 유한책임사원만으로 구성되는 회사이기 때문이다(상법 제553조, 제287조의7). 한편, <u>유한회사와 유한책임회사의 경우 사원의 성명·주민등록번호 및 주소는 등기사항이 아니다</u>(상법 제549조 제2항, 제287조의5 제1항).

[❸ ▸ ○] <u>유한책임회사는 자본금의 액이 정관의 절대적 기재사항이고(상법 제287조의3 제3호), 유한회사는 자본금의 총액이 정관의 절대적 기재사항이다(상법 제543조 제2항 제2호).</u> 합명회사(상법 제180조), 합자회사 및 주식회사의 경우에는 자본금의 액 또는 총액이 정관의 절대적 기재사항이 아니다(상법 제270조, 제289조 제1항).

[❹ ▸ ✕] <u>유한책임회사의 경우, 공고방법이 정관의 절대적 기재사항은 아니지만(상법 제287조의3), 정관으로 공고방법을 정한 경우에는 그 공고방법은 등기사항이다(상법 제287조의5 제1항 제6호). 유한회사의 경우, 공고방법이 정관의 절대적 기재사항도 아니고 등기사항도 아니다(상법 제543조 제2항, 제549조 제2항).</u>

[❺ ▸ ✕] 주식회사의 정관은 공증인의 인증을 받음으로써 효력이 생긴다. 다만, 자본금 총액이 10억원 미만인 회사를 제295조 제1항에 따라 발기설립하는 경우에는 제289조 제1항에 따라 각 발기인이 정관에 기명날인 또는 서명함으로써 효력이 생긴다(상법 제292조). 상법 제292조의 규정은 유한회사에 준용되므로(상법 제543조 제3항), 유한회사의 정관도 공증인의 인증을 받음으로써 효력이 생긴다. 그러나 <u>유한책임회사의 원시정관은 공증인의 인증을 받지 않아도 효력이 발생한다.</u> **상업등기 실무 1**

 ❸

77
☐☐☐

외국회사의 대한민국 영업소 등기에 관한 다음 설명 중 가장 옳지 않은 것은?　　　2025년

① 외국회사가 대한민국 내에 영업소를 설치하는 경우에는 그 설치일부터 3주일 내에 영업소의 소재지에서 상호, 목적 등 상법에서 규정하고 있는 등기사항을 등기하여야 한다.

② 외국회사의 대한민국 영업소 등기는 대한민국에서의 대표자가 외국회사를 대표하여 신청하여야 하고, 대한민국에서의 대표자는 외국회사의 영업에 관하여 재판상 또는 재판 외의 모든 행위를 할 권한을 가지며 이에 대한 제한은 선의의 제3자에게 대항하지 못한다.

③ 외국회사는 스스로의 결정에 의해 대한민국 영업소를 폐쇄할 수 있고, 법원이 이해관계인 또는 검사의 청구에 의하여 영업소의 폐쇄를 명할 수도 있는데, 후자의 경우 법원의 촉탁에 의하여 영업소 폐쇄의 등기를 한다.

④ 법원은 영업소의 폐쇄를 명한 경우 이해관계인의 신청에 의하여 또는 직권으로 대한민국에 있는 외국회사의 재산 전부에 대한 청산개시를 명할 수 있고, 이때 법원은 청산인을 선임하여야 한다.

⑤ 외국회사는 대한민국 내에 2개 이상의 영업소를 설치할 수 있고, 이 경우 각 영업소별로 서로 다른 대한민국에서의 대표자를 정하여 등기할 수 있다.

⋯⋯⋯

[❶ ▸ ○]　상법 제614조 제2항·제3항

> **상법 제614조(대표자, 영업소의 설정과 등기)**
> ① 외국회사가 대한민국에서 영업을 하려면 대한민국에서의 대표자를 정하고 대한민국 내에 영업소를 설치하거나 대표자 중 1명 이상이 대한민국에 그 주소를 두어야 한다.
> ② 외국회사가 제1항의 영업소를 설치하는 경우에는 그 설치일부터 3주일 내에 영업소의 소재지에서 다음 각 호의 사항을 등기하여야 한다.
>   1. 목 적
>   2. 상 호
>   3. 회사를 대표할 자의 성명·주소 및 주민등록번호(외국인인 경우 외국인등록번호로 하되, 외국인등록 번호가 없는 경우에는 생년월일로 한다)
>   4. 공동으로 회사를 대표할 것을 정한 때에는 그 규정
>   5. 본점의 소재지
>   6. 영업소의 소재지(다른 영업소의 소재지는 제외한다)
>   7. 회사의 존립기간 내지 해산사유를 정한 때에는 그 기간 또는 사유
>   8. 대한민국에서의 같은 종류의 회사 또는 가장 비슷한 회사가 주식회사인 경우에는 본국에서의 공고방법 및 제616조의2에 따른 대한민국에서의 공고방법
> ③ 제2항의 등기에는 회사설립의 준거법과 대한민국에서의 대표자의 성명·주소 및 주민등록번호(외국인인 경우 외국인등록번호로 하되, 외국인등록번호가 없는 경우에는 생년월일로 한다)가 포함되어야 한다.

[**❷** ▸ ○] 상업등기법 제23조, 상법 제614조 제4항·제209조

> **상업등기법 제23조(등기신청인)**
> ③ 외국회사의 등기는 대한민국에서의 대표자가 외국회사를 대표하여 신청한다.
>
> **상법 제614조(대표자, 영업소의 설정과 등기)**
> ④ 제209조와 제210조의 규정은 외국회사의 대표자에게 준용한다.
>
> **상법 제209조(대표사원의 권한)**
> ① 회사를 대표하는 사원은 회사의 영업에 관하여 재판상 또는 재판 외의 모든 행위를 할 권한이 있다.
> ② 전항의 권한에 대한 제한은 선의의 제3자에게 대항하지 못한다.

[**❸** ▸ ○] 외국회사는 스스로 결정에 의해 대한민국 영업소를 폐쇄할 수 있고(상법 제620조 제3항 참조), 법원이 이해관계인 또는 검사의 청구에 의하여 영업소의 폐쇄를 명할 수도 있는데(상법 제619조 제1항 참조), 후자의 경우 법원의 촉탁에 의하여 영업소 폐쇄의 등기를 한다(비송사건절차법 제101조 제2항·제93조).

> **상법 제619조(영업소폐쇄명령)**
> ① 외국회사가 대한민국에 영업소를 설치한 경우에 다음의 사유가 있는 때에는 법원은 이해관계인 또는 검사의 청구에 의하여 그 영업소의 폐쇄를 명할 수 있다.
>   1. 영업소의 설치목적이 불법한 것인 때
>   2. 영업소의 설치등기를 한 후 정당한 사유 없이 1년 내에 영업을 개시하지 아니하거나 1년 이상 영업을 휴지한 때 또는 정당한 사유 없이 지급을 정지한 때
>   3. 회사의 대표자 기타 업무를 집행하는 자가 법령 또는 선량한 풍속 기타 사회질서에 위반한 행위를 한 때
> ② 제176조 제2항 내지 제4항의 규정은 전항의 경우에 준용한다.
>
> **비송사건절차법 제101조(유한회사와 외국회사 영업소 폐쇄에의 준용)**
> ② 외국회사 영업소의 폐쇄를 명하는 경우에는 제90조부터 제94조까지, 제94조의2 및 제95조부터 제97조까지의 규정을 준용한다.
>
> **비송사건절차법 제93조(해산재판의 확정과 등기촉탁)**
> 회사의 해산을 명한 재판이 확정되면 법원은 회사의 본점 소재지의 등기소에 그 등기를 촉탁하여야 한다.

[**❹** ▸ ○] 상법 제620조 제1항

> **상법 제620조(한국에 있는 재산의 청산)**
> ① 전조 제1항의 규정에 의하여 영업소의 폐쇄를 명한 경우에는 법원은 이해관계인의 신청에 의하여 또는 직권으로 대한민국에 있는 그 회사재산의 전부에 대한 청산의 개시를 명할 수 있다. 이 경우에는 법원은 청산인을 선임하여야 한다.
> ② 제535조 내지 제537조와 제542조의 규정은 그 성질이 허하지 아니하는 경우 외에는 전항의 청산에 준용한다.
> ③ 전2항의 규정은 외국회사가 스스로 영업소를 폐쇄한 경우에 준용한다.

[**❺** ▸ ✕] 외국회사의 대한민국에서의 대표자의 대표권은 국내의 모든 영업소에 미치므로, 외국회사가 국내에 2개 이상의 영업소를 설치하는 경우 각 영업소별로 서로 다른 대표자를 정하여 등기하거나 대표권을 특정 영업소의 영업에 한정하는 취지의 등기를 할 수는 없지만, 각 영업소마다 지배인을 선임하여 지배인등기를 할 수는 있다(상업등기선례 제1-287호).

답 ❺

외국회사의 등기에 관한 다음 설명 중 가장 옳지 않은 것은?　　　2020년 기출수정

① 외국회사가 대한민국 내에 영업을 하기 위하여 영업소를 설치하는 경우 등기하여야 하는 대한민국에서의 대표자의 주소는 대한민국 내의 주소이어야 한다.

② 외국회사의 대한민국에서의 대표자의 대표권은 국내의 모든 영업소에 미치므로, 외국회사가 국내에 2개 이상의 영업소를 설치하는 경우 각 영업소별로 서로 다른 대표자를 정하여 등기하거나 대표권을 특정 영업소의 영업에 한정하는 취지의 등기를 할 수는 없지만, 각 영업소마다 지배인을 선임하여 지배인등기를 할 수는 있다.

③ 주식회사인 외국회사의 국내영업소설치등기를 하는 경우 임원등기와 관련하여 보면 본점의 대표이사와 국내에서의 대표자의 성명과 주소를 기재하면 되고, 다른 임원(이사, 감사 등)은 등기사항이 아니다. 그럼에도 불구하고 본점의 대표이사나 국내에서의 대표자가 아닌 일반임원이 등기가 되었다면 이는 등기할 사항이 아닌 것으로 등기관의 직권 또는 당사자의 말소신청에 의하여 그 등기를 말소할 수 있다.

④ 외국의 정부나 그 밖의 권한 있는 기관이 발행한 서류 또는 공증인이 공증한 외국문서는 재외공관 공증법 제30조 제1항 본문에 따른 영사관의 확인을 받아 제출하여야 한다. 다만, 외국공문서에 대한 인증의 요구를 폐지하는 협약에 가입한 국가인 경우에는 그 협약에서 정한 바에 따라 아포스티유(Apostille)를 발급받아 제출할 수 있다.

⑤ 대한민국에 영업소를 설치한 외국회사가 스스로 영업소를 폐쇄한 경우, 법원이 이해관계인의 신청에 의하여 또는 직권으로 대한민국에 있는 그 회사재산의 전부에 대한 청산의 개시를 명하고 청산인을 선임한 경우가 아닌 한, 청산절차를 거치지 않고도 영업소폐지의 등기를 신청할 수 있다.

．．．

[❶ ▸ ✕] 외국회사가 대한민국 내에 영업소를 설치하는 경우 등기하여야 하는 대한민국에서의 대표자의 주소는 국내 주소로 제한되지 않으므로, 외국회사가 영업소를 설치하거나 영업소의 대한민국에서의 대표자를 변경하는 등기를 신청할 경우, 대한민국에서의 대표자가 반드시 대한민국에 그 주소를 둘 필요는 없다(상업등기선례 제201612-2호).

[❷ ▸ ○] 외국회사의 대한민국에서의 대표자의 대표권은 국내의 모든 영업소에 미치므로, 외국회사가 국내에 2개 이상의 영업소를 설치하는 경우 각 영업소별로 서로 다른 대표자를 정하여 등기하거나 대표권을 특정 영업소의 영업에 한정하는 취지의 등기를 할 수는 없지만, 각 영업소마다 지배인을 선임하여 지배인등기를 할 수는 있다(상업등기선례 제1-287호).

[❸ ▸ ○]　외국회사의 국내영업소설치등기는 국내에서 설립되는 동종의 회사 또는 가장 유사한 회사의 지점에 관한 등기와 동일한 등기를 하여야 하므로, 외국회사가 주식회사인 경우 임원등기와 관련하여 보면 본점의 대표이사와 국내에서의 대표자의 성명과 주소를 기재하면 되고 다른 임원(이사, 감사 등)은 등기사항이 아니다. 위의 규정에도 불구하고 본점의 대표이사나 국내에서의 대표자가 아닌 일반임원이 등기가 되었다면 이는 등기할 사항이 아닌 것으로 등기관의 직권 또는 당사자의 말소신청에 의하여 그 등기를 말소할 수 있다(상업등기선례 제1-294호).

> 상법 제614조(대표자, 영업소의 설정과 등기)
> ① 외국회사가 대한민국에서 영업을 하려면 대한민국에서의 대표자를 정하고 대한민국 내에 영업소를 설치하거나 대표자 중 1명 이상이 대한민국에 그 주소를 두어야 한다.
> ② 외국회사가 제1항의 영업소를 설치하는 경우에는 그 설치일부터 3주일 내에 영업소의 소재지에서 다음 각 호의 사항을 등기하여야 한다.
> 　1. 목적
> 　2. 상호
> 　3. 회사를 대표할 자의 성명·주소 및 주민등록번호(외국인인 경우 외국인등록번호로 하되, 외국인 등록번호가 없는 경우에는 생년월일로 한다)
> 　4. 공동으로 회사를 대표할 것을 정한 때에는 그 규정
> 　5. 본점의 소재지
> 　6. 영업소의 소재지(다른 영업소의 소재지는 제외한다)
> 　7. 회사의 존립기간 내지 해산사유를 정한 때에는 그 기간 또는 사유
> 　8. 대한민국에서의 같은 종류의 회사 또는 가장 비슷한 회사가 주식회사인 경우에는 본국에서의 공고방 법 및 제616조의2에 따른 대한민국에서의 공고방법
> ③ 제2항의 등기에는 회사설립의 준거법과 대한민국에서의 대표자의 성명·주소 및 주민등록번호(외국인인 경우 외국인등록번호로 하되, 외국인등록번호가 없는 경우에는 생년월일로 한다)가 포함되어야 한다.
> ④ 제209조와 제210조의 규정은 외국회사의 대표자에게 준용한다.

[❹ ▸ ○]　외국의 정부나 그 밖의 권한 있는 기관이 발행한 서류 또는 공증인(법률에 따른 공증인의 자격을 가진 자만 해당된다)이 공증한 외국문서는 재외공관 공증법 제30조 제1항 본문에 따른 영사관의 확인을 받아 제출하여야 한다. 다만, 외국공문서에 대한 인증의 요구를 폐지하는 협약에 가입한 국가인 경우에는 그 협약에서 정한 바에 따라 아포스티유(Apostille)를 발급받아 제출할 수 있다(등기예규 제1534호 제2조).

[❺ ▸ ○]　대한민국에 영업소를 설치한 외국회사가 스스로 영업소를 폐쇄한 경우, 법원이 이해관계인의 신청에 의하여 또는 직권으로 대한민국에 있는 그 회사재산의 전부에 대한 청산의 개시를 명하고 청산인을 선임한 경우가 아닌 한, 청산절차를 거치지 않고도 영업소폐지의 등기를 신청할 수 있다(상업등기선례 제1-293호).

답 ❶

외국회사 영업소의 등기에 관한 다음 설명 중 가장 옳지 않은 것은?

① 외국회사의 대한민국에서의 대표자의 대표권은 국내의 모든 영업소에 미치므로, 외국회사가 국내에 2개 이상의 영업소를 설치하는 경우 각 영업소별로 서로 다른 대표자를 정하여 등기하거나 대표권을 특정 영업소의 영업에 한정하는 취지의 등기는 할 수 없다.

② 외국회사 영업소의 경우 국내 회사의 지점과 동일한 사항과 회사설립의 준거법, 대한민국에서의 대표자의 성명과 주소, 주민등록번호 또는 생년월일을 등기한다.

③ 영업소설치등기의 신청서에는 각종 첨부서면을 첨부하여야 하나, 다른 등기소에 이미 영업소 설치의 등기를 한 때에는 첨부하지 아니할 수 있다.

④ 대한민국에서의 대표자의 변경 또는 외국에서 생긴 등기사항의 변경으로 인한 등기를 신청하는 경우에는 외국회사의 본국의 관할관청 또는 대한민국에 있는 그 외국의 영사의 인증을 받은 그 변경의 사실을 증명하는 정보를 제공하여야 한다.

⑤ 대한민국에 영업소를 설치한 외국회사가 스스로 영업소를 폐쇄한 경우에 청산절차를 거치지 않고는 영업소폐지의 등기를 신청할 수 없다.

[**❶ ▸ ○**] 외국회사의 대한민국에서의 대표자의 대표권은 국내의 모든 영업소에 미치므로, 외국회사가 국내에 2개 이상의 영업소를 설치하는 경우 각 영업소별로 서로 다른 대표자를 정하여 등기하거나 대표권을 특정 영업소의 영업에 한정하는 취지의 등기를 할 수는 없지만, 각 영업소마다 지배인을 선임하여 지배인등기를 할 수는 있다(상업등기선례 제1-287호).

[**❷ ▸ ○**] 외국회사는 그 영업소의 설치에 관하여 대한민국에서 설립되는 동종의 회사 또는 가장 유사한 회사의 지점과 동일한 등기를 하여야 하고, 회사설립의 준거법, 대한민국에서의 대표자의 성명과 주민등록번호 또는 생년월일, 및 주소를 등기하여야 한다(상법 제614조 제2항, 제3항). **상업등기 실무 2**

[**❸ ▸ ○**] 영업소설치등기를 신청하는 경우에는 다음 각 호의 정보(본점의 존재를 인정할 수 있는 정, 대한민국에서의 대표자의 자격을 증명하는 정보, 정관 또는 회사의 성질을 식별할 수 있는 정보, 법 제74조에 해당하는 외국회사의 경우에는 대한민국에서의 공고방법의 결정을 증명하는 정보)를 제공하여야 한다. 다만, 다른 등기소에 이미 영업소설치등기를 한 때에는 다음 각 호의 정보를 제공하지 아니할 수 있다(상업등기규칙 제163조 제1항).

[**❹ ▸ ○**] 대한민국에서의 대표자의 변경 또는 외국에서 생긴 등기사항의 변경으로 인한 등기를 신청하는 경우에는 외국회사의 본국의 관할관청 또는 대한민국에 있는 그 외국의 영사의 인증을 받은 그 변경의 사실을 증명하는 정보를 제공하여야 한다(상업등기규칙 제164조 제1항).

[**❺ ▸ ✕**] 대한민국에 영업소를 설치한 외국회사가 스스로 영업소를 폐쇄한 경우, 법원이 이해관계인의 신청에 의하여 또는 직권으로 대한민국에 있는 그 회사재산의 전부에 대한 청산의 개시를 명하고 청산인을 선임한 경우가 아닌 한, 청산절차를 거치지 않고도 영업소폐지의 등기를 신청할 수 있다(상업등기선례 제1-293호).

답 ❺

CHAPTER 04 법인등기

제1절 서 설

민법법인 및 특수법인의 등기에 관한 다음 설명 중 가장 옳지 않은 것은? 2015년

① 사단법인이 분사무소를 설치하려면 정관에 분사무소의 소재지가 기재되어 있어야 한다.
② 사단법인과 재단법인의 임시이사는 그 등기를 할 수 있도록 하는 법령의 규정이 없으므로 등기할 수 없다.
③ 법무법인은 그 업무에 관해 재판상 또는 재판외의 모든 행위를 할 수 있는 대리인을 선임할 수 있고 대리인을 등기할 수 있다.
④ 사단법인의 등기사항 중 '자산의 총액'은 부동산, 동산 및 채권 등을 포함하는 적극재산의 총액에서 채무 등의 소극재산을 공제한 순재산액을 의미한다.
⑤ 공익법인의 설립·운영에 관한 법률의 적용을 받는 공익법인의 경우 이사의 취임등기신청서에 이사의 취임에 관한 주무관청의 승인서를 첨부하여야 한다.

[**❶ ▸ ○**] 민법상 사단법인(이하 '사단법인'이라 한다)이 분사무소를 설치하려면 정관에 분사무소의 소재지가 기재되어 있어야 한다(민법 제40조 제3호). 이때, 분사무소의 소재지로서는 최소 행정구역이 기재되어 있으면 되고, 소재지번까지 기재되어 있을 필요는 없다(상업등기선례 제2-106호).

[**❷ ▸ ○**] 민법법인(사단법인과 재단법인)의 임시이사는 그 등기를 할 수 있도록 하는 법령의 규정이 없으므로 등기할 수 없다(상업등기선례 제2-107호).

[**❸ ▸ ✕**] 변호사법은 법무법인과 법무법인(유한)에 대해 각각 상법 중 합명회사와 유한회사에 관한 규정을 준용한다고 규정하고 있으나(변호사법 제58조, 제58조의17), 법무법인과 법무법인(유한)은 상인에 해당하지 않으므로 지배인등기를 신청할 수 없으며, 법인[법무법인과 법무법인(유한)]의 업무에 관한 재판상 또는 재판외의 모든 행위를 할 수 있는 대리인을 선임할 수 있다는 규정이 없으므로 대리인등기 역시 신청할 수 없다(상업등기선례 제2-10호).

[**❹ ▸ ○**] 비영리 사단법인의 설립등기사항 중 "자산의 총액"이란 비영리 사단법인이 보유하고 있는 정관상의 기본재산은 물론 기타 부동산, 동산 및 채권 등을 포함하는 적극재산의 총액에서 채무 등의 소극재산을 공제한 순재산액을 의미한다 할 것이다(상업등기선례 제1-323호).

[**❺ ▸ ○**] 공익법인의 설립·운영에 관한 법률의 적용을 받는 공익법인의 경우 이사의 취임등기신청서에 이사의 취임에 관한 주무관청의 승인서를 첨부하여야 한다(공익법인의 설립·운영에 관한 법률 제5조 제2항).

답 ❸

법인의 등기에 관한 다음 설명 중 가장 옳지 않은 것은?

① 민법법인 및 특수법인의 등기는 상법상 회사에 관한 등기와 달리 각 관할 등기소에서 관장하고 있다.

② 세무사법 제16조의16 제2항에 의하여 세무법인에 상법 중 유한회사에 관한 규정을 준용하지만, 세무법인의 관할 등기소는 유한회사의 관할 등기소와 다르다.

③ 원칙적으로 대표권이 있는 임원만 그 주소를 등기하고 대표권이 없는 임원의 주소는 등기하지 않는다.

④ 다른 등기소 관할구역 내로 주사무소를 이전하는 경우에도 법인등록번호(부동산등기용등록번호)는 변경되지 않는다.

⑤ 등기관은 주무관청으로부터 사단법인 설립허가 취소 통보를 받으면 별도의 규정이 없어도 그 법인에 대해 직권으로 해산등기를 수행하고, 설립허가 취소 당시의 이사를 청산인으로 변경하는 등기를 하여야 한다.

···

[**❶ ▸ O**] 민법법인 및 특수법인의 등기의 경우 별도의 위임이 없으므로 등기소의 설치와 관할구역에 관한 규칙 제3조에 따라 그 사무소소재지를 관할하는 등기소에서 등기사무를 처리한다.   **상업등기 실무 1**
민법법인 및 특수법인의 등기에 관하여는 법인의 사무소 소재지를 관할하는 지방법원, 그 지원 또는 등기소를 관할등기소로 한다(비송사건절차법 제60조 제1항, 제67조 제1항). 반면, 상업등기의 경우, 대법원장은 어느 등기소의 관할에 속하는 사무를 다른 등기소에 위임하게 할 수 있다(상업등기법 제5조 참조).
[**❷ ▸ O**] 변호사법, 공인회계사법, 세무사법, 공인노무사법, 관세사법 등에 의하여 설립된 법무법인, 회계법인, 세무법인, 노무법인, 관세법인 등의 경우 상법상 합명회사, 유한회사 등의 규정을 준용하지만 이들은 상법상 회사가 아니고 특수법인이므로 등기소의 설치와 관할구역에 관한 규칙 제4조(상업등기사무의 위임)를 적용할 수 없다. 이러한 법인에 관하여는 각 사무소소재지를 관할하는 등기소에서 등기사무를 처리하여야 한다(등기소의 설치와 관할구역에 관한 규칙 제3조 참조).   **상업등기 실무 1**
[**❸ ▸ O**] 법인의 임원을 등기할 때에는 주민등록번호를 적어야 한다. 다만, 대표권이 없는 임원을 등기할 때에는 주소를 적지 아니한다(법인의 등기사항에 관한 특례법 제2조).
[**❹ ▸ O**] 법인등록번호는 1개 법인에 대해 1개만 부여하고 중복 부여하지 않는다. 즉 법인에 대한 등록번호는 관할의 전속이 있거나 법인의 본점 또는 주사무소가 다른 등기소의 관할구역 내로 이전하는 경우에도 이를 변경하지 아니한다(법인 및 재외국민의 부동산등기용등록번호 부여에 관한 규칙 제8조). 다만, 합병, 분할 또는 분할합병, 조직변경과 주식의 포괄적 이전으로 설립등기를 하는 경우에는 새로 설립된 법인에 대해 새로운 법인등록번호를 부여한다.   **상업등기 실무 1**
[**❺ ▸ ✕**] 사단법인 또는 재단법인은 주무관청의 설립허가 취소에 의해 당연히 해산되고, 이사 등이 민법 제82조 등에 따라 청산인이 되지만 그 법인에 대한 해산등기 및 청산인 선임등기는 청산인이 신청하여야 하므로 이러한 등기를 등기관이 직권으로 하여서는 아니 된다(등기예규 제1650호 제2조).

📖 **❺**

MEMO

교육은 우리 자신의 무지를 점차 발견해 가는 과정이다.

– 윌 듀란트 –

PART

02

비송사건절차법

CHAPTER 01 총 론

제1절 **서 설**

1. 비송사건의 의의

비송사건에 대하여 형식적으로 정의한다면 비송사건절차법에 의하여 비송사건으로 규정된 사건이라고 말할 수 있으나, 내용적인 측면에서는 비송사건은 법원의 관할에 속하는 민사사건 중 소송절차로 처리하지 않는 사건을 말한다고 보는 것이 다수설이다.

2. 비송사건과 소송사건의 구별

① 비송사건과 소송사건을 어떻게 구별할 것인가에 대하여 많은 학설이 존재하는데 다음과 같은 견해가 타당하다고 본다.

② 비송사건이란 입법자가 소송사건절차에 의하도록 정한 사건을 소송사건이라 하며, 비송사건절차에 의하도록 정한 사건을 비송사건이라 한다(실정법설).

> • 상법 제391조의3 제3항, 제4항에 의하면 주주는 영업시간 내에 이사회 의사록의 열람 또는 등사를 청구할 수 있으나, 회사는 그 청구에 대하여 이유를 붙여 거절할 수 있고, 그 경우 주주는 법원의 허가를 얻어 이사회 의사록을 열람 또는 등사할 수 있는 바, 상법 제391조의3 제4항의 규정에 의한 이사회 의사록의 열람 등 허가사건은 비송사건절차법 제72조 제1항에 규정된 비송사건이므로 민사소송의 방법으로 이사회 회의록의 열람 또는 등사를 청구하는 것은 허용되지 않는다(대판 2013.11.28, 2013다50367). **기출** 20·14·10
> • 비송사건절차법에 규정된 비송사건을 민사소송의 방법으로 청구하는 것은 허용되지 않는다. 그러나 소송사건과 비송사건의 구별이 항상 명확한 것은 아니고, 비송사건절차법이나 다른 법령에 비송사건임이 명확히 규정되어 있지 않은 경우 당사자로서는 비송사건임을 알기 어렵다. 이러한 경우 수소법원은 당사자에게 석명을 구하여 당사자의 소제기에 사건을 소송절차로만 처리해 달라는 것이 아니라 비송사건으로 처리해 주기를 바라는 의사도 포함되어 있음이 확인된다면, 당사자의 소제기를 비송사건 신청으로 보아 재배당 등을 거쳐 비송사건으로 심리·판단하여야 하고 그 비송사건에 대한 토지관할을 가지고 있지 않을 때에는 관할법원에 이송하는 것이 타당하다(대판 2023.9.14, 2020다238622). **기출** 25

③ 비송사건절차의 특질

  ㉠ 직권주의

    ㉮ 처분권주의는 사적자치의 원칙이 관철되는 민사소송에 적용되며, 국가가 후원자의 입장에서 관여하는 비송사건절차에서는 처분권주의가 배제되고 직권주의가 적용된다. **기출** 09

    ㉯ 처분권주의의 경우에는 당사자의 소에 의하여 비로소 절차가 개시되나, 직권주의 하에서는 절차

의 개시가 반드시 사인의 의사에 의하여 좌우되지 않는다. 법원이 공익적 입장에서 적극적으로 직권으로써 절차를 개시하는 경우도 있는데, 과태료 사건이 그 대표적 예라 할 수 있다. 다만 법원이 절차를 직권으로 개시하기 위해서는 법률에 그 규정이 있어야 한다.

ⓒ 당사자처분주의가 인정되지 아니하므로 비송사건절차에서는 신청의 포기, 인낙, 화해 등에 의하여 절차가 종료되는 것이 허용되지 않는다. 그리고 과태료사건처럼 직권으로 절차가 개시된 비송사건은 당사자의 취하가 인정되지 아니한다. **기출** 17

ⓛ 직권탐지주의 : 민사소송에서는 변론주의가 적용되나, 비송사건절차에서는 직권탐지주의가 적용된다.

기출 25

비송사건절차법 제11조(직권에 의한 탐지 및 증거조사) **기출** 17 · 09
법원은 직권으로 사실의 탐지와 필요하다고 인정하는 증거의 조사를 하여야 한다.

ⓒ 비공개의 원칙

비송사건절차법 제13조(심문의 비공개) **기출** 13 · 09
심문(審問)은 공개하지 아니한다. 다만, 법원은 심문을 공개함이 적정하다고 인정하는 자에게는 방청을 허가할 수 있다.

㉮ 민사소송에서는 공개의 원칙이 적용되나, 비송사건절차에서는 비공개의 원칙이 적용된다(비송법 제13조). **기출** 25

㉯ 특히 비송사건절차의 재판은 판결에 의하지 아니하고 결정으로 하는 것이 원칙이므로(비송법 제17조 제1항), 비공개주의를 취한다고 하여 위헌적 요소가 있는 것이 아니다.

㉰ '재판상 대위에 관한 사건'에는 비공개의 원칙이 적용되지 아니한다(비송법 제52조). **기출** 17

ⓔ 재판의 기판력 결여 : 민사소송의 확정된 종국판결에 있어서는 기판력이 인정되나, 비송사건절차에 있어서는 이러한 기판력이 결여되어 있다.

ⓜ 기속력의 제한적 인정 : 민사소송에서는 기속력이 인정되는 것이 원칙이나, 비송사건절차에 있어서는 기속력이 제한된다.

비송사건절차법 제19조(재판의 취소 · 변경)
① 법원은 재판을 한 후에 그 재판이 위법 또는 부당하다고 인정할 때에는 이를 취소하거나 변경할 수 있다. **기출** 23 · 16 · 15 · 09 · 08
② 신청에 의하여만 재판을 하여야 하는 경우에 신청을 각하(却下)한 재판은 신청에 의하지 아니하고는 취소하거나 변경할 수 없다. **기출** 16 · 09
③ 즉시항고(卽時抗告)로써 불복할 수 있는 재판은 취소하거나 변경할 수 없다. **기출** 23 · 15 · 09

ⓗ 간이주의

㉮ 비송사건절차는 당사자 간의 다툼이나 대립이 전제되는 것이 아니므로 절차를 간이 신속히 행하기 위하여 간이주의를 인정하고 있다.

㉯ 심문은 공개하지 아니한다(비송법 제13조).

ⓓ 법원사무관등은 증인 또는 감정인의 심문에 관하여는 조서를 작성하나, 기타의 심문에 관하여는 필요하다고 인정하는 경우에 한하여 조서를 작성하는데, 이는 간이주의를 반영하고 있는 것이다(비송법 제14조). **기출** 13

ⓔ 재판의 원본은 신청서 또는 조서에 재판에 관한 사항을 기재하고 판사가 이에 서명날인함으로써 원본에 갈음할 수 있다(비송법 제17조 제2항).

ⓕ 재판은 법률에 특별한 규정이 없는 한 이유를 붙이지 아니한 결정으로 한다(비송법 제18조).

ⓖ 재판의 고지는 법원이 적당하다고 인정하는 방법으로 한다.

ⓗ 다만, 공시송달(公示送達)을 하는 경우에는 민사소송법의 규정에 따라야 한다(비송법 제18조 제2항).

ⓢ 기 타

㉮ 비송사건에서도 민사소송과 같이 사실인정은 원칙적으로 증명이 필요하나, 특별한 규정이 있는 경우에 한하여 소명이 허용된다. **기출** 25 가령, 수탁자 사임허가사건(비송법 제41조 제1항), 납입금의 보관자 등의 변경허가사건(비송법 제82조) 등에서 소명하는 것으로 하고 있다.

㉯ 민사소송에서는 사실의 증명을 위하여 법에 정해진 증거조사(엄격한 증명)에 의함이 원칙이나, 비송사건절차에 있어서는 법정의 증거조사 이외에 자유로운 증명이 인정된다.

㉰ 민사소송에서는 대리인은 원칙적으로 변호사이어야 한다는 제한이 있으나, 비송사건절차에서는 그러한 제한이 없으며 소송능력을 가진 자는 누구나 대리인이 될 수 있다(비송법 제6조 제1항).

기출 19 · 10

㉱ 민사소송에서는 공동의 이해관계를 가진 여러 사람이 그 가운데에서 모두를 위하여 당사자가 될 한 사람 또는 여러 사람을 선정할 수 있는 선정당사자제도를 인정하고 있다(민소법 제53조). 그러나 비송사건절차에 관하여는 선정당사자의 선정에 관한 근거 규정이 없다. **기출** 25 비송사건절차법이 적용되는 비송사건에도 민사소송법 제53조의 선정당사자에 관한 규정을 유추적용할 수 있는가 문제되지만, 판례는 부정설의 입장이다(대결 1990.12.7. 90마674).

㉲ 민사소송은 당사자 간의 대립이 전제되어 있으므로 변론을 반드시 열어야 하는 필요적 변론이 원칙이나 비송사건은 그러하지 아니하다.

㉳ 민사소송의 종국재판의 형식은 판결임에 비하여 비송사건의 종국재판의 형식은 결정으로 한다(비송법 제17조 제1항).

ⓞ 비송사건은 소송구조의 대상이 아니다.

> 비송사건절차법에서 「민사소송법」의 개별 규정을 준용하고 있으나 소송구조에 관한 규정은 준용하지 않고 있으므로(비송사건절차법 제8조, 제10조), 비송사건절차법이 적용 또는 준용되는 비송사건은 소송구조의 대상이 되지 아니하고, 이러한 비송사건을 대상으로 하는 소송구조 신청은 부적법하다(대결 2009.9.10. 2009스89). **기출** 15

주체(법원과 당사자)

I 법원

1. 협의의 법원

협의의 재판기관에는 단독판사와 합의부가 있으며, 대법원과 고등법원은 반드시 합의제이지만, 지방법원과 그 지원은 단독판사를 원칙으로 하며(법원조직법 제7조 제4항), 지방법원 및 그 지원은 합의제를 병용하고 있다.

2. 재판장 · 수명법관 · 수탁판사

① 재판장

　㉠ 합의부에 있어서는 구성법관 중 1인이 재판장이 되지만, 누가 재판장이 되느냐는 명문의 규정이 없다.

　㉡ 재판장은 합의부의 합의를 주재하나, 합의에 있어서는 다른 합의부원과 동등한 표결권을 갖는다.

② 수명법관

　㉠ 합의부는 그 구성법관 중에서 1인을 수명법관으로 정하여 일정한 사항의 처리를 위임할 수 있다.

　㉡ 이때 이를 맡은 법관을 수명법관이라 한다.

③ **수탁판사** : 수탁판사란 수소법원이 동급의 다른 법원에 증거조사나 탐지 등 일정한 재판사항의 처리를 촉탁한 경우에 그 처리를 맡은 다른 법원의 단독판사를 말한다.

3. 그 밖의 재판기관

① 법원사무관 등

　㉠ 법원사무관 등은 법원서기관 · 법원사무관 · 법원주사 · 법원주사보 등의 직위에 있는 자가 담당한다.

　㉡ 이들은 대법원과 각급법원에 배치되어 재판의 부수사무를 처리하는 단독제기관이다.

　㉢ 법원사무관 등은 비송사건절차의 심문참여 및 조서작성, 송달사무, 비송사건사항의 공증, 기록보존 등의 사무를 담당한다.

② **집행관** : 집행관은 각 지방법원에 배치되어 강제집행 등의 실력행사와 소송서류의 송달 등을 행하는 단독제 국가기관이다.

4. 관할의 종류

① 토지관할

> **비송사건절차법 제2조(관할법원)** 기출 20 · 10 · 08
> ① 법원의 토지 관할이 주소에 의하여 정하여질 경우 대한민국에 주소가 없을 때 또는 대한민국 내의 주소를 알지 못할 때에는 거소지(居所地)의 지방법원이 사건을 관할한다.
> ② 거소가 없을 때 또는 거소를 알지 못할 때에는 마지막 주소지의 지방법원이 사건을 관할한다.
> ③ 마지막 주소가 없을 때 또는 그 주소를 알지 못할 때에는 재산이 있는 곳 또는 대법원이 있는 곳을 관할하는 지방법원[서울중앙지방법원(註)]이 사건을 관할한다.

　㉠ 토지관할이란 소재지를 달리하는 동급의 법원 사이에 비송사건, 특히 제1심사건의 분담관계를 정해 놓은 것을 말한다.

ⓛ 비송사건절차법은 토지관할에 관한 원칙적 규정을 두고 있지 않고 각종의 사건마다 당사자와 법원의 편의를 고려하여 토지관할을 규정하고 있다(비송법 제32조, 제33조, 제34조, 제39조, 제46조, 제53조, 제57조, 제72조, 제109조, 제117조, 제247조).

② **사물관할**

ⓐ 제1심 비송사건을 다루는 지방법원단독판사와 지방법원합의부 사이에서 사건의 경중을 표준으로 재판권의 분담관계를 정해 놓은 것을 사물관할이라고 한다.

ⓛ 제1심은 법률에 합의부라 규정된 바 없으면 단독판사가 그 사건을 관할한다.

ⓒ 일반 민사소송사건은 원칙적으로 소송물의 가액에 의하여 사물관할이 정해지지만, 비송사건에서는 사건의 성질에 따라 사물관할이 정해진다. [기출] 10

③ **심급관할** : 법원에 제기된 비송사건에 대하여 제1심으로서 어느 법원이 심판할 것인가, 또는 이미 행한 타 법원의 재판의 당부에 대하여 어느 법원이 심판할 것인가 하는 법원 간의 심판의 순서 또는 상하의 관계에 의한 구별을 심급관할이라 한다.

5. 우선관할 및 이송

> **비송사건절차법 제3조(우선관할 및 이송)** [기출] 20 · 16 · 10
> 관할법원이 여러 개인 경우에는 최초로 사건을 신청받은 법원이 그 사건을 관할한다. 이 경우 해당 법원은 신청에 의하여 또는 직권으로 적당하다고 인정하는 다른 관할법원에 그 사건을 이송할 수 있다.

6. 관할법원의 지정

> **비송사건절차법 제4조(관할법원의 지정)** [기출] 10
> ① 관할법원의 지정은 여러 개의 법원의 토지 관할에 관하여 의문이 있을 때에 한다.
> ② 관할법원의 지정은 관계 법원에 공통되는 바로 위 상급법원이 신청에 의하여 결정(決定)함으로써 한다. 이 결정에 대하여는 불복신청을 할 수 없다.

서울동부지방법원과 서울북부지방법원의 토지의 관할에 의문이 있는 경우, '공통되는 바로 위 상급법원'은 서울고등법원이므로 서울고등법원에 관할법원 지정신청을 하여야 한다(비송법 제4조).

7. 법원직원의 제척 · 기피 · 회피

① 재판의 공정성을 유지하기 위하여 법관이 자기가 담당하는 구체적 사건과 인적으로나 물적으로 특수한 관계가 있는 경우에 그 사건의 직무집행에서 배제되는 제도로써 법관의 제척 · 기피 · 회피가 있다.

② 비송사건절차법 제5조는 법관 및 법원사무관등의 제척 · 기피에 관한 민사소송법의 규정을 준용하고 있다.

③ 비송사건절차법 제5조에서는 회피에 관한 민사소송법의 규정을 준용하고 있지 않으나, 회피에 관한 민사소송법 규정도 유추적용된다고 본다.

Ⅱ 당사자

① 비송사건은 국가가 후원자적 입장에서 관여하는 것이기 때문에 특정인 사이의 다툼이라고 말할 수 없으며, 따라서 소송절차와는 달리 당사자란 개념이 명백하지 않다.

② 비송사건의 당사자란 사건의 신청인, 재판을 받을 수 있는 자 또는 항고인을 말하며, 당해 비송사건의 종국재판에 의하여 직접 그 권리의무에 영향을 받는 자이다.

③ 사건에 따라 수인의 당사자가 공동으로 관여할 것을 요구하는 경우가 있는데 이를 복수당사자라고 한다.

Ⅲ 당사자능력과 비송행위능력

1. 당사자능력

① 비송사건절차법상 당사자능력이란 비송사건의 당사자가 되기 위한 능력을 말한다.

② 비송사건절차법에는 당사자능력에 관한 민사소송법 제51조와 같은 규정이 없기는 하나, 민사소송법 제51조의 규정은 비송사건에도 준용된다고 보는 것이 일반적이므로, 민법상 권리능력이 있는 자연인과 법인은 비송사건에서도 당사자능력이 인정된다.

③ 비법인 사단이나 재단의 경우에도 당사자능력이 인정되는지가 문제되나, 판례는 긍정설의 입장이다.

> 민법 제63조(임시이사의 선임)는 법인의 조직과 활동에 관한 것으로서 법인격을 전제로 하는 조항이 아니고, 법인 아닌 사단이나 재단의 경우에도 이사가 없거나 결원이 생길 수 있으며, 통상의 절차에 따른 새로운 이사의 선임이 극히 곤란하고 종전 이사의 긴급처리권도 인정되지 아니하는 경우에는 사단이나 재단 또는 타인에게 손해가 생길 염려가 있을 수 있으므로, 민법 제63조는 법인 아닌 사단이나 재단에도 유추적용할 수 있다(대결 2009.11.19. 2008마699[전합]).

④ 당사자능력이 없는 자가 행한 신청·항고 등은 법률상 당연히 무효이다.

2. 비송행위능력

① 비송행위능력이란 당사자로서 스스로 유효하게 비송행위를 할 수 있는 능력으로서 민사소송법상 소송능력에 해당하는 것이다.

② 민법상의 미성년자, 피성년후견인은 비송행위능력이 없다.

③ 제한능력자의 비송행위는 법률상 당연히 무효이다.

Ⅳ 비송행위의 대리인

1. 비송행위의 대리인

비송사건절차법 제6조(대리인) 기출 19
① 비송사건의 관계인은 소송능력자로 하여금 비송행위를 대리하게 할 수 있다. 다만, 본인이 출석하도록 명령을 받은 경우에는 그러하지 아니하다.

① 비송대리인이란 당사자를 대리하여 비송행위를 하는 자를 말한다.

② 민사소송에 있어서 소송대리인은 원칙적으로 변호사이어야 한다(민소법 제87조). 그러나 국가가 후원자적 입장에서 관여하며, 직권탐지주의가 적용되는 비송사건절차에 있어서는 대리인이 반드시 변호사일 필요는 없다. 기출 19·10

③ 비송사건 관계인의 대리인은 소송능력자이기만 하면 충분하고, 변호사나 법무사 등의 자격을 요하지는 아니한다.

④ 법원이 비송사건의 당사자 본인을 출석하도록 명한 때에는 비송행위를 대리시킬 수 없다(비송법 제6조 제1항 단서).

2. 법원의 퇴정명령

① 법원은 변호사가 아닌 자로서 대리를 영업으로 하는 자의 대리를 금하고 퇴정(退廷)을 명할 수 있다. 이 명령에는 불복의 신청을 할 수 없다(비송법 제6조 제2항).

② 법무사도 대리를 영업으로 하는 자에 해당하므로 퇴정의 명령을 받았을 경우 퇴정하여야 한다.

3. 대리권의 증명

① 비송대리인의 수권방식은 자유이나, 비송사건절차법 제7조에 의해 민사소송법 제89조의 규정이 준용되므로 비송대리인의 권한은 서면으로 증명하여야 한다(민소법 제89조 제1항).

② 이러한 서면이 사문서인 때에는 법원은 공증인 기타 공증업무를 행하는 자의 인증을 받을 것을 소송대리인에게 명할 수 있다(민소법 제89조 제2항).

③ 대리인의 권한을 증명하는 사문서(私文書)에 관계 공무원 또는 공증인의 인증(認證)을 받아야 한다는 명령에 대해서는 불복신청을 할 수 없다(비송법 제7조 제2항).

④ 인증을 명하는 이러한 규정은 당사자가 말로 비송대리인을 선임하고 법원사무관 등이 조서에 그 진술을 기재한 경우에는 적용하지 않는다(민소법 제89조 제3항).

4. 대리행위의 효력

① 대리권이 있는 경우 : 비송대리인이 대리권이 있는 경우에는 대리권의 범위 내에서 한 비송행위는 직접 본인에게 효력이 있다.

② 대리권이 없는 경우 : 비송행위를 한 자가 대리권이 없는 경우에는 그 비송행위는 무권대리에 해당하여 무효이므로 법원은 부적법 각하하여야 한다. 법원이 이를 간과하고 재판을 한 경우에는 그 재판은 당연무효가 되는 것이 아니라 그 재판에 의하여 권리를 침해당한 자가 항고할 수 있을 뿐이다(비송법 제20조, 제23조).

Ⅴ 민사소송법의 준용 여부

1. 선정당사자에 관한 민사소송법 제53조 기출 23·19·10

① 비송사건절차법이 적용되는 비송사건에도 민사소송법 제53조에 정한 선정당사자에 관한 규정이 준용 또는 유추적용될 수 있는가에 관하여 판례는 이를 부정하고 있다(대결 1990.12.7. 90마674).

② 비송사건절차법은 소송능력자이기만 하면 변호사가 아니더라도 다른 아무 제한 없이 대리인이 되는 것을 허용하고 있으므로 선정당사자에 관한 민사소송법의 규정을 준용할 별다른 실익이 없다(실무제요 비송).

2. 보조참가에 관한 민사소송법 제71조 [기출] 19

비송사건절차법은 보조참가에 관한 민사소송법 제71조를 준용하고 있지 아니하므로 비송사건절차에도 보조참가를 허용할 것인지가 문제된다. 비송사건에 보조참가를 허용하여도 불합리할 것은 없으므로 보통 보조참가를 인정하고 있다. 사건본인을 위하여 보조참가하는 경우를 실무상 종종 볼 수 있다. 대법원도 비송사건에서 보조참가를 허용한 사례가 있다(대결 2010.11.22. 2010그191).

제3절 **비송사건의 절차**

I 절차의 개시

비송사건 절차는 당사자의 신청, 검사의 청구, 법원의 직권으로 개시되며, 각 사건에 따라 법률로 규정하고 있다.

1. 당사자의 신청에 의할 경우

① 신청의 방식
  ㉠ 원칙(서면 또는 말)
    ㉮ 신청은 특별한 규정이 없는 한 서면 또는 말로 할 수 있다(비송법 제8조, 민소법 제161조 제1항).
    ㉯ 말로 하는 경우에는 법원사무관 등의 앞에서 하여야 한다(비송법 제8조, 민소법 제161조 제2항).
    ㉰ 법원사무관등은 신청의 취지에 따라 조서 또는 그 밖의 서면을 작성한 뒤 기명날인하여야 한다(비송법 제8조, 민소법 제161조 제3항).
  ㉡ 예외(반드시 서면)

  > • 주식회사설립에 있어서의 검사인선임신청사건 등
  > • 주식회사 신주발행 시의 검사인선임신청사건 등
  > • 주식회사의 주식의 액면미달발행인가신청사건
  > • 주식회사의 주식매수가액의 산정·결정신청 등의 사건
  > • 주식회사의 사채권자집회의 소집허가신청사건
  > • 주식회사·유한회사의 업무와 재산상태의 검사를 위한 검사인선임신청사건
  > • 주식회사·유한회사의 소수주주(사원)의 임시주주(사원)총회소집허가신청사건
  > • 법인의 임시총회소집허가신청사건

② 신청의 취지와 신청원인
  ㉠ 신청취지 : 법원에 대하여 구체적으로 어떠한 사권관계의 형성의 재판을 청구하는가를 표시하는 기재를 신청취지라 한다.
  ㉡ 신청원인
    ㉮ 그 사권관계의 형성, 변경, 소멸에 필요한 기초사실을 신청원인이라 한다.
    ㉯ 신청원인은 구체적이고 명확하게 기재하여야 한다.

③ 신청요건 흠결의 보정

ㄱ 신청의 적법요건 중 하나만을 결하여도 그 신청은 부적법하게 된다.

ㄴ 법원은 이를 보정할 수 있는지 판단하여 다음과 같은 재판을 하게 된다.

ㄷ 흠결이 보정될 수 없는 경우 : 신청의 적부를 조사한 결과 신청의 적법요건에 흠결이 있고, 이러한 흠결이 보정될 수 없는 경우에는 법원은 그 신청을 부적법 각하하여야 한다.

ㄹ 흠결이 보정될 수 있는 경우 : 흠결이 보정될 수 있으면 법원은 상당한 기간을 정하여 그 보정을 명한 후, 흠결이 보정된다면 본안재판에 들어가야 하며, 만약 흠결이 보정되지 않는다면 그 신청을 부적법 각하하게 된다.

2. 검사의 신청(청구)에 의할 경우

① 공익의 대표자로서의 검사

ㄱ 비송사건에는 검사의 청구에 의하여 절차가 개시될 수 있는 사건이 있다.

ㄴ 이러한 경우 당사자나 이해관계인도 동시에 신청권을 가지고 있다.

ㄷ 이때의 검사는 공익의 대표자로서 사건에 관여하는 것이지 당사자나 이해관계인으로 사건에 참여하는 것은 아니다.

ㄹ 법원, 그 밖의 관청, 검사와 공무원은 그 직무상 검사의 청구에 의하여 재판을 하여야 할 경우가 발생한 것을 알았을 때에는 그 사실을 관할법원에 대응한 검찰청 검사에게 통지하여야 한다(비송법 제16조).

② 검사의 신청(청구)에 의하여 개시되는 사건

ㄱ 법인에 관한 사건

> • 재단법인의 정관보충사건(민법 제44조)
> • 임시이사의 선임사건(민법 제63조)
> • 특별대리인의 선임사건(민법 제64조)
> • 법원에 의한 청산인의 선임사건(민법 제83조)

ㄴ 회사에 관한 사건

> • 회사의 해산명령사건(상법 제176조)
> • 외국회사 영업소의 폐쇄명령신청사건(상법 제619조)
> • 법원에 의한 청산인의 선임사건(상법 제252조, 제269조, 제542조, 제613조)

3. 법원이 직권으로 개시하는 경우

법원은 직권주의의 원칙에 따라, 법령에 규정되어 있는 사건에 한하여 직권으로 비송사건의 절차를 개시할 수 있다.

> • 법인의 청산인의 선임 및 해임사건(민법 제83조, 제84조)
> • 회사해산 명령사건(상법 제176조 제1항)
> • 과태료 사건(비송법 제247조)

Ⅱ 절차의 진행

1. 절차의 진행의 직권주의원칙

① 비송사건은 절차의 개시뿐만 아니라, 진행에 대하여도 직권주의가 적용된다.

② 기일의 지정·변경, 송달, 사실의 탐지, 증거조사 등은 법원이 직권으로 수행한다(비송법 제11조).

③ 법원이 직권으로 진행하는 사항에 대한 당사자의 신청은 직권발동을 촉구하는 의미만 있다고 보아야 한다.

2. 중단 및 수계

① 비송사건절차에서는 직권주의와 직권탐지주의가 적용되고, 당사자에게 입증책임이 부여되지 아니하므로, 목적이 되는 사권의 형성 등의 필요가 없어지지 않는 한 절차를 진행하는 데 특별한 지장이 없고, 당사자에게 불이익이 미치지 아니하므로 절차 진행 중 당사자가 사망하더라도 절차를 중단할 필요는 없다. **기출** 08

② 따라서 재판의 수계절차도 불필요하다고 보아야 한다.

Ⅲ 기일과 기간

1. 기 일

① 의 의

　㉠ 기일이란 비송사건절차에 관하여 법원, 당사자 그 밖의 관계인이 모여서 비송행위를 하기 위하여 정해진 시간을 말한다.

　㉡ 그 목적에 따라 심문기일(비송법 제15조 제2항), 증거조사기일(비송법 제14조) 등이 있다.

　㉢ 비송사건의 기일에 관하여는 민사소송법의 규정이 준용된다(비송법 제10조).

② 기일의 지정·변경·연기·속행 : 비송사건의 기일의 지정·변경·연기·속행은 직권주의원칙에 의하여 모두 법원이 직권으로 행한다.

③ 심문기일의 검사에 통지

　㉠ 검사는 원칙적으로 사건에 관하여 의견을 진술하고 심문에 참여할 수 있다(비송법 제15조 제1항). 이를 위하여 사건 및 그에 관한 심문의 기일은 검사에게 통지하여야 한다(비송법 제15조 제2항). **기출** 23

　㉡ 다만, 재판상 대위에 관한 사건(비송법 제52조), 보존·공탁·보관과 감정에 관한 사건(비송법 제58조), 사채에 관한 사건(비송법 제116조)에는 검사가 참여하지 아니하므로 그에 관한 심문기일은 검사에게 통지하지 아니한다. **기출** 07

2. 기 간

① 기간이란 비송사건에 있어서 비송행위를 하는데 정하여진 기간이다.

② 기간에 관하여도 민사소송법의 규정이 준용된다(비송법 제10조).

Ⅳ 재판의 고지와 송달

1. 민사소송에 있어서의 고지와 송달방식

① 민사소송의 고지방식 : 법원이 당사자 또는 제3자에게 서면으로 고지함에 있어서는 법률로 정하여진 송달의 방법에 의하는 것을 원칙으로 하고 있으며, 예외적으로 결정과 명령은 법원이 상당한 방법으로 하도록 하고 있다.

② 민사소송의 송달방식 : 민사소송법에 따르면 교부송달을 원칙으로 하고 있으며, 이밖에 보충송달, 유치송달, 우편송달, 공시송달의 방법을 정하여 놓고 있다.

2. 비송사건의 고지와 송달방식

① 고지방식자유의 원칙

  ㉠ 비송사건절차법 제18조 제2항 전문에 의하면 재판의 고지는 법원이 적당하다고 인정하는 방법으로 한다고 규정되어 있다.

  ㉡ 민사소송처럼 송달에 관한 일반규정도 없다.

  ㉢ 재판이나 기타사항의 고지에 있어서는 자유로운 방식이 취하여진다.

  ㉣ 법원사무관등은 재판의 원본에 고지의 방법, 장소, 연월일을 부기(附記)하고 도장을 찍어야 한다(비송법 제18조 제3항).

② 공시송달 : 재판의 고지는 법원이 적당하다고 인정하는 방법으로 하나, 공시송달을 하는 경우에는 민사소송법의 규정에 의하여야 한다(비송법 제18조 제2항 후문).

Ⅴ 심리

비송사건절차법 제10조(「민사소송법」의 준용)
사건에 관하여는 기일(期日), 기간, 소명(疎明) 방법, 인증(人證)과 감정(鑑定)에 관한 「민사소송법」의 규정을 준용한다.

비송사건절차법 제11조(직권에 의한 탐지 및 증거조사) 기출 07
법원은 직권으로 사실의 탐지와 필요하다고 인정하는 증거의 조사를 하여야 한다.

비송사건절차법 제12조(촉탁할 수 있는 사항) 기출 07
사실 탐지, 소환, 고지(告知), 재판의 집행에 관한 행위는 촉탁할 수 있다.

비송사건절차법 제13조(심문의 비공개)
심문(審問)은 공개하지 아니한다. 다만, 법원은 심문을 공개함이 적정하다고 인정하는 자에게는 방청을 허가할 수 있다.

비송사건절차법 제14조(조서의 작성) 기출 20
법원서기관, 법원사무관, 법원주사 또는 법원주사보(이하 "법원사무관등"이라 한다)는 증인 또는 감정인(鑑定人)의 심문에 관하여는 조서(調書)를 작성하고, 그 밖의 심문에 관하여는 필요하다고 인정하는 경우에만 조서를 작성한다.

비송사건절차법 제15조(검사의 의견 진술 및 심문 참여)
① 검사는 사건에 관하여 의견을 진술하고 심문에 참여할 수 있다.
② 사건 및 그에 관한 심문의 기일은 검사에게 통지하여야 한다.

1. 의 의

신청권자의 신청 또는 법원이 직권으로 절차를 개시한 이후에 법원은 재판을 하기 위해서 반드시 그 재판의
기초가 되는 사실을 조사하고 이를 인정하는 방식을 심리라고 한다.

2. 심리에 관한 원칙

① 객관적 진실발견
  ㉠ 비송사건은 사권의 형성, 변경, 소멸에 대하여 국가가 후원자적 입장에서 개입하는 사건으로서, 객관
    적 진실발견주의를 취하고 있다.
  ㉡ 직권에 의한 증거조사가 이루어지며, 당사자에게 입증책임을 부여하지 아니하고 법원은 자유로운
    방법으로 사실조사를 행한다.
② 비공개주의 : 심문(審問)은 공개하지 아니한다. 다만, 법원은 심문을 공개함이 적정하다고 인정하는 자
  에게는 방청을 허가할 수 있다(비송법 제13조).
③ 직권주의 : 비송사건절차에서는 처분권주의가 배제되고 직권주의가 적용되는 관계로 당사자의 신청(청
  구)의 포기, 인낙, 화해가 인정되지 아니한다.
④ 직권탐지주의
  ㉠ 비송사건절차에서는 직권탐지주의(비송법 제11조)가 적용되는 관계로 비송사건절차에 있어서는 민사소
    송절차에서 인정되는 자백의 구속력(민소법 제288조), 자백간주(민소법 제150조), 진술거부·증서의 제출
    거절에 대하여 상대방의 진실이 인정되는 것과 같은 효과 등이 적용되지 않는다.

  > 비송사건절차법 제11조의 규정에 의하면 법원은 직권으로 사실의 탐지와 필요하다고 인정하는 증거의 조사
  > 를 하여야 한다고 규정되어 있으므로, 원심(항고심)으로서는 항고이유로 주장된 바 없더라도 마땅히 진실
  > 여부를 직권으로 조사하여 이 사건 항고의 당부를 가릴 수 있는 것이다(대결 2007.3.29. 2006마724).
  > 기출 23

  ㉡ 민사소송절차에서는 당사자에게 증명책임이 있으나 비송사건절차에서는 직권탐지주의가 적용되는
    관계로 그와 같은 증명책임이 없다.

3. 심리방법

비송사건의 심리방법으로 중요한 것으로 사실의 탐지, 증거조사, 당사자 본인심문이 있다.
① 사실의 탐지
  ㉠ 사실의 탐지는 자료를 수집하고 사실인정을 하는 방법 중 증거조사를 제외한 것이다.
  ㉡ 탐지의 방법에 관하여는 다른 제약이 없기 때문에 자유롭게 행하여진다.
  ㉢ 법원은 사실탐지를 다른 법원에 촉탁을 할 수 있다(비송법 제12조).

② 증거조사

　　㉠ 민사소송법의 증거방법으로 증인, 검증, 감정, 서증과 당사자본인심문이 있는데, 비송사건절차법 제10조에서는 인증과 감정에 관해서만 민사소송법을 준용하고 있다.

　　㉡ 심문은 공개하지 아니하므로 증인이나 감정인의 심문도 비공개로 행하여진다(비송법 제13조).

　　㉢ 법원서기관, 법원사무관, 법원주사 또는 법원주사보는 증인 또는 감정인(鑑定人)의 심문에 관하여는 조서(調書)를 작성하고, 그 밖의 심문에 관하여는 필요하다고 인정하는 경우에만 조서를 작성한다(비송법 제14조). **기출** 20

　　㉣ 검사는 원칙적으로 사건에 관하여 의견을 진술하고 심문에 참여할 수 있다(비송법 제15조 제1항). 다만, 재판상 대위에 관한 사건(비송법 제52조), 보존·공탁·보관과 감정에 관한 사건(비송법 제58조), 사채에 관한 사건(비송법 제116조)에는 검사가 참여하지 아니한다.

③ 당사자 본인심문

　　㉠ 재판의 결과가 관계인이나 당사자에게 불이익을 줄 우려가 있는 때에는 반드시 관계인이나 당사자를 심문하거나(비송법 제53조 제2항) 그의 진술을 들어야 하는 경우가 있다.

　　㉡ 당사자본인심문에서는 조서작성은 임의적이며, 법원이 특별하다고 인정하는 경우에 한하여 조서를 작성할 수 있다(비송법 제14조).

　　㉢ 비송사건의 재판은 결정으로써 하므로(제17조), 그 심리에는 변론을 요하지 아니하며 일반적으로 심문의 방법에 의하여 심리한다.

> 가사비송절차에 관하여는 가사소송법에 특별한 규정이 없는 한 비송사건절차법 제1편의 규정을 준용하고 있으며(가사소송법 제34조), 비송사건절차에 있어서는 민사소송의 경우와 달리 당사자의 변론에만 의존하는 것이 아니고, 법원이 자기의 권능과 책임으로 재판의 기초가 되는 자료를 수집하는, 이른바 직권탐지주의에 의하고 있으므로(비송사건절차법 제11조), 법원으로서는 당사자의 주장에 구애되지 아니하고 재산분할의 대상이 무엇인지 직권으로 사실조사를 하여 포함시키거나 제외시킬 수 있다(대판 1999.11.26. 99므1596).

　　㉣ 심문이란 법원이 당사자, 이해관계인 그 밖의 참고인들에게 서면 또는 말로 진술할 기회를 부여하는 것을 말하는데 비송사건절차에서 심문은 필요적인 것은 아니고 임의적이다. **기출** 19

4. 증명책임

① 민사소송절차에서는 당사자에게 증명책임이 있으나 비송사건절차에서는 직권탐지주의가 적용되는 관계로 그와 같은 증명책임이 없다.

② 당사자는 자기 자신이 증거를 제출하지 않았다고 하여 불이익을 받지 않는다.

③ 다만 증거서류가 있을 때에는 그 원본 또는 등본을 신청서에 첨부하여야 한다(비송법 제9조 제2항).

④ 소명에 관하여는 민사소송법의 규정이 준용된다(비송법 제10조).

Ⅵ 절차의 종료

1. 절차의 종료원인

비송사건의 절차종료의 원인으로는 다음과 같은 사유가 있다.

① 법원의 종국재판에 의하여 종료되는 경우

② 신청의 취하

③ 절차의 자연적 종료

2. 법원의 종국재판에 의하여 종료할 경우

① 즉시항고가 허용되는 경우 : 법원의 종국재판에 대하여 즉시항고가 허용되는 사건일 때에는 그 재판의 확정에 의하여 절차는 종료된다.

② 즉시항고가 허용되지 않는 경우

    ㉠ 즉시항고가 허용되지 않는 사건일 때에는 재판의 고지와 동시에 사건은 종료된다.

    ㉡ 보통항고를 허용하는 사건에 있어서도 재판의 고지와 동시에 사건은 종료된다.

    ㉢ 법률의 규정에 의하여 재판에 대하여 불복할 수 없는 경우에도 고지와 동시에 사건은 종료된다.

3. 신청의 취하

① 비송사건절차에서 신청인의 신청의 취하가 허용되기 위하여는 그 신청이 신청인의 의무에 속하거나 법원이 직권으로 개시한 경우가 아니어야 한다.

② 신청취하의 방식 : 신청취하의 방식에 관하여 특별한 규정이 없으므로 서면 또는 말로 할 수 있다(비송법 제8조, 민소법 제161조).

> 비송사건절차법은 '소취하에 대한 동의'에 관한 민사소송법 제266조 제2항을 준용하지 않는다. 따라서 상대방이 있는 마류 가사비송사건인 재산분할심판 사건의 경우 심판청구 취하에 상대방의 동의를 필요로 하지 않고, 상대방이 취하에 부동의하였더라도 취하의 효력이 발생한다(대판 2023.11.2. 2023므12218).

③ 신청취하의 효력

    ㉠ 신청이 취하되면 사건은 당초부터 계속되지 아니하였던 것으로 되고 이미 행하여진 비송행위는 모두 그 효력을 상실하며 법원은 다시 그 절차를 진행할 필요가 없게 된다.

    ㉡ 절차비용은 신청인이 부담하여야 한다.

4. 절차의 자연적 종료

당사자의 사망으로 인하여 비송사건절차가 종료되는 경우가 있다(예 회사해산명령사건에 있어서 회사재산의 보전관리인을 선임할 수 있는데, 그 관리인이 사임허가신청 중 사망한 때에는 그 재판이 필요 없게 되므로 사건은 자연적으로 종료된다).

Ⅶ 절차의 비용

1. 서론
① 절차의 비용이란 당해 비송사건의 개시로부터 종료에 이르기까지 들어간 비용을 말한다.
② 신청에 필요한 인지대, 사실의 탐지 및 증거조사비용, 송달비 등이 모두 여기에 해당된다.

2. 비용의 부담
① 원칙
  ㉠ 재판 전의 절차와 재판의 고지 비용은 부담할 자를 특별히 정한 경우를 제외하고는 사건의 신청인이 부담한다(비송법 제24조 본문). **기출** 20·15
  ㉡ 다만, 검사가 신청한 경우에는 국고에서 부담한다(비송법 제24조 단서). **기출** 15
② 예외
  ㉠ 관계인에 대한 비용부담의 명령 : 법원은 특별한 사유가 있을 때에는 이 법에 따라 비용을 부담할 자가 아닌 관계인에게 비용의 전부 또는 일부의 부담을 명할 수 있다(비송법 제26조). **기출** 12
  ㉡ 국고에 의한 비용의 체당 : 직권으로 하는 탐지, 사실조사, 소환, 고지, 그 밖에 필요한 처분의 비용은 국고에서 체당(替當)하여야 한다(비송법 제30조).
  ㉢ 비용의 공동부담
    ㉮ 비용을 부담할 자가 여럿인 경우에는 민사소송법 제102조를 준용한다(비송법 제27조).
    ㉯ 따라서 공동당사자는 비용을 균등하게 부담한다. 다만, 법원은 사정에 따라 공동당사자에게 비용을 연대하여 부담하게 하거나 다른 방법으로 부담하게 할 수 있다(민소법 제102조 제1항).
    ㉰ 법원은 권리를 늘리거나 지키는 데 필요하지 아니한 행위로 생긴 비용은 그 행위를 한 당사자에게 부담하게 할 수 있다(민소법 제102조 제2항).
  ㉣ 과태료의 재판절차의 비용 : 과태료재판 절차의 비용은 과태료를 부과하는 선고가 있는 경우에는 그 선고를 받은 자가 부담하고, 그 밖의 경우에는 국고에서 부담한다(비송법 제248조 제4항).

3. 비용액에 관한 재판
법원은 비용에 관하여 재판을 할 필요가 있다고 인정할 때에는 그 금액을 확정하여 사건의 재판과 함께 하여야 한다(비송법 제25조).

4. 비용의 재판에 대한 불복신청
비용의 재판에 대해서는 그 부담의 명령을 받은 자만 불복신청을 할 수 있다. 이 경우 비용의 재판에 대하여 독립하여 불복의 신청을 할 수는 없다(비송법 제28조).

5. 비용채권자의 강제집행
① 비용의 채권자는 비용의 재판에 대하여 강제집행을 할 수 있다. 즉, 별도의 집행권원을 받을 필요가 없다(비송법 제29조 제1항).
② 강제집행의 경우에는 민사집행법의 규정을 준용한다. 다만, 집행을 하기 전에 재판서의 송달은 하지 아니한다(비송법 제29조 제2항).

제4절   재 판

I   재판의 종류

1. 판결 · 결정 · 명령

재판에는 판결 · 결정 · 명령이 있다.

2. 종국재판

종국재판이란 법원이 그 비송사건을 종결하기 위하여 하는 재판을 말한다.

3. 본안전의 재판과 본안의 재판

① 본안전 재판 : 신청요건을 흠결하였거나 보정을 명하였는데 이에 응하지 아니한 경우와 같이 신청요건의 흠결이 드러나면 법원은 본안판단을 하지 않고 종국재판으로서 신청을 부적법각하하는데 이 재판을 본안전 재판이라 한다.

② 본안의 재판 : 절차상의 적법요건을 구비하면 법원은 사건내용을 심리할 뿐만 아니라, 그 결과에 따라 적극적 재판(신청의 이유가 있는 경우), 소극적 재판(신청의 이유가 없는 경우) 등의 종국재판을 하는데 이를 본안의 재판이라 한다.

II   재판의 형식

1. 결정으로 재판

① 민사소송의 종국재판의 형식이 판결인데 반하여, 비송사건의 종국재판의 형식은 결정이다(비송법 제17조 제1항).

② 간이주의를 원칙으로 하고 있는 비송사건의 재판서에는 사실과 이유를 반드시 기재할 필요는 없다.

2. 이유를 붙인 결정으로 재판을 하는 경우

예외적으로 이유를 붙인 결정으로 재판을 하여야 할 경우가 있는데 예를 들면 다음과 같다.

- 항고법원의 재판(비송법 제22조)
- 회사의 해산을 명하는 재판(비송법 제90조 제1항, 제75조 제1항)
- 과태료재판(비송법 제248조 제1항)
- 업무, 재산상태의 검사 및 총회소집허가의 신청에 대한 재판(비송법 제81조 제1항)
- 직무대행자의 선임의 재판(비송법 제84조 제2항)
- 주식의 액면미달발행의 인가신청에 대한 재판(비송법 제86조 제2항)
- 신주발행무효로 인하여 신주의 주주가 받을 금액증감신청에 대한 재판(비송법 제89조 제2항)
- 합병회사의 채무부담부분결정의 재판(비송법 제100조)
- 지분압류채권자의 보전청구에 대한 재판(비송법 제102조 제2항)
- 유한회사 합병인가신청에 대한 재판(비송법 제106조)
- 사채권자 이의기간 연장신청에 대한 재판(비송법 제115조)
- 청산인의 변제허가신청에 대한 재판(비송법 제126조)

3. 원본의 작성 등

① 재판은 원칙적으로 원본을 작성하여야 한다.

② 재판의 원본에는 판사가 서명날인하여야 한다(비송법 제17조 제2항). 이 서명날인은 기명날인으로 갈음할 수 있다(비송법 제17조 제4항).

③ 다만, 신청서 또는 조서에 재판에 관한 사항을 적고 판사가 이에 서명날인함으로써 원본을 갈음할 수 있다(비송법 제17조 제2항 단서). 이 서명날인은 기명날인으로 갈음할 수 있다(비송법 제17조 제4항). **기출** 08

4. 재판의 정본과 등본

① 재판의 정본

　　㉠ 재판의 정본은 재판서를 송달할 경우와 강제집행을 하는 경우(비송법 제29조)에 쓰인다.

　　㉡ 재판의 정본에는 법원사무관 등이 기명날인하여야 하며 정본에는 법원인을 찍어야 한다(비송법 제17조 제3항).

② 재판의 등본

　　㉠ 재판의 등본은 원본의 내용을 완전히 옮겨 쓴 것으로서 원본과 상위 없음을 증명하는 공적 증서이다.

　　㉡ 재판의 등본에는 법원사무관 등이 기명날인하여야 한다(비송법 제17조 제3항).

Ⅲ　재판의 효력

1. 재판의 효력발생시기

> **비송사건절차법 제18조(재판의 고지)** **기출** 15
> ① 재판은 이를 받은 자에게 고지함으로써 효력이 생긴다.
> ② 재판의 고지는 법원이 적당하다고 인정하는 방법으로 한다. 다만, 공시송달(公示送達)을 하는 경우에는 「민사소송법」의 규정에 따라야 한다.
> ③ 법원사무관등은 재판의 원본에 고지의 방법, 장소, 연월일을 부기(附記)하고 도장을 찍어야 한다.

① 비송사건의 재판(결정)은 이를 받은 자에게 고지함으로써 효력이 생긴다(비송법 제18조 제1항). **기출** 15

② 즉시항고를 허용하는 재판에 있어서도 그 확정을 기다리지 않고 고지와 동시에 재판의 효력이 발생한다.

기출 10 · 08

③ 재판의 고지는 법원이 적당하다고 인정하는 방법으로 한다(비송법 제18조 제2항 본문). **기출** 15

2. 재판의 효력

① 형성력

　　㉠ 비송사건절차에서 재판을 고지함으로써 사권관계가 형성, 변경, 소멸하는 효력을 의미한다.

　　㉡ 재판의 효력은 재판을 받은 자는 물론 다른 제3자에 대하여도 생긴다.

② 집행력

　　㉠ 비송사건은 고지함으로써 그 효력이 발생하므로 원칙적으로 별도의 집행을 필요로 하지 않는 것이 일반적이다.

ⓛ 그러나 비송사건의 재판에 있어서는 사권관계의 형성과 동시에 그 집행을 필요로 하는 경우도 있으며, 이 재판은 집행력을 가진다[[예] 절차비용의 부담을 명하는 재판(비송법 제26조, 제29조), 과태료재판(비송법 제249조)].

③ **형식적 확정력** : 비송사건절차에서는 법원의 취소·변경의 자유가 인정되므로 <u>원칙적으로 형식적 확정력이 없으나</u>, 즉시항고를 할 수 있는 재판의 경우에는 취소·변경의 자유가 제한되므로 형식적 확정력이 생긴다.

Ⅳ 재판의 취소 및 변경

1. 취소 및 변경의 자유

① **취소와 변경의 의의** : 재판의 취소란 재판의 효력을 소멸시키는 것을 말하며, 재판의 변경이란 재판의 일부 또는 전부를 취소한 후 새로운 내용을 부가하여 원재판에 갈음하여 다른 내용의 재판을 하는 것을 말한다.

② **취소·변경의 자유**

  ㉠ 제도의 취지

   ㉮ 비송사건은 사권관계의 형성, 변경, 소멸에 관하여 국가기관이 후원자적 입장에서 관여하는 사건이다.

   ㉯ 일단 사건에 관하여 이루어진 재판이라 하더라도 그 재판이 부당하거나 타당하지 못하였던 사실이 발견되게 되면 국가가 후원자적 입장에서 관여하는 비송사건 본래의 취지와 반하게 된다.

   ㉰ 이러한 모순을 해결하기 위해 취소·변경의 자유가 인정된다.

  ㉡ 내용 : <u>법원은 재판을 한 후에 그 재판이 위법 또는 부당하다고 인정할 때에는 이를 취소하거나 변경할 수 있다</u>(비송법 제19조 제1항).

  ㉢ 취소·변경의 신청을 요하는지의 여부 : 취소·변경에는 당사자의 신청을 요하지 않고 직권으로써 한다.

③ **취소·변경할 수 있는 법원**

  ㉠ 취소·변경할 수 있는 법원은 <u>원재판을 한 법원</u>이다.

  ㉡ 따라서 비송사건에는 기속력이 현저히 제한된다.

2. 취소·변경의 자유의 제한

① 신청에 의해서만 재판을 하여야 하는 경우에 <u>신청을 각하(却下)한 재판은 신청에 의하지 아니하고는 취소하거나 변경할 수 없다</u>(비송법 제19조 제2항). **기출** 20·19·10·07

② <u>즉시항고로써 불복할 수 있는 재판은 취소하거나 변경할 수 없다</u>(비송법 제19조 제3항).

Ⅴ 재판의 집행

1. 비송사건의 재판의 집행

① 비송사건의 재판은 집행을 필요로 하지 않는 것이 원칙이다.

② 다만, 금전의 지급·납부를 명하는 비용의 재판(비송법 제25조) 및 과태료재판(비송법 제248조)에 대해서는 이 재판의 목적을 실현시키기 위해 집행을 필요로 한다.

③ 이 집행절차에 관해서는 민사집행법의 규정이 준용된다(비송법 제29조).

2. 비용재판의 형식

① 비용의 재판이 있었을 때에는 비용의 채권자는 민사집행법에 의해 비용의 재판을 집행권원으로 하여 강제집행할 수 있다.

② 간이주의를 원칙으로 하기 때문에 집행하기 전에 그 재판서를 채무자에게 송달할 필요가 없다(비송법 제29조).

제5절   재판에 대한 불복

Ⅰ 항 고

1. 항고의 의의

① 비송사건의 항고는 하급법원의 재판에 대하여 상급법원에 원재판의 취소·변경을 구하는 불복신청이다.

② 항고에 관하여는 특별한 규정이 있는 경우를 제외하고는 항고에 관한 민사소송법의 규정을 준용한다(비송법 제23조).

2. 항고의 종류

① 즉시항고

  ㉠ 법률에 개별적으로 즉시항고를 할 수 있다는 규정이 있어야 한다.

  ㉡ 재판의 효력은 고지함으로써 발생하나(비송법 제18조 제1항), 고지일로부터 1주일 이내에 즉시 항고하게 되면 원재판의 확정이 차단되며 즉시항고의 제기 없이 이 기간이 지나면 확정된다. **기출** 19

  ㉢ 즉시항고로써 불복할 수 있는 재판은 취소하거나 변경할 수 없다(비송법 제19조 제3항).

  ㉣ 즉시항고에 대한 재판은 이유를 붙인 결정으로 하여야 한다(비송법 제22조).

② 보통항고(통상항고)

  ㉠ 보통항고는 법률의 규정이 없더라도 항고권의 제한이 없는 한 언제든지 제기할 수 있다.

  ㉡ 재판은 고지와 동시에 효력이 발생하며, 보통항고는 새로운 신청으로 본다.

  ㉢ 즉시항고의 경우와 마찬가지로 보통항고에 대한 재판 또한 이유를 붙인 결정으로 하여야 한다(비송법 제22조).

3. 항고의 제기

① 항고권자

    ⊙ 항고권자는 원칙적으로 재판으로 인하여 <u>권리를 침해당한 자</u>이다(비송법 제20조 제1항).

    ⓒ 권리를 침해당한 자란, 재판으로 인하여 직접 정당한 이익을 침해받은 자를 말하며 간접적으로 불이익을 받은 자를 포함하지 아니한다.

    ⓒ 신청에 의해서만 재판을 하여야 하는 경우에 <u>신청을 각하한 재판</u>에 대해서는 <u>신청인만 항고할 수 있다</u>(비송법 제20조 제1항). 따라서 법원은 신청을 각하한 재판이 위법함을 인정한 때에도 신청에 의하지 아니하고는 취소 또는 변경할 수 없다. `기출` 20·19·11·10·07

② 항고의 제기

    ⊙ 항고는 원칙적으로 민사소송법의 항고에 관한 규정이 적용된다(비송법 제23조).

    ⓒ 항고는 서면 또는 말로 할 수 있다.

    ⓒ <u>항고장은 원심법원에 제출하여야 한다</u>(민소법 제445조).

    ⓔ 항고는 편면적 불복절차이므로 상대방이 있어야 하는 것은 아니고, <u>항고장(부본)을 반드시 상대방에 송달하여야 하는 것은 아니다</u>(대결 1966.8.12. 65마473). `기출` 10

③ 항고장의 기재사항 : 적어도 다음 사항의 기재는 있어야 한다.

    ⊙ 당사자와 법정대리인의 표시

    ⓒ <u>항고로써 불복하는 결정의 표시</u>와 그 결정에 대하여 항고를 한다는 취지(항고이유의 기재가 필수는 아니다)

    ⓒ 항고법원의 표시(항고법원의 표시가 누락되었다 하여 위법하다고 할 수는 없다)

④ 항고기간

    ⊙ 즉시항고 : 즉시항고는 <u>재판의 고지일로부터 1주일 이내</u>에 제기하여야 하며, 이 기간은 불변기간이다(비송법 제23조, 민소법 제444조). `기출` 11

    ⓒ 보통항고 : 보통항고는 <u>기간의 제한이 없고</u>, 불복의 실익이 있는 한 언제든지 제기할 수 있다. `기출` 19·11

4. 항고제기의 효력

① 확정차단의 효력

    ⊙ 즉시항고를 허용하는 재판 : 즉시항고를 허용하는 재판에 있어서는 <u>즉시항고의 제기에 의하여 원심재판의 확정을 차단하는 효력</u>이 있다. `기출` 19

    ⓒ 보통항고로써 불복신청하는 재판 : 보통항고로써 불복할 수 있는 사건은 그 재판에 의하여 당연히 종료되므로 확정력이라는 개념이 개입될 여지가 없고 따라서 그 차단이라는 문제도 생기지 않는다.

② 이심의 효력

    ⊙ 원심법원에 적법한 항고가 제기된 경우에는 원심법원은 스스로 항고의 이유여부를 심사하여 이유가 있으면 재판을 경정한다(재도의 고안)(비송법 제22조, 민소법 제446조).

    ⓒ 그러나 이유가 없다고 인정하는 때에는 의견서를 첨부하여 항고법원에 송부한다.

③ 집행정지의 효력

　　㉠ 원 칙

　　　㉮ 비송사건절차법은 항고(즉시항고 포함)는 특별한 규정이 있는 경우를 제외하고는 집행정지의 효력이 없다고 규정하고 있다(비송법 제21조). **기출** 19・16・15・11

　　　㉯ 민사소송법에서 즉시항고를 하는 경우 집행정지의 효력이 인정되는 점(민소법 제447조)과 비교된다.

　　㉡ 예 외

　　　㉮ 법률이 특히 (즉시)항고에 집행정지의 효력을 부여하고 있는 경우에는 (즉시)항고의 제기로 인하여 그 재판의 형성력과 집행력은 정지되고 항고법원의 재판의 확정시까지 원심재판에 기한 집행은 할 수 없으며, 원심재판의 권리관계는 형성되지 않는다.

　　　㉯ 법률이 (즉시)항고에 집행정지의 효력을 부여하는 경우는 다음과 같다.

> - 법원의 가처분결정에 의하여 선임된 이사 직무대행자의 상법 제408조 제1항 단서에 따른 상무 외 행위의 허가신청을 인용한 재판에 대한 즉시항고(비송법 제85조 제3항) **기출** 19
> - 주식의 액면미달발행 인가신청을 인가한 재판에 대한 즉시항고(비송법 제86조 제5항) **기출** 13
> - 신주발행 무효로 인하여 신주의 주주가 받을 금액증감신청에 대한 재판에 대한 즉시항고(비송법 제89조 제2항)
> - 회사의 해산명령청구를 인용한 재판에 대한 즉시항고(비송법 제91조) **기출** 13
> - 합병회사 채무부담부분 결정의 재판에 대한 즉시항고(비송법 제100조)
> - 외국회사 영업소폐쇄결정에 대한 즉시항고(비송법 제101조)
> - 사채권자 집회의 결의허가신청에 대한 재판에 대한 즉시항고(비송법 제113조 제2항)
> - 과태료재판에 대한 즉시항고(비송법 제248조 제3항) **기출** 13

④ 집행정지명령

　　㉠ 법률의 규정에 의하여 항고에 집행정지의 효력이 부여되어 있지 않은 경우(예 재판상 대위의 신청을 허가한 재판에 대한 즉시항고)라 할지라도 재판의 효력을 정지시킬 필요성이 제기될 수 있을 것이다.

　　㉡ 이때에는 항고법원 또는 원심법원이 항고에 대한 결정이 있을 때까지 원심재판의 집행을 정지하거나 기타 필요한 처분을 명할 수 있다(비송법 제23조, 민소법 제448조).

5. 항고의 심리절차

① 항고법원의 심리절차는 민사소송법의 항고심의 절차에 따라 행하여진다(비송법 제23조, 민소법 제439조).

② 항고장이 원심법원에 제출되었을 때

　　㉠ 원심재판장에 의한 항고장의 적부심사

　　㉡ 신청이 부적법한 경우

　　　㉮ 항고 요건중의 하나라도 결여가 있는 경우에 원심법원장은 상당한 기간을 정하여 그 보정을 명하고, 그 흠결의 보정을 명하였음에도 불구하고 이를 보완하지 않거나, 그 부적법함이 보완할 수 없는 때에는 원심법원장은 항고장을 부적법 각하한다.

　　　㉯ 이 명령에 대하여는 즉시 항고할 수 있다(비송법 제23조, 민소법 제443조 제1항, 제399조).

ⓒ 신청이 적법한 경우
㉮ 신청이 적법한 경우에 원심법원장은 항고의 이유가 있는가를 심사하여 다음과 같은 조치를 취한다.
㉯ 항고법원의 조사범위는 항고이유에 의하여 제한되는 것이 아니므로 항고법원은 불복의 대상이 된 제1심 결정의 당부를 가리기 위하여 항고이유의 주장유무에 관계없이 기록에 나타난 자료의 진실여부를 직권으로 조사하여 심리 판단하여야 한다(대결 1982.10.12. 82마523). **기출** 19
㉰ 원심법원장이 항고가 이유 있다고 인정하는 때에는 그 재판을 경정할 수 있다(비송법 제23조, 민소법 제446조).
㉱ 원심법원장이 항고가 이유 없다고 인정하는 때에는 의견서를 첨부하여 사건을 항고법원에 송부한다.
③ 이유를 붙인 재판 : 항고법원의 재판에는 이유를 붙여야 한다(비송법 제22조). **기출** 19 · 11
④ 재 판
㉠ 인용결정(원결정의 취소 · 변경 등)
㉮ 민사소송에서와 마찬가지로, 원결정이 정당하지 않다고 인정한 때에는 항고법원은 원결정을 취소하여야 하며(비송법 제23조, 민소법 제416조), 취소한 뒤에 항고법원이 스스로 새로운 재판을 하는 경우도 있고, 사건을 원심법원에 환송하는 경우도 있다(비송법 제23조, 민소법 제443조, 제416조).
㉯ 원재판을 관할위반을 이유로 취소한 때에는 사건을 관할법원에 이송하여야 한다(비송법 제23조, 민소법 제419조).
㉡ 기각결정 : 항고법원은 항고의 이유가 없는 때에는 항고를 기각하여야 하나, 재판의 이유가 정당하지 아니한 경우에도 다른 이유에 따라 그 재판이 정당하다고 인정되는 때에는 항고를 기각하여야 한다(비송법 제23조, 민소법 제443조 및 제414조 참조). **기출** 11

6. 항고절차의 종료

항고의 취하	• 항고권자는 항고법원의 재판이 있기까지는 언제든지 항고를 취하할 수 있다(비송법 제23조, 민소법 제443조, 제393조). 항고취하의 신청에 관하여 법률에 특별한 규정이 없으므로 서면 또는 말에 의하여 할 수 있다. • 항고가 취하되면 항고는 당초부터 계속되지 않았던 것으로 되고 절차는 취하에 의하여 종료된다.
항고의 포기	• 항고의 포기란 항고 제기 전에 미리 항고하지 않겠다는 뜻을 법원에 대하여 표시하는 것으로 비송사건절차법에서도 인정된다. • 항고권의 포기에 의하여 항고권은 소멸하므로 절차는 이에 의하여 종료되고 원심은 확정된다.

Ⅱ 재항고

① 재항고는 항고법원의 결정에 대한 법률심인 대법원에의 항고이다.
② 재판에 영향을 미친 헌법, 법률, 명령 또는 규칙의 위반이 있음을 이유로 하는 때에 한하여 인정된다(비송법 제23조, 민소법 제442조).
③ 법률심이므로 재항고의 경우 그 성질에 반하지 않는 한 민사소송법의 상고에 관한 규정이 준용된다(민소법 제443조 제2항).

CHAPTER
02

민사비송사건

제1절 **법인에 관한 사건**

Ⅰ 재단법인의 정관 보충사건

1. 서 론

① 민법상 재단법인 정관의 필요적 기재사항에는 목적, 명칭, 사무소소재지, 자산에 관한 규정, 이사의 임면에 관한 규정이 있다(민법 제43조).

② 재단법인의 설립자가 정관의 필요적 기재사항 중에서 가장 중요한 목적과 자산만을 정하고, 그 밖의 명칭, 사무소소재지, 이사의 임면방법과 같은 비교적 경미한 사항을 정하지 않고 사망한 때에는 이해관계인 또는 검사의 청구에 의해서 이를 법원이 정할 수 있게 하였는데(민법 제44조), 이것이 재단법인의 정관 보충사건이다. 따라서 법인의 정관에 목적과 자산에 관한 규정을 정하지 아니하거나 정관에 설립자의 기명날인이 없는 경우에는 법원의 허가로 이를 보충할 수 없다. 기출 08·07

③ 설립자가 유언으로 재단법인을 설립하는 경우에도 정관보충이 인정된다.

④ 법원에서 정관을 보충한 경우에도 설립등기신청서에 주무관청의 허가서를 첨부하여야 한다(민법 제32조 참조).

2. 관할법원

① 민법 제44조에 따른 재단법인의 정관 보충사건은 법인설립자 사망 시의 주소지의 지방법원의 관할이다(비송법 제32조 제1항). 기출 22·18·16

② 법인설립자의 주소가 국내에 없을 때에는 그 사망 시의 거소지 또는 법인설립지의 지방법원 관할로 한다(비송법 제32조 제2항).

3. 신청절차

① 신청인

　㉠ 이해관계인 또는 검사의 청구에 의한다(민법 제44조).

　㉡ 여기서 '이해관계인'이란 재단의 성립 또는 불성립으로 인하여 자기의 권리, 의무에 영향을 받는 자로서, 설립자의 상속인, 상속재산관리인, 유언집행자 등이 이에 해당된다.

② 신청방식

　㉠ 법률에 특별한 규정이 없으므로 서면 또는 말로 한다(비송법 제8조, 민소법 제161조).

　㉡ 소명자료는 유언서 또는 정관 그 밖에 이해관계인임을 입증하는 서면이 될 것이다.

법인의 임시이사 및 특별대리인 선임 사건

1. **법인의 임시이사 선임 사건**

① 서 론

㉠ 이사는 법인의 대표기관으로서, 필요적 상설기관이다(민법 제57조).

㉡ 민법상 법인의 이사 전원 또는 그 일부의 임기가 만료되었거나 사임하였음에도 불구하고 그 후임 이사의 선임이 없거나 또는 그 후임 이사의 선임이 있었다고 하더라도 그 선임결의가 무효이고, 남아 있는 다른 이사만으로는 정상적인 법인의 활동을 할 수 없는 경우, 임기 만료되거나 사임한 구 이사로 하여금 법인의 업무를 수행케 함이 부적당하다고 인정할 만한 특별한 사정이 없는 때에는, 구 이사는 후임 이사가 선임될 때까지 종전의 직무를 수행할 수 있다(대판 2005.3.25. 2004다65336). **기출** 23

> 사회복지법인 이사의 임기만료·사임으로 인하여 법률 또는 정관에서 정한 이사의 원수(최저인원수 또는 특정한 인원수)를 채우지 못한 결과가 일어나는 경우 임기만료·사임한 이사는 후임자가 선임될 때까지 이사로서의 권리의무가 있지만, 임시이사가 선임되면 그러한 권리의무는 소멸하며, 이는 이사 전원의 임기 만료·사임으로 인하여 법률 또는 정관에서 정한 이사의 원수를 채우지 못한 결과가 일어나는 경우에도 같다(상업등기선례 제2-138호). **기출** 23

㉢ 이사의 임기만료·사임, 해임, 사망 등의 사유로 이사가 없거나 결원이 있는 경우에 이로 인하여 손해가 생길 염려가 있는 때에는 이해관계인이나 검사의 청구에 의하여 법원이 임시이사를 선임할 수 있다(민법 제63조).

㉣ 민법 제63조에 의하여 법원이 선임한 임시이사는 정식이사와 동일한 권리의무가 있다. **기출** 23·16

> - 민법상의 법인에 대하여 민법 제63조에 의하여 법원이 선임한 임시이사는 원칙적으로 정식이사와 동일한 권한을 가진다. 사회복지법인의 임시이사는 정식이사와 동일한 권한을 갖는다는 이유로, 甲 법인의 임시이사들에게 정식이사 선임에 관한 의결권한이 있다고 본 원심판단을 정당하다고 한 사례(대판 2013.6.13. 2012다40332) **기출** 16
> - 구 사립학교법 제25조 제1항에 의하여 교육인적자원부장관이 선임한 임시이사는 이사의 결원으로 인하여 학교법인의 목적을 달성할 수 없거나 손해가 생길 염려가 있는 경우에 임시적으로 그 운영을 담당하는 위기관리자로서, 민법상의 임시이사와는 달리 일반적인 학교법인의 운영에 관한 행위에 한하여 정식이사와 동일한 권한을 가지는 것으로 제한적으로 해석하여야 하고, 따라서 정식이사를 선임할 권한은 없다(대판 2007.5.17. 2006다19054[전합]). **기출** 16

② 선임요건

㉠ 이사가 없거나 결원이 있을 것

㉮ 민법상 법인의 대표기관인 이사의 수에 관하여 민법에 규정되어 있지 아니하므로, 민법상 1인 이상이면 가능하고, 정관으로 그 수를 정할 수가 있다.

㉯ 따라서 이사가 없거나 결원이 생긴 경우란 이사의 사임, 해임, 사망 등에 의해서 이사가 한 사람도 없게 되거나, 정관에 정하여진 이사 수에 미달되는 것을 말한다.

> - 민법 제63조에서 임시이사 선임의 요건으로 정하고 있는 '이사가 없거나 결원이 있는 경우'란 이사가 전혀 없거나 정관에서 정한 인원수에 부족이 있는 경우를 말하고, '이로 인하여 손해가 생길 염려가 있는 때'란 통상의 이사선임절차에 따라 이사가 선임되기를 기다릴 때에 법인이나 제3자에게 손해가 생길 우려가 있는 것을 의미한다(대결 2009.11.19. 2008마699[전합]).
> - 민법 제63조의 이사의 결원이 있는 경우란 정관 소정의 이사의 정원수에 부족이 있는 경우를 말한다 할 것이므로 후임 이사를 선임하지 않은 채 임기만료로 퇴임한 이사가 있을 때는 이사의 결원이 있다 할 것이다(대결 1975.3.31. 74마562).

㉺ 임시이사의 선임에 관한 민법 제63조는 법인 아닌 사단이나 재단에도 유추적용할 수 있다.

> 법인의 임시이사 선임에 관한 민법 제63조는 법인의 조직과 활동에 관한 것으로서 법인격을 전제로 하는 조항이 아니고, 법인 아닌 사단이나 재단의 경우에도 이사가 없거나 결원이 생길 수 있으며, 통상의 절차에 따른 새로운 이사의 선임이 극히 곤란하고 종전 이사의 긴급처리권도 인정되지 아니하는 경우에는 사단이나 재단 또는 타인에게 손해가 생길 염려가 있을 수 있으므로, 민법 제63조는 법인 아닌 사단이나 재단에도 유추적용할 수 있다(대결 2009.11.19. 2008마699[전합]). `기출` 24·18

ㄴ 이로 인하여 손해가 생길 염려가 있을 때 : 손해가 생길 염려가 있을 때란, 구체적으로 손해가 발생할 것을 요하는 것이 아니라, 법인의 업무수행상 지장을 초래할 염려가 있는 정도를 말한다.
③ 관할법원 : 임시이사의 선임은 법인의 주된 사무소소재지의 지방법원 합의부가 관할한다(비송법 제33조 제1항). `기출` 18·08
④ 신청인
㉠ 이해관계인이나 검사의 신청에 의한다(민법 제63조).
㉡ 임시이사의 선임을 신청할 수 있는 '이해관계인'이란 임시이사가 선임되는 것에 관하여 법률상의 이해관계가 있는 자로서 그 법인의 다른 이사, 사원 및 채권자 등을 포함한다(대결 2009.11.19. 2008마699 [전합]). `기출` 24·23·18·11

> 민법 제63조의 임시이사선임신청을 할 수 있는 이해관계인이라는 것은 임시이사가 선임되는 것에 관하여 법률상의 이해관계가 있는 자 즉 사건본인 법인의 다른 이사, 사원, 채권자 등을 포함한다 할 것이므로 사건본인 법인의 정당한 최후의 이사였다가 퇴임한 자이거나 이 사건 신청당시 사건본인 법인의 등기부상의 이사로서 사건본인 법인의 업무처리를 담당해온 자등은 바로 위 법조의 이해관계인이라 할 것이다(대결 1976.12.10. 76마394).

⑤ 신청방식 : 신청방식에 관하여 특별한 규정이 없으므로 신청은 서면 또는 말로 한다.
⑥ 첨부정보 : 첨부정보는 법인등기부 등·초본, 이사가 결원되었다는 사실을 증명하는 서면, 이해관계가 있는 사실을 소명하는 서면 등을 첨부하여야 한다.
⑦ 선임된 임시이사의 등기 가능 여부
㉠ 임시이사의 지위는 정식의 이사와 동일하지만, 임시이사의 선임에 대하여 비송사건절차법에 이를 등기하여야 한다는 규정은 없다. `기출` 18
㉡ 민법에서 법인의 임시이사를 등기사항으로 특정하고 있지 아니하므로 법원이 선임한 임시이사는 등기를 하지 못한다. 이와 달리 이사의 직무집행을 정지하거나 직무대행자를 선임하는 가처분 또는 그 가처분을 변경·취소하는 경우에는 주사무소와 분사무소가 있는 곳의 등기소에서 이를 등기하도록 되어 있다(민법 제52조의2).

⑧ **선임된 임시이사의 승낙의사 가부** : 임시이사 선임의 재판은 결정으로 하고(비송법 제17조 제1항), 법원이 적당하다고 인정하는 방법으로 고지함으로써 그 효력이 생기지만(비송법 제18조 제1항·제2항), 피선임자가 당연히 이에 구속되는 것은 아니며, 위 결정에 따라 피선임자의 취임 승낙이 필요하다고 해석된다. 따라서 법원은 임시이사로 선임하려는 자에 대하여 재판 전 승낙 의사의 유무를 확인하는 것이 바람직하다(실무제요 비송). **기출** 18

⑨ **임시이사 선임결정에 대한 불복방법** : 법원의 임시이사 선임결정에 대하여 불복이 있으면 비송사건절차법에 의한 통상항고로써만 불복이 가능하며, 일반 민사소송절차에서 이를 무효로 할 수는 없다(대판 1976.10.26. 76다1771). **기출** 23·18

> 민법 제63조에 의한 임시이사 선임결정에 대한 항고는 본법 제20조 제1항의 규정에 비추어 보통항고라 할 것이므로 그 취소 또는 변경에 있어서 본조 제3항의 제한은 없는 것이어서 법원은 임시이사 선임결정을 한 후에 그 선임결정이 부당하다고 인정될 때에는 이를 취소 또는 변경할 수 있다(대결 1968.6.28. 68마597).

⑩ **임시이사 선임결정의 취소 또는 변경 가부** : 민법 제63조에 의한 임시이사의 선임은 비송사건절차법의 규제를 받는 것인바, 법원은 임시이사 선임결정을 한 후에 사정변경이 생겨 그 선임결정이 부당하다고 인정될 때에는 이를 취소 또는 변경할 수 있다(대결 1992.7.3. 91마730). **기출** 23

2. 법인의 특별대리인 선임 사건

① **서 론**
  ㉠ 법인의 이사는 각자 법인을 대표하며 법인과 제3자와의 관계에 있어서 법인의 명의로 한 이사의 행위는 법인 자신의 행위로써 직접 법인에 대하여 효력을 발생한다(민법 제59조 제1항).
  ㉡ 법인과 이사와의 이익이 상반되는 행위에 관하여는 그 이사에게 대표권이 없다. 이 경우에는 특별대리인을 선임하여야 한다(민법 제64조). **기출** 24
  ㉢ 법인과 이사의 이익이 상반되는 경우에도 그 이사 외에 따로 법인을 대표하는 이사가 있는 때에는 민법 제64조의 특별대리인을 선임할 필요가 없다. **기출** 16
  ㉣ 다른 이사가 있다면 그 자가 법인의 대표권을 행사하되, 만약 다른 이사가 없다면 법인의 일시적인 보충기관으로서 특별대리인을 선임한 후 그 특별대리인이 법인을 대표하여 법률행위를 하여야 한다.

② **관할법원** : 특별대리인의 선임은 법인의 주된 사무소소재지의 지방법원 합의부가 관할한다(비송법 제33조 제1항). **기출** 18·07

③ **신청인** : 신청인은 법인과 이사의 이익이 상반되는 사항에 관하여 이해관계가 있는 자 또는 검사이다(민법 제64조).

④ **신청방식** : 신청방식에 관하여 특별한 규정이 없으므로 서면 또는 말로 한다.

⑤ **선임된 특별대리인의 등기 가능 여부** : 법원에 의해 선임된 특별대리인은 민법에 등기사항으로 규정되어 있지 아니하므로 그 선임의 등기는 할 수 없다.

Ⅲ 법인의 임시총회 소집 사건

1. 서론

① 사단법인의 이사는 필요하다고 인정하는 때에는 임시총회를 소집할 수 있다(민법 제70조 제1항).

② 총사원의 5분의 1 이상으로부터 회의의 목적사항을 제시하여 청구한 때에는 이사는 임시총회를 소집하여야 한다. 이 정수는 정관으로 증감할 수 있다(민법 제70조 제2항). 기출 10

③ 이러한 청구가 있은 후 2주간 내에 이사가 총회소집의 절차를 밟지 아니한 때에는 청구한 사원은 법원의 허가를 얻어 이를 소집할 수 있다(민법 제70조 제3항). 기출 25

④ 법원의 소집허가에 의하여 개최된 종중 임시총회에서는 법원의 소집허가결정 및 소집통지서에 기재된 회의목적사항과 이에 관련된 사항에 관하여 결의할 수 있다(대판 1993.10.12. 92다50799). 즉, 소집허가결정문에 기재된 목적사항 외에도 이와 관련된 사항에 관하여는 결의할 수 있다. 기출 25 · 24

> 비법인사단인 재건축조합이 총회소집통지를 함에 있어서 회의의 목적사항을 열거한 다음 '기타 사항'이라고 기재한 경우, 총회소집통지에는 회의의 목적사항을 기재토록 한 민법 제71조 등 법 규정의 입법취지에 비추어 볼 때, '기타 사항'이란 회의의 기본적인 목적사항과 관계가 되는 사항과 일상적인 운영을 위하여 필요한 사항에 국한된다고 보아야 한다(대판 1996.10.25. 95다56866). ☞ 따라서 기본적인 목적사항과 관계가 되는 사항 외에도 일상적인 운영을 위하여 필요한 사항에 대하여도 결의가 가능하다. 기출 25

⑤ 법인 아닌 사단(예 종중, 재건축조합)에도 임시총회의 소집에 관한 민법 제70조 제3항이 유추적용된다(대판 1993.10.12. 92다50799 참조). 따라서 법인 아닌 사단의 대표자가 임시총회 소집을 거부한 때에도 법원의 허가를 얻어 임시총회를 소집할 수 있다. 기출 25

> 종중 정관 규정에 따른 소수 대의원이 법원의 허가를 받아 임시총회를 소집한 경우 종중의 기관으로서 소집하는 것으로 보아야 할 것이고 종중의 대표자라도 위 소수의 대의원이 법원의 허가를 받아 소집한 임시총회의 기일과 같은 기일에 다른 임시총회를 소집할 권한은 없게 된다고 보아야 한다(대판 1993.10.12. 92다50799).
> 기출 24 · 20 · 10

2. 관할법원

민법 제70조 제3항에 따른 임시총회 소집 사건은 법인의 주된 사무소소재지의 지방법원 합의부가 관할한다(비송법 제34조 제1항). 기출 18 · 08

3. 신청절차

① 신청인 : 사단법인 총사원의 5분의 1 이상의 사원이다.

② 신청방식

　㉠ 신청은 서면으로 한다(비송법 제34조 제2항, 제80조 제2항).

　㉡ 임시총회 소집의 허가를 신청하는 경우 신청인은 이사가 그 소집을 게을리한 사실을 소명하여야 한다(비송법 제34조 제2항, 제80조 제1항). 소명방법은 민사소송법의 규정이 준용된다. 기출 25 · 07

4. 심리 및 재판

① 법원은 이유를 붙인 결정으로써 재판을 하여야 한다(비송법 제34조 제2항, 제81조 제1항).

② 신청을 인용한 재판에 대하여는 불복의 신청을 할 수 없다(비송법 제34조 제2항, 제81조 제2항).

Ⅳ 법인의 해산 및 청산 감독 사건

1. 서론

① 법인의 설립과 사무는 주무관청이 검사·감독하나(민법 제37조), 법인의 해산과 청산의 검사·감독은 법원이 한다(민법 제95조).

② 법원은 특히 선임된 자로 하여금 법인의 감독에 필요한 검사를 할 수 있다(비송법 제35조).

2. 관할법원

법인의 주된 사무소소재지 지방법원이 관할한다(비송법 제33조 제2항).

3. 감독 및 신청방법

① 감독은 법원이 직권으로써 필요하다고 인정하는 방법에 의한다.

② 신청방식에 관하여 특별한 규정이 없으므로 서면 또는 말로 한다.

4. 검사인의 선임 및 보수

① 법원은 특별히 선임된 자로 하여금 법인의 감독에 필요한 검사를 하게 할 수 있다(비송법 제35조).

② 법원이 검사인을 선임한 경우에는 법인으로 하여금 검사인에게 보수를 지급하게 할 수 있으며, 그 액은 이사와 감사의 의견을 들어 법원이 정한다(비송법 제37조, 제77조).

③ 법원의 보수결정에 대하여는 즉시항고할 수 있다(비송법 제37조, 제78조). 기출 11

Ⅴ 청산인의 선임 및 해임 사건

1. 청산인의 선임 사건

① 서론

㉠ 법인은 청산의 목적범위 내에서 그 청산이 끝날 때까지는 아직 존속하는 것으로 보며(민법 제81조), 그 해산법인의 기관으로서 청산인을 두게 된다.

㉡ 파산의 경우 이외에는 종래의 이사가 청산인으로 취임하며, 정관 또는 총회의 결의로 달리 정하는 바가 있으면 그에 의한다(민법 제82조).

㉢ 위의 규정에 의한 청산인이 없거나 청산인의 결원으로 인하여 손해가 생길 염려가 있는 때에는 법원은 직권 또는 이해관계인이나 검사의 청구에 의하여 청산인을 선임할 수 있다(민법 제83조). 기출 08

② 청산인의 자격 : 청산인의 자격에는 특별한 제한이 없으나, 다음의 자는 청산인으로 선임될 수 없다(비송법 제36조, 제121조).

㉠ 미성년자

㉡ 피성년후견인

㉢ 자격이 정지되거나 상실된 자

㉣ 법원에서 해임된 청산인

㉤ 파산선고를 받은 자

③ 관할법원 : 법인의 주된 사무소 소재지의 지방법원이 관할한다(비송법 제36조, 제117조 제1항).

④ 신청인

　㉠ 신청인은 청산인의 선임에 관하여 이해관계를 가지는 자 또는 검사이다.

　㉡ 그러나 법원이 직권으로 청산인을 선임할 수 있다.

⑤ 신청방법 : 서면 또는 말

⑥ 심리 및 재판

　㉠ 청산인 선임 및 해임의 재판에 대하여는 불복신청을 할 수 없다(비송법 제36조, 제119조). 다만, 청산인의 해임 재판에 대하여는 민사소송법 제449조에 따라 대법원에 특별항고를 제기할 수 있다(헌재 2013.9.26. 2012헌마1005 참조). **기출** 23

　㉡ 그러나 '청산인 선임신청 기각결정'에 대하여는 항고할 수 있다(대결 2022.6.9. 2022그538). **기출** 25

> 비송사건절차법 제119조에서 불복신청을 금지하는 '청산인의 선임의 재판'은 법원의 청산인 선임결정만을 가리키고 법원의 청산인 선임신청 기각결정은 포함되지 않는다고 해석함이 타당하다. 따라서 신청인은 비송사건절차법 제20조 제1항에 따라 청산인 선임신청 기각결정에 대하여 항고할 수 있다. **기출** 25 　그 이유는 다음과 같다.
> ① 비송사건절차법 제20조 제1항은 재판으로 인하여 권리를 침해당한 자는 그 재판에 대하여 항고할 수 있다고 규정하여 그 권리를 침해당한 자의 항고를 일반적으로 허용하고 있다. 반면 비송사건절차법 제119조는 청산인의 선임의 재판에 대하여 불복신청을 할 수 없다고 규정하여 개별조항에서 '청산인 선임의 재판'에 대한 불복을 제한하고 있다. 이러한 입법 형식 아래에서 개별조항인 비송사건절차법 제119조가 불복을 제한하는 '청산인 선임의 재판'은 그 문언상 청산인 선임신청에 대한 기각결정까지 포함한다고 단정할 수 없다. ② 청산인을 누구로 선임할 것인가는 법원의 자유재량에 속하므로, 청산절차를 신속하게 진행할 수 있도록 하기 위하여 법원의 청산인 선임결정에 대하여는 불복신청을 제한할 필요가 있다. **기출** 25 　③ 이와 달리 청산인 선임신청 기각결정에 대하여 불복을 허용하더라도 청산인 선임재판에 대한 불복제한 취지에 배치되지 않는다. 오히려 청산인 선임신청 기각결정에 대하여 항고를 금지하면 기각결정이 위법하더라도 그에 불복하여 위법을 시정할 수 있는 수단이 제한되어 해산된 회사의 청산절차 진행에 장애를 초래할 우려가 있다(대결 2022.6.9. 2022그538).

⑦ 청산인의 보수

　㉠ 법원이 법인의 청산인을 선임한 경우에 법인으로 하여금 보수를 지급하게 할 수 있으며, 그 액은 이사와 감사의 진술을 듣고 법원이 정한다(비송법 제37조, 제77조).

　㉡ 청산인에 대한 보수 지급결정에 대하여는 즉시항고 할 수 있다(비송법 제37조, 제78조). **기출** 25

⑧ 청산인 선임의 등기 : 법원이 선임한 청산인의 등기는 법인을 대표하는 청산인이 법인을 관할하는 등기소에 한다.

⑨ 직무집행정지·대행자선임의 가처분에 의하여 선임된 청산인인의 직무대행자는 가처분명령에 다른 정함이 있는 경우 외에는 회사의 상무(常務)에 속하지 아니한 행위를 하지 못한다. 그러나 법원의 허가를 얻은 경우에는 그러하지 아니하다(상법 제408조 제1항, 상법 제542조 제2항). **기출** 25

2. 청산인의 해임 사건

① 서 론

　㉠ 법인이 해산하게 되면 청산인이 청산법인의 집행기관이 되며, 선임된 청산인이 청산인의 적격성의 결여 등 중요한 사유가 있는 때에는 법원은 직권 또는 이해관계인이나 검사의 청구에 의하여 청산인을 해임할 수 있다(민법 제84조).

　㉡ 법원에서 선임한 청산인도 법원에서 직권으로 해임할 수 있다.

② 관할법원 : 법원의 주된 사무소 소재지의 지방법원의 관할이다(비송법 제36조, 제117조).

③ 신청인 및 신청방법 : 청산인 선임사건의 경우와 같다.

④ 심리 및 재판 : 청산인 선임 및 해임의 재판에 대하여는 불복신청을 할 수 없다(비송법 제36조, 제119조). 다만, 청산인의 해임 재판에 대하여는 민사소송법 제449조에 따라 대법원에 특별항고를 제기할 수 있다(헌재 2013.9.26. 2012헌마1005 참조). **기출** 23

Ⅵ 감정인 선임 사건

1. 서 론

① 청산중의 법인은 변제기에 이르지 아니한 채권에 대하여도 변제할 수 있다(민법 제91조 제1항).

② 이 경우에는 조건 있는 채권, 존속기간의 불확정한 채권 기타 가액의 불확정한 채권에 관하여는 법원이 선임한 감정인의 평가에 의하여 변제하여야 한다(민법 제91조 제2항).

2. 관 할

법인의 주된 사무소 소재지의 지방법원이 관할한다(비송법 제33조).

3. 신청절차

① 신청인 : 규정은 없으나 청산중인 법인의 채무변제에 관계된 사건이므로 법인의 청산인이 신청한다고 보아야 한다.

② 신청방식 : 서면 또는 말

4. 심리 및 재판

① 감정인 선임의 재판에 대하여는 검사가 참여하지 아니한다(비송법 제38조, 제125조, 제58조).

② 감정인을 선임한 경우에는 그 비용을 법인이 부담한다.

③ 감정인의 소환과 심문의 비용의 경우에도 같다(비송법 제38조, 제124조).

④ 감정인을 선임한 재판에 대하여는 불복의 신청을 할 수 없다(비송법 제38조, 제125조, 제59조). **기출** 08

제2절 신탁에 관한 사건

Ⅰ 서 론

비송사건절차법은 2012.7.26. 시행된 신탁법 개정에 따라 수탁자의 해임 및 신수탁자의 선임, 신탁재산관리인 및 신탁관리인의 선임·해임, 신탁재산의 첨부로 인한 재산의 귀속, 수익자집회의 소집, 신탁의 변경, 수익권 매수가액의 결정, 신탁종료 등에 대한 재판 등의 내용이 신설·변경됨에 따라 그 재판에 관하여 신청권자·불복방법 등 구체적인 재판절차규정을 신설·정비하고자 2013.5.28. 일부 개정되었다.

Ⅱ 관할법원

1. 원칙

신탁사건(신탁법에 따른 사건)은 특별한 규정이 있는 경우를 제외하고는 <u>수탁자의 보통재판적이 있는 곳의 지방법원</u>이 관할한다(비송법 제39조 제1항). **기출** 22·21·18·15

2. 수탁자의 임무가 종료된 후 신수탁자의 임무가 시작되기 전

<u>전수탁자의 보통재판적이 있는 곳의 지방법원</u>이 신탁사건을 관할한다(비송법 제39조 제2항). **기출** 15·12

3. 수탁자 또는 전수탁자가 여럿인 경우

그중 1인의 보통재판적이 있는 곳의 지방법원이 신탁사건을 관할한다(비송법 제39조 제3항). **기출** 15

4. 유언에 의하여 수탁자로 지정된 자가 신탁을 인수하지 아니하거나 인수할 수 없는 경우(신탁법 제21조 제3항)

유언자의 사망당시 주소지의 지방법원이 관할한다(비송법 제39조 제4항). **기출** 15

5. 관할법원이 없는 경우

신탁재산이 있는 곳(채권의 경우에는 재판상의 청구를 할 수 있는 곳을 그 재산이 있는 곳으로 본다)의 지방법원이 신탁사건을 관할한다(비송법 제39조 제5항).

6. 필수적 신탁재산관리인의 선임에 관한 사건

① 수탁자가 사망하여 민법 제1053조 제1항에 따라 상속재산관리인이 선임되는 경우(신탁법 제18조 제1항 제1호) : 가사소송법 제2조 제1항 제2호 가목 37) 및 제44조에 따라 해당 상속재산관리인의 선임사건을 관할하는 법원이 관할한다(비송법 제39조 제6항 제1호).

② 수탁자가 파산선고를 받은 경우(신탁법 제18조 제1항 제2호) :「채무자 회생 및 파산에 관한 법률」제3조에 따라 해당 파산선고를 관할하는 법원이 관할한다(비송법 제39조 제6항 제2호). **기출** 15

Ⅲ 부정한 목적으로 신탁선언에 의하여 설정된 신탁의 종료 재판

1. 서론

① 신탁은 다음의 어느 하나에 해당하는 방법으로 설정할 수 있다(신탁법 제3조 제1항).

- 위탁자와 수탁자 간의 계약
- 위탁자의 유언
- 신탁의 목적, 신탁재산, 수익자(공익신탁법에 따른 공익신탁의 경우에는 제67조 제1항의 신탁관리인을 말한다) 등을 특정하고 자신을 수탁자로 정한 위탁자의 선언

② 위탁자가 집행의 면탈이나 그 밖의 부정한 목적으로 제1항 제3호에 따라 신탁을 설정한 경우 <u>이해관계인은 법원에 신탁의 종료를 청구할 수 있다</u>(신탁법 제3조 제3항). **기출** 22

2. 관할법원 및 신청인

① 신탁사건은 특별한 규정이 있는 경우를 제외하고는 수탁자의 보통재판적이 있는 곳의 지방법원이 관할한다(비송법 제39조 제1항). `기출` 22

② 이해관계인은 법원에 신탁의 종료를 청구할 수 있다(신탁법 제3조 제3항).

3. 심리 및 재판(비송법 제40조)

① 부정한 목적으로 신탁선언에 의하여 설정된 신탁종료의 청구에 의한 재판을 하는 경우 법원은 수탁자의 의견을 들어야 한다(비송법 제40조 제1항). `기출` 21

② 제1항에 따른 청구에 대한 재판은 이유를 붙인 결정으로써 하여야 한다(비송법 제40조 제2항).

③ 제1항에 따른 청구에 대한 재판은 수탁자와 수익자에게 고지하여야 한다(비송법 제40조 제3항). `기출` 21

④ 청구를 인용(認容)하는 재판에 대해서는 수탁자 또는 수익자가 즉시항고를 할 수 있다. 이 경우 즉시항고는 집행정지의 효력이 있다(비송법 제40조 제4항).

⑤ 청구를 기각(棄却)하는 재판에 대해서는 그 청구를 한 자가 즉시항고를 할 수 있다(비송법 제40조 제5항).

Ⅳ 수탁자 사임허가의 재판

1. 서 론

① 수탁자는 신탁행위로 달리 정한 바가 없으면 수익자와 위탁자의 승낙 없이 사임할 수 없다(신탁법 제14조 제1항). `기출` 07

② 제1항에도 불구하고 수탁자는 정당한 이유가 있는 경우 법원의 허가를 받아 사임할 수 있다(신탁법 제14조 제2항). `기출` 21 · 11 · 07

③ 수탁자가 신탁법 제14조 제2항에 따른 사임허가의 재판을 신청하는 경우에는 그 사유를 소명해야 한다(비송법 제41조 제1항).

④ 신청인은 수탁자이며, 신청의 방식에 관하여는 특별한 규정이 없으므로 신청은 서면 또는 말로 한다(비송법 제8조, 민소법 제161조). `기출` 11

2. 심리 및 재판

① 관할법원 : 수탁자의 보통재판적이 있는 곳의 지방법원이 관할한다(비송법 제39조 제1항).

② 수탁자가 사임허가의 신청에 대한 재판에 대해서는 불복신청을 할 수 없다(비송법 제41조 제2항). `기출` 21

Ⅴ 수탁자 해임의 재판

1. 서론

수탁자가 그 임무에 위반된 행위를 하거나 그 밖에 중요한 사유가 있는 경우 위탁자나 수익자는 법원에 수탁자의 해임을 청구할 수 있다(신탁법 제16조 제3항). 기출 21

2. 관할법원 및 신청인(수탁자의 보통재판적)

관할법원은 수탁자의 보통재판적이 있는 곳의 지방법원이고, 위탁자나 수익자가 법원에 수탁자의 해임을 청구할 수 있다.

3. 신청방식

① 심리 및 재판(비송법 제42조)

ㄱ 신탁법 제16조 제3항에 따른 수탁자 해임 청구에 대한 재판을 하는 경우 법원은 수탁자를 심문하여야 한다(비송법 제42조 제1항). 기출 21

ㄴ 제1항에 따른 재판은 이유를 붙인 결정으로써 하여야 한다(비송법 제42조 제2항).

ㄷ 제1항에 따른 재판은 위탁자, 수탁자 및 수익자에게 고지하여야 한다(비송법 제42조 제3항).

ㄹ 제1항에 따른 재판에 대해서는 위탁자, 수탁자 또는 수익자가 즉시항고를 할 수 있다(비송법 제42조 제4항).

Ⅵ 신탁재산관리인 선임의 재판

1. 서론

신탁재산관리인은 다음의 경우에 선임된다.

이해관계인의 청구에 의한 경우
• 수탁자의 임무가 종료되거나 수탁자와 수익자 간의 이해가 상반되어 수탁자가 신탁사무를 수행하는 것이 적절하지 아니한 경우 법원은 이해관계인의 청구에 의하여 신탁재산관리인의 선임이나 그 밖의 필요한 처분을 명할 수 있다. • 다른 수탁자가 있는 경우에도 또한 같다(신탁법 제17조 제1항). 기출 21

법원의 직권에 의한 경우
• 신수탁자가 선임되지 아니하거나 다른 수탁자가 존재하지 아니할 때

> **신탁법 제18조(필수적 신탁자산관리인의 선임)**
> ① 법원은 다음 각 호의 어느 하나에 해당하는 경우로서 신수탁자가 선임되지 아니하거나 다른 수탁자가 존재하지 아니할 때에는 신탁재산을 보관하고 신탁사무 인계에 필요한 행위를 하여야 할 신탁재산관리인을 선임한다.
> 1. 수탁자가 사망하여 민법 제1053조 제1항에 따라 상속재산관리인이 선임되는 경우
> 2. 수탁자가 파산선고를 받은 경우
> 3. 수탁자가 법원의 허가를 받아 사임하거나 임무 위반으로 법원에 의하여 해임된 경우

• 신탁재산관리인의 임무가 종료한 때

– 신탁재산관리인은 법원의 허가를 받아 사임할 수 있으며, 법원은 이해관계인의 청구에 의하여 신탁재산관리인을 해임할 수 있다(신탁법 제19조 제3항). 기출 22

– 법원은 신탁재산관리인의 사임허가 또는 해임의 결정을 함과 동시에 새로운 신탁재산관리인을 선임하여야 한다(신탁법 제19조 제4항). 기출 22

2. 관할법원

① 수탁자의 임무가 종료된 후 신수탁자의 임무가 시작되기 전의 경우 : 전수탁자의 보통재판적이 있는 곳의 지방법원이 신탁사건을 관할한다(비송법 제39조 제2항).

② 수탁자가 사망하여 민법 제1053조 제1항에 따라 상속재산관리인이 선임되는 경우(신탁법 제18조 제1항 제1호) : 가사소송법 제2조 제1항 제2호 가목 37 및 제44조에 따라 해당 상속재산관리인의 선임사건을 관할하는 법원이 관할한다(비송법 제39조 제6항 제1호).

③ 수탁자가 파산선고를 받은 경우(신탁법 제18조 제1항 제2호) : 「채무자 회생 및 파산에 관한 법률」 제3조에 따라 해당 파산선고를 관할하는 법원이 관할한다(비송법 제39조 제6항 제2호).

3. 신청인

① 수탁자의 임무가 종료되거나 수탁자와 수익자 간의 이해가 상반되어 수탁자가 신탁사무를 수행하는 것이 적절하지 아니한 경우에 선임하는 신탁재산관리인의 선임은 이해관계인의 청구에 의한다(신탁법 제17조 제1항). **기출** 21

② 신수탁자가 선임되지 아니하거나 다른 수탁자가 존재하지 아니할 때나(신탁법 제18조 제1항), 신탁재산관리인의 임무가 종료한 때(신탁법 제19조 제4항)에 신탁재산관리인의 선임은 법원의 직권에 의한다.

4. 신청방식

① 수탁자와 수익자 간의 이해가 상반되어 수탁자가 신탁사무를 수행하는 것이 적절하지 아니하다는 이유로 신탁재산관리인을 선임하는 재판을 하는 경우(비송법 제43조)

ㄱ 법원은 수익자와 수탁자의 의견을 들어야 한다. **기출** 21

ㄴ 재판은 이유를 붙인 결정으로써 하여야 한다.

ㄷ 재판은 수익자와 수탁자에게 고지하여야 한다.

ㄹ 재판에 대해서는 수익자 또는 수탁자가 즉시항고를 할 수 있다. **기출** 11

② 수탁자의 임무가 종료되었음을 이유로 하는 신탁재산관리인 선임의 재판, 신탁법 제18조 제1항에 따른 필수적 신탁재산관리인 선임의 재판, 신탁법 제19조 제4항에 따른 새로운 신탁재산관리인 선임의 재판에 해당하는 재판을 하는 경우(비송법 제44조)

ㄱ 법원은 이해관계인의 의견을 들을 수 있다. **기출** 21 · 15 · 07

ㄴ 재판에 대해서는 불복신청을 할 수 없다. **기출** 22 · 11

Ⅶ 신탁재산관리인의 보수 결정 재판

1. 서 론

① 수탁자의 임무가 종료되거나 수탁자와 수익자 간의 이해가 상반되어 수탁자가 신탁사무를 수행하는 것이 적절하지 아니한 경우 법원은 이해관계인의 청구에 의하여 신탁재산관리인의 선임이나 그 밖의 필요한 처분을 명할 수 있다. 다른 수탁자가 있는 경우에도 또한 같다.

② 법원은 선임한 신탁재산관리인에게 필요한 경우 신탁재산에서 적당한 보수를 줄 수 있다(신탁법 제17조 제1항, 제6항).

③ 법원은 다음 각 호(1. 수탁자가 사망하여 민법 제1053조 제1항에 따라 상속재산관리인이 선임되는 경우, 2. 수탁자가 파산선고를 받은 경우, 3. 수탁자가 법원의 허가를 받아 사임하거나 임무 위반으로 법원에 의하여 해임된 경우)의 어느 하나에 해당하는 경우로서 신수탁자가 선임되지 아니하거나 다른 수탁자가 존재하지 아니할 때에는 신탁재산을 보관하고 신탁사무 인계에 필요한 행위를 하여야 할 신탁재산관리인을 선임한다. 법원은 이에 따라 선임한 신탁재산관리인에게 필요한 경우 신탁재산에서 적당한 보수를 줄 수 있다(신탁법 제18조 제1항, 제3항).

2. 관할법원

① 수탁자의 보통재판적이 있는 곳의 지방법원이 관할한다(비송법 제39조 제1항).

② 수탁자의 임무가 종료된 후 신수탁자의 임무가 시작되기 전의 경우에는 전수탁자의 보통재판적이 있는 곳의 지방법원이 신탁사건을 관할한다(비송법 제39조 제2항).

③ 수탁자 또는 전수탁자가 여럿인 경우에는 그중 1인의 보통재판적이 있는 곳의 지방법원이 신탁사건을 관할한다(비송법 제39조 제3항).

3. 신청인

법원의 직권에 의한다(신탁법 제17조 제6항, 신탁법 제18조 제3항).

4. 심리 및 재판(비송법 제44조의2)

① 법원은 수익자 또는 수탁자가 여럿인 경우의 다른 수탁자의 의견을 들어야 한다.

② 재판은 수익자와 수탁자가 여럿인 경우의 다른 수탁자에게 고지하여야 한다.

③ 재판에 대해서는 수익자 또는 수탁자가 여럿인 경우의 다른 수탁자가 즉시항고를 할 수 있다.

VIII 신탁재산관리인 사임허가 및 해임의 재판

1. 서 론

신탁재산관리인은 법원의 허가를 받아 사임할 수 있으며, 법원은 이해관계인의 청구에 의하여 신탁재산관리인을 해임할 수 있다(신탁법 제19조 제2항, 제3항).

2. 관할법원

① 수탁자의 보통재판적이 있는 곳의 지방법원이 관할한다(비송법 제39조 제1항).

② 수탁자의 임무가 종료된 후 신수탁자의 임무가 시작되기 전의 경우에는 전수탁의 보통재판적이 있는 곳의 지방법원이 신탁사건을 관할한다(비송법 제39조 제2항).

3. 신청인 및 신청방식

① 신탁재산관리인의 사임은 신탁재산관리인의 청구에 의하며, 신탁재산관리인의 해임은 이해관계인의 청구에 의한다(신탁법 제19조 제2항, 제3항).

② 신탁재산관리인이 사임허가의 재판을 신청하는 경우에는 그 사유를 소명하여야 한다(비송법 제44조의3 제1항).

4. 심리 및 재판

① 신탁재산관리인을 해임하는 재판을 하는 경우 법원은 이해관계인의 의견을 들을 수 있다(비송법 제44조의3 제2항).

② 신탁재산관리인 사임허가 및 해임의 재판에 대해서는 불복신청을 할 수 없다(비송법 제44조의3 제3항).

IX 신수탁자 선임의 재판

1. 서 론

① 수탁자의 임무가 종료된 경우 위탁자와 수익자는 합의하여 또는 위탁자가 없으면 수익자 단독으로 신수탁자를 선임할 수 있다.

② 다만, 신탁행위로 달리 정한 경우에는 그에 따른다.

③ 위탁자와 수익자 간에 신수탁자 선임에 대한 합의가 이루어지지 아니한 경우 이해관계인은 법원에 신수탁자의 선임을 청구할 수 있다(신탁법 제21조 제1항, 제2항).

2. 관할법원

① 전수탁자의 보통재판적이 있는 곳의 지방법원이 신탁사건을 관할한다(비송법 제39조 제2항).

② 수탁자 또는 전수탁자가 여럿인 경우에는 그중 1인의 보통재판적이 있는 곳의 지방법원이 신탁사건을 관할한다(비송법 제39조 제3항).

3. 신청인 및 신청방식

① 이해관계인이 청구할 수 있다(신탁법 제21조 제1항, 제2항).

② 신수탁자의 선임을 청구하는 경우에는 그 사유를 소명하여야 한다(비송법 제44조의4 제1항).

4. 심리 및 재판

① 재판을 하는 경우 법원은 이해관계인의 의견을 들을 수 있다(비송법 제44조의4 제2항).

② 재판은 위탁자, 수익자 및 수탁자가 여럿인 경우의 다른 수탁자에게 고지하여야 한다(비송법 제44조의4 제3항).

③ 재판에 대해서는 위탁자, 수익자 또는 수탁자가 여럿인 경우의 다른 수탁자가 즉시항고를 할 수 있다(비송법 제44조의4 제4항).

X 유언신탁의 신수탁자 선임 재판

1. 서 론

① 유언에 의하여 수탁자로 지정된 자가 신탁을 인수하지 아니하거나 인수할 수 없는 경우에는 위탁자와 수익자는 합의하여 또는 위탁자가 없으면 수익자 단독으로 신수탁자를 선임할 수 있다.

② 위탁자와 수익자 간에 신수탁자 선임에 대한 합의가 이루어지지 아니한 경우 이해관계인은 법원에 신수탁자의 선임을 청구할 수 있다(신탁법 제21조 제3항).

2. 관할법원

유언자의 사망 당시 주소지의 지방법원이 관할한다(비송법 제39조 제4항).

3. 신청인 및 신청방식

① 이해관계인은 법원에 신수탁자의 선임을 청구할 수 있다(신탁법 제21조 제3항).

② 신수탁자의 선임을 청구하는 경우에는 그 사유를 소명하여야 한다(비송법 제44조의5 제1항, 제44조의4 제1항).

4. 심리 및 재판

① 청구에 대한 재판을 하는 경우 법원은 이해관계인의 의견을 들을 수 있다(비송법 제44조의5 제1항, 제44조의4 제2항).

② 재판에 대해서는 불복신청을 할 수 없다(비송법 제44조의5 제2항).

XI 신수탁자의 보수 결정 재판

1. 서 론

① 위탁자와 수익자 간에 신수탁자 선임에 대한 합의가 이루어지지 아니한 경우 이해관계인은 법원에 신수탁자의 선임을 청구할 수 있으며, 유언에 의하여 수탁자로 지정된 자가 신탁을 인수하지 아니하거나 인수할 수 없는 경우 이해관계인은 법원에 신수탁자의 선임을 청구할 수 있다(신탁법 제21조 제2항, 제3항).

② 법원은 이에 따라 선임한 수탁자에게 필요한 경우 신탁재산에서 적당한 보수를 줄 수 있다(신탁법 제21조 제4항).

2. 관할법원

수탁자의 보통재판적이 있는 곳의 지방법원이 관할한다(비송법 제39조 제1항). 수탁자가 여럿인 경우에는 그중 1인의 보통재판적이 있는 곳의 지방법원이 신탁사건을 관할한다(비송법 제39조).

3. 신청인

이해관계인은 법원에 신수탁자의 선임을 청구할 수 있다(신탁법 제21조 제2항, 제3항).

4. 심리 및 재판(비송법 제44조의6, 제44조의2)

① 신수탁자의 보수를 정하는 재판을 하는 경우 법원은 수익자 또는 수탁자가 여럿인 경우의 다른 수탁자의 의견을 들어야 한다.

② 재판은 수익자와 수탁자가 여럿인 경우의 다른 수탁자에게 고지하여야 한다.

③ 재판에 대해서는 수익자 또는 수탁자가 여럿인 경우의 다른 수탁자가 즉시항고를 할 수 있다.

XII 신탁재산의 첨부로 인한 귀속의 결정

1. 서 론

① 신탁재산과 고유재산 또는 서로 다른 신탁재산에 속한 물건 간의 부합, 혼화 또는 가공에 관하여는 각각 다른 소유자에게 속하는 것으로 보아 민법 제256조부터 제261조까지의 규정을 준용한다.

② 가공자가 악의인 경우에는 가공으로 인한 가액의 증가가 원재료의 가액보다 많을 때에도 법원은 가공으로 인하여 생긴 물건을 원재료 소유자에게 귀속시킬 수 있다(신탁법 제28조).

2. 관할법원

① 수탁자의 보통재판적이 있는 곳의 지방법원이 관할한다(비송법 제39조 제1항).

② 수탁자가 여럿인 경우에는 그중 1인의 보통재판적이 있는 곳의 지방법원이 신탁사건을 관할한다(비송법 제39조 제3항).

3. 신청인

① 신탁법 제28조 단서에 따라 가공(加工)으로 인하여 생긴 물건을 원재료 소유자에게 귀속시키는 재판은 위탁자, 수탁자(신탁재산관리인이 선임된 경우에는 신탁재산관리인을 말한다. 이하 이 조에서 같다) 또는 수익자가 신청할 수 있다(비송법 제44조의7 제1항).

② 이 경우 수탁자가 여럿일 때에는 수탁자 각자가 신청할 수 있다(비송법 제44조의7 제1항).

4. 심리 및 재판

① 신청에 대한 재판의 경우 법원은 위탁자, 수탁자 및 수익자의 의견을 들어야 한다(비송법 제44조의7 제2항).

② 신청에 대한 재판은 이유를 붙인 결정으로써 하여야 한다(비송법 제44조의7 제3항).

③ 신청에 대한 재판은 위탁자, 수익자 및 수탁자에게 고지하여야 한다. 수탁자가 여럿일 때에는 수탁자 각자에게 고지하여야 한다(비송법 제44조의7 제4항).

④ 신청에 대한 재판에 대해서는 위탁자, 수익자 또는 수탁자(수탁자가 가공한 경우에는 다른 수탁자에 한한다)가 즉시항고를 할 수 있다(비송법 제44조의8, 제5항).

⑤ 이 경우 수탁자가 여럿일 때에는 수탁자 각자가 즉시항고를 할 수 있다(비송법 제44조의7 제5항).

XIII 이익에 반하는 행위에 대한 법원의 허가

1. 서 론

① 수탁자는 누구의 명의(名義)로도 다음 각 호의 행위를 하지 못한다(신탁법 제34조 제1항).

> • 신탁재산을 고유재산으로 하거나 신탁재산에 관한 권리를 고유재산에 귀속시키는 행위
> • 고유재산을 신탁재산으로 하거나 고유재산에 관한 권리를 신탁재산에 귀속시키는 행위
> • 여러 개의 신탁을 인수한 경우 하나의 신탁재산 또는 그에 관한 권리를 다른 신탁의 신탁재산에 귀속시키는 행위
> • 제3자의 신탁재산에 대한 행위에서 제3자를 대리하는 행위
> • 그 밖에 수익자의 이익에 반하는 행위

② 그럼에도 불구하고 수탁자는 다음 중 어느 하나에 해당하는 경우 제1항 각 호의 행위를 할 수 있다.

③ 다만, 제3호의 경우 수탁자는 법원에 허가를 신청함과 동시에 수익자에게 그 사실을 통지하여야 한다(신탁법 제34조 제2항).

> • 신탁행위로 허용한 경우
> • 수익자에게 그 행위에 관련된 사실을 고지하고 수익자의 승인을 받은 경우
> • 법원의 허가를 받은 경우

2. 관할법원

수탁자의 보통재판적이 있는 곳의 지방법원이 관할한다(비송법 제39조 제1항).

3. 신청방식

수탁자가 이익에 반하는 행위의 허가를 신청하는 경우에는 그 사유를 소명하여야 한다(비송법 제44조의8 제1항).

4. 심리 및 재판

① 재판을 하는 경우 법원은 다른 수탁자(신탁재산관리인이 선임된 경우에는 신탁재산관리인을 말한다. 이하 이 조에서 같다) 및 수익자의 의견을 들어야 한다(비송법 제44조의8 제2항).

② 재판은 이유를 붙인 결정으로써 하여야 한다(비송법 제44조의8 제3항).

③ 재판은 다른 수탁자와 수익자에게 고지하여야 한다(비송법 제44조의8 제4항).

④ 재판에 대해서는 다른 수탁자 또는 수익자가 즉시항고를 할 수 있다.

⑤ 이 경우 즉시항고는 집행정지의 효력이 있다(비송법 제44조의8 제5항).

XIV 신탁관리인 선임의 재판

1. 서 론

① 수익자가 특정되어 있지 아니하거나 존재하지 아니하는 경우 법원은 위탁자나 그 밖의 이해관계인의 청구에 의하여 또는 직권으로 신탁관리인을 선임할 수 있다.

② 다만, 신탁행위로 신탁관리인을 지정한 경우에는 그에 따른다.

③ 수익자가 미성년자, 피성년후견인 또는 피한정후견인이거나 그 밖의 사유로 수탁자에 대한 감독을 적절히 할 수 없는 경우 법원은 이해관계인의 청구에 의하여 또는 직권으로 신탁관리인을 선임할 수 있다.

④ 다만, 신탁행위로 달리 정한 경우에는 그에 따른다(신탁법 제67조 제1항, 제2항).

⑤ 신탁관리인은 선임 시에 달리 정하지 아니하면 신탁관리인을 선임한 법원 또는 수익자의 승낙 없이 사임하지 못한다.

⑥ 그럼에도 불구하고 신탁관리인은 정당한 이유가 있는 경우 법원의 허가를 받아 사임할 수 있다.

⑦ 신탁관리인을 선임한 법원 또는 수익자는 언제든지 그 신탁관리인을 해임할 수 있다.

⑧ 다만, 수익자가 정당한 이유 없이 신탁관리인에게 불리한 시기에 해임한 경우 수익자는 그 손해를 배상하여야 한다.

⑨ 법원은 신탁관리인의 사임허가결정이나 임무 위반을 이유로 해임결정을 함과 동시에 새로운 신탁관리인을 선임하여야 한다.

⑩ 이 경우 새로 선임된 신탁관리인은 즉시 수익자에게 그 사실을 통지하여야 한다(신탁법 제70조 제1항, 제2항, 제4항, 제6항).

2. 관할법원

수탁자의 보통재판적이 있는 곳의 지방법원이 관할한다(비송법 제39조 제1항).

3. 신청인

① 수익자가 특정되어 있지 아니하거나 존재하지 아니하는 경우에 신탁관리인선임의 재판은 위탁자나 그 밖의 이해관계인의 청구에 의하여 또는 직권으로 할 수 있다.

② 수익자가 미성년자, 피성년후견인 또는 피한정후견인이거나 그 밖의 사유로 수탁자에 대한 감독을 적절히 할 수 없는 경우에 신탁관리인선임의 재판은 이해관계인의 청구에 의하여 또는 직권으로 할 수 있다(신탁법 제67조 제1항, 제2항).

③ 신탁관리인의 사임허가결정이나 임무 위반을 이유로 해임결정을 함과 동시에 새로운 신탁관리인을 선임하는 재판은 법원의 직권에 의한다(신탁법 제70조 제1항, 제2항, 제4항, 제6항).

4. 심리 및 재판

① 신탁관리인 선임의 재판을 하는 경우 법원은 이해관계인의 의견을 들을 수 있다(비송법 제44조의9 제1항).

② 재판에 대해서는 불복신청을 할 수 없다(비송법 제44조의9 제2항).

③ 신탁관리인이 선임된 경우 신탁관리인을 수익자로 본다(비송법 제44조의23).

XV 신탁관리인의 보수 결정 재판

1. 서 론

① 수익자가 특정되어 있지 아니하거나 존재하지 아니하는 경우 법원은 위탁자나 그 밖의 이해관계인의 청구에 의하여 또는 직권으로 신탁관리인을 선임할 수 있다.

② 다만, 신탁행위로 신탁관리인을 지정한 경우에는 그에 따른다.

③ 수익자가 미성년자, 피성년후견인 또는 피한정후견인이거나 그 밖의 사유로 수탁자에 대한 감독을 적절히 할 수 없는 경우 법원은 이해관계인의 청구에 의하여 또는 직권으로 신탁관리인을 선임할 수 있다.

④ 다만, 신탁행위로 달리 정한 경우에는 그에 따른다.

⑤ 법원은 이에 따라 선임한 신탁관리인에게 필요한 경우 신탁재산에서 적당한 보수를 줄 수 있다(신탁법 제67조 제1항, 제2항, 제4항).

2. 관할법원

수탁자의 보통재판적이 있는 곳의 지방법원이 관할한다(비송법 제39조 제1항).

3. 신청인

신탁관리인의 보수 결정 재판은 법원의 직권에 의한다(신탁법 제67조 제4항).

4. 심리 및 재판

① 신탁관리인의 보수를 정하는 재판을 하는 경우 법원은 수탁자(신탁재산관리인이 선임된 경우에는 신탁재산관리인을 말한다. 이하 이 조에서 같다)의 의견을 들어야 한다(비송법 제44조의10 제1항).

② 재판은 수탁자에게 고지하여야 한다(비송법 제44조의10 제2항).

③ 재판에 대해서는 수탁자가 즉시항고를 할 수 있다(비송법 제44조의10 제3항).

XVI 신탁관리인 사임허가 및 해임의 재판

1. 서 론

① 신탁관리인은 선임 시에 달리 정하지 아니하면 신탁관리인을 선임한 법원 또는 수익자의 승낙 없이 사임하지 못한다.

② 그럼에도 불구하고 신탁관리인은 정당한 이유가 있는 경우 법원의 허가를 받아 사임할 수 있다(신탁법 제70조 제1항, 제2항).

③ 신탁관리인을 선임한 법원 또는 수익자는 언제든지 그 신탁관리인을 해임할 수 있다(신탁법 제70조 제4항 본문).

2. 관할법원

수탁자의 보통재판적이 있는 곳의 지방법원이 관할한다(비송법 제39조 제1항).

3. 신청인 및 신청방식

① 신탁관리인의 사임허가를 신청할 수 있다(신탁법 제70조 제1항, 제2항).

② 신탁관리인의 해임은 법원의 직권에 의한다(신탁법 제70조 제4항 본문).

③ 신탁관리인이 사임허가의 재판을 신청하는 경우에는 그 사유를 소명하여야 한다(비송법 제44조의11 제1항).

4. 심리 및 재판

① 신탁관리인을 해임하는 재판을 하는 경우 법원은 이해관계인의 의견을 들을 수 있다(비송법 제44조의11 제2항).

② 신탁관리인의 사임허가의 재판이나 신탁관리인을 해임하는 재판에 대해서는 불복신청을 할 수 없다(비송법 제44조의11 제3항).

XVII 수익자집회 소집허가의 재판

1. 서 론

① 수익자는 수탁자에게 수익자집회의 목적사항과 소집이유를 적은 서면 또는 전자문서로 수익자집회의 소집을 청구할 수 있다.

② 수익자집회의 소집의 청구를 받은 후 수탁자가 지체 없이 수익자집회의 소집절차를 밟지 아니하는 경우 수익자집회의 소집을 청구한 수익자는 법원의 허가를 받아 수익자집회를 소집할 수 있다(신탁법 제72조 제3항, 제4항).

③ 수익자집회 소집허가의 재판에 관하여는 소수주주에 의한 임시총회 소집허가의 재판에 관한 규정을 준용한다(비송법 제44조의12 제3항, 비송법 제81조 제1항).

2. 관할법원

수탁자의 보통재판적이 있는 곳의 지방법원이 관할한다(비송법 제39조 제1항).

3. 신청인 및 신청방식

① 수익자집회의 소집을 청구한 수익자이다(신탁법 제72조 제3항, 제4항).

② 수익자집회 소집의 허가를 신청하는 경우에는 수탁자가 수익자집회의 소집을 게을리한 사실을 소명하여야 한다(비송법 제44조의12 제1항).

③ 신청은 서면으로 하여야 한다(비송법 제44조의12 제2항).

4. 심리 및 재판

① 수익자집회 소집허가 신청에 대하여는 법원은 이유를 붙인 결정으로써 재판을 하여야 한다(비송법 제44조의12 제3항, 비송법 제81조 제1항).

② 신청을 인용한 재판에 대하여는 불복신청을 할 수 없다(비송법 제44조의12 제3항, 비송법 제81조 제2항).

XVIII 신탁사채에 관한 사건

1. 서 론

① 다음 각 호의 요건을 모두 충족하는 경우 신탁행위로 수탁자가 신탁을 위하여 사채(社債)를 발행할 수 있도록 정할 수 있다(신탁법 제87조 제1항).

> • 수익증권발행신탁일 것
> • 제114조 제1항에 따른 유한책임신탁일 것
> • 수탁자가 상법상 주식회사나 그 밖의 법률에 따라 사채를 발행할 수 있는 자일 것

② 수탁자가 이에 따라 사채(社債)를 발행한 경우에 관하여는 다음 각 호의 구분에 따른 규정을 준용한다(비송법 제44조의13).

> • 사채모집을 위탁받은 회사의 사임허가 신청과 해임청구 및 그 회사의 사무승계자 선임청구에 대한 재판 : 제110조
> • 사채권자집회의 소집 허가신청 : 제112조
> • 사채권자집회의 결의 인가청구 : 제113조
> • 사채모집을 위탁받은 회사, 대표자 또는 집행자에게 줄 보수와 그 사무처리에 필요한 비용의 신탁재산 부담 허가신청 : 제114조

③ 즉, 수탁자가 사채(社債)를 발행한 경우에 관하여는 일반 회사사채에 관한 사건에 관한 규정을 각각 준용한다.

2. 관할법원

수탁자의 보통재판적이 있는 곳의 지방법원이 관할한다(비송법 제39조 제1항).

3. 신청인 및 신청방식

① 사채모집을 위탁받은 회사, 대표자 또는 집행자에게 줄 보수와 그 사무처리에 필요한 비용의 신탁재산 부담 허가신청은 사채모집을 위탁받은 회사, 대표자 또는 집행자가 하여야 한다(비송법 제114조 제1항).

② 사채권자집회의 소집 허가신청은 이사가 그 소집을 게을리한 사실을 소명하여야 하며(비송법 제112조, 제80조 제1항), 신청은 서면으로 하여야 한다(비송법 제112조, 제80조 제2항).

4. 심리 및 재판

① 사채모집을 위탁받은 회사의 사임허가 신청과 해임청구 및 그 회사의 사무승계자 선임청구에 대한 재판
- ㉠ 재판은 이해관계인의 의견을 들은 후 이유를 붙인 결정으로써 하여야 한다(비송법 제110조 제1항).
- ㉡ 신청 및 청구를 인용한 재판에 대하여는 불복신청을 할 수 없다(비송법 제110조 제2항).
- ㉢ 신청 및 청구를 인용하지 아니한 재판에 대하여는 즉시항고를 할 수 있다(비송법 제110조 제3항).

② 사채권자집회의 소집 허가신청
- ㉠ 신청에 대하여는 법원은 이유를 붙인 결정으로써 재판을 하여야 한다(비송법 제112조, 제81조 제1항).
- ㉡ 신청을 인용한 재판에 대하여는 불복신청을 할 수 없다(비송법 제112조, 제81조 제2항).

③ 사채권자집회의 결의 인가청구
- ㉠ 재판은 이해관계인의 의견을 들은 후 이유를 붙인 결정으로써 하여야 한다(비송법 제113조 제2항, 제110조 제1항).
- ㉡ 재판에 대하여는 즉시항고를 할 수 있다(비송법 제113조 제2항).
- ㉢ 즉시항고는 집행정지의 효력이 있다(비송법 제113조 제2항, 제85조 제3항).

④ 사채모집을 위탁받은 회사, 대표자 또는 집행자에게 줄 보수와 그 사무처리에 필요한 비용의 신탁재산 부담 허가신청
- ㉠ 재판은 이해관계인의 의견을 들은 후 이유를 붙인 결정으로써 하여야 한다(비송법 제114조 제2항, 제113조 제2항, 제110조 제1항).
- ㉡ 재판에 대하여는 즉시항고를 할 수 있다(비송법 제114조 제2항, 제113조 제2항).
- ㉢ 즉시항고는 집행정지의 효력이 있다(비송법 제114조 제2항, 제113조 제2항, 제85조 제3항).

XIX 신탁변경의 재판

1. 서 론

① 신탁은 위탁자, 수탁자 및 수익자의 합의로 변경할 수 있다.
② 다만, 신탁행위로 달리 정한 경우에는 그에 따른다.
③ 신탁의 변경은 제3자의 정당한 이익을 해치지 못한다.
④ 신탁행위 당시에 예견하지 못한 특별한 사정이 발생한 경우 위탁자, 수익자 또는 수탁자는 신탁의 변경을 법원에 청구할 수 있다(신탁법 제88조 제3항).

2. 관할법원

수탁자의 보통재판적이 있는 곳의 지방법원이 관할한다(비송법 제39조 제1항).

3. 신청인 및 신청방식

① 위탁자, 수익자 또는 수탁자는 신탁의 변경을 법원에 청구할 수 있다(신탁법 제88조 제3항). **기출** 17
② 신청은 서면으로 한다.

4. 심리 및 재판

① 재판을 하는 경우 법원은 위탁자, 수탁자 및 수익자의 의견을 들어야 한다(비송법 제44조의14 제2항).
② 재판은 이유를 붙인 결정으로써 하여야 한다(비송법 제44조의14 제3항).
③ 재판은 위탁자, 수탁자 및 수익자에게 고지하여야 한다(비송법 제44조의14 제4항).
④ 신탁법 제88조 제3항에 따른 신탁변경의 재판에 대해서는 위탁자, 수탁자 또는 수익자가 즉시항고를 할 수 있다. 이 경우 즉시항고는 집행정지의 효력이 있다(비송법 제44조의14 제5항). **기출** 22

XX 수익권 매수가액의 결정

1. 서론

① 다음 각 호의 어느 하나에 해당하는 사항에 관한 변경에 반대하는 수익자는 신탁변경이 있은 날부터 20일 내에 수탁자에게 수익권의 매수를 서면으로 청구할 수 있다(신탁법 제89조 제1항).

- 신탁의 목적
- 수익채권의 내용
- 신탁행위로 수익권매수청구권을 인정한 사항

② 수탁자는 제1항의 청구를 받은 날부터 2개월 내에 매수한 수익권의 대금을 지급하여야 한다.
③ 이에 따른 수익권의 매수가액은 수탁자와 수익자 간의 협의로 결정한다.
④ 청구를 받은 날부터 30일 내에 이 협의가 이루어지지 아니한 경우 수탁자나 수익권의 매수를 청구한 수익자는 법원에 매수가액의 결정을 청구할 수 있다(신탁법 제89조 제2항, 제3항, 제4항).
⑤ 신탁합병계획서를 승인하지 아니하는 수익자는 합병계획서의 승인이 있은 날부터 20일 내에 수탁자에게 수익권의 매수를 서면으로 청구할 수 있다(신탁법 제91조 제1항·제2항·제3항, 제89조 제4항).
⑥ 신탁분할계획서 또는 신탁분할합병계획서를 승인하지 아니한 수익자는 분할계획서 또는 분할합병계획서의 승인이 있은 날부터 20일 내에 수탁자에게 수익권의 매수를 서면으로 청구할 수 있다(신탁법 제95조 제3항, 제89조 제4항).

2. 관할법원

수탁자의 보통재판적이 있는 곳의 지방법원이 관할한다(비송법 제39조 제1항).

3. 신청인 및 신청방식

① 수탁자나 수익권의 매수를 청구한 수익자이다(신탁법 제89조 제4항).
② 신탁분할계획서 또는 신탁분할합병계획서를 승인하지 아니한 수익자이다(신탁법 제95조 제3항, 제89조 제4항).
③ 매수가액 결정의 청구는 서면으로 하여야 한다(비송법 제44조의15 제1항).

4. 심리 및 재판

① 재판을 하는 경우 법원은 수탁자와 매수청구를 한 수익자의 의견을 들어야 한다(비송법 제44조의15 제2항).
② 재판은 이유를 붙인 결정으로써 하여야 한다(비송법 제44조의15 제3항).
③ 재판은 수탁자와 매수청구를 한 수익자에게 고지하여야 한다(비송법 제44조의15 제4항).
④ 재판에 대해서는 수탁자 또는 매수청구를 한 수익자가 즉시항고를 할 수 있다.
⑤ 이 경우 즉시항고는 집행정지의 효력이 있다(비송법 제44조의15 제5항).

XXI 사정변경에 의한 신탁종료의 재판

1. 서 론

신탁행위 당시에 예측하지 못한 특별한 사정으로 신탁을 종료하는 것이 수익자의 이익에 적합함이 명백한 경우에는 위탁자, 수탁자 또는 수익자는 법원에 신탁의 종료를 청구할 수 있다(신탁법 제100조).

2. 관할법원

수탁자의 보통재판적이 있는 곳의 지방법원이 관할한다(비송법 제39조 제1항).

3. 신청인

위탁자, 수탁자 또는 수익자의 청구에 의한다(신탁법 제100조).

4. 심리 및 재판

① 재판을 할 경우 법원은 위탁자, 수탁자 및 수익자의 의견을 들어야 한다(비송법 제44조의16 제1항).
② 재판은 이유를 붙인 결정으로써 하여야 한다(비송법 제44조의16 제2항).
③ 재판은 위탁자, 수탁자 및 수익자에게 고지하여야 한다(비송법 제44조의16 제3항).
④ 재판에 대해서는 위탁자, 수탁자 또는 수익자가 즉시항고를 할 수 있다. 이 경우 즉시항고는 집행정지의 효력이 있다(비송법 제44조의16 제4항).

XXII 검사인 선임의 재판

1. 서 론

① 신탁사무는 법원이 감독한다.
② 다만, 신탁의 인수를 업으로 하는 경우는 그러하지 아니하다.
③ 법원은 이해관계인의 청구에 의하여 또는 직권으로 신탁사무 처리의 검사, 검사인의 선임, 그 밖에 필요한 처분을 명할 수 있다(신탁법 제105조 제2항).

2. 관할법원

수탁자의 보통재판적이 있는 곳의 지방법원이 관할한다(비송법 제39조 제1항).

3. 신청인 및 신청방식

① 이해관계인의 청구 또는 법원의 직권에 의한다(신탁법 제105조 제2항).

② 검사인(檢查人)의 선임 청구는 서면으로 하여야 한다(비송법 제44조의17 제1항).

③ 청구서에는 일반적인 신청서의 기재사항(비송법 제9조 제1항 각 호) 외에 검사 목적을 적어야 한다(비송법 제44조의17 제2항).

4. 심리 및 재판

재판에 대해서는 불복신청을 할 수 없다(비송법 제44조의17 제3항).

XXIII 검사인의 보수

1. 서 론

① 신탁사무는 법원이 감독한다.

② 다만, 신탁의 인수를 업으로 하는 경우는 그러하지 아니하다.

③ 법원은 이해관계인의 청구에 의하여 또는 직권으로 신탁사무 처리의 검사, 검사인의 선임, 그 밖에 필요한 처분을 명할 수 있다(신탁법 제105조 제2항).

④ 법원은 신탁법 제105조 제2항에 따라 검사인을 선임한 경우 신탁재산에서 검사인의 보수를 지급하게 할 수 있다(비송법 제44조의18 제1항). **기출** 22

⑤ 검사인의 보수를 정하는 재판을 하는 경우 법원은 수탁자의 의견을 들어야 한다(비송법 제44조의18 제2항).

기출 22

2. 심리 및 재판

① 재판은 수탁자에게 고지하여야 한다(비송법 제44조의18 제3항).

② 재판에 대해서는 수탁자가 즉시항고를 할 수 있다(비송법 제44조의18 제4항).

XXIV 검사인의 보고

1. 서 론

① 신탁사무는 법원이 감독한다.

② 다만, 신탁의 인수를 업으로 하는 경우는 그러하지 아니하다.

③ 법원은 이해관계인의 청구에 의하여 또는 직권으로 신탁사무 처리의 검사, 검사인의 선임, 그 밖에 필요한 처분을 명할 수 있다(신탁법 제105조 제2항).

④ 이에 따라 선임된 검사인은 법원에 검사 결과를 서면으로 보고하여야 한다(비송법 제44조의19 제1항).

⑤ 법원은 검사에 관한 설명이 필요할 때에는 검사인을 심문할 수 있다(비송법 제44조의19 제2항).

2. 신청인 및 신청방식

① 법원은 이해관계인의 청구에 의하여 또는 직권으로 신탁사무 처리의 검사, 검사인의 선임, 그 밖에 필요한 처분을 명할 수 있다(신탁법 제105조 제2항).

② 신청방식은 직권으로 한다.

3. 심리 및 재판

① 법원은 검사 결과에 따라 수탁자에게 시정을 명할 수 있다(비송법 제44조의19 제3항).

② 수탁자는 명령을 받은 즉시 그 사실을 수익자에게 알려야 한다(비송법 제44조의19 제4항).

③ 명령에 대해서는 불복신청을 할 수 없다(비송법 제44조의19 제5항).

XXV 수탁청산인의 변제허가

1. 서 론

① 유한책임신탁이 종료된 경우에는 신탁행위로 달리 정한 바가 없으면 종료 당시의 수탁자 또는 신탁재산관리인이 청산인(이하 "청산수탁자"라 한다)이 된다.

② 다만, 위탁자가 집행의 면탈이나 그 밖의 부정한 목적으로 신탁의 목적, 신탁재산, 수익자(제106조의 공익신탁의 경우에는 제67조 제1항의 신탁관리인을 말한다) 등을 특정하고 자신을 수탁자로 정한 위탁자의 선언에 따라 신탁을 설정한 경우 이해관계인은 법원에 신탁의 종료를 청구할 수 있다(신탁법 제3조 제3항). **기출** 22

③ 이에 따라 유한책임신탁이 종료된 경우에는 법원이 수익자, 신탁채권자 또는 검사의 청구에 의하거나 직권으로 해당 신탁의 청산을 위하여 청산수탁자를 선임하여야 한다(신탁법 제133조 제1항).

④ 청산수탁자는 채권신고기간 내에는 신탁채권자에게 변제하지 못한다.

⑤ 다만, 변제의 지연으로 인한 손해배상의 책임을 면하지 못한다.

⑥ 그럼에도 불구하고 소액의 채권, 담보가 있는 신탁채권, 그 밖에 변제로 인하여 다른 채권자를 해칠 우려가 없는 채권의 경우 법원의 허가를 받아 변제할 수 있다(신탁법 제135조 제1항, 제2항).

2. 관할법원

신탁사건은 특별한 규정이 있는 경우를 제외하고는 수탁자의 보통재판적이 있는 곳의 지방법원이 관할한다(비송법 제39조). **기출** 22

3. 신청인 및 신청방식

① 청산수탁자의 청구에 의한다(신탁법 제135조 제2항).

② 청산수탁자가 변제허가의 신청을 할 때에는 그 사유를 소명하여야 한다(비송법 제44조의21).

XXVI 감정인 선임의 절차와 비용

1. 서 론

① 청산수탁자는 변제기에 이르지 아니한 신탁채권에 대하여도 변제할 수 있다.

② 이 경우 조건부채권, 존속기간이 불확정한 채권, 그 밖에 가액이 불확정한 채권에 대하여는 법원이 선임한 감정인의 평가에 따라 변제하여야 한다(신탁법 제136조 제1항, 제4항).

2. 관할법원

수탁자의 보통재판적

3. 신청인

청산수탁자의 청구에 의한다(신탁법 제136조 제1항, 제4항).

4. 심리 및 재판

① 감정인 선임의 재판에 대해서는 불복신청을 할 수 없다(비송법 제44조의22 제1항).

② 감정인 선임절차에 드는 비용은 청산수탁자가 부담한다.

③ 감정인의 소환 및 심문 비용의 경우에도 또한 같다(비송법 제44조의22 제2항).

XXVII 법원의 감독

1. 서 론

법원은 신탁사건의 감독을 위하여 필요하다고 인정할 때에는 이해관계인의 신청에 의하여 또는 직권으로 재산목록, 신탁사무에 관한 장부와 서류의 제출을 명하고, 신탁사무 처리에 관하여 수탁자와 그 밖의 관계인을 심문할 수 있다(비송법 제44조의24 제1항).

2. 관할법원

수탁자의 보통재판적이 있는 곳의 지방법원이 관할한다(비송법 제39조 제1항).

3. 신청인 및 신청방식

① 이해관계인의 신청에 의하여 또는 직권으로 행한다(비송법 제44조의24 제1항).

② 신청은 서면으로 하여야 한다(비송법 제44조의24 제2항).

4. 심리 및 재판

신탁사건의 감독에 관한 법원의 재판에 대해서는 불복신청을 할 수 없다(비송법 제44조의24 제3항). 기출 07

I 재판상 대위의 신청

1. 서 론

① 채권의 기한이 도래하기 전에 채권자대위권을 행사함에 있어서는 보전행위를 제외하고 법원의 허가를 받아야 한다(민법 제404조 제2항). **기출** 17

② 채권자는 채권이 이행기에 도달하기 전에도 예외적으로 법원의 허가를 얻어 채권자대위권을 행사할 수 있고, 그 경우 법원의 허가를 받기 위한 신청을 재판상 대위(代位)의 신청이라고 한다. **기출** 05

③ 채권자는 자기 채권의 기한 전에 채무자의 권리를 행사하지 아니하면 그 채권을 보전할 수 없거나 보전하는 데에 곤란이 생길 우려가 있을 때에는 재판상의 대위(代位)를 신청할 수 있다(비송법 제45조). **기출** 24

2. 관할법원

재판상 대위는 채무자의 보통재판적이 있는 곳의 지방법원이 관할한다(비송법 제46조).

기출 24 · 23 · 18 · 17 · 16 · 12

3. 신청인 및 신청방식

① 재판상의 대위에 관한 사건의 신청인은 대위권을 행사하고자 하는 채권자이다.

② 대위신청은 서면 또는 말로 할 수 있다(비송법 제8조, 민소법 제161조 제1항). **기출** 24 · 17

③ 채권자는 자기 채권의 기한 전에 채무자의 권리를 행사하지 아니하면 그 채권을 보전할 수 없거나 보전하는 데에 곤란이 생길 우려가 있음을 소명하여야 한다. **기출** 05

4. 심리 및 재판

① 심리의 공개 및 검사의 불참여 : 비송사건절차법 제13조의 심문의 비공개와 제15조의 검사의 의견진술 및 참여에 대한 조항은 재판상의 대위에 관한 사건에는 적용되지 아니한다(비송법 제52조). **기출** 24 · 05

② 대위신청의 허가 : 법원이 심리한 결과 신청이 이유 있다고 인정할 때에는 담보를 제공하게 하거나 제공하게 하지 아니하고 허가할 수 있다(비송법 제48조). **기출** 23 · 17

③ 재판의 고지 : 대위신청을 허가한 재판은 신청인에게 고지하여야 할 뿐만 아니라 직권으로 이를 채무자에게도 고지하여야 한다(비송법 제49조 제1항). 제1항에 따른 고지를 받은 채무자는 그 권리를 처분할 수 없다(비송법 제49조 제2항). **기출** 24 · 23 · 17 · 12 · 05

5. 항 고 **기출** 05

① 대위의 신청을 각하한 재판에 대해서는 (채권자가) 즉시항고를 할 수 있다(비송법 제50조 제1항).

② 대위의 신청을 허가한 재판에 대해서는 채무자가 즉시항고할 수 있다(비송법 제50조 제2항).

③ 제1항 및 제2항에 따른 항고의 기간은 채무자가 재판의 고지를 받은 날부터 기산한다(비송법 제50조 제3항).

기출 24

④ 비송사건절차법상 항고는 특별한 규정이 있는 경우를 제외하고는 집행정지의 효력이 없으므로(비송법 제21조) 대위신청을 허가한 재판에 대하여 즉시항고가 있는 경우라도 채권자는 대위권을 행사할 수 있다.

기출 17

⑤ 다만, 법원은 항고심의 재판이 있을 때까지 원심재판의 집행을 정지하거나 그 밖에 필요한 처분을 명할 수 있다(비송법 제23조, 민소법 제448조).

6. 항고비용의 부담

항고절차의 비용과 항고인이 부담하게 된 전심의 비용에 대하여는 신청인과 항고인을 당사자로 보고 민사소송법 제98조에 따라 부담할 자를 정한다(비송법 제51조).

제4절 보존, 공탁, 보관 및 감정에 관한 사건

I 공탁소의 지정 및 공탁물보관인 선임사건

1. 서 론

① 채권자가 변제를 받지 아니하거나 받을 수 없는 때 또는 과실 없이 채권자를 알 수 없는 경우에 변제자는 채권자를 위하여 변제의 목적물을 공탁하여 그 채무를 면할 수 있다(민법 제487조).
② 이때의 공탁은 채무이행지의 공탁소에 하여야 하나(민법 제488조 제1항), 공탁소에 관하여 법률에 특별한 규정이 없으면 법원은 변제자의 청구에 의하여 공탁소를 지정하고 공탁물보관인을 선임하여야 한다(민법 제488조 제2항).

2. 관할법원

채무이행지 지방법원의 관할이다(비송법 제53조 제1항). **기출 06**

3. 신청인 및 신청방식

① 신청인은 변제자이다.
② 신청방식에 관한 특별한 규정이 없으므로 서면 또는 말로 신청할 수 있다.

4. 심리 및 재판

① 법원은 재판을 하기 전에 채권자와 변제자를 심문하여야 한다(비송법 제53조 제2항). **기출 13·06·04**
② 법원이 채권자와 변제자를 심문한 모든 사건에서 조서를 작성할 필요는 없고, 필요하다고 인정하는 경우에 한하여 작성하면 된다(비송법 제14조). **기출 04**
③ 공탁소의 지정 또는 공탁물보관인의 선임·개임을 하는 재판에 대해서는 불복의 신청을 할 수 없다(비송법 제59조, 제54조, 제42조 제2항). 다만, 신청을 각하한 재판에 대하여는 비송사건절차법 제20조에 따라 신청인에 한하여 항고할 수 있다. **기출 12·06·04**

④ 법원은 선임한 공탁물보관인을 개임할 수 있으며, 공탁물보관인이 그 임무를 사임하고자 할 때에는 그 사유를 법원에 신고하여야 한다(비송법 제54조, 제41조 제2항). **기출** 06

⑤ 공탁물보관인의 선임·개임 등을 하는 경우 민법 제694조 내지 제697조 및 동법 제700조의 규정은 공탁물보관인에게 이를 준용한다.

⑥ 그러나 민법 제696조의 규정에 의한 통지는 변제자에게 하여야 한다(비송법 제54조).

⑦ 법원은 공탁물보관인의 사임을 허가하거나 공탁물보관인을 해임할 수 있다.

⑧ 공탁물보관인의 사임을 허가하는 경우 법원은 다시 공탁물보관인을 선임하여야 한다.

⑨ 공탁물보관인이 사임허가의 재판을 신청하는 경우에는 그 사유를 소명하여야 한다(비송법 제54조의2, 제44조의11 제1항).

5. 비용의 부담

법원이 공탁소를 지정하고 공탁물보관인을 선임한 경우에는 그 절차의 비용은 채권자가 부담한다(비송법 제53조 제3항). **기출** 06 · 04

6. 검사의 불참여

본 사건에는 검사의 의견진술 및 참여의 규정은 적용되지 않는다(비송법 제58조).

Ⅱ 변제목적물의 경매허가사건

1. 서 론

① 변제의 목적물이 공탁에 적당하지 아니하거나, 멸실 또는 훼손될 염려가 있거나 공탁에 과다한 비용을 요하는 경우에는 변제자는 법원의 허가를 얻어 그 물건을 경매하거나 시가(市價)로 방매(放賣)하여 그 대금을 공탁할 수 있다(민법 제490조).

② 이때 법원의 허가를 얻는 것이 비송사건이다.

2. 관할법원

채무이행지의 지방법원에서 관할한다(비송법 제55조, 제53조 제1항).

3. 신청인 및 신청방식

신청인은 변제자, 신청방식은 서면 또는 말이다.

4. 심리 및 재판

법원은 재판을 하기 전에 채권자와 변제자를 심문하여야 하며(비송법 제55조, 제53조 제2항), 신청을 허가한 재판에 대해서는 불복신청을 할 수 없다(비송법 제59조).

5. 비용의 부담

법원이 경매 등을 허가하는 경우에는 <u>그 절차의 비용은 채권자가 부담</u>한다(비송법 제53조 제3항, 제55조).

6. 검사의 불참여

본 사건에는 <u>검사의 의견진술 및 참여의 규정은 적용되지 않는다</u>(비송법 제58조).

■Ⅲ■ 질물에 의한 변제충당 허가사건

1. 서 론

① 질권자는 채권의 변제를 받기 위하여 질물을 경매할 수 있다(민법 제338조 제1항).
② 그러나 정당한 이유가 있는 때에는 질권자는 감정인의 평가에 의하여 질물로 직접 변제에 충당할 것을 법원에 청구할 수 있다. 이 경우에는 질권자는 미리 채무자 및 질권설정자에게 통지하여야 한다(민법 제338조 제2항).

2. 관할법원

채무이행지의 지방법원에서 관할한다(비송법 제56조 제1항, 제53조 제1항).

3. 신청절차

<u>신청인은 질권자</u>이며, 신청방식은 법률에 특별한 규정이 없으므로 서면 또는 말로 한다. **기출** 07

4. 심리·재판

① 법원은 허가의 재판을 하기 전에 변제자를 심문하여야 한다(비송법 제56조 제1항, 제53조 제2항).
② 법원이 신청을 허가한 경우에는 <u>그 절차의 비용은 질권설정자가 부담</u>한다(비송법 제56조 제2항).

기출 12·07

③ <u>허가를 한 재판에 대해서는 불복의 신청을 할 수 없다</u>(비송법 제59조).

5. 검사의 불참여(비송법 제58조)

본 사건에는 <u>검사의 의견진술 및 참여에 관한 규정이 적용되지 않는다</u>(비송법 제15조).

Ⅳ 환매권의 대위행사를 위한 감정인선임사건

1. 서 설

① 매도인이 매매계약과 동시에 환매할 권리를 보류한 때에는 그 영수한 대금 및 매수인이 부담한 매매비용을 반환하고 그 목적물을 환매할 수 있다(민법 제590조 제1항). 이를 환매권이라 한다.

② 환매권도 하나의 재산권이므로 환매권자의 채권자는 민법 제404조에 의하여 이를 대위행사할 수 있다.

③ 환매의 특약이 있는 매매가 행하여진 경우에 매도인의 채권자가 매도인을 대위하여 환매하고자 하는 때에는 매수인은 법원이 선정한 감정인의 평가액에서 매도인이 반환할 금액을 공제한 잔액으로 매도인의 채무를 변제하고 잉여액이 있으면 이를 매도인에게 지급하여 환매권을 소멸시킬 수 있다(민법 제593조).

2. 관할법원

감정인의 선임·소환과 심문은 물건소재지 지방법원의 관할이다(비송법 제57조 제1항). **기출** 13·11

3. 신청인 및 신청방식

신청인은 매수인이며, 신청방식은 특별한 규정이 없으므로 서면 또는 말로 한다.

4. 재판의 절차와 비용의 부담

① 신청인용의 재판에 대해서는 불복신청할 수 없다(비송법 제59조).

② 환매권 대위행사를 위한 감정인 선임사건의 절차비용은 매수인이 부담한다(비송법 제57조 제2항).

5. 검사의 불참여(비송법 제58조)

본 사건에는 검사의 의견진술 및 참여에 관한 규정이 적용되지 않는다(비송법 제15조).

제5절   부부재산약정의 등기

Ⅰ 부부재산약정등기의 의의 및 관할등기소

1. 부부재산약정등기의 의의

① 혼인이 성립되기 전(前)에 혼인 중의 부부재산관계뿐만 아니라 이혼시 부부재산관계에 대하여 자유로이 약정하는 것을 부부재산약정이라고 한다.

② 부부가 그 재산에 관하여 따로 약정을 한 때에는 혼인성립까지에 그 등기를 하지 아니하면 이로써 부부의 승계인 또는 제3자에게 대항하지 못한다(민법 제829조 제4항). 등기는 대항요건이므로 등기하지 아니한 경우에도 부부 상호 간에는 부부재산약정의 효력이 있다. **기출** 21·05

③ 부부재산의 약정에 의하여 관리자를 변경하거나 공유재산을 분할하였을 때에는 그 등기를 하지 아니하면 이로써 부부의 승계인 또는 제3자에게 대항하지 못한다(민법 제829조 제5항).

2. 관할등기소

> **비송사건절차법 제68조(관할등기소)** `기출` 21 · 16 · 05
> 부부재산약정(約定)의 등기에 관하여는 <u>남편이 될 사람의 주소지를 관할하는 지방법원</u>, 그 지원 또는 등기소를 <u>관할등기소</u>로 한다.

Ⅱ 부부재산약정에 관한 등기신청 및 첨부서면

1. 부부재산약정에 관한 등기신청인

> **비송사건절차법 제70조(부부재산약정에 관한 등기신청인)** `기출` 21 · 05
> 부부재산약정에 관한 등기는 <u>약정자 양쪽이 신청</u>한다. 다만, 부부 어느 한쪽의 사망으로 인한 부부재산약정 소멸의 등기는 <u>다른 한쪽이 신청</u>한다.

2. 첨부서면

부부재산약정등기를 신청하는 경우에는 신청서에 다음의 서면을 첨부하여야 한다(부부재산약정등기규칙 제4조).

- 부부재산약정서
- 각 약정자의 인감증명서. 다만, 본국에 인감증명제도가 없고 또한 「인감증명법」에 따른 인감증명을 받을 수 없는 외국인은 신청서(위임에 의한 대리인이 신청하는 경우에는 그 권한을 증명하는 서면)에 한 서명에 관하여 본인이 직접 작성하였다는 뜻의 본국 관공서의 증명이나 이에 관한 공정증서를 제출하여야 한다.
- <u>혼인신고를 하지 아니한 것을 증명하는 서면</u> `기출` 21
- 주소를 증명하는 서면
- 주민등록번호를 증명하는 서면(다만, 주민등록번호가 없는 재외국민이나 외국인의 경우에는 생년월일을 증명하는 서면)
- 대리인에 의하여 등기를 신청하는 경우에는 그 권한을 증명하는 서면

3. 부부재산약정 변경등기

> **부부재산약정등기규칙 제5조(부부재산약정 변경등기)** `기출` 21
> ① <u>부부재산약정의 변경등기를 신청하는 경우에는 신청서에 약정내용의 변경, 재산관리자의 변경 또는 공유재산의 분할을 허가한 재판의 등본이나 이에 관한 약정서를 첨부하여야</u> 한다.
> ② 약정자의 표시에 관한 사항 또는 약정의 내역에 관하여 등기한 사항의 변경 또는 경정의 등기는 종전 등기사항을 전부 말소하는 기호를 기록한 뒤 새로운 표시번호 또는 사항번호에 변경 후 사항으로 전부를 다시 기록한다.

4. 부부재산약정 소멸등기

> **부부재산약정등기규칙 제6조(부부재산약정 소멸등기)**
> ① 「비송사건절차법」 제70조 단서에 따라 <u>부부 일방의 사망으로 인한 부부재산약정의 소멸등기를 신청하는 경우에</u>는 신청서에 그 사유를 증명하는 서면을 첨부하여야 한다.
> ② 부부재산약정등기의 소멸등기는 등기기록의 약정자부의 약정자표시를 전부 말소하는 기호를 기록한 뒤 등기기록을 폐쇄한다.

Ⅲ 부부재산약정등기 사무처리 지침(등기예규 제1646호, 개정 2018.5.1.)

1. 부부재산약정등기
가. 신청절차
1) 부부재산약정등기는 혼인의 성립 전에 약정자 쌍방의 신청에 의한다.
2) 위 등기신청은 부가 될 자의 주소지 관할 등기과(소)에 신청한다.

나. 첨부서면
신청서에는 다음 각 호의 서면을 첨부하여야 한다.
1) 부부재산약정서
2) 각 약정자의 인감증명서. 다만, 본국에 인감증명제도가 없고 또한 「인감증명법」에 따른 인감증명을 받을 수 없는 외국인은 신청서(위임에 의한 대리인이 신청하는 경우에는 그 권한을 증명하는 서면)에 한 서명에 관하여 본인이 직접 작성하였다는 뜻의 본국 관공서의 증명이나 이에 관한 공정증서를 제출하여야 한다.
3) 혼인신고를 하지 아니한 것을 증명하는 서면
4) 주소를 증명하는 서면
5) 주민등록번호를 증명하는 서면(다만, 주민등록번호가 없는 재외국민이나 외국인의 경우에는 생년월일을 증명하는 서면)
6) 대리인에 의하여 등기를 신청하는 경우에는 그 권한을 증명하는 서면

다. 등기관의 신청서 조사
등기관은 부부재산약정등기신청서를 조사함에 있어 부부재산약정서에 기재된 약정재산이 신청인의 소유인지 여부, 약정 내용의 범위, 약정사항의 효력 유무에 대하여는 판단하지 않고 약정서에 기재한 내용과 동일하게 등기한다.

라. 등기부의 등기기록 작성방법
1) 부부재산약정등기부의 등기기록은 약정자부와 약정사항부를 구분하여 기록하되, 약정자부에는 표시번호, 접수연월일과 약정자의 성명, 주민등록번호 및 주소(단, 외국인의 경우에는 국적, 성명, 생년월일 및 주소, 주민등록번호가 없는 재외국민의 경우에는 성명, 생년월일 및 주소)를 기록하고, 약정사항부에는 사항번호, 접수연월일 및 접수번호, 등기연월일 및 등기원인과 약정내역을 기록한다(별지 기록례 1, 1-1).
2) 약정자부에 약정자의 성명, 주민등록번호 및 주소를 기록할 때에는 부가 될 자를 먼저 기록한다.

2. 변경등기 등
가. 신청절차
등기사항의 변경, 경정 또는 소멸등기 신청은 쌍방의 공동신청에 의한다. 다만, 부부 일방의 사망으로 인한 부부재산 소멸의 등기는 단독신청에 의한다.

나. 첨부서면
1) 1.나.의 2)호에 해당하는 서면(단, 약정을 원인으로 하는 등기에 한한다.)
2) 「가족관계의 등록 등에 관한 법률」 제15조 제1항 제3호의 혼인관계증명서[단, 외국인의 경우에는 미혼(혼인 전에 하는 등기)·혼인(혼인 중에 하는 등기)·혼인관계소멸(혼인관계소멸 후에 하는 등기)을 증명하는 본국 관공서의 증명서 또는 공정증서]

3) 1.나.의 4), 5)호에 해당하는 서면

4) 법원의 허가서 또는 재판의 등본

5) 기타 원인을 증명할 수 있는 서면

다. 등기기록의 작성방법

1) 약정자의 표시 또는 약정의 내역에 관하여 등기한 사항의 변경 또는 경정의 등기는 종전 등기사항을 전부 말소하는 기호를 기록한 뒤 새로운 표시번호 또는 사항번호에 변경 후 사항으로 전부를 다시 기록한다 (별지 기록례 2, 3).

2) 부부재산약정등기의 소멸등기는 등기기록의 약정자부의 약정자의 표시를 전부 말소하는 기호를 기록한 뒤 등기기록을 폐쇄한다(별지 기록례 4).

3. 등록면허세

위 등기를 신청할 때에는 「지방세법」 제28조 제1항 제14호에 따른 등록면허세 및 같은 법 제151조 제1항 제2호에 따른 지방교육세를 납부한 영수필확인서를 첨부하여야 한다.

부 칙(2018.5.1. 제1646호)

이 예규는 즉시 시행한다.

CHAPTER 03 상사비송사건

제1절 회사와 경매에 관한 사건

I 회사설립에 있어서의 검사인선임신청사건 등

1. 서 론

① 주식회사의 설립방법

㉠ 주식회사 설립의 방법에는 회사의 설립 시에 발행하는 주식의 인수방법에 따라, 발기설립과 모집설립이 있다.

㉡ 발기설립이란 설립 시에 발행하는 주식의 전부를 발기인만이 인수하여 주식회사를 설립하는 방법을 말하며, 모집설립이란 설립 시에 발행하는 주식 중 그 일부는 발기인이 인수하고 나머지 주식은 주주를 모집(청약인)하여 주식회사를 설립하는 방법을 말한다.

㉢ 주식회사 설립 시에 변태설립사항을 정한 경우에는 법원에 검사인의 선임을 청구하여야 한다.

기출 02

㉣ 그러나 다음 각 호의 어느 하나에 해당할 경우에는 적용하지 아니한다(상법 제299조 제2항).

> - 현물출자 및 재산인수의 재산총액이 자본금의 5분의 1을 초과하지 아니하고 대통령령으로 정한 금액을 초과하지 아니하는 경우
> - 현물출자 및 재산인수의 재산이 거래소에서 시세가 있는 유가증권인 경우로서 정관에 적힌 가격이 대통령령으로 정한 방법으로 산정된 시세를 초과하지 아니하는 경우
> - 그 밖에 제1호 및 제2호에 준하는 경우로서 대통령령으로 정하는 경우

② 발기설립과 모집설립에 있어서 검사인 선임의 주요한 차이

발기설립	• 이사가 검사인의 선임을 법원에 청구한다(상법 제298조 제4항). • 검사인은 조사결과를 법원에 보고하여야 한다(상법 제299조 제1항). • 변태설립사항이 부당하다고 인정한 때에는 법원이 이를 변경처분할 수 있다(상법 제300조 제1항).
모집설립	• 발기인이 검사인의 선임을 법원에 청구한다(상법 제310조 제1항). • 검사인은 조사결과를 창립총회에 보고하여야 한다(상법 제310조 제2항). **기출 04** • 변태설립사항이 부당하다고 인정한 때에는 창립총회에서 이를 변경한다(상법 제314조 제1항).

2. 발기설립에 있어서의 검사인선임 등

① 신청절차

    ㉠ 관할법원 : 회사의 본점 소재지의 지방법원 합의부의 관할이다(비송법 제72조 제1항). `기출` 17·04

    ㉡ 신청인

        ㉮ 정관으로 변태설립사항(상법 제290조 각 호)을 정한 때에는 이사는 이에 관한 조사를 하게 하기 위하여 검사인의 선임을 법원에 청구하여야 한다(상법 제298조 제4항 본문). `기출` 17

        ㉯ 다만 공증인과 감정인으로 갈음하는 경우에는 그러하지 아니하다(상법 제298조 제4항 단서).

    ㉢ 신청방법

        ㉮ 검사인의 선임신청은 서면으로 하여야 한다(비송법 제73조 제1항). `기출` 22·17·04

        ㉯ 검사인선임 신청서에는 신청의 사유, 검사의 목적, 신청 연월일 및 법원의 표시를 적고 신청인이 기명날인하여야 한다(비송법 제73조 제2항). `기출` 17

        ㉰ 기타 사항은 신청의 일반방식에 따른다.

② 심리 및 재판

    ㉠ 검사인 선임의 재판은 결정의 형식으로 한다(비송법 제17조 제1항).

    ㉡ 이 결정에 대한 즉시항고 규정은 없다. 따라서 비송사건절차법 제20조에 의한 통상의 항고(보통항고)만 가능하다. `기출` 17·10·04

③ 검사인 등의 지위와 보수

    ㉠ 검사인 등의 보고

        ㉮ 검사인은 변태설립사항과 현물출자의 이행을 조사하여 법원에 보고하여야 한다(상법 제299조 제1항).

        ㉯ 공증인 또는 감정인으로 갈음하는 경우 공증인 또는 감정인은 조사 또는 감정결과를 법원에 보고하여야 한다(상법 제299조의2 후문).

    ㉡ 검사인의 지위 : 검사인은 이 조사보고서를 작성한 후 지체 없이 그 등본을 각 발기인에게 교부하여야 한다(상법 제299조 제2항).

    ㉢ 검사인의 보수

        ㉮ 법원이 검사인을 선임한 경우에는 회사로 하여금 검사인에게 보수를 지급하게 할 수 있다. 이 경우 그 보수액은 이사와 감사의 의견을 들어 법원이 정한다(비송법 제77조). `기출` 20·17

        ㉯ 이 결정에 대하여 즉시항고할 수 있다(비송법 제78조). 항고권자는 회사와 검사인이 될 것이다.

                                              `기출` 20·17·04

④ 법원의 검사와 변경명령

법원의 검사
법원은 검사인 또는 공증인의 보고서 또는 감정인의 감정결과를 보고 변태설립사항의 당부 및 현물출자의 이행유무를 조사하는데, 그 경우 필요하면 검사인을 심문할 수가 있다(비송법 제74조 제2항).

변경명령
• 법원은 검사인 또는 공증인의 조사보고서 또는 감정인의 감정결과와 발기인의 설명서를 심사하여 변태설립사항을 부당하다고 인정한 때에는 이를 변경하여 각 발기인에게 통고할 수 있다(상법 제300조 제1항). `기출` 04 • 법원은 이 재판을 하기 전에 발기인과 이사의 진술을 들어야 한다(비송법 제75조 제2항). • 변태설립사항의 변경에 관한 재판은 이유를 붙인 결정으로써 하여야 한다(비송법 제75조 제1항). • 이에 대해 발기인과 이사는 즉시항고를 할 수 있다(비송법 제75조 제3항). `기출` 04

변경명령에 대응하는 주식인수의 취소	

- 법원의 변경명령에 불복하는 발기인은 그 주식의 인수를 취소할 수 있다.
- 본 사건에는 검사의 참여에 관한 규정(비송법 제15조)이 적용되지 않는다. 이 경우에는 정관을 변경하여 설립에 관한 절차를 속행할 수 있다(상법 제300조 제2항).
- 법원의 통고가 있은 후 2주간 내에 주식의 인수를 취소한 발기인이 없는 때에는 정관은 통고에 따라서 변경된 것으로 본다(상법 제300조 제3항).

변태설립사항에 변경이 없는 경우의 조치	

- 검사 결과 법원이 변태설립사항을 부당하다고 인정하지 않으면 검사는 종료하고 검사종료에 의하여 정관은 기재대로 확정된다.
- 따라서 그 후 회사는 정관을 변경하여 그 평가액이나 현물출자에 대한 주식 수를 감소시킬 수는 없다.

3. 모집설립에 있어서의 검사인 선임

신청절차	• 관할법원 : 회사의 본점 소재지의 지방법원 합의부가 관할한다(비송법 제72조 제1항). 회사 설립 전이므로 여기서의 본점 소재란 정관소정의 본점 소재지이다. **기출** 04 • 신청인 : 모집설립에 있어 정관으로 변태설립사항을 정한 때에는 발기인은 이에 관한 조사를 하게 하기 위하여 검사인의 선임을 법원에 청구하여야 한다(상법 제310조 제1항). **기출** 17 • 신청방식 : 발기설립의 설명과 같다. 단, 발기설립과 모집설립의 차이가 있으므로 첨부정보에서 다소의 차이가 있을 뿐이다.
심리 및 재판	• 발기설립의 그것과 같다.
검사인의 지위와 보수	• 모집설립에 있어서의 검사인의 권한은 발기설립의 경우와 달리 변태설립사항의 조사에 한정된다(상법 제310조 제1항). • 검사인의 보수는 발기설립의 그것과 같다.
보고서 제출 및 변태설립 사항의 변경	• 검사인의 보고서는 이를 창립총회에 제출하여야 한다(상법 제310조 제2항). • 창립총회에서는 변태설립사항이 부당하다고 인정한 때에는 이를 변경할 수 있다(상법 제314조 제1항). **기출** 04

Ⅱ 신주발행 시의 검사인선임신청사건 등

1. 서 론

① 주식회사의 신주발행을 현물출자의 형식으로 하는 경우에 있어서 그 목적물이 부당평가되면 채권자나 여타의 주주의 이익을 해하게 되므로 현물출자에 의한 신주의 발행에 관하여는 검사인의 검사제도를 두어 이를 규제하고 있다.

② 1998년 상법이 개정되어 공인된 감정인의 감정으로 검사인의 조사에 갈음(상법 제422조 제1항)할 수 있게 하였다.

③ 다만 다음 각 호의 어느 하나에 해당할 경우에는 현물출자의 검사를 요하지 않으므로 검사인의 선임을 요하지 않는다(상법 제422조 제2항).

- 현물출자의 목적인 재산의 가액이 자본금의 5분의 1을 초과하지 아니하고 대통령령으로 정한 금액을 초과하지 아니하는 경우
- 현물출자의 목적인 재산이 거래소의 시세 있는 유가증권인 경우 결정된 가격이 대통령령으로 정한 방법으로 산정된 시세를 초과하지 아니하는 경우
- 변제기가 돌아온 회사에 대한 금전채권을 출자의 목적으로 하는 경우로서 그 가액이 회사장부에 적혀 있는 가액을 초과하지 아니하는 경우
- 그 밖에 제1호부터 제3호까지의 규정에 준하는 경우로서 대통령령으로 정하는 경우

2. 신청절차

① 신청인 : 현물출자를 하는 자가 있는 경우에는 이사는 검사인의 선임을 법원에 청구하여야 한다(상법 제422조 제1항). **기출** 02

② 신청방식

　　㉠ 검사인의 선임신청은 서면으로 하여야 한다(비송법 제73조 제1항). **기출** 22

　　㉡ 신청서에는 다음 사항을 기재하고 신청인이 이에 기명날인하여야 한다(비송법 제73조 제2항).

　　　　㉮ 신청사유

　　　　㉯ 검사의 목적

　　　　㉰ 연월일

　　　　㉱ 법원의 표시

　　㉢ 기타 사항은 신청의 일반방식에 따른다.

3. 심리 및 재판

① 재판은 법률에 특별한 규정이 없으므로 이유를 붙이지 아니한 결정으로 한다(비송법 제17조 제1항). 이 결정은 고지에 의하여 효력을 발생한다(비송법 제18조 제1항). **기출** 11

② 법원이 검사인을 선임한 경우에는 회사로 하여금 이에 보수를 지급하게 할 수 있다.

③ 이 경우에 그 보수액은 이사와 감사의 의견을 들어 법원이 정하는데(비송법 제77조), 보수에 대한 재판에 대해서는 즉시항고할 수 있다(비송법 제78조).

4. 검사인의 조사사항

검사인은 현물출자를 하는 자의 성명과 그 목적인 재산의 종류, 수량, 가격과 이에 대하여 부여할 주식의 종류와 수를 조사하여야 한다(상법 제422조 제1항, 제416조 제4호).

5. 법원의 조치 등

① 법원은 검사인의 보고서 또는 감정인의 감정결과 현물출자에 대한 사항이 부당하다고 인정한 때에는 이를 변경하여 이사와 현물출자를 한 자에게 통고할 수 있다(상법 제422조 제3항).

② 법원의 변경에 불복하는 자는 그 주식의 인수를 취소할 수 있다(상법 제422조 제4항).

③ 법원의 통고가 있은 후 2주 내에 주식의 인수를 취소한 현물출자를 한 자가 없는 때에는 통고에 따라 변경된 것으로 본다(상법 제422조 제5항).

Ⅲ 주식회사의 업무와 재산상태의 검사를 위한 검사인선임신청사건 및 주주총회의 소집절차나 결의 방법의 적법성을 조사하기 위한 검사인선임신청사건

1. 서 설

① 주식회사의 주주는 회사의 실정을 조사하기 위해서 우선 회계장부열람청구권(상법 제466조 제1항)을 활용할 수 있다.

② 그러나 이는 회계의 범위에 국한되므로 주주의 감독권을 한층 더 효과적으로 수행하기 위하여 소수주주(발행주식총수의 100분의 3 이상에 해당하는 주주)의 회사의 업무와 재산상태의 검사를 위한 검사인선임청구권을 인정한다(상법 제467조 제1항). **기출** 03 · 02

③ 회사 또는 발행주식총수의 100분의 1 이상에 해당하는 주식을 가진 주주는 총회의 소집절차나 결의방법의 적법성을 조사하기 위하여 총회 전에 법원에 검사인의 선임을 청구할 수 있다(상법 제367조 제2항).

2. 요 건

① 업무와 재산상태의 검사를 위한 검사인선임신청사건은 회사의 업무집행에 관하여 부정행위 또는 법령이나 정관에 위반한 중대한 사실이 있음을 의심할 사유가 있는 때이다(상법 제467조 제1항).

> 상법 제467조 제1항이 규정하고 있는 검사인선임청구 사유인 '회사의 업무집행에 관하여 부정행위 또는 법령이나 정관에 위반한 중대한 사실이 있음을 의심할 사유가 있는 때'에 대하여는, 그 내용을 구체적으로 명확히 적시하여 입증하여야 하고 단순히 일반적으로 그러한 의심이 간다는 정도의 막연한 것만으로는 그 사유로 삼을 수 없다(대결 1996.7.3. 95마1335). **기출** 03

② 주주총회의 소집절차나 결의방법의 적법성을 조사하기 위한 검사인선임신청은 주주총회 전(前)에 하여야 한다(상법 제367조 제2항).

> 주주총회가 적법하게 소집되어 개회된 이상 의결권 없는 자가 의결권을 행사하였으며 동인이 의결권을 행사한 주식수를 제외하면 의결정족수에 미달하여 총회결의에 하자가 있다는 주장은 주주총회 결의방법이 법령 또는 정관에 위반하는 경우에 해당하여 결의취소의 사유에 해당한다(대판 1983.8.23. 83도748). **기출** 10

3. 신청절차

① 관할 : 회사의 본점 소재지의 지방법원의 합의부 관할이다(비송법 제72조 제1항).

② 신청인

　㉠ 업무와 재산상태의 검사를 위한 검사인선임신청사건의 신청인은 발행주식총수의 100분의 3의 이상에 해당하는 주식을 가진 주주이다.

　㉡ 주주총회의 소집절차나 결의방법의 적법성을 조사하기 위한 검사인선임신청사건의 신청인은 회사 또는 발행주식총수의 100분의 1의 이상에 해당하는 주식을 가진 주주이다.

③ 신청방법은 서면으로 한다.

4. 심리 및 재판

① 주식회사의 업무와 재산상태의 검사를 위한 검사인의 선임에 관한 재판을 하는 경우에는 법원은 이사와 감사의 진술을 들어야 한다(비송법 제76조). 기출 03

② 검사인 선임의 재판에 대해서는 즉시항고할 수 있다(비송법 제78조, 제76조). 기출 10·03

5. 검사인의 지위와 보수

① 검사인은 회사의 업무집행에 관하여 부정행위 또는 법령이나 정관에 위반한 중대한 사실이 있음을 의심할 사유가 있는가를 조사하여야 하며, 이를 위하여 필요한 일체의 행위를 할 수 있다.

② 검사인은 그 조사의 결과를 서면으로 법원에 보고하여야 한다(상법 제467조 제2항).

③ 법원이 검사인을 선임한 경우에는 회사로 하여금 이에 보수를 지급하게 할 수 있다.

④ 이 경우 그 보수액은 이사와 감사의 의견을 들어 법원이 정한다(비송법 제77조).

⑤ 이 재판에 대해서는 즉시항고를 할 수 있다(비송법 제78조, 제77조).

6. 법원에 의한 주주총회 소집 명령

① 검사인은 그 조사의 결과를 법원에 보고하여야 한다(상법 제467조 제2항).

② 법원은 검사를 함에 있어서 주주총회의 소집이 필요하다고 인정할 때에는 일정한 기간 내에 그 소집을 할 것을 명하여야 한다(비송법 제79조). 기출 03

Ⅳ 소수주주의 주주총회소집허가신청사건

1. 서 론

① 주주총회의 소집은 원칙적으로 이사회가 결정하고(상법 제362조), 다만 자본의 액면총액이 10억원 미만인 회사로써 이사가 2인 이하인 경우에는 그 이사가 결정한다(상법 제383조 제6항).

② 그러나 예외적으로 소수주주에 의하여 소집되는 경우가 있다(상법 제366조 제2항).

2. 총회소집 요구권자

① 발행주식총수의 100분의 3 이상(상장회사의 경우 6개월 전부터 1000분의 15 이상)에 해당하는 주식을 가진 주주는 회의의 목적사항과 소집의 이유를 기재한 서면을 또는 전자문서를 이사회에 제출하여 임시주주총회의 소집을 청구할 수 있다(상법 제366조 제1항, 제542조의6 제1항). 기출 10·04

② 자본금 10억원 미만인 주식회사로 이사가 2인인 회사의 경우, 소수주주의 임시주주총회소집청구는 이사(정관에 대표이사를 정한 경우에는 대표이사)에게 하여야 한다(상법 제383조 제6항).[5] 기출 10

③ 이러한 임시총회소집청구권은 주주의 공익권 중 하나로서, 소수주주의 이익을 보호하고 특히 지배주주의 지지를 받는 이사가 주주총회의 소집을 미루고 있는 경우 이를 견제하기 위한 것이다.

---

5) 자본금 10억원 미만인 주식회사로 이사가 2인인 회사의 경우, 각 이사(정관에 따라 대표이사를 정한 경우에는 그 대표이사를 말한다)가 제346조 제3항, 제362조, 제363조의2 제3항, 제366조 제1항, 제368조의4 제1항, 제393조 제1항, 제412조의3 제1항 및 제462조의3 제1항에 따른 이사회의 기능을 담당한다(상법 제383조 제6항).

> [1] 소수주주가 상법 제366조에 따라 임시총회 소집에 관한 법원의 허가를 신청할 때 주주총회의 권한에 속하는 결의사항이 아닌 것을 회의 목적사항으로 할 수는 없다. 이때 임시총회소집청구서에 기재된 회의의 목적사항과 소집의 이유가 이사회에 먼저 제출한 청구서와 서로 맞지 않는다면 법원의 허가를 구하는 재판에서 그 청구서에 기재된 소집의 이유에 맞추어 회의의 목적사항을 일부 수정하거나 변경할 수 있고, 법원으로서는 위와 같은 불일치 등에 관하여 석명하거나 지적함으로써 신청인에게 의견을 진술하게 하고 회의 목적사항을 수정·변경할 기회를 주어야 한다.
> [2] 소수주주가 제출한 임시총회소집청구서에 회의의 목적사항이 '대표이사 해임 및 선임'으로 기재되었으나 소집의 이유가 현 대표이사의 '이사직 해임'과 '후임 이사 선임'을 구하는 취지로 기재되어 있고, 회사의 정관에 '대표이사의 해임'이 주주총회 결의사항으로 정해져 있지 않다면, 회의의 목적사항과 소집의 이유가 서로 맞지 않으므로 법원으로서는 소수주주로 하여금 회의의 목적사항으로 기재된 '대표이사 해임 및 선임'의 의미를 정확하게 밝히고 그에 따른 조치를 취할 기회를 갖도록 할 필요가 있다(대결 2022.9.7. 2022마5372).

3. 법원의 소집허가절차

① 허가신청의 요건 : 소수주주에 의한 임시주주총회 소집청구가 있은 후 (소집권자가) 지체 없이 총회소집의 절차를 밟지 아니한 때에는 청구한 주주는 법원의 허가를 얻어 총회를 소집할 수 있다. 이 경우 주주총회의 의장은 법원이 이해관계인의 청구나 직권으로 선임할 수 있다(상법 제366조 제2항). 기출 04

② 관할 : 주식회사의 본점 소재지의 지방법원 합의부가 관할한다(비송법 제72조 제1항). 기출 22·04

③ 신청절차와 심리 및 재판

    ㉠ 총회소집의 허가를 신청하는 경우에는 이사가 그 소집을 게을리한 사실을 각각 소명하여야 한다(비송법 제80조 제1항).

    ㉡ 주주총회 소집허가의 신청은 서면으로 하여야 한다(비송법 제80조 제2항). 통상 비송사건의 신청은 서면 또는 말로 할 수 있으나(비송법 제8조, 민소법 제161조), 이 경우는 그 효과의 중대성에 비추어 정확성을 기하기 위함이다. 기출 22·04

    ㉢ 주주총회 소집허가의 신청에 대하여 법원은 이유를 붙인 결정으로써 재판을 하여야 한다(비송법 제81조 제1항). 기출 22·04

④ 불 복

    ㉠ 주주총회 소집허가의 신청을 인용한 재판에 대해서는 불복신청을 할 수 없다(비송법 제81조 제2항). 기출 22·10·04

    ㉡ 소수주주의 신청에 의하여 법원이 임시주주총회의 소집을 허가한 결정에 대하여는 민사소송법 제420조 소정의 특별항고가 허용된다(대결 1991.4.30. 90마672 참조). 기출 14·10

4. 주주총회의 소집

① 법원이 총회의 소집기간을 구체적으로 정하지 않은 경우에도 소집허가를 받은 주주는 소집의 목적에 비추어 상당한 기간 내에 주주총회를 소집하여야 한다. 총회소집허가결정일로부터 상당한 기간이 경과하도록 주주총회가 소집되지 않았다면, 소집허가결정에 따른 소집권한은 특별한 사정이 없는 한 소멸한다(대판 2018.3.15. 2016다275679).

② 법원의 허가를 얻어 소집된 주주총회에서는 회사의 업무와 재산상태를 조사하게 하기 위하여 검사인을 선임할 수 있다(상법 제366조 제3항). 기출 22·02

V 주금납입금의 보관자 등의 변경허가신청사건

1. 서 론

① 주식회사를 설립하거나 신주발행에 의한 증자 또는 신주인수권부사채에 부여된 신주인수권행사의 경우 주식청약서에는 주금의 납입을 맡을 은행 기타 금융기관과 납입장소를 기재하여야 한다(상법 제302조 제2항 제9호).

② 이 납입금의 보관자 또는 납입장소를 변경할 때에는 법원의 허가를 얻어야 한다(상법 제306조).

2. 신청절차

① 관할 : 회사의 본점 소재지의 지방법원 합의부가 관할한다(비송법 제72조 제1항).

② 신청인 및 신청방법
   ㉠ 신청은 서면 또는 말로 할 수 있다(비송법 제8조, 민소법 제161조).
   ㉡ 주금납입금의 보관자 또는 납입장소의 변경허가신청은 그 사유를 소명하고, 발기인 전원(설립 前) 또는 이사 전원(설립 後)이 공동으로 하여야 한다(비송법 제82조). **기출** 22

③ 재 판
   ㉠ 특별한 규정이 없으므로 이유를 붙이지 않은 결정으로 한다.
   ㉡ 신청을 각하한 재판에 대하여는 신청인에 한하여 항고할 수 있다(비송법 제20조 제2항 참조).
   ㉢ 신청을 인용한 재판에 대하여 불복신청을 할 수 있는지 여부에 대하여는 논의가 있을 수 있다.

VI 단주임의매각허가 신청사건

1. 서 론

① 단주의 의의 : 단주란 1주 미만의 주식을 말한다. 우리나라 상법은 이러한 주식을 인정하지 아니하므로 이 주식을 어떻게 처분하여 주주에게 반환해 줄 것인가 하는 문제가 제기된다.

② 단주가 발생하는 경우
   ㉠ 자본금감소의 방법으로 주식의 병합을 하는 경우(상법 제440조)
   ㉡ 합병으로 인하여 주식의 병합이 행하여지는 경우(상법 제530조 제3항)
   ㉢ 주식의 분할의 경우(상법 제329조의2)
   ㉣ 주식배당의 경우(상법 제462조의2)
   ㉤ 준비금의 자본금전입에 의하여 신주를 발행하는 경우(상법 제461조 제2항)
   ㉥ 회사의 분할 및 분할합병(상법 제530조의11 제1항)

③ 단주의 처리
   ㉠ 각 주주가 가지는 병합에 적당하지 아니한 수의 주식이 있는 때에는 그 병합에 적당하지 아니한 부분에 대하여 발행한 신주를 경매하여 각 주식 수에 따라 그 대금을 종전의 주주에게 지급하여야 한다.
   ㉡ 그러나 거래소의 시세 있는 주식은 거래소를 통하여 매각하고, 거래소의 시세 없는 주식은 법원의 허가를 받아 경매 이외의 방법으로 매각할 수 있다(상법 제443조 제1항).
   ㉢ 이때 법원의 허가를 얻는 것이 비송사건에 해당된다.

2. 신청절차

① 관할 : 회사의 본점 소재지의 지방법원 합의부의 관할이다(비송법 제72조 제1항).

② 신청인 : 단주임의매각허가 신청은 이사 전원의 공동신청으로 하여야 한다(비송법 제83조, 제82조).

③ 신청방식 : 특별한 규정이 없으므로 서면 또는 말로 신청한다(비송법 제8조, 민소법 제162조). 단, 신청 시에는 그 사유를 소명하여야 한다(비송법 제83조, 제82조).

3. 심리 및 재판

① 심리의 중점은 매각가액이 타당한지 여부에 두어진다.

② 재판에 대한 특별한 규정이 없으므로 총칙의 원칙에 따라 이유를 붙이지 않은 결정으로 한다.

Ⅶ 직무대행자 선임신청사건

1. 서 론

① 법률 또는 정관에 정한 이사의 원수를 결한 경우에는 임기의 만료 또는 사임으로 인하여 퇴임한 이사는 새로 선임된 이사가 취임할 때까지 이사의 권리의무가 있다(상법 제386조 제1항).

　㉠ 위의 경우 필요하다고 인정할 때(퇴임이사가 이사로서의 권리행사를 원치 않을 때, 이사의 사망·해임 등)에는 법원은 이사, 감사 기타 이해관계인의 청구에 의하여 일시이사의 직무를 행할 자를 선임할 수 있으며, 이를 직무대행자(또는 일시이사)라 한다. **기출** 09·06

　㉡ 직무대행자를 선임한 경우에는 본점의 소재지에서 그 등기를 하여야 한다(상법 제386조 제2항 후문).

　㉢ 이 규정은 대표이사, 감사, 청산인, 유한회사의 이사·감사 등에 준용된다.

② 법원에 의한 이사의 직무를 행할 자의 선임은 어떠한 경우이던 이사의 결원이 있을 때에는 상법 제386조 제2항에 의하여 이사 직무를 행할 자를 선임할 수 있다(대판 1964.4.28. 63다518).

③ 주식회사의 이사 및 대표이사 전원이 결원인 경우에 법원이 선임하는 일시이사 및 일시대표이사의 자격에는 아무런 제한이 없으므로 동 회사와 무슨 이해관계가 있는 자만이 일시이사 등으로 선임될 자격이 있는 것이 아니다(대판 1981.9.8. 80다2511). **기출** 14·11·10

④ 일시이사의 직무를 행할 자로 선임된 이사 직무대행자(상법 제386조 제2항에 따른 직무대행자)의 권한은 통상의 이사와 다름이 없고, 직무집행정지가처분에 따른 직무대행자의 경우처럼 회사의 상무(常務)에 속한 것에 한한다는 제한을 받지 않는다(대결 1968.5.22. 68마119; 대판 1981.9.8. 80다2511).

2. 신청절차

① 관할 : 직무대행자선임신청사건은 회사의 본점 소재지 지방법원 합의부가 관할한다(비송법 제72조 제1항).

기출 20·06

② 신청인

　㉠ 신청인은 회사의 이사, 감사 기타 이해관계인이다(상법 제386조 제2항). **기출** 20

　㉡ 이해관계인에는 그 회사의 주주, 사용인, 채권자 등이 포함된다. **기출** 09

3. 심리 및 재판

① 직무대행자의 선임에 관한 재판을 하는 경우에는 법원은 이사와 감사의 진술을 들어야 한다(비송법 제84조 제1항). **기출** 14·10·06

② 법원이 이사와 감사에게 진술할 기회를 부여한 이상, 법원은 그 진술 중의 의견에 기속되지 않는다. **기출** 20·06

> 비송사건절차법 제84조에 의하여 이사와 감사의 진술을 할 기회를 부여한 이상 법원은 그 진술 중의 의견에 기속됨이 없이, 그 의견과 다른 인선을 결정할 수도 있는 터이어서 이해관계를 달리하는 이사나 감사가 있는 경우 각 이해관계별로 빠짐없이 진술의 기회를 주지 않았다고 하여 그 사정이 재판의 결과에 영향을 주게 되는 것은 아니다(대결 2001.12.6. 2001그113). **기출** 09·06

③ 법원이 직무대행자(일시이사)를 선임한 경우에는 회사로 하여금 이에 보수를 지급하게 할 수 있다. 이 경우 그 보수액은 이사와 감사의 의견을 듣고 법원이 정한다(비송법 제84조 제2항, 제77조). 이 재판에 대해서는 즉시항고를 할 수 있다(비송법 제84조 제2항, 제78조). **기출** 06

④ 직무대행자 선임의 재판은 이유를 붙인 결정으로써 재판을 하여야 한다(비송법 제84조 제2항, 제81조 제1항). **기출** 06

⑤ 직무대행자선임신청을 인용한 재판에 대해서는 불복하지 못한다(비송법 제84조 제2항, 제81조 제2항). **기출** 20·06

> 상법 제386조 제2항의 규정에 의하여 이사 등 직무대행자를 선임한 결정에 대하여는 비송사건절차법 제84조 제2항, 제81조 제2항에 의하여 불복을 할 수 없는 바, 직무대행자 선임신청인이 추천한 사람이 선임되지 아니하고 다른 사람이 선임되었다 하여 선임신청을 불허한 결정이라고 볼 수는 없으니 선임신청을 불허한 결정임을 전제로 불복할 수는 없다(대결 1985.5.28. 85그50 참조). **기출** 09

4. 등 기

① 주식회사의 이사·감사·대표이사 또는 청산인이나 유한회사의 이사·감사 또는 청산인의 직무를 일시 행할 자를 선임한 때에는 그 등기를 제1심 수소법원은 회사의 본점 소재지의 등기소에 그 등기를 촉탁하여야 한다(비송법 제107조 제4호).

② 법인의 임시이사는 회사의 직무대행자(일시이사)와 그 기능과 역할이 같지만 법률의 규정에 등기사항으로 특정되어 있지 아니한 관계로, 법원이 법인의 임시이사를 선임하는 경우에는 그 등기를 촉탁할 수 없다.

VIII 직무대행자의 상무 외 행위의 허가신청사건

1. 서 론

① 이사의 선임결정의 무효나 취소의 소 또는 이사해임의 소가 제기된 경우에 본안의 관할법원은 당사자의 신청에 의하여 가처분으로써 이사의 직무집행을 정지하고 직무대행자를 선임할 수 있으며, 급박한 사정이 있는 때에는 본안소송의 제기 전이라도 그 처분을 할 수 있다(상법 제407조 제1항).

② 직무집행정지·대행자선임의 가처분에 의하여 선임된 이사직무대행자는 가처분명령에 다른 정함이 있는 경우 외에는 회사의 상무(常務)에 속하지 아니한 행위를 하지 못한다. 그러나 법원의 허가를 얻은 경우에는 그러하지 아니하다(상법 제408조 제1항). 이때 법원의 허가를 얻는 것이 상무 외 행위허가 신청사건이 된다.

③ 가처분명령에 다른 정함이 없는 경우 대표이사 직무대행자가 이사의 선임과 해임, 중요재산의 매각을 안건으로 정기주주총회를 소집하는 행위는 상무(常務) 외의 행위이다. **기출** 16

> 가처분결정에 의하여 선임된 직무대행자는 단지 피대행자의 직무를 대행할 수 있는 임시의 지위에 놓여 있음에 불과하므로, 법인을 종전과 같이 그대로 유지하면서 관리하는 한도 내의 법인의 통상업무에 속하는 사무만을 행할 수 있다고 하여야 할 것이고, 그 가처분결정에 다른 정함이 있는 경우 외에는 법인의 근간인 이사회의 구성 자체를 변경하는 것과 같은 법인의 통상업무에 속하지 아니한 행위를 하는 것은 이러한 가처분의 본질에 반하므로(대판 2000.1.28. 98두16996), 법원의 허가를 얻거나 가처분결정에 다른 정함이 있는 경우를 제외하고는 대표권 있는 이사의 직무대행자가 사원총회를 소집하여 임기만료된 이사들의 후임이사를 선임할 수 없으므로 그러한 사실이 기재된 사원총회의사록을 첨부해서 이사변경등기를 신청할 수 없다(상업등기선례 제2-112호).

④ 가처분에 의하여 대표이사 직무대행자로 선임된 자가 변호사에게 소송대리를 위임하고 그 보수계약을 체결하거나 그와 관련하여 반소제기를 위임하는 행위는 회사의 상무에 속하나, 회사의 상대방 당사자의 변호인의 보수지급에 관한 약정은 회사의 상무에 속한다고 볼 수 없으므로 법원의 허가를 받지 않는 한 효력이 없다(대판 1989.9.12. 87다카2691). **기출** 20·16

2. 신청절차

① 관 할

㉠ 비송사건절차법에서는 직무대행자의 상무 외의 행위의 허가신청사건의 관할에 대하여 규정하고 있지 않다(비송법 제72조 참조).

㉡ 실무와 판례는 직무집행정지가처분의 본안소송이 드물게 제기되는 점, 가처분법원은 가처분 당시부터 직무대행자의 권한 범위를 정할 수 있고 직무대행자를 개임할 수 있는 등 직무대행자를 관리, 감독할 권한이 있는 점 등에 비추어, 가처분법원이 상무 외의 행위허가신청사건도 관할하는 것이 타당하다고 본다(전병서, 비송사건절차법 339면; 실무제요 비송).

> 제1심결정을 취소하고 주식회사 이사직무 집행정지 등 가처분결정과 직무대행자 선임결정을 한 항고법원은 그에 대한 가처분이의로 인해 당해 사건이 계속 중인 법원으로서 그 사건의 견련사건인 직무대행자의 상무외 행위 허가사건의 관할법원이 될 수 있다고 한 사례(대결 2008.4.14. 2008마277) **기출** 16

② 신청인 : 상법 제408조 제1항 단서에 따른 상무(常務) 외 행위의 허가신청은 해당 직무대행자가 하여야 한다(비송법 제85조 제1항). **기출** 20·17·16

3. 심리 및 재판

① 상법 제408조 제1항 단서에 따른 직무대행자의 상무 외 행위의 허가신청을 인용한 재판에 대해서는 즉시항고를 할 수 있다. **기출** 22·20·16·10

② 이 경우 항고기간은 직무대행자가 재판의 고지를 받은 날부터 기산한다(비송법 제85조 제2항).

③ 이 (즉시)항고는 집행정지의 효력이 있다(비송법 제85조 제3항). **기출** 20·16

Ⅸ 소송상 대표자선임사건

1. 서 론

① 회사가 이사에 대하여 또는 이사가 회사에 대하여 소를 제기하는 경우에 감사(위원회)는 그 소에 관하여 회사를 대표한다(상법 제394조 제1항).

② 그러나 감사위원회의 위원이 소의 당사자인 경우에는 감사위원회 또는 이사는 법원에 회사를 대표할 자를 선임하여 줄 것을 신청하여야 한다(상법 제394조 제2항). **기출** 13

③ 자본금의 총액이 10억원 미만인 주식회사(소규모회사)의 경우에는 감사를 선임하지 아니할 수 있는데(상법 제409조 제4항), 이에 따라 감사를 선임하지 아니한 회사가 이사에 대하여 또는 이사가 그 회사에 대하여 소를 제기하는 경우에 회사, 이사 또는 이해관계인은 법원에 회사를 대표할 자를 선임하여 줄 것을 신청하여야 한다(상법 제409조 제5항).

2. 신청절차

① 관할 : 소송상 대표자선임사건은 주주대표소송을 관할하는 법원의 관할에 속하므로(비송법 제72조 제6항), 회사 본점 소재지 지방법원의 관할에 전속한다(상법 제403조 제7항, 제186조).

② 신청인

   ㉠ 감사위원회의 위원이 소의 당사자인 경우에는 감사위원회 또는 이사가 신청권자이다(상법 제394조 제2항).

   ㉡ 자본금 총액이 10억원 미만인 소규모 주식회사의 경우에는 감사를 선임하지 않을 수 있는데, 이러한 경우 회사, 이사 또는 이해관계인이 신청권자이다(상법 제409조 제4항·제5항).

③ 심리 및 재판

   ㉠ 소송상 대표자 선임에 관한 재판을 하는 경우 법원은 이사 또는 감사위원회의 진술을 들어야 한다(비송법 제84조의2 제1항).

   ㉡ 법원은 이유를 붙인 결정으로써 재판을 하여야 한다(비송법 제84조의2 제2항, 제81조 제1항).

④ 불복방법 : 신청을 인용한 재판에 대해서는 불복의 신청을 할 수 없다(비송법 제84조의2 제2항, 제81조 제2항).

X 주식의 액면미달발행인가신청사건

1. 서 론

상법은 자본충실의 원칙에 따라 회사의 설립 시에는 주식의 액면미달발행을 금지하고(상법 제330조 본문), 회사 성립 후 신주발행 시에는 엄격한 요건 하에 주식의 액면미달발행(할인발행)을 허용하고 있다(상법 제330조 단서, 제417조).

2. 주식 액면미달발행의 요건

① 회사가 성립한 날로부터 2년을 경과한 후에 주식을 발행하여야 한다(상법 제417조 제1항). **기출** 05
② 회사는 주주총회의 특별결의와 법원의 인가를 얻어야 한다(상법 제417조 제1항). **기출** 05
③ 주주총회의 특별결의에서는 주식의 최저발행가액을 정하여야 한다(상법 제417조 제2항).

3. 인가신청 절차

① 관할 : 회사의 본점 소재지의 지방법원 합의부가 관할한다(비송법 제72조 제1항). **기출** 05
② 신청인 및 방법
  ㉠ 신청인은 회사이다(상법 제417조 제1항).
  ㉡ 주식의 액면미달발행의 인가신청은 서면으로 하여야 한다(비송법 제86조 제1항). **기출** 20 · 05

4. 심리 및 재판

① 법원은 재판을 하기 전에 이사의 진술을 들어야 한다(비송법 제86조 제3항). **기출** 05
② 법원은 회사의 상황과 제반사정을 참작하여 최저발행가액을 변경하여 허가할 수 있으며, 이 경우에 법원은 회사의 재산상태 기타 필요한 사항을 조사하게 하기 위하여 검사인을 선임할 수 있다(상법 제417조 제3항). **기출** 02
③ 재판은 이유를 붙인 결정으로써 하여야 한다(비송법 제86조 제2항). **기출** 05
④ 주식의 액면 미달 발행의 인가신청에 대한 재판에 대하여는 즉시항고를 할 수 있으며(비송법 제86조 제4항), 즉시항고는 집행정지의 효력이 있다(비송법 제86조 제5항). **기출** 22 · 10 · 05

5. 주식의 발행

주식은 법원의 인가를 얻은 날로부터 1월 내에 발행하여야 한다. 법원은 이 기간을 연장하여 인가할 수 있다(상법 제417조 제4항).

XI 주식매도가액 및 주식매수가액의 산정·결정신청 등의 사건

1. 서 론

① 주식의 양도에 이사회의 승인을 얻어야 하는 경우

   ㉠ 주식의 매도가액의 결정청구 : 양도승인거부의 통지를 받은 주주가 회사에 대하여 양도의 상대방을 지정하여 줄 것을 청구한 경우, 이사회가 지정한 양도 상대방과 주주 사이에 주식의 매도가액 협의가 이루어지지 아니한 때에는 양도 상대방과 주주는 법원에 대하여 그 주식의 매도가액 결정을 청구할 수 있다(상법 제335조의2, 제335조의3, 제335조의5). **기출** 19

   ㉡ 주식의 매수가액의 결정청구 : 양도승인거부의 통지를 받은 주주가 회사에 대하여 그 주식의 매수를 청구한 경우, 주식의 매수가액은 회사와 매수청구인 간의 협의에 의하여 결정하고, 협의가 이루어지지 아니하는 경우에는 주주 또는 회사는 법원에 매수가액의 결정을 청구할 수 있다(상법 제335조의2, 제335조의6, 제374조의2 제3항·제4항).

② 영업양도 등과 관련된 주식매수청구권과 매수가액결정청구

   ㉠ 영업의 양도, 양수, 임대, 합병, 분할합병 등의 결의가 있는 때에, 이 결의사항에 반대하는 주주는 일정한 절차를 거친 후 회사에 대하여 자기가 소유하고 있는 주식의 매수를 청구할 수 있다(상법 제374조의2 제1항).

> 영업양도에 반대하는 주주의 주식매수청구권에 관하여 규율하고 있는 상법 제374조의2 제1항 내지 제4항의 규정 취지에 비추어 보면, 영업양도에 반대하는 주주의 주식매수청구권은 이른바 형성권으로서 그 행사로 회사의 승낙 여부와 관계없이 주식에 관한 매매계약이 성립하고, 상법 제374조의2 제2항의 '회사가 주식매 수청구를 받은 날로부터 2월'은 주식매매대금 지급의무의 이행기를 정한 것이라고 해석된다. 그리고 이러한 법리는 위 2월 이내에 주식의 매수가액이 확정되지 아니하였다고 하더라도 다르지 아니하다(대판2011.4.28. 2010다94953). **기출** 19

   ㉡ 주식의 매수가액은 주주와 회사 간에 협의에 의하여 결정하고, 협의가 이루어지지 아니하는 경우에는 주주 또는 회사는 법원에 매수가액의 결정을 청구할 수 있다(상법 제374조의2 제3항·제4항).

2. 신청절차

① 관할법원 : 주식매도·매수가액결정사건은 회사의 본점 소재지의 지방법원 합의부가 관할이다(비송법 제72조 제1항). **기출** 19

② 신청인 및 신청방식

   ㉠ 주식의 매도가액의 결정청구의 경우에는 양도 상대방과 주주가 신청인이고, 주식의 매수가액의 결정 청구의 경우에는 주주와 회사가 신청인이다.

   ㉡ 주식의 매도·매수가액의 결정 청구(신청)는 반드시 서면으로 하여야 한다(비송법 제86조의2 제3항, 제86 조 제1항). **기출** 21 · 13

3. 심리 및 재판

① 법원은 주식매도가액 및 주식매수가액 결정에 관한 재판을 하기 전에 <u>주주와 매도청구인 또는 주주와 이사의 진술을 들어야 한다</u>(비송법 제86조의2 제1항). **기출** 20 · 19

> <u>주식매수가격 결정의 재판(비송법 제86조의2)에 적용되는 비송사건절차는 민사소송절차와 달리 당사자의 변론에만 의존하는 것이 아니고, 법원이 자기의 권한과 책임으로 재판의 기초가 되는 자료를 수집하는, 이른바 직권탐지주의에 의하고 있으므로</u>(비송사건절차법 제11조), <u>법원으로서는 당사자의 주장에 구애되지 아니하고 주식의 공정한 가격이 얼마인지 직권으로 사실조사를 하여 산정할 수 있다.</u> 다만 그 경우에도 법률에서 달리 정하고 있지 않은 한 법원이 어떠한 사실을 인정하기 위해서는 증명이 필요하므로 통상인이라면 의심을 품지 않을 정도의 고도의 개연성이 인정되어야 한다는 점은 민사소송에서와 동일하다. 이때 증명은 신뢰성 있는 자료에 근거하여야 하고, 단순한 추측이나 의혹, 소문, 편향된 의견 등에 근거해서는 안 된다(대결 2022.4.14. 2016마5394).

② <u>여러 건의 신청사건이 동시에 계속 중일 때에는 심문과 재판을 병합하여야 한다</u>(비송법 제86조의2 제2항).
기출 20 · 19

③ 재판은 이유를 붙인 결정으로 하여야 한다(비송법 제86조의2 제3항, 제86조 제2항).

④ 재판(법원의 주식매도·매수가액 결정)에 대해서는 <u>즉시항고를 할 수 있다</u>(비송법 제86조의2 제3항, 제86조 제4항). **기출** 19 · 02

⑤ 이 (즉시)항고는 <u>집행정지의 효력이 있다</u>(비송법 제86조의2 제3항, 제86조 제5항).

XII 신주의 발행 무효로 인하여 신주의 주주가 받을 금액의 증감 신청 사건

1. 서 론

① 신주발행무효의 판결이 확정된 때에는 신주는 장래에 대하여 그 효력을 잃는다(상법 제431조 제1항). 이때 회사는 신주의 주주에 대하여 그 납입한 금액을 반환하여야 한다(상법 제432조 제1항).

② 그러나 반환하는 금액이 신주발행무효판결 확정시의 회사의 재산상태에 비추어 현저하게 부당한 때에는 <u>법원은 회사 또는 주주의 청구에 의하여 그 금액의 증감을 명할 수 있다</u>(상법 제432조 제2항).

③ 비송사건절차법 제88조, 제89조는 위의 신주발행을 무효로 하는 판결이 확정되었을 때의 반환금액의 증감 재판에 관한 규정이다.

2. 신청절차

① 관할 : <u>회사의 본점 소재지의 지방법원 합의부의 관할이다</u>(비송법 제72조 제1항). **기출** 03

② 신청인 및 신청방식

㉠ <u>신청인은 신주의 주주 또는 회사이다</u>(상법 제432조 제2항). 증액청구의 경우는 신주의 주주가 신청인이고, 감액청구의 경우는 회사가 신청인이다. **기출** 06

㉡ 신주발행을 무효로 하는 판결확정 후의 조치를 가능한 한 신속하게 종료시켜 불안정한 상태가 계속되는 것을 방지하기 위하여, <u>신주의 주주가 받을 금액의 증감 신청은 신주발행무효의 판결이 확정된 날부터 6개월 내에 하여야 한다</u>(비송법 제88조 제1항). **기출** 20 · 03

㉢ 신청방식은 특별한 규정이 없으므로 일반원칙에 따른다.

3. 심리 및 재판

① 법원은 신청을 받으면 지체 없이 그 사실을 관보에 공고하여야 한다(비송법 제88조 제4항). 기출 06

② 여러 건의 신청사건이 동시에 계속 중일 때에는 심문과 재판을 병합하여야 한다(비송법 제88조 제3항). 기출 06

③ 심문은 신주발행 무효 판결이 확정된 날부터 6개월의 기간이 경과한 후에만 할 수 있다(비송법 제88조 제2항). 기출 20 · 03 · 13

④ 법원은 이사와 감사의 진술을 듣고 재판을 하여야 한다(비송법 제89조 제2항, 제76조). 기출 06

⑤ 이유를 붙인 결정으로 재판을 하여야 한다(비송법 제89조, 제75조 제1항). 기출 06

4. 재판의 효력 및 불복 방법

① 반환금액의 증감을 명하는 재판은 형성의 재판이다. 따라서 재판은 총주주에 대하여 효력이 있다(비송법 제89조 제1항). 이는 대세적 효력이 있다는 의미로 보아야 한다. 기출 20 · 03 · 06

② 위 재판에 대하여는 즉시항고를 할 수 있고(비송법 제89조 제2항, 제78조), 항고에는 집행정지의 효력이 있다(비송법 제89조 제2항, 제85조 제3항). 기출 03 예를 들면, 신주에 대하여 질권을 가지는 자는 이 사건의 재판에 의하여 형성된 금액이 부당할 경우 질권자가 받을 변제액이 감소하므로 즉시항고를 할 수 있다. 기출 06

③ 위 재판은 즉시항고를 할 수 있으므로 재판의 취소 · 변경은 인정되지 아니한다(비송법 제19조 제3항).

XIII 회사해산명령신청사건

1. 서 론

의 의	회사의 해산명령이란 공익상 회사의 존속이 허용될 수 없는 경우에 이해관계인이나 검사의 청구에 의하여 또는 법원의 직권으로 회사의 해산을 명하는 제도이다(상법 제176조 제1항).
해산명령의 요건	회사의 해산명령의 사유에 대하여 상법은 다음과 같이 세 가지를 규정하고 있다(상법 제176조 제1항). • 회사의 설립목적이 불법인 때 • 회사가 정당한 사유 없이 설립한 후 1년 내에 영업을 개시하지 아니하거나 1년 이상 영업을 휴지한 때 • 이사 또는 회사의 업무를 집행하는 사원이 법령 또는 정관에 위반하여 회사의 존속을 허용할 수 없는 행위를 한 때

2. 회사해산명령절차

① 관할 : 회사의 본점 소재지의 지방법원 합의부가 관할한다(비송법 제72조 제1항). 기출 22

② 신청인
  ㉠ 법원이 직권으로써 회사해산명령을 하는 외에 이해관계인이나 검사의 청구가 있어야 한다.
  ㉡ 이해관계인으로는 주주 · 사원 · 채권자 등이 있을 것이다.

③ 신청방법 : 신청방법에 관하여 특별한 규정이 없으므로 서면 또는 말로 신청한다(비송법 제8조, 민소법 제161조).

④ 심리 및 재판

　　㉠ 법원은 회사해산명령신청이 있는 때에는 <u>지체 없이 그 뜻을 관보에 공고하여야 한다</u>(비송법 제92조, 제88조 제4항).

　　㉡ 회사의 해산명령의 청구가 있는 때에는 <u>법원은 회사의 해산을 명하기 전이라도, 이해관계인이나 검사의 청구에 의하여 또는 직권으로 관리인의 선임 기타 회사재산의 보전에 필요한 처분을 할 수 있다</u>(비송법 제94조 제1항, 상법 제176조 제2항). <u>법원은 그 선임한 관리인에게 재산상태를 보고하고 관리계산을 할 것을 명할 수 있다</u>. 이 재판에 대하여는 불복의 신청을 할 수 없다(비송법 제95조 제1항). **기출** 10

⑤ 담보제공

　　㉠ 이해관계인이 악의로 회사의 해산명령을 청구한 때 법원은 회사의 청구에 의하여 상당한 담보를 제공할 것을 이해관계인에게 명할 수 있다(상법 제176조 제3항). **기출** 20

　　㉡ <u>회사가 담보제공의 청구를 함에는 이해관계인의 청구가 악의임을 소명하여야 한다</u>(상법 제176조 제4항). **기출** 20

⑥ 이해관계인의 심문과 검사의 의견

　　㉠ 법원은 해산을 명하는 재판을 하기 전에 <u>이해관계인의 진술과 검사의 의견을 들어야 한다</u>(비송법 제90조). **기출** 22

　　㉡ 여기서 이해관계인이란 주주·채권자 등이 포함된다.

⑦ 재판과 항고

　　㉠ 재판은 이유를 붙인 결정으로써 하여야 한다(비송법 제90조 제1항, 제75조 제1항).

　　㉡ 신청을 인용한 재판에 대해서는 회사가, 신청을 각하한 재판에 대해서는 이해관계인 또는 검사가 각각 즉시항고할 수 있으며, <u>이 항고에는 집행정지의 효력이 있다</u>(비송법 제91조).

3. 비용의 부담

① <u>법원이 상법 제176조 제2항의 규정에 의하여 직권으로 재판을 하였거나 신청에 상응한 재판을 한 경우에는 재판 전의 절차와 재판의 고지비용은 회사가 부담한다.</u>

② 법원이 명한 처분에 필요한 비용도 또한 같다(비송법 제96조 제1항).

③ 법원이 항고인의 신청에 상응한 재판을 한 경우에는 <u>항고절차의 비용과 항고인의 부담이 된 전심의 비용은 회사가 부담한다</u>(비송법 제96조 제2항).

4. 등기의 촉탁

① 회사의 해산명령은 회사 측 입장에서 보면 불리한 결정으로서, 그 스스로 등기할 것을 기대하기는 어렵다.

② 따라서 회사의 해산을 명한 재판이 확정된 때에는 <u>법원은 본점 소재지의 등기소에 그 등기를 촉탁하여야 한다</u>(비송법 제93조).

XIV 합병무효로 인한 부담부분결정신청사건

1. 서 론

① 합병을 무효로 한 판결이 확정된 때에는 합병을 한 회사는 합병 후 존속한 회사 또는 합병으로 인하여 설립된 회사의 합병 후 부담한 채무에 대하여 연대하여 변제할 책임이 있다(상법 제239조 제1항).

② 합병 후 존속한 회사 또는 합병으로 인하여 설립한 회사의 합병 후 취득한 재산은 합병을 한 회사의 공유로 한다(상법 제239조 제2항).

③ 이 경우에 각 회사의 협의로 그 부담부분 또는 지분을 정하지 못한 때에는 법원은 그 청구에 의하여 합병 당시의 각 회사의 재산상태 기타의 사정을 참작하여 이를 정하여야 한다(상법 제239조 제3항).

2. 신청절차

① 관할법원 : 합병무효의 소에 관한 제1심 수소법원이 관할한다(비송법 제72조 제2항).

② 신청인 및 신청방법

　㉠ 신청인은 합병 당시 회사이다(상법 제239조 제3항).

　㉡ 신청방식에 관하여는 특별한 규정이 없으므로 일반원칙에 따르며 서면 또는 말로 신청한다.

3. 심리 및 재판

① 이유를 붙인 결정으로 재판한다(비송법 제100조, 제75조 제1항).

② 이 재판에 대해서는 즉시항고할 수 있다(비송법 제100조, 제78조).

③ 이 항고는 집행정지의 효력이 있다(비송법 제100조, 제85조 제3항).

XV 유한회사의 사원 수 초과의 인가신청사건

① 개정 전 상법은 유한회사의 사원의 총수는 50인을 초과하지 못하는 것이 원칙이다(상법 제545조 제1항 본문).

② 상속 또는 유증으로 인하여 사원의 수에 변경이 생기는 때에는 법원의 인가 없이 사원의 총수가 50인을 초과할 수 있으며(상법 제545조 제2항), 특별한 사정이 있는 경우에 법원의 인가를 얻었을 때 사원의 총수가 50인을 초과할 수 있다(상법 제545조 제1항 단서)는 규정이 2011년 4월 개정 상법에서 삭제되었으므로 유한회사의 사원 수 초과의 인가신청사건은 폐지되었다.

XVI 유한회사의 합병인가신청사건

1. 서 론

유한회사가 주식회사와 합병하는 경우에 합병 후 존속하는 회사 또는 합병으로 인하여 설립되는 회사가 주식회사인 때에는 법원의 인가를 얻지 아니하면 합병의 효력이 없다(상법 제600조 제1항).

2. 신청절차

① 관할 : 합병 후 존속하는 회사 또는 합병으로 인하여 설립되는 회사의 본점 소재지의 지방법원이 관할한다(비송법 제72조 제4항).

② 신청인 및 신청방식 : 유한회사와 주식회사의 합병 인가신청은 합병을 할 회사의 이사와 감사가 공동으로 신청하여야 한다(비송법 제104조). 기출 22·20·17

3. 심리 및 재판

① 이유를 붙인 결정으로써 재판을 하여야 한다(비송법 제106조, 제81조 제1항).

② 신청을 인용한 재판에 대해서는 불복의 신청을 할 수 없다(비송법 제106조, 제81조 제2항).

4. 등 기

유한회사가 합병을 한 때에는 사원총회가 종결된 날부터 본점 소재지에서 2주일 내에 합병 후 존속하는 유한회사의 변경등기, 합병으로 인하여 소멸하는 유한회사의 해산등기, 합병으로 인하여 설립되는 유한회사의 설립등기를 하여야 한다(상법 제602조).

XVII 유한회사의 조직변경인가신청사건

1. 서 론

① 유한회사는 총사원의 일치에 의하여 총회의 결의로 그 조직을 변경하여 이를 주식회사로 할 수 있다(상법 제607조 제1항).

② 다만, 회사는 그 결의를 정관에서 정하는 바에 따라 사원총회의 특별결의로 할 수 있다.

③ 유한회사의 조직변경은 법원의 인가를 얻지 아니하면 그 효력이 없다(상법 제607조 제3항).

2. 신청절차

① 관할 : 회사의 본점 소재지의 지방법원 합의부가 관할한다(비송법 제72조 제1항).

② 신청인 및 신청방식

　㉠ 유한회사의 조직변경인가신청은 조직변경을 할 회사의 이사와 감사의 공동신청으로 하여야 한다(비송법 제105조, 비송법 제104조). 기출 20·11

　㉡ 신청방식에 관하여는 특별한 규정이 없으므로 서면 또는 말로 신청할 수 있다(비송법 제8조, 민소법 제161조). 기출 11

3. 심리 및 재판

① 이유를 붙인 결정으로써 재판을 하여야 한다(비송법 제106조, 제81조 제1항).

② 신청을 인용한 재판에 대해서는 불복의 신청을 할 수 없다(비송법 제106조, 제81조 제2항).

4. 등 기

조직변경의 등기는 본점 소재지에서 2주일 내에 유한회사는 해산등기를, 주식회사는 설립등기를 하여야

한다(상법 제607조 제5항, 제317조 제1항, 제2항).

XVIII 유한회사의 소수사원에 의한 총회소집허가신청사건

1. 서 론

① 사원총회는 원칙적으로 이사가 소집한다.

② 이 원칙에 대한 예외로서 자본의 100분의 3 이상에 해당하는 출자좌수를 가진 소수사원의 소집청구권이

인정된다(상법 제572조 제1항, 제3항).

2. 소집청구의 요건

① 자본금액의 100분의 3 이상에 해당하는 출좌좌수를 가진 사원은 회의의 목적사항과 소집의 이유를 기재

한 서면을 이사에게 제출하여 총회의 소집을 청구할 수 있다(상법 제572조 제1항).

② 이 소수사원의 총회소집청구권에 관하여는 정관으로 다른 정함을 할 수 있다(상법 제572조 제2항).

3. 법원의 허가에 의한 총회소집

① 위의 소집청구가 있음에도 불구하고 회사가 지체 없이 총회소집의 절차를 밟지 아니한 때에는 청구한

사원은 법원의 허가를 얻어 스스로 총회를 소집할 수 있다.

② 이 총회에서는 회사의 업무와 재산상태를 조사하게 하기 위하여 검사인을 선임할 수 있다(상법 제572조

제3항, 제366조 제3항).

4. 법원의 소집허가절차

① 관할 : 회사의 본점 소재지의 지방법원 합의부의 관할이다(비송법 제72조 제1항).

② 신청절차

㉠ 이 신청은 서면으로 하여야 한다(비송법 제80조 제2항).

㉡ 총회소집의 허가를 신청하는 경우에는 이사가 그 소집을 게을리한 사실을 각각 소명하여야 한다(비송

법 제80조 제1항).

③ 심리 및 재판

㉠ 신청에 대하여 법원은 이유를 붙인 결정으로써 재판을 하여야 한다(비송법 제81조 제1항).

㉡ 신청을 인용한 재판에 대해서는 불복의 신청을 할 수 없다(비송법 제81조 제2항).

XIX 합자회사의 업무와 재산상태검사허가신청사건

1. 서 론

① 합자회사에는 무한책임사원과 유한책임사원이 있다.

② 정관에 특별한 규정이 없을 때에는 각 무한책임사원이 업무집행의 권리와 의무를 가지며(상법 제269조, 제200조), 유한책임사원은 업무집행에서 배제되므로 언제나 업무감시권을 갖는다.

③ 유한책임사원은 원칙적으로 영업연도 말에 있어서 영업시간 내에 한하여 회사의 회계장부·대차대조표 및 기타의 서류를 열람할 수 있고, 회사의 업무와 재산상태를 검사할 수 있다(상법 제277조 제1항).

④ 중요한 사유가 있는 때에는 유한책임사원은 언제든지 법원의 허가를 얻어 위의 감시권을 행사할 수 있다(상법 제277조 제2항).

2. 신청절차

① 관할 : 회사의 본점 소재지의 지방법원 합의부의 관할이다(비송법 제72조 제1항).

② 신청인

  ㉠ 합자회사의 유한책임사원이다.

  ㉡ 정관의 규정에 의하여 업무집행권이 없는 무한책임사원이 신청권자가 될 수 있는가의 문제가 있다.

  ㉢ 이 법의 제도적 취지(약자보호)를 보았을 때 업무집행권이 없는 무한책임사원에게도 이 법을 유추적용할 수 있다고 할 것이다.

③ 신청방식 : 이 검사의 허가를 신청하는 경우에는 검사를 필요로 하는 사유를 소명해야 하며(비송법 제80조 제1항), 그 신청은 서면으로 하여야 한다(비송법 제80조 제2항).

④ 심리 및 재판

  ㉠ 이 신청에 대해서는 법원은 이유를 붙인 결정으로써 재판하여야 한다(비송법 제81조 제1항).

  ㉡ 신청을 인용한 재판에 대해서는 불복의 신청을 할 수 없다(비송법 제81조 제2항).

XX 지분압류채권자의 보전청구사건

1. 서론

① 합명회사와 합자회사의 사원의 지분을 압류한 채권자는 영업연도말에 그 사원을 퇴사시킬 수 있다.

② 회사와 그 사원에 대하여 6월 전에 그 예고를 하여야 한다(상법 제224조 제1항, 제269조).

③ 6월 전에 그 예고를 한 채권자는 지분환급청구권의 보전에 관하여 필요한 처분을 청구할 수 있다(비송법 제102조 제1항).

2. 신청절차

① 관할 : 회사의 본점 소재지의 지방법원 합의부의 관할이다(비송법 제102조 제1항).

② 신청인 및 신청방식

　㉠ 신청인은 상법 제224조 제1항 단서(상법 제269조에서 준용하는 경우를 포함한다)의 규정에 의한 예고를 한 채권자이다(비송법 제102조 제1항).

　㉡ 신청방식은 특별한 규정이 없으므로 서면 또는 말에 의한다.

3. 심리 및 재판

① 이유를 붙인 결정으로 재판한다(비송법 제102조 제2항, 제75조 제1항).

② 즉시항고할 수 있다(비송법 제102조 제2항, 제78조).

XXI 외국회사의 영업소 폐쇄명령사건

1. 서론

외국회사가 대한민국에 영업소를 설치한 경우에는 다음의 요건과 같은 사유가 있는 때에는 법원은 그 이해관계인 또는 검사의 청구에 의하여 그 영업소의 폐쇄를 명할 수 있다(상법 제619조 제1항). **기출** 17

2. 요건(폐쇄명령사유)(상법 제619조 제1항)

① 영업소의 설치목적이 불법한 것인 때(제1호)

② 영업소의 설치등기를 한 후 정당한 사유없이 1년 내에 영업을 개시하지 아니하거나 1년 이상 영업을 휴지한 때 또는 정당한 사유없이 지급을 정지한 때(제2호)

③ 회사의 대표자 기타 업무를 집행하는 자가 법령 또는 선량한 풍속 기타 사회질서에 위반한 행위를 한 때(제3호)

3. 관할

폐쇄를 명하게 될 외국회사 영업소 소재지의 지방법원이 관할한다(비송법 제72조 제3항). **기출** 22

4. 신청인 및 신청방식

① 신청인은 이해관계인 또는 검사이다(상법 제619조 제1항).
② 신청방식에 관하여 특별한 규정이 없으므로 서면 또는 말로 신청한다(비송법 제8조, 민소법 제161조).

5. 심리 및 재판

① 회사해산명령신청사건의 경우와 동일하다(비송법 제101조 제2항).
② 외국회사 영업소의 폐쇄를 명한 경우에는 법원은 이해관계인의 신청에 의하여 또는 직권으로써 대한민국에 있는 회사재산의 전부에 대하여 청산의 개시를 명할 수 있다. [기출] 11
③ 이 경우에는 법원은 청산인을 선임하여 법원의 감독하에 청산절차를 진행한다(상법 제620조).

6. 등기촉탁

외국회사의 해산을 명한 재판이 확정된 때에는 법원은 회사의 본점 소재지의 등기소에 그 등기를 촉탁하여야 한다(비송법 제101조 제2항, 제93조).

XXII 각종의 경매허가신청사건

1. 서 론

① 상인 간의 매매에 있어서의 목적물의 하자·수량부족을 이유로 매수인이 계약을 해제한 때에는 매도인의 비용으로 목적물을 보관하거나 공탁하여야 한다.
② 그러나 그 목적물이 멸실 또는 훼손될 염려가 있는 때에는 법원의 허가를 얻어 경매하여 그 대가를 보관하거나 공탁하여야 한다(상법 제70조 제1항).
③ 매수인이 인도받은 물건이 매매목적물과 상위하거나 수량을 초과한 경우에 그 상위 또는 초과한 부분에 대하여서도 같다(상법 제71조).
④ 운송인은 해상운송계약에 의하여 취득하는 운임 등의 지급을 받기 위하여 법원의 허가를 얻어 운송물을 경매하여 우선변제 받을 권리가 있다(상법 제808조).

2. 신청절차

① 관할법원 : 경매할 물건소재지의 지방법원이 관할한다(비송법 제72조 제5항).
② 신청인 및 신청방식
  ㉠ 신청인은 상사매매계약해약의 경우에는 매수인, 운송물 경매의 경우에는 선주이다.
  ㉡ 신청방식은 특별한 규정이 없으므로 일반원칙에 따라 서면 또는 말로 신청한다.

3. 심리 및 재판

특별한 규정이 없으므로 일반원칙에 의한다.

Ⅰ　서론 및 사채관리회사의 사임허가신청사건

1. 의 의

① 사채에 관한 사건은 사채를 발행한 회사, 사채관리회사, 사채권자집회의 사건이다.

② 사채에 관한 사건에 관하여 검사는 의견을 진술하거나 심문에 참여할 수 없으며, 사건 및 그에 관한 심문의 기일은 검사에게 통지할 필요가 없다(비송법 제116조).

2. 사채관리회사

① 사채관리회사의 의의 : 주식회사는 사채를 발행하는 경우에 사채관리회사를 정하여 변제의 수령, 채권의 보전, 그 밖에 사채의 관리를 위탁할 수 있다(상법 제480조의2).

② 사채관리회사의 자격

  ㉠ 은행, 신탁회사, 그 밖에 대통령령으로 정하는 자가 아니면 사채관리회사가 될 수 없다.

  ㉡ 사채의 인수인은 그 사채의 사채관리회사가 될 수 없다.

  ㉢ 사채를 발행한 회사와 특수한 이해관계가 있는 자로서 대통령령으로 정하는 자는 사채관리회사가 될 수 없다(상법 제480조의3).

③ 사채관리회사의 사임

  ㉠ 사채관리회사는 사채를 발행한 회사와 사채권자집회의 동의를 받아 사임할 수 있다.

  ㉡ 부득이한 사유가 있어 법원의 허가를 받은 경우에도 같다(상법 제481조).

3. 신청절차

① 관할 : 사채를 발행한 회사의 본점 소재지의 지방법원 합의부가 관할한다(비송법 제109조).

② 신청인 및 신청방법

  ㉠ 신청인은 사채관리회사이다.

  ㉡ 신청방법에 관하여는 특별한 규정이 없으므로 서면 또는 말로 한다.

4. 심리 및 재판

① 이해관계인의 의견을 들은 후 이유를 붙인 결정으로써 한다(비송법 제110조 제1항).

② 신청을 인용한 재판에 대해서는 불복의 신청을 할 수 없다(비송법 제110조 제2항). **기출** 23

③ 신청을 인용하지 아니한 재판에 대해서는 즉시항고를 할 수 있다(비송법 제110조 제3항).

Ⅱ 사채관리회사의 해임허가신청사건

1. 서 론

사채관리회사가 그 사무를 처리하기에 적임이 아니거나 그 밖에 정당한 사유가 있을 때에는 법원은 <u>사채를 발행하는 회사 또는 사채권자집회의 청구에 의하여</u> 사채관리회사를 해임할 수 있다(상법 제482조).

2. 신청절차

① 관할 : 사채를 발행한 회사의 본점 소재지의 지방법원 합의부가 관할한다(비송법 제109조).

② 신청인 및 신청방식

   ㉠ 신청인은 사채를 발행한 회사 또는 사채권자집회이다.

   ㉡ 신청방식에 관하여는 특별한 규정이 없으므로 서면 또는 말로 한다.

③ 심리 및 재판 : 사채관리회사의 사임허가신청사건의 절차와 같다(비송법 제110조).

Ⅲ 사채관리회사의 승계선임신청사건

1. 서 론

① 사채관리회사의 사임 또는 해임으로 인하여 사채관리회사가 없게 된 경우에는 사채를 발행한 회사는 그 사무를 승계할 사채관리회사를 정하여 사채권자를 위하여 사채 관리를 위탁하여야 한다.

② 이 경우 회사는 지체 없이 사채권자집회를 소집하여 동의를 받아야 한다(상법 제483조 제1항).

③ 부득이한 사유가 있는 때에는 <u>사무승계자의 선임을 법원에 청구할 수 있다</u>(상법 제483조 제2항).

2. 신청절차

① 관할법원 : 사채를 발행한 회사의 본점 소재지의 지방법원 합의부가 관할한다(비송법 제109조).

② 신청인 : 신청인은 그 사무승계자의 선임에 이해관계가 있는 자이다.

③ 심리 및 재판 : 사채관리회사의 사임허가신청사건의 절차와 같다(비송법 제110조).

Ⅳ 사채관리회사의 보수 및 비용부담의 허가신청사건

1. 서 론

사채관리회사, 대표자 또는 집행자에 대하여 줄 보수와 그 사무처리에 요할 비용은 사채를 발행한 회사와의 계약에 약정이 있는 경우 외에는 <u>법원의 허가를 얻어</u> 회사로 하여금 이를 부담하게 할 수 있다(상법 제507조 제1항).

2. 신청절차

① 관할법원 : 사채를 발행한 회사의 본점 소재지의 지방법원 합의부가 관할한다(비송법 제109조).
② 신청인 및 신청방식
　　㉠ 신청인은 <u>사채관리회사, 대표자, 또는 집행자</u>이다(비송법 제114조).
　　㉡ 신청방식은 특별한 규정이 없으므로 서면 또는 말로 신청할 수 있다.

3. 심리 및 재판

① 재판은 이해관계인의 의견을 들은 후 이유를 붙인 결정으로써 하여야 한다(비송법 제114조 제2항, 제113조 제2항, 제110조 제1항).
② 재판에 대해서는 즉시항고를 할 수 있다(비송법 제114조 제2항, 제134조 제2항, 제78조).
③ 항고는 집행정지의 효력이 있다(비송법 제114조 제2항, 제113조 제2항, 제85조 제3항).

Ⅴ 사채권자집회결의사항

① 사채권자집회는 상법에서 규정하고 있는 사항 및 사채권자의 이해관계가 있는 사항에 관하여 결의를 할 수 있다(상법 제490조).
② 개정전 상법은 사채권자집회가 사채권자의 이해에 중대한 관계가 있는 사항에 관하여 결의하려면 법원의 허가를 얻어야 하는데, 2011년 4월 개정 상법은 법원의 허가부분을 삭제하였다.
③ 법원의 허가요건은 다수에 의해 소수의 이익이 침해될 수 있다는 점을 우려하여 규정한 것이나 사채권자집회의 결의는 그 자체로서는 효력이 없고, 사후에 법원의 인가를 받아야만 그 효력이 생기도록 한 결의인가절차(상법 제498조 제1항)에 의하여 그러한 우려가 해소될 수 있다고 보았기 때문이다.
④ 따라서 사채권자집회결의사항의 허가신청사건(비송법 제111조)은 삭제되었다.

Ⅵ 소수사채권자에 의한 사채권자집회소집허가신청사건

1. 서 론

① 사채권자 집회는 사채를 발행한 회사 또는 사채관리회사가 소집한다(상법 제491조).

② 그러나 사채의 종류별로 해당 종류의 사채 총액(상환받은 액은 제외한다)의 10분의 1 이상에 해당하는 사채를 가진 사채권자(소수사채권자)는 회의 목적인 사항과 소집 이유를 적은 서면 또는 전자문서를 사채를 발행한 회사 또는 사채관리회사에 제출하여 사채권자집회의 소집을 청구할 수 있다.

③ 발행회사 또는 사채관리회사가 그 청구에 의하여 지체없이 사채권자집회소집의 절차를 밟지 아니한 때에는 사채권자집회의 소집을 청구한 소수사채권자는 법원의 허가를 얻어 스스로 집회를 소집할 수 있다 (상법 제491조 제2항, 제3항). **기출** 19

2. 신청절차

① 관할법원 : 사채권자집회소집허가신청은 사채를 발행한 회사의 본점 소재지의 지방법원 합의부가 관할한다(비송법 제109조). **기출** 19

② 신청인 및 신청방식

　㉠ 사채의 종류별 사채총액(상환받은 액은 제외한다)의 10분의 1 이상에 해당하는 사채권자이다.

　㉡ 단, 무기명식의 채권을 가진 자는 그 채권을 공탁하지 아니하면 이와 같은 권리를 행사하지 못한다(상법 제491조 제4항).

　㉢ 신청은 서면으로 하여야 한다(비송법 제112조, 제80조 제2항).

3. 심리 및 재판

① 신청인은 소집권자가 소집을 게을리한 사실을 소명하여야 한다(비송법 제112조, 제80조 제1항).

② 검사는 사건에 관하여 의견을 진술하거나 심문에 참여하지 아니한다. 따라서 사건 및 그에 관한 심문의 기일을 검사에게 통지할 필요는 없다(비송법 제116조).

③ 이유를 붙인 결정으로 재판하여야 한다(비송법 제112조, 제81조 제1항).

④ 신청을 인용한 재판에 대해서는 불복의 신청을 할 수 없다(비송법 제112조, 제81조 제2항).

VII 사채권자집회 결의인가신청사건

1. 서론

① 사채권자집회의 결의는 법원의 인가를 받음으로써 그 효력이 생긴다. 다만, 그 종류의 사채권자 전원이 동의한 결의는 법원의 인가가 필요하지 아니하다(상법 제498조 제1항).

② 그 종류의 사채권자 전원이 동의하지 아니한 경우에는 사채권자집회의 소집권자는 결의한 날로부터 1주 간 내에 결의의 인가를 법원에 청구하여야 한다(상법 제496조). <kbd>기출</kbd> 23 · 19

2. 신청절차

① 관할법원 : 사채를 발행한 회사의 본점 소재지의 지방법원 합의부가 관할한다(비송법 제109조). <kbd>기출</kbd> 23

② 신청인 및 신청방법

    ㉠ 신청인은 사채권자집회의 소집자이다.

    ㉡ 신청방법에 관하여는 특별한 규정이 없으므로 서면 또는 말로 신청할 수 있다(비송법 제8조, 민소법 제161조).

    ㉢ 단, 의사록(議事錄)을 제출하여야 한다(비송법 제113조 제1항).

3. 심리 및 재판

① 법원은 사채권자집회 결의인가 청구절차에서 검사의 의견진술을 들을 필요는 없다(비송법 제116조). <kbd>기출</kbd> 19

② 재판은 이해관계인의 의견을 들은 후 이유를 붙인 결정으로써 하여야 한다(비송법 제113조 제2항, 제110조 제1항).

③ 사채권자집회의 결의인가 · 불인가결정에 대하여는 즉시항고로 불복할 수 있다(비송법 제113조 제2항, 제78조). <kbd>기출</kbd> 19

4. 비용의 부담

① 사채권자집회결의 인가신청에 관한 비용은 회사가 부담한다.

② 그러나 법원은 이해관계인의 신청에 의하여 또는 직권으로 그 전부 또는 일부에 관하여 따로 부담자를 정할 수 있다(상법 제508조).

5. 결의인가 · 불인가의 공고

사채권자집회의 결의에 대하여 인가 또는 불인가의 결정이 있는 때에는 사채를 발행한 회사는 지체 없이 그 뜻을 공고하여야 한다(상법 제499조).

Ⅷ 사채권자의 이의신청기간의 연장허가 신청사건

1. 서 론

① 주식회사가 자본금감소 또는 합병을 하는 경우에는 회사는 그 결의가 있은 날로부터 2주간 내에 회사채권자에 대하여 자본금감소 또는 합병에 이의가 있으면 일정기간 내(1개월 이상의 기간)에 이를 제출할 것을 공고하고, 알고 있는 채권자에 대해서는 각별로 이를 최고하여야 한다(상법 제439조 제2항, 제232조 제1항, 제530조 제2항).

② 그러나 이와 같은 공고나 최고에 따른 이의를 함에 있어서는 사채권자가 이의를 제기하려면 사채권자집회의 결의가 있어야 한다.

③ 이 경우에는 법원은 이해관계인의 청구에 의하여 사채권자를 위하여 이의제기기간을 연장할 수 있다(상법 제439조 제3항, 제530조 제2항).

2. 신청절차

① 관할법원 : 법률로 규정하고 있지 않으나, 사채를 발행한 회사의 본점 소재지의 지방법원 합의부의 관할로 보아야 할 것이다.

② 신청인 및 신청방식 : 신청권자는 이해관계인이다.

3. 심리 및 재판

① 이해관계인의 의견을 들은 후 이유를 붙인 결정으로써 한다(비송법 제115조, 제110조 제1항).

② 신청을 인용한 재판에 대해서는 불복의 신청을 할 수 없다(비송법 제115조, 제110조 제2항).

③ 신청을 인용하지 아니한 재판에 대해서는 즉시항고를 할 수 있다(비송법 제115조, 제110조 제3항).

I 서론

1. 의의

① 청산이란 '회사가 해산 후 그 재산관계를 원만히 끝맺고 회사의 법인격을 소멸시키는 절차'를 말한다.

② 그러나 합병·분할·분할합병 또는 파산에 의하여 회사가 해산하는 경우에는 청산절차를 거치지 않는다.

2. 법원의 감독

① 회사의 청산은 법원의 감독을 받는다(비송법 제118조 제1항).

② 법원은 회사의 업무를 감독하는 관청에 의견의 진술을 요청하거나 조사를 촉탁할 수 있다(비송법 제118조 제2항).

③ 회사의 업무를 감독하는 관청은 법원에 그 회사의 청산에 관한 의견을 진술할 수 있다(비송법 제118조 제3항).

④ 법원이 검사인을 선임한 경우에는 회사로 하여금 보수를 지급하게 할 수 있다.

⑤ 이 경우 그 보수액은 이사와 감사의 의견을 들어 법원이 결정한다(비송법 제123조, 제77조). 보수액에 대한 재판에 대해서는 즉시항고할 수 있다(비송법 제123조, 제78조).

3. 임의청산과 법정청산

① 임의청산

　㉠ 해산된 회사의 재산처분방법은 정관 또는 총사원의 동의로 이를 정할 수 있다(상법 제247조).

　㉡ 이를 임의청산이라 하는데, 합명회사와 합자회사는 임의청산방식으로 청산절차를 진행할 수 있다.

② 법정청산

　㉠ 법률이 직접 정하는 절차에 따라 진행하는 청산을 법정청산이라 한다.

　㉡ 합명회사, 합자회사도 법정청산절차에 의할 수 있으나, 유한책임회사, 주식회사 및 유한회사는 반드시 법정청산에 의하여야 한다.

4. 청산인의 결격사유 기출 19·12·08

① 청산중인 회사의 기관으로서 청산인이 선임된다(상법 제251조, 제252조, 제287조, 제531조, 제613조 제1항).

② 그러나 다음 각 호에 해당하는 자는 법원에 의해 청산인으로 선임될 수 없다(비송법 제121조).

> • 미성년자
> • 피성년후견인(피한정후견인은 삭제됨)
> • 자격이 정지되거나 상실된 자
> • 법원에서 해임된 청산인
> • 파산선고를 받은 자(면책을 받더라도 마찬가지)

5. 청산인의 직무

① 회사가 해산하게 되면 기존의 이사나 대표이사는 그 지위를 상실하고 청산인이 청산절차를 수행하게 된다.

② 청산인이 하는 청산사무의 내용은 현존사무의 종결, 채무의 변제, 채권의 추심, 잔여재산의 분배 등이다.

Ⅱ 청산인선임신청사건

1. 서론

① 청산법인의 업무집행기관은 청산인이며 이 청산인은 해산전 회사의 업무집행기관과 다르다.

② 청산인은 제1차적으로는 자치적으로 선임되는데, 자치적으로 선임되지 않으면 제2차적으로 해산전 회사의 업무집행기관(업무집행사원·이사)이 청산인이 되는 것이 원칙이다(상법 제251조, 제287조, 제531조 제1항, 제613조 제1항).

③ 그러나 이에 의한 청산인이 없는 경우에 법원이 청산인을 선임하게 된다.

④ 합명·합자회사 : 다음의 경우에는 법원이 청산인을 선임한다.

　㉠ 회사가 사원이 1인으로 되어 해산한 때(상법 제227조 제3호) 또는 법원의 명령 또는 판결(상법 제227조 제6호)로 회사가 해산한 때에는 법원은 이해관계인이나 검사의 청구에 의하여 직권으로써 청산인을 선임한다(상법 제252조).

　㉡ 회사가 설립무효의 판결 또는 설립취소의 판결이 확정된 때에는 해산의 경우에 준하여 청산하여야 하는데(상법 제193조 제1항), 법원은 사원 기타의 이해관계인의 청구에 의하여 청산인을 선임할 수 있다(상법 제193조).

⑤ 주식·유한회사

　㉠ 회사가 해산한 때에는 합병·분할·분할합병 또는 파산의 경우 외에는 이사가 청산인이 된다.

　　　　　　　　　　　　　　　　　　　　　　　　　　　　　　　　　　　　　　[기출] 11

> 주식회사가 해산(상법 시행법 제15조 제3항에 의하여 해산간주된 경우를 포함)한 경우(합병 또는 파산의 경우 제외)에 정관에 다른 규정이 있거나 주주총회에서 타인을 선임한 때를 제외하고는 해산 당시의 일시이사 및 일시대표이사는 청산인 및 대표청산인이 된다(대판 1981.9.8. 80다2511). [기출] 14·10

　㉡ 그러나 정관에 다른 정함이 있거나 주주총회에서 타인을 선임한 때에는 그러하지 아니하다(상법 제531조 제1항).

　㉢ 위의 규정에 의한 청산인이 없는 때에는 법원은 이해관계인의 청구에 의하여 청산인을 선임한다(상법 제531조 제2항).

　㉣ 회사가 해산을 명하는 명령 또는 판결에 의하여 해산하였을 때 법원은 이해관계인이나 검사의 청구에 의하여 또는 직권으로써 청산인을 선임한다(상법 제542조 제1항, 제252조, 비송법 제119조).

　㉤ 설립무효의 판결(주식회사, 유한회사) 또는 설립취소의 판결(유한회사)이 확정되어 청산하는 경우에는 이해관계인의 신청에 의하여 법원이 청산인을 선임한다(상법 제328조, 제193조).

2. 신청절차

① 관할법원

    ㉠ 합명회사와 합자회사의 청산에 관한 사건은 <u>회사의 본점 소재지의 지방법원이 관할</u>한다(비송법 제117조 제1항). `기출` 19 · 13 · 12 · 08

    ㉡ <u>주식회사와 유한회사의 청산에 관한 사건은 회사의 본점 소재지의 지방법원 합의부가 관할</u>한다(비송법 제117조 제2항). `기출` 19 · 13 · 08

② 신청방식 : 신청방식에 관하여 특별한 규정이 없으므로 서면 또는 말로 신청한다.

③ 심리 및 재판

    ㉠ 청산인 선임의 재판에 대하여는 <u>불복신청을 할 수 없다</u>(비송법 제119조). `기출` 22 · 19 · 12

    ㉡ 법원이 청산인을 선임한 경우에는 <u>회사로 하여금 보수를 지급</u>하게 할 수 있다(비송법 제77조, 제123조).

    ㉢ 그 액수에 관하여는 <u>이사와 감사의 진술을 들은 후</u>에 법원이 정한다(비송법 제77조, 제123조).

    ㉣ 청산인의 보수에 관한 재판에 대해서는 <u>즉시항고할 수 있다</u>(비송법 제78조, 제123조).

3. 등 기

법원이 청산인을 선임한 경우 그 <u>선임의 등기는 회사를 대표하는 청산인</u>이 한다.

Ⅲ 청산인해임신청사건

1. 서 론

① 회사의 선임기관에 의한 해임

    ㉠ <u>청산인 중 법원에서 선임한 자를 제외한 청산인은 회사의 선임기관이 언제든지 해임</u>할 수 있다.

    ㉡ 합명·합자회사의 청산인은 <u>사원의 과반수의 결의</u>에 의하여 해임된다(상법 제261조, 제269조).

    ㉢ 주식회사의 청산인은 <u>주주총회의 보통결의</u>에 의하여 해임된다(상법 제539조 제1항).

    ㉣ 유한회사의 청산인은 <u>사원총회의 보통결의</u>에 의하여 해임된다(상법 제613조 제2항, 제539조 제1항).

② 법원에 의한 청산인 해임

    ㉠ 합명·합자회사 : 청산인이 그 직무를 집행함에 현저하게 부적임하거나 중대한 임무에 위반한 행위가 있는 때에는 법원은 사원 기타 이해관계인의 청구에 의하여 청산인을 해임할 수 있다(상법 제262조, 제269조).

    ㉡ 주식·유한회사 : <u>청산인이 그 업무를 집행함에 현저하게 부적임하거나 중대한 임무에 위반한 행위가 있는 때에는 발행주식의 100분의 3 이상에 해당하는 주식을 가진 주주</u> 또는 자본금액의 100분의 3 이상에 해당하는 출자좌수를 가진 사원은 <u>법원에 그 청산인의 해임을 청구</u>할 수 있다(상법 제539조 제2항, 제613조 제2항). `기출` 12

2. 신청절차 및 심리와 재판

① 관할법원 등 신청절차는 청산인선임신청사건의 경우와 같다.

② 청산인 해임의 재판에 대하여는 불복신청을 할 수 없다(비송법 제119조). **기출** 22·19·12

③ 청산인의 선임 또는 해임의 재판에 대하여는 불복의 신청을 할 수 없으므로 청산인 해임청구권을 피보전 권리로 한 청산인직무집행정지 및 그 직무대행자선임 가처분신청은 부적법하다(대결 1982.9.14. 81마33). **기출** 08

3. 일시청산인 등

청산인이 한 사람도 남지 않았을 경우에는 일시청산인의 선임신청(상법 제542조, 제386조)이 필요하게 된다.

4. 등 기

회사 청산인의 해임 재판이 있는 경우 제1심 수소법원은 회사의 본점 소재지의 등기소에 그 해임의 등기를 촉탁하여야 한다(비송법 제107조 제1호). **기출** 12

Ⅳ 채권평가를 위한 감정인 선임사건

1. 서 론

① 청산인은 변제기에 이르지 아니한 회사채권에 대해서도 이를 변제할 수 있다(상법 제259조 제1항).

② 이것은 청산절차를 조속히 마치기 위해 인정되는 제도이다.

③ 변제기 전에 채무를 변제할 경우에 있어서는 조건부채권, 존속기간이 불확정한 채권, 기타 그 가액이 불확정한 채권에 대하여 법원이 선임한 감정인의 평가에 따라 이를 변제하여야 한다(상법 제259조 제4항).

2. 신청절차

① 관할법원

㉠ 합명회사와 합자회사의 경우에는 회사의 본점 소재지의 지방법원이 관할한다(비송법 제117조 제1항).

㉡ 주식회사와 유한회사의 경우에는 회사의 본점 소재지의 지방법원 합의부가 관할한다(비송법 제117조 제2항).

② 신청인 및 신청방식 : 신청은 청산인이 하며, 신청은 특별한 규정이 없으므로 서면 또는 말로 할 수 있다.

③ 심리 및 재판

㉠ 감정인선임재판의 경우 검사는 사건에 관하여 의견을 진술하거나 심문에 참여할 수 없다(비송법 제125조, 제58조). **기출** 19·08

㉡ 감정인선임의 재판에 대해서는 불복의 신청을 할 수 없다(비송법 제125조, 제59조).

④ 비용의 부담

㉠ 법원이 감정인을 선임하는 경우에는 그 비용을 회사가 부담한다.

㉡ 감정인 소환과 심문의 비용의 경우에도 또한 같다(비송법 제124조).

Ⅴ 청산인의 변제허가신청사건

1. 서 론

① 주식회사의 청산인은 그가 취임한 날로부터 2개월 내에 적어도 2회 이상의 공고로써 채권자에 대하여 일정한 기간 내에 그 채권을 신고하도록 최고하여야 하며, 또한 그 2월 이상의 기간 내에 신고하지 아니하면 청산에서 제외될 뜻을 2회 이상 공고로서 최고하여야 한다(상법 제535조 제1항).

② 이 채권의 신고기간 중에는 청산인은 채권자에게 변제할 수 없다(상법 제536조 제1항).

③ 그러나 소액의 채권, 담보 있는 채권 기타 변제로 인하여 다른 채권자를 해할 우려가 없는 채권에 대해서는 청산인은 법원의 허가를 얻어 변제할 수 있다(상법 제536조 제2항).

2. 신청절차

① 관할법원 : 관할법원은 회사의 본점 소재지의 지방법원 합의부이다(비송법 제117조).

② 신청인 및 신청방식

　㉠ 청산인이 공동으로 신청한다(비송법 제126조).

　㉡ 신청방식에 관하여 특별한 규정이 없으므로 서면 또는 말로 할 수 있다.

3. 심리 및 재판

① 신청인으로부터 소명된 자료(비송법 제126조, 제82조)에 의하여 소액채권 등을 변제하여도 다른 채권자를 해칠 염려가 없는가의 여부를 심사한다.

② 변제허가의 재판은 이유를 붙인 결정으로써 한다(비송법 제126조, 제81조).

Ⅵ 서류보존인의 선임신청사건

1. 서 론
① 회사의 장부 및 청산에 관한 중요서류는 본점 소재지에서 청산종결의 등기를 한 후 10년간 이를 보존하여야 한다.
② 그 보존인은 청산인 기타 이해관계인의 청구에 의하여 법원이 선임하며, 보존방법도 법원이 정한다(상법 제541조, 제613조 제1항).

2. 신청절차
① 관할법원
ㄱ 합명회사와 합자회사의 경우에는 회사의 본점 소재지의 지방법원이 관할한다(비송법 제117조 제1항).
ㄴ 주식회사와 유한회사의 경우에는 회사의 본점 소재지의 지방법원 합의부가 관할한다(비송법 제117조 제2항).
② 신청인 및 신청방식
ㄱ 신청인은 청산인 또는 이해관계인이다.
ㄴ 신청방식은 일반원칙에 따른다.

3. 심리 및 재판
재판은 결정으로써 하며 이 재판에 대해서는 불복신청을 할 수 없다(비송법 제127조). **기출** 08

CHAPTER 04 과태료사건

제1절 서 설

I 과태료 의의 및 관할

1. 과태료의 의의

① 과태료란 국가 또는 공공단체가 국민에게 과하는 금전벌의 일종으로서 형벌인 벌금, 과료와 구별하여 과태료라는 명칭으로 과하여지는 것을 말한다. 기출 07

② 과태료는 벌금이나 과료(科料)와 달리 형벌의 성질을 가지지 않는다. 따라서 과태료사건에는 형법총칙이 적용되지 아니하고 그 과벌절차도 형사소송법이 아닌 비송사건절차법에 의한다. 기출 09

③ 행정질서벌인 과태료는 특별한 규정이 없는 한 원칙적으로 위반자의 고의·과실을 요하지 아니한다.

> 과태료와 같은 행정질서벌은 행정질서유지를 위하여 행정법규위반이라는 객관적 사실에 대하여 과하는 제재이므로 반드시 현실적인 행위자가 아니라도 법령상 책임자로 규정된 자에게 부과되고 또한 특별한 규정이 없는 한 원칙적으로 위반자의 고의·과실을 요하지 아니한다(대판 1994.8.26. 94누6949). 기출 09·07

2. 과태료사건의 관할

① 과태료사건은 다른 법령에 특별한 규정이 있는 경우를 제외하고는 과태료를 부과받을 자의 주소지의 지방법원이 관할한다(비송법 제247조). 기출 24·16·09

② 등기해태와 관련하여 상법은 제635조 제1항에 의하여 과태료에 처할 자를 규정하고 있는바, 과태료 부과의 측면에서 등기를 신청해야 할 의무가 부과되어 있는 자는 '회사'가 아니라 상법 제635조 제1항에 규정된 업무집행사원, 이사, 외국회사의 대표자 등이 된다. 따라서 업무집행사원, 이사(대표자), 외국회사의 대표자의 주소지의 지방법원이 과태료사건의 관할법원이 된다. 기출 21

3. 비송사건절차법이 적용되는 과태료사건

① 상법상 과태료의 부과·징수 `기출` 22

> **상법 제637조의2(과태료의 부과·징수)**
> ① 제635조(제1항 제1호는 제외한다) 또는 제636조에 따른 과태료는 대통령령으로 정하는 바에 따라 <u>법무부장관이 부과·징수한다.</u>
> ② 제1항에 따른 과태료 처분에 불복하는 자는 그 처분을 고지받은 날부터 60일 이내에 법무부장관에게 이의를 제기할 수 있다.
> ③ 제1항에 따른 과태료 처분을 받은 자가 제2항에 따라 이의를 제기한 때에는 법무부장관은 지체 없이 관할 법원에 그 사실을 통보하여야 하며, 그 통보를 받은 관할 법원은 비송사건절차법에 따른 과태료 재판을 한다.
> ④ 제2항에서 규정하는 기간 내에 이의를 제기하지 아니하고 과태료를 납부하지 아니한 때에는 국세 체납처분의 예에 따라 징수한다.

② 상법상 과태료에 처할 행위(예시)

> **상법 제635조(과태료에 처할 행위)**
> ① 회사의 발기인, 설립위원, 업무집행사원, 업무집행자, 이사, 집행임원, 감사, 감사위원회 위원, 외국회사의 대표자, 검사인, 제298조 제3항·제299조의2·제310조 제3항 또는 제313조 제2항의 공증인, 제299조의2·제310조 제3항 또는 제422조 제1항의 감정인, 지배인, 청산인, 명의개서대리인, 사채모집을 위탁받은 회사와 그 사무승계자 또는 제386조 제2항·제407조 제1항·제415조·제542조 제2항 또는 제567조의 직무대행자가 다음 각 호의 어느 하나에 해당하는 행위를 한 경우에는 500만원 이하의 과태료를 부과한다. 다만, 그 행위에 대하여 형(刑)을 과(科)할 때에는 그러하지 아니하다.
> 1. <u>이 편(編)[제3편 회사(註)]에서 정한 등기를 게을리한 경우</u>
> 8. <u>법률 또는 정관에서 정한 이사 또는 감사의 인원수를 궐(闕)한 경우에 그 선임절차를 게을리한 경우</u>
>
> `기출` 22

Ⅱ 과태료재판의 절차

1. 절차의 개시

① 과태료재판은 <u>법원의 직권에 의해서만 개시된다.</u> 따라서 관할 관청으로부터 이미 행한 통고 또는 통지의 취하 내지 철회가 있다고 하더라도 법원의 과태료재판을 개시·진행하는 데 장애가 될 수 없다.

`기출` 16·07

> 과태료처분의 재판은 법원이 과태료에 처하여야 할 사실이 있다고 판단되면 비송사건절차법에 의하여 직권으로 그 절차를 개시하는 것이고 관할 관청의 통고 또는 통지는 법원의 직권발동을 촉구하는 데에 지나지 아니하므로, 후에 관할 관청으로부터 이미 행한 통고 또는 통지의 취하 내지 철회가 있다고 하더라도 그 취하·철회는 비송사건절차법에 의한 법원의 과태료재판을 개시·진행하는 데 장애가 될 수 없다(대결 1998.12.23. 98마2866).

② <u>과태료부과 대상이 되는 자의 신청에 의하여 이를 취하할 수 없다.</u>

2. 과태사항의 통지(규칙 제176조)

① 등기관은 그 직무상 과태료 부과대상이 있음을 안 때에는 지체 없이 그 사건을 관할 지방법원 또는 지원에 통지하여야 한다.

② 등기해태와 관련하여 상법은 제2편 제4장의2(합자조합)에서 정한 등기(상법 제86조의9)와 제3편(회사편)에서 정한 등기(상법 제635조 제1항 제1호)의 해태에 관하여만 과태료 규정을 두고 있으므로, 상법 제1편에서 규정하고 있는 상호등기, 미성년자등기, 법정대리인등기 또는 지배인등기(개인 상인의 지배인등기 및 회사의 지배인등기)의 해태에 대해서는 과태료 통지를 하지 아니한다. `기출` 21 · 16 · 11 · 10 · 08

③ 회사의 등기는 법령에 다른 규정이 있는 경우를 제외하고는 그 대표자가 신청 의무를 부담하므로(상업등기법 제17조), 회사의 등기를 해태한 때에는 등기해태 당시 회사의 대표자가 과태료 부과 대상자가 되고, 등기해태 기간이 지속되는 중에 대표자의 지위를 상실한 경우에는 대표자의 지위에 있으면서 등기를 해태한 기간에 대하여만 과태료 책임을 부담한다(대결 2009.4.23. 2009마120). `기출` 16 · 15 · 10 · 08

④ 상법 제531조 제1항 제8호의 '이사'에 '대표이사'는 포함되지 아니하므로, 퇴임한 대표이사가 후임 대표이사의 선임절차를 해태하였다고 하여 퇴임한 대표이사를 과태료에 처할 수는 없다는 뜻의 판례(대결 2007.6.19. 2007마311)가 있으므로, 대표이사 선임절차해태에 대하여 과태사항통지를 하지 아니한다.

> 상법 제635조 제1항 제8호는 '법률 또는 정관에 정한 이사 또는 감사의 원수를 궐한 경우에 그 선임절차를 해태한 때'에 그 선임을 위한 총회소집절차를 밟아야 할 지위에 있는 자에 대하여 과태료의 제재를 가하고 있지만, 여기서 선임의 대상이 되는 '이사'에 '대표이사'는 포함되지 아니하므로, 대표이사가 퇴임하여 법률 또는 정관에 정한 대표이사의 수를 채우지 못하여 퇴임한 대표이사에게 후임 대표이사가 취임할 때까지 대표이사로서의 권리의무가 있는 기간 동안에 후임 대표이사의 선임절차를 해태하였다고 하여 퇴임한 대표이사를 과태료에 처할 수는 없다(대결 2007.6.19. 2007마311). `기출` 22 · 08

⑤ 상업등기 해태에 위반자의 고의 · 과실을 요건으로 하는지는 불분명하다. 그러나 형식적 심사권 밖에 없는 등기관은 등기해태 여부를 판단함에 있어서 등기신청의무 있는 자의 등기해태와 관련한 고의 · 과실이 있는지 또는 그 위반행위에 정당한 사유가 있는지를 고려하지 않고 등기기간을 도과하였었다면 과태사항을 통지하여야 한다고 본다(상업등기실무 1). `기출` 24 · 21 · 15 · 10

> 사립학교교직원연금관리공단은 「사립학교교직원연금법 시행령」 제4조 및 제7조에 따라 임원 등이 변경된 경우 2주일(지부는 3주일) 안에 변경등기를 하여야 하고, 「사립학교교직원연금법」 제30조의2에 따라 등기해태 시 과태료에 관한 민법 제97조의 규정이 준용되므로 등기를 해태한 경우 등기관은 해당 법원에 과태사항을 통지하여야 한다. 그러나 임원 등의 선임절차를 해태한 경우에는 과태료 부과규정이 없으므로 이를 통지하지 않는다(상업등기선례 제2-133호).

⑥ 상업등기 및 법인등기에 있어서의 과태사항 통지에 관한 예규(등기예규 제1574호)

제1조(목적)
이 예규는 등기관이 직무를 수행함에 있어서 상법, 민법, 기타 법령에 의하여 과태료에 처하여야 할 자가 있음을 안 경우 관할 지방법원 또는 지원에 하여야 하는 과태사항 통지에 관하여 규정함을 목적으로 한다.

제2조(과태사항통지 요건)
① 등기관은 등기신청을 할 의무 있는 자가 다음 각 호의 등기신청을 게을리하였음을 직무상 안 때에는 지체 없이 그 사건을 관할하는 지방법원 또는 지원에 과태사항통지를 하여야 한다. 다만, 관련 법령에 과태료 부과에 관한 근거규정(준용규정을 포함한다)이 없는 경우에는 그러하지 아니하다.
  1. 상법 제2편 제4장의2의 등기신청의무(상법 제86조의9)
  2. 상법 제3편에 정한 등기신청의무(상법 제635조 제1항 제1호)
  3. 민법 제1편 제3장의 등기신청의무(민법 제97조 제1호)
  4. 특별법상 등기신청의무(상법상 회사에 관한 규정 또는 민법상 법인에 관한 규정을 준용하는 경우를 포함한다)
  [예시] (ㄱ) 상법상 지배인의 등기를 해태한 것은 과태료 부과 대상이 아님 `기출` 24 · 21 · 16 · 11 · 10 · 08
       (ㄴ) 주소변경등기신청에서 생략된 주소변동사항의 등기를 게을리한 것에 대해서는 각 변동일자를 기준으로 그 당시 법령에 따라 과태료통지를 하여야 함
② 제1항의 등기기간은 법령에 정한 기간이 만료된 다음 날부터 기산하여야 한다. 다만, 법인(주식회사, 유한회사, 민법법인)의 대표이사, 이사, 감사가 임기만료 또는 사임에 의하여 퇴임함으로 말미암아 법률 또는 정관에 정한 인원수를 채우지 못하게 되는 경우에는 그 사람의 퇴임등기기간은 후임 대표이사, 이사, 감사의 취임일부터 기산하여야 한다. `기출` 08

> 대표이사를 포함한 이사가 임기의 만료나 사임에 의하여 퇴임함으로 말미암아 법률 또는 정관에 정한 대표이사나 이사의 원수(최저인원수 또는 특정한 인원수)를 채우지 못하게 되는 결과가 일어나는 경우에, 그 퇴임한 이사는 새로 선임된 이사(후임이사)가 취임할 때까지 이사로서의 권리의무가 있는 것인바(상법 제386조 제1항, 제389조 제3항), 이러한 경우에는 이사의 퇴임등기를 하여야 하는 2주 또는 3주의 기간은 일반의 경우처럼 퇴임한 이사의 퇴임일부터 기산하는 것이 아니라 후임이사의 취임일부터 기산한다고 보아야 하며, 후임이사가 취임하기 전에는 퇴임한 이사의 퇴임등기만을 따로 신청할 수 없다고 봄이 상당하다(대결 2005.3.8. 2004마800[전합]). `기출` 21 · 15 · 11

제3조(과태료부과 대상자)
등기관은 등기해태의 책임이 있는 자가 그 지위를 상실하더라도 그 자를 과태료부과 대상자로 하여 과태사항통지를 하여야 하고, 등기해태의 책임이 없는 등기부상 현재의 대표권(합자조합의 업무집행대리권을 포함한다)이 있는 자를 대상자로 하여 과태사항통지를 하여서는 아니 된다. `기출` 10

제4조(과태사항 통지절차)
등기관이 과태사항 통지를 하는 경우에는 다른 법령에 특별한 규정이 있는 경우를 제외하고 별지 양식에 의하여 등기를 게을리한 법인의 대표자 또는 합자조합의 업무집행대리권이 있는 자의 주소지를 관할하는 지방법원 또는 지원에 전산정보처리조직을 이용하여 통지하여야 한다. 이 경우 과태료에 처할 자가 수인인 경우에는 각각의 주소지 관할 법원에 그 통지를 하여야 한다.

부 칙(2015.3.13. 제1574호)
이 예규는 2015년 3월 23일부터 시행한다.

3. 재판의 절차

① 정식재판에 의하는 경우

ㄱ 법원은 재판을 하기 전에 당사자의 진술을 청취하고 검사의 의견을 구하여야 한다(비송법 제248조 제2항). 기출 16

ㄴ 법원은 당사자의 진술을 청취하기 위한 심문기일을 정하고 당사자에게 그 기일을 통지하는 것이 보통이다.

ㄷ 그러나 당사자에게 진술의 기회를 주는 것으로 족하기 때문에 일단 기일을 정하여 통지한 이상 당사자가 출석하지 않거나 서면만을 제출한 경우에는 그대로 재판을 할 수 있다. 기출 11

② 약식재판에 의하는 경우 : 법원은 상당하다고 인정할 때에는 당사자의 진술을 듣지 아니하고 과태료재판을 할 수 있다(비송법 제250조 제1항). 기출 07

③ 결정의 형식

ㄱ 과태료재판은 이유를 붙인 결정으로써 하여야 한다(비송법 제248조 제1항).

ㄴ 과태료재판 절차의 비용은 과태료를 부과하는 선고가 있는 경우에는 그 선고를 받은 자가 부담하고, 그 밖의 경우에는 국고에서 부담한다(비송법 제248조 제4항).

I　과태료재판에 대한 불복방법

1.　정식절차에 의한 과태료재판에 대한 불복방법 : 즉시항고

① 당사자와 검사는 정식절차에 의한 과태료재판에 대하여 즉시항고를 할 수 있고, 이 경우 즉시항고는 집행정지의 효력이 있다(비송법 제248조 제3항). 기출 24 · 22 · 16 · 11

② 항고법원이 당사자의 신청을 인정하는 재판을 한 경우에는 항고절차의 비용 및 전심에서 당사자가 부담하게 된 비용은 국고에서 부담한다(비송법 제248조 제5항).

2.　약식재판에 대한 불복방법 : 이의신청

① 당사자와 검사는 약식재판에 따른 재판의 고지를 받은 날부터 1주일 내에 이의신청을 할 수 있다. 1주일의 기간이 도과한 때에는 그 결정은 확정되어 더 이상 다툴 수 없다. 기출 11

> 약식재판에 의한 과태료 결정은 그 고지를 받은 날로부터 1주일 이내에 당사자 또는 검사로부터 이의신청이 있으면 그 재판의 효력이 상실된다고 규정되어 있으므로 위 이의신청기간을 도과한 때에는 그 결정은 확정되어 더 이상 다툴 수 없는 것이다(대결 1982.7.22. 82마337). 기출 16 · 15

② 이의신청에 의하여 약식재판은 그 효력을 상실하고, 법원은 당사자의 진술을 듣고 다시 재판하여야 한다. 기출 11

③ 이의신청에 의하여 약식재판은 그 효력을 잃으므로(비송법 제250조 제3항, 질서위반행위규제법 제50조 제1항) 정식절차에서는 약식재판의 내용에 기속되지 아니한다. 따라서 약식절차에 의한 결정과 정식절차에 의한 결정 사이에는 불이익변경금지의 원칙이 적용되지 않는다. 기출 16

④ 약식결정에 대한 이의신청의 남발을 막고, 당사자에게 불의타를 입히는 것을 방지하기 위해 약식결정문을 작성하면서 상용구로 "과태료결정에 대하여 이의신청을 제기하여 정식절차에 의한 과태료 재판을 받는 경우 불이익변경금지의 원칙이 적용되지 않기 때문에 과태료 금액이 증액될 수 있습니다."라는 문구를 추가로 기재하는 실무례도 있다(실무제요 비송). 기출 22

II　과태료재판의 집행

① 확정된 과태료재판은 검사의 명령으로써 집행한다. 이 경우 검사의 명령(집행명령)은 집행력 있는 집행권원과 같은 효력이 있다(비송법 제249조 제1항). 기출 22 · 08

② 과태료재판의 집행절차는 민사집행법의 규정에 따른다. 다만, 집행을 하기 전에 재판의 송달은 하지 아니한다. 기출 16 · 11 · 07

행운이란 100%의 노력 뒤에 남는 것이다.

- 랭스턴 콜먼 -

비송사건절차법
기출문제해설

CHAPTER
01

총론

제2절　주체(법원과 당사자)

01
□□□

비송사건의 관할에 관한 다음 설명 중 가장 옳지 않은 것은?　　　2016년

① 관할법원이 여러 개인 경우에는 최초로 사건을 신청받은 법원이 그 사건을 관할한다.
② 민법 제44조에 따른 재단법인 정관 보충 사건은 법인설립자 사망 시의 주소지의 지방법원이 관할하고, 법인설립자의 주소지가 국내에 없을 때에는 그 사망 시의 거소지 또는 법인설립지의 지방법원이 관할한다.
③ 재판상의 대위에 관한 사건은 채무자의 보통재판적이 있는 곳의 지방법원이 관할한다.
④ 부부재산약정의 등기에 관하여는 부인이 될 사람의 주소지를 관할하는 지방법원, 그 지원 또는 등기소를 관할등기소로 한다.
⑤ 과태료사건은 다른 법령에 특별한 규정이 있는 경우를 제외하고는 과태료를 부과받을 자의 주소지의 지방법원이 관할한다.

....

[**❶ ▸ ○**] 관할법원이 여러 개인 경우에는 <u>최초로 사건을 신청받은</u> 법원이 그 사건을 관할한다. 이 경우 해당 법원은 신청에 의하여 또는 직권으로 적당하다고 인정하는 다른 관할법원에 그 사건을 이송할 수 있다(비송사건절차법 제3조).
[**❷ ▸ ○**] 민법 제44조에 따른 사건(재단법인 정관 보충 사건)은 법인설립자 사망 시의 주소지의 지방법원이 관할한다. 법인설립자의 주소가 국내에 없을 때에는 <u>그 사망 시의 거소지 또는 법인설립지의</u> 지방법원이 관할한다(비송사건절차법 제32조).
[**❸ ▸ ○**] 재판상의 대위는 <u>채무자의 보통재판적이 있는 곳</u>의 지방법원이 관할한다(비송사건절차법 제46조).
[**❹ ▸ ✕**] 부부재산약정(約定)의 등기에 관하여는 <u>남편이 될 사람</u>의 주소지를 관할하는 지방법원, 그 지원 또는 등기소를 관할등기소로 한다(비송사건절차법 제68조).
[**❺ ▸ ○**] 과태료사건은 다른 법령에 특별한 규정이 있는 경우를 제외하고는 <u>과태료를 부과받을 자의 주소지의 지방법원</u>이 관할한다(비송사건절차법 제247조).

답 ❹

민사비송사건의 관할에 관한 다음 설명 중 가장 옳지 않은 것은?

① 임시이사 또는 특별대리인의 선임은 법인의 주된 사무소소재지의 지방법원 합의부가 관할한다.
② 재단법인의 정관보충사건은 법인의 주된 사무소소재지의 지방법원 합의부가 관할한다.
③ 임시총회소집사건은 법인의 주된 사무소소재지의 지방법원 합의부가 관할한다.
④ 신탁사건은 특별한 규정이 있는 경우를 제외하고는 수탁자의 보통재판적이 있는 곳의 지방법원이 관할한다.
⑤ 재판상의 대위는 채무자의 보통재판적이 있는 곳의 지방법원이 관할한다.

....

[**❶ ▸ ○**] 비송사건절차법 제33조 제1항

> **비송사건절차법 제33조(임시이사 또는 특별대리인의 선임, 법인의 해산·청산의 감독의 관할)**
> ① 임시이사 또는 특별대리인의 선임(選任)은 법인의 주된 사무소소재지의 지방법원 합의부가 관할한다.
> ② 법인의 해산 및 청산에 대한 감독은 그 주된 사무소소재지의 지방법원이 관할한다.

[**❷ ▸ ✕**] 비송사건절차법 제32조 제1항

> **비송사건절차법 제32조(재단법인의 정관보충사건의 관할)**
> ① 민법 제44조(재단법인의 정관의 보충)에 따른 사건은 법인설립자 사망 시의 주소지의 지방법원이 관할한다.
> ② 법인설립자의 주소가 국내에 없을 때에는 그 사망 시의 거소지 또는 법인설립지의 지방법원이 관할한다.

[**❸ ▸ ○**] 민법 제70조 제3항에 따른 사건(임시총회 소집 사건)은 법인의 주된 사무소소재지의 지방법원 합의부가 관할한다(비송사건절차법 제34조 제1항).

[**❹ ▸ ○**] 신탁법에 따른 사건(이하 "신탁사건"이라 한다)은 특별한 규정이 있는 경우를 제외하고는 수탁자의 보통재판적이 있는 곳의 지방법원이 관할한다(비송사건절차법 제39조 제1항).

[**❺ ▸ ○**] 재판상의 대위는 채무자의 보통재판적이 있는 곳의 지방법원이 관할한다(비송사건절차법 제46조).

답 **❷**

03 □□□ 비송사건절차에 관한 다음 설명 중 가장 옳지 않은 것은? 2023년

① 법원은 비송사건에 관한 재판을 한 후에 그 재판이 위법 또는 부당하다고 인정할 때에는 이를 취소하거나 변경할 수 있다. 그러나 즉시항고로써 불복할 수 있는 재판은 취소하거나 변경할 수 없다.

② 민법상 비영리법인의 청산인을 해임하는 재판에 대하여는 불복신청이 허용되지 않으나, 대법원에 특별항고를 제기할 수는 있다.

③ 비송사건 및 그에 관한 심문의 기일은 검사에게 통지하여야 하고, 검사는 비송사건에 관하여 의견을 진술하고 심문에 참여할 수 있다.

④ 선정당사자에 관한 민사소송법 규정은 비송사건절차법이 적용되는 비송사건에 준용되거나 유추적용될 수 있다.

⑤ 법원은 비송사건절차의 항고심에서 항고이유로 주장된 바 없더라도 마땅히 진실 여부를 직권으로 조사하여 이 사건 항고의 당부를 가릴 수 있다.

....

[❶ ▸ ○] 비송사건절차법 제19조 제1항·제3항

> **비송사건절차법 제19조(재판의 취소·변경)**
> ① 법원은 재판을 한 후에 그 재판이 위법 또는 부당하다고 인정할 때에는 이를 취소하거나 변경할 수 있다.
> ② 신청에 의하여만 재판을 하여야 하는 경우에 신청을 각하한 재판은 신청에 의하지 아니하고는 취소하거나 변경할 수 없다.
> ③ 즉시항고로써 불복할 수 있는 재판은 취소하거나 변경할 수 없다.

[❷ ▸ ○] 민법상 비영리법인의 청산인의 선임 또는 해임의 재판에 대하여는 불복신청을 할 수 없다(비송사건절차법 제36조, 제119조). 다만, 청산인의 해임 재판에 대하여는 민사소송법 제449조에 따라 대법원에 특별항고를 제기할 수 있다(헌재 2013.9.26. 2012헌마1005 참조).

[❸ ▸ ○] 검사는 원칙적으로 사건에 관하여 의견을 진술하고 심문에 참여할 수 있다(비송사건절차법 제15조 제1항). 이를 위하여 사건 및 그에 관한 심문의 기일은 검사에게 통지하여야 한다(비송사건절차법 제15조 제2항). 다만, 재판상 대위에 관한 사건(비송사건절차법 제52조), 보존·공탁·보관과 감정에 관한 사건(비송사건절차법 제58조), 사채에 관한 사건(비송사건절차법 제116조)에는 검사가 참여하지 아니하므로 그에 관한 심문기일은 검사에게 통지하지 아니한다.

[❹ ▸ ✕] 비송사건절차법 제5조, 제8조, 제10조, 제24조, 제30조 등 관계법령들의 규정내용에 비추어 보면 선정당사자에 관한 민사소송법 제49조의 규정은 비송사건절차법이 적용되는 비송사건에는 준용되거나 유추적용되지 않는다고 보아야 할 것이다(대결 1990.12.7. 90마674).

[❺ ▸ ○] 비송사건절차법 제11조의 규정에 의하면 법원은 직권으로 사실의 탐지와 필요하다고 인정하는 증거의 조사를 하여야 한다고 규정되어 있으므로, 원심(항고심)으로서는 항고이유로 주장된 바 없더라도 마땅히 진실 여부를 직권으로 조사하여 이 사건 항고의 당부를 가릴 수 있는 것이다(대결 2007.3.29. 2006마724).

답 ❹

04
□□□

비송사건절차에 관한 다음 설명 중 가장 옳은 것은?　　　　　2025년

① 비송사건절차법이나 다른 법령에 비송사건임이 명확히 규정되어 있지 않은 비송사건이 민사소송의 방법으로 청구된 경우에는 당사자가 이를 비송사건으로 처리해 달라고 요청하더라도 각하 판결을 해야 한다.
② 비송사건절차에는 변론주의가 적용됨이 원칙이다.
③ 비송사건의 심문은 공개함이 원칙이다.
④ 비송사건절차에 관하여는 선정당사자의 선정에 관한 근거 규정이 없다.
⑤ 민사소송절차와 달리 비송사건절차에서는 원칙적으로 사실에 대한 소명이 있으면 사실을 인정할 수 있다.

[❶ ▸ ✕]　비송사건절차법에 규정된 비송사건을 민사소송의 방법으로 청구하는 것은 허용되지 않는다. 그러나 소송사건과 비송사건의 구별이 항상 명확한 것은 아니고, 비송사건절차법이나 다른 법령에 비송사건임이 명확히 규정되어 있지 않은 경우 당사자로서는 비송사건임을 알기 어렵다. 이러한 경우 수소법원은 당사자에게 석명을 구하여 당사자의 소제기에 사건을 소송절차로만 처리해 달라는 것이 아니라 비송사건으로 처리해 주기를 바라는 의사도 포함되어 있음이 확인된다면, 당사자의 소제기를 비송사건 신청으로 보아 재배당 등을 거쳐 비송사건으로 심리·판단하여야 하고 그 비송사건에 대한 토지관할을 가지고 있지 않을 때에는 관할법원에 이송하는 것이 타당하다(대판 2023.9.14. 2020다238622). ☞ 각하 판결을 하면 안 되고, 재배당 등을 거쳐 비송사건을 심리·판단하여야 하고, 토지관할이 없으면 관할법원으로 이송하여야 한다.

[❷ ▸ ✕]　민사소송에서는 변론주의가 적용되나, 비송사건절차에서는 직권탐지주의가 적용된다.

> **비송사건절차법 제11조(직권에 의한 탐지 및 증거조사)**
> 법원은 직권으로 사실의 탐지와 필요하다고 인정하는 증거의 조사를 하여야 한다.

[❸ ▸ ✕]　민사소송에서는 공개의 원칙이 적용되나, 비송사건절차에서는 비공개의 원칙이 적용된다(비송사건절차법 제13조). 특히 비송사건절차의 재판은 판결에 의하지 아니하고 결정으로 하는 것이 원칙이므로(비송사건절차법 제17조 제1항), 비공개주의를 취한다고 하여 위헌적 요소가 있는 것이 아니다. 다만, '재판상 대위에 관한 사건'에는 비공개의 원칙이 적용되지 아니한다(비송사건절차법 제52조).

> **비송사건절차법 제13조(심문의 비공개)**
> 심문(審問)은 공개하지 아니한다. 다만, 법원은 심문을 공개함이 적정하다고 인정하는 자에게는 방청을 허가할 수 있다.

[❹ ▸ ○]　민사소송에서는 공동의 이해관계를 가진 여러 사람이 그 가운데에서 모두를 위하여 당사자가 될 한 사람 또는 여러 사람을 선정할 수 있는 선정당사자제도를 인정하고 있다(민사소송법 제53조). 그러나 비송사건절차에 관하여는 선정당사자의 선정에 관한 근거 규정이 없다. 비송사건절차법이 적용되는 비송사건에도 민사소송법 제53조의 선정당사자에 관한 규정을 유추적용할 수 있는가 문제되지만, 판례는 부정설의 입장이다(대결 1990.12.7. 90마674).

비송사건에서도 민사소송과 같이 사실인정은 원칙적으로 증명이 필요하나, 특별한 규정이 있는 경우에 한하여 소명이 허용된다. 가령, 수탁자 사임허가사건(비송사건절차법 제41조 제1항), 납입금의 보관자 등의 변경허가사건(비송사건절차법 제82조) 등에서 소명하는 것으로 하고 있다.

탑 ❹

05

비송사건절차에 관한 다음 설명 중 가장 옳지 않은 것은?   2020년

① 법원의 토지 관할이 주소에 의하여 정하여질 경우 대한민국에 주소가 없을 때 또는 대한민국 내의 주소를 알지 못할 때에는 거소지의 지방법원이 사건을 관할한다.
② 법원서기관, 법원사무관, 법원주사 또는 법원주사보는 증인 또는 감정인의 심문에 관하여는 조서를 작성하고, 그 밖의 심문에 관하여는 필요하다고 인정하는 경우에만 조서를 작성한다.
③ 재판 전의 절차와 재판의 고지비용은 부담할 자를 특별히 정한 경우를 제외하고는 사건의 신청인이 부담한다.
④ 관할법원이 여러 개인 경우에는 최후에 사건을 신청받은 법원이 그 사건을 관할하고, 이 경우 해당 법원은 직권에 의하여만 다른 관할법원에 그 사건을 이송할 수 있다.
⑤ 신청에 의하여만 재판을 하여야 하는 경우에 신청을 각하한 재판에 대하여는 신청인만 항고할 수 있다.

[**❶ ▸ ○**] 비송사건절차법 제2조 제1항

> **비송사건절차법 제2조(관할법원)**
> ① 법원의 토지 관할이 주소에 의하여 정하여질 경우 대한민국에 주소가 없을 때 또는 대한민국 내의 주소를 알지 못할 때에는 거소지(居所地)의 지방법원이 사건을 관할한다.
> ② 거소가 없을 때 또는 거소를 알지 못할 때에는 마지막 주소지의 지방법원이 사건을 관할한다.
> ③ 마지막 주소가 없을 때 또는 그 주소를 알지 못할 때에는 재산이 있는 곳 또는 대법원이 있는 곳을 관할하는 지방법원이 사건을 관할한다.

[**❷ ▸ ○**] 법원서기관, 법원사무관, 법원주사 또는 법원주사보(이하 "법원사무관등"이라 한다)는 증인 또는 감정인(鑑定人)의 심문에 관하여는 조서(調書)를 작성하고, 그 밖의 심문에 관하여는 필요하다고 인정하는 경우에만 조서를 작성한다(비송사건절차법 제14조).
[**❸ ▸ ○**] 재판 전의 절차와 재판의 고지비용은 부담할 자를 특별히 정한 경우를 제외하고는 사건의 신청인이 부담한다. 다만, 검사가 신청한 경우에는 국고에서 부담한다(비송사건절차법 제24조).
[**❹ ▸ ✕**] 관할법원이 여러 개인 경우에는 최초로 사건을 신청받은 법원이 그 사건을 관할한다. 이 경우 해당 법원은 신청에 의하여 또는 직권으로 적당하다고 인정하는 다른 관할법원에 그 사건을 이송할 수 있다(비송사건절차법 제3조).
[**❺ ▸ ○**] 재판으로 인하여 권리를 침해당한 자는 그 재판에 대하여 항고할 수 있다. 신청에 의하여만 재판을 하여야 하는 경우에 신청을 각하한 재판에 대하여는 신청인만 항고할 수 있다(비송사건절차법 제20조 제1항·제2항).

탑 ❹

06 비송사건의 재판에 관한 다음 설명 중 가장 옳지 않은 것은? 2019년

① 비송사건의 재판에 있어서는 소송능력자이기만 하면 대리인이 될 수 있다.
② 비송사건에서 법원이 당사자 본인의 출석을 명한 경우에는 소송행위를 대리하게 할 수 없다.
③ 비송사건의 재판에 있어서는 선정당사자 제도를 활용할 수 없다.
④ 비송사건에서도 민사소송법 제71조와 같은 보조참가 제도가 이용될 수 있다.
⑤ 비송사건 재판의 심리에 변론을 요하는 것은 아니지만 당사자, 이해관계인, 그 밖의 참고인들에 대한 심문은 원칙적으로 필요하다.

[**❶ ▸ ○**] [**❷ ▸ ○**] 사건의 관계인은 소송능력자로 하여금 소송행위를 대리(代理)하게 할 수 있다. 다만, 본인이 출석하도록 명령을 받은 경우에는 그러하지 아니하다(비송사건절차법 제6조 제1항). 비송사건 관계인의 대리인은 소송능력자이기만 하면 충분하고, 변호사나 법무사 등의 자격을 요하지는 아니한다.

[**❸ ▸ ○**] 비송사건절차법 제5조, 제8조, 제10조, 제24조, 제30조 등 관계법령들의 규정내용에 비추어 보면 선정당사자에 관한 민사소송법 제49조의 규정은 비송사건절차법이 적용되는 비송사건에는 준용되거나 유추적용되지 않는다고 보아야 할 것이다(대결 1990.12.7. 90마674).

[**❹ ▸ ○**] 비송사건절차법은 보조참가에 관한 민사소송법 제71조를 준용하고 있지 아니하므로 비송사건절차에도 보조참가를 허용할 것인지가 문제된다. 비송사건에 보조참가를 허용하여도 불합리할 것은 없으므로 보통 보조참가를 인정하고 있다. 사건 본인을 위하여 보조참가하는 경우를 실무상 종종 볼 수 있다. 대법원도 비송사건에서 보조참가를 허용한 사례가 있다(대결 2010.11.22. 2010그191 참조).
실무제요 비송

[**❺ ▸ ✕**] 비송사건의 재판은 결정으로써 하므로(비송사건절차법 제17조), 그 심리에는 변론을 요하지 아니하며 일반적으로 심문의 방법에 의하여 심리한다. 심문이란 법원이 당사자, 이해관계인 그 밖의 참고인들에게 서면 또는 말로 진술할 기회를 부여하는 것을 말하는데 비송사건절차에서 심문은 필요적인 것은 아니고 임의적이다. **실무제요 비송**

답 ❺

07 비송사건의 항고절차에 관한 다음 설명 중 가장 옳지 않은 것은?　　2019년

① 신청에 의하여만 재판을 하여야 하는 경우에 신청을 각하한 재판에 대하여는 신청인만 항고할 수 있다.

② 즉시항고를 허용하는 재판에서는 즉시항고의 제기에 의하여 원재판의 확정이 차단된다.

③ 항고는 원칙적으로 집행정지의 효력이 없지만, 법원의 가처분결정에 의하여 선임된 이사 직무대행자의 상법 제408조 제1항 단서에 따른 상무 외 행위의 허가신청을 인용한 재판에 대한 즉시항고는 집행정지의 효력이 있다.

④ 항고법원의 조사 범위는 항고이유에 의하여 제한되므로 항고이유로 주장된 바 없는 사항에 대해 법원이 직권으로 조사해서는 안 된다.

⑤ 항고법원의 재판에는 이유를 붙여야 한다.

....

[**①** ▸ ○]　신청에 의하여만 재판을 하여야 하는 경우에 신청을 각하한 재판에 대하여는 신청인만 항고할 수 있다(비송사건절차법 제20조 제2항).

[**②** ▸ ○]　즉시항고를 허용하는 재판에서는 즉시항고의 제기에 의하여 원재판의 확정이 차단된다.
　　실무제요 비송

[**③** ▸ ○]　상무 외 행위의 허가신청을 각하한 재판에 대하여는 보통항고를(비송사건절차법 제20조), 신청을 인용한 재판에 대하여는 즉시항고를 할 수 있다(비송사건절차법 제85조 제2항). 그리고 즉시항고기간은 직무대행자가 재판의 고지를 받은 날로부터 기산하며, 이 즉시항고에는 집행정지의 효력이 있다(비송사건절차법 제85조 제2항, 제3항). 직무대행자가 일단 상무 외의 행위를 해버리면 불복이 의미가 없게 될 수 있기 때문이다.　　실무제요 비송

[**④** ▸ ×]　항고법원의 조사범위는 항고이유에 의하여 제한되는 것이 아니므로 항고법원은 불복의 대상이 된 제1심결정의 당부를 가리기 위하여 항고이유의 주장유무에 관계없이 기록에 나타난 자료의 진실 여부를 직권으로 조사하여 심리판단하여야 한다(대결 1982.10.12. 82마523).

[**⑤** ▸ ○]　항고법원의 재판에는 이유를 붙여야 한다(비송사건절차법 제22조).

답 **④**

CHAPTER 02 민사비송사건

제1절 **법인에 관한 사건**

08 사단법인의 임시총회 소집에 관한 다음 설명 중 가장 옳은 것은? 2025년

① 사단법인의 총사원의 5분의 1 이상이 이사에게 임시총회 소집을 요구하였으나 이사가 2주간 내에 임시총회를 소집하지 아니하는 때에는 감사가 법원의 허가를 얻어 임시총회를 소집할 수 있다.

② 임시총회소집 허가신청인은 이사가 소집을 게을리한 사실을 소명하여야 한다.

③ 법인 아닌 사단에는 민법 제70조 제3항이 유추적용되지 않으므로, 이사가 임시총회 소집을 거부한 때에도 법원의 허가를 얻어 임시총회를 소집할 수 없다.

④ 법원의 소집허가에 의해 개최된 임시총회에서 결의할 수 있는 사항은 결정문에 기재된 목적사항으로 엄격하게 제한된다.

⑤ 임시총회의 소집을 허가하는 결정문에 기재된 회의 목적사항에 '기타 사항'이 포함되어 있는 경우에도 기본적인 목적사항에 한하여 결의가 가능하다.

··

[**❶**▸✕] 총사원의 5분의 1 이상으로부터 회의의 목적사항을 제시하여 청구한 때에는 이사는 임시총회를 소집하여야 한다. 이 정수는 정관으로 증감할 수 있다(민법 제70조 제2항). 이러한 청구가 있은 후 2주간 내에 이사가 총회소집의 절차를 밟지 아니한 때에는 <u>청구한 사원은 법원의 허가를 얻어 이를 소집할 수 있다</u>(민법 제70조 제3항).

[**❷**▸○] 민법 제70조 제3항에 따른 임시총회 소집의 허가신청을 하는 경우에는 <u>이사가 그 소집을 게을리한 사실을 소명하여야</u> 한다(비송사건절차법 제34조 제2항, 제80조 제1항). 소명방법은 민사소송법의 규정이 준용된다.

[**❸**▸✕] 법인 아닌 사단(예 종중, 재건축조합)에도 임시총회의 소집에 관한 민법 제70조 제3항이 <u>유추적용된다</u>(대판 1993.10.12. 92다50799 참조). 따라서 법인 아닌 사단의 대표자가 임시총회 소집을 거부한 때에도 법원의 허가를 얻어 임시총회를 소집할 수 있다.

[**❹**▸✕] 법원의 소집허가에 의하여 개최된 종중 임시총회에서는 법원의 소집허가결정 및 소집통지서에 기재된 회의목적사항과 이에 관련된 사항에 관하여 결의할 수 있다(대판 1993.10.12. 92다50799). ☞ 결정문에 기재된 목적사항 외에도 이와 관련된 사항에 관하여 결의할 수 있다.

[**❺ ▸ ✕**] 비법인사단인 재건축조합이 총회소집통지를 함에 있어서 회의의 목적사항을 열거한 다음 '기타 사항'이라고 기재한 경우, 총회소집통지에는 회의의 목적사항을 기재토록 한 민법 제71조 등 법 규정의 입법취지에 비추어 볼 때, '기타 사항'이란 회의의 기본적인 목적사항과 관계가 되는 사항과 일상적인 운영을 위하여 필요한 사항에 국한된다고 보아야 한다(대판 1996.10.25. 95다56866). ☞ 따라서 기본적인 목적사항과 관계가 되는 사항 외에도 일상적인 운영을 위하여 필요한 사항에 대하여도 결의가 가능하다.

답 ❷

09 민법법인의 임시이사 선임사건에 관한 다음 설명 중 가장 옳지 않은 것은? 2018년

① 임시이사의 선임에 관한 민법 제63조는 법인 아닌 사단이나 재단에도 유추적용을 할 수 있다.
② 임시이사의 선임을 신청할 수 있는 이해관계인은 임시이사가 선임되는 것에 관하여 법률상의 이해관계가 있는 자를 말하고, 채권자도 이에 포함된다.
③ 임시이사선임결정은 법원이 적당하다고 인정하는 방법으로 고지함으로써 효력이 생기므로 피선임자의 취임 승낙은 필요 없다.
④ 임시이사선임결정에 대하여는 비송사건절차법에 의한 통상항고로써만 불복이 가능하며 일반 민사소송절차에서 이를 무효로 할 수 없다.
⑤ 임시이사의 지위는 정식의 이사와 동일하지만 임시이사의 선임에 대하여는 비송사건절차법에 이를 등기하여야 한다는 규정은 없다.

[**❶ ▸ ○**] 민법 제63조(임시이사의 선임)는 법인의 조직과 활동에 관한 것으로서 법인격을 전제로 하는 조항이 아니고, 법인 아닌 사단이나 재단의 경우에도 이사가 없거나 결원이 생길 수 있으며, 통상의 절차에 따른 새로운 이사의 선임이 극히 곤란하고 종전 이사의 긴급처리권도 인정되지 아니하는 경우에는 사단이나 재단 또는 타인에게 손해가 생길 염려가 있을 수 있으므로, 민법 제63조는 법인 아닌 사단이나 재단에도 유추적용할 수 있다(대결 2009.11.19. 2008마699[전합]).

[**❷ ▸ ○**] 임시이사의 선임을 신청할 수 있는 '이해관계인'이란 임시이사가 선임되는 것에 관하여 법률상의 이해관계가 있는 자로서 그 법인의 다른 이사, 사원 및 채권자 등을 포함한다(대결 2009.11.19. 2008마699[전합]).

[**❸ ▸ ✕**] 임시이사 선임의 재판은 결정으로 하고(비송사건절차법 제17조 제1항) 법원이 적당하다고 인정하는 방법으로 고지함으로써 그 효력이 생기지만(비송사건절차법 제18조 제1항, 제2항), 피선임자가 당연히 이에 구속되는 것은 아니며, 위 결정에 따라 피선임자의 취임 승낙이 필요하다고 해석된다. 따라서 법원은 임시이사로 선임하려는 자에 대하여 재판 전 승낙 의사의 유무를 확인하는 것이 바람직하다.
실무제요 비송

[**❹ ▸ ○**] 임시이사선임결정에 대하여는 비송사건절차법에 의한 통상항고로써만 불복이 가능하며, 일반 민사소송절차에서 이를 무효로 할 수는 없다(대판 1976.10.26. 76다1771). 임시이사선임결정의 집행을 정지하려면 비송사건절차법 제23조와 민사소송법 제448조에 의하여 항고법원 또는 원심법원으로 하여금 그 재판의 집행을 정지하거나 기타 필요한 처분을 하도록 신청해야 하며 민사소송법상의 가처분절차로 그 집행을 정지시킬 수는 없다(대판 1963.12.12. 63다321). **실무제요 비송**

[**❺** ▸ ○] 임시이사의 선임에 대하여는 이를 등기하여야 한다는 규정이 없으며, 실무상으로도 그 등기를 하지 않는다. 이와 달리 이사의 직무집행을 정지하거나 직무대행자를 선임하는 가처분 또는 그 가처분을 변경·취소하는 경우에는 주사무소와 분사무소가 있는 곳의 등기소에서 이를 등기하도록 되어 있다(민법 제52조의2). **실무제요 비송**

답 ❸

10

민법법인의 임시이사에 관한 다음 설명 중 가장 옳지 않은 것은?　　　2023년

① 임시이사선임결정에 대하여는 비송사건절차법에 의한 통상항고로써만 불복이 가능하며 일반 민사소송절차에서 이를 무효로 할 수 없다.
② 민법 제63조에 의하여 법원이 선임한 임시이사는 원칙적으로 새로운 정식이사를 선임할 수 있는 등 정식이사와 동일한 권리의무가 있다.
③ 법원은 임시이사선임결정을 한 뒤에 사정변경이 생겨 그 선임결정이 부당하다고 인정될 때에는 이를 취소 또는 변경할 수 있다.
④ 이사가 없거나 결원이 있는 경우에 이로 인하여 손해가 생길 염려가 있는 때에는 법원은 이해관계인의 청구에 의하여 임시이사를 선임할 수 있는데, 이때 이해관계인은 임시이사가 선임되는 것에 관하여 법률상 이해관계가 있는 자로서 그 법인의 다른 이사, 사원 및 채권자를 포함한다.
⑤ 이사의 임기만료·사임으로 인하여 법률 또는 정관에서 정한 이사의 원수를 채우지 못한 결과가 일어나는 경우 임기만료·사임한 이사는 후임자가 선임될 때까지 이사로서의 권리의무가 있으므로, 임시이사가 선임되더라도 그러한 권리의무는 소멸하지 않으나, 이사 전원의 임기만료·사임으로 인하여 법률 또는 정관에서 정한 이사의 원수를 채우지 못한 결과가 일어나는 경우에는 그러하지 아니하다.

·····

[**❶** ▸ ○] 임시이사선임결정에 대하여는 비송사건절차법에 의한 통상항고로써만 불복이 가능하며, 일반 민사소송절차에서 이를 무효로 할 수는 없다(대판 1976.10.26. 76다1771).
[**❷** ▸ ○] 민법상의 법인에 대하여 민법 제63조에 의하여 법원이 선임한 임시이사는 원칙적으로 정식이사와 동일한 권한을 가진다(대판 2013.6.13. 2012다40332).
[**❸** ▸ ○] 민법 제63조에 의한 임시이사의 선임은 비송사건절차법의 규제를 받는 것인바, 법원은 임시이사 선임결정을 한 후에 사정변경이 생겨 그 선임결정이 부당하다고 인정될 때에는 이를 취소 또는 변경할 수 있다(대결 1992.7.3. 91마730).
[**❹** ▸ ○] 이사가 없거나 결원이 있는 경우에 이로 인하여 손해가 생길 염려 있는 때에는 법원은 이해관계인이나 검사의 청구에 의하여 임시이사를 선임하여야 한다(민법 제63조). 여기서 임시이사의 선임을 신청할 수 있는 '이해관계인'이란 임시이사가 선임되는 것에 관하여 법률상의 이해관계가 있는 자로서 그 법인의 다른 이사, 사원 및 채권자 등을 포함한다(대결 2009.11.19. 2008마699[전합]).
[**❺** ▸ ✕] 사회복지법인 이사의 임기만료·사임으로 인하여 법률 또는 정관에서 정한 이사의 원수(최저인원수 또는 특정한 인원수)를 채우지 못한 결과가 일어나는 경우 임기만료·사임한 이사는 후임자가 선임될 때까지 이사로서의 권리의무가 있지만, 임시이사가 선임되면 그러한 권리의무는 소멸하며, 이는 이사 전원의 임기만료·사임으로 인하여 법률 또는 정관에서 정한 이사의 원수를 채우지 못한 결과가 일어나는 경우에도 같다(상업등기선례 제2-138호).

답 ❺

민사비송사건에 관한 다음 설명 중 가장 옳은 것은?　　　　　2024년

① 이해관계인은 임시이사의 선임을 신청할 수 있는데, 여기에 채권자는 포함되지 않는다.

② 법인과 이사의 이익이 상반되고, 그 이사 외에 대표권을 가지는 이사가 없는 경우에는 임시이사를 선임하여야 한다.

③ 권리능력 없는 사단이나 재단의 경우에도 법인의 임시이사 선임에 관한 민법 제63조가 유추적용될 수 있다.

④ 법원의 소집허가로 개최된 임시총회에서는 적법하게 개최된 이상 원칙적으로 소집허가결정과 소집통지서에 목적사항으로 기재된 사항과 관련 없는 사항에 대하여도 결의할 수 있다.

⑤ 법원의 허가를 받아 임시총회를 소집한 경우에도 대표자는 여전히 대표권을 가지므로, 법원의 허가를 받아 소집한 임시총회의 기일과 같은 기일에 다른 임시총회를 소집할 수 있다.

....

[❶ ▸ ×]　임시이사의 선임을 신청할 수 있는 '이해관계인'이라 함은 임시이사가 선임되는 것에 관하여 법률상의 이해관계가 있는 자로서 그 법인의 다른 이사, 사원 및 채권자 등을 포함한다(대결 2009.11.19. 2008마699[전합]).

[❷ ▸ ×]　법인과 이사의 이익이 상반하는 사항에 관하여는 이사는 대표권이 없다. 이 경우에는 전조의 규정에 의하여 특별대리인을 선임하여야 한다(민법 제64조).

[❸ ▸ ○]　법인의 임시이사 선임에 관한 민법 제63조는 법인의 조직과 활동에 관한 것으로서 법인격을 전제로 하는 조항이 아니고, 법인 아닌 사단이나 재단의 경우에도 이사가 없거나 결원이 생길 수 있으며, 통상의 절차에 따른 새로운 이사의 선임이 극히 곤란하고 종전 이사의 긴급처리권도 인정되지 아니하는 경우에는 사단이나 재단 또는 타인에게 손해가 생길 염려가 있을 수 있으므로, 민법 제63조는 법인 아닌 사단이나 재단에도 유추 적용할 수 있다(대결 2009.11.19. 2008마699[전합]).

[❹ ▸ ×]　법원의 소집허가에 의하여 개최된 종중 임시총회에서는 법원의 소집허가결정 및 소집통지서에 기재된 회의목적사항과 이에 관련된 사항에 관하여 결의할 수 있다(대판 1993.10.12. 92다50799).

[❺ ▸ ×]　종중 정관 규정에 따른 소수 대의원이 법원의 허가를 받아 임시총회를 소집한 경우 종중의 기관으로서 소집하는 것으로 보아야 할 것이고 종중의 대표자라도 위 소수의 대의원이 법원의 허가를 받아 소집한 임시총회의 기일과 같은 기일에 다른 임시총회를 소집할 권한은 없게 된다고 보아야 한다(대판 1993.10.12. 92다50799).

 답 ❸

12

신탁에 관한 사건에 대한 다음 설명 중 가장 옳지 않은 것은?   2022년

① 신탁법 제88조 제3항에 따른 신탁변경의 재판에 대하여 위탁자, 수탁자 또는 수익자가 즉시항고를 할 수 있고, 이 경우 즉시항고는 집행정지의 효력이 있다.

② 수탁자의 임무가 종료되어 법원이 신탁재산관리인을 선임한 재판에 대하여는 불복신청을 할 수 없다.

③ 법원은 이해관계인의 청구에 의하여 신탁재산관리인을 해임할 수 있는데, 해임결정과 동시에 새로운 신탁재산관리인을 선임하여야 한다.

④ 위탁자가 집행의 면탈이나 그 밖의 부정한 목적으로 신탁을 설정한 경우에 이해관계인은 신탁재산이 있는 곳의 지방법원에 신탁의 종료를 청구하여야 한다.

⑤ 수탁자는 정당한 이유가 있는 경우 법원의 허가를 받아서 사임할 수 있는데, 수탁자가 사임허가를 신청한 경우 그 신청에 대한 재판에 대하여는 불복신청을 할 수 없다.

....

[❶ ▸ ○] 신탁법 제88조 제3항에 따른 신탁변경의 재판은 서면으로 신청하여야 한다. 신청에 대한 재판에 대하여는 <u>위탁자, 수탁자 또는 수익자가 즉시항고</u>를 할 수 있다. 이 경우 <u>즉시항고는 집행정지의 효력이 있다</u>(비송사건절차법 제44조의14).

[❷ ▸ ○] 비송사건절차법 제44조 제1항, 제2항

비송사건절차법 제44조(신탁재산관리인 선임의 재판)

① 다음 각 호의 어느 하나에 해당하는 재판을 하는 경우 법원은 <u>이해관계인의 의견을 들을 수 있다</u>.
  1. 신탁법 제17조 제1항에 따른 신탁재산관리인 선임의 재판(<u>수탁자의 임무가 종료되었음을 이유로 하는 재판만 해당한다</u>)
  2. 신탁법 제18조 제1항에 따른 필수적 신탁재산관리인 선임의 재판
  3. 신탁법 제19조 제4항에 따른 새로운 신탁재산관리인 선임의 재판

② 제1항에 따른 재판에 대하여는 <u>불복신청을 할 수 없다</u>.

[❸ ▸ ○] 법원은 이해관계인의 청구에 의하여 신탁재산관리인을 해임할 수 있다. <u>법원은 해임결정을 함과 동시에 새로운 신탁재산관리인을 선임하여야 한다</u>(신탁법 제19조 제3항, 제4항).

[❹ ▸ ✕] 위탁자가 <u>집행의 면탈이나 그 밖의 부정한 목적</u>으로 제1항 제3호에 따라 신탁을 설정한 경우 이해관계인은 법원에 신탁의 종료를 청구할 수 있다(신탁법 제3조 제3항). 신탁법에 따른 사건(이하 "신탁사건"이라 한다)은 특별한 규정이 있는 경우를 제외하고는 <u>수탁자의 보통재판적이 있는 곳의 지방법원이 관할한다</u>(비송사건절차법 제39조 제1항).

[❺ ▸ ○] 수탁자는 신탁행위로 달리 정한 바가 없으면 수익자와 위탁자의 승낙 없이 사임할 수 없다. 제1항에도 불구하고 수탁자는 정당한 이유가 있는 경우 법원의 허가를 받아 사임할 수 있다(신탁법 제14조 제1항·제2항). 수탁자가 신탁법 제14조 제2항에 따른 사임허가의 재판을 신청하는 경우에는 그 사유를 소명하여야 한다. 제1항에 따른 신청에 대한 재판에 대하여는 <u>불복신청을 할 수 없다</u>(비송사건절차법 제41조 제1항·제2항).

답 ❹

비송사건에 관한 다음 설명 중 가장 옳지 않은 것은?

① 민법 제44조에 따른 재단법인의 정관 보충 사건은 법인설립자 사망 시의 주소지의 지방법원이 관할한다.

② 주금납입금의 보관자 또는 납입장소의 변경허가신청은 발기인 전원 또는 이사 전원이 공동으로 하여야 한다.

③ 주식의 액면 미달 발행의 인가신청에 대한 재판에 대하여는 즉시항고를 할 수 있으며, 즉시항고는 집행정지의 효력이 있다.

④ 법원은 상법 제176조에 따른 해산을 명하는 재판을 하기 전에 이해관계인의 진술과 검사의 의견을 들어야 한다.

⑤ 신탁법 제105조 제2항에 따라 검사인을 선임하고 신탁재산에서 검사인의 보수를 지급하는 재판을 하는 경우 법원은 위탁자의 의견을 들어야 한다.

···

[❶ ▸ ○] 민법 제44조에 따른 사건(재단법인의 정관 보충 사건)은 법인설립자 사망 시의 주소지의 지방법원이 관할한다(비송사건절차법 제32조 제1항).

[❷ ▸ ○] 주금납입금의 보관자 또는 납입장소의 변경허가신청은 그 사유를 소명하고 발기인 전원 또는 이사 전원이 공동으로 하여야 한다(비송사건절차법 제82조).

> **비송사건절차법 제82조(납입금의 보관자 등의 변경 허가신청)**
> 상법 제306조(상법 제425조 제1항 및 제516조의9 제4항에서 준용하는 경우를 포함한다)에 따른 허가의 신청은 그 사유를 소명하고 발기인 또는 이사가 공동으로 하여야 한다.
>
> **상법 제306조(납입금의 보관자 등의 변경)**
> 납입금의 보관자 또는 납입장소를 변경할 때에는 법원의 허가를 얻어야 한다.

[❸ ▸ ○] 비송사건절차법 제86조 제4항, 제5항

> **비송사건절차법 제86조(주식의 액면 미달 발행의 인가신청 등)**
> ① 상법 제417조에 따른 주식의 액면 미달 발행의 인가신청은 서면으로 하여야 한다.
> ② 제1항에 따른 신청에 대한 재판은 이유를 붙인 결정으로써 하여야 한다.
> ④ 제2항에 따른 재판에 대하여는 즉시항고를 할 수 있다.
> ⑤ 제4항에 따른 항고는 집행정지의 효력이 있다.

[❹ ▸ ○] 법원은 (상법 제176조에 따른 해산을 명하는) 재판을 하기 전에 이해관계인의 진술과 검사의 의견을 들어야 한다(비송사건절차법 제90조 제2항).

[❺ ▸ ×] 법원은 신탁법 제105조 제2항에 따라 검사인을 선임한 경우 신탁재산에서 검사인의 보수를 지급하게 할 수 있다. 검사인의 보수를 정하는 재판을 하는 경우 법원은 수탁자의 의견을 들어야 한다(비송사건절차법 제44조의18).

답 ❺

14
☐☐☐

사채에 관한 사건과 재판상의 대위에 관한 사건의 비송사건절차법에 관한 다음 설명 중 가장 옳지 않은 것은?

2023년

① 사채권자집회의 소집자는 결의한 날로부터 1주간내에 결의의 인가를 법원에 청구하여야 하는데, 위 결의 인가 사건은 사채를 발행한 회사의 본점 소재지의 지방법원 합의부가 관할한다.
② 사채관리회사의 사임 허가신청을 인용한 법원의 재판에 대하여는 즉시항고를 할 수 있다.
③ 재판상 대위는 채무자의 보통재판적이 있는 곳의 지방법원이 관할한다.
④ 법원은 재판상 대위의 신청이 이유 있다고 인정한 경우에는 담보를 제공하게 하거나 제공하게 하지 아니하고 허가할 수 있다.
⑤ 대위의 신청을 허가한 재판은 직권으로 채무자에게 고지하여야 한다.

··

[❶ ▶ ○] 채권자집회의 결의는 법원의 인가를 받음으로써 그 효력이 생긴다. 다만, 그 종류의 사채권자 전원이 동의한 결의는 법원의 인가가 필요하지 아니하다(상법 제498조 제1항). 그 종류의 사채권자 전원이 동의하지 아니한 경우에는 사채권자집회의 소집권자는 결의한 날로부터 1주간 내에 결의의 인가를 법원에 청구하여야 한다(상법 제496조). 사채권자집회의 결의 인가신청 사건은 사채를 발행한 회사의 본점 소재지의 지방법원 합의부가 관할한다(비송사건절차법 제109조).

[❷ ▶ ×] 상법 제481조에 따른 사채관리회사의 사임 허가신청에 대한 재판은 이해관계인의 의견을 들은 후 이유를 붙인 결정으로써 하여야 한다(비송사건절차법 제110조 제1항). 허가신청을 인용한 재판에 대하여는 불복신청을 할 수 없으나, 허가신청을 인용하지 아니한 재판에 대하여는 즉시항고를 할 수 있다(비송사건절차법 제110조 제2항, 제3항).

[❸ ▶ ○] 재판상의 대위는 채무자의 보통재판적이 있는 곳의 지방법원이 관할한다(비송사건절차법 제46조).

[❹ ▶ ○] 법원은 대위의 신청이 이유 있다고 인정한 경우에는 담보를 제공하게 하거나 제공하게 하지 아니하고 허가할 수 있다(비송사건절차법 제48조).

[❺ ▶ ○] 대위의 신청을 허가한 재판은 직권으로 채무자에게 고지하여야 한다. 제1항에 따른 고지를 받은 채무자는 그 권리를 처분할 수 없다(비송사건절차법 제49조).

답 ❷

15 □□□ **재판상 대위에 관한 사건에 관한 다음 설명 중 가장 옳은 것은?** 2024년

① 채권자는 자기 채권의 기한 전에 채무자의 권리를 행사하지 아니하면 그 채권을 보전할 수 없는 경우에만 재판상의 대위를 신청할 수 있다.

② 재판상의 대위는 채무자의 보통재판적이 있는 곳의 지방법원이 관할하고, 대위신청은 서면으로 하여야 한다.

③ 심문은 공개하지 않고, 검사는 사건에 관하여 의견을 진술하거나 심문에 참여할 수 있다.

④ 대위의 신청을 각하한 재판에 대하여는 즉시항고를 할 수 있고, 항고의 기간은 채권자가 재판의 고지를 받은 날로부터 기산한다.

⑤ 대위의 신청을 허가한 재판은 직권으로 채무자에게 고지하여야 하고, 고지를 받은 채무자는 그 권리를 처분할 수 없으나 즉시항고를 할 수 있다.

[**❶ ▸ ✕**] 채권자는 자기 채권의 기한 전에 채무자의 권리를 행사하지 아니하면 <u>그 채권을 보전할 수 없거나 보전하는 데에 곤란이 생길 우려가 있을 때에는</u> 재판상의 대위(代位)를 신청할 수 있다(비송사건절차법 제45조).

[**❷ ▸ ✕**] 재판상의 대위는 채무자의 보통재판적이 있는 곳의 지방법원이 관할하고, 대위신청은 <u>서면 또는 말로</u> 할 수 있다(비송사건절차법 제8조·제46조, 민사소송법 제161조 제1항 참조).

> **비송사건절차법 제8조(신청 및 진술의 방법)**
> 신청 및 진술에 관하여는 「민사소송법」 제161조를 준용한다.
>
> > **민사소송법 제161조(신청 또는 진술의 방법)**
> > ① 신청, 그 밖의 진술은 특별한 규정이 없는 한 <u>서면 또는 말로</u> 할 수 있다.
>
> **비송사건절차법 제46조(관할법원)**
> 재판상의 대위는 채무자의 보통재판적이 있는 곳의 지방법원이 관할한다.

[**❸ ▸ ✕**] 이 장(재판상의 대위에 관한 사건)의 규정에 따른 절차에 관하여는 <u>제13조(심문의 비공개)</u> 및 <u>제15조(검사의 의견 진술 및 심문 참여)를 적용하지 아니한다</u>(비송사건절차법 제52조).

[**❹ ▸ ✕**] 비송사건절차법 제50조 제1항, 제3항

> **비송사건절차법 제50조(즉시항고)**
> ① <u>대위의 신청을 각하한 재판에 대하여는 즉시항고</u>를 할 수 있다.
> ③ 제1항 및 제2항에 따른 <u>항고의 기간은 채무자가 재판의 고지를 받은 날부터 기산(起算)</u>한다.

[**❺ ▸ ○**] 비송사건절차법 제49조 제1항·제2항, 제50조 제2항

> **비송사건절차법 제49조(재판의 고지)**
> ① 대위의 신청을 허가한 재판은 <u>직권으로 채무자에게 고지하여야</u> 한다.
> ② 제1항에 따른 <u>고지를 받은 채무자는 그 권리를 처분할 수 없다.</u>
>
> **비송사건절차법 제50조(즉시항고)**
> ② 대위의 신청을 허가한 재판에 대하여는 채무자가 즉시항고를 할 수 있다.

답 ❺

16 민법 제488조 제2항에 따른 변제목적물의 공탁소지정과 공탁물보관인 선임사건에 관한 설명 중 가장 잘못된 것은? 　　2006년

① 관할법원은 채무이행지의 지방법원이다.
② 법원이 공탁소의 지정과 공탁물보관인의 선임을 한 경우에는 그 절차의 비용은 채권자의 부담으로 한다.
③ 법원은 선임한 공탁물보관인을 개임할 수 있고, 한편 공탁물보관인이 사임하고자 할 때에는 법원에 그 사유를 신고해야 한다.
④ 법원은 공탁소의 지정과 공탁물보관인 선임에 관한 재판을 하기 전에 원칙적으로 채권자와 변제자를 심문하지 않는다.
⑤ 공탁소를 지정하고 공탁물보관인을 선임한 재판에 대해서는 비송사건절차법상 불복의 신청을 할 수 없다.

[❶▸○] 민법 제488조 제2항에 따른 공탁소의 지정 및 공탁물보관인의 선임은 채무이행지의 지방법원이 관할한다(비송사건절차법 제53조 제1항).
[❷▸○] 법원이 공탁소의 지정과 공탁물보관인의 선임을 한 경우에 그 절차의 비용은 채권자가 부담한다(비송사건절차법 제53조 제3항).
[❸▸○] 법원은 제53조에 따른 공탁물보관인의 사임을 허가하거나 공탁물보관인을 해임할 수 있다. 공탁물보관인의 사임을 허가하는 경우 법원은 다시 공탁물보관인을 선임하여야 한다. 공탁물보관인이 사임하고자 할 때에는 법원에 그 사유를 신고해야 한다(비송사건절차법 제54조의2).
[❹▸×] 법원은 공탁소의 지정 및 공탁물보관인의 선임에 관한 재판을 하기 전에 채권자와 변제자를 심문하여야 한다(비송사건절차법 제53조 제2항).
[❺▸○] 공탁소를 지정하고 공탁물보관인을 선임한 재판에 대해서는 비송사건절차법상 불복의 신청을 할 수 없다(비송사건절차법 제59조). 답 ❹

17 □□□ 부부재산약정의 등기에 관한 다음 설명 중 가장 옳지 않은 것은? 2021년

① 부부재산의 약정은 혼인 성립 전까지 그 등기를 하지 아니하면 부부 상호 간에 그 효력이 없다.
② 부부재산약정에 관한 등기는 약정자 양쪽이 신청한다. 다만, 부부 어느 한 쪽의 사망으로 인한 부부재산약정 소멸의 등기는 다른 한 쪽이 신청한다.
③ 부부재산약정의 등기에 관하여는 남편이 될 사람의 주소지를 관할하는 지방법원, 그 지원 또는 등기소를 관할등기소로 한다.
④ 부부재산약정의 등기신청서에는 혼인신고를 하지 아니한 것을 증명하는 서면을 첨부하여야 한다.
⑤ 부부재산약정의 변경등기신청서에는 약정내용의 변경, 재산관리자의 변경 또는 공유재산의 분할을 허가한 재판의 등본이나 이에 관한 약정서를 첨부하여야 한다.

....

[**❶** ▸ ✕] 부부가 그 재산에 관하여 따로 약정을 한 때에는 혼인성립까지에 그 등기를 하지 아니하면 이로써 부부의 승계인 또는 제3자에게 대항하지 못한다(민법 제829조 제4항). 즉, 등기가 효력요건이 아닌 대항요건이므로 등기를 하지 아니한 경우에도 부부 상호 간에는 그 효력이 있다.
[**❷** ▸ ○] 부부재산약정에 관한 등기는 약정자 양쪽이 신청한다. 다만, 부부 어느 한쪽의 사망으로 인한 부부재산약정 소멸의 등기는 다른 한쪽이 신청한다(비송사건절차법 제70조).
[**❸** ▸ ○] 부부재산약정의 등기에 관하여는 남편이 될 사람의 주소지를 관할하는 지방법원, 그 지원 또는 등기소를 관할등기소로 한다(비송사건절차법 제68조).
[**❹** ▸ ○] 부부재산약정등기규칙 제4조 제3호

> **부부재산약정등기규칙 제4조(첨부서면)**
> 부부재산약정등기를 신청하는 경우에는 신청서에 다음 각 호의 서면을 첨부하여야 한다.
>   1. 부부재산약정서
>   2. 각 약정자의 인감증명서. 다만, 본국에 인감증명제도가 없고 또한 「인감증명법」에 따른 인감증명을 받을 수 없는 외국인은 신청서(위임에 의한 대리인이 신청하는 경우에는 그 권한을 증명하는 서면)에 한 서명에 관하여 본인이 직접 작성하였다는 뜻의 본국 관공서의 증명이나 이에 관한 공정증서를 제출하여야 한다.
>   3. 혼인신고를 하지 아니한 것을 증명하는 서면
>   4. 주소를 증명하는 서면
>   5. 주민등록번호를 증명하는 서면(다만, 주민등록번호가 없는 재외국민이나 외국인의 경우에는 생년월일을 증명하는 서면)
>   6. 대리인에 의하여 등기를 신청하는 경우에는 그 권한을 증명하는 서면

[**❺** ▸ ○] 부부재산약정의 변경등기를 신청하는 경우에는 신청서에 약정내용의 변경, 재산관리자의 변경 또는 공유재산의 분할을 허가한 재판의 등본이나 이에 관한 약정서를 첨부하여야 한다(부부재산약정등기규칙 제5조 제1항).

답 ❶

CHAPTER 03

상사비송사건

제1절   회사와 경매에 관한 사건

18
☐☐☐

상법 제366조 제2항에 따른 법원의 주주총회 소집허가에 관한 다음 설명 중 가장 옳지 않은 것은?   2022년

① 주식회사의 본점 소재지의 지방법원 합의부가 관할한다.
② 소집허가의 신청은 서면 또는 구술로 하며, 이에 대하여 법원은 이유를 붙인 결정으로써 재판을 하여야 한다.
③ 법원이 주주총회 소집을 허가하면서 이해관계인의 청구나 직권으로 총회 의장을 선임할 수 있다.
④ 신청을 인용한 재판에 대하여는 불복신청을 할 수 없다.
⑤ 법원의 허가를 얻어 소집된 총회에서는 회사의 업무와 재산상태를 조사하게 하기 위하여 검사인을 선임할 수 있다.

....

[**❶** ▸ ○] 상법 제366조 제2항에 따른 법원의 주주총회 소집허가에 관한 사건은 <u>본점 소재지의 지방법원 합의부가 관할한다</u>(비송사건절차법 제72조 제1항).
[**❷** ▸ ×] 상법 제366조 제2항에 따른 <u>주주총회 소집의 허가의 신청은 서면으로 하여야</u> 하고, 신청을 하는 경우 이사가 그 소집을 게을리한 사실을 소명하여야 한다(비송사건절차법 제80조 제1항·제2항). 법원은 주주총회 소집허가 신청에 대하여 이유를 붙인 결정으로써 재판을 하여야 한다(비송사건절차법 제81조 제1항).
[**❸** ▸ ○] [**❺** ▸ ○]   상법 제366조 제2항, 제3항

> **상법 제366조(소수주주에 의한 소집청구)**
> ① 발행주식총수의 100분의 3 이상에 해당하는 주식을 가진 주주는 회의의 목적사항과 소집의 이유를 적은 서면 또는 전자문서를 이사회에 제출하여 임시총회의 소집을 청구할 수 있다.
> ② 제1항의 청구가 있은 후 지체 없이 총회소집의 절차를 밟지 아니한 때에는 청구한 <u>주주는 법원의 허가를 받아 총회를 소집할 수 있다.</u> 이 경우 <u>주주총회의 의장은 법원이 이해관계인의 청구나 직권으로 선임할 수 있다.</u>
> ③ 제1항 및 제2항의 규정에 의한 <u>총회는 회사의 업무와 재산상태를 조사하게 하기 위하여 검사인을 선임할 수 있다.</u>

[**❹** ▸ ○] <u>주주총회 소집의 허가의 신청을 인용한 재판에 대하여는 불복신청을 할 수 없다</u>(비송사건절차법 제81조 제2항).

답 ❷

19

☐☐☐

회사설립에서의 검사인선임 신청사건에 관한 다음 설명 중 가장 옳지 않은 것은?

① 검사인선임 신청사건은 회사의 본점 소재지의 지방법원 합의부가 관할하고, 신청은 반드시 서면으로 하여야 한다.

② 법원은 검사인을 선임한 경우 회사로 하여금 검사인에게 보수를 지급하게 할 수 있는데, 이 경우 그 보수액은 발기인의 의견을 들어 정한다.

③ 검사인 선임결정에 대하여는 비송사건절차법 제20조에 의한 통상의 항고만 할 수 있고, 보수 지급결정에 대하여는 즉시항고를 할 수 있다.

④ 변태설립사항에 관한 조사를 하기 위하여 하는 검사인선임 신청은 발기설립의 경우에는 이사가, 모집설립의 경우에는 발기인이 하여야 한다.

⑤ 검사인선임 신청서에는 신청의 사유, 검사의 목적, 신청 연월일 및 법원의 표시를 적고 신청인이 기명날인하여야 한다.

···

[**❶ ▸ ○**] 회사설립에서의 검사인선임 신청사건(상법 제298조 내지 제300조)은 회사의 본점 소재지의 지방법원 합의부가 관할하고(비송사건절차법 제72조 제1항), 신청은 반드시 서면으로 하여야 한다(비송사건절차법 제73조 제1항).

[**❷ ▸ ✕**] 법원은 검사인을 선임한 경우 회사로 하여금 검사인에게 보수를 지급하게 할 수 있는데, 이 경우 그 보수액은 이사와 감사의 의견을 들어 정한다(비송사건절차법 제37조, 제77조).

[**❸ ▸ ○**] 재판으로 인하여 권리를 침해당한 자는 그 재판에 대하여 항고할 수 있는데(비송사건절차법 제20조), 검사인 선임결정에 대하여는 즉시항고에 관한 규정이 없으므로 통상의 항고만이 가능하다. 보수 지급결정에 대하여는 즉시항고를 할 수 있다(비송사건절차법 제78조).

[**❹ ▸ ○**] 변태설립사항에 관한 조사를 하기 위하여 하는 검사인선임 신청은 발기설립의 경우에는 이사가(상법 제298조 제4항), 모집설립의 경우에는 발기인이 하여야 한다(상법 제310조 제1항).

[**❺ ▸ ○**] 비송사건절차법 제73조 제2항

비송사건절차법 제73조(검사인 선임신청의 방식)

① 검사인의 선임신청은 서면으로 하여야 한다.

② 제1항에 따른 신청서에는 다음 각 호의 사항을 적고 신청인이 기명날인하여야 한다.

　1. 신청의 사유

　2. 검사의 목적

　3. 신청 연월일

　4. 법원의 표시

답 ❷

상법 제386조 제2항에 따른 직무대행자 선임신청사건 등에 관한 다음 설명 중 가장 옳지 않은 것은? 2020년

① 직무대행자선임사건은 회사의 본점 소재지 지방법원 합의부가 관할한다.

② 직무대행자선임신청을 인용한 재판에 대하여는 즉시항고를 할 수 있다.

③ 직무대행자 선임에 관한 재판을 하는 경우 법원은 이사와 감사의 진술을 들어야 하며, 이유를 붙인 결정으로써 재판을 하여야 한다.

④ 직무대행자의 상무 외 행위의 허가신청을 인용한 재판에 대하여는 즉시항고를 할 수 있고, 이는 집행정지의 효력이 있다.

⑤ 직무대행자선임사건은 회사의 이사, 감사 기타의 이해관계인이 신청할 수 있고, 직무대행자의 상무 외 행위의 허가사건은 해당 직무대행자가 신청하여야 한다.

....

[**❶ ▸ ○**] 상법 제386조 제2항에 따른 사건(직무대행자 선임신청사건)은 본점 소재지의 지방법원 합의부가 관할한다(비송사건절차법 제72조 제1항).

[**❷ ▸ ✕**] 비송사건절차법 제84조 제2항은 "제1항의 경우에는 제81조를 준용한다"라고 규정하고, 제81조 제2항은 "신청을 인용한 재판에 대하여는 불복신청을 할 수 없다"라고 규정하고 있으므로, 이사, 감사직무대행자의 선임신청을 인용한 재판에 대하여는 즉시항고를 할 수 없고, 민사소송법 제449조 제1항의 특별항고만 허용될 뿐이라고 해석된다(대결 2020.2.7. 2019마6910).

[**❸ ▸ ○**] 상법 제386조 제2항에 따른 직무대행자 선임에 관한 재판을 하는 경우 법원은 이사와 감사의 진술을 들어야 하고(비송사건절차법 제84조 제1항), 이유를 붙인 결정으로써 재판을 하여야 한다(비송사건절차법 제81조 제1항).

[**❹ ▸ ○**] 직무집행 정지 직무대행자의 상무 외 행위의 허가신청을 각하한 재판에 대하여는 보통항고를(비송사건절차법 제20조), 신청을 인용한 재판에 대하여는 즉시항고를 할 수 있다(비송사건절차법 제85조 제2항). 그리고 즉시항고기간은 직무대행자가 재판의 고지를 받은 날로부터 기산하며, 이 즉시항고에는 집행정지의 효력이 있다(비송사건절차법 제85조 제2항, 제3항). 직무대행자가 일단 상무 외의 행위를 해버리면 불복이 의미가 없게 될 수 있기 때문이다. **실무제요 비송** 참고로, 일시이사의 직무를 행할 자로 선임된 이사 직무대행자(상법 제386조 제2항에 따른 직무대행자)의 권한은 통상의 이사와 다름이 없고, 직무집행정지가처분에 따른 직무대행자의 경우처럼 회사의 상무에 속한 것에 한한다는 제한을 받지 않는다(대결 1968.5.22. 68마119; 대판 1981.9.8. 80다2511).

[**❺ ▸ ○**] 상법 제386조 제2항의 직무대행(일시이사의 직무를 행할 자) 선임신청 사건은 회사의 이사, 감사 기타의 이해관계인이 신청인이고(상법 제386조 제2항 참조), 상법 제408조 제1항 단서에 따른 직무집행 정지 직무대행자의 상무(常務) 외 행위의 허가사건은 직무대행자가 신청인이다(비송사건절차법 제85조 제1항 참조).

답 ❷

주식매도·매수가액결정사건에 관한 다음 설명 중 가장 옳지 않은 것은?

① 주식의 양도에 관하여 이사회의 승인을 얻어야 하는 경우 이사회가 지정한 양도 상대방과 주주 사이에 주식의 매도가액 협의가 이루어지지 아니한 때에는 양도 상대방과 주주는 법원에 대하여 그 주식의 매도가액 결정을 청구할 수 있다.

② 영업양도에 반대하는 주주가 회사에 대하여 주식매수청구를 하면 그 행사로 회사의 승낙 여부와 관계없이 주식에 관한 매매계약이 성립한다.

③ 주식매도·매수가액결정사건은 회사의 본점 소재지의 지방법원 합의부가 관할한다.

④ 법원은 재판을 하기 전에 주주와 이사의 진술을 들어야 하지만 여러 개의 신청사건이 동시에 계속하더라도 심문과 재판을 병합할 필요는 없다.

⑤ 법원의 주식매도·매수가액 결정에 대하여는 즉시항고로 다툴 수 있다.

[❶ ▶ ○] 주식의 양도에 관하여 이사회의 승인을 얻어야 하는 경우에는 주식을 양도하고자 하는 주주는 회사에 대하여 양도의 상대방 등을 기재한 서면으로 양도의 승인을 청구할 수 있는데, 회사가 양도승인 거부의 통지를 하였다면, 주주는 회사에 대하여 양도의 상대방의 지정 또는 그 주식의 매수를 청구할 수 있다(상법 제335조의2 제1항·제4항 참조). 이때 그 주식의 매도가액은 주주와 양도상대방 간의 협의로 결정하는데(상법 제335조의5 참조), 협의가 이루어지지 아니하는 경우에 주주와 양도상대방은 법원에 대하여 매수가액의 결정을 청구할 수 있다(상법 제374조의2 제4항 참조).

[❷ ▶ ○] 영업양도에 반대하는 주주의 주식매수청구권에 관하여 규율하고 있는 상법 제374조의2 제1항 내지 제4항의 규정 취지에 비추어 보면, 영업양도에 반대하는 주주의 주식매수청구권은 이른바 형성권으로서 그 행사로 회사의 승낙 여부와 관계없이 주식에 관한 매매계약이 성립하고, 상법 제374조의2 제2항의 '회사가 주식매수청구를 받은 날로부터 2월'은 주식매매대금지급의무의 이행기를 정한 것이라고 해석된다. 그리고 이러한 법리는 위 2월 이내에 주식의 매수가액이 확정되지 아니하였다고 하더라도 다르지 아니하다(대판 2011.4.28. 2010다94953).

[❸ ▶ ○] 상법 제335조의5(매도가액의 결정), 제374조의2 제4항(반대주주의 주식매수청구권)에 따른 사건은 본점 소재지의 지방법원 합의부가 관할한다(비송사건절차법 제72조 제1항).

[❹ ▶ ✕] 비송사건절차법 제86조의2 제1항·제2항

> **비송사건절차법 제86조의2(주식매도가액 및 주식매수가액 결정의 재판)**
> ① 법원은 상법 제335조의5 및 그 준용규정에 따른 주식매도가액의 결정 또는 같은 법 제374조의2 제4항 및 그 준용규정에 따른 주식매수가액의 결정에 관한 재판을 하기 전에 주주와 매도청구인 또는 주주와 이사의 진술을 들어야 한다.
> ② 여러 건의 신청사건이 동시에 계속(係屬) 중일 때에는 심문과 재판을 병합하여야 한다.

[❺ ▶ ○] 법원의 주식매도·매수가액 결정에 대하여는 즉시항고로 다툴 수 있다(비송사건절차법 제86조의2 제3항, 제86조 제4항).

답 ❹

상법 제408조에 따른 직무대행자의 상무 외 행위의 허가신청사건에 관한 다음 설명 중 가장 옳지 않은 것은?

① 직무집행정지 등 가처분결정과 직무대행자 선임결정을 하고 그에 대한 가처분이의사건이 계속 중인 법원은 해당 직무대행자의 상무 외 행위 허가사건의 관할법원이 될 수 없다.

② 가처분명령에 다른 정함이 없는 경우 대표이사 직무대행자가 이사의 선임과 해임, 중요재산의 매각을 안건으로 정기주주총회를 소집하는 행위는 상무 외 행위이다.

③ 대표이사 직무대행자가 소송당사자인 회사를 위해 변호사를 선임한 행위는 회사의 상무에 속하는 행위이다.

④ 직무대행자가 허가신청을 하여야 한다.

⑤ 신청을 인용한 재판에 대한 즉시항고는 집행정지의 효력이 있다.

....

[**❶ ▸ ✕**] 제1심결정을 취소하고 주식회사 이사직무 집행정지 등 가처분결정과 직무대행자 선임결정을 한 항고법원은 그에 대한 가처분이의로 인해 당해 사건이 계속 중인 법원으로서 그 사건의 견련사건인 직무대행자의 상무 외 행위 허가사건의 관할법원이 될 수 있다(대결 2008.4.14. 2008마277).

[**❷ ▸ ○**] 가처분명령에 다른 정함이 없는 경우 대표이사 직무대행자가 이사의 선임과 해임, 중요재산의 매각을 안건으로 정기주주총회를 소집하는 행위는 상무(常務) 외의 행위이다.

> **상업등기선례 제2-112호[사단법인의 대표권 있는 이사의 직무대행자가 사원총회를 소집하여 후임 이사를 선임할 수 있는지 여부 등]**
>
> 가처분결정에 의하여 선임된 직무대행자는 단지 피대행자의 직무를 대행할 수 있는 임시의 지위에 놓여 있음에 불과하므로, 법인을 종전과 같이 그대로 유지하면서 관리하는 한도 내의 법인의 통상업무에 속하는 사무만을 행할 수 있다고 하여야 할 것이고, 그 가처분결정에 다른 정함이 있는 경우 외에는 법인의 근간인 이사회의 구성 자체를 변경하는 것과 같은 법인의 통상업무에 속하지 아니한 행위를 하는 것은 이러한 가처분의 본질에 반하므로(대판 2000.1.28. 98두16996), 법원의 허가를 얻거나 가처분결정에 다른 정함이 있는 경우를 제외하고는 대표권 있는 이사의 직무대행자가 사원총회를 소집하여 임기만료 된 이사들의 후임이사를 선임할 수 없으므로 그러한 사실이 기재된 사원총회의사록을 첨부해서 이사변경등기를 신청할 수 없다.

[**❸ ▸ ○**] 가처분에 의하여 대표이사 직무대행자로 선임된 자가 변호사에게 소송대리를 위임하고 그 보수계약을 체결하거나 그와 관련하여 반소제기를 위임하는 행위는 회사의 상무에 속하나, 회사의 상대방 당사자의 변호인의 보수지급에 관한 약정은 회사의 상무에 속한다고 볼 수 없으므로 법원의 허가를 받지 않는 한 효력이 없다(대판 1989.9.12. 87다카2691).

[**❹ ▸ ○**] 상법 제408조 제1항 단서에 따른 상무(常務) 외 행위의 허가신청은 직무대행자가 하여야 한다(비송사건절차법 제85조 제1항).

[**❺ ▸ ○**] 직무대행자의 상무 외 행위의 허가신청사건에서 신청을 인용한 재판에 대하여는 즉시항고를 할 수 있다. 이 경우 항고기간은 직무대행자가 재판의 고지를 받은 날부터 기산한다. 즉시항고는 집행정지의 효력이 있다(비송사건절차법 제85조 제2항·제3항).

답 ❶

① 주식의 액면 미달 발행의 인가신청은 서면으로 하여야 하고, 법원은 재판을 하기 전에 이사의 진술을 들어야 한다.

② 법원은 주식매도가액 및 주식매수가액 결정에 관한 재판을 하기 전에 주주와 매도청구인 또는 주주와 이사의 진술을 들어야 하고, 여러 건의 신청사건이 동시에 계속 중일 때에는 심문과 재판을 병합하여야 한다.

③ 신주의 발행 무효로 인하여 신주의 주주가 받을 금액의 증감 신청은 신주발행 무효 판결이 확정된 날부터 6개월 내에 하여야 하고, 심문은 위 기간이 경과한 후에만 할 수 있다. 그리고 위 재판은 총주주에 대하여 효력이 있다.

④ 이해관계인이 악의로 회사의 해산명령을 청구한 때 법원은 회사의 청구에 의하여 상당한 담보를 제공할 것을 이해관계인에게 명할 수 있다. 이 경우 법원은 직권으로 이해관계인의 청구가 악의라는 점에 관하여 필요하다고 인정하는 증거의 조사를 하여야 한다.

⑤ 유한회사와 주식회사의 합병 인가신청은 합병할 회사의 이사와 감사가, 유한회사의 조직 변경 인가신청은 조직변경을 할 회사의 이사와 감사가 각각 공동으로 신청하여야 한다.

....

[**❶ ▸ ○**] 주식의 액면 미달 발행의 인가신청은 서면으로 하여야 하고(비송사건절차법 제86조 제1항), 법원은 재판을 하기 전에 이사의 진술을 들어야 한다(비송사건절차법 제86조 제3항).

[**❷ ▸ ○**] 법원은 주식매도가액의 결정 또는 주식매수가액의 결정에 관한 재판을 하기 전에 주주와 매도청구인 또는 주주와 이사의 진술을 들어야 하고(비송사건절차법 제86조의2 제1항), 여러 건의 신청사건이 동시에 계속 중일 때에는 심문과 재판을 병합하여야 한다(비송사건절차법 제86조의2 제2항).

[**❸ ▸ ○**] 신주의 발행 무효로 인하여 신주의 주주가 받을 금액의 증감 신청은 신주발행 무효 판결이 확정된 날부터 6개월 내에 하여야 하고(비송사건절차법 제88조 제1항), 심문은 위 기간이 경과한 후에만 할 수 있다(비송사건절차법 제88조 제2항). 그리고 위 재판은 총주주에 대하여 효력이 있다(비송사건절차법 제89조 제1항).

[**❹ ▸ ✕**] 이해관계인이 악의로 회사의 해산명령을 청구한 때 법원은 회사의 청구에 의하여 상당한 담보를 제공할 것을 이해관계인에게 명할 수 있다(상법 제176조 제3항). 회사가 담보제공의 청구를 하려면 이해관계인의 청구가 악의임을 소명하여야 한다(상법 제176조 제4항).

[**❺ ▸ ○**] 유한회사와 주식회사의 합병 인가신청(상법 제600조 제1항)에 따른 합병 인가신청은 합병을 할 회사의 이사와 감사가 공동으로 신청하여야 한다(비송사건절차법 제104조). 유한회사의 조직변경 인가신청(상법 제607조 제3항)을 하는 경우에는 조직변경을 할 회사의 이사와 감사가 각각 공동으로 신청하여야 한다(비송사건절차법 제105조).

답 ❹

상사비송사건에 관한 다음 설명 중 가장 옳지 않은 것은?

① 주식회사설립 및 신주발행에서의 검사인의 선임신청은 서면으로 하여야 한다.
② 상법 제408조 제1항 단서에 따른 직무대행자의 상무 외 행위의 허가신청을 인용한 재판에 대하여는 즉시항고할 수 없다.
③ 회사의 해산명령 사건은 본점 소재지의 지방법원 합의부가 관할하고, 외국회사의 영업소폐쇄명령 사건은 외국회사 영업소 소재지의 지방법원이 관할한다.
④ 유한회사와 주식회사의 합병 인가신청은 합병을 할 회사의 이사와 감사가 공동으로 신청하여야 한다.
⑤ 청산인의 선임 또는 해임의 재판에 대하여는 불복신청을 할 수 없다.

[❶ ▸ ○] (주식회사설립 및 신주발행에서의) 검사인의 선임신청은 서면으로 하여야 한다(비송사건절차법 제73조 제1항).
[❷ ▸ ×] 비송사건절차법 제85조 제2항

> **비송사건절차법 제85조(직무대행자의 상무 외 행위의 허가신청)**
> ① 상법 제408조 제1항 단서에 따른 상무(常務) 외 행위의 허가신청은 직무대행자가 하여야 한다.
> ② 신청을 인용한 재판에 대하여는 즉시항고를 할 수 있다. 이 경우 항고기간은 직무대행자가 재판의 고지를 받은 날부터 기산한다.

[❸ ▸ ○] 비송사건절차법 제72조 제1항, 제3항

> **비송사건절차법 제72조(관할)**
> ① 상법 제176조(회사의 해산명령), 제306조, 제335조의5, 제366조 제2항, 제374조의2 제4항, 제386조 제2항, 제432조 제2항, 제443조 제1항 단서와 그 준용규정에 따른 사건 및 같은 법 제277조 제2항, 제298조, 제299조, 제299조의2, 제300조, 제310조 제1항, 제391조의3 제4항, 제417조, 제422조, 제467조, 제582조, 제607조 제3항에 따른 사건은 본점 소재지의 지방법원 합의부가 관할한다.
> ③ 상법 제619조(영업소폐쇄명령)에 따른 사건은 폐쇄를 명하게 될 외국회사 영업소 소재지의 지방법원이 관할한다.

[❹ ▸ ○] 상법 제600조(유한회사와 주식회사의 합병) 제1항에 따른 합병의 인가신청은 합병을 할 회사의 이사와 감사가 공동으로 신청하여야 한다(비송사건절차법 제104조).
[❺ ▸ ○] 청산인의 선임 또는 해임의 재판에 대하여는 불복신청을 할 수 없다(비송사건절차법 제119조).

답 ❷

25
☐☐☐

사채권자집회 사건에 관한 다음 설명 중 가장 옳지 않은 것은?   2019년

① 사채의 종류별로 해당 종류의 사채 총액(상환받은 액은 제외한다)의 1/10 이상에 해당하는 사채를 가진 사채권자는 법원의 허가를 받아 집회를 소집할 수 있다.
② 사채권자집회 소집 허가 신청은 발행회사 본점 소재지의 지방법원 관할에 속한다.
③ 사채권자집회의 소집자는 결의한 날로부터 2주간 내에 결의의 인가를 법원에 청구하여야 한다.
④ 사채권자집회의 결의 인가 · 불인가 결정에 대하여는 즉시항고로 불복할 수 있다.
⑤ 법원은 사채권자집회 결의 인가 청구절차에서 검사의 의견 진술을 들을 필요는 없다.

....

[**❶ ▸ ○**] 사채의 종류별로 해당 종류의 사채 총액(상환받은 액은 제외한다)의 10분의 1 이상에 해당하는 사채를 가진 사채권자는 회의 목적인 사항과 소집 이유를 적은 서면 또는 전자문서를 사채를 발행한 회사 또는 사채관리회사에 제출하여 사채권자집회의 소집을 청구할 수 있다(상법 제491조 제2항). 청구가 있은 후 지체 없이 집회소집의 절차를 밟지 아니한 때에는 청구한 사채권자는 법원의 허가를 받아 집회를 소집할 수 있다(상법 제491조 제3항, 상법 제366조 제2항).

[**❷ ▸ ○**] 사채권자집회 소집 허가 신청은 발행회사 본점 소재지의 지방법원 합의부 관할에 속한다(비송사건절차법 제109조).

[**❸ ▸ ×**] 사채권자집회의 소집자는 결의한 날로부터 1주간 내에 결의의 인가를 법원에 청구하여야 한다(상법 제496조).

[**❹ ▸ ○**] 사채권자집회의 결의 인가 · 불인가 결정에 대하여는 즉시항고로 불복할 수 있다(비송사건절차법 제113조 제2항, 제78조).

[**❺ ▸ ○**] 사채권자집회 사건에서는 검사의 의견 진술 및 심문 참여에 관한 비송사건절차법 제15조를 적용하지 않으므로, 법원은 사채권자집회 결의 인가 청구절차에서 검사의 의견 진술을 들을 필요는 없다(비송사건절차법 제116조).

답 ❸

26 회사의 청산에 관한 다음 설명 중 가장 옳은 것은? 2025년

① 청산인 선임신청 기각결정에 대하여는 항고할 수 없다.
② 법원이 청산인을 선임하는 경우에 청산인을 누구로 선임할 것인가는 법원의 자유재량에 속한다.
③ 청산인 선임신청이 각하된 경우에는 이해관계인만 비송사건절차법 제20조 제2항에 따라 항고할 수 있다.
④ 법원이 회사로 하여금 청산인에게 보수를 지급하도록 결정한 경우에는 결정에 불복할 수 없다.
⑤ 청산인의 직무대행자는 법원의 허가를 얻더라도 회사의 상무 외 행위를 할 수 없다.

[❶▸✕] [❷▸○] 비송사건절차법 제119조에서 불복신청을 금지하는 '청산인의 선임의 재판'은 법원의 청산인 선임결정만을 가리키고 법원의 청산인 선임신청 기각결정은 포함되지 않는다고 해석함이 타당하다. 따라서 신청인은 비송사건절차법 제20조 제1항에 따라 청산인 선임신청 기각결정에 대하여 항고할 수 있다. 그 이유는 다음과 같다. ㉠ 비송사건절차법 제20조 제1항은 재판으로 인하여 권리를 침해당한 자는 그 재판에 대하여 항고할 수 있다고 규정하여 그 권리를 침해당한 자의 항고를 일반적으로 허용하고 있다. 반면 비송사건절차법 제119조는 청산인의 선임의 재판에 대하여 불복신청을 할 수 없다고 규정하여 개별조항에서 '청산인 선임의 재판'에 대한 불복을 제한하고 있다. 이러한 입법 형식 아래에서 개별조항인 비송사건절차법 제119조가 불복을 제한하는 '청산인 선임의 재판'은 그 문언상 청산인 선임신청에 대한 기각결정까지 포함한다고 단정할 수 없다. ㉡ 청산인을 누구로 선임할 것인가는 법원의 자유재량에 속하므로, 청산절차를 신속하게 진행할 수 있도록 하기 위하여 법원의 청산인 선임결정에 대하여는 불복신청을 제한할 필요가 있다. ㉢ 이와 달리 청산인 선임신청 기각결정에 대하여 불복을 허용하더라도 청산인 선임재판에 대한 불복제한 취지에 배치되지 않는다. 오히려 청산인 선임신청 기각결정에 대하여 항고를 금지하면 기각결정이 위법하더라도 그에 불복하여 위법을 시정할 수 있는 수단이 제한되어 해산된 회사의 청산절차 진행에 장애를 초래할 우려가 있다(대결 2022.6.9. 2022그538).
[❸▸✕] 신청에 의해서만 재판을 하여야 하는 경우에 신청을 각하한 재판에 대해서는 신청인만 항고할 수 있다(비송사건절차법 제20조 제2항). 그런데 법원의 청산인 선임재판은 법원이 직권으로 청산인을 선임할 수도 있으며, 신청에 의하여 재판을 하는 경우에도 신청인은 청산인의 선임에 관하여 이해관계를 가지는 자뿐만 아니라 검사도 있다(상법 제252조, 제542조 제1항 참조).

> **상법 제252조(법원선임에 의한 청산인)**
> 회사가 제227조 제3호 또는 제6호의 사유로 인하여 해산된 때에는 법원은 사원 기타의 이해관계인이나 검사의 청구에 의하여 또는 직권으로 청산인을 선임한다.
>
> **상법 제542조(준용규정)**
> ① 제245조, 제252조 내지 제255조, 제259조, 제260조와 제264조의 규정은 주식회사에 준용한다.

[❹▸✕] 법원이 법인의 청산인을 선임한 경우에 법인으로 하여금 보수를 지급하게 할 수 있으며, 그 액은 이사와 감사의 진술을 듣고 법원이 정한다. 보수결정에 대하여는 즉시항고할 수 있다(비송사건절차법 제37조, 제77조, 제78조).

[❺ ▸ ×] 직무집행정지・대행자선임의 가처분에 의하여 선임된 이사직무대행자(또는 청산인인의 직무대행자)는 가처분명령에 다른 정함이 있는 경우 외에는 회사의 상무(常務)에 속하지 아니한 행위를 하지 못한다. 그러나 <u>법원의 허가를 얻은 경우</u>에는 그러하지 아니하다(상법 제408조 제1항, 제542조 제2항).

답 ❷

27

☐☐☐

회사의 청산에 관한 사건에 관련된 다음 설명 중 가장 옳지 않은 것은? 2019년

① 주식회사와 유한회사의 청산에 관한 사건은 회사의 본점 소재지의 지방법원 합의부가 관할한다.
② 미성년자나 법원에서 해임된 청산인은 청산인으로 선임될 수 없다.
③ 감정인 선임 재판의 경우 검사는 사건에 관하여 의견을 진술하거나 심문에 참여할 수 없다.
④ 합명회사와 합자회사의 청산에 관한 사건은 회사의 본점 소재지의 지방법원이 관할한다.
⑤ 청산인의 선임의 재판에 대하여는 불복신청을 할 수 있으나, 청산인의 해임의 재판에 대하여는 불복신청을 할 수 없다.

[❶ ▸ ○] [❹ ▸ ○] 비송사건절차법 제117조

> **비송사건절차법 제117조(관할법원)**
> ① 합명회사와 합자회사의 청산에 관한 사건은 <u>회사의 본점 소재지의 지방법원이 관할한다.</u>
> ② 주식회사와 유한회사의 청산에 관한 사건은 <u>회사의 본점 소재지의 지방법원 합의부가 관할한다.</u>

[❷ ▸ ○] 비송사건절차법 제121조 제1호・제4호

> **비송사건절차법 제121조(청산인의 결격사유)**
> 다음 각 호의 어느 하나에 해당하는 자는 청산인으로 선임될 수 없다.
> 　1. <u>미성년자</u>
> 　2. 피성년후견인
> 　3. 자격이 정지되거나 상실된 자
> 　4. <u>법원에서 해임된 청산인</u>
> 　5. 파산선고를 받은 자

[❸ ▸ ○] <u>감정인의 선임 절차와 재판에 관하여는 검사의 의견진술 및 심문참여에 관한 비송사건절차법 제15조가 적용되지 않는다</u>(비송사건절차법 제125조, 제58조). 따라서 감정인 선임 재판의 경우 검사는 사건에 관하여 의견을 진술하거나 심문에 참여할 수 없다.
[❺ ▸ ×] <u>청산인의 선임 또는 해임의 재판에 대하여는 불복신청을 할 수 없다</u>(비송사건절차법 제119조).

답 ❺

CHAPTER
04

과태료사건

제1절 서 설

28 □□□ 과태료재판에 관한 다음 설명 중 가장 옳지 않은 것은? 2016년

① 약식절차에 의한 과태료재판에 대해서는 재판의 고지를 받은 날부터 1주일 내에 이의신청을 할 수 있을 뿐, 즉시항고는 허용되지 않는다.
② 약식절차에 의한 과태료재판은 검사나 당사자의 이의신청에 의하여 그 효력을 잃는다.
③ 약식재판에 대해 이의신청을 하지 아니한 채 이의신청기간을 도과하면 재판은 확정되어 더 이상 다툴 수 없게 된다.
④ 이의신청에 의하여 약식재판은 그 효력을 잃지만, 법원은 정식절차에서 약식재판의 내용에 기속되므로 약식절차에 의한 결정과 정식절차에 의한 결정 사이에는 불이익변경금지의 원칙이 적용된다.
⑤ 정식절차에 의하는 경우 법원은 재판을 하기 전에 당사자의 진술을 듣고 검사의 의견을 구해야 한다.

··

[❶▸O] 정식절차에 의하는 과태료재판에 대해서는 즉시항고를 할 수 있으나(비송사건절차법 제248조 제3항), 약식절차에 의한 과태료재판의 경우, 당사자와 검사는 재판의 고지를 받은 날부터 1주일 내에 이의신청을 하여야 하고(비송사건절차법 제250조 제2항), 즉시항고는 허용되지 않는다.

[❷▸O] 약식절차에 의한 과태료재판은 검사나 당사자의 이의신청에 의하여 그 효력을 잃는다(비송사건절차법 제250조 제3항). 이의신청이 있는 경우 법원은 당사자의 진술을 듣고 다시 재판하여야 한다(비송사건절차법 제250조 제4항).

[❸▸O] 약식재판에 의한 과태료 결정은 그 고지를 받은 날로부터 1주일 이내에 당사자 또는 검사로부터 이의신청이 있으면 그 재판의 효력이 상실된다고 규정되어 있으므로 위 이의신청기간을 도과한 때에는 그 결정은 확정되어 더 이상 다툴 수 없는 것이다(대결 1982.7.22. 82마337).

[❹▸×] 당사자 또는 검사의 이의신청에 의하여 약식재판은 그 효력을 잃으므로(비송사건절차법 제250조 제3항, 질서위반행위규제법 제50조 제1항) 정식절차에서는 약식재판의 내용에 기속되지 아니한다. 따라서 약식절차에 의한 결정과 정식절차에 의한 결정 사이에는 불이익변경금지의 원칙이 적용되지 않는다. 약식결정에 대한 이의신청의 남발을 막고, 당사자에게 불의타를 입히는 것을 방지하기 위해 약식결정문을 작성하면서 상용구로 "과태료결정에 대하여 이의신청을 제기하여 정식절차에 의한 과태료 재판을 받는 경우 불이익변경금지의 원칙이 적용되지 않기 때문에 과태료 금액이 증액될 수 있습니다."라는 문구를 추가로 기재하는 실무례도 있다. **실무제요 비송**

[**❺** ▸ ○] 정식절차에 의하는 경우 법원은 재판을 하기 전에 당사자의 진술을 듣고 검사의 의견을 구하여야 한다(비송사건절차법 제248조 제2항). 당사자와 검사는 과태료재판에 대하여 즉시항고를 할 수 있다. 이 경우 항고는 집행정지의 효력이 있다(비송사건절차법 제248조 제3항).

답 ❹

29 □□□ 비송사건절차법이 적용되는 과태료사건의 재판에 관한 다음 설명 중 가장 옳지 않은 것은?
2022년

① 이사가 임기의 만료나 사임에 의하여 퇴임함으로써 법률 또는 정관에서 정한 이사의 인원수를 채우지 못하게 되었음에도 그 선임절차를 게을리한 경우에는 법무부장관이 과태료를 부과·징수하고, 그 과태료재판에는 비송사건절차법이 적용된다.

② 약식절차에 의한 과태료재판에 당사자가 이의신청한 경우에 정식절차에 의한 과태료재판은 당사자가 불복한 한도 안에서 바꿀 수 있다.

③ 정식절차에 의한 과태료재판에 대하여 즉시항고를 하는 경우 집행정지의 효력이 있다.

④ 대표이사가 퇴임함으로써 법률 또는 정관 소정의 대표이사의 수를 채우지 못한 경우 퇴임한 대표이사에게 후임 대표이사가 취임할 때까지 대표이사로서의 권리의무가 있는 기간 동안에 후임 대표이사의 선임절차를 해태했다고 하여 퇴임한 대표이사를 과태료에 처할 수는 없다.

⑤ 확정된 과태료재판은 검사의 명령으로서 집행하고, 그 명령은 집행력 있는 집행권원과 같은 효력이 있다.

···

[**❶** ▸ ○] 이사가 임기의 만료나 사임에 의하여 퇴임함으로써 법률 또는 정관에서 정한 이사 또는 감사의 인원수를 궐(闕)한 경우에 그 선임절차를 게을리한 경우에는 법무부장관이 500만원 이하의 태료를 부과·징수하고(상법 제635조 제1항 제8호, 제637조의2 제1항), 과태료 처분을 받은 자가 이의를 제기한 때에는 법무부장관은 지체 없이 관할 법원에 그 사실을 통보하여야 하며, 그 통보를 받은 관할 법원은 비송사건절차법에 따른 과태료 재판을 한다(상법 제637조의2 제3항).

[**❷** ▸ ✕] 당사자 또는 검사의 이의신청에 의하여 약식재판은 그 효력을 잃으므로(비송사건절차법 제250조 제3항, 질서위반행위규제법 제50조 제1항) 정식절차에서는 약식재판의 내용에 기속되지 아니한다. 따라서 약식절차에 의한 결정과 정식절차에 의한 결정 사이에는 불이익변경금지의 원칙이 적용되지 않는다. 약식결정에 대한 이의신청의 남발을 막고, 당사자에게 불의타를 입히는 것을 방지하기 위해 약식결정문을 작성하면서 상용구로 "과태료결정에 대하여 이의신청을 제기하여 정식절차에 의한 과태료 재판을 받는 경우 불이익변경금지의 원칙이 적용되지 않기 때문에 과태료 금액이 증액될 수 있습니다"라는 문구를 추가로 기재하는 실무례도 있다. **실무제요 비송**

[**❸** ▸ ○] 당사자와 검사는 과태료재판에 대하여 즉시항고를 할 수 있다. 이 경우 항고는 집행정지의 효력이 있다(비송사건절차법 제248조 제3항).

[❹ ▸ ○] 상법 제635조 제1항 제8호는 '법률 또는 정관에 정한 이사 또는 감사의 원수를 궐한 경우에 그 선임절차를 해태한 때'에 그 선임을 위한 총회소집절차를 밟아야 할 지위에 있는 자에 대하여 과태료의 제재를 가하고 있지만, 여기서 선임의 대상이 되는 '이사'에 '대표이사'는 포함되지 아니하므로, 대표이사가 퇴임하여 법률 또는 정관에 정한 대표이사의 수를 채우지 못하여 퇴임한 대표이사에게 후임 대표이사가 취임할 때까지 대표이사로서의 권리의무가 있는 기간 동안에 후임 대표이사의 선임절차를 해태하였다고 하여 퇴임한 대표이사를 과태료에 처할 수는 없다(대결 2007.6.19. 2007마311).

[❺ ▸ ○] 과태료재판은 검사의 명령으로써 집행한다. 이 경우 그 명령은 집행력 있는 집행권원과 같은 효력이 있다(비송사건절차법 제249조 제1항).

답 ❷

---

30 등기의무해태와 관련하여 과태사항 통지와 과태료사건의 재판에 관한 다음 설명 중 가장 옳지 않은 것은? **2024년**

① 본점 소재지와 지점 소재지의 관할 등기소가 동일하지 아니한 때에는 그 등기도 각각 신청하여야 하는 것이므로, 그 등기해태에 따른 과태료도 본점 소재지와 지점 소재지의 등기해태에 따라 각각 부과된다.

② 과태료 사건의 관할법원은 다른 법령에 특별한 규정이 있는 경우를 제외하고는 과태료에 처할 자인 회사 대표자 주소지의 지방법원이다.

③ 당사자의 진술을 듣고 한 과태료의 재판에 대하여는 즉시항고로써 불복을 신청할 수 있고, 이 경우 즉시항고에는 집행정지의 효력이 있다.

④ 등기해태에 대하여 신청인의 과실이 있는 경우에 그 위반행위에 정당한 사유가 있는 때에는 등기기간을 도과하였더라도 등기관은 과태사항을 통지할 수 없다.

⑤ 회사의 지배인에 관한 등기에 대하여는 과태사항 통지를 하지 않는다.

....

[❶ ▸ ○] 본점 소재지와 지점 소재지의 관할 등기소가 동일하지 아니한 때에는 그 등기도 각각 신청하여야 하는 것이므로, 그 등기 해태에 따른 과태료도 본점 소재지와 지점 소재지의 등기 해태에 따라 각각 부과되는 것이다(대결 2009.4.23. 2009마120).

[❷ ▸ ○] 과태료사건은 다른 법령에 특별한 규정이 있는 경우를 제외하고는 과태료를 부과받을 자의 주소지의 지방법원이 관할한다(비송사건절차법 제247조).

[❸ ▸ ○] 비송사건절차법 제248조 제2항, 제3항

> **비송사건절차법 제248조(과태료재판의 절차)**
> ② 법원은 재판을 하기 전에 당사자의 진술을 듣고 검사의 의견을 구하여야 한다.
> ③ 당사자와 검사는 과태료재판에 대하여 즉시항고를 할 수 있다. 이 경우 항고는 집행정지의 효력이 있다.

[❹ ▸ ✕] 등기의무자의 고의·과실 : 상업등기의 해태에 관하여 위반자의 고의·과실을 요건으로 하는지는 불분명하다(행정질서벌에 있어 원칙적으로 위반자의 고의·과실을 요하지 않는다는 대판 2000.5.26. 98두5972 참조). 그러나 형식적 심사권 밖에 없는 등기관은 등기해태에 대하여 고의·과실이 있는지 또는 그 위반행위에 정당한 사유가 있는지를 구분하지 않고 등기기간을 도과하였다면 과태사항을 통지하여야 한다고 본다. **상업등기 실무 1**

[❺ ▶ ○] 등기예규 제1574호 제2조 제1항 [예시] (ㄱ)

> **등기예규 제1574호[상업등기 및 법인등기에 있어서의 과태사항 통지에 관한 예규]**
>
> **제2조(과태사항통지 요건)**
>
> ① 등기관은 등기신청을 할 의무 있는 자가 다음 각 호의 등기신청을 게을리하였음을 직무상 안 때에는 지체 없이 그 사건을 관할하는 지방법원 또는 지원에 과태사항통지를 하여야 한다. 다만, 관련 법령에 과태료 부과에 관한 근거규정(준용규정을 포함한다)이 없는 경우에는 그러하지 아니하다.
> 1. 「상법」 제2편 제4장의2의 등기신청의무(상법 제86조의9)
> 2. 「상법」 제3편에 정한 등기신청의무(상법 제635조 제1항 제1호)
> 3. 「민법」 제1편 제3장의 등기신청의무(민법 제97조 제1호)
> 4. 특별법상 등기신청의무(상법상 회사에 관한 규정 또는 민법상 법인에 관한 규정을 준용하는 경우를 포함한다)
>
> [예시] (ㄱ) 상법상 지배인의 등기를 해태한 것은 과태료 부과 대상이 아님
>   (ㄴ) 주소변경등기신청에서 생략된 주소변동사항의 등기를 게을리한 것에 대해서는 각 변동일자를 기준으로 그 당시 법령에 따라 과태료통지를 하여야 함

답 ❹

31

☐☐☐

등기의무해태와 관련하여 과태사항 통지와 과태료사건의 재판에 관한 다음 설명 중 가장 옳지 않은 것은?
2021년

① 등기해태에 대하여 신청인의 고의·과실이 있는지 또는 그 위반행위에 정당한 사유가 있는지를 구분하지 않고 등기기간을 도과하였다면 등기관은 과태사항을 통지하여야 한다.

② 이사가 임기의 만료나 사임에 의하여 퇴임함으로써 법률 또는 정관에 정한 이사의 원수를 채우지 못하게 되는 경우 그 이사의 퇴임등기를 하여야 하는 등기기간은 후임이사의 취임일로부터 기산하고, 후임이사의 취임이 없다면 퇴임한 이사의 퇴임등기만을 따로 신청할 수 없다.

③ 당사자와 검사는 과태료의 재판에 대하여는 즉시항고할 수 있고, 이 경우 즉시항고에는 집행정지의 효력이 있다.

④ 회사의 지배인에 관한 등기에 대하여는 과태사항통지를 하지 않는다.

⑤ 과태료사건의 관할법원은 다른 법령에 특별한 규정이 있는 경우를 제외하고는 과태료에 처할 회사의 본점 소재지의 지방법원이다.

···

[❶ ▸ ○] 행정질서벌인 과태료는 특별한 규정이 없는 한 원칙적으로 위반자의 고의·과실을 요하지 아니한다(대판 1994.8.26. 94누6949). 상업등기 해태에 위반자의 고의·과실을 요건으로 하는지는 불문명하다. 그러나 형식적 심사권 밖에 없는 등기관은 등기해태 여부를 판단함에 있어서 등기신청의무 있는 자의 등기해태와 관련한 고의·과실이 있는지 또는 그 위반행위에 정당한 사유가 있는지를 고려하지 않고 등기기간을 도과하였다면 과태사항을 통지하여야 한다고 본다. **상업등기 실무 1**

[❷ ▸ ○] 대표이사를 포함한 이사가 임기의 만료나 사임에 의하여 퇴임함으로 말미암아 법률 또는 정관에 정한 대표이사나 이사의 원수(최저인원수 또는 특정한 인원수)를 채우지 못하게 되는 결과가 일어나는 경우에, 그 퇴임한 이사는 새로 선임된 이사(후임이사)가 취임할 때까지 이사로서의 권리의무가 있는 것인바(상법 제386조 제1항, 제389조 제3항), 이러한 경우에는 이사의 퇴임등기를 하여야 하는 2주 또는 3주의 기간은 일반의 경우처럼 퇴임한 이사의 퇴임일부터 기산하는 것이 아니라 후임이사의 취임일부터 기산한다고 보아야 하며, 후임이사가 취임하기 전에는 퇴임한 이사의 퇴임등기만을 따로 신청할 수 없다고 봄이 상당하다(대결 2005.3.8. 2004마800[전합]).

[❸ ▸ ○] 당사자와 검사는 과태료재판에 대하여 즉시항고를 할 수 있다. 이 경우 항고는 집행정지의 효력이 있다(비송사건절차법 제248조 제3항).

[❹ ▸ ○] 등기해태와 관련하여 상법은 제3편(회사편)의 등기해태에 관하여만 과태료 규정을 두고 있으므로(상법 제635조 제1항 제1호), 상법 제1편에서 규정하고 있는 상호등기, 미성년자등기, 법정대리인등기 또는 지배인등기(개인 상인의 지배인등기 및 회사의 지배인등기)의 해태에 대해서는 과태료 통지를 하지 아니한다(등기예규 제1574호 제2조 제1항 [예시] (ㄱ) 참조).

[❺ ▸ ×] 과태료사건은 다른 법령에 특별한 규정이 있는 경우를 제외하고는 과태료를 부과받을 자의 주소지의 지방법원이 관할한다(비송사건절차법 제247조). 등기해태와 관련하여 상법은 제635조 제1항에 의하여 과태료에 처할 자를 규정하고 있는바, 과태료 부과의 측면에서 등기를 신청해야 할 의무가 부과되어 있는 자는 회사가 아니라 상법 제635조 제1항에 규정된 업무집행사원, 이사, 외국회사의 대표자 등이 된다. **상업등기 실무 1** 따라서 업무집행사원, 이사 및 외국회사 대표자의 주소지의 지방법원이 관할한다.

답 ❺

MEMO

행운이란 100%의 노력 뒤에 남는 것이다.

- 랭스턴 콜먼 -

늘 명심하라.
성공하겠다는 너 자신의 결심이
다른 어떤 것보다 중요하다는 것을

– 에이브러햄 링컨 –

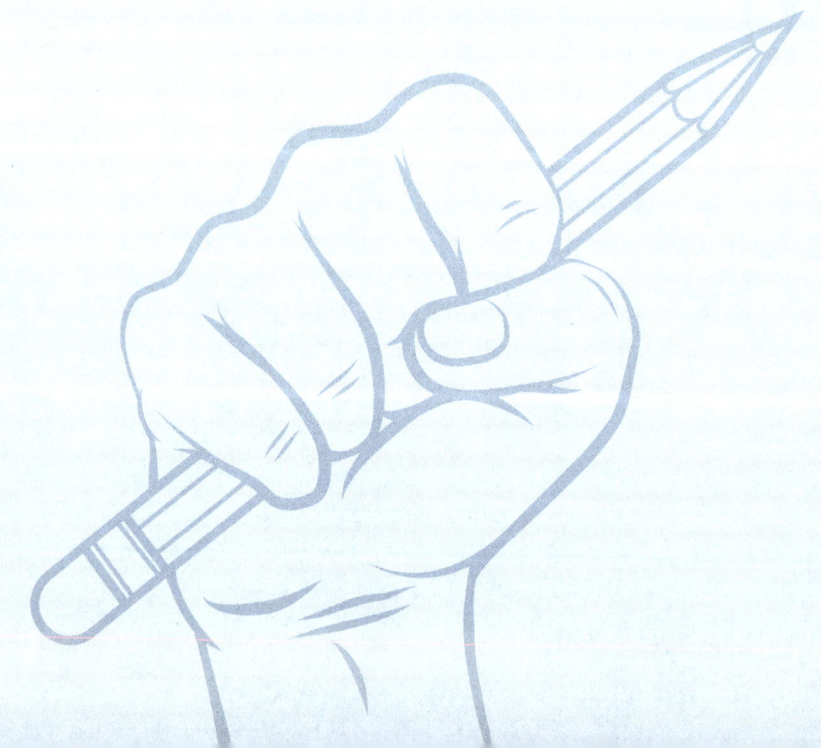

2026 시대에듀 법무사 1차 민사집행법 · 상업등기법 및 비송사건절차법

개정2판1쇄 발행	2025년 12월 30일(인쇄 2025년 11월 26일)
초 판 발 행	2024년 01월 10일(인쇄 2023년 11월 15일)
발 행 인	박영일
책 임 편 집	이해욱
편 저	박종화 · 시대법학연구소
편 집 진 행	박종필 · 이재성
표 지 디 자 인	조혜령
편 집 디 자 인	김경원 · 고현준
발 행 처	(주)시대고시기획
출 판 등 록	제10-1521호
주 소	서울시 마포구 큰우물로 75 [도화동 538 성지 B/D] 9F
전 화	1600-3600
팩 스	02-701-8823
홈 페 이 지	www.sdedu.co.kr
I S B N	979-11-434-0343-8 (13360)
정 가	60,000원

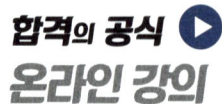